あいうえお **あ**	あ ア 1	い イ 62	う ウ 118	え エ 148	お オ 164
かきくけこ **か**	か カ 217	き キ 309	く ク 366	け ケ 400	こ コ 427
さしすせそ **さ**	さ サ 496	し シ 534	す ス 649	せ セ 682	そ ソ 719
たちつてと **た**	た タ 741	ち チ 793	つ ツ 821	て テ 849	と ト 882
なにぬねの **な**	な ナ 937	に ニ 967	ぬ ヌ 984	ね ネ 988	の ノ 1002
はひふへほ **は**	は ハ 1016	ひ ヒ 1078	ふ フ 1123	へ ヘ 1171	ほ ホ 1185
まみむめも **ま**	ま マ 1219	み ミ 1244	む ム 1266	め メ 1278	も モ 1293
やゆよ **や**	や ヤ 1311	ゆ ユ 1328	よ ヨ 1339		
らりるれろ **ら**	ら ラ 1359	り リ 1367	る ル 1381	れ レ 1384	ろ ロ 1392
わをん **わ**	わ ワ 1400	を ヲ 1417	ん ン 1417		

オールカラー

学研 新レインボー

小学国語辞典

改訂第7版

小型版

【監修】金田一 春彦
金田一 秀穂

ケースに登場する動物たち

- アリ
- オコジョ
- カブトムシ
- キリン
- サイ
- シャケ
- タカ
- ハリネズミ
- ヒヨコ
- ムササビ
- ライオン
- ウサギ
- カエル
- カメ
- クジラ
- シカ
- ゾウ
- ネズミ
- ヒツジ
- ペリカン
- ヤマアラシ
- ロバ

■装丁・イラスト（ケース・表紙・総扉・別冊表紙）

Indy Design　髙橋 進

■口絵イラスト

Yuka（株式会社 カミオジャパン）

金田一ぱんが教える言葉のひみつ

金田一ぱん
「言葉」のことを楽しく教えてくれる先生。

もちもちぱんだ
もちもちぱんだは、おもちみたいにやわらかい、パンダのような生きもの。たくさんの仲間がいるよ。金田一ぱんも、その仲間！

もくじ

言葉は広がる

「パンダ」って何？

一つの言葉をいろいろな辞典や図鑑で調べてみましょう。

国語辞典の「パンダ」

パンダ 名詞 中国南西部の高地にすむ大形のほにゅうるい。目のまわり、耳、後ろ足、かたから前足にかけて黒く、ほかは白い。タケ・ササ・たけのこなどを食べる。ジャイアントパンダ。▼英語 panda

英語辞典の(英和辞典)「パンダ」

panda
(パンダ)

または、

giant panda
(ジャイアント パンダ)

★パンダを表す英語の単語です。

漢字辞典の(漢和辞典)「パンダ」

熊猫
(くまねこ)

または、

大熊猫
(おおくまねこ)

★パンダを表す漢字です。

動物図鑑の「パンダ」

ジャイアントパンダ

- □ クマ科
- □ 体長　120～150cm
- □ 尾長(しっぽの長さ)　10～13cm
- □ 体重　75～160kg(おす)
- □ 分布　中国
- □ 食べ物　タケ、たけのこ、小動物など
- □ 特徴　高い山の竹林に、1頭で生活しています。

クマのなかまは、前あしで物をつかむことができませんが、ジャイアントパンダはつかむことができます。5本の指と、前あしにあるでっぱりを使って、タケなどをしっかりつかんで食べます。

「レインボー」って何？

『新レインボー小学国語辞典』の「レインボー」についても調べてみましょう。

国語辞典の「レインボー」

レインボー 名詞 ➡にじ。

「レインボー」は、**にじ**

にじ【虹】 名詞 雨がふった後などに現れる、弓形の七色の光のおび。日光が空気中の小さな水のつぶに当たり、光が屈折しておこる。レインボー。参考 必ず、太陽と反対側の空中に現れる。

漢字辞典（漢和辞典）の「レインボー（にじ）」の

虫-3画

【虹】 9画 常用 〔虹〕明朝

音 コウ*

訓 にじ

なりたち 工（つき通す）と虫を合わせた字。空をつき通してあらわれる「にじ」をあらわした。むかし、にじは生物の現象と考えられたので虫へんがついている。

意味 ❶雨上がりなどに、空にあらわれる光のおび。にじ。▽日本では七色と考えられてきた。❷橋。▽にじの形から。

難しい読み 「虹彩」

図鑑の「レインボー（にじ）」

虹の色の順番は決まっています。上から、赤、オレンジ、黄色、緑、青、あい色、むらさきです。

はっきりした虹（主虹）の外側に、うすい虹（副虹）があらわれることがあります。

ふん水や、たきなど、小さな水しぶきがたくさん飛んでいるところで、虹が見えることがあります。

英語辞典の（英和辞典）「レインボー」

rainbow

（レインボウ）

rain（レイン）は雨、bow（ボウ）は弓という意味。

同じ言葉でも何で調べるかによって、こんなにいろいろなことがわかるんですよ。

季節の言葉

日本の伝統行事と二十四節気

昔のこよみでは、一年の季節を二十四に分けていました。これを「二十四節気」といい、「春分」や「夏至」などは今でもよく使います。また、昔から季節ごとにいろいろな行事がおこなわれてきました。

行事や季節に関係する言葉です。

春の七草

元気に一年をすごせるようにという願いをこめて、一月七日に、「春の七草」を入れた「七草がゆ」を食べます。

せり

なずな

はこべら（はこべ）

ごぎょう（ははこぐさ）

ほとけのざ（こおにたびらこ）

すずな（かぶ）

すずしろ（だいこん）

正月

正月とは、一年のはじまりの月です。一月一日を「元旦」といい、三日までを「三が日」といいます。

節分

「立春」の前日、二月三日ごろが節分です。「おには外、ふくは内」のかけ声で豆まきをおこない、一年を健康で無事にすごせるように願います。

月	二十四節気
一月（いちがつ）	小寒（しょうかん）
	大寒（だいかん）
二月（にがつ）	立春（りっしゅん）
	雨水（うすい）

月	二十四節気
三月（さんがつ）	啓蟄（けいちつ）
	春分（しゅんぶん）
四月（しがつ）	清明（せいめい）
	穀雨（こくう）

啓蟄

冬ごもりをしていた生き物が、地上に出てくるころのことです。

ひなまつり

三月三日の桃の節句のひなまつりでは、女の子のすこやかな成長を願います。ひな人形をかざり、桃の花やひなあられなどをおそなえします。また、ちらしずしや、はまぐりのおすいものなど、ごちそうを作っておいわいします。

花見

「花」といえば「桜」をさすほど、桜は日本人に昔から親しまれてきました。花見では、桜をながめ、その美しさを楽しみます。桜の下にござなどをしき、食べ物を食べたりしながら楽しむこともあります。

月	二十四節気
五月（ごがつ）	立夏（りっか）
	小満（しょうまん）
六月（ろくがつ）	芒種（ぼうしゅ）
	夏至（げし）

八十八夜

立春から数えて八十八日目の、五月二日ごろが八十八夜です。霜のひがいに気をつけるよう、農家の人に注意してもらうために、もうけられました。

また、このころから茶つみが始まり、八十八夜につんだお茶は、上等なものとされています。

端午の節句

五月五日の端午の節句では、男の子のすこやかな成長を願います。こいのぼりや、よろい・かぶとなどをかざり、かしわもちを食べておいわいします。また、ショウブやヨモギをのき先にさし、まよけにしたり、おふろに入れてあたたまり、病気から体を守ります。

芒種

イネなどの種をまくころのことです。

月	二十四節気
七月（しちがつ）	小暑（しょうしょ）
	大暑（たいしょ）
八月（はちがつ）	立秋（りっしゅう）
	処暑（しょしょ）

七夕

七月七日、願いごとを書いたたんざくなどを竹のえだにかざり、天の川に思いをはせるおまつりが、七夕です。この日の夜、天の川をはさんで、おりひめ星とひこ星が一年に一度の再会をはたすという言い伝えによります。

大暑

もっとも暑いころのことです。

お盆（うら盆）

お盆は、七月十五日ごろ、または八月十五日ごろに先祖のたましいを家にむかえ、なぐさめる行事です。むかえるときは「むかえ火」をたき、「盆棚」に位はいや、なすやきゅうりで作った「精霊馬」などをかざります。

おくるときは「おくり火」をたきます。

むかえ火

盆棚

月	二十四節気
九月（くがつ）	白露（はくろ）
	秋分（しゅうぶん）
十月（じゅうがつ）	寒露（かんろ）
	霜降（そうこう）

白露

葉に露が結ぶころのことです。

月見

九月の半ばごろ、美しい満月「中秋の名月」をながめて楽しみます。「秋の七草」のすすきなどをかざり、月見だんごをそなえることもあります。

秋の七草

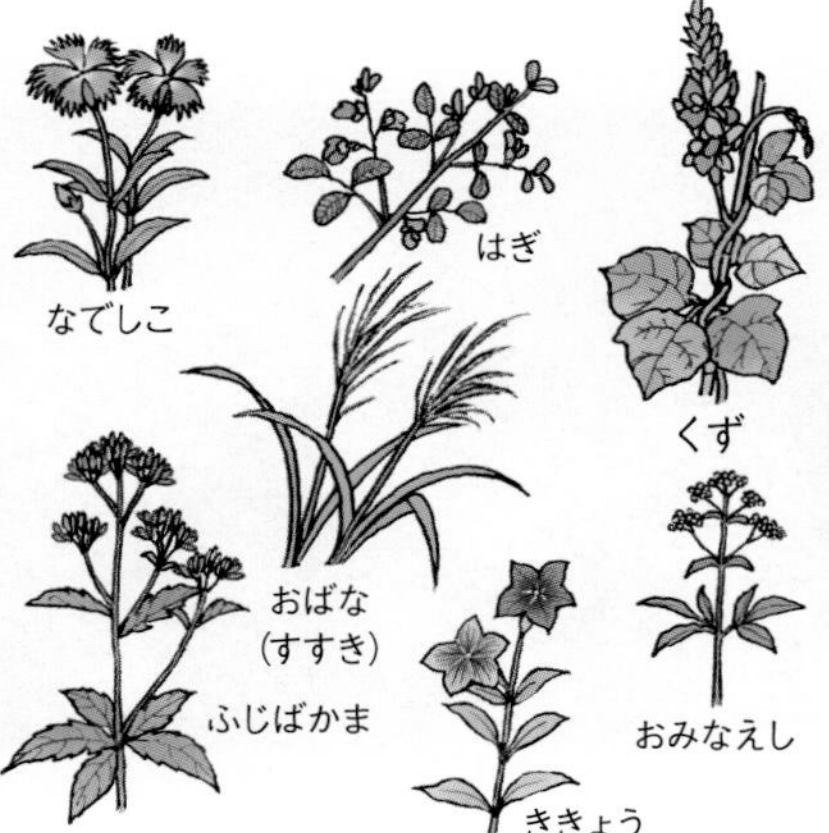

霜降

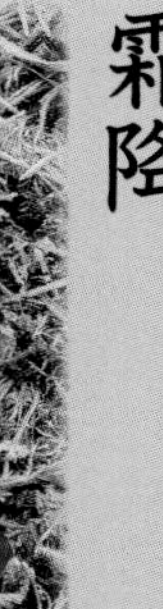

霜が降りるころのことです。

二十四節気	月
立冬（りっとう）	十一月（じゅういちがつ）
小雪（しょうせつ）	
大雪（たいせつ）	十二月（じゅうにがつ）
冬至（とうじ）	

七五三

女の子は三さいと七さい、男の子は三さいと五さいの十一月十五日に、神社などへおまいりに行き、おいわいをします。そして、すこやかな成長を願います。

昔からある言葉や行事を大切にしましょう。

大みそか

一年の終わり、十二月三十一日が大みそかです。大そうじなどをして、正月をむかえるじゅんびをととのえ、年こしそばを食べます。大みそかから新年にかけては、お寺で「じょやのかね」が百八回打たれます。百八という数は、人間のなやみや苦しみの数だと言われています。

言葉はくらしの中にある

写真でわかる ことわざ・慣用句

ことわざや慣用句を、写真とともに説明しました。

『新レインボー 写真でわかる はじめてことわざ・四字熟語辞典』より

ことわざや慣用句の由来を、写真で見てみましょう。

たががゆるむ

「たが」とは、たるやおけのまわりにはめてある、わっかのことです。

実際に「たががゆるむ」と、板がばらばらになってしまうことから、はりつめていた気持ちがゆるんで、しまりがなくなるたとえとして使います。

たががゆるむと…

ばらばら〜

青菜に塩

しゃきっ！

青菜

塩をかけると…

だら～ん

青菜に塩をかけると、中の水分が出て、しおれてしまいます。「青菜に塩」は、このように元気をなくすことのたとえとして使います。

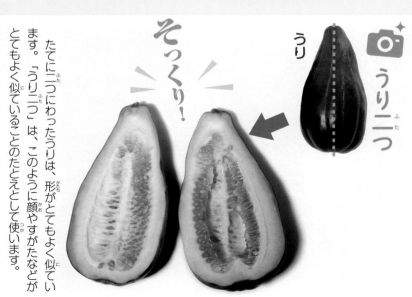

うり二つ

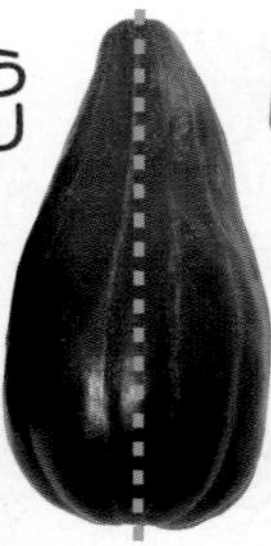

うり

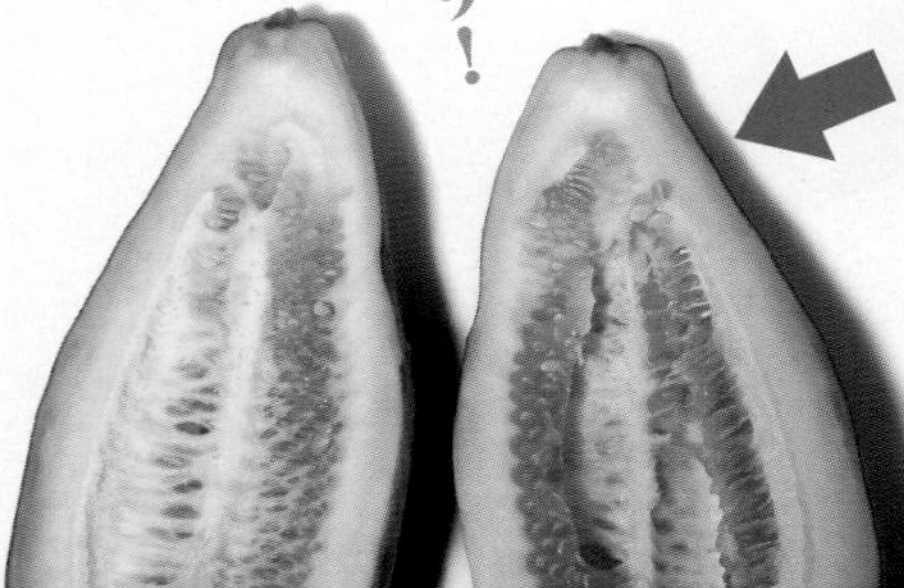

そっくり！

たてに二つにわったうりは、形がとてもよく似ています。「うり二つ」は、このように顔やすがたなどがとてもよく似ていることのたとえとして使います。

くちばしが黄色い

鳥のひなのくちばしは黄色です。

「くちばしが黄色い」は、ひなのように、わかくて経験の少ない人をたとえるときに使います。

立つ鳥あとをにごさず

水鳥は、水面を走るようにしてとび立つので、水の下の方のどろがまざって水をにごすことがありません。「立つ鳥あとをにごさず」は、よそにうつるときは、あとが見苦しくないように、きちんとしておかなければならないという教えです。

ねこの額

ねこの額は、じっさいにとても小さいことから、「ねこの額」とは、とてもせまい場所のたとえとして使います。

ねこの目のよう

明るいとき
細いひとみ

暗いとき
まるく大きなひとみ

ねこのひとみは、光の量によって太くなったり細くなったり、変わりやすいものです。

このことから、「ねこの目のよう」とは、人の気持ちや物事の状態などが変わりやすいことのたとえとして使います。

焼け石に水

焼いた石に少しだけ水をかけても、すぐには石は冷めません。「焼け石に水」は、少しだけの努力や助けではききめがないことのたとえとして使います。

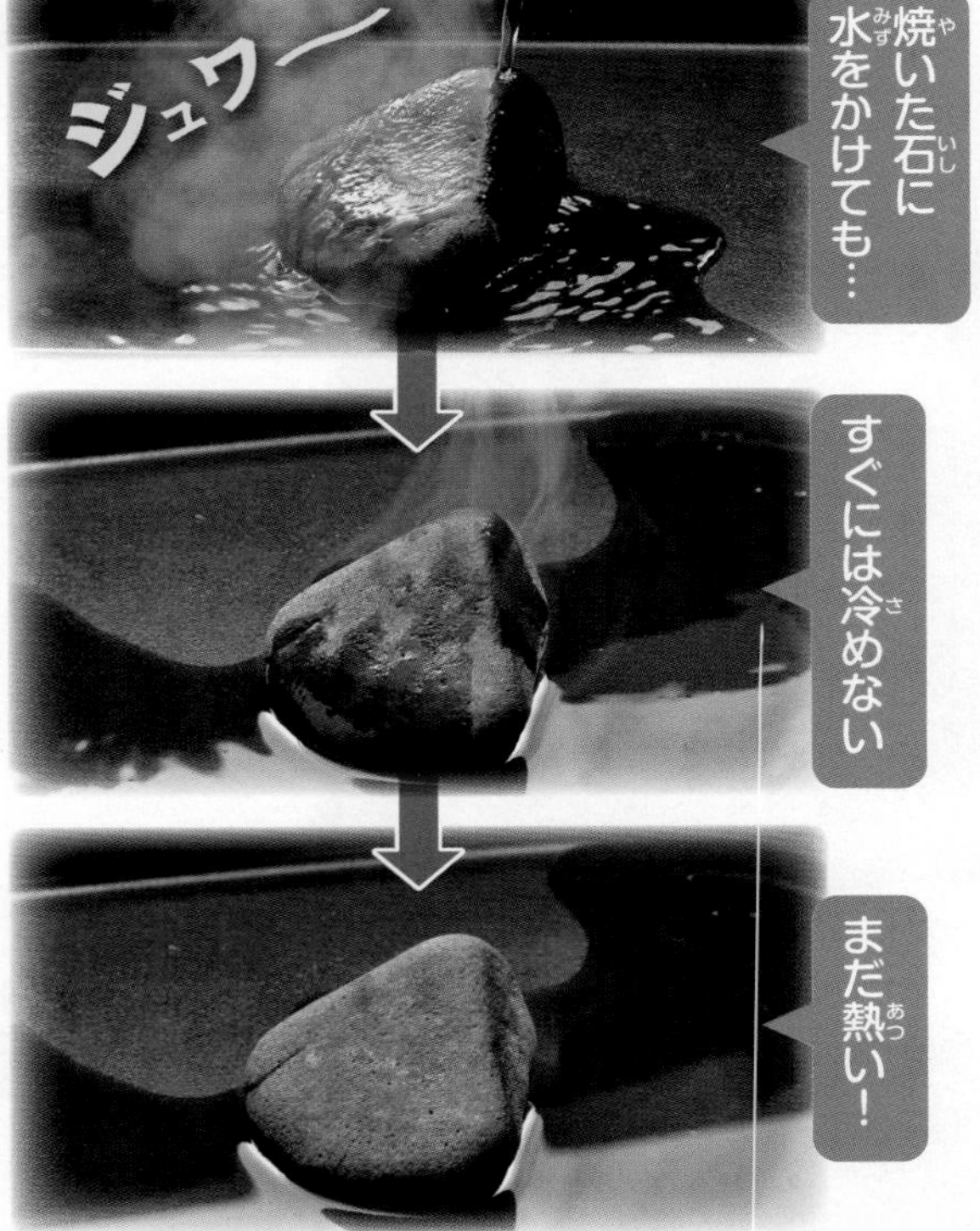

焼いた石に水をかけても…
ジュワ―
すぐには冷めない
まだ熱い！

ことわざや慣用句は、道具や食べ物、生き物など身近なものから生まれたものが多いんですよ。

辞典でいろいろな言葉を覚えて、使ってみてくださいね！

監修の言葉

はじめに

金田一春彦
金田一秀穂

私たちは、いろいろなことが「分かる」ために毎日勉強しています。では、「分かる」というのはどういうことでしょうか。

分かるというのは、そのコトやモノを言葉で言えるということなのです。言葉で言えるためには、その言葉の意味を知っていなければなりません。

例えば、推しというのはどういうことか、エルジービーティーとは何のことか。それぞれの言葉の意味を知らなければ、その文章を理解できないし、その出来事が「分かった」ことになりません。

「分かる」ことは、言葉を知っているということなのです。ですから、すべての勉強は、言葉を知るということなのです。

本を読んでいて、教室で勉強していて、何か知らない言葉に出会ったら、すぐにその言葉の意味をこの辞典で調べてください。あなたのことやあなたを取り巻くいろいろなことが「分かって」くるでしょう。

※本書は、前身の『学研　小学国語辞典』が一九八二年に発行されて以来、長年にわたって多くの読者の方々に愛用され、版を重ねてきました。第5版では、見やすさ、わかりやすさを追求し、学習辞典ではいち早く全ページオールカラーに改めました。さらに第6版と、今回の改訂では、新しいアイコンやコラムを追加し、言葉の使い方をよりわかりやすく解説しています。

この辞典の使い方

この辞典は、みなさんの言葉に対するぎもんに答え、国語はもちろん理科や社会など、すべての科目の学習に役立つようにつくられています。

言葉の意味だけでなく、品詞・使い方・類義語・反対語など、いろいろなことを調べることができます。

★表紙をめくってすぐのページも見ましょう。「この辞典の組み立て」がのっています。

この辞典におさめてある言葉

この辞典には、小学校で勉強する大事な言葉や、地名・人名のほか、新聞やテレビ、インターネットなどでよく使われる言葉などをおさめています。

●小学校で習う千二十六字の漢字とその説明は、**巻末の資料「ミニ漢字字典」**にまとめています。

●「ETC」のようなアルファベットの略語は、**巻末の資料「アルファベット略語集」**にまとめています。

言葉のならべ方

辞典で項目としてのせてある言葉を「見出し語」といいます。

❶すべての見出し語は、「あいうえお順」（五十音順）にならべています。（「あいうえお」の表は、表紙をめくってすぐのページにあります。）

一字目の文字が同じときには二字目、二字目も同じときは三字目を見ましょう。すべて「あいうえお順」になっています。

一字目	二字目	三字目
あさ【朝】	きかん【機関】	めいさく【名作】
いし【石】	ききん【基金】	めいしん【迷信】
うす【臼】	きくず【木くず】	めいすい【名水】
えき【駅】	きけん【危険】	めいせい【名声】
おと【音】	きこう【気候】	めいそう【迷走】

❷すべての見出し語を左のようにおきかえます。

(1)だく音（が・ざ・だ・ばなど、にごる音）、半だく音（ぱ・ぴ・ぷ・ぺ・ぽの音）は、一度、清音（あ・か・さ・た・な…など、にごりのないすんだ音）におきかえます。

(2)小さく書く「ゃ・ゅ・ょ・っ」は、一度、大きく書く「や・ゆ・よ・つ」におきかえます。

(3)のばして発音する音（＝長音）は、一度、「ー」の前の音

を長くのばしたときの「ア・イ・ウ・エ・オ」におきかえます。

そうして、ならべていきます。

❸ならべ終わって同じ音がならんだ場合、元にもどします。

(1)おきかえた清音を元にもどして、清音→だく音→半だく音の順にならべます。

(2)おきかえた大きく書く「や・ゆ・よ・つ」を元にもどして、大きく書く「や・ゆ・よ・つ」→小さく書く「ゃ・ゅ・ょ・っ」の順にならべます。

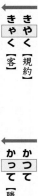

(3)おきかえた「ア・イ・ウ・エ・オ」を元にもどして、「ア・イ・ウ・エ・オ」→「ー」の順にならべます。

❹❷と❸ができたら、ほかのものも元にもどします。

●右から左、上から下へと読みます。

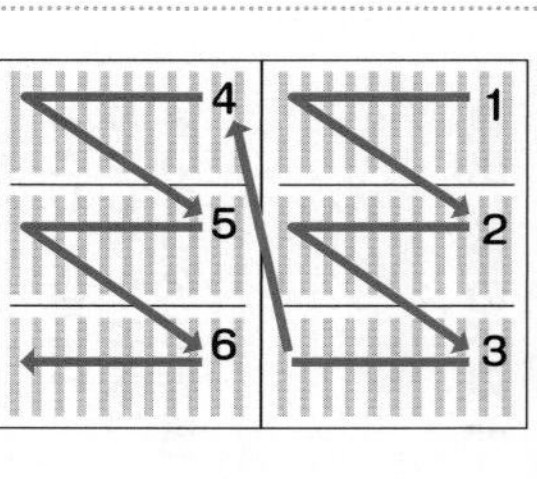

3の左の後は4の右へ、6の後は次のページへ行きます。

見出し語

見出し語は、ひらがな、またはかたかなの太字でしめしています。

❶見出し語は「現代かなづかい」で表しています。

●もとから日本で使われている言葉（＝和語・漢語）は、ひらがなでしめしています。

●外国から入ってきた言葉は、かたかなでしめしています。

ただし、「かるた」「てんぷら」のように、日本に入ってきて日本語にとけこんでいる言葉は、ひらがなでしめしています。

また、日本語でも、「シテ」「ワキ」のように、かたかなで書く習慣のある言葉は、かたかなでしめしています。

❷いろいろな形に変わる言葉（＝活用語）のうち、動詞・形容詞・助動詞は、言い切りの形（＝終止形）でしめしています。

> あるかない。 あるきます。 あるく。
> あるけば。 あるこう。 ➡言い切りの形

❸いろいろな形に変わる言葉（＝活用語）のうち、形容動詞（「静かだ」「きれいです」など）は、形が変わらない部分まで（「静か」「きれい」）でしめしています。

❹赤字の見出し語は、よく使われる重要な言葉です。

❺見出し語の右上にある、**1 2 3**…の小さい数字は、同じ読みの言葉が、いくつかあることをしめしています。最初に見つけた見出し語だけではなく、**1**↓**2**↓**3**…と見ていきましょう。

> 1 **あめ**
> 2 **あめ【天】**
> 3 **あめ【雨】**

❻二つ以上の言い方がある見出し語は、⬇で、ほかの見出し語と、そのページをしめしています。そちらを見ましょう。（見出し語が近くにあるものはページをしめしていません。）

> **ヴァイオリン** ⬇○ページ・バイオリン。
> **でんでんむし** ⬇○ページ・かたつむり。

❼まちがえやすい言葉も見出し語としてしめしています。⬇の先の正しい見出し語を調べましょう。

> ⬅まちがい
> ×おおさま【王様】 ⬇ ○ページ・おうさま。
> ⬅正しい見出し語

意味の説明と、使い方の例

❽図や口絵、ほかの見出し語などを、参考に見てほしいものは、⇩でしめしています。⇩の先も見てみましょう。

> **みとし【水戸市】**……⇩○ページ・都道府県（図）。
> **りっしゅん【立春】**……⇩口絵○ページ
> **すいさいが【水彩画】**……⇩○ページ・油絵

書き表し方

見出し語の下の【 】の中には、漢字などを使って書き表すときの書き方をしめしています。

❶漢字は、国によって決められている「常用漢字表」に、送りがなは「送り仮名の付け方」の本則と例外にしたがって、しめしています。

❷小学校で習う千二十六字の漢字（＝教育漢字）以外の漢字には、◀をつけてしめしています。

❸「常用漢字表」にない漢字については、地名や人名など特別の場合をのぞいて、ひらがなでしめしています。地名や人名などで漢字を使用している場合は、◁をつけてしめしています。

❹一つの言葉に二つ以上の書き方があるときには、【 】の中にならべてしめしています。

意味の説明と、使い方の例

❶**意味の区別・品詞の区別**

一つの見出し語で意味が二つ以上あるときは、❶❷❸…と分けてしめしています。

一つの見出し語でことなる使い方をする品詞があるときは、一二…と分けてしめしています。

❷**ことわざ・慣用句・四字熟語・故事成語・連語**

見出し語の下に、ことわざ 慣用句 四字熟語 故事成語 連語 のしるしをつけています。

❸**使い方の例**

見出し語の意味や使い方がよくわかるように、使い方の例を例のしるしの後にしめしています。

また、よく使う言葉の組み合わせをことばのしるしの後にしめしています。

❹**〔 〕、（ ）と《 》**

見出し語の意味をより正確にするために、説明の一部を〔 〕や（ ）の中に入れて、わかりやすくしています。

見出し語がほかの決まった言葉に続くときや、決まった形をとるときには、《 》の中でその説明をしています。

あざやか……〔色などが〕明るくはっきりしているようす。

いただく……《「…ていただく」の形で》「…てもらう」のへりくだった言い方。

❺**＋（プラスマーク）・－（マイナスマーク）・±（プラスマイナスマーク）**

一つの見出し語の中に正反対の意味がある場合、よいほうの意味に＋のマーク、悪いほうの意味に－のマーク、よいほうと悪いほうどちらの意味にも使うものに±のマークをつけています。

❻**類義語と、反対語・対語**

見出し語と意味がよく似た言葉や、同じなかまの言葉（＝類義語）を、類のしるしの後にしめしています。見出し後と反対の意味をもつ言葉（＝反対語／「暑い」と「寒い」など）や、対になる言葉（＝対語／「朝」と「夕」など）を、対のしるしの後にしめしています。

類対の後の①②…は、意味の❶❷…に対応する類義語や反対語・対語であることをしめしています。

⑦ 参考になる情報

見出し語について知っておくとよい情報を、内容に合わせて 参考 注意 語源 活用 金田一メモ 漢字 のしるしの後にしめしています。（それぞれのしるしの説明は(24)ページにあります。）

見出し語を別の言葉に言いかえるための見出し語を、ことば選び のしるしの後にしめしています。

⑧ 外来語・カタカナ語

英語は、▼の後に、つづりをしめしています。英語以外の外来語については、その言葉がもともとどこの言葉であるかをしめしています。ほか、原語は英語とは別だが、英語でも使われているものについては、「▼英語（イタリア語から）」などと（ ）の中に原語をしめしています。また、原語も英語も同じつづりのものは、「▼オランダ語・英語 gas」などとならべてしめしています。

アイスクリーム　▼英語 ice cream
エクレア　▼フランス語

⑨ 漢字の使い分け

同じ読みで意味のちがう漢字の使い分けを、かこみ記事「使い分け」で解説しています。

使い分け
かいとう
●質問に答えること。
回答。
アンケートの回答。
●問題をといて答えること。
解答。
クイズの解答。
アンケート

品詞

見出し語と書き表し方の下に、次のように品詞をしめしています。

しるし	品詞
動詞	動詞
する動詞	後に「する」をつけると動詞になる
形容詞	形容詞
形容動詞	形容動詞
名詞	名詞
助動詞	助動詞
副詞	副詞
副詞(ーと)	後に「と」をつける形でも用いる副詞
連体詞	連体詞
接続詞	接続詞
感動詞	感動詞
助詞	助詞

代名詞	代名詞
助数詞	助数詞
接頭語	接頭語
接尾語	接尾語
地名	地名
人名	人名
書名	書名

❶品詞の説明は、巻末の資料にあります。

❷(する動詞)は、「名詞」などに「する」をつけると動詞になるものです。

かんさつ【観察】(名詞)(する動詞)…観察(名詞)／観察する(動詞)

❸(副詞(ーと))は、「…と」をつける形でもつけない形でも使います。一部、「あ然と」「ぼう然と」のように、「…と」をつけた形で見出し語としているものもあります。

きらきら(副詞(ーと))…きらきら光る。／きらきらと光る。

❹(助数詞)は、数字の下につけて、数を表すものです。
(接頭語)は、ほかの言葉の上につくものです。
(接尾語)は、ほかの言葉の下につくものです。

コラム・ことば選びのまど・ことばあそび・資料

この辞典には、本文以外にも、言葉にまつわる情報がのせてあります。

❶**コラム**
金田一先生のことばの教室
この辞典の監修者である金田一秀穂先生の、日本語や漢字についてのいろいろな話を集めています。

ことば博士になろう！
言葉について、おもしろい情報や役立つ知識を集めています。

❷**ことば選びのまど**
意味の似ている言葉（類語）を集めて、まとめました。言葉を選ぶときの参考にしてください。矢印でしめしたページに、くわしい説明があります。ややむずかしい言葉は、(発展)のしるしでしめしています。

❸**ことばあそび**
なぞなぞや回文など、言葉を使った楽しい遊びなどが、ページの下にあります。

ことばあそび

❹**資料**
巻末に、「ミニ漢字字典」「早覚え百人一首」「ローマ字」「アルファベット略語集」など、国語の学習に役立つ資料をまとめています。

この辞典で使っている記号

赤い見出し語……よく使われる重要な言葉。

さ[1]　さ[2]　さ[3]……読み方が同じ見出し語がいくつかあるもの。

【　】……漢字などの表記。

【　】……常用漢字(小学校で習わない字)。

【　】……「常用漢字表」にない漢字。

×○○○【○○○】……まちがいの見出し語。

❶❷❸……いくつかの意味をしめす。

一 二……いくつかの品詞をしめす。

ことわざ　慣用句　四字熟語　故事成語　連語……その見出し語が、ことわざ・慣用句・四字熟語・故事成語・連語だというしるし。

例……その見出し語の使い方の例。赤字は、見出し語が使われている部分。

ことば……よく使う言葉の組み合わせ。

＋……プラスマーク。よいほうの意味で使うことをしめす。

－……マイナスマーク。悪いほうの意味で使うことをしめす。

±……プラスマイナスマーク。よいほうと悪いほうと、どちらの意味でも使うことをしめす。

類……類義語。

対……反対語や対語。

参考……その言葉の使い方や、役立つ知識など。

注意……まちがえやすい漢字や、送りがな、かなづかいなどの注意点。

語源……その言葉の由来。

活用……活用語。語幹(形の変わらない部分)と語尾(形の変わる部分)の区切りを中黒(・)でしめす。

金田一メモ……この辞典の監修者である金田一秀穂先生の解説。

漢字……「常用漢字表」にないが、身近な言葉などの漢字表記。

ことば選び……別の言葉に言いかえるための見出し語をしめす。

▼……外来語・カタカナ語で、その元の言葉をしめす。英語はつづりもしめす。

⬇……下の見出し語を見ましょう。

⇩……図や口絵、ほかの見出し語などを、参考に見ましょう。

あ

ア
A
a

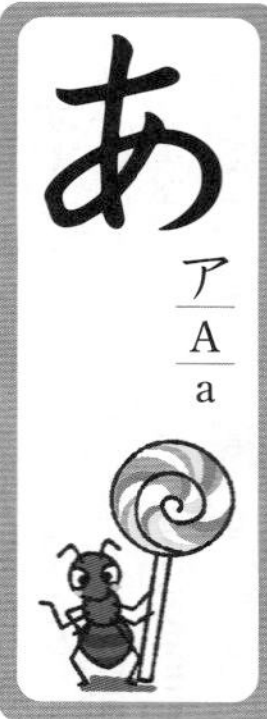

あ 感動詞 ❶おどろいたり気がついたりしたときに思わず出る言葉。例あ、いたい。／あ、わかった。❷よびかけたり返事をしたりするときに使う言葉。例あ、兄さん、ちょっと待って。／あ、今から行きます。

ああ ㊀ 副詞 あのように。例ああすれば、よかったのか。
㊁ 感動詞 ❶物事に喜び・悲しみ・なげきなどを感じたときや、思い出したときにいう言葉。例ああ、うれしい。／ああ、用事を思い出した。❷わかったという意味で、軽く返事をするときの言葉。例これをとどけてください。ああ、いいよ。

ああいう 連体詞 あのような。あんな。例ああいうバッグがほしいな。／かれは昔からああいう性格なんだ。

ああいえばこういう【ああ言えばこう言う】慣用句 あれこれと言いわけをしたりして、責任からのがれようとしたり、さからったりする。例弟は、ああ言えばこう言うで、人の意見を受け入れようとしない。

アークとう【アーク灯】名詞 電気を通した二本の炭素のぼうを向かい合わせて、その間に、明るい光が出るようにした電灯。アークライト。

アークライト 名詞 ➡アークとう。▼英語 arc light

アーケード 名詞 ❶まるい天井のある通路。❷日ざしや雨をよけるために、道の上に屋根のようなおおいをかぶせた商店街。▼英語 arcade

アース 名詞 する動詞 感電をふせぐため、電気を使う機械と地面とを線でつないで、電気を地面ににがすこと。また、その線。▼英語 earth

アーチ 名詞 ❶柱と柱の間を弓形にした建物。また、その形式。⇩図。❷スギやヒノキの葉などでかこった門。お祝いやもよおしのときにつくる。❸［ボールが飛んでいく様子から］野球で、ホームランのこと。例特大アーチを放つ。▼英語 arch

アーチ①

アーチェリー 名詞 西洋の弓。また、その弓を用いる競技。洋弓。▼英語 archery

アーチダム 名詞 川の上流の方を丸くふくらませた形のダム。▼英語 arch dam

アーティスティックスイミング 名詞 音楽に合わせて泳ぎ、技術や美しさをきそう競技。参考もとは「シンクロナイズドスイミング」といった。▼英語 artistic swimming

アーティスト 名詞 ❶芸術家。また、特に音楽家。❷名人。達人。参考「アーチスト」ともいう。▼英語 artist

アート 名詞 ［文学や絵画・音楽・演劇などをまとめた言い方で］芸術。また、特に美術。例現代アート。▼英語 art

アーメン 感動詞 キリスト教で、いのりや賛美歌の終わりに唱える言葉。参考「エーメン」ともいう。▼英語（ヘブライ語から）amen

アーモンド 名詞 バラ科の木。種はナッツの一つで、食用にする。参考「扁桃」「巴旦杏」ともいう。⇩図。▼英語 almond

アーモンド

1 **アール** 名詞 助数詞 土地の広さを表す単位。一アールは百平方メートル。記号は「a」。▼フランス語

2 **アール**【R・r】名詞 アルファベットの十八番目の文字。

1 **あい**【藍】名詞 ❶タデ科の植物。葉からこい青色の染料をとる。❷こい青色。あい色。

2 **あい**【相】接頭語 ❶《ある言葉の上につけて》「たがいに」「いっしょに」の意味をつけ加える言葉。例相対する。／相反する。❷《ある言葉の上につけて》言葉の調子をととのえたり、意味を強めたりする言葉。ことば「相すみません」

3 **あい**【愛】名詞 ❶かわいがり、大切にすること。また、その心。例子を思う親の愛。❷好きだと

思うこと。こいしく思うこと。また、その心。例 愛を告白する。❸大切にすること。また、その心。例 芸術への愛。

4 **アイ**【Ｉ・ｉ】名詞 アルファベットの九番目の文字。

あいいく【愛育】名詞 する動詞 かわいがって、大切に育てること。例 子どもを愛育する。

あいいろ【藍色】名詞 こい青色。あい。例 藍色の空。

あいうえおじゅん【あいうえお順】名詞〔あ行から、わ行までの〕五十音順。例 人の名前をあいうえお順にならべる。

あいうち【相打ち・相討ち・相撃ち】名詞 両者が同時に相手を打つこと。また、そうなって勝ち負けが決まらないこと。例 両者相打ちになる。

アイエスオー【ＩＳＯ】名詞 国際標準化機構。製品やサービス、また、活動のしくみの規格をそろえていこうとする国際機関。参考 ㋐英語では International Organization for Standardization。㋑「イソ」ともいう。

アイエルオー【ＩＬＯ】名詞 国際労働機関。国際連合（＝国連）の専門機関の一つ。働く人たちを守ることを目的とする。参考 英語の International Labour Organization の略。

アイオーシー【ＩＯＣ】名詞 国際オリンピック委員会。オリンピックを開く場所やその種目などを決める。参考 英語の International Olympic Committee の略。

アイオーティー【ＩＯＴ】名詞 コンピューターやデジタル通信機器にかぎらず、さまざまなモノをインターネットにつないで情報をやり取りして、監視・操作・制御などをすること。「モノのインターネット」とよばれる。参考 英語の Internet of Things の略。

あいかぎ【合い鍵】名詞 ある錠に合うかぎのほかにつくった、同じ形のかぎ。

あいかわらず【相変わらず】副詞 前と同じように。いつもと変わらず。例 相変わらずさわがしい人だ。

1 **あいがん**【哀願】名詞 する動詞 同情してもらうようにして、願い、たのむこと。例 ゆるしてほしいと哀願する。

2 **あいがん**【愛玩】名詞 する動詞〔心をなぐさめるものとして〕大切にし、かわいがること。また、いつくしんで楽しむこと。例 愛玩動物。参考 多く、小動物や小さい物などにいう。

あいぎ【合着】名詞〔夏と冬の間に着ることから〕春や秋に着る洋服。合服。

あいきどう【合気道】名詞 日本の武道の一つ。せめてきた相手の動作を利用して、うでなどをひねったり投げたりするわざが多い。

アイキュー【ＩＱ】名詞 ➡801ページ・ちのうしすう。

あいきょう【愛きょう】名詞 ❶にこにこしていて、かわいいこと。例 いつも笑顔で愛きょうがある。❷〔人に好かれるような〕愛想や、おせじ。

あいきょうをふりまく【愛きょうを振りまく】慣用句 相手に気に入られようとして、にこやかで親しみのある態度をとる。例 パーティーで愛きょうを振りまく。

あいくち【合い口】名詞 つばのない短い刀。⇨図。

合い口

あいくるしい【愛くるしい】形容詞 とてもかわいらしいようす。例 愛くるしい赤ちゃん。活用 あいくるし・い。

あいけん【愛犬】名詞 かわいがってかっている犬。また、犬をかわいがること。例 わが家の愛犬。／愛犬家。

1 **あいこ** 名詞 勝ち負けが決まらないこと。例 じゃんけんであいこになる。類 ひきわけ。

2 **あいこ**【愛顧】名詞 特にかわいがって、引き立てること。ことば「ご愛顧をいただく」参考 ふつう、引き立ててもらう方からいう。

あいご【愛護】名詞 する動詞 かわいがって大切にすること。例 動物愛護。

あいこう【愛好】名詞 する動詞 あることが好きで、いつも親しんでいること。例 スポーツを愛好する。

あいこく【愛国】名詞 自分の国を大切にすること。例 愛国者。

あいこくしん【愛国心】名詞 自分の国を大切に思う気持ち。例 愛国心をもつ。

あいことば【合い言葉】名詞 ❶仲間だけに

あいうえお かきくけこ さしすせそ たちつてと なにぬねの はひふへほ まみむめも や ゆ よ らりるれろ わ を ん

通じるように決めた合図の言葉。例「山」と「川」を合い言葉にする。❷あることに向かう目標として、決めた言葉。例「地域貢献」を合い言葉にする。

アイコン 名詞 コンピューターの画面で、その働きやファイルの内容などを絵にして、しめしたもの。図。▼英語 ⇩ icon

アイコン

アイコンタクト 名詞 合図などのために、目と目を合わせること。例試合中に味方とアイコンタクトをかわす。▼英語 eye contact

あいさつ【挨拶】 名詞 する動詞 ❶人と会ったときや別れるときに言う言葉。また、それを言うこと。例朝、元気よく挨拶をする。ことば「挨拶をかわす」❷式や手紙などで、あらたまってのべること。また、その言葉。例開会の挨拶。

あいじ【愛児】 名詞 ある人がかわいがっている、その人自身の子ども。例あの男の子は、先生の愛児だ。参考 自分のことではなく、ほかの人の子どもについていう。

アイシー【IC】 名詞 いろいろな部品とそれらを結ぶ配線を、とても小さいところに組みこんだもの。集積回路。参考 英語の integrated circuit の略。

あいじゃく【愛着】 名詞 する動詞 ⬇あいちゃく。

あいしゅう【哀愁】 名詞 何となく悲しい感じ。ことば「哀愁がただよう」「哀愁をおびる」

1 **あいしょう【相性・合性】** 名詞 人や物の間で、性質がよく合うこと。例好きな人との相性をうらなう。ことば「相性がいい」

2 **あいしょう【愛称】** 名詞 親しい気持ちをこめてよぶ、よび名。例「マドンナ」という愛称でよばれている。類あだ名。

3 **あいしょう【愛唱】** 名詞 する動詞 好きで、よく歌うこと。例広く愛唱される曲。

あいじょう【愛情】 名詞 ❶かわいがり、大切に思う心。例愛情をこめて育てた花。ことば「愛情を注ぐ」❷こいしく思う心。例つまへの深い愛情。ことば「愛情をいだく」

アイス 名詞 ❶氷などでひやしたもの。例アイスコーヒー。対ホット。❷「アイスクリーム」「アイスキャンデー」のこと。例バニラアイス。▼英語 ice（＝氷）

あいず【合図】 名詞 する動詞 前もって約束した方法で知らせ合うこと。また、その信号。例手を上げて合図する。

アイスキャンデー 名詞 水や果汁にさとう・香料などをまぜて、細いぼうのまわりにこおらせた、冷たいお菓子。アイスキャンディー。参考 日本でつくった言葉。

アイスクリーム 名詞 牛乳に、たまごの黄身・さとう・香料などをまぜてこおらせた、冷たいお菓子。▼英語 ice cream

アイススケート 名詞 ⬇662ページ・スケート①。参考 英語の ice skating から。

アイスホッケー 名詞 氷の上でスケートをはいて、スティックで円ばんの形をしたたまを打ち合い、相手のゴールに入れて得点をきそうゲーム。六人一組みでおこなう。参考 ⇩ホッケー。▼英語 ice hockey

アイスランド 地名 大西洋北部で北極圏に近い島国。火山が多い。首都はレイキャビク。▼英語 Iceland

あいする【愛する】 動詞 ❶かわいがる。大切にする。例両親に愛される。／ふるさとを愛する。❷こいしく思う。例王子さまは、おひめさまを愛している。❸好む。大切にする。例姉は音楽を愛している。活用 あい・する。

1 **あいせき【相席】** 名詞 する動詞 飲食店などで、知り合いではない客と同じテーブルにすわること。

2 **あいせき【哀惜】** 名詞 する動詞 人の死などを、悲しみ、おしむこと。ことば「哀惜の念」類哀悼。

3 **あいせき【愛惜】** 名詞 する動詞 ❶いつくしんで、大切にすること。例祖父の愛惜した書物。❷なごりおしく思うこと。例おさないころの思い出を愛惜する。

アイゼン 名詞 登山ぐつの底につけて、雪の上などを歩くときのすべり止めにする金具。⇩図。▼ドイツ語

あいそ【愛想】 名詞 ❶人にあたえる（よい）感じ。例あの店の主人は愛想がない。❷もてなし。例何の愛想もなく失礼しました。参考「あいそう」ともいう。

あ
あいうえお
かきくけこ
さしすせそ
たちつてと
なにぬねの
はひふへほ
まみむめも
や
ゆ
よ
らりるれろ
わ
を
ん

ことばあそび 2文字しりとり❶ ゆめ→メモ→もり→りす→すな→なみ→みき→きぬ→ぬま→まち

あいそう【愛想】名詞 ⬇あいそ。

あいぞう【愛憎】名詞 愛することと、にくむこと。例 愛憎のもつれ。

あいそがいい【愛想がいい】慣用句 いい感じをあたえるように、人の相手をするようす。例 兄は、だれにでも愛想がいい。

あいそづかし【愛想尽かし】名詞 相手がいやになったことをしめす態度や言葉。ことば「愛想尽かしをする」

あいそわらい【愛想笑い】名詞 相手に気に入られようとしてする、つくり笑い。ことば「愛想笑いをうかべる」

あいそをいう【愛想を言う】慣用句 相手のきげんをとることを言う。おあいそを言う。

あいそをつかす【愛想を尽かす】慣用句 あきれて、相手になるのがいやになる。例 かれのわがままに、みんな愛想を尽かした。

あいだ【間】名詞 ❶二つのもの、または、二つの場所にはさまれたところ。例 本の間に、しおりをはさむ。❷あるときからあるときまでの時間。例 七時から八時の間、テレビを見ていた。❸人と人との関係。例 二人の間が、うまくいかない。

あいたいする【相対する】動詞 ❶たがいに向かい合う。例 テーブルをはさんで相対してすわる。❷たがいに反対の立場に立つ。対立する。例 相対する主張がぶつかり合う。活用 あいたい・する。

アイゼン

あいだがら【間柄】名詞 親子・きょうだい・友だちなど、人と人とのつながり。例 あの二人は親子の間柄です。／親しい間柄。類 続き柄。

あいたくちがふさがらない【開いた口が塞がらない】慣用句 おどろきあきれて、何も言えない。例 そんな見えすいたうそをつくなんて開いた口が塞がらない。

あいちけん【愛知県】地名 中部地方にある、太平洋に面した県。県庁所在地は名古屋市。⇩916ページ・都道府県（図）。

あいちゃく【愛着】名詞 する動詞 強く心をひかれて、はなれられないこと。あいじゃく。例 古いかばんだが愛着があるので使い続けている。ことば「愛着がわく」「愛着を感じる」

あいちょう[1]【哀調】名詞 何となく悲しい調子。しんみりした感じ。例 哀調をおびた笛の音。

あいちょう[2]【愛鳥】名詞 ❶鳥をかわいがること。特に、野鳥を大切にすること。❷かわいがっている鳥。

あいちょうしゅうかん【愛鳥週間】名詞 野鳥を大切にする心を育てる週間。五月十日からの一週間。バードウイーク。

あいつ 代名詞 あの人。例 あいつは、ぼくの親友だ。参考 少しらんぼうな言い方。

あいづ【会津】地名 福島県の西部にある地域の名。

あいついで【相次いで】副詞 一つのことが終わると、またすぐ次に。次々に。例 同じような事件が相次いで起こる。

あいつうじる【相通じる】動詞 ❶似ている。例 二人の考え方には相通じるものがある。❷たがいに通い合う。例 親友と気持ちが相通じる。参考「相通ずる」ともいう。活用 あいつう・じる。

あいつぐ【相次ぐ】動詞〔同じような物事や事件が〕次々と続く。例 不祥事が相次ぐ。活用 あいつ・ぐ。

あいづちをうつ【相づちを打つ】慣用句 人の話に調子を合わせて、うなずく。例 相づちを打ちながら、話を聞く。

あいて【相手】名詞 ❶自分といっしょに物事をする人。例 妹を相手に遊ぶ。類 なかま。同士。❷たがいに争う、もう一方の人。例 相手にとって不足はない。

アイデア 名詞 よい思いつき。アイディア。例 文化祭のアイデアを出す。▼英語 idea

アイディア 名詞 ⬇アイデア。

アイティー【ＩＴ】名詞 コンピューターやインターネットなどを使った技術。情報技術。参考 英語の information technology の略。

アイディー【ＩＤ】名詞 ❶身分証明書。参考 英語の identity card, identification card の略。❷利用者を見分けるための暗証番号。参考 英語の identification number の略。

あいてかた【相手方】名詞 相手側の人。例

相手方の意見も聞いてみよう。参考「あいてがた」ともいう。

アイテム 名詞 ❶品物。また、雑貨・洋服などの品目。❷もっておくべきもの。例学生の必須アイテム。❸ゲームの中で出現する役に立つもの。▼英語 item

あいとう【哀悼】 名詞 する動詞 人の死を悲しみ、心をいためること。例戦争のぎせい者を哀悼する。類追悼。ことば「哀悼の意をあらわす」

あいどく【愛読】 名詞 する動詞 〔ある読み物を〕好きで、よく読むこと。例すいり小説を愛読している。

あいどくしょ【愛読書】 名詞 それが好きで、何度も読んで大切にしている本。

あいどり【相取り】 名詞 する動詞 ❶物事をいっしょにすること。また、その人。❷もちをつくとき、むらなくつけるように、もちをこねること。また、その人。

アイドリング 名詞 する動詞 自動車が停止しているときも、エンジンがかかっていること。例アイドリング・ストップ(=アイドリングをしないこと)。▼英語 idling

アイドル 名詞 あこがれの的。特に、わかい人気タレントのこと。▼英語 idol

あいにく 副詞(-と) 形容動詞 都合が悪いようす。例たずねて行ったが、あいにく留守だった。／あいにくな天気。

アイヌ 名詞 北海道などに昔からすんでいる民族。▼アイヌ語

あいのて【合いの手】 名詞 ❶歌やおどりの調子に合わせて入れる、手拍子やかけ声。❷相手の話や動作の間に入れる身ぶりや言葉。ことば「合いの手を入れる」

あいのり【相乗り】 名詞 する動詞 同じ乗り物に連れではないほかの人といっしょに乗ること。例タクシーに相乗りして駅まで行く。類同乗。

あいば【愛馬】 名詞 かわいがって、大切にしている馬。

アイバンク 名詞 自分の死後、角膜を目の不自由な人にゆずるために登録しておく機関。目の銀行。▼英語 eye bank

あいはんする【相反する】 動詞 たがいに対立する。例相反する意見が出される。活用 あいはん・する。

あいぶ【愛ぶ】 名詞 する動詞 やさしくなでて、かわいがること。また、そのようにしてかわいがること。例わが子を愛ぶする。

あいふく【合服】 名詞 ⬇2ページ・あいぎ。

あいぼう【相棒】 名詞 いっしょに物事をする相手。例かれが新しい相棒だ。

あいま【合間】 名詞 物事と物事の間。例仕事の合間に休けいする。

あいまい【曖昧】 形容動詞 どちらとも決まらなくて、はっきりしないようす。例曖昧な答え。対明瞭。

アイマスク 名詞 目をおおうもの。目かくし。明るいところでもよくねむれるように用いる。参考日本でつくった言葉。

あいまをぬう【合間を縫う】 慣用句 物事の切れ目の時間をうまく使う。例家事の合間を縫って勉強する。

あいみたがい【相身互い】 名詞 おたがいに同じ身の上をなぐさめ、助け合うこと。例こまったときは相身互いだ。類おたがい様。

あいよう【愛用】 名詞 する動詞 特に好きで、いつも使うこと。例愛用のカメラ。

あいらしい【愛らしい】 形容詞 かわいらしいようす。例愛らしいお姫さま。活用 あいらし・い。

アイルランド 地名 ❶イギリスの、グレートブリテン島の西にある島。❷アイルランド共和国。「アイルランド①」の中部・南部にある国。首都はダブリン。▼英語 Ireland

あいろ【あい路】 名詞 ❶けわしくて、せまい道。せまくて通りにくい道。例歩きにくい山のあい路。❷さまたげとなるもの。例あい路を取りのぞく。

アイロン 名詞 熱で、ぬののしわをのばしたり形をととのえたりする道具。ことば「アイロンをかける」参考もとは英語の「鉄」の意味。▼英語 iron

あいわ【哀話】 名詞 あわれで、かわいそうな物語。例戦争の哀話を語りつぐ。

アインシュタイン 人名 (一八七九〜一九五五)ノーベル賞を受賞した、ドイツ生まれの理論物理学者。相対性理論を完成した。アルバート＝アインシュタイン(Albert Einstein)。

あう[1]【会う】 動詞 人と顔を合わせる。例友だちに会う。／明日また会おう。対別れる。活用 あ・

あ あいうえお かきくけこ さしすせそ たちつてと なにぬねの はひふへほ まみむめも や ゆ よ らりるれろ わ を ん

ことばあそび 2文字しりとり❷ むし→しお→おに→にわ→わた→たき→きく→くい→いと→とら

う。⇩使い分け。

あう[2]【合う】一 動詞 ❶〔二つ以上のものが〕一つになる。例二つの川が合う地点。❷同じになる。例全員の考えが合う。❸ぴったり当てはまる。例足に合うくつ。❹〔形や色が〕つり合う。例洋服の色に合うぼうし。❺正しいものと同じになる。例計算が合う。⇩使い分け。

二 接尾語《ある言葉の下につけて》「たがいに…する」意味を表す言葉。例話し合う。／愛し合う。活用 あ・う。

あう[3]【遭う】動詞〔ある物事に〕出あう。経験する。例ひどい目に遭う。／夕立に遭う。活用 あ・う。参考 ふつう、よくないことにいう。⇩使い分け。

アウェー 名詞 サッカーなどで、相手チームの本きょ地。対 ホーム。▼英語 away

アウト 名詞 ❶テニスやバレーボールなどで、ボールが決められた線の外に出ること。対 イン。❷野球で、バッターやランナーが攻撃できなくなること。対 セーフ。❸失敗すること。だめであること。例ひみつを知られたら全員アウトだ。▼英語から out

アウトコース 名詞 ❶野球で、ピッチャーの投げたボールが、バッターから遠いところを通る道すじ。❷陸上競技で、トラックの外側の方のコース。対 ①②インコース。参考 英語を組み合わせて日本でつくった言葉。英語では out-side。

アウトサイド 名詞 ❶外側。外部。❷テニスやバレーボールなどで、コートの外側のこと。また、

使い分け　あう

●顔をあわせる。
友達に会う。

●同じになる。
考えが合う。

●よくないできごとに出くわす。
夕立に遭う。

そこにボールがあること。❸「アウトコース①」に同じ。❹「アウトサイドキック」に同じ。対 ①～④インサイド。▼英語 outside

アウトサイドキック 名詞 サッカーなどで、足の外側でボールをける、けり方。対 インサイドキック。▼英語 outside kick

アウトドア 名詞 建物の外。屋外。野外。例アウトドアスポーツを好む。対 インドア。▼英語 outdoors

アウトプット 名詞 する動詞 ❶コンピューターなどから情報を出すこと。また、その情報。出力。❷手に入れた知識や情報を役に立つように行動したり発言したりすること。対 ①②インプット。▼英語 output

アウトライン 名詞 ❶外側の線。❷話や物事のだいたいの内容。例計画のアウトラインを説明する。▼英語 outline

アウトレット 名詞「アウトレットストア」の略。洋服などの会社のあまった品物を、ふつうより安く売る店。▼英語 outlet

アウトロー 名詞 社会のきまりにしたがわない人。ならず者。無法者。▼英語 outlaw

あうはわかれのはじめ【会うは別れの始め】ことわざ この世で出会った人とは、いつかは必ず別れなければならないということ。

あうんのこきゅう【あうんの呼吸】慣用句 二人以上で一つのことをしようとするときに、おたがいの心の動きがぴったり合うこと。参考「あうん」は、はく息とすう息のこと。漢字 阿吽の呼吸。

あえぎあえぎ 副詞 苦しそうに息をはずませるようす。例あえぎあえぎ坂道をのぼる。

あえぐ 動詞 ❶苦しそうに、あらい息づかいをする。例病人は高い熱にあえいでいる。❷〔物事がうまくいかずに〕苦しむ。例びんぼうにあえぐ。活用 あえ・ぐ。

あえて 副詞 ❶無理に。おしきって。例言いにくいことだが、あえて言う。❷別に。必ずしも。例あえて危険をおかす必要はない。参考 ②は、後に「ない」などの打ち消しの言葉が続く。

あいうえお かきくけこ さしすせそ たちつてと なにぬねの はひふへほ まみむめも や ゆ よ らりるれろ わ を ん

あえない 形容詞 あっけなく、もろい。例 エラーであえなく負けた。活用 あえな・い。

あえもの【あえ物】 名詞 〔野菜・貝・魚などを〕みそ・す・ごまなどとまぜ合わせた食べ物。

あえる 動詞 〔野菜・貝・魚などを〕みそ・す・ごまなどとまぜ合わせる。例 ホウレンソウをごまであえる。活用 あ・える。

あえん【亜鉛】 名詞 青みがかった銀白色の金属。これを鉄板にメッキしてトタン板をつくったり、とかした銅とまぜあわせて真ちゅうをつくったりする。

あお【青】 一 名詞 ❶晴れた空のような色。例 青のクレヨン。参考 色の三原色の一つ。❷緑色。例 木々の青が目にしみる。
二 接頭語 《ある言葉の上につけて》「わかい」「未熟」の意味を表す言葉。例 青二才。／青くさい。

あおあお【青青】 副詞(-と) する動詞 一面に青いようす。また、緑であるようす。例 青々とした麦畑。参考 ふつう「青々」と書く。

あおい[1] 名詞 ❶タチアオイ・ゼニアオイなどの、アオイ科の植物のこと。赤やピンクなどの大きな花がさく。❷ウマノスズクサ科のフタバアオイの葉を図案化したもの。参考 徳川家の家紋として知られる、三つ葉あおいなどがある。漢字 葵。

あおい[2]**【青い】** 形容詞 ❶青の色をしている。例 青いタオル。／青い海。❷緑色である。例 青いウメの実。❸血の気がなく、顔色が悪い。例 わすれものをして、青くなった。活用 あお・い。

あおいきといき【青息吐息】 四字熟語 〔やりくりできなくて〕とてもこまっているようす。例 不景気で、店は青息吐息だ。

あおいとり【青い鳥】 書名 メーテルリンク作の童話劇。兄のチルチルと妹のミチルが、幸せをもたらす青い鳥をさがす旅に出る物語。参考 身近にあるのに、なかなか気がつかない幸せのたとえとして用いることもある。

あおうなばら【青海原】 名詞 青く広々とした海。

あおかび【青かび】 名詞 パン・もち・果物などにはえる、青緑色のかび。参考 肺炎などの治りょうに使うペニシリンは、青かびのなかまからつくられる。

あおきこんよう【青木昆陽】 人名 （一六九八〜一七六九）江戸時代中ごろの学者。ききんにそなえて、サツマイモをつくることを広めたので、かんしょ（＝サツマイモ）先生とよばれた。

あおぎみる【仰ぎ見る】 動詞 ❶見上げる。例 富士山を仰ぎ見る。❷尊敬する。例 人生の師と仰ぎ見る。活用 あおぎ・みる。

あおぐ[1] 動詞 うちわなどで風をおこす。例 うちわで炭火をあおぐ。活用 あお・ぐ。

あおぐ[2]**【仰ぐ】** 動詞 ❶上の方を見る。例 星を仰ぐ。❷うやまう。尊敬する。例 先ぱいをテニスの師と仰ぐ。❸〔教え・助けなどを〕求める。例 先生の指示を仰いだ。活用 あお・ぐ。

あおくさ【青草】 名詞 青々とした草。

あおくさい【青臭い】 形容詞 ❶青草のようなにおいがする。❷未熟である。例 青臭い意見ばかりを言う。活用 あおくさ・い。

あおくなる【青くなる】 連語 〔こわさや心配で〕顔色が青白くなる。例 さいふを落として青くなった。

あおざめる【青ざめる】 動詞 〔病気やおそろしさで〕顔色が青白くなる。例 悪い知らせに青ざめる。活用 あおざ・める。

あおじそ【青じそ】 名詞 葉やくきが、緑色のシソ。かおりがよく、食用にする。

あおじゃしん【青写真】 名詞 ❶〔せっけい図などを〕青色の紙に白い線で焼きつけた写真。❷未来の計画。例 新しい生活の青写真。ことば 「青写真を描く」

あおじろい【青白い】 形容詞 ❶青みがかって白い。例 海面を照らす青白い月光。❷〔顔などに〕血の気がない。例 病人は青白い顔でねていた。活用 あおじろ・い。

あおしんごう【青信号】 名詞 ❶交通信号で、進んでもよいことをしめす青または緑の信号。❷物事を進めてもよいという合図。例 新しいビルの建設に青信号が出る。対 ①②赤信号。

あおすじをたてる【青筋を立てる】 慣用句 〔こめかみに血管が青くうき出るほど〕かんかんになって、おこる。例 青筋を立ててどなる。

あおぞら【青空】 名詞 ❶青く晴れた空。例 青空を見上げる。❷外。野外。例 青空教室。参考 ②は、ほかの言葉の上につけて使う。

あおぞらきょうしつ【青空教室】 名詞 屋外でおこなう授業のこと。特に、戦争（第二次世界大戦）で校舎が焼けてしまったために、校庭

ことばあそび　3文字しりとり❶　とんぼ→ぼうし→しかく→くじら→らっこ→こおり→りきし→

などでおこなった授業をいう。

あおた【青田】名詞 ❶イネが青々としている田。❷まだイネが実らない田。

あおだいしょう【青大将】名詞 ナミヘビ科のヘビ。全長一〜二メートルで、色は暗い緑色。毒はない。

あおたがい【青田買い】名詞 会社が、まだ学校を卒業していない学生の採用を決めること。例 青田買いが社会問題になる。 金田一メモ 「青田がり」は、本来の言い方ではない。

あおだけ【青竹】名詞 切りとってすぐの、青々としている竹。参考「あおたけ」ともいう。

あおだたみ【青畳】名詞 新しくて青々としている、たたみ。参考 青々とした海面や田畑のたとえとして用いることもある。例 青畳をしいたような海。

あおてんじょう【青天井】名詞 ❶青い空を天井にたとえた言葉。青空。❷上の方の限界がないこと。例 株価は青天井だ。

あおな【青菜】名詞 ホウレンソウ・コマツナなど、こい緑色の野菜。

あおなにしお【青菜に塩】ことわざ〔青菜に塩をかけると、しおれることから〕元気をなくすことのたとえ。例 父にしかられた妹は青菜に塩といったようすだ。⇩口絵13ページ。

あおにさい【青二才】名詞 年がわかく、まだ一人前になっていない男。例 かれのような青二才には無理だろう。参考 相手をばかにしたり、自分がへりくだったりしていう言葉。

あおのけ 名詞 ⬇あおむけ。

あおのり【青のり】名詞 緑色で、かおりのある海そう。ほしたものを食用にする。

あおば【青葉】名詞 青々とした木の葉。緑の木の葉。例 青葉のトンネルをくぐる。

あおはあいよりいでてあいよりあおし【青は藍より出でて藍より青し】ことわざ 教えを受けた人の方が、教えた先生よりもりっぱになることのたとえ。語源 青色の染料は「あい」という草からとるが、もとの「あい」よりも青く美しいことから。

あおびかり【青光り】名詞 する動詞 青みをふくんだ色で光るようす。例 青光りする宝石。

あおびょうたん【青びょうたん】名詞 まだじゅくしていないヒョウタンの青い実。

あおみ【青み】名詞 ❶色の中に感じられる青っぽいようす。ことば「青みをおびる」❷料理で、いろどりにそえる緑色の野菜。例 すいものの青みにミツバをちらす。

あおみがかる【青みがかる】連語 色が青っぽくなる。青色に近づく。例 青みがかったグレー。

あおみどろ 名詞 田んぼ・池・ぬまなどの淡水の中で生育する、緑色の藻。

あおむく【あお向く】動詞 上を向く。例 あお向いて星を見る。対 うつむく。活用 あおむ・く。

あおむけ【あお向け】名詞 顔を上に向けること。あおのけ。例 たたみにねころび、あお向けになって本を読んだ。対 うつぶせ。⇩図。

あおむし【青虫】名詞 チョウやガの幼虫のうち、緑色で毛のはえていないもののこと。特にモンシロチョウの幼虫をいう。参考 ⇩106ページ・芋虫。415ページ・毛虫。

あおもの【青物】名詞 ❶野菜類をまとめていう言葉。例 青物市場。❷〔イワシ・サバなど〕皮の青い魚。

うつぶせ
あおむけ

あお向け

あおものいちば【青物市場】名詞 商人が集まって、いろいろな野菜を売ったり買ったりするところ。

あおもりけん【青森県】地名 東北地方にあって、本州のもっとも北の県。県庁所在地は青森市。⇩916ページ・都道府県（図）。

あおもりし【青森市】地名 青森県の県庁所在地。⇩916ページ・都道府県（図）。

あおり 名詞 ❶強い風によっておこる、強い力。例 爆風のあおりで、ふきとばされた。❷ある物事の強い働きによる影響。例 昨日の事故のあおりで電車がおくれている。

あおりをくう【あおりを食う】慣用句 あるできごとの強いえいきょうを受ける。例 電車のおくれのあおりを食って、バスがおくれた。

あおる 動詞 ❶〔うちわなどで〕風をおこす。例 うちわであおって、火をおこす。❷〔風などが〕物を動かす。例 風にあおられて旗がパタパタ鳴る。❸そそのかす。おだてる。例 けんかを止める

どころか、あおっている。活用 あお・る。漢字 煽る。

あおる² 動詞 〔酒などを〕一気に飲む。活用 あお・る。漢字 呷る。

あか¹ 名詞 ❶あせ・あぶら・ほこりなどがまじって、ひふについたもの。例 あかでよごれた服。❷水の中のよごれがかたまって、器の底などについたもの。水あか。例 湯あか。漢字 垢。

あか²【赤】 一 名詞 ❶血のような色。赤色。例 赤の絵の具。参考 色の三原色の一つ。❷共産主義。また、共産主義者。
二 接頭語 ❶《ある言葉の上につけて》「赤い色をした」の意味を表す言葉。例 赤さび。❷《ある言葉の上につけて》「まったくの」「明らかな」などの意味を表す言葉。例 赤はだか。／赤はじ。

あかあか¹【赤赤】 副詞(―と) あざやかに赤いようす。例 炎が赤々ともえる。参考 ふつう「赤々」と書く。

あかあか²【明明】 副詞(―と) あかりや月の光などが、とても明るいようす。例 電灯が明々とともる。参考 ふつう「明々」と書く。

あかい【赤い】 形容詞 赤の色をしている。例 赤いくつ。／顔が赤くなっている。活用 あか・い。

あかいしさんみゃく【赤石山脈】 地名 山梨県・長野県・静岡県の県境にある山脈。参考「南アルプス」ともよばれる。

あかいはね【赤い羽根】 名詞 毎年十月からおこなわれる共同募金で、きふをした人に、そのしるしとしてわたす、赤くそめた小さな羽根かざり。

あかがえる【赤がえる】 名詞 ニホンアカガエルなどの、アカガエル科のカエルのこと。体の色は赤みがかっているものが多い。

あかがね 名詞 銅のこと。参考 ㋐古い言い方。㋑⇩396ページ・くろがね。453ページ・黄金。633ページ・しろがね。

あかぎれ 名詞 寒さのために、手足にできるひびわれ。

あがく 動詞 ❶〔馬などが〕前足で地面をかく。❷手足をやたらに動かして、もがく。例 どろにはまって、あがく。❸苦しみや悪い状態からのがれようとして、いろいろやってみる。例 どうあがいても勝てない。活用 あが・く。

あかげ【赤毛】 名詞 ❶赤みのある色の髪の毛。例「赤毛のアン」という小説を読む。❷動物などの毛の色で、赤茶色。例 赤毛の馬。

あかげのアン【赤毛のアン】 書名 モンゴメリ作の小説。空想好きな少女アンの成長をえがいた物語。

あかご【赤子】 名詞 生まれてすぐの子ども。赤んぼう。参考 古い言い方。

あかごのてをねじる【赤子の手をねじる】 慣用句 ➡あかごのてをひねる。

あかごのてをひねる【赤子の手をひねる】 慣用句 〔赤子(＝赤ちゃん)の手をひねるように〕何の苦労もなく、かんたんにできることや、かんたんに負かすことのたとえ。例 赤子の手をひねるように、敵をたおした。参考「赤子の手をねじる」ともいう。

あかざ 名詞 アカザ科の植物。若葉の中心が赤い。

あかさび【赤さび】 名詞 鉄につく赤色のさび。

あかし 名詞 たしかな、しょうこ。例 これは、ぼくが犯人でないあかしだ。類 証明。

あかじ【赤字】 名詞 ❶校正で、正しく直して赤色で書いた字。例 赤字を入れる。❷入ったお金より、出たお金が多いこと。例 家計は今月も赤字だ。参考 ちょうぼにつけるとき、足りない金額を赤い字で書くことから。対 黒字。

アカシア 名詞 マメ科の木。一年中、葉が緑色で、黄色の花がさく。参考 日本では、アカシアとは別の種類のニセアカシアを「アカシア」とよぶことが多い。ニセアカシアの花は白い。▼英語 acacia

あかしお【赤潮】 名詞 海水中に小さな生物(＝プランクトン)や藻などがふえ、海水が赤く見える現象。参考 ひどくなると、魚や貝が死ぬ。

あかじそ【赤じそ】 名詞 葉やくきが、赤むらさき色のシソ。梅干しや漬け物の色をつけるのに使う。

あかしんごう【赤信号】 名詞 ❶交通信号で、「止まれ」ということをしめす赤色の信号。❷危険や物の不足などを表すしるし。例 食欲がないのは健康の赤信号だ。類 ①②危険信号。対 ①②青信号。

あかす【明かす】 動詞 ❶かくしていたことを知らせる。例 手品の種を明かす。／ひみつを明かす。❷〔ねむらないで〕夜をすごす。例 一夜を明かす。活用 あか・す。

あかずきん【赤頭巾】 書名 赤い頭巾をかぶった女の子の物語。祖母になりすましたオオカミ

ことばあそび
3文字しりとり❷ ひらめ→めだか→かおり→リズム→むすこ→こうば→バナナ→

と、赤ずきんのやりとりがよく知られている。

あかちゃける【赤茶ける】 動詞 〔日に焼けたり色があせたりして〕赤みがかった茶色になる。例 年月がたって赤茶けた、たたみ。活用 あかちゃ・ける。

あかちゃん【赤ちゃん】 名詞 「赤んぼう」の、親しみをこめた言い方。例 かわいらしい赤ちゃん。

あかつき【暁】 名詞 ❶夜の明けるころ。明け方。例 暁の光。❷《「～のあかつきには」の形で》物事がなしとげられた、そのとき。例 当選の暁には、かならず公約を実行します。

あがったり【上がったり】 名詞 商売などがうまくいかなくなること。例 不景気のせいで、商売が上がったりだ。

あかつち【赤土】 名詞 鉄分をふくむ赤茶色の土。火山灰などによってできる。

アカデミー 名詞 ❶学問や芸術の指導者の団体。❷大学や研究所など、教育・研究機関のよび名。▼英語 academy

アカデミック 形容動詞 学問に深くつながりがあり、重みがあるようす。例 アカデミックな研究。▼英語 academic

あかとんぼ【赤とんぼ】 名詞 体が赤い種類のトンボ。アキアカネ・ナツアカネなどのこと。あかねとんぼ。

あかぬけ【あか抜け】 名詞 する動詞 〔すがた・形・色などが〕すっきりしていて美しいこと。例 あか抜けした身なり。

あかぬける【あか抜ける】 動詞 〔すがた・形・色などが〕すっきりして美しくなる。例 あか抜けた人。活用 あかぬ・ける。

あかね 名詞 ❶アカネ科の植物。赤い根は染料や薬用にする。❷「あかね色」の略。漢字 茜。

あかねいろ【あかね色】 名詞 「あかね①」の根からとった染料でそめた色。少し暗い赤色。あかね。例 夕焼けで空があかね色にそまる。

あがのがわ【阿賀野川】 地名 福島県西部から新潟県北部を流れ、日本海にそそぐ川。上流に猪苗代湖・只見川・大川などがある。水量が多く、水力発電所がある。

あかのたにん【赤の他人】 慣用句 自分とまったく関係のない人。例 同姓だが赤の他人だ。

あかはじ【赤恥】 名詞 〔人の前でかく〕ひどいはじ。赤っぱじ。

あかはじをかく【赤恥をかく】 慣用句 人前に出られないような、とてもはずかしい思いをする。例 マナーを知らずに赤恥をかいた。

あかはだか【赤裸】 名詞 ❶何も体につけていない、まったくのはだか。まっぱだか。類 全裸。❷鳥や動物の、体の毛や皮がないようす。例 生まれたてのウサギの子は赤裸だ。

アカペラ 名詞 音楽で、器楽の伴奏をつけずに歌う合唱や独唱などの形式。▼イタリア語

あかぼう【赤帽】 名詞 ❶赤い色のぼうし。❷駅で客の荷物を運ぶ仕事をする人。参考 ②は赤いぼうしをかぶっていたことから。

あかまつ【赤松】 名詞 マツ科の木。みきは赤茶色。家や家具の材料になる。参考 マツタケは、アカマツなどの林にはえる。

あかみ[1]【赤み】 名詞 色の中に感じられる赤っぽいようす。ことば 「〔顔に〕赤みがさす」「赤みをおびる」

あかみ[2]【赤身】 名詞 食用の肉の赤いところ。特に、魚の赤い肉。対 白身。

あかみがかる【赤みがかる】 連語 色が赤っぽくなる。赤色に近づく。例 赤みがかった黄色の花。

あがめる 動詞 とうといものとして、うやまう。尊敬する。例 神仏をあがめる。活用 あが・める。

あからがお【赤ら顔】 名詞 〔日焼けしたり、酒を飲んだりして〕赤みをおびた顔。

あからさま 形容動詞 かくさず、はっきり表すようす。例 あからさまに、いやな顔をする。

あからむ[1]【赤らむ】 動詞 少し赤くなる。例 はずかしくて顔が赤らむ。活用 あから・む。⇩使い分け。

あからむ[2]【明らむ】 動詞 夜が明けて、空が明るくなり始める。例 東の空が明らむ。活用 あから・む。⇩使い分け。

あからめる【赤らめる】 動詞 〔顔を〕赤くする。ことば 「ほおを赤らめる」 活用 あから・める。

あかり【明かり】 名詞 ❶光。例 月明かり。／雪明かり。❷電とうや、ろうそくの火など、あたりを照らすもの。例 部屋の明かりが消えた。ことば 「明かりをつける」 注意 送りがなに気をつける。

あがり【上がり】 ■ 名詞 ❶上がること。高くなること。例 かいだんの上がり下り。対 下がり。

使い分け **あからむ**

●赤くなる。
顔が赤らむ。

●明るくなる。
空が明らむ。

❷〔物の〕できあがり。また、でき具合。例上がりがきれいだ。❸もうけ。りえき。例店の上がりが少ない。❹すごろくで、最後の場所に入ること。また、その場所。対ふり出し。
二 接尾語 ❶《ある言葉の下につけて》「終わって、すぐ」の意味を表す言葉。例雨上がり。／病み上がり。❷《職業などを表す言葉の下につけて》「もと…であった」の意味を表す言葉。例役人上がり。

あがりかまち【上がりかまち】名詞 家の上がり口のはしにつけてある横木。上がりがまち。⇩図。

あがりこむ【上がり込む】動詞 他人の家の中に、えんりょせずに入る。例ずうずうしく上がり込む。活用 あがりこ・む。

あがりさがり【上がり下がり】名詞 する動詞 〔ねだんや成績など〕が〕上がったり下がったりすること。例物価の上がり下がり。

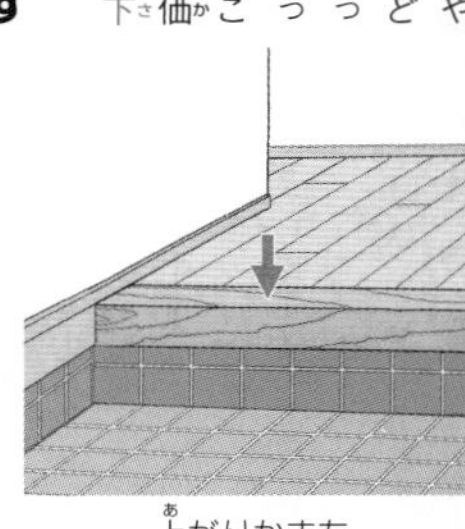
上がりかまち

あかりす【赤りす】名詞 北アメリカ原産のリス。せなかは赤みがかった茶色で、目のまわりが白い。かんだかい声で鳴く。

あかりとり【明かり取り】名詞 部屋に日光をとり入れるための、まど。あかりまど。

あかりまど【明かり窓】名詞 ⬇あかりとり。

あがりゆ【上がり湯】名詞 ふろから出るときに、体にかけるきれいな湯。

あがる[1]【上がる】一 動詞 ❶高い方に行く。例かいだんを上がる。／屋上に上がる。対下りる。❷うまくなる。よくなる。例料理のうでが上がる。／成績が上がる。❸〔ねだんが〕高くなる。例十年前とくらべて、物価が上がっている。対②③下がる。❹きんちょうして落ち着きをなくす。例人前に出ると上がる。❺〔ふろなどから〕出る。例湯から上がる。❻家の中などへ入る。例どうぞ、上がってください。❼入学する。例この四月から小学校へ上がる。❽「食べる」「飲む」のうやまった言い方。また、「行く」「来る」のへりくだった言い方。例何を上がりますか。／おわびに上がりました。❾〔物事が〕終わる。例雨が上がる。⇩使い分け。
二 接尾語 ❶《動詞の下につけて》その動作が終わる意味を表す言葉。…し終わる。例すり上がる。／そめ上がる。❷《動詞の下につけて》その動作が一番さかんな状態になる意味を表す言葉。すっかり…する。例ちぢみ上がる。／晴れ上がる。活用 あが・る。

あがる[2]【挙がる】動詞 ❶〔犯人などが〕つかまる。❷〔しょうこが〕見つかる。例しょうこが挙がった。❸はっきりしめされる。例名が挙がる。活用 あが・る。⇩使い分け。

あがる[3]【揚がる】動詞 ❶熱い油で煮たものが、でき上がる。例魚のフライが揚がった。❷空中に高くのぼる。例校旗が揚がる。❸水の中から場所をうつす。例大量のサンマが港に揚がった。活用 あが・る。⇩使い分け。

あかるい【明るい】形容詞 ❶〔光が強く〕物がよく見えるようす。例まどが大きくて、明るい部屋。／外が明るくなってきた。❷かげりや不安がなく、ほがらかである。例弟はよく笑う明るい子だ。❸かくしごとがなく、正しい。例明るい政治。❹希望があるようす。例明るい未来。❺ある物事にくわしいようす。例西洋美術に明るい。注意 送りがなに気をつける。対①～⑤暗い。活用 あかる・い。

あかるみ【明るみ】名詞 ❶明るいところ。明るさ。❷表の方。よく知られるところ。ことば「〔事件が〕明るみに出る」

あかるむ【明るむ】動詞 ❶明るくなる。例東の空が明るむ。❷晴れやかになる。例気持ちが

ことばあそび 4文字しりとり❶ くつした→たまねぎ→ぎょうざ→ざりがに→にんにく→くちばし

使い分け　あがる

●高い方に動く。
かいだんを上がる。

●はっきりしめされる。
手が挙がる。

●空中にのぼる。
校旗が揚がる。

明るむ。活用 あかる・む。

あかんこ【阿寒湖】地名 北海道東部にある湖。阿寒国立公園の中心で、マリモ・ヒメマスが生息する湖として有名。

あかんたい【亜寒帯】名詞 ⇒1385ページ・れいたい。

あかんべ 名詞 指で目の下のところを引き下げ、赤いところを見せること。また、そのときに言う言葉。あっかんべ。べっかんこう。参考 からかったりするときなどにする。

あかんぼう【赤ん坊】名詞 生まれてから、まだ日のたっていない子ども。赤んぼ。例 赤ん坊をあやす。

1 **あき**【安芸】地名 昔の国の名。今の広島県の西半分にあたる。

2 **あき**【空き・明き】名詞 中に何もないこと。あいていること。あいている時間や場所。例 座席に空きがある。／時間に空きができた。

3 **あき**【秋】名詞 一年を四つの季節に分けたうちの一つ。夏の後の季節で、九月・十月・十一月ごろ。いろいろな穀物や果実が実る。例 秋の味覚。

4 **あき**【飽き】名詞 あきること。いやになること。例 飽きがこないデザインの服。

あきあかね【秋あかね】名詞 トンボ科のこん虫。おすの体は大人になると赤色になる。夏のはじめは山の方で飛び、秋になるとむれで平地に移動する。赤とんぼ。

あきあき【飽き飽き】名詞 する動詞 すっかり、あきること。これ以上続けるのが、いやになること。例 同じような内容のドラマばかりで飽き飽きした。

あきかぜ【秋風】名詞 秋のすずしくて、さわやかな風。ことば「秋風が立つ」対 春風。

あきかん【空き缶】名詞 中身がからになったかん。例 ジュースの空き缶。

あきくさ【秋草】名詞 秋に花がさく草。秋にしげっている草。

あきぐち【秋口】名詞 秋になったばかりのころ。初秋。例 秋口から体の調子がよくなった。

あきご【秋ご】名詞 夏から秋にかけて飼われるかいこ。秋蚕。例 秋ごのまゆから糸をとる。参考 ⇒1068ページ・春ご。952ページ・夏ご。

あきさめ【秋雨】名詞 秋にしとしととふり続く、冷たい雨。対 春雨。

あきさめぜんせん【秋雨前線】名詞 九月の中ごろから十月の中ごろにかけて日本の南の海岸にそってあらわれる前線。北の方からきて南に進んで消えていくが、とどまると長い間雨をふらせる。

あきす【空き巣】名詞 ❶鳥のいない巣。❷るすの家。❸「空き巣ねらい」の略。

あきすねらい【空き巣狙い】名詞 るすの家をねらって入るどろぼう。あきす。

あきぞら【秋空】名詞 晴れて、すんだ青色をしている秋の空。

あきたいぬ【秋田犬】名詞 秋田県が原産の日本犬。体が大きく、かい主の言うことをよく聞く。天然記念物。

あきたけん【秋田県】地名 東北地方の北西部にある日本海に面した県。県庁所在地は秋田市。⇒916ページ・都道府県（図）。

あきたし【秋田市】地名 秋田県の県庁所在地。⇒916ページ・都道府県（図）。

あきたへいや【秋田平野】地名 秋田県の中西部、雄物川の下流に広がる平野。米をつくる農業がさかんなところ。県庁所在地の秋田市がある。

あきたりない【飽き足りない】連語 満足できない。ものたりない。あきたらない。例 この

ていどのできばえでは、まだ飽き足りない。

あきち【空き地・明き地】名詞 使っていない土地。建物などのたっていない土地。

あきっぽい【飽きっぽい】形容詞 すぐにあきてしまうようす。あきやすいようす。例 飽きっぽくて、何ごとも続かない。活用 あきっぽ・い。

あきない【商い】名詞 品物を売ったり買ったりすること。商売。例 手広く商いをしている。類 売り買い。

あきなう【商う】動詞 品物を売り買いする。商売をする。例 着物を商う店。活用 あきな・う。

あきのななくさ【秋の七草】名詞 日本で、秋にさく代表的な七種類の花。ハギ・オバナ（＝ススキ）・クズ・ナデシコ・オミナエシ・キキョウ・フジバカマ。⇩口絵10ページ。参考 ⇩1068ページ・春の七草。

あきのひはつるべおとし【秋の日は釣べ落とし】ことわざ 秋は日がくれるのが早く、すぐ暗くなってしまうということ。語源 つるべ（＝井戸の、おけ）を手からはなすと、井戸の中にすとんと落ちることから。

あきのよなが【秋の夜長】連語 秋になると夜が長く感じられること。

あきばこ【空き箱】名詞 中身がからになった箱。例 おかしの空き箱を工作に使う。

あきばれ【秋晴れ】名詞 秋の空が青くすんで晴れわたっていること。また、その空。

あきびより【秋日和】名詞 空が青くすんで、すがすがしくさわやかに晴れた秋の天気。例 遠足の日は秋日和だった。類 小春日和。

あきびん【空き瓶】名詞 中身がからになったびん。例 ジュースの空き瓶。

あきま【空き間】名詞 ❶使っていない部屋。あいている部屋。例 空き間に客をとめる。❷物と物の間。すきま。例 空き間を利用して、物をかたづける。

あきまき【秋まき】名詞 植物の種を秋にまくこと。また、その品種。例 秋まき大根。

あきまつり【秋祭り】名詞 秋におこなわれる神社の祭り。参考 おもに、秋に作物が実ったことに感謝しておこなう。

あきめく【秋めく】動詞 秋らしくなる。例 朝晩はだいぶ秋めいてきた。活用 あきめ・く。

あきや【空き家・明き家】名詞 人の住んでいない家。

あきよしだい【秋吉台】地名 山口県の西の方にある、石灰岩でできた台地。その地下には特別天然記念物に指定されている、しょう乳洞の秋芳洞がある。

あきらか【明らか】形容動詞 ❶明るいようす。例 月の明らかな夜。❷はっきりして、うたがいのないようす。例 明らかに、まちがっている。注意 送りがなに気をつける。

あきらめ【諦め】名詞 あきらめること。例 どうしても諦めがつかない。

あきらめる【諦める】動詞 〔しかたがないと思って〕望みをすてる。例 ゆめを諦める。活用 あきら・める。

あきる【飽きる】一 動詞 十分すぎて、いやになる。長く続いて、いやになる。例 もう、このゲームには飽きた。二 接尾語《動詞の下につけて》「いやになるほど十分に…する」意味を表す言葉。例 聞き飽きる。／見飽きる。活用 あ・きる。

あきれかえる【あきれ返る】動詞 「あきれる」を強めた言い方。すっかり、あきれる。例 妹のわがままにあきれ返る。類 あきれはてる。活用 あきれかえ・る。

アキレスけん 名詞 ❶ふくらはぎの筋肉をかかとの上のほねにつけている、すじ。歩くのに大切な役目をする。❷弱点。欠点。語源 「アキレス」は、ギリシャ神話に出てくる英雄の名前。不死身であったが、ただ一つの弱点であるかかとの上のところを射られて死んだ。漢字 アキレス腱。⇩24ページ・足①（図）。

あきれはてる【あきれ果てる】動詞 本当にあきれる。例 自分勝手な言い分にあきれ果てる。類 あきれ返る。活用 あきれは・てる。

あきれる 動詞 物事が意外だったり、ひどかったりして、おどろく。例 部屋がちらかりすぎていて、あきれる。活用 あき・れる。

あきんど 名詞 商売をする人。商人。参考 古い言い方。

あく[1] 名詞 ❶灰を水にとかしたときの、上の方のすんだ水。参考 昔は、せんたくやそめ物をするときに使った。❷植物にふくまれているしぶみのある、しる。ことば 「あくをぬく」❸〔性質などにあらわれる〕どぎつい感じ。ことば 「あくが強い（人）」

あ
あいうえお
かきくけこ
さしすせそ
たちつてと
なにぬねの
はひふへほ
まみむめも
や ゆ よ
らりるれろ
わ を ん

ことばあそび 4文字しりとり❷ ふくろう→うぐいす→すいせい→いしがき→ききゅう→うちゅう

ことば選びのまど

明るい をあらわすことば

明るい

〔光が強く〕物がよく見えるようす。↓11ページ

明明[2] 発展

あかりや月の光などが、とても明るいようす。↓9ページ

薄明るい

少し明るい。↓125ページ

きらきら

何度も続けて光りかがやくようす。↓354ページ

ぎらぎら

どぎつく光りかがやくようす。↓354ページ

きらりと

すばやく、するどく光りかがやくようす。↓355ページ

ぎらりと

すばやく、おもおもしく光りかがやくようす。↓355ページ

こうこうと[1] 発展

〔月の光などが〕白く明るいようす。↓435ページ

こうこうと[2] 発展

明るく光るようす。↓435ページ

光度[1] 発展

光の強さのどあい。↓443ページ

さんさんと 発展

〔太陽の光などが〕きらきらと明るくかがやくようす。↓528ページ

さん然と 発展

きらきらと、はなやかに光りかがやくようす。↓530ページ

ことば選びのまど

明るいをあらわすことば

照度 発展
ある面が、ある時間に受ける光の量のどあい。
→617ページ

白白
夜が明けて、空がだんだん明るくなるようす。
→629ページ

ちかちか
明るくなったり暗くなったりしながら光るようす。
→796ページ

晴れ晴れ
空がすっかり晴れわたったようす。
→1069ページ

光を放つ
明るく光る。
→1083ページ

光る
光を出す。かがやく。
→1083ページ

ほのぼの
かすかに明るいようす。
→1210ページ

窓明かり
まどから入る光。また、まどからもれる明かり。
→1234ページ

まばゆい
光がまぶしい。
→1237ページ

まぶしい
明るすぎて目が向けられないようす。光が強くて目があけられないようす。
→1237ページ

2**あく**【悪】(名詞)悪いこと。また、そのようなおこない。例社会の悪とたたかう。

3**あく**【明く】(動詞)〔しまっていたものが〕開いて見えるようになる。例目が明く。活用あ・く。⇩使い分け。

4**あく**【空く】(動詞)❶からになる。例空いた部屋。❷空間や、すきまなどができる。例席が空く。❸ひまになる。例手が空いたら、手伝ってください。対①〜③ふさがる。活用あ・く。⇩使い分け。

5**あく**【開く】(動詞)しまっていたものが開く。例風で戸が開いた。対閉まる。活用あ・く。⇩使い分け。

アクアラング(名詞)水中で呼吸ができるように、空気タンク・くだなどをそなえた、もぐるための道具。参考商標名。▼英語 Aqua Lung

あくい【悪意】(名詞)❶人をにくむ気持ち。悪い心。例悪意に満ちた話し方。❷〔相手にとって〕悪い意味。例話を悪意にとられた。対①②善意。

あくうん【悪運】(名詞)❶悪い運命。不運。❷悪いことをしても、そのむくいを受けずに栄える強い運。ことば「悪運が強い」

あくえき【悪疫】(名詞)次々と人へうつり、治りにくく性質のよくない病気。

あくぎゃくむどう【悪逆無道】四字熟語 正しい道から大きくはずれた、ひどい悪事。例悪逆無道のかぎりをつくす。

あくぎょう【悪行】(名詞)悪いおこない。あっこう。例悪行を重ねる。類非行。対善行。

使い分け あく

●見えるようになる。
目が明く。

●すきまができる。
席が空く。

●開く。
戸が開く。

あくじ【悪事】(名詞)悪いこと。ことば「悪事を働く」

あくじせんりをはしる【悪事千里を走る】故事成語 悪いおこないや悪いうわさは、すぐに広まる。参考「悪事千里を行く」「悪事千里」ともいう。対好事門をいでず。

あくしつ【悪質】(名詞)(形容動詞)❶品物の質がよくないこと。例悪質な油。対良質。❷性質が悪いこと。例悪質な反則をくり返す。類悪性。

あくしゅ【握手】(名詞)(する動詞)〔あいさつや親しみを表すために〕手をにぎり合うこと。

1**あくしゅう**【悪臭】(名詞)いやなにおい。くさいにおい。ことば「悪臭を放つ」対芳香。

2**あくしゅう**【悪習】(名詞)よくない習慣。例夜ふかしの悪習を改める。類悪風。悪癖。

あくじゅんかん【悪循環】(名詞)〔二つ以上のことがらが、たがいに悪いえいきょうをあたえて〕いつまでも悪い状態がくり返し続くこと。ことば「悪循環におちいる」

あくしょ【悪書】(名詞)内容が下品で、ためにならない本。例悪書を追放する。対良書。

あくじょうけん【悪条件】(名詞)あることをおこなうことをさまたげるようなことがら。例大雨の悪条件の中で試合がおこなわれた。

アクション(名詞)❶行動。動作。活動。例積極的にアクションをおこす。❷俳優の演技。特に、とっくみあいや戦いなど、はげしい場面が多い演技や映画。例アクション映画。▼英語 action

あくしん【悪心】(名詞)悪いことをしようとする気持ち。他人に害を加えようとする心。例悪心をいだく。

1**あくせい**【悪声】(名詞)聞いていて不快になるような声。悪い声。対美声。

2**あくせい**【悪性】(名詞)(形容動詞)〔病気などの〕性質が悪いこと。例悪性のかぜ。類悪質。対良性。

3**あくせい**【悪政】(名詞)人々を苦しめる悪い政治。例悪政とたたかう。対善政。

あくせく(副詞)(-と)(する動詞)ゆとりがなく、いつも

いそがしくしているようす。例 あくせく働く。類 こせこせ。せかせか。対 ゆうゆう。

アクセサリー 名詞 ❶衣服や身をかざるもの。ネックレスやブローチなど。❷機械や車などの付属品。▼英語 accessory

アクセス 名詞 する動詞 ❶コンピューターで、データを読んだり書きこんだりすること。❷データベースに回線などをつなげ、情報を入手・利用すること。❸ある場所に出入りする交通手段。類 ❸アプローチ。▼英語 access

アクセル 名詞 自動車などの加速装置。参考 英語の accelerator から。

あくせん【悪銭】 名詞 悪いことをして手に入れたお金。

あくせんくとう【悪戦苦闘】 四字熟語 ❶必死にたたかうこと。また、その苦しいたたかい。例 悪戦苦闘のすえに勝つ。❷苦しい努力をすること。例 むずかしい問題に悪戦苦闘する。

アクセント 名詞 ❶一つの言葉の中で、特に強く、または、高く発音するところ。❷デザインなどで、全体の調子に変化をもたせるため目立つようにすること。また、そのもの。例 花がアクセントになった服。❸音楽で、強くえんそうするところ。参考 音符の上に「>」をつけて表す。▼英語 accent

あくせんみにつかず【悪銭身に付かず】 ことわざ 悪いことをして手に入れたお金は、むだに使ってしまって、すぐになくなるということ。

あくた 名詞 ごみ。くず。また、そのようにつまらないもの。例 ちりあくた（＝ちりと、あくた。また、ねうちのないもの）。参考 古い言い方。

> **ことば博士になろう！**
>
> **●ことばのアクセント**
>
> アクセントのちがいで、まったく別の言葉になってしまうものがあります。（ふつう、ーの部分にアクセントをおきます。）
>
> アメ（雨）／アメ（お菓子のあめ）
>
> シロ（白）／シロ（城）
>
> カキ（貝のかき）／カキ（果物のかき）
>
> ハシ（食事に使うはし）／ハシ（橋）

あくたい【悪態】 名詞 ひどい悪口。にくまれ口。ことば「悪態をつく」

あくたがわりゅうのすけ【芥川龍之介】 人名（一八九二～一九二七）大正時代の小説家。才気にあふれた短編小説を多く残した。「杜子春」「魔術」「トロッコ」「蜘蛛の糸」など、子ども向けの作品も多い。

あくたれ【悪たれ】 名詞 ❶悪いいたずらやらんぼうをすること。また、それをする人。例 悪たれ小僧。❷相手をわざとおこらせるように言う言葉。例 悪たれを言う。

あくたれる【悪たれる】 動詞 りくつに合わないことや悪口を言う。無理なことを言ってあばれたり、いやがらせやらんぼうをしたりする。また、子どもが、いうことをきかない。活用 あくた・れる。

アクティブ 形容動詞 活発なこと。活動的・積極的なこと。自分から進んで行動をおこすこと。例 アクティブな人。▼英語 active

あくてんこう【悪天候】 名詞 雨や風がはげしい天気。

あくどい 形容詞 ❶〔色や味が〕しつこいようす。例 あくどい色の服。類 どぎつい。❷〔物事のやり方がひどくて〕悪いようす。例 あくどい商売をして、もうけている。注意「悪どい」と書かないこと。活用 あくど・い。

あくとう【悪党】 名詞 悪いことをする人。また、その仲間。類 悪漢。

あくどう【悪童】 名詞 悪い子ども。わんぱくな子ども。いたずらっ子。

あくとく【悪徳】 名詞 人の道にはずれた、よくない心。また、悪いおこない。例 悪徳業者。対 美徳。

あくにん【悪人】 名詞 おこないや心の悪い人。対 善人。

あぐねる 動詞《動詞の下につけて》「うまくいかなくて、続けてするのがいやになる」意味を表す言葉。あぐむ。例 思いあぐねる。／せめあぐねる。活用 あぐ・ねる。

あくび 名詞 ❶ねむいときやたいくつなときなどに、自然に大きく口があいて出る呼吸。例 あくびが出る。❷漢字の部首の一つ。「次」「歌」などの右がわの「欠」の部分。漢字 欠伸。

あくひつ【悪筆】 名詞 字が下手なこと。また、下手な字。対 達筆。

あくひょう【悪評】 名詞 悪いうわさ。よくないひょうばん。ことば「悪評が立つ」類 不評。

あ あいうえお かきくけこ さしすせそ たちつてと なにぬねの はひふへほ まみむめも や ゆ よ らりるれろ わ を ん

ことばあそび 終わりの2文字しりとり❶ こうえん→えんにち→にちよう→ようかん→かんさつ→

(対)好評。

あくふう【悪風】(名) 悪い風習。ことば「悪風を正す」(類)悪習。(対)美風。

あくぶん【悪文】(名) 意味のわかりにくい文章。下手な文章。(対)名文。

あくへい【悪弊】(名) 悪いならわし。例 社会の悪弊。(類)悪習。

あくへき【悪癖】(名) 悪いくせ。それぞれの人がもっている、よくない習慣。例 ちこくはかれの悪癖の一つだ。(類)悪習。

あくへん【悪変】(名)(する動詞) 悪い方に変わること。例 病気が悪変する。

あくほう【悪法】(名) ❶悪い法律。人を苦しめて、役に立たない法律。例 悪法を改正する。❷悪い方法。よくないやり方。❸悪い宗教。悪い教え。

あくま【悪魔】(名) 人の心をまよわし、悪いことにさそうもの。(類)魔。(参考) 悪い人やひどい人のたとえにも用いる。例 あいつは悪魔だ。

あくまで【飽くまで】(副) 最後まで。どこまでも。例 あくまで不正を追及する。(参考)㋐「あくまでも」の形でも用いる。㋑ひらがなで書くことが多い。

あくまでも【飽くまでも】(副) ⬇あくまで。

あくみょう【悪名】(名) ⬇あくめい。

あくむ【悪夢】(名) おそろしいゆめ。いやなゆめ。ことば「悪夢にうなされる」

あぐむ (動) 《動詞の下につけて》「うまくいかなくて、続けてするのがいやになる」意味を表す言葉。あぐねる。例 考えあぐむ。／さがしあぐむ。(活用) あぐ・む。

あくむからさめる【悪夢から覚める】(慣用句) 自分が悪いことに気づいて、深く反省する。例 友人に注意され、悪夢から覚めた。

あくめい【悪名】(名) よくないうわさ。(対)美名。(参考)「あくみょう」ともいう。

あくめいがたかい【悪名が高い】(慣用句) 悪いうわさや、よくない評判が世の中に広く知られていること。例 悪名が高い将軍。(参考)「悪名が高い」「悪名高い」ともいう。

あくやく【悪役】(名) ❶ドラマなどで、悪人になる役。例 映画で悪役をえんじる。❷人からきらわれるような役回り。例 みんなのために、進んで悪役を引き受ける。

あくゆう【悪友】(名) 悪い友だち。あまり、ためにならない友だち。例 かれは少年時代の悪友の一人だ。(対)良友。(参考) 親しみをこめていうこともある。

あくよう【悪用】(名)(する動詞)〔正しい目的や使い道からはずれて〕悪いことに使うこと。例 データを悪用する。(対)善用。

あぐら (名) 両足を前に組んで、すわること。

あくらつ【悪辣】(形容動詞) 性質がとても悪いようす。やり方がひどいようす。例 悪辣な手段。

あぐらをかく (慣用句) ❶「あぐら」の形で、すわる。❷いい気になって、努力をしなくなる。例 人気の上にあぐらをかく。

あくりょう【悪霊】(名) たたりをするという、死んだ人のたましい。あくれい。例 悪霊にとりつかれる。(類)もののけ。

あくりょく【握力】(名) 手で物をにぎりしめる力。

あくりょくけい【握力計】(名) 持ち手をにぎると力の強さによって針が動き、しめされた目もりで物をにぎりしめる手の力の強さをはかる器械。

アクリル (名) アクリル樹脂（化学的に合成してつくったせんいの一つ）でつくった、手ざわりが羊毛に似たせんい。アクリルせんい。▼ドイツ語。

あくる【明くる】(連体詞) 次の。翌。例 明くる日。／明くる年。(参考) 日・月・年などの言葉につけて使う。

あくろ【悪路】(名) ととのえられていなくて通るのに苦労する道。歩きにくく悪い道。例 悪路をこえて山小屋にたどりつく。(類)難路。

アクロバット (名) 体を思いのまま自由に動かしておこなう、わざ。また、かるわざ。▼英語 acrobat

あけ【明け】(名) ❶〔ある期間が〕終わること。また、終わったすぐ後のこと。例 五月の連休明け。／夜勤明け。❷夜が明けること。夜明け。例 明けの明星。

あげあしをとる【揚げ足を取る】(慣用句) 人の言った言葉じりやまちがいをとらえて、からかったり悪口を言ったりする。例 人の揚げ足を取るのはよくないよ。(語源)「揚げ足」は、相撲や柔道で、うきあがった足のこと。(類)言葉尻をとらえる。

あけがた【明け方】(名) 夜が明けようとする

あいうえお かきくけこ さしすせそ たちつてと なにぬねの はひふへほ まみむめも や ゆ よ らりるれろ わ を ん

ころ。類早朝。対暮れ方。

あげく【挙げ句・揚げ句】 名詞 〔あることをした〕すえ。終わり。例さんざん考えたあげく、買うことにした。参考ア連歌などの最後の七・七の句である「挙げ句」から。イひらがなで書くことが多い。類結局。

あげくのはて【挙げ句の果て・揚げ句の果て】 慣用句 結局のところ。ついに。例言い争い、あげくの果てに計画は中止となった。参考「あげく」を強めた言い方。

あけくれ【明け暮れ】 一 名詞 朝と晩。二 名詞 する動詞 毎日の生活を送ること。例調査に明け暮れする。三 副詞 朝に晩に。いつも。例親は明け暮れ、子どもの心配をしている。類一三朝晩。朝夕。

あけくれる【明け暮れる】 動詞 ❶夜が明けて朝になり、また日がくれて夜になり、それがつみ重なって、毎日がすぎていくこと。例毎日がおだやかに明け暮れる。❷何かに夢中になって時間をすごすこと。あることに一生けんめいになること。例読書に明け暮れる。／育児に明け暮れる。活用あけく・れる。

あげしお【上げ潮】 名詞 海水が陸の方に満ちてくる動き。みちしお。参考物事の調子がよい方向に向くたとえにも使う。例チームは上げ潮に乗っている。対下げ潮。引き潮。

あけすけ 形容動詞 自分の気持ちなどをまったくかくさないで、はっきり表すようす。例あけすけにものを言う。類開けっ放し。開けっ広げ。露骨。

あげぞこ【上げ底】 名詞 箱やかんなどの入れ物の、底の部分が高くなっているもの。見かけより中身が少ない。

あけそめる【明け初める】 動詞 夜が明け始めて、朝に近づくこと。例東の空から明け初める。活用あけそ・める。

あけたて【開けたて】 名詞 する動詞 〔戸やしょうじを〕開けたりしめたりすること。開閉。例戸の開けたてをする。

あけちみつひで【明智光秀】 人名 （一五二八～一五八二）戦国時代の武将。京都の本能寺で、主君の織田信長をおそい、死なせた。しかし、その後、羽柴（豊臣）秀吉にせめられ、殺された。

あけっぱなし【開けっ放し】 名詞 形容動詞 ❶〔ドアやまどなどを〕開けたままにしておくこと。例ドアを開けっ放しにしておく。❷自分の気持ちにかくしごとがないこと。また、かくしごとがなく、ありのままのすがたを見せること。ありのままのようす。例かれは開けっ放しな性格だ。類あけすけ。開けっ広げ。参考「あけはなし」が変化した形。

あけっぴろげ【開けっ広げ】 名詞 形容動詞 気持ちにかくしごとやへだてがなく、ありのままであること。また、そのようす。例開けっ広げな態度。類開放的。あけすけ。開けっ放し。参考「あけひろげ」が変化した形。

あげて【挙げて】 副詞 全部まとめて。全体が一つになって。例責任は挙げて私にある。／町を挙げて祝う。

あけてもくれても【明けても暮れても】 慣用句 夜が明けても日がくれても。いつもいつも。例兄は明けても暮れても勉強している。

あけのみょうじょう【明けの明星】 名詞 夜明け前、東の空にかがやく金星のこと。対よいの明星。

あげは【揚羽】 名詞 ➡あげはちょう。

あげはちょう【揚羽ちょう】 名詞 黄色いはねに黒いすじがある大形のチョウ。あげは。

あけはなし【開け放し】 名詞 形容動詞 ➡あけっぱなし。

あけはなす【開け放す】 動詞 戸やまどをすっかり開ける。また、開けたままにしておく。開け放つ。例まどを開け放して、空気を入れかえる。対閉め切る。活用あけはな・す。

あけび 名詞 アケビ科の木。秋になる、むらさき色の実は、じゅくすとたてにわれて、中の黒い種が見える。語源アケビの名前は、実がじゅくしたときにわれる「開け実」からきているという説がある。⇩図。

あけび

あげぶた【上げ蓋】 名詞 物を入れるために板の間のゆかをふたのようにつくり、とりはずせるようにしたもの。

あけぼの 名詞 太陽がのぼる少し前の、空が少

ことばあそび 終わりの2文字しりとり❷ たいいく→いくさ→くさもち→もちつき→つきよ→

し明るくなるころ。夜の明け始めるころ。参考 新しい物事や時代が始まるときのたとえにも使う。例二十一世紀のあけぼの。

あげまく【揚げ幕】名詞 楽屋と舞台の間にかける、たれ幕。かぶきでは、花道の出入り口などにたれさげる。

あげもの【揚げ物】名詞 野菜・肉・魚などを油であげた食べ物。また、それをつくること。例とり肉の揚げ物。／揚げ物が好きだ。

1**あける**【明ける】動詞 ❶朝になる。例夜が明ける。対暮れる。❷新しい年になる。例年が明ける。❸〔ある期間が〕終わる。例つゆが明ける。活用 あ・ける。⇩使い分け。

2**あける**【空ける】動詞 ❶〔中にあるものをなくして〕からにする。例コップの水を空ける。／家を空ける。❷空間や、すきまなどをつくる。例場所を空けてください。❸ひまをつくる。例午後五時から一時間ほど空けておいてほしい。活用 あ・ける。⇩使い分け。

3**あける**【開ける】動詞 〔戸・まど・ふたなどを〕開く。例ドアを開ける。／まどを開ける。対閉める。活用 あ・ける。⇩使い分け。

1**あげる**【上げる】動詞 ❶高い方に動かす。例たなに箱を上げる。対下ろす。下げる。❷〔体の一部を〕上の方へ動かす。例顔を上げる。参考 ②は「挙げる」とも書く。対下げる。❸食べたものをはく。❹進学させる。例子どもを学校へ上げる。❺神や仏にそなえる。例せんこうを上げる。❻ていどを高くする。また、よくする。例スピードを上げる。対下げる。❼大きな声・音などをたてる。例大声を上げる。❽「あたえる」「やる」のていねいな言い方。例お菓子をあげる。❾「…してやる」のていねいな言い方。例弟に本を読んであげる。参考 ⑧⑨はふつう、ひらがなで書く。❿《動詞の下につけて》「すっかり…する」「…しとげる」「十分に…する」意味を表す言葉。例あみ上げる。／書き上げる。／し上げる。⓫《動詞の下につけて》へりくだる意味を表す言葉。例申し上げる。／ぞんじ上げる。活用 あ・げる。⇩使い分け。

使い分け　あける

●朝になる。
夜が明ける。

●からにする。
家を空ける。

●開く。
まどを開ける。

2**あげる**【挙げる】動詞 ❶上の方にして、はっきりしめす。例母のすがたが見えたので、手を挙げて合図をした。❷特別にしめす。例わかるように、例を挙げて説明しよう。❸戦いをおこす。例信長は兵を挙げた。❹式をおこなう。例けっこん式を挙げる。❺全部の力を出して、おこなう。例町を挙げて取り組む。活用 あ・げる。⇩使い分け。

3**あげる**【揚げる】動詞 ❶熱した油で、煮る。例てんぷらを揚げる。❷高くかかげる。例旗を揚げる。❸水の中から場所をうつす。例貨物船から荷物を揚げる。活用 あ・げる。⇩使い分け。

あけわたす【明け渡す】動詞 それまで住んでいた家・土地などを、ほかの人にわたす。例敵に城を明け渡す。活用 あけわた・す。

あこ【あ子】名詞 代名詞 ❶自分の子どもを親しみをこめてよぶときに言う言葉。わが子。❷おいやめいなどの自分より目下の親せきや、知りあいの小さい子どもを、親しみをこめてよぶ言葉。きみ。おまえ。参考 ①は「わ子」ともいう。おもに詩・短歌・俳句などで使われる。

あご【顎】名詞 ❶口の上下にあって、食物をかんだり発声に役立ったりする器官。❷「あご①」の下の部分の外側。下あご。例顎にひげを生やす。⇩233ページ・顔①（図）。

アコーディオン 名詞 箱の部分をのびちぢみさせて空気を送り、けんばんやボタンをおして音を出す楽器。手風琴。▼英語 accordion

あごがおちる【顎が落ちる】慣用句 とてもおいしいと感じるときのたとえ。類ほっぺたが

使い分け **あげる**

●高い方に動かす。
料金を上げる。

●はっきりしめす。
例を挙げる。

●高くかかげる。
たこを揚げる。

うどん 290円 300円

落ちる。

あごがひあがる【顎が干上がる】慣用句 お金がなくなって生活ができなくなる。口が干上がる。

あこがれ【憧れ】名詞 あこがれること。また、その心。例憧れの先ぱい。

あこがれのまと【憧れの的】連語 〔みんながそうなりたかったり、手に入れたかったりして〕心に強くひきつけられる人やもの。例野球のうまい兄はクラスのみんなの憧れの的です。

あこがれる【憧れる】動詞 〔自分がそうなりたかったり、そこへ行きたかったり、手に入れたかったりして〕強く心をひかれる。例オリンピックを見て、体操の選手に憧れる。活用 あこが・れる。

あこぎ 形容動詞 よくが深くて、やり方がひどいようす。例あこぎなやり方でお金をかせぐ。語源「阿漕」は三重県津市の海岸。昔は伊勢神宮にそなえるもの以外の魚をとってはいけない場所だった。ある漁師が何度もかくれて魚をとっているうちにつかまり、海にしずめられたという言い伝えが残っている。

あごでつかう【顎で使う】慣用句 〔あごを動かして人に命令をするように〕いばった態度で人をつかう。例下級生を顎で使う。

あこやがい【あこや貝】名詞 ウグイスガイ科の二まい貝。真珠の養殖に使われる。しんじゅ貝。

あごをだす【顎を出す】慣用句 とてもつかれて、どうにもならない。例マラソンに出場したが、とちゅうで顎を出してしまった。

あさ[1]【麻】名詞 ❶アサ科の植物。くきの皮から、せんいをとり、糸をつくる。❷「麻①」の糸でおった布地。

あさ[2]【朝】名詞 夜が明けてしばらくの間。例朝の六時に起きた。／明日の朝。対夕。

あざ[1] 名詞 ひふにできる赤や青などの、色の変わった部分。例転んで打ったひざがあざになった。

あざ[2]【字】名詞 町や村をさらに小さく分けたよび名。例富士町字岩下。

あさい【浅い】形容詞 ❶深さが少ない。例川の浅いところ。❷十分ではない。例考えが浅い。❸色がうすい。例浅い緑色。対①～③深い。❹少ない。例入学してまだ日が浅い。活用 あさ・い。

あさいち【朝市】名詞 朝早くから、広場や町角で新しい野菜や魚などを売り買いする市。例朝市が立つ。

あさおき【朝起き】名詞 する動詞 朝早く起きること。早起き。例朝起きして散歩に行く。対朝寝。朝寝坊。

あさおきはさんもんのとく【朝起きは三文の得】ことわざ ⬇1060ページ・はやおきはさんもんのとく。

あさがお【朝顔】名詞 ヒルガオ科の植物。夏の朝早く、らっぱ形の花がさく。つる草。花は昼前にしぼむ。

あさかぜ【朝風】名詞 朝、ふく風。朝の風。例朝風がここちよい。

あさがた【朝方】名詞 朝の早いころ。朝のうち。例朝方雨がふった。対夕方。

あさぎいろ【浅ぎ色】名詞 緑がかった、うすい青色。あさぎ。参考「うすいネギの葉の色」の意味から。

あさぎり【朝霧】名詞 朝に出る、きり。例朝霧の立ちこめる湖。対夕霧。夜霧。

あさくさのり【浅草のり】名詞 ウシケノリ科の海そう。赤むらさき色で、うすく、やわらかい。ほしたものを食用にする。参考江戸時代に、

ことばあそび 漢字しりとり❶ 入学→学校→校庭→庭園→園内→内科→科目→目標→標本→本気→

隅田川の河口であった浅草で多くつくられたことによるといわれる。

あさぐもり【朝曇り】 名詞 朝、空がくもっていること。また、もやで空がくもっているように見えること。例 朝曇りの日は、日中の暑さがきびしくなるといわれる。

あさぐろい【浅黒い】 形容詞〔ひふの色などが〕少し黒い。例 浅黒い顔。活用 あさぐろ・い。

あさげ【朝げ】 名詞 朝ごはん。朝の食事。対 夕げ。参考 やや古い言い方。

あざける【嘲る】 動詞 ばかにして、笑ったり悪口を言ったりする。例 人の失敗を嘲る。活用 あざけ・る。

あさごはん【朝御飯】 名詞 朝に食べるごはん。朝飯。朝飯。朝食。

あさせ【浅瀬】 名詞 海や川の、あさいところ。

あさって 名詞 あしたの次の日。明後日。

あさっぱら【朝っぱら】 名詞 朝早く。早朝。例 朝っぱらからやって来た。参考 くだけた言い方。

あさつゆ【朝露】 名詞 朝早くおりる、つゆ。例 いもの葉に朝露が光る。対 夜露。

あさで【浅手】 名詞 戦いなどで受けた、軽いきず。例 幸いに浅手ですんだ。類 薄手。軽傷。対 深手。

あざとい 形容詞 ❶気に入られようとふるまうようす。❷やりかたが悪どいようす。❸〔特にアイドルなどが〕自分の魅力を分かったうえで、あからさまに言葉や行動でかわいさなどの魅力を見せつけるようす。

あさなぎ【朝なぎ】 名詞 朝、陸風と海風が入れかわるとき、風がやんで波が静かになること。対 夕なぎ。

あさね【朝寝】 名詞 する動詞 朝のおそい時間までねていること。朝寝坊をすること。例 朝寝していて、ちこくしてしまった。対 朝起き。早起き。

あさねぼう【朝寝坊】 名詞 する動詞 朝のおそい時間までねていること。また、そういう人。例 朝寝坊して、おくれた。類 寝坊。対 朝起き。早起き。

あさねぼうのよいっぱり【朝寝坊の宵っ張り】 ことわざ 朝はおそくまでねていて、夜はおそい時間まで起きていること。また、そういう人。例 兄は朝寝坊の宵っ張りだ。参考「宵っ張りの朝寝坊」ともいう。

あさはか【浅はか】 形容動詞 考えの足りないようす。例 浅はかな考え。類 軽薄。うすっぺら。

あさはん【朝飯】 名詞 ⬇あさごはん。

あさばん【朝晩】 名詞 ❶朝と夜。例 朝晩、歯をみがく。❷いつも。例 朝晩、無事をいのる。類 ①②明け暮れ。朝夕。

あさひ【朝日】 名詞 朝、上がったばかりの太陽。また、その光。例 朝日をあびる。対 夕日。

あさましい【浅ましい】 形容詞 ❶みじめで、なさけないようす。例 落ちぶれて浅ましいすがたになる。❷〔性質などが〕いやしくて、なさけないようす。例 楽をして金をもうけようなんて浅ましい考えだ。活用 あさまし・い。

あさまやま【浅間山】 地名 群馬県と長野県にまたがる活火山。数百年ごとに大噴火をくり返している。

あざみ 名詞 キク科の植物。葉にとげがある。夏、赤むらさき色の花がさく。

あさみどり【浅緑】 名詞 うすい緑色。例 浅緑の若葉。

あざむく【欺く】 動詞 ❶〔信用させておいて〕だます。例 敵を欺く。❷《「…を(も)欺く」の形で》…とまちがえるほどである。例 大通りは昼を欺く明るさだ。活用 あざむ・く。

あさめし【朝飯】 名詞 ⬇あさごはん。

あさめしまえ【朝飯前】 名詞 ❶朝食をとる前。❷〔朝飯(＝朝食)をとる前でもできるほど〕かんたんなこと。例 それぐらいのことは朝飯前だ。類 お茶の子さいさい。

あさもや【朝もや】 名詞 朝に出る、もや。対 夕もや。

あざやか【鮮やか】 形容動詞 ❶〔色などが〕明るく、はっきりしているようす。例 鮮やかな赤。❷うでまえがすぐれているようす。例 鮮やかな手さばきを見せる。

あさやけ【朝焼け】 名詞 日の出のとき、東の空が赤くなること。対 夕焼け。

あさやけはあめ ゆうやけはひより【朝焼けは雨 夕焼けは日和】 慣用句 朝焼けはその日に雨がふり、夕焼けは次の日が晴れるということ。

あさゆう【朝夕】 名詞 ❶朝と夕方。例 朝夕、うがいをする。❷いつも。例 家族の幸せを朝夕いのる。類 ①②明け暮れ。朝晩。

あざらし 名詞 アザラシ科の動物。寒い地方の

場外→外国→国民

海などにすむ。前あしは、ひれのようになっていて、小さい。

あさり 名詞 マルスダレガイ科の二まい貝。河口近くの浅い海の砂の中にすむ。食用にする。

あさる 動詞 ❶えさなどをさがし回る。例 スズメがえさをあさっている。❷さがし求める。例 資料をあさる。参考 もとは、「魚や貝をとる」という意味。活用 あさ・る。

あされん【朝練】名詞 朝早くおこなう、スポーツなどの練習。例 サッカー部の朝練があるので学校に早く行く。

あざわらう【あざ笑う】動詞 ばかにして笑う。例 人の失敗をあざ笑う。活用 あざわら・う。

[1]**あし** 名詞 イネ科の植物のヨシの別名。水辺で育つ。高さは二メートル以上にもなり、葉は細長い。

[2]**あし**【足】名詞 ❶〔人や動物が〕体をささえたり歩いたりするときに使う部分。例 長い足。参考 ①は「脚」とも書く。⇩図。❷足首から先の部分。例 大きな足。❸歩くこと。また、物の進むはやさ。例 足がはやい。❹《「お足」の形で》お金。参考 ④は、やや古い言い方。❺乗り物。例 足の便が悪い。❻一つの漢字を上と下に分けたときの、下の部分。「兄」の「儿（にんにょう）」や「想」の「心（したごころ）」など。⇩使い分け。

[3]**あし**【脚】名詞 道具などのささえになる部分。例 つくえの脚。参考「足」と書くこともある。⇩使い分け。

[1]**あじ** 名詞 マアジ・シマアジなどの、アジ科の魚のこと。あたたかい海にすむ。せなかは青く、体の両がわに「ぜいご」とよばれるかたいうろこが一列にならぶ。漢字 鯵。

[2]**あじ**【味】名詞 ❶食べ物が舌にふれたときの、あまい・からいなどの感じ。例 しおからい味がする。❷きょうみをもたせるような、よさ。例 味のある人。❸じっさいにしてみて、知った感じ。例 勝利の味をかみしめる。❹気がきいているようす。例 なかなか味なことを言う。

アジア 地名 北半球の東部をしめる地域。世界の陸地の三分の一の広さをもち、東は日本から、西はトルコ・アラビアまで広がる。参考 昔、漢字で「亜細亜」と書いた。▼英語 Asia

あしあと【足跡】名詞 ❶通ったあとに残る、足やはきものの形。例 ウサギの足跡。❷にげた人の通った道すじ。ゆくえ。例 犯人の足跡を追う。❸仕事や研究をやりとげて残したもの。例 山田耕筰は音楽の世界に大きな足跡を残した。

使い分け　あし

●足首から先の部分。大きな足。

●道具などのささえになる部分。いすの脚。

あしおと【足音】名詞 歩くときの足の音。例 ろう下を歩く足音が聞こえる。参考「春の足音」のように、近づいてくる気配などにも用いる。

あしおとをしのばせる【足音を忍ばせる】慣用句 足音がしないように、そっと歩く。例 足音を忍ばせて、部屋から出る。

あしか 名詞 アシカ科の動物。おもに太平洋で、むれでくらしている。体長約二メートル。前あしが大きい。

あじがおちる【味が落ちる】慣用句 ほかとくらべて食べ物の味がよくない。例 昔とくらべて、デザートの味が落ちている。

あしかがたかうじ【足利尊氏】人名（一三〇五〜一三五八）室町幕府の初代将軍。後醍醐天皇を助けて鎌倉幕府をたおしたが、後に対立し、一三三八年に京都に幕府を開いた。

あしかがよしまさ【足利義政】人名（一四三六〜一四九〇）室町幕府の第八代将軍。応仁の乱が起きるなど、世の中がみだれたが、京都の東山に銀閣という別荘をたて、風流な生活をおくった。この時代の文化は「東山文化」とよばれ、生け花・茶の湯・能楽・水墨画や工芸などが栄えた。

あしかがよしみつ【足利義満】人名（一三五八〜一四〇八）室町幕府の第三代将軍。室町幕府の基礎をかため、もっともさかんな時代をつくった。後に京都の北山に金閣という別荘をたてて住んだ。このころの文化を「北山文化」と

ことばあそび　漢字しりとり②　大地→地方→方言→言語→語学→学習→習字→字形→形式→式場→

よび、漢詩・漢文や連歌・能楽・水墨画などが栄えた。

あしがかり【足掛かり】名詞 ❶〔高いところにのぼるときなどに〕足をかけて、ささえにするもの。❷物事をするときの、きっかけ。例事件を解決する足掛かりをつかむ。

あしかけ【足掛け】名詞 ❶足をかけること。❷期間の数え方の一つ。始めを一とし、年（または、月・日）が変わるたびに一つずつ増やしていく数え方。例足掛け三年。参考⇩1241ページ・満。

あしかけあがり【足掛け上がり】名詞 両手で鉄棒をつかみ、一方の足を鉄棒にかけ、もう一方の足を後ろにいきおいよくふり、その反動で上に上がる上がり方。

あしがすくむ【足がすくむ】慣用句 おそろしさなどで、足が動かなくなる。例こわくて足がすくむ。

あしがため【足固め】名詞 する動詞 物事の基本をしっかりしたものにしておくこと。例優勝目ざしてチームの足固めをする。類地固め。

あしがちにつかない【足が地に着かない】慣用句 ❶〔気持ちが高ぶって〕落ち着かない。例試合を明日にひかえて足が地に着かない。❷考え方や行動がしっかりしていなくて着実ではない。例大人になっても足が地に着かない生活を続けている。

あしがつく【足が付く】慣用句 〔にげた人やかくれた人の〕行ったところがわかる。例ぬすんだ車から足が付いた。

あしがでる【足が出る】慣用句 予定していたお金では足りなくなる。また、そんをする。例買い物をしすぎて、足が出た。

もも
ひざ
ふくらはぎ
すね
足首
アキレスけん
つま先
くるぶし
かかと
土ふまず

足①

あしがにぶる【足が鈍る】慣用句 ❶歩き方がおそくなる。❷行こうとする気持ちがうすれる。例あやまりに行こうと家を出たが、だんだん足が鈍ってくる。

あしがはやい【足が早い】慣用句 ❶歩いたり走ったりするのがはやい。❷食べ物がくさりやすい。例夏は生物の足が早い。

あしがぼうになる【足が棒になる】慣用句 長い間立ち続けたり歩き続けたりして、足がつかれる。例山道を歩き続けたので足が棒になった。

あしからず 副詞 悪く思わないで。例急用ができて行けなくなりました。あしからずおゆるしください。参考相手にすまないという気持ちを表す言葉。

あしがる【足軽】名詞 ふだんは雑用などをしていて、戦のときだけ兵士となった、さむらい。参考さむらいの中ではもっとも身分が低く、馬に乗らず歩いたり走ったりして動き回った。

あしくび【足首】名詞 くるぶしの上の、少し細くなったところ。対手首。⇩24ページ・足①（図）。

あしげ【あし毛】名詞 白の中に黒や赤茶色がまざった、馬の毛色。また、その毛色の馬。

あじけない【味気ない】形容詞 味わいがなく、つまらない。例味気ない思い。参考「あじきない」ともいう。活用あじけな・い。

あしげにする【足蹴にする】慣用句 ❶けってはいけないものを、足でける。例本を足蹴に

する。❷ひどいしうちをする。例 仲間を足蹴にして追い出す。注意「足げりにする」としないこと。

あしこし【足腰】 名詞 足と腰。体をささえる腰から下の部分。例 走って足腰をきたえる。

あしごしらえ【足ごしらえ】 名詞 歩きやすいように必要なじゅんびをすること。例 足ごしらえをしっかりしてから雪山にのぼる。

あじさい 名詞 アジサイ科の木。つゆのころに、青やむらさきなどの小さな花がまるくかたまってさく。漢字 紫陽花。

あしざま【あし様】 形容動詞 人に対して悪い感情をもって見たり、じっさいよりも悪く言ったりすること。またそのようす。例 よく知らないのに、そんなにあし様に言うものではない。

アシスタント 名詞 仕事の手伝いをする人。助手。▼英語 assistant

アシスト 名詞 する動詞 ❶仕事などを手伝うこと。例 社長のアシストをする。❷サッカーなどで、シュートをするのにちょうどよい球をパスしてシュートを助けること。例 かれのアシストがゴールにつながった。▼英語 assist（＝助ける）

あしずりみさき【足摺岬】 地名 四国地方の高知県の南西部にある、みさき。太平洋に向かってつき出ている。

あした1 名詞 朝。例 あしたはまべをさまよえば昔のことぞしのばるる（「浜辺の歌」の歌詞）。参考 古い言い方。対 夕べ。

あした2 名詞 明日。みょうにち。例 あしたは遠足だ。漢字 明日。

あしだ【足駄】 名詞 雨や雪などのときにはく、歯の高いげた。高げた。⇨図。

足駄

あしだい【足代】 名詞 乗り物に乗るときにかかるお金。交通費。

あしだまり【足だまり】 名詞 ❶足をかけて、ささえるところ。足場。❷〔ある目的のために〕しばらくとどまる所。例 ホテルを足だまりにして調べて歩く。

あしだをはく【足駄を履く】 慣用句 じっさいのねだんよりも高いねだんをつけて、その差額をもうける。

あじつけ【味付け】 名詞 する動詞 料理などに味をつけること。また、その味。例 しょうゆで味付けをする。／あまい味付け。

あしでまとい【足手まとい】 名詞 形容動詞 そばにいて、じゃまになること。また、じゃまになる人。例 わたしが行っても足手まといになるだけだ。

アジト 名詞 ひみつのかくれ家。何かをたくらむ者たちが、人に見つからないように集まる場所。参考 ロシア語からとされる。

あしどめ【足止め】 名詞 する動詞 勝手に出かけられないようにすること。また、そこから動けないようにすること。例 電車が故障し、駅で足止めされた。ことば「足止めを食う（＝足止めされる）」

あしどり【足取り】 名詞 ❶歩き方。足の運び方。例 足取りも軽く、山道をのぼる。❷歩いた道すじ。例 犯人の足取りをたどる。

あしながおじさん 書名 ウェブスター作の小説。孤児の少女ジルーシャが、親切な金持ちの男性のおかげで進学し、成長していく物語。

あしながばち【足長蜂・脚長蜂】 名詞 スズメバチ科のこん虫。足が長く、体の色は赤みがかった茶色で、黒いしまがある。

あしなみ【足並み】 名詞 ❶〔いっしょに歩くときの〕足のそろいぐあい。ことば「足並みがそろう」。❷〔いっしょに物事をするときの〕気持ちや行動のそろい方。ことば「足並みをそろえる」「足並みがみだれる」

あしならし【足慣らし】 名詞 する動詞 〔はげしい〕運動をする前に、軽く走ったり歩いたりすること。例 足慣らしに、グラウンドを一周する。

あしにまかせる【足に任せる】 慣用句 ❶〔どこへ行くという目当てもなく〕気ままに歩く。例 足に任せて散歩する。❷歩けるだけ、どこまでも進む。例 足に任せて歩き続ける。

あしのふみばもない【足の踏み場もない】 慣用句 足をふみ入れる場所もないほど、いろいろな物がちらばっているようす。例 足の踏み場もない部屋。

あしば【足場】 名詞 ❶足をかけるところ。足をおくところ。例 がけをのぼるための足場をさがす。❷高いところで作業をするため、丸太などで組み立てた足の置き場。例 工事の足場を組

ことばあそび 早口ことば❶ なまむぎ なまごめ なまたまご

む。❸〔物事をするときの〕たよりとするところ。例次の選挙のための足場をかためる。❹交通の便。例足場のいいところに住む。

あしばや【足早】 形容動詞 歩き方が速いようす。例旅人は、足早に去っていった。

あしはら【あし原】 名詞 アシがおいしげっている野原。あしわら。

あしばらい【足払い】 名詞 足で、相手の足を横にはらって、たおすこと。参考㋐柔道のわざの一つ。㋑「あしはらい」ともいう。

あしびょうし【足拍子】 名詞 足を動かしてとる、ひょうし。対手拍子。

あしぶえ【あし笛】 名詞 アシの葉を丸めてつくった笛。あしのはぶえ。よしぶえ。

あしぶみ【足踏み】 名詞 する動詞 ❶同じところで、両足をかわるがわる上げ下げすること。❷物事がはかどらないで進歩のないこと。例仕事は足踏み状態だ。

あじみ【味見】 名詞 する動詞 味をたしかめるために、少し食べたり飲んだりしてみること。例味見をして塩を足す。

あじもそっけもない【味も素っ気も無い】 慣用句 おもしろみやうるおいが少しもない。例味も素っ気も無い話。

あしもと【足元・足下】 名詞 ❶立っている足のまわり。また、歩いている足のまわり。例足元に注意して歩く。❷身近なところ。例危険が足元にせまる。❸歩くときの足の様子。例つかれて、足元がふらつく。

あしもとからとりがたつ【足元から鳥が立つ】 ことわざ ❶とつぜん、思ってもみなかったことがおこるたとえ。❷急に思いついて物事を始めるたとえ。

あしもとにひがつく【足元に火が付く】 慣用句 危険や大変なことが、自分のすぐそばまでせまっていることのたとえ。例試験の日が近づき、足元に火が付く状態だ。

あしもとにもおよばない【足元にも及ばない】 慣用句 くらべものにならないほど、相手がすぐれている。例まだまだ、かれの足元にも及ばない。類足元へも寄り付けない。

あしもとのあかるいうち【足元の明るいうち】 慣用句 ❶日がくれる前、まだ明るい時。例足元の明るいうちに家へ帰ろう。❷あぶなくなる前。間に合わなくなる前。例足元の明るいうちに事業から手を引く。

あしもとへもよりつけない【足元へも寄り付けない】 慣用句 近づくことができないほど、相手がすぐれている。例テニスでは、兄の足元へも寄り付けない。類足元にも及ばない。

あしもとをみられる【足元を見られる】 慣用句 相手に自分の弱いところを知られて、利用される。例ゲームソフトを売ろうとしたら、足元を見られて安くねぎられた。

あしもとをみる【足元を見る】 慣用句 相手の弱いところを見つけて、自分の思うとおりにしようとする。例足元を見て、高く売りつける。

あしゅ【亜種】 名詞 生物を分類する単位の種よりも、下のもの。同じ種の中で、地域によってちがいがあるときなどに用いる。

あしゅら 名詞 仏を守る、力の強い神。また、そのすがたを彫刻にしたもの。漢字 阿修羅。

あしらう 動詞 ❶とりあつかう。また、いいかげんにあつかう。例兄に軽くあしらわれた。❷とりあわせる。例サラダに赤いカブをあしらう。活用 あしら・う。

あじろ【網代】 名詞〔「あみしろ」が変化した言い方。「網の代わり」という意味〕❶竹やしばをあんで川などの中に置き、魚を追いこんでとらえるしかけ。⇩図。❷竹やヒノキなどを細くうすくけずって、たがいちがいにあんだもの。かきねや天井などに用いる。⇩図。

網代①

網代②

あじわい【味わい】 名詞 ❶食べ物のうまみ。例深い味わいのあるスープ。❷物事のおもしろみ。例味わいのある話。

あじわいぶかい【味わい深い】 形容詞 物事

のおもしろみが、とても大きいようす。例味わい深い作品。

あじわう【味わう】 動詞 ❶食べ物の味をみる。例ごちそうを味わいながら食べる。❷物事の意味やおもしろみを感じとる。例文章を味わいながら読む。❸経験する。例何度も、つらい思いを味わった。注意「味あう」としないこと。活用 あじわ・う。

あしをあらう【足を洗う】 慣用句 悪い仲間とのつき合いをやめる。また、ある商売や生活からぬけ出す。例だらしない生活から足を洗う。

あしをうばう【足を奪う】 慣用句 〔事故などで〕乗り物を利用できなくする。例脱線事故で、多くの乗客が足を奪われた。

あじをおぼえる【味を覚える】 慣用句 一度やったことによって、そのよさやおもしろさがわかるようになる。例ゲームの味を覚えて、やみつきになる。

あじをしめる【味を占める】 慣用句 一度やったことがうまくいったので、それにおもしろみをおぼえる。例大きな魚をつったのに味を占めて、また出かけた。

あしをすくわれる【足をすくわれる】 慣用句 油断しているところをねらわれ、失敗させられる。例味方だと思っていた人に足をすくわれてしまった。

あしをとられる【足を取られる】 慣用句 足が思うように進まなくなる。例ぬかるみに足を取られた。

あしをのばす【足を伸ばす】 慣用句 ❶足をまっすぐに長くする。楽な姿勢になる。❷予定していたところより、もっと遠くまで行く。例買い物のついでに足を伸ばして、となりの町まで行った。参考 ②は「延ばす」とも書く。

あしをはこぶ【足を運ぶ】 慣用句 〔わざわざ〕たずねて行く。例現地に足を運ぶ。

あしをひっぱる【足を引っ張る】 慣用句 物事がうまく進まないように、じゃまをする。ほかの人の成功をさまたげる。例エラーをして、チームの足を引っ張ってしまった。

あしをぼうにする【足を棒にする】 慣用句 長い間立ち続けたり歩き続けたりして、足をつかれさせる。例足を棒にして、さがし回る。

あじをみる【味をみる】 慣用句 料理などの味をたしかめる。味見をする。

あしをむけてねられない【足を向けて寝られない】 慣用句 恩を受けた相手に対して、とてもありがたいと思う。

あしをむける【足を向ける】 慣用句 ある方向へ歩いて行く。例祭りのたいこの聞こえる方に足を向ける。

あす【明日】 名詞 ❶今日の次の日。あした。例明日、出発する。❷近い将来。例明日の日本をになう子どもたち。

あすか【飛鳥・明日香】 地名 奈良県にある、昔、都のあったところ。参考「飛鳥（あすか）」は「常用漢字表」にない読み方。

あすかじだい【飛鳥時代】 名詞 奈良県の飛鳥地方に都があった時代。六世紀後半から七世紀初めごろまで。大陸から伝わった仏教を中心に、建築・絵画などが栄えた。参考「飛鳥（あすか）」は「常用漢字表」にない読み方。

あすかぶんか【飛鳥文化】 名詞 飛鳥時代に栄えた文化。法隆寺に代表される仏教芸術が栄えた。参考「飛鳥（あすか）」は「常用漢字表」にない読み方。

[1]あずかる 動詞 ❶〔ある物事に〕関係する。かかわる。例この成功は、かれの力にあずかるところが大きい。❷仲間に加わる。例相談にあずかる。❸〔人の好意などを〕受ける。例おほめにあずかる（＝ほめられる）。活用 あずか・る。

[2]あずかる【預かる】 動詞 ❶〔人の物などを〕手元に置いて守る。また、引き受けて、世話をする。例友だちの本を預かる。❷〔物事を〕まかされて引き受ける。例台所を預かる。❸勝ち負けを決めずにおく。例この勝負は、私が預かった。注意 送りがなに気をつける。活用 あずか・る。

あずき【小豆】 名詞 マメ科の植物。細長いさやの中に、黒みがかった赤色の種ができる。種を、あんの材料にしたり、赤飯に入れたりする。

あずける【預ける】 動詞 ❶たのんで、人のところに置いておく。例荷物を預ける。❷〔物事の〕処理をまかせる。例会計を預ける。❸勝ち負けの決定を人にまかせる。例勝負を預ける。活用 あず・ける。

アスパラガス 名詞 ユリ科の植物。夏、黄緑色の花がさき、赤い実がなる。わかいくきを食用にする。▼英語 asparagus

ことばあそび 早口ことば② となりの客は よく かきくう 客だ

アスファルト 名 石油からとれる、黒茶色でつやのある、どろどろしたもの。道をほそうしたり、木材がくさるのをふせいだりするのに使う。▼英語 asphalt

アスベスト 名 ⬇80ページ・いしわた。▼オランダ語

あずま 名 日本の本州の東の地方。昔、特に京都や大阪の人が、関東地方のことをいった言葉。漢字 東。類 東国。

あずまや 名 屋根と柱だけで、かべのない建物。公園や庭園などの休憩所などに使う。例 あずまやで一休みする。⇩図。

あずまや

アスリート 名 運動選手。特に、陸上競技の選手。例 トップアスリート（＝陸上競技などで最高レベルの選手）。▼英語 athlete

アスレチック 名 体育。運動競技。例 フィールドアスレチック。▼英語 athletics

アスレチッククラブ 名 体をきたえるためや、健康でいるために、運動をしたい人々が集まる会員制のクラブ。運動用具やプールなどがある。▼英語 athletic club

あせ【汗】 名 ❶人や動物のひふから出る水分。体温を調節したり、体の中のいらなくなったものを外に出したりする。例 ふろで汗を流す。❷物の表面につく、小さな水のつぶ。例 やかんが汗をかく。参考 努力や苦労のたとえにも用いる。ことば「汗をかく」「汗を流す（＝一生けんめいやる）」

あぜ 名 田と田の間に、土をもり上げてつくった、さかい。

アセアン【ＡＳＥＡＮ】 名 東南アジア諸国連合。東南アジアの十か国が経済や文化などについて相談や協力をするための組織。参考 英語 Association of Southeast Asian Nations の略。

あぜくらづくり【校倉造り】 名 昔の、建物のつくり方の一つ。三角や四角の材木を横に組み上げてつくる。しめり気をふせぐので、物を保存するのによい。東大寺の正倉院にみられる。⇩図。

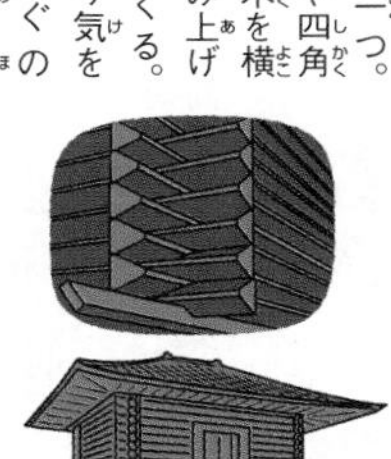
校倉造り

アセスメント 名 ❶ある事業がまわりにあたえる影響を、前もって調べて評価すること。影響評価。参考 ⇩295ページ・環境アセスメント。❷正しい情報をもとに評価すること。▼英語 assessment

あせだく【汗だく】 名 形容動詞 たくさんあせをかくこと。例 汗だくになって働く。類 汗まみれ。汗みどろ。汗みずく。

アセチレン 名 生石灰とコークスからつくったカーバイドに水を加えると出てくる、無色のガス。燃やすと高い温度と強い光を出すので、明かりや鉄の溶接などに使う。▼英語 acetylene

アセテート 名 化学的につくられたせんいの一種。きぬのようなつやがあり、だんりょく性にとむ。服地や下着などに用いられる。▼英語 acetate

あせばむ【汗ばむ】 動 あせがにじみ出る。あせで、しめる。例 走ったら全身が汗ばんできた。活用 あせば・む。

あせまみれ【汗まみれ】 名 形容動詞 ひどくあせをかいて、よごれるようす。汗みずく。例 汗まみれになって、すもうをとった。類 汗だく。

あせみず【汗水】 名 たくさん流れ出るあせ。例 汗水たらして働く（＝一生けんめい働く）。

あせみずく【汗みずく】 形容動詞 あせでびっしょりぬれているようす。汗みどろ。汗まみれ。類 汗だく。

あぜみち【あぜ道】 名 田と田の間につくった細い道。⇩図。

あせみどろ【汗みどろ】 形容動詞 ⬇あせみずく。

あせも 名 あせのためにひふにできる、小さなふきでもの。

あせり【焦り】 名 あせること。思いどおりにならなくて、いらいらする気持ち。例 うまくい

かなくて焦りを感じる。

あせる¹ 動詞 〔色などが〕うすくなる。さめる。例 洋服の色があせる。活用 あ・せる。

あぜ道

あせる² 【焦る】動詞 〔早く思いどおりにならないかと〕いらいらする。例 待ちあわせにおくれそうで焦る。活用 あせ・る。

あぜんと 【あ然と】副詞 思いがけないできごとにおどろいて、何も言えないようす。例 急に意見を変えたので、その場にいた全員があ然とした。

あそこ 代名詞 自分からも相手からも遠い場所をさす言葉。あの場所。例 あそこから、そうじをしよう。／あそこには何もないよ。参考 「こそあどことば」の一つ。

あそさん 【阿蘇山】地名 熊本県にある活火山。世界最大級のカルデラがある。

あそばす 【遊ばす】動詞 ❶遊ぶことをやらせる。遊ばせる。例 弟を公園で遊ばす。❷お金・土地・建物・設備・道具などを使わないで放っておく。例 遊ばしておいた土地を、ちゅう車場にしました。❸《「お…あそばす」「ご…あそばす」の形で》相手がすることをうやまう気持ちを表す言い方。例 女王さまがお帰りあそばしました。／これをごらんあそばせ。活用 あそば・す。参考 ③はふつう、ひらがなで書く。

あそび 【遊び】名詞 ❶遊ぶこと。好きなことをして楽しむこと。例 友だちの家に遊びに行く。／水遊び。❷物事のゆとり。例 遊びのある芸。❸安全などのために、機械の一部に残してある、ゆとり。例 車のハンドルには遊びがある。

あそびうた 【遊び歌】名詞 子どもが遊ぶときに歌う歌。わらべ歌の一種で、てまり歌、はねつき歌などがある。

あそびはんぶん 【遊び半分】名詞 〔物事を〕いいかげんな気持ちですること。例 遊び半分の練習では上達できない。

あそびほうける 【遊びほうける】動詞 ほかのことをわすれて、遊びに夢中になる。例 宿題もしないで一日中遊びほうけている。活用 あそびほう・ける。

あそぶ 【遊ぶ】動詞 ❶好きなことをして楽しむ。例 トランプをして遊ぶ。❷何もせずに、いいかげんにしている。例 仕事もせず遊んでくらす。❸〔場所や道具などが〕利用されていない。例 機械が遊んでいる。活用 あそ・ぶ。

あだ¹ 名詞 ❶自分がうらみをもっている相手。かたき。例 あだをうつ（＝かたきうちをする）。❷うらんでする、しかえし。例 恩をあだでかえす。漢字 仇。

あだ² 名詞 形容動詞 むだになったり、かえって悪い結果になったりすること。例 せっかくの親切があだになる。

アダージョ 名詞 音楽で、曲をえんそうする速さを表す言葉。「ゆっくり」の意味。▼英語（イタリア語から）Adagio

あたい¹ 【価】名詞 ねだん。例 商品に価をつける。⇩使い分け。

あたい² 【値】名詞 ❶ねうち。価値。例 この映画は一度は見ておく値がある。❷計算の答え。例 式の値。⇩使い分け。

あたいする 【価する・値する】動詞 ❶〔あるものと同じくらいの〕ねうちにあたる。例 千金に価する。❷〔あることをする〕ねうちがある。例 一見に値する。活用 あたい・する。

あだうち 【あだ討ち】名詞 する動詞 昔、自分の主人や親などを殺した人を、しかえしに殺してうらみをはらしたこと。かたきうち。

あたえる 【与える】動詞 ❶〔物や助けを〕人にわたして、その人のものとする。例 ほうびを

使い分け あたい

●ねだん。
価をつける。

●計算の答え。
式の値を求める。

ことばあそび 早口ことば③ 青まき紙 赤まき紙 黄まき紙

与える。／機会を与える。❷受けさせる。こうむらせる。例損害を与える。活用 あた・える。

あたかも 副詞 まるで。ちょうど。さながら。例かの女のひとみは、あたかも黒い真珠のようだ。参考 多く、下に「…のよう」の意味を表す言葉が続く。

あたし 代名詞 自分をさして言う言葉。女性が使うことが多い。例今度はあたしの番ね。参考「わたし」のくだけた言い方。

1 **あたたか【暖か】** 形容動詞 気候や気温がちょうどよく高いようす。例暖かな季節。⇩使い分け。

2 **あたたか【温か】** 形容動詞 ❶温度がちょうどよく高いようす。例温かな手。❷愛情や思いやりが感じられるようす。例温かな家庭。⇩使い分け。

1 **あたたかい【暖かい】** 形容詞 気候や気温がちょうどよく高い温度である。例暖かい春の日ざし。活用 あたたか・い。⇩使い分け。

2 **あたたかい【温かい】** 形容詞 ❶ちょうどよく高い温度である。例温かい料理。❷愛情や思いやりが感じられるようす。例温かい人がら。対 冷たい。活用 あたたか・い。⇩使い分け。

1 **あたたまる【暖まる】** 動詞 気候や気温がちょうどよく高くなる。例部屋が暖まる。活用 あたたま・る。⇩使い分け。

2 **あたたまる【温まる】** 動詞 ❶温度がちょうどよく高くなる。例スープが温まる。❷〔よい話を聞いたり、りっぱなおこないなどを見たりして〕よい気持ちになる。例心の温まる話。活用 あたたま・る。⇩使い分け。

使い分け あたたか

●寒くないようす。
暖かな日ざし。

●冷たくないようす。
温かな手。

使い分け あたたかい

●寒くない。
暖かい春の日。

●冷たくない。
温かいもてなし。

1 **あたためる【暖める】** 動詞 気候や気温をちょうどよく高くする。例室内を暖める。活用 あたた・める。⇩使い分け。

2 **あたためる【温める】** 動詞 ❶温度をちょうどよく高くする。例ごはんを温める。❷大切にする。例思い出を温める。活用 あたた・める。⇩使い分け。

アタック 名詞 する動詞 こうげきすること。せめること。また、ちょうせんすること。例目標にアタックする。▼英語 attack

アタッシュケース 名詞 書類などを入れるための、うすい箱形の手さげかばん。アタッシェケース。▼フランス語

あたってくだけろ【当たって砕けろ】 ことわざ 成功するかしないかわからないが、思い切ってやってみろということ。

あだな【あだ名】 名詞 〔本名のほかに〕その人のとくちょうやくせなどを、うまくつかんでつけ

使い分け あたたまる

●寒くなくなる。
部屋が暖まる。

●冷たくなくなる。
心温まる話。

使い分け　あたためる

●寒くないようにする。
室内を暖める。

●冷たくないようにする。
スープを温める。

たよび名。ニックネーム。類愛称。

あたふた 副詞(−と) する動詞 あわてて物事をするようす。例急な来客であたふたした。

アダプター 名詞 ちがう働きをさせるために、機械などにとりつけて使う別の器具。▼英語 adapter

あたま【頭】 名詞 ❶首から上の部分。特に、顔をのぞいた部分。例ぼうしを頭にかぶる。⇨285ページ・体①(図)。❷ものを考える力。また、ものの考え方や感じ方。例かれは頭がいい。／父は頭が古い。❸髪の毛。例頭をかる。❹物の上の方。例くぎの頭。❺一番はじめ。例頭から数える。

あたまうち【頭打ち】 名詞 物事のいきおいが止まって、それ以上はのびなくなること。例売り上げが頭打ちになる。

あたまがあがらない【頭が上がらない】 慣用句 〔能力がおとっていたり、弱みを知られていたりするため〕いつも相手におさえられている。例あの人にだけは頭が上がらない。

あたまがいたい【頭が痛い】 慣用句 なやみがある。心配である。例夏休みの宿題がたくさん残っているので頭が痛い。

あたまがかたい【頭が固い】 慣用句 ものわかりが悪い。ゆうずうがきかない。例父は頭が固くて、わたしの気持ちをわかってくれない。

あたまかくしてしりかくさず【頭隠して尻隠さず】 ことわざ 一部分が見えているのに、全部かくしたつもりになっていることのたとえ。参考相手のおろかさをあざけっていうときに使う。

あたまがさがる【頭が下がる】 慣用句 感心して、自然にうやまう気持ちになる。例かれのまじめさには頭が下がる。

あたまかず【頭数】 名詞 人の数。人数。例いろいろな人に声をかけて、頭数をそろえる。

あたまがひくい【頭が低い】 慣用句 相手に対して、ていねいな態度である。例あなたのお母さんは頭が低い方ですね。類腰が低い。

あたまがふるい【頭が古い】 慣用句 考え方が古い。昔の考え方である。例このまんががおもしろくないなんて、頭が古いね。

あたまから【頭から】 副詞 〔よく考えもせずに〕はじめから。例頭から相手にされていない。

あたまからゆげをたてる【頭から湯気を立てる】 慣用句 はげしくおこる様子のたとえ。例ぼくのいたずらに父は頭から湯気を立てておこった。

あたまきん【頭金】 名詞 買う約束ができたときにはらう、代金の一部。

あたまごし【頭越し】 名詞 ❶人の頭の上をこして、物事をすること。例前の人の頭越しにおさい銭を投げた。❷間にいる人を無視して、働きかけること。例部長の頭越しに社長に話す。

あたまごなし【頭ごなし】 名詞 相手の言い分も聞かずに、はじめからしかりつけたり、おさえつけたりすること。例父から頭ごなしにどなられた。

あたまでっかち【頭でっかち】 名詞 形容動詞 ❶体にくらべて頭がとくに大きいこと。また、その人。❷よくものを知っているが、じっさいには何もできないこと。例頭でっかちな学生。

あたまにくる【頭に来る】 慣用句 いかりでこうふんする。例面と向かって悪口を言われると頭に来る。類かっとなる。

あたまわり【頭割り】 名詞 かかった費用などを、人数に応じて等分に割り当てること。例お店のかんじょうを頭割りにする。類割り勘。

あたまをいためる【頭を痛める】 慣用句 心配して、あれこれと考える。例けんかした二人を仲直りさせるために頭を痛める。

あたまをかかえる【頭を抱える】 慣用句 〔こまったことや心配なことがあって〕考えこむ。なやむ。例むずかしい問題に、頭を抱える。

ことばあそび　早口ことば④　うらの竹がき　竹　立てかけた

あたまをかく【頭をかく】 慣用句 頭に手をやって、軽くかく。失敗したり、照れたりしたときにするしぐさ。例失敗して頭をかく。

あたまをさげる【頭を下げる】 慣用句 ❶おじぎをする。例よろしくと頭を下げる。❷あやまる。こうさんする。例「すみませんでした。」と頭を下げた。

あたまをしぼる【頭を絞る】 慣用句 あれこれ考えて工夫する。例頭を絞って、アイデアを出す。

あたまをなやます【頭を悩ます】 慣用句 あることを解決するために、あれこれと考える。例進学のことで頭を悩ます。

あたまをはたらかせる【頭を働かせる】 慣用句 頭をつかって、よく考える。例頭を働かせて、なぞをとく。

あたまをひねる【頭をひねる】 慣用句 一生けんめいに考える。例よい案はないかと頭をひねる。

あたまをひやす【頭を冷やす】 慣用句 心を落ち着かせる。冷静になる。例そんなにおこらないで、頭を冷やした方がいいよ。

あたまをまるめる【頭を丸める】 慣用句 ❶頭の毛をかる。また、そる。例野球部の部員が頭を丸める。❷ぼうさんになる。

あたまをもたげる【頭をもたげる】 慣用句 ❶〔かくれていたことが〕あらわれてくる。例いくつかの疑問が頭をもたげてきた。❷いきおいを増す。

あたまをよこにふる【頭を横に振る】 慣用句 賛成しない。例だれが何と言っても、かれは頭を横に振っていた。

アダム 人名 旧約聖書で、神が最初につくった人間（男性）。イブの夫。▼英語 Adam

あたら 副詞 おしいことに。残念なことに。例あたらわかい命を散らす。

あたらしい【新しい】 形容詞 ❶できたばかりである。例新しい校舎。❷いきいきしているようす。例スーパーで新しいたまごを買った。❸〔今までにない〕初めてのものである。例新しい方法を見つける。❹かわったばかりである。例新しい年をむかえる。対①〜④古い。活用 あたらし・い。

あたらずさわらず【当たらず障らず】 連語 〔めんどうなことが起こらないように〕はっきりと決めない態度をとるようす。例当たらず障らずの返事。

あたらずといえどもとおからず【当たらずといえども遠からず】 故事成語 〔ある人の考えなどが〕正しい答えにぴたりと当たってはいないが、大きなまちがいもない。ほぼ正解である。

1あたり【辺り】 名詞 ❶その近くの場所。まわり。例辺りが暗くなってきた。❷だいたいの時間・場所・目安などを表す言葉。例火曜日あたりやって来るだろう。／あのあたりで会おう。参考 ②はふつう、ひらがなで書く。

2あたり【当たり】 一 名詞 ❶ねらいどおりにあたること。例一等賞の大当たりだ。❷〔結果が〕思いどおりになること。また、希望どおりになること。例新企画が当たりをとる。対①②はずれ。❸およその見当。例犯人の当たりをつける。❹人とのつき合い方。応対のし方。例当たりのやわらかい人。❺〔運動などで〕体と体がぶつかること。例当たりが強い。❻〔野球などで〕打ったボールのとび方。例強い当たり。❼つりで、魚が糸をひくこと。例一日じゅう糸をたらしていたが、ほとんど当たりがない。
二 接尾語 ❶《名詞の下につけて》「…に中毒すること」の意味を表す言葉。例食当たり。／暑気当たり。❷《名詞の下につけて》「…について」の意味を表す言葉。例交通費が一人当たり四百円かかる。

あたりさわり【当たり障り】 名詞 具合の悪いこと。不都合なこと。例当たり障りのない話をする。

あたりちらす【当たり散らす】 動詞 〔いやなことがあったときに〕関係のない人にまで、どなったり、せめたりする。例何もかもうまくいかず、まわりの人に当たり散らしてしまった。活用 あたりちら・す。

あたりどし【当たり年】 名詞 ❶作物がたくさん実る年。例今年はリンゴの当たり年だ。❷よいことがたくさん重なる年。

あたりまえ【当たり前】 名詞 形容動詞 ❶そうなるのが、ふつうであること。例そんなことをしたら、おこられるのは当たり前だ。❷特に変わったことがないこと。例当たり前の生活を望む。

1あたる 動詞 ひげをそる。例父は毎朝ひげをあたる。活用 あた・る。

²あたる【当たる】動詞 ❶物がいきおいよくぶつかる。例ボールが頭に当たった。❷〔光・熱・風・雨などの〕働きがとどく。例日が当たる。／風が当たる。❸思っていたとおりになる。例予想が当たる。対はずれる。❹小言を言ったり、いじめたりする。例何かとつらく当たる。❺体の害になる。例フグの毒に当たった。❻その方角になる。例学校は駅の北側に当たる。❼じっさいに見聞きして、たしかめる。例辞典に当たる。注意送りがなに気をつける。活用あた・る。

アダルト 名詞 大人。大人の。大人向けの。大人用の。例アダルトファッション。▼英語 adult

あちこち 一 代名詞 いろいろの場所や方向をさす言葉。例あちこち見てまわる。二 名詞 物事が食いちがうこと。例話があちこちになる。

あちら 代名詞 ❶自分からも相手からも遠い場所や、その方向をさす言葉。あの場所。あの方向。例あちらを見てごらん。❷遠くの方にある物をさす言葉。あれ。例あちらをください。参考ア「あっち」よりも、ていねいな言い方。イ「こそあどことば」の一つ。

あちらこちら 代名詞 いろいろな場所。例野原のあちらこちらでタンポポがさいている。

あつ【圧】名詞 物に強い力を加えること。また、おさえつける力。例圧を加える。／圧にくっする。

あっ 感動詞 おどろいたり、深く感動したりしたときなどに出る言葉。例「あっ。」と思ったときには、もうおそかった。

あつあげ【厚揚げ】名詞 とうふをあつく切って、油であげた食品。参考「生揚げ」ともいう。

あつあつ【熱熱】形容動詞 料理などが調理したてでとても熱そうなようす。例ラーメンがあつあつだ。参考ふつう「熱々」と書く。

¹あつい 形容詞 病気が重い。例病があつい。活用あつ・い。

²あつい【厚い】形容詞 ❶一つの面から反対側の面までのへだたりが大きい。例厚い本。対薄い。❷〔なさけや思いやりなどの〕ていどが大きい。例友情に厚い。活用あつ・い。⇩使い分け。

³あつい【暑い】形容詞 気温が高い。例暑い夏。対寒い。活用あつ・い。⇩使い分け。

⁴あつい【熱い】形容詞 ❶温度が高い。例熱い湯。対冷たい。❷はげしい気持ちが感じられるようす。例むねが熱くなる話。活用あつ・い。⇩使い分け。

あっか【悪化】名詞 する動詞 状態が悪くなること。例けがが悪化した。／経営状態の悪化。類低下。

あつかい【扱い】一 名詞 ❶使う方法。例薬の扱いをまちがえる。❷世話。もてなし。例ひどい扱いを受ける。二 接尾語《人を表す言葉につけて》そのように対応すること。例子ども扱い。／お客さま扱い。

あつかう【扱う】動詞 ❶物を動かしたり使ったりする。例機械を扱う。❷〔仕事として〕受け持つ。例宅配便も扱うコンビニ。❸〔人を〕とりあつかう。もてなす。例大切な客として扱う。活用あつか・う。

使い分け あつい

●はばが大きい。厚い本。

●気温が高い。夏は暑い。

●温度が高い。熱い湯。

あつかましい【厚かましい】形容詞 えんりょしたり、はずかしいと思ったりする気持ちがないようす。例厚かましいたのみ。活用あつかま・し・い。

あつがみ【厚紙】名詞 あつみのある紙。ボール紙など。例厚紙で箱を作る。

あつがり【暑がり】名詞 形容動詞 ふつうの人とくらべて、特に暑さを感じること。また、そのような人。例兄は人一倍暑がりだ。対寒がり。

ことばあそび 早口ことば5 うらの 竹がき なぜ 竹 立てかけた 竹 立てかけたさに 竹

[1]**あっかん**【圧巻】(名詞) 全体の中で、もっともすぐれている部分や場面。例 あの映画のラストシーンは圧巻だった。

[2]**あっかん**【悪漢】(名詞) 悪いことをする男。悪人。参考「漢」は男の意味。類 悪党。

あつぎ【厚着】(名詞)(する動詞) 着物をたくさん重ねて着ること。対 薄着。

あつくるしい【暑苦しい】(形容詞) 暑くて息苦しいようす。また、ほかから見て、暑くて苦しそうに見えるようす。例 暑苦しくて、ねむれない。活用 あつくるし・い。

あつげしょう【厚化粧】▲(名詞)(する動詞) 口べに・おしろいなどの化粧品をこくぬること。対 薄化粧。

あっけない (形容詞) 思ったよりかんたんで、物足りないようす。例 話し合いはあっけなく終わった。活用 あっけな・い。

あっけにとられる【あっけに取られる】慣用句 思いがけないできごとに、おどろきあきれて、ぼんやりする。例 あっけに取られて、近くにいた人と顔を見合わせた。

あっこう【悪口】(名詞) 人を悪く言うこと。また、その言葉。わるくち。

あっこうぞうごん【悪口雑言】四字熟語 いろいろな、ひどい悪口。例 悪口雑言をあびせられて、かっとなる。参考「雑言」は、いろいろな悪口のこと。

[1]**あつさ**【厚さ】(名詞) 厚いこと。また、そのていど。例 厚さ二センチメートルの肉。対 薄さ。

[2]**あつさ**【暑さ】(名詞) 暑いこと。また、そのていど。例 暑さをしのぐ。対 寒さ。

[3]**あつさ**【熱さ】(名詞) 熱いこと。また、そのていど。例 ふろの熱さ。対 冷たさ。

あっさく【圧搾】▲(名詞)(する動詞) ⬇あっしゅく。

あっさくくうき【圧搾空気】▲(名詞) ⬇あっしゅくくうき。

あつさむさもひがんまで【暑さ寒さも彼岸まで】▲ ことわざ 暑さは秋の彼岸の時期まで、寒さは春の彼岸の時期までで、それからはすごしやすい気候になっていくということ。

あっさり (副詞)(-と)(する動詞) ❶さっぱりしているようす。例 あっさりした味。対 こってり。❷〔こだわらないで〕かんたんなようす。例 あっさりと、あきらめる。

あつじ【厚地】(名詞) あつい布地。例 厚地のコート。対 薄地。

あっしゅく【圧縮】(名詞)(する動詞) 強い力を加えて、おしちぢめること。圧搾。例 酸素を圧縮してボンベにつめる。

あっしゅくくうき【圧縮空気】(名詞) 強い力を加えておしちぢめた空気。圧搾空気。例 自動ドアには圧縮空気が利用されている。

あっしょう【圧勝】(名詞)(する動詞) 大きな差をつけて、一方的に勝つこと。類 完勝。

あっする【圧する】(動詞) ❶力を加えて、おす。例 むねを圧するマッサージ。❷強いいきおいでおさえつける。例 大声をあげて人々を圧する。活用 あっ・する。

[1]**あっせい**【圧制】(名詞) 権力や暴力で他人の自由をおさえつけること。例 圧制とたたかう。

[2]**あっせい**【圧政】(名詞) 国民の考えを聞かず、権力でおさえつけておこなう政治。例 圧政に苦しむ人たち。

あっせん【あっ旋】▲(名詞)(する動詞) 間に入って、世話をすること。とりもつこと。例 就職のあっ旋をたのむ。漢字 斡旋。

あったかい (形容詞)「あたたかい」のくだけた言い方。例 お弁当があったかい。活用 あったか・い。

あったまる (動詞)「あたたまる」のくだけた言い方。例 おふろであったまる。活用 あったま・る。

あっち (代名詞) ❶「あちら①」のくだけた言い方。例 あっちを見て。❷「あちら②」のくだけた言い方。例 あっちがほしい。

あっちこっち (代名詞)「あちこち」のくだけた言い方。例 あっちこっちから文句が出た。

あづちももやまじだい【安土桃山時代】▲(名詞) 織田信長と豊臣秀吉が政権をにぎっていたおよそ三十年間(一五六八〜一六〇〇年)の時代。「織豊時代」ともいう。参考 安土は信長の、桃山は秀吉の城があったところ。

あつで【厚手】(名詞)(形容動詞)〔紙・布地・焼きものなどの〕あつみがあること。また、あつみのあるもの。例 表紙には厚手の紙を使う。対 薄手。

あっというま【あっと言う間】連語 とても短い時間のたとえ。例 あっと言う間に着いた。／あっと言う間のできごと。

あっといわせる【あっと言わせる】慣用句 たいへん、おどろかせる。びっくりさせる。感心させる。例 日本中の人をあっと言わせる大

事件。

あっとう【圧倒】 名詞 する動詞 強い力で相手のいきおいをくじくこと。例 相手の大声に圧倒された。

あっとうてき【圧倒的】 形容動詞 ほかよりもかなりすぐれていたり、優勢であったりするようす。例 圧倒的な強さをほこる。

アットホーム 形容動詞 自分の家にいるような、くつろいだようす。家庭的。例 アットホームな感じがするお店。▼英語 at home

アットマーク 名詞 電子メールのアドレスなどに使われている「@」の記号。参考 英語では at sign。

あっぱく【圧迫】 名詞 する動詞 ❶強くおしつけること。例 むねを圧迫される。❷相手をおさえつけて、自由にさせないこと。例 言論の自由を圧迫する。類 威圧。

あっぱれ ■ 形容動詞 〔おどろくほど〕りっぱであること。みごとである。例 敵ながらあっぱれな働き。■ 感動詞 とても感心したときにいう言葉。

アップ 名詞 する動詞 ❶上がること。上げること。例 おこづかいが百円アップした。対 ダウン。❷「クローズアップ」の略。大きく写すこと。例 顔をアップで写した写真。❸「アップスタイル」の略。髪の毛を頭の上か後ろでまとめる髪形。❹「ウォーミングアップ」の略。試合や練習の前にする準備運動。▼英語 up

あっぷあっぷ 副詞 する動詞 ❶水におぼれて苦しむようす。❷生活や仕事などが、どうにもならなくなって苦しむようす。例 お金がなくて、いつもあっぷあっぷしている。参考 くだけた言い方。

アップスタイル 名詞 ⇩アップ③。参考 日本でつくった言葉。

アップテンポ 名詞 形容動詞 ❶音楽などのえんそうの速度がはやいこと。また、はやくすること。❷物事の進み方がはやいこと。例 会議はアップテンポに進められた。▼英語 up-tempo

アップリケ 名詞 布地に別の小さな布をぬいつけてつくる、かざり。▼フランス語

アップルパイ 名詞 パイの中に砂糖で煮たリンゴを入れてオーブンで焼いた、菓子。▼英語 apple pie

あつぼったい【厚ぼったい】 形容詞 あつみのある感じがするようす。例 厚ぼったいセーター。活用 あつぼった・い。

あつまり【集まり】 名詞 ❶集まること。集まったまとまり。例 部員の集まりが悪い。❷集会。例 今日の集まりは、午後二時からです。

あつまる【集まる】 動詞 たくさんの人や物が一か所にかたまる。よってくる。例 ファンが集まる。対 散る。活用 あつま・る。

あつみ【厚み】 名詞 ❶あつさのていど。また、あついという感じ。例 厚みのある板。❷人や物事から受ける、どっしりと落ち着いた感じ。例 芸に厚みがある。

あつめる【集める】 動詞 たくさんの人や物を、同じところに集まるようにさせる。例 キャラクターグッズを集める。活用 あつ・める。

あつものにこりてなますをふく【あつものに懲りてなますを吹く】 故事成語 前の失敗にこりて、必要のないくらい用心深くなることのたとえ。語源 あつもの（＝熱いしるもの）でやけどをしたのにこりて、なます（＝冷たいすのもの）まで、ふうふうとふくということから。

あつらえ 名詞 特別に注文して作らせたもの。例 あつらえの洋服。

あつらえむき【あつらえ向き】 形容動詞 ➡164ページ・おあつらえむき。

あつらえる 動詞 自分の希望どおりの品物をたのんで作らせる。例 ウエディングドレスをあつらえた。活用 あつら・える。

あつりょく【圧力】 名詞 ❶物をおしつける力。例 圧力が高い。❷人をおさえつける力。例 反対する人に圧力をかける。

あつりょくなべ【圧力鍋】 名詞 ふたをぴたりとしめ、高い温度と圧力で調理できるようにした、なべ。材料を、短い時間でやわらかくすることができる。圧力釜。

あつれき 名詞 争って仲が悪くなること。例 周囲の人とあつれきが生じる。

あて[1] 接尾語 ❶《数量を表す言葉の下につけて》「…のわりあいで」「…について」の意味を表す言葉。例 一人あて千円必要です。❷《人や会社などを表す言葉の下につけて》「…のところ」の意味を表す言葉。例 アンケートは本社あてにお送りください。漢字 宛。

あて[2]【当て】 名詞 ❶物事をするときの目当て。目標。例 当てのない旅。❷こうなるだろうとい

ことばあそび 早口ことば❻ カエル ぴょこぴょこ 三ぴょこぴょこ 合わせて ぴょこぴょこ

う見こみ。例 助かる当てがない。❸たよりにすること。例 兄の助力を当てにする。／当てにならない。

アディショナルタイム 名詞 サッカーで、決められた試合時間に追加する時間。▼英語 additional time

あてがう 動詞 ❶わりあてて、あたえる。例 仕事をあてがう。❷〔ぴったりと〕くっつける。例 イヤホンを耳にあてがう。活用 あてが・う。

あてがはずれる【当てが外れる】 慣用句 〔こうなるだろうと〕思っていたこととちがう、残念な結果になる。例 ほめられるだろうと思っていたのに、当てが外れた。

あてこすり【当てこすり】 名詞 遠回しに相手を悪く言うこと。例 列にわりこんだ人に当てこすりを言う。類 当て付け。

あてこする【当てこする】 動詞 遠回しに相手を悪く言う。例「きみはのん気でいいなあ。」と当てこするような言い方をする。類 当て付ける。活用 あてこす・る。

あてこむ【当て込む】 動詞 〔よい結果を〕期待する。当てにする。例 ボーナスを当て込んで、旅行の計画を立てる。活用 あてこ・む。

あてさき【宛先】 名詞 手紙や荷物などを送る相手の名前や住所。

あてじ【当て字】 名詞 漢字の意味には関係なく、その読み方だけを当てはめて、ある言葉を表すのに使った漢字。「めでたい」を「目出度い」、「やはり」を「矢張り」と書くなど。参考 ふつうは、当て字を使わずに、ひらがなで書く。

あてずいりょう【当て推量】 名詞 はっきりした理由がないのに、勝手に物事の様子や人の気持ちをおしはかること。例 当て推量で言わない方がいい。

あてずっぽう【当てずっぽう】 名詞 形容動詞 物事をいいかげんに判断すること。また、その言葉。例 当てずっぽうに答える。参考 くだけた言い方。

あてつけ【当て付け】 名詞 当てつけること。例 あの発言はぼくに対する当て付けだ。類 当てこすり。

あてつけがましい【当て付けがましい】 形容詞 わざとらしく相手にわかるように、何かを言ったり、見せたりするようす。例 さいふの中身を見せびらかすなんて、当て付けがましい人だ。活用 あてつけがまし・い。

あてつける【当て付ける】 動詞 ほかのことをわざと言って遠回しに相手をせめる。例「となりの家の子はよく家の手伝いをするんだって。」と、母はわたしに当て付けるような言い方をした。類 当てこする。活用 あてつ・ける。

あてどもなく【当てどもなく】 連語 これという目当てもなく。例 当てどもなく歩いた。参考「当てどなく」ともいう。

あてな【宛名】 名詞 〔手紙などに書く〕相手の名前。

あてにする【当てにする】 慣用句 たよりにする。例 親の財産を当てにする。

アテネ 地名 ギリシャの首都。古代ギリシャのころから都市として栄えてきた。パルテノン神殿など多くの遺跡がある。参考 英語では Athens。▼イタリア語

アデノイド 名詞 のどのおくのねんまく（へんとうせん）がはれる病気。子どもに多い。▼英語 adenoids

あてはずれ【当て外れ】 名詞 当てがはずれること。思っていたこととちがう結果になること。

あてはまる【当てはまる】 動詞 ちょうどよく合う。例 問題に当てはまる答えを考える。活用 あてはま・る。

あてはめる【当てはめる】 動詞 ちょうど合うようにする。合うかどうか当ててみる。例 きそくに当てはめて考える。活用 あては・める。

あでやか 形容動詞 〔人の目をひきつけるように〕はなやかで美しいようす。例 あでやかな着物すがた。

1 **あてる【当てる】** 動詞 ❶ぶつける。ふれさせる。例 ボールをかべに当てる。❷ぴったりとくっつける。例 むねに手を当てる。❸〔光・熱などの〕働きを受けさせる。例 ふとんを日に当てる。❹〔あることをさせるため〕名前をさす。例 授業中、先生に当てられた。❺命中させる。例 矢を的に当てる。対 はずす。❻正しく予想する。例 クイズの答えを当てる。対 はずす。❼〔くじなどで〕よいものを引く。例 特等を当てる。活用 あ・てる。⇩使い分け。

2 **あてる【充てる】** 動詞 〔足りない分を〕うめ合わせる。わりあてる。例 このお金は会費の不足分に充てよう。活用 あ・てる。⇩使い分け。

[3]**あてる**【宛てる】動詞 〔手紙などを〕相手に向ける。相手に出す。例 友だちに宛てた手紙。活用 あ・てる。⇩使い分け。

あてレコ 名詞 映画やテレビなどの、声のふきかえ。参考「レコ」は、レコーディングの略で、画面の口の動きに「当て」てレコーディングするという意味。ふつう、「アテレコ」と書く。

ア・テンポ 名詞 音楽で、「もとの速さでえんそうしなさい」という意味の言葉。▼イタリア語

[1]**あと**【後】名詞 ❶後ろの方。例 兄の後を歩く。

使い分け　あてる

● ふれさせる。
ボールを当てる。

● ある目的にわりあてる。
会費に充てる。

● 手紙などのとどけ先とする。
友達に宛てた手紙。

❷〔ある時から〕のち。時間がおそいこと。例 後で会おう。対 前。先。❸残り。また、残りのもの。例 後の仕事は、きみにまかせる。⇩使い分け。

[2]**あと**【跡】名詞 ❶通っていった、しるし。特に、足あと。例 タイヤの跡。❷あることがあったり、おこなわれたりしたことをしめす、しるし。例 昔の住居の跡。❸つぐべき家や仕事。例 父の跡をつぐ。⇩使い分け。

[3]**あと**【痕】名詞 きずのように残る、しるし。例 手術の痕。／台風のつめ痕。⇩使い分け。

アド 名詞 狂言の、わき役。シテ（主役）の相手をする。参考 ㋐かたかなで書くことが多い。㋑⇩シテ。ツレ。ワキ。

あとあし【後足】名詞 動物の後ろ足。対 前足。

あとあじ【後味】名詞 ❶物を食べたあと、口の中に残る味。あとくち。❷物事が終わった後に感じる気持ち。例 人の悪口を言うのは、後味の悪いものだ。

あとあじがわるい【後味が悪い】慣用句 ❶食べたり飲んだりした後、口の中に残る味が、よくない。❷物事がすんだ後、よくない感じが残って、気分がすっきりしない。例 後味が悪い試合だった。

あとあしですなをかける【後足で砂を掛ける】慣用句 別れるときに人にめいわくをかける。例 後足で砂を掛けるようなことをしてはいけない。

あとあと【後後】名詞 これから先。ずっと後。のちのち。例 このくやしさは、後々までわすれられない。参考 ㋐同じ言葉を重ねて、意味を強める言い方。㋑ふつう「後々」と書く。対 前前。

使い分け　あと

● 時間がおそいこと。
後で会おう。

● 通りすぎたしるし。
タイヤの跡。

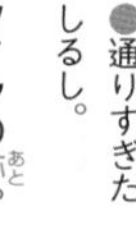

● きずのように残る、しるし。
きず痕が残る。

あとおし【後押し】する動詞 ❶車などを後ろからおすこと。また、その人。❷ささえ、助けること。また、その人。例 みんなの後押しで、委員に選ばれた。

あとがき【後書き】名詞 文書・手紙・本などの終わりに書きそえる言葉。対 前書き。

あとかたづけ【後片付け・跡片付け】名詞 何かした後をかたづけること。後しまつ。例 パーティーの後片付けをする。

ことばあそび　早口ことば⑦　東京特許許可局許可局長

あとかたもない【跡形もない】連語 何も残っていない。すっかりなくなる。例きずは跡形もなく消えた。

あとがま【後釜】名詞 ある人が去った後の地位。また、その地位につく人。ことば「後釜にすわる」

あとくされ【後腐れ】名詞 物事がすんだ後まで、悪いえいきょうやめんどうなことが続くこと。例もうけたお金は後腐れのないよう公平に分けよう。参考ふつう「後くされがない」「後くされのない」の形で用いる。

あとくち【後口】名詞 ❶食べたり飲んだりした後に、口の中に残る味。例後口のさっぱりしたジュース。❷申しこみなどの、後の順番。例後口の注文。

あどけない 形容詞 むじゃきで、かわいらしいようす。例子どもたちのあどけない顔。活用 あどけな・い。

あとさき【後先】名詞 ❶前と後ろ。例後先を見回す。❷ある物事の前と後。例後先を考えずに行動する。❸〔どれを先にして、どれを後にするかの〕順番。例仕事の後先を考える。

あとさきになる【後先になる】慣用句 順番が入れかわる。

あとじさり【後じさり】名詞 する動詞 ⬇あとずさり。

あとしまつ【後始末】名詞 する動詞 ❶後かたづけ。例教室の後始末をして帰る。❷物事のしめくくり。

あとずさり【後ずさり】名詞 する動詞 前を向いたまま、後ろへ行くこと。例にらまれて、後ずさりした。参考「後じさり」ともいう。

あとつぎ【跡継ぎ・後継ぎ】名詞 ❶家の財産や仕事を受けつぐ人。あととり。❷前の人がしていた仕事を引きつぐ人。例家元の跡継ぎ。

あとづけ【後付け】名詞 ❶書物の本文の後につけるページ。例辞典の後付けに、さくいんがある。対前付け。❷手紙の後ろの方につける、日付や自分の名前、相手の名前。

あととり【跡取り】名詞 ⬇あとつぎ①。例跡取りむすこ。

あとにもさきにも【後にも先にも】連語 今までも、これからも。例後にも先にもこんなに人が集まったことはない。参考その一度だけであることを表す。

あとのまつり【後の祭り】ことわざ〔祭りが終わった後の山車が役に立たないことから〕すんでしまって、もうどうにもならないこと。例くやしがっても後の祭りだ。

アドバイザー 名詞 アドバイスする人。助言者。▼英語 adviser

アドバイス 名詞 する動詞 よいちえを出して、助けること。助言。例アドバイスを受ける。▼英語 advice

あとはのとなれやまとなれ【後は野となれ山となれ】ことわざ〔今していることがうまくいけば〕その後のことや、結果がどうなってもかまわないということ。

あとばらい【後払い】名詞 代金や料金を後ではらうこと。対先払い。前払い。

アドバルーン 名詞 広告をつけて空に上げる気球。参考英語の「アド（広告）」と「バルーン」を組み合わせて日本でつくった言葉。

アトピーせいひふえん【アトピー性皮膚炎】名詞 強いかゆみのあるしっしんが、よくなったり悪くなったりする病気。

あとまわし【後回し】名詞 順番をかえて後にすること。例むずかしい問題なので後回しにした。

アトム 名詞 原子。参考もとギリシャ語で、「これ以上分けられないもの」という意味。▼英語（ギリシャ語から）atom

あともどり【後戻り】名詞 する動詞 ❶来た方へもどること。例坂道で車が後戻りした。類逆戻り。❷能力・技術などのていどが、前より低くなること。例資金が足りず研究が後戻りした。

アトラクション 名詞 ❶〔主なもよおしのほかに〕客をよせるためにそえる、だし物。類余興。❷遊園地などの乗り物。▼英語 attraction

アトランダム 形容動詞〔どれを選ぶということではなく〕手当たりしだいに選ぶようす。アットランダム。例アトランダムに選ぶ。▼英語 at random

アトリエ 名詞 画家やちょうこく家などの仕事部屋。▼フランス語

アドリブ 名詞 台本や楽譜にない、その場でつくったせりふや演奏。▼英語 ad lib

アドレス 名詞 ❶住所。あて名。例アドレスの書いてある手帳。❷「メールアドレス」の略。▼

英語 address

あとをおう【跡を追う】慣用句 ❶人を後ろから追いかける。❷ある人が死んだ後、親しい人がまもなく死ぬ。例妻の跡を追うように、夫がなくなった。❸昔のえらい人を手本にして、そのまねをする。例弘法大師の跡を追う。

あとをたたない【跡を絶たない】慣用句 続いていて、なくならない。例やめる人が跡を絶たない。

あとをひく【後を引く】慣用句 ❶あることのえいきょうが、いつまでも残っている。例このあいだのけんかが後を引いて、いまだに口もきかない。❷食べたり、飲んだりし終わっても、まだそうしたい気持ちが続く。例このお菓子は後を引く味だ。類尾を引く。

あな【穴】名詞 ❶表面がくぼんでいるところ。例庭に穴をほる。❷一部分だけつきぬけているところ。例くつ下に穴があく。❸地中にほった、けものなどのすみか。例クマが穴から出てくる。❹弱いところ。欠点。例あのチームは、外野が穴だ。

あなうめ【穴埋め】名詞 する動詞 ❶あなをうめること。❷足りないところをおぎなったり、損害をうめあわせたりすること。例このお金は、赤字の穴埋めに使う。

アナウンサー 名詞 ラジオやテレビで、ニュースや天気予報などを読んだり、番組の司会などをする人。▼英語 announcer

アナウンス 名詞 する動詞 ラジオ・テレビ・拡声器などでほかの人に伝えたいことを放送すること。例校内アナウンス。▼英語 announce

あながあったらはいりたい【穴があったら入りたい】慣用句 体をかくしてしまいたいほど、とてもはずかしい気持ちのたとえ。例自信たっぷりに話したことがまちがっていたとわかって、穴があったら入りたいような気持ちだ。

あながち 副詞 必ずしも。例あながちまちがいとはいえない。参考下に「…ない」などの打ち消しの言葉が続く。

あなかんむり【穴冠】名詞 漢字の部首の一つ。「究」「空」などの上の「穴」の部分。

あなぐら【穴蔵・穴倉】名詞 〔物をしまっておくために〕地中にほった、あな。

あなご【穴子】名詞 アナゴ科の魚。海にすみ、体は細長い。昼間は、すなの中のあなにもぐっている。食用にする。

あなた[1] 代名詞 話し手からも聞き手からも遠い方向・場所をさす言葉。向こうのほう。例山のあなたにある村。参考㋐古い言い方。㋑⇨271ページ・かなた。476ページ・こなた。

あなた[2] 代名詞 相手をさしていう言葉。例あなたに、うそは言わない。参考自分と同じ地位の人、または、自分より下の地位の人にいう。漢字貴方。貴女。

あなどる【侮る】動詞 〔相手の力などを〕軽く見る。例敵を侮る。類さげすむ。活用あなど・る。

あなのあくほどみる【穴のあくほど見る】慣用句 人の顔や物をじっとよく見る。例ほかの道はないかと、地図を穴のあくほど見る。

あなば【穴場】名詞 人にあまり知られていない、よい場所。例観光地の穴場。／つりの穴場。

アナログ 名詞 数量の変化を、長さ・位置・角度などを少しずつ変えていくことによって表す方法。針で時刻を示す時計など。対デジタル。▼英語 analog

あなをあける【穴をあける】慣用句 損をする。また、うまく進められず、空白をつくる。例舞台に穴をあける。

あに【兄】名詞 年上の男のきょうだい。例三才上の兄がいる。対弟。

あにき【兄貴】名詞 ❶お兄さん。❷仲間のうちで、年上の男の人をよぶ言葉。参考くだけた言い方。

あにでし【兄弟子】名詞 自分より先に先生に教えてもらっていた人。対弟弟子。類先輩。

あにはからんや【あに図らんや】慣用句 〔「どうしてそんなことを予測できただろうか」という意味から〕意外なことに。例あに図らんや、かれのしわざだったとは。

アニメ 名詞 「アニメーション」の略。例アニメ番組。

アニメーション 名詞 画面の一こま一こまを次々に撮影して、動くように見せる映像。動画。アニメ。▼英語 animation

あによめ【兄嫁】名詞 〔自分や夫・妻の〕兄の妻。

あね【姉】名詞 年上の女のきょうだい。例姉は中学生だ。対妹。

ことばあそび 早口ことば⑧ スモモも モモも モモのうち

あねさんかぶり【姉さんかぶり】名詞 女性の手ぬぐいのかぶり方。手ぬぐいを頭の上の前の方から左右に回し、上におり返すかぶりかた。ねえさんかぶり。⇩図。

姉さんかぶり

あねったい【亜熱帯】名詞 温帯の中で熱帯のとなりにある地帯。温帯と熱帯の両方の気候の地帯。

あの 連体詞 話し手や聞き手のいるところから、（遠く）はなれているものをさす言葉。例 あの山。／あの人。参考「こそあどことば」の一つ。

あのよ【あの世】名詞 人が死んでから行くと考えられている世界。めいど。対 この世。

アノラック 名詞 風や寒さをふせぐために着る、フード（＝ずきん）のついた上着。▼英語 anorak

アパート 名詞 一つの大きな建物の中をいくつかの部屋に区切って、多くの人や家族が住めるようにした、すまい。参考 英語の「アパートメント（ハウス）〈apartment (house)〉」の略。

あばく【暴く】動詞 ❶うめてある物をほり出す。例 大昔のはかを暴く。❷〔ひみつにしていることや悪事を〕さぐり出して、多くの人に知らせる。例 過去を暴く。活用 あば・く。

あばた 名詞 天然痘という病気が治った後、ひふに残るでこぼこになった、あと。また、そのような形のもの。

あばたもえくぼ ことわざ ひいき目で見ると何でもよく見えることのたとえ。

あばらぼね【あばら骨】名詞 むねをかこんでいる、ほね。ろっこつ。あばら。

あばらや【あばら家・あばら屋】名詞 古くなってこわれかけた、そまつな家。参考 自分の家をへりくだっていうときにも使う。

アパルトヘイト 名詞 かつて南アフリカ共和国でおこなわれていた、国民を人種によって分ける政治のしかた。人種分離政策。▼英語（オランダ語から）apartheid

あばれる【暴れる】動詞 ❶らんぼうなことをする。例 町の中で暴れる男をとりおさえる。❷思うとおりに活動する。例 政治の世界で大いに暴れる。活用 あば・れる。

あばれんぼう【暴れん坊】名詞 ❶らんぼうなことをする人。あばれ者。❷ある集まりの中で、思いきったはげしいことを言ったりしたりする人。例 政界の暴れん坊。

アピール 名詞 する動詞 人々の心にうったえること。強く人々によびかけること。例 自分の考えをアピールする。▼英語 appeal

あびせかける【浴びせ掛ける】動詞「あびせる」を強めた言い方。例 質問を浴びせ掛ける。活用 あびせか・ける。

あびせる【浴びせる】動詞 ❶水などをかける。例 冷たい水を浴びせる。❷つづけて言う。例 きびしい言葉を浴びせる。❸はげしいこうげきをする。例 げんこつを浴びせる。活用 あび・せる。

あひる 名詞 マガモを家畜としてかいならした鳥。肉やたまごは食用とし、羽毛はふとんや上着の中身などに使われる。

あびる【浴びる】動詞 ❶〔湯や水などを〕体にかける。例 シャワーを浴びる。❷〔ほこり・光・けむりなどを〕いっぱいに受ける。例 ほこりを浴びる。❸〔多くの言葉や視線などを〕人から受ける。例 注目を浴びる。活用 あ・びる。

あぶ 名詞 ウシアブなどのアブ科のこん虫。参考 めすが、人や牛・馬などの血をすう種類もある。漢字 虻。

アフガニスタン 地名 アフガニスタン・イスラム共和国。アジア大陸の南西部にある、イスラム教を政治の中心にする国。首都はカブール。▼英語 Afghanistan

あぶく 名詞 水などにうかんでくる、あわ。参考「あわ」よりもくだけた言葉。

アフターケア 名詞 ❶病気が治った人の様子や体調に気を配ること。例 あの病院はアフターケアが行きとどいている。❷⬇アフターサービス。▼英語 aftercare

アフターサービス 名詞 品物を売った後、その手入れや修理のめんどうをみること。アフターケア。例 アフターサービスのよい店。参考 英語の「アフター」と「サービス」を組み合わせて日本でつくった言葉。

アフタヌーン 名詞 ❶午後。❷「アフタヌーンドレス」（＝昼間用の女性の礼服）の略。▼英語

あいうえお かきくけこ さしすせそ たちつてと なにぬねの はひふへほ まみむめも や ゆ よ らりるれろ わ を ん

afternoon

あぶない【危ない】形容詞 ❶〔けがや事故など〕よくないことが起こりそうなようす。例 道路で遊ぶのは危ない。❷だめになりそうであるようす。例 命が危ない。❸たしかでなく安心できないようす。例 成功するかどうか危ないものだ。注意 送りがなに気をつける。活用 あぶな・い。

あぶないはしをわたる【危ない橋を渡る】ことわざ あぶないと知っていながら、物事をおこなう。例 危ない橋を渡る必要はない。

あぶなく【危なく】副詞 ❶もう少しのところで。例 危なくちこくするところだった。❷やっとのことで。例 危なく助かった。

あぶなげない【危なげない】形容詞 しっかりしていて、不安なところがないようす。例 危なげない運転。活用 あぶなげな・い。

あぶなっかしい【危なっかしい】形容詞 見ていてはらはらするくらい、たよりないようす。例 危なっかしい手つき。参考 くだけた言い方。活用 あぶなっかし・い。

あぶはちとらず【あぶ蜂取らず】ことわざ 二つのものを一度に手に入れようとして、どちらも手に入れられないことのたとえ。例 よくばったためにあぶ蜂取らずに終わってしまった。語源 一度にアブとハチの両方をつかまえようとして、どちらもとれないということから。類 二とを追う者は一とをも得ず。

あぶみ 名詞 ❶馬のくらの両がわにとりつけて、足をかける道具。⇩図。❷登山で、岩壁をのぼるときに使うなわばしごのような道具。

1 **あぶら**【油】名詞 水にうく、もえやすい液体。例 食用の油。参考 油には、地中からわき出る石油と、動植物からとるものとがある。⇩使い分け。

くら

あぶみ①

2 **あぶら**【脂】名詞 動物の体にふくまれる、あたためると、とける（白色の）もえやすいかたまり。脂肪。例 秋のサバには脂が多い。⇩使い分け。

あぶらあげ【油揚げ】名詞 うすく切ったとうふを油であげた食品。あぶらげ。

あぶらあせ【脂汗】名詞 苦しいときやこまったときなどに、にじみ出るあせ。例 質問に答えられず、脂汗が出てきた。類 冷や汗。

あぶらいため【油いため】名詞 材料を油でいためて調理すること。また、そのようにして作った料理。例 ナスの油いため。

あぶらえ【油絵】名詞 油でとかした絵の具でかく絵。参考 ⇩650ページ・水彩画。

あぶらがのる【脂が乗る】慣用句 ❶〔魚が〕よく太って、おいしそうになる。例 秋のサンマは、脂が乗っていておいしい。❷仕事などに調子が出てくる。例 ようやく研究に脂が乗ってきた。注意 「油が乗る」と書かないこと。

あぶらがみ【油紙】名詞 油をぬって、水を通さないようにした紙。ゆし。参考 ぬれてはこまる物をつつむのに使う。

使い分け　あぶら

●常温で液体のもの。
料理用の油。

●常温で固体のもの。
牛肉の脂。

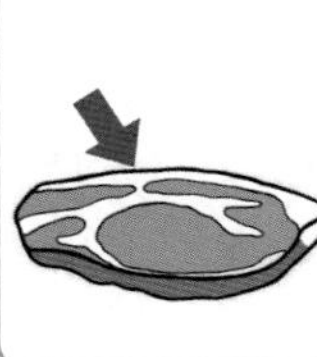

あぶらぎる【脂ぎる】動詞 脂肪がにじみ出てぎらぎらする。例 脂ぎった顔の人。活用 あぶらぎ・る。

あぶらけ【油気・脂気】名詞 あぶらをふくんでいること。あぶらっけ。例 油気のない髪。／脂気の多い肉。

あぶらげ【油げ】名詞 ⬇あぶらあげ。

あぶらぜみ【油ぜみ】名詞 セミ科のこん虫。夏、木などにとまっている。はねは赤茶色。おすは「ジージー」と鳴く。語源 鳴き声が、物を油であげるときの音に似ていることから。

あぶらっこい【脂っこい・油っこい】形容詞 食べ物が、あぶらが多い感じである。例 油っこい料理。活用 あぶらっこ・い。

ことばあそび 早口ことば⑨ ニワトリが　うら庭には２わ　前庭には２わ

あぶらでり【油照り】名詞 夏、うすぐもりで風がなく、むし暑いこと。

あぶらな【油菜】名詞 アブラナ科の植物。春に黄色い花がさき、種から油がとれる。花は「なのはな」、たねは「なたね」とよばれる。菜。

あぶらねんど【油粘土】名詞 油をまぜたねんど。固まりにくく、作り直しやすい。

あぶらみ【脂身】名詞 肉や魚の、脂肪の多いところ。例 牛肉の脂身。

あぶらむし【油虫】名詞 ❶小形のこん虫。葉やくきにむらがってしるをすう。アリが好むみつを出し、アリと共生している。ありまき。❷ゴキブリの別名。体の表面が、油をぬったように光っていることからいう。

あぶらをうる【油を売る】慣用句 仕事中に、むだ話などをしてなまける。例 どこで油を売っているのか、出かけたきり帰ってこない。

あぶらをしぼる【油を絞る】慣用句 〔なまけたり、失敗したりした人などを〕きびしく、しかる。例 スピードいはんをして、おまわりさんにこってりと油を絞られた。語源 大豆・ゴマなどから油をとるときに、道具を使って、ぎゅうぎゅうとしぼりとる様子から。

あぶらをながしたよう【油を流したよう】慣用句 海や湖の表面が、波がなくおだやかであることのたとえ。例 油を流したような静かな海。

アプリ 名詞 「アプリケーション」の略。例 アプリをインストールする。参考 英語では appli ではなく、app と略す。

ことば博士になろう！

「油を売る」には時間がかかる

江戸時代は、いろいろな商人が町に物を売りに来ました。食用の油を売る油屋もその一人です。

油屋が油を売るときには、ますをつかって油をはかり、それをお客の持ってきた入れ物にうつしかえます。ところが、油はねばり気があるので、うつしかえるのにとても時間がかかります。そこで、お客を相手にいろいろな話をすることになります。油屋のするむだ話は、油を買いに来たお客へのサービスだったのです。

アフリカ 地名 ヨーロッパの南にある、アフリカ大陸を中心とする地域。北は地中海、東はインド洋、西は大西洋にかこまれている。中央を赤道が通り、そのほとんどは熱帯性気候で、砂漠・サバンナ・熱帯雨林が多い。エジプト・エチオピア・ケニア・ナイジェリア・マダガスカル・南アフリカ共和国などの国がある。▼英語 Africa

アプリケーション 名詞 コンピューターやスマートフォンで、ある決まった作業をするためにつくられたソフトウエア。アプリケーションソフトウエア。アプリ。▼英語 application

あぶりだし【あぶり出し】名詞 火にあてると字や絵がうき出る紙。

あぶる 動詞 〔かわかしたり焼いたりするために〕少しはなれたところから、火にあてる。例 たき火で手をあぶる。／干物をあぶって食べる。活用 あぶ・る。

あふれる 動詞 ❶〔液体・におい・感情などが〕いっぱいになって、こぼれる。例 なみだがあふれる。／自信にあふれた顔つき。❷外へ出るほど、いっぱいである。例 会場に人があふれる。活用 あふ・れる。

あぶれる 動詞 〔仕事などに〕つくことができない。例 仕事にあぶれる。参考 くだけた言い方。活用 あぶ・れる。

アプローチ 名詞 する動詞 ❶近づく方法や道。また、研究などで、目的に近づくこと。例 会場までのアプローチ。／生物学的なアプローチ。類 アクセス。❷〔目的があって〕人に近づいていくこと。例 あの人にアプローチしてみよう。❸陸上競技やスキーのジャンプなどで、ふみきりまでの助走路。▼英語 approach

あべこべ 名詞 形容動詞 順番・向き・関係などが反対になること。例 くつの左右があべこべだ。類 右左。

アベック 名詞 二人づれ。類 カップル。▼フランス語

あべのなかまろ【阿倍仲麻呂】人名 （六九八〜七七〇）奈良時代の学者。唐（＝今の中国）に留学し、唐の役人となった。日本に帰るとちゅうで船がそうなんして帰れなくなり、その後もずっと唐に住んだ。

あへん 名詞 ケシの実からつくられる麻薬。いたさなどを感じなくする、モルヒネを多くふくんでいる。

アポ 名詞 「アポイントメント」の略。例 電話でアポを取る。

アポイントメント 名詞 人に会う約束。参考 略して「アポ」「アポイント」などという。▼英語 appointment

あほう 名詞 形容動詞 ばか。ばかな人。例 あほうなこと、言うな。参考 「あほ」とも言う。

あほうどり 名詞 アホウドリ科の鳥。海や島にすむ。つばさをひろげると二メートル以上にもなる。特別天然記念物。国際保護鳥。語源 「あほうどり」の名前は、陸では動きがにぶく、人が近づいてもにげないところからついた。

アボカド 名詞 クスノキ科の植物。暑い地方で育つ。実には脂肪が多く、「森のバター」とよばれる。わになし。▼英語 avocado ⇩図。

アボカド

アポロン 名詞 ギリシャ神話の神。太陽や医薬・音楽・運命などをつかさどる。最高神ゼウスの子。参考 ローマ神話では「アポロ（Apollo）」といわれる。▼ラテン語

1**あま**【尼】名詞 ❶仏教で、髪をそり、仏につかえる女性。❷キリスト教（カトリック）で、神につかえる女性。修道女。

2**あま**【亜麻】名詞 ❶アマ科の植物。くきのせんいから糸をつくり、種から油をとる。❷「亜麻①」の糸でおった布地。

3**あま**【海女・海士】名詞 海にもぐって、海藻や貝をとることを仕事にしている人。参考 女性を「海女」、男性を「海士」と書く。

4**アマ** 名詞 「アマチュア」の略。対 プロ。

あまあし【雨足・雨脚】名詞 ❶線を引いたようにふりそそぐ雨。例 雨足がはげしい。❷雨が通りすぎるようす。例 雨足がはやい。

あまい【甘い】形容詞 ❶さとうやみつのような味がするようす。例 甘いお菓子。対 からい。参考 においなどにも言う。❷きびしくないようす。例 子どもに甘い親。❸よく切れないようす。例 切れ味の甘いナイフ。❹いいかげんなようす。しっかりしていないようす。例 その考えは甘い。❺ぴったり合わないようす。ゆるい。例 ねじが甘い。❻こころよく、うっとりするようす。例 甘い音楽。活用 あま・い。

あまいろ【亜麻色】名詞 あまの糸のような、うすい茶色。例 亜麻色の髪の毛。

あまえ【甘え】名詞 あまえること。あまえる気持ち。例 まだまだ甘えがぬけない。

あまえる【甘える】動詞 ❶〔かわいがってもらえると思って〕わがままを言う。例 子が親に甘える。❷〔人の親切な気持ちなどを〕えんりょしないで受ける。例 お言葉に甘えて、いただきます。活用 あま・える。

あまえんぼう【甘えん坊】名詞 すぐにあまえる人。あまったれ。例 妹は甘えん坊だ。

あまおと【雨音】名詞 雨のふる音。例 雨音が聞こえる。

あまがえる【雨がえる】名詞 アマガエル科のカエル。体は緑色で小さい。木や草の葉の上にいることが多く、体の色をまわりの色に合わせて変える。手足の指先には吸盤がある。語源 雨がふりそうになると鳴くのでこの名がついた。

あまがき【甘柿】名詞 木になっているときからあまいカキ。対 渋がき。

あまがさ【雨傘】名詞 雨がふるときにさすかさ。対 日がさ。

あまがっぱ【雨合羽】名詞 雨がふるときに着る上着。レインコート。かっぱ。

あまぐ【雨具】名詞 雨がふるとき、身につけるもの。レインコート・かさ・雨ぐつなど。

あまくさ【天草】地名 熊本県にある市。「長崎・天草地方の潜伏キリシタン関連遺産」は世界文化遺産。⇩695ページ・世界遺産（図）。

あまくさしろう【天草四郎】人名 （一六二一～一六三八）江戸時代前期、キリスト教信者と農民がおこした島原天草の一揆の指導者。幕府軍を相手に島原の原城にたてこもったが、一六三八年二月にうちとられた。本名は益田時貞。

あまくだり【天下り】名詞 する動詞 役所を退職した人が、もとの役所の地位などを利用して一般の会社などに入り、そこで高い地位につくこと。参考 もとは、神さまが空から人間の世界におりてくる意味。

あまくち【甘口】名詞 形容動詞 塩気やからさが

ことばあそび 早口ことば⑩ うり売りが うり 売りに来て うり 売れず 売り売り 帰る

少なくて、あまみが強いこと。例 甘口のカレー。対 辛口。

あまぐつ【雨靴】名詞 雨がふるときにはく、くつ。レインシューズ。

あまぐも【雨雲】名詞 雨をふらせる雲。乱層雲。

あまごい【雨乞い】名詞 する動詞 ひでりが続くとき、雨がふるように神や仏にいのること。

あまざけ【甘酒】名詞 もち米のかゆに、こうじをまぜてつくった、あまい飲みもの。

あまざらし【雨ざらし】名詞 雨がふりかかるままになっていること。例 せんたくものが雨ざらしになっている。

あます【余す】動詞 あまらせる。残す。例 今年も余すところ、あと三日となった。活用 あま・す。

あまずっぱい【甘酸っぱい】形容詞 あまくて、すっぱい。例 甘酸っぱいグレープフルーツ。参考 うれしいようなこまったような気持ちなどにもいう。例 甘酸っぱい思い出。活用 あまずっぱ・い。

あますところなく【余す所なく】連語 残らず。ことごとく。すべて。例 その日のことを余す所なく日記に書いた。

あまぞら【雨空】名詞 雨がふってきそうな空。また、雨がふっている空。

アマゾンがわ【アマゾン川】地名 南アメリカ大陸の北の方を西から東に流れる大きな川。流れる面積は世界一で、長さはナイル川について世界で二番目。▼英語 Amazon

あまた 名詞 副詞 数が多いこと。たくさん。例 あまたの財宝を手に入れる。／花があまたさきみだれる。参考 やや古い言い方。

あまだれ【雨垂れ】名詞 のき先から落ちる、雨のしずく。例 雨垂れの音が聞こえる。

あまだれいしをうがつ【雨垂れ石をうがつ】故事成語 〔雨だれが長い間には石にも穴をあけるように〕たとえ小さな力しかなくても、長い間続ければ成功することのたとえ。参考 「うがつ」は、「穴をあける」という意味。

あまちゃ【甘茶】名詞 アマチャの木の葉からつくる、あまい飲み物。参考 四月八日の釈迦のたんじょう日に、釈迦の像にあま茶をかけるならわしがある。

アマチュア 名詞 職業としてではなく、好きで物事をしている人。しろうと。例 アマチュアカメラマン。参考 略して「アマ」ともいう。対 プロフェッショナル。▼英語 amateur

あまつさえ 副詞 その上に。おまけに。例 大雨が続き、あまつさえ強い風までふいてきた。参考 やや古い言い方。

あまったるい【甘ったるい】形容詞 ❶いやになるほど、あまい。例 甘ったるいジュース。❷ひどくあまえるようす。例 甘ったるい声。活用 あまったる・い。

あまったれる【甘ったれる】動詞 〔人の好意などに〕ひどくあまえる。例 母親に甘ったれる子ども。活用 あまった・れる。

あまつぶ【雨粒】名詞 雨のしずく。雨のつぶ。

あまでら【尼寺】名詞 ❶女性の僧がとりしきっている寺。❷キリスト教の女子修道院。

あまてらすおおみかみ【天照大神・天照大御神】名詞 日本神話の中心となる女性の神。皇室の祖先となった神として伊勢神宮に祭られている。

あまど【雨戸】名詞 雨風をふせいだり、用心をしたりするために、しょうじやガラス戸の外側にたてる戸。

あまどい【雨どい】名詞 屋根にふった雨水を受けて、地上に流すしかけ。とい。

あまとう【甘党】名詞 酒よりも、お菓子などのあまいものが好きな人。対 辛党。

あまねく 副詞 残すところなく。すみずみまで、広く。例 かれの名は、世界にあまねく知れわたっている。

あまのがわ【天の川】名詞 夏の夜空に、銀色の川のように見える、たくさんの星の集まり。銀河。参考 七夕の伝説がある。

あまのじゃく 名詞 ❶仁王やびしゃもん天が足の下にふみつけている、おに。❷わざと人と反対のことを言ったりしたりする人。参考 「あまんじゃく」ともいう。

あまのはしだて【天橋立】地名 京都府の北の海辺にある、すなはまが海へ細長くのびているところ。日本三景の一つ。

あまみ【甘み】名詞 あまさ。あまい味。例 甘みのあるトマト。／甘みが足りない。対 辛み。

あまみおおしま【奄美大島】地名 鹿児島県の南にある、奄美群島の中心の島。気候は熱帯に近い。「奄美大島、徳之島、沖縄島北部及び

〈注〉「あや」は女の子の名前。

「西表島」は世界自然遺産。⇩695ページ・世界遺産（図）。

あまみず【雨水】 名詞 雨の水。雨がふってたまった水。うすい。

あまもよう【雨模様】 名詞 ➡あめもよう。

あまもり【雨漏り】 名詞 屋根などのこわれたところから雨水が家の中へもること。

あまやかす【甘やかす】 動詞〔かわいがって〕したいようにさせる。あまえるままにさせる。例 子どもを甘やかして育てる。活用 あまやか・す。

あまやどり【雨宿り】 名詞 する動詞 のき下や木のかげなどで、雨がやむのを待つこと。

あまよけ【雨除け】 名詞 雨にぬれないようにすること。また、そのためのおおい。雨おおい。例 雨除けのテント。

あまり【余り】 一 名詞 あまったもの。残り。例 おやつの余りを全員で分ける。
二 副詞 ❶ていどがはげしいようす。例 あまりうれしくて、さけんでしまった。参考「あまりに」「あまりにも」の形でも用いる。❷それほど。参考 下に「…ない」などの打ち消しの言葉が続く。例 この問題は、あまりむずかしくない。❸《「…のあまり」「…したあまり」などの形で》ある気持ちなどがとても高まったために起こること。例 おどろきのあまり動けなくなった。
三 接尾語《数を表す言葉につけて》それより少し多いことを表す言葉。例 一時間あまりで着く。
参考 二 三 は、ふつう、ひらがなで書く。

あまりに【余りに】 副詞 ➡あまり二①。

あまりにも【余りにも】 副詞 ➡あまり二①。

あまりもの【余り物】 名詞 あまって残ったもの。残りもの。例 余り物で食事をすませる。

アマリリス 名詞 ヒガンバナ科の植物。初夏に、赤や白の大きな花がさく。▼英語 amaryllis

あまる【余る】 動詞 ❶たくさんあって残る。わり切れずに残る。例 時間が余る。／十を三でわると一余る。❷自分の能力をこえている。およばない。例 この仕事は、ぼくの手に余る。活用 あま・る。

あまんじる【甘んじる】 動詞〔あたえられたもので〕不平を言わずに満足する。しかたがないと思ってがまんする。あまんずる。例 今の立場に甘んじるつもりはない。活用 あまん・じる。

あみ【網】 名詞 ❶糸・なわ・はり金などであんだもの。❷ある人をとらえるためにはりめぐらしたもの。例 そう査の網にかかった。

あみあげぐつ【編み上げ靴】 名詞 ひもをフックにかけ、あむように結んではく、深いくつ。

アミーバ 名詞 ➡アメーバ。

あみがさ【編みがさ】 名詞 草やわらなどであんだ、頭にかぶるためのかさ。⇩図。

あみかざり【網飾り】 名詞 色紙に細かい切りこみを入れて作った、あみのようなかざり。七夕の日に竹につけたりして使う。

編みがさ

あみだ 名詞 ❶〔仏教で〕極楽にいて、人々をすくうといわれる仏の名。あみだにょらい。❷「あみだかぶり」の略。ぼうしなどを後ろにかたむけて、かぶること。❸「あみだくじ」の略。線のはじに当たり・はずれなどを書いてかくしておき、めいめいが引いて当たり・はずれを決めるくじ引きの方法。⇩図。漢字 阿弥陀。

①②③④⑤⑥⑦

あみだ③

あみだす【編み出す】 動詞 新しいやり方を工夫して考え出す。例 新しいわざを編み出す。活用 あみだ・す。

あみだな【網棚】 名詞〔電車・バスなどで〕荷物をのせるための、あみをはった、たな。

あみど【網戸】 名詞〔カやハエなどをふせぐため〕あみをはった戸。

アミノさん【アミノ酸】 名詞 たんぱく質をつくっているもの。参考 人の体には二十種類のアミノ酸がある。

あみのめ【網の目】 名詞 あみをつくっている、糸と糸とのすき間。また、そのようなもの。網目。例 細かい網の目。

あみのめのように【網の目のように】 慣用句〔魚などをとる網にたとえて〕道路などが、すきまなくはりめぐらされているようす。例 網の目のように整備された道路。

あ いうえお　かきくけこ　さしすせそ　たちつてと　なにぬねの　はひふへほ　まみむめも　や ゆ よ　らりるれろ　わ を ん

ことばあそび　早口ことば⑪　おあやや　おやに　おあやまり　おあやや　やおやに　おあやまり

あみばり【編み針】名詞 あみ物をするときに使う、竹や金属で作った細長いはり。あみ棒。

あみぼう【編み棒】名詞 ➡あみばり。

1 **あみめ**【網目】名詞 ➡あみのめ。

2 **あみめ**【編み目】名詞 糸・毛糸・竹などであんだものの、すきま。例 編み目のあらいセーター。

あみもと【網元】名詞 船やあみの持ち主で、多くのりょうしをやとって、漁業をする人。また、その職業。

あみもの【編み物】名詞 毛糸などをあんで、衣服やかざりものなどを作ること。また、そうやって作ったもの。

アミラーゼ 名詞 でんぷんなどを糖分に変えるこうそ。動物の消化液や植物の発芽中の種子などに多くふくまれる。▼ドイツ語

あみをはる【網を張る】慣用句 〔犯人などをつかまえるために〕じゅんびして、待つ。例 現場近くで網を張る。

あむ【編む】動詞 ❶〔糸・竹・はり金など〕細くて長いものをたがいちがいに組み合わせる。例 セーターを編む。❷文章を集めて本をつくる。例 詩集を編む。活用 あ・む。

アムステルダム 地名 オランダの首都。アムステル川の河口にあって運河が多い。古くから商工業と文化の中心として栄えた。▼英語 Amsterdam

アムンゼン 人名 （一八七二〜一九二八）ノルウエーの探検家。一九一一年に世界で初めて南極の極点に立つことに成功した。一九二八年、北極で行方不明となった。ローアル＝アムンゼン (Roald Amundsen)。

1 **あめ** 名詞 ❶いも・米などのでんぷんからつくったあまい食品。❷砂糖で作られた、キャンデーなどの菓子。漢字 飴。

2 **あめ**【天】名詞 広い空。天。例 天の下（＝地上の世界）。

3 **あめ**【雨】名詞 ❶水蒸気が空中で冷やされて、しずくになって落ちてくるもの。例 雨がふってきた。❷雨がふる天気。例 天気予報では、明日は雨だ。注意 下に続く言葉によっては、「あま」とも読む。（例＝雨雲・雨具）また、下について「さめ」とも読む。（例＝春雨）

あめあがり【雨上がり】名詞 雨がやんだ後。あまあがり。例 雨上がりの空。

あめいろ【あめ色】名詞 〔水あめのような色をした〕うすい黄色みを帯びた茶色。

アメーバ 名詞 おもに池やぬまにすむ、とても小さな生物。体が一つの細胞からできていて、自由に形が変えられる。アミーバ。▼英語（ドイツ語から）ameba

あめかぜ【雨風】名詞 雨と風。例 雨風をしのぐ。

あめがふろうがやりがふろうが【雨が降ろうがやりが降ろうが】慣用句 どんな困難があっても。例 雨が降ろうがやりが降ろうが、必ず行きます。

あめかんむり【雨冠】名詞 漢字の部首の一つ。「雲」「雪」などの上の「雨」の部分。

アメダス 名詞 自動的に気象を観測する装置を使い、全国約千三百か所の気象情報を調べるシステム。参考 AMeDAS（＝アメダス）は、地域気象観測システムの英語を略したもの。

あめだま【あめ玉】名詞 玉のように丸い形にした、あめ。

あめにつけかぜにつけ【雨につけ風につけ】慣用句 雨がふろうと風がふこうと。どんなときでも。例 雨につけ風につけ、練習をおこたらない。

あめふってじかたまる【雨降って地固まる】ことわざ 雨がふった後は、地面がしまってかたくなるように、悪いことやいやなことなどがあった後は、かえって前よりもよくなるというたとえ。

あめふらし【雨降らし】名詞 アメフラシ科の軟体動物。体にさわると、むらさき色の液を出す。

あめもよう【雨模様】名詞 今すぐ雨がふりそうなようす。参考「あまもよう」ともいう。

金田一メモ 「小雨がふったりやんだりする」という意味で用いるのは、本来の使い方ではない。

アメリカ 地名 ❶「アメリカ合衆国」のこと。❷南北アメリカ大陸をまとめていう言葉。参考 昔、漢字で「亜米利加」と書いた。その中に「米」があることから、「米国」「北米」「南米」などと使う。▼英語 America

アメリカがっしゅうこく【アメリカ合衆国】地名 国土のほとんどが北アメリカ大陸にある大きな国。首都はワシントンD.C.。一七七六年にイギリスから独立。五十の州と一特別区からなる。資源にめぐまれ、農業や商業、さま

〈注〉「早口ことば⑫〜⑱」は、❶〜⑪をもじったもの。

ざまな工業もさかん。アメリカ。米国。参考 英語のUnited States of Americaを略して「USA」ともいう。

アメリカシロヒトリ 名詞 ヒトリガ科の、ガ。成虫は白色で小形。幼虫は三センチメートルほどで、植物の葉を食いあらす害虫。参考 北アメリカから入ってきた。

アメリカンフットボール 名詞 アメリカで、ラグビーからつくられたスポーツ。一チーム十一人が、だ円形のボールを相手のゴールに持ちこんだり、けって入れたりした得点で勝負を争う。アメフト。アメラグ。▼英語 American football

あめんぼ 名詞 アメンボ科のこん虫。池などの水面でくらす。あしが細長い。あめんぼう。

あや 名詞 ❶もようや色合い。色の調子。例 あやをつける。❷〔物事の〕すじ道。例 勝負のあや。❸文などのかざり。上手な言い回し。例 それは言葉のあやだ。

あやうい【危うい】 形容詞 あぶない。例 危ういところを助けられた。参考 やや古い言い方。注意 送りがなに気をつける。活用 あやう・い。

あやうく【危うく】 副詞 ❶もう少しのところで。例 危うく転びそうになった。❷やっとのことで。例 危うく間に合った。

あやかる 動詞 幸せな人やりっぱな人に似る。また、似るように願う。例 有名人にあやかって名前をつけた。活用 あやか・る。

あやしい¹**【怪しい】** 形容詞 ❶気味が悪い。例 怪しい人かげにおびえる。❷信用できない。うたがわしい。例 本当かどうか怪しいものだ。活用 あやし・い。⇩使い分け。

あやしい²**【妖しい】** 形容詞 神秘的だ。ふしぎだ。例 妖しい魅力。活用 あやし・い。⇩使い分け。

あやしげ【怪しげ】 形容動詞 あやしいようす。例 怪しげなやつだ。

あやしむ【怪しむ】 動詞 ❶あやしいと思う。うたがう。例 こんなところにいると怪しまれるよ。❷信用できないと思う。変だと思う。例 かれの言葉を怪しむ人はいなかった。活用 あやし・む。

あやす 動詞 〔赤ちゃんや小さい子の〕きげんをとる。例 泣いている赤ちゃんをあやす。活用 あや・す。

あやつりにんぎょう【操り人形】 名詞 人形の頭や手足に糸をつけ、上からその糸を動かして、人形に動作をさせておこなう、しばい。また、その人形。マリオネット。⇩図。

操り人形

あやつる【操る】 動詞 ❶〔道具や機械を〕動かして使う。例 ボートを上手に操って川をわたった。❷〔人形などを〕糸をつけて動かす。例 人形を操る。❸かげにいて、人を思いどおりに動かす。例 人に操られて、悪事を働く。参考 ふつう、悪いことをさせるときにいう。❹外国語などをうまく使う。例 五か国語を操る。活用 あやつ・る。

使い分け　あやしい

●うたがわしい。
怪しい人かげ。

●神秘的である。
妖しい魅力。

あやとり【あや取り】 名詞 輪にしたひもを指や手首にかけ、いろいろな形を作りながら、たがいにやりとりする遊び。糸取り。

あやぶむ【危ぶむ】 動詞 〔うまくいくかどうか〕あぶないと思う。例 全国大会出場を危ぶむ。注意 送りがなに気をつける。活用 あやぶ・む。

あやふや 形容動詞 たしかでないようす。あてにならないようす。例 あやふやな態度。類 不確実。

あやまち【過ち】 名詞 ❶失敗。例 小さな過ちが大きな事故を生む。❷まちがっておかした罪。例 過ちをつぐなう。

あやまつ【過つ】 動詞 ❶失敗する。例 過たず的に当てる。❷まちがって悪いことをする。罪

ことばあそび 早口ことば⑫ なま肉　なまにえ　なまビール

をおかす。活用 あやま・つ。

あやまり【誤り】 名詞 正しくないこと。まちがい。例 誤りを訂正する。

1 **あやまる【誤る】** 動詞 〔物事を〕やりそこなう。まちがえる。例 計算のしかたを誤った。活用 あやま・る。⇩使い分け。

2 **あやまる【謝る】** 動詞 悪いことをしたと思う気持ちを伝えて、ゆるしてくれるように、たのむ。例 花びんをわったので、母に謝った。活用 あやま・る。⇩使い分け。

あやめ 名詞 アヤメ科の植物。初夏にむらさき色の花がさく。外側の花びらにあみ目のもようがある。

あやめる 動詞 きずつける。殺す。例 人をあやめる。活用 あや・める。

あゆ 名詞 アユ科の魚。水のきれいな川にすむ。水底の石についた藻を食べる。肉にかおりがあり、食用とされる。香魚。漢字 鮎。

使い分け あやまる

●まちがえる。
使い方を誤る。

●わびる。
失敗を謝る。

あゆみ【歩み】 名詞 ❶歩くこと。また、歩き方。例 歩みを止める。／ゆっくりした歩み。❷物事の進み方。例 世の中の歩み。

あゆみさる【歩み去る】 動詞 歩いて遠ざかる。はなれる。例 その親切な人は、名前も言わず歩み去った。活用 あゆみさ・る。

あゆみよる【歩み寄る】 動詞 ❶歩いて近づく。例 物音のする方へ二、三歩歩み寄る。❷たがいにゆずり合って、考えを近づける。例 両者が歩み寄れば、この問題は解決する。活用 あゆみよ・る。

あゆむ【歩む】 動詞 ❶歩く。例 考えごとをしながら、池のほとりを歩む。❷〔物事が〕進む。例 公害のない町を目ざして歩む。活用 あゆ・む。

あら【粗】 ㊀ 名詞 ❶〔人の言葉やおこないの〕おとっている点。欠点。例 他人の粗をさがす。❷魚のよい部分をとったあとの、まだ少し肉のついたほねや皮。例 ブリの粗。㊁ 接頭語 「細かくない」「大ざっぱ」の意味を表す言葉。例 粗筋。／粗ぬり。

アラーム 名詞 ❶警報。警報器。❷目覚ましのための、そうち。例 アラームクロック（＝目覚まし時計）。▼英語 alarm

あらあらしい【荒荒しい】 形容詞 らんぼうである。また、はげしい。例 荒々しく戸をたたく。活用 あらあら・し・い。参考 ふつう、「荒々しい」と書く。

1 **あらい【荒い】** 形容詞 ❶らんぼうである。例 気が荒い。❷いきおいがはげしい。例 波が荒い。活用 あら・い。⇩使い分け。

2 **あらい【粗い】** 形容詞 ❶すきまなどが大きい。つまっていない。例 目の粗いあみ。❷大まかで、ていねいでない。例 仕事ぶりが粗い。対 ①②細かい。❸ざらざらして、なめらかでない。例 粗い手ざわり。活用 あら・い。⇩使い分け。

あらいおとす【洗い落とす】 動詞 〔体や衣服などについたよごれなどを〕あらって、とりのぞく。例 ズボンについたどろを、水で洗い落とす。活用 あらいおと・す。

あらいぐま【洗い熊】 名詞 アライグマ科の動物。体長約六十センチメートル。小動物や果実などを食べる。参考 食べ物をあらうような動きをするので、こうよばれる。

あらいこ【洗い粉】 名詞 ❶食器などをあらう

使い分け あらい

●いきおいがはげしい。
波が荒い。

●細かくない。
目の粗いあみ。

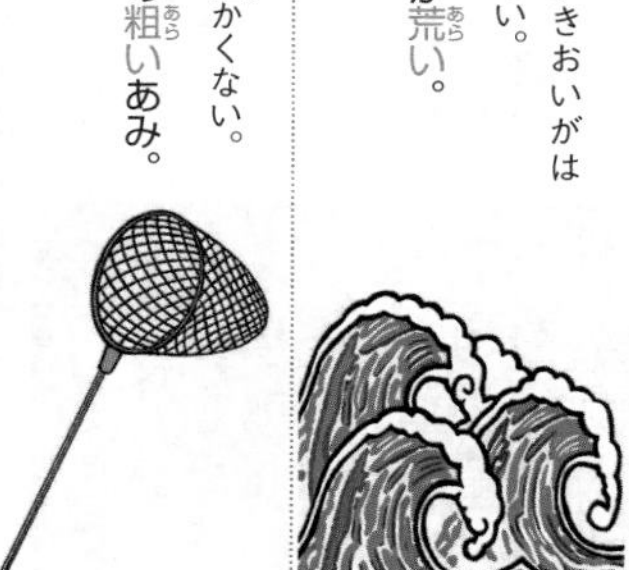

ときに使う、こな。❷髪をあらうときに使う、こな。髪あらいこ。

あらいざらい【洗いざらい】副詞 残らず全部。例 知っていることを洗いざらい言う。

あらいざらし【洗いざらし】名詞 何度も洗ったために、服などの色がうすくなること。例 洗いざらしのジーンズ。

あらいながす【洗い流す】動詞 水を流してよごれやごみを取りのぞく。例 浴室のよごれを洗い流す。活用 あらいなが・す。

あらいば【洗い場】名詞 ❶物をあらうところ。例 洗い場で野菜をあらう。❷ふろ場で体をあらうところ。例 洗い場でシャワーを浴びる。

あらいはくせき【新井白石】人名 (一六五七〜一七二五)江戸時代中ごろの学者・政治家。名は君美。六代将軍徳川家宣と七代の家継につかえ、さまざまな新しい政治をおこなった。「西洋紀聞」など、書いた書物も多い。

あらいはり【洗い張り】名詞 ほどいた着物をあらい、のりをつけて板などの上でしわをのばして、ほすこと。例 洗い張りをして、ぬい直す。⇩図。

洗い張り

あらいもの【洗い物】名詞 使った食器や衣類などの、あらわなければならないもの。また、それらをあらうこと。例 たまった洗い物をする。

あらう【洗う】動詞 ❶水や湯などで、よごれをとりのぞく。例 顔を洗う。／シャツを洗う。❷〔かくされていることを〕調べる。例 身もとを洗う。活用 あら・う。

あらうみ【荒海】名詞 波のあらい海。例 荒海に、ふねをこぎ出す。

あらかじめ 副詞 前もって。前から。例 会場の場所をあらかじめ調べておく。

あらかせぎ【荒稼ぎ】名詞 する動詞 〔方法を選ばないなど〕らんぼうなやり方でお金をもうけること。例 株で荒稼ぎした。

あらかた 副詞 だいたい。ほとんど。例 雪はあらかたとけた。

あらかべ【粗壁】名詞 下ぬりをしただけの、かべ。例 粗壁の土蔵。参考 ふつうは、仕上げに粗壁の上からしっくいなどをぬる。

あらぎょう【荒行】名詞 たきに打たれたり真冬に水を浴びたりするような、はげしく苦しい修行。例 荒行にたえる。

あらくれ【荒くれ】名詞 気があらいこと。らんぼうなこと。また、そのような人。例 荒くれ男。

あらけずり【粗削り・荒削り】一 名詞 する動詞 ざっと、けずること。例 粗削りの柱。二 形容動詞 細かいところまでできあがっていないようす。大ざっぱなようす。例 粗削りだが才能はある。

あらさがし【粗探し・粗捜し】名詞 する動詞 人の欠点をあれこれとさがし出すこと。また、さがし出して、悪口を言うこと。例 粗探しばかりするな。

あらし【嵐】名詞 はげしくふく風。また、雨ともにはげしくふく風。参考 はげしい気持ちや有様のたとえとしても用いる。例 嵐のような拍手。

あらしごと【荒仕事】名詞 ❶力のいる、はげしい労働。例 建設現場の荒仕事。❷ごうとうや殺人などの、あらあらしい犯罪。

あらしのまえのしずけさ【嵐の前の静けさ】ことわざ 〔あらしの前は、少しの間、雨や風がやむことから〕大変なことが起こる前の、ぶきみなほど静かな様子のたとえ。例 これは嵐の前の静けさにすぎない。

あらす【荒らす】動詞 ❶こわしたり、ちらかしたりする。例 畑がサルに荒らされた。❷あちらこちらをさがして、ぬすむ。例 家の中をどろぼうに荒らされた。活用 あら・す。

アラスカ 地名 北アメリカ大陸の北西部にある、アメリカ合衆国の州。五十州のうち面積はもっとも広く、人口はもっとも少ない。木材や石油の産地で、サケやマスの漁業もさかん。州都はジュノー。▼英語 Alaska

あらすじ【粗筋】名詞 物語やげきなどを人物やできごとを中心に短くまとめたもの。例 粗筋を読む。類 あらまし。

あらそい【争い】名詞 争うこと。例 争いが絶えない。類 紛争。けんか。いさかい。もめごと。たたかい。

あらそう【争う】動詞 ❶相手に勝とうとして

ことばあそび 早口ことば⑬ なま水　なまもの　なまわさび

たたかう。例かけっこで一着を争った。❷けんかをする。言い合いをする。例兄弟が争う。❸戦争をする。例二つの国が争う。活用あらそ・う。

あらそえない【争えない】連語 だれが見てもはっきりしていて、打ち消すことができない。例年は争えない。／争えない事実。参考「争われない」ともいう。

あらそわれない【争われない】連語 ⬇あらそえない。

あらた【新た】形容動詞 新しいようす。新しくするようす。例気分を新たにする。

あらたか 形容動詞 神や仏のめぐみがたしかにあらわれるようす。また、薬のききめなどが明らかにあらわれるようす。例霊験あらたかな神。

あらだてる【荒立てる】動詞 はげしくする。大きくする。例声を荒立てる。／事を荒立てる（＝さわぎを大きくする）。活用あらだ・てる。

あらたまる【改まる】動詞 ❶新しくなる。新しいものと入れかわる。例あと三日で、年が改まる。❷前よりよい状態になる。例おこないが、すっかり改まった。❸〔態度や言葉が〕かた苦しくなる。例改まったあいさつ。注意送りがなに気をつける。活用あらたま・る。

あらためて【改めて】副詞 ❶もう一度。別のときに。例改めて話をしよう。❷初めてのことのように。例改めて言うまでもないが、集合の時間におくれないように。

あらためる【改める】動詞 ❶新しくする。例勉強の方法を改める。❷前よりよい状態にする。例悪いくせを改める。❸〔態度や言葉を〕かた苦しくする。例言葉を改める。❹調べる。例さいふの中を改める。注意送りがなに気をつける。活用あらた・める。

あらっぽい【荒っぽい】形容詞 ❶〔気持ちや性質が〕あらあらしい。らんぼうなようす。例兄は、言葉は荒っぽいが、心はやさしい。❷〔仕事などが〕大ざっぱなようす。例組み立て方が荒っぽい。活用あらっぽ・い。

あらて【新手】名詞 ❶新しく仲間に入った人。例新手ががんばっている。❷新しいやり方。例新手の作戦。

あらなみ【荒波】名詞 ❶あれくるう波。例荒波の中を船が進む。❷世の中の苦しみやこんなんのたとえ。例社会の荒波を乗りこえる。

あらなわ【荒縄】名詞 わらでつくった、太いなわ。

アラビア 地名 アラビア半島を中心とする地域。▼英語 Arabia

アラビアすうじ【アラビア数字】名詞 インドででき、アラビアからヨーロッパに伝わった数字。0・1・2・3・4・5・6・7・8・9の十個の数字。現在は、世界中で使われている。算用数字。参考「一・二・三・四…」などは「漢数字」、「Ⅰ・Ⅱ・Ⅲ・Ⅳ…」などは「ローマ数字」という。

アラビアはんとう【アラビア半島】地名 アジア大陸西部にある、世界でもっとも大きな半島。サウジアラビア王国、アラブ首長国連邦などの国がある。参考北のペルシャ湾にそったところは世界的な石油の産地。国土の三十パーセント以上が砂漠。

アラビアンナイト 書名 アラビア地方を中心とした説話集。「アラジンと魔法のランプ」「アリババと四十人の盗賊」などが知られている。参考「千一夜物語」「千夜一夜物語」ともいう。

アラブ 名詞 ❶アラブ人。アラビア語を話し、イスラム文化で育った人たち。❷アラブ種の馬。▼英語 Arab

アラブしゅちょうこくれんぽう【アラブ首長国連邦】地名 アラビア半島東部にある国。一九七一年にイギリスから独立。七つの首長国でできている。国土の大部分は砂漠だが、石油の生産が多い。首都はアブダビ。UAE。▼英語 United Arab Emirates

あらまき【荒巻・新巻】名詞 少量の塩をしみこませたサケ。あらまきざけ。

あらまし 一 名詞 あらすじ。例事件のあらましをのべる。二 副詞 おおよそ。ほとんど。だいたい。例仕事もあらましかたづいた。

あらむしゃ【荒武者】名詞 ❶勇ましくて、あらあらしい武士。❷がむしゃらな人。らんぼう者。

あらものや【荒物屋】名詞 なべ・ほうき・たわしなど、ふだん家庭で使う細々した品物を売る店。雑貨屋。

あらゆる 連体詞 すべての。あるかぎりの。例あらゆる手段を使ってさがす。

あらりょうじ【荒療治】名詞 する動詞 〔受ける

人のいたさなどを考えない〕あらっぽい、なおし方。また、物事を立て直すために思いきったことをおこなうこと。例 このチームには荒療治が必要だ。

あられ 名詞 ❶空気中の水分が急に冷やされ、小さな氷のつぶになって、ふってくるもの。参考「ひょう」よりも小さい。❷小さく切ったもちをいって、味をつけたもの。漢字 霰。

あらわ 形容動詞 はっきり外に出ているようす。例 不快な気持ちをあらわにしめす。

1 **あらわす**【表す】動詞 ❶考えや気持ちなどをはっきりしめす。例 よろこびを言葉で表す。❷内容を、記号などでしめす。例 実験の結果をグラフで表す。注意 送りがなに注意する。活用 あらわ・す。⇩使い分け。

2 **あらわす**【現す】動詞〔すがたや形を〕見えるように外に出す。例 すがたを現す。／才能を現す。注意 送りがなに注意する。対 かくす。活用 あらわ・す。⇩使い分け。

3 **あらわす**【著す】動詞〔自分の考えや研究を〕本にして世に出す。例 研究を本に著す。注意 送りがなに注意する。活用 あらわ・す。⇩使い分け。

1 **あらわれ**【表れ】名詞 気持ちなどがあらわれること。例 よろこびの表れ。

2 **あらわれ**【現れ】名詞 目に見えるように、あらわれること。例 長年の努力の現れ。

1 **あらわれる**【表れる】動詞〔考えや気持ちなどが〕自然に表に出る。例 すなおな心の表れた文章。活用 あらわ・れる。⇩使い分け。

使い分け　あらわす

●はっきりしめす。
よろこびを表す。

●見えるようにする。
すがたを現す。

●本などを書いて出す。
本に著す。

2 **あらわれる**【現れる】動詞 ❶〔かくれていたすがたや形が〕外に出てくる。見えるようになる。例 クマが裏山に現れた。❷〔わからなかったことがらなどが〕広くわかる。また、ばれる。例 悪事が現れた。活用 あらわ・れる。⇩使い分け。

あらんかぎり【有らん限り】連語 あるだけ全部。例 有らん限りの声でさけぶ。

あり 名詞 アリ科のこん虫。体は小さく、土の中などに巣をつくってすむ。一つの巣に、一ぴきのめす（＝女王アリ）と、たくさんの働きアリと、おすのアリがいる。漢字 蟻。

使い分け　あらわれる

●はっきり出る。
表情に表れる。

●見えるようになる。
クマが現れた。

ありあけ【有り明け】名詞 空に月がうすく見えているまま夜が明けること。また、そのころ。

ありあけかい【有明海】地名 九州西部の島原湾のおくにある内海。引き潮と満ち潮の差は日本一。引き潮のときにあらわれる広い干潟が特徴。

ありあけのつき【有り明けの月】名詞 夜が明けても、空に見えている月。

ありあまる【有り余る】動詞 必要以上に、たくさんある。あまるほど豊富にある。例 有り余る力。活用 ありあま・る。

ありあり 副詞（ーと）❶〔本当に見えたり聞こえたりするように〕はっきりと心にうかぶようす。例 前に住んでいた家のことをありありと思い出す。❷気持ちなどが、はっきりとわかるようす。

ことばあそび　早口ことば⑭　鼻水　鼻紙　鼻っぱし

例よろこんでいるのがありありとわかる。

ありあわせ【有り合わせ】名詞 その場にあること。また、その場にある物。例有り合わせのおかずで、ごはんを食べる。

アリーナ 名詞 観客席が演技場や競技場の周囲にある室内施設。例アイスアリーナ。▼英語 arena

ありうる【有り得る】動詞 そうなる場合もあると考えられる。例雨になれば試合の中止も有り得る。参考「ありえる」ともいう。活用 あり・うる。

ありえない【有り得ない】連語 あるはずがない。例そんなことは有り得ない。

ありえる 動詞 ⬇ありうる。活用 あり・える。

ありか【在りか】名詞 さがしているものの、あるところ。また、人のいるところ。例宝の在りかをさがし求める。

ありかた【在り方】名詞 〔ある物事や人が〕当然そうであるべき状態。例学級会の在り方を考える。

ありがたい【有り難い】形容詞 ❶〔相手から受けた好意などを〕うれしいと思う気持ちである。感謝する気持ちである。例手伝ってもらえれば有り難い。❷よろこばしい気持ちである。例帰るふるさとがあるのは有り難い。活用 ありがた・い。

ありがたみ【有り難み】名詞 ありがたいと思う感じ。例親の有り難みがわかる。

ありがためいわく【有り難迷惑】名詞 形容動詞 相手の親切が、こちらではかえってめいわくになること。例君の気持ちはうれしいが、ぼくにとっては有り難迷惑だ。

ありがち【有り勝ち】形容動詞 特別な例ではなく、よくあるようす。例有り勝ちな計算のミスだ。

ありがとう【有り難う】感動詞 お礼の気持ちや感謝の気持ちを表す言葉。例すてきなプレゼントをありがとう。／どうもありがとう。参考 ㋐ひらがなで書くことが多い。㋑ていねいに言うときは、下に「ございます」をつける。

ありがね【有り金】名詞 今、持っているお金。例有り金をはたいて買う。

ありきたり【在り来たり】形容動詞 いつでもどこにでもあって、めずらしくないようす。例在り来たりの小説。

ありさま【有様】名詞 物事の様子や状態。例ひどい有様。

ありじごく【あり地獄】名詞 ウスバカゲロウのよう虫。かわいたすなの中にすりばち形の巣を作り、すべり落ちてくるアリなどの虫をとって食べる。⇩図。

あり地獄

ありしひ【在りし日】連語 ❶ある人が生きていたとき。例在りし日のおもかげ。❷すぎ去った日。例在りし日の思い出。参考 やや古い言い方。

ありしまたけお【有島武郎】人名 (一八七八～一九二三)大正時代の小説家・評論家。人道主義の立場でかつやくした。作品に「一房の葡萄」「生れ出づる悩み」「小さき者へ」などがある。

アリストテレス 人名 (紀元前三八四～紀元前三二二)古代ギリシャの哲学者。十八才から二十年間プラトンに学び、四十才代でアレキサンダー大王の教育係をつとめる。後の哲学など多くの学問に大きな影響をあたえた。参考 英語は Aristotle。

ありつく 動詞 〔食べ物・仕事など〕求めていたものを、手に入れる。例やっと食事にありついた。活用 ありつ・く。

ありったけ 名詞 副詞 その人が持っている、すべて。例ありったけの力をこめて、ボールを投げた。

ありてい【有り体】名詞 形容動詞 ありのまま。本当にあるとおり。例有り体に言えば、そうなる。

ありとあらゆる 連語 「あらゆる」を強めた言い方。あるかぎり、すべての。例ありとあらゆる場所をさがした。

ありのはいでるすきもない【ありのはい出る隙もない】慣用句 〔アリがにげ出るようなわずかな隙もないほど、用心がきびしいようす。例ありのはい出る隙もないような警備。注意「ありの入りこむすきもない」としないこと。

ありのまま 名詞 形容動詞 副詞 じっさいにあったとおり。例自分のしたことをありのままに話す。

アリバイ 名詞 〔犯罪が起きた〕そのとき、その場所にいなかったという証明。ことば「アリバイがある」「アリバイをくずす」▼英語 alibi

ありふれる【有り触れる】動詞 どこにでもあって、めずらしくない。例ありふれている話。／ありふれた品。参考ふつう、「ありふれた」「ありふれている」の形で用いる。活用ありふ・れる。

ありまき 名詞 アブラムシの別名。語源この虫のまわりにアリが集まってとりまくので、この名がある。参考⇩42ページ・あぶらむし①。

ありゅう【亜流】名詞 一流の人や昔の人のまねをするだけで、すぐれた個性や新しさがないこと。または、そのような人。例かれの絵はピカソの亜流だ。

ありわらのなりひら【在原業平】人名 （八二五～八八〇）平安時代前期の歌人。六歌仙の一人で、情熱的な歌風で知られる。「伊勢物語」の主人公とされ、美男子の代表といわれる。

ある[1] 連体詞 はっきりしないものをさす言葉。また、物事をはっきり決めないでいう言葉。例ある人。／むかしむかしあるところに…。／ある日。

ある[2]【有る】動詞 ❶持っている。例お金が有る。対無い。❷おこなわれる。起こる。例昨日、試験があった。❸《「…てある」の形で》動作や状態が続いていることを表す。例つくえの上に、本がおいてある。❹《「…である」の形で》はっきり言い切ることを表す。「…だ。」の意味。例これは事実である。参考③④は、ひらがなで書くことが多い。活用あ・る。⇩使い分け。

ある[3]【在る】動詞 存在する。例都会に在る家。活用あ・る。参考ひらがなで書くことが多い。⇩使い分け。

あるいは 一 接続詞 ❶または。例くもり、あるいは雨。❷《「あるいは…あるいは…」の形で》同じようなことをならべるときに使う言葉。例あるいは川をわたり、あるいは山をこえた。
二 副詞 もしかすると。例その話は、あるいはわたしのかんちがいかもしれない。

アルカリ 名詞 水にとける塩基性物質をまとめていう言葉。かせいソーダ・消石灰など。参考アルカリがとけた水は、赤いリトマス試験紙を青く変える。対酸。▼英語（アラビア語から）alkali

使い分け　ある

●持っている。
お金が有る。

●存在する。
都会に在る家。

アルカリせい【アルカリ性】名詞 赤色のリトマス試験紙を青色にかえ、酸と中和する性質。対酸性。

あるきまわる【歩き回る】動詞 あちらこちらを歩く。例考えごとをしながら、部屋を歩き回る。参考「歩く」が「〔足を使って〕前の方へ進む」ことを主に意味することに対して、「歩き回る」は「〔足を使って〕いろいろな方向へ移動する」ことを言い表す。活用あるきまわ・る。

アルキメデス 人名 （紀元前二八七～紀元前二一二）古代ギリシャの数学者・物理学者。円・球・だ円・放物線・てこなどを研究し、物がうく力に関する「アルキメデスの原理」を発見した。▼英語 Archimedes

あるく【歩く】動詞 ❶〔自分自身の〕足をつかって進む。例野山を歩く。❷おとずれる。まわる。例奈良を車で歩く。活用ある・く。

アルコール 名詞 ❶でんぷんからつくる、もえやすい液体。水とよくまざる。ヨードをとかしたり、薬品に使ったりする。酒などにもふくまれる。❷酒。▼英語（アラビア語から）alcohol

アルコールランプ 名詞 アルコールをもやして、熱したり焼いたりする道具。理科の実験などに使う。▼英語 alcohol lamp

あるじ 名詞 一家の主人。また、店の主人。

アルゼンチン 地名 アルゼンチン共和国。南アメリカ大陸の南東部にある国。おもな産業は農業、畜産業。首都はブエノスアイレス。▼英語

ことばあそび　早口ことば⑮　青パジャマ　赤パジャマ　黄パジャマ

Argentine

アルタイル 名詞 わし座の中でもっとも明るい星。一等星。七夕のひこ星。けんぎゅう星。参考 ⇩ベガ。▼英語 Altair

アルツハイマーびょう【アルツハイマー病】 名詞 脳細胞がこわれることから脳の働きが悪くなる病気。記憶や思考の能力が下がる。アルツハイマー型認知症。参考 ドイツの医師 Alzheimer の名前から。

アルト 名詞 歌を歌うときの女性の声で、一番低いはんい。また、そのはんいを受け持つ歌い手。参考 ⇩ソプラノ。メゾソプラノ。▼英語（イタリア語から）alto

アルバイト 名詞 する動詞 おもな仕事とは別の仕事。また、それをする人。類 副業。参考 略して「バイト」ともいう。▼ドイツ語

アルバム 名詞 ❶写真などをはっておく帳面。写真帳。❷〔何曲かをおさめた〕CDやレコード。▼英語 album

アルファ 名詞 ❶ギリシャ語の文字のならびで、一番はじめの文字。「α」と書く。❷一番はじめ。最初。❸ある数につけ加える、いくつか。例 いつものおこづかいプラスアルファ。▼英語（ギリシャ語から）alpha

アルファベット 名詞 ヨーロッパの言葉をつづるもとになる、一定の順番にならべられた文字。参考 ローマ字では、A・B・C…Zまで二十六文字ある。▼英語 alphabet

アルプス 地名 ❶ヨーロッパの中南部にあって、フランス・スイス・イタリア・オーストリアなどにまたがる大山脈。一番高い山はモンブランで、四八〇七メートル。❷「日本アルプス」のこと。▼英語 Alps

アルペン 名詞 アルプス山脈のまわりの国で広まったスキーの競技。スピードを争う種目が中心。滑降・回転・大回転などがある。アルペン種目。参考 ⇩ノルディック。▼ドイツ語

アルマイト 名詞 アルミニウムの表面に酸化アルミニウムのまくをつけて、さびないようにしたもの。食器・調理器具などに使われる。参考 大正時代に日本でつくられた。もと商標名。

あるまじき【有るまじき】 連語 そうあるべきではない。そうあってはならない。例 人として有るまじきふるまい。

アルミニウム 名詞 銀白色の、軽くてやわらかな金属。食器やなべなどの家庭用品から建築・航空機の材料まで、使いみちが広い。▼英語 aluminium　アメリカでは aluminum

アルミホイル 名詞 アルミニウムをうすくのばしたもの。食品などをつつんだり、調理に使ったりする。「アルミニウムホイル」の略。アルミはく。▼英語 aluminium foil　アメリカでは aluminum foil

あれ 代名詞 ❶話し手からも相手からも遠くはなれているものをさす言葉。例 あれをとってきてください。❷ずっと前のある時をさす言葉。その時。例 あれから先生には会っていない。❸あの人。例 あれのいうことも聞いてみてください。参考 「こそあどことば」の一つ。

アレキサンダー 人名 （紀元前三五六～紀元前三二三）アレクサンドロス三世。古代ギリシャ北部にあったマケドニアの王。二十才で王となり、ペルシャを征服して大帝国にした。▼英語 Alexander

あれくるう【荒れ狂う】 動詞 ❶〔波・風などが〕とてもはげしい様子になる。例 荒れ狂う風雨。❷ふつうでは考えられないくらい、あばれる。例 人がかわったように荒れ狂う。活用 あれくる・う。

アレグロ 名詞 音楽で、曲を演奏する速さを表す言葉。「軽快に速く」の意味。▼英語（イタリア語から）allegro

あれこれ ■ 代名詞 いろいろな物事をさししめす言葉。例 必要なもののあれこれを買う。■ 副詞（―と）いろいろ。さまざま。例 情報をもとに、あれこれ対策を考える。

あれち【荒れ地】 名詞 作物のできそうもないあれた土地。類 やせ地。

あれの【荒れ野】 名詞 自然のままに、雑草などがおいしげっている土地。あれた野原。

あれはてる【荒れ果てる】 動詞 すっかりあれてしまう。例 だれも住んでいない家が荒れ果てる。活用 あれは・てる。

あれほど【あれ程】 副詞 あんなに。あれくらい。例 あれ程やさしい人は、なかなかいない。

あれもよう【荒れ模様】 名詞 天候が悪くなりそうなようす。例 台風の影響で、海上は荒れ模様だ。

あれやこれや 連語 あれこれ。いろいろなことや物。例 デパートに行くと、あれやこれやほし

いものがたくさんある。

あれよあれよ 感動詞 物事の意外ななりゆきにたいして、おどろきを表す言葉。例 あれよあれよという間に満員になってしまった。参考「あれよあれよと」の形で使うことが多い。

あれる【荒れる】 動詞 ❶〔風や波が〕はげしくなる。例 海が荒れる。❷〔様子や態度が〕らんぼうになる。例 思いどおりにならず、荒れている。❸〔手入れが悪く〕いたんで、だめになる。例 荒れたやしき。❹〔手や顔のひふの〕あぶら気がなくなる。例 手が荒れる。活用 あ・れる。

アレルギー 名詞 ❶生物がある物質に対してしめす、異常な反応。じんましん・ペニシリンショック・花粉症など。❷ある物事や人への過度な拒否反応。▼ドイツ語

アレンジ 名詞 する動詞 ❶うまくならべて、ととのえること。例 髪型をアレンジする。❷何かをするための準備をととのえること。例 旅行プランをアレンジする。❸音楽で、編曲すること。例 名曲をアレンジする。▼英語 arrange

アロエ 名詞 葉があつく、ふちにとげがある植物。胃などの薬にする。参考 それがあれば医者はいらないという意味で「いしゃいらず」とも呼ばれる。▼英語（ラテン語から）aloe

アロハ 一 感動詞 ハワイのあいさつの言葉。「こんにちは」「さようなら」など、さまざまな場面でいう。▼英語（ハワイ語から）aloha
二 名詞「アロハシャツ」の略。

アロハシャツ 名詞 はでなもようの布で作った半そでのオープンシャツ。すそをズボンの上に出して着る。アロハ。参考 ハワイから始まった。▼英語 aloha shirt

あわ[1] 名詞 イネ科の植物。実は小さくて黄色い。お菓子の材料や鳥のえさなどにする。漢字 粟。

あわ[2]**【安房】** 地名 昔の国の名。今の千葉県の南部にあたる。

あわ[3]**【泡】** 名詞 液体が空気をつつんでできる小さなつぶ。あぶく。例 石けんのあわ。

あわ[4]**【阿波】** 地名 昔の国の名。今の徳島県にあたる。

あわい【淡い】 形容詞 ❶〔色・味・かおりなどが〕うすい。例 淡い青色。対 濃い。❷かすかなようす。例 淡い期待をいだく。／淡い光。活用 あわ・い。

あわさる【合わさる】 動詞 くっついて一つになる。例 二枚の貝がらがぴったり合わさる。活用 あわさ・る。

あわじ【淡路】 地名 昔の国の名。今の兵庫県の淡路島にあたる。

あわじしま【淡路島】 地名 兵庫県の南部にあり、瀬戸内海でもっとも大きな島。草花・野菜・果物の栽培や、酪農がさかん。

あわす【合わす】 動詞 ➡あわせる（合わせる）。活用 あわ・す。

あわせ 名詞〔わたの入っていない〕うら地のついた着物。対 ひとえもの。

あわせめ【合わせ目】 名詞 物と物とを合わせた、つぎ目。例 洋服の合わせ目がほころびる。

あわせもつ【合わせ持つ・併せ持つ】 動詞 二つ（以上）のすぐれたものを持つ。例 ちえと勇気を合わせ持った人。活用 あわせも・つ。

あわせる[1]**【合わせる】** 動詞 ❶〔二つ以上のものを〕合うようにする。一つにする。合わす。例 みんなで力を合わせる。❷調子をそろえる。合わす。例 ピアノに合わせて歌う。❸くらべて、たしかめる。合わす。例 答えを合わせる。活用 あわ・せる。⇩使い分け。

あわせる[2]**【併せる】** 動詞〔二つ以上のものを〕一つにまとめる。例 二つの銀行を併せて、新しい銀行にする。活用 あわ・せる。⇩使い分け。

あわせるかおがない【合わせる顔がない】 慣用句〔失敗などをして〕はずかしくて相手に顔が見せられない。会いにくい。例 参加できるように力をつくしてもらったのに、急に行けなくなってしまい、かれに合わせる顔がない。

あわただしい【慌ただしい】 形容詞 さしせ

使い分け　あわせる

●一つにする。
力を合わせる。

●いっしょにする。
二つの会社を併せる。

あいうえお　かきくけこ　さしすせそ　たちつてと　なにぬねの　はひふへほ　まみむめも　や　ゆ　よ　らりるれろ　わ　を　ん

ことばあそび　早口ことば⑯　赤ピーマン　緑ピーマン　黄ピーマン

まっていて、いそがしく、落ち着かないようす。例引っこしのじゅんびで、家の中が慌ただしい。活用 あわただし・い。

あわだつ【泡立つ】動詞 あわがたくさんできる。例せんたくの水が白く泡立った。活用 あわだ・つ。

あわつぶ【あわ粒】名詞 穀物のアワの実のつぶ。また、とても小さいもののたとえ。例高い所から見ると、地上の人があわ粒のように見える。

あわてふためく【慌てふためく】動詞 あわてて、うろうろする。例慌てふためいて、にげる。活用 あわてふため・く。

あわてもの【慌て者】名詞 ⬇あわてんぼう。

あわてる【慌てる】動詞 ❶〔急なできごとに〕おどろいて、まごつく。例わすれものに気がついて慌てる。❷とても急ぐ。例ちこくしそうになって、慌てて家をとび出した。活用 あわ・てる。

あわてんぼう【慌てん坊】名詞 すぐにあわてる、そそっかしい人。あわてもの。

あわび 名詞 ミミガイ科のまき貝。大形で、貝がらはあさい皿のような形。肉は食用になる。

あわや 副詞 あぶなく（…するところ）。例あわやけんかになるところだった。注意 悪いことが起こりそうなときに用いることが多い。

あわゆき【泡雪】名詞 あわのように、軽くてとけやすい雪。例早春の泡雪。

あわよくば 副詞 うまくいけば。例あわよくば引き受けてもらえるかもしれない。

あわれ【哀れ】一 名詞 かわいそうだという気持ち。また、悲しみ。ことば「哀れをさそう」二 形容動詞 かわいそうなようす。例この物語の主人公は哀れだ。

あわれっぽい【哀れっぽい】形容詞 あわれをかんじさせるようす。例哀れっぽい声でうったえる。活用 あわれっぽ・い。

あわれみ【哀れみ】名詞 かわいそうだと思う心。

あわれみぶかい【哀れみ深い】形容詞 かわいそうだと思う気持ちが強いようす。例哀れみ深いお坊さん。類 情け深い。活用 あわれみぶか・い。

あわれむ【哀れむ】動詞 かわいそうに思う。同情する。例親をなくした子犬を哀れむ。活用 あわれ・む。

あわれをもよおす【哀れを催す】慣用句 かわいそうだという気持ちになる。例ひさんな話を聞いて哀れを催す。

あわをくう【泡を食う】慣用句 〔とつぜんのことに〕おどろき、あわてる。例泡を食って、外へとび出した。

あん¹ 名詞 ❶アズキやインゲンマメなどを煮て、つぶしたりこしたりし、あまく味をつけたもの。あんこ。❷まんじゅうやもちの中に入れるもの。例肉のあんが入った中華まんじゅう。❸くず粉やかたくり粉でとろみを出したもの。例野菜のあんかけ。

あん²【案】名詞 〔決めるためにまとめた〕考え・意見・計画など。例案を提出する。／修正案。

あんい【安易】名詞 形容動詞 ❶かんたんで、やさしいようす。例安易な方法。❷苦しみなどが少なく、気軽なようす。例その考えは、あまりにも安易だ。

あんうん【暗雲】名詞 ❶黒い雲。❷何か不安なことが起こりそうな様子のたとえ。ことば「暗雲がただよう」例二つの国の間には暗雲がただよっている。

あんえい【暗影】名詞 ❶暗いかげ。❷将来に対する、よくない予感。例両国の関係に暗影を投げかけた。

あんか¹【行火】名詞 手足をあたためる道具。木、または土で作った小さな箱に炭火を入れたもの。類 こたつ。

あんか²【安価】名詞 形容動詞 ❶ねだんが安いこと。例安価な商品。対 高価。❷ねうちが低いこと。安っぽいこと。例安価な同情はかえってめいわくだ。

アンカー 名詞 ❶船のいかり。❷リレー競技で、最後に走る人。また、最後に泳ぐ人。▼英語 anchor

あんがい【案外】副詞 形容動詞 物事のていどが、思っていた以上であるようす。例テストは、案外よくできていた。類 意外。

あんかん【安閑】形容動詞 ❶のんびりとして静かであるようす。例安閑として日を送る。❷何もしないで、のんきにしているようす。例いつまでも安閑としてはいられない。

あんき【暗記】名詞 する動詞 何も見ないで言えるように、覚えること。例かけざんの九九を暗記する。類 暗唱。

あんぎゃ【行脚】名詞 する動詞 ❶僧が修行のため、あちらこちらをめぐり歩くこと。例諸国を行脚する僧。❷歩いて、あちらこちらを旅すること。例四国行脚の旅に出る。

あんきょ【暗きょ】名詞 〔水はけをよくするために〕地下につくった水の通り道。地下排水路。

あんぐ【暗愚】名詞 形容動詞 正しいりくつがわからず、おろかなこと。また、そのような人。例暗愚な王。

アングラ 名詞 実験的で伝統にとらわれない新しい芸術。例アングラ劇場。参考 英語の「アンダー・グラウンド（underground）」の略。

あんぐり 副詞（-と） する動詞 おどろいたり、あきれたりして、口を大きくあけるようす。例口をあんぐりとあけて、じっと見つめた。

アングル 名詞 角度。特に、カメラでうつすときの角度。▼英語 angle

アングロアメリカ 名詞 アメリカ大陸のうち、主に英語を話す国民が住む、アメリカ合衆国とカナダ。参考 ⇩ラテンアメリカ。▼英語 Anglo-America

あんくん【暗君】名詞 おろかな君主。対明君。

アンケート 名詞 多くの人に同じ質問をして、答えや意見を求めること。また、その調査の方法。例アンケートを取る。／アンケート調査。▼フランス語

あんけん【案件】名詞 問題になっていることがら。

あんこ 名詞 ❶⬇あん①。❷〔物を大きくしたり、ふくらませたりするため〕中につめるもの。例ふとんのあんこは綿だ。

あんこう 名詞 アンコウ科の魚。深い海の底にすむ。体長約一メートル。頭や口が大きく、体は平たい。頭の上の長いとげで、小魚をおびきよせて食べる。

あんごう【暗号】名詞 する動詞 〔人に知られないように通信するため〕仲間の間で決めた合図のしるし。例暗号を解読する。

アンコール 名詞 音楽会などで、演奏が終わったとき、はくしゅをしてもう一度演奏を望むこと。例アンコールにこたえる。類カーテンコール。▼英語（フランス語から）encore

あんこく【暗黒】名詞 あたり一面、真っ暗なこと。例暗黒の宇宙。

あんこくじだい【暗黒時代】名詞 自由がおさえつけられたり、世の中がみだれて文化がおとろえたりする時代。対黄金時代。

あんさつ【暗殺】名詞 する動詞 〔政治家などを〕すきをねらって、ころすこと。例大統領が暗殺された。

1 **あんざん**【安産】名詞 する動詞 大きな問題はなく無事に子どもをうむこと。例安産を願う。対難産。

2 **あんざん**【暗算】名詞 する動詞 〔そろばん・計算器・紙などを使わないで〕頭の中で計算すること。また、その計算。対筆算。

あんざんがん【安山岩】名詞 火山岩の一つ。地下でとけていた岩が、浅いところに出てきて、冷えてかたまった岩。

アンサンブル 名詞 ❶少ない人数でおこなう合奏や合唱。また、その集まり。❷同じ布や色、デザインなどで、つり合いのとれた、一そろいの服。▼英語（フランス語から）ensemble

あんじ【暗示】名詞 する動詞 ❶〔あることをわからせるために、それをはっきり言わず〕別のことをしめして、それとなくわからせること。例事件を暗示するできごと。類示唆。❷知らないうちに思いこませること。例さいみんじゅつで暗示にかかる。

あんしつ【暗室】名詞 外からの光が入らないようにした暗い部屋。

あんじゅう【安住】名詞 する動詞 何の心配もなく、そこに落ち着いて住むこと。例安住の地を求める。

あんしゅつ【案出】名詞 する動詞 工夫して考え出すこと。例独自の方法を案出する。類発案。

1 **あんしょう**【暗唱】名詞 する動詞 〔文章・詩・歌などを〕覚えて、何も見ないで言うこと。例詩を暗唱する。類暗記。

2 **あんしょう**【暗礁】名詞 海の中にかくれている岩。

あんしょうにのりあげる【暗礁に乗り上げる】慣用句 思いがけないことで物事が進まなくなる。例自転車旅行の計画は、家族に反対されて暗礁に乗り上げた。

あんじる【案じる】動詞 ⬇あんずる。活用 あん・じる。

あんしん【安心】名詞 形容動詞 する動詞 心配ごとのないこと。また、心配しないこと。例けんかしていた二人が仲直りしたので、安心した。対心

あ いうえお かきくけこ さしすせそ たちつてと なにぬねの はひふへほ まみむめも や ゆ よ らりるれろ わ を ん

ことばあそび 早口ことば⑰ 赤チューリップ 白チューリップ 黄チューリップ

配。

あんず 名詞 バラ科の木。春、うすいピンク色の花がさく。実はそのまま食べたり、ジャムにしたりする。からもも。アプリコット。漢字 杏子・杏。

あんずる【案ずる】 動詞 心配する。気づかう。案じる。例 子どもの将来を案ずる。活用 あん・ずる。

あんずるよりうむがやすし【案ずるより産むがやすし】 ことわざ 物事をおこなう前はあれこれ心配していても、いざやってみると案外かんたんにできるものだというたとえ。参考「案ずるより産むがやすい」ともいう。

あんせい【安静】 名詞 形容動詞 〔病気をなおすために〕体を動かさないで、静かにしていること。例 しばらく安静にしている必要がある。

あんぜん【安全】 名詞 形容動詞 危険がないこと。あぶなくないこと。例 交通安全。／安全な場所ににげる。対 危険。

あんぜんき【安全器】 名詞 よぶんな電流が流れたときに、自動的にヒューズが切れて電流が流れないようにした配電器具。

あんぜんしゅうかん【安全週間】 名詞 工場や工事現場、交通機関などで、事故が起こらないよう、特に注意するために定められた週間。例 春の全国交通安全週間。

あんぜんせい【安全性】 名詞 そのものが安全であるかどうかの度合い。例 電気製品の安全性が問題になる。

あんぜんちたい【安全地帯】 名詞 ❶ あぶなくない場所。❷ 交通のはげしいところで、路面電車の乗りおりをする人や通行人のために、あぶなくないようにしてある場所。

あんぜんピン【安全ピン】 名詞 はりの先をおおって、指にさす危険をへらしたピン。

あんぜんべん【安全弁】 名詞 ❶ ボイラーの中の気圧が高くなりすぎると、自動的に開いてじょうきが外に出るようにした、そうち。❷ 危険な状態になるのを、前もってふせぐ働きをするもの。例 もめ事が起こったときの安全弁となるきまり。

あんぜんほしょうりじかい【安全保障理事会】 名詞 国際連合の中の、重要なしくみの一つ。アメリカ・ロシア・イギリスなど十五か国の代表でつくられ、世界の平和と安全を守る働きをする。略語はUNSC。

あんそく【安息】 名詞 する動詞 心や体を静かに休めること。例 安息の日々を送る。

あんそくび【安息日】 名詞 ユダヤ教やキリスト教で、仕事を休んでおいのりなどをするように決められている日。あんそくにち。参考 ユダヤ教では土曜日、キリスト教では日曜日。

アンソロジー 名詞 詩や短歌、文芸作品などを集めたもの。▼英語 anthology

あんだ【安打】 名詞 野球で、バッターが〔相手のエラーによらずに〕るいに進むことができるようにボールを打つこと。また、その当たり。ヒット。

アンダーシャツ 名詞 下着。はだにつけるシャツ。はだ着。▼英語 undershirt

アンダースロー 名詞 野球などで、うでをかたより上に上げないで、下の方からボールを投げること。下手投げ。アンダーハンド。参考 英語の underhand throw から。

アンダーハンド 名詞 ❶ ⬇アンダースロー。❷ 球技で、うでを下からふり上げてボールを操作すること。例 アンダーハンドパスの練習。▼英語 underhand

アンダーライン 名詞 横書きの文章で、言葉や文の下に引く線。▼英語 underline

あんたい【安泰】 名詞 形容動詞 危険や心配がなく、無事なこと。例 一族の安泰をはかる。

アンタレス 名詞 さそり座の中でもっとも明るい星。夏の南の空で赤く光る一等星。▼英語 Antares

アンダンテ 名詞 音楽で、曲をえんそうする速さを表す言葉。「歩く速さで」の意味。▼英語（イタリア語から）andante

あんたんと【暗たんと】 副詞 先の見通しがつかなくて、希望がもてないようす。例 暗たんとした気分。

¹あんち【安置】 名詞 する動詞 〔仏像・遺体などを〕大切にすえておくこと。例 仏像を本堂に安置する。

²アンチ 一 接頭語 《名詞の上につけて》「反対する」という意味を表す言葉。例 何があってもアンチ暴力だ。
二 名詞 〔ネットやSNSで〕相手をはげしく攻撃したり、きらったりする人。▼英語 anti

あんちゃく【安着】 名詞 する動詞 目的地に、無

事に着くこと。例ただいま成田空港に安着しました。

あんちゅうもさく【暗中模索】 四字熟語 〔暗やみの中で、手さぐりでさがすということから〕手がかりもなく、わからないまま、いろいろためしながらやってみること。例新商品の開発で、暗中模索の日々を送る。

あんちょく【安直】 形容動詞 手軽であるようす。また、いいかげんなようす。例安直な考え方。

アンツーカー 名詞 運動場・テニスコートなどにしく、赤かっ色の土。また、その土をしいた運動場。水はけがよい。▼フランス語

あんてい【安定】 名詞 する動詞 ❶変化がなく落ち着いていること。例生活が安定する。❷すわりがよいこと。例このいすは安定が悪い。対①②不安定。

アンデスさんみゃく【アンデス山脈】 地名 南アメリカ大陸の西側に南北に続いている、世界で一番長い山脈。▼英語 Andes

アンテナ 名詞 電波を出したり受けたりするための金属性の装置。▼英語 antenna

アンデルセン 人名 (一八〇五～一八七五)デンマークの作家。「みにくいアヒルの子」「マッチ売りの少女」など、五十編をこえる童話を書いた。▼英語 (Hans Christian) Andersen

あんてん【暗転】 名詞 する動詞 劇で、まくをおろさずに舞台を暗くして、次の場面にかえること。

あんど【安ど】 名詞 する動詞 〔物事がうまくいって〕安心すること。例雨がやんで安どした。漢字 安堵。

あんどうひろしげ【安藤広重】 人名 ⬇128ページ・うたがわひろしげ。

アンドロメダざ【アンドロメダ座】 名詞 秋の北の空に見える星座。肉眼でも見えるアンドロメダ銀河がある。参考「アンドロメダ」は、ギリシャ神話に登場する王女の名。▼英語 Andromeda

あんどん【行どん】 名詞 木や竹のわくに紙をはり、中に火をともすようにした、昔の明かり。漢字 行灯。⇩図。

行どん

あんな 形容動詞 物事の状態・ていどが、あのようであるようす。あのような。例あんなことを言ってはいけない。／あんなにいい人はいない。参考「こそあどことば」の一つ。

あんない【案内】 名詞 する動詞 ❶〔道などを〕教えて、つれて行くこと。例目的地まで案内する。❷様子を知らせること。例旅行案内。／学校案内。❸知らせ。通知。例開店の案内が来た。

あんないじょう【案内状】 名詞 もよおし物や集まりの予定を知らせ、来てくれるようにさそう手紙。例祝賀会の案内状がとどく。類招待状。

あんないず【案内図】 名詞 行き先や道順をわかりやすくまとめた図。例路線案内図。

あんに【暗に】 副詞 はっきりと、しめさないで。例気に入らないことを暗にほのめかしている。

アンネのにっき【アンネの日記】 書名 第二次大戦中、ユダヤ人の少女アンネ＝フランクがナチスドイツからのがれ、かくれ家で過ごした二年間の日記。

あんのじょう【案の定】 慣用句 思ったとおり。予期していたとおり。例案の定、反対された。注意「案の上」と書かないこと。

あんのん【安穏】 名詞 形容動詞 特に変わったこともなく、おだやかなこと。例毎日を安穏にくらす。参考「あんおん」が変化した言葉。類平穏。

あんば【あん馬】 名詞 ❶男子体操競技の種目の一つ。馬のせなかのような形の台の上で演技をする。❷あん馬競技のための器具。

あんばい[1] 名詞 ❶〔物事や体の〕具合。様子。調子。例いいあんばいに雨がやんだ。❷味かげん。例にもののあんばいをみる。参考漢字では「塩梅」と書く。味つけに用いた塩と梅で作る酢からできた言葉。⇩62ページ・コラム「料理に関係したことば」。

あんばい[2]**【案配】** 名詞 する動詞 ちょうどよくならべたり、整理したりすること。物事を具合よく進めること。例イベントを手伝ってくれる人を案配する。

アンパイア 名詞 野球などの競技で、しんぱんをする人。しんぱん員。▼英語 umpire

あんパン 名詞 中に「あん①」の入っているパン。

ことばあそび 早口ことば⑱ ウナギ ぬるぬる 三ぬるぬる 合わせて ぬるぬる 六ぬるぬる

ことば選びのまど

安心をあらわすことば

安心
心配ごとのないこと。また、心配しないこと。⬇57ページ

危なげない
しっかりしていて、不安なところがないようす。⬇41ページ

安泰 発展
危険や心配がなく、無事なこと。⬇58ページ

安ど 発展
〔物事がうまくいって〕安心すること。⬇59ページ

息をつく
きんちょうがなくなって楽になる。⬇74ページ

重荷を下ろす
気になっていたことが解決して、ほっとする。⬇207ページ

肩の荷が下りる
気になることや責任がなくなって、ほっとする。⬇261ページ

気が軽くなる
〔なやみや心配などがなくなって〕気持ちがはればれとする。⬇312ページ

気が楽になる
〔なやみや心配などがなくなって〕気持ちが安らかになる。⬇314ページ

心置きなく
❶心配することなく。❷えんりょなく。気をつかわないで。⬇460ページ

心が晴れる
〔なやみや心配などがなくなって〕心の中がさっぱりとする。⬇461ページ

ことば選びのまど

安心をあらわすことば

心強い
たよるものがあって、安心である。461ページ

千人力 発展
千人の助けをもったように心強いこと。716ページ

一安心
〔心配なことがなくなって〕ひとまず安心すること。1099ページ

人心地 発展
生きているという感じ。〔安心して〕生きかえったような気持ち。1100ページ

ほっと[1]
はりつめていた気持ちがやわらぎ、安心するようす。1206ページ

枕を高くして寝る
安心して、ねむる。1225ページ

眉を開く 発展
心配なことがなくなって、晴れやかな顔になる。1239ページ

胸をなで下ろす
心配なことがなくなって、ほっとする。1276ページ

安らか
心配ごとがなく、おだやかなようす。1318ページ

安らぐ
心配ごとがなく、おだやかな気持ちになる。1318ページ

あいうえお かきくけこ さしすせそ たちつてと なにぬねの はひふへほ まみむめも や ゆ よ らりるれろ わ を ん

ことば博士になろう!

料理に関係した言葉

●あんばい(塩梅)…塩も梅の酢も料理には欠かせない調味料でした。そこで、「塩梅」がよければ料理もおいしくなる、ということから、「物事の具合」を表すようになったのです。

●お茶の子…「お茶の子」は、お茶を飲むときに食べるお菓子などのことです。昔、朝早く仕事をするときに軽いものを食べましたが、それがかんたんに食べられることから、「お茶の子さいさい」のように、手軽にできる意味になりました。「朝飯前」も同様です。

●手塩にかける…昔は食事のとき、そばにおかれた塩の小皿から塩をつまんで料理にかけ、塩かげんをしました。塩の量は自分で注意しなければなりません。ここから、自分でいろいろとめんどうを見て育てることを表すようになったのです。

あんぴ【安否】名〔ある人物が〕無事かどうかということ。例行方不明者の安否を気づかう。

アンペア 名 助数詞 電流の強さを表す単位。記号は「A」。例三十アンペア。▼英語 ampere

あんま【あん摩】名 する動詞 人の体をもんだりさすったりして、こりやいたみを治すこと。また、それを仕事にしている人。あんま師。

あんまく【暗幕】名 映画をうつすときなどに、部屋を暗くするために使う黒いまく。

あんまり 一 副詞 ❶それほど。例今日はあんまり暑くない。/あんまりおもしろくない映画。参考 下に「…ない」などの打ち消しの言葉が続く。❷度をこして。ひじょうに。例あんまり食べると、おなかをこわすよ。
二 形容動詞 度をこして、ひどいようす。例友だちをだますなんて、あんまりだ。参考「あまり」が変化した言葉。

あんみん【安眠】名 する動詞〔心配ごとなどがなく〕よくねむること。例不安で安眠できない。

あんもく【暗黙】名 何も言わないで、だまっていること。例暗黙のルール。参考 改めて言わなくても、たがいにわかっている場合などに用いることが多い。類沈黙。

アンモナイト 名 一〜四億年くらい前にいた海の生物。まき貝のような形で、化石として発見される。アンモン貝。▼英語 ammonite

アンモニア 名 強いにおいがあり、水にとけやすい気体。アンモニア水は、アルカリ性をしめす。ひりょうや薬品をつくるのに使う。▼英語 ammonia

あんや【暗夜】名 月や星が出ていない、まっ暗な夜。やみ夜。例暗夜にまぎれて、にげる。

あんやく【暗躍】名 する動詞〔人に知られないように〕かげでこっそり、かつやくすること。例スパイが暗躍する。

あんらく【安楽】名 形容動詞 苦しみやなやみがなく、安らかであること。例安楽な生活。類気楽。

い

イ I i

1 **い**【井】名 地下水をくむところ。井戸。参考 ⇩101ページ・井の中のかわず。

2 **い**【亥】名 ❶十二支の十二番目。❷昔の時刻のよび名で、今の午後十時ごろ。また、その前後二時間。❸昔の方角のよび名で、北北西。⇩593ページ・十二支(図)。

3 **い**【威】名 人をおそれさせるような、いきおい。ことば「威をふるう(=いきおいや力をしめす)」参考 ⇩925ページ・虎の威を借るきつね。

4 **い**【胃】名 食道と腸の間にある、内臓の一つ。食べ物を消化する働きをする、ふくろのような形をしているところ。例胃がいたむ。⇩939ページ・内臓(図)。

5 **い**【意】名 ❶心に思っていること。気持ち。考え。ことば「相手の意をくむ(=気持ちを思いやる)」「意を決する」❷意味。例次の語の意をのべなさい。

いあい【遺愛】名 死んだ人が生きているときに愛していたもの。例祖父の遺愛の品。

いあつ【威圧】名 する動詞 力やいきおいで、人の心をおさえつけること。例大きな声に威圧された。類圧迫。

〈注〉「早口ことば⑲〜㉕」は、新しく作ったもの。

いあてる【射当てる】動詞 ❶矢を射て的に命中させる。❷ねらっていたものを手に入れる。例くじ引きで特賞を射当てる。活用 いあ・てる。

イアリング 名詞 ⬇107ページ・イヤリング。

いあわせる【居合わせる】動詞 ちょうどその場にいる。いあわす。例事故の現場に居合わせた。活用 いあわ・せる。

いあん【慰安】名詞 する動詞 心をなぐさめ楽しませること。例社員慰安旅行。

1**いい** 形容詞 「よい」のくだけた言い方。例いい人。活用 い・い。

2**イー**【E・e】名詞 アルファベットの五番目の文字。

いいあい【言い合い】名詞 口げんか。いい争い。例姉と言い合いになった。

いいあう【言い合う】動詞 ❶たがいに言う。例ほしいものを言い合った。❷いい争う。口げんかをする。例兄とは言い合ってばかりいる。活用 いいあ・う。

いいあてる【言い当てる】動詞 こうだろうと考えて、正しい答えを言う。例字を見て、書いた人を言い当てる。活用 いいあ・てる。

いいあやまる【言い誤る】動詞 まちがえて言う。例相手の名前を言い誤った。類 いい損なう。活用 いいあやま・る。

いいあらそう【言い争う】動詞 口げんかをする。口論する。例二人が言い争う声が聞こえた。活用 いいあらそ・う。

いいあらわす【言い表す】動詞 〔思っていることを〕言葉で表す。例一言で言い表す。活用 いいあらわ・す。

いいあわせたように【言い合わせたように】連語 前から約束していたかのように。例兄と弟は言い合わせたように同時にあらわれた。

いいあわせる【言い合わせる】動詞 ❶たがいに話し合う。例遊びに行く先を言い合わせる。❷何かをする前に、話し合って約束する。例日時を言い合わせて集まる。類 申し合わせる。活用 いいあわ・せる。

いいえ 感動詞 相手の言ったことについて、反対したり打ち消したりして、そうではないと答える言葉。類 いえ。いや。対 はい。

いいえてみょう【言い得て妙】慣用句 たとえ話などのうまい表現をほめていう言葉。まったくうまいことを言ったものだ。例玉のような赤ちゃんとは、まさに言い得て妙だね。注意 言っていることが「妙(=おかしい)」という意味ではない。

いいおとす【言い落とす】動詞 言わなければならないことを言いわすれる。例別れてから、言い落としたことに気がついた。活用 いいおと・す。

いいかえ【言い替え・言い換え】名詞 同じことを、ほかの言葉で言い表すこと。例言い替えがきかない。

いいかえす【言い返す】動詞 ❶一度言ったことをくり返して言う。❷相手の言ったことに対して、(さからって)言う。例負けずに言い返す。活用 いいかえ・す。

いいかえる【言い替える・言い換える】動詞 ある言葉や内容を別の言葉で言い表す。活用 いいか・える。

いいがかり【言い掛かり】名詞 理由もないのに、人をこまらせるような無理なことを言うこと。また、その言葉。ことば 「言い掛かりをつける」

いいかける【言い掛ける】動詞 話し始める。例言い掛けてやめると気になるよ。活用 いいか・ける。

いいかげん【いい加減】一 連語 ちょうどよいていど。例「湯加減はどうですか。」「いい加減だ。」二 形容動詞 無責任で、あてにならないようす。例いい加減なことを言う。三 副詞 かなり。例同じことのくり返しでいい加減あきてきた。

いいかた【言い方】名詞 話のしかた。言葉の使い方。例おこっているような言い方をする。

いいかねる【言い兼ねる】動詞 言いたいが、さしつかえがあって言えない。例満足だとは言い兼ねる。活用 いいか・ねる。

いいかわす【言い交わす】動詞 ❶たがいに言い合う。❷言葉で約束する。特に、けっこんの約束をする。例一年後にまた会うことを言い交わした。／二人は言い交わした仲だ。活用 いいかわ・す。

いいき【いい気】連語 ❶自分一人だけで、とくいになっていること。うぬぼれること。また、一人

ことばあそび 早口ことば⑲ 新進シャンソン歌手総出演新春シャンソンショー

よがりで、のん気なようす。例ほめられて、弟はいい気になっている。／のん気にあくびなんかして、いい気なものだ。❷こころよい気持ち。

いいきがしない【いい気がしない】慣用句 よい気持ちがしない。ふゆかいだ。例勝手に決められたら、いい気がしない。

いいきかせる【言い聞かせる】動詞 よく話して、わからせる。例おとなしくしているように弟に言い聞かせる。活用 いいきか・せる。

いいきになる【いい気になる】慣用句 自分一人で満足して、とくいになる。例おだてられて、いい気になる。

いいきみ【いい気味】連語 仲の悪い人の不幸や失敗をよろこんで感じる気持ち。例あいつがゲームに負けるなんていい気味だ。

いいきり【言い切り】名詞 言いきること。言い終わること。参考⇩言い切りの形。

いいきりのかたち【言い切りの形】連語 活用する言葉の終止形のこと。参考ふつう、国語辞典の見出し語のうち、動詞・形容詞は「言い切りの形」でのっている。

いいきる【言い切る】動詞 ❶きっぱりと言う。例今度こそ優勝をねらうと言い切った。❷言い終わる。例言い切らないうちに電話が切れた。活用 いいき・る。

いいぐさ【言い草】名詞 ❶ものの言い方。例あいつの言い草が気にくわない。❷言いわけ。例今さらそんな言い草は通らない。

いいくるめる【言いくるめる】動詞 〔自分の思いどおりになるように〕うまく言って、ごまかす。例何とか言いくるめてにげ出した。活用 いいくる・める。

いいこめる【言いこめる】動詞 言い合って、やりこめる。例母を言いこめる。活用 いいこ・める。

いいさす【言いさす】動詞 とちゅうまで話して、やめる。言いかけて、やめる。例その話を言いさして、だまってしまった。活用 いいさ・す。

イージーオーダー 名詞 前もって決まっている中から、ぬの地・型を客が選び、寸法を合わせて作る洋服。参考 英語を組み合わせて日本でつくった言葉。

いいしぶる【言い渋る】動詞 いやがって、なかなか言わない。言うのをためらう。例手紙をなくしたことを言い渋っていた。活用 いいしぶ・る。

いいしれぬ【言い知れぬ】連語 言葉ではとても言い表せない。何とも言いようのない。例別れたあと、言い知れぬさびしさを感じた。

いいすぎる【言い過ぎる】動詞 言わなくてもよいことや言ってはいけないことまで、言う。例つい言い過ぎて、おこらせてしまった。活用 いいす・ぎる。

イースター 名詞 ➡1146ページ・ふっかつさい。▼英語 Easter

いいすてる【言い捨てる】動詞 自分だけ言って相手の返事を聞こうとしない。例文句を言い捨てて帰ってしまった。活用 いいす・てる。

イースト 名詞 ➡446ページ・こうぼきん。▼英語 yeast

いいそえる【言い添える】動詞 言い足りないことをつけ足して言う。例ほかに何か言い添えたいことはありませんか。活用 いいそ・える。

いいそこなう【言い損なう】動詞 ❶まちがえて言う。例せりふを言い損なう。❷言いそびれる。例えんりょして言い損なう。活用 いいそこな・う。

いいそびれる【言いそびれる】動詞 言おうと思いながら、言わずに終わる。例たのみたかったことを言いそびれる。活用 いいそび・れる。

いいだしっぺ【言い出しっぺ】名詞 はじめに言い出した人。例計画は、言い出しっぺのぼくが立てます。語源「…ぺ」は「へ（＝おなら）」のこと。はじめに「くさい」といった人が、本当はおならをした当人であるということから。参考くだけた言い方。

いいたす【言い足す】動詞 足りないところをおぎなって言う。言葉をつけ加える。例わかりにくい点を言い足す。活用 いいた・す。

いいだす【言い出す】動詞 ❶言い始める。例もう帰りたいと言い出す。❷口に出して言う。例言い出したら、後に引かないところがある。❸一番はじめに言う。例言い出した人が、まず実行するべきだ。活用 いいだ・す。

いいたてる【言い立てる】動詞 ❶一つ一つ取り上げて言う。例人の欠点を言い立てる。❷特に強く言う。例絶対に反対だと言い立てる。活用 いいた・てる。

いいちがい【言い違い】名詞 まちがって言うこと。言いまちがい。例言い違いに注意する。

いいちがえる【言い違える】動詞 まちがえて言う。例アナウンサーでも言い違えることはある。活用 いいちが・える。

いいつかる【言い付かる】動詞 命令される。例母からおつかいを言い付かった。活用 いいつか・る。

いいつぐ【言い継ぐ】動詞 ❶それまでの言葉に続けて言う。例ちょっと息をついてから言い継ぐ。❷話して、後の世の中に伝える。例昔話を子どもたちに言い継ぐ。活用 いいつ・ぐ。

いいつくす【言い尽くす】動詞 言いたいことをすべて言う。例言うべきことは言い尽くした。対言い残す。活用 いいつく・す。

いいつくろう【言い繕う】動詞 まちがいなどを、うまく話して、ごまかす。例あれこれと言い繕う。活用 いいつくろ・う。

いいつけ【言い付け】名詞 ❶命令。例親の言い付けを守る。❷つげぐち。

いいつける【言い付ける】動詞 ❶命令する。例仕事を言い付ける。❷人のあやまちなどを、こっそりほかの人に知らせる。例妹はぼくが先生にしかられたことを母に言い付けた。❸いつも言っている。例日ごろ言い付けない、ていねいな言葉をつかった。活用 いいつ・ける。

いいつたえ【言い伝え】名詞 昔から、人から人へと語り伝えられてきた話。例秀吉が立ち寄ったという言い伝えのある温泉。

いいつたえる【言い伝える】動詞 ❶話をして、後世の人や、多くの人に伝える。例古くから言い伝えられてきた話。❷言って、伝える。例電話で言い伝える。活用 いいつた・える。

いいづらい【言いづらい】形容詞 ➡いいにくい。活用 いいづら・い。

イーティーシー【ETC】名詞 ➡巻末「アルファベット略語集」1564ページ。

いいとし【いい年】連語 ❶長く生きてきて、世の中のことがよくわかる年ごろ。参考 ふつう、あざけっていう。例いい年をして、みっともないことをするな。❷年をとっていること。例もういい年だ。

いいなおし【言い直し】名詞 ❶同じことをもう一度言うこと。❷前に言ったことを、正しく直して言うこと。例言い直しばかりしていては、話が進まない。

いいなおす【言い直す】動詞 ❶同じことをもう一度言う。例はっきりと言い直す。❷前に言ったことを直して、もう一度言う。例まちがいに気づいて言い直す。活用 いいなお・す。

いいなおすけ【井伊直弼】人名（一八一五～一八六〇）江戸幕府末ごろの大老。朝廷のゆるしをもらわずに外国と条約を結び開国を進めた。また、反対する人々をつかまえるなど、力でおさえつけた。江戸城の桜田門外で暗殺された。

いいなずけ 名詞 結婚の約束をした相手。婚約者。フィアンセ。

いいならわし【言い習わし】名詞 昔からそう言われてきたことがらや言葉。例朝焼けは雨、夕焼けは晴れという言い習わしがある。類伝承。

いいならわす【言い習わす】動詞 ❶ふだん口ぐせのように言う。例先生が毎日のように言い習わす言葉。❷長い間、言い伝える。例ことわざは、昔から人々が言い習わしてきた言葉だ。活用 いいならわ・す。

いいなり【言いなり】名詞〔人の〕言うとおりにすること。例人の言いなりになっているだけではいけない。

いいなれる【言い慣れる】動詞 いつも言って、言いやすくなっている。例あだ名の方が言い慣れている。活用 いいな・れる。

いいにくい【言いにくい】形容詞 ❶声に出して言うことがむずかしい。例言いにくい地名。❷〔相手に悪いと思ったり、はずかしく思ったりして〕言うことがためらわれる。例本人には言いにくい話。参考「言いづらい」ともいう。活用 いいにく・い。

いいぬける【言い抜ける】動詞 問いつめられたときに、うまく答えてその場をきりぬける。例口がうまいかれには、いつもうまく言い抜けられてしまう。類言い逃れる。活用 いいぬ・ける。

いいね[1] 連語 そのとおりだ、同じだという気持ちや、見ました、読みましたなどの合図をあらわす。参考 おもにSNSなどで使う。

いいね[2]【言い値】名詞 売り手の言うとおりのねだん。例言い値で買う。

いいのがれ【言い逃れ】名詞 問いつめられたとき、うまく言いわけをしてかわすこと。また、その言葉。例何度も同じ言い逃れを使う。

ことばあそび 早口ことば⑳ 船よいの 船のりが ふたたび 船旅に 船出した

いいのがれる【言い逃れる】〈動詞〉うまく言いわけをして、責任などがかからないようにする。例言い逃れることはできない。類言い抜ける。活用いいのが・れる。

いいのこす【言い残す】〈動詞〉❶言うべきことを言わないで残す。例あわてていたので用件を言い残した。対言い尽くす。❷別れていく人が、残る人に言う。例待っていてほしいと言い残して、出て行った。活用いいのこ・す。

いいはなつ【言い放つ】〈動詞〉思ったことをきっぱりと言う。例自分とは関係ないと言い放つ。活用いいはな・つ。

いいはる【言い張る】〈動詞〉自分の考えをおしとおそうとして強く言う。例弟はどうしても行くと言い張った。活用いいは・る。

いいひらき【言い開き】〈名詞〉〈する動詞〉わかってもらうために、わけを説明すること。また、その説明。例どうしてあんなことをしたのか、言い開きをする。

いいふくめる【言い含める】〈動詞〉よくわかるように話して聞かせる。言い聞かせて、わからせる。例道路で遊ばないように子どもに言い含める。活用いいふく・める。

いいふらす【言い触らす】〈動詞〉〔人の欠点・失敗など、知られたくないことを〕あちらこちらで、多くの人に話して広める。例うわさ話を言い触らす。活用いいふら・す。

いいふるす【言い古す】〈動詞〉何度も言われていて、めずらしくなくなる。例そのしゃれは言い古されたものだ。活用いいふる・す。

いいぶん【言い分】〈名詞〉❶言いたいことがら。主張したいことがら。例子どもの言い分を聞く。❷不平。言いわけ。例運営の方法に言い分があって会をぬける。

いいまかす【言い負かす】〈動詞〉言い合って、相手に勝つ。例初めて兄を言い負かした。活用いいまか・す。

いいまくる【言いまくる】〈動詞〉さかんに言う。相手に話すひまをあたえないほど、いきおいよく言う。例自分の意見を一方的に言いまくる。活用いいまく・る。

いいまちがえる【言い間違える】〈動詞〉まちがえて言う。例数字を言い間違える。類言い損なう。活用いいまちが・える。

いいまわし【言い回し】〈名詞〉言葉の言い表し方。例たくみな言い回し。

いいめ【いい目】〈連語〉❶運がよいこと。幸運。例努力もせずに、いい目をみる。❷うまく出たさいころの目。例いい目が出てゲームに勝った。

イーメール【Eメール】〈名詞〉➡877ページ・でんしメール。▼英語 E-mail

いいもらす【言い漏らす】〈動詞〉❶言うつもりであったことを言うのをわすれる。例言い漏らさないように、メモを見る。❷ひみつを人にしゃべる。例この話は他人に言い漏らしてはいけない。活用いいもら・す。

イーユー【EU】〈名詞〉ヨーロッパの国々が集まってつくった、経済や通貨などを統一しようとする組織。ヨーロッパ連合。欧州連合。参考英語の European Union の略。

いいよどむ【言いよどむ】〈動詞〉話しているとちゅうで、言葉がすらすらと出てこなくなる。例何度か言いよどんだ。活用いいよど・む。

いいわけ【言い訳】〈名詞〉〈する動詞〉〔失敗などをしたとき〕わけを話してわかってもらおうとすること。また、その言葉。例必死になって言い訳をする。

いいわすれる【言い忘れる】〈動詞〉言わなくてはならないことを言うのをわすれる。例かんじんの用件を言い忘れる。活用いいわす・れる。

いいわたす【言い渡す】〈動詞〉決まったことや命令などを言葉で知らせる。例さいばん長が判決を言い渡した。活用いいわた・す。

1 **いいん**【医院】〈名詞〉病院やしんりょう所のこと。参考しくみが小さいものであることが多い。

2 **いいん**【委員】〈名詞〉〔ある会や組の中から選ばれて、代表として〕ある仕事をまかせられている人。例学級委員。

いいんかい【委員会】〈名詞〉委員の話し合いによって何かを決めたり、いろいろな仕事をしたりするしくみ。また、その会合。

いいんちょう【委員長】〈名詞〉委員をまとめる代表者。例委員長を決める。

いう【言う】〈動詞〉❶事実や考えなどを言葉で表す。例何も言うことがないので、だまっていた。❷《「…という」の形で》名づける。よぶ。例小林という人。❸音がする。音を立てる。例風にふかれて戸がガタガタいう。❹《「…といい…といい」の形で》…も…も。…だって…だって。

例すがたといい、声といい申し分ない。❺《「…といっても…は…」の形で》…だけれども、しかし。たとえ…としても。例古いといってもこのストーブは十分使える。参考②〜⑤は、ふつう、ひらがなで書く。活用い・う。

いうことなし【言うことなし】慣用句 文句や不満を言いたい点が一つもないほど、すばらしい。例言うことなしのできばえ。類完全。完ぺき。

いうなり【言うなり】連語 言うと、すぐに。例「さよなら。」と言うなり、走り去った。

いうなれば【言うなれば】連語 言ってみれば。たとえて言うと。言わば。例親友というのは、言うなれば兄弟のようなものだ。

いうにことかいて【言うに事欠いて】慣用句 ほかに言い方があるのに、よりによって。例言うに事欠いて裏切り者だなんて、ひどいじゃないか。

いうはやすくおこなうはかたし【言うはやすく行うは難し】故事成語 口で言うだけならやさしいが、実行するのはむずかしい。

いうまでもない【言うまでもない】慣用句 〔わかりきっていることなので〕言う必要がない。当たり前だ。例努力が大切だということは言うまでもない。

1**いえ** 感動詞 物事を打ち消すときの言葉。例「これはあなたのノートですか。」「いえ、ちがいます。」類いいえ。いや。対はい。

2**いえ**【家】名詞 ❶人の住む建物。例大きな家。❷自分の住んでいる所。例家であったことを話す。❸親子・きょうだいの集まり。家庭。例ぼくの家は四人ぐらしです。❹家がら。また、家系。例先祖代々医者の家。

いえがら【家柄】名詞 その家の昔から受けついできた地位や、昔からの歴史。例武士の家柄。

いえき【胃液】名詞 胃から出る、食べ物を消化する、すっぱいしる。

いえじ【家路】名詞 家へ帰る道。例家路を急ぐ人のむれ。類帰途。

イエス 感動詞 はい。対ノー。▼英語 yes

イエス・キリスト 人名 （紀元前四年ごろ〜紀元三〇年ごろ）キリスト教を始めた人。神を信じ、すべての人を愛することを説いた。反対者によって十字架にかけられて死んだが、死後三日目に生きかえったとされる。キリスト。参考英語は Jesus Christ。

いえで【家出】名詞 する動詞 こっそり家をぬけだし、よそへ行って帰らないこと。

いえども 連語《「といえども」の形で》たとえ…といっても。…ではあるが、しかし。例一円といえども、むだにはできない。注意「言えども」と書かないこと。

いえなみ【家並み】名詞 たくさんの家がならんでいるようす。また、その家々。例古い家並みが残る町。

いえぬし【家主】名詞 ➡1321ページ・やぬし。

いえもと【家元】名詞 おどり・いけ花・茶の湯などの芸事で、その流派の教えを正しく受けつぎ、その中心となる家。また、その主人。

いえやしき【家屋敷】名詞 家と、その家がたっている土地。例家屋敷を売りわたす。

1**いえる**【癒える】動詞 〔病気・苦しみ・なやみなどが〕なおる。例心に受けたきずは、なかなか癒えない。活用い・える。

2**いえる**【言える】動詞 言うことができる。例サルは人間に近い動物と言える。／彼の話は正しいとは言えない。参考表現をやわらかくしたり、客観性をもたせたりするために使う。活用い・える。

イエロー 名詞 黄。黄色。▼英語 yellow

イエローカード 名詞 〔サッカーなどで〕しんぱんが反則をした選手に、警告のために出す黄色いカード。▼英語 yellow card

いえん【以遠】名詞 〔その場所をふくめて〕そこより遠いところ。そこから先。例大阪以遠。

いおう【硫黄】名詞 元素の一つ。黄色のもろい結晶で、火山の近くでとれる。マッチや火薬の原料になる。ゆおう。

いおとす【射落とす】動詞 ❶矢を命中させて落とす。例鳥を射落とす。❷ねらっていた地位などを手に入れる。例社長の座を射落とす。類射止める。活用いおと・す。

いおり【庵】名詞 草や木でつくった、そまつなすまい。特に、僧などが世の中からはなれて住む、そまつな家。ことば「いおりを結ぶ（＝いおりをつくって、住む）」漢字庵。

イオン 名詞 電気を帯びた、原子や原子のむれ。▼英語 ion

1**いか** 名詞 海にすむ、ほねのないやわらかな動物。

ことばあそび 早口ことば㉑ タカの母鳥がはばたき　タカの父鳥もはばたく

体はつつの形をして、十本のあしをもつ。敵にあうと、すみのような黒いしるをはいて、にげる。食用にする。ヤリイカ・ホタルイカなど。

2 **いか【以下】** 名詞 ❶その数や量をふくんで、それより下。例 五才以下は無料です。注意 その数に足りない意味の「未満」とのちがいに気をつける。❷それより下。例 実力はきみ以下だ。対 ①②以上。❸ある代表となるものをはじめとして、それに関係するもの全部。例 先生以下三十名。❹これより後。例 以下、省略。

3 **いか【医科】** 名詞 ❶人間の体や病気について研究する学科。❷「医科大学」「大学医学部」などのかんたんな言い方。

1 **いが** 名詞 クリなどの実のまわりをつつんでいる、とげのついた皮。

2 **いが【伊賀】** 地名 昔の国の名。今の三重県北西部に当たる。

いかい【位階】 名詞 国のためにつくした人や公務員にあたえられる、位や等級。

1 **いがい【以外】** 名詞 それよりほか。それをのぞいた、ほかのもの。例 人間以外の生物。／きみ以外、だれも知らない。注意 ㋐「意外」と書かないこと。㋑「以内」は対義語にならない。

2 **いがい【意外】** 形容動詞 思っていたこととじっさいのことが、ちがうようす。例 意外に早く返事が来た。／意外な結末。注意「以外」と書かないこと。類 案外。

3 **いがい【遺骸】** 名詞 死んだ人の体。なきがら。参考「死体」「遺体」よりも、ていねいな言い方。

いかいよう【胃潰瘍】 名詞 胃のかべがひどくただれる病気。胃のいたみやはき気などが起こる。

いかが 副詞 ❶相手の気分や、体の具合などをたずねるときに使う言葉。例 ごきげんはいかがですか。／いかがなさいましたか。❷相手に何かをすすめるときに使う言葉。例 コーヒーはいかがですか。❸「よくない」という気持ちを遠回しにいうときに使う言葉。例 その計画はいかがかと思う。参考 ①～③「どう」「どのように」よりも、ていねいな言い方。

いかがわしい 形容詞 ❶あやしくて、信用できない。例 どうもいかがわしい話だ。❷よくない。下品だ。例 いかがわしいおこない。活用 いかがわし・い。

いかく【威嚇】 名詞 する動詞 自分の力をしめして、相手をおどすこと。例 威嚇射撃。

いがく【医学】 名詞 人間の体や病気について研究する学問。類 医術。

いがぐりあたま【いがぐり頭】 名詞 髪の毛を丸がりにした頭。参考 髪を短くかった頭を、かたくてとげのある「いが」にたとえた言葉。

いかけ【鋳掛け】 名詞 なべ・かまなどのいたんだ部分を、はんだなどで直すこと。

いかさま ㊀ 名詞 にせもの。また、いかにも本当らしく見せること。例 この勝負はいかさまだ。類 いんちき。㊁ 副詞 いかにも。なるほど。例 君の意見はいかさまもっともだ。参考 ㊁は古い言い方。

いかす【生かす】 動詞 ❶〔死にかけたものを〕生きかえらせる。例 患者を生かす。❷命をたもたせる。例 敵を生かしておく。対 ①②殺す。❸うまく利用する。例 習ったことを次の学習で生かす。活用 いか・す。

いかずち 名詞 ⬇281ページ・かみなり①。参考 古い言い方。

いかぞく【遺家族】 名詞 主人が死んで、後に残された家族。例 戦死者の遺家族をたずねる。類 遺族。

いかだ 名詞 丸太や竹をつなぎ合わせて、川などにうかべるもの。切った木を山から運ぶときや川を下る乗り物として使う。

いがた【鋳型】 名詞 とかした金属を流しこんでいものをつくるときに使う型。参考 ⇩106ページ・鋳物。

いかだながし【いかだ流し】 名詞 山から切り出した木材を運ぶのに、いかだをつくって遠くの方まで川を流れ下る、やり方。⇩図。

いかだ流し

いかつい 形容詞 ❶± すがた・形などが、ごつごつしてやわらかみがない。例 体のがっちりした、いかつい男。類 いかめしい。❷± 物事のていどがはなはだしい。すごい。ことば選び ⇩すごい。活用 いかつ・い。

いかなる 連体詞「どんな」「どのような」のあらたまった言い方。例 いかなる場合でも、ちこく

はみとめない。

いかに 副詞 ❶どんなふうに。例これからの日本はいかにあるべきか。❷どれくらい。どんなに。例その場の有様は、台風がいかにはげしかったかを物語っていた。

いかにも 副詞 ❶どう考えても。例ここであきらめるのは、いかにも残念だ。❷ちょうどそのとおりの様子で。例いかにも新春にふさわしい光景。❸〔相手の言葉に答えて〕たしかに。例いかにも君の言うとおりだ。

いかほど【いか程】 副詞 ❶〔ねだんや量などが〕どのくらい。例いか程必要ですか。❷どんなに（たくさん）。例いか程お願いしても聞いてくれない。

いがみあう【いがみ合う】 動詞 にくらしいと思って、たがいに争う。例二つのグループがいがみ合っている。活用 いがみあ・う。

いかめしい 形容詞 いげんがあって重々しい。例いかめしい顔つき。類いかつい。活用 いかめし・い。

いかもの【いか物】 名詞 ❶にせもの。例いか物を売りつけられる。❷〔多く食べ物について〕ふつうとちがったもの。ことば ⇩「いか物食い」

いかものぐい【いか物食い】 慣用句 ふつうの人が食べないものを好んで食べること。また、そのような人。例いか物食いだから、ヘビでもカエルでも食べてしまう。

いかようにも 連語 どのようにも。どんなふうにも。例予算に合わせていかようにもいたします。

いからす【怒らす】 動詞 ❶おこらせる。例よけいなことを言って相手を怒らす。❷いかめしくする。かどばらせる。例弟はかたを怒らして歩いてきた。活用 いから・す。

いがらっぽい 形容詞 のどがさされるような感じで、気持ちが悪い。例のどがいがらっぽい。参考「えがらっぽい」ともいう。活用 いがらっぽ・い。

¹いかり 名詞 船が流されないように、水の底にしずめておく鉄のおもり。参考「いかりをおろす」は船が港にとまること。「いかりをあげる」は船が出港すること。漢字 錨。碇。⇩図。

¹いかり

²いかり【怒り】 名詞 はらをたてること。例男は怒りで顔を真っ赤にした。

いかりくるう【怒り狂う】 動詞 はげしく、おこる。例子ぐまをとられた母ぐまは、怒り狂って突進してきた。活用 いかりくる・う。

いかりしんとうにはっする【怒り心頭に発する】 慣用句 はげしい怒りがこみ上げる。注意「怒り心頭に達する」としないこと。

いかりにふれる【怒りに触れる】 慣用句 相手におこられる。例宿題をわすれて先生の怒りに触れた。

いかる【怒る】 動詞 ❶ふゆかいに思って、気持ちが高ぶる。例反則に怒る。❷いかめしくなる。かどばる。例かたが怒るほど力を入れる。活用 いか・る。

¹いかん 連語 ❶〔多くの場合、話し言葉で〕いけない。だめだ。例花を取ってはいかんよ。❷《「…するわけにはいかん」の形で》できない。例ここで帰るわけにはいかん。

²いかん【衣冠】 名詞 ❶衣服と、かんむり。❷昔の男子の略式の礼服。例衣冠束帯（江戸時代の公家の正装）。

³いかん【遺憾】 名詞 形容動詞 希望のとおりではなく残念なこと。例まことに遺憾だ。

いがん【胃がん】 名詞 胃にできる悪性のできもの。

いかんなく【遺憾なく】 副詞 心残りなく、十分に。例実力を遺憾なく発揮した。

いかんにたえない【遺憾に堪えない】 慣用句 残念でならない。例約束を果たせなかったことは遺憾に堪えない。参考 あらたまった言い方。

¹いき【粋】 名詞 形容動詞 ❶すっきりしていて、気がきいていること。上品で、しゃれていること。例粋なぼうし。❷世の中のことや人情がよくわかっていて気がきくこと。例粋なはからい。対①②やぼ。

²いき【生き】 名詞 ❶いきいきしていること。例生きのいい若者。❷〔魚の肉の〕新しさの度合い。例生きのいいカツオ。

³いき【行き】 名詞 あるところに向かって行くこ

ことばあそび 早口ことば㉒ たこ入りのたこやき　たいがたのたいやき

と。また、そのときや、そのとちゅう。例 行きは飛行機を利用した。対 帰り。

4 **いき【壱岐】** 地名 昔の国の名。今の長崎県北部にある壱岐の島に当たる。

5 **いき【息】** 名詞 動物が呼吸すること。また、そのときの空気。例 大きく息をはく。⇩使い分け。

6 **いき【意気】** 名詞 ❶はりきった気持ち。例 その意気でがんばれ。❷〔何かしようとするときの〕心のもち方。ことば「意気に感じる（＝相手の気概に感動して自分も物事をおこなおうと思う）」⇩使い分け。

1 **いぎ【威儀】** 名詞 礼儀や作法に合った、重々しいふるまい。例 威儀を正す。

2 **いぎ【異義】** 名詞〔ある言葉のもっている意味と〕ちがった意味。例 同音異義（＝音は同じだが意味はちがう）。

使い分け　いき

●呼吸すること。
息が苦しい。

●はりきった気持ち。
意気があがる。

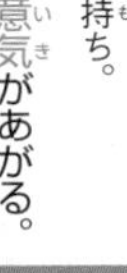

3 **いぎ【異議】** 名詞 ある考えとちがった考えや意見。反対の意見。ことば「異議を唱える」類 異存。

4 **いぎ【意義】** 名詞 ❶言葉のもつ意味。❷〔物事の〕ねうち。例 山登りは、苦しさにたえるところに意義がある。

いきあう【行き合う】 動詞 行くとちゅうで、ぐうぜんに出あう。ゆきあう。例 道で友だちと行き合う。活用 いきあ・う。

いきあたりばったり【行き当たりばったり】 慣用句 先のことを考えないで、その場その場で、物事をおこなうこと。ゆきあたりばったり。例 行き当たりばったりの行動。

いきあたる【行き当たる】 動詞 ❶進んで行って、ぶつかる。例 右へ曲がると川に行き当たる。❷むずかしいことに出あって、物事がうまく進まなくなる。例 せっかくの計画もお金の問題に行き当たって、こまっている。参考「ゆきあたる」ともいう。活用 いきあた・る。

いきいき【生き生き】 副詞（-と） する動詞 元気がよく、いきおいのあるようす。例 生き生きした表情。

いきうつし【生き写し】 名詞 顔やすがたが、ある人にとてもよく似ていること。例 母親に生き写しのむすめ。類 うり二つ。

いきうまのめをぬく【生き馬の目を抜く】 ことわざ〔生きている馬の目をぬきとる意味から〕すばしこくて、ゆだんできないことのたとえ。

いきうめ【生き埋め】 名詞 生きたまま土の中にうまること。また、うめること。

いきおい【勢い】 一 名詞 ❶ほかをおしたおすような、さかんな力。例 勢いをもり返す。❷人の動作や物の動きなどにあらわれる、強さ・はやさなどの力。例 日の出の勢い。❸調子。はずみ。なりゆき。例 走った勢いで、とぶ。二 副詞 当然の結果として。例 仲直りをすれば、勢い心も明るくなる。

いきおいこむ【勢い込む】 動詞〔あることをしようと〕ふるい立つ。元気づく。例 勢い込んで試合にのぞんだ。活用 いきおいこ・む。

いきおいづく【勢い付く】 動詞 いきおいが加わって、元気が出る。例 連勝して、チームが勢い付く。活用 いきおいづ・く。

いきがあう【息が合う】 慣用句 たがいの気持ちや調子がぴったり合う。例 息が合う仲間とバンドを結成した。参考「呼吸が合う」ともいう。

いきがい【生きがい】 名詞 生きていてよかったと思うこと。生きるはりあい。例 歌うことが生きがいだ。

いきがいい【生きがいい】 慣用句〔魚などが〕新鮮だ。例 このタイは生きがいい。

いきかう【行き交う】 動詞 あるものは行き、あるものは来る。行ったり来たりする。ゆきかう。例 船が港を行き交う。活用 いきか・う。

いきかえり【行き帰り】 名詞 行きと帰り。ゆきかえり。例 行き帰りに通る道。

いきかえる【生き返る】 動詞 死んだ（または死にかけた）ものが、命（または生気）をとりも

どす。例 久しぶりの雨で、草木が生き返った。活用 いきかえ・る。

いきがかかる【息が掛かる】 慣用句 有力な人が守ったり支配したりする。例 社長の息が掛かった人。

いきがかり【行き掛かり】 名詞 物事を始めたいきおい。例 その場の行き掛かりで、仕事を受けてしまった。参考「ゆきがかり」ともいう。

いきがきれる【息が切れる】 慣用句 息をするのが苦しい。例 急いで坂を登ったので息が切れた。

いきがくるしい【息が苦しい】 慣用句 息をするのがむずかしい。息苦しい。例 ぜん息の発作で息が苦しい。

いきがけ【行き掛け】 名詞 行くとちゅう。行くついで。例 行き掛けに手紙をポストに入れた。類 行きしな。ことば ⇩「行き掛けの駄賃」 参考「ゆきがけ」ともいう。

いきがけのだちん【行き掛けの駄賃】 慣用句 あることをするついでに、そのこととは別の、自分のためのことをすること。語源 昔、馬で荷物を運ぶ仕事をする人が、ついでにほかの荷物をつんで、その分の駄賃（＝料金）をかせいだということから。

いきかた[1]【生き方】 名詞 人間として生きていくやり方。生活のやり方。

いきかた[2]【行き方】 名詞 ❶目的地へ行く方法や道順。例 市役所への行き方を聞かれる。❷物事をする方法。やり方。例 人それぞれの行き方がある。参考「ゆきかた」ともいう。

いきがたえる【息が絶える】 慣用句 呼吸をしなくなる。死ぬ。例 たおれて、そのまま息が絶えた。

いきがつまる【息が詰まる】 慣用句 ❶息ができなくなる。例 電車が満員で息が詰まりそうだ。❷きんちょうして、息がとまるような感じになる。例 きびしい先ぱいが近くにいたので息が詰まった。

いきがとまる【息が止まる】 慣用句 呼吸ができなくなる。死ぬ。例 息が止まるほど、おどろいた。

いきがながい【息が長い】 慣用句 ⬇73ページ・いきのながい。

いきがはずむ【息が弾む】 慣用句 はげしい運動をして、呼吸があらくなる。例 ジョギングをしたので、息が弾む。

いきき【行き来】 名詞 する動詞 ❶行ったり来たりすること。例 人の行き来がはげしい。❷つき合うこと。例 親同士が親しく行き来する。参考「ゆきき」ともいう。

いきぎれ【息切れ】 名詞 する動詞 息が苦しくなって、あえぐこと。例 走ってきたので息切れしている。

いきぐるしい【息苦しい】 形容詞 ❶息がつまりそうで苦しい。例 まどがしめきられていて息苦しい。❷息がつまりそうな感じで、重苦しい。例 息苦しいふんい気。活用 いきぐるし・い。

いきごみ【意気込み】 名詞 はりきって何かをやろうとする気持ち。例 たいへんな意気込みで仕事に取り組む。

いきごむ【意気込む】 動詞〔あることをしようと〕はりきる。例 一位になろうと意気込む。活用 いきご・む。

いきさき【行き先】 名詞 ❶行った場所。例 かれの行き先は不明だ。❷これから行く所。目的地。例 兄は行き先も言わず出て行った。参考「ゆきさき」「いくさき」「ゆくさき」ともいう。

いきさつ 名詞 そうなったわけ。事情。例 いきさつを説明する。

いきじごく【生き地獄】 名詞 生きたまま地獄へ落ちたような、この上なくひどい有様。

いきしな【行きしな】 名詞 行くとちゅう。ゆきしな。例 行きしなに手紙を出そう。類 行きがけ。

いきじびき【生き字引】 名詞〔生きている字引のように〕何でもよく知っている人。

いきしょうちん【意気消沈】 四字熟語 がっかりして元気がなくなること。例 失敗して、意気消沈する。

いきすぎ【行き過ぎ】 名詞〔おこない・考え方などが〕ふつうのていどをこしていること。必要以上にすること。ゆきすぎ。例 そこまでやるのは行き過ぎだ。

いきすぎる【行き過ぎる】 動詞 ❶通りすぎる。例 行列が学校の前を行き過ぎる。❷目ざす場所よりも先へ行ってしまう。例 行き過ぎたので、もどった。❸ちょうどよいていどを、こしてしまう。やりすぎる。例 行き過ぎた指導。活用 いきす・ぎる。参考「ゆきすぎる」ともいう。

ことばあそび 早口ことば㉓ きんちょうして きんきゅうに 近況を 聞き出した

いきせききって【息せき切って】副詞 息をあらくして。はあはあと息をついて。例 息せき切ってかけつける。

いきだおれ【行き倒れ】名詞 おなかがすいたり、ひどい寒さなどにあったりして、道ばたで死ぬこと。また、そのようにして死んだ人。参考「ゆきだおれ」ともいう。

いきたここちもしない【生きた心地もしない】慣用句 今にも死ぬかと思うほど、こわい。例 山で道にまよったときは、生きた心地もしなかった。

いきち【生き血】名詞 生きている動物の、なまち。

いきちがい【行き違い】名詞 ❶出会うつもりで、両方から行ったのに出会わないこと。例 時間をまちがえて行き違いになった。❷〔考えが相手によく伝わらないことから起こる〕食いちがい。例 ちょっとした行き違いから、仲が悪くなった。参考「ゆきちがい」ともいう。

いきちがう【行き違う】動詞 ❶出会うはずの相手と、たがいに出会わない。例 行き違ってしまい、会えなかった。❷考えなどがうまく通じないで、食いちがいが起きる。例 話が行き違って、もめた。参考「ゆきちがう」ともいう。活用 いきちが・う。

いきづかい【息遣い】名詞 息をするようす。例 息遣いがあらくなる。

いきつぎ【息継ぎ】名詞 する動詞 ❶〔歌っているとちゅうや、泳いでいるとちゅうで〕息をすうこと。例 息継ぎをしないで二十五メートル泳ぐ。❷仕事のとちゅうでちょっと休むこと。例 つかれたので息継ぎをしよう。

いきつく【行き着く】動詞 目当てのところに着く。例 目的地に行き着く。参考「ゆきつく」ともいう。活用 いきつ・く。

いきづく【息づく】動詞 ❶苦しい息をする。あえぐ。❷息をする。生きる。例 花が息づく。活用 いきづ・く。

いきつけ【行きつけ】名詞 いつもよく行くこと。例 行きつけの店で買い物をする。参考「ゆきつけ」ともいう。

いきづまる[1]【行き詰まる】動詞 ❶道がなくなって、先に行けなくなる。❷物事がうまく進まなくなる。例 事業が行き詰まる。参考「ゆきづまる」ともいう。活用 いきづま・る。

いきづまる[2]【息詰まる】動詞 〔きんちょうして〕息が苦しくなる。例 息詰まる熱戦。活用 いきづま・る。

いきつもどりつ【行きつ戻りつ】連語 同じ所を何回も行ったり、もどったりすること。参考「ゆきつもどりつ」ともいう。

いきとうごう【意気投合】名詞 する動詞 たがいに気持ちがぴったり合うこと。例 かれとは初対面だが、意気投合した。

いきどおり【憤り】名詞 いきどおること。はらを立てること。ことば「憤りを感じる」

いきどおる【憤る】動詞 〔うらめしい思いやなげかわしい思いで〕はげしくおこる。例 政治家の不正を憤る。活用 いきどお・る。

いきとしいけるもの【生きとし生けるもの】慣用句 この世に生きている、すべてのもの。例 生きとし生けるものをいつくしむ。

いきとどく【行き届く】動詞 すみずみまで注意が配られている。例 手入れが行き届いた庭。参考「ゆきとどく」ともいう。活用 いきとど・く。

いきどまり【行き止まり】名詞 行く先がふさがっていて、先へ進めないこと。また、そのような場所。参考「ゆきどまり」ともいう。

いきながらえる【生き長らえる】動詞 この世に長く生き続ける。例 何百年も生き長らえている木。活用 いきながら・える。

いきなやむ【行き悩む】動詞 ❶〔じゃまなものがあったり、天候が悪かったりして〕思うように先へ進めないで、こまる。例 ふぶきのため、そうさく隊も行き悩んでいる。❷物事がうまく進まない。例 作業が行き悩む。参考「ゆきなやむ」ともいう。活用 いきなや・む。

いきなり 副詞 急に物事をおこなったり、物事が起きたりするようす。例 いきなりあらわれた。

いきぬき【息抜き】名詞 する動詞 ❶〔気分を変えるため〕とちゅうで一休みすること。例 勉強の息抜きにテレビを見る。❷空気を通すためにつくった、あな。

いきぬく【生き抜く】動詞 〔苦しみを乗りこえて〕生きていく。例 不幸に負けずに生き抜く。活用 いきぬ・く。

いきのこる【生き残る】動詞 〔ほかの人が死んだ後も〕死なずに残る。例 はげしい戦いで、生き残った兵士はわずかだった。活用 いきのこ・る。

る。

いきのした【息の下】名詞 死ぬまぎわの、わずかに息をしている状態。例 苦しい息の下から最期の言葉を言い残す。

いきのながい【息の長い】慣用句 一つのことが長く続いているようす。息が長い。例 息の長い仕事。／息の長い人気。

いきのね【息の根】名詞 こきゅう。いのち。ことば ⇩「息の根を止める」

いきのねをとめる【息の根を止める】慣用句 ❶生きられないようにする。ころす。❷完全に、活動ができないようにする。例 すりの一味の息の根を止める。

いきのびる【生き延びる】動詞 ほろびないで、長く生き続ける。なくならないで、生き続ける。例 戦火の中をにげて生き延びた。活用 いきの・びる。

いきはじ【生き恥】名詞 生きている間に受ける、はじ。ことば ⇩「生き恥をさらす」

いきはじをさらす【生き恥をさらす】慣用句〔死ねばよかったときがあったのに〕死なないで生きているためにはずかしい思いをする。語源 昔、武士はいくさで死ぬことをめいよとしたことからいう。

いぎぶかい【意義深い】形容詞 大きなねうちがあるようす。例 意義深い会談。活用 いぎぶか・い。

いきぼとけ【生き仏】名詞 仏のようになさけぶかい、りっぱな人。

いきまく【息巻く】動詞〔息づかいをあらくして〕強く言ったり、おこったりする。例 しかえししてやると息巻く。類 いきりたつ。活用 いきま・く。

いきもたえだえ【息も絶え絶え】連語 今にも息が止まりそうなようす。例 けが人は、息も絶え絶えで助けだされた。

いきもつかずに【息もつかずに】慣用句 ほっとするゆとりもなく。少しの休みもなく。例 チャンスとばかり、息もつかずにせめたてる。

いきもつかせぬ【息もつかせぬ】慣用句 相手が息をするひまもないほど、すばやく、次々とするようす。例 息もつかせぬ早わざ。

いきもの【生き物】名詞 生きているもの。命のあるもの。例 小さな生き物。／生き物をかわいがる。参考 おもに動物をさすが、広く動植物のことをいうこともある。

いきょう[1]【異教】名詞 自分が信じている宗教とちがう宗教。

いきょう[2]【異郷】名詞 ふるさとから遠くはなれた、よその土地。例 異郷でくらす。対 故郷。類 異境。異国。

いきょう[3]【異境】名詞 祖国を遠くはなれた土地。例 異境の月をながめる。類 異郷。異国。

いぎょう[1]【偉業】名詞 ねうちのある、りっぱな仕事。例 偉業をなしとげる。

いぎょう[2]【遺業】名詞 死んだ人が残していった（きぼの大きい）仕事。例 父の遺業をついで発展させた。

いきょうと【異教徒】名詞 自分の信じている宗教とはちがう宗教を信じている人。

いきようよう【意気揚揚】四字熟語 結果がよくて、ほこらしげなようす。例 優勝して意気揚々としている。参考 ふつう「意気揚々」と書く。

いきょく【医局】名詞 病院で、医師などがいてさまざまな仕事をおこなう所。

イギリス 地名 ヨーロッパの北西部にある立憲君主国。大西洋上のグレートブリテン島とアイルランド島北部を領土とする。首都はロンドン。グレートブリテンおよび北アイルランド連合王国。参考 昔、漢字で「英吉利」と書いたことから「英国」ともいう。英語は Britain。▼ポルトガル語

いきりたつ【いきり立つ】動詞 こうふんして、はげしくおこる。例 不公平なしんぱんに、観客はいきり立った。類 息まく。たけりたつ。活用 いきりた・つ。

いきる【生きる】動詞 ❶〔生物が〕この世で命をたもち続ける。例 百才まで生きる。対 死ぬ。❷生活する。例 生きるために働く。❸ねうちがある。役に立つ。例 前の経験が生きている。❹生き生きする。例 言葉の選び方で文章は生きてくる。対 死ぬ。活用 い・きる。

いきれ 名詞 熱気がこもって、むっとするような空気。例 草いきれ。／人いきれ。

いきわかれ【生き別れ】名詞〔親子・きょうだいなどが〕生きていながら別れ別れになって会えないでいること。例 戦争で生き別れになっていた親子。

ことばあそび　早口ことば㉔　あさっての前日があした　あしたの前日がきょう

いきわたる【行き渡る】動詞 広くすみずみまでとどく。例全員に行き渡るように、お菓子をたくさん用意する。参考「ゆきわたる」ともいう。活用いきわた・る。

いきをきらす【息を切らす】慣用句 苦しくて、はあはあいう。例ちこくしそうになり、息を切らしてかけこんだ。

いきをこらす【息を凝らす】慣用句 ⬇いきをころす。

いきをころす【息を殺す】慣用句 息をとめるようにして、じっと静かにしている。息をこらす。例息を殺して、かくれる。

いきをつく【息をつく】慣用句 きんちょうがなくなって楽になる。例家に着いて、ほっと息をついた。

いきをつくひまもない【息をつく暇もない】慣用句 少し休む時間もない。ほっとするゆとりもない。例来客が多くて息をつく暇もない。

いきをつめる【息を詰める】慣用句 ⬇いきをころす。

いきをぬく【息を抜く】慣用句 一休みする。気分を変える。例仕事のとちゅうで息を抜く。

いきをのむ【息をのむ】慣用句 おどろいて、息を止める。例美しい景色を見て、思わず息をのんだ。

いきをはずませる【息を弾ませる】慣用句 〔はげしい運動やこうふんのために〕呼吸がはげしくなって、はあはあいう。例入学試験に合格した姉は息を弾ませて帰ってきた。

いきをひきとる【息を引き取る】慣用句 死ぬ。例静かに息を引き取った。参考遠回しな言い方。

いきをひそめる【息を潜める】慣用句 息をしている音を気づかれないように、じっとしている。例息を潜めて待つ。

いきをふきかえす【息を吹き返す】慣用句 ❶死にそうになっていたものが、生き返る。例人工呼吸で息を吹き返した。❷おとろえていたものが、いきおいをとりもどす。例さびれた町が観光の町として息を吹き返した。

いく1【行く】動詞 ❶目当てのところに向かって進む。例学校へ行く。❷通りすぎる。すぎ去る。例道を行く人。／行く春をおしむ。❸物事が進む。例計画どおりに行く。❹年をとる。成長する。例年の行かない子どもたち。❺ある状態になる。例満足の行く結果。❻《「…て行く」の形で》続けて…する。だんだん…する。例生きていくために働く。／空が明るくなっていく。参考㋐「ゆく」ともいう。㋑❻は、ひらがなで書く。活用い・く。⇩使い分け。

いく2【逝く】動詞 ⬇1335ページ・ゆく（逝く）。⇩使い分け。

いくいく【行く行く】副詞 ⬇1335ページ・ゆくゆく。

いくえい【育英】名詞 才能のすぐれた青少年を教え育てること。例育英事業。

いくえにも【幾重にも】副詞 ❶たくさん重なっているようす。例幾重にも重なった花びら。❷何度も重ねて。くり返し。例幾重にもおわびいたします。

使い分け　いく（ゆく）

●進む。
学校へ行く。

●亡くなる。
安らかに逝った。

ことば博士になろう！

「行く」の二つの顔

「行く」には、「いく」「ゆく」の二つの読み方があります。「ゆく」のほうが、古い感じのする言い方です。

「行き当たり」「行き帰り」「行きがけ」など、多くは「いく」「ゆく」の両方の読み方をします。ただし、「外国へ行った。」のように過去のことを表すときには、かならず「いった」と発音します。

「一方」「行く末」「行方」などは、ふつう「ゆく」と読みます。

いくさ【戦】名詞 たたかい。戦争。例はげしい

戦。〔参考〕やや古い言い方。

いぐさ 〔名詞〕イグサ科の植物。しめった土地にはえる。くきは、たたみおもてや、ござなどの材料になる。

いくさき【行く先】 〔名詞〕❶行こうと思っている目当てのところ。進んで行く方向。〔例〕行く先を母に言って、出かける。❷これから先。〔例〕いつまでもあまえていて、行く先が心配だ。〔参考〕「ゆくさき」ともいう。

いくじ[1]【育児】 〔名詞〕〔する動詞〕赤んぼうや小さい子どもを育てること。〔例〕育児に専念する。

いくじ[2]【意気地】 〔名詞〕物事をやりとげようとする強い気持ち。〔ことば〕「意気地がない」

いくじなし【意気地無し】 〔名詞〕がんばろうとする気力や勇気がないこと。また、そのような人。〔例〕意気地無しで、すぐにげ出す。〔類〕弱虫。

いくすえ【行く末】 〔名詞〕⬇1335ページ・ゆくすえ。

いくせい【育成】 〔名詞〕〔する動詞〕育てて、りっぱにすること。〔例〕選手を育成する。／人材育成。〔類〕養成。

いくた【幾多】 〔副詞〕たくさん。数多く。〔例〕幾多の試練にたえる。〔参考〕「幾多の」の形で用いることが多い。

いくたび【幾度】 〔名詞〕「何回」「何度」のやや古い言い方。いくど。〔例〕いくたびも雪の深さをたずねけり（正岡子規の俳句）。

いくたり【幾たり】 〔名詞〕人数をたずねることば。何人。〔例〕お客は幾たりいますか。／幾たりかはお帰りになりました。

いくつ【幾つ】 〔名詞〕はっきりしない、ものの数や人の年を言う言葉。また、物の数や人の年をたずねるときに言う言葉。〔例〕幾つでも食べなさい。／きみは幾つなの。〔参考〕数が多いことをいう場合にも使う。〔例〕同じものが幾つもある。

いくて【行く手】 〔名詞〕❶行こうとしている方向。〔例〕行く手に山が見える。❷これから先。前途。〔例〕行く手にきぼうがある。〔参考〕「ゆくて」ともいう。

いくどうおん【異口同音】 〔四字熟語〕多くの人が口をそろえて同じことを言うこと。〔例〕全員が異口同音に賛成した。〔注意〕「異句同音」と書かないこと。

いくとし【行く年】 〔名詞〕⬇1335ページ・ゆくとし。

いくにち【幾日】 〔名詞〕〔はっきりしない日数をさして〕何日。〔例〕あれから幾日たったでしょうか。

いくばん【幾晩】 〔名詞〕❶夜の数をたずねる言葉。どれほどの夜。〔例〕この宿には幾晩とまる予定ですか。❷たくさんの夜。〔例〕幾晩も山中をさまよう。

いくぶん【幾分】 〔一〕〔名詞〕いくつかに分けたうちの一部分。〔例〕おやつの幾分かを弟に分けてやった。〔二〕〔副詞〕あるていど。少し。いくらか。〔例〕いたみは幾分おさまった。／昨日より幾分寒い。

いくら【幾ら】 〔名詞〕❶はっきりしない数・ねだん・ていどなどを表す言葉。〔例〕ねだんは幾らになりますか。❷《「幾らも…ない」の形で》少ししか…ない。わずかしか…ない。〔例〕食べ物は幾らも残っていない。❸《「幾ら…ても」の形で》どんなに…しても。たとえ…でも。〔例〕幾らさがしても見つからない。／幾ら食べても太らない。

いくらか【幾らか】 〔副詞〕少し。わずかばかり。〔例〕夕立で幾らかすずしくなった。

いけ【池】 〔名詞〕地面がくぼんで水がたまったところ。また、地面をほって水をためたところ。〔例〕池のコイ。

いけがき【生け垣】 〔名詞〕木を植えてつくったかきね。

いけす【生けす】 〔名詞〕〔料理などに使うため〕とった魚や貝を生かしたままかっておくところ。⇩図。

いけどり【生け捕り】 〔名詞〕生きたままつかまえること。また、つかまった人やけもの。

生けす

いけどる【生け捕る】 〔動詞〕生きたままで、つかまえる。〔例〕イノシシを生け捕った。〔活用〕いけど・る。

いけない 〔連語〕❶〔性質・中身などが〕よくない。悪い。〔例〕このピーマンは古くていけない。❷のぞみがない。助からない。〔例〕病気が悪化し、もういけないようだ。❸してはならない。〔例〕うそはいけない。❹しなければならない。〔例〕税金をおさめなければいけない。❺のぞましくない。こ

あいうえお かきくけこ さしすせそ たちつてと なにぬねの はひふへほ まみむめも や ゆ よ らりるれろ わ を ん

ことばあそび 早口ことば㉕ このくいのくぎは引きぬきにくい

まる。例気がちっていけない。

いけにえ 名詞 ❶神にそなえるための、生きたままの動物。❷ある物事やある人のために、命や利益をすてること。

1 **いけばな**【生け花】名詞 木のえだや草花などを切り、形をととのえて入れ物にさすこと。また、そうしてさした花。華道。

1 **いける** 動詞 ❶消えないように炭火をはいの中にうめる。例火だねがたえないようにいけておく。❷物を土の中にうめる。例ネギをいけておく。活用 い・ける。

2 **いける**【生ける】動詞 花などを入れ物にさす。例花びんに花を生けた。活用 い・ける。

3 **いける**【行ける】動詞 ❶行くことができる。例歩いて行けるぞ。❷物事がうまくいく。例この勝負はいけるぞ。❸おいしい。例このケーキはいけるね。❹酒がかなり飲める。例おじさんは、いける口だ。注意 ②～④は、ふつう、ひらがなで書く。活用 い・ける。

1 **いけん**【意見】一 名詞〔あることに対する〕自分の考え。例意見をのべる。類見解。二 する動詞 注意をあたえて、いましめること。例知人に意見する。

2 **いけん**【違憲】名詞 憲法に決められていることにそむくこと。対合憲。

いげん【威厳】名詞 りっぱで、人をしたがわせるような重々しさ。おごそかで、いかめしいこと。例王様の威厳に満ちた顔つき。類威光。

いけんぶん【意見文】名詞 自分の考えと、そのように考える理由などをのべた文章。

1 **いご**【以後】名詞 ❶そのときから後。その後。例午後六時以後にれんらくしてほしい。類以降。対以前。❷今から後。例以後気をつけます。

2 **いご**【囲碁】名詞 たて横十九本ずつの線を引いたばんの上に、白石と黒石をならべて、じん地を取り合うゲーム。碁。ことば「囲碁を打つ」⇩図。

囲碁

いこい【憩い】名詞 気分を楽にして休むこと。例憩いのひとときをすごす。

1 **いこう**【以降】名詞 ある時から後。例明治以降。／八時以降なら家にいる。類以後。参考「以後」よりも長い時間を表すことが多い。

2 **いこう**【威光】名詞 自然に人がしたがうような力やいきおい。例将軍の威光。類威厳。

3 **いこう**【移行】する動詞 様子がうつっていくこと。うつり変わること。例新しい制度に移行する。類推移。

4 **いこう**【意向】名詞〔このようにしたらどうか、このようにしたいという〕考え。思うところ。例相手の意向をたしかめる。

5 **いこう**【憩う】動詞 仕事や勉強をはなれて、心や体をゆったり休ませる。例すずしい木かげで憩う。活用 いこ・う。

イコール 名詞 ❶算数で等しいことを表すしるし。等号。記号は、「＝」。❷形容動詞 ひとしいようす。同じようす。例心がけしだいで短所がイコール長所になる。▼英語 equal

いこく【異国】名詞〔ならわしやしきたりなどのちがう〕よその国。他国。外国。例異国の風俗。類異郷。異境。対母国。

いこくじょうちょ【異国情緒】名詞 いかにも外国にいるように思わせる感じ。例異国情緒ゆたかな土地。参考「異国情緒」「異国情調」ともいう。

いごこち【居心地】名詞 そこにいて感じる気持ち。例この部屋は居心地がいい。類すみごこち。

いこじ 名詞 形容動詞 つまらないことに意地をはること。えこじ。例弟はすぐいこじになる。

いこつ【遺骨】名詞 死んだ人のほね。

いころす【射殺す】動詞〔人や動物に〕矢を放ってころす。活用 いころ・す。

いこん【遺恨】名詞 いつまでもわすれられないうらみ。ことば「遺恨をはらす」

いざ 感動詞 人をさそったり、何かを始めようとしたりするときに言う言葉。例いざ出発というとき車が動かなくなった。参考やや古い言い方。

1 **いさい**【委細】名詞 ❶〔ある物事についての〕くわしい事情。例委細を報告する。❷すべて。例委細承知しました。類詳細。子細。明細。

2 **いさい**【異彩】名詞 ほかとちがっていて、特に目立ついろどり。

いさいをはなつ【異彩を放つ】慣用句〔才能などが〕ふつうとちがって、目立ってすぐれて

いる。例 絵については子どものときから異彩を放っていた。

いさお 名詞 めいよな手がら。例 いさおを立てる。

いさかい 名詞 いい争い。けんか。類 争い。

いざかや【居酒屋】 名詞 気軽に酒が飲めるようになっている店。

いさぎよい【潔い】 形容詞 〔物事にいつまでもこだわらないで〕さっぱりしているようす。例 潔くあきらめる。注意 送りがなに気をつける。活用 いさぎよ・い。

いさく【遺作】 名詞 死んだ後に残された、その人の（まだ発表されていない）作品。例 遺作が見つかった。

いざこざ 名詞 小さな争いごと。もめごと。例 いざこざをおこす。

いささか 副詞 わずか。少しばかり。例 いささかのためらいもない。

いざしらず【いざ知らず】 連語 《「…はいざ知らず」の形で》…は別として。…はどうか知らないが。例 小説ならいざ知らず、現実にそんなことが起きるはずはない。

いざというとき【いざと言う時】 連語 〔事故や病気など〕こまったことが起きたとき。万一のとき。例 いざと言う時にそなえて貯金をしておく。

いさましい【勇ましい】 形容詞 ❶いきおいが強くて、元気があるようす。例 勇ましい行進曲。❷おそれないで、向かっていくようす。例 勇ましく戦う。活用 いさまし・い。

いさみあし【勇み足】 名詞 ❶すもうで、相手を土俵ぎわに追いつめたとき、いきおいあまって自分から先に足を土俵の外に出してしまうこと。例 勇み足で負ける。❷調子に乗ってやりすぎたために、失敗すること。例 まだ言うべきではないのに勇み足で話してしまった。

いさみたつ【勇み立つ】 動詞 元気を出してはり切る。例 かけ声をかけて勇み立つ。類 奮い立つ。活用 いさみた・つ。

いさむ【勇む】 動詞 やってやろうという気になってはりきる。いきおいづく。例 ももたろうは勇んで、おにたいじに出発した。類 気負う。活用 いさ・む。

いさめる 動詞 〔目上の人に〕まちがいや欠点などを、直すように言う。例 主君をいさめる。類 たしなめる。活用 いさ・める。

いざよい 名詞 陰暦で、十六日の夜。また、その夜に出る月。漢字 十六夜。

いさりび【いさり火】 名詞 夜、魚をさそい集めるために船の上でたく火。漢字 漁火。

いざる 動詞 すわったまま進む。ひざやしりを地につけたまま進む。活用 いざ・る。

いさん【遺産】 名詞 死んだ人が残した財産。例 遺産を相続する。

1 **いし【石】** 名詞 ❶すなより大きく岩より小さい岩石のかけら。❷岩石や鉱物など。例 石の家。❸宝石。例 このゆびわの石は何ですか。❹碁石。❺じゃんけんで、にぎりこぶし。ぐう。対 はさみ。紙。

2 **いし【医師】** 名詞 医者。

3 **いし【意志】** 名詞 あることをやりとげようとする心。例 強い意志をもって取り組む。⇩使い分け。

4 **いし【意思】** 名詞 〔あることをしようという〕考え。思っていること。例 大学へ進学する意思がある。⇩使い分け。

5 **いし【遺志】** 名詞 死んだ人が、生きていたときにやりとげようとしていた望み。また、やってほしいと言い残した望み。例 先生の遺志をついで、研究をやりとげた。⇩使い分け。

使い分け いし

●やりとげようとする心。
意志が強い。

●思っていること。
賛成の意思をしめす。

●死んだ人が望んでいたこと。
弟子が先生の遺志をつぐ。

ことばあそび ふえることば❶ あ－あさ－あさり／い－いた－いたち／う－うち－うちわ／

いじ[1]【意地】名詞 ❶自分の考えをどこまでも通そうとする心。ことば「意地をはる」❷〔人に対する〕性格。性質。例あの人は意地が悪い。❸物をほしがる心。例妹は意地がきたない。参考 よくない意味で用いることが多い。

いじ[2]【維持】名詞 する動詞 ある状態をそのままもち続けること。例生計を維持する。／健康を維持する。

いじ[3]【遺児】名詞 親に死なれて、後に残された子ども。例知人の遺児を気にかける。

いしあたま【石頭】名詞 ❶石のようにかたい頭。❷物わかりが悪くて、がんこなこと。また、そのような人。

いしうす【石臼】名詞 石でつくった、うす。⇩125ページ・臼②(図)。

いしがき【石垣】名詞 石をつんでつくった、しきりのかべ。⇩633ページ・城(図)。

いじがきたない【意地が汚い】慣用句 ⬇いじきたない。

いしかりがわ【石狩川】地名 北海道中部の大きな川。石狩平野を西に流れて、日本海にそそぐ。

いしかりへいや【石狩平野】地名 北海道西部で、石狩川下流に広がる平野。農業や酪農がさかんなところ。

いしかわけん【石川県】地名 中部地方にある日本海に面した県。県庁所在地は金沢市。⇩916ページ・都道府県(図)。

いしかわたくぼく【石川啄木】人名 (一八八六～一九一二)明治時代の歌人・詩人。特色のある三行形式の短歌を書いた。歌集に「一握の砂」「悲しき玩具」がある。

いじがわるい【意地が悪い】慣用句 ❶人がこまるようなことをわざとするようす。例まちがいを教えてやらないなんて、意地が悪い。❷都合が悪くなるようす。具合が悪いようす。例出かけようとしたら意地が悪く雨がふってきた。参考「いじわるい」ともいう。

いしき【意識】一 名詞 物事をはっきり知る心の働き。例意識を失う。二 名詞 する動詞 心にはっきりと感じること。例世間の評判を意識する。

いじきたない【意地汚い】形容詞 食べ物や品物をほしがる気持ちがとても強い。意地がきたない。活用 いじきたな・い。

いしきてき【意識的】形容動詞 こうしようとはっきり考えてするようす。例意識的に顔をそむける。類 わざと。

いしく【石工】名詞 石を切り出したり、その石を用いて細工をしたりする職人。せっこう。

いじくる 動詞 「いじる」のくだけた言い方。活用 いじく・る。

いしけり【石蹴り】名詞 子どもの遊びの一つ。地面に円や四角形をかいて、次々にその中に石をけって入れながら進んでいく遊び。⇩図。

いじける 動詞 ❶〔寒さやおそろしさで〕体がちぢこまって元気がなくなる。❷自信をなくして、ひねくれたり、おどおどしたりする。例一度失敗したぐらいでいじけるな。活用 いじ・ける。

いしころ【石ころ】名詞 小石。小さな石。

いしずえ【礎】名詞 ❶建物の土台の石。❷物事の土台になる大事なことがら。例研究の礎をきずく。参考「石をすえる」意味から。

いしだたみ【石畳】名詞 石を平らにしきつめた場所。例石畳の道。⇩図。

いしだみつなり【石田三成】人名 (一五六〇～一六〇〇)豊臣秀吉の家来。秀吉の死後、徳川家康と対立したが、関ケ原の戦いでたおされた。

いしだん【石段】名詞 石でつくった階段。例神社の石段をのぼる。

いしつ【異質】名詞 形容動詞 性質がほかのものとちがうこと。例異質な存在。対 同質。

いじっぱり【意地っ張り】名詞 形容動詞 どこまでも自分の考えをおし通すこと。また、そのような人。例おたがいに意地っ張りなので、けんかになってしまった。

石畳

石蹴り

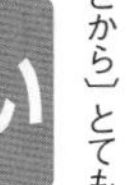

いしつぶつ【遺失物】名詞 置きわすれたり、落としたりして、なくした物。類 落とし物。わすれ物。

いじどうくん【異字同訓】名詞 字はちがうが、訓が同じであること。同訓語。

いしどうろう【石灯籠】名詞 石でつくり、中に火をともして明かりにする用具。かざりとして庭などに置くことが多い。

いしにかじりついても【石にかじり付いても】慣用句 どんなに苦しくても、がまんして。何が何でも。例 石にかじり付いてもやりとげるかくごだ。

いじになる【意地になる】慣用句 反対にあったとき、わざと自分の考えやおこないをおし通そうとする。例 いきなり反対されたので、意地になってしまった。

いしのうえにもさんねん【石の上にも三年】ことわざ〔石でもその上に三年間すわればあたたまるという意味から〕何事もがまん強くおこなえば、必ず成功するということのたとえ。例 石の上にも三年で、とうとう実験に成功した。

いしばい【石灰】名詞 ➡698ページ・せっかい（石灰）。

いしはくじゃく【意志薄弱】四字熟語 物事をやりぬこうとする意志が、とても弱いこと。

いしばしをたたいてわたる【石橋をたたいて渡る】ことわざ〔じょうぶな石の橋でも、こわれないかとたたいて、たしかめてからわたるということから〕とても用心深く行動することのたとえ。例 石橋をたたいて渡る性格だ。参考「石橋をたたく」ともいう。

いしひょうじ【意思表示】名詞 する動詞 自分がどう思っているかを、はっきりしめすこと。例 買いたいという意思表示をする。注意「意志表示」と書かないこと。

いじめ 名詞 弱い立場の人を、わざと苦しめたり、こまらせたりすること。例 いじめを受ける。

いじめる 動詞 弱い立場の人を、わざと苦しめたり、こまらせたりする。活用 いじ・める。

1 **いしゃ**【医者】名詞 病人やけが人をみて治すことを仕事にしている人。医師。

2 **いしゃ**【慰謝】名詞 する動詞 苦しみやなやみを、なぐさめ、いたわること。

いしゃのふようじょう【医者の不養生】ことわざ〔人には健康に注意するようにすすめる医者が、自分では意外と健康に注意しないように〕りくつはわかっていても、じっさいにやることはむずかしいことのたとえ。

いしゃりょう【慰謝料】名詞 おわびのために、めいわくをかけた相手にはらうお金。例 慰謝料を請求する。

いしゅ【異種】名詞 ちがった種類。例 異種交配。対 同種。

いしゅう【異臭】名詞 変なにおい。いやなにおい。ことば「異臭を放つ」

いじゅう【移住】名詞 する動詞 よその土地や国にうつり住むこと。例 一家そろってブラジルに移住した。類 移転。

1 **いしゅく**【畏縮】名詞 する動詞 おそれて、態度が弱々しくなること。例 多くの人の前でも畏縮せず意見をのべた。

2 **いしゅく**【萎縮】名詞 する動詞 元気がなくなり、態度が弱々しくなること。例 失敗ばかりして萎縮する。

いしゅつ【移出】名詞 する動詞 国内の、ほかの県や地方にその土地でできる物を送り出すこと。対 移入。参考 外国へ売り出すときは「輸出」を用いる。

いじゅつ【医術】名詞 病気やけがを治す技術。類 医学。

1 **いしょ**【医書】名詞 人間の体や病気、また病気などの治りょうの方法などについて書かれた本。医学書。

2 **いしょ**【遺書】名詞 自分の死んだ後のことについて書き残したもの。遺言状。

1 **いしょう**【衣装】名詞 ❶衣服。着物。ことば「衣装持ち（＝着る物をたくさん持っていること、また、持っている人）」❷しばいやおどりなどで着る着物。例 衣装係。

2 **いしょう**【異称】名詞 本当のよび名ではない、別のよび名。例「まいまい」はカタツムリの異称だ。類 別名。異名。

3 **いしょう**【意匠】名詞 品物を美しくつくるための形や色についての工夫。ことば「意匠をこらす（＝工夫する）」

1 **いじょう**【以上】名詞 ❶その数や量をふくんで、それより上。例 十二才以上は大人の料金だ。❷〔ていどが〕それより上。例 これまで以上におもしろい。対 ①②以下。❸今までのべたことが

ことばあそび　ふえることば❷　か－かお－かおり／き－きり－きりん／く－くじ－くじら／

ら。例 以上説明したとおりです。❹書いたものなどの最後に記す、「終わり」の意味を表す言葉。❺…するからには。例 約束した以上、必ず守る。

2 **いじょう【異状】** 名詞 ふだんとちがう様子。ことば「異状なし」 参考「異常」と書くこともある。⇩使い分け。

3 **いじょう【異常】** 名詞 形容動詞 ふつうとちがう様子。例 異常気象。対 正常。⇩使い分け。

1 **いしょく【衣食】** 名詞 ❶着ることと食べること。また、着るものと食べるもの。❷生活。例 まずしくて、衣食に苦労した。

2 **いしょく【委嘱・依嘱】** 名詞 する動詞 ある仕事を、ほかの人にたのんでやってもらうこと。例 政府からの委嘱を受ける。類 委託。嘱託。

3 **いしょく【異色】** 名詞 ほかとは特別にちがうところがあること。例 異色の作品。

使い分け　いじょう

● ふだんとちがうようす。
どこも異状はない。

● ふつうとちがうようす。
異常な寒さ。

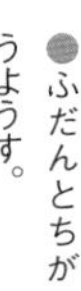
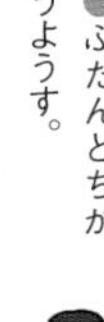
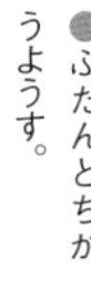
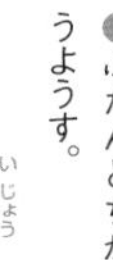
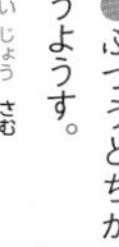

4 **いしょく【移植】** 名詞 する動詞 ❶木や草などをほかの場所へうつして植えること。❷ひふや内臓など、体の一部を切りとって、それをほかにうつすこと。例 じん臓移植手術。

いしょくごて【移植ごて】 名詞 草木を植えかえるときなどに使う、小さなシャベル。

いしょくじゅう【衣食住】 名詞 ❶着るものと、食べるものと、住むところ。人間のくらしに必要なもの。❷くらし。生活。例 衣食住にはこまらない。

いじらしい 形容詞 〔おさない者などの一生けんめいな様子が〕けなげで、かわいそうなようす。例 いじらしいすがた。活用 いじらし・い。

いじる 動詞 ❶手でふれて遊ぶ。また、指でさわる。例 おもちゃをいじる。／髪の毛をいじる。❷きょうみをもって、あつかう。例 庭をいじる。❸しくみややり方などを変える。例 文章をいじる。❹〔おもしろいと思って〕人をからかったり、いじめたりする。活用 いじ・る。

いしわた【石綿】 名詞 じゃもん石などが変化した、わたのようなやわらかい鉱物。熱に強く、電気を通しにくい。石綿。アスベスト。参考 人体に入ると有害で、使用が禁止されている。

いじわる【意地悪】 名詞 形容動詞 人のいやがることをわざとすること。また、そのような人。例 意地悪なことを言う。

いじわるい【意地悪い】 形容詞 ⬇78ページ・いじがわるい。活用 いじわる・い。

いじをとおす【意地を通す】 慣用句 自分の考えや気持ちを、最後まで変えない。

いじをはる【意地を張る】 慣用句 人にさからって、無理にでも自分の考えを通そうとする。例 おたがいに意地を張るのは、もうやめよう。

1 **いしん【威信】** 名詞 人をしたがわせるような重々しさと、人から受ける信用。例 国家の威信をかけた争い。

2 **いしん【維新】** 名詞 ❶すべてのやり方が新しくあらたまること。❷「明治維新」のこと。

1 **いじん【異人】** 名詞 ❶ほかの人。別人。例 同名異人（＝名前は同じだが別の人）。❷外国人。参考 ❷は、やや古い言い方。

2 **いじん【偉人】** 名詞 すぐれた仕事をした、りっぱな人。

いじんでん【偉人伝】 名詞 すぐれた仕事やりっぱな生き方をした人の一生を書いた本。

いしんでんしん【以心伝心】 四字熟語 言わなくても相手に考えや気持ちが伝わること。注意「意心伝心」と書かないこと。

いす【椅子】 名詞 ❶こしをかけるための道具。こしかけ。❷役職。地位。ことば「椅子を争う（役職や地位を取り合う）」

いず【伊豆】 地名 昔の国の名。今の静岡県東部と東京都の伊豆諸島をふくむ。

いすか 名詞 アトリ科の鳥。スズメより少し大きく、上下のくちばしの先が曲がり交差している。⇩図。

いすかのはしのくいちがい【いすかのはしの食い違い】 ことわざ 物事が食いちがって、思うようにならないことのたとえ。例 二人

の言い分は いすかのはしの食い違いで、解決しそうもない。
語源「はし」は、くちばしのこと。鳥のイスカのくちばしの先がぴったり合っていないことから。参考「いすかのはし」ともいう。

いすか

いすくまる【居すくまる】 動詞 おそろしさなどのために、すわったまま動けなくなる。活用 いすくま・る。

いずこ 代名詞「どこ」「どちら」の古い言い方。例 いずこともなく立ち去る。

いずはんとう【伊豆半島】 地名 静岡県東部にある半島。火山や温泉が多く、観光地として有名。富士箱根伊豆国立公園の一部。

いずまい【居住まい】 名詞 すわっている、しせい。ことば「居住まいを正す」

1 **いずみ【和泉】** 地名 昔の国の名。今の大阪府南西部にあたる。

2 **いずみ【泉】** 名詞 ❶水が自然にわき出ているところ。❷物事のおこる、みなもと。例 わかさの泉。

いずも【出雲】 地名 昔の国の名。今の島根県東部にあたる。

イスラエル 地名 イスラエル国。地中海東部にある国。▼英語 Israel

イスラムきょう【イスラム教】 名詞 七世紀のはじめにアラビア地方で、ムハンマドがただ一人の神、アッラーのけいじを受け、それを信仰する宗教。世界三大宗教の一つ。▼英語 Islam

いずれ ━ 代名詞 どちら。どれ。例 いずれの方法も失敗に終わった。━ 副詞 ❶近いうち。そのうち。例 いずれ、また会おう。❷どちらにしても。例 いずれわすれてしまう。

いずれにしても 連語 どちらにしても。例 行くか帰るか、いずれにしても雨にぬれそうだ。

いずれも 連語 どちらも。どれも。例 いずれもすぐれた作品だ。

いすわる【居座る】 動詞 ❶すわりこんで動かない。動かないで、そのままいる。例 店に居座る。❷同じ地位にとどまっている。例 会長の席に五年も居座っている。参考 よくない意味で用いることが多い。活用 いすわ・る。

いせ【伊勢】 地名 昔の国の名。今の三重県にあたる。

1 **いせい【威勢】** 名詞 ❶人をおそれさせ、したがわせる力。例 相手の威勢におされる。❷物事をするいきおい。例 威勢のいい声。

2 **いせい【異性】** 名詞 男性から見て女性、女性から見て男性をさす言葉。例 異性の友だち。対 同性。

いせいがいい【威勢がいい】 慣用句 元気で、いきおいがある。例 やけに威勢がいい。

いせえび 名詞 イセエビ科のエビ。大形で、食用にする。正月などのめでたいときのかざりにも使われる。

1 **いせき【移籍】** 名詞 する動詞 ❶スポーツ選手などが、所属している団体を変えること。例 別の野球チームに移籍する。❷本籍をほかの戸籍へうつすこと。例 結婚して移籍する。

2 **いせき【遺跡】** 名詞 昔、大きな建物や大きなできごとなどのあったあと。また、昔の生活をしのばせる物の残っているあと。例 古代の遺跡。

いせじんぐう【伊勢神宮】 名詞 三重県伊勢市にある大きな神社。天照大神と豊受大神をまつる。

いせつ【異説】 名詞 ふつうに知られている説とはちがった説。ことば「異説を唱える」

いせものがたり【伊勢物語】 書名 平安時代に作られたとされる物語。在原業平と思われる男を主人公とし、和歌を中心とした百二十五段の短い物語からなる。

いせわん【伊勢湾】 地名 愛知県と三重県との間で湾になった海。おくに名古屋市がある。

いせん【緯線】 名詞 地球上の位置を表すために、同じ緯度の地点を結んだ線。経線と直角に交わり、赤道に平行している。赤道から南北にそれぞれ九十度ずつに分かれる。参考「緯」は「横糸」という意味。対 経線。

いぜん【以前】 名詞 ❶今より前。例 ここは以前はレストランだった。❷そのときをふくんで、それより前。例 九時以前なら家にいる。対 以後。

いぜんとして【依然として】 連語 前のとおりであるようす。もとのままであるようす。例

真相は依然としてわからない。

いそ 名詞 〔岩の多い〕海岸の波うちぎわ。漢字 磯。

いそあそび【いそ遊び】 名詞 海岸の波打ちぎわで、生き物を見たりとったりして楽しむこと。

いそいそ 副詞(—と) する動詞 うれしそうに物事をするようす。例 いそいそと出かけて行く。

いそうろう【居候】 名詞 他人の家に住まわせてもらい、生活のめんどうをみてもらっていること。また、その人。

いそがしい【忙しい】 形容詞 することが多くて、ひまがない。例 仕事が多くて忙しい。活用 いそがし・い。

いそがばまわれ【急がば回れ】 ことわざ 急いであぶない方法をとるより、時間がかかっても安全な方法をとったほうが、かえってはやく物事をなしとげることができることのたとえ。参考「急がば」は古い言い方で、「もし急ぐなら」ということ。

いそぎ【急ぎ】 名詞 急ぐこと。例 急ぎの用。

いそぎあし【急ぎ足】 名詞 急いで、はやく歩くこと。例 急ぎ足で近づいてくる。類 早足。

いそぎんちゃく 名詞 やわらかいつつ形の体で、海中の岩にくっついている動物。口のまわりに多くの触手があり、小さな動物をとらえて食べる。

いそぐ【急ぐ】 動詞 ❶物事を早くしようとする。例 急いで、ごはんを食べた。❷気持ちが、あせる。例 気ばかり急いで、足がついていかない。❸はやく歩く。例 道を急ぐ。活用 いそ・ぐ。

いぞく【遺族】 名詞 ある人が死んで、残された家族・親類。類 遺家族。

いそしむ 動詞 一生けんめいに、がんばる。例 勉学にいそしむ。参考 やや古い言い方。活用 いそし・む。

イソップものがたり【イソップ物語】 書名 古代ギリシャのイソップがつくったとされる、動植物を主人公にしたたとえ話などを集めたもの。「アリとキリギリス」「北風と太陽」などが有名。

いそん【依存】 名詞 する動詞 ほかのものにたよって、なりたっていること。例 資源を外国に依存する。参考「いぞん」ともいう。

1 **いぞん【依存】** 名詞 する動詞 ➡いそん。

2 **いぞん【異存】** 名詞 〔出された意見やしめされた案に対する〕反対の意見。不服な意見。例 その案に異存はない。類 異論。異議。

いた【板】 名詞 ❶うすくて平らな木材。例 板を打ちつける。❷うすくて平らな、かたいもの。例 ガラス板。

1 **いたい【痛い】** 形容詞 ❶〔体をうたれたり、きずつけられたりして〕がまんできない感じである。例 ハチにさされて痛い。❷〔物事の大事なところにあやまちがあったり、弱みをつかれたりして〕とてもつらく苦しい。例 九回裏のエラーは痛かった。❸話すことや、することが、その場にふさわしくなく、まわりの人をあきれさせるようす。参考 ❸はふつう、ひらがなで書く。活用 いた・い。

2 **いたい【遺体】** 名詞 死んだ人の体。なきがら。遺がい。参考「死体」よりていねいな言い方。

いだい【偉大】 形容動詞 すぐれていて、りっぱなようす。例 偉大な音楽家。

いたいけ 形容動詞 おさなくて、かわいらしいようす。また、おさなく弱々しくて、かわいそうに感じられるようす。例 いたいけな少女。

いたいたしい【痛痛しい】 形容詞 〔いかにもいたそうで〕見ていられないほど、かわいそうなようす。例 やせおとろえた痛々しいすがた。参考 ふつう「痛々しい」と書く。活用 いたいた・しい。

いたいところをつく【痛い所を突く】 慣用句 相手の弱みをつかんでせめ立てる。例 友だちに痛い所を突かれた。

いたいめ【痛い目】 連語 ひどい苦しみを感じる有様。ひどいそんがいや、しうち。例 ゆだんして痛い目にあわされた。

いたいめにあう【痛い目に遭う】 慣用句 〔苦しみ・いたみで〕つらい思いをする。ひどい目にあう。例 悪さばかりしていると痛い目に遭うよ。参考「痛い目を見る」ともいう。

いたいめをみる【痛い目を見る】 慣用句 ➡いたいめにあう。

いたがきたいすけ【板垣退助】 人名 (一八三七〜一九一九) 明治時代の政治家。自由民権運動をおこし、一八八一(明治一四)年、日本で初めて政党をつくった。

1 **いたく** 副詞 とても。たいへん。例 みごとなできばえにいたく感動した。参考 やや古い言い方。

いたく【委託】名詞 する動詞 仕事などを自分にかわってやってくれるように人にまかせ、たのむこと。例 品物の販売を委託する。類 委任。委嘱。

いだく【抱く】動詞 ❶うでてかかえる。だく。また、中につつむ。例 子どもをしっかり抱いた。／山に抱かれた町。❷心の中に、ある考えや気持ちをもつ。例 望みを抱く。活用 いだ・く。

いたくもかゆくもない【痛くもかゆくもない】慣用句 何のいたみもない。少しもこまらない。例 かれが反対しても痛くもかゆくもない。

いたくもないはらをさぐられる【痛くもない腹を探られる】ことわざ 悪いことをしていないのに、人からうたがいをかけられること。

いたけだか【居丈高】形容動詞 相手の心をおさえつけるような強い態度でおどかすようす。例 居丈高にどなる。

いたしかたない【致し方無い】連語 ほかに方法がない。どうしようもない。例 かわいそうだが致し方無い。参考「しかたない」のあらたまった言い方。

いたしかゆし【痛しかゆし】慣用句〔かけばいたいし、かかなければかゆいということから〕どちらの方法をとってもよくないところがあって、こまってしまうこと。例 作業が早く終わるのはよいが、雑になることを考えると、痛しかゆしだ。

いたじき【板敷き】名詞 建物のゆかなどに板をしくこと。また、板をしいてあるところ。板の間。例 板敷きの部屋。

いたす【致す】動詞 ❶「する」のへりくだった言い方。また、あらたまった言い方。例 これから、使い方の説明を致します。❷《「お…致す」の形で》「…する」のへりくだった言い方。例 借りた本はすぐお返し致します。参考 ㋐「…致します」の形で用いることが多い。㋑ひらがなで書くことも多い。活用 いた・す。

いたずら 名詞 形容動詞 する動詞 おもしろがって人がこまるようなことをすること。

いたずらっぽい 形容詞 いかにも悪ふざけしそうである。いたずらが好きそうである。例 いたずらっぽい目つき。活用 いたずらっぽ・い。

いたずらに 副詞 むだに。例 いたずらに時間をすごす。

いただき【頂】名詞〔山などの〕もっとも高いところ。例 富士山の頂。注意 送りがなをつけない。類 みね。対 ふもと。

いただきます【頂きます】感動詞 食べたり飲んだりする前のあいさつの言葉。

いただきもの【頂き物】名詞「もらいもの」のていねいな言い方。例 頂き物をする。類 もらい物。

いただく【頂く】動詞 ❶頭にのせる。また、もっとも高いところに置く。例 雪を頂いたアルプスの山々。❷「もらう」のへりくだった言い方。例 先生から本を頂いた。❸「飲む」「食べる」などのへりくだった言い方。また、ていねいな言い方。例 ごちそうを頂く。❹《「…ていただく」の形で》「…てもらう」のへりくだった言い方。例 先生に来ていただきました。参考 ④はふつう、ひらがなで書く。活用 いただ・く。

いただけない【頂けない】連語 感心できない。よいと思えない。例 その案はいただけない。参考 ㋐「いただける」の打ち消しの形。㋑ふつう、ひらがなで書く。

いたたまれない【居たたまれない】連語 それ以上その場所に、いられない。例 はずかしさで居たたまれなくなって、部屋を出た。参考「いたたまらない」ともいう。

いたち 名詞 イタチ科の動物。どうが細長い。敵におそわれると、しりからくさいにおいを出す。

いたちごっこ 名詞 競争や対立をいつまでもくり返していて、決着がつかないこと。例 不正をする人と警察とのいたちごっこが続く。

いたって【至って】副詞 きわめて。たいへん。たいそう。例 至って元気です。

いたで【痛手】名詞 ❶ひどいきず。ことば「痛手を負う」類 ふかで。重傷。❷ひどい打撃や、そんがい。例 心に痛手を受ける。

いだてん【い駄天】名詞 仏教を守る神様の一人。とても足が速いといわれる。例 い駄天のように速く走る。漢字 韋駄天。

いたにつく【板に付く】慣用句 仕事や役がらが、その人にぴったり合う。例 リーダーが板に付いてきた。

いたのま【板の間】名詞 板じきの部屋。

いたばさみになる【板挟みになる】慣用句〔板と板の間にはさまって、動きがとれないということから〕対立する二つのものの間

ことばあそび ふえることば④ た—たい—たいこ／ち—ちか—ちから／つ—つぼ—つぼみ／

に立って、どうしたらよいか、なやみ苦しむ。例 会長と副会長の板挟みになって、こまっている。

いたばり【板張り】名詞 板をはりつけること。また、板をはりつけたところ。例 板張りのゆか。

いたべい【板塀】名詞 板でつくった、へい。例 空き地を板塀でかこう。

いたまえ【板前】名詞 日本料理を作ることを仕事にしている人。

いたましい【痛ましい・傷ましい】形容詞 〔心がいたむほど〕かわいそうなようす。例 痛ましい交通事故。活用 いたまし・い。

1 **いたみ**【痛み】名詞 ❶体に感じる苦しみ。いたい感じ。❷心に感じる苦しみ。悲しみ。例 友だちの心の痛みを理解する。参考 ②は「傷み」とも書く。

2 **いたみ**【傷み】名詞 ❶物にきずがついたりこわれたりすること。例 車の傷みがはげしい。❷食べ物がくさること。また、果物にきずがつくこと。例 夏は魚の傷みがはやい。

いたみいる【痛み入る・傷み入る】動詞 〔相手の好意や、相手にめいわくをかけたことなどに〕ありがたく思う。例 ごていねいなあいさつ、痛み入ります。活用 いたみい・る。

いたみどめ【痛み止め】名詞 いたみを止めるための薬。

1 **いたむ**【悼む】動詞 〔人の死を〕なげき悲しむ。ことば「死を悼む」活用 いた・む。⇩使い分け。

2 **いたむ**【痛む】動詞 ❶体にいたみを感じる。例 けがをした足が痛む。❷心に苦しみを感じる。例 むねが痛む。参考 ②は「傷む」とも書く。活用 いた・む。⇩使い分け。

3 **いたむ**【傷む】動詞 ❶〔物が〕こわれる。きずつく。例 校舎が傷む。❷食べ物がくさる。また、果物にきずがつく。例 早く食べないと傷んでしまう。活用 いた・む。⇩使い分け。

いため【板目】名詞 木を板にしたときにあらわれる、波形や山形の木目。対 正目。⇩1227ページ・正目（図）。

いためがみ【板目紙】名詞 和紙を何まいもはり合わせた、じょうぶな紙。本の表紙などに使う。

使い分け　いたむ

●死を悲しむ。
知人の死を悼む。

●いたみを感じる。
虫歯が痛む。

●きずがつく。
果物が傷む。

いためつける【痛め付ける】動詞 ひどいめにあわせる。はげしくやっつける。活用 いためつ・ける。

いためもの【いため物】名詞 油を少し入れて熱したフライパンなどで、肉や野菜などに火を加えて作る食べ物。

1 **いためる** 動詞 食べ物を、油を少し入れたなべなどでかきまぜながら、火を通す。例 キャベツをいためる。活用 いた・める。漢字 炒める。

2 **いためる**【痛める】動詞 ❶体のある部分を悪くする。いたく感じるようになる。例 足を痛めた。❷心に悲しみや苦しみを感じさせる。例 弟のけがに心を痛めている。参考 ②は「傷める」とも書く。活用 いた・める。⇩使い分け。

3 **いためる**【傷める】動詞 ❶〔物に〕きずをつける。例 借りた本を傷めてしまった。❷食べ物をくさらせる。また、果物にきずをつける。例 モモの実を傷めないように、そっとさわる。活用 いた・める。⇩使い分け。

いたらぬ【至らぬ】連体詞 注意が行きとどいていない。至らない。例 至らぬ点をわびる。

いたり【至り】名詞 ❶〔ある気持ちが〕最高の状態にあること。それ以上はないこと。例 光栄の至り。❷行きつくところ。ことば「若気の至り」

イタリア 地名 イタリア共和国。ヨーロッパ大陸の南部にある国。地中海に長ぐつの形につき出た半島と、その近くのたくさんの島からなる。首都はローマ。イタリー。参考 昔、漢字で

使い分け　いためる

● いたく感じるようになる。
こしを痛める。

● きずをつける。
家具を傷める。

「伊太利」と書いた。▼イタリア語 Italia

イタリックたい【イタリック体】名詞 欧文書体の一つで、少し右にかたむいた形のもの。⇩626ページ・書体②（図）。▼英語 italic

いたる【至る】動詞〔ある場所・時・状態・段階に〕行きつく。例東京より静岡に至る。／年よりから子どもに至るまで。活用 いた・る。

いたるところ【至る所】連語 行くところ、すべて。すべての場所。例至る所にポスターがはってある。

いたれりつくせり【至れり尽くせり】慣用句〔心づかいが〕すべてに行きとどいているようす。例友だちの家で至れり尽くせりのもてなしをうけた。

いたわしい 形容詞 気の毒である。かわいそうである。例いたわしいすがた。活用 いたわし・い。

いたわる 動詞 ❶やさしく大切にする。例老人をいたわる。❷人の苦労をなぐさめる。例帰ってきた救助隊の人々をいたわる。活用 いたわ・る。

いたん【異端】名詞 ある時代やある社会で、正しいとされている学問や宗教からはずれていること。また、その学問や宗教。例異端の教え。対正統。

1 **いち**【一】一 名詞 ❶数の名で、一つ。また、一番目。❷はじめ。最初。例一からやり直す。❸もっともすぐれていること。ことば ⇩87ページ・「一二をあらそう」
二 接頭語 ❶《ある言葉の上につけて》「多くの中の一つ」の意味を表す言葉。例一生徒の意見が学校を変えた。❷《ある言葉の上につけて》「ある」の意味を表す言葉。例一新聞記者のメモ。

2 **いち**【市】名詞 人がたくさん集まって物を売り買いすること。また、その場所。例朝顔の市。
ことば「市が立つ（＝開かれる）」

3 **いち**【壱】名詞 「一」と同じ。参考 書類に金額や年月日など大切な数字を書くときに、他人の書きかえをふせぐために用いる。例金壱万円。

4 **いち**【位置】名詞 する動詞 ❶物のあるところ。場所。また、そこにあること。例今いる位置を知らせる。／東京の南に位置する。❷人の地位。位。例課長の位置にある。

いちい【一位】名詞 一番目。一番上の位。例マラソンで一位になる。

いちいせんしん【一意専心】四字熟語 ほかのことを考えずに、一つのことに気持ちを集中させること。例一意専心、練習にはげむ。

ことば博士になろう！　数を使った言い回し

□に当てはまる数を入れてみましょう。
●□も二もなく（すぐに）
●□の句がつげない（あきれて何も言えない）
●□三五五（小人数があちらこちらにいるようす）
●□の五の言う（あれこれと文句をつける）
●□分五分（力やわざがたがいに同じ）
答えは右から順に、一、二、三、四、五。「三三五五」は「三三五五、つれ立って歩く」のように使います。
このほかにも、いろいろあるので、意味をたしかめてみましょう。
一事が万事　一か八か　二つ返事
二の足をふむ　二の舞
八つ当たり　十中八九

いちいたいすい【一衣帯水】四字熟語 一本の帯のように、せまくて長い川や海きょう。また、そのような川や海きょうをはさんで、とても近くにあるようす。

いちいち 名詞 副詞〔たくさんあるものの〕一つ一つ。また、一つ残らず全部。例いちいち文句をつける。

1 **いちいん**【一因】名詞 いくつかの原因のうちの

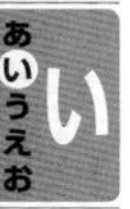

あいうえお
かきくけこ
さしすせそ
たちつてと
なにぬねの
はひふへほ
まみむめも
や
ゆ
よ
らりるれろ
わ
を
ん

ことばあそび　ふえることば⑤　な－なみ－なみだ／に－にし－にしん／ぬ－ぬま－ぬまち／

一つ。例信号を見落としたのも大事故の一因だった。

2 **いちいん【一員】** 名詞 団体・仲間などの中の一人。例たんけん隊の一員。

いちえん【一円】 名詞 ある地域のあたり全体。一帯。例台風は関東地方一円にひがいをあたえた。

いちおう【一応】 副詞 十分ではないが、だいたい。例一応終わった。

いちおし【一押し・一推し】 名詞 一番のものとして、強くすすめることができること。また、そのもの。例わたしの一押しの曲をしょうかいします。参考くだけた言い方。「イチオシ」「イチ押し」と書くこともある。

いちがいに【一概に】 副詞 細かいちがいを考えないで、全部同じように。例一概に悪いとは言えない。参考下に「…ない」などの打ち消しの言葉が続くことが多い。

いちがつ【一月】 名詞 一年の一番目の月。古くは「睦月」といった。

いちかばちか【一か八か】 慣用句 どうなるかわからないが、思いきってためしてみること。例一か八か勝負に出た。

いちからじゅうまで【一から十まで】 慣用句 何から何まで、すべて。例姉はぼくのすることに一から十まで口を出す。

いちがんとなる【一丸となる】 慣用句 あることをするために、多くの人が力を合わせて、まとまる。例クラスが一丸となってリレーに取り組む。

いちく【移築】 名詞 する動詞 ある建物を、もとの形のまま、ほかの場所にうつしてたてること。

いちぐう【一隅】 名詞 一方のすみ。かたすみ。例庭の一隅。

いちぐん【一群】 名詞 一つのむれ。一つの集まり。例マグロの一群。類一団。

いちげいにひいでる【一芸に秀でる】 慣用句 〔芸や技能などの〕一つのわざにすぐれる。例一芸に秀でた学生。

いちげき【一撃】 名詞 する動詞 〔はげしく〕一回うつこと。ひとうち。例一撃でえものをたおす。

いちげんこじ【一言居士】 四字熟語 どんなことにも、何か一言でも言わないと気のすまない人。例一言居士がめずらしく発言しない。類うるさ型。参考少しけいべつした言い方。

いちご 名詞 ❶バラ科の植物。オランダイチゴ・ヘビイチゴ・キイチゴなどをまとめていう言葉。❷オランダイチゴのこと。春、白い花をさかせ、卵形の赤い実をつける。あまずっぱい実は、そのまま食べるほか、ジャムにしたりケーキをかざったりする。漢字苺。

いちごいちえ【一期一会】 四字熟語 一生に一度の出会いや機会。例一期一会の出会いを大切にする。語源茶道の心得で、何事も一生で一度かぎりと思って大切にしなさいというしめから。

いちごん【一言】 名詞 短い言葉。一つの言葉。ひとこと。

いちごんいっく【一言一句】 四字熟語 文章や会話に出てくる一つ一つの言葉。例一言一句に耳をかたむける。

いちごんはんく【一言半句】 四字熟語 ほんのわずかな言葉。例一言半句も聞きもらすまいと耳をすます。参考ふつう、下に打ち消しの言葉が続く。

いちごんもない【一言もない】 慣用句 一言も言いわけのしようがない。例失敗をせめられて一言もなかった。

いちざ【一座】 名詞 ❶しばいなどをする人たちの一まとまり。例しばいの一座。❷その場にいる人、全部。例一座の者を見回す。

1 **いちじ【一次】** 名詞 一回目。最初。例一次試験。

2 **いちじ【一時】** 名詞 ❶〔今より前の〕あるとき。例一時は助からないと思った。❷そのときだけ。例一時の間に合わせ。❸しばらく。例計画は一時中止にする。

いちじいっく【一字一句】 四字熟語 一つの字と、一つの言葉。例一字一句、正確に書き写す。

いちじがばんじ【一事が万事】 ことわざ 一つのことを見れば、ほかのすべてのことがわかること。一つの小さなことから始まって、すべてが同じ調子でおこなわれること。

いちじきん【一時金】 名詞 給料のように、いつも決まったときにしはらわれる金ではなく、ボーナス・退職金などのように、そのときだけまとめてしはらわれる金。

いちじく 名詞 クワ科の木。秋に実る。実の中に、たくさんの小さな花がさく。漢字無花果。

いちじつせんしゅう【一日千秋】 四字熟語 一日が千年にも感じられるほど、長く

思われること。例 一日千秋の思いで待つ。参考 ㋐「千秋」は、「千年」のこと。㋑「一日千秋の思い」の形で用いることが多い。㋒「一日千秋」ともいう。

いちじつせんしゅうのおもい【一日千秋の思い】慣用句 ➡いちじつせんしゅう。

いちじつのちょう【一日の長】慣用句〔一日だけ年上であるということから〕経験をつんで、ちしきやわざがほかの人にくらべて少しすぐれていること。例 水泳では兄よりもわたしに一日の長がある。参考「一日の長」ともいう。

いちじていし【一時停止】名詞 する動詞 動いているものが、一時的に止まること。例 電車が一時停止した。

いちじてき【一時的】形容動詞 そのときだけ。しばらくの間だけ。例 一時的に場所をうつす。

いちじに【一時に】副詞 一度に。同時に。例 ドアが開くと一時に客が乗りこんだ。

いちじゅういっさい【一汁一菜】四字熟語 一品のしると、一品のおかずだけの食事。質素な食事のこと。

いちじゅん【一巡】名詞 する動詞 あるはんいを回って、元へもどること。一回りすること。例 町を一巡した。類 一周。

いちじょう【一条】名詞 ❶ひとすじ。例 一条の光がさす。❷箇条書きにした文章の一つ。例 注意書きの一条を読む。

いちじるしい【著しい】形容詞 目立って、はっきりしている。目立って、はげしい。例 著しい変化。活用 いちじるし・い。

いちず 形容動詞 一つのことを思いつめるようす。例 兄はいちずな性格です。／いちずに思い続ける。

いちぞく【一族】名詞 同じ血すじの人たち。血族。例 平家の一族。類 同族。

いちぞん【一存】名詞 自分一人だけの考え。例 わたしの一存では決められない。

いちだい【一代】名詞 ❶その人の生きている間。その人の一生。例 一代の不覚（＝大きな失敗）。❷天皇・国王・主人などが、その地位にいる間。例 社長は一代でこの会社をきずいた。❸ある一つの時代。その時代。例 一代の英雄。

いちだいじ【一大事】名詞 大変なできごと。例 石油タンクに火がうつったら一大事だ。

いちだん[1]【一団】名詞〔しっかりまとまった〕一つの集まり。一かたまり。例 修学旅行の一団。類 一群。

いちだん[2]【一段】名詞 ❶〔かいだんなどの〕一つの段。❷〔文章などの〕一区切り。

いちだんと【一段と】副詞 いっそう。目立って。例 寒さが一段ときびしくなる。

いちだんらく【一段落】名詞 する動詞〔仕事などが〕一区切りすること。例 仕事が一段落した。

いちづける【位置付ける】動詞 人や物事を、全体の中で、それにふさわしいと思われる位置におく。例 作品を上位に位置付ける。活用 いちづ・ける。

いちど【一度】名詞 一回。例 一度でいいから行ってみたい。

いちどう【一同】名詞 その場所にいるすべての人。また、あるまとまりの中にいる、みんな。全員。例 三年二組一同。

いちどうにかいする【一堂に会する】慣用句 ある目的のために、多くの人が一つの場所に集まって会う。例 大臣が一堂に会する。参考「一堂」は、一つの建物・場所のこと。

いちどきに【一時に】副詞 同じ時に。一度に。例 いちどきに客がおしかける。／いろいろな花がいちどきにさく。類 一斉に。一挙に。

いちどく【一読】名詞 する動詞 ひととおり読むこと。一度読むこと。例 原稿を一読する。

いちどに【一度に】副詞 同時に。例 一度にすべて覚える。

いちなんさってまたいちなん【一難去ってまた一難】ことわざ わざわいや苦しみが次々にやってくること。例 かさをなくしたうえに、転ぶなんて、一難去ってまた一難だね。

いちに【一二】名詞 ❶一つ二つ。ほんの少し。例 成功した例は一二にすぎない。❷第一位と第二位。第一番と第二番。

いちにち【一日】名詞 ❶午前〇時から午後十二時まで。一昼夜。❷朝から晩まで。例 まる一日外で遊んだ。❸月のはじめの日。ついたち。

いちにちせんしゅう【一日千秋】四字熟語 ➡いちじつせんしゅう。

いちにちのちょう【一日の長】慣用句 ➡いちじつのちょう。

いちにをあらそう【一二を争う】慣用句 第一位か第二位かを争う。とてもすぐれている。

あいうえお い かきくけこ さしすせそ たちつてと なにぬねの はひふへほ まみむめも や ゆ よ らりるれろ わ を ん

ことばあそび ふえることば⑥ はーはたーはたけ／ひーひとーひとで／ふーふなーふなで／

例世界で一二を争う自動車会社。類一流。

いちにん【一任】 名 する動詞 〔物事の処理・決定などを〕すっかり、まかせること。例代理の者に一任する。

いちにんしょう【一人称】 名 自分をさす言葉のよび名。「ぼく」「わたくし」「おれ」「われ」など。参考⇩976ページ・二人称。530ページ・三人称。

いちにんまえ【一人前】 名 ❶一人分。例すし一人前。❷大人と同じようであること。例体だけは一人前だ。❸ひととおりのことができるうでまえをもつこと。例一人前の仕事ぶり。対半人前。

1 **いちねん【一年】** 名 ❶一月一日から十二月三十一日まで。❷十二か月間の長さ。例あれから、ちょうど一年たった。❸第一学年。一年生。

2 **いちねん【一念】** 名 〔あることを〕深く思いこむこと。また、深く思いこんだ心。例勝ちたいという一念で練習にはげんだ。

いちねんそう【一年草】 名 春から秋にかけて芽を出し花をさかせ実をつけ、冬をこさずにかれる植物。イネ・アサガオ・ヒマワリなど。対多年草。

いちねんのけいはがんたんにあり【一年の計は元旦にあり】 ことわざ 〔その年の計画は一月一日にたてるのがよいという意味から〕何事もはじめが大切であるということ。

いちねんほっき【一念発起】 四字熟語 あることをなしとげようと、かたく決心すること。例一念発起して勉強にはげむ。参考もともとは「決心して、ただちに仏の道に入ること」という意味。注意「発起」を「はっき」と読まないこと。

いちば【市場】 名 ❶決まった日に商人が集まって、物を売り買いする所。例青物市場。❷日用品や食料品の店が一か所に集まっている所。参考「しじょう」ともいう。

いちばまち【市場町】 名 昔、市が立って栄え、後に町になったところ。参考⇩598ページ・宿場町。610ページ・城下町。1310ページ・門前町。

いちはやく【いち早く】 副詞 すぐ。一番に。例流行をいち早くとり入れる。

いちばん【一番】 一 名 ❶最初。例一番に学校へ来た。❷もっともすぐれていること。例算数はクラスで一番だ。❸すもう・しょうぎなどの一回の勝負。例この一番で優勝が決まる。二 副詞 もっとも。何よりも。例一番よい方法を考える。

いちばんどり【一番どり】 名 明け方、一番はじめに鳴くニワトリ。

いちばんのり【一番乗り】 名 する動詞 目ざすところに、一番早く着くこと。また、その人。例店に一番乗りした。

いちばんぶろ【一番風呂】 名 わかして、まだだれも入っていない、ふろ。例一番風呂につかる。

いちばんぼし【一番星】 名 夕方、一番早く光って見える星。

1 **いちぶ【一分】** 名 〔「分」が十分の一の単位を表すことから〕とてもわずかなことのたとえ。例一分のすきもない。参考⇩1123ページ・分二。

2 **いちぶ【一部】** 名 ❶全体の中のある部分。例一部の人が反対している。対全部。❷雑誌や本などの数え方で、一つ。例パンフレットを一部もらう。❸一そろい。一組み。例百科事典を一部予約する。

いちぶしじゅう【一部始終】 四字熟語 始めから終わりまで、全部。例一部始終をうちあける。

いちふじにたかさんなすび【一富士二たか三なすび】 ことわざ 初夢に見るとよいとされるものをならべた言葉。一番よいものは富士山で、二番目は鳥のタカ、三番目はナスとされている。

いちぶぶん【一部分】 名 全体の中のある（わずかの）部分。対大部分。

いちべつ【一べつ】 名 する動詞 ちらっと見ること。ちょっと見ること。例一べつしただけで出て行った。／一べつもくれない。

いちぼう【一望】 名 する動詞 一目に見わたすこと。例高台にのぼって町を一望する。

いちぼうせんり【一望千里】 四字熟語 広大な景色を一目で見わたすことができること。広々として見晴らしがいいこと。例一望千里の大平原。

いちぼくいっそう【一木一草】 四字熟語 一本の木と、一本の草。一草一木。例一木一草もない、さばく。

いちまつのふあん【一抹の不安】 慣用句 ほんの少しの不安。ことば「一抹の不安をおぼえる」

いちみ【一味】 名 同じ仲間。例どろぼうの一

あいうえお かきくけこ さしすせそ たちつてと なにぬねの はひふへほ まみむめも や ゆ よ らりるれろ わ を ん

味。参考 ふつう、よくないたくらみをもつ仲間をいう。

1**いちめい【一名】** 名詞 ❶一人。❷別のよび名。別名。例ナズナは一名ぺんぺん草という。

2**いちめい【一命】** 名詞〔たった一つしかない大切な〕命。ことば「一命を取り止める（＝助かる）」

いちめん【一面】 名詞 ❶〔広がったものの〕全体。例一面の銀世界（＝雪が一帯につもった景色）。❷あるちがった面。例かれはぶっきらぼうだが、やさしい一面もある。❸新聞の第一ページ。

いちめんしきもない【一面識もない】 慣用句 一度も会ったことがない。例一面識もない人。

いちめんてき【一面的】 形容動詞 考え方や意見などが、ある方向にかたよっているようす。

いちめんに【一面に】 副詞 そのあたり全体に。例川の土手一面にタンポポがさいている。

いちもうさく【一毛作】 名詞 同じ田畑に一年に一回だけ作物を作ること。類単作。参考 ⇩978ページ・二毛作。784ページ・多毛作。

いちもうだじん【一網打尽】 四字熟語 悪人の一味を、一度にすべてとらえること。例すりの一味を一網打尽にする。語源 一度網を投げ入れるだけで、そこにいた魚をすべてつかまえるという意味から。

いちもくおく【一目置く】 慣用句 相手が自分よりすぐれているとみとめて、一歩ゆずる。例友だちはかれに一目置いている。語源 碁をうつとき、弱い方が先にばんの上に石を置いて始めることから出た言葉。

いちもくさんに【一目散に】 副詞 ほかのことは考えず、走るようす。ことば「一目散ににげ出す」

いちもくりょうぜん【一目瞭然】 四字熟語 一目見て、よくわかるようす。例グラフに表せば一目瞭然だ。

いちもにもなく【一も二もなく】 慣用句 あれこれ言うこともなく。例一も二もなく賛成した。

1**いちもん【一文】** 名詞 ❶江戸時代に使われたお金。真ん中があいている。❷わずかのお金。例一文のとくにもならない。

2**いちもん【一門】** 名詞 ❶同じ血すじの人々。一族。例平家一門のはかがある。❷同じ先生から教えをうけた仲間。例芭蕉一門。

いちもんいっとう【一問一答】 名詞 する動詞 一つの質問に対して、一つの答えをすること。例一問一答の形で取材がおこなわれた。

いちもんじ【一文字】 名詞「一」の字のようにまっすぐなこと。真一文字。例口を一文字に結ぶ。

いちもんなし【一文無し】 名詞 お金をまったく持っていないこと。文なし。例さいふを落として一文無しになった。

いちや【一夜】 名詞 ❶ひとばん。例一夜の宿をたのむ。❷ある夜。例夏の一夜のできごと。

いちやく【一躍】 名詞 する動詞 順番をとびこして進むこと。例チャンピオンをたおして一躍有名になった。

いちやづけ【一夜漬け】 名詞 ❶ひとばんだけつけた、つけ物。❷〔①の意味から〕物事を急いで、とりあえずすること。例一夜漬けの勉強。

いちゅう【意中】 名詞 心の中で思っていること。例意中を察して、声をかけた。

いちよう【一様】 形容動詞 どれもみな同じようす。例その場にいた人は一様にきんちょうしていた。対多様。

1**いちょう** 名詞 イチョウ科の木。高さは、二十メートル以上になる。葉はおうぎ形で、秋、黄色になり落ちる。実は「ぎんなん」といい食用になる。漢字 銀杏。⇩図。

1いちょう

2**いちょう【胃腸】** 名詞 胃と腸。また、胃や腸などの消化器。例胃腸が弱い。

いちょうぎり【いちょう切り】 名詞 ダイコンやニンジンなどの野菜を、イチョウの葉のような形に切ること。

いちよく【一翼】 名詞 全体の役割の中の一部分。例改革の一翼をになう。

いちらん【一覧】 一 名詞 する動詞 ざっと一とおり見ること。例リストを一覧する。二 名詞 かんたんに内容がわかるように、表など

あいうえお かきくけこ さしすせそ たちつてと なにぬねの はひふへほ まみむめも や ゆ よ らりるれろ わ を ん

ことばあそび ふえることば⑦ まーまつーまつげ／みーみみーみみず／むーむしーむしろ／

にまとめたもの。例商品一覧《しょうひんいちらん》。類便覧《びんらん》。

いちらんひょう【一覧表】 名詞 〔いろいろなことがらを〕一目《ひとめ》で見《み》られるようにまとめて書《か》いた表《ひょう》。

いちり【一理】 名詞 一応《いちおう》の理由《りゆう》。一《ひと》つのりくつ。
ことば「一理《いちり》ある」

いちりいちがい【一利一害】 四字熟語 利益《りえき》があるが、害《がい》もあること。例この薬《くすり》はよく効《き》くが、副作用《ふくさよう》もあるので一利《いちり》一害《いちがい》といえる。類一《いっ》長一短《ちょういったん》。

いちりつ【一律】 名詞 形容動詞 ❶同《おな》じ調子《ちょうし》で、変《か》わりのないこと。ことば「千編一律《せんぺんいちりつ》（＝どれも同《おな》じ調子《ちょうし》で、おもしろみがないこと）」❷〔やり方《かた》が〕みな同《おな》じであること。例全商品《ぜんしょうひん》を一律《いちりつ》に二《に》割引《わりび》きにする。注意「一率」と書《か》かないこと。

いちりづか【一里塚】 名詞 昔《むかし》、主《おも》な道《みち》に一里《いちり》（＝約四《やくよん》キロメートル）ごとに土《つち》をもって木《き》を植《う》え、道《みち》のりの目《め》じるしとしたもの。⇩図《ず》。

一里塚《いちりづか》

いちりゅう【一流】 名詞 ❶ある分野《ぶんや》で、とてもすぐれていること。対二流《にりゅう》。三流《さんりゅう》。例一流《いちりゅう》のデザイナー。❷〔やり方《かた》などが〕その人独特《ひとどくとく》であること。例それは、かれ一流《いちりゅう》の考《かんが》え方《かた》です。

いちりょうじつ【一両日】 名詞 一日《いちにち》か二日《ふつか》。今日《きょう》か明日《あす》。また、近《ちか》いうち。例一両日中《いちりょうじつちゅう》にうかがいます。

いちりん【一輪】 名詞 花《はな》や車輪《しゃりん》の数《かぞ》え方《かた》で、一《ひと》つ。例一輪《いちりん》のコスモス。

いちりんざし【一輪挿し】 名詞 花《はな》を一本《いっぽん》か二本《にほん》ぐらいさすための、小《ちい》さな花《か》びん。

いちりんしゃ【一輪車】 名詞 車輪《しゃりん》が一《ひと》つの車《くるま》。

いちるい【一塁】 名詞 ❶野球《やきゅう》で走者《そうしゃ》が最初《さいしょ》にふまなければならないところ。ファースト（ベース）。❷「一塁手《いちるいしゅ》」の略《りゃく》。一塁《いちるい》を守《まも》る人《ひと》。ファースト。

いちるののぞみ【一るの望み】 慣用句 ほんのわずかの期待《きたい》。例事件《じけん》の解決《かいけつ》に一《いち》るの望《のぞ》みをいだく。

いちれい[1]【一礼】 名詞 する動詞 一度《いちど》おじぎをすること。また、軽《かる》くおじぎをすること。例一礼《いちれい》して席《せき》を立《た》つ。

いちれい[2]【一例】 名詞 一《ひと》つのたとえ。例一例《いちれい》をあげて説明《せつめい》する。

いちれつ【一列】 名詞 一《ひと》つの列《れつ》。例一列《いちれつ》にならぶ。

いちれん【一連】 名詞 関係《かんけい》のある一《ひと》つのつながり。例一連《いちれん》の事件《じけん》。類一続《ひとつづ》き。

いちろ【一路】 [一] 名詞 ひとすじの道《みち》。[二] 副詞 まっすぐに。ひたすら。例船《ふね》は一路《いちろ》日本《にほん》を目《め》ざして進《すす》んでいる。

いちをきいてじゅうをしる【一を聞いて十を知る】 故事成語 一部分《いちぶぶん》を聞《き》いただけで全体《ぜんたい》を理解《りかい》する。頭《あたま》の働《はたら》きのよいことのたとえ。例一《いち》を聞《き》いて十《じゅう》を知《し》る、頭《あたま》の回転《かいてん》の早《はや》さ。

いつ[1] 代名詞 はっきりしないときを表《あらわ》す言葉《ことば》。例たんじょう日《び》はいつですか。

いつ[2]【一】 名詞 「いち」の古《ふる》い言《い》い方《かた》。ひとつ。
ことば「心《こころ》を一《いつ》にする」

いつか 副詞 ❶いつであったか。例覚《おぼ》えていますか、いつかの話《はなし》。❷そのうち。いずれ。例またいつか会《あ》おう。❸はっきりとわからないうちに。いつのまにか。例目《め》をさますと、いつか雨《あめ》は上《あ》がっていた。

いっか【一家】 名詞 ❶一《いっ》けんの家《いえ》。❷家族《かぞく》全《ぜん》体《たい》。例一家《いっか》そろって出《で》かける。

いっかく[1]【一角】 名詞 ❶一《ひと》つの角《かど》。一《ひと》つのすみ。例三角形《さんかくけい》の一角《いっかく》。❷ある場所《ばしょ》の一部分《いちぶぶん》。例住宅《じゅうたく》地《ち》の一角《いっかく》。

いっかく[2]【一画】 名詞 ❶土地《とち》などの、一区切《ひとくぎ》り。一区画《いちくかく》。例住宅地《じゅうたくち》の一画《いっかく》を買《か》う。❷漢字《かんじ》を形作《かたちづく》っている、一本《いっぽん》の線《せん》。例一点一画《いってんいっかく》をきちんと書《か》く。

いっかくせんきん【一かく千金】 四字熟語 苦労《くろう》しないで、一度《いちど》に大金《たいきん》を手《て》に入《い》れること。例一《いっ》かく千金《せんきん》をねらって、宝《たから》くじを買《か》う。参考「一《いっ》かく」は、「一度《いちど》につかむ」ということ。漢字 一攫千金《いっかくせんきん》。一獲千金《いっかくせんきん》。

いっかつ[1]【一括】 名詞 する動詞 一《ひと》まとめにすること。例代金《だいきん》を一括《いっかつ》して、しはらう。

いっかつ[2]【一喝】 名詞 する動詞 大《おお》きな声《こえ》で、しかること。例一喝《いっかつ》して追《お》いかえした。

いっかをささえる【一家を支える】

慣用句 働いて、家族がきちんとくらしていけるようにする。例 かれが一家を支えている。

いっかをなす【一家を成す】 慣用句 ❶自分の力だけで、家庭をもって生活をする。例 祖父はわかくして一家を成した。❷〔学問、武術、芸術などのある分野で〕一つの学派や流派をたてる。すぐれたうでまえを持っている。例 日本舞踊で一家を成す。

1 **いっかん【一貫】** 名詞 する動詞 はじめから終わりまで、一つの考え方・やり方で通すこと。例 一貫して支持を表明する。

2 **いっかん【一環】** 名詞 全体の中の一つ。くさりのようにつながっているものの一部分。例 サービスの一環としてバスを運行する。

いっかんのおわり【一巻の終わり】 慣用句 〔一巻は物語のことで、それが終わることから〕物事が終わりになること。また、死ぬこと。例 本当のことを知られたら一巻の終わりだ。

1 **いっき【一気】** 名詞 ➡1099ページ・ひといき③。例 水を一気に飲んだ。

2 **いっき【一揆】** 名詞 室町時代から江戸時代にかけて武士や地主などが無理な年貢をとりたてたときなど、農民が力を合わせて、はむかったこと。参考 ⇩一向一揆。129ページ・打ち壊し。

いっきいちゆう【一喜一憂】 四字熟語 状況が変わるたびに、よろこんだり心配したりすること。例 試合を見ながら一喜一憂する。

いっきうち【一騎討ち】 名詞 一人対一人で勝負すること。例 ライバルとの一騎討ちとなった。

参考「一騎」は、馬に乗った武者一人のこと。

いっきとうせん【一騎当千】 四字熟語 一人で千人の敵と戦えるほど強いこと。例 一騎当千のつわもの。

いっきに【一気に】 副詞 休まないで、一度に。例 坂を一気にかけのぼる。

1 **いっきゅう【一休】** 人名 （一三九四～一四八一）室町時代の臨済宗の僧。書や絵が上手だったことで知られる。また、とんち話にもよく登場する。

2 **いっきゅう【一級】** 名詞 第一位の等級。一番よい品質。例 一級品。

いっきょいちどう【一挙一動】 四字熟語 一つ一つの、体の動きやおこない。例 わが子の一挙一動を見守る。

いっきょに【一挙に】 副詞 物事を一度にするようす。例 一挙に解決した。類 いちどきに。

いっきょりょうとく【一挙両得】 四字熟語 一つのおこないによって二つのとくなことがあること。一石二鳥。

いっく【一句】 名詞 ❶俳句や川柳の数え方で、一つ。例 一句よむ。❷言葉の一区切り。例 一句ずつ分けて読む。

いつくしまじんじゃ【厳島神社】 名詞 広島県の厳島（宮島）にある神社。十二世紀、平清盛の造営によって現在の形になった。世界文化遺産。⇩695ページ・世界遺産（図）。

いつくしむ【慈しむ】 動詞 かわいがって大事にする。例 親は子を慈しんで育てる。活用 いつくし・む。

いっけい【一計】 名詞 一つの、はかりごと。類 一策。

いっけいをあんじる【一計を案じる】 慣用句 一つのはかりごとを考え出す。例 父を説得するため、一計を案じる。

いっけん【一見】 一 名詞 する動詞 ❶一度見ること。例 一見の価値がある。❷ちょっと見ること。例 一見して、母の字だとわかった。二 副詞 ちょっと見たところ。例 一見やさしそうな人。

いっけんや【一軒家】 名詞 あたりに家がなく、一つだけたっている家。例 野中の一軒家。

1 **いっこう【一行】** 名詞 いっしょに行く仲間の人々。例 工場見学の一行。

2 **いっこう【一向】** 副詞 ❶少しも。例 おどかしても一向にこわがらない。類 皆目。❷まったく。例 悪口を言われても一向平気だ。参考 ㋐①②とも、「一向に」の形でも用いる。㋑①は下に「…ない」などの打ち消しの言葉が続く。

3 **いっこう【一考】** 名詞 する動詞 一度よく考えてみること。ことば「一考を要する」

いっこういっき【一向一揆】 名詞 戦国時代に起こった一揆のうち、仏教の一向宗の信者たちが大名に対して起こした戦い。参考 ⇩一揆。

いっこうしゅう【一向宗】 名詞 親鸞上人が始めた、仏教の宗派の一つ。あみだにょらいを一心に信じれば、死んでから極楽に行けるという教え。昔の浄土真宗のよび名。

いっこうに【一向に】 副詞 ➡いっこう（一向）。

いっこく【一刻】 一 名詞 ❶昔の時間の分け

ことばあそび ふえることば⑧ やーやまーやまい／いーいかーいかだ／ゆーゆかーゆかた／

方。今の約三十分。参考「一時①」の四分の一にあたる。❷わずかな時間。例一刻もぐずぐずしてはいられない。
二 形容動詞 なかなか自分の考えを変えないようす。例おじいさんはいっこくなところがある。参考 二 はふつう、ひらがなで書く。二 は、「一国」とも書く。

いっこくせんきん【一刻千金】 四字熟語 「一刻という時間が千金というお金にもあたるという意味から」楽しい時間や大切な時間がすぐにすぎてしまうことをおしむ気持ちを表す言葉。参考 昔の中国の詩からできた。

いっこくもの【一刻者】 名詞 自分の考えを守って、かえない人。がんこ者。

いっこくもはやく【一刻も早く】 慣用句 少しでも早く。例一刻も早く帰りたい。

いっこだて【一戸建て】 名詞 一つの土地に一つの家が建っていること。戸建て。例一戸建てがならぶ町。

いっさ【一茶】 人名 ➡477ページ・こばやしいっさ。

いっさい【一切】 一 名詞 一つ残らず、全部。例一切をきみにまかせる。二 副詞 まったく。少しも。例そのことについては一切知らない。参考 二は、下に「…ない」などの打ち消しの言葉が続く。

いつざい【逸材】 名詞 すぐれた才能をもっている人。例百年に一人という逸材。

いっさいがっさい【一切合切・一切合財】 四字熟語 「一切」を強めた言い方。何もかも、すべて。例一切合切を売りはらう。

いっさく【一策】 名詞 一つのやり方。解決するための方法。ことば「一策を講じる」類一計。

いっさくじつ【一昨日】 名詞 昨日の前の日。おととい。

いっさくねん【一昨年】 名詞 去年の前の年。おととし。

いっさんかたんそ【一酸化炭素】 名詞 炭などが空気の足りないところでもえるときにできる気体。色もにおいもなく、すうと中毒を起こす。

いっさんに【一散に】 副詞 まわりに気をとられずに走るようす。

いつしか 副詞 知らないうちに。いつのまにか。例話がはずんでいつしか夜になっていた。

いっしき【一式】 名詞 道具や器具の一そろい。例台所用品一式をそろえる。

いっしつ【一室】 名詞 一つの部屋。ある部屋。例ホテルの一室。

いっしみだれず【一糸乱れず】 慣用句 少しもみだれないで、きちんとそろっているようす。例一糸乱れず行進する。参考「一糸」は、一本の糸のこと。

いっしもまとわず【一糸もまとわず】 慣用句 何も身につけないで。すっぱだかで。例小さな子どもが、一糸もまとわず部屋の中を走り回る。参考「一糸まとわず」ともいう。

1 **いっしゅ【一首】** 名詞 詩や和歌の数え方で、一つ。例百人一首。

2 **いっしゅ【一種】** 名詞 ❶同じなかまの一つ。例ヒグラシはセミの一種だ。❷少しちがっているが、その中にふくめてもよいと思われるもの。ある種類。例あの人は一種の天才だ。❸何となくそのように感じること。例一種独特の美しさがある。

いっしゅう【一周】 名詞 する動詞 一回り。例校庭を一周する。類一巡。

いっしゅうき【一周忌】 名詞 人が死んで一年目の同じ月日におこなう法事。

いっしゅん【一瞬】 名詞 〔まばたきするほどの〕わずかな時間。ほんのわずかな時間。

いっしょ【一緒】 名詞 ❶一つに集まること。例駅で友だちと一緒になった。❷ともに同じことをすること。例妹と一緒になわとびをした。❸同じであること。例かれとぼくとは学校が一緒だ。❹《「ご一緒する」の形で》つれだって行くこと。例デパートへご一緒しましょう。

いっしょう【一生】 名詞 生まれてから死ぬまで。例人の一生。／一生の思い出。

いっしょうがい【一生涯】 名詞 生まれてから死ぬまでの間。生きているかぎり。例このご恩は一生涯わすれません。

いっしょうけんめい【一生懸命】 四字熟語 まじめに、力をつくして物事をするようす。例一生懸命練習する。参考「一所懸命」の「所」を「しょう」とのばして発音したことからできた言葉。

いっしょうにふす【一笑に付す】 慣用句 笑って相手にしない。ばかにして問題にしない。例わたしの心配ごとは一笑に付された。

いっしょうをあやまる【一生を誤る】

慣用句 人生をだめにする。例 あの事件が、かれの一生を誤らせたといえる。

いっしょうをささげる【一生をささげる】 慣用句 死ぬまでの間、そのことを一生けんめいにやり続ける。例 医学の研究に一生をささげる。

いっしょく【一色】 名詞 ❶一つの色。例 青一色にぬる。❷どこもかしこも、そのことばかりになること。例 町中がお祭り一色になる。

いっしょくそくはつ【一触即発】 四字熟語 わずかなきっかけで大変な状態になりそうな、とても危険な様子であること。例 両国は一触即発の状態だ。

いっしょけんめい【一所懸命】 四字熟語 封建時代に、武士が一か所の領地を命がけで守って生活のよりどころとしたこと。参考 ⇩一生懸命。

いっしをむくいる【一矢を報いる】 慣用句 負けずにやり返す。例 同点ホームランを打って一矢を報いる。語源 「一矢」は、一本の矢のこと。敵に矢をいかえすということから。

1 **いっしん【一心】** **一** 名詞 みんなの心が一つに合うこと。例 一心同体。**二** 副詞 一つのことに心を向けること。例 一心に勉強する。／見たい一心で、遠くまで出かけていく。

2 **いっしん【一身】** 名詞 自分一人の体。また、自分自身。例 期待を一身に受ける。

3 **いっしん【一新】** 名詞 する動詞 すっかり新しくすること。すっかり新しくなること。例 気分を一新する。

いっしんいったい【一進一退】 四字熟語 ❶進んだりもどったりすること。❷〔病気などが〕よくなったり、悪くなったりすること。例 父の病状は一進一退です。

いっしんじょう【一身上】 名詞 自分の身の上やきょうぐうに関係したことがら。ことば 「一身上の都合」

いっしんどうたい【一心同体】 四字熟語 二人以上の人が、心を合わせて結びつくこと。例 わたしたちは一心同体だ。

いっしんふらん【一心不乱】 四字熟語 一つのことに心を集中して、ほかのことにみだされないこと。例 一心不乱にいのる。

いっしんをささげる【一身をささげる】 慣用句 自分のすべてをかけて、そのことだけを一生けんめいにする。例 世界平和のために一身をささげる。

いっすい【一睡】 名詞 する動詞 ちょっと、ねむること。ことば 「一睡もできない」

いっする【逸する】 動詞 ❶つかまえそこなう。のがす。例 チャンスを逸する。❷わすれる。例 要点を逸した説明。❸横にそれる。はずれる。例 ふつうのやり方を逸する行動。活用 いっ・する。

いっすんさきはやみ【一寸先は闇】 ことわざ 少し先のことは、どうなるかまったくわからない。先のことを前もって知ることはできない。例 世の中、一寸先は闇だ。

いっすんのむしにもごぶのたましい【一寸の虫にも五分の魂】 ことわざ どんなに小さくて弱いものでも心があるし意地もあるから、軽く見ることはできないことのたとえ。例 一寸の虫にも五分の魂というから、年下だからといってばかにしてはいけない。参考 「一寸」は、約三センチメートルのこと。「五分」は、一寸の半分のこと。

いっすんぼうし【一寸法師】 名詞 おとぎ話の主人公の名前。背は一寸（＝約三センチメートル）で、おにを退治しておひめさまを助ける。

いっせい【一世】 名詞 ❶その時代。例 一世の英雄。❷移民などの、最初の代の人。例 ハワイの日系一世。❸同じ名前の君主や法王の中で、最初にその位についた人のよび名。例 エリザベス一世。

いっせいちだい【一世一代】 四字熟語 一生のうちで、ただ一度しかないほどねうちがあること。また、一生のうちで一度だけ。例 一世一代の名演技。

いっせいに【一斉に】 副詞 みんなそろって同時に。いっしょにそろって。類 いちどきに。

いっせきにちょう【一石二鳥】 四字熟語 〔一つの石で二羽の鳥を落とすように〕一つのことをして、二つのとくをすることのたとえ。一挙両得。参考 英語のことわざからできた言葉。

1 **いっせつ【一節】** 名詞 歌や文章の一区切り。

2 **いっせつ【一説】** 名詞 一つの意見。また、別の意見。

いっせん【一線】 名詞 ❶一本の線。❷はっきりした区切り。例 公私の間に一線を引く。❸もっ

ことばあそび ふえることば⑨ らーらんーランプ／りーりかーりかい／るーるいーるいご／

とも大切な活動をしているところ。例一線でかつやくする。

いっそ 副詞 ふつうではとらない手段を思いきってとろうとするようす。例かくしているのは苦しいから、いっそしゃべってしまおうか。

1 **いっそう【一掃】** 名詞 する動詞 すっかりとりのぞくこと。例敵を一掃する。

2 **いっそう【一層】** 副詞 それまでよりももっとはげしくなるようす。例雨は一層はげしくなった。

いっそくとび【一足飛び】 名詞 ❶両足をそろえて飛ぶこと。❷とても急いで走ること。❸順番どおりではなく、とびこえて進むこと。例一足飛びに部長になった。

いつぞや 副詞 いつか前に。いつだったか。この間。例いつぞやはお世話になりました。

1 **いったい【一体】** 一 名詞 ❶一つにまとまっていること。例チームが一体となって練習している。❷仏像などの数え方で、一つ。
二 副詞 ❶本当に。例これは一体何に使うのか。参考 ぎもんをあらわすときに用いる。❷もともと。はじめから。例一体かれは無口な方だ。❸《「一体に」の形で》いっぱんに。だいたい。例今年の夏は一体にすずしい。

2 **いったい【一帯】** 名詞 あるところに近いはんい全体。そのあたり全体。例大雨のたびに、このあたり一帯は水びたしになる。

いったいぜんたい【一体全体】 副詞 「一体二①」を強めた言い方。例一体全体、どうなっているんだ。

1 **いったん【一旦】** 副詞 ❶ひとたび。一度。例一旦言い出したら、かんたんには引き下がらない。❷ひとまず。いちおう。一時的に。例車はふみきりで、一旦停止すること。

2 **いったん【一端】** 名詞 ❶かた方のはし。例さおの一端。❷物事の一部分。例研究の一端を発表する。

いっち【一致】 名詞 する動詞 二つ以上のものが、ぴったりと合うこと。また、同じになること。例二人の意見が一致する。類合致。

いっちゅうや【一昼夜】 名詞 まる一日。二十四時間。例船は一昼夜漂流した。

いっちょういっせき【一朝一夕】 四字熟語 〔一回の朝と一回の晩の意味から〕わずかの日時。わずかの間。例この発明は一朝一夕にできたものではない。注意「一鳥一石」と書かないこと。

いっちょういったん【一長一短】 四字熟語 よいところもあるが、悪いところもあること。例どんな人にも一長一短がある。類一利一害。参考「長」は「長所」、「短」は「短所」のこと。

いっちょうら【一張羅】 名詞 たった一枚しかない晴れ着。また、たった一枚しか持っていない衣服。例一張羅を着て外出する。

いっちょくせん【一直線】 名詞 ❶一本のまっすぐな線。❷まっすぐなこと。

いつつ【五つ】 名詞 ❶一の五倍。ご。❷五才。❸昔使っていた、じこくのよび方。今の午前八時ごろと午後八時ごろ。

いっつい【一対】 名詞 二つで一組みになること。また、その一組み。例一対のこま犬。

いっつう【一通】 名詞 手紙などの数え方で、一つ。例家に帰ると、一通の手紙がとどいていた。

いって【一手】 名詞 ❶自分一人だけですること。ことば「一手に引き受ける」❷将棋・囲碁などで、こまや石を一回動かすこと。❸ただ一つのやり方。例押しの一手で勝つ。

いってい【一定】 名詞 する動詞 一つに決まって、変わらないこと。一つに決めること。例一定の間かくをあける。

いってき【一滴】 名詞 水などの、一しずく。例一滴の水。

いってきます【行って来ます】 感動詞 出かける人が、残っている人に言う、あいさつの言葉。

いってつ【一徹】 名詞 形容動詞 自分の考えなどを、おし通すこと。例一徹な性格。

いってみれば【言ってみれば】 連語 ➡67ページ・いうなれば。

いってらっしゃい【行ってらっしゃい】 感動詞 出かける人を送り出す、あいさつの言葉。

1 **いってん【一天】** 名詞 全体。空一面。ことば「一天にわかにかきくもる（＝空が急にくもる）」参考 空を強めた言い方。

2 **いってん【一点】** 名詞 ❶品物・作品などの数え方で、一つ。例この美術館にはゴッホの絵が一点ある。❷試験や試合などの点数の数え方で、一つ。❸一つの小さな場所。例夜空の一点を見つめる。

3 **いってん【一転】** 名詞 する動詞 ❶一回りするこ

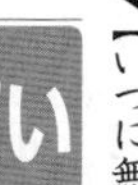

と。❷様子がすっかり変わること。例時がたって情勢が一転した。

いってんばり【一点張り】名詞 一つのことをおし通すこと。例何を言っても、知らないの一点張りだ。類一本やり。

いっとう【一等】一 名詞 いくつかあるうちの一番よいもの。上下を区別する位の一番上。例かけっこで一等になった。二 副詞 一番。もっとも。例このやり方が一等悪い。

いっとうしょう【一等賞】名詞 スポーツ競技やコンクールなどで、もっとも成績のよかった人にあたえられる賞。例百メートル競走で、一等賞をとった。

いっとうせい【一等星】名詞 目で見える恒星のうち、明るさが一番である星。参考アルタイルやベガなど。

いっとうりょうだん【一刀両断】四字熟語 ❶かたなを一回ふって、真っ二つに切ること。例一刀両断に切る。❷思いきって、さっとやること。例一刀両断に解決する。

いっとき【一時】名詞 ❶昔の時間の分け方。現在の二時間。ひととき。❷わずかの時間。かたとき。例一時もわすれたことがない。❸しばらくの間。いちじ。ひととき。例一時のがまんだ。❹過去のあるとき。ひところ。いちじ。ひととき。例一時はやった歌。

いつとはなしに 連語 いつの間にか。例かれとはいつとはなしに話さなくなった。

いつになく【いつに無く】連語 いつもとちがって。例母はいつに無くきげんが悪い。

いつのまにか【いつの間にか】連語 知らないうちに。例雨はいつの間にか雪にかわっていた。

いっぱ【一派】名詞 ❶学問・宗教・芸術・武術などで、一つの教えを中心としてまとまっている仲間。❷仲間。一味。例反対の一派と話し合う。

いっぱい【一杯】一 名詞 ❶入れ物一つの量。例コップ一杯の水。❷酒を少し飲むこと。例軽く一杯やる。❸イカ・カニ、また、船などの数え方で、一つ。二 形容動詞 副詞 ❶物があふれるほど多いようす。たくさんあるようす。例タンポポが野原いっぱいにさいている。／おもちゃがいっぱいある。❷それで限界であるようす。例力いっぱい走る。参考二は、ひらがなで書くことが多い。

いっぱいくう【一杯食う】慣用句 人にうまくだまされる。例エープリルフールでまんまと一杯食った。

いっぱいくわす【一杯食わす】慣用句 人をうまくだます。例まんまと一杯食わせた。

いっぱつ【一発】名詞 ❶鉄ぽうなどのたまの数え方で、一つ。また、鉄ぽうなどを一回うつこと。❷一回。一度。例ためしに一発やってみよう。参考②はくだけた言い方。

いっぱん【一般】名詞 ❶全体に行きわたっていること。例メインディッシュとは、一般に肉料理か魚料理である。❷ふつうであること。また、そのような人。例一般に公開されている美術品。対特殊。

いっぱんうけ【一般受け】名詞 する動詞 多くの人々によいと思われること。例一般受けするファッション。

いっぱんか【一般化】名詞 する動詞 広く全体に行きわたること。また、そのようにすること。例スマートフォンが一般化する。

いっぱんてき【一般的】形容動詞 広く、全体にわたるようす。特別でなく、当たり前であるようす。例一般的な考え方。対特殊。

いっぱんに【一般に】副詞 全体にわたって。多くの場合。例今年は一般に米のできがよい。類おしなべて。

いっぴつ【一筆】名詞 ❶とちゅうで線を切らずに書くこと。ひとふで。例一筆がきの絵。❷かんたんな手紙や短い文を書くこと。また、かんたんな手紙や短い文。

いっぴん【逸品】名詞 すぐれた品物や作品。例世界に二つとない逸品。

いっぷうかわった【一風変わった】連語 ほかの人やものとは、少しちがうところがあるようす。例一風変わった人物。

いっぷく【一服】名詞 する動詞 ❶一回分のこな薬。❷茶やたばこを一回飲むこと。また、その量。例お茶を一服たてました。❸〔お茶などを飲んで〕ひと休みすること。例このへんで一服しよう。

いっぺん【一片】名詞 ❶〔うすいものの〕一まい。ひとひら。例一片の花びら。❷大きいものから分かれた一部分。ひときれ。例一片の雲もな

い。❸少し。わずか。例あの人には一片の良心もない。

2**いっぺん【一辺】** 名詞 物の一つのへり。三角形などの角と角の間の線。

3**いっぺん【一変】** する動詞 様子が急に変わること。また、様子を急に変えること。例マンションができて、風景が一変した。／態度を一変させる。

4**いっぺん【一遍】** 名詞 ❶一回。例一日に一遍、電話する。❷ひととおり。ふつうの。例一遍のあいさつもない。

5**いっぺん【一編】** 名詞 詩や文章などの数え方で、一つ。例一編の詩を読む。

いっぺんとう【一辺倒】 名詞 ある一つのことだけにかたよること。例洋食一辺倒の食事。類一本やり。

いっぺんに【一遍に】 副詞 ❶たちまち。例不安が一遍に消えた。❷いちどきに。同時に。例一遍に二つのことはできない。

いっぽ【一歩】 名詞 ❶歩くときに、一回足を前に出すこと。ひとあし。例一歩前に進む。／もう一歩も歩けない。❷ほんのわずかなこと。例もう一歩のところで、にげられる。❸一つの段階。例一歩完成に近づく。

いっぽう【一方】 一 名詞 ❶ある方向。例はこの中身が一方にかたよる。❷二つあるもののうちの一つ。例一方の目がいたい。❸…するばかり。例物は高くなる一方だ。❹…しながら、ほかの方で。例兄は勉強する一方、遊びもよくする。

二 接続詞 話がかわって、もう一つのことについては。例姉は兄から聞いたと言っている。一方、兄は話していないと言っている。

いっぽうつうこう【一方通行】 名詞 道がせまかったり、工事をしていたりするときなど、車などを一つの方向だけに通すこと。

いっぽうてき【一方的】 形容動詞 一方にだけかたよるようす。例試合は一方的になってきた。

いっぽんぎ【一本気】 名詞 形容動詞 あることをひたすら思いこむこと。例一本気な性分。

いっぽんしょうぶ【一本勝負】 名詞 一回だけで勝ち負けを決めるやり方。参考 剣道では、一本勝負・三本勝負などがある。

いっぽんだち【一本立ち】 名詞 する動詞 自分一人の力でくらしていくこと。

いっぽんぢょうし【一本調子】 四字熟語 調子ややり方が、はじめから終わりまで同じで変化のないこと。例一本調子な歌い方。類単調。

いっぽんづり【一本釣り】 名詞 一本のつりざおで、魚を一ぴきずつつるやり方。例カツオの一本釣り。

いっぽんとる【一本取る】 慣用句 ❶剣道や柔道でわざを決めること。例面を一本取る。❷相手を言い負かすこと。例言い返して、兄から一本取ってやった。

いっぽんやり【一本やり】 名詞 ある一つのやり方で、ずっとおし通すこと。例直球一本やりのピッチャー。類一点張り。一辺倒。

いつまでも 副詞 時間のかぎりがないようす。永久に。例いつまでも友だちでいよう。

いつも 副詞 ❶どんなときも。つねに。例いつも明るい。❷ふだん。例今朝はいつもよりねぼうをした。

いつわ【逸話】 名詞 世間にあまり知られていない、ちょっとした話。

いつわり【偽り】 名詞 人をだますこと。うそ。例偽りのなみだ。／偽りがばれる。

いつわる【偽る】 動詞 うそを言う。例年れいを偽る。活用 いつわ・る。

イデオロギー 名詞 個人や集団が行動するときのもとになる、政治などについての基本的なものの考え方。例イデオロギーの対立。▼ドイツ語

いでたち【いで立ち】 名詞 〔旅・仕事などをするための〕身じたく。よそおい。例きりりとしたいで立ち。

いてつく【いて付く】 動詞 こおりつく。例いて付くような寒さ。活用 いてつ・く。

いてもたってもいられない【居ても立っても居られない】 慣用句 〔すわっていることも立っていることもできないということから〕心が落ち着かなくて、じっとしていられない。例当選の発表を待つ間、居ても立っても居られない気持ちだった。

いてん【移転】 名詞 する動詞 〔住居・事務所などの〕場所がかわること。類移住。引っ越し。

いでん【遺伝】 名詞 する動詞 親の体の形や性質が子どもに伝わること。

いでんし【遺伝子】 名詞 遺伝によって、どの

あげうた」といいます。

ような性質が親から子へ伝わるのかを決める物質。染色体の中に、決まった順でならんでいる。

1 **いと**【糸】名詞 動物の毛や植物のせんいをより合わせて、長くつないだもの。また、そのような形のもの。例もめん糸。／クモの糸。参考 つなぐもの、結びつけるものなどのたとえにも使う。例きおくの糸をたどる。

2 **いと**【意図】一 名詞 する動詞 あることをしようと考えること。例意図したこととちがう結果になった。二 名詞 ねらい。例作者の意図をとらえる。

1 **いど**【井戸】名詞 地面をほって地下水をくみ上げるようにした設備。例井戸の水を飲む。

2 **いど**【緯度】名詞 地球上のある地点が、赤道から南北へどのくらいはなれているかを表す度合い。参考 赤道を〇度、南極・北極をそれぞれ九十度とする。対 経度。⇩404ページ・経度(図)。

いとう 動詞 ❶いやだと思う。きらう。例世の中をいとう。／どんな苦労もいとわない。❷いたわる。大切にする。例お体を、おいといください。活用 いと・う。

1 **いどう**【異同】名詞 ちがうところ。ちがい。例ヤモリとイモリの異同を調べる。参考 やや古い言い方。

2 **いどう**【異動】名詞 する動詞 役目や地位がかわること。例部署を異動する。⇩使い分け。

3 **いどう**【移動】名詞 する動詞 場所をうつすこと。うつり動くこと。例バスで移動する。⇩使い分け。

いどうきょうしつ【移動教室】名詞 見学や自然観察のために、学校以外の場所に行って学ぶこと。類 臨海学校。林間学校。

使い分け　いどう

●役目がかわること。
営業部に異動する。

●場所をうつすこと。
つくえを移動する。

いどうせいこうきあつ【移動性高気圧】名詞 止まらずに、うつり動く高気圧。春と秋に多くあらわれる。天気はよくなるが、霜の原因になることもある。

いとうひろぶみ【伊藤博文】人名 (一八四一～一九〇九)明治時代の政治家。ヨーロッパにわたって憲法を研究し、「大日本帝国憲法」をつくるのに力をつくした。一八八五(明治一八)年、初代の内閣総理大臣になった。

いとおしい 形容詞 ❶〔かけがえのない存在として〕かわいらしい。例孫がいとおしい。❷かわいそうだ。例すてられた子ネコがいとおしい。活用 いとおし・い。

いとおしむ 動詞 ❶かわいいと思う。いじらしいと思う。例わが子をいとおしむ。❷かわいそうに思う。例親をなくした子犬をいとおしむ。❸おしんで、大切にする。例わが身をいとおしむ。活用 いとおし・む。

いときりば【糸切り歯】名詞 前歯のとなりにある先のとがった歯。犬歯。参考 糸を切るのに使うことからいう。

いとぐち【糸口】名詞 ❶〔長くまかれた〕糸のはし。❷物事のはじめ。手がかり。例事件を解決する糸口が見つかった。

いとぐるま【糸車】名詞 手で糸をつむぐときに用いる道具。いとくり車。⇩図。

糸車

いとけない 形容詞 おさない。あどけない。例おさない子のいとけない寝顔。活用 いとけな・い。

いとこ 名詞 両親のきょうだいの子ども。例いとこが三人いる。漢字 従兄弟。従姉妹。⇩図(98ページ)。

いどころ【居所】名詞 いる場所。住んでいるところ。例居所を知らせる。類 居場所。

いとしい 形容詞 ❶かわいい。こいしい。例いとしいわが子。／いとしい人。❷かわいそうだ。活用 いとし・い。漢字 愛しい。

いとでんわ【糸電話】名詞 紙コップと紙コップの間を糸で結び、紙コップを耳や口にあて、

ことばあそび　つみあげうた　「これは○○」のあとに、つぎつぎことばをつなげて作る詩を「つみ

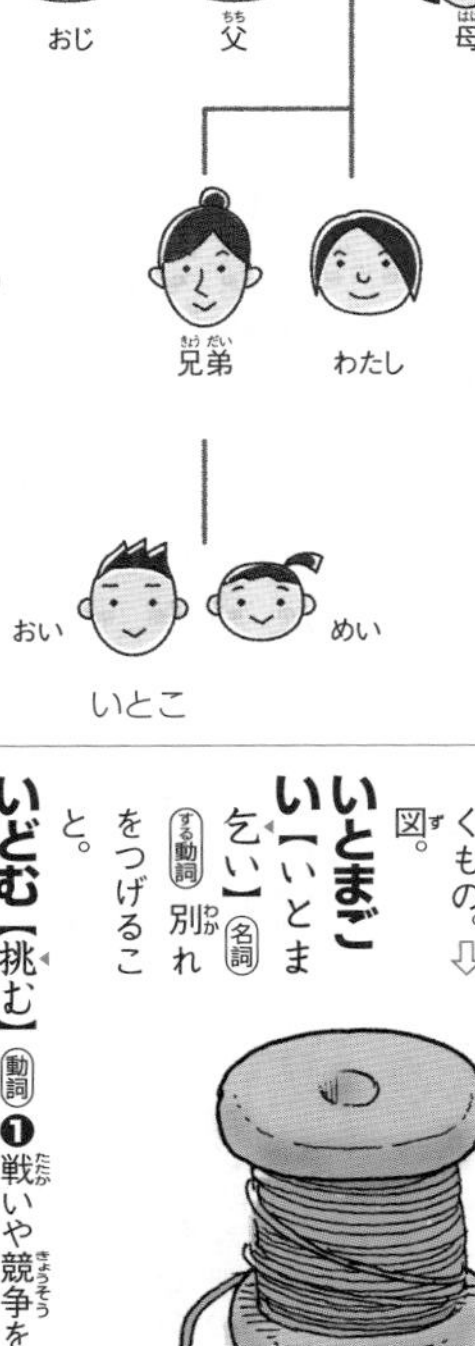

二人で話をするおもちゃ。糸の振動で声が伝わる。⇩図。

糸電話

いとなみ【営み】名詞 ❶〔生きるための〕仕事。くらし。❷したく。じゅんび。例 冬の営み。

いとなむ【営む】動詞 ❶仕事をする。特に、商売などをやっていく。例 父は運送業を営む。❷〔努力して〕物事をする。つとめる。例 社会生活を営む。活用 いとな・む。

いとのこ【糸のこ】名詞 糸のように細くて、うすい刃のついた、のこぎり。板を曲線に切ったり、丸く切りぬいたりするときに使う。

いどばたかいぎ【井戸端会議】名詞〔女性が〕集まって、世間話をすること。語源 昔、共同の井戸のそばで、あらいものなどをしながら話をしていたことから。

いとへん【糸偏】名詞 漢字の部首の一つ。「紙」「級」「組」「絵」などの左側の「糸」の部分。糸に関係した意味を表す。

いとま 名詞 ❶仕事や用のないとき。ひま。例 休むいとまもない。❷仕事を休むこと。また、やめること。休み。例 いとまをもらった。❸別れること。参考 ③は、多く「おいとまする」の形で用いる。

いとまき【糸巻き】名詞 もつれないように糸をまいておくもの。⇩図。

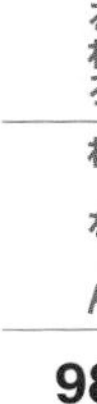

糸巻き

いとまごい【いとま乞い】名詞 する動詞 別れをつげること。

いどむ【挑む】動詞 ❶戦いや競争をしかける。例 チャンピオンに挑む。❷〔こんなんな物事に〕立ち向かう。例 冬山に挑む。活用 いど・む。

いとめ【糸目】名詞 ❶細い糸。❷つり合いをとるために、「たこ」につける数本の糸。❸陶器などの表面にきざみつける、糸のようなもよう。❹物事のすじみち。

いとめる【射止める】動詞 ❶弓矢や鉄ぽうのたまをねらったものに当てる。例 えものを射止める。❷うまく自分のものにする。ねらっていたものを手に入れる。例 コンクールで金賞を射止める。類 射落とす。活用 いと・める。

いとめをつけない【糸目を付けない】慣用句 ⬇275ページ・かねにいとめをつけない。

いとも 副詞 とても。たいへん。例 いともあっさり、みとめた。

いとわしい 形容詞 いやである。きらいである。例 ナメクジは見るのもいとわしい。活用 いとわし・い。

いとわず 連語 いやがらないで。例 つらい仕事もいとわずにやる。

いとをひく【糸を引く】慣用句 ❶見えないところから、人をあやつる。例ボスがかげで糸を引いている。❷ねばねばしたものが糸でつながったようになる。例なっとうが糸を引く。

いな【否】㊀感動詞 いいえ。いや。参考古い言い方。㊁名詞 賛成しないこと。例賛成か否か。

いない【以内】名詞 ❶それをふくめて、それより内側のはんい。❷〔数量・時間・きょり・順番などで〕それをふくめて、それより少ないこと。例一時間以内で着く。注意「以外」は対義語にならない。

いなおる【居直る】動詞 ❶〔きちんと〕すわり直す。❷〔おどすように〕急に態度を変える。例まちがいをあやまるどころか、居直って強気の発言をする。活用いなお・る。

いなか【田舎】名詞 ❶都会からはなれた田畑・山林などの多い地方。例のどかな田舎。❷〔今はそこからはなれて住んでいる人の〕生まれ育った所。ふるさと。例田舎に帰る。

いながらにして【居ながらにして】副詞 その場で。家にいるまま。例インターネットのおかげで居ながらにして世界の情勢がわかる。

いなご 名詞 イナゴ科のこん虫。体は緑色で、イネなどを食べる。参考漢字では「稲子」「蝗」と書く。「稲子」は、「いねの子」ということ。

いなさく【稲作】名詞 イネを作ること。また、その実り具合。米作。

いなす 動詞 相手のするどいいきおいを軽くかわす。活用いな・す。

いなずま【稲妻】名詞 ❶空中の放電で光る強い光。いなびかり。❷すばやいことや時間がとても短いことのたとえ。例稲妻のように考えがひらめいた。参考「いなづま」とも書く。

いなだ【稲田】名詞 イネを植えてある田。例稲田の中のかかし。

いなたば【稲束】名詞 かり取ったイネを、たばねたもの。いなづか。

いなづま【稲妻】名詞 ➡いなずま。

いななく 動詞 馬が高い声で鳴く。活用いなな・く。

いなば【因幡】地名 昔の国の名。今の鳥取県の東部にあたる。

いなびかり【稲光】名詞 ➡いなずま①。

いなほ【稲穂】名詞 イネの実がふさのようについたもの。いねのほ。例稲穂が波うつ。

いなむら【稲むら】名詞 かりとったイネをたばねてつみ重ねたもの。⇩図。

稲むら

いなめない【否めない】連語 そうではないと打ち消すことができない。例気持ちがゆれ動いたことは否めない。

いなや【否や】副詞 (…する) とすぐに。(…する) と同時に。例戸が開くや否や人々はどっとなだれこんだ。参考ふつう、「…するやいなや」の形で用いる。

いならぶ【居並ぶ】動詞 多くの人がならんですわる。例客が居並ぶ。活用いなら・ぶ。

いなり 名詞 穀物がよく実るように守る神。また、その神をまつった神社。漢字稲荷。

いなりずし 名詞 煮て味をつけた油あげに、すしのごはんをつめた食べ物。

いなわしろこ【猪苗代湖】地名 福島県にある湖。磐梯山のふん火でできた。磐梯朝日国立公園にある。

いなわら【稲わら】名詞 イネのくきをほしてつくった、わら。

いにかいする【意に介する】慣用句 気にかける。気にする。参考下に「…ない」などの打ち消しの言葉が続くことが多い。例かれは人の注意などまったく意に介さない。

イニシアル 名詞 名前をローマ字で書いたときの最初の文字。たとえば「Yosida」の「Y」。イニシャル。▼英語 initials

いにしえ 名詞 遠い昔。例いにしえの奈良の都。参考古い言い方。

イニシャル 名詞 ➡イニシアル。

いにゅう【移入】名詞・する動詞 ❶うつし入れること。❷国内のある地方が、別の地方から品物などを買い入れること。参考外国から買い入れる場合は「輸入」を用いる。対移出。

いにん【委任】名詞・する動詞 仕事や任務を人にまかせること。例代表者に委任する。類委託。

いにんじょう【委任状】名詞 あることがらを、ある人にまかせたということを証明するた

ことばあそび つみあげうた❶ これは本／の中の絵／を見た人／のおどろいたようす／をうつした

めの文書。例委任状を書く。

いぬ[1]【犬】名詞 ❶イヌ科の動物。古くから人にかわれている。においや音をするどく感じ、家の番やかりなどに使われたり、ペットにされたりする。例犬がほえる。❷まわしもの。スパイ。例やつは幕府の犬だ。

いぬ[2]【戌】名詞 ❶十二支の十一番目。❷昔の時刻のよび名で、今の午後八時ごろ。また、その前後二時間。❸昔の方角のよび名で、西北西。⇩593ページ・十二支（図）。

イヌイット 名詞 カナダの北部やグリーンランドなどに住んでいる民族。▼英語 Inuit

いぬかき【犬かき】名詞 犬が泳ぐように、両手で水を手前にかき、両足で水をけって進む泳ぎ方。犬泳ぎ。

いぬがにしむきゃおはひがし【犬が西向きゃ尾は東】ことわざ〔犬が西を向けば、尾は当然、東を向くことから〕当たり前のこと。参考「雨の降る日は天気が悪い」も同じ意味の言葉。

いぬじに【犬死に】名詞 する動詞 何の役にも立たないような死に方をすること。むだ死に。

いぬぞり【犬ぞり】名詞 雪や氷の上を、犬に引かせて走る、そり。

いぬのとおぼえ【犬の遠ぼえ】慣用句 おくびょう者が、かげで悪口を言ったり強がりを言ったりすることのたとえ。例相手がいなくなってから言うことなんて、犬の遠ぼえにすぎない。

いぬもあるけばぼうにあたる【犬も歩けば棒に当たる】ことわざ ❶しなくてもよいことをして、悪いことが起きることのたとえ。❷出歩いたり何かをしたりすると思いがけない幸運に出あうことのたとえ。

いね【稲】名詞 イネ科の植物。種は「米」になる。日本では春に種をまき、秋にかりとる。例稲をかる。参考水田でつくるものを「水稲」、畑でつくるものを「陸稲」または「おかぼ」という。

いねかけ【稲掛け・稲架け】名詞 かり取ったイネをかけてほすために、木などを組んだもの。はさ。参考「いなかけ」ともいう。

いねかり【稲刈り】名詞 実ったイネをかりとること。かり入れ。

いねこき【稲こき】名詞 かりとったイネのほから、もみをとること。参考昔はその道具もさした。類脱穀。

いねむり【居眠り】名詞 する動詞 すわったまま、ねむること。例席で居眠りする。類うたたね。

いのいちばん【いの一番】名詞〔「い」は「いろはにほへと…」の最初の字であることから〕最初。例いの一番に会場に入った。

いのうただたか【伊能忠敬】人名（一七四五〜一八一八）江戸時代の終わりごろの地理学者・測量家。幕府の命令で日本全国を回り、日本全土のくわしい測量地図を初めて作った。

いのこり【居残り】名詞 ❶終わりの時間の後まで、残っていること。また、そのような人。例居残りで練習した。❷終わりの時間の後まで仕事をすること。

いのこる【居残る】動詞 ❶ほかの人たちより後まで残っている。❷役所や会社などで、決められた時間の後まで残って仕事をする。活用いのこ・る。

いのしし 名詞 イノシシ科の動物。山林などにすむ。植物や小動物を食べ、作物をあらすことがある。子どもの体はしまもようで、ウリに似ているので「うりぼう」とよばれる。漢字猪。

いのち【命】名詞 ❶生き物が生きて活動を続けるもとになるもの。例命の恩人。／命をねらわれる。❷生き物が生きている期間。例命をちぢめるようなことはするな。❸もっとも大事なもの。ただ一つのよりどころ。例この子は、わたしの命だ。

いのちがけ【命懸け】名詞 形容動詞 死ぬかくごですること。例子どもを命懸けで助けた。

いのちからがら【命からがら】副詞 命だけは、どうやら助かって。やっとのことで。例森でクマにあったが、命からがらにげのびた。

いのちごい【命乞い】名詞 する動詞〔ころされることになった人や動物を〕ころさないようにたのむこと。

いのちしらず【命知らず】名詞 形容動詞 死ぬことをおそれず、ゆうかんなこと。また、そのような人。

いのちづな【命綱】名詞 あぶないところで仕事をする人が命を守るために体につける、つな。参考たよりになるもののたとえにも用いる。例この参考書は勉強の命綱だ。

いのちとり【命取り】名詞 ❶命をなくすもとになるもの。例肺炎をおこしたのが命取りと

なった。❷だめになったり、まずいことになったりするもとになるもの。例汚職が命取りとなって内閣がつぶれた。類致命傷。

いのちのおんじん【命の恩人】 名 命を助けてくれた人。例あのお医者さんは母の命の恩人です。

いのちのせんたく【命の洗濯】 慣用句 日ごろの苦労をわすれるための気晴らし。例温泉に行って、命の洗濯をする。

いのちのつな【命の綱】 慣用句 生き続けるために、もっとも大切なもの。例わずかな食糧が命の綱だ。

いのちびろい【命拾い】 名 する動詞 あぶなく死にそうなところを運よく助かること。例あなたのおかげで命拾いしました。

いのちをうちこむ【命を打ち込む】 慣用句 一生けんめいに、取り組む。例命を打ち込んで制作した絵。

いのちをおとす【命を落とす】 慣用句〔病気・事故などで〕死ぬ。例戦争で命を落とした。

いのちをかける【命を懸ける】 慣用句 死んでもかまわないくらいの気持ちで、そのことを一生けんめいにする。例任務に命を懸ける。

いのちをけずる【命を削る】 慣用句 命をちぢめるほどの苦労や心配をする。例家族のために命を削る思いで働いてきた。

いのちをささげる【命をささげる】 慣用句 大切なもののために、命をさし出す。また、死ぬかくごで、一生けんめいにつくす。例祖国のために命をささげる。

いのちをつなぐ【命をつなぐ】 慣用句 やっとの思いで生活し、生きる。例わずかな食料で命をつなぐ。

いのなかのかわず【井の中のかわず】 ことわざ 物の見方や考え方がせまい人をたとえていう言葉。参考「井の中のかわず大海を知らず」から。「井」は井戸、「かわず」はカエルのこと。井戸の中にすんでいて、広い海のあることを知らないカエル、という意味。

イノベーション 名 新しい技術・アイデア・サービス、またそれらの組み合わせによって、社会全体におよぶ変革をおこすこと。参考企業にとっては、大きな売り上げや利益を生み出す。▼英語 innovation

いのまま【意のまま】 連語 思うとおり。思いのまま。例相手を意のままにあやつる。

いのり【祈り】 名 いのること。例神に祈りをささげる。

いのる【祈る】 動詞 ❶神や仏に願う。例神様に祈る。❷〔人のために〕願う。例二人の幸せを祈る。活用いの・る。

いはい【位はい】 名 死んだ人の、仏としての名などを書いて、ぶつだんにまつる木のふだ。⇩図。

位はい

いばしょ【居場所】 名 いるところ。いどころ。例犯人の居場所をつきとめる。／居場所がない。類住所。居所。

いはつ【遺髪】 名 死んだ人の、形見の髪の毛。

いばら【茨】 名 ❶とげのある低い木をまとめていうよび名。❷植物のとげ。参考苦しみの多いことのたとえにも用いる。例茨の人生。

いばらきけん【茨城県】 地名 関東地方の北東部にある太平洋に面した県。県庁所在地は水戸市。⇩916ページ・都道府県（図）。

いはらさいかく【井原西鶴】 人名（一六四二〜一六九三）江戸時代前期の作家。そのころの社会の様子や人々の生活ぶりをありのままにえがき、近代の文学に通じる「浮世草子」とよばれる文学をつくりあげた。「好色一代男」「日本永代蔵」「世間胸算用」などが有名。

いばらのみち【茨の道】 慣用句 苦しいことの多い人生などのたとえ。例茨の道を歩く。参考「茨」は、とげのある木のこと。

いばりちらす【威張り散らす】 動詞 やたらに、えらそうな態度をとる。例あたりかまわず威張り散らす。活用いばりちら・す。

いばる【威張る】 動詞 強そうに見せつける。えらそうに、ふるまう。例兄はいつも威張っている。活用いば・る。

いはん【違反】 名 する動詞 法律や規則などにそむくこと。例ルールに違反している。

いびき 名 ねむっていて息をするとき、鼻や口から出る音。ことば「いびきをかく」

いびつ 名 形容動詞 形がゆがんでいること。特に、まるいものがゆがんでいること。

ことばあそび　つみあげうた❷　これは妹のおやつ／を食べようとした弟／をしかろうとしたお母

ことば選びのまど

威張る をあらわすことば

威張る

強そうに見せつける。えらそうに、ふるまう。➡101ページ

顎で使う

〔あごを動かして人に命令をするように〕いばった態度で人をつかう。➡21ページ

居丈高 発展

相手の心をおさえつけるような強い態度でおどかすようす。➡83ページ

威張り散らす

やたらに、えらそうな態度をとる。➡101ページ

大きな顔をする

いばった顔つきをする。えらそうに、ふるまう。➡171ページ

おごりたかぶる

自分には力があると、とてもじまんして、他人を見下す。➡182ページ

おごる[2]

自分には力があるとじまんして、他人を見下す。➡182ページ

お高く止まる

自分をすぐれていると思い、他人を見下す態度をとる。➡192ページ

かさに着る

いきおいや力などをたよりにして、いばる。➡251ページ

高慢 発展

〔自分の才能・地位に〕うぬぼれて、他人を見下すようす。➡446ページ

傲慢 発展

自分をえらいと思い、人を見下すようす。➡446ページ

ことば選びのまど

威張る をあらわすことば

小鼻をうごめかす

〔小鼻をひくひくさせて〕得意そうにする。↓477ページ

自慢

自分のことや自分のものを、得意になって言ったり見せたりすること。↓576ページ

尊大 発展

えらそうに、いばっていること。↓740ページ

高飛車

〔相手の気持ちを少しも考えないで〕相手を無理におさえつけるような態度をとること。↓759ページ

天ぐになる

うぬぼれた態度をとる。↓875ページ

虎の威を借るきつね

〔自分には力がないのに〕強い人の力をたより、そのかげにかくれていばることのたとえ。↓925ページ

鼻に掛ける

じまんして、とくいそうにふるまう。↓1053ページ

踏ん反り返る

体を後ろにそらすようにして、いばる。↓1169ページ

我が物顔

自分だけのものではないのに、自分一人のものであるかのように、勝手にふるまうこと。↓1402ページ

いひょう【意表】名詞 思いもつかないこと。予想外のこと。ことば ⇩「意表をつく」

いひょうをつく【意表をつく】慣用句 相手が考えてもいなかったやり方をする。参考「意表に出る」ともいう。

いびる 動詞 わざとつらく当たって苦しめる。ちくちくと、いじめる。例 下級生をいびる。活用 いび・る。

いひん【遺品】名詞 死んだ人が後に残した品物。例 祖父の遺品。類 かたみ。

1 **イブ** 名詞 お祭りの前の夜。例 クリスマスイブ。▼英語 eve

2 **イブ** 人名 旧約聖書で、神が最初につくった女性。アダムの妻。エバ。▼英語 Eve

いふうどうどう【威風堂堂】四字熟語 おごそかな重々しさがあって、りっぱなようす。例 威風堂々と行進する。参考 ふつう「威風堂々」と書く。

いぶかしい 形容詞 どこか変なところがあって、あやしい。うたがわしい。例 話の内容にいぶかしい点がある。活用 いぶかし・い。

いぶかる 動詞 うたがわしいと考える。また、ふしぎに思う。例 かれが何をしようとしているのかいぶかる。活用 いぶか・る。

いぶき【息吹】名詞 ❶息をすること。呼吸。息づかい。❷いきいきした活動が始まろうとする、様子や気配。例 春の息吹。

いふく【衣服】名詞 着るもの。着物。

いぶくろ【胃袋】名詞「胃」のくだけた言い方。

いぶす 動詞 ❶物を焼いて、けむりを出す。例 落ち葉をいぶす。❷けむりをあてて黒くする。❸金属の表面をくもらせる。例 いぶした銀。活用 いぶ・す。

1 **いぶつ**【異物】名詞 ❶ふつうとはちがう、変なもの。例 飲料水に異物が混入する。❷体の中に入ったり、体の中でつくられたりしたもので、体の組織になじまないもの。例 異物を飲みこむ。

2 **いぶつ**【遺物】名詞 ❶死んだ人が後に残した品物。参考 やや古い言い方。❷今も残っている古い時代の物。例 奈良時代の遺物が見つかった。

いぶりだす【いぶり出す】動詞 火をたいてけむりを出し、追い出す。例 けものをいぶり出す。活用 いぶりだ・す。

いぶる 動詞 よくもえないで、けむりが出る。例 たき火がいぶって、けむい。活用 いぶ・る。

いへん【異変】名詞〔見のがすことのできない〕変わったできごと。

イベント 名詞 ❶行事。もよおし。例 文化祭のイベント。❷競技種目。試合。例 メインイベント（＝ボクシング・プロレスなどで、その日の中心になる試合）。▼英語 event

いぼ 名詞 ❶ひふにできる、小さくつき出たもの。❷物の表面にある、小さくつき出たもの。例 キュウリのいぼ。

いほう【違法】名詞 法律にそむくこと。例 違法建築。対 合法。

1 **いま**【今】一 名詞 ❶現在。過去と未来の間のとき。例 今は、いそがしい。❷現代。例 今の子どもたち。対 昔。
二 副詞 ❶少し前。例 今、来たところだ。❷さらに。その上に。例 今一度見せてほしい。❸すぐに。例 今行く。

2 **いま**【居間】名詞 家族がいつもいて使う部屋。リビングルーム。類 茶の間。

いまいちど【今一度】副詞 もう一度。もう一回。例 今一度たしかめてみよう。

いまいましい【忌ま忌ましい】形容詞 くやしくて、はらが立つようす。例 じゃまばかりして、いまいましいやつだ。活用 いまいまし・い。

いまかいまかと【今か今かと】連語 物事が起こる時を待っているようす。例 今か今かと知らせを待つ。

いまごろ【今頃】名詞 ❶ちょうど今の時刻。例 今頃は広島にいるだろう。❷今になって。例 今頃行っても、もうおそいよ。

いまさら【今更】副詞 ❶今あらたまって。例 今更注意してもだめだ。❷今となっては。例 今更くやんでもおそい。

いまさらのように【今更のように】連語〔前からわかっていることなのに〕まるで今知ったように。例 今更のように幸せを感じる。

いましがた【今し方】副詞 たった今。ほんの少し前。例 今し方、着いたところだ。

いましめ【戒め】名詞 ❶悪いおこないを注意したり、禁じたりすること。また、その言葉。例 父の戒めにそむかないようにする。❷こらしめのための、ばつ。例 戒めを受ける。

いましめる【戒める】動詞 ❶〔まちがいのな

いように」前もって注意したり、禁じたりする。教えて、用心するようにさせる。例 自分を戒める。❷しかる。こらしめる。例 きつく戒める。活用 いまし・める。

いましも【今しも】 副詞 ちょうど今。今まさに。例 会場にかけつけると、今しも開会式が始まろうとするところだった。

いますこし【今少し】 副詞 もう少し。もうちょっと。例 今少しお待ちください。

いまだ 副詞《下に「…ない」などの言葉がついて》今までに…しない。まだ…しない。例 いまだ兄からの連絡はない。漢字 未だ。

いまだかつて 副詞《下に「…ない」などの言葉がついて》今までに一度も。例 いまだかつてそんな話は聞いたことがない。

いまだに 副詞 今になっても、まだ。例 たのんだものが、いまだにとどかない。

いまどき【今時】 名詞 ❶今の時代。このごろ。例 今時の子どもにしてはめずらしい。❷今ごろ。今となって。例 今時そんな話をされても、こまる。

いまないたからすがもうわらう【今泣いたからすがもう笑う】 ことわざ ちょっと前まで泣いていた人が、もう笑っている。例 さっきまで大泣きしていたのに、もう笑っている。今泣いたからすがもう笑う、だね。参考 おもに、子どものきげんの変わりやすいことにいう。

いまなお【今なお】 副詞 今になっても、やはり。例 今なお雨がふり続いている。

いまに【今に】 副詞 ❶まもなく。そのうちに。例 今にきっと成功してみせる。❷今でも。今なお。例 美しい城として今に伝えられる。参考 ②は、やや古い言い方。

いまにも【今にも】 副詞 すぐにも。もう少しで。例 今にも雨がふりそうだ。

いまふう【今風】 名詞 形容動詞 今の時代らしいようす。現代風。例 今風のぼうし。

いまもって【今もって】 副詞 今でもまだ。いまだに。例 今もって行方がわからない。参考 やや古い言い方。

いまや【今や】 副詞 ❶今こそ。例 今や決断のとき。❷今はもう。例 今やコンピューターの時代だ。❸今にも。例 今や太陽がしずもうとしている。参考 あらたまった言い方。

いまやおそしと【今や遅しと】 慣用句 早くそうなればよいと待ちかまえているようす。例 開場を今や遅しと待ちわびる。参考 あらたまった言い方。

いまよう【今様】 名詞 「今様歌」の略。平安時代中期にはやった。七五調四句からなる歌。

いまわしい【忌まわしい】 形容詞 ❶よくないことが起こりそうで、いやな感じである。例 忌まわしい予言。❷にくむべきである。きらいである。例 忌まわしい事件。活用 いまわし・い。

いまわのきわ【今わの際】 慣用句 もうすぐ死ぬというとき。死ぬまぎわ。いまわ。例 今わの際の遺言。類 死に際。

いまをさかりと【今を盛りと】 慣用句 今が一番よい様子であるように。例 サクラは今を盛りとさいている。

いみ【意味】 名詞 ❶ある言葉が表す内容。例 ことわざの意味を調べる。❷物事をおこなうだけのねうち。例 試験のときだけ勉強しても意味がない。❸あることをするもとになった考えや、わけ。例 君がおこっている意味がわからない。

いみありげ【意味有りげ】 形容動詞 何かわけがありそうなようす。例 友だちが、こっちを見て意味有りげに笑っている。

いみじくも 副詞 本当にうまく。例 この歌は、いみじくも今のわたしの気持ちを表している。

いみしんちょう【意味深長】 四字熟語 言葉や動作のうらに、深い意味がかくれているようす。例 意味深長な発言をする。注意 「意味慎重（しんちょう）」と書かないこと。

いみする【意味する】 動詞 ある物事の内容を表し、しめす。例 好意を意味するしぐさ。活用 いみ・する。

いみづける【意味付ける】 動詞 物事に、意味やねうちを持たせる。例 読書は心をゆたかにするためのものだと意味付ける。活用 いみづ・ける。

イミテーション 名詞 本物に似せてつくった品物。もぞう品。例 イミテーションのしんじゅ。▼英語 imitation

いみょう【異名】 名詞 本当の名前とはちがう別の名前。例 「鉄人」という異名をとる。類 異称。

いみん【移民】 名詞 する動詞 外国にうつり住むこと。また、その人。

い
あいうえお
かきくけこ
さしすせそ
たちつてと
なにぬねの
はひふへほ
まみむめも
や ゆ よ
らりるれろ
わ を ん

ことばあそび つみあげうた❸ これはぼくのえんぴつ／をかしてあげたさっちゃん／がだいじにし

いむ【忌む】動詞 ❶〔えんぎの悪いことや、きたないものと思って〕きらって、さける。❷にくみ、きらう。例 忌むべき風習。活用 い・む。

いむしつ【医務室】名詞 学校や会社などで、急な病人やけが人の手当をする部屋。

イメージ 名詞〔心の中に思いうかべる〕形や様子。例 作品のイメージ。▼英語 image

イメージアップ 名詞 する動詞〔人が見たり聞いたりしたときに受ける〕感じをよくすること。例 店内を明るくして、イメージアップをはかる。対 イメージダウン。参考 英語を組み合わせて日本でつくった言葉。

イメージダウン 名詞 する動詞〔前はよかった〕感じを悪くすること。例 失敗ばかりでは、イメージダウンになる。対 イメージアップ。参考 英語を組み合わせて日本でつくった言葉。

イメージチェンジ 名詞 する動詞 すがたや形を変えて、心に受ける感じをちがったものにすること。イメチェン。例 服装を変えてイメージチェンジをはかる。参考 英語を組み合わせて日本でつくった言葉。

いも【芋】名詞 ❶植物の根や地下茎が養分をたくわえて大きくなったもの。❷サツマイモ・サトイモ・ジャガイモ・ヤマイモなどをまとめていうよび方。例 芋を煮る。

いもうと【妹】名詞 年下の女のきょうだい。例 妹が二人いる。対 姉。

いもちびょう【いもち病】名詞 いもち病のきんによって起こるイネの病気。気温が低く雨の多い年に起こる。くきや葉に黒っぽいはん点ができて、イネの発育が止まる。

いもづるしき【芋づる式】名詞〔サツマイモのつるを引っぱると、たくさんのいもがつながって出てくるように〕あることがきっかけになって、それに関係した多くのことがあらわれてくること。例 芋づる式に犯人をとらえる。

いもの【鋳物】名詞 とかした金属を型に流しこんでつくったもの。なべ・かま・機械の部品などがある。参考 ⇩68ページ・鋳型。

いもばん【芋版】名詞 サツマイモ・ジャガイモなどの切り口に、絵や字をほってつくった版。また、それを紙などにおして、うつしたもの。

いもむし【芋虫】名詞 ❶チョウやガのよう虫で、体に毛がなく、太って大きなもの。参考 ⇩8ページ・青虫。415ページ・毛虫。❷①のうち、特にスズメガ科のガのよう虫のこと。体はつつ形で、みどり色。

いもめいげつ【芋名月】名詞「中秋の名月」の別名。語源 サトイモを月におそなえすることから。

いもり 名詞 イモリ科の動物。両生類で、池・ぬま・川などにすむ。せなかは黒茶色。腹は赤くて、黒いはんてんがある。あかはら。

いもをあらうよう【芋を洗うよう】慣用句 せまい場所に多くの人が集まり、こみ合っているようす。例 プールはまるで芋を洗うようなこんざつだ。

いもん【慰問】名詞 する動詞〔病人やこまっている人などを〕たずねて、なぐさめること。例 老人ホームを慰問した。

1**いや** 感動詞 ❶打ち消すときや賛成しないときなどに言う言葉。例「海へ行こうよ。」「いや、ぼくは行きたくない。」❷一度言った言葉を取り消して言い直すときに言う言葉。例「今日買い物に行こうかな。」「いや、明日にしよう。」類 いいえ。いえ。

2**いや**【嫌】形容動詞 きらいなようす。気に入らないようす。例 嫌なにおい。／いっしょに行くのは嫌だ。

いやいや 副詞 いやだと思いながら、しかたなく。例 いやいや参加したイベントだったが、思いのほか楽しかった。類 しぶしぶ。

いやおうなしに【いや応無しに】慣用句 むりやり。いいも悪いもかまわず。例 いや応無しに参加させられた。漢字 否応無しに。類 いやでも応でも。

いやがうえにも【いやが上にも】慣用句〔そうであるのに〕なお、そのうえ。例 祭りの気分はいやが上にももり上がった。漢字 弥が上にも。

いやがらせ【嫌がらせ】名詞 わざといやがることをしたり、言ったりして、人をこまらせること。

いやがる【嫌がる】動詞 いやだという様子を見せる。きらう。例 病院に行くのを嫌がる。活用 いやが・る。

1**いやく**【医薬】名詞 ❶病気やけがを治すために使う薬。❷医術と薬。例 医薬分業。

2**いやく**【意訳】名詞 する動詞 もとの文の一語一語にとらわれないで、文章全体の意味を考えなが

ら訳《やく》すこと。例 英字《えいじ》新聞《しんぶん》の記事《きじ》を意訳《いやく》する。

[3]**いやく**【違約】 名詞 する動詞 約束《やくそく》を守《まも》らないこと。例 違約金《いやくきん》。

いやけがさす【嫌気がさす】 慣用句 いやになる。例 悪口《わるくち》ばかりで嫌気《いやけ》がさした。

いやし【癒やし】 名詞 〔苦《くる》しみ・なやみ・疲《つか》れなどが〕やわらぐこと。また、やわらげてくれる人《ひと》・動物《どうぶつ》・物事《ものごと》。

いやしい【卑しい】 形容詞 ❶身分《みぶん》・地位《ちい》が低《ひく》い。❷まずしくて、みすぼらしい。例 卑《いや》しい身《み》なり。❸下品《げひん》である。心《こころ》がきたない。例 卑《いや》しい根性《こんじょう》。❹意地《いじ》きたない。例 食《た》べ物《もの》に卑《いや》しい人《ひと》。活用 いやし・い。

いやしくも 副詞 たとえ、どうであろうとも。かりにも。例 いやしくも学生《がくせい》のすることではない。参考 下《した》に「…ない」「…（する）な」などの言葉《ことば》が続《つづ》く。

いやしむ【卑しむ】 動詞 〔いやしいものとして〕見《み》くだす。いやしめる。活用 いやし・む。

いやしめる【卑しめる】 動詞 〔いやしいと思《おも》って〕ばかにする。見《み》さげる。活用 いやし・める。

いやす【癒やす】 動詞 〔病気《びょうき》・苦《くる》しみ・なやみなどを〕なおす。例 きずを癒《い》やす。活用 いや・す。

いやでもおうでも【いやでも応でも】 慣用句 したくなくても。何《なに》が何《なん》でも。例 いやでも応《おう》でも係《かかり》を引《ひ》き受《う》けてもらおう。漢字 否《いや》でも応《おう》でも。類 いや応無《おうな》しに。

いやというほど【嫌と言うほど】 慣用句 ❶もうたくさんというくらい。あきるほど。例 嫌《いや》と言《い》うほど食《た》べる。❷ていどがはげしく。ひどく。例 むこうずねを嫌《いや》と言《い》うほどぶつける。

いやに 副詞 〔ふつうとちょっとちがって〕変《へん》に。みょうに。また、ひどく。例 十二月《じゅうにがつ》だというのに、今年《ことし》はいやにあたたかい。

いやはや 感動詞 おどろいたりあきれたりしたときに言《い》う言葉《ことば》。例 いやはや、おどろいた。

イヤホーン 名詞 ➡イヤホン。

イヤホン 名詞 耳《みみ》にあてたりさしこんだりして使《つか》う、音声《おんせい》や音楽《おんがく》を外《そと》にもらさないようにして聞《き》く小《ちい》さな器具《きぐ》。イヤホーン。類 ヘッドホン。▼英《えい》語《ご》 earphone

いやみ【嫌味】 名詞 形容動詞 ❶相手《あいて》にいやな感《かん》じをもたせること。また、そのような態度《たいど》。例 嫌《いや》味《み》な人《ひと》。❷あてつけの言葉《ことば》。例 嫌味《いやみ》を言《い》う。

いやらしい【嫌らしい】 形容詞 ❶感《かん》じが悪《わる》い。例 人《ひと》のあらさがしばかりする嫌《いや》らしい性《せい》格《かく》。❷みだらな感《かん》じがして、いやな気持《きも》ちである。活用 いやらし・い。

イヤリング 名詞 耳《みみ》たぶにつける、かざり。イアリング。類 ピアス。▼英語《えいご》 earring

いよ【伊予】 地名 昔《むかし》の国《くに》の名《な》。今《いま》の愛媛県《えひめけん》にあたる。

いよいよ 副詞 ❶それまでよりも、さらに。例 山《やま》はいよいよけわしくなった。❷とうとう。ついに。例 いよいよプロ野球《やきゅう》の開幕《かいまく》だ。❸たしかに。きっと。例 これでいよいよ完成《かんせい》だ。

[1]**いよう**【威容】 名詞 ほかのものをおさえつけるような、いかめしいすがたや様子《ようす》。例 雪《ゆき》をいただいた富士山《ふじさん》の威容《いよう》。

[2]**いよう**【異様】 形容動詞 〔形《かたち》や様子《ようす》が〕ふつうとちがうようす。例 異様《いよう》な静《しず》けさ。

いよく【意欲】 名詞 ある物事《ものごと》を進《すす》んでしようとする気持《きも》ち。例 参加《さんか》への意欲《いよく》を見《み》せる。

いよくてき【意欲的】 形容動詞 何《なに》かをしようとする強《つよ》い意欲《いよく》が感《かん》じられるようす。例 意欲的《いよくてき》な作品《さくひん》。／意欲的《いよくてき》に研究《けんきゅう》に取《と》り組《く》む。

[1]**いらい**【以来】 名詞 その時《とき》から後《あと》。その時《とき》から今《いま》まで。あれからずっと。例 あの日《ひ》以来《いらい》、毎日《まいにち》通《かよ》っている。

[2]**いらい**【依頼】 名詞 する動詞 ❶あることをしてもらうように、人《ひと》にたのむこと。例 調査《ちょうさ》を依頼《いらい》する。／依頼人《いらいにん》。❷人《ひと》にたよること。あてにすること。例 依頼心《いらいしん》が強《つよ》い。

いらいじょう【依頼状】 名詞 何《なに》かをしてくれるように、人《ひと》にたのむための手紙《てがみ》。例 協力《きょうりょく》してほしいと、依頼状《いらいじょう》を書《か》く。

いらいら 名詞 副詞(-と) する動詞 思《おも》うようにならず、あせって落《お》ち着《つ》かないこと。また、そのようす。例 待《ま》ち合《あ》わせの相手《あいて》が来《こ》ないので、いらいらしている。ことば 「いらいらがつのる」

いらか 名詞 屋根《やね》のかわら。また、かわらぶきの屋根《やね》。参考 古《ふる》い言《い》い方《かた》。

イラク 地名 イラク共和国《きょうわこく》。西《にし》アジアにあり、チグリス川《がわ》とユーフラテス川《がわ》が流《なが》れる国《くに》。古代《こだい》メソポタミア文明《ぶんめい》が栄《さか》えた。イスラム文化《ぶんか》の中心《ちゅうしん》地《ち》で、産油国《さんゆこく》としても知《し》られる。首都《しゅと》はバグダッド。▼英語《えいご》 Iraq

イラスト 名詞 「イラストレーション」の略《りゃく》。

ことばあそび　つみあげうた❹　これは元気《げんき》／のよいカエル／の上《うえ》をとびこした男《おとこ》の子《こ》／にびっくり

ことば選びのまど

嫌をあらわすことば

嫌²

きらいなようす。気に入らないようす。⬇106ページ

いやいや

いやだと思いながら、しかたなく。⬇106ページ

疎ましい 発展

気に入らなくて、いやである。⬇135ページ

うんざり

すっかりあきて、いやになるようす。⬇145ページ

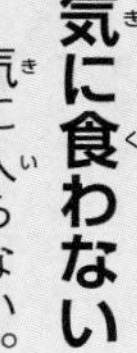

気が進まない

進んでしようという気持ちにならない。⬇312ページ

気に食わない

気に入らない。きらいだ。⬇328ページ

気に障る

いやな気持ちをおこさせる。ふゆかいに思う。⬇328ページ

嫌い

きらうようす。⬇354ページ

敬遠 発展

〔うやまって近づかないという意味から〕表面ではうやまうようにみせかけて、心の中ではきらってうちとけないこと。また、きらってさけること。⬇400ページ

苦手

❶あつかいにくい相手や物事。手ごわい相手や物事。❷自信がなく、よくできない物事や学科。⬇968ページ

ことば選びのまど

嫌をあらわすことば

苦苦しい

とても、いやな気持ちである。

968ページ

苦虫をかみ潰したよう

とてもきげんの悪い顔つきのたとえ。968ページ

憎い[2]

気に入らなくて、ゆるせない気持ちである。969ページ

憎らしい

にくい気持ちをおこさせるようす。970ページ

鼻に付く

あきて、いやになる。

1053ページ

不快[1]

いやな気持ちであること。

1130ページ

不愉快

いやな気持ちで、おもしろくないこと。1154ページ

へき易 発展

相手のいきおいにおされて引き下がったり、あきれていやになったりすること。

1176ページ

眉をひそめる

心配なことがあったり、いやなことを見たりしたとき、顔をしかめる。1239ページ

虫が好かない

はっきりした理由はないが、何となく気に入らない。

1270ページ

虫ずが走る

いやでたまらない気持ちになる。1270ページ

イラストレーション【名詞】文章の内容をおぎなうさし絵・説明図や、絵本・広告などにつかう絵。イラスト。▼英語 illustration

イラストレーター【名詞】イラストをかく職業の人。▼英語 illustrator

いらだつ【いら立つ】【動詞】思いどおりにならず、不快になる。例ふざけた態度にいら立つ。活用 いらだ・つ。

いらっしゃい 一【動詞】〔「いらっしゃる」の命令形〕おいでなさい。来なさい。例ぐずぐずしないで、早くいらっしゃい。
二【感動詞】❶やって来た人をむかえるときの、あいさつの言葉。よく、おいでになりました。例やあ、いらっしゃい。❷お店の人の、よびこみのかけ声。例さあ、いらっしゃい。

いらっしゃる【動詞】「居る」「来る」「行く」などのうやまった言い方。例先生はまだ教室にいらっしゃる。／どちらからいらっしゃったのですか。参考「ている」や「である」のうやまった言い方として使うこともある。例先生は母と話していらっしゃる。活用 いらっしゃ・る。

イラン【地名】イラン・イスラム共和国。西アジアにあり、カスピ海の南にある国。昔はペルシャといい、紀元前から栄えた。有名な産油国。首都はテヘラン。▼英語 Iran

いり【入り】【名詞】❶入ること。例楽屋入り。／客の入りが悪い。❷太陽や月がしずむこと。例日の入り。対出。❸ある期間の始まり。例寒の入り。

いりあいのかね【入相の鐘】【名詞】夕方に寺でつく、かね。また、その音。いりあい。

いりうみ【入り海】【名詞】〔内海や湾などのように〕海が陸地に深く入りこんだところ。類入り江。

いりえ【入り江】【名詞】湖や海が陸地に入りこんだところ。類入り海。

いりおもてやまねこ【西表山猫】【名詞】ネコ科の動物。沖縄県の西表島だけにすむ。体に、まだらのもようがある。特別天然記念物。

いりぐち【入り口】【名詞】❶中へ入るところ。いりくち。対出口。❷物事のはじめ。例学校は社会の入り口だ。

いりくむ【入り組む】【動詞】〔物事の事情や、物の組み立てなどが〕ふくざつで、めんどうだったり、わかりにくかったりする。例入り組んだ話。活用 いりく・む。

いりひ【入り日】【名詞】しずもうとしている太陽。類夕日。

いりびたる【入り浸る】【動詞】よその家や場所にい続けて、自分の家に帰らない。例きっさ店に入り浸っている。活用 いりびた・る。

いりふね【入り船】【名詞】港に入ってくる船。対出船。

いりまじる【入り交じる・入り混じる】【動詞】いろいろなものがまじり合う。活用 いりまじ・る。

いりみだれる【入り乱れる】【動詞】いろいろなものがまじり合って、ごちゃごちゃになる。例敵と味方が入り乱れて戦う。活用 いりみだ・れる。

いりもやづくり【入りもや造り】【名詞】屋根のつくり方の一つ。上の部分が切り妻造り（＝むねをさかいにして右と左に同じように屋根を分ける家のつくり方）で、その下が四方にかたむきをもつようにしたもの。いりもや。⇩図。

入りもや造り

1**いりゅう**【慰留】【名詞】【する動詞】思いとどまるように、なだめること。例やめたいという会長を慰留する。

2**いりゅう**【遺留】【名詞】【する動詞】❶〔品物などを〕置きわすれること。❷死んだ後に残しておくこと。

いりゅうひん【遺留品】【名詞】置きわすれた品物。例犯人の遺留品が見つかる。

いりよう【入り用】【名詞】【形容動詞】〔ある用事をするために〕必要なこと。

1**いりょう**【衣料】【名詞】❶洋服や着物を作る材料。❷衣類。例衣料品店。

2**いりょう**【医療】【名詞】〔手術や薬で〕病気やけがを治すこと。例医療設備。

いりょうひん【衣料品】【名詞】品物としての衣類。例衣料品売り場。

いりょく【威力】【名詞】人をおそれさせたり、し

たがわせたりする強い力。

1 **いる** 動詞 火にかけて（水気がなくなるまで）熱する。火であぶって、こがす。例ごまをいる。活用 い・る。

2 **いる【入る】** 一 動詞 「入る」の古い言い方。ことば「飛んで火に入る夏の虫」対出る。⇩使い分け。参考 ことわざの中などで使われる。
二 接尾語《ある言葉の下につけて》その状態のていどがはげしい様子や、動作が終わった様子を表す言葉。深く…する。すっかり…する。ほとんど…する。例感じ入る。／たのみ入る。／消え入る。活用 い・る。

3 **いる【居る】** 動詞 ❶人や動物がそこにある。おる。例父は家にいます。❷《「…ている」の形で》ある動作や状態などが続いている様子を表す言葉。例まだ雨がふっている。参考 ①は、ひらがなで書くことが多い。②は、ひらがなで書く。

4 **いる【要る】** 動詞 ないとこまる。必要である。例お金が要る。活用 い・る。⇩使い分け。

5 **いる【射る】** 動詞 ❶目じるしに向かって、矢・弾丸を放つ。また、的に当てる。例的を射る。❷〔光が〕するどく当たる。例人を射るような目のかがやき。

6 **いる【鋳る】** 動詞 金属をとかして、型に流しこんで、なべ・かまなどをつくる。例鐘を鋳る。

いるい【衣類】 名詞 体に着るもの。着物・洋服・下着など。衣料。

いるか 名詞 クジラのなかまのうち、マイルカ・バンドウイルカなど、小形のもの。漢字 海豚。

使い分け　いる

●入る。
飛んで火に入る夏の虫。

●必要である。
お金が要る。

いるす【居留守】 名詞 家にいるのに、わざといないふりをすること。ことば「居留守を使う（＝居留守をする）」

イルミネーション 名詞 たくさんの電球をつけて、木や建物などをはなやかにかざること。▼英語 illumination

1 **いれい【異例】** 名詞 いつもの例とちがうこと。今までにない特別なこと。例異例の事態。

2 **いれい【慰霊】** 名詞 死んだ人のたましいをなぐさめること。例慰霊祭。／慰霊碑。

いれかえる【入れ替える・入れ換える】 動詞 ❶入っていたものを取り出して、別のものと取りかえる。例部屋の空気を入れ替える。❷それまであった場所から、別の場所にうつす。例貯金通帳を引き出しから金庫へ入れ替える。活用 いれか・える。

いれかわりたちかわり【入れ替わり立ち替わり・入れ代わり立ち代わり】 慣用句 次から次へと人がやって来るようす。例入れ替わり立ち替わり客が来る。

いれかわる【入れ替わる・入れ代わる】 動詞 前のものが出て、別のものが入る。例改選で委員の半分が入れ替わった。活用 いれかわ・る。

イレギュラー 形容動詞 不規則であるようす。通常とちがっているようす。例イレギュラーな時間割。／イレギュラーバウンド（＝野球やテニスなどで、ボールが見当はずれの方向へはね返ること）。対レギュラー①。▼英語 irregular

いれずみ【入れ墨】 名詞 はりや小刀でひふをきずつけ、そこに色をつけて絵やもようなどをかくこと。また、その絵やもよう。

いれぢえ【入れ知恵】 名詞 する動詞 こうしなさいと人に教えこまれた知恵。また、人にこうしなさいと知恵をつけること。参考 よくない意味で用いることが多い。

いれちがい【入れ違い】 名詞 ❶一方が入ると、他方が出ていくこと。例母と入れ違いに父が帰ってきた。❷まちがって別のものを入れること。❸たがいちがいに入れること。

いれば【入れ歯】 名詞 ぬけたり、ぬいたりした歯の代わりに、つくった歯を入れること。また、その歯。義歯。

イレブン 名詞 ❶数の十一。❷〔人数が十一人なので〕サッカーチーム。また、そのメンバー。▼

ことばあそび　つみあげうた⑤　これはパン／を食べようとした馬／にのっているサル／がとびつこ

いれもの【入れ物】 名詞 物を入れて、しまっておくためのもの。例空き箱を入れ物にする。類容器。うつわ。
英語 eleven

いれる【入れる】 動詞 ❶外から中へ、うつす。例かばんに本を入れる。対出す。❷仲間・団体などに加える。例仲間に入れる。❸〔あかり・電気などを〕つける。例スイッチを入れる。❹〔文や語句などを〕加えて直す。おぎなう。例君の文章に少し手を入れた。❺飲めるように用意する。例お茶を入れます。❻聞いて、みとめる。例あなたの希望を入れましょう。❼入学させる。例子どもを高校に入れる。活用い・れる。

いろ【色】 名詞 ❶目によって知る、赤・青・黄など。例色をぬる。❷人間のはだの色。また、顔色。例色が白い人。❸〔心の動きがあらわれた〕態度や様子。また、表情。例よろこびの色がかくせない。❹気配。例秋の色が深い。

いろあい【色合い】 名詞 色の調子。色の具合。

いろあせる【色あせる】 動詞 ❶〔時がたって〕色がだんだんうすくなる。例色あせたカーテン。❷新しさをなくす。例すっかり色あせて見える。活用いろあ・せる。

いろいろ【色色】 形容動詞 副詞(-と) 種類がたくさんあるようす。例いろいろな場所。／ほしいものはいろいろある。参考ひらがなで書くことが多い。

いろう【慰労】 名詞 する動詞 苦労をいたわり、なぐさめること。例慰労会。

いろがみ【色紙】 名詞 いろいろな色にそめた紙。かざりや子どもの遊びに使う。類千代紙。折り紙。

ことば博士になろう！

●ことばの中の「色々（いろいろ）」

「車道をよこぎろうとしたら、女子高生に『あぶない。』と〈黄色い声〉をあげられるし、トラックの運転手には『あぶないぞ、この〈青二才〉。』とどなられるし、とんだ〈赤恥〉をかいてしまった。」

〈　〉の言葉には、「黄・青・赤」と、色を表す言葉がふくまれていますね。

日本語の中には、このように、「色」をふくんだ言葉がたくさんあります。色のイメージと、言葉の意味との結びつきに注目して見てみましょう。

赤面する　赤の他人　赤はだか
青息吐息　青くさい　白々しい
目を白黒させる　腹黒い　黒幕
黒山の人だかり　緑の黒髪　紅一点
灰色の人生

いろぐろ【色黒】 名詞 形容動詞 はだの色、特に顔の色がふつうより黒いこと。また、そのような人。例色黒の男性。対色白。

いろじろ【色白】 名詞 形容動詞 はだの色、特に顔の色がふつうより白いこと。また、そのような人。例色白の少年。対色黒。

いろずり【色刷り】 名詞 いろいろな色を使って印刷すること。カラー印刷。また、その印刷したもの。例色刷りのパンフレット。

いろづく【色付く】 動詞 〔葉や実などに〕だんだん色がついてくる。例イチョウの葉が色付く。活用いろづ・く。

いろつや【色艶】 名詞 ❶色とつや。❷顔色やはだのつや。例病気が治って顔の色艶がよくなった。

いろどり【彩り】 名詞 ❶色をぬること。また、ぬった色。❷色のとり合わせ。配色。例彩りがいい。❸〔いろいろな物事を合わせてつける〕変化。うるおい。例生活に彩りをそえる。

いろとりどり【色とりどり】 名詞 形容動詞 ❶いろいろな色があって、それぞれちがっているようす。例色とりどりの花。❷さまざま。いろいろ。例色とりどりの料理。

いろどる【彩る】 動詞 ❶色をつける。❷いろいろな色を合わせて、かざる。例もみじに彩られた秋の山。活用いろど・る。

いろは 名詞 ❶かな文字のこと。「いろはにほへと」で始まる「いろは歌」の四十七文字に「ん」を加えたもの。❷物事の初歩。ABC。例料理のいろはから教える。参考昔、勉強の最初に「いろは歌」を使ったことから。

いろはうた【いろは歌】 名詞 ひらがな四十七文字を一回ずつ使ってつくった、七・五調の歌。

いろはかるた 名詞 いろはの四十七文字と「京」を加えた四十八文字を最初の字にしたことわざからできている、かるた。いろはがるた。

いろはじゅん【いろは順】 名詞 いろは歌の順。例曲名をいろは順にならべる。

ことば博士になろう！

● いろは歌

「いろは歌」は平安時代につくられたといわれ、歌の内容は、仏教の教えを表したもので、かなを習うときの手本として、広く使われてきました。

いろはにほへとちりぬるを
〈色は匂へど散りぬるを〉
わかよたれそつねならむ
〈我世誰ぞ常ならむ〉
うゐのおくやまけふこえて
〈有為の奥山今日越えて〉
あさきゆめみしゑひもせす
〈浅き夢見じ酔ひもせず〉

〔歌の意味〕花が美しくさいても、やがてちってしまうように、この世ははかないものだ。そのことを知り、いろいろなやみをたち切ったときに、さとりがえられる。

いろめがね【色眼鏡】名詞 ❶色のついたガラスなどでつくった、めがね。類 サングラス。❷かたよった見方。ことば「色眼鏡で見る」

いろめきたつ【色めき立つ】動詞 こうふんして落ち着かなくなる。例 大漁の知らせに港は色めき立った。活用 いろめきた・つ。

いろめく【色めく】動詞 きんちょうやこうふんのために、落ち着かない状態になる。例 事件発生の知らせに新聞記者が色めく。活用 いろめ・く。

いろもの【色物】名詞 〔白や黒以外の〕色のついた衣服や紙。例 色物のシャツ。

いろよい【色よい】連体詞 こちらの望むとおりの。都合のよい。例 色よい返事を待つ。

いろり【囲炉裏】名詞 部屋のゆかの一部を四角に切りぬいて、火をもやせるようにしたところ。⇩図。

いろりばた【囲炉裏端】名詞 いろりのそば。いろりのまわり。

自在かぎ

囲炉裏

いろわけ【色分け】名詞 する動詞 ❶いろいろな色をつけて分けること。❷種類によって分けること。例 賛成派と反対派の二派に色分けされた。

いろをうしなう【色を失う】慣用句 おどろきやおそれなどのため、顔が青ざめる。例 全滅と聞いて、色を失った。

いろん【異論】名詞 人とちがった意見や考え。また、反対の意見。異議。ことば「異論をとなえる」類 異存。

いろんな【色んな】連体詞 「いろいろな」のくだけた言い方。

いわ【岩】名詞 大きな石。例 岩の上にのぼる。

いわい【祝い】名詞 ❶祝うこと。めでたいとして、よろこぶこと。例 七五三の祝い。／祝いの席。❷祝う気持ちを表す言葉や金品。例 お祝いをのべる。／入学のお祝いをいただく。

いわう【祝う】動詞 ❶めでたいことをよろこぶ。例 入学を祝う。❷幸せであるように、いのる。例 二人の将来を祝う。活用 いわ・う。

いわお【巌】名詞 大きな岩。参考 古い言い方。

いわかん【違和感】名詞 まわりとなじんでいなくて、落ち着かない感じ。例 かの女の言葉づかいに違和感がある。

いわき【磐城】地名 昔の国の名。今の福島県東部と宮城県南部にあたる。

いわく 名詞 ❶こみ入ったわけ。いわれ。例 いわくありげな二人連れ。❷…が言うことには。例 作者いわく。

いわくらともみ【岩倉具視】人名 （一八二五～一八八三）明治時代の政治家。公家として明治維新に大切な役割をはたした。維新後は条約改正や憲法制定に力をつくした。

いわし 名詞 ニシンのなかまで、むれで泳ぐ魚。せなかは青く、はらは銀色をしている。マイワシ・ウルメイワシ・カタクチイワシなど。漢字 鰯。

いわしぐも【いわし雲】名詞 魚のうろこのようにならんでうかぶ雲。うろこ雲。巻積雲。

いわしのあたまもしんじんから【いわしの頭も信心から】ことわざ 〔イワシの頭のような〕つまらないものでも、信じればありがたいものに思われることのたとえ。参考 「いわしの頭も信心から」ともいう。

ことばあそび つみあげうた⑥ これはお母さんが作った料理／を食べた人／が見ていたテレビ番組

いわしろ【岩代】 地名 昔の国の名。今の福島県西部にあたる。

いわずもがな【言わずもがな】 連語 ❶言わない方がよい。例言わずもがなのことを言う。❷言うまでもなく。例生徒は言わずもがな、先生までもあわてだした。

いわてけん【岩手県】 地名 東北地方の北東部にある太平洋に面した県。県庁所在地は盛岡市。⇩916ページ・都道府県(図)。

いわな 名詞 サケ科の魚。谷川の上流にすむ。体に白いはん点がある。漢字 岩魚。

いわぬがはな【言わぬが花】 ことわざ はっきりと言わないでおく方がよいということ。例よけいなことは、言わぬが花だ。参考「言わぬ」は、「言わない」の古い言い方。

1 **いわば【言わば】** 副詞 言ってみれば。たとえて言えば。例かれにとって自動車は、言わば足のようなものだ。

2 **いわば【岩場】** 名詞 岩の多いところ。

いわはだ【岩肌】 名詞 岩の表面。

いわみ【石見】 地名 昔の国の名。今の島根県西部にあたる。

いわみぎんざん【石見銀山】 地名 島根県にある銀山。十六世紀から銀を産出し、その遺跡が残っている。世界文化遺産。⇩695ページ・世界遺産(図)。

いわや【岩屋】 名詞 ❶岩に自然にできた、ほらあな。❷岩にあなをほって、人が住めるようにしたところ。岩室。

いわやま【岩山】 名詞 岩が多く、ごつごつした山。

いわゆる 連体詞 ふつうによく言われている。多くの人がよく言う。例あの三つの山がいわゆる大和三山です。

いわれ 名詞 ❶わけ。理由。例君にとやかく言われるいわれはない。❷古くから言い伝えられていることがら。例地名のいわれを調べる。

いわんばかり【言わんばかり】 連語 口には出さないが、態度や動作でしめしているようす。今にも言いそう。例反対だと言わんばかりの顔。

いわんや 副詞 言うまでもなく。例姉にもできない。いわんやわたしにできるはずはない。参考古い言い方。

いをけっする【意を決する】 慣用句 きっぱりと決心する。例意を決して電話をかけた。

いをとなえる【異を唱える】 慣用句 ある意見に反対する。反対の意見を出す。例開発計画に異を唱える。

1 **いん【印】** 名詞 はんこ。印鑑。例印をおす。

2 **いん【韻】** 名詞 詩で、句や行のはじめや終わりの決められたところにおいてくり返す、同じひびきの音。

3 **イン** 名詞 テニスやバレーボールなどで、ボールが決められた線の内側にあること。対アウト。▼英語 in

いんうつ【陰鬱】 名詞 形容動詞 〔天気や気分などが〕晴れ晴れしないこと。うっとうしいこと。例陰鬱な気分。／陰鬱な雨。

いんえい【陰影】 名詞 ❶光の当たらない暗い部分。かげ。例陰影が強い写真。❷〔味わい深い〕びみょうな変化があること。例陰影のある文章。

いんか【引火】 名詞 する動詞 火がほかの物にうつって、もえ出すこと。例たばこの火がガソリンに引火した。参考「発火」は自然にもえ出すこと。

いんが【因果】 名詞 ❶原因と結果。❷よいおこない、悪いおこないに対する、むくい。悪いめぐりあわせ。例これも因果とあきらめよう。

いんがおうほう【因果応報】 四字熟語 おこないがよいか悪いかで、必ずそれなりのむくいがあること。例悪いことをすれば、因果応報でいつかはばつを受けることになる。参考多く、悪いおこないについていう。

いんがかんけい【因果関係】 名詞 原因があって、それによって結果が出るような間がら。類相関関係。

いんがし【印画紙】 名詞 写真の焼きつけに使う紙。

いんがをふくめる【因果を含める】 慣用句 どうしてもそうなるという理由を言って、相手をあきらめさせたり納得させたりする。例因果を含めて、担当をかわってもらう。

いんかん【印鑑】 名詞 ❶はんこ。❷紙などにおした、はんこの形。

1 **いんき【陰気】** 形容動詞 〔天気・気持ち・ふんい気などが〕暗く、晴れ晴れしないこと。例陰気な感じの人。対陽気。

2 **インキ** 名詞 ⇩インク。▼オランダ語

いんきょ【隠居】 名詞 する動詞 年をとって仕事をやめ、のんびりくらすこと。また、そのような人。

いんきょく【陰極】 名詞 ❶電流の流れこむ方のはし。マイナスの電極。マイナス極。❷磁石の南極。対①②陽極。

インク 名詞 書いたり、印刷したりするときに使う、色のついた液体。インキ。▼英語 ink

イングリッシュホルン 名詞 オーボエよりやや大きい楽器。のどかな音色がする。▼英語 English horn

いんけん【陰険】 名詞 形容動詞 見かけとはちがって、よくない考えをもっていること。例やり方が陰険だ。

いんげんまめ【隠元豆】 名詞 マメ科の植物。細長くわかいさやを「さやいんげん」として食用にする種類や、さやの中の種は和菓子のあんなどにする種類がある。いんげん。⇩115ページ・コラム「地名・人名をふくむ言葉」。

いんこ 名詞 熱帯地方の森などにすむ、オウムのなかまの鳥。羽の色があざやかで、人の言葉や音をまねるものもいる。セキセイインコ・コンゴウインコなど。

いんご【隠語】 名詞 その仲間の人たちだけに意味がわかる、特別の言葉。参考 刑事のことを「デカ」というなど。

インコース 名詞 ❶野球で、ピッチャーの投げたボールが、バッターに近いところを通る道すじ。❷陸上競技で、トラックの内側の方のコース。参考 英語を組み合わせて日本でつくった言葉。英語では inside。対①②アウトコース。

ことば博士になろう!
地名・人名をふくむ言葉

●いんげん豆　「いんげん（隠元）」は、江戸時代のはじめに日本にやってきた中国の僧の名前。この人が中国から日本に伝えた豆だといわれています。

●カボチャ　ポルトガル語の「Cambodia」からできた言葉で、「カンボジア王国」という意味。カボチャは、アメリカ大陸が原産地ですが、日本に入ってきた当時、カンボジアから伝えられたものと考えられていました。

●サンドイッチ　イギリスの貴族、サンドイッチ伯爵は、食事の時間もおしむくらいのトランプ好きで、パンにいろいろなものをはさんでそれを食べながらトランプを続けたといわれています。

●ジャガイモ　「ジャガタラいも」の略。「ジャガタラ」は、このいもが伝えられたインドネシアのジャカトラ（現在のジャカルタ）にちなんだものです。

●たくあんづけ　「たくあん（沢庵）」は、江戸時代のはじめの僧の名前。「沢庵和尚」の名で親しまれた人で、この人がつけ始めたからとか、この人の墓の形がつけ物の形に似ていたからなど、いろいろな説があります。

インサイド 名詞 ❶内側。内部。❷テニスやバレーボールなどで、コートの内側のこと。また、そこにボールがあること。❸「インコース①」に同じ。❹「インサイドキック」に同じ。対アウトサイド。▼英語 inside

インサイドキック 名詞 サッカーなどで、足の内側でボールをける、けり方。対アウトサイドキック。▼英語 inside kick

いんさつ【印刷】 名詞 する動詞 文字や絵などを版にして、それにインクをつけて紙などにすり出すこと。

いんさつき【印刷機】 名詞 印刷をするための機械。

いんさつじょ【印刷所】 名詞 本などの印刷をする工場。

いんさつぶつ【印刷物】 名詞 印刷されたもの。

いんし【印紙】 名詞 税金や手数料などをはらったしるしとなる、切手に似た紙。収入印紙。

いんじ【印字】 名詞 する動詞 パソコンのプリンターなどで、紙などに文字や記号を打ち出すこと。また、その文字や記号。

いんしゅ【飲酒】 名詞 する動詞 酒を飲むこと。

いんしゅう【因習】 名詞 昔から続いている（よくない）ならわし。（よくない）習慣。例因習にとらわれるべきではない。

いんしょう【印象】 名詞 心に（強く）受けた感じ。心に強く感じた（わすれられない）こと。例よい印象をあたえる。／印象に残る。

いんしょうてき【印象的】 形容動詞 深く心

ことばあそび　つみあげうた⑦　これは箱／の底／がないのに気づいたお母さん／のあわてた顔／に

に残って、わすれられないようす。例 印象的な目。類 印象深い。

いんしょうぶかい【印象深い】 連語 ある物事から受けた感じが心に深く残るようす。例 印象深い作品。類 印象的。

いんしょく【飲食】 名詞 する動詞 飲むことと食べること。例 飲食店。／飲食物。

いんしょくてん【飲食店】 名詞 料理や飲み物を客に出す店。食堂やレストランなど。例 飲食店を経営する。

インスタント 名詞 形容動詞 すぐにできること。そくせき。▼英語 instant

インスタントしょくひん【インスタント食品】 名詞 時間をかけないで手軽に食べられるように、あらかじめ加工された食品。

インストール 名詞 する動詞 ソフトウエアをコンピューターやスマートフォンに組みこんで、じっさいに使えるようにすること。参考 コンピューターなどから削除することはアンインストールという。▼英語 install

インストラクター 名詞 技術や知識などの指導をする人。指導員。例 スポーツインストラクター。▼英語 instructor

インスピレーション 名詞 ぱっとひらめいた、すばらしい考え。例 絵画からインスピレーションを得た。▼英語 inspiration

1 **いんせい【院政】** 名詞 昔、天皇の位をゆずって上皇や法皇となった人が、その御所でとった政治。参考 白河上皇のとき（一〇八六年）から始まった。

2 **いんせい【陰性】** 名詞 形容動詞 ❶暗い感じで、はっきりしないこと。また、その性質。❷病気のけんさをしたとき、そのしるしがあらわれないこと。例 ツベルクリン反応は陰性だ。対 ①②陽性。

いんぜい【印税】 名詞 本のねだんや部数に応じて、発行者が一定の割合で著者などにはらうお金。例 印税けいやくを結ぶ。

1 **いんせき【いん石】** 名詞 流れ星が空気中でもえた後の残りが地上に落ちてきたもの。漢字 隕石。

2 **いんせき【引責】** 名詞 する動詞 責任を取ること。責任を引き受けること。例 引責辞任。

いんそつ【引率】 名詞 する動詞 人を引きつれて行くこと。例 先生に引率されて工場見学に行く。注意「引卒」と書かないこと。

インターセプト 名詞 する動詞 ラグビー・サッカーなどで、相手のパスをとちゅうでうばうこと。▼英語 intercept

インターチェンジ 名詞 高速道路と、ふつうの道路とをつなぐところ。自動車が安全に出入りできるように、多く立体交差になっている。参考 高速道路と高速道路の場合は「ジャンクション」という。ＩＣ。▼英語 interchange

インターナショナル 形容動詞 国際的な。国際間の。例 インターナショナルなスポーツ大会。▼英語 international

インターネット 名詞 コンピューターの世界的なきぼの通信網。電子メールのやりとりや、ホームページを見ることなどに利用される。ネット。▼英語 internet

インターハイ 名詞 全国高等学校総合体育大会のこと。全国の高等学校が、種目別の対抗競技をおこなう。高校総体。参考 日本でつくった言葉。

インターバル 名詞 何かをおこなうときの、時間の間かく。例 インターバルを置く。▼英語 interval

インターホン 名詞 部屋と部屋などのれんらくに使う、話す部分と聞く部分を一つにした電話。参考 英語の interphone からだが、英語ではふつう intercom という。

インターンシップ 名詞 学生がある期間、企業などで働いて、仕事を体験する制度。インターン。▼英語 internship

いんたい【引退】 名詞 する動詞 今までやっていた仕事や役をやめること。例 横綱が引退した。類 退陣。

インダスがわ【インダス川】 地名 ヒマラヤ山脈から流れ出し、おもにパキスタンをへて、アラビア海にそそぐ川。この流れにそって、古代インダス文明が栄えた。▼英語 Indus

インタビュー 名詞 する動詞 新聞や雑誌などの記者が、記事を書くために人に会って話を聞くこと。また、その記事。例 インタビューを受けた。▼英語 interview

インチ 名詞 助数詞 おもにイギリスやアメリカで使われる長さの単位。一インチは、約二・五四センチメートル。▼英語 inch

いんちき 名詞 形容動詞 人をごまかすこと。不正なこと。例 いんちきがばれる。類 いかさま。

参考 くだけた言い方。

いんちょう【院長】名詞 病院や学院など、「院」と名のつく組織・施設の最高責任者。

インディアン 名詞 ❶アメリカ大陸に昔からすんでいる民族。参考「アメリカンインディアン」の略。今は、「ネイティブアメリカン」という。❷インド人。▼英語 Indian

インテリ 名詞 学問や知識のある人。参考 ロシア語「インテリゲンチア」の略。

インテリア 名詞 建物の中を、家具や装飾品でかざって、ととのえること。室内装飾。インテリアデザイン。参考 英語で interior は内部、室内。

インド 地名 アジアの南にあるインド半島の大部分をしめる国。一九四七年、イギリス自治領から独立。農業、工業、IT産業がさかん。首都はニューデリー。漢字 印度。▼英語 India

インドア 名詞 建物の内。室内。屋内。対 アウトドア。▼英語 indoors

いんどうをわたす【引導を渡す】慣用句 これでもうおしまいだと言いわたす。例 これ以上はつき合いきれないと、引導を渡した。参考「引導」は、仏教の言葉で、死んだ人が仏になれるように、お経をよんで、いのること。

イントネーション 名詞 話や本の音読をするときの声の調子の上がり下がり。抑揚。▼英語 intonation

インドネシア 地名 インドネシア共和国。東南アジアの、スマトラ島・ジャワ島・カリマンタン島など多くの島でできている国。石油・ゴム・コーヒーなどの産地。首都はジャカルタ。▼英語 Indonesia

インドよう【インド洋】地名 太平洋・大西洋とならぶ大きな海。アジア・オーストラリア・南極・アフリカの四つの大陸にかこまれている。

いんないかんせん【院内感染】名詞 病院で、入院している人に、ほかの病気がうつること。

いんねん【因縁】名詞 ❶物事に定められた運命。また、その運命によって結びついた関係。例 こんなところで会うのも何かの因縁だ。❷わけ。例 どういう因縁か、わたしは犬に好かれる。❸言いがかり。ことば「因縁をつける」

インパクト 名詞 ❶社会などにあたえる強い衝撃や影響。例 あの事件は社会に大きなインパクトをあたえた。❷野球・テニスなどで、ボールがバットやラケットなどに当たった、そのしゅんかん。▼英語 impact

インプット 名詞 する動詞 ❶コンピューターなどに情報を入れること。また、その情報。入力。例 データをインプットする。❷役に立つ行動や発言のために、知識や情報を手に入れること。対 アウトプット。▼英語 input

インフラ 名詞 産業や生活のために必要な設備。水道・電気・ガス・道路・公共交通機関・公共施設など。参考「インフラストラクチャー」の略。▼英語 infrastructure

インフルエンザ 名詞 ⬇1375ページ・りゅうこうせいかんぼう。▼英語 influenza

インフレ 名詞「インフレーション」の略。

インフレーション 名詞 国に出回っているお金にくらべて、商品の量が少ない状態。お金のねうちが下がり物価が上がる。物価が上がって、会社がもうかり、給料が増えて、物を買うというサイクルでは景気がよくなる。一方、物価が上がっても、会社がもうからなくて給料が増えないというサイクルでは景気が悪くなる。参考 略して「インフレ」ともいう。対 デフレーション。▼英語 inflation

いんぶん【韻文】名詞 ふつうの文章に対して、七五調・五七調などのように、言葉の調子が整った文章。詩や和歌など。対 散文。

インベーダー 名詞 侵入者。侵略者。▼英語 invader

いんぼう【陰謀】名詞 こっそりくわだてた悪い計画。例 陰謀をくわだてる。

1 **いんよう**【引用】名詞 する動詞 人の言葉や文章を借りてきて、自分の話や文章の中で使うこと。例 記事を引用する。

2 **いんよう**【陰陽】名詞 ❶古代中国の思想で、あらゆるものをつくり出す相反する性質を持つもの。暗と明、月と日、夜と昼、静と動、女と男、地と天など。❷電気などの陰極と陽極。参考 ①は「おんよう」「おんみょう」ともいう。

3 **いんよう**【飲用】名詞 する動詞 飲むために使うこと。例 飲用水。

いんようすい【飲用水】名詞 ⬇いんりょうすい。

いんりつ【韻律】名詞 詩や短歌などの言葉の、強弱や長短によって生じる音楽的なリズム。例

七・五・七・五の韻律を持つ詩。

いんりょう【飲料】 名 飲むための物。飲み物。例 炭酸飲料。

いんりょうすい【飲料水】 名 飲むための水。飲み水。飲用水。

いんりょく【引力】 名 物と物とが、たがいに引き合う力。参考 ⇩1078ページ・万有引力。

いんれい【引例】 名 する動詞 例として出すこと。また、その例。例 先生の話は、引例が多い。

いんれき【陰暦】 名 ⬇743ページ・たいいんれき。

いんろう【印籠】 名 薬などを入れてこしにさげる小さな入れ物。参考 もとは、印や印肉（＝はんをおすときにつかう色をしみこませたもの）を入れた。

1 **う** 名 ウ科の鳥。羽は黒く、くちばしの先が曲がっている。水にもぐって魚をとる。ウミウ・カワウ・ヒメウなど。参考 う飼いに使うのはウミウ。漢字 鵜。

2 **う** 助動詞 ❶見当をつける意味を表す。例 五十メートルはあろう。❷話し手や書き手の「…したい」という気持ちを表す。例 海へ行こう。

3 **う【卯】** 名 ❶十二支の四番目。❷昔の時刻のよび名で、今の午前六時ごろ。また、その前後二時間。❸昔の方角のよび名で、東。⇩593ページ・十二支（図）。

ヴァイオリン 名 ⬇1019ページ・バイオリン。

うい【初】 接頭語《名詞の上につけて》「初めての」「最初の」という意味を表す言葉。例 初孫。

ウイーク 名 週。週間。▼英語 week

ウイークエンド 名 一週間の終わり。週末。土曜日。または金曜日の夜から日曜日まで。▼英語 weekend

ウイークデー 名 土曜日・日曜日以外の日。平日。参考 もとは日曜日以外の日をいった。▼英語 weekday

ウイークポイント 名 弱点。弱み。例 相手のウイークポイントをつく。▼英語 weak point

ウイークリー 名 週に一度発行される新聞や雑誌。▼英語 weekly

ヴィーナス 名 ⬇1080ページ・ビーナス。

ウィーン 地名 オーストリアの首都。ドナウ川の右岸にある。昔から「音楽の都」として有名。▼ドイツ語 Wien（英語 Vienna）

ういういしい【初初しい】 形容詞 ❶年がわかくて、世の中のことによくなれていない。例 初々しい花よめ。❷〔植物などが〕めばえたばかりで、わかわかしい。例 初々しいふきのとう。参考 ふつう「初々しい」と書く。活用 ういういし・い。

ういじん【初陣】 名 ❶初めて戦に出ること。また、その戦。❷初めて試合・競技・選挙などに出ること。また、その試合・競技・選挙など。ことば「初陣をかざる（＝初陣で勝つ）」

ウイスキー 名 洋酒の一つ。大麦・ライ麦などを発酵させ蒸留して作る。ウィスキー。▼英語 whisky

ヴィラ 名 大型の宿泊施設の一つ。豪華な一軒家の建物が並んでいて、それぞれに一組が宿泊する。参考 英語の villa はもともと貴族などが田舎に別荘として建てた豪華な家をさした。⇩コテージ。バンガロー。ペンション。ロッジ▼英語（イタリア語から）villa

ウィリアム・テル 人名 スイスの独立でかつやくしたとされる伝説的な英雄。弓の名手で、息子の頭にのせたリンゴをいぬいた話は有名。ウィリアム・テル。ウィルヘルム・テル。▼英語 William Tell

ウイルス 名 ❶ふつうのけんび鏡では見えない、ひじょうに小さな生物。病気をおこしたりする。ビールス。❷「コンピューターウイルス」の略。▼英語（ラテン語から）virus

ウインカー 名 自動車などの前と後ろについていて、曲がる方向を明かりが点めつする合図で知らせるしかけ。方向指示器。▼英語 winker アメリカでは blinker

ウインク 名 する動詞〔相手に合図をするために〕片目でまばたきをすること。類 目くばせ。▼英語 wink

ウイング 名 ❶飛行機や鳥などの、つばさ。❷サッカー・ラグビーなどで、左右の両はしにいてこうげきする役目の選手。▼英語 wing

ウインタースポーツ 名〔スキー・スケートなど〕冬に、おもに雪や氷の上でする運動。▼

英語 winter sports

ウインチ 名詞 ワイヤロープなどを使って、重いものをまきあげる機械。巻き上げ機。▼英語 winch

ウインドウズ 名詞 コンピューターの基本ソフトの一つ。一つの画面の中に複数の小画面（ウインドー）を自由に出せるようにしたもの。参考 商標名。▼英語 Windows

ウインドー 名詞 ❶➡1234ページ・まど。❷「ショーウインドー」の略。例 ウインドーショッピング（=ショーウインドーにかざられた商品を見て歩くこと）。▼英語 window

ウインドサーフィン 名詞 波乗り用の板に三角形のほをはって、風の力で水上を走るスポーツ。▼英語 windsurfing

ウインドブレーカー 名詞 スポーツ用の、ジャンパーのような上着。風や寒さをよけるために着る。▼英語 windbreaker

ウインナーソーセージ 名詞 細長い小形のソーセージ。ウインナー。参考 ㋐ウィーンで作り始めたという。㋑ドイツ語（Wien =ウィーン）と英語（sausage）を組み合わせて日本でつくった言葉。

ウール 名詞 ❶羊・ヤギなどの毛。❷羊の毛でおったぬの。毛織物。例 ウールのセーター。▼英語 wool

ウーロンちゃ【ウーロン茶】名詞 中国茶の一つ。お茶の葉の発酵をとちゅうで止めて作る。▼英語（中国語から）oolong

[1]うえ【上】名詞 ❶高いところ。例 マンションの上の階。❷年令が多いこと。例 上の子は七才になります。❸物の表面。例 海の上。❹地位や等級などが高いこと。例 一つ上のクラス。対 ①～④下。❺〔あることに〕加えて。例 寒いうえに雨までふってきた。❻…した後。例 よく考えたうえでお返事をください。❼《「…したうえは」の形で》…からには。例 いったん引き受けたうえは、最後まで責任をもつ。参考 ⑤～⑦は、ひらがなで書くことが多い。

[2]うえ【飢え】名詞 食べ物がなく、おなかがすくこと。例 飢えと寒さで動けない。／チョコレートで飢えをしのぐ。類 飢餓。

ウエイトリフティング 名詞 ➡ウエートリフティング。

ウエーター 名詞 食堂やきっさ店などで、飲食物の注文をきいたり、それを運んだりする男性。ウエイター。対 ウエートレス。▼英語 waiter

ウエートトレーニング 名詞 筋肉をきたえるトレーニング。バーベルやダンベルなどを使っておこなう。▼英語 weight training

ウエートリフティング 名詞 重量上げ。ウエイトリフティング。▼英語 weight lifting

ウエートレス 名詞 食堂やきっさ店などで、飲食物の注文をきいたり、それを運んだりする女性。ウエイトレス。対 ウエーター。▼英語 waitress

ウエーブ 一 名詞 ❶波。❷電波や音波の波。二 名詞 する動詞 髪の毛が波のようにうねっていること。▼英語 wave

ヴェール 名詞 ➡1175ページ・ベール。

うえかえる【植え替える】動詞 草花や木を、別の植木ばちやほかの場所に植える。例 チューリップを大きなはちに植え替える。活用 うえか・える。

うえき【植木】名詞 庭やはちなどに植えてある木。注意 送りがなをつけない。

うえきばち【植木鉢】名詞 植物を植えて育てるための入れ物。注意 送りがなをつけない。

うえこみ【植え込み】名詞 庭などで、草や木をたくさん植えたところ。

うえした【上下】名詞 ❶上と下。上の部分と下の部分。例 上下そろいのジャージ。❷上と下が、さかさまになること。例 箱が引っくり返って上下になる。

うえじに【飢え死に】名詞 する動詞 食べ物がなく、はらがへって死ぬこと。餓死。

うえすぎけんしん【上杉謙信】人名（一五三〇～一五七八）戦国時代に越後から出た武将。武田信玄と川中島などで数回戦った。

ウエスタン 名詞 ❶アメリカ合衆国の、西部開拓時代をえがいた劇映画。西部劇。❷「ウエスタン・ミュージック」の略。西部開拓者たちの間でうまれた、みんよう風の音楽。参考 もとは「西部の」という意味。▼英語 Western

ウエスト 名詞 胸とこしの間の、もっともくびれたところ。また、そのまわりの長さ。例 ウエストの細い人。／ウエストをはかる。▼英語 waist

ウエストバッグ 名詞 こしにまきつける小さなバッグ。小物を入れるのに使う。ウエストポーチ。▼英語 waist bag

ことばあそび　つみあげうた⑨　これは花／のにおいをかいだイヌ／の背中／にとまったチョウチョ

ウエストポーチ 名 ↓ウエストバッグ。参考 英語では waist pack, fanny pack という。

うえつける【植え付ける】 動詞 ❶植物のなえなどを、ほかからうつしてきて植える。例 イネのなえを植え付ける。❷心にしっかりときざみつける。例 よい印象を植え付ける。／不信感を植え付ける。活用 うえつ・ける。

ウェットスーツ 名 水にもぐるための、ゴムでできた服。潜水服。▼英語 wet suit

ウエディング 名 結婚。結婚式。ウェディング。例 ウエディングケーキ。▼英語 wedding

うえにはうえがある【上には上がある】 ことわざ 一番よいと思っていても、もっとすぐれているものがある。よいものには、かぎりがない。

ウエハース 名 小麦粉、たまご、さとうなどをまぜてうすく焼いた、さくさくした食べ物。▼英語 wafers

ウェブサイト 名 インターネット上で、情報の提供などのサービスがおこなわれる場所。ウェブ。▼英語 website

¹うえる【飢える】 動詞 ❶食べ物がなく、とてもはらがへる。❷〔ほしいものがえられず〕とてもほしがる。例 家族の愛情に飢えている。活用 う・える。

²うえる【植える】 動詞 草木の根を土の中にうめる。例 街路樹を植える。活用 う・える。

ウェルビーイング 名 毎日を健康にすごせて、幸福を感じて、心がおだやかであること。また、そのような人生をおくること。▼英語 well-being

うえをしたへのおおさわぎ【上を下への大騒ぎ】 慣用句 多くの人が入りみだれる、大きなさわぎ。例 動物園のトラがにげて上を下への大騒ぎになった。注意 「上へ下への大騒ぎ」「上や下への大騒ぎ」などとしないこと。

うお【魚】 名 ↓507ページ・さかな（魚）。

うおいちば【魚市場】 名 船からあげた魚を売り買いするところ。

うおうさおう【右往左往】 四字熟語 多くの人がうろたえて、うろうろすること。例 運転見合わせになり、人々が駅で右往左往する。

ウオーキング 名 歩くこと。特に、運動のために歩くこと。例 健康のために毎日ウオーキングをする。▼英語 walking

ウオークラリー 名 地図にしめされたコースを歩き、とちゅうのチェックポイントで問題をときながらゴールを目ざすスポーツ。類 オリエンテーリング。参考 日本でつくった言葉。

ウオーミングアップ 名 する動詞 試合・競技、また、はげしい運動などをする前に軽い運動をすること。じゅんび運動。参考 「アップ」「ウォームアップ」ともいう。英語では warm-up

うおがし【魚河岸】 名 魚市場のある川岸。参考 「魚市場」の意味にも用いる。

うおごころあればみずごころ【魚心あれば水心】 ことわざ 一方が他方を気に入れば、他方も相手を気に入るようになる。

うおつきりん【魚付き林】 名 魚を増やしたり守ったりすることを目的とした、海などの岸に近い森林。魚が好きな暗い場所をつくる。

うか【羽化】 名 する動詞 こん虫が、よう虫やさなぎから、成虫になること。例 セミが羽化した。

¹うかい【う回】 名 する動詞 回り道をすること。例 工事中なのでう回する。漢字 迂回。

²うかい【う飼い】 名 鳥のウをかいならしてアユなどの魚をとらせること。また、それを仕事にしている人。参考 ㋐ウミウを使う。㋑岐阜県長良川のものが有名。

うがい 名 する動詞 〔水や水薬で〕口やのどをすすぐこと。

うかうか 副詞(〜と) する動詞 ❶不注意で、ぼんやりしているようす。例 うかうかしていて、敵のわなにはまってしまった。❷はっきりした目的もなく、のんびりしているようす。例 うかうかと日々をすごす。

うかがい【伺い】 名 ❶神仏や目上の人の意見を求めること。例 進退伺いを出す。❷「聞くこと」「たずねること」「問うこと」のへりくだった言い方。例 ごきげん伺いに行く。

¹うかがう 動詞 ❶〔人に気づかれないように〕様子をさぐる。例 戸口に立って、中をうかがう。❷〔あることをするための〕よい機会がくるのを待つ。例 ネコが魚をとるすきをうかがっている。活用 うかが・う。

²うかがう【伺う】 動詞 ❶〔目上の人の意見や考えを〕たずねる。問う。例 意見を伺いたい。❷「聞く」「問う」のへりくだった言い方。例 その話は先生から伺いました。❸「行く」「訪問する」

のへりくだった言い方。例明日十時に伺います。活用うかが・う。

うかされる【浮かされる】動詞❶〔あることに〕夢中になる。例祭りのさわぎに浮かされる。❷〔熱が高くて〕頭がぼんやりする。ことば「熱に浮かされる」活用うかさ・れる。

うかす【浮かす】動詞❶うくようにする。例池にふねを浮かす。❷お金や時間をやりくりして、あまるようにする。例駅まで歩いて、バス代を浮かす。活用うか・す。

うかつ 名詞 形容動詞 注意が足りないこと。うっかりすること。例うかつにも、すっかりわすれていた。

うがつ 動詞❶あなをあける。ほる。例岩をうがつ。❷物事の本当のすがたを深くとらえる。例なかなかうがった見方をする人だ。活用うが・つ。

うかないかお【浮かない顔】連語⬇うかぬかお。

うかぬかお【浮かぬ顔】連語 心配なことがあって、晴れ晴れしない顔つき。例兄は浮かぬ顔で帰ってきた。参考「浮かない顔」ともいう。

うかばれない【浮かばれない】連語 死者のたましいが安らかにならない。例そんなことになっては、亡くなった人が浮かばれない。

うかびあがる【浮かび上がる】動詞❶水面や空中に上がってくる。例ふろの底から、おもちゃの船が浮かび上がる。❷〔かくれていた物事などが〕表面に出る。目立つようになる。例意外な犯人が浮かび上がる。活用うかびあが・る。

うかぶ【浮かぶ】動詞❶〔水面や空中に〕しずまずに、ある。例海にヨットが浮かぶ。対沈む。❷表面にあらわれる。例ほほえみが浮かぶ。❸〔ある形・すがたなどが〕頭の中にあらわれる。例ふるさとの母の顔が浮かぶ。活用うか・ぶ。

うかべる【浮かべる】動詞❶〔水面や空中に〕うくようにする。例ささ舟を川に浮かべる。対沈める。❷表面にあらわす。例なみだを浮かべる。❸〔ある形・すがたなどを〕頭の中にあらわし出そうとする。思い出す。例物語の様子を目に浮かべる。活用うか・べる。

うかる【受かる】動詞〔試験に〕合格する。例入学試験に受かった。対落ちる。活用うか・る。

うかれる【浮かれる】動詞 心がはずんで落ち着かない気持ちになる。うきうきする。活用うか・れる。

うがん【右岸】名詞 川下に向かって、右側の岸。対左岸。

うかんむり【ウ冠】名詞 漢字の部首の一つ。「安」「家」「守」などの上の「宀」の部分。「いえ」「やね」に関係した意味を表す。

1**うき**【雨季・雨期】名詞 一年のうちで、もっとも雨の多い季節・時期。対乾季。乾期。

2**うき**【浮き】名詞❶うくこと。うく具合。❷つり糸やあみのつなどにつけて、水面にうかしておくもの。

うきあがる【浮き上がる】動詞❶〔水面や空中に〕上がってくる。例熱気球がふわりと空に浮き上がる。❷見えなかったものや、かくれていたものが、見えるようになる。例照明に浮き上がるお城。活用うきあが・る。

うきあしだつ【浮き足立つ】動詞〔不安などで〕落ち着いていられなくなる。例みょうなうわさが流れて、人々は浮き足立った。

うきうき 副詞(-と) する動詞 うれしかったり楽しかったりして、落ち着かないようす。例夏休みが近づいて、浮き浮きする。

うきくさ【浮き草】名詞❶ウキクサ科の植物。池などの水面にうかんで、はえる。根も水中にあり、植物全体がただよっている。❷不安定で、落ち着かない生活のたとえ。例浮き草の人生をおくる。

うきぐも【浮き雲】名詞 ぽつんと空にうかんでいる雲。

うきしずみ【浮き沈み】名詞 する動詞❶ういたり、しずんだりすること。❷〔仕事や生活が〕よくなったり、悪くなったりすること。例浮き沈みのはげしい商売。

うきたつ【浮き立つ】動詞 楽しくて落ち着かない。うきうきする。例旅行の計画に、心が浮き立つ。活用うきた・つ。

うきぶくろ【浮き袋】名詞❶魚のはらの中にある空気の入ったふくろ。これを使って水中でういたりしずんだりする。❷人が水中で体をうかせるために使う空気の入ったふくろ。

うきぼり【浮き彫り】名詞❶まわりをほって、物の形をうき出させるようにする、ほり方。また、その作品。レリーフ。❷ある物事をほかのものより目立つように表すこと。例作者の心が浮

ことばあそび つみあげうた⑩ これは魔法つかい／が出てくる物語／を読んでいる友だち／の大好

き彫りにされた作品。

うきめ【憂き目】名詞 つらいこと。悲しいこと。例 商売に失敗するという憂き目にあった。

うきよ【浮き世】名詞 ❶はかない世の中。つらいことの多い世の中。例 浮き世をすてる。参考 仏教の考えから出た言葉。❷この世の中。世間。例 浮き世をはなれた生活をおくる。

うきよえ【浮世絵】名詞 江戸時代にはやった絵。そのころの人々のくらしぶりや時代の有様がえがかれている。

うきわ【浮き輪】名詞 水中で体をうかせるための、輪になったうきぶくろ。

うく【浮く】動詞 ❶水中にあったものが水面に出てくる。また、水の上にある。例 木のえだが池に浮いている。対 沈む。❷空中にある。例 体が宙に浮く。❸まわりのものとなじまない。例 かれはグループの中で浮いた存在になっている。❹土台にしっかりのっていない。例 柱が土台の石から浮いている。❺あまりが出る。例 往復とも歩いたのでバス代が浮いた。活用 う・く。

うぐいす 名詞 ウグイス科の鳥。林などにすむ。体は緑と茶のまざったような色。春のはじめごろ「ホーホケキョ」と鳴く。漢字 鶯。

うぐいすいろ【うぐいす色】名詞 ウグイスの体の色に似た、緑に茶のまじった色。例 うぐいす色のセーター。

うぐいすばり【うぐいす張り】名詞 ろうかなどの板のはり方の一つ。歩くとウグイスの鳴き声のような音がする。参考 京都の知恩院のうぐいす張りのろうかが有名。

ウクライナ 地名 ヨーロッパ東部にある、黒海に面した国。農業がさかんで小麦の産地。首都はキーウ（キエフ）。▼英語 Ukraine

ウクレレ 名詞 ギターを小さくしたような弦楽器。糸は四本あり、指ではじいてひく。参考 ハワイでおこった楽器。▼英語 ukulele

うけ【受け】名詞 ❶受けること。受けるもの。例 ゆうびん受け。参考 ほかの言葉につけて用いる。❷ひょうばん。人気。例 ファンの受けがいい。

うけあい【請け合い】名詞 ❶引き受けること。❷たしかだと責任をもって言うこと。例 うまくいくことは請け合いだ。

うけあう【請け合う】動詞 ❶責任をもって引き受ける。例 四か月で家をたてると請け合った。❷たしかだと保証する。例 この人の人がらはぼくが請け合う。活用 うけあ・う。

うけいれる【受け入れる】動詞 ❶受け取って、おさめる。例 困難を受け入れる。❷〔人の意見・要求などを〕聞き入れる。例 願いを受け入れる。❸引きとって、むかえる。例 支援物資を受け入れる。活用 うけい・れる。

うけうり【受け売り・請け売り】名詞 する動詞 人の考えや話を、自分の考えや話のようにして言うこと。例 人の受け売りでなく、自分の意見を言う。

うけおい【請負】名詞 建築・土木工事などの仕事を引き受けること。例 地下鉄工事の請負をする。注意 送りがなをつけない。

うけおう【請け負う】動詞 期日や費用をはじめに決めて、仕事のすべてを引き受ける。例 急ぎの工事を請け負う。活用 うけお・う。

うけぐち【受け口】名詞 物を受け入れるための口。例 ポストの受け口。

うけこたえ【受け答え】名詞 する動詞 たずねられたことに答えること。例 はっきりと受け答えする。

うけざら【受け皿】名詞 ❶器からこぼれた水などをうける皿。例 ティーカップの受け皿。❷ある物事を受け入れる準備。例 引退した選手の、その後の受け皿となる。

うけたまわる【承る】動詞 ❶「聞く」のへりくだった言い方。例 ご意見を承りました。❷「受ける」「引き受ける」のへりくだった言い方。例 年賀状の印刷を承ります。注意 送りがなに気をつける。活用 うけたまわ・る。

うけつぐ【受け継ぐ】動詞 〔仕事などを〕前の人から引き受けて、続ける。例 父の仕事を受け継ぐ。類 引きつぐ。活用 うけつ・ぐ。

うけつけ【受け付け】名詞 ❶〔申しこみなどを〕受けつけること。例 願書の受け付けは明日までだ。❷よそからきた人の用事をとりつぐところ。また、その係の人。例 受付係。注意 ②のときは「受付」と書く。

うけつける【受け付ける】動詞 ❶〔申しこみ・書類などを〕受け取る。例 入学願書を受け付ける。❷〔人の意見や要求を〕聞き入れる。例 友人の説得も受け付けない。❸〔病人が〕薬や食べ物を体にとり入れる。例 もう水さえも受け付けない。参考 ③は、ふつう「受け付けない」

ム」といいます。

の形で用いる。活用 うけつ・ける。

うけとめる【受け止める】動詞 ❶向かってくるものを受けて、いきおいを止める。例 はやいボールを受け止める。❷しっかりと受けて、とらえる。例 事実として受け止める。活用 うけと・める。

うけとり【受け取り】名詞 ❶受け取ること。例 荷物の受け取りをたのむ。❷お金や品物を受け取ったしるしの書きつけ。注意 ②の意味では「受取」と書く。

うけとりにん【受取人】名詞 お金や品物を受け取る人。注意 送りがなをつけない。

うけとる【受け取る】動詞 ❶手にとって、おさめる。例 おつりを受け取る。❷ある意味に考える。例 人の話を悪く受け取る。活用 うけと・る。

うけながす【受け流す】動詞 まともに相手をしないで、てきとうに受ける。例 非難の言葉を軽く受け流す。活用 うけなが・す。

うけにいる【有けに入る】慣用句 幸運にめぐまれる。運が向く。例 連戦連勝ですっかり有けに入る。参考 中国の昔の考え方で、「有け」とは幸運が続く七年間のこと。注意 「入る」を「はいる」と読まないこと。

うけみ【受け身】名詞 ❶ほかから働きかけられること。また、その立場。例 受け身の態度。❷柔道で、けがをしないようにたおれる、わざ。例 受け身をとる。❸文法で、ほかの人から動作を受ける意味。「愛される」「ほめられる」のように、助動詞の「れる・られる」などで表す。

うけみぶん【受け身文】名詞 「受け身③」で表される文。

うけもち【受け持ち】名詞 受け持つこと。また、引き受けた仕事や人。例 受け持ちの先生。類 分担。

うけもつ【受け持つ】動詞 自分の仕事として引き受ける。担当する。例 衣装係を受け持つ。活用 うけも・つ。

¹うける【受ける】動詞 ❶ささえて止める。例 ボールを胸で受けた。❷ほかから、働きかけられる。働きかけられて、それにおうじる。例 相談を受ける。／試験を受ける。❸あとをつぐ。受けつぐ。例 父の遺志を受けて、商売を続ける。❹〔ある働きが〕自分の身におよぶ。あたえられる。例 恩恵を受ける。／えいきょうを受ける。❺よいひょうばんをえる。人気がある。例 文化祭で一番受けた。活用 う・ける。⇩使い分け。

²うける【請ける】動詞 仕事をする約束をする。例 工事を請ける。活用 う・ける。⇩使い分け。

うけわたし【受け渡し】名詞 する動詞 ❶一方の人がわたして、相手が受け取ること。❷代金を受け取って、品物をわたすこと。

うげん【右舷】名詞 船の後ろから前を見て、右側のふなべり。対 左舷。

うご【羽後】地名 昔の国の名。今の秋田県と山形県の一部に当たる。

うごうのしゅう【烏合の衆】故事成語 まとまりのない、よせ集めの人々。または、そのような軍勢。参考 中国の昔の言葉。「烏合」は、カラスの集まりのようにまとまりがないこと。漢字 烏合の衆。

使い分け　うける

●あたえられる。
ショックを受ける。

●仕事をする約束をする。
工事を請ける。

うごかす【動かす】動詞 ❶場所や位置を変える。例 つくえを動かす。❷ゆすぶる。ゆする。例 風が花を動かす。❸様子を変える。例 表情を動かす。❹感動させる。感心させる。例 その演奏は、わたしの心を動かした。❺活動するようにさせる。例 社会を動かす。❻運転する。例 機械を動かす。活用 うごか・す。

うごき【動き】名詞 ❶動くこと。動いている様子。例 動きがおそい。❷うつりかわり。例 社会の動きに目を向ける。

うごきがとれない【動きが取れない】慣用句 自分の思いどおりに活動ができない。例 仕事が多すぎて動きが取れない。

うごきまわる【動き回る】動詞 ❶動いて、あちらこちらに行く。例 けがが治ったばかりだ

う
あいうえお
かきくけこ
さしすせそ
たちつてと
なにぬねの
はひふへほ
まみむめも
や
ゆ
よ
らりるれろ
わ
を
ん

ことばあそび　アナグラム　文字のじゅんばんを入れかえて、別のことばを作るあそびを「アナグラ

から、まだ、あまり動き回らない方がいい。❷活動する。例毎日、いそがしく動き回る。活用うごきまわ・る。

うごく【動く】 動詞 ❶位置を変える。位置が変わる。例車が動く。❷ゆれる。例カーテンが風で動く。❸〔物事の〕様子が変わる。例世の中ははげしく動いている。❹心がゆれて、変わる。例気持ちが動いた。❺働く。活動する。例積極的に動く。❻働きをする。例エンジンが動く。活用うご・く。

うごのたけのこ【雨後の竹の子】 慣用句 〔雨がふった後に、地面からたけのこがよく出るように〕次々と同じような物事があらわれることのたとえ。例雨後の竹の子のように、新しいビルがたつ。参考「たけのこ」は、「筍」とも書く。

うごめかす 動詞 〔体の一部などを〕ぴくぴく動かす。参考多く、鼻についていう。活用うごめか・す。

うごめく 動詞 〔いも虫などがはうように〕全体がたえず小さく動く。例何かがうごめく気配がする。活用うごめ・く。

うさぎ 名詞 ウサギ科の動物。耳が長く、後ろ足が発達している。草などを食べる。漢字兎。

うさばらし【憂さ晴らし】 名詞 する動詞 いやな気持ちをわすれるために、何かをすること。気晴らし。例憂さ晴らしに魚つりをする。

うさんくさい【う散臭い】 形容詞 〔見た感じが〕どことなく、あやしい。例う散臭い男だ。活用うさんくさ・い。漢字胡散臭い。

うし¹【牛】 名詞 ウシ科の動物。草などを食べ、反すうをする。力が強い。家畜としてかわれ、ちちや肉を食用にする。例二頭の牛。

うし²【丑】 名詞 ❶十二支の二番目。❷昔の時刻のよび名で、今の午前二時ごろ。また、その前後二時間。❸昔の方角のよび名で、北北東。⇩593ページ・十二支（図）。

うじ¹ 名詞 ハエやハチなどのよう虫。体はつつ形で白く、足がない。うじむし。参考特に、ハエの幼虫をいう。

うじ²【氏】 ━ 名詞 ❶血すじのつながった人々。氏族。❷家がら。═ 接尾語 相手をうやまってよぶとき、その人の名字の下につける言葉。例山田氏。参考═は、古い言い方。

うじうじ 副詞(-と) する動詞 決断力がなくて、ためらってばかりいるようす。例うじうじして、なかなか行動しない。類ぐずぐず。もじもじ。

うしお 名詞 ❶海の水。❷海水が満ちたり引いたりすること。また、その動き。類①②潮。

うしかい【牛飼い】 名詞 牛を飼ったり使ったりする人。

うじがみ【氏神】 名詞 ❶血すじのつながった人々がその先祖としてまつる神。❷その土地やそこに生まれた人々を守る神。ちんじゅの神。うぶすな神。

うじこ【氏子】 名詞 同じ氏神に守られて、その土地に住んでいる人々。

うじすじょう【氏素姓】 名詞 家がらや家系・経歴。

うしなう【失う】 動詞 ❶〔持っていたものや、あったものなどを〕なくす。例財産を失う。❷わからなくなる。例にげ場を失った。❸とりにがす。例話すチャンスを失った。❹〔人を〕なくす。死なせる。例事故で友人を失う。注意送りがなに気をつける。活用うしな・う。

うしにひかれてぜんこうじまいり【牛に引かれて善光寺参り】 ことわざ 他人からさそわれて、知らないうちに良い方へみちびかれることのたとえ。また、本心で始めたことではないが、その事に熱心になることのたとえ。語源神仏を信じていないおばあさんが、牛を追いかけているうちに善光寺に着き、神仏を信じるようになったという話から。

うしのあゆみ【牛の歩み】 慣用句 〔牛が歩くように〕物事の進み具合がおそいことのたとえ。例工事は、まさに牛の歩みだ。

うしへん【牛偏】 名詞 漢字の部首の一つ。「物」「特」「牧」などの左側の「牛」の部分。

うしみつどき【うし三つ時】 名詞 昔の時刻のよび名で、今の午前二時から二時半ごろ。また、真夜中のこと。

うじゃうじゃ 副詞(-と) する動詞 ❶〔小さい虫などが〕たくさん集まって動いているようす。例アリがうじゃうじゃいる。❷いつまでもしつこく言うようす。例くだらないことをうじゃうじゃ言うな。参考くだけた言い方。

うじよりそだち【氏より育ち】 ことわざ りっぱな人間になるには、家がらより、育つかんきょうや教育の力の方が大きいということ。

うしろ【後ろ】名詞 ❶正面と反対の方。例母の後ろを歩く。対前。❷せなか。例後ろのボタンをとめる。注意 送りがなに注意する。

うしろあし【後ろ足】名詞 四本の足をもつ動物の、後ろの方の足。あとあし。

うしろがみ【後ろ髪】名詞 頭の後ろの方に生えている毛。対前髪。ことば ⇩「後ろ髪を引かれる」

うしろがみをひかれる【後ろ髪を引かれる】慣用句〔髪の毛を後ろに引っぱられるように〕後のことが気になって、心が残る。例後ろ髪を引かれる思い。

うしろぐらい【後ろ暗い】形容詞 人に知れたらとがめられるようなひみつをもっているようす。活用 うしろぐら・い。

うしろすがた【後ろ姿】名詞 後ろから見た人のすがた。例母の後ろ姿が見えた。

うしろだて【後ろ盾】名詞 かげで力をかして助けること。また、助ける人。

うしろで【後ろ手】名詞 両手を後ろに回すこと。例後ろ手にしばり上げる。

うしろまえ【後ろ前】名詞 後ろと前とが反対になること。例セーターを後ろ前に着ていた。

うしろむき【後ろ向き】名詞 ❶こちらに後ろを向けていること。例後ろ向きにすわる。❷物事の進歩にさからうような、消極的な態度をとること。例後ろ向きの考え方。対①②前向き。

うしろめたい【後ろめたい】形容詞 人に悪いことをしたと感じて、反省する気持ちをもつようす。例本当のことを言わなかったので後ろめたい。活用 うしろめた・い。

うしろゆびをさされる【後ろ指を指される】慣用句 かげで悪口を言われる。例人から後ろ指を指されるようなことをしてはいけない。語源 見えない後ろ側から指を指されるということから。

うしろをみせる【後ろを見せる】慣用句 こわかったり負けたりして、にげ出す。例敵に後ろを見せる。

うす¹【臼】名詞 ❶木や石をくりぬいて作り、きねを使ってその中でもちをついたり、穀物をくだいたりする道具。つきうす。⇩図。❷石を二つ重ね、その間に米や豆などを入れて、上の石を回してこなにする道具。ひきうす。石うす。⇩図。

きね

臼①

臼②

うす²【薄】接頭語《ある言葉の上につけて》❶色や味、物の厚みなどがうすい意味を表す言葉。例薄べに色。❷ちょっと。少し。例薄暗い部屋の中。

うず【渦】名詞 ❶中心に向かって輪のように回る水の流れ。また、そのような形。❷物事がはげしく動いて、ふくざつなようす。例事件の渦にまきこまれた。

うすあかり【薄明かり】名詞 ❶かすかな光。例戸のすき間から薄明かりがもれる。❷日の出前や日の入り前の、かすかな明るさ。例明け方の薄明かり。

うすあかるい【薄明るい】形容詞 少し明るい。例東の空が、次第に薄明るくなる。対薄暗い。活用 うすあかる・い。

うすい¹【雨水】名詞 二十四節気の一つ。昔のこよみで、雪が雨になり、草木の芽が出るとされるとき。二月十八日、十九日ごろ。⇩口絵6ページ。

うすい²【薄い】形容詞 ❶厚みが少ない。例薄い紙。対厚い。❷色や味があっさりしている。例薄いピンク。／薄い味。対濃い。❸物事のていどが少ない。例興味が薄い。／薄く日がさす。活用 うす・い。

うすうす【薄薄】副詞 はっきりとではないが、少しわかっているようす。例いやがっているとは薄々わかっていた。参考 ふつう「薄々」と書く。

うずうず 副詞(-と) する動詞 したいことがあって、心が落ち着かないようす。例早く海へ行きたくてうずうずしている。類むずむず。

うすがみをはぐように【薄紙を剝ぐように】慣用句 病気などが、少しずつよくなって

ことばあそび　アナグラム❶　タイヤ↔やたい↔やいた

いくようす。

うすぎ【薄着】名詞 する動詞 寒い季節に衣服を少ししか着ていないこと。対 厚着。

うすぎたない【薄汚い】形容詞 何となくよごれている。例 薄汚い身なり。活用 うすぎたな・い。

うすきみわるい【薄気味悪い】形容詞 何となく気味が悪い。例 夜の墓地は薄気味悪い。活用 うすきみわる・い。

うずく 動詞 ずきずきと、いたむ。また、心がもやもやする。例 きずがうずく。活用 うず・く。

うすくち【薄口】名詞 ❶料理などの味つけがうすいこと。例 薄口のおすい物。❷「うすくちしょうゆ」の略。❸物の厚さなどがうすいこと。例 薄口の湯飲み。

うずくまる 動詞 ひざをまげ、体を小さくまるめて、しゃがむ。例 その場にうずくまる。活用 うずくま・る。

うすぐもり【薄曇り】名詞 うすい雲が空全体をおおっていること。また、そのような天気。例 薄曇りの空。

うすぐらい【薄暗い】形容詞 少し暗い。例 薄暗いろうか。対 薄明るい。活用 うすぐら・い。

うすくらがり【薄暗がり】名詞 少し暗くなっているところ。例 薄暗がりで目をこらす。

うすげしょう【薄化粧】名詞 する動詞 ❶目立たないように、うすくけしょうをすること。対 厚化粧。❷雪で山が少し白くなること。例 初雪で薄化粧をした山。

うすごおり【薄氷】名詞 うすくはった氷。例 池に薄氷がはる。

うすじ【薄地】名詞 布などの厚さが、ややうすいこと。例 薄地のウール。対 厚地。

うずしお【渦潮】名詞 うずをまいて流れる海水。例 鳴門海峡の渦潮。

うすずみ【薄墨】名詞 うすい色の墨。また、そのような色。例 薄墨色。

うずたかい 形容詞 もり上がって高くなっている。例 うずたかくつまれた本。活用 うずたか・い。

うすっぺら【薄っぺら】形容動詞 ❶たよりないほど、うすいようす。例 薄っぺらなふとん。❷考えなどが浅く、しっかりしていないようす。例 薄っぺらな人間。類 軽薄。あさはか。参考 ①②くだけた言い方。

うすで【薄手】一 形容動詞 紙・布・焼き物などの厚みの少ないこと。また、厚みの少ないもの。例 薄手の茶わん。／薄手の布。対 厚手。二 名詞 戦いなどで受けた、浅いきず。類 浅手。対 深手。

うすばかげろう【薄羽かげろう】名詞 ウスバカゲロウ科のこん虫。体が細長く、羽はとうめい。よう虫は「ありじごく」とよばれる。

うすび【薄日】名詞 弱い日ざし。ことば「薄日がさす」

うずまき【渦巻き】名詞 中心に向かって、輪のようにぐるぐる回って流れる水の動き。また、その形。

うずまく【渦巻く】動詞 ❶水の流れがうずまきの形になる。例 にごった水が渦巻いて流れる。❷気持ちなどがはげしく動く。例 欲望が渦巻く。活用 うずま・く。

うずまる 動詞 ❶物におおわれて見えなくなる。物の下になる。❷すきまなく、いっぱいになる。例 見物人で道路がうずまる。活用 うずま・る。

うすめ【薄目】名詞 目を細くあけること。細目。

うすめる【薄める】動詞 〔色・味などを〕うすくする。例 水で薄める。活用 うす・める。

うずめる 動詞 ❶物でおおって見えなくする。例 土の中にごみをうずめる。❷すきまなく、いっぱいにする。例 スタンドをうずめたファンの大声援。活用 うず・める。

うずもれる 動詞 ❶物におおわれて、かくれる。❷〔ねうちのある人や物が〕世の中に知られないでいる。例 うずもれた人材をさがす。活用 うずも・れる。

うすやみ【薄闇】名詞 うっすらとした暗さ。何とか物の見分けがつくほどの暗さ。例 薄闇につつまれる。

うすよごれる【薄汚れる】動詞 何となくよごれる。少しよごれる。例 手あかで薄汚れた本。活用 うすよご・れる。

うずら 名詞 キジ科の鳥。体はこげ茶色。たまごは小さく、食用にする。

うすらぐ【薄らぐ】動詞 少なくなる。うすくなる。例 寒さが薄らぐ。活用 うすら・ぐ。

うすらさむい【薄ら寒い】形容詞 何となく寒い。例 薄ら寒い日。類 はだ寒い。活用 うすら

さむ・い。

うすれる【薄れる】動詞 少なくなる。弱くなる。例効果が薄れる。活用 うす・れる。

うすわらい【薄笑い】名詞 する動詞 〔声を出さず〕かすかに笑うこと。また、そのような笑い。例薄笑いをうかべて、こちらを見ている。参考 人をばかにしたような感じをあたえる。

うせつ【右折】名詞 する動詞 道路などを右に曲がること。例交差点で右折する。対左折。

うせる【失せる】動詞 なくなる。消える。例血の気が失せる。／気力が失せる。参考「失せろ」は、「出て行け」という意味の、らんぼうな言い方。活用 う・せる。

うぜん【羽前】地名 昔の国の名。今の山形県の大部分に当たる。

うそ 名詞 ❶〔人をだますために〕本当でないことを言うこと。また、その言葉。ことば「うそをつく（＝うそを言う）」❷まちがっていること。正しくないこと。例うそ字。❸《「うそのよう」などの形で》信じられないくらいに、ふしぎだ。例うそのように晴れた。漢字 嘘。

うぞうむぞう【有象無象】四字熟語 ❶世の中のすべてのもの。❷どこにでもいる、つまらない人たち。例有象無象の集まり。注意「うしょうむしょう」と読まないこと。

うそからでたまこと【うそから出たまこと】ことわざ はじめはうそのつもりで言ったことが、いつのまにか本当になること。類ひょうたんからこま。

うそさむい【うそ寒い】形容詞 何となく寒々としている。うすら寒い。例かれ木ばかりが目につくうそ寒い風景。活用 うそさむ・い。

うそじ【うそ字】名詞 まちがった字。正しくない字。例うそ字を書く。類誤字。

うそつき 名詞 うそを言うこと。また、その人。対正直。

うそつきはどろぼうのはじまり【うそつきは泥棒の始まり】ことわざ うそをついてもはじと思わない人は、ついにはどろぼうをするようになるということ。

うそなき【うそ泣き】名詞 する動詞 本当に泣くのではなく、泣くふりをすること。例弟のうそ泣きにだまされた。

うそはっぴゃく【うそ八百】名詞 たくさんのうそ。ことば「うそ八百をならべる（＝やたらに、うそを言う）」参考「八百」は、数が多いことを表す。

うそぶく 動詞 ❶知らないふりをする。例無関係だとうそぶく。❷大げさなことを言う。例一人で千人たおすとうそぶく。❸詩や歌を口ずさむ。参考 ❸は古い言い方。注意 漢字では「嘯く」と書く。「うそ吹く」ではない。活用 うそぶ・く。

うそもほうべん【うそも方便】ことわざ 目的をはたすために、うそをつかなければならないときもある。

うた[1]【歌】名詞 ❶言葉にふしをつけて歌うこと。また、その言葉。例子守歌。❷和歌。例歌をよむ。⇩使い分け。

うた[2]【唄】名詞 邦楽や民謡。例長唄。／小唄。⇩使い分け。

うたい【謡】名詞 ➡1341ページ・ようきょく（謡曲）。

うたいあげる【歌い上げる】動詞 ❶詩や短歌などにうまく表す。例感動を詩に歌い上げる。❷強めて言い表す。例薬のききめを歌い上げるコマーシャル。活用 うたいあ・げる。

うだいじん【右大臣】名詞 昔、政治をおこなっていた役目の一つ。左大臣の次の位。

うたいだす【歌い出す】動詞 歌い始める。例とつぜん歌い出す。活用 うたいだ・す。

うたいて【歌い手】名詞 歌を歌う人。または、歌手。

うたう[1] 動詞 ❶多くの人にわかるように言ったり書いたりする。例日本国憲法では戦争をしないことをうたっている。❷多くの人がほめたたえる。例名優とうたわれた役者。活用 うた・う。

使い分け　うた

●ふしのついた言葉。だれもが知っている歌。

●邦楽や民謡。長唄は江戸時代から伝わる音楽だ。

ことばあそび　アナグラム❷　イルカ↔いかる↔かるい

2**うたう**【歌う】動詞 ❶言葉にふしをつけて声に出す。例校歌を歌う。❷和歌や詩につくる。例風景を歌う。❸さえずる。鳴く。例花がさき、鳥が歌う。活用うた・う。⇩使い分け。

3**うたう**【謡う】動詞 謡曲を声に出す。例祖父が謡曲を謡った。活用うた・う。⇩使い分け。

うたがい【疑い】名詞 ❶あやしいと思うこと。例ぼくに疑いがかかった。❷そうではないかと思うこと。例インフルエンザの疑いがある。

うたがう【疑う】動詞 ❶あやしいと考える。たしかでないと思う。例インターネットの情報を疑う。❷そうではないかと考える。例犯人ではないかと疑う。活用うたが・う。

うたがるた【歌がるた】名詞 小倉百人一首などの和歌が書いてある、かるた。読み札には和歌の全部の句、取り札には下の句が書いてある。

使い分け　うたう

●ふしをつけて声に出す。
校歌を歌う。

●謡曲を声に出す。
謡曲を謡う。

うたがわしい【疑わしい】形容詞 ❶あやしい。❷本当かどうかはっきりしない。例実験の成功は疑わしい。活用うたがわし・い。

うたがわひろしげ【歌川広重】人名（一七九七〜一八五八）江戸時代の終わりごろの浮世絵師。風景画に独特の画風をひらき、日本だけでなく西洋の画家にもえいきょうをあたえた。「東海道五十三次」が有名。安藤広重ともいう。

うたぐりぶかい【うたぐり深い】形容詞「疑い深い」のくだけた言い方。疑う気持ちが強い。例うたぐり深い目で見ている。活用うたぐりぶか・い。

うたぐる 動詞「疑う」のくだけた言い方。例人をうたぐるなよ。活用うたぐ・る。

うたげ【宴】名詞 集まって飲食をする会。

うたごえ【歌声】名詞 歌を歌っている声。

うたたね【うたた寝】名詞 する動詞 ねどこに入らないで、うとうとねること。例こたつに入ってうたた寝する。類居眠り。

うだつがあがらない【うだつが上がらない】慣用句 思うように地位が上がったり生活がよくなったりしない。例このままでは、わたしは一生うだつが上がらない。語源㋐「うだつ」は、屋根のはりの上に立てて棟木をささえる、短い柱のこと。いつも大きな棟木におさえられていることからいう。㋑また、火事をふせぐために、高くつくったかべのこと。これがあるのは、ゆたかな家であったことから。⇩図。

棟木
垂木
うだつ
はり

うだつ

うたはよにつれよはうたにつれ【歌は世につれ世は歌につれ】ことわざ 流行歌は世の中の動きにつれて生まれ、世の中はそのときの流行歌によって動かされる。世にはやる歌は、世の中のことをうまく表しているものだ、という意味。

うだる 動詞 ❶あつい湯の中で煮える。ゆだる。例たまごがうだる。❷〔暑さで〕ぐったりする。活用うだ・る。

うたわれる 動詞 ❶多くの人に、ほめたたえられる。例文豪とうたわれた作家。❷はっきりとしめされている。例憲法には言論の自由がうたわれている。活用うたわ・れる。

1**うち**【内】名詞 ❶物の中。例となりのかきねの内をのぞいた。対外。❷自分の家。自分の家庭。例学校からうちへ帰ってきた。対よそ。❸…の間。…以内。例今のうちに行っておいで。参考㋐②は、ひらがなで書くこともある。㋑③は、ひらがなで書くことが多い。

2**うち**【打ち】接頭語《動詞の上につけて》意味を強めたり、語調を整えたりする言葉。例波が打ち寄せる。

うちあげ【打ち上げ】名詞 ❶打ち上げること。例ロケットの打ち上げに成功する。❷もよ

おしや事業などを終えること。また、それをねぎらう会。例コンサートの打ち上げ。

うちあけばなし【打ち明け話】名〔今まで人に話さずにいたことを〕かくさずに語る話。

うちあげはなび【打ち上げ花火】名 つつを使って空高く打ち上げる花火。

うちあける【打ち明ける】動〔なやみなどを〕かくさずに、すっかり話す。例親友にひみつを打ち明ける。活用 うちあ・ける。

うちあげる【打ち上げる】動 ❶いきおいよく上げる。例花火を打ち上げる。❷打って高く上げる。例ボールを打ち上げる。❸波が物を陸に運び上げる。例コンブが海岸に打ち上げられた。❹しばいや相撲などのもよおしを終わりにする。例春場所のすもうを打ち上げた。活用 うちあ・げる。

うちあわせ【打ち合わせ】名 前もって相談すること。例文化祭の打ち合わせをする。

うちあわせる【打ち合わせる】動 ❶前もって相談する。例細かいことまで打ち合わせる。❷物と物とをぶつける。活用 うちあわ・せる。

うちいり【討ち入り】名 敵の陣地に入りこんで、せめること。例赤穂浪士の討ち入り。

うちいわい【内祝い】名 ❶家族や親せきの人だけでいわうこと。❷自分の家のめでたいことを記念して品物をおくること。また、その品物。

うちうち【内内】名 ❶身近な者だけであること。例内々の話。❷世の中に知らせず、親しい人たちだけですること。内々。例内々でおいわいをすませる。注意 ふつう「内々」と書く。

うちうみ【内海】名 陸地に深く入りこんだ海。内海。対外海。

うちおとす【打ち落とす】動 ❶たたいて落とす。例クリの実を打ち落とす。❷首などを、切って落とす。例敵の大将の首を打ち落とす。❸鉄ぽうなどで、うって落とす。例飛ぶ鳥を打ち落とす。参考 ③は「撃ち落とす」とも書く。活用 うちおと・す。

うちかえす【打ち返す】動 ❶相手に打って返す。例テニスボールを打ち返す。❷〔たたかれて〕たたき返す。例友だちのかたを打ち返す。❸くり返す。例母に打ち返し話しかける。❹田や畑をたがやす。例畑を打ち返して種をまく。❺古いわたをまた使えるように打ってやわらかくする。例ふとんを打ち返す。❻海などで、いったん引いた波がまたよせる。例たえまなく打ち返す波。活用 うちかえ・す。

うちかつ【打ち勝つ】動 ❶「勝つ」を強めた言い方。❷〔苦しみや困難を〕乗りこえる。例きょうふに打ち勝つ。❸〔野球で〕打力によって勝つ。例相手のチームに打ち勝った。活用 うちか・つ。

うちがわ【内側】名 物の内の方。例ドアの内側。対外側。

うちき【内気】名 形容動詞 気が弱くて、人前で進んで物事ができないこと。例内気な子。

うちきる【打ち切る】動 ❶勢いよく切る。たたき切る。❷あるところまでで終わりにする。例番組を打ち切る。活用 うちき・る。参考「打ち」は意味を強める言葉。

うちきん【内金】名〔買うように決めたしるしに〕前もってしはらう代金の一部。

うちくだく【打ち砕く】動 ❶強くたたいて、こなごなにする。例岩を打ち砕く。❷完全にこわして、だめにする。例野望を打ち砕く。活用 うちくだ・く。参考「打ち」は意味を強める言葉。

うちけし【打ち消し】名 ❶そうではないと言うこと。例うわさの打ち消しに、やっきになる。❷文法で、①の言い方をさす言葉。「食べない」の「ない」など。

うちけす【打ち消す】動 ❶「消す」を強めた言い方。❷そうではないと言う。例そのうわさはうそだと打ち消した。活用 うちけ・す。

うちこむ【打ち込む】動 ❶打って中に入れる。例くぎを打ち込む。❷一つのことに、全力をつくす。例野球の練習に打ち込む。❸たくさん打つ。例相手のピッチャーを打ち込む。活用 うちこ・む。

うちころす【打ち殺す】動 ❶「殺す」を強めた言い方。❷たたいて殺す。❸鉄ぽうをうち、たまを当てて殺す。例ピストルで打ち殺す。活用 うちころ・す。参考 ③は「撃ち殺す」とも書く。

うちこわし【打ち壊し】名 ❶たたいて、こわすこと。❷江戸時代、まずしい人々が米屋などをおそい、家屋をこわした暴動。参考 ⇩91ページ・一揆。

ことばあそび アナグラム③ 教科書（きょうかしょ）↔許可証（きょかしょう）

うちしずむ【打ち沈む】動詞 ゆううつになって、すっかり元気がなくなる。例 悲しみに打ち沈む。参考「打ち」は意味を強める言葉。活用 うちしず・む。

うちじに【討ち死に】名詞 する動詞 〔武士が〕戦場で敵と戦って死ぬこと。類 戦死。

うちじゅう【うち中】名詞 ❶家の中のすべて。例 うち中さがし回る。❷家族の全員。例 うち中で旅行に出かける。

うちぜい【内税】名詞 商品の価格に消費税がふくまれていること。対 外税。

うちそろう【打ちそろう】動詞「そろう」を強めた言い方。全員がそろう。例 打ちそろって出かける。活用 うちそろ・う。

うちだし【打ち出し】名詞 ❶すもうやしばいなどで、一日の興行の終わり。語源 たいこを打つことからいう。❷紙やうすい金属の板などをうらからたたいて、もようをうき出させること。また、それに用いる型。

うちだす【打ち出す】動詞 ❶考えややり方をはっきりとしめす。例 新しい方針を打ち出す。❷金属の板や紙などをうらからたたいて、もようをうかび上がらせる。活用 うちだ・す。

うちたてる【打ち立てる】動詞 ❶「立てる」を強めた言い方。❷初めてつくる。例 新記録を打ち立てる。活用 うちた・てる。

うちつける【打ち付ける】動詞 ❶くぎなどを打って、しっかりととめる。例 くぎで表札を打ち付ける。❷強くぶつける。例 柱に頭を打ち付ける。活用 うちつ・ける。

うちつづく【打ち続く】動詞 ずっといつまでも続く。例 打ち続く戦乱。参考「打ち」は意味を強める言葉。活用 うちつづ・く。

うちでし【内弟子】名詞 先生の家に住みこんで、家事の手伝いをしながら芸事などの教えを受ける人。例 落語家の内弟子になる。

うちでのこづち【打ち出の小づち】名詞 〔「一寸法師」などの昔話の中で〕手に持ってふるとほしいものが出てきたり、願いごとがかなったりする小さなつち。

うちとける【打ち解ける】動詞 心から親しくなる。例 長くいっしょにいるうちに打ち解けてきた。活用 うちと・ける。

うちとる【討ち取る・打ち取る】動詞 ❶武器を使って相手をころす。例 敵の大将を討ち取る。❷〔競技で〕相手を負かす。例 バッターを三振に打ち取った。参考 ふつう、①は「討ち取る」、②は「打ち取る」と書く。活用 うちと・る。

うちならす【打ち鳴らす】動詞 強く打って音を出す。例 火事を知らせるかねを打ち鳴らす。参考「打ち」は意味を強める言葉。活用 うちなら・す。

うちにわ【内庭】名詞 建物などに囲まれた庭。中庭。

うちぬく【打ち抜く】動詞 ❶つきさして、あなをあける。例 くぎが板を打ち抜く。❷厚紙や金属の板に型を当てて、その形をぬき出す。例 厚紙を花型に打ち抜く。❸予定した最後の日までおこなう。例 ストライキを打ち抜く。❹間にあるものを取りのぞく。例 二部屋を打ち抜いた大広間。活用 うちぬ・く。

うちのめす【打ちのめす】動詞 ❶立ち上がれなくなるほど強くなぐる。例 ちょうせん者を打ちのめす。❷大きな差をつけて、相手を負かす。❸〔大きな損害やきずをあたえて〕立ち上がれなくさせる。がっかりさせる。例 台風に打ちのめされる。活用 うちのめ・す。

うちのり【内のり】名詞 〔箱や、ますなどの〕内側の長さ。たて・横・深さについていう。対 外のり。⇩図。

うちはらう【打ち払う】動詞 ❶たたいて落とす。はらって落とす。例 植木につもった雪を打ち払う。❷敵を追いちらす。例 せめよせる敵軍を打ち払う。活用 うちはら・う。

うちばり【内張り】名詞 する動詞 内側に紙や布をはること。例 内張りして強くする。

うちひしがれる【打ちひしがれる】動詞 気力やいきおいが、すっかりなくなる。例 絶望に打ちひしがれる。参考「打ち」は意味を強める言葉。活用 うちひしが・れる。

うちふる【打ち振る】動詞「振る」を強めた言い方。はげしくふる。例 しっぽを打ち振る。活用 うちふ・る。

うちぶろ【内風呂】名詞 建物の中にある、ふろ。また、自分の家にある、ふろ。例 昔は内風呂のある家は少なかった。対 外風呂。

うちべんけい【内弁慶】名詞 自分の家の中ではいばっているが、外ではおとなしいこと。また、そのような人。例 兄は内弁慶だ。参考 ア「弁慶」は、源義経につかえたといわれる人物。とても強かったとされる。イ「内弁慶の外地蔵」「陰弁慶」ともいう。

うちポケット【内ポケット】名詞 衣服の内側についているポケット。例 内ポケットにさいふを入れる。

うちまく【内幕】名詞〔外から見てもわからない〕中の様子。内情。例 政界の内幕。

うちまご【内孫】名詞 自分のあとをつぐ夫婦の間に生まれた子ども。参考 ア「ないそん」ともいう。イ同じ家に住むことからいう。

うちまた【内股】名詞 ❶ももの内がわ。内もも。❷足の先を内側に向けた歩き方。例 内股でしとやかに歩く。❸じゅうどうで、自分の足を相手の内ももにかけてたおす、わざ。

うちみ【打ち身】名詞 体を強くうったとき、ひふの内側にできるきず。打ぼく傷。

うちみず【打ち水】名詞 ほこりがたたないようにしたり、すずしくしたりするために、庭や道路に水をまくこと。また、その水。

うちむらかんぞう【内村鑑三】人名（一八六一～一九三〇）明治時代から大正時代にかけての学者・思想家。無教会主義という新しいキリスト教の考え方をとなえた。

うちやぶる【打ち破る】動詞 ❶「破る」を強めた言い方。うちこわす。例 戸を打ち破って入る。❷せめて負かす。例 敵を打ち破る。活用 うちやぶ・る。参考 ②は「撃ち破る」とも書く。

うちゅう【宇宙】名詞 地球・太陽・星などのある、はてしない広がりをもった世界。

うちゅうじん【宇宙人】名詞 地球以外の天体にいるかもしれないと考えられている生物のうち、人間に似たすがたのもの。

うちゅうステーション【宇宙ステーション】名詞 宇宙でいろいろな作業をするために、人工衛星につくられた基地。

うちゅうせん【宇宙船】名詞 人間が宇宙の空間をとぶための乗り物。

うちゅうひこうし【宇宙飛行士】名詞 宇宙をとぶために特別のくんれんを受けた人。

うちゅうゆうえい【宇宙遊泳】名詞 宇宙船や宇宙ステーションの外で作業をするために、人間が宇宙にうかび、泳ぐこと。

うちょうてん【有頂天】名詞 形容動詞 すっかりよろこんで、夢中になること。例 入選し、有頂天になっている。参考「頂天」は、仏教でもっとも上にあるところ。注意「有頂点」と書かないこと。

うちよせる【打ち寄せる】動詞「寄せる」を強めた言い方。よせてくる。例 岩に荒波が打ち寄せる。活用 うちよ・せる。

1 **うちわ** 名詞 ❶あおいで風をおくる道具。竹のほねに、紙やきぬをはって、柄をつける。❷すもうで行司がもつ道具。軍配うちわ。

2 **うちわ**【内輪】名詞 ❶親しい仲間同士。また、身内。例 内輪だけの集まり。❷少なめであること。例 費用は内輪に見つもっても十万円はかかる。

うちわけ【内訳】名詞 かかったお金や品物の内容などを、細かく分けたもの。

うちわもめ【内輪もめ】名詞 家族や仲間の間で起こる争い。内輪げんか。

1 **うつ**【鬱】名詞 心が暗くなり、晴れ晴れしないこと。例 鬱状態。

2 **うつ**【打つ】動詞 ❶強く当てる。強くたたく。例 柱にぶつかって、頭を打つ。❷感動させる。例 先生の言葉が、ぼくの心を打った。❸ある物事をおこなう。例 囲碁を打つ。❹たたいて、はめこむ。例 くぎを打つ。活用 う・つ。⇩使い分け。

3 **うつ**【討つ】動詞 敵をころす。せめて、ほろぼす。例 親のかたきを討つ。活用 う・つ。⇩使い分け。

4 **うつ**【撃つ】動詞〔鉄ぽうなどの〕たまを発射する。例 一発撃つ。活用 う・つ。⇩使い分け。

うっかり 副詞(-と) する動詞 ぼんやりしていて、気がつかないようす。例 うっかりしていて、電話をかけるのをわすれた。

うづき【卯月】名詞 昔のこよみで四月のこと。

うつくしい【美しい】形容詞 ❶〔色や形などが〕よい感じである。きれいである。例 美しい花だ。❷〔心やおこないが〕りっぱである。例 美しい友情。対 みにくい。活用 うつくし・い。

うつし【写し】名詞 ❶写すこと。❷ある書き物のひかえとして、写しとったもの。例 けいやく

ことばあそび　アナグラム❹ 体育館（たいいくかん）↔艦隊行く（かんたいいく）

使い分け うつ

- 強く当てる。頭を打つ。
- せめて、ほろぼす。敵を討つ。
- 鉄ぽうなどのたまを発射する。ピストルで撃つ。

書の写し。

うつしだす【映し出す・写し出す】動詞 ❶うつし始める。例映画を七時から映し出す。❷光を当てて、物の形や色を表す。例スクリーンいっぱいに映し出す。❸様子などを、くわしく表す。例当時の人々の生活をありありと映し出した映像。活用 うつしだ・す。

うつしとる【写し取る】動詞 ❶元のとおりに書き取る。例物語の全文を写し取る。❷元のすがたを、そのままねて写す。例自然を写し取った絵。活用 うつしと・る。

¹うつす【写す】動詞 ❶文や絵を見て、そのとおりにほかのものに書く。例手本を写す。❷〔下に置いた字や絵を〕うすい紙をとおして書く。例なぞって写す。❸写真にとる。例記念写真を写す。活用 うつ・す。⇩使い分け。

²うつす【映す】動詞 ❶〔光の反射で〕物の形や色をほかのものの上に表す。例かがみに顔を映す。❷映画やスライドをスクリーンに表す。例映画を映す。活用 うつ・す。⇩使い分け。

³うつす【移す】動詞 ❶ほかの場所へ物を動かす。例つくえを移す。❷〔病気などを〕感染させる。例弟にかぜをうつしてしまった。❸《「時を移さず」の形で》時がたつ。例時を移さず、実行する。参考 ②は、ひらがなで書くことが多い。活用 うつ・す。

使い分け うつす

- 写真にとる。記念写真を写す。
- ほかのものの上に表す。かがみに顔を映す。

うっすら 副詞(-と) 物事のていどが、わずかであるようす。例庭にうっすら雪がつもった。

うっせき【鬱積】名詞 する動詞 〔不平や不満などが〕心の中に、たくさんたまること。例不満が鬱積する。

うっそうと【鬱そうと】副詞 草や木がたくさんしげっているようす。例鬱そうとしたジャングル。

うったえ【訴え】名詞 うったえること。また、その内容。例訴えをおこす。

うったえる【訴える】動詞 ❶もめごとをさばいてくれるように裁判所に申し出る。例だました人を訴えた。❷〔自分の不幸や苦しみなどを〕人に言う。例腹痛を訴える。❸〔解決するために〕あるやり方を用いる。例暴力に訴えるのはよくない。❹〔人の心を動かすように〕働きかける。ことば「良心に訴える」活用 うった・える。

うっちゃり 名詞 ❶相撲のわざの一つ。相手がよってくるのを土俵ぎわでこらえ、体をひねって土俵の外へ投げる、わざ。❷最後のところで、形勢を逆転させること。ことば「うっちゃりを食う」

うっちゃる 動詞 ❶相撲で、土俵ぎわに追いつめられたとき、体をひねって相手を土俵の外に投げる。❷そのままやめてしまう。放っておく。例宿題をしないで、うっちゃっておく。❸すてる。例川にごみをうっちゃる。参考 ②③はくだけた言い方。活用 うっちゃ・る。

うつつ 名詞 ❶目がさめている状態。現実。❷気がたしかな状態。例うつつにかえる。

うつつをぬかす【うつつを抜かす】
慣用句 ほかのことをわすれるほど、あることに熱中する。例しばいにうつつを抜かす。

うってかわる【打って変わる】動詞〔様子や態度が〕急に、すっかり変わる。例昨日とは打って変わっていい天気だ。活用 うってかわ・る。

うってつけ【打って付け】名詞 形容動詞〔ある人や物事が〕ある条件などにぴったり合うようす。例これはあなたに打って付けの役だ。類 おあつらえむき。

うっとうしい【鬱陶しい】形容詞 ❶〔天気や気持ちなどが〕晴れ晴れしない。例どんよりとくもった鬱陶しい天気だ。❷〔物がかぶさるようで〕じゃまになって、うるさい。例髪がのびて、鬱陶しい。活用 うっとうし・い。

うっとり 副詞(-と) する動詞 すばらしいものなどに気をとられて、ぼうっとしているようす。例はなやかなドレスをうっとりとながめる。

うつのみやし【宇都宮市】地名 栃木県の県庁所在地。⇩916ページ・都道府県(図)。

うつぶせ 名詞 うつぶせること。うつぶせた、すがた。対 あおむけ。⇩8ページ・あお向け(図)。

うつぶせる 動詞 ❶体の前面を下にして、ふせる。うつぶす。例つくえにうつぶせる。❷器などをさかさまにして、ふせる。例茶わんをうつぶせる。活用 うつぶ・せる。

うっぷん【鬱憤】名詞 がまんをしてきた不満やいかり。

うっぷんをはらす【鬱憤を晴らす】
慣用句 心の中にたまっていた不満やいかりを口に出すなどして、気を晴らす。例思いきりしゃべって鬱憤を晴らす。

うつぼかずら 名詞 食虫植物の一つ。葉の先にあるふくろに落ちた虫をとかして、養分にする。

うつむく 動詞 頭をたれて下を向く。顔をふせる。例しかられてうつむいた。類 うなだれる。対 あおむく。活用 うつむ・く。

うつらうつら 副詞(-と) する動詞 ねむくて、意識がはっきりしないようす。例熱が出て、うつらうつらしている。類 うとうと。

うつりが【移り香】名詞 ほかのものからうつって残っている、よいかおり。例お香の移り香を楽しむ。

うつりかわり【移り変わり】名詞 だんだんに変わること。例四季の移り変わり。

うつりかわる【移り変わる】動詞 時がたつにしたがって、変わる。例世の中は、年々移り変わる。活用 うつりかわ・る。

うつりぎ【移り気】名詞 形容動詞 きょうみをもつ相手や物事が変わりやすいこと。例移り気な女性。

1**うつる**【写る】動詞 ❶〔物の形やかげが〕ほかの物の上にあらわれる。例ガラス戸に人かげが写る。❷〔物の形が〕すきとおって見える。例うすい紙を通して下の絵が写る。❸写真で、すがたや形があらわれる。例写真に写る。活用 うつ・る。⇩使い分け。

2**うつる**【映る】動詞 ❶光やかげがほかの物の上にあらわれる。例夕日が水面に映る。❷色や形などが似合う。例赤色の服がよく映る。活用 うつ・る。⇩使い分け。

3**うつる**【移る】動詞 ❶場所を変える。例いなかから都会に移る。❷時間がすぎる。例年が移る。❸〔色やにおいが〕ほかのものにつく。例香水のにおいが着物に移る。❹〔病気などが〕感染する。例かぜがうつる。❺心がほかのものに向く。例妹の関心は、電子オルガンからピアノに移った。参考 ④はふつう、ひらがなで書く。活用 うつ・る。

うつろ 形容動詞 ❶中身がないようす。からっぽ。例中がうつろな大木。❷何も考えないでぼんやりしているようす。例うつろな目。

うつわ【器】名詞 ❶入れ物。例ガラスの器。類 入れ物。❷〔ある仕事をするだけの〕能力。人がら。例かれは大臣の器ではない。

使い分け うつる

●すきとおって見える。
下の絵が写る。

●ほかの物の上にあらわれる。
かげが映る。

う
あいうえお
かきくけこ
さしすせそ
たちつてと
なにぬねの
はひふへほ
まみむめも
や ゆ よ
らりるれろ
わ を ん

ことばあそび　アナグラム⑤　だいじゃと、あんパン↔ジャイアントパンダ

うで【腕】（名詞）❶かたと手首の間の部分。例腕を組む。⇩285ページ・体①（図）。❷仕事をする能力。うでまえ。例腕のいいコック。

うでがあがる【腕が上がる】（慣用句）上手になる。例料理の腕が上がった。（参考）「うでをあげる」ともいう。

うでがおちる【腕が落ちる】（慣用句）うでまえがおとろえる。下手になる。例しょうぎの腕が落ちた。

うでがたつ【腕が立つ】（慣用句）わざや能力がすぐれている。例腕が立つ職人。

うでがなる【腕が鳴る】（慣用句）自分の能力や力を見せようとはりきる。

うでぎ【腕木】（名詞）物をささえるために、横につき出して取りつけた木。例電柱の腕木。

うでき き【腕利き】（名詞）すぐれたうでまえをもっていること。また、そのような人。例腕利きの職人。（類）敏腕。

うでぐみ【腕組み】（名詞）（する動詞）両うでを胸の前で組み合わせること。（参考）ものを考えるときなどの様子。

うでくらべ【腕比べ】（名詞）（する動詞）〔どちらがすぐれているか〕うでまえをくらべること。

うでじまん【腕自慢】（名詞）（する動詞）うでまえや力に自信があること。例大会には腕自慢が集まった。

うでずく【腕ずく】（名詞）物事を解決するのに、話し合いなどではなく腕力にたよること。例腕ずくで取り返す。（類）力ずく。

うでずもう【腕相撲】（名詞）二人が向き合って、ひじを台につけてうでを立て、かた手の手のひらをにぎり合って相手のうでをたおす遊び。

うでたてふせ【腕立て伏せ】（名詞）両方の手のひらをついて、手と足の先だけで体をのばしてささえ、ひじを曲げたりのばしたりする運動。

うでだめし【腕試し】（名詞）（する動詞）自分のうでまえや力がどれくらいか、ためしてみること。力だめし。

うでっぷし【腕っ節】（名詞）うでの力。わんりょく。（ことば）「腕っ節が強い」（参考）「うでぶし」ともいう。

うでどけい【腕時計】（名詞）手首につける小型の時計。

うでにおぼえがある【腕に覚えがある】（慣用句）自分のうでまえや力に自信がある。

うでによりをかける【腕によりを掛ける】（慣用句）うでまえを十分にあらわそうと、はりきる。例腕によりを掛けて、もてなす。

うてばひびく【打てば響く】（慣用句）何かを言ったりしたりすることに対して、すぐに反応する。例打てば響くように答える。

うでまえ【腕前】（名詞）仕事を上手にやりとげる力。例プロなみの腕前をもつ。

うでまくり【腕まくり】（名詞）（する動詞）衣服のそでをまくり上げて、うでを出すこと。例腕まくりをして働く。

うでる（動詞）⬇1336ページ・ゆでる。（活用）う・でる。

うでをあげる【腕を上げる】（慣用句）⬇うでがあがる。

うでをこまぬく【腕をこまぬく】（慣用句）〔腕組みをして〕自分は何もしないで、人がしていることをそばで見ている。（参考）「うでをこまねく」ともいう。

うでをこまねく【腕をこまねく】（慣用句）⬇うでをこまぬく。

うでをふるう【腕を振るう】（慣用句）うでまえを十分にあらわす。例料理の腕を振るう。

うでをみがく【腕を磨く】（慣用句）熱心に練習して力をつける。例コンクールに向けて、腕を磨く。

うてん【雨天】（名詞）天気が雨であること。雨ふり。（対）晴天。曇天。

うてんじゅんえん【雨天順延】（名詞）〔行事などを予定していた日に〕雨がふったら次の日に、その日も雨ならまた次の日にというように、晴れるまで順にのばすこと。

うど（名詞）ウコギ科の植物。高さ約二メートル。わかいくきなどを食用にする。（漢字）独活。（ことば）⇩「うどの大木」

うとい【疎い】（形容詞）❶〔ある物事について〕よく知らない。例歴史に疎い。❷あまり親しくない。例卒業後はつきあいが疎くなった。（活用）うと・い。

うとうと（副詞（-と））（する動詞）浅くねむるようす。例いつのまにかうとうとしていた。（類）うつらうつら。

うどのたいぼく【うどの大木】（ことわざ）〔ウドのくきは長くて太いが、やわらかくて役にたたないところから〕体ばかり大きくて、役にた

たない人のたとえ。

うとましい【疎ましい】形容詞 気に入らなくて、いやである。例疎ましい存在。活用 うとまし・い。

うとまれる【疎まれる】連語 きらって遠ざける。例勝手なことばかり言うので、みんなから疎まれる。

うどん 名詞 小麦粉をこねてうすくのばしたものを、細長く切った食べ物。

うとんずる【疎んずる】動詞 いやだと思う。きらって遠ざける。うとんじる。活用 うとん・ずる。

うながす【促す】動詞 ❶早くするように言う。例答えを促す。❷そうするように言う。例注意を促す。活用 うなが・す。

うなぎ 名詞 ウナギ科の魚。体は細長く、ぬるぬるしている。川などにすむが、たまごは海でうむ。かば焼きなどにして食べる。漢字 鰻。

うなぎのねどこ【うなぎの寝床】慣用句〔ウナギは体が細長いことから〕正面のはばがせまく、入り口からおくまでが長い建物や土地のたとえ。例うなぎの寝床のような家。

うなぎのぼり【うなぎ登り・うなぎ上り】名詞〔ウナギが水中をのぼる様子などから〕休みなくどんどん上がったり、増えたりすること。例物のねだんがうなぎ登りに上がる。

うなされる 動詞〔こわい夢などを見て〕ねむりながら苦しそうなうなり声を出す。例おそろしい夢を見て、うなされた。活用 うなさ・れる。

うなじ 名詞 首の後ろの部分。えり首。⇩285ページ・体①（図）。

うなずく 動詞〔承知した、また、わかったという意味で〕頭を軽く前にふる。例だまって、うなずいた。参考「うなづく」とも書く。活用 うなず・く。

うなずける 動詞 なっとくできる。もっともだと思われる。例そういう話ならうなずける。活用 うなず・ける。

うなだれる【うな垂れる】動詞〔がっかりしたときや、悲しいときなどに〕頭を前にたれる。例父にしかられて、弟はうな垂れている。類うつむく。活用 うなだ・れる。

うなづく ➡うなずく。

うなばら【海原】名詞 広々とした海。例青い海原。

うなり 名詞 ❶うなること。また、その音。例モーターがうなりを上げて回る。❷たこにつけ、風によって音を出させる、しかけ。

うなる 動詞 ❶苦しそうな声を出す。例けが人がうなっている。類うめく。❷〔けものが〕低く声を出す。例ライオンがうなる。❸長くひびく低い音を出す。例風がうなる。❹とても感動する。例すばらしい演奏で観客をうならせた。参考❹は、ふつう「うならせる」の形で用いる。活用 うな・る。

うに 名詞 海にすむヒトデやナマコのなかま。体はまるく、からにはクリのいがのようなとげがはえている。からの中身を食用にする。

うぬぼれ 名詞 うぬぼれること。また、その心。ことば「うぬぼれが強い」

うぬぼれる 動詞 自分で自分をすぐれていると思う。活用 うぬぼ・れる。

うね【畝】名詞 田畑で作物を植えるために細長く土をもり上げたところ。⇩図。

うねうね 副詞(-と) する動詞 高く低く、また、左に右に曲がって長く続いているようす。例山あいにうねうね続く道。類くねくね。

畝

うねり 名詞 ❶うねること。また、その程度。例うねりのゆるやかな山々。❷波が上下に大きくゆれること。また、その波。

うねる 動詞 ❶〔山や道などが〕高く低く、また、左に右に曲がって長く続く。例道は細くうねっている。❷波が大きくゆったりと動く。活用 うね・る。

うのはな【うの花】名詞 ❶ウツギという植物の花。❷とうふのしぼりかす。おから。参考❷は「うの花①」に似ていることから。漢字 卯の花。

うのまねをするからす ことわざ〔泳ぎのうまいウをまねて水に入ったカラスがおぼれるという意味から〕自分の能力を考えないで、むやみに人のまねをすると失敗するということのたとえ。

ことばあそび アナグラム⑥ インコ↔コイン

うのみ 名詞 ❶〔鳥のウが魚をそのまま飲みこむように〕食べ物をかまずに飲みこむこと。まるのみ。❷〔人の言葉や書物に書いてあることを〕よく考えないで、本当だと思いこむこと。例友だちの話をうのみにする。

うのめたかのめ【うの目たかの目】ことわざ〔ウやタカがえものをさがすように〕熱心にさがすようす。また、その目つき。例安いものはないかと、うの目たかの目でさがす。

うは【右派】名詞 保守的な考えをもつ人々の集まり。類 右翼。対 左派。

うば【乳母】名詞 母親に代わって、子どもにちちを飲ませて育てる女性。

うばう【奪う】動詞 ❶〔人のものを〕無理にとる。例金を奪う。／自由を奪う。❷〔人の心や注意を〕ひきつける。例美しい景色に目を奪われる。活用 うば・う。

うばぐるま【乳母車】名詞 赤ちゃんをのせて、手でおして運ぶ乗り物。

うぶ 名詞 形容動詞 世の中のことになれていないこと。すれていないこと。例うぶな人。

うぶぎ【産着】名詞 生まれたばかりの子どもに着せる着物。

うぶげ【産毛】名詞 ❶生まれたばかりの子どもにはえている、やわらかい毛。❷〔顔やえり元などにはえる〕やわらかな細い毛。

うぶごえ【産声】名詞 生まれたばかりの子どもが、初めて上げる泣き声。

うぶゆ【産湯】名詞 生まれたばかりの子どもを初めて湯に入れること。また、その湯。

うま[1]【午】名詞 ❶十二支の七番目。❷昔の時刻のよび名で、午後〇時ごろ。また、その前後二時間。❸昔の方角のよび名で、南。⇩593ページ・十二支（図）。

うま[2]【馬】名詞 ウマ科の動物。ひづめが発達し、はやく走ることができる。家畜としてかわれる。

うまい 形容詞 ❶味がよい。おいしい。例このラーメンは、うまい。❷すぐれている。上手だ。例君は絵がうまいね。対①②まずい。❸都合がよい。例うまい話にだまされるな。活用 うま・い。

うまいしるをすう【うまい汁を吸う】慣用句 自分では何の苦労もしないで、ほかの人や自分の地位を利用して利益をえる。

うまうま 副詞(〜と) 相手をうまくだますようす。例たくみな口ぶりに、うまうまとだまされた。

うまおい【馬追い】名詞 ❶馬に人や荷物をのせて運ぶこと。また、その人。❷牧場で、はなしがいにした馬をかこいの中に追いこむこと。また、その人。❸キリギリス科のこん虫。体は緑色で「スイーッチョ」と鳴く。うまおいむし。すいっちょ。

うまおいむし【馬追い虫】名詞 ⬇うまおい③。

うまがあう【馬が合う】慣用句 気が合う。気持ちがぴったりと合う。例あの二人は馬が合うようだ。

うまとび【馬跳び】名詞 前にかがんだ人の背に手をついて、その背を飛びこえたりその背に飛び乗ったりする遊び。参考「馬飛び」とも書く。

うまのほね【馬の骨】名詞 出身や、どのような身分なのかよくわからない人を、ののしっていう言葉。例どこの馬の骨とも知れないやつ。

うまのみみにねんぶつ【馬の耳に念仏】ことわざ いくら注意されても少しもそれを聞き入れようとしないようす。また、いくら言っても、ききめのないことのたとえ。類 馬耳東風。

うまのり【馬乗り】名詞 ❶馬に乗ること。また、馬に乗る人。❷〔馬に乗る時のようなかっこうで〕人や物にまたがること。

うまみ【うま味】名詞 ❶おいしい味。例だしのうま味が広がる。❷上手だと思う感じ。例うま味のある絵だ。❸〔商売などの〕おもしろみ。また、もうけが大きいこと。例うま味のある取り引きだ。

うまみちょうみりょう【うま味調味料】名詞 料理にうま味をくわえ、味をよくする調味料。グルタミン酸ナトリウムなど。

うまる【埋まる】動詞 ❶物の下や中に、かくれる。例雪がつもって、道が埋まった。❷〔多くの人や物で〕その場所がいっぱいになる。例会場は、人で埋まった。❸〔不足した分などが〕おぎなわれる。例欠員が埋まった。活用 うま・る。

うまれ【生まれ】名詞 ❶生まれること。例平成生まれ。❷生まれた家の血すじ。素性。❸生まれたところ。例生まれは熊本です。

うまれおちる【生まれ落ちる】動詞 生まれてくる。生まれ出る。例生まれ落ちてすぐに、

祖母にあずけられた。活用 うまれお・ちる。

うまれかわる【生まれ変わる】動詞 ❶死んでから、また別の形でもう一度生まれる。❷心を入れかえて、よい人になる。例 新しい会社で生まれ変わったように、よく働く。活用 うまれかわ・る。

うまれこきょう【生まれ故郷】名詞 その人が生まれた土地。類 ふるさと。

うまれそだつ【生まれ育つ】動詞 生まれて、そこで成長する。例 生まれ育った、なつかしいふるさとの地。活用 うまれそだ・つ。

うまれつき【生まれ付き】㊀名詞 生まれたときからもっている性質や顔かたち。例 無口なのは生まれ付きです。㊁副詞 生まれたときから。生まれながら。例 生まれ付き体が大きい。

うまれつく【生まれ付く】動詞 〔ある形・性質・能力などを〕生まれたときからもっている。活用 うまれつ・く。

うまれながら【生まれながら】副詞 生まれたときから。例 生まれながらの悪人はいない。

1**うまれる**【生まれる】動詞 ❶子として、この世にあらわれる。例 北海道で生まれた。対 死ぬ。❷新しくできる。例 新しい市が生まれた。活用 うま・れる。⇩使い分け。

2**うまれる**【産まれる】動詞 子どもが母親の体から出る。例 予定日に産まれる。活用 うま・れる。⇩使い分け。

1**うみ** 名詞 うんだ傷口やできものから出る、どろどろした黄色い液体。参考 団体や組織などの内部にたまった害悪にたとえることもある。漢字 膿。

使い分け　うまれる

●子として、この世にあらわれる。
海辺の町で生まれた。

●母親の体から出る。
なかなか産まれない。

2**うみ**【海】名詞 ❶地球の表面で、塩水でおおわれた広いところ。地球の表面積の七〇・八パーセントをしめる。対 陸。❷《「…の海」の形で》一面に広がったもののたとえ。例 ガソリンに火がついて、付近は火の海になった。❸すずりの水をためるところ。対 おか。

うみうし【海牛】名詞 海にすむ軟体動物のなかま。頭部に二本の触角がある。

うみおとす【産み落とす】動詞 子どもやたまごを体の外へ、うんで、出す。例 ニワトリがたまごを産み落とす。活用 うみおと・す。

うみかぜ【海風】名詞 海の上をふく風。また、海からふいてくる風。かいふう。例 海風にふかれる。類 潮風。

うみがめ【海亀】名詞 海でくらしているカメ。アカウミガメ・アオウミガメ・タイマイなど。

うみせんやません【海千山千】四字熟語 いろいろな経験をつみ、世の中のことを知りつくしていて、悪がしこいこと。また、そのような人。語源 海に千年、山に千年すんだヘビは、りゅうになるという言い伝えから。

うみだす【生み出す・産み出す】動詞 ❶子どもやたまごをうむ。参考 ①はふつう「産み出す」と書く。❷新しいものをつくりだす。努力して、つくりだす。例 新製品を生み出す。／利益を生み出す。活用 うみだ・す。

うみつける【産み付ける】動詞 虫や魚などがたまごをうんで、ほかの物にくっつける。例 カマキリが木の枝に卵を産み付ける。活用 うみつ・ける。

うみどり【海鳥】名詞 海や島などにすむ鳥。カモメ・ウミネコなど。かいちょう。

うみなり【海鳴り】名詞 海のおきの方から伝わってくる、遠いかみなりや風のような音。また、高い波が海岸でくだけるときにひびく音。海鳴。

うみにせんねんやまにせんねん【海に千年山に千年】慣用句 ➡うみせんやません。

うみねこ【海猫】名詞 カモメ科の鳥。海の近くにすむ。体の色は白く、せなかとつばさがはい色。ネコのような声で鳴く。

ことばあそび　アナグラム⑦　漢字辞典（かんじじてん）↔展示時間（てんじじかん）

うみのおやよりそだてのおや【生みの親より育ての親】ことわざ 自分を生んでくれた親より、育ててくれた人の方がありがたい。参考「産みの親より…」とも書く。

うみのさち【海の幸】名詞 海からとれる食べ物。

うみのひ【海の日】名詞 国民の祝日の一つ。海のめぐみに感謝し、海洋国日本が栄えるように願う日。二〇〇二年までは七月二十日。二〇〇三年からは七月の第三月曜日。

うみのものともやまのものともつかない【海の物とも山の物ともつかない】ことわざ 将来どうなるか、まだわからない状態である。例 海の物とも山の物ともつかない新人選手。

うみびらき【海開き】名詞 海水浴場で、その年に初めて水泳を公式にゆるすこと。また、その日。

うみべ【海辺】名詞 海のほとり。

1 **うむ**【有無】名詞 ❶あるか、ないか。例 出席者の有無を調べる。❷承知するかしないか。

2 **うむ**【生む】動詞 作り出す。例 名作を生む。活用 う・む。⇩使い分け。

3 **うむ**【産む】動詞 子ども（または、たまご）を母親の腹から外へ出す。例 ネコが子を産む。活用 う・む。⇩使い分け。

うむをいわせず【有無を言わせず】慣用句 相手が受け入れるか、受け入れないかということは気にせず、むりやりに。例 有無を言わせず参加させる。

使い分け うむ

●作り出す。
新記録を生む。

●母親の体から出す。
ネコが子を産む。

うめ【梅】名詞 バラ科の木。春のはじめごろ、白または赤色の花がさく。六月ごろ実がなる。この実で「うめぼし」をつくる。

うめあわせ【埋め合わせ】名詞 うめ合わせること。例 この埋め合わせは、きっとするからね。

うめあわせる【埋め合わせる】動詞 不足やそんがいを、ほかのものでおぎなう。うめあわす。例 めいわくをかけたので、ごちそうをして埋め合わせる。活用 うめあわ・せる。

うめきごえ【うめき声】名詞 いたみや苦しみのために出す声。例 けが人のうめき声が聞こえる。

うめく 動詞 いたみや苦しみのために、うなる。例 けが人がうめく。類 うなる。活用 うめ・く。

うめくさ【埋め草】名詞〔新聞や雑誌などで〕あきをうめるための短い記事。

うめこむ【埋め込む】動詞 一部または全部を、土や物の中に入れる。例 ゆかに温熱材を埋め込んだ住宅。活用 うめこ・む。

うめたてち【埋め立て地】名詞 海や川・湖などを、うめてつくった陸地。例 埋め立て地を造成する。

うめたてる【埋め立てる】動詞 川や海などに土を入れて陸地にする。例 東京湾の一部を埋め立てる。活用 うめた・てる。

うめつくす【埋め尽くす】動詞 人や物で、すっかりうまる。例 会場は多くの人で埋め尽くされた。活用 うめつく・す。

うめぼし【梅干し】名詞 ウメの実を塩につけてからほした、すっぱい食べ物。アカジソの葉を入れて、赤くそめるものもある。

うめる【埋める】動詞 ❶物をあなに入れて、上から土などをかけて見えなくする。例 宝物を埋める。❷〔あいているところを〕物でいっぱいにする。例 くぼみを埋める。❸〔不足やそんがいを〕おぎなう。例 赤字分を埋める。❹〔湯に水を入れて〕温度を下げる。例 ふろを埋める。活用 う・める。

うもう【羽毛】名詞 鳥のひふにはえている毛のような羽。

うもれぎ【埋もれ木】名詞 ❶長い間、土の中などにあって、石のようにかたくなった木。良質のものは細工物に利用される。例 埋もれ木細工。❷世の中から、わすれられているような身の上。例 埋もれ木の一生。

うもれる【埋もれる】動詞 ❶物におおわれて見えなくなる。例雪に埋もれる。❷〔すぐれた人や物が〕世の中に知られないでいる。例埋もれた芸術家。活用うも・れる。

うやうやしい【恭しい】形容詞 つつしみ深く、れいぎ正しくふるまうようす。例神だなの前で恭しく頭を下げた。活用うやうやし・い。

うやまう【敬う】動詞 相手をりっぱだと思って、したがおうという気持ちをもつ。尊敬する。例神を敬う。活用うやま・う。

うやむや 名詞 形容動詞 〔物事のすじ道などが〕はっきりしないこと。例事件をうやむやにする。

うようよ 副詞(-と) する動詞 〔小さな生き物や、つまらない人間などが〕たくさん集まって動いているようす。例ミミズがうようよいる。／くだらない連中がうようよしている。

うよきょくせつ【う余曲折】四字熟語 ❶道が曲がりくねっていること。❷いろいろと事情があって、ふくざつな道すじをたどること。例う余曲折の末に、やっと完成した。漢字 紆余曲折。

うよく【右翼】名詞 ❶〔鳥や飛行機などの〕右のつばさ。❷左右に広がった列などの右側。❸野球で本るいから見て右側の外野。ライト。❹もとからの政治のやり方を守っていこうとする考え。また、そのような考え方をもつ人たちの集まり。類右派。対①〜④左翼。

うら[1]【浦】名詞 ❶浜べ。海べ。❷海や湖が陸地に入りこんだところ。入り江。

うら[2]【裏】名詞 ❶〔物の表面と〕反対の方。例写真の裏に名前を書く。❷後ろの方。例裏庭。❸野球で、先攻のチームが守りにつくとき。例三回の裏。対①②③表。❹反対。ぎゃく。例物事を裏から見る。❺表面に出ない内部の事情や意味。例言葉の裏を考える。

うらうち【裏打ち】名詞 する動詞 ❶〔じょうぶにするために〕紙・布などのうらに、別の紙や布などをはること。❷〔しょうこをあげて〕考えや研究をたしかなものにすること。

うらうら 副詞(-と) 〔春の〕太陽が明るく照り、のどかであるようす。例春の日がうらうらと照る。

うらおもて【裏表】名詞 ❶裏と表。❷裏と表が反対になっていること。裏返し。例セーターを裏表に着る。❸人が見ているところと見ていないところで、おこないや態度がちがうこと。例裏表のある人。類かげひなた。

うらかいどう【裏街道】名詞 ❶正式の街道ではない道。例中山道の裏街道。❷ふつうではなく、正しくない生き方や生活。例人生の裏街道を歩む。対①②表街道。

うらがえし【裏返し】名詞 裏と表を反対にすること。また、そのようになっていること。例トランプを裏返しにならべる。／シャツを裏返しに着る。

うらがえす【裏返す】動詞 裏を表にする。引っくり返す。例服を裏返す。活用うらがえ・す。

うらがき【裏書き】名詞 する動詞 ❶紙の裏にまちがいがないという証明や名前を書くこと。また、それが書かれたもの。参考①は「裏書」と書くことが多い。❷あることがらがたしかであると証明すること。また、その証明。例実験の成功は理論の正しさを裏書きした。

うらかた【裏方】名詞 ❶しばいで、舞台の裏で働く人。道具係・衣しょう係・照明係など。❷表で活躍する人のかげで、その仕事の準備や進行などをおこなう人。

うらがなしい【うら悲しい】形容詞 〔特別な理由もないのに〕何となく悲しい。例うら悲しい秋の夕ぐれ。活用うらがなし・い。

うらがれる【うら枯れる】動詞 〔寒くなって〕草や木の、葉やえだの先がかれる。例うら枯れた初冬の野山。活用うらが・れる。

うらがわ【裏側】名詞 ❶物の、裏の方。例建物の裏側にまわる。対表側。❷物事の表面にあらわれない部分。例事件の裏側の真実。

うらぎる【裏切る】動詞 ❶〔約束をやぶって〕味方にそむき、敵の方につく。例仲間を裏切る。❷思っていたことと反対の結果になる。例予想を裏切って、赤組が優勝した。活用うらぎ・る。

うらぐち【裏口】名詞 ❶建物の裏側の出入り口。対表口。❷正式でないやり方で物事をおこなうこと。例裏口入学（＝不正な方法で入学すること）。

うらごえ【裏声】名詞 ふつうとはちがう方法で出す、高い声。例裏声で歌う。対地声。

うらごし【裏ごし】名詞 する動詞 目の細かいあみや布をはった調理器具。またそれを使って、豆やイモをつぶして細かくしたり、こしたりす

ことばあそび アナグラム⑧ ミカン↔甘味（かんみ）

ること。

うらさく【裏作】名詞 主な作物をとり入れたあと、同じ田畑を使ってほかの作物を作ること。また、その作物。対 表作。

うらさびしい【うら寂しい】形容詞 何となく、さびしい。例 村はずれのうら寂しい神社。活用 うらさびし・い。

うらじ【裏地】名詞 衣服のうらにつける、うすい布。

うらしまたろう【浦島太郎】書名 おとぎ話の一つ。浦島太郎が、助けたカメの案内で竜宮へ行き、もてなしを受けるが、もどって玉手箱を開けたらたちまち老人になったという物語。

うらづけ【裏付け】名詞 する動詞 たしかにすること。また、そのもの。特に、たしかなしょうこ。例 情報の裏付けを取る。

うらづける【裏付ける】動詞 〔実験や実物によって〕ある物事がたしかであることを証明する。例 新説を実験によって裏付ける。活用 うらづ・ける。

うらて【裏手】名詞 裏の方。後ろの方。

うらどおり【裏通り】名詞 〔広い通りに面した建物などの〕裏側にある、せまい道。対 表通り。

うらない【占い】名詞 うらなうこと。また、その方法。

うらなう【占う】動詞 〔あることがらによって〕これから起こる幸福や不幸などを見きわめる。例 トランプで運命を占う。活用 うらな・う。

うらなり 名詞 ❶ ウリ・カボチャなどのつるの先の方に、時季におくれてなる実。対 もとなり。❷〔うらなりの実は小さくて色も悪いことから〕顔色が悪く、やせて元気のない人。参考 ❷は、ふつう、あざけっていう。

ウラニウム 名詞 ➡ウラン。▼英語 uranium

うらにわ【裏庭】名詞 家の裏側にある庭。例 裏庭に通じる木戸。

うらばなし【裏話】名詞 いっぱんの人には知られていない話。例 事件の裏話。

うらはら【裏腹】名詞 形容動詞 正反対であること。例 言うこととすることが裏腹だ。

うらびょうし【裏表紙】名詞 本・ノートなどのうら側をおおっている表紙。

うらぶれる 動詞 〔びんぼうをしたり、不幸なめにあったりして〕みじめなすがたになる。例 事業に失敗して、うらぶれた生活をおくる。活用 うらぶ・れる。

うらぼん【うら盆】名詞 七月十五日ごろ、または八月十五日ごろにおこなう、死んだ人のたましいをなぐさめるお祭り。おぼん。ぼん。⇩口絵9ページ。

うらまち【裏町】名詞 裏通りにある、にぎやかでない町。

うらみ【恨み】名詞 うらむこと。また、その心。にくいと思う心。例 恨みを持つ。

うらみち【裏道】名詞 大きな道の裏の方を通っている道。例 裏道をぬける。

うらみをかう【恨みを買う】慣用句 うらみを受ける。うらまれる。例 よけいなことを言って人の恨みを買う。

うらむ【恨む】動詞 〔ひどいしうちをうけて〕相手をにくく思う。例 だまされた相手を恨む。活用 うら・む。

うらめしい【恨めしい】形容詞 ❶ うらみたい気持ちである。例 ひどいうわさをたてた人が恨めしい。❷ 残念である。なさけない。例 根気のない自分が恨めしい。活用 うらめし・い。

うらめにでる【裏目に出る】慣用句 よくなると思ってしたことが、かえって悪い結果になる。例 選手を交代させたら、裏目に出た。参考 「裏目」はさいころの目で、反対側の目のこと。

うらもん【裏門】名詞 建物の裏側にある門。対 表門。

うらやましい【羨ましい】形容詞 〔自分よりもよく見える人の様子を見て〕自分もそうなりたいと思う気持ちである。例 足のはやい人が羨ましい。活用 うらやまし・い。

うらやむ【羨む】動詞 〔自分よりよく見える人の様子を見て〕自分もそうなりたいと思う。例 人の成功を羨む。活用 うらや・む。

うららか 形容動詞 空がよく晴れて、のんびりとしているようす。例 うららかな春の日。

うらわかい【うら若い】形容詞 とてもわかい。いかにも、わかわかしい。例 うら若い女性。活用 うらわか・い。

うらをかく【裏をかく】慣用句 相手が考えたことと反対のことをして相手を出しぬく。例 敵の裏をかく作戦。

ウラン 名詞 放射能をもった金属。原子力をとり出す元素として使われる。ウラニウム。▼ドイ

ツ語。

うり 名詞 マクワウリ・シロウリ・キュウリなどの、ウリ科の植物のこと。漢字 瓜。

うりあげ【売り上げ】名詞 品物を売ったお金の合計。例 今日の売り上げは十万円だ。注意「売上高」「売上金」などは送りがなをつけない。

うりいそぎ【売り急ぎ】名詞〔どうしても売りたかったり、急にお金が必要になったりして〕急いで売ろうとすること。対 売り惜しみ。

うりおしみ【売り惜しみ】名詞 する動詞〔ねだんが上がるのを待っていたり、もったいなくなったりして〕なかなか売ろうとしないこと。例 地主が土地の売り惜しみをする。対 売り急ぎ。

うりかい【売り買い】名詞 する動詞 売ったり、買ったりすること。例 品物を売り買いする。類 あきない。取り引き。

うりきれ【売り切れ】名詞 商品が全部売れてなくなってしまうこと。

うりきれる【売り切れる】動詞 ある商品が全部売れる。例 特売品が売り切れる。活用 うりき・れる。

うりこ【売り子】名詞 商店などで、客に品物を売る仕事をしている人。

うりことばにかいことば【売り言葉に買い言葉】ことわざ〔けんかをしかけるような相手のらんぼうな言葉〕に対して、負けずに同じように言い返すこと。例 売り言葉に買い言葉で、ひどいことを言ってしまった。

うりこむ【売り込む】動詞 ❶〔うまく宣伝して〕売りつける。例 新しい製品を外国へ売り込む。❷ さかんに宣伝して名前を広めようとする。例 自分を売り込む。活用 うりこ・む。

うりざねがお【うりざね顔】名詞〔ウリの種の形に似ているところからいう〕色白で、やや細長くふっくらとした顔。例 うりざね顔の美人。参考 昔は、美人の条件の一つとされた。⇩図。

うりざね顔

うりさばく【売りさばく】動詞 多くの品物をうまく売る。例 チケットを売りさばく。活用 うりさば・く。

うりだし【売り出し】名詞 ❶ 売り始めること。例 入場券の売り出しは九時からです。❷ 特定の期間に売ること。例 年末大売り出し。❸ 名前が広まり出すこと。例 売り出し中の新人アイドル。

うりだす【売り出す】動詞 ❶ 売り始める。発売する。例 お正月用品を売り出す。❷ 名前が広がる。例 タレントとして売り出す。活用 うりだ・す。

うりつくす【売り尽くす】動詞 商品を全部売る。例 仕入れた品物は残らず売り尽くした。活用 うりつく・す。

うりつける【売り付ける】動詞〔あまり買う気のない人に〕無理に買わせる。例 言葉たくみに売り付ける。活用 うりつ・ける。

うりて【売り手】名詞 品物を売る方の人。売り主。対 買い手。

うりとばす【売り飛ばす】動詞 大事な物を、おしげもなく売る。例 家宝を二束三文で売り飛ばす。活用 うりとば・す。

うりね【売値】名詞 品物を売るときの、ねだん。対 買値。注意 送りがなをつけない。

うりのつるになすびはならぬ ことわざ 子どもは親に似るものだということのたとえ。

うりば【売り場】名詞 品物を売っている場所。例 おもちゃ売り場。

うりはらう【売り払う】動詞 持ち物を売って、お金にかえる。例 古い道具を売り払う。活用 うりはら・う。

うりふたつ【うり二つ】慣用句〔たてに二つにわったウリは、形がよく似ていることから〕顔やすがたが、とてもよく似ていること。例 あの姉妹はうり二つだ。類 生き写し。⇩口絵13ページ。

うりもの【売り物】名詞 ❶ 売るための品物。商品。❷ 客を引きつけたり人の関心を引いたりするもの。例 正直が売り物の友人。

うりょう【雨量】名詞 ふった雨の量。参考 雨量計にたまった雨水の深さをミリメートルの単位で表す。類 降水量。

うりょうけい【雨量計】名詞 雨のふった量をはかる器械。

うりわたす【売り渡す】動詞 ❶ 品物を売って相手の人にわたす。例 家を売り渡す。❷ 味方

ことばあそび アナグラム⑨ 異性（いせい）↔誠意（せいい）

をうらぎって、敵にわたす。例重要機密を売り渡す。活用うりわた・す。

1うる【売る】動詞❶お金と引きかえに相手に品物をわたす。例アクセサリーを売る。対買う。❷世に広める。例名を売る。❸〔自分の利益のために〕うら切る。例仲間を売る。❹しかける。例けんかを売る。活用う・る。

2うる【得る】一動詞 手に入れる。例勉強して知識を得る。参考「える」の古い言い方。二接尾語《動詞の下につけて》「…できる」の意味を表す言葉。例実現し得る。／書き得る。

うるうどし【うるう年】名詞 一年が、ふつうの年より一日多い三百六十六日の年。二月が二十九日まである。四年に一回、まわってくる。参考 地球が太陽のまわりを一回りするのには、三百六十五日と六時間ほどかかるので、暦のうえで、その六時間のあまりを四年ごとにまとめて一日としている。対平年。

うるおい【潤い】名詞❶水分をちょうどよくふくんでいること。例はだに潤いがある。❷精神的にゆたかであること。例潤いのある人生を送る。❸物質的にゆとりがあること。例生活に潤いが生まれる。

うるおう【潤う】動詞❶しめる。ぬれる。例雨で、大地が潤う。❷〔お金などが入って〕めぐみを受ける。利益を受ける。例家計が潤う。❸〔心が〕ゆたかになる。例美術館へ行くと心が潤う。活用うるお・う。

うるおす【潤す】動詞❶しめらせる。ぬらす。例雨が大地を潤す。❷〔お金などをあたえて〕ゆたかにする。例観光客が町を潤す。活用うるお・す。

うるさい 形容詞❶〔同じことがくり返されて〕いやな気持ちである。例うるさい小言。❷耳に聞こえる音が大きかったり不快だったりするようす。例話し声がうるさい。❸入り組んでいて、めんどうである。例うるさい手続きが必要だ。❹うっとうしい。例のびた髪がうるさい。❺口やかましい。例食べ物にうるさい人。活用うるさ・い。

うるさがた【うるさ型】名詞 何にでも口を出して、あれこれと文句を言いたがる人。例うるさ型の上役。類やかまし屋。一言居士。

うるさがる 動詞 うるさく思う。わずらわしく思う。例文句ばかり言う友だちをうるさがる。活用うるさが・る。

うるし【漆】名詞❶ウルシ科の木。木のみきにきずをつけてとったしるを、塗料に使う。さわるとかぶれることがある。❷「うるし①」からとった塗料。ぬりものなどに使う。

うるしぬり【漆塗り】名詞「うるし②」をぬること。また、「うるし②」をぬったもの。例漆塗りの食器。

うるち 名詞 たいたときに、ねばり気の少ない、日ごろ食べる米。うるち米。対もち米。

ウルトラ 接頭語「ひじょうな…」「超…」などの意味を表す言葉。▼英語 ultra

うるむ【潤む】動詞❶しめり気をおびる。例目が、なみだで潤んだ。❷泣き声になる。例悲しみに声が潤む。活用うる・む。

うるわしい【麗しい】形容詞❶〔色・形などが〕ととのっていて、美しい。例麗しい女性。❷〔気分・天気などが〕よい。晴れやか。例ごきげん麗しい。❸心があたたまるようす。例麗しい友情。活用うるわし・い。

1うれい【憂い】名詞 心配。なやみ。例後に憂いを残さない。⇩使い分け。

2うれい【愁い】名詞 悲しみ。例愁いをふくんだ目。⇩使い分け。

1うれえる【憂える】動詞 心配する。気づかう。例国の行く末を憂える。活用うれ・える。⇩使い分け。

2うれえる【愁える】動詞 なげき悲しむ。例別れを愁える。活用うれ・える。⇩使い分け。

うれくち【売れ口】名詞 物が売れていく先。例売れ口がなかなか決まらない。

使い分け うれい

●心配。
災害をまねく憂いがある。

●悲しみ。
愁いにしずむ。

使い分け うれえる

●心配する。
国の将来を憂える。

●悲しむ。
友との別れを愁える。

うれしい 形容詞 〔自分の望みどおりになって〕楽しく、よろこばしい。うきうきとはずむ気持ちである。例久しぶりに友だちに会えてうれしい。対悲しい。活用うれし・い。漢字嬉しい。

うれしがる 動詞 うれしそうにする。例プレゼントをもらってうれしがる。活用うれしが・る。

うれしなき【うれし泣き】 名詞 する動詞 うれしさのあまり、泣くこと。例優勝した選手がうれし泣きする。

うれしなみだ【うれし涙】 名詞 うれしくて流す、なみだ。例うれし涙がほおをつたう。

うれだか【売れ高】 名詞 売れた商品の数量や金額。例売れ高をきそい合う商店。

ウレタンゴム 名詞 化学的につくったゴムの一つ。クッションや断熱材などに使われる。ウレタン。参考ドイツ語とオランダ語を組み合わせて日本でつくった言葉。

うれっこ【売れっ子】 名詞 世の中の人々にもてはやされたり、人気があって、あちらこちらから仕事をたのまれたりする人。例売れっ子の役者。参考くだけた言い方。

うれのこる【売れ残る】 動詞 商品が売れないで残る。例人気のない品物が売れ残る。活用うれのこ・る。

うれゆき【売れ行き】 名詞 品物の売れていく具合。例エアコンの売れ行きが悪い。／新刊の売れ行きは順調だ。

1うれる【売れる】 動詞 ❶〔よく〕買われる。例新商品が売れる。❷広く知られる。例名前が売れる。活用う・れる。

2うれる【熟れる】 動詞 〔果物や野菜の〕実がじゅくす。例カキの実が熟れる。活用う・れる。

うろ 名詞 中がからになっているところ。また、そのあな。例鳥が木のうろに巣をつくる。⇨図。

うろ

うろうろ 副詞(−と) する動詞 〔あてもなく、また、どうしてよいかわからず〕あっちへ行ったり、こっちへ来たりするようす。例店をさがして、うろうろ歩き回った。類うろちょろ。

うろおぼえ【うろ覚え】 名詞 〔たしかではなく〕ぼんやりと覚えていること。

うろこ 名詞 魚やヘビなどの体の表面をおおっている、うすい小さな皮のようなもの。漢字鱗。

うろこぐも【うろこ雲】 名詞 白くて小さく、点々と広がる雲。巻積雲。いわし雲。参考魚のうろこに似ていることから。漢字鱗雲。

うろたえる 動詞 〔急なできごとに〕どうしてよいかわからず、あわてる。例父が大切にしている花びんをわってしまい、うろたえる。活用うろた・える。

うろちょろ 副詞(−と) する動詞 せまい場所を落ち着きなく動き回るようす。例うろちょろするな。参考くだけた言い方。類うろうろ。ちょろちょろ。

うろつく 動詞 あてもなく歩き回る。例通りをうろつく。類ぶらつく。活用うろつ・く。

うわ【上】 接頭語 〔ある言葉の上につけて〕位置やていどなどが、それより上であることを表す言葉。例上くちびる。／上乗せ。

うわあご【上顎】 名詞 上のあご。対下あご。

うわがき【上書き】 名詞 する動詞 ❶手紙や本などの表側に字を書くこと。また、その字。例ふうとうの上書き。類表書き。❷コンピューターなどで、データを新しく保存すること。上書き保存。

うわき【浮気】 一 名詞 形容動詞 うわついていて、気持ちが変わりやすいこと。例浮気な性格。二 名詞 する動詞 一人の人だけを愛するのでなく、ほかの人にも心をうつすこと。

うわぎ【上着】 名詞 ❶外側に着る衣服。対下

ことばあそび アナグラム⑩ 恐竜（きょうりゅう）↔給料（きゅうりょう）

着。❷上下に分かれている服の、上のもの。例上着をぬいで、体操をする。

うわぐすり【上薬】名詞 素焼きのとうじきの上にぬるガラス質のもの。表面をなめらかにし、つやを出し、強度を高め、水をはじく性質をもたせる働きをする。参考㋐ぬった後に、もう一度かまに入れて焼く。㋑「釉薬」「釉」とも書く。「釉薬」ともいう。

うわぐつ【上靴】名詞 屋内ではく、くつ。うわばき。例上靴にはきかえて上がる。

うわごと【うわ言】名詞 ❶〔熱の高いときなどに〕自分では気づかずに言う言葉。❷すじの通らないばかげたこと。

うわさ 一 名詞 世間に広まっている、たしかでない話。例悪いうわさが広まっている。
二 名詞 する動詞 ある人について話すこと。例あの人が次の会長だとうわさされている。漢字 噂。

うわざらてんびん【上皿天びん】名詞 重さをはかるはかりの一つ。中心点でさおをささえ、左右のさらに、はかる物と重りをそれぞれのせて、つり合わせてはかる。⇩1027ページ・はかり（図）。

うわさをすればかげがさす【うわさをすれば影が差す】ことわざ うわさをしていると、その場へ当人が思いがけなくやってくるものだ。参考「うわさをすれば影」ともいう。

うわすべり【上滑り】名詞 形容動詞 する動詞 物事の表面だけ見て、深く考えないこと。例上滑りの知識。

うわずみ【上澄み】名詞 液体にとけているものが底にしずんで、上の方にできたすんだ部分。

うわずる【上擦る】動詞 ❶〔こうふんしたり、きんちょうしたりして〕声の調子が高くなる。例よろこびに声が上擦る。❷〔気持ちが〕落ち着かなくなる。活用 うわず・る。

うわぜい【上背】名詞 背の高さ。身長。ことば「上背がある（＝背が高い）」

うわつく【浮つく】動詞〔気持ちが〕うきうきして、落ち着かない。例浮ついた態度。活用 うわつ・く。

うわっちょうし【上っ調子】名詞 形容動詞 言葉や行動などに落ち着きがなく、軽々しいこと。うわちょうし。例話し方が上っ調子だ。

うわっつら【上っ面】名詞 ものの表面。うわべ。うわつら。例上っ面よりも中身が大切だ。

うわっぱり【上っ張り】名詞 衣服をよごさないように、その上に着るもの。例上っ張りを着て仕事をする。

うわづみ【上積み】名詞 する動詞 ❶つみ荷の上に、さらに荷物をつむこと。また、上につんだ荷物。例上積み厳禁。対下積み。❷ある金額や数量に、さらにいくらかをつけ加えること。例料金に手数料を上積みする。類上乗せ。

うわて【上手】名詞 ❶上の方。対下手。❷〔学問やわざが〕ほかの人よりもすぐれていること。例運動では、妹の方が上手だ。❸すもうで、相手のうでの上からまわしをつかむこと。また、その手。対下手。

うわてなげ【上手投げ】名詞 すもうで、相手のうでの上からまわしをつかんで、相手を投げるわざ。対下手投げ。

うわぬり【上塗り】名詞 する動詞 ❶〔かべ・ぬりものなどをぬるとき〕一度ぬったものの上に、さらにぬってしあげること。❷はずかしいことを重ねてすること。ことば「はじの上塗り」

うわのせ【上乗せ】名詞 する動詞 もう決まっている数や量の上に、もっとつけ加えること。例手数料を上乗せする。類上積み。

うわのそら【上の空】名詞 形容動詞 ほかのことに夢中になっていて、必要なことに注意がいかないようす。例先生の注意を上の空で聞く。

うわばき【上履き】名詞 室内ではく、はきもの。うわぐつ。対下履き。

うわべ【上辺】名詞 表面。見かけ。

うわまえをはねる【上前をはねる】慣用句 他人のもうけたお金や品物の一部を、だまって自分のものにする。

うわまわる【上回る】動詞 ある数量や順位などよりも多くなったり、よくなったりする。例予想を上回るよい成績。対下回る。活用 うわまわ・る。

うわむき【上向き】名詞 ❶上を向いていること。例上向きに横たわる。❷物事がよい方に向かうこと。例調子が上向きになる。対①②下向き。

うわむく【上向く】動詞 物事の調子や状態が、よくなっていく。例チームの成績が上向いてきた。活用 うわむ・く。

うわめづかい【上目遣い】名詞 顔を上げないで、目だけを上に向けて人を見ること。

うわやく【上役】名詞 〔役所や会社などで〕自分より位が上の人。対下役。

うわる【植わる】動詞 植えられる。植えられてそこにある。例庭に竹が植わっている。活用 うわ・る。

うわん【右腕】名詞 右のうで。特に、野球で右投げの投手。対左腕。

1**うん** 感動詞 〔自分と同じか、それより下の人に対する、ぞんざいな〕返事やあいづちの言葉。例「これでいいかい。」「うん、いいよ。」／うん、そうだね。注意 ふつう、目上の人には用いない。

2**うん**【運】名詞 〔自分の力ではどうにもならない〕めぐり合わせ。例運がよい。

うんえい【運営】名詞 する動詞 人々やしくみをうまく働かせて、仕事を進めること。例子ども祭りは、児童会が運営する。

うんか 名詞 体長五ミリメートルほどの、小さなこん虫。イネなどを食べる。

うんが【運河】名詞 陸地をほって、船を通すためにつくられた水路。例パナマ運河。

うんかい【雲海】名詞 山の上などから見おろしたとき、雲が重なって海のように見えるもの。例わたのような雲海が広がって見えた。

うんがひらける【運が開ける】慣用句 よいめぐり合わせになってくる。運がよくなる。例ようやく運が開けてきた。

うんがむく【運が向く】慣用句 よい運が来るようになる。例やっと運が向いてきた。

うんきゅう【運休】名詞 する動詞 〔電車やバスが〕運転を休むこと。例大雪で電車が運休した。

うんけい【運慶】人名 （?～一二二三）鎌倉時代の彫刻家。力強さを表した仏像をつくった。東大寺南大門の仁王像が有名。

1**うんこう**【運行】名詞 する動詞 ❶〔電車やバスが ふつうどおりに〕動いていること。例電車は時刻表どおり運行している。❷天体が決まった道を進むこと。例星の運行。⇩使い分け。

2**うんこう**【運航】名詞 する動詞 船や航空機が決まった航路を進むこと。⇩使い分け。

うんざり 副詞（−と） する動詞 すっかりあきて、いやになるようす。例同じことを何度も言うのでうんざりした。類げんなり。

うんさんむしょう【雲散霧消】四字熟語 物事〔雲や霧が消えると何も残らないように〕が消えて、なくなってしまうこと。例心配ごとが雲散霧消した。

使い分け うんこう

●電車やバスが動くこと。
電車は順調に運行している。

●船や航空機が動くこと。
連絡船が運航する。

うんし【運指】名詞 楽器やそろばんなどの、指の運び方。指使い。

うんしん【運針】名詞 さいほうで、まっすぐに布をぬうときのはりの動かし方。

うんせい【運勢】名詞 人のもっている幸福や不幸のめぐり合わせ。類運命。

うんぜんだけ【雲仙岳】地名 長崎県の島原半島にあるいくつかの火山をまとめていうよび名。中心の普賢岳は一九九一年に火砕流がおこり、大きな災害をひきおこした。

うんそう【運送】名詞 する動詞 品物を運んで送ること。例運送会社。類運輸。

うんちく【うん蓄】名詞 たくわえた知識。例魚のうんちくを語る。漢字 蘊蓄。薀蓄。

うんちん【運賃】名詞 人や品物を運ぶときにはらうお金。

うんてい【雲てい】名詞 遊園地や体育館などにある、はしごを横にかけたような用具。漢字 雲梯。

うんでいのさ【雲泥の差】故事成語 〔空にうかぶ雲と、地面のどろは、とてもはなれていることから〕二つのものに、大きなちがいがあることのたとえ。例二人は実力に雲泥の差がある。類月とすっぽん。

うんてん【運転】名詞 する動詞 乗り物や機械などを動かすこと。例バスを運転する。／安全運転。

うんてんし【運転士】名詞 「運転手」のあらたまった言い方。

ことばあそび アナグラム⑪ 駐車場（ちゅうしゃじょう）↔乗車中（じょうしゃちゅう）

ことば選びのまど

うれしい をあらわすことば

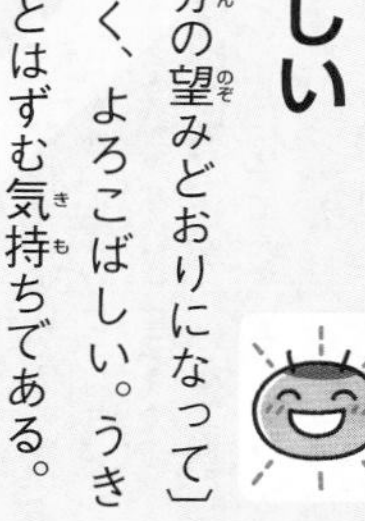

うれしい

〔自分の望みどおりになって〕楽しく、よろこばしい。うきうきとはずむ気持ちである。

↓143ページ

いそいそ

うれしそうに物事をするようす。↓82ページ

浮き浮き

うれしかったり楽しかったりして、落ち着かないようす。

↓121ページ

有頂天

すっかりよろこんで、夢中になること。↓131ページ

悦に入る

心の中で、よろこぶ。一人でうれしがる。↓155ページ

躍り上がる

〔よろこびやおどろきで〕とびあがる。はねあがる。

↓196ページ

5 歓喜 発展

ひじょうによろこぶこと。また、とても大きなよろこび。

↓295ページ

きとして 発展

いかにも楽しそうに。

↓315ページ

2 喜色 発展

うれしそうな表情。↓321ページ

5 驚喜 発展

〔思いがけないうれしいできごとに〕おどろきよろこぶこと。↓345ページ

声が弾む

うれしくて、声が生き生きとしてくる。↓450ページ

ことば選びのまど

うれしい をあらわすことば

小躍り 発展
うれしくておどりあがること。
⬇451ページ

痛快 発展
気分がさわやかになるようなことを見たり聞いたりして、とても気持ちがよいこと。
⬇823ページ

天にも昇る心地
とてもうれしい気持ちのたとえ。
⬇880ページ

ぬか喜び
今まで喜んでいたのに、あてがはずれて喜びがむだになること。
⬇985ページ

ほくほく
すっかり満足したようす。
⬇1199ページ

胸が躍る
〔よろこびや期待などで〕どきどきする。
⬇1275ページ

目を輝かす
〔期待やうれしさで〕目をきらきらさせる。
⬇1290ページ

喜ばしい 発展
うれしい気持ちである。よろこぶべき様子である。
⬇1357ページ

喜び勇む
うれしくて心がはずむ。
⬇1357ページ

喜ぶ
うれしく思う。楽しく思う。
⬇1357ページ

うんてんしきん【運転資金】名詞 会社を経営したり、事業を進めたりするときに必要なお金。例 運転資金を銀行から借り入れる。

うんてんしゅ【運転手】名詞 仕事として、電車・自動車などを運転する人。運転士。例 タクシーの運転手。

うんてんせき【運転席】名詞 電車・自動車などを運転する人が、運転をするときにすわる席。例 バスの運転席。

うんと 副詞 数量やていどが大きいようす。たくさん。例 お年玉をうんともらった。／おやつをうんと食べる。参考 くだけた言い方。

うんどう【運動】名詞 する動詞 ❶物が動くこと。例 ふりこの運動。対 静止。❷〔じょうぶになるために〕体を動かすこと。例 毎朝、運動をする。❸ある目的のために人によびかけたり働きかけたりすること。例 自然保護のために運動する。

うんどうかい【運動会】名詞 たくさんの人が集まって、いろいろな運動競技を楽しむ会。例 小学校の運動会。

うんどうじょう【運動場】名詞 さまざまな運動などをするための広場。

うんどうしんけい【運動神経】名詞 筋肉や内臓にしげきをあたえ、運動をさせる神経。

うんともすんとも 連語 一言も。何の言葉も。例 うんともすんとも言わない。参考 下に「言わない」という意味の言葉が続く。

うんぬん 一 名詞 ほかの人の文を借りて、自分の文に使うとき、その部分の残りを略すときに使う言葉。例 父の日記には、元旦は晴天で風が強く、うんぬんと書いてある。二 名詞 する動詞 あれこれ言うこと。例 結果だけをうんぬんするのはよくない。

うんのつき【運の尽き】連語 幸運が終わること。例 ここで出会ったのが運の尽きだ。

うんぱん【運搬】名詞 する動詞 品物を運んで、うつすこと。例 荷物の運搬にトラックを使う。

うんぴつ【運筆】名詞 字などを書くときの筆の使い方。類 筆法。

うんめい【運命】名詞 その人におこってくる幸福や不幸のめぐり合わせ。例 運命の分かれ目。／いつかは出会う運命だったのだ。類 運勢。

うんめいをたどる【運命をたどる】慣用句 幸福や不幸の道を進んで行く。例 平家の一族はあわれな運命をたどった。

うんも【雲母】名詞 うすくはがれる性質のある鉱物。かこう岩などに多くふくまれている。熱や電気をさえぎる。うんぼ。

うんゆ【運輸】名詞 旅客や貨物を運んで送ること。例 運輸業。参考 ややあらたまった言い方。類 運送。運搬。

うんよう【運用】名詞 する動詞 物やしくみを働かせて使うこと。例 きそくを正しく運用する。

うんりょう【雲量】名詞 空全体に対して、空をおおっている雲のわりあい。参考 雲のないときを〇、空全体をおおっているときを十とする。

うんをてんにまかせる【運を天に任せる】慣用句 物事の結果をそのときのなりゆきにまかせる。例 できるかぎりのことはしたので、あとは運を天に任せるしかない。

え

エ
E
e

え[1]【餌】名詞 「えさ」の古い言い方。

え[2]【重】助数詞 重なった物や重なった回数を数える言葉。例 二重まぶた。

え[3]【柄】名詞 道具や器などにある、手で持つ細長い部分。例 かさの柄。／ほうきの柄。

え[4]【絵】名詞 物の形や有様をかき表したもの。

エア 名詞 ❶空気。エアー。例 エアクリーナー。❷空を飛ぶ。飛行の。航空の。エアー。例 エアメール。／エアポート。▼英語 air

エアカーテン 名詞 建物の入り口に人工的な空気の流れをつくり、建物の内と外をしきる、そうち。参考 外気だけでなく、ちりやほこりなどもさえぎる。「エアドア」ともいう。▼英語 air curtain

エアコン 名詞 ⬇エアコンディショナー。

エアコンディショナー 名詞 部屋の中の温度・湿度を自動的に調節する装置。エアコン。参考 英語ではふつう冷房装置を意味する。▼英語 air conditioner

エアターミナル 名詞 空港内にあって、乗客が発着の手続きをしたり待ち合わせをしたりする建物。▼英語 air terminal

エアバス 名詞 大型ジェット旅客機。参考 商標名。▼英語 Airbus

エアバッグ 名詞 自動車がしょうとつしたときに、空気ぶくろがふくらみ、車の中の人を守る装置。▼英語 air bag

エアポート 名詞 飛行機が発着するところ。空港。▼英語 airport

エアポケット 名詞 大気中で、空気が部分的にうすくなっているところ。参考 飛行機がそこを通ると、急に高度が下がる。▼英語 air pocket

エアメール 名詞 飛行機を使って運ぶ郵便。航空郵便。航空便。▼英語 airmail

エアロビクス 名詞 体に酸素を十分にとり入れながらおこなう運動。エアロビクスダンス。▼英語 aerobics

えい[1] 感動詞 力を入れたり、気合いをかけたりするときに出すかけ声。例 えい、行くぞ。

えい[2] 名詞 アカエイ・シビレエイなど、平たいひし形で、尾が細長い魚。

えいい【鋭意】名詞 心をはげまして、一生けんめいに努めること。熱心に取り組むこと。例 鋭意、努力します。参考 副詞的に用いることが多い。

えいえい【営営】形容動詞 一つのことに、一生けんめいにはげむようす。例 営々として働く。参考 ふつう「営々」と書く。

えいえん【永遠】名詞 形容動詞 時間がいつまでも続くこと。例 永遠に続く。／永遠の愛。類 永世。恒久。

えいえんのねむりにつく【永遠の眠りにつく】慣用句 死ぬ。例 家族に見守られながら、永遠の眠りについた。参考「永遠の眠り」は死を表す。

えいが[1]【映画】名詞 さつえいしたフィルムに光を当てるなどして、まくの上に動く像を大きくうつし出したもの。

えいが[2]【栄華】名詞 はなやかに栄えること。ことば「栄華をきわめる」

えいかいわ【英会話】名詞 英語を使って相手と話をすること。例 英会話を習う。

えいかく【鋭角】名詞 直角（＝九十度）より小さい角。対 鈍角。

えいかん【栄冠】名詞〔勝利やめいよをえた人がかぶるかんむりの意味から〕りっぱな成功。かがやかしい勝利。例 金メダルの栄冠を手にした。

えいき[1]【英気】名詞 ❶人よりすぐれた気質。❷あふれ出る元気。参考 ⇩149ページ・英気を養う。

えいき[2]【鋭気】名詞 するどく強い気性。また、するどく強い意気ごみ。例 相手の鋭気をくじく。

えいきゅう【永久】名詞 形容動詞 ある状態がいつまでも続くこと。例 かれの功績は永久に消えないだろう。類 永世。恒久。

えいきゅうし【永久歯】名詞 乳歯のぬけた後にはえる歯。一生はえかわらない。ふつう、上下で三十二本ある。対 乳歯。

えいきゅうじしゃく【永久磁石】名詞 いつまでも磁力がある磁石。

えいきゅうてき【永久的】形容動詞 ある状態が、いつまでもかぎりなく続くようす。例 永久的な解決策。

えいきゅうふへん【永久不変】四字熟語 いつまでも変わらないこと。例 永久不変の真理。

えいきょう【影響】名詞 する動詞 あるものの働きが、ほかのものに変化をあたえること。例 台風の影響で、列車がおくれた。ことば「影響を受ける」

えいぎょう【営業】名詞 する動詞 利益をえるために事業をすること。また、その仕事。例 日曜日も営業している。／営業時間。

えいきょうりょく【影響力】名詞 ほかのものに働きをおよぼして、変化をおこさせる力。例 影響力の大きい発言。

えいきをやしなう【英気を養う】慣用句 心も体も元気になるような力をつくり上げる。例 海水浴に行って、英気を養う。

えいこ【栄枯】名詞 さかえることと、ほろびること。ことば ⇩「栄枯盛衰」類 盛衰。興亡。

えいご【英語】名詞 イギリスやアメリカで使われる言葉。参考 オーストラリア・カナダなど、多くの国で使われている。

えいこう【栄光】名詞 かがやかしい、めいよ。例 優勝の栄光をつかむ。

えいこく【英国】名詞 イギリス。例 英国人。

えいこせいすい【栄枯盛衰】四字熟語 栄えたりおとろえたりすること。例 栄枯盛衰は世の常だ。

えいさい【英才】名詞 すぐれた才能。また、すぐれた才能をもつ人。例 英才教育。類 天才。秀才。

あいうえお え かきくけこ さしすせそ たちつてと なにぬねの はひふへほ まみむめも や ゆ よ らりるれろ わ を ん

ことばあそび アナグラム⑫ 時計 ある（とけいある）↔歩いとけ（あるいとけ）

才。

えいしゃ【映写】名詞 する動詞 映画やスライドをうつし出すこと。

えいしゃき【映写機】名詞 映画やスライドなどをスクリーンにうつす機械。

えいじゅう【永住】名詞 する動詞 その土地にいつまでもながく住むこと。例 ブラジルに永住する。類 定住。

えいじる【映じる】動詞 ⬇えいずる。活用 えい・じる。

えいしん【栄進】名詞 する動詞 上の地位にすすむこと。類 栄達。

エイズ 名詞 HIVというウイルスによっておこる病気。さまざまな病原体にたいするていこう力がうしなわれる。▼英語 AIDS

えいずる【映ずる】動詞 ❶〔光や影などが〕物にうつる。例 もみじが湖水に映ずる。❷〔光をうけて〕かがやく。例 富士山が朝日に映ずる。❸〔目に〕うつる。感じられる。例 外国から帰ると日本の風景が新鮮に映じた。参考「映じる」ともいう。活用 えい・ずる。

[1]**えいせい**【永世】名詞 いつまでもかぎりなく続く年月。永代。例 将棋の永世名人。類 永遠。永久。

[2]**えいせい**【衛生】名詞 清潔にして、病気にかからないようにすること。例 衛生に気をつける。

[3]**えいせい**【衛星】名詞 わく星のまわりを回っている天体。サテライト。参考 月は地球の衛星。

えいせいこく【衛星国】名詞 大国のまわりにあって、その国のさしずやえいきょうを強く受けている小国。

えいせいちゅうけい【衛星中継】名詞 テレビやラジオの電波を人工衛星でなかつぎをして、遠くに送り、放送すること。

えいせいちゅうりつこく【永世中立国】名詞 どのような戦争にも関係せず、どの国からもその独立と領土の安全をほしょうされている国。参考 現在のスイスなど。

えいせいてき【衛生的】形容動詞 清潔で健康によいようす。例 衛生的な台所。

えいせいテレビ【衛星テレビ】名詞 衛星放送を受信する方式のテレビ。

えいせいとし【衛星都市】名詞 大都市のまわりにあって、その都市のえいきょうを強く受けている中・小都市。

えいせいほうそう【衛星放送】名詞 人工衛星で中継されたテレビ電波を、家庭へちょくせつ送りとどける方式の放送。

えいそう【営巣】名詞 する動詞 動物が巣をつくること。例 ツバメが営巣する。

えいぞう【映像】名詞 光によってうつしだされた物のすがたや形。とくに、テレビや映画の画面にうつしだされたもの。

えいそうち【営巣地】名詞 野生の動物や鳥が巣をつくる場所。例 ツルの営巣地。

えいぞく【永続】名詞 する動詞 いつまでも長く続くこと。例 平和が永続することをねがう。類 持続。

えいたつ【栄達】名詞 する動詞 高い地位や身分にのぼること。出世すること。例 大会社の役員に栄達する。類 栄進。

えいたん【詠嘆】名詞 する動詞 深く感動すること。また、その感動を声や言葉に出すこと。例 すばらしい演技に詠嘆する。／詠嘆の声をあげる。類 感嘆。

えいだん【英断】名詞 思いきって大事な問題の決定をおこなうこと。ことば「英断を下す」類 決断。

[1]**えいち**【英知】名詞 とてもすぐれた知恵。例 人類の英知をあつめる。

[2]**エイチ**【H・h】名詞 アルファベットの八番目の文字。参考「エッチ」ともいう。

エイチアイブイ【HIV】名詞 ヒト免疫不全ウイルス。エイズの原因になるウイルス。人体の免疫の働きを低くする。参考 英語の略語。

エイチビー【HB】名詞 えんぴつのしんのかたさを表すしるし。ふつうのかたさ。エッチビー。

えいてん【栄転】名詞 する動詞 今までよりも高い地位になってうつること。例 本社に栄転する。対 左せん。

えいびん【鋭敏】名詞 形容動詞 ❶感じ方がするどいこと。例 犬の鼻は鋭敏だ。❷頭の働きがするどいこと。例 鋭敏な頭脳。

えいぶん【英文】名詞 英語で書かれた文章。

えいへい【衛兵】名詞 警備をする役目の兵士。

えいほう【泳法】名詞 泳ぎ方。泳ぐ方法。例 日本古来の泳法。

えいみん【永眠】名詞 する動詞 死ぬこと。例 九十

いいます。

九才で永眠した。参考 あらたまった言い方。

えいやく【英訳】 名詞 する動詞 ほかの国の言葉や文章を英語になおすこと。例 日本文学を英訳する。

えいゆう【英雄】 名詞 すぐれたちえや勇気をもっている人。また、ふつうの人にはできないような大きな仕事をなしとげた人。ヒーロー。

えいよ【栄誉】 名詞 りっぱであるとみとめられること。ほまれ。めいよ。ことば「栄誉をたたえる」

えいよう【栄養】 名詞 体の健康をたもったり、成長したりするために必要な養分。

えいようか【栄養価】 名詞 食べ物が体にはいり、養分となるわりあい。例 バナナは栄養価が高い。

えいようし【栄養士】 名詞 学校や病院などで、栄養についてのしどうをする人。例 栄養士が給食の献立表をつくる。

えいようしっちょう【栄養失調】 名詞 栄養が足りなかったり、かたよったりして起こる体の状態。例 世界中には食料不足から栄養失調になる子どもが大ぜいいる。

えいようそ【栄養素】 名詞 栄養のもととなる成分。炭水化物・脂質（しぼう）・たんぱく質・無機質（ミネラル）・ビタミンなど。

えいようぶん【栄養分】 名詞 食べ物の中にふくまれている、栄養になるもの。養分。例 牛乳の栄養分。

1 **えいり【営利】** 名詞 お金をもうけること。例 営利事業。／営利団体。

2 **えいり【鋭利】** 形容動詞 はものなどがするどくてよく切れるようす。例 鋭利なナイフ。

エイリアン 名詞 宇宙にすむ生物。また、宇宙人。▼英語 alien

えいわ【英和】 名詞 ❶英語と日本語。❷「英和辞典」の略。英語のことばの意味を、日本語で説明した辞典。対 和英。

1 **ええ** 感動詞 ❶よい、そのとおりなどの意を表す言葉。はい。例「この本はあなたのですか？」「ええ、そうです。」❷びっくりしたときなどに発する言葉。ええっ。えっ。例 ええ、それは本当ですか？ ❸いらいらしたときなどに発する言葉。例 ええ、もうどうにでもなれ。❹言葉のつなぎに使うことば。例 ええ、なんと申しましょうか…。

2 **エー【A・a】** 名詞 ❶アルファベットの一番目の文字。❷電流の強さを表す単位「アンペア」を表す記号。「A」。❸土地の広さを表す単位「アール」を表す記号。「a」。❹トランプで「エース」のふだの記号。「A」。

1 **エーエム【AM】** 名詞 ❶音声の強弱を電波のゆれるはばに変えておくる方法。❷「AM放送」の略。

2 **エーエム【A.M.a.m.】** 名詞 ⬇巻末「アルファベット略語集」1567ページ。

エーエムほうそう【AM放送】 名詞「エーエム①」を使ったラジオの放送。広いはんいにおくることができる。

エークラス【Aクラス】 名詞〔たくさんの人や物を等級にわけたときの〕いちばんよいクラス。いちばん上手な人たちのクラス。A級。第一級。例 Aクラス入りをねらう。参考 英語から。

エース 名詞 ❶トランプやさいころの「一」。例 ハートのエース。参考 トランプでは「A」と書く。❷〔なかまやチームの中で〕とくにすぐれたもの。例 体操界のエース。❸野球で、チームの中心となる投手。❹テニス・バレーボールなどで、相手が取れない球を打つこと。例 サービスエースが決まる。▼英語 ace

1 **エーディー【AD】** 名詞 ❶映画・演劇などの美術監督。参考 英語の「アート ディレクター」の略。❷テレビ番組の演出助手。参考 英語の「アシスタント ディレクター」の略。

2 **エーディー【A.D.】** 名詞 ⬇巻末「アルファベット略語集」1567ページ。

エーデルワイス 名詞 キク科の植物。夏に白い花がさく。アルプスの花として有名。セイヨウウスユキソウ。▼ドイツ語

エープリルフール 名詞 四月一日には、〔悪気のない〕うそを言ってもゆるされるという、西洋のならわし。四月ばか。参考 英語はいたずらや引っかかった人を表し、四月一日のことはApril Fools' Day という。▼英語 April fool

えがお【笑顔】 名詞 わらっている顔。例 笑顔を見せる。／むじゃきな笑顔。

えがきだす【描き出す】 動詞 ❶形や様子を、絵や文章などで表す。例 人間の内面を描き出した小説。❷ようすを思いうかべる。例 楽しかった思い出を心に描き出す。❸物の動いたあとが、ある形となる。例 飛行機雲が、青空にゆっ

ことばあそび タブレット 一文字ずつ変えていって、別のことばを作るあそびを「タブレット」と

たりとした円を描き出す。活用 えがきだ・す。

えがく【描く】 動詞 ❶絵や図をかく。例 花を描く。／円を描く。❷文章や音楽などに表す。例 少年たちの成長を小説に描く。❸心に思いうかべる。想像する。例 外国での生活を心に描く。活用 えが・く。

えがたい【得難い】 形容詞 手に入れるのがむずかしい。めったに見つからなくて、貴重であるようす。例 得難い友人と出会った。活用 えがた・い。

えがら【絵柄】 名詞 図案やもよう。

1**えき【役】** 名詞 戦争。戦い。参考 古い言い方。例 西南の役。

2**えき【易】** 名詞 中国からつたわったうらない。例 易をみてもらう。／易うらない。

3**えき【益】** 名詞 ❶もうけ。例 一円の益も出ない。対 損。❷役に立つこと。ためになること。例 世の中の益になるおこない。対 害。

4**えき【液】** 名詞 〔水のように〕決まった形がなく、流れ動くもの。えきたい。例 くだものの液をしぼる。

5**えき【駅】** 名詞 電車などがとまり、人ののりおりや貨物のつみおろしをするところ。

えきいん【駅員】 名詞 駅で働いている職員。

えきか【液化】 名詞 する動詞 気体が液体にかわること。参考 固体が液体になるばあいにもいうことがある。類 気化。

えきぎゅう【役牛】 名詞 力仕事に使う牛。参考 ⇩970ページ・肉牛。979ページ・乳牛。

エキサイト 名詞 する動詞 興奮すること。例 接戦に、観衆はエキサイトした。参考 英語の excite (興奮させる) から。

1**えきしゃ【易者】** 名詞 易というらないを仕事にしている人。

2**えきしゃ【駅舎】** 名詞 駅の建物。

えきしょう【液晶】 名詞 液状になっているが、光の屈折のさせ方が固体に似ている物質。外から電圧などを加えると、透明になったり、不透明になったり、色が変化したりする。テレビやパソコンの画面などに利用される。液状結晶。

えきじょう【液状】 名詞 液体の状態になっていること。例 アイスクリームがとけて液状になる。

えきじょうか【液状化】 名詞 する動詞 地震のときに、砂の多くまじった地面が液体のように流れ動くこと。地割れや地盤沈下の原因になる。

エキス 名詞 ❶薬や食べ物から役に立つ成分をとりだし、こいしるにしたもの。例 カキのエキス。❷物事のいちばん大切な部分。例 学問のエキス。参考 オランダ語「エキストラクト」の略。

エキストラ 名詞 かんたんな役をするために、そのときだけやとわれる俳優。▼英語 extra

エキスパート 名詞 あることがらに特にすぐれた才能や技術をもっている人。専門家。類 ベテラン。▼英語 expert

エキスポ 名詞 博覧会。万国博覧会。また、見本市。▼英語 expo

えきする【益する】 動詞 ためになる。役に立つ。例 公共に益するもよおし。活用 えき・する。

エキゾチック 形容動詞 外国のような感じがあるようす。例 エキゾチックなふんい気の港町。▼英語 exotic

えきたい【液体】 名詞 入れ物によって形はかわるが、体積はかわらない性質をもつもの。水や油など。対 気体。固体。

えきたいねんど【液体粘土】 名詞 クリームのようにつくられている粘土。参考 紙などにぬったり、ひもなどをひたしたりして使う。かわくと、紙粘土のようにかたまる。

えきたいねんりょう【液体燃料】 名詞 燃料として使われる液体。ガソリン・灯油・アルコールなど。

えきちゅう【益虫】 名詞 〔害虫を食べたり、花粉を運んだりして〕人のくらしに役立つこん虫。テントウムシ・ミツバチ・かいこなど。対 害虫。

1**えきちょう【益鳥】** 名詞 〔害虫を食べたりして〕人のくらしに役立つ鳥。対 害鳥。

2**えきちょう【駅長】** 名詞 駅で、一番上の地位の人。例 大阪駅の駅長。

えきでん【駅伝】 名詞 ❶昔、宿場から宿場へ人や荷物を運んだこと。また、それに使った馬。❷「駅伝競走」の略。

えきでんきょうそう【駅伝競走】 名詞 長いきょりをいくつかに区切り、何人かの選手がたすきを受けつぎながら走る競技。駅伝。

えきとう【駅頭】 名詞 駅の前。駅の近く。例 駅頭でビラを配る。

えきびょう【疫病】 名詞 広い地域に流行する

る、悪性の感染症。はやりやまい。

えきビル【駅ビル】(名詞) 駅を中にふくみ、たくさんの店などがはいっている大きな建物。

えきべん【駅弁】(名詞) 駅で売る弁当。「駅売り弁当」の略。

えきまえ【駅前】(名詞) 駅の前。例 駅前のスーパーで買い物をする。

えきり【疫痢】(名詞) 感染症の一つ。小さい子どもがかかる。きゅうに熱を出し、げりやひきつけをおこす。病原体は、「せきり菌」の場合が多い。

エクアドル (地名) エクアドル共和国。南アメリカ大陸の北西部にある国。西半分はアンデス山脈、東半分はアマゾン川上流のジャングル。首都はキト。▼英語 Ecuador

えぐい (形容詞) ❶㊀あくが強くて、のどがしげきされるような味や感じがする。例 この山菜は、えぐい。❷㊀〔予想以上に〕不快な感じがするほど、ひどい。ことば選び ⇩1099ページ・ひどい。900ページ・どぎつい。528ページ・ざんこく。❸㊉とてもおどろかされる感じがする。ことば選び ⇩197ページ・おどろく。❹㊉すばらしい。⇩674ページ・すばらしい。活用 えぐ・い。

エクササイズ (名詞) ❶練習問題。❷体操。運動。▼英語 exercise

えくぼ (名詞) わらったとき、ほおにできる小さなくぼみ。

えグラフ【絵グラフ】(名詞) 物の大きさや数量の関係を、絵の大きさや数で表したグラフ。

えぐりだす【えぐり出す】(動詞) ❶えぐるようにして出す。例 リンゴのしんをえぐり出す。❷かくされていることをするどくついて明らかにする。例 事件の真相をえぐり出す。活用 えぐりだ・す。

えぐる (動詞) ❶はものなどを深くさし、回すようにしてあなをあける。例 リンゴのしんをナイフでえぐった。❷心に強いいたみをあたえる。例 悲しみにむねをえぐられる思い。活用 えぐ・る。

エクレア (名詞) 細長いシュークリームの上にチョコレートをかけた洋菓子。エクレール。▼フランス語

えげつない (形容詞) いやらしい。どぎつい。同情する気持ちがない。例 えげつないことを言う。参考 もともとは関西地方の言葉。活用 えげつな・い。

エコ (名詞) 「エコロジー」の略。名詞の前について、「環境に気をつかった」という意味を表す。参考 ㋐英語からだが日本独特の使い方をする言葉。㋑⇩エコマーク。

エゴイスト (名詞) 自分のことしか考えない人。利己主義者。例 かれはエゴイストだ。▼英語 egoist

えこう【回向】(名詞)(する動詞) お経などをあげて、死んだ人のたましいをなぐさめること。

エコー (名詞) ❶こだま。山びこ。❷残った音のひびき。例 エコーをきかせる。▼英語 echo

えこじ (名詞)(形容動詞) ⬇76ページ・いこじ。

エコノミー (名詞) ❶経済。❷節約。例 エコノミークラス（＝旅客機などの、もっとも料金の安い席）。▼英語 economy

えこひいき【依こひいき】(名詞)(する動詞) ある人だけをとくにかわいがること。漢字 依怙贔屓。

エコマーク (名詞) 資源の再利用によってつくられた商品や環境汚染の度合いをへらした商品につけられるマーク。参考 英語「エコロジー」の「エコ」と「マーク」を組み合わせて日本でつくった言葉。

エコロジー (名詞) 人間と環境との関係を研究する学問。▼英語 ecology

えさ【餌】(名詞) ❶〔かっている〕生き物にあたえる食べ物。また、鳥やけものなどの食べ物。例 小鳥の餌。❷相手をさそいよせるもの。例 お金を餌にして、多くの人をだました。

えさば【餌場】(名詞) えさをおいてあるところ。動物がえさを食べる場所。

えし【絵師】(名詞) ❶絵をかくことを仕事にしている人。絵かき。画家。❷昔、貴族や幕府、大名などにやとわれていた絵かき。おかかえ絵師。

えじき【餌食】(名詞) ❶えさとして食われる生き物。❷〔悪がしこいものの〕ぎせいとなるもの。例 悪人の餌食にならないよう、気をつける。

エジソン (人名)（一八四七〜一九三一）アメリカ合衆国の発明家。電信・電話・映写機・電球・電池など多くのものを発明・改良した。「発明王」とよばれる。トーマス＝エジソン（Thomas Edison）。

エジプト (地名) エジプト・アラブ共和国。アフリカ大陸北東部にある国。ナイル川の周辺にはゆたかな平野があるが、そのほかは砂漠。古代エジプト文明が栄えた。首都はカイロ。▼英語 Egypt

え
あいうえお
かきくけこ
さしすせそ
たちつてと
なにぬねの
はひふへほ
まみむめも
や ゆ よ
らりるれろ
わ を ん

ことばあそび　タブレット❶　たね→はね→はな

あいうえお かきくけこ さしすせそ たちつてと なにぬねの はひふへほ まみむめも や ゆ よ らりるれろ わ を ん

エジプトもじ【エジプト文字】（名詞） 古代エジプトで使われた象形文字。メソポタミアの楔形文字とともに世界で一番古い文字といわれる。

えしゃく【会釈】（名詞）（する動詞） 軽くおじぎをすること。

エス【S・s】（名詞） ❶アルファベットの十九番目の文字。❷「S判」の略。

えず【絵図】（名詞） ❶絵。❷建物や庭などの平面図。絵図面。例 古いお寺の絵図。

エスエヌエス【SNS】（名詞） 登録された利用者どうしが交流できるウェブサイトの会員制サービス。参考 英語の「ソーシャル ネットワーキング サービス（social networking service）」の略。

エスエフ【SF】（名詞） 未来のできごとなどを、科学的な空想をもとにして書いた小説・まんが・映画などの作品。参考 英語の「サイエンス フィクション（science fiction）」の略。

エスエル【SL】（名詞） 蒸気機関車。参考 英語の「スチーム ロコモーティブ（steam locomotive）」の略。

エスオーエス【SOS】（名詞） 船などがそうなんしたとき、たすけをよぶためにうつ無線信号。参考 モールス信号で、もっともうちやすい組み合わせ。略号ではない。

エスカレーター（名詞） 人を上の階や下の階に運ぶため、階段を動かすようにしたしかけ。▼英語 escalator

エスカレート（名詞）（する動詞） 物事がだんだんに大きくなったり、はげしくなったりすること。例 けんかがエスカレートした。▼英語 escalate

エスキモー（名詞） カナダ・アラスカ・シベリアの北極海沿岸などに住んでいる先住民族。参考 アメリカでは「エスキモー」、カナダでは「イヌイット」と呼ぶ。▼英語 Eskimo

エスきょく【S極】（名詞） 方位磁石を自由に回転できるようにしておいたときに、南の方（South）をさすはりのはしの部分。対 N極。

エスジーマーク【SGマーク】（名詞） 乳幼児の用品や自転車などの生活用品で、それが安全な製品であることをしめすマーク。参考 ㋐製品安全協会が定める。㋑「SG」は「safety goods」の略。

エスばん【S判】（名詞） 洋服などで、ふつうより小さい（small）サイズのもの。Sサイズ。対 M判。L判。

エスペラント（名詞） ポーランドのザメンホフがつくった言葉。世界の共通語を目ざした。▼英語 Esperanto

えずめん【絵図面】（名詞） 土地や建物などを、真上から見た形にかいた図。絵図。

えぞ（名詞） ❶昔、東北地方の北部から北海道にかけて住んでいた人々。❷北海道の古いよび名。えぞ地。

えぞまつ【えぞ松】（名詞） マツ科の常緑樹。北海道などの寒い地方でそだち、高さは四十メートルにもなる。パルプの原料や建築材になる。

えそらごと【絵空事】（名詞） 現実にはありえないこと。うそ。

えだ【枝】（名詞） ❶くきやみきから分かれ出た部分。例 木の枝。❷もととなるものから分かれ出たもの。例 枝道。

えたいがしれない【得体が知れない】慣用句 本当のすがたや性質がわからない。正体がわからない。例 得体が知れない男。参考「得体の知れない」ともいう。

えだうち【枝打ち】（名詞）（する動詞） 木の下の方にある枝や、かれた枝を切りおとすこと。木をよく育てるためや、ふしのある木材をつくらないためにおこなう。

えだは【枝葉】（名詞） ❶えだと葉。❷物事の、あまり大切でない部分。例 それは枝葉の問題だ。参考「枝葉」ともいう。

えだぶり【枝振り】（名詞） えだのかっこう。えだの出具合。例 枝振りのいい木。

えだまめ【枝豆】（名詞） さやのついたままのまだじゅくしていない大豆。ゆでて、たねを食べる。

えだみち【枝道】（名詞） ❶中心の道から分かれた細い道。❷物事の中心から、はなれたところ。例 話が枝道にそれる。

えだわかれ【枝分かれ】（名詞）（する動詞） もとの部分から小さく分かれること。例 本線から支線が枝分かれする。

エチオピア 地名 エチオピア連邦民主共和国。アフリカ大陸北東部にある国。国土の大部分が高地にある。首都はアディスアベバ。▼英語 Ethiopia

エチケット（名詞） 社会生活をするうえでの、礼儀作法。類 マナー。▼英語（フランス語から）

etiquette

えちご【越後】地名 昔の国の名。今の新潟県に当たる。

えちず【絵地図】名詞 絵でかき表した地図。

えちぜん【越前】地名 昔の国の名。今の福井県に当たる。

えっきょう【越境】名詞 する動詞 さかいをこえること。とくに、国境をこえること。例 越境入学。

エックス【X・x】名詞 ❶アルファベットの二十四番目の文字。❷あたいのわからない数を表す記号。「x」を使う。

エックスせん【エックス線】名詞 ふつうの光線にくらべ、物をつきぬける力が強い光線。医学などで使われる。X線。参考「レントゲン線」ともいう。ドイツの物理学者レントゲンが発見した。▼英語 X rays

エックスデー【Xデー】名詞 たいへんなことが起こると考えられる日。参考 この意味では、日本で使われる言葉。

えつけ【絵付け】名詞 する動詞 とうじきの表面に、絵やもようなどをかくこと。例 絵付けした皿をかまで焼く。

えづけ【餌付け】名詞 する動詞 野生の動物にえさをあたえて、人間になれさせること。

エッジ 名詞 ❶はし。ふち。へり。❷刃物の刃。また、その切れ味。参考 切れ味がするどいもののたとえに使う。例 エッジがきいている。❸スケートぐつの、氷にせっする金属部分のふち。❹スキー板の、雪面とせっする部分の両側のふち。また、そこに使われている金属。▼英語 edge

エッセー 名詞 形を決めずに、感じたことや思ったことなどを自由に書く文章。随筆。エッセイ。▼英語（フランス語から）essay

エッセンス 名詞 ❶物事の大事な部分。本質。例 美のエッセンス。❷植物から取り出したかおりの成分。例 バニラエッセンスを加える。▼英語 essence

えっちゅう【越中】地名 昔の国の名。今の富山県に当たる。

えっちらおっちら 副詞（-と）〔重い物をせおったりなどして〕大変そうに坂道などをゆっくり歩くようす。例 リュックサックをしょってえっちらおっちらやって来る。

エッチング 名詞 ろうをぬった銅板に針で絵をほりつけ、ろうがけずられたところを薬品でくさらせ印刷する方法。銅版画。▼英語 etching

えっとう【越冬】名詞 する動詞 冬をこすこと。冬をすごすこと。例 南極で越冬する。

えっとうたい【越冬隊】名詞 寒いところで、研究などのために冬をこす人々の集まり。例 南極の越冬隊。

えっとうち【越冬地】名詞 冬をすごす場所。例 ツバメの越冬地。

えつにいる【悦に入る】慣用句 心の中で、よろこぶ。一人でうれしがる。例 上手な文が書けたと、悦に入る。

えつねん【越年】名詞 する動詞 年をこすこと。

えつねんそう【越年草】名詞 秋に芽が出て、葉のついたまま年をこし、春に花がさき実がつく植物。

えつらん【閲覧】名詞 する動詞〔何かを調べるため〕本や新聞などを読むこと。例 資料を閲覧する。

えて【得手】名詞 とくいなこと。例 だれしも得手と不得手がある。対 不得手。

えてかって【得手勝手】四字熟語 ほかの人のことは考えず、自分に都合のよいことだけをすること。わがまま。例 得手勝手なふるまいをする。

えてがみ【絵手紙】名詞 絵が主になっている手紙。多くは、はがきに書かれる。

えてして【得てして】副詞〔そうなりがちであることをいう〕ともすると。とかく。例 うぬぼれていると、得てして失敗するものだ。

えてんらく【越天楽】名詞 雅楽（平安時代から宮廷でおこなわれてきた音楽）の代表的な曲。

えと 名詞 昔、十干と十二支を組み合わせ、年月日などに当てはめたもの。参考 甲子・乙丑・丙午…など、六十通りある。漢字 干支。

えど【江戸】地名 東京の昔のよび名。徳川幕府があったところ。一八六八年に「東京」とあらためた。

えとく【会得】名詞 する動詞 知識やわざをよく理解して、自分のものにすること。注意「かいとく」と読まないこと。

えどじだい【江戸時代】名詞 一六〇三年に徳川家康が江戸に幕府をひらいてから、一八六七年に政権を明治天皇にかえすまでの二百六

十五年間。参考「徳川時代」ともいう。

えどっこ【江戸っ子】名詞 江戸で生まれ、江戸で育った人。参考 東京、特に下町で生まれ育った人もいう。

えどのかたきをながさきでうつ【江戸の敵を長崎で討つ】ことわざ 思いがけない場所やとき、または思いがけないやり方で、しかえしをする。語源 江戸と長崎が遠くはなれたところにあることから。

えどばくふ【江戸幕府】名詞 一六〇三年に徳川家康が将軍になって江戸にひらいた、武士による最後の幕府。「徳川幕府」ともいう。

エナメル 名詞 金属や陶器などの上にぬり、さびをふせいだり美しくしたりするもの。ほうろう。▼英語 enamel

エナメルしつ【エナメル質】名詞 歯の表面をおおっているかたい部分。ほうろう質。

エナメルせん【エナメル線】名詞 銅線にエナメルをぬり、表面から電流が流れ出ないようにした電線。

えにかいたもち【絵に描いた餅】慣用句 計画や想像だけで、実現の可能性がないことのたとえ。例 そのアイデアは絵に描いた餅だ。

えにっき【絵日記】名詞 絵を中心にして書いた日記。例 絵日記をつける。

エヌ【N・n】名詞 アルファベットの十四番目の文字。

エヌエイチケイ【NHK】名詞 日本の公共放送局。正式な名前は日本放送協会。参考「Nippon Hoso Kyokai」の頭文字を合わせたもの。

エヌきょく【N極】名詞 方位磁石を自由に回転できるようにしておいたときに、北の方(North)をさすはりのはしの部分。対 S極。

エヌジー【NG】名詞 ❶映画やテレビなどで、さつえいがうまくいかないこと。また、そのフィルム。❷「だめ」「よくない」の意味を表す言葉。参考 英語の no good の略とされるがNGと言っても外国では通じない。

エヌジーオー【NGO】名詞 ⬇巻末「アルファベット略語集」1561ページ。

エヌピーオー【NPO】名詞 ⬇巻末「アルファベット略語集」1561ページ。

エネルギー 名詞 ❶物がどのくらいの仕事をやれるかという能力。例 高いところからおちる水のエネルギーで電気をおこす。❷〔あることをしようとする〕元気。▼ドイツ語

えのぐ【絵の具】名詞 絵に色をつけるために使う物。注意 送りがなに気をつける。

えのころぐさ【えのころ草】名詞 イネ科の植物。夏から秋にかけて緑の花が穂の形にさく。語源「えのころ」は、犬の子。花の穂がふさふさとして犬のしっぽに似ているところから、名前がついた。また、ネコをからかうのに使ったことから「ねこじゃらし」ともいう。⇩図。

えのころ草

えはがき【絵葉書】名詞 あて名を書く面の裏に、絵や写真のあるはがき。

えばなし【絵話】名詞 昔話などを絵にかいたもの。また、絵入りの昔話などの本。絵物語。

えび 名詞 海や川にすむ、かたいからでおおわれた動物。あしは十本。種類が多い。漢字 海老。

えひがさ【絵日傘】名詞 きれいな絵やもようのある日がさ。竹のほねに紙をはってつくる。

えびがに 名詞 ザリガニのこと。

えびす[1] 名詞 ❶昔、天皇にしたがわない東北地方の人々をさしていった言葉。❷都から遠いところに住んでいる人。やばん人。❸らんぼうな武士。参考 昔、京都の人からみて、関東地方の武士のことをさしていった。

えびす[2]【恵比寿】名詞 七福神の一人。漁業や商売の神。えぼしをかぶり、にこにこして、つりざおとタイをもったすがたでえがかれる。⇩558ページ・七福神(図)。

えびすがお【えびす顔】名詞〔七福神のえびすのように〕にこにこした顔つき。例 えびす顔でやって来た。

エピソード 名詞 ❶〔話や物語などの〕とちゅうにさしはさむ、短い話。そう話。❷〔ある人のかくれた一面を知らせるような〕ちょっとしたおもしろい話。いつ話。▼英語 episode

えびでたいをつる【えびでたいを釣る】ことわざ わずかなものをもとにして、ねうちのあるものを手に入れることのたとえ。参考「え

びたい」ともいう。

えひめけん【愛媛県】 地名 四国の北西部にある県。県庁所在地は松山市。⇩916ページ・都道府県（図）。

エピローグ 名詞 ❶詩・小説・戯曲などの終わりの章。❷物事の終わり。対 プロローグ。▼英語 epilogue

エフ【F・f】 名詞 ❶アルファベットの六番目の文字。❷カ氏温度を表す記号。「F」。

エフエム【FM】 名詞 ❶音声の強弱を周波数をかえてることでおくる方法。❷「FM放送」の略。

エフエムほうそう【FM放送】 名詞「エフエム①」を使ったラジオの放送。音質がよい。

えふで【絵筆】 名詞 絵をかくのに使うふで。

えふみ【絵踏み】 名詞 ⬇1153ページ・ふみえ。

エプロン 名詞〔西洋ふうの〕前かけ。▼英語 apron

エベレスト 地名 ヒマラヤ山脈にある、世界で一番高い山。標高八八四八メートル。チベット語名はチョモランマ。▼英語 Everest

えぼし 名詞 昔、一人前になった男子がつけたかぶりもの。種類が多い。参考 今では、神主や相撲の行司などがかぶる。漢字 烏帽子。⇩図。

エボナイト 名詞 生ゴムにいおうを加えて熱してつくられる、かたいゴム。黒くてつやがある。電気をとおさないなどの性質がある。参考「硬質ゴム」「硬化ゴム」ともいう。▼英語 ebonite

えほん【絵本】 名詞 絵を中心にした本。

えま【絵馬】 名詞 願いごとをするときやそれがかなったときに神社や寺におさめる額。参考 もと、馬のかわりとして、馬の絵をかいた額をおさめたことからいう。⇩図。

えまきもの【絵巻物】 名詞 物語や伝説などを絵と文で表して巻き物にしたもの。絵巻。

えぼし

絵馬

えみ【笑み】 名詞〔にっこりと〕わらうこと。ことば「満面の笑み」

えみをうかべる【笑みを浮かべる】 慣用句 にっこりと、わらう。例 口元に笑みを浮かべる。

エム【M・m】 名詞 ❶アルファベットの十三番目の文字。❷地震の規模を表す単位「マグニチュード」を表す記号。「M」。❸「M判」の略。

エムばん【M判】 名詞 洋服などで、中位の（medium）サイズのもの。Mサイズ。対 S判・L判。

エムブイピー【MVP】 名詞 プロ野球などで、シーズンちゅうに、もっともかつやくした選手。また、その選手にあたえられる賞。参考 英語 most valuable player の略。

エメラルド 名詞 美しい緑色をした宝石。例 エメラルドグリーン（＝明るい緑色）。▼英語 emerald

えもい【エモい】 形容詞 ❶しみじみ感動するようす。心動かされるようす。ことば選び ⇩302ページ・感動。576ページ・しみじみ。616ページ・情緒。❷なつかしさを感じるようす。ことば選び ⇩952ページ・なつかしい。347ページ・きょうしゅう（郷愁）。❸もの悲しいようす。ことば選び ⇩1305ページ・もの悲しい。714ページ・センチメンタル。299ページ・感傷的。参考 ㋐ややくだけた言い方。㋑英語 emo（ロックミュージックの一種、または emotional〈感情的な〉）から。

えもいわれぬ【得も言われぬ】 連語 なんとも言えない。言葉で言いあらわせない。例 得も言われぬ美しさ。

えもじ【絵文字】 名詞 かんたんな絵によって意味を表したもの。

えもの¹【得物】 名詞 ❶自分がうまく使いこなせる道具や武器。❷武器。道具。

えもの²【獲物】 名詞 ❶かりやりょうでとった、けものや魚などの生き物。❷動物が自分の食料としてつかまえる生き物。

えものがたり【絵物語】 名詞 絵を中心にした、物語の本。

えもんかけ【えもん掛け】 名詞 着物をかけてつるしておくもの。類 ハンガー。

ことばあそび タブレット❸ うた→うえ→こえ

えら 名詞 ❶魚・貝・エビ・カニなど、水中にすむ動物の呼吸器官。水の中の酸素を、体の中にとり入れる働きをする。⇩図。❷人の顔で、あごの両はしの部分。例えらのはった顔。

えら①

エラー 名詞 しくじること。やりそこなうこと。失敗。▼英語 error

えらい【偉い】 形容詞 ❶㊉〔おこないや性格などが〕りっぱである。例偉い学者。❷㊉身分や地位が高い。例会社の偉い人。❸㊀ていどがはげしい。ひどい。例えらい目にあった。参考③はふつう、ひらがなで書く。活用えら・い。

えらびだす【選び出す】 動詞 多くのものの中から、よいものや目的に合ったものを選んで取り出す。例足の速い選手を選び出す。活用えらびだ・す。

えらぶ【選ぶ】 動詞 二つ以上のものの中から、目的に合ったものを取り出す。例好きな方を選びなさい。／委員を選ぶ。活用えら・ぶ。

えり【襟】 名詞 ❶着る物の首のまわりの部分。例コートの襟を立てる。⇩334ページ・着物②（図）。❷首の後ろのところ。例襟元。

えりあし【襟足】 名詞 首の後ろの部分の、髪の毛のはえぎわ。

エリート 名詞 多くの中からえらばれた、すぐれた人。▼英語（フランス語から）elite

えりくび【襟首】 名詞 首の後ろのところ。うなじ。例襟首をつかむ。類首すじ。

えりごのみ【えり好み】 名詞 する動詞 好きなものだけをえらびとること。よりごのみ。例おかずのえり好みをする。

えりすぐる 動詞 よいものの中から、とくによいものをえらぶ。例すぐれた人材をえりすぐる。活用えりすぐ・る。参考「よりすぐる」ともいう。

えりぬき【えり抜き】 名詞 多くの中からえらびだされた、すぐれたものや人。よりぬき。例えり抜きの選手をあつめる。

えりまき【襟巻き】 名詞 寒さをふせぐため、首のまわりにまく物。マフラー。

えりもと【襟元】 名詞 ❶衣服のえりのあたり。また、えりがあたる首の部分。例襟元が寒い。❷えりの後ろ側のあたり。

えりわける【えり分ける】 動詞 多くの中からえらんで分ける。例きれいな石をえり分ける。活用えりわ・ける。参考「より分ける」ともいう。

えりをただす【襟を正す】 慣用句 〔身なりやしせいをきちんとして〕気持ちをひきしめる。例襟を正して聞く。

[1]**える【得る】** ㊀動詞 手に入れる。自分のものにする。例情報を得る。㊁接尾語《ある言葉の下につけて》「…できる」の意味を表す言葉。例ぐうぜん会うこともあり得る。／あり得ない。

[2]**エル【L・l】** 名詞 ❶アルファベットの十二番目の文字。❷「L判」の略。

エルイーディー【LED】 名詞 ⇩1046ページ・はっこうダイオード。

エルサレム 地名 ユダヤ教・キリスト教・イスラム教の聖地。▼英語 Jerusalem

エルジービーティー【LGBT】 名詞 レズビアン（Lesbian）、ゲイ（Gay）、バイセクシュアル（Bisexual）、トランスジェンダー（Transgender）の頭文字をとったもの。恋愛や結婚の相手を選ぶとき、社会で多数派とされる男性と女性のカップルにあてはまらない少数派の人たち。また、自分の生まれ持った性別に悩む人たち。参考自分の性や恋愛対象が何なのかわからないクエスチョニング（Questioning）を加えたLGBTQ、あるいは、さらにその他をふくめてLGBTQ＋ということも多い。▼英語 L.G.B.T.

エルばん【L判】 名詞 洋服などで、ふつうより大きい（large）サイズのもの。Lサイズ。大判。対S判。M判。

エルピー【LP】 名詞 回るはやさを一分間に三十三回と三分の一にしたレコード。LP盤。参考英語の「ロングプレーイングレコード」の略から。

エレガント 形容動詞 上品で美しいようす。例エレガントなよそおい。▼英語（フランス語から）elegant

エレクトーン 名詞 電子オルガンの一種。電気

のしんどうを音波にかえ さまざまな楽器の音やリズムが出せる。参考 商標名。

エレクトロニクス 名詞 電子の働きを研究し、通信・放送、機械の自動化などに役立てようとする学問や技術。▼英語 electronics

エレジー 名詞 悲しみをこめた歌。悲歌。▼英語 elegy

エレベーター 名詞 人や荷物を建物の上下に運ぶそうち。電力で動かす。▼英語 elevator

1 **えん【円】** 名詞 ❶まるいこと。まるい形。例コンパスで円をえがく。⇩663ページ・図形（図）。❷日本のお金の単位。❸「円②」で表されるお金。例円が上がる。

2 **えん【宴】** 名詞 いっしょに酒を飲み食事をして楽しむこと。酒もり。うたげ。

3 **えん【塩】** 名詞 酸とアルカリの中和反応によってできる化合物をまとめていう言葉。塩類。

4 **えん【園】** 名詞 「幼稚園」「保育園」「動物園」などの略。例園の教育方針。

5 **えん【縁】** 名詞 ❶〔人や物事との〕つながり。関係。例親子の縁。／縁を切る。／お金に縁がない。❷その人におこってくるめぐりあわせ。例縁があったらまた会おう。❸部屋の外側につけた、細長い板じき。えんがわ。

えんえい【遠泳】 名詞 する動詞 長いきょりを泳ぐこと。また、その競技。例遠泳大会。

1 **えんえんと【延延と】** 副詞 物事が長く続くようす。例会議は延々と続いた。参考 ふつう「延々と」と書く。

2 **えんえんと【炎炎と】** 副詞 火がいきおいよくもえあがるようす。例炎々ともえさかる。参考 ふつう「炎々と」と書く。

えんか【演歌】 名詞 日本風の物悲しいメロディーで、異性をしたう心や人情などを歌う歌謡曲。

1 **えんかい【沿海】** 名詞 ❶海にそった陸地。例沿海の村。類沿岸。❷陸地に近い海。例沿海漁業。

2 **えんかい【宴会】** 名詞 大ぜいの人が、酒を飲んだり食事をしたりして楽しむ会。例宴会をもよおす。

3 **えんかい【遠海】** 名詞 陸地から遠くはなれた海。例遠海で漁をする。類遠洋。対近海。

えんがい【塩害】 名詞 海水の中の塩分によって、農作物や電線・鉄・コンクリートなどが受ける害。

1 **えんかく【沿革】** 名詞 物事のうつりかわり。歴史。例この町の沿革をしらべる。

2 **えんかく【遠隔】** 名詞 とおくはなれていること。例遠隔操作。／遠隔の地。

えんかすいそ【塩化水素】 名詞 鼻をつくようなにおいのある無色の気体。参考 塩化水素が水にとけたものが塩酸。

えんかつ【円滑】 形容動詞 物事が、すらすらと進むようす。なめらか。例会議は円滑に進められた。

えんかナトリウム【塩化ナトリウム】 名詞 塩素とナトリウムでできている白い結晶。水にとける。食塩のおもな成分。

えんかビニール【塩化ビニール】 名詞 ❶塩素とエチレンでできた二塩化エチレンを熱で分解してつくられる、無色の気体。❷塩化ビニールモノマーをたくさんつなげてつくられたプラスチック。ビニールのシートやふくろ、プラスチック容器、パイプなど多くの日用品の原料となる。参考 略して「塩ビ」ともいう。

えんがわ【縁側】 名詞 部屋の外側につくった、細長い板じき。えん。⇩図。

えんがん【沿岸】 名詞 ❶海・湖・川などにそった土地。❷海・湖・川などの、陸地に近い部分。例沿岸をうめたてる。類沿海。

縁側

えんがんぎょぎょう【沿岸漁業】 名詞 海岸の近くでおこなう漁業。参考 魚や貝のようしょくもふくまれる。対遠洋漁業。

えんき【延期】 名詞 する動詞 決められた日時や期間をのばすこと。日のべ。例雨のため、遠足は来週に延期します。

1 **えんぎ【演技】** 名詞 する動詞 大ぜいの人の前で、しばいやおどりなどのわざを見せること。また、そのわざ。例みごとな演技を見せる。

2 **えんぎ【縁起】** 名詞 ❶物事のおこり。とくに神社や寺がどのようにしてできたかという言いつたえ。❷よいこと、または、悪いことのおこりそ

ことばあそび タブレット❹ おとこ→おとな→おんな

うな前ぶれ。例 縁起が悪い。

えんきょく【えん曲】 形容動詞 表現が遠まわしで、おだやかなようす。例 えん曲にことわる。漢字 婉曲。

えんきょり【遠距離】 名詞 道のりが遠いこと。例 遠距離通学。類 長距離。対 近距離。

えんぎをかつぐ【縁起を担ぐ】 慣用句 縁起がいいとか悪いとかを気にする。

えんきん【遠近】 名詞 遠いところと近いところ。

えんきんほう【遠近法】 名詞 〔目に見えるのと同じように〕遠い近いの感じを絵にかき表す方法。⇩図。

遠近法

えんぐみ【縁組み】 名詞 する動詞 夫婦・養子などの関係をむすぶこと。例 二人の縁組みがととのう。

ことば博士になろう！

えんぎの悪い数

西洋では、「13」を不吉な数としてきらいます。これは、イエス＝キリストが死刑になる前の日の最後の晩さん（＝夕食）のメンバーが13人で、また処刑されたのが13日だったからという説があります。

えんグラフ【円グラフ】 名詞 一つの円をいくつかに区切って、その面積によってわりあいを表すグラフ。⇩388ページ・グラフ①（図）。

えんぐん【援軍】 名詞 ❶戦っている軍隊をたすけるための軍隊。❷力をかす仲間。例 店がいそがしいので援軍をたのむ。

[1]えんけい【円形】 名詞 まるい形。円。

[2]えんけい【遠景】 名詞 遠くのけしき。例 遠景に山をえがく。対 近景。

[1]えんげい【園芸】 名詞 庭や畑に、くだもの・野菜・草花などをつくること。

[2]えんげい【演芸】 名詞 人々を楽しませる、歌・しばい・おどり・落語などの芸。例 演芸大会。

えんげき【演劇】 名詞 俳優が、きゃく本をもとにして舞台でする劇。しばい。

エンゲルけいすう【エンゲル係数】 名詞 家計のすべての支出の中で、食費のしめる割合を百分率で表したもの。参考 この係数が高いほど、生活は苦しいとされる。ドイツの統計学者エンゲルが提唱した。

えんこ【縁故】 名詞 ❶しんせき関係などでつながりのあること。また、その人。えんつづき。例 縁故をたよって上京する。❷人と人や、人と物とのつながり。かかわりあい。例 仕事上の縁故で知り合う。

えんご【援護】 名詞 する動詞 〔こまっている人を〕助けて、守ること。例 味方の軍を援護する。

えんざい【えん罪】 名詞 悪いことをしないのに受けるつみ。無実のつみ。

ことば博士になろう！

演劇からうまれたことば

日本には、能・歌舞伎など、伝統的な演劇があります。もともと、こうした演劇の世界で使われていた言葉で、今でも残っているものをいくつかしょうかいしましょう。

- 大当たり…しばいの興行成績がとてもよいこと。今では、しばい以外のものについても使われます。
- 黒幕…歌舞伎などで、場面のかわりめに舞台をかくしたり、夜のやみを表すために使う幕。そこから、表面にあらわれず、かげでものごとをさしずしている人のことをいうようになりました。
- 花道を飾る…「花道」は、舞台にむかって左側のはしに客席を縦につらぬいてつくった細長い舞台。主役の役者などが、退場のときに観客の拍手におくられてこの花道を通ることから、人々におしまれながら引退していくことをいいます。
- 幕の内弁当…しばいの休けい時間に観客が食べる弁当。または、この弁当に似せてつくった駅弁など。歌舞伎の休けい時間が、一度幕がしまり、次にあくまでの間（幕間）であることから。

このほかにも「十八番」「二枚目」などがあります。

えんさき【縁先】 名詞 えんがわのはし。

えんさん【塩酸】名詞 塩化水素が水にとけたもの。鼻をつくにおいがするすきとおった液体。

えんざん【演算】名詞 する動詞 計算すること。運算。例 数式にしたがって演算する。

えんし【遠視】名詞 ⬇えんしがん。対 近視。

えんじ【園児】名詞 幼稚園や保育園などにかよっている子ども。

えんじいろ【えん脂色】名詞 黒みがかった、こい赤色。えんじ。

エンジェル 名詞 ⬇エンゼル。

えんしがん【遠視眼】名詞 遠くのものは見えるが、近くのものがよく見えない目。遠視。参考 とつレンズのめがねをかけるとよく見えるようになる。対 近視眼。

エンジニア 名詞〔機械や電気などをあつかう〕技術者。技師。▼英語 engineer

[1]えんじゃ【演者】名詞 ❶劇やしばい、テレビドラマなどに出て演技をする人。例 演者がそろって舞台あいさつをする。❷講演や演説をする人。例 今日の演者を紹介します。参考「えんしゃ」ともいう。

[2]えんじゃ【縁者】名詞 身内の人。縁がつながっている人。例 親類縁者があつまる。参考 血のつながっている親類にたいして、結婚で縁ができた人をさすことが多い。

[1]えんしゅう【円周】名詞 円のまわり。

[2]えんしゅう【演習】名詞 ❶練習。けいこ。例 運動会の予行演習。❷軍隊が、本物の戦争をまねておこなう訓練。例 日米合同演習。

えんしゅうりつ【円周率】名詞 円周が、その円の直径の何倍であるかを表すわりあい。約三・一四。参考 記号は「π」。

えんじゅく【円熟】名詞 する動詞 ❶物事によくなれて、上手になること。例 円熟した演技。❷人間として成長し、深みのあること。例 円熟した人がら。

えんしゅつ【演出】名詞 する動詞 きゃく本をもとに、俳優に演技をつけたり、舞台のしかけ・音楽・照明などをまとめたりして、劇や映画をつくりあげること。

えんしょ【炎暑】名詞 真夏の、もえるような暑さ。例 炎暑が続く。類 酷暑。猛暑。

えんじょ【援助】名詞 する動詞〔こまっている人や国などを〕力や物をあたえて、助けること。例 資金を援助する。類 救援。

エンジョイ 名詞 する動詞 十分に楽しむこと。例 快適な生活をエンジョイする。▼英語 enjoy

[1]えんしょう【延焼】名詞 する動詞 火事が、火元からほかにもえひろがること。類 類焼。

[2]えんしょう【炎症】名詞 体のどこかがきずついたとき、赤くなる、はれる、いたむ、熱が出るなどの症状がおこること。また、それらがおこっているようす。

えんじょう【炎上】名詞 する動詞 ❶〔大きい建物や船などが〕火事でやけること。例 タンカーが炎上した。❷野球で、投手が集中的に打ちこまれること。❸SNSなどで、批判的な意見が限度をこえてよせられること。

えんじる【演じる】動詞 ❶〔劇などで〕決められた役がらをつとめる。例 おじいさん役を演じる。❷しでかす。する。例 大失敗を演じた。参考「演ずる」ともいう。活用 えん・じる。

[1]えんじん【円陣】名詞〔大ぜいの人が〕輪の形にならぶこと。まるくならぶこと。ことば「円陣を組む」類 車座。

[2]えんじん【猿人】名詞 七百万年前、はじめて立って歩き、手で道具を使った人類。類 原人。新人。

[3]エンジン 名詞 機械や乗り物を動かす力をつくるしかけ。例 エンジンをかける。▼英語 engine

エンジンがかかる 慣用句 調子よく進む。本来の調子になる。例 作業にエンジンがかかる。参考 はじめは調子が出なかったときに、よく使う。

えんしんりょく【遠心力】名詞 回っているものが、その円の中心から遠ざかろうとする力。対 求心力。

えんすい【円すい】名詞 底が円形で、先のとがった立体。⇩663ページ・図形（図）。

エンスト 名詞 する動詞 エンジンがとまること。例 道のまん中で車がエンストする。参考「エンジンストップ」の略から日本でつくった言葉。

えんずる【演ずる】動詞 ⬇えんじる。活用 えん・ずる。

えんせい【遠征】名詞 する動詞 ❶遠くはなれたところへせめていくこと。❷遠くはなれたところへ、試合やたんけんなどに行くこと。例 海外遠征。

えんぜつ【演説】名詞 する動詞 大ぜいの人の前

で、自分《じぶん》の意見《いけん》をのべること。例 選挙演説《せんきょえんぜつ》。

エンゼル (名詞) 天使《てんし》。エンジェル。▼英語《えいご》 angel

えんせん【沿線】 (名詞) 線路《せんろ》にそったところ。例 この沿線《えんせん》には名所《めいしょ》が多《おお》い。(類) 沿道《えんどう》。

えんそ【塩素】 (名詞) うすい緑色《みどりいろ》で、強《つよ》いにおいのある有毒《ゆうどく》な気体《きたい》。漂白《ひょうはく》や消毒《しょうどく》に使《つか》う。

えんそう【演奏】 (名詞)(する動詞) 楽器《がっき》をならして、音楽《おんがく》をかなでること。例 ピアノを演奏《えんそう》する。

えんそうかい【演奏会】 (名詞) 音楽《おんがく》をかなでて、人々《ひとびと》にきかせるための会《かい》。例 演奏会《えんそうかい》をひらく。

えんそく【遠足】 (名詞) 学校《がっこう》で、見学《けんがく》や運動《うんどう》のために遠《とお》くまで(歩《ある》いて)いくこと。

エンターテイメント (名詞) ごらく。演芸《えんげい》。例 エンターテイメントにてっしたごらく映画《えいが》。エンターテインメント。▼英語《えいご》 entertainment

えんたい【延滞】 (名詞)(する動詞) お金《かね》のしはらいなどが期日《きじつ》よりおくれること。例 延滞金《えんたいきん》を取《と》られる。

[1]えんだい【遠大】 (形容動詞) 考《かんが》えや目的《もくてき》が大《おお》きく、先《さき》のことまで見《み》とおしているようす。例 遠大《えんだい》な計画《けいかく》。

[2]えんだい【演題】 (名詞) 演説《えんぜつ》や講演《こうえん》をするときの題名《だいめい》。

[3]えんだい【縁台】 (名詞) 外《そと》で使《つか》う(細長《ほそなが》い)こしかけ台《だい》。⇩図《ず》。

えんだか【円高】 (名詞) 日本《にほん》のお金《かね》の円《えん》のかちが、外国《がいこく》のお金《かね》にくらべて高《たか》くなっていること。(参考) 同《おな》じ額《がく》の円《えん》で、より多《おお》くの外国《がいこく》のお金《かね》と交換《こうかん》することができる。(対) 円安《えんやす》。

えんたく【円卓】 (名詞) まるいテーブル。

えんたくかいぎ【円卓会議】 (名詞) まるいテーブルに自由《じゆう》にすわって、話《はな》し合《あ》う会議《かいぎ》。

縁台《えんだい》

[1]えんだん【演壇】 (名詞) 演説《えんぜつ》や講演《こうえん》をする人《ひと》が立《た》つ、いちだん高《たか》くなっているところ。

[2]えんだん【縁談】 (名詞) ある人《ひと》にけっこんをすすめるための話《はなし》。けっこんの相談《そうだん》。

えんちゃく【延着】 (名詞)(する動詞) 〔列車《れっしゃ》・飛行機《ひこうき》・荷物《にもつ》などが〕決《き》められた日《ひ》や時刻《じこく》よりも、おくれて着《つ》くこと。例 列車《れっしゃ》が五分《ごふん》ほど延着《えんちゃく》した。

えんちゅう【円柱】 (名詞) ❶まるい柱《はしら》。❷長方形《ちょうほうけい》の一辺《いっぺん》をじくにしてひとまわりさせた立体《りったい》。茶《ちゃ》づつのような形《かたち》。円筒《えんとう》。⇩663ページ・図形《ずけい》(図《ず》)。

[1]えんちょう【延長】 (名詞)(する動詞) 長《なが》さや時間《じかん》などがのびること。また、のばすこと。例 会期《かいき》を延長《えんちょう》する。(対) 短縮《たんしゅく》。

[2]えんちょう【園長】 (名詞) 幼稚園《ようちえん》・動物園《どうぶつえん》などの、園《えん》で一番上《いちばんうえ》の地位《ちい》の人《ひと》。

[1]えんちょうせん【延長戦】 (名詞) 決《き》まった回数《かいすう》で勝負《しょうぶ》がつかないとき、回数《かいすう》や時間《じかん》をのばして続《つづ》ける試合《しあい》。

[2]えんちょうせん【延長線】 (名詞) かぎられた線《せん》のかたほうのはしから、その線《せん》をまっすぐのばした方向《ほうこう》にひいた線《せん》。

えんちょくせん【鉛直線】 (名詞) 糸《いと》におもりをつるしたとき、糸《いと》がつくる線《せん》。水平面《すいへいめん》と直角《ちょっかく》になる。(参考) ⇩652ページ・垂直線《すいちょくせん》。

えんつづき【縁続き】 (名詞) 親《しん》せきどうしであること。例 縁続《えんつづ》きの人《ひと》。(類) 親類《しんるい》。身内《みうち》。

エンディング (名詞) 物事《ものごと》の終《お》わり。終《お》わりの部分《ぶぶん》。例 エンディングテーマが流《なが》れる。▼英語《えいご》 ending

えんてん【炎天】 (名詞) 太陽《たいよう》がてりつけて、焼《や》けつくように暑《あつ》い天気《てんき》。また、その空《そら》。

えんてんか【炎天下】 (名詞) もえるように暑《あつ》い夏《なつ》の空《そら》の下《した》。例 炎天下《えんてんか》の球場《きゅうじょう》で決勝《けっしょう》にのぞむ。

えんでん【塩田】 (名詞) 塩《しお》をとるために、海水《かいすい》を引《ひ》き入《い》れ、太陽《たいよう》の熱《ねつ》で水分《すいぶん》をじょうはつさせるところ。砂浜《すなはま》などをしきってつくる。(参考) 日本《にほん》では瀬戸内海沿岸《せとないかいえんがん》などでさかんにおこなわれた。

えんとう【円筒】 (名詞) ❶まるいつつ。❷⇩えんちゅう②。

[1]えんどう (名詞) マメ科《か》の植物《しょくぶつ》。くきは二《に》メートルぐらいにのび、その先《さき》にまきひげのある葉《は》をつける。春《はる》、チョウの形《かたち》をした白《しろ》い色《いろ》やむらさき色《いろ》の花《はな》がさく。さやのまま食《た》べるさやえんどうや、さやのなかのたねを食《た》べるグリーンピースなどがある。

[2]えんどう【沿道】 (名詞) 道路《どうろ》にそったところ。例 沿道《えんどう》はかんげいの人《ひと》でうずまった。(類) 沿線《えんせん》。

えんどおい【縁遠い】 (形容詞) ❶つながりがう

すい。例宇宙のことは、どうも縁遠い。❷けっこんする機会に、なかなかめぐまれない。活用 えんどお・い。

えんとつ【煙突】名詞 けむりを外に出すための長いつつ。けむりだし。

エンドライン 名詞 バスケットボールやバレーボールなどの長方形のコートの、短いほうの区画線。対サイドライン。▼英語 end line

エントリー 名詞 する動詞 競技や選考会などへの、出場の申しこみ。参加登録。例全国大会にエントリーする。▼英語 entry

えんにち【縁日】名詞 神社や寺でお祭りをする、決まった日。

えんにょう 名詞 漢字の部首の一つ。「建」「延」などの「廴」の部分。参考「いんにょう」ともいう。

えんねつ【炎熱】名詞 ❶真夏の、やけつくような暑さ。例炎熱の道を歩く。❷ほのおの、はげしい熱さ。例炎熱地獄。

えんのした【縁の下】名詞 えんがわの下。また、ゆか下。

えんのしたのちからもち【縁の下の力持ち】ことわざ 人の気づかないところで、人の仕事を助けること。また、そのような人。例縁の下の力持ちとして、クラブのためにつくす。

えんばん【円盤】名詞 ❶まるくて、平たい形をした物。例空とぶ円盤。❷「円盤投げ」に使う道具。木でつくられたまるい盤。ふちと真ん中が金属でできている。

えんばんなげ【円盤投げ】名詞「円盤❷」をなげ、その飛んだきょりを争うスポーツ。

えんぴつ【鉛筆】名詞 字や絵をかく道具。木のじくに細いしんをはめこんだもの。黒いしんは、黒鉛とねん土からつくる。

えんぴつけずり【鉛筆削り】名詞 えんぴつをけずる道具。手動のものと電動のものがある。

えんびふく【えん尾服】名詞 男の人が、儀式のときなどに着る服の一つ。上着の後ろのすそが二つに分かれている。語源「えんび」は、「ツバメの尾」の意味。上着のすそがその形ににていることからいう。漢字 燕尾服。⇩図。

えん尾服

えんぶきょく【円舞曲】名詞 かろやかで美しい、四分の三拍子のダンス曲。ワルツ。

えんぶん【塩分】名詞 ある物にふくまれている、しおの量。しおけ。

えんぽう【遠方】名詞 遠くはなれたところ。例遠方からおとずれた。

えんま【えん魔】名詞 仏教で、死んでじごくにきた人のつみをしらべ、ばつをあたえるというじごくの王。えんま大王。漢字 閻魔。

えんまく【煙幕】名詞 敵の目をごまかすために、まくのようにまきちらす人工的なけむり。ことば ⇩「煙幕を張る」

えんまくをはる【煙幕を張る】慣用句 本当のことをかくすために、はっきり言わなかったり、ごまかしたりする。例真相がばれないように煙幕を張る。参考「煙幕」は、味方の行動を敵からかくすためにまきちらす人工的なけむりのこと。

えんまだいおう【えん魔大王】名詞 ⬇えんま。

えんまちょう【えん魔帳】名詞 ❶えんまが、死んだ人が生きているときにしたことを書き記しておくという帳面。❷先生が、生徒のせいせきやおこないなどを記しておく帳面。

えんまん【円満】名詞 形容動詞 ❶人と人との仲が、うまくいっていること。例円満な家庭。❷［性格が］おだやかなこと。例円満な人がら。

えんやす【円安】名詞 日本のお金の円のかちが、外国のお金にくらべて低くなっていること。対円高。

えんゆうかい【園遊会】名詞 庭園に客をまねき、食事を出したり、演芸を見せたりしてもてなす会。

えんよう【遠洋】名詞 陸から遠くはなれた広い海。外洋。類遠海。

えんようぎょぎょう【遠洋漁業】名詞 遠洋でおこなう漁業。対沿岸漁業。近海漁業。

えんらい[1]【遠来】名詞［人が］遠くからたずねてくること。例遠来の客。

えんらい[2]【遠雷】名詞 遠くで鳴るかみなり。

えんりゃくじ【延暦寺】名詞 滋賀県大津市の比叡山にあって、天台宗をまとめる寺。奈良

え あいうえお
かきくけこ
さしすせそ
たちつてと
なにぬねの
はひふへほ
まみむめも
や
ゆ
よ
らりるれろ
わ
を
ん

ことばあそび タブレット❻ たかい→やかい（夜会）→やすい

時代の七八八年に最澄が建てた寺がはじまり。最澄の死後、嵯峨天皇が延暦寺と名づけた。

えんりょ【遠慮】 名詞 する動詞 ❶おこないや言葉をひかえめにすること。例遠慮なくいただきます。❷〔事情などを考えて〕人からの申し出を辞退すること。例出席を遠慮いたします。

えんりょがち【遠慮がち】 連語 人に気を使いながら物事をするようす。例遠慮がちに話しかける。

えんりょぶかい【遠慮深い】 形容詞 ほかの人に対する態度がとてもひかえめなようす。例遠慮深い人。活用 えんりょぶか・い。

えんるい【塩類】 名詞 ➡159ページ・えん（塩）。

えんろ【遠路】 名詞 遠い道のり。長いきょり。例遠路はるばるやってきた。

お

オ
O
o

お[1] 接頭語 ❶《ほかの言葉の上につけて》尊敬やていねいの気持ちを表す言葉。例お手紙をください。／お子さんはお元気ですか。❷《自分の動作につけて》へりくだる気持ちを表す言葉。例明日お宅までおとどけいたします。／わたしがお答えします。

お[2]**【小】** 接頭語 《ある言葉の上につけて》「小さい」「細かい」「少ない」などの意味を表す言葉。例小川。

お[3]**【尾】** 名詞 動物のしりから細長くのびたもの。しっぽ。例犬が尾をふる。

お[4]**【緒】** 名詞 ❶糸やひもなど。細長い物。例はおりの緒。❷はき物につけて、足にかけるひも。例げたの緒。

オアシス 名詞 ❶さばくの中で、水がわき出し、草木がしげっているところ。❷心のなぐさめとなるところ。いこいの場所。例都会のオアシスともいうべき美しい庭園。▼英語 oasis

おあずけ【お預け】 名詞 ❶かい犬などの前に食べ物をおいて、ゆるしを出すまで食べさせないこと。❷そうするというやくそくや計画だけで、じっさいにはおこなわれないでいること。例雨がふっているので、遠足は来週までお預けになった。

おあつらえむき【おあつらえ向き】 形容動詞 願っていたとおりで、都合のよいようす。ちょうどよいようす。あつらえむき。例遠足にはおあつらえ向きのいい天気だ。類好都合。うってつけ。

おい[1] 名詞 自分の兄弟や姉妹の、男の子ども。漢字 甥。対めい。⇩98ページ・いとこ（図）。

おい[2]**【老い】** 名詞 ❶年をとっていること。例老いをわすれる。❷年をとっている人。年寄り。例老いも若きも。

おいうち【追い打ち】 名詞 〔にげていくものを〕おいかけてうつこと。また、弱った相手をさらにせめたてること。ことば「追い打ちをかける」

おいえげい【お家芸】 名詞 その人のもっともとくいとする芸。おはこ。参考もともとは、歌舞伎や能で、その家に古くからつたわる芸のこと。

おいおい【追い追い】 副詞（-と） 〔順をおって〕だんだんに。しだいに。例くわしい事情をおいおい話して聞かせる。参考ふつう、ひらがなで書く。

おいかえす【追い返す】 動詞 やって来た人を、おいたてて帰らせる。例おとずれた人を追い返す。類追い払う。活用おいかえ・す。

おいかけっこ【追い掛けっこ】 名詞 たがいにおいかけ合うこと。例みんなで追い掛けっこをして遊ぶ。

おいかける【追い掛ける】 動詞 ❶〔先に進んでいるものを〕あとからおう。❷一つのことのあとに、またすぐ次のことがおこる。例追い掛けて事件がおこる。活用おいか・ける。

おいがしら【老頭】 名詞 ➡おいかんむり。

おいかぜ【追い風】 名詞 進む方向に、後ろからふいてくる風。順風。例追い風を受ける。対むかい風。⇩図。

おいかんむり【老冠】 名詞 漢字の部首の一つ。「老」「考」などの上の「耂」の部分。参考「おいがしら」ともいう。

追い風

おいごえ【追い肥】(名詞) 作物が育つとちゅうであたえる肥料。追肥。(対)元肥。

おいこし【追い越し】(名詞)(する動詞) ❶おいこすこと。❷前を走る車においついてから、車線をかえてその車の前に出ること。

おいこす【追い越す】(動詞) ❶前にいたものにおいついて、それよりも先になる。(例)前の車を追い越す。❷おとっていたものが上のものにおいついて、それよりもまさったものになる。(例)努力して先輩を追い越す。(類)①②追い抜く。(活用)おいこ・す。

おいこみ【追い込み】(名詞) おわりのほうで、全力を出してがんばること。また、その段階。(例)受験勉強が追い込みにはいる。

おいこむ【追い込む】(動詞) ❶おっていって、あるものの中に入らせる。(例)馬をさくの中に追い込む。❷せめたてて、ぎりぎりの立場に立たせる。(例)もう一歩で降参というところまで追い込んだ。❸おわりの方で、のこっている力を全部出しきる。(例)ゴール前で追い込んで、一着になった。(活用)おいこ・む。

おいさき【老い先】(名詞) 年をとった人のこれから先の命。また、その将来。(例)老い先が短い。

おいしい(形容詞) ❶〔食べ物や飲み物の〕味がよい。(例)おいしいパン。(参考)「うまい」よりも、ていねいな言い方。❷〔その人にとって〕よいじょうたいになる。(例)おいしい思いをする。(対)まずい。(活用)おいし・い。

おいしげる【生い茂る】(動詞) 草や木がさかんに葉やえだを広げる。(例)雑草が生い茂ったはたけ。(活用)おいしげ・る。

おいすがる【追いすがる】(動詞) おいかけて、体にしがみつく。(例)なきながら母に追いすがる子。(活用)おいすが・る。

おいそれと(副詞) よく考えないで。すぐに。かんたんに。(例)人にすすめられたからといっておいそれと買うわけにはいかない。(参考)下に「…ない」などの言葉が続く。

おいだす【追い出す】(動詞) おいたてて外へ出す。(例)ネコを外へ追い出す。(活用)おいだ・す。

おいたち【生い立ち】(名詞) 成長してきたようす。経歴。(例)かわいそうな生い立ちの少年が出てくる物語を読んだ。

おいたてる【追い立てる】(動詞) ❶無理においはらう。はやく行くように急がせる。❷《「追い立てられる」の形で》急がせる。せかせる。(例)仕事に追い立てられる。(活用)おいた・てる。

おいちらす【追い散らす】(動詞) 追い立てて散らばるようにする。(例)やじうまを追い散らす。(活用)おいちら・す。

おいつおわれつ【追いつ追われつ】(連語) おいかけたり、おいかけられたりしながら。(例)追いつ追われつのシーソーゲーム。

おいつく【追い付く・追い着く】(動詞) おくれているものが、先に進んだもののところまで行きつく。(例)先に出発したグループに追い付いた。(活用)おいつ・く。

おいつめる【追い詰める】(動詞) にげるところがなくなるまでおう。(例)刑事が犯人を追い詰める。(活用)おいつ・める。

¹おいて(連語)《「…において」の形で》❶…のところで。…の時に。(例)申しこみは会場において受けつけます。❷…にかんして。…について。(例)外交において手腕を発揮する。

²おいて(連語)《「…をおいて」の形で》…をのぞいて。…以外に。(例)「児童会長は、君をおいてはいない。」とみんなにすすめられた。

おいで(連語) ❶「行く」「来る」「居る」のうやまった言い方。(例)こちらにおいでください。❷「おいでなさい」の略。「行きなさい」「来なさい」「居なさい」をしたしみをこめて言う言い方。(例)出ておいで（＝出てきなさい）。

おいてきぼり【置いてきぼり】(名詞) 〔なかまなどを〕そこにおいたまま、行ってしまうこと。おきざり。(例)置いてきぼりにされた。(参考)「おいてけぼり」ともいう。

おいとま(名詞)(する動詞) ❶あいさつをして、別れること。(例)そろそろおいとまいたします。❷仕事などをはなれること。(ことば)「おいとまをいただく」(参考)「いとま」をていねいに言う言葉。

おいぬく【追い抜く】(動詞) ❶先に出たものにおいついて、それよりも前に出る。(例)ゴールの直前で、トップランナーを追い抜く。❷おとっていたものが、目標とする相手においついて、それよりもまさったものになる。(例)算数のテストで、いつも一番の級友を追い抜く。(類)①②追い越す。(活用)おいぬ・く。

おいはぎ【追い剥ぎ】(名詞) 道を通る人をおどして、着物やお金をとること。また、そのような悪者。(参考)少し古い言い方。

ことばあそび タブレット❼ なつ→なし→あし→あゆ→ふゆ

おいばね【追い羽根】名詞 ⬇1056ページ・はねつき。

おいはらう【追い払う】動詞〔じゃまなもの、いやなもの、うるさいものなどを〕おって、そこをどかせる。おっぱらう。類追い返す。例集まってくるのら犬を追い払う。活用おいはら・う。

おいぼれる【老いぼれる】動詞 年をとって、考える働きや体の動きがおとろえる。活用おいぼ・れる。

おいまくる【追いまくる】動詞❶はげしくおいはらう。どこまでもおう。❷《「追いまくられる」の形で》はげしくせきたてられる。例毎日、仕事に追いまくられる。活用おいまく・る。

おいまわす【追い回す】動詞❶〔にげていくものを〕しつこくおう。❷《「追い回される」の形で》休む間もなく働かされる。例父は仕事に追い回されている。活用おいまわ・す。

おいめ【負い目】名詞❶〔助けてもらったり、つらいめにあわせたりした人に対して〕負担に思って頭が上がらないこと。ことば「負い目がある」❷借金などの、返さなければいけない物やお金。

おいもとめる【追い求める】動詞❶おいかけてさがす。例犯人を追い求める。❷努力して手に入れようとする。例理想を追い求める。活用おいもと・める。

おいやる【追いやる】動詞❶おって去らせる。おいはらう。例部屋のすみに追いやる。❷むりにそうさせる。例苦しい立場に追いやる。活用おいや・る。

1 **おいる**【老いる】動詞 年をとる。また、年をとって弱る。活用お・いる。

2 **オイル** 名詞 油。食用の油や、石油・ガソリンなど。▼英語 oil

おいわけ【追分】名詞❶道が二つにわかれているところ。街道の近くなどに、地名としてのこっているところがある。例信濃追分。❷「追分節」の略。民謡の一つ。

1 **おう**【王】名詞❶国をおさめる人。王さま。キング。例王のくらいにつく。対女王。❷ある分野でもっともすぐれている人や物。例ホームラン王。❸将棋のこまの一つ。王将。

2 **おう**【負う】動詞❶せなかにのせる。せおう。例荷物を負う。❷自分の身に受ける。例責任を負う。❸ほかからの力ぞえを受ける。例ぼくが勝てたのは、みんなのはげましに負うところが大きい。活用お・う。

3 **おう**【追う】動詞❶先にいるもののところへ行こうとする。例兄を追う。対にげる。❷順序どおりに進む。例経過を追って説明する。❸ほかのところに行かせる。おいはらう。例むらがるハエを追う。活用お・う。

4 **おう**【翁】名詞❶年をとった男の人。おきな。❷年をとった男の人の名につける、うやまった言い方。例福沢諭吉翁。

おうい【王位】名詞 王のくらい。例王位をつぐ。類王座。皇位。

×おうい【多い】⬇169ページ・おおい（多い）。

おうう【奥羽】地名 昔の地域の名。陸奥と出羽の国を合わせたところで、今の東北地方。

おううさんみゃく【奥羽山脈】地名 東北地方の真ん中を南北にはしる山脈。

おうえん【応援】名詞 する動詞❶〔競技などで〕味方の選手を拍手や声ではげますこと。例白組を応援する。類声援。❷力をかして助けること。例引っこしの応援に行く。／応援演説。類加勢。

おうえんだん【応援団】名詞 味方のチームや、ひいきの選手をおうえんする人たちの集まり。例応援団がさかんにせいえんを送る。

おうおう【往往】副詞 しばしば。ときとして。例こうしたまちがいは、往々にしてあるものだ。参考㋐多く、「往々にして」の形で使われる。㋑ふつう「往々」と書く。

おうか【おう歌】名詞 する動詞〔声をそろえて歌う意から〕多くの人がほめたたえること。幸せな気持ちをぞんぶんに楽しむこと。ことば「青春をおう歌する」漢字謳歌。

おうかがい【お伺い】名詞 神仏や目上の人の意見を求めること。例神様にお伺いを立てる。参考へりくだった言い方。

おうかくまく【横隔膜】名詞 ほ乳動物の胸と腹の間にある、筋肉のまく。呼吸運動を助ける。

×おうかみ ⬇170ページ・おおかみ。

おうかん【王冠】名詞❶王がかぶるかんむり。❷ビールびんなどの口がね。

1 **おうぎ**【扇】名詞 あおいで風を出す道具。せんす。⇨図。

2 **おうぎ**【奥義】名詞 学問・武芸などで、もっと

も大切なわざ。ことば「奥義をきわめる」 参考「おくぎ」ともいう。

×おうきい［大きい］
⬇170ページ・おおきい。

要

扇

おうぎがた【扇形】 名詞 円（円周）の一部とその円の二つの半径によってかこまれた図形。おうぎを広げたような形。せんけい。⇩663ページ・図形（図）。

1 **おうきゅう【王宮】** 名詞 王の住むごてん。

2 **おうきゅう【応急】** 名詞 急なできごとにまにあわせること。例 応急の処置。

おうきゅうてあて【応急手当て】 名詞 急病人やけが人にする、まにあわせの手当て。

おうこう【横行】 名詞 する動詞 〔悪者などが〕かって気ままにふるまうこと。例 すりが横行する。

おうこく【王国】 名詞 ❶王が中心となって政治をおこなっている国。参考 ⇩351ページ・共和国。❷ある一つのものが大きな力をもっている社会。例 アフリカは野生動物の王国だ。

おうごん【黄金】 名詞 ❶きん。こがね。❷とても価値のあるもののたとえ。例 兄はサッカー部で、黄金の左足をもつ男といわれている。

おうごんじだい【黄金時代】 名詞 国・会社・団体・人・文化などの勢力や活動が一番さかえたとき。例 プロ野球の黄金時代をきずく。対 暗黒時代。

おうざ【王座】 名詞 ❶王のすわる席。類 王位。❷その社会での第一番の地位。例 ボクシングでヘビー級の王座につく。類 首位。

おうさま【王様】 名詞 王をうやまった言い方。
注意「おおさま」と書かないこと。

1 **おうじ【王子】** 名詞 王の男の子ども。対 王女。

2 **おうじ【往時】** 名詞 すぎさったとき。むかし。例 往時をしのぶ。

3 **おうじ【皇子】** 名詞 天皇の男の子ども。親王。対 皇女。

おうしつ【王室】 名詞 王の一家。類 皇室。

おうじゃ【王者】 名詞 ❶王さま。❷そのなかで一番力のあるもの。例 ライオンはアフリカの草原の王者だ。

1 **おうしゅう【応酬】** 名詞 する動詞 相手のしたことや言ったことに対して、やり返したり、言い返したりすること。例 相手のやじにはげしく応酬する。

2 **おうしゅう【押収】** 名詞 する動詞 裁判所などが、犯罪の証拠となる品物を、それをもっている人から取りあげること。例 証拠書類を押収する。

3 **おうしゅう【欧州】** 名詞 ヨーロッパ。例 欧州連合。参考 ⇩66ページ・イーユー。

おうしゅうかいどう【奥州街道】 名詞 江戸時代の五街道の一つ。江戸（＝今の東京）から白河（＝今の福島県の南の方）までの道。参考 白河より先の陸奥の三厩までの道をふくめて言うこともある。⇩452ページ・五街道（図）。

1 **おうじょ【王女】** 名詞 王の女の子ども。対 王子。

2 **おうじょ【皇女】** 名詞 天皇の女の子ども。内親王。対 皇子。参考「こうじょ」とも読む。

おうしょう【応召】 名詞 する動詞 よびだしにこたえること。特に、召集にこたえて軍隊にはいること。例 応召して戦地に行く。

おうじょう【往生】 名詞 する動詞 ❶死ぬこと。例 往生をとげる。／大往生。❷どうしてよいかわからなくて、ひじょうにこまること。例 車がパンクして往生した。

おうじょうぎわ【往生際】 名詞 ❶死ぬとき。死にぎわ。❷どうしようもなくて、あきらめなくてはならないとき。また、そのときのふるまい。ことば「往生際が悪い」

おうじる【応じる】 動詞 ❶〔よびかけなどに〕こたえる。例 名前をよぶと、元気に応じる声がした。❷〔働きかけに〕したがう。例 友だちのさそいに応じた。❸〔まわりのようすに〕あてはまる。ふさわしくする。例 環境の変化に応じる。参考「応ずる」ともいう。活用 おう・じる。

1 **おうしん【往信】** 名詞 返事をもらうために、相手に出す手紙。対 返信。

2 **おうしん【往診】** 名詞 する動詞 医者が病人の家へ出かけてしんさつすること。類 来診。

おうずる【応ずる】 動詞 ⬇おうじる。活用 おう・ずる。

1 **おうせい【旺盛】** 形容動詞 とてもさかんなようす。例 旺盛な食欲。

2 **おうせい【王政】** 名詞 天皇や王がみずから行

ことばあそび タブレット❽ はる→はた→かた→かき→あき

う政治。ことば ⇩「王政復古」

おうせいふっこ【王政復古】名詞 武家政治や共和制から、もう一度天皇または王が中心の政治にもどすこと。参考 日本では明治の新政府ができたことをさす。

おうせつ【応接】名詞 する動詞 人をむかえて、その相手をすること。例 訪問客の応接にいそがしい。／応接室。

おうせつま【応接間】名詞 客をむかえ入れる部屋。例 たずねてきた友人を応接間に通す。

おうせん【応戦】名詞 する動詞 敵のこうげきにたいして、それを受けて戦うこと。例 必死に応戦する。

[1]**おうたい**【応対】名詞 する動詞 相手になって、受けこたえをすること。例 てきぱきと応対する。注意「応待」と書かないこと。

[2]**おうたい**【横隊】名詞 横に長くならんだ列。また、その形。例 一列横隊。対 縦隊。

おうたこにおしえられる【負うた子に教えられる】ことわざ ときには自分より年下の人や経験の少ない人からも教えられることがあるというたとえ。参考「負うた子に教えられて浅瀬をわたる」を短くした言い方。

おうだん【横断】名詞 する動詞 ❶〔道・川・大陸などを〕横または東西に通りぬけること。例 道路を横断する。❷横にたち切ること。対 ①②縦断。

おうだんほどう【横断歩道】名詞 道路にしるしなどをして、人が安全にわたれるようにしたところ。

おうちゃく【横着】名詞 形容動詞 する動詞 苦労をせずに、とくをしようとすること。ずうずうしくて、ずるいこと。ことば「横着をきめこむ（＝ずうずうしくかまえる）」

おうちょう【王朝】名詞 ❶天皇や王の朝廷。❷天皇や王が中心となって政治をおこなっていた時代。参考 日本では、特に奈良時代・平安時代をいう。

おうて【王手】名詞 将棋で、相手の王将をちょくせつせめる手。

おうてをかける【王手をかける】慣用句 ❶「王手」の状態にする。❷あとひと息で相手を負かすという、最後の段階になる。例 リーグ戦の優勝に王手をかける。

おうてん【横転】名詞 する動詞 横にころがること。横にたおれること。例 バスが横転した。

おうと【おう吐】名詞 する動詞 食べた物や胃液などを、口からはき出すこと。もどすこと。例 気持ちが悪くなって、はげしくおう吐する。

おうどいろ【黄土色】名詞 黄色っぽい茶色。

おうとう【応答】名詞 する動詞 質問や話しかけに答えること。例 よびかけても応答がなかった。

おうどうこう【黄銅鉱】名詞 銅・鉄・硫黄をふくんでいる鉱物。銅をとる鉱石として重要。

おうとつ【凹凸】名詞 でこぼこ。

おうな 名詞 年をとった女の人。おばあさん。参考 古い言い方。対 おきな。

おうにんのらん【応仁の乱】名詞 （一四六七〜一四七七）有力な守護大名の権力争いに将軍足利義政のあとつぎ問題がからんでおこった内乱。京都を中心に十一年間も続き、都は焼け野原となった。

おうねつびょう【黄熱病】名詞 熱帯地方に多い感染症。発熱や臓器の障害が起こる。黄熱。参考 野口英世がこの研究中になくなった。

おうねん【往年】名詞 すぎさった年。〔わりあいに近い〕むかし。例 往年の名選手。類 先年。

おうばんぶるまい 名詞 ⬇174ページ・おおばんぶるまい。

おうひ【王妃】名詞 王の妻。きさき。

おうふく【往復】一 名詞 行きと帰り。また、その道のり。対 片道。二 名詞 する動詞 行ってもどること。例 学校までバスで往復した。

おうふくはがき【往復葉書】名詞 返信用のはがきがついている、二まい続きのはがき。

おうぶん【欧文】名詞 ヨーロッパやアメリカの国々の、それぞれの言葉で書かれた文章。また、その文字。例 欧文で書かれた手紙を受け取る。対 和文。

おうへい【横柄】形容動詞 えらそうにして人をばかにするようす。例 横柄な口調。類 ごうまん。対 謙虚。

おうべい【欧米】名詞 ヨーロッパとアメリカ。例 欧米諸国。

おうぼ【応募】名詞 する動詞 人や作品などを広くよびかけて集めているところに、もうしこむこと。例 絵のコンクールに応募する。

おうぼう【横暴】名詞 形容動詞 わがままでらんぼうなこと。例 横暴なふるまい。

おうみ【近江】(地名) 昔の国の名。今の滋賀県にあたる。

おうむ (名詞) オウム科の鳥。くちばしが太く、かぎ形にまがって、頭にかんむりのような羽がある。人の言葉をまねることができる。

おうむがえし【おうむ返し】(名詞)〔オウムが口まねをするように〕相手の言葉を、すぐ、そのままくり返して言うこと。例 おうむ返しに言う。

おうめんきょう【凹面鏡】(名詞) 表面の真ん中が、まるくへこんでいるかがみ。反射望遠鏡などに使う。(対) 凸面鏡。

×**おうやけ**【公】⬇175ページ・おおやけ。

1**おうよう**【おう揚】(形容動詞)〔細かなことを気にかけず〕ゆったりしているようす。例 おう揚な態度。漢字 鷹揚。

2**おうよう**【応用】(名詞)(する動詞) 知識や経験を、ほかのことに当てはめて使うこと。例 てこの原理を応用する。(類) 活用。利用。

おうらい【往来】(名詞)(する動詞) ❶ 行ったり来たりすること。例 車がひっきりなしに往来する。❷ 人や車の通るところ。道。例 往来で遊ぶな。

おうりょう【横領】(名詞)(する動詞) 他人の財産や公共の物を、不正に自分のものにすること。例 会社の金を横領する。

おうレンズ【凹レンズ】(名詞) 真ん中の部分がまわりよりうすくなっているレンズ。(参考) 近眼の人がかけるめがねなどに使う。(対) 凸レンズ。⇩914ページ・凸レンズ（図）。

おうろ【往路】(名詞) 行くときに通る道。例 往路は船で行く。(対) 復路。

おえる【終える】(動詞)〔ある物事を〕おわりまで、おこなう。例 仕事を終える。(活用) お・える。

1**おお** (感動詞) ❶ 返事や、わかったなどの意を表す言葉。例 おお、いいとも。／おお、いま行く。❷ 感動したりおどろいたりしたときに言う言葉。例 おお、これはうまい。❸ 思い出したりしたときに言う言葉。例 おお、そうだ。(参考)「おう」ともいう。

2**おお**【大】(接頭語)《ある言葉の上につけて》❶ 大きいことを表す。例 大空。／大男。❷〔量が〕多いことを表す。また、〔ていどが〕はなはだしいことを表す。例 大雨。／大うそつき。❸ おおよそ。あらまし。だいたいのところ。例 大すじ。

3**オー**【O・o】(名詞) アルファベットの十五番目の文字。

おおあじ【大味】(形容動詞) ❶ 食べ物の味が細やかでなく、あまりおいしくないようす。例 大味な料理。❷ 物事がおおまかで、おもむきが足りないようす。例 大味な演技。(対) ①②小味。

おおあたり【大当たり】(名詞)(する動詞) ❶ くじびきなどで、もっともよい景品が当たること。例 宝くじで大当たりする。❷ 大成功をおさめること。例 新作映画が大当たりする。⇩コラム「演劇からうまれたことば」(160ページ)。

おおあな【大穴】(名詞) ❶ 大きなあな。❷ 大きな損をしたり、被害にあったりすること。例 家計に大穴をあける。❸ 競馬などで、予想しなかった結果になること。また、それによって大金をもうけること。例 大穴をあてる。

おおあめ【大雨】(名詞) はげしく、たくさんふる雨。例 大雨の日。(類) 豪雨。(対) 小雨。

おおあれ【大荒れ】(名詞)(形容動詞) ❶ とてもあれていること。❷ 人の気持ちや動作がとてもらんぼうになること。例 思いどおりにいかなくて大荒れにあれる。❸ 雨や風がはげしく、天気がとても悪いこと。暴風雨。例 大荒れの空もよう。❹ 試合などでまったく予想しなかった結果になること。例 大会は初日から大荒れだった。

1**おおい**【多い】(形容詞)〔数や量・回数などが〕たくさんあるようす。ゆたかであるようす。例 ファンが多い。／緑の多い土地。(対) 少ない。(活用) おお・い。(注意)「おうい」と書かないこと。

2**おおい**【覆い】(名詞) 物の上に広げてかぶせること。また、かぶせるもの。

オーイーエム【OEM】(名詞) 取引先の商品として売られる品物を、引き受けてつくること。(参考) 英語の略語。

オーイーシーディー【OECD】(名詞) 経済協力開発機構。先進国が経済や貿易の発展、開発援助や持続可能な開発などを目的とする。(参考) 英語の略語。

おおいがわ【大井川】(地名) 静岡県の中部を流れる川。赤石山脈から流れ出て駿河湾にそそぐ。

おおいたけん【大分県】(地名) 九州地方の北東部にある県。県庁所在地は大分市。⇩916ページ・都道府県（図）。

おおいたし【大分市】(地名) 大分県の県庁所在地。⇩916ページ・都道府県（図）。

ことばあそび タブレット⑨ わたし→わたる→わける→あける→あけた→あなた

おおいに【大いに】副詞 ていどのはげしいようす。ひじょうに。例今日は大いに楽しもう。

おおいぬざ【大犬座】名詞 冬の南の空に見える星座。参考 ⇩630ページ・シリウス。

おおいり【大入り】名詞〔しばい・映画・スポーツなどのもよおしに〕客がたくさん入ること。例公演は連日大入りだ。対不入り。

おおう【覆う】動詞 ❶物の上にかぶせる。例ビニールシートで地面を覆う。❷広がって、見えなくする。例空を雨雲が覆う。❸あたりいっぱいになる。例きりがあたり一面を覆う。活用 おお・う。

おおうつし【大写し】名詞 する動詞〔映画・テレビなどで〕人の顔やものの一部分を大きくうつしだすこと。クローズアップ。

おおうなばら【大海原】名詞 広々とした海。

オーエル【ＯＬ】名詞 会社などで働く女性。参考「オフィスレディー」の略で、日本でつくった言葉。

おおおじ【大伯父・大叔父】名詞 両親のおじ。祖父母の男のきょうだい。参考 祖父母の兄の場合は「大伯父」、弟の場合は「大叔父」と書く。対 おおおば。

おおおば【大伯母・大叔母】名詞 両親のおば。祖父母の、女のきょうだい。参考 祖父母の姉の場合は「大伯母」、妹の場合は「大叔母」と書く。対 おおおじ。

おおがい【大貝】名詞 漢字の部首の一つ。「頭」「類」などの右側の「頁」の部分。

おおがかり【大掛かり】形容動詞〔多くのお金や人手がかかっていて〕しくみが大きいようす。大じかけ。大規模。例大掛かりな工事。類大仕掛け。

おおかぜがふけばおけやがもうかる【大風が吹けばおけ屋がもうかる】ことわざ 予想していなかったところに意外なえいきょうが出るたとえ。また、あてにならないことを期待するたとえ。風がふけばおけ屋がもうかる。語源 大風がふくと、目の見えない人が多くなり、その人たちは三味線をならうから三味線をつくるためにネコの皮が必要となる。ネコがとらえられると、敵がいなくなるからネズミがふえて、そのネズミはおけをかじってこわすから、新しいおけを買うために、おけやがはんじょうしてもうかるようになる、という話から。

おおかた【大方】一 名詞 物事の大部分。あらまし。ほとんど。例町の大方がやけてしまった。／大方の人がさんせいした。二 副詞 たぶん。おそらく。例あすはおおかた雨だろう。参考 二はふつう、ひらがなで書く。

おおがた¹【大形】名詞 形が大きいこと。例大形のカブトムシ。対小形。⇩使い分け。

おおがた²【大型】名詞 型が大きいこと。また、規模が大きいこと。例大型バス。／大型店。対小型。⇩使い分け。

オーガニック 名詞 形容動詞 農薬や化学ひりょうを使わずに育てられた農産物、およびその加工食品。例オーガニック食品。参考 英語の「organic（有機栽培の）」から。

おおかみ 名詞 イヌ科の動物。野山にすむ。口が大きく、きばがするどい。むれでくらし、他の動物をおそって食べる。参考 日本にも明治時代のはじめごろまですんでいた。注意「おうかみ」と書かないこと。漢字 狼。

使い分け　おおがた

●形が大きいこと。
大形の犬。

●型が大きいこと。
大型バス。

おおがら【大柄】一 形容動詞 体が、ほかの多くの人より大きいようす。例大柄な人。二 名詞 形容動詞 もようが大きいようす。また、そのもよう。例大柄な花のししゅうの入ったハンカチ。対①②小柄。

おおかれすくなかれ【多かれ少なかれ】連語 多くても少なくても。ていどのちがいはあっても。例だれにでも多かれ少なかれよい面があるものだ。類大なり小なり。

おおきい【大きい】形容詞 ❶〔かさ・広さ・長さなどが〕たくさんの場所をしめているようす。例大きい家。／大きく分けて考える。❷数・量

などが多い。また、ていどがはげしい。例大きい数。／大きい音。❸年が上である。例大きい子とあそぶ。対①～③小さい。注意「おうきい」と書かないこと。活用おおき・い。

おおきいかおをする【大きい顔をする】慣用句 ⬇おおきなかおをする。

おおきさ【大きさ】名詞 大きいこと。また、その程度。例どれくらいの大きさの箱が必要なのか教えてほしい。

おおきな【大きな】連体詞 大きい。例大きな家。／大きな声。対小さな。

おおきなかおをする【大きな顔をする】慣用句 いばった顔つきをする。えらそうに、ふるまう。例大きな顔をして、べらべら話す。参考「大きい顔をする」ともいう。

おおきなくちをきく【大きな口をきく】慣用句 えらそうなことをいう。大口をたたく。

おおきに【大きに】感動詞「おおきにありがとう」の略。関西地方で、お礼の言葉として使う。

おおきめ【大きめ】名詞 形容動詞 やや大きなくらいであること。例ケーキを大きめに切る。／大きめのぼうし。対小さめ。

おおく【多く】一 名詞 たくさん。例多くの人があつまる。二 副詞 ふつう。たいてい。例運動会は多く秋におこなわれる。

オークション 名詞〔美術品などを〕買いたい人たちに競争でねだんをつけさせて、一番高いねだんをつけた人にそれを売ること。競売。せり売り。▼英語 auction

おおぐち【大口】名詞 ❶〔開いたときに〕大きい口。例大口をあける。❷〔とりひきなどの〕金額や数量が多いこと。例大口の注文。対小口。

おおぐちをたたく【大口をたたく】慣用句 えらそうなことを言う。例あんなに大口をたたいていたくせに、あっさり引き下がってしまった。参考「大きな口をたたく」ともいう。

おおくぼとしみち【大久保利通】人名（一八三〇～一八七八）明治時代の政治家。西郷隆盛・木戸孝允とともに「維新（＝明治維新）の三傑」といわれ、江戸幕府をたおすのに力をつくした。明治政府ができるとその中心になり、廃藩置県などをおしすすめ、産業をおこし、資本主義をすすめるために努力したが、反対派にころされた。

おおぐまざ【大熊座】名詞 北の空の北斗七星をふくむ星座。

おおくましげのぶ【大隈重信】人名（一八三八～一九二二）明治時代から大正時代にかけての政治家。外務大臣となり、外国とむすんだ不平等な条約の改正につとめたが、反対する者におそわれ、右足をうしなった。そののち二回総理大臣をつとめ、立憲政治に力をつくした。また、のちの早稲田大学をつくった。

オーケー【OK】一 感動詞 承知しました。よろしい。二 名詞 する動詞 許可。同意。例先生からOKが出た。／かれの計画にOKした。参考アメリカでつくられた、英語のくだけた言い方。

おおげさ【大げさ】形容動詞 じっさいよりも大きなことを言ったりしたりするようす。例大げさにおどろく。

オーケストラ 名詞 管弦楽。また、それをえんそうする楽団。▼英語 orchestra

おおごしょ【大御所】名詞 ❶ある分野の第一人者として、大きな勢力を持っている人。例政界の大御所。❷いんきょした将軍のすまい。また、その将軍をうやまった言い方。特に、江戸時代の徳川家康などにいう。

おおごと【大事】名詞 重大なことがら。また、重大なできごと。大事件。

おおさかし【大阪市】地名 大阪府の府庁所在地。⇩916ページ・都道府県（図）。

おおさかふ【大阪府】地名 近畿地方の中部にある府。府庁所在地は大阪市。⇩916ページ・都道府県（図）。

おおさじ【大さじ】名詞 調味料などの量をはかる、大きなスプーン。すりきり一ぱいで、十五ミリリットルがはかれる。例さとうを大さじ二はい入れる。対小さじ。

おおざっぱ【大雑把】形容動詞 ❶細かいことは考えないで、ざつなようす。例かれの仕事は大雑把だ。❷全体を大きくつかむようす。おおまか。例大雑把に見つもる。

おおざと 名詞 漢字の部首の一つ。「部」「都」などの右側の「阝」の部分。参考漢字の左側にくる「阝」は「こざとへん」という。

×おおさま【王様】⬇167ページ・おうさま。

おおさんしょううお【大山しょう魚】名詞 オオサンショウウオ科の動物。頭が大きく、

ことばあそび　タブレット⑩　はじめ→はため→はたけ→はしけ→はしり→おしり→おわり

尾が長い。世界最大の両生類。川の上流などにすむ。特別天然記念物。参考「はんざき」ともいう。

おおしい【雄雄しい】 形容詞 いさましく、りっぱである。例雄々しいすがた。対女女しい。活用おおし・い。参考ふつう「雄々しい」と書く。

オージー【OG】 名詞〔その学校を〕卒業した女の人。参考英語の「オールドガール（old girl＝女子の卒業生）」の頭文字から。

おおしお【大潮】 名詞 潮のみちひの差がもっとも大きくなること。また、その時。参考新月と満月の一日から二日後に起こる。対小潮。

おおしおへいはちろう【大塩平八郎】 人名（一七九三〜一八三七）江戸時代の儒学の学者。大坂町奉行所の役人をやめたあと塾をひらいた。ききんで苦しむしょ民をすくおうと一揆（＝大塩平八郎の乱）をおこしたが、一日で平定されて自決した。

おおじかけ【大仕掛け】 形容動詞 しくみやしかけの規模が大きいこと。またそのようす。例大仕掛けな舞台装置。類大掛かり。

おおすじ【大筋】 名詞〔物事の〕だいたいのすじ。あらまし。例事件の大筋がわかった。

オーストラリア 地名 ❶オーストラリア連邦。南半球のオーストラリア大陸とタスマニア島などをふくむ七つの州からなる国。羊毛・小麦・牛肉などを特産とする。首都はキャンベラ。豪州。❷オーストラリア大陸のこと。南半球にあり、太平洋・インド洋・アラフラ海にかこまれた世界一小さな大陸。▼英語 Australia

オーストリア 地名 オーストリア共和国。ヨーロッパの中部にある国。南部にはアルプス山脈がある。首都はウィーン。▼英語 Austria

おおすみ【大隅】 地名 昔の国の名。今の鹿児島県の東の方と、種子島、屋久島などの大隅諸島に当たる。

おおすみはんとう【大隅半島】 地名 鹿児島県南東部の半島。亜熱帯性気候で西の薩摩半島とともに鹿児島湾をつくる。中北部はシラス台地。南部は山地で森林が多い。

おおずもう【大相撲】 名詞 ❶日本相撲協会が年六回おこなう相撲の興行。❷相撲で、なかなか勝負のつかない、力のはいった取組。例むすびの一番が大相撲になる。

おおせ【仰せ】 名詞 身分の高い人や、目上の人の言いつけ。おっしゃる言葉。例仰せにしたがう。／仰せのとおりです。

おおぜい【大勢】 名詞〔一まとまりになった〕たくさんの人数。例大勢の客が集まる。参考「たいせい」と読むと、べつの意味になる。

おおぜき【大関】 名詞 相撲で、横綱と関脇の間の位。

おおせつかる【仰せ付かる】 動詞「言い付かる」の、うやまった言い方。ご命令をたまわる。例大事な仕事を仰せ付かる。参考命令した人をうやまっていう。活用おおせつか・る。

おおせつけ【仰せ付け】 名詞「言い付け」の、うやまった言い方。ご命令。例仰せ付けのとおりにいたします。参考命令した人をうやまっていう。

おおせつける【仰せ付ける】 動詞「言いつける」の、うやまった言い方。お命じになる。例なんなりと仰せ付けてください。活用おおせつ・ける。

おおそうじ【大掃除】 名詞 する動詞 ふだんより大がかりで、時間をかけてていねいにするそうじ。例年末に大掃除をした。

オーソドックス 形容動詞 伝統的に正しいとみとめられている系統や形式、やり方などを重んじるようす。正統的。例オーソドックスな服装。▼英語 orthodox

おおぞら【大空】 名詞 大きな広い空。例大空を飛ぶ鳥。

オーソリティー 名詞 ある分野で、もっともすぐれた人。その道の大家。例日本史のオーソリティー。▼英語 authority

オーダー 一 名詞 する動詞 注文すること。注文。例コーヒーをオーダーする。二 名詞〔スポーツの試合にでる選手などの〕順番。順序。例審判に打者のオーダーを提出する。

オーダーメード 名詞 お客の注文によってつくる品物。あつらえ。参考英語を組み合わせて日本でつくった言葉。対レディーメード。▼英語 order

おおだい【大台】 名詞 お金の額や物の量などの大きな区切りや、目安となるさかいめの数やけた。例来場者数が百万人の大台に乗った。

おおだいこ【大太鼓】 名詞〔祭りやオーケストラの演奏などで使われる〕大きなたいこ。

参考 木のばちで打つ和太鼓と、洋楽で使われる頭にフェルトなどのついたばちで打つドラム類がある。

おおだすかり【大助かり】名詞 とても助かること。例 君が来てくれて大助かりだ。

おおだてもの【大立て者】名詞 ある仲間の中で、一番実力があり、中心となっている人。例 財界の大立て者。

おおたどうかん【太田道灌】人名（一四三二～一四八六）室町時代の中ごろの武将。上杉家につかえ、江戸城をきずいた。兵法や学問・和歌にもすぐれていた。

おおづかみ【大づかみ】一 名詞 する動詞 手にいっぱいつかみとること。二 名詞 形容動詞 物事のだいたいのことを理解すること。例 内容を大づかみに説明する。

おおつし【大津市】地名 滋賀県の県庁所在地。⇩916ページ・都道府県（図）。

おおっぴら 形容動詞 ❶えんりょしたりかくしたりせずに物事をするようす。例 他人をおおっぴらに批判する。❷明らかになるようす。例 ひみつがおおっぴらになる。参考 くだけた言い方。

おおつぶ【大粒】名詞 形容動詞 つぶが大きいこと。大きなつぶ。また、つぶが大きいようす。例 大粒の雨がふってきた。対 小粒①。

おおづめ【大詰め】名詞 ❶しばいの最後の幕。❷物事の終わり。例 選挙戦の大詰め。

おおて【大手】名詞 ❶城の表門。対 からめ手。❷同じような仕事をしている会社のうちで、特に大きな会社。例 大手の銀行。

オーディオ 名詞 ❶耳で聞くことに関係のあること。特に、テレビや映画の音声の部分。対 ビデオ。❷音楽を再生するしかけ。▼英語 audio

オーディション 名詞 歌手やはいゆうなどをえらぶためのテスト。例 オーディションに合格する。▼英語 audition

おおでき【大出来】名詞 予想以上のよいできばえ。上出来。例 はじめてにしては大出来だよ。

おおでをふる【大手を振る】慣用句 だれにもえんりょせずに、物事をするようす。例 堂々と大手を振って生きていく。

おおどうぐ【大道具】名詞 舞台で使う、家や木などの大きな道具。また、それを組み立てたり、動かしたりする係。対 小道具。

おおどおり【大通り】名詞 〔町の中の〕広い道。

オートバイ 名詞 エンジンの力で走る二輪車。単車。参考 英語の「オート（自動の）」と「バイシクル（二輪車）」を組み合わせて日本でつくった言葉。「オートバイシクル」の略。

オードブル 名詞 洋食で、主な料理の前に食欲をますために食べる軽い料理。前菜。▼フランス語

オートマチック 形容動詞 人の力ではなく、機械の力で動くようす。自動的。オートマティック。▼英語 automatic

オートメーション 名詞 人手をほとんど使わないで、機械の力で自動的に仕事をするしくみ。▼英語 automation

おおとものたびと【大伴旅人】人名（六六五～七三一）飛鳥・奈良時代の政治家・軍人・歌人。元号の「令和」のもとになった「万葉集」の文章にかかわった。

おおとものやかもち【大伴家持】人名（七一八？～七八五）奈良時代の歌人。三十六歌仙の一人。「万葉集」の代表的歌人で、歌の数ももっとも多い。

オートロック 名詞 戸などをしめると自動的にかぎがかかる錠。参考「オート（自動の）」と「ロック（施錠）」を組み合わせて日本でつくった言葉。

オーナー 名詞 船・自動車・プロ野球の球団などの持ち主。▼英語 owner

おおなみ【大波】名詞 高くて、大きな波。例 大波がよせてくる。

おおにんずう【大人数】名詞 人数が多いこと。おおにんず。対 小人数。

おおのやすまろ【太安万侶】人名（？～七二三）奈良時代前期の文人。稗田阿礼がおぼえていたことをもとにして、「古事記」を完成させた。

オーバー 一 名詞 する動詞 物の上やかぎられた時間などをこえること。こすこと。例 公演時間が十分オーバーした。二 名詞 ⬇226ページ・がいとう（外とう）。三 形容動詞 大げさなようす。例 オーバーな身ぶり。▼英語から over

オーバーコート 名詞 ⬇226ページ・がいとう（外

とう）。▼英語 overcoat

オーバーヘッド 名詞 ❶頭の上。頭の上の高い位置。❷「オーバーヘッドキック」の略。サッカーなどで、空中にあるボールをジャンプしながら自分の頭の上をこして後ろの方にけること。▼英語 overhead

オーバーラップ 名詞 する動詞 ❶映画やテレビで、ある画面の上にべつの画面を重ねてうつし出す方法。二重写し。❷二つ以上のもののすがたや形が重なり合って思いうかぶこと。例 女の子にその母親のイメージがオーバーラップする。❸サッカーで、攻撃しているとき、ボールを持った味方の選手を追いこす動きのこと。▼英語 overlap

オーバーワーク 名詞 働きすぎること。また、練習や勉強をやりすぎること。例 オーバーワークで体をこわす。▼英語 overwork

おおばこ 名詞 オオバコ科の植物。スプーン形の葉が根元から広がる。花は穂の形。おばこ。おんばこ。

おおはば【大幅】 一 名詞 布のはばで、ふつうより広いもの。 二 形容動詞 かわり具合が大きいこと。例 大幅なねあげ。

おおばん【大判】 名詞 ❶紙・ノートなどの形が、ふつうより大きいもの。❷江戸時代に使われた、だ円形の大形の金貨。対 小判。

おおばんぶるまい【大盤振る舞い】 名詞 お金やごちそうなどを出して、さかんにもてなすこと。語源 江戸時代の正月の行事で、一家の主人が親せきをまねいてごちそうした「椀飯振る舞い」から。

オービー【ＯＢ】 名詞 〔その学校を〕卒業した人。参考 英語の「オールドボーイ（old boy ＝男子の卒業生）」の頭文字から。

おおひろま【大広間】 名詞 大きくて広い部屋やざしき。例 旅館の大広間に集まる。

オープニング 名詞 〔ショーやもよおしものなどの〕開始。開会。例 オープニングゲーム（＝開幕試合）。／オープニングセレモニー（＝開会式）。▼英語 opening

おおぶねにのったよう【大船に乗ったよう】 慣用句 〔大きな船に乗ったように〕人にすっかりまかせて安心しているようす。親船に乗ったよう。

おおぶろしき【大風呂敷】 名詞 ❶大きなふろしき。❷できそうもない大げさな話。

おおぶろしきをひろげる【大風呂敷を広げる】 慣用句 大げさなことを言う。例 一メートルもある魚をつったと、大風呂敷を広げる。

オーブン 名詞 中に入れた料理の材料を熱した空気で熱を加える調理器具。天火。類 グリル。▼英語 oven

オープン 一 名詞 する動詞 開かれること。開くこと。例 新しいプールがオープンする。 二 形容動詞 だれでも参加できること。また、使えること。公開。例 オープンに話し合う。▼英語 open

オープンカー 名詞 屋根をはずした自動車。▼英語 open car

オープンスペース 名詞 サッカーやラグビーなどで、フィールド内の相手の選手のいないところ。▼英語 open space

オープンせん【オープン戦】 名詞 プロ野球などで、公式戦などに関係なく、自由な組み合わせによっておこなう試合。参考 日本でつくった言葉。英語は exhibition game。

オーボエ 名詞 木でつくった、たてぶえ。二まいのリード（＝うすい板）がある。音はやわらかく、ものがなしい感じがする。▼英語 oboe

おおまか【大まか】 形容動詞 ❶小さなことにこだわらないようす。例 大まかな性格。❷大ざっぱなようす。おおよそ。例 大まかな計画。

おおまた【大股】 名詞 両足を大きくひらくこと。また、歩幅が大きいこと。対 小また。

おおまつよいぐさ【大待宵草】 名詞 アカバナ科の植物。夏の夕方に黄色の大きな花がさく。「よいまちぐさ」ともよばれる。

おおみえをきる【大見得を切る】 慣用句 ❶歌舞伎などのしばいで、役者がわざと目だつポーズをする。❷自分の力があることを、大げさに言葉でしめす。例 優勝すると大見得を切った。

おおみず【大水】 名詞 大雨などのために、川や湖の水がふえてあふれだすこと。類 出水。出水。洪水。

おおみそか【大みそか】 名詞 一年の最後の日。十二月三十一日。参考 古い言葉では「おおつごもり」という。⇩口絵11ページ。

おおみだし【大見出し】 名詞 新聞などで、目

だつように大きな活字を使った見出し。対 小見出し。

おおむぎ【大麦】 名詞 イネ科の植物。高さは一メートルぐらい。実を、みそ・しょうゆなどのこうじ、ビール・水あめの原料などにする。

おおむこうをうならせる【大向こうをうならせる】 慣用句 見ている人々を感心させ人気をえる。例 逆転さよならホームランで大向こうをうならせる。参考 「大向こう」は、しばい小屋の一番後ろのせき。

おおむね 一 名詞 物事のだいたいの意味。例 話のおおむねはわかった。二 副詞 だいたいにおいて。おおよそ。例 あの人の言うことは、おおむね正しい。類 押しなべて。大体。

おおむらさき 名詞 タテハチョウ科のチョウ。日本の国ちょう（＝国の代表と考えられるチョウ）。おすの羽は、青むらさき色。

おおめ【多め】 名詞 形容動詞 分量が、ふつうよりやや多いこと。例 料理を多めにつくる。対 少なめ。

おおめだまをくう【大目玉を食う】 慣用句 〔目上の人から〕ひどくしかられる。大目玉を食らう。例 しゅくだいをわすれて大目玉を食った。

おおめにみる【大目に見る】 慣用句 〔よくないところや失敗などを〕やかましく言わないで見のがす。例 こんどだけは大目に見てやろう。

おおもじ【大文字】 名詞 〔英語などで〕文の始めなどに使う、A・B・C…の文字。対 小文字。

おおもと【大本】 名詞 物事の一番もとになる大切なもの。例 大本から、まちがっていた。

おおもの【大物】 名詞 ❶ 形の大きなもの。例 大物の魚をつり上げる。❷ ある仲間の中で、大きな力をもっている人。例 政界の大物。対 ①②小物。

おおもり【大盛り】 名詞 食べ物をふつうの量より多めに盛りつけること。また、そのように盛りつけられた食べ物。例 大盛りのカレーライス。類 山盛り。

おおや【大家】 名詞 貸家やアパートの持ち主。やぬし。対 たなこ。

おおやけ【公】 名詞 ❶ 国家や社会など、多くの人々に関係することがら。公共。対 私。❷ 広く知れわたること。例 調査結果を公にする。注意 「おうやけ」と書かないこと。

おおゆき【大雪】 名詞 はげしくふる雪。たくさんふってつもった雪。例 二十年ぶりの大雪。対 小雪。

おおよう【大様】 形容動詞 〔細かなことを気にかけず〕ゆったりと落ち着いているようす。ことば 「大様にかまえる」

おおよそ 一 名詞 物事のだいたい。あらまし。例 話のおおよそはわかった。二 副詞 だいたい。ほぼ。例 おおよそ二時にやってきた。

オーラ 名詞 人からまわりに伝わるとされる、ふしぎなエネルギー。例 かれからオーラを感じる。▼英語 aura

ことば博士になろう！

読み方で意味がかわる熟語

読み方で意味のかわる熟語があります。

- 大家 〔おおや……貸家の持ち主。／たいか……学問や芸術の世界で、特にすぐれた人。
- 一足 〔ひとあし……一歩。／いっそく……はきもののひとそろい。
- 人気 〔ひとけ……人のいるようす。／にんき……世の中のひょうばん。
- 目下 〔めした……自分より年や地位などが下の人。／もっか……今のところ。
- 上手 〔うわて……人よりすぐれている。／かみて……舞台の、むかって右側。／じょうず……うまいこと。
- 下手 〔しもて……舞台のむかって左側。／したて……へりくだった態度。／へた……上手でないこと。
- 初日 〔はつひ……一月一日の朝の太陽。／しょにち……何かを始めるさいしょの日。
- 生物 〔なまもの……なまの食べ物。／せいぶつ……生き物。

オーライ 感動詞 よろしい。しょうちした。オーケー。参考 英語の「オールライト（＝All right.）」から。

おおらか【大らか】 形容動詞 気持ちが大きく、

のびのびしているようす。例大らかな人がら。

¹**オール** 接頭語 すべて。▼英語 all

²**オール** 名詞 ボートをこぐ道具。かい。⇩図。▼英語 oar

オールスター 名詞 ❶「オールスターゲーム」の略。❷「オールスターキャスト」の略。映画や演劇などで、人気のある人がそろって出演すること。▼英語 all-star

ボート
オール
²オール

オールスターゲーム 名詞 プロ野球などのスポーツで、えらばれた選手が集まっておこなう対抗試合。▼英語 all-star game

オールラウンド 名詞 多方面にわたって、なんでもできるようす。例オールラウンドプレーヤー。▼英語 all-round

オーロラ 名詞 北極や南極の空に出る、美しい光の集まり。おび形やカーテン形などがある。極光。▼英語 aurora

おおわらわ【大わらわ】形容動詞 一生けんめいに、あわただしく物事をするようす。例お祭りの準備に町じゅう大わらわだ。

¹**おか** 名詞 ❶地球上で、水におおわれていないところ。陸地。❷すずりのすみをするところ。対海。

²**おか**【丘・岡】名詞 平地よりも少し高くもり上がった土地。

おかあさん【お母さん】名詞「母さん」のていねいな言い方。

おかえし【お返し】名詞 ❶人からおくりものなどをもらったとき、お礼として、べつの品物をおくること。また、その品物。例入学祝いのお返しをする。❷しかえしをすること。例なぐられたお返しをする。❸おつり。つりせん。例百円のお返しです。

おかえりなさい【お帰りなさい】感動詞 帰ってきた人に言う、あいさつの言葉。

おがくず 名詞 のこぎりで木をひいたときに出る、こなのような木のくず。

おかぐら【お神楽】名詞「かぐら」をうやまって、ていねいにいった言葉。

おかくらてんしん【岡倉天心】人名（一八六二〜一九一三）明治時代の日本美術の指導者。東京美術学校校長や、アメリカのボストン美術館の中国・日本美術部長をつとめた。

おかげ【お陰】名詞 ❶ほかからうけた力ぞえ。例成功したのはきみのお陰です。❷ある物事やおこないなどの結果。例弟がぐずぐずしていたお陰で、ぼくまでおくれてしまった。

おかざり【お飾り】名詞 ❶神仏の前に置く、そなえ物やかざり物。❷正月の松かざりやしめかざり。❸実質のない、名前だけのもの。例会長といっても、お飾りにすぎない。

おがさわらしょとう【小笠原諸島】地名 東京都の南の太平洋上にある、約三十の島々。めずらしい動植物が多い。世界自然遺産。⇩695ページ・世界遺産（図）。

おかし【お菓子】名詞「菓子」のていねいな言い方。

おかしい 形容詞 ❶笑いたくなるような気持ちである。例とぼけた表情がおかしい。❷ふつうとちがっているようす。例体の具合がおかしい。❸〔態度などが〕あやしい。例そぶりがおかしい。活用 おかし・い。

おかしらつき【尾頭付き】名詞 尾も頭もつ

ことば博士になろう！

「お」がつくと変身することば

「かし→おかし」「かね（金）→おかね」のように、言葉の上に「お」をつけると、ていねいな言い方になります。ところが、「お」をつけることによって、もとの言葉とはべつの意味になってしまうものがあります。

- あし → おあし…お金のこと。
- かっぱ → おかっぱ…女の子の髪の形。
- かき → おかき…もちからつくるお菓子。
- から → おから…とうふのしぼりかす。
- とり → おとり…さそい出すために使うものや手段。
- ながれ → おながれ…予定していたことがなくなること。
- （すしの）にぎり → おにぎり…おむすび。
- ふくろ → おふくろ…母親。
- まる → おまる…室内用の便器。
- やじ → おやじ…父親。

いたままのやき魚。参考 ふつう、めでたいときに出す料理で、タイを用いる。

1 **おかす【犯す】** 動詞 してはいけないことをする。特に、きまりなどをやぶる。例 あやまちを犯す。活用 おか・す。⇩使い分け。

2 **おかす【侵す】** 動詞 ❶よその国や他人の土地にかってに入る。また、せめて行く。例 国境を侵す。❷人がもっている権利をうばう。例 人権を侵す。活用 おか・す。⇩使い分け。

3 **おかす【冒す】** 動詞 ❶〔やりにくいこと、むずかしいことなどを〕おしきってする。ことば「危険を冒す」❷害をあたえる。ことば「病気に冒される」活用 おか・す。⇩使い分け。

おかず 名詞 食事のときに食べる、ごはんやパンなどの主食以外の食べ物。副食物。そうざい。語源「数多くとり合わせる」ことから。

おがたこうりん【尾形光琳】 人名（一六五八～一七一六）江戸時代の中ごろの画家。だいたんでかれいな琳派とよばれる画風を完成させた。代表作に「かきつばた図びょうぶ」など。

おかって【お勝手】 名詞「かって（＝台所）」をていねいにいった言葉。

おかっぱ 名詞 女の子の髪の形の一つ。前の髪を短く切り、後ろの髪をえりもとで切りそろえる形。語源 かっぱの髪の形に似ているところからいう。

おかどちがい【お門違い】 名詞〔たずねる家をまちがえて入るということから〕見当ちがい。例 相手をせめるのはお門違いだ。

おかにあがったかっぱ【おかに上がったかっぱ】 ことわざ〔水中では自由に動けるかっぱでも、地面の上ではそうはいかないことから〕自分の本来の力を出せないこと。参考「おか」は、陸の上のこと。

使い分け　おかす

●きまりをやぶる。
つみを犯す。

●かってに入る。
国境を侵す。

●無理におこなう。
危険を冒す。

おかね【お金】 名詞「かね（＝貨へい）」のていねいな言い方。

おかぶをうばう【お株を奪う】 慣用句 ある人がとくいとすることを、ほかの人が上手におこなう。例 ベテランのお株を奪う、みごとな司会だった。

おかぼ 名詞 畑につくるイネ。参考 ㋐「おかの穂」の意味。㋑「りくとう」ともいう。

おかまいなし【お構い無し】 連語 まわりの様子を気にかけないこと。例 人がいてもお構い無しで、しゃべっている。

おかみ【お上】 名詞〔古い言い方で〕天皇。また、政府。役所。

おかみさん 名詞〔とくにえらい人ではない〕ふつうの人の妻。かみさん。参考 親しみをこめてよぶときに使う。

おがみたおす【拝み倒す】 動詞 何度もたのんで、無理に受け入れてもらう。例 拝み倒して、いっしょに来てもらった。活用 おがみたお・す。

おがむ【拝む】 動詞〔神やほとけの前で〕手を合わせて礼をする。例 ほとけ様を拝む。活用 おが・む。

おかめ【お亀】 名詞 まる顔で、ほおが高く鼻のひくい女性の面。おたふく。

おかめはちもく【おか目八目】 ことわざ まわりの人の方が、やっている人よりも物事のなりゆきがよくわかるということ。語源 囲碁で、見物人の方が先のことまでよくわかるということから生まれた言葉。漢字 傍目八目。岡目八目。

おかもち【岡持ち】 名詞 持ち手とふたのついた浅いおけ。参考 料理を入れた皿などを運ぶときに用いる。

おかやまけん【岡山県】 地名 中国地方の東部にある瀬戸内海に面した県。県庁所在地は岡

ことばあそび　タブレット⑬　はがき→てがき→てがみ

山市。⇩916ページ・都道府県（図）。

おかやまし【岡山市】㊞地名 岡山県の県庁所在地。⇩916ページ・都道府県（図）。

おかゆ 名詞 「かゆ」のていねいな言い方。

おから 名詞 豆腐をつくったあとにのこる、大豆のしぼりかす。食用にしたり、家畜のえさにしたりする。うのはな。きらず。

オカリナ 名詞 土やプラスチック、金属でつくる、ハトのような形をした笛。やさしいしずかな音色が出る。▼英語（イタリア語から）ocarina（＝小さなガチョウ）

オカルト 名詞 科学では説明できない、ふしぎなできごと。例 オカルト映画。▼英語 occult

おがわ【小川】名詞 小さい川。細い流れの川。

おかわり【お代わり】名詞 する動詞 同じ食べ物や飲み物を、続けてもらうこと。例 ごはんのお代わりをする。

おかん【悪寒】名詞 熱が出たときなどに感じる、ぞくぞくするような寒け。ことば 「悪寒がする」 注意 「悪感」と書かないこと。

1 **おき** 接尾語 《日時や数を表す言葉の下につけて》「間をへだてて」の意味を表す言葉。例 一日おき。／一メートルおき。

2 **おき**【沖】名詞 海や湖などの、岸から遠くはなれたところ。

3 **おき**【隠岐】地名 昔の国の名。今の島根県隠岐諸島に当たる。

おきあい【沖合】名詞 沖のあたり。沖の方。

おきあいぎょぎょう【沖合漁業】名詞 沿岸漁業よりも沖の近海でおこなう漁業。中型の漁船で数日かけておこなう。

おきあがりこぼし【起き上がりこぼし】名詞 底におもりをつけ、たおしてもすぐおきあがるようにした、だるま形の人形。参考 「おきあがりこぼうし」ともいう。

おきあがる【起き上がる】動詞 横になっていた人が、体をおこす。例 ベッドから起き上がる。活用 おきあが・る。

おきかえ【置き換え】名詞 おきかえること。例 パソコンで、記号から文字への置き換えがうまくいかない。

おきがけ【起きがけ】名詞 ⬇おきぬけ。

おきかえる【置き換える】動詞 ❶物をおいてある場所をかえる。例 テーブルを部屋の真ん中に置き換える。❷今あるものをうつして、べつのものをおく。今あるものを、べつのものととりかえておく。例 別の言葉に置き換える。活用 おきか・える。

おきざり【置き去り】名詞 おいたままにして、行ってしまうこと。おいてきぼり。例 島に置き去りにされる。

オキシドール 名詞 過酸化水素を水にとかしたもの。消毒や漂白などに使う。過酸化水素水。▼ドイツ語

おきしな【起きしな】名詞 ⬇おきぬけ。

おきて 名詞 仲間の間で決めた、きまり。例 おきてを守る。／きびしいおきて。漢字 掟。

おきてがみ【置き手紙】名詞 する動詞 用件を手紙に書いて、あとにのこしておくこと。また、その手紙。書き置き。例 置き手紙をして外出する。

おきな 名詞 年をとった男の人。おじいさん。参考 古い言い方。漢字 翁。対 おうな。

おぎなう【補う】動詞 ❶足りないところをつけたす。例 材料の不足を補う。❷うしなったものをうめあわせる。つぐなう。例 事故のそんがいを補う。活用 おぎな・う。

おきなわけん【沖縄県】地名 日本の南西部にある県。県庁所在地は那覇市。⇩916ページ・都道府県（図）。

おきにいり【お気に入り】名詞 気に入っているもの。また、気に入っている人。例 お気に入りのぬいぐるみ。

おきにめす【お気に召す】慣用句 ⬇329ページ・きにめす。

おきぬけ【起き抜け】名詞 おきたばかりのとき。おきてすぐ。起きがけ。起きしな。例 起き抜けにコーヒーを飲む。

おきのしま【沖ノ島】地名 福岡県にある島。島全体が、宗像大社の神が宿るものとされる。「『神宿る島』宗像・沖ノ島と関連遺産群」として、世界文化遺産。⇩695ページ・世界遺産（図）。

おきのどくさま【お気の毒様】感動詞 形容動詞 ❶相手のことをかわいそうだと思う気持ちを表す言葉。❷相手にわびる気持ちを表す言葉。参考 「きのどく」のていねいな言い方。注意 ていねいな言い方のために、かえって皮肉やひやかしと受けとられることがあるので、使い方に気をつけること。

おきふし【起き伏し】■ 名詞 する動詞 起きるこ

と、ねること。毎日の生活。例 同じ屋根の下に起き伏しする。
二 副詞 ねても起きても。いつも。例 起き伏し、母の病状を案じる。

おきまり【お決まり】 名詞 言うことや、やることが、いつも決まっていること。例 失敗して、お決まりのぐちが出る。

おきみやげ【置き土産】 名詞 〔そこをはなれていくときに〕あとの人のためにのこしていく品物やことがら。

おきもの【置物】 名詞 床の間などにおいて、かざりにするもの。注意 送りがなをつけない。

おきゃくさま【お客様】 名詞 「客」のうやまった言い方。例 お客様、お待たせいたしました。

おきゃん 名詞 形容動詞 わかい女の人が、元気でおてんばであるようす。また、そのような女の人。

おきゅう 名詞 「きゅう（＝もぐさを使って病気をなおす方法）」のていねいな言い方。ことば 「おきゅうをすえる（＝いましめのために、強く注意したり、ばつをあたえたりする）」 漢字 お灸。

おきる【起きる】 動詞 ❶横になっていたものが立つ。例 転んでもすぐ起きる。❷目がさめる。また、目がさめて、ねどこから出る。例 毎朝六時に起きる。❸〔事件などが〕始まる。起こる。例 事件が起きる。活用 お・きる。

¹おく【奥】 名詞 ❶中へ深く入ったところ。また、入り口から遠い方。例 山の奥。／鼻の奥。❷表面からはかんたんにはわからないところや物。例 心の奥。

²おく【置く】 動詞 ❶物をある場所に持って行って動かないようにする。人をある場所にいさせる。例 荷物をゆかに置く。／店員を五人置く。❷そのままにして残す。例 けがをした人をその場に置いて助けをよびに行った。❸《「…ておく」「…におく」の形で》…したままにする。また、前もって…する。例 用意しておく。参考 ③は、ひらがなで書く。活用 お・く。

³おく【億】 名詞 数の名。一万の一万倍。また、数がとても多いこと。

おくいぞめ【お食い初め】 名詞 赤ちゃんに、はじめて食べ物を食べさせる祝い。一生、食べ物にこまらないように願い、生後百日目または百二十日目におこなう。参考 「くいぞめ」のていねいな言い方。じっさいには、食べさせるまねだけをする。

おくがい【屋外】 名詞 建物の外。戸外。野外。対 屋内。

おくがた【奥方】 名詞 身分や地位の高い人の妻をうやまった言い方。例 奥方様にお伝えください。参考 やや古い言い方。

おくぎ【奥義】 名詞 ➡166ページ・おうぎ（奥義）。

おくさま【奥様】 名詞 他人の妻や女主人をうやまった、ていねいな言い方。「おくさん」よりもあらたまった気持ちが強い。類 夫人。

おくさん【奥さん】 名詞 他人の妻に対するていねいな言い方。「おくさま」よりも親しい気持ちが強い。

おくじょう【屋上】 名詞 やねの上。特に、建物の上につくった、たいらな場所。

おくする【臆する】 動詞 おそれて、心のいきおいが弱くなる。例 臆することなく、堂々とふるまう。活用 おく・する。

おくそく【臆測・憶測】 名詞 する動詞 〔はっきりわからないことを〕だいたいこうだろうと心の中で考えること。例 臆測で話す。類 推測。

おくそこ【奥底】 名詞 一番おくの、深いところ。例 奥底の知れない洞くつ。／心の奥底（＝本心）をうちあける。

オクターブ 名詞 音階で、ある音に対して、八度高い、または低い音。また、そのへだたり。▼英語（フランス語から）octave

おくち【奥地】 名詞 海岸や都市などから遠くはなれた地域。例 アフリカの奥地。

おくづけ【奥付】 名詞 本のおわりにある、著者名・発行者名・発行日などを印刷した部分。

おくて 名詞 ❶実るのがふつうよりおそい、イネなどの作物。対 わせ。❷体や心の成長がふつうよりおそい人。

おくない【屋内】 名詞 建物の中。例 屋内プール。／屋内運動場。類 室内。対 屋外。

おくに【お国】 名詞 ❶自分の国をていねいにいう言葉。例 お国のために働く。❷相手の国や出身地をうやまっていう言葉。例 お国はどちらですか。❸生まれ育った土地。ふるさと。例 お国なまり（＝その地方の方言）。

おくにことば【お国言葉】 名詞 その人のふるさとで使われている言葉。類 お国なまり。方言。

ことばあそび　タブレット⑭　ちち→はち→はは

おくにじまん【お国自慢】名詞 自分の生まれた国や出身地のことをじまんすること。

おくになまり【お国なまり】名詞 その人のふるさとで使われている、言葉のなまり。類 お国言葉。方言。

おくにぶり【お国振り】名詞 その国や地方に特有の、ふうぞくやしゅうかん。参考 ⇩381ページ・国柄。

おくのいん【奥の院】名詞 寺・神社の本堂・拝殿よりもうしろの方にあって、仏や神がまつってある建物。

おくのて【奥の手】名詞 めったに使わない、とっておきの方法。ことば「奥の手を使う」類 きりふだ。

おくのほそみち【奥の細道】書名 江戸時代の俳人、松尾芭蕉があらわした紀行文。東北地方から北陸地方を半年かけて旅したときの様子を、俳句をまじえて記したもの。

おくば【奥歯】名詞 口のおくの方にある歯。きゅう歯。参考 うすの形をしており、物をかみくだく役目をする。対 前歯。

おくばにものがはさまったよう【奥歯に物が挟まったよう】慣用句 思ったことをはっきり言わないようす。

おくび 名詞 胃にたまったガスが口から出ること。げっぷ。ことば ⇩「おくびにも出さない」

おくびにもださない【おくびにも出さない】慣用句 すっかり秘密にして、それらしいことを言ったり、それらしい様子を見せたりしない。例 知っているのにおくびにも出さない。

おくびょう【臆病】名詞 形容動詞 小さなことにも、こわがること。また、そのような人。例 臆病者。

おくびょうかぜにふかれる【臆病風に吹かれる】慣用句 びくびくして、こわがる。例 臆病風に吹かれて、夜道を走って帰る。

おくぶかい【奥深い】形容詞 ❶表や入り口から遠くはなれている。❷意味が深い。例 奥深い教え。参考 「おくぶかい」ともいう。活用 おくふか・い。

おくまる【奥まる】動詞 〔部屋などが〕入り口からはなれたところにある。おくの方に位置する。例 奥まった一室に通される。活用 おくま・る。

おくまんちょうじゃ【億万長者】名詞 とてもたくさんの財産を持っている人。大金持ち。

おくめんもなく【臆面もなく】慣用句 えんりょする様子もなく。ずうずうしく。例 何回ことわっても、臆面もなくやってくる。参考 「おくめん」は、自分の力が不安でしりごみすること。

おくもつ【お供物】名詞 「くもつ」をていねいにいった言葉。

おくやみ【お悔やみ】名詞 「くやみ（＝とむらうことば）」をていねいにいった言葉。

おくゆかしい【奥床しい】形容詞 上品で深みがあり、心がひかれるようす。例 奥床しい態度。活用 おくゆかし・い。

おくゆき【奥行き】名詞 〔建物や地面などの〕入り口からおくまでの長さ。対 間口。⇩図。

オクラ 名詞 アオイ科の植物。夏から秋に黄色の大きな花がさく。わかい実を食用にする。▼英語 okra

奥行き
間口
奥行き

おぐらひゃくにんいっしゅ【小倉百人一首】書名 鎌倉時代前期の歌人藤原定家が、天智天皇から順徳天皇までの百首の歌を選んだとされる歌集。小倉は、定家のやしきがあった京都の小倉山あたり。参考 この百首が、江戸時代になってかるたになった。

おくりがな【送り仮名】名詞 漢字の読み方をはっきりさせるために、漢字の下につける仮名。「送る」の「る」、「明るい」の「るい」など。

おくりこむ【送り込む】動詞 目的のところまで、人や物を送りとどける。例 救助隊を送り込む。活用 おくりこ・む。

おくりだす【送り出す】動詞 ❶出て行く人を行かせる。例 卒業生を送り出す。❷物を送って外に出す。例 製品を送り出す。活用 おくりだ・す。

おくりちん【送り賃】名詞 物を送るときにかかるお金。送料。例 送り賃は無料です。

おくりとどける【送り届ける】動詞 ❶物をおくってとどける。例 注文の品を送り届け

る。❷目的地まで、人につきそっていく。例迷子を家まで送り届ける。活用おくりとど・ける。

おくりもの【贈り物】名詞〔お祝いやお礼の気持ちを表すために〕人にあげる品物。プレゼント。例すばらしい贈り物。

おくる¹【送る】動詞❶物をある場所へとどくようにする。例小包を送る。❷別れていく人と、ある場所までいっしょに行く。例友人を駅まで送った。❸時をすごす。例一生を送る。❹送りがなをつける。活用おく・る。⇩使い分け。

おくる²【贈る】動詞〔お祝いやお礼の気持ちを表すために〕品物やお金などを人にあたえる。例クリスマスにプレゼントを贈る。活用おく・る。⇩使い分け。

おくれげ【後れ毛】名詞〔おくれてのびた毛の意味で〕女の人が髪をゆったとき、まとめきれずにのこってたれさがった毛。

使い分け　おくる

●とどける。
宅配便で送る。

●あたえる。
花を贈る。

おくればせ【後ればせ】名詞❶人よりおくれてかけつけること。❷ちょうどよい時機におくれること。例後ればせながら、お手伝いにまいりました。

おくれる¹【遅れる】動詞❶決まった時間に間に合わなくなる。例学校に遅れる。❷進み方がふつうよりおそくなる。例イネの発育が遅れている。活用おく・れる。⇩使い分け。

おくれる²【後れる】動詞ほかのものより後になる。例一人だけ後れてゴールする。参考「遅れる」と書くこともある。活用おく・れる。⇩使い分け。

おくれをとる【後れを取る】慣用句〔競争などで〕人より後になる。例技術開発で後れを取った。

使い分け　おくれる

●間に合わなくなる。
学校に遅れる。

キンコンカンコ～ン

●後になる。
流行に後れる。

おけ名詞木でつくった（まるい形の）入れ物。水などを入れる。例ふろのおけ。漢字桶。

おけはざまのたたかい【桶狭間の戦い】名詞一五六〇年、織田信長が今川義元をほろぼした戦。桶狭間は、今の愛知県豊明市あたりの地名。

おける連語〔「…における」の形で〕物事がおこなわれる場所や時間を表す。…での。…においての。例かれらの試合における態度は、堂々たるものであった。

おこえがかり【お声掛かり】名詞身分の上の人や実力のある人の、ちょくせつの口ぞえや命令。こえがかり。例社長のお声掛かりで出世する。

おこがましい形容詞でしゃばっている。生意気である。例わたしが人にものを教えるなんて、おこがましい。活用おこがまし・い。

おこし【お越し】名詞「行くこと」「来ること」のうやまった言い方。例またのお越しをお待ちしております。

おこす¹動詞炭などに火をつけて、よくもえるようにする。例炭火をおこす。活用おこ・す。

おこす²【起こす】動詞❶横になっている物を立てる。例たおれたかんばんを起こす。❷ねむっている人の目をさまさせる。例妹を起こす。❸物事を始める。発生させる。例戦争を起こす。／やる気を起こす。活用おこ・す。⇩使い分け。

おこす³【興す】動詞❶いきおいをさかんにする。

ことばあそび　タブレット⑮　ひと→さと→さる

例 家を興す。❷新しくはじめる。例 会社を興す。活用 おこ・す。⇩使い分け。

おごそか【厳か】 形容動詞 きちんとしていて、重々しいようす。例 厳かな儀式。

おこたる【怠る】 動詞 ❶しなければならないことをしないでおく。なまける。例 勉強を怠る。❷いいかげんにする。ゆだんする。例 注意を怠る。活用 おこた・る。

おこづかい【お小遣い】 名詞 「小遣い」のていねいな言い方。例 お小遣いをためる。

おこない【行い】 名詞 ❶〔考えるだけでなく〕じっさいにすること。ふるまい。❷毎日の生活の中での行動。品行。例 日ごろの行いが悪い。

おこなう【行う】 動詞 物事をする。例 入学式を行う。／すみやかに行う。活用 おこな・う。

おこのみやき【お好み焼き】 名詞 水でといた小麦粉に野菜や肉などをまぜて、焼いて食べる料理。

使い分け　おこす

●立たせる。
体を起こす。

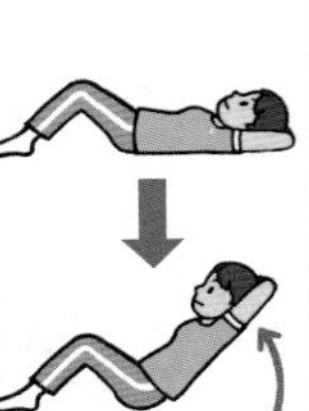

●さかんにする。
産業を興す。

おこり【起こり】 名詞 ❶物事のはじまり。もと。例 ことの起こりを説明する。❷ある物事の原因。

1 **おごり** 名詞 ❶ぜいたく。例 おごりをつくした生活。❷人にごちそうすること。例 今日はぼくのおごりだ。漢字 奢り。

金田一先生の　ことばの教室

●ことばの起こり

わたしたち人間は、ホモサピエンス（＝ヒト）という動物種です。このホモサピエンスは、地球上に現れてほぼ二十万年といわれています。その歴史の中で、言葉が使われるようになったのは、六〜三万年前からです。

それまでのホモサピエンスは、今いる動物たちと同じように、言葉にならない鳴き声（かけ声のようなもの）を出していたのではないかと考えられています。

動物のおすがめすをよぶとき、親が子どもをかわいがるとき、子どもが親にあまえるとき、自分の仲間をよぶとき、その仲間に今安全なのか危険なのかを知らせるときなどに、動物たちは鳴き、さらにその鳴き声も使いわけます。

このことから、言葉はその重要な役目として、仲間に何らかの気持ちや情報を伝える働きがあることがわかります。そしてそれは、とても本能的な言葉の使い方なのです。

2 **おごり** 名詞 思い上がること。得意になって高ぶること。例 口のきき方におごりがみえる。漢字 驕り。

おごりたかぶる 動詞 自分には力があると、とてもじまんして、他人を見下す。例 権力者がおごりたかぶる。参考「おごる」も「たかぶる」もじまんするという意味。活用 おごりたかぶ・る。

おこりっぽい【怒りっぽい】 形容詞 すぐにおこる性格である。例 妹は怒りっぽい。活用 おこりっぽ・い。

1 **おこる** 動詞 炭などに火がついて、さかんにもえる。例 火がおこる。活用 おこ・る。漢字 熾る。

2 **おこる【怒る】** 動詞 ❶不愉快な気持ちを表す。例 ばかにされて怒る。❷目下の者をしかる。例 母に怒られる。活用 おこ・る。

3 **おこる【起こる】** 動詞 〔物事が〕始まる。発生する。起きる。例 信じられないようなことが起こる。活用 おこ・る。⇩使い分け。

4 **おこる【興る】** 動詞 いきおいがさかんになる。新しく始まる。例 工業が興る。活用 おこ・る。⇩使い分け。

1 **おごる** 動詞 ❶人にごちそうする。例 すしをおごる。❷ぜいたくになる。例 口がおごる。活用 おご・る。漢字 奢る。

2 **おごる** 動詞 自分には力があるとじまんして、他人を見下す。例 おごることなく努力する。／おごる平家は久しからず。活用 おご・る。漢字 驕る。

使い分け おこる

●発生する。
事件が起こる。

●新しく始まる。
国が興る。

る。

おこわ 名詞 ➡489ページ・こわめし。

おさい【お菜】名詞 「菜」をていねいにいった言葉。おかず。副食物。

おさえつける【押さえ付ける】動詞 しっかりとおさえて、動けないようにする。例 手足を押さえ付ける。活用 おさえつ・ける。

おさえる1【抑える】動詞 ❶〔動こう、にげよう、ふえようなどとするものを〕どうにかして、とめる。例 被害を最小限に抑える。❷がまんする。例 笑いを抑える。注意 送りがなに気をつける。活用 おさ・える。⇩使い分け。

おさえる2【押さえる】動詞 ❶おして動かないようにする。例 手でとびらを押さえる。❷〔物事の大切なところを〕しっかりと理解する。つかむ。例 算数の要点を押さえる。❸手をつけさせないようにする。例 財産を押さえる。活用 おさ・える。注意 送りがなに気をつける。⇩使い分け。

おさがり【お下がり】名詞 ❶神や仏にそなえた後でとりさげた物。❷目上の人からもらった使い古しの物。おふる。例 姉のお下がりの服。

おさきぼうをかつぐ【お先棒を担ぐ】慣用句 あまり深く考えず、人の手先となって働く。

おさげ【お下げ】名詞 髪の結い方の一つ。長い髪の毛を二つにわけてあみ、かたのあたりにたらしたもの。おさげがみ。例 お下げの女の子。

おざしきがかかる【お座敷がかかる】慣用句 まねかれる。来るようにさそわれる。参考 もとは、芸人がえんかいの席によばれることをさした。

使い分け おさえる

●がまんする。
いかりを抑える。

●おして動かないようにする。
紙を押さえる。

おさつ【お札】名詞 「札」のていねいな言い方。紙でつくったお金のこと。例 お札でしはらう。

おさない【幼い】形容詞 ❶年が少ない。例 幼い姉妹。❷年のわりに子どもっぽい。例 考え方が幼い。活用 おさな・い。

おさなご【幼子】名詞 年の少ない子ども。小さい子ども。幼児。

おさなごころ【幼心】名詞 子どもの心。例 幼心にも火事のおそろしさはおぼえている。

おさななじみ【幼なじみ】名詞 子どものころに、仲のよかった間がら。また、その友だち。例 幼なじみの女の子。類 むかしなじみ。

おざなり【お座なり】名詞 形容動詞 その場かぎりの、いいかげんなこと。例 お座なりの返事。

おさまる1【収まる】動詞 ❶きちんと中に入る。例 本はすべて本だなに収まった。❷〔みだれていたものが〕しずまる。しずかになる。例 さわぎが収まる。参考 ②は「治まる」とも書く。❸〔満足して〕落ち着く。なっとくする。例 腹の虫が収まらない。活用 おさま・る。⇩使い分け。

おさまる2【治まる】動詞 ❶〔みだれていたものが〕しずまる。おだやかになる。例 争いが治まる。／風が治まる。参考 ①は「収まる」とも書く。❷政治がよくおこなわれ平和である。例 国が治まる。❸〔いたみなどが〕なくなる。例 頭痛が治まる。活用 おさま・る。⇩使い分け。

おさまる3【修まる】動詞 心やおこないがよくなる。例 品行が修まる。活用 おさま・る。⇩使い分け。

ことばあそび タブレット⑯ めし→めん→パン

ことば選びのまど

おこる をあらわすことば

怒る[2]

❶不愉快な気持ちを表す。❷目下の者をしかる。↓182ページ

青筋を立てる

〔こめかみに血管が青くうき出るほど〕かんかんになって、おこる。↓7ページ

頭から湯気を立てる

はげしくおこる様子のたとえ。↓31ページ

頭に来る

いかりでこうふんする。↓31ページ

怒り心頭に発する 発展

はげしい怒りがこみ上げる。↓69ページ

憤る

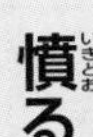

〔うらめしい思いやなげかわしい思いで〕はげしくおこる。↓72ページ

いきり立つ 発展

こうふんして、はげしくおこる。↓73ページ

かちんと来る

人の言ったことやしたことで、ふゆかいになる。↓265ページ

かっと[1]

急にこうふんして、正しい判断ができないようす。↓268ページ

がみがみ

口うるさくしかったり文句を言ったりするようす。↓280ページ

かんかん

人がはげしくおこっているようす。↓294ページ

ことば選びのまど

おこる をあらわすことば

堪忍袋の緒が切れる
〔今までがまんしてきたが〕もうこれ以上どうしてもがまんができなくなることのたとえ。
↓303ページ

激怒 発展
はげしくおこること。
↓408ページ

げきりんに触れる 発展
天子のはげしいいかりをうける。また、目上の人にはげしくしかられる。
↓408ページ

腹が立つ
いかりを感じる。
↓1063ページ

はらわたが煮え繰り返る
とてもがまんができないほど、いかりを感じるようす。
↓1065ページ

憤慨 発展
はげしくおこって、なげくこと。
↓1167ページ

ぷんぷん
とてもおこっているようす。
↓1170ページ

むっとする
急におこりたいような気持ちになる。
↓1274ページ

烈火のごとく 発展
〔はげしくもえる火のような〕はげしいいかりのたとえ。
↓1388ページ

わなわな
〔おそろしさ・寒さ・くやしさ・いかりなどのために〕体がぶるぶるふるえるようす。
↓1409ページ

4 **おさまる【納まる】** 動詞 物やお金などが、あるべき場所に入る。例 注文の品が期限までに納まる。活用 おさま・る。⇩使い分け。

1 **おさめる【収める】** 動詞 ❶きちんと中に入れる。例 ポケットに収める。❷〔受け取って〕自分のものにする。例 成功を収める。❸〔みだれていたものを〕しずめる。落ち着かせる。参考 ①②は「納める」、③は「治める」とも書く。活用 おさ・める。⇩使い分け。

2 **おさめる【治める】** 動詞 ❶〔みだれていたものを〕しずめる。落ち着かせる。例 物事を治める。❷政治をおこなう。例 国を治める。参考 ①は「収める」とも書く。活用 おさ・める。⇩使い分け。

3 **おさめる【修める】** 動詞 ❶心やおこないを正しくする。例 身を修める。❷〔わざや学問などを〕勉強して、自分のものにする。例 学問を修める。活用 おさ・める。⇩使い分け。

4 **おさめる【納める】** 動詞 ❶中に入れる。例 宝物を倉に納める。❷受け取る。例 どうぞ納めてください。❸物やお金などを、決められた相手にわたす。例 税金を納める。❹終わりにする。例 とくいの歌で、歌い納める。参考 ㋐①②は「収める」とも書く。㋑④は、多くほかの言葉の後につけて用いる。活用 おさ・める。⇩使い分け。

おさらい 名詞 する動詞 教えてもらったことを自分でもう一度やってみること。復習。

おさる【お猿】 名詞 「猿」を親しみをこめていう言葉。例 お猿のかごや。

使い分け おさまる

●中に入る。
ケースに収まる。

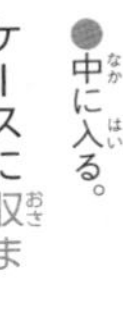

●政治がよくおこなわれる。
国が治まる。

●おこないがよくなる。
素行が修まる。

●あるべきところに入る。
注文したものが納まる。

おさん【お産】 名詞 「産」をていねいにいった言葉。子を産むこと。出産。例 お産の準備をととのえる。

使い分け おさめる

●中に入れる。
箱に収める。

●政治をおこなう。
領地を治める。

●身につける。
学問を修める。

●わたす。
税金を納める。

1 **おし【押し】** 一 名詞 ❶おすこと。例 早押し。対

引き ❷おさえてつけること。また、おさえてつけるもの。例つけものの押し。

二 接頭語 ❶《動詞の上につけて》「むりに…する」の意味を表す言葉。例押し入る。／押しかくす。❷《動詞の上につけて》意味を強める言葉。例押しつまる。

おし[2]【推し】名詞〔あこがれや美しさなど〕自分の感情をゆさぶる人やものを、他の人にすすめること。また、他の人にすすめたいほどにいいと思う、好きな人やもの。ことば「推し活（＝応援する活動）」

おじ【伯父・叔父】名詞 父や母の、男の兄弟。また、おばの夫。おじさん。参考 父母より年上の場合は「伯父」、年下の場合は「叔父」と書く。おばの夫の場合は、おばが「伯母」か「叔母」かによって使い分ける。対おば。⇩98ページ・いとこ（図）。

おしあいへしあい【押し合いへし合い】名詞 する動詞 せまいところにたくさんの人や動物が集まっておしあうこと。また、そのためにこんざつすること。

おしあげる【押し上げる】動詞 ❶おして、上の方に上げる。例ふたを押し上げる。❷人や物を、いきおいで高いところへ動かす。例演技のうまさが人気を押し上げる。活用 おしあ・げる。

おしあてる【押し当てる】動詞 おさえて、その部分をおおうようにする。おしてくっつける。例ズボンにアイロンを押し当ててしわをのばす。活用 おしあ・てる。

おしい【惜しい】形容詞 ❶〔大切なものなので〕失うのが残念である。例まよっている時間が惜しい。❷わずかなところで思いどおりにならず、残念である。例惜しいところで負けた。活用 おし・い。

おじいさん 名詞 ❶父または母の、父にあたる人。祖父。⇩98ページ・いとこ（図）。❷年をとった男の人。参考 ①②尊敬または親しみをこめてよぶときに使う。対①②おばあさん。

おしいただく【押し頂く】動詞 感謝の気持ちをもって、頭の上にさしあげながら品物を受け取る。例賞状を両手で押し頂く。活用 おしいただ・く。

おしいる【押し入る】動詞 人の家や部屋などに、むりやり入る。例どろぼうが押し入る。活用 おしい・る。

おしいれ【押し入れ】名詞 日本間で、ふとんや道具などを入れておくところ。

おしうり【押し売り】名詞 する動詞 ほしくもない品物を無理に売りつけること。また、その人。

おしえ【教え】名詞 教えること。また、教えることがら。例先生の教えをまもる。

おしえご【教え子】名詞〔学校などで〕自分が教えた生徒。また、今教えている生徒。

おしえのにわ【教えの庭】慣用句 学校。類学びの庭。参考「庭」は、物事をする場所のこと。

おしえる【教える】動詞 ❶知識やわざを身につけさせる。例小学生に英語を教える。対教わる。❷知っていることを相手に知らせる。例駅へ行く道を教える。活用 おし・える。

おしおき【お仕置き】名詞 する動詞「しおき（＝こらしめること）」のていねいな言い方。

おしかえす【押し返す】動詞 向こうからおしてくるのに対して、こちらからもおす。例体をつっぱって押し返す。活用 おしかえ・す。

おしがきく【押しがきく】慣用句 人をおさえつけ、したがわせる力がある。例押しがきく人。

おしかくす【押し隠す】動詞「隠す」を強めた言い方。一生けんめいに、かくす。例悲しみを押し隠す。活用 おしかく・す。

おしかける【押し掛ける】動詞 ❶大ぜいでいきおいよく行って近づく。例先生の家へみんなで押し掛けた。❷〔まねかれないのに〕自分から行く。例ことわったのに押し掛けてきた。活用 おしか・ける。

おしがつよい【押しが強い】慣用句 どこまでも自分の考えを通そうとするようす。例かれは押しが強いのでいつももめごとがおこる。

おじぎ【お辞儀】名詞 する動詞 頭を下げてあいさつをすること。また、そのあいさつ。

おじぎそう【おじぎ草】名詞 マメ科の植物。葉に何かがふれたり刺激をあたえられたりすると、おじぎをするように、葉をとじてたれさがる。ねむりぐさ。⇩図。

おしきる【押し切る】動詞 反対などをおしのけてやり通す。例親の反対を押し切って冬山にのぼる。活用 おしき・る。

おしくも【惜しくも】副詞 おしいところで。

ことばあそび　タブレット⑰　うし→うち→とち→とら

あいうえお　かきくけこ　さしすせそ　たちつてと　なにぬねの　はひふへほ　まみむめも　やゆよ　らりるれろ　わをん

もう少しというところで。例惜しくも一点差でやぶれた。

おじぎ草

おしくらまんじゅう【押しくらまんじゅう】名詞 子どもたちが大ぜいかたまって、おし合う遊び。おしっくら。参考「おしくらまんじゅう、おされてなくな。」と言いながら、おしあう。

おじけづく【おじ気付く】動詞 こわいという気持ちになる。例相手チームがとても強いと聞いて、おじ気付く。活用 おじけづ・く。

おしげもなく【惜しげもなく】連語 おしいという気持ちや、もったいないという気持ちがない。例高級な材料を惜しげもなく使った料理。

おじける 動詞 こわがってびくびくする。おそれてしりごみする。例いざというときにおじけるようでは、なさけない。活用 おじ・ける。

おしこむ【押し込む】動詞 おして、無理に中に入れる。例引き出しにおもちゃを押し込む。活用 おしこ・む。

おしこめる【押し込める】動詞 ❶おして、無理に入れる。例バッグに服を押し込める。❷とじこめて、出られないようにする。例部屋に押し込める。類閉じ込める。活用 おしこ・める。

おしころす【押し殺す】動詞 声・息・表情・感情などを、おさえて目立たないようにする。例笑いを押し殺す。／あくびを押し殺す。活用 おしころ・す。

1**おじさん** 名詞 〔中年の〕よその男の人。参考親しみをこめてよぶときに使う。対おばさん。

2**おじさん**【伯父さん・叔父さん】名詞「おじ」を尊敬または親しみをこめてよぶ言葉。対おばさん。

1**おしすすめる**【押し進める】動詞 おして前へ進める。例動かなくなった車をみんなで押し進める。活用 おしすす・める。

2**おしすすめる**【推し進める】動詞 すすんで物事をはかどらせる。どんどんおこなう。例計画を推し進める。活用 おしすす・める。

おしせまる【押し迫る】動詞 すぐ近くにやってくる。例年のくれも押し迫る。活用 おしせま・る。

おしだし【押し出し】名詞 ❶相撲の決まり手の一つ。相手をおして、土俵の外に出すわざ。❷野球で、満塁のとき、フォアボールまたはデッドボールによって、三塁ランナーが本塁にかえって得点になること。❸人の中に出たときの、その人のすがたやようす。例押し出しのりっぱな人。類ふうさい。かっぷく。

おしだす【押し出す】動詞 あるはんいや物の中から、おして外に出す。例おしかける人々を門の外へ押し出す。活用 おしだ・す。

おしたてる【押し立てる】動詞 ❶〔「立てる」を強めていう〕いきおいよく立てる。例のぼりを押し立てる。❷おして先頭に立たせる。例クラスの人気者を押し立てて行進する。❸すいせんして表面に立たせる。例キャプテンに押し立てる。活用 おした・てる。

おしちぢめる【押し縮める】動詞 力を加えて、小さくする。活用 おしちぢ・める。

おしちや【お七夜】名詞 子どもが生まれてから七日目の夜。また、そのお祝い。参考この日に名前をつけることが多かった。

おしつけがましい【押し付けがましい】形容詞 〔自分の気持ちや考えを〕人に無理に理解させようとするようす。例押し付けがましい親切。活用 おしつけがまし・い。

おしつける【押し付ける】動詞 ❶強くおす。❷無理にさせる。例仕事を人に押し付ける。活用 おしつ・ける。

おしつまる【押し詰まる】動詞 ❶その時期が近づく。さしせまる。❷一年の終わりが近くなる。例今年も押し詰まってきた。活用 おしつま・る。

おしとおす【押し通す】動詞 ❶無理にとおす。例自分の考えを押し通す。❷最後までやりとげる。例一言もしゃべらずに押し通す。活用 おしとお・す。

おしとどめる【押しとどめる】動詞 何かをしようとするのを、おさえて、やめさせる。例おこって出て行こうとするのを押しとどめる。活用 おしとど・める。

おしどり 名詞 カモ科の鳥。おすは体の色があざやか。水べにすみ、木の実などを食べる。

参考 めすとおすが、いつもいっしょにいるといわれていることから、仲のよい夫婦を表すのに使うことがある。例 おしどり夫婦。⇩図。

おす
めす
おしどり

おしながす【押し流す】動詞 水が、はげしいいきおいで流れて、物を下流の方へ運んでいく。例 濁流が橋を押し流す。活用 おしなが・す。

おしなべて【押しなべて】副詞 全体にわたって同じように。例 このクラスは押しなべて元気だ。類 一般に。おおむね。大体。参考 少し古い言い方。

おしのける【押しのける】動詞 ❶おしてどける。❷人と争い、自分が先に出ようとする。例 人を押しのけて出世した。活用 おしの・ける。

おしのび【お忍び】名詞 身分の高い人が、身分をかくして出歩くこと。例 殿様がお忍びで領地を見まわる。

おしば【押し葉】名詞 植物の葉などを紙や本などの間にはさみ、上からおもしをのせてかわかしたもの。類 押し花。

おしはかる【推し量る・推し測る】動詞 わかっていることをもとにして、ほかのことをだいたいこうだろうと考える。例 母の気持ちを推し測る。活用 おしはか・る。

おしばな【押し花】名詞 植物の花などを紙や本などの間にはさみ、上からおもしをのせてかわかしたもの。類 押し葉。

おしべ【雄しべ】名詞 花の中にあって、花ふんをつくる働きをするもの。ふつう、長い柄とその先についた小さなふくろとでできている。対 めしべ。⇩1285ページ・雌しべ(図)。

おしボタン【押しボタン】名詞 指でおすと電流が流れるようになっているボタン。

おしぼり【お絞り】名詞 手や顔をふくように、客に出すタオルや手ぬぐい。類 お手ふき。

おしまい【お仕舞い】名詞 ❶おわり。例 話はこれでおしまいです。❷物事がだめになること。例 ここで失敗したら、もうおしまいだ。参考 ひらがなで書くことが多い。

おしみない【惜しみ無い】形容詞 おしいと思わない。けちけちしない。気前がよい。例 すばらしい演奏に惜しみ無い拍手をおくる。活用 おしみな・い。

おしむ【惜しむ】動詞 ❶残念に思う。例 別れを惜しむ。❷もったいないと思う。大切にする。例 時間を惜しんで勉強する。活用 おし・む。

おしめ 名詞 ⬇203ページ・おむつ。

おしめり【お湿り】名詞 かわいた地面がちょうどよくぬれるくらいにふる雨。例 ひさしぶりのいいお湿りだ。

おしもおされもしない【押しも押されもしない】慣用句 ⬇おしもおされもせぬ。

おしもおされもせぬ【押しも押されもせぬ】慣用句 だれからも力があるとみとめられている。例 今や押しも押されもせぬ実力者だ。注意「押しも押されもしない」ともいう。参考「押しも押されぬ」とまちがえないこと。

おしもどす【押し戻す】動詞 おして、元の方へもどす。例 ボールが風に押し戻される。活用 おしもど・す。

おしもんどう【押し問答】名詞 する動詞 たがいに自分の意見を通そうとして、いつまでも言い合うこと。例 一時間以上、押し問答をしている。

おじや 名詞 ⬇724ページ・ぞうすい(雑炊)。

おしゃかになる 慣用句 こわれて使えなくなる。例 デジタルカメラがおしゃかになる。参考 くだけた言い方。

おしゃべり 一 名詞 する動詞 特別な目的はなく、気軽に話すこと。例 お茶をのみながら、おしゃべりをする。二 名詞 形容動詞 ぺらぺらと、よく話すこと。また、そのような人。例 おしゃべりな人。

おしゃま 名詞 形容動詞 おさない子が大人のようなことを言ったりしたりすること。また、そのような少女。例 おしゃまな女の子。

おじゃま【お邪魔】名詞 する動詞 ❶「じゃま」をていねいにいった言葉。例 お邪魔でなければ、わたしも仲間に入れてください。❷人をたずねていくこと。例 明日、おたくにお邪魔してもいいですか。

おしやる【押しやる】動詞 おしてむこうへ動かす。とおざける。例 ボートを岸から押しやる。

ことばあそび タブレット⑱ かんじ→かんご→かくご→こくご

活用 おしや・る。

おしゃれ 名詞 形容動詞 身なりをかざること。また、そのようにする人。

おじゃん 名詞 やりかけたことが、とちゅうでだめになること。例 反対されて、パーティーの計画が、おじゃんになった。語源 火事が消えたときに打つかねの音から生まれた言葉といわれる。

おしょう【和尚】名詞 寺の住職。また、僧。

おしょく【汚職】名詞 役人などが、その役目を利用して不正をすること。特に、わいろなどを受け取ること。

おしよせる【押し寄せる】動詞〔多くのものが〕いきおいよく近づいてくる。例 客が店に押し寄せる。活用 おしよ・せる。

おじる 動詞 おそれる。びくびくする。例 おじることなく意見をのべる。活用 お・じる。

おしろい 名詞 化粧のために顔やはだにつける白いこな。また、それを水にといたり、ねりかためたりしたもの。

おしろいばな【おしろい花】名詞 オシロイバナ科の植物。夏から秋にかけて、ピンク色・白などの、じょうご形の花がさく。黒い球形の実の中に、白い粉のようなものがある。

おしんこ 名詞 つけもの。野菜を、ぬかやしおでつけた食べ物。

1 **おす**【押す】動詞 ❶向こうの方へ力を加える。例 ドアを押す。対 引く。❷無理にする。例 けがを押して出席する。活用 お・す。⇩使い分け。

2 **おす**【推す】動詞〔よいものとして〕すすめる。〔ふさわしい人として〕すいせんする。例 委員長に推す。活用 お・す。⇩使い分け。

3 **おす**【雄】名詞 動物のうち、人間でいえば男にあたるもの。例 雄のライオンには、たてがみがある。対 雌。

おすい【汚水】名詞 よごれてきたない水。対 浄水。

おずおず 副詞(-と) する動詞〔自信がなく〕こわがりながら物事をするようす。例 おずおずと話しかけた。

おすそわけ【お裾分け】名詞 する動詞 よそからもらった品物の一部を、さらにほかの人にあたえること。また、その品物。例 いただいたクッキーをお裾分けする。

おすなおすな【押すな押すな】連語 多くの人がおしかけて、こみあっているようす。例 押すな押すなの大はんじょう。

使い分け　おす

●力を加える。
スイッチを押す。

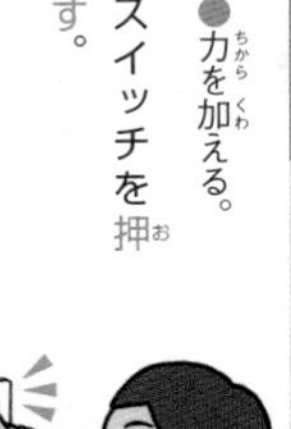

●すすめる。
委員長に推す。

おすまし【お澄まし】一 名詞 する動詞 すまして気取ること。また、そのようにしている人。例 お澄ましして記念写真をとる。二 名詞「すましじる」のていねいな言い方。例 ハマグリのお澄まし。

おすみつき【お墨付き】名詞 力のある人にみとめてもらうこと。例 専門家のお墨付きをもらった。語源 昔、将軍や大名が、人がなにかをすることをゆるした書きつけから。

オセアニア 地名 オーストラリア、ニュージーランドおよび南西太平洋の島々をふくむ地域。大洋州。▼英語 Oceania

おせじ【お世辞】名詞 相手のきげんを取ろうとして、ほめたりおだてたりする言葉。例 お世辞がうまい。類 追従。外交辞令。

おせち【お節】名詞 ➡おせちりょうり。

おせちりょうり【お節料理】名詞 特別に、正月をいわうためにつくる、料理。おせち。

おせっかい【お節介】名詞 形容動詞 よけいな世話をすること。また、そうする人。ことば「お節介を焼く」

おせん【汚染】名詞 する動詞 空気・水・食べ物などが、ばいきん・ガス・ちりなどでよごされること。

おぜんだて【お膳立て】名詞 する動詞 ❶おぜんに食事の用意をすること。❷〔いつでも始められるように〕準備すること。例 仲なおりのお膳立てはできた。

おそい【遅い】形容詞 ❶時間がかかるようす。例 歩くのが遅い。対 速い。❷時刻におくれて役

…間に合わないようす。例今さらあやまっても、もう遅い。❸季節や時刻がおくれているようす。例開花が遅い。対早い。活用おそ・い。

おそいかかる【襲い掛かる】動詞 はげしくこうげきしはじめる。例ライオンが襲い掛かってきた。活用おそいかか・る。

おそう【襲う】動詞 ❶せめかかる。害をあたえる。例台風が日本を襲う。❷さびしさやおそろしさなどの気持ちが、急にわく。例とつぜん、不安な気持ちに襲われた。活用おそ・う。

おそうまれ【遅生まれ】名詞 四月二日から十二月三十一日までに生まれること。また、生まれた人。参考 同じ年に生まれた早生まれの人より、一年おそく小学校に入学する。対早生まれ。

おそかれはやかれ【遅かれ早かれ】連語 おそい早いのちがいはあっても、いつかは。どうせそのうちに。例遅かれ早かれみんなにもわかってしまうことだ。

おそざき【遅咲き】名詞 同じ種類のほかの花よりおくれて花がさくこと。また、その花。例遅咲きの梅。対早咲き。

おそなえ【お供え】名詞 ❶神や仏にそなえること。また、そなえる物。❷「おそなえもち」の略。正月などに、神や仏にそなえるもち。かがみもち。

おそばまい【遅場米】名詞 イネの実るのがおそい地方でできる米。対早場米。

おそまき【遅まき】名詞 ❶ふつうの時期よりおくれてたねをまくこと。❷ふつうの時期よりおくれて、物事をはじめること。おくればせ。例遅まきながら研究にとりかかった。

おそらく【恐らく】副詞 たぶん。例恐らくその絵は、にせものだろう。

おそるおそる【恐る恐る】副詞 物事をこわがりながらするようす。例大きな犬に恐る恐るさわった。

おそるべき【恐るべき】連語 ❶だれもがこわがるほどの。おそろしい。例恐るべき敵があらわれた。❷おそろしくなるほど、すごい。例恐るべき食欲の持ち主。

おそれ[1]【恐れ】名詞 おそろしいと思う気持ち。例死ぬことに恐れをいだく。⇩使い分け。

おそれ[2]【畏れ】名詞 すぐれたものや、とうとい人を、うやまう気持ち。⇩使い分け。

おそれ[3]【虞】名詞 よくないことがおこるのではないかという心配。例大雨のおそれはさった。参考 ふつう、ひらがなで書く。⇩使い分け。

おそれいる【恐れ入る・畏れ入る】動詞 ❶〔相手の好意などを〕心からありがたく思う。例ご親切恐れ入ります。❷〔相手のすぐれたうでまえなどに〕まいる。こうさんする。例どうだ、恐れ入ったか。❸あきれる。例人のものを使って礼も言わないなんて、恐れ入った話だ。活用おそれい・る。

おそれおおい【恐れ多い・畏れ多い】形容詞 ありがたい。もったいない。例先生がご自身でとどけてくださるなんて、恐れ多いことです。活用おそれおお・い。

使い分け　おそれ

●おそろしいと思う気持ち。
恐れを感じる。

●うやまう気持ち。
神仏に対する畏れ。

●心配。
大雨のおそれ。

おそれおののく【恐れおののく】動詞 おそろしくて、ふるえ上がる。例ざんこくな事件に、住民は恐れおののいた。活用おそれおのの・く。

おそれながら【恐れながら】副詞 おそれ多く思いますが。失礼ですが。例恐れながら申し上げます。

おそれる[1]【恐れる】動詞 ❶こわがる。おびえる。例カエルはヘビを恐れる。❷〔よくないことがおこるのを〕心配する。例失敗を恐れる。活用おそ・れる。⇩使い分け。

あいうえお お
かきくけこ
さしすせそ
たちつてと
なにぬねの
はひふへほ
まみむめも
や
ゆ
よ
らりるれろ
わ
を
ん

ことばあそび　タブレット⑲　さる→まる→まし→いし→いぬ

おそれる2【畏れる】動詞 うやまい、もったいなく思う。例 神をも畏れぬ所業。活用 おそ・れる。⇩使い分け。

おそろい 名詞 ❶二人以上の人がつれだっていることをていねいにいう言葉。例 おそろいでどちらへ？ ❷衣服や持ち物の、形・色・もようが同じであること。例 姉とおそろいのくつ。

おそろしい【恐ろしい】形容詞 ❶危険を感じ、不安になるようす。例 恐ろしい光景を目にした。❷〔物事のていどが〕ふつうではない。例 恐ろしいほどの混雑。活用 おそろし・い。

おそわる【教わる】動詞 教えてもらう。教えられる。例 先生から読み方を教わった。注意 送りがなに気をつける。対 教える。活用 おそわ・る。

オゾン 名詞 空気中の放電などによってできる、特有のにおいをもつ気体。漂白や消毒などに使われる。▼英語 ozone

使い分け おそれる

●こわがる。
ヘビを恐れる。

●うやまう。
神を畏れる。

オゾンそう【オゾン層】名詞 大気中でオゾンの量が多い層。太陽からの紫外線を吸収して、地球上の生物をまもっている。

オゾンホール 名詞 南極や北極などのオゾン層がうすくなって、あなのようになった部分。人間や生態系への悪い影響が心配されている。▼英語 ozone hole

おだいじに【お大事に】連語 心をくばって、大切にしてくださいという意味の言葉。相手の健康を気づかう気持ちを表す。例 寒いですから、お体をお大事になさってください。

おたがいさま【お互い様】名詞 相手も自分も、同じ立場にあるということ。例 言いすぎてしまったのはお互い様だ。類 相身互い。

おたかくとまる【お高く止まる】慣用句 自分をすぐれていると思い、他人を見下す態度をとる。例 かれはお高く止まっていると思われて、反感をかっている。

おたく【お宅】━ 名詞 相手の人の家をうやまっていう言い方。おうち。例 お宅までおとどけします。

━ 代名詞 あなた。例 お宅の会社は、どちらですか。

おだてる 動詞 人をほめて、いい気持ちにさせる。例 おだてるようなことを言う。活用 おだ・てる。

おだのぶなが【織田信長】人名（一五三四～一五八二）戦国時代の武将。京都にのぼって、全国統一にのり出し、一五七三年、室町幕府をたおした。その後、京都の本能寺で家来の明智光秀にせめられ、自害した。

おたふく【お多福】名詞 ➡177ページ・おかめ。

おたふくかぜ【お多福風邪】名詞 耳の下のだえきせんがはれる病気。子どもに多い。流行性耳下せん炎。参考 お多福に似た顔になることから言う。

おだぶつになる【おだ仏になる】慣用句 ❶人が死ぬ。❷失敗する。だめになる。例 その計画はおだ仏になった。参考 くだけた言い方。

おたまじゃくし 名詞 ❶カエルの子。水中にすみ、えらでこきゅうする。❷しる物をすくうための、まるいしゃくし。おたま。参考 俗に音符のことをさしていう。

おだやか【穏やか】形容動詞 ❶のんびりとして静かなようす。例 穏やかな春の日。❷落ち着いていて、やわらかい態度であるようす。例 穏やかな口調で話す。注意 送りがなに気をつける。

おち【落ち】名詞 ❶うっかりして、しないでおくこと。例 落ちがないよう注意する。❷物事の結末。例 そんなことをしたら、笑われるのが落ちだ。❸〔落語などで〕話の終わりをむすぶ、しゃれ。例 落ちがつく。

おちあう【落ち合う】動詞 ❶場所を決めて会う。例 夕方、駅の前で落ち合おう。❷いくつかの川が一つになる。合流する。例 二つの川の落ち合う地点。活用 おちあ・う。

おちいる【陥る】動詞 ❶落ちてはまりこむ。落ちこむ。例 落とし穴に陥る。❷悪い状態に

なる。例祖父は意識不明に陥った。❸計略にかかる。例相手の悪だくみに陥る。❹〔城などが〕せめ落とされる。例城は敵の手に陥った。活用おちい・る。

おちおち 副詞(ーと) 安心して。落ちついて。例心配で、夜もおちおちねむれない。参考下に「ない」などの打ち消しの言葉がつく。

おちこむ【落ち込む】動詞 ❶落ちて中に入りこむ。例あなに落ち込む。❷深くくぼむ。へこむ。例寝不足で目が落ち込んでいる。❸がっかりして元気がなくなる。例みんなにめいわくをかけてしまい、落ち込んでいる。❹悪い状態になる。例景気が落ち込む。活用おちこ・む。

おちつかない【落ち着かない】連語 安心できない。例れんらくがないので落ち着かない。

おちつきはらう【落ち着き払う】動詞 少しもあわてる様子がなく、とても落ち着いている。例落ち着き払って質問に答える。活用おちつきはら・う。

おちつく【落ち着く】動詞 ❶心や物事が安定する。例母の声を聞いて、心が落ち着いた。❷〔動作などが〕どっしりしている。例わかいのに落ち着いている。❸〔いる場所などが〕決まる。例東京に落ち着く。❹〔相談などで〕結論が出て、まとまる。例ソフトボールをすることに落ち着いた。活用おちつ・く。

おちど【落ち度】名詞 あやまち。失敗。

おちのびる【落ち延びる】動詞〔戦いに負けて〕遠くへ、にげて行く。例義経は都から東北へ落ち延びた。活用おちの・びる。

おちば【落ち葉】名詞 ちりおちた木の葉。落葉。

おちぶれる【落ちぶれる】動詞 まずしくなる。みじめになる。活用おちぶ・れる。

おちぼ【落ち穂】名詞 とり入れた後に落ちのこったイネなどのほ。

おちめ【落ち目】名詞 だんだんとうまくいかなくなること。運が悪くなること。

おちゃ【お茶】名詞 ❶「茶」のていねいな言い方。❷仕事の間の休憩。一服。例お茶にしましょう。

おちゃっぴい 名詞 形容動詞 おしゃべりで、おませな女の子。また、そのようす。例妹はとてもおちゃっぴいです。

おちゃのこさいさい【お茶の子さいさい】慣用句 かんたんにできること。例そんな仕事はお茶の子さいさいだ。類朝飯前。参考くだけた言い方。⇩コラム「料理に関係したことば」(62ページ)。

おちゃめ【お茶目】名詞 形容動詞 むじゃきないたずらをすること。また、そのような人。例意外とお茶目だ。

おちゃをにごす【お茶を濁す】慣用句 その場しのぎのことやいいかげんなことを言って、その場をうまくごまかす。例知らないと言いたくなくて、適当なことを言ってお茶を濁した。

おちょうしもの【お調子者】名詞 調子に乗りやすく、軽はずみな人。例お調子者なので、あまり信用されていない。

おちょこになる 慣用句 かさが強い風でこわれて、さかずきのような形になる。参考「ちょこ」はさかずきのこと。

おちょぼぐち【おちょぼ口】名詞 先をとがらすようにしてとじた口。

おちる【落ちる】動詞 ❶高いところから下の方へ、位置がうつる。例屋根から落ちた。❷〔月・太陽などが〕しずむ。例太陽が西の山に落ちる。❸もれる。ぬける。例字が一字落ちている。❹ていどが悪くなる。例前よりも品質が落ちた。❺ついていたものが、取れてなくなる。例よごれが落ちた。❻落第する。例入学試験に落ちる。対受かる。❼負けて敵に取られる。例城が、敵の手に落ちた。❽〔地方へ〕にげる。例平家は、西の国へと落ちて行った。❾おとろえる。へる。例スピードが落ちる。活用お・ちる。

おつ【乙】一 名詞 順番や順位を表す言葉の二番目。甲の次、丙の前。
二 形容動詞 ❶気がきいているようす。風変わりでしゃれているようす。例この料理は、乙な味がする。❷みょうなようす。変なようす。例乙にすます。

おつかい【お使い・お遣い】名詞 人にたのまれて、買い物などにいくこと。例近くのスーパーまでお使いにいく。

おっかない 形容詞 こわい。おそろしい。例おっかない人。参考くだけた言い方。活用おっかな・い。

おっかなびっくり 副詞 びくびくしながら物事をするようす。例おっかなびっくりのぞいてみた。参考くだけた言い方。

ことばあそび　タブレット⑳　たんてい→かんてい→かんてん→はんてん→はんにん

おつかれさま【お疲れ様】(感動詞) 仕事を終えて帰る人や、苦労して物事をおこなった人に言う、あいさつの言葉。(参考) ていねいな言い方は「おつかれさまでした」。

おつき【お付き】(名詞) 身分の高い人のそばについて、いろいろな用事をする役目。また、その人。(類) お供。

おっくう【億くう】(形容動詞) めんどうで、物事をする気持ちにならないようす。例 雪の中を買い物に行くのが億くうだ。漢字 億劫。

おつげ【お告げ】(名詞) 「つげること」の尊敬語。神や仏が人間にその考えをつげしらせること。また、その言葉。

おっしゃる(動詞) 「言う」のうやまった言い方。例 先生のおっしゃることをよく聞きなさい。(活用) おっしゃ・る。

おっちょこちょい(名詞)(形容動詞) 考えがあさく、いいかげんなおこないをすること。また、そのような人。例 かの女はおっちょこちょいなところがある。(参考) くだけた言い方。

おっつけ【追っ付け】(副詞) まもなく。やがて。例 母も追っ付け帰ってくるでしょう。

おっつける【押っ付ける】(動詞) ❶「おしつける」を強めていう言葉。例 かべに体を押っ付ける。❷相撲で、相手にまわしをとらせないように、うでをわきにぴったりつけ、相手のうでを手でつかんでおさえる。(活用) おっつ・ける。

[1]**おって**【追って】(副詞) 少したってから。やがて。例 結果は、追ってお知らせいたします。

[2]**おって**【追っ手】(名詞) にげていく人をおいかける人。例 追っ手をのがれる。

おっと【夫】(名詞) 結婚している男女のうちの、男の人。(対) 妻。

おっとせい(名詞) アシカ科の動物。海べでくらす。足は短くて、ひれの形をしている。体は流線型で、泳ぐのにてきしている。陸上を歩くこともできる。

おっとり(副詞)(−と)(する動詞) 性質がゆったりと落ち着いているようす。例 おっとりとかまえている。

おつむ(名詞) あたま。例 おつむをあらいましょうね。／おつむてんてん。(参考) 小さい子どもに対して使うことが多い。

おつや【お通夜】(名詞) 「つや（通夜）」のていねいな言い方。

おてあげ【お手上げ】(名詞) どうしてよいか、わからなくなってしまうこと。例 完全にお手上げだ。

おでかけ【お出掛け】(名詞) 「出かけること」のていねいな言い方。例 お出掛けのときに着る服。

おでき(名詞) ひふがはれて、うみをもったもの。できもの。はれもの。例 背中におできができる。

おでこ(名詞) ❶ひたい。例 おでこにこぶができる。❷ひたいが、ふつうよりつき出ていること。また、その人。

おてだま【お手玉】(名詞) 小さな布のふくろにあずきなどを入れた遊び道具。また、それを何個か使って投げ上げる遊び。⇩図。

おてつき【お手付き】(名詞) カルタなどのふだ遊びで、まちがってふだに手をふれること。お手付け。

おてのもの【お手の物】(名詞) よくなれていて、とくいなこと。例 計算ならお手の物だ。

お手玉

おてふき【お手ふき】(名詞) ➡868ページ・てふき。

おでまし【お出まし】(名詞) 「出かけること」「来ること」「出席すること」をうやまって言う言葉。例 王様のお出ましです。

おてもり【お手盛り】(名詞) 自分に都合のいいように、かってに物事を決めてしまうこと。例 お手盛りで予算を決める。(参考) 自分で、好きなようにご飯をもりつける意味から。

おてやわらかに【お手柔らかに】(形容動詞) あまりきびしくせず、手かげんするようす。試合の前などにあいさつとしていう言葉。

おてん【汚点】(名詞) ❶〔広い物の面に〕ぽつんとついたよごれ。しみ。❷ふめいよなことがら。例 歴史に汚点を残すような事件。

おでん(名詞) ❶くしにさした、とうふやこんにゃくなどをゆでて、みそなどをぬった食べ物。田楽どうふ。❷がんもどき・こんにゃく・ダイコン・サトイモ・はんぺん・ちくわなどをにこんだ食べ物。関西地方では、「関東だき」という。

おてんきや【お天気屋】(名詞) 気分のかわり

やすい人。例 あの人はお天気屋さんだ。

おてんとうさま【お天道様】 名詞 太陽をうやまい、親しみをこめた言い方。おひさま。おてんとさま。

おてんば【お転婆】 名詞 形容動詞 女の子が、活発に行動したり、さわいだりすること。また、そのような女の子。例 お転婆むすめ。

おと【音】 名詞 耳に聞こえる、物のひびき。例 大きな音。／風の音。

おとうさん【お父さん】 名詞 「父さん」のていねいな言い方。

おとうと【弟】 名詞 年下の男のきょうだい。例 弟が生まれた。対 兄。

おとうとでし【弟弟子】 名詞 自分より後から先生に教わりはじめた男の人。対 兄弟子。類 後輩。

おどおど 副詞(〜と) する動詞 こわがったり、自信がなかったりして、落ち着かないようす。例 しかられるのではないかと、おどおどしていた。

おどかす【脅かす】 動詞 ❶こわがらせる。おびやかす。例 弱いものを脅かすのはいけない。❷おどろかす。びっくりさせる。例 かげにかくれていて脅かす。類 ①②おどす。活用 おどか・す。

おとぎぞうし【御伽草子】 名詞 室町時代から江戸時代の初期にかけてつくられた空想的な短編物語。「一寸法師」「物ぐさ太郎」など。

おとぎばなし【おとぎ話】 名詞 子どもに聞かせるために、昔から伝えられてきた話。参考 「ももたろう」「かちかち山」など。

おどけもの【おどけ者】 名詞 ひょうきんな人。他人を笑わせるのが好きな人。例 クラス一のおどけ者。

おどける 動詞 人を笑わせようとして、おもしろいことを言ったりしたりする。類 ふざける。活用 おど・ける。

おとこ【男】 名詞 人間を体の働きによって分けたとき、女でない方。男子。男性。例 男たち。／男同士。対 女。

おとこで【男手】 名詞 ❶男の人の働き手。男の人の力。例 男手がほしい。❷男の人が書いた文字。対 ①②女手。

おとこなき【男泣き】 名詞 する動詞 〔めったになくことのないとされる〕男の人が、こらえきれずになくこと。

おとこのこ【男の子】 名詞 男性のうち、大人でない者。対 女の子。

おとこまえ【男前】 名詞 男としての顔やすがたがよいこと。類 美男子。

おとこまさり【男勝り】 名詞 形容動詞 女の人の性質やふるまいが、男の人がかなわないほどであること。また、そのような女の人。

おとこらしい【男らしい】 形容詞 男としての性質が表れている。男の人にふさわしい。対 女らしい。活用 おとこらし・い。

おとさた【音沙汰】 名詞 たより。ようすの知らせ。れんらく。例 なんの音沙汰もない。

おどし【脅し】 名詞 〔相手をしたがわせるために〕こわがらせること。きょうはく。類 恐喝。

おとしあな【落とし穴】 名詞 ❶敵やけものなどを落としてつかまえるためにほったあな。❷人をだますための悪い計略。悪だくみ。例 うまい話には、落とし穴がある。

おとしいれる【陥れる】 動詞 ❶だまして、相手を苦しい状態にする。例 うそを言ってライバルを陥れる。❷城などをせめおとす。活用 おとしい・れる。

おとしだま【お年玉】 名詞 新年をいわって、子どもにおくるお金や品物。

おとしぬし【落とし主】 名詞 そのお金やその品物を落とした人。

おとしもの【落とし物】 名詞 気がつかないうちに落としてなくしたもの。類 遺失物。

おどしをかける【脅しをかける】 慣用句 こわがらせる。

おとす【落とす】 動詞 ❶高いところから低いところへ位置をうつす。例 石を落とす。❷〔よごれなどを〕取りさる。例 どろを落とす。❸なくす。例 さいふを落とした。❹敵を負かして手に入れる。おとしいれる。例 敵の城を落とす。❺ていどをさげる。例 声を落として話す。❻おとろえさせる。へらす。例 スピードを落とす。❼わすれていてぬかす。例 名ぼから名前を落としてしまった。❽かげをうつす。例 水面に、雲がかげを落とす。活用 おと・す。

おどす【脅す】 動詞 〔相手をしたがわせようとして〕こわがらせる。おびやかす。例 大声を出して脅す。類 おどかす。活用 おど・す。

おとずれ【訪れ】 名詞 おとずれること。やって来ること。例 春の訪れ。

ことばあそび　タブレット㉑　じかん→じかい→じけい→とけい

おとずれる【訪れる】 動詞 ❶ある場所や、人の家に行く。例ローマを訪れる。❷季節・時期・状態などがやってくる。例観光客が訪れる。／転機が訪れた。参考 ややあらたまった言い方。活用 おとず・れる。

おととい【一昨日】 名詞 昨日の前の日。一昨日。おとつい。例おとといの夜のできごと。

おととし【一昨年】 名詞 去年の前の年。一昨年。例おととし、パリに行った。

おとな【大人】 名詞 一人前になった人。十分に成長した人。対子供。

おとなげない【大人気無い】 形容詞 〔言うことやすることなどが〕おとなにふさわしくない。子どもじみている。活用 おとなげな・い。

おとなしい 形容詞 ❶落ち着いていて、静かである。例学校ではおとなしい。❷さからわない。すなおである。例父の言うことにおとなしくしたがう。活用 おとなし・い。

おとなびる【大人びる】 動詞 〔体つきや考え方が〕おとならしくなる。活用 おとな・びる。

おとにきく【音に聞く】 慣用句 いつもうわさに聞いている。名高い。例ここが音に聞く箱根の関所あとです。参考 古い言い方。

おとめ【乙女】 名詞 むすめ。少女。例乙女心。

おとも【お供】 名詞 する動詞 目上の人についていくこと。また、その人。類お付き。

おとり 名詞 ❶ほかの鳥やけものをさそいよせるために使う、同じなかまの鳥やけもの。❷人をさそいよせるために利用するものや人。例おとりを使って犯人をつかまえた。

おどり【踊り】 名詞 音楽や手拍子に合わせて、体を動かすこと。例みんなの前で踊りをひろうした。／ぼん踊り。

おどりあがる【躍り上がる】 動詞 〔よろこびやおどろきで〕とびあがる。はねあがる。活用 おどりあが・る。例よい知らせに躍り上がって、よろこんだ。

おどりかかる【躍り掛かる・躍り懸かる】 動詞 いきおいよくとびかかる。活用 おどりかか・る。

おどりこ【踊り子】 名詞 ❶おどりをおどる少女。❷おどりを仕事にしている女の人。

おどりじ【踊り字】 名詞 同じ文字がくり返されるとき、後にくる文字のかわりに使うしるし。「人々」の「々」、「まゝ」の「ゝ」など。重ね字。

おどりでる【躍り出る】 動詞 ❶いきおいよく、現れる。例舞台に躍り出る。❷〔ほかをぬいて〕一気に目立った場所や位置につく。例業界のトップに躍り出る。活用 おどり・でる。

おどりば【踊り場】 名詞 ❶おどりをする場所。❷かいだんのとちゅうにある、平らで少し広いところ。

おとる【劣る】 動詞 〔能力やねうちなどが〕ほかとくらべて少ない。例性能が劣る。参考「…に劣らず」の形で「…と同じように」の意味に使う。例兄に劣らず弟もいい人です。対まさる。活用 おと・る。

[1]おどる【踊る】 動詞 ❶音楽や手拍子に合わせて体を動かす。例ワルツを踊る。❷ほかの人にあやつられて行動する。例かれはだれかに踊らされている。活用 おど・る。⇩使い分け。

[2]おどる【躍る】 動詞 ❶とび上がる。はね上がる。例身を躍らせて走り出した。❷〔期待などで〕心がわくわくする。例合格の知らせにむねが躍る。❸みだれる。例字が躍っている。活用 おど・る。⇩使い分け。

おとろえ【衰え】 名詞 いきおいや力が弱くなること。例体力の衰え。

おとろえる【衰える】 動詞 いきおいや力がなくなる。弱くなる。さかんでなくなる。また、おちぶれる。例体力が衰える。／国力が衰える。対栄える。活用 おとろ・える。

おどろかす【驚かす】 動詞 びっくりさせる。例いたずらをして、友だちを驚かす。活用 おどろか・す。

おどろき【驚き】 名詞 びっくりすること。どきっ

使い分け　おどる

●音楽に合わせて体を動かす。
ワルツを踊る。

●わくわくする。
むねが躍る。

ことば博士になろう！

● **漢字が「おどる」と数が増える!?**

日本語では、ものの名前を書き表したときに、単数（一つ）であるか複数（二つ以上）であるか、はっきりしません。しかし、中には同じ字をかさねて書くことによって、複数を表せる言葉もあります。

家々　山々　人々　国々　木々
神々　村々　日々　品々　島々

右の例で使われている「々」は、同じ字をかさねて書くかわりに使われる符号で、「おどり字」という、おもしろい呼び方をします。また、「家家（＝家々）」のように二つの字をかさねた言葉を「畳語」といいます。

とすること。例驚きのあまり声も出なかった。

おどろく【驚く】動詞 〔思いがけないことに出あって〕心がおだやかでなくなる。びっくりする。例大きな音に驚く。活用 おどろ・く。

おないどし【同い年】名詞 同じ年れい。同年。例あの二人は同い年だ。／ぼくには同い年のいとこがいる。

おなか 名詞 「はら（腹）」のていねいな言い方。例おなかがすく。／おなかがいたい。

おながどり【尾長鳥】名詞 ニワトリの一種。おすの尾が長く、八メートルくらいになるものもある。「ながおどり」「ちょうびけい」ともいう。高知県産で特別天然記念物。

おながれ【お流れ】名詞 ❶予定していたことが、とりやめになること。例雨で、運動会がお流れになる。❷目上の人のさかずきを借り、お酒をついでもらって飲むこと。例お流れをちょうだいします。

おなじ【同じ】形容動詞 ちがいのないようす。区別できないようす。例同じ色。／長さは同じだ。

おなじあなのむじな【同じ穴のむじな】ことわざ 同じなかまであることのたとえ。例不正をかくしていたのだから、あの人だって同じ穴のむじなだ。参考 ㋐「むじな」は、アナグマのこと。㋑ふつう、悪い仲間についていう。

おなじかまのめしをくう【同じ釜の飯を食う】ことわざ いっしょに生活や仕事をする。親しい仲間であることのたとえ。例かれとは同じ釜の飯を食ったなかだ。

おなじく【同じく】接続詞 ならびに。例六年一組、同じく二組。参考 同じものをくり返して、ならべるときに、同じ言葉をはぶくために用いる。

おなじみ 名詞 よく知っていて、なれ親しんでいること。例おなじみの人物。参考「なじみ」に「お」をつけた、ていねいな言い方。

おなもみ 名詞 キク科の植物。道ばたなどに生え、実にはとげがある。

おなら 名詞 ⬇1171ページ・2へ。

おに【鬼】一 名詞 ❶人が想像でつくりあげた生き物。頭につのをはやし、口にきばをもっている。力が強くおそろしい。いつもはだかでトラの皮のふんどしをつけているという。❷あることに心をうちこんでいる人。例仕事の鬼。❸かくれんぼやおにごっこで、人をつかまえる役。
二 接頭語 ❶《ある言葉の上につけて》「なさけしらずの」の意味を表す言葉。例鬼ばばあ。❷《ある言葉の上につけて》「きびしい」「こわい」などの意味を表す言葉。例鬼軍曹。❸《ある言葉の上につけて》「大きい」意味を表す言葉。例鬼やんま。

おにいさん【お兄さん】名詞 「兄さん」のていねいな言い方。

おにいちゃん【お兄ちゃん】名詞 「兄」を、親しんでよぶ言葉。

おにがわら【鬼瓦】名詞 屋根のむねの両端に、かざりのためにつける大きなかわら。参考 もとは、おにの面をかたどってまよけにした。⇩292ページ・瓦屋根（図）。

おにがわらう【鬼が笑う】慣用句 本当におこりそうもない、これから先のことを言ったときに、その人をからかう言葉。例来年のことをいうと鬼が笑うよ。

おにぎり【お握り】名詞 ⬇969ページ・にぎりめし。

おにごっこ【鬼ごっこ】名詞 子どもの遊びの一つ。おにになった人がほかの人をおいかけてつかまえ、つかまった人が次におにになる。おに遊び。

おににかなぼう【鬼に金棒】ことわざ 〔ただでさえ強いおにに金棒をもたせるということから〕強いうえに、さらに強くなることのたとえ。例きみが入ってくれれば、うちのチームは鬼に金棒だ。

おにのいぬまのせんたく【鬼の居ぬ間

ことばあそび　タブレット㉒　ボール→ボート→カート→カット→バット

の洗濯】ことわざ こわい人のいない間に、好きなことをして楽をすることのたとえ。

おにのくびをとったよう【鬼の首を取ったよう】ことわざ〔強いおにの首をとることから〕すばらしいてがらを立てたように、とくいになってよろこぶようす。

おにのめにもなみだ【鬼の目にも涙】ことわざ おにのようにひどい人でも、ときにはなさけぶかくなるときがあるというたとえ。

おにはそとふくはうち【鬼は外福は内】慣用句 幸運をもたらす福の神は内へ、不幸をもたらす鬼は外へということ。福は内、鬼は外。参考 節分の夜に、豆まきをしながらとなえる言葉。

おにび【鬼火】名詞 夜に墓地などで青白く光る火。きつねび。例 鬼火がぶきみにゆれる。類 ひとだま。

おにもつ【お荷物】名詞 じゃまになる物や人。例 チームのお荷物にならぬようがんばる。

おにやんま【鬼やんま】名詞 オニヤンマ科のこん虫。日本で一番大きなトンボ。体は黒く、黄色のもようがあり、目は緑色。体長は十センチメートルをこえるものがいる。

おね【尾根】名詞 山の頂上と頂上をむすぶ部分。みねすじ。例 尾根づたいに歩く。

おねえさん【お姉さん】名詞「姉さん」のていねいな言い方。

おねえちゃん【お姉ちゃん】名詞「姉」を、親しんでよぶ言葉。

おねがい【お願い】名詞 する動詞「願い」「願うこと」のていねいな言い方。例 お願いがあります。／サンタクロースにプレゼントをお願いする。参考 人に何かをたのむときに用いることもある。例 お願い、早く帰ってきてね。

おの【斧】名詞 厚い刃に柄がついていて、木をたたき切ったり、わったりするのに使う道具。漢字 斧。⇩図。

おのおの【各・各各】名詞 ひとりひとり。めいめい。それぞれ。例 各が責任をもって取り組んでください。参考 ふつう「各々」と書く。

おの

おのずから 副詞 ひとりでに。しぜんに。おのずと。例 まじめに勉強すればおのずから成績もあがる。

おのずと 副詞 ⬇おのずから。

おののいもこ【小野妹子】人名（七世紀ごろ）六〇七年、第一回の遣隋使にえらばれて、隋（今の中国）にわたった人。このとき、「日出ずるところの天子」で始まる聖徳太子の国書を隋の皇帝煬帝にもっていったことは有名。

おののく 動詞〔おそろしさやいかりなどのために〕ぶるぶるふるえる。例 トラのすがたを見て、人々はおののいた。活用 おのの・く。

オノマトペ 名詞 擬音語。擬声語。擬態語。▼フランス語

おのれ【己】一 名詞 自分。わたくし。例 己の責任をはたす。参考 古い言い方。二 感動詞 相手に対するいかりやくやしさを表していう言葉。例 おのれ、にくいやつ。

おば【伯母・叔母】名詞 父や母の、女のきょうだい。また、おじの妻。おばさん。参考 父母より年上の場合は「伯母」、年下の場合は「叔母」と書く。おじの妻の場合は、おじが「伯父」か「叔父」かによって使い分ける。対 おじ。⇩98ページ・いとこ（図）。

おばあさん 名詞 ❶ 父または母の、母にあたる人。祖母。⇩98ページ・いとこ（図）。❷ 年をとった女の人。参考 ①②尊敬または親しみをこめてよぶときに使う。対 ①②おじいさん。

おはぎ 名詞 もち米をまぜてたいたごはんをまるめて、あんやきな粉をつけた食べ物。ぼたもち。

おはぐろ【お歯黒】名詞 歯を黒くそめること。参考 昔は結婚した女性は歯を黒くそめた。

おばけ【お化け】名詞 ❶ ばけもの。❷ ふつうとちがって、きみが悪いほど大きなもの。例 キュウリのお化け。

おはこ 名詞 とくいな芸。とくいとすること。例 おはこの手品をひろうする。参考 漢字では「十八番」と書き、「十八番」と同じ意味。

¹**おばさん** 名詞〔中年の〕よその女の人。対 おじさん。参考 親しみをこめてよぶときに使う。

²**おばさん**【伯母さん・叔母さん】名詞「おば」を尊敬または親しみをこめてよぶ言葉。対 おじさん。

おはじき 名詞 小さな、平たいガラス玉などをば

らまき、指先ではじきあって、当てたものを取りあう遊び。また、そのガラス玉など。⇩図。

おはじき

おはちがまわる【お鉢が回る】慣用句 順番が回ってくる。語源 ごはんの入ったお鉢が回されてきて、ごはんをよそう番になる意味から。

おはつ【お初】名詞 ❶はじめてであること。物事のはじめ。ことば「お初にお目にかかります」❷はじめてのもの。はじめて使うもの。例お初のセーター。

¹おばな【尾花】名詞 ススキ。秋の七草の一つ。また、ススキのほ。⇩口絵10ページ。

²おばな【雄花】名詞 おしべだけあって、めしべのない花。実をつけない。対雌花。参考 キュウリ・マツなどにある。

おはなばたけ【お花畑】名詞 ❶「花畑」をていねいにいった言葉。❷〔高原や北国などで〕高山植物がたくさんさいているところ。

おはやし 名詞「はやし（＝ふえやたいこで拍子をとること）」をていねいにいった言葉。

おはよう【お早う】感動詞 朝、はじめて会ったときに言うあいさつの言葉。おもに、目下の人や親しい人に言う言葉。参考 ていねいな言い方は「おはようございます」。

おはらい 名詞 神にいのって、つみやけがれをとりのぞいてもらうこと。また、その儀式。

おはらいばこ【お払い箱】名詞 ❶やとっている人をやめさせること。❷いらなくなった物をすてること。例この服は、お払い箱だ。

おび【帯】名詞 和服を着るとき、和服の上からこしにまいて結ぶ、はばの広い長い布。例帯をしめる。⇩334ページ・着物②（図）。

おびえる 動詞 こわがって、びくびくする。例かみなりにおびえる。活用 おび・える。

おびきだす【おびき出す】動詞 うまくだまして、さそいだす。例外へおびき出す。活用 おびきだ・す。

おびきよせる【おびき寄せる】動詞 うまくだまして、近くに来させる。例えものをおびき寄せる。活用 おびきよ・せる。

おびグラフ【帯グラフ】名詞 帯の形をした長方形を数量のわりあいによってしきったグラフ。⇩388ページ・グラフ①（図）。

おひさま【お日様】名詞「太陽」を親しみをこめて言う言葉。例お日様がしずんでいくね。

おひざもと【お膝元・お膝下】名詞 ❶身分の高い人がいるすぐ近く。❷天皇や将軍などが住んでいる土地。例幕府のお膝元をさわがすふとどき者。❸問題とされることの中心となっているところ。例けいさつのお膝元で起きた事件。

おひたし【お浸し】名詞 ホウレンソウなどの青菜をゆで、しょうゆなどをかけて食べる料理。

おびただしい 形容詞 ❶〔数や量が〕とても多い。例おびただしい数の見物人。❷〔物事のていどが〕たいへんひどい。例生意気で、にくらしいことおびただしい。活用 おびただし・い。

おひつ 名詞 木でつくった、ご飯を入れる入れ物。

おひとよし【お人よし】名詞 形容動詞 気がよくて、何でも信用したり引き受けたりすること。また、そのような人。例お人よしにもほどがある。類好人物。

おびにみじかしたすきにながし【帯に短したすきに長し】ことわざ ちゅうとはんぱで、どちらの役にも立たないことのたとえ。

おびふう【帯封】名詞 お札のたばや、郵送する新聞・雑誌などを、細長い紙で帯のようにまいてつつむこと。また、その細長い紙。⇩図。

おひや【お冷や】名詞「冷や（＝つめたい水）」をていねいにいった言葉。

おびやかす【脅かす】動詞 こわがらせる。おそれさせる。また、あぶなくさせる。例チャンピオンを脅かす。／生命を脅かす。活用 おびやか・す。

帯封

おひゃくどをふむ【お百度を踏む】慣用句 神社やお寺に願いごとをかなえてもらおうとするとき、その決まった場所を百回往復しておがむこと。

ことばあそび タブレット㉓ ボール→ボード→ガード→ガール→ゴール

ことば選び(えら)のまど

おどろく
をあらわすことば

驚く(おどろく)

〔思いがけないことに出あって〕心(こころ)がおだやかでなくなる。びっくりする。

197ページ

あ然(ぜん)と 発展

思いがけないできごとにおどろいて、何(なに)も言(い)えないようす。

29ページ

あっけに取(と)られる 発展

思いがけないできごとに、おどろきあきれて、ぼんやりする。

34ページ

息(いき)をのむ

おどろいて、息(いき)を止(と)める。

74ページ

がく然(ぜん)と 発展

〔思いがけないことなどに〕とてもおどろくようす。

243ページ

驚異(きょうい) 3 発展

おどろいて、ふしぎに思(おも)うこと。

344ページ

驚がく(きょうがく) 2 発展

〔とつぜんのできごとや思(おも)いがけないことに〕とてもおどろくこと。

345ページ

驚嘆(きょうたん) 発展

とてもおどろき、感心(かんしん)すること。

349ページ

仰天(ぎょうてん)

とてもおどろくこと。

349ページ

ぎょっと

思(おも)いがけないことにあって、おどろくようす。

353ページ

腰(こし)を抜(ぬ)かす

おどろいて、足(あし)が立(た)たなくなる。また、とてもおどろく。

467ページ

ことば選びのまど

おどろく
をあらわすことば

青天のへきれき 発展

とつぜんおこった、大事件やびっくりするようなこと。

⬇690ページ

たまげる

とてもおどろく。⬇782ページ

寝耳に水

急に思いがけないことがおこり、おどろくことのたとえ。

⬇998ページ

はっと

思いがけないことにあって、おどろくようす。また、急に気がつくようす。⬇1048ページ

はとが豆鉄砲を食ったよう

とつぜんのことにおどろいて、目をまるくするようす。

⬇1050ページ

ひょうたんから駒

思いがけないことが実現することのたとえ。⬇1115ページ

目を白黒させる

おどろいたり、苦しんだりして、目をはげしく動かす。

⬇1290ページ

目を丸くする

おどろいて、目を大きく開く。

⬇1291ページ

面食らう

おどろき、あわてる。

⬇1291ページ

おひらき【お開き】名詞 宴会などを、おわりにすること。例 パーティーがお開きになる。参考 お祝いの席などでは「おわる」「とじる」などの言葉が縁起が悪いということから、かわりに「開く」を使うようになった。

おひる【お昼】名詞「昼」のていねいな言い方。例 今日は公園でお昼を食べよう。

おびる【帯びる】動詞 ❶〔くんしょうなどを〕身につける。また、〔刀を〕こしにつける。例 刀を帯びて出かける。❷そのような様子をしている。ふくむ。例 まるみを帯びたほほ。❸ひきうける。例 重要な任務を帯びて出かける。活用 お・びる。

おびれ【尾びれ】名詞 魚の体の後ろはしにあるひれ。泳ぐときにかじの役目をする。⇩1119ページ・ひれ(図)。

おひれをつける【尾ひれを付ける】慣用句 いろいろとつけ加えて、話を大げさにする。例 あることないこと尾ひれを付けて話す。参考「尾ひれ」は、魚の尾とひれのこと。

オフ 名詞 ❶電気などのスイッチが入っていないこと。機械などが動いていないこと。❷仕事中でないこと。参考「オフタイム」の略。❸あるかぎられたところからはずれていること。また、はなれていること。例 シーズンオフ。❹「オフライン」の略。例 オフ会。対 ①〜④オン。▼英語 off

オフィス 名詞 会社。事務所。▼英語 office

おぶう【負ぶう】動詞 背負う。例 赤ちゃんを負ぶう。活用 おぶ・う。参考 くだけた言い方。

オフェンス 名詞 スポーツで、攻撃。また、攻撃する方の選手やチーム。対 ディフェンス。▼英語 offense

おふくろ【お袋】名詞 自分の母を親しみをこめて言う言葉。対 おやじ。

オブザーバー 名詞 会議で、発言することはできるが、賛成や反対の採決には参加できない人。また、会議のようすを見聞きすることだけをゆるされた人。▼英語 observer

オフサイド 名詞 サッカーやラグビーなどの反則の一つ。選手がプレーしてはいけない位置にいてプレーすること。▼英語 offside

おぶさる【負ぶさる】動詞 ❶人のせなかに負われる。背負われる。おんぶする。例 父に負ぶさって病院へ行く。❷人の力にたよる。例 両親に負ぶさって遊んでくらしている。活用 おぶさ・る。

おふせ【お布施】名詞「布施」のていねいな言い方。ぼうさんにあたえる品物やお金。

おふだ【お札】名詞 神社や寺などで出す、おまもりのふだ。

おぶつ【汚物】名詞 きたないもの。動物のふんにょうなど。例 汚物をかたづける。

オブラート 名詞 でんぷんでつくった、うすい紙のようなまく。飲みにくいこな薬などを飲むときに使う。▼ドイツ語

オフライン 名詞 パソコンやスマートフォンが、通信回線やネットワークなどにつながっていない状態。参考 略して「オフ」ともいう。対 オンライン。▼英語 offline

おふる【お古】名詞〔洋服などの〕長い間使って、古くなったもの。例 兄のお古のスーツを着る。類 お下がり。

おふれ【お触れ】名詞 役所から出される知らせや命令。参考 古めかしい言い方。

オフレコ 名詞 記録しないこと。ほかの人に知らせないこと。非公開。例 この話はオフレコだよ。参考 英語 off the record から。

おべっか 名詞 相手のきげんをとるための言葉。おせじ。ことば「おべっかを使う」

オペック【OPEC】名詞 ⇩巻末「アルファベット略語集」1560ページ。

オペラ 名詞 音楽に合わせて、歌いながらする劇。歌劇。▼英語(イタリア語から) opera

オペラグラス 名詞 劇などを見るときに使う、小型の双眼鏡。▼英語 opera glasses

オペレーター 名詞 機械を動かす技術者。技師。▼英語 operator

オペレッタ 名詞 歌劇で、軽いおもしろみのあるすじがきのもの。軽歌劇。喜歌劇。▼英語(イタリア語から) operetta

おぼえ【覚え】名詞 ❶〔経験して〕知っていること。きおくにあること。ことば「身に覚えがない(うわさがたつ)」❷自信。ことば「うでに覚えがある」

おぼえがき【覚え書き】名詞 わすれないように書きつけておく書きもの。メモ。類 書き付け。

おぼえる【覚える】動詞 ❶〔見たり、聞いたり、習ったりしたことを〕わすれないでいる。きおくする。例 漢字を覚える。❷自然に感じる。例 寒さを覚える。❸習って身につける。例 仕事のこ

つを覚える。活用 おぼ・える。

オホーツクかい【オホーツク海】地名 北海道の北にある、カムチャツカ半島と千島列島とサハリンにかこまれた海。サケ・マス・タラ・カニなどがとれる漁場がある。

おぼしい 形容詞《「…とおぼしい」「…とおぼしき」の形で》…と考えられる。…と思われる。例 犯人とおぼしい人物。活用 おぼし・い。

おぼしめし【おぼし召し】名詞「考え」「気持ち」などの尊敬した言い方。お考え。例 神さまのおぼし召し。参考 古い言い方。

おぼつかない【覚つかない】形容詞 ❶しっかりしていなくてあぶない。例 覚つかない足どり。❷〔うまくいくかどうか〕たしかではない。例 成功は覚つかない。活用 おぼつかな・い。

おぼれる【溺れる】動詞 ❶水の中で死にそうになる。また、水に落ちて死ぬ。例 川で溺れる。❷ある物事に夢中になる。例 かけごとに溺れる。活用 おぼ・れる。

おぼれるものはわらをもつかむ【溺れる者はわらをもつかむ】ことわざ とてもこまっている人は、たよりにならないものでもたよりにするというたとえ。わらにもすがる。わらをもつかむ。

おぼろ 一 形容動詞 かすんでぼんやりしているようす。はっきりしないようす。例 月がおぼろに見える。二 名詞 魚の身をこまかくほぐして、味をつけた食べ物。でんぶ。そぼろ。

おぼろぐも【おぼろ雲】名詞 高い空いちめんに広がるうすいはい色の雲。高層雲。

おぼろげ 形容動詞 はっきりしないようす。ぼんやりしているようす。例 おぼろげなきおくをたどる。

おぼろづき【おぼろ月】名詞〔春の夜の〕かすんで、ぼんやりと見える月。

おぼろづきよ【おぼろ月夜】名詞 月がかすんであたりがうす明るい夜。参考 ふつう、春の夜にいう。

おぼん【お盆】名詞 ➡140ページ・うらぼん。

おまいり【お参り】名詞 する動詞 神や仏、先祖のれいなどをおがみに行くこと。例 神社にお参りする。

おまえ【お前】代名詞 友だちや目下の相手をよぶ言葉。参考 ぞんざいに、または親しみをこめて使う。

おまけ 名詞 する動詞 ❶値段を安くすること。例 十円おまけしてもらった。❷売る品物に景品をつけること。また、そのつけられたもの。例 たくさん買うと、おまけにタオルがつく。

おまけに 接続詞 さらに。そのうえに。例 頭はいたいし、おまけに熱も出てきた。

おませ 名詞 形容動詞 子どもが大人のようなことを言ったりしたりすること。また、そのような子ども。例 おませな少女。

おまちどおさま【お待ち遠様】感動詞 相手を待たせたときの、あいさつの言葉。例 どうも、お待ち遠様。注意 目上の人に対しては、「お待たせいたしました」などという。

おまつり【お祭り】名詞 ❶「祭り」のていねいな言い方。❷魚つりで、つりをしている人どうしのつり糸がからみ合うこと。

おまつりさわぎ【お祭り騒ぎ】名詞 ❶祭礼のにぎやかなさわぎ。❷調子にのってさわぐこと。また、いろいろなことをしてにぎやかにさわぐこと。類 ばか騒ぎ。

おまもり【お守り】名詞 神や仏が、いろいろなさいなんから守ってくれるという、ふだ。

おまわりさん【お巡りさん】名詞「巡査」「警察官」を親しみをこめてよぶ言葉。

おみき【お神酒】名詞 神にそなえるさけ。

おみくじ 名詞 神社や寺で、おまいりした人がひいて、今から先のことをうらなうくじ。

おみそれ【お見それ】名詞 する動詞 ❶会った相手を、それと気づかなかったり見わすれてしまったりすること。例 りっぱになられて、お見それしました。❷ひょうかをまちがえて、相手を軽く見ること。また、相手の能力にあらためて感心すること。ことば「（じつにみごとな演奏で）お見それしました」

おみなえし 名詞 オミナエシ科の植物。えだわかれした先に、黄色の小さい花が集まってさく。秋の七草の一つ。漢字 女郎花。⇩口絵10ページ。

おみや【お宮】名詞「みや（＝神社）」のていねいな言い方。

おみやまいり【お宮参り】名詞「宮参り」のていねいな言い方。

おむすび【お結び】名詞 ➡969ページ・にぎりめし。

おむつ 名詞 赤ちゃんなどのおしりにあてて、大

ことばあそび タブレット㉔ あさ→あぶ→とぶ→とる→よる

便や小便をうける布。おしめ。参考 いまは紙でつくられた紙おむつも使われている。

オムレツ 名詞 たまごをといて、焼いた料理。いためたひき肉やタマネギなどを入れることもある。▼英語（フランス語から）omelet

おめい【汚名】 名詞 悪い評判。はずかしく思うような評判。ことば「汚名返上」「汚名をすすぐ」

おめおめ 副詞（-と） はずかしいとも思わないで、平気でいるようす。例 このままおめおめともどるわけにはいかない。

おめかし 名詞 する動詞 けしょうをしたり、きれいな衣服を着たりすること。おしゃれ。例 おめかしをして、お出かけですか。

おめし【お召し】 名詞 ❶「（人を）まねくこと」のうやまった言い方。例 王さまのお召しで出かける。❷「着る」「身につける」のうやまった言い方。例 どうぞコートをお召しください。

おめしもの【お召し物】 名詞 相手をうやまって、その着ている物をいう言葉。例 お召し物がよごれますよ。

おめだま【お目玉】 名詞〔目上の人から〕しかられること。

おめだまをくう【お目玉を食う】 慣用句〔目上の人から〕しかられる。例 言いつけにそむいて、父からお目玉を食った。

おめつけやく【お目付役】 名詞 ある人の、日ごろのおこないなどをかんしする役。例 親のるす中は、おじさんがぼくのお目付役だ。

おめでた 名詞 おめでたいこと。特に、結婚や赤ちゃんができることをいう。

おめでたい 形容詞 ❶「めでたい」のていねいな言い方。よろこばしい。例 合格されたそうで、おめでたいことです。❷お人よしだ。正直すぎて気がきかない。例 ばかにされているのに気がつかないなんて、おめでたい人だ。参考 ②はくだけた言い方。活用 おめでた・い。

おめでとう 感動詞 めでたいことをいわうあいさつの言葉。参考 ていねいな言い方は「おめでとうございます」。

おめにかかる【お目に掛かる】 慣用句「人に会う」のへりくだった言い方。お会いする。例 先生にお目に掛かる。

おめみえ【お目見え】 名詞 する動詞 ❶身分の高い人に会うことの、へりくだった言い方。お目通り。例 国王にお目見えする。❷歌舞伎で、新しいはいゆうがはじめて演技を見せること。❸新しくつくられたものが、はじめて人々の前にすがたを現すこと。例 かんきょうにやさしいエコ製品がお目見えする。

おめん【お面】 名詞 ⬇1291ページ・めん〔一〕④。

おも【主】 形容動詞 ❶中心であるようす。大切なようす。例 主な用件。❷大部分であるようす。例 初めて参加する人が主だ。

¹おもい【思い】 名詞 ❶思うこと。例 昔のことに思いをよせる。❷のぞみ。願い。例 長い間の思いがかなった。❸気持ち。感じ。例 まるで英雄にでもなった思いがした。❹心配。例 思いにしずむ。

²おもい【重い】 形容詞 ❶おもさが多い。例 体重が重い。❷ひどい。例 重い病気。❸大切である。重要である。例 責任が重い。❹〔気分が〕はればれしないようす。例 気が重い。類 ①③④重たい。対 ①～④軽い。活用 おも・い。

おもいあがる【思い上がる】 動詞 自分の力をじっさい以上に考えて、とくいな気持ちになる。例 思い上がった態度。活用 おもいあが・る。

おもいあたる【思い当たる】 動詞〔後になって〕なるほどと気がつく。例 けんかの原因について、思い当たることがある。活用 おもいあた・る。

おもいあまる【思い余る】 動詞 いくら考えてもよい考えがうかばず、こまってしまう。例 思い余って先生に相談した。活用 おもいあま・る。

おもいうかべる【思い浮かべる】 動詞 思い出して心にえがく。例 さっき会った人の顔を思い浮かべる。活用 おもいうか・べる。

おもいえがく【思い描く】 動詞〔物事の様子などを〕想像する。例 自分の将来のことを思い描く。活用 おもいえが・く。

おもいおこす【思い起こす】 動詞〔わすれていたことを努力して〕思い出す。例 十年前のことを思い起こす。活用 おもいおこ・す。

おもいおもい【思い思い】 副詞 めいめいが自分の思ったとおりにするようす。てんでに。

おもいかえす【思い返す】 動詞 ❶〔すぎさったことを〕思い出す。例 おとといのことを思い返してみよう。❷〔一度決めたことを〕考えて、変える。例 出場をことわったが、思い返して出ることにした。活用 おもいかえ・す。

おもいがけず【思い掛けず】 副詞 意外なこ

とに。考えてもみなかったのに。例 思い掛けず、昔の友人に出会った。

おもいがけない【思い掛けない】形容詞 考えてみたこともない。思ってもみない。活用 おもいがけな・い。

おもいきって【思い切って】連語 心を決めて。決心して。例 思い切って本当のことを話します。

おもいきり【思い切り】■一 名詞 思い切ること。あきらめること。例 ぼくは思い切りのいい方だ。■二 副詞 できるかぎり。思うぞんぶん。例 勉強がおわったら、思い切り遊びたい。

おもいきる【思い切る】動詞 ある思いをきっぱりと、あきらめる。例 子どものころからのゆめを思い切ることができない。活用 おもいき・る。

おもいこがれる【思い焦がれる】動詞 強く恋しく思う。例 長い間、かの女に思い焦がれている。活用 おもいこが・れる。

おもいこみ【思い込み】名詞 そうにちがいないと決めて、しんじること。例 思い込みが強い人。

おもいこむ【思い込む】動詞 そうにちがいないと決めて、しんじる。例 失敗したのは自分のせいだと思い込んでいた。類 決め込む。活用 おもいこ・む。

おもいしらせる【思い知らせる】動詞 ある物事を、相手にはっきりとわからせる。例 どっちが強いか、そのうち思い知らせてやろう。活用 おもいしら・せる。

おもいしる【思い知る】動詞 はっきりとわかる。気がつく。例 大人になってから、母の愛の深さを思い知る。活用 おもいし・る。

おもいすごし【思い過ごし】名詞 よけいなことまで考えること。例 それは君の思い過ごしだよ。

おもいだしわらい【思い出し笑い】名詞 前にあったことを思い出して、一人で笑うこと。例 くすくすと思い出し笑いをしている。

おもいだす【思い出す】動詞 昔のことや、わすれていたことを、心によびもどす。例 初めて会ったときのことを思い出す。活用 おもいだ・す。

おもいたつ【思い立つ】動詞 あることをしようと決心する。例 急に思い立って、京都へ旅に出た。活用 おもいた・つ。

おもいたったがきちじつ【思い立ったが吉日】ことわざ あることをしようと思ったら、すぐにはじめるのがいちばんよい。類 善は急げ。参考「思い立つ日が吉日」ともいう。

おもいちがい【思い違い】名詞 する動詞 まちがって考えること。考えちがい。かんちがい。誤解。例 君のしわざかと思い違いをしていた。類 錯覚。

おもいつき【思い付き】名詞 ❶ふと心にうかんだ考え。例 たんなる思い付きにすぎない。❷〔おもしろい〕考えやくふう。例 それはいい思い付きだ。

おもいつく【思い付く】動詞 ある考えがうかぶ。例 いいことを思い付いた。活用 おもいつ・く。

おもいつめる【思い詰める】動詞 一つのことを深く考えて、なやむ。例 そんなに思い詰めるな。活用 おもいつ・める。

おもいで【思い出】名詞 思い出すことがら。例 思い出のある場所。／楽しい思い出。

おもいでぶかい【思い出深い】連語 思い出が強く印象に残っているようす。例 ここは思い出深い場所だ。

おもいどおり【思い通り】名詞 形容動詞 思っていたとおりになること。思ったとおり。例 仕事は、思い通りにすすんだ。

おもいとどまる【思いとどまる】動詞 考えて、やめる。例 かぜぎみなので、外出するのを思いとどまった。活用 おもいとどま・る。

おもいなおす【思い直す】動詞 もう一度、考えて、変える。例 思い直して会うことにした。活用 おもいなお・す。

おもいなしか【思いなしか】連語 そのように思うためか。気のせいか。例 思いなしか顔色がすぐれない。

おもいなやむ【思い悩む】動詞 あれこれと考えて、苦しむ。例 進路について思い悩む。活用 おもいなや・む。

おもいにふける【思いにふける】慣用句 ほかのことをわすれて、ひたすら考えこむ。例 この先どうなるかと思いにふける。

おもいのこす【思い残す】動詞 あきらめられないことや心配なことがある。例 思い残すことはない。活用 おもいのこ・す。

おもいのほか【思いの外】連語 考えていた

ことばあそび タブレット㉕ いく→いま→くま→くる

こととはちがって。例思いの外、早く着いた。

おもいのまま【思いのまま】連語 思うとおりに。自由に。例人を思いのままにあやつる。

おもいまどう【思い惑う】動詞 あれこれまよって、心が決まらない。おもいまよう。例行こうかどうしようか思い惑う。活用 おもいまど・う。

おもいめぐらす【思い巡らす】動詞 あれこれと考えてみる。例今後のことを思い巡らす。活用 おもいめぐら・す。

おもいもかけない【思いも掛けない】慣用句 考えてもみない。思ってもみない。思いもよらない。参考「思いがけない」を強めた言葉。

おもいもよらない【思いも寄らない】慣用句 ⬇おもいもかけない。

おもいやられる【思いやられる】連語 〔悪い状態になりそうで〕心配である。例先のことが思いやられる。

おもいやり【思いやり】名詞 相手の身になって考えること。また、その気持ち。例思いやりのある態度。

おもいやる【思いやる】動詞 ❶相手の立場や気持ちを考える。例人々の苦しみを思いやる。❷〔遠くはなれている〕人の様子をおしはかる。例転校した友を思いやる。活用 おもいや・る。

おもいをめぐらす【思いを巡らす】慣用句 あることについて、あれこれ考える。例自分の将来について思いを巡らす。

おもう【思う】動詞 ❶心の中でまとめる。例君の言うとおりだと思う。❷予想する。例明日は晴れると思う。❸〔あることをしようと〕心に決める。例友だちにあやまろうと思う。❹そうなればよいと願う。例思うとおりになった。❺心にうかべる。例ふるさとのことを思う。❻大切なものとして、気にかける。例子を思う親の気持ち。活用 おも・う。

おもうさま【思うさま】副詞 思いきり。思うぞんぶん。例ひさしぶりに、ゲームを思うさま楽しんだ。

おもうぞんぶん【思う存分】副詞 したいだけ十分に。思いきり。例思う存分遊ぶ。

おもうつぼ【思うつぼ】名詞 〔物事が〕考えていたとおりになること。例ここであきらめては、相手の思うつぼにはまる。

おもえば【思えば】連語 考えてみると。例思えば、ずいぶん遠くまで来たものだ。

おもおもしい【重重しい】形容詞 おごそかでどっしりしているようす。例重々しい口調で話す。参考 ふつう「重々しい」と書く。活用 おもおもし・い。

おもかげ【面影】名詞 ❶心にうかぶ顔つき。例母の面影。類面差し。❷心の中にうかぶ、あるもののありさま。例昔の面影を残した松並木。

おもかじ【面かじ】名詞 船のへさきを右へ向けるときのかじのとり方。対とりかじ。

おもきをおく【重きを置く】慣用句 大切なものとして考える。例健康に重きを置く。

おもきをなす【重きを成す】慣用句 大切な役目をしている。中心となっている。例クラブで重きを成す人物。

おもくるしい【重苦しい】形容詞 おさえつけられるようで不快である。例重苦しいふんいき。活用 おもくるし・い。

おもさ【重さ】名詞 ❶重いこと。また、その度合い。目方。例品物の重さをはかる。❷大切さ。例野球部のキャプテンとしての責任の重さを感じる。

おもざし【面差し】名詞 顔の様子。顔つき。例おばあさんは、やさしい面差しの人だった。類おもかげ。

おもし【重し】名詞 ❶物を上からおさえつけるためにおくもの。❷人をおさえる力。かんろく。例兄には父の存在が重しになっている。

おもしろい【面白い】形容詞 ❶ふつうとちがって笑いたくなるようす。こっけいなようす。例面白い人。❷楽しくて、夢中になってしまうようす。例たんじょう会は、とても面白かった。❸変化があって、たいくつしないようす。心をひかれるようす。例今日の記事は、いつもより面白かった。活用 おもしろ・い。

おもしろおかしい【面白おかしい】形容詞 楽しくて興味がある。楽しくゆかいで、笑いだしたくなるようすである。例旅の思い出を面白おかしく話した。活用 おもしろおかし・い。

おもしろがる【面白がる】動詞 おもしろく思う。おかしいと思う。例それを見るとだれでも面白がる。活用 おもしろが・る。

おもしろくない【面白くない】連語 思うとおりではなく、つまらない。例一回戦負けという面白くない結果に終わった。参考「おもしろ

変わるものです。

い」の打ち消しの形。

おもしろはんぶん【面白半分】 名詞 ふざけながら物事をするようす。ふまじめなようす。

おもたい【重たい】 形容詞 重く感じるようす。例 重たい岩。／重たいふんい気。参考「重い」という言葉の中の「ひどい」という意味はふくまない。活用 おもた・い。

おもだつ【主立つ・重立つ】 動詞〔多くの仲間の中で〕中心となる。主になる。例 チームの主立った選手を紹介した。参考 多く「おもだった」の形で使う。活用 おもだ・つ。

おもちゃ 名詞 ❶子どもが遊ぶときに使う道具。がん具。❷からかって、もてあそぶもの。例 人の心をおもちゃにするな。

おもて¹【表】 名詞 ❶物の表面。物の外側。例 ふうとうの表にあて名を書く。❷物事の表面にあらわれた様子。例 表をかざる。❸建物の正面。例 表から入る。❹野球の試合で各回の前半。例 五回の表。対 ①〜④裏。❺家の外。例 表で遊ぶ。⇩使い分け。

おもて²【面】 名詞 ❶顔。例 面をふせる。❷表面。例 湖の面。⇩使い分け。

おもてかいどう【表街道】 名詞 ❶正式の街道。❷正しい生き方や生活。例 人生の表街道を行く。対 ①②裏街道。

おもてがき【表書き】 名詞 手紙のおもてに書く相手の住所や名前。あて名。類 上書き。

おもてがわ【表側】 名詞 物の、表の方。例 コインの表側。対 裏側。

使い分け　おもて

● 表面や正面。
ふうとうの表。

● 顔。
面をふせる。

おもてぐち【表口】 名詞 建物の正面にある出入り口。対 裏口。

おもてげんかん【表玄関】 名詞 ❶家の正面にある正式の玄関。❷国や大きな都市などのおもな出入り口である空港・駅・港など。例 成田空港は、日本の表玄関だ。

おもてさく【表作】 名詞 農業で、一つの場所で一年に二回べつの作物をつくる場合、主となる方の作物。対 裏作。

おもてざた【表沙汰】 名詞 世間に知れわたること。例 事件が表沙汰になった。

おもてだつ【表立つ】 動詞 表面に出る。広く世間に知られる。例 表立った活動はしていない。活用 おもてだ・つ。

おもてどおり【表通り】 名詞 人家や商店などがたくさんたっているところの、おもだった広い通り道。対 裏通り。

おもてなし 名詞 もてなすこと。例 ごちそうを用意して、おもてなしをする。参考「もてなし」に「お」をつけた、ていねいな言い方。

おもてむき【表向き】 名詞 ❶世間に知られること。表ざた。❷うわべ。みかけ。例 二人の仲は表向きにはよいように見えた。❸公的なこと。公。例 表向きの代表者が本当の実力者ではない。

おもてもん【表門】 名詞 建物の表側にある門。対 裏門。

おもな【主な】 形容動詞 中心になる。じゅうような。例 北海道の主な産物。

おもなが【面長】 形容動詞 顔がふつうより少し長いようす。例 面長の人。

おもに¹【主に】 副詞 その中で大きなわりあいをしめるようす。主として。例 ここにある本は、主に姉のものだ。

おもに²【重荷】 名詞 ❶重い荷物。❷自分の力以上のつらい仕事。つらいことがら。例 この仕事は、わたしには重荷です。

おもにをおろす【重荷を下ろす】 慣用句 気になっていたことが解決して、ほっとする。例 仕事が終わり、ようやく重荷を下ろすことができた。

おもねる 動詞 相手の気にいるようにする。きげんをとる。へつらう。例 上役におもねる。類 こびる。活用 おもね・る。

おもはゆい【面映ゆい】 形容詞〔人前でほめられたときなど〕うれしくて、はずかしい。照れ

ことばあそび　ことばくぎり　❶〜❸は読点がないと読みにくいもの、❹〜⓯は読点の位置で意味が

くさい。例 ほめられすぎて、面映《おもは》ゆかった。活用 おもはゆ・い。

おもみ【重み】 名詞 ❶重《おも》いこと。また、そのていど。例 本《ほん》の重《おも》みで床《ゆか》がぬけた。❷人《ひと》をおさえる威力《いりょく》。かんろく。例 重《おも》みのある声《こえ》。

おもむき【趣】 名詞 ❶おもしろみ。あじわい。例 スズムシの鳴《な》き声《ごえ》には、趣《おもむき》がある。❷あるものがもっているのと同《おな》じような様子《ようす》や感《かん》じ。例 この建物《たてもの》には古《ふる》いお城《しろ》の趣《おもむき》がある。❸伝《つた》えたい内容《ないよう》や意味《いみ》。例 話《はなし》の趣《おもむき》はわかりました。

おもむく【赴く】 動詞 ❶ある場所《ばしょ》にむかって行《い》く。例 父《ちち》は仕事《しごと》のためにパリに赴《おもむ》いた。❷ある様子《ようす》になる。例 母《はは》の病気《びょうき》は快方《かいほう》に赴《おもむ》いた。参考 ややあらたまった言《い》い方《かた》。活用 おもむ・く。

おもむろに 副詞 あわてずにゆっくりと。例 校《こう》長先生《ちょうせんせい》はおもむろにしゃべりはじめた。

おももち【面持ち】 名詞 〔気持《きも》ちが表《あらわ》れた〕顔《かお》つき。例 心配《しんぱい》そうな面持《おもも》ち。

おもや【母屋・母家】 名詞 ❶すまいの中心《ちゅうしん》となる建物《たてもの》。❷〔ひさし・ろうかなどに対《たい》して〕建《たて》物《もの》のおもな部分《ぶぶん》。

おもゆ【重湯】 名詞 水《みず》を多《おお》くして米《こめ》をにるときに出《で》る、のりのようなしる。参考 おもに、病人《びょうにん》や乳児《にゅうじ》が食《た》べる。

1 **おもり【お守り】** 名詞 する動詞 子《こ》どもや病人《びょうにん》などの世話《せわ》をすること。例 孫《まご》のお守《も》りをする。類 子《こ》守《もり》。

2 **おもり【重り】** 名詞 ❶はかりの一方《いっぽう》にかけて、物《もの》の重《おも》さをはかるもの。❷重《おも》さをますために加《くわ》えるもの。例 つり糸《いと》に重《おも》りをつける。参考 「重《おも》し」は物《もの》をおさえつけるもの。

おもわく【思わく・思惑】 名詞 ❶〔あるめあてをもった〕考《かんが》え。例 ぼくの思《おも》わくはみごとにはずれた。❷〔その人《ひと》に対《たい》する〕評判《ひょうばん》。例 世間《せけん》の思《おも》わくを気《き》にする。

おもわしい【思わしい】 形容詞 思《おも》うとおりで都合《つごう》がよい。のぞみどおりのよい状態《じょうたい》である。例 思《おも》わしい返答《へんとう》がなかった。活用 おもわし・い。

おもわしくない【思わしくない】 連語 のぞましい状態《じょうたい》ではない。例 体調《たいちょう》が思《おも》わしくない。

おもわず【思わず】 副詞 そうするつもりでなく。知《し》らずに。うっかり。例 思《おも》わず相手《あいて》の手《て》をにぎった。

おもわせぶり【思わせ振り】 名詞 形容動詞 なにか特別《とくべつ》の意味《いみ》があるかのように、みせかけること。例 思《おも》わせ振《ぶ》りな態度《たいど》をとる。

おもわれる【思われる】 動詞 「思《おも》う」のやわらかい表現《ひょうげん》。また、客観性《きゃっかんせい》をもたせる言《い》い方《かた》。例 みんなの意見《いけん》と思《おも》われる。

おもんじる【重んじる】 動詞 価値《かち》のあるものとして、重《おも》く考《かんが》える。例 礼儀《れいぎ》作法《さほう》を重《おも》んじる。参考 「おもんずる」ともいう。対 軽《かろ》んじる。活用 おもん・じる。

おもんずる【重んずる】 動詞 ⬇おもんじる。活用 おもん・ずる。

おや【親】 名詞 ❶自分《じぶん》をうんだ人《ひと》。父《ちち》と母《はは》。また、養父《ようふ》と養母《ようぼ》。例 親《おや》の言《い》うことを聞《き》く。対 子《こ》。子《こ》ども。❷〔遊《あそ》びなどで〕進行《しんこう》の中心《ちゅうしん》となる役《やく》。例 親《おや》になる。❸中心《ちゅうしん》となるもの。例 親会社《おやがいしゃ》（＝経《けい》営《えい》を支配《しはい》する会社《かいしゃ》）。

おやおもい【親思い】 名詞 親《おや》に対《たい》して思《おも》いやりの深《ふか》いこと。また、その人《ひと》。類 親孝行《おやこうこう》。

おやかた【親方】 名詞 ❶職人《しょくにん》などのかしら。❷相撲《すもう》で、弟子《でし》をかかえて部屋《へや》を経営《けいえい》する人《ひと》。また、「年寄《としより》」をよぶよび名《な》。対 弟子《でし》。

おやかたひのまる【親方日の丸】 慣用句 〔ふつうの会社《かいしゃ》とちがって、うしろだてになっている親方《おやかた》は日《ひ》の丸《まる》、つまり国《くに》だから〕役所《やくしょ》や公《こう》営事業《えいじぎょう》はずさんなやり方《かた》でも平気《へいき》だ、と皮肉《ひにく》で言《い》う言葉《ことば》。参考 「日《ひ》の丸《まる》」のはたは、日本《にほん》の国《くに》を表《あらわ》すたとえになっている。

おやがわり【親代わり】 名詞 親《おや》の代《か》わりになって、子《こ》どもの世話《せわ》をすること。また、その人《ひと》。例 母《はは》の死後《しご》は、姉《あね》が親代《おやが》わりだった。

おやこ【親子】 名詞 ❶親《おや》と子《こ》。また、その関《かん》係《けい》。例 親子《おやこ》づれ。❷もとになるものと、それから分《わ》かれたもの。例 親子電話《おやこでんわ》。

おやこうこう【親孝行】 名詞 する動詞 形容動詞 親《おや》を大切《たいせつ》にし、よく親《おや》につかえること。類 親思《おやおも》い。対 親不孝《おやふこう》。

おやごころ【親心】 名詞 子《こ》どもを思《おも》う親《おや》の気《き》持《も》ち。また、そのようなあたたかい心《こころ》。例 親心《おやごころ》ゆえの心配《しんぱい》。

1 **おやじ** 名詞 ❶自分《じぶん》の父《ちち》を親《した》しみをこめて言《い》う言葉《ことば》。対 おふくろ。❷中年《ちゅうねん》以上《いじょう》の男性《だんせい》を親《した》しみをこめて言《い》う言葉《ことば》。例 となりのおやじ。漢字 親《おや》父《じ》。

2 **おやじ【親字】** 名詞 漢字《かんじ》辞典《じてん》の見出《みだ》しになっている漢字《かんじ》。漢字《かんじ》の熟語《じゅくご》をつくるもとになる。

おやしお【親潮】 名詞 北《きた》の方《ほう》のベーリング海《かい》

から日本の東側を南へ流れてくるつめたい海水の流れ。「千島海流」ともいう。対黒潮。

おやしらず【親知らず】名詞 ❶実の親の顔を知らないこと。❷もっともおそく生える四本のおく歯。「第三大臼歯」の、くだけた言い方。参考 生える時期がおそく、親が知らないうちに生えるということから。❸親子がたがいに相手を思いやるゆとりがないほどの、切り立った海岸の道。親知らず子知らず。参考 新潟県にあるものが有名。

おやすいごよう【お安い御用】連語〔たのまれたことに対して〕かんたんにできるようす。例 それだけならお安い御用だ。

おやすみなさい【お休みなさい】感動詞 ねる前に言うあいさつの言葉。「おやすみ」のていねいな言い方。

おやだま【親玉】名詞 仲間の中で中心となる人物。親分。例 すりの親玉。

おやつ【お八つ】名詞 食事と食事との間に食べる食べ物。間食。特に、午後の間食のことを言う。語源 昔の「八つ時」（＝今の午後二時ごろ）に食べたことから。

おやのこころこしらず【親の心子知らず】ことわざ 親がいっしょうけんめいに子どものことを心配しているのも知らないで、子どもはかってなことをするものだ。

おやのすねをかじる【親のすねをかじる】慣用句 自分でひとり立ちした生活ができずに、親にお金を出して助けてもらう。例 いくつになっても、親のすねをかじっている。参考「すねをかじる」は、親の世話になるたとえ。

ことば博士になろう！

●おやつの時こくは、いつ？

間食のことを「おやつ」といいますね。今では、おやつは午前にも午後にも食べますが、江戸時代には午後二時の一回だけでした。

時計のなかった江戸時代、町にすむ人々はお寺などでうち鳴らすかねやたいこの音の数で時こくを知ることができました。午後二時に鳴るかねの音の数は、八つだったのです。午後二時つまり「八つ」の時こくに、おやつを食べるようになったのは、江戸城の中ではじまったと言われています。町で遊んでいた子どもたちは、かねが八つ鳴るのを聞くと、家にとんで帰ったかもしれません。

おやのななひかり【親の七光】ことわざ〔本人はたいした実力がなくても〕親の地位や財産のおかげで子どもが出世すること。例 親の七光で社長になった。参考「親の光は七光」ともいう。

おやばか【親馬鹿】名詞 親が、子どもがかわいいばかりに、ばかげたことをしたり、言ったりすること。また、そのような親。

おやはなくともこはそだつ【親は無くとも子は育つ】ことわざ 親が早く死んでも、残された子どもはなんとか育つ。世の中のことはそう心配しなくてもなんとかうまくいく、ということ。

おやふこう【親不孝】名詞 形容動詞 する動詞 子どもが親に孝行しないこと。親につくさないこと。対 親孝行。

おやぶねにのったよう【親船に乗ったよう】慣用句 ⬇174ページ・おおぶねにのったよう。

おやぶん【親分】名詞 仲間の中のかしら。対 子分。

おやま 名詞 歌舞伎で、女性の役をする男性の役者。おんながた。参考 歌舞伎は女の人が出られないため、このような役者が生まれた。漢字 女形。

おやもと【親元】名詞 親の住んでいる所。

おやゆずり【親譲り】名詞 親からゆずりうけること。また、ゆずりうけたもの。例 親譲りの短気。

おやゆび【親指】名詞 手や足の指の中で、一番はしにあって、一番太い指。

おゆ【お湯】名詞「湯」のていねいな言い方。

およぎ【泳ぎ】名詞 泳ぐこと。また、泳ぐ技術。水泳。

およぎつく【泳ぎ着く】動詞 泳いで目的の場所にたどりつく。例 岸に泳ぎ着く。活用 およぎつ・く。

およぐ【泳ぐ】動詞 ❶〔手足やひれを動かして〕水中や水面を進む。例 プールで泳ぐ。❷世の中をうまくわたる。例 政界をうまく泳ぐ。❸前のめりになって、よろめく。例 急停車をしたので、体が泳いだ。活用 およ・ぐ。

ことばあそび ことばくぎり① すもももももももものうち（スモモも、モモも、モモのうち）

おおよそ 一 名詞 物事のだいたいのありさま。例 およその見当をつける。
二 副詞 ❶正確ではないが、だいたい。例 おおよそ三メートルだ。❷まったく。ぜんぜん。例 想像していた人とは、おおよそ正反対の人だった。

およばずながら【及ばずながら】副詞 十分とはいえないが。行きとどかないが。例 及ばずながらお手伝いいたします。参考 人に力をかすときに、へりくだって言う言葉。

およばない【及ばない】連語 ❶かなわない。おいつけない。例 かれの勤勉さには及ばない。❷（…する）必要はない。…しなくてもかまわない。例 えんりょするには及ばない。

およばれ【お呼ばれ】名詞 食事などに招待されること。例 誕生パーティーのお呼ばれにあずかる。

および【及び】接続詞 そのほかにまた。例 五年生及び六年生。

およびごし【及び腰】名詞 ❶こしを少しまげて、しりを後ろにつきだした不安定なしせい。❷決心がつかず、あやふやな態度。例 及び腰では何もできない。類 へっぴり腰。

およびもつかない【及びもつかない】慣用句 とてもかなわない。とうていおよばない。例 君の歌のうまさといったら、ぼくなど及びもつかない。

およぶ【及ぶ】動詞 ❶［あるところ・時間・数などに］なる。例 話し合いは、二時間に及んだ。❷行きわたる。とどく。例 台風の被害は、日本全土に及んだ。活用 およ・ぶ。

およぼす【及ぼす】動詞 〔働きやえいきょうなどを〕行きわたらせる。およぶようにする。例 台風が、作物にえいきょうを及ぼす。活用 およぼ・す。

オランウータン 名詞 ボルネオやスマトラの森にすむサルの仲間。背の高さは一・五メートルぐらいで、体は赤茶色の毛でおおわれている。参考 もとはマレー語で「森の人」という意味。▼英語 orangutan

オランダ 地名 オランダ王国。ヨーロッパの北西部にある国。国土の四分の一は海面よりひくい。首都はアムステルダム。参考 昔、漢字で「和蘭」「和蘭陀」などと書いた。英語でHollandもあったが、正式な国名はNetherlands。

おり[1] 名詞 〔にげないように〕けものなどを入れておくかこい。

おり[2]【折】名詞 〔ちょうどよい〕とき。時期。例 せきを立つ折をうかがっていた。

おり[3]【折り】名詞 うすい板やあつい紙などでつくった、あさいはこ形の入れ物。また、それに食べ物などをつめたもの。おりばこ。おりづめ。例 菓子折り。

おりあい【折り合い】名詞 ❶たがいにゆずりあって解決すること。ことば「折り合いをつける」類 妥協。譲歩。❷人と人との関係。例 友だちと折り合いが悪くなった。

おりあう【折り合う】動詞 たがいにゆずりあって意見を合わせる。例 その条件で折り合うつもりだ。活用 おりあ・う。

おりあしく【折あしく】副詞 具合の悪いことに。あいにく。例 とちゅうまで来たら、折あしく雨がふってきた。対 折よく。

おりいって【折り入って】副詞 特に心をこめてたのむようす。特別に。ぜひとも。例 君に折り入ってお願いしたいことがある。

オリーブ 名詞 モクセイ科の常緑樹。実は、油をとったり、しおづけにして食べたりする。▼英語 olive

オリーブゆ【オリーブ油】名詞 オリーブの実からとった油。食用にするほか、薬品やけしょう品をつくるのに使われる。

オリエンテーション 名詞 新たに入った人が、学校や職場などに早く慣れるように説明や指導をすること。▼英語 orientation

オリエンテーリング 名詞 地図と磁石をもって山野のコースをまわり、目的地につくまでの時間を争う競技。類 ウオークラリー。▼英語 orienteering

オリエント 名詞 東洋。特に、アジアの西南部とアフリカの北東部をふくむちいき。メソポタミアやエジプトなど、世界でもっとも古い文明が発生した地。例 古代オリエント文明。▼英語 Orient

おりおり【折折】一 名詞 そのときそのとき。例 四季折々の花。
二 副詞 ときどき。ときおり。例 折々見かける子。参考 ふつう、「折々」と書く。

オリオンざ【オリオン座】名詞 冬の代表的な星座。中心に、ななめにならんだ三つの星がある。参考 オリオン（Orion）は、ギリシャ神話に

出てくるかりゅうどの名で、三つの星はそのおびにあたる。⇨図。

オリオン座

おりかえし【折り返し】㊀名詞 ❶〔着物やスカートなどのすそを〕内側におりまげた部分。❷引き返すこと。例折り返し運転。／折り返し地点。㊁副詞 すぐに。ただちに。例折り返しお返事をください。

おりかえす【折り返す】動詞 ❶紙・布などを、反対側に折りまげる。折って二重にする。例えりを折り返す。❷ある地点まで行って、来た方へ引き返す。例バスが終点で折り返す。活用 おりかえ・す。

おりかさなる【折り重なる】動詞〔たくさんの人や物が〕次々に重なり合う。例後ろからおされ、人々が折り重なってたおれた。活用 おりかさな・る。

おりがみ【折り紙】名詞 ❶紙をおっていろいろな物の形をつくる遊び。また、それに使う色のついた四角な紙。類色紙。❷ねうちがたしかであることを証明する書きつけ。

おりがみつき【折り紙付き】慣用句 ❶たしかであるという証明がついていること。また、そのもの。❷〔ある品物・人物について〕決まった評判があること。例折り紙付きの好青年。

おりから【折から】名詞 ❶ちょうどそのとき。おりしも。例折から雨がふり出した。❷…のときであるから。例寒さのきびしい折から、かぜなどひかないように。

おりく【折り句】名詞 和歌や俳句などで、各句のはじめに物の名を一字ずつよみこんだもの。参考 たとえば、「かきつばた」をよみこんだ有名な和歌に「からころも　きつつなれにし　つましあれば　はるばるきぬる　たびをしぞおもふ」がある。

おりこみ【折り込み】名詞 新聞や雑誌などの間に、広告のちらしや付録などをはさみこむこと。また、そのちらしや付録など。例折り込みのちらし。

おりこむ【織り込む】動詞 ❶もようをつけるため、べつの色の糸を入れておる。❷とり入れる。例会の規則は、みんなの意見を織り込んでつくった。活用 おりこ・む。

オリジナル ㊀形容動詞 いままでになくて、新しいようす。独創的。㊁名詞 小説・絵画などで、もとの作品。原作や原画。▼英語 original

おりしも【折しも】副詞 ちょうどそのとき。おりから。例折しも雨がはげしくふり出した。参考「折」を強めたことば。

おりたたみ【折り畳み】名詞 折りたたむこと。また、折りたためるようになっていること。例折り畳みのかさ。

おりたたむ【折り畳む】動詞 折り重ねて、小さくする。例ふろしきを折り畳む。活用 おりたた・む。

おりたつ【降り立つ・下り立つ】動詞〔ある所から〕おりて行く。おりて立つ。例ケーブルカーから出て、山の頂上に降り立った。活用 おりた・つ。

おりづめ【折詰】名詞 食べ物を折りにつめること。また、折りにつめた食べ物。

おりづる【折り鶴】名詞 紙をおってつくった、ツルの形をしたもの。

おりなす【織り成す】動詞 ❶おって、もようをつくる。例錦を織り成す。❷いろいろなものを組み合わせて、変化の多いものをつくりだす。例わかものが織り成す学園ドラマ。活用 おりな・す。

おりにふれて【折に触れて】慣用句 機会のある、そのときそのときに。例折に触れて先生からの手紙を読み返す。

おりばこ【折り箱】名詞 あつ紙やうすい板などをおりまげてつくったはこ。おり。

おりひめ【織り姫】名詞 ❶織物の工場で働く女性。参考 美しく言った言葉。❷おりひめぼし。

おりひめぼし【織姫星】名詞 ⇩1176ページ・ベガ。対ひこ星。

おりふし【折節】㊀名詞 季節。例折節のたより。㊁副詞 ❶ときどき。たまに。例折節昔を思い出す。❷ちょうどそのとき。おりから。例出かけようとした折節、客がおとずれた。

おりまげる【折り曲げる】動詞 おってまげ

ことばあそび　ことばくぎり❷　にわとりがうらにわにはにわまえにわにはにわ（ニワトリが、裏庭

る。例体を折り曲げた。活用 おりま・げる。

おりめ【折り目】名詞 ❶紙や布をおりたたんだときにできるすじ。例ズボンの折り目。❷物事のけじめ。例折り目のある生活。

おりめただしい【折り目正しい】慣用句 ❶服装やふるまいがきちんとしている。礼儀正しい。例折り目正しい着こなし。❷〔物事のけじめが〕きちんとしているようす。例折り目正しく生きる。

おりもの【織物】名詞 糸でおった布。例織物業。注意 送りがなをつけない。

おりよく【折よく】副詞 ちょうど都合よく。例駅へついたら、折よく電車が来た。対折あしく。

¹**おりる**【下りる】動詞 ❶上から下へ、下がる。例まくが下りる。／山を下りる。対あがる。のぼる。❷〔役所から〕ゆるしやお金があたえられる。例建築の許可が下りた。活用 お・りる。⇩使い分け。

²**おりる**【降りる】動詞 ❶乗り物から出る。例飛行機から降りる。対乗る。❷職をやめる。役がらをことわる。例主役の座を降りる。❸つゆやしもなどが生じる。例けさは、しもが降りていた。活用 お・りる。⇩使い分け。

おりをみて【折を見て】連語 ちょうどよいときがくるのを待って。例折を見て、わたしから話そう。

オリンピック 名詞 ❶昔、ギリシャで神をまつるために四年ごとにおこなわれた、体育・音楽・詩などの競技会。古代オリンピック。❷四年ごとに、世界各国の選手が集まってひらかれるスポーツ競技大会。一八九六(明治二九)年からはじまった。近代オリンピック。参考 英語の「オリンピックゲームズ(Olympic Games)」から。

使い分け　おりる

●ひくい方に動く。
まくが下りる。

●乗り物から出る。
バスを降りる。

¹**おる** 動詞 ➡111ページ・いる(居る)①。

²**おる**【折る】動詞 ❶曲げて重ねる。また、曲げ重ねて形をつくる。例紙を折る。／折り紙でツルを折る。❷曲げて切りはなす。例植木のえだを折る。活用 お・る。

³**おる**【織る】動詞 たて糸とよこ糸を組み合わせて、布をつくる。例美しい布を織る。活用 お・る。

オルガン 名詞 けんばん楽器の一つ。空気をおくりながら、けんばんをおして音を出す。▼英語 organ

オルゴール 名詞 ぜんまいじかけで、短い曲をくり返して演奏する小さな器械。▼オランダ語

¹**おれ**【折れ】名詞 折れること。また、折れた物や、折れた部分。

²**おれ**【俺】代名詞〔男の人が〕自分をさして言う言葉。注意「ぼく」よりらんぼうな言い方。

おれい【お礼】名詞 感謝の気持ちを表すこと。また、その言葉や、おくり物。例お礼を言う。／お礼の品。

おれせんグラフ【折れ線グラフ】名詞 折れ線を使って、ものの数量のうつりかわりを表したグラフ。⇩388ページ・グラフ①(図)。

おれまがる【折れ曲がる】動詞 おれてまがる。例折れ曲がった道。活用 おれまが・る。

おれる【折れる】動詞 ❶曲がって二つにはなれる。例ほねが折れた。❷曲がって重なる。例本の表紙が折れている。❸曲がって進む。例交差点を右に折れる。❹自分の考えを変えて相手にゆずる。例ぼくが折れることにした。活用 お・れる。

オレンジ 名詞 ❶ミカン科の木。実は、球形で、あまくてかおりがある。アメリカや地中海沿岸で多くとれる。❷「オレンジ色」の略。黄色がかった赤色。だいだい色。▼英語 orange

おろおろ 副詞(-と) する動詞 おどろきや悲しみのため、どうしたらよいかわからず、こまるようす。例友だちとはぐれて、おろおろとするばかりであった。

¹**おろか** 副詞《「…はおろか」の形で》…はいうまでもなく。…はもちろん。例かのじょは日本はおろか世界でもトップレベルの選手だ。

²**おろか**【愚か】形容動詞 考えやちえが足りない

ようす。ばか。例愚かな行動。

おろし[1]【下ろし】名詞 ❶〔ダイコン・ショウガなどを〕おろしがねですること。また、おろしがねですったもの。例だいこん下ろし。❷山のしゃめんにそってふいてくる強い風。例赤城下ろし。

おろし[2]【卸】名詞 ❶卸売りをすること。❷「卸値」の略。例卸で二百円。

おろしうり【卸売り】名詞 する動詞 問屋が小売店に品物を売ること。例卸売り業。

おろしがね【下ろし金】名詞 ダイコンやワサビをすって細かくする道具。

おろしね【卸値】名詞 卸売りのねだん。例卸値で買う。

おろす[1]【下ろす】動詞 ❶高い所から低い所へうつす。例タンスの上のはこを下ろす。対あげる。❷お金を引き出す。例貯金を下ろす。❸新しい品を使い始める。例新しい洋服を下ろす。❹魚の肉を切り開く。例アジを三まいに下ろす。活用おろ・す。⇩使い分け。

おろす[2]【降ろす】動詞 ❶乗り物から出す。例トラックから荷物を降ろす。❷役からはずす。職をやめさせる。例かれを委員の役から降ろす。活用おろ・す。⇩使い分け。

おろす[3]【卸す】動詞 問屋が、品物を仕入れて小売店に売りわたす。例野菜を卸す。活用おろ・す。⇩使い分け。

おろそか 形容動詞 物事をいいかげんにしておくようす。例学業をおろそかにする。

おろち 名詞 とても大きなヘビ。だいじゃ。例頭も尾も八つに分かれた、やまたのおろち。

使い分け　おろす

● ひくい方に動かす。
こしを下ろす。

● 乗り物から出す。
車から降ろす。

● 問屋が売る。
野菜を卸す。

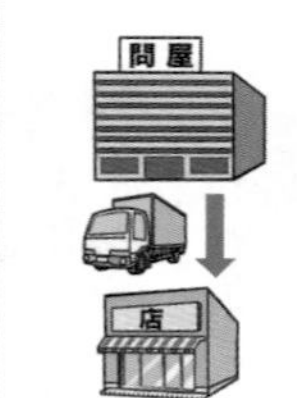

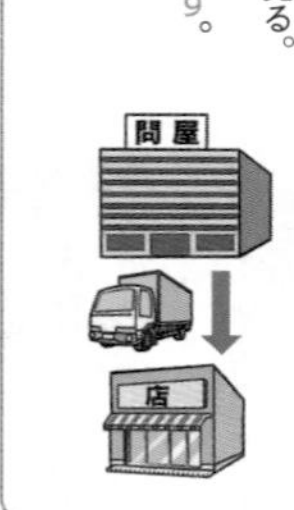

おわせる【負わせる】動詞 ❶相手におしつける。例人に責任を負わせる。❷身にうけさせる。例人にきずを負わせる。活用おわ・せる。

おわび 名詞 あやまること。例おわびの言葉を伝える。参考「わび」に「お」をつけた、ていねいな言い方。

おわり[1]【尾張】地名 昔の国の名。今の愛知県の西部に当たる。

おわり[2]【終わり】名詞 おしまい。最後。例上映は今日で終わりだ。対はじめ。

おわりよければすべてよし【終わりよければすべてよし】ことわざ 何事も最後にうまくいくことが大切なので、とちゅうがどうであってもかまわない、ということ。

おわりをつげる【終わりを告げる】慣用句 おわったことを知らせる。例サイレンが試合の終わりを告げる。

おわる【終わる】動詞 〔そのときまで続いていたことが〕おしまいになる。例話が終わる。／オリンピックが終わった。対始まる。活用おわ・る。

おをひく【尾を引く】慣用句 ある物事のえいきょうが、後までのこる。例前の試合の負けが、いまだに尾を引いている。類後を引く。

おん[1]【音】名詞 ❶おと。声。❷昔の中国での発音をもとにした、漢字の読み方。たとえば、「川」を「セン」、「山」を「サン」と読むなど。例音読み。対訓。

おん[2]【恩】名詞 人から親切にしてもらったり、めんどうをみてもらったりしたこと。例恩にむくいる。

おん[3]【御】接頭語 尊敬やていねいな気持ちを表す言葉の「お」を、もっと強めた言い方。例あつく御礼申し上げます。

オン[4] 名詞 ❶電気などのスイッチが入っていること。機械などが動いていること。例テレビをオンにする。❷仕事中であること。参考「オンタイム」の略。❸あるかぎられたところにはいっていること。例オンシーズン。対①〜③オフ。▼英語 on

ことばあそび　ことばくぎり❸　ははのははははなたかだか（母の母は鼻高々）

おんかい【音階】名詞 音楽に使われる音を、ある一定の高さの順にならべたもの。参考「ド・レ・ミ・ファ・ソ・ラ・シ・ド」のこと。

おんがえし【恩返し】名詞 する動詞 人から親切にされたことに対して、お返しをすること。

おんがく【音楽】名詞 いろいろな音を組み合わせて、声や楽器で表す芸術。

おんがくか【音楽家】名詞 曲を作ったり演奏したりして、音楽にかかわる仕事をする人。

おんかん【音感】名詞 音の高低や、音色、調子などを正しく聞き分ける力。例 音感のするどい人。

おんぎ【恩義】名詞 むくいて返さなければならぬ義理のある恩。例 恩義をわすれない。

おんきせがましい【恩着せがましい】形容詞 ［人に親切にしてやって］ありがたく思わせようとするようす。例 ささいなことで、恩着せがましくすると、きらわれるよ。活用 おんきせがまし・い。

おんきゅう【恩給】名詞 決められた年数をつとめた公務員が、やめたり、死んだりした後もらえる一定のお金。

おんきょう【音響】名詞 音。また、音のひびき。例 音響効果のよいホールで、コンサートがおこなわれた。

おんくん【音訓】名詞 漢字の読み方で、昔の中国の読み方をもとにした音読みとその字を国語の意味にあてた訓読み。

おんくんさくいん【音訓索引】名詞 漢字の音読みと訓読みを、ある順番にしたがってならべた索引。例 漢字辞典の音訓索引。参考 音読みと訓読みのどちらからでも引ける。

おんけい【恩恵】名詞 なさけ。めぐみ。ことば「（自然の）恩恵を受ける」

おんけん【穏健】形容動詞 考えやおこないがおだやかで、かたよらないようす。例 父は穏健な考えの持ち主だ。対 過激。

おんこう【温厚】形容動詞 性質がやさしくて、おだやかなようす。例 温厚な紳士。

おんこちしん【温故知新】四字熟語 昔のことを勉強して、そこから新しい知識や考え方を見つけだすこと。例 温故知新の精神で新しい事業にとりくむ。参考「故きを温ねて新しきを知る」と読み、「論語」にある孔子の言葉から。

おんさ【音さ】名詞 U字形のはがねにえをつけたもの。木づちなどでたたいて音を出す。決まった高さの音を出すので、楽器の音を合わせるときや音の実験などに使う。漢字 音叉。⇩図。

音さ

おんし【恩師】名詞 教えをうけ、お世話になった先生。

おんしつ1【音質】名詞 音の質。また、音のよしあし。例 音質のよいスピーカー。

おんしつ2【温室】名詞 草花や野菜を寒さから守ったり、季節よりはやくつくったりするためのガラスばりの建物。類 ビニールハウス。

おんしつこうか【温室効果】名詞 大気中の二酸化炭素などが温室のガラスのような役割をして、地球の表面温度を高くたもつ現象。例 温室効果ガスをへらす努力をする。参考 二酸化炭素などの割合が増えると、地球全体の温度が上がるといわれている。

おんしつそだち【温室育ち】慣用句 世の中の苦労を知らないで育つこと。また、その人。例 温室育ちのおぼっちゃん。参考 風や雨にあてず、温室で大事に育てられる植物を人にたとえた言葉。

おんしゃ【恩赦】名詞 国の大きないわいごとのとき、つみをおかした人々のばつを特別に軽くしたりゆるしたりすること。

おんじゅん【温順】名詞 形容動詞 性格や気候などが、おだやかなようす。例 温順な人がら。／温順な気候。類 温和。

おんしょう1【恩賞】名詞 手がらのあった者に、金品や地位などのほうびをあたえること。また、そのほうびの品。例 手がらを立てれば、恩賞は思いのままだ。

おんしょう2【温床】名詞 ❶中をあたたかくして、作物のなえがはやく育つようにしたところ。❷あることがらや考えなどがおこりやすいところ。例 悪の温床をとりのぞく。

おんじょう【温情】名詞 思いやりのあるあたたかい心。例 温情あふれることば。

おんしょく【音色】名詞 ➡989ページ・ねいろ。

おんしらず【恩知らず】名 形容動詞 恩を受けても少しも感謝の気持ちをもたないこと。また、そのような人。例恩知らずなおこない。

おんしん【音信】名 手紙や電話による知らせやれんらく。類 消息。通信。

おんじん【恩人】名 自分が恩を受けた人。ことば「命の恩人」

おんしんふつう【音信不通】名 まったく便りがないこと。例音信不通のまま、十年がすぎた。

オンス 名 助数詞 アメリカやイギリスで使われる、重さの単位。一オンスは、およそ二八・三五グラム。▼英語 ounce

おんすい【温水】名 あたたかい水。例温水プール。

おんせい【音声】名 人がものを言うときの声のひびき。

おんせつ【音節】名 言葉をつくっている音のひとくぎり。参考 日本語では、ふつう、かな一つが一つの音節を表す。

おんせん【温泉】名 地下水が地熱によってあたためられて出てくる湯。また、その湯を使った浴場があるところ。

おんそく【音速】名 音の伝わる速さ。参考 音は、セ氏十五度のとき、一秒間に約三百四十メートル進む。水中や金属の中を伝わるときは、空気中を伝わるときよりはるかに速い。

おんぞん【温存】名 する動詞 使わないで大事にしまっておくこと。例有力な選手を多数温存する。

おんたい【温帯】名 熱帯と寒帯の間の地帯。北緯または南緯二三・五度から六六・五度の間にある地方。参考 ふつう、四季の区別があり、気候はおだやか。対 熱帯。冷帯。寒帯。

おんたいていきあつ【温帯低気圧】名 温帯地方でできた低気圧。台風が温帯地方にはいって力が弱くなったときなどにいう。

おんだん【温暖】形容動詞 〔気候が〕あたたかく、おだやかなようす。例温暖な気候。対 寒冷。

おんだんか【温暖化】名 地球の表面の平均気温が、年間をつうじて高くなっていくこと。例地球の温暖化。

おんだんぜんせん【温暖前線】名 つめたい空気のかたまりの上に、あたたかい空気のかたまりがのりあげたときにできる前線。対 寒冷前線。

おんち【音痴】名 ❶音感がにぶくて、歌がうまくうたえないこと。また、その人。❷あることについて、感覚がにぶいこと。また、その人。例方向音痴。

おんちゅう【御中】接尾語 〔会社・商店・学校など〕団体に出す郵便物のあて名の下に書くことば。例山下小学校御中。

おんてい【音程】名 二つの音の高さのへだたり。例音程がずれている。

おんど[1]【音頭】名 ❶大ぜいで歌うとき、調子をそろえるために一人の人がはじめの部分を歌うこと。❷おおぜいの人が、歌に合わせておどること。また、その歌やおどり。

おんど[2]【温度】名 あたたかさやつめたさのどあい。特に、気温。

おんとう【穏当】形容動詞 〔考え方やおこないが〕おだやかで、無理のないようす。例穏当な手段。

おんどく【音読】名 する動詞 ❶声を出して読むこと。例教科書を音読する。類 朗読。対 黙読。❷漢字を音で読むこと。音読み。対 訓読。

おんどけい【温度計】名 温度をはかる器具。参考 気温の変化によってアルコールや水銀の体積が変化することを利用したものや、金属ののびちぢみを利用したものなどがある。

おんどり 名 おすのニワトリ。対 めんどり。

おんどをとる【音頭を取る】慣用句 ❶大ぜいで歌ったりおどったりするとき、全体の調子をとる。❷人の先にたって計画したり世話をしたりする。例はん長が音頭を取ってあきかんひろいをした。

おんな【女】名 人間を体の働きによって分けたとき、男でない方。女子。女性。例女たち。／女同士。対 男。

おんながた【女形】名 ➡209ページ・おやま。

おんなで【女手】名 ❶女の人の働き手。女の人の力。例母は女手一つで子どもを育てた。❷女の人が書いた文字。対 ①②男手。

おんなのこ【女の子】名 女性のうち、大人でない者。対 男の子。

おんなへん【女偏】名 漢字の部首の一つ。「妹」「始」などの左側の「女」の部分。

おんならしい【女らしい】形容詞 女としての性質が表れている。女の人にふさわしい。対 男らしい。活用 おんならし・い。

ことばあそび　ことばくぎり❹　ここ、にほん（日本）。／ここに、ほん（本）。

おんにきせる【恩に着せる】慣用句 自分がした親切を相手にありがたく思わせるように言いたてる。

おんにきる【恩に着る】慣用句 人から受けた親切をありがたく思う。例 助かった。恩に着るよ。

おんぱ【音波】名詞 物がしんどうしたとき、そのしんどうがまわりの空気に伝わって、次々にまわりに広がる波。

オンパレード 名詞 ❶勢ぞろい。例 花形歌手のオンパレード。❷次々におこなわれること。例 安売りのオンパレード。▼英語 on parade

おんびき【音引き】名詞 ❶辞典などで、発音を手がかりにして、言葉や文字をさがしだすこと。国語辞典など。参考 ⇩244ページ・画引き。❷かたかなで、のばす音を表す記号「ー」のこと。「アート」「カラー」の「ー」の部分。

おんびん¹【音便】名詞 「泣きて」が「泣いて」、「書きて」が「書いて」とかわるように、発音の一部が言いやすいようにかわること。

おんびん²【穏便】形容動詞 物事をあらだてず、おだやかにあつかうようす。例 穏便に解決する。

おんぶ【負んぶ】名詞 する動詞 ❶（子どもを）せおうこと。おぶうこと。例 赤ちゃんを負んぶしたり、抱っこしたりする。❷人の力やお金にたよること。例 足りない分は会社に負んぶする。

おんぷ¹【音符】名詞 音楽の記号の一つ。楽譜の中で、音の長さや高さを表すしるし。「四分音符（♩）」「八分音符（♪）」などがある。⇩44ページ・楽譜（図）。

ことば博士になろう！

●音便の種類

音便には、つぎのような種類があります。

①**イ音便** 「引きて→引いて」のように、「イ」の音にかわる。例 歩きて→歩いて

②**ウ音便** 「広く→広う」のように、「ウ」の音にかわる。例 白く→白う　長く→長う

③**促音便** 「作りて→作って」のように、「ッ」の音にかわる。例 思いて→思って

④**撥音便** 「読みて→読んで」のように、「ン」の音にかわる。例 とびて→とんで

おんぷ²【音譜】名詞 曲を音符を使って表したもの。楽譜。

オンブズマン 名詞 行政の不正などを調査し、市民の苦情などをしょりする機関。また、その人。▼英語（スウェーデン語から）ombudsman

おんぼろ 名詞 形容動詞 ひどくいたんでいること。また、そのもの。例 おんぼろの自動車。参考 くだけた言い方。

おんみつ【おん密】一 名詞 昔、ひそかに敵をさぐることを仕事とした、身分の低い武士。類 しのび。二 形容動詞 人に気づかれないように、こっそりと物事をするようす。例 おん密に計画を立てる。漢字 隠密。

おんめい【音名】名詞 音楽で、音の高さを表す名前。日本では「ハ・ニ・ホ・ヘ・ト・イ・ロ」で表される。類 階名。

おんよう【温容】名詞 おだやかでやさしいようす。また、その顔つき。例 温容な人がら。類 温顔。

おんよみ【音読み】名詞 する動詞 ⬇おんどく②。

オンライン 名詞 ❶パソコンやスマートフォンが、通信回線やネットワークなどにつながっている状態。対 オフライン。参考 実際に会う「リアル」に対して、通信回線などで顔を合わせることにもいう。例 オンライン会議。対 リアル。❷テニスやバレーボールなどで、ボールがコートをかこむラインの上におちること。その打撃は有効になる。▼英語 online

おんりつ【音律】名詞 音の調子。音楽の調子。例 音律がくるう。

おんりょう【音量】名詞 ❶音の大きさ。例 ステレオの音量。❷人の声や楽器の音のゆたかさ。参考 人の声は特に「声量」という。

おんわ【温和】形容動詞 ❶気候がおだやかであたたかなようす。例 温和な気候。❷おとなしくて、やさしいようす。例 祖母は温和だ。類 ①② 温順。参考 ②は「穏和」とも書く。

おんをあだでかえす【恩をあだで返す】慣用句 親切にされたことをありがたく思うどころか、かえって相手にひどいことをする。例 恩をあだで返すような、ふるまい。

おんをうる【恩を売る】慣用句 相手からの感謝や見返りを期待して、親切にする。例 世話をして、恩を売っておく。

か

が ガ カ
GA KA
ga ka

か[1]（助詞）《ある言葉の下について》❶うたがいや問いかけを表す言葉。例いっしょに行くか。❷強い感情やおどろきを表す言葉。例また今日も雨か。❸たしかではない意味を表す言葉。例向こうからだれか来る。❹一つを選び出す意味を表す言葉。例土曜日か日曜日に行く。

か[2]（接頭語）《ある言葉の上につけて》調子をととのえたり意味を強めたりする言葉。例か弱い。／か細い。

か[3]【日】（助数詞）《数を表す言葉の下につけて》日数を表す言葉。例二日・三日・四日・五日・六日・七日・八日・九日・十日・二十日。

か[4]【可】（名詞）❶よいこと。よいとみとめること。例返品可。対不可。❷成績を判定するときの言葉の一つで、優・良の次のもの。

か[5]【科】（名詞）❶学問などを区分けした一つ一つ。例英文科。／内科。❷生物を分類する単位の一つ。目の下で、属の上。例ネコ科。

か[6]【家】（接尾語）❶あることを職業にしていたり専門にしていたりする人。例小説家。❷ある性質をもつ人。例努力家。

か[7]【香】（名詞）におい。かおり。例花の香がただよっている。

か[8]【蚊】（名詞）カ科のこん虫。はりのような口をもつ。めすは、人や動物の血をすう。幼虫は、ぼうふら。

か[9]【課】（名詞）❶教科書などの中の一つのくぎり。例一課が終わり次の課に進む。❷会社や役所などで、仕事の種類によって分けた一つ一つの区分。例人事課。

が[1]（名詞）チョウの仲間のこん虫。チョウよりからだが太く、とまるとき、はねを水平にひらくものが多い。おもに、夜とびまわる。漢字蛾。

が[2]（助詞）❶「だれ」「何」をしめす言葉。例わたしが行く。／風がふく。❷文をつなぐ役目をする言葉。例風はふいているが、寒くはない。❸文全体の調子をやわらげる役目をする言葉。例明日は遠足なので雨がふらなければよいが。

が[3]【我】（名詞）自分の考えをおし通そうとする心。自分勝手な考え。わがまま。例我の強い子。

カーキいろ【カーキ色】（名詞）茶色がかった黄緑色。枯れ草色。例カーキ色の軍服。参考「カーキ」はインドのヒンディー語で、土ぼこりの意味。▼英語（ヒンディー語から）khaki

かあさん【母さん】（名詞）子どもが自分の母親をよぶときに使う言葉。対父さん。

ガーゼ（名詞）やわらかいもめん糸で、あらくおった布。マスクやほうたいなどに使う。▼ドイツ語

カーソル（名詞）コンピューターの表示画面で、入力するところをしめすしるし。▼英語 cursor

カーディガン（名詞）毛糸であんだ、前あきの上着。類セーター。▼英語 cardigan

ガーデニング（名詞）草花や植木などの園芸や庭づくりを、しゅみとして楽しむこと。例母はガーデニングにこっている。▼英語 gardening

カーテン（名詞）日よけや防寒、かざり、目かくしなどのために、部屋のまどや入り口などにかける布。▼英語 curtain

カーテンコール（名詞）音楽会やしばいなどが終わった後、客がさかんにはくしゅをして、出演した人々を舞台によびもどすこと。例カーテンコールにこたえる。類アンコール。▼英語 curtain call

カート（名詞）荷物を運ぶための手押し車。例買い物用のカート。▼英語 cart

カード（名詞）❶いろいろなことがらを記入する、厚めの紙を小さく切ったもの。例漢字カード。❷トランプやかるた。例カードをきる。▼英語 card

ガード[1]（名詞）道路や鉄道線路の上にかけられた鉄橋。例ガード下にある店。参考英語の「ガーダーブリッジ（けた橋）」を略した言葉から。

ガード[2]（名詞）（する動詞）❶こうげきや危険をふせぐこと。例ウイルスをガードする。❷〔重要人物などの〕見はりや、ごえいをすること。また、その人。例首相のボディーガード。❸ボクシングやフェンシングなどで、相手のこうげきをふせぐこと。また、そのかまえ。❹バスケットボールで、おもにボールを運び指令を出す選手。▼英語 guard

ガードマン（名詞）〔ビルや学校など大きな建物の中の〕見はりをする人。かんしをする人。けいびいん。参考英語の「ガード（＝守る）」と「マン（＝人）」とを組み合わせて日本でつくった言葉。

あいうえお かきくけこ さしすせそ たちつてと なにぬねの はひふへほ まみむめも や ゆ よ らりるれろ わ を ん

ことばあそび　ことばくぎり⑤　あすは、雨がふる天気ではない。／あすは雨がふる、天気ではない。

カートリッジ 名詞 本体にかんたんに取りつけ交換できる部品。プリンターのインクなど。▼英語 cartridge

ガードレール 名詞 交通安全のために、自動車の通る道路のはしにとりつける、鉄のさく。▼英語 guardrail

ガーナ 地名 ガーナ共和国。アフリカ西部にある国。首都はアクラ。▼英語 Ghana

カーナビ 名詞 ⇩カーナビゲーションシステム。

カーナビゲーションシステム 名詞 人工衛星などを使って、自動車を走らせながら、目的地まで自動車を道案内してくれる装置。カーナビ。▼英語 car navigation system

カーニバル 名詞 ❶キリスト教で、復活祭より四十一日以上前におこなう、お祭り。肉類を食べ、酒を飲み、かそう行列などをして楽しむ。謝肉祭。❷にぎやかなもよおしもの。例 夏の夜のカーニバル。▼英語 carnival

カーネーション 名詞 ナデシコ科の植物。高さは六十センチメートルぐらいになる。葉は細長く、春から夏にかけて、白・赤・もも色などの花がさく。参考 母の日におくる花。▼英語 carnation

カーブ 一 名詞 する動詞 曲がること。また、道などの曲がっているところ。例 バスがカーブにさしかかる。
二 名詞 野球で、ピッチャーの投げたボールが、バッターの手もとで曲がること。また、そのように投げたボール。▼英語 curve

カーフェリー 名詞 乗客とともに自動車などを運ぶ船。▼英語 car ferry

カーペット 名詞 厚みのある大きなしきもの。じゅうたん。例 部屋にカーペットをしく。▼英語 carpet

カーリング 名詞 一チーム四人の二チームが交代で、氷の上でストーン（まるい石）をすべらせて点をとり合うスポーツ。ブルームというほうきを使って氷をこすり、ストーンの動きをコントロールする。▼英語 curling

1 **カール** 名詞 する動詞 髪の毛がうずまきのようにまいていること。また、そのようにした髪の毛。▼英語 curl

2 **カール** 名詞 氷河の働きによって、U字形にけずられたくぼ地。▼ドイツ語

ガール 名詞 女の子。少女。対 ボーイ。▼英語 girl

ガールスカウト 名詞 少女の心や体をきたえ、社会のためにつくす人を育てるのを目的とする団体。また、その団員。対 ボーイスカウト。▼英語 Girl Scouts

ガールフレンド 名詞 男性からみて、女性の友だち。対 ボーイフレンド。参考 英語では恋愛関係にある女性をいう。また、女性が女性の友だちを指すのにも使う。▼英語 girlfriend

1 **かい** 名詞 水をかいて船をこぐのに使う道具。ボートのオール。類 ろ。

2 **かい** 名詞 何かをしたことの結果として表れるしるし。ききめ。例 努力のかいがあった。

3 **かい【下位】** 名詞 下の方のくらい。低い地位や順位。対 上位。

4 **かい【会】** 名詞 ❶大ぜいが集まっておこなうもよおし。例 おいわいの会をひらく。❷ある目的のためにつくったしくみ。例 俳句の会に入る。

5 **かい【甲斐】** 地名 昔の国の名。今の山梨県に当たる。

6 **かい【回】** 名詞 助数詞 回数。度数。例 回をかさねる。

7 **かい【貝】** 名詞 ❶かたいからでおおわれた、おもに水中にすむ動物。サザエ・アワビ・ハマグリ・アサリ・シジミなど。例 しおひがりに行って貝をとる。❷「貝①」のから。例 貝のブローチ。

8 **かい【階】** 名詞 助数詞 二階だて以上の建物で、同じ高さのところ。例 上の階にのぼる。

1 **がい【害】** 名詞 きずつけたりそこなったりすること。また、悪いえいきょうや結果をひきおこすこと。例 たばこの害。／テレビゲームのやりすぎは勉強の害になる。対 益。

2 **がい【我意】** 名詞 自分勝手な考えや気持ち。ことば「我意を通す」

かいあく【改悪】 名詞 する動詞 つくりかえたために、かえって悪くなってしまうこと。例 今回の変更は改悪だと思う。対 改善。

がいあく【害悪】 名詞 ほかのものにそんがいをあたえ、悪い結果をあたえることがら。

かいあげる【買い上げる】 動詞 政府や役所などが、民間から物を買い取る。例 国が私有地を買い上げる。対 払い下げる。活用 かいあ・げる。

かいあさる【買いあさる】 動詞 さがしまわって、たくさん買う。例 古書を買いあさる。活用

かけるじゅず。

かいあさ・る。

かいいき【海域】 名詞 かぎられたはんいの海。例 日本の周辺海域。

かいいぬ【飼い犬】 名詞 家でかっている犬。例 飼い犬の世話をする。対 野良犬。野犬。

かいいぬにてをかまれる【飼い犬に手をかまれる】 ことわざ 世話をしたり、かわいがっていたりしたものにそむかれて、ひどいめにあうたとえ。

かいいもじ【会意文字】 名詞 二つ以上の、意味を表す漢字を組み合わせてつくった漢字。参考 たとえば、「人」と「木」を組み合わせてできた「休」という文字など。対 象形文字。指事文字。形声文字。

かいいれる【買い入れる】 動詞 物を買って、手に入れる。例 船を買い入れる。参考 規模が大きい物や、大量の物を買うときなどにいう。類 買い取る。活用 かいい・れる。

1 **かいいん【会員】** 名詞 会に入っている人。

2 **かいいん【開院】** 名詞 する動詞 ❶病院などを新しくつくって、仕事を始めること。例 市民病院が開院する。❷病院などが、その日の仕事を始めること。例 この病院は九時に開院します。

1 **かいうん【海運】** 名詞 海の上を、船を使って人や荷物を運ぶこと。類 水運。対 陸運。

2 **かいうん【開運】** 名詞 運がいい方にひらけること。幸運にむかうこと。

かいうんこく【海運国】 名詞 海運がさかんにおこなわれている国。

1 **かいえん【開園】** 名詞 する動詞 ❶動物園・遊園地・幼稚園などを新しくつくって、仕事を始めること。❷動物園・遊園地などが客を入れて、その日の仕事を始めること。対 ①②閉園。

2 **かいえん【開演】** 名詞 する動詞 しばいや音楽会などを始めること。類 開幕。対 終演。

がいえん【外えん】 名詞 御所や神社で、敷地の外側にある広い庭。例 明治神宮外えん。漢字 外苑。

かいおうせい【海王星】 名詞 太陽系の天体の一つ。八つのわく星の中で太陽からもっとも遠くにある。⇩755ページ・太陽系(図)。

かいおき【買い置き】 名詞 使うときにすぐ使えるように、品物を買ってしまっておくこと。また、その品物。例 買い置きのシャンプー。類 買いだめ。

1 **かいか【開化】** 名詞 する動詞 人々の知識がひらけ、学問や文化が進むこと。例 文明開化。

2 **かいか【開花】** 名詞 する動詞 花がひらくこと。例 サクラの開花。

3 **かいか【階下】** 名詞 ❶かいだんの下。❷下の部屋。例 階下を事務所にする。対 階上。

かいが【絵画】 名詞 絵。図画。

1 **がいか【がい歌】** 名詞 たたかいに勝ったとき、祝ってうたう歌。例 がい歌をあげる（＝かちどきをあげる。勝利する）。漢字 凱歌。類 かちどき。

2 **がいか【外貨】** 名詞 外国のお金。

かいかい【開会】 名詞 する動詞 会が始まること。会を始めること。例 開会式。対 閉会。

かいがい【海外】 名詞 海をへだてた外国。国の外。例 海外旅行。類 国外。

がいかい【外海】 名詞 陸地にかこまれていない海。そとうみ。対 内海。

2 **がいかい【外界】** 名詞 自分をとりまくすべての物事。あるもののまわりの世界。

かいがいしい 形容詞 きびきびとしたようす。例 かいがいしく食事のしたくをする。活用 かいがいし・い。

かいかく【改革】 名詞 する動詞 〔きまりや、しくみなどの〕悪いところをあらため、かえること。例 制度を改革する。／行制改革を推進する。類 改新。革命。

がいかく【外角】 名詞 ❶三角形や四角形などの一辺をのばしたとき、外側にできる角。❷野球で、ホームベースの、バッターから遠い方のはし。アウトコース。対 ①②内角。

かいかつ【快活】 形容動詞 はきはきして明るいようす。例 快活な態度。

がいかつ【概括】 名詞 する動詞 大切な点を、一つにまとめること。例 基本方針を概括する。類 要約。

かいかぶる【買いかぶる】 動詞 〔才能や人がらなどを〕本当のねうち以上に、よいと考える。例 かれの能力を買いかぶっていた。活用 かいかぶ・る。

かいがら【貝殻】 名詞 貝類の外側をおおっているかたいから。

1 **かいかん【会館】** 名詞 もよおし物や会議などに使う大きな建物。例 市民会館。

2 **かいかん【快感】** 名詞 気持ちのよい感じ。ここちよい感じ。例 優勝の快感。

あいうえお か かきくけこ さしすせそ たちつてと なにぬねの はひふへほ まみむめも や ゆ よ らりるれろ わ を ん

ことばあそび ことばくぎり❻ 二まわりにし、てくびにかけるじゅず。／二まわりにして、くびに

3 **かいかん【開館】** (名詞)(する動詞) ❶図書館や博物館などができて、仕事を始めること。❷図書館や博物館などをひらく時刻になって、人々を入れること。(対)①②閉館。

1 **かいがん【海岸】** (名詞) 陸と海のさかいのところ。例 海岸に近い町。(類)海浜。

2 **かいがん【開眼】** (名詞)(する動詞) ❶見えなかった目が、見えるようになること。また、見えない目を、見えるようにすること。例 開眼手術。❷→かいげん（開眼）②。

1 **がいかん【外観】** (名詞) 外側から見たようす。おもてむき。外見。例 外観はりっぱだ。

2 **がいかん【概観】** (名詞)(する動詞) 物事の全体の内容をおおざっぱに見ること。また、物事のだいたいの様子。例 日本の歴史を概観する。

かいがんせん【海岸線】 (名詞) 陸と海とのさかいめをつないだ線。

かいがんだんきゅう【海岸段丘】 (名詞) 海岸にそって広がる、階段状になった地形。海水面が下がったり、土地がもり上がったりしたためにできる。

1 **かいき【回忌】** (名詞)(助数詞) 人が死んだあとに毎年めぐってくる、その人の命日。法要をおこなう。(参考) 死んだ次の年の命日を「一回忌」、死んだ年をふくめて二年後の命日を「三回忌」といい、その後「七回忌」「十三回忌」「十七回忌」などと続く。

2 **かいき【会期】** (名詞) 会が開かれている期間。

3 **かいき【怪奇】** (名詞)(形容動詞) あやしくて、ふしぎなこと。気味が悪いこと。例 怪奇な姿。／怪奇現象。(類)奇怪。

1 **かいぎ【会議】** (名詞)(する動詞) 人々が集まって、ある議題について話し合うこと。また、その集まり。例 会議を開く。／会議室。

2 **かいぎ【懐疑】** (名詞)(する動詞) うたがいをもつこと。例 人生の意義を懐疑する。(ことば)「懐疑の念をいだく」

がいき【外気】 (名詞) 家の外の空気。

かいきげっしょく【皆既月食】 (名詞) 月が地球のかげに完全にかくれてしまう月食。

かいきしょく【皆既食】 (名詞) 日食または月食のとき、太陽または月が完全にかくれてしまうこと。(参考)⇩1152ページ・部分食。

かいきせん【回帰線】 (名詞) 赤道の北と南の、それぞれおよそ二三・五度のところを通る緯線。北回帰線と南回帰線とがある。

かいきにっしょく【皆既日食】 (名詞) 月が太陽を完全にかくしてしまう日食。

かいきゃく【開脚】 (名詞)(する動詞) 両足をひらくこと。例 開脚前転。

1 **かいきゅう【階級】** (名詞) ❶じゅんい。くらい。(類)等級。❷身分や財産などが、だいたい同じような人々のまとまり。階層。例 上流階級。

2 **かいきゅう【懐旧】** (名詞) 昔のことを、なつかしく思い出すこと。(ことば)「懐旧の情にかられる」(類)懐古。

かいきょ【快挙】 (名詞) むねがすっとするような、りっぱなおこない。例 百連勝の快挙をなしとげる。(類)壮挙。

1 **かいきょう【回教】** (名詞) ⬇81ページ・イスラムきょう。

2 **かいきょう【海峡】** (名詞) 陸と陸との間にはさまれたせまい海。(類)水道。

1 **かいぎょう【改行】** (名詞)(する動詞) 文を書くときに、行をかえること。

2 **かいぎょう【開業】** (名詞)(する動詞) ❶新しく商売や事業をはじめること。例 おじさんが、そば屋を開業する。(対)廃業。❷その日の営業をしていること。例 当店は、夏は夜九時まで開業しています。(類)①②開店。店開き。

がいきょう【概況】 (名詞) 物事のだいたいのようす。例 天気概況。

かいきょく【開局】 (名詞)(する動詞) 放送局・郵便局などを新しくつくって、仕事を始めること。例 テレビ局が開局する。

1 **かいきん【皆勤】** (名詞)(する動詞) ある期間中、学校やつとめを一日も休まないこと。無欠席。無欠勤。(類)精勤。

2 **かいきん【解禁】** (名詞)(する動詞) 法律で禁じていたことをゆるすこと。例 もうすぐ、アユつりが解禁になる。

がいきん【外勤】 (名詞)(する動詞) 外に出かけて仕事をすること。そとまわり。例 父は外勤の仕事をしている。(対)内勤。

かいきんシャツ【開襟シャツ】 (名詞) ネクタイをつけないで、えりをひらいたまま着るようにつくったシャツ。

かいぐい【買い食い】 (名詞)(する動詞) 〔子どもが〕菓子などを自分で買って食べること。

かいくぐる (動詞) 「くぐる」を強めた言い方。す

はやく、うまく通りぬける。例きびしい警備をかいくぐる。活用かいくぐ・る。

かいぐん【海軍】 名詞 海上や海中を守ったり、海上や海中で戦ったりする軍隊。対陸軍。空軍。

かいけい【会計】 名詞 お金の出し入れを計算すること。また、その仕事。

がいけい【外形】 名詞 外から見たかたち。

かいけつ【解決】 名詞 する動詞 むずかしい問題やもつれた事件などをかたづけること。例話し合いによって解決した。また、かたづくこと。

かいけつさく【解決策】 名詞 解決するための方法。例これが一番よい解決策だ。

1 **かいけん【会見】** 名詞 する動詞〔あらたまった話し合いをするために〕人に会うこと。例両国の首相が会見する。

2 **かいけん【改憲】** 名詞 する動詞 憲法をあらためること。

1 **かいげん【改元】** 名詞 する動詞 国の元号を変えること。例令和に改元する。

2 **かいげん【開眼】** 名詞 する動詞 ❶仏像などを新しくつくったとき、さいごに目を入れ、たましいをむかえ入れること。また、そのための儀式。例大仏開眼。❷物事の正しいすじ道が、はっきりわかるようになること。また、物事のこつをつかむこと。かいがん。例演技に開眼する。

がいけん【外見】 名詞 そとから見たようす。外観。例外見はこわそうだが根はやさしい人。

1 **かいこ【回顧】** 名詞 する動詞 自分が経験した、昔のできごとを思いかえすこと。例当時を回顧する。／回顧録。類回想。

2 **かいこ【蚕】** 名詞 カイコガの幼虫。クワの葉を食べて育つ。さなぎになるときにつくるまゆから、絹糸がとれる。

3 **かいこ【解雇】** 名詞 する動詞 やとっている人をやめさせること。くびにすること。くびきり。類解任。

4 **かいこ【懐古】** 名詞 する動詞 昔のことを、なつかしく思うこと。例子どものころを懐古する。類懐旧。

かいご【介護】 名詞 する動詞 病人や高れい者、体の不自由な人などの世話をすること。

1 **かいこう【回航】** 名詞 する動詞 ❶船をほかの港などに航行させること。例新造船を横浜港に回航する。❷あちこちをめぐる航海。

2 **かいこう【海溝】** 名詞 海の底が、急に深くなり、みぞのように長く続いているところ。日本海溝・マリアナ海溝など。参考深さが六千メートル以上のものをいう。⇩図。

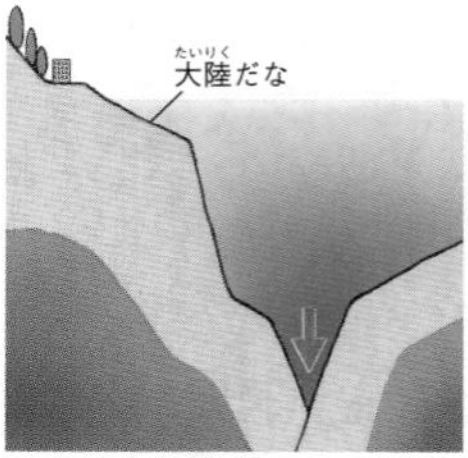

3 **かいこう【開校】** 名詞 する動詞 新しく学校をつくり、授業を始めること。対閉校。

4 **かいこう【開港】** 名詞 する動詞 外国と貿易などをするために、港をひらくこと。

5 **かいこう【開講】** 名詞 する動詞 講義や講習などを始めること。例冬期講習は一月四日から開講します。

かいごう【会合】 名詞 する動詞 話し合いのために集まって会うこと。また、その集まり。例会合に出席する。

がいこう【外交】 名詞 ❶外国とのつきあいや話し合い。例平和外交。❷銀行・保険会社・商社などで、外に出て、品物の宣伝をしたり、とりひきをしたりする仕事。また、その仕事をするかかり。例保険の外交。

がいこうかん【外交官】 名詞 外国に行って、その国との話し合いやつきあいなどの仕事をする役人。

がいこうじれい【外交辞令】 名詞 相手をよろこばせるための、口先だけのほめ言葉。類お世辞。

がいこうてき【外向的】 形容動詞 まわりの物事に関心をもって、積極的に行動するようす。例外向的な性格。対内向的。

かいこが【蚕が】 名詞 カイコガ科のガ。体全体が白い。よう虫は、かいこ。まゆから絹糸がとれる。漢字蚕蛾。

1 **かいこく【海国】** 名詞 まわりを海にかこまれている国。例海国日本。類島国。

2 **かいこく【開国】** 名詞 する動詞 ❶独立した国をつくること。国をたてること。建国。❷外国とのつきあいを始めること。対鎖国。

がいこく【外国】 名詞 自分の国ではない国。例外国の船。類異国。

がいこくご【外国語】 名詞 自分の国ではない

ことばあそび　ことばくぎり⑦　兄は、なきながら帰る弟をおいかけた。／兄はなきながら、帰る

国の言葉。例外国語を学ぶ。

がいこくじん【外国人】名詞 外国の人。

がいこつ【骸骨】名詞 ほねだけになった死体。類白骨。

かいごほけん【介護保険】名詞 高れい者などの介護のためにしはらわれる保険。

かいこむ【買い込む】動詞 品物をたくさん買う。例休みの前に食料品を買い込む。活用 かいこ・む。

1**かいこん**【悔恨】名詞 自分のしたことをくやんで、残念に思うこと。ことば「悔恨の念にとらわれる」

2**かいこん**【開墾】名詞 する動詞 山や野をきりひらいて、田畑をつくること。例あれ地を開墾した。類開拓。開発。

かいさい【開催】名詞 する動詞 会や、もよおしをひらくこと。例オリンピックを開催する。

かいさく【改作】名詞 する動詞 文章や絵、音楽などの作品をつくりなおすこと。また、つくりなおした作品。

かいさつ【改札】名詞 する動詞 鉄道の駅の出入り口などで、乗客の乗車券を調べること。例自動改札。類検札。

かいさつぐち【改札口】名詞 駅などで、改札をおこなうための出入り口。

かいさん【解散】名詞 する動詞 ❶集まっていた人たちがちりぢりにわかれること。類散会。対集合。❷議会で任期の終わるまえに、すべての議員の資格をとくこと。参考国会では、衆議院には解散があるが、参議院には解散がない。❸ある目的をもった集まりをなくすこと。例バレー部を解散した。

がいさん【概算】名詞 する動詞 だいたいの計算をすること。だいたいの見つもり。対精算。

かいさんぶつ【海産物】名詞 貝・魚・海そうなど、海からとれるもの。類水産物。

かいし【開始】名詞 する動詞 あることを始めること。また、あることが始まること。例調査を開始する。/試合開始は午後七時だ。対終了。

1**がいし** 名詞 電線を電柱や鉄とうにとりつけるのに使う器具。電気をほかに伝えない材料でできている。漢字 碍子。

2**がいし**【外資】名詞 日本国内の事業のために、外国が出すお金。外国資本。

がいして【概して】副詞 だいたい。いっぱんに。例今年の新入生は概しておとなしい。

かいしめる【買い占める】動詞 〔品切れや値上がりを見こして〕ある物を一人で全部買う。例米を買い占める。活用 かいし・める。

かいしゃ【会社】名詞 お金をもうけるために、仕事をおこなう団体。例食品の会社につとめている。

がいしゃ【外車】名詞 外国製の自動車。

かいしゃく【解釈】名詞 する動詞 ❶言葉・文章などの意味や内容をはっきりさせること。❷あることがらを自分なりに考えること。例友だちの言葉をよい意味に解釈する。

1**かいしゅう**【回収】名詞 する動詞 くばった物や使った物を集めて、元にもどすこと。とりもどすこと。例あきびんを回収する。

2**かいしゅう**【改修】名詞 する動詞 〔道路・建物などを〕手入れして、直すこと。例城の改修工事。類補修。

かいじゅう【怪獣】名詞 ❶あやしい動物。ふしぎな動物。例ネス湖の怪獣。❷映画などに登場する、空想上のふしぎな生き物。大きく、ぶきみな様子のものが多い。

がいしゅう【外周】名詞 外側のまわり。また、その長さ。例公園の外周は三キロメートルある。対内周。

がいしゅつ【外出】名詞 する動詞 外に出かけること。例午後、外出する予定だ。/兄は外出中です。

かいしょ【楷書】名詞 漢字の書き方の一つで、字の形をしっかりとととのえて書くもの。⇩626ページ・書体①(図)。

1**かいじょ**【介助】名詞 する動詞 〔体の不自由な人の〕身の回りの世話をすること。例食事の介助。/介助犬。

2**かいじょ**【解除】名詞 する動詞 止めたり、制限したりしていたことをやめて、元にもどすこと。例ロックを解除する。

1**かいしょう**【かい性】名詞 なんとかして物事をなしとげようとする、しっかりした気力。また、その性質。特に、一家のあるじが家族を満足させる生活をいとなんでいく力。例かい性のある人。漢字 甲斐性。

2**かいしょう**【改称】名詞 する動詞 よび名をかえること。例町名を改称する。類改名。

3**かいしょう**【快勝】名詞 する動詞 相手をかんぜ

んに負かして、気持ちよく勝つこと。例白組に快勝した。類楽勝。

4 **かいしょう**【解消】名詞 する動詞 それまでの約束・関係・状態などをなくすこと。また、なくなること。例混雑が解消された。／ストレス解消。

1 **かいじょう**【会場】名詞 会を開く場所。例イベント会場。

2 **かいじょう**【海上】名詞 海の上。類洋上。海面。対陸上。

3 **かいじょう**【階上】名詞 二階だて以上の建物で、その階よりも上の階。例階上の物音が下までひびく。対階下。

4 **かいじょう**【開場】名詞 する動詞 入り口をひらいて、会場に人々を入れること。例開場は、午後二時です。

かいじょうほあんちょう【海上保安庁】名詞 日本の海上において、海の事故をふせいだり安全を守ったりするための機関。国土交通省の外局の一つ。

1 **がいしょう**【外相】名詞 外務省の長官。外務大臣のこと。

2 **がいしょう**【外傷】名詞 きりきずやすりきずなど、体の外側にできたきず。

かいしょく【会食】名詞 する動詞 何人かが集まって、いっしょに食事をすること。

がいしょく【外食】名詞 する動詞 自分の家でなく、飲食店などで食事をすること。

かいじょけん【介助犬】名詞 手足の不自由な人を助けるように訓練された犬。

1 **かいしん**【会心】名詞 〔自分のしたことを〕心から気に入って、満足すること。例会心の作。参考㋐「会」は心にかなうこと。㋑ことば⇩「会心の笑み」 注意「快心」と書かないこと。

2 **かいしん**【回診】名詞 する動詞 病院で、医者が病室をまわって、入院している患者の診察をすること。例院長が回診する。

3 **かいしん**【改心】名詞 する動詞 〔自分のしてきたことが〕悪かったと気づいて心を入れかえること。例さとされて改心した。

4 **かいしん**【改新】名詞 する動詞 古いしくみややり方をやめて、新しくすること。例大化の改新。類改革。

がいじん【外人】名詞 ⇩がいこくじん。

かいじんにきす【灰じんに帰す】慣用句 もえてしまって、すっかりなくなる。例戦争で、町は灰じんに帰した。参考「灰じん」は、もえた後に残る「はい」と「もえさし」のこと。

かいしんのえみ【会心の笑み】慣用句 自分のしたことに心から満足して、にっこりわらうこと。例優勝した選手が会心の笑みをうかべた。

かいず【海図】名詞 海の深さ、海流の方向、潮の流れ、海底の様子などをくわしく表した地図。参考航海に使う。

かいすい【海水】名詞 海の水。参考一キログラム中に約三十五グラムの塩分をふくんでいる。

かいすいぎ【海水着】名詞 海水浴をするときに着る衣服。水着。

かいすいよく【海水浴】名詞 海水につかったり、海で泳いだりすること。

かいすう【回数】名詞 物事がおこったり、おこなわれたりするときの、くり返しの数。

がいすう【概数】名詞 おおよその数。例市の人口を概数で表す。

かいすうけん【回数券】名詞 乗車券や入場券などを、何回分かひとまとめにしたもの。

1 **かいする**【介する】動詞 ❶間に入れる。例人を介してたのみこむ。❷心にかける。気にする。例人の言うことなど意に介する様子もない。活用かい・する。

2 **かいする**【会する】動詞 ❶人が寄り集まる。例しんせきの人たちが一堂に会する。❷二つ以上のものが出合う。例すべては、この一点に会する。活用かい・する。

3 **かいする**【解する】動詞 ❶わかる。知っている。例風流を解する人。❷物事の意味をかいしゃくする。例親切心からやったことだと解する。活用かい・する。

がいする【害する】動詞 〔体や気分などを〕悪くする。きずつける。例健康を害した。活用がい・する。

1 **かいせい**【改正】名詞 する動詞 〔規則などを〕より正しく、あらためること。例法律を改正する。類改善。改定。改訂。是正。

2 **かいせい**【改姓】名詞 する動詞 名字を変えること。

3 **かいせい**【快晴】名詞 空がきれいに晴れわたっていること。例運動会は快晴にめぐまれた。

かいせき【解析】名詞 する動詞 物事を細かく調

ことばあそび ことばくぎり❽ ここで、はきものをぬいでください。／ここでは、きものをぬいで

べて、すじ道を立てて研究すること。例データの解析。注意「解折」と書かないこと。

1 **かいせつ**【開設】名詞 する動詞 新しく施設や設備をつくって、仕事を始めること。例図書館が開設された。

2 **かいせつ**【解説】名詞 する動詞 問題やできごとなどの内容を、わかりやすく説明すること。例ニュースを解説する。

がいせつ【概説】名詞 する動詞 ふくざつな物事について、全体をおおまかに説明すること。また、その説明。例日本文学史概説。

1 **かいせん**【回船】名詞 海上の運送に使用する大きな船。特に江戸時代に、江戸と各地の港を結んで発達した。ことば「回船問屋（＝船主と荷主の間に立って運送の取りつぎをした店）」

2 **かいせん**【回線】名詞 通信に使われる電線。

3 **かいせん**【改選】名詞 する動詞 役員や議員を新しくえらびなおすこと。例議員を改選する。

4 **かいせん**【海戦】名詞 海の上でするたたかい。例日本海海戦。

5 **かいせん**【開戦】名詞 する動詞 戦争を始めること。対終戦。

かいぜん【改善】名詞 する動詞 悪いところをあらためて、よくすること。例食生活を改善する。類改正。改良。対改悪。

1 **がいせん**【がい旋】名詞 する動詞 たたかいに勝って帰ること。漢字凱旋。

2 **がいせん**【外線】名詞 ❶〔二本あるうちの〕外側の線。❷〔建物の〕外に通じている電話線。対内線。

がいせんもん【がい旋門】名詞 たたかいに勝ったことを記念し、また、がい旋する軍隊をむかえるために建てた門。参考ナポレオン一世が建てた、パリのがい旋門が有名。漢字凱旋門。

かいそ【開祖】名詞 ❶仏教で、その宗派を始めた人。開山。例禅宗の開祖。類教祖。❷芸道などで、その流派を始めた人。類元祖。

1 **かいそう**【回送】名詞 する動詞 ❶〔送ってきたものを〕べつのところへ送ること。例手紙をひっこし先へ回送する。類転送。❷〔送りむかえや事故などのために〕電車や自動車をからのまま走らせること。例回送バス。

2 **かいそう**【会葬】名詞 する動詞 死んだ人をとむらう式にくわわること。例会葬者。

3 **かいそう**【回想】名詞 する動詞 昔のことを思い出すこと。例映画の中の回想シーン。類回顧。

4 **かいそう**【快走】名詞 する動詞 気持ちがよいほど、はやく走ること。例ヨットが快走する。

5 **かいそう**【改装】名詞 する動詞 〔店・部屋などの〕かざりつけ・つくり・設備などをかえること。例店内を改装した。

6 **かいそう**【海草】名詞 海の中にはえる、花をつける植物をまとめていうよび名。イトモ・アマモなど。

7 **かいそう**【海藻】名詞 海で育つ藻類をまとめていうよび名。花はさかない。ワカメ・ノリなど。

8 **かいそう**【階層】名詞 ❶社会の人々をくらしや知識の程度で分けたもの。階級。❷建物の上下のかさなり。階。

かいぞう【改造】名詞 する動詞 〔組み立て方やしくみを〕つくりかえること。例車両を改造する。

がいそう【外装】名詞 ❶建物などの外側のせつびやかざり。例家の外装工事をたのむ。❷品物などの外側のつつみ。対①②内装。

かいぞえ【介添え】名詞 する動詞 人の世話をするために、そばについていること。また、ついている人。例介添え人。

1 **かいそく**【会則】名詞 会の決まり。

2 **かいそく**【快足】名詞 はやく走ること。また、走るのがはやい人。例快足のランナー。

3 **かいそく**【快速】一 名詞 形容動詞 〔乗り物や機械などの動きが〕気持ちがよいほどはやいこと。例快速船。二 名詞 「快速列車」「快速電車」の略。ふつうの列車よりもはやく、とまる駅も少ない列車・電車。例快速特急。

かいぞく【海賊】名詞 海上で船をおそって、お金や品物をとるわるもの。例海賊船。

かいぞくばん【海賊版】名詞 権利を持っている人に無断で、不正に売ったり、ばらまいたりしている書籍・雑誌・音楽・映像・データ。例デジタルまんがの海賊版。

かいたい【解体】名詞 する動詞 ❶一つのまとまったものをばらばらにすること。例古い家を解体する。❷人や動物の体をかいぼうすること。例解体図。参考②は古い言い方。

かいたいしんしょ【解体新書】書名 江戸時代に前野良沢や杉田玄白らがほんやくした、日本ではじめての西洋の医学書。参考「解体」

は、ここでは「かいぼう」の意。

かいたく【開拓】名詞 する動詞 ❶山野やあれ地をきりひらいて、田や畑にしたり、人がくらせるようにしたりすること。例 あれた土地を開拓する。類 開墾。❷新しいやり方や新しく活動するはんいを見つけること。例 新しい漁場を開拓する。

かいだく【快諾】名詞 する動詞 たのまれたことを、気持ちよく引き受けること。例 出席を快諾する。ことば「快諾を得る」類 二つ返事。

かいだし【買い出し】名詞 ちょくせつ生産地などへ行って品物を買うこと。

かいだす【かい出す】動詞 水などをくんで、外へ出す。例 池の水をかい出す。活用 かいだ・す。

かいたたく【買いたたく】動詞 考えられないほど安いねだんにさせて、買う。例 売れ残りの商品を買いたたく。活用 かいたた・く。

かいだめ【買いだめ】名詞 する動詞〔品物が足りなくなったりねあがりしたりすることにそなえて〕必要な量以上に買ってためておくこと。また、その品物。類 買い置き。

1 **かいだん**【会談】名詞 する動詞 会って話し合うこと。また、その話し合い。例 両国の首相が会談する。

2 **かいだん**【怪談】名詞 ゆうれいやばけものが出てくるこわい話。

3 **かいだん**【階段】名詞 人がのぼりおりするための段になった通路。例 階段をおりる。／非常階段。

ガイダンス 名詞 学校で、勉強や生活などについて、必要なことを教えたり説明したりすること。例 入学式のあとにガイダンスがある。▼英語 guidance

がいち【外地】名詞 領土以外の土地。外国。対 内地。

かいちく【改築】名詞 する動詞 建物の全部、または一部をたて直すこと。例 自宅を改築する。

1 **かいちゅう**【回虫】名詞 寄生虫の一種。体の形は、ミミズに似ている。長さは、二十センチメートルから三十センチメートルぐらい。野菜などについたたまごが口から入り、大きくなって小腸などにすみつく。

2 **かいちゅう**【海中】名詞 海の中。例 船が海中にしずむ。

3 **かいちゅう**【懐中】名詞 する動詞 ふところやポケットの中。また、そこに入れて持ち運びできること。例 懐中時計。

1 **がいちゅう**【外注】名詞 する動詞 会社などで、仕事を外部の人にたのむこと。例 人手不足で仕事を外注する。

2 **がいちゅう**【害虫】名詞 感染症のなかだちをしたり、農作物をくいあらしたりして、人間の生活に害をあたえる虫。対 益虫。

かいちゅうでんとう【懐中電灯】名詞 乾電池で明かりがつくようにした、持ち運びのできる電灯。

1 **かいちょう**【会長】名詞 ❶会の仕事をまとめる一番上の役目の人。例 子ども会の会長。❷会社で、社長の上の役しょく。

ことば博士になろう!

きみは、どの「長」になりたい?

会議をとりしきる役をする人のことを「議長」といいますね。全体をとりしきる役をする人を表すのに「長」をつける例は、ほかにもたくさんあります。

会長　院長　校長　社長　部長　駅長
店長　船長　機長　学長　隊長　班長
村長　区長　町長　市長

また、「長」をつけない言い方もあります。
大統領　総監　知事　総裁　頭取
などがその例です。これらはどれも職業に関係のあるよび名です。

昔から使われている言い方には、親方・頭・棟梁などがあります。

2 **かいちょう**【快調】名詞 形容動詞 調子がよいこと。例 仕事が快調に進む。類 好調。

3 **かいちょう**【開帳】名詞 する動詞 寺で、ふだんは見せない仏像などを、安置してあるところのとびらを開けて人々におがませること。例 百年に一度の開帳。

がいちょう【害鳥】名詞 農作物をあらすなど人間の生活に害をあたえる鳥。対 益鳥。

かいつう【開通】名詞 する動詞 道路・鉄道・水道・電話などが新しく通じること。

かいづか【貝塚】名詞 大昔の人々が食べた貝のからや魚のほねなどをひとところにすてたあと。

ことばあそび　ことばくぎり⑨　ひるま、でかける。／ひるまで、かける。

あいうえお　かきくけこ　さしすせそ　たちつてと　なにぬねの　はひふへほ　まみむめも　や　ゆ　よ　らりるれろ　わ　を　ん

かいつけ【買い付け】名詞 ❶商人が生産地などに行って、品物をたくさん買い入れること。例木材の買い付けに行く。❷いつも買っていること。例買い付けの店で買う。

かいつまむ 動詞 必要なことを短くまとめる。例事件をかいつまんで話す。活用 かいつま・む。

かいて【買い手】名詞 ものを買う人。買い主。例ねだんが高くて、買い手がつかない。対売り手。

[1]**かいてい**【改定】名詞 する動詞 前のきまりをやめて、新しく決めること。例運賃を改定する。類改正。⇩使い分け。

[2]**かいてい**【改訂】名詞 する動詞 前に発表した、本や文章などの内容について、つけ加えたり、よくないところを直したりすること。例教科書を改訂する。類改正。⇩使い分け。

使い分け　かいてい

●新しく決めること。

運賃を改定する。

●文章などを直すこと。

教科書を改訂する。

[3]**かいてい**【海底】名詞 海の底。例海底を探検する。／海底にねむる資源の量を調べる。

[4]**かいてい**【開廷】名詞 する動詞 裁判をおこなうために、法廷を開くこと。例午前十時に開廷する。対閉廷。

かいていケーブル【海底ケーブル】名詞 海底にしいた電線。電信・電話・電力輸送などに使う。海底電線。

かいていでんせん【海底電線】名詞 ➡かいていケーブル。

かいていトンネル【海底トンネル】名詞 海のそこをほりぬいて、人・車・列車などが、通れるようにした通路。

かいてき【快適】形容動詞 気持ちがよいようす。例快適な部屋。

がいてき【外敵】名詞 外部や外国からせめてくる敵。例外敵をむかえうつ。

[1]**かいてん**【回転】名詞 する動詞 ❶くるくるまわること。また、まわすこと。例回転木馬（＝メリーゴーランド）。❷〔頭が〕はたらくこと。例頭の回転がはやい。❸店の客が入れかわること。例あのラーメン屋は客の回転がよい。

[2]**かいてん**【開店】名詞 する動詞 ❶新しく店を始めること。例本日開店。❷店をあけて、その日の商売を始めること。例開店は十時です。類①②開業。店開き。対①②閉店。

がいでん【外電】名詞「外国電報」の略。外国からうった電報。特に、外国の通信社がニュースを伝える電報。

ガイド 名詞 する動詞 ❶あんないや手引きをすること。また、あんないする人。❷「ガイドブック」の略。案内書。▼英語 guide

[1]**かいとう**【回答】名詞 する動詞 質問に答えること。例文書で回答する。／回答をせまる。⇩使い分け。

[2]**かいとう**【解凍】名詞 する動詞 冷凍してあった物をとかすこと。

[3]**かいとう**【解答】名詞 する動詞 問題をといて答えること。また、その答え。例クイズに解答する。／解答をまちがえる。⇩使い分け。

かいどう【街道】名詞 国中に通じている、交通上大切な道。例日光街道。

[1]**がいとう**【外とう】名詞 寒さや雨などをふせぐために、洋服の一番上に着る衣服。オーバーコート。オーバー。

[2]**がいとう**【外灯】名詞 門灯など、家の外に取

使い分け　かいとう

●質問に答えること。

アンケートの回答。

●問題をといて答えること。

クイズの解答。

りつけた電灯。屋外灯。類街灯。

がいとう[3]【街灯】名 道路をてらすために、道ばたにとりつけた電灯。類外灯。

がいとう[4]【街頭】名 町の中。町の通り。例街頭演説。

がいとう[5]【該当】名 する動詞 条件にあてはまること。例該当する人は申し出てください。

かいとうらんま【快刀乱麻】四字熟語 〔切れ味のよい刀で、もつれたあさの糸をたち切るように〕もつれた物事をみごとにかいけつすることのたとえ。

×かいとく【会得】➡155ページ・えとく。

かいどく[1]【買い得】名 〔ねだんの割に、量が多かったり質がよかったりして〕買うと得になること。例本日のお買い得品はこちらです。

かいどく[2]【解読】名 する動詞 暗号や今まで知られていなかった文字などを、といて読むこと。例暗号を解読した。類判読。

×かいどく【解毒】➡414ページ・げどく。

がいどく【害毒】名 人々に悪いえいきょうをあたえるもの。例社会に害毒をながす。

ガイドブック 名 案内書。手引き書。例海外旅行のガイドブック。▼英語 guidebook

ガイドライン 名 今後のめあてになるおおまかな基準。指針。▼英語 guideline

かいとる【買い取る】動詞 〔ほかの人が所有する物を〕買って、自分のものにする。例かりていた土地を買い取る。類買い入れる。活用 かいと・る。

かいな 名 「うで」の古い言い方。

かいならす【飼いならす】動詞 〔動物をかって〕かいぬしの言いつけにしたがうようにしつける。活用 かいなら・す。

かいなん【海難】名 航海中におこる船の事故。衝突・転覆・沈没・座礁・火災など。例太平洋上で海難にあう。／海難救助にむかう船。

かいにゅう【介入】名 する動詞 そのことに関係のない人や国などが、事件や争いにわりこむこと。例国際紛争に介入する。

かいにん【解任】名 する動詞 役目・仕事などをやめさせること。類免職。解雇。

かいぬし【飼い主】名 その家畜やペットをかっている人。

かいね【買値】名 品物を買うときのねだん。また、商品などを買い入れるときのねだん。対売値。注意 送りがなをつけない。

がいねん【概念】名 物事についての考え方。また、言葉が表している意味。例美についての概念は時代とともにかわる。

かいば【飼い葉】名 牛や馬などに食べさせる、わらやほし草。

がいはく【外泊】名 する動詞 よそでとまること。

かいばしら【貝柱】名 二枚貝の貝がらをあけたりしめたりする筋肉。⇩図。

かいはつ【開発】名 する動詞 ❶土地や山を切りひらいたり川をせきとめたりして、新しい産業をおこすこと。類開墾。❷新しいものを考え出して、実際に使えるようにすること。例新しいおもちゃの開発に力を入れる。／共同開発。

かいばつ【海抜】名 海面からはかった陸地の高さ。標高。例海抜三十メートル。⇩図。

かいひ[1]【会費】名 ❶会合に参加するものが出すお金。❷会を開いたり続けたりしていくために、会に入っている人が出すお金。

かいひ[2]【回避】名 する動詞 悪い状態にならないように、さけること。例危険を回避する。

かいひょう【開票】名 する動詞 投票ばこをあけて、投票の結果を調べること。

かいひん【海浜】名 うみべ。はまべ。例海浜公園。類海岸。

がいぶ【外部】名 ❶物の外側。例外部から侵入する。❷ほかのもの。よその人。例外部の人から、注意された。対①②内部。

かいふう[1]【海風】名 海の上をふく風。また、昼間、海から陸地に向かってふく風。例しめった海風がふく。対陸風。

かいふう[2]【開封】名 する動詞 ❶〔手紙などの〕

貝柱

海抜

ことばあそび ことばくぎり⑩ おじさんの、くつしたよ。／おじさんのくつ、したよ。

ふうがしてあるものをあけること。❷ふうをしないで送る郵便物。また、ふうを少しあけておくる郵便物。ひらきふう。

1 **かいふく**【回復】(名詞)(する動詞)〔悪くなったものが〕元どおりになること。例天候の回復をまつ。／景気が回復する。

2 **かいふく**【快復】(名詞)(する動詞)病気がよくなって、健康な状態にもどること。例病気が快復する。

かいぶつ【怪物】(名詞)❶あやしくておそろしい生き物。ばけもの。❷ふつうでは考えられないような、すぐれた力や才能をもっている人。例かれは野球界の怪物といわれている。

かいぶん【回文】(名詞)上から読んでも下から読んでも、同じ読み方になる言葉。「たけやぶやけた」「たしかにかした」など。(参考)「かいもん」ともいう。

がいぶん【外聞】(名詞)❶世間のひょうばん。例外聞を気にしない。❷ほかの人から見た自分の様子。例外聞が悪い。

かいへい【開閉】(名詞)(する動詞)ひらいたりとじたりすること。あけしめ。例ドアを開閉する。

かいへん【貝偏】(名詞)漢字の部首の一つ。「財」「貯」などの左側の「貝」の部分。

1 **かいほう**【介抱】(名詞)(する動詞)病人やけが人の世話をすること。例病気でねている母を介抱する。(類)看病。看護。

2 **かいほう**【会報】(名詞)会のことを会員に知らせる印刷物。例後援会の会報。

3 **かいほう**【快方】(名詞)病気やけがなどがよくなっていくこと。例病状が快方に向かう。

4 **かいほう**【快報】(名詞)よい知らせ。例快報がとどく。

5 **かいほう**【開放】(名詞)(する動詞)❶〔まど・戸などを〕あけはなすこと。あけたままにすること。例とびらを開放しておく。❷だれでも自由に出入りしたり使ったりできるようにすること。例校庭を開放する。⇩使い分け。

6 **かいほう**【解放】(名詞)(する動詞)制限やそくばくなどをなくして自由にすること。例人質を解放する。／夏休みは解放感がある。⇩使い分け。

かいぼう【解剖】(名詞)(する動詞)なかのしくみや病気の原因などを調べるために、生物の体を切りひらくこと。

かいほうてき【開放的】(形容動詞)かくしたりしないで、ありのままを見せるようす。自由なふんいきがあるようす。例開放的な性格。／開放的な家庭に育った。(類)開けっ広げ。(対)閉鎖的。

使い分け　かいほう

●自由に使えるようにすること。
校庭を開放する。

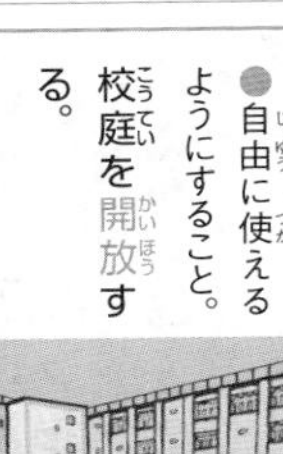

●自由に行動できるようにすること。
せきにんから解放される。

がいまい【外米】(名詞)外国から輸入した米。外国米。

かいまく【開幕】(名詞)(する動詞)❶舞台の幕があいて、しばいや映画が始まること。また、始めること。(類)開演。序幕。❷もよおしものなどが始まること。例オリンピックの開幕をたのしみにしている。(対)①②閉幕。終幕。

かいまみる【垣間見る】(動詞)もののすき間からのぞき見る。ちらっと見る。例通りから店の中を垣間見る。(活用)かいま・みる。

かいみょう【戒名】(名詞)死んだ人に僧がつける名前。(対)俗名。

かいむ【皆無】(名詞)(形容動詞)少しもないこと。なにもないこと。絶無。例まちがいは皆無だった。

がいむしょう【外務省】(名詞)国の行政組織の一つ。外国とのつきあいや交渉についての仕事をおこなう国の機関。

1 **かいめい**【改名】(名詞)(する動詞)名前をかえること。

2 **かいめい**【階名】(名詞)音楽で、音階の一つ一つにつけられた名前。「ド・レ・ミ・ファ・ソ・ラ・シ」で表される。(類)音名。

3 **かいめい**【解明】(名詞)(する動詞)〔わからない点を〕よくわかるように、はっきりさせること。例宇宙のなぞを解明する。

かいめつ【壊滅】(名詞)(する動詞)すっかりくずれてほろびること。例戦争で首都が壊滅した。

1 **かいめん**【海面】(名詞)海の表面。(類)海上。

かいめん[2]【海綿】名詞 ❶海綿動物。海などにすみ、体にあるたくさんのあなから水をすいこみ、その中にいる小さな生物を食べる。❷スポンジ。

がいめん【外面】名詞 ❶物の外側の表面。❷外に表れたようす。外から見た感じ。外観。外見。対①②内面。

かいもく【皆目】副詞 まったく。ぜんぜん。参考 下に「…ない」などの打ち消しの言葉をつけて使うことが多い。ことば「皆目見当がつかない」類いっこう。

かいもどす【買い戻す】動詞 いったん売ったものを、買ってとりもどす。例人手にわたった土地を買い戻す。活用 かいもど・す。

かいもとめる【買い求める】動詞 さがして買い、自分の物にする。例絵画を買い求める。活用 かいもと・める。

かいもの【買い物】名詞 する動詞 ❶品物を買うこと。また、買った品物。例買い物に行く。❷買ってとくになる物。買い得。例このくつは買い物だった。

かいもん【開門】名詞 する動詞 門をひらくこと。例開門は、午前八時です。対閉門。

がいや【外野】名詞 ❶野球場で、内野の後ろにあたるところ。❷「外野手」の略。「外野①」を守る選手。右翼手・左翼手・中堅手のこと。対①②内野。❸そのことがらに、ちょくせつ関係のない人。例外野がうるさい。

かいやく【解約】名詞 する動詞 約束や契約を取り消すこと。例保険を解約する。類破約。

かいゆう【回遊】名詞 する動詞 ❶あちらこちらに旅をして遊ぶこと。例回遊券。❷魚などがむれをつくり、季節ごとにうつり動くこと。

がいゆう【外遊】名詞 する動詞 外国に旅行すること。例首相の外遊におともする。

かいよう[1]【潰瘍】名詞 ひふやねんまくがただれ、くずれる病気。例胃潰瘍。

かいよう[2]【海洋】名詞 ひろびろとした大きな海。大洋。例ヨットで海洋を旅する。対大陸。

がいよう[1]【外洋】名詞 陸地から遠くはなれて広がっている海。外海。そとうみ。

がいよう[2]【概要】名詞 だいたいの内容。あらまし。例計画の概要。類概略。大略。大要。

かいようせいきこう【海洋性気候】名詞 島や海岸地方などにみられる気候。暑さ・寒さのちがいが少なく、雨が多い。対大陸性気候。

がいようやく【外用薬】名詞 ひふなどの、体の外側にぬったりはったりする薬。対内用薬。内服薬。

がいらい【外来】名詞 ❶よそや、よその国から来ること。例外来の植物。❷病院などに、しんさつを受けに通ってくる患者。

がいらいご【外来語】名詞 外国から伝わり、その国の言葉として使われるようになった言葉。日本語では「コーヒー」「ノート」など。例外来語として定着している。

かいらく【快楽】名詞 気持ちよく、たのしいこと。たのしみ。ことば「快楽にふける」

かいらん【回覧】名詞 する動詞 何人かの人が次々にまわして見ること。例文書を回覧する。

金田一先生のことばの教室

●外国から来たことば

日本は、外国からさまざまなことを学んで発展してきた国です。言葉も例外ではありません。

日本語にもとからある言葉を和語といいます。しかし、和語だけでは、わたしたちは生活をおくることができません。

たとえば、わたしたちは数をかぞえるとき、「イチ、ニ、サン、シ、ゴ、ロク、シチ、ハチ、キュウ、ジュウ」といいますが、この「イチ、ニ、サン…」も、漢語、つまり中国から入ってきた言葉です。和語では「ひ、ふ、み、よ、いつ、む、なな、や、ここのつ、とお」と数えます。それ以上の数は、中国の人が使っていた漢字の数え方で数えることがふつうとなっています。(百・千・万・億・兆…など)

中国から来た言葉以外にも、英語やポルトガル語、スペイン語、オランダ語、ドイツ語、フランス語、イタリア語、ロシア語…そのほかさまざまな言語から入ってきた言葉(=外来語)があります。

外来語をうまく使うことによって、日本語がもっとゆたかになるだろうと思います。

かいらんばん【回覧板】名詞 知らせる必要のある文書を、板などにつけて回すもの。

かいり【海里】名詞 助数詞 海上のきょりをはか

あいうえお
かきくけこ か
さしすせそ
たちつてと
なにぬねの
はひふへほ
まみむめも
や ゆ よ
らりるれろ
わ を ん

ことばあそび ことばくぎり⑪ きみは、いしゃですか？／きみ、はいしゃですか？

る単位。一海里は、約一八五二メートル。

かいりき【怪力】 名詞 人なみはずれたとても強い力。類 ばか力。

がいりゃく【概略】 名詞 物事のおおよそのようす。あらまし。例 事件の概略をのべる。類 概要。大略。

かいりゅう【海流】 名詞 いつも決まった方向に流れている海水の大きな流れ。参考 温度の高い流れを暖流、低い流れを寒流という。⇩図。

海流

かいりょう【改良】 名詞 する動詞 悪いところを直して、よりよくすること。例 イネの品種を改良する。類 改善。

がいりんざん【外輪山】 名詞 二重式火山などで、新しい火口を取りかこむ形になっている山。参考 阿蘇山・箱根山などにある。⇩289ページ・カルデラ（図）。

1 **かいろ【回路】** 名詞 電気器具などで、電流の流れるみち。

2 **かいろ【海路】** 名詞 海上で、船の通るみち。また、それを使った交通。対 陸路。空路。

3 **かいろ【懐炉】** 名詞 ふところなどに入れて体をあたためる器具。

4 **カイロ** 地名 エジプト・アラブ共和国の首都。ナイル川の下流に位置するアフリカ最大の都市で、ピラミッドやスフィンクスなどの史跡が多い。▼英語 Cairo

がいろ【街路】 名詞 街の中の道路。例 街路樹。

かいろう【回廊】 名詞 建物の外側を取りまくようにつくった、長い折れ曲がったろうか。例 回廊をめぐらした寺院。

がいろじゅ【街路樹】 名詞 町の通りにそってきちんとうえてある木。類 並木。

がいろん【概論】 名詞 あることがらについての考えや意見のあらましをのべたもの。

かいわ【会話】 名詞 する動詞 相手と話をすること。また、その話。例 英語で会話する。／日常会話。類 対話。対談。

かいわい【界わい】 名詞 〔ある場所の〕あたり。そのふきん一帯。例 この界わいは人通りが多い。漢字 界隈。

かいわぶん【会話文】 名詞 話した言葉をそのままに書き表した文。ふつう「　」の中に書く。

かいん【下院】 名詞 アメリカやイギリスなど、二院制をとっている国会で、国民がえらんだ議員によって構成されている議院。日本の衆議院にあたる。対 上院。

1 **かう** 動詞 ささえとする。つっかいとする。例 たおれそうな木につっかえ棒をかう。活用 か・う。

2 **かう【交う】** 接尾語 〔他の動詞について〕「すれちがって、すぎる」という意味を表す。例 ツバメが飛び交う。／しわすの町を行き交う人々。活用 か・う。

3 **かう【買う】** 動詞 ❶お金をはらって、品物・権利などを自分のものにする。例 ノートを買う。対 売る。❷〔自分から〕進んで引き受ける。例 当番を買って出る。❸相手のねうちを高くみとめる。例 きみの努力を買う。活用 か・う。

4 **かう【飼う】** 動詞 〔虫・馬・犬など〕動物を養い育てる。例 犬とネコを飼っている。活用 か・う。

カウボーイ 名詞 アメリカの西部・カナダ・メキシコなどの牧場で牛の世話をする男。対 カウガール。▼英語 cowboy

かうん【家運】 名詞 一家の運命。また、その家のけいざい状態。例 家運がしだいにかたむく。

ガウン 名詞 ❶部屋の中で着る、長くてゆったりした上着。例 ナイトガウン。❷裁判官・大学教授などの、正そう用の長い上着。▼英語 gown

カウンセラー 名詞 なやみをもつ人の相談を受け、助言をあたえることを仕事とする人。相談員。▼英語 counselor

カウンセリング 名詞 なやみをもっている人の相談にのって、解決のための助言をあたえること。▼英語 counseling

カウンター 名詞 ❶〔売上金などを〕計算する器械。❷〔店や旅館などの〕お金をかんじょうする場所。❸食堂・酒場などで、客がその前にこしかけて、食べたり飲んだりできるように、調理場の前につくった長い台。❹商品をならべて、売るときに使う台。▼英語 counter

カウント 名詞 する動詞 ❶数をかぞえること。計算。❷野球で、投球の、ストライクとボールの数。ボールカウント。❸ボクシングなどで、ノッ

あいうえお　か かきくけこ　さしすせそ　たちつてと　なにぬねの　はひふへほ　まみむめも　やゆよ　らりるれろ　わをん

クダウンのときに審判が秒数をかぞえること。また、その秒数。ことば「カウントをとる」▼英語 count

カウントダウン 名詞 する動詞 数を大きい方から小さい方へとかぞえていくこと。特に秒読みのこと。例ロケット打ち上げのカウントダウンが始まった。▼英語 countdown

かえうた【替え歌】 名詞 メロディーは同じで、言葉だけつくりなおした歌。

かえしぬい【返し縫い】 名詞 さいほうで、ぬい目をじょうぶにするために、ひとはりぬうごとに後にもどってもう一度ぬうぬい方。返し針。

1 **かえす** 動詞 たまごを、ひなや幼虫にする。ふ化させる。活用 かえ・す。

2 **かえす【返す】** 一 動詞 ❶元あったところや状態にもどす。例つくえを元の場所に返す。❷元の持ち主にもどす。例借りた本を返す。❸〔ある動作を受けて〕相手にある動作をする。例恩を返す。❹向きを変える。例手のひらを返す。⇩使い分け。
二 接尾語 ❶《動詞について》「相手からされた動作を受けて、同じように動作をする」意味を表す言葉。例にらみ返す。❷《動詞について》「ある動作をくり返す」意味を表す言葉。例読み返す。活用 かえ・す。

3 **かえす【帰す】** 動詞 〔人を〕元いたところに行かせる。帰らせる。例生徒を家に帰す。活用 かえ・す。⇩使い分け。

かえすがえす【返す返す】 副詞 ❶何度もくり返すようす。例返す返す言う。❷終わったことを何度も考えて、くやしいと思うようす。どう考えても。参考「返す返すも」の形でも用いる。ことば「返す返すも残念だ」

使い分け かえす

●元の持ち主にもどす。
借りた本を返す。

●元の場所にもどす。
生徒を家に帰す。

かえすがえすも【返す返すも】 副詞 ⬇かえすがえす。

かえだま【替え玉】 名詞 本人や本物に見せかけて、そのかわりに使うもの。例替え玉を使う。

かえって 副詞 反対に。ぎゃくに。例失敗したことが、かれのためには、かえってよかった。

かえで 名詞 イロハモミジ・イタヤカエデなどの、カエデ科の植物のこと。秋に葉の色が赤や黄に変わるものが多い。語源「かえるで」からかわった言葉。葉の形がカエルの手に似ているのでこの名がついた。参考「もみじ」ともいう。漢字 楓。

かえり【帰り】 名詞 ❶帰ること。例妹の帰りがおそいので、母が心配する。対行き。❷帰るとき。例学校の帰りにより道をする。

かえりうち【返り討ち】 名詞 かたきをうとうとする人が、ぎゃくにうたれること。例返り討ちにあう。

かえりがけ【帰り掛け】 名詞 帰るとちゅう。また、帰ろうとするとき。例帰り掛けに買い物をすませる。／帰り掛けに客がくる。類帰りしな。帰りぎわ。

かえりぎわ【帰りぎわ】 名詞 帰ろうとしているとき。例帰りぎわに急な仕事がはいる。類帰りしな。帰りがけ。

かえりざき【返り咲き】 名詞 ❶花の時期をすぎた後、また花がさくこと。例返り咲きのサクラ。類二度咲き。❷一度やめたり力をなくしたりした人が、また元のようにかつやくすること。例返り咲きのチャンスをつかむ。

かえりざく【返り咲く】 動詞 ❶決まった季節に一度さいた花が、ほかの季節になって、もう一度さく。❷〔一度やめたり、おとろえたりした人が〕ふたたびもとにもどってかつやくする。例十年ぶりに返り咲いた歌手の曲。活用 かえりざ・く。

かえりしな【帰りしな】 名詞 ちょうど帰ろうとするとき。例帰りしなに電話があった。類帰りがけ。帰りぎわ。

かえりみち【帰り道】 名詞 帰りの道。また、そのとちゅう。

1 **かえりみる【省みる】** 動詞 自分のしたおこないや、自分の心の中をふり返って、よく考える。

ことばあそび ことばくぎり⑫ わたし、はしる（走る）ことがすき。／わたしは、しる（知る）こ

例この一年間を省みる。注意 送りがなに気をつける。活用 かえり・みる。⇩使い分け。

2 **かえりみる**【顧みる】動詞 ❶うしろをふり返って見る。❷すぎた昔を思う。例おさないころを顧みる。❸気にかける。心配する。例家庭を顧みない。注意 送りがなに気をつける。活用 かえり・みる。⇩使い分け。

1 **かえる** 名詞 両生類の動物。たまごからかえった「おたまじゃくし」のときは、えらで呼吸をするが、大きくなると肺とひふで呼吸をする。漢字 蛙。

2 **かえる** 動詞 たまごから子になる。例ひながかえる。活用 かえ・る。

3 **かえる**【返る】一 動詞 ❶元の様子・状態にもどる。例われに返る。❷元の持ち主にもどる。例かした金が返る。❸〔働きかけに対して〕相手がおうじる。例元気なあいさつが返る。❹向きが変わる。例ズボンのすそが返る。⇩使い分け。

二 接尾語《動詞について》「すっかり…する」の意味を表す言葉。例静まり返る。活用 かえ・る。

使い分け かえりみる

●反省する。
この一年間を省みる。

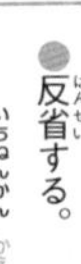
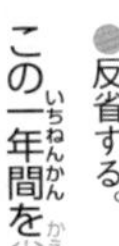
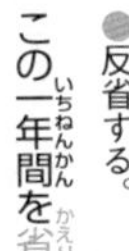
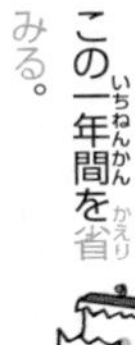

●過去を思い返す。
おさないころを顧みる。

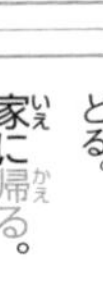

4 **かえる**【帰る】動詞 元いたところに、もどる。例家に帰る。／かれなら、もう帰ったよ。活用 かえ・る。⇩使い分け。

5 **かえる**【代える】動詞 そのものの役わりなどをほかのものにさせる。例書面をもって、あいさつに代えさせていただきます。活用 か・える。⇩使い分け。

6 **かえる**【変える】動詞 ❶前とちがった様子にする。例髪型を変える。❷移す。例ベッドの位置を変える。活用 か・える。⇩使い分け。

7 **かえる**【換える】動詞 とりかえる。交換する。例着物を食料に換える。活用 か・える。⇩使い分け。参考「替える」とも書く。

使い分け かえる

●元の持ち主にもどる。
かしたお金が返る。

●元の場所にもどる。
家に帰る。

8 **かえる**【替える】動詞 それまでの物をのぞいて、別の物や新しい物にする。例新しいほうたいに替える。活用 か・える。⇩使い分け。参考「換える」とも書く。

かえるのこはかえる【かえるの子はかえる】ことわざ 子どもは親に似るものだということのたとえ。

かえるのつらにみず【かえるの面に水】ことわざ なにをいわれてもされても、へいきでいることのたとえ。参考 カエルは水をかけられてもへいきなことから。

かえん【火炎】名詞 大きくもえ上がるほのお。

かお【顔】名詞 ❶目や鼻や口のある部分。⇩図。❷「かお①」の様子。顔形。顔立ち。顔付き。例うれしそうな顔をする。❸人に対する、また、人から見た自分の様子。例みんなに合わせる顔がない。❹人に対する、信用。例この町では、ちょっとした顔だ。

かおあわせ【顔合わせ】名詞 する動詞 ❶はじめて、人と人とが会うために、集まること。また、その集まり。例新しく発足した会の顔合わせ。❷しばいやスポーツなどで、相手としてともに出ること。例初顔合わせ。

かおいろ【顔色】名詞 ❶顔の色・つや。例顔色がよくない。類 血色。❷〔気持ちの表れた〕顔のようす。顔つき。

かおいろをうかがう【顔色をうかがう】慣用句 顔に表れた相手のきげんを読みとる。例

使い分け　かえる

● ほかのものにさせる。
書面をもって、あいさつに代える。

● 前とちがう様子にする。
髪型を変える。

● 交換する。
お金に換える。

● べつのものにする。
ほうたいを替える。

姉の顔色をうかがう。

かおいろをかえる【顔色を変える】慣用句 顔の様子をかえて、はげしい気持ちを表す。例 だまされたと知って顔色を変えた。

ひたい
みけん
こめかみ
もみ上げ
耳たぶ
鼻筋
ほお
小鼻
あご

顔①

かおがあわせられない【顔が合わせられない】慣用句 〔失敗などをして〕はずかしくて、相手に会うことができない。例 お世話になった人にとても失礼なことをしてしまい、顔が合わせられない。

かおがうれる【顔が売れる】慣用句 広く世間に知られる。例 賞をとって、顔が売れた。

かおがきく【顔が利く】慣用句 〔信用や力があって〕相手に無理を言っても聞き入れてくれる。

かおがそろう【顔がそろう】慣用句 集まるべき人たちが、集まる。例 全員の顔がそろった。

かおかたち【顔形】名詞 顔のようす。顔つき。顔だち。例 顔形のよく似た兄弟。

ことば博士になろう！

● **味のある顔に注意！**

①あまい顔を見せる。
②しぶい顔になる。
③にがい顔をする。

「あまい顔」「しぶい顔」「にがい顔」とは、いったいどんな顔なのでしょうか。①は「心の広い態度を見せる」、②は「不満、ふゆかいな表情を表す」、③は「ふきげんな表情を見せる」といった意味です。味を言い表す言葉が心の動きを表現しています。

かおがたつ【顔が立つ】慣用句 めいよや立場が守られる。

かおがつぶれる【顔が潰れる】慣用句 世間からの評判が悪くなる。はじをかく。例 弟に負けては、兄としての顔が潰れる。

かおがひろい【顔が広い】慣用句 多くの人と、つきあいがある。例 顔が広い人。

かおからひがでる【顔から火が出る】慣用句 とてもはずかしくて、顔が真っ赤になる。例 パジャマのまま外出してしまい、顔から火が出る思いをした。

かおく【家屋】名詞 人のすむ建物。いえ。

かおだち【顔立ち】名詞 顔の有様。目鼻立ち。例 お母さんによく似た顔立ち。

かおつき【顔付き】名詞 ❶ 顔のかたち。顔だ

ことばあそび　ことばくぎり⑬　ぼく、はしるこ（走る子）がすき。／ぼくは、しるこがすき。

ち。例ふっくらした顔付きの人。❷〔気持ちが表れた〕顔のようす。表情。例ふしぎそうな顔付き。

かおなじみ【顔なじみ】名詞 おたがいによく顔を知りあっていること。また、その人。

かおにでる【顔に出る】慣用句 気持ちや体調などが表情に表れる。例うれしさが顔に出る。

かおにどろをぬる【顔に泥を塗る】慣用句 めいよをきずつけて、はじをかかせる。例親の顔に泥を塗る。

かおぶれ【顔触れ】名詞 仕事や集まりなどに加わる人々。メンバー。例いつもの顔触れだ。

かおまけ【顔負け】名詞 する動詞 相手のずうずうしさやすぐれている点などを見て、あきれたり、はずかしく思ったりすること。例まだ子どもなのに、おとな顔負けの話し方をする。

かおみしり【顔見知り】名詞〔特別親しくはないが〕おたがいに顔を知っていること。

かおみせ【顔見せ】名詞 ❶大ぜいの人の前に、はじめて顔を見せること。❷歌舞伎などで、一座の役者がそろって顔を見せること。参考②はふつう「顔見世」と書く。

かおむけができない【顔向けができない】慣用句 もうしわけなくて、その人に会うことができない。例ゆずってもらったものをなくしてしまい、おじに顔向けができない。

かおもじ【顔文字】名詞 インターネットや電子メールなどで、文字や記号を組み合わせて顔の表情などを表したもの。

かおやく【顔役】名詞 ある仲間やある地いきで、勢力のある人。ボス。例町の顔役。

かおり[1]【香り】名詞 よいにおい。例茶の香り。⇩使い分け。

かおり[2]【薫り】名詞 よいにおいのような感じ。例文化の薫りがただよう街。⇩使い分け。

かおる[1]【香る】動詞〔よい〕においがする。例バラの花が香る。活用 かお・る。⇩使い分け。

かおる[2]【薫る】名詞 よいにおいのように感じる。ことば「風薫る五月」活用 かお・る。⇩使い分け。

かおをあからめる【顔を赤らめる】慣用句 はずかしくて顔を赤くする。例話しかけられて、少年は顔を赤らめた。

かおをあわせる【顔を合わせる】慣用句 会う。例かれとは毎日、クラブで顔を合わせている。

かおをうる【顔を売る】慣用句 広く世間に知られるようにする。例いろいろなテレビ番組に

使い分け かおり

●鼻で感じるよいにおい。
香水の香り。

●よいにおいのような感じ。
文化の薫り。

使い分け かおる

●鼻でよいにおいを感じる。
バラの花が香る。

●よいにおいのように感じる。
風薫る五月。

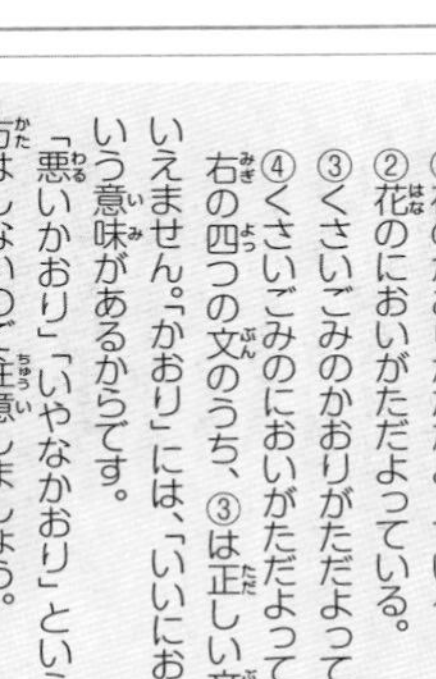

ことば博士になろう!

●「かおり」と「におい」

①花のかおりがただよっている。
②花のにおいがただよっている。
③くさいごみのにおいがただよっている。
④くさいごみのかおりがただよっている。

右の四つの文のうち、③は正しい文とはいえません。「かおり」には、「いいにおい」という意味があるからです。「悪いかおり」「いやなかおり」という言い方はしないので注意しましょう。

に出て、顔を売る。

かおをかす【顔を貸す】慣用句 たのまれて人に会う。例ちょっとそこまで顔を貸してくれ。参考くだけた言い方。

かおをくもらせる【顔を曇らせる】慣用句 心配そうな顔つきをする。表情を暗くする。例話を聞いて、顔を曇らせた。

かおをそむける【顔を背ける】慣用句 〔見なくてもすむように〕顔を横にむける。知らないふりをする。類そっぽをむく。

かおをだす【顔を出す】慣用句 ❶表面に出てくる。例春になると、つくしが顔を出す。❷会合などにちょっと出る。例いそがしいので、顔を出したら、すぐに帰るつもりだ。

かおをたてる【顔を立てる】慣用句 相手のめいよやめんぼくをきずつけないようにする。

かおをつぶす【顔を潰す】慣用句 〔世話になった人の〕めんぼくを失わせる。

かおをゆがめる【顔をゆがめる】慣用句 苦しそうな表情をしたり、いたそうな表情をしたりする。例くつうに顔をゆがめる。

かが【加賀】地名 昔の国の名。今の石川県南部に当たる。

がか【画家】名詞 絵をかくことを仕事にしている人。絵かき。

かがい【課外】名詞 学校で、勉強するように決められた科目に入っていないこと。また、その授業。例課外授業。対正課。

かがいしゃ【加害者】名詞 他人に害を加えた人。対被害者。

かかえこむ【抱え込む】動詞 ❶〔大きな物を〕うでてかこむようにして、しっかりと、だく。例荷物を抱え込む。／ひざを抱え込む。❷〔自分のふたんになるような〕たくさんの仕事などを引き受ける。例たくさんの仕事を抱え込む。参考①②とも「抱える」を強めた言い方。活用かかえこ・む。

かかえる【抱える】動詞 ❶両うでにだいて持つ。また、わきの下にはさんで持つ。例たくさんの本を抱える。❷世話をしなければならないものを持つ。例病人を抱えて、くらす。❸人をやとう。例社員を百人抱える。活用かか・える。

カカオ 名詞 アオギリ科の木。熱帯地方で育つ。種はチョコレートやココアなどの原料となる。英語 cacao ▼

かかく【価格】名詞 物のねだん。

1 **かがく**【化学】名詞 いろいろな物質の性質や、変化のしかたなどを研究する学問。

2 **かがく**【科学】名詞 いろいろなことがらをこまかく調べ、そのつながりや原理を見つけ出し、それらを応用して生活に役立てようとする学問。サイエンス。参考特に「自然科学」をいう。

ががく【雅楽】名詞 平安時代ごろから、宮廷でおこなわれてきた音楽。

かがくこうぎょう【化学工業】名詞 物質の性質が変化することを利用した工業。例さまざまな石油製品を生み出す石油化学工業。

かがくしゃ【科学者】名詞 自然科学を研究する人。

かがくせんい【化学繊維】名詞 パルプ・石炭・石油などを化学的に変化させてつくったせんい。レーヨン・ナイロン・ビニロンなど。化繊。人造繊維。類合成繊維。

かがくてき【科学的】形容動詞 決まった目当てと方法によって、物事を正しく、すじ道だてて調べるようす。例物事を科学的に考える。

かがくはんのう【化学反応】名詞 ある物質が、性質のちがう別の物質になること。

かがくひりょう【化学肥料】名詞 いおうなどの鉱物や空気中のちっ素・酸素などを原料にしてつくる肥料。

かがくへいき【化学兵器】名詞 毒ガスなどのように、化学的な反応を使った兵器。

かがくへんか【化学変化】名詞 ある物質の特性がまったく失われて、別の特性を持った物質に変わること。

かがくりょうほう【化学療法】名詞 化学的につくった薬などを使って病気を治すちりょう法。

かかげる【掲げる】動詞 ❶高くあげる。例国旗を掲げる。❷人目につくように、しめす。例プラカードを掲げる。❸新聞や雑誌などにのせる。例意見広告を掲げる。活用かか・げる。

かかし 名詞 作物をあらす鳥などをおいはらうために田畑に立てる人形。漢字案山子。⇩図。

かかす【欠かす】動詞 ❶しないですませる。なまける。例一日も欠かさず散歩をする。❷なくてもそのままにする。ぬかす。例朝は牛乳を欠かさない。参考打ち消しの形で使われることが多い。活用かか・す。

ことばあそび ことばくぎり⑭ 理科（りか）、ちゃんと勉強した。／りかちゃんと、勉強した。

ががつよい【我が強い】慣用句 自分の考えを無理にでもおし通そうとするようす。例我が強い選手の多いチーム。

かかし

かかと【踵】名詞 足のうらの、後ろの部分。また、はきものの後ろの部分。きびす。漢字踵。⇩24ページ・足①（図）。

1 **かがみ** 名詞 ある物事の手本。見ならわなければならないもの。例スポーツマンのかがみ。漢字鑑。

2 **かがみ**【鏡】名詞 光の反射を利用して、顔やすがたをうつす道具。

かがみびらき【鏡開き】名詞 正月にかざった鏡もちをわっておしるこなどにして食べる行事。参考㋐「割る」という言葉をきらって、「開き」といった。㋑多くは一月十一日におこなう。

かがみもち【鏡餅】名詞 正月やめでたいときに、神や仏にそなえる大小二つのまるくひらたいもち。おかがみ。おそなえ。参考昔の鏡の形に似ているところからいう。⇩図。

かがむ 動詞 〔足やこしを曲げて〕体を低くする。例草をとるためにかがむ。活用かが・む。

かがめる 動詞 体をおりまげる。例背が高いので、体をかがめて部屋に入る。活用かが・める。

かがやかしい【輝かしい】形容詞 ❶まぶしいほどに光る。例輝かしい日の出。❷かがやくようにすばらしい。例輝かしい経歴。活用かがやかし・い。

かがやかす【輝かす】動詞 光らせる。きらめかす。例目を輝かして見つめる。活用かがやか・す。

鏡餅

かがやく【輝く】動詞 ❶きらきらと光る。例水面が光をうけて輝く。❷明るい感じがあふれる。例顔がよろこびに輝く。❸めいよ・名声などを受けて、りっぱに見える。例ノーベル文学賞に輝く。活用かがや・く。

1 **かかり**【係・掛】名詞 その仕事を受け持つ役。また、受け持つ人。例案内する係の人。／飼育係。

2 **かかり**【掛かり】名詞 物事をおこなうのに必要なお金。例病院の掛かりがかさむ。

がかり【掛かり】接尾語 ❶〔人数・日数などを表す言葉につけて〕それだけの人数や日数が必要だという意味を表す。例五人掛かりで整理する。／十日掛かりの作業。／三年掛かりの大仕事。❷〔人を表す言葉につけて〕その人の世話になっているという意味を表す。例親掛かりの身。

かかりあい【掛かり合い】名詞 〔ある物事に〕つながりをもつこと。関係。

かかりいん【係員】名詞 その仕事を受け持っている人。

かかりきり【掛かり切り】名詞 一つのことだけして、ほかのことはなにもしないこと。かかりっきり。例母は店の仕事に掛かり切りだ。

かかりっきり【掛かりっ切り】名詞 ⬇かかりきり。

かかりつけ【掛かり付け】名詞 ある決まった医者にいつもかかっていること。

かがりび【かがり火】名詞 ❶祭りのときなどに、神社のけいだいでたく火。⇩図。❷夜、魚をとるためにたく火。❸敵やけものにおそわれないため、また、明かりにするためにたく火。

かがり火①

1 **かかる** 動詞 病気になる。例インフルエンザにかかる。活用かか・る。

2 **かかる**【係る】動詞 ❶関係する。かかわる。例生死に係る大問題。❷よる。負う。例エジソンの発明に係る機械。活用かか・る。⇩使い分け。

3 **かかる**【架かる】動詞 物が、一つのはしから、ほかのはしにわたされる。例橋が架かる。活用かか・る。⇩使い分け。

4 **かかる【掛かる】** 一 動詞 ❶物にとめられたり、引っかかったりして、(高いところに)ぶら下がる。たれ下がる。例かべにはゴッホの絵が掛かっている。❷錠などがおろされる。例かぎの掛かった部屋。❸とらえられる。例タヌキがわなに掛かる。❹たよって、その世話を受ける。例医者に掛かる。❺あびせられる。かぶる。例雨が掛かる。❻〔よくないことが〕身にふりかかる。ことば「うたがいが掛かる」❼必要とされる。例お金が掛かる。❽ある作用がとどく。ことば「電話が掛かる」❾動作を始める。とりかかる。例そろそろ仕事に掛かろうか。❿ちょうどそのところにくる。例先頭のランナーは二周目に掛かろうとしている。⓫せめて行く。こうげきする。例掛かって来い。⇩使い分け。二 接尾語《動詞につけて》「もう少しで…するところである」「ちょうど…しようとする」の意味を表す言葉。例花がかれかかる。／花屋の前を通りかかったとき、妹に会った。参考 二はふつう、ひらがなで書く。活用 かか・る。

5 **かかる【懸かる】** 動詞 ❶ぶらさがる。空中にある。例月が中天に懸かる。❷賞などが出される。例優勝が懸かった試合。活用 かか・る。⇩使い分け。

かがる 動詞 やぶれたり、切れたりしたところを糸でからめるようにしてぬう。例ほころびをかがる。活用 かが・る。

がかる【掛かる】 接尾語 ❶《色を表す言葉の後につけて》その色をふくんでいるという意味を表す。例赤み掛かった茶色。❷《ほかの言葉の後につけて》その物事によく似ているという意味を表す。例しばい掛かった言いまわし。活用 がか・る。

使い分け かかる

●関係する。命に係る大問題。

●はしからはしへわたされる。橋が架かる。

●ぶら下がる。絵が掛かっている。

●空中にある。月が懸かっている。

かがわけん【香川県】 地名 四国地方の北東部にある瀬戸内海に面した県。県庁所在地は高松市。⇩916ページ・都道府県(図)。

かかわらず 連語 ❶…に関係なく。例晴雨にかかわらず大会をおこなう。❷…であるのに。…であるけれども。例ことわられたにもかかわらずやってきた。

かかわり【関わり】 名詞 かかわること。関係。例その事件とは関わりがない。

かかわりあう【関わり合う】 動詞 つながりをもつ。例やっかいな問題に関わり合う。活用 かかわりあ・う。

かかわる【関わる】 動詞 ❶関係する。例事件に関わる。❷〔よくない〕えいきょうをおよぼす。例命に関わる病気。❸こだわる。気にする。例こまかいことに関わってはいられない。活用 かかわ・る。

かかん【果敢】 形容動詞 決断力があって、物事を思いきってするようす。例果敢に敵をせめる。

かがんだんきゅう【河岸段丘】 名詞 河岸にそってみられる、階段状になった地形。川の流れがきしをけずりとったためにできる。

1 **かき** 名詞 イタボガキ科の二枚貝。肉は食用にする。古くから養殖されている。漢字 牡蠣。

2 **かき【柿】** 名詞 カキノキ科の木。また、その実のこと。実は秋にじゅくす。あまがきとしぶがきがある。

3 **かき【火気】** 名詞 ❶火の気。ことば「火気厳禁」❷火のいきおい。火力。

ことばあそび ことばくぎり⑮ ねえ、ちゃんと勉強した？／ねえちゃんと、勉強した。

4 **かき**【火器】名詞 ❶火を入れる道具。火ばちなど。❷鉄砲や大砲など。

5 **かき**【花期】名詞 花がさく時期。例チューリップの花期は三月から五月だ。

6 **かき**【垣】名詞 ➡かきね。

7 **かき**【夏季】名詞 夏の季節。例夏季国民体育大会。対冬季。

8 **かき**【夏期】名詞 夏の間。例夏期講習。対冬期。

1 **かぎ**【鉤】名詞 ❶金属でできた先のまがったぼう。ものをひっかけるのに使う。❷文章の中で、人の言った言葉などを表すときに使う「　」や『　』のしるし。かぎかっこ。

2 **かぎ**【鍵】名詞 ❶とびらなどをしめるしくみのものに、さしこんで、開けたりしめたりする道具。ことば「鍵をかける」「鍵を開ける」❷じょうまえ。❸〔問題をとくための〕もっとも大切なことがら。例なぞをとく鍵。類ヒント。

がき【餓鬼】名詞 ❶仏教で、地ごくに落ちた人間。食べ物をひどくほしがり、がつがつ食うという。❷子どもをののしっていう言葉。

かきあげる【書き上げる】動詞 ❶一つ一つ書きならべて、しめす。例問題点を書き上げる。❷すっかり書き終える。例読書感想文を書き上げる。活用 かきあ・げる。

かきあつめる【かき集める】動詞 一か所によせ集める。例情報をかき集める。類かき寄せる。活用 かきあつ・める。

かきあらわす【書き表す】動詞 思ったことや感じたことを文章や絵などにかいて、しめす。例感謝の気持ちを手紙に書き表す。活用 かきあらわ・す。

かきいれどき【書き入れ時】名詞 〔「帳簿の書き入れにいそがしい時」という意味から〕商売がいそがしく、とてももうかる時。例夏は書き入れ時だ。

かきいれる【書き入れる】動詞 書いて加える。例ノートの余白に書き入れる。活用 かきい・れる。

かきうつす【書き写す】動詞 本・絵・書などをもとにして、その通りに書く。書いて、うつしとる。例詩をノートに書き写す。活用 かきうつ・す。

かきおき【書き置き】名詞 ❶〔伝える相手がいないときなどに〕用事・伝言などを書いて残しておくこと。また、その手紙。例書き置きを見つけた。❷死ぬ時に、後に残す手紙。遺書。

かきおこす【書き起こす】動詞 新しく書き出す。書き始める。例論文を書き起こす。活用 かきおこ・す。

かきおろし【書き下ろし】名詞 新しく書くこと。また、書いたもの。特に、ちょくせつ本にして発行したり、劇にして上演したりするために新しく書かれた小説や脚本。

かきかえる【書き換える・書き替える】動詞 書いた物を直す。書きあらためる。例作文のタイトルを書き換える。活用 かきか・える。

かきかた【書き方】名詞 ❶字や文を書く方法。例漢字の書き方。／作文の書き方。❷習字。字の書き方を習うこと。例書き方の時間。

かぎかっこ【かぎ括弧】名詞 ➡1かぎ②。

かきくだす【書き下す】動詞 ❶上から下へと順に書く。❷いきおいよく書く。例一気に書き下す。❸漢文（＝古い時代の中国の文章）を、日本語の語順にしたがって漢字かな交じり文で書く。活用 かきくだ・す。

かきくわえる【書き加える】動詞 ある文に後からつけくわえて書く。例補足を書き加える。活用 かきくわ・える。

かきけす【かき消す】動詞 今まであったものを、さっと消す。また、急に見えなくする。例波の音に声がかき消される。活用 かきけ・す。

かきごおり【かき氷】名詞 ❶氷を雪のようにけずったものに、みつやシロップをかけた食べ物。氷水。❷氷をこまかくくだいたもの。ぶっかき氷。

かきことば【書き言葉】名詞 文章を書くときに使う言葉。対話し言葉。

かきこむ【書き込む】動詞 決まった場所や余白などに書き入れる。例自分の名前を書き込む。活用 かきこ・む。

かぎざき【かぎ裂き】名詞 衣服をくぎなどにひっかけて、かぎのように直角にまがった形に切りさくこと。また、そのさけめ。

かきじゅん【書き順】名詞 ➡1096ページ・ひつじゅん。

かきしるす【書き記す】動詞 〔後に残るように〕字や文などを書く。例くわしく書き記す。活用 かきしる・す。

かきそえる【書き添える】動詞 〔文や絵の

（最後に入れることもあります）

そばに〕そえて書く。例一筆書き添える。活用かきそ・える。

かきそこなう【書き損なう】動詞 まちがって書く。書くのを失敗する。例練習しないで書いて、書き損なった。活用かきそこな・う。

かきぞめ【書き初め】名詞 新年になって、はじめて筆で字を書く行事。また、そのとき書いたもの。参考ふつう一月二日におこなう。

かきそんじる【書き損じる】動詞 ⬇かきそこなう。活用かきそん・じる。

がきだいしょう【餓鬼大将】名詞 子どもたちの中で、特に力が強くて、リーダーになっている子。

かきだし【書き出し】名詞 文の書きはじめのところ。例作文の書き出しを考える。

かきたてる1【かき立てる】動詞 ❶強くかきまわす。❷ある気持ちを強くおこさせる。例恐怖心をかき立てる話。活用かきた・てる。

かきたてる2【書き立てる】動詞 ❶一つ一つとりあげて、書きならべる。例きまりごとを書き立てる。❷〔新聞や雑誌などで〕目立つように、さかんに書く。例悪いことばかりが、大きく書き立てられていた。活用かきた・てる。

かきちらす【書き散らす】動詞 ❶よく考えないで、どんどん書く。例思いついたことを、ノートに書き散らす。❷あちらこちらに書く。例かべにいたずら書きを書き散らす。類書き殴る。活用かきちら・す。

かきつけ【書き付け】名詞 ❶あることがらを書きとめたもの。類覚え書き。❷支払いをしてもらうために、使ったお金をこまかく書いたもの。かんじょう書き。

かきつける【書き付ける】動詞 わすれないようにするために、そこに書く。例気づいたことをノートに書き付ける。活用かきつ・ける。

かぎつける【嗅ぎ付ける】動詞 ❶においをかいでさがしあてる。❷〔人のひみつなどを〕気づいて、さぐりあてる。例悪事を嗅ぎ付ける。活用かぎつ・ける。

かぎって【限って】連語 〔いつもとちがって〕そのときだけは。〔ほかとはちがって〕それだけは。例その日に限ってちがう道を通った。

かきつばた 名詞 アヤメ科の植物。水べなどにはえる。初夏に、むらさきや白の大きな花がさく。

かきつらねる【書き連ねる】動詞 次々とならべて書く。例賛成する人の名前を書き連ねた文書。活用かきつら・ねる。

かきて【書き手】名詞 書く役目の人。また、小説や文章の作者。例議事録の書き手をさがす。／書き手の気持ちを考えて読む。対読み手。

かきとめ【書留】名詞 「書留郵便」の略。かならず相手にとどくように別料金をとって、特別のとりあつかいをする郵便。

かきとめる【書き留める】動詞 〔わすれないように〕書いて残す。例注意点を書き留める。注意「書き止める」と書かないこと。活用かきと・める。

かきとり【書き取り】名詞 ❶〔文章や話などを〕書きとること。また、その文章。❷読みあげたり、かなで書いたりした言葉や文章を、正しい字（特に漢字）で書くこと。

かきとる【書き取る】動詞 人の話や書かれたものを、文字で書く。例先生の話を書き取る。／黒板の文章を書き取る。活用かきと・る。

かきなおす【書き直す】動詞 書きかえる。書きまちがえたものを直す。例まちがえた字を書き直す。活用かきなお・す。

かきながす【書き流す】動詞 〔注意や工夫をしないで〕思いついたまま次々と書く。例俳句を書き流す。活用かきなが・す。

かきなぐる【書き殴る】動詞 らんぼうに書く。例書き殴った文字。類書きちらす。活用かきなぐ・る。

かきならす【かき鳴らす】動詞 弦楽器をつめではじくようにしてならす。活用かきなら・す。

かきぬく【書き抜く】動詞 文章の中から、必要な部分をぬき出して、うつしとる。例要点を書き抜く。活用かきぬ・く。

かきね【垣根】名詞 しき地などの区切りをつける（草木でつくった）かこい。垣。⇩図。

垣根

かきのこす【書き残す】動詞 ❶書いて、後に残す。例

ことばあそび 折り句 あることばをそれぞれの文の先頭に入れるあそびを「折り句」といいます。

遺言を書き残す。❷書かなくてはならないことを、書かないままで残す。例時間がなくて、テストの答えを書き残す。活用 かきのこ・す。

かぎのて【かぎの手】名詞〔かぎの形のように〕直角にまがっていること。また、その形。

かきのもとのひとまろ【柿本人麻呂】人名（七世紀ごろ）「万葉集」の代表的歌人で、三十六歌仙の一人。

かきぶり【書き振り】名詞❶文字や文章を書くときの様子・態度。❷書いた人の気持ちなどが表れた、文字や文章の様子。

かきまぜる【かき混ぜる】動詞❶かきまわしてまぜる。まぜ合わせる。❷物事をふくざつにする。類①②かき回す。活用 かきま・ぜる。

かきまわす【かき回す】動詞❶物の中に手や棒などを入れて、中の物をまわす。❷よけいな言動で、さわぎをおこさせる。例つまらないうわさで、クラスの中がかき回された。類①②かき混ぜる。活用 かきまわ・す。

かきみだす【かき乱す】動詞❶〔かきまぜて〕ごちゃごちゃにする。❷こんらんさせる。不安定にさせる。例あの人の一言が、わたしの心をかき乱した。活用 かきみだ・す。

かきむしる 動詞〔指の先で〕ひっかいてむしる。むしるようにひっかく。例頭をかきむしる。活用 かきむし・る。

かきもち【欠き餅】名詞❶もちをうすく切って、ほしたもの。焼いたり、あげたりして食べる。❷鏡もちをこまかくくだいたもの。

かきもの【書き物】名詞❶文にまとめて書いたもの。記録。例その日のできごとを書き物にまとめる。類書類。❷文などを書くこと。例一日じゅう書き物をしていた。

かきもらす【書き漏らす】動詞〔書くべきことの一部を〕書くのをわすれたり書けなかったりする。例集合時間を書き漏らす。活用 かきもら・す。

かきゃくせん【貨客船】名詞 旅客も乗せることのできる貨物船。

1 **かきゅう**【下級】名詞❶位や身分が低いこと。例下級生。対①初級。❷学校で、下の学年。対②上級。

2 **かきゅう**【火急】名詞 形容動詞 ひじょうに急ぐこと。例火急の用事で外出した。類至急。

かきゅうせい【下級生】名詞 下の学年の児童・生徒や学生。例六年生が下級生のめんどうをみる。対上級生。

1 **かきょう**【佳境】名詞 物事の、もっともきょうみぶかいところ。ことば「（物語が）佳境に入る」

2 **かきょう**【華きょう】名詞 外国にすみつき、おもに商業でくらしをたてている中国人。在外中国人。華商。漢字 華僑。

1 **かぎょう**【家業】名詞〔代々受けつがれてきた〕その家の職業。例家業にせいを出す。

2 **かぎょう**【稼業】名詞 くらしにいるお金を手に入れるための仕事。例役者稼業。

かきょく【歌曲】名詞 声楽のためにつくられた曲。例シューベルトの歌曲。

かきよせる【かき寄せる】動詞 ちらばっているものを自分の方へ集める。例庭の落ち葉をかき寄せる。類かき集める。活用 かきよ・せる。

かぎり【限り】一 名詞❶〔それ以上はできなかったり、ありえなかったりする〕ぎりぎりのていど・はんい。例体力には限りがある。❷そのはんいのすべて。あるだけ全部。例見わたす限りのコスモスばたけ。❸〔…する〕間は。〔…する〕うちは。例生きている限りこの仕事を続けていく。

二 接尾語《ある言葉の下につけて》…だけ。例今日限りでお別れだ。

かぎりない【限りない】形容詞❶きりがない。終わるところがない。例限りない大空。❷これ以上のものがない。最高である。例ご厚意を限りなく感謝いたします。活用 かぎりな・い。

かぎる【限る】動詞❶さかいやはんいを決める。例定員を五名と限る。❷《「…に限って」の形で》…だけは。…だけ、特に。例今夜に限って、来るのがおそい。❸《「…に限る」の形で》〔…が〕いちばんよい。〔…に〕まさるものがない。例かぜをひいたときは、ゆっくりと休むに限る。❹そうである。決まっている。参考④は多く、「…と限らない」「…とは限らない」「…とも限らない」「…に限らず」などの形で使う。例いつもすわれるとは限らない。活用 かぎ・る。

1 **かきわける**【かき分ける】動詞 手で左右へおしのける。例人ごみをかき分けて進む。活用 かきわ・ける。

2 **かきわける**【書き分ける】動詞 区別がつくように書く。例赤と青のペンで書き分ける。

活用 かきわ・ける。

かぎわける【嗅ぎ分ける】 動詞 ❶においをかいで、区別する。例 警察犬は犯人を嗅ぎ分ける。❷よく考えて、物事のちがいを区別して決める。例 本当かうそか嗅ぎ分ける。活用 かぎわ・ける。

1 **かく** 動詞 ❶つめや指先で、こする。例 頭をかく。❷ものの表面をこするようにして、はらいのけたり、よせ集めたりする。特に、水をおし分けて進む。例 手で水をかく。／雪をかく。活用 か・く。漢字 掻く。

2 **かく** 動詞 ❶出す。例 あせをかく。❷うける。例 恥をかく。❸そのことをする。例 いびきをかく。活用 か・く。

3 **かく【欠く】** 動詞 ❶一部分をこわす。例 茶わんを欠く。❷必要なものがない。しなければならないことをぬかす。例 注意を欠いてけがをする。活用 か・く。

4 **かく【角】** 名詞 ❶〔切り口・形などが〕四角であること。また、そのもの。例 五センチ角の材木。❷角度。例 角の大きさをもとめる。❸将棋のこまの名前。角行。

5 **かく【画】** 名詞 漢字を形づくる点や線で、一続きに書ける部分。字画。例 画数。参考 字画をかぞえる単位としても使う。例「犬」は四画。

6 **かく【格】** 名詞 くらい。地位。等級。例 格がちがう。／格が上だ。

7 **かく【核】** 名詞 ❶くだもののたねをつつんでいる、かたい部分。❷物事の中心になる人やもの。例 グループの核となる人。❸「原子核」の略。例 核エネルギー。❹「核兵器」の略。例 核の脅威。

8 **かく【書く】** 動詞 ❶文字などをしるす。例 ひらがなを書く。❷文章をつくる。例 友だちに手紙を書く。活用 か・く。⇩使い分け。

9 **かく【描く】** 動詞 絵をえがく。例 スケッチブックにくだものの絵を描く。活用 か・く。⇩使い分け。

1 **かぐ【嗅ぐ】** 動詞 鼻でにおいを感じる。例 においを嗅ぐ。活用 か・ぐ。

2 **かぐ【家具】** 名詞 〔たんすやつくえなど〕家の中で使う道具。

1 **がく** 名詞 花びらの外側にあって、花を守る役目をするもの。⇩1285ページ・雌しべ（図）。

2 **がく【学】** 名詞 はば広いちしき。例 学がある人。

3 **がく【額】** 名詞 ❶絵・写真・賞状などを入れてかべなどにかけるもの。また、そのわく。例 祖父の写真を額に入れる。❷分量や金がく。例 寄付金はかなりの額になった。

使い分け　かく

●文字をしるす。
作文を書く。

●絵をえがく。
風景画を描く。

かくあげ【格上げ】 名詞 する動詞 位を上げること。類 昇格。対 格下げ。

かくい【各位】 名詞 みなさまがた。参考 あらたまった言い方。例 お客さま各位。

がくい【学位】 名詞 大学・大学院で専門の学問を研究し、その価値をみとめられた人にあたえられるよび名。博士・修士・学士。

かくいつてき【画一的】 形容動詞 どれもこれも同じで、かわりがないようす。例 画一的な意見。

かくう【架空】 名詞 形容動詞 人が頭の中だけで考え出した（じっさいにはない）こと。例 架空の動物。注意「仮空」と書かないこと。

がくえん【学園】 名詞 学校。特に、小学校から大学までなどのようにつながっている組織。

かくかい【角界】 名詞 相撲をしている人の集まり。相撲の社会。かっかい。

がくがく 副詞(ーと) する動詞 ❶〔体などが〕強く細かく、ふるえるようす。例 こわくて足が、がくがくする。❷ゆるんで動くようす。例 つくえの脚が、がくがくしている。

かくかぞく【核家族】 名詞 夫婦と子どもだけの家族。参考 特に、小人数の家族をいうことが多い。

かくぎ【閣議】 名詞 大臣が集まって相談する会議。

がくぎょう【学業】 名詞 学校の勉強。

ことばあそび　折り句❶〈さくらそう〉さあ行こう　くもももきえたし　らんららん　そら遠足だ

がくげい【学芸】 (名詞) 学問と芸術。例 新聞の学芸欄。類 学術。

がくげいいん【学芸員】 (名詞) 資料を集めたり調査・研究をおこなったりする、博物館などのせんもん職員。

がくげいかい【学芸会】 (名詞) 小学校などで、児童や生徒が、学習したことを劇や音楽などのかたちで発表する会。

かくげつ【隔月】 (名詞) ひと月おき。

かくげん【格言】 (名詞) いましめや物事の真理などをするどく言い表した、短い言葉。類 金言。ことわざ。

かくご【覚悟】 (名詞)(する動詞) 〔困難や危険を前もって知ったうえで〕心がまえを決めること。例 反対を覚悟して意見をのべる。

かくざい【角材】 (名詞) 切り口が四角な材木。

かくさく【画策】 (名詞)(する動詞) ひそかに計画を立てること。例 かげで画策する。参考 ふつう、よくないことにいう。

かくさげ【格下げ】 (名詞)(する動詞) 位を下げること。類 降格。対 格上げ。

かくざとう【角砂糖】 (名詞) 小さい四角のかたまりにしたさとう。

かくさん【拡散】 (名詞)(する動詞) ❶物がひろがり、ちらばること。例 核の拡散を防止する。❷SNSで、投稿されたメッセージなどが多くの人に引用されること。例 情報が拡散する。

かくし[1]【客死】 (名詞)(する動詞) 旅先や外国で死ぬこと。例 出張中にパリで客死した。参考「客死」ともいう。

かくし[2]【隠し】 (名詞) ❶かくすこと。例 隠し味。／隠し球。❷衣服につけた小さなふくろ。ポケット。参考 ②は、やや古い言い方。

かくじ【各自】 (名詞) めいめい。一人一人。

がくし[1]【学士】 (名詞) 大学の学部を卒業した人にあたえられるよび名。

がくし[2]【学資】 (名詞) 学校に通って学問をするためにかかる費用。学費。

かくしき【格式】 (名詞) 身分や家がらなどによって決まっている、礼儀作法。また、それによる世の中での地位。例 格式を重んずる。

がくしき【学識】 (名詞) 〔身についた〕学問と知識。例 あの人は、学識がある。類 学力。

かくしきばる【格式張る】 (動詞) 礼儀や作法を大切に考えて、かたくるしくふるまう。例 格式張ったあいさつ。活用 かくしきば・る。

かくしげい【隠し芸】 (名詞) こっそりおぼえておいて、えん会などでやって見せる芸。類 余技。

かくしごと【隠し事】 (名詞) ほかの人に知られないようにしておくこと。例 隠し事をしないようにする。

かくしだて【隠し立て】 (名詞)(する動詞) 人に知られないようにすること。かくすこと。例 隠し立てをせず、しょうじきにのべる。

かくじつ[1]【隔日】 (名詞) 一日おき。例 隔日に水泳教室に行きます。

かくじつ[2]【確実】 (形容動詞) たしかで、まちがっていないようす。例 当選は確実だ。

かくじっけん【核実験】 (名詞) 原子ばくだん・水素ばくだんの実験。

がくしゃ【学者】 (名詞) 学問を研究する人。

かくしゅ【各種】 (名詞) いろいろな種類。

かくしゅう【隔週】 (名詞) 一週、間をおくこと。一週間おき。例 隔週月曜発売の雑誌。

かくじゅう【拡充】 (名詞)(する動詞) 〔設備やしくみなどの〕はんいを広げて、内容をゆたかにすること。例 学校の設備を拡充する。類 拡張。

がくしゅう【学習】 (名詞)(する動詞) 〔学校などで、あるきまりにしたがって〕勉強すること。学び、習うこと。例 漢字を学習する。／体験学習。類 勉学。

がくしゅうかんじ【学習漢字】 (名詞) ➡344ページ・きょういくかんじ。

がくじゅつ【学術】 (名詞) 学問。また、学問と技術。例 学術論文。類 学芸。

かくしょう【確証】 (名詞) たしかなしょうこ。例 確証を得る。

がくしょう【楽章】 (名詞) 交響曲などの、独立したひと区切りの曲。例 ベートーベン作曲、交響曲第九番第四楽章。

かくしん[1]【革新】 (名詞)(する動詞) 今までのやり方をかえて、新しくすること。例 技術を革新する。類 刷新。対 保守。

かくしん[2]【核心】 (名詞) 物事の中心となっている大切なところ。例 事件の核心にふれる。／核心をつく質問。

かくしん[3]【確信】 (名詞)(する動詞) 〔たしかにそうだと〕かたく信じること。また、そのような気持ち。例 実験の成功を確信する。

かくじん【各人】 (名詞) めいめいの人。例 この

問題は各人がよく考えてほしい。

かくしんてき【革新的】形容動詞 今までの制度やしくみをすっかりあらためて、新しくしていくようす。例 革新的な技術。対 保守的。

かくしんはん【確信犯】名詞 自分の信念にもとづいて、正しいと考えておこなう犯罪。また、その犯罪者。金田一メモ 「悪いことだとわかっていながら、おこなうことや人」という意味で用いるのは、本来の使い方ではない。

かくす【隠す】動詞 ❶〔物のかげに置いたり、物でおおったりして〕人の目につかないようにする。見えないようにする。例 おやつを隠す。対 現す。❷物事を人に知られないようにする。例 真実を隠す。活用 かく・す。

かくすい【角すい】名詞 多角形を底面として、一つの共通の頂点をもつ立体。⇩663ページ・図形(図)。

かくすう【画数】名詞 漢字をつくっている線や点の数。たとえば「正」の字は、「一 丅 下 正 正」で五画。例 漢字辞典の画数さくいん。

かくする【画する】動詞 ❶〔線を引いて分けるように〕はっきりと分ける。区別する。例 一線を画してつき合う。❷計画を立てる。活用 かく・する。

1 **がくせい**【学生】名詞 学校で教育を受けている人。特に、大学生。例 学生が多い街。／学生時代。類 学徒。

2 **がくせい**【楽聖】名詞 とてもすぐれた音楽家。例 楽聖ベートーベン。

かくせいき【拡声器】名詞 〔遠くまではっきり聞こえるように〕声や音を大きくする器械。スピーカー。ラウドスピーカー。

かくせいざい【覚醒剤】名詞 脳の神経をしげきして、つかれやねむけをなくし、こうふんさせるくすり。中毒をおこすので、いっぱんの人は所持・使用を禁止されている。

がくせき【学籍】名詞 その学校の学生・生徒・児童として登録されている正式の身分。

がくせつ【学説】名詞 学問上の一つのすじ道の通った考え。例 新しい学説をたてる。

がくぜんと【がく然と】副詞 〔思いがけないことなどに〕とてもおどろくようす。例 真相を知ってがく然とした。

がくそう【学窓】名詞 〔「学校の窓」の意から〕学校。まなびや。例 学窓を巣立つ。

がくそく【学則】名詞 その学校の、さまざまなことを定めた規則。類 校則。

かくだい【拡大】名詞 する動詞 〔物事やしくみの大きさなどを〕広げて大きくすること。広がって大きくなること。例 けんび鏡で雪の結晶を拡大して見る。対 縮小。

がくたい【楽隊】名詞 おもにふえやたいこなどの楽器を演奏する人たちの集まり。類 楽団。

かくだいきょう【拡大鏡】名詞 物を大きくして見る道具。むしめがね。ルーペ。例 祖父は拡大鏡を使って新聞を読む。参考 ふつう、一まいのとつレンズを用いる。

かくだいず【拡大図】名詞 ある部分を、広げて大きくえがいた図。例 待ち合わせ場所の拡大図をかいて友だちにわたす。

かくだん【格段】名詞 形容動詞 かけはなれてちがうようす。だんちがい。例 二人の実力には格段の差がある。類 格別。

がくだん【楽団】名詞 いろいろな楽器を使って音楽を演奏する人たちの集まり。類 楽隊。

かくち【各地】名詞 ❶それぞれの土地。❷いたるところ。ほうぼうの土地。例 日本の各地から受験生が集まる。

かくちゅう【角柱】名詞 ❶四角いはしら。❷上の面と底の面とが同じ形で、同じ大きさの多角形になっている、はしらのような立体。⇩663ページ・図形(図)。

1 **かくちょう**【拡張】名詞 する動詞 〔はんいなどを〕広げて大きくすること。例 店の売り場を拡張する。類 拡充。

2 **かくちょう**【格調】名詞 話し方・文章・芸術作品などが上品で、味わいぶかいこと。例 格調の高い文章。

がくちょう【学長】名詞 大学で、位の一番上の人。類 校長。

かくづけ【格付け】名詞 する動詞 かちや能力におうじて、くらいや等級を決めること。例 最高ランクに格付けされる。

かくて 接続詞 ❶このようにして。こうして。例 かくて戦いは終わった。❷それから。こうして。例 かくて二人はしあわせにくらした。参考 やや古い言い方。

かくてい【確定】名詞 する動詞 はっきりと決めること。また、決まること。例 旅行の日どりが確定した。類 決定。

ことばあそび 折り句❷ 〈かぶとむし〉 かあさんの ぶたいすがた とくい顔 むりをしないで

カクテル 名詞 ❶ある酒と、ほかの酒やジュース・炭さん水などをまぜ合わせてつくった飲み物。❷いろいろなものをまぜ合わせたもの。例 光と音のカクテル。▼英語 cocktail

がくてん【楽典】名詞 音楽を楽ふに書きしるすときの規則。また、それを書いた本。

かくど【角度】名詞 ❶二つの直線が交わってできる開き方の度合い。例 角度をはかる。❷ものの見方や考え方の方向。例 あらゆる角度から調べる。類 視点。

がくと【学徒】名詞 ❶学校で勉強している人。類 生徒。学生。❷学問を仕事にしている人。例 物理学を研究する学徒。

かくとう[1]【格闘】名詞 する動詞 たがいに組みついて戦うこと。例 犯人と格闘する。

かくとう[2]【確答】名詞 する動詞 はっきりとした返事をすること。また、その返事。例 確答をさける。

がくどう【学童】名詞 ❶小学校へ通っている子ども。児童。❷「学童保育」の略。

がくどうそかい【学童疎開】名詞 第二次世界大戦の終わりごろに、戦争による災害をさけるため都市の小学校の児童を地方に移動させたこと。

がくどうほいく【学童保育】名詞 両親が働いている学童を、放課後、両親にかわって保育すること。参考「学童」ともいう。

かくとく【獲得】名詞 する動詞 努力して自分のものにすること。例 出場権を獲得した。類 取得。

かくにん【確認】名詞 する動詞 はっきりみとめて、たしかめること。例 メールがとどいていることを確認する。／未確認。

かくねん【隔年】名詞 一年、間をおくこと。一年おき。例 隔年に開かれる大会。

がくねん【学年】名詞 ❶一年を一つの区切りとした学校教育の期間。日本ではふつう四月から翌年の三月まで。❷入学した年度によって区別した生徒や学生の学級。例 学年別に集会をひらく。

かくのうこ【格納庫】名詞 飛行機をしまっておく大きな建物。

がくは【学派】名詞 学問の上で、同じ考えの人々の集まり。

かくばくはつ【核爆発】名詞 原子核の分裂や融合によって、大きなエネルギーを出すこと。

かくばる【角張る】動詞 ❶四角くてかどがある形である。例 角張った顔をした人。❷かたくるしくする。まじめくさる。例 角張ったあいさつ。活用 かくば・る。

かくはん 名詞 する動詞 かきまぜること。例 たまごの白身をかくはんする。

がくひ【学費】名詞 ➡242ページ・がくし（学資）。

かくびき【画引き】名詞 漢字の画数によって字を引くこと。例 画引きさくいんを活用する。参考 ⇩216ページ・音引き。

がくふ【楽譜】名詞 音楽の曲を、音ぷを使って、五線紙などの上に書き表したもの。音譜。例 楽譜を読む。注意「楽符」と書かないこと。⇩図。

♩=180—速度記号
タイ
音符
拍子
休符
五線↑
スラー
ト音記号
楽譜

がくぶ【学部】名詞 大学で学問の専門ごとに分けたそれぞれの部門。医学部・経済学部・文学部など。

がくふう【学風】名詞 ❶学問のやり方や考え方のけいこう。❷その学校のもつ、特別なふんいきや様子。校風。例 自由な学風。

かくぶそう【核武装】名詞 核兵器を国にそなえること。

がくぶち【額縁】名詞 絵や写真などを入れてかざるための外わく。

かくぶんれつ【核分裂】名詞 ❶細胞分裂のとき、細胞のなかにある核が二つにわかれること。❷ウラン・プルトニウムなどの原子核が、大きなエネルギーを出しながら二つの原子核に分裂すること。参考 原子力発電などは、核分裂のときのエネルギーを利用したもの。

かくへいき【核兵器】名詞 原子核の分裂やゆうごうによって出る大きなエネルギーを利用した兵器。原子ばくだんや水素ばくだんなど。

かくべつ【格別】㊀ 形容動詞 特別なようす。例 けさの寒さは格別だ。類 格段。㊁ 副詞 特別に。とりたてて。参考 下に「…ない」などの打ち消しの言葉がくることが多い。例 格

別かわったこともない。

かくほ【確保】名詞 形容動詞 しっかりと自分のものにしておくこと。例 座席を確保する。

かくぼう【角帽】名詞 大学生がかぶる、上部が四角張ったぼうし。また、大学生のこと。

かくまう 動詞 おわれている人などを、そっとかくす。例 にげてきた人をかくまう。活用 かくま・う。

かくまく【角膜】名詞 目の玉の一番表面をおおっている、すき通ったまく。⇩1278ページ・目㊀①(図)。

かくめい【革命】名詞 国の政治や社会のしくみなどを急に大きくかえること。例 革命をおこす。／産業革命。類 改革。

がくめい【学名】名詞 動物や植物につけられた世界共通の学問上の名前。参考 ラテン語を使う。

がくめん【額面】名詞 ❶債券や株券などの表に書かれた金額。❷表面の意味。みかけ。例 あの人の言葉は額面どおりには受けとれない。

がくもん【学問】名詞 する動詞 ❶勉強して知識を自分のものにすること。また、習いおぼえた知識。例 学問を好む。❷〔文学や科学などを〕ある方法にしたがって研究して、まとめた知識。

がくもんにおうどうなし【学問に王道なし】ことわざ 学問をするのに楽な方法はないので、努力してまじめにやるしかない。

がくや【楽屋】名詞 ❶〔舞台のうら側にある〕俳優が、したくや休けいをする部屋。がくやうら。❷内輪のこと。うちまく。例 楽屋話。

かくやく【確約】名詞 する動詞 はっきりと約束すること。また、その約束。例 援助を確約する。

ことば「確約を得る」

かくやす【格安】名詞 形容動詞 品物のねうちにくらべてねだんがやすいようす。例 格安のセーター。

かぐやひめ【かぐや姫】書名 おとぎ話の一つ。「竹取物語」ともいう。また、その主人公の名前。参考 ⇩762ページ・竹取物語。

がくゆう【学友】名詞 学校の友だち。類 クラスメート。

かくゆうごう【核融合】名詞 水素・ヘリウムなどの二つ以上の原子核が、大きなエネルギーを出しながら結びついて、一つの原子核になること。

がくようひん【学用品】名詞〔ノート・えんぴつなど〕学校の勉強に必要な物。類 文ぼう具。

かぐら【神楽】名詞 神をまつるための音楽や舞。例 神楽うた。参考 楽器はふえ・ひちりき・たいこなどを使う。

かくらん【かく乱】名詞 する動詞 かきまわして、物事のまとまりをなくすこと。例 敵方をかく乱する。漢字 攪乱。

かくり【隔離】名詞 する動詞 ひきはなすこと。特に、感染症にかかった人を特別な建物に入れて人と会わせないこと。

かくりつ[1]【確立】名詞 する動詞 物事をしっかりと決めてかえないこと。例 方針を確立する。

かくりつ[2]【確率】名詞 あることがらがおこるわりあい。参考 たしかさを数で表すもの。

かくりょう【閣僚】名詞 内閣をつくっている国務大臣。参考 ふつう、総理大臣はのぞく。

がくりょく【学力】名詞 勉強して身についた力。例 学力テスト。類 学識。

がくれい【学齢】名詞 ❶小学校に入学できる年れい。例 学齢に達する。❷小学校・中学校に行かなければならない年れい。例 学齢期の子ども。参考 満六才から満十五才まで。

かくれが【隠れ家】名詞 人に見つからないように、かくれてすむ家。

がくれき【学歴】名詞 その人が、どのような学校で何を勉強し、いつ卒業したかという経歴。例 学歴が高い。

かくれみの【隠れみの】名詞 ❶それを着ると、体がかくれて見えなくなるという、想像上の、みの。てんぐがもっていると言われる。❷本当のすがたや目的などをかくすための見せかけのもの。例 まじめそうな顔を隠れみのに、悪いことをするなんてゆるせない。

かくれる【隠れる】動詞 ❶〔物のかげになって〕見えなくなる。例 月が雲に隠れる。❷人目につかないようにする。例 つくえの下に隠れる。❸世の中に名前や実力が知られていない。例 隠れた才能。活用 かく・れる。

かくれんぼう【隠れん坊】名詞 おにになった一人が、かくれた子どもたちをさがす遊び。かくれんぼ。

かくろん【各論】名詞 全体をいくつかの項目にわけて、その一つ一つについてのべた意見や議論。対 総論。

ことばあそび 折り句❸ 〈さつきばれ〉 さらさらと つきをうつして きよき水 ばらのかおりと

かぐわしい 形容詞 〔うっとりするような〕よいにおいである。例 かぐわしい花のかおり。活用 かぐわし・い。

がくわり【学割】 名詞 「学生割引」の略。学生や生徒が乗車券や入場券をふつうの人よりやすい値段で買える制度。

かくん【家訓】 名詞 その家に伝わる、教えや守るべきことがら。また、それを書き記したもの。例 家訓を守る。

1 **かけ【賭け】** 名詞 勝負ごとなどで、お金や品物を出し合って、勝った人がそれをとること。かけごと。類 ばくち。

2 **かけ【掛け】** 一 名詞 ❶「掛け売り」「掛け買い」のこと。お金のやりとりを後でする約束で、品物を売り買いすること。例 掛けでしいれる。❷「掛けそば」「掛けうどん」のこと。あついしるをかけたそばやうどん。
二 接尾語 ❶《名詞の下につけて》「かけておく道具」「かけるもの」などの意味を表す言葉。例 ようふく掛け。／かべ掛け。❷《動詞の下につけて》「…のとちゅう」の意味を表す言葉。例 読みかけの本を、さいごまで読む。参考 二②はふつう、ひらがなで書く。

1 **かげ【陰】** 名詞 ❶光の当たらないところ。例 建物の陰。❷〔物にさえぎられて〕見えないところ。例 ドアの陰に立つ。❸人目につかないところ。見えないところ。例 陰で悪口を言う。⇩使い分け。

2 **かげ【影】** 名詞 ❶光が物に当たって、さえぎられるためにできる暗い部分。例 人の影が窓にうつる。❷月・星・火などの光。例 満月の影がさしこんでくる。❸すがた。例 へいの向こうに父に似た人の影が見える。⇩使い分け。

1 **がけ【崖】** 名詞 山や岸の（けずりとったような）きりたったところ。

2 **がけ【掛け】** 一 助数詞 《ある言葉の下につけて》十分の一のわりあいを表す言葉。例 定価の八掛けで買う。
二 接尾語 ❶その人数まですわれる意味を表す言葉。例 五人掛けのいす。❷「…するついで」の意味を表す言葉。例 学校の帰りがけに本屋による。❸《身につけるものの名前につけて》「…をつけたまま」の意味を表す言葉。例 ゆかたがけで花火大会を見に行く。参考 二②③はふつう、ひらがなで書く。

かけあい【掛け合い】 名詞 ❶たがいに、かけ合うこと。例 水の掛け合い。❷あることがらについて、要求を出して話し合いをすること。例 どうにかしてほしいと掛け合いに行く。

使い分け かげ

●光の当たらない所。
木の陰で休む。

●光がさえぎられてできる暗い所。
人の影。

かけあう【掛け合う】 動詞 ❶おたがいにかける。例 水を掛け合う。❷〔こうしてほしいという願いをもって〕話し合う。例 店の主人に掛け合う。活用 かけあ・う。

かけあし【駆け足】 名詞 する動詞 〔人や動物が〕はやく走ること。類 早足。

かけあわせる【掛け合わせる】 動詞 ❶かけ算をする。例 三と五を掛け合わせる。❷動物または植物を交配させる。例 馬とロバを掛け合わせる。活用 かけあわ・せる。

1 **かけい** 名詞 ➡かけひ。

2 **かけい【家系】** 名詞 その家の血すじ。家の系統。類 血統。

3 **かけい【家計】** 名詞 家のくらしむき。くらしをささえるお金のやりくり。例 家計が苦しい。類 生計。

かけいぼ【家計簿】 名詞 くらしに必要なお金の出し入れをつけておく帳面。

かけうり【掛け売り】 名詞 する動詞 ➡かけ（掛け）一①。

かげえ【影絵】 名詞 手や紙などで物の形をつくり、あかりでてらして、その影をかべや布などにうつしたもの。⇩図。

かけがい【掛け買い】 名詞 する動詞 ➡かけ（掛け）一①。

かげがうすい【影が薄い】 慣用句 ❶〔見た

かけがえのない【掛け替えのない】慣用句 かわりになるものがないくらい、大切な。例かけがえのない命。参考㋐「掛け替え」は、かわりになるもののこと。㋑ひらがなで書くことが多い。

影絵

かげき[1]【過激】形容動詞 ひじょうにはげしいようす。例過激な運動。／過激な思想。対穏健。

かげき[2]【歌劇】名詞 ➡202ページ・オペラ。

かけきん【掛け金】名詞〔ある金額になるまで〕毎日、毎月、または毎年つみたてていくお金。

かげぐち【陰口】名詞 その人のいないところで言う悪口。例陰口を言う。

かけごえ【掛け声】名詞 ❶よびかける声。❷調子をとったり、いきおいをつけたりするために出す声。

かけことば【掛けことば・懸けことば】名詞 一つの言葉に、二つ以上の意味を持たせたもの。参考「秋の野に人まつ虫の…」は、「まつ」に「人待つ」と「マツムシ」の意味を持たせたもの。

かけこむ【駆け込む】動詞 走ってきて中に入る。例夕立にあって、軒下に駆け込む。活用かけこ・む。

かけざん【掛け算】名詞 数と数をかけ合わせる計算。対割り算。

かけじく【掛け軸】名詞 絵や書を、じくにまいたもの。のばして床の間などにかける。参考「一ぷく」「二ふく」…と数える。

かけず【掛け図】名詞〔かべなどに〕かけて見るようにした地図や図表。

かけだし【駆け出し】名詞 ❶かけ出すこと。走り始めること。❷その仕事を始めたばかりでなれていないこと。また、その人。例駆け出しの記者。

かけだす【駆け出す】動詞 ❶〔人や動物が〕走り始める。例友だちを見つけて駆け出した。❷走って出る。例家から駆け出す。❸にげ出す。活用かけだ・す。

かけちがう【掛け違う】動詞 ❶かけまちがえる。例ボタンを掛け違う。❷いきちがいになる。例掛け違って、会えなかった。❸くいちがう。例前に聞いた話と掛け違う。活用かけちが・う。

かけつ【可決】名詞 する動詞 出された議案をみんなで相談して、よいと決めること。例予算案が可決された。対否決。

かけつける【駆け付ける】動詞 大急ぎで、その場に行く。また、来る。例現場に駆け付ける。活用かけつ・ける。

かけっこ【駆けっこ】名詞 する動詞 走って足のはやさをくらべること。かけくらべ。

かけて 連語 ❶〔多く「…から…にかけて」の形で〕ある時間や場所のはんいが、…にわたって、ずっと。例九月から十月にかけて赤い実をつける。❷〔「…にかけては」の形で〕…に関しては。例歌のうまさにかけては、かのじょにかなう者はいない。

かげでいとをひく【陰で糸を引く】慣用句 かくれたところで、ひそかに計画して、人を自分の思う通りに動かす。例だれかが陰で糸を引いているにちがいない。語源 あやつり人形を、後ろから糸を引いて動かすことから。

かげながら【陰ながら】副詞 見えないところで。かげで。例陰ながらおうえんする。

かげになりひなたになり【陰になり日なたになり】慣用句 本人の気づかないところでかばったり、また、直接、力をかしたりして、いろいろ世話をするようす。例兄は陰になり日なたになり弟の研究を助けた。

かけぬける【駆け抜ける】動詞 ❶走って、あるものの間を通りすぎる。例先頭をきってゴールを駆け抜ける。❷人生や青春時代など一定の期間をいそいで走るようにすぎる。例源義経は三十一年の人生を駆け抜けた。活用かけぬ・ける。

かけね【掛け値】名詞 ❶本当のねだんより高くつけたねだん。❷物事を大げさに言うこと。例掛け値のない話。

かけはし【懸け橋・架け橋】名詞 ❶〔がけや谷などに〕かけわたした橋。❷はしわたし。なかだち。例二つの国の友好の懸け橋となる。

ことばあそび　折り句❹　〈つきみそう〉　つみ上げて　きれいにならべ　みてみてと　そら色積み木

かけはなれる【掛け離れる・懸け離れる】 動詞 ❶遠くはなれる。❷ひじょうにちがっている。例年の掛け離れた兄弟。活用 かけはな・れる。

かけひ 名詞 〔庭などに〕水をひいてくるため地上にかけわたした、とい。かけい。

かけひき【駆け引き】 名詞 する動詞 商売や話し合いで〔相手の出かたを見ながら〕自分のりえきになるように、物事をうまく進めること。

かげひなた【陰日なた】 名詞 ❶日のあたるところと日のあたらないところ。日かげと日なた。❷人の見ているところと見ていないところで、言うことやすることがちがうこと。例陰日なたなく、まじめに働く。類裏表。

かけぶとん【掛け布団】 名詞 ねるときに、体の上にかけるふとん。対敷き布団。

かげふみ【影踏み】 名詞 おにになった人がほかの人をおいかけて、その影をふむ遊び。ふまれた人が次のおにになる。

かげべんけい【陰弁慶】 名詞 ➡131ページ・うちべんけい。

かげぼうし【影法師】 名詞 地面やしょうじなどにうつった人のかげ。

かげぼし【陰干し】 名詞 する動詞 〔ちょくせつ日光にあてないで〕日かげでほすこと。対日干し。

かけまわる【駆け回る】 動詞 ❶あちらこちら走って回る。例校内を駆け回る。❷あちらこちらへ行って力をつくす。例資金集めに駆け回る。活用 かけまわ・る。

かげむしゃ【影武者】 名詞 ❶敵をだますために、大将などに似た服そうをさせた身がわりのさむらい。❷見えないところにいて、さしずをする人。黒幕。例政界の影武者。

かけめぐる【駆け巡る】 動詞 あちらこちら走って、めぐる。例野山を駆け巡った少年時代。活用 かけめぐ・る。

かげもかたちもない【影も形もない】 慣用句 何もない。例晴れて気温が上がると、雪だるまは影も形もなくなっていた。参考 そのもののすがたがきえて、見えないことを強めていう。

かけもち【掛け持ち】 名詞 する動詞 一人で二つ以上の仕事を受け持つこと。

かけもの【掛け物】 名詞 ❶床の間などにかけておく書や絵。掛け軸。❷ねるときに、体の上にかけるもの。

かけよる【駆け寄る】 動詞 走ってきて近づく。例子どもが母親のそばに駆け寄る。活用 かけよ・る。

かけら【欠けら】 名詞 〔かたい物などの〕かけて、はなれた小さな部分。きれはし。例茶わんの欠けらで足をけがした。参考 ほんのわずかなものの意味にたとえる。ことば「良心の欠けらもない」類断片。

¹かける【賭ける】 動詞 ❶勝負ごとなどで勝った人が、負けた人からお金や品物をとる約束をする。❷失敗したらそれをうしなってもよいかくごで、物事をする。例命を賭けて仕事をやりとげる。活用 か・ける。⇩使い分け。

²かける【欠ける】 動詞 ❶一部分がこわれる。例歯が欠ける。❷〔月が〕細くなる。月の一部分が見えなくなる。例月が満ちたり欠けたりする。❸足りない。例あの人は、常識に欠ける。対満ちる。活用 か・ける。

³かける【架ける】 動詞 一方から、もう一方へわたす。例橋を架ける。活用 か・ける。⇩使い分け。

⁴かける【掛ける】 一 動詞 ❶ぶら下げる。例かべに掛ける。❷〔なべ・やかんなどを〕火にあてる。例なべを火に掛ける。❸ほかの物の上に置く。ほかの物にもたせかける。例はしごを掛ける。❹しめる。とじる。ことば「かぎを掛ける」❺口に出して声をおくる。例言葉を掛ける。❻費用・時間などを使う。例時間を掛けて、作品をしあげる。❼持ち出す。例会議に掛ける。❽ある働きをさせる。例ラジオを掛ける。❾かけ算をする。例四に三を掛ける。❿影響をあたえる。ことば「めいわくを掛ける」⓫かぶるようにする。ふりかける。例上から土を掛ける。⓬〔なわ・ひもなど細長いものを〕ほかの物のまわりにわたす。例リボンを掛ける。⓭道具を動かす。ことば「アイロンを掛ける」⇩使い分け。
二 接尾語 《動詞の下につけて》…し始める。とちゅうまで…する。例食べかける。参考 二はふつう、ひらがなで書く。活用 か・ける。

⁵かける【駆ける】 動詞 はやく進む。走る。例広いすなはまを駆ける。活用 か・ける。

⁶かける【懸ける】 動詞 たのんで、まかせる。例優勝を懸けた試合を見る。活用 か・ける。⇩使い分け。

使い分け かける

●勝負をしてお金をとる約束をする。大金を賭ける。

●一方から、一方へわたす。鉄橋を架ける。

●ぶら下げる。ハンガーに掛ける。

●たのんで、まかせる。優勝を懸けた試合。

かげる【陰る】動詞 かげになる。光が物にさえぎられて、暗くなる。例空が、急に陰ってきた。活用 かげ・る。

[1]**かげろう** 名詞 天気のよい日に地上の物がゆらゆらゆれて見えるようす。参考 あたためられた空気がつめたい空気と入りまじっておこる。漢字 陽炎。

[2]**かげろう** 名詞 こん虫の一種。形はトンボに似ているが、羽やからだは小さくて弱々しい。成虫になって、数時間から数日で死ぬ。参考 命が短いことから、はかないことのたとえに使う。

[1]**かげん**【下限】名詞 一番下のさかいめ。これより下はない、一番下。例この値段が値引きの下限です。対上限。

[2]**かげん**【加減】一 名詞 する動詞 ❶くわえることとへらすこと。加法と減法。類増減。❷ちょうどよいようにすること。例塩を加減する。二 名詞 調子。ぐあい。例すこし加減が悪い。三 接尾語 ❶《ある言葉につけて》「…のていど」の意味を表す言葉。例腹のへり加減。❷《ある言葉につけて》〔ちょうどよい〕…ぐあい。例湯加減。

かげんじょうじょ【加減乗除】名詞 算数で、たし算・ひき算・かけ算・わり算のこと。

かげんのつき【下弦の月】名詞 満月がすぎて、七日目ごろの月。参考 夜中から明けがたにかけて、左側半分が見える。対上弦の月。⇩828ページ・月①（図）。

かこ【過去】名詞 すぎさった時。例遠い過去のできごと。対未来。現在。

[1]**かご** 名詞 昔、人を乗せて、前と後ろでかついで運んだ乗り物。漢字 駕籠。⇩図。

[2]**かご**【籠】名詞 竹・つる・はり金などをあんでつくった入れ物。

[1]かご

[3]**かご**【加護】名詞 する動詞 神や仏が、その力によって、守って助けること。例神仏の加護をいのる。

かこい【囲い】名詞 〔まわりをかこむための〕へいやかきね。フェンス。例囲いの中にはなしがいの牛を入れる。

[1]**かこう**【下降】名詞 する動詞 下がること。おりること。例成績が下降する。／エレベーターが下降する。類降下。対上昇。

[2]**かこう**【火口】名詞 火山の、よう岩やガスをふきだす口。⇩252ページ・火山（図）。

[3]**かこう**【加工】名詞 する動詞 原料、または、ある製品に手を加えて、新しい製品をつくること。例革を加工して、くつをつくる。／加工品。

[4]**かこう**【囲う】動詞 ❶まわりをとりまいて、中と外を区別する。例鳥小屋を金あみで囲う。❷かくしておく。かくまう。例犯人を囲う。❸〔くさらないようにして〕たくわえる。例冬にそなえて野菜を囲っておく。活用 かこ・う。

[5]**かこう**【河口】名詞 大きな川が、海や湖に流れこむところ。

かごう【化合】名詞 する動詞 二つ以上の元素や物

ことばあそび 折り句⑤ 〈はつもうで〉 ははがまつ ついに合格 もう最高！ うれしい気持ちを

質が結びつき、ちがった物質になること。(対)分解。

がごう【雅号】(名) 芸術家などが本名のほかにつける名前。号。(参考) 夏目漱石や松尾芭蕉の「漱石」や「芭蕉」など。

かこうがん【花こう岩】(名) 白地に黒いはん点がまじっている岩石。白っぽい部分は石英・長石、黒いはん点は雲母。みかげいし。

かこうぎょう【加工業】(名) 原料や他の製品に手を加えて、新しい製品をつくり出す産業。(例) 乳製品の加工業がさかんな町。

かこうげん【火口原】(名) 複式火山で、外輪山と中央の新しい火口とにはさまれた広い平地。(参考) 箱根の仙石原など。

かこうこ【火口湖】(名) 火山のふん火口のあとに水がたまってできた湖。

かこうしょくひん【加工食品】(名) 長く保存したり、栄養価を高めたりするために、原料などに手を加えてある食品。

かごうぶつ【化合物】(名) 化合してできた物質。(参考) 水は水素と酸素の化合物。

かこうぼうえき【加工貿易】(名) 原料を外国から買って加工し、その製品を外国へ売り出すとりひき。(参考) 日本のゴム製品やせんい製品がその例。

かこく【過酷】(形容動詞) きびしすぎるようす。(例) 過酷な条件。

かこけい【過去形】(名) すぎさった動作やできごとなどを表す言葉の決まり。(参考)「…した」「…だった」などを使って表す。

かごしまけん【鹿児島県】(地名) 九州地方の南部にある県。県庁所在地は鹿児島市。⇩916ページ・都道府県（図）。

かごしまし【鹿児島市】(地名) 鹿児島県の県庁所在地。⇩916ページ・都道府県（図）。

かこつける (動詞) ほかのことのせいにする。(例) 病気にかこつけて、学校を休む。(活用) かこつ・ける。

かこみ【囲み】(名) ❶敵のまわりをとりまいてせめること。また、その軍勢。(例) 囲みを破る。／囲みをとく。❷「囲み記事」の略。新聞・雑誌などの記事で、まわりを線などでかこんであるところ。コラム。

かこむ【囲む】(動詞) まわりをとりまく。(例) テーブルを囲む。／敵に囲まれる。(活用) かこ・む。

かこん【禍根】(名) わざわいや不幸のおこるもとや原因。(ことば)「将来に禍根を残す」

かごん【過言】(名) 言いすぎ。大げさに言うこと。(参考)「…と言っても過言ではない」の形で使うことが多い。(例) 天才と言っても過言ではない。

1 **かさ** (名) 太陽や月のまわりにあらわれる輪の形をした光。(例) 月にかさがかかる。(漢字) 暈。

2 **かさ** (名) 雨・雪・日ざしなどをふせぐために、頭にかぶるもの。また、それに似た形をしたもの。(例) 電灯のかさ。(参考) すげなどであんでつくる。(漢字) 笠。

3 **かさ** (名) 物の大きさや量。(例) かさが増える。(漢字) 嵩。

4 **かさ**【傘】(名) 雨・雪・日ざしなどをふせぐためにさすもの。(ことば)「傘をさす」

かざあな【風穴】(名) ❶風をとおすために、壁などにあけた穴。❷風がふきぬける穴やすき間。❸山腹などにある、大きくて深い穴。夏、つめたい風がふきでてくる。ふうけつ。

かさい【火災】(名)〔規模の大きな〕火事。また、火事による災害。(例) 火災予防運動。

かざい【家財】(名) ❶家にある道具や家具。❷その家の財産。(ことば)「家財をなげうって…する」

がざい【画材】(名) ❶〔けしきや人物など〕絵にかこうとするもの。❷〔ふでや絵の具など〕絵をかくための材料。

かさいりゅう【火砕流】(名) 火山のふん火のとき、火口から流れ落ちる、高温の火山灰や軽石などのこと。

かさかさ 一 (副詞(-と)) (する動詞) かわいた（うすい）ものが、軽くふれ合う音を表す言葉。(例) 手にさげたビニールぶくろがかさかさと音を立てている。

二 (形容動詞) 物の表面がひからびて水気のないようす。(例) 手があれて、かさかさになる。

がさがさ 一 (副詞(-と)) (する動詞) ❶かわいたものがふれ合う音を表す言葉。(例) がさがさと紙ぶくろの中をさぐる。(参考)「かさかさ」よりも、大きくて、さわがしい音をいう。❷落ち着きがなくて、さわがしいようす。(例) がさがさした人。

二 (形容動詞) ひからびて、水気や油気がないようす。(例) がさがさの手。(参考)「かさかさ二」を強めた言い方。

かざかみ【風上】名 風のふいてくる方向。例風上に立つ。対風下。

かざかみにもおけない【風上にも置けない】慣用句〔いやなにおいのものは風上には置けないということから〕おこないや性質などがいやしくて、ひきょうだ。例しんぱんの目をごまかして勝つなんて、スポーツマンの風上にも置けない。

かさく【佳作】名 ❶すぐれた作品。❷入選はしないが、それにつぐよい作品。

かさぐも【かさ雲】名 高い山の頂上のあたりにかかる、頭にかぶるかさのような形の雲。漢字 笠雲。

かざぐるま【風車】名 ❶風を受けて回るようにしたおもちゃ。❷➡1127ページ・ふうしゃ。

かさこそ 副詞(-と) かわいたはっぱや、うすい紙などがふれ合ったときの、かすかな音を表す言葉。例落ち葉がかさこそと鳴る。

かざしも【風下】名 風のふいていく方向。例こちらは風下にあたる。対風上。

1 **かざす** 動詞 ❶物の上にさしかけておおう。例ストーブに手をかざす。❷〔手にもった物を〕頭の上にさしかける。例木刀をかざす。その場にたおれる。類ふりあげる。❸かげをつくるようにさしかける。例まぶしいので本をひたいの所にかざしてながめる。活用 かざ・す。

2 **かざす** 動詞 髪の毛に〔花などを〕さす。活用 かざ・す。

がさつ 形容動詞 動作や言葉に落ち着きがなく、らんぼうなようす。例がさつな連中。

かさなる【重なる】動詞 ❶ある物(の上)に、さらに同じ(種類の)物がのる。例多くの人が重なってたおれた。❷あること(の上)に、さらに同じことが加わる。例不幸が重なる。活用 かさな・る。

かさにかかる【かさに懸かる】慣用句 力のある立場などを利用して、おさえつけるような態度をとる。例かさに懸かって、せめ立てる。漢字 嵩に懸かる。

かさにきる【かさに着る】慣用句 いきおいや力などをたよりにして、いばる。例会長の地位をかさに着て、勝手なことをする。漢字 笠に着る。

かさねがさね【重ね重ね】副詞 ❶何回も同じようなことをくり返すようす。たびたび。例重ね重ね、お手紙をいただきありがとうございます。❷念を入れて言うようす。くれぐれも。例重ね重ねよろしくとのことです。

かさねて【重ねて】副詞 くり返し。もう一度。例重ねてお願いする。

かさねる【重ねる】動詞 ❶物の上に、さらに物をのせる。例本を重ねる。❷くり返す。例苦労を重ねる。活用 かさ・ねる。

かざはな【風花】名詞 ➡かざばな。

かざばな【風花】名詞〔晴れた日に〕風に運ばれて、ちらちらとふる雪。ことば「風花がまいちる」参考「かざはな」ともいう。

かさばる【かさ張る】動詞〔重さのわりに〕体積が大きくなる。例荷物がかさ張る。活用 かさば・る。

かさぶた【かさ蓋】名詞 できものやきずの表面がかわいてできた皮。参考 新しいひふができると、はがれる。

かざみ【風見】名詞 屋根の上などにとりつけて、風のふいてくる方向を知る道具。風向計。参考 矢や鳥の形をしている。⇩図。

風見

かざみどり【風見どり】名詞 ニワトリの形をした風見。

かさむ 動詞 数や量がふえる。例経費がかさむ。活用 かさ・む。注意「重む」と書かない。

かざむき【風向き】名詞 ❶風のふく方向。❷物事のなりゆき。例試合の風向きが変わる。

かざむきがわるい【風向きが悪い】慣用句 ❶風のふいてくる方角が悪い。❷物事のかわっていくようすが、自分にとって具合がよくない。例試合の風向きが悪くなってきた。

かざり【飾り】名詞 ❶かざること。また、かざるもの。❷《「お飾り」の形で》正月の松かざりやしめかざりのこと。

かざりけ【飾り気】名詞 自分をかざってよく見せようとする気持ち。例飾り気のない人。

かざりたてる【飾り立てる】動詞 目立つようにはでにかざる。例パーティー会場を花で飾り立てる。活用 かざりた・てる。

ことばあそび 折り句❻〈じょやのかね〉じょ(ジョ)ギングは やまを見ながら のどかな心

かざりつけ【飾り付け】名詞 かざりつけること。かざりつけたもの。例 お正月の飾り付け。

かざりまど【飾り窓】名詞 商品をならべ見せるガラスまど。ショーウインドー。

かざる【飾る】動詞 ❶いろいろな物を使って美しく見えるようにする。❷じっさいよりよく見せようとして見かけをよくする。例 うわべを飾る。活用 かざ・る。

かさん【加算】名詞 する動詞 たし算。くわえてかぞえること。例 夜には夜間料金が加算される。対 減算。

かざん【火山】名詞 地下の深いところにある、まっ赤にとけたものが、地上にふき出してできた山。また、現在、ガスなどをふき出している山。⇩図。

火口
溶岩
マグマ

火山

かさんかすいそすい【過酸化水素水】名詞 ⬇178ページ・オキシドール。

かざんがん【火山岩】名詞 地下の深いところにある、まっ赤にとけたものが地上にふき出て、ひえてかたまった岩。参考 げんぶ岩・安山岩など。

かざんたい【火山帯】名詞 たくさんの火山がおびのように長く集まっている地域。参考 富士火山帯など。

かざんだん【火山弾】名詞 火山がふん火したとき、とばされて落ちてくる、こぶしぐらいの大きさの岩石。参考 岩しょうが空中でひえてかたまったもの。形は、球形・だ円形などがある。

かざんばい【火山灰】名詞 火山がふん火したとき、ふきあげられてふってくる、灰のような岩石のこな。参考 大きさが二ミリメートルより小さいものをいう。

1 **かし** 名詞 アカガシ・シラカシなど、ブナ科の木のなかま。一年じゅう緑の葉をつけている。実は「どんぐり」。木材はかたく、道具や建物などに使われる。漢字 樫。

2 **かし**【カ氏】名詞 温度計のめもりの一つで、カ氏温度のこと。今、日本ではあまり使わない。カ氏三十二度がセ氏〇度、カ氏二百十二度がセ氏百度である。参考 発明者のドイツ人ファーレンハイトを中国で「華氏」と書いたことから。記号は「F」。

3 **かし**【仮死】名詞 意識不明になり、呼吸がとまり、みゃくはくも弱くなり、じっさいにはまだ生きていながら、見た目には死んだように見える状態。

4 **かし**【河岸】名詞 ❶川の岸。かわぎし。❷川岸にある市場。特に、魚市場。

5 **かし**【菓子】名詞 食事のほかに食べる(あまい)物。例 あまい菓子。/お菓子屋さん。

6 **かし**【貸し】名詞 ❶お金や品物をかすこと。また、かしたお金や品物。例 あの人には千円の貸しがある。❷相手にあたえた恩恵。例 あの人には助けてやった貸しがある。参考 まだそのお礼をうけていないときに言う。対 ①②借り。

7 **かし**【歌詞】名詞 〔ふしをつけてうたう〕歌のことば。歌のもんく。

1 **かじ** 名詞 船のうしろについている、船の方向を調節するもの。⇩662ページ・スクリュー(図)。

2 **かじ**【火事】名詞 建物や山林などがもえること。例 火事が発生した。/山火事。

3 **かじ**【家事】名詞 〔そうじ・せんたくなど〕家の中の仕事。例 家事を手伝う。

4 **かじ**【鍛冶】名詞 金属を焼いたり打ったりして、いろいろな道具をつくること。また、その人。例 刀鍛冶。

がし【餓死】名詞 する動詞 食べる物がなくて死ぬこと。うえじに。

カシオペヤざ【カシオペヤ座】名詞 秋の夕ぐれに、北の空に見えるW形の星座。北極星をはさんで、北斗七星とむかい合っている。カシオペア座。⇩図。▼英語 Cassiopeia

カシオペヤ座

1 **かじか**【河鹿】名詞 アオガエル科のカエル。おすの鳴き声はシカに似ている。カジカガエル。

2 **かじか** 名詞 カジカ科の魚。川にすむ。体長約十センチメートル。食用になる。漢字 鰍。

かじかむ 動詞 手や足の先が寒さのために、こ

ごえて自由に動かなくなる。活用 かじか・む。例 手がかじかんでうまく字が書けない。

かしかり【貸し借り】名詞 する動詞 物をかしたり、かりたりすること。例 お金の貸し借りはしない。

かしきり【貸し切り】名詞 ある期間、決まった人や団体にかすこと。また、かした物。例 貸し切りバス。

かしぐ 動詞 ななめになる。かたむく。例 ボートは右に左に大きくかしぐ。

かしげる 動詞 かたむける。例 首をかしげる。活用 かし・げる。

1**かしこ** 代名詞 はなれた場所をしめす言葉。あそこ。あすこ。例 どこもかしこも雪で真っ白だった。参考 古い言い方。

2**かしこ** 感動詞 女の人が手紙の終わりに使う言葉。「つつしんで書きました」の意味。

かしこい【賢い】形容詞 ❶頭の働きがするどく、反応がすぐれているようす。例 賢い子ども。❷りくつに合っているようす。また、ぬけ目がないようす。例 賢く立ち回る。活用 かしこ・い。

かしこまる 動詞 ❶〔目上の人の前などで〕おそれいってつつしむ。例 かしこまった顔で先生の話を聞く。❷きちんとすわる。❸《「かしこまりました」の形で》承知する。例 はい、かしこまりました。活用 かしこま・る。

かしずく 動詞 人につきそって、大切に世話をする。例 女王様にかしずく。活用 かしず・く。

かしだおれ【貸し倒れ】名詞 人にかしたお金がもどらなかったり、わたした品物の代金がもらえなかったりして損をする。例 おととしかしたお金が貸し倒れになった。

かしだし【貸し出し】名詞 する動詞 お金や品物をかして、持ち出させること。例 図書の貸し出しをする。

かしだす【貸し出す】動詞 お金や品物をかして、外に持ち出させる。例 本を貸し出す。活用 かしだ・す。

かしつ【過失】名詞 不注意のためにおきたあやまち。しくじり。類 失敗。

1**かじつ**【果実】名詞 植物の実。特に、くだもの。

2**かじつ**【過日】名詞 この間。すぎさったある日。先日。例 過日はお世話になりました。参考 手紙文などで使うことが多い。

かしつける【貸し付ける】動詞 〔返す期日や利子などを決めて〕お金や品物をかす。活用 かしつ・ける。

かして【貸し手】名詞 お金や物をかすがわの人。対 借り手。

かじとり【かじ取り】名詞 ❶船のかじを動かす人。❷人の先にたって、さしずをすること。また、その人。例 かじ取りがうまい。

かじば【火事場】名詞 火事のおこっているところ。ことば 「火事場のばか力」(＝さしせまったときに出る想像をこえた力)

かしほん【貸本】名詞 料金をとってかす本。例 貸本屋。

かしま【貸間】名詞 お金をとって人にかす部屋。

かしましい 形容詞 うるさい。やかましい。例 おしゃべりの声がかしましい。活用 かしまし・い。

カシミヤ 名詞 インド北西部からパキスタン北東部にまたがるカシミール地方原産のカシミヤヤギの毛からつくった織物。つやがあり軽くてやわらかく、高級な服地をつくるのに使う。カシミア。▼英語 cashmere

かしや【貸家】名詞 お金をとって人にかすいえ。かしいえ。対 借家。

かしゃ【貨車】名詞 鉄道で、荷物を運ぶための電車や汽車。対 客車。

かじや【鍛冶屋】名詞 鉄などをきたえて、いろいろな道具をつくる仕事。また、その仕事をする人。

かじゃ 名詞 ⇩298ページ・かんじゃ(冠者)。参考 多く、狂言で、人名につけて使う。例 太郎かじゃ。

かしゅ【歌手】名詞 歌をうたうことを仕事にしている人。うたいて。例 人気歌手。

かじゅ【果樹】名詞 くだもののなる木。

カジュアル 形容動詞 服装などがかたくるしくなくて、きがるなようす。例 カジュアルなよそおい。対 フォーマル。▼英語 casual

かしゅう【歌集】名詞 ❶和歌を集めた本。❷歌を集めた本。例 愛唱歌集。

1**かじゅう**【果汁】名詞 くだものをしぼったしる。ジュース。例 天然果汁。

2**かじゅう**【過重】形容動詞 おもさや負担がかかりすぎること。例 過重な労働をしいられる。

がしゅう【画集】名詞 絵を集めて、一さつの本にしたもの。

ことばあそび　折り句❼　〈クリスマス〉　クレヨンを　リュックに入れて　スニーカー　マラソン

かじゅえん【果樹園】 名詞 くだもののなる木を育てている農園。

かしょ【箇所】 一 名詞 物事の、その部分。例 こわれた箇所をなおす。二 助数詞《数を表す言葉の下につけて》場所・部分の数を表す言葉。例 三箇所。参考 二は「か所」と書くことが多い。

かじょ【加除】 名詞 する動詞 くわえたり、のぞいたりすること。例 案文を加除する。

1 **かしょう【仮称】** 名詞 する動詞 かりのよび名。

2 **かしょう【過小】** 形容動詞 ていどが小さすぎるようす。例 実力を過小に評価する。対 過大。

3 **かしょう【過少】** 形容動詞 少なすぎること。例 過少申告。対 過多。

4 **かしょう【歌唱】** 名詞 する動詞 歌。また、歌をうたうこと。例 歌唱力のある歌手。

1 **かじょう【過剰】** 名詞 形容動詞 たくさんありすぎてあまること。多すぎること。例 過剰に投与していた。類 過多。

2 **かじょう【箇条】** 名詞 助数詞 ことがらをいくつかにわけてしめすとき、その一つ一つの項目。例 問題点を五箇条にまとめる。

1 **がしょう【画商】** 名詞 絵を売り買いする商売。また、売り買いする人。

2 **がしょう【賀正】** 名詞 新年を祝うこと。参考 ㋐年賀状やかん板に書く言葉。「正」は「正月」の意味。㋑「がせい」とも読む。

がじょう【賀状】 名詞 ❶祝いをのべる手紙。❷年のはじめをいわう、たより。年賀状。

かじょうがき【箇条書き】 名詞 一つ一つ、項目に分けて、短い文で書くこと。また、書いたもの。例 話の要点を箇条書きにする。

1 **かしら** 助詞 疑問の気持ちを表す言葉。例 ほんとうかしら。

2 **かしら【頭】** 名詞 ❶「あたま」の古い言い方。例 頭を下げる。❷頭の毛。髪。ことば 「頭に雪をいただく(＝しらが頭になる)」❸一番上。例 十二才の女の子を頭に三人の子がいる。❹上に立ってさしずをする人。おやかた。例 大工の頭。❺おどりなどで、動物の形をかたどった、頭にかぶる道具。例 シカの頭をかぶる。

かしらもじ【頭文字】 名詞 〔ローマ字で〕文章や名前のはじめにかく大文字。イニシアル。

かじりつく【かじり付く】 動詞 ❶〔大きなものに〕食いつく。かみつく。類 かぶりつく。❷しっかりとつかんで、またはついていてはなれまいとする。例 妹は、ストーブにかじり付いている。活用 かじりつ・く。

かじる 動詞 ❶〔かたいものを〕歯で少しずつ、かむ。例 リンゴをかじる。❷物事を少しだけ知る。また、少しだけやってみる。例 ドイツ語を少しかじった。活用 かじ・る。

かしわ 名詞 ブナ科の木。葉は大きく、かしわもちを包むのに使う。漢字 柏。

かしわで【かしわ手】 名詞 神をおがむときなどに、両手の手のひらを合わせて鳴らすこと。例 かしわ手を打つ。

かしわもち【かしわ餅】 名詞 もちであんをくるみ、カシワの葉でくるんだ菓子。五月五日の節句にそなえる。漢字 柏餅。

かじをとる【かじを取る】 慣用句 ❶かじを動かして、船をめざす方向に進める。❷物事がうまく進むように、みちびく。例 会社のかじを取る。

1 **かしん【家臣】** 名詞 〔大名などの〕家につかえるけらい。

2 **かしん【過信】** 名詞 する動詞 信用しすぎること。しんらいしすぎること。例 自分の力を過信するな。

1 **かじん【家人】** 名詞 自分の家の人。家族。例 あとで家人に電話をさせます。

2 **かじん【歌人】** 名詞 和歌をつくる人。歌よみ。

がしんしょうたん【が薪しょう胆】 四字熟語 かたきうちや目的をはたすために、自分からすすんで大変な苦労をして、努力すること。例 優勝を目ざして、が薪しょう胆、努力を重ねた。語源 昔の中国で、たきぎの上にねて(＝臥薪)心をふるいたたせ、かたきうちをはたした人がいた。負けた方は、いつも苦い胆をなめて(＝嘗胆)、くやしい気持ちを思い出し、ついに相手をほろぼしたという話から。漢字 臥薪嘗胆。

1 **かす** 名詞 酒をつくった後に残るもの。酒かす。漢字 粕。

2 **かす** 名詞 よいところをとった後に残るもの。例 鉱石のかす。／食べ物のかす。類 くず。ごみ。

3 **かす【貸す】** 動詞 ❶自分の物を、人に使わせる。例 本を貸す。／車を貸してほしい。❷ちえや力をあたえる。助ける。例 力を貸す。／手を貸す。対 ①②借りる。活用 か・す。

かず【数】名詞 ❶多いか少ないかや、順番を表すもの。例参加者の数。❷たくさん。いろいろ。例数ある辞典の中から、これを選んだ。

ガス 名詞 ❶気体。例炭酸ガス。❷都市ガスやプロパンガスなど、燃料に使われる気体。例ガスストーブ。❸こい霧。例山頂付近にガスが立ちこめる。▼英語（オランダ語から）gas

かすか 形容動詞 わかるかわからないかというぐらいにわずかで、はっきりしないようす。例島かげがかすかに見える。

かすがい 名詞 ❶二つの材木などをつなぐのに使う「コ」の字形のくぎ。⇩図。❷戸じまりに使うかながね。❸二つの物をつなぎとめるなかだち。ことば「子は夫婦のかすがい」（＝子どもは夫婦をつなぎとめるというたとえ）」／⇩477ページ・「子はかすがい」／⇩894ページ・「豆腐にかすがい」

かすがい①

かずかぎりもない【数限りもない】慣用句 数えられないくらい、たくさんある。例数限りもないフラミンゴのむれ。参考「数限りない」ともいう。

かずかず【数数】名詞 副詞 数や種類が多いこと。例数々の思い出がある。参考ふつう「数々」と書く。

かずさ【上総】地名 昔の国の名。今の千葉県の中央部に当たる。

かずしれない【数知れない】慣用句 数が多い。数がわからないほど、たくさんの。例失敗は数知れない。

カスタネット 名詞 木の実を二つにわったような形の、スペインで古くから使われていた打楽器。手のひらと指の間にはさんでうち鳴らす。▼英語 castanets

ガスタンク 名詞 都市ガスや特別な気体を入れておく大きな容器。多くは鉄でできていて、円筒形や球形をしている。▼英語 gas tank

カステラ 名詞 小麦粉に、たまご・さとうなどをまぜてむしやきにした洋菓子。▼ポルトガル語。

ガスとう【ガス灯】名詞 石炭ガスを使った明かり。参考日本では、明治時代のはじめに街灯として使われ、文明開化のあかしとされた。

かずのこ【数の子】名詞 ニシンのたまごをほしたもの。参考おもに正月など、いわいのときに食べる。

ガスバーナー 名詞 燃料用のガスをもやす装置。細いあなからガスと空気をまぜたものをふき出させ、それをもやして熱や明かりをえる。▼英語 gas burner

カスピかい【カスピ海】地名 中央アジアにある、塩水の湖。世界で一番大きい。参考「裏海」ともよばれる。

かすみ 名詞〔春の〕朝、または夕方、山のふもとなどをおおう雲のようなもの。漢字霞。

かすみがうら【霞ケ浦】地名 茨城県の南東部にある湖。琵琶湖について日本で二番目に大きい。

かすむ 動詞 ❶かすみがかかる。❷はっきり見えなくなる。ぼんやり見える。例目がかすんで、よく見えない。❸ほかのはなやかなもののせいで、目立たなくなる。例わき役の演技がすばらしく、主役がかすんでしまった。活用かす・む。

かすめる 動詞 ❶〔すばやく〕ぬすみとる。例のらネコが、テーブルの魚をかすめてにげた。❷ごまかす。すきをうかがう。例親の目をかすめて悪いことをする。参考多く「目をかすめる」の形で使う。❸すれすれに通る。例ツバメがのきさきをかすめてとんだ。❹はっと、ある考えがうかぶ。例不安が心をかすめる。活用かす・める。

かすり 名詞 ところどころに線がかすれたようなもようのある織物。また、そのもよう。

かすりきず【かすり傷】名詞 ひふをこすってできたかるいきず。類軽傷。

1 **かする** 動詞 ❶わずかにふれて通りすぎる。例ボールが頭をかすった。❷人の取り分の一部をとりあげる。例賃金をかすられた。❸〔中に残ったわずかなものを〕入れ物の底にふれるようにしてとる。例なべをかする。活用かす・る。

2 **かする**【化する】動詞 形がかわって、別のものになる。例平和な町が血の海と化した。活用か・する。

3 **かする**【科する】動詞〔法律などによって〕罰をあたえる。例罰金を科する。活用か・する。

4 **かする**【課する】動詞 わりあてる。命令してさ

ことばあそび 折り句⑧〈バナナ〉あいことば（バ） いじわるするな（ナ） うそつくな（ナ）

せる。例税金を課する。活用 か・する。

かすれる 動詞 ❶とぎれとぎれで、はっきり声にならない。声がかれる。❷すみ・絵の具などのつきが悪く、ところどころに白いところができる。例字が、かすれてしまった。活用 かす・れる。

ガスレンジ 名詞 燃料用ガスを使ったこんろ。また、それにオーブンをつけたもの。▼英語 gas range

かずをこなす【数をこなす】慣用句 たくさんの仕事や物事をかたづける。例皿をあらうアルバイトの仲間の中で、かれが一番数をこなす。

1 **かぜ**【風】名詞 ❶物がゆれ動き、ふきとばされ、体には寒く、または、すずしく感じられるような空気の流れ。例風がふく。／風が強くなってきた。❷〔人にえいきょうをあたえる〕社会のならわし。例世間の風は冷たい。❸《ある言葉の下につけて》様子。態度。そぶり。ことば「おく病風にふかれる（＝おく病な心がおこる）」❹➡かぜ（風邪）。

2 **かぜ**【風邪】名詞 呼吸器がおかされる病気。寒気がして、熱が出たり、せき・鼻水・くしゃみなどが出たりする。例風邪をひく。

かぜあたり【風当たり】名詞 ❶風がふきつけること。また、その強さ。例山頂は風当たりが強い。❷人からうけるもんくや注意。ことば「世間の風当たりが強い」

1 **かせい**【火星】名詞 太陽系の天体の一つ。わく星で、赤く光る。⇩755ページ・太陽系（図）。

2 **かせい**【火勢】名詞 火のもえるいきおい。例強風にあおられて火勢が強まる。類火力。

3 **かせい**【加勢】名詞 する動詞 力をかしてたすけること。また、たすける人。例ひっこしの加勢をたのむ。類応援。すけだち。

かぜい【課税】名詞 する動詞 税金をわり当てること。

かせいがん【火成岩】名詞 地中で高い熱のためにどろどろにとけていたものが地下や地上でひえ、かたまってできた岩石。参考おもに石英・長石・雲母などからできている。

かせいきんし【仮性近視】名詞 目を近づけて本を読んだりしたために、一時的におこる近視の状態。

かせいソーダ【苛性ソーダ】名詞 湿気をすうととける性質のある、白いこな。強いアルカリ性。化学製品、せっけん、紙などをつくるのに使われる。水酸化ナトリウム。

かせいふ【家政婦】名詞 よその家にやとわれて、その家の家事を手伝う女の人。参考男の人の場合「家政夫」と書く。

かぜがふけばおけやがもうかる【風が吹けばおけ屋がもうかる】ことわざ ➡170ページ・おおかぜがふけばおけやがもうかる。

かせき【化石】名詞 大昔にすんでいた動物や植物の死がいなどが地中にうまり、その形が岩石の中に残されたもの。

かせぎ【稼ぎ】名詞 ❶働いてお金や品物を手に入れること。また、その力。例稼ぎがないくせに車をほしがる。❷働いて、手に入れたお金や品物の金がく。かせぎ高。例稼ぎが少ない。類収入。

かせきねんりょう【化石燃料】名詞 大昔の植物や動物の死がいなどが積みかさなってできて、地中にうまっている燃料。石炭・石油・天然ガスなど。

かせぐ【稼ぐ】動詞 ❶働いてお金を手に入れる。例生活費を稼ぐ。❷試合などで、得点をあげる。例得点を稼ぐ。参考②はくだけた言い方。活用 かせ・ぐ。

かせぐにおいつくびんぼうなし【稼ぐに追いつく貧乏なし】ことわざ いつもいっしょうけんめい働いていれば、貧乏することはない。

1 **かせつ**【仮設】名詞 する動詞 一時的につくって、そなえておくこと。例仮設住宅。⇩使い分け。

2 **かせつ**【仮説】名詞 まだよくわからない事実を説明するため、かりに決めたすじ道だった考え。例仮説をたてて研究を進める。⇩使い分け。

3 **かせつ**【架設】名詞 する動詞 橋やケーブルなどをかけわたすこと。例橋を架設する。／架設工事。⇩使い分け。

カセット 名詞 録音テープなどを小さな箱におさめて、機械にかんたんにはめこむことができるようにしたもの。カセットテープ。⇩図。▼英語 cassette

かぜとおし【風通し】名詞 〔建物の中などを〕風がふき通る具合。参考組織などで、情報や気持ちが通じる具合にも用いる。ことば「風通しがいい」

かぜのたより【風の便り】慣用句 どこから

あいうえお　かきくけこ　さしすせそ　たちつてと　なにぬねの　はひふへほ　まみむめも　や　ゆ　よ　らりるれろ　わ　を　ん

使い分け　かせつ

● 一時的につくること。
住宅を仮設する。

● かりの考え。
仮説をたてる。

● かけわたすこと。
橋を架設する。

ともなく伝わってくるうわさ。

かぜはまんびょうのもと【風邪は万病のもと】ことわざ かぜはたくさんの病気の原因となる。参考 せきやくしゃみ、熱などを、ただのかぜだと思ってゆだんしないようにという、いましめのことわざ。

カセット

かぜひかる【風光る】連語 春の日ざしの中をそよそよと風がふくようすをたとえる言葉。例 風光る季節。参考 春の季語。

かぜよけ【風よけ】名詞 風をふせぐこと。また、そのためのもの。かざよけ。

かぜをきる【風を切る】慣用句 いきおいよく、進むようす。ことば「風を切って走る」

1 **かせん**【化繊】名詞「化学繊維」の略。

2 **かせん**【河川】名詞 大きい川と小さい川をまとめてよぶことば。川。例 河川がはんらんした。

3 **かせん**【架線】名詞 電線をかけわたすこと。また、その線。参考「がせん」ともいう。

4 **かせん**【寡占】名詞 ある商品を市場に出す人や会社が、ほんの少ししかないこと。例 この品物は寡占状態にある。

がぜん【が然】副詞 急に。にわかに。例 体育の時間になるとが然はりきる。漢字 俄然。

かせんしき【河川敷】名詞 川のしき地。ふつう、川の両岸にある土手と土手の間をさす。かせんじき。例 河川敷に野球のグラウンドがある。

かそ【過疎】名詞 ひじょうにまばらであること。特に、あるはんいの土地に住む人の数が少なすぎること。例 過疎地帯。対 過密。

がそ【画素】名詞 画像を構成する小さな点。

1 **かそう**【下層】名詞 ❶いくつもかさなったものの下の部分。❷身分や生活ていどが低いこと。まずしいこと。対 ①②上層。

2 **かそう**【火葬】名詞 する動詞 死体を焼いて、そのほねをほうむること。

3 **かそう**【仮装】名詞 する動詞 祭りや会で楽しむために、あるものにすがたを似せること。

4 **かそう**【仮想】名詞 する動詞 かりにそうだと考えること。例 仮想空間。

がぞう【画像】名詞 ❶絵にかいた人のすがた。例 徳川家康の画像。❷テレビ・スマホ・パソコンなどにうつしだされた物のすがたや形。例 テレビの画像。

かそうぎょうれつ【仮装行列】名詞 祭りや運動会などのよきょうとして、いろいろなすがたにふんした人々がねり歩くこと。

かぞえあげる【数え上げる】動詞 ❶一つ一つ数えてとり上げて言う。例 欠点を数え上げる。❷数え終わる。活用 かぞえあ・げる。

かぞえうた【数え歌】名詞「一つとせ…」「一つとや…」などのように、順番に数をおってうたっていく歌。参考 手まり歌やお手玉歌に多い。

かぞえきれない【数えきれない】連語〔数が多すぎて〕数えることができない。例 駅前に数えきれないほどの人がいる。

かぞえどし【数え年】名詞 うまれた年を一才として、新年のたびに一才を加えて数えた年令。

かぞえる【数える】動詞 ❶数を調べる。例 人数を数える。❷一つ一つ、取り上げて言う。例 名人の一人に数えられている。活用 かぞ・える。

かぞえるほど【数える程】連語〔かんたんに数が数えられるくらい〕少数であるようす。参考「数える程しかない」「数える程しかいな

ことばあそび　折り句9〈サラダ〉卒業さ（サ）　みんなさよなら（ラ）　旅立ちだ（ダ）

い」の形で用いることが多い。例 賛成する人は数える程しかいなかった。

かそく【加速】(名詞)(する動詞) 速度をはやくすること。また、速度がはやくなること。例 アクセルをふんで加速する。対 減速。

[1]**かぞく**【家族】(名詞) 親子・兄弟・夫婦など、近い血すじにある人々。例 家族に相談する。／五人家族。

[2]**かぞく**【華族】(名詞) 一八六九(明治二)年、皇族の下、士族の上におかれた身分。公爵・侯爵・伯爵・子爵・男爵の五つ。江戸時代の公家や大名、明治維新でかつやくした人などがなった。一九四七(昭和二二)年にはいしされた。

かぞくせいど【家族制度】(名詞) さまざまなしくみや決まり、習慣などにもとづく家族のあり方。

かそくど【加速度】(名詞) ❶ある決まった時間内に、はやさがかわってゆくわりあい。❷物事の進むはやさがしだいにましてゆくこと。例 病状が加速度をつけてよくなってきた。

カソリック (名詞) ⬇270ページ・カトリック。

ガソリン (名詞) 石油を蒸留したとき、はじめに出てくるじょう気を集めてひやした、もえやすい液体。自動車や飛行機などの燃料に使う。揮発油。▼英語 gasoline

ガソリンスタンド (名詞) 道路のそばにあって、自動車などのガソリンを売るところ。参考 英語を組み合わせて日本でつくった言葉。英語では gas (oline) station。

[1]**かた**【方】一 (名詞) ❶方角。例 山の方をながめる。❷しかた。方法。例 やる方なし(＝どうしたらいいかわからない)。参考 ア①②は少し古い言い方。イ②は下に打ち消しの言葉がくることが多い。❸人をうやまっていう言葉。例 あの方が校長先生です。
二 (接尾語) ❶《ある言葉の下につけて》「方法」「やり方」などの意味を表す言葉。例 泳ぎ方を教える。❷《手紙のあて名などに書いて》ほかの人の家に住んでいることを表す言葉。例 山本様方。

[2]**かた**【片】一 (名詞) 二つあるうちの、一方。片方。例 片や横綱、片や大関の対戦。
二 (接頭語) ❶《ほかの言葉の前につけて》二つそろったものの一方、または、一方だけ、という意味を表す。例 片手。／片足。／片思い。❷《ほかの言葉の前につけて》不完全である、という意味を表す。例 片言の英語。❸《ほかの言葉の前につけて》少ない、わずかな、という意味を表す。例 片時もわすれない。／片手間にはできない仕事。❹《ほかの言葉の前につけて》中心からはなれている、という意味を表す。例 ホールの片すみ。／片いなかでくらす。

[3]**かた**【形】(名詞) ❶かたち。例 ぼうしの形がくずれる。❷借りたものの代わりにあずけるもの。例 時計を形にお金を借りる。⇩使い分け。

[4]**かた**【肩】(名詞) ❶うでのつけねの上。例 肩をたたく。⇩285ページ・体①(図)。❷服の「肩①」にあたるところ。また、物の上の部分の角のところ。

[5]**かた**【型】(名詞) ❶かたちをつくるもとになるもの。❷運動などの、基本になる動き。例 じゅうどうの型をならう。❸それぞれのとくちょう。タイプ。パターン。例 新しい型の自動車。⇩使い分け。

[6]**かた**【潟】(名詞) ❶遠浅の海岸で、潮がみちるとかくれ、潮がひくと現れるところ。干潟。❷海の一部が砂丘などで区切られてできた湖。

[7]**かた**【過多】(形容動詞) 多すぎるようす。例 人口過多の都会。類 過剰。対 過少。

がた【方】(接尾語) ❶《ある言葉の下につけて》二人以上の人をうやまっていう言葉。例 あなた方。／みなさま方。類 たち。❷(二つ以上に分かれているものの)一方の仲間であることを表す言葉。例 幕府方。❸だいたいの時間・時こくを表す言葉。ころ。時分。例 明け方。／夕方。❹だいたいのわりあいやていどを表す言葉。くらい。ほど。例 ほかの店より三割方やすい。

かたあしをつっこむ【片足を突っ込む】

使い分け　かた

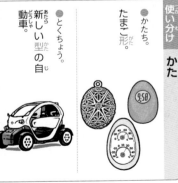

●かたち。
たまご形。

●とくちょう。
新しい型の自動車。

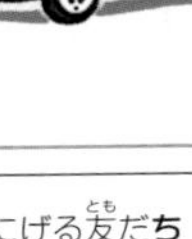

慣用句〔あることに〕少しかかわりをもつ。半分やりかける。例 よけいなことに片足を突っ込むのは、よしなさい。

1 **かたい【堅い】** 形容詞 ❶中身がつまっていて、こわれにくいようす。例 堅い材木。❷しっかりしてあぶなげがないようす。例 堅い商売。❸まじめなようす。例 堅い人。活用 かた・い。⇩使い分け。

2 **かたい【固い】** 形容詞 結びつきが強い。たしかであるようす。例 固い友情。活用 かた・い。⇩使い分け。

3 **かたい【硬い】** 形容詞 ❶外からの力に強い。例 硬い石。対 やわらかい。❷顔の様子がこわばっている。例 表情が硬い。活用 かた・い。⇩使い分け。

4 **かたい【難い】** 形容詞 むずかしい。たやすくない。例 失敗するであろうことは、想像に難くない。ことば「言うはやすく、おこなうは難し(「難し」は「難い」の古い言い方)」活用 かた・い。

1 **かだい【過大】** 形容動詞 ていどが大きすぎるようす。例 過大な期待をする。対 過小。

2 **かだい【課題】** 名詞 問題をあたえること。また、あたえられた問題。例 課題曲。

がたい【難い】 接尾語 《動詞の下について》「…するのがむずかしい」の意味を表す言葉。例 たえ難い苦しみ。／信じ難い光景。

がだい【画題】 名詞 ❶絵につける題名。例「ひまわり」という画題をつけた油絵。❷絵の題材。例 富士山を画題にした日本画。

かたいじ【片意地】 名詞 形容動詞 がんこに自分の考えをおし通すこと。また、そのような性質。いじっぱり。ことば「片意地を張る」

使い分け かたい

●中身がつまっていて、こわれにくい。
堅い材木。

●結びつきが強い。
固い友情。

●強い。
硬い石でできた橋。

かたいっぽう【片一方】 名詞 二つあるもののうちの一方。片方。例 手袋の片一方が見つからない。

かたいなか【片田舎】 名詞 都会や町なかなどから遠くはなれたところ。

かたいれ【肩入れ】 名詞 する動詞 ひいきすること。ひいきして力をかすこと。例 地元のチームに肩入れする。

かたうで【片腕】 名詞 ❶かた方のうで。❷〔仕事などを助けてくれる〕一番たよりになる人。例 兄は父の片腕となって働いている。

がたおち【がた落ち】 名詞 ものをつくる量・値段・人気・成績などが、急に落ちたり下がったりすること。例 信用ががた落ちだ。類 暴落。

かたおもい【片思い】 名詞 一方だけが思って、相手はなんとも思っていないこと。相手に通じない思いや恋。例 初恋は片思いに終わった。対 両思い。

かたおや【片親】 名詞 ❶両親のうちの、どちらか一方。例 交通事故で片親を失う。❷両親のうち、どちらか一方しかいないこと。対 二親。

かたがかるくなる【肩が軽くなる】 慣用句 ❶かたのこりがなくなる。❷気になることや責任がなくなって、楽になる。例 手伝ってくれる人があらわれて、肩が軽くなった。

かたがき【肩書き】 名詞 〔名前の右上に書く〕地位や身分。

かたかけ【肩掛け】 名詞 ❶寒さをふせぐためやおしゃれのためなどに、肩にかける布。ショールやストール。例 ウールの肩掛け。❷肩にかける形。例 肩掛けのかばん。

かたがこる【肩が凝る】 慣用句 ❶肩の筋肉がつかれてかたくなる。例 この作業は肩が凝る。❷かたくるしくて、気づまりだ。神経を使う。例 あの家に行くと肩が凝る。

かたかた 副詞(と) する動詞 かたいものがふれ合って出る、軽い感じの音を表す言葉。例 おもちゃの車が、ゆかの上をかたかたと動く。

ことばあそび 折り句⑩〈うえきばち〉水でっぽう わらうこえ 水しぶき ねらってうてば

かたがた 接尾語《ある言葉の下について》「…のついでに」「…をかねて」などの意味を表す言葉。例先生のところに、お礼かたがたうかがう。

がたがた 一 副詞(-と) する動詞 ❶かたいものがふれ合って出る、重い感じの音を表す言葉。例電車ががたがたゆれながら走る。❷〔こわさや寒さで〕体がはげしくふるえるようす。例がたがたとふるえている。
二 形容動詞 物がこわれかけているようす。また、みだれるようす。例ドアががたがたになる。

かたがつく【方が付く】 慣用句 物事が解決する。例もめ事の方が付いた。参考「片が付く」とも書く。

かたかな【片仮名】 名詞 かなの一つ。多くは漢字の一部分をとってつくられたもの。「アイウエオ」など。例外来語は片仮名で書く。対平仮名。

かたがみ【型紙】 名詞 ❶洋裁で、洋服の形をきりぬいた紙。❷そめものをするときに使う、もようの形をきりぬいた紙。

かたがわ【片側】 名詞 両面・両側があるものの、一方の側。例板の片側をけずる。／工事中なので、片側の車線しか通れない。／片側通行。類片方。対両側。

かたがわり【肩代わり・肩替わり】 名詞 する動詞 人の負担を、かわりに引き受けること。例借金を肩代わりする。参考もともとは、かごをかつぐ人が交代すること。

かたき【敵】 名詞 ❶うらみのある相手。ことば「敵をうつ」❷競争する相手。参考②は、ある言葉の下につけて、「…がたき」という場合もある。例商売がたき。

1かたぎ 名詞 同じような職業・身分の人たちや、同じ年代の人たちに共通してみられる、特別の性質や性格。例昔かたぎ。／職人かたぎ。／江戸っ子かたぎ。類気質。漢字気質。

2かたぎ【堅気】 名詞 形容動詞 ❶性質が、じみでまじめなこと。❷まじめな職業。また、その職業についていること。また、その人。

かたきうち【敵討ち】 名詞 ❶昔、自分の主人や親などを殺した人を、仕返しに殺してうらみをはらしたこと。あだうち。❷仕返しをすること。例負けた試合の敵討ちをする。

かたくな 形容動詞〔だれが何と言おうとも〕自分だけの考えや態度を強く持ち続けるようす。例かたくなにだまりこんでいる。類強情。がんこ。偏屈。

かたくりこ【片くり粉】 名詞 カタクリの球根からとったでんぷん。白いこまかな粉で、料理にとろみをつけたり、湯にといて飲んだりして使う。参考今、ふつうに売られているかたくり粉は、ジャガイモのでんぷんが多い。漢字片栗粉。

かたくるしい【堅苦しい】 形容詞 うちとけず、きゅうくつである。例堅苦しいあいさつは、やめよう。活用かたくるし・い。

かたぐるま【肩車】 名詞 人を両かたにまたがらせてかつぐこと。

かたごし【肩越し】 名詞 前の人のかたの上をこして、物事をすること。例肩越しにのぞきこむ。

かたこと【片言】 名詞 言葉を十分にしゃべれないこと。また、その言葉。例外国人と片言の英語で話をする。

かたじけない 形容詞〔親切などが〕ありがたい。もったいない。参考あらたまった言い方。活用かたじけな・い。

かたず【固唾】 名詞 なりゆきをじっと見守っているときに、口の中にたまる、つば。

かたすかし【肩透かし】 名詞 ❶相撲のわざの一つ。まわしをつかもうとした手で相手のわきの下をかかえこみ、もう一方の手で相手の肩をはたくようにして前にたおす。❷相手のいきおいをうまくかわすこと。ことば「肩透かしを食わせる」「肩透かしを食う」

かたすみ【片隅】 名詞 ❶〔物の〕一方のすみ。すみっこ。❷広いはんいの中の目だたない一部分。せまい場所。例大都会の片隅でおこった事件。

かたずをのむ【固唾をのむ】 慣用句 どうなることかと息をとめるようにしてじっとなりゆきを見守るようす。例試合の様子を固唾をのんで見つめる。

かたたたき【肩たたき】 名詞 ❶肩をたたいて、つかれてかたくなっている肩の筋肉をほぐすこと。また、その道具。❷なだめたり、注意をうながしたりするために、相手の肩をたたくこと。❸退職をすすめること。

かたち【形】 名詞 ❶見たりさわったりしてわかる、すがたやかっこう。例星の形。❷〔中身とは

関係のない〕外からだけ見た有様。例形ばかりのあいさつ。

かたちづくる【形作る】 動詞 ❶その形にする。例つみ木で家を形作る。❷〔全体としてまとまりのあるものを〕つくり上げる。構成する。例一人一人の人間が社会を形作っている。活用かたちづく・る。

かたづく【片付く】 動詞 ❶きちんとまとめられて、きれいになる。例つくえの上が片付く。❷めんどうな物事が解決する。例やっかいな事件がようやく片付いた。活用かたづ・く。

がたつく 動詞 ❶がたがたと音を立てる。例風で、まどガラスががたつく。❷体がふるえ動く。例寒くて、足ががたつく。❸調子が悪くなる。例機械ががたつく。❹まとまりがみだれる。例仲間われで、クラスががたつく。活用がたつ・く。

かたづける【片付ける】 動詞 ❶きちんとまとめて、きれいにする。例部屋を片付ける。❷めんどうな物事を解決する。例宿題を先に片付けよう。活用かたづ・ける。

かたっぱしから【片っ端から】 副詞 次から次に。手当たりしだいに。かたはしから。例片っ端から小説を読む。／片っ端から料理をたいらげる。

かたっぽう【片っ方】 名詞 かたほう。かたいっぽう。二つあるうちの一つ。例片っ方だけしかない。注意「片一方」や「片方」を少し強めていう言い方。

かたつむり 名詞 陸にすむ巻き貝。うずまきの形をしたからをせおってはう。しめり気の多いところをこのむ。でんでん虫。まいまいつぶり。漢字蝸牛。

かたて【片手】 名詞 かたほうの手。対両手。

かたでいきをする【肩で息をする】 慣用句〔かたが上下するほど〕苦しそうに大きくこきゅうをする。例ひっしで走ってきたのか、大きく肩で息をしている。

かたでかぜをきる【肩で風を切る】 慣用句 肩をそびやかして、いばって歩くようすのたとえ。例とくいそうに肩で風を切って歩く。

かたてま【片手間】 名詞 おもな仕事のあいま。

かたどおり【型通り】 名詞 形容動詞 決まったやり方の通り。例型通りのあいさつ。対かたやぶり。

かたとき【片時】 名詞 ちょっとの間。参考ふつう「片時も…ない」の形で使う。例死んだ母のことを片時もわすれたことはない。

かたどる 動詞 ある形に似せて、つくる。例ユリの花をかたどったもよう。活用かたど・る。

かたな【刀】 名詞 昔、さむらいがこしにさしていた長いはもの。⇩図。

みね
しのぎ
つば
さや
つか
刀

かたなおれやつきる【刀折れ矢尽きる】 慣用句 たたかうための武器がまったくなくなる。物事を続ける方法がまったくなくなることのたとえ。

かたなかじ【刀鍛冶】 名詞 はがねをきたえて、刀をつくる職人。刀工。刀匠。

かたながり【刀狩り】 名詞 昔、農民などが力を合わせて領主にはむかうことをふせぐために、刀ややりなどの武器をとり上げたこと。参考一五八八年に豊臣秀吉がおこなった刀狩りが有名。

かたなし【形無し】 名詞 形容動詞 面目をなくして、みじめな様子になること。例アマチュアに負けるようでは、プロも形無しだ。

かたならし【肩慣らし】 名詞 野球などのスポーツを始める前に、かたの調子を整えるためにおこなう軽い運動。

かたにかかる【肩に掛かる】 慣用句 責任などがおいかぶさる。例成功するかどうかは、きみの肩に掛かっている。

かたにはまる【型にはまる】 慣用句〔新しさや工夫を加えず〕決まりきったやり方で、おもしろみがない。例型にはまったスピーチをする。

かたのちからをぬく【肩の力を抜く】 慣用句〔はりきりすぎたり、きんちょうしたりせずに〕気持ちを楽にする。例肩の力を抜いて話した方がいい。

かたのにがおりる【肩の荷が下りる】 慣用句 気になることや責任がなくなって、ほっとする。例役目をはたして、肩の荷が下りる。

かたはし【片端】 名詞 ❶二つあるはしのうちの片方のはし。例ベンチの片端にすわる。対両

ことばあそび 回文 上から読んでも下から読んでも同じ文を「回文」といいます。

端。❷一部分。わずか。例話の片端を聞きかじる。参考「かたっぱし」ともいう。

かたばみ 名詞 カタバミ科の植物。道ばたなどに生え、ハート形の葉で、初夏に黄色い花がさく。

かたはらいたい【片腹痛い】 形容詞 こっけいである。問題にならないほどばかばかしい。例練習もせずに優勝しようなんて片腹痛い。活用 かたはらいた・い。

かたほう【片方】 名詞 〔二つあるうちの〕一方。例くつ下の片方がなくなった。類片側。対両方。

かたぼうをかつぐ【片棒を担ぐ】 慣用句 いっしょに仕事をする。例いたずらの片棒を担ぐ。参考㋐「片棒」は、かごをかつぐ棒の前か後ろのどちらかのこと。㋑ふつう、よくないことにいう。

かたまり【固まり・塊】 名詞 ❶かたまること。また、かたまったもの。例灰の固まり。❷〔人や動物などの〕集まり。集団。例草原を行く白い固まりは、羊のむれであった。❸《「…のかたまり」の形で》ある性質や、ある傾向などが特別に強いこと。例あの人は欲の固まりだ。

かたまる【固まる】 動詞 ❶やわらかいものがかたくなる。例コンクリートが固まる。❷〔人や動物などが〕一つのところに集まる。例はぐれないように全員で固まって行動する。❸しっかりしたものになる。たしかなものになる。例何日もかけて、ようやく自分の考えが固まった。活用 かたま・る。

かたみ【形見】 名詞 思い出となる品物。特に、死んだ人やわかれた人の思い出となる物。例この時計は父の形見の品だ。類遺品。

かたみがせまい【肩身が狭い】 慣用句 世間の人に対して、はずかしく感じるようす。例子どもが人にめいわくをかけると、親としては肩身が狭い。注意「片身」と書かないこと。

かたみち【片道】 名詞 行き、または、帰りのどちらか一方。例片道は電車で行く。対往復。

かたむき【傾き】 名詞 かたむいていること。また、かたむいているていど。例屋根の傾きをゆるやかにする。

かたむく【傾く】 動詞 ❶ななめになる。たおれかかる。例船が傾く。❷太陽や月がしずもうとする。例太陽が西に傾く。❸おとろえる。例家運が傾く。❹ある状態にうつろうとする。例反対の意見に傾く。活用 かたむ・く。

かたむける【傾ける】 動詞 ❶ななめにする。例首を傾ける。❷いきおいをおとろえさせる。例商売を傾ける。❸あることに心や注意を集中させる。例耳を傾けて先生の話を聞く。活用 かたむ・ける。

かためる【固める】 動詞 ❶かたいものにする。かたまらせる。例土を固める。❷しっかりしたものにする。例話を聞いて、ますます自信を固めた。❸守りをきびしくする。例警官が入り口付近を固めていた。❹一つのかたまりにする。一つにまとめる。例休みを固めて取る。活用 かた・める。

かためん【片面】 名詞 裏・表があるものの、一方の面。例食パンの片面をこんがりと焼く。対両面。

かたやぶり【型破り】 名詞 形容動詞 ❶基本になるかたちや、決まりきったかたちをやぶること。また、型をやぶっているもの。例型破りな詩。❷様子・考え方・行いなどが、ふつうとはちがっていること。例型破りな行動。対①②型通り。

かたゆで【固ゆで】 名詞 食べ物をかためにゆでること。また、かたくゆでたもの。例固ゆでのたまご。注意 たまごのようにもともとやわらかいものをしっかりゆでるときと、ジャガイモのようにもともとかたいものをやわらかくゆですぎないようにするときの両方に使う。

かたよる【偏る・片寄る】 動詞 ❶真ん中からはずれて一方による。❷正しい状態からはずれて、不公平になる。また、ふつりあいになる。例栄養が偏る。活用 かたよ・る。

かたらう【語らう】 動詞 ❶親しく話し合う。例仲間と楽しく語らう。❷さそって仲間に引き入れる。例友を語らって山に出かける。活用 かたら・う。

かたり【語り】 名詞 ❶話。話すこと。例あの芸人の語りはおもしろい。❷おもに節のついた謡で進められる能や狂言で、節をつけないで語るところ。❸ドラマや映画などで、せりふや演技のあいまに物語をすすめるための説明を入れること、またその説明。ナレーション。例このドラマは、語りが長すぎる。

かたりあう【語り合う】 動詞 たがいに語る。

例思い出を語り合う。活用 かたりあ・う。

かたりあかす【語り明かす】動詞 夜から朝まで、ずっと話をする。例ひさしぶりに会った友と語り明かす。活用 かたりあか・す。

かたりぐさ【語り草】名詞 話の材料。話のたね。例そのできごとは、のちのちまでの語り草となった。類話題。

かたりくち【語り口】名詞 話すときの様子や調子。語り方。例けっしてうまくない語り口だが聞く人の胸をうつ。

かたりつぐ【語り継ぐ】動詞 人から人へと、次々に語って、伝えていく。例民話を語り継ぐ。類語り伝える。活用 かたりつ・ぐ。

かたりつたえる【語り伝える】動詞 あとの時代の人へ次々に話して伝える。例古くから語り伝えられた話。類語り継ぐ。活用 かたりつた・える。

かたりて【語り手】名詞 話をする人。話を読んで聞かせる人。話し手。

かたりべ【語りべ】名詞 昔、朝廷につかえ、歴史や伝説を暗記していて、語り伝えることを役目としていた家がらの人。

かたりもの【語り物】名詞 芸能の一つ。節をつけ、楽器の演奏に合わせて語る物語。平家琵琶や浄瑠璃、浪花節など。

1 **かたる** 動詞 名前や地位などを、いつわる。例友だちの名をかたってお金をだましとった人がいたらしい。活用 かた・る。

2 **かたる**【語る】動詞 ❶話をする。例優勝のよろこびを語る。❷節をつけて歌う。例浪曲を語る。活用 かた・る。

かたるにたる【語るに足る】慣用句 話すだけのかちがある。例大事なことを語るに足る人物。

カタログ 名詞 商品の種類・値段・使い方などを書きならべたもの。▼英語 catalog

かたわら【傍ら】名詞 ❶そば。よこ。例辞典を傍らにおいて勉強をする。❷それをすると同時に。そのあいまに。例勉強の傍ら音楽をきく。

かたわれ【片割れ】名詞 ❶［一つのものが］いくつかにこわれたり、分かれたりした、その一つ。また、対になっているものの一方。例茶わんの片割れ。／くつ下の片割れ。❷仲間の一人。よくない者にいう。例ようやくどろぼうの片割れがつかまった。

かたをいからす【肩を怒らす】慣用句 かたを高くはり、いばったようすをする。例肩を怒らして入ってきた。

かたをいからせる【肩を怒らせる】慣用句 ⬇かたをいからす。

かたをいれる【肩を入れる】慣用句 本気になっておうえんする。ひいきする。例父はあの選手に肩を入れている。参考 もともとは、かごをかつぐためにぼうの下にかたを入れたことから。

かたをおとす【肩を落とす】慣用句 かたの力がぬけて、両方のうでがたれさがる。がっかりしたようすを表す言葉。例ことわられて肩を落とす。

かたをかす【肩を貸す】慣用句 力をそえて助ける。例人手が足りなくなったら肩を貸すよ。参考 もともとは「いっしょにかごをかつぐ」という意味。

かたをすくめる【肩をすくめる】慣用句 両方のかたをちぢませて、不満やがっかりした気持ち、やれやれという気持ちを表す。

かたをすぼめる【肩をすぼめる】慣用句 元気のない様子をする。

かたをそびやかす【肩をそびやかす】慣用句 ⬇かたをいからす。

かたをならべる【肩を並べる】慣用句 ❶かたとかたを一列にそろえる。歩くとき、または、走るときいっしょにならぶ。❷おたがいに同じような地位や力をもつ。例小さな店だが、大型店と肩を並べるほどの売り上げだ。

かたをもつ【肩を持つ】慣用句 みかたをする。例お母さんはいつも妹の肩を持つ。

かだん【花壇】名詞 庭や公園などの一部分を区切り、土をもりあげるなどして草花をうえたところ。例公園の花壇。類花園。

1 **かち**【価値】名詞 そのものが持っている、ねうち。例読む価値のある本。

2 **かち**【勝ち】名詞 勝つこと。例きみの勝ちだ。対負け。

1 **がち** 接尾語《ほかの言葉の後につけて》そうなることが多い、そうなりやすい、などの意味を表す。例病気がちの子ども。／曇りがちの天気。／おくれがちの時計。

2 **がち** 一 形容動詞 本気である。真剣である。例がちな話。二 副詞 とても。本気で。例がち笑える。類まじ。

ことばあそび 回文① 色白い（いろしろい）

参考 ㋐㊀㊁「がちんこ」の略。㋑くだけた言い方。

かちあう【かち合う】動詞 ❶物と物とが、ぶつかり合う。しょうとつする。例 頭と頭がかち合う。／二人の意見がかち合う。❷いくつかの物事が、かさなり合う。例 二つの会議がかち合う。／兄の結婚式と修学旅行がかち合う。活用 かちあ・う。

かちあがる【勝ち上がる】動詞 トーナメント戦などで勝って、もっと上のたたかいに進む。例 準決勝まで勝ち上がる。活用 かちあが・る。

かちかち ㊀ 副詞(‐と) かたいものが、続けて軽く、ぶつかる音のたとえ。例 マウスをかちかちとさせてクリックする。

㊁ 形容動詞 ❶とてもかたいようす。例 パンがかちかちになる。❷［考え方や性質が］がんこなようす。例 かれの頭はかちかちだ。❸［きんちょうなどで］心がひきしまって、かたくなっているようす。例 試験でかちかちになった。参考 ㊁の意味を強めるときには「かちんかちん」ともいう。類 こちこち。がちがち。

がちがち ㊀ 副詞(‐と) ❶かたいものが、続けてにぶく、ぶつかる音のたとえ。例 寒くて歯ががちがちと鳴る。❷［考え方やり方に］ゆとりがないようす。例 がちがち勉強ばかりしている。

㊁ 形容動詞 とてもかたかったり、体がこわばったりするようす。例 がちがちにかたまる。類 かちかち。こちこち。

かちかん【価値観】名詞 なにがねうちを持っているかについての考え方。物事のねうちを決めるときの見方。例 かれとは価値観がちがう。

かちき【勝ち気】名詞 形容動詞 負けることのきらいな性質。例 勝ち気な人。類 きかん気。負けん気。

かちく【家畜】名詞 人のくらしに役立てるためにかう動物。牛・馬・ブタなど。例 家畜の世話をする。

かちこし【勝ち越し】名詞 勝った数が負けた数より多くなること。対 負け越し。

かちこす【勝ち越す】動詞 勝った数が負けた数より多くなる。例 五回目の対戦で相手チームに勝ち越した。対 負け越す。活用 かちこ・す。

かちどき【勝ちどき】名詞 勝ったときにあげる、よろこびの声。ことば「勝ちどきを上げる」類 がい歌。

かちとる【勝ち取る】動詞 くろうして自分のものにする。例 優勝を勝ち取る。活用 かちと・る。

かちなのり【勝ち名乗り】名詞 相撲で、行司が勝った力士の名を言って、ぐんばいを上げること。例 勝ち名乗りをうける。

かちにじょうずる【勝ちに乗ずる】慣用句 勝って気をよくし、そのいきおいのままに物事をする。勝ちに乗る。例 勝ちに乗じて敵を次々にやぶる。

かちぬき【勝ち抜き】名詞 試合のやり方の一つ。勝った人どうしが、次々とたたかって、最後に優勝を決める。類 トーナメント。

かちぬく【勝ち抜く】動詞 ❶次々と勝つ。例 次の相手にも勝ち抜く。類 勝ち進む。❷さいごまで勝つ。勝ち通す。例 負けなしで勝ち抜く。活用 かちぬ・く。

かちほこる【勝ち誇る】動詞 勝ってとくいになる。例 勝ち誇った顔。活用 かちほこ・る。

かちぼし【勝ち星】名詞 相撲などの勝ち負けを表す表で、勝ったことを表す白丸のしるし。また、勝つこと。ことば「（多くの）勝ち星をあげる」類 白星。

かちまけ【勝ち負け】名詞 勝つことと負けること。例 勝ち負けにこだわる。

かちみ【勝ち味】名詞 ⬇かちめ。

かちめ【勝ち目】名詞 勝つみこみ。勝ち味。例 どう考えても勝ち目はない。

かちゅう【渦中】名詞 ［うずまきの中の意味から］事件・もめごとのまっただなか。例 あの人は、今、事件の渦中にある。

かちゅうのくりをひろう【火中のくりを拾う】ことわざ 自分の損を考えずに、他人のためにあぶないことをする。語源 火の中のクリの実は、はねてあぶない、また、つかむとやけどをするということから生まれた言葉。

かちょう[1]【家長】名詞 一家の主人。一家のあるじ。

かちょう[2]【課長】名詞 会社などの組織における、課の責任者。例 課長にほうこくする。

がちょう 名詞 カモ科の鳥。野生のガンを改良して家畜にしたもの。肉やたまごを食用にしたり、羽毛をふとんなどに使ったりする。

かちょうふうげつ【花鳥風月】四字熟語

自然界の美しいけしき。例花鳥風月を友としてくらす。

かちんとくる【かちんと来る】慣用句 人の言ったことやしたことで、ふゆかいになる。例皮肉を言われて、かちんと来る。類気にさわる。
参考「かちん」は、かたいもの同士がぶつかる音。

1**かつ**【活】名詞 ❶生きること。ことば「死中に活を求める（＝危機的なじょうきょうから生き残りをはかる）」❷人の意識をよみがえらせる方法。ことば「活を入れる（＝意識をよみがえらせる／気合いを入れる）」❸「活動」の略。例就活（＝就職するための活動）。／婚活（＝結婚するための活動）。／推し活（＝推しのための活動）。

2**かつ**【且つ】 一 副詞 一方では。…したり…したり。…しては…し。例飲み且つ食う。二 接続詞 その上に。さらに。例スポーツマンで、且つ頭がよい。

3**かつ**【勝つ】動詞 ❶争って、相手を負かす。例試合に勝つ。❷［くらべたときに］相手よりまさる。例人数では赤組に勝つ（＝赤組より多い）。❸その性質が強い。ことば「気が勝つ（＝勝ち気である）」❹［よくぼうなど］心に働く強い力をおさえる。例ゆうわくに勝つ。対①②④負ける。活用か・つ。

4**カツ** 名詞「カツレツ」の略。例豚カツ。

かつあい【割愛】名詞 する動詞 おしいと思いながら、はぶいたり、手ばなしたりすること。例原稿の一部を割愛する。／時間の都合で、くわしい説明を割愛する。

かつお 名詞 サバ科の魚。暖流にすむ。大きさは六十センチメートルぐらい。体に青い線がある。生で食べるほか、かつおぶしなどにする。漢字 鰹。

かつおぎ【かつお木】名詞 神社などのむな木の上に、それと直角にならべて置くかざりの木。語源 形が「かつおぶし」に似ているのでいう。

かつおぶし【かつお節】名詞 カツオの頭とほねをのぞいたものをにて、何日もよくかんそうさせ、カビをつけて、かたくしたもの。うすくけずって、そのまま食べたり、料理のだしにしたりする。

かっか【閣下】名詞 大臣など身分や位の高い人をうやまってよぶ言葉。類陛下。殿下。

1**がっか**【学科】名詞 ❶学問の科目。例政治学科。❷学校の授業で、勉強することがらを内容によって分けたもの。国語や算数など。

2**がっか**【学課】名詞 勉強すべきことがら。また、学問の課程。例所定の学課をおさめる。

1**かっかい**【各界】名詞 職業や仕事の分野などから見た、それぞれの社会。例各界の実力者が集まる。

2**かっかい**【角界】名詞 ➡241ページ・かくかい。

1**がっかい**【学会】名詞 同じような学問を研究したり、その結果を発表したりするための、学者の集まり。

2**がっかい**【学界】名詞 学問の世界。学者たちの社会。

かつかいしゅう【勝海舟】 人名 （一八二三〜一八九九）江戸時代の終わりごろから明治時代にかけての政治家。一八六〇年、江戸幕府の軍艦咸臨丸の艦長としてアメリカにわたった。また、一八六八（慶応四）年に西郷隆盛と話し合い、争うことなく江戸城をあけわたした。

かっかざん【活火山】名詞 今でも、ふん火したり、ガスをふき出したりしている火山。浅間山・阿蘇山など。参考⇩338ページ・休火山。

1**かつかつ** 副詞 形容動詞 ある状態を、やっと続けているようす。また、ぎりぎりであるようす。例その日その日をかつかつしのぐ。／時間にかつかつ間に合った。

2**かつかつ** 副詞（-と） かたい物がふれ合って出る、するどい感じの音を表す言葉。例ひづめの音が、石だたみの道にかつかつとひびく。

がつがつ 副詞（-と） する動詞 むやみに食べ物をほしがるようす。例山もりの料理をがつがつ食べる。

がっかつ【学活】名詞「学級活動」の略。学級活動は、学級という学校生活のきほん的な活動の場において、個人の能力をのばしたり集団の一員として望ましい態度を身につけたりするための活動。

がっかり 副詞（-と） する動詞 のぞみどおりにならなくて、元気がなくなるようす。例実物を見て、がっかりした。

かっき【活気】名詞 生き生きとした気分やふんい気。ことば「活気にあふれる」類生気。

1**がっき**【学期】名詞 一学年の間の学校生活をいくつかの期間に分けた一区切り。例一学期。／学期末。

ことばあそび 回文② 妻をまつ（つまをまつ）

[2]**がっき**【楽器】名 音楽を演奏するために使う器具。例 さまざまな楽器を演奏する。／木管楽器。

かっきづく【活気付く】動 〔それまで元気のなかったものが〕生き生きとしてくる。例 大漁で港は活気付いている。活用 かっきづ・く。

かっきてき【画期的】形容動詞 今までになかったような、新しくてすばらしいようす。例 画期的なアイデア。

がっきゅう【学級】名 学校などで、いくつかに分けた生徒の集まり。組。クラス。

がっきゅういいん【学級委員】名 えらばれて、いろいろとその学級の世話をする生徒。

がっきゅうかい【学級会】名 学級の中の問題について、児童・生徒が話し合う会。

がっきゅうぶんこ【学級文庫】名 学級の中で利用する本をそなえた設備。

がっきゅうぶんしゅう【学級文集】名 その学級の生徒が書いた作文や詩などを集めて一さつとしたもの。

がっきゅうへいさ【学級閉鎖】名 かぜなどの感染症が、それ以上はやることをふせぐために、その学級の子どもを登校させないようにすること。

かつぎょ【活魚】名 生きている魚。例 活魚料理。

かっきょう【活況】名 商売や取り引きが、景気よく生き生きとしているようす。

かっきり 副詞(-と) 〔数や量などに〕はんぱがないようす。例 五時かっきりに家に着いた。

かつぐ【担ぐ】動詞 ❶かたにのせて持つ。例 みこしを担ぐ。❷だます。ことば「人を担ぐ」❸えんぎや迷信を気にする。ことば「えんぎを担ぐ」活用 かつ・ぐ。

がっく【学区】名 公立の学校で、生徒の通学を地域によって分けた区切り。

かっくう【滑空】名 する動 動力を使わないで、風にのって空中を飛ぶこと。例 グライダーで滑空する。

がっくり 副詞(-と) する動 ❶力がぬけて、急にせいがくずれるようす。例 ゴールインした選手は、がっくりとひざをついた。❷がっかりしたり、つかれたりして、急に元気がなくなるようす。例 負けて、がっくりする。

かっけ 名 足がむくんでだるくなる病気。ビタミンB1が不足するとおこる。漢字 脚気。

かっけつ【かっ血】名 する動 肺や気管支などから血をはくこと。参考 胃や食道などから血をはくことは「吐血」という。漢字 喀血。

[1]**かっこ**【各個】名 一つ一つ。それぞれ。めいめい。例 昼食の弁当を各個にくばる。

[2]**かっこ**【括弧】名 文字・文・数字・式などを、特にほかと区別するために使うしるし。（ ）・「 」・『 』・〔 〕など。

[3]**かっこ**【確固】形容動詞 考え方や気持ちなどがしっかりしていて、ぐらつかないようす。ことば「確固たる信念」

かっこいい 形容詞 すがた・形・様子などが、よい。例 かっこいい生き方。／かっこいい車。参考 ㋐「かっこうがいい」から。㋑くだけた言い方。対 かっこ悪い。活用 かっこい・い。

[1]**かっこう**【郭公】名 五月ごろ日本にくるわたり鳥。「カッコウ」と鳴く。巣をつくらず、モズやホオジロなどの巣にたまごをうむ。

[2]**かっこう**【格好】一 名 ❶かたちやすがた。例 さまざまな格好の人たち。❷ととのった形。ていさい。ことば「格好をつける」 二 形容動詞 ちょうどよいこと。ころあい。例 どろんこ遊びをするには、格好な場所だ。 三 接尾語《年令を表す数の下につけて》「およそ…ぐらいの年」の意味を表す言葉。例 見たところ、三十格好の男。

[3]**かっこう**【滑降】名 する動 〔スキーなどで〕すべりおりること。例 雪の上を滑降する。

がっこう【学校】名 児童・生徒や学生を集め、ある決まった間、先生が知識や技術を教えるところ。例 学校に通う。／小学校。

がっこうほうそう【学校放送】名 ❶〔放送局による〕学校向けの放送。❷学校の中でおこなう放送。校内放送。

かっこく【各国】名 それぞれの国。

かっこわるい【かっこ悪い】形容詞 すがた・形・様子などが悪い。例 かっこ悪いところを見せてしまった。参考 ㋐「かっこうが悪い」から。㋑くだけた言い方。対 かっこいい。活用 かっこわる・い。

かっさい【喝采】名 する動 多くの人が感心して、いっせいに声を出してほめること。また、その声。ことば「喝采をあびる」

がっさく【合作】名 する動 複数の人や団体

がいっしょになってつくること。また、その作品。例日米合作の映画。

がっさん【合算】 名詞 する動詞 いくつかの数量を、合わせて計算すること。例費用を合算する。

かつじ【活字】 名詞 印刷に使う、金属でつくった文字のかた。また、印刷した文字。

かつしかほくさい【葛飾北斎】 人名 （一七六〇～一八四九）江戸時代の終わりごろの浮世絵師。特に、富士山をえがいた「富嶽三十六景」や、みぢかな人々のくらしぶりや動植物などをえがいたスケッチ集「北斎漫画」は名高い。

かつじたい【活字体】 名詞 活字に使う文字の形。参考 特に、ローマ字を書くときに使う、印刷に使う字体に似せた字体をいう。A・aなど。対 筆記体。筆写体。

かっしゃ【滑車】 名詞 つなやくさりをかけてまわす車。重い物を小さい力で動かしたり、力の方向をかえたりするのに使う。参考 じくが動かない「定滑車」と、じくが動く「動滑車」がある。⇩図。

滑車

がっしゅうこく【合衆国】 名詞 ❶「アメリカ合衆国」の略。❷二つ以上の国や州が連合してできた国家。例メキシコ合衆国。

がっしゅく【合宿】 名詞 する動詞 〔ある目的のために〕仲間の人が、ある期間いっしょに生活すること。例夏休みに野球部の合宿がある。

[1]**がっしょう【合唱】** 名詞 する動詞 大ぜいの人がいく組かに分かれて、ちがったふし（低音部と高音部など）を歌い合わせること。コーラス。対 独唱。参考 ⇩687ページ・斉唱。

[2]**がっしょう【合掌】** 名詞 する動詞 手を合わせておがむこと。例めいふくをいのって合掌する。

がっしょうづくり【合掌造り】 名詞 屋根のつくり方の一つ。二本の木材を、手を合わせたように、山形に組み合わせて屋根をささえるもの。⇩図。

合掌造り

かっしょく【褐色】 名詞 黄色がかった、こげ茶色。例褐色に日焼けしたはだ。

がっしり 副詞（-と） する動詞 体つきや物のつくりなどが、じょうぶで安定しているようす。例がっしりした体格。

かっすい【渇水】 名詞 〔雨がふらないために貯水池や井戸などの〕水がなくなること。

かっせん【合戦】 名詞 〔敵と味方の軍が出会って〕たたかうこと。争うこと。例川中島の合戦。参考 古風な言葉。

かっそう【滑走】 名詞 する動詞 ❶地上・水上などをすべるようにして走ること。例ヨットが湖上を滑走する。❷飛行機がとび上がるときや着陸するときに、地上や水上をすべるように走ること。例滑走路。

がっそう【合奏】 名詞 する動詞 二つ以上の楽器で同時に演奏すること。アンサンブル。対 独奏。

かっそうろ【滑走路】 名詞 飛行機が着陸したり、とび立ったりするための道路。

カッター 名詞 ❶大型のボート。参考 後ろが四角に切られたような形をしていることから。❷物を切る道具。▼英語 cutter

カッターナイフ 名詞 物を切ったり、けずったりする道具。特に、切れなくなった刃をおって使えるもの。参考 日本でつくった言葉。

がったい【合体】 名詞 する動詞 二つ以上のしくみや団体が一つになること。例公武が合体する。類 合同。

かつだんそう【活断層】 名詞 現在も活動していると見られる断層。例今回の地震は、活断層のひずみがげんいんと考えられる。

がっち【合致】 名詞 する動詞 ぴったり合うこと。例条件に合致する。類 一致。

がっちり 副詞（-と） する動詞 ❶体つきや物のつくりなどが、しっかりと安定していて力強いようす。例うでをがっちりつかむ。❷ぬけめのないようす。例がっちりとお金をためる。

ガッツ 名詞 勇気。根性。度胸。▼英語 guts

ガッツポーズ 名詞 にぎりこぶしを上の方にあげるポーズ。スポーツ選手が、勝ったり、よい

ことばあそび 回文❸ 馬がまう（うまがまう）

プレーをしたりしたときにする。参考 日本でつくった言葉。

がっつり 副詞(〜と) たくさん。しっかり。例 がっつり食べる。

かつて 副詞 ❶あるとき。まえに。例 かつてわたしはここに住んでいた。❷《打ち消しの言葉をつけて》今まで一度も（…しない）。例 かつて聞いたこともない美しい曲だ。

かって【勝手】 一 名詞 ❶台所。おかって。例 勝手口から出入りする。❷様子。具合。例 勝手がわからず、とまどう。
二 名詞 形容動詞 自分の都合のよいようにすること。例 勝手なことばかり言っている。

かってがちがう【勝手が違う】 慣用句 様子や事情がちがって思うようにいかない。例 いつもと勝手が違ってとまどう。

かってかぶとのおをしめよ【勝ってかぶとの緒を締めよ】 ことわざ 敵に勝った後もゆだんするなという教え。また、成功した後でも気をひきしめよという教え。参考 「かぶとの緒」は、かぶとを頭にとめるひも。

かってきまま【勝手気まま】 名詞 形容動詞 自分の思うままにするようす。例 勝手気ままにくらす。

かってぐち【勝手口】 名詞 台所の出入り口。また、台所に通じる外の出入り口。例 勝手口にお回りください。

かってでる【買って出る】 連語 〔仕事・役わりなどを〕自分から進んで引き受ける。例 みんながいやがる仕事を買って出る。

がってん【合点】 名詞 する動詞 ❶承知すること。また、承知してうなずくこと。例 合点だ。❷よく知っていること。わかること。例 合点がいかない。参考 「がてん」ともいう。

¹かっと 一 副詞 ❶火や日光などが急に強くもえ、または光るようす。例 かっと太陽がてりつける。❷目や口などを急に大きくひらくようす。例 かっと目を見ひらく。
二 副詞 する動詞 急にこうふんして、正しい判断ができないようす。例 かっとしてなぐりつけた。

²カット 名詞 する動詞 ❶切りとること。例 髪の毛を短くカットする。❷テニスや卓球で、たまを切るようにしてうつこと。❸小さな、かんたんなさし絵。▼英語 cut

ガット【GATT】 名詞 関税や貿易について国どうしが結んだ約束。参考 ㋐英語の略語。㋑一九九五（平成七）年、世界貿易機関（WTO）に吸収された。

かつどう【活動】 名詞 する動詞 ❶元気よく動くこと。また、ある働きをすること。例 夜に活動する生き物。類 活躍。❷「映画」の古い言い方。活動写真。

かつどうてき【活動的】 形容動詞 ❶積極的に行動し、働くようす。例 活動的な人。❷動きやすいようす。例 活動的な服装。

カットグラス 名詞 表面に模様などをきざみつけた高級なガラス。また、そのように加工したガラスのうつわ。切り子ガラス。▼英語 cut glass

かっとなる 慣用句 急におこったり、こうふんしたりする。例 かっとなって暴言をはく。類 頭に来る。

¹かっぱ 名詞 ❶人が考え出した動物。頭にさらのようなくぼみがある。人を水中にひきこんでおぼれさせるという。⇩図。❷キュウリを中に入れたのりまき。かっぱまき。参考 ❷は、かっぱはキュウリが好きだと言われることから。漢字 河童。

¹かっぱ①

²かっぱ【合羽】 名詞 ❶雨をよけるために着るがいとう。レインコート。雨がっぱ。❷荷物の雨よけに使うおおい。参考 外来語であるが、日本語になりきっているので、漢字やひらがなで書く。▼ポルトガル語

かっぱつ【活発】 形容動詞 〔言葉や動作、物の動きなどが〕元気で、いきおいのあるようす。例 活発に動き回る。

かっぱのかわながれ【かっぱの川流れ】 ことわざ どんな名人でも失敗することがあることのたとえ。例 かっぱの川流れとならないように注意しよう。語源 およぎの上手なかっぱでも、川に流されて、おぼれるということから。類 猿も木から落ちる。上手の手から水が漏る。

かっぱらう 動詞 すきをねらって、人のものを

ぬすむ。例ハンドバッグをかっぱらう。参考らんぼうな言い方。活用かっぱら・う。

かっぱん【活版】名詞 活字を組み合わせてつくった印刷版。また、それを使った印刷方法。活版印刷。

がっぴょう【合評】名詞 する動詞 何人かの人が、一つの問題についてそれぞれひひょうすること。また、そのひひょう。例話題の新作を合評する。

カップ 名詞 ❶とってのついている茶わん。❷賞品としてあたえる、金属製の大きなさかずき形をしたもの。例優勝カップ。▼英語 cup

かっぷく 名詞 外から見た体の様子。体つき。例かっぷくのよい男の人。類押し出し。

カップめん【カップ麺】名詞 発ぽうスチロールなどの容器に入っていて、お湯をそそぐだけででき上がるめん類を使った食品。

カップル 名詞 ❶夫婦や恋人どうしなど、二人の組み合わせ。例似合いのカップル。❷二つのものの組み合わせ。▼英語 couple

がっぺい【合併】名詞 する動詞 〔いくつかの団体やしくみなどを〕合わせて一つにすること。例二つの町が合併して新しい市ができた。類統合。

かっぽ 名詞 する動詞 ❶堂々と大またに歩くこと。例庭園をかっぽする。❷堂々と思うままに行動すること。例政界をかっぽする。

かつぼう【渇望】名詞 する動詞 ひたすら望むこと。例平和を渇望する。

かっぽうぎ【かっぽう着】名詞 料理や家事をするときに着る、そでのある前かけ。⇩図。

かつやく【活躍】名詞 する動詞 めざましい働きをすること。例運動会で活躍した。類活動。

かっぽう着

かつよう【活用】名詞 する動詞 ❶〔ある物の〕もっている力を生かして使うこと。例最新技術を活用する。類利用。応用。❷言葉の決まりで、動詞・形容詞などの言葉の終わりが、きそく正しくかわること。

かつようけい【活用形】名詞 動詞・形容詞・形容動詞や助動詞が、活用することによってとるさまざまな形。未然形・連用形・終止形・連体形・仮定形・命令形の六つの形。参考「読む」は、「読まない（読もう）・読みます（読んだ）・読む・読むとき・読めば・読め」と活用する。

かつようご【活用語】名詞 活用する単語。動詞・形容詞・形容動詞・助動詞のこと。

かつようごび【活用語尾】名詞 ⇩478ページ・ごび②。

かつようじゅ【かつ葉樹】名詞 ⇩448ページ・こうようじゅ。

かつら[1] 名詞 髪の毛の少ないのをおぎなったり形をととのえたりするのに使うもの。いろいろな髪型につくったかぶりもの。

かつら[2] 名詞 カツラ科の木。高さは三十メートルになる。建築材や家具・えんぴつなどに用いる。漢字桂。

かつりょく【活力】名詞 元気よく働いたり、動いたりするもとになる力。類精力。

カツレツ 名詞 牛・ブタ・鳥肉などのきりみに、こむぎ粉・たまご・パン粉をつけて油であげたもの。カツ。▼英語 cutlet

かつろ【活路】名詞 生きのびるみち。また、こんなんからぬけ出したり、のがれたりする方法。ことば「活路を見いだす」

かつをいれる【活を入れる】慣用句 ❶気絶した人の急所をついたりもんだりして意識をはっきりさせる。❷しかったり、きびしく言ったりして元気づける。例だらけた生徒に活を入れる。

かて【糧】名詞 ❶食べ物。❷なくてはならない大切なもの。例よい本は心の糧となる。

かてい[1]【下底】名詞 台形の平行な二辺のうちの、下の方の辺。対上底。

かてい[2]【仮定】名詞 する動詞 かりに（そうだと）決めること。例一日に五十メートルほり進むと仮定すると、一か月で開通する。

かてい[3]【家庭】名詞 親子や夫婦など、生活をいっしょにする人の集まり。また、いっしょに生活しているところ。

かてい[4]【過程】名詞 物事のはじめから一つの結果がでるまでのうつりかわり。例自動車の発達の過程を調べる。類経過。

かてい[5]【課程】名詞 学んで身につけるために割り当てられた、一定の勉強や作業。例小学校の課程を終える。

ことばあそび　回文④　花の名は？（はなのなは？）

かていか【家庭科】名詞 家庭生活に必要なことをおぼえたり身につけたりするために、学校で勉強する教科。

かていきょうし【家庭教師】名詞 家庭に行って、その家の子どもに勉強を教える人。

かていさいばんしょ【家庭裁判所】名詞 家庭内の問題や少年事件の調査・判定をおこなう裁判所。参考 略して「家裁」ともいう。

かてばかんぐんまければぞくぐん【勝てば官軍負ければ賊軍】ことわざ まちがっていることでも、いったん勝ってしまえば正しいことになる、というたとえ。参考「官軍」は政府の側の軍隊。「賊軍」は政府と対立する軍隊。

がてら 接尾語 何かをするのと同時にほかのことをするときに使う言葉。…のついでに。…をかねて。例 遊びがてらたずねてください。

かてん【加点】名詞 する動詞 点数を加えること。また、加えた点数。対 減点。

かでん【家電】名詞 テレビ・冷蔵庫などの、家庭用の電気器具。例 家電製品の売れ行き。

がてん【合点】名詞 する動詞 ⬇がってん。

がでんいんすい【我田引水】四字熟語 〔自分の田にだけ水を引き入れる、という意味から〕自分の都合のよいように意見を言ったり、行動したりすること。

がてんがいかない【合点がいかない】慣用句 理解し、みとめることができない。例 そんな説明では合点がいかない。

1 **かど**【角】名詞 ❶物のすみのとがったところ。例 つくえの角。❷道のおれまがっているところ。例 角のポスト。❸ほかの人とうまくつきあえないような性質。例 角がある人。

2 **かど**【門】名詞 ❶家の出入り口。もん。❷家。ことば「笑う門には福きたる」

3 **かど**【過度】名詞 形容動詞 物事の程度がすぎること。例 過度の運動は体によくない。類 過当。対 適度。

1 **かとう**【下等】名詞 形容動詞 ❶程度が低いこと。質が悪いこと。対 高等。上等。❷人がらが悪いこと。下品なこと。例 下等な人間。

2 **かとう**【過当】名詞 形容動詞 程度をこえていること。例 過当競争（＝ともだおれするような無理な競争）。類 過度。対 適当。

1 **かどう**【華道・花道】名詞 草花・木などをうつわにさして、美しさを見せる芸術。いけばな。

2 **かどう**【稼働】名詞 する動詞 ❶お金をかせぐために働くこと。例 稼働日数。❷機械を動かして働かせること。

かどがたつ【角が立つ】慣用句 心がいらだち、おだやかでなくなる。例 ものも言いようで角が立つ。

かどがとれる【角が取れる】慣用句 〔他人と仲よくつきあえるように〕性格がおだやかになる。例 年をとって、角が取れてきた。

かとき【過渡期】名詞 うつりかわりの時期。例 新しい時代への過渡期。

かどぐち【門口】名詞 〔門・げんかんなど〕家の出入り口。例 門口までおくっていく。

かどだつ【角立つ】動詞 ❶かどがあって、なめらかでない。❷おだやかさがなく、人をいら立たせる。例 角立った物の言い方。活用 かどだ・つ。

かどで【門出】名詞 ❶長い旅に出ること。旅立ち。例 門出をいわう。❷新しい生活を始めること。例 新しい人生の門出。

かどばる【角張る】動詞 ❶ごつごつしている。例 角張った形の石。❷ふゆかいな感じをあたえる。例 角張った言い方をする。活用 かどば・る。

かどまつ【門松】名詞 正月に、家の入り口にかざる松。

カドミウム 名詞 あえんに似た、やわらかい銀白色の金属。めっき・電池などに使う。毒がある。▼英語 cadmium

かとりせんこう【蚊取り線香】名詞 蚊をころすためにもやすせんこう。うずまきの形のものが多い。⇩図。

蚊取り線香

カトリック 名詞 キリスト教の一派で、ローマ法王（教皇）のもとに統一されている宗派。また、その信徒。カトリック教会。カソリック。旧教。対 プロテスタント。▼英語 Catholic

カトレア 名詞 ラン科の植物。ピンク色やむらさき色の大きい花がさく。▼英語 cattleya

かどわかす 動詞 無理に、または、だましてつれていく。ゆうかいする。例 おさない子どもをかどわかした犯人。活用 かどわか・す。

かな¹ 一 助詞 おどろき・よろこび・悲しみなどの気持ちを強める言葉。…だなあ。例 絶景かな、絶景かな。参考 古い言い方。和歌・俳句・詩などで使われる。

二 連語 ❶自分で自分に問いかける言葉。また、相手に問いかける言葉。例 雨はふるのかな。／きみは一人でここへ来たのかな。❷《「…ないかな」の形で》のぞみを表す言葉。例 お母さん早くかえってこないかな。参考 「かなあ」の形で使うこともある。例 どうすればいいのかなあ。

かな²【仮名】名詞 漢字をすばやく書いたり、その一部分をとったりしてつくった、一字で一音を表す文字。「ひらがな」と「かたかな」がある。例 名前を仮名で書く。注意 「かめい」と読むとべつの意味になる。

かなあみ【金網】名詞 はりがねをあんでつくったあみ。はりがねであみのようにあんだもの。

かない【家内】名詞 ❶家の中。❷家族。例 家内一同元気です。❸他人に対して自分の妻をさすときの言葉。例 ぼくの家内です。参考 やや古い言い方。

かないこうぎょう【家内工業】名詞 自分の家で、小人数の人が品物をつくる、小さなしくみの工業。

かなう 動詞 ❶当てはまる。例 自分の好みにかなった品物。❷のぞみどおりになる。例 願いがかなう。❸同じくらいの力である。例 相撲でかれにかなう人はいない。活用 かな・う。

かなえる 動詞 のぞみどおりにさせる。ききとどける。例 あなたののぞみをかなえてやろう。活用 かな・える。

かながき【仮名書き】名詞 する動詞 かな文字で書くこと。また、書いたもの。例 和歌を仮名書きする。

かながわけん【神奈川県】地名 関東地方の南西部にある県。県庁所在地は横浜市。⇩916ページ・都道府県（図）。

かなきりごえ【金切り声】名詞 〔金物を切るときのような〕高くて、するどい声。きんきんひびく（女の人の）声。ことば 「金切り声をあげる」

かなぐ【金具】名詞 器具にとりつける、金属でつくったもの。

かなぐりすてる【かなぐり捨てる】動詞 ❶着ているものを、あらあらしく取って、すてる。例 上着をかなぐり捨てる。❷思いきって、すてる。例 地位もめいよもかなぐり捨てる。活用 かなぐりす・てる。

かなけ【金気】名詞 ❶水にとけている鉄分。また、その味。例 水道の水に金気がある。❷鉄でできた新しいなべやかまで湯をわかすときに、水にうかび出る赤黒いしぶ。参考 ①②「かねけ」ともいう。

かなざわし【金沢市】地名 石川県の県庁所在地。⇩916ページ・都道府県（図）。

かなしい【悲しい】形容詞 泣きたいような気持ちである。つらくて、さびしい。例 悲しい結末。対 うれしい。活用 かなし・い。

かなしみ【悲しみ】名詞 かなしむこと。かなしい気持ち。例 人々は悲しみにしずんだ。

かなしむ【悲しむ】動詞 悲しいと思う。例 いっしょに行けないことを悲しむ。対 喜ぶ。活用 かなし・む。

かなた 代名詞 話し手から遠くはなれた方。あちら。むこう。例 大空のかなた。参考 ㋐やや古い言い方。㋑⇩39ページ・あなた。476ページ・こなた。

カナダ 地名 北アメリカ大陸北部にある国。首都はオタワ。▼英語 Canada

かなづかい【仮名遣い】名詞 日本語をかなで書き表すときのきまり。参考 「歴史的かなづかい」と「現代かなづかい」がある。

かなづち【金づち】名詞 ❶鉄でできた、くぎなどをうつ道具。❷〔金づちが水にしずんでしまうことから〕泳げないこと。また、泳げない人。例 ぼくは金づちだ。

かなでる【奏でる】動詞 楽器を鳴らして演奏する。例 美しいワルツを奏でる。活用 かな・でる。

かなとこ【金床】名詞 金属をのせて打ちきたえる鉄製の台。上の部分が平らになっている。参考 「かなしき」ともいう。

かなとこぐも【金床雲】名詞 せきらん雲が大きくなって、上の部分がかなとこのような形になった雲。

かなぶん 名詞 コガネムシ科のこん虫。体長約二・五センチメートル。色は緑がかった茶色などで、つやがある。クヌギなどの木のしるなどをすう。かなぶんぶん。

ことばあそび 回文⑤ 軽いイルカ（かるいいるか）

ことば選びのまど

悲しい をあらわすことば

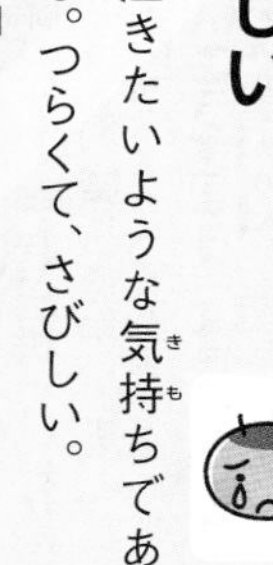

悲しい

泣きたいような気持ちである。つらくて、さびしい。

↓271ページ

哀愁 発展

何となく悲しい感じ。

↓3ページ

哀れ

かわいそうだという気持ち。また、悲しみ。

↓56ページ

打ち沈む 発展

ゆううつになって、すっかり元気がなくなる。

↓130ページ

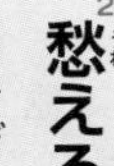

打ちひしがれる 発展

気力やいきおいが、すっかりなくなる。

↓130ページ

愁える[2]

なげき悲しむ。

↓142ページ

落ち込む

がっかりして元気がなくなる。

↓193ページ

感傷的

物事に感じやすく、悲しい気持ちになるようす。

↓299ページ

気の毒

他人の苦しみや悲しみに同情して心をいためること。

↓330ページ

心が痛む

心配や悲しみのために、つらくなる。

↓460ページ

寂しい

たよるものがなく、悲しい。

↓521ページ

しんみり

悲しくて、心がしずんでいるようす。

↓645ページ

ことば選びのまど

悲しいをあらわすことば

切ない
さびしかったり、悲しかったりして、胸がしめつけられるように、つらい。↓704ページ

断腸の思い 発展
〔腸がちぎれるほどの〕たえられない悲しい思い。↓791ページ

沈痛 発展
悲しみに思いなやみ、しずみこんでいるようす。↓821ページ

嘆く
❶深く心をいため、悲しむ。
❷〔かえらぬことや思いどおりにいかないことを〕うらみ、悲しんで口に出す。↓947ページ

悲惨[2] 発展
〔見るのも気の毒なほど〕悲しく、むごいこと。↓1090ページ

悲壮 発展
悲しさの中にも、いさましさの感じられるようす。↓1093ページ

悲嘆 発展
悲しみ、なげくこと。↓1094ページ

悲痛 発展
悲しいできごとのために、心がいたむようす。↓1095ページ

胸が張り裂ける
悲しさや苦しさを強く感じる。↓1275ページ

物悲しい
何となく悲しい。↓1305ページ

かなぼう【金棒】 名詞 ❶鉄でつくったぼう。特に、昔のたたかいで使った太い鉄のぼう。❷先端に数個の鉄の輪をつけた、つえのような鉄のぼう。昔、火の用心に夜回りをするとき、地に突いて鳴らしながら歩いた。

かなめ【要】 名詞 ❶おうぎのほねをとめてあるくぎ。⇩167ページ・扇〔図〕。❷〔①の意味から〕物事の大切なところ・人。例話の要。／チームの要。

かなもじ【仮名文字】 名詞 ⬇かな〔仮名〕。

かなもの【金物】 名詞 金属でできている道具。例金物が落ちる音がした。

かならず【必ず】 副詞 ある条件のもとで、あることがまちがいなく起こるようす。例ご飯を食べたら、必ず歯をみがく。

かならずしも【必ずしも】 副詞《下に打ち消しの言葉をともなって》ぜったいに…とはかぎらない。例答案をはやく出した人が必ずしもよくできているわけではない。

かなり 副詞 形容動詞 ふつうの程度以上であるようす。例かなり寒い。／かなりの時間をついやした。

カナリア 名詞 アトリ科の鳥。羽の色や鳴き声を楽しむため人にかわれることが多い。参考英語はcanary。▼ポルトガル語・スペイン語

がなる 動詞 大きな声でわめくように言う。例わけのわからないことをがなっている。活用がな・る。

かなわない 連語 ❶がまんできない。例こうあつくてはかなわない。❷とても相手になれない。勝てない。例口では妹にかなわない。

かに 名詞 こうかく類の動物。水中や水べにすむ。体はかたいからにつつまれ、平たい。横に歩くものが多い。漢字蟹。

かにのよこばい【かにの横ばい】 ことわざ ❶〔カニは横に歩くところから〕人にどう思われても、本人にはそれが一番都合がよいことだ、というたとえ。例かにの横ばいのようでも、このやり方で続けよう。❷〔カニはたてにまっすぐ歩けないところから〕人にじゃまされたりして、物事が調子よく進まない、というたとえ。例反対意見が多くて、計画は、かにの横ばいのままだ。

かにはこうらににせてあなをほる【かには甲羅に似せて穴を掘る】 ことわざ〔カニは自分のこうらに似せたあなをほってかくれるものだ、ということから〕人は自分にふさわしい考えやおこないしかしない、というたとえ。参考「こうら」は、カニやカメなどの体をつつむ、かたいから。

かにゅう【加入】 名詞 する動詞 あるしくみや団体などに入ること。例正式メンバーとして加入する。類加盟。入会。対脱退。

カヌー 名詞 ❶木のみきをくりぬいてつくったふね。丸木舟。❷「カヌー①」に似せた競技用またはレジャー用の小さなふね。⇩図。参考⇩1196ページ・ボート。▼英語 canoe

¹かね【金】 名詞 ❶金属。特に、鉄。❷お金。例金をためる。ことば「金がかかる」

²かね【鐘】 名詞 つり下げて、たたいたりついたりして鳴らす、金属でつくった道具。特に、つりがね。また、その音。例除夜の鐘が鳴る。

カヌー②

かねあい【兼ね合い】 名詞〔両方の人のことをよく考えて〕つりあいをうまくたもつこと。例ほかの組との兼ね合いを考えて決める。

かねかし【金貸し】 名詞 利子をとってお金をかすこと。また、その商売をしている人。

かねがね 副詞 前からずっと。例私はかねがねその絵を見たいとのぞんでいました。

かねがものをいう【金が物を言う】 慣用句〔むずかしい問題をまとめるのに〕お金の力が役に立つ。

かねじゃく【かね尺】 名詞 ⬇513ページ・さしがね①。

かねそなえる【兼ね備える】 動詞 二つ以上のものを同時にもっている。例やさしさと力強さを兼ね備えた人。活用かねそな・える。

¹かねつ【加熱】 名詞 する動詞 熱を加えること。

²かねつ【過熱】 名詞 する動詞 温度が高くなりすぎること。あつくしすぎること。

かねづかい【金遣い】 名詞 お金のつかい方。ことば「金遣いがあらい」

かねて 副詞 前もって、前から。例私は、かねて

このようになると予想していました。

かねない 連語 〔動詞の下について〕「…するかもしれない」の意を表す。例 このままでは、けんかになりかねない。

かねにいとめをつけない【金に糸目をつけない】慣用句 目的のためにお金をおしげもなく使うようす。例 理想の家のためには金に糸目を付けないつもりだ。語源「糸目」は、たこをあげるときにつりあいをとるために、その表面につけ、手に持つ糸に結びつける細い糸。糸目をつけないたこは、どこまでも飛んで行くことから、お金をどんどん使うことを表す。

かねにめがくらむ【金に目がくらむ】慣用句 お金に心をうばわれて、物事のよしあしがわからなくなる。

かねのきれめがえんのきれめ【金の切れ目が縁の切れ目】ことわざ お金が目当てでちやほやするような人とのつながりは、お金がなくなったとたんにそれで終わりになる。参考「縁」は、人と人とのつながりのこと。

かねはてんかのまわりもの【金は天下の回りもの】ことわざ お金はいつも人から人へとわたって歩く、ということから、金持ちがやがて金をうしない、びんぼうな人が金を手に入れることもあるという教え。

かねへん【金偏】名詞 漢字の部首の一つ。「鉄」「銀」などの左側の「金」の部分。

かねまわり【金回り】名詞 収入の具合。ふところ具合。ことば「金回りがいい」

かねめ【金目】名詞 お金にかえたときの価値が高いこと。ねうちがあること。

かねもち【金持ち】名詞 お金や財産をたくさん持っていること。また、そのような人。

かねもちけんかせず【金持ちけんかせず】ことわざ〔けんかをするとそんすることが多いから〕お金のある人は、用心ぶかくてけんかをしない。例 金持ちけんかせずで、いつもにこにこしている。

かねる【兼ねる】一 動詞 一つのものが二つ以上の働きや性質をもつ。例 学級委員と学年委員を兼ねる。二 接尾語 ❶《動詞について、「かねない」などの形で》…するかもしれない。例 へんなことをしかねない。❷《動詞について》…しにくい。…できにくい。例 その考えには賛成しかねる。参考 二はふつう、ひらがなで書く。活用 か・ねる。

かねんせい【可燃性】名詞 よくもえる性質。例 可燃性の物質。

かねんぶつ【可燃物】名詞 もえるもの。もえやすいもの。例 可燃物のあつかいに注意する。対 不燃物。

かの 連体詞 あの。れいの。例 かの有名な学者。参考 少し古い言い方。

かのう[1]【化のう】名詞 する動詞 きず口などがうみをもつこと。漢字 化膿。

かのう[2]【可能】名詞 形容動詞 あることができること。できるみこみのあること。対 不可能。

かのうせい【可能性】名詞 本当におこるというみこみ。例 戦争になる可能性は少ない。

かのうどうし【可能動詞】名詞「…することができる」という意味を持つ動詞。「読める」「歩ける」「歌える」など。

かのじょ【彼女】一 代名詞 話し手と話し相手以外の女性をさす言葉。あの女の人。例 彼女は学生だ。二 名詞 恋人である女性。例 彼女ができる。対 一二 彼。

かのなくようなこえ【蚊の鳴くような声】慣用句 とても小さな声のたとえ。例 蚊の鳴くような声で話す。

カノン 名詞 音楽で、曲のとちゅうから、前と同じ旋律が次々と追いかけるように出てくる曲。▼英語 canon

かば[1] 名詞 シラカバなどの、カバノキ科の木のこと。漢字 樺。

かば[2]【河馬】名詞 カバ科の動物。体長約四メートル。昼間はほとんど水中ですごす。

カバー 名詞 する動詞 ❶おおいをすること。また、そのおおい。❷足りないところをおぎなうこと。▼英語 cover

かばいろ【かば色】名詞 赤みがかった黄色。

かばう 動詞 ほかから害を受けないように、守る。例 仲間をかばう。活用 かば・う。

がはく【画伯】名詞 絵かきをうやまっていう言葉。例 山川画伯の絵。

かばやき【かば焼き】名詞 ウナギやアナゴなどをさいて骨をのぞき、たれをつけてくし焼きにした料理。例 ウナギのかば焼き。漢字 蒲焼き。

かばん 名詞 革やかたい布などでつくった、本や

ことばあそび 回文6 たいやき、やいた

品物などを入れて持ち運ぶ入れ物。

がばん【画板】 名 絵をかくとき、画用紙をのせたり、はりつけたりする板。

かはんしん【下半身】 名 体の、こしから下の部分。しもはんしん。対 上半身。

かはんすう【過半数】 名 半分より多い数。半数をこえる。類 大半。

1 **かひ【可否】** 名 ❶よいか悪いか。類 適否。❷賛成か反対か。賛否。例 議案の可否をとう。

2 **かひ【歌碑】** 名 和歌をきざんだせきひ。例 北原白秋の歌碑。

1 **かび** 名 きん類のなかま。とても小さい。食べ物に発生してくさらせるものがあるが、生活に役立つものもある。参考 ⇩7ページ・青かび。437ページ・こうじかび。

2 **かび【華美】** 名 形容動詞 はなやかで美しいこと。また、ぜいたくではでなこと。例 華美な生活。

かびくさい【かび臭い】 形容詞 ❶かびのにおいがする。例 おしいれの中がかび臭い。❷時代おくれで、古くさい。例 かび臭い学説。活用 かびくさ・い。

がびょう【画びょう】 名 図画などをかべや板にとめる、びょう。

かびる 動詞 かびがはえる。活用 か・びる。

1 **かびん【花瓶】** 名 つぼの形をした花をいけるうつわ。

2 **かびん【過敏】** 名 形容動詞 感じ方が、ふつうより強いこと。例 神経が過敏だ。

1 **かぶ** 名 アブラナ科の植物。まるい根は白いものと赤いものがある。根や葉を食用にする。すずな。かぶら。春の七草の一つ。漢字 蕪。

2 **かぶ【下部】** 名 全体のうちの下の方の部分。例 電柱の下部を地中にうめる。対 上部。

3 **かぶ【株】** 名 ❶木を切りたおしたあとに残っている根のついたみきやくき。❷草木の根。例 株分けをする。❸株券。また、株式のこと。❹その人のひょうばん。例 株が上がる。❺《「お株」の形で》とくいなわざ。ことば 「お株をうばう」

かふう【家風】 名 その家に長い間伝えられている、くらしのしかたやならわし。

がふう【画風】 名 絵のかき方の特色。絵のかきぶり。例 ルノアールの画風。

カフェ 名 ❶きっさ店に似た、コーヒーを中心に飲みものや軽食、スイーツを出す店。❷〔大正から昭和のはじめに流行した〕女性の店員がいた、酒場をかねた飲食店。参考 ②「カフェー」ともいう。▼英語（フランス語から） cafe

カフェイン 名 コーヒーなどにふくまれる、神経をこうふんさせる働きのある成分。▼英語 caffeine

カフェテラス 名 歩道にそって、いすやテーブルを置いたきっさ店。参考 フランス語の「カフェ」と「テラス」を組み合わせて日本でつくった言葉。

かぶがあがる【株が上がる】 慣用句 人のひょうばんがよくなる。例 ホームランを打って、ぼくの株が上がった。

がぶがぶ 副詞（-と） 水などを、いきおいよく飲むようす。例 のどがかわいていたので、水をがぶがぶ飲んだ。

かぶき【歌舞伎】 名 江戸時代にさかんになったしばい。日本独特の演劇として今もさかんに上演されている。

かぶけん【株券】 名 株式会社に、もとでのお金を出したしるしの書きつけ。株式。株。

かぶさる 動詞 ❶上におおいかかる。重なる。例 髪の毛がひたいにかぶさる。❷責任やふたんがかかってくる。例 休んだ人の仕事がかぶさってきた。活用 かぶさ・る。

かぶしき【株式】 名 ❶〔会社などの〕事業を始めるとき、もとでになる金がくを分けるときの単位。❷株券。

かぶしきがいしゃ【株式会社】 名 株券を出してお金を集め、それをもとでにして事業をする会社。

カフスボタン 名 ワイシャツのそで口につける、かざりをかねたボタン。参考 英語の「カフス（＝そで口）」とポルトガル語の「ボタン」を組み合わせて日本でつくった言葉。⇩図。

カフスボタン

かぶせる 動詞 ❶上から、おおう。例 あみをかぶせる。❷上からおおうように、かける。例 土をかぶせる。❸〔ほかの人につみや責任を〕おわせる。例 責任を人にかぶせる。活用 かぶ・せる。

カプセル 名詞 ❶〔薬などを入れて飲むための〕ゼラチンでつくった小さな入れ物。❷内部をとじた容器。❸うちゅう船などで、人間や計器類などを乗せるところ。▼英語（ドイツ語から）capsule

かふそく【過不足】 名詞 あまることと、足りなくなること。例品物の過不足をしらべる。注意「かぶそく」と読まないこと。

かぶと 名詞 昔、武士がいくさの時、頭を守るためにかぶったもの。鉄・革などでつくった。漢字 兜。⇨644ページ・陣羽織（図）。

かぶとがに 名詞 カブトガニ科の動物。おわんのような形の体で、長い尾がある。大昔から形が変わらないので「生きている化石」といわれる。

かぶとむし【かぶと虫】 名詞 コガネムシ科のこん虫。おすには、かぶとのような大きな角がある。夏のはじめに成虫になり、夏の終わりごろに死ぬ。⇨図。

かぶと虫

かぶとをぬぐ【かぶとを脱ぐ】 慣用句〔たたかいをやめてかぶとをぬいでしまうということから〕こうさんする。負ける。例あなたの熱心さにはかぶとを脱ぎました。類シャッポをぬぐ。

かぶぬし【株主】 名詞 株券を持っている人。

がぶのみ【がぶ飲み】 名詞 する動詞 水やジュースなどを続けざまに飲むこと。がぶがぶ飲むこと。例つめたい水をがぶ飲みする。

かぶりつき 名詞 劇場などで、舞台にもっとも近いところにある客席。参考 舞台にかぶりつくようにして見るという意味から。

かぶりつく【かぶり付く】 動詞〔大きな食べ物に〕いきおいよくかみつく。例スイカにかぶり付く。類かじり付く。活用 かぶりつ・く。

がぶりと 副詞 口を大きく開けて、一気に食いついたり飲みこんだりするようす。例肉に、がぶりと食らいつく。

かぶりをふる【かぶりを振る】 慣用句〔頭を左右にふって〕「そうではない」または「承知しない」ことを表す。例かれに同意してもらいたかったが、かぶりを振るばかりだった。参考「かぶり」は「あたま」の古い言い方。

かぶる 動詞 ❶頭の上から、おおう。例ずきんをかぶる。対脱ぐ。❷〔水・波・粉などを〕あびる。例水をかぶる。❸責任やつみを身に受ける。例つみをかぶる。参考「かむる」ともいう。活用 かぶ・る。

かぶれ 名詞 ❶〔うるしや薬品などで〕ひふがただれたりかゆくなったりすること。❷〔おもに、あまりよくない形で〕えいきょうをうけること。例タレントかぶれ。

かぶれる 動詞 ❶うるしや薬などでひふがただれる。❷悪いえいきょうをうける。また、えいきょうをうけて夢中になる。例流行にかぶれる。参考 あまり好ましくないときに使う。活用 かぶ・れる。

かぶわけ【株分け】 名詞 する動詞 植物の根を親の株から分けて、うつしうえること。

かふん【花粉】 名詞 おしべのふくろの中にあるこな。風や虫の働きでめしべの先につき、たねをつくる働きをもつ。

かぶん[1]**【過分】** 名詞 形容動詞 身のほどをすぎていて、ふさわしくないこと。ことば「過分のおほめにあずかる」

かぶん[2]**【寡聞】** 名詞 形容動詞 見聞がせまく、知識が少ないこと。ことば「寡聞にしてぞんじません」

かふんしょう【花粉症】 名詞 スギやヒノキなどの花粉が鼻や目などに入っておこるアレルギー症状。くしゃみ・鼻水・鼻づまりなどの症状がでる。

かぶんすう【仮分数】 名詞 分子が分母より大きいか、分子と分母がひとしい分数。対真分数。

かべ【壁】 名詞 ❶家のかこいや、部屋のしきりにするもの。特に、土をぬりかためたものをいう。例コンクリートの壁。❷じゃまになること。乗りこえることがむずかしいこと。例百メートル競走で十秒の壁がやぶられた。

かへい【貨幣】 名詞 商品ととりかえるねうちのあるもの。お金。参考 硬貨と紙幣がある。

かべがみ【壁紙】 名詞 ❶〔室内のかざりや、かべをじょうぶにするために〕かべにはる、もようなどのある紙。❷パソコンのデスクトップ画面や、けいたい電話の表示画面に用いる背景の画

あいうえお　か　かきくけこ　さしすせそ　たちつてと　なにぬねの　はひふへほ　まみむめも　や　ゆ　よ　らりるれろ　わ　を　ん

ことばあそび　回文⑦　竹やぶやけた（たけやぶやけた）

像。

かべしんぶん【壁新聞】(名詞) 学校・会社などで、大ぜいの人が集まる場所のかべにはる新聞。

かべにみみあり【壁に耳あり】(ことわざ) ひみつはもれやすいというたとえ。(参考)「壁に耳あり、しょうじに目あり」ともいう。

かべにみみあり、しょうじにめあり【壁に耳あり、障子に目あり】(ことわざ) ⬇かべにみみあり。

かべパス【壁パス】(名詞) サッカーなどで、みかたの選手からうけたボールをちょくせつその選手にもどすパス。ワンツーパス。

かべん【花弁】(名詞) ⬇1054ページ・はなびら。

1 **かほう**【加法】(名詞) よせ算。たし算。(参考)⇩425ページ・減法。619ページ・乗法。628ページ・除法。

2 **かほう**【果報】(名詞)(形容動詞) 運にめぐまれて幸せなこと。例 あの人は果報者だ。

3 **かほう**【家宝】(名詞) その家に代々伝わっているたからもの。家のたから。

かほうはねてまて【果報は寝て待て】(ことわざ) 幸せは（人の力ではどうにもならないので）その時機がおとずれるまであせらずにまつのがよいというたとえ。

かほご【過保護】(名詞)(形容動詞) 〔子どもなどの〕めんどうをみすぎること。

かぼそい【か細い】(形容詞) ほそくて、弱々しい。例 すてネコが、か細い声でないていた。／か細いからだ。(活用) かぼそ・い。

かぼちゃ (名詞) ウリ科の植物。つるがのび、夏、黄色の花がさく。実を食用にする。なんきん。(参考) カンボジアから伝わったことからこの名前がついたといわれる。(漢字) 南瓜。⇩コラム「地名・人名をふくむことば」(115ページ)。

ガボット (名詞) 十七世紀ごろのフランスではやった、二拍子、または四拍子のテンポのはやい舞曲。組曲に加えられることもある。▼英語（フランス語から）gavotte

1 **かま** (名詞) じょう気機関で、湯をわかすもの。ボイラー。

2 **かま**【釜】(名詞) ごはんをたく道具。例 電気釜。⇩使い分け。

3 **かま**【窯】(名詞) 物を高い温度でとかしたり、焼いたりするための設備。ガラス・焼きものなどをつくるのに使う。⇩使い分け。

4 **かま**【鎌】(名詞) 草、イネなどをかるのに使う道具。⇩図。

1 **がま** (名詞) ⬇1084ページ・ひきがえる。

2 **がま** (名詞) ガマ科の植物。ぬまや池などの水べにはえる。高さ二メートルぐらい。夏に茶かっ色の長いほをつける。(漢字) 蒲。

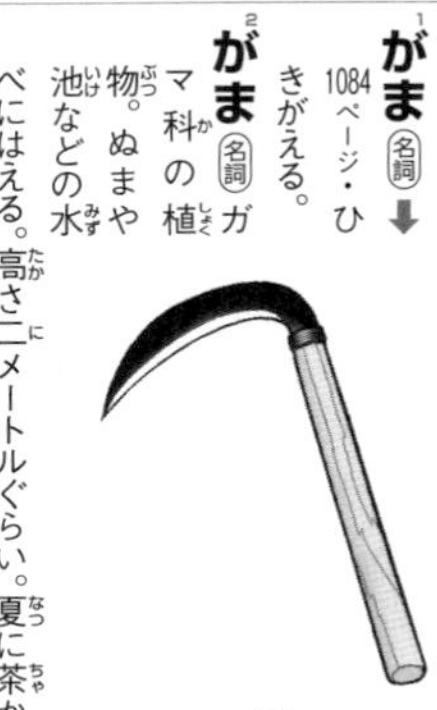

鎌

かまう【構う】(動詞) ❶気をくばる。気にする。例 身なりに構わない。❷世話をする。もてなす。(ことば)「すぐ失礼しますので、どうぞお構いなく」❸からかう。例 ネコを構っていて引っかかれた。(活用) かま・う。

使い分け かま

●ごはんをたく道具。電気釜。

●物を焼くための設備。炭を焼く窯。

かまえ【構え】(名詞) ❶組み立ての様子。つくり。例 りっぱな構えの新しい家。❷〔剣道などの〕身がまえ。❸漢字の部首の種類の一つ。門構え・国構えなど。

かまえて【構えて】(副詞) かならず。決して。例 構えて、わすれるな。

かまえる【構える】(動詞) ❶〔家などを〕組み立てる。つくる。例 りっぱな家を構える。❷あるしせいをとって相手に対する。身がまえる。例 刀を上段に構える。(活用) かま・える。

がまがえる (名詞) ⬇1084ページ・ひきがえる。

かまきり (名詞) 肉食のこん虫。頭は三角形で、前あしはかまのような形になっている。

がまぐち【がま口】(名詞) お金を入れて持ち歩く、口がねのついた入れ物。(語源) あけたときの

形がガマガエルの口に似ていることからいう。類 さいふ。⇩図。

がま口

かまくび【鎌首】名詞 かまの形のように曲がった首。ことば「鎌首をもたげる」参考 ヘビが首を持ち上げたときの様子をいう。

かまくら 名詞 秋田県で子どもたちがおこなう冬の行事。雪の山をつくって中をくりぬいたあなぐらで神をまつり、そこで遊んだりものを食べたりする。また、そのあなぐら。⇩図。

かまくら

かまくらじだい【鎌倉時代】名詞 源頼朝が一一八〇年代に鎌倉に政権をうち立ててから一三三三年にほろびるまでの約百五十年間。はじめて武士による政治がおこなわれた。

かまくらばくふ【鎌倉幕府】名詞 源頼朝が鎌倉で開いた幕府。源氏のあと、北条氏が力をもつが一三三三年にほろびた。

かまける 動詞〔ほかのことはいいかげんにして〕そのことだけにかかわる。例 いそがしさにかまけて約束をわすれた。活用 かま・ける。

がましい 接尾語《ほかの言葉のあとにつけて》「いかにもそのような感じがする」という意味を表すことば。例 押しつけがましい言い方。／差し出がましいようですが、言わせてください。／晴れがましい。／未練がましい。活用 がまし・い。

かます 名詞 こくもつなどを入れるために、わらむしろでつくった大きなふくろ。⇩図。

かます

かまど 名詞 なべやかまをのせて、下で火をもやし、食べる物をにたりたいたりするしかけ。へっつい。⇩図。

かまびすしい 形容詞 やかましい。さわがしい。例 家の前の道路工事の音がかまびすしい。活用 かまびすし・い。

かまぼこ 名詞（白みの）魚をすりつぶして、かためてむしたり、焼いたりした食品。参考 板につけたり、すだれ（巻きす）でまいたりしてしあげる。

かまめし【釜飯】名詞 小さなかまで一人前ずつたいた、肉や野菜などのたきこみごはん。

かまわない【構わない】連語《「…してもかまわない」の形で》「気にしない」「さしつかえない」の意を表す。例 いくら高くても構わない。

かまど

かまをかける【鎌を掛ける】慣用句 相手に本当のことを言わせるために、それとなく話しかけたりさそったりする。

がまん【我慢】名詞 する動詞〔痛み・いかり・悲しみ・苦しみなどの〕気持ちをおさえること。こらえること。例 何を言われても我慢していた。

がまんづよい【我慢強い】形容詞 こらえる力が強いようす。例 妹は我慢強い。活用 がまんづよ・い。

かみ¹【上】名詞 ❶位置が高い方。うえの方。かみて。例 学校は坂の上にある。❷川の上流。川かみ。❸身分の高い人。また、役所や政府など。例 お上（＝役所）にうったえる。❹前半。例 上半期。／上の句。対 ①～④下。

かみ²【加味】名詞 する動詞 ほかの性質のものを加えること。例 あなたの意見を加味してこのように決めました。

かみ³【神】名詞 ❶人間には考えられない大きな力をもっていると考えられるもの。❷想像をこえる、すぐれた人や物。また、すぐれたようす。

ことばあそび 回文8 車はまるく（くるまはまるく）

例あの人は神だ。／神対応。

かみ[4]【紙】名詞 ❶文字や絵をかいたり、物をつつんだり、はこをつくったりするもの。おもに植物のせんいからつくる。例紙に書く。参考和紙と洋紙がある。❷じゃんけんで、ゆびを全部ひらいて出すもの。ぱあ。対石。はさみ。

かみ[5]【髪】名詞 頭の毛。例髪を切る。

かみあう【かみ合う】動詞 ❶たがいにくいつき合う。❷歯車のようにぎざぎざのあるものどうしがぴったり合う。❸〔議論などで〕たがいの考えがうまく合う。例話がかみ合わない。活用 かみあ・う。

かみいれ【紙入れ】名詞 おさつを入れて持ち歩く入れ物。さつ入れ。

かみがかり【神懸かり】名詞 ❶神霊が人に乗りうつること。また、その人。❷言うことやることが、極端に常識をはずれていること。例言うことが神懸かり的だ。

かみかくし【神隠し】名詞 子どもやむすめなどが、とつぜんゆくえ不明になること。参考神やてんぐなどのしわざによると考えられた。

かみかざり【髪飾り】名詞 女の人が髪につけてかざるもの。くし・かみどめ・かんざしなど。

かみがた[1]【上方】名詞 京都・大阪付近。関西地方。参考昔、京都に都があったので「上」とよんだ。

かみがた[2]【髪型・髪形】名詞 髪のかたち。ヘアスタイル。例髪型をかえる。

がみがみ 副詞(〜と) 口うるさくしかったり文句を言ったりするようす。例がみがみ言われる。

かみき【上期】名詞 一年を二つの期間に分けたうちの、前の方の半年。上半期。対下期。

かみきりむし【髪切り虫】名詞 カミキリムシ科のこん虫。触角が長い。幼虫は「てっぽうむし」といい、木のみきに穴をあける。

かみきる【かみ切る】動詞 物を歯でかんで、切る。食い切る。活用 かみき・る。

かみきれ【紙切れ】名詞 紙のきれはし。紙片。また、メモなどに使う、小さな紙。

かみくず【紙くず】名詞 いらなくなった紙切れ。くずがみ。

かみくだく【かみ砕く】動詞 ❶かんでこまかくする。❷〔むずかしいことを〕わかりやすく説明する。例かみ砕いて説明する。活用 かみくだ・く。

かみコップ【紙コップ】名詞 紙でできているコップ。

かみこなす 動詞 ❶食べ物をよくかんで消化する。❷理解して自分のものにする。活用 かみこな・す。

かみころす【かみ殺す】動詞 ❶〔動物が〕かみついてころす。食いころす。❷歯をかみしめて、じっとがまんする。ことば「笑いをかみ殺す」活用 かみころ・す。

かみざ【上座】名詞 上の立場の人がすわる席。例客を上座にすえる。類上座。上席。対下座。参考和室では床の間に近い方が上座になる。

かみさま【神様】名詞 ❶「神」をうやまっていう言葉。❷ひじょうにすぐれている人。例サッカーの神様。

かみさん 名詞 自分の妻や親しい人の妻。例うちのかみさん。参考⇩177ページ・おかみさん。

かみしばい【紙芝居】名詞 なんまいかのあつ紙に物語の絵をかき、話をしながら順番にめくって見せるもの。

かみしめる【かみ締める】動詞 ❶力を入れてかむ。例くちびるをかみ締めた。❷よくあじわう。また、よく考えて理解する。ことば「喜びをかみ締める」例母の言葉を心の中でかみ締めていた。活用 かみし・める。

かみしも 名詞 江戸時代の武士が、儀式のときなどにきた礼服。漢字 裃。⇩図。

かみしも

かみそり 名詞 髪の毛やひげをそるのに使うはもの。

かみだな【神棚】名詞 家の中で、神をまつっておくたな。

かみだのみ【神頼み】名詞 神にいのり、助けをもとめること。ことば「苦しい時の神頼み」（＝困ったときだけ神にいのる。自分勝手なことのたとえ）

かみつ【過密】名詞 形容動詞 つめこみすぎていること。特に、あるかぎられたはんいの土地に住む人の数が多すぎること。例過密都市。対過疎。

かみつく【かみ付く】動詞 ❶食いつく。強くかんではなさない。❷強いちょうしで質問したり、意見を言ったりする。例せんぱいの発言に

かみ付く。活用 かみつ・く。

かみづつみ【紙包み】名詞 紙でつつんだもの。

かみつぶて【紙つぶて】名詞 投げて当てるために、紙をかたく丸めたもの。

かみて【上手】名詞 ❶上の方向。上座の方。❷しばいの舞台で、お客の方から見て右の方。対 下手。⇩435ページ・高座（図）。

かみでっぽう【紙鉄砲】名詞 子どものおもちゃ。細い竹づつの両はしにそれぞれぬれた紙をまるめてつめ、一方の紙をぼうでいきおいよくおしこんで、他方の紙をとばして遊ぶ。

かみなり【雷】名詞 ❶雲の中、または、雲と地面にできたプラスとマイナスの電気の放電によって出る強い音や光。参考「いかずち」は「かみなり」の少し古い言い方。❷雲の上で、「かみなり①」をおこすと考えられている神。雷様。雷神。❸がみがみおこること。例 先生の雷が落ちた。

かみなりがおちる【雷が落ちる】慣用句 目上の人に、きつくしかられる。例 ついに父の雷が落ちた。

かみなりぐも【雷雲】名詞 かみなりをおこす雲。積乱雲。参考「らいうん」ともいう。

かみねんど【紙粘土】名詞 紙をこまかく切って水につけたものに、ねばり気を出すものを加えて粘土のようにしたもの。

かみのく【上の句】名詞 短歌で、はじめの五・七・五の三句。参考 これに下の句七・七の二句が続く。対 下の句。

かみのけ【髪の毛】名詞 頭にはえる毛。頭髪。

かみひとえ【紙一重】名詞〔紙一まいの厚さの意味から〕ごくわずかなこと。例 合格・不合格の差は紙一重だった。

かみふうせん【紙風船】名詞 おもちゃの一つ。色紙をはぎ合わせてまるい形にし、小さなあなから息をふき入れてふくらませ、手で空中につきあげて遊ぶ。

かみふぶき【紙吹雪】名詞 お祝いや、かんげいの気持ちをこめて、小さく切った色紙などを吹雪のように空中にまきちらすもの。例 優勝を祝う紙吹雪がまう。

かみやすり【紙やすり】名詞 紙や布にガラスのこなや金剛砂をぬりつけたもの。ものの表面をみがくのに使う。サンドペーパー。

かみわける【かみ分ける】動詞 ❶よくかんで、味を区別する。❷よく考えて、物事のこまかなちがいを理解する。ことば ⇩「酸いも甘いもかみ分ける」 活用 かみわ・ける。

かみわざ【神業】名詞〔神にだけできることという意味から〕人間にはとてもできないと思われるほどすぐれたうでまえ。対 人間業。

かみん【仮眠】名詞 する動詞 少しの間ねむること。例 十五分だけ仮眠をとった。類 仮寝。

1**かむ** 動詞 鼻じるを出して、ふきとる。例 はなをかむ。活用 か・む。

2**かむ** 動詞 ❶上下の歯を強く合わせる。また、食べ物を歯でくだく。例 よくかんで食べる。❷〔動物が〕歯できずをつける。例 犬が人をかんだ。❸流れがいきおいよくぶつかる。例 川の流れが岩をかむ。活用 か・む。漢字 噛む。

ガム 名詞「チューインガム」の略。

がむしゃら【我武者羅】名詞 形容動詞 先のことを考えないで、無理に行動すること。例 がむしゃらに働く。

ガムシロップ 名詞 冷たい飲み物などに用いる、こいさとう水。例 アイスコーヒーにガムシロップを二個入れる。▼英語 gum syrup

ガムテープ 名詞 荷づくりなどのときに使う、はばの広い、片面にのりをつけたテープ。参考 日本でつくった言葉。

カムバック 名詞 する動詞〔もとの地位や身分に〕もどること。復帰。例 五年ぶりに芸能界にカムバックした。▼英語 comeback

カムフラージュ 名詞 する動詞 本当のすがたを知られないように、べつのものに見せかけること。カモフラージュ。▼英語（フランス語から）camouflage

かむる 動詞 ➡277ページ・かぶる。活用 かむ・る。

1**かめ** 名詞 水・みそ・つけものなどを入れる、〔口が広く〕底の深い焼きもの。例 かめに水をはる。

2**かめ**【亀】名詞 体が平たく、背はかたいこうらでつつまれている、はちゅう類の動物。歩くのがおそい。参考 長生きをするということで、ツルとともに、めでたい動物とされる。

1**かめい**【加盟】名詞 する動詞 ある団体などに加わること。例 国連に加盟する。類 加入。

2**かめい**【仮名】名詞 かりにつけておく名前。類 偽名。注意「かな」と読むとべつの意味になる。

3**かめい**【家名】名詞 ❶家の名前。❷家のめいよ。ことば「家名をけがす」

ことばあそび 回文⑨ 夜、いるよ（よるいるよ）

がめつい 形容詞 よくが深く、もうけることにぬけめのないようす。参考 くだけた言い方。活用 がめつ・い。

かめのこうよりとしのこう【亀の甲より年の功】 ことわざ 長い間の経験で身につけたものはとうといという教え。参考「亀の甲」はカメのこうらのこと。「年の功」と音が似ているので使われている。「年の功」は経験の力。

カメラ 名詞 写真機。また、さつえい機。例 ビデオカメラ。／胃カメラ。▼英語 camera

カメラマン 名詞 ❶写真をとることを職業としている人。❷映画・テレビなどのさつえいをする人。▼英語 cameraman

カメレオン 名詞 アフリカにすむ、トカゲのなかまの動物。長い尾を木のえだにまきつけ、長いしたを出して虫などをとって食べる。まわりの様子に合わせて、体の色をかえられる。▼英語 chameleon

かめん【仮面】 名詞 いろいろな顔の形のかぶりもの。お面。

がめん【画面】 名詞 ❶絵やうつされたフィルムの表面。❷映画やテレビにうつされた像。

かめんをかぶる【仮面をかぶる】 慣用句 本心をかくして、ちがうもののように見せかける。例 善人の仮面をかぶった悪人。対 仮面を脱ぐ。

かめんをぬぐ【仮面を脱ぐ】 慣用句 本心や本当の性質を表す。例 人徳者の仮面を脱いで本性を表す。対 仮面をかぶる。

かも 名詞 ❶カモ科の水鳥。カルガモ・マガモなど。❷勝負などで、かんたんに負かせそうな人。だましやすい人。漢字 鴨。

かもい【かも居】 名詞 戸やしょうじをあけたてするため、敷居と対で、上の部分についている、みぞのある横木。漢字 鴨居。対 敷居。⇩図。

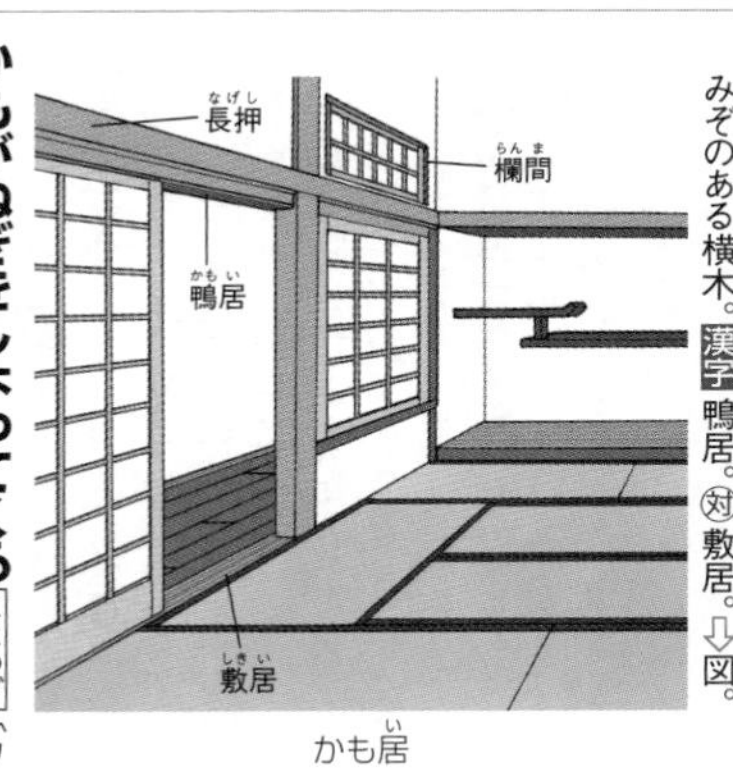

かも居

かもがねぎをしょってくる ことわざ 〔カモだけでなくネギまでそろったら、おいしい「かもなべ」がすぐつくれるということから〕はじめに考えていたよりももっと都合がよいことになる、というたとえ。

1 **かもく【科目】** 名詞 ❶物事をいくつかに分けたその一つ一つ。❷学科の区分。課目。例 必修科目。

2 **かもく【寡黙】** 名詞 形容動詞 口数が少ないこと。例 祖父は寡黙だ。参考 ふつう、よい意味でいう。類 無口。

かもしか 名詞 ウシ科の動物。野山でくらす。角はえだ分かれしない。

かもしだす【醸し出す】 動詞 あるふんいきや気分などを、それとなくつくり出す。例 なごやかなふんいきを醸し出す。活用 かもしだ・す。

かもしれない 連語 〔はっきりとしないが〕そのようなことがある。例 あしたは雨が降るかもしれない。

かもす【醸す】 動詞 ❶米や麦をこうじではっこうさせて、酒やしょうゆなどをつくる。例 日本酒を醸す。❷ある感じや気分をつくり出す。例 一家だんらんの楽しいふんいきを醸す。活用 かも・す。

かもつ【貨物】 名詞 貨車・トラック・船などで運ぶ荷物。

かもつせん【貨物船】 名詞 貨物を運ぶための船。対 客船。

かもつれっしゃ【貨物列車】 名詞 貨物を運ぶための列車。

かもなくふかもなし【可もなく不可もなし】 慣用句 特別によくも悪くもない。ふつうのできばえである。例 成績は可もなく不可もなしといったところだ。

カモフラージュ 名詞 する動詞 ⬇カムフラージュ。

かもめ 名詞 カモメ科の鳥。体は白い色で、つばさは灰色。海べでくらし、水中の魚などを食べる。漢字 鷗。

かもん【家紋】 名詞 それぞれの家で決まっているしるし。例 徳川家の家紋は三つ葉あおいだ。

1 **かや** 名詞 ススキ・スゲ・チガヤなどの植物のこと。屋根をふくときに使う。

2 **かや**【蚊帳・蚊屋】名詞 ねるとき、蚊をふせぐために部屋につるおおい。参考「ひとはり」「いっちょう」などと数える。⇩図。

蚊帳

がやがや 副詞(−と) する動詞 多くの人がさわがしく話し合うようす。また、その声を表す言葉。例 教室の中でがやがやさわぐ。

かやく【火薬】名詞 ばくはつさせる薬品。ばくだん・ダイナマイト・花火などに使う。

カヤック 名詞 ❶木のわくにアザラシの皮をはった小さなふね。❷「カヤック①」に似せた競技用またはレジャー用の小さなふね。両はしに水かきのあるかい（＝パドル）を使ってこぐ。▼英語 kayak

かやのそと【蚊帳の外】慣用句 あることにかかわらせてもらえない、また、内部のじょうほうを知らされない立場。例 蚊帳の外に置かれる。参考 ⇩かや（蚊帳）。

かやぶき 名詞「かや」で屋根をつくること。また、その屋根。

かやり【蚊やり】名詞 蚊をおいはらうためにけむりをたてていぶすこと。また、そのために使うもの。参考 ヨモギなどを使う。

かゆ 名詞 ごはんをたくときよりも多めの水で、米をやわらかくにたもの。漢字 粥。

かゆい 形容詞 ひふがむずむずして、かきたいような感じである。例 蚊にさされたところがかゆい。活用 かゆ・い。漢字 痒い。

かゆいところにてがとどく【かゆい所に手が届く】慣用句 こまかいところまでよく気がつき、世話がゆきとどくたとえ。

かよい【通い】名詞 ❶かようこと。行き来すること。例 船の通いがにぎやかだ。❷家から会社などにかよってつとめること。例 通いの管理人さん。対 住みこみ。

1 **かよう**【通う】動詞 ❶何度も同じところを通る。例 この道は、おさないころよく通った道だ。❷学校や、つとめに行く。例 会社に通う。❸〔心が〕通じる。伝わる。例 たがいに心が通う。❹通る。流れる。ことば「血が通う」活用 かよ・う。

2 **かよう**【歌謡】名詞 その時代の人々の間で、ふしをつけて広く歌われた歌の全体的なよび名。

かようきょく【歌謡曲】名詞 その時代の人々に好んでうたわれる歌。流行歌。

がようし【画用紙】名詞 絵をかくのに使う、あつめの白い紙。

かようび【火曜日】名詞 一週の三番目の日。月曜日の次の日。火曜。

かよわい【か弱い】形容詞 見るからに、弱そうなようす。例 か弱い女性。活用 かよわ・い。

1 **から** 助詞 ❶出発するところ、やってくるところ、始まるときなどをしめす言葉。例 学校の方から人がたくさんやって来る。／入学式は十時から始まる。❷材料をしめす言葉。例 チーズは牛乳からつくられる。❸理由や原因をしめす言葉。例 もうおそいからやめよう。

2 **から**【空】一 名詞 中に何もないこと。例 コップが空になる。二 接頭語 ❶「何も入っていない」「何も持っていない」意味を表す言葉。例 空手で訪問する。❷「見せかけ」の意味を表す言葉。例 空いばり。／空元気。

3 **から**【唐】地名 中国の古いよび名。

4 **から**【殻】名詞 ❶〔豆や貝などの〕中身をつつんでいるかたい皮。例 殻をむく。❷〔セミやヘビの〕ぬけがら。例 殻をぬぎすてる。❸中身がなくなったり、使い終わったりしたもの。例 弁当の殻。参考 ちがう世界や考え方のたとえにも用いる。ことば「殻に閉じこもる」「殻を破る」

がら【柄】名詞 ❶体つき。体格。例 柄の大きい子。❷〔人やかんきょうなどの〕品位。ことば「柄が悪い」❸〔衣類などの〕もよう。例 はでな柄。❹身分や立場。例 柄にもなく照れる。

1 **カラー** 名詞 ❶色。また、色どり。❷もち味。特色。例 スクールカラー。▼英語 color

2 **カラー** 名詞 洋服やワイシャツなどの、えり。例 学生服のカラーがきつい。▼英語 collar

がらあき【がら空き】形容動詞〔人や物が〕ほとんど入っていないために、中がすいて、がらんとしているようす。例 がら空きの映画館。

からあげ【唐揚げ・空揚げ】名詞 魚や肉などに小麦粉などをまぶして、油であげること。また、その料理。例 とりの唐揚げ。

ことばあそび 回文⑩ クルミとミルク

からい【辛い】形容動詞 ❶〔とうがらし・わさび・こしょうをなめたときのように〕舌をさすような感じである。例辛いカレーライス。❷塩気が多い。例辛いみそしる。❸きびしい。例辛い点をつける。対①〜③甘い。活用から・い。

からいばり【空威張り】名詞 する動詞 うわべだけえらそうに見せたり、強そうに見せかけたりすること。類強がり。

からオケ【空オケ】名詞 伴奏だけで歌詞の入っていない音楽。また、その伴奏に合わせて歌うこと。参考「空」は歌詞が入っていないという意味。「オケ」は「オーケストラ」のこと。

からかう 動詞 ひやかしたり、じょうだんを言ったりして、人をこまらせて、おもしろがる。例妹をからかう。活用からか・う。

からかさ【唐傘】名詞 細い竹のほねに油をぬって防水した和紙をはり、柄をつけた雨がさ。

からかぜ【空風】名詞 晴れているときに強くふく、かわいた風。例空風がふきつける。参考ア特に、冬に関東地方にふく季節風のこと。イ「からっかぜ」ともいう。

からかみ【唐紙】名詞 もようのある紙を表にはってつくった建具。ふすま。

からから 形容動詞 かわききって、水気がまったくないようす。

1**がらがら** 一 副詞(―と) かたい物が、くずれたり音を立てたりするようす。また、その音。例ガラス戸を、がらがらと音を立てて開ける。参考気持ちなどが打ちくだかれるようすにもいう。例今までの自信が、がらがらとくずれた。

二 副詞(―と) する動詞 性格や言葉が、あらっぽいようす。例らんぼうな言葉づかいで、がらがらした人。

三 形容動詞 ❶中に人がほとんどいなくて、すいているようす。例客席はがらがらだった。❷声がかすれているようす。例声ががらがらになる。

2**がらがら** 名詞 ふると、がらがらと音を立てて鳴る赤ちゃんのおもちゃ。

からきし 副詞 まるで。まったく。からっきし。例スポーツは万能だが勉強はからきしだめだ。

からくさもよう【唐草模様】名詞 つる草がのびてはいまわるようすからデザインされたもよう。⇩図。

唐草模様

からくじ【空くじ】名詞〔くじびきで〕なにも当たらない、くじ。

がらくた 名詞 ねうちのない品物や道具。

からくち【辛口】名詞 からい味や塩味が強いこと。例辛口のカレー。／辛口の酒。対甘口。

からくも【辛くも】副詞 やっとのことで。かろうじて。例辛くもピンチをのがれる。

からくり 名詞 ❶しかけ。❷計略。はかりごと。

からげる 動詞 ❶ひもでしばって一つにまとめる。❷まくりあげる。例すそをからげる。活用から・げる。

からげんき【空元気】名詞 うわべだけ元気があるように見せかけること。また、うわべだけの元気。例空元気を出してみたが、見ぬかれた。類虚勢。

からさわぎ【空騒ぎ】名詞 する動詞 むだに大さわぎすること。例その計画は空騒ぎで終わった。

からし 名詞 カラシナのたねからつくる香辛料。黄色くて、からい。類マスタード。

1**からす** 名詞 ハシブトガラス・ハシボソガラスなどの、カラス科の鳥のこと。羽の長さ四十センチメートルぐらい。体の色は黒で、くちばしが大きい。高い木などにむれをつくって生活している。漢字烏。

2**からす** 動詞 水をくみつくす。例いど水をからす。活用から・す。漢字涸らす。

3**からす** 動詞〔声を〕かすれさせる。例のどをからしておうえんする。活用から・す。漢字嗄らす。

4**からす**【枯らす】動詞〔植物を〕かれさせる。例水をやらなかったので、植木を枯らしてしまった。活用から・す。

ガラス 名詞 けいしゃ・炭酸ソーダ・石灰石などのこなをまぜ、高い温度でとかし、冷やしてかためたもの。ふつう、すきとおっていて、こわれやすい。例ガラス細工。▼オランダ語

からすがい【からす貝】名詞 イシガイ科の貝。池やぬまにすみ、大形で、黒い。

からすぐち【からす口】名詞 製図をするときすみをつけて線を引く道具。参考カラスのくちばしのような形をしている。

ガラスたい【ガラス体】(名詞) 眼球のうちで、水晶体・毛様体ともうまくの間の、かんてんのようにどろりとした部分。無色透明で水分を多くふくんでいる。⇩1278ページ・目一①(図)。

からすのぎょうずい【からすの行水】(慣用句)〔カラスの水あびの時間が短いことから〕入浴している時間がとても短いことのたとえ。例 もうおふろから出たの。まるで、からすの行水だね。

からすのぬればいろ【からすのぬれ羽色】(慣用句)〔水にぬれたカラスの羽のように〕黒くてつやつやした色のたとえ。ことば「髪はからすのぬれ羽色」

ガラスばり【ガラス張り】(名詞) ❶ガラスをはってあること。また、ガラスをはってある物。❷〔ガラスがはってある中はよく見えるので〕うそやかくしごとのないこと。例 ガラス張りの政治。

からだ【体】(名詞) ❶頭からつま先までの全部。例 体が大きい。⇩図。❷健康の状態。例 体を悪くした。

からたち (名詞) ミカン科の木。えだにとげがあり、春に白い花がさく。いけがきなどにする。

からだつき【体付き】(名詞) からだのかっこう。例 がっしりとした体付き。

からっかぜ【空っ風】(名詞) ⬇からかぜ。

からっきし (副詞) ⬇からきし。

¹からっと (副詞) ⬇からりと。

²カラット (名詞)(助数詞) ❶合金の中にふくまれる金のわりあい。純金を二十四カラットとする。❷宝石の重さを表す単位。一カラットは〇・二グラム。▼英語 carat

がらっと (副詞) ⬇がらりと。

からっぽ【空っぽ】(形容動詞) 中身がなにもない

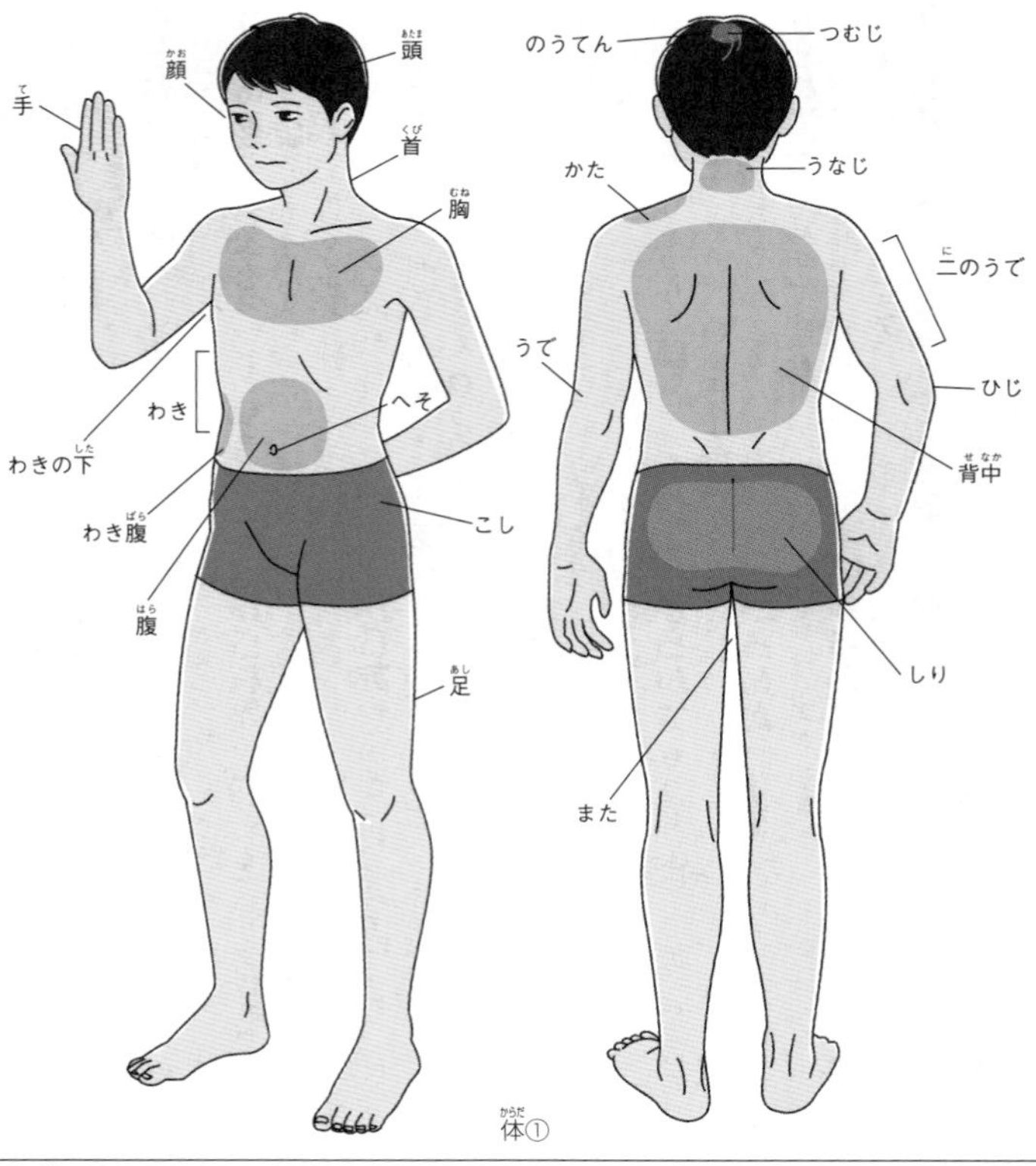

体①

ことばあそび 回文⑪ 確かに貸した（たしかにかした）

こと。例 空っぽの部屋。

からつゆ【空梅雨】名詞 つゆの季節になっても、雨がほとんどふらないこと。

からて【空手】名詞 ❶手になにも持たないこと。手ぶら。例 空手で訪問する。❷武器を使わずに、手や足を使って身をまもる武術。

からとう【辛党】名詞 菓子などのあまい物よりも、酒が好きな人。対 甘党。

からにとじこもる【殻に閉じ籠もる】慣用句 心をとざして、まわりと打ちとけない。例 殻に閉じ籠もってばかりいないで、みんなと遊ぼうよ。ことば「殻にこもる」ともいう。

からには 連語「…する（した）以上は」の意を表す。例 試合に出るからには、なんとしても勝ちたい。／かれがそう言うからには、なにかわけがあるはずだ。

からぶき【から拭き】名詞 する動詞 つやを出すために、かわいたぬのなどでふくこと。つやぶき。例 板の間をから拭きする。

からふと【樺太】地名 サハリンの日本語名。北海道の北にある南北に長い島。江戸時代に間宮林蔵がたんけんした。

からぶり【空振り】名詞 する動詞 ふったバットやラケットがボールにあたらないこと。

カラフル 形容動詞 いろどりがゆたかなようす。いろいろな色があるようす。例 カラフルなかざりつけ。▼英語 colorful

からまつ【唐松】名詞 マツ科の木。葉は秋に黄色く色づいた後に、ちる。

からまる【絡まる】動詞 ❶まきつく。からみつく。例 かべにツタが絡まる。❷つきまとう。まつわる。関係する。例 金銭が絡まる問題。活用 からま・る。

からまわり【空回り】名詞 する動詞 ❶車や機械がむだにまわること。むだな動きをすること。空転。❷考えやおこないが効果や結果にむすびつかないこと。例 努力が空回りする。

からみ【辛み】名詞 からい味。例 この大根おろしは辛みが強い。

からみあう【絡み合う】動詞 ❶たがいにまきつく。例 アサガオのつるが絡み合う。❷もつれて、ふくざつに入り組む。例 ふくざつに絡み合ったじけん。活用 からみあ・う。

からみつく【絡み付く】動詞 ❶まきつく。例 ツタが大木に絡み付いていた。❷うるさくつきまとう。例 しつこく絡み付かれた。活用 からみつ・く。

からむ【絡む】動詞 ❶まきつく。まきつける。例 大木のみきにつる草が絡む。❷いやなことを言う。言いがかりをつける。例 気に入らないことがあると、すぐ絡む人。❸関係する。例 こんどの事件にはかれも絡んでいる。活用 から・む。

からめて【からめ手】名詞 ❶城のうら門。対 大手。❷〔①の意味から〕相手の弱いところや注意の行きとどかないところ。

からめる【絡める】動詞 ❶まきつける。例 うでを絡める。❷ねばりけのある物をくっつける。例 めんにソースを絡める。活用 から・める。

からりと 副詞 ❶空がさわやかに晴れあがっているようす。例 からりと晴れわたる。❷物がよくかわいているようす。しめりけがないようす。例 せんたく物がからりとかわく。／天ぷらがからりとあがる。❸性格が明るくて、さっぱりしているようす。例 からりとした人がら。参考「からっと」ともいう。

がらりと 副詞 ❶急にかわるようす。例 態度ががらりとかわった。❷戸・まどなどをいきおいよくあけるようす。例 がらりと雨戸をあける。参考「がらっと」ともいう。

かられる【駆られる】動詞 気持ちが、ある方向に強く動かされる。例 さけびたいしょうどうに駆られる。活用 から・れる。

からをやぶる【殻を破る】慣用句 古いしきたりや考え方を打ちやぶる。例 古い殻を破って、新しいやり方を打ち立てる。ことば「殻を打ち破る」ともいう。

カラン 名詞 水道の口に取りつけて、水や湯を出したり止めたりするそうち。じゃぐち。▼オランダ語

がらん【が藍】名詞 本堂などの、お寺の大きな建物。

がらんと 副詞 建物の中に何もないようす。例 がらんとした部屋。

がらんどう 名詞 形容動詞〔建物やほらあななどの〕中に何もないようす。

1 **かり** 名詞 ➡293ページ・1がん。

2 **かり**【仮】名詞 ❶いちじのまにあわせ。例 仮のすまい。❷本当のものでないこと。例 仮の名前。

3 **かり**【狩り】一 名詞 鳥やけものをとること。二 接尾語 ❶〔楽しみのために〕動物や植物をと

ること。例 ホタル狩り。／イチゴ狩り。❷動物を使って、鳥やけものをとること。例 タカ狩り。❸野外に行って花などの美しさを楽しむこと。例 もみじ狩り。❹犯罪者をさがすこと。例 山狩り。参考 二は「がり」と読むことが多い。

かり[4]**【借り】** 名詞 ❶お金や品物を借りること。また、借りたお金や品物。例 姉に五百円の借りがある。❷相手からの恩恵。また、仕返しすべきうらみ。例 あの人には、助けてもらった借りがある。／はじをかかされた借りを、きっちりと返す。対 ①②貸し。

かりあつめる【駆り集める】 動詞 たくさんの人や物を、あちこちから急いで集める。例 協力者を駆り集める。活用 かりあつ・める。

かりいれ【刈り入れ】 名詞 みのったイネや麦などをねもとから切り、とり入れること。

かりうける【借り受ける】 動詞 ほかから借りて、自分のところに置く。例 大切な本を借り受ける。活用 かりう・ける。

かりうど 名詞 ⬇かりゅうど。

カリウム 名詞 銀白色のやわらかい金属元素の一つ。水に入れると水素を発生し、むらさき色のほのおを上げてもえる。火薬や肥料などの原料に使う。▼ドイツ語

かりかり 一 副詞(-と) ❶かたいものをかんだり、引っかいたりする音のたとえ。例 せんべいをかりかり食べる。❷かたく、かわいているようす。例 かりかりにあげたフライ。
二 副詞(-と) する動詞 気が立って、いらいらするようす。例 そんなにかりかりするなよ。

がりがり 一 副詞(-と) ❶かたいものをくだいたり、引っかいたりする音。例 ペンキをがりがりはがす。
二 形容動詞 とてもやせているようす。例 がりがりにやせている。

カリキュラム 名詞 学校の勉強の順序にしたがって組み立てられた教育の計画。▼英語 curriculum

かりきる【借り切る】 動詞 〔一定の場所や乗り物などを〕ある期間、決まった人や団体だけが借りる。例 お店を借り切って、誕生パーティーを開く。対 貸し切る。活用 かりき・る。

かりこむ【刈り込む】 動詞 ❶木のえだや髪の毛などを、切って形をととのえる。例 庭木を刈り込む。❷かり取って、たくわえる。例 牧草を刈り込む。活用 かりこ・む。

かりごや【仮小屋】 名詞 間に合わせに建てた小屋。かりの小屋。例 仮小屋にひなんする。

カリスマ 名詞 人々をひきつけて、したがわせる、すぐれた力や人気。また、それを持っている人。例 あの人にはカリスマ性がある。▼英語（ドイツ語から）charisma

かりずまい【仮住まい】 名詞 する動詞 しばらくの間、まにあわせに住んでいること。また、その家。

かりそめ【仮初め】 名詞 形容動詞 ❶そのときかぎり。まにあわせ。例 仮初めのすまい。❷ちょっとしたこと。例 仮初めの病気がもとでなくなった。❸おろそかにすること。例 人の親切を仮初めにするな。

かりそめにも【仮初めにも】 副詞 ❶どんなことがあっても。けっして。例 仮初めにも、うそをついてはならない。参考 多く、下に「ない」などの言葉がつく。❷少なくとも。例 仮初めにも親と子の間がらではないか。

かりだす【駆り出す】 動詞 ある仕事をするために、たくさんの人を無理につれ出す。例 野球のおうえんに駆り出される。活用 かりだ・す。

かりたてる【駆り立てる】 動詞 ❶〔けものなどを〕おいたてる。❷そうしたり思ったりしなければならないようにしむける。例 不安に駆り立てられて、部屋を飛び出る。活用 かりた・てる。

かりて【借り手】 名詞 お金や物を借りる側の人。対 貸し手。

かりてきたねこ【借りてきた猫】
慣用句 ほかの家から借りてきたネコのように、いつもとちがってとてもおとなしい様子のたとえ。例 弟は知らない人の前では、借りてきた猫みたいだ。

かりとる【刈り取る】 動詞 ❶〔イネ・麦などを〕かって、とり入れる。例 イネを刈り取る。❷かって、とりのぞく。例 雑草を刈り取る。参考 悪いものなどをとりのぞく意味でも使う。例 非行の芽を刈り取る。活用 かりと・る。

かりに【仮に】 副詞 ❶まにあわせに。例 仮にたてた家。❷もし（…としたら）。例 仮に飛行機で行くとすれば、旅費はいくらか。

かりにも【仮にも】 副詞 どんなことがあっても。まちがっても。けっして。

かりぬい【仮縫い】 名詞 する動詞 服をしたてる

ことばあそび 回文⑫ みがかぬ鏡（みがかぬかがみ）

とき、かんたんにぬって、体に合うかどうかしらべること。また、そのようなしたて。

かりね【仮寝】 (名詞)(する動詞) ❶少しの間、ねること。うたたね。例 ソファーで一時間ほど仮寝する。❷旅先でねること。野宿。類 ①仮眠。

ガリバーりょこうき【ガリバー旅行記】 書名 スウィフト作の小説。ガリバーが航海で体験したふしぎな話をまとめた空想の物語。

ガリばんずり【ガリ版刷り】 (名詞) 鉄筆でかいたところが小さいあなになる原紙に字や絵をかいて、上からインクをつけたローラーをころがして印刷すること。とう写版刷り。

カリフラワー (名詞) アブラナ科の植物。葉の中心にある白いつぼみの部分を食用にする。花キャベツ。▼英語 cauliflower

かりもの【借り物】 (名詞) 借りたもの。借りてきたもの。例 借り物のかさ。／借り物の思想。

かりものきょうそう【借り物競争】 (名詞) スタートした後で指定された品物を、観客などから借りてゴールを目指す徒競走。参考 運動会などでおこなう。

かりゅう【下流】 (名詞) ❶川の流れの川口に近い方。川下。❷社会の中で、身分や生活ていどが低い階級。対 ①②上流。中流。

がりゅう【我流】 (名詞) 正式でない自分勝手なやり方。自己流。

かりゅうど (名詞) 野山でけものや鳥をとることを仕事にしている人。りょうし。かりうど。漢字 狩人。

がりょうてんせい【画りょう点せい】 四字熟語 物事の大切な仕上げや、重要なところ。例 画りょう点せいを欠く作文。語源 昔、中国で絵の名人がかいた竜にひとみを入れたところ、竜が天にのぼったという話から。参考 ㋐「画竜点睛」と書く。「画竜」は「がりゅう」ともいう。「睛」は「ひとみ」の意味。㋑多く「画りょう点せいを欠く」と用いて、仕上げが不十分であったり、かんじんな点がぬけていたりして、完全なものとはいえないことをいう。注意「点」を「天」と書きまちがえないこと。

かりょく【火力】 (名詞) 火のもえる力。火の強さ。類 火勢。

かりょくはつでん【火力発電】 (名詞) 重油や石炭をたいて、その熱エネルギーで発電機を動かし、電気をおこすしくみ。

かりる【借りる】 (動詞) ❶人の物を使わせてもらう。例 車を借りる。❷助けを受ける。例 あなたのちえを借りたい。対 ①②貸す。活用 か・り・る。

ガリレイ 人名 （一五六四〜一六四二）イタリアの科学者。近代科学のもとをひらいた人。振り子の等時性、太陽の黒点、物の落下の法則などを発見した。また、コペルニクスの地動説が正しいことを明らかにした。ガリレオ。ガリレオ＝ガリレイ（Galileo Galilei）。

かりをかえす【借りを返す】 慣用句 ほかの人から受けた恩やうらみを返す。例 世話になった人に借りを返す。

[1]**かる【刈る】** (動詞)〔イネ・草・毛など〕はえているものを切りとる。例 ヒツジの毛を刈る。活用 か・る。

[2]**かる【狩る】** (動詞) ❶鳥やけものを追いかけて、とらえる。かりをする。例 イノシシを狩る。❷さがし求める。例 桜を狩る。参考 ②は、やや古い言い方。活用 か・る。

[3]**かる【駆る】** (動詞) ❶追い立てる。例 ヒツジを駆る。❷乗って走らせる。例 車を駆って駅へ急ぐ。❸無理にすすめる。例 試験勉強に駆る。❹《多く受け身の形で使う》心をある方向に動かす。ことば「不安に駆られる」参考 ①は、やや古い言い方。活用 か・る。

がる 接尾語《ある言葉の下につけて》「…と思う」「…の様子をする」などの意味を表す言葉。例 とくいがる。／行きたがる。活用 が・る。

かるい【軽い】 (形容詞) ❶重さが少ない。例 軽い荷物。❷ていどが小さい。ひどくない。例 軽いけが。❸大切でない。例 責任が軽い仕事。❹動きがにぶくない。例 風車が軽い音を立てて回る。対 ①〜④重い。❺かんたんである。やさしい。例 軽く勝てる相手だ。活用 かる・い。

かるいし【軽石】 (名詞) 火山岩の一種。表面に小さなあながあり、水にうく。

かるがる【軽軽】 (副詞)(−と) いかにも軽そうに。例 軽々と持ち上げる。参考 ふつう「軽々」と書く。

かるがるしい【軽軽しい】 (形容詞) 深く考えないようす。例 軽々しい行動。参考 ふつう「軽々しい」と書く。活用 かるがるし・い。

かるくちをたたく【軽口をたたく】 慣用句 じょうだんを言う。例 父はきげんがいい

と、よく軽口をたたく。

カルシウム 名詞 元素の一つ。銀白色の軽い金属。石灰石・貝がら・骨などにふくまれる。▼英語（オランダ語から）calcium

カルストちけい【カルスト地形】名詞 石灰岩でできた台地が雨水や地下水で岩がとかされてできる地形。しょう乳洞ができる。山口県の秋吉台が有名。参考 カルストはドイツ語から。

かるた 名詞 遊びに使う絵や文字のかいてあるふだ。いろはかるた・小倉百人一首・トランプなど。参考 外来語であるが、日本で古くから使われている言葉なので、漢字（歌留多）やひらがなで書く。▼ポルトガル語

カルチャー 名詞 教養。文化。参考「カルチュア」ともいう。▼英語 culture

カルチャーショック 名詞 自分のものとはちがった文化や生活にせっして、ちがいにおどろきを感じること。▼英語 culture shock

カルチャーセンター 名詞 新聞社やデパートなどが開催する、いっぱんの人々のための文化・教養講座。参考 日本でつくった言葉。

カルテ 名詞 医者が、かん者の病気の様子や、病気の経過を記録したもの。▼ドイツ語

カルテット 名詞 ❶四つの楽器で合奏すること。また、その曲や楽団のこと。四重奏。❷［ソプラノ・アルト・テノール・バスの］四人で合唱すること。四重唱。❸四人でできた一組み。▼英語（イタリア語から）quartet

カルデラ 名詞 火山の頂上にできた、大きなくぼ地。▼英語 ⇩ caldera

カルデラこ【カルデラ湖】名詞 カルデラに水がたまってできた湖。参考 日本には、田沢湖・十和田湖などがある。

外輪山

カルデラ

かるはずみ【軽はずみ】名詞 形容動詞 深く考えずに、物事をすること。例 軽はずみな行動。

カルビ 名詞 牛やブタのあばら骨のあたりにある肉。▼朝鮮・韓国語

かるわざ【軽業】名詞［サーカスで］つなわたりや空中ぶらんこなど、危険なわざを見せる芸。例 軽業師。

かれ【彼】一 代名詞 話し手・話し相手以外の男の人をさす言葉。二 名詞 恋人である男の人。対 一二 彼女。

かれい[1] 名詞 カレイ科の魚。海底の砂地にすむ。体は平たく、置いて上から見たときに両方の目が体の右側にあるものが多い。食用になる。漢字 鰈。

かれい[2]【華麗】形容動詞 はなやかで美しいこと。例 ステージで華麗におどる。

ガレージ 名詞 自動車をしまっておくところ。車庫。▼英語 garage

カレーライス 名詞 いためた肉や野菜にカレー粉や香辛料などを入れてにこんだ、とろみのあるしるを、ごはんにかけて食べる料理。ライスカレー。参考 日本でつくった言葉。

かれき【枯れ木】名詞 かれた木。また、葉のかれ落ちた木。対 生木。

がれき【瓦れき】名詞 ❶かわらと小石。また、コンクリートのかけらや石ころ。例 瓦れきの山。❷ねうちのない、つまらないもの。

かれきにはながさく【枯れ木に花が咲く】ことわざ 力やいきおいのなくなったものが、またさかんになることのたとえ。

かれきもやまのにぎわい【枯れ木も山のにぎわい】ことわざ つまらないものでも、ないよりはよいということのたとえ。例 枯れ木も山のにぎわいということで、わたしも参加します。語源 枯れ木でも、あれば山におもむきをそえるということから。参考 自分がへりくだって使う言葉なので、他人に対して使うと失礼になる。

かれくさ【枯れ草】名詞 かれた草。特に、冬になってかれた草。

かれこれ 副詞 ❶とやかく。いろいろ。例 みんながかれこれうわさをする。❷およそ。例 もう、かれこれ二時間たっている。

かれさんすい【枯れ山水】名詞 水を用いず、石やすなで風景を表した庭園の形式。京都の竜安寺の石庭などが有名。参考「かれせんすい」「こせんすい」ともいう。

かれの【枯れ野】名詞 草がかれてしまった野原。

ことばあそび 回文⑬ るすに何する（るすになにする）

かれは【枯れ葉】名詞 草や木の、かれた葉。

1 **かれる** 動詞 川・池・田などの水がすっかりなくなる。例 この池は、けっしてかれることはない。活用 か・れる。漢字 涸れる。

2 **かれる** 動詞 声がかすれて出なくなる。例 大声でどなったので声がかれた。漢字 嗄れる。

3 **かれる**【枯れる】動詞 ❶草や木に、水気がなくなる。また、そうなって死ぬ。例 花が枯れた。／木が枯れる。❷長い修行によって、深い味わいが出る。例 名人の枯れた芸。活用 か・れる。

かれん【可れん】形容動詞 かわいらしくて、思わずいたわりたい気持ちをおこさせるようす。例 庭のすみに、可れんな花がさいている。漢字 可憐。

カレンダー 名詞 こよみ。▼英語 calendar

1 **かろう**【家老】名詞 大名の家来の中で、一番上の位。

2 **かろう**【過労】名詞 働きすぎてつかれること。例 過労のため、ねこんでしまう。類 疲労。

がろう【画廊】名詞 ❶〔売り買いするための〕絵をならべて見せるところ。ギャラリー。❷絵を売り買いする店。

かろうじて【辛うじて】副詞 もう少しでだめになりそうだったが。やっとのことで。ようやく。例 盗塁は、辛うじてセーフだった。

カロテン 名詞 ニンジン・カボチャなどにふくまれる色素。体に吸収されると、ビタミンAにかわる。カロチン。▼英語（ドイツ語から）carotene

かろとうせん【夏炉冬扇】四字熟語〔夏のいろりと冬のおうぎの意味から〕季節や時期をはずしていて、役に立たない物事のたとえ。ことば「冬扇夏炉」ともいう。

かろやか【軽やか】形容動詞 いかにもかるそうで、気持ちよく感じられるようす。例 軽やかに走る。

カロリー 名詞 助数詞 ❶熱量の単位。一カロリーは、一グラムの水の温度を一度あげるのに必要な熱量。❷食べ物にふくまれる熱量の単位。また、その熱量。例 カロリーひかえめのメニュー。参考 記号は「cal」。千カロリーを一キロカロリー（記号はkcal）という。▼フランス語・英語 calorie

ガロン 名詞 助数詞 石油・ガソリンなどの量をはかる単位。参考 一ガロンはアメリカでは約三・八リットル、イギリスでは約四・五リットル。▼英語 gallon

かろんじる【軽んじる】動詞 価値のないものとして、かるく見る。例 他人の意見を軽んじる。活用 かろん・じる。対 重んじる。

1 **かわ**【川・河】名詞 雨水や地下水などが集まって、くぼ地にそって流れてゆくもの。また、そのとおり道。例 川をはさんだ向かい側。参考「河」は大きな川をいうことが多い。

2 **かわ**【皮】名詞 ❶生物の体の表面をつつんでいるもの。例 ほねと皮。❷物の表面をおおっているもの。例 まんじゅうの皮。⇩使い分け。

3 **かわ**【革】名詞 動物の皮をはいでなめしたもの。例 革のバッグ。⇩使い分け。

がわ【側】名詞 ❶物事の一方。例 三塁がわ。／むこうがわ。❷まわりをおおっているもの。例 時計のがわ。

かわいい 形容詞 ❶深く愛する気持ちや、とても大切にする気持ちをおこさせるようす。例 自分の子どもはいくつになってもかわいい。❷〔小さかったり、子どもっぽかったりして〕ほほえましい気持ちをおこさせるようす。例 かわいい花。❸〔美しいなど〕みりょくがあるようす。例 兄のかの女はかわいい。❹〔大小や年令にかかわらず〕愛らしさや親しみを感じさせるようす。例 かわいいおじさん。参考 頭にほかの言葉をつけて使うこともある。ことば「キモかわいい（＝気持ち悪いながらかわいい）」活用 かわい・い。

かわいいこにはたびをさせよ【かわいい子には旅をさせよ】ことわざ 子どもを本当にかわいがるならば、あまやかさないで、苦労をさせた方がよいというたとえ。

使い分け かわ

● 動植物の表皮。
リンゴの皮をむく。

● 加工した動物の皮。
革のかばん。

かわいがる 動詞 かわいいと思って、大切にする。例 ネコをかわいがって育てている。活用 かわいが・る。

かわいさあまってにくさひゃくばい【かわいさ余って憎さ百倍】ことわざ とてもかわいいと思っていたので、にくいと思うようになると、かえって百倍もにくらしくなる。

かわいそう 形容動詞 つらい状態の人などに対して、同情する気持ちを持つようす。例 かわいそうな人。

かわいらしい 形容詞 かわいさが感じられるようす。例 かわいらしいしゃべり方。活用 かわいらし・い。

かわうそ 名詞 イタチ科の動物。水べでくらし、指の間に水かきがある。参考 ニホンカワウソは特別天然記念物。

かわかす【乾かす】動詞 水分をとりのぞく。かんそうさせる。例 ぬれた服をほして乾かした。活用 かわか・す。

かわかぜ【川風・河風】名詞 川の上をふく風。また、川の方からふいてくる風。例 すずしい川風。

かわかみ【川上】名詞 川の水が流れてくる方。上流。対 川下。

かわき【渇き】名詞 のどがかわくこと。例 飢えと渇きに苦しむ。／渇きをいやす。

かわぎし【川岸・河岸】名詞 川のほとり。流れている川の水のそば。

かわきり【皮切り】名詞 物事のしはじめ。手はじめ。例 東京を皮切りに各地で公演する。

¹かわく【乾く】動詞 水分やしめり気がなくなる。かんそうする。例 せんたく物がよく乾く。活用 かわ・く。⇩使い分け。

²かわく【渇く】動詞〔のどに水分がなくなって〕水が飲みたくなる。例 のどが渇いた。活用 かわ・く。⇩使い分け。

かわぐち【川口・河口】名詞 川が海や湖に流れこむところ。河口。

かわぐつ【革靴】名詞 動物の革でつくったくつ。

かわさきし【川崎市】地名 神奈川県にある政令指定都市。

かわざんよう【皮算用】名詞 ➡925ページ・とらぬたぬきのかわざんよう。

かわしも【川下】名詞 川の水が流れていく方。下流。対 川上。

使い分け かわく

●水分がなくなる。
せんたく物が乾く。

●水が飲みたくなる。
のどが渇く。

¹かわす 動詞 かるく体を動かして、当たらないように、さける。例 ひらりと身をかわした。活用 かわ・す。

²かわす【交わす】一 動詞 ❶やったり、とったりする。例 友だちとことばを交わす。❷交差させる。また、たがいにしあう。ことば「あくしゅを交わす」
二 接尾語《ある言葉の下につけて》たがいに…しあう。例 小鳥が鳴き交わす。活用 かわ・す。

かわず 名詞 カエル。参考 少し古い言い方。

かわすじ【川筋】名詞 川の水が流れるみちすじ。

かわせ【為替】名詞 遠くはなれた所に現金を送るかわりに、手形・小切手・証書などを使ってお金をはらう方法。また、その証書。

かわせい【革製】名詞 動物の革でつくった製品。例 革製のハンドバッグ。

かわせみ 名詞 カワセミ科の鳥。頭から背にかけては青緑色、腹はくり色。水にとびこんで、魚をとって食べる。しょうびん。

かわち【河内】地名 昔の国の名。今の大阪府の東部に当たる。

かわどこ【川床】名詞 川の底の地面。河床。

かわどめ【川止め】名詞 江戸時代に、川の水が増水したとき、川をわたることを禁じたこと。例 昔は大雨がふると何日も川止めになって、旅人は苦労したらしい。

かわばた【川端】名詞 川のほとり。川べ。

かわばたやすなり【川端康成】人名（一八九九～一九七二）大阪府生まれの小説家。「伊豆

あいうえお
か かきくけこ
さしすせそ
たちつてと
なにぬねの
はひふへほ
まみむめも
や ゆ よ
らりるれろ
わ を ん

ことばあそび 回文14 家内のいなか（かないのいなか）

の踊子」「雪国」などを書いた。一九六八（昭和四三）年にノーベル文学賞を受賞した。

かわびらき【川開き】(名詞) 夏、川べりで花火をあげたりして、その年の夕すずみをする始まりを楽しみいわうこと。(類)山開き。

かわべり【川べり】(名詞) 川のふち。川べ。

かわむこう【川向こう】(名詞) 川をへだてた向こう岸。かわむかい。(例)川向こうの山。

かわも【川も】(名詞) 川の水の表面。(例)夕日が川もにかがやく。(漢字)川面。

¹**かわら**【瓦】(名詞) ねん土を板のように焼きかためて、屋根をふくのに使うもの。

²**かわら**【河原・川原】(名詞) 川のふちの土地で、水が流れていない、砂や小石の多いところ。

かわらばん【瓦版】(名詞) ねん土に文字や絵をほり、かわらのように焼いて版をつくり、印刷したもの。(参考) 江戸時代に事件を知らせるために使われた。

かわらぶき【瓦ぶき】(名詞) かわらで屋根をつくること。また、そのやね。

かわらやね【瓦屋根】(名詞) かわらでふいた屋根。⇩図。

¹**かわり**【代わり・替わり】(名詞) ❶あるものが、ほかのものにかわること。また、そのかわったもの。(例)代わりの品物をじゅんびする。❷《「お代わり」の形で》同じ食べ物を続けて出したり、もとめたりすること。

²**かわり**【変わり】(名詞) ❶変わること。ちがいがあること。(例)昔と変わりのないけしき。❷健康を害すること。(例)その後、お変わりありませんか。

かわりだね【変わり種】(名詞) ❶ふつうのものとちがっているもの。❷仲間の中で、ほかの多くの人とちがった性質や経歴をもつ人。(例)元カメラマンで現在はレーサーという変わり種。

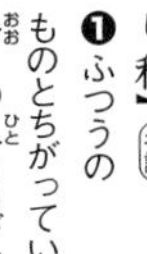

瓦屋根

かわりばえ【代わり映え・代わり栄え】(名詞) 〔物や人が〕かわったために、前よりよく感じられること。(参考) ふつう、下に「…ない」などの言葉をつけて使われる。(例)代わり映えのしないメンバー。

かわりはてる【変わり果てる】(動詞) すっかり、かわってしまう。(例)変わり果てた、すがた。(参考) ふつう、よくないことにいう。(活用) かわり・は・てる。

かわりばんこ【代わり番こ】(名詞) かわるがわるすること。(例)代わり番こに見はりをする。

かわりめ【変わり目】(名詞) 物事のうつりかわるとき。(例)季節の変わり目。

かわりもの【変わり者】(名詞) 〔ほかの人から見て〕することや性質が、どこかちがっている人。変人。

¹**かわる**【代わる】(動詞) あるものの代理をする。(例)会長に代わって副会長が答える。(活用) かわ・る。⇩使い分け。

²**かわる**【変わる】(動詞) ❶前とちがった様子になる。(例)この町はすっかり変わってしまった。❷移る。(例)季節が変わる。❸ふつうのものとちがっている。(例)変わった人。(活用) かわ・る。⇩使い分け。

³**かわる**【換わる】(動詞) 物と物が交換される。(例)現金に換わる。(参考)「替わる」とも書く。(活用) かわ・る。⇩使い分け。

⁴**かわる**【替わる】(動詞) 新しい、別のものになる。(例)クラスが替わる。(参考)「換わる」とも書く。(活用) かわ・る。⇩使い分け。

かわるがわる【代わる代わる】(副詞) 同じことを二人以上の人が入れかわりながらするようす。かわりばんこに。(例)代わる代わる話す。

がをおる【我を折る】(慣用句) 自分のわがままな気持ちをおさえて、人の言うことを聞き入れる。

がをとおす【我を通す】(慣用句) 自分の思い通りにする。自分に都合のよい考えをおし通す。

がをはる【我を張る】(慣用句) 自分の考えを曲げずにどこまでも言いはる。

¹**かん** (名詞) ❶ひきつけをおこしたり、いらいらしたりする子どもの病気。❷おこりやすいこと。また、そのような性質。(例)かんの強い人。

²**かん**【缶】(名詞) 金属でつくった入れ物。(参考) オランダ語から。

³**かん**【勘】(名詞) 〔すじ道だてて考えるのでなく〕すぐに感じとったり、見ぬいたりする力。心のひらめき。(ことば)「勘がするどい」「勘がにぶい」

使い分け かわる

●代理をする。
父に代わって話す。

●前とちがう様子になる。
顔色が変わる。

●交換される。
お金に換わる。

●別のものになる。
クラスが替わる。

4 **かん【貫】** 名詞 助数詞 もと日本で使っていた重さの単位。一貫は、三・七五キログラム。

5 **かん【寒】** 名詞 立春前の三十日間。一年中でもっとも寒いとされる時期で、前半を小寒、後半を大寒という。参考

6 **かん【棺】** 名詞 死んだ人を入れるはこ。かんおけ。ひつぎ。

1 **がん** 名詞 カモ科の水鳥のこと。かり。日本で見られるのは、秋にやってくるわたり鳥のマガンなど。漢字 雁。

2 **がん** 名詞 ❶体のねんまくや組織などにできる、悪性のはれもの。また、それによる病気。❷あるしくみや物事の中で、さまたげになっているもの。例 改革のがん。漢字 癌。

3 **がん【願】** 名詞 神や仏に願うこと。また、その願い。ことば「(天神様に)願をかける」

かんあけ【寒明け】 名詞 寒が終わって、立春になること。

かんい【簡易】 名詞 形容動詞 てがるで、かんたんなこと。例 簡易な検査をおこなう。

かんいさいばんしょ【簡易裁判所】 名詞 最高裁判所の下位にある裁判所の一つ。軽いつみのじけんなどをあつかう。参考 略して「簡裁」という。

かんいっぱつ【間一髪】 名詞 ごくわずかな時間の差で物事がうまくいったりいかなかったりするたとえ。例 間一髪で間に合った。語源 髪の毛一本のすきましかないという意味から。注意「間一発」と書かないこと。

がんえん【岩塩】 名詞 つぶやかたまりの形で岩石の間などからとれる、天然の塩。

かんおけ【棺おけ】 名詞 死体を入れてほうむる、はこ。かん。おかん。

かんおん【漢音】 名詞 漢字の音読みの一つ。中国の黄河中流地方で使われた音が、七〜八世紀に日本に伝えられたもの。「人」を「じん」、「京」を「けい」と読むなど。類 呉音。唐音。

かんか【感化】 名詞 する動詞 ほかの人にえいきょうをあたえて、心がけ・態度・性格などをかえさせること。例 父に感化されて、ボランティアに精をだしている。類 教化。

1 **がんか【眼下】** 名詞 高いところから見おろしたときの下の方。例 眼下に広がる美しい夜景。

2 **がんか【眼科】** 名詞 眼の病気をみたり、なおしたりする医学。また、その病院。

1 **かんがい** 名詞 する動詞 水路をつくって田や畑に水をひくこと。例 かんがい工事。

2 **かんがい【干害】** 名詞 ひでりが続いて、作物がよくみのらないこと。ひでりによる害。

3 **かんがい【感慨】** 名詞 しみじみと心に深く感じること。ことば「感慨にふける（＝しみじみと深く思う）」「感慨深い」

かんがいむりょう【感慨無量】 四字熟語 しみじみと思う気持ちで、胸がいっぱいになるようす。例 ようやく完成し、感慨無量だ。参考 ㋐「無量」は、はかりしれなく大きいこと。㋑「感無量」ともいう。

かんがえ【考え】 名詞 問題や感じたことなどを、頭の中でまとめたもの。また、思いつきや意見。例 よい考えがうかんだ。

かんがえあぐねる【考えあぐねる】 動詞 考えがまとまらなくて、こまる。例 考えあぐね

ことばあそび 回文⑮ よい子は来いよ（よいこはこいよ）

て姉に相談した。参考「考えあぐむ」ともいう。
活用 かんがえあぐ・ねる。

かんがえあぐむ【考えあぐむ】動詞 ⇩かんがえあぐねる。活用 かんがえあぐ・む。

かんがえあわせる【考え合わせる】動詞 いろいろなことを合わせて考える。例 全員の意見を考え合わせる。活用 かんがえあわ・せる。

かんがえおよぶ【考え及ぶ】動詞 考えが行きつく。例 そこまで考え及ぶ者はいなかった。活用 かんがえおよ・ぶ。

かんがえごと【考え事】名詞 心の中でいろいろ思うこと。また、そのこと。例 今考え事をしているところです。

かんがえこむ【考え込む】動詞 つきつめて深く考える。例 うでを組み、じっと考え込んでいる。活用 かんがえこ・む。

かんがえだす【考え出す】動詞 ❶工夫して新しくつくる。例 今までよりも、かんたんな方法を考え出す。❷考えはじめる。活用 かんがえだ・す。

かんがえちがい【考え違い】名詞 まちがって考えること。また、その考え。思いちがい。例 かれをうらむなんて、とんだ考え違いだ。

かんがえつく【考え付く】動詞 新しい考えが頭にうかぶ。例 楽しい遊びを考え付いた。活用 かんがえつ・く。

かんがえなおす【考え直す】動詞 もう一度、考えて、かえる。例 事情が変わったので考え直すことにした。活用 かんがえなお・す。

かんがえにふける【考えにふける】慣用句 夢中になって考える。例 一人で部屋にこもって考えにふける。

かんがえぬく【考え抜く】動詞 十分に考える。例 考え抜いた末の決断だ。活用 かんがえぬ・く。

かんがえぶかい【考え深い】形容詞 じっくりとよく考えるようす。例 考え深い人。活用 かんがえぶか・い。

かんがえもおよばない【考えも及ばない】慣用句 考えてみることもできない。例 凡人には考えも及ばない計画。

かんがえもの【考え物】名詞 よいか悪いかわからないこと。例 本当かどうか考え物だ。

かんがえられる【考えられる】連語 「考える」のやわらかい表現。また、客観性をもたせる言い方。例 勝ったのは練習のけっかと考えられる。

かんがえる【考える】動詞 ❶頭の中で、すじ道を立てて、まとめる。例 子犬の名前を考える。❷工夫して新しいものをつくり出す。考え出す。例 コンピューターのしくみを考えた人。活用 かんが・える。

1 **かんかく**【間隔】名詞 二つのものの間のへだたり。

2 **かんかく**【感覚】名詞 ❶目・耳・鼻・舌・ひふなどで感じる働き。例 指先の感覚がなくなる。類 感触。❷物事のとらえ方や感じ方。例 新しい感覚をもった芸術家。

かんがく【漢学】名詞 中国の古典を研究する学問の、日本でのよび名。

かんかくきかん【感覚器官】名詞 目・耳・鼻・舌・ひふなどの、光・音・におい・味などを感じる動物の体の部分。

かんかくてき【感覚的】形容動詞 頭で考えるのではなく、心で物事を感じとるようす。例 りくつではなく感覚的に理解する。

かんかつ【管轄】名詞 する動詞 国や県や市などの役所が受け持って、とりしまること。また、受け持つ広さ。例 その件については管轄がちがうのでわかりません。

かんがっき【管楽器】名詞 くだの中に息をふきこんで音をだす楽器。木管楽器と、金管楽器がある。参考 ⇩417ページ・弦楽器。758ページ・打楽器。

かんがみる【鑑みる】動詞 前にあったことがらや、じっさいの例にそって考える。例 前回の失敗に鑑みて、しんちょうにおこなう。活用 かんが・みる。

カンガルー 名詞 カンガルー科の動物。めすのおなかに子どもを育てるふくろがある。オーストラリアとそのまわりの島でくらす。▼英語 kangaroo

かんかん 副詞(-と) ❶金属などをたたいたときに出る音のようす。❷日光がはげしくてりつけるようす。例 夏の日がかんかんてりつける。❸炭火などがまっ赤になっているようす。❹人がはげしくおこっているようす。例 姉がかんかんにおこっている。

がんがん 一 副詞(-と) ❶金属などをたたいたときに出る音のようす。❷日光がはげしくてりつ

けるようす。❸いきおいがついているようす。例火をがんがん燃やす。／がんがん攻めていこう。
二 副詞 する動詞 頭がはげしく痛むようす。例頭痛で頭ががんがんする。

かんかんがくがく 四字熟語 おそれることなく、正しいと思うことをさかんに言い合うこと。例かんかんがくがくの議論をする。漢字 侃侃諤諤（侃々諤々）。

かんかんでり【かんかん照り】名詞 日が強く当たるようす。例つゆが明けて、毎日かんかん照りです。

1 **かんき**【乾季・乾期】名詞 一年のうちで雨の少ない季節。対 雨季。

2 **かんき**【寒気】名詞 さむいこと。さむさ。例寒気が身にしみる。対 暑気。

3 **かんき**【換気】名詞 する動詞 〔部屋の中の〕よごれた空気を出してきれいな空気を入れること。例換気口。／換気扇。

4 **かんき**【喚起】名詞 する動詞 気にかけていないことを、よび起こすこと。ことば「注意を喚起する」

5 **かんき**【歓喜】名詞 する動詞 ひじょうによろこぶこと。また、とても大きなよろこび。例優勝に歓喜する。

がんぎ 名詞 雪の多い地方で、雪がつもっても通れるように、道の上にひさしをはりだしてつくり、その下を通り道にしたもの。また、そのひさし。漢字 雁木。⇩図。

かんきだん【寒気団】名詞 つめたい空気の大きなかたまり。

かんきゃく【観客】名詞 映画・劇・スポーツなどを見る人。けんぶつ人。例観客席。

がんぎ

かんきゅう【緩急】名詞 ❶ゆるいことと、きびしいこと。例投球に緩急をつける。❷おそいことと、はやいこと。ことば⇩「緩急自在」❸たいへん急で、あぶないこと。例いったん緩急あれば、すぐ行きます。

がんきゅう【眼球】名詞 ものを見る体の部分。目の玉。目玉。

かんきゅうじざい【緩急自在】四字熟語 物事の調子やはやさを思うままにあつかうこと。例緩急自在のピッチャー。

かんきょう【環境】名詞 〔人や生物を〕とりまいて、影響をあたえているもの。例環境の変化。／自然環境。

がんきょう【頑強】形容動詞 ❶意志が強くて、かんたんに相手の言うことにしたがわないようす。例自説を頑強に言いはる。❷体が、がっしりして強いようす。例頑強な肉体。

かんきょうアセスメント【環境アセスメント】名詞 自然をきりひらいて道路や建物などをつくるときに、その工事が自然や生物や人間にどんな変化をあたえるかを調べること。環境影響評価。参考 アセスメント（assessment）は「査定、評価」。

かんきょうしょう【環境省】名詞 公害防止や自然環境の保護などを通して、人々の健康や環境を守るための仕事をする国の機関。

かんきょうホルモン【環境ホルモン】名詞 自然環境をよごす化学物質のうち、生物の体内に取り入れられたときにホルモンと同じような働きをする物質。生物の子孫をつくるしくみに悪い影響をあたえる。

かんきり【缶切り】名詞 缶づめをあける道具。

かんきわまる【感極まる】慣用句 おさえられないほど感動する。例感極まって泣き出す。活用 かんきわま・る。

かんきん【監禁】名詞 する動詞 ある場所にとじこめて、自由にさせないこと。類 拘禁。

がんきん【元金】名詞 ❶貸し借りしたり預金したりするときのもとのお金。対 利子。❷商売をするときの資本金。もとで。参考「もときん」ともいう。

がんぐ【玩具】名詞 子どもが遊ぶための道具。おもちゃ。

がんくつ【岩窟】名詞 岩がえぐれてできた、大きなあな。いわあな。例岩窟にかくれ住む。

がんくび【がん首】名詞 きせるの先の部分。⇩323ページ・きせる（図）。

かんぐん【官軍】名詞 朝廷や政府にみかたする軍隊。対 賊軍。ことば⇩「勝てば官軍負ければ賊軍」

ことばあそび 回文16 この子ネコの子（このこねこのこ）

かんけい【関係】 一 名詞 する動詞 かかわりをもつこと。例 事件に関係する。／関係ない。二 名詞 人と人との間がら。例 あの人とは友人関係にある。

かんげい【歓迎】 名詞 する動詞 よろこんで、むかえること。例 新入生を歓迎する。対 歓送。

かんげいこ【寒稽古】 名詞 〔心や体をきたえるために〕真冬の朝や夜などに、柔道・剣道・芸事などの練習をすること。

かんけいしゃ【関係者】 名詞 その物事に、かかわりのある人。例 事件の関係者。／工事の関係者。

1 **かんげき【感激】** 名詞 する動詞 〔うれしいことや、すばらしいことがあって〕はげしく感動すること。例 友人のあたたかい心づかいに感激した。類 感動。感心。

2 **かんげき【観劇】** 名詞 する動詞 劇やしばいを見ること。

1 **かんけつ【完結】** 名詞 する動詞 〔続いていたものが〕すっかり終わること。例 テレビドラマが完結した。

2 **かんけつ【間欠】** 名詞 一定の時間をおいて、起こったりやんだりすること。ことば 「間欠泉（＝周期的にふき出す温泉）」

3 **かんけつ【簡潔】** 形容動詞 かんたんで、よくまとまっているようす。例 簡潔な表現。

1 **かんげん【甘言】** 名詞 人の気を引くための、たくみな言葉。例 甘言に乗せられて、だまされる。

2 **かんげん【換言】** 名詞 する動詞 ほかの言葉に言いかえること。例 換言すれば、クラスの人気者ということになる。

3 **かんげん【還元】** 名詞 する動詞 ❶もとにもどすこと。❷酸化物から酸素をとりさること。対 酸化。

がんけん【頑健】 形容動詞 〔体が〕がっしりしていて、健康なようす。例 頑健そのものに見える。

かんげんがく【管弦楽】 名詞 弦楽器・管楽器・打楽器で合奏する音楽。オーケストラ。

かんこ【歓呼】 名詞 する動詞 よろこんで、大きな声を出すこと。例 歓呼の声に送られる。／歓呼してむかえる。

1 **かんご【看護】** 名詞 する動詞 けが人や病人につきそって、手当てや世話をすること。例 手あつい看護をうける。類 看病。介抱。

2 **かんご【漢語】** 名詞 昔、中国から伝わって、日本語になった言葉。たとえば、「読書」「学習」など。また、漢字を組み合わせて音読みにする言葉。たとえば、「書物」「病人」など。対 和語。

がんこ【頑固】 形容動詞 ❶自分の考えや態度をかえず、他人の考えを受け入れないようす。例 頑固な老人。類 強情。かたくな。偏屈。❷しつこい。例 頑固な水虫になやまされる。

1 **かんこう【刊行】** 名詞 する動詞 〔書物などを〕印刷して発行すること。出版。例 定期刊行物。

2 **かんこう【感光】** 名詞 する動詞 〔フィルムなどが〕光をうけて変化をおこすこと。例 感光したフィルム。

3 **かんこう【観光】** 名詞 する動詞 美しいけしきや名所などを見物してまわること。例 観光旅行。

がんこう【眼光】 名詞 ❶〔物をじっと見るときの〕目のかがやき。❷物事の本当のすがたを見ぬく力。

がんこうしはいにてっす【眼光紙背に徹す】 慣用句 〔紙のうら側まで見通すという意味から〕書物の、深い意味まで読み取る。読解力のすぐれていることのたとえ。例 眼光紙背に徹す読者。

かんこうち【観光地】 名詞 美しいけしきや名所などが多く、見物する人々が集まるところ。

かんこうちょう【官公庁】 名詞 国と地方公共団体の役所をまとめていう言葉。

1 **かんこく【勧告】** 名詞 する動詞 〔こうしてはどうかと〕ひとに説明し、すすめること。例 辞職を勧告された。

2 **かんこく【韓国】** 地名 ⬇744ページ・だいかんみんこく。

かんごく【監獄】 名詞 「刑務所」「拘置所」の昔のよび名。類 ろうごく。

かんごし【看護師】 名詞 医師の指示にしたがって、病人やけが人の世話をする仕事をする人。参考 国でさだめた資格で、女性も男性もいる。以前は女性の職業で、「看護婦」といった。

かんこどりがなく【閑古鳥が鳴く】 慣用句 客がおとずれないで、さびしく、ひまであるようす。例 閑古鳥が鳴く店。参考 「閑古鳥」は、鳥のカッコウのこと。

かんごふ【看護婦】 名詞 ⬇かんごし。

かんこんそうさい【冠婚葬祭】 四字熟語 結婚式や葬式などの儀式。参考 冠は成人式

（昔は元服）、婚は結婚式、葬は葬式、祭は祖先をまつることで、昔からの四つの大切な儀式。

かんさ【監査】 名詞 する動詞 とりしまって、検査すること。例会社の経理を監査する。

かんさい【関西】 名詞 ふつう名古屋より西の、京都・大阪・神戸・奈良などを中心とする地方。関西地方。対関東。

かんざし 名詞 女の人が髪の毛にさす、かざり。⇩図。

1かんさつ【観察】 名詞 する動詞 ❶注意してよく見ること。例敵の行動を観察する。❷物事の様子などをよく見たり調べたりすること。例カブトムシを観察する。／観察力。

2かんさつ【鑑札】 名詞 役所のゆるしをうけたしるしのふだ。許可証。免許証。参考 古い言い方。

かんさつきろく【観察記録】 名詞 あるものをよく調べ、その様子を書きとめたもの。例アサガオの観察記録をつける。

かんさつぶん【観察文】 名詞 観察したことがらを、ありのまま書き表した文章。

かんさん【換算】 名詞 する動詞 ある数量をほかの単位の数量に計算しなおすこと。例ドルを円に換算する。

かんざし

かんさんと【閑散と】 副詞 ひっそりとして、人が少ないようす。例閑散とした店内。

1かんし【漢詩】 名詞 中国の昔の詩。また、その詩の形をまねてつくった日本人の詩。

2かんし【監視】 名詞 する動詞 注意して、よく見はること。また、見はる人。ことば「監視の目を光らせる」

1かんじ【感じ】 名詞 ❶感じること。例指先の感じ。❷印象。例感じがよい青年。／感じの悪い言い方。

2かんじ【漢字】 名詞 昔、中国でつくられて、日本に伝わってきた文字。日本でつくられたもの（国字）もある。例漢字の練習をする。

3かんじ【幹事】 名詞 団体や会の仕事を、中心になって進める役。また、進める人。例旅行の幹事。

がんじがらめ 名詞 ❶ひもなどをまきつけてしばること。例つかまえたどろぼうをがんじがらめにする。❷規則や人間関係などにしばられて、思うようにならないこと。例規則でがんじがらめにされる。

ことば博士になろう！

漢字って、いくつあるの!?

小学校の六年間で学習する漢字（教育漢字）は一〇二六字ですが、国から日常生活で使うめやすとしてしめされた「常用漢字」（一九八一年制定・二〇一〇年改定）は、教育漢字をふくめて全部で二一三六字です。

しかし、じっさいには漢字はまだまだたくさんあります。日本でつくられた「大漢和辞典」には、約五万字の漢字が収録されています。

かんしき【鑑識】 名詞 する動詞 ❶そのものが本物かどうかを見分けること。また、その力。ことば「鑑識眼を養う」❷はんざいのそうさで、しもんや血液などを科学的に調べること。また、その係の人。

かんじき 名詞 〔深い雪の上を歩くとき〕雪の中に足がもぐりこまないように、はきものの下につけるもの。わかんじき。わかん。⇩図。

かんじき

かんじじてん【漢字辞典】 名詞 漢字をある決まった順序にならべ、その読み方や意味・使い方などを説明した本。参考「漢字字典」とも書く。類漢和辞典。

ガンジスがわ【ガンジス川】 地名 ヒマラヤ山脈から流れ出し、インドをへてベンガル湾にそそぐ川。ガンガー。▼英語 Ganges

がんじつ【元日】 名詞 国民の祝日の一つ。年のはじめをいわう日。一月一日。元たん。

かんしつけい【乾湿計】 名詞 空気のしめり気をはかるもの。二本の温度計をならべ、かたほうをしめらせ、二本の温度の差で空気のしめり

ことばあそび 回文17 ねつきいいキツネ

気をはかる。乾湿温度計。

かんじとる【感じ取る】 (動詞) 感じて、心に受けとめる。様子などから察する。例 やさしい気づかいを感じ取る。活用 かんじと・る。

1**かんしゃ【官舎】** (名詞) 国や地方の役所が建てた家。役人やその家族が住む。例 外務省官舎。

2**かんしゃ【感謝】** (名詞)(する動詞) ありがたいと思うこと。ありがたいと思ってお礼を言うこと。例 地元の人の協力に感謝する。

1**かんじゃ【冠者】** (名詞) ❶昔、元服をしてかんむりをつけた少年。❷わかもの。❸〔大名などの〕めしつかいのわかもの。参考 ㋐「かじゃ」ともいう。㋑❸は、多く、名前の下につけて使い、「…かじゃ」という。

2**かんじゃ【患者】** (名詞) 病気やけがなどをして、病院でちりょうをうけている人。類 病人。

3**かんじゃ【間者】** (名詞) 敵方にもぐりこんで、その様子をさぐる者。スパイ。例 敵の間者が入りこんだようだ。参考 やや古い言い方。

かんしゃく (名詞) 少しのことにすぐ腹を立てること。また、そのような性質。

かんしゃくだま【かんしゃく玉】 (名詞) 火薬を紙でつつんで、まるめたおもちゃ。地面にぶつけると、はれつして音がでる。

かんしゃくもち【かんしゃく持ち】 (名詞) 少しのことに、すぐおこる性質。また、そのような人。例 ひどいかんしゃく持ちだ。

かんしゃくをおこす【かんしゃくを起こす】 慣用句 ちょっとしたことでも感情をおさえられず、すぐにおこり出す。例 弟は気に入らないことがあると、かんしゃくを起こす。

かんしゃじょう【感謝状】 (名詞) 感謝の言葉を書いておくる手紙や文書。

かんじやすい【感じやすい】 (形容詞) 心が動かされやすい。例 感じやすい年ごろの少年。活用 かんじやす・い。

かんしゅ【看守】 (名詞) 刑務所に入れられている人たちを見はったり、かんとくしたりする人。

1**かんしゅう【慣習】** (名詞) 長い間おこなわれてきたならわし。習慣。しきたり。類 風習。

2**かんしゅう【監修】** (名詞)(する動詞) 本の内容や、編集のしかたなどをかんとくすること。例 百科事典の監修者。

3**かんしゅう【観衆】** (名詞) スポーツ・劇などを見る大ぜいの人。例 大観衆の前で歌う。注意「観集」と書かないこと。

かんじゅく【完熟】 (名詞)(する動詞) くだものなどが完全に大きくなり、あまくなること。種が熟すこと。

かんじゅせい【感受性】 (名詞) 物事から受ける感じを、感じとる心の働き。例 感受性が豊かだ。類 感性。

1**かんしょ【甘しょ】** (名詞) ➡519ページ・さつまいも。

2**かんしょ【寒暑】** (名詞) さむさと、あつさ。

がんしょ【願書】 (名詞) ❶願いごとを書いたもの。❷願いをみとめてもらうために必要なことを書いて出す書類。例 入学願書を提出する。

1**かんしょう【干渉】** (名詞)(する動詞) 自分とちょくせつ関係のないことに立ち入って、かかわりをもとうとすること。例 他人のことに干渉するな。

2**かんしょう【完勝】** (名詞)(する動詞) 完全に勝つこと。例 大差をつけて完勝する。類 大勝。圧勝。

3**かんしょう【感傷】** (名詞) 〔わずかなことにも〕強く心を動かされること。悲しくなったり、さびしくなったりしやすいこと。ことば「感傷にひたる」

4**かんしょう【観賞】** (名詞)(する動詞) 美しい物を見て、楽しむこと。例 花を観賞する。⇩使い分け。

5**かんしょう【鑑賞】** (名詞)(する動詞) 文学・絵・音楽・劇・映画などを読んだり、見たり、聞いたりして、そのよさを味わうこと。例 芸術鑑賞。⇩使い分け。

1**かんじょう【勘定】** (名詞)(する動詞) ❶数を数えたり、計算したりすること。例 人数を勘定する。❷そのことを考えに入れること。例 かれが来る

使い分け　かんしょう

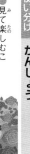

●見て楽しむこと。
バラを観賞する。

●芸術を味わうこと。
音楽を鑑賞する。

ことは勘定に入れていなかった。❸お金をはらうこと。また、はらうお金。例 勘定が合わない。

2かんじょう【感情】名詞 うれしい・悲しい・楽しい・さびしいなどの、心の働き。例 感情をおさえる。／感情を表に出す。

3かんじょう【環状】名詞 わのような、まるい形。例 環状道路。

がんしょう【岩しょう】名詞 地下の深いところでどろどろにとけているもの。地上でひえて火成岩になる。マグマ。

がんじょう【頑丈】形容動詞 じょうぶで、がっしりしているようす。また、こわれにくいようす。例 頑丈な男。／頑丈なとびら。

かんじょういにゅう【感情移入】名詞 する動詞 自分の気持ちを入りこませて、あるものに強く共感すること。例 主人公に感情移入する。

かんじょうせん【環状線】名詞 わのような、まるい形に走る電車やバスの路線。

かんしょうてき【感傷的】形容動詞 物事に感じやすく、悲しい気持ちになるようす。例 感傷的な気分だ。

かんじょうてき【感情的】形容動詞 感情をすぐ表面に出すようす。例 あまり感情的にならない方がいい。対 理性的。

1かんしょく【官職】名詞 国家公務員としての地位と役目。ことば「官職につく」

2かんしょく【寒色】名詞 さむい感じをあたえる色。青色やそれに近い色。対 暖色。

3かんしょく【間食】名詞 する動詞 決まった食事と食事との間に食べること。また、その食べ物。

4かんしょく【感触】名詞 ❶物にふれたときの感じ。例 ざらざらとした感触。❷それとなく心に感じること。例 よい感触をえる。類 ①②感覚。

がんしょくなし【顔色無し】慣用句 おそれやおどろきなどのため、顔が青ざめるようす。例 新人の大活躍に、ベテラン選手も顔色無しといったところだ。

かんじられる【感じられる】連語 「感じる」のやわらかい表現。また、客観性をもたせる言い方。例 よいえいきょうと感じられる。

かんじる【感じる】動詞 ❶〔しげきされて〕ある感覚がおこる。例 痛みを感じる。❷心に思う。また、感動する。例 よろこびを感じる。／不安を感じる。参考「感ずる」ともいう。活用 かん・じる。

1かんしん【感心】名詞 形容動詞 する動詞 〔りっぱなことやおこないに対して〕深く感動すること。例 感心なおこない。／かれの公平な態度に感心した。類 感動。

2かんしん【関心】名詞 特に心をひかれること。例 音楽に関心がある。／新商品に関心をしめす。／無関心。類 興味。

かんじん【肝心】名詞 形容動詞 一番大切であるようす。例 肝心なことをわすれていた。

がんじん【鑑真】人名 （六八八～七六三）奈良時代初めごろの僧。唐（＝今の中国）からきて仏教を日本に伝え、奈良に唐招提寺を建てた。日本にわたるときの苦労で目が見えなくなったという。

かんしんをかう【歓心を買う】慣用句 人の気に入るようにふるまって、よろこばせる。類 機嫌を取る。

かんしんをもつ【関心を持つ】慣用句 特に心をひかれる。例 将棋に関心を持つ。

かんすい【完遂】名詞 する動詞 完全にやりとげること。例 工事を完遂する。

かんすうじ【漢数字】名詞 〔一・十・百・千・万など〕漢字で表した数字。参考 ⇩50ページ・アラビア数字。

かんする【関する】動詞 〔ある物事に〕関係をもつ。かかわる。例 理科に関する本。活用 かん・する。

かんずる【感ずる】動詞 ⬇かんじる。活用 かん・ずる。

1かんせい【完成】名詞 する動詞 すっかり、できあがること。例 作品が完成した。

2かんせい【官製】名詞 政府がつくること。また、つくったもの。例 官製はがき。対 私製。

3かんせい【喚声】名詞 〔おどろいたり、興奮したりして出す〕さけびごえ。例 美しい湖を見て喚声をあげた。⇩使い分け。

4かんせい【閑静】形容動詞 しずかで、ひっそりしているようす。例 閑静な住宅地。

5かんせい【感性】名詞 いろいろな物事を、心に感じとる力。例 かのじょは、とても感性のするどい人だ。類 感受性。

6かんせい【慣性】名詞 外から力を受けなければ、とまっているものはとまったまま、動いてい

ことばあそび 回文18 わたしまけましたわ

るものは同じはやさで動き続ける性質。惰性。

7 **かんせい【歓声】** 名詞 よろこんでさけぶ声。例 見物客の中から歓声がわきおこった。⇩使い分け。

かんぜい【関税】 名詞 外国から輸入したり、外国へ輸出したりするときにかける税金。参考 日本では輸入するときにだけかかる。

かんせいとう【管制塔】 名詞 飛行場で、飛行機の発着のさしずをするところ。航空管制塔。コントロールタワー。

がんせき【岩石】 名詞 いわ。大きな石。

1 **かんせつ【間接】** 名詞 じかに関係しないで、間にほかのものがあること。例 間接に聞いた話。対 直接。

2 **かんせつ【関節】** 名詞 ほねとほねが、動けるようにつながっているところ。⇩図。

使い分け　かんせい

●興奮してさけぶ声。
びっくりして、喚声をあげる。

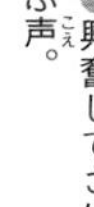
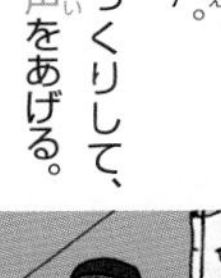
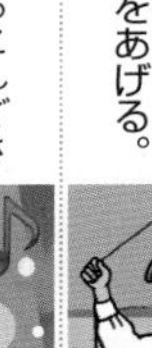

●よろこんでさけぶ声。
スターの登場に歓声があがる。

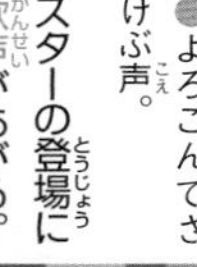

かんせつぜい【間接税】 名詞 〔酒やたばこのように〕商品のねだんの中にふくまれている税金。対 直接税。

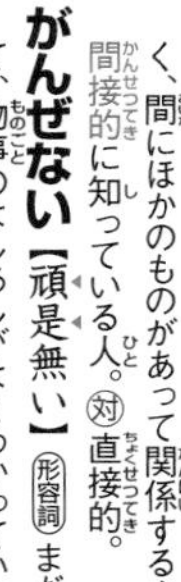
関節

かんせつてき【間接的】 形容動詞 じかではなく、間にほかのものがあって関係するようす。例 間接的に知っている人。対 直接的。

がんぜない【頑是無い】 形容詞 まだおさなくて、物事のよしあしがよくわかっていない。聞き分けがない。例 頑是無い子どもをだましてはいけない。活用 がんぜな・い。

1 **かんせん【汗腺】** 名詞 ひふにある、汗の出るところ。

2 **かんせん【感染】** 名詞 する動詞 ❶病気などがうつること。例 インフルエンザに感染した。類 伝染。❷悪いえいきょうをうけること。例 悪い習慣に感染する。

3 **かんせん【幹線】** 名詞 〔鉄道・道路・電線などで〕おもな道すじとなる線。本線。対 支線。

4 **かんせん【観戦】** 名詞 する動詞 試合や競技などの様子を見ること。例 サッカーの試合を観戦する。

かんぜん【完全】 名詞 形容動詞 欠点や不足のないこと。例 きずは完全に治った。対 不完全。

がんぜん【眼前】 名詞 すぐ目の前。目前。例 美しい町並みが眼前に広がっていた。

かんぜんじあい【完全試合】 名詞 ⇩1018ページ・パーフェクト。

かんせんしょう【感染症】 名詞 コレラ・せきり・インフルエンザなど、ばいきんやウイルスがうつって、人がなる病気。参考 もとは「伝染病」といった。

かんぜんちょうあく【勧善懲悪】 四字熟語 よいおこないをするようにはげまし、悪いおこないをこらしめること。例 この映画は勧善懲悪のすじ書きでわかりやすい。

かんぜんと【敢然と】 副詞 〔自分の正しいと思うことを〕思いきっておこなうようす。

かんぜんねんしょう【完全燃焼】 名詞 ❶物が、十分な酸素を得てすべてもえきること。❷スポーツなどに、持っている力をすべてそそぎきること。例 試合には負けたけれど、完全燃焼できたのでくいはない。

かんぜんへんたい【完全変態】 名詞 こん虫が卵→幼虫→さなぎ→成虫の順に体の形をかえて、大きくなり、成虫になること。変態。対 不完全変態。

かんぜんむけつ【完全無欠】 四字熟語 完全で、不足や欠点がまったくないこと。例 完全無欠な人間などいない。

かんそ【簡素】 名詞 形容動詞 かんたんで、かざりけのないようす。例 簡素な生活。

がんそ【元祖】 名詞 ❶祖先。❷あることをはじめてした人。あるものをはじめてつくった人。・

店。例あの店があんパン製造の元祖といわれている。類開祖。❸もとになったもの。例ホルンの元祖は、狩りの角笛です。

1 **かんそう**【完走】名詞 する動詞 〔あるコースを〕最後まで走ること。例マラソンを完走する。

2 **かんそう**【乾燥】名詞 する動詞 水分がなくなること。かわくこと。また、かわかすこと。

3 **かんそう**【間奏】名詞 独唱や独奏の区切りめで、伴奏の楽器だけで演奏する部分。

4 **かんそう**【感想】名詞 あることがらについて、感じたり、考えたりしたこと。例感想をのべる。

5 **かんそう**【歓送】名詞 する動詞 出発する人をいわいはげまして、おくること。例世界一周旅行をするおばの歓送会。対歓迎。

かんぞう【肝臓】名詞 おうかくまくのすぐ下にある赤茶色の内ぞう。脂肪を消化するたんじゅうをつくったり、あまった栄養分をたくわえたりする。⇩939ページ・内臓（図）。

かんそうきょく【間奏曲】名詞 劇やオペラなどの幕あいに演奏される曲。

かんそうぶん【感想文】名詞 ある物事について、自分が心に思ったことや、考えたことなどを書きつづった文。例本を読んで、その感想文を書く。

かんそく【観測】名詞 する動詞 天文・気象などを、機械などを使って調べること。例星を観測する。／天体観測。

かんそん【寒村】名詞 まずしく、さびれている村。

1 **かんたい**【寒帯】名詞 地球上の北緯約六六・五度から北極までと南緯約六六・五度から南極までの間。地球上でもっとも寒い地域。対熱帯。温帯。冷帯。

2 **かんたい**【歓待】名詞 する動詞 来た人をよろこんでむかえ、もてなすこと。例どこへ行っても歓待された。

3 **かんたい**【艦隊】名詞 いっしょに行動している、二せき以上の軍艦の集まり。

かんだい【寛大】形容動詞 心が広く、思いやりがあるようす。例寛大な心をもつ。

がんたい【眼帯】名詞 目の病気のとき、目をおおうために使う、ガーゼなどでつくったもの。

かんだかい【甲高い】形容詞 声の調子が強くて高いようす。例甲高いよび声。活用 かんだか・い。

かんたく【干拓】名詞 する動詞 あさい海や湖などをしきり、中の水をかい出して陸地にすること。

がんだれ【がん垂れ】名詞 漢字の部首の一つ。「原」「厚」などの「厂」の部分。

1 **かんたん**【感嘆】名詞 する動詞 〔すぐれた行動などに〕感心して、ほめること。例すばらしい演奏に感嘆する。類詠嘆。驚嘆。

2 **かんたん**【簡単】形容動詞 こみ入っていなくて、わかりやすいようす。例簡単な問題。／簡単にできる料理。対複雑。

1 **かんだん**【間断】名詞 続いておこっていたものがとぎれること。たえま。参考「間断なく」の形で使われることが多い。例間断なくふり続く雨。

2 **かんだん**【寒暖】名詞 さむさとあたたかさ。

3 **かんだん**【歓談】名詞 する動詞 うちとけて、楽しく話し合うこと。例テーブルをかこんで歓談する。

がんたん【元旦】名詞 ❶一月一日の朝。❷一月一日。元日。

かんたんあいてらす【肝胆相照らす】故事成語 心の底まで打ち明けて、つきあう。例ぼくたちは肝胆相照らす仲だ。

かんだんけい【寒暖計】名詞 気温をはかる道具。温度計。

かんだんなく【間断なく】連語 切れ目なく。とぎれることなく。例間断なく雨がふり続いている。

かんたんふ【感嘆符】名詞 感動・命令・よびかけなどの気持ちを表すしるし。「！」「!!」など。参考「すばらしい！」のように使う。

1 **かんち**【感知】名詞 する動詞 感じて、気がつくこと。感じて知ること。例ガスもれを感知する。

2 **かんち**【関知】名詞 する動詞 物事にかかわりを持って、その事情を知ること。例わたしの関知するところでない。

かんちがい【勘違い】名詞 する動詞 まちがってそうだと思いこむこと。思いちがい。注意「感違い」と書かないこと。

かんちゅう【寒中】名詞 こよみの上で、小寒のはじめから大寒の終わりまでのおよそ三十日間。また、冬のさむさのきびしい時期。例寒中水泳。対暑中。

がんちゅうにない【眼中に無い】慣用句 気にもとめない。少しも問題にしない。例人のことなど眼中に無い。

1 **かんちょう**【干潮】名詞 海水がひいて、海面の高さが一番低くなること。また、その時。対満

ことばあそび 回文⑲ わたしが米こがしたわ（わたしがこめこがしたわ）

潮。⇩1243ページ・満潮（図）。

²**かんちょう**【官庁】(名詞) おおやけの仕事をするしくみ。役所。例官庁街。参考 中央官庁と地方官庁がある。

³**かんちょう**【館長】(名詞) 図書館・美術館・博物館など「館」がつくところで、位が一番上の人。

⁴**かんちょう**【艦長】(名詞) 軍艦で、位が一番上で、乗組員をひきいて指揮をとる人。

かんつう【貫通】(名詞)(する動詞) つきぬけること。例新しいトンネルが貫通した。

かんづく【感付く】(動詞) それとなくわかる。気づく。例どうやら敵はわれわれに感付いたらしい。活用 かんづ・く。

かんづめ【缶詰】(名詞) ❶かんの中に食物を入れ、ぴったりとふたをしてくさらないようにした物。❷人をある場所にとじこめて出さないこと。例事故で、電車の車内に三時間も缶詰にされた。

¹**かんてい**【官邸】(名詞) 大臣などが住む、国でつくった建物。例首相官邸。

²**かんてい**【鑑定】(名詞)(する動詞) 〔美術品やしょうこの品などが〕本物かにせ物か、よいか悪いかなどを見分けること。例絵画を鑑定する。／鑑定書。

かんてつ【貫徹】(名詞)(する動詞) ある考えやおこないを、最後までつらぬき通すこと。ことば 「初志を貫徹する」

かんでふくめる【かんで含める】慣用句 〔食べ物を一度かんでから、子どもにあたえるように〕わかりやすく、ていねいに話すようす。例かんで含めるような教え方をする。

カンテラ (名詞) ブリキ・銅などでつくった、手さげ用の石油ランプ。⇩図。▼オランダ語。

カンテラ

¹**かんてん**【干天】(名詞) ひでりが続いている夏の空。ひでり。

²**かんてん**【寒天】(名詞) 海そうのテングサなどをにて、こおらせ、かわかしたもの。また、それを水でにてもどし、かためた食べ物。みつまめなどに使う。

³**かんてん**【観点】(名詞) 物事を見たり考えたりするときのもとになる、その人の立場。例異なる観点から発言する。

かんでん【感電】(名詞)(する動詞) 動物や人の体に電流がながれてショックをうけること。

かんでんち【乾電池】(名詞) 持ち運びできる小さな電池。中心の炭素のぼうが陽極（＋）、まわりのあえんが陰極（－）で、その間に薬品が入れてある。

かんど【感度】(名詞) 音・光・電波などを感じるどあい。例感度のいいラジオ。

¹**かんとう**【完投】(名詞)(する動詞) 野球で、一人の投手がさいごまでなげ通すこと。例完投勝利。

²**かんとう**【巻頭】(名詞) 本やまき物などの一番はじめのところ。例巻頭の言葉。対巻末。

³**かんとう**【敢闘】(名詞)(する動詞) 〔力や数のちがいを気にせず〕いさましくたたかうこと。例敢闘賞。

⁴**かんとう**【関東】(名詞) 東京都と、神奈川・千葉・埼玉・茨城・栃木・群馬の六県をふくむ地方。関東地方。参考 もとは、箱根の関所から東の地方という意味。対関西。

¹**かんどう**【勘当】(名詞)(する動詞) 親・主人・師匠などが、子ども・けらい・弟子などとえんを切っておい出すこと。

²**かんどう**【間道】(名詞) わき道。ぬけ道。例けわしい間道をのぼる。対本道。

³**かんどう**【感動】(名詞)(する動詞) 物事に強く心を動かされること。例映画を見て感動した。類感心。感激。

かんどうし【感動詞】(名詞) 「おや」「はい」「さようなら」など、話し手の感動、よびかけ、こたえなどを表す言葉。

かんとうへいや【関東平野】地名 関東地方の半分以上をしめる、日本で一番大きな平野。北側と西側は山地で、東側は太平洋、南側は東京湾と相模湾にせっしている。東京をはじめ多くの都市があり、人口が多い。

かんとく【監督】(名詞)(する動詞) 仕事や活動のさしずをしたり、とりしまったりすること。また、その人。例サッカー部の監督。／映画監督。

がんとして【頑として】(副詞) ほかの人からなんといわれても、自分の考えや気持ちをけっしてかえないようす。例どんなにたのんでも、頑として聞き入れない。

1かんな 名詞 板や木材の表面をけずってなめらかにする道具。⇩図。

かんな

2カンナ 名詞 カンナ科の植物。花を見て楽しむ花カンナと、根を食用にする食用カンナがある。▼英語 canna

かんない【管内】名詞 ある役所の仕事を受け持つはんい内。例 警察署管内。

かんなづき【神無月】名詞 昔のこよみで十月のこと。かみなづき。語源 日本中の神が出雲大社に集まり、ほかの国には神がいなくなるという言い伝えから。

かんなんなんじをたまにす【かん難なんじを玉にす】ことわざ 人はつらく苦しいことを経験することによって、りっぱになるものだ。参考「なんじ」は、「あなた」のこと。漢字 艱難汝を玉にす。

かんにさわる【かんに障る】慣用句 ほかの人が言ったりしたりしたことを、ふゆかいに感じる。例 かれはかんに障ることばかり言う。参考「かん」は、おこりっぽい性質のこと。

かんにん【堪忍】名詞 する動詞 ❶〔苦しみなどを〕がまんすること。❷人のあやまちをゆるすこと。かんべん。例 あんなにあやまっているのだから、もう堪忍してやれ。

カンニング 名詞 する動詞 試験のとき（人の答えをそっと見るなど）、正しくないおこないをすること。▼英語 cunning

かんにんぶくろのおがきれる【堪忍袋の緒が切れる】慣用句 〔今までがまんしてきたが〕もうこれ以上どうしてもがまんができなくなることのたとえ。例 失礼な発言に堪忍袋の緒が切れた。

かんぬき 名詞 門や戸を外からあけられないようにするため、内側にわたした横木。例 かんぬきをかける。⇩図。漢字 閂。

かんぬき

かんぬし【神主】名詞 神社につかえ、神をまつる人。また、その中で一番位が上の人。

かんねつし【感熱紙】名詞 レシートなどに使う紙で、紙の表面の薬が熱を感じて文字などが表れるもの。

かんねん【観念】❶ 名詞 あるものを見たり考えたりしたとき、頭の中にうかぶ物事の形や意味。❷ 名詞 する動詞 〔もうだめだと〕あきらめること。例 そんなにもがいてもだめだ、観念しろ。類 断念。

がんねん【元年】名詞 ❶ある年号のさいしょの年。一年。例 明治元年。❷ある物事の始まった年。例 うちゅう旅行元年。

かんねんてき【観念的】形容動詞 考え方がじっさいにあることからはなれて、頭の中だけでつくり上げられているようす。例 観念的なことではなく、具体的な話をしましょう。対 現実的。

かんのいり【寒の入り】名詞 小寒に入ること。また、その日。一月六日ごろ。寒い時期に入ること。

かんのう【完納】名詞 する動詞 〔おさめなければならないものを〕残らずおさめること。例 税金を完納する。

かんのもどり【寒の戻り】名詞 春が来てあたたかくなったころに、急に冬がもどったように寒くなること。

かんのん【観音】名詞 「観世音ぼさつ」の略。人々の苦しみをすくう、なさけぶかいぼさつ。

かんのんびらき【観音開き】名詞 真ん中で、とびらが左右に開くしくみの戸。また、その開き方。⇩図。

観音開き

1かんぱ【看破】名詞 する動詞 見やぶること。見ぬくこと。例 悪だくみを看破する。

2かんぱ【寒波】名詞 冬につめたい大気がおしよせて、気温が急に下がること。また、そのような

あいうえお かきくけこ か さしすせそ たちつてと なにぬねの はひふへほ まみむめも や ゆ よ らりるれろ わ を ん

ことばあそび 回文⑳ 妻の祝いの松（つまのいわいのまつ）

つめたい大気。対 熱波。

3 **カンパ** 名詞 する動詞 ある目的のために、多くの人々によびかけてお金を集めること。参考 ロシア語の「カンパニア」の略。

1 **かんぱい**【完敗】名詞 する動詞 〔試合などに〕完全に負けること。対 完勝。

2 **かんぱい**【乾杯】名詞 する動詞 〔えん会などで〕みんなの健康や成功をいのって、いっせいにお酒などを飲むこと。また、そのときのかけ声。

かんぱく【関白】名詞 ❶昔、天皇をたすけて国の政治をおこなった、おもい役目。また、その人。❷けん力の強い人、いばっている人のたとえ。例 てい主関白。

かんばしい【芳しい】形容詞 ❶かおりがよい。例 コーヒーの芳しいかおり。❷りっぱである。よろこばしい。参考「芳しくない」の形で用いることが多い。例 芳しくない結果に終わった。活用 かんばし・い。

カンバス 名詞 油絵をかくときに使う、〔わくにはった〕布。キャンバス。▼英語 canvas

1 **かんばつ** 名詞 長い間ひでりが続き、田畑の水がかれること。

2 **かんばつ**【間伐】名詞 する動詞 森のいらない木を切って木と木の間をあけ、残した木が早く大きくなるようにすること。例 間伐材。

かんはつをいれず【間髪を入れず】故事成語 間をあけないで、すぐに。例 質問に、間髪を入れずに答える。注意「かんぱつをいれず」ではなく、「かん、はつをいれず」と読む。

がんばりや【頑張り屋】名詞 ある目的をはたすために、まじめにがんばる人。例 弟は頑張り屋だ。

がんばる【頑張る】動詞 ❶苦しさに負けずに、努力する。また、がまんする。例 いっしょに頑張ろう。❷自分の意見などを強くおし通す。例 どうしても病院へ行かないと頑張っている。活用 がんば・る。

かんばん【看板】名詞 ❶店や品物の名などを書いて人目につくところにかかげたもの。❷信用のある店の名。例 店の看板にきずがつく。

1 **かんぱん**【甲板】名詞 船の上の広く平らなところ。デッキ。参考「こうはん」ともいう。

2 **かんぱん**【乾板】名詞 〔写真をとるときに使う〕ガラス板などに、光に感じやすい薬品をぬったもの。

3 **かんぱん**【乾パン】名詞 水分をへらしてかたく焼いた、ビスケットに似た小さなパン。参考 けいたい用、また、ほぞん用にする。

がんばん【岩盤】名詞 地面の下にある、ひと続きの大きな岩。

かんばんだおれ【看板倒れ】名詞 外から見るとりっぱだが、中身がよくないこと。例 あの店は看板倒れだ。

かんばんにいつわりなし【看板に偽り無し】慣用句 りっぱな外見どおり、中身もよいこと。例 評判の店で食べてみたら、看板に偽り無しだった。

かんばんむすめ【看板娘】名詞 お客を店に引きよせるような、美しいむすめ。

かんばんをおろす【看板を下ろす】慣用句 店をやめる。仕事や商売をやめる。例 今月いっぱいで看板を下ろすことになった。

1 **かんび**【甘美】形容動詞 ❶あまくて、おいしい。例 甘美なくだもの。❷気持ちよく感じられること。例 甘美なバイオリンの調べ。

2 **かんび**【完備】名詞 する動詞 〔設備などが〕すべてととのっていること。また、完全にそなえること。例 冷暖房完備の部屋。対 不備。

かんびょう【看病】名詞 する動詞 病人の世話をすること。例 つきっきりで看病する。類 看護。介抱。

かんぴょう 名詞 ユウガオの実をひものように細長くむいて、かわかしたもの。にて味をつけ、のりまきの具などに使う。

1 **かんぶ**【患部】名詞 病気やきずのある体の部分。例 患部にほうたいをまく。

2 **かんぶ**【幹部】名詞 会社や団体などで、中心になって働く人。

1 **かんぷう**【完封】名詞 する動詞 ❶相手の動きを完全におさえること。例 敵の反撃を完封する。❷野球で、投手が相手のチームに一点もあたえないで勝つこと。シャットアウト。

2 **かんぷう**【寒風】名詞 〔冬にふく〕さむい風。ことば「寒風がふきすさぶ」

かんぷく【感服】名詞 する動詞 とても感心すること。例 みごとなわざに、感服した。類 敬服。

かんぶつ【乾物】名詞 かわかして、水分を少なくし、長く保存できるようにした食べ物。ほししいたけ・するめなど。乾燥食品。

かんぷなきまで【完膚無きまで】慣用句

傷を受けていないところがまったくないほど。徹底的に。完全に。例 完膚無きまで、打ちのめされた。

カンフル 名詞 ❶心臓の働きを強くし、血のめぐりをよくする薬。心臓の弱っている人に注射した。❷弱っている物事を強めるためにおこなうこと。カンフル剤。▼オランダ語

かんぶん【漢文】 名詞 ❶中国で昔から使われてきた文章。❷日本で「漢文①」をまねて、漢字だけで書いた文章。対 和文。

かんぺき【完璧】 名詞 形容動詞 少しも欠点がなく、りっぱなこと。例 仕事を完璧にこなす。

1 **がんぺき【岸壁】** 名詞 ❶かべのようにけわしくきりたった岸。❷大きな船を横づけにするため、港にコンクリートや石でつくったかべ。

2 **がんぺき【岩壁】** 名詞 かべのようにけわしくきりたった山の岩はだ。

かんべつ【鑑別】 名詞 する動詞 物のよいかわるいかや、種類、本物かどうかなどを調べて、見分けること。例 雌雄を鑑別する。

1 **かんべん【勘弁】** 名詞 する動詞 あやまちや要求などをがまんしてゆるすこと。例 勘弁してください。

2 **かんべん【簡便】** 名詞 形容動詞 かんたんで、べんりなようす。例 簡便な手法。類 軽便。

かんぼう【感冒】 名詞 かぜ。例 流行性感冒。参考 あらたまった言い方。

1 **かんぽう【官報】** 名詞 政府が毎日出す、おおやけの印刷物。国民に広く知らせることがらが書かれている。

2 **かんぽう【漢方】** 名詞 昔、中国で発達し、日本に伝わった医術。漢方薬や、はりやきゅうなどで病気をなおす。例 漢方医。注意「漢法」と書かないこと。

がんぼう【願望】 名詞 する動詞 願い。のぞむこと。また、その願いや、のぞみ。例 変身したいという願望がある。類 希望。念願。

かんぽうやく【漢方薬】 名詞 草の根や木の皮などからつくった薬。漢方で使う。

かんぼく【かん木】 名詞 「低木」の古い言い方。

カンボジア 地名 カンボジア王国。東南アジアのインドシナ半島南東部にある国。稲作がさかん。首都はプノンペン。▼英語 Cambodia

かんぼつ【陥没】 名詞 する動詞 地面などが落ちこんでへこむこと。

かんまつ【巻末】 名詞 本やまき物などの一番終わりのところ。対 巻頭。

1 **かんまん【干満】** 名詞 海水がひいたり、みちたりすること。例 この海岸は干満の差が大きい。

2 **かんまん【緩慢】** 形容動詞 ❶動きがゆっくりしていて、のろいこと。例 緩慢な動作。❷しょちなどが手ぬるいこと。例 緩慢な対応がよくなかった。

かんみ【甘味】 名詞 あまい味。あまい食べ物。

かんみりょう【甘味料】 名詞 さとう・みずあめなど、食品にあまみをつけるための調味料。

かんむり【冠】 名詞 ❶昔、身分の高い人が頭につけたかぶりもの。❷漢字の組み立てで、漢字の上の部分。「くさかんむり」「うかんむり」など。

かんむりょう【感無量】 名詞 ➡293ページ・かんがいむりょう。

1 **かんめい【感銘】** 名詞 する動詞 深く心に感じてわすれられないこと。ことば「感銘を受ける」「感銘をあたえる」

2 **かんめい【簡明】** 形容動詞 かんたんで、はっきりしていること。例 簡明な文章。

がんめん【顔面】 名詞 かおの表面。

がんもく【眼目】 名詞 物事の大事なところ。要点。

がんもどき 名詞 水気をきったとうふをくずして、中にきざんだ野菜やこんぶを入れて、油であげた食べ物。

1 **かんもん【喚問】** 名詞 する動詞 公の機関が、人をよびだして、きびしく質問すること。例 国会が証人を喚問する。／委員会の喚問におうじる。

2 **かんもん【関門】** 名詞 ❶関所の門。❷通らなければならないが、なかなか通りぬけられないところ。例 入学試験という関門。

がんやく【丸薬】 名詞 小さなたまのようにした薬。

かんゆ【肝油】 名詞 タラなどの魚のかんぞうからとり出した油。おもに薬にする。参考 ビタミンA・Dがふくまれる。

かんゆう【勧誘】 名詞 する動詞 団体や会に入るようにすすめたり、さそったりすること。例 保険の勧誘。

がんゆう【含有】 名詞 する動詞 あるものの中に、ほかの物をふくむこと。例 金の含有量。

ことばあそび 回文㉑ わたしまり、とりましたわ

ことば選びのまど

感動をあらわすことば

感動 [3]

物事に強く心を動かされること。↓302ページ

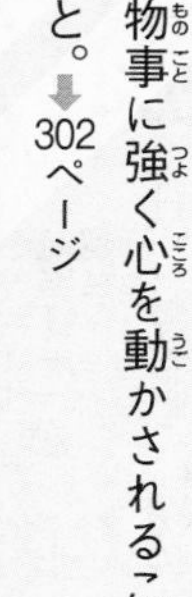

うっとり

すばらしいものなどに気をとられて、ぼうっとしているようす。↓133ページ

感慨 [3] 発展

しみじみと心に深く感じること。↓293ページ

感慨無量 発展

しみじみと思う気持ちで、胸がいっぱいになるようす。↓293ページ

感極まる 発展

おさえられないほど感動する。↓295ページ

感激 [1]

〔うれしいことや、すばらしいことがあって〕はげしく感動すること。↓296ページ

感心 [1]

〔りっぱなことやおこないに対して〕深く感動すること。↓299ページ

感嘆 [1] 発展

〔すぐれた行動などに〕感心して、ほめること。↓301ページ

感銘 [1] 発展

深く心に感じてわすれられないこと。↓305ページ

ぐっとくる

〔感動したり、こまったりして〕言葉や息がつまる。↓380ページ

ことば選びのまど

感動をあらわすことば

心に響く
心に強く感じる。⬇462ページ

心を打たれる
心を強く動かされる。⬇463ページ

込み上げる
〔うれしいときや悲しいときなどに〕笑いやなみだ、心にある感情などをおさえられない状態になる。⬇481ページ

じいんと
深く感動したときや悲しいときに、なみだが出そうになるようす。⬇536ページ

染みる[2]
心に深く感じる。⬇577ページ

胸が熱くなる
感謝や感動の気持ちがあふれる。⬇1275ページ

胸が一杯になる
悲しみやよろこびなどで、胸がつまるように感じる。⬇1275ページ

胸に迫る
悲しみや感動がこみ上げてきて、胸がおさえられるように感じる。⬇1275ページ

胸を打つ
深く感動させる。⬇1275ページ

忘れられない
わすれることができない。⬇1407ページ

かんよ【関与】名詞 する動詞 ある物事に関係すること。例事件への関与を否定する。

1 **かんよう**【肝要】名詞 形容動詞 とても大切なようす。例なにごともしんぼうが肝要だ。類重要。

2 **かんよう**【寛容】名詞 形容動詞 心が広く、相手の気持ちをよく受け入れ、ゆるすこと。例寛容な姿勢をしめす。

3 **かんよう**【慣用】名詞 する動詞 ふつうによく使うこと。例慣用表現。／日本で慣用されている読み方。

かんようく【慣用句】名詞 二つ以上の単語がいつもいっしょに決まった形で使われ、それが特別な意味を表すもの。「骨を折る（＝苦労する）」「油を売る（＝なまける）」など。

かんようしょくぶつ【観葉植物】名詞 葉の形や色の美しさを楽しむ植物。例はち植えの観葉植物。

がんらい【元来】副詞 はじめから。もともと。例私は元来、陽気な性質です。

かんらく【陥落】名詞 する動詞 ❶〔城や都市などが〕戦争でせめおとされること。❷それまでの地位を失って、それより下になること。例二軍に陥落した。❸なんども言われて、ついに承知すること。例なんどもたのんで、父を陥落させた。

かんらん【観覧】名詞 する動詞 景色や、もよおしなどを見ること。例動物園でパンダの赤ちゃんを観覧する。

1 **かんり**【官吏】名詞 国の仕事をする役人。参考古い言い方。

2 **かんり**【管理】名詞 する動詞 よい状態にしておくために、全体を見て、まとめること。例品質を管理する。／管理人。

がんり【元利】名詞〔貸し借りした〕もとのお金とその利息。例元利合計。

がんりき【眼力】名詞 物事の本当のすがたや善悪などを見ぬく能力。がんりょく。例するどい眼力で不正を見ぬく。

かんりしょく【管理職】名詞 受け持ちの仕事をとりしまる役目。また、その人。会社や役所の局長・部長・課長など。

かんりにん【管理人】名詞 他人の財産や施設などを管理する人。例アパートの管理人。

かんりゃく【簡略】形容動詞 短くて、かんたんなようす。例説明を簡略にする。／簡略化。

1 **かんりゅう**【寒流】名詞〔極地の方から、赤道の方に流れる〕つめたい海水の流れ。参考日本近海では千島海流（＝親潮）がある。対暖流。⇩230ページ・かいりゅう。

2 **かんりゅう**【貫流】名詞 する動詞〔川などが広いところを〕つらぬいて流れること。

1 **かんりょう**【完了】名詞 する動詞 全部終わること。また、終えること。例準備は完了した。

2 **かんりょう**【官僚】名詞〔位の高い〕役人。例高級官僚。

かんりんまる【咸臨丸】名詞 一八六〇年、日本ではじめて太平洋をわたって、アメリカへ行った船。艦長は勝海舟で、福沢諭吉などが乗って行った。

かんるい【感涙】名詞 深く心に感じて流す、なみだ。ことば「感涙にむせぶ」

1 **かんれい**【寒冷】名詞 形容動詞 寒さ・冷たさがきびしいこと。例気温が低くて、寒冷地。対温暖。

2 **かんれい**【慣例】名詞 なんどもおこなわれて、ならわしになっていること。しきたり。例慣例にしたがう。類習慣。通例。

かんれいぜんせん【寒冷前線】名詞 つめたい空気が、あたたかい空気の下へもぐりこんでできる、空気のさかい目。参考この前線が通るとにわか雨がふったり、気温が急に下がったりする。対温暖前線。

かんれき【還暦】名詞 かぞえ年で六十一才のこと。参考「還」は「元へもどる」という意味。六十一年で、生まれたときの「えと」にもどることから。

かんれん【関連】名詞 する動詞〔あることがらが、ほかのことと〕つながりがあること。例農業と関連がある学問。／生活にふかく関連することがら。類リンク。

かんれんご【関連語】名詞 ある言葉と、つながりを持つ言葉。

1 **かんろ**【甘露】名詞 形容動詞 あまくて、ひじょうにおいしいこと。ことば「ああ、甘露、甘露（おいしいものを飲食したときなどにいう）」参考やや古い言い方。

2 **かんろ**【寒露】名詞 二十四節気の一つ。昔のこよみで、冷たい露が宿るとされるとき。十月八日、九日ごろ。⇩口絵10ページ。

かんろく【貫ろく】名詞 その役目や身分にふ

さわしい、どっしりとした落ち着きのあるようす。例 社長としての貫ろくがある。漢字 貫禄。

かんろに【甘露煮】 名詞 小魚などを、さとう、みずあめなどであまからくにつめた食品。

1 **かんわ【漢和】** 名詞 ❶（昔の）中国と日本。❷漢語と日本語。❸「漢和辞典」の略。

2 **かんわ【緩和】** 名詞 する動詞 〔きびしさやはげしさを〕ゆるめやわらげること。楽にすること。例 制限を緩和する。

かんわじてん【漢和辞典】 名詞 漢字や漢語の読み方や意味などを日本語で説明した本。参考 ㋐部首順にならべるものが多い。㋑「漢和字典」とも書く。類 漢字辞典。

がんをかける【願を懸ける】 慣用句 願いごとがかなうように神仏にいのる。例 合格を願って願を懸ける。

き

ぎ キ
ギ
GI KI
gi ki

1 **き【木】** 名詞 ❶かたく、じょうぶなみきをもった植物。樹木。例 ヤナギの木。❷ざいもく。例 木のつくえ。

2 **き【生】** 一 名詞 まじりけのないこと。自然のままであること。例 ウイスキーを生で飲む。二 接頭語 《ほかの言葉の上につけて》「まじりけのない」「人の手を加えていない」などの意味を表す言葉。例 生じょうゆ。／生糸。／生まじめ。

3 **き【気】** 名詞 ❶心の働き。心持ち。例 気を落ち着ける。❷あることをしようとする気持ち。例 やる気がない。❸性質。性格。例 気が弱い。❹空気。例 ひえびえとした山の気をすう。

4 **き【黄】** 名詞 黄色。参考 色の三原色の一つ。

ギア 名詞 ❶はぐるま。❷はぐるまを組み合わせた装置。❸道具や衣服の一式。例 キャンプギア。ことば 「ギアをあげる（=もっと気持ちや力を入れる）」参考 「ギヤ」ともいう。▼英語 gear

きあい【気合い】 名詞 〔あることをしようとする〕はげしいいきおい。また、そのときのかけ声。

きあいをいれる【気合いを入れる】 慣用句 ❶自分の気持ちをひきしめて集中する。例 気合いを入れて、ボールをける。❷しかってはげます。例 新入生に気合いを入れる。

きあつ【気圧】 名詞 地球をとりまく空気の圧力。参考 単位は「ヘクトパスカル」で表す。

きあつけい【気圧計】 名詞 気圧をはかるきかい。参考 ㋐水銀気圧計・アネロイド気圧計などがある。㋑「晴雨計」ともいう。

きあつはいち【気圧配置】 名詞 天気図の上に表した、高気圧・低気圧などがどのように分布しているかという様子。参考 冬の西高東低型など、季節によってとくちょうがある。

きあわせる【来合わせる】 動詞 ちょうどそこに来ていて出会う。例 兄も来合わせていた。活用 きあわ・せる。

ぎあん【議案】 名詞 会議にかけて、話し合おうとする問題。

1 **きい【奇異】** 形容動詞 ふつうとはちがって、変であるようす。例 あのそぶりは奇異な感じがする。

2 **きい【紀伊】** 地名 昔の国の名。今の和歌山県と三重県南部に当たる。

3 **キー** 名詞 ❶かぎ。❷ピアノ・オルガンなどの、指でおすところ。けんばん。❸音楽としての音のまとまり。例 キーを上げる。❹問題や事件をとく手がかり。▼英語 key

きいさんち【紀伊山地】 地名 和歌山県、三重県、奈良県にまたがる山地。古い神社や寺が多くあり、それらを結ぶ道がある。「紀伊山地の霊場と参詣道」は世界文化遺産。⇨695ページ・世界遺産（図）。

キーステーション 名詞 ラジオやテレビの番組を同時にいくつかの局におくるとき、番組を製作し、電波をおくりだす中心となる局。キー局。▼英語 key station

きいっぽん【生一本】 名詞 形容動詞 ❶まじめで一つのことに夢中になること。例 兄は生一本な性格で、曲がったことがきらいです。❷まじりけのない日本酒。例 灘の生一本。

きいてごくらくみてじごく【聞いて極楽見て地獄】 ことわざ 話を聞いたときにはひじょうによく思えたものが、じっさいに見ると、話とはちがって、ひじょうに悪いこと。聞くと見るとでは大ちがいであることのたとえ。例 楽しいと聞いて参加したが、聞いて極楽見て地獄、とてもきびしくて大変な合宿だった。

きいと【生糸】 名詞 かいこのまゆからとった、加工していない糸。類 絹糸。

ことばあそび 回文㉒ 目の前の絵馬の目（めのまえのえまのめ）

キーパー 名詞 ⬇452ページ・ゴールキーパー。▼英語 keeper

キーパンチャー 名詞 キーボードをそうさしてコンピューターにデータを入力する仕事をする人。▼英語 keypuncher

きいはんとう【紀伊半島】 地名 近畿地方南部にあり、太平洋に面した日本最大の半島。三重県、奈良県、和歌山県にまたがる。半島の大部分は山地で平地が少ない。

キーポイント 名詞 問題や事件をとくのに、もっとも重要と思われるところ。要点。▼英語 key point

キーボード 名詞 ❶ピアノ・オルガン・シンセサイザーなどのけんばん。または、いろいろなけんばん楽器をまとめたよび方。❷コンピューター・パソコンなどで、文字や記号などをしめすボタン（＝キー）がならんでいて、それをおすことによって、文字や記号を画面や紙の上に表す装置。▼英語 keyboard

キーホルダー 名詞 いろいろなかぎを一つにまとめてたばねる道具。参考 英語の「キー」と「ホルダー」を組み合わせて日本でつくった言葉。

きいろ【黄色】 名詞 形容動詞 菜の花や、たまごの黄身などのような色。黄。

きいろい【黄色い】 形容詞 色が黄色である。活用 きいろ・い。

きいろいこえ【黄色い声】 慣用句 わかい女性や子どもの、かん高い声。例 小学生の黄色い声がひびく。

キーワード 名詞 問題の答えを出すときや、物事を考えるとき、知りたいことをさがすときなどに、手がかりになる大切な言葉。例 キーワードでひく索引。▼英語 keyword

きいん【起因】 名詞 する動詞 あることがおこったちょくせつの原因となること。また、そのちょくせつの原因。例 不注意に起因する大事故。類 原因。

1**ぎいん【議員】** 名詞 えらばれて、議会でいろいろなことを相談したり、決めたりする権利をもつ人。

2**ぎいん【議院】** 名詞 国会。参考 日本では衆議院と参議院とがある。

キウイ 名詞 ❶キウイ科の鳥。ニュージーランドでくらす。とぶことはできない。❷「キウイフルーツ」の略。実の様子が、鳥のキウイに似ている。⇨図。▼英語 kiwi

①
②
キウイ

1**きうん【気運】** 名詞 世の中の動きなどが自然にある方向をとろうとするようす。例 改革の気運が高まる。

2**きうん【機運】** 名詞 ときのまわり合わせ。また、めぐってきた（ちょうどよい）とき。例 天下統一の機運がじゅくする。

きえ【帰依】 名詞 する動詞 神や仏を信じて、教えにしたがうこと。

きえいる【消え入る】 動詞 だんだん弱くなって、なくなる。例 消え入るような、かぼそい声。活用 きえい・る。

きえうせる【消え失せる】 動詞 きえて、なくなる。例 なやみが消え失せる。活用 きえう・せる。

きえさる【消え去る】 動詞 きえて、なくなる。例 うたがいが消え去る。活用 きえさ・る。

きえのこる【消え残る】 動詞 すっかりきえないで、後に少し残る。例 消え残った雪。活用 きえのこ・る。

きえはてる【消え果てる】 動詞 すっかりきえてしまう。例 ゆめも希望も消え果てた。活用 きえは・てる。

きえる【消える】 動詞 ❶光や熱を出さなくなる。例 明かりが消えた。❷見えなくなる。なくなる。例 さいふが消えた。❸とけて、なくなる。例 雪が消える。活用 き・える。

きえん【気炎】 名詞 さかんな意気ごみ。

ぎえんきん【義援金】 名詞 不幸な人を助けるために寄付したお金。

きえんをあげる【気炎を上げる】 慣用句 はりきった気持ちを人にしめす。気炎をはく。例 優勝するぞと気炎を上げる。

きおいたつ【気負い立つ】 動詞 はりきって意気ごむ。例 気負い立って試合にのぞむ。活用 きおいた・つ。

きおう【気負う】 動詞 〔りっぱにやりとげようとして〕はりきる。例 初めての試合で気負って

いるようだ。類勇む。活用きお・う。

きおうしょう【既往症】 名詞 前にかかったことのある病気。例お医者さんに既往症をたずねられる。

きおく【記憶】 名詞 する動詞 わすれないで、おぼえていること。また、そのおぼえている内容。例記憶を失う。／パスワードを記憶する。／その日は雨だったと記憶している。

きおくにのこる【記憶に残る】 慣用句 わすれないで、おぼえている。例多くの人の記憶に残るできごと。

きおくりょく【記憶力】 名詞 あることを、わすれずにおぼえている能力。例あの人は記憶力がいい。

きおくれ【気後れ】 名詞 する動詞 自信がなくてしりごみをすること。例多くの人の前に出て気後れした。

キオスク 名詞 駅にある、新聞・雑誌・たばこなどを売っている小さな店。キヨスク。▼英語（トルコ語から）kiosk

きおち【気落ち】 名詞 する動詞 〔悪い結果などのために〕はりきっていた気持ちがくずれて、がっかりすること。例サッカーの試合に負けて気落ちする。

きおん【気温】 名詞 大気の温度。例気温が低い。参考気象観測では、地上一・五メートルの高さではかった温度をいう。

ぎおん【擬音】 名詞 放送や劇などで、本当の音をまねて出す音。

ぎおんご【擬音語】 名詞 ➡322ページ・ぎせいご。

1**きか【気化】** 名詞 する動詞 液体がじょうはつしたりふっとうしたりして気体になること。対液化。

2**きか【帰化】** 名詞 する動詞 ❶外国の国籍をえて、その国の国民になること。❷外国からきた生物が、その土地にもともとあったように育ちふえること。例帰化植物。

きが【飢餓】 名詞 食べ物がなくて、うえること。例飢餓に苦しむ。類飢え。

ギガ 接頭語 ある単位の前につけて、十億倍を表す言葉。記号は「G」。例二ギガバイト。▼英語 giga-

きがあう【気が合う】 慣用句 たがいに考えや気持ちが通じて、仲がよい。例あの人とはとても気が合う。

きがある【気がある】 慣用句 ❶なにかをしようという考えがある。例その仕事には、おおいに気がある。❷こいしたう気持ちがある。例かのじょはぼくに気があると思う。

1**きかい【奇怪】** 形容動詞 とてもあやしく、ふしぎなようす。例奇怪なうわさが流れる。類怪奇。

2**きかい【器械】** 名詞 かんたんな道具や装置。参考動力（＝モーター）を使わないものをいう。⇩使い分け。

3**きかい【機会】** 名詞 〔物事をおこなうのに〕ちょうどよいおり。チャンス。

4**きかい【機械】** 名詞 蒸気・電気などのエネルギーを動力にかえて、ある決まった運動をくり返して仕事をするもの。例農業用の機械。⇩使い分け。

1**きがい【危害】** 名詞 人をきずつけたり、ころしたりするようなこと。ことば「危害を加える」

使い分け　きかい

●かんたんな道具。
器械体操。

●ふくざつで大きな道具。
工作機械。

2**きがい【気概】** 名詞 苦しいことがあっても、それに負けない強い心。例気概を見せる。類気骨。

ぎかい【議会】 名詞 国民から選ばれた人々が、国や地方の政治について、相談してとり決める会。参考国会・県議会・市議会・村議会など。

きがいい【気がいい】 慣用句 生まれつき心のもち方がいい。例気がいい若者。類人がいい。

きかいうんどう【器械運動】 名詞 鉄棒・とび箱・平均台などの器械を使っておこなう運動。

きかいか【機械化】 名詞 する動詞 人や動物の力のかわりに、機械の力を使って仕事をするようにすること。例機械化農業。

ぎかいせいじ【議会政治】 名詞 政治のやり

ことばあそび 回文㉓ 土間の窓（どまのまど）

方の一つで、議会で議員が相談してとり決めるしくみ。

きかいたいそう【器械体操】 名詞 鉄棒・平均台・とび箱などを使ってする体操。器械運動。対 徒手体操。

きかいてき【機械的】 形容動詞 ❶〔機械が動くように〕自分の考えを入れず、決まったとおりにするようす。例 機械的におぼえる。❷〔機械のように〕同じ動きをくり返すようす。例 機械的な仕事。

きがうつる【気が移る】 慣用句 きょうみの対象が、別のものに変わる。例 レストランの料理はどれもおいしそうなので、気が移って、どれにしたらよいか決まらない。

きがえ【着替え】 名詞 きがえること。また、そのための衣類。

きがえる【着替える】 動詞 着ているものをぬいでほかの衣服を着る。きかえる。活用 きが・える。

きがおおい【気が多い】 慣用句 いろいろなことに心がひかれて、気がかわりやすい。例 気が多くてすぐあきる。

きがおけない【気が置けない】 慣用句 えんりょが必要なく、うちとけられる。例 気が置けない友だちと、楽しい一日をすごした。

金田一メモ 「気がゆるせない」という意味で用いるのは、本来の使い方ではない。⇩図。

きがおもい【気が重い】 慣用句 物事を進んでする気持ちがおこらない。例 ことわったら、がっかりされるだろうと思うと気が重くなる。

きかがく【幾何学】 名詞 点や線などがつくる空間図形の性質を研究する学問。参考 略して「幾何」ともいう。

気が置けない

きがかり【気懸かり】 名詞 形容動詞 心配で、心からはなれないこと。心にかかること。例 作業のおくれが気懸かりだ。

きがかるくなる【気が軽くなる】 慣用句 〔なやみや心配などがなくなって〕気持ちがはればれとする。例 正直に話して気が軽くなった。

きがきく【気が利く】 慣用句 ❶細かいところまで注意が行きとどく。例 かれはわかいのによく気が利く。❷しゃれている。例 気が利いたおくり物。参考 「気の利く」ともいう。

きがきでない【気が気でない】 慣用句 心配で、じっとしていられない。例 発車時刻がせまっているのに友だちが来ないので、気が気でなかった。

きかく[1]【企画】 名詞 する動詞 計画を立てること。また、その計画。例 イベントを企画する。／企画会議。類 計画。

きかく[2]【規格】 名詞 品物の形・大きさ・質などについての決まり。例 規格品。

きがく【器楽】 名詞 楽器を使って演奏する音楽。対 声楽。

きがくさる【気が腐る】 慣用句 思いどおりにならず、おちこむ。例 研究がうまくいかず、気が腐る。

きがけ【来掛け】 名詞 来るとちゅう。来しな。例 来掛けに買い物をしてきた。

きかざる【着飾る】 動詞 〔人目につくように〕美しい衣服を着て、外見をかざる。例 着飾って出かける。活用 きかざ・る。

きかしょくぶつ【帰化植物】 名詞 外国からわたってきて、その土地で育ち、ふえた植物。参考 日本ではセイヨウタンポポ・セイタカアワダチソウ・シロツメクサなど。

きがしれない【気が知れない】 慣用句 何を考えているのか理解できない。例 そんなことまで話してしまうなんて、あなたの気が知れない。

きがすすまない【気が進まない】 慣用句 進んでしようという気持ちにならない。例 この仕事は、どうも気が進まない。

きがすむ【気が済む】 慣用句 〔しようと思っていたことをし終わって〕満足する。

きがせく【気がせく】 慣用句 あせって気持ちが落ち着かない。例 終わりの時刻がせまっているので、気がせく。

きかせる[1]【利かせる】 動詞 ❶ききめがあるようにする。きかす。例 スパイスを利かせた料理。❷心を働かせる。きかす。例 気を利かせてお茶を出す。活用 きか・せる。

きかせる[2]【聞かせる】 動詞 ❶聞くようにさせる。例 お話を聞かせる。／友だちにCDを聞か

せる。❷〔話や歌がうまく〕自然に聞き入るようにさせる。例 なかなか聞かせる話だった。活用 きか・せる。

きがたつ【気が立つ】 慣用句 〔ちょっとしたことにも〕おこりっぽくなる。いらいらした気持ちになる。例 兄は受験をひかえて気が立っている。

きがちいさい【気が小さい】 慣用句 おくびょうなようす。例 気が小さくて、何も言えずにいる。

きがちる【気が散る】 慣用句 ほかのことが気になって、一つのことに集中できない。例 気が散って勉強できない。

きがつく【気が付く】 慣用句 ❶注意が行きとどく。例 よく気が付く人。❷ある物事を意識する。気付く。例 ふと気が付くと母がいた。❸意識がもどる。気付く。例 気が付くと病院のベッドの上にいた。

きがつまる【気が詰まる】 慣用句 かたくるしくて、きゅうくつな気持ちになる。例 知らない大人ばかりにかこまれて、気が詰まる。

きがつよい【気が強い】 慣用句 気性がはげしく、くじけないようす。例 気が強く、反対されてもへこたれない。対 気が弱い。

きがてんとうする【気が転倒する】 慣用句 おどろいて、うろたえる。例 知人が事故にあったと聞いて、気が転倒する。

きかどうぶつ【帰化動物】 名詞 もともと生きていた土地から、人間がほかにうつして、そこでふえるようになった動物。参考 日本には、アメリカザリガニ・アメリカシロヒトリ・アライグマ・ブラックバスなどがいる。

きがとおくなる【気が遠くなる】 慣用句 ショックを受けたりして、頭がぼうっとなる。例 考えただけでも気が遠くなる。

きがとがめる【気がとがめる】 慣用句 よくないことをしたと、心にいたみを感じる。例 友人の忠告を聞き入れなかったので、気がとがめる。

きがない【気がない】 慣用句 〔そのことをしようとする〕気持ちがない。気のりがしない。例 姉をさそったが、気がない返事をされた。参考 「気のない」ともいう。

きがながい【気が長い】 慣用句 のんびりしていて、あせらないようす。例 ずい分気が長い人だ。対 気が短い。

きがぬける【気が抜ける】 慣用句 ❶それまではりきっていた気持ちが急になくなる。❷飲み物の、もともとの味わいがなくなる。例 このサイダーは気が抜けている。

きがね【気兼ね】 名詞 する動詞 ほかの人がどのように思っているかを気にして、心配すること。例 この書だなの本は、気兼ねせずに自由に使っていいよ。

きかねつ【気化熱】 名詞 液体が気体にかわるときに必要なねつ。

きがのらない【気が乗らない】 慣用句 進んでそうしようという気持ちにならない。例 ハイキングにさそわれたが、気が乗らない。

きがはやい【気が早い】 慣用句 せっかちなようす。類 気が短い。

きがはる【気が張る】 慣用句 きんちょうする。例 気が張っていたせいか、いたみを感じなかった。

きがはれる【気が晴れる】 慣用句 心配なことがなくなり、気分がすっきりする。例 友だちになぐさめられて気が晴れた。

きがひける【気が引ける】 慣用句 相手に悪いような気がする。例 自分だけがほめられて気が引ける。

きがまえ【気構え】 名詞 〔あることにたちむかう〕心のもちかた。心がまえ。例 いつもと気構えがちがう。

きがまわる【気が回る】 慣用句 細かいところまで、よく気がつく。例 よく気が回る人。

きがみじかい【気が短い】 慣用句 すぐにいらいらしたり、おこったりするようす。例 気が短くて、もめ事が多い。類 気が早い。対 気が長い。

きがむく【気が向く】 慣用句 あることをしようという気持ちになる。例 気が向いたら、遊びに来てください。

きがめいる【気がめいる】 慣用句 〔よくないことがあって〕元気がなくなる。例 しかられて気がめいる。

きがもめる【気がもめる】 慣用句 心配で落ち着かない。例 結果の発表までは気がもめる。

きがよわい【気が弱い】 慣用句 おとなしくて、自分の考えを主張したり、つらいことにたえたりできないようす。例 気が弱くて、ことわることができない。対 気が強い。

きからおちたさる【木から落ちた猿】 ことわざ 〔サルは木がよりどころなのに、そこか

ことばあそび 回文㉔ けったいなこの子ないたっけ（けったいなこのこないたっけ）

ら落ちたのでは」たよりにするところがなくなってどうしようもない、というたとえ。

きがらくになる【気が楽になる】(慣用句) 〔なやみや心配などがなくなって〕気持ちが安らかになる。例 相談して気が楽になった。

きがる【気軽】(形容動詞) かるい気持ちで物事を考えたり、おこなったりするようす。例 だれにでも気軽に声をかける。

1 **きかん**【気管】(名詞) せきつい動物の、のどから肺に通じている空気の通るくだ。⇩使い分け。

2 **きかん**【季刊】(名詞) 雑誌などを一年間に四回、春・夏・秋・冬のそれぞれに発行すること。

3 **きかん**【既刊】(名詞) 〔本などが〕今までに発行されていること。例 既刊の雑誌。対 未刊。

4 **きかん**【帰還】(名詞)(する動詞) 戦地などから内地や基地に帰ること。例 全員が無事に帰還した。

5 **きかん**【期間】(名詞) あるときから、あるときまでの間。例 じゅんび期間。

6 **きかん**【器官】(名詞) 生物の体の中で、ある決まった働きを受け持つ部分。例 呼吸器官。注意「器管」と書かないこと。⇩使い分け。

7 **きかん**【機関】(名詞) ❶電気・じょう気などのエネルギーを、仕事をする力にかえるしかけ。エンジン。❷ある仕事をするためのしくみ。例 研究機関。

きがん【祈願】(名詞)(する動詞) 神や仏にいのって、願うこと。例 安全を祈願する。

ぎがん【義眼】(名詞) 病気や事故などで目玉をなくした人がはめる、ガラスやプラスチックなどでつくった目玉。

使い分け　きかん

● のどから肺に通じるくだ。
気管をいためる。

● ある働きをもつ部分。
胃は消化器官だ。

きかんき【利かん気】(名詞)(形容動詞) 人に負けたり、人の言いなりになったりすることをきらうこと。また、そのような人。例 利かん気な表情。類 勝ち気。負けん気。

1 **きかんし**【気管支】(名詞) 気管が二つにわかれてから左右の肺にはいるまでの部分。

2 **きかんし**【機関士】(名詞) 船や汽車などの「機関①」を動かす仕事をする人。

3 **きかんし**【機関誌・機関紙】(名詞) ある団体などが、仕事の目的や仕事ぶりを広く人々に知らせるために出す雑誌や新聞。参考 雑誌のときは「機関誌」、新聞のときは「機関紙」と書く。

きかんしえん【気管支炎】(名詞) 気管支のねんまくが炎症をおこすこと。たん・せき・発熱などの症状が現れる。

きかんしゃ【機関車】(名詞) 客車や貨車をひく、機関をとりつけた車両。

きかんじゅう【機関銃】(名詞) 自動的に続けてたまをうちだせるしくみの銃。

きかんぼう【利かん坊】(名詞) 人の言うことをなかなかきかない、わんぱくで、負けずぎらいの子ども。例 おさない弟は利かん坊だ。

1 **きき**【危機】(名詞) 〔悪い結果になりそうな〕あぶない状態。例 絶滅の危機。ことば「危機をだっする」

2 **きき**【機器・器機】(名詞) 機械・器械・器具をまとめていう言葉。例 オーディオ機器。

ききあやまる【聞き誤る】(動詞) 聞きちがえる。例 一時を七時と聞き誤る。活用 ききあやま・る。

ききあわせる【聞き合わせる】(動詞) たしかめるために、先方に聞く。例 開始時間を聞き合わせる。活用 ききあ・わせる。

ききいっぱつ【危機一髪】(四字熟語) 少しまちがえれば助かるかどうかわからない、とても危険な状態。例 危機一髪で多くの人の命が助かった。参考「一髪」は、髪の毛一本ほどのわずかの差のこと。注意「危機一発」と書かないこと。

ききいる【聞き入る】(動詞) 耳をすまして熱心に聞く。例 虫の声に聞き入る。類 聞きほれる。活用 ききい・る。

ききいれる【聞き入れる】(動詞) 〔願いごとなどを〕聞いて、受け入れる。例 子どもたちの願いを聞き入れる。活用 ききい・れる。

ききうで【利き腕】(名詞) よく力が入る方のう

で。いつも使う方のうで。

ききおとす【聞き落とす】 (動詞)〔うっかりして〕聞かずに終わる。例 集合場所を聞き落とす。活用 ききおと・す。

ききおぼえ【聞き覚え】 (名詞) ❶前に聞いておぼえていること。例 聞き覚えのある声。❷〔読んでおぼえたのでなく〕耳から聞いておぼえること。例 聞き覚えで英語を学ぶ。

ききおよぶ【聞き及ぶ】 (動詞) 人から聞いて知る。例 あなたのことは、前から聞き及んでいます。類 伝え聞く。活用 ききおよ・ぶ。

ききかえす【聞き返す】 (動詞) ❶前に聞いたものを、くり返して聞く。例 録音して聞き返す。❷かくにんするために、くり返して、たずねる。例 相手の名前を聞き返す。❸たずねられたことを、ぎゃくに相手に質問する。例 ぼくのことより、きみの方はどうなんだと聞き返してきた。活用 ききかえ・す。

ききがき【聞き書き】 (名詞)(する動詞) 聞いた話を書きとめること。例 体験談を聞き書きする。

ききかじる【聞きかじる】 (動詞) 物事の一部やうわべだけを聞いて知る。例 聞きかじったことを自分の考えのように話す。活用 ききかじ・る。

ききかん【危機感】 (名詞) 危機がせまっているという不安な感じ。例 危機感をいだく。

キキクル (名詞) 気象庁が出す、大雨による災害発生の危険度分布の愛称。土砂・浸水・洪水について地図上で確認できる。

ききぐるしい【聞き苦しい】 (形容詞) ❶〔話の内容などが悪くて〕聞いていて、いやな感じがする。例 じまん話は聞き苦しい。❷〔雑音などのため〕聞きとりにくい。例 マイクの声が聞き苦しい。活用 ききぐるし・い。

ききこみ【聞き込み】 (名詞) 聞きこむこと。特に、警察の人が、事件の手がかりをさがして人々に聞いてまわること。例 聞き込みをかさねて、どろぼうをつかまえる。

ききこむ【聞き込む】 (動詞)〔情報などを〕ほかから聞いて知る。例 うわさ話を聞き込む。活用 ききこ・む。

ききじょうず【聞き上手】 (名詞)(形容動詞)〔あいづちを打つなどして〕人が気持ちよく話をできるようにすること。また、そのような人。例 姉は聞き上手だが、話すのは苦手だ。

ききずて【聞き捨て】 (名詞) 聞くだけで、心にとめないでいること。例 親の注意は聞き捨てにできない。

ききずてならない【聞き捨てならない】 連語 それを聞いて問題にしないわけにはいかない。例 聞き捨てならない言葉。

ききそこなう【聞き損なう】 (動詞) ❶聞く機会をのがす。例 いい話を聞き損なった。類 聞き逃す。❷まちがえて聞きとる。例 聞き損なわないように注意して聞く。類 聞きちがえる。活用 ききそこな・う。

ききそびれる【聞きそびれる】 (動詞)〔わけがあって〕聞くことができない。また、聞きわすれる。例 名前を聞きそびれてしまった。活用 ききそび・れる。

ききだす【聞き出す】 (動詞) ❶聞いて、さぐり出す。例 人のひみつをうまく聞き出す。❷聞きはじめる。例 音楽を聞き出したら、きげんがよくなった。活用 ききだ・す。

ききただす【聞きただす】 (動詞) くわしく聞いて、はっきりさせる。例 本当かと聞きただす。類 問いただす。活用 ききただ・す。

ききちがえる【聞き違える】 (動詞) まちがって聞く。例 転校生の名前を聞き違える。類 聞き損なう。活用 ききちが・える。

ききつける【聞き付ける】 (動詞) ❶聞いて知る。例 うわさを聞き付けて、やって来た。❷いつも聞きなれている。例 聞き付けている曲が流れてきた。活用 ききつ・ける。

ききづらい【聞きづらい】 (形容詞) ❶聞きとりにくい。例 声が小さくて聞きづらい。❷聞いているのがつらい。聞いていられない。例 人の悪口は聞きづらい。❸質問しにくい。たずねにくい。例 他人の家庭のことは聞きづらい。活用 ききづら・い。

ききて【聞き手】 (名詞) 話などを聞く側の人。例 聞き手によくわかるように話す。対 話し手。

ききとがめる【聞きとがめる】 (動詞) 相手の話のわからない点やよくない点などをきびしく質問したり、せめたりする。例 大臣の発言を聞きとがめる。活用 ききとが・める。

ききとして 連語 いかにも楽しそうに。例 ききとして学校に通っている。漢字 嬉嬉として〔嬉々として〕。

ききとどける【聞き届ける】 (動詞)〔願いごとなどを〕聞いて、ゆるす。例 どうか、この願い

あいうえお かきくけこ き さしすせそ たちつてと なにぬねの はひふへほ まみむめも や ゆ よ らりるれろ わ を ん

ことばあそび 回文㉕ みつ豆待つ身（みつまめまつみ）

を聞き届けてほしい。活用 ききとど・ける。

ききとり【聞き取り】名詞 聞いて、理解すること。ききとること。例聞き取り調査。

ききとる【聞き取る】動詞 ❶はっきりと聞く。例どんなかすかな音でも聞き取る。❷聞いて、その意味や内容を理解する。例関係者から事情を聞き取る。活用 ききと・る。

ききなおす【聞き直す】動詞〔聞いたことを〕あらためて聞く。例おどろいて、何度も聞き直した。活用 ききなお・す。

ききながす【聞き流す】動詞 聞くだけで、心にとめないでおく。例関係のない話だと思い、聞き流した。活用 ききなが・す。

ききなれる【聞き慣れる】動詞 何度も聞いていて、なれている。例聞き慣れた、なつかしい声。活用 ききな・れる。

ききのがす【聞き逃す】動詞〔うっかり〕聞く機会をのがす。例ぼんやりしていて、大切なところを聞き逃した。類聞き損なう。活用 ききのが・す。

ききふるす【聞き古す】動詞 何度も聞いていて、めずらしくなくなる。例聞き古した、笑い話。活用 ききふる・す。

ききほれる【聞きほれる】動詞〔とてもすばらしくて〕聞いて、うっとりする。例美しい歌声に聞きほれる。類聞き入る。活用 ききほ・れる。

ききみみをたてる【聞き耳を立てる】慣用句〔人の話や物音を〕聞こうとして集中する。例となりの人の話に聞き耳を立てる。

ききめ【利き目・効き目】名詞 ある動きの表れ。例くすりの効き目があらわれた。

ききもらす【聞き漏らす】動詞〔話などの一部分を〕聞かないままにしてしまう。例話のはじめの方を聞き漏らした。活用 ききもら・す。

1 **ききゅう**【危急】名詞 さいなんや危険な状態が、まぢかにせまっていること。例親友の危急を救う。

2 **ききゅう**【気球】名詞 水素ガスやヘリウムガスなど、空気よりかるい気体を入れて空中にあげる、まるくて大きなふくろ。

ききゅうそんぼう【危急存亡】四字熟語 危険がせまって、生きのこるかほろびるかの大事なわかれめとなるとき。危急存亡のとき。

ききょ【起居】名詞 する動詞 立つことやすわること。立ち居ふるまい。また、日常の生活をすること。毎日のくらし。

1 **ききょう** 名詞 キキョウ科の植物。星形のむらさき色などの花がさく。秋の七草の一つ。漢字 桔梗。⇩口絵10ページ。

2 **ききょう**【帰京】名詞 する動詞 地方から都に帰ること。また、東京に帰ること。例あさって帰京する。

3 **ききょう**【帰郷】名詞 する動詞 ふるさとに帰ること。例一年ぶりに帰郷する。類帰省。

1 **きぎょう**【企業】名詞 利益をあげる目的で事業をおこなうまとまり。例大企業。

2 **きぎょう**【起業】名詞 する動詞 新しく事業を始めること。

ぎきょうしん【義きょう心】名詞 正義のため、強いものに立ちむかい、弱いものを助けようとする意気。

ぎきょうだい【義兄弟】名詞 ❶きょうだいとしてつきあう約束をかわした人。❷血のつながりのないきょうだい。

ぎきょく【戯曲】名詞 劇のきゃく本。また、その形式で書いた文学作品。

ききょをともにする【起居を共にする】慣用句 いっしょに生活する。例合宿所で、友人と起居を共にする。

きぎれ【木切れ】名詞 木の切れはし。木片。こっぱ。

ききわけ【聞き分け】名詞 話を聞いて、物事のすじ道をよくさとること。例聞き分けのないことを言うな。参考 多く、子どもについていう。

ききわける【聞き分ける】動詞 ❶聞いて、そのちがいを区別する。例野鳥の鳴き声を聞き分ける。❷話を聞いて、そのすじ道をよくさとる。例親の言うことを聞き分ける。活用 ききわ・ける。

1 **ききん**【飢きん】名詞 ❶作物がみのらないため、食物が足りなくなること。❷くらしに必要なものが足りなくなること。例水ききん。

2 **ききん**【基金】名詞 ある事業を始めるもとになるお金。また、そのためにつみ立てておくお金。例文化交流基金。

ききんぞく【貴金属】名詞 性質がかんたんにはかわらず、とれる量がひじょうに少ないためにねうちのある金属。金・銀・白金など。

1 **きく**【菊】名詞 キク科の植物。秋に、白色や黄色、むらさき色などの花がさく。

きく【利く】動詞 ❶十分に働く。ことば「鼻が利く」❷できる。ことば「見通しが利かない（＝よく見えない。また、これからどうなるか、よくわからない）」❸ものを言う。例 生意気な口を利く。❹〔数量などが〕十分である。例 十や二十ではきかない鳥のむれ。参考 ④は、多く「きかない」の形で使う。活用 き・く。⇩使い分け。

3 **きく**【効く】動詞 ききめが表れる。例 頭痛に効く薬。／せんでんが効いた。活用 き・く。⇩使い分け。

4 **きく**【聞く】動詞 ❶〔音などを〕耳で感じる。例 ラジオを聞く。／うわさ話を聞く。❷たずねる。例 名前を聞く。／道を聞く。❸人の言うことを受け入れる。例 友人の忠告を聞く。活用 き・く。⇩使い分け。

5 **きく**【聴く】動詞 耳をかたむけて、きく。例 音楽を聴く。／国民の声を聴く。活用 き・く。⇩使い分け。

きぐ【器具】名詞 道具。また、かんたんな器械。例 実験器具。類 器物。

きぐう【奇遇】名詞 思いがけなくであうこと。例 ここであなたに会うとは奇遇だ。

ぎくしゃく 副詞（－と） する動詞 ❶言葉や動作などが、なめらかでないようす。例 ぎくしゃくした動き。❷物事がなめらかに進まないようす。例 二つの国の関係がぎくしゃくする。

きくず【木くず】名詞 〔切ったりけずったりした〕木のくず。

きくずす【着崩す】動詞 ❶衣服を本来の着方ではない、くずした着方で着る。❷衣服をそればかり着て、よごしたり形をくずしたりする。例 よそ行きの服をふだん着に着崩す。活用 きくず・す。

使い分け　きく

●十分に働く。
鼻が利く。

●ききめが表れる。
薬が効く。

きくともなく【聞くともなく】連語 特別に聞くつもりではなく。例 ラジオを聞くともなく聞いていた。

きくにんぎょう【菊人形】名詞 たくさんのキクの花をかざりつけた人形。

きくのせっく【菊の節句】名詞 昔のこよみで、九月九日におこなう、きせつのお祝い。中国ではじめられ、日本では平安時代に宮中でおこなわれるようになった。参考「重陽の節句」ともいう。

きくはいっときのはじ、きかぬはいっしょうのはじ【聞くは一時の恥、聞かぬは一生の恥】ことわざ 知らないことを人に聞くのははずかしいが、それはそのときだけで、聞かなければ知らないままで一生はずかしい思いをする。だから、わからないことはすぐに聞いた方がよいという教え。例「聞くは一時の恥、聞かぬは一生の恥」というから、やはり質問して教えてもらおう。

使い分け　きく

●耳で感じる。
うわさ話を聞く。

●耳をかたむけて、きく。
音楽を聴く。

きくばり【気配り】名詞 する動詞 こまかなところまで、気をつけること。例 こまかい気配りをする。類 心配り。気遣い。

きぐらい【気位】名詞 自分の身分や地位などをほこりに思い、それをたもち続けようとする心のもち方。ことば「気位が高い」類 自尊心。

ぎくりと 副詞 おどろきとおそれが強くて、きんちょうするようす。例 急にうでをつかまれ、ぎくりとした。

きぐろう【気苦労】名詞 形容動詞 心配したり、

ことばあそび　回文㉖　イタチの巣の地帯（いたちのすのちたい）

気をくばったりする苦労。

1 **きけい【奇形】** 名詞〔ある動物や植物のうちで〕ふつうとはちがった形。例奇形のタンポポ。

2 **きけい【奇計】** 名詞 ふつうの人が思いつかないような、たくみなはかりごと。奇策。ことば「奇計をめぐらす」

ぎけい【義兄】 名詞 ❶血のつながりのない兄。義理の兄。夫または妻の兄、姉の夫など。対実兄。❷きょうだいになる約束をして兄になった人。対①②義弟。

きげき【喜劇】 名詞 こっけいな劇。対悲劇。

ぎけつ【議決】 名詞 する動詞 会議で決めること。また、その決まったことがら。決議。

1 **きけん【危険】** 名詞 形容動詞 あぶないこと。例危険な場所に近づいてはいけない。／身の危険を感じる。対安全。

2 **きけん【棄権】** 名詞 する動詞 自分のもっている権利を使わないこと。特に、選挙で投票しないこと。例けがで試合を棄権する。／選挙を棄権する。

1 **きげん【紀元】** 名詞 歴史の上で、年数を数えるもとになる年。参考⇩693ページ・西暦。

2 **きげん【起源】** 名詞 物事のおこり。はじまり。例かなの起源は漢字にある。

3 **きげん【期限】** 名詞 決められている期間。例申しこみの期限は明日までです。類日限。

4 **きげん【機嫌】** 一 名詞 ❶〔態度などに表れた〕心の様子。ことば「機嫌をそこねる」❷体の具合。例機嫌はいかがですか。
二 名詞 形容動詞《「ごきげん」の形で》いい気分。例今日はずいぶんご機嫌ですね。注意「気嫌」と書かないこと。

きげんがいい【機嫌がいい】 慣用句〔態度などにあらわれた〕心の様子が、好ましい。例姉は今、機嫌がいい。

きけんしんごう【危険信号】 名詞 ❶危険を知らせる、赤い旗や赤いランプなどによるあいず。❷けんこうや経済などの状態が悪くなるしるし。例頭がいたいのは、体が危険信号を発しているからだ。類①②赤信号。

きけんせい【危険性】 名詞 危険な状態になるおそれ。例大雨が続くと川の水があふれる危険性がある。

きげんぜん【紀元前】 名詞 キリストが生まれたとされる年よりも前。参考⇩693ページ・西暦。

きけんをおかす【危険を冒す】 慣用句 危険だと知っていながら、あえてする。例危険を冒して荒海に船をこぎだす。

きげんをそこねる【機嫌を損ねる】 慣用句 気分をふゆかいにさせる。注意「そこねる」は「そこなう」と同じ意味。

きげんをとる【機嫌を取る】 慣用句 相手の気に入るようなことを言ったり、したりする。例上役の機嫌を取る。類歓心を買う。

きご【季語】 名詞 俳句で、春・夏・秋・冬の季節の感じを表すために入れる言葉。季題。例春の季語。参考 菜の花（春）・さみだれ（夏）・名月（秋）・こがらし（冬）など。

1 **きこう【気孔】** 名詞 葉のうらに多くある小さなあな。酸素・二酸化炭素・水分などが出入りする。

2 **きこう【気候】** 名詞〔その土地の〕長い間の気温・湿度・雨量などのようす。

3 **きこう【奇行】** 名詞 世の中のふつうの人とはちがうかわったおこない。例奇行をかさねる。

4 **きこう【紀行】** 名詞 旅行で見聞きしたことや感じたことなどを書いたもの。旅行記。紀行文。例フランス紀行。

5 **きこう【起工】** 名詞 する動詞〔大がかりな〕工事を始めること。例起工式。類着工。対しゅん工。

6 **きこう【帰航】** 名詞 する動詞 船・飛行機が出発した港・飛行場へ帰る航海や飛行。例帰航の途につく。

7 **きこう【帰港】** 名詞 する動詞〔航海を終えて〕船が出発した港に帰ること。

8 **きこう【寄港】** 名詞 する動詞 航海のとちゅうで、船が港に立ちよること。

9 **きこう【機構】** 名詞 しくみ。組織。例役所の機構を改善する。

きごう【記号】 名詞 あることがらの意味や内容を表すしるし。類符号。

ぎこう【技巧】 名詞〔技術・芸術などの〕すぐれたうでまえ。ことば「技巧をこらす」

きこうし【貴公子】 名詞 ❶身分の高い家に生まれた男子。❷上品な男子。対①②貴婦人。

きこうぶん【紀行文】 名詞 ⬇きこう〈紀行〉。

きこえ【聞こえ】 名詞 ❶聞こえること。また、その程度。例電話の聞こえが悪い。❷ほかの人が聞いたときの感じ。例クラシックカーといえば聞こえはいいが、単に古いだけだ。❸ひょう

ばん。例名医との聞こえが高い。

きこえよがし【聞こえよがし】名詞 形容動詞 〔悪口やひにくを〕相手に聞こえるように話すこと。例聞こえよがしにつぶやく。

きこえる【聞こえる】動詞 ❶音や声を、耳で感じとる。例スズムシの鳴き声が聞こえる。❷広く知られる。有名である。例すぐれた作家として、世界にその名が聞こえている。活用 きこ・える。

きこく【帰国】名詞 する動詞 自分の国に帰ること。例留学を終えて帰国した。類 帰朝。

きこくしじょ【帰国子女】名詞 家族の仕事で外国に行き、そこで教育を受けて日本に帰ってきた児童・生徒。

きごこち【着心地】名詞 衣服を着たときの感じ。例この洋服はどうも着心地がよくない。

きごころ【気心】名詞 〔本当の〕気持ち。ことば「気心の知れた（＝親しい）〔仲間〕」

ぎこちない 形容詞 〔言葉や動作などが〕不自然である。なめらかでない。例ほうちょうの持ち方がぎこちない。参考「ぎごちない」ともいう。活用 ぎこちな・い。

きこつ【気骨】名詞 正しいと信じることをつらぬこうとする強い心。ことば「気骨のある（人）」類 気概。

きこなす【着こなす】動詞 衣服を自分によく似合うように、うまく着る。例和服を着こなす。活用 きこな・す。

きこり 名詞 山で木を切ることを仕事にしている人。

きこん【気根】名詞 植物のくきやみきからのびて、空気中に表れている根。タコノキ・マングローブなどに見られる。

きざ 形容動詞 いかにもわざとらしくて、気どった感じがするようす。例きざな話しぶり。

きさい【記載】名詞 する動詞 〔あることを書類などに〕書いてのせること。例台帳に記載されていることがら。類 掲載。

1**きざい**【器材】名詞 器具と材料。

2**きざい**【機材】名詞 機械類と材料。例さつえいの機材を運ぶ。

きさき 名詞 天皇や王の妻。皇后。漢字 后。妃。

ぎざぎざ 名詞 形容動詞 する動詞 のこぎりの歯のようになったようす。例折れたえだ先がぎざぎざになる。

きさく【気さく】形容動詞 気持ちがさっぱりしていて、親しみやすいようす。例気さくに話しかける。

ぎさく【偽作】名詞 する動詞 にせ物をつくること。また、そのにせ物。がん作。例よくできているが、これは偽作だ。

きざし【兆し】名詞 ある物事のおこりそうなようす。また、そのしるし。兆候。例病人に回復の兆しが見えてきた。

きざす【兆す】動詞 ある物事のおこりそうなようすが見える。例けんあくな空気が兆してきた。活用 きざ・す。

きさま【貴様】代名詞 おもに男性が、年が同じくらい、または年下の親しい人をさしていう言葉。また、相手をののしるときにも使う。例貴様とおれのなかでかくしごとなんかするな。／貴様、ゆるさないぞ。

きざみ【刻み】一 名詞 ❶細かく切ること。また、細かく切りこんだあと。例柱に刻みを入れる。❷「きざみたばこ」の略。たばこの葉をこまかく切ったもの。パイプなどにつめてすう。二 接尾語 《短い長さ・時間などを表す言葉の下につけて》「…ごとに」の意味を表す言葉。例朝は三分刻みに電車がくる。

きざみこむ【刻み込む】動詞 ❶細かく切って、ほかのものの中に入れる。例納豆にネギを刻み込む。❷文字などを、ほりつける。例石碑に和歌を刻み込む。❸わすれないように、しっかりとおぼえる。例相手のすがたを脳裏に刻み込む。参考 ②③は「きざみつける」ともいう。活用 きざみこ・む。

きざみつける【刻み付ける】動詞 ↓きざみこむ②③。活用 きざみつ・ける。

きざむ【刻む】動詞 ❶切って細かくする。例ニンジンを刻む。❷ほりつける。彫刻する。例仏像を刻む。❸しっかり、おぼえておく。例むねに刻む。❹細かく区切る。例ふりこが、秒を刻む。活用 きざ・む。

きさらぎ【如月】名詞 昔のこよみで二月のこと。

1**きし**【岸】名詞 陸と川・湖などの水べとのさかい。

2**きし**【棋士】名詞 囲碁や将棋をすることを仕事とする人。

3**きし**【騎士】名詞 ❶馬に乗ってたたかうさむら

い。❷中世ヨーロッパの武士の階級の名前。ナイト。

1きじ 名詞 キジ科の鳥。おすは尾が長く、体は色あざやか。日本の国鳥。漢字 雉。

2きじ【生地】 名詞 ❶手を入れない、自然のままの性質。例 自分の生地がでる。❷織物の性質。また、織物。例 あつでの生地。❸こなやバターをまぜた状態の材料。例 パンの生地。

3きじ【記事】 名詞 じっさいにあったことを知らせるために書いた文章。例 学校新聞の記事。

1ぎし【技師】 名詞 技術についての専門の知識やわざをもっている人。例 建築技師。

2ぎし【義姉】 名詞 血のつながりのない姉。義理の姉。夫または妻の姉、兄の妻など。対 実姉。義妹。

3ぎし【義歯】 名詞 人工の歯。いれば。

1ぎじ【疑似】 名詞 本物と見分けがつかないくらい、よく似ていること。例 疑似体験。

2ぎじ【議事】 名詞 集まって相談すること。また、そのことがら。例 議事を進めてください。

きしかいせい【起死回生】 四字熟語 今にもほろびそうな状態から、よい状態にすること。例 起死回生の逆転ホームラン。

ぎしき【儀式】 名詞 まつりや祝いごとなどのとき、ある決まりにしたがっておこなう作法。式典。

きしつ【気質】 名詞 生まれつきの性質。気だて。例 母はおだやかな気質の人だ。類 かたぎ。

きじつ【期日】 名詞 前もって決められた日。例 期日におくれないようにする。類 日限。

ぎじどう【議事堂】 名詞 議員が集まって相談するための建物。例 国会議事堂。

きしべ【岸辺】 名詞 岸のあたり。岸の近く。

きしむ 動詞 こすれて音をたてる。きしる。例 歩くと階段がきしむ。活用 きし・む。

きじもなかずばうたれまい【きじも鳴かずば撃たれまい】 ことわざ 〔鳴き声を上げなければ、キジもうたれることはなかったのに、ということから〕よけいなことを言ったためにわざわいをまねく、というたとえ。

1きしゃ【汽車】 名詞 じょう気機関車の力で、線路を走る客車や貨車。

2きしゃ【帰社】 名詞 する動詞 外出していた社員などが、自分の会社にもどること。例 四時に帰社する予定です。

3きしゃ【記者】 名詞 新聞や雑誌などで、取材をしたり、記事を書いたり、編集をしたりする人。

1きしゅ【旗手】 名詞 軍隊の行進などで、先にたって旗をもつ人。

2きしゅ【機首】 名詞 飛行機の一番前の部分。

3きしゅ【機種】 名詞 飛行機や機械などの種類。例 古い機種のジェット機。／同じ機種のコンピューター。

4きしゅ【騎手】 名詞 〔けいばなどの〕馬の乗り手。

きじゅ【喜寿】 名詞 七十七才。また、その祝い。参考 「喜」をすばやく書いた字「㐂」が七十七にみえることから。⇩320ページ・コラム「喜寿・米寿・卒寿・白寿って何？」。

ぎしゅ【義手】 名詞 失った手のかわりにつける、ゴム・金属・木などでつくった人工の手。

きしゅう【奇襲】 名詞 する動詞 〔相手が考えもしないような方法で〕ふいにせめかかること。ふいうち。ことば 「奇襲をかける」類 急襲。

きじゅうき【起重機】 名詞 ⬇394ページ・クレーン。

きしゅくしゃ【寄宿舎】 名詞 学生や会社員が、共同で生活する〔大きな〕建物。寮。

ことば博士になろう！ 喜寿・米寿・卒寿・白寿って何？

「寿」には「長生き。年令。」という意味があります。日本では、ある年令になると、長生きを祝う習慣があります。喜寿・米寿・卒寿・白寿は、どれもお祝いをする年令を表しています。

- 喜寿＝「喜」を草書体で書くと、「㐂」で「七・十・七」に見えることから七七才のこと。
- 米寿＝「米」を分解すると「八・十・八」となることから八八才のこと。
- 卒寿＝「卒」を「卆」と略して書くことから九〇才のこと。
- 白寿＝「百」から一番上の「一」をとると「白」となることから九九才のこと。

なお、六〇才を「還暦」といって祝いますが、これは六一年でえと（暦）が一回りして、ふたたびうまれた年のえとにかえることからいう言葉です。

きじゅつ【奇術】(名詞) ❶ふしぎなわざ。❷てじな。(類) 魔術。

2 **きじゅつ**【記述】(名詞)(する動詞) 文章で書き記すこと。例 事件について正確に記述する。(類) 叙述。

ぎじゅつ【技術】(名詞) ❶科学をじっさいの仕事に役立たせるわざ。例 造船技術。／技術が進歩する。❷物事を（うまく）おこなうわざ。例 バッティングの技術。(類) 技能。

ぎじゅつしゃ【技術者】(名詞) 身につけた技術を使って仕事をする人。エンジニア。

1 **きじゅん**【基準】(名詞)〔ほかのものとくらべたり、決めたりするときの〕もとになるもの。例 基準となる長さを決める。

2 **きじゅん**【規準】(名詞) よいか悪いかを決める、よりどころ。また、したがわなければならない、きまり。例 社会生活の規準。

1 **きしょう**【気性】(名詞) 生まれつきもっている性質。気だて。例 気性のはげしい人。注意「きせい」と読まないこと。

2 **きしょう**【気象】(名詞) 大気中におこるいろいろな有様。天候・気圧・風速など。

3 **きしょう**【希少】(名詞)(形容動詞) とてもめずらしく、数が少ないこと。例 希少な例。／希少種。

4 **きしょう**【起床】(名詞)(する動詞) ねどこからおきでること。(対) 就寝。

5 **きしょう**【記章】(名詞) ❶記念としてあたえるしるし。❷身分・職業などを表すため、洋服やぼうしにつける金属製のしるし。バッジ。

1 **きじょう**【机上】(名詞) つくえの上。例 机上版の大きな辞書。ことば ⇩「机上の空論」

2 **きじょう**【気丈】(形容動詞) 心の持ち方がしっかりしているようす。ことば「気丈にふるまう」

3 **きじょう**【機上】(名詞) 飛行機の中。ことば「機上の人となる（＝飛行機にのりこむ）」

ぎしょう【偽証】(名詞)(する動詞) 裁判で、証人がわざとうそを言うこと。

ぎじょう【議場】(名詞) 会議をするところ。

きしょうえいせい【気象衛星】(名詞) 気象の観測のためにうち上げる人工衛星。

きしょうかち【希少価値】(名詞) とても数が少なく、めずらしいために出るねうち。例 希少価値の高いカード。

きしょうだい【気象台】(名詞) 気象の観測・調査などをして、天気予報や気象警報の発表をおこなう施設。

きしょうちょう【気象庁】(名詞) 全国の気象についての仕事を担当する国の機関。国土交通省の外局の一つ。

きしょうてんけつ【起承転結】(四字熟語) ❶漢詩の組み立て方の一つ。第一句（＝起句）で書きおこし、第二句（＝承句）でその内容を続け、第三句（＝転句）で内容のおもむきを変え、第四句（＝結句）で全体をまとめるもの。❷文章や物事を組み立てる順序。

きじょうのくうろん【机上の空論】(慣用句) 頭の中で考えただけの、じっさいには役に立たない考え・計画。

きしょうよほうし【気象予報士】(名詞) 気象の予報などについて人々に知らせる仕事をする資格をもつ人。

きしょうレーダー【気象レーダー】(名詞) 雨や雪がどこでどれくらいふっているかなどを調べるためのレーダー。

1 **きしょく**【気色】(名詞) ❶気持ちの表れた顔つき。❷感じ。気分。例 気色が悪い絵。

2 **きしょく**【喜色】(名詞) うれしそうな表情。ことば「喜色満面（＝うれしそうな表情が顔じゅうに表れているようす）」

キシリトール (名詞) 野菜やくだものにふくまれる成分の一つ。虫歯をふせぐ働きがあり、食品や菓子などに使われる。▼英語 xylitol

きしる (動詞) ➡きしむ。(活用) きし・る。

1 **きしん**【帰心】(名詞)〔家やこきょうに〕帰りたいと思う心。例 日ましに帰心がつのる。ことば ⇩「帰心矢のごとし」

2 **きしん**【寄進】(名詞)(する動詞) 神社・寺に、お金や品物を寄付すること。例 金銀を寄進する。(類) 奉納。

きじん【奇人】(名詞) 性質やおこないがふつうとひどくかわっている人。変人。

ぎしんあんき【疑心暗鬼】(四字熟語) うたがう心をもつと何でもないことまで不安でおそろしくなること。例 だまされているのではないかと、疑心暗鬼になる。

ぎじんか【擬人化】(名詞)(する動詞) 人以外のものを、人にたとえていい表すこと。例 森の木や動物たちを擬人化した童話。参考 ⇩擬人法。

ぎじんほう【擬人法】(名詞)〔詩や文章で〕人以外のものを人にたとえていい表す方法。「太陽

ことばあそび 回文28 ニワトリと小鳥とワニ（にわとりとことりとわに）

はほほえみ、鳥は歌う」など。参考⇩擬人化。

きしんやのごとし【帰心矢のごとし】慣用句〔家やふるさとへ〕いっこくもはやく帰りたいと思うようす。参考「矢」ははやいことのたとえ。

1 **きす** 名詞 キス科の魚。陸地に近い海にすむ。体は細長い。食用にする。漢字 鱚。

2 **キス** 名詞 する動詞 相手の手や口などに、くちびるをつけること。口づけ。キッス。参考 愛情や尊敬を表したり、あいさつしたりするためにおこなう。▼英語 kiss

きず【傷】名詞 ❶けが。また、けがをしたところ。例 足が傷だらけだ。❷物がこわれて、いたんだところ。例 柱の傷。❸欠点。ことば「(わすれっぽいのが)玉に傷だ(=ほかのことはよいが、(わすれやすいのが)ただ一つの欠点だ)」

きずあと【傷痕】名詞 傷のついたあと。また、傷のなおったあと。例 手に小さいときの傷痕が残っている。

1 **きすう**【奇数】名詞 二でわりきれない整数。一・三・五・七……など。対 偶数。

2 **きすう**【基数】名詞 数を表すもとになる、一から九までの整数。

きずきあげる【築き上げる】動詞 ❶〔土や石を〕つみ上げて、つくる。例 とりでを築き上げる。❷〔財産や地位などを〕努力してつくりあげる。例 一代で築き上げた財産。活用 きずきあ・げる。

ぎすぎす 副詞(-と) する動詞 ❶とてもやせているようす。例 ぎすぎすした体つき。❷態度やふんいきがとげとげしく、親しみにくいようす。例 ぎすぎすした言い方。

きずく【築く】動詞 ❶土や石などをつんで、つくる。例 堤防を築く。❷努力してつくりあげる。例 平和でゆたかなくらしを築く。活用 きず・く。

きずぐち【傷口】名詞 きずのできたところ。例 傷口をおさえる。

きずつく【傷付く】動詞 ❶〔体に〕きずができる。けがをする。例 傷付いた小鳥。❷〔物に〕きずができる。こわれる。例 車が傷付く。❸心がいたむ。例 その一言に、心が深く傷付いた。活用 きずつ・く。

きずつける【傷付ける】動詞 ❶けがをさせる。❷〔物に〕きずをつける。こわす。例 めがねを落として傷付けた。❸〔ほかの人の気持ちなどを〕そこなう。例 あなたの気持ちを傷付けるつもりはなかった。活用 きずつ・ける。

きずな 名詞 断ち切ることのできない、人と人の結びつき。例 親子のきずな。/強いきずなで結ばれている。漢字 絆。

1 **きする**【帰する】動詞 ❶結果としてそうなる。❷責任などをおしつける。なすりつける。例 つみを人に帰する。活用 き・する。

2 **きする**【期する】動詞 ❶〔時刻・期日を〕きめる。かぎる。例 九時を期して開門する。❷願いのぞむ。きたいする。ことば「公平を期する」活用 き・する。

1 **きせい**【気勢】名詞 いきごんだ気持ち。もり上がったふんいき。例 大きく点差がひらいたので気勢があがらない。

2 **きせい**【奇声】名詞 きみょうな、変わった声。

3 **きせい**【帰省】名詞 する動詞〔親などに会うため〕ふるさとに帰ること。例 帰省の車で道路がこみあう。類 帰郷。

4 **きせい**【既成】名詞 すでにでき上がっていること。すでにおこなわれていること。ことば「既成事実」

5 **きせい**【既製】名詞〔注文してつくるのではなく〕すでにでき上がっていること。レディーメード。例 既製服。

6 **きせい**【寄生】名詞 する動詞 生物がほかの生物についたり、体の中に入ったりして、その生物から養分をうばって生活すること。参考 ㋐寄生される生物はなんらかの害をうける。㋑⇩348ページ・きょうせい(共生)。

7 **きせい**【規制】名詞 する動詞 ある決まりをつくり、それにしたがって制限すること。例 トラックの通行を規制する。

ぎせい【犠牲】名詞 ある目的をはたすために、自分の命や大切なものをささげること。例 戦争で多くの人が犠牲になった。

ぎせいご【擬声語】名詞 物音や動物の鳴き声をまねてつくった言葉。「ガタガタ」「ザーザー」「ピヨピヨ」など。擬音語。参考 ㋐かたかなで書くことが多い。㋑⇩198ページ・オノマトペ。

きせいしょくぶつ【寄生植物】名詞 他の植物に寄生して生きる植物。自分でも光合成をするヤドリギのなかまや、光合成をしないネナシカズラのなかまなどがある。

ことば博士になろう!

「音の作家」になろう

物音や動物の鳴き声などを表した言葉を擬声（擬音）語といいます。かみなりの音（ゴロゴロ）、戸をたたく音（コツコツ、トントン）、足音（パタパタ、バタバタ）などはよく見かける擬声語です。

擬声語は、自分でつくることもできます。たとえばカエルが水にとびこむ音は、

トプン　トップン　ポチャン　ポッチャン
パシャッ　バシャッ　ドボン　ドブン

というようにいろいろ考えられます。

作文を書くときには、自分自身で聞きとった音を自分の言葉で書き表してみましょう。

きせいちゅう【寄生虫】名詞 ほかの動物の体内にすみつき、その養分をとって生きている動物。回虫など。

きせいひん【既製品】名詞 売るために、前もってまとめてつくってある品物。レディーメード。

きせいをあげる【気勢を上げる】慣用句 なかまが集まって、元気でいきおいのよい様子をしめす。例 みんなそろって大声を出して、気勢を上げる。

きせいをはっする【奇声を発する】慣用句 へんな声でさけぶ。

1**きせき**【奇跡】名詞 本当におこるとは思えないような、ふしぎですばらしいできごと。ことば「奇跡がおきる」

2**きせき**【軌跡】名詞 ❶車の車輪のあと。❷人のおこないや、物事の動いていったあと。例 チーム優勝までの軌跡をふりかえる。❸幾何学で、点が一定の条件で動いたときにえがく図形。

ぎせき【議席】名詞 議場にある議員のすわる席。また、議員のしかく。

きせきてき【奇跡的】形容動詞 実際におこったことであるが、事実とは信じられないようす。例 奇跡的に助かった。

きせずして【期せずして】連語 はじめから予想していたわけでもないのに。思いがけなく。例 優勝の知らせに、期せずしてばんざいの声があがった。

きせつ【季節】名詞 春・夏・秋・冬のそれぞれの期間。また、そのうつりかわり。例 季節の変わり目。／サクラの季節。

きぜつ【気絶】名詞 する動詞 気を失うこと。失神。例 おどろいて、気絶する。

きせつかん【季節感】名詞 その季節らしい感じ。例 季節感のある献立。／季節感のとぼしい都会。

きせつはずれ【季節外れ】名詞 その季節にふさわしくないこと。例 各地で季節外れの雪がふる。

きせつふう【季節風】名詞 毎年、季節によって、ある決まった方向からふいてくる強い風。例 この地方は季節風のえいきょうで、寒さがきびしい。参考 日本では、夏には南東の風がふき、冬には北西の風がふく。⇩図。

1**きせる** 名詞 きざみたばこをつめてすう道具。両はしは金具、間は竹などでできている。参考 もとはカンボジア語であるが、日本で古くから使われている言葉なので、漢字（煙管）やひらがなで書く。⇩図。

2**きせる**【着せる】動詞 ❶衣服を身につけさせる。例 弟にパジャマを着せる。❷なすりつける。負わせる。例 人につみを着せる。活用 き・せる。

きぜわしい【気ぜわしい】形容詞 心があせって、いそがしい。例 年末は気ぜわしい。活用 きぜわし・い。

きせん【汽船】名詞 じょう気機関によって進む（大きな）船。

ぎぜん【偽善】名詞 本心ではなく、うわべだけよさそうなおこないをして見せること。例 偽善者。

冬（北西）
夏（南東）

季節風

がん首

1きせる

ことばあそび　回文29　関係ないけんか（かんけいないけんか）

きぜんと【き然と】副詞 意志が強く、心がしっかりしているようす。例 き然とした態度で立ち向かう。漢字 毅然と。

きせんをせいする【機先を制する】慣用句 ほかの人より先に物事をおこなって、相手のいきおいを弱める。例 機先を制するように話し始めた。

きそ[1]【起訴】名詞 する動詞 検察官が裁判所にうったえをおこすこと。

きそ[2]【基礎】名詞 ❶〔建物などの〕土台。例 基礎工事。❷ 物事が成立するもとになることがら。例 基礎をかためる。／基礎知識。

きそう[1]【起草】名詞 する動詞 原稿や文書などの下書きを書き始めること。例 法案を起草する。

きそう[2]【競う】動詞〔負けまいとして〕たがいに争う。例 うでまえを競う。活用 きそ・う。

きぞう【寄贈】名詞 する動詞 品物をおくって、あたえること。例 美術館に絵を寄贈する。参考「きそう」ともいう。

ぎそう【偽装・擬装】名詞 する動詞 人や敵の目をあざむくため、ほかの物に見えるような色や形をよそおうこと。例 犯人が現場を偽装した。／偽装工作。

ぎぞう【偽造】名詞 する動詞〔人をだますために〕本物にまねて、つくること。例 偽造した一万円さつ。

きそうてんがい【奇想天外】四字熟語 ふつうではとても思いつかないほど、めずらしいようす。例 奇想天外なストーリー。

きそがわ【木曽川】地名 長野県から流れ出し、岐阜県・愛知県・三重県を通って、伊勢湾にそそぐ川。

きそく【規則】名詞 したがわなければならない決まり。例 規則を守る。類 規約。

きぞく[1]【帰属】名詞 する動詞 人・物・財産・権利などが、ある特定の人や団体や国などに属すること。例 日本への帰属意識。

きぞく[2]【貴族】名詞 身分や家がらが高く、特別な権力をあたえられている階級。類 皇族。

ぎそく【義足】名詞 失った足のかわりにつける、ゴム・金属・木などでつくった人工の足。

きぞくいん【貴族院】名詞 衆議院とともに、一八九〇（明治二三）年に開設された帝国議会を構成した立法機関。貴族院議員には、皇族・華族〔特権的身分のもの〕・多額納税者・国家功労者などが任命された。一九四七（昭和二二）年に廃止。

きそくせい【規則性】名詞 物事が、一定のきまりにしたがっているようす。例 月の動きには規則性がある。

きそくただしい【規則正しい】形容詞 一定のきまりにしたがって、物事がきちんとおこなわれるようす。例 規則正しい生活。／規則正しく並べる。活用 きそくただし・い。

きそくてき【規則的】形容動詞 きまりにしたがっているようす。例 規則的な変化。

きた【北】名詞 太陽の出る方向に向かって、左の方角。例 北へ向かう。対 南。

ぎだ【犠打】名詞 野球で、打ったバッターはアウトになるが、塁にいるランナーを先の塁に進めるためにおこなう打撃。犠牲バントや犠牲フライのこと。

ギター 名詞 六本の糸をはった西洋の楽器。指ではじいて鳴らす。▼英語 guitar

きたアメリカ【北アメリカ】地名 アメリカ大陸のうち、パナマ地峡より北の地域。カナダ・アメリカ合衆国・メキシコなどの国がある。北米。対 南アメリカ。

きたアルプス【北アルプス】名詞 飛驒山脈のこと。富山・新潟・長野・岐阜の四県にまたがる山脈。白馬岳・立山・槍ケ岳・乗鞍岳など、三千メートル級の山々が続く。

きたい[1]【気体】名詞〔空気のように〕形が自由にかわり、おしつけられると体積が小さくなるもの。ガス。対 液体。固体。

きたい[2]【期待】名詞 する動詞 あることの実現をあてにして、待つこと。例 チームの勝利を期待する。／期待にこたえる。

きたい[3]【機体】名詞 飛行機のどう体。また、飛行機の〔エンジンをのぞいた〕おもな部分。

きだい【季題】名詞 ➡318ページ・きご。

ぎたい【擬態】名詞 ❶ あるものの形や様子に似せること。❷ 動物が、その形・色などをまわりのものや動物に似せること。敵に見つかりにくく、身を守るのに都合がよい。

ぎだい【議題】名詞 会議で話し合う問題。

ぎたいご【擬態語】名詞 物事の様子や身ぶりなどの感じを、いかにもそれらしく表す言葉。「ぬるぬる」「きらきら」「にっこり」など。参考 ⇩98ページ・オノマトペ。

きたいはずれ【期待外れ】名詞 うまくいくだろうとあてにしていたのに、そのあてがはずれること。例 期待外れの結果に終わった。

きたえあげる【鍛え上げる】動詞 ❶十分にきたえて仕上げる。例 鍛え上げた名刀。❷なんどもきたえて強くする。例 一人前に鍛え上げる。活用 きたえあ・げる。

きたえる【鍛える】動詞 ❶〔金属などを〕なんどもねっしたりたたいたりして強くする。例 鉄を鍛えて刀をつくる。❷なんども練習して、体や心を強くする。また、わざをみがく。例 運動をして体を鍛える。活用 きた・える。

きたかいきせん【北回帰線】名詞 北緯二三・二六度の緯線。参考 太陽がこの線のま上にきたときが夏至。対 南回帰線。

きたかぜ【北風】名詞 北の方からふいてくる（さむい）風。対 南風。

きたかみがわ【北上川】地名 岩手県の中央部を流れ、仙台平野を通り、石巻湾にそそぐ東北地方で一番大きい川。

きたきゅうしゅうこうぎょうちたい【北九州工業地帯】名詞 九州地方の北部にある北九州市を中心とした工業地帯。鉄鋼・金属・セメント・化学などの工業がさかんである。

きたきゅうしゅうし【北九州市】地名 福岡県にある政令指定都市。

きたく【帰宅】名詞 する動詞〔自分の〕家に帰ること。例 五時ごろ帰宅した。

きたぐに【北国】名詞 北のさむい地方。北の方にある国。ほっこく。

きたさとしばさぶろう【北里柴三郎】人名（一八五二～一九三一）明治時代から昭和時代にかけての細菌学者。ドイツに留学して、ロベルト＝コッホのもとで研究し、破傷風の血清療法を発見した。ペスト菌や赤痢アメーバなども発見した。

きたす【来す】動詞 あることがおこるようにする。おこす。例 食料に不足を来す。活用 きた・す。

きたちょうせん【北朝鮮】地名 ⬇814ページ・ちょうせんみんしゅしゅぎじんみんきょうわこく。

きだて【気立て】名詞 その人がもっている性質。心のもちかた。例 気立てのいい人。

きたない【汚い】形容詞 ❶よごれているようす。例 どろにまみれた汚い手。❷ふゆかいな感じをあたえるようす。例 汚い字。❸ひきょうである。例 金もうけのために、なりふりかまわず汚い手を使う。対 ①②③きれい。活用 きたな・い。

きたならしい【汚らしい】形容詞 きたなく見える。ふけつな感じである。活用 きたならし・い。

きたはらはくしゅう【北原白秋】人名（一八八五～一九四二）明治時代から昭和時代にかけての詩人・歌人。詩集「邪宗門」「思ひ出」、歌集「桐の花」などを発表した。童謡にも、「からたちの花」「この道」「待ちぼうけ」「雨ふり」などの名作を残した。

きたはんきゅう【北半球】名詞 赤道をさかいにした、地球の北半分。対 南半球。⇩図。

きたる【来る】連体詞 これからやってくる。この次の。例 相撲大会は、来る五日にひらかれる。対 去る。

きたんのない【忌たんのない】連語 えんりょのない。例 忌たんのないご意見をお聞かせください。

1 **きち**【吉】名詞〔うらないやおみくじなどで〕運がよいこと。めでたいこと。対 凶。

2 **きち**【危地】名詞 あぶない場所。あぶない状態。例 やっとのことで危地を脱した。類 危機。

3 **きち**【基地】名詞〔ある大きな仕事をする〕よりどころとなる場所。ねじろ。例 遠洋漁業の基地。

4 **きち**【機知】名詞 そのときそのときに、すばやく働くうまいちえ。ことば「機知に富む」類 とんち。

きちじつ【吉日】名詞 物事をするのによいとされるめでたい日。参考「きちにち」ともいう。

きちっと 副詞 する動詞 ⬇きちんと。

きちゃく【帰着】名詞 する動詞 ❶出発したところに帰りつくこと。例 正午に東京駅に帰着した。❷議論などが、あるところに落ち着くこと。例 全員参加することに帰着した。

きちゅう【忌中】名詞 家の人が死んだとき、家にこもって、つつしんでいる期間。類 喪中。参考 ふつう、死後の四十九日間をいう。

北半球
南半球

北半球

ことばあそび 回文30 この軽いイルカの子（このかるいいるかのこ）

1 **きちょう**【記帳】名詞 する動詞 帳簿や帳面に書き記すこと。例 受付で記帳する。

2 **きちょう**【帰朝】名詞 する動詞 外国から日本へ帰ってくること。例 空港で帰朝のあいさつをする。／帰朝報告。類 帰国。

3 **きちょう**【貴重】形容動詞 とても価値があるようす。例 貴重な品物。

4 **きちょう**【機長】名詞 飛行機の乗組員の長。参考 ふつうは、操縦士がなる。

ぎちょう【議長】名詞 会議のとき、議事を進めたりまとめたりする役目の人。

きちょうひん【貴重品】名詞 とても大切な品物。なかなか手に入らない品物。

きちょうめん 形容動詞 性格やおこないが、きちんとしているようす。例 何ごとにもきちょうめんだ。漢字 几帳面。

きちんと 副詞 する動詞 ❶よくととのっているようす。例 きちんとかたづける。❷正確で規則正しいようす。例 約束の時間にきちんと集まる。類 ちゃんと。

きちんやど【木賃宿】名詞 料金の安いそまつな宿。参考 江戸時代、木賃(＝ねんりょうにするまき代)だけをとってとめた安い宿。食事は客が自分でつくった。

きつい 形容詞 ❶[物事の程度が]はげしい。例 きつくしかられた。❷[力の入れ方などが]強い。例 ふきんをきつくしぼる。❸気が強い。例 きつい性格。❹[寸法などに]ゆとりがない。きゅうくつである。例 このぼうしは、わたしにはきつい。活用 きつ・い。

きつえん【喫煙】名詞 する動詞 たばこをすうこと。例 喫煙室。

きづかい【気遣い】名詞 ❶あれこれと気をつかうこと。気配り。配慮。ことば「どうぞお気遣いなく」類 心遣い。❷よくないことが起こるおそれ。例 失敗する気遣いはない。

きづかう【気遣う】動詞 気にとめて心配する。例 登山者の安否を気遣う。活用 きづか・う。

きっかけ【切っ掛け】名詞 ❶物事を始める手がかり。例 話の切っ掛けをつくる。❷物事のおこるはずみ。例 先生にほめられたのが切っ掛けで、作文が好きになった。

きっかり 副詞 はんぱがなく、ちょうど。例 きっかり五時に始まる。／料金はきっかり千円だ。

きづかれ【気疲れ】名詞 する動詞 心配することが多くて、神経がつかれること。例 目上の人と話をすると気疲れする。

きっきょう【吉凶】名詞 えんぎのよいことと悪いこと。ことば「吉凶をうらなう」

キック 名詞 する動詞 足でけること。▼英語 kick

きづく【気付く】動詞 考えがおよぶ。気がつく。かんづく。例 相手のまちがいに気付いた。活用 きづ・く。

キックオフ 名詞 サッカーやラグビーなどで、試合を始めるときや得点が入った後に、フィールドの中央からボールをけること。▼英語 kickoff

キックベースボール 名詞 ボールをけってベース間を走り、得点をきそう、野球に似た球技。フットベースボール。参考 日本でつくった言葉。英語では「キックボール」。

ぎっくりごし【ぎっくり腰】名詞 腰をひねったり、重いものをもち上げたりするときなどに、はげしく腰がいたむ病気。

1 **きつけ**【気付け】名詞 ❶元気を失った人の気をひきたたせたり、きぜつしている人を正気にもどしたりすること。❷「気付け薬」の略。「気付け①」のときに使う薬。

2 **きつけ**【着付け】名詞 和服をきちんと着ること。また、人にきちんと着せること。例 着付けを習う。／花嫁衣装の着付けをする。

きづけ【気付】名詞 手紙を(相手のすまいでなく)とまっているところなどに送るとき、あて名の下に書く言葉。例 大野一男様気付、山田春子様。参考「きつけ」ともいう。注意 送りがなをつけない。

きつけぐすり【気付け薬】名詞 ⬇きつけ(気付け)②。

きっさき【切っ先】名詞 刃物など、とがったものの一番さき。

きっさてん【喫茶店】名詞 コーヒーや紅茶などを出す飲食店。

ぎっしゃ【ぎっ車】名詞 昔、牛にひかせた、屋根のある車。身分の高い人が乗った。御所車。参考「ぎゅうしゃ」ともいう。漢字 牛車。⇩図。

ぎっしり 副詞(-と) すきまなく多くつまっているようす。例 本だなには、本がぎっしり入っている。

1 **きっすい**【生粋】名詞 まったくまじり気のないこと。例 生粋の江戸っ子。

[2]**きっすい**【喫水】名詞 船の水につかっている部分の深さ。

きづち【木づち】名詞 木でつくった、物をたたく道具。

ぎっ車

きっちり 副詞(-と) する動詞 ❶ある数量や時刻などにちょうど合って、あまったり足りなかったりしないようす。例 きっちり二つに分ける。❷〔入れ物に対して中の物が〕すきまなく、いっぱいにつまっているようす。例 お菓子が箱にきっちり入っている。❸よくととのって、みだれていないようす。例 かさをきっちりとたたむ。

キッチン 名詞 台所。調理場。例 ダイニングキッチン。▼英語 kitchen

きつつき 名詞 キツツキ科の鳥のこと。森林などでくらす。するどいくちばしで木にあなをあけ、長い舌で中の虫を引き出して食べる。漢字 啄木鳥。

きって【切手】名詞 「郵便切手」のこと。郵便で送るものにはって、決められた料金をはらったしるしとする小さな紙。例 ふうとうに切手をはる。

きっての 連語《ある言葉の下につけて》…の中で一番（すぐれた）。例 クラスきっての勉強家。

きってもきれない【切っても切れない】慣用句 関係やえんがとても深くて、たやすくたちきれないようす。例 切っても切れない関係。

[1]**きっと** 副詞 ❶たしかにそうなるだろうと考えているようす。例 かれはきっと成功する。❷顔つきがきびしく引きしまるようす。例 口をきっと結ぶ。

[2]**キット** 名詞 組み立てる部品や道具などの一そろい。例 模型飛行機のキット。▼英語 kit

きつね 名詞 イヌ科の動物。野山にすむ。体つきはほっそりしていて、尾が太い。漢字 狐。

きつねいろ【きつね色】名詞 キツネの毛のような、うすいこげ茶色。例 こんがりときつね色に焼けたトースト。

きつねざる【きつね猿】名詞 キツネザル科のサル。キツネのように口先がとがっている。

きつねとたぬきのばかしあい【きつねとたぬきの化かし合い】慣用句〔キツネもタヌキも人をだますといわれていることから〕ずるい者どうしが相手をだまそうとすること。

きつねにつままれる 慣用句〔キツネにだまされたように〕わけがわからず、ぼんやりすることのたとえ。例 とびらを開けたら、だれもいなくて、きつねにつままれたような気分だ。

きつねのよめいり【きつねの嫁入り】慣用句 太陽が出ているのに、雨がふること。例 晴れ間が見えるのに雨だなんて、きつねの嫁入りだね。

きっぱり 副詞(-と) する動詞〔言葉や態度などが〕はっきりしているようす。例 きっぱりことわった。

[1]**きっぷ**【切符】名詞 乗り物に乗ったり、しせつに入ったりするときなどに、お金をはらったしるしになる小さな紙。例 切符を買う。

[2]**きっぷ**【気っ風】名詞 きまえ。例 気っ風のいい人。参考「きふう」のなまったもの。

きっぽう【吉報】名詞 よい知らせ。例 ごうかくの吉報がとどく。対 凶報。

きづまり【気詰まり】名詞 形容動詞〔まわりにえんりょして〕気持ちがきゅうくつなこと。例 二人っきりになると気詰まりで話もできない。

きつもん【詰問】名詞 する動詞 相手を強くせめて、質問すること。例 約束をやぶった理由を詰問された。

きづよい【気強い】形容詞〔たよりにするものがあって〕安心である。心強い。例 父といっしょだったので気強かった。活用 きづよ・い。

[1]**きてい**【既定】名詞 すでに決まっていること。例 既定の事実。対 未定。

[2]**きてい**【規定】名詞 する動詞 決まりをつくること。また、その決まり。例 規定の料金をはらう。

ぎてい【義弟】名詞 ❶血のつながりのない弟。義理の弟。夫または妻の弟。妹の夫など。対 実弟。❷きょうだいになる約束をして、弟になった人。対 ①②義兄。

きてき【汽笛】名詞 じょう気を使って鳴らす、汽車や汽船などのふえ。また、その音。

きできをやむ【気で気を病む】慣用句 心配しなくてもいいのに、心配して苦しむ。例 気で気を病むなんて、おろかなことだ。

きではなをくくる【木で鼻をくくる】

あいうえお
かきくけこ
さしすせそ
たちつてと
なにぬねの
はひふへほ
まみむめも
や ゆ よ
らりるれろ
わ を ん

ことばあそび 回文㉛ 品物も無し（しなものもなし）

ことわざ 冷たく、思いやりのない態度で、受け答えをする。例 木で鼻をくくったような対応。

きてれつ 形容動詞 とてもきみょうなようす。参考「奇妙」の意味を強めて、「奇妙きてれつ」のように使うことが多い。

きてん[1]【起点】名詞 物事の始まるところ。特に、電車・バスなどが出発する最初の駅。また、街道などのもとになる地点。対 終点。

きてん[2]【基点】名詞〔きょりをはかるときや図形をえがくときの〕もとになるところ。もとになる点。

きてん[3]【機転】名詞〔その場その場におうじた〕すばやい心の働き。ことば「機転が利く」

きと【帰途】名詞 帰り道。ことば「帰途につく」類 家路。

きど【木戸】名詞 ❶〔庭などの出入り口につけた〕木でつくった、屋根のないかんたんなひらき戸の門。❷しばいや見せもの小屋などの出入り口。参考 ②は古い言い方。

きどあいらく【喜怒哀楽】四字熟語 人間の心のいろいろな動き。よろこびといかりと悲しみと楽しみ。

きとう【祈とう】名詞 する動詞 神や仏にいのること。また、その儀式。

きどう【軌道】名詞 ❶電車などの通る線路。例 事故で車輪が軌道をはずれる。❷星や月などの動いていく決まった道すじ。例 人工衛星の軌道。❸物事が進んでいく道すじ。例 仕事が軌道にのる。

きどうたい【機動隊】名詞 都道府県の警察で、必要におうじて出動して、その地方の警備などにあたる部隊。参考「警察機動隊」の略。

きどうにのる【軌道に乗る】慣用句 物事が調子よくすすむ。例 父の事業もようやく軌道に乗ってきた。

きどうりょく【機動力】名詞 その場の状況におうじて、すばやく行動ができるような力。例 救助隊は災害の復旧に機動力を発揮した。

きとく[1]【危篤】名詞 病気が大変おもく、今にも死にそうなこと。ことば「危篤におちいる」

きとく[2]【奇特】形容動詞 おこないや心がけがよく、感心なこと。例 奇特なふるまい。

きとく[3]【既得】名詞 すでに自分のものになっていること。例 それはわれわれの既得の権利だ。

きどせん【木戸銭】名詞 しばいや見せもの小屋の出入り口でとるお金。入場料。参考 古い言い方。

きどたかよし【木戸孝允】人名（一八三三〜一八七七）江戸時代の終わりごろから明治時代にかけての政治家。幕府をたおす運動をおし進めた。明治政府では中心になって政府の基礎をつくることにつとめた。はじめの名前は桂小五郎といった。

きどる【気取る】動詞 ❶ていさいをかざって、上品ぶったりすましたりする。例 気取って歩く。❷それらしい様子をまねてふるまう。例 ヒーローを気取って歩く。活用 きど・る。

きなが【気長】形容動詞 のんびりしていてあせらないようす。気が長いようす。例 野菜を、弱火で気長ににる。対 気短。

きながし【着流し】名詞 はかまや羽織をつけない和服すがた。男性のくだけた身なりをいう。例 着流しで町を歩く。

きなくさい【きな臭い】形容詞 ❶紙や布などのこげるようなにおいがする。こげくさい。❷戦争のけはいがある。例 国境のあたりがきな臭い。活用 きなくさ・い。

きなこ【黄な粉】名詞 いった大豆をこなにしたもの。もちやだんごにつけて食べる。

きにいり【気に入り】名詞 気に入っていること。また、その人。参考 多く、「お気に入り」の形で使う。例 かのじょのお気に入りのマフラー。

きにいる【気に入る】慣用句 自分の好みに合う。例 この服が気に入った。

きにかかる【気に掛かる】慣用句 心配で、落ち着かない。例 子どもの将来が気に掛かる。

きにかける【気に掛ける】慣用句 ❶気をつけている。❷不安に思って、心配する。例 妹のことを気に掛ける。

きにくわない【気に食わない】慣用句 気に入らない。きらいだ。例 あいつの態度が気に食わない。

きにさわる【気に障る】慣用句 いやな気持ちをおこさせる。ふゆかいに思う。例 気に障ることばかり言う。類 かちんとくる。

きにする【気にする】慣用句 あれこれ考えて、心配する。例 うわさ話を気にする。

きにたけをつぐ【木に竹を接ぐ】慣用句 すじ道が通っていなかったり、物事の前後がつながっていなかったりすることのたとえ。例 木

に竹を接ぐような説明。

きにとめる【気に留める】慣用句〔相手の気持ちや話の内容などに〕注意をむける。忘れないでいる。例気に留めるほどの内容ではない。

きになる【気になる】慣用句 心配になる。気がかりである。例元気がなかったことが気になる。

きにめす【気に召す】慣用句「気に入る」のうやまった言い方。参考ふつう、「お気に召す」の形で用いる。例このケーキはあなたのお気に召すかどうか…。

きにやむ【気に病む】慣用句 心配して、なやむ。思いなやむ。例心をきずつけたのではないかと気に病む。

きにゅう【記入】名詞 する動詞 字を書き入れること。例れんらく先を記入する。

きにん【帰任】名詞 する動詞 一時はなれていた任地や任務にもどること。例出先から帰任する。

きぬ【絹】名詞 かいこのまゆからとった糸。また、その糸でおったぬの。

きぬいと【絹糸】名詞 かいこのまゆからつくった糸。けんし。類生糸。

きぬおりもの【絹織物】名詞 絹糸でおった織物。

きぬけ【気抜け】名詞 する動詞 はりあいがなくなって、がっかりすること。また、がっかりして、やる気がなくなること。ひょうしぬけ。

きぬごし【絹ごし】名詞「絹ごし豆腐」の略。こい豆乳ににがりを加え、そのままうつわの中でかためた豆腐。もめん豆腐にくらべて、きめが細かい。

きぬずれ【衣擦れ】名詞〔歩いたり身動きしたりして〕着物のすそなどがすれ合うこと。また、その音。例部屋の中から衣擦れの音が聞こえる。

きぬのみち【絹の道】名詞 ⬇632ページ・シルクロード。

きね 名詞 穀物をつく、木でできた道具。漢字 杵。⇩125ページ・うす（臼）①（図）。

ギネスブック 書名 イギリスのギネス社が毎年発行する、いろいろな分野での世界一の記録をのせた本。例なわとびの回数世界一でギネスブックに登録される。参考 正式名称は「ギネス・ワールド・レコーズ」という。

きねん【記念】名詞 する動詞 思い出として残すこと。また、思い出となるしるし。例発売を記念するイベント。／記念品。

ぎねん【疑念】名詞 うたがう気持ち。ことば「疑念をいだく」類疑惑。

きねんきって【記念切手】名詞 国のもよおしや大きなできごとなどを記念して、特別に発行する郵便切手。

きねんひ【記念碑】名詞 あることがらを記念して、そのいわれをほってたてた石。

きねんび【記念日】名詞 記念しておくようなできごとのあった日。例学校の創立記念日。／憲法記念日。

きねんひん【記念品】名詞 思い出のしるしとなる品物。例卒業の記念品。

きのいい【気のいい】慣用句 おこったり不平を言ったりすることがなく、いつもよい印象をあたえるようす。例気のいい人。

きのう1【昨日】名詞 きょうの前の日。さくじつ。

きのう2【機能】名詞 する動詞 あるもののもっている働き。作用。

ぎのう【技能】名詞 あることをするうえでの、うでまえ。例技能をみがく。類技術。

きのうきょう【昨日今日】名詞 つい最近。このごろ。例両国の争いは昨日今日に始まったことではない。

きのきいた【気の利いた】慣用句 せんれんされ、しゃれているようす。例気の利いたせりふを言う。

きのこ 名詞 きん類のなかま。まっすぐな柄の上に、かさがかぶっているような形のものが多い。参考 マツタケ・シイタケなどのように食べられるものと、ベニテングタケなどのように毒のあるものとがある。

きのせい【気のせい】慣用句 はっきりと目には見えないが、その場の様子から感じたように思うこと。例声をかけられたと思ったが気のせいだった。

きのつらゆき【紀貫之】人名（八六八？～九四五？）平安時代前期の歌人。三十六歌仙の一人。『古今和歌集』の選者の一人で、『土佐日記』の作者。

きのとおくなるような【気の遠くなるような】慣用句 気がぼうっとなるくらい、数や量が多いことのたとえ。例気の遠くなるような数字。

ことばあそび 回文32 軽いのりのイルカ（かるいのりのいるか）

きのどく【気の毒】名詞 形容動詞 ❶他人の苦しみや悲しみに同情して心をいためること。例事件にまきこまれて気の毒だ。❷めいわくをかけて、すまないと思うこと。例知らせるのをわすれて、気の毒なことをした。

きのない【気のない】慣用句 関心がない。気乗りがしない。例いくらさそっても、気のない返事しかかえってこない。

きのぬけた【気の抜けた】慣用句 ❶もともとあった、かおりや味などがなくなっている。例気の抜けたサイダー。❷なにかをする気持ちやいきおいがなくなっている。はり合いがなくなった。例期末テストが終わったら、気の抜けたようになった。

きのぼり【木登り】名詞 する動詞 木によじのぼること。

きのみ【木の実】名詞 ➡477ページ・このみ（木の実）。

きのみきのまま【着の身着のまま】慣用句 今着ているもののほかには何も持っていないこと。例火のまわりが早くて、着の身着のままでにげた。

きのめ【木の芽】名詞 ❶春、木に新しく出た芽。❷サンショウの新しい芽。

きのり【気乗り】名詞 する動詞 きょうみを感じ、進んでしようという気持ちになること。例こんどの旅行は気乗りがしない。類乗り気。

1 **きば**【牙】名詞 おもに肉食動物のあごの上下にある、するどい歯。

2 **きば**【木場】名詞 〔川の水面などにうかべて〕材木をたくさんたくわえておくところ。

3 **きば**【騎馬】名詞 馬に乗ること。また、馬に乗っている人。例騎馬戦。／騎馬隊。類乗馬。

1 **きはく**【気迫】名詞 〔何ものをもおそれない〕強い気持ち。気力。いきごみ。例リーダーの気迫におされて、うなずいた。

2 **きはく**【希薄】名詞 形容動詞 ❶少ないこと。うすいこと。例大気が希薄だ。❷ある物事に対してやる気のないこと。例熱意が希薄だ。

きはこころ【気は心】慣用句 少しのことでも、心がこもっていること。例気は心ですから、少しだけわりびきします。

きはずかしい【気恥ずかしい】形容詞 何となく、はずかしい。例みんなの前で先生にほめられて、気恥ずかしかった。活用 きはずかし・い。

きはだ【木肌】名詞 木の外側の皮。また、木の外側の皮をはぎとった表面。

きはつ【揮発】名詞 する動詞 ふつうの温度で、液体が気体にかわること。例揮発性のガス。

きばつ【奇抜】形容動詞 ほかのものにくらべて、とてもかわっているようす。例奇抜な服装。

きはつゆ【揮発油】名詞 ❶➡258ページ・ガソリン。❷➡1184ページ・ベンジン。

きばむ【黄ばむ】動詞 黄色みをおびてくる。黄色くなってくる。例白いシャツが古くなって黄ばむ。活用 きば・む。

きばや【気早】形容動詞 気が早いこと。また、そのようなようす。例ずいぶんと気早な人だね。

きばらし【気晴らし】名詞 つかれた心やいやな気持ちをはらいのけて気分をなおすこと。うさ晴らし。例気晴らしに近くの公園まで散歩に出かけた。

きばる【気張る】動詞 ❶息をつめて下腹に力を入れる。例気張ってつなを引く。❷元気を出す。例あともう少しだ。気張っていこう。❸思いきって高いお金を出す。例父が、お年玉を気張ってくれた。活用 きば・る。

きばをとぐ【牙を研ぐ】慣用句 相手をやっつけようとじゅんびする。例今度こそ勝つぞと牙を研ぐ。

きばをむく【牙をむく】慣用句 今にもおそいかかろうとする。

きはん【規範・軌範】名詞 なにかをするときの手本。もはん。例規範にしたがって行動する。

きばん【基盤】名詞 物事をささえる基礎となるもの。例経営の基盤をかためる。類基本。土台。

きはんせん【機帆船】名詞 発動機（＝エンジン）と帆の両方をもっている（小型の）船。

きび 名詞 イネ科の植物。秋、黄色い実がなる。実は、もちやだんごにしたり、鳥のえさにしたりする。漢字 黍。

きびき【忌引き】名詞 肉親の人などが死んだとき、学校やつとめを休んで家にひきこもり、つつしむこと。また、そのための休み。

きびきび 副詞（〜と）する動詞 〔態度・動作・言葉などが〕すばやく、はっきりしているようす。例きびきびと動く。類てきぱき。はきはき。

きびしい【厳しい】形容詞 ❶少しも手かげんしない。例厳しい練習。❷はげしい。例厳

寒さ。活用 きびし・い。

きびしさ【厳しさ】名詞 きびしいこと。例 練習の厳しさについていけない。

きびすをかえす【きびすを返す】慣用句 後もどりをする。引き返す。例 わすれものに気づいて、きびすを返した。参考「きびす」は、かかとのこと。

きびすをせっする【きびすを接する】慣用句 すぐ後に続いている。続いて、おこる。例 きびすを接して事件が起こる。参考「きびす」は、かかとのこと。

1 **きひん**【気品】名詞 上品でけだかいようす。品のいい感じ。例 気品のある人。

2 **きひん**【貴賓】名詞 身分の高い客。例 貴賓席。類 来賓。

きびん【機敏】形容動詞 動作などがすばやいようす。例 機敏に行動する。

きひんせき【貴賓席】名詞 身分・地位の高い客がすわる席。

きふ【寄付】名詞 する動詞 ある目的に賛成して、お金や品物をわたすこと。例 寄付をつのる。／寄付金。類 献金。

ぎふ【義父】名詞 血のつながりのない父親。義理の父。夫の父、または、妻の父など。対 実父。義母。

ギブアップ 名詞 する動詞 あきらめること。降参すること。例 ゲームのとちゅうでギブアップした。▼英語 give up

ギブアンドテイク 名詞〔あたえて、取るという意味〕相手に利益をあたえ、自分も相手から利益を得ること。ギブアンドテーク。例 ギブアンドテイクでいこう。▼英語 give-and-take

きふう【気風】名詞 ある地方や集団の人々に共通してみられる特別な性質。

きふく【起伏】名詞 する動詞 ❶〔土地のようすが〕高くなったり低くなったりしていること。❷〔気持ち・できごとなどが〕さまざまに変化すること。例 感情の起伏のはげしい人。／起伏の多い人生を歩む。

きぶくれる【着膨れる】動詞 衣服をたくさん着て、体がふくれたようになる。例 重ね着をして着膨れる。活用 きぶく・れる。

ぎふけん【岐阜県】地名 中部地方の西部にある、内陸の県。県庁所在地は岐阜市。⇩916ページ・都道府県（図）。

ぎふし【岐阜市】地名 岐阜県の県庁所在地。⇩916ページ・都道府県（図）。

きふじん【貴婦人】名詞 ❶身分の高い家に生まれた女の人。❷上品な女性。類 淑女。対 ①②貴公子。

ギプス 名詞 骨がおれたときなどに、その部分が動かないようにするため、ほうたいをせっこうの粉でかためたもの。参考「ギブス」ともいう。グラスファイバー（ガラスせんい）のものもある。▼ドイツ語

きぶつ【器物】名詞〔さら・びんなどのような〕こまごまとしたうつわや道具。類 器具。

きぶん【気分】名詞 ❶そのときの気持ち。例 気分がよい。❷生まれつきの性質。例 気分のいい人。❸全体の感じ。例 夏らしい気分。

ぎふん【義憤】名詞 世の中の不正や悪に対するいかり。例 義憤を感じる。

きぶんがいい【気分がいい】慣用句 よい気持ちである。例 ほめられたので、気分がいい。

きぶんがわるい【気分が悪い】慣用句 ふゆかいな気持ちである。例 いきなりどなりつけられて、気分が悪い。

きぶんてんかん【気分転換】名詞 気持ちをかえること。例 気分転換に散歩に行く。

きぶんや【気分屋】名詞 そのときの気分次第で、あれこれと行動を変える人。例 気分屋の姉にふり回される。類 気まぐれ。

きへい【騎兵】名詞 馬に乗ってたたかう兵士。例 騎兵隊。参考 ㋐「騎」は、「馬に乗る」という意味。㋑⇩1210ページ・歩兵。

きへん【木偏】名詞 漢字の部首の一つ。「板」「村」「根」などの左側の「木」の部分。

きぼ【規模】名詞 物事のしくみの大きさ。例 日本一の規模の工場が完成した。

ぎぼ【義母】名詞 血のつながりのない母親。義理の母。夫の母、または、妻の母など。対 実母。義父。

1 **きほう**【気泡】名詞 液体や固体の中に、空気などの気体が入ってできるあわ。例 ガラスの中に気泡がまじる。

2 **きほう**【既報】名詞 すでに知らせてあること。また、その知らせ。例 既報のとおり、本日、避難訓練をおこないます。

きぼう【希望】名詞 する動詞 ❶こうあってほしいと願い、のぞむこと。また、そののぞみ。例 参加

ことばあそび 回文㉝ 丸くなるな、車（まるくなるなくるま）

を希望する。／希望者。類 願望。志望。❷〔未来に対する〕よい見通し。例 新しい生活に希望をいだく。

ぎほう【技法】名詞〔絵・ちょうこく・映画などをつくる〕やり方。方法。例 やきものの技法。類 手法。

きぼうほう【喜望峰】地名 南アフリカ共和国の南西のはしにあるみさき。バスコ＝ダ＝ガマがこのみさきをまわって、インドへの航路をひらき、ポルトガル王がこの名をつけた。

ぎぼし【擬ぼし】名詞 橋などのらんかんの柱の上につける、ネギの花のような形をしたかざり。参考「ぎぼうしゅ」「ぎぼうし」ともいう。漢字 擬宝珠。⇩図。

擬ぼし

きぼねがおれる【気骨が折れる】慣用句 あれこれと心配したり、注意したりすることが多く、心がつかれる。例 気骨が折れる作業だ。

きぼり【木彫り】名詞 木をほってつくること。また、木にほったもの。例 木彫りのクマ。

きほん【基本】名詞 物事の一番もとになるもの。例 基本に忠実に練習する。／基本方針。類 基盤。

きほんてき【基本的】形容動詞 一番もとになるようす。例 基本的な問題について、みんなで話し合う。

きほんてきじんけん【基本的人権】名詞 人間が生まれながらにしてもっている、人間としてのあたりまえの権利。参考 日本では憲法によって守られている。

ぎまい【義妹】名詞 血のつながりのない妹。義理の妹。夫または妻の妹、弟の妻など。対 実妹。義姉。

きまえ【気前】名詞 お金や物などをおしげもなく人にあたえる性質。

きまえがいい【気前がいい】慣用句 お金や物をおしまずに出すようす。例 おごってくれるなんて気前がいい人だ。

きまぐれ【気まぐれ】名詞 形容動詞 そのときの気分や思いつきだけで物事をすること。例 気まぐれな客。類 気分屋。

きまじめ【生真面目】名詞 形容動詞 とてもまじめなこと。例 生真面目な青年。

きまずい【気まずい】形容詞 何となく気持ちがしっくりせず、いやな感じである。例 口げんかがもとで、友だちと気まずくなった。活用 きまず・い。

きまつ【期末】名詞 ある期間の終わり。

きまって【決まって】副詞 いつもかならず。例 食事の前に、母は決まって「手をあらったの」と聞く。

きまま【気まま】名詞 形容動詞 ほかの人のことを考えずに、自分の思うとおりにすること。例 気ままな生活。

きまり【決まり】名詞 ❶決まっていること。決められたことがら。規則。例 学級の決まりを守る。❷終わり。しめくくり。決着。例 仕事の決まりをつける。❸決めていること。習慣。例 朝散歩するのが決まりになっている。

きまりがつく【決まりが付く】慣用句 結果や結論がはっきりして、物事が終わりになる。例 論争に決まりが付く。

きまりがわるい【決まりが悪い】慣用句 その場をとりつくろうことができなくて、はずかしい。例 どなってしまい、決まりが悪い。

きまりきった【決まり切った】連語 ❶はっきりしている。あたりまえの。例 そんな決まり切ったことを聞くな。❷いつも同じであること。例 決まり切ったメニュー。

きまりて【決まり手】名詞 相撲で、勝ち負けを決めたわざ。例 決まり手は上手投げです。

きまりもんく【決まり文句】名詞 いつも決まって言う、新しさのない言葉。

きまる【決まる】動詞 ❶ある結果になる。さだまる。例 遠足は十月十日に決まった。❷物事が形どおりにうまくできる。例 ポーズが決まった。❸《「…に決まっている」の形で》必ず…である。きっと…する。例 こっちのほうがいいに決まっている。活用 きま・る。

1**きみ**【君】一 名詞 昔、天皇や王などをさした言葉。例 わが君。二 代名詞 自分と同じくらいの人、または目下の人をよぶ言葉。例 君は、いい人だね。

2**きみ**【気味】名詞 ❶〔ある物事から受ける〕感

じ。気持ち。例 気味が悪い。❷いくらかその様子があること。例 母はおしゃべりの気味がある。

3きみ【黄身】 名詞 鳥などのたまごの黄色い部分。対 白身。

ぎみ【気味】 接尾語《ほかの言葉の後につけて》ある性質や様子が少しあることを表す。例 かぜ気味です。／バスはおくれ気味です。

きみがよ【君が代】 名詞 日本の国歌としてうたわれている歌。

きみがわるい【気味が悪い】 慣用句 何となく不安でおそろしい。気持ちが悪い。例 暗い夜道を一人で歩くのは気味が悪い。参考「気味悪い」ともいう。

きみじか【気短】 形容動詞 気が短いようす。せっかち。短気。例 気短な人。対 気長。

きみつ【機密】 名詞 仕事のうえでの大切なひみつ。例 機密書類。類 極秘。

きみどり【黄緑】 名詞 黄色のまざった緑色。

きみゃくをつうじる【気脈を通じる】 慣用句 れんらくを取り合って気持ちをかよわせる。例 反対派とひそかに気脈を通じる。

きみょう【奇妙】 形容動詞 ❶原因や理由がわからず、ふしぎなようす。❷ふつうとかわっているようす。例 奇妙なかっこう。

きみわるい【気味悪い】 形容詞 なんとなく不安でおそろしい。気持ちが悪い。気味が悪い。例 気味悪い音がする。活用 きみわる・い。

ぎむ【義務】 名詞 人として、しなければならないこと。また、法律で決められた、国民が守らなければならないこと。例 ひみつを守る義務がある。／納税は国民の義務である。類 責務。責任。対 権利。

ぎむきょういく【義務教育】 名詞 国民の義務として、一定の年令になった子どもに受けさせなければならない教育。参考 日本では小学校（六年間）と中学校（三年間）の九年間の教育をいう。

きむずかしい【気難しい】 形容詞 気に入られるようにするのがむずかしく、あつかいにくいようす。例 気難しい先生。活用 きむずかし・い。

キムチ 名詞 朝鮮のからいつけもの。ハクサイなどの野菜を塩づけにし、トウガラシやニンニクなどを入れてつける。▼朝鮮・韓国語

きめ【木目】 名詞 ❶木の板の表面や切り口に年輪がつくり出すもよう。もくめ。参考 まさ目と板目がある。❷人間のひふや物の表面の手ざわり。例 木目の細かなはだ。

きめい【記名】 名詞 する動詞 名前を書くこと。例 記名投票。類 署名。

ぎめい【偽名】 名詞 にせの名前。類 仮名。対 実名。

きめがこまかい【木目が細かい】 慣用句 ❶ひふや物の表面などがなめらかで、すべすべしているようす。例 木目が細かいはだ。❷細かいところまで注意が行きとどいている。例 木目が細かい調査。

きめこむ【決め込む】 動詞 ❶自分一人で勝手にそうだと決めてしまう。例 失敗すると決め込んでいた。類 思い込む。❷そのような様子をする。例 弟はたぬきねいりを決め込んでいる。活用 きめこ・む。

きめつける【決め付ける】 動詞 相手のことをこうだときめて、強く言う。例 犯人だと決め付ける。活用 きめつ・ける。

きめて【決め手】 名詞 ❶勝負を決める方法やわざ。❷物事を決めるよりどころ。例 事件解決の決め手は、残された足あとだった。

きめてかかる【決めてかかる】 慣用句 はじめからそうなるものと思いこむ。例 頭からできないと決めてかかる。

きめる【決める】 動詞 ❶〔物事や考えを〕一つにさだめる。例 じゃんけんで、おにを決めた。❷わざがうまくいく。例 シュートをうまく決める。活用 き・める。

きも【肝】 名詞 ❶かんぞう。❷心（の働き）。きもったま。

きもいり【肝煎り】 名詞 間にたって、人の世話をすること。また、その人。例 おじさんの肝煎りで、結婚した。

きもがすわる【肝が据わる】 慣用句 落ち着いていて、少しのことではおどろかない。例 肝が据わったたのもしい人。参考「肝っ玉が据わる」ともいう。

きもがちいさい【肝が小さい】 慣用句 おくびょうである。度胸がないようす。例 そのくらいのことでにげ出すなんて、肝が小さい。参考「肝っ玉が小さい」ともいう。

きもがふとい【肝が太い】 慣用句 物事をおそれることがない。例 初出場なのに落ち着いていて、なかなか肝が太いね。参考「肝っ玉が太

あいうえお
き かきくけこ
さしすせそ
たちつてと
なにぬねの
はひふへほ
まみむめも
や ゆ よ
らりるれろ
わ を ん

ことばあそび 回文34 品川庭が無し（しながわにわがなし）

い」ともいう。

きもだめし【肝試し】 名詞 夜などに、お墓などの人のいないさびしいところへ行かせて、勇気のあるなしをためすこと。

きもち【気持ち】 名詞 ❶あることがらについて、心に感じるもの。例自分の気持ちを伝える。／相手の気持ちを理解する。／感謝の気持ちでいっぱいだ。❷体の具合のよしあしによっておこる感じ。気分。例バスによって、気持ちが悪くなった。

きもちがいい【気持ちがいい】 慣用句 あることがらについて、心に好ましく感じるようす。例かれは明るくて、気持ちがいい青年だ。

きもちがわるい【気持ちが悪い】 慣用句 あることがらについて、いやだと感じるようす。例気持ちが悪い話。

きもったま【肝っ玉】 名詞 物事をおそれない気力。例肝っ玉が大きい。／肝っ玉のすわった上司。参考くだけた言い方。

きもったまがふとい【肝っ玉が太い】 慣用句 ➡きもがふとい。

きもにめいじる【肝に銘じる】 慣用句 わすれないように、心に深くきざみこむ。例正直に生きることを肝に銘じる。

きもの【着物】 名詞 ❶体に着るもの。衣服。❷日本ふうの着るもの。和服。例着物すがた。⇩図。

きもをすえる【肝を据える】 慣用句 心を落ち着かせて、かくごを決める。例肝を据えて立ち向かう。

きもをつぶす【肝を潰す】 慣用句 〔意外なことがおこって〕とてもおどろく。例かみなりの音に肝を潰した。

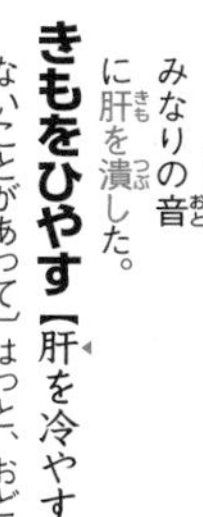

着物②

きもをひやす【肝を冷やす】 慣用句 〔あぶないことがあって〕はっと、おどろく。例高価なコップを落としそうになって、肝を冷やした。

きもん¹【気門】 名詞 こん虫など、気管で呼吸する動物の腹の横にある、呼吸をするための小さなあな。空気の出入り口となっている。

きもん²【鬼門】 名詞 ❶昔、中国から伝わった占いで、北東の方角。おにが出入りする方角とされ、きらわれる。❷行くと、いやなことがおこる場所。また、苦手なことがら。例ぼくにはあの家は鬼門だ。／ぼくにとって数学は鬼門だ。

ぎもん【疑問】 名詞 ❶うたがわしいこと。うたがい。例本当かどうか、疑問だ。❷よくわからないこと。例疑問があったら質問するべきだ。類不審。

ぎもんふ【疑問符】 名詞 疑問を表す「?」のしるし。クエスチョンマーク。

ぎもんぶん【疑問文】 名詞 疑問の意味を表す文。相手に何かをたずねるときなどに使う。

ギヤ 名詞 ➡309ページ・ギア。

きやく【規約】 名詞 それに関係している人が相談して決めたことがら。団体などの決まり。例規約の改正。類規則。

きゃく¹【客】 名詞 ❶その人をたずねてきた人。また、まねかれてきた人。例父が客をつれて帰ってきた。❷ものを買う人。また、お金をはらって見物したり、サービスを受けたりする人。例買いもの客でにぎわう店。

きゃく²【脚】 ㊀助数詞 つくえやいすなど、脚のある道具を数える言葉。例二脚のつくえ。㊁名詞 動物や道具などの足のこと。

ぎゃく【逆】 名詞 形容動詞 さかさま。反対。例逆の方向に進む。

ギャグ 名詞 ❶演劇や映画などで、観客を笑わせるために、すじの合間に入れる、おもしろおかしいせりふやしぐさ。❷人を笑わせるじょうだん。▼英語 gag

きゃくあし【客足】 名詞 客がくること。やってくる客の数。例客足が遠のく。／客足がにぶる。／客足が落ちる。

きゃくあつかい【客扱い】 ㊀名詞 客をもてなすこと。また、客のもてなし方。客あしらい。例客扱いがうまい。／客扱いの悪いホテル。㊁名詞 する動詞 客としてあつかうこと。例居心地が悪くなるので、どうか客扱いしないでください。

ぎゃくこうか【逆効果】 名詞 あらかじめ考えていたことと反対の（よくない）ききめ。例なぐさめるつもりでいった言葉が逆効果になってしまった。参考「ぎゃっこうか」ともいう。

ぎゃくこうせん【逆光線】名 ➡336ページ・ぎゃっこう（逆光）。

ぎゃくコース【逆コース】名 ❶進んでいく方向とは反対の道すじ。例 この道を行くと逆コースになる。❷社会の進歩や時代の流れなどにさからった動き。例 逆コースをとろうとしている政治家がいる。

ぎゃくさつ【虐殺】名 する動詞 むごたらしい方法でころすこと。

ぎゃくさん【逆算】名 する動詞 ふつうの順序とは逆の順序で計算すること。終わりの方から前の方へかぞえること。

ぎゃくさんかくけい【逆三角形】名 底辺が上にきて、頂点が下にくる形の三角形。

ぎゃくさんかっけい【逆三角形】名 ➡ぎゃくさんかくけい。

きゃくし【客死】名 する動詞 ➡242ページ・かくし（客死）。

きゃくしつ【客室】名 ❶客をとおす部屋。客間。❷ホテルなどで、客を泊めるための部屋。

きゃくしつじょうむいん【客室乗務員】名 飛行機などの乗り物の中で、乗客に対するサービスの仕事をする人。参考 飛行機の客室乗務員は「キャビンアテンダント」ともいう。

きゃくしゃ【客車】名 鉄道で、人を乗せるための車。対 貨車。

ぎゃくしゅう【逆襲】名 する動詞 今までせめられていたものが、反対にせめること。類 逆ねじ。

ぎゃくじょう【逆上】名 する動詞〔いかり・悲しみ・おどろきなどのため〕かっとなって、心がみだれること。例 非難されて逆上する。

きゃくしょく【脚色】名 する動詞 小説・物語などを、映画や劇にできるようなかたちに書きかえること。

ぎゃくすう【逆数】名 その数をかけると答えが1になる数。分数では分母と分子を入れかえた数。例 3の逆数は3分の1。2分の3の逆数は3分の2。

きゃくせき【客席】名〔劇場・映画館などの〕客がすわるところ。

ぎゃくせつ[1]【逆接】名 二つの文などのつながり方が、前の文と後の文でぎゃくの関係になるようなつながり方。「おいしそうな料理だった。しかし、食べたらまずかった。」「走ったけれど、間に合わなかった。」などの言い方。対 順接。

ぎゃくせつ[2]【逆説】名 真理とはくいちがう表現のようだが、よく考えてみると一つの真理を表している言葉。また、そのような表現のしかた。「急がば回れ」「負けるが勝ち」など。

きゃくせん【客船】名 客を乗せて運ぶ目的でつくられたふね。対 貨物船。

ぎゃくたい【虐待】名 する動詞〔人間や動物を〕ひどくとりあつかうこと。いじめること。

きゃくちゅう【脚注】名 本などで、本文の下のあいた部分につける説明。例 脚注をつける。

ぎゃくて【逆手】名 ❶柔道で手や足の関節を逆に曲げてせめるわざ。❷ふつうとは反対のむきにものをにぎること。さかて。例 鉄ぼうを逆手ににぎる。❸相手のこうげきを利用してせめかえすこと。さかて。参考 ❷は多く「さかて」という。

ぎゃくてん【逆転】名 する動詞 ❶反対の方向にまわること。❷物事の様子がすっかり反対になること。例 形勢が逆転する。

きゃくど【客土】名 農地を改良するために、よその土地から質のちがう土をもってきて入れたり入れかえたりすること。また、その土。かくど。

ぎゃくひれい【逆比例】名 する動詞 ➡1077ページ・はんぴれい。

ぎゃくふう【逆風】名 進む方向からふいてくる風。例 逆風におし流される。対 順風。

きゃくほん【脚本】名 劇や映画・テレビなどの、せりふ・動作・ぶたい装置などを書いたもの。劇や映画をつくるもとになる本。台本。

きゃくま【客間】名 客をとおしてもてなすための部屋。

ぎゃくもどり【逆戻り】名 する動詞 もとの場所や状態にもどること。例 三月だというのに冬に逆戻りしたようなさむさだ。類 後戻り。

ぎゃくゆにゅう【逆輸入】名 する動詞 一度輸出したものを、ほかの国で加工したりしてあらためて輸入すること。例 電気製品を逆輸入する。

ぎゃくよう【逆用】名 する動詞 自分の都合のいいように、あることをもとの目的と反対の目

ことばあそび 回文35 岸にササニシキ（きしにささにしき）

的に利用すること。例法律を逆用する。

きゃくよせ【客寄せ】名詞 商店などが、いろいろな工夫をして客を集めること。例客寄せのためにカラオケ大会をひらく。

ぎゃくりゅう【逆流】名詞 する動詞 水などが、いつも流れる方向とは反対の方向に流れること。また、その流れ。

きゃくりょく【脚力】名詞 歩いたり走ったりする足の力。例脚力をつけるために、ジョギングをする。

きゃしゃ 形容動詞 ❶〔体つきなどが〕ほっそりしていて、弱々しいようす。例きゃしゃな少年。❷物がこわれやすいようす。例きゃしゃなつくりのいす。

きやすい【気安い】形容詞 えんりょがいらなくて、気が楽であるようす。例気安い友だち。／気安く相談できる人。活用 きやす・い。

キャスター 名詞 ❶動かしやすくするために、ピアノ・家具・旅行かばんなどの下にとりつける小さな車輪。❷「ニュースキャスター」の略。▼英語 caster

キャスト 名詞 映画や劇などの役わり。配役。▼英語 cast

きやすめ【気休め】名詞 ❶その場だけの安心。例気休めにもう一度参考書を見ておこう。❷人を安心させるためにいうあてにならない言葉。例気休めなんか言わないでほしい。

きやせ【着痩せ】名詞 する動詞 衣服を着ると、じっさいよりもやせて見えること。例母は着痩せするタイプだ。

きゃたつ【脚立】名詞 小さなはしごを二つ組み合わせ、上に板をつけたふみ台。⇨図。

キャタピラー 名詞 鉄などの板をおびのようにつないで、車輪のまわりにとりつけた装置。でこぼこ道や急な坂も走ることができる。トラクターや戦車などにとりつけられる。参考 商品名。⇨図。▼英語 caterpillar

脚立

キャタピラー

きゃっか【却下】名詞 する動詞 役所や裁判所などが、申し出やうったえを取り上げないで、さしもどすこと。例申請を却下する。

きゃっかん【客観】一 名詞 哲学の言葉で、心の働きや考えの外にあるもの。心の働きの目あてとなるもの。二 名詞 する動詞 物事を、自分の気持ちや考えにとらわれず、ありのままに見ること。対 一 二 主観。

きゃっかんてき【客観的】形容動詞 自分の考えにとらわれずに、物事をありのままに見たり考えたりするようす。例事実を客観的にとらえる。対主観的。

ぎゃっきょう【逆境】名詞 思うようにならない、苦しい身の上。例逆境にあっても、明るさを失わない。類苦境。

きゃっこう【脚光】名詞 舞台で、はいゆうなどを足もとからてらす光。フットライト。ことば ⇩「脚光を浴びる」

ぎゃっこう[1]【逆光】名詞 見ているものの後ろからさしこむ光。逆光線。

ぎゃっこう[2]【逆行】名詞 する動詞〔さからって〕反対の方向に進むこと。例時代の流れに逆行した古い考え方。

ぎゃっこうか【逆効果】名詞 ➡334ページ・ぎゃくこうか。

きゃっこうをあびる【脚光を浴びる】慣用句 たくさんの人々の注目を集める。例新商品が世間の脚光を浴びる。

キャッシュ 名詞 現金。紙幣や硬貨などのお金。例支はらいはキャッシュでお願いします。▼英語 cash

キャッシュカード 名詞 銀行などの自動支はらい機で、現金をおろすときに使うカード。▼英語 cash card

キャッチ 名詞 する動詞 ❶つかまえること。また、受け取ること。例情報をキャッチする。❷「キャッチャー」のこと。▼英語 catch

キャッチコピー 名詞 広告などで、強く相手の注意を引くための短い言葉。参考 英語の

「キャッチ」と「コピー」を組み合わせて日本でつくった言葉。

キャッチフレーズ 名詞 人々の注意をひく短くておぼえやすい宣伝文句。▼英語 catch phrase

キャッチボール 名詞 むかい合って、かわるがわるボールをとったり、投げたりすること。参考 英語の「キャッチ」と「ボール」を組み合わせて日本でつくった言葉。

キャッチャー 名詞 野球で、本塁を守り、ピッチャーの投げるボールをうける人。捕手。キャッチ。参考 もとは「とらえる人」の意味。▼英語 catcher

キャップ¹ 名詞 ❶ふちのないぼうし。❷〔えんぴつ・万年筆など〕物にはめて、かぶせるもの。▼英語 cap

キャップ² 名詞 グループの責任者。参考 英語の「キャプテン」の略。

ギャップ 名詞 へだたり。すきま。くいちがい。例 二人の意見のギャップをうめる。▼英語 gap

きゃはん【脚半】 名詞 昔、長い道のりを歩くとき、ひざから足首までをまいて、ひもで結ぶようにした布。→図。

脚半

キャビネット 名詞 ❶かざりだな。❷テレビ・ラジオなどの、機械の部分を入れるはこ。❸事務用品などを入れる戸だなやはこ。▼英語 cabinet

キャビンアテンダント 名詞 飛行機の中で、乗客に対するサービスの仕事をする人。参考 ㋐英語の頭文字から「CA」ともいう。「フライトアテンダント」「客室乗務員」ということもある。㋑以前は女性の職業で「スチュワーデス」といった。現在は男性も女性もいる。▼英語 cabin attendant

キャプション 名詞 図版などにつける説明の文。▼英語 caption

キャプテン 名詞 ❶船長。艦長。❷運動チームなどの主将。▼英語 captain

キャベツ 名詞 アブラナ科の植物。大きな葉がかさなって、まるく球のようになる。たまな。▼英語 cabbage

ギャラ 名詞 テレビや映画などに出演した人にはらうお金。出演料。参考 英語の「ギャランティー」の略。

キャラクター 名詞 ❶性格。個性。例 明るいキャラクター。／特異なキャラクターの持ち主。❷小説・劇・まんがなどの登場人物。例 アニメのキャラクター。▼英語 character

キャラバン 名詞 ❶さばくなどを隊を組んでいく商人の一団。隊商。❷調査・探検・登山などのため、外国の高山や奥地に隊を組んでいく一団。▼英語 caravan

キャラメル 名詞 さとう・水あめ・牛乳・バターなどをまぜて、につめてつくった菓子。▼英語 caramel

ギャラリー 名詞 ❶美術品をちんれつする部屋。がろう。❷〔ゴルフなどの〕試合の見物人。▼英語 gallery

キャリア 名詞 ❶仕事や技術などについての経験。経歴。例 豊富なキャリアをもつ選手。／キャリア不足。❷専門的な知識を身に付け、技能を高めながら長い期間続けていく仕事。❸国家公務員で、上級試験に合格している人。▼英語 career

ギャロップ 名詞 ❶馬のかけ足。❷十九世紀の中ごろヨーロッパではやった、二拍子、または四拍子のテンポのはやい舞曲。▼英語 galop

ギャング 名詞 〔大がかりな〕ごうとうの一団。▼英語 gang

キャンセル 名詞 する動詞 予約や契約などを取りけすこと。例 ホテルの予約をキャンセルする。▼英語 cancel

キャンディ 名詞 さとう・水あめをおもな原料にしてつくる菓子。キャンディー。キャンデー。▼英語 candy

キャンドル 名詞 →1393ページ・ろうそく。▼英語 candle

キャンバス 名詞 →304ページ・カンバス。

キャンパス 名詞 大学などの敷地。また、大学。▼英語 campus

キャンプ 一 名詞 する動詞 山や野原などで、テントをはってねとまりすること。二 名詞 ❶プロ野球などの合宿練習。❷軍隊が共同生活をするところ。また、ほりょや難民を

収容するところ。例米軍のキャンプ。▼英語 camp

キャンプファイヤー 名詞 キャンプ地で、夜、人々が集まってするたき火。また、そのたき火をかこむ集まり。▼英語 campfire

ギャンブル 名詞 ❶かけごと。とばく。❷運にまかせた行動。▼英語 gamble

キャンペーン 名詞 ある目的をはたそうとして多くの人によびかける運動。また、販売促進のための活動。ことば「キャンペーンをはる」▼英語 campaign

きゆう【き憂】 故事成語 心配しなくてもいいことを心配すること。例それはき憂にすぎない。語源 漢字では「杞憂」と書く。昔の中国の杞という国の人が、天がくずれて、落ちてくるのではないかと心配して、食べることもねむることもできなくなったという話から。

1 **きゅう** 名詞 ひふの上に「もぐさ」をおき、それに火をつけて、その熱で病気をなおす方法。やいと。漢字 灸。

2 **きゅう【九】** 名詞 数の名で、ここのつ。また、九番目。例九死に一生を得る。

3 **きゅう【急】** 一 名詞 ❶いそぐこと。ことば「急を要する（＝いそぐ必要がある）〈仕事〉」❷とつぜんおこった悪いできごと。例急を聞いてかけつける。
二 ❶ 形容動詞〔物事の起こり方や進み方などが〕はやいようす。例流れが急な川。❷とつぜんであるようす。例急に走りだす。❸けわしいようす。例急な坂道。

4 **きゅう【球】** 名詞 まるい形をしたもの。たま。例球の体積をもとめる。⇩663ページ・図形（図）。

5 **きゅう【級】** 名詞 ❶位や段階を表すことば。階級。例ぼくは書道二級です。参考 そろばん・書道・剣道などの習いごとで、めん状をもらうものについていう。❷学年による組み分け。学級。クラス。例ぼくはこの子と同じ級です。❸《ほかの言葉の後につけて》それと同じ程度であることを表す。例国宝級の絵。

6 **キュー【Q・q】** 名詞 アルファベットの十七番目の文字。

ぎゅう【牛】 名詞 牛。また、牛の肉。牛肉。例牛のやき肉。

キューアールコード【QRコード】 名詞 多くの情報を四角形の白黒模様に表したもの。データの読み取りや決済に使用している。参考 日本の企業が考案した方式で、登録商標。QRは Quick Response（すばやい反応）の略。英語は QR code。

きゅうあい【求愛】 名詞 する動詞 相手に、自分を愛してくれるように求めること。例鳥の求愛のダンス。

きゅうあく【旧悪】 名詞 昔の、悪いおこない。例旧悪をあばく。

きゅういん【吸引】 名詞 する動詞 すいこむこと。また、すいつけること。例ポンプで水を吸引する。／吸引力。

ぎゅういんばしょく【牛飲馬食】 四字熟語〔牛が水をのみ、馬がまぐさを食べるように〕一度にたくさんのんだり食べたりすること。類暴飲暴食。

1 **きゅうえん【休演】** 名詞 する動詞 しばいや演奏会などがおこなわれないこと。また、それらに出ることを休むこと。例主役が病気で休演した。類休場。

2 **きゅうえん【救援】** 名詞 する動詞〔あぶない目にあったり、こまったりしている人に〕力をかして、すくい、助けること。例災害地で救援活動をする。類援助。救助。救難。救済。救護。

1 **きゅうか【旧家】** 名詞 古くから続いている（りっぱな歴史のある）家。例旧家に伝わる古文書。類名門。

2 **きゅうか【休暇】** 名詞 学校や会社などの、決められた休み。例夏季休暇。

きゅうかい【休会】 名詞 する動詞 会を休むこと。特に、国会が会期中に会議を休むこと。

きゅうかく【嗅覚】 名詞 五感の一つ。においをかぎわける働き。例嗅覚をしげきする。

きゅうがく【休学】 名詞 する動詞〔病気などのため〕児童・生徒や学生が学校を長い間休むこと。

きゅうかくど【急角度】 名詞 かたむきや角度がとても大きいこと。例船は急角度に方向をかえた。

きゅうかざん【休火山】 名詞 昔、ふん火したことがあるが、その後長い間ふん火していない火山。参考 ㋐今は使われない言葉。㋑⇩265ページ・活火山。

きゅうかなづかい【旧仮名遣い】 名詞 ⇩387ページ・れきしてきかなづかい。

¹**きゅうかん**【休刊】名詞 する動詞 決まって発行されている新聞や雑誌などが、出すのを一時やめること。類 廃刊。対 再刊。

²**きゅうかん**【休館】名詞 する動詞 映画館・図書館などが仕事を休むこと。

³**きゅうかん**【急患】名詞 すぐに手当てをしなければならない病人。急病人。

きゅうかんちょう【九官鳥】名詞 ムクドリ科の鳥。くちばしと足が黄色で、全身が黒い。人の言葉のまねをするのがうまい。

きゅうぎ【球技】名詞 ボールを使ってする競技。野球・サッカー・バスケットボール・バレーボール・卓球・テニス・ラグビーなど。

きゅうきゅう【救急】名詞 急におこったさいなんから人をすくうこと。特に、急の病気やけがの人をすぐに手当てすること。参考 ふつう、ほかの言葉につけて使う。例 救急病院。

ぎゅうぎゅう 副詞(ーと) ❶物がこすれたり、きしんだりしたときに出る音。例 革のくつがぎゅうぎゅうと鳴る。❷人や物をつめこむようす。例 荷物をぎゅうぎゅうつめる。

きゅうきゅうしゃ【救急車】名詞 急いで手当てをしなければならない病人やけが人を、病院へ運ぶ車。参考 消防署に用意されている。

きゅうきゅうと 副詞 なにかをするのにいっしょうけんめいで、ほかにゆとりがないようす。例 出世にきゅうきゅうとしている人。

きゅうぎゅうのいちもう【九牛の一毛】故事成語 〔「九牛」(＝多くの牛)の中の「一毛」(＝たった一本の毛)ということから〕多くのものの中の、ほんの一部分。ねうちがないことのたとえ。例 そんなことは九牛の一毛にすぎない。

きゅうきゅうばこ【救急箱】名詞 急な病気やけがのために、薬やほうたいなどを入れておくはこ。

きゅうきゅうびょういん【救急病院】名詞 交通事故や災害でけがをした人や急病人をいつでも受け入れる病院。

¹**きゅうきょ**【旧居】名詞 もと住んでいた家。対 新居。

²**きゅうきょ**【急きょ】副詞 急いで物事をおこなうようす。例 知らせを受けて、急きょかけつけた。

きゅうきょう【旧教】名詞 ➡270ページ・カトリック。対 新教。

きゅうぎょう【休業】名詞 する動詞 商売や営業を休むこと。例 臨時休業。

きゅうきょく【究極・窮極】名詞 物事や考えをおしすすめていって、最後にいきつくところ。例 人生の究極の目的はなんだろうかと考える。

きゅうきん【給金】名詞 やといぬしが、やとっている人に給料としてはらうお金。参考 古い言い方。

きゅうくつ【窮屈】形容動詞 ❶自由に動き回れないほど、せまいようす。例 窮屈な小屋。❷かたくるしくて、のびのびできないようす。例 知らない人ばかりで窮屈だ。❸お金や物などが十分にないようす。例 窮屈な生活。

ぎゅうぐん【義勇軍】名詞 正しいことを守るために、人々が自分からすすんでつくった軍隊。

¹**きゅうけい**【休憩】名詞 する動詞 続けていた仕事などをとちゅうでやめて、体や心を休めること。例 少し休憩しよう。類 休息。

²**きゅうけい**【求刑】名詞 する動詞 検察官が、被告人にあるばつをあたえるように、裁判長にもとめること。また、そのばつ。

³**きゅうけい**【球形】名詞 まりのようなまるい形。

きゅうげき【急激】形容動詞 〔物事の変化や動きが〕とつぜんで、はげしいようす。例 気温が急激に下がった。類 急速。

きゅうげん【急減】名詞 する動詞 急にへること。にわかに少なくなること。類 激減。対 急増。

きゅうご【救護】名詞 する動詞 〔病気やけがなどで〕苦しんでいる人をすくい、手当てをすること。例 負傷者を救護した。類 救援。救助。

¹**きゅうこう**【休校】名詞 する動詞 学校の授業をおこなわないで、休みにすること。例 台風のため、休校になった。

²**きゅうこう**【休航】名詞 する動詞 船や飛行機が運航を休むこと。例 あらしで船が休航する。

³**きゅうこう**【休講】名詞 する動詞 先生が授業を休むこと。例 先生がかぜを引いて、授業が休講になる。参考 多く、大学などでいう。

⁴**きゅうこう**【急行】一 名詞 する動詞 〔その場所に〕大急ぎで行くこと。例 消防自動車が火事の現場に急行した。類 急進。二 名詞 「急行列車」「急行電車」の略。ふつうの列車・電車よりはやく運行するもの。

ことばあそび 回文37 竹屋がやけた(たけやがやけた)

きゅうごう【糾合】名詞 する動詞 よせ集めて一つにまとめること。例 仲間を糾合する。

きゅうこうか【急降下】名詞 する動詞 ❶〔飛行機などが〕急な角度で下がること。例 飛行機が急降下した。❷急に下がること。例 人気が急降下した。

きゅうこうでん【休耕田】名詞 米をつくることを一時休んでいる田んぼ。

きゅうこうれっしゃ【急行列車】名詞 おもな駅だけにとまる列車。急行。

きゅうこうをあたためる【旧交を温める】慣用句〔一時とだえていた〕古くからの親しいつきあいを、ふたたび深める。例 クラス会をひらいて旧交を温める。参考「旧交」は、古くからのつきあいのこと。

きゅうこく【急告】名詞 する動詞 急いで知らせること。例 場所の変更を急告する。類 急報。

きゅうごしらえ【急ごしら・え】名詞 まにあわせに、急いでつくること。にわかづくり。急造。例 急ごしらえの仮設住宅があちらこちらにたった。参考 ふつう、建物にいう。

1**きゅうこん**【求婚】名詞 する動詞 結婚をもうしこむこと。プロポーズ。

2**きゅうこん**【球根】名詞 植物の根や地下茎が養分をたくわえてまるい形になったもの。参考 チューリップ・ヒヤシンス・ダリア・ユリなどに見られる。

きゅうさい【救済】名詞 する動詞〔不幸な人やこまっている人を〕すくい、助けること。例 職を失った人々を救済する。類 救援。

1**きゅうし**【臼歯】名詞 人間などの口のおくの方にある歯。先が平らでうすのような形になっている。参考 人間では「大臼歯」と「小臼歯」がある。

2**きゅうし**【休止】名詞 する動詞 しばらくの間、休むこと。また、とまること。例 深い雪のためバスの運行を冬の間休止する。類 中止。

3**きゅうし**【急死】名詞 する動詞〔急病や事故で〕とつぜん死ぬこと。例 急死の知らせにおどろいた。類 急逝。参考 ⇩急逝。

きゅうじ【給仕】名詞 する動詞 食事の世話をすること。また、その人。例 お客さまの給仕をする。

きゅうしき【旧式】名詞 形容動詞〔形・やり方・考え方などが〕古いこと。例 旧式の車。／旧式な考え。対 新式。

きゅうじつ【休日】名詞 仕事や授業が休みになる日。類 定休日。公休日。

きゅうしにいっしょうをえる【九死に一生を得る】慣用句 ほとんど死にそうな状態から、やっと助かる。

きゅうしふ【休止符】名詞 ➡343ページ・きゅうふ（休符）。

1**ぎゅうしゃ**【牛車】名詞 ❶牛がひく荷車。❷➡326ページ・ぎっしゃ。

2**ぎゅうしゃ**【牛舎】名詞 牛をかうための建物。牛小屋。

きゅうしゃめん【急斜面】名詞〔山などの〕ひどくかたむいている面。

1**きゅうしゅう**【九州】地名 本州・四国の西南にあり、福岡・大分・佐賀・長崎・熊本・宮崎・鹿児島・沖縄の八つの県からなる地域。

2**きゅうしゅう**【吸収】名詞 する動詞 ❶すいとること。例 大地が雨を吸収する。❷食べ物から栄養分などをとり入れること。例 栄養素を吸収する。❸〔学問やわざなどを〕とり入れて、自分のものにすること。例 外国の文化を吸収する。

3**きゅうしゅう**【急襲】名詞 する動詞 不意におそいかかること。例 ゆだんしているところを急襲する。類 奇襲。

きゅうしゅつ【救出】名詞 する動詞〔危険な状態から〕すくいだすこと。例 しずみかけた船から、乗組員を救出した。類 救助。救難。

きゅうしょ【急所】名詞 ❶体の中で、いのちにかかわるような、特に大切なところ。例 たまは急所をはずれていた。❷物事のもっともだいじなところ。例 急所をおさえた質問をする。

きゅうじょ【救助】名詞 する動詞〔危険な状態から〕すくって、助けること。例 おぼれかけていた少年が救助された。／人命救助。類 救援。救出。救護。救難。

1**きゅうじょう**【休場】名詞 する動詞 ❶劇場や映画館などが営業を休むこと。❷選手や力士などが、試合や演技を休むこと。例 横綱が、けがのために休場した。類 休演。欠場。

2**きゅうじょう**【宮城】名詞 天皇の住まい。類 皇居。参考 今は「皇居」という。

3**きゅうじょう**【球場】名詞 野球をするところ。野球場。例 甲子園球場。

4**きゅうじょう**【窮状】名詞 とてもこまって、苦しんでいるようす。例 窮状をうったえる。

きゅうしょうがつ【旧正月】名詞 旧暦による正月。参考 今使っている新暦よりも、一か月くらいおくれてやってくる。

1 **きゅうしょく**【休職】名詞 する動詞 つとめている人が、(病気などで)つとめを長い間休むこと。

2 **きゅうしょく**【求職】名詞 する動詞 つとめぐちをさがすこと。対 求人。

3 **きゅうしょく**【給食】名詞 する動詞 学校などで、児童・生徒に、同じこんだての食事をあたえること。また、その食事。

ぎゅうじる【牛耳る】故事成語 団体や会議などの中心となって、自分の思うとおりに動かす。例 会を牛耳る人物。語源 昔の中国で、いくつかの国と同盟を結ぶとき、牛の耳をさいて血を取り、中心になる人がさいしょにすすって、ちかいをたてたことから。参考「牛耳をとる」ともいう。活用 ぎゅうじ・る。

1 **きゅうしん**【休診】名詞 する動詞 医者や病院が、その仕事を休むこと。例 本日休診。／休診日。

2 **きゅうしん**【急進】名詞 する動詞 ❶急いですすむこと。類 急行。❷目あてとすることをできるだけはやくやりとげようとすること。例 急進派。

3 **きゅうしん**【球審】名詞 野球で、捕手の後ろにいて、投球のボール・ストライクの判定やアウト・セーフの判定、試合の進行などをおこなう人。参考 正式には「主審」という。類 主審。対 塁審。副審。

きゅうじん【求人】名詞 働く人をもとめること。例 求人広告。対 求職。

きゅうしんてき【急進的】形容動詞 目的や理想を、急いで形に表すために無理に前進しようとするようす。例 急進的な考え方。

きゅうしんりょく【求心力】名詞 ❶物体が円運動をしているとき、円の中心にむかって物体を引っぱるように働く力。向心力。対 遠心力。❷人の心や物事を中心に引きよせる力。例 チームの求心力が低下する。

きゅうす【急須】名詞 お茶を入れるときに使う、取っ手とそそぎ口のついた、小形の道具。多くはせとものでできている。⇩図。

急須

1 **きゅうすい**【吸水】名詞 する動詞 水分をすい取ること。例 吸水性のあるぬの。

2 **きゅうすい**【給水】名詞 する動詞 水(特に飲み水)をくばりあたえること。例 給水車。類 送水。

きゅうする【窮する】動詞 ❶とても、こまる。例 先生にたずねられて、答えに窮した。❷〔お金や物が〕足りなくて苦しむ。例 生活に窮する。活用 きゅう・する。

きゅうすればつうず【窮すれば通ず】ことわざ 行きづまってどうしようもないときに、かえって道がひらけるものだ。例 窮すれば通ずで、そのときいいアイデアがうかんだ。

1 **きゅうせい**【旧制】名詞 前におこなわれていた制度。古い制度。例 旧制の大学。対 新制。

2 **きゅうせい**【旧姓】名詞 〔結婚などをして〕かわる前の姓。もとの姓。

3 **きゅうせい**【急性】名詞 急におこり、急にひどくなる性質の病気。例 急性中耳炎。対 慢性。

4 **きゅうせい**【急逝】名詞 する動詞 〔人が〕急に死ぬこと。例 作者が急逝した。類 急死。参考「急死」よりも、ていねいな言い方。

きゅうせいぐん【救世軍】名詞 キリスト教のプロテスタントの一派。軍隊に似ているしくみで、教えを広め社会事業をしている。

きゅうせいしゅ【救世主】名詞 ❶こまっているものを助ける人。例 君はチームの救世主だ。❷キリスト教で「イエス＝キリスト」のこと。

きゅうせき【旧跡】名詞 昔、歴史に残るようなできごとがあったり、名高い建物などがあったりしたところ。例 名所旧跡。類 古跡。史跡。

きゅうせっきじだい【旧石器時代】名詞 石器が使われた時代を二つに分けたうちの、前の時代。打ちくだいたままの石器や動物の骨などの道具を使っていた時代。対 新石器時代。

きゅうせん【休戦】名詞 する動詞 〔話し合ってきめ〕しばらくの間戦争をやめること。例 休戦協定を結ぶ。類 停戦。

きゅうせんぽう【急先ぽう】名詞 先頭に立って、物事をはげしいいきおいでおこなうこと。また、その人。例 反対派の急先ぽうとなる。漢字 急先鋒。

1 **きゅうぞう**【急造】名詞 する動詞 急いでつくること。にわかづくり。例 急造家屋。

2 **きゅうぞう**【急増】名詞 する動詞 急にふえること。にわかに多くなること。例 マンションができ

あいうえお かきくけこ さしすせそ たちつてと なにぬねの はひふへほ まみむめも やゆよ らりるれろ わをん

ことばあそび 回文38 夏までまつな（なつまでまつな）

て、生徒数が急増した。類激増。対急減。

1 **きゅうそく**【休息】名詞 する動詞 体を楽にして、つかれをとること。例ゆっくり休息する。類休憩。

2 **きゅうそく**【急速】形容動詞 〔物事の進み方が〕とてもはやいようす。例町は急速に発展した。類急激。

3 **きゅうそく**【球速】名詞 野球で、投手のなげるボールのはやさ。例スピードガンで球速をはかる。

きゅうそねこをかむ【窮鼠猫をかむ】ことわざ 〔おいつめられてにげ場がなくなったネズミがネコにかみつくことから〕弱いものでも、おいつめられると強いものを負かすことがあるというたとえ。漢字 窮鼠猫を噛む。

きゅうだい【及第】名詞 する動詞 試験や検査にうかること。合格。対落第。

きゅうたいいぜん【旧態依然】四字熟語 昔のままで、様子がまったくかわらないこと。例旧態依然としたやり方では、いつまでも進歩がない。

1 **きゅうだん**【糾弾】名詞 する動詞 不正や責任についてきびしく問いただすこと。

2 **きゅうだん**【球団】名詞 プロ野球やプロサッカーなどで、チームをもち、その試合を見せることを事業としておこなっている団体。

1 **きゅうち**【旧知】名詞 古くからの知り合い。例先生と父とは旧知の間がらです。類旧友。

2 **きゅうち**【窮地】名詞 〔どうすることもできない〕とてもこまった状態。ことば「窮地においこまれる」

きゅうちゃく【吸着】名詞 する動詞 吸いつくこと。また、吸いつけること。

きゅうちゅう【宮中】名詞 宮殿の中。特に、天皇の住まいの中。

きゅうてい【宮廷】名詞 天皇や王の住んでいるところ。

きゅうていし【急停止】名詞 する動詞 動いていたものが、急に止まること。例ジェットコースターが急停止する。

きゅうていしゃ【急停車】名詞 する動詞 電車や自動車などが、急に止まること。例バスが急停車した。

きゅうてん【急転】名詞 する動詞 急に変わること。例事態が急転する。

きゅうでん【宮殿】名詞 天皇や王の住んでいる建物。ごてん。

きゅうてんちょっか【急転直下】四字熟語 今まで行きづまっていたのに、急にうまくいくようになること。例事件は急転直下解決した。

きゅうとう【給湯】名詞 する動詞 必要なところにお湯をあたえること。例給湯設備。

1 **きゅうどう**【弓道】名詞 武道の一つ。弓で矢をいるときの、わざや決まり。今はスポーツとしておこなう人も多い。

2 **きゅうどう**【旧道】名詞 もとからある道。古い道。対新道。

きゅうなん【救難】名詞 災害・事故などにあっている人をすくうこと。例冬の海の救難作業は困難をきわめた。類救援。救助。救出。

きゅうに【急に】形容動詞 前ぶれがなく、とつぜんに。例急に動きだす。／急にいなくなった。

ぎゅうにく【牛肉】名詞 食べ物にする、牛の肉。牛。ビーフ。

きゅうにゅう【吸入】名詞 する動詞 〔鼻や口から〕すいこむこと。

ぎゅうにゅう【牛乳】名詞 牛のちち。ミルク。

きゅうねん【旧年】名詞 去年。新しい年になったとき、その前の年をいう。ことば「旧年中は大変お世話になりました」対新年。参考あらたまった言い方。

1 **きゅうば**【急場】名詞 〔こまったことがおきて〕急いでなんとかしなければならない場合。ことば「急場をしのぐ」

2 **キューバ** 地名 キューバ共和国。中央アメリカにあり、西インド諸島のキューバ島を中心とする国。さとうやたばこの有名な産地。首都はハバナ。▼英語 Cuba

ぎゅうば【牛馬】名詞 牛と馬。参考「牛馬のように」などの形で、人間をこきつかうことのたとえにも使われる。

1 **きゅうはく**【急迫】名詞 する動詞 〔すぐに何とかしなければならないほど〕物事がさしせまること。例情勢は急迫している。類緊迫。

2 **きゅうはく**【窮迫】名詞 する動詞 お金がなくなってこまること。例生活が窮迫する。

きゅうばん【吸盤】名詞 ❶タコ・イカなどにある、ほかのものにすいつく器官。❷①に似た、ほかのものにすいつく道具。⇨図。

きゅうピッチ【急ピッチ】(名詞)(形容動詞) 物事の進み具合が、とてもはやいこと。例工事が急ピッチで進められる。

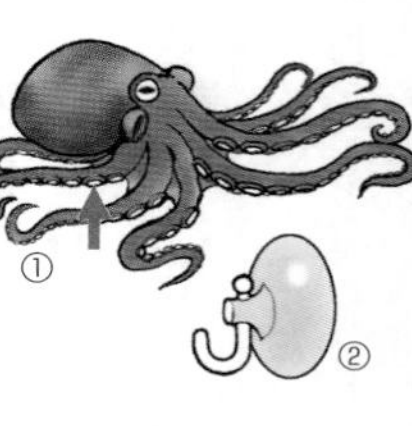

吸盤

きゅうびょう【急病】(名詞) 急におきた病気。

1**きゅうふ**【休符】(名詞) 音楽の記号の一つ。曲のとちゅうで休むことをしめすしるし。「四分休符(𝄽)」「八分休符(𝄾)」などがある。休止符。⇨244ページ・楽譜(図)。

2**きゅうふ**【給付】(名詞)(する動詞)〔役所や会社などが〕お金や品物をあたえること。例見舞金が給付された。類交付。

きゅうぶん【旧聞】(名詞) 前に聞いていて、耳新しくない話。古い話。ことば「旧聞にぞくする(話)」

きゅうへん【急変】(名詞)(する動詞) ❶様子が急に(悪く)かわること。例病状が急変した。類激変。❷とつぜんおこった(よくない)できごと。例テレビが政局の急変を伝えた。

きゅうほう【急報】(名詞)(する動詞) 急いで知らせること。また、その知らせ。例急報を受ける。類速報。急告。

きゅうぼう【窮乏】(名詞)(する動詞) お金や物が不足して苦しむこと。例生活が窮乏する。

きゅうぼん【旧盆】(名詞) 昔のこよみで七月十五日を中心におこなわれる、うらぼんの行事。

きゅうみん【休眠】(名詞)(する動詞) ❶ある期間、動物や植物が活動をやめること。類冬眠。夏眠。❷物事が一時活動をしないでいること。例休眠中の会社。

きゅうむ【急務】(名詞) 急いでしなければならない仕事やつとめ。例政府の急務は、政治へのしんらいを取りもどすことだ。

1**きゅうめい**【究明】(名詞)(する動詞) つきとめて、明らかにすること。例事件の真相を究明する。

2**きゅうめい**【救命】(名詞) 危険なめにあっている人のいのちを助けること。例救命ボート。類助命。

きゅうめいぐ【救命具】(名詞) 海・川・山などで事故にあった人をすくうための道具。

きゅうめんきょう【球面鏡】(名詞) 表面がまりのような形をしたかがみ。参考おう面鏡ととつ面鏡があり、とつ面鏡はバックミラーやカーブミラーなどに使われている。

きゅうやくせいしょ【旧約聖書】(書名) キリスト教の教典の一つ。キリストが生まれる前の時代のことがのべられており、すくい主(=キリスト)が現れることを予言している。参考「旧約」は、神との古い約束ごと。ふつう「新約聖書」と合わせて「聖書」という。

きゅうゆ【給油】(名詞)(する動詞) ❶自動車や飛行機に(ガソリンなどの)燃料を入れること。❷機械の部品どうしのすべりをよくするために、あぶらをさすこと。

1**きゅうゆう**【旧友】(名詞) 昔からの(親しい)友だち。例旧友と再会した。類旧知。

2**きゅうゆう**【級友】(名詞) 同じ学級の友だち。クラスメート。例小学校の級友。類校友。

きゅうよ【給与】一(名詞)(する動詞) お金や品物をあたえること。二(名詞)「給料」のあらたまった言い方。

1**きゅうよう**【休養】(名詞)(する動詞) 仕事などを休んで、体を休め、元気をとりもどすこと。例半年ほど休養するつもりだ。類静養。保養。

2**きゅうよう**【急用】(名詞) いそぎの用事。

きゅうらい【旧来】(名詞) 昔から変わらずにおこなわれていること。例旧来の方式。類古来。

きゅうり(名詞) ウリ科の植物。夏、黄色い花がさき、細長い実がつく。実は食用になる。漢字胡瓜。

きゅうりゅう【急流】(名詞) 急な流れ。例急流をいかだでくだる。類激流。奔流。早瀬。

1**きゅうりょう**【丘陵】(名詞) 小さな山。おか。例丘陵地帯。

2**きゅうりょう**【給料】(名詞) つとめている人に、やといぬしがしはらうお金。給与。

きゅうれき【旧暦】(名詞) ⬇743ページ・たいいんれき。

きゅうをすえる【きゅうを据える】(慣用句) 悪いことや失敗をした人に注意やばつをあたえる。

ぎゅっと(副詞) 強くにぎったり、おしつけたりするようす。例手をぎゅっとにぎりしめる。

キュリーふじん【キュリー夫人】(人名)(一

ことばあそび 回文39 かたきが来たか(かたきがきたか)

八六七～一九三四）フランスの物理学者・化学者。名はマリー＝キュリー。夫のピエール＝キュリーと放射能を研究して、ラジウムやポロニウムを発見した。ノーベル物理学賞と化学賞を受賞した。

きよ【寄与】(名詞)(する動詞) ほかのものの役に立つこと。例 世界の平和に寄与した人。類 貢献。

きよい【清い】(形容詞) よごれのない。けがれのない。例 谷川の清い水。／清い心。活用 きよ・い。

[1]**きよう**【起用】(名詞)(する動詞) 人をとりたてて、ある役目につかせて使うこと。例 代打に新人を起用する。類 登用。

[2]**きよう**【器用】(形容動詞) ❶〔手先や体の動きがうまく〕作業などを上手にするようす。例 兄は手先が器用だ。対 無器用。❷ 要領よく物事をするようす。ことば 「器用にたちまわる」

[1]**きょう**【凶】(名詞) 〔うらないやおみくじなどで〕運が悪いこと。対 吉。

[2]**きょう**【今日】(名詞) 今すごしている、この日。例 今日は、ぼくのたん生日だ。

[3]**きょう**【経】(名詞) 釈迦のといた教えを書きとどめたもの。例 お経を読む。

ぎょう【行】(名詞) ❶ 文字などのたて横のならび。例 行と行の間をつめる。❷ 仏道の修行。例 無言の行。

きょうあく【凶悪】(形容動詞) ひどいことや悪いことを平気でするようす。例 凶悪な犯罪。類 極悪。

[1]**きょうい**【胸囲】(名詞) むねのまわりの長さ。むねまわり。バスト。

[2]**きょうい**【脅威】(名詞) 〔実力やわん力を使って〕おびやかしおどすこと。また、おどされること。例 原爆の脅威を感じる。類 恐怖。

[3]**きょうい**【驚異】(名詞) おどろいて、ふしぎに思うこと。例 自然の驚異に目をみはる。／驚異的な大記録。

きょういく【教育】(名詞)(する動詞) 才能をのばすように教え育てること。また、知識やわざを身につけさせること。また、その知識やわざ。例 十分な教育を受けさせる。／学校教育。

きょういくいいんかい【教育委員会】(名詞) 都道府県や市町村で、教育にかかわる行政を受け持つ機関。

きょういくかんじ【教育漢字】(名詞) 小学校の六年間で、読み書きがほぼできるように決められている千二十六字の漢字。参考 「学習漢字」ともいう。

きょういくきほんほう【教育基本法】(名詞) 日本の教育の目的や理念、また、教育をどのようにおこなうかなどを定めた法律。日本国憲法の精神にもとづき、一九四七（昭和二二）年に制定。二〇〇六（平成一八）年に全面的に改正された。

きょういん【教員】(名詞) 学校で、児童・生徒・学生を教える人。教師。類 教官。教諭。

[1]**きょうえい**【共栄】(名詞) いくつかのものが、ともにさかえること。

[2]**きょうえい**【競泳】(名詞)(する動詞) 決められたきょりを泳いで、そのはやさをくらべること。また、その競技。

[1]**きょうえん**【共演】(名詞)(する動詞) 主役になる力のある人が、二人以上いっしょにしばいや映画などに出演すること。

[2]**きょうえん**【競演】(名詞)(する動詞) 同じときに、ことなった劇場で似たような作品を上演して、人気やゆうれつをきそうこと。

[1]**きょうか**【狂歌】(名詞) ひにくや風刺をこめた、笑いを目的とした短歌。参考 江戸時代にはやった。黒船がきたときの幕府のあわてぶりをからかった、「太平のねむりをさますじょうき船（＝きせん〔お茶の名〕）たった四はい（＝四せき）で夜もねむれず」など。

[2]**きょうか**【強化】(名詞)(する動詞) 〔足りないところや力をおぎなって〕つよくすること。例 チームを強化する。類 補強。増強。

[3]**きょうか**【教化】(名詞)(する動詞) 人を教えみちびいて、よい方に進ませること。例 青少年を教化する。類 感化。

[4]**きょうか**【教科】(名詞) 学校で勉強する科目。国語科・社会科・理科など。

[1]**きょうかい**【協会】(名詞) ある目的のために、会員が協力してつくっている会。例 作家協会。

[2]**きょうかい**【教会】(名詞) ある宗教（とくにキリスト教）の教えを広めたり、おいのりしたりするところ。また、そのための建物。

[3]**きょうかい**【境界】(名詞) 〔土地の〕さかい。区切り。例 この川がとなりの町との境界だ。類 境目。

ぎょうかい【業界】(名詞) 同じ産業や商売などをしている人々の仲間。また、それらの社会。例

石油業界。／自動車業界。

1 **きょうがく【共学】** 名詞 する動詞 一つの学校や組で、男女がいっしょに勉強すること。

2 **きょうがく【驚がく】** 名詞 する動詞 〔とつぜんのできごとや思いがけないことに〕とてもおどろくこと。例 驚がくの事実が明らかになる。漢字 驚愕。

きょうかしょ【教科書】 名詞 学校で勉強するときに使う本。テキスト。

きょうかしょたい【教科書体】 名詞 小学校の教科書で使われている和文書体の一つ。毛筆のかい書体に近いもの。⇩626ページ・書体②（図）。

きょうかつ【恐喝】 名詞 する動詞 人をおどして、お金や品物をとりあげること。ことば「恐喝を働く」例 大金をよこせと恐喝する。類 おどし。脅迫。ゆすり。

きょうがわく【興が湧く】 慣用句 物事に対するおもしろみが心に生じる。例 話を聞いているうちに興が湧いてきた。

1 **きょうかん【共感】** 名詞 する動詞 ほかの人の考えや意見・気持ちなどに、自分もそのとおりだと感じること。また、その気持ち。ことば「〔物語の主人公に〕共感をおぼえる」類 同感。共鳴。

2 **きょうかん【教官】** 名詞 国立の学校や研究所などで、教えたり研究したりしている人や先生。私立大学や専門学校の先生もいう。類 教員。教師。

ぎょうかん【行間】 名詞 文章の、行と行の間。

ぎょうかんをよむ【行間を読む】 慣用句 文章に書かれていない筆者の気持ちを感じとる。例 読書をするときは行間を読むことも大切だ。

1 **きょうき【凶器】** 名詞 人をころしたりきずつけたりするために使う道具。また、そのときに使われた道具。ピストルや短刀など。

2 **きょうき【狂気】** 名詞 精神がふつうでないこと。対 正気。

3 **きょうき【狂喜】** 名詞 する動詞 あまりのうれしさに、われをわすれて大よろこびすること。例 優勝が決まったしゅんかん、選手たちは狂喜しておどりあがった。類 驚喜。

4 **きょうき【狭軌】** 名詞 鉄道で、二本のレールのはばが国際標準のはば（一・四三五メートル）よりせまいもの。参考 日本の鉄道は、多く一・〇六七メートルの狭軌。新幹線は一・四三五メートル。対 広軌。

5 **きょうき【驚喜】** 名詞 する動詞 〔思いがけないうれしいできごとに〕おどろきよろこぶこと。例 驚喜のあまり声もでない。類 狂喜。

1 **きょうぎ【協議】** 名詞 する動詞 多くの人が相談して決めること。例 今後の方針を協議する。／協議を重ねる。類 合議。

2 **きょうぎ【狭義】** 名詞 ある言葉の、はんいをせまくかぎった場合の意味。対 広義。

3 **きょうぎ【経木】** 名詞 木をうすくけずった、食品をつつむのに使うもの。⇩図。

4 **きょうぎ【競技】** 名詞 する動詞 わざをくらべたり、勝ち負けを争ったりすること。特に、スポーツの試合。例 陸上競技。類 競争。

ぎょうき【行基】 人名 （六六八～七四九）奈良時代の僧。地方を回って、橋をかけたり池をほったりする仕事にはげみながら、それまで貴族のものであった仏教を多くの人々のものにするために力をつくした。奈良の東大寺の大仏をつくるのにも力をそそいだ。

経木

ぎょうぎ【行儀】 名詞 〔れいぎの面から見た〕立ったりすわったりする、動作のしかた。例 行儀が悪い。類 品行。

きょうぎじょう【競技場】 名詞 陸上競技を中心にして、いろいろなスポーツできそい合うためのしせつ。スタジアム。

きょうきゃく【橋脚】 名詞 橋げたをささえる柱。

きょうきゅう【供給】 名詞 する動詞 ❶求められたものを、あたえること。例 水道をひいて、水を供給する。❷売ったり買ったりするために、商品を市場に出すこと。また、その量。対 ①②需要。

ぎょうぎょうしい【仰仰しい】 形容詞 〔みなり、ものの言い方、動作などが〕大げさである。参考 ふつう「仰々しい」と書く。活用 ぎょう

ことばあそび 回文40 わたしたわ

ぎょうし・い。

きょうぐ【教具】名詞 授業のときに使う、かけ図や標本などの道具。例 理科の教具をじゅんびする。

きょうぐう【境遇】名詞 その人の運命やかんきょうなどのめぐりあわせ。身の上。

きょうくん【教訓】名詞 する動詞 教えさとすこと。また、その教え。

ぎょうけい【行啓】名詞 皇后・皇太子・皇太子妃などの皇族が外出すること。類 行幸。

ぎょうけつ【凝結】名詞 する動詞 物がかたまること。特に、じょう気がひえて液体になること。類 凝固。

1**きょうけん**【狂犬】名詞 狂犬病にかかって、きょう暴になっている犬。

2**きょうけん**【強肩】名詞 かたが強いこと。特に、野球で、ボールを遠くまではやく投げられること。また、そのかたの力。例 かれは強肩のキャッチャーだ。

3**きょうけん**【強健】名詞 形容動詞 体がしっかりしていて、じょうぶなこと。例 強健な身体。類 強壮。壮健。

きょうげん【狂言】名詞 ❶能楽のあいまにするこっけいな劇。能狂言。❷歌舞伎のだしもの。❸人をだますためにしくんだこと。うそ。例 狂言ごうとう。

きょうけんびょう【狂犬病】名詞 ❶犬などがかかる病気。❷人などが、狂犬病にかかっている犬にかまれて起こる病気。参考 人が狂犬病にかかると、神経がおかされ、水を飲もうとするとけいれんを起こしたりするために「恐水病」ともいわれる。

きょうこ【強固】形容動詞 強くて、しっかりしているようす。例 強固な意志。類 強硬。対 薄弱。

ぎょうこ【凝固】名詞 する動詞 物がかたまること。特に、気体や液体が固体になること。例 血が凝固する。類 凝結。

1**きょうこう**【凶行】名詞 情けようしゃのない、きょうあくな犯行。

2**きょうこう**【恐慌】名詞 ❶おそれあわてること。例 米が不足し、恐慌をきたした。❷世の中のお金や品物の動きが悪くなり、仕事や財産をなくす人が多くなって、社会が大変こんらんすること。例 金融恐慌。

ことば博士になろう!

● 狂言について

狂言は、能と同じ舞台を使っておこなわれますが、能のように、はやしやうたいはなく、会話が中心です。服そうもかんたんで、これといった舞台そうちもないのがふつうです。狂言で主役をえんじる人をシテ、相手役をアドといいます。

狂言の内容は、この劇が成立した室町時代(一四～一五世紀)の人々の生活と深く結びついたものが多く、せりふから、当時の生活の様子や人々の考え方などが伝わってきます。

3**きょうこう**【強行】名詞 する動詞 悪い条件や反対などをおしきって、無理にすること。例 雨の中で、運動会が強行された。類 断行。

4**きょうこう**【強硬】形容動詞 自分の考えや態度などをかえず、強くおしとおそうとするようす。例 相手は強硬な態度に出た。類 強情。強固。対 軟弱。

きょうごう【強豪】名詞 とても強いこと。また、そのような人や団体。例 全国の強豪が集まった。

ぎょうこう【行幸】名詞 する動詞 天皇が外出すること。天皇のお出まし。類 行啓。

きょうこうぐん【強行軍】名詞 ❶軍隊などで、長いきょりをできるだけはやく、休まずに進むこと。❷仕事などをはやくしあげるために、休まず無理をしておこなうこと。例 雨がふり出さないうちにと、強行軍でしあげた。

1**きょうこく**【峡谷】名詞 〔両側の山がけわしくて〕はばがせまく、深い谷。類 渓谷。

2**きょうこく**【強国】名詞 いきおいのある国。力の強い国。

きょうこつ【胸骨】名詞 胸の中央にある、左右のろっ骨をつないでいる骨。

ぎょうざ 名詞 ➡351ページ・ギョーザ。

きょうざい【教材】名詞 教えるための材料や参考にするもの。

きょうさいくみあい【共済組合】名詞 同じ仕事をしている人たちが、たがいに助け合うためにつくった団体。参考 組合員がけがをしたり病気になったりしたとき、また、仕事をやめた

り死んだりしたときなどに一定の給付をおこなったりする。

1 **きょうさく**【凶作】名詞 〔米や麦などの〕作物のできがひじょうに悪いこと。例凶作に苦しむ。対豊作。

2 **きょうさく**【競作】名詞 する動詞 何人かの人がきそって作品をつくること。例五人の画家が「山」をテーマにして競作する。

きょうざめ【興醒め】名詞 形容動詞 する動詞 〔あることに感じていた〕興味や楽しみが、すっかりなくなること。例写真で見たのと実物とがちがっていたので興醒めした。

きょうさん【協賛】名詞 する動詞 〔もよおしものなどの〕計画に賛成して、力をかすこと。例新聞社の協賛による展覧会。類賛助。

きょうさんしゅぎ【共産主義】名詞 農地や工場などの生産のための手段を社会全体のものとし、平等な社会をつくろうとする考え方。

きょうし【教師】名詞 〔学校などで〕学問や技術を教える人。先生。教員。類教官。

きょうじ【教示】名詞 する動詞 〔知識や方法などを〕教えて示すこと。例先生にご教示いただく。

ぎょうし【凝視】名詞 する動詞 じっと見つめること。例大空の一点を凝視した。

1 **ぎょうじ**【行司】名詞 相撲をするとき、土俵の上で、相撲の勝ち負けを見分ける役目。また、その人。⇩図。

2 **ぎょうじ**【行事】名詞 いつも決まっておこなうもよおし。例一年間の行事。

きょうしきこきゅう【胸式呼吸】名詞 おもに、むねを広げておこなう呼吸。対腹式呼吸。

きょうしつ【教室】名詞 ❶〔学校などで〕勉強を教える部屋。例三年生の教室。❷多くの人を集め、ある期間、技術を習わせるところ。例水泳教室。／料理教室。

えぼし
軍配
行司

ぎょうしゃ【業者】名詞 ❶事業をしている人。❷同じ種類の事業をしているなかま。例業者の協定。

ぎょうじゃ【行者】名詞 仏教の道を修行している人。

きょうじゃく【強弱】名詞 強さと弱さ。例強弱に気をつけて歌う。

きょうじゃくきごう【強弱記号】名詞 音楽で、音の強弱を表す記号。p（ピアノ）、f（フォルテ）など。

きょうじゅ【教授】㊀名詞 する動詞 学問や技術などを教えること。例母は茶道を教授している。㊁名詞 大学の先生。例文学部の教授。

ぎょうしゅ【業種】名詞 工業・商業・サービス業などといった、事業や仕事の種類。

1 **きょうしゅう**【郷愁】名詞 ❶ふるさとを遠くはなれている人が、ふるさとをなつかしく思う気持ち。類望郷。❷古い昔のものやすぎさったことなどに心をひかれること。例古い町に郷愁をかんじる。

2 **きょうしゅう**【強襲】名詞 する動詞 はげしいいきおいで、相手におそいかかること。例ピッチャーの足もとを強襲するヒット。

きょうしゅうじょ【教習所】名詞 特別な技術などを教えるための施設。例自動車教習所。

きょうしゅく【恐縮】名詞 する動詞 ❶〔相手のしてくれたことを〕もうしわけなく思い、おそれ入ること。例わざわざ知らせてくださって恐縮しました。❷《「恐縮ですが」の形で》人にものをたのむとき、最初にいう言葉。例恐縮ですが、パンフレットを一部いただけませんか。

ぎょうしゅく【凝縮】名詞 する動詞 ❶かたまってちぢむこと。中身がこくなること。例筆者の考えが凝縮した文章。❷気体がひやされるなどして液体にかわること。液化。

きょうしゅつ【供出】名詞 する動詞 なかば強制されて、国にさし出すこと。例供出米。類提供。

きょうじゅつ【供述】名詞 する動詞 被告人・証人などが、裁判官や検察官のとり調べにこたえて、事実や意見をのべること。また、その内容。例犯行の動機を供述する。

きょうじょ【共助】名詞 する動詞 たがいに助け合うこと。例共助体制。

ぎょうしょ【行書】名詞 漢字を書くとき、少しはやく書く書き方。⇩626ページ・書体①（図）。

ぎょうしょう【行商】名詞 する動詞 品物を持って売り歩くこと。また、その人。例行商人。

ことばあそび　回文41　わたし、かしたわ

ぎょうじょう【行状】(名詞) 日ごろのおこないやふるまい。(類)品行。素行。

きょうしょく【教職】(名詞) 児童・生徒・学生などを教える仕事。先生の仕事。

きょうじる【興じる】(動詞) おもしろがる。たのしむ。例 みんなでトランプに興じている。活用 きょう・じる。

きょうじん【強じん】(形容動詞) 強くて、ねばりがあるようす。例 強じんな精神。漢字 強靭。

ぎょうずい【行水】(名詞)(する動詞) 〔夏のあついときなど〕たらいなどに湯や水を入れ、その中で体のあせやよごれをあらい落とすこと。ことば 「カラスの行水(＝短い時間で体をあらうたとえ)」

きょうする【供する】(動詞) ❶そなえる。例 仏前に花を供する。❷〔身分の高い人などに〕わたす。例 飲み物を供する。❸役立てる。例 参考に供する。活用 きょう・する。

1 **きょうせい**【共生】(名詞)(する動詞) 二種類の生き物が、たがいに利益をえて生活し生きること。アリとアリマキ、クマノミとイソギンチャクなど。例 共生する生物。参考 ㋐コバンザメとサメのように一方だけが利益をえている場合も、「共生」という。㋑「共生」は、どちらも害をうけない場合にいい、一方が害をうける「寄生」とはことなる。

2 **きょうせい**【強制】(名詞)(する動詞) 無理におしつけてさせること。例 立ちのきを強制された。(類)強要。

3 **きょうせい**【矯正】(名詞)(する動詞) 〔体の〕欠点や悪いくせなどを正しい状態になおすこと。例 歯科医院で、歯ならびを矯正する。

ぎようせい【疑陽性・擬陽性】(名詞) ツベルクリン検査などで、少しの反応はあるが、陽性とみとめられるほどはっきりとした反応が表れないもの。

ぎょうせい【行政】(名詞) 法律にしたがって、国や地方の政治をおこなっていくこと。参考 ⇩574ページ・司法。1372ページ・立法。

きょうせいてき【強制的】(形容動詞) 無理におしつけて、物事をさせようとするようす。例 強制的に寄付をさせられた。

ぎょうせき【業績】(名詞) 仕事や研究などで、やりとげたことがら。また、そのできばえ。ことば 「業績を上げる」 (類)功績。

きょうそ【教祖】(名詞) ある宗教を始めた人。(類)開祖。

1 **きょうそう**【強壮】(名詞)(形容動詞) 体がじょうぶで、気力がさかんなこと。例 強壮剤。(類)強健。

2 **きょうそう**【競争】(名詞)(する動詞) 勝ち負けや、よいかわるいかなどを争うこと。例 どちらが点数をとれるか競争しよう。(類)競技。⇩使い分け。

3 **きょうそう**【競走】(名詞)(する動詞) 決められたきょりを走って、そのはやさを争うこと。例 百メートル競走。⇩使い分け。

きょうぞう【胸像】(名詞) 人の体の、むねから上の部分をかたどった像。

ぎょうそう【形相】(名詞) 〔おそろしい感じのする〕顔つき。例 ものすごい形相でにらんだ。

きょうそうきょく【協奏曲】(名詞) 中心となる独奏楽器(多く、ピアノ・バイオリンなど)と、これをひきたてるオーケストラとで合奏する曲。コンチェルト。

きょうそん【共存】(名詞)(する動詞) 〔ちがった性質や考えをもつものが〕ともに〔助けあって〕生きること。例 両派が共存する。参考 「共存」ともいう。

きょうそんきょうえい【共存共栄】 ともに〔助けあって〕生き、ともにさかえること。四字熟語 例 人類の共存共栄をはかる。

きょうだ【強打】(名詞)(する動詞) ❶強くうつこと。例 ころんで頭を強打する。❷野球で、打者がバントなどをしないで、すすんでうっていくこと。例 強打に出る。

1 **きょうだい**【兄弟】(名詞) ❶親が同じである男の子同士。兄と弟。❷男女の区別なく、親が同

使い分け　きょうそう

●勝ち負けを争うこと。
どちらが多く集められるか競争をする。

●走るはやさを争うこと。
百メートル競走。

じである人。例 わたしは三人兄弟です。／兄弟げんか。類 姉妹。⇩98ページ・いとこ（図）。

[2]**きょうだい**【強大】形容動詞 〔いきおいや力が〕強くて大きいようす。例 強大な敵。／強大な権力。対 弱小。

[3]**きょうだい**【鏡台】名詞 けしょう道具などを入れる引き出しなどがついている、かがみのついた台。

きょうだいはたにんのはじまり【兄弟は他人の始まり】ことわざ 〔きょうだいのような〕もっとも近い肉親でも、はなれて生活をするようになれば他人のようになって親しさがうすれていく、ということ。

きょうたん【驚嘆】名詞 する動詞 とてもおどろき、感心すること。例 すばらしい技術に驚嘆した。類 感嘆。

[1]**きょうだん**【教団】名詞 同じ宗教を信じる人々が集まってつくっている団体。

[2]**きょうだん**【教壇】名詞 教室で、先生が教えるときに立つだん。

きょうだんにたつ【教壇に立つ】慣用句 先生になる。教職につく。例 四月から教壇に立つ。

きょうち【境地】名詞 ❶（今の）立場や状態。例 苦しい境地に立たされた。❷心の状態。心もち。ことば「さとりの境地にたっした」類 心境。

きょうちくとう 名詞 キョウチクトウ科の植物。夏に、こいピンク色や白色の花がさく。漢字 夾竹桃。

きょうちゅう【胸中】名詞 心の中。また、ひそかに思っていること。例 胸中をうちあける。

ぎょうちゅう【ぎょう虫】名詞 寄生虫の一つ。人のもうちょうなどに寄生して、ねむっているときにこう門のまわりにたまごをうむ。

きょうちょ【共著】名詞 二人以上の人が協力して一つの本を書き表すこと。また、その本。

[1]**きょうちょう**【協調】名詞 する動詞 物事がうまく進むように、たがいに力を合わせること。例 両国が協調する。／協調性。

[2]**きょうちょう**【強調】名詞 する動詞 〔大切なこと、気をつけることなどを〕強く言うこと。例 校医の先生は、健康の大切さを強調した。注意「強張」と書かないこと。

きょうつう【共通】名詞 形容動詞 する動詞 二つ以上のものの、どれにも当てはまること。例 共通の友人。／共通点を見つける。

きょうつうご【共通語】名詞 その国の中でどこへ行っても通じる言葉。また、世界で通じる言葉。

きょうてい【協定】名詞 する動詞 たがいに話して決めること。また、その決めたことがら。例 協定を結ぶ。／休戦協定。

きょうてき【強敵】名詞 ゆだんできない、強い敵。てごわい相手。類 大敵。

[1]**きょうてん**【教典】名詞 ❶宗教上の教えやいましめが書かれている本。❷教育を行う上で、よりどころとする書物。

[2]**きょうてん**【経典】名詞 ❶仏の教えをしるした文章や書物。経文。❷宗教上の教えや守るべきことがらをしるした書物。参考 ❷は、キリスト教の聖書など。

ぎょうてん【仰天】名詞 する動詞 とてもおどろくこと。例 いきなり現れたので仰天した。類 動転。ことば「びっくり仰天」

きょうと【教徒】名詞 ある宗教を信じている人。信者。例 キリスト教徒。

[1]**きょうど**【郷土】名詞 ❶生まれ育った土地。郷里。故郷。例 郷土の歴史を調べる。❷ある地方。いなか。例 郷土芸能。

[2]**きょうど**【強度】一 名詞 ものの強さの度合い。二 名詞 形容動詞 物事の程度がはげしいこと。度合いが大きいこと。例 強度の近視。対 軽度。

きょうとう【教頭】名詞 小・中・高等学校で、校長の仕事を助ける役目の先生。

[1]**きょうどう**【共同】名詞 する動詞 ❶二人以上の人がいっしょに一つのことをすること。例 本を共同で書く。類 協同。❷二人以上の人が同じ資格で、物事につながりをもつこと。例 友人と共同で部屋を使う。対 ①②単独。⇩使い分け。

[2]**きょうどう**【協同】名詞 する動詞 二人以上の人が助け合って仕事をすること。例 三人の学者が協同して、研究する。類 共同。⇩使い分け。

きょうどうくみあい【協同組合】名詞 同じ場所に住んでいる人や同じ仕事をしている人などが、自分たちのくらしをよくするためにつくったしくみ。例 生活協同組合。

きょうどうじぎょう【共同事業】名詞 二人以上の人がいっしょになってする、大きな仕事。

ことばあそび　回文42　子ども、どこ？（こどもどこ）

使い分け　きょうどう

● いっしょにすること。一つの部屋を共同で使う。

● いっしょに力を合わせてすること。協同して研究する。

きょうどうせいかつ【共同生活】名詞 二人以上の人がいっしょに生活すること。

きょうどうぼきん【共同募金】名詞 こまっている人を助けたり、世の中をよくしたりする仕事のために、いっぱんの人や団体からお金を集めること。

きょうとし【京都市】地名 京都府の府庁所在地。⇨916ページ・都道府県（図）。

きょうとふ【京都府】地名 近畿地方の北部にある府。府庁所在地は京都市。⇨916ページ・都道府県（図）。

きょうにのる【興に乗る】慣用句 その場のおもしろさにひきこまれる。おもしろくなる。例 ぼんおどりを見ているうちに興に乗って、自分もおどりだした。

ぎょうにんべん【行人偏】名詞 漢字の部首の一つ。「後」「待」などの左側の「彳」の部分。

きょうねん【享年】名詞 この世に生きていた年数。死んだときの年。例 享年九十九。

きょうばい【競売】名詞 する動詞 多くの買い手のうち、一番高いねだんをつけた人に売ること。例 競売にかける。参考 法律では「競売」という。

きょうはく【脅迫】名詞 する動詞 自分の思うとおりにさせるため、相手をおどすこと。おどし。類 恐喝。

きょうはん【共犯】名詞 二人以上の人が相談してつみをおかすこと。また、その人たち。

きようびんぼう【器用貧乏】四字熟語 なんでもいちおうまくできるために、一つのことに集中できずりっぱな仕事ができないこと。

きょうふ【恐怖】名詞 する動詞 おそれてびくびくすること。また、おそろしいと思う気持ち。

ことば「恐怖におののく」類 脅威。

きょうふう【強風】名詞 強い風。例 強風にあおられる。類 暴風。烈風。

きょうべんをとる【教べんを執る】慣用句 先生になって学校で教える。例 母校で教べんを執る。参考「教べん」は、生徒に教えるときに教師が使う、むちのこと。漢字 教鞭を執る。

きょうほ【競歩】名詞 決められたきょりをはやく歩くことを争う競技。例 一万メートル競歩。参考 どちらかのかかとをいつも地面につけていなければならない。

きょうほう【凶報】名詞 悪い知らせ。対 吉報。

1 **きょうぼう**【共謀】名詞 する動詞 二人以上の人が、いっしょになってよくないことをたくらむこと。

2 **きょうぼう**【狂暴】形容動詞 とてもはげしく、あばれるようす。

きょうぼく【きょう木】名詞 ➡446ページ・こうぼく（高木）。

きょうみ【興味】名詞 おもしろいと感じて、心をひきつけられる気持ち。例 きょうりゅうに興味がある。類 関心。

きょうみしんしん【興味津津】四字熟語 次々と心がひきつけられて終わりがないこと。例 これからのドラマの展開に興味津々だ。参考 ふつう「興味津々」と書く。

きょうみぶかい【興味深い】形容詞 おもしろいと強く感じる。例 手紙には興味深いことが書かれていた。活用 きょうみぶか・い。

きょうみほんい【興味本位】名詞 おもしろさだけを中心に考えること。例 興味本位の記事。

きょうみをもつ【興味を持つ】慣用句 おもしろいと感じて、心をひきつけられる。例 ギターに興味を持つ。

ぎょうむ【業務】名詞〔毎日続けてやっている〕仕事やつとめ。

きょうめい【共鳴】名詞 する動詞 ❶同じ振動数をもつ二つの音を出すもの（たとえば、音さなど）をはなしてならべ、一方を鳴らすと他方も鳴り出すこと。❷人の意見やおこないに、心か

ら賛成すること。例かれの意見に共鳴する。類共感。

きょうもん【経文】名詞 仏の教えを書いた本の文章。おきょう。

きょうゆ【教諭】名詞 幼稚園・小学校・中学校・高等学校の先生の正式なよび名。類教員。教師。

きょうゆう【共有】名詞 する動詞 一つのものを二人以上の人の持ちものとすること。例共有の財産。類共用。対専有。

1 **きょうよう**【共用】名詞 する動詞 〔何人かの人が〕一つのものを共同で使うこと。例共用のトイレ。類共有。対専用。

2 **きょうよう**【強要】名詞 する動詞 〔あることを〕無理にさせること。例寄付を強要された。類強制。

3 **きょうよう**【教養】名詞 学問や知識を身につけることによってうまれる心のゆたかさ。

きょうり【郷里】名詞 生まれ育った土地。ふるさと。郷土。

きょうりゅう【恐竜】名詞 大昔にさかえた、動物。大きなものが多く、体長三十メートルのものもいた。約六千六百万年前にぜつめつした。一部は鳥に進化した。⇩図。

1 **きょうりょく**【協力】名詞 する動詞 〔目的をはたすため〕力や心を合わせること。例実験に協力する。／協力を求める。

2 **きょうりょく**【強力】名詞 形容動詞 力の働きなどが大きいこと。例強力な武器。

きょうれつ【強烈】形容動詞 強くて、はげしいようす。例強烈なパンチ。／強烈なにおい。類猛烈。激烈。

ぎょうれつ【行列】名詞 する動詞 多くの人が順にならぶこと。また、ならんで進むこと。例店の前に行列ができる。／仮装行列。

きょうわこく【共和国】名詞 国民の中からえらばれた人が国の最高の代表者となり、政治をおこなっている国。参考⇩167ページ・王国。

きょうわせい【共和制】名詞 国民の中からえらばれた人が国の最高の代表者となり、政治をおこなう制度。

きょえい【虚栄】名詞 うわべをかざって、人によく見せようとすること。例虚栄心。

ぎょえん【御えん】名詞 皇室や皇族のもっている庭。漢字 御苑。

ギョーザ 名詞 中国料理の一つ。小麦粉をこねてのばしたうすい皮に、ひき肉と細かくきざんだ野菜をまぜたものをつつんで、焼いたり、ゆでたり、むしたりしたもの。ぎょうざ。漢字 餃子。▼中国語

きょか【許可】名詞 する動詞 ゆるすこと。ゆるし。例入国を許可する。

ぎょかいるい【魚介類】名詞 魚やイカ・エビ・タコ・カニ・貝など、海でとれる動物をまとめていう言葉。参考「介」は貝のこと。

恐竜

きょがく【巨額】名詞 とても大きな金額。例巨額の遺産。類多額。

ぎょかく【漁獲】名詞 する動詞 魚・貝・海そうなど、水産物をとること。例漁獲高。

きょかん【巨漢】名詞 体がなみはずれて大きな男性。例巨漢の選手。参考「漢」は、男の人。

きょぎ【虚偽】名詞 うそ。いつわり。例虚偽の申したて。対真実。

ぎょき【漁期】名詞 魚や貝などをとるのによい時期。また、漁をしてもよい時期。例今がサンマの漁期です。参考「りょうき」ともいう。

ぎょぎょう【漁業】名詞 魚・貝・海そうなどをとったり、育てたりする仕事。例漁業がさかんな町。

ぎょぎょうきょうどうくみあい【漁業協同組合】名詞 漁業をする人たちが、自分たちのくらしをよくするためにつくったしくみ。参考 魚をとる道具などを、安く買い入れたり、とった魚をまとめて売ったりする。

きょく【曲】名詞 音楽のふし。また、音楽の作品。例美しい曲。／ショパンの曲。

ぎょく【漁区】名詞 魚や貝などをとることをゆるされている区域。

ぎょぐ【漁具】名詞 〔船やあみなど〕魚や貝などをとるのに使う道具。

きょくげい【曲芸】名詞 〔ふつうの人にはできない〕かわった、身がるなわざ。例空中ぶらんこの曲芸。類はなれわざ。

1 **きょくげん**【極言】名詞 する動詞 極端な言い方

ことばあそび 回文43 昨日の木（きのうのき）

をすること。例 極言すれば、結果なんてどうでもいいのだ。

きょくげん【極限】名 〔物事が〕これ以上は進めないさかいめのところ。類 限界。

きょくげんじょうたい【極限状態】名 〔死ぬかもしれないというような〕ぎりぎりの状態。例 極限状態においこまれる。

きょくしょ【局所】名 かぎられた一部分。特に体の一部分。局部。

きょくしょう【極小】名 これ以上小さなものがないほど、小さいこと。例 極小値。類 最小。対 極大。

ぎょくせき【玉石】名 ❶玉と石。❷すぐれたものと、おとったもの。ことば ⇩「玉石混交」

ぎょくせきこんこう【玉石混交】四字熟語 〔玉（＝宝石）と石が入りまじっていることから〕すぐれたものと、つまらないものとが、入りまじっていること。

きょくせつ【曲折】名 する動詞 ❶まがりくねること。例 曲折した山道をのぼる。❷物事がいろいろと入り組んで、こみいっていること。例 曲折の多い人生。

きょくせん【曲線】名 まがった線。カーブ。例 なだらかな山が美しい曲線をえがく。対 直線。

きょくだい【極大】名 これ以上大きなものがないほど、大きいこと。例 権力の極大化。類 最大。対 極小。

きょくたん【極端】名 形容動詞 考え方やおこないなどが、ひじょうにかたよっていること。例 極端な考え。類 極度。

1 **きょくち**【局地】名 あるかぎられた、一部の地方。例 局地戦争。⇩使い分け。

2 **きょくち**【極地】名 行きつくはての土地。特に、北極や南極の地方。⇩使い分け。

3 **きょくち**【極致】名 ある物事の行きつく最高の状態。例 美の極致。類 極点。⇩使い分け。

きょくちてき【局地的】形容動詞 区域がかぎられているようす。例 局地的な大雨。

きょくちょう【局長】名 「局」という名のつく役所や組織などの、最高責任者。例 郵便局長。

きょくてん【極点】名 ❶行きつく最後のところ。例 いかりが極点に達した。類 極致。頂点。❷「北極点」、または「南極点」のこと。北緯九十度、または南緯九十度の地点。

きょくど【極度】名 形容動詞 程度が、ふつうをはるかにこえていること。例 極度にきんちょうしている。類 極端。

きょくとう【極東】名 ヨーロッパから見て、日本・韓国など、アジアのもっとも東の地方。

きょくのり【曲乗り】名 する動詞 馬や車などに乗って曲芸をすること。また、その曲芸。例 自転車の曲乗り。

きょくひどうぶつ【きょく皮動物】名 体の表面に石灰質のとげがあり、放射状の形をした海の生き物。参考 ナマコ、ウニ、ヒトデなど。

きょくぶ【局部】名 全体の中のかぎられた一部分。特に、体の一部分。局所。例 局部ますいをかける。

使い分け　きょくち

●かぎられた土地。
局地でおこなわれた、たたかい。

●北極や南極。
極地をたんけんする。

●最高の状態。
美の極致。

きょくめん【局面】名 ❶碁・将棋の勝ち負けのようす。❷物事のなりゆきやありさま。例 重大な局面をむかえた。

きょくもく【曲目】名 〔演奏される〕曲の名前。

きょくりょく【極力】副 力のかぎり。せいいっぱい。例 悪い点は極力あらためます。

ぎょくろ【玉露】名 日本茶の一種。かおりがよく、上等なものとされる。

ぎょぐんたんちき【魚群探知機】 名詞 超音波を使って魚のむれをさがしあてる機械。

きょこう[1]**【挙行】** 名詞 する動詞 〔式やもよおしなどを〕正式におこなうこと。例 開会式が挙行された。

きょこう[2]**【虚構】** 名詞 〔小説などを書くとき〕じっさいにはないことを、いかにもあることのようにつくりあげること。また、そのようにつくりあげたもの。フィクション。

ぎょこう【漁港】 名詞 おもに漁船が出入りする港。参考 ふつう、魚市場・加工場・うんぱんしせつなどがある。

きょこくいっち【挙国一致】 四字熟語 〔あることのために〕国民全体が心を一つに合わせること。

きょしき【挙式】 名詞 する動詞 儀式をおこなうこと。特に、結婚式をあげること。

ぎょしゃ【御者】 名詞 馬車につけた馬をあやつって、馬車を動かす人。

きょじゃく【虚弱】 名詞 形容動詞 体が弱いこと。例 虚弱な体質。

きょしゅ【挙手】 名詞 する動詞 〔合図やあいさつのために〕手をあげること。例 元気よく挙手する。

きょじゅう【居住】 名詞 する動詞 〔決まった場所や家に〕住むこと。例 京都に居住している。

きょしょ【居所・居処】 名詞 住んでいるところ。すみか。いどころ。例 いなかに居所をかまえる。

きょしょう【巨匠】 名詞 〔美術・音楽など、芸術の分野で〕特にすぐれている人。類 大家。

ぎょじょう【漁場】 名詞 〔海で〕魚をとる場所。ぎょば。例 北洋漁場。／近海の漁場。

きょしん【虚心】 名詞 形容動詞 心にわだかまりがなく、人の意見などをすなおに受け入れること。例 人の話を虚心に聞く。

きょじん【巨人】 名詞 ❶体が特別に大きな人。❷特別にすぐれた力や、うでまえをもっている人。大人物。

キヨスク 名詞 ➡311ページ・キオスク。

ぎょする【御する】 動詞 ❶馬などを自由にあやつる。❷人を自分の思いどおりに動かし使う。例 御しがたい人物。活用 ぎょ・する。

きょせい【虚勢】 名詞 うわべだけいきおいがよいこと。からいばり。例 虚勢をはる（＝からいばりをする）。類 空元気。

きょぜつ【拒絶】 名詞 する動詞 要求や希望を、きっぱりとことわること。例 相手の要求を拒絶する。／拒絶反応。類 拒否。謝絶。

ぎょせん【漁船】 名詞 魚・貝などをとるのに使う〔小型の〕船。

ぎょそん【漁村】 名詞 住んでいる人の多くが漁師である村。

きょたい【巨体】 名詞 ひじょうに大きな体。例 力士の巨体。

きょだい【巨大】 名詞 形容動詞 とても大きいこと。例 巨大なロボット。

きょだつ【虚脱】 名詞 する動詞 ショックを受けて、気がぬけたような状態になること。例 試合に負けて、虚脱状態におちいる。

きょっかい【曲解】 名詞 する動詞 相手の言ったことなどを、わざと悪く考えること。例 発言が曲解される。類 誤解。

きょっこう【極光】 名詞 ➡176ページ・オーロラ。

ぎょっと 副詞 する動詞 思いがけないことにあって、おどろくようす。例 ぶきみな人影を見て、ぎょっとする。

きょてん【拠点】 名詞 〔いろいろな活動の〕よりどころとなる場所。例 活動の拠点をもうける。

きょとう【巨頭】 名詞 ある集まりで、中心となる人。特に、国の大事な役についている人。例 財界の巨頭。

きょどう【挙動】 名詞 行動や動作。ふるまい。例 挙動不審な人物。

きょときょと 副詞(-と) する動詞 落ち着かず、あたりを見回すようす。例 りっぱな部屋に通されてきょときょとする。

きょとんと 副詞 〔びっくりしたり、あきれたりして〕目を大きくひらいたまま、ぼんやりしているようす。例 きょとんとした顔。

ぎょにく【魚肉】 名詞 食べ物にする、魚の肉。例 魚肉ソーセージ。

きょねん【去年】 名詞 今年の前の年。昨年。例 去年の夏は、海に行った。対 来年。

きょひ[1]**【巨費】** 名詞 とてもたくさんの費用。

きょひ[2]**【拒否】** 名詞 する動詞 提案や希望をことわること。例 話し合いを拒否する。／拒否権。類 拒絶。対 受諾。

きょひをとうじる【巨費を投じる】

あいうえお かきくけこ き さしすせそ たちつてと なにぬねの はひふへほ まみむめも や ゆ よ らりるれろ わ を ん

ことばあそび 回文44 悪い子いるわ（わるいこいるわ）

慣用句〔事業などのために〕とてもたくさんのお金を使う。例ダム建設に巨費を投じる。

ぎょふ【漁夫】名詞 魚や貝などをとることを仕事にしている人。漁師。参考 古い言い方。類 漁民。

ぎょぶつ【御物】名詞 皇室が所有している品物。例 正倉院におさめられた御物。

ぎょふのり【漁夫の利】故事成語 二人が利益をえようと争っているすきに、ほかの人がたやすくその利益をえること。語源 シギ（＝鳥の名）とハマグリが争っているところに、りょうしが来て二つともとらえたという中国の話から。

きょへい【挙兵】名詞 する動詞 たたかう人を集めて、いくさをおこす。例 反乱軍が挙兵した。

ぎょほう【漁法】名詞 魚や貝などをとる方法。

きょぼく【巨木】名詞 とても大きな木。大木。類 大樹。

きよまる【清まる】動詞 よごれやけがれがなくなって、きれいになる。例 心が清まる。活用 きよま・る。

きょまん【巨万】名詞 とても大きな数。また、金額。ことば ⇩「巨万の富」

きょまんのとみ【巨万の富】名詞 ひじょうに多くの財産。ことば「巨万の富をきずく」

きよみずのぶたいからとびおりる【清水の舞台から飛び降りる】慣用句 思いきって物事をおこなうことのたとえ。例 清水の舞台から飛び降りるつもりで、ちょうせんした。参考「清水」は、京都の清水寺のこと。がけの上にたてられ、その舞台はひじょうに高いところにある。

ぎょみん【漁民】名詞 魚・貝・海そうなどをとって、くらしをたてている人々。類 漁師。漁夫。

きよめる【清める】動詞 よごれやけがれをなくす。例 身を清める。対 汚す。活用 きよ・める。

ぎょもう【魚網】名詞 魚をとるときに使うあみ。

きょよう【許容】名詞 する動詞 ゆるすこと。また、ゆるされること。例 くすりの許容量。

ぎょらい【魚雷】名詞「魚形水雷」の略。水中を進んで、軍艦や船をばくはつさせる兵器。

きよらか【清らか】形容動詞 よごれや、けがれのないようす。例 清らかな空気。

きょり【距離】名詞 二つのものの間の長さ。へだたり。例 家から学校までの距離。参考 人との付き合いや気持ちの上でのへだたりについても使う。例 あの人とは距離をおきたい。

きょりかん【距離感】名詞 あるものまで、どのくらいはなれているのかという感覚。例 目標までの距離感がつかめない。

きょりゅう【居留】名詞 する動詞 ❶ある場所に一時的に住むこと。類 寄留。❷居留地に住むこと。

きょりゅうち【居留地】名詞 国同士でとりきめた、外国人が住むことをゆるされた場所。

ぎょるい【魚類】名詞 せきつい動物の一つ。さかなのなかま。参考 多くは、体の表面にうろこがあり、水の中にすみ、えらで呼吸する。

きょれい【虚礼】名詞 心のこもっていない、形だけの礼儀。例 虚礼をはいしする。

ぎょろう【漁労】名詞 魚・貝・海そうなどをとること。また、その仕事。

きょろきょろ 副詞（ーと） する動詞 目をあちらこちらに動かして、落ち着きなくまわりを見るようす。例 知り合いがいないかときょろきょろする。

ぎょろぎょろ 副詞（ーと） する動詞 大きな目玉で、あちこちを見まわして、にらむようす。例 目をぎょろぎょろさせている。

ぎょろりと 副詞 大きな目玉を動かすようす。例 声をかけたら、ぎょろりとにらまれた。

きよわ【気弱】名詞 形容動詞 気が弱いこと。例 気弱な笑みをうかべる。

きょをつく【虚をつく】慣用句 相手がゆだんしているところをやっつける。

きらい【嫌い】一 形容動詞 きらうようす。例 嫌いな食べ物。対 好き。二 名詞《「…のきらいがある」の形で》〔のぞましくない〕傾向。例 一人よがりのきらいがある。参考 二はふつう、ひらがなで書く。

きらう【嫌う】動詞 ❶いやだと思う。また、いやがって、さける。例 においの強いものを嫌う。／不正を嫌う。対 好く。❷《「きらわず」の形で》わけへだてをしない。よりごのみをしない。例 ところをきらわず（＝どこででも）歌う。参考 ②はふつう、ひらがなで書く。活用 きら・う。

きらきら 副詞（ーと） する動詞 何度も続けて光りかがやくようす。例 湖水は、朝日をあびてきらきら光った。類 ぴかぴか。

ぎらぎら 副詞（ーと） する動詞 どぎつく光りかがやくようす。例 ぎらぎらと太陽が照りつける。

きらく【気楽】形容動詞 苦労や心配などがなく、気持ちが楽なようす。例 気楽な調子で話す。類 安楽。

きらす【切らす】動詞 ❶切れた状態にする。例 息を切らす。／しびれを切らす。❷たくわえのない状態になる。例 しょうゆを切らす。活用 きら・す。

きらびやか 形容動詞 きらきらと光りかがやくように、美しいようす。例 きらびやかにかざられた会場。

きらめかす 動詞 きらめくようにする。きらきらさせる。例 少年は目をきらめかしてわたしに話しかけてきた。活用 きらめか・す。

きらめく 動詞 きらきらと光る。光りかがやく。例 星がきらめく夜。活用 きらめ・く。

きらりと 副詞 すばやく、するどく光りかがやくようす。例 ダイヤモンドがきらりと光る。

ぎらりと 副詞 すばやく、おもおもしく光りかがやくようす。例 オオカミの目がぎらりと光った。

¹きり 助詞 《ほかの言葉につけて》❶それだけである、という意味を表す。例 優勝したのは一回きりだ。／二人きりでハイキングに行く。❷〔後に否定の言葉をともなって〕それだけしかない、という意味を表す。例 ポケットには百円きりない。／外国へは二度きり行ったことがない。／朝から水きり飲んでない。❸それを最後にして、後には何もない、という意味を表す。例 あの人にはあれきり会ってない。❹その動作が終わって、そのままになっている、という意味を表す。例 行ったきり帰ってこない。❺その状態がずっと続いているという意味を表す。例 寝たきりの状態になる。／つきっきりでめんどうをみる。

²きり 名詞 ゴマノハグサ科の木。春に、つつのような形のうすむらさき色の花がさく。木材は、たんすやげたなどをつくるのに使う。漢字 桐。

³きり 名詞 材木などに小さなあなをあける、先のとがった道具。漢字 錐。⇩図。

⁴きり【切り】名詞 ❶切れめのところ。区切り。例 早く仕事に切りをつける。❷かぎり。終わり。例 そんなことをしていては、切りがない。

³きり

⁵きり【霧】名詞 ❶水じょう気がひえて小さな水のつぶになり、空気中にうかんでけむりのように見えるもの。❷水などを細かなつぶにしたもの。ことば「霧をふく（＝きりふきで水をかける）」❸物事がはっきりしないようすのたとえ。例 黒い霧。

ぎり【義理】名詞 ❶物事のすじ道。つきあいをする上で、人として（いやでも）しなければならないこと。ことば「義理をたてる」「義理をとおす」❷血のつながりのない、親子・兄弟などの間がら。例 義理の母。

きりあげる【切り上げる】動詞 ❶〔仕事などを〕あるところでやめる。例 作業を早めに切り上げる。❷計算で、ある位以下の数をとりさって上の位に一をたす。対 切り捨てる。参考 52.6を53とするなど。活用 きりあ・げる。

きりあめ【霧雨】名詞 ➡きりさめ。

きりうり【切り売り】名詞 する動詞 ❶ひとまとまりのものを、少しずつわけて売ること。例 リボンの切り売りを買う。❷持っているものを少しずつ出すこと。例 ならったことの切り売りをする。

きりおとす【切り落とす】動詞 ❶切って落とす。例 木のえだを切り落とす。❷堤防の一部をこわして水を流す。例 土手を切り落として水はけをよくする。活用 きりおと・す。

きりかえる【切り替える・切り換える】動詞 新しくする。また、別のものにとりかえる。例 気持ちを切り替える。活用 きりか・える。

きりかかる【切り掛かる】動詞 ❶切りはじめる。切ろうとする。例 できたケーキを切り掛かったところで、電話がかかってきた。❷刀などで切りつける。例 さむらいが、刀をかまえて切り掛かる。活用 きりかか・る。

ぎりがたい【義理堅い】形容詞 つきあいをする上での義理をかたく守るようす。例 みように義理堅いところがある。活用 ぎりがた・い。

きりかぶ【切り株】名詞 木などを切った後に残る、ねもとの部分。

きりがみ【切り紙】名詞 紙を人や動物など、いろいろな形に切りぬいたもの。例 切り紙細工。

きりきざむ【切り刻む】動詞 細かく切る。例タマネギを切り刻んで、いためる。活用 きりきざ・む。

きりきず【切り傷】名詞 刃物などで切った傷。

きりきり 副詞（-と）❶きしみながら回るようす。例さびた車輪がきりきり回る。❷ひもや糸などを強くまきつけるようす。例ひもをきりきりまいて、こまを回す。❸さされるように、はげしくいたむようす。例おなかがきりきりいたむ。

ぎりぎり 一 名詞 形容動詞 これ以上はないというさいごのところ。例発車の時間ぎりぎりについた。
二 副詞（-と）❶歯をくいしばるようす。❷きつくまいてしばるようす。例なわでぎりぎりしばりあげた。

きりぎりす 名詞 キリギリス科のこん虫。草むらでくらす。あしと触角が長い。おすは「チョンギース」と鳴く。

きりきりまい【きりきり舞い】名詞 する動詞 ❶あわてふためいて、物事をするようす。また、いそがしくて休むひまもないようす。例一人で担当することになり、きりきり舞いした。類てんてこ舞い。❷片足で体を強く何回もまわすこと。また、からぶりなどをするばかりで、手も足も出ないようす。例速球にきりきり舞いする。

きりくずす【切り崩す】動詞 ❶高い部分を切ったりけずったりして、低くする。例山を切り崩す。❷まとまっている相手の力を弱くする。例敵のかこみの一角を切り崩す。活用 きりくず・す。

きりくち【切り口】名詞 物をはものなどで切りはなしてできた面。例木の切り口。

きりこうじょう【切り口上】名詞 〔一語一語をはっきり区切って言うような〕かた苦しくあらたまった話し方。ことば「切り口上のあいさつ」

きりこみ【切り込み】名詞 ❶はさみなどで切って、切れ目を入れること。また、その切れ目。例切り込みを入れておく。❷きざんだ魚肉の塩づけ。例ニシンの切り込み。

きりこむ【切り込む】動詞 ❶はさみやカッターで深く切る。例デザインどおりに布地を切り込む。❷敵のじん地にせめこむ。例刀をぬいて切り込む。❸深く問いつめる。例アリバイについて、切り込んでたずねる。活用 きりこ・む。

きりさげる【切り下げる】動詞 ❶上から下へ切りおろす。例刀でいきおいよく切り下げる。❷お金のねうちが、ほかの国のお金のねうちよりも低くなるようにする。例「ドル」に対して、「円」を切り下げる。活用 きりさ・げる。

きりさめ【霧雨】名詞 きりのようにふる、細かい雨。例霧雨にぬれる。

キリシタン 名詞 日本にキリスト教が伝わったころ（＝十六世紀）のキリスト教。また、その信者。▼ポルトガル語

ギリシャ 地名 ギリシャ共和国。ヨーロッパ南東部で、バルカン半島の南はしにある国。古代文明がさかえ、後に今のヨーロッパ文化を形づくるもとになった。首都はアテネ。ギリシア。▼ラテン語

ギリシャしんわ【ギリシャ神話】名詞 紀元前一〇〇〇年ごろ、ギリシャ人たちによってまとめられた、神々の話。ヨーロッパの美術や文学に大きな影響をあたえた。

きりすてる【切り捨てる】動詞 ❶一部分を切って、すてる。例ほかのことは切り捨てるかくごだ。❷計算で、ある位までの答えをだして、それ以下の数をすてる。参考 32.4を32とするなど。対切り上げる。活用 きりす・てる。

キリスト 人名 ⬇67ページ・イエス・キリスト。

キリストきょう【キリスト教】名詞 イエス・キリストの教えにもとづいて、そのでしたちが広めた宗教。ただ一人の神を信じ、すべての人を愛することを基本の考えとする。参考 日本には一五四九年にザビエルによって伝えられた。

キリストきょうと【キリスト教徒】名詞 キリスト教を信じている人。

きりだしこがたな【切り出し小刀】名詞 工作などに使う、はばの広い刃がななめについている小刀。

きりだす【切り出す】動詞 ❶〔山から木や石などを〕切って運び出す。❷話を始める。例思いきって用件を切り出す。活用 きりだ・す。

きりたつ【切り立つ】動詞 〔山や岩などがはもので切ったように〕するどくそびえている。例切り立った岩。活用 きりた・つ。

ぎりだて【義理立て】名詞 する動詞 世間的なつきあいや恩義を重んじること。例そうまでして義理立てすることはない。

[1]**きりつ**【起立】名詞 する動詞 〔すわっていたものが〕立ち上がること。例生徒全員が起立した。対着席。

[2]**きりつ**【規律】名詞 人のおこないの、もととなる決まり。例規律をやぶるな。

きりつける【切り付ける】動詞 はものをもって、おそいかかる。はもので相手に、きずをつける。例短刀で切り付ける。活用 きりつ・ける。

きりっと 副詞 する動詞 引きしまって、きちんとしているようす。例きりっとむすんだ口。

きりづまづくり【切り妻造り】名詞 むねをさかいにして、右と左に同じように屋根を分ける家のつくり方。きりづま。⇨図。

切り妻造り

きりつめる【切り詰める】動詞 ❶切って短くする。❷〔くらしに必要なお金などを〕せつやくする。例どんなに切り詰めても、月に一万円は足りない。活用 きりつ・める。

きりどおし【切り通し】名詞 山やおかなどを切りひらいてつくった道。参考「きりとおし」ともいう。

きりとる【切り取る】動詞 全体から一部分を切って、とる。例線のとおり切り取る。活用 きりと・る。

きりぬき【切り抜き】名詞 新聞や雑誌などから、必要な部分を切りとること。また、切りとったもの。スクラップ。例切り抜きを集める。

きりぬく【切り抜く】動詞 ❶〔紙や布などから一部分を〕切って、とる。例新聞を切り抜く。❷切って、ある物の形をつくる。例犬の形に切り抜く。活用 きりぬ・く。

きりぬける【切り抜ける】動詞 ❶〔刀などをふるって〕敵のかこみをやぶってにげる。❷苦しい立場から、力をつくしてぬけ出る。例最後の難関を切り抜けた。活用 きりぬ・ける。

きりはなす【切り放す・切り離す】動詞 一つになっていたものを、切って別々にする。例ロケットから燃料タンクを切り放す。／二つの問題を切り離して考える。活用 きりはな・す。

きりはらう【切り払う】動詞 ❶〔草や木を〕切って、とりのける。例庭の草を切り払う。❷〔敵などを〕切って、おいはらう。例むらがる敵を切り払う。活用 きりはら・う。

きりばり【切り張り】名詞 する動詞 ❶〔しょうじなどの〕やぶれたところだけを切りとって、はりかえること。❷紙を切ってほかのものにはりつけること。

きりひらく【切り開く】動詞 ❶あれ地や山林をたがやして、田や畑などにする。例山の斜面を切り開く。❷〔努力して〕よい状態をつくりだす。例自分のすすむ道は、自分で切り開く。活用 きりひら・く。

きりふき【霧吹き】名詞 水や香水などをきりのようにして、ふきかける道具。

きりふせる【切り伏せる】動詞 〔相手を〕切って、たおす。例敵を次々、切り伏せた。活用 きりふ・せる。

きりふだ【切り札】名詞 ❶トランプで、ほかのふだを全部負かす力をもっているふだ。❷いよいよというときまで出さないでおく、とっておきの方法。例最後の切り札。類奥の手。

きりぼし【切り干し】名詞 ダイコン・サツマイモなどをうすく細かく切ってほしたもの。

きりまわす【切り回す】動詞 中心になってうまくやっていく。例母が一人で店を切り回している。活用 きりまわ・す。

キリマンジャロ 地名 アフリカ東部の国タンザニアにある火山。アフリカでもっとも高い山。▼英語 Kilimanjaro

きりみ【切り身】名詞 〔大きな〕魚などを、いくつかに切ったひときれ。例マグロの切り身。

きりもり【切り盛り】名詞 する動詞 物事を上手にさばいてかたづけること。例家を切り盛りしていく。参考もとの意味は、食べ物を切ったり、もりつけたりして分けること。

[1]**きりゅう**【気流】名詞 大気の流れ。例上昇気流。

[2]**きりゅう**【寄留】名詞 する動詞 よその土地や他人の家に、一時的に身をよせて住むこと。例友だちの家に寄留する。類居留。

きりょう【器量】名詞 ❶かおかたち。容ぼう。❷物事をやりとげるのに必要な才能。また、すぐれた人がら。例社長としての器量がない。類度量。

ことばあそび 回文46 かぶと飛ぶか（かぶととぶか）

ぎりょう【技量】 名詞 物事をおこなう、能力・力。うでまえ。例 職人としての技量をみがく。類 力量。

きりょく【気力】 名詞 物事をやりとげようとする(強い)気持ち。例 続ける気力を失った。類 精神力。

きりょくをふりしぼる【気力を振り絞る】 慣用句 物事をなしとげるために、せいいっぱい気持ちを強くもって、がんばる。例 気力を振り絞って、最後まで走りぬく。

きりりと 副詞 する動詞 引きしまって、ゆるみのないようす。例 はちまきをきりりとしめる。

きりん 名詞 ❶キリン科の動物。首が長く、せが高い。アフリカの草原にすむ。❷中国で聖人が生まれる前に現れるという想像上の動物。体はシカ、しっぽは牛、ひづめは馬に似ているという。漢字 麒麟。⇩図。

きりん②

1 **きる【切る】** 一 動詞 ❶刃物で物を分ける。また、きずをつける。例 木を切る。／ナイフで手を切った。❷つながりをなくす。例 悪い友だちと手を切る。ことば「電話を切る」❸水気をとる。例 ざるに入れて水を切る。❹〔かるたやカードなどを〕まぜ合わせる。例 かるたの読みふだを切る。❺いきおいよく進む。例 風を切って歩く。❻ある動きを始める。例 スタートを切る。⇩使い分け。
二 接尾語《ある言葉の後につけて》「…し終わる」「…してしまう」の意味を表す言葉。例 使い切る。／こまり切る。活用 き・る。

2 **きる【斬る】** 動詞 刀できずつける。例 敵を斬る。⇩使い分け。活用 き・る。

3 **きる【着る】** 動詞 ❶衣服を体につける。例 洋服を着る。／一人で着られる。対 脱ぐ。❷自分の身に引き受ける。例 友だちの罪を着る。

キルク 名詞 ➡487ページ・コルク。

キルティング 名詞 布と布との間にわたや毛糸を入れて、(もようがうきでるようにして)ぬい合わせたもの。参考 防寒服・クッション・ガウンなどに使われる。▼英語 quilting

1 **キルト** 名詞 スコットランドの民族衣装で、男性がつける格子じまの巻きスカート。▼英語 kilt

使い分け　きる

●刃物で分ける。
野菜を切る。

●刀できずつける。
武士が敵を斬る。

2 **キルト** 名詞 羽毛や羊毛などを入れて、さしぬいにしたふとん。▼英語 quilt

きれ【切れ】 名詞 ❶ある物から必要な部分を切りとった、残りの部分。きれはし。例 布切れ。❷物を切ったときの、切れぐあい。切れあじ。例 このナイフは切れがよい。

きれあじ【切れ味】 名詞 刃物の、切れ具合。例 切れ味のよいナイフ。

きれい【奇麗】 形容動詞 ❶美しいようす。例 きれいなドレス。❷よごれがなく、さっぱりしているようす。例 部屋をきれいにかたづける。❸何も残らないようす。例 ごちそうをきれいにたいらげた。❹きちんと、ととのっているようす。例 きれいな字を書く。❺正々堂々としているようす。例 きれいな試合をした。参考 ひらがなで書くことが多い。対 ①～⑤きたない。

ぎれい【儀礼】 名詞 形式をととのえておこなう礼儀。例 儀礼を重んじる。

ぎれいてき【儀礼的】 形容動詞 儀礼の形式だけをととのえて、物事をおこなうようす。例 儀礼的な訪問。／儀礼的なあいさつ。

きれぎれ【切れ切れ】 名詞 形容動詞 いくつにも小さくなってはなれているようす。切れたりつながったりしているようす。例 記おくが切れ切れになっている。

きれこみ【切れ込み】 名詞 刃物で深く切りこんだような形。例 はさみで切れ込みを入れる。

きれこむ【切れ込む】 動詞 刃物で切ったようにするどく切れて、深く入りこむ。例 川口から深く切れ込んだ谷。活用 きれこ・む。

きれじ[1]【切れ地】名詞 織物の、きればし。また、織物。

きれじ[2]【切れ字】名詞 俳句で、句の切れ目や感動の中心を表す働きをする言葉。「や」「かな」「けり」など。参考「菜の花や月は東に日は西に」の「や」。

きれつ【亀裂】名詞 表面にひびが入ること。また、そのさけ目。例ずっと雨がふらず、地表に亀裂が入る。

きれはし【切れ端】名詞 紙や布、木などの切りはなされた一部分。切れっぱし。

きれま【切れ間】名詞 とぎれてできた間。とだえたあいま。例雲の切れ間から日がさす。

きれめ【切れ目】名詞 ❶切れてできたあと。例ナイフで切れ目を入れる。❷続いているものが、とぎれたところ。例雲の切れ目から日がさす。❸続いていた物事が、一区切りついたところ。例文章の切れ目。／仕事の切れ目に昼食をとる。❹すっかりなくなったとき。例金の切れ目が縁の切れ目。

きれる【切れる】動詞 ❶二つにはなれる。例たこの糸が切れた。❷切ることができる。例よく切れるはさみ。❸頭の働きがよい。例あの人は頭が切れる人だ。❹つながりがなくなる。例えんが切れる。❺〔売れたり、使ったりして〕なくなる。例あいにく、その品は切れております。活用き・れる。

きろ[1]【帰路】名詞 かえりみち。例九州旅行の帰路、京都によった。類復路。

きろ[2]【岐路】名詞 ❶道がわかれるところ。わかれ道。例車が岐路にさしかかる。❷将来の運命が決まるような、重大な場面。ことば⇨「岐路に立つ」

キロ[3] 接頭語《メートル・グラム・ワットなどの単位の上につけて》千倍であることを表す言葉。例キログラム。▼英語（フランス語から）kilo-

キロカロリー 名詞 助数詞 熱量の単位。参考一キロカロリーは千カロリー。記号はkcal。▼英語 kilocalorie

きろく【記録】名詞 する動詞 ❶〔じっさいにあったことがらを〕書き記すこと。また、書き記したもの。例会議の内容を記録する。❷運動競技などの成績。特に、最高の成績。例新記録を出す。

きろくてき【記録的】形容動詞 めずらしく、記録に残るほどであるようす。例記録的な大ヒット。

きろくぶん【記録文】名詞 したことや、見聞きしたことを書き記した文章。日記、観察・実験記録、見学記録、調査・研究記録など。

きろくやぶり【記録破り】名詞 それまでの記録をこえること。例記録破りの大雨。

キログラム 名詞 助数詞 メートル法の重さの単位。参考一キログラムは千グラム。記号はkg。▼英語（フランス語から）kilogram

きろくをやぶる【記録を破る】慣用句 これまでの最高の記録をこえる。例記録を破る暑さ。

きろにたつ【岐路に立つ】慣用句 これから先のことが大きくかわるわかれ道にさしかかる。ことば「人生の岐路に立つ」

キロメートル 名詞 助数詞 メートル法の長さの単位。参考一キロメートルは千メートル。記号はkm。▼英語（フランス語から）kilometer, kilometre

キロリットル 名詞 助数詞 メートル法の容積の単位。参考一キロリットルは千リットル。記号はkL。▼英語（フランス語から）kiloliter, kilolitre

キロワット 名詞 助数詞 電力の量を表す単位。参考一キロワットは千ワット。記号はkW。▼英語 kilowatt

キロワットじ【キロワット時】名詞 助数詞 一キロワットの電力で一時間にする仕事の量。参考記号はkWh。

ぎろん【議論】名詞 する動詞 たがいに自分の意見をのべること。例地域の問題について議論する。

きわ【際】名詞 ❶そば。ふち。へり。例線路の際。／山の際。❷あることがらがおこる少し前。例別れの際。ことば「いまわの際（＝死ぬというとき）」

ぎわく【疑惑】名詞 うたがって、あやしく思うこと。例疑惑の目で見られる。類疑念。

きわだつ【際立つ】動詞 特別に目立つ。例際立って高いビル。活用きわだ・つ。

きわどい【際どい】形容詞 ❶もう少しで悪い状態になりそうな、ぎりぎりのようす。例際どいところで、助かった。❷〔時間などが〕ぎりぎりにせまっている。例際どいところでバスの時

あいうえお かきくけこ き さしすせそ たちつてと なにぬねの はひふへほ まみむめも や ゆ よ らりるれろ わ を ん

ことばあそび 回文47 セミの店（せみのみせ）

間にまにあった。活用 きわど・い。

きわまりない【極まりない・窮まりない】形容詞 この上ない。ことば「失礼極まりない」 参考「ない」は否定の意味だが、否定の形ではない「極まる」とほぼ同じ意味になる。活用 きわまりな・い。

1 **きわまる**【窮まる】動詞 行きづまって、こまりはてる。ことば「進退窮まる」活用 きわま・る。⇩使い分け。

2 **きわまる**【極まる】動詞 ある物事がそれ以上ないところまで行きつく。ことば「感極まる」活用 きわま・る。⇩使い分け。

きわみ【極み・窮み】名詞〔物事の行きつくはて。かぎり。例 美の極み。

きわめて【極めて】副詞 ひじょうに。この上なく。例 極めて重要な問題。

1 **きわめる**【窮める】動詞 つきつめる。例 芸を窮める。活用 きわ・める。⇩使い分け。

2 **きわめる**【極める】動詞 これ以上ないというところまでいく。例 頂上を極めた。活用 きわ・める。⇩使い分け。

3 **きわめる**【究める】動詞 物事を深く研究する。例 学問を究める。活用 きわ・める。⇩使い分け。

きわもの【際物】名詞 ❶門松などのように、一年のうちかぎられた時期にだけ売られる商品。❷短い間だけ注目される品物や作品。例 あの小説はただの際物だ。

きをいれる【気を入れる】慣用句 ほかのことを考えずに集中する。

きをうしなう【気を失う】慣用句 意識がなくなって、なにもわからなくなる。気絶する。

使い分け　きわまる

●行きづまる。
進退窮まる。

●それ以上ないところまで行きつく。
感極まる。

きをおとす【気を落とす】慣用句 がっかりする。例 参加できないと知って、気を落とす。

きをきかす【気を利かす】慣用句〔相手のことを思って〕いろいろととりはからう。例 弟にはさみをたのんだら、気を利かしてのりも持って来てくれた。

きをくばる【気を配る】慣用句 細かな点までよく注意する。例 栄養がかたよらないように気を配る。

きをしずめる【気を静める】慣用句 高ぶっている気持ちを落ち着かせる。例 音楽を聞いて、気を静める。

きをそらす【気をそらす】慣用句 気持ちをほかの方に向けさせる。気持ちをはぐらかす。例 関係のないことを言って、相手の気をそらす。

使い分け　きわめる

●つきつめる。
芸を窮める。

●これ以上ないというところまでいく。
栄華を極める。

●深く研究する。
学問を究める。

きをつかう【気を遣う】慣用句〔相手のことを思って〕注意を行きとどかせる。心配する。例 衛生面にとても気を遣います。

きをつけ【気を付け】慣用句 ❶足をそろえてまっすぐに立ち、正面をむくしせい。❷「気を付け①」のしせいをとるようにかける号令。例「気を付け」とみんなに号令する。

きをつける【気を付ける】慣用句 失敗や事故がないように、注意する。例 車に気を付けて

歩く。

きをとられる【気を取られる】慣用句 あることに心をうばわれる。

きをとりなおす【気を取り直す】慣用句 〔一度がっかりしたが〕思いなおして元気を出す。

きをのまれる【気をのまれる】慣用句 相手のいきおいで、気力をくじかれる。例コーチの大声に気をのまれて、なにも言えない。

きをはく【気を吐く】慣用句 いせいのよいことを、さかんに言う。また、いせいのよいところを、さかんにしめす。例弱いチームで、ひとり気を吐く。

ことば博士になろう！

「気をつけて注意しましょう」!?

この言い方は、どこかヘンです。それは、「気をつける」「注意する」という同じような意味の言葉が、重なっているからです。

「昔の武士のさむらいが、馬から落ちて落馬して、女の婦人に笑われて、赤い顔して赤面し、家へ帰って帰宅した。」

これは、意味の重なりを利用した言葉遊びの文ですから、笑いながら読んで楽しめますが、ふだん文章を書くときは重ならないようにしましょう。

「美しい美人」「激しい激痛」「大きな大木」……、くれぐれもじゅうぶんに気をつけましょう!?

きをはる【気を張る】慣用句 気持ちを引きしめる。また、心をふるいたたせる。例気を張って困難に立ちむかう。

きをひきしめる【気を引き締める】慣用句 ゆだんしないように、心をきんちょうさせる。例気を引き締めて決勝戦にのぞむ。

きをひく【気を引く】慣用句 それとなく相手の考えをさぐる。また、相手の気持ちがこちらにむくようにする。例おまけをつけて、客の気を引く。

きをまぎらす【気を紛らす】慣用句 いやな思いをなくすように、気持ちをほかにむける。例好きなゲームをして気を紛らす。

きをまわす【気を回す】慣用句 相手の気持ちをおしはかって、よけいなことまで考える。例そんなに気を回す必要はない。

ぎをみてせざるはゆうなきなり【義を見てせざるは勇無きなり】故事成語 正しいことだと知りながらそれを実行しないのは、その人に勇気がないからである。

きをみてもりをみず【木を見て森を見ず】ことわざ 小さいことにこだわっていて全体がわからないことのたとえ。

きをみるにびん【機を見るに敏】慣用句 ちょうどよい機会をすばやく見つけ出すようす。例機を見るに敏で、事業を成功させた。

きをもたせる【気を持たせる】慣用句 相手に期待をもたせる。例気を持たせるように、話のとちゅうでだまってにこにこしている。

きをもむ【気をもむ】慣用句 あれこれ心配する。いらいらする。例電車がおくれたので、ちこくをしないかと気をもんだ。

きをゆるす【気を許す】慣用句 信用して、心配しない。例すっかり気を許す。

きをよくする【気を良くする】慣用句 いい気分になる。例ほめられて気を良くする。

きをわるくする【気を悪くする】慣用句 いやな気分になる。きげんを悪くする。例失礼なことを言われて、気を悪くする。

[1]**きん**【斤】名詞 助数詞 ❶昔の尺貫法で、重さの単位。一斤は約六百グラム。❷食パンのひとかたまりで、約三百八十グラム。

[2]**きん**【金】名詞 ❶黄色の、美しいつやのある金属。金属の中でもっともとうとばれ、貨幣・アクセサリーなどに使われる。こがね。黄金。❷ひじょうにかちのあるもの。ことば「ちんもくは金」❸金色。❹将棋のこまの名前で、金将。❺「金曜日」のこと。

[3]**きん**【菌】名詞 ❶➡366ページ・きんるい。❷生物に寄生して、くさらせたり病気をひきおこしたりする、目に見えない小さな生物。例腸内で働く菌。類ばい菌。

ぎん【銀】名詞 ❶白くてつやのある金属。貨幣やアクセサリーなどに使われる。しろがね。❷銀色。❸将棋のこまの名前で、銀将。

きんいつ【均一】名詞 形容動詞 どれも同じであること。例均一の料金。

きんいっぷう【金一封】名詞 〔ほうびや賞金、きふなどの〕ひとつつみのお金。例賞状と金一封をおくる。参考 金額を明示しないときにい

あいうえお
き かきくけこ
さしすせそ
たちつてと
なにぬねの
はひふへほ
まみむめも
や
ゆ
よ
らりるれろ
わ
を
ん

ことばあそび 回文48 旅のびた（たびのびた）

う。

きんいろ【金色】名詞 金のような、つやのある黄色。こがね色。こんじき。

ぎんいろ【銀色】名詞 銀のような、つやのある灰白色。しろがね色。

きんいん【金印】名詞 ❶黄金でつくった印章。❷福岡県の志賀島で発見された金の印章。参考 ②は昔、中国からおくられたものといわれ、「漢委奴国王」ときざまれている。

きんえん【禁煙】一 名詞 〔その場所では〕たばこをすってはいけないこと。例 禁煙車。／車内禁煙。二 名詞 する動詞 たばこをすうのをやめること。例 正月から禁煙している。

きんか【金貨】名詞 金をおもな原料としてつくったお金。類 銀貨。銅貨。

ぎんか【銀貨】名詞 銀をおもな原料としてつくったお金。類 金貨。銅貨。

ぎんが【銀河】名詞 天の川。また、川のように見えるほどのたくさんの星の集まり。

きんかい【近海】名詞 陸地に近い海。例 近海漁業。対 遠海。

きんかいぎょぎょう【近海漁業】名詞 陸に近い海でする漁業。対 遠洋漁業。

きんかぎょくじょう【金科玉条】四字熟語 〔黄金や宝石のように大切なきまりということから〕自分の考えや説のよりどころとなる、もっとも大切な物事。例 師しょうの言葉を金科玉条とする。

きんかく【金閣】名詞 一三九七年、足利義満が京都の北山につくった建物。はしらやかべに金ぱくがはってある。参考 義満の遺言で、のちに寺になった。一九五〇（昭和二五）年に放火で焼け、一九五五年にたてなおされた。

きんがく【金額】名詞 おかねのがく。

ぎんかく【銀閣】名詞 一四八九年、足利義政が、金閣をまねて京都につくった建物。室町時代の文化を代表するもので、茶室や庭園などが有名。参考 義政の遺言で、のちに寺になった。銀ぱくをはる予定だったのでこの名があるが、じっさいにははられなかった。

ぎんがけい【銀河系】名詞 銀河を形づくっている、ひじょうに多くの恒星の集まり。参考 太陽系もこの中にある。

きんがしんねん【謹賀新年】名詞 年賀状などに書く、新年のあいさつの言葉。参考 「つつしんで新年のおよろこびをもうしあげます」の意味。

きんかん【近刊】名詞 ❶近いうちに出版されること。また、その本。例 近刊予告。❷最近、出版されたこと。また、その本。例 近刊書。

きんがん【近眼】名詞 ⇩きんしがん。

きんかんがっき【金管楽器】名詞 おもに金属のくだでできている楽器。らっぱ・トランペット・トロンボーン・ホルンなど。参考 ⇩1301ページ・木管楽器。

きんかんしょく【金環食】名詞 日食の一種。月が太陽の真ん中をかくし、黒い月のまわりに太陽が金の輪のように見えるもの。金環日食。

きんかんにっしょく【金環日食】名詞 ⇩きんかんしょく。

きんき【近畿】名詞 京都・大阪・滋賀・兵庫・奈良・和歌山・三重の二府五県をふくむ地方。近畿地方。

きんきゅう【緊急】名詞 形容動詞 ひじょうにさしせまっていて、急いでしなければならないこと。例 緊急事態。類 早急。

きんぎょ【金魚】名詞 フナを改良してつくった魚。色や形にさまざまな種類があり、見て楽しむことができる。

きんきょう【近況】名詞 〔ある人の〕近ごろのようす。例 友だちの近況をたずねる手紙を書いた。

きんきょり【近距離】名詞 近いところ。短いへだたり。例 親の家から近距離の町に住む。類 短距離。対 遠距離。

きんきん[1] 副詞 する動詞 声や物音が、かん高くよくとおって、耳にするどくひびくようす。例 きんきんした声で話す。

きんきん[2]【近近】副詞 ちかぢか。近いうちに。例 近々そちらへおじゃまいたします。参考 ふつう、「近々」と書く。

きんく【禁句】名詞 相手がいやな思いをしないように、使ってはいけない言葉。参考 たとえば、結婚式のあいさつでは、「われる」「もどる」「きれる」などは禁句になる。

キング 名詞 ❶王。国王。❷トランプで王の絵のついたカード。例 スペードのキング。❸その社会の中で一番強いもの。例 ホームランキング。

▼英語 king

キングサイズ 名詞 ふつうよりずっと大きい型。超大型。▼英語 king-size

1 **きんけい【近景】** 名詞 近くのけしき。手前の方のけしき。対 遠景。

2 **きんけい【謹啓】** 感動詞 手紙のはじめに書く、あいさつの言葉。参考 ア「つつしんでもうしあげます」の意味。イ あらたまった言い方。類 拝啓。対 敬具。

きんげん【金言】 名詞 ためになる教えをふくんだ、すぐれた短い言葉。類 格言。ことわざ。

きんげんじっちょく【謹厳実直】 四字熟語 つつしみぶかく、まじめで正直であること。例 謹厳実直を絵にかいたような人物。

1 **きんこ【近古】** 名詞 ❶それほど遠くない昔。❷ ⬇809ページ・ちゅうせい（中世）。

2 **きんこ【金庫】** 名詞 お金や大切なものを入れておく、鉄などでつくった入れ物。

3 **きんこ【禁固】** 名詞 する動詞 働かせないで、けいむ所にとじこめておくだけの（かるい）けいばつ。

1 **きんこう【近郊】** 名詞 都会に近いところ。郊外。例 近郊の住宅地。類 近在。近郷。

2 **きんこう【均衡】** 名詞 する動詞 つりあいがとれていること。例 輸出と輸入の均衡をたもつ。

3 **きんこう【金鉱】** 名詞 ❶金をふくんでいる鉱石。❷金の出る鉱山。金山。

きんごう【近郷】 名詞 近くの村。また、都市に近い村。類 近郊。近在。

ぎんこう【銀行】 名詞 多くの人からお金をあずかったり、会社や個人にお金をかしたりする機関。例 銀行でお金をおろす。

きんごうきんざい【近郷近在】 名詞 近くの村々。例 祭りの日には近郷近在から人が集まる。

きんこつ【筋骨】 名詞 〔きんにくとほねの意味から〕体つき。例 筋骨たくましい男。

ぎんざ【銀座】 一 地名 東京の京橋から新橋までのにぎやかな通りを中心とした地域。参考 江戸時代に、幕府が銀貨をつくった役所（＝銀座）があった。二 名詞 そこで一番にぎやかなところや通りなどの名につける言葉。例 荻窪銀座。

きんざい【近在】 名詞 都市の近くの土地。類 近郊。近郷。

きんさく【金策】 名詞 する動詞 必要なお金を苦労して集めること。例 金策に走りまわる。

きんざん【金山】 名詞 金がとれる鉱山。

ぎんざん【銀山】 名詞 銀がとれる鉱山。

1 **きんし【近視】** 名詞 ⬇きんしがん。対 遠視。

2 **きんし【菌糸】** 名詞 きのこなどの、菌類の体をつくっている細い糸のようなもの。

3 **きんし【禁止】** 名詞 する動詞 してはいけないと、止めること。さし止めること。例 本の持ち出しを禁止する。／通行禁止。類 制止。禁制。

きんしがん【近視眼】 名詞 遠くのものがよく見えない目。ちかめ。きんがん。きんし。対 遠視眼。

きんしつ【均質】 名詞 形容動詞 性質や状態が同じで、むらがないこと。例 均質な水溶液。

きんじつ【近日】 名詞 近いうち。ちかぢか。例 近日発売。

きんじとう【金字塔】 名詞 ❶〔「金」の字の形に似ていることから〕ピラミッドのこと。❷後の時代に残るような、りっぱな仕事のできばえ。ことば「不滅の金字塔をうち立てる」

きんしゅ【禁酒】 名詞 する動詞 酒を飲むのをとめること。また、やめること。例 父は正月から、禁酒している。

きんしゅく【緊縮】 名詞 する動詞 どうしても必要なもの以外お金を使わないようにすること。例 緊縮財政。

きんじょ【近所】 名詞 近いところ。特に、自分の家の近く。

きんしょう【僅少】 名詞 形容動詞 わずかなこと。例 えいきょうは、きわめて僅少である。類 軽少。軽微。

きんじょう【今上】 名詞 現在、位についている天皇。

きんじる【禁じる】 動詞 してはいけないと、とめる。やめさせる。例 ここに立ち入ることを禁じる。参考「禁ずる」ともいう。活用 きん・じる。

ぎんじる【吟じる】 動詞 ❶詩歌を声に出して歌う。❷詩歌や俳句などをつくる。参考「ぎんずる」ともいう。活用 ぎん・じる。

1 **きんしん【近親】** 名詞 〔親や兄弟など〕血のつながりの深い人々。例 近親者。

2 **きんしん【謹慎】** 名詞 する動詞 〔悪いことをしたばつとして〕家にとじこもったりおこないをつつしんだりすること。例 当分の間謹慎する。

きんずる【禁ずる】 動詞 ⬇きんじる。活用 き

ことばあそび 回文49 この子ね、ネコの子（このこねねこのこ）

ん・ずる。

ぎんずる【吟ずる】動詞 ➡ぎんじる。活用 ぎん・ずる。

1**きんせい**【近世】名詞 時代の分け方の一つ。日本では、ふつう江戸時代ごろのこと。

2**きんせい**【均整・均斉】名詞 全体のつりあいがよくとれて、ととのっていること。例 均整のとれた体。

3**きんせい**【金星】名詞 太陽系の天体の一つ。八つのわく星の中でもっとも明るく見える。参考 明け方に東の空で見える時は「あけの明星」、夕方西の空に見える時は「よいの明星」とよばれる。⇩755ページ・太陽系（図）。

4**きんせい**【禁制】名詞 する動詞 法律や規則で、してはいけないと止めること。例 禁制の品。類 禁止。

ぎんせかい【銀世界】名詞 雪が一面につもったけしき。例 まどをあけると、外は一面の銀世界だった。

きんせつ【近接】名詞 する動詞 ❶近づいてくること。接近。❷〔ある場所の〕近くにあること。例 公園に近接した土地。類 隣接。

1**きんせん**【金銭】名詞 お金。貨幣。

2**きんせん**【琴線】名詞 ❶琴の糸。❷心のおく底にある感じやすい気持ち。ことば ⇩「琴線にふれる」

きんせんずく【金銭ずく】名詞 なにごとも、お金で解決しようとすること。

きんせんにふれる【琴線にふれる】慣用句〔楽器の琴の糸にふれて音が出るように〕心のおくにある、感じやすいところにひびいて、心を動かす。例 恩師のあの一言は、わたしの琴線にふれた。

1**きんぞく**【金属】名詞 熱や電気をよく通し、つやがあり、たたくとよくのびる性質をもったもの。金・銀・銅・鉄・アルミニウムなど。また、それらをまぜ合わせたもの。

2**きんぞく**【勤続】名詞 する動詞 一つの会社や役所などに続けてつとめること。例 今年で勤続十年になります。

きんぞくこうぎょう【金属工業】名詞 金属の製錬（＝金属を多くふくんでいる石から金属をとり出すこと）や加工をおこなう工業。

きんぞくせい【金属製】名詞 金属でつくられたもの。例 金属製のおもちゃ。

きんだい【近代】名詞 ❶近ごろの世の中。❷時代の分け方の一つ。日本では、ふつう明治時代から後のこと。西洋では十八世紀終わりごろからのこと。

きんだいか【近代化】名詞 する動詞 物事を合理的・民主的・科学的なものにすること。

きんだいこうぎょう【近代工業】名詞 近代になって発達した工業。大きなせつびを持ち、機械化された工場で製品を大量につくり出す。参考 日本では、明治時代の中ごろから近代工業が発達した。

きんだいてき【近代的】形容動詞 近代としてのとくちょうをもつようす。近代化されたようす。例 近代的なけんちく。

きんだか【金高】名詞 お金の額。金額。参考 「かねだか」ともいう。

きんたろう【金太郎】書名 おとぎ話の一つ。力が強く、クマと相撲をとって遊ぶ金太郎が主人公の物語。

きんちゃく【巾着】名詞 口をひもでしめる、布や革でつくったふくろ。参考 昔は、お金を入れるために使った。⇩図。

巾着

きんちょう【緊張】名詞 する動詞 ❶心がひきしまり、気持ちにゆるみのないこと。例 本番が近づき、緊張する。／緊張感。❷〔二つの国の間に〕争いがおこりそうな状態であること。例 となりあった二国の間に緊張が続く。

きんてき【金的】名詞 ❶金色の小さな弓のまと。❷手に入れたいと思っている、すばらしい目標。ことば 「金的をいとめる（＝あこがれのものを手に入れる）」

1**きんとう**【近東】名詞 トルコからエジプトにいたるあたりの地域。参考 ヨーロッパに近い東方の地域の意味。

2**きんとう**【均等】名詞 形容動詞 差がなくて、どれもひとしいこと。例 お菓子を均等に分ける。

ぎんなん【銀なん】名詞 イチョウの実。食用にする。漢字 銀杏。

きんにく【筋肉】名詞 動物の体の運動に必要

な器官。例うでの筋肉。参考手や足などのほねについたり、内臓（＝胃・腸・心臓など）のかべをつくったりしている。

きんねん【近年】名詞 近ごろ。この二、三年。例この冬は、近年にない大雪だった。

きんのう【勤皇・勤王】名詞 天皇のために、まごころをつくして働くこと。参考ふつう、幕末に天皇方についた人々について使われる。ことば「勤皇の志士」

きんぱく[1]【金ぱく】名詞 金をたたいて、紙のようにうすくのばしたもの。漢字 金箔。

きんぱく[2]【緊迫】名詞 する動詞 今にも何か事件がおこりそうにさしせまっていること。例緊迫した空気が両国間にただよっている。類切迫。

きんぱつ【金髪】名詞 金色の髪の毛。ブロンド。

ぎんぱつ【銀髪】名詞 銀色の髪の毛。例銀髪の老しんし。参考美しい白髪にいう。

ぎんばん【銀盤】名詞 ❶銀でつくったさらやぼん。❷〔スケートができるような〕一面にはりつめた氷の表面。また、スケートリンク。

きんぴか【金ぴか】名詞 形容動詞 ❶金色にぴかぴか光ること。例金ぴかのつぼ。❷はなやかにかざること。例金ぴかのいしょう。

きんぴん【金品】名詞 お金と品物。また、お金や品物。例金品を受け取る。

きんぷん【金粉】名詞 金のこな。また、金色をした金属のこな。

きんべん【勤勉】名詞 形容動詞 〔仕事や勉強などに〕いっしょうけんめい、つとめはげむこと。例日本人は勤勉な国民といわれている。対怠慢。

きんぺん【近辺】名詞 〔ある場所の〕近く。ふきん。例家の近辺にはもう畑は少ない。

きんぼし【金星】名詞 ❶相撲で、平幕の力士が横綱を負かすこと。❷大きなてがら。例優勝こうほに勝つという金星をあげた。

ぎんまく【銀幕】名詞 ❶映画をうつす白いまく。スクリーン。❷映画。映画界。例銀幕の女王。

ぎんみ【吟味】名詞 する動詞 内容や質などをよく調べること。例材料を吟味する。

きんみつ【緊密】形容動詞 ぴったりとくっついていて、すきまのないようす。また、そのように深いつながりのあるようす。例緊密な関係。類密接。

きんむ【勤務】名詞 する動詞 〔会社などに通って〕つとめにつくこと。また、そのつとめ。例勤務時間。／市役所に勤務する。類服務。

きんメダル【金メダル】名詞 〔大きな〕競技で一位の人にあたえられる、金または金めっきのメダル。また、一位のこと。

ぎんメダル【銀メダル】名詞 〔大きな〕競技で二位の人にあたえられる、銀または銀めっきのメダル。また、二位のこと。

きんもくせい【金木せい】名詞 モクセイ科の木。秋に、かおりの強い花がさく。漢字 金木犀。

きんもつ【禁物】名詞 してはいけないこと。また、好ましくないこと。例どんなときでも、ゆだんは禁物だ。

ぎんやんま【銀やんま】名詞 ヤンマ科のトンボ。大形で、体は緑色。おすのはらは水色。漢字 銀蜻蜓。

きんゆう【金融】名詞 お金をかしたり、あずかったりすること。かねぐり。

きんゆうきかん【金融機関】名詞 お金をかしたりあずかったりする仕事をしているところ。銀行や信用金庫など。

ぎんゆうしじん【吟遊詩人】名詞 昔のヨーロッパで、いろいろな場所を旅行しながら詩をつくり、うたっていた詩人。

きんようび【金曜日】名詞 一週の六番目の日。木曜日の次の日。金曜。

きんらい【近来】名詞 近ごろ。最近。例近来にない、めでたい話だ。

きんらん【金らん】名詞 絹に金色や銀色の糸などで、もようをおり出した、ごうかな織物。漢字 金襴。

きんり【金利】名詞 あずけたお金や、かりたお金につく利子。また、その割合。例金利がかさむ。／金利を引き上げる。

きんりょう[1]【禁猟】名詞 鳥やけものをとることを法律で禁止すること。例禁猟期。

きんりょう[2]【禁漁】名詞 魚・貝・海そうをとることを法律で禁止すること。例禁漁期。

きんりょうく[1]【禁猟区】名詞 法律で、鳥やけものをとってはいけないとされている区域。

きんりょうく[2]【禁漁区】名詞 法律で、魚・

ことばあそび 回文50 イモ、重い（いもおもい）

貝・海そうをとってはいけないとされている区域。

きんりょく【筋力】名詞 筋肉の力。動物が動くために必要な体のすじ。例 筋力トレーニング。

きんりん【近隣】名詞 となりとその近く。となりきんじょ。例 近隣諸国。

きんるい【菌類】名詞 きのこやかびなど、胞子でふえるなかま。花はさかない。

きんれい【禁令】名詞 あることを、してはいけないと禁じた命令や法令。例 幕府の禁令。ことば「禁令をおかす」

きんろう【勤労】名詞 する動詞 〔体を使って〕仕事をすること。体を動かして働くこと。例 勤労奉仕。／勤労の精神。

きんろうかんしゃのひ【勤労感謝の日】名詞 国民の祝日の一つ。国民がおたがいに日ごろの働きを感謝し、その生産をいわう日。十一月二十三日。参考 一九四八（昭和二三）年にもうけられた。

1 **く**【区】一 接尾語 〔ある目的のために〕ある広さに区切った地いき。例 選挙区。二 名詞 東京都や政令指定都市（＝内閣によって指定された大きな都市）で、政治をおこなううえで分けた地いき。市と同じ権限がある。参考 東京都の場合は特別区といい、

2 **く**【句】名詞 ❶文章・詩・短歌・俳句などの一区切り。例 上の句。❷俳句のこと。例 一茶の句。

3 **く**【苦】名詞 ❶苦しみ。ことば「楽あれば苦あり」対 楽。❷くろう。ほねおり。ことば「苦は楽の種」❸なやみ。心配。例 失敗を苦にする。

ぐ【具】名詞 ❶あるもくてきをはたすための材料や手段となるもの。ことば「政争（＝政治上の争い）の具」❷料理で、ごはんなどにまぜたりしるに入れたりする材料。例 五目ずしの具。

ぐあい【具合】名詞 ❶あることの、調子。例 うまい具合につり合いをとる。❷〔体や機械などの〕調子。例 おなかの具合がよくない。❸都合。例 あいにく、明日は具合が悪い。❹ていさい。例 具合の悪い思いをする。❺〔物事の〕やり方。例 こんな具合に作ってください。

クアッド【QUAD】名詞 日米豪印戦略対話。日本・アメリカ・オーストラリア・インドの四か国の外交・安全保障の協力関係のわく組み。

くあればらくあり【苦あれば楽あり】ことわざ 苦しいことがあれば、その後には、きっと楽しいことがあるものだ。例 人生、苦あれば楽ありさ。参考「楽あれば苦あり、苦あれば楽あり」と続けてもいう。

1 **くい** 名詞 土の中にうちこんで、目じるしやささえにする、細長いぼう。漢字 杭。⇩図。

2 **くい**【悔い】名詞 自分のしたことや、したりなかったことを、後で残念に思うこと。後悔。例 悔いを残さないようにする。

くいあらす【食い荒らす】動詞 ❶かたはしから食べて、そんがいをあたえる。例 イノシシに作物を食い荒らされた。❷あれこれと少しずつ食べてよごす。また、一つのことを続けないで、いろいろなことに少しずつかかわる。例 料理をさんざんに食い荒らす。類 食い散らす。活用 くいあら・す。

1くい

くいあらためる【悔い改める】動詞 〔自分のした悪いおこないを〕悪いと気づいてなおす。例 罪を悔い改める。活用 くいあらた・める。

くいいじ【食い意地】名詞 いろいろなものをたくさん食べようとする気持ち。ことば「食い意地がはっている（＝食い意地が強い）」

くいいる【食い入る】動詞 深く中に入りこむ。食いこむ。例 絵を食い入るように見る。活用 くいい・る。

クイーン 名詞 ❶女王。❷トランプで、女王の絵がかかれているふだ。例 ハートのクイーン。❸その社会で一番強い女性。また、一番はなやかな女性。▼英語 queen

くいがのこる【悔いが残る】慣用句 自分のあやまちを、ずっと後まで残念に思う。例 悔いが残る試合。

くいき【区域】名詞 ある区切りをつけた内側。例立ち入り禁止の区域。

ぐいぐい 副詞(-と) ❶強い力で、続けて物事をするようす。例ぐいぐい引っぱられた。❷いきおいよく続けて飲むようす。例水をぐいぐい飲む。類ぐびぐび。ごくごく。

くいけ【食い気】名詞 物を食べたいと思う気持ち。食欲。参考くだけた言い方。

くいこむ【食い込む】動詞 ❶あるものの中に深く入る。例タイヤにガラスの破片が食い込む。❷〔ほかのところまで〕入りこむ。例授業がのびて、休み時間に食い込んだ。活用くいこ・む。

くいさがる【食い下がる】動詞 〔力の強いものなどに〕ねばり強く立ちむかっていく。例回答に納得できず、食い下がる。活用くいさが・る。

くいしばる【食い縛る】動詞 歯をかたくかみ合わせる。また、そのようにして、いたみ・苦しみなどをがまんする。活用くいしば・る。

くいしんぼう【食いしん坊】名詞 やたらに物を食べたがること。また、そのような人。くいしんぼ。

クイズ 名詞 なぞや問題を出してそれに答えるあそび。また、その問題。▼英語 quiz

くいだおれ【食い倒れ】名詞 食べ物にお金を使いすぎて、びんぼうになること。例京の着倒れ、大阪の食い倒れ。

くいちがい【食い違い】名詞 くいちがうこと。例意見の食い違い。

くいちがう【食い違う】動詞 ちがうところがあって、ぴたりと合わない。例二人の話は大きく食い違っている。活用くいちが・う。

くいちぎる【食いちぎる】動詞 歯でかみ切ってとる。例食パンを食いちぎる。活用くいちぎ・る。

くいちらす【食い散らす】動詞 ❶食べ物を食べこぼしてちらかす。例野犬がえものを食い散らしている。❷出された物をあれこれと少しずつ食べる。また、いろいろな物事に少しずつ手をつける。類食い荒らす。活用くいちら・す。

くいつく【食い付く】動詞 ❶かみつく。例犬がえさに食い付く。❷利益になりそうなことに喜んでとびつく。例うまい話に食い付く。活用くいつ・く。

クイック 名詞 すばやいこと。例ピッチャーがクイックモーションで投げる。▼英語 quick

くいつなぐ【食いつなぐ】動詞 ❶わずかな食物を少しずつ食べて生きのびる。例助けがくるまでチョコレートとあめで食いつなぐ。❷少ないお金で、やっと生活する。例給料日まで千円で食いつなぐ。類①②食い延ばす。活用くいつな・ぐ。

くいつぶす【食い潰す】動詞 働かないでくらして、財産をすっかりなくしてしまう。例親の財産を食い潰した。活用くいつぶ・す。

くいつめる【食い詰める】動詞 〔仕事などがないために〕お金を使いはたして、生活にこまる。活用くいつ・める。

ぐいと 副詞 ❶力を入れて、いきおいよく動作をするようす。例とびらをぐいとおす。❷水やジュースなどを一息に飲むようす。例せんをあけたジュースをぐいと飲む。

くいとめる【食い止める】動詞 〔それ以上に広がるのを〕ふせぎとめる。例火事が広がるのを食い止めた。活用くいと・める。

くいにげ【食い逃げ】名詞 する動詞 飲食店で飲み食いした代金をはらわないでにげること。

くいのばす【食い延ばす】動詞 ❶少しずつ食べて、長い間食べられるようにする。❷〔お金を〕少しずつ使って、長く生活できるようにする。類①②食いつなぐ。活用くいのば・す。

くいはぐれる【食いはぐれる】動詞 ❶食べそこなう。例べんとうを食いはぐれた。❷〔仕事などをうしなって〕生活できなくなる。活用くいはぐ・れる。

くいぶち【食い扶ち】名詞 食べ物を買うためのお金。例食い扶ちをかせぐ。

くいもの【食い物】名詞 ❶食べ物。例食い物のうらみはおそろしい。参考少しらんぼうな言い方。❷他人の利益のために利用される人やもの。例客を食い物にする悪い商人。

くいる【悔いる】動詞 自分がしたことで、したりなかったことや、悪かったことを、後で残念に思う。例言いすぎてしまったことを悔いる。活用く・いる。

くいをのこす【悔いを残す】慣用句 自分のしたことで、したりなかったことや、悪かったことを残念に思う気持ちが後まで残る。例練習をなまけると、悔いを残すことになるかもしれ

ことばあそび 回文51 樽からカルタ（たるからかるた）

ない。

クインテット 名詞 五重唱。または、五重奏。また、そのような曲や楽団。▼英語（イタリア語から）quintet

くう【食う】 動詞 ❶食べる。❷虫などがかじったりさしたりする。例 体のあちこちをダニに食われた。❸くらしをたてる。例 この月給ではとても食っていけません。❹〔時間・お金・エネルギー・労力などを〕多く使う。ついやす。例 時間ばかり食って、仕事がはかどらない。❺〔好ましくないことを自分の身に〕受ける。例 ばつを食う。❻〔スポーツなどで〕強い相手を負かす。例 横綱を食う。❼他人の領分をおかす。例 大型店に客を食われる。活用 く・う。

クウェート 地名 クウェート国。アラビア半島北東部のペルシャ湾に面した国。石油の産出量が多い。首都はクウェート。▼英語 Kuwait

くうかい【空海】 人名（七七四～八三五）平安時代の僧。わかいときに唐（＝昔の中国）で仏教の勉強をし、帰国して真言宗を開いた。文化活動や社会事業などにもかつやくした。「弘法大師」ともいわれる。

くうかくわれるか【食うか食われるか】 慣用句 相手に勝つか負けるか。生きるか死ぬか。命がけのたたかいのたとえ。例 食うか食われるかのはげしいたたかい。

くうかん【空間】 名詞 ❶上下・左右・前後のどこまでもはてしのない広がり。例 宇宙の空間。❷あいていて、なにもないところ。

くうき【空気】 名詞 ❶地球をつつんでいる、色もにおいもない気体。❷まわりの様子。ふんいき。例 なごやかな空気。ことば「空気を読む」

くうきかんせん【空気感染】 名詞 空気中にある病原菌によって病気がうつること。空気伝染。

くうきじゅう【空気銃】 名詞 おしちぢめた空気の力でたまをはっしゃするしくみの銃。エアライフル。

くうきょ【空虚】 名詞 形容動詞 中身がなにもないこと。特に、ねうちや意味のないこと。例 空虚な心。／空虚な生活。

くうぐん【空軍】 名詞 飛行機を使って、国を守ったり、敵をせめたりする軍隊。対 陸軍。海軍。

くうこう【空港】 名詞（民間の）飛行機が、ついたりとび立ったりするところ。例 羽田空港。

ぐうじ【宮司】 名詞 神社でまつりごとをする、かんぬしの一番上の役。

くうしゃ【空車】 名詞〔タクシーやバスなどで〕人や物などを乗せていない車。また、使っていない車。

くうしゅう【空襲】 名詞 する動詞 飛行機を使って敵地をせめること。

くうしゅうけいほう【空襲警報】 名詞 くうしゅうされるおそれがあるとき、人々にけいかいや用心をうながす知らせ。

ぐうすう【偶数】 名詞 二でわりきれる整数。二・四・六…など。対 奇数。

くうせき【空席】 名詞 あいている席。

くうぜん【空前】 名詞 今までにそのような例がまったくないこと。例 空前のヒット。

ぐうぜん【偶然】 一 名詞 形容動詞 思いがけないこと。また、思いがけなく起こること。例 偶然のできごと。対 必然。二 副詞 思いがけず。たまたま。例 偶然、その場所にいた。

くうぜんぜつご【空前絶後】 四字熟語 今までに例がなく、これからもないと思われるような、とてもめずらしいこと。例 空前絶後の大事件。

くうそう【空想】 名詞 する動詞 じっさいにはおこりそうもないことや、まだ見たこともないものを、あれこれと考えること。また、その考え。例 鳥のようにはばたくことを空想する。

ぐうぞう【偶像】 名詞 ❶木・石・土・金属などで、人間・神・仏などのすがたをかたどったもの。❷迷信・信仰などの目当てとなるもの。

ぐうたら 名詞 形容動詞 ぐずぐずして気力がないこと。また、そういう人。例 ぐうたらな生活をおくる。

くうちゅう【空中】 名詞 そらの中。空気の中。

クーデター 名詞 軍人や政治家が、軍隊の力などを使って、政府をたおし、政権をうばいとること。▼フランス語

くうてん【空転】 名詞 する動詞 ❶機械などが空まわりすること。例 みぞにはまって、タイヤが空転する。❷時間がすぎるばかりで、物事がよい方へ進まないこと。例 話し合いは空転するばかりだ。

グーテンベルク 人名（一三九八ごろ～一四六八）

八）金属活字印刷を発明したドイツの技術者。ヨハネス・グーテンベルク（Johannes Gutenberg）。

くうどう【空洞】名詞 ❶ほらあな。❷中が空っぽになっていること。また、そのあな。例みきが空洞になっている大木。❸体の組織の一部が死んで、そこにできたあな。例肺に空洞ができる。

ぐうのねもでない【ぐうの音も出ない】慣用句 まちがいや悪いところなどを人からはっきりと言われ、一言も返せない。例正しい意見にぐうの音も出ない。

くうはく【空白】名詞 ❶紙などの、なにも書いてないところ。❷なにもないこと。例その部分は記おくが空白です。

くうばく【空爆】名詞 する動詞 「空中爆撃」の略。飛行機で、空からばくだんを落としてこうげきすること。

ぐうはつ【偶発】名詞 する動詞 思いがけなくおこること。例偶発的な事故。

くうひ【空費】名詞 する動詞 〔お金や時間を〕むだに使うこと。むだづかい。例おしゃべりに貴重な時間を空費する。

くうふく【空腹】名詞 おなかがすいていること。ことば「空腹を感じる」「空腹を満たす」対満腹。

クーベルタン 人名 （一八六三〜一九三七）フランスの教育者、近代オリンピックの創設者。近代オリンピック大会を開くよう世界各国によびかけ、国際オリンピック委員会（ＩＯＣ）を組織し、一八九六年に第一回大会をギリシャのアテネで開催した。クーベルタン男爵。

くうぼ【空母】名詞 「航空母艦」の略。

くうほう【空砲】名詞 実弾をこめていない鉄砲や大砲。音だけをひびかせる。例勝利を祝って空砲をうつ。

クーポン 名詞 切り取り式のきっぷ。特に、種類のちがう乗車券や宿泊券などが、一つづりになっているきっぷ。▼英語（フランス語から）coupon

くうゆ【空輸】名詞 する動詞 「空中輸送」の略。飛行機などで、人や荷物を運ぶこと。

クーラー 名詞 温度を下げて、すずしくしたり、ものをひやしたりするしかけ。冷房装置。冷却器。▼英語 cooler

クーラーボックス 名詞 冷たい飲食物やつった魚などを入れておくための、けいたい用の保冷箱。参考 日本でつくった言葉。

くうらん【空欄】名詞 文書などで、後から書きこめるように線でかこってあけてあるところ。例問題の答えを空欄に書く。

クーリングオフ 名詞 ほうもんはんばいなどで品物を買うけいやくをしたとき、一定の期間内であれば、そのけいやくの取り消しができるせいど。▼英語 cooling off

クール 形容動詞 ❶すずしいようす。❷冷静なようす。例クールに観察する。❸かっこいいようす。例クールな男性。▼英語 cool

くうろ【空路】名詞 飛行機のとぶ、決まった空の道すじ。また、それを使った交通。類航路。対海路。陸路。水路。

ぐうわ【ぐう話】名詞 読む人や聞く人に教えとなるような、たとえ話。例イソップのぐう話。漢字 寓話。

くうをきる【空を切る】慣用句 なんの手ごたえもないことをする。からぶりをする。例なんどふってもバットは空を切るだけだった。

くえない【食えない】連語 ❶食物として食べられない。例生にえで食えない。❷生活ができない。例仕事がなくて食えない。❸気がゆるせない。ゆだんができない。例あいつは食えないやつだ。

くえんさん【くえん酸】名詞 ミカンなどのかんきつ類の実にふくまれる酸。色もにおいもなく、飲料水にまぜてすっぱい味をつけたり、薬品に使ったりする。

くおん【久遠】名詞 ❶いつまでも終わりがないこと。永久。永遠。例人類の久遠の理想。❷遠い昔。参考 古い言い方。詩や歌などで多く使う。注意「くえん」と読まないこと。

くかい【句会】名詞 俳句をつくったり、ひひょうし合ったりするための集まり。例句会を開く。

くかく【区画】名詞 する動詞 土地などを区切って分けること。また、その区切った場所。

くがく【苦学】名詞 する動詞 働きながら、苦労して勉強すること。例苦学して教師になった。／苦学生。

くかくせいり【区画整理】名詞 土地をゆう

ことばあそび 回文52 ニンジン、隣人に（にんじんりんじんに）

こうに使うため、道路・公園・宅地・田畑などの境界をかえて、全体の形をととのえること。

くがつ【九月】名詞 一年の九番目の月。古くは「長月」といった。

くかん【区間】名詞 ある場所からある場所までの間。区切られた間。例 無料の区間がある高速道路。／区間新記録。

くき【茎】名詞 植物の部分の一つ。花や葉をささえ、養分や水分などの通り道となる。参考 多く、地上にあるが、地下茎のように地下にあるものもある。例 茎がのびる。

くぎ 名詞 鉄・木・竹などでつくった、一方がとがった細長いぼう。材木などをつないだりとめたりするのに使う。ことば「くぎを打つ」漢字 釘。

くぎづけ【くぎ付け】名詞 ❶くぎをうって、動かないようにすること。❷ある場所から動けないようにすること。例 わたしはその絵の前にくぎ付けになった。

くぎぬき【くぎ抜き】名詞 うちつけたくぎをぬくための鉄製の道具。参考 てこの原理を利用した道具の一つ。

くきょう【苦境】名詞 苦しい立場。ことば「苦境に立たされる」類 逆境。

くぎょう【苦行】名詞 する動詞 苦しくつらい修行。例 苦行をつむ。

くぎり【区切り・句切り】名詞 ❶詩や文章の切れ目。❷物事の一つの切れ目。ことば「区切りをつける」

くぎりふごう【区切り符号】名詞 詩や文章の切れ目につけるしるし。「、」「。」「・」など。

くぎる【区切る・句切る】動詞 いくつかに分ける。例 土地を区切る。活用 くぎ・る。

くぎをさす【くぎを刺す】慣用句 〔まちがいのないように〕前もって強く言いわたしておく。例 さわがないように、くぎを刺す。

くく【九九】名詞 一から九までの数の、それぞれをかけあわせる計算の方法。また、その表。

くくりつける【くくり付ける】動詞 動かないように、他のものにくっつけてしばる。しばりつける。例 木にロープをくくり付ける。活用 くくりつ・ける。

くぐりど【くぐり戸】名詞 くぐって出入りする小さな戸。くぐり。⇩図。

くぐり戸

くぐりぬける【くぐり抜ける】動詞 ❶せまいところをくぐって、通りぬける。例 へいのあなをくぐり抜ける。❷危険や困難から、うまくのがれる。例 戦火をくぐり抜ける。活用 くぐりぬ・ける。

くくる 動詞 ❶一つに集めて、しばる。また、ひも・なわなどを、物にまきつけて、しめる。例 新聞紙をくくる。❷一まとめにする。例 かっこでくくる。活用 くく・る。

くぐる 動詞 ❶かがんで物の下を通る。例 門をくぐる。❷水中にもぐる。例 海にくぐってサザエやアワビをとる。❸すきまをねらって、うまく行動する。例 法の目をくぐる。活用 くぐ・る。

くげ 名詞 昔、天皇につかえていた、特に身分の高い人。漢字 公家。対 武家。

くけい【く形】名詞「長方形」の古い言い方。漢字 矩形。

くける 動詞 ぬい目がおもてに見えないようにぬう。例 スカートのすそをくける。活用 く・ける。

くげん【苦言】名詞 言いづらいことだが、その人のためを思ってあえて言う忠告の言葉。ことば「苦言をていする（＝苦言を言う）」

くさ【草】一 名詞 くきがやわらかく、木ではない植物。例 草が生える。二 接頭語《ほかの言葉の上につけて》似ているがちがうもの、本格的でないものなどの意味を表す。例 草野球。

くさい【臭い】一 形容詞 ❶いやなにおいがするようす。例 生ごみが臭い。❷あやしい。例 あのそぶりはどうも臭い。二 接尾語 ❶「…の（ような）いやなにおいがする」の意味を表す言葉。例 油臭い。❷「…の感じがする」の意味を表す言葉。例 いんちき臭い。／しろうと臭い。活用 くさ・い。

くさいきれ【草いきれ】名詞 夏、日が強くてっているとき、草のしげみから出る、むっとするようなあつい空気。

くさいものにふたをする【臭い物に蓋をする】ことわざ 都合の悪いことを人に知られないように、その場かぎりの方法でかくす。例 臭い物に蓋をするだけの解決策では意味が

ない。

くさかり【草刈り】名詞 草をかまで切りとること。

くさかんむり【草冠】名詞 漢字の部首の一つ。「花」「草」などの上側の「艹」の部分。

くさき【草木】名詞 草と木。植物。

くさきぞめ【草木染め】名詞 人工の染料でなく、草木からとった自然の染料でそめる、昔からのそめ方。

くさきもねむるうしみつどき【草木も眠る丑三つ時】慣用句 草や木もねむっているように静かな真夜中。参考 ⇩124ページ・うし三つ時。

ぐさく【愚作】名詞 ❶つまらない作品。❷自分の作品をけんそんしていう言葉。例 愚作ですがごらんください。

くさくさ 副詞(ーと) する動詞 気持ちが晴れず、いらいらするようす。例 悪いことばかり続いて、気がくさくさする。

ぐさぐさ 副詞(ーと) ❶するどいもので、つきさすようす。例 牛肉にぐさぐさと穴をあける。❷人からいやなことや、きびしいことを言われて、きずつくようす。例 親友の苦言がぐさぐさと心にささった。

くさす【腐す】動詞 悪く言う。例 賞をとった作品を腐す。活用 くさ・す。

くさってもたい【腐っても鯛】ことわざ 〔タイはくさっても高級な魚にかわりがない、ということから〕本当によいものは、おちぶれてもそれなりのねうちがある、というたとえ。

くさとり【草取り】名詞 庭や田畑などのざっそうをぬき取ること。例 休日に庭の草取りをする。

くさのねをわけてさがす【草の根を分けて探す】慣用句 〔どこかに行った人や物を〕あらゆるやり方で、すみずみまでさがす。例 犯人を草の根を分けて探す。

くさばな【草花】名詞 ❶草にさく花。草の花。❷花のさく草。例 庭に草花をうえた。

くさばのかげ【草葉の陰】慣用句 〔草の葉におおわれた下の意味から〕墓の下。あの世。例 草葉の陰から見守る。

くさはら【草原】名詞 草が多くはえた野原。そうげん。

くさび 名詞 ❶かたい木や鉄などでつくった、切り口が三角形をしたもの。物をわるときやゆるみをつめたりするときなどに使う。⇩図。❷二つのものや物事をつなぎ合わすもの。例 友好のくさびとなる。漢字 楔。

くさび①

くさびがたもじ【くさび形文字】名詞 古代メソポタミアで使われた、くさびの形を組み合わせてつくった文字。世界で一番古い文字といわれる。

くさびをうちこむ【くさびを打ち込む】慣用句 ❶敵の中にせめこんで、その力を二つにわって弱める。❷両者の仲を悪くしようとしてじゃまする。

くさぶえ【草笛】名詞 草の葉をくちびるにあてて鳴らすふえ。

くさぶかい【草深い】形容詞 ❶草が、高くたくさんしげっている。例 草深い土地。❷〔①の意味から〕いかにもいなからしい感じがする。活用 くさぶか・い。

くさぶき【草ぶき】名詞 かや・わらなどで屋根をふくこと。また、その屋根。

くさみ【臭み】名詞 ❶そのものに特有の、いやなにおい。例 ショウガでイワシの臭みをとって料理する。❷わざとらしくいやな感じ。例 臭みのある芸。

くさむしり【草むしり】名詞 庭や田畑などのざっそうをむしって取ること。

くさむら【草むら】名詞 草がたくさんはえているところ。例 草むらにかくれた。

くさもち【草餅】名詞 ヨモギのわかい葉などを入れてついたもち。

くさやきゅう【草野球】名詞 〔楽しむために〕しろうとが集まってする野球。

くさり【鎖】名詞 金属でつくった輪を、長くつなぎあわせたもの。

くさる【腐る】動詞 ❶食物などが悪くなる。例 腐った魚。❷木材や金属などがいたんで悪い状態になる。例 トタン屋根が腐って雨がもる。❸〔思うようにならず〕やる気をなくす。気がしずむ。例 仕事がうまくいかなくて腐っている。❹

ことばあそび 回文53 パンダがダンパ（＝ダンスパーティー）（ぱんだがだんぱ）

りっぱな心を失って、だめになる。例 心の腐った人。活用 くさ・る。

くされえん【腐れ縁】 名詞 はなれようとしてもはなれられずに、だらだらと続く関係。例 腐れ縁と思ってあきらめる。

くさわけ【草分け】 名詞 あることがらをはじめてすること。また、その人。例 日本のプロ野球の草分け。

くし[1] 名詞 髪の毛をとかすための、平たくて切りこみのある道具。髪かざりに使うこともある。漢字 櫛。

くし[2]**【串】** 名詞 食べ物などをさし通すのに使う、竹や鉄でつくった細いぼう。

くし[3]**【駆使】** 名詞 する動詞 思うとおりに使いこなすこと。例 得意の英語を駆使する。

くじ 名詞 紙きれなどに番号やしるしなどをつけておき、それを引いて、あたりはずれ・勝ち負けをきめたり、物事のよしあしなどをうらなったりするもの。ことば「くじを引く」

くしがたぎり【くし形切り】 名詞 トマトなどの球形の野菜やくだものをたてに切って、四等分、または六等分・八等分にする切り方。

くじく 動詞 ❶ほねのつなぎめをいためる。例 足をくじいた。❷いきおいを弱くする。例 相手のいきおいをくじく。活用 くじ・く。

くじける 動詞 いきおいが弱まる。あることをしようとする元気がなくなる。例 一回の失敗ぐらいでくじけるな。活用 くじ・ける。

くしざし【串刺し】 名詞 竹や鉄の細いぼうでつきさすこと。また、つきさしたもの。

くしのはがかけたよう【くしの歯が欠けたよう】 慣用句 そろってならんでいるはずのものが、ところどころぬけてさびしいようす。注意 「くしの歯がぬけたよう」はあやまり。

くじびき【くじ引き】 名詞 する動詞 〔順番などを決めるため〕くじを引くこと。例 くじ引きでそうじ当番をきめる。

くじゃく 名詞 キジ科の鳥。おすの羽は色あざやかで、広げるとおうぎ形になる。漢字 孔雀。

くしゃくしゃ 一 形容動詞 紙・布などが、もまれて、しわだらけになるようす。また、髪などがみだれているようす。例 くしゃくしゃのハンカチ。二 副詞(-と) する動詞 気に入らないことがあって、気持ちが晴れないようす。例 思いどおりに仕事が進まず、気分がくしゃくしゃする。

くしゃみ 名詞 鼻の粘膜がしげきされたとき、急に音をたてて息をはきだすこと。例 大きなくしゃみをする。／鼻がむずむずして、くしゃみがでる。

くしゅう【句集】 名詞 俳句を集めた本。

くじゅう【苦渋】 名詞 する動詞 物事がうまくいかず、苦しくつらい思いをすること。例 世の中のさまざまな苦渋を味わう。

くじょ【駆除】 名詞 する動詞 〔害をもたらす虫・動物を〕ころしたり、おいはらったりして、とりのぞくこと。例 スズメバチを駆除する。類 駆逐。

くしょう【苦笑】 名詞 する動詞 自分に不利な点や、はずかしさ・つらさなどをかくして、かすかに笑うこと。例 過去の失敗にふれられて苦笑する。

くじょう【苦情】 名詞 〔めいわくなどを受けていることに対する〕ふへい。もんく。例 苦情をもうしいれる。

ぐしょう【具象】 名詞 見たり聞いたりしてわかるような、はっきりとした形をそなえていること。例 具象的。／具象画。類 具体。対 抽象。

ぐしょぐしょ 形容動詞 すっかりぬれてしまったようす。例 なみだでぐしょぐしょになった顔。類 びしょびしょ。

ぐしょぬれ 名詞 〔水がたれるほど〕すっかりぬれていること。例 大雨で、ぐしょぬれになった。

くじら【鯨】 名詞 クジラのなかまのうち、シロナガスクジラ・マッコウクジラなど、大形のもの。参考 小形のものはイルカという。

くしん【苦心】 名詞 する動詞 いろいろと考えて苦労すること。例 苦心してつくったダム。

くしんさんたん【苦心惨たん】 四字熟語 いろいろと考え、とても苦労すること。例 苦心惨たんのすえ、新しい商品を開発した。漢字 苦心惨憺。

くず[1]**【葛】** 名詞 マメ科の植物。秋に赤むらさき色の小さな花がふさのようにさく。根から「くず粉」をとる。秋の七草の一つ。⇩口絵10ページ。

くず[2] 名詞 〔古くなったり、細かくなったりして〕役に立たないもの。例 ごみくず。／紙くず。漢字 屑。類 かす。ごみ。

ぐず 名詞 形容動詞 決心したり、行動したりすることがおそく、のろのろしていること。また、そのような人。参考 人をののしるときにもいう。

グスク 名詞 沖縄県などにある遺跡。おもに石でかこまれていて、城・とりで・信仰の場所であったと考えられている。

くすくす 副詞(〜と) 声をおさえて笑うようす。例 後ろでくすくす笑っている。

ぐずぐず 一 副詞(〜と) する動詞 態度や気持ちなどが、のろのろしているようす。例 ぐずぐずしていたら、順番が最後になってしまった。二 副詞 いつまでも不満を言うようす。例 行くのはいやだとぐずぐず言っている。類 うじうじ。

くすぐったい 形容詞 ❶ひふがしげきされて、むずむずするようす。例 首がくすぐったい。❷きまりが悪い。てれくさい。例 あんまりほめられたので、くすぐったい感じがした。活用 くすぐった・い。

くすぐる 動詞 ❶ひふにかるくふれて、笑いたいようなむずむずした感じをおこさせる。例 足のうらをくすぐる。❷笑わせたり、ほめたりして、人をいい気分にさせる。ことば「自尊心をくすぐる」 活用 くすぐ・る。

くずこ【葛粉】 名詞 クズの根からとった、白いでんぷん。菓子や料理に使う。参考 奈良県吉野地方の名産。

くずしがき【崩し書き】 名詞 文字などをしょうりゃくして書くこと。また、行書や草書で書くこと。そのようにして書いた文字。

くずす【崩す】 動詞 ❶くだいて、こわす。例 すなの山を崩す。❷ととのっているものや、まとまっているものをばらばらにする。例 姿勢を崩す。❸字の、点や線をはぶいたり、まるめたりして続けて書く。例 漢字を崩して書く。❹小銭にかえる。例 千円札を百円玉に崩す。活用 くず・す。

くすだま【くす玉】 名詞 ❶造花などで玉の形をつくり、五色の糸をたらしたもの。かざり物として使う。❷「くす玉①」に似せてつくった、大きなかざりの玉。わると中から色紙や風船などが出てくる。漢字 薬玉。⇩図。

① ② 祝 優勝

くす玉

ぐずつく 動詞 ❶のろのろして、おこないや態度がはっきりしない。ぐずぐずする。❷〔子どもなどが〕きげんが悪く聞きわけのないこと。ぐずる。例 電車の中で、妹がぐずついたのでとてもこまった。❸〔天気や気分が〕はっきりしない。例 天気は、まだ二、三日ぐずつくでしょう。活用 ぐずつ・く。

くすねる 動詞 こっそりぬすむ。例 人の時計をくすねる。参考 くだけた言い方。活用 くす・ね・る。

くすのき 名詞 クスノキ科の木。葉などに特有のかおりがあり、くすりの「しょうのう」をつくるもとになる。また、木がかたいので家具などにもなる。

くすぶる 動詞 ❶よくもえないでけむる。例 たき火がくすぶる。❷〔前におこったことなどの〕解決がつかない状態が続く。例 いやな気持ちが心の中でくすぶっていた。❸何もせずにじっとしている。例 休みの日は家でくすぶっていた。活用 くすぶ・る。

くすむ 動詞 ❶黒ずんでいる。色があざやかでない。例 くすんだ赤色。❷目立たない。例 かれはいつもくすんだ存在だった。活用 くす・む。

くずもち【葛餅】 名詞 水にといたくず粉を加熱し、型に流してかためた和菓子。

くずゆ【葛湯】 名詞 くず粉にさとうをまぜ、あつい湯をそそいでねった食べ物。

くすり【薬】 名詞 ❶病気やきずを治すために、飲んだりつけたりするもの。例 熱を下げる薬。❷〔心や体の〕ためになること。例 きびしい言葉は、かれには薬になるだろう。対 毒。

くすりばこ【薬箱】 名詞 いろいろな薬を入れておくはこ。

くすりや【薬屋】 名詞 薬を売る店。類 薬局。

くすりゆ【薬湯】 名詞 薬の入っているふろ。

くすりゆび【薬指】 名詞 中指と小指の間の指。親指から四番目の指。参考 この指で薬をまぜたりつけたりしたことからいう。

ぐずる 動詞〔きげんが悪く〕ぐずぐずいう。ぐずつく。だだをこねる。活用 ぐず・る。

くずれる【崩れる】 動詞 ❶くだけて、こわれる。例 大雨で、がけが崩れた。❷ととのっていたものが、みだれる。例 列が崩れる。❸〔天気が〕悪くなる。例 天候が崩れる。❹《「くずれた…」の形で》〔身なりや態度が〕だらしなくなる。不

ことばあそび 回文54 海賊行け、行くぞイカ（かいぞくいけいくぞいか）

良っぽくなる。例兄が崩れたかっこうをしている。活用くず・れる。

くせ【癖】 名詞 ❶〔自然に出る〕その人の持つ、特別な習慣。例ひとり言が癖になっている。❷折れたり曲がったりして、元にもどしにくくなること。また、その様子。例癖のついた髪の毛。

くせつ【苦節】 名詞 苦しみなどに負けずに、自分の信念を守り通すこと。例苦節十年、がんばったかいがあった。

くせに 助詞 …なのに。…にもかかわらず。例知らないくせに知ったかぶりをするな。／弱虫のくせにいばる。注意 人のよくないところをせめる気持ちで使う。

くせもの【くせ者】 名詞 ❶悪者。また、あやしい人。❷ゆだんのできない人。例あの人はなかなかくせ者だ。

くせん【苦戦】 名詞 する動詞 苦しいたたかいをすること。また、そのたたかい。ことば「苦戦をしいられる」類苦闘。

くそ 一 名詞 ❶大便。ふん。❷あか。かす。例耳くそ。
二 感動詞 はらが立ったときなどに言う言葉。例くそ、おぼえてろ。
三 接頭語 接尾語 ❶《「くそ…」「…くそ」の形で》人の悪口を言うときの言葉。例くそじじい。／へたくそ。❷《「くそ…」の形で》後の言葉を強める言葉。例くそまじめ。

くそどきょう【くそ度胸】 名詞 なみはずれてずぶとい度胸。例かれにはくそ度胸がある。

くそまじめ【くそ真面目】 名詞 形容動詞 必要以上にまじめで、ゆうずうのきかないこと。例彼はくそ真面目で、じょうだんも通じない。

くだ【管】 名詞 中が空になっている、まるく細長いもの。例ゴムでできた管。

ぐたい【具体】 名詞〔物事が、考えの上だけでなく〕はっきりとした形をそなえていること。例どうしたらよいか、みんなで具体策を考える。類具象。対抽象。

ぐたいあん【具体案】 名詞 内容などがはっきりとした考えや計画。例解決への具体案をしめす。

ぐたいか【具体化】 名詞 する動詞〔計画などを〕じっさいのおこないにうつすようにすること。例学校をたてる計画が具体化する。

ぐたいてき【具体的】 形容動詞 そのものの様子や形が、すぐに思いうかぶほど、はっきりしているようす。例具体的な例をあげて説明してほしい。対抽象的。

くだく【砕く】 動詞 ❶うちこわして、小さくする。例大きな岩をハンマーで砕いた。❷《「心を砕く」の形で》よくしようと思っていろいろと考える。例交通事故をなくすために心を砕く。❸むずかしいことを、わかりやすくする。例やさしく砕いて説明する。活用くだ・く。

くたくた 形容動詞 ひどくつかれて、力のないようす。例くたくたになるまで練習する。

くだくだしい 形容詞 長すぎたり細かすぎたりして、わずらわしい。例くだくだしい説明。

くだける【砕ける】 動詞 ❶こわれて小さくなる。例氷が砕ける。❷《「砕けた…」の形で》うちとける。親しみやすく、さばける。例砕けた人。活用くだ・ける。

ください【下さい】 動詞《「下さる」の命令形》❶相手に願い求める意を表す。例あの本をわたしに下さい。／少し時間を下さい。❷相手にそうしてほしいとたのむ意を表す。例ぜひ、ごらんください。／少し待ってください。／どうぞお使いください。参考②は、ひらがなで書くことが多い。

くださる【下さる】 動詞 ❶「あたえる」「くれる」の尊敬語。例先生が本を下さった。❷《「…てくださる」の形で》「…てくれる」をうやまっていう言い方。例あの方ならきっと、ぼくの気持ちをわかってくださるだろう。参考②は、ひらがなで書くことが多い。活用くださ・る。

くだす【下す】 動詞 ❶〔命令や判決を〕言いわたす。例命令を下した。❷〔判断などを〕みずからさだめる。例判断を下す。❸〔相手を〕負かす。例強敵を下す。❹げりをする。ことば「はらを下す」❺じっさいにおこなう。あるしょちをとる。ことば「手を下す」活用くだ・す。

くたばる 動詞 ❶とてもくたびれる。例へとへとにくたばる。類へたばる。❷「死ぬ」のぞんざいな言い方。例くたばったらおしまいだ。活用くたば・る。

くたびれもうけ 名詞 ➡1208ページ・ほねおりぞんのくたびれもうけ。

くたびれる 動詞 ❶つかれる。元気がなくなる。例しゃべり続けて、くたびれた。❷長く使って古くなる。例くたびれた長ぐつ。参考②はく

だけた言い方。活用 くたび・れる。

くだもの【果物】 名詞 〔リンゴ・ミカンなど〕食用になる草木の実。ふつう水分とあまみが多く、生で食べられる。例 新せんな果物。参考 「水菓子」ともいう。

くだら【百済】 地名 四世紀ごろ、朝鮮半島におこった国。日本に仏教などの文化を伝えた。その後、六六〇年に唐と新羅にほろぼされた。

くだらない【下らない】 連語 ❶何の役にも立たない。例 下らない言い合い。❷それより下ではない。例 工事の費用は十億円を下らない。

くだり【下り】 名詞 ❶上から下へうつること。❷中央から地方へ行くこと。特に、東京から地方へ行くこと。❸道が低くなっていくこと。また、そのような坂道。例 上りはつらいが、下りは楽だ。❹「下り列車」の略。中央から地方へ向かって行く列車。例 今度の下りは何時の出発ですか。対 ①～④上り。

くだりざか【下り坂】 名詞 ❶進むにつれて下がっていく坂。❷さかんなときをすぎて、おとろえていくこと。例 体力が下り坂になる。対 上り坂。

くだる【下る】 動詞 ❶低い所に行く。例 山を下る。❷川下に向かって進む。例 舟で川を下る。❸都（＝昔は京都、今は東京）から地方に行く。対 ①～③のぼる。❹〔命令や判決が〕言いわたされる。例 命令が下る。❺戦いに負ける。こうさんする。例 敵の軍門に下る。❻げりをする。例 はらが下る。活用 くだ・る。

くだをまく【管を巻く】 慣用句 酒によって、まとまりのないことやつまらないことをくどくどと言う。例 管を巻いてきらわれる。

くち【口】 一 名詞 ❶物を食べたり、話をしたりする器官。例 口をあける。❷物を出し入れするところ。また、出入りするところ。例 びんの口。／非常口。❸言葉。例 口をつつしむ。❹うわさ。例 世間の口がうるさい。❺職業。つとめ先。例 やっと働く口が見つかった。❻落ち着く先。例 いい口があったから、子犬をあげたよ。
二 助数詞 ❶《数の後につけて》物を食べるとき、口に入れる回数を数える言葉。例 カレーライスを一口食べてみる。❷《数の後につけて》もうしこむ数を数える言葉。例 寄付を二口する。

ぐち【愚痴】 名詞 言ってもしかたのないことをなんども言ってなげくこと。また、その言葉。なきごと。

くちあけ【口開け】 名詞 ❶〔びんなどの〕口をはじめて開けること。また、開けたばかりであること。口切り。例 口開けのジャムをなめる。❷物事をするときのはじまり。例 店の口開けの客。

くちあたり【口当たり】 名詞 食べ物や飲み物を口に入れたときの感じ。例 なめらかな口当たりのとうふ。

くちうつし【口移し】 名詞 ❶食べ物や飲み物を自分の口にふくんでから相手の口にちょくせつうつし入れること。例 口移しに薬を飲ませた。❷〔ふつうはコップなどにあけてのむ飲み物を〕その入れ物にちょくせつ口をつけて飲むこと。例 やかんの口から口移しに水を飲んだ。❸〔書き物にしないで〕言葉でちょくせつ伝えること。例 昔、民話などは口移しに伝えられた。

くちうらをあわせる【口裏を合わせる】 慣用句 一つのことについて、みんなが同じ話をするように、前もってきめる。例 口裏を合わせて、ごまかそうとしていた。

くちうるさい【口うるさい】 形容詞 わずかなことでもうるさく注意するようす。例 母は食事のマナーに口うるさい。類 口やかましい。活用 くちうるさ・い。

くちえ【口絵】 名詞 本や雑誌などの、一番はじめにのせられている絵。

くちおしい【口惜しい】 形容詞 くやしい。残念である。例 あんな人にだまされたかと思うと口惜しい。活用 くちおし・い。

くちがうまい【口がうまい】 慣用句 人の気に入るようなことを、うまく言う。例 口がうまい友人にのせられて、参加することになった。

くちがおごる【口がおごる】 慣用句 おいしいものを食べなれて、食べものの好みがぜいたくになる。例 口がおごっている人。類 口が肥える。

くちがおもい【口が重い】 慣用句 あまり話さない。例 兄は口が重い。

くちがかかる【口が掛かる】 慣用句 仕事などにさそわれる。参考 もとは、芸人がお客からまねかれる意味。

くちがかたい【口が堅い】 慣用句 ひみつをかんたんに人に言わないようす。例 口が堅い友人に相談する。対 口が軽い。

ことばあそび 回文55 かゆい床（かゆいゆか）

くちがかるい【口が軽い】慣用句 〔言ってはならないことまで〕すぐ人に言うようす。例 口が軽い人には気をつけた方がいい。対 口が堅い。

くちがこえる【口が肥える】慣用句 おいしいものを食べなれていて、食べ物のおいしさやまずさがよくわかる。類 口がおごる。

くちがさけても【口が裂けても】慣用句 人にはぜったいに言わないことを強めた言い方。例 口が裂けてもひみつはもらさない。参考 「口がさけても…ない」の形で用いる。

くちかず【口数】名詞 ❶ものを言う数。例 口数ばかり多くて、さっぱり働かない。❷人数。例 口数をへらすために、よそに働きに出る。❸物事の数。例 寄付金の口数をまとめる。

くちがすっぱくなる【口が酸っぱくなる】慣用句 〔同じ忠告・注意などを〕何度もくり返して言うようす。例 危険な所へ行くなと口が酸っぱくなるほど注意した。

くちがすべる【口が滑る】慣用句 言うつもりはないのに、うっかり言う。口を滑らす。例 いろいろ話しているうちに、つい口が滑ってしまった。

くちがね【口金】名詞 入れ物の口につける金具。例 びんの口金。／ハンドバッグの口金。類 留め金。

くちがひあがる【口が干上がる】慣用句 生活できなくなる。あごが干上がる。例 仕事がなくて口が干上がる。

くちがへらない【口が減らない】慣用句 〔言い返したり、りくつを言ったり〕自分勝手なことをえんりょなく言う。例 まったく、口が減らないやつだなあ。

くちがまがる【口が曲がる】慣用句 〔神や仏、目上の人などに失礼なことを言うと、ばちがあたって〕口がゆがむ。失礼なことを言わないようにいましめる言葉。例 おじいさんの悪口を言うと、口が曲がるよ。

くちがまわる【口が回る】慣用句 すらすらと、たくさん話す。例 妹はよく口が回る。

くちからさきにうまれる【口から先に生まれる】慣用句 よくしゃべる人をからかって言う言葉。例 さっきからずっとしゃべっている。口から先に生まれたような人だね。

くちからでまかせをいう【口から出任せを言う】慣用句 よく考えもせずに何でも言う。例 といつめられて、口から出任せを言う。

くちがわるい【口が悪い】慣用句 あからさまに、人や物事をけなす。例 口が悪いが、根はやさしい人。

くちき【朽ち木】名詞 くさった木。

くちきき【口利き】名詞 〔相談ごとなどをまとめるために〕二人の間をとりもつこと。また、その人。例 知り合いの口利きで、会社をうつった。

くちぎたない【口汚い】形容詞 ❶ものの言い方が下品である。例 口汚くののしる。❷食べ物をむやみにほしがる。活用 くちぎたな・い。

くちきり【口切り】名詞 ❶はじめて物の口を開けること。くちあけ。❷物事を、はじめておこなうこと。また、物事の最初。かわきり。例 友人に話の口切りをたのむ。

くちく【駆逐】名詞 する動詞 おいはらうこと。例 敵の艦隊を駆逐する。類 駆除。

くちぐせ【口癖】名詞 くせのように、いつもくり返して言う言葉。

くちぐちに【口口に】副詞 多くの人が、それぞれに言うようす。例 口々にほめる。／がんばれと、口々にさけぶ。参考 ふつう「口々に」と書く。

くちぐるま【口車】名詞 〔相手をだまそうとする〕うまい言いまわし。

くちぐるまにのせられる【口車に乗せられる】慣用句 うまい言いまわしにだまされる。口車に乗る。例 口車に乗せられて、ひどい目にあった。

くちぐるまにのる【口車に乗る】慣用句
➡くちぐるまにのせられる。

くちげんか【口げんか】名詞 言い争い。口論。

くちごたえ【口答え】名詞 する動詞 〔目上の人の〕言いつけや注意などにさからって、言い返すこと。また、その言葉。例 先生に口答えする。

くちコミ【口コミ】名詞 人の口から口へ伝えられる、うわさやひょうばん。例 あの店のラーメンはおいしいと口コミで伝わる。参考 テレビ・新聞などの「マスコミ」に対して、口伝えを指す。「コミ」は「コミュニケーション（communication）」の略。

くちごもる【口籠もる】動詞 ❶言葉が口の

なかにこもってはっきりしない。❷言葉がつかえてうまく言えない。言いしぶってはっきり言わない。例 とつぜん質問されて口籠もった。活用 くちごも・る。

くちさがない【口さがない】形容詞〔人のうわさなどを〕いろいろ話して、つつしみがない。例 近所の人たちが口さがなくうわさ話をしている。活用 くちさがな・い。

くちさき【口先】名詞 ❶口の先の方。❷〔まごころのこもらない〕うわべだけの言葉。例 口先だけの約束。

くちじょうず【口上手】名詞 形容動詞〔ほめたり説得したりする〕言い方がうまいこと。例 口上手に、ついだまされる。

くちずさむ【口ずさむ】動詞〔心にうかんだ詩や歌などを〕かるく声に出して歌う。例 好きな歌を口ずさむ。活用 くちずさ・む。

くちぞえ【口添え】名詞 する動詞 物事がうまくいくように、言葉をそえること。例 知人の口添えで就職した。類 助言。

くちだし【口出し】名詞 する動詞〔ほかの人が話しているときに〕わりこんで、言うこと。例 よけいな口出しをするな。

くちつき【口付き】名詞 ❶口や口もとの形。例 口付きが母親にそっくりだ。❷ものの言い方や言葉の感じ。例 不満そうな口付き。

くちづけ【口付け】名詞 する動詞 ➡322ページ・キス。

くちづたえ【口伝え】名詞 人から人へ言葉で伝えること。いい伝えること。口づて。例 昔話を口伝えでのこす。

くちづて【口づて】名詞 ➡くちづたえ。

くちどめ【口止め】名詞 する動詞 ほかの人に話さないようにさせること。例 その話は口止めされている。

くちなおし【口直し】名詞 前に食べた物のあじをけすために、べつの物を食べること。また、その食べ物。

くちなし 名詞 アカネ科の木。初夏に、あまいかおりの白い花がさく。実は、黄色の染料や薬になる。

くちにあう【口に合う】慣用句〔自分の好みにあっていて〕おいしく食べられる。例 料理がかの女の口に合うか心配だ。

くちにする【口にする】慣用句 ❶食べる。また、飲む。例 あまいものはあまり口にしません。❷言う。話題にする。例 その名前を口にしてはいけない。

くちにだす【口に出す】慣用句 言葉にして言う。例 口に出さないと、気持ちは伝わらない。

くちば【朽ち葉】名詞 ❶落ちてくさった木の葉。❷「朽ち葉色」の略。赤みをおびた黄色。

くちばし 名詞 鳥の口につき出た、かたいもの。例 するどいくちばし。⇩図。

くちばし

くちばしがきいろい【くちばしが黄色い】慣用句〔ひなどりのくちばしが黄色いところから〕わかくて、なにもよく知らないことのたとえ。参考 相手をばかにして言うときに使う。⇩口絵14ページ。

くちばしる【口走る】動詞〔よけいなことなどを〕うっかり言う。無意識のうちに言う。例 本音を口走る。活用 くちばし・る。

くちばしをいれる【くちばしを入れる】慣用句 ほかの人の話にわりこんで、話をする。例 関係ないのだから、きみはくちばしを入れるな。

くちはっちょうてはっちょう【口八丁手八丁】慣用句 話すことが上手で、することもすぐれていること。例 口八丁手八丁の人気芸人。参考「口も八丁手も八丁」「手八丁口八丁」ともいう。

くちはてる【朽ち果てる】動詞 ❶すっかりくさる。例 朽ち果てた山小屋。❷世の中に知られないままで死ぬ。例 都会のかたすみでひっそりと朽ち果てる。活用 くちは・てる。

くちはばったい【口幅ったい】形容詞 言うことが自分の身分や能力以上である。言うことが身のほどしらずである。例 口幅ったいことを言うようですが…。活用 くちはばった・い。

くちばや【口早】名詞 形容動詞 話し方がはやいこと。はや口。例 母が口早にさしずした。

くちはわざわいのかど【口は災いの門】故事成語 うっかり話したことがさいなんのもとになることがあるから、言葉はつつしんだ方がよいというたとえ。参考「口は災いのもと」とも

ことばあそび　だじゃれ❶　下手なしゃれはやめなしゃれ。

いう。類 災いは口から。

くちはわざわいのもと【口は災いのもと】故事成語 ➡くちはわざわいのかど。

くちび【口火】名詞 ❶花火やダイナマイトなどをはれつさせるのに使う火。また、ガス湯わかし器などの火だね。❷物言の始まるきっかけ。例 論争の口火となる。

くちびる【唇】名詞 上下から口をかこむ器官。例 唇がふるえている。参考「くちべり」の意味から。

くちびるをかむ【唇をかむ】慣用句 くやしさをがまんする。

くちびをきる【口火を切る】慣用句 物事を、一番にはじめる。例 論争の口火を切る。

くちぶえ【口笛】名詞 くちびるをすぼめて、息を強く外へふき、ふえのように音をたてること。また、その音。ことば「口笛をふく」

くちぶり【口振り】名詞 ❶話し方のようす。言葉つき。例 おじいさんの口振りをまねる。❷話のようすやしゃべり方。例 かれは不満があるらしい口振りだった。

くちべた【口下手】名詞 形容動詞 話のしかたがへたなこと。類 話し下手。

くちべに【口紅】名詞 化粧品の一つ。くちびるにぬる紅。

くちへん【口偏】名詞 漢字の部首の一つ。「味」「唱」などの、左側の「口」の部分。

くちほどにもない【口程にも無い】慣用句 じっさいにすることが口で言っているほどのことはない。たいしたことはない。例 かれの実力は口程にも無い。

くちまかせ【口任せ】名詞 口からでるにまかせて、言うこと。例 口任せに勝手なことを言いふらす。

くちまね【口まね】名詞 人の話し方や言葉つきをまねること。

くちもと【口元】名詞 口のあたり。例 口元のかわいらしい人。

くちもはっちょうてもはっちょう【口も八丁手も八丁】慣用句 ➡くちはっちょうてはっちょう。

くちやかましい【口やかましい】形容詞 少しのことにもうるさく（こごとを）言う。例 祖母は、言葉づかいには口やかましい。類 口うるさい。活用 くちやかまし・い。

くちやくそく【口約束】名詞 する動詞 〔紙に書かないで〕言葉だけでする約束。例 あれは口約束にすぎない。

くちゅう【駆虫】名詞 する動詞 薬などを使って、害虫や寄生虫を取りのぞくこと。例 駆虫剤。

くちょう【口調】名詞 ものの言い方。言葉の調子。類 語気。

くちよごし【口汚し】名詞 《「お口汚し」の形で》客に食べ物をすすめるときにけんそんしていう言葉。

くちる【朽ちる】動詞 ❶〔木・材木などが〕くさる。❷世の中にみとめられないまま終わる。例 あんなりっぱな人を朽ちさせるのはおしい。❸〔評判などが〕おとろえほろびる。例 かれの名声は永久に朽ちることがないだろう。活用 く・ちる。

くちをかける【口を掛ける】慣用句 ほかの人に、声をかける。さそう。前もって話をしておく。例 次の日曜日に海に行こうと、友だちに口を掛けておいた。

くちをきく【口を利く】慣用句 ❶ものを言う。話をする。例 だまっていた子がやっと口を利いた。❷しょうかいする。間をとりもつ。例 ぼくから先ぱいに口を利いてやるよ。

くちをきる【口を切る】慣用句 一番はじめにものを言う。例 みんなが何も言わないので、ぼくが思いきって口を切った。

ぐちをこぼす【愚痴をこぼす】慣用句 言ってもどうしようもないことを、何度も言ってなげく。例 仕事のことで愚痴をこぼす。

くちをすっぱくしていう【口を酸っぱくして言う】慣用句 同じことを何度も言う。例 わすれものをしないようにと、口を酸っぱくして言う。

くちをすべらす【口を滑らす】慣用句 ➡376ページ・くちがすべる。

くちをそえる【口を添える】慣用句 人の言うことに、そばから言葉をつけ加えて、助けてやる。例 父が口を添えてくれたので、うまく説明できた。

くちをそろえる【口をそろえる】慣用句 多くの人が同じことをいっしょに言う。例 口をそろえて、かれの勇気をたたえた。

くちをだす【口を出す】慣用句 自分に関係のないことなのに、そばからあれこれ言う。例

人のけんかに口を出すな。

くちをたたく【口をたたく】慣用句 好き勝手なことを言う。参考 ふつう「大口をたたく」「へらず口をたたく」などの形で使う。

くちをついてでる【口をついて出る】慣用句 言葉が自然にすらすらと出る。例 すなおな返事が口をついて出た。

くちをつぐむ【口をつぐむ】慣用句 口をとじて、何も言わない。話すのをやめる。例 言いかけて、口をつぐむ。

くちをつける【口を付ける】慣用句 食べ物や飲み物を口にする。飲食を始める。例 出された料理に口を付ける。

くちをとがらせる【口をとがらせる】慣用句 不満に思っている気持ちを表情に出す。例 先生にしかられて、口をとがらせている。

くちをぬぐう【口を拭う】慣用句 あることをして自分のしたことをごまかし、人に知られないようにする。例 口を拭って知らないふりをする。参考 もと、「口をふいて、ぬすみ食いをしたことをごまかす」ことをいった。

くちをのりする【口をのりする】慣用句 おかゆしか食べられないような、まずしいくらしをする。やっと生活をしている。例 親子四人で口をのりするような生活。

くちをはさむ【口を挟む】慣用句 人が話しているときに、そばからものを言う。例 説明中に口を挟むな。

くちをひらく【口を開く】慣用句 だまっていた人が話をしはじめる。口に出して言う。例 ようやく口を開いた。

くちをへらす【口を減らす】慣用句 家のくらしを楽にするために家族の人数をへらす。例 口を減らすために、ほかの家に住みこんで働くことになった。参考 「口」は食べ物を食べる口（＝家族の人数）のことで、昔は子どもが家を出て、よその家で働いたりした。

くちをわる【口を割る】慣用句 かくしていたことなどを（かくしきれずに）言う。例 犯人が口を割った。

くつ【靴】名詞 はきものの一種。かわ・ゴム・ビニール・布などでつくり、その中に足を入れてはく。ことば「靴をはく」「靴をぬぐ」

くつう【苦痛】名詞 体や心に感じる、いたみや苦しみ。例 苦痛をやわらげる薬。

くつがえす【覆す】動詞 ❶ひっくりかえす。例 大波が船を覆した。❷〔政府などを〕たおす。ほろぼす。例 徳川幕府を覆した。❸〔今までのことを打ち消して〕すっかり、かえる。例 コペルニクスはそれまでの説を覆す、地動説をとなえた。活用 くつがえ・す。

くつがえる【覆る】動詞 ❶ひっくりかえる。例 波をうけて船が覆る。❷〔政府などが〕たおれる。ほろびる。例 革命で政権が覆った。❸〔今までのものが打ち消されて〕すっかり、かわる。例 新しいしょうこの出現によって判決が覆った。活用 くつがえ・る。

クッキー 名詞 小麦粉にバター・たまご・さとうなどを加えて焼いた菓子。▼英語 cookie

くっきょう【屈強】形容動詞 力が強く、たくましいようす。例 屈強なわかもの。

くっきょく【屈曲】名詞 する動詞 〔長くつらなるものが〕折れ曲がること。例 屈曲して流れる大河。

くっきり 副詞(-と) する動詞 物の形がはっきりしているようす。あざやかなようす。例 青い海に白い船がくっきり見えた。

クッキング 名詞 料理。また、料理法。例 クッキングスクールに通う。▼英語 cooking

くっさく【掘削】名詞 する動詞 地面や山などの土や岩などを、けずったりほったりして、あなをあけること。例 運河を掘削する。

くっし【屈指】名詞 〔ゆびをおって数えられるくらい〕数が少なく、すぐれていること。例 屈指の名勝負。

くつした【靴下】名詞 洋服を着たとき、足にはくもの。類 たび。

くつじゅう【屈従】名詞 する動詞 自分の意志に反してしたがうこと。例 なみだをのんで屈従する。

くつじょく【屈辱】名詞 権力や勢力におさえつけられて受ける、はじ。ことば「屈辱をうける」「屈辱にたえる」類 恥辱。

ぐっしょり 副詞(-と) すっかりぬれているようす。例 ジョギングをして、ぐっしょりあせをかいた。／ぐっしょりと血にぬれている。

クッション 名詞 ❶羽毛やスポンジなどを入れてつくった洋風のざぶとん。❷いす、ソファー、乗り物の座席などの弾力をつけた部分。▼英語 cushion

あいうえお かきくけこ く さしすせそ たちつてと なにぬねの はひふへほ まみむめも や ゆ よ らりるれろ わ を ん

ことばあそび だじゃれ❷ あのようかいになんか用かい？

くっしん【屈伸】(名)(する動) かがんだり、のびたりすること。例 屈伸運動。

くつずみ【靴墨】(名)〔かわぐつにぬって〕かわがもちするようにしたり、つやを出したりするためのクリーム。くつクリーム。

ぐっすり (副)(-と) 深くねむるようす。例 子どもがぐっすりとねむっている。

くっする【屈する】(動) ❶曲がる。曲げる。例 ひざを屈する。❷気力がなくなる。元気をなくす。例 失敗しても屈しない。❸負けて服従する。勝って服従させる。ことば 「ひざを屈する(=権力に服従する)」 活用 くっ・する。

くつずれ【靴擦れ】(名) くつと足がすれて、足のひふにきずができること。

くっせつ【屈折】(名)(する動) ❶おれ曲がること。例 屈折した道。❷光が二つの物質の中を通るときに、そのさかいめで進む方向をかえること。⇨図。❸気持ちなどがゆがんで、すなおではないこと。例 屈折したせいかく。

屈折②

くったく【屈託】(名)(する動) あることを気にしてくよくよすること。ことば 「屈託のないえがお」

くったくがない【屈託が無い】慣用句 何かを気にして、心配することがない。例 子どもたちは屈託が無い。

ぐったり (副)(-と)(する動)〔弱ったりつかれたりして〕力がぬけるようす。例 弟は、熱が出てぐったりしていた。

くっつく (動)〔二つの物がすきまをあけず〕ぴったりと接する。例 接着剤で二まいの板はぴったりとくっついた。活用 くっつ・く。

くっつける (動) 物と物とをぴったりとつける。すきまのないようにつける。例 たんすをかべにくっつける。活用 くっつ・ける。

くってかかる【食って掛かる】慣用句 はげしい態度や言葉で、相手に立ちむかう。例 上司に食って掛かる。

ぐっと (副) ❶ある物事を、力を入れてするようす。一息にするようす。例 はらだたしさをぐっとがまんした。／水をぐっと飲みほす。❷それまでとはひどくちがうようす。いちだんと。ぐんと。例 肉のねだんが、ぐっと高くなった。❸〔感動したりこまったりして〕言葉や息がつまるようす。例 よろこびで胸がぐっとつまって言葉が出ない。

ぐっとくる 連語〔感動したり、こまったりして〕言葉や息がつまる。例 ぐっとくるせりふ。

グッピー (名) 熱帯の川などにすむ小さな魚。おすの体は色あざやかで、尾びれが大きい。観賞用にかわれる。▼英語 guppy

くっぷく【屈服・屈伏】(名)(する動) 相手のいきおいや力に負けて、したがうこと。例 権力に屈服する。

くつべら【靴べら】(名) くつをはくときに、足を入れやすくするためにかかとにあてるへら状の道具。

くつろぐ (動) 心や体をゆったりと楽にする。例 家でくつろぐ。活用 くつろ・ぐ。

くつわ (名) たづなをつけるために、馬の口にかませる金具。⇨図。

くつわむし【くつわ虫】(名) キリギリス科のこん虫。おすは、秋の夜に「ガチャガチャ」と大きな声で鳴く。語源 くつわのガチャガチャと鳴る音に似ていることから。

手綱

くつわ

くつわをならべる【くつわを並べる】慣用句 ❶馬の頭をそろえて、ならんで進む。❷多くの人がいっしょに同じことをする。例 くつわを並べて会場に入った。参考 「くつわ」は、馬の口にはめて、たづなをつける金具のこと。

くてん【句点】(名) 文の終わりにつけるしるし。「。」のこと。類 読点。句読点。

くでん【口伝】(名)(する動) 特別の教えを、口だけでさずけあたえること。また、その教えを記した書物。例 師から口伝を受ける。

ぐでんぐでん (形容動詞) 酒によって、心も体も思うようにならなくなること。例 お酒を飲みすぎてぐでんぐでんになる。

くど 名詞 ❶かまどの後ろにあるけむりを出すあな。❷かまど。へっつい。

くどい 形容詞 ❶いやになるほど、同じことを何度もくり返すようす。例説明がくどい。❷味・色などが、こい。例味つけがくどい。活用くど・い。

くとう【苦闘】 名詞 する動詞 苦しみながら、たたかうこと。苦しみにたえて努力すること。例なれない作業に苦闘する。類苦戦。

くとうてん【句読点】 名詞 文の終わりにつけるしるし（＝句点「。」）と、文を読みやすくするために文のとちゅうにうつ点（＝読点「、」）。

¹くどく【口説く】 動詞 自分の考えにしたがわせようとして、いろいろと話す。例夏休みに旅行に行こうと父を口説いた。活用くど・く。

²くどく【功徳】 名詞 世の中や人のためになる、よいおこない。ことば「功徳をつむ」

くどくど 副詞（-と） 同じことをくり返して言うようす。しつこく言うようす。例くどくどと言いわけをする。

くないちょう【宮内庁】 名詞 天皇や皇室の国事行為などについての仕事を担当する国の機関。内閣府におかれている。

くなん【苦難】 名詞 ［身に受ける］苦しみや、こんなん。ことば「苦難をのりこえる」

くに【国】 名詞 ❶国家。❷国土。例日本は海にかこまれた国だ。❸［自分が］うまれた土地。例ひさしぶりに国に帰る。

くにがまえ【国構え】 名詞 漢字の部首の一つ。「国」「囲」「因」などの「口」のこと。

くにがら【国柄】 名詞 ある国や地方の特色。その国の人々がもっている同じような性質。例陽気なお国柄。参考多く「お国柄」の形で使う。

くにくのさく【苦肉の策】 慣用句 敵をだますために、自分が苦しむこともかまわずにおこなうはかりごと。例苦肉の策をもちいる。

くにざかい【国境】 名詞 国と国、または、地方と地方とのさかい。例国境をこえる。

くにする【苦にする】 慣用句 とても心配して、思いなやむ。例けがが多いことを苦にする。

くになる【苦になる】 慣用句 いやで苦痛に感じる。心配で気になる。例遠い道のりも、少しも苦にならない。

くにもと【国元】 名詞 自分がうまれた土地。ふるさと。ことば「国元へ帰る」

ぐにゃぐにゃ 副詞（-と） する動詞 ❶やわらかく、よく曲がり、形が変わりやすいようす。例地面がぐにゃぐにゃしている。❷体や動作などに力がなく、しっかりしていないようす。例ぐにゃぐにゃせずに、まっすぐに立ちなさい。

くにやぶれてさんがあり【国破れて山河あり】 故事成語 国は戦乱によってほろびたが、自然の山や川は昔と変わらないすがたで存在している。語源 中国の杜甫の詩「国破れて山河あり、城春にして草木深し」から。

くにをあげて【国を挙げて】 慣用句 国の力を全部集め、国民の心を一つにして、あることをなしとげようとするようす。例国を挙げてオリンピック開催の準備を進める。

くぬぎ 名詞 ブナ科の木。樹液をすうため、カブトムシなどのこん虫が集まる。木材は炭にしたり、シイタケの栽培に使ったりする。

くねくね 副詞（-と） する動詞 何度もゆるやかに曲がるようす。例くねくねと曲がる道。類うねうね。

くねらせる 連語 くにゃくにゃと曲げる。例ヘビが、からだをくねらせながらにげていった。

くねる 動詞 （ゆるやかに）おれ曲がる。例林の道はゆるやかにくねっていた。活用くね・る。

くのう【苦悩】 名詞 する動詞 苦しみなやむこと。また、その苦しみや、なやみ。例苦悩にみちた人生。

くはいをなめる【苦杯をなめる】 慣用句 つらくて、苦しい経験をする。例優勝をのがして、苦杯をなめる。参考「苦杯」は、苦い飲み物を入れたさかずきのこと。「なめる」は、舌で味わって飲むこと。

くはらくのたね【苦は楽の種】 ことわざ ➡1362ページ・らくはくのたねくはらくのたね。

くばる【配る】 動詞 ❶分けて、それぞれに、わたす。例クラス全員に、お菓子を配る。❷行きわたらせる。例かんとくは、選手の動きに目を配っていた。活用くば・る。

くび【首】 名詞 ❶頭とどうの間の部分。例首を右に曲げる。⇩285ページ・体①（図）。❷頭。例首を引っこめる。❸やとっている人をやめさせること。例従業員を首にする。参考③はくだけた言い方。

くびかざり【首飾り】 名詞 宝石・貴金属などをつないで首にかけるかざり。ネックレス。

くびがつながる【首がつながる】 慣用句

ことばあそび だじゃれ③ 新発明！ しゃべるシャベル。

仕事をやめさせられたり、身分を下げられたりしないですむ。例大失敗をしたが、監督のはからいでなんとか首がつながった。

くびがとぶ【首が飛ぶ】慣用句 つとめをやめさせられる。

くびがまわらない【首が回らない】慣用句〔借金などがたまって〕やりくりがつかない。例借金で首が回らない。

くびきり【首切り】名詞 ❶〔つみをおかした人の〕首を切ること。❷やとっている人をやめさせること。

ぐびぐび 副詞(-と)〔酒などを〕のどを鳴らしながら飲むようす。例ぐびぐびと飲みほす。類ぐいぐい。ごくごく。

くびじっけん【首実検】名詞 する動詞 直接会って、本人かどうかたしかめること。例犯人の首実検をした。参考もともとは「うちとった敵の首を見て、たしかめること」の意味。注意「首実験」と書かないこと。

くびすじ【首筋】名詞 首の後ろの部分。えりくび。うなじ。類襟首。

くびっぴき【首っ引き】名詞 いつもそばにおいてそれとてらしあわせて使うこと。例辞書と首っ引きで本を読む。

くびにする【首にする】慣用句 やとっている人をやめさせる。首を切る。

くびになる【首になる】慣用句 やといぬしに仕事をやめさせられる。例会社を首になる。

くびねっこ【首根っ子】名詞 首の後ろの部分。首すじ。例首根っ子をつかむ。

くびれる 動詞 両はしがふくれて中ほどが細くなる。例ひょうたんは、まん中がくびれている。活用くび・れる。

くびわ【首輪】名詞 ❶首にかけるかざり。❷犬やネコなどの首につける輪。

くびをかしげる【首をかしげる】慣用句〔ふしぎに思ったときなどに〕考えこむ。へんだと思う。例何度やっても計算が合わないので、首をかしげる。

くびをきる【首を切る】慣用句 ❶打ち首にする。❷やとっている人をやめさせる。首にする。

くびをすくめる【首をすくめる】慣用句 首をちぢめて、小さくなる。例大声でしかられて、思わず首をすくめた。

くびをすげかえる【首をすげ替える】慣用句 ある仕事や身分についている人をやめさせて、ほかの人にかえる。例役員の首をすげ替える。

くびをたてにふる【首を縦に振る】慣用句 うなずく。しょうちする。対首を横に振る。

くびをつっこむ【首を突っ込む】慣用句〔自分から進んで〕そのことに関係する。例何にでもすぐに首を突っ込む人。

くびをながくする【首を長くする】慣用句 期待して、待つ。例父の帰りを首を長くして、待つ。

くびをひねる【首をひねる】慣用句〔わからないときやうたがわしいときに〕考えこむ。例姉がおこっている理由がわからず、首をひねる。

くびをよこにふる【首を横に振る】慣用句 しょうちしない。賛成しない。例わたしたちがいくらたのんでも、父は首を横に振るだけだった。対首を縦に振る。

くふう【工夫】名詞 する動詞 よいやり方をいろいろ考えること。また、その考えたやり方。例使いやすいように工夫する。

くふうをこらす【工夫を凝らす】慣用句 一生けんめい工夫する。例工夫を凝らした作品。

くぶくりん【九分九厘】四字熟語〔百に対して九十九のわりあいの意味から〕ほとんど。例決勝進出は、九分九厘まちがいない。類十中八九。

くぶどおり【九分通り】副詞〔十に対して九のわりあいの意味から〕ほとんど。例新しいビルは九分通り完成した。類十中八九。

くぶん【区分】名詞 する動詞 ❶区切って分けること。区分け。例ぼくたちの町は八つに区分されている。❷ある種類・性質などによって区分けすること。例大きいものと小さいものに区分する。類区別。

くべつ【区別】名詞 する動詞 ちがいによって分けること。また、そのちがい。例葉の形で種類を区別する。／わたしには区別できない。類区分。

くべる 動詞 火の中に入れて、もやす。例かれ木をたき火にくべる。活用く・べる。

くぼち【くぼ地】名詞 まわりより低くなってい

る土地。

くぼまる 動詞 まわりより中央が低くなる。へこむ。例 校庭のくぼまったところに雨水がたまっている。活用 くぼま・る。

くぼみ 名詞 まわりより低くなったところ。

くぼむ 動詞 まわりより中が低くなる。落ちこむ。例 つかれて目がくぼむ。活用 くぼ・む。

くぼめる 動詞 まわりよりも低くする。へこませる。例 土を少しくぼめて、花の種をまく。活用 くぼ・める。

くま[1]【熊】名詞 ヒグマ・ホッキョクグマなどの、クマ科の動物。体は大きく、全身が毛でおおわれ、手足は太くてみじかい。

くま[2] 名詞 ❶〔つかれたときなど〕目のまわりにできる黒ずんだ部分。❷くまどり。❸すみの方のかくれた部分。漢字 隈。

くまがわ【球磨川】地名 熊本県南部の川。人吉盆地を流れ、八代海にそそぐ。富士川・最上川とともに日本三大急流の一つ。

くまざさ 名詞 イネ科の植物。冬に葉のへりが白くくまどりしたようになる。

くまで【熊手】名詞 ❶竹でつくったクマの手のような形をした道具。落ち葉やかれ草などをかき集めるのに使う。❷とりの市などで売る竹でつくったえんぎもの。参考「熊手①」の形をしたものに、いろいろなかざりをつける。⇩図。

熊手①

くまどり【くま取り】名詞 歌舞伎で、役者が役の性格や表情を強く表すために、顔に赤や青の絵の具で線を入れること。また、その線でかかれたもよう。くま。

熊手②

くまどる【くま取る】動詞 ❶かげや、色のこいうすいをつける。例 街灯の光が人々の顔をくま取っていた。❷〔役者が〕顔に「くまどり」をする。活用 くまど・る。

くまなく【くま無く】副詞 残るところなく。すみずみまで。例 引き出しの中をくま無くさがしたが、見つからなかった。

くまのがわ【熊野川】地名 奈良県中部から和歌山県南東部を流れる川。大峰山から流れ出し紀伊山地を横切り、熊野灘にそそぐ。

くまのなだ【熊野灘】地名 和歌山県の紀伊半島南端の潮岬から三重県志摩半島南端の大王崎までの海域。

くまばち【熊蜂】名詞 大形のハチ。体は黒く、胸に黄色の毛がある。花のみつをすう。

くまもとけん【熊本県】地名 九州地方の中央部にある県。県庁所在地は熊本市。⇩916ページ・都道府県（図）。

くまもとし【熊本市】地名 熊本県の県庁所在地。⇩916ページ・都道府県（図）。

くまんばち【熊ん蜂】名詞 ❶スズメバチの別の名前。❷くまばち。

くみ[1]【組】名詞 ❶いっしょになって物事をする仲間。例 少年の組と青年の組に分ける。❷学校で授業をするために、生徒を適当な人数でまとめたもの。例 一年一組。注意 送りがなをおくらない。

くみ[2]【組み】名詞 ❶ひとそろいになっているもの。そろい。対。例 一組みのふとん。❷仲間同士になること。例 組みになって体そうをする。❸印刷で、活字をならべて版にすること。注意 送りがなをおくる。

ぐみ[1] 名詞 グミ科の植物。実は赤い色でまるく、食用になる。

グミ[2] 名詞 さとう・水あめ・ジュースなどをゼラチンでかためてつくった、弾力のあるキャンディー。グミキャンディー。▼ドイツ語

くみあい【組合】名詞 おたがいの利益のために、何人かの人が集まってつくる団体。例 労働組合。

くみあう【組み合う】動詞 ❶組みついて争う。例 敵の大将と組み合う。❷仲間になる。例 組み合って、いっしょにたたかう。❸たがいに組む。例 かたを組み合う。活用 くみあ・う。

くみあげる【くみ上げる】動詞 ❶水などを入れ物ですくって、上の方に運ぶ。例 井戸水をくみ上げる。❷人の気持ちを考えて、受け入れる。例 市民の要望をくみ上げて政策にとり入れる。活用 くみあ・げる。

くみあわせ【組み合わせ】名詞 いくつかのものを一つにとり合わせること。また、とり合わ

あいうえお かきくけこ さしすせそ たちつてと なにぬねの はひふへほ まみむめも やゆよ らりるれろ わをん

ことばあそび だじゃれ④ かれのカレーはかれえなあ。

せたもの。例試合の組み合わせ。

くみあわせる【組み合わせる】動詞 ❶〔二つ以上のものを〕たがいにからみ合わせたり、まじわらせたりして、つなぎ合わせる。例竹を組み合わせて、かき根をつくった。❷〔二つ以上のものを〕とり合わせて一そろいのものにする。例漢字を組み合わせて熟語をつくる。活用くみあわ・せる。

くみいれる【組み入れる】動詞 中に加えて入れる。例計画に組み入れる。活用くみい・れる。

くみうち【組み討ち・組み打ち】名詞 とっくみあって、争うこと。例大将同士の組み討ち。

くみおき【くみ置き】名詞 する動詞 水をくんでおくこと。また、その水。

くみかえる【組み替える】動詞 一度組んであったものをやめて、新しく組みなおす。例日程を組み替える。活用くみか・える。

くみがしら【組頭】名詞 組の中で、一番上の人。また、その役目。

くみかわす【くみ交わす】動詞 お酒をいっしょに飲む。また、一つのさかずきをやりとりして酒を飲む。活用くみかわ・す。

くみきょく【組曲】名詞 器楽曲の一つの形式。いくつかの曲を組み合わせて、一つにまとめたもの。例舞踊組曲。

くみこむ【組み込む】動詞 組んで、中に入れる。例新年度の予算に組み込む。活用くみこ・む。

くみしやすい 形容詞 相手として、あつかいやすい。例くみしやすい相手だと判断する。活用くみしやす・い。

くみする 動詞 ❶仲間に入る。例少数派にくみする。❷力をかす。みかたになる。例わたしの意見にくみする人はだれもいなかった。活用くみ・する。

くみたて【組み立て】名詞 ❶組み立てること。また、その方法。例組み立てはかんたんだ。❷組み立てられたもの。その部分部分。また、その部分同士のつながりやしくみ。例文章の組み立てを考える。／機械を分解して、その組み立てを知る。

くみたてる【組み立てる】動詞 組み合わせて、まとまったものをつくる。例プラモデルを組み立てる。活用くみた・てる。

くみつく【組み付く】動詞 組もうとして相手の体にとりつく。例後ろから敵の腰に組み付く。活用くみつ・く。

くみとる【くみ取る】動詞 ❶水などをくんで入れ物に入れる。❷〔人の気持ちなどを〕思いやる。おしはかる。活用くみと・る。

くみふせる【組み伏せる】動詞 相手の体にとりついてたおし、おさえつける。例大男を組み伏せた。活用くみふ・せる。

1 **くむ** 動詞 ❶水などをすくいとる。例水をバケツでくむ。❷〔人の心などを〕おしはかる。思いやる。例悲しんでいる友だちの気持ちをくんで、だまっていた。❸酒や茶などを器にそそぐ。活用く・む。漢字汲む。

2 **くむ**【組む】動詞 ❶たがいちがいにからませる。例うでを組んで歩く。❷仲間になる。例ダブルスのペアを組む。❸原稿のとおりに活字をならべる。活用く・む。

くめん【工面】名詞 する動詞 ❶お金や品物などをそろえようとあれこれ工夫すること。例旅費を工面する。❷〔①の意味から〕金まわり。例このごろは工面がいい。

1 **くも** 名詞 クモ目の足が八本ある動物。はらからねばり気のある糸を出し、あみをはって巣をつくる。その巣にかかった虫などを食べる。あみをはらない種類もいる。漢字蜘蛛。

2 **くも**【雲】名詞 空気中の水じょう気が冷え、細かい水やこおりのつぶとなり、かたまって大気中にうかんでいるもの。いろいろな種類がある。例白い雲。⇩図（385ページ）。

くもあし【雲足・雲脚】名詞 雲が流れ動くようす。また、その速さ。例台風のえいきょうで雲足が速い。

くもがくれ【雲隠れ】名詞 する動詞 〔月が雲にかくれるように〕にげて、すがたをかくすこと。例その人は雲隠れしてしまった。

くもがたじょうぎ【雲形定規】名詞 雲のような形をした、いろいろな曲線をかくのに使うじょうぎ。

くもつ【供物】名詞 神や仏にそなえるもの。おそなえ。おくもつ。

くもつく【雲つく】慣用句 ⇩くもをつく。

くもなく【苦も無く】連語 苦労せずに。例何の苦も無く十キロメートルを走りきった。

くものこをちらすように【くもの子を

散らすように】慣用句 たくさん集まっていたものが、一度にあちらこちらにちらばるようす。例 子どもたちは、くもの子を散らすようににげていった。

くものみね【雲の峰】名詞 夏に、高い山のみねの形にわきあがった雲。ふつう、入道雲のこと。参考 俳句や歌などで多く使う。

くもま【雲間】名詞 雲がきれて、晴れた空が見えるところ。雲のきれめ。

くもゆき【雲行き】名詞 ❶雲が動いて行く様子。❷物事のなりゆき。例 二つの国の間の雲行きがあやしくなってきた。

くもり【曇り】名詞 ❶雲が空をおおっている状態。例 晴れのち曇り。❷ぼんやりとしてよく見えないこと。例 まどガラスの曇りをぬぐう。

くもりガラス【曇りガラス】名詞 すきとおっていないガラス。つや消しガラス。

くもる【曇る】動詞 ❶空が、雲や霧でおおわれる。例 今日は曇っている。対 晴れる。❷〔光っていたものやすきとおっていたものが〕にごる。例 ガラスが曇る。❸〔心配や悲しみなどで〕声や表情が暗い感じになる。はればれしない。例 負けたと聞いて、顔が曇った。活用 くも・る。

くもをかすみと【雲をかすみと】慣用句 ひたすらにげて、すがたをかくすようす。例 雲をかすみとにげさった。

くもをつかむよう【雲をつかむよう】慣用句 ぼんやりしていて、要点がはっきりしないようす。例 雲をつかむような話。

くもをつく【雲をつく】慣用句 ひじょうに背が高く大きいようす。例 雲をつくばかりの大男。参考「雲つく」ともいう。

くもん【苦もん】名詞 する動詞 苦しみもだえること。ことば「苦もんの表情をうかべる」漢字 苦悶。

ぐもん【愚問】名詞 つまらない質問。ばかげた質問。例 答える必要もない愚問だ。

くやくしょ【区役所】名詞 それぞれの区にあって、その区の仕事をする役所。

くやしい【悔しい】形容詞〔物事がうまくいかなかったり、人にうらぎられたりして〕はらが立って、残念であるようす。例 ライバルに先をこされて悔しい。注意 送りがなに気をつける。活用 くやし・い。

くやしがる【悔しがる】動詞 くやしく思う。くやしいと思っている様子を見せる。例 対校試合に負けて、生徒全員が悔しがる。活用 くやしが・る。

くやしなき【悔し泣き】名詞 する動詞 くやしく思って泣くこと。例 勝負に負けて悔し泣きする。

くやしなみだ【悔し涙】名詞 くやしく思って流す、なみだ。ことば「悔し涙にくれる」

くやしまぎれ【悔し紛れ】名詞 形容動詞 あまりのくやしさに、むちゃなことを言ったりしたりするようす。例 悔し紛れにいすをけとばす。

くやみ【悔やみ】名詞 ❶くやむこと。❷死んだ人をとむらうこと。また、その言葉。おくやみ。ことば「お悔やみを言う」注意 送りがなに気をつける。

あいうえお
かきくけこ
さしすせそ
たちつてと
なにぬねの
はひふへほ
まみむめも
や ゆ よ
らりるれろ
わ を ん

ことばあそび だじゃれ⑤ この岩ぺきの強度は完ぺきだ。

くやむ【悔やむ】動詞 ❶十分にできなかったことや、終わったことを、くやしく思う。例 してしまったことを悔やんでもしかたがない。❷人の死をかなしむ。注意 送りがなに気をつける。活用 くや・む。

くゆらす 動詞 ゆるやかにけむりをたてる。ことば「たばこをくゆらす」活用 くゆら・す。

くよう【供養】名詞 する動詞 死んだ人や仏に物をそなえて、死後のしあわせをいのること。例 先祖を供養する。

くよくよ 副詞(-と) する動詞 〔小さなことを〕いつまでも考え、心配するようす。例 せりふをまちがえたことをくよくよとなやんでいる。

くら[1] 名詞 人や荷物を乗せるために、馬や牛のせなかにつける道具。漢字 鞍。⇩41ページ・あぶみ①(図)。

くら[2]【倉】名詞 穀物をしまっておく建物。倉庫。⇩使い分け。

くら[3]【蔵】名詞 大事な品物をしまっておく建物。特に、あつい白かべづくりのものをいう。⇩使い分け。

クラーク 人名 (一八二六～一八八六) アメリカの教育家。一八七六年に来日し、札幌農学校(今の北海道大学)の教頭になった。キリスト教にもとづいた教育を熱心におこない、「ボーイズ ビー アンビシャス(=少年よ大志をいだけ)」という有名な言葉を残した。ウイリアム=スミス=クラーク(William Smith Clark)。

くらい[1] 助詞 ❶あることがらをしめして、その程度を表す言葉。例 今年くらい寒い冬はない。❷だいたいの数や量を表す言葉。例 六年くらい前のことだ。参考「ぐらい」ともいう。

使い分け くら

●穀物をしまう建物。
米を倉に入れる。

●大事な品物をしまう建物。
貴重品を蔵に入れる。

くらい[2]【位】名詞 ❶身分。地位。例 大臣の位につく。❷数を表すために十倍ごとにつけたよび名。けた。例 百の位。

くらい[3]【暗い】形容詞 ❶光の量が少なく、物の形がはっきり見えないようす。例 暗い道を歩く。❷〔人の性質や気持ちなどが〕はればれしないようす。例 さいがいのニュースにせっすると暗い気持ちになる。❸希望がもてないようす。例 暗い人生をおくる。❹〔ある物事について〕よく知らないようす。例 わたしは、このあたりの地理に暗い。対 ①～④明るい。活用 くら・い。

ぐらい 助詞 ➡「くらい」。

くらいする【位する】動詞 ある場所・順序をしめている。例 日本はアジアの東方に位する。活用 くらい・する。

グライダー 名詞 エンジンもプロペラもなく、空気の流れを利用してとぶ飛行機。▼英語 glider

くらいどり【位取り】名詞 〔一・十・百・千…というように〕数のけたをとりきめること。

クライマックス 名詞 感動やこうふんがもっとも高まるとき。また、その場面。やま。▼英語 climax

くらう【食らう】動詞 ❶食べる。また、飲む。例 大飯を食らう。参考 らんぼうな言い方。❷うける。こうむる。例 カウンターパンチを食らった。参考 ②は、くだけた言い方。活用 くら・う。

クラウチングスタート 名詞 短距離競走で、両手を地面につけて、しゃがんだしせいからスタートする方法。▼英語 crouching start

クラウド 名詞 インターネットを通して、ソフトウエアやアプリの利用やデータの保存、やりとりができるしくみ。▼英語 cloud

グラウンド 名詞 運動場。競技場。グランド。▼英語 ground

くらがえ【くら替え】名詞 する動詞 これまでしていた仕事などをやめて、ほかのことをはじめること。例 新聞記者から政治家にくら替えする。

くらがり【暗がり】名詞 暗いところ。また、暗くて、人目につきにくいところ。例 暗がりにだれかがいる。

くらく【苦楽】名詞 苦しみと、楽しみ。

クラクション 名詞 自動車の警笛。▼英語

klaxon

くらくら 副詞（−と） する動詞 目まいがして、たおれそうになるようす。例 強い光にくらくらする。

ぐらぐら 副詞（−と） する動詞 ❶物がゆれ動いて、落ち着かないようす。例 地震でぐらぐらゆれる。／歯がぐらぐらする。❷湯がはげしく煮えるようす。例 ぐらぐらと煮える。

くらくをともにする【苦楽を共にする】 慣用句 苦しいときも楽しいときも、いっしょにすごす。いっしょに生活したり仕事をしたりする。例 長い間、苦楽を共にしてきた弟。

くらげ 名詞 海にすむ、かんてんのようにやわらかな体の動物。かさをひろげたような形をしている。漢字 水母。海月。

くらし【暮らし】 名詞 生活すること。また、生活していく費用。例 ぜいたくな暮らしがしたい。

グラジオラス 名詞 アヤメ科の植物。観賞用としてさいばいされる。七十センチメートルほどのくきの上に、花がならんでさく。花の色は、赤・白・黄色などさまざま。球根でふえる。▼英語 gladiolus

クラシック 一 名詞 文学・音楽などで、昔から多くの人々に親しまれてきたりっぱな作品。古典。参考 特に音楽をさすことが多い。例 ぼくは、クラシックが好きだ。
二 形容動詞 古めかしいようす。例 クラシックな建物。▼英語 classic

くらしむき【暮らし向き】 名詞 生活のありさま。例 暮らし向きは少しも楽にならない。

くらしをたてる【暮らしを立てる】 慣用句 毎日の生活をおくれるようにする。例 農業で暮らしを立てる。

1 **くらす【暮らす】** 動詞 ❶月日をすごす。例 平和に暮らす。❷生活する。例 一家四人で暮らす。活用 くら・す。

2 **クラス** 名詞 ❶学級。組。❷階級。等級。例 トップクラス。▼英語 class

グラス 名詞 ❶ガラス。例 ステンドグラス。❷ガラスでできたコップ。ことば 「グラスをかたむける（＝のむ）」❸めがね。例 サングラス。❹そうがん鏡。例 オペラグラス。▼英語 glass

クラスかい【クラス会】 名詞 同じ学級で学んだ人たちが卒業後に開く、しんぼくのための会。同級会。例 十年ぶりのクラス会。

クラスメート 名詞 同じ学級の仲間。同級生。級友。クラスメイト。類 学友。参考 「メート」は「仲間」の意味。▼英語 classmate

グラタン 名詞 肉や野菜をホワイトソースであえて、焼き皿にいれ、粉チーズなどをかけてオーブンで焼いた食べ物。▼英語（フランス語から）gratin

クラッカー 名詞 ❶うすいしおあじをつけたビスケット。❷かんしゃく玉。特に、ひもを引っぱると大きな音と紙テープが出るものをさす。▼英語 cracker

ぐらつく 動詞 〔物・気持ち・考えなどが〕ゆれ動く。ぐらぐらする。例 歯がぐらつく。活用 ぐらつ・く。

クラッチ 名詞 ❶一方のじくから他方のじくへ、動力を伝えたり切ったりするそうち。❷自動車の「クラッチペダル」（＝「クラッチ①」を動かすふみ板）の略。▼英語 clutch

グラデーション 名詞 写真や絵画などで、明るさや色のこさを少しずつ変化させる技法。▼英語 gradation

くらばらい【蔵払い】 名詞 する動詞 売れ残りや、流行おくれの品物を安く売りはらうこと。

グラビア 名詞 印刷の方法の一つ。写真や絵の印刷にむいている。また、この方法で印刷したもの。例 グラビア写真。▼英語（フランス語から）gravure

くらびらき【蔵開き】 名詞 する動詞 新年に、その年はじめて蔵を開くこと。参考 ふつう、一月十一日におこなう。

クラブ 名詞 ❶同じ目的をもった人々の集まり。また、集まるところ。例 テニスクラブ。❷トランプのしるしの一つ。黒い「♣」の形。クローバー。例 クラブのキング。❸ゴルフで、ボールをうつぼう。❹お酒を飲むお店。❺音楽にあわせておどりを楽しむ店。漢字 倶楽部。▼英語 club

グラフ 名詞 ❶数量の関係を図に表したもの。おれ線グラフやぼうグラフなど。⇩図。❷写真を中心にした雑誌。画報。▼英語 graph

グラブ 名詞 ⬇395ページ・グローブ。

クラブかつどう【クラブ活動】 名詞 児童や生徒が課外活動として、好きな活動をえらんで、自分たちが中心になっておこなうもの。

くらべものにならない【比べ物にならない】 慣用句 くらべることができないほど、二つのものがちがいすぎている。例 以前とは比べ

ことばあそび だじゃれ❻ 有名になった夢を見たよ。

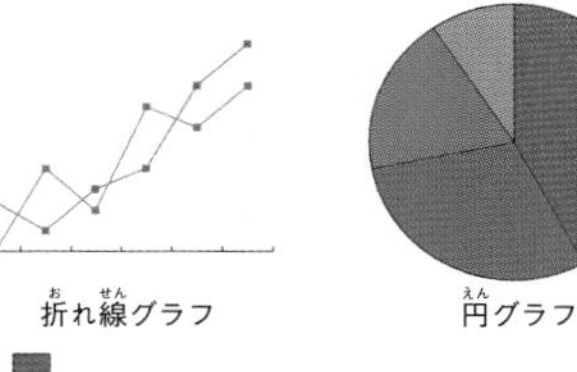
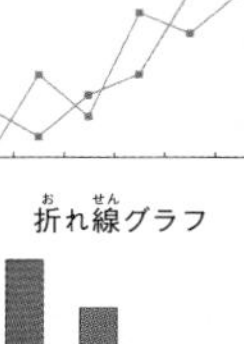

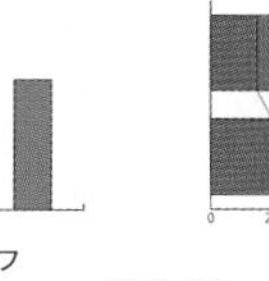
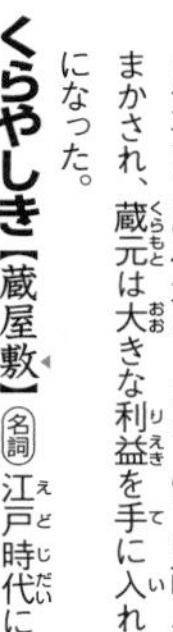

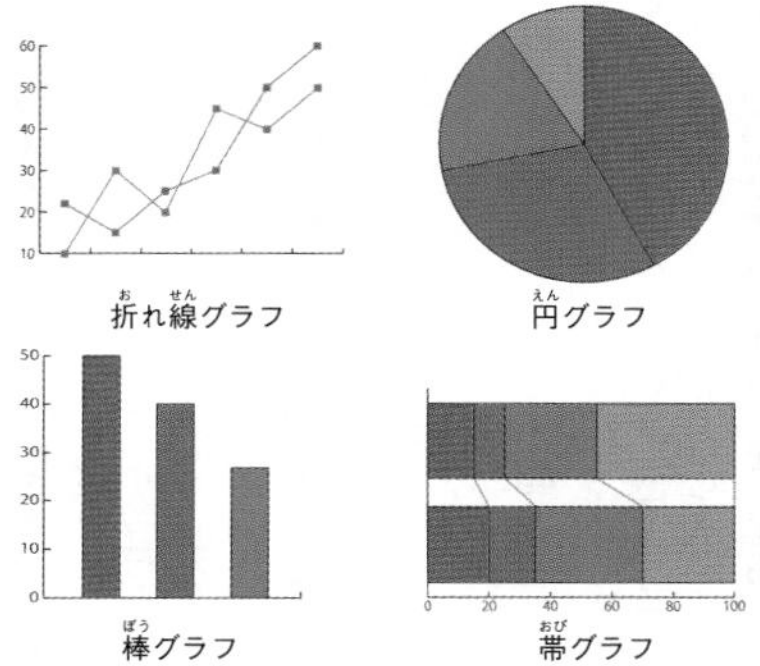

円グラフ　折れ線グラフ　帯グラフ　棒グラフ

グラフ①

物にならないほど上達している。

くらべる【比べる】動詞〔強さ・重さ・数量・よいか悪いかなど〕二つ以上のもののちがいを調べる。例去年と今年の身長を比べる。活用くら・べる。

くらます 動詞 ❶わからないようにする。例すがたをくらます。❷〔人の目を〕ごまかす。ことば「敵の目をくらます」活用くらま・す。

くらむ 動詞 ❶目の前が暗くなり、見えにくくなる。目まいがする。❷〔あるものに心をうばわれて〕物事が正しく考えられなくなる。ことば「金に目がくらむ」活用くら・む。

グラム 名詞 助数詞 重さの単位。一グラムは、セ氏四度の水の一立方センチメートルの重さ。記号は「g」。例百グラム。▼英語（フランス語から）gramme アメリカではgram

くらもと【蔵元】名詞 ❶酒やしょうゆなどをつくって売る人や会社。例この蔵元の酒はおいしい。❷江戸時代に、大名や旗本がつくった蔵屋敷（＝年貢米や産物を売るための倉庫・取引所）で、品物の出し入れをした人。参考はじめは武士がこの仕事をしたが、のちに商人の手にまかされ、蔵元は大きな利益を手に入れるようになった。

くらやしき【蔵屋敷】名詞 江戸時代に、大名などが領内からの米や特産物をたくわえて売りさばくためにもうけた、倉庫のあるやしき。

くらやみ【暗闇】名詞 ❶暗いこと。また、暗いところ。例暗闇の中を進む。❷人の目につかないこと。また、そのようなところ。例事件は暗闇にほうむられた。

クラリネット 名詞 木管楽器の一つ。高く明るい音を出す。▼英語 clarinet

くらわす【食らわす】動詞 ❶食べさせる。食わせる。飲み食いさせる。例めしでも食らわすか。❷強くなぐる。ことば「一発食らわす」参考「食わす」のらんぼうな言い方。活用くらわ・す。

クランク 名詞 上下運動をぐるぐるまわる運動に、またはその逆にかえるしかけ。エンジンのピストンなどについている。▼英語 crank

グランド 名詞 ➡グラウンド。

グランドスラム 名詞 ❶〔野球の〕満塁ホームラン。❷〔ゴルフやテニスなどで〕おもな競技会すべてに優勝すること。例グランドスラムを達成。参考もともとは、トランプのブリッジで十三組のカードすべてをとること。▼英語 grand slam

グランプリ 名詞〔芸術やスポーツなどの〕最高賞。また、その賞を取るための大会。略語GP。▼フランス語

くり[1] 名詞 ブナ科の木。実はふつう三こで、いがにつつまれている。実を食用にする。漢字栗。

くり[2]【庫裏】名詞 ❶寺の台所。❷寺の住職やその家族が住んでいるところ。対本堂。

クリアー 一 形容動詞 すきとおった。明るい。すみきった。はっきりした。例クリアーなサウンド。／クリアーな青い色。

二 名詞 する動詞 ❶〔陸上競技の〕棒高とびや走り高とびで、バーを落とさないでとびこえること。❷〔サッカーで〕守備側が、防御のためにボールをけるなどして、ゴールからとおざけること。❸むずかしい問題やことがらをのりこえること。例オーディションの第一関門をクリアーする。❹〔パソコンや電子計算機などで〕消去すること。例データをクリアーする。参考「クリア」「クリヤー」ともいう。▼英語 clear

くりあがり【繰り上がり】名詞 一つ上の位に数がおくりあげられること。対繰り下がり。

くりあげる【繰り上げる】動詞 ❶〔物事の位置を〕じゅんに上におくる。例二位の選手を繰り上げる。❷決めていた日時をはやめる。例十二日の会議を、都合で十一日に繰り上げた。❸足し算で、足した数が二けたになるとき、上の位に一を加える。対①②③繰り下げる。

活用 くりあ・げる。

くりあわせる【繰り合わせる】動詞 何とか都合をつける。活用 くりあわ・せる。

クリーク 名詞 ❶人がつくった水路。堀。特に、中国の水路をさすことが多い。❷小さな入り江。小川。▼英語 creek

グリーグ 人名 （一八四三～一九〇七）ノルウェーの作曲家。民謡のメロディーやリズムをとり入れ、ノルウェーの国民音楽をつくり上げた。エドバルド=グリーグ（Edvard Grieg）。

グリーティングカード 名詞 クリスマスやたんじょう日などに、お祝いの言葉を書いておくるカード。例 グリーティングカードをそえて、クリスマスプレゼントをおくる。▼英語 greeting card

クリーナー 名詞 ❶そうじに使う道具や機械。掃除機。❷よごれをとりのぞくための洗剤や器具など。▼英語 cleaner

クリーニング 名詞 ❶〔西洋式の〕せんたく。特に、ドライクリーニング。❷ごみやよごれを取りのぞくこと。例 ハウスクリーニング。▼英語 cleaning

クリーム 名詞 ❶牛乳・たまご・さとうなどでつくる、とろっとした食べ物。例 クリームパン。❷はだや髪などにぬりこむ化粧品。例 ハンドクリーム。❸「アイスクリーム」の略。例 クリームソーダ。▼英語 cream

クリームシチュー 名詞 肉や野菜をにこんだものに、小麦粉を牛乳でといたものを加えてつくった料理。▼英語 cream stew

くりいれる【繰り入れる】動詞 じゅんにおくって組み入れる。例 残りのお金は、来月分に繰り入れる。対 繰り出す。活用 くりい・れる。

クリーン 形容動詞 ❶きれいなようす。清潔なようす。例 クリーンなイメージ。❷あざやかなみごとな。例 クリーンヒット。▼英語 clean

グリーン 名詞 緑色。▼英語 green

クリーンヒット 名詞 ❶野球で、すばらしくいい当たりの安打。❷すばらしいできがら。大当たり。例 この作品は今年の映画界のクリーンヒットだ。▼英語 clean hit

グリーンランド 地名 世界で一番大きな島。大西洋の北の方、北極に近いところにある。デンマークの土地で、島の八十五パーセント以上が氷河。▼英語 Greenland

クリーンルーム 名詞 ほこりやちりの量を少なくするようにかんりしてある部屋。ぼうじん室。参考 せいみつな機械や部品、また食品などをつくるときや、医療に必要とされる。▼英語 clean room

くりかえしきごう【繰り返し記号】名詞 楽譜で、演奏をくり返す部分を指定する記号。リピート記号。反復記号。

くりかえす【繰り返す】動詞 同じことを何回もする。例 同じ失敗を二度と繰り返さないようにしたい。活用 くりかえ・す。

くりくり 副詞(-と) する動詞 ❶まるいものが動くようす。例 目がくりくりと動く。❷まるくて、かわいらしいようす。例 頭をくりくりにする。

ぐりぐり 一 名詞 〔人の体で〕リンパ節がはれたものや脂肪のかたまり。例 首にぐりぐりができた。
二 副詞(-と) する動詞 強くおしつけながら回すようす。例 ひじでぐりぐりとおす。

くりげ【くり毛】名詞 赤茶色の馬の毛色。また、その毛色の馬。

くりこしきん【繰越金】名詞 その月、また、その年の収入や支出を計算し、その次の月や年におくりこむ金。注意 送りがなをつけない。

くりこす【繰り越す】動詞 じゅんに次へおくりこむ。活用 くりこ・す。

くりごと【繰り言】名詞 ❶くり返してなんどもいう言葉。例 老いの繰り言。❷ぐち。例 あの人は繰り言ばかりいう。

くりこむ【繰り込む】動詞 ❶〔いきおいよく〕次々と入りこむ。例 開場と同時に大ぜいの客が繰り込んだ。❷〔手もとへ〕たぐりよせる。また、引き入れる。❸〔ほかのものの中へ〕組み入れる。例 来年度の予算に繰り込む。活用 くりこ・む。

くりさがり【繰り下がり】名詞 一つ下の位に数がおくりさげられること。対 繰り上がり。

くりさげる【繰り下げる】動詞 ❶〔物事の位置を〕じゅんに下にさげる。❷決めていた日時をおくらせる。❸引き算で、引く数が引かれる数よりも大きいとき、上の位から一を引いて、引かれる数に十を加える。対 ①②③ 繰り上げる。活用 くりさ・げる。

クリスタル 名詞 ❶水晶。❷水晶のようにすきとおった、じょうぶなガラス。また、それでつくっ

あいうえお かきくけこ さしすせそ たちつてと なにぬねの はひふへほ まみむめも や ゆ よ らりるれろ わ を ん

ことばあそび だじゃれ⑦ 勇気をもっていう気を出そう。

た製品。参考 正しくは「クリスタルガラス」という。▼英語 crystal

クリスチャン 名詞 キリスト教を信じている人。▼英語 Christian

クリスマス 名詞 キリストのたんじょうを祝う日。十二月二十五日。▼英語 Christmas, Xmas

クリスマスイブ 名詞 クリスマスの前夜。十二月二十四日の夜。▼英語 Christmas Eve

クリスマスカード 名詞 クリスマスを祝っておくる（美しい）カード。▼英語 Christmas card

クリスマスツリー 名詞 クリスマスを祝うため、いろいろなかざりつけをした木。参考 モミの木などを使う。▼英語 Christmas tree

クリスマスプレゼント 名詞 クリスマスのおくり物。▼英語 Christmas present

グリセリン 名詞 アルコールの一種。脂肪や油脂からとれる。あまみとねばりけがある液体で、色はついていない。参考 化粧品や爆薬などの原料になる。▼英語 glycerin

くりだす【繰り出す】動詞 ❶つながっているものをじゅんにひき出す。次々に出す。例 手品師は、箱の中から美しいハンカチを次々と繰り出した。対 繰り入れる。❷先の方へつき出す。おし出す。例 やりを繰り出す。❸大ぜいの人が、そろって出かける。例 友だちをさそってぼんおどりに繰り出した。活用 くりだ・す。

クリック 名詞 する動詞 コンピューターの操作で、マウスのボタンをおして、すぐにはなすこと。例 画面上のアイコンをクリックする。類 ダブルクリック。参考 カチッと音をさせる、という意味から。▼英語 click

クリップ 名詞 ❶書類などをはさむ金具。❷髪の毛をはさみ、形をととのえる金具。▼英語 clip

クリニック 名詞 医院。診療所。例 歯科クリニック。▼英語 clinic

グリニッジてんもんだい【グリニッジ天文台】名詞 イギリスのロンドンに近いグリニッジ市に一六七五年にもうけられた天文台。ここをとおる経線を〇度と決め、世界の経度や時刻をはかるもとになっている。参考 観測の設備は、一九四六年にロンドン南方のハーストモンソーにうつった。

くりぬく 動詞 刃物をつきさし、回してあなをあける。また、そのようにして中身をとり出す。例 木をくりぬいてつくった小さい舟。活用 くりぬ・く。

くりのべる【繰り延べる】動詞 予定の日をのばす。延期する。例 会期を三日繰り延べる。活用 くりの・べる。

くりひろげる【繰り広げる】動詞 次から次へとおこなう。例 青空の下で、熱戦が繰り広げられた。活用 くりひろ・げる。

グリムきょうだい【グリム兄弟】人名 十九世紀ドイツの学者・文学者の兄弟。兄はヤーコプ、弟はヴィルヘルム。ドイツの民話を集めた「グリム童話」をまとめた。

くりめいげつ【くり名月】名詞 「十三夜」の別名。漢字 栗名月。語源 クリを月におそなえすることから。

グリル 名詞 ❶肉や魚などの焼きあみ。❷①で焼いた料理。❸②の料理をつくる直火焼きする調理器具。類 オーブン。❹手軽な洋風の料理店。また、ホテルなどの洋食堂。▼英語 grill

くる[1]【来る】動詞 ❶〔遠くの方から〕こちらに近づく。例 むこうから姉が来る。❷〔時刻・季節などが〕そのときになる。例 夏が来た。❸〔あることから〕ある状態になる。例 つかれから来る病気。❹《「…てくる」の形で》「だんだん…のようになる」の意味を表す言葉。例 あきてくる。❺《「…てくる」の形で》その動作などをするつもりであることを表す言葉。例 ちょっと行ってくる。参考 ④⑤はふつう、ひらがなで書く。

くる[2]【繰る】動詞 ❶〔つながっているものを〕じゅんに引き出す。たぐる。例 糸を繰る。／雨戸を繰る。❷じゅんに数える。例 日かずを繰る。❸めくる。例 本のページを繰る。活用 く・る。

くるい【狂い】名詞 正常な状態や予定・見こみなどと、ちがうようになること。例 一ミリの狂いもない。／あの人の目に狂いはないと思う。

くるいざき【狂い咲き】名詞 花がその時期でないのにさくこと。また、その花。

くるう【狂う】動詞 ❶正常な状態ではなくなる。例 狂ったように泣く。❷正しい動きや働きをしなくなる。例 時計が狂っている。❸ねらいや予想がはずれる。例 予定が狂う。❹夢中になる。例 兄はゲームに狂っている。活用 くる・う。

クルーザー 名詞 生活するための設備がある、

外洋航海用のヨットやモーターボート。▼英語 cruiser

クルージング 名詞 ヨットやモーターボートなどで、あちらこちら航海すること。例 快適なクルージングを楽しむ。▼英語 cruising

グルーピング 名詞 する動詞 組み分けをして、まとめること。例 野菜を色によってグルーピングする。▼英語 grouping

グループ 名詞 集まり。仲間。例 グループごとに発表する。▼英語 group

くるおしい【狂おしい】形容詞 正常な状態ではなくなりそうである。例 狂おしいほどの思い。

くるくる 副詞(−と) ❶物が軽やかに何度も回るようす。例 風車が風にふかれてくるくる回る。／フィギュアスケートの選手がくるくると回転する。❷長いものを何度もまくようす。例 新聞紙をくるくるまるめる。❸身軽によく働くようす。例 毎日くるくるとよく働く人。❹物事が何度も変わるようす。例 言うことがくるくる変わる。

ぐるぐる 副詞(−と) ❶何度も回るようす。例 道にまよってぐるぐる歩き回る。❷長いものを何度もまくようす。例 ロープをぐるぐるまきつける。参考「くるくる」よりも、重い感じのときにいう。

くるしい【苦しい】一 形容詞 ❶体にいたみなどを感じて、つらい。例 弟は熱が高くて苦しそうだ。❷なやんだり、心配したりして、つらい。例 苦しいむねの内を明かす。❸物やお金が足りなくて、つらい。例 生活が苦しい。❹解決・達成がむずかしい。例 苦しい言いわけをする。
二 接尾語《ある言葉の下につけて、「…苦しい」の形で》「…しにくい」の意味を表す言葉。例 聞き苦しい。活用 くるし・い。

くるしいときのかみだのみ【苦しい時の神頼み】ことわざ ふだん神を信じない人でも、つらくなると神の助けを願うということ。例 苦しい時の神頼みで、受験がうまくいくようにといのった。参考「困った時の神頼み」ともいう。

くるしげ【苦しげ】形容動詞 苦しそうである。例 熱があって、いかにも苦しげだ。

くるしまぎれ【苦し紛れ】名詞 形容動詞 苦しさのあまり、おこなうこと。例 苦し紛れの作戦。

くるしみ【苦しみ】名詞 苦しむこと。苦しい気持ち。苦痛。例 苦しみをのりこえる。

くるしむ【苦しむ】動詞 ❶〔体に痛みなどを感じて〕つらい思いをする。例 病に苦しむ。❷心をいためる。思いなやむ。例 友人からうたがわれて、苦しむ。❸思うようにならなくて、こまる。こまって、なやむ。例 理解に苦しむ。活用 くるし・む。

くるしめる【苦しめる】動詞 苦しくさせる。こまらせる。例 友だちを苦しめるようなことは、してはいけない。活用 くるし・める。

くるひもくるひも【来る日も来る日も】慣用句 次の日も、またその次の日も。毎日毎日。例 来る日も来る日も雨ばかりで、しばらく晴れそうになかった。

くるぶし 名詞 足首の両側にある、もりあがったほねの部分。⇨24ページ・足①（図）。

くるま【車】名詞 ❶じくを中心にして回る輪。車輪。❷輪の回転を利用して人や物を運ぶもの。特に、自動車。例 車に乗る。

くるまいす【車椅子】名詞 歩くことが困難な人が、こしかけたまま移動するための、いすに車がついた乗り物。

くるまいど【車井戸】名詞 両はしにつるべ（＝水をくむためのおけ）をつけたつなをかっしゃにかけ、つるべを上げ下げして水をくむいど。

くるまざ【車座】名詞 大ぜいの人が輪のようになり、内側をむいてすわること。類 円陣。⇨図。

車座

くるまのりょうりん【車の両輪】慣用句 二つのものや二人の人が、たがいになくてはならない、深い関係にあること。例 監督とコーチは車の両輪だ。参考 車の両輪は、どちらかがないと動けないことから。

くるまへん【車偏】名詞 漢字の部首の一つ。「転」「軽」などの、左側の「車」の部分。

くるまよせ【車寄せ】名詞 建物の入り口に車をとめて乗り降りするため、げんかん口にはり出した屋根のあるところ。

ことばあそび だじゃれ8 クッキーを食う気？

ことば選びのまど

苦しいをあらわすことば

苦しい

❶体にいたみなどを感じて、つらい。❷なやんだり、心配したりして、つらい。❸物やお金が足りなくて、つらい。❹解決・達成がむずかしい。

⬇391ページ

あえぐ

❶苦しそうに、あらい息づかいをする。❷〔物事がうまくいかずに〕苦しむ。⬇6ページ

息苦しい

❶息がつまりそうで苦しい。❷息がつまりそうな感じで、重苦しい。⬇71ページ

一難去ってまた一難

わざわいや苦しみが次々にやってくること。⬇87ページ

苦心

いろいろと考えて苦労すること。⬇372ページ

苦痛

体や心に感じる、いたみや苦しみ。⬇379ページ

苦難 発展

〔身に受ける〕苦しみや、こんなん。⬇381ページ

苦にする

とても心配して、思いなやむ。⬇381ページ

苦杯をなめる 発展

つらくて、苦しい経験をする。⬇381ページ

四苦八苦 発展

とても苦しむこと。⬇544ページ

ことば選びのまど

苦しい をあらわすことば

七転八倒 発展
苦しんで転げ回ること。
↓558ページ

辛酸をなめる 発展
つらく苦しい目にあう。
↓638ページ

難儀 発展
苦しみなやむこと。
↓964ページ

荷が重い
責任やふたんが、その人の能力以上に大きい。
↓968ページ

針のむしろ
まわりからせめられたり、自分で自分をせめたりして、心が少しも安まらないことのたとえ。
↓1067ページ

骨が折れる
物事をするのに、苦労が多い。
↓1209ページ

骨身に応える
〔苦しさやいたみなどが〕体の中心部までとどく。
↓1209ページ

身を削る
体がやせ細るような苦労や心配をする。
↓1265ページ

胸が痛む
悲しみや心配で、つらく思う。
↓1275ページ

目の前が真っ暗になる
希望がなくなって、とてもがっかりする。
↓1288ページ

もだえる
❶思うとおりにならなくて、なやみ苦しむ。はげしく思いなやむ。❷〔いたみなどのために〕苦しくて、体をねじり動かす。
↓1299ページ

くるまる 動詞 〔布などを〕体にまきつけるようにすっぽりとつつむ。例 毛布にくるまる。活用 くるま・る。

くるみ 名詞 クルミ科の木。実のからは、とてもかたい。中の実を食用にする。漢字 胡桃。

ぐるみ 接尾語 「…といっしょにして」「…も合わせて」「…残らず」などの意味を表す言葉。ことば 「家族ぐるみのつきあい」「身ぐるみはがされる（＝身につけているものを全部持っていかれる）」

くるむ 動詞 まくようにしてつつむ。例 お菓子を紙にくるむ。活用 くる・む。

グルメ 名詞 〔おいしいものをいろいろ食べて〕食べ物の味などにくわしい人。おいしいもの、ぜいたくなものを好んで食べる人。また、おいしい食べ物のこと。例 テレビのグルメ番組。▼英語（フランス語から）gourmet

ぐるり 名詞 まわり。周囲。例 家のぐるりは畑だ。

くるりと 副詞 ❶急に軽く一回、回るようす。例 とびらがくるりと回転した。❷急に変わるようす。例 言うことがくるりと変わる。

ぐるりと 副詞 ❶物が一回、回るようす。例 部屋をぐるりと見回す。❷まわりをとりかこむようす。例 まわりをぐるりと山にかこまれた土地。

くるわせる【狂わせる】 動詞 ❶正常な状態でなくする。例 時計を狂わせる。❷予定していたことを、うまくいかないようにさせる。例 敵の作戦を狂わせる。活用 くるわ・せる。

くれ【暮れ】 名詞 ❶太陽がしずむころ。夕ぐれ。例 日の暮れがはやくなった。❷その季節やその年の終わり。例 秋の暮れ。ことば 「年の暮れ」

グレー 名詞 はい色。ねずみ色。▼英語 gray

クレーター 名詞 月や火星の表面にある噴火口のような大きなあな。▼英語 crater

グレード 名詞 上下のくらい。等級。段階。例 グレードが高い。／グレードをアップする。▼英語 grade

クレープ 名詞 ❶ちりめん。また、ちりめんのように、表面にこまかいしわをつけたうすい織物。例 クレープシャツ。❷細かいしわをよせた紙。造花の材料や紙ナプキンなどに使う。クレープペーパー。❸小麦粉を牛乳などでといて、うすく焼いた菓子。ジャム・クリームなどをくるんで食べる。▼英語（フランス語から）crepe

グレープフルーツ 名詞 ミカン科の木。実は水分が多く、そのまま食べたり、ジュースにしたりする。▼英語 grapefruit

クレーム 名詞 苦情。もんく。例 買った商品がすぐこわれたので、クレームをつけた。参考 英語の claim が元とされるが、この語は「主張、要求」という意味で、日本語の意味の「苦情」には使わない。

クレーン 名詞 重いものを持ち上げたり、動かしたりする機械。起重機。⇩図。▼英語 crane

くれかかる【暮れかかる】 動詞 夕方になろうとする。日が暮れようとする。例 暮れかかる春の日。活用 くれかか・る。

くれがた【暮れ方】 名詞 日が暮れるころ。夕暮れ。例 一行は、暮れ方になってとうちゃくした。対 明け方。

くれぐれも 副詞 ねんを入れてたのんだり忠告したりするようす。くり返し、くり返し。例 くれぐれもお体を大切になさってください。／くれぐれも集合時間におくれないように。

クレーン

クレシェンド 名詞 音楽で、音をだんだん強くすること。また、それを表す記号。クレッシェンド。参考 「<」で表す。対 デクレシェンド。▼英語（イタリア語から）crescendo

クレジット 名詞 その場でお金をはらわなくても品物が受け取れるしくみの取りひき。信用はんばい。▼英語 credit

クレジットカード 名詞 現金を使わずに買い物ができることをほしょうしたカード。カードの会社が発行する。▼英語 credit card

クレゾール 名詞 消毒に使われる、うす黄色の液体。▼ドイツ語

ぐれつ【愚劣】 形容動詞 おろかで、くだらないようす。例 これほど愚劣な人間だとは思わなかった。

クレッシェンド 名詞 ⬇クレシェンド。

くれない【紅】 名詞 あざやかな赤色。べに色。例 紅のバラ。

くれのこる【暮れ残る】 動詞 日がしずんだ

後に、しばらく明るさが残る。日が暮れてもぼんやり見える。例西の空がまだ暮れ残っている。活用くれのこ・る。

クレバス 名詞 氷河や雪渓の深いわれめ。▼英語 crevasse

クレパス 名詞 オイルパステル。クレヨンよりもやわらかい絵の具。参考 商標名。

クレヨン 名詞 かたくてぼうのように細長い絵の具。▼英語（フランス語から）crayon

[1]**くれる** 動詞 ❶〔相手が自分に〕物をあたえる。よこす。例となりのおじさんが、おみやげをくれた。参考 ふつう、自分に利益になる場合にいう。❷〔自分が相手に〕ものをあたえる。やる。例けんか相手にパンチをくれてやった。❸《「…てくれる」の形で》「相手が自分のために…する」の意味を表す言葉。例道を教えてくれる。活用 く・れる。

[2]**くれる【暮れる】** 動詞 ❶日がしずんで暗くなる。例日が暮れる。対明ける。❷ある季節や年が終わりになる。例秋もだんだん暮れてきた。❸思いまよって、どうしてよいかわからなくなる。例思案に暮れる。活用 く・れる。

ぐれる 動詞 〔生き方が〕正しい道からはずれる。不良になる。参考 くだけた言い方。活用 ぐ・れる。

クレンザー 名詞 みがき粉。例クレンザーで食器のよごれを落とす。▼英語 cleanser

くろ【黒】 名詞 ❶すみのような色。例黒のコート。❷犯罪をおかしたうたがいが強いこと。また、その人。例あいつは黒だ。❸悪いことや、かくしておきたいことなどを表す言葉。例黒魔術。／黒歴史（＝人に知られたくない過去）。対①～③白。

ことば博士になろう！

さまざまな色を表す言葉

小学校で勉強する漢字の中には、色を表す言葉があります。「赤・白・青・茶・黒・黄・緑・紅」の八つです。これらの漢字を使って、さらに細かい色合いを表す言葉がたくさんあります。

「黒っぽい・あさ黒い・どす黒い・まっ黒」などは、「黒」であっても、それぞれちがった黒さを表します。

「緑」も、「うす緑・深緑・黄緑・新緑」のようにさまざまな言葉があります。ほかの色についてもどんな言葉があるのか、調べてみましょう。

くろい【黒い】 形容詞 ❶すみのような色である。例黒い表紙の手帳。❷〔はだの色が〕黒みをおびている。また、かっ色である。例日に焼けた黒いはだ。対①②白い。❸〔心が〕正しくない。例はらの黒い人間。活用 くろ・い。

くろう【苦労】 名詞 する動詞 いろいろと体や心をつかうために苦しむこと。また、その苦しみ。例あれた土地を切り開くために苦労した。ことば「苦労を重ねる」

くろうしょう【苦労性】 名詞 わずかなことでも、あれこれと心配し、苦労する性質。例母は苦労性だ。

くろうと【玄人】 名詞 ある技術や芸能に、すぐれている人。また、それを仕事にしている人。専門家。対しろうと。

くろうとはだし【玄人はだし】 名詞 しろうとであるのに、専門家もおどろくほどの技量を持っていること。例かれの歌のうまさは玄人はだしだ。参考「玄人がはだしでにげ出すほどのうでまえ」という意味から。

くろうにん【苦労人】 名詞 いろいろな苦労をして、世の中のことや人情に通じている人。

クローズアップ 名詞 する動詞 ❶映画やテレビで、一つのもの（特に、顔など）を大きくうつしだすこと。❷あることを、特に大きくとり上げること。例環境問題がクローズアップされる。▼英語 close-up

クローバー 名詞 マメ科の植物。野原などで育ち、春から夏に白い花がさく。シロツメクサ。ふつう三まいの葉が集まってつく。参考 数が少ない四つ葉（＝四まいの葉）のクローバーは幸運をよぶといわれる。▼英語 clover

グローバル 形容動詞 地球全体の。地球規模の。全世界の。例グローバル経済。▼英語 global

グローブ 名詞 野球・ボクシング・フェンシングなどで使う、革でつくった大きな手ぶくろ。グラブ。類ミット。▼英語 glove

クロール 名詞 泳ぎ方の一つ。ばた足で水をけり、腕を回して水をかいて進む。▼英語 crawl

クローン 名詞 人工的に、もとのものとまったく同じ遺伝子をもつようにした動植物。例クロー

ことばあそび だじゃれ⑨ わらい話を聞いてわらいっぱなしだったよ。

ン技術。▼英語 clone

くろがね 名詞 鉄のこと。参考 ㋐古い言い方。㋑⇩9ページ・あかがね。453ページ・黄金。633ページ・しろがね。

くろぐろ【黒黒】副詞(-と) する動詞 とても黒いようす。また、とても暗いようす。例 黒々した髪。／黒々としたかげ。参考 ふつう「黒々」と書く。

くろざとう【黒砂糖】名詞 精製していない、黒茶色のさとう。参考 サトウダイコンやサトウキビのしるをしぼり、しるがなくなるまでにたままのもの。まじりけをなくした白砂糖より、ミネラルが多くふくまれる。

くろじ【黒字】名詞 使ったお金より、入ったお金のほうが多いこと。例 今月は、黒字だった。対 赤字。

くろしお【黒潮】名詞 日本列島の太平洋側を、南から北東へむけて流れる暖流。水温が高く、黒ずんで見える。「日本海流」ともいう。対 親潮。

クロス 名詞 ❶バレーボール・テニス・バドミントン・卓球などで、ボールをコートの対角線に打つこと。また、対角線のコース。対 ストレート。❷サッカーで、サイドにいる選手から、ゴール前にいるみかたに向けて角度をつけて長くパスするボール。クロスボール。▼英語 cross

クロスカントリー 名詞 森や野原、丘などを、のぼったりくだったりして走る競技。参考「クロスカントリーレース」の略。

クロスゲーム 名詞 どちらが勝つかわからないような競技や試合。接戦。▼英語 close game

くろずむ【黒ずむ】動詞 黒みをおびる。黒っぽくなる。例 壁はすすけ黒ずんでいる。活用 くろず・む。

クロスワードパズル 名詞 ごばんの目にしきったますの中にそれぞれの条件に合う文字を入れて、たてよこにつながる言葉をつくる遊び。クロスワード。▼英語 crossword puzzle

クロッカス 名詞 アヤメ科の植物。球根でふえ、葉は細長い。春に、黄・白・むらさき色などの花がさく。▼英語 crocus

クロッキー 名詞 短い時間ですばやくする写生。スケッチ。▼フランス語

グロッキー 形容動詞 ひどくつかれてふらふらになるようす。例 一日中歩きどおしでグロッキーだ。参考 ㋐もとは、ボクシングの言葉で、「強いパンチをうけてふらふらになる」。㋑「グロッギー」ともいう。▼英語 groggy

くろつち【黒土】名詞 黒っぽい土。くさった植物をたっぷりふくんでやわらかで細かく、植物を育てるのにむいている土。

グロテスク 形容動詞 すがたかたちが特にかわっていたりみにくかったりして、きみが悪いようす。例 グロテスクな形をした虫をつかまえた。▼英語(フランス語から) grotesque

くろびかり【黒光り】名詞 する動詞 黒くてつやがあること。例 柱が黒光りしている。

くろふね【黒船】名詞 江戸時代の終わりごろ、アメリカやヨーロッパの国から日本にきた軍艦や汽船。参考 船体が黒くぬられていたところからいう。

くろぼし【黒星】名詞 ❶中をぬりつぶした星型やまるい形の図形。❷相撲で、負けること。また、そのしるしを表す黒いまる。❸〔②の意味から〕負けたり、失敗したりすること。例 だれが考えてもきみの黒星だ。対 ①〜③白星。

くろまく【黒幕】名詞 ❶しばいの舞台で、場面のかわりめなどに使う黒い幕。❷かげでさしずしたり、計画を考えたりする人。ことば「事件の黒幕」参考 ②はふつう、悪い意味で使う。⇩コラム「演劇からうまれたことば」(160ページ)。

くろまめ【黒豆】名詞 正月料理の煮豆などに用いる、皮の黒い豆。

くろめ【黒目】名詞 ⬇1103ページ・ひとみ①。

くろやまのひとだかり【黒山の人だかり】慣用句 人がたくさん集まっているようす。例 広場は黒山の人だかりだ。

クロレラ 名詞 池や水田などで育つ緑色の藻。たんぱく質などが多くふくまれる。▼英語 chlorella

くろわく【黒枠】名詞 黒い色のわく。死んだ人の知らせや写真などに使う。

クロワッサン 名詞 バターを多く入れて焼いた、みかづき形のパン。▼英語(フランス語から) croissant

くわ[1] 名詞 田畑をたがやしたり、ならしたりする道具。一まいの平らな鉄の板にえをつけたもの。漢字 鍬。⇩図。

くわ[2]【桑】名詞 葉をかいこのえさにする木。いろいろの品種がある。

[1]**くわえる** 動詞 口・くちびる・歯などで、物をおさえる。また、かむようにして、おさえる。例 犬がおもちゃをくわえる。活用 くわ・える。

[1]くわ

[2]**くわえる**【加える】動詞 ❶あるものに、ほかのものをつけたす。例 スピードを加える。❷ある数と、ある数を足す。例 三に八を加える。❸仲間に入れる。例 かれを仲間に加えよう。❹あたえる。例 害を加える。活用 くわ・える。

くわがたむし【くわ形虫】名詞 ノコギリクワガタ・オオクワガタなどの、クワガタムシ科のこん虫のこと。角のようなものは、大あご。数年間生きる種類もある。⇩図。

くわ形虫

くわけ【区分け】名詞 する動詞 区切って分けること。区分。例 一つの土地を三つに区分けする。

くわしい【詳しい】形容詞 ❶細かいところまで行きとどいているようす。例 詳しい説明。❷よく知っているようす。例 父は歴史に詳しい。活用 くわし・い。

くわす【食わす】動詞 ⇩くわせる。活用 くわ・す。

くわずぎらい【食わず嫌い】名詞 ❶食べないで、きらいだと思うこと。また、その人。❷物事の中身をよく知らないで、さいしょからいやがること。また、その人。参考「食べずぎらい」ともいう。

くわせもの【食わせ物】名詞 外からよく見えても、中身のよくないもの。また、そういう人。参考 人の意味に使う場合は、「食わせ者」とも書く。

くわせる【食わせる】動詞 ❶食べさせる。のみ食いさせる。例 めしを食わせる。❷うけさせる。食らわせる。ことば「ひじてつを食わせる」❸だます。あざむく。ことば「いっぱい食わせる」❹やしなう。例 家族を食わせていく。参考「食わす」ともいう。活用 くわ・せる。

くわだて【企て】名詞 あることをしようとすること。計画。もくろみ。

くわだてる【企てる】動詞 あることをしようと計画する。例 反乱を企てる。類 たくらむ。活用 くわだ・てる。

くわばら【桑原】感動詞 かみなりや、いやなことをさけるために唱える、まじないの言葉。参考 ふつう、「くわばら、くわばら」と二度言う。

くわわる【加わる】動詞 ❶ふえる。多くなる。例 寒さが加わる。❷参加する。仲間に入る。例 探検隊の一員に加わる。活用 くわわ・る。

くん【訓】名詞 漢字を、日本語の意味に当てはめて読む読み方。たとえば、「会(う)」「海」など。例 訓読み。対 音。

[1]**ぐん**【軍】名詞 戦争をするためにつくられた組織。例 軍の指揮をとる。

[2]**ぐん**【郡】名詞 都道府県の中を小さく分けた、市以外の区画。

[3]**ぐん**【群】名詞 同じようなものが一か所にたくさん集まっていること。むらがり。むれ。集まり。

ぐんい【軍医】名詞 軍隊にぞくしている、軍人の医者。

ぐんか【軍歌】名詞 兵士を元気づけ、士気を高めるためのいさましい歌。

くんかい【訓戒】名詞 する動詞 よいことと悪いことを教え、注意すること。例 校長先生の訓戒を聞く。

ぐんかん【軍艦】名詞 軍隊がもっていて、たたかいのできる設備のある船。例 軍艦が港を出ていく。

ぐんき【軍記】名詞 ❶昔の、いくさの話をした書物。戦記。❷「軍記物」「軍記物語」の略。鎌倉・室町時代に書かれた、いくさや武士の生活をえがいた物語。

くんくん 副詞(−と) 鼻を鳴らして、においをかぐようす。例 くんくんと部屋のにおいをかぐ。

ぐんぐん 副詞(−と) 物事の進み方がはやいようす。また、いきおいのはげしいようす。例 ぐんぐんスピードを上げる。

ぐんこう【軍港】名詞 海軍の基地となる、特別の施設をもった港。例 横須賀は昔軍港だった。

ぐんこくしゅぎ【軍国主義】名詞 軍隊を

ことばあそび だじゃれ⑩ いばったバッタをしばった。

強くし、戦争によって国土を広げ、国力をのばそうとする考え方。

くんし【君子】名詞 人がらやおこないがりっぱな人。類聖人。

くんじ[1]【訓示】名詞 する動詞 部下に仕事の上で注意をあたえること。また、その言葉。例社長が新入社員に訓示をする。

くんじ[2]【訓辞】名詞 教えさとす言葉。教訓の言葉。例校長先生が入学式で長い訓辞をのべる。

ぐんし【軍師】名詞 ❶主将の下で、たたかいに勝つために作戦を考える人。類参謀。❷〔自分がとくをするために〕上手に計画し、行動する人。例あの人はかなりの軍師だ。類策略家。

ぐんじ【軍事】名詞 戦争や軍隊に関係のあることがら。

ぐんじきょうれん【軍事教練】名詞 学校で、生徒や学生を対象にしておこなわれた軍事についての訓練。大正一四（一九二五）年にはじまり、昭和二〇（一九四五）年の終戦で廃止された。

ぐんしきん【軍資金】名詞 ❶軍備や戦争などに必要なお金。❷あることをするのに必要なお金。もとで。

くんしはあやうきにちかよらず【君子は危うきに近寄らず】ことわざ 君子は自分を大事にして、むやみにあぶないことをしない。参考「君子、危うきに近寄らず」ともいう。

くんしはひょうへんす【君子はひょう変す】故事成語 君子はまちがいとさとれば、考えやおこないを急にかえる。例君子はひょう変すというとおり、先生はまちがいに気づいて、あやまった。語源「ひょう」は、動物のヒョウのこと。ヒョウの体のもようがあざやかではっきりしているところから、はっきりと考えやおこないを変えることをいう。参考㋐「君子ひょう変す」ともいう。㋑自分に都合が悪くなったときに考えやおこないを変える意味で用いることもある。

くんしゅ【君主】名詞 皇帝や王など、国を代々おさめる人。

ぐんしゅう[1]【群衆】名詞 ある場所に集まった多くの人々。例群衆が広場をうめつくす。類衆人。⇩使い分け。

ぐんしゅう[2]【群集】名詞 する動詞 たくさん集まること。また、その集まり。例ミツバチが群集している。⇩使い分け。

使い分け　ぐんしゅう

●多くの人々。
広場をうめる群衆。

●多く集まること。
ミツバチが群集する。

ぐんしゅうしんり【群集心理】名詞 大ぜいの人の中にいるため、〔正しい判断ができなくなり〕ほかの人々の言葉やおこないに、わけもなくついていくような心の動き。

ぐんしゅく【軍縮】名詞「軍備縮小」の略。戦争のためのそなえを少なくすること。

ぐんじゅこうじょう【軍需工場】名詞 武器・弾薬など、軍隊で必要とするものをつくる工場。

くんしゅせい【君主制】名詞 君主が中心となって国をおさめる、政治のしくみ。参考 君主に完全な力をあたえる絶対君主制と、憲法によって君主の力をおさえる立憲君主制とがある。日本は立憲君主制。

くんしょう【勲章】名詞 国や人々のためにつくしたてがらをみとめ政府がおくる記章。

ぐんじょういろ【群青色】名詞 むらさき色がまざったような、あざやかな青色。ぐんじょう。例群青色の海。

ぐんじん【軍人】名詞 軍隊に入っている人。

くんせい【薫製】名詞 肉や魚を塩づけにしてけむりでいぶし、かわかした食べ物。

ぐんせい[1]【群せい】名詞 する動詞 同じ種類の動物がたくさん集まってすむこと。例ウミネコの群せいする土地。漢字 群棲。⇩使い分け。

ぐんせい[2]【群生】名詞 する動詞 植物がたくさん集まってはえていること。例スズランが群生している。⇩使い分け。

ぐんぜい【軍勢】名詞 軍隊。または、軍隊の人数。例五万の軍勢がせめよせた。

使い分け　ぐんせい

●同じ動物が集まってすむこと。
フラミンゴが群せいする土地。

●同じ植物が集まってはえること。
コスモスの群生地。

ぐんそう【軍曹】 名 昔の陸軍の階級の一つ。 参考 兵のすぐ上が伍長で、軍曹はその上、軍曹の上が曹長。伍長・軍曹・曹長をあわせて下士官という。

ぐんぞう【群像】 名 ❶文学や映画などにえがかれた、多くの人々の生き生きとしたすがた。例 青春群像。❷絵画やちょうこくなどで、多くの人間を表した作品。

ぐんたい【軍隊】 名 ある決まりによってつくられた軍人の集まり。

ぐんだん【軍団】 名 軍隊のまとまりの単位。 参考 一番小さい単位を師団といい、次が軍団、軍団の上の単位を軍という。

ぐんて【軍手】 名 太い白もめん糸などであんだ、作業用の手ぶくろ。左右の区別はない。 参考 もと軍隊で使われた。

ぐんと 副 ❶強く力を入れるようす。例 体をぐんとおされた。❷ほかのものとくらべて、差が大きいようす。いちだんと。例 体重がぐんとへった。❸強い感動をうけるようす。例 最後のシーンがぐんと胸にこたえた。

ぐんとう【群島】 名 ひとかたまりに集まっている多くの島。類 列島。対 孤島。

くんどく【訓読】 名 する動詞 ❶漢字にその意味をもつ日本語をあてて読むこと。訓読み。参考 「花」を「はな」、「話」を「はなし」と読むようなもの。対 音読。❷漢文を、日本語の文章になおして読むこと。漢文訓読。参考 「我読書」を「我書を読む」と読むようなもの。

ぐんどく【群読】 名 する動詞 わりあてを決めて、多くの人が一つの文学作品を声に出して読むこと。例 発表会で群読する。

ぐんばい【軍配】 名 「軍配うちわ」の略。相撲の行司が使ううちわの形をしたもの。⇩347ページ・行司（図）。

ぐんばいがあがる【軍配が上がる】 慣用句 ❶〔相撲で〕勝ちと決まる。❷〔❶の意味から〕商売などのせりあいで勝つ。

ぐんぱつ【群発】 名 する動詞 ある特定の場所で、しばしば起こること。

ぐんぱつじしん【群発地震】 名 特定の場所で、しばしば起こる小さな地震。

ぐんび【軍備】 名 国を守るためや、戦争をするための兵器や設備。軍のそなえ。例 軍備をととのえる。類 武装。

1**ぐんぶ【軍部】** 名 陸軍・海軍・空軍をまとめたよび名。軍が支配しているさまざまなしくみ。例 軍部の発表。

2**ぐんぶ【郡部】** 名 ❶郡にふくまれている地域。例 郡部の投票率が悪い。❷いなか。例 名古屋の郡部に工場がある。

3**ぐんぶ【群舞】** 名 する動詞 大ぜいが、いっしょになっておどること。例 スポーツの祭典で、小学生が群舞する。／チョウの群舞。

くんぷう【薫風】 名 〔若葉のかおりのする〕さわやかな初夏の風。例 薫風がふきわたる。

ぐんぷく【軍服】 名 軍人が着る制服。

ぐんまけん【群馬県】 地名 関東地方の北西部にある県。県庁所在地は前橋市。⇩916ページ・都道府県（図）。

ぐんもんにくだる【軍門に下る】 慣用句 〔たたかいに負けて〕敵に降参する。

ぐんゆうかっきょ【群雄割拠】 四字熟語 たくさんの英雄が各地で勢力をふるい、おたがいに相手をしたがわせようと対立し合うこと。例 群雄割拠の戦国時代。

ぐんようち【軍用地】 名 軍事、または軍隊のために使う土地。

くんよみ【訓読み】 名 する動詞 ⬇くんどく①。

ぐんらく【群落】 名 同じ場所にたくさん集まってはえている植物の集まり。

ぐんりゃく【軍略】 名 戦いのための、計略・はかりごと。類 戦略。

くんりん【君臨】 名 する動詞 ❶その国で君主となること。ことば 「君臨すれども統治せず」 ❷ある方面で、大きな力をもっていること。例

あいうえお　かきくけこ　く　さしすせそ　たちつてと　なにぬねの　はひふへほ　まみむめも　や　ゆ　よ　らりるれろ　わ　を　ん

ことばあそび　だじゃれ⑪　きみ、このたまごの黄身は気味が悪いね。

業界のリーダーとして君臨する。

くんれいしきローマじ【訓令式ローマ字】名詞 日本語をローマ字で書き表す方法の一つ。日本式とヘボン式のよいところを合わせて考え出した。「し」を「si」、「ち」を「ti」、「ぢ」を「zi」などと書く。⇩ヘボン式ローマ字。日本式ローマ字。

くんれん【訓練】名詞 する動詞 物事によくなれるように、教えて、きたえること。例 きびしい訓練。

くんわ【訓話】名詞 教えさとすこと。また、その話。例 校長先生の訓話を聞く。

ぐんをなす【群を成す】慣用句 たくさん集まる。集まって、むれをつくる。例 群を成して、おしよせる。

ぐんをぬく【群を抜く】慣用句 多くのものの中で、とびぬけてすぐれている。例 群を抜いてスピーチがうまい。

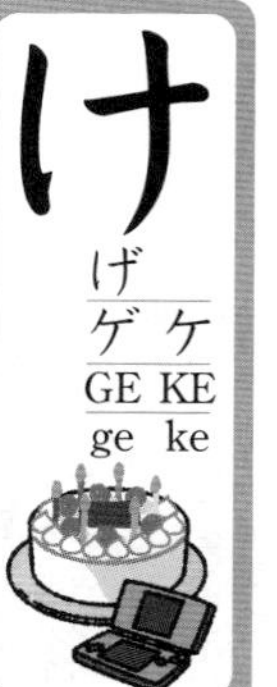

け[1]【毛】名詞 ❶動物のひふにはえ、ひふをまもっている糸のようなもの。例 ネコの毛。❷髪の毛。❸はね。例 毛をむしる。❹物の表面にはえる、糸のように細いもの。例 タンポポの毛。❺羊毛をつむいだ糸。例 毛のシャツ。

け[2]【気】一 名詞 けはい。様子。例 火の気がなくて寒い。
二 接頭語《活用する言葉の上につけて》「なんとなく」「どことなく」の意味を表す言葉。例 気だるい。
三 接尾語 ❶《ある言葉の下につけて》「…のようなけはい・傾向が感じられる」の意味を表す言葉。例 人気。／おしろい気。❷《ある言葉の下につけて》「…のような気分である」の意味を表す言葉。ことば「寒気がする」

け[3]【家】接尾語《姓などの下につけて》その一族・家族全体を表す言葉。また、敬意をそえる言葉。例 山本家。

げ 接尾語《ある言葉の下につけて》「…そうだ」「…らしいようす」などの意味を表す言葉。例 ねむたげな顔。／満足げ。

けあがり【蹴上がり】名詞 する動詞 鉄ぼうにぶらさがり、体を曲げ空をけって、鉄ぼうの上にあがるわざ。

けあな【毛穴】名詞 ひふの表面の、毛が生える小さなあな。

ケアマネジャー 名詞 介護支援専門員。介護を必要とする人のために介護サービスの計画をつくる人。ケアマネ。ケアマネージャー。▼英語 care manager

けい[1] 名詞 文字の列をそろえて書くのに便利なように、紙などに、たてや横に決まったはばで引いた線。けい線。漢字 罫。

けい[2]【刑】名詞 法律にそむいた者におわせるばつ。けいばつ。ことば「刑に処する」

けい[3]【系】接尾語《名詞につけて》「まとまりのある関係である」意味を表す。例 太陽系。

けい[4]【計】一 名詞 ❶二つ以上の数・量を加えた数。合計。❷〔しょうらいの〕計画。はかりごと。ことば「一年の計は元旦にあり」
二 接尾語《ある言葉の下につけて》「ものをはかるための器具」の意味を表す言葉。例 温度計。／体重計。／湿度計。

げい【芸】名詞 ❶身につけたわざや知識。例 職人芸。❷役者や芸人、また、動物などの演技。例 芸をひろうする。

けいあい【敬愛】名詞 する動詞 うやまって、したうこと。例 わたしの敬愛する人。

けいい[1]【経緯】名詞 ❶経線と緯線。また、経度と緯度。❷物事のこまかい事情。いきさつ。例 事件の経緯をくわしく説明してほしい。

けいい[2]【敬意】名詞〔人を〕うやまう心。ことば「敬意を表する」

けいえい【経営】名詞 する動詞 事業をやっていくこと。例 経営者。

けいえん【敬遠】名詞 する動詞 ❶〔うやまって近づかないという意味から〕表面ではうやまうようにみせかけて、心の中ではきらってうちとけないこと。また、きらってさけること。例 口やかましい人は、人に敬遠される。❷野球で、よくうつ打者をむかえたときなどに、わざとフォアボールをあたえること。

けいおんがく【軽音楽】名詞〔明るい感じで〕気がるにきける音楽。ジャズやタンゴなど。

けいか【経過】名詞 する動詞 ❶年月・時間がすぎていくこと。例 れんらくがとだえてから五日経

あいうえお かきくけこ さしすせそ たちつてと なにぬねの はひふへほ まみむめも や ゆ よ らりるれろ わ を ん

過した。❷物事がうつりかわっていく様子。例 手術後の経過はとてもよい。類 過程。成り行き。

けいが【慶賀】 名詞 する動詞 〔おめでたいことを〕よろこび祝うこと。例 祖父の長寿を慶賀する。

1**けいかい【軽快】** 名詞 形容動詞 ❶かるそうに、はやく動くようす。例 軽快なフットワーク。❷かろやかで気持ちのよいようす。例 軽快なテンポの音楽が聞こえてくる。

2**けいかい【警戒】** 名詞 する動詞 〔犯罪や災害など〕よくないことがおこらないように、用心し、そなえること。例 周囲を警戒する。

けいかいけいほう【警戒警報】 名詞 災害などを警戒するように出す知らせ。また、戦争中、敵機がおそってくるおそれのあるとき、きびしく警戒するように、政府などが出す知らせ。

けいかいしょく【警戒色】 名詞 どくヘビやスズメバチのように、あざやかで目立つ動物の体の色やもよう。ほかの動物を近よらせないので、身を守るのに役立つ。

けいかく【計画】 名詞 する動詞 ある物事をするため、前もって方法や手順を考えること。また、その考え。例 サプライズパーティーを計画する。
ことば「計画を立てる」 類 予定。企画。

けいかくだおれ【計画倒れ】 名詞 計画を立てるだけで、それを実行にうつせないこと。例 資金不足で、計画倒れになった。

けいかくてき【計画的】 形容動詞 前もって計画を立ててあるようす。例 計画的に行動する。対 無計画。

げいがこまかい【芸が細かい】 慣用句 ちょっとしたおこないにもこまかい注意が行きとどいている。することにねんが入っている。

げいがない【芸が無い】 慣用句 ❶身につけたわざがない。❷工夫が足りず、かわったところがなくておもしろくない。例 いつも同じ歌をうたうのも芸が無い。

1**けいかん【景観】** 名詞 すばらしいけしき。例 見晴らしのよい景観。類 景色。

2**けいかん【警官】** 名詞 「警察官」の略。

1**けいき【刑期】** 名詞 つみをおかした人が、けいむしょに入らなければならない期間。例 刑期を終えて出所する。

2**けいき【計器】** 名詞 ものの重さ・長さ・分量・はやさなどをはかる器具。メーター。

3**けいき【契機】** 名詞 〔あることをする〕きっかけ。例 世界遺産の登録を契機に観光客が増えた。類 転機。

4**けいき【景気】** 名詞 ❶商売のようす。例 景気が回復する。❷いきおい。元気。例 景気のよいかけ声をかけて、みこしをかつぐ。

けいきづく【景気付く】 動詞 ❶商売の具合がよくなる。例 世の中が景気付く。❷物事のいきおいがよくなる。例 大きなかけ声で、おみこしが景気付いた。活用 けいきづ・く。

けいきょもうどう【軽挙妄動】 四字熟語 よく考えないでかるはずみな行動をすること。また、その行動。

けいきんぞく【軽金属】 名詞 比重がだいたい五以下のかるい金属。アルミニウム・マグネシウムなど。対 重金属。

けいく【警句】 名詞 物事の本当の意味やすぐれた考えなどをうまく言い表した短い言葉。「初心わするべからず」など。類 金言。格言。

けいぐ【敬具】 感動詞 〔「つつしんでもう上げます」の意味で〕手紙文の終わりに書くあいさつの言葉。対 拝復。参考 多く「拝啓」「謹啓」と対応して用いる。

1**けいけん【経験】** 名詞 する動詞 じっさいに見聞きしたり、自分でおこなったりすること。また、それによって身についた知識やわざ。例 留学の経験がある。／経験を生かす。類 体験。

2**けいけん【敬けん】** 名詞 形容動詞 〔神や仏などを〕心からうやまいつつしむようす。例 敬けんないのり。漢字 敬虔。

けいげん【軽減】 名詞 する動詞 少なくすること。へらすこと。例 仕事の量を軽減する。

けいこ【稽古】 名詞 する動詞 習うこと。特にわざをみがくため、武術や芸ごとを習うこと。例 柔道の稽古。

1**けいご【敬語】** 名詞 相手やほかの人をうやまう気持ちを表す言葉。たとえば、「いらっしゃる」「もうし上げる」など。例 先生と話すときは敬語をつかう。

2**けいご【警固】** 名詞 する動詞 〔ある場所を〕用心して、守ること。例 沿道を警固する。

3**けいご【警護】** 名詞 する動詞 〔ある場所や人などのまわりを〕用心して、守ること。例 大臣を警護する。類 警備。護衛。

1**けいこう【蛍光】** 名詞 ある物質が光や放しゃ線などを受けて出す、ほのかな光。

[2]けいこう【傾向】 名詞 〔物事の動きや性質が〕ある方向に進んでゆくこと。かたむき。例 電力の消費量は増加の傾向にある。類 動向。風潮。

[3]けいこう【携行】 名詞 する動詞 身につけて持って行くこと。例 武器を携行する。

げいごう【迎合】 名詞 する動詞 相手の気に入るように、自分の態度や考えをかえること。相手のきげんをとること。例 上役に迎合する。類 追従。

けいこうぎょう【軽工業】 名詞 織物や食料品など、ふだんの生活に使われる品物をつくる工業。対 重工業。

けいこうとう【蛍光灯】 名詞 つつの形のガラスのくだの内側にけい光物質をぬり、水銀とアルゴンをふうじこめた電灯。

[1]けいこく【渓谷】 名詞 〔川が流れている〕深い谷。谷間。類 峡谷。

[2]けいこく【警告】 名詞 する動詞 〔危険や不都合がおこりそうなため〕注意するように前もって知らせること。また、その知らせ。例 外出しないよう警告する。類 予告。忠告。

げいごと【芸事】 名詞 おどり・こと・しゃみせんなど、しゅみや楽しみでする芸能。またそれにかんすることがら。

けいさい【掲載】 名詞 する動詞 新聞や雑誌などに、記事や広告などをのせること。例 わたしの投書が新聞に掲載された。類 記載。

けいざい【経済】 名詞 ❶人間生活に必要な物をつくったり、売り買いしたり、使ったりする、いろいろな働きやしくみ。例 経済政策。❷お金のやりくり。例 家の経済が楽になった。

けいざいさんぎょうしょう【経済産業省】 名詞 外国との貿易や国内の産業などについての育成や推進、また調整などの仕事や、鉱産資源などの調査、開発などの仕事をする国の機関。

けいざいてき【経済的】 形容動詞 ❶経済に関係のあるようす。例 日本は経済的には大国だ。／経済的な事情がある。❷むだがはぶけて、費用・時間などが少なくてすむようす。例 一度にまとめて買ったほうが経済的だ。

けいざいめん【経済面】 名詞 ❶経済に関係のあることがら。❷新聞などで、おもに経済に関係のある記事をのせてあるページ。

けいざいりょく【経済力】 名詞 国や人の財力。例 経済力に物を言わせる。

けいさつ【警察】 名詞 人々のいのちや財産、社会の決まりなどを守ることを役目とするしくみ。また、その役所。

けいさつかん【警察官】 名詞 警察の仕事をじっさいにすすめていく公務員。警官。

けいさつけん【警察犬】 名詞 警察が事件を調べるために、特別に訓練した犬。

けいさつしょ【警察署】 名詞 都道府県内の受け持ちの区域で、警察の仕事をおこなう役所。

けいさつちょう【警察庁】 名詞 警察に関する事務をあつかう国の機関。参考 国家公安委員会の下に置かれている。

けいさん【計算】 名詞 する動詞 ❶数量をはかって数えること。例 利益を計算する。❷算数の式をといて答えを出すこと。例 計算問題。❸〔結果・なりゆきなどを〕予想し、予定の中に組み入れること。例 道がこむことも計算に入れて、早く家を出た。類 打算。

けいさんき【計算機・計算器】 名詞 いろいろな計算を早くおこなうための機械や器具。

けいさんじゃく【計算尺】 名詞 かけ算やわり算などの計算を、目もりをつけた棒を使ってかんたんにおこなう器具。⇩図。

けいさんだかい【計算高い】 形容詞 いつもそんかとくかを考えてから行動するようす。例 あまり計算高いといやがられる。活用 けいさんだか・い。

計算尺

[1]けいし【けい紙】 名詞 けいが引いてある紙。

[2]けいし【軽視】 名詞 する動詞 物事をかるくみて、価値をみとめないこと。例 小さな問題を軽視してはいけない。対 重視。

[1]けいじ【刑事】 名詞 ❶どろぼうや人ごろしなどのような、刑法にふれることがら。例 刑事事件。対 民事。❷刑法にふれるようなことをした人を、とらえたり調べたりする役目の警官。

[2]けいじ【掲示】 名詞 する動詞 〔多くの人に知らせるため〕紙などに書いて、かかげること。また、その書いたもの。例 今週の目標を掲示する。

けいしき【形式】 名詞 ❶〔一定の〕やりかた。しかた。例 短歌の形式。❷ていさい。見かけ。例 形式にとらわれる。対 内容。

けいしきてき【形式的】形容動詞 〔内容よりも〕かたちやていさいをおもくみるようす。例形式的なあいさつ。対実質的。

けいしちょう【警視庁】名詞 東京都の警察署全部をとりまとめる役所。

けいじばん【掲示板】名詞 人に広く知らせるためのものをかかげるための板。例掲示板にポスターをはる。

けいしゃ【傾斜】名詞 する動詞 かたむくこと。また、そのかたむきのていど。こう配。例傾斜の急な坂道。

けいじゅう【軽重】名詞 ⇒けいちょう（軽重）。

げいじゅつ【芸術】名詞 心に感じたことや思ったことを、形・色・音・声・言葉などで表すこと。また、その表したもの。文学・音楽・絵画・ちょうこく・演劇など。

げいじゅつか【芸術家】名詞 芸術にかかわる仕事をして、作品をつくりだす人。

げいじゅつさい【芸術祭】名詞 芸術をさかんにするために、毎年秋に文化庁が中心になっておこなう、演劇・映画・音楽・舞踊・演芸などの祭典。

げいじゅつてき【芸術的】形容動詞 ❶芸術に関係があるようす。例芸術的な味わいのある音楽。❷芸術としてねうちがあるようす。例少しなおしたら、もっと芸術的になる。

げいじゅつひん【芸術品】名詞 芸術的な美しさや価値を持った作品。例第一級の芸術品。

げいしゅん【迎春】名詞 新春をむかえること。参考年賀状などで新年のあいさつとして用いられる。

1 **けいしょう**【敬称】名詞 人の名前の下につけて相手をうやまう気持ちを表す言葉。「さま・さん・くん・どの」など。

2 **けいしょう**【景勝】名詞 特によいけしき。例景勝の地。

3 **けいしょう**【軽少】形容動詞 〔数量・金額・えいきょうなどが〕ほんの少しであるようす。例ひがいは軽少だった。類きん少。軽微。対多大。

4 **けいしょう**【軽症】名詞 病気がかるいこと。対重症。

5 **けいしょう**【軽傷】名詞 かるいきず。かるいけが。類浅手。かすりきず。対重傷。

6 **けいしょう**【継承】名詞 する動詞 〔身分・仕事・財産などを〕うけつぐこと。

7 **けいしょう**【警鐘】名詞 火事やこう水などの危険を知らせるために鳴らすかね。また、警告。

ことば「警鐘を鳴らす（＝人々に危険を知らせる）」

1 **けいじょう**【形状】名詞 物のかたち。有様。類形態。

2 **けいじょう**【計上】名詞 する動詞 全体の計算の中に、その一部としてふくむこと。例教育費を、予算に計上する。

けいしょく【軽食】名詞 かんたんでてがるな食事。例お昼は軽食ですます。

けいず【系図】名詞 一族の先祖から代々続いている人の名と、血すじが書いてある図。

けいすう【計数】名詞 数をかぞえること。また、経理にかかわること。例計数器。／計数に明るい人。

1 **けいせい**【形成】名詞 する動詞 形をつくること。例むれを形成する。／人格形成。類成立。構成。成形。

2 **けいせい**【形勢】名詞 変化する物事の、その時その時の様子。例試合の形勢が逆転した。類情勢。動向。

けいせいもじ【形声文字】名詞 音を表す文字と、意味を表す文字とを組み合わせてつくった漢字。たとえば「花」では、「艹」が植物であることを表し、「化」が「か」の音を表す。対象形文字。指事文字。会意文字。

けいせき【形跡】名詞 物事があったあと。あとかた。こん跡。

けいせつ【蛍雪】名詞 故事成語 まずしさにたえて勉強すること。苦労して学問をすること。苦学。ホタルの光窓の雪。語源昔、中国で、まずしさのため明かりの油が買えなかった、車胤という人はホタルの光で、孫康という人は雪明かりで勉強したという話から。

けいせつのこう【蛍雪の功】故事成語 苦労して勉学にはげんだ成果。例蛍雪の功なって合格する。

1 **けいせん**【けい線】名詞 ⇒400ページ・1けい。

2 **けいせん**【経線】名詞 経度をしめすため、地球の表面を通り、北極と南極とを結んだ線。子午線。参考「経」は「たて糸」という意味。対緯線。

1 **けいそう**【けい藻】名詞 水中でくらす、とても小さな「も」のなかま。けい藻類。

ことばあそび　だじゃれ⑬　かばん　そろばん　おるすばん

2 **けいそう**【軽装】名詞 みがるな服そう。活動しやすい身じたく。例 軽装で旅行に出る。

3 **けいそう**【継走】名詞 何人かの走者が、一定のきょりを引きついで走ること。リレー競走。

けいそく【計測】名詞 する動詞〔数量・長さなどを〕器械を使って、はかること。例 スピードを計測する。類 計量。測量。

けいぞく【継続】名詞 する動詞〔前からしていることを〕続けること。また、続くこと。例 グループでの活動を継続する。／継続中。類 持続。

けいそつ【軽率】形容動詞 深く考えないで行動するようす。例 軽率なふるまい。対 慎重。注意「軽卒」と書かないこと。

1 **けいたい**【形態】名詞 あるしくみをもった物事の、外から見たかたち・有様。例 国の形態。／生活形態。類 形状。

2 **けいたい**【敬体】名詞 ていねいに言い表すときの文の形。文の終わりに「です」「ます」「であります」「でございます」などを使って表す。参考「わたしはバラの花がすきです。」「明日、海に行きます。」のような文。対 常体。

3 **けいたい**【携帯】一 名詞 する動詞 身につけたり、手に持ったりして、持ち歩くこと。例 雨具を携帯する。二 名詞「携帯電話」の略。小型でかるく、持ち歩くことのできる無線電話機。

けいだい【境内】名詞 寺や神社のしき地の中。

けいたいでんわ【携帯電話】名詞 ⬇けいたい（携帯）二。

けいちつ【啓ちつ】名詞 二十四節気の一つ。昔のこよみで、三月五日、六日ごろ。冬ごもりをしていた虫や生き物が地上に出てくるとされるとき。漢字 啓蟄。⇩口絵7ページ。

1 **けいちょう**【軽重】名詞 ❶かるいことと、おもいこと。❷大事なことと、そうでないこと。参考「けいじゅう」ともいう。

2 **けいちょう**【傾聴】名詞 する動詞 気持ちを集中させて、熱心に聞くこと。ことば「傾聴にあたいする（＝よく聞くかちがある）」

3 **けいちょう**【慶弔】名詞 よろこび祝うべきことと、悲しみとむらうべきこと。慶事と弔事。例 慶弔電報。

けいてき【警笛】名詞 人々に注意をあたえるために鳴らす、汽車や自動車などのふえやらっぱ。また、その音。ことば「警笛を鳴らす」

けいと【毛糸】名詞 羊などの毛をよりあわせてつくった糸。

1 **けいど**【経度】名詞 地球上のある地点が、基準とする位置からどれくらいはなれているかを角度で表したもの。また、その角度。参考 イギリスの、もとグリニッジ天文台があった場所を〇度とし、東西をそれぞれ百八十度にわける。対 緯度。⇩図。

経度

2 **けいど**【軽度】形容動詞 ていどが軽いこと。例 軽度の近視。対 強度。重度。

1 **けいとう**【系統】名詞 ❶同じ血すじ。例 父方の系統。❷物事の順序。正しいつながり。すじ道。例 系統だてて話す。❸同じ種類や流れに属しているもの。またその流れ。例 茶系統の色が好きだ。類 系列。

2 **けいとう**【継投】名詞 する動詞 野球で、前のピッチャーの後を引きついで投球すること。例 継投策が図にあたる。対 続投。

3 **けいとう**【傾倒】名詞 する動詞 ❶ある物事に熱中すること。例 ゴッホの作品に傾倒する。❷ある人や考えを尊敬してしたうこと。例 傾倒した人物の生き方をまねる。

4 **けいとう**【鶏頭】名詞 ヒユ科の植物。夏から秋にかけて、ニワトリのとさかのような形の赤・黄・ピンク色などの花がさく。

げいとう【芸当】名詞〔人をびっくりさせるような〕むずかしいわざ。はなれわざ。

けいとうてき【系統的】形容動詞 すじ道がたち、よくまとまっているようす。

けいどうみゃく【けい動脈】名詞 首の部分を流れて、頭や顔に血液を送る太い動脈。漢字 頸動脈。

げいにん【芸人】名詞 ❶芸能を職業とする人。特にお笑いタレント。❷しろうとで、いろいろな芸をたくみにする人。例 あの人は、なかなかの芸人だ。

げいのう【芸能】名詞 演劇・音楽・映画・おど

り・落語などをまとめていう言葉。例郷土芸能。／芸能人。

けいば【競馬】名詞 騎手が馬を走らせ、その勝ち負けを争う競技。

けいばい【競売】名詞 する動詞 ➡350ページ・きょうばい。

けいはく【軽薄】形容動詞 考えがあさく、おこないがかるがるしいようす。例軽薄な発言。類あさはか。うすっぺら。対重厚。

けいはつ【啓発】名詞 する動詞 ふつうの人が気がつかないようなことを教えて、わからせること。例本を読んで啓発される。

けいばつ【刑罰】名詞 〔法律によって〕悪いことをした人にあたえるばつ。

げいはみをたすける【芸は身を助ける】ことわざ しゅみのつもりでおぼえた芸が、生活にこまったときなどにお金をかせぐのに役立つ。

けいはんしん【京阪神】名詞 京都と大阪と神戸。また、そのふきんの地域。

けいひ【経費】名詞 あることをするのに必要なお金。類出費。

けいび1【軽微】形容動詞 ていどが軽く、大きくないようす。例軽微な損傷。類きん少。軽少。

けいび2【警備】名詞 する動詞 〔よくないことがおこらないように〕前もって用心して、守ること。例警備にあたる。／警備員。類警護。守護。

けいひん1【京浜】名詞 東京と横浜。また、そのふきんの地域。

けいひん2【景品】名詞 売る品物にそえて客におくる品物。おまけ。

けいひんこうぎょうちたい【京浜工業地帯】名詞 東京・川崎・横浜を中心とする、大きな工業地帯。重化学工業や機械工業がさかんにおこなわれている。

けいふ【継父】名詞 母の夫であるが血のつながりのない父。ままちち。類養父。対継母。実父。

げいふう【芸風】名詞 役者や芸人の、独特な芸のやり方。芸から受ける感じ。例芸風が弟子につたわる。

けいふく【敬服】名詞 する動詞 心から感心して尊敬の気持ちをもつこと。例かれの努力にはまったく敬服する。類感服。

けいべつ【軽蔑】名詞 する動詞 人を軽く見て、さげすむこと。例うらぎり者を軽蔑する。／軽蔑のまなざしを向ける。

けいべん【軽便】形容動詞 手軽で便利なようす。例軽便な、おりたたみのかさ。類簡便。

けいべんてつどう【軽便鉄道】名詞 線路のはばがふつうよりもせまく、小型の機関車をはしらせる鉄道。

けいぼ【継母】名詞 父の妻であるが血のつながりのない母。ままはは。類養母。対継父。実母。

けいほう1【刑法】名詞 犯罪と、それに対する罰をとりきめた法律。

けいほう2【警報】名詞 〔台風や火事など〕危険なことがおこりそうなとき、用心するように出す知らせ。例火災警報。

けいぼう【警防】名詞 災害や事故などがおこらないように、けいかいしてふせぐこと。

けいほうき【警報器】名詞 火事や事故などの発生や危険を知らせるためのしかけ。例火災警報器。

けいみょう【軽妙】形容動詞 〔文章や話などが〕かろやかで、気がきいていて、うまいようす。ことば「軽妙な語り口」

けいむしょ【刑務所】名詞 悪いことをして刑を受けた人を、その刑の期間が終わるまで入れておくところ。類ろうごく。

げいめい【芸名】名詞 俳優・歌手・落語家など芸能人が、本名のほかにつける名前。

けいもう【啓もう】名詞 する動詞 正しい知識をもたない人たちを、新しく、正しい考えをもつように教えみちびくこと。例民衆を啓もうする。漢字啓蒙。

けいやく【契約】名詞 する動詞 〔法律にもとづいて〕売り買いや、かしかりなどの約束をすること。また、その約束。例選手として契約する。ことば「契約を結ぶ」

けいゆ1【経由】名詞 する動詞 〔目的の場所へ行くとき〕とちゅうで、ある地点を通っていくこと。例モスクワ経由でヨーロッパへ行く。

けいゆ2【軽油】名詞 石油の種類の一つ。発動機の燃料や、機械をあらうのに使う。

けいよう1【形容】名詞 する動詞 物の様子や性質などを、いろいろな言い方やたとえなどで言い表すこと。例何とも形容しがたい鳴き声。

けいよう2【掲揚】名詞 する動詞 〔はたなどを〕高くかかげること。ことば「国旗を掲揚する」

けいようこうぎょうちたい【京葉工業

あいうえお かきくけこ け さしすせそ たちつてと なにぬねの はひふへほ まみむめも や ゆ よ らりるれろ わ を ん

ことばあそび だじゃれ⑭ でばん ほんばん みはりばん

地帯】名詞 東京湾の東岸に、千葉県を中心として広がる工業地帯。重化学工業がさかん。参考「京葉」は、東京と千葉。

けいようし【形容詞】名詞 物事の性質や、様子を表す言葉。「美しい」「赤い」「苦しい」など。参考 言い切りの形が「い」で終わる。活用がある。

けいようどうし【形容動詞】名詞 物事の性質や、様子を表す言葉。「しずかだ（です）」「りっぱだ（です）」など。参考 言い切りの形が「だ」「です」で終わる。活用がある。

けいらん【鶏卵】名詞 ニワトリのたまご。

けいり【経理】名詞 会社などでお金の出し入れに関係のある事務。会計。

けいりゃく【計略】名詞〔だまして〕物事をしようとする計画。例 計略を用いる。類 謀略。

けいりゅう【渓流】名詞 谷川。また、谷川の流れ。例 渓流でヤマメをつる。

1**けいりょう**【計量】名詞 する動詞 おもさや分量などをはかること。例 計量カップ。類 計測。

2**けいりょう**【軽量】名詞 めかたがかるいこと。対 重量。

けいりん【競輪】名詞 職業選手がおこなう自転車競走。

けいるい【係累】名詞 めんどうをみなければならない家族。両親や子ども・きょうだいなど。

けいれい【敬礼】名詞 する動詞 うやまう気持ちをこめて、おじぎをすること。また、そのおじぎ。

けいれき【経歴】名詞〔どのような学校を出て、どんな仕事についてきたかなど〕今までにしてきたことがら。りれき。

けいれつ【系列】名詞 すじ道だって、あるつながりをもっている物事。例 系列会社。類 系統。

けいれん 名詞 する動詞 筋肉が急にひきつること。例 胃けいれん。漢字 痙攣。

1**けいろ**【毛色】名詞 ❶毛の色。類 毛並み。❷種類。性質。例 毛色のかわった人。

2**けいろ**【経路】名詞〔物事がとおってきた〕すじ道。手順。例 コレラ菌の入ってきた経路をつきとめる。

けいろう【敬老】名詞 高齢者をうやまうこと。例 敬老の精神。／敬老会。

けいろうのひ【敬老の日】名詞 国民の祝日の一つ。長い間、社会のためにつくしてきた高齢者をうやまい、長生きをいわう日。二〇〇二年までは九月十五日。二〇〇三年からは九月の第三月曜日になった。参考 一九六六（昭和四一）年に制定された。

ケー【K・k】名詞 アルファベットの十一番目の文字。

ケーオー 名詞 する動詞 ボクシングで、「ノックアウト（knockout）」の略。▼英語 KO, K.O., k.o.

ケーキ 名詞 洋風のやわらかい菓子。洋菓子。また特に、小麦粉にたまご・牛乳・さとうなどをまぜて焼いたものに、クリームやくだものをそえた菓子。▼英語 cake

ケース 名詞 ❶はこ。入れ物。例 めがねのケース。❷物事のじっさいの例。有様。場合。例 防火くんれんは、じっさいのいろいろなケースを考えておこなう。▼英語 case

ケースバイケース 名詞 それぞれの場合にふさわしくおうじること。例 やり方は、ケースバイケースでちがう。▼英語 case by case

ケースワーカー 名詞 生活上の問題をかかえた人の相談相手となって、問題の解決をはかる仕事をする人。▼英語 caseworker

ゲート 名詞 門。出入り口。▼英語 gate

ゲートボール 名詞 五人ずつの二チームが、スティックでボールをうち、門（ゲート）をじゅんじゅんに通過させて勝敗をきそうゲーム。日本で考えだされた。

ゲートル 名詞 長い時間歩くときに、足首からひざまでまきつける細長いぬの。⇩図。▼英語（フランス語から）gaiter

ゲートル

ケープ 名詞 寒さや雨をふせぐ、そでのないがいとう。▼英語 cape

ケーブル 名詞 ❶電気を通さないものでおおった、（太い）電線。❷はりがねや麻をより合わせてつくった、（太い）つな。❸「ケーブルカー」の略。▼英語 cable

ケーブルカー 名詞 ❶登山電車の一つ。山の急斜面にしかれた線路の上を、太い鉄のつなでひいて、車両をのぼりおりさせる乗り物。ケーブ

ル。⇩図。❷ロープウエー。▼英語 cable car

ケーブルテレビ 名詞 共同アンテナを使って受信したテレビ電波を、契約をしている家庭にケーブル（＝電線）を使っておくる方式のテレビ。CATV。参考 英語の cable television から。

ケーブルカー①

ゲーム 名詞 ❶遊び。❷試合。❸テレビゲームなど、コンピューターを使った遊び。▼英語 game

ゲームセット 名詞 試合が終わること。参考 英語の「ゲーム アンド セット」から、日本でつくった言い方。

ゲームセンター 名詞 いろいろなゲームの機械をそなえた遊びのための施設。参考 英語を組み合わせて日本でつくった言葉。

ゲームソフト 名詞 コンピューターを使ったゲームのためにつくられたプログラム。参考 英語の game software から。

ゲームメーカー 名詞 ❶サッカーなどで、チームの中心になって試合をすすめていく選手。❷ゲームソフトをつくる会社。参考 ①は英語で playmaker という。▼英語 game maker

けおされる【気おされる】 動詞 〔相手のもついきおい・気はくなどに〕気持ちが圧倒される。いきおいにおされる。例 かのじょのけんまくに気おされてだまりこんだ。活用 けおさ・れる。

けおとす【蹴落とす】 動詞 ❶けって下へ落とす。❷〔自分が出世するために〕人をおしのけてその位や役目から落とす。例 これまでのボスを蹴落として、サル山の新しいボスになった。活用 けおと・す。

けおりもの【毛織物】 名詞 毛でつくった糸でおった布。らしゃなど。

けが 名詞 する動詞 ❶きずを受けること。また、そのきず。例 転んで、けがをした。／大けが。／けが人。❷あやまち。過失。ことば ⇩「けがの功名」 漢字 怪我。

げか【外科】 名詞 体のきずや病気を手術によってなおす医学。参考 ⇩937ページ・内科。

げかい【下界】 名詞 ❶人間がすむ地上の世界。この世。❷高いところから見た地上。

けがす【汚す】 動詞 ❶〔清らかなもの、美しいものを〕きたなくする。よごす。例 聖域を汚す。対 清める。❷〔悪いことをして〕めいよや地位をきずつける。例 学校の名を汚さないようにがんばる。活用 けが・す。

けがのこうみょう【けがの功名】 ことわざ なにげなくしたことや、まちがってしたことが、思いがけずよい結果になることのたとえ。例 けがの功名で開発された商品。

けがらわしい【汚らわしい】 形容詞 きたなくて、自分までよごれるようだ。いやである。ふゆかいである。例 聞くも汚らわしい話だ。活用 けがらわし・い。

けがれ【汚れ】 名詞 （心が）よごれること。みにくいこと。例 汚れのないひとみ。

けがれる【汚れる】 動詞 〔美しいものや人の心が〕よごれる。きたなくなる。活用 けが・れる。

けがわ【毛皮】 名詞 毛がついたままの、けものの皮。例 毛皮のコート。

げき【劇】 名詞 しばい。演劇。例 学芸会で、自分たちでつくった劇を上演する。

げきか[1] **【劇化】** 名詞 する動詞 小説や物語などを、劇として上演できるようにつくりなおすこと。

げきか[2] **【激化】** 名詞 する動詞 はげしくなること。例 戦争が激化する。参考「げっか」ともいう。

げきが【劇画】 名詞 〔こっけいさだけでなく〕じっさいにありそうな話や、まとまったすじのある話を絵にかいて表す、まん画。

げきげん【激減】 名詞 する動詞 急にひどくへること。例 人口が激減する。類 急減。対 激増。

げきしょう【激賞】 名詞 する動詞 さかんに、ほめること。例 審査員に激賞された作品。類 絶賛。

げきじょう[1] **【劇場】** 名詞 劇や映画などを、大ぜいの人に見せるための建物。

げきじょう[2] **【激情】** 名詞 はげしくわき上がる感情。ことば「激情にかられる」

げきしん【激震】 名詞 〔世の中などにあたえる〕大きな衝撃。ことば「（政界に）激震が走る」

げきする【激する】 動詞 気持ちが高ぶって、あらあらしくなる。ことば「感情が激する」

げきせん【激戦】 名詞 する動詞 〔おたがいが全力

ことばあそび だじゃれ⑮ ライン デザイン ネオンサイン

を出しつくすような〕はげしいたたかい。例 激戦をかちぬく。／選挙の激戦地区。類 熱戦。

げきぞう【激増】 名詞 する動詞 急にひどくふえること。例 人工が激増する。類 急増。対 激減。

げきたい【撃退】 名詞 する動詞 〔せめてきた敵やいやな相手などを〕せめて、おいはらうこと。

げきだん【劇団】 名詞 劇を研究し、劇を上演して見せる人たちの集まり。

げきちん【撃沈】 名詞 する動詞 敵の船をばくだんなどによってしずめること。例 魚雷で戦艦が撃沈された。

げきつい【撃墜】 名詞 する動詞 飛行機をうち落とすこと。

げきつう【激痛・劇痛】 名詞 〔がまんできないほどの〕はげしいいたみ。例 激痛にたえる。対 鈍痛。

げきてき【劇的】 形容動詞 〔劇の場面に見られるような〕心に強い感激をおこさせるようす。例 親子の劇的な再会。

げきど【激怒】 名詞 する動詞 はげしくおこること。例 うらぎりに激怒する。

げきどう【激動】 名詞 する動詞 はげしくかわり動くこと。例 激動する世界情勢。類 激変。

げきとつ【激突】 名詞 する動詞 はげしくぶつかること。

げきは【撃破】 名詞 する動詞 こうげきして、相手を打ち負かすこと。例 強ごうを撃破する。

げきへん【激変】 名詞 する動詞 急に大きくかわること。例 風景が激変した。類 急変。激動。

げきやく【劇薬】 名詞 使い方や量をまちがえると、いのちがあぶなくなるような、危険な薬。類 毒薬。

けぎらい【毛嫌い】 名詞 する動詞 特別な理由もないのに、いやがること。わけもなく、きらうこと。例 動物を毛嫌いしている。

げきりゅう【激流】 名詞 〔川の〕はげしい流れ。類 急流。例 激流をゴムボートでくだる。

げきりんにふれる【げきりんに触れる】 故事成語 天子のはげしいいかりをうける。また、目上の人にはげしくしかられる。例 社長のげきりんに触れる。語源「げきりん」は、竜のあごの下に、さかさまに生えているというろこ。それにふれると竜がおこって、その人をころすという中国の話から。漢字 逆鱗に触れる。

げきれい【激励】 名詞 する動詞 力強く元気づけ、はげますこと。例 試合前に激励する。／激励の言葉。類 鼓舞。

げきれつ【激烈】 名詞 形容動詞 とてもはげしいようす。例 たたかいは激烈をきわめた。類 強烈。猛烈。

げきろん【激論】 名詞 する動詞 たがいにはげしく言い争うこと。また、その議論。ことば「激論をたたかわす」

げきをとばす【げきを飛ばす】 慣用句 自分の考えを広く知らせて、人々をよび集める。注意「激励する（＝元気づけ、はげます）」という意味ではない。

けげん 形容動詞 よくわからなくて、ふしぎに思うようす。ことば「けげんな顔をする」類 不審。

げこ【下戸】 名詞 酒がほとんどのめない人。対 上戸。

げこう【下校】 名詞 する動詞 〔勉強が終わって〕学校から帰ること。対 登校。

けさ[1] 名詞 僧が、ころもの上にかたからかけるもの。漢字 袈裟。⇩図。

けさ[2]**【今朝】** 名詞 今日の朝。例 今朝は早く目ざめた。

1けさ

げざい【下剤】 名詞 大便がよく出るようにする薬。くだしぐすり。はらくだし。

げざん【下山】 名詞 する動詞 のぼった山をおりること。例 夕方には下山する。

けし 名詞 ケシ科の植物。実からあへんができる。さいばいには許可がいる。

げし【夏至】 名詞 二十四節気の一つ。北半球では昼の時間が一年でもっとも長くなるとき。六月二十二日ごろ。対 冬至。⇩口絵8ページ。

けしいん【消印】 名詞 郵便局で、はがきや切手におす、使ったというしるしの日づけ入りのはん。注意 送りがなをつけない。

けしかける 動詞 ❶〔動物を〕相手にむかってこうげきするようにしむける。例 通りがかりの人に犬をけしかけるなんて、とんでもないやつだ。❷人をおだてたりそそのかしたりして、自分の都合のいいようなおこないをさせる。例 みんなをけしかけてさわぎを大きくした。活用 けしか・ける。

けしからん 連語 正しくなくて、よくない。例 うそをつくとは、けしからん。

1**けしき**【気色】名詞 ❶〔なにかが起ころうとする〕様子。けはい。例 雪はまだ、やむ気色もない。❷〔外に表れた〕態度や顔色。例 あやまる気色も見せない。

2**けしき**【景色】名詞 山・野原・川・海など、自然を中心としたながめ。例 景色のよい場所。／美しい景色。類 風光。景観。

けしきばむ【気色ばむ】動詞 おこった様子を顔に表す。例 気色ばんで、つめよった。活用 けしきば・む。

げじげじ 名詞 ゲジのこと。ムカデのなかまの動物。

けしゴム【消しゴム】名詞 えんぴつで書いた文字や絵などをこすって消すのに使う、ゴムやプラスチックなどでつくった文房具。

けしずみ【消し炭】名詞 たきぎや炭の火を、もえきらないうちにけした炭。やわらかくて火がつきやすい。

けしつぶ【けし粒】名詞 ケシのたね。参考 ひじょうに小さいものにたとえる。例 屋上から見ると、人がけし粒のように小さく見える。

けしとぶ【消し飛ぶ】動詞 すっかり、なくなる。例 不安が消し飛ぶ。活用 けしと・ぶ。

けしとめる【消し止める】動詞 ❶火がもえ広がるのを、消してふせぐ。例 山火事を消し止める。❷うわさなどが広がるのをふせぐ。例 いやなうわさを消し止める。活用 けしと・める。

けじめ 名詞 ある物事と他の物事の区別。例 していいことと悪いことのけじめがつかない。／公私のけじめをつける。

げしゃ【下車】名詞 する動詞 電車・バスなどから、おりること。例 途中下車をして、観光する。類 降車。対 乗車。

げしゅく【下宿】名詞 する動詞 お金をはらい、よその家の部屋をかりて生活すること。また、その部屋をかす家。

げしゅにん【下手人】名詞 犯罪をおかした人。特に、殺人をおかした人。参考 古い言い方。類 犯人。

げじゅん【下旬】名詞 それぞれの月の二十一日から終わりの日まで。対 上旬。中旬。

けしょう【化粧】名詞 する動詞 ❶〔おしろいなどをつけて〕顔をきれいにかざること。❷物の表面などをかざること。例 化粧タイル。

けしょうしつ【化粧室】名詞 ❶けしょうをするための部屋。❷洗面所。トイレ。

けしょうまわし【化粧回し】名詞 相撲で、力士が土俵入りなどのときにこしから下の前にさげる、ししゅうなどのついた布。

けしん【化身】名詞 神や仏、また形のないものが、形をかえてこの世の中に現れたもの。

けす【消す】動詞 ❶光・熱を出しているものが、光・熱を出さないようにする。例 火を消す。❷スイッチを切って、その器具を使うことをやめる。例 テレビを消す。❸形を見えなくする。人目につかないようにする。例 とつぜん、すがたを消した。❹なくす。例 くさいにおいを消す。❺ころす。例 じゃま者を消す。参考 ⑤はくだけた言い方。活用 け・す。

げすい【下水】名詞 ❶台所やふろば、また工場などから流される、よごれた水。❷「下水道」の略。対 ①②上水。

げすいどう【下水道】名詞 下水を流すみぞ。対 上水道。

けすじほどの【毛筋ほどの】連語 〔一本の髪の毛ほどに〕きわめて、わずかな。例 毛筋ほどのうたがいもない。

ゲスト 名詞 ❶客。❷テレビ・ラジオ番組などで、いつも決まって出る人のほかに、そのときだけ特別にくわわる人。▼英語 guest

けずりぶし【削り節】名詞 かつおぶしなどをうすくけずった調味料。しるのだしをとったり、おひたしなどにかけたりして食べる。

けずる【削る】動詞 ❶〔刃物で〕ものの表面をうすくそぎとる。例 ナイフでえんぴつを削る。❷〔一部分を〕とりのぞく。例 むだな言葉を削る。活用 けず・る。

げせない【解せない】連語 理解できない。例 かれの話には、どうも解せないところがある。

げせん【下船】名詞 する動詞 船からおりること。対 乗船。

げそく【下足】名詞 ぬいだ、はきもの。例 下足札。／下足番。

けた【桁】名詞 ❶はしらの上にわたして、ほかの材木のささえとする材木。❷数のくらいどり。

げた 名詞 足をのせる台木に歯をつくりつけ、足をさしこんで固定するための鼻緒をつけた、はきもの。漢字 下駄。⇩図。

ことばあそび だじゃれ⑯ テント タレント コンセント

けだかい【気高い】形容詞 どことなくきよらかで、上品である。例 雪におおわれた富士山は気高い感じがする。活用 けだか・い。

鼻緒
歯
げた

けたがちがう【桁が違う】慣用句 数量や程度などに、大きな差がある。例 寒いと言っても、北極とは桁が違う。

けだし 副詞 考えてみるとたしかに。ことば「けだし名言である」参考 古い言い方。

けたたましい 形容詞 高い音がして、びっくりするほどうるさいようす。例 けたたましくサイレンが鳴った。活用 けたたまし・い。

けたちがい【桁違い】名詞 形容動詞 ❶数のくらいどりがまちがっていること。❷数量やていどなどが、大きくちがうこと。例 桁違いの強さ。

けたてる【蹴立てる】動詞 ❶けって、土やすななどをまい上がらせる。例 土ぼこりを蹴立てて馬を走らせる。❷あらあらしくふるまう。例 席を蹴立てて帰っていった。活用 けた・てる。

げたばき【げた履き】名詞 ❶げたをはいていること。例 げた履きでカタカタ歩く。❷「げた履き住宅」の略。下が商店や会社、上が住宅になっている建物。

げたばこ【げた箱】名詞 〔げただけでなくさまざまな〕はき物をしまうための家具。

けたはずれ【桁外れ】名詞 形容動詞 ふつうと、かけはなれていること。例 桁外れに小さい。

けだもの 名詞 ❶体じゅうに毛がはえ、四本足で歩きまわる動物。けもの。❷人間らしい心をもたない人をののしっていう言葉。

けだるい【気だるい】形容詞 なんとなくだるい。活用 けだる・い。

げたをあずける【げたを預ける】慣用句 相手にすべてをまかせる。例 安心して兄にげたを預ける。語源 はいていたげたをあずけると、どこへも行けなくなって何もできないことから。

げたをはかせる【げたを履かせる】慣用句 本当の数より多く見せる。例 テストの点数にげたを履かせる。参考 不正なことを表す言い方。語源 げたをはくと、じっさいよりも背が高く見えることから。

げだん【下段】名詞 ❶〔いくつかある段の〕したの段。❷かたなや、やりを低くかまえるかまえ方。対 ①②上段。

けち 名詞 形容動詞 ❶物を使ったり人にあたえたりするのをひじょうにおしがること。また、そういう人。❷みすぼらしいこと。そまつ。例 けちなかっこう。❸心がせまくいやしいこと。例 こっそり自分だけもうけようなどというけちなことはしない。

けちがつく【けちが付く】慣用句 〔あとがうまくいかないと思うような〕えんぎの悪いことがおこる。例 けちが付いたので出かけるのをやめる。

けちくさい【けち臭い】形容詞 ❶ひじょうにけちである。❷〔身なりやようすが〕みすぼらしくそまつである。例 けち臭い宿屋。❸考えや気持ちがせまい。いやしい。活用 けちくさ・い。

けちけち 副詞(−と) する動詞 お金や物を必要以上に出したがらないようす。例 けちけちするな。

ケチャップ 名詞 トマトなどをにつめてつくる調味料。トマトケチャップ。▼英語 ketchup

けちらす【蹴散らす】動詞 ❶〔集まっているものを〕いきおいよくおいはらう。例 敵を蹴散らす。❷けってばらばらにする。活用 けちら・す。

けちる 動詞 ものおしみする。けちけちする。例 材料代をけちった。参考 くだけた言い方。活用 けち・る。

けちをつける【けちを付ける】慣用句 よくない点をわざわざとりあげて、文句を言う。例 人の言うことにいちいちけちを付ける人。

けちんぼう【けちん坊】名詞 けちな人。また、けちなようす。例 おじさんはけちん坊だから、一円でも安く買える店に行く。類 しみったれ。

けつ【決】名詞 賛成か反対かを決めること。ことば「決をとる」

けつあつ【血圧】名詞 心臓からおし出された血が、血管のかべをおす力。例 血圧が高い。

けつい【決意】名詞 する動詞 はっきりと考えを決めること。また、その考え。例 引退を決意した。ことば「決意をかためる」

けついん【欠員】名詞 決まった人数に足りな

いこと。また、その足りない人数。例 代表メンバーに欠員が出た。

けつえき【血液】名詞 動物の体の中をまわる、赤色の液体。養分や酸素を体じゅうにはこび、いらなくなったものを運びさる。血。

けつえきがた【血液型】名詞 ほかの血液を入れたとき、血液のかたまり方で分ける血液の型。ふつう、A・B・O・ABの四つに分ける。

けつえきセンター【血液センター】名詞 輸血に必要な血液をほぞんし管理するしせつ。参考 もとは「血液銀行」といった。

けつえん【血縁】名詞 〔親と子のように〕血のつながりのあること。また、血のつながりのある人。例 血縁関係。類 血族。

けっか【結果】名詞 あることをしたために起こったことがら。例 実験の結果をまとめる。対 原因。

げっか【激化】名詞 する動詞 ➡407ページ・げきか（激化）。

けっかい【決壊】名詞 する動詞 〔堤防などが〕やぶれて、くずれること。例 ダムが決壊した。類 崩壊。

けっかく【結核】名詞 「結核きん」によって、肺や腸などがおかされる病気。感染症の一つ。

げつがく【月額】名詞 ひと月あたりの金額。例 月額二千円の料金。

けっかん[1]【欠陥】名詞 不十分なところ。かけて足りないところ。例 自動車のハンドルに欠陥のあることがわかった。類 欠点。不具合。

けっかん[2]【血管】名詞 体の中をまわっている、血液がとおるくだ。

げっかん【月刊】名詞 新聞や雑誌などを、毎月決まった日に一回出すこと。

けっき[1]【血気】名詞 あとさきを考えない、はげしい心。さかんな意気。ことば「血気さかん（なわかもの）」類 わかげ。

けっき[2]【決起】名詞 する動詞 〔ある目的にむかって〕決心をして立ち上がること。例 圧政に反対して、国民が決起した。

けつぎ【決議】名詞 する動詞 会議をして決めること。また、決まったことがら。議決。例 内閣の不信任を決議する。

けっきにはやる【血気にはやる】慣用句 じっくり考えず、いきおいにまかせて行動する。例 血気にはやる少年たち。

けっきゅう【血球】名詞 血液をかたちづくっている固形の成分。赤血球・白血球・血小板の三種類がある。

げっきゅう【月給】名詞 働いたことに対して、毎月しはらわれるお金。サラリー。

けっきょ【穴居】名詞 する動詞 ほらあななどに住むこと。また、その住居。例 古代人の穴居生活を想像する。

けっきょく【結局】副詞 〔いろいろなことがあって〕最後に。例 いろいろな場所をさがしてみたが、結局見つからなかった。類 挙げ句。

けっきん【欠勤】名詞 する動詞 つとめを休むこと。例 欠勤とどけ。対 出勤。

けづくろい【毛繕い】名詞 けものが、したやつめなどを使って毛なみをととのえること。例 ネコが毛繕いをする。

げっけい【月経】名詞 女性の子宮内で卵子が受精しなかったとき、子宮の粘膜がはがれ血液といっしょに体外へ出される現象。妊娠していない女性に周期的におこる。生理。メンス。

げっけいかん【月けい冠】名詞 ゲッケイジュの葉や枝でつくったかんむり。参考 古代ギリシャで競技で優勝した人にあたえ、かぶらせた。漢字 月桂冠。⇩図。

月けい冠

げっけいじゅ【月けい樹】名詞 クスノキ科の常緑樹。葉はかおりがよく、香料として料理に使われる。漢字 月桂樹。参考 ⇩月けい冠。

けつご【結語】名詞 手紙を書くとき、書き終わりに使って文を結ぶための言葉。「敬具」「草々」など。対 頭語。

けっこう[1]【欠航】名詞 する動詞 いつも決まった時刻に出ている船や飛行機の、運航をとりやめること。例 午後の便はすべて欠航だ。

けっこう[2]【血行】名詞 血が体内をめぐること。血のめぐり。例 血行がわるい。

けっこう[3]【決行】名詞 する動詞 思いきって、おこなうこと。例 作戦を決行する。／雨天決行。類 断行。

ことばあそび だじゃれ⑰ 議決 判決 多数決

4けっこう【結構】㊀形容動詞 ❶すばらしくてもうしぶんがないようす。すぐれてりっぱなようす。例結構な品物をどうもありがとう。❷それ以上必要としないようす。それだけで十分であるようす。例水で結構ですから一ぱいください。㊁副詞 完全ではないがどうにかうまくいくようす。かなり。なんとか。そうとう。例くらしはまずしかったがけっこうしあわせだった。参考㊁はふつう、ひらがなで書く。

けつごう【結合】名詞 する動詞 〔二つ以上のものが結びあって〕一つになること。また、一つにすること。

げっこう【月光】名詞 月のひかり。

けっこん【結婚】名詞 する動詞 夫婦になること。例六月に結婚した。

けっこんしき【結婚式】名詞 正式に夫婦になるための式。

1けっさい【決済】名詞 する動詞 代金の受けわたしをして、売買の取り引きを終えること。⇩使い分け。

2けっさい【決裁】名詞 する動詞 部下の出した案をとり入れるかとり入れないかを、権限を持った人が決めること。ことば「決裁をあおぐ」⇩使い分け。

けっさく【傑作】㊀名詞 特別にすぐれた、すばらしい作品。例史上最高の傑作だ。㊁形容動詞 ひどくこっけいでゆかいである。例ペットショップで働いているのに犬がこわいなんて傑作だね。参考㊁はくだけた言い方。

けっさん【決算】名詞 する動詞 ある期間の収入と支出をまとめて計算すること。

使い分け　けっさい

●取り引きを終えること。
クレジットカードで決済する。

●物事を決めること。
社長が決裁する。

げっさん【月産】名詞 一か月のできだか。例月産二万台をめざす。類日産。

けっし【決死】名詞 死んでもよいつもりで、物事をすること。いのちがけ。類必死。ことば「決死のかくご」

けつじつ【結実】名詞 する動詞 ❶草や木が実を結ぶこと。❷物事が〔りっぱな〕結果となって表れること。例長い間の努力が結実する。

けっして【決して】副詞 どんなことがあっても。絶対に。例決してわすれない。参考下に「…ない」などの打ち消しの言葉が続く。

けっしゃ【結社】名詞 同じ目的で、多くの人がつくる集まり。例結社をつくって行動する。

げっしゃ【月謝】名詞 教えを受けるために、毎月決めておさめるお金。特に、授業料。例ピアノの先生に月謝をはらう。

けっしゅう【結集】名詞 する動詞 ばらばらなものが一つにまとまり、集まること。また、一つにまとめること。例市民が結集する。

げっしゅう【月収】名詞 一か月の収入。類年収。

けっしゅつ【傑出】名詞 する動詞 〔才能・実力などが〕とびぬけて、すぐれていること。例傑出した技量をもつ。類抜群。

けつじょ【欠如】名詞 する動詞 必要なものがないこと。例考える力の欠如。

1けっしょう【血しょう】名詞 血液の成分の一つ。液体で、うす黄色をしている。

2けっしょう【決勝】名詞 さいごの勝ち負けを決めること。優勝を決めること。また、その試合。

3けっしょう【結晶】名詞 する動詞 ❶〔水晶など〕鉱物や雪などにみられる規則正しい形。また、その形をしたもの。❷努力や苦心によってやっとできあがったもの。例選手のあせの結晶である優勝旗をもって行進する。

けつじょう【欠場】名詞 する動詞 試合やおおやけの場に出る予定の人が出ないこと。類休場。対出場。

けっしょうせん【決勝戦】名詞 さいごの勝ち負けを決める試合。優勝を決める試合。例わが校のチームが決勝戦に進出する。

けっしょうてん【決勝点】名詞 ❶競走などで、勝ち負けを決める、さいごの地点。ゴール。❷競技で、勝利を決める得点。例延長戦で決勝点をあげる。

けっしょうばん【血小板】名詞 血液の成分の一つ。きず口などから出た血をかためる働きをもつ。

けっしょく【血色】名詞 顔の色つや。例 血色のよい顔。類 顔色。

げっしょく【月食】名詞 太陽・地球・月のじゅんにならんだとき、地球が太陽の光をさえぎって、月の全部、または、一部分がかけて見えること。参考 ㋐⇩図。㋑⇩975ページ・日食。

太陽 地球 月

月食

けっしん【決心】名詞 する動詞 あることをしようと、はっきり考えを決めること。また、その考え。例 告白しようと決心した。ことば「決心がつく」

けっする【決する】動詞 あることを決める。あることが決まる。例 運命を決するできごと。活用 けっ・する。

けっせい[1]【血清】名詞 血液がかたまるときにわかれ出る、黄色がかった液体。

けっせい[2]【結成】名詞 する動詞 〔多くの人や団体を集めて〕一つのグループをつくり上げること。例 野球のチームを結成する。

けつぜい【血税】名詞 〔血の出るようなつらい思いをして〕苦労しておさめる税金。

けっせき【欠席】名詞 する動詞 出なければならない会議や集まりなどに出ないこと。また、学校を休むこと。例 かぜで欠席した。対 出席。

けっせん【決戦】名詞 する動詞 最後の勝ち負けを決めるために戦うこと。また、その戦い。例 決戦にそなえる。

けつぜんと【決然と】副詞 きっぱりとかくごを決めたようす。思いきったようす。例 決然としてことわる。

けっせんとうひょう【決選投票】名詞 選挙で、一回目の投票で当選者が決まらないとき、上位の二人についてふたたび投票をおこなうこと。注意「決戦投票」と書かないこと。

けっそう【血相】名詞 〔感情が表れた〕顔のようす。顔つき。ことば ⇩「血相を変える」

けっそうをかえる【血相を変える】慣用句 おこったり、おどろいたりして、表情を変える。例 知らせを聞いて、血相を変えてとび出して行った。

けっそく【結束】名詞 する動詞 〔ひとまとめにしてしばる意味から〕同じ考えの人が、一つにまとまること。ことば「〔チームの〕結束をかためる」

けつぞく【血族】名詞 〔親子・きょうだいなどのように〕血すじでつながる人々。類 血縁。

げっそり 副詞(ーと) する動詞 ❶急にやせおとろえるようす。例 病気で入院してから、げっそりやせた。❷がっかりして元気がなくなるようす。例 やり直すことになって、げっそりした。

けっそん【欠損】名詞 する動詞 ❶一部がかけて不完全なこと。例 部品がすりへって欠損している。❷事業などでそんをすること。赤字。例 売り上げがへって欠損をだす。

けったい 形容動詞 へんである。おかしい。例 けったいな話だ。参考 おもに関西で用いる。

けったく【結託】名詞 する動詞 〔悪いことをするために〕たがいに心を通じ合い、力を合わせること。例 業者と結託して客をだましていた。

けつだん【決断】名詞 する動詞 〔あることがおきたとき〕まよわず自分の考えをきっぱりと決めること。例 決断をせまられる。／決断力。類 英断。

けっちゃく【決着】名詞 する動詞 物事が決まって終わりになること。ことば「〔多数決で〕決着をつける」類 落着。注意「結着」と書かないこと。

けっちん【血沈】名詞「赤血球沈降速度」の略。血液をガラス管に入れておいたときの、赤血球のしずむはやさ。

ゲッツー 名詞 ⇩779ページ・ダブルプレー。参考 英語 get two outs の略。

けってい【決定】名詞 する動詞 〔どちらかに〕はっきりと決めること。また、決まること。例 イベントの開催を決定する。／優勝決定戦。類 確定。

けっていてき【決定的】形容動詞 それ以上かわることのないほど、物事のなりゆきがはっきりとしているようす。例 前半で勝利が決定的に

ことばあそび だじゃれ⑱ さっき 飛行機 パンケーキ

なった。

けっていばん【決定版】名詞 ❶これ以上なおす必要のない本。❷もっともすぐれた作品。例コンピューターゲームの決定版。

けってん【欠点】名詞 よくないところ。足りないところ。例欠点のない人間はいない。類弱点。欠陥。対美点。

ゲット 名詞 する動詞 ❶手に入れること。自分のものにすること。例新しい自転車をゲットした。❷〔バスケットボールやアイスホッケーなどで〕点をとること。▼英語 get

けっとう¹【血統】名詞 祖先からの血のつながり。血すじ。例血統のよい馬。類家系。

けっとう²【決闘】名詞 する動詞〔うらみやあらそいごとがあったとき〕ある約束にしたがって、命をかけて勝負すること。例決闘を申しこむ。

けっとうしょ【血統書】名詞 家ちくやペットなどの血すじを証明する書類。血統証明書。例血統書付きのしば犬。

けっぱく【潔白】名詞 形容動詞 心やおこないが正しく、悪いところがないこと。例身の潔白を証明する。

けっぴょう【結氷】名詞 する動詞 氷がはること。また、その氷。例寒さで池が結氷する。

げっぷ¹ 名詞 胃の中にたまったガスが口から出てくること。また、そのガス。おくび。

げっぷ²【月賦】名詞 品物の代金を〔一度にはらわず〕何か月かに分けてはらうこと。

けっぺき【潔癖】名詞 形容動詞 ❶きたないことをとてもきらうこと。例潔癖症。❷正しくないことをとてもきらうこと。例お金に潔癖な人。

けつべつ【決別】名詞 する動詞 はっきりと別れること。例幕府と決別した。

けつぼう【欠乏】名詞 する動詞 必要なものが十分にないこと。不足すること。例食料が欠乏して苦しんでいる人たちがいる。

けつまくえん【結膜炎】名詞 まぶたの内側や眼球をおおうねんまくの病気。眼球がじゅうけつして赤くなり、目やにが出る。ばいきんやウイルスなどでおきる。

けつまずく【蹴つまずく】動詞「つまずく」を強めた言い方。足先が物に当たって、よろける。例段差に蹴つまずいた。活用けつまず・く。

けつまつ【結末】名詞〔なにかのけっかが出る、物事の〕終わり。さいごのしめくくり。例話の結末をつける。類終末。終局。

げつまつ【月末】名詞 月の終わり。月ずえ。

けづめ【蹴爪】名詞 ❶ニワトリ・キジなどのおすの足の後ろにあるかたい突起物。こうげきに用いる。❷牛・シカなどの足の後ろにある小さなあしゆび。

げつめん【月面】名詞 月の表面。例月面着陸。

げつようび【月曜日】名詞 一週の二番目の日。日曜日の次の日。月曜。

げつれい¹【月例】名詞 毎月一回、決まっておこなわれること。例月例の集会に出席する。

げつれい²【月齢】名詞 月のみちかけの様子を表す日数。参考 満月は月齢十五日。およそ二九・五日でひとまわりする。

けつれつ【決裂】名詞 する動詞〔会議や交渉などで〕意見が分かれて、まとまらないまま終わること。例交渉は決裂した。

けつろ【結露】名詞 する動詞 窓ガラスなど冷たい物の表面に、空気中の水じょう気が水滴となってつく現象。例窓ガラスが結露する。

けつろん【結論】名詞 する動詞 話したり考えたりして、最後にまとまった意見。例結論を先に言う。ことば「結論が出る」

げてもの【下手物】名詞 ふつうの人はこのまない、風変わりなもの。ことば「下手物食い」

けど 助詞 接続詞「けれども」のくだけた言い方。

げどく【解毒】名詞 する動詞 体の中に入ったどくの働きをけすこと。例解毒剤。注意「かいどく」と読まないこと。

けとばす【蹴飛ばす】動詞 ❶けって、飛ばす。例石を蹴飛ばす。❷「ける」を強めた言い方。❸〔問題にせず〕ことわる。はねつける。例相手の要求を蹴飛ばす。活用けとば・す。

けなげ 形容動詞〔おさなかったり、力がなかったりするわりには〕心がけがよく、りっぱなようす。例おさない子がけなげに母を看病する。

けなす 動詞 悪く言う。例自信作をけなされて、がっかりした。類そしる。対ほめる。活用けな・す。

けなみ【毛並み】名詞 ❶〔動物の〕毛のはえぐあい。類毛色。❷性質。例毛並みのかわった人。❸血すじ。また、家がら。ことば「毛並みがよい（＝家がらがよい）」

ケニア 地名 ケニア共和国。アフリカ東部でインド洋に面する国。赤道直下にある高原の国で、

コーヒーや茶など農業がさかん。首都はナイロビ。▼英語 Kenya

げねつ【解熱】 名詞 する動詞 病気などで高くなった体温をさげること。例 解熱薬をのむ。注意「下熱」と書かないこと。

げねつざい【解熱剤】 名詞 ねつを下げる薬。

けねん【懸念】 名詞 する動詞 先のことがどうなるかと心配すること。ことば「懸念をいだく」

ゲノム 名詞 生物の染色体の中にあるDNAの、遺伝に関するひとまとまりの情報。例 馬のゲノムを解読する。／ヒトゲノム（＝人類の遺伝情報）。▼英語 genome

けはい【気配】 名詞 なんとなく感じられるようす。例 秋の気配。

けばけばしい 形容詞 服装やかざりなどが、とてもはでで目立つようす。例 けばけばしいドレス。参考 品がなく、いやな感じのときにいう。活用 けばけばし・い。

けばだつ【毛羽立つ】 動詞 〔こすれて〕紙や布などの表面に細くやわらかい毛のようなものができる。活用 けばだ・つ。

げばひょう【下馬評】 名詞 そのことに、ちょくせつ関係のない人たちがするうわさ。世間のひょうばん。語源 昔、下馬先（＝主人が馬をおりおりするところ）で主人をまつ間に、ともの者たちがしあった批評やうわさ話からできた言葉。

けびょう【仮病】 名詞 病気でもないのに、病気のようなふりをすること。ことば「仮病を使う」

げひん【下品】 形容動詞 言葉づかいや態度が悪く、品がないようす。例 下品な言葉。類 粗野。対 上品。

けぶる 動詞 ➡けむる。活用 けぶ・る。

けむい【煙い】 形容詞 けむりにまかれて苦しい。例 まきがくすぶって煙い。活用 けむ・い。

けむくじゃら【毛むくじゃら】 名詞 形容動詞 体に毛がたくさんはえているようす。毛深いようす。例 毛むくじゃらの妖怪。参考 くだけた言い方。

けむし【毛虫】 名詞 チョウやガの幼虫で、毛のはえているもの。参考 ⇩8ページ・青虫。106ページ・芋虫。

けむたい【煙たい】 形容詞 ❶けむりにまかれて苦しい。❷気軽に話したり近づいたりすることができなくて、親しみがもてないようす。例 先ぱいは少し煙たい存在だ。参考「けむったい」ともいう。活用 けむた・い。

けむにまく【けむに巻く】 慣用句 大げさなことやえらそうなことを言って、相手をとまどわせて、うまくごまかす。例 けむに巻いて、その場からにげ出す。参考「けむ」は、「けむり」のこと。

けむり【煙】 名詞 ❶物がもえるときに出る、色のついた気体。例 えんとつから煙が立ちのぼる。❷「煙①」のように空中にとびちるもの。例 湯煙。

けむる【煙る】 動詞 ❶けむりがたくさん出る。くすぶる。例 たき火が煙る。❷遠くのものがかすんで見える。例 小雨に煙って、島はぼんやりと見えた。参考「けぶる」ともいう。活用 けむ・る。

けもの【獣】 名詞 体全体に毛のはえている四本足の（野生の）動物。例 獣が通ったあとがある。

けものへん【獣偏】 名詞 漢字の部首の一つ。「犯」「独」などの左側の「犭」の部分。

けものみち【獣道】 名詞 けものがよく通るので、いつのまにかできた山の中の細い道。

けやき 名詞 ニレ科の木。秋に紅葉する。街路樹などとしてうえられる。

けらい【家来】 名詞 主人につかえる人。従者。

げらく【下落】 名詞 する動詞 品物のねだんやねうちが下がること。例 地価の下落。対 騰貴。

げらげら 副詞(ーと) 大声で笑うようす。例 バラエティー番組を見て、げらげら笑う。

げり【下痢】 名詞 する動詞 大便が水のようになって出ること。

けりがつく【けりが付く】 慣用句 物事がまとまって終わりになる。例 その件は、すでにけりが付いた。参考 ⇩けりを付ける。

ゲリラ 名詞 少ない人数でふいに敵をおそう（正式の軍隊でない）部隊。▼英語（スペイン語から）guerrilla

けりをつける【けりを付ける】 慣用句 〔物事をうまくまとめて〕終わりにする。例 早くけりを付けたい。語源「けり」は文章で、文の終わりに使われる助動詞。和歌や俳句が「けり」で終わることが多いことからできた言葉。

ける【蹴る】 動詞 ❶足で、物をつきとばす。例 ボールを蹴る。❷聞き入れない。受けつけない。例 相手の要求を蹴る。活用 け・る。

げれつ【下劣】 名詞 形容動詞 考え方や態度が、

ことばあそび　だじゃれ⑲　絵巻　遠巻き　とらの巻

人としておとっていて下品なこと。例品性が下劣だ。

けれど 助詞 接続詞 ⇩けれども。

けれども 一 助詞 前に言ったこととは、ぎゃくの関係にあることを表すときに使う言葉。…であるが。例よく晴れているけれども、風は冷たい。
二 接続詞 前に言ったこととは、ぎゃくの関係にあることを表すときに使う言葉。例今日は雨がふった。けれども、サッカーの試合はおこなわれた。参考 一二「けれど」ともいう。

ゲレンデ 名詞 山の斜面などを利用した（広々とした）スキーの練習場・かっ走場。▼ドイツ語

ケロイド 名詞 ひどいやけどなどをしたあと、ひふにできる赤むらさき色のきずあと。▼英語 keloid

けろりと 副詞 〔重大なことがあった後でも〕何事もなかったように平気でいるようす。例きびしい練習の直後でも、けろりとしている。

けわしい【険しい】 形容詞 ❶〔山や坂の〕かたむきが急なようす。例険しい山道を登る。❷こんなんなようす。危険なようす。例世界平和への道は険しい。❸〔言葉や顔つきが〕とげとげしくきついようす。例夜おそく帰ると、険しい顔をした父がまっていた。活用 けわし・い。

1 **けん** 名詞 筋肉が骨につくところにある、じょうぶなすじ。例アキレスけん。漢字 腱。

2 **けん【件】** 一 名詞 ことがら。できごと。例例の件について調べてみたのだが、くわしいことはわからなかった。
二 助数詞 ことがらやできごとを数える言葉。例今日は迷子のお知らせが六件にたっした。

3 **けん【券】** 名詞 お金をはらったしるしの小型の紙。きっぷ。例入場券。

4 **けん【県】** 名詞 地方公共団体の一つ。四十三ある。類 都。道。府。

5 **けん【兼】** 名詞 あるものと、ほかのものとをかねること。例食堂兼台所。

6 **けん【剣】** 名詞 ❶〔両側に刃のついた〕かたな。❷「剣①」を使うわざ。剣術。

7 **けん【軒】** 助数詞 建物（特に家）を数える言葉。例家が五軒ならんでいる。

8 **けん【間】** 名詞 助数詞 日本でもと使っていた長さの単位。一間は六尺で、約一・八メートル。

9 **けん【鍵】** 名詞 〔ピアノ・オルガン・シンセサイザーなどの〕指でたたく部分。キー。

1 **げん【言】** 名詞 口に出してものを言うこと。また、言った言葉。ことば「言を左右にする（＝はっきり答えない。いいかげんなことを言う）」

2 **げん【弦】** 名詞 ❶弓のつる。❷〔バイオリンやチェロなどの〕楽器にはりわたした糸。

けんあく【険悪】 形容動詞 ❶人の顔つきなどがきびしく、おそろしいようす。例険悪な形相でせまってくる。対 柔和。❷よくないことがおこりそうで、なりゆきがあぶないようす。例険悪なムードになっている。

けんあん【懸案】 名詞 前から問題になっていて、まだ解決されていないことがら。例懸案の条約がやっと結ばれた。

げんあん【原案】 名詞 会議などに出す、もとになる考え。例原案どおり可決された。類 たたき台。

けんい【権威】 名詞 ❶〔絶対的なものとして〕おさえつけ、したがわせる力。例王としての権威を失う。類 権勢。❷あることについてとてもすぐれている人。大家。例理論物理学の権威。

けんいん【検印】 名詞 ❶けんさしたことをしめすためにおす印。❷著者が本のおくづけにおす印。例検印をしょうりゃくする。

げんいん【原因】 名詞 する動詞 物事が起こる元になること。また、元になったことがら。例失敗の原因を調べる。類 起因。対 結果。

けんうん【巻雲】 名詞 うすい絹の布をのばしたような白い雲。地上から一万メートルくらいの上空に現れる。すじぐも。⇩385ページ・雲（図）。

けんえい【県営】 名詞 県が事業としていとなんでいること。例県営グラウンド。

けんえき【検疫】 名詞 する動詞 感染症をふせぐため、ほかの地域から出入りする人や物の検査をすること。特に、外国から入ってくる人や品物の検査をすること。例検疫をおこなう。／検疫所。

1 **げんえき【原液】** 名詞 〔うすめたり、まぜたりしていない〕もとになる液体。例原液を水でうすめる。

2 **げんえき【現役】** 名詞 今、その社会でじっさいにかつやくしていること。また、その人。例五十才まで現役の選手としてかつやくした。類 現職。

3 **げんえき【減益】** 名詞 する動詞 利益がへること。

類 減収。対 増益。

けんえつ【検閲】 名詞 する動詞 国が、書物や映画などの内容を調べ、とりしまること。例 かつて出版物の検閲がおこなわれた。

けんえん【嫌煙】 名詞 〔健康に害があるなどで〕近くで他人がたばこをすうのをきらうこと。

げんえん【減塩】 名詞 する動詞 〔病気のちりょうやよぼうのために〕食べ物の塩分をひかえめにすること。例 減塩しょうゆ。

けんえんのなか【犬猿の仲】 ことわざ ひじょうに仲の悪い間がら。語源 犬とサルは仲が悪いといわれているところから。

けんお【嫌悪】 名詞 する動詞 ひじょうに、にくみきらうこと。注意「けんあく」と読まないこと。

けんおん【検温】 名詞 する動詞 体温をはかること。例 検温器。／検温の時間。

けんか[1] 名詞 する動詞 争って、言い合ったりなぐり合ったりすること。例 弟とけんかした。漢字 喧嘩。類 争い。

けんか[2]【県下】 名詞 県内。県の区域の内。例 台風のため県下の小中学校は臨時休校になった。

けんか[3]【県花】 名詞 その県を代表するものとして決められた花。

げんか[1]【言下】 名詞 言葉を言い終わって、そのすぐ後。例 質問されて、言下に答える。

げんか[2]【原価】 名詞 ❶品物を仕入れたときのねだん。❷商品をつくりあげるまでにかかったお金。コスト。

げんが【原画】 名詞 〔複製したり印刷したりするときの〕もとの絵。

けんかい[1]【見解】 名詞 〔ある物事に対する〕見方。考え方。例 見解を同じくする人がグループをつくる。類 意見。

けんかい[2]【県会】 名詞 「県議会」の古い言い方。

けんがい【圏外】 名詞 あるはんいのそと。例 優勝圏外におちた。対 圏内。

げんかい[1]【限界】 名詞 〔これ以上はできないという〕ぎりぎりのさかいめ。例 能力の限界を感じる。類 極限。限度。

げんかい[2]【厳戒】 名詞 する動詞 きびしく警戒すること。きびしく用心して、見はりすること。例 厳戒体制をとる。

げんがい【言外】 名詞 言葉に出して言わないところ。言葉に表されていない部分。例 言外の意味をさとる。

けんがく【見学】 名詞 する動詞 〔工場・会社などを〕じっさいに見て、知識を広めること。例 テレビ局を見学する。／見学者。類 見物。参観。

げんかく[1]【幻覚】 名詞 じっさいにはないものが、見えたり聞こえたりすること。例 幻覚になやまされる。類 錯覚。

げんかく[2]【厳格】 形容動詞 態度や様子が、いいかげんでなくきびしいようす。例 しつけが厳格すぎる。類 厳重。

げんがく[1]【弦楽】 名詞 弦のはってある、バイオリン・チェロなどの楽器で演奏する音楽。例 弦楽四重奏。

げんがく[2]【減額】 名詞 する動詞 お金の額をへらすこと。対 増額。

げんがくしじゅうそう【弦楽四重奏】 名詞 二つのバイオリンと、ビオラ・チェロで演奏する四重奏。

げんがっき【弦楽器】 名詞 バイオリン・チェロ・ことなど、げん（＝いと）のはってある楽器。参考 ⇨294ページ・管楽器。758ページ・打楽器。

けんがみね【剣が峰】 名詞 ❶火山の火口のまわりにある山のとがったところ。❷相撲で、土俵の外側のはし。❸うしろに少しもさがれない状態。例 剣が峰に立たされている。

けんかりょうせいばい【けんか両成敗】 慣用句 けんかをした両方をばっすること。

けんかをうる【けんかを売る】 慣用句 相手にけんかをしかける。

けんかをかう【けんかを買う】 慣用句 〔しかけられた〕けんかの相手をする。

けんがん【検眼】 名詞 する動詞 視力（＝目の見えるどあい）を調べること。視力検査。

げんかん[1]【玄関】 名詞 家や建物の、おもな出入り口。

げんかん[2]【厳寒】 名詞 きびしい寒さ。例 厳寒の季節。

げんかんばらい【玄関払い】 名詞 お客を家に入れないで、玄関で帰すこと。会わないでお客をおい帰すこと。

けんぎ【嫌疑】 名詞 〔悪いことをしたのではないかという〕うたがい。例 スパイの嫌疑を受ける。類 容疑。

げんき【元気】 一 名詞 活動のもとになる気力。体を活動させる力。例 元気いっぱいの子どもた

ことばあそび だじゃれ20 ゆっくり じっくり ひとめぐり／そっくり びっくり つみつくり／

ち。
二 形容動詞 体の調子がよく、健康なようす。例 元気にくらす。

けんぎかい【県議会】 名詞 その県からえらばれた議員が、県の問題についていろいろと相談したり、決めたりする会。参考「県会」は古い言い方。

げんきづける【元気付ける】 動詞 はげまして、力づける。元気を出すようにさせる。例 たくさんの人のはげましの言葉に元気付けられた。
活用 げんきづ・ける。

けんきゃく【健脚】 名詞 形容動詞 長い道のりを歩くことができるほど足が強いこと。また、そのような強い足の人。例 祖母は健脚だ。

けんきゅう【研究】 名詞 する動詞 物事を深く考えたり、調べたりして、明らかにすること。また、その内容。例 ロボットの研究をする。／研究者。

げんきゅう【言及】 名詞 する動詞 話しているうちに、話題がほかのことがらにおよぶこと。例 公害問題の講演で、地球温暖化にも言及した。

けんきゅうじょ【研究所】 名詞 学問上の問題について考えたり、調べたりする仕事をするところ。

けんきゅうしん【研究心】 名詞 物事を、深く考えたり調べたりしようとする気持ち。例 研究心がおうせいな学生。

けんぎゅうせい【けん牛星】 名詞 ⇩54ページ・アルタイル。漢字 牽牛星。対 織女星。

1 **けんきょ【検挙】** 名詞 する動詞 つみをおかしたうたがいのある人をとり調べるために、警察につれていくこと。

2 **けんきょ【謙虚】** 形容動詞 自分の能力・才能・知識などをじまんせず、ひかえめで、すなおなようす。例 謙虚な姿勢をくずさない。類 謙そん。対 横柄。高慢。

けんぎょう【兼業】 名詞 する動詞 ある仕事のほかに、別の仕事をあわせてすること。また、その仕事。例 旅館とレストランを兼業する。／兼業農家。対 専業。

げんきょう【現況】 名詞 今のありさま。現在の状態。例 水害の現況を報告します。

けんぎょうのうか【兼業農家】 名詞 農業以外の仕事もして収入をえている農家。対 専業農家。

けんきん【献金】 名詞 する動詞 ある目的に使ってもらうために、すすんでお金をさし出すこと。また、そのお金。例 政治献金。類 寄付。

1 **げんきん【現金】** 一 名詞 〔小切手やかわせなどに対して〕すぐ使えるお金。例 現金で一万円はらった。
二 形容動詞 その場のそんとくを考えて、かんたんに態度をかえるようす。例 こづかいをもらうと急に言うことをきくとは、現金なやつだ。

2 **げんきん【厳禁】** 名詞 する動詞 〔してはいけないと〕きびしくとめること。例 外出を厳禁する。

げんげ 名詞 ⇩1390ページ・れんげそう。

1 **げんけい【原形】** 名詞 はじめの形。元の形。ことば「原形をとどめない（ほどに車がこわれた）」⇩使い分け。

2 **げんけい【原型】** 名詞 〔ものをつくるときの元になる型。元の型。例 紙で洋服の原型をつくる。⇩使い分け。

けんけつ【献血】 名詞 する動詞 健康な人が輸血に使う血液を無料で提供すること。例 献血を呼びかける。

けんげん【権限】 名詞 ❶〔法律や、とりきめのもとで〕国や公共団体にまかされている仕事のはんい。❷とりきめによって、その人にまかされた仕事のはんい。例 審判の権限で試合は中止された。

けんご【堅固】 形容動詞 かたくて、かんたんに動いたりくずれたりしないようす。例 堅固なとりで。／意志が堅固だ。

1 **げんご【言語】** 名詞 考えや気持ちを、声や文字などによって伝えたり、理解したりする働き。また、その働きをもつもの。言葉。

使い分け　げんけい

●はじめの形。
原形をとどめない。

●元になる型。
人形の原型。

げんご【原語】 名詞 外国語を日本語にかえるとき、かえる前のもとの言葉。例 外国の歌を原語でうたう。

けんこう【健康】 一 名詞 〔病気であるかどうかから見た〕体や心の状態。例 健康に注意する。二 形容動詞 〔体や心が〕病気ではなく、よい状態であるようす。例 健康な体。

1**けんこう【元寇】** 名詞 鎌倉時代の中ごろ、二回にわたって、元（＝今の中国）の軍隊が日本にせめてきた事件。

2**けんこう【言行】** 名詞 言うことと、おこなうこと。また、じっさいの言葉と、おこない。言動。例 言行がそろう。

3**げんこう【原稿】** 名詞 ❶印刷するための下書き。❷演説や発表などの下書き。

4**げんこう【現行】** 名詞 現在おこなわれていること。例 現行の時刻表。

げんごう【元号】 名詞 日本などで、ある特定の時代につけられる名前。年号。例 新しい元号を発表する。参考 日本で最初の元号は「大化」とされる。その年を表すときに「令和五年」のように用いる。

けんこういっち【言行一致】 四字熟語 口で言ったこととじっさいにおこなうことに、食いちがいがないこと。例 言行一致をつらぬく。

けんこうこつ【肩甲骨】 名詞 せなかの上部の左右にある三角形の骨。うでの骨につながっていて、かたの関節をつくっている。⇩1209ページ・骨一①（図）。

けんこうしょくひん【健康食品】 名詞 健康のためによいとされる食品。類 自然食品。

けんこうしんだん【健康診断】 名詞 体に悪いところがないかどうかを調べること。

けんこうはん【現行犯】 名詞 じっさいに、今おこなっているか、また、終わったばかりのときに見つかった犯罪。また、その犯人。例 すりの現行犯。

けんこうほうし【兼好法師】 人名 鎌倉時代の終わりごろ、随筆「徒然草」を書いた僧。参考 「法師」は僧のこと。出家する前の名前は卜部兼好。吉田兼好ともよばれる。

けんこうほけん【健康保険】 名詞 あらかじめ決められた額のお金を定期的におさめ、病気やけがのときに、軽い負担で医者にかかれるようにした保険。

げんこうようし【原稿用紙】 名詞 原稿を書くための紙。参考 ふつう、たて横に線を引いてごばんの目のようにし、一ますに一字ずつ書くようにしたもの。

げんごがく【言語学】 名詞 言葉に関するさまざまなことを研究し、明らかにしようとする学問。例 大学で言語学を学ぶ。

けんこく【建国】 名詞 する動詞 新しく国をつくること。

げんこく【原告】 名詞 民事訴訟で、裁判をしてほしいともうし出た人。対 被告。

けんこくきねんのひ【建国記念の日】 名詞 国民の祝日の一つ。日本の国がつくられたとされるときのことを思い、国を愛する心をやしなう日。二月十一日。

げんこつ【げん骨】 名詞 にぎりこぶし。げんこ。例 げんこつをふり上げる。／げんこつをくらわす。

げんごろう【源五郎】 名詞 ゲンゴロウ科のこん虫。池やぬまなど水中でくらす。体はたまご形で、黒くてつやがある。ほかの虫や小魚などを食べる。

げんこん【現今】 名詞 〔少し前もふくめた〕いま。現在。例 現今の社会情勢を考える。

けんさ【検査】 名詞 する動詞 悪いところや合わないところがないかなどを、基準にてらし合わせて調べること。例 胃の検査をうける。／検査結果を知らせる。類 審査。

けんざい【健在】 名詞 形容動詞 ❶じょうぶで元気にくらしていること。例 両親は健在です。❷特に異状がなく、十分にその働きをはたしていること。例 しばらくぶりにたずねた母校の建物は、健在だった。

げんざい【現在】 名詞 今。そのとき。例 現在、小学校三年生です。／正午現在の気温。対 過去。未来。

げんざいけい【現在形】 名詞 文法で、今おこなわれていることを表す、決まった表現の形。

けんざかい【県境】 名詞 県と県とのさかい。例 あの山が県境になっている。

けんさく【検索】 名詞 する動詞 調べて、さがすこと。辞典・資料・インターネットなどで、調べて、さがすこと。例 パソコンで検索する。

げんさく【原作】 名詞 ❶映画・しばいなどで、きゃく本のもとになった作品。❷ほんやくした

ことばあそび だじゃれ㉑ てっきり はっきり まるっきり／かっきり すっきり これっきり／

り書きかえたりしたものの、もとになった作品。

けんさくエンジン【検索エンジン】名詞 インターネットなどで必要な情報をさがして選び出すシステム。サーチエンジン。

けんさつ【検札】名詞 する動詞 〔車内で〕乗客のきっぷを調べること。類 改札。

けんさつかん【検察官】名詞 つみをおかした人などをとり調べて、裁判所に裁判を願い出る役人。

けんさつちょう【検察庁】名詞 法務省の外局の一つで、検察官の仕事をとりまとめる国の機関。最高検察庁・高等検察庁・地方検察庁・区検察庁がある。

けんさん【研さん】名詞 する動詞 学問などを、深くきわめようと努力を重ねること。例 上達をめざして、日夜研さんする。ことば 「研さんをつむ」

けんざん【検算・験算】名詞 する動詞 計算の答えが正しいかどうか、（やり方をかえて）たしかめること。また、その計算。ためし算。

1**げんさん**【原産】名詞 〔動物や植物が〕最初にとれたり、つくられたりしたこと。例 これは、熱帯原産の植物です。

2**げんさん**【減産】名詞 する動詞 とれ高やでき高が、へること。また、へらすこと。対 増産。

げんざん【減算】名詞 する動詞 引き算。減法。対 加算。

げんさんち【原産地】名詞 ❶動物や植物がさいしょにとれたところ。例 トマトの原産地は南米です。❷ある原料や製品がとれたり、つくられたりしたところ。例 この石油の原産地はサウジアラビアです。

1**けんし**【犬歯】名詞 前歯のとなりにある、さきのとがった歯。いときりば。⇨1016ページ・歯①（図）。

2**けんし**【絹糸】名詞 ➡329ページ・きぬいと。

1**けんじ**【検事】名詞 検察官の階級の一つ。裁判を受ける人のおかしたつみをとり調べる役人。

2**けんじ**【堅持】名詞 する動詞 考えや態度などをかたく守り続けること。例 平和憲法を堅持する。

1**げんし**【原子】名詞 化学的方法によっては、それ以上分けることのできない粒子。アトム。参考 水の分子は、水素原子二つと酸素原子一つとからできている。

2**げんし**【原始】名詞 ❶物事のはじめ。もと。❷自然のままであること。

3**げんし**【原紙】名詞 とうしゃばん印刷のときに使う、印刷のもとになる、ろうをぬった紙。

げんじ【源氏】名詞 ❶源の姓を名のった一族。平安時代から江戸時代にかけてさかえた。❷「源氏物語」の略。また、その主人公の名前。

げんしかく【原子核】名詞 原子の中心にあって、原子のおもさのほとんどをしめるもの。

けんしき【見識】名詞 物事を見通す、すぐれた判断力。また、しっかりした意見。例 見識のあるりっぱな人。

げんしじだい【原始時代】名詞 大昔、人類がかりや採集を中心にして、自然のままの生活をしていた時代。

げんしじん【原始人】名詞 原始時代に生きていた人類。

けんじつ【堅実】名詞 形容動詞 〔考え方やおこないなどが〕たしかで、あぶなくないこと。例 堅実な考え方。

げんしつ【言質】名詞 ➡げんち（言質）。

げんじつ【現実】名詞 〔頭の中で考えていることではなく〕今、目に見えている、ありのままのすがた。ことば 「ゆめが現実になる（＝実現する）」対 理想。

げんじつてき【現実的】形容動詞 現実に合っているようす。また、今の利益だけにかたむくようす。例 かれの提案の方が現実的だ。対 観念的。

げんしてき【原始的】形容動詞 自然のままで、文化が十分に発達していないようす。例 原始的な生活をいとなむ。

げんしばくだん【原子爆弾】名詞 原子力を利用した爆弾。ふつうの爆弾の数百万倍のエネルギーを出す。原爆。参考 一九四五（昭和二〇）年八月に、広島と長崎に落とされた。

げんじものがたり【源氏物語】書名 平安時代に、紫式部が書いた物語。光源氏を主人公にして、宮中の生活や、そのころの世の中の有様などが書いてある。日本文学の代表作として世界にも名高い。

けんじゃ【賢者】名詞 かしこい人。賢人。例 賢者の意見をきく。

1**げんしゅ**【元首】名詞 その国を代表する人。参考 共和国では大統領、君主国では君主。

2**げんしゅ**【原酒】名詞 日本酒などで、つくったままで、ほかのものをまぜていない酒。

3**げんしゅ**【厳守】名詞 する動詞 〔規則などを〕か

たく守ること。例 集合時間を厳守する。

けんしゅう【研修】 名詞 する動詞 学問や技術を学ぶこと。例 六か月間研修をうける。／研修所。

けんじゅう【拳銃】 名詞 かた手でうつことのできる小型の銃。ピストル。

げんしゅう【減収】 名詞 する動詞 〔以前にくらべて〕作物のとれ高や収入などがへること。対 増収。

げんじゅう【厳重】 形容動詞 ひじょうにきびしいようす。例 守りを厳重にする。類 厳格。厳正。

げんじゅうしょ【現住所】 名詞 今、住んでいるところ。

げんしゅく【厳粛】 形容動詞 きびしくおごそかなようす。例 式は厳粛におこなわれた。

けんしゅつ【検出】 名詞 する動詞 物質の中にふくまれているものやかくれているものを、調べて見つけ出すこと。例 毒物が検出された。

けんじゅつ【剣術】 名詞 刀・しないなどを使ってたたかう武術。

げんしょ【原書】 名詞 ほんやくしたものの、もとになっている本。例 原書を読む。

[1]**けんしょう【健勝】** 名詞 形容動詞 元気で健康なこと。参考 手紙で、「ご健勝」の形で、相手の健康についていう。ことば「ますますご健勝のこととおよろこび申し上げます」

[2]**けんしょう【検証】** 名詞 する動詞 じっさいに、その場所に行ったり、そのものを見たりして調べ、事実を明らかにすること。例 仮説を検証する。／検証をおこなう。

[3]**けんしょう【憲章】** 名詞 大切な決まり。例 児童憲章。

[4]**けんしょう【懸賞】** 名詞 〔すぐれた作品や正しい答えを出した人、さがしものを見つけた人などにあたえるために〕お金や品物を賞品としてかけること。また、そのお金や品物。

[1]**けんじょう【献上】** 名詞 する動詞 〔身分の高い人に〕品物をさし上げること。例 貴重な品を献上する。類 献納。

[2]**けんじょう【謙譲】** 名詞 形容動詞 人にへりくだり、ゆずること。ことば「謙譲の美徳」

[1]**げんしょう【現象】** 名詞 目に見える有様やできごと。目・耳・手などの感覚によって感じとるもの。例 自然の現象。

[2]**げんしょう【減少】** 名詞 する動詞 へって少なくなること。例 人口が減少する。対 増加。

げんじょう【現状】 名詞 〔物事の〕現在のようす。今の有様。例 現状をうちやぶる。

けんじょうご【謙譲語】 名詞 へりくだった気持ちを表す言葉。「言う」を「申し上げる」、「見る」を「はいけんする」というなど。けんそん語。参考 敬語の一つ。

[1]**げんしょく【原色】** 名詞 ❶赤・黄・青の三色。三原色。参考 光では、赤・緑・青むらさきの三色。❷とてもあざやかな色。例 熱帯にさく花には原色のものが多い。❸〔絵などの〕もとのままの色。例 印刷で原色を出すのはむずかしい。

[2]**げんしょく【現職】** 名詞 ❶今、つとめている職業。❷今、ある職業についていること。例 現職の警官。類 現役。

[3]**げんしょく【減食】** 名詞 する動詞 食べる量をへらすこと。例 太りぎみなので減食する。

げんしりょく【原子力】 名詞 原子核がこわれたり、結びついたりするときに出る大きなエネルギー。原子エネルギー。例 原子力発電所。

げんしりょくはつでん【原子力発電】 名詞 核分裂によって発生する熱によって蒸気をつくり、その力を利用してタービン発電機を動かす発電の方法。

げんしりょくはつでんしょ【原子力発電所】 名詞 原子力発電をおこなう施設。原発。

げんしりん【原始林】 名詞 ➡げんせいりん。

げんじる【減じる】 動詞 ❶〔数量や程度などが〕へる。少なくなる。例 ダムの水量が減じる。❷〔数量や程度などを〕へらす。例 つみを減じる。❸ひき算をする。例 十から四を減じる。

げんしろ【原子炉】 名詞 ウラン・プルトニウムなどに核分裂をおこさせ、そのエネルギーをとり出せるようにした装置。原子力発電などに利用される。

[1]**けんしん【検針】** 名詞 する動詞 電気・ガス・水道などのメーターの針がしめす目もりを調べて、使った量を調べること。例 ガスの検針。

[2]**けんしん【検診】** 名詞 する動詞 病気にかかっているかどうかを調べること。例 定期的に検診をうける。／集団検診。

[3]**けんしん【献身】** 名詞 する動詞 〔他人やある物事のために〕命をなくしてもよいと思って、いっしょうけんめいにつくすこと。

ことばあそび だじゃれ㉒ ネコがねこんだ。

げんじん【原人】名詞 二百四〇万年前に猿人の後に現れた人類。類 猿人。新人。

けんしんてき【献身的】形容動詞 人や社会のためにいっしょうけんめいつくすようす。例 友人を献身的に看病する。

げんず【原図】名詞 もとになる図面。はじめの図。

けんすい【懸垂】名詞 する動詞 鉄ぼうにぶらさがり、うでをまげて体をもちあげる運動。⇩図。

けんすい 懸垂

1 **げんすい**【元帥】名詞 軍隊で、一番上の位。大将の上の位。

2 **げんすい**【減水】名詞 する動詞 水の量がへること。例 日照りで池の水が減水する。対 増水。

けんずいし【遣隋使】名詞 大和朝廷が、中国の学問や文化をとり入れるため、隋（=今の中国）におくったつかい。参考 第一回は、六〇七年に小野妹子が大使となって行った。

けんすう【件数】名詞 じけんやことがらなどの数。例 相談の件数。

げんすん【原寸】名詞 じっさいのものと同じ大きさ。例 原寸どおりにつくる。

げんせ【現世】名詞 この世。今の世の中。対 前世。来世。

1 **けんせい**【けん制】名詞 する動詞 相手の注意などを自分の方にひきつけておいて、自由に行動させないこと。例 ランナーをけん制する。

2 **けんせい**【県政】名詞 県の政治。県を法律にしたがっておさめること。

3 **けんせい**【権勢】名詞 他をおさえつける権力を持ち、それによって勢力をふるうこと。
ことば「権勢をふるう」／「権勢をほこる」類 権威。権力。

げんせい【厳正】名詞 形容動詞 きびしくて正しいこと。少しのごまかしや不正もゆるさないこと。例 厳正に審査をする。類 厳重。

げんぜい【減税】名詞 する動詞 税金のわりあてを少なくすること。例 所得税を減税する。対 増税。

げんせいどうぶつ【原生動物】名詞 「アメーバ・ゾウリムシなど」一つの細胞からできている、体のしくみのかんたんな動物。

げんせいりん【原生林】名詞 大昔から人が手を加えたことのない、自然のままの森や林。原始林。

げんせき【原石】名詞 ほり出したままのみがいてない宝石。例 ダイヤモンドの原石。参考 才能がめざめていないことにもたとえる。ことば「（あの選手は）ダイヤの原石（だ）」

けんせきうん【巻積雲・絹積雲】名詞 白い小さなかたまりがうろこのような形をしてならぶ雲。五千〜一万三千メートルの高い空にあらわれる。うろこ雲。さば雲。いわし雲。⇩385ページ・雲（図）。

けんせつ【建設】名詞 する動詞 〔大きな建物・そしきなどを〕新しくつくること。例 スタジアムを建設する。／ダムの建設。類 建造。

けんせつてき【建設的】形容動詞 物事をすすんでよくしていこうとするようす。例 建設的な意見をのべる。対 破壊的。

けんぜん【健全】名詞 形容動詞 ❶体がじょうぶなこと。例 運動をして、健全な身体をつくろう。❷考え方やおこないが、正しくしっかりしていること。例 健全な精神。

1 **げんせん**【源泉】名詞 ❶水がわき出てくるところ。❷〔❶の意味から〕物事がおこるもと。例 エネルギーの源泉。

2 **げんせん**【厳選】名詞 する動詞 きびしい基準によって、えらび出すこと。例 材料を厳選する。

げんぜんと【厳然と】副詞 きびしくて、いげんのあるようす。例 厳然とした態度でのぞむ。

げんそ【元素】名詞 物を化学的に分けたとき、これ以上は分けられない物質。参考 酸素・水素・ちっ素・鉄など。

けんぞう【建造】名詞 する動詞 〔大きな〕船や建物などをつくること。例 蒸気船を建造した。／建造物。参考 「建築」よりも意味が広く、建物のほか、船や橋・塔などにも用いる。類 建築。建設。

げんそう【幻想】名詞 する動詞 現実にはなさそうな、ゆめのようなことを思うこと。また、その想像。例 幻想の世界。

げんぞう【現像】名詞 する動詞 カメラでうつしたフィルムや焼きつけをした印画紙を、薬の液に

つけて、すがたが現れるようにすること。

けんそううん【巻層雲・絹層雲】名詞 白いベールのように、うすく広がる雲。六千メートル以上の空に表れ、太陽や月をおおうとかさをつくる。うす雲。⇨385ページ・雲（図）。

げんそうてき【幻想的】形容動詞 じっさいにはありそうもない、夢や空想の世界にいるようなようす。夢のように美しいさま。例 朝もやのなかに表れた富士山の幻想的な風景。

けんぞうぶつ【建造物】名詞 建造されたもの。大きな建物・船・橋など。

げんそきごう【元素記号】名詞 元素の種類を表す、ローマ字の記号。水素はH、酸素はOなど。

げんそく¹【原則】名詞 おおもとになる決まり。もとになるきそくやほうそく。例 その考えは原則からはずれている。

げんそく²【減速】名詞 する動詞 速度をおそくすること。例 ブレーキをふんで減速する。対 加速。

げんそくとして【原則として】連語 ふつうは。特別の場合のほかは。例 研究所の本は、原則として持ち出し禁止です。

けんそん【謙遜】名詞 する動詞 つつしみぶかくひかえめにすること。へりくだること。例 兄は、ほめられても、しきりに謙遜していた。類 謙虚。

げんそん【現存】名詞 する動詞 〔昔から続いて〕今、じっさいにあること。例 現存するもっとも古い本。参考「げんぞん」とも読む。

けんそんご【謙遜語】名詞 ➡421ページ・けんじょうご。

けんたい¹【けん怠】名詞 する動詞 ❶あきて、いやになること。例 けん怠期。❷体がつかれてだるいこと。例 けん怠感がぬけない。

けんたい²【献体】名詞 する動詞 死んだあとに、体をかいぼうなどの実習に使ってよいと約束をすること。例 おじいさんは、死んだら大学病院に献体するといっている。

げんたい【減退】名詞 する動詞 〔いきおいなどが〕おとろえること。例 食欲が減退する。対 増進。

げんだい【現代】名詞 ❶今の時代。例 現代の若者。❷歴史の上で時代の区切り方の一つ。ふつう、日本では、第二次世界大戦後から今までの時期をいう。例 現代文学。

げんだいかなづかい【現代仮名遣い】名詞 現在、ふつうに使われている言葉を、かなで書き表すときの決まり。新かなづかい。対 歴史的かなづかい。

げんだいてき【現代的】形容動詞 現在にふさわしいようす。モダン。例 現代的な超高層ビル。

げんだいぶん【現代文】名詞 明治時代以後の口語で書かれた文章。対 古文。

けんだま【剣玉】名詞 木でつくったおもちゃの一つ。両側にくぼみをつけた胴に先のとがった棒をはめこみ、穴のあいた玉を糸で結びつけたもの。胴のくぼみや、とがった部分などに、玉をうけて遊ぶ。⇩図。

けんち¹【見地】名詞 物事を観察したり考えたりするときの、ある立場。見方。例 教育的な見地から判断する。

けんち²【検地】名詞 する動詞 ねんぐのわりあてを決めるため、幕府や大名がおこなった土地の調査。田畑の面積をはかり、等級を決め、米のとれ高をわりだした。参考 特に、豊臣秀吉のおこなったものが名高い。

剣玉

げんち¹【言質】名詞 のちのしょうことなる約束の言葉。ことば「言質をとる」参考「げんしつ」ともいう。

げんち²【現地】名詞 あることが、じっさいにおこなわれている場所。現場。

けんちく【建築】名詞 する動詞 家などを建てること。また、建てた物。例 住宅を建築する。／木造建築。類 建造。

けんちくげんば【建築現場】名詞 建築工事をおこなっている場所。

けんちくざい【建築材】名詞 建物をつくるための材料。建材。

けんちくようしき【建築様式】名詞 建物を建てるときの一定のかたち。国・時代などによって、さまざまなとくちょうがある。例 ギリシャ時代の建築様式。

けんちじ【県知事】名詞 県の政治をおこなう長。県民の選挙でえらばれる。任期は四年間。

けんちょ【顕著】形容動詞 特に目立って、はっ

あいうえお かきくけこ さしすせそ たちつてと なにぬねの はひふへほ まみむめも や ゆ よ らりるれろ わ を ん

ことばあそび だじゃれ㉓ 熊本県の問題はクマも解けん。

きりしているようす。例 効果が顕著にあらわれている。

¹**けんちょう【県庁】** 名詞 その県をおさめるための仕事をする役所。

²**けんちょう【県鳥】** 名詞 その県を代表するものとして決められた鳥。

けんちょうしょざいち【県庁所在地】 名詞 県庁のある都市。県の政治や経済の中心地。

けんてい【検定】 名詞 する動詞 〔ある決まりにしたがって〕けんさをし、よい悪いを決めること。例 そろばんの検定試験。

げんてい【限定】 名詞 する動詞 〔物事のはんいや数量などを〕かぎること。せいげんすること。例 限定版（＝部数をかぎって出版する書物）。

¹**げんてん【原典】** 名詞 やさしくしたり書きかえたりしたものの、元になっている本。例 原典を読む。

²**げんてん【原点】** 名詞 ❶長さなどをはかるときに基準となる点。❷〔問題の〕元になるところ。例 原点にもどって考える。

³**げんてん【減点】** 名詞 する動詞 点数をへらすこと。また、へらした点数。対 加点。

げんど【限度】 名詞 〔それ以上はこえられない〕ぎりぎりのどあい。例 じょうだんをいうにも限度がある。類 限界。

¹**けんとう【拳闘】** 名詞 ➡1198ページ・ボクシング。

²**けんとう【見当】** 一 名詞 ❶みこみ。予想。例 見当がつかない。❷だいたいの方向。例 駅は、ちょうどこの見当になります。

二 接尾語 《数量を表す言葉の下について》「…ぐらい」の意味を表す言葉。例 千円見当の品。

³**けんとう【健闘】** 名詞 する動詞 元気いっぱいに、よくたたかうこと。例 初出場ながら健闘した。／健闘をいのる。類 善戦。

⁴**けんとう【検討】** 名詞 する動詞 細かく調べて、それでよいかどうか考えること。例 出された案を検討する。

¹**けんどう【県道】** 名詞 県のお金でつくられ、県が管理する道路。

²**けんどう【剣道】** 名詞 刀やしないを使って、自分を守ったり相手をこうげきしたりする日本うまれの武道。特に、運動競技としておこなうもの。

¹**げんとう【幻灯】** 名詞 ➡678ページ・スライド二。

²**げんとう【厳冬】** 名詞 寒さのきびしい冬。また、冬の寒さがもっともきびしいころ。例 厳冬の候、いかがおすごしでしょうか。

げんどう【言動】 名詞 言葉やおこない。言行。

ことば 「言動をつつしむ」

けんとうし【遣唐使】 名詞 奈良時代・平安時代に、唐（＝今の中国）の文化をとり入れるため日本からおくられたつかい。

けんとうちがい【見当違い】 名詞 形容動詞 予想や判断が、まちがっていること。例 見当違いの場所をさがしていた。

けんとうはずれ【見当外れ】 名詞 形容動詞 話の内容や考え方などが、本筋からはずれていること。例 まるで見当外れだ。

げんどうりょく【原動力】 名詞 ❶機械に運動をおこさせる力。❷物事の活動をおこすもとになる力。

けんどちょうらい【けん土重来】 四字熟語 一度負けたり、失敗したりした人が、ふたたびいきおいをもり返すこと。参考 ㋐「捲土重来」と書く。「捲土」は、土ぼこりを上げること。「重来」は、ふたたびやって来ること。㋑「けんどじゅうらい」ともいう。

けんない【圏内】 名詞 あるかぎられたはんいの中。例 暴風雨の圏内にはいる。対 圏外。

げんなり 副詞(―と) する動詞 ❶つかれたりあきたりして元気のないようす。例 げんなりするほど、暑い。❷あきて、いやになるようす。例 見ただけでげんなりする。類 うんざり。

げんに【現に】 副詞 じっさいに。目の前に。例 現にこの目で見たことだからまちがいない。

けんにん【兼任】 名詞 する動詞 一人で二つ以上の役目を受け持つこと。例 国語の先生が英語も兼任している。類 兼務。対 専任。

けんのう【献納】 名詞 する動詞 〔神仏や身分の高い人などに〕お金や品物をさし上げること。例 米を献納する。類 献上。奉納。

げんば【現場】 名詞 ❶作業などがおこなわれているところ。例 工事現場。❷物事がおこったところ。また、おこっているところ。例 パトカーが事故の現場に急行する。

けんばいき【券売機】 名詞 電車の乗車券や映画の入場券など、いろいろな券を売る機械。

げんばく【原爆】 名詞 「原子爆弾」の略。

げんばくしょう【原爆症】 名詞 原子爆弾や

水素爆弾などがばくはつしたとき、その放射能をうけたためにおこる、いろいろな体の障害。原子爆弾症。

げんばくドーム【原爆ドーム】名詞 広島市にある建物。原子爆弾の落ちた中心地にあり、そのおそろしさを伝えるため、こわされた形のまま保存されている。世界文化遺産。⇩695ページ・世界遺産(図)。

げんばつ【厳罰】名詞 きびしくばっすること。きびしいばつ。例 違反者を厳罰にしょする。

げんぱつ【原発】名詞「原子力発電所」の略。

けんばん【鍵盤】名詞 ピアノ・オルガンなどの指でたたくところ。キー。

げんぱん【原板】名詞 写真のもとになる、現像したフィルムなど。ネガ。

けんばんがっき【鍵盤楽器】名詞 けんばんを指でたたいたり、おしたりして音を出す楽器。ピアノやオルガンなど。

けんばんハーモニカ【鍵盤ハーモニカ】名詞 アコーディオンのようなけんばんがついていて、口から息をふきこんで音を出すようにした楽器。

けんび【兼備】名詞 する動詞 二つ以上の(よい)面を同時に持っていること。ことば「知勇兼備(=ちえと勇気をあわせもつ)」

けんびきょう【顕微鏡】名詞 レンズを組み合わせることによって、ひじょうに小さなものを大きくして見る器械。⇩図。

げんぴん【現品】名詞 じっさいの品物。今ある品物。例 現品とひきかえに代金をはらう。／現品かぎりの大安売り。

げんぶがん【玄武岩】名詞 火山岩の一つ。暗いはい色または黒色の岩石で、火山岩のうちでもっとも多く産する。参考 名前は兵庫県の玄武洞にゆらいする。

対物レンズ
接眼レンズ
反射鏡
顕微鏡

げんぷく【元服】名詞 する動詞 昔、男子が十二才ごろから十六才ごろの間に、大人になったしるしとしておこなった儀式。服を新しくかえ、髪型をなおして、かんむりをつけた。参考「げんぶく」とも読む。

けんぶつ【見物】名詞 する動詞 物事や場所などを見て楽しむこと。例 花火大会を見物する。／見物客。類 見学。参観。

げんぶつ【現物】名詞 今ある品物。じっさいの品物。現品。例 取り引きは現物を見てからにしよう。／ボーナスを現物で支給する。

けんぶん1【見聞】名詞 する動詞 見たり聞いたりすること。ことば「見聞を広める」

けんぶん2【検分・見分】名詞 する動詞 じっさいに立ちあって調べ、見とどけること。例 実地検分をおこなう。

げんぶん1【言文】名詞 口語体と文語体。ことば ⇩「言文一致」

げんぶん2【原文】名詞 (ほんやくしたり、書きなおしたりした文章の)もとの文章。

げんぶんいっち【言文一致】四字熟語 (正式とされる文語体ではなく)ふだんの生活で使われる言葉(=口語)をとりいれた文体で、小説などの文章を書くこと。

けんべん【検便】名詞 する動詞 大便をけんび鏡で見て、病気をおこす細菌や、きせい虫のたまごのあるなしなどを調べること。

げんぼ【原簿】名詞 もとになる帳簿。

けんぽう【憲法】名詞 その国のもとになる決まり。国の政治のしくみや、国民の権利と義務などを決めたもの。

げんぽう【減法】名詞 ひき算。参考 ⇩278ページ・加法。619ページ・乗法。628ページ・除法。

けんぽうきねんび【憲法記念日】名詞 国民の祝日の一つ。日本国憲法が、一九四七(昭和二二)年に施行されたことを記念する日。五月三日。参考 一九四八(昭和二三)年に制定。

げんぼく【原木】名詞 材料や原料にする、切り出したままの木。

けんま【研磨・研摩】名詞 する動詞 刃物・宝石・レンズなどを、といでみがくこと。

げんまい【玄米】名詞 もみがらをとりのぞいただけの(ついて白くしていない)米。参考 たんぱく質やビタミンを多くふくんでいるが、あまり消化がよくない。対 白米。

けんまく【剣幕・見幕】名詞 おこったりこうふんしたりしたときの、はげしい態度や顔つき。例 おそろしい剣幕でくってかかる。

げんみつ【厳密】形容動詞 こまかいところまで、

ことばあそび だじゃれ24 このミカンは未完成。

きびしく正確なようす。例厳密な検査をする。

けんむ【兼務】名詞 する動詞 一人で二つ以上の仕事を受け持つこと。例ソフトボール部と野球部の監督を兼務する。類兼任。

けんむのしんせい【建武の新政】名詞 後醍醐天皇が、鎌倉幕府がほろびた後に始めた、天皇を中心とした政治。参考「建武の中興」ともいう。

[1]**けんめい**【賢明】形容動詞 かしこくて、物事のすじ道がよくわかるようす。例それは賢明なやり方だ。類利発。利口。

[2]**けんめい**【懸命】形容動詞 力のかぎり、せいいっぱいおこなうようす。例懸命に働く。

[1]**げんめい**【言明】名詞 する動詞 〔多くの人に〕はっきりと言い切ること。例関係ないと言明している。

[2]**げんめい**【厳命】名詞 する動詞 きびしく命令すること。また、きびしい命令。ことば「〔ただちに実行せよと〕厳命をくだす」

げんめつ【幻滅】名詞 する動詞 いいと思っていたことが、現実にはそうでないことを知って、がっかりすること。例かれの自分勝手な発言に幻滅した。

げんめん【原綿】名詞 綿糸の原料にする綿花。

けんもほろろ 形容動詞 人のたのみなどを冷たくはねつけるようす。例けんもほろろにことわられる。語源「けん」も「ほろろ」も、キジの鳴き声から。「つっけんどん」などの「けん」にかけた言葉。

けんもん【検問】名詞 する動詞 〔うたがわしいことがあるかどうか〕きびしく質問して、調べること。例国道で検問がおこなわれた。

げんや【原野】名詞 自然のままで、手入れをしていない野原。類荒野。

けんやく【倹約】名詞 する動詞 むだをはぶいて、お金や品物の使用を少なくおさえること。節約。例こづかいを倹約する。対浪費。

げんゆ【原油】名詞 地下からとりだしたままの、黒茶色のどろどろした石油。これから、灯油・ガソリンなどの石油製品をつくる。

けんよう【兼用】名詞 する動詞 一つのものを、二つ以上の目的に使うこと。例自宅と仕事場を兼用している。／晴雨兼用のかさ。

けんらん 形容動詞 きらびやかで美しいようす。例けんらんたる装飾。ことば「豪華けんらん」 漢字絢爛。

けんり【権利】名詞 あることがらを自由にできる資格。例教育を受ける権利がある。対義務。

げんり【原理】名詞 〔物事をなりたたせる〕おおもとのすじ道。例民主主義の原理。

けんりつ【県立】名詞 県のお金でつくられ、県が管理すること。また、その施設。例県立高校。

げんりゅう【源流】名詞 ❶水の流れ出るおおもと。❷物事のおこり。例日本文化の源流をさぐる。類①②源泉。

けんりゅうけい【検流計】名詞 わずかな電流をはかるための計器。

[1]**げんりょう**【原料】名詞 品物をつくり出すときのもとになるもの。例木材を原料として紙を作る。参考できた品物に、もとの性質が残っているものを「材料」、残っていないものを「原料」という。類材料。

[2]**げんりょう**【減量】名詞 する動詞 あるものの分量・めかたなどがへること。また、へらすこと。特に、体重をへらすこと。対増量。

けんりょく【権力】名詞 ほかの人を〔思いどおりに〕したがわせる力。ことば「権力をにぎる」類権勢。

けんろう【堅ろう】形容動詞 つくりが、かたくてじょうぶなようす。がんじょう。漢字堅牢。

げんろう【元老】名詞 ❶長く国のためにつくして、とうとばれている高れい者。❷長く一つの仕事につくして、手がらのあった高れい者。

げんろん【言論】名詞 言葉や文章によって考えを発表すること。また、発表された考え。例言論の自由。

[1]**げんわく**【幻惑】名詞 する動詞 〔ありもしないことで目さきを〕まどわすこと。例奇術に幻惑される。

[2]**げんわく**【げん惑】名詞 する動詞 あるものに目や心をうばわれて、見るべきものが見えなくなること。例強い光にげん惑される。漢字眩惑。

げんをさゆうにする【言を左右にする】慣用句 あれこれといいかげんなことを言って、はっきりしたことを言わない。例言を左右にして罪をのがれようとする。

げんをまたない【言をまたない】慣用句 あらためて言う必要もない。例その説が正しいということは、言をまたない。

こ

ご
ゴ コ
GO KO
go ko

こ[1]【子】 ■一 名詞 ❶むすこやむすめ。子ども。例わが子のしあわせを願う。対親。❷まだ年の多くいかないもの。おさないもの。例近所の子。❸〔魚の〕たまご。例ニシンの子。
■二 接尾語 《ある言葉の下につけて》「人」「物」の意味を表す言葉。例売り子。／江戸っ子。／振り子。

こ[2]【小】 接頭語 《ある言葉の上につけて》❶「小さい」「すくない」の意味を表す言葉。例小犬。／小舟。／小人数。❷「およそ」「ほとんど」の意味を表す言葉。例小一時間。❸けいべつする気持ちを表す言葉。例小せがれ。

こ[3]【故】 接頭語 《人の名や地位・身分の名などの上につけて》その人がすでに死んでいることを表す。例故社長をとむらう。

こ[4]【弧】 名詞 円周または曲線の一部。弓のような形。例ボールが弧をえがいて遠くまでとんでいった。

こ[5]【粉】 名詞 〔穀物などの〕こな。

ご[1]【五】 名詞 数の名で、いつつ。また、五番目。例五ひく三は二。

ご[2]【御】 ■一 接頭語 ❶《ほかの言葉の上につけて》そんけいやていねいの気持ちを表す言葉。例御意見をうかがう。／御両親はお元気ですか。❷《ほかの言葉の上につけて》へりくだる気持ちを表す言葉。例御案内いたします。
■二 接尾語 《人を表す言葉の下につけて》そんけいの気持ちを表す言葉。例親御さんはお元気ですか。

ご[3]【碁】 名詞 ➡76ページ・いご(囲碁)。

ご[4]【語】 名詞 〔一つ一つの〕言葉。単語。例語の意味を調べる。

こあきない【小商い】 名詞 少ないもとでや商品でおこなう商売。例小商いで生活する。

こあじ【小味】 名詞 形容動詞 〔食べ物の味などに〕おもむきがあって、すぐれていること。対大味。

こアド【小アド】 名詞 狂言の役の一つ。アド(＝わき役)が二人以上いるとき、中心となるアド以外の人。参考 中心となるアドは「おもアド」という。

コアラ 名詞 めすのおなかに子どもを育てるふくろがある動物。オーストラリアの森林でくらす。ユーカリの葉を食べる。▼英語 koala

こい[1] 名詞 コイ科の魚。川や池にすむ。食用にするものと、色やもようを見て楽しむニシキゴイなどがいる。漢字 鯉。

こい[2]【故意】 名詞 わざとすること。例故意に手あらなことをする。

こい[3]【恋】 名詞 ある人に、特に心を引きつけられ、したうこと。例初めての恋。

こい[4]【濃い】 形容詞 ❶色が深い。例濃い緑色。対淡い。うすい。❷あるものがふくまれている割合が多い。例濃いコーヒー。／味が濃い。❸すきまが少なく、多い。例けしょうが濃い。❹ていど・度合などが強い。例入賞する見こみが濃い。対②〜④うすい。活用 こ・い。

ごい[1]【語彙】 名詞 ❶言葉の集まり。例語いのゆたかな人。❷ある部門・分野で使われる言葉。用語。例文学語い。／科学語い。

ごい[2]【語意】 名詞 一つ一つの言葉の意味。語義。例語意がわかれば、文章もわかる。

こいごころ【恋心】 名詞 ある人を、特にこいしたう気持ち。例恋心をおさえられない。

ごいし【碁石】 名詞 囲碁のときに使う、白と黒の石。参考 白が百八十個、黒が百八十一個ある。

こいしい【恋しい】 形容詞 〔ある人・場所・時などが〕身近にないため、心が引きつけられる。例ふるさとを恋しく思う。／恋しい人。活用 こいし・い。

こいしたう【恋い慕う】 動詞 〔ある人を〕いちずに、こいしく思う。例ひそかに恋い慕う。活用 こいした・う。

こいずみやくも【小泉八雲】 人名 (一八五〇〜一九〇四) 明治時代の作家・教育者。ラフカディオ＝ハーン。一八九〇(明治二三)年に日本に来て、後に帰化した。日本の文化を世界にしょうかいした。

こいする【恋する】 動詞 ある人に、特に心を引きつけられ、愛情をよせる。例恋する相手。活用 こい・する。

こいつ 代名詞 この人。これ。例こいつがぼくの親友だ。参考 少しらんぼうな言い方。

ことばあそび だじゃれ㉕ 屋根の上に乗っちゃって、やーねー。

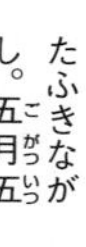
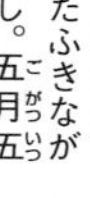
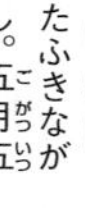
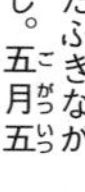
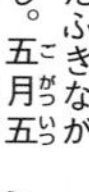
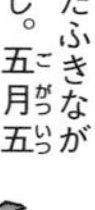

こいねがう 動詞 強く希望する。例 無事をこいねがう。参考 やや古い言い方。活用 こいねが・う。

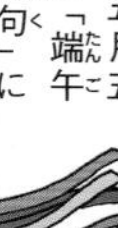

こいのたきのぼり【こいの滝登り】故事成語 めざましいいきおいで出世することのたとえ。語源 中国の黄河上流の竜門にある急流を泳ぎ登ったコイは竜になるという話から。

こいのぼり 名詞 紙や布で、コイの形につくったふきながし。五月五日の「端午の節句」にたてる。⇩図。

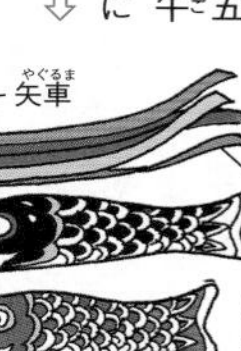

こいのぼり

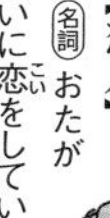
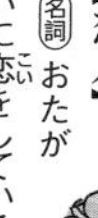
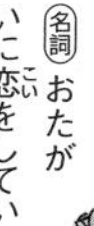
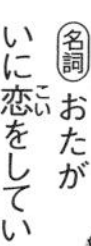
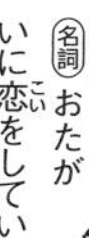
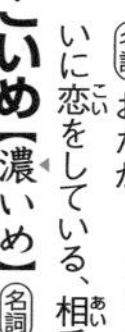
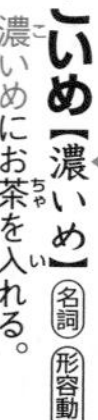

こいびと【恋人】名詞 おたがいに恋をしている、相手の人。

こいめ【濃いめ】名詞 形容動詞 少しこいこと。例 濃いめにお茶を入れる。

コイル 名詞 エナメルなどでおおわれた銅線を、何回もまいたもの。モーターなどに使う。⇩図。▼英語 coil

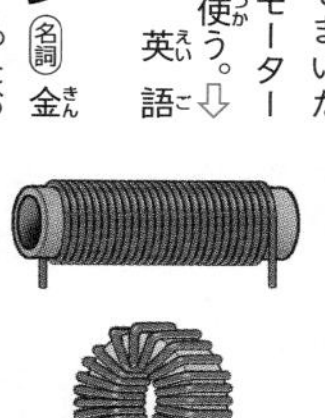
コイル

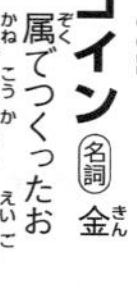
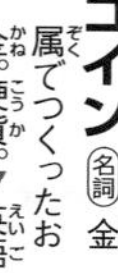

コイン 名詞 金属でつくったお金。硬貨。▼英語 coin

ごいん【誤飲】名詞 する動詞 食べ物ではないものをあやまって飲みこむこと。

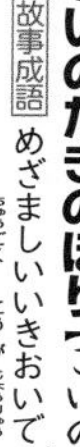

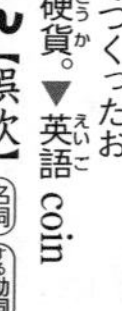

コイントス 名詞 する動詞 ⬇910ページ・トス①。▼英語 coin toss

コインランドリー 名詞 お金を入れて使える、せんたくやかんそうの機械がおいてある店。参考 英語ではふつう laundromat という。▼英語 coin laundry

コインロッカー 名詞 硬貨を入れてかぎをかけるしくみの貸し戸だな。参考 英語ではふつう単に locker という。▼英語 coin locker

1**こう** 副詞 このように。こんなふうに。例 こうすればうまくいくよ。

2**こう**【甲】名詞 ❶カメやカニのこうら。ことば「カメの甲より年の功」❷手のひらや足のうらの反対側。例 手の甲に薬をぬる。❸順番や順位を表す言葉の一番目。例 甲・乙・丙・丁の順にならべる。

3**こう**【香】名詞 たいて、よいかおりを出させるもの。たきもの。ことば「香をたく」

4**こう**【項】名詞 箇条書きなどのように、分けて書き表したものの一つ一つ。

5**こう**【乞う】動詞 願い、もとめる。例 慈悲を乞う。活用 こ・う。⇩使い分け。

6**こう**【請う】動詞 そうするように相手にもとめる。例 認可を請う。活用 こ・う。⇩使い分け。

1**ごう**【号】一 名詞 よび名。画家や作家などが、本名のほかにつける名前。雅号。例 白秋という号で詩を書く。二 接尾語 ❶数字の後につけて大きさや順番を表す言葉。活字や絵画の大きさ、定期的に発行されるざっしの順番などを表す。❷列車・船・飛行機・動物などの名前の後につける言葉。例 新幹線のぞみ号。

使い分け　こう

●願い、もとめる。
慈悲を乞う。

●相手にもとめる。
認可を請う。

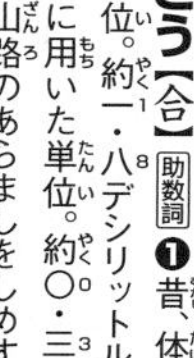

2**ごう**【合】助数詞 ❶昔、体積を表すのに用いた単位。約一・八デシリットル。❷昔、面積を表すのに用いた単位。約〇・三三平方メートル。❸登山路のあらましをしめす単位。山のいただきまでを十に分ける。例 富士山の八合目。

3**ごう**【業】名詞 仏教で、悪いむくいを受けるおもとになるおこない。また、前世のおこないによって、この世で受ける、むくい。

4**ごう**【郷】名詞 ❶いなか。里。例 白川郷。❷昔、いくつかの村を合わせていったよび名。

こうあつ【高圧】名詞 ❶たかい圧力。例 高圧ガス。❷たかい電圧。

こうあつせん【高圧線】名詞 たかい電圧の

電流をおくる電線。参考 電圧をたかくしておくると電力のむだが少ない。

こうあつてき【高圧的】形容動詞〔相手の気持ちを考えないで〕頭からおさえつけるようす。例 高圧的な口調。

1 **こうあん**【公安】名詞 社会の人々が、安全にくらせて平和であること。

2 **こうあん**【考案】名詞 する動詞〔品物ややり方などを〕工夫して考え出すこと。例 安眠できるまくらを考案する。類 立案。

1 **こうい**【行為】名詞〔しようとおもってする〕おこない。ふるまい。例 親切な行為をありがたいと思う。参考 少しあらたまった言い方。類 行動。

2 **こうい**【好意】名詞 相手を気に入っている気持ち。例 好意をいだく。類 善意。対 悪意。

3 **こうい**【更衣】名詞 する動詞 着物をきかえること。例 更衣室。

4 **こうい**【皇位】名詞 天皇の位。例 皇位をつぐ。類 王位。

5 **こうい**【厚意】名詞 深い思いやりのある心。例 厚意に感謝する。／人の厚意を無にしてはいけない。参考「好意」よりさらに思いやりの心が深い。

6 **こうい**【校医】名詞 児童・生徒のけんこうしんだんや病気のちりょうなどを、学校からたのまれてしている医師。学校医。

ごうい【合意】名詞 する動詞 おたがいの考えがあうこと。例 長い話し合いをして、両者の合意をみた。参考「同意」は一方の考えにほかの方がしたがうこと。類 同意。

こういき【広域】名詞 広い区域。例 広域捜査。

こういしつ【更衣室】名詞 衣服を着かえるための部屋。例 体育館にある更衣室で、運動服に着がえる。

こういしょう【後遺症】名詞 ある病気やけがが回復した後にまで残る障害。例 事故の後遺症。

こういっつい【好一対】名詞 よくつりあいがとれている一組み。よく似合っている一組み。例 好一対の夫婦。

こういってん【紅一点】故事成語〔いちめんの緑の葉の中に、一つだけ赤い花がさいているように〕たくさんの男の人の中に、女の人が一人だけまじっていること。また、その女の人。

1 **こういん**【工員】名詞 工場で物をつくる人。

2 **こういん**【光陰】名詞〔「光」は日、「陰」は月の意から〕時間。月日。年月。ことば ⇩「光陰矢のごとし」

ごういん【強引】形容動詞〔相手の都合などを考えず〕無理におこなうようす。例 強引に自分の意見をおしとおした。

こういんやのごとし【光陰矢のごとし】ことわざ 年月がたつのがとても早いことのたとえ。例 もう卒業だなんて、光陰矢のごとしだなあ。

こうう【降雨】名詞 雨がふること。また、ふる雨。例 降雨量。

ごうう【豪雨】名詞〔一度に〕はげしくふる雨。例 豪雨に見まわれる。類 大雨。

こううん【幸運・好運】名詞 形容動詞 物事のめぐり合わせがよくて、すべてうまくいくこと。ひじょうに運のよいこと。対 不運。

こううんき【耕うん機】名詞 田や畑をたがやす機械。

こううんりゅうすい【行雲流水】四字熟語 空を行く雲と大地を流れる水。とどまることなく、自然のままにうつり変わることのたとえ。

1 **こうえい**【公営】名詞 国や都道府県、市町村などが事業としていとなんでいること。対 私営。

2 **こうえい**【光栄】名詞 形容動詞 ひじょうにめいよであること。ことば「おほめいただいて光栄です」

3 **こうえい**【後衛】名詞 ❶後ろの方を守ること。例 後衛部隊。❷テニス・バレーボールなどで、コートの後ろの方を守る人。バックス。対 ①②前衛。

1 **こうえき**【公益】名詞 広く世の中の人々のためになること。おおやけの利益。例 公益を第一に考える。対 私益。

2 **こうえき**【交易】名詞 する動詞 商人が、品物をとりかえたり売り買いしたりすること。例 中国との交易は、昔からおこなわれていた。類 貿易。

こうえきじぎょう【公益事業】名詞 広く世の中の人のためになるような仕事。鉄道・電気・ガスなどの仕事。

こうえつ【校閲】名詞 する動詞 書かれた原稿などを読んで、まちがいを直すこと。例 長編小説を校閲する。類 校正。

ことばあそび だじゃれ㉖ 内臓がないぞうとは言わせないぞう。

[1] **こうえん【公園】** 名 だれでも自由に遊んだり休んだりできる、広い庭。例公園で遊ぶ。

[2] **こうえん【公演】** 名 する動詞 大ぜいのお客の前で、歌・劇・おどりなどをえんじること。例バレエの公演を見にいく。類上演。

[3] **こうえん【後援】** 名 する動詞 〔集まりやもよおしなどを〕表に出ないで助けたり、ひきたてたりすること。例政府が後援している会。

[4] **こうえん【講演】** 名 する動詞 大ぜいの人の前で、ある問題について話をすること。例各地を回って講演する。類講義。

こうお【好悪】 名 好き、きらいの気持ち。例好悪のはげしい人。

こうおつ【甲乙】 名 すぐれているものと、おとっているもの。優劣。

こうおつつけがたい【甲乙つけがたい】 慣用句 二つのうち、どちらがすぐれているかを決めることがむずかしい。例甲乙つけがたい実力の二人。

[1] **こうおん【高音】** 名 たかいおと。特に、音楽でソプラノ。対低音。

[2] **こうおん【高温】** 名 たかい温度。対低温。

ごうおん【ごう音】 名 はげしく鳴りひびく音。例ジェット機がごう音を立てて飛んで行った。漢字 轟音。

こうおんどうぶつ【恒温動物】 名 まわりの温度に関係なく、体温をいつも一定にしている動物。ほ乳類や鳥類など。定温動物。対変温動物。

[1] **こうか【効果】** 名 〔あることをおこなって表れる〕よいけっか。ききめ。例この薬は、飲んでから三十分後に効果が表れる。類効能。効用。効力。

[2] **こうか【降下】** 名 する動詞 高いところから下がること。例パラシュートで降下する。類下降。

[3] **こうか【高価】** 名 形容動詞 ねだんがたかいこと。ねうちのあること。例高価な品物。類高額。対安価。廉価。

[4] **こうか【高架】** 名 線路や橋などをたかくかけわたすこと。例高架線。

[5] **こうか【校歌】** 名 その学校の特色や目的を表し、校風を高めるためにつくられた歌。

[6] **こうか【硬化】** 名 する動詞 ❶物がかたくなること。例動脈硬化。❷意見や態度が強くはげしくなること。例強引なやり方が、相手の態度を硬化させた。対①②軟化。

[7] **こうか【硬貨】** 名 金属でつくったお金。金貨・銀貨・銅貨など。例百円硬貨。対紙へい。

こうが【黄河】 地名 中国で二番目に大きな川。華北を流れて渤海にそそぐ。水は黄土をふくんで、いつも黄色くにごっている。参考 中流域は中国古代文明の生まれたところ。

ごうか【豪華】 形容動詞 ぜいたくで、はでなようす。例豪華な衣装。

[1] **こうかい【公海】** 名 世界のどこの国の船でも自由に行き来したり、魚をとったりできる海。対領海。

[2] **こうかい【公開】** 名 する動詞 いっぱんの人に、自由に聞かせたり見せたりすること。例練習を公開する。類公表。

[3] **こうかい【更改】** 名 する動詞 一度決めたことを、かえて新しくすること。例野球の選手がけいやくを更改する。

[4] **こうかい【後悔】** 名 する動詞 〔あやまちや失敗などを〕後で残念に思うこと。例今ごろ後悔してもおそい。

[5] **こうかい【紅海】** 地名 アラビア半島とアフリカ大陸にはさまれた細長い海。北はスエズ運河によって地中海とつながる。

[6] **こうかい【航海】** 名 する動詞 船で海をわたること。例船は、二年間の長い航海をおえてようやく帰ってきた。類航行。

[7] **こうかい【黄海】** 地名 中国大陸東部と朝鮮半島との間の海。黄河が流れこんで、おきのほうまで黄色くにごっている。よい漁場として知られる。

[1] **こうがい【口外】** 名 する動詞 人に話すこと。例このことは、ぜったいに口外しないでほしい。類他言。

[2] **こうがい【公害】** 名 〔空気のよごれ・うるさい音・きたない水など〕多くの住民の生活にあたえる害。例公害問題。

[3] **こうがい【郊外】** 名 都市に続いた田園地帯。例郊外の住宅地。／静かな郊外でのんびりくらす。類市外。

[4] **こうがい【校外】** 名 学校の敷地のそと。例校外学習。／校外活動。対校内。

[5] **こうがい【梗概】** 名 物語などの、だいたいのすじ。あらすじ。例小説の梗概を話す。

[6] **こうがい【港外】** 名 港のそと。対港内。

7 **こうがい【鉱害】** (名詞) 鉱山・炭鉱などの仕事によって、そのまわりの、人・動植物・土地・建物などが受ける害。土地のかんぼつや工場から出される銅・あえん・ひそ・いおうなどをふくむ有害物によるひがいなど。

8 **こうがい【構外】** (名詞) 〔建物などの〕かこいのそと。例 駅の構外。(対) 構内。

ごうかい【豪快】 (形容動詞) 見ていて気持ちがよいほど、どうどうとしているようす。例 ささいなことは気にしないよと、豪快に笑いとばす。

ごうがい【号外】 (名詞) 〔新聞などで〕重大な事件などを急いで知らせるため、りんじに出す印刷物。

こうかいさきにたたず【後悔先に立たず】 [ことわざ] すんでしまったことを、後でいくら残念がってもどうしようもない。

こうかいどう【公会堂】 (名詞) 大ぜいの人の集まりなどに使うためにつくられた建物。

こうがいびょう【公害病】 (名詞) 公害が原因で起こる病気。法律にもとづいて発生地域が指定され、患者が認定される。(参考) 水俣病、イタイイタイ病など。

こうかおん【効果音】 (名詞) 劇や映画で、感じを出すために使う本物に似せた音。

こうかがくスモッグ【光化学スモッグ】 (名詞) 公害の一つ。自動車などのはい気ガスにふくまれる物質が、上空で太陽の紫外線を受けて変化し、人間に有害な物質となったもの。目やのどがいたくなる。(参考) 都会の、自動車が多いところでおこりやすい。

こうかく【降格】 (名詞)(する動詞) 地位や資格などが下がること。例 最下位のチームが、上位リーグから下位リーグへ降格になった。(類) 格下げ。(対) 昇格。

1 **こうがく【工学】** (名詞) 〔機械・電気・土木など〕きそ的な科学を、物をつくりだすことに役立たせようとする学問。

2 **こうがく【光学】** (名詞) 物理学の一部門で、光について研究する学問。

3 **こうがく【後学】** (名詞) ❶後で役立つ知識や学問。例 後学のために教えてください。❷後進の研究者。例 後学に期待する。

4 **こうがく【高額】** (名詞) ❶お金の額が大きいこと。例 高額所得者。／高額な商品を買う。(類) 多額。高価。(対) 低額。❷単位が大きな金額。例 高額紙幣。(対) 小額。

ごうかく【合格】 (名詞)(する動詞) ❶試験に受かること。例 大学に合格した。❷ある決まった資格や条件に当てはまること。例 品質検査に合格した。(対) ①②不合格。

こうかくあわをとばす【口角泡を飛ばす】 [慣用句] いきおいよく議論する。例 口角泡を飛ばして反論する。(参考) 「口角」は、くちびるの両はしのこと。

こうがくきかい【光学器械】 (名詞) 光の性質を利用して、かがみ・レンズなどを組み合わせてつくった器械。望遠鏡・けんび鏡など。

こうがくしん【向学心】 (名詞) 勉強にはげもうとする気持ち。例 向学心にもえている。(注意) 「好学心」と書かないこと。

こうがくねん【高学年】 (名詞) 〔小学校で〕年れいが上の方の学年。おもに五・六年生をさす。(対) 中学年。低学年。

こうかくるい【甲殻類】 (名詞) カニやエビなどのように、体がかたい皮でおおわれている動物。大部分が水中で生活する。

こうかてき【効果的】 (形容動詞) ききめのあるようす。例 効果的な方法で学習する。

こうかてつどう【高架鉄道】 (名詞) 都会などで、地面よりたかいところにかけわたしてつくられた鉄道。高架線。

ごうかばん【豪華版】 (名詞) ❶ぜいたくにつくった本。❷ぜいたくでりっぱにすること。また、そのようにした物。例 豪華版の夕食。

1 **こうかん【交換】** (名詞)(する動詞) とりかえること。例 タイヤを交換する。

2 **こうかん【好感】** (名詞) 〔人に対してもつ〕よい感じ。例 はきはきとした少年に好感をいだく。

3 **こうかん【交歓】** (名詞)(する動詞) 人が集まって、たがいに親しんで楽しむこと。例 新入生との交歓会をひらく。

4 **こうかん【高官】** (名詞) 役所で、たかい位。また、位のたかい人。例 政府の高官。

1 **こうがん【こう丸】** (名詞) ほ乳類のおすにある、生殖器官の一部。精巣。

2 **こうがん【厚顔】** (形容動詞) ずうずうしくあつかましいようす。⇩使い分け。

3 **こうがん【紅顔】** (名詞) 血色のよい、わかわかしいかおつき。(ことば) 「紅顔の美少年」⇩使い分け。

ことばあそび だじゃれ㉗ 「運動会の調子はどう？」「うーん、どうかいねー？」

使い分け　こうがん

●ずうずうしい。
厚顔な人。

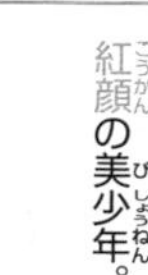

●わかわかしい。
紅顔の美少年。

こうかんしゅ【交換手】名詞「電話交換手」の略。会社などで、電話をとりつぐ仕事をする人。

こうかんだい【交換台】名詞 会社などで、交換手が電話を取りつぐところ。

こうがんむち【厚顔無恥】四字熟語 ずうずうしく、あつかましいようす。例 厚顔無恥なおこない。

こうかんをもつ【好感を持つ】慣用句 好ましいと感じる。例 転校生に好感を持つ。

1 **こうき**【公器】名詞 世間のためのもの。公共の機関。例 新聞は社会の公器。

2 **こうき**【広軌】名詞 鉄道で、二本のレールのはばが国際標準のはば（一・四三五メートル）より広いもの。参考 日本の新幹線は標準はばだが、国内の他の鉄道（多くは一・〇六七メートルの狭軌）より広いため、「広軌」ということがある。対 狭軌。

3 **こうき**【好奇】名詞 めずらしいことや知らないことに強く気持ちがひかれること。ことば「好奇の目をむける」「好奇の目にさらされる」

4 **こうき**【好機】名詞〔あることをするのに〕よい機会。ことば「またとない好機」「好機をのがす」

5 **こうき**【光輝】名詞 ❶ひかり。かがやき。❷〔かがやかしい〕めいよ。栄光。例 光輝あるわが校の伝統。

6 **こうき**【後記】一 名詞〔本や雑誌などで〕本文のあとに書いたもの。あとがき。二 名詞 する動詞 文章で、あとに書くこと。対 前記。

7 **こうき**【後期】名詞 ある期間を二つ、または三つに分けたときの、あとの部分。例 後期のじゅぎょうがはじまる。対 前期。

8 **こうき**【高貴】形容動詞 身分がたかく、とうといようす。例 高貴な人。

9 **こうき**【校旗】名詞 その学校のしるしとなる旗。

1 **こうぎ**【広義】名詞 ある言葉のかいしゃくのはんいを、広くした場合の意味。例 広義にかいしゃくする。対 狭義。

2 **こうぎ**【抗議】名詞 する動詞〔ある考え・おこないなどについて〕反対の意見を強くもうしたてること。例 審判の判定に抗議する。

3 **こうぎ**【講義】名詞 する動詞 ある学問について、教え聞かせること。また、その話。例 先生の講義を聞く。注意「講議」と書かないこと。類 講演。

ごうき【豪気】形容動詞 小さいことにこだわらず、思いきって物事をするようす。例 豪気な人たち。

ごうぎ【合議】名詞 する動詞 二人以上の人が集まって相談すること。例 委員の合議で決める。類 協議。衆議。

こうきあつ【高気圧】名詞 空気の集まりで、まわりより気圧がたかいところ。ふつう、中心ふきんでは風が弱く天気がよい。対 低気圧。

こうきしゅくせい【綱紀粛正】四字熟語 政治や政治家、役人のあり方を正すこと。例 綱紀粛正につとめる。

こうきしん【好奇心】名詞 めずらしいことなどに、きょうみをもつ気持ち。ことば「好奇心が強い」

1 **こうきゅう**【公休】名詞 ❶日曜・祝日以外に、おおやけにみとめられている休み。❷同業者などがもうし合わせて、仕事を休みにすること。また、その日。公休日。

2 **こうきゅう**【恒久】名詞 いつまでも続くこと。例 恒久の平和をねがう。類 永遠。永久。

3 **こうきゅう**【高級】名詞 形容動詞 ていど・内容・等級などが、高くすぐれていること。例 高級なフルーツ。類 上等。対 低級。

4 **こうきゅう**【高給】名詞 高いきゅうりょう。ことば「高給取り」

5 **こうきゅう**【硬球】名詞 野球やテニスなどで使うたまのうちで、かたいたま。対 軟球。

1 **ごうきゅう**【号泣】名詞 する動詞 大声をあげて泣くこと。例 おさない子が号泣している。

2 **ごうきゅう**【剛球】名詞 野球で、投手がなげる、はやくて力強いボール。

こうきゅうび【公休日】名詞 会社や商店などの決まりで、仕事を休むことになっている日。類 休日。定休日。

こうきょ【皇居】名詞 天皇が住んでいるところ。類 宮城。

1 **こうきょう**【公共】名詞 世の中。世の中いっぱん。例 公共の交通機関。

2 **こうきょう**【好況】名詞 世の中の景気がよいこと。対 不況。

1 **こうぎょう**【工業】名詞 原料に手を加えて、くらしに必要な品物をつくる産業。例 工業地帯。／工業製品。

2 **こうぎょう**【鉱業】名詞 鉱山から鉱物をほりだしたり、その鉱物から役立つ金属をとりだしたりする仕事。

3 **こうぎょう**【興行】名詞 する動詞 しばい・映画・相撲などを、お金をとって見せること。例 相撲の興行。

4 **こうぎょう**【興業】名詞 産業や事業を新しくおこすこと。

こうぎょうか【工業化】名詞 する動詞 ❶ある国の産業の中で、工業のしめる割合が高まってくること。例 工業化が進む。❷ある製品を、工場などで機械を使ってつくり出せるようにすること。例 商品の工業化をはかる。

こうきょうがく【交響楽】名詞 ⬇こうきょうきょく。

こうきょうきょく【交響曲】名詞 オーケストラで演奏する曲の中で、一番しくみの大きいもの。ふつう、四つの楽章からなりたつ。交響楽。シンフォニー。

こうきょうじぎょう【公共事業】名詞 国や都道府県がおこなっている、世の中の人々のためになる仕事。道路や橋をつくったり、土地をかいたくしたりする仕事。

こうきょうしせつ【公共施設】名詞 世の中の人々のためにつくられたもの。公園・図書館・公民館など。

こうきょうしょくぎょうあんていしょ【公共職業安定所】名詞 法律によって、職業の紹介や指導をおこない、働く人のための保険の仕事などもする機関。職安。参考 愛称は「ハローワーク」。

こうきょうしん【公共心】名詞 〔自分のことだけでなく〕広く世の中の人々のことを考える気持ち。類 公徳心。

こうきょうだんたい【公共団体】名詞 国から決まったはんいで仕事をまかされている団体。地方公共団体や公共組合など。

こうぎょうちいき【工業地域】名詞 法律にもとづく都市計画の一部で、工業に用いるための地域。学校や病院、ホテルなどをつくることはゆるされない。

こうぎょうちたい【工業地帯】名詞 工場がたくさん集まって、工業のさかんなところ。

こうぎょうようすい【工業用水】名詞 工場などで、品物をつくり出すときに使う水。例 工業用水をきれいにして再利用する。

こうぎょうようち【工業用地】名詞 工場などを建てたりするための土地。例 工業用地をかくほする。

こうきょうりょうきん【公共料金】名詞 交通・電話・電気・水道・ガスなど、国民の生活に深い関係があるものの料金。ねだんなどは、国や地方公共団体に管理されている。

1 **こうきん**【公金】名詞 国や役所などのもっているおおやけの金。例 公金をつかいこむ。

2 **こうきん**【抗菌】名詞 有害な細菌を殺したり、育つのをおさえたりすること。例 抗菌グッズの売れゆきがよい。

3 **こうきん**【拘禁】名詞 する動詞 人をつかまえて、ある場所にとじこめておくこと。例 不法に拘禁される。類 監禁。

ごうきん【合金】名詞 二つ以上の金属をとかし合わせてつくった金属。しんちゅう・ようぎんなど。

こうきんさよう【抗菌作用】名詞 有害な細菌がふえるのをふせぐ働き。

1 **こうく**【工区】名詞 〔大がかりな〕工事の場所をいくつかに分けた区切り。例 第二工区。

2 **こうく**【校区】名詞 生徒の通学区域。学区。

こうぐ【工具】名詞 工作に使う道具。かなづち・のこぎり・かんな・ドライバーなど。

1 **こうくう**【航空】名詞 飛行機で空をとぶこと。類 飛行。

2 **こうくう**【高空】名詞 空の、とてもたかいとこ

ことばあそび だじゃれ㉘ 太陽が転んで痛いよう。

ろ。例 ジェット機は高空をとぶ。対 低空。

こうくうかんせいとう【航空管制塔】 名詞 ⬇300ページ・かんせいとう。

こうくうき【航空機】 名詞 空をとぶ乗り物。飛行機・グライダーなど。

こうくうしゃしん【航空写真】 名詞 飛行機から地上を写した写真。空中写真。

こうくうびん【航空便】 名詞 飛行機を使って運ぶ郵便。エアメール。

こうくうぼかん【航空母艦】 名詞 飛行機を遠くに運び、とびたったりおりたりできる広いかんぱんがある軍艦。空母。

こうくうろ【航空路】 名詞 行き来するように決められた、飛行機のとおりみち。

こうくり【高句麗】 地名 朝鮮半島北部にあった国。四～五世紀のころもっともさかんだった。その後、唐・新羅の連合軍にほろぼされた。

こうくん【校訓】 名詞 生徒を指導するために、学校としてさだめた教え。

こうぐん【行軍】 名詞 する動詞 軍隊が列をつくり、長いきょりを歩いて進むこと。例 雪中の行軍。類 進軍。

1 **こうけい【口径】** 名詞 つつの形をしたものの、口の内側の直径。例 口径三十八ミリのつつ。

2 **こうけい【光景】** 名詞 その場の様子。有様。例 山頂からのすばらしい光景。類 情景。

3 **こうけい【後継】** 名詞 ある人の仕事や、学問・技芸などを受けつぐこと。

こうげい【工芸】 名詞 〔ふだん使う〕品物を特に美しくつくる工作。ぬり物・せと物・さいく物など。例 工芸品。

ごうけい【合計】 名詞 する動詞 全部を加えて数えること。また、その合わせた数。例 合計で三万円になる。類 集計。

こうけいしゃ【後継者】 名詞 あとをつぐ人。例 社長の後継者。

こうげいひん【工芸品】 名詞 工芸としてつくられた品物。

こうげき【攻撃】 名詞 する動詞 ❶ 敵をせめること。例 攻撃を開始した。対 防御。守備。❷ 相手の悪いところをのべて、せめること。

こうけつ【高潔】 形容動詞 人がらや行動がりっぱで、清らかなようす。ことば「高潔の士」

ごうけつ【豪傑】 名詞 勇気があり、力の強い人。

こうけつあつ【高血圧】 名詞 基準のあたいよりも血圧が高いこと。対 低血圧。

こうけつあつしょう【高血圧症】 名詞 基準のあたいより高い血圧が続く状態。脳出血などの原因となる。

1 **こうけん【後見】** 名詞 する動詞 ❶ 〔親がわりに〕子どもなどのめんどうをみること。また、その人。❷ しばいなどで、出演者のうしろにいて、いろいろ世話をする役。また、その人。

2 **こうけん【貢献】** 名詞 する動詞 あることのために力をつくすこと。例 世界平和に貢献する。類 寄与。

1 **こうげん【公言】** 名詞 する動詞 多くの人の前で、かくさずに堂々と言うこと。例 引退を公言する。

2 **こうげん【広原】** 名詞 広々とした野原。

3 **こうげん【光源】** 名詞 ひかりを出しているもと。参考 太陽や電球など。

4 **こうげん【高原】** 名詞 わりあいにたかい土地にある、広々とした野原のようなところ。例 高原のキャンプ場。

1 **ごうけん【合憲】** 名詞 法律や決まりが、憲法のさだめに合っていること。例 合憲の判決がくだる。対 違憲。

2 **ごうけん【剛健】** 名詞 形容動詞 心や体が強くてたくましいこと。例 まじめで剛健な気風がある。ことば ⇩「質実剛健」

こうけんにん【後見人】 名詞 法律にもとづいて後見をする人。

こうげんやさい【高原野菜】 名詞 夏もすずしい高原の気候を利用してつくる野菜。レタス・キャベツ・ハクサイなど。

こうげんれいしょく【巧言令色】 四字熟語 〔相手に気に入られようとして〕上手にかざった言葉を使ったり、表情をとりつくろったりすること。

こうこ【公庫】 名詞 政府がお金を出してつくった、お金をかしたりあずかったりする機関。

1 **こうご【口語】** 名詞 ふだん、話すときに使う言葉。話し言葉。対 文語。

2 **こうご【交互】** 名詞 かわるがわる。たがいちがい。例 赤糸と白糸を交互におりこむ。

ごうご【豪語】 名詞 する動詞 いかにも自信がありそうに大きなことを言うこと。例 かれは、自分より力の強いものはいないと豪語している。

1こうこう【口こう】名詞 口からのどまでの空間。口の中。参考 医学では「こうくう」という。漢字 口腔。

2こうこう【孝行】名詞 形容動詞 する動詞 子が親を大切にし、つくすこと。例 両親に孝行する。参考 ある人を大切にし、いたわることにもいう。例 おばあさん孝行。類 孝養。対 不孝。

3こうこう【後攻】名詞 する動詞 〔スポーツの試合などで〕あとからせめること。あとぜめ。対 先攻。

4こうこう【後項】名詞 ❶あとのほうの項目・条項。❷数学で、二つ以上の項のうちの、あとの項。対 ①②前項。

5こうこう【航行】名詞 する動詞 ❶船で、海や川を行くこと。類 航海。❷飛行機で、空をとぶこと。

6こうこう【高校】名詞 「高等学校」の略。例 高校野球。／高校三年生。

こうごう【皇后】名詞 天皇・皇帝の妻。きさき。

こうごうしい【神神しい】形容詞 〔神がやどっているような〕とうとく、おごそかなようす。例 まっ白な山が神々しく見える。参考 ふつう「神々しい」と書く。活用 こうごうし・い。

こうごうせい【光合成】名詞 植物が、光のエネルギーを利用して、二酸化炭素などから炭水化物をつくりだす働き。

1こうこうと 副詞 〔月の光などが〕白く明るいようす。例 こうこうと照る月。漢字 皓皓と（皓々と）。

2こうこうと 副詞 明るく光るようす。例 電灯がこうこうとかがやく。漢字 煌煌と（煌々と）。

1ごうごうと 副詞 大きな音が鳴りひびくようす。例 ごうごうと音を立てて、風がふきあれる。漢字 轟轟と（轟々と）。

2ごうごうと 副詞 人々がやかましく言うようす。例 ごうごうと非難が集まる。

こうこうのしたいじぶんにおやはなし【孝行のしたい時分に親は無し】ことわざ 親に孝行したいと思ったときには、もう親が死んでしまっていることが多い。後悔しないように小さいときから親を大事にしなさいという教え。

こうこがく【考古学】名詞 大昔の人々が使ったものや、住まいのあとをしらべて、その時代の様子を研究する学問。

こうこく【広告】名詞 する動詞 商品やもよおしなどを、人々に広く知らせること。また、そのためのもの。例 新刊を広告する。

こうごたい【口語体】名詞 ふだん使う言葉で書く文章の形。対 文語体。

こうこつと 副詞 ❶うっとりするようす。例 こうこつとして見とれる。❷意識がはっきりしないようす。

こうこつもじ【甲骨文字】名詞 古代中国の文字。カメのこうらや、けものの骨などにきざまれたもの。漢字のもとになった文字。

こうごぶん【口語文】名詞 話し言葉で書かれた文章。対 文語文。

こうごやく【口語訳】名詞 口語体の文章にほんやくすること。例 口語訳の外国小説。

1こうさ【交差】名詞 する動詞 十文字、または、ななめにまじわること。例 この道は、国道と交差している。

2こうさ【考査】名詞 する動詞 〔いろいろな方法で〕人がらや成績などを調べること。特に、学校で、学力試験のこと。例 人物考査。

3こうさ【黄砂】名詞 ❶黄色いすな。❷中国大陸北西部で、黄土地帯のすなぼこりが強風でふき上げられ、しだいにおりてくる現象。春先に多く、日本にまでおよぶこともある。

1こうざ【口座】名詞 ❶〔銀行などの〕ちょうぼで、お金や財産の出入りなどをそれぞれの項目ごとに書いたり計算したりする区分け。❷「預金口座」の略。例 口座番号。

2こうざ【高座】名詞 話などをするために、一段高くつくった席。特に、よせで芸をするための場所。⇩図。

上手→
←下手
高座

3こうざ【講座】名詞 ❶大学で教授などが受け持つ学科のぶんたん。❷ある決まった間、同じ科目の勉強を続ける放送番組や会。また、そのような形をとった本。

1こうさい【こう彩】名詞 ひとみのまわりにあって、目に入る光の量をかげんするまく。漢字 虹彩。⇩1278ページ・目㊀①（図）。

あいうえお かきくけこ さしすせそ たちつてと なにぬねの はひふへほ まみむめも や ゆ よ らりるれろ わ を ん

ことばあそび だじゃれ㉙ アルミかんの上にあるミカン。

2 **こうさい**【公債】名詞 国や地方公共団体が借金をすること。また、その証書。類国債。

3 **こうさい**【交際】名詞 する動詞 〔人と人とが〕つきあうこと。例さまざまな人と広く交際する。／交際相手。類交遊。

1 **こうざい**【功罪】名詞 よいところと悪いところ。例スマホの功罪を考える。

2 **こうざい**【鋼材】名詞 鋼鉄を板やぼうに加工した工業用の材料。

1 **こうさく**【工作】名詞 する動詞 ❶かんたんな品物や道具などをつくること。例あきばこを使って工作する。❷〔ある目当てのため〕前もって、働きかけること。例取り引きがうまくいくように工作する。

2 **こうさく**【交錯】名詞 する動詞 いくつかのものが入りまじること。例自信と不安が交錯する。

3 **こうさく**【耕作】名詞 する動詞 田畑をたがやし、作物をつくること。例やとわれて耕作する。

こうさくきかい【工作機械】名詞 あなをあける、けずるなど、材料を加工するための機械。参考ふつうは、金属材料を加工する機械のことをいう。

1 **こうさつ**【考察】名詞 する動詞 〔物事を明らかにするために〕深く考え、よく調べること。例日本文化の特質について考察する。

2 **こうさつ**【高札】名詞 昔、役所の命令や知らせなどを書いて立てた木のふだ。⇩図。

こうさてん【交差点】名詞 線路や広い道路などが十文字にまじわっているところ。類十字路。

1 **こうさん**【公算】名詞 〔あることがらがおこるだろうという〕みこみ。例今度の選挙には当選する公算が大きい。

高札

2 **こうさん**【降参】名詞 する動詞 ❶戦争や争いに負けて、相手の言うことを聞くこと。類降服。❷手におえないで、とてもこまること。例弟のらんぼうには降参した。

1 **こうざん**【高山】名詞 たかい山。

2 **こうざん**【鉱山】名詞 役に立つ鉱物をほり出す山。金山・銀山・銅山など。

こうざんしょくぶつ【高山植物】名詞 たかい山にはえる植物。コマクサ・ミヤマキンバイなど。参考夏になるといっせいに花がさく。高山植物の花が多くさくところを「お花畑」という。

こうざんびょう【高山病】名詞 たかい山にのぼったとき、気圧が低く、酸素が少ないためにおこる病気。めまい・はきけなどがする。

こうさんぶつ【鉱産物】名詞 鉱山からほり出される、有用な鉱物。例鉱産物の採掘。

1 **こうし**【子牛】名詞 牛の子ども。

2 **こうし**【公私】名詞 おおやけのことにかかわりのあることと、自分だけにかかわりのあること。ことば「公私混同（＝おおやけのことと、自分だけのことを区別しないでごちゃまぜにすること）」

3 **こうし**【公使】名詞 国を代表して外国に行き、外交の仕事をする役人。大使の次の位。参考正しくは「特命全権公使」とよぶ。類大使。

4 **こうし**【孔子】人名 （紀元前五五一年ごろ～紀元前四七九年）中国の春秋時代の思想家。儒教を開き弟子たちを育てた。その教えは、ずっと後に日本にも大きなえいきょうをあたえた。死後、弟子たちが孔子の言葉やおこないをまとめたものが「論語」という書物。

5 **こうし**【行使】名詞 する動詞 〔力や権利などを〕じっさいに使うこと。例武力を行使する。

6 **こうし**【皇嗣】名詞 皇位をつぐ皇族。

7 **こうし**【格子】名詞 細い木などを、たて横に組んでつくったもの。戸やまどにとりつける。例格子戸。

8 **こうし**【講師】名詞 ❶会などで、話をしたり教えたりする人。例講師をまねく。❷大学などで、准教授に次ぐ立場の先生。

1 **こうじ** 名詞 米・麦・豆などをむしてコウジカビをはんしょくさせたもの。酒・みそ・しょうゆなどをつくるのに使う。漢字 麹。

2 **こうじ**【工事】名詞 する動詞 建物や道路などをつくる仕事。例道路を広げる工事がおこなわれている。

3 **こうじ**【小路】名詞 はばのせまい道。ことば「ふくろ小路（＝いきどまりになった道）」

4 **こうじ**【公示】名詞 する動詞 公のことがらを、世の中の人々に広くしめして知らせること。例総

選挙の公示。

こうじかび (名詞) 「こうじ」をつくるかびのなかま。でんぷんやたんぱく質を分解し、酒・みそ・しょうゆなどをつくるのに利用される。こうじきん。

1 **こうしき**【公式】(名詞) ❶おおやけに決められたやり方。例アメリカの大統領と日本の首相が、公式に会談した。(類)正式。(対)非公式。❷数学で、ある関係がなりたつことをしめす、記号を使って表した式。例公式にあてはめて問題をとく。

2 **こうしき**【硬式】(名詞) 野球やテニスなどで、かたいボールを使ってするやり方。(対)軟式。

こうじきん【こうじ菌】(名詞) ➡こうじかび。

こうしせい【高姿勢】(名詞) 相手をおさえつけるような強い態度。例弱みを見せずに高姿勢に出る。(対)低姿勢。

1 **こうしつ**【皇室】(名詞) 天皇の一族。(類)王室。

2 **こうしつ**【硬質】(名詞) 物の性質がかたいこと。また、かたい性質。例硬質のガラスをつくる。

こうじつ【口実】(名詞) あることをするのに都合のよい言葉。いいわけ。例病気を口実に欠席した。

こうじつせい【向日性】(名詞) 植物が太陽の光のくる方向にのびる性質。(対)背日性。

こうして (接続詞) 前に言ったことがらをまとめるときに使う言葉。このようにして。例こうして、二人はなかよくなった。

こうしど【格子戸】(名詞) 細い木や竹を、すきまをあけて縦・横に組み合わせた戸。⇩図。

こうしひ【皇嗣妃】(名詞) 皇嗣の妻。

こうじまおおし【好事魔多し】(故事成語) よいことには、とかくじゃまが入りやすい。例好事魔多しというから、おいわいごとは早くやろう。

格子戸

こうじもんをいでず【好事門をいでず】(故事成語) よいおこないはともすると世間には知られない、というたとえ。例好事門をいでずというとおり、父の人助けはだれも知らない。(対)悪事千里を走る。

1 **こうしゃ**【公社】(名詞) 国や都道府県などの費用でつくられた、おおやけの仕事をする団体。

2 **こうしゃ**【巧者】(名詞)(形容動詞) 身につけたわざがすぐれていること。また、すぐれた人。ことば「試合巧者」

3 **こうしゃ**【後者】(名詞) 二つある物事の、あとの方。(対)前者。

4 **こうしゃ**【降車】(名詞)(する動詞) 電車・バス・自動車などから、おりること。例タクシーから降車する。／降車口。(類)下車。(対)乗車。

5 **こうしゃ**【校舎】(名詞) 学校の建物。

1 **こうしゃく**【公爵】(名詞) 華族のよび名の一つで、一番上の位。(類)侯爵。伯爵。子爵。男爵。

2 **こうしゃく**【侯爵】(名詞) 華族のよび名の一つで、公爵につぐ位。(類)公爵。伯爵。子爵。男爵。

3 **こうしゃく**【講釈】(名詞)(する動詞) ❶文章や語句の意味を説明して聞かせること。❷物事の意味などを、もったいぶって説明すること。例えらそうに講釈をたれる。

1 **こうしゅ**【好守】(名詞) ボールを使うスポーツなどで、よく守ること。例味方の好守で勝つ。

2 **こうしゅ**【攻守】(名詞) せめることと守ること。攻撃と守備。例攻守ともにすぐれたチーム。(類)攻防。

1 **こうしゅう**【口臭】(名詞) 口から出る息のいやなにおい。

2 **こうしゅう**【公衆】(名詞) 〔たがいにかかわりをもっている〕社会いっぱんの人々。ことば「公衆の面前（ではじをかかされた）」(類)大衆。

3 **こうしゅう**【講習】(名詞)(する動詞) 大ぜいの人を集め、ある期間、学問や技術を教え、ならわせること。例あみものの講習。

ごうしゅう【豪州】(名詞) オーストラリア。

こうしゅうえいせい【公衆衛生】(名詞) みんなが病気をふせいで、健康な生活をするためにおこなういろいろなこと。感染症の予防・上下水道の整備・食品衛生・公害対策など。

こうしゅうかい【講習会】(名詞) 学問や技術などを学ぶための集まり。例パソコンの講習会をひらく。

こうしゅうかいどう【甲州街道】(名詞) 江戸時代の五街道の一つ。江戸（＝今の東京）から甲府に通じていた。⇩452ページ・五街道（図）。

こうしゅうでんわ【公衆電話】(名詞) 街頭

ことばあそび だじゃれ30 チーターがおっこちーたー。

や店先などにある、料金をはらえばだれでもいつでも使える電話。

こうしゅうどうとく【公衆道徳】名詞 人々が生活をしていくときに、おたがいに守らなければならないことがら。また、その心がまえ。

1 **こうじゅつ**【口述】名詞 する動詞 口でのべること。例 手紙を口述する。

2 **こうじゅつ**【後述】名詞 する動詞 あとで言ったり書いたりすること。また、そのことがら。例 くわしい説明は後述する。対 前述。

1 **こうじょ**【皇女】名詞 天皇のむすめ。おうじょ。例 皇女和宮。対 皇子。

2 **こうじょ**【控除】名詞 する動詞 〔ある額のお金や、わりあて量などを〕さしひくこと。例 税金の控除をうける。

1 **こうしょう**【交渉】名詞 する動詞 ❶問題を解決するために話し合うこと。例 賃上げについて交渉する。／和平交渉。❷かかわり合い。例 最近かれとは交渉がない。

2 **こうしょう**【考証】名詞 する動詞 昔の物事について、古い本や物を調べて、説明すること。ことば「時代考証」

3 **こうしょう**【高尚】形容動詞 上品で、ていどが高いようす。例 高尚なしゅみ。対 低俗。

4 **こうしょう**【校章】名詞 学校のしるし。また、それをしるしたバッジ。

1 **こうじょう**【口上】名詞 しばいなどで、始まる前にあいさつをしたり、あらすじを説明したりすること。ことば「口上をのべる」

2 **こうじょう**【工場】名詞 多くの人を集め、機械などを使って物をつくっているところ。こうば。例 修理工場。

3 **こうじょう**【向上】名詞 する動詞 だんだんとよくなること。例 技術が向上した。対 低下。

ごうしょう【豪商】名詞 たくさんのお金を使って大きな商売を手広くしている商人。大あきんど。例 アメリカの豪商と取り引きをする。

ごうじょう【強情】名詞 形容動詞 自分の考えをどこまでもおしとおすこと。例 兄弟そろって強情だ。類 がんこ。かたくな。強硬。

こうしょく【公職】名詞 公務員や議員など、おおやけの仕事をする役目。例 公職につく。

1 **こうじる**【高じる】動詞 ❶病気などの程度がひどくなる。例 つかれが高じて病気になった。❷気持ちが高まる。例 恋人への思いが高じる。活用 こう・じる。

2 **こうじる**【講じる】動詞 ❶〔本や学問などについて〕説明や講義をする。例 大学で文学を講じる。❷問題を解決するために方法や手段を考えておこなう。例 害虫対策を講じる。活用 こう・じる。

1 **こうしん**【交信】名詞 する動詞 信号をとりかわすこと。特に、無線などで通信すること。例 船との交信がとだえた。

2 **こうしん**【行進】名詞 する動詞 多くの人が列をつくって進むこと。例 入場行進。

3 **こうしん**【更新】名詞 する動詞 〔記録やけいやくなどを〕あらためること。また、あらたまること。例 オリンピックで世界記録が次々と更新された。類 刷新。

4 **こうしん**【後進】名詞 あとからくること。また、その人。例 後進に道をゆずる。類 後輩。対 先進。

こうしんきょく【行進曲】名詞 行進するときの調子に合うようにつくられた音楽。マーチ。

こうじんぶつ【好人物】名詞 心のもち方のいい人。例 いかにも好人物らしい男性。類 お人よし。

こうしんりょう【香辛料】名詞 コショウやトウガラシなど、食べ物や料理にからさ・かおり・色などをつけるためのもの。調味料。スパイス。

こうしんりょく【向心力】名詞 ⬇341ページ・きゅうしんりょく①。

こうず【構図】名詞 絵や写真などで、テーマや材料などの効果がよくでるように考えた物のくばり具合。例 構図を工夫して絵をかく。

1 **こうすい**【香水】名詞 けしょう品の一つ。体や衣服にふきかける、よいにおいのする液体。

2 **こうすい**【硬水】名詞 カルシウムやマグネシウムが多くとけこんでいる水。ミネラルが多い。石けんのあわだちが悪く、せんたくなどには向かない。対 軟水。

こうずい【洪水】名詞 ❶川の水がふえて、岸からあふれ出ること。類 大水。出水。出水。❷あふれるほど物が多いことのたとえ。例 道路が車の洪水だ。

こうすいかくりつ【降水確率】名詞 〔おもに天気予報で〕ある期間内に一ミリメートル以

上の雨や雪がふる可能性を十パーセントきざみの確率で表したもの。

こうすいりょう【降水量】 名詞 地面にふった雨や雪などの量。参考 雪・あられなどは、とかした量ではかる。類 雨量。

こうずか【好事家】 名詞 かわった物事に興味をもつ人。例 好事家の集まる店。

こうずけ【上野】 地名 昔の国の名。今の群馬県にあたる。

1 **こうせい【公正】** 名詞 形容動詞 どちらにもかたよらず、正しいこと。例 公正な取り引き。類 公平。公明。対 不公正。

2 **こうせい【更生】** 名詞 形容動詞 ❶「一度悪くなった人が」考えをあらためてよくなること。例 かれは、悪の道から更生した。❷役に立たなくなったものを、工夫してもう一度使えるようにすること。例 古い服をスカートに更生した。

3 **こうせい【攻勢】** 名詞 進んで相手にたちむかっていこうとする、いきおい。例 負けそうだったが、作戦を変更し攻勢に転じた。金田一メモ 勝とうとする、また攻めようとするときのいきおいを表す。対 守勢。

4 **こうせい【厚生】** 名詞 健康をたもち、生活をゆたかにすること。参考 ふつう、ほかの言葉につけて使われる。例 厚生施設。

5 **こうせい【後世】** 名詞 のちの世の中。後代。例 かれは、後世に多くのえいきょうをあたえた。

6 **こうせい【恒星】** 名詞 天球上で、たがいの位置がほとんどかわらず、（太陽のように）それじしん光を出してかがやく星。参考 ⇩1404ページ・惑星。

7 **こうせい【校正】** 名詞 する動詞 文字・文章のまちがいを直すこと。特に、印刷されたものと、原稿を見くらべて、印刷されたもののまちがいを直すこと。例 みんなで手分けして学校新聞の校正をした。類 校閲。

8 **こうせい【構成】** 名詞 する動詞 部分や部品をあわせて、組み立てること。また、組み立てられたもの。例 文章の構成を考える。類 編成。形成。

1 **ごうせい【合成】** 名詞 する動詞 ❶二つ以上の物を合わせて、一つの物をつくること。例 背景を合成した写真。類 複合。❷元素から化合物をつくること。また、かんたんな化合物からふくざつな化合物をつくること。

2 **ごうせい【豪勢】** 形容動詞 りっぱで、ぜいたくなようす。例 豪勢な料理。

こうせいおそるべし【後生畏るべし】 故事成語 自分より年下の人は将来どれほどのすぐれた力をもつようになるかわからないので、おそれうやまう気持ちでせっするのがよい。金田一メモ「大人になったらすばらしくなる」という意味ではない。

ごうせいじゅし【合成樹脂】 名詞 薬品などからつくった、樹脂（＝木のやに）に似たもの。プラスチック・ベークライトなど。

ごうせいせんい【合成繊維】 名詞 石油・石炭・石灰石・水などを原料にしてつくった糸のようなもの。ビニロン・ナイロン・ポリエステルなど。類 化学繊維。

ごうせいせんざい【合成洗剤】 名詞 石炭や石油などからつくる洗い物に使う薬。

こうせいねんきん【厚生年金】 名詞 会社や店などで働く人が加入して、毎月決まった額をつみ立て、年をとったり体が不自由になったりして働けなくなったときに、国からお金をもらうしくみ。

こうせいぶっしつ【抗生物質】 名詞 カビや細菌がつくり出す、ほかの小さな生物の発育やはんしょくをさまたげる働きをもつもの。ペニシリン・クロロマイセチンなど。けがや病気のちりょうに使う。

こうせいろうどうしょう【厚生労働省】 名詞 国民の福祉や医療、雇用や労働問題などについての仕事をする国の機関。

1 **こうせき【功績】** 名詞 世の中のためになる、すぐれた働き。りっぱな手がら。例 教育につくした功績をたたえる。類 功労。業績。

2 **こうせき【航跡】** 名詞 船が通りすぎたあとの水面にできる白いあわや波のすじ。

3 **こうせき【鉱石】** 名詞 鉄・銅など、役に立つ金属をふくんでいる鉱物。

こうせきうん【高積雲】 名詞 白い雲のかたまりが、たくさん集まってならんだ雲。高さ二千〜八千メートルの空に表れる。ひつじ雲。⇩385ページ・雲（図）。

1 **こうせつ【公設】** 名詞 設備などが、おおやけにもうけられたものであること。例 公設市場。／公設秘書。対 私設。

2 **こうせつ【降雪】** 名詞 雪がふること。また、ふった雪。類 積雪。

ことばあそび だじゃれ31 サンタクロースが雪道でサンタ（さんざ）苦労す。

3 **こうせつ【高説】** 名詞 ❶すぐれた意見《いけん》。❷相《あい》手《て》の説《せつ》をうやまっていう言葉《ことば》。ことば「ご高説《こうせつ》をうけたまわる」

ごうせつ【豪雪】 名詞 とてもたくさんの雪《ゆき》がふること。例 豪雪《ごうせつ》地帯《ちたい》。

1 **こうせん【公選】** 名詞 する動詞 おおやけの役目《やくめ》につく人《ひと》を国民《こくみん》や地方《ちほう》の住民《じゅうみん》の投票《とうひょう》によって選挙《せんきょ》すること。例 議員《ぎいん》を公選《こうせん》する。

2 **こうせん【交戦】** 名詞 する動詞 たがいにたたかうこと。例 交戦状態《こうせんじょうたい》となる。

3 **こうせん【光線】** 名詞 ひかりが流《なが》れる道《みち》すじ。ひかり。例 太陽光線《たいようこうせん》。／強《つよ》い光線《こうせん》をあてる。

4 **こうせん【鉱泉】** 名詞 カルシウム・マグネシウム・塩類《えんるい》などが、ある決《き》まった量以上《りょういじょう》にとけこんでいるわき水《みず》。参考 セ氏《し》二十五度《にじゅうごど》以上《いじょう》のものを温泉《おんせん》、二十五度《にじゅうごど》未満《みまん》のものを冷泉《れいせん》という。

こうぜんと【公然と】 副詞 かくさず、広《ひろ》く知《し》らせるようす。例 大臣《だいじん》を公然《こうぜん》と批判《ひはん》する。

こうぜんのひみつ【公然の秘密】 慣用句 表《おもて》むきはひみつとされているが、じっさいには広《ひろ》く知《し》れわたっていること。

1 **こうそ【控訴】** 名詞 する動詞 はじめの裁判《さいばん》の判決《はんけつ》が不満《ふまん》なとき、取《と》りけしややりなおしをその上《うえ》の裁判所《さいばんしょ》にもうし出《て》ること。類 上告《じょうこく》。

2 **こうそ【酵素】** 名詞 生物《せいぶつ》の体内《たいない》でつくられ、体《たい》内《ない》の化学反応《かがくはんのう》を助《たす》けるもの。ジアスターゼ・ペプシンなど。参考 酒《さけ》・しょうゆなどをつくるときにも利用《りよう》される。

こうぞ 名詞 クワ科《か》の木《き》。山地《さんち》にはえる。木《き》の皮《かわ》は和紙《わし》の原料《げんりょう》になる。

1 **こうそう【抗争】** 名詞 する動詞 相手《あいて》にさからってあらそうこと。例 抗争《こうそう》をくり広《ひろ》げる。

2 **こうそう【高僧】** 名詞 修行《しゅぎょう》をつんだ、えらい僧《そう》。また、くらいの高《たか》い僧《そう》。

3 **こうそう【高層】** 名詞 ❶空《そら》のたかいところ。例 高層《こうそう》は気流《きりゅう》がはげしい。❷いくつにもたかくかさなっていること。例 高層《こうそう》ビルがたちならぶ。／高層建築《こうそうけんちく》。

4 **こうそう【構想】** 名詞 する動詞 〔内容《ないよう》や方法《ほうほう》などについて〕考《かんが》えをねり、計画《けいかく》や案《あん》を組《く》み立《た》てること。また、その計画《けいかく》や案《あん》。例 小説《しょうせつ》の構想《こうそう》をじっくりとねる。

こうぞう【構造】 名詞 全体《ぜんたい》を形《かたち》づくっている、しくみ。組《く》み立《た》て。つくり。例 ふくざつな構造《こうぞう》の機械《きかい》。

こうそううん【高層雲】 名詞 空《そら》いっぱいに広《ひろ》がる、灰色《はいいろ》がかった雲《くも》。高《たか》さ二千《にせん》～七千《ななせん》メートルの空《そら》に表《あらわ》れる。おぼろぐも。⇩385ページ・雲《くも》(図《ず》)。

1 **こうそく【光速】** 名詞 光《ひかり》が伝《つた》わるはやさ。真《しん》空《くう》の中《なか》で、一秒間《いちびょうかん》におよそ三十万《さんじゅうまん》キロメートル。光速度《こうそくど》。

2 **こうそく【拘束】** 名詞 する動詞 〔法律《ほうりつ》や規則《きそく》などで〕自由《じゆう》に行動《こうどう》ができないようにすること。例 身《み》がらを拘束《こうそく》する。類 束縛《そくばく》。

3 **こうそく【校則】** 名詞 〔学生《がくせい》・生徒《せいと》が守《まも》らなくてはならない〕学校《がっこう》の決《き》まり。例 校則《こうそく》を守《まも》る。類 学則《がくそく》。

4 **こうそく【高速】** 名詞 ❶速度《そくど》がはやいこと。例 高速《こうそく》で回転《かいてん》する機械《きかい》。対 低速《ていそく》。❷「高速道《こうそくどう》路《ろ》」の略《りゃく》。

1 **こうぞく【皇族】** 名詞 天皇《てんのう》の一族《いちぞく》。類 貴族《きぞく》。

2 **こうぞく【後続】** 名詞 する動詞 後《あと》に続《つづ》くこと。例 後続《こうぞく》の列車《れっしゃ》。

ごうぞく【豪族】 名詞 昔《むかし》、ある地方《ちほう》で、財産《ざいさん》や大《おお》きな勢力《せいりょく》をもっていた一族《いちぞく》。

こうそくどうろ【高速道路】 名詞 はやい速《そく》度《ど》で走《はし》れるようにつくった自動車《じどうしゃ》の専用道路《せんようどうろ》。高速《こうそく》。

こうそくどさつえい【高速度撮影】 名詞 〔映画《えいが》などで〕フィルムをふつうよりはやく回転《かいてん》させて撮影《さつえい》すること。例 鳥《とり》がとぶしゅんかんを高速度撮影《こうそくどさつえい》でとらえる。参考 高速度撮影《こうそくどさつえい》した物《もの》をふつうのはやさで映《うつ》すと、とてもはやい動《うご》きをするものでもゆっくりくわしく見《み》ることができる。

1 **こうたい【交代・交替】** 名詞 する動詞 入《い》れかわること。例 試合《しあい》のとちゅうで、選手《せんしゅ》が交代《こうたい》する。

2 **こうたい【抗体】** 名詞 体《からだ》の中《なか》に病気《びょうき》をおこす菌《きん》などが入《はい》りこんできたときに、対抗《たいこう》してつくり出《だ》される物質《ぶっしつ》。同《おな》じ病気《びょうき》にふたたびかかるのをふせぐ。免疫体《めんえきたい》。

3 **こうたい【後退】** 名詞 する動詞 後《うし》ろへ行《い》くこと。例 車《くるま》を後退《こうたい》させた。類 退却《たいきゃく》。退散《たいさん》。対 前進《ぜんしん》。

こうだい【広大】 形容動詞 広《ひろ》くて大《おお》きいようす。例 広大《こうだい》な草原《そうげん》。

こうたいごう【皇太后】 名詞 前《まえ》の天皇《てんのう》・皇《こう》帝《てい》の妻《つま》。今《いま》の天皇《てんのう》・皇帝《こうてい》の母《はは》。

こうたいし【皇太子】 名詞 天皇《てんのう》・皇帝《こうてい》の位《くらい》をつぐ皇子《おうじ》。参考 日本《にほん》では「東宮《とうぐう》」ともいう。

こうたいしひ【皇太子妃】名詞 皇太子の妻。

こうだいむへん【広大無辺】四字熟語 はてしなく広く大きいこと。例広大無辺の宇宙空間。

こうたく【光沢】名詞 物の表面に出る、つや。例光沢のある紙。

ごうだつ【強奪】名詞 する動詞 お金や物を暴力によってうばいとること。例宝石を強奪された。類略奪。

1**こうだん**【公団】名詞 政府にお金を出してもらって仕事をしている特別の団体。参考 現在はない。

2**こうだん**【講談】名詞 昔のいくさやかたきうちなどの話を、調子をつけておもしろくかたる演芸。講釈。

こうだんじゅうたく【公団住宅】名詞 人々が買ったりかりたりするために、国の機関であった都市基盤整備公団（＝今の「都市再生機構」）が計画してたてた住宅。

1**こうち**【拘置】名詞 する動詞 法律によって人をつかまえて、決められた場所にとじこめておくこと。例警察が犯人を拘置する。／拘置所。

2**こうち**【耕地】名詞 たがやして作物をつくる土地。類農地。

3**こうち**【高地】名詞 たかいところにある土地。対低地。

こうちけん【高知県】地名 四国地方の南部にある、太平洋に面している県。県庁所在地は高知市。⇩916ページ・都道府県（図）。

こうちし【高知市】地名 高知県の県庁所在地。⇩916ページ・都道府県（図）。

こうちせい【向地性】名詞 植物の根などが、地球の中心にむかってのびようとする性質。対背地性。

こうちせいり【耕地整理】名詞 田畑の形をととのえたり、道路や水路をなおしたりして、農作業がうまくできるようにすること。

こうちめんせき【耕地面積】名詞 田畑として使っている土地の広さ。日本では毎年減少している。

こうちゃ【紅茶】名詞 茶の一種。茶の木のわかい芽をはっこうさせ、かわかしたもの。参考 湯をそそぐと赤茶色になる。

こうちゅう【甲虫】名詞 前ばねが、あつくてかたいこん虫。ホタル・カブトムシなど。

1**こうちょう**【好調】形容動詞 〔体や物事の〕調子がよいようす。例売れ行きは好調だ。類快調。対不調。

2**こうちょう**【紅潮】名詞 する動詞 〔こうふんして〕顔があかくなること。例ほおを紅潮させて意見をのべる。

3**こうちょう**【校長】名詞 〔小学校・中学校・高校など〕その学校の最高の責任者。学校長。類学長。

こうちょうかい【公聴会】名詞 議会などで、重要なことを決める前に、関係のある人、中立の人、学者などに意見をきく会。

こうちょうどうぶつ【こう腸動物】名詞 クラゲ・サンゴ・イソギンチャクのように、かさやつつのような形をした動物。多くは海にすむ。

こうちん【工賃】名詞 品物をつくる手間に対してしはらうお金。例さいきんは工賃が高くなった。

こうつう【交通】名詞 する動詞 ❶人や乗り物が行き来すること。❷はなれた地点の間の人や品物を運ぶしくみ。例交通の便がよくなった。

こうつうあんぜん【交通安全】名詞 みんなが交通規則を守り、交通事故がおこらないようにすること。

こうつうかんせいセンター【交通管制センター】名詞 各地の道路状況についてのさまざまな情報をかんりするところ。

こうつうきかん【交通機関】名詞 人や品物を運ぶためのしくみや設備。鉄道・自動車・船・飛行機など。

こうつうきせい【交通規制】名詞 都道府県の公安委員会が、安全などのために、道路交通に制限を加えること。

こうつうじこ【交通事故】名詞 交通機関のしょうとつなどによる事故。参考 いっぱんには、道路上の事故のことをいう。特に自動車事故。

こうつうしんごう【交通信号】名詞 車や人の行き来をうまく安全に動かすためにもうけられた信号。

こうつうせいり【交通整理】名詞 車や人の行き来がはげしいところで、事故をおこさないように人や車にさしずすること。

こうつうどうとく【交通道徳】名詞 交通の安全のために、みんなが守らなくてはいけな

ことばあそび だじゃれ㉜ 朝食食べて超ショック。

い規則や心がまえ。

こうつうひ【交通費】 名詞 交通機関を利用するときにかかるお金。例 会社から交通費が支給される。

こうつうもう【交通網】 名詞 いろいろな交通機関が、あみの目のように多く入りくんでいること。また、その交通機関。

こうつうりょう【交通量】 名詞 道路を行き来する車や人の量。例 交通量の多い国道。

ごうつくばり【強突張り・業突張り】 名詞 形容動詞 たいへん欲ばりなこと。また、がんこなこと。そのような人。参考 そのような人をののしるときにも使う。

こうつごう【好都合】 名詞 形容動詞 〔条件や希望にうまく合って〕具合がよいこと。例 そのときに会えれば好都合だ。類 好適。おあつらえ向き。対 不都合。

1 **こうてい**【工程】 名詞 〔物をつくる〕仕事を進めていく順序。例 作業の工程をおぼえる。⇩使い分け。

2 **こうてい**【公定】 名詞 する動詞 〔ねだんなどを〕政府が正式に決めること。例 公定価格。

3 **こうてい**【行程】 名詞 〔歩いたり車に乗ったりして〕進む道のり。例 目的地まで、約六キロの行程である。⇩使い分け。

4 **こうてい**【肯定】 名詞 する動詞 そのとおりであるとみとめること。例 みんなのうわさを肯定する。対 否定。

5 **こうてい**【皇帝】 名詞 帝国の君主。帝王。例 ナポレオン皇帝。類 国王。

6 **こうてい**【高低】 名詞 ❶たかいこととひくいこと。たかひく。❷ねだんなどの、あがりさがり。例 野菜は、日によってねだんに高低がある。

7 **こうてい**【高弟】 名詞 弟子の中で、特にすぐれている人。例 去来は、芭蕉の高弟であった。

8 **こうてい**【校庭】 名詞 学校のにわ。

9 **こうてい**【航程】 名詞 船や飛行機の進む道のり。

ごうてい【豪邸】 名詞 たいへんりっぱで大きな家。大邸宅。

こうていてき【肯定的】 形容動詞 そのとおりであるとみとめる内容を持っているようす。例 肯定的な意見が多い。対 否定的。

こうていぶあい【公定歩合】 名詞 その国の中心となる銀行（日本では日本銀行）が、そのほかの銀行に対して決める、お金を貸し出すときの金利。国の経済の状態を調節する役目を持っている。

使い分け　こうてい

●仕事を進める順序。
作業の工程。

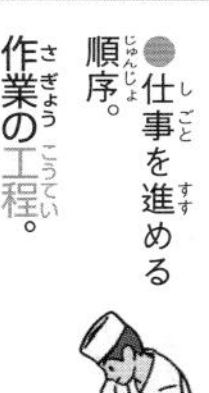

●進む道のり。
約六キロの行程。

1 **こうてき**【公的】 形容動詞 おおやけのことがらに関係のあるようす。例 市長が公的な立場で発言をする。対 私的。

2 **こうてき**【好適】 形容動詞 〔あることをするのに〕ちょうどうまく合っているようす。ふさわしいようす。例 避暑に好適の場所。類 好都合。

こうてきしゅ【好敵手】 名詞 〔試合や勝負などで〕力が同じくらいの、たたかうのにちょうどよい相手。ライバル。

1 **こうてつ**【更迭】 名詞 する動詞 ある地位や役目にある人を、べつの人にかえること。例 大臣が更迭された。注意 「こうそう」と読まないこと。

2 **こうてつ**【鋼鉄】 名詞 かたくてじょうぶな鉄。はがね。参考 ㋐炭素をふくむ量が少ない。刃物などをつくる材料にする。㋑多く、かたいものや、強いもののたとえに使う。

1 **こうてん**【公転】 名詞 する動詞 わく星が、ある決まった道すじを通って、決まった時間で恒星のまわりをまわること。また、えい星がそれぞれのわく星のまわりをまわること。参考 地球は、三百六十五日と四分の一日で太陽のまわりを公転している。対 自転。

2 **こうてん**【好天】 名詞 よい天気。ことば 「〔遠足は〕好天にめぐまれた」 類 晴天。対 荒天。

3 **こうてん**【交点】 名詞 二つ以上の線と線や、線と面がまじわるところ。

4 **こうてん**【好転】 名詞 する動詞 〔状態などが〕よい方にむかうこと。具合がよくなること。例 病

状は、しだいに好転した。

5 **こうてん**【後転】名詞 マット運動で、おしり・こし・せなか・両手のじゅんにつき、うしろに一回転しておきあがること。対 前転。

6 **こうてん**【荒天】名詞 雨や風のはげしい、あれた天気。例 こんな荒天では飛行機はとべない。対 好天。

こうでん【香典】名詞 死んだ人にそなえるお金。香料。

こうでんち【光電池】名詞 光のエネルギーを電気にかえる装置。

こうてんてき【後天的】形容動詞 〔生まれつきでなく〕のちになって、その人にそなわったようす。対 先天的。

1 **こうど**【光度】名詞 光の強さのどあい。

2 **こうど**【高度】名詞 ❶〔空間にあるものの〕海面からの高さ。例 飛行機は、今高度九千メートルをとんでいる。❷ていどの高いこと。例 高度の技術。

3 **こうど**【黄土】名詞 黄色の土。中国北部などに広く分布していて、春に強い西風によって日本までとんでくることがある。おうど。

4 **こうど**【硬度】名詞 ❶鉱物や金属などのかたさのどあい。❷カルシウムやマグネシウムが水にふくまれているわりあい。

1 **こうとう**【口頭】名詞 口で言うこと。例 口頭でつたえる。

2 **こうとう**【高等】名詞 形容動詞 しくみがふくざつで、ていどがたかいこと。対 下等。初等。

3 **こうとう**【高騰】名詞 する動詞 物の値段などがとても高くなること。例 物価が高騰する。／地価の高騰。対 下落。

1 **こうどう**【公道】名詞 ❶国・都道府県・市町村などのお金でつくられ、それらが管理する道路。いっぱんの人が使う道。対 私道。❷人としての正しいおこない。例 公道にはずれたおこない。

2 **こうどう**【行動】名詞 する動詞 あることをおこなうこと。例 友人といっしょに行動する。類 行為。

3 **こうどう**【坑道】名詞 鉱山などで、地中につくられた道。参考 水平坑・斜坑・立坑などがある。

4 **こうどう**【黄道】名詞 地球から見て、太陽が一年かかって動くと考えられる見かけ上の円形の道すじ。参考 黄道は、赤道に対して二十三度二十七分かたむいている。

5 **こうどう**【講堂】名詞 ❶〔学校などで〕式や講演などをする大きな建物。❷寺で講話や説教をするための建物。

ごうとう【強盗】名詞 ぼう力をふるったりおどかしたりして、お金や品物をうばいとる人。例 銀行強盗。類 窃盗。

ごうどう【合同】名詞 する動詞 ❶〔あることをするために〕二つ以上のものが、一つにまとまること。例 合同音楽会。類 合体。❷二つ以上の図形の、大きさや形がまったく同じであること。例 この二つの三角形は合同である。類 相似。

こうとうがっこう【高等学校】名詞 中学校を卒業した人に、さらにその上の教育をおこなう学校。高校。

こうとうさいばんしょ【高等裁判所】名詞 最高裁判所の下、地方裁判所の上に位置する裁判所。下級裁判所の一つ。日本全国に八か所ある。略して「高裁」ともいう。

こうとうしもん【口頭試問】名詞 口で質問し、それに対して口で答えを言う試験のやり方。口述試験。

こうとうせんもんがっこう【高等専門学校】名詞 科学技術者を育てるための学校。中学を卒業してから入学し、五年間勉強する。略して「高専」ともいう。

こうとうぶ【後頭部】名詞 頭のうしろの部分。

こうとうむけい【荒唐無稽】四字熟語 言うことやおこなうことが、いいかげんで、でたらめなこと。例 そんな荒唐無稽な話はだれも信用しない。

こうどうりょく【行動力】名詞 ある目的のために、物事をおこなうことのできる力。例 行動力のある人。

1 **こうどく**【鉱毒】名詞 鉱物をほったり、精錬したりするときに出る、毒をふくんだ物質。

2 **こうどく**【講読】名詞 する動詞 本を読んで、その内容を話して聞かせること。例 「竹取物語」を講読する。

3 **こうどく**【購読】名詞 する動詞 本・新聞・雑誌などを買って読むこと。例 科学雑誌を購読している。

こうとくしん【公徳心】名詞 社会生活をす

ことばあそび　だじゃれ33　「野球しよう。」「や、急に言われても…。」

るうえでの、決まりを守ろうとする気持ち。例公徳心のかけた人。類公共心。

こうどけいざいせいちょう【高度経済成長】名詞 すばらしいいきおいで国の経済が毎年発展していくこと。日本の経済では一九五五年から一九七三年ごろの時期をいう。

1**こうない**【坑内】名詞 鉱山の地下にある、鉱石をほるためのトンネルの中。

2**こうない**【校内】名詞 学校の中。例クラブ活動で、おそくまで校内に残る。／校内放送。対校外。

3**こうない**【港内】名詞 港の中。対港外。

4**こうない**【構内】名詞 ある建物や、しき地の中。例駅の構内。対構外。

こうないほうそう【校内放送】名詞 学校の中でおこなわれる放送。連絡事項を伝えたり、昼休みに音楽を流したりする。

こうなりなとげる【功成り名遂げる】故事成語 りっぱな仕事をして、有名になり、みんなに尊敬されるようになる。

こうなん【後難】名詞 あとになって身にふりかかってくる災難。例後難をおそれて、みんなだまっている。

ごうにいってはごうにしたがえ【郷に入っては郷に従え】ことわざ 人は、住んでいるところのしきたりにしたがうのがよい。

こうにゅう【購入】名詞 する動詞 買い入れること。例学校図書館の図書を購入した。類購買。

1**こうにん**【公認】名詞 する動詞 おおやけにみとめること。特に、国や政党や団体などが正式にみとめること。例公認候補。

2**こうにん**【後任】名詞 前の人にかわって、その役目につくこと。また、その人。例後任の会長。対前任。

こうねつ【高熱】名詞 ❶たかい温度。例ガラスを高熱でとかす。❷〔病気などのために出る〕たかい熱。例原因不明の高熱に何日も苦しんだ。

こうねつひ【光熱費】名詞 あかりと燃料にかかる費用。電気・ガス・灯油などの代金。

1**こうねん**【光年】名詞 助数詞 天体と天体の間の、ひじょうに長いきょりを表す単位。一光年は光が一年間に進むきょりで、およそ九兆四千六百億キロメートル。

2**こうねん**【後年】名詞 何年もたったあと。例その人は後年社長になった。対先年。

1**こうのう**【効能】名詞 〔あるものの力がほかのものに働いて表れる〕よい結果。ききめ。例薬の効能書きをよく読む。類効用。効果。効力。

2**こうのう**【後納】名詞 する動詞 代金や料金をあとではらうこと。例料金後納郵便。対前納。

ごうのう【豪農】名詞 土地や財産をたくさん持っていて、力の強い農家。

こうのとり 名詞 コウノトリ科の鳥。大形で、体は白く、あしは赤い。特別天然記念物。⇩図。

こうのもの【香の物】名詞 つけもの。野菜を塩・ぬか・みそなどで、つけた食べ物。こうこ。おしんこ。

こうば【工場】名詞 ⬇438ページ・こうじょう（工場）。

1**こうはい**【交配】名詞 する動詞 おすとめす、また、おしべとめしべをかけ合わせること。

こうのとり

2**こうはい**【光背】名詞 仏像のうしろに立ててある、明るい光を表すかざり。⇩1147ページ・仏像(図)。

3**こうはい**【荒廃】名詞 する動詞 〔土地や建物などが〕あれはてること。例山の中の荒廃した寺。参考 生活や心のあれはてたようすにも使うことがある。

4**こうはい**【後輩】名詞 同じ学校や会社などで、自分よりあとから入ってきた人。類後進。対先輩。

1**こうばい**【勾配】名詞 〔屋根や坂道などの〕かたむきのどあい。例列車は、急な勾配にさしかかった。

2**こうばい**【紅梅】名詞 こいもも色の花がさく梅。対白梅。

3**こうばい**【購買】名詞 する動詞 品物を買うこと。例購買力。／購買意欲。類購入。

こうばいすう【公倍数】名詞 二つ以上の整数があるとき、そのどの数でもわりきれる数。たとえば、四、八、十二、…は、二と四の公倍数である。参考 公倍数のうちでもっとも小さいものを「最小公倍数」という。類公約数。

こうはく【紅白】名詞 赤と白。例紅白に分か

れて試合をする。

こうばしい【香ばしい】形容詞 こんがりと焼けたような、よいかおりがするようす。例せんべいの香ばしいかおりがする。活用 こうばし・い。

こうはつ【後発】名詞 する動詞 ❶おくれて出発すること。例後発のグループの到着を待つ。❷あとから出てくること。例後発の商品。／後発のメーカー。対①②先発。

こうはん[1]【公判】名詞 多くの人々に公開しておこなう裁判。

こうはん[2]【広範】形容動詞 範囲や区域が広いようす。広範囲。例えいきょうは広範におよんだ。

こうはん[3]【後半】名詞 全体を二つに分けたうちのあとの半分。対前半。

こうばん[1]【交番】名詞 町中にもうけられた、巡査のいる建物。派出所。例駅前に交番がある。

こうばん[2]【降板】名詞 する動詞 野球で、投手が交替して、マウンドからおりること。また、役割をやめること。例五回表で降板した。／司会者が番組を降板する。

ごうばん【合板】名詞 ベニヤ板。参考「ごうはん」ともいう。

こうはんい【広範囲】名詞 形容動詞 広い範囲。また、範囲が広いようす。広範。例台風の被害が広範囲にわたる。

こうひ[1]【工費】名詞 工事をするのに必要なお金。例ダムの建設にかかる工費。

こうひ[2]【公費】名詞 国や県・市町村などが使う、おおやけのお金。例公費をむだに使わないようにする。類国費。対私費。

こうび【交尾】名詞 する動詞 動物が、子どもをつくるためにおこなう行為。

ごうひ【合否】名詞 合格か不合格かということ。例入試の合否が発表される。

こうひつ【硬筆】名詞 物を書く道具で、先のかたいもの。えんぴつやペンなど。類毛筆。

こうひょう[1]【公表】名詞 する動詞 世の中に広く発表すること。例公表にふみきる。類公開。

こうひょう[2]【好評】名詞 よい評判。例新作は好評だ。ことば「好評を博する」対悪評。不評。

こうひょう[3]【講評】名詞 する動詞 理由をあげて説明し、ひひょうすること。例みんなの研究発表について、先生の講評がおこなわれた。

こうふ[1]【公布】名詞 する動詞 新しく決まった法律や条約などを、広く国民に知らせること。例新しい憲法が公布された。類発布。

こうふ[2]【交付】名詞 する動詞 〔役所・学校などが〕書類やお金などをいっぱんの人にわたすこと。例免許証を交付する。／助成金を交付する。類給付。

こうぶ【後部】名詞 うしろの部分。例後部座席。対前部。

こうふう【校風】名詞 その学校の特色である、習慣や考え方。学風。

こうふく[1]【幸福】名詞 形容動詞 なに不自由なく、心に不平のないこと。しあわせ。例人類の幸福と平和を願っている。対不幸。

こうふく[2]【降伏】名詞 する動詞 たたかいに負けたことをみとめて、敵の言うことを聞くこと。こうさん。参考なにも条件をつけないで降伏することを、特に「無条件降伏」という。類降参。投降。

こうふし【甲府市】地名 山梨県の県庁所在地。⇩916ページ・都道府県（図）。

こうぶつ[1]【好物】名詞 好きな食べ物。

こうぶつ[2]【鉱物】名詞 自然にでき、地中にふくまれている無機物。石英・長石など。

こうふん【興奮】名詞 する動詞 ❶〔あることがらに強く感じて〕気持ちが高ぶること。また、その高ぶった気持ち。例興奮して、さけぶ。❷しげきを受けて、体の働きが活発になること。

こうぶんしょ【公文書】名詞 役所などで出す、おおやけの書類。

こうべ 名詞 頭のこと。ことば⇩「こうべを垂れる」／612ページ・「正直のこうべに神宿る」

こうへい【公平】名詞 形容動詞 〔考えやおこないが〕一方にかたよらないこと。例公平に分配する。類公正。公明。対不公平。

こうへいむし【公平無私】四字熟語 どちらにもかたよらないで、自分勝手な気持ちのないこと。例審判は公平無私であるべきだ。

こうべし【神戸市】地名 兵庫県の県庁所在地。⇩916ページ・都道府県（図）。

こうべをたれる【こうべを垂れる】慣用句 頭を低く下げて、いのる。例神前にこうべを垂れる。参考「こうべ」は頭のこと。

ごうべんか【合弁花】名詞 花びらの一部または全部がくっついている花。アサガオ・ツツジ・キキョウなどの花をいう。

ことばあそび だじゃれ㉞ クマが犯人をかくまった。

1 **こうほ**【候補】名詞 ❶ある地位や身分などをえる資格やみこみのあるもの。また、その人。例 優勝候補。❷その中からえらぶように、あらかじめあげられたもの。例 プレゼントの候補に本とゲームソフトを考えている。

1 **こうぼ**【公募】名詞 する動詞 広くいっぱんの人々から集めること。

2 **こうぼ**【酵母】名詞 「酵母菌」の略。

1 **こうほう**【公報】名詞 ❶役所が広く国民に知らせるために出す印刷物。例 選挙公報。❷役所から個人へ出すおおやけの知らせ。例 戦死の公報がはいった。⇩使い分け。

2 **こうほう**【広報】名詞 多くの人に知らせること。また、その知らせ。例 広報紙。／広報車。類 宣伝。⇩使い分け。

3 **こうほう**【後方】名詞 うしろのほう。対 前方。

使い分け こうほう

● 役所が出す印刷物。
県の公報。

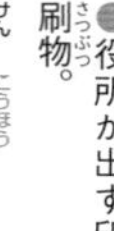

● 多くの人に知らせること。
広報活動。

1 **こうぼう**【攻防】名詞 せめることと、ふせぐこと。攻撃と防御。例 一点を争う攻防。類 攻守。

2 **こうぼう**【興亡】名詞 さかえることと、ほろびること。例 民族の興亡を調べる。類 盛衰。

1 **ごうほう**【号砲】名詞 合図のためにうつ、てっぽうや大砲。また、その音。

2 **ごうほう**【合法】名詞 形容動詞 ほうりつや規則に合っていること。対 違法。非合法。

こうぼうだいし【弘法大師】人名 ➡368ページ・くうかい。

ごうほうてき【合法的】形容動詞 ほうりつに合っているようす。例 もめごとを合法的にしょりする。

こうぼうにもふでのあやまり【弘法にも筆の誤り】ことわざ どんな名人でも失敗することがあることのたとえ。例 先生が字をまちがえるなんて、まさに弘法にも筆の誤りだ。語源 書道の名人の弘法大師（＝空海）でも、書きまちがえることがあるということから。類 さるも木からおちる。

こうぼうふでをえらばず【弘法筆を選ばず】ことわざ 〔弘法大師のような書の名人は、筆のよしあしを問題にしないという意味から〕名人といわれるような人は、どんな道具を使ってもりっぱにしあげるというたとえ。

ごうほうらいらく【豪放らい落】四字熟語 性格がのびのびしていて、小さなことにこだわらず、明るいようす。例 おじは豪放らい落だ。漢字 豪放磊落。

こうぼきん【酵母菌】名詞 糖分を、アルコールと二酸化炭素に分解する働きがある菌類。酒をつくったり、パンをふくらませたりするのに使う。こうぼ。イースト。

1 **こうぼく**【公僕】名詞 国民のために働く人。公務員。

2 **こうぼく**【高木】名詞 四、五メートル以上にのびる木。スギ・マツ・ケヤキなど。参考 もとは、「きょう木」といった。対 低木。

こうまん【高慢】名詞 形容動詞 〔自分の才能・地位に〕うぬぼれて、他人を見下すようす。例 高慢な人。類 ごう慢。対 けんきょ。

ごうまん【傲慢】名詞 形容動詞 自分をえらいと思い、人を見下すようす。例 傲慢な性格。類 横柄。高慢。

こうまんちき【高慢ちき】名詞 形容動詞 高慢で、にくらしいこと。また、そのような人をののしっていう言葉。例 高慢ちきなやつ。参考 くだけた言い方。

こうみゃく【鉱脈】名詞 岩のさけめなどに（板のように）つまっている鉱物の集まり。

1 **こうみょう**【功名】名詞 手がらをたてて有名になること。また、その手がら。例 功名を争う。

2 **こうみょう**【巧妙】形容動詞 やり方がうまいようす。例 巧妙な手口。

3 **こうみょう**【光明】名詞 ❶明るい光。❷明るい希望。ことば「前途に光明を見いだす」

4 **こうみょう**【高名】名詞 形容動詞 ➡こうめい（高名）①。注意「こうめい」と読まない。

こうみん【公民】名詞 国や市町村などの政治

に参加する権利と義務を持っている人。

こうみんかん【公民館】 名詞 市町村などにあって、その地域に住んでいる人の文化や教養をたかめる設備のある建物。

こうみんけん【公民権】 名詞 国民として国の政治に参加する権利と資格。

こうむ【公務】 名詞 おおやけの用事。国や公共団体のおこなう仕事・用事。類 公用。

こうむいん【公務員】 名詞 おおやけの仕事をしている人。参考 国の仕事をする国家公務員と、都道府県や市町村などの仕事をする地方公務員とがある。

こうむる【被る】 動詞 ❶〔恩や被害などを〕うける。例 台風で、果樹園が大そんがいを被った。❷「受ける」のへりくだった言い方。いただく。ことば「おしかりを被る(＝しかられる)」 活用 こうむ・る。

1**こうめい**【公明】 名詞 形容動詞 公平で、はっきりしていること。例 公明な態度。類 公正。公平。ことば ⇩「公明正大」

2**こうめい**【高名】 名詞 形容動詞 ❶高い評価を受けていて、有名であること。こうみょう。例 高名な学者。❷相手の名前をうやまっていう言葉。例 ご高名はかねがねうけたまわっております。類 名代。有名。

こうめいせいだい【公明正大】 四字熟語 公平で、はっきりしていて、だれが見ても正しくりっぱなようす。例 公明正大な人物。

こうもく【項目】 名詞 記事や記録などのなかみをこまかく分けたものの一つ一つの部分。

こうもり 名詞 ❶とぶことができる、ほにゅう類の動物。前あしの指の間のまくなどが、つばさの役目をする。ひるは、暗いところにぶらさがり、夜になるととびまわる。⇩図。❷「こうもり傘」の略。西洋ふうの雨がさ。

こうもり①

こうもりがさ【こうもり傘】 名詞 ⬇こうもり②。

1**こうもん**【こう門】 名詞 動物の大腸のはしにあってふんを出すあな。しりのあな。漢字 肛門。⇩939ページ・内臓(図)。

2**こうもん**【校門】 名詞 学校の門。

ごうもん【拷問】 名詞 する動詞 罪をおかしたうたがいのある人などに、それを言わせようとして、体をいためつけること。

1**こうや**【広野】 名詞 広々とした野原。ひろの。

2**こうや**【荒野】 名詞 あれはてた広い野原。類 原野。

3**こうや**【紺屋】 名詞 そめもの屋。紺屋。語源 昔は、紺色(＝青とむらさきを合わせた色)の染料だけを使っていたので紺屋というようになった。ことば ⇩「紺屋のあさって」「紺屋の白ばかま」

1**こうやく**【こう薬】 名詞 油と薬をねりあわせてつくったぬり薬。はれものやきずぐちにぬる。

2**こうやく**【公約】 名詞 する動詞〔政府や政治家などが〕広く人々に約束すること。また、その約束。例 公約をかかげる。

こうやくすう【公約数】 名詞 二つ以上の整数のどれをもわりきることができる数。例 二は、六と八の公約数である。参考 公約数のうちで、もっとも大きいものを「最大公約数」という。類 公倍数。

こうやどうふ【高野豆腐】 名詞 とうふをこおらせてから、かんそうさせ、かたくした食品。こおりどうふ。しみどうふ。

こうやのあさって【紺屋のあさって】 ことわざ 約束の期日が、あてにならないことのたとえ。例 仕事がいそがしい父の約束は、いつも紺屋のあさってで、こまる。語源 そめもの屋が客にさいそくされて、あさってになればそめあがるといっても、天気しだいでのびるのがふつうであることからいう。

こうやのしろばかま【紺屋の白ばかま】 ことわざ あることの専門家が他人のことばかりして、自分のことになると、まったくかまわないことのたとえ。例 美容師なのに紺屋の白ばかまで、自分の髪を切るひまがない。語源 そめるのが商売のそめもの屋が、白いはかまをはいているということからできた言葉。

1**こうゆう**【公有】 名詞 する動詞 国や公共団体が持っていること。例 公有地。／公有財産。類 国有。対 私有。

2**こうゆう**【交友】 名詞 友だちとしてつき合うこと。また、その友だち。例 かれは著名人と交

ことばあそび だじゃれ35 このあめはあめーな。

友がある。／交友関係。

3こうゆう【交遊】名詞 する動詞 人と親しくつきあうこと。例家族ぐるみで交遊する。類交際。

4こうゆう【校友】名詞 同じ学校で勉強する友だち。また、同じ学校の卒業生。例校友から寄付をつのる。類級友。

ごうゆう【豪遊】名詞 する動詞 たくさんのお金を使って、はでに遊ぶこと。例海外で豪遊した。

1こうよう【公用】名詞 〔自分の用事ではなく〕国や役所などのおおやけの用事。例公用でアメリカへ出かけます。／公用車。類公務。対私用。

2こうよう【孝養】名詞 する動詞 心をこめて親のめんどうを見ること。ことば「孝養をつくす」類孝行。

3こうよう【効用】名詞 ❶役に立つ使いみち。例古い道具の効用を考える。❷役に立ちききめがあること。例薬の効用をたしかめる。類効果。効能。

4こうよう【紅葉】名詞 する動詞 秋になって、木の葉があかくなること。また、あかくなった葉。類黄葉。

5こうよう【高揚】名詞 する動詞 心がまえや気分が、たかまり強くなること。例決勝戦を前に選手たちの気持ちも高揚してきた。

6こうよう【黄葉】名詞 する動詞 イチョウの葉のように、秋に木の葉が黄色になること。また、黄色くなった葉。類紅葉。

こうようじゅ【広葉樹】名詞 平たくて、はばのひろい葉をつける木。クリやカシなど。参考㋐以前は「かつ葉樹」といった。㋑⇩648ページ・針葉樹。

ごうよく【強欲】名詞 形容動詞 とても欲が深いこと。例強欲な商人。類どん欲。

こうら【甲羅】名詞 カメやカニなどの体をつつんでいるかたい、から。参考背中のことをいうこともある。例砂はまで甲羅をほす。⇩図。

甲羅

こうらく【行楽】名詞 野山や名所などに行って、楽しく遊ぶこと。ことば「(今日は)行楽びより(だ)」(＝おでかけによい日)」

1こうり 名詞 竹・ヤナギなどであんでつくった、着物や荷物などを入れる物。漢字行李。⇩図。

2こうり【小売り】名詞 する動詞 問屋などから買い入れた品物を、いっぱんの人に売ること。例小売りの店に品物をおろす。

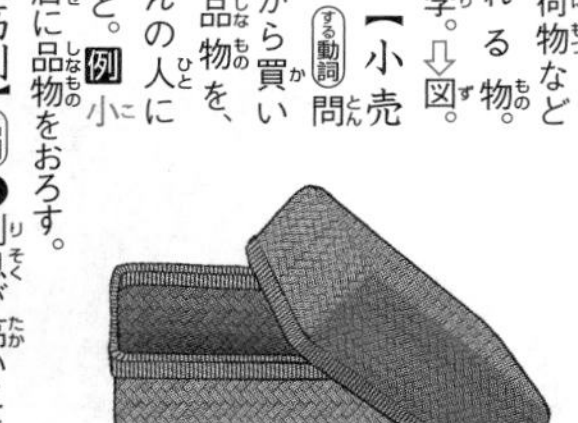
1こうり

3こうり【高利】名詞 ❶利息が高いこと。高い利子。例高利でお金をかす。対低利。❷利益が大きいこと。高い利益。例高利をえた。

×こうり【氷】⇩451ページ・こおり。

ごうりか【合理化】名詞 する動詞 むだをなくし、能率をよくすること。例作業の合理化を考え、生産をたかめる。

ごうりき【強力】名詞 形容動詞 ❶力が強いこと。またそのような人。❷高い山にのぼる人の荷物を運んだり、案内をしたりする人。注意「きょうりょく」と読めば、ちがった意味になる。

こうりしょう【小売商】名詞 問屋などからしいれた商品を、いっぱんの人に売る商売。注意「り」をおくらずに書く。

ごうりせい【合理性】名詞 道理にかなった性質であること。理論どおりでむだのない性質。例その計画は高い合理性をそなえている。

1こうりつ【公立】名詞 国や都道府県、市町村などのお金でつくられ、それらが管理すること。また、その施設。例公立図書館。対私立。

2こうりつ【効率】名詞 あることをするために使った時間と労力と、その成果のわりあい。例効率のよい仕事。

こうりつてき【効率的】形容動詞 仕事にかかる時間や労力が少なくてすむこと。仕事がうまくはかどること。例効率的な仕事のやり方。類能率的。

こうりてき【功利的】形容動詞 自分のりえきだけを考えて物事をするようす。例功利的な考え方。

ごうりてき【合理的】形容動詞 正しいりくつや道理に合っているようす。例合理的な考え。

こうりてん【小売店】名詞 小売りをする店。

こうりゃく【攻略】名詞 する動詞 敵をせめて、陣地などをうばいとること。例 城を攻略した。

2 **こうりゃく**【後略】名詞 する動詞 あとの部分をはぶくこと。参考 文章を引用するときなどに使う言葉。対 前略。中略。

こうりゅう【交流】一 名詞 決まった時間ごとに、流れの方向と大きさがかわる電流。参考 家庭用の電灯線は、交流の電流が流れている。対 直流。二 名詞 する動詞 たがいに行き来すること。例 地域の小学生と中学生が交流する。／国際交流。

ごうりゅう【合流】名詞 する動詞 ❶二つ以上の流れが合わさって、一つになること。❷二つ以上の集まりが、一つになること。例 先に出発したグループと山小屋で合流した。対 分流。

こうりょ【考慮】名詞 する動詞 〔あることについて〕よく考えること。例 一年生が多いことを考慮して、近くの公園に行くことにする。類 思慮。

1 **こうりょう**【香料】名詞 ❶よいにおいを出すもの。例 紅茶に香料をたらす。❷死んだ人にそなえるお金。香典。

2 **こうりょう**【綱領】名詞 ❶物事の一番もとになることがら。要点。❷政党などの立場や方針のよりどころとすることを表しているもの。

こうりょく【効力】名詞 ❶〔法律や規則などの〕働き。例 新しい道路交通法が効力をはっする。❷〔薬などが〕作用して効果をおよぼすことができる力。類 効能。効果。

こうりん【後輪】名詞 自動車などの、うしろの方の車輪。例 後輪がパンクする。対 前輪。

こうるさい【小うるさい】形容詞 ちょっとうるさい。あれこれとうるさい。例 なんにでも口出しする小うるさい人。活用 こうるさ・い。

1 **こうれい**【好例】名詞 なにかを説明するためにちょうどよい例。例 アリの巣は、虫の社会生活を知るための好例だ。

2 **こうれい**【恒例】名詞 〔儀式や行事などが〕いつも決まっておこなわれること。例 恒例のかるた会。

3 **こうれい**【高齢】名詞 ひじょうに年をとっていること。高い年令。老齢。例 八十才をこす高齢だ。

ごうれい【号令】名詞 する動詞 大声で命令やさしずをすること。また、その命令。例 天下に号令する。

こうれいかしゃかい【高齢化社会】名詞 総人口の中で、高齢者の人口がしだいにふえていく社会。参考 いっぱんに六十五才以上の人の人口が七パーセントをこえた社会を「高齢化社会」、十四パーセントをこえた社会を「高齢社会」という。

こうれいしゃ【高齢者】名詞 高い年令の人。年をとっている人。

こうれつ【後列】名詞 〔二列にならんだとき〕うしろの列。対 前列。

こうろ【航路】名詞 船や飛行機の通る決まった道すじ。例 外国航路。類 水路。空路。

こうろう【功労】名詞 〔世の中や国のためにつくした〕ほねおりと手がら。例 平和に対して功労のあった人。類 功績。

×**こうろぎ** ➡452ページ・こおろぎ。

こうろん【口論】名詞 する動詞 言い争うこと。例 口論がたえない。

1 **こうわ**【講和】名詞 する動詞 〔話し合いによって〕戦争をやめ、仲なおりをすること。例 講和会議。

2 **こうわ**【講話】名詞 する動詞 〔多くの人に〕わかりやすく説明して聞かせること。また、その話。例 おしょうさんの講話を聞く。

こうわじょうやく【講和条約】名詞 戦争をやめて、仲なおりをするとき、おたがいに守るべきことをとり決めた、国どうしの約束。

こうわん【港湾】名詞 船がとまったり、人が乗りおりしたり、貨物のつみおろしをしたりする設備のあるところ。みなと。

こうをそうする【功を奏する・効を奏する】慣用句 うまくいく。成功する。例 こまかい心配りが功を奏する。

ごうをにやす【業を煮やす】慣用句 おこって、いらいらする。例 なかなか来ないので業を煮やして帰ってきた。

1 **こえ**【声】名詞 人や動物の口から出る音。例 小さな声で話す。参考 ㋐セミや秋の虫などが出す音にもいう。㋑「心の声」「読者の声」などのように、考えや意見の意味にもいう。

2 **こえ**【肥】名詞 こやし。ひりょう。

ごえ【越え】接尾語 国の名や山・とうげなどの名のあとにつけて、そこをこえていく道を表す。例 アルプス越え。／伊賀越え。

ごえい【護衛】名詞 する動詞 ある人や物につきそって、それを守ること。また、その人。例 大使

あいうえお
かきくけこ
さしすせそ
たちつてと
なにぬねの
はひふへほ
まみむめも
や ゆ よ
らりるれろ
わ を ん

ことばあそび だじゃれ36 リコーダーは利口だ。

を護衛する。類 警護。

こえがつぶれる【声が潰れる】慣用句 声がふつうに出ず、おしつぶされたような感じで、かれた声になる。例 大きな声でどなっていたので、声が潰れてしまった。

こえがはずむ【声が弾む】慣用句 うれしくて、声が生き生きとしてくる。例 いいことがあったので、思わず声が弾む。

こえがわり【声変わり】名詞 する動詞 少年期から青年期へうつるころに、声帯が成長して声がかわること。また、その時期。

ごえつどうしゅう【呉越同舟】四字熟語 仲の悪い者どうしが同じ場所にいたり、共通の利害のために協力したりすること。語源 敵同士だった呉の国の人と越の国の人が同じ船に乗ったときに大風にあい、協力し合ったという話から。

ごえもんぶろ【五右衛門風呂】名詞 たきぎをもやすかまどの上においた鉄のふろ。入るときは、湯にうかせてある底板をふんでしずめる。語源 かまゆでの刑でころされたという、どろぼうの石川五右衛門にちなんでつけた名。⇩図。

五右衛門風呂

[1]**こえる**【肥える】動詞 ❶〔人や動物が〕ふとる。例 よく肥えたブタ。❷よい質の土になる。例 畑の土がよく肥えている。❸もののよい悪いを判断する力ができる。対 ①②やせる。ことば「(絵を見る)目が肥える」「舌が肥える」 活用 こ・える。

[2]**こえる**【越える】動詞 ❶〔上を通って〕向こうへ行く。例 ようやく山を越えることができた。❷ある数量より多くなる。例 父は、四十才を越えたばかりです。❸区別・種類・さかい目などを問題にしない。例 国境を越えた友情。参考 ②③は、「超える」とも書く。活用 こ・える。⇩使い分け。

[3]**こえる**【超える】動詞 ある基準や数量を上回る。例 一万人を超える。活用 こ・える。⇩使い分け。

使い分け　こえる

●向こうへ行く。
山を越える。

●上回る。
基準を超える。

※こす（越す・超す）も同じように用いる。

こえをあげる【声を上げる】慣用句 ❶大声を出す。例 声を上げて、助けをもとめる。❷意見を言う。例 計画に反対の声を上げる。

こえをあららげる【声を荒らげる】慣用句 あらあらしく、はげしい調子で言う。例 思わず声を荒らげる。注意「声をあらげる」とまちがえないこと。

こえをかぎりに【声を限りに】慣用句 ありったけの声を出すようす。例 山で道にまよって、声を限りにさけんだ。

こえをかける【声を掛ける】慣用句 ❶話しかける。よびかける。例 たおれた人に声を掛ける。❷いっしょにするように、さそう。例 クラスの友だちに声を掛けて、校内美化運動をはじめた。

こえをからす【声をからす】慣用句 声がかすれるほど、大きな声を出し続ける。例 声をからして応援する。

こえをしのばせる【声を忍ばせる】慣用句 人に聞こえないように、声を小さくする。例 声を忍ばせて、伝える。

こえをだいにする【声を大にする】慣用句 声を大きくして、強く主張する。例 声を大にして、自然保護をうったえる。

こえをたてる【声を立てる】慣用句 声を出す。声をひびかせる。例 声を立てて笑う。

こえをのむ【声をのむ】慣用句 ひじょうにきんちょうしたときや感動したときに声が出なくなる。例 あまりの美しさに声をのんだ。

こえをはりあげる【声を張り上げる】

慣用句 大きな声を出す。例 声を張り上げて演説する。

こえをひそめる【声を潜める】 慣用句 声を小さくして、こっそりと言う。例 かれは、声を潜めて、昨日のできごとを話し始めた。

こえをふりしぼる【声を振り絞る】 慣用句 ありったけの声を出す。例 声を振り絞って助けをよぶ。

こえをふるわせる【声を震わせる】 慣用句 声がふるえるようにする。例 怒りに声を震わせる。

こおう【呼応】 名詞 する動詞 よびかけに（うまく）こたえること。例 わたしたちの美化運動に呼応して、町の人々も運動をはじめた。

ゴーカート 名詞 かんたんなつくりのエンジンがついた小型自動車。参考 もともとは、「手おし車」という意味。▼英語 go-cart

コークス 名詞 石炭を高い温度で焼いて、きはつ分をのぞいて、ガスをとったあとに残ったもの。火力が強く、けむりが出ないので製鉄用の燃料などに使われる。▼ドイツ語

ゴーグル 名詞 目の部分をすっぽりおおう、風よけ・紫外線よけのめがね。オートバイにのるときや、スキー・登山などで使う。▼英語 goggles

ゴーサイン 名詞 進めてもよいという合図やしるし。例 ゴーサインが出て実行する。参考 英語を組み合わせて日本でつくった言葉。

ゴージャス 形容動詞 ごうかで、ぜいたくなさま。例 ゴージャスな部屋。▼英語 gorgeous

コース 名詞 ❶ 進んで行く道すじ。例 ハイキングのコース。❷ 競争をするための道すじ。例 日本チームは第五コースを泳ぎます。❸（学校などで決められた）学科。課程。例 進学コース。▼英語 course

コーチ 名詞 する動詞 運動競技などで、わざを教えること。また、教える人。例 バッティングコーチ。▼英語 coach

コート[1] 名詞 ❶ うわぎ。❷ がいとう。例 寒いから、コートを着ていこう。❸ きずなどがつかないようにするため、表面をおおうこと。コーティング。▼英語 coat

コート[2] 名詞 テニス・バスケットボール・バレーボールなどの競技場。▼英語 court

コード 名詞 ゴム・布・ビニールなどでおおった（室内用の）電線。▼英語 cord

こおどり【小躍り】 名詞 する動詞 うれしくておどりあがること。例 ほしいと思っていた本をもらって、小躍りしてよろこんだ。

コードレス 名詞 コードがいらないこと。ワイヤレス。例 コードレスの電話。▼英語 cordless

コーナー 名詞 ❶（四角いものの）かど。すみ。❷ 曲がりかど。例 ランナーは最後のコーナーをまわった。❸ あるところを区切って、特別にもうけた、売り場や場所。例 日用品のコーナー。❹ テレビ番組や新聞・雑誌で、特集するところ。❺ アルバムに写真をはるとき、すみにつけてとめるもの。▼英語 corner

コーナーキック 名詞 サッカーで、守る側のチームがゴールラインの外にボールを出したときに、相手のチームにあたえられるキック。ゴールラインとタッチラインのまじわるすみからボールをける。▼英語 corner kick

こおにたびらこ【小鬼田平子】 名詞 キク科の植物。田んぼの近くなどで育ち、春に黄色の花がさく。ほとけのざ。春の七草の一つ。

コーヒー 名詞 熱帯地方にはえるコーヒーノキの種をいって、こなにしたもの。また、そのこなを湯でせんじた、こげ茶色をした飲み物。▼英語 coffee

コーラ 名詞 熱帯地方でさいばいされているコーラノキの種にふくまれる成分を原料としてつくった飲み物。▼英語 cola

コーラス 名詞 合唱。また、合唱団。▼英語 chorus

コーラン 書名 イスラム教の聖典。クルアーン。▼英語（アラビア語から）Koran

こおり【氷】 名詞 ❶ 水が、セ氏〇度以下の温度のため、ひえてかたまったもの。❷ つめたいもの。するどいもの。例 手足が氷のようにつめたくなった。／氷のやいば。注意 「こうり」と書かないこと。

こおりざとう【氷砂糖】 名詞 まじりけのないさとうを、こおりのようなかたまりに結しょうさせたもの。

こおりつく【凍り付く】 動詞 こおってかたくくっつく。また、すっかりかたくこおる。例 寒さで、道路はすっかり凍り付いてしまった。活用 こおりつ・く。

こおりどうふ【凍り豆腐・氷豆腐】 名詞 ↓447ページ・こうやどうふ。

ことばあそび だじゃれ37 イカはいかが？

こおりまくら【氷枕】名詞 頭をひやすために、氷を入れてまくらにするゴムのふくろ。

こおりみず【氷水】名詞 ❶水に、氷のかけらを入れてつめたくしたもの。❷氷をこまかくけずり、さとう水・はちみつ・果汁などをかけた食べ物。

こおる【凍る】動詞 温度がセ氏〇度以下になって、水などがかたまる。例 池の水がすっかり凍る寒さ。活用 こお・る。

ゴール 一 名詞 勝負が決まる点や線。決勝点。また、目標とするところ。
二 名詞 する動詞 サッカー・バスケットボールなどで、ボールを入れると点になるところ。また、そこへボールを入れて点をとること。▼英語 goal

ゴールイン 名詞 する動詞 ❶決勝点に入ること。❷目的をはたすこと。特に、結婚すること。例 兄は一番でゴールインした。参考 英語の「ゴール」と「イン」を組み合わせて日本でつくった言葉。

ゴールキーパー 名詞 サッカー・ホッケー・ハンドボール・ラインサッカーなどで、ゴールを守る選手。キーパー。▼英語 goalkeeper

ゴールキック 名詞 サッカーで、せめる側のチームがゴールラインの外にボールを出したときに、相手のチームにあたえられるキック。ゴールエリア内にボールをおいてける。▼英語 goal kick

コールタール 名詞 石炭を高い温度で焼いたときに出る、黒くてねばり気のあるもの。金属や木材にぬって、くさるのをふせいだり、薬品や染料などの原料にしたりする。▼英語 coal tar

ゴールデンアワー 名詞 〔テレビやラジオの放送で〕見たり聞いたりする人がいちばん多い時間帯。ふつう、午後七時から九時ごろまで。参考 英語の「ゴールデン」と「アワー」を組み合わせて、日本でつくった言葉。

ゴールデンウイーク 名詞 四月の終わりから五月のはじめにかけての休日の多い週。略語はGW。参考 英語の「ゴールデン」と「ウイーク」を組み合わせて日本でつくった言葉。

コールドゲーム 名詞 野球で、五回が終わってから悪天候・日没などで続行できなくなったり、逆転できないほど点差が開いたために、終了を宣言された試合。▼英語 called game

ゴールポスト 名詞 ラグビーやサッカーのゴールで、横木をささえている二本の柱。▼英語 goal post

ゴールライン 名詞 サッカーやラグビーなどの長方形のフィールドの、短い方の区画線。対 タッチライン。▼英語 goal line

こおろぎ 名詞 コオロギ科のこん虫。体の色は黒っぽい。エンマコオロギのおすは秋に「コロコロリー」と鳴く。注意 「こうろぎ」と書かないこと。

ごおん【呉音】名詞 漢字の音読みの一つ。六世紀ごろまでに、中国南方の呉という国の発音が日本に伝えられたといわれるもの。「人」を「にん」、「金」を「こん」と読むなど。類 漢音。唐音。

[1]**こがい**【子飼い】名詞 ❶小鳥などを、ひなのときから育てること。❷〔やとい人などを〕子どものときから世話をして育てること。また、そうして育てられた人。例 子飼いの番頭。参考 特に、商人や職人の弟子などにいう。

[2]**こがい**【戸外】名詞 家の外。おもて。屋外。例 戸外に出て遊ぶ。

[1]**ごかい** 名詞 ゴカイ科の動物。河口近くのどろの中にすむ。体は細長い。つりのえさになる。

[2]**ごかい**【誤解】名詞 する動詞 まちがって理解すること。例 ひみつをもらしたと誤解されているようだ。／誤解をとく。類 曲解。

ごかいどう【五街道】名詞 昔、江戸の日本橋から各地に通じていた、五つの大きな道。参考 東海道・中山道・日光街道・甲州街道・奥州街道の五つ。⇩図。

ごかく【互角】名詞 形容動詞 力やわざが同じくらいで、ちがいのないこと。例 優勝候補と互角

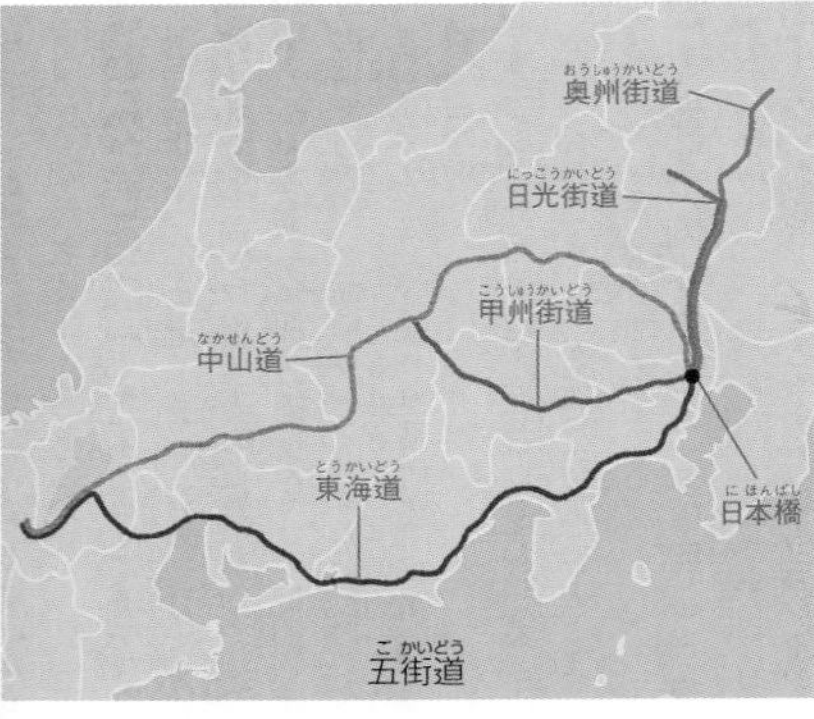

の勝負をした。注意「互格」と書かないこと。

ごがく【語学】名詞 ❶言葉を研究する学問。❷外国語の勉強。例 父は語学がとくいです。

こかげ【木陰】名詞 木の下で日の当たらないところ。木のかげ。例 夏は木陰で読書をする。

こがす【焦がす】動詞 ❶焼いて黒くする。例 うっかりして、魚を焦がしてしまった。❷心をなやまし、苦しめる。例 胸を焦がす思い。活用 こが・す。

こがた1【小形】名詞 形が小さいこと。例 小形のチョウ。対 大形。

こがた2【小型】名詞 型が小さいこと。例 小型ラジオ。／小型の自動車。対 大型。

こがたな【小刀】名詞 〔紙を切ったり木をけずったりするのに使う〕小さな刃物。ナイフ。類 短刀。参考「しょうとう」と読むと、武士が使った小さい刀の意味になる。

ごがつ【五月】名詞 一年の五番目の月。古くは「皐月」といった。

ごがつにんぎょう【五月人形】名詞 五月五日の節句にかざる、男の子の祝いの人形。

こがね【黄金】名詞 金のこと。また、金色。ことば「黄金の波（＝黄色くなったイネのほが、なみうっているようす）」参考 ⇩9ページ・あかがね。396ページ・くろがね。633ページ・しろがね。

こがねむし【黄金虫】名詞 コガネムシ科のこん虫。体はつやのある緑色。木の葉を食べる。

ごかやま【五箇山】地名 富山県にある、合掌造りの民家が残る集落。岐阜県の白川郷とともに、世界文化遺産。⇩695ページ・世界遺産（図）。

こがら【小柄】形容動詞 ❶ほかの多くの人より体が小さいようす。例 小柄な男性。❷〔着物などの〕もようがこまかいようす。例 小柄のプリントもよう。対 大柄。

こがらし【木枯らし】名詞 秋の終わりから冬のはじめにかけてふく、つめたくかわいた風。例 木枯らしの音が聞こえる。

こがれる【焦がれる】一 動詞 ❶深く思いのぞむ。例 かれは、なんとかしてその絵を見たいと焦がれていた。❷がまんできないほど好きだと思う。例 美しい人に焦がれる。二 接尾語《動詞の下について》「ひじょうにはげしくその気持ちをもつ」意味を表す言葉。ことば「まち焦がれる」「こい焦がれる」活用 こが・れる。

こがん【湖岸】名詞 みずうみのきし。

ごかん1【五官】名詞 ものを感じる五つの器官。目・耳・した・ひふ・鼻の五つ。

ごかん2【五感】名詞 人間のもっている五つの感覚。視覚（＝見る）・聴覚（＝聞く）・味覚（＝あじわう）・触覚（＝さわる）・きゅう覚（＝かぐ）。例 五感をとぎすます。

ごかん3【語幹】名詞 〔「行く」「白い」などの〕動詞・形容詞などで、活用させたときに形のかわらない部分。参考 たとえば、「白い」を活用させた「白かった」「白ければ」では、「白」が語幹にあたる。「い」「かっ」「けれ」の部分は語尾。対 語尾。

ごかん4【語感】名詞 ❶ある言葉からうける〔びみょうな〕感じ。例「菜の花」という言葉の語感には、のどかな春が感じられる。❷言葉に対する感覚。例 詩人は語感がするどい。

ごがん【護岸】名詞 海岸や川岸などを水害などからまもること。

ごがんこうじ【護岸工事】名詞 海岸や川岸をまもるための工事。

こき【古希】故事成語 七十才のこと。参考 中国の杜甫の詩の一句、「人生七十古来稀なり」から。「希」は「稀」の書きかえ字。

ごき【語気】名詞 話す言葉の調子・いきおい。例 二人は、語気あらく言い争っていた。類 口調。

ごぎ【語義】名詞 ➡427ページ・ごい（語意）。

こきおろす【こき下ろす】動詞 欠点などをあげて、ひなんする。ひどく悪口を言う。例 そんなに人のことをこき下ろすものではない。活用 こきおろ・す。

ごきげん【御機嫌】名詞 形容動詞 ❶「きげん」の尊敬語。例 父の御機嫌をとる。❷きげんがいいようす。例 弟は新しい自転車に乗って御機嫌だ。参考 くだけた言い方。

ごきげんななめ【御機嫌ななめ】慣用句 きげんが悪いこと。例 ひいきのチームが負けたので、父は御機嫌ななめだ。

ごきげんよう【御機嫌よう】感動詞 人と会ったときやわかれるときの、ていねいなあいさつの言葉。参考 相手の健康をいのる意味の「御機嫌よく」が変化した言葉。

こきざみ【小刻み】名詞 形容動詞 ❶動き具合が小さく、はやいこと。例 きんちょうで手が小

あいうえお かきくけこ さしすせそ たちつてと なにぬねの はひふへほ まみむめも や ゆ よ らりるれろ わ を ん

ことばあそび だじゃれ38 「『公開』という字はこうかい？」「そんなしゃれをいっていると、こう

刻みにふるえる。❷少しずつ区切っておこなうこと。例小刻みにねあげをする。

こきつかう【こき使う】(動詞) 人をあらっぽく使う。例部下をこき使う。活用 こきつか・う。

こぎつける【こぎ着ける】(動詞) ❶舟をこいで目的地につける。例小さなボートをむこうの島にこぎ着けた。❷努力して目的にまで行きつく。例ダム工事をようやく完成にこぎ着けた。活用 こぎつ・ける。

こぎって【小切手】(名詞) 銀行に当座預金を持っている人が、ほかの人にお金をはらうとき、必要な金額を書いてわたす書きつけ。

ごきぶり (名詞) 黒茶色で、平たい形のこん虫。台所などに現れる。触角が長い。「あぶらむし」ともよばれる。

こきみよい【小気味よい】(形容詞) 〔胸がすっとするような〕よい気持ちである。例小気味よい話し方。活用 こきみよ・い。

こきゅう【呼吸】(名詞)(する動詞) ❶息をすったりはいたりすること。例呼吸があらい。❷生物が、体内に酸素をとり入れ、二酸化炭素を出す働き。例少しの間、呼吸を止める。❸〔あることをするときの〕人と人との間の調子。例二人の呼吸が合って、仕事がはかどった。❹物事をうまくおこなうときの調子。例新しい仕事の呼吸がようやくわかってきた。

こきゅうがあう【呼吸が合う】慣用句 ⬇70ページ・いきがあう。

こきゅうき【呼吸器】(名詞) 〔動物の体の中で〕呼吸をおこなうための器官。のど・気管・肺など。

こきょう【故郷】(名詞) 自分の、生まれ育ったところ。郷土。郷里。ふるさと。(対)異郷。

ごぎょう【御形】(名詞) ハハコグサ。春の七草の一つ。⇩口絵6ページ。

こきょうへにしきをかざる【故郷へ錦を飾る】ことわざ 立身出世してふるさとに帰る。参考「錦を飾る」「錦を着て故郷に帰る」ともいう。

こぎれい【小奇麗】(形容動詞) きちんとしていて、清潔であるようす。例小ぎれいな部屋。参考「小」は、「何となくそのような感じがする」という意味をそえる。

こきんわかしゅう【古今和歌集】書名 平安時代、醍醐天皇のいいつけで、紀貫之などがえらんだ、二十巻の和歌集。「古今集」ともいう。

1 **こく** (名詞) ❶深くて、こい味。例こくのあるコーヒー。❷あじわいのあるおもしろさがあること。例こくのある文章。

2 **こく** (動詞) むしりとるようにおとす。例イネをこく。活用 こ・く。

3 **こく** (名詞) ❶外に出す。例イタチは、くさいへをこいてあなの中へにげこんでしまった。❷〔自分勝手なことを〕いう。例ばかこくひまがあったら仕事にせいを出したらどうだ。参考①②ともくだけた言い方。

4 **こく**【石】(名詞)(助数詞) ❶昔使われた、穀物の量をはかる単位。一石は十斗で、約百八十リットル。❷材木の量をはかる単位。一石は十立方尺で、約〇・三立方メートル。❸昔、武士のろく高を表した単位。米の量をもとにして決めた。

5 **こく**【酷】(形容動詞) きびしすぎるようす。むごいようす。例わざと酷な言い方をする。

こぐ (動詞) ❶〔ろや、かいを動かして〕舟を進める。例小舟をこぐ。❷自転車やぶらんこなどを動かすために、足をのびちぢみさせる。例自転車をこぐ。活用 こ・ぐ。

1 **ごく**【極】(副詞) ひじょうに。きわめて。例ごくまれなできごと。参考ふつう、ひらがなで書く。

2 **ごく**【獄】(名詞) つみのある人をとじこめておく所。ろうや。

3 **ごく**【語句】(名詞) 一つの言葉や、一区切りの言葉。例わかりやすい語句を用いる。

ごくあく【極悪】(名詞)(形容動詞) 心やおこないが、きわめて悪いこと。例極悪人。

ごくあくひどう【極悪非道】四字熟語 心やおこないがきわめて悪く、正しい道からはずれていること。また、そのようす。例極悪非道のおこない。

ごくい【極意】(名詞) 〔芸やわざなどの〕一番中心になるむずかしい技術。おくの手。例剣道の極意を身につける。

こくいっこく【刻一刻】(副詞)(−と) 少しずつ時間がせまるようす。例ロケット打ち上げの時刻が、刻一刻と近づいてきた。

こくう【穀雨】(名詞) 二十四節気の一つ。昔のこよみで、春の雨が穀物をうるおすとされるとき。四月二十日ごろ。⇩口絵7ページ。

こくうん【国運】(名詞) 国の運命。国家の将来。

こくえい【国営】(名詞) 国が事業としていとなんでいること。(類)官営。(対)民営。

こくえん【黒煙】名詞 黒いけむり。

こくおう【国王】名詞 国をおさめる王。類 帝王。天皇。皇帝。

こくがい【国外】名詞 国のそと。例 国外に追放する。類 海外。対 国内。

こくがく【国学】名詞 江戸時代に、古代日本の精神や文化を明らかにしようとした学問。「古事記」や「万葉集」などを研究した。

こくぎ【国技】名詞 その国で特にさかんな、国を代表するような競技。例 日本の国技は相撲である。

こくげん【刻限】名詞 決められた時刻。例 出発の刻限だ。類 定刻。

こくご【国語】名詞 ❶その国民が使う、その国の言葉。また、日本語。❷学校の学科の一つ。日本語について、読む・書く・聞く・話す力をつけることを学ぶ学科。例 国語の教科書。

こくこく【刻刻】副詞(〜と) 時間が少しずつ、たしかにすぎていくようす。例 刻々と変化する。類 刻一刻。参考 ㋐ふつう「刻々」と書く。㋑「刻々」ともいう。

ごくごく 副詞(〜と) のどを鳴らしながら、飲み物をいきおいよく飲むようす。例 ジュースをごくごく飲む。類 ぐいぐい。ぐびぐび。

こくごじてん【国語辞典】名詞 日本語を集めて、ある決まりにしたがってならべ、読み方や意味などを説明した本。

[1]**こくさい**【国債】名詞 国家が、その信用で国民からお金をかり入れること。また、その証書。類 公債。

[2]**こくさい**【国際】名詞 国と国との関係。多くの国にかかわりがあること。例 国際大会。

こくさいオリンピックいいんかい【国際オリンピック委員会】名詞 ➡2ページ・アイオーシー。

こくさいか【国際化】名詞 する動詞 物事が、多くの国のかかわる大きさやなかみになること。例 和食が国際化する。

こくさいかいぎ【国際会議】名詞 多くの国にかかわりのある問題について話し合い、解決するため、各国の代表が集まっておこなう会議。

こくさいくうこう【国際空港】名詞 外国と行き来する飛行機が発着できるような設備があり、政府から指定された飛行場。

こくさいこうりゅう【国際交流】名詞 多くの国同士がたがいに行き来してつき合うこと。

ごくさいしき【極彩色】名詞 原色を多く使った、ひじょうにはなやかないろどり。例 極彩色の絵。

こくさいしょく【国際色】名詞 多くの国の人やいろいろな国の物産などが集まり、入りまじってつくりだされるふんい気。例 国際色ゆたかなオリンピック会場。

こくさいしんぜん【国際親善】名詞 いろいろな国がおたがいに仲よくすること。

こくさいせん【国際線】名詞 国と国とを結んで、定期的にとぶ航空路線。

こくさいてき【国際的】形容動詞 広く世界のほかの国々とかかわりのあるようす。例 かれは、国際的にかつやくしている。

こくさいでんわ【国際電話】名詞 外国と通話する電話。

こくさいへいわ【国際平和】名詞 世界中の国が、争うことなくたがいに仲よくすること。例 国際平和に力をつくす。

こくさいほごちょう【国際保護鳥】名詞 数が少なく、ほろんでしまう心配があることから、世界中で保護することを決めた鳥。アホウドリやトキなど。

こくさいみほんいち【国際見本市】名詞 一定の期間、一定の会場に、各国の輸出むけの商品などを展示して、宣伝・はんばい・注文などをおこなうもよおし。各国間の貿易や文化の交流などに大きな効果をもたらしている。

こくさいりかい【国際理解】名詞 多くの国のことを知り文化を学ぶとともに、その国の人々と仲よくまじわること。

こくさいれんごう【国際連合】名詞 世界の平和と安全を守るために、各国が参加してつくられたしくみ。一九四五年に「国際連盟」にかわってつくられた。国連。略語はUN。参考 日本は、一九五六年に加盟した。

こくさいれんめい【国際連盟】名詞 第一次世界大戦ののち（一九二〇年）、アメリカのウィルソン大統領がとなえてつくられた、世界の平和と安全を守るしくみ。参考 アメリカは参加しなかった。強い力をもてず、第二次世界大戦がはじまって、しぜんになくなった。

ことばあそび だじゃれ39 航海に行こうかい。

こくさいろうどうきかん【国際労働機関】名詞 ⬇2ページ・アイエルオー。

こくさく【国策】名詞 その国の政治のやり方。

こくさん【国産】名詞 その国でとれたり、つくったりしたもの。特に、日本の国内でつくられたもの。例 国産の自動車。対 舶来。

1 こくし【国司】名詞 昔、地方をおさめるために、天皇の命令ではけんされた役人。参考 任期は六年(のち四年)で、五つの位があった。

2 こくし【国史】名詞 ❶その国のれきし。❷日本の国のれきし。日本史。

3 こくし【酷使】名詞 する動詞 ひどく働かせること。例 肉体を酷使する。

1 こくじ【告示】名詞 する動詞 〔役所などが〕公のことがらを、人々に知らせること。例 文部科学省の告示。

2 こくじ【国字】名詞 ❶その国の文字。❷日本の文字。かなもじ。❸漢字に似せて日本でつくられた文字。「峠」「畑」など。

3 こくじ【酷似】名詞 する動詞 とてもよく似ていること。例 ほかの人の作品と酷似している。

こくしょ【酷暑】名詞 きびしい暑さ。例 酷暑で食欲がない。類 炎暑。猛暑。対 酷寒。

ごくしょ【極暑】名詞 きわめて暑いこと。最高の暑さ。例 極暑の夏がやって来た。対 極寒。

こくじょう【国情・国状】名詞 その国の政治・経済・文化などのようす。ことば 「〔アジアの国々の〕国情に明るい」

ごくじょう【極上】名詞 形容動詞 〔品質が〕これ以上ないほど上等なこと。また、その物。例 極上の牛肉。類 最上。

こくじん【黒人】名詞 ひふの色が黒い人種。また、それにぞくする人。

こくすいしゅぎ【国粋主義】名詞 自分の国の歴史や文化がほかの国よりすぐれていると信じて、それだけを守ろうとする考え方。

1 こくせい【国政】名詞 国の政治。

2 こくせい【国勢】名詞 国のいきおい。国の人口・産業・資源などの有様。

こくぜい【国税】名詞 国の仕事の費用にあてるため、国が国民から集める税金。対 地方税。

こくぜいちょう【国税庁】名詞 国税をかけたり、集めたりする仕事を担当する国の機関。財務省の外局の一つ。

こくせいちょうさ【国勢調査】名詞 国の様子を知るために、ある決まった時に、政府が全国いっせいにおこなう、国民の人口・年れい・職業などの調査。五年ごとにおこなっている。

こくせき【国籍】名詞 ❶法律で決められた、その国の国民であるという身分と資格。例 日本の国籍をとる。❷〔船や飛行機などが〕その国の物であるということ。例 国籍不明の船があらわれた。

こくそ【告訴】名詞 する動詞 ひがいをうけた人などが、検察官に、犯人をとり調べて裁判にかけるようにうったえること。類 告発。

1 こくそう【国葬】名詞 国のためにつくした人がなくなったとき、国の儀式として国の費用でおこなう葬式。

2 こくそう【穀倉】名詞 ❶穀物をたくわえておく、くら。❷米や麦などの穀物が、よくできる土地。例 日本の穀倉。

こくそうちたい【穀倉地帯】名詞 穀物を特に多く産出し、ほかの地方にたくさんおくり出す地域。

こくたい【国体】名詞 ❶国のせいかく。国がら。❷「国民体育大会」の略。

こくだか【石高】名詞 ❶穀物(おもに米)の数量。❷昔、武士に給料としてあたえられた米の量。

こくたん【黒炭】名詞 石炭の一つ。真っ黒でつやつやしている。火力発電に使う。ガス・コークスの原料。れきせい炭。

こくち【告知】名詞 する動詞 決定したことや事実などをきちんと知らせること。例 イベントの告知。

こぐち【小口】名詞 ❶金額や数量などが少ないこと。例 小口の注文。対 大口。❷〔ぼうのような物を〕横に切った切り口。

ごくっと 副詞 ⬇458ページ・ごくりと。

こくてい【国定】名詞 国が決めること。また、国が決めたもの。例 戦前の国定教科書。

こくていこうえん【国定公園】名詞 国立公園について、けしきの美しい土地で、都道府県で管理するように国で決めた公園。

こくてつ【国鉄】名詞 もとの「日本国有鉄道」、または「国有鉄道」の略。参考 ⇩537ページ・ジェーアール。対 私鉄。

こくてん【黒点】名詞 黒い点。特に、太陽の表面に見られる黒い点。参考 内部のガスが、表面

に出てふくれあがるときにできるうずまきだといわれている。

こくでん【国電】名詞 もと国鉄で、東京・大阪など大都市とその周辺を走る近きょりの電車をいった言葉。

こくど【国土】名詞 ❶国。❷その国がもっている土地。

こくどう【国道】名詞 国のお金でつくられ、国が管理する道路。例 国道三号線。

こくどけいかく【国土計画】名詞 国のはんえいを考えて、国土のさまざまな利用や開発をしようとする計画。

こくどこうつうしょう【国土交通省】名詞 陸上・海上・空の交通の整備や安全をはかり、また、河川の保全などの仕事をする国の機関。

こくない【国内】名詞 その国の中。例 国内を旅行する。対 国外。

こくないそうせいさん【国内総生産】名詞 国民総生産から海外の所得を引いたもの。GDP。参考 国内の経済活動の水準を表すとされる。類 国民総生産。

こくはく【告白】名詞 する動詞 〔かくしていたことや本心などを〕ありのままにうちあけること。ことば「つみを告白する」「愛を告白する」

こくはつ【告発】名詞 する動詞 〔悪事などを〕あばいて、うったえること。例 不正を告発する。類 告訴。

こくばん【黒板】名詞 はくぼくで字や絵をかくためのいた。参考 黒または緑色。

こくひ【国費】名詞 国がしはらう費用。類 公費。

ごくひ【極秘】名詞 関係のない人に、ぜったいに見せたり話したりしてはならないこと。例 極秘文書。類 機密。

こくびゃく【黒白】名詞 ❶黒と白。❷正しいことと、正しくないこと。ことば「黒白をつける（＝どちらが正しいか、はっきりさせる）」参考 ふつう、白をよい方にたとえる。類 ①②白黒。

こくびゃくをあらそう【黒白を争う】慣用句 相手と対決して、どちらが正しいかをはっきりさせる。例 裁判で黒白を争う。

こくひょう【酷評】名詞 する動詞 手きびしくひひょうすること。また、そのひひょう。例 作品を酷評する。

こくびをかしげる【小首をかしげる】慣用句 ふしぎに思って〔首をちょっとまげて〕考えこむ。小首をかたむける。

こくひん【国賓】名詞 国の正式の客として、大事にもてなす外国人。

こくふ【国府】名詞 昔、地方をおさめるためにおかれた国司の役所。また、その所在地。

こくふく【克服】名詞 する動詞 苦しいことや、むずかしいことにうちかつこと。例 あらゆる困難を克服して、ついに月に着陸した。

ごくぶと【極太】名詞 きわめて太いこと。また、きわめて太いもの。例 極太の毛糸。対 極細。

こくぶん【国文】名詞 ❶日本語で書かれた文章。❷「国文学」の略。

こくぶんがく【国文学】名詞 日本の文学。また、それを研究する学問。

こくぶんじ【国分寺】名詞 奈良時代に、聖武天皇が、国内の平和を願って各地に建てた寺。

こくべつ【告別】名詞 する動詞 死んだ人にわかれをつげること。例 告別の言葉をのべる。

こくべつしき【告別式】名詞 死んだ人にわかれをつげる儀式。

こくほう[1]【国宝】名詞 国のたから。特に、文化や歴史のうえで世界的なねうちがあるものとして、国で守っている建物・ちょうこく・絵など。

こくほう[2]【国法】名詞 国の法律。例 国法にしたがう。

こくぼう【国防】名詞 国の守り。例 国防力。

ごくぼそ【極細】名詞 きわめて細いこと。また、きわめて細いもの。例 極細の毛糸。対 極太。

こぐまざ【小熊座】名詞 北極星をふくむ七つの星からできている星座。一年中北の空をめぐっている。

こくみん【国民】名詞 その国の国籍をもち、その国の法律にしたがって生活している人々。例 日本の国民。

こくみんえいよしょう【国民栄誉賞】名詞 広く国民に愛され、大きな業績をあげて国民に希望をあたえた人に内閣総理大臣が授与する賞。一九七七（昭和五二）年にもうけられた。参考 第一回の受賞者は、プロ野球の王貞治選手。

こくみんけんこうほけん【国民健康保険】名詞 会社員や公務員でない人の健康保険。

ことばあそび だじゃれ40 校庭がこおっているよ。

病気などをなおす費用の一部を市町村が出す。

こくみんしゅけん【国民主権】 名詞 主権が国民にあること。主権在民。参考 日本国憲法では、このことを前文でのべている。

こくみんしんさ【国民審査】 名詞 最高裁判所の裁判官がふさわしい人かどうかを、国民が投票で決めること。

こくみんせい【国民性】 名詞 その国の大多数の国民に共通している性質。例 日本人の国民性は勤勉さである。

こくみんそうせいさん【国民総生産】 名詞 一つの国で一年間に生産されたものとサービスの合計金額から原材料費などを引いたもの。GNP。参考 その国の経済力をはかるめやすとされる。類 国内総生産。

こくみんたいいくたいかい【国民体育大会】 名詞 国民の体育をさかんにするため、夏季・秋季・冬季の三回、全国から各県の代表選手を集めて開かれる、運動競技大会。参考 略して「国体」ともいう。

こくみんとうひょう【国民投票】 名詞 国民にとって重大なことを決めるとき、ちょくせつ国民がおこなう賛成反対の投票。

こくみんねんきん【国民年金】 名詞 国民すべてが加入して、年をとったり体が不自由になったりして働けなくなったときに、お金をもらうしくみ。

こくみんのしゅくじつ【国民の祝日】 名詞 国民のみんながいわい、感謝し、記念する日。二〇二三年現在、一年に十六日ある。

こくむ【国務】 名詞 国の政治にかんする仕事。例 大統領が国務を見る。

こくむだいじん【国務大臣】 名詞 内閣総理大臣とともに、内閣をつくっている大臣。参考 それぞれの省の長となる大臣と、内閣府に置かれる特命担当の大臣とがある。

こくめい【克明】 形容動詞 とてもこまかく、ていねいなようす。例 観察して克明に記録する。

こくもつ【穀物】 名詞 〔米・麦・アワ・ヒエ・キビ・マメなど〕人間が主食とするさくもつ。穀類。

こくゆう【国有】 名詞 国がもっていること。例 国有財産。／国有地。類 公有。対 私有。

こくゆうてつどう【国有鉄道】 名詞 ❶国の費用でつくり、国が管理している鉄道。❷もとの「日本国有鉄道」のこと。国鉄。

こくゆうりん【国有林】 名詞 国がもっている山林。対 私有林。

こくようせき【黒曜石】 名詞 黒い色をした、ガラスのような火山岩。われめがするどいので、大昔、石器の材料に使われた。

ごくらく【極楽】 名詞 ❶「極楽浄土」の略。仏教で、遠く西の方にあり、あみださまがいるという、平和な世界。❷〔①の意味から〕なんの心配もなく楽しいこと。また、そういうところ。例 スポーツの後のふろは極楽だ。類 楽園。対 ①②地獄。

こくりつ【国立】 名詞 国のお金でつくられ、国が管理すること。例 国立病院。

こくりつこうえん【国立公園】 名詞 国を代表するような美しい自然を守ったり、人々が楽しんだりできるように法律で決めてある公園。参考 日本では、瀬戸内海国立公園、雲仙天草国立公園、霧島錦江湾国立公園などがある。

ごくりと 副詞 〔のどを鳴らしながら〕液体や小さなものなどを一気に飲むようす。ごくっと。例 つばをごくりと飲みこむ。

こくりょく【国力】 名詞 〔人口・生産力・軍事力・文化など〕その国のちから。特に、国の経済力。

こくるい【穀類】 名詞 ➡458ページ・こくもつ。

こくれん【国連】 名詞 「国際連合」の略。

こくれんけんしょう【国連憲章】 名詞 「国際連合憲章」の略。国際連合の目的や組織などを定めたじょうやく。

こくれんそうかい【国連総会】 名詞 「国際連合総会」の略。すべての加盟国によって構成される、国際連合の最高機関。毎年九月に定期総会を開く。

こくれんだいがく【国連大学】 名詞 「国際連合大学」の略。国際連合の学術機関。東京に本部を置き、世界各国の研究施設とれんけいして活動している。略語はUNU。

ごくろう【御苦労】 名詞 形容動詞 ❶相手の苦労をうやまう言葉。例 御苦労をおかけします。❷〔目上の者が〕相手の苦労をねぎらう言葉。例 やあ、御苦労。❸相手をあざける言葉。例 わざわざ出かけていくとは、御苦労なことだ。

ごくろうさま【御苦労様】 感動詞 相手の苦労をていねいにねぎらう言葉。例 おそくまで御

苦労様。参考 目上の人が目下の人にむかって使う。

こぐんふんとう【孤軍奮闘】 四字熟語 〔だれの助けも借りず〕一人で一生けんめいがんばること。例 投手が孤軍奮闘したが、点が入らず、ついにやぶれた。

こけ 名詞 花がさかず胞子でふえる植物。しめった地面などにはえる。漢字 苔。

こけい【固形】 名詞 あるかたちにかためた（かたい）もの。例 固形ねんりょう。／固形スープ。

こけおどし【虚仮おどし】 名詞 〔考えのたりない〕うわべだけのおどかし。

こげくさい【焦げ臭い】 形容詞 こげたにおいがするようす。例 焦げ臭いにおいがただよう。活用 こげくさ・い。

こけし 名詞 つつがたのどうにまるい頭をつけた、木の人形。東北地方で多くつくられる。

こげちゃいろ【焦げ茶色】 名詞 黒みがかった茶色。

こげつく【焦げ付く】 動詞 ❶黒く焼けて、入れ物にくっつく。❷かしたお金を返してもらえなくなる。例 信用してかした大金が焦げ付いた。活用 こげつ・く。

こけつにいらずんばこじをえず【虎穴に入らずんば虎子を得ず】 故事成語 〔トラのすむあなに入らなければトラの子をえられないように〕あぶないことをしなければ大きな成功はできない、というたとえ。参考 「虎子」は「虎児」とも書く。

こけにする【虚仮にする】 慣用句 ばかにする。例 虚仮にするなんて、ゆるせない。

ごけにん【御家人】 名詞 ❶鎌倉時代に、将軍と主従の関係を結んだ武士。❷江戸時代の将軍の家臣で、旗本より身分の低い武士。将軍にちょくせつ会う資格をもたない。

こけむす 動詞 〔一面に〕コケがはえる。例 こけむした墓。活用 こけむ・す。

こけらおとし【こけら落とし】 名詞 新しくできた（またはつくりなおした）劇場などでおこなわれるはじめての興行。語源 「こけら」は材木のけずりくず。工事で残ったこけらをはらいおとす意味から。

1こける 動詞 やせ細る。例 ほおのこけた顔。活用 こ・ける。

2こける 接尾語 《動詞の下につけて》その動作がはげしく続く意味を表す言葉。例 笑いこける。／ねむりこける。

3こける【転ける】 動詞 物につまずいたりして、ころぶ。例 人前で転けた。参考 くだけた言い方。活用 こ・ける。

こげる【焦げる】 動詞 焼けて黒くなる。例 もちが焦げる。活用 こ・げる。

ごげん【語源】 名詞 その言葉のおこり。

こけんにかかわる【こけんに関わる】 慣用句 体面や品位にさしさわりがある。例 ここでやめたらこけんに関わる。

1ここ 代名詞 ❶自分に近い場所をさしていう言葉。この場所。例 ここにいなさい。❷このこと。この点。例 ここは、わたしにまかせてほしい。／ここから成功だったと言える。❸今、現在。例 ここ二、三日は、ひまだ。参考 「こそあど言葉」の一つ。

2ここ【個個】 名詞 一つ一つ。ひとりひとり。例 個々の意見を聞く。参考 ふつう「個々」と書く。

こご【古語】 名詞 昔使われた言葉。例 古語辞典。

ごご【午後】 名詞 ❶昼の十二時から、夜の十二時まで。例 午後一時。❷昼ごろから夕方ごろまで。例 午後は外出する予定だ。対 ①②午前。

ココア 名詞 カカオの種をいって、こなにしたもの。また、それを湯にとかした飲み物。▼英語 cocoa

ごこう【後光】 名詞 ❶仏やぼさつの体からさすと考えられている光。❷光背。

ごこうがさす【後光が差す】 慣用句 仏やぼさつが発するといわれる光がかがやく。とうといことのたとえ。例 世話になった人から後光が差すようにみえた。

こごえじに【凍え死に】 名詞 する動詞 寒さのために、体がひえきって死ぬこと。凍死。例 冬山で遭難して、凍え死にする。

こごえる【凍える】 動詞 きびしい寒さのために体がひえて感覚がなくなる。例 手足が凍える。活用 こご・える。

ここかしこ 代名詞 あちらこちら。例 公園のここかしこにごみが散らばっていた。

ここく【故国】 名詞 自分のうまれた国。母国。例 故国からたよりがとどいた。

1ごこく【五穀】 名詞 ❶〔人間の主食となる〕五つのおもなこくもつ。米・麦・アワ・キビ・マメ

ことばあそび だじゃれ41 ぼうや、ぼやぼやしてはいけないよ。

を指すことが多い。❷こくもつ全体を指す言葉。

ごこく【後刻】 名詞 今より少しあと。のちほど。例 後刻お知らせします。対 先刻。

ここぞ 連語 「ここぞが…である」という意味で、下にくる語を強めていう言葉。例 ここぞという時（＝とても重要な時）にヒットが出ない。

ここぞとばかり 連語 今がまさにそのときであるというように、ひたすら。例 ここぞとばかり声をはり上げる。

ここち【心地】 名詞 心の状態。例 ゆめを見ているような心地。参考 上にほかの言葉がつくと、「住みごこち」「着ごこち」のように「ごこち」とにごる。

ここちよい【心地よい】 形容詞 気持ちがよい。例 ふかふかのベッドで心地よくねむる。活用 ここちよ・い。

こごと【小言】 名詞 注意したり、しかったりすること。不平や不満を言うこと。また、その言葉。例 母にさんざん小言を言われた。

ここのか【九日】 名詞 ❶一日の九倍の日数。❷ある月の九番目の日。例 一月九日。

ここのつ【九つ】 名詞 ❶一の九倍。きゅう。❷九才。❸昔使っていた、じこくのよび方。今の午前十二時ごろと午後十二時ごろ。

こころ【心】 名詞 ❶人が感じたり考えたりする働きの、もとになると思われるもの。例 心が広い。❷考え。気持ち。例 あなたの心がわからない。❸〔文章や言葉などの〕本当の意味。例 歌の心。❹漢字の部首の一つ。「思」「悲」などの「心」の部分。

こころあたたまる【心温まる】 動詞 〔よい話を聞いたり、よいことを見たりするなどして〕心があたたかくなる。例 心温まるエピソード。参考 「心が温まる」ともいう。活用 こころあたたま・る。

こころあたり【心当たり】 名詞 〔たぶんこうではないかと〕心に思いあたることやところ。例 犬がいなくなったので心当たりをさがした。

こころある【心有る】 連体詞 深い考えをもっている。また、思いやりがある。例 心有る人は、最近のマナーに欠ける社会の風潮をうれえている。／心有るもてなし。

こころいき【心意気】 名詞 物事に進んで取りくもうとする、はっきりした気持ち。例 苦しさに立ち向かおうとする心意気に感動する。

こころえ【心得】 名詞 ❶あることがらをよく理解していること。また、わざなどを身につけていること。例 大工の心得のある人。❷注意したり、守ったりしなければならないこと。例 受験生の心得を聞く。

こころえちがい【心得違い】 名詞 ❶よくない考えや、まちがったおこない。例 自分のことばかり考えるのは心得違いだ。❷思いちがい。例 とんだ心得違いをして、集合時間にまにあわなかった。

こころえる【心得る】 名詞 ❶よくわかる。りかいする。例 パソコンの使い方を心得ている。❷たしなみがある。身につける。例 お花やお茶など、ひと通りは心得ている。❸引き受ける。例 あとはわたしが心得た。活用 こころ・える。

こころおきなく【心置きなく】 副詞 ❶心配することなく。例 宿題をすませてから心置きなくあそぼう。❷えんりょなく。気をつかわないで。例 心置きなく話してください。

こころおぼえ【心覚え】 名詞 ❶心におぼえていること。❷わすれないように書きつけておくこと。また書いたもの。例 心覚えのしるし。

こころがいたむ【心が痛む】 慣用句 心配や悲しみのために、つらくなる。例 被災した人のことを思うと心が痛む。類 胸が痛む。

こころがうごく【心が動く】 慣用句 気持ちがひきつけられて変わる。例 やさしくされて、少し心が動いた。

こころがおどる【心が躍る】 慣用句 〔よろこびや期待などで〕わくわくする。例 旅行のことを考えるたびに心が躍る。

こころがおもい【心が重い】 慣用句 気持ちがはればれしない。例 うまくいかなくて、心が重い。

こころがかよう【心が通う】 慣用句 おたがいの気持ちがつうじ合う。例 心が通う友だちがほしい。

こころがかり【心掛かり】 名詞 形容動詞 あることが気になって心配であること。例 祖母の病気が心掛かりだ。

こころがけ【心掛け】 名詞 そうしようといつも思っている、心のもち方。例 何ごとをするにも、ふだんの心掛けが大切だ。

こころがける【心掛ける】 動詞 あることを

いつも思っている。いつも注意して努力する。例 安全運転を心掛ける。活用 こころが・ける。

こころがすさむ【心がすさむ】慣用句 心にゆとりがなくなって、気持ちがとげとげしくなる。例 いらいらがつのって、心がすさんでくる。

こころがせまい【心が狭い】慣用句 一つの考えにとらわれて、ほかの考えを受け入れないようす。例 心が狭くて、ゆるすことができない。

こころがなごむ【心が和む】慣用句 気持ちがあたたかく、おだやかになる。例 音楽を聞くと、心が和む。

こころがのこる【心が残る】慣用句 思いが残る。残念に思う。例 逃げてしまったクワガタムシに、いつまでも心が残る。

こころがはずむ【心が弾む】慣用句 うれしくて、元気な気持ちになる。例 新しい服を着ると、心が弾む。

こころがはれる【心が晴れる】慣用句 〔なやみや心配などがなくなって〕心の中がさっぱりとする。例 問題が解決して、心が晴れた。

こころがひろい【心が広い】慣用句 ほかの人の考えやおこないをゆるして受け入れるほど、心がゆったりしているようす。例 心が広くて、みんなにしたわれる人。

こころがまえ【心構え】名詞 〔物事をするときの〕心のじゅんび。心組み。例 試合の心構えをする。

こころがわり【心変わり】名詞 する動詞 それまでもっていた気持ちがかわること。心が、ほかのものにうつること。心うつり。例 友だちの心変わりをせめる。

こころくばり【心配り】名詞 相手のために、あれこれと気をつかうこと。例 あたたかい心配りに感謝する。類 気配り。心遣い。配慮。

こころぐみ【心組み】名詞 ⬇こころがまえ。

こころぐるしい【心苦しい】形容詞 相手にすまないような気持ちである。例 何から何まで世話になって心苦しい。活用 こころぐるし・い。

こころざし【志】名詞 ❶〔こうしよう、こうなろうと〕心に決めた目標。例 志をもつ。❷親切な心。例 人の志を無にする。❸感謝の気持ちをこめたおくりもの。

こころざしをいだく【志を抱く】慣用句 将来、なにかをやろうというのぞみを持つ。例 志を抱いてこきょうをあとにする。

こころざしをたてる【志を立てる】慣用句 何になろう、何をしようと、心にしっかり決める。例 大きくなったら医者になろうと志を立てる。

こころざしをとげる【志を遂げる】慣用句 こうしようと心に決めていた目的をはたす。例 志を遂げた満足感にひたる。

こころざしをはたす【志を果たす】慣用句 心に決めたのぞみや目標を達成する。例 先生になるという志を果たす。

こころざす【志す】動詞 あることをしよう、また、あるものになろうと心に決める。例 音楽家を志して勉強にはげむ。活用 こころざ・す。

こころして【心して】副詞 よく注意して。十分に気をくばって。例 心して話を聞く。

こころづかい【心遣い】名詞 する動詞 〔相手のために〕いろいろと注意をはらうこと。心をくばること。例 耳の遠いお年よりなどには、大きな声でゆっくりと話す心遣いがほしい。類 気遣い。心配り。

こころづくし【心尽くし】名詞 心をこめてすること。また、心をこめたおくりもの。例 おばさんの心尽くしの料理をいただいた。

こころづけ【心付け】名詞 〔身のまわりのことをしてくれた人などに〕感謝の気持ちとしてあげる、お金や品物。チップ。

こころづもり【心積もり】名詞 する動詞 〔こうしようと〕心の中で、前もって考えておくこと。予定しておくこと。例 出かける心積もりをしていた。

こころづよい【心強い】形容詞 たよるものがあって、安心である。例 きみがいっしょに行ってくれれば心強い。対 心細い。活用 こころづよ・い。

こころない【心ない】形容詞 考えが足りないようす。また、思いやりがないようす。例 公園の木のえだをおるとは心ないことをするものだ。活用 こころな・い。

こころなしか【心なしか】副詞 自分でそのように思うせいか。気のせいか。例 友は心なしか青ざめた顔をしていた。

こころならずも【心ならずも】副詞 そうしたいとは思わないが、しかたなく。例 ひっこすので、心ならずも学校をかわることになった。

こころにうかぶ【心に浮かぶ】慣用句 新

ことばあそび だじゃれ42 「池であそんでいい？」「いけない。」

しいことなどを心の中で思う。例よい案が心に浮かぶ。

こころにえがく【心に描く】 慣用句 〔あるすがたなどを〕心の中で思う。例ドレスを着たすがたを心に描く。

こころにかかる【心に掛かる】 慣用句 気になる。例作業のおくれが心に掛かる。

こころにかける【心に掛ける】 慣用句 気にする。いつも思っている。例おばさんは、ぼくのことをいつも心に掛けていてくれる。

こころにかなう【心にかなう】 慣用句 のぞんでいたことに、ぴったり当てはまる。例心にかなう家を見つけた。

こころにきざみつける【心に刻み付ける】 慣用句 〔わすれないように〕はっきりと、おぼえておく。例この感動を心に刻み付けておこう。

こころにくい【心憎い】 形容詞 にくらしく思うほど、すばらしい。例心憎いほどのできばえ。活用 こころにく・い。

こころにしみる【心に染みる】 慣用句 心に深く入ってくる。例人のやさしさが心に染みる。

こころにとめる【心に留める】 慣用句 わすれずに、おぼえておく。例先生の教えを心に留める。

こころにひびく【心に響く】 慣用句 心に強く感じる。例先生の言葉が心に響く。

こころにひらめく【心にひらめく】 慣用句 ふと、心にうかぶ。例いい考えが心にひらめいた。

こころにふれる【心に触れる】 慣用句 心に深く感じる。例しみじみと心に触れる話。

こころにまかせる【心に任せる】 慣用句 思いのままにする。思いどおりになる。例心に任せて遠くまで歩く。

こころにもない【心にもない】 慣用句 本当はそう思っていない。例心にもないおせじを言う。

こころね【心根】 名詞 ❶心の底にある気持ち。例つらい心根を察する。❷性質。例心根のやさしい人。

こころのあたたまる【心の温まる】 慣用句 〔人の親切な心などを知って〕うれしく思う。気持ちがなごむ。例心の温まるおくりもの。参考「心が温まる」「心温まる」などの形でも使う。

こころのこもった【心のこもった】 慣用句 相手を思う気持ちが十分に感じられるようす。例心のこもったおくりもの。

こころのこり【心残り】 名詞 形容動詞 いつまでも気になって、心配したり、残念に思ったりすること。例最後にあいさつができなかったのが心残りだ。

こころのそこ【心の底】 連語 心のおく。また、本当の心。例心の底から、ほっとした。

こころのとも【心の友】 名詞 ❶心からわかりあえる友人。❷心のなぐさめとなるもの。例父は俳句を心の友としている。

こころのまま【心のまま】 名詞 自分の思うとおり。思うぞんぶん。例心のままに行動する。

こころばかり【心ばかり】 名詞 自分の気持ちを表す、わずかのしるし。例心ばかりの品ですが、おおさめください。参考おくりものをするときなどにけんそんしていう言葉。

こころひそかに【心ひそかに】 副詞 心の中でこっそりと。だれにも知られないように。例合格を心ひそかにいのる。

こころぼそい【心細い】 形容詞 たよるものがなくて不安である。例夜中に目がさめて兄がいなかったので、急に心細くなった。対心強い。活用 こころぼそ・い。

こころまち【心待ち】 名詞 する動詞 心の中であてにしながら待っていること。例プレゼントを心待ちにする。

こころみ【試み】 名詞 ためしてみること。ためし。例新しい試み。

こころみに【試みに】 副詞 どうなるかわからないがしてみるようす。ためしに。例試みに一口食べてみた。

こころみる【試みる】 動詞 〔どんな結果になるか〕じっさいにやってみる。例くわしい調査を試みる。注意 送りがなに気をつける。活用 こころ・みる。

こころもち【心持ち】 ㊀ 名詞 〔物事に対して、感じて、変化する〕気持ち。例春風にふかれていると、いい心持ちがする。㊁ 副詞 ほんの少し。わずかに。例こころもち長めに切る。参考 ㊁はふつう、ひらがなで書く。

こころもとない【心もとない】 形容詞 たよ

りなくて安心できない。例 妹と二人だけで電車に乗るのは、心もとない。活用 こころもとな・い。

こころやさしい【心優しい】形容詞 気持ちが優しくて、思いやりがあるようす。活用 こころやさし・い。

こころやすい【心安い】形容詞 親しくて、えんりょのない関係である。例 心安い相手。活用 こころやす・い。

こころゆくまで【心行くまで】副詞 もうこれで十分だというまで。気がすむまで。例 スポーツを心行くまで楽しんだ。

こころよい【快い】形容詞 〔さわやかで〕気持ちがよい。よい感じである。例 快いせせらぎの音。注意 ㋐送りがなに気をつける。㋑「心良い」と書かないこと。活用 こころよ・い。

こころをいためる【心を痛める】慣用句 心配する。なやむ。例 災害のニュースを見て、心を痛める。

こころをいれかえる【心を入れ替える】慣用句 まちがっていたと気づいて、その考えや態度をあらためる。例 心を入れ替えて、勉強する。

こころをうごかす【心を動かす】慣用句 ❶気持ちをひかれる。例 おもしろそうな番組だと、心を動かす。❷感動する。例 物語を読んで心を動かす。

こころをうたれる【心を打たれる】慣用句 心を強く動かされる。例 野生動物の生きるちえに心を打たれる。類 胸を打たれる。

こころをうつ【心を打つ】慣用句 心を強く動かす。例 人の心を打つ映画。

こころをうばわれる【心を奪われる】慣用句 ひきつけられる。むちゅうになる。例 美しい星空に心を奪われた。

こころをおどらせる【心を躍らせる】慣用句 胸をわくわくさせる。例 すてきなドレスを見て、心を躍らせる。

こころをおににする【心を鬼にする】慣用句 かわいそうだと思う気持ちをおさえて、わざときびしくする。例 心を鬼にしてきびしい練習をさせる。

こころをかよわせる【心を通わせる】慣用句 おたがいの気持ちをつうじ合わせる。例 同じ趣味をもつ人と心を通わせる。

こころをくだく【心を砕く】慣用句 心配して、気をつかう。例 クラスのみんなが仲よくするように心を砕く。

こころをくばる【心を配る】慣用句 細かい点まで注意が行きとどくようにする。例 親のように心を配る。

こころをくむ【心をくむ】慣用句 〔同情して〕相手の気持ちを思いやる。例 かいネコがいなくなった友人の心をくむ。

こころをこめる【心を込める】慣用句 〔感謝の気持ちをもって〕一生けんめいにする。例 心を込めてプレゼントを手作りする。

こころをとらえる【心を捕らえる】慣用句 注意をひきつける。例 かれの話は聞き手の心を捕らえた。

こころをひかれる【心を引かれる】慣用句 気持ちがそちらにむく。関心をもつ。例 新しいゲームソフトに心を引かれる。

こころをひく【心を引く】慣用句 気持ちをひきつける。関心をもつ。例 小さな記事だが、わたしの心を引いた。

こころをひらく【心を開く】慣用句 ❶本当の気持ちをうちあける。例 心を開いて語りあう。❷うちとけて、親しい気持ちになる。例 まわりの人に心を開く。

こころをゆるす【心を許す】慣用句 信じている。例 心を許した友と語り合う。

ここんとうざい【古今東西】四字熟語 昔から今までと、世界中。いつでもどこでも。例 古今東西のめずらしい品々。

ごさ【誤差】名詞 ❶本当のあたいと、計算したりはかったりしたあたいとのちがい。例 誤差を修正する。❷くいちがい。

ござ 名詞 イグサのくきであんだ、しきもの。

ごさい【後妻】名詞 つまと死別したり離婚したりした男性が、のちに結婚したつま。

こざいく【小細工】㊀名詞 手先でする、ちょっとした細工。㊁名詞 する動詞 細かい点をごまかすなどして相手をだます、つまらないはかりごと。例 そんな小細工は通用しない。参考 「小」は「わずかな」の意味。

ございます【御座います】連語 「ある」をていねいに言う言葉。例 商品はこちらにございます。／レストランは五階でございます。参考 ふ

あいうえお かきくけこ さしすせそ たちつてと なにぬねの はひふへほ まみむめも や ゆ よ らりるれろ わ を ん

ことばあそび だじゃれ43 「雨だからかさかして。」「かさない。」

つう、ひらがなで書く。

こさえる 動詞 「こしらえる」のくだけた言い方。活用 こさ・える。

こざかしい【小ざかしい】形容詞 ❶りこうぶっていて、なまいきだ。例 小ざかしい口をきく。❷悪がしこくて、ぬけめがない。例 小ざかしいやり方で金もうけをする。活用 こざかし・い。

こざかな【小魚】名詞 小さい魚。類 雑魚。

こさく【小作】名詞 お金をはらって地主から田畑をかり、作物をつくること。また、その人。対 自作。

こさくのう【小作農】名詞 小作による農作。また、それをいとなむ人。小作農家。対 自作農。

こさじ【小さじ】名詞 調味料などの量をはかる、小さなスプーン。すりきり一ぱいで、五ミリリットルがはかれる。対 大さじ。

こざっぱり 副詞(-と) する動詞 清潔で、気持ちのよいようす。例 こざっぱりした服装。

こざとへん【こざと偏】名詞 漢字の部首の一つ。「陽」「階」などの、左側の「阝」の部分。参考 漢字の右側にくる「阝」は「おおざと」という。

こさめ【小雨】名詞 雨が少しふること。また、細かくふる雨。例 小雨のうちに帰ろう。対 大雨。

ござる 動詞 ❶「ある」をていねいに言う言葉。ございます。例 ここに小判が一枚ござる。❷《ほかの言葉のあとにつけて》「ある」「いる」をていねいに言う言葉。…でございます。…しています。例 静かでござる。／だれかが見てござる。参考 古い言い方。活用 ござ・る。

こさん【古参】名詞 ふるくからその仕事についていること。また、その人。例 古参の社員。類 古顔。対 新参。

ごさん【誤算】名詞 する動詞 ❶計算をまちがうこと。❷予想や見こみが、まちがっていること。ことば 「(思わぬ)誤算が生じる」

こし【腰】名詞 ❶人間のせぼねの下の方で、曲げることのできる部分。例 腰がいたい。⇩285ページ・体①(図)。❷物のかべや、しょうじの下の部分。❸「こな・もちなどの」ねばり。また、しなやかさ。例 腰のあるそば。

[1]**こじ**【固辞】名詞 する動詞 人からの申し出などを、かたくことわること。例 受賞を固辞する。

[2]**こじ**【居士】名詞 僧にならずに仏教を信仰する男性。

[3]**こじ**【孤児】名詞 両親に死なれた子。

[4]**こじ**【故事】名詞 〔あることがらや言葉について〕昔から伝わっているいわれ。ことば 「故事来歴」

[5]**こじ**【誇示】名詞 する動詞 得意そうに、じまんして見せること。例 自分の力を誇示する。

[1]**ごし**【五指】名詞 五本のゆび。ことば 「(日本で)五指にはいる(＝五番以内である)(名人)」

[2]**ごし**【越し】接尾語 ❶《ものの名を表す言葉の下について》「それをこえて」の意味を表す言葉。例 めがね越しに見る。／つくえ越しに手をのべる。❷《時間や月日の長さを表す言葉について》「…のあいだじゅう」の意味を表す言葉。例 五年越しの仕事がようやく終わる。

ごじ【誤字】名詞 形や使い方がまちがっている字。類 うそ字。

こじあける【こじ開ける】動詞 〔物をさしこんで〕むりやり、あける。例 やっとのことで、ふたをこじ開けた。活用 こじあ・ける。

こしあん 名詞 あんこをつくるとき、アズキをにてつぶしたあと、うらごしして皮をとりのぞいたもの。

こしいた【腰板】名詞 かべやしょうじなどの、下の方にはってあるいた。

こしお【小潮】名詞 潮のみちひの差がもっとも小さいこと。また、その時の潮。対 大潮。

こしがおもい【腰が重い】慣用句 なかなか行動しようとしない。例 あの人は腰が重いので、計画はすぐには実現しないだろう。

こしがかるい【腰が軽い】慣用句 ❶おっくうがらないで、よく動く。例 腰が軽くて、よく働く人。❷深く考えないで、かるはずみな行動をする。例 腰が軽いので、失敗ばかりする。

こしがくだける【腰が砕ける】慣用句 ❶こしの力がぬけて、しせいがくずれる。❷何かをしようという気持ちがおとろえて、あとが続かなくなる。例 みんなから大反対されて、腰が砕けてしまった。

こしかけ【腰掛け】名詞 ❶こしをおろすための台。いす。❷本来の希望がかなうまで、一時的にある仕事や地位につくこと。例 腰掛けのつもりで、就職する。

こしかける【腰掛ける】動詞 〔こしかけや台などの上に〕こしをおろす。活用 こしか・ける。

こしがたかい【腰が高い】 慣用句 他人にへりくだることがない。えらそうな態度である。例 だれに対しても腰が高い人。対 腰が低い。

こしがつよい【腰が強い】 慣用句 ❶こしの力が強い。❷ねばり気が強い。弾力があっておれにくい。例 このもちは腰が強い。／腰が強い紙。❸気が強くて、かんたんには人に負けない。例 腰が強い人。

こしがぬける【腰が抜ける】 慣用句 ❶こしの関節がはずれたり、こしの力がなくなったりして、立てなくなる。❷おどろいたり、こわがったりして、立っていられなくなる。例 びっくりして腰が抜ける。

こしがひくい【腰が低い】 慣用句 ほかの人に対して、れいぎ正しくて、いばらないようす。例 あの人は、だれに対しても腰が低い。類 頭が低い。対 腰が高い。

こしがよわい【腰が弱い】 慣用句 ❶こしの力が弱い。❷ねばり気が少ない。弾力が少ない。例 このもちは腰が弱い。／腰が弱いうどん。❸いくじがなくて、すぐに負けてしまう。例 腰が弱くて、がんばりがきかない人。

こしき【古式】 名詞 昔から伝わっているやり方。ことば 「古式にのっとる（＝昔からのやり方にしたがう）」「古式ゆかしく（＝昔がなつかしく思い出されるように）」

こじき【古事記】 書名 奈良時代のはじめにつくられた、天皇家に伝わる神話と歴史伝説をまとめた本。天皇のいいつけで、太安万侶が稗田阿礼のおぼえていたことをもとにして書いたと伝えられている。

ごしき【五色】 名詞 ❶五つの色。ふつう、青・黄・黒・赤・白をさす。五彩。❷いろいろな色。例 五色のテープがみだれとぶ。

こしぎんちゃく【腰巾着】 名詞 いつも、ある人につきしたがっている人。例 社長の腰巾着。参考 もとの意味は「こしにさげるさいふ」のこと。

こしくだけ【腰砕け】 名詞 ❶こしの力がぬけて、体のかまえがくずれてたおれること。❷物事がとちゅうでだめになり、続かなくなること。例 計画が腰砕けにおわる。

こじせいご【故事成語】 名詞 昔あったことや言い伝えがもとになってできている言葉。「五十歩百歩」など。例 昔の中国の話がもとになっている故事成語。

こしたことはない【越したことはない】 連語 「…に越したことはない」の形で〕…であれば、その方がよい。例 家ちんは安いに越したことはない。

こしたんたん【虎視たんたん】 四字熟語 トラがするどい目つきでえものをねらうように、じっとよい機会をねらっているようす。例 虎視たんたんと相手のすきをねらう。漢字 虎視眈眈（虎視眈々）。

ごしちちょう【五七調】 名詞 詩や和歌で、言葉が、五音・七音のじゅんにくり返される調子。参考 ㋐「おくやまに（五） もみぢふみわけ（七） なくしかの（五） こえきくときぞ（七）」のような調子。㋑⇩558ページ・七五調。

こしつ[1]**【固執】** 名詞 する動詞 自分の意見などをかたく守って、ゆずらないこと。例 昔のやり方に固執していては進歩しない。参考 「こしゅう」ともいう。

こしつ[2]**【個室】** 名詞 一人用の部屋。

ごじつ【後日】 名詞 のちの日。しょうらい。例 くわしくは後日お話しします。対 先日。参考 数日、数週間、数か月、数年、数十年と、はばがある。

ゴシック 名詞 ❶全体が太い線からできている、かくばった活字。ゴシック体。ゴチック。ゴチ。⇩626ページ・書体②（図）。❷十二〜十五世紀のヨーロッパで、フランスを中心におこなわれた美術・建築様式。アーチ形の屋根や、先のとがった塔をとくちょうとする。ゴシック式。ゴチック。▼英語 Gothic

ゴシックしき【ゴシック式】 名詞 ⬇ゴシック②。

ゴシックたい【ゴシック体】 名詞 ⬇ゴシック①。

こじつけ 名詞 自分の都合のいいように、無理にりくつをつけること。無理にほかのことと結びつけること。例 その言い分は、たんなるこじつけにすぎない。

こじつける 動詞 〔すじの通らないことに〕無理にりくつや理由をつける。例 どうにかこじつけてその場を言いのがれた。活用 こじつ・ける。

ごじつだん【後日談】 名詞 あることがおこってのち、それがどうなったかという話。

ゴシップ 名詞 うわさばなし。▼英語 gossip

ことばあそび だじゃれ㊹ 「王様がね、よい返事をして出かけたって。」「どこに？」「ハイキング。」

ごじっぽひゃっぽ【五十歩百歩】
故事成語 ちがうように見えても、じっさいはほとんど同じであること。例かれよりは上手だと言っても五十歩百歩だ。語源 敵におわれて五十歩にげた人が、百歩にげた人をおくびょうだと笑ったが、にげたことは同じであるという中国の話から。類 大同小異。にたりよったり。どっちもどっち。

こしぬけ【腰抜け】名詞 おくびょうなこと。また、おくびょうな人。いくじなし。例悪事を見て見ぬふりをするような腰抜けになるな。

こしゃく【小しゃく】名詞 形容動詞 なまいきでしゃくにさわること。例何を小しゃくなことをいうか。

ごしゃく【語釈】名詞 言葉の意味を説明すること。また、その説明。

1**こしゅ**【戸主】名詞 一家の主人。家長。

2**こしゅ**【固守】名詞 する動詞 しっかりと、かたく守ること。例自分の理論を固守する。

ごしゅいんせん【御朱印船】名詞 ➡586ページ・しゅいんせん。

こしゅう【固執】名詞 する動詞 ➡465ページ・こしつ(固執)。

ごじゅうおん【五十音】名詞 かなで書き表した、あ・い・う・え・お、か・き・く・け・こ…の五十の音。現代では「ん」をのぞき四十四音。

ごじゅうおんじゅん【五十音順】名詞 あ・い・う・え・お、か・き・く・け・こ……の、五十音のじゅん。あいうえお順。

こじゅうと【小じゅうと】名詞 ❶夫または妻のきょうだい。漢字 小姑。小舅。❷夫または妻の姉や妹。小じゅうとめ。

ごじゅうのとう【五重の塔】名詞 寺などにある、五階だての塔。⇩図。

五重の塔

ごじゅん【語順】名詞 言葉が文の中でならんでいる順序。

こしょ【古書】名詞 ❶昔の書物。例古書を調べる。❷ふるくなった本。ふるほん。

ごしょ【御所】名詞 ❶天皇のいるところ。皇居。また、天皇をうやまってよぶ名。例京都御所。❷昔、上皇・法皇・親王・大臣・将軍のいるところ。また、それらの人のよび名。

1**こしょう** 名詞 コショウ科の植物。熱帯地方で育つ。実はこなにして、かおりやからみをつけるのに使う。漢字 胡椒。

2**こしょう**【故障】名詞 する動詞 〔機械や体などの〕調子が悪くなること。例エンジンの故障で、自動車が動かなくなった。／ひざを故障した選手。

こじょう【湖上】名詞 みずうみの上。例湖上めぐりのゆうらん船。類 湖面。

ごしょう【後生】名詞 ❶仏教で、死んでから生まれかわっていくというところ。❷仏教で、死後の世界でしあわせであること。例仏さまにすがって後生を願う。❸特別に、人にものをたのむときに使う言葉。例後生だから命だけは助けてくれ。

こしょうがつ【小正月】名詞 昔のこよみで一月十五日。また、一月十四日から十六日までのこと。

ごしょうだいじ【後生大事】四字熟語 ❶仏教で、死後の世界でしあわせになるように、信仰にはげむこと。❷とても大切にすること。例後生大事にかかえる。

ごしょく【誤植】名詞 印刷で、まちがった活字を組みこむこと。また、印刷物の中の文字のあやまり。

ごしょぐるま【御所車】名詞 ➡326ページ・ぎっしゃ。

こじらいれき【故事来歴】四字熟語 昔の物事についての言い伝えや記録。例この神社の故事来歴を教えてください。

こしらえる 動詞 ❶手を加えて、物をつくる。例のきにツバメが巣をこしらえている。❷ないことを本当のことのように見せかける。例うまく話をこしらえてその場をごまかした。❸〔美しく〕形をととのえる。例母はねんいりに顔をこしらえて(＝けしょうして)外出した。活用 こしら・える。

こじらす 動詞 ❶病気などの状態を悪くする。例かぜをこじらせて肺炎になった。❷物事がうまくいかなくなる。例話をこじらせた。活用 こじら・す。

こじる 動詞 〔物のすきまやあなに〕棒などを入れて強くねじる。例スプーンでこじってあける。活用 こじ・る。

こじれる 動詞 ❶ことがらがもつれて、うまくい

かなくなる。例 話がこじれてしまった。❷けがや病気が悪くなり、ながびく。例 かぜがこじれて肺炎になった。活用 こじ・れる。

こしをあげる【腰を上げる】 慣用句 ❶すわっている人が立ち上がる。❷あることに、とりかかる。例 説得され、ようやく腰を上げた。

こしをいれる【腰を入れる】 慣用句 〔物事に対して〕きちんと取り組む。本気になる。例 テストが近いので、勉強に腰を入れる。

こしをうかす【腰を浮かす】 慣用句 〔立ち上がろうとして（＝帰ろうとして）〕こしを上げる。例 そろそろ帰ろうとして腰を浮かす。

こしをおちつける【腰を落ち着ける】 慣用句 ある場所や仕事・地位などに、おさまっていること。例 腰を落ち着けて仕事にはげむ。

こしをおる【腰を折る】 慣用句 ❶こしを曲げる。例 腰を折ってていねいにおじぎをする。❷《「話の腰を折る」の形で》そばから口を出して、話のじゃまをしたり話す気力をなくさせたりする。例 話の腰を折られて、しらけてしまう。

こしをおろす【腰をおろす】 慣用句 すわる。例 くたびれて道ばたに腰をおろした。

こしをすえる【腰を据える】 慣用句 〔ある場所に〕落ち着く。また、落ち着いて一つのことをする。例 腰を据えて研究にとりくむ。

こしをぬかす【腰を抜かす】 慣用句 おどろいて、足が立たなくなる。また、とてもおどろく。例 事故の知らせに腰を抜かした。

1 **こじん【古人】** 名詞 昔の人。例 古人の言葉。

2 **こじん【故人】** 名詞 なくなった人。例 アルバムを見て故人をしのぶ。

3 **こじん【個人】** 名詞 〔国や社会をつくっている〕一人一人の人。例 個人を尊重する。／個人情報。／個人戦。

ごしん【誤診】 名詞 する動詞 医者が患者の病気をまちがって診断すること。また、まちがった診断。

こじんさ【個人差】 名詞 個人個人のものの考え方や身体の機能・能力などのちがい。

こじんしゅぎ【個人主義】 名詞 一人一人の人間の権利と自由を大切にする考え方。

ごしんじゅつ【護身術】 名詞 〔敵におそわれたときなど〕危険から体を守るわざ。

こじんじょうほう【個人情報】 名詞 住所・氏名・生年月日など、特別の個人に関することがら。例 個人情報保護法。

こじんてき【個人的】 形容動詞 その人一人一人にかかわりのあるようす。私的。例 個人的な問題。

1 **こす** 動詞 〔ごみ・かすなどをとりのぞくために〕液体をこまかいすきまから通す。例 にごった水を布でこす。活用 こ・す。

2 **こす【越す】** 動詞 ❶あるものの上を通りすぎて行く。例 とうげを越す。❷ある数量より上になる。例 気温が三十度を越す。参考 ②は「超す」とも書く。❸ある時期をすごす。例 あたたかい土地で冬を越した。❹引っこしをする。例 となりに新しい人が越してきた。❺《「お越し」の形で》「行く」「来る」のていねいな言い方。例 ようこそお越しくださいました。❻《「…（するに）こしたことはない」の形で》（…に）まさることはない。例 自分で行くに越したことはない。活用 こ・す。

3 **こす【超す】** 動詞 ある基準や数量を上回る。例 想定を超すできばえ。活用 こ・す。

1 **こすい** 形容詞 悪がしこく、ずるい。例 都会ずれしてこすい人間になってしまった。参考 くだけた言い方。活用 こす・い。

2 **こすい【湖水】** 名詞 みずうみ。また、そのみず。

1 **こすう【戸数】** 名詞 家のかず。

2 **こすう【個数】** 名詞 もののかず。

こずえ 名詞 木のみきやえだの、先の方。漢字 梢。

コスト 名詞 ものをつくるのにかかる費用。原価。例 コストを下げる。▼英語 cost

コスモス 名詞 キク科の植物。葉は細い。秋に、赤・白・ピンク色などの花がさく。秋桜。▼英語 cosmos

こすりつける 動詞 ❶強くおしてつける。例 くつのどろを床にこすりつける。❷体などをおしつける。例 ネコが体をこすりつける。活用 こすりつ・ける。

こする 動詞 おしつけるようにして動かす。強くおして、する。例 タオルで体をこする。活用 こす・る。

こすれる 動詞 物と物がすれ合う。例 首がえりにこすれてひりひりする。活用 こす・れる。

ごすんくぎ【五寸くぎ】 名詞 太くて長いくぎ。参考 もとは五寸（＝約十五センチメートル）のものを言ったが、現在ではふつう二寸五分（＝約七・五センチメートル）のものを指す。

あいうえお かきくけこ さしすせそ たちつてと なにぬねの はひふへほ まみむめも や ゆ よ らりるれろ わ を ん

ことばあそび　だじゃれ45　忍者は役人じゃ。

こせい【個性】名詞 それぞれの人や物がもっている、ほかとちがった特別の性質。例 個性をいかした作品。／個性をのばす。類 特性。

ごせい【語勢】名詞〔話しているときの〕言葉のいきおい。語気。例 語勢を強くして反対する。

こせいだい【古生代】名詞 大昔の時代の分け方の一つ。今から約五億四千万年前から二億五千万年前までの間。魚類やシダ類がさかえた。

こせいてき【個性的】形容動詞 その物、または、その人がもっている特別の性質が強く表れているようす。例 個性的な作品。

1 **こせき**【戸籍】名詞 家族の名前・関係などをしるした、おおやけの書き物。参考 本籍地の役所にそなえてある。

2 **こせき**【古跡】名詞 歴史上のできごとや建物などがあったあと。例 古跡をめぐる旅。類 旧跡。史跡。

こせこせ 副詞(−と) する動詞 心がせまく、つまらないことに気をとられるようす。例 こせこせした性格。類 あくせく。

こぜに【小銭】名詞 こまかいお金。額の少ないお金。例 小銭しかもちあわせていない。

こぜりあい【小競り合い】名詞 ❶小さなたたかい。例 国境近くの小競り合いで死者が出た。❷ちょっとした、もめごと。例 こうふんした選手が小競り合いをおこした。

1 **ごせん**【互選】名詞 する動詞 ある仲間の中から、たがいに選挙によってえらび出すこと。例 委員の互選で委員長を決める。

2 **ごせん**【五線】名詞 楽譜で、音符を書くために横に引く五本の線。⇩244ページ・楽譜（図）。

ごぜん【午前】名詞 ❶夜の十二時から昼の十二時まで。例 午前八時。❷朝から昼ごろまで。例 午前に出発するツアー。対 ①②午後。

ごせんし【五線紙】名詞 五線が書いてある用紙。

こせんじょう【古戦場】名詞 歴史に残る名高いたたかいがあったところ。

こそ 助詞 あることがらを、特にとり上げて強める言葉。例 今年こそがんばるぞ。

こそあどことば【こそあど言葉】名詞 物・場所などをさししめす言葉。「これ」「それ」「あれ」「どれ」など。指示語。

こぞう【小僧】名詞 ❶僧になる修行をしている子ども。❷〔つかいはしりなどをする〕少年の店員。参考 ②は古い言い方。❸少年などをばかにしていう言葉。

ごそう【護送】名詞 する動詞 守っておくりとどけること。例 犯人を護送する。

こそく 名詞 形容動詞 その場だけ間に合わせること。例 こそくな手段。金田一メモ 「ひきょう」という意味で用いるのは、本来の使い方ではない。

こそげる 動詞 物の表面についているものをこすって、とる。例 手すりの鉄さびをこそげる。活用 こそ・げる。

こそこそ 副詞(−と) する動詞 人に気づかれないように、かくれて行動するようす。例 こそこそとにげ出した。

ごそごそ 副詞(−と) する動詞 かたいものなどがふれ合って出る音を表す言葉。例 引き出しの中をごそごそとさがす。

こそだて【子育て】名詞 子どもを育てること。育児。例 子育てにいそがしい毎日です。

こぞって 副詞 みんなそろって。例 家じゅうこぞって、おうえんに出かけた。

こそどろ【こそ泥】名詞〔人に見つからないようにして〕わずかな物をとるどろぼう。参考 くだけた言い方。

こそばゆい 形容詞 ❶むずむずする。くすぐったい。例 せなかがこそばゆい。❷〔人からほめられたり、よく見られたりして〕てれくさい。きまりが悪い。例 みんなにほめられてなんとなくこそばゆい。活用 こそばゆ・い。

ごぞんじ【御存じ】名詞 相手が知っていることを尊敬していう言葉。例 ここにあった本を御存じないでしょうか。

1 **こたい**【固体】名詞 木・石・金属など、決まった形や体積をもち、かんたんには形をかえないもの。対 液体。気体。

2 **こたい**【個体】名詞 独立して生活をいとなむ、一つ一つの生き物。例 同じ親から生まれた子犬にも、個体差がある。

1 **こだい**【古代】名詞 ❶大昔。例 よみがえった古代の村。❷時代の分け方の一つ。日本では、ふつう奈良・平安時代のこと。西洋では、ローマ帝国滅亡までのこと。

2 **こだい**【誇大】名詞 形容動詞 じっさいより大げさなこと。例 誇大広告。

ごたい【五体】名詞 ❶人の体で、頭・首・胸・

手・足の五つの部分。❷人の体。全身。類身体。❸書道の五つの書体。かい書体、行書体、草書体、れい書体、てん書体のこと。

ごだいこ【五大湖】 名詞 アメリカ合衆国とカナダとの間にある五つの湖。スペリオル湖・ミシガン湖・ヒューロン湖・エリー湖・オンタリオ湖。大西洋と川や運河で結ばれ、湖岸には大工業地帯がある。

ごだいごてんのう【後醍醐天皇】 人名 （一二八八〜一三三九）鎌倉時代末期から南北朝時代にかけての天皇。鎌倉幕府をほろぼし、建武の新政をおこなった。足利尊氏にそむかれ、奈良県の吉野にうつり、南朝という朝廷で政治をおこなった。

こだいもうそう【誇大妄想】 四字熟語 ある物事や自分の能力や財産などをじっさいより大きいと思いこむこと。また、そのような病気。

こたえ【答え】 名詞 ❶返事。例よんでも答えがない。❷問題をといたもの。例正しい答えを書く。対①②問い。

[1]こたえる【応える】 動詞 ❶働きかけに対して、あるおこないをする。例ファンの期待に応える。❷強く感じる。例はげしい寒さが体に応える。活用こた・える。⇩使い分け。

[2]こたえる【答える】 動詞 ❶へんじをする。例名前をよばれて、元気に答える。❷問題をとく。例クイズに答える。活用こた・える。⇩使い分け。

こだかい【小高い】 形容詞 少したかい。例小高いおか。活用こだか・い。

ごたごた 一 副詞（ーと） する動詞 いろいろなものが入りまじっていて、整理ができていないようす。例いろいろな店がごたごたとならんだ通り。二 名詞 する動詞 めんどうなもめごとがおきて、こんらんすること。また、もめごと。例あのチームではごたごたがたえない。

こだし【小出し】 名詞 少しずつ出すこと。例ためたお金を小出しに使う。

こだち【木立】 名詞 木がかたまってはえているところ。また、その木。注意 送りがなをつけない。

こたつ 名詞 だんぼう器具の一つ。熱を出すものの上をやぐらでおおい、ふとんをかけて手足を入れあたためるしかけ。類行火。

ごたつく 動詞 ❶いろいろ用事があって、こんらんする。例ひっこしのじゅんびでごたつく。❷もめごとがおきて、こんらんする。ごたごたする。例あとつぎをだれにするかでごたついている。活用ごたつ・く。

使い分け　こたえる

●働きかけに、おうじる。
声援に応える。

●解答する。
質問に答える。

ごたぶんにもれず【御多分に漏れず】 慣用句 ほかの多くの例と同じに。例御多分に漏れず失敗した。参考 よくないときに用いることが多い。

こだま【木霊】 名詞 する動詞 声や音が山や谷などにぶつかり、はねかえってくること。また、その声や音。やまびこ。

こだわる 動詞 あることを、必要以上に気にする。例形式にこだわる。活用こだわ・る。

こち 名詞 春に東の方からふいてくる風。例こちがふく。漢字東風。

こちこち 一 形容動詞 ❶かわいたりこおったりして、とてもかたくなるようす。例道路がこちこちにこおる。❷きんちょうして、ゆとりがなくなるようす。例たくさんの人の前で、こちこちになる。❸がんこで、ゆうずうのきかないようす。例こちこちの石頭。二 副詞（ーと） かたいものがふれ合ったり、かたいものをたたいたりして出る音を表す言葉。例時計がこちこちと時をきざむ。類一二かちかち。がちがち。

ごちそう 名詞 する動詞 ❶人に食べ物や飲み物を出してもてなすこと。例カレーライスをごちそうする。❷おいしい、りっぱな食べ物。例こんばんのおかずはごちそうだ。漢字御馳走。

ごちそうさま 感動詞 食べ物や飲み物を食べ終えたときのあいさつの言葉。参考 ていねいに

あいうえお　かきくけこ　さしすせそ　たちつてと　なにぬねの　はひふへほ　まみむめも　や　ゆ　よ　らりるれろ　わ　を　ん

ことばあそび　同音異義語の文❶　先生の先制こうげき。

言うときは、下に「でした」をつける。

ゴチック 名詞 ➡465ページ・ゴシック。

ごちゃごちゃ 副詞(-と) 形容動詞 する動詞 いろいろな物がばらばらに入りまじっているようす。例 つくえの中がごちゃごちゃだ。

こちょう【誇張】 名詞 する動詞 大げさに表すこと。例 一のことを十に誇張して話す。

1 **ごちょう【伍長】** 名詞 昔の陸軍の位の一つ。軍曹の下、兵長の上の下士官。

2 **ごちょう【語調】** 名詞 言葉の調子。

こちら 代名詞 ❶自分に近い場所や、その方向をさす言葉。例 こちらへ来てください。❷話し手、または話し手の仲間の人をさす言葉。例 この失敗はこちらの責任です。参考 ㋐「こっち」よりも、ていねいな言い方。㋑「こそあど言葉」の一つ。

こぢんまり 副詞(-と) する動詞 小さく、きちんとまとまっているようす。例 こぢんまりした家。注意「こじんまり」と書かないこと。

こつ 名詞 物事をうまくおこなうための、大切なところや、よいやり方。例 おいしく作るこつを教わる。

ごつい 形容詞 ❶やわらかみがなく、大きくて角ばっている。ごつごつしている。例 体つきがごつい。❷動作がかたくて、ぎこちない。参考 くだけた言い方。活用 ごつ・い。

1 **こっか【国花】** 名詞 その国で多くの人にこのまれ、その国を代表している花。参考 日本は桜、イギリスはバラ、ギリシャはオリーブなど。

2 **こっか【国家】** 名詞 ある決まった地域（＝りょうど）とそこに住んでいる人からなり、主権によっておさめられている社会集団。くに。

3 **こっか【国歌】** 名詞 その国を代表する歌。儀式などでうたわれる。参考 日本では「君が代」。

1 **こっかい【国会】** 名詞 国民の選挙でえらばれた議員が集まり、国の予算や法律などを決めるしくみ。例 通常国会。参考 日本では衆議院と参議院からなる。

2 **こっかい【黒海】** 地名 ヨーロッパとアジアの間の内陸にある海。ボスポラス海峡で地中海につながっている。ドナウ川、ドン川などが流れこんでいる。

こづかい【小遣い】 名詞 生活費とは別の、ちょっとした買い物などに自由に使えるお金。例 お小遣いをもらう。

こっかいぎいん【国会議員】 名詞 国民からえらばれて、国会を構成している国民の代表者。衆議院議員と参議院議員に分かれる。

こっかいぎじどう【国会議事堂】 名詞 国会の開かれる建物。

こっかいとしょかん【国会図書館】 名詞 国会議員の仕事に役立つとともに、国民が利用するための本を集めた国立の図書館。日本でつくられるすべての本を集めている。

こっかく【骨格】 名詞 いくつものほねが組み合わさって、体のささえとなっているもの。ほねぐみ。

こっかこうむいん【国家公務員】 名詞 国全体にかかわる仕事をする人。対 地方公務員。

こっかしけん【国家試験】 名詞 一定の資格をにんていするために、国がおこなう試験。参考 司法試験・医師国家試験などがある。

こっかん【酷寒】 名詞 ひどく寒いこと。例 酷寒にたえる。類 極寒。対 酷暑。

ごっかん【極寒】 名詞 きわめて、寒いこと。例 極寒の地。類 酷寒。対 極暑。

こっき【国旗】 名詞 その国のしるしとなるはた。参考 日本の国旗は「日の丸」。

こっきしん【克己心】 名詞 自分の欲や、悪い考えにうちかつ心。例 克己心をやしなう。

こっきょう【国境】 名詞 国と国とのさかい。例 イタリアの国境をこえた。

こっきょうせん【国境線】 名詞 国と国とのさかい目にあたるところ。

コック 名詞 職業として料理をつくる人。▼オランダ語

こづく【小突く】 動詞 ❶指やぼうなどで、ちょっとつつく。例 弟の頭を小突いて注意した。❷いじめる。活用 こづ・く。

こっくり 副詞(-と) する動詞 ❶いねむりをして頭が前後に動くようす。また、いねむりをすること。例 すわりながらこっくりとしている。❷頭をたてにふってうなずくようす。また、その動作。例 かれは話しかけられて、こっくりした。

こづくり【小作り】 名詞 形容動詞 ❶顔や体つきなどが、ほかの多くの人より小さいこと。例 小作りな女性。❷ふつうより小さく作られていること。例 小作りのケーキ。

こっけい【滑稽】 名詞 形容動詞 〔言うことや動作が〕おどけていておかしいようす。例 ピエロが

滑稽な動作をして客を笑わせた。

こっこ【国庫】名 国のお金を出し入れしたり、しまっておいたりするしくみ。国家金庫。

ごっこ 接尾語《ある言葉の下につけて》「…のまねをする遊び」「…遊び」の意味を表す言葉。例 おにごっこ。／お店やさんごっこ。

こっこう【国交】名 国と国のつきあい。国と国との外交関係。

こっこうかいふく【国交回復】名 戦争などでとぎれていた、国と国との外交関係をもとどおりにすること。対 国交断絶。

こっこうせいじょうか【国交正常化】名 うまくいっていなかった、国と国との外交関係をふつうの状態にもどすこと。

こっこうだんぜつ【国交断絶】名 国と国との外交関係をたち切ること。対 国交回復。

こっこく【刻刻】副詞(─と) ⬇455ページ・こくこく。

こつこつ 副詞(─と) 休まないで努力を続けるようす。例 こつこつ勉強する。

ごつごつ 副詞(─と) する動詞 ❶物の表面がでこぼこで、かたいようす。例 ごつごつした岩。❷〔態度などが〕あらっぽいようす。例 ごつごつした男。

こっし【骨子】名 中心となる大事なところ。要点。例 この法案の骨子をのべる。

こつずい【骨髄】名 ❶ほねの中心部にあるやわらかい組織。血液をつくる働きをしている。例 骨髄移植。❷心のおく。心底。ことば「うらみ骨髄にてっする（＝深く相手をうらむ）」

こっせつ【骨折】名 する動詞〔ぶつかったりして〕ほねをおること。例 スキーで足を骨折した。

こっそり 副詞(─と) 人に知られないように物事をするようす。例 こっそりぬけ出した。

ごっそり 副詞(─と) たくさんの物を、全部。例 財宝をごっそりうばわれた。

ごったがえす【ごった返す】動詞 ひどくこんざつする。ひじょうにこみあう。例 駅のホームは帰省する人でごった返していた。活用 ごったがえ・す。

ごったに【ごった煮】名 ❶いろいろの物を入れてにること。その食べ物。❷いろいろの物事が入りまじっていることのたとえ。

こっち 一 代名詞 ❶「こちら①」のくだけた言い方。例 こっちへいらっしゃい。❷「こちら②」のくだけた言い方。例 こっちの考えも聞いてください。

二 名 ある時から今までの間。例 卒業してからこっち、同級生には会っていない。

こっちのもの【こっちの物】慣用句 自分の物。また、自分の思いのままになる物やことがら。例 もう優勝はこっちの物だ。

ごっちゃ 形容動詞 入りまじっているようす。ごちゃごちゃ。例 両方の話がごっちゃになる。参考 くだけた言い方。

こつづみ【小鼓】名 能や歌舞伎などで使う、小型のつづみ。かたにのせて打つ。注意「こつずみ」と書かないこと。

こづつみ【小包】名 「小包郵便」の略。郵便でおくる小さな荷物。注意 送りがなをつけない。

こってり 副詞(─と) する動詞 ❶味や色などがこくて、しつこい。例 こってりとした味つけのスープ。対 あっさり。❷ぬったり、かけたりする量が多い。例 トーストにバターをこってりぬりつける。❸物事のていどの、ひどいようす。いやというほど。ことば「こってりと油をしぼられた（＝きびしくしかられた）」

こっとう【骨とう】名 美術品としてねうちのある古い道具。こっとう品。漢字 骨董。

こつにく【骨肉】名 ❶ほねと肉。❷親子・兄弟など、たがいに血のつながりのある者。ことば「骨肉の争い」

こっぱみじん【木っ端みじん】名 こなごなにくだけちること。こなみじん。例 台風の大波で、小さなふねが木っ端みじんになった。／ゆめは、木っ端みじんに打ちくだかれた。類 粉粉。

こつばん【骨盤】名 こしからおしりにかけての部分をかたちづくっている骨。どんぶりのような形をしており、内臓をささえている。⇩1209ページ・骨一①（図）。

こっぴどい 形容詞 とてもきびしい。例 こっぴどくしかられた。参考「ひどい」を強めた言い方。

こつぶ【小粒】名 形容動詞 ❶つぶが小さいこと。また、小さいつぶ。例 小粒のダイヤ。対 大粒。❷体つきが小さいこと。例 小粒な選手。❸人がらが小さいこと。例 小粒な政治家。

コップ 名 ガラスなどでつくった、水を飲むための入れもの。▼オランダ語

コッホ 人名（一八四三〜一九一〇）ドイツの細菌学者。結核菌やコレラ菌を発見し、ツベルクリ

ことばあそび 同音異義語の文❷ 先生が宣誓をした。

ンを発明した。一九〇五年に、ノーベル生理学・医学賞を受賞。ロベルト＝コッホ（Robert Koch）。

ゴッホ 人名 （一八五三〜一八九〇）オランダの画家。はげしい心の動きを、明るい色と線でえがいた。「ひまわり」「糸すぎ」などの作品が有名。ビンセント＝バン＝ゴッホ（Vincent van Gogh）。

[1]こて 名詞 ❶かべ土やセメントなどを平らにぬりつける道具。❷〔衣服の〕しわをのばしたりくせをつけたりする、柄のついた道具。⇩図。

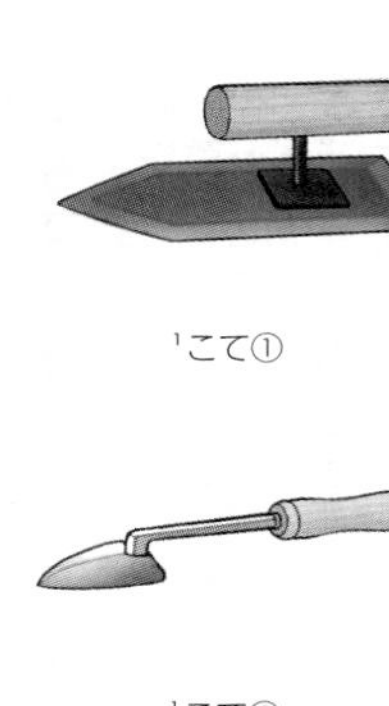
[1]こて①
[1]こて②

[2]こて【小手】 名詞 ひじと手首との間の部分。また、手先。

[3]こて【こ手】 名詞 剣道で、手のこうからひじまでをおおう防具。また、そこを打つ決まり手。例 みごとにこ手を決める。漢字 籠手。

ごて【後手】 名詞 ❶相手に先をこされること。ことば「後手に回る（＝後になる）」❷囲碁・将棋などの順番で、あとからせめる方。対①②先手。

[1]こてい【固定】 名詞 する動詞 ある決まったところから動かないこと。また、動かさないこと。例 いすを固定させる。ことば「固定客（＝いつもその店で買う客）」類 定着。

[2]こてい【湖底】 名詞 みずうみのそこ。例 湖底にしずんだ村。

こていかんねん【固定観念】 名詞 ある物事について強く思いこんだら、まったくかわることがない考え。例 固定観念にとらわれて、自由な発想がうかばない。

コテージ 名詞 〔ひしょ地などにある〕西洋風の小さな建物。宿泊や別荘として使う。キッチンやトイレ、シャワーなどが備わる。コッテージ。⇩ヴィラ。バンガロー。ペンション。ロッジ。▼英語 cottage

こてきたい【鼓笛隊】 名詞 たいことふえを使って演奏する楽隊。

ごてごて 副詞（-と） する動詞 しつこいほど分量や数量が多いようす。例 アクセサリーをごてごてとつける。

こてさき【小手先】 名詞 ❶手の先のほう。手先。❷ちょっと器用であること。また、ちょっとした仕事。例 小手先の仕事。

こてさきがきく【小手先が利く】 慣用句 ちょっとしたことに器用である。ちょっとしたことに才知が働く。例 かれなら小手先が利くからだいじょうぶだ。

こてしらべ【小手調べ】 名詞 〔本式にする前に〕ちょっとためしにやってみること。

こてをかざす【小手をかざす】 慣用句 光をさえぎりかげをつくるように、手を顔の上にさしかける。例 小手をかざして雲をながめる。⇩図。

小手をかざす

[1]こてん【古典】 名詞 ❶昔の本。❷芸術などで、それぞれの方面を代表し、長く親しまれてきた、りっぱな作品。クラシック。参考 多く文芸作品にいう。例 古典に親しむ。

[2]こてん【個展】 名詞 画家や彫刻家などが、自分の作品だけを集めて開く展覧会。

ごてん【御殿】 名詞 ❶身分の高い人のすまい。❷りっぱな建物。

[1]こと 助詞 感動・強め・さそいなどの気持ちを表す言葉。例 まあ、きれいだこと。／ごいっしょしませんこと。参考 おもに女性が使う。

[2]こと【古都】 名詞 京都・奈良など、昔みやこだった都市。例 古都の秋。

[3]こと【言】 名詞 口に出して言うこと。また、その言葉。例 ひと言もうし上げます。ことば「泣き言を言う」参考「…ごと」の形でも用いる。

[4]こと【事】 名詞 ❶かわったできごと。大事件。例 今年は事もなく、すぎた。❷世の中に現れることがらや有様。例 事のなり行き。❸経験。例 行ったことはない。❹必要。例 急ぐことはない。❺話。うわさ。例 先生はお元気とのことです。❻ねうち。例 勉強しただけのことはある。❼内

容。意味。例かれが言っているのは、こういうことだ。❽場合。例失敗することはあるまい。❾もっともよいことがら。例まじめに勉強することだ。❿《活用する言葉について》全体を名詞のように使うときの言葉。例書くことができる。⓫《形容詞について》全体を副詞のように使うときの言葉。例長いこと待った。⓬《文の終わりについて》命令などの意味を表す言葉。例時間におくれないこと。⓭「…について いえば」の意味を表す言葉。例私こと、このたび退職いたすことになりました。⓮《雅号・芸名・あだ名などについて》「すなわち」の意味を表す言葉。例漱石こと夏目金之助。参考③〜⓮はふつう、ひらがなで書く。

[5]**こと**【琴】名詞 キリの木でつくった細長いどうの上に、きぬなどの弦をはりわたした楽器。ふつう、弦の数は十三本。ことづめでひきならす。参考㋐「…面」「…張」と数える。㋑「箏」とも書く。⇩図。

琴

[1]**こと** 接尾語《ある言葉の下について》「全部」「いっしょに」の意味を表す言葉。例リンゴをまるごと食べる。／体ごとどんとぶつかった。

[2]**ごと** 接尾語《ある言葉の下について》「…するたびに」「…もみんな」の意味を表す言葉。例月ごとに統計をとる。／はんごとにお話をつくります。

ことあたらしい【事新しい】形容詞 ❶今までとちがって新しい。例事新しいこころみ。❷わざわざ取り上げるようす。例事新しく言うことでもない。

ことう【孤島】名詞 一つだけ遠くはなれてある島。はなれ島。類離島。対群島。

こどう【鼓動】名詞 する動詞 心臓が血をおくり出すために動くこと。また、その音。

こどうぐ【小道具】名詞 演劇の舞台などで使う、こまごました道具。対大道具。

ことかく【事欠く】動詞 たりなくてこまる。不足する。例水不足で飲み水にも事欠くありさまだ。活用 ことか・く。

ことがら【事柄】名詞 物事の有様。内容。

ことぎれる【事切れる】動詞 死ぬ。例かけつけたときには、すでに事切れていた。参考 やや古い言い方。活用 ことき・れる。

こどく【孤独】名詞 形容動詞 〔身よりや友だちがなく〕ひとりぼっちであること。例孤独な生活をおくる。

ごとく【五徳】名詞 火ばちの中に入れ、やかんやなべなどをのせる三本足の台。⇩1108ページ・火鉢(図)。参考 ガスコンロで、やかんやなべをのせるものについてもいう。

ごどく【誤読】名詞 する動詞 まちがって読むこと。例ふりがなをつけて誤読をふせぐ。

ことこと 副詞(-と) ❶物を軽くたたいたり、小さいものが軽くふれ合ったりして出る音を表す言葉。例箱をふると、中でことこと音がした。❷物を静かににるときの音や様子。例豆を弱火でことことにる。

ことごとく 副詞 そこにあるもの、全部。すべて。例計画はことごとく失敗した。

ことごとに【事ごとに】副詞 ことあるたびに。なにかにつけて。例れいぎを知らない人を相手にしていると事ごとに腹がたつ。

ことこまか【事細か】形容動詞 こまごまと、くわしいようす。例どうしてこうなったかを事細かに説明する。類詳細。

ことざ【琴座】名詞 夏の夜に見える星座。参考 この星座の中で一番明るい星が、七夕のおりひめ星、ベガ。

ことさら【殊更】副詞 ❶わざと。例雨の日にことさら出かけることはない。❷特に。とりわけ。例その服はことさらすばらしい。

ことし【今年】名詞 今すごしている年。例今年の十二月。／今年、入学した。

ことたりる【事足りる】動詞 十分である。例赤えんぴつ一本で事足りる。活用 ことた・りる。

ことづかる【言付かる】動詞 〔言葉を伝えたり、品物をわたしたりするように〕人からたのまれる。例いなかのご両親から手紙を言付かってきた。活用 ことづか・る。

ことづけ【言付け】名詞 ⬇ことづて。

ことづける【言付ける】動詞 人にたのんで伝えたり、とどけたりしてもらう。例おみやげを言付ける。活用 ことづ・ける。

ことづて【言づて】名詞 人からたのまれて相手に伝える言葉。ことづけ。例先生からの言づてを母につたえた。

ことばあそび 同音異義語の文③ 否決のひけつはなんですか。

ことしだいによっては【事と次第によっては】慣用句 これからのなり行きによって、どうなるかわからないが、もしかするとそのようになるかもしれない。例 事と次第によってはきみとは絶交だ。

ことなかれしゅぎ【事なかれ主義】名詞 おとなしくしていて、めんどうなことがおこらずに無事であることをのぞむ態度や考え方。例 上司は事なかれ主義で、なにもしてくれないことが多い。

ことなきをえる【事なきを得る】慣用句 無事にすむ。困難なことはおこらない。例 すぐ医者に来てもらったので事なきを得た。

ことなく【事なく】副詞 なにごともなく。無事に。例 運動会も事なくすんだ。

ことなる【異なる】動詞 同じでない。ちがう。例 姉とはしゅみが異なる。注意 送りがなに気をつける。活用 ことな・る。

ことに【殊に】副詞 とりわけ。特に。例 山の夕ぐれはいつも美しいが、殊に雨あがりはかくべつだ。

ことにあたる【事に当たる】慣用句 あることに関係する。ちょくせつあることに向かい合う。例 事に当たる決心がついた。

ことにする【異にする】慣用句 (…が)ちがう。べつである。参考「…を異にする」の形で用いる。例 意見を異にする。

ことによったら【事によったら】慣用句 もしかすると。ひょっとすると。あるいは。ことによると。例 こんどの日曜日に事によったら遊びに行くかもしれません。

ことによると【事によると】慣用句 もしかすると。ひょっとすると。例 事によると道をまちがえたのかもしれない。

ことのしだい【事の次第】名詞 事件のだいたいの様子。例 事の次第を話しました。

ことのついで【事のついで】慣用句 なにかをするついでに。その機会に。例 事のついでに買い物もすませてきた。

ことのほか【殊の外】副詞 ❶いがいに。思いのほか。例 殊の外いい成績をおさめることができてうれしい。❷とりわけ。例 きょうは殊の外さむい。

ことば【言葉】名詞 ❶人間が考えていることや気持ちを、声や文字に表したもの。例 言葉をかける。❷ものの言い方。言葉づかい。例 目上の人に向かってその言葉は何だ。

ことばあそび【言葉遊び】名詞 言葉を使ったさまざまな遊び。しりとりや早口言葉など。

ことばかず【言葉数】名詞 言葉の数。話す回数や量。口数。例 言葉数の少ない人。

ことばがすぎる【言葉が過ぎる】慣用句 度をこして強く言う。言ってはいけないことを言う。例 言葉が過ぎて、母をおこらせてしまった。

ことばがたりない【言葉が足りない】慣用句 言い方や説明の仕方などが不十分である。例 言葉が足りなかったので、わかってもらえなかった。

ことはじめ【事始め】名詞 はじめて仕事に取りかかること。物事の始まり。

ことばじり【言葉尻】名詞 ❶言葉の終わりの部分。例 言葉尻をにごす。❷言いそこなった言葉の一部分。ことば ⇨「言葉尻をとらえる」

ことばじりをとらえる【言葉尻をとらえる】慣用句 ほかの人が(うっかり)まちがえて言った言葉を取り上げる。例 言葉尻をとらえて文句を言う。類 あげ足をとる。

ことばたくみに【言葉巧みに】慣用句 上手な話し方で。例 言葉巧みに話をもちかける。参考 ふつう、よくないことにいう。

ことばづかい【言葉遣い】名詞 話すときの言葉の使い方。例 ていねいな言葉遣いを心がける。

ことばつき【言葉付き】名詞 言葉の調子。ものの言い方。例 あの人の言葉付きにはとげがある。

ことばにあまえる【言葉に甘える】慣用句 相手の親切な言葉にしたがう。参考「お言葉に甘えて…」の形で使うことが多い。例 お言葉に甘えて先に帰らせていただきます。

ことばにあまる【言葉に余る】慣用句 言葉ではとても言い表せない。例 この感動は言葉に余る。

ことばにかどがある【言葉に角がある】慣用句 話す言葉の中に、ふゆかいな意味をかくしている。例 きみの話には言葉に角がある。

ことばにつくせない【言葉に尽くせない】慣用句 言葉では正しく言い表せない。例 山頂からのながめの美しさは言葉に尽くせない。

ことばのあや【言葉のあや】慣用句 すぐにはわからないような意味をふくませた、たくみな言いまわし。例 そう言ったのは言葉のあやで、けっして悪口ではない。

ことばをかえす【言葉を返す】慣用句 相手の言うことに反対して言い返す。参考「お言葉を返すようですが」の形で使うことが多い。例 お言葉を返すようですが、わたしにはそうとは思えません。

ことばをかける【言葉を掛ける】慣用句 話しかける。例 なぐさめの言葉を掛ける。

ことばをつぐ【言葉を継ぐ】慣用句 言葉を、さらにつけ加える。例 かれの言葉を継いで話す。

ことばをつくす【言葉を尽くす】慣用句 相手がわかるように、いろいろな言葉を用いて言う。例 言葉を尽くして退部をひきとめる。

ことばをにごす【言葉を濁す】慣用句 はっきりものを言わない。例 答えにくい質問に言葉を濁した。

ことぶき【寿】名詞 めでたいこと。また、それを祝うこと。例 寿を祝って集まる。

こども【子供】名詞 ❶年のまだ少ない人。おさない人。例 子ども料金。❷考え方やおこないがおさない感じの人。例 言うことが子どもだ。対 ①②大人。❸むすこやむすめ。対 親。

こどもごころ【子供心】名詞 物事がよくわからないおさない心。例 子ども心にもつらいできごと。類 童心。

こどもだまし【子供だまし】名詞 なにもわからない子どもをだますような、見えすいたこと。例 子どもだましのうそにだまされる。

こともなげ【事も無げ】形容動詞 むずかしいことや重大なことがあっても、何ごともないように平気でいるようす。例 みんなが言えないことを事も無げに言った。

こどものけんかにおやがでる【子供のけんかに親が出る】ことわざ〔子どものけんかに親が出てきて力をかすように〕ささいなことに、わきから口を出してさわぎたてることのたとえ。また、大人げないことのたとえ。

こどものけんりじょうやく【子供の権利条約】名詞 子どもの人権を保障する国際条約。一九八九（平成一）年に国連総会で採択された。児童の権利に関する条約。

こどものつかい【子供の使い】慣用句〔子どもでは不十分だということで〕なんの用で行ったのかがはっきりしない使いのたとえ。例 子どもの使いじゃあるまいし、このままでは引きさがれません。

こどものひ【子供の日】名詞 国民の祝日の一つ。子どもを大切にし、子どもの幸福を考え、りっぱな大人になることを願う日。五月五日。参考 端午の節句にあたる。一九四八（昭和二三）年にもうけられた。

こどもはかぜのこ【子供は風の子】慣用句 冬の寒い風の中でも、子どもは外で元気に遊ぶものだということのたとえ。

ことば博士になろう！

●ことわざ、どちらが本当？

ことわざは生活をしていくうえでの知恵や教訓をふくんだ言葉ですが、中には、反対の意味を表すものがあります。

- ●果報は寝て待て（よい知らせは、あせらずに待て）
- ●まかぬ種は生えぬ（努力をおしむと、よい結果もえられない）

- ●渡る世間に鬼はなし（世の中は冷たい人ばかりではない）
- ●人を見たら泥棒と思え（かんたんに信用してはいけない）

- ●下手の横好き（下手だが好き）
- ●好きこそものの上手なれ（好きなら上手になる）

どちらをとるかはその人の生活の様子や生き方でちがってくるようです。

ことり【小鳥】名詞 スズメ・メジロ・ウグイスなどの、小さな鳥。例 小鳥のさえずり。

ことわざ 名詞 古くから言い伝えられている、教えやいましめなどをふくんだ、短い言葉。「急がば回れ」など。例 ことわざを覚える。類 格言。金言。

ことわり[1] 名詞 ❶すじ道。道理。例 人の世のことわり。❷当然の理由。もっともであること。例 おこるのもことわりだ。漢字 理。

ことわり[2]【断り】名詞 ❶人のたのみを引き受

あいうえお かきくけこ さしすせそ たちつてと なにぬねの はひふへほ まみむめも や ゆ よ らりるれろ わ を ん

ことばあそび 同音異義語の文④ ふし目がちに節目を見る。

けないこと。例 断りの手紙を書く。❷前もってわけを言っておくこと。例 親に断りを言って出かける。

ことわる【断る】動詞 ❶相手のたのみなどを受け入れない。例 さそいを断る。／その話は断るつもりだ。❷前もって知らせておく。例 おうちに断ってから遊びにいらっしゃい。活用 ことわ・る。

ことをかまえる【事を構える】慣用句 争いをおこそうとする。例 事を構えるつもりはない。

こな【粉】名詞 くだけてこまかくなった、ひじょうに小さなつぶ。また、その集まり。

こなぐすり【粉薬】名詞 粉になっている薬。散薬。例 粉薬をオブラートにつつむ。

こなごな【粉粉】形容動詞 とてもこまかくくだけるようす。例 コップが粉々になる。類 木っ端みじん。粉みじん。参考 ふつう「粉々」と書く。

こなし 名詞 体の動き。ものごし。ことば「(優雅な)身のこなし」

こなす 一 動詞 ❶食べ物を消化する。例 胃で食べ物をこなす。❷[ある量の仕事を]かたづける。例 仕事を一日でこなす。
二 接尾語 《動詞の下について》「自分の思うままにあつかう」の意味を表す言葉。例 着こなす。／読みこなす。／使いこなす。活用 こな・す。

こなた 代名詞 こちら。参考 ㋐古い言い方。㋑⇩39ページ・1あなた。271ページ・かなた。

こなみじん【粉みじん】名詞 ひじょうにこまかくくだけること。こっぱみじん。類 粉粉。

こなゆき【粉雪】名詞 こなのように細かく、さらさらした雪。こゆき。例 粉雪がまう。

こなれる 動詞 ❶食べ物が消化される。❷物事になれて、思うようにできるようになる。例 こなれた芸。活用 こな・れる。

こにくらしい【小憎らしい】形容詞 なまいきで、感じが悪い。例 小憎らしいことを言う。活用 こにくらし・い。

ごにん【誤認】名詞 する動詞 ほかのものとまちがえて思いこむこと。例 事実を誤認する。

こにんずう【小人数】名詞 少ない人数。こにんず。対 大人数。多人数。

ごにんばやし【五人ばやし】名詞 ひな人形で、たいこ・大つづみ・小つづみ・ふえの演奏と、うたい手という、音楽を受け持つ五人をかたどった人形。⇩1105ページ・ひな人形(図)。

こぬか【小ぬか・粉ぬか】名詞 米をついて白くするときに出るこまかい粉。ぬか。

こぬかあめ【小ぬか雨・粉ぬか雨】名詞 細かく、きりのようにふる雨。例 小ぬか雨にけむる山。参考「ぬか雨」ともいう。

コネ 名詞 親しいつながり。てづる。縁故。例 コネを利用して入社する。参考 ㋐英語の「コネクション」の略。㋑くだけた言い方。

こねる 動詞 ❶こなや土などに、水を入れてねる。例 パンは、小麦粉をこねてこしらえる。❷無理なことをくどく言う。ことば「(おさない子どもが)だだをこねる」活用 こ・ねる。

ごねる 動詞 文句や不平をしつこく言う。例 行きたくないとごねる。参考 くだけた言い方。活用 ご・ねる。

この 連体詞 自分の近くにあるもの・人・ことがらなどをさす言葉。例 この本をあげる。／この人は、ぼくのおじです。／この点がわからない。参考「こそあど言葉」の一つ。

このあいだ【この間】名詞 今よりも少し前。先日。例 この間はお世話になりました。

このうえない【この上無い】連語 これ以上のものがない。例 この上無い幸せ。参考「この上も無い」ともいう。

このうえは【この上は】連語 [これまでのことをふまえて]この先は。例 この上は、よい知らせを待つばかりだ。

このかた【この方】一 名詞 そのときから後。以来。例 入学してからこの方病気をしたことがない。
二 代名詞「この人」のていねいな言い方。例 お客様は、この方です。

このかん【この間】連語 ある時からほかの時までの間。ことがら同士や場所同士などについてもいう。例 朝から夜ふけまで、この間きみはどこにいたのか。

このご【この期】名詞 この時期。ことば「この期におよんでも、まだ白をきるのか」参考 物事がさしせまってきたときに使う。

このごろ【この頃】名詞 近ごろ。さいきん。

このさい【この際】名詞 今のこのとき。この機会。例 この際、ことわったほうがいい。／この際、はっきり言っておこう。

このさき【この先】連語 ❶ここから前の方。

例この先に銀行がある。❷今から後。今後。例この先病気はかならずよくなる。

このたび【この度】名詞 こんど。今回。例この度は、お世話になりました。参考 あらたまった言い方。

このところ【この所】名詞 近ごろ。最近。例この所かぜで調子がよくない。

こののち【この後】連語 これから先。この先。例この後、かれはカメラマンになった。

このは【木の葉】名詞 樹木の葉。きのは。例木の葉が色づく。

このひと【この人】代名詞 話し手に近いところにいる人。また、話し手に関係の深い人。例この人はぼくの友だちです。

このぶん【この分】名詞 この様子。この調子。例この分だと心配はない。／この分では明日は雨だろう。

このほど【この程】名詞 ❶このごろ。近ごろ。例この程完成したビル。❷このたび。今回。例父はこの程帰国しました。

このまがくれ【木の間隠れ】名詞 木々の間で見えたりかくれたりすること。例木の間隠れに月明かりが見える。

このましい【好ましい】形容詞 ❶好きである。感じがよい。例さわやかで、好ましい少年。❷都合がよい。のぞましい。例できればきみに行ってもらった方が好ましい。活用 このまし・い。

[1]**このみ**【木の実】名詞 木になる実。クリやクルミなど、かたい実のものをいう。きのみ。

[2]**このみ**【好み】名詞 好きなこと。例好みの味。

このむ【好む】動詞 好きである。ほしいと思う。例音楽を好む。／あまいものを好む。活用 この・む。

このよ【この世】名詞 今すんでいる世の中。対あの世。

このように 連語〔これまでのことをふまえて〕こうであるから。また、こうやって。例このようにわたしは考えたのです。／このようにやってください。

このんで【好んで】副詞 ❶自分が好きなために、すすんで。のぞんで。例好んで口にする言葉。参考「好き好んで」の形で使われることが多い。❷〔気に入って〕あることをたびたびおこなうようす。例好んで山歩きをする。

ごはい【誤配】名詞 する動詞 まちがえてくばること。例郵便物の誤配。

こはかすがい【子はかすがい】ことわざ 子どもはかすがいのようなもので、両親の仲が悪くてもわかれないようにつなぎとめてくれる、というたとえ。参考「かすがい」は、建物などの二つの木材をつなぐ金具。

こばかにする【小馬鹿にする】連語 相手をばかにしたような態度をとる。例小馬鹿にしたような目つき。

こはく 名詞 大昔の時代の木のしるがかたまって、石になったもの。すきとおった黄色で、アクセサリーなどに使われる。漢字 琥珀。

ごはさん【御破算】名詞 ❶そろばんで、今までおいた数をはらうこと。例御破算で願いましては…。❷〔これまでのことはないものとして〕はじめの状態にもどすこと。例計画が御破算になる。

こばしり【小走り】名詞 こまたではやく歩くこと。例駅に小走りで急ぐ。

こはぜ 名詞 足袋や、きゃはんなどの合わせ目をとめるのに使う、つめのような形をしたもの。⇨778ページ・足袋（図）。

こばな【小鼻】名詞 人間の鼻で左右にふくらんだ部分。⇨233ページ・顔①（図）。

こばなし【小話】名詞 短くて、しゃれている笑い話。一口話。コント。

こばなをうごめかす【小鼻をうごめかす】慣用句〔小鼻をひくひくさせて〕得意そうにする。例テストの点がよいので、小鼻をうごめかしている。

こばなをふくらます【小鼻を膨らます】慣用句 不満そうにする。例小鼻を膨らまして口をとがらせる。

こはば【小幅】形容動詞 ふつうよりもはばがせまいようす。例ぶらんこを小幅にゆらす。参考 もとは反物のはばの一つ。

こばむ【拒む】動詞 ❶要求やたのみなどをことわる。例回答を拒む。❷〔進もうとするのを〕じゃまする。さまたげる。例絶壁が登山者の行く手を拒んでいる。活用 こば・む。

こばやしいっさ【小林一茶】人名（一七六三～一八二七）江戸時代の俳人。句文集「おらが春」などを残した。

こばらがへる【小腹が減る】慣用句 ちょっ

ことばあそび 同音異義語の文⑤ 資金は至近きょりにある。

とおなかがすく。例 小腹が減ったのでクッキーを食べた。

コバルト 名詞 元素の一つ。合金をつくったりせと物に色をつけたりするのに使う。また、病気をなおすときに使われるものもある。▼英語 cobalt

こはるびより【小春日和】 名詞 十一月ごろの、(春のように)おだやかなあたたかい天気。参考「小春」は、昔のこよみで十月(今の十一月)。注意 春のあたたかい天気のことではない。類 秋日和。

こはん【湖畔】 名詞 みずうみのほとり。例 湖畔でキャンプをする。

こばん【小判】 名詞 ❶おもに江戸時代に使われた、長円形のお金。ふつう金でつくられ、一まいが一両。❷形の小さいもの。対 ①②大判。

ごはん【御飯】 名詞「めし」「しょくじ」のていねいな言い方。

ごばん【碁盤】 名詞 碁を打つのに使う四角形の台。参考 たて・横それぞれに十九本の線がひいてある。

こはんにち【小半日】 名詞 およそ半日。例 小半日かけて部屋をそうじした。参考「小」は、「およそ」の意味。

ごばんのめのよう【碁盤の目のよう】 慣用句 碁盤に引いてあるたて横の線のよう。例 碁盤の目のように四方にのびる道路。

こび 名詞 相手に気に入られようとしてきげんを取ること。ことば「こびを売る(=相手のきげんを取る)」漢字 媚。

ごび【語尾】 名詞 ❶言葉の終わり。言葉の終わりの部分。言葉じり。例 語尾をにごす。❷〔「行く」「白い」などの〕動詞・形容詞などで、活用させたときにかわる部分。活用語尾。参考 たとえば、「行く」を活用させた「行かない」「行きます」では、それぞれ「か」「き」が語尾にあたる。「行く」の語尾は「く」。「行」は語幹。対 語幹。

コピー 名詞 する動詞 ❶〔書類やデータなどを〕うつすこと。また、うつした方の物。うつし。❷〔広告の〕文案。例 キャッチコピー(=特に強く注意を引くための広告の文案)。▼英語 copy

コピーライター 名詞 広告の文章をつくる人。▼英語 copywriter

ゴビさばく【ゴビ砂漠】 地名 モンゴル南東部から中国北部に広がる高原のさばく。ほとんど石と砂だが、一部は草原になっていて遊牧がおこなわれている。夏冬の温度の差が大きい。恐竜の化石が多く発掘される。

こびと【小人】 名詞 物語などに出てくる、体がとても小さい人間。

こびへつらう 動詞〔おせじを言ったり、きげんを取ったりして〕相手に気に入られるようにふるまう。例 強い者にこびへつらう。活用 こびへつら・う。

こびりつく 動詞 しっかりとくっつく。例 服にペンキがこびりつく。参考 ある考えや印象が心に残ってわすれられない意味でも使う。例 映画の悲しい結末が頭にこびりついてはなれない。活用 こびりつ・く。

こびる 動詞 相手の気にいるようなことを言ったりしたりする。例 力の強い人にこびる。類 おもねる。へつらう。活用 こ・びる。

1こぶ 名詞 ❶〔病気やうちみなどで〕ひふや筋肉の一部が、かたまってもり上がったもの。例 ドアにぶつかってこぶができた。❷こだかくもり上がったもの。例 ラクダのこぶ。／力こぶ。❸じゃまなもの。足手まとい。ことば「目の上のこぶ」❹ひもなどの結びめ。ことば「こぶをとく」参考 ①③は、くだけて「たんこぶ」ともいう。

2こぶ 名詞 ➡495ページ・こんぶ。

3こぶ【鼓舞】 名詞 する動詞 はげまして、やる気をおこさせること。例 応援歌でチームを鼓舞する。類 激励。

ごぶ【五分】 名詞 ❶昔の長さの単位で、一寸の半分。約一・五センチメートル。❷一割の半分。五パーセント。❸全体の半分。例 五分までは終わった。❹どちらも同じくらいで差がないこと。例 両チームの実力は五分だ。類 五分五分。

こふう【古風】 形容動詞〔現代とはちがっていて〕古めかしいこと。例 古風な考え方。類 昔風。

ごふく【呉服】 名詞 日本ふうの織物。反物。例 呉服屋。

ごぶごぶ【五分五分】 四字熟語〔力やわざなどが〕たがいに同じくらいで、どちらがすぐれているか決められないこと。例 両者の力は五分五分で、どちらが勝つかわからない。

ごぶさた【御無沙汰】 名詞 する動詞 長い間、たずねて行かなかったり、手紙を出さなかったりすること。また、そのときに言うあいさつの言葉。ことば「御無沙汰おゆるしください」

こぶし[1]【拳】名詞 手の五本の指をおり曲げてにぎった形。げんこつ。対 平手。

こぶし[2] 名詞 モクレン科の木。高さ十〜二十メートル。春、葉が出るよりも先に、かおりのよい白い花がさく。

こぶとり【小太り】名詞 形容動詞 少し太っているようす。

コブラ 名詞 コブラ科のヘビのこと。敵をおどすときに、体の前半分を立て、首の部分を平らに広げる。強いどくがある。▼英語 cobra

こぶり[1]【小降り】名詞 雨や雪などのふり方が弱いこと。少しふっていること。対 大降り。

こぶり[2]【小振り】名詞 形容動詞 ほかとくらべて、少し小さいこと。例 小振りな茶わん。

こふん【古墳】名詞 大昔の（身分の高い）人のはか。土をもり上げておかのようにした。

こぶん[1]【子分】名詞 手下として、言いつけどおりに働く人。類 部下。対 親分。

こぶん[2]【古文】名詞 ふるい時代に書かれた文章。特に、江戸時代以前の文章。対 現代文。

こふんじだい【古墳時代】名詞 日本の歴史のうえで、古墳がさかんにつくられた時代。三世紀から七世紀ごろまで。

ごへい[1]【御幣】名詞 神をまつるときに使う用具の一つ。紙などを決まった形にきり、ぼうにはさんだもの。⇩図。

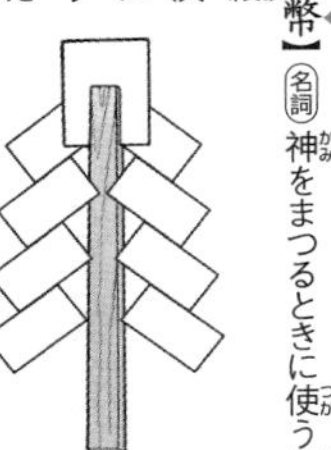
御幣

ごへい[2]【語弊】名詞 適切でない言葉を用いたために起こる、誤解やさしさわり。ことば ⇩「語弊がある」

ごへいがある【語弊がある】連語 言葉の使い方が悪くて誤解される。例 うるさいと言っては語弊がある。

こべつ[1]【戸別】名詞 家ごと。一けん一けん。例 戸別訪問。

こべつ[2]【個別】名詞 一つ一つ。べつべつ。例 個別に検討する。類 別個。

コペルニクス 人名（一四七三〜一五四三）ポーランドの天文学者。それまでキリスト教の世界で信じられてきた天動説に対して、地動説をとなえた。ニコラウス＝コペルニクス（Nicolaus Copernicus）。

ごほう[1]【語法】名詞 言葉が組み立てられている決まり。文法。

ごほう[2]【誤報】名詞 する動詞 まちがって、報告したり知らせたりすること。また、まちがった知らせ。例 ただいまの火災警報は誤報です。

ごぼう 名詞 キク科の植物。地中に長くのびる茶かっ色の根を食用にする。

ごぼうぬき【ごぼう抜き】名詞 する動詞 ❶棒のようなものを、いっきにひきぬくこと。例 くいをごぼう抜きにする。❷大ぜいの人の中から、一人一人じゅんじゅんにひきぬくこと。例 すわりこんだデモ隊員をごぼう抜きにする。❸競走で、いっきに何人もおいぬくこと。例 五人の選手をごぼう抜きにしてトップに出る。

こぼく【古木】名詞 長い年月をへている木。老木。例 桜の古木。

こぼす 動詞 ❶［引っくり返したり、あふれさせたりして］中の物を外に出す。例 びんの中の水をこぼした。／なみだをこぼす。❷かたむけて外へ流し出す。例 水が多いので、少しこぼす。❸不平やぐちを言う。例 こづかいが足りないとこぼしている。活用 こぼ・す。

こぼねがおれる【小骨が折れる】慣用句 少し苦労する。例 小骨が折れる作業。

こぼればなし【こぼれ話】名詞 話のおもなすじからはずれているが、ちょっと心をひかれる話。例 あの事件のこぼれ話。

こぼれる[1] 動詞 ❶もれて落ちる。あまって外に出る。例 種がこぼれる。❷あふれる。例 こぼれるばかりの愛きょう。活用 こぼ・れる。

こぼれる[2] 動詞 物がかけて落ちる。例 刀のはがこぼれる。

ごほんぞん【御本尊】名詞 「本尊」のていねいな言い方。

こま[1] 名詞 じくを中心にして回す子どものおもちゃ。漢字 独楽。

こま[2]【駒】名詞 将棋で、ばんの上にならべて使う小さな木片。

こま[3] 名詞 映画のフィルムの一つの画面。また、それを数える言葉。

ごま 名詞 ❶ゴマ科の植物。高さ約一メートル。実の中にたくさんの小さな種がある。種をいって食用にしたり、ごま油をとったりする。❷「ごま①」から作った食品。漢字 胡麻。

コマーシャル 名詞 ［ラジオ・テレビなどで］

あいうえお
かきくけこ こ
さしすせそ
たちつてと
なにぬねの
はひふへほ
まみむめも
や ゆ よ
らりるれろ
わ を ん

ことばあそび 同音異義語の文⑥ 洗たく物を選択する。

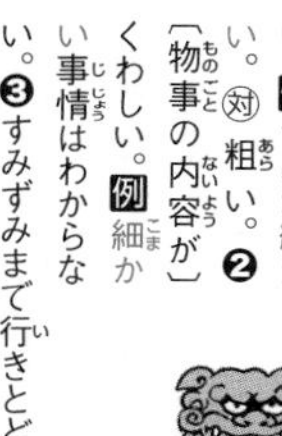

ことば博士になろう!

「゛」(だく点)がつくと変身することば

「こま」の「こ」が「ご」になると「ごま」という言葉に変身します。こうした言葉を集めてみました。

- いか→いが
- うす→うず
- かす→かず
- くし→くじ
- さる→ざる
- はね→ばね
- ほん→ぼん
- みき→みぎ
- かけ→がけ→かげ
- ふた→ぶた→ふだ
- いし→いじ
- かき→かぎ
- くき→くぎ
- こま→ごま
- した→しだ
- はは→はば
- まと→まど
- みそ→みぞ

番組にはさむ短い宣伝。CM。▼英語 commercial

コマーシャルソング 名詞 広告や宣伝のためにテレビやラジオで流す歌。参考 英語を組み合わせて日本でつくった言葉。

ごまあぶら【ごま油】 名詞 ゴマのたねからつくった油。食用や薬用になる。

こまい【古米】 名詞 とり入れてから一年をすぎた米。対 新米。

こまいぬ【こま犬】 名詞 神社の前などにある一対の「しし」ににた、けものの像。⇩図。参考 まよけのためにおくといわれる。漢字 狛犬。

こまか【細か】 形容動詞 こまかいようす。例 細かな砂。／金に細かな人。

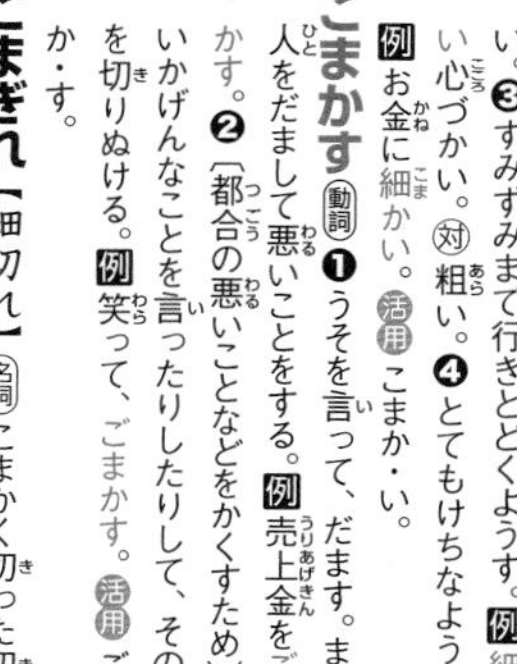

こま犬

こまかい【細かい】 形容詞 ❶小さい。例 つぶが細かい。対 粗い。❷〔物事の内容が〕くわしい。例 細かい事情はわからない。❸すみずみまで行きとどくようす。例 細かい心づかい。対 粗い。❹とてもけちなようす。例 お金に細かい。活用 こまか・い。

ごまかす 動詞 ❶うそを言って、だます。また、人をだまして悪いことをする。例 売上金をごまかす。❷〔都合の悪いことなどをかくすため〕いいかげんなことを言ったりしたりして、その場を切りぬける。例 笑って、ごまかす。活用 ごまか・す。

こまぎれ【細切れ】 名詞 こまかく切った切れはし。例 ぶた肉の細切れ。

こまく【鼓膜】 名詞 耳のおくにある、うすいまく。空気のしんどうを音として神経に伝える働きをする。

こまごま【細細】 副詞(-と) する動詞 ❶細かいようす。とても小さいようす。例 引き出しの中の細々したものを整理する。❷くわしいようす。例 父は旅行のことを細々と話してくれた。参考 ふつう「細々」と書く。

ごましお【ごま塩】 名詞 ❶ゴマとしおをまぜた食べ物。ごはんなどにかけて食べる。❷髪の毛に白い毛がまじっていること。例 ごま塩頭。

こましゃくれる 動詞 子どもなのに〔なまいきに〕大人のようなことをする。例 こましゃくれた動作。活用 こましゃく・れる。

ごますり 名詞 自分が得をするために、人のきげんをとって気に入ってもらおうとすること。また、そのようなことをする人。

こまた【小股】 名詞 両足を小さく開くこと。また、歩はばが小さいこと。例 赤ちゃんが小股でよちよち歩く。対 大股。

こまづかい【小間使い】 名詞 主人の身のまわりの雑用をした女の人。女性の召し使い。

こまったときのかみだのみ【困った時の神頼み】 ことわざ ⬇391ページ・くるしいときのかみだのみ。

こまつな【小松菜】 名詞 アブラナ科の植物。葉はこい緑色でやわらかい。「うぐいすな」ともいう。語源 東京都の小松川付近で多く産出されたのでこの名がある。

こまどり【駒鳥】 名詞 ツグミ科の鳥。夏を日本ですごすわたり鳥。羽はオレンジ色。語源 鳴き声が「ヒン、カラカラ」と駒(=馬)のいなきに似ているのでこの名があるという。

こまぬく 動詞 うで組みをする。例 手をこまぬく(=なにもしないでそばで見ている)。参考「こまねく」ともいう。活用 こまぬ・く。

こまねずみのよう 慣用句 〔くるくる回る習性がある、こまねずみという動物のように〕休まずに動き回るようす。例 こまねずみのように一日中働く。

こまめ 形容動詞 めんどうがらずによく動くようす。例かれはこまめに活動する。類手まめ。

ごまめのはぎしり【ごまめの歯ぎしり】ことわざ 力のない者がいくらくやしがってもなんにもならない、というたとえ。参考「ごまめ」は、カタクチイワシをほした食べ物。

こまもの【小間物】名詞〔おしろい・くし・かんざしなど〕女の人のけしょうやかざりに使う、日本ふうのこまごましたもの。

こまやか 形容動詞 ❶細かいようす。また、すみずみまで心がこもっているようす。例こまやかな心づかい。❷色がこいようす。例緑こまやかな松。

こまりはてる【困り果てる】動詞 とても、こまる。例チケットを家にわすれて困り果てた。活用 こまりは・てる。

こまる【困る】動詞 ❶どうしたらよいかわからず、まよう。例返事に困る。❷苦しむ。例生活に困る。活用 こま・る。

こまわりがきく【小回りが利く】慣用句 ❶〔自動車などが〕せまい所でもすぐに方向がかえられる。❷必要なときに、すばやく行動ができる。例小回りが利く商売。

ごまをする 慣用句 自分が得をするために、相手にへつらってきげんをとる。例社長にごまをすって出世する。

こみ【込み】名詞 ❶いろいろな種類のものをいっしょにすること。例大小込みにして売る。❷《ほかの言葉の後につけて》それをふくめること。例消費税込みの値段。

ごみ 名詞 役に立たない、きたないもの。また、いらなくなって、すてたもの。例ごみを分別する。

こみあう【混み合う】動詞 大ぜいの人が一か所に集まって混雑する。例車内が乗客で混み合う。活用 こみあ・う。

こみあげる【込み上げる】動詞〔うれしいときや悲しいときなどに〕笑いやなみだ、心にある感情などをおさえられない状態になる。例うれしさが込み上げる。活用 こみあ・げる。

こみいる【込み入る】動詞 多くの物事が一度にかさなり合う。複雑に入りまじる。例込み入った事情がある。活用 こみい・る。

ごみごみ 副詞(-と) する動詞 せまいところにたくさんの物があって、まとまりのないようす。例ごみごみとした町。

ごみしょり【ごみ処理】名詞 家庭などから出たごみを、もやしたりうめたりするほか、リサイクルによってまた使えるようにしたりすること。

ごみしょりしせつ【ごみ処理施設】名詞 集めたごみを、もやしたり、うめたり、有効利用したりするところ。

こみだし【小見出し】名詞 新聞や雑誌などで、一つの文章をいくつかに分けて、それぞれにつける題。対大見出し。

こみち【小道】名詞 はばのせまい、小さな道。よこ道。わき道。例山の小道。

コミック 名詞 まん画。また、まん画がのっている本。コミックス。参考「コミック」は「こっけい」という意味。▼英語 comic

コミッショナー 名詞 ある団体の全部をまとめる最高責任者。また、その機関。参考特にプロ野球・プロボクシングなどでいう。▼英語 commissioner

こみみにはさむ【小耳に挟む】慣用句〔聞くつもりはないが〕話の一部分などを、ちらりと聞く。例うわさを小耳に挟む。

コミュニケーション 名詞 言葉や文字などを使って、人と人との気持ちや意見などをとりかわすこと。ことば「コミュニケーションをとる」▼英語 communication

コミュニティー 名詞〔国籍・職業・宗教などで共通のものを持つ〕ある地域に住んでいる人々の集団。地域社会。例独自のコミュニティーを形成している。▼英語 community

こむ[1]【込む】一 動詞 細工などが複雑で上手である。例手の込んだ仕事。⇩使い分け。二 接尾語《動詞の下について》「入れる」「入る」「〔…を〕続ける」「強く…する」などの意味を表す言葉。例なげ込む。／とび込む。／考え込む。／信じ込む。活用 こ・む。

こむ[2]【混む】動詞〔乗り物・建物などに〕人がたくさん入っている。また、人や物がたくさん集まる。例電車が混む。／道が混む。参考「込む」とも書く。活用 こ・む。⇩使い分け。

ゴム 名詞 のばすと元にもどろうとする性質があるもの。タイヤ・ボールなど、さまざまなものに使われる。例ゴムボート。参考植物のゴムノキからつくる「天然ゴム」と、石油からつくる「合成ゴム」がある。▼オランダ語

ことばあそび 同音異義語の文❼ この試案は、わたしが思案した私案です。

ことば選びのまど

困るをあらわすことば

困る

❶どうしたらよいかわからず、まよう。❷苦しむ。

↓481ページ

頭を抱える

〔こまったことや心配なことがあって〕考えこむ。なやむ。

↓31ページ

行き詰まる

物事がうまく進まなくなる。

↓72ページ

板挟みになる

〔板と板の間にはさまって、動きがとれないということから〕対立する二つのものの間に立って、どうしたらよいか、なやみ苦しむ。

↓83ページ

お手上げ

どうしてよいか、わからなくなってしまうこと。

↓194ページ

おろおろ

おどろきや悲しみのため、どうしたらよいかわからず、こまるようす。

↓212ページ

窮する 発展

❶とても、こまる。❷〔お金や物が〕足りなくて苦しむ。

↓341ページ

困り果てる

とても、こまる。

↓481ページ

困惑 発展

どうしてよいかわからなくて、こまること。

↓496ページ

進退きわまる 発展

進むことも、しりぞくこともできなくて、こまる。

↓642ページ

ことば選びのまど

困るをあらわすことば

絶体絶命 発展
おいつめられて、どうすることもできないこと。
701ページ

切羽詰まる
どうにもしかたのない状態になる。
704ページ

たじたじ
相手の力やいきおいなどにおされて、ひるむようす。
764ページ

てこずる
あつかい方がわからなくて、こまる。
860ページ

手に負えない
力が足りなくて、引き受けることができない。
865ページ

手を焼く
あつかい方に、こまる。
873ページ

当惑 発展
どうしてよいかわからず、まようこと。
897ページ

途方に暮れる
どうしたらよいかわからなくなって、こまる。
920ページ

戸惑う・途惑う
どうしたらよいかわからず、まよう。
921ページ

八方塞がり
よい方法がなくて、どうにもならない状態。
1049ページ

持て余す
どうあつかっていいか、わからなくなる。
1302ページ

使い分け　こむ

●重なる。
手が込んでいる。

●こんざつする。
電車が混む。

こむぎ【小麦】名詞 イネ科の植物。種から小麦粉を作る。世界中で多くさいばいされている。

こむぎいろ【小麦色】名詞 コムギの実のようなうすい茶色。日焼けしたはだの色。例 夏には小麦色のはだになる。

こむぎこ【小麦粉】名詞 コムギの実をひいてこなにしたもの。パン・菓子・うどん、スパゲッティなどをつくる。参考「メリケン粉」「うどん粉」などともいう。

こむずかしい【小難しい】形容詞 なんとなくむずかしい。ちょっとわずらわしい。例 小難しいりくつをこねる。活用 こむずかし・い。

こむすび【小結】名詞 相撲の階級の一つで、三役の三番目の順位。

こむすめ【小娘】名詞 まだ大人になっていないむすめ。参考 多く、年のわかい女性をかるくみて言うときに使う。

こむらがえり【こむら返り】名詞 ふくらはぎの筋肉がけいれんをおこすこと。つっぱって、はげしくいたむ。

こむらじゅたろう【小村寿太郎】人名 (一八五五～一九一一) 明治時代の外交官。一九〇二(明治三五)年日英同盟を、一九〇五年ポーツマス条約を結んだ。また、一九一〇年韓国併合を進め、一九一一年にはアメリカとの間で関税自主権の回復に成功した。

こめ【米】名詞 イネの実の、もみがらをとったもの。ことば「米を研ぐ」

こめかみ 名詞 目と耳の間にある、物をかむと動くところ。⇩233ページ・顔①(図)。

こめぐら【米倉・米蔵】名詞 米をしまっておくくら。

こめだわら【米俵】名詞 米を入れておくのに使う、わらであんだ入れ物。また、米のはいったたわら。⇩図。

米俵

コメディアン 名詞 喜劇俳優。▼英語 comedian

コメディー 名詞 こっけいな劇。喜劇。▼英語 comedy

こめどころ【米所】名詞 〔質のよい〕米がたくさんとれる地方。

こめぬか【米ぬか】名詞 玄米をついたとき、米の皮やはいがなどがはがれてこなになったもの。鳥のえさやつけものなどに使う。ぬか。

こめびつ【米びつ】名詞 米を入れておくはこ。

こめへん【米偏】名詞 漢字の部首の一つ。「粉」「精」などの、左側の「米」の部分。

こめる【込める】動詞 ❶〔気持ちなどを〕集中する。例 満身の力を込める。❷つめこむ。入れる。例 てっぽうにたまを込める。❸ふくめる。例 手数料を込めた料金。活用 こ・める。

こめん【湖面】名詞 みずうみの表面。例 山のすがたが湖面にうつっている。類 湖上。

ごめん【御免】■一 名詞 いやで、ことわる気持ちを表す言葉。例 あそこへもう一度行くのは御免だ。■二 感動詞 ❶ゆるしを願う言葉。例 行けなくなったんだ。ごめんね。❷人をたずねるとき、人とわかれるときのあいさつの言葉。例 では、ごめん。また会おう。参考 ■二②はふつう、ひらがなで書く。

ごめんください【御免下さい】感動詞 人をたずねたとき、また、人と別れるときのあいさつの言葉。例 御免下さい。おじゃまします。／お先に御免下さい。参考「ごめん」を、ていねいにいった言葉。

コメンテーター 名詞 解説者。特に、テレビやラジオで、ニュースなどの解説をする人。▼英語 commentator

コメント 名詞 する動詞 問題になっていることについて、意見や考えを言うこと。例 コメントをさ

しひかえる。▼英語 comment

ごめんなさい【御免なさい】感動詞 ❶あやまるときの言葉。例うまくできなくて、ごめんなさい。❷人をたずねたとき、また、人と別れるときのあいさつの言葉。例ごめんなさい。失礼しますよ。／では、お先にごめんなさい。参考①②「ごめん」を、ていねいにいった言葉。

こも 名詞 わらなどで、あらくあんだむしろ。

ごもく【五目】名詞 ❶五種類の品。また、いろいろな物が入りまじっていること。例五目そば。❷「五目並べ」の略。

ごもくずし【五目ずし】名詞 味をつけた魚や野菜などの具を、「す」で味つけしたごはんにまぜた食べ物。類ちらしずし。

ごもくならべ【五目並べ】名詞 碁盤の目の上に、白、または黒の碁石を、先に五つ続けてならべた方を勝ちとする遊び。連珠。

ごもくめし【五目飯】名詞 とり肉・シイタケ・あぶらあげ・野菜などをまぜて、味をつけてたいたごはん。

こもごも 副詞 かわるがわる。入れかわり立ちかわり。例従業員たちは、こもごも社長に要望をうったえた。

こもじ【小文字】名詞 ❶小さな文字。❷アルファベットで、a・b・c…の小さな形の文字。対大文字。

こもの【小物】名詞 ❶こまごました物。❷とるにたらない人。小人物。対①②大物。

こもり【子守】名詞 子どもの世話をしたり遊ばせたりすること。また、もりをする人。類お守り。

こもりうた【子守歌】名詞 子どもをあやしてねかせるときにうたう歌。例五木の子守歌。

こもる【籠もる】動詞 ❶〔いっぱい〕ふくまれている。例その絵には、美しさが籠もっている。❷〔気体などが〕中にいっぱいになっている。例家の中には、けむりが籠もっていた。❸ある場所にいて外に出ない。例一日中、へやに籠もって本を読んだ。活用こも・る。

こもれび【木漏れ日】名詞 木のえだや、葉の間からもれてくる日の光。例木漏れ日が地面に美しいもようをつくっていた。

こもん【顧問】名詞 〔会社や団体などで〕相談をうけて、意見をのべる役目。また、その人。例教頭先生は生徒会顧問だ。

こもんじょ【古文書】名詞 ふるい時代の文書。ふるい記録。

こや【小屋】名詞 ❶小さくて、かんたんなつくりの家。例山に小屋をたてる。❷みせ物やサーカスなどをする建物。例サーカスの小屋がたつ。

こやがけ【小屋掛け】名詞 する動詞 〔みせ物やしばいなどに使うための〕かんたんな建物をつくること。また、その建物。

こやく【子役】名詞 映画・しばいなどに出る、子どもの役。また、子どもの役者。

こやし【肥やし】名詞 作物をよく育てるため、土の中に入れ、土の栄養をよくするもの。ひりょう。

こやす【肥やす】動詞 ❶〔かっている動物などに〕栄養をあたえて太らせる。❷ひりょうなどを入れ、土地をゆたかにする。例やせた土地を肥やす。❸〔正しくないやり方で〕利益をえる。例私腹を肥やす。❹もののよしあしを見分ける力をつける。例絵を見る目を肥やす。活用こや・す。

こやみ【小やみ】名詞 雨や雪のふるのが、しばらくの間やんだりおとろえたりすること。例雨は朝から小やみなくふり続いている。

こゆう【固有】名詞 形容動詞 そのものだけが特別にもっていること。例日本固有の文化。注意「個有」と書かないこと。

こゆうめいし【固有名詞】名詞 〔人名・地名など〕そのものだけにつけられている名詞。富士山・日本・ニューヨークなど。参考⇩1145ページ・普通名詞。注意「個有」と書かないこと。

こゆき[1]【小雪】名詞 雪が少しふること。また、少しふる雪。例小雪のちらつく夜。対大雪。

こゆき[2]【粉雪】名詞 ⬇476ページ・こなゆき。

こゆび【小指】名詞 手足の指のうち、一番小さな指。

こよい 名詞 こんばん。こんや。参考少し古い言い方。漢字今宵。

こよう【雇用】名詞 する動詞 働く人をやとうこと。例正社員を雇用する。

ごよう【御用】名詞 「用事」をていねいにいう言葉。例何か御用ですか。

ごようきき【御用聞き】名詞 店のとくいさきの注文を聞いてまわること。また、その人。

こようほけん【雇用保険】名詞 社会保険の一つ。失業した人が生活できるようにきまった

あいうえお かきくけこ こ さしすせそ たちつてと なにぬねの はひふへほ まみむめも や ゆ よ らりるれろ わ を ん

ことばあそび 同音異義語の文❽ 原料を減量する。

期間お金を出して、仕事さがしを助ける制度。参考 もとは「失業保険」といった。

こよなく 副詞 くらべるものがないほど、ほかとかけはなれているようす。例 こよなく愛する。

こよみ【暦】 名詞 地球・太陽・月の関係から一年じゅうの月日・曜日を決め、順に書きしるしたもの。カレンダー。

こより 名詞 やわらかい紙を細く切って、かたくよって、ひものようにしたもの。

こらい【古来】 副詞 昔から今まで続いているようす。例 イネは日本古来の植物ではなく、南方から伝わったものだ。類 旧来。

ごらいこう【御来光】 名詞 高い山の頂上から見る、日の出。

こらえる 動詞 がまんする。例 いたみをじっとこらえる。／泣き出しそうになるのをこらえる。活用 こら・える。

ごらく【娯楽】 名詞 人を楽しませなぐさめるもの。

こらしめる【懲らしめる】 動詞 〔悪いおこないや失敗をした相手に〕ばつなどをあたえて、二度と同じことをしないようにさせる。例 悪者を懲らしめる。活用 こらし・める。

¹こらす【凝らす】 動詞 〔心や目・耳などを〕一つのところに集める。例 工夫を凝らす。／じっとひとみを凝らす。活用 こら・す。

²こらす【懲らす】 動詞 こらしめる。こりて、二度とするまいと思わせる。例 悪者を懲らす。活用 こら・す。

コラボレーション 名詞 する動詞 ちがう分野の人などがいっしょになって何かを作ったり、おこなったりすること。参考 略して「コラボ」ともいう。▼英語 collaboration

コラム 名詞 新聞や雑誌、辞典などの書籍にのっている、わくでかこまれた短い記事。かこみ記事。▼英語 column

ごらん【御覧】 一 名詞 ❶「他人が見ること」の尊敬した言い方。例 先生は本を御覧になっている。❷「見ろ」のていねいな言い方。例 あれを御覧。参考「ごらんなさい」を略した言葉。二 動詞 《「…してごらん」の形で》…してみなさい。例 目をとじてごらん。参考 二は、ふつう、ひらがなで書く。

こり【凝り】 名詞 体の一部の血行が悪くなり、きんにくがかたくなっていたむこと。例 かたこり。ことば「こりをほぐす」

ごりおし【ごり押し】 名詞 する動詞 意見などを、無理におしとおすこと。例 むちゃな開発計画をごり押しする。参考 くだけた言い方。

こりかたまる【凝り固まる】 動詞 ❶ひとところに集まってかたまる。❷一つのことにむちゅうになって、ほかのことをよせつけない。例 おじいさんは、昔ふうの考え方に凝り固まっている。活用 こりかたま・る。

こりごり【懲り懲り】 副詞 形容動詞 する動詞 ひどい目にあって、二度としたくないと思うようす。例 大雨の中を出かけるのは、もう懲り懲りだ。

こりしょう【凝り性】 名詞 形容動詞 一つのことに、とても熱中する性質。例 凝り性なので、昼も夜もギターを練習している。

こりつ【孤立】 名詞 する動詞 仲間や助ける人がなく、一人だけはなれていること。例 島に孤立した人を助ける。

こりつむえん【孤立無援】 四字熟語 仲間がなくて、助けてくれる者がいないこと。例 孤立無援のたたかい。

ごりむちゅう【五里霧中】 四字熟語 〔深い霧の中にいて、方向がわからないということから〕物事の事情がわからなくて、どうしたらよいかわからないこと。例 手がかりがまったくなく、事件は五里霧中の状態だ。語源 五里にわたる遠くまで霧をおこしたという、昔の中国の話から。注意「五里夢中」と書かないこと。

ごりやく【御利益】 名詞 神や仏によってあたえられるめぐみ。例 御利益があるといわれる寺。参考「利益」の尊敬語。

ごりょう【御陵】 名詞 天皇・皇后などの墓。類 みささぎ。

ゴリラ 名詞 アフリカの森林にすむ、サルのなかまの中で一番大きな動物。力が強い。植物などを食べる。▼英語 gorilla

こりる【懲りる】 動詞 失敗などをこうかいして、二度とやるまいと思う。例 食べすぎに懲りる。活用 こ・りる。

ごりん【五輪】 名詞 青・黄・黒・緑・赤色の五つのわを組み合わせた、オリンピックのマーク。また、オリンピックのこと。参考 アジア・アフリカ・ヨーロッパ・アメリカ・オセアニアの五つの大陸を表している。

こる【凝る】 動詞 ❶一つのことにむちゅうにな

る。例父は碁に凝っている。❷筋肉がかたくなる。例かたが凝る。❸いろいろと工夫をする。例身なりに凝る。活用こ・る。

コルク 名詞 びんのせんなどに使うもの。水や空気をほとんど通さず、のびちぢみする性質がある。ブナ科のコルクガシの木の皮などからつくる。キルク。▼英語（オランダ語から）cork

ゴルフ 名詞 たまをクラブ（＝打つぼう）で打って、十八のコースのあなにじゅんに入れて回る球技。打った数の少ないものが勝ちになる。▼英語 golf

これ 代名詞 話し手にもっとも近い人・物・場所などをさす言葉。例これは私の妹です。／これにサインしてください。／これへどうぞ。参考「こそあど言葉」の一つ。

これい【語例】 名詞 ある言葉を使ってつくった、言葉の例。

これから 名詞 副詞 今から後。今から。ここから。例これからのことを話し合う。／これから始めるところです。

これきり 副詞 これだけ。これっきり。例ケーキは、もうこれきりしかない。

コレクション 名詞 〔美術品や切手など自分が好きなものを〕集めること。また、集めたもの。例ぬいぐるみのコレクション。▼英語 collection

これしき 名詞 たったこのくらい。例これしきのことでは、あきらめない。

コレステロール 名詞 動物の細胞にふくまれている、脂肪によく似た物質。血管のかべにたまると高血圧や動脈硬化の原因になる。コレステリン。▼英語 cholesterol

これっぽっち 名詞 量などが、ほんの少しであること。たったこれだけ。例お金を使いすぎて、これっぽっちしか残っていない。参考くだけた言い方。

これほど【これ程】 副詞 このていど。こんなに。こんなにまで。例これ程のことでさわぐことはない。／これ程のピッチャーはいない。／これ程言ってもわからないのか。／これ程つらいとは思わなかった。

これまで 名詞 副詞 ❶今まで。このときまで。例これまでの経過を話す。／これまで何をしていたのだろう。／これまでの苦労が水のあわだ。❷そこで区切りをつけること。そこで終わること。例今日の練習はこれまでにしよう。／もはやこれまでだ。

これみよがし【これ見よがし】 形容動詞 〔「これを見なさい」といわんばかりに〕じまんそうに見せつけるようす。例外車をこれ見よがしにのり回す。

コレラ 名詞 感染症の一つ。コレラ菌に腸がおかされておこる。熱が出て、はげしいげりをしたり、はいたりする。▼英語（オランダ語から）cholera

¹ころ【頃】 名詞 ❶時期。季節。例夏の一番あつい頃。❷あるときの前後をさす言葉。例子どもの頃。❸よいおり。機会。例頃を見はからって先生に話す。

²ころ 名詞 おもいものを動かすとき、その下にはさむまるいぼう。まさつが小さくなり、楽に動かせる。⇩図。

²ころ

¹ごろ【頃】 接尾語 《時を表す言葉につけて》「だいたい…の時分」の意味を表す言葉。例三月頃にまた来ます。

²ごろ【語呂・語路】 名詞 言葉の続き具合でおこる調子。例語呂のいい言葉。／語呂を合わせる。

³ゴロ 名詞 野球やソフトボールで、地面をころがる打球。参考英語の「グラウンダー」のなまりといわれる。

ころあい【頃合い】 名詞 ❶ちょうどよいとき。例頃合いをみて発言した。❷ちょうどよい程度。例頃合いの大きさ。

ごろあわせ【語呂合わせ・語路合わせ】 名詞 ある言葉の音をまねて、別の言葉をつくること。参考「呉服屋」を「五二九八（ごふくや）」と数字で表すなど。

ころう【古老】 名詞 〔昔のできごとや言い伝えなどをよく知っている〕としより。例その土地の古老に会って昔の話を聞いた。

ころがす【転がす】 動詞 ❶回して、また、回すようにして動かす。例大きなたるを転がす。❷ひっくり返す。例関取が、相手を転がす。活用ころが・す。

ことばあそび 同音異義語の文⑨ 階段で会談する。

ころがりこむ【転がり込む】動詞 ❶ころがって、入ってくる。また、ころがるようにして、入ってくる。例ボールが、えんの下に転がり込んだ。❷思いがけなく手に入る。ことば「大金が転がり込む」❸〔くらしにこまって〕人の家で世話になる。例旅先でお金をつかいはたし、知り合いの家に転がり込んだ。参考「ころげこむ」ともいう。活用ころがりこ・む。

ころがる【転がる】動詞 ❶回りながら動く。ころげる。例坂道をボールが転がる。❷横にたおれる。例わざをかけられて転がる。❸体を横にする。例しばふに転がって空を見る。❹物がたくさんある。例広場に石がごろごろ転がっている。活用ころが・る。

ころげおちる【転げ落ちる】動詞 転がりながら落ちる。例足をふみはずして、かいだんを転げ落ちた。活用ころげお・ちる。

ころげこむ【転げ込む】動詞 ⇒488ページ・ころがりこむ。活用ころげこ・む。

ころげまわる【転げ回る】動詞 あちらこちらにころがって動きまわる。例あまりのいたさに転げ回って苦しむ。活用ころげまわ・る。

ころげる【転げる】動詞 ❶回りながら動く。ころがる。例坂道でミカンが転げた。❷横にたおれる。例すべって転げた。活用ころ・げる。

ころころ 副詞(-と) する動詞 ❶小さな物が軽く転がるようす。例しばふの上をボールがころころところがる。❷かわいらしく、まるまる太っているようす。例ころころした、かわいい子犬。❸〔わかい女性などが〕明るく笑うようす。例ころころとよく笑う年ごろ。

ごろごろ ■一 名詞 〔かみなりの音のたとえから〕かみなりのこと。■二 副詞(-と) する動詞 ❶大きな物が重く転がるようす。例山の上の方から、岩がごろごろ転がってきた。❷あたりに、ちらばってたくさんあるようす。例谷川に大きな石がごろごろしている。❸何もしないで、ひまそうにしているようす。例家の中でごろごろしている。❹かみなりが鳴りひびくようす。❺ネコがのどを鳴らすようす。

ころしもんく【殺し文句】名詞 相手の気持ちを強くひきつけるような、気のきいた言葉。例殺し文句にひっかかる。

ころす【殺す】動詞 ❶命をとる。例害虫を殺す。対生かす。❷おさえて表面に出さないようにする。例息を殺して、じっとしていた。❸十分に役立てていない。例せっかくの才能を殺している。対生かす。活用ころ・す。

ごろつき 名詞 悪事を働くならず者。例町のごろつき。

コロッケ 名詞 ゆでてつぶしたジャガイモに、いためたタマネギ・ひき肉などをまぜ合わせてまるめ、小麦粉・卵・パン粉をつけて油であげた食品。▼フランス語

コロナ 名詞 ❶皆既日食のとき、太陽のまわりに見えるしんじゅ色の光。❷コロナウイルス(coronavirus)。特に二〇一九年以来、世界的に流行した新型コロナウイルスが原因の感染症。▼英語 corona

ごろね【ごろ寝】名詞 する動詞 ふとんなどをしかないで、そのままごろりと横になってねること。例ソファーでごろ寝する。

ころばす【転ばす】動詞 ❶回転させる。例つきとばして転ばす。❷〔立っているものを〕たおす。活用ころば・す。

ころばぬさきのつえ【転ばぬ先のつえ】ことわざ 失敗しないように、前からよく注意することが必要だというたとえ。

ころぶ【転ぶ】動詞 ❶まるいものがころころと回っていく。例子犬はぼくのすがたを見ると、転ぶように走ってきた。❷安定を失って、たおれる。例転んで、ひざをすりむいた。活用ころ・ぶ。

ころも【衣】名詞 ❶きもの。例絹の衣。参考古い言い方。❷ぼうさんの着る物。例すみぞめの衣。❸てんぷらなどで、外側をおおっているもの。

ころもがえ【衣替え】名詞 する動詞 ❶季節に合った着物にかえること。参考昔のこよみで、四月一日から夏物、十月一日から冬物に着がえるならわしがあった。❷店などで、かざりつけなどをすっかりかえること。例店の内部を衣替えする。

ころもへん【衣偏】名詞 漢字の部首の一つ。「複」「補」などの、左側の「ネ」の部分。

ころんでもただではおきぬ【転んでもただでは起きぬ】ことわざ 失敗した場合でも、そこからなにか得になることをつかむ。語源転んでも、何か落ちているものをひろってから立ち上がるということから。

コロンブス 人名 (一四五一ごろ〜一五〇六)イ

タリアの探検家。スペイン女王イサベルの助けによって、インドにむかうつもりで大西洋を航海したが、思いがけなくアメリカ大陸に到達した。クリストファー＝コロンブス(Christopher Columbus)。

コロンブスのたまご【コロンブスの卵】 ことわざ 人がやった後ではやさしそうなことでも、最初にやることはむずかしいというたとえ。語源 アメリカ大陸への到達はだれにでもできると言われたコロンブスが、その相手に卵を立ててみろと言った。だれにもできなかったが、コロンブスは卵の下の方をつぶして立てたという話から。

こわい[1] 形容詞 ❶たやすく人にしたがわない。例 情のこわい人。❷はごたえがある。かたい。例 今日のごはんは、ずいぶんこわい。活用 こわ・い。

こわい[2]【怖い】 形容詞 危険な気がして、それをのがれたい感じである。例 怖い夢をみた。／怖い顔。活用 こわ・い。

こわいものみたさ【怖い物見たさ】 慣用句 こわいものは、かえって気持ちがそそられて見たくなる、ということ。例 怖い物見たさで、おそるおそるのぞく。

こわいろ【声色】 名詞 ❶声の調子。声の様子。❷他人、特に役者などの、せりふや声の調子などをまねること。また、まねたその声。例 声色をつかった芸人。

こわがり【怖がり】 名詞 なんでもないことでもこわがること。また、そのような人。例 気が強いわりには怖がりだ。

こわがる【怖がる】 動詞 こわいと思う。おそろしがる。例 妹は、毛虫をとても怖がる。活用 こわが・る。

こわき【小脇】 名詞 わき。参考 わきに関する動作に使う。

こわきにかかえる【小脇に抱える】 慣用句 わきに、ちょっとかかえる。例 バッグを小脇に抱えて歩く。参考 「小」は、「軽く」という意味をそえる。

こわきにはさむ【小脇に挟む】 慣用句 わきに、ちょっとはさむ。例 本を小脇に挟む。参考 「小」は、「軽く」という意味をそえる。

こわけ【小分け】 名詞 する動詞 小さく分けること。また、分けたもの。例 料理を小分けにして保存する。

こわごわ 副詞 おそろしいと思いながら、物事をするようす。例 がけをこわごわおりた。

こわす【壊す】 動詞 ❶くだいたり、つぶしたりして、使えなくする。例 古い建物を壊す。❷悪くする。例 食べすぎて、おなかを壊した。❸［じゃまをして］まとまらないようにする。例 計画を壊された。活用 こわ・す。

こわだか【声高】 形容動詞 話す声が高く大きいようす。例 友だちが声高にしゃべっている。

こわばる 動詞 ［きんちょうして］かたくなる。例 顔がこわばる。活用 こわば・る。

こわめし【こわ飯】 名詞 もち米をむしたごはん。ふつうは、アズキを入れた赤飯をさす。おこわ。

こわれもの【壊れ物】 名詞 ［ガラスやとうきなどの］こわれやすい物。例 壊れ物につき、取りあつかい注意。

こわれる【壊れる】 動詞 ❶くだけたり、きずになったりして、使えなくなる。例 かさが壊れる。❷故障する。例 テレビが壊れる。❸まとまらなくなる。だめになる。例 結婚の話が壊れる。活用 こわ・れる。

こをえがく【弧を描く】 慣用句 ［あるものの動いたあとが］ゆみのようにまるく曲がった形をとる。例 白球が青空に弧を描く。

こん【紺】 名詞 青とむらさきを合わせた色。

こんい【懇意】 形容動詞 親しくつき合っているようす。例 この店の主人と懇意にしている。

こんいん【婚姻】 名詞 する動詞 結婚すること。例 婚姻届。参考 ふつう、法律で使う言葉。

こんかい【今回】 名詞 このたび。例 今回は失敗したが、次はがんばる。対 前回。次回。

こんかぎり【根限り】 副詞 気力の続くかぎり、けんめいにするようす。根気の続くかぎり。例 根限り走り続ける。

こんがらかる 動詞 ❶もつれてからまりあう。例 糸がこんがらかる。❷物事が複雑にいりくんで、混乱する。例 話がこんがらかる。／頭がこんがらかる。参考 「こんがらがる」ともいう。活用 こんがらか・る。

こんがり 副詞（-と） 色がついて、ちょうどよく焼けるようす。例 もちがこんがり焼けた。

こんかん【根幹】 名詞 ［木の根と幹の意から］物事のもとになる、一番大切な部分。例 民主主義の根幹をなす理念。

ことばあそび 同音異義語の文⑩ 好調な校長先生。

ことば選びのまど

怖い をあらわすことば

怖い

危険な気がして、それをのがれたい感じである。↓489ページ

青ざめる

〔病気やおそろしさで〕顔色が青白くなる。↓7ページ

足がすくむ

おそろしさなどで、足が動かなくなる。↓24ページ

生きた心地もしない

今にも死ぬかと思うほど、こわい。↓72ページ

臆病風に吹かれる

びくびくして、こわがる。↓180ページ

おじ気付く

こわいという気持ちになる。↓188ページ

恐る恐る

物事をこわがりながらするようす。↓191ページ

恐ろしい

危険を感じ、不安になるようす。↓192ページ

おっかない

こわい。おそろしい。↓193ページ

おどおど

こわがったり、自信がなかったりして、落ち着かないようす。↓195ページ

おののく 発展

〔おそろしさやいかりなどのため〕ぶるぶるふるえる。↓198ページ

おびえる

こわがって、びくびくする。↓199ページ

ことば選びのまど

怖い をあらわすことば

気味が悪い
何となく不安でおそろしい。気持ちが悪い。↓333ページ

こわごわ
おそろしいと思いながら、物事をするようす。↓489ページ

背筋が寒くなる
おそろしさなどのため、ぞっとする。↓698ページ

戦戦恐恐 発展
あることが起きるのをおそれて、びくびくするようす。
↓713ページ

総毛立つ 発展
〔体中の毛がさか立つくらい〕おそろしさで体がすくむ。ぞっとする。↓722ページ

ぞっと
おそろしさに思わず体がすくむようす。↓734ページ

血の気が引く 発展
〔おどろきやおそろしさで〕顔色が青ざめる。↓802ページ

泣く子も黙る
泣いている子どもでもだまるほど、おそろしいようす。
↓946ページ

びくびく
いやなことがおこるのではないかと、おそれるようす。
↓1088ページ

身の毛がよだつ 発展
あまりのおそろしさや気味の悪さのために、体中の毛が立つように感じる。↓1260ページ

こんがん【懇願】名詞 する動詞 心からたのんで願うこと。例 いっしょにつれて行ってほしいと懇願する。類 懇望。

こんき【根気】名詞 〔しんぼうして〕物事をやりぬこうとする力。例 根気のいる仕事だ。
ことば 「〔かれは〕根気強い〔人だ〕」

こんきゅう【困窮】名詞 する動詞 とてもまずしくて、生活にこまること。例 一家は困窮をきわめていた。

こんきょ【根拠】名詞 〔ある物事の〕もとになる理由。よりどころ。ことば 「根拠をしめす」

こんきょち【根拠地】名詞 〔あることがらをするための〕もととなる土地。ねじろ。例 南極探検の根拠地。

こんく【困苦】名詞 する動詞 〔物やお金がなくて〕こまり苦しむこと。例 困苦にたえてがんばる。

ゴング 名詞 〔ボクシングなどで〕試合の始まりや終わりを知らせるかね。▼英語 gong

コンクール 名詞 〔映画・音楽・美術などの〕作品やわざなどのよしあしを争うもよおし。類 コンテスト。▼フランス語

こんくらべ【根比べ】名詞 どちらがねばり強いか、くらべ合うこと。例 両者が自分の説をゆずらず、いよいよ根比べになった。

コンクリート 名詞 セメント・すな・じゃりに水をくわえ、まぜ合わせてかためたもの。▼英語 concrete

ごんげ【権化】名詞 ❶人をすくうため、神や仏がすがたをかえて、この世に現れること。また、そのすがた。権現。❷心の働きや考えなど形のないものを、形があるものとして考えたもの。ことば 「悪の権化」

こんけつ【混血】名詞 人種のちがう者同士から生まれた子のこと。

こんげつ【今月】名詞 いまの月。現在の月。例 わたしのたんじょう日は今月です。

こんげん【根源】名詞 〔ある物事をなりたたせる〕一番もとになっているもの。おおもと。例 悪の根源をたつ。

ごんげん【権現】名詞 ➡492ページ・ごんげ①。

こんご【今後】名詞 これからのち。以後。例 今後の予定をたてる。

こんごう【混合】名詞 する動詞 まぜ合わせること。また、まじり合うこと。例 二つの薬品を混合する。

こんごうせき【金剛石】名詞 ➡755ページ・ダイヤモンド①。

こんごうづえ【金剛づえ】名詞 八角、または四角の白木のつえ。参考 昔、山伏が持っていた。今では、登山者やじゅんれいが持つ。⇩1324ページ・山伏（図）。

ごんごどうだん【言語道断】四字熟語 言葉では言い表せないくらい、ひどいこと。例 親切にしてくれた人をだますとは言語道断だ。注意 ㋐「言語」を「げんご」と読まないこと。㋑「言語同断」と書かないこと。

こんこん 副詞（−と）❶戸などを軽くたたく音。例 こんこんと戸をたたく。❷せきをするときに出す音を表す言葉。❸雪やあられなどがふるようす。例 雪がこんこんとふっている。

こんこんと[1] 副詞 水などがさかんにわき出るようす。例 谷間に、しみずがこんこんとわき出ていた。漢字 滾滾と（滾々と）。⇩使い分け。

こんこんと[2] 副詞 意識を失っているようす。また、深くねむっているようす。例 こんこんとねむり続ける。漢字 昏昏と（昏々と）。

こんこんと[3]【懇懇と】副詞 心をこめて、ていねいにくり返し言うようす。例 いたずらをして、先生から懇々とさとされた。参考 ふつう「懇々と」と書く。⇩使い分け。

コンサート 名詞 音楽会。演奏会。例 ピアノのコンサート。▼英語 concert

こんざい【混在】名詞 する動詞 ちがった種類のものが入りまじってあること。例 さまざまな種類の木々が混在する山。

こんざつ【混雑】名詞 する動詞 こみ合うこと。ご

使い分け こんこんと

●水がわき出るようす。
水がこんこんとわくいずみ。

●くり返し言うようす。
懇々とさとす。

たごたしていること。例 通勤のバスの中は、たいへん混雑している。類 雑踏。

コンサルタント 名詞 事業の進め方などの相談をうけ、指導する人。▼英語 consultant

こんじ【根治】 名詞 する動詞 病気などが、すっかりよくなること。また、すっかりよくすること。例 けがが根治する。参考「こんち」ともいう。

こんじき【金色】 名詞 きん色。こがね色。例 金色にかがやく仏像。

こんじゃく【今昔】 名詞 今と昔。ことば「今昔の感にたえない（＝今と昔を思いくらべて、そのちがいの大きさにおどろく気持ちをおさえられない）」

こんしゅう【今週】 名詞 この週。自分が今すごしている週。例 今週は休みが三日続く。

こんじょう【根性】 名詞 ❶もともと持っている性質や考え方。性根。例 根性が悪い。❷物事をやりとげようとする強い心。例 根性がある。

こんじる【混じる】 動詞〔あるものに他のものが〕まじる。まざる。また、まぜる。例 米に麦が混じる。活用 こん・じる。

1**こんしん【混信】** 名詞 する動詞〔テレビ・ラジオの放送や電信などで〕ある送信にべつの送信がまざって入ること。類 混線。

2**こんしん【懇親】** 名詞 たがいにうちとけて、親しくすること。例 クラスの懇親をはかる。

こんしんかい【懇親会】 名詞 つき合いを深め、親しくまじわることを目的に開く会。

こんしんのちから【こん身の力】 名詞 出せるだけの力。ありったけの力。例 こん身の力をこめて持ち上げる。

こんすい【こん睡】 名詞 する動詞 病気などがおもくて、意識がなくなったまま、めざめないこと。例 こん睡状態。漢字 昏睡。

コンスタント 形容動詞 一定していること。例 コンスタントにヒットをうつバッター。▼英語 constant

こんせい【混成】 名詞 する動詞 いくつかのものをまぜ合わせてつくること。また、まじり合ってできていること。例 混成チーム。

こんせいがっしょう【混声合唱】 名詞 多くの男子と女子がおこなう合唱。参考 混声四部合唱（女子＝ソプラノ・アルト、男子＝テノール・バス）が代表的。注意「混成合唱」と書かないこと。

1**こんせき【今夕】** 名詞 ⬇496ページ・こんゆう。

2**こんせき【痕跡】** 名詞 何かが起きたり、おこなわれたりしたことをしめすもの。例 人がくらしていた痕跡がある。

こんせつ【懇切】 名詞 形容動詞 行きとどいて、親切なこと。例 懇切に教える。参考 ⇩493ページ・懇切丁寧。

こんぜつ【根絶】 名詞 する動詞〔木を根からぬきとるように〕すっかりなくしてしまうこと。例 いじめの根絶を願う。類 全滅。

こんせつていねい【懇切丁寧】 名詞 形容動詞 細かいところによく気をくばって、とても親切なこと。例 懇切丁寧に説明する。

1**こんせん【混戦】** 名詞 敵と味方が入りみだれてたたかうこと。どんな結果になるかわからないこと。例 第二試合は混戦になった。

2**こんせん【混線】** 名詞 する動詞 ❶電話などで、いくつもの音や声がまじって聞こえること。類 混信。❷〔①の意味から〕いくつもの話が入りまじって、わけがわからなくなること。例 話が混線してしまった。

コンセント 名詞〔コードの先のプラグをさしこみ〕かべや柱にある配電線から電気をみちびき出す器具。参考 英語では outlet, socket などという。

コンダクター 名詞 ❶オーケストラなどの指揮者。❷旅行などのてんじょう員。例 ツアーコンダクター。▼英語 conductor

コンタクトレンズ 名詞 眼球にじかにつけるようにした、めがねの働きをする小さなレンズ。▼英語 contact lens

こんだて【献立】 名詞 料理の種類や取り合わせ。例 給食の献立。

こんたん【魂胆】 名詞〔心の中にかくされている〕たくらみ。例 何か魂胆がありそうだ。

こんだん【懇談】 名詞 する動詞 たがいにうちとけて話し合うこと。例 記者と懇談する。／懇談会。

コンチェルト 名詞 ピアノやバイオリンなどの独奏楽器とオーケストラとの合奏曲。協奏曲。例 ピアノコンチェルト。▼英語（イタリア語から）concerto

こんちゅう【昆虫】 名詞 トンボ・セミ・チョウなどをまとめていうよび名。体は、頭・胸・腹の

ことばあそび 同音異義語の文⑪ 秋はあきない。

あいうえお かきくけこ さしすせそ たちつてと なにぬねの はひふへほ まみむめも や ゆ よ らりるれろ わ を ん

部分に分かれ、六本のあしが胸から出ている。例昆虫の図鑑。

こんちゅうさいしゅう【昆虫採集】 名詞 標本などにするために、こん虫をつかまえること。

こんてい【根底】 名詞 物事の一番おおもと。例今までの学説を根底からくつがえした。

コンディショナー 名詞 髪の毛をあらった後の、しあげのすすぎに使う液。参考⇩リンス。トリートメント。▼英語 conditioner

コンディション 名詞〔天候・気分・場所などの〕様子。調子。状態。ことば「コンディションをととのえる」例グラウンドのコンディションが悪い。▼英語 condition

コンテスト 名詞 作品などのできばえのよしあしを争う競技会。例写真コンテスト。類コンクール。▼英語 contest

コンテナ 名詞 品物を荷づくりしないで入れて、運べるようにしたはこ。大きなものは金属製で、そのまま、貨車やトラックにつみこむ。小さなものはおりたたみ式のものもある。コンテナー。⇩図。▼英語 container

コンテナ

コンテナせん【コンテナ船】 名詞 荷物を入れたコンテナをのせて運ぶ船。

コンデンサー 名詞 金属の板をむかい合わせ、間にぜつえん体をはさんだもの。電気をたくわえることができる。蓄電器。参考英語ではおもに capacitor という。▼英語 condenser

コンテンツ 名詞〔デジタル化された〕情報の内容。▼英語 contents

コント 名詞 ❶気のきいたしゃれとふうしのある短い話。❷こっけいなげき。▼フランス語

こんど【今度】 名詞 ❶このたび。今回。例今度の実験はうまくいった。❷この次。例今度のテストはがんばるぞ。

こんどう¹【金堂】 名詞 寺で本尊をまつってあるところ。本堂。

こんどう²【混同】 名詞 する動詞 区別しなければいけないものを、同じものとしてしまうこと。例みんなから集めたお金を、自分のお金と混同してはいけない。／公私混同する人をゆるすことはできない。

こんどというこんど【今度という今度】 慣用句「このたび」を強めていう言葉。例今度という今度はゆるすわけにいかない。

ゴンドラ 名詞 ❶イタリアのベニスで観光用に使われている小さな舟。❷気球やロープウエーなどにとりつけた、人の乗る、かご。⇩図。▼英語〔イタリア語から〕gondola

ゴンドラ①

コントラスト 名詞 二つのものをくらべ合わせたときのちがい。また、そのちがいによる効果。例この絵は、色のコントラストが美しい。▼英語 contrast

コントラバス 名詞 弦楽器の一つ。バイオリンの形をした楽器のうちで一番大きくもっとも低い音を出す。ダブルベース。ベース。参考英語ではふつう double bass という。▼英語〔ドイツ語から〕contrabass

コンドル 名詞 コンドル科の鳥。南アメリカのアンデス山脈にすむ、タカに似た大型の鳥。死んだ動物の肉を食べる。▼英語 condor

コントローラー 名詞 ❶電流を調節するそうち。❷テレビゲームなどをそうさするためのきかい。▼英語 controller

コントロール 名詞 する動詞 ❶〔ていどがすぎないように〕調節すること。例自分で自分をコントロールする。❷野球で、ピッチャーが自分の思うところにボールを投げること。また、そのうでまえ。例コントロールのいいピッチャー。▼英語 control

コントロールタワー 名詞 ⬇300ページ・かんせいとう。▼英語 control tower

こんとんと【混とんと】 副詞 物事が複雑に入りまじって、はっきりしないようす。例試合の形勢は混とんとしている。漢字混沌と。

こんな 形容動詞 このような。例こんなことは初めてだ。参考「こそあど言葉」の一つ。

こんなん【困難】 名詞 形容動詞 つらく苦しいこ

と。また、とてもむずかしいこと。例 実現は困難である。／入手は困難だ。

こんにち【今日】名 ❶今日。例 今日のめでたい式にふさわしい天気。参考「今日」よりもあらたまった言い方。❷このごろ。現在。例 今日の平和をたもつために、つくす。

こんにちは【今日は】感動詞 昼間、人に会ったり、人をたずねたりしたときに言うあいさつの言葉。注意「今日はよいお天気で…」のように続くあいさつの下の言葉が略された形なので、「今日わ」とは書かない。

こんにゃく 名 ❶サトイモ科の植物。まるくて大きな地下茎は「こんにゃく玉」とよばれる。❷「こんにゃく玉」の粉からつくる食品。

こんにゅう【混入】名 する動詞 ほかの物をまぜて入れること。また、まざって入ること。例 毒物が混入した。

コンパ 名〔学生などが〕費用を出し合っておこなうしんぼく会。例 新人かんげいコンパ。参考 英語の「コンパニー」(company)の略。

コンバイン 名 かりとりと脱穀を同時におこなう、大型の機械。▼英語 combine

コンパクト 一 名 おしろい・パフなどを入れる、鏡のついた携帯用ケース。二 名 形容動詞 小さくまとまっていて、あつかいやすいこと。例 コンパクトサイズ。▼英語 compact

コンパクトディスク 名 ⇩536ページ・シーディー。▼英語 compact disc

コンパス 名 ❶製図用の道具の一つ。円をかいたり、長さをはかったりする。❷⇩1362ページ・らしんばん。▼英語 compass

こんばん【今晩】名 今日の晩。今すごしている夜。類 今夜。

こんばんは【今晩は】感動詞 夜、人に会ったり、家に行ったりしたときに言うあいさつの言葉。注意「今晩はあたたかで…」のように続くあいさつの下の言葉が略された形なので、「今晩わ」とは書かない。

コンビ 名〔二人の〕組み合わせ。例 コンビを組む。／名コンビ。参考 英語の「コンビネーション」から。

コンビーフ 名 しおづけにした牛肉。また、それをほぐしてかんづめにしたもの。▼英語 corned beef

コンビナート 名〔生産力をたかめるため〕関係のある産業の工場を、近くにまとめたもの。例 石油コンビナート。▼ロシア語

コンビニ 名 ⇩コンビニエンスストア。

コンビニエンスストア 名 多くの客が利用しやすい場所で、深夜まで、または二十四時間無休で営業している小型のスーパー。食料品や雑貨を中心に、いろいろな商品を売っている。コンビニ。参考「便利な店」の意味。▼英語 convenience store

コンビネーション 名 ❶組み合わせ。とり合わせ。例 色のコンビネーションがいい。／コンビネーションサラダ。❷上下がひと続きになった下着。❸色のちがう革などを組み合わせてつくった、くつ。コンビ。❹スポーツで、みかた同士がうまく合わせる動き。❺野球で、ピッチャーが投げるボールの組み合わせ。配球。▼英語 combination

コンピューター 名 電子の働きを利用して、ふくざつな計算をすばやくおこなう機械。多くの資料や数値をきおくしてそれを加工したり、必要なときにとり出したりすることなどもできる。コンピュータ。電子計算機。▼英語 computer

コンピューターウイルス 名 コンピューターのプログラムに入りこんで、害をあたえるプログラム。インターネットなどを通して広がっていく。ウイルス。▼英語 computer virus

こんぶ【昆布】名 おびのように長い、黒茶色をした海そう。寒い地方の海底に多い。食用にしたり、ヨードをとったりする。こぶ。

コンプライアンス 名〔社会人が〕法令・規範・道徳・倫理を守ること。▼英語 compliance

コンプレックス 名 心の中にとじこめられたふくざつな気持ち。ほかの人にくらべて、自分がひどくおとっているように感じる気持ち(劣等感)や、あるものに対する好き・きらい・にくい・負けたくないなどの強い気持ちなど。複合観念。例 コンプレックスがある。▼英語 complex

コンペイトー 名 外側に小さなでっぱりのある、球の形の砂糖菓子。漢字 金平糖。▼ポルトガル語

コンベヤー 名 材料や製品などを、自動的に

ことばあそび 同音異義語の文⑫ 草食動物の装飾。

次々と運ぶようにしたしかけ。コンベアー。例ベルトコンベヤー。▼英語 conveyor

ごんべん【言偏】名詞 漢字の部首の一つ。「話」「語」「読」などの左側の「言」の部分。

こんぼう【こん棒】名詞〔ふつうにもてるぐらいの〕ぼう。

こんぽう【こん包】名詞 する動詞〔こわれたり、傷ついたりしないように〕送るにもつをしっかりと包むこと。漢字 梱包。

こんぽん【根本】名詞 物事をささえるもとになるもの。例根本から考え直す。

こんぽんてき【根本的】形容動詞 物事をささえるもとになっているようす。例根本的な問題だ。

コンマ 名詞 ❶横書きの文の切れめや、大きな数の位どりに使うふごう。「,」。カンマ。❷小数点。例コンマ二秒(=〇・二秒)。▼英語 comma

こんまけ【根負け】名詞 する動詞〔つかれたり、あきれたりして〕物事を続ける気持ちがなくなること。例きみの熱心さには根負けした。

1 **こんもう**【根毛】名詞 根の先にある、毛のように細いもの。水分や養分をすいとる働きをする。

2 **こんもう**【懇望】名詞 する動詞〔他人に対して、あることをしてくれるように〕心から望むこと。例また来てほしいと懇望する。類懇願。

こんもり 副詞(ーと) する動詞 ❶〔遠くから見たとき〕まるくもり上がって見えるほど、木がしげっているようす。例こんもりした森。❷まるくもり上がっているようす。例土をこんもりもり上げる。

1 **こんや**【今夜】名詞 今日の夜。例今夜は月がきれいだ。類今晩。

2 **こんや**【紺屋】名詞 ⬇447ページ・こうや(紺屋)。

こんやく【婚約】名詞 する動詞 結婚の約束をすること。また、その約束。

こんゆう【今夕】名詞 今日の夕方。こんせき。例パーティーは今夕七時から開かれます。参考 ㋐あらたまった言い方。㋑「こんせき」ともいう。

こんよう【混用】名詞 する動詞 いろいろ、まぜて使うこと。例薬品を混用する。

こんらん【混乱】名詞 する動詞 入りみだれて、物事のまとまりがなくなること。例大雨で、列車のダイヤが混乱する。

こんりゅう【建立】名詞 する動詞 神社・寺・塔などを建てること。例千年前に建立された寺。類造営。

こんりんざい【金輪際】副詞 ぜったいに。例金輪際かれとはつきあわない。参考 多く、下に「…ない」などの打ち消しの言葉がくる。

こんれい【婚礼】名詞 結婚の儀式。結婚式。

こんろ【こん炉】名詞 持ち運びのできるすいじ用の小さい炉。

こんわく【困惑】名詞 する動詞 どうしてよいかわからなくて、こまること。例知らない人に話しかけられて困惑する。

こんをつめる【根を詰める】慣用句 根気強く一つの物事に集中する。例あまり根を詰めると、体によくないよ。

さ

ざ

ザ	サ
ZA	SA
za	sa

1 **さ** 助詞 軽く言いはなつ気持ちを表す言葉。例まあ、いいさ。

2 **さ** 接尾語《ある言葉の下につけて》性質や状態のていどを表す言葉。例高さ。/明るさ。

3 **さ**【差】名詞 ❶性質・能力・ていどなどのちがい。例大きな差がある。❷ある数からほかの数を引いた残り。引き算の答え。例五と三の差は二。

ざ【座】名詞 ❶すわる場所。例しばらくの間、座をはずす。❷人々が集まっている席。例誕生会の座がにぎわう。❸人の地位や立場。例トップの座をうばわれる。

さあ 感動詞 ❶ほかの人によびかけるときにいう言葉。例さあ、出かけましょう。❷おどろいたり、よろこんだりしたときにいう言葉。例さあ、大変だ。/さあ、できたぞ。❸こまったり、まよったりしたときにいう言葉。例さあ、よわった。/さあ、どうしようか。

サーカス 名詞 動物や人間が、いろいろなはなれわざをする見せ物。また、その団体。▼英語 circus

サーキット 名詞 ❶自動車・オートバイなどのレースをおこなう、わのような形をしたコース。❷電気などの回路。▼英語 circuit

サークル 名詞 ❶まるい形。まるい形のもの。円。❷〔スポーツや芸術などをいっしょにおこなう〕なかま。例音楽のサークル。▼英語 circle

ざあざあ 副詞(-と) 雨がはげしくふったり、水がいきおいよく流れたりするようす。例雨がざあざあふっている。

ザーサイ 名詞 中国のつけもの。カラシナの根をトウガラシと塩でつけたもの。▼中国語

サーチライト 名詞 大きな凹面鏡や凸レンズで光を集めて、暗い空や海などをてらす器械。また、その光。探照灯。▼英語 search light

サード 名詞 ❶第三番目。❷野球で三塁。サードベース。また、三塁手。▼英語 third

サーバー 名詞 ❶バレーボール・テニス・卓球などで、サーブをする人。対レシーバー。❷料理をとりわけるときに使う、大きなスプーンやフォーク。❸コンピューターのネットワーク上で、インターネットなどの問い合わせにこたえる大きな容量をもつコンピューター。▼英語 server

サービス 名詞 する動詞 ❶ほかの人のために力をつくすこと。例家族サービス。❷商店などで、ねだんを安くしたり、けいひんをつけたりして商品を売ること。例サービス品。❸料金を取って、客が求めるものを提供すること。例サービスのよいホテル。❹⬇サーブ。▼英語 service

サービスエリア 名詞 ❶一つの放送局のおくる電波がとどく区域。❷高速道路で、休憩・給油などの設備のあるところ。略語はSA。▼英語 service area

サービスカウンター 名詞 〔客にサービスをするためにつくられた長い台の意味〕店・役所・駅などで、客がいろいろな相談をうけられるところ。▼英語 service counter

サービスぎょう【サービス業】 名詞 物をつくることや売ることではなく、労働や作業をすることで、お金をもらう仕事。旅館・自動車修理・医院・映画館・美容院などの仕事。

サービスステーション 名詞 ❶〔客にサービスをするところの意味〕自動車のガソリンを売るところ。❷⬇サービスセンター。▼英語 service station

サービスセンター 名詞 商品についての相談をうけたり、アフターサービスをしたりするところ。サービスステーション。▼英語 service center

サーブ 名詞 する動詞 テニス・バレーボール・卓球などで、こうげきする方が最初に球をうつこと。また、その球。サービス。▼英語 serve

サーファー 名詞 サーフィンをする人。▼英語 surfer

サーフィン 名詞 高い波のたつ海岸で、波のり用の板(=サーフボード)にのりバランスをとって、おしよせる波にのって進み、スピードやわざを楽しむスポーツ。波のり。▼英語 surfing

サーフボード 名詞 サーフィンで使う、波のり用の板。▼英語 surfboard

サーベル 名詞 西洋風の長い剣。▼英語(オランダ語から) saber

サーモスタット 名詞 自動的にスイッチが入ったり、切れたりして、温度を一定にたもつ装置。冷暖房器具などに使われる。▼英語 thermostat

1 **さい** 名詞 サイ科の動物。東南アジアやアフリカにすむ。大形で、角は一本、または二本。

2 **さい** 名詞 ⬇500ページ・さいころ。ことば「さいは投げられた(=事はすでにはじまって、もう、あとには引き返せない)」

3 **さい【才】** 一 名詞 生まれつきのすぐれた能力。頭の働き。例音楽の才をみがく。二 助数詞 年を数えるときに、「歳」の代わりに使う文字。例十才。参考 小学校で使う。

4 **さい【差異・差違】** 名詞 〔二つ以上のものを〕くらべたときのちがい。例両者の考え方に大きな差異はない。類相違。異同。

5 **さい【歳】** 助数詞 《数を表す言葉の下につけて》年れいを表す言葉。例十二歳。注意 小学校では代わりに「才」を使う。

6 **さい【際】** 名詞 何かがおこなわれるとき。おり。場合。例上京の際はお世話になりました。/この際だから言う。参考 あらたまった言い方。

1 **ざい【在】** 名詞 都市から少しはなれた地いき。例仙台の在でうまれた。

2 **ざい【財】** 名詞 財産。とみ。例一代で財をきずく。/巨額の財をなす。

さいあい【最愛】 名詞 もっとも愛していること。例最愛の妻。

さいあく【最悪】 名詞 形容動詞 〔物事のようすや性質などが〕一番悪いこと。例最悪のコンディション。類最低。対最良。最善。最高。

あいうえお かきくけこ さしすせそ たちつてと なにぬねの はひふへほ まみむめも や ゆ よ らりるれろ わ を ん

ことばあそび 同音異義語の文⑬ 店頭で転倒した。

ざいあく【罪悪】(名詞)〔人としての道にはずれた〕悪いおこない。例 人をだますことは罪悪だ。

ざいい【在位】(名詞)(する動詞) 天皇・皇帝・国王などがその位についていること。また、その期間。

さいうよく【最右翼】(名詞) もっとも有力な者。例 あの選手が優勝候補の最右翼だ。

1 **さいえん**【再演】(名詞)(する動詞)〔前に上演した〕劇などをもう一度上演すること。対 初演。

2 **さいえん**【菜園】(名詞) 野菜をつくる畑。

サイエンス(名詞) ⬇235ページ・かがく（科学）。▼英語 science

さいおうがうま【塞翁が馬】故事成語 人間の幸せや不幸せは、予想できないということのたとえ。「人間万事塞翁が馬」ともいう。語源 昔、中国に住むある老人の馬がにげてしまったが、その後、その馬はもっといい馬を連れて帰ってきた。しばらくすると、老人の息子はその馬に乗って落馬して足を折ってしまうが、そのおかげで戦争に行かずにすんだという話から。

1 **さいかい**【再会】(名詞)(する動詞)〔長い間わかれていた人同士が〕また会うこと。例 十年ぶりの再会。

2 **さいかい**【再開】(名詞)(する動詞) 一度やめていたものを、またはじめること。例 運行を再開する。

3 **さいかい**【最下位】(名詞) 一番下の順位や位。例 リーグ戦で最下位のチーム。

さいがい【災害】(名詞) あらし・火事・事故などからうける、わざわい。例 噴火はふもとの村々に大きな災害をもたらした。類 被害。

ざいかい【財界】(名詞) 品物の生産や、その売り買いなどを大じかけにおこなっている人々の集まり。実業家や金ゆう業者の社会。経済界。類 政界。

ざいがい【在外】(名詞) 外国にいること。または、外国にあること。例 在外日本人。／在外事務所。

さいかく【才覚】一 (名詞) すばやくちえを働かせる力。例 才覚のある人。二 (名詞)(する動詞) いろいろと工夫をしてお金を集めること。例 仕事の元手を一人で才覚する。参考 二は古い言い方。

ざいがく【在学】(名詞)(する動詞) 児童・生徒・学生として、その学校にいること。在校。

さいかん【再刊】(名詞)(する動詞) 一度発行をやめていた雑誌や新聞などを、もう一度刊行すること。対 休刊。

1 **さいき**【才気】(名詞) すぐれた頭の働き。例 才気あふれる人物。

2 **さいき**【再起】(名詞)(する動詞)〔失敗や病気など〕悪くなった状態から、立ち直ること。例 大けがから再起した。ことば「再起を図る」類 再興。復興。

さいきょ【再挙】(名詞)(する動詞) 一度失敗した事業やだめになった計画などを、もう一度立ち上げること。例 大軍をひきいて再挙した。

さいきょう【最強】(名詞) もっとも強いこと。例 日本最強のチーム。

ざいきょう【在京】(名詞)(する動詞) 東京にいること。例 在京の同窓生。参考 昔は京都にいることをいったが、明治時代から後は東京にいることをいう。

1 **さいきん**【細菌】(名詞) 一つのさいぼうからできている、ひじょうに小さな生き物。病気のもとになるものや役に立つものなど、種類が多い。バクテリア。

2 **さいきん**【最近】(名詞) 現在にとても近い、ある時。ちかごろ。例 最近、雨の日が多い。

ざいきん【在勤】(名詞)(する動詞) ある場所で仕事をしていること。例 東京本社に在勤する。

さいく【細工】(名詞)(する動詞) ❶手先を使って、細かい作業をして、物をつくること。また、そのようにつくられた物。例 竹細工。❷〔人目をごまかすように〕たくらむこと。例 下手な細工をして、すぐに見やぶられた。

さいくつ【採掘】(名詞)(する動詞) 地中から鉱物などをほりだすこと。例 石油を採掘する。類 採鉱。

サイクリング(名詞) 自転車で遠乗りすること。自転車旅行。▼英語 cycling

サイクル 一 (名詞)(助数詞)「サイクル毎秒」の略。交流電流・電波などの一秒間の周波数・振動数の単位。ヘルツ。参考 現在は、正式なものとして「ヘルツ」が使われる。二 (名詞) ❶自転車。例 サイクルスポーツ。❷物事のくり返し。また、その期間。例 流行にはサイクルがある。▼英語 cycle

サイクルヒット(名詞) 野球で、一人のバッターが一試合で、シングルヒット・二塁打・三塁打・ホームランのすべてを打つこと。参考 英語を略した言い方。▼英語 cycle hit

あいうえお かきくけこ さしすせそ たちつてと なにぬねの はひふへほ まみむめも や ゆ よ らりるれろ わ を ん

サイクロン (名詞) インド洋で発生する強い風と雨をおこす熱帯低気圧。▼英語 cyclone

1 **さいけつ【採血】** (名詞)(する動詞)〔検査や輸血などのため〕体から血をとること。

2 **さいけつ【採決】** (名詞)(する動詞) 会議に出された案がいいかどうかを、賛成と反対の意見の数によって決めること。⇩使い分け。

3 **さいけつ【裁決】** (名詞)(する動詞) 物事が正しいか正しくないかを決めること。ことば「裁決を下す」⇩使い分け。

さいげつ【歳月】 (名詞) ➡909ページ・としつき。例 長い歳月を外国でくらす。

さいげつひとをまたず【歳月人を待たず】 故事成語 年月は人にはかまわずに、どんどんすぎていってしまう。時間のすぎるのがはやいことをいう言葉。

使い分け さいけつ

●賛成と反対の数で決めること。議案を採決する。

●よいか悪いか、さばくこと。裁決を下す。

1 **さいけん【再建】** (名詞)(する動詞) ❶こわれたり焼けたりした建物を、元のようにたて直すこと。例 古い屋敷を再建する。❷〔会社や団体など〕ほろびたり、おとろえたりしたものを、元の状態にすること。例 会社を再建する。

2 **さいけん【債券】** (名詞) 国や銀行・会社などがお金をかりたとき、そのしょうこにわたす書きつけ。

3 **さいけん【債権】** (名詞) ある人がほかの人に対して、なにかをしてくれるように求めることができる権利。たとえば、お金や品物などをかした人が、かりた人にそれを返すようにもとめる権利。(対)債務。

1 **さいげん【再現】** (名詞)(する動詞)〔きえたものが〕ふたたびあらわれること。また、ふたたびあらわすこと。例 当時の様子を再現する。

2 **さいげん【際限】** (名詞) 物事のかぎり。はて。例 つまらない話が際限もなく続く。

ざいげん【財源】 (名詞)〔あることをおこなうための〕お金をうみだすもとになるもの。例 所得税の減税にともなって、新しい財源をさがす。

さいけんとう【再検討】 (名詞)(する動詞) もう一度検討すること。検討し直すこと。例 計画を再検討する。

さいこ【最古】 (名詞) もっとも古いこと。例 日本最古の寺。(対)最新。

1 **さいご【最後】** (名詞) ❶一番おわり。最終。例 今月最後の日曜日。(対)最初。❷《「…したら最後」「…したが最後」の形で》いったん…したら、それきり。例 かの女はしゃべりだしたら最後、いつまでもとまらない。

2 **さいご【最期】** (名詞) 死ぬまぎわ。

ざいこ【在庫】 (名詞) 品物が倉庫にあること。また、その品物。

1 **さいこう【再考】** (名詞)(する動詞)〔同じことがらについて〕もう一度考えること。例 この案は再考した方がよさそうだ。

2 **さいこう【再興】** (名詞)(する動詞) 一度おとろえたものがもう一度さかんになること。また、もう一度さかんにすること。例 会社を再興する。(類)再起。復興。

3 **さいこう【採光】** (名詞)(する動詞) 部屋に光をとりいれること。例 まどを広くして、採光をよくする。(対)遮光。

4 **さいこう【採鉱】** (名詞)(する動詞) 鉱山で鉱石をほりだすこと。(類)採掘。

5 **さいこう【最高】** ━ (名詞)〔程度などが〕もっとも高いこと。例 今日は、今年最高の気温だった。(対)最低。━ (名詞)(形容動詞)〔物事の状態や結果などが〕これ以上のものがないほど、よいこと。例 この本は最高におもしろい。(類)最上。至上。(対)最低。最悪。

ざいこう【在校】 (名詞)(する動詞) ❶その学校の児童・生徒・学生として、いること。在学。例 在校生。❷学校の中にいること。例 運動会の準備のため、五時まで在校する。

さいこうさい【最高裁】 (名詞)「最高裁判所」の略。

さいこうさいばんしょ【最高裁判所】

あいうえお かきくけこ さしすせそ たちつてと なにぬねの はひふへほ まみむめも や ゆ よ らりるれろ わ を ん

ことばあそび 同音異義語の文⑭ 船頭が先導する。

名詞 もっとも上級の裁判所。法律や条例などが憲法に合っているかどうかを判断する権限をもち、最終の判決をくだす裁判をおこなう。参考 略して「最高裁」という。

ざいこうせい【在校生】 名詞 その学校に在籍している、児童・生徒・学生。

さいごうたかもり【西郷隆盛】 人名（一八二七〜一八七七）江戸時代の終わりごろから明治時代にかけての政治家。薩摩藩の出身で、明治政府の中心人物となったが、西南戦争で政府と争い、やぶれて戦死した。

さいこうちょう【最高潮】 名詞 気持ちや状態が、もっとも高まること。例 こうふんが最高潮に達する。

さいこうほう【最高峰】 名詞 ❶一番高い山。例 日本の最高峰は富士山だ。❷〔その分野で〕一番すぐれていること。例 日本音楽界の最高峰。

さいころ 名詞 すごろく・ばくちなどで使う、小さな立方体の道具。それぞれの表面に一から六までの数を表す点がある。さい。

さいごをかざる【最後を飾る】 慣用句 おわりをりっぱにする。例 紅白リレーは運動会の最後を飾るにふさわしい種目だ。

さいごをとげる【最期を遂げる】 慣用句 死ぬ。例 主人公が、あっぱれな最期を遂げた。参考 特別な死に方のときにいう。注意 「最後を遂げる」と書かないこと。

さいこん【再婚】 名詞 する動詞 一度結婚した人が、もう一度結婚すること。

さいさい【再再】 副詞 たびたび。再三。例 再々にわたる警告。／再々注意をうける。参考 ふつう「再々」と書く。

さいさき【さい先】 名詞 これからおこなおうとすることの前ぶれ。ことば 「（出発まぎわに雨がやむとは）さい先がいい」「さい先が悪い」
漢字 幸先。

1**さいさん【再三】** 副詞 二度も三度も。たびたび。再々。例 再三さいそくしている。

2**さいさん【採算】** 名詞 入ってくるお金と出ていくお金とのつりあい。ことば 「採算がとれない（＝もうからない）」

ざいさん【財産】 名詞 個人や団体が持っている、お金・建物・土地など、ねうちのあるもの。例 財産を残す。参考 形のないものについて用いることもある。例 きみとの友情は大切な財産だ。

さいさんさいし【再三再四】 四字熟語 三度も四度も。くり返しくり返し。例 まちがえないように、弟に再三再四注意した。

さいし【妻子】 名詞 つまと、子ども。例 妻子をやしなう。

さいじ【細字】 名詞 細かな文字。例 細字用のフェルトペン。対 太字。

さいしき【彩色】 名詞 する動詞 色をつけること。さいしょく。例 皿に彩色をほどこす。／彩色された土器。

さいじき【歳時記】 名詞 ❶一年じゅうの自然の様子や行事などをのせた本。❷俳句で、季語を集めて説明した本。

さいじつ【祭日】 名詞 ❶神社のまつりの日。❷「国民の祝日」のこと。

ざいしつ【材質】 名詞 ❶材木の性質。❷材料の性質。

さいして【際して】 連語 《「…に際して」の形で》…のときにあたって。…のおりに。例 卒業に際してお祝いをいう。

さいしゅ【採取】 名詞 する動詞 〔鉱物や植物などを〕えらんで、とること。例 川で、じゃりを採取する。

1**さいしゅう【採集】** 名詞 する動詞 標本や資料にするために、とって、集めること。例 こん虫を採集する。

2**さいしゅう【最終】** 名詞 一番おわり。最後。例 最終のバスにまにあう。／最終便。対 最初。

ざいじゅう【在住】 名詞 する動詞 そこにすんでいること。例 東京在住のアメリカ人。

さいしゅつ【歳出】 名詞 国や県、市町村などで、一年間に使うお金。対 歳入。

さいしゅっぱつ【再出発】 名詞 する動詞 もういちど、やりなおすこと。例 大病がなおったので気持ちを入れかえて、再出発をする。

さいしょ【最初】 名詞 一番はじめ。例 最初に話をする。対 最後。最終。

さいじょ【才女】 名詞 すぐれた才能をもつ女の人。参考 男の人の場合、「才子」という。

1**さいしょう【宰相】** 名詞 内閣総理大臣。首相。例 一国の宰相。参考 古い言い方。

2**さいしょう【最小】** 名詞 〔あるはんいの中で〕もっとも小さいこと。例 世界最小のカメラ。類

極小。対 最大。⇩使い分け。

3 **さいしょう【最少】** 名詞 もっとも少ないこと。例 人口が最少の国。対 最多。⇩使い分け。

1 **さいじょう【祭場】** 名詞 神や仏をまつる行事をおこなう、清らかでおごそかな場所。斎場。

2 **さいじょう【斎場】** 名詞 ❶⬇501ページ・さいじょう（祭場）。❷葬式をする場所。

3 **さいじょう【最上】** 名詞 もっとも上にあること。もっともよいこと。例 これが最上の方法だ。類 最高。最善。極上。至上。対 最下。

ざいじょう【罪状】 名詞 犯罪がおこなわれたときの有様。犯罪の内容。例 罪状をみとめる。／罪状が明らかになる。

さいしょうげん【最小限】 名詞 〔あるはんいの中で〕それ以上小さくならないぎりぎりのところ。例 ひがいを最小限にくいとめる。対 最大限。

使い分け　さいしょう

● 一番小さいこと。
世界最小のカメラ。

● 一番少ないこと。
最少の人数。

さいしょうこうばいすう【最小公倍数】 名詞 公倍数がいくつかあるうちで、一番小さい数。たとえば、三と四の最小公倍数は十二。

1 **さいしょく【彩色】** 名詞 する動詞 ⬇500ページ・さいしき。

2 **さいしょく【菜食】** 名詞 する動詞 肉や魚をさけて、野菜類を主に食べること。対 肉食。

ざいしょく【在職】 名詞 する動詞 その仕事についていること。例 二十年間在職している会社。

さいしょくけんび【才色兼備】 四字熟語 才能と顔かたちの美しさの両方をそなえていること。参考 ふつう、女性に用いる。

1 **さいしん【細心】** 名詞 形容動詞 細かいところまで注意が行きとどくこと。ことば「細心の注意をはらう（＝細かいところまで注意をする）」

2 **さいしん【最新】** 名詞 一番、新しいこと。例 最新の情報。対 最古。

さいしんしき【最新式】 名詞 もっとも新しい方式。例 最新式のデジタルカメラ。

サイズ 名詞 大きさ。寸法。例 ズボンのサイズをはかる。▼英語 size

さいすん【採寸】 名詞 する動詞 洋服などをつくるときに、体のいろいろな部分の寸法をはかること。例 ドレスをつくるために採寸する。

1 **さいせい【再生】** 名詞 する動詞 ❶死にかけていたものが、生き返ること。❷使えなくなったものを、また使えるようにつくりかえること。例 再生可能エネルギー。❸録音・録画されたものから、もとの音や画像をとり出すこと。例 音楽を再生する。❹生物の失われた体の一部分が、またできること。例 トカゲのしっぽが再生した。／再生医療。❺心を入れかえて、正しい生活をはじめること。例 あやまちを改めて再生する。

2 **さいせい【再製】** 名詞 する動詞 一度製品になった物や、使えなくなった物を加工して、別の製品をつくること。例 くずまゆから再製した生糸。

ざいせい【財政】 名詞 ❶国や県、市町村などをおさめていくためのお金のやりくり。❷個人や家庭の収入の具合。

さいせいき【最盛期】 名詞 ❶いきおいがもっともさかんな時期。例 エジプト文明の最盛期。❷果物や野菜がもっともさかんにでまわる時期。例 リンゴの最盛期。

さいせいし【再生紙】 名詞 一度使った古い紙を原料にしてつくられた紙。

ざいせき【在籍】 名詞 する動詞 学校や団体に入っていること。例 在籍数。

1 **さいせん【さい銭】** 名詞 神社や寺におまいりしたとき、神や仏にささげるお金。参考 ふつう「おさい銭」という。

2 **さいせん【再選】** 名詞 する動詞 〔選挙などで〕同じ人をもう一度えらぶこと。また、もう一度えらばれること。二度目の当選。

1 **さいぜん【最前】** 名詞 ❶一番前。例 最前の席。❷さきほど。さっき。例 最前の話をもう一度聞かせてください。

2 **さいぜん【最善】** 名詞 ❶もっとも、よいこと。例 最善の策。類 最上。対 最悪。❷できるかぎりの努力。ことば「（勝つために）最善をつくす」

ことばあそび　同音異義語の文⑮　身長の高い人が慎重に服を新調した。

さいぜんせん【最前線】 名詞 仕事や戦いなどで、活動のもっともはげしいところ。例 業界の最前線でかつやくする。

さいせんたん【最先端】 名詞 物事の、もっとも進んでいるところ。例 流行の最先端を行く。

さいせんばこ【さい銭箱】 名詞 神社や寺の堂の前において、さい銭をうける箱。

さいぜんれつ【最前列】 名詞 一番前の列。例 最前列にすわる。

さいぜんをつくす【最善を尽くす】 慣用句 できるかぎりの努力をする。例 災害をふせぐために最善を尽くす。

さいそく【催促】 名詞 する動詞 人に、はやくしてくれるようにたのむこと。せきたてること。例 出欠の返事を催促する。類 督促。

さいた【最多】 名詞 もっとも多いこと。例 参加者の数は史上最多だった。対 最少。

サイダー 名詞 炭酸水をさとうなどで味つけした飲み物。参考 英語の意味は「りんご酒」。▼英語 cider

さいだい【最大】 名詞 〔あるはんいの中で〕もっとも大きいこと。例 世界最大の花、ラフレシア。類 極大。対 最小。

さいだいげん【最大限】 名詞 〔あるはんいの中で〕それ以上大きくならないぎりぎりのところ。例 最大限の努力をする。対 最小限。

さいだいこうやくすう【最大公約数】 名詞 いくつかある公約数のうちで、一番大きいもの。参考 二十四と十八の公約数は六・三・二で、最大公約数は六。

さいだいもらさず【細大漏らさず】 慣用句 どんな小さなことも、残さず。例 コーチのアドバイスを細大漏らさず聞き取る。参考 「細大」は、細かいことと大きなこと。注意 「最大漏らさず」と書かないこと。

さいたく【採択】 名詞 する動詞 同じ種類のものの中から、よいものをえらびとること。例 A社の教科書を採択する。

ざいたく【在宅】 名詞 する動詞 ❶自分の家にいること。例 明日は在宅の予定だ。対 不在。❷「在宅勤務（つとめているところに行かないで、自宅で仕事をすること）」の略。例 今日は在宅で会議に出席する。対 出社。出勤。

さいたまけん【埼玉県】 地名 関東地方西部の県。県庁所在地はさいたま市。⇩916ページ・都道府県（図）。

さいたまし【さいたま市】 地名 埼玉県の県庁所在地。⇩916ページ・都道府県（図）。

1**さいたん**【採炭】 名詞 する動詞 石炭をほりだすこと。

2**さいたん**【最短】 名詞 一番短いこと。例 駅への最短きょり。対 最長。

1**さいだん**【祭壇】 名詞 礼拝やまつりをおこなうための、だん。

2**さいだん**【裁断】 名詞 する動詞 ❶紙や布を、ある長さや型に切りはなすこと。例 書類を細かく裁断する。❷〔物事のよしあしなどを〕判断して決めること。ことば 「裁断をあおぐ」 類 裁定。

ざいだん【財団】 名詞 ❶ある目的のために出し合った財産の集まり。❷「財団法人」の略。

ざいだんほうじん【財団法人】 名詞 ある（おおやけの）目的のために出された財産を運用する団体。

さいちゅう【最中】 名詞 物事がさかんにおこなわれているとき。まっさかり。例 今、授業の最中です。参考 強めて「まっ最中」という。

ざいちゅう【在中】 名詞 する動詞 〔つつみやふうとうの〕中に物が入っていること。参考 中身をしめすためにふうとうの上などに「…在中」と書く。例 写真在中。

1**さいちょう**【最長】 名詞 もっとも長いこと。例 世界最長の海底トンネル。対 最短。

2**さいちょう**【最澄】 人名 （七六七〜八二二）平安時代初期の僧。中国にわたって天台宗を学び、日本へ伝え、比叡山に延暦寺をたてた。伝教大師。

1**さいてい**【最低】 一 名詞 〔ていどなどが〕もっとも低いこと。例 この冬最低の気温。対 最高。二 名詞 形容動詞 〔物事の状態などが〕この上なく悪いこと。例 うそを言うとは最低だ。注意 「最底」と書かないこと。類 最悪。対 最高。

2**さいてい**【裁定】 名詞 する動詞 物事のよいか悪いかなどを、判断して決めること。ことば 「〈議長が〉裁定をくだす」 類 裁断。

さいてき【最適】 名詞 形容動詞 一番よくあてはまること。例 人がらがいいから、まとめ役には山田さんが最適だ。類 うってつけ。

1**さいてん**【祭典】 名詞 ❶神や仏をまつる儀式。類 祭礼。❷はなやかで大がかりなもよおし。例 スポーツの祭典。

えおうた」といいます。

2 **さいてん**【採点】名詞 する動詞 テストや成績の点をつけること。

1 **さいど**【再度】名詞 ふたたび。もう一度。例 次のオリンピックに再度ちょうせんする。

2 **さいど**【彩度】名詞 色のあざやかさのていど。参考 色相・明度とともに色の三属性の一つ。

3 **サイド** 名詞 ❶わき。よこ。側面。例 両サイド。／プールサイド。❷対立しているものの、一方の側。例 市の意見と住民サイドの意見がくいちがう。▼英語 side

さいとうもきち【斎藤茂吉】人名（一八八二〜一九五三）大正時代から昭和時代にかけての歌人・医者。山形県生まれ。正岡子規や伊藤左千夫に学び、短歌雑誌「アララギ」を代表する歌人になった。歌集に「赤光」「あらたま」などがある。

サイドスロー 名詞 野球で、投手の投げ方の一つ。うでを地面と平行にふってボールを投げる。横手投げ。サイドハンド。参考 英語を組み合わせて日本でつくった言葉。

サイドライン 名詞 バスケットボールやバレーボールなどの長方形のコートの、長い方の区画線。対 エンドライン。▼英語 sideline

さいなむ 動詞 せめる。苦しめる。例 不安にさいなまれる。活用 さいな・む。

さいなん【災難】名詞〔思いがけなくおこる〕不幸なできごと。わざわい。

ざいにちがいこくじん【在日外国人】名詞 日本に住んでいる外国の人。

さいにゅう【歳入】名詞 国や県、市町村などで、一年間にはいるお金。対 歳出。

さいにん【再任】名詞 する動詞 もう一度、前の役につくこと。また、つかせること。

1 **ざいにん**【在任】名詞 する動詞 ある任務についていること。また、任地にあること。例 首相在任中。／アメリカ支社に五年間在任した。

2 **ざいにん**【罪人】名詞 つみをおかした人。類 囚人。

さいねん【再燃】名詞 する動詞 一度おさまっていた物事が、また問題になること。例 領土問題が再燃する。参考 一度きえた火が、またもえだす意味から。

さいねんしょう【最年少】名詞 ある集団のなかで、もっとも年れいがわかいこと。例 チームで最年少の選手。対 最年長。

さいねんちょう【最年長】名詞 ある集団のなかで、もっとも年れいが上であること。例 最年長の国会議員。対 最年少。

さいのう【才能】名詞 ある物事をよく理解してやりとげる力。うでまえ。

さいのうがある【才能がある】連語 ある物事をよく理解してやりとげる力がある。例 この子には絵の才能がある。

さいはい【采配】名詞 ❶命令。さしず。しき。ことば ⇩「采配を振る（＝あれこれとさしずする）」❷昔、大将が、戦いのとき家来をさしずするために使った道具。⇩644ページ・陣羽織（図）。

さいばい【栽培】名詞 する動詞 野菜や果物の木などを植えて、育てること。例 トマトを栽培する。注意「裁培」と書かないこと。

さいばいぎょぎょう【栽培漁業】名詞 人工のいけすや池で、魚・貝などを卵から稚魚・稚貝になるまで育ててから自然の海や池にもどし、成長したものをとる漁業。対 養殖漁業。

さいはいをふる【采配を振る】慣用句 さしずをする。例 仕事の采配を振る。

さいばし【菜箸】名詞 料理をつくるときや、おかずを皿などに分けるときに使う、長いはし。

さいばしる【才走る】動詞 才能があふれている。また、利口すぎる。例 才走った人。活用 さいばし・る。

さいはつ【再発】名詞 する動詞〔同じ病気や事故などが〕ふたたびおこること。例 事故の再発をふせぐ。

ざいばつ【財閥】名詞 大きな資本をもち、いろいろな事業をしている一族・一団。

さいはて【最果て】名詞 中心からもっとも遠い、はずれの土地。ことば「最果ての地」

さいはん【再版】名詞 する動詞 同じ本を、同じ版でもう一度出版すること。また、その本。例 売れゆきのよい小説を再版する。類 重版。対 初版。

さいばん【裁判】名詞 する動詞 争いやうったえを、法にもとづいて、さばくこと。ことば「裁判を起こす」

さいばんかん【裁判官】名詞 裁判所で、法律にしたがって裁判をおこなう人。

さいばんしょ【裁判所】名詞 裁判をする役所。参考 最高裁判所・高等裁判所・地方裁判所・簡易裁判所などがある。

ことばあそび あいうえおうた 「あいうえお…」などの五十音がことばの先頭になる詩を「あいう

1 **さいひ**【採否】名詞 採用するかしないかということ。例 試験をして採否を決める。

2 **さいひ**【歳費】名詞 ❶一年間の費用。例 議会で歳費が決められた。❷国会議員にわたされる一年間の給料。

さいひょうせん【砕氷船】名詞 氷をくだいて、進む道を切り開くしかけをもった船。

さいふ【財布】名詞 お金を入れて持ち歩く入れ物。類 がまぐち。

さいぶ【細部】名詞 こまかな点。

さいふのひもをしめる【財布のひもを締める】慣用句 むだなお金をつかわないようにする。節約する。

さいぶん【細分】名詞 する動詞 細かく分けること。例 種類を細分する。／細分化。

さいほう【裁縫】名詞 する動詞 布をたちきって、着物などをぬうこと。ぬいもの。

さいぼう【細胞】名詞 生物の体をつくっている、一番小さな単位。

ざいほう【財宝】名詞 財産やたから物。

さいぼうぶんれつ【細胞分裂】名詞 細ぼうがふえるとき、二個以上の新しい細ぼうにわかれること。そのわかれた細ぼうはそれぞれまた同じことをくり返して、ふえてゆく。

サイボーグ 名詞 人工の臓器などで体の一部をつくりかえた人間。改造人間。▼英語 cyborg

サイホン 名詞 ❶液体を低いところへうつすとき、とちゅうに高いところがあっても、（大気の圧力で）それをのりこえてうつせるようにしたしくみ。また、それに使うくだ。⇩図。❷コーヒーをわかすのに使う、ガラスでできた道具。参考「サイフォン」ともいう。▼英語 siphon

サイホン①

さいまつ【歳末】名詞 年のくれ。類 年末。

さいみつ【細密】名詞 形容動詞 とても細かく、くわしいこと。例 細密な計画。／細密画。類 綿密。

さいみんじゅつ【催眠術】名詞 特別な言葉や動作によって、人を半分ねむったような状態にする方法。

さいむ【債務】名詞 かりたお金や品物をかえさなくてはならない義務。例 債務をおう。／債務を返済する。対 債権。

ざいむしょう【財務省】名詞 年ごとの国の予算をつくったり、国に納められる税金を集めたりする仕事をする国の機関。

ざいめい【罪名】名詞 犯罪の種類の名前。殺人罪・放火罪など。

さいもく【細目】名詞 細かい点について決めてある項目。例 規則の細目をさだめる。

ざいもく【材木】名詞 家や道具などをつくる材料にするために切った木。木材。

ざいや【在野】名詞 国や都道府県の仕事や役目につかないで、民間の仕事をしていること。例 在野の人材。

さいよう【採用】名詞 する動詞 〔人・意見・方法などを〕えらんで用いること。例 一年生のアイデアを採用する。／不採用。類 登用。

さいらい【再来】名詞 する動詞 ❶ふたたび来ること。例 ブームの再来。❷もう一度この世に生まれてくること。また、その人。例 ブッダの再来だと、あがめられていた。

ざいらい【在来】名詞 前からあったこと。これまであったとおり。例 在来のしきたりにしたがう。／在来線。／在来種。類 従来。

ざいりゅう【在留】名詞 する動詞 しばらく、そこにとどまってすむこと。特に、外国で生活すること。例 アメリカに在留している日本人。類 駐留。

ざいりゅうほうじん【在留邦人】名詞 外国にすんでいる日本人。

さいりよう【再利用】名詞 する動詞 使わなくなった物を、別の物にして、もう一度使えるようにすること。例 あきばこを再利用する。

さいりょう【最良】名詞 〔物事の状態や性質などが〕もっともよいこと。例 最良の友。／人生最良の日。対 最悪。

ざいりょう【材料】名詞 ❶物をつくるもとになるもの。例 工作の材料。類 原料。❷研究・調査・発表などのもとになることがら。例 判断の材料がそろう。❸芸術作品の題材。例 小説の材料。

ざいりょく【財力】名詞 ❶多くの財産をもっていることによっておこるいきおい。例 財力にものをいわせる。❷ある仕事をするためのお金

を出せる力。例 財力がとぼしい。類 資力。

ザイル 名詞 登山のときに使う、じょうぶなつな。ロープ。▼ドイツ語

さいれい【祭礼】 名詞 〔神社などの〕まつり。また、まつりの儀式。類 祭典。

サイレン 名詞 あなのあいているまるい板をはやく回して大きな音を出し、それを遠くまでひびかせるもの。また、その音。参考 時報・信号・警笛などに使う。▼英語 siren

サイレント 名詞 ❶音をたてないこと。例 サイレントピアノ。❷人間の声や音のない映画（silent film, silent movie）。無声映画。対 ②トーキー。▼英語 silent

サイロ 名詞 れんがやコンクリートなどでつくった、つつがたの倉庫。冬の間の家畜のえさにする青草などをたくわえておく。参考 日本では北海道に多い。⇩図。▼英語 silo

サイロ

さいろく【採録】 名詞 する動詞 取り上げて記録すること。また、その記録したもの。例 各地の方言を採録する。

さいわい【幸い】 一 名詞 形容動詞 ❶しあわせ。幸福。例 不幸中の幸い。❷運がよいこと。都合がよいこと。例 幸いなことに、全員無事だった。／幸いにも。
二 副詞 運よく。都合よく。例 幸い、あらかじめ用意してあった。

サイン 名詞 する動詞 ❶合図。しるし。❷自分の名前を書きつけること。署名。例 受け取りにサインをする。▼英語 sign

サインプレー 名詞 スポーツで、みかた同士が相手に気づかれないように合図を出し合っておこなう動作・わざ。参考 英語を組み合わせて日本でつくった言葉。

サインペン 名詞 インクをつめた容器にしんを入れてつくったペン。フェルトペン。参考 英語を組み合わせて日本でつくった言葉。英語では felt-tip pen。

サウジアラビア 地名 サウジアラビア王国。アラビア半島にあるイスラム教の国。イスラム教の聖地メッカがある。国土のほとんどはさばくで、石油の大産地である。首都はリヤド。▼英語 Saudi Arabia

サウスポー 名詞 ボクシングや野球で、左ききの選手。また、左ききの人。▼英語 southpaw

サウナ 名詞 熱と蒸気を利用した、フィンランドがはじまりの蒸しぶろ。▼英語（フィンランド語から）sauna

さえ[1] 助詞 ❶きょくたんな例を出して、そのことがらを強調するときにいう言葉。例 子どもでさえ、そのくらいのことは知っている。❷ある条件であればよいときに、その条件を強めていう言葉。例 お母さんといっしょにいさえすればそれでよい。❸あることがらについて、そのはんいがさらに進むことを表す言葉。そのうえに…まで。例 雨だけでなく、風さえも出てきた。

さえ[2] 名詞 〔頭の働きやうでまえなどが〕すぐれていて、あざやかなこと。例 わざのさえ。

さえぎる【遮る】 動詞 ❶間に物をおいて、見えなくする。例 木のえだが太陽の光を遮っていた。❷間に入って、じゃまをする。例 かれはぼくの言葉を遮って、自分の話を始めた。活用 さえぎ・る。

さえずる 動詞 小鳥がなく。例 朝早くからスズメがしきりにさえずっていた。活用 さえず・る。

さえる 動詞 ❶すんで見える。あざやかである。例 月の光がよくさえた夜。❷〔意識などが〕はっきりする。例 目がさえてねむれない。❸〔頭の働きやうでまえなどが〕すぐれている。例 わざがさえる。❹寒さがとてもきびしくなる。ひえびえする。例 さえた冬の夜。活用 さ・える。

さえわたる【さえ渡る】 動詞 よくすんで、いちめんに広がる。例 月光がさえ渡る。活用 さえわた・る。

さお 一 名詞 ❶えだや葉を取り去った、竹などのぼう。物干しざお・つりざおなど。❷ふねを進めるのに使う、ぼう。例 一本のさおで、ふねをこぐ。
二 助数詞 《数を表す言葉の下につけて》たんす・はた・ようかんなどを数える言葉。例 たんす一さお。

さおとめ【早乙女】 名詞 ❶田植えをする、わかい女の人。❷おとめ。少女。

さおばかり 名詞 さおの長さと分銅の重さとのつりあいで、物の重さをはかるはかり。⇩1027ペー

ことばあそび あいうえおうた❶ 秋風 青空 あいうえお／カキの実 数える かきくけこ／

ジ・はかり（図）。

¹さか【坂】名詞〔道などで〕一方が高くなって、かたむきのあるところ。例坂の上にある家。

²さか【茶菓】名詞 茶と菓子。ちゃか。参考 あらたまった言い方。

さかあがり【逆上がり】名詞 てつぼうで、けんすいをしながら両足を前方から上に上げ、体をさかさまに引き上げるわざ。

さかい【境】名詞 ❶二つに分けたときの、分かれ目。例山口県と広島県の境。❷物事の様子のかわり目。また、分かれ目。例生死の境をさまよう。

さかいし【堺市】地名 大阪府にある政令指定都市。

さかいめ【境目】名詞 さかいになるところ。分かれ目。例土地の境目にくいをうつ。／生死の境目にいる。類境界。

さかうらみ【逆恨み】名詞 する動詞 ❶こちらがうらんでもいいような人から、ぎゃくにうらまれること。❷親切な気持ちでしたことが、ぎゃくにうらまれること。例友人のためを思って忠告したのに、逆恨みされてしまった。

さかえる【栄える】動詞 いきおいがさかんになる。例商業の中心地として栄える。対おとろえる。活用 さか・える。

さかおとし【逆落とし】名詞 ❶さかさまに落とすこと。例悪人は地獄に逆落としにされた。❷けわしいがけを、一気にかけおりること。

さかき 名詞 ツバキ科の木。葉はだえん形で、表面につやがあり、一年じゅう葉がかれない。神だなに、葉のついた枝をそなえる。漢字 榊。

さがく【差額】名詞〔ある金額から他の金額を〕さし引いた残りの金額。

さかぐら【酒蔵】名詞 日本酒をつくる建物。また、酒をたくわえておく建物。

さがけん【佐賀県】地名 九州地方の北西部にある県。県庁所在地は佐賀市。⇩916ページ・都道府県（図）。

さかさ【逆さ】名詞 形容動詞 「さかさま」の略。例上下が逆さになる。

さかさま【逆様】名詞 形容動詞 順序や位置などが、ひっくりかえっていること。例絵が逆様になっている。

さがし【佐賀市】地名 佐賀県の県庁所在地。⇩916ページ・都道府県（図）。

さがしあてる【探し当てる・捜し当てる】動詞 あちらこちらをさがして、〔やっと〕見つける。例原因を探し当てる。活用 さがしあ・てる。

さがしだす【探し出す・捜し出す】動詞 あちらこちらをさがして、〔やっと〕見つけ出す。例事件の目げき者を探し出す。活用 さがしだ・す。

さがしまわる【探し回る・捜し回る】動詞 あちらこちらをさがして歩く。例かぎが見あたらなくて、家じゅうを探し回る。活用 さがしまわ・る。

さがしもとめる【探し求める・捜し求める】動詞 あるものを手に入れようとして、あちらこちらをさがす。例めずらしいチョウを探し求める。活用 さがしもと・める。

さがしもの【探し物・捜し物】名詞 さがしている物。また、見あたらない物をさがすこと。例探し物が見つかる。／探し物をする。

ざがしらける【座が白ける】慣用句 うちとけた気分がこわれて、その場が気まずくなる。例話題がとぎれて座が白ける。

¹さがす【探す】動詞〔ほしいものを〕見つけようとして、たずねもとめる。例山できのこを探す。活用 さが・す。⇩使い分け。

²さがす【捜す】動詞 どこにあるかわからなくなったものを、もとめる。例落としたさいふを捜す。活用 さが・す。⇩使い分け。

さかずき【杯】名詞 酒をついでのむ小さな器。ちょこ。ことば「〔友人と〕杯をかわす（＝酒をのむ）」

さかだち【逆立ち】名詞 する動詞 両手を地につ

使い分け　さがす

●ほしいものをもとめる。
めずらしいチョウを探す。

●どこにあるかわからないものをもとめる。
落とし物を捜す。

けて、さかさまに立つこと。参考 せいいっぱいがんばることをたとえて、「逆立ちしても、そんなことはぼくにはできない」のようにも使われる。

さかだつ【逆立つ】動詞〔横むきや下むきになっているものが〕上にむかって立つ。活用 さかだ・つ。

さかだてる【逆立てる】動詞 さかさまに立つようにする。例 ネコが体をまるめ、毛を逆立ててけんかをはじめた。活用 さかだ・てる。

さかだる【酒だる】名詞 酒を入れておくたる。

さかて【逆手】名詞 ❶物をぎゃくに持つこと。❷刃物の持ち方で柄のはしが親指の方にくるように持つこと。❸てつぼうで、手のひらを自分のほうにむけてにぎるにぎりかた。ぎゃくて。対 順手。

さかてにとる【逆手にとる】慣用句 相手のこうげきをぎゃくに利用してせめかえす。

¹**さかな** 名詞 ❶酒をのむときに食べるもの。例 酒のさかな。❷酒をのむ席をおもしろくするための話。例 失敗談をさかなに酒をのむ。⇩使い分け。漢字 肴。

²**さかな**【魚】名詞 ひれやうろこがあり、水中にすみ、えらで呼吸をする動物。例 魚のむれ。⇩使い分け。

さかなつり【魚釣り】名詞 魚をつること。

さかねじ【逆ねじ】名詞 文句などを言ってきた人を、ぎゃくに言い負かすこと。ことば「逆ねじをくわせる」類 逆襲。

さかのぼる【遡る】動詞 ❶川の流れと反対の方向に進む。例 川を遡っていく。❷昔にもどる。例 話は十年前に遡る。活用 さかのぼ・る。

使い分け　さかな

●酒を飲むときの食べ物。
酒のさかな。

●水中にすむ生き物。
海にすむ魚。

さかまく【逆巻く】動詞〔流れにさからうように〕波がまきあがる。はげしく波がたつ。例 がけの下には、白い波が逆巻いていた。活用 さかま・く。

さがみ【相模】地名 昔の国の名。今の神奈川県に当たる。

さかみち【坂道】名詞 坂になっている道。

さがみはらし【相模原市】地名 神奈川県にある政令指定都市。

さがみわん【相模湾】地名 神奈川県の南にある湾。三浦半島の城ケ島と真鶴半島との間の海域をいう。

さかもとりょうま【坂本竜馬】人名（一八三五～一八六七）江戸時代の終わりごろの志士。土佐藩の出身。幕府をたおすために力をつくした。

さかもり【酒盛り】名詞 する動詞 人が集まり、酒をのんで楽しむこと。

さかや【酒屋】名詞 ❶酒を売る店。❷酒をつくっている店。つくりざかや。

さかゆめ【逆夢】名詞 事実とは反対のことを見る夢。じっさいにはぎゃくのことがおこるような夢。対 正夢。

さからう【逆らう】動詞 ❶反抗する。例 規則に逆らう。❷物のいきおいとぎゃくの方向に進もうとする。例 流れに逆らって泳ぐ。注意 送りがなに気をつける。活用 さから・う。

さかり【盛り】名詞〔物事の〕いきおいが一番強いとき。また、その状態。例 桜は今が盛りだ。

さがり【下がり】名詞 ❶さがること。低くなること。例 気温の上がり下がり。対 上がり。❷その時刻を少しすぎること。また、そのとき。例 昼下がり。❸相撲とりがまわしの前にさげるかざり。

さかりば【盛り場】名詞 いつも大ぜいの人が集まるにぎやかなところ。例 街の盛り場。

さかる【盛る】動詞 いきおいがさかんになる。例 火が燃え盛る。活用 さか・る。

さがる【下がる】動詞 ❶〔ていど・価値・位置などが〕低くなる。例 気温が下がった。対 上がる。❷上から下へ、たれる。例 のきにつららが下がっている。❸後ろへ行く。例 一歩下がる。活用 さが・る。

¹**さかん**【左官】名詞 かべをぬることを仕事にしている人。

ことばあそび　あいうえおうた❷　菜なの花　ながめる　なにぬねの／春風　花びら　はひふへほ／

さかん[2]【盛ん】形容動詞 ❶いきおいのいいようす。例工業の盛んな国。❷熱心に物事がおこなわれるようす。例盛んに研究されている。

さがん[1]【左岸】名詞 川下にむかって、左側の岸。対右岸。

さがん[2]【砂岩】名詞 すなが水中にしずみ、つみ重なってできた岩石。

さき[1]【左記】名詞 たて書きの文で、左にかいてあることがら。例左記の通りお知らせします。

さき[2]【先】名詞 ❶〔つき出たものなどの〕はし。例はりの先。❷〔進んで行く〕前の方。例先に立って案内する。対後。❸これから後。将来。例先が楽しみな選手。❹順番が前であること。例ぼくの方が一足先についた。対後。

さぎ[1] 名詞 アオサギ・ゴイサギなど、サギ科の鳥のこと。水べにすみ、魚などをとって食べる。漢字 鷺。

さぎ[2]【詐欺】名詞 人をだまして、お金や品物をとったり、損害をあたえたりすること。また、そのようなことをする人。

さきおととい 名詞 おとといの前の日。今日の三日前の日。いっさくさくじつ。

さきおととし 名詞 おととしの前の年。今年の三年前の年。いっさくさくねん。

さきがけ【先駆け】名詞 する動詞 一番早く物事を始めること。例流行の先駆けとなる。

さきがける【先駆ける】動詞 一番早く物事を始める。例他社に先駆けて、新商品を売り出す。活用 さきが・ける。

さきこぼれる【咲きこぼれる】動詞 えだやくきからこぼれおちそうなほど、花がいっぱいにさく。例ボタンの花が咲きこぼれる。類 さきみだれる。活用 さきこぼ・れる。

さきごろ【先頃】名詞 この間。せんだって。先日。例先頃発見された古墳。

さきざき【先先】名詞 ❶これからずっと後。しょうらい。ゆくすえ。例先々が思いやられる。／先々のことを考える。❷出かけていくあちらこちらの場所。例行く先々で歓迎をうける。参考 ふつう「先々」と書く。

サキソホーン 名詞 ➡サクソフォーン。

さきそめる【咲き初める】動詞 花がさきはじめる。例サクラの花が咲き初める。活用 さきそ・める。

さきそろう【咲きそろう】動詞 花がいっせいにさく。例公園のコスモスが咲きそろう。活用 さきそろ・う。

さきだつ【先立つ】動詞 ❶多くの人の先頭に立つ。例みんなに先立って働く。❷あることの前におこなわれる。例試合に先立ってコーチから注意を受けた。❸ある人より先に死ぬ。例夫に先立たれる。❹何よりもまず必要である。例先立つものはお金だ。活用 さきだ・つ。

さきどり【先取り】名詞 する動詞 ❶ほかの人より先にとること。決まった時期より前にとること。例利子の先取り。❷〔前から予想して〕人より先に物事をおこなうこと。例時代を先取りした事業をおこす。

さきにおう【咲き匂う】動詞 たくさんの花が美しい色にさく。例色とりどりのバラが咲き匂う。活用 さきにお・う。

さきばしる【先走る】動詞 人より先に物事をしようとして、でしゃばる。はやまる。活用 さきばし・る。

さきばらい【先払い】一 名詞 する動詞 ❶品物を受け取る前に代金をしはらうこと。前ばらい。対後払い。❷昔、身分の高い人が外出するとき、進んでいく道の前の方にいる通行人をどかせたこと。また、その役をつとめた人。
二 名詞 受け取る人が郵便料金や運賃などを、しはらう方法。例先払いで荷物をおくる。

さきぶれ【先触れ】名詞 前もって知らせること。前ぶれ。例小さな地震が大地震の先触れかもしれない。類予告。予報。

さきぼう【先棒】名詞 ❶ぼうを使って二人で荷物をかつぐとき、ぼうの前の方をかつぐこと。また、その人。❷《多く「お先棒」の形で》人の手先となって働くこと。また、その人。手先。
ことば ⇩「お先棒を担ぐ」

さきほこる【咲き誇る】動詞 花が美しく、みごとにさく。例今をさかりと咲き誇る花。活用 さきほこ・る。

さきほど【先程】名詞 今より少し前。いましがた。例先程電話がありました。／お客さまが先程からお待ちです。参考「さっき」より、あらたまった言い方。対のちほど。

さきまわり【先回り】名詞 する動詞 ❶相手より先に目的地に行っていること。例先回りして、待つ。❷相手がしようとすることを先にしてしまうこと。例先回りして答える。

さきみだれる【咲き乱れる】動詞 〔たくさんの花が〕一面に美しくさく。例 野原に春の花が咲き乱れる。類 さきこぼれる。活用 さきみだ・れる。

さきもり 名詞 奈良時代のころ、都から遠くはなれた九州地方などをまもっていた兵士。漢字 防人。

さきゅう【砂丘】名詞 〔すなはまやさばくで〕風でふきよせられたすなが、つみ重なってできたおか。例 鳥取の砂丘。

さきゆき【先行き】名詞 将来。ゆくすえ。例 景気の先行きが思いやられる。

さぎょう【作業】名詞 する動詞 仕事をすること。特に、物をつくったり機械を動かしたりする仕事。例 作業にとりかかる。／作業着。

さきをあらそう【先を争う】慣用句 人よりも有利になろうとして、はやく進もうとする。例 先を争って店に入る。

さきをいそぐ【先を急ぐ】慣用句 目当てのところへ急いで行く。例 先を急ぐ旅ではない。

さぎをからすといいくるめる【さぎをからすと言いくるめる】ことわざ 〔白い鳥のサギを黒いカラスだと言いはるように〕はっきりうそだとわかっていることを、無理に本当だと言いはる。例 さぎをからすと言いくるめるような、信用できない話。

さきん【砂金】名詞 川底などでとれる、すなのようにこまかい金。しゃきん。

さきんじる【先んじる】動詞 ↓さきんずる。活用 さきん・じる。

さきんずる【先んずる】動詞 人よりも先におこなう。また、人より先に行く。参考 「先んじる」ともいう。活用 さきん・ずる。

さきんずればひとをせいす【先んずれば人を制す】故事成語 何事も人より先におこなえば有利な立場にたてる。

さく[1]【柵】名詞 木や竹を組んでつくった、かこい。参考 人や動物が通れないようにするもの。

さく[2]【咲く】動詞 花のつぼみが開く。例 スミレの花が咲いている。活用 さ・く。

さく[3]【策】名詞 はかりごと。計画。また、はかりごとがうまくいくようにするための方法。例 解決策。ことば 「策を練る」

さく[4]【割く】動詞 あるもののために、特に一部を分ける。ことば 「（貴重な）時間を割く」 活用 さ・く。⇩使い分け。

さく[5]【裂く】動詞 ❶力を加えて、いきおいよく引っぱって、やぶる。例 布を裂く。❷無理にひきはなす。例 二人の仲を裂く。活用 さ・く。⇩使い分け。

さくい[1]【作為】名詞 する動詞 〔都合よく見せかけるため〕わざと手を加えること。例 作為のあとが見られる。

さくい[2]【作意】名詞 ❶芸術作品をつくろうとするきっかけになった考え。モチーフ。❷わざとすること。たくらみ。例 どことなく作意が感じられる。

さくいてき【作為的】形容動詞 わざと手を加えたようす。例 悪意のある作為的な文章。

さくいん【索引】名詞 本の中の大事なことがらや言葉などを、さがしやすくした表。ある決まった順序にならべ、ページ数などをしめす。

使い分け　さく

● 一部を分ける。
読書に時間を割く。

● やぶる。
ぬのを裂く。

さくがら【作柄】名詞 農作物の育ち具合。例 今年の作柄は、例年と同じくらいだ。

さくがんき【削岩機】名詞 岩石に穴をあける機械。鉱山や土木工事などで使う。

さくげん【削減】名詞 する動詞 〔量や金額を〕けずってへらすこと。例 予算が削減された。

さくご【錯誤】名詞 ❶まちがい。あやまり。ことば 「錯誤をおかす」「錯誤におちいる」「試行錯誤」❷その人が考えていることと現実におこっていることがずれていること。ことば ⇩「時代錯誤」

さくさく 副詞（～と）❶砂・しも・雪などを足でふむときの音。また、そのようす。例 つもった雪をさくさくとふんで歩く。❷野菜などを軽く切る

ときの音。また、そのようす。例キュウリをさくさく切る。❸歯で物を軽くかむときの音。また、そのようす。例さくさくとした歯ごたえ。❹物事を軽快に進めるようす。例宿題をさくさく終わらせる。類①②ざくざく。

ざくざく 副詞(ーと) ❶しきつめられた砂利やかたい雪などを足でふむときの音。また、そのようす。例神社の玉砂利をざくざくふむ。❷野菜などをいきおいよく大きめに切るときの音。また、そのようす。例キャベツをざくざくきざむ。❸宝物やお金などがたくさん出てくるようす。例小判がざくざく出てきた。類①②さくさく。

さくさん【酢酸】 名詞 すっぱくてにおいの強い、すきとおった液体。すの主な成分。

1 **さくし【作詞】** 名詞 する動詞 歌のことば（＝歌詞）をつくること。例校歌の作詞をする。

2 **さくし【作詩】** 名詞 する動詞 詩をつくること。

3 **さくし【策士】** 名詞 はかりごとを用いるのが得意な人。

さくしさくにおぼれる【策士策に溺れる】 ことわざ はかりごとの得意な人は、策略にたよりすぎて失敗する。例策士策に溺れる結果をまねいた。

さくじつ【昨日】 名詞 今日の前の日。参考「昨日」よりは、あらたまった言い方。類昨日。

さくしゃ【作者】 名詞 〔詩・小説・歌などの〕作品をつくった人。類筆者。

さくしゅ【搾取】 名詞 する動詞 事業をおこなう人や地主などが、労働者や農民を安い賃金で働かせ、もうけを一人じめにすること。例地主に搾取される。

さくじょ【削除】 名詞 する動詞 文章や文字などをけずりとること。例一部分を削除する。／データを削除する。

さくず【作図】 名詞 する動詞 図面をつくること。例三角定規を使って作図する。類製図。

1 **さくせい【作成】** 名詞 する動詞 計画や報告書などをつくること。例レポートを作成する。⇩使い分け。

2 **さくせい【作製】** 名詞 する動詞 作品や品物をつくること。例卒業記念の像を作製した。⇩使い分け。

さくせん【作戦】 名詞 戦いの仕方。試合の進め方。ことば「作戦を立てる」

さくそう【錯そう】 名詞 する動詞 いろいろなことが複雑にいりくんでいること。例情報が錯そうしている。漢字錯綜。

使い分け　さくせい

●計画などをつくること。
予定表を作成する。

●作品などをつくること。
おもちゃを作製する。

スケジュール

サクソフォーン 名詞 金属でつくられている管楽器。クラリネットのようなやわらかい音を出す。サキソホーン。▼英語 saxophone

さくちゅうじんぶつ【作中人物】 名詞 小説や映画などの作品の中にえがかれた人。類登場人物。

さくづけ【作付け】 名詞 する動詞 田や畑に、作物をうえつけること。参考「さくつけ」ともいう。

さくづけめんせき【作付面積】 名詞 作物のうえつけられた田や畑の広さ。注意送りがなをつけない。

さくどう【策動】 名詞 する動詞 ひそかに計画をめぐらして行動すること。例クーデターを策動する。参考多く、よくないことにいう。

さくにゅう【搾乳】 名詞 する動詞 牛などの乳をしぼること。乳しぼり。

さくねん【昨年】 名詞 今年の前の年。去年。参考少しあらたまった言い方。

さくばん【昨晩】 名詞 昨日の夜。類昨夜。参考少しあらたまった言い方。

さくひん【作品】 名詞 ある人がつくったもの。特に小説・絵・彫刻・音楽などについていう。例ベートーベンの作品をきく。

さくふう【作風】 名詞 作品に表れた、その作者のとくちょう。

さくぶん【作文】 名詞 する動詞 ❶文章をつくること。また、つくった文章。❷〔小・中・高等学校で〕（題をあたえられて）文章をつくること。

また、その学習。例運動会について作文を書く。

さくもつ【作物】名詞〔人間が利用することを目的として〕田畑につくる植物。農作物。例作物を育てる。

さくや【昨夜】名詞 昨日の夜。ゆうべ。類昨晩。参考 少しあらたまった言い方。

さくら【桜】名詞 バラ科の木。春、白色、または、あわいピンク色の花がさく。日本の国花として、昔から人々に親しまれている。例桜の木。

さくらがい【桜貝】名詞 さくら色をした小さな貝。貝がらはいろいろな細工に使われる。

さくらじま【桜島】地名 鹿児島湾の北部にある活火山。もとは島であったが、一九一四年のふん火で大隅半島と陸続きになった。

さくらぜんせん【桜前線】名詞 地図上で、桜の花のさく日にちが同じ場所を結んだ線。南から北へ、低地から高地へとうつっていく。

さくらそう【桜草】名詞 サクラソウ科の草。しめりけの多い野山に自然にはえる草花。春、桜の花に似た形の小さな花がさく。

さくらづき【桜月】名詞 昔のこよみで、「三月」の別名。

さくらもち【桜餅】名詞 小麦粉またはもち米の粉でつくったうすい皮であんをつつみ、塩でつけた桜の葉でまいた菓子。

さくらんぼ【桜んぼ】名詞 桜の実。特に、食用となる桜桃(=桜の一種)の実。さくらんぼう。

さぐりあてる【探り当てる】動詞 ❶手などでさわって、見つけ出す。例真っ暗な部屋の中で、電灯のスイッチを探り当てる。❷調べたり、さがしたりして正しく見つける。例真実を探り当てる。活用 さぐりあ・てる。

さぐりだす【探り出す】動詞 ❶手などでさわって、見つけて、とり出す。例かばんの中からさいふを探り出す。❷調べたり、さがしたりして見つけ出す。例ひみつを探り出す。活用 さぐりだ・す。

さくりゃく【策略】名詞 はかりごと。けいりゃく。ことば「策略をめぐらす」類謀略。

さぐりをいれる【探りを入れる】慣用句 それとなく相手の事情や考えなどをたずねる。例電話をかけて探りを入れる。

さぐる【探る】動詞 ❶〔手や足などでさわって〕物をさがしもとめる。例ポケットの中を探ったら、かぎが見つかった。❷〔相手に知られないように〕様子を調べる。例相手の本心を探るように、じっと見つめた。❸〔はっきり知られていない物事の〕様子を調べる。例海底を探る。❹〔おく深くにある〕人に知られていない土地などをたずね、もとめる。例おく山の紅葉を探るたび。活用 さぐ・る。

さくれつ【さく裂】名詞 する動詞 砲弾などが、はげしくばくはつすること。例目の前で爆弾がさく裂した。漢字 炸裂。

ざくろ 名詞 ザクロ科の木。六月ごろに、赤い花がさく。実は秋にじゅくし、中には赤い皮につつまれたたねが多くある。

1**さけ** 名詞 サケ科の魚。川で生まれ、海で成長し、産卵のときに川にもどる。身はうすい赤色。しゃけ。サーモン。参考 いくらは、サケのたまご。漢字 鮭。

2**さけ**【酒】名詞 アルコールをふくむ飲み物。特に、日本酒。例酒を飲む。

さけかす【酒かす】名詞 酒をしぼったとき残るもの。かす。つけもの・かすじるなどに使う。

さけぐせ【酒癖】名詞 酒によったときに出る、くせ。例酒癖の悪い人。

さげすむ【蔑む】動詞 能力や人格などがおとっているものとして、ばかにする。例ひきょうなことをした相手を蔑む。類あなどる。活用 さげす・む。

さけにのまれる【酒にのまれる】慣用句 酒によって、正常な心をなくしてしまう。

さけのみ【酒飲み】名詞 酒が好きで、たくさんのむ人。

さけはひゃくやくのちょう【酒は百薬の長】故事成語 ほどよく飲めば、酒はどんな薬にもまさる一番よい薬であるということ。

さけび【叫び】名詞 さけぶこと。大きな声。

さけぶ【叫ぶ】動詞 ❶〔はげしく高まった感情をこめて〕大声で言う。例遠くで叫ぶ声が聞こえた。❷世の中の人々に強くうったえる。例世界平和を叫ぶ。活用 さけ・ぶ。

さけめ【裂け目】名詞 物などのさけた部分。類割れ目。

1**さける**【裂ける】動詞 いきおいよく切れて、はなれる。例布が裂けた。活用 さ・ける。

2**さける**【避ける】動詞 ❶ふれないようにはなれる。よける。例あやうく自転車を避けた。❷〔自分に都合の悪いことなどから〕はなれようとす

ことばあそび あいうえおうた④ 雨だれ 雨水 あいうえお／川風 川ばた かきくけこ／さざ波

る。例 暑さを避ける。／人目を避ける。❸えんりょする。さしひかえる。活用 さ・ける。

さげる1【下げる】動詞 ❶〔ていど・価値・位置などを〕低くする。例 エアコンの温度を下げる。対 上げる。❷上から下へ、たらす。例 名ふだを下げる。❸かたづける。例 食べ終わった皿を下げる。活用 さ・げる。⇩使い分け。

さげる2【提げる】動詞 物を手に持つ。例 両手に荷物を提げて歩く。活用 さ・げる。⇩使い分け。

さげん【左舷】名詞 船の後ろから前を見て、左側の船べり。対 右舷。

ざこ【雑魚】名詞 ❶いろいろな種類の小さい魚。類 小魚。❷ねうちのない、つまらない人。参考 ばかにしていう。

ざこう【座高】名詞 いすにこしをかけたとき、こしかけ板から頭の先までの高さ。

使い分け　さげる

●低くする。
温度を下げる。

●手に持つ。
バッグを提げる。

さこく【鎖国】名詞 する動詞 政府が、外国とのつきあいやとりひきを禁止すること。参考 特に、江戸幕府による、キリスト教の禁止や日本人の渡航の禁止、オランダ・中国以外の国との貿易の禁止などのことをいう。対 開国。

さこつ【鎖骨】名詞 胸の上にある、胸骨とかたをつなぐ骨。⇩1209ページ・骨一①（図）。

ざこね【雑魚寝】名詞 する動詞 一つの部屋などで、多くの人が入りまじって、ねること。例 友人の家で雑魚寝する。

ささ【笹】名詞 イネ科の植物。タケと似ているが、成長したくきに皮が残るものをササとよぶ。漢字 笹。

ささい【些細】形容動詞 わずかなようす。例 ささいな問題。漢字 些細。

ささえ【支え】名詞 ささえること。ささえるもの。例 木に支えをする。／心の支え。

さざえ 名詞 サザエ科のまき貝。岩の多い海にすむ。にぎりこぶしくらいの大きさで、からに角のようなものがいくつかある。肉は食用になる。

ささえる【支える】動詞 ❶物が落ちたりたおれたりしないように、手やぼうを当てて持ちこたえる。例 アサガオを竹のぼうで支える。❷そのままの状態がくずれないように持ちこたえる。例 一家を支える。活用 ささ・える。

ささきこじろう【佐々木小次郎】人名 江戸時代の剣の達人。巌流島で宮本武蔵とたたかい、やぶれた。

ささくれ 名詞 ❶先が細かくさけて分かれること。❷つめのはえぎわのひふが、小さくむけてめくれること。また、そのめくれたところ。さかむけ。

ささくれる 動詞 ❶物の先や表面が細かくさけて分かれる。例 ほ先のささくれたふで。❷つめのはえぎわのひふが小さくむけてめくれる。例 ささくれた指先。❸気持ちがあらっぽく、かどだつ。例 ささくれた気分。活用 ささく・れる。

ささげ 名詞 マメ科の植物。わかいさやや豆を食用にする。豆の色は、赤・黒など。

ささげもつ【ささげ持つ】動詞〔神や仏、または、尊敬する人などに〕物をわたすため、高く上げて持つ。両手で、うやうやしく持つ。例 刀をささげ持つ。活用 ささげも・つ。

ささげる 動詞 ❶両手でもって高く上げる。例 優勝カップをささげる。❷〔神や仏、または、目上の人などに〕物をさし上げる。例 祭だんに花をささげる。❸大切なものをさし出す。例 植物の研究に一生をささげる。活用 ささ・げる。

ささたけ【ささ竹】名詞 小形の竹のこと。

ささつ【査察】名詞 する動詞〔公の機関などが〕物事の様子をその場所に行って調べること。例 基地を査察する。

さざなみ【さざ波】名詞 小さな波。細かくたつ波。例 さざ波のよせる岸。

ささぶね【ささ舟】名詞 ササの葉をおってふねの形につくったもの。小川などで流して遊ぶ。⇩図。

さざめく 動詞 大ぜいの人が、にぎやかに話したり笑ったりする。さんざめく。例 女の子たちが笑いさざめく。活用 さざめ・く。

あいうえお　かきくけこ　さしすせそ　たちつてと　なにぬねの　はひふへほ　まみむめも　や　ゆ　よ　らりるれろ　わ　を　ん

ささもち【ささ餅】名詞 もちを、ササの葉でつつんだ菓子。中に、あんなどを入れる。参考 ササの葉には、かおりがある。

ささ舟

ささやか 形容動詞 規模などが小さいようす。わずかなようす。例 ささやかな楽しみ。

ささやき 名詞 ささやくこと。ひそひそばなし。参考 川の流れる音や、風がそよぐ音などにもたとえる。例 木の葉のささやき。

ささやく 動詞 こっそりと小さい声で話す。ひそひそ話す。例 耳元でささやく。類 つぶやく。活用 ささや・く。

ささる【刺さる】動詞 先のとがった物が、ほかの物の中に入る。例 指に何か刺さった。活用 ささ・る。

さざれいし【さざれ石】名詞 小さい石。小石。参考 古い言い方。

さざんか 名詞 ツバキ科の木。秋の終わりごろ、赤や白の花がさく。漢字 山茶花。

¹**さし** 接尾語 《ある言葉の下につけて》「その動作をとちゅうでやめること」の意味を表す言葉。例 読みさしの本。

²**さし**【差し】接頭語 《ある言葉の上につけて》下の言葉を強める言葉。例 手を差しのべる。

さじ 名詞 わずかな粉や液体などをすくう道具。スプーン。

さしあげる【差し上げる】動詞 ❶手でささえて、持ち上げる。例 トロフィーを高く差し上げる。❷「あたえる」のへりくだった言い方。例 先生にお手紙を差し上げる。活用 さしあ・げる。

さしあたって【差し当たって】副詞 ➡さしあたり。

さしあたり【差し当たり】副詞 今のところ。さしずめ。さしあたって。例 差し当たりこれだけで間に合う。

さしあみ【刺し網】名詞 うきとおもりを使って、海の中に長いおびのようにはるあみ。魚をあみの目にかからせてとる。

さしいれ【差し入れ】名詞 する動詞 ❶刑務所などに入れられている人に、食べ物や着る物などをとどけること。また、その品物。❷〔仕事や活動をしている人をはげますために〕食べ物や飲み物をわたすこと。また、その食べ物や飲み物。

さしいれる【差し入れる】動詞 ❶中へ入れる。例 ふところに手を差し入れる。❷〔仕事や活動をしている人をはげますために〕飲食物などをわたすこと。例 兄が入っている野球チームにスポーツドリンクを差し入れる。活用 さしい・れる。

さしえ【挿し絵】名詞 新聞や本の、文章の間に入れる、その文章に関連した絵。

さしおく【差し置く】動詞 ❶そのままにしておく。例 その話は差し置いて、本題にはいろう。❷真っ先に考えなくてはならない人を無視して、物事をおこなう。例 先生を差し置いて、勝手に決めるわけにはいかない。活用 さしお・く。

さしおさえ【差し押さえ】名詞 税金や借金をはらわないとき、法律にしたがってその人の家や持ち物などを、その人が自由に使ったり売ったりできないようにすること。

さしかえる【差し替える】動詞 ❶とりかえる。入れかえる。例 記事を差し替える。❷とりかえて、べつの物をさす。例 花びんの花を差し替える。活用 さしか・える。

さしかかる【差し掛かる】動詞 ❶ちょうどそこを通る。例 山道に差し掛かる。❷その時期になる。例 梅雨に差し掛かる。活用 さしかか・る。

さしかける【差し掛ける】動詞 さしだして、上からおおうようにする。例 ぬれながら歩いている人にかさを差し掛ける。活用 さしか・ける。

さじかげん【さじ加減】名詞 ちょうどよいぐあいにあつかうこと。

さしがね【差し金】名詞 ❶〔大工などが使う〕直角にまがった金属のものさし。かねじゃく。❷〔ある行動をさせるように〕かげで人をあやつり、さしずすること。例 これはだれの差し金ですか。

さしき【挿し木】名詞 植物のえだやくきなどを切って土にさし、新しく根を出させること。類 取り木。

さじき【桟敷】名詞 相撲やしばいを見物するために、一段高くつくった（上等の）かんらん席。⇩図。

ことばあそび あいうえおうた❺ ナズナ 菜の花 なにぬねの／春の はらっぱ はひふへほ／

ざしき【座敷】名詞 たたみをしいた（広い）部屋。特に、客を通す部屋。

桟敷

ざしきわらし【座敷わらし】名詞 おかっぱ頭の子どものすがたで、古い家の座敷に現れるという、家の守り神。いなくなると家が没落するという。

さしこむ【差し込む】動詞 ❶光が入ってくる。例まどから月の光が差し込む。❷中について入れる。例かぎを差し込む。活用 さしこ・む。

さしさわり【差し障り】名詞 都合の悪いこと。さしつかえ。例急に差し障りができて欠席した。

さししめす【指し示す】動詞 指をさして、しめす。指示する。例左の道を行くように指し示した。活用 さししめ・す。

さしず【指図】名詞 する動詞 言って、おこなわせること。例あれこれ指図する。

さしずめ【差し詰め】副詞 ❶けっきょく。つまり。例差し詰めこの試合は、かれの一人舞台だった。❷今のところ。さしあたり。例差し詰め不自由は感じていません。参考「さしづめ」とも書く。

さしせまる【差し迫る】動詞 間近になる。おしつまる。例危険が差し迫る。活用 さしせま・る。

さしだしにん【差し出し人】名詞 手紙や荷物などを送り出した人。

さしだす【差し出す】動詞 ❶手や首などをのばして前に出す。例首を差し出す。❷提出する。例書類を差し出す。活用 さしだ・す。

さしたる 連体詞 特にこれというほどの。さほどの。例さしたる用事もない。

1**さしちがえる**【刺し違える】動詞 刀などで、たがいに相手をさし合う。例敵と刺し違える。活用 さしちが・える。

2**さしちがえる**【差し違える】動詞 相撲で、行司が勝負の判定をあやまる。活用 さしちが・える。

さしつかえ【差し支え】名詞 都合の悪いこと。さしさわり。例差し支えなければ、名前を教えてください。

さしつかえる【差し支える】動詞 あることが、別のことのさまたげになる。例夜ふかしは、次の日の仕事に差し支える。活用 さしつか・える。

さしづめ【差し詰め】副詞 ⇩さしずめ。

さして 副詞 これといって。それほど。例あの人とはさして親しい間がらではない。類 さほど。参考 下に「…ない」などの言葉がくる。

さしでがましい【差し出がましい】形容詞 でしゃばるようす。よけいなことをするようす。例差し出がましい口をきく。活用 さしでがま・し・い。

さしでぐち【差し出口】名詞 よけいな口出しをすること。また、その言葉。例なまいきな差し出口をするな。

さしとめる【差し止める】動詞 ❶やめさせる。例出入りを差し止める。❷続けていたことをやめる。例送金を差し止める。活用 さしと・める。

さしのべる【差し伸べる】動詞 ❶ある方にさしだす。例右手を差し伸べる。❷助けるために力をかす。例めぐまれない人に愛の手を差し伸べる。活用 さしの・べる。

さしはさむ【差し挟む】動詞 ❶間に入れる。❷ある考えをもつ。例うたがいを差し挟む。❸人の話のとちゅうに、別の話をわりこませる。例異議を差し挟む。活用 さしはさ・む。

さしひかえる【差し控える】動詞 したいと思いながらしないでやめておく。えんりょする。例胃がいたいので、食事を差し控える。活用 さしひか・える。

さしひき【差し引き】名詞 する動詞 ある数量から、別の数量を引くこと。また、引いた残りの数量。例差し引きゼロ。

さしひく【差し引く】動詞 ある数量から、ほかの数量を引く。へらす。活用 さしひ・く。

さしまねく【差し招く】動詞 手でまねく。手まねきして、よぶ。例道の向こうにいる友だちを差し招く。活用 さしまね・く。

さしみ【刺身】名詞 魚や貝などを小さな切り身にして、生で食べる日本の料理。しょう油やワサビなどをつけて食べる。

さしみのつま【刺身のつま】名詞 さしみに

そえるダイコン・シソなどの野菜や、ワカメ・ノリなどの海そう。

さしむかい【差し向かい】(名詞) 二人がむかいあっていること。例 差し向かいで話す。

さしむける【差し向ける】(動詞) ❶その方にむける。❷使いの人などを行かせる。例 急用の使いを差し向ける。活用 さしむ・ける。

さしも (副詞) あれほど。それほど。例 さしものかれも、かぜの熱には勝てず休んでいる。

さしもどす【差し戻す】(動詞) ❶やりなおしをさせるために、もとにもどす。例 提案を差し戻す。❷上級裁判所が下級裁判所の判決を取り消し、もとの下級裁判所に裁判のやりなおしをさせる。活用 さしもど・す。

さしゅ【詐取】(名詞)(する動詞) お金や品物などを、だましとること。例 大金を詐取される。

さしょう【査証】一 (名詞)(する動詞) 調べて、あることを証明すること。二 (名詞) ➡1089ページ・ビザ。

ざしょう【座礁】(名詞)(する動詞) 船が、海中にあさくかくれている岩（＝暗礁）にのりあげること。

さじょうのろうかく【砂上の楼閣】 ことわざ 基礎がしっかりしていなくて、くずれやすいことのたとえ。また、実現することのできない物事のたとえ。例 核実験を続けながらの平和論は砂上の楼閣に等しい。参考 「砂の上に建てた高い建物」という意味から。

さしわたし【差し渡し】(名詞) （円の）直径。例 差し渡し二メートルもある大木。

さじをなげる【さじを投げる】 慣用句 ❶病気がひどくなりすぎていて、なおる見こみがたたないため、医者がかん者を見はなす。❷物事の見こみがたたず、あきらめる。例 もうかばいきれないとさじを投げた。語源 医者が薬を調合するさじ（＝スプーン）を投げ出すということから。

1 **さす** 接尾語 《動詞の下につけて》「〜することをとちゅうでやめる」という意味を表す言葉。例 「わたしは…」と言いさしてなみだぐむ。

2 **さす**【刺す】(動詞) ❶刃物や先のするどい物をつき入れる。例 だんごに、くしを刺す。❷はりでぬう。例 ぞうきんを刺す。❸〔蚊・ハチなどがほかの動物に〕はりをつき入れる。例 ハチに刺される。❹野球でランナーをアウトにする。例 三塁で刺す。活用 さ・す。⇩使い分け。

3 **さす**【指す】(動詞) ❶〔人・物などを〕指で、しめす。例 出口を指す。❷その方向へ向かう。めざす。例 旅人は都を指して急いだ。❸〔ある物事を〕とり上げて、しめす。例 「カード」「カルタ」「カルテ」はもとは厚手の紙を指す同じ意味の言葉だった。❹将棋のこまを動かす。また、将棋をする。例 次は君が指す番だ。活用 さ・す。⇩使い分け。

4 **さす**【砂州】(名詞) 水の流れや風によって土しゃが運ばれ、入り江の一方から一方につながったすなだまり。

5 **さす**【差す】(動詞) ❶光が当たる。例 夕日が差す。❷ある様子が表にあらわれる。例 ねむ気が差して、ついねこんでしまった。❸おびなどにはさんで入れる。例 刀をこしに差す。❹頭の上に広げる。例 かさを差す。❺〔液体を〕そそぐ。例 機械に油を差す。❻さかずきに酒を入れ、人にすすめる。活用 さ・す。⇩使い分け。

6 **さす**【挿す】(動詞) ❶細長い物をついて、入れる。例 花びんに花を挿す。❷髪の毛の間に、くし・かんざしなどを入れる。例 かんざしを挿す。活用 さ・す。⇩使い分け。

さすが (副詞) ❶《「さすがに」の形で》そうはいうけれど、やはり。例 心配ないと言われたが、さすがにきんちょうした。❷そのように言われるだけあって。例 さすがチャンピオンだ。❸《「さすがの…も」の形で》いくら…でも、やはり。あれほどの。例 さすがの強打者も年令には勝てない。

さずかる【授かる】(動詞) 〔神や目上の人などから〕大切なものがあたえられる。例 教えを授かる。活用 さずか・る。

さずける【授ける】(動詞) ❶〔目上の人などが〕あたえる。例 勲章を授ける。❷〔知識や特別のわざなどを〕教える。伝える。例 ちえを授ける。活用 さず・ける。

サステナビリティ (名詞) 〔社会や企業の環境に対する〕持続可能性。環境や社会などが、将来にわたって適切に続いていくことができるしくみ。サステナビリティー。▼英語 sustainability

サスペンス (名詞) ❶小説や映画などからうける、次はどうなるのだろうという不安やきん張感。例 スリルとサスペンスにみちた物語。❷次はどうなるのだろうという不安やきん張感が続く小説や映画。例 サスペンスドラマ。▼英語

使い分け　さす

● とがったもので、つく。
くしに刺す。

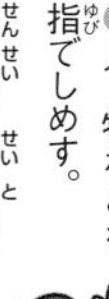
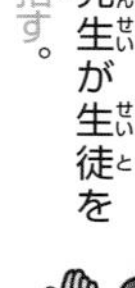
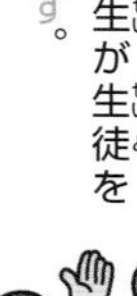

● 人・物などを指でしめす。
先生が生徒を指す。

● かざす。
かさを差す。

● 細長い物を入れる。
花びんに花を挿す。

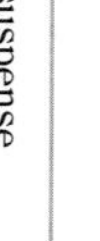

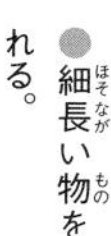

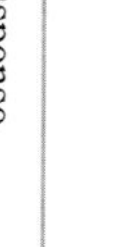

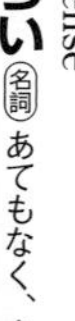

さすらい suspense 名詞 あてもなく、さまよい歩くこと。例 さすらいの旅。

さすらう 動詞 すむところをさだめず、また、どこへ行くあてもなく、さまよい歩く。例 荒野をさすらう。活用 さすら・う。

さする 動詞 てのひらで軽くなでる。例 泣いている子の背中をさする。活用 さす・る。

ざせき【座席】 名詞 すわるところ。席。例 座席を指定する。

させつ【左折】 名詞 する動詞 道路などを左にまがること。例 交差点を左折する。対 右折。

ざせつ【挫折】 名詞 する動詞 仕事や計画などが、とちゅうでだめになること。また、そのために気力がなくなること。例 反対の声が大きく、計画は挫折した。／初めての挫折を味わう。

させる 助動詞 ほかの人におこなわせる意味を表す言葉。例 弟に戸をしめさせる。

させん【左遷】 名詞 する動詞 今までより、低い地位や役目に下げること。対 栄転。

ざぜん【座禅】 名詞 仏教（おもに禅宗）で、しずかにすわって、まよいごとをなくし正しい道をきわめること。

ことば 「座禅をくむ」⇩図。

座禅

さぞ 副詞 きっと。さだめし。例 山の上の家は、さぞすずしいでしょう。

さそい【誘い】 名詞 さそうこと。例 友だちの誘いで公園に行く。

さそいだす【誘い出す】 動詞 ❶人をさそって、外へつれ出す。例 妹を買い物に誘い出す。❷あることをするような気持ちにさせる。例 ないしょ話を誘い出す。活用 さそいだ・す。

さそいみず【誘い水】 名詞 ❶いどのポンプから水が出ないとき、水をみちびくために上からそそぐ水。❷あることがらを引きおこす原因になるもの。例 委員長の発言が誘い水となって活発な議論が続いた。類 ①②よび水。

さそう【誘う】 動詞 ❶いっしょに行くようにすすめる。また、いっしょにするようにすすめる。例 映画に誘う。❷ある気持ちや行動を起こすようにする。例 同情を誘う。活用 さそ・う。

ざぞう【座像】 名詞 すわっているすがたの像。対 立像。

さぞかし 副詞 きっと。どんなにか。例 合格して、ご両親もさぞかしおよろこびでしょう。

さそり 名詞 クモのなかまの動物。二本のはさみと八本の足をもち、しっぽの先には毒ばりがある。

さた【沙汰】 名詞 する動詞 ❶知らせ。たより。❷命令。さしず。例 おって沙汰するまで、自宅でまて。

さだいじん【左大臣】 名詞 昔、政治をおこなっていた役目の一つ。太政大臣の次で、右大臣より上の位。

さだか【定か】 形容動詞 はっきりしているようす。たしかなようす。例 正しい情報かどうか定か

かではない。

さだまる【定まる】 動詞 ❶きまる。決定する。ことば「目標が定まる」❷〔天気やさわぎなどが〕おさまる。しずまる。ことば「天気が定まる」活用 さだま・る。

さだめ【定め】 名詞 ❶きまり。おきて。例 会の定めにしたがう。参考 やや古い言い方。❷きまっている運命。例 この世の定め。

さだめし【定めし】 副詞 きっと。さぞ。さぞかし。さだめて。例 定めしおこまりのことでしょう。参考 やや古い言い方。

さだめて【定めて】 副詞 ⬇さだめし。

さだめる【定める】 動詞 ❶きめる。決定する。例 法律を定める。／ねらいを定める。❷おさめる。しずめる。例 世を定める。活用 さだ・める。

さたやみ【沙汰やみ】 名詞 命令や計画などが中止になってしまうこと。例 海外旅行の話が沙汰やみになる。参考 古い言い方。

サタン 名詞 キリスト教でいう悪魔。神にさからって天国をおわれたという。▼英語 Satan

ざだん【座談】 名詞 する動詞 何人かが同じ場所にすわって、楽な気持ちで話し合うこと。類 対談。

ざだんかい【座談会】 名詞 数人で、ある問題について自由に話し合う集まり。

さち【幸】 名詞 ❶しあわせ。さいわい。例 幸多かれといのる。❷〔海や山からとれた〕食べ物。えもの。ことば「海の幸、山の幸」

ざちょう【座長】 名詞 ❶座談会などで、中心になって話をすすめてゆく人。❷しばいなどで、一座のかしら。

ざつ【雑】 形容動詞 ていねいでなく、いいかげんなようす。例 雑にあつかう。

さつい【殺意】 名詞 ある人をころそうとする気持ち。ことば「殺意をいだく」

さつえい【撮影】 名詞 する動詞 写真や映画をとること。

ざつえき【雑役】 名詞 こまごまとした、いろいろな仕事。類 雑務。

ざつおん【雑音】 名詞 いろいろなうるさい音。また、テレビ・ラジオや電話などで、話が聞きとれなくなるようなじゃまな音。例 テレビに雑音がはいる。類 騒音。

さっか【作家】 名詞 ❶小説や劇などを書く人。例 流行作家。類 小説家。❷絵やちょうこくなど芸術作品をつくる人。例 陶芸作家。

ざっか【雑貨】 名詞 ふだんの生活に使う、こまごました品物。こまもの。例 雑貨屋。

サッカー 名詞 十一人ずつ二組みに分かれ、足や頭など、手とうで以外の体を使って相手のゴールにボールを入れて得点を争う競技。▼英語 soccer

さつがい【殺害】 名詞 する動詞 人をころすこと。

さっかく【錯覚】 名詞 する動詞 ❶じっさいの色・形・音などとちがうように感じること。❷じっさいとはちがうのに、本当にそうであるかのように思うこと。ことば「錯覚におちいる」類 幻覚。

ざっかん【雑感】 名詞 心にうかんだ、まとまりのないこと。いろいろな感想。例 雑感をノートに書きとめる。

さつき【五月・皐月】 名詞 ❶昔のこよみで、五月のこと。❷ツツジ科の木。五、六月ごろに、白・赤むらさき色などの花がさく。

1 **さっき** 名詞 今より少し前。さきほど。例 さっき友人から電話があった。／さっきはごめんなさい。参考 くだけた言い方。

2 **さっき【殺気】** 名詞 今にもころしあいでも始まりそうなきんちょうしたようす。あらあらしいふんい気。ことば「(会場に)殺気がみなぎる」

さっきだつ【殺気立つ】 動詞 〔こうふんして〕あらあらしいようすになる。例 殺気立ったふんいき。活用 さっきだ・つ。

ざっきちょう【雑記帳】 名詞 いろいろなことを書きつける帳面。

さつきばれ【五月晴れ】 名詞 ❶梅雨のころの、雨のはれ間。❷五月の、さわやかに晴れわたった天気。

さつきやみ【五月闇】 名詞 梅雨のころの夜が暗いこと。また、その暗やみ。例 五月闇につつまれる。

さっきゅう【早急】 名詞 形容動詞 ⬇721ページ・そうきゅう(早急)。

ざっきょ【雑居】 名詞 する動詞 ❶一つの家にいくつかの家族がいっしょに住むこと。例 雑居生活。❷一つの建物に、いくつもの店や会社が入っていること。例 雑居ビル。

さっきょく【作曲】 名詞 する動詞 音楽の曲をつくること。また、詩にふしをつけること。

さっきょくか【作曲家】 名詞 作曲をする人。

ことばあそび あいうえおうた❼ あきずに あそぶよ 赤とんぼ／かたに かつぐよ かるがると

さっきん【殺菌】 名詞 する動詞 ばい菌をころすこと。例 熱を加えて殺菌する。類 滅菌。

ざっくばらん 形容動詞 かくしだてをせず、さっぱりしているようす。例 本音をざっくばらんに話す。参考 くだけた言い方。類 明け透け。

ざっこく【雑穀】 名詞 米と麦以外のこくるい。豆・ソバ・キビ・アワ・ヒエなど。

さっこん【昨今】 名詞 昨日今日。近ごろ。参考 あらたまった言い方。

さっさと 副詞 すばやく物事をするようす。例 さっさとすませよう。

1 **さっし【冊子】** 名詞 糸などでとじた本。とじほん。例 小冊子。

2 **さっし【察し】** 名詞 ある物事の状態や他人の気持ちなどを感じとること。

3 **サッシ** 名詞 ガラス戸などに使われる、金属でできたわく。まどわく。例 アルミサッシ。参考 「サッシュ」ともいう。▼英語 sash

ざっし【雑誌】 名詞 いろいろなことがらを集めて編集し、ある決まった日に出す本。例 科学雑誌。

ざつじ【雑事】 名詞 こまごまとした、いろいろな用事。例 雑事におわれる。類 雑用。雑務。

さっしがいい【察しがいい】 慣用句 物事や人の様子などから、そのわけがすぐによくわかる。例 母は察しがいいから、かくしごとができない。

さっしがつく【察しがつく】 慣用句 だいたいの説明で、たぶんそうだろうとわかる。例 そこまで聞けば察しがつく。

ざっしゅ【雑種】 名詞 種類または品種のちがうものの間にできた動植物。

さっしょう【殺傷】 名詞 する動詞 人をころしたり、きずつけたりすること。例 殺傷事件。

ざっしょく【雑食】 名詞 する動詞 食物として、動物・植物のどちらも食べること。なんでも食べること。例 人間は雑食だ。

さっしん【刷新】 名詞 する動詞 悪いところをとりのぞいて、まったく新しくすること。例 チームのメンバーを刷新する。類 革新。更新。

さつじん【殺人】 名詞 人をころすこと。

さつじんてき【殺人的】 形容動詞 〔人の命にかかわるような〕はげしいようす。例 殺人的な混雑。

さっすう【冊数】 名詞 本やノートなどの数。例 あの図書館は冊数が多い。

さっする【察する】 動詞 人の気持ちや物事の事情などを思いやる。例 かの女の悲しみを察する。活用 さっ・する。

ざっせつ【雑節】 名詞 二十四節気以外の、季節の変わり目。節分、土用、彼岸など。

ざつぜんと【雑然と】 副詞 いりみだれて、まとまりのないようす。対 整然と。

ざっそう【雑草】 名詞 自然にはえるいろいろな草。参考 生きる力のたくましく強いもののたとえにも使う。例 雑草のような生命力。

さっそうと【さっ爽と】 副詞 〔すがた・態度・おこないなどが〕すっきりとして、いさましいようす。例 優勝した選手がさっ爽と歩く。漢字 颯爽と。

さっそく【早速】 副詞 時間をおかずに、すぐおこなうようす。例 早速出かけた。類 早急。至急。

ざった【雑多】 形容動詞 いろいろなものが入りまじっているようす。例 雑多な品物。

さつたば【札束】 名詞 紙のお金を重ねて、たばねたもの。ことば 「札束をつむ（＝たくさんのお金を出す）」

ざつだん【雑談】 名詞 する動詞 世間のいろいろなできごとを思いつくまま、楽な気持ちで話すこと。また、その話。例 お茶を飲みながら雑談をする。類 世間話。

さっち【察知】 名詞 する動詞 おしはかって知ること。たぶんそうだろうと気づくこと。例 危険を察知する。／敵の動きを察知する。

さっちゅうざい【殺虫剤】 名詞 ノミ・カ・ハエなどの害虫をころす薬。類 防虫剤。

さっと 副詞 ❶風が急にふいたり、雨が急にふったりするようす。❷動作が、急にすばやくおこなわれるようす。例 授業が終わったらさっと帰る。

ざっと 副詞 ❶物事をおおまかにおこなうようす。例 作文にざっと目をとおす。❷あらまし。およそ。例 観衆はざっと三万人です。

さっとう【殺到】 名詞 する動詞 たくさんの物や人が、いきおいよく一度におしよせること。例 大売り出しの店に客が殺到した。注意 「殺倒」と書かないこと。

ざっとう【雑踏】 名詞 こみあうこと。また、こみあっているところ。例 雑踏の中で友だちとはぐれてしまった。類 混雑。

ざつねん【雑念】 名詞 あることを考えようとするとき、その気持ちをじゃまするようなほかの考え。余念。ことば「雑念をはらう」

ざつのう【雑のう】 名詞 いろいろな物を入れてかたからさげる、布でつくったかばん。

さつばつと【殺伐と】 副詞 あらあらしいようす。また、うるおいや、あたたかさが感じられないようす。例 殺伐とした光景。

さっぱり 一 副詞(ーと) する動詞 ❶気持ちのよいようす。例 ふろに入ってさっぱりする。❷しつこくないようす。あっさりしているようす。例 さっぱりした気性。
二 副詞 まるで。まったく。例 何を考えているのか、さっぱりわからない。参考 二は、下に「…ない」などの打ち消しの言葉が続く。

ざっぴ【雑費】 名詞 いろいろな細かい費用。

さっぷうけい【殺風景】 形容動詞 おもむきのないようす。おもしろみのないようす。例 殺風景なへや。

さっぽろし【札幌市】 地名 北海道の道庁所在地。⇩916ページ・都道府県(図)。

さつま【薩摩】 地名 昔の国の名。今の鹿児島県西部に当たる。

さつまあげ【薩摩揚げ】 名詞 魚のすり身に細かく切った野菜などをまぜて、油であげた食べ物。

さつまいも【薩摩芋】 名詞 ヒルガオ科の植物。すなの多い土地につくられる。ふくれた根を食用にする。あめ・アルコールなどの原料にもなる。参考「かんしょ」ともいう。

ざつむ【雑務】 名詞 細かいさまざまな仕事。例 毎日雑務におわれる。類 雑用。雑役。雑事。

ざつよう【雑用】 名詞 〔重要でない〕いろいろなこまごました用事。例 毎日雑用におわれている。類 雑務。雑事。

さて 一 接続詞 前に言ったことを軽く受けて、話を変えるときに使う言葉。例 いよいよ野球のシーズンだ。さて、各チームの調子はどうかな。
二 感動詞 動作を始めるときのかけ声。さあ。例 さて、出かけよう。

さてい【査定】 名詞 する動詞 よく調べて、金額や等級などを決めること。例 中古車を査定する。

さてつ【砂鉄】 名詞 すなどにまじっている、こまかな鉄のつぶ。

さては 一 接続詞 そればかりではなく、そのうえに。例 金メダルをとったら、親せき・近所の人さては県知事までお祝いに集まった。
二 感動詞 正体や原因に気づいたときに言う言葉。例 さては君のしわざだな。

サテライト 名詞 ❶衛星。❷「サテライトスタジオ」の略。ラジオ・テレビの放送のために、放送局からはなれて町の中につくった、ガラスばりの小さなスタジオ。❸はなれた場所に置く施設。例 サテライトオフィス。▼英語 satellite

さと【里】 名詞 ❶人家のあるところ。人里。村。❷よめや養子にいった人の生まれ育った家。実家。生家。例 母の里へ遊びに行く。

さど【佐渡】 地名 昔の国の名。今の新潟県の佐渡島に当たる。

さとい 形容詞 ❶物事を理解するのが早い。例 さとい子ども。❷感じ方がするどい。例 耳がさとくて、すぐ目がさめる。活用 さと・い。

さといも【里芋】 名詞 サトイモ科の植物。葉は大きく、つやがあって水をよくはじく。くきのつけねが太くなったいもを食用にする。

さとう【砂糖】 名詞 サトウキビやテンサイなどからとった、あまみのある調味料。

さどう【茶道】 名詞 茶の湯によって、静かな落ち着いた心をつくり、礼儀作法をみがくこと。また、その作法。ちゃどう。

さとうきび【砂糖きび】 名詞 イネ科の植物。あつい地方に育つ。高さは二～四メートル。くきのしるからさとうをとる。

さとうだいこん【砂糖大根】 名詞 ⬇876ページ・てんさい(てん菜)。

さとおや【里親】 名詞 よその子をあずかって育てる親。対 里子。

さとがえり【里帰り】 名詞 する動詞 よめにいった人が、(はじめて)自分の生まれ育った家に帰ること。また、そのならわし。

さどがしま【佐渡島】 地名 新潟県にある島。新潟市の北西海上にある、日本海でもっとも大きい島。全島が佐渡市。

さとご【里子】 名詞 よそにあずけて、育ててもらう子。対 里親。

さとごころ【里心】 名詞 親もとやふるさとをなつかしがり、帰りたくなる気持ち。ことば「里心がつく」

さとす【諭す】 動詞 〔目上の人が目下の人に〕よくわかるように言いきかせる。例 やさしく諭

ことばあそび あいうえおうた⑧ たくさん 立てたよ 竹かざり／なかよし 何人 ならぶかな／

す。活用 さと・す。

さとやま【里山】 名詞 人里に近く、人の手が入っている山や森林。

さとり【悟り】 名詞 ❶気がつくこと。理解すること。例 悟りがはやい。❷仏教で、心のまよいがなくなって、物事の正しい道がはっきりとわかること。ことば「悟りを開く」

さとる【悟る】 動詞 ❶はっきりと理解する。例 あの人には何を言ってもむだだと悟る。❷それとなく知る。気がつく。例 敵に悟られないようにそっとしのびこむ。❸仏教で、心のまよいがなくなって物事の正しい道を知る。活用 さと・る。

サドル 名詞 オートバイや自転車などのこしかけ台。参考 馬に付ける「くら」から。▼英語 saddle

さなえ【早苗】 名詞 なわしろから田にうつしてうえる、わかいイネの苗。

さなか 名詞 物事が一番さかんなとき。さいちゅう。例 暑いさなかに外出する。

さながら 副詞 ちょうど。まるで。例 ビルの屋上から見下ろすと、車の列はさながらアリの行列のようだ。参考 多くの場合、下に「…のよう」などの言葉がくる。

さなぎ 名詞 完全変態をするこん虫が、幼虫から成虫になる間の発育段階。何も食べず動かない。漢字 蛹。

サナトリウム 名詞 療養所。特に、空気のよい高原や海岸などにある結核療養所。▼英語 sanatorium

さぬき【讃岐】 地名 昔の国の名。今の香川県に当たる。

さは【左派】 名詞 今までのやり方を急にかえようとする人々の集まり。特に、団体や政党の中で急進的な考えをもつ人。類 左翼。対 右派。

さば 名詞 サバ科の魚。沿岸にむれをなしてすむ。せの部分に波形のしまもようがある。漢字 鯖。

1さばく 動詞 ❶商品を売る。例 ねだんを下げてすべての品物をさばいた。❷物事をうまくあつかう。てぎわよくかたづける。例 たくさんの仕事を一人で、てぎわよくさばく。❸魚や肉を切り分ける。例 マグロをさばく。活用 さば・く。⇩使い分け。

2さばく【砂漠】 名詞 大陸の中にあって、広々としたすな原になっている土地。雨が少ないので植物がほとんど育たない。

3さばく【裁く】 動詞 〔争いごとなどについて〕よいか悪いかを決める。例 罪を裁く。活用 さば・く。⇩使い分け。

さばぐも【さば雲】 名詞 ⬇422ページ・けんせきうん。

さばける 動詞 ❶品物が売れる。例 商品がはやくさばけた。❷ものわかりがいい。かたくるしくない。例 祖父はさばけた人です。活用 さば・ける。

さばさば 副詞(ーと) する動詞 ❶気分がすっきりするようす。例 言いたいことを言って、さばさばした様子だった。❷性格がさっぱりしているようす。例 陽気でさばさばした人。

サハラさばく【サハラ砂漠】 地名 アフリカ大陸北部の大部分をしめる、世界でもっとも大きいさばく。北部で石油がとれる。▼英語 the Sahara

使い分け さばく

●商品を売る。品物をさばく。

●よい悪いを決める。けんかを裁く。

さばをよむ【さばを読む】 慣用句 〔自分に都合のよいように〕数をごまかして言う。例 十九才だが二十才だと、さばを読む。語源 魚市場でサバなどの魚を数えるとき、サバはいたみやすいので、わざと急いで数えて、ごまかすことが多かったとされることからという。

サバンナ 名詞 熱帯・亜熱帯の雨の少ないところにある草原。雨のふる季節とふらない季節とがはっきりわかれている。アフリカや南アメリカにあり、熱帯草原ともいう。▼英語 savanna

さび 名詞 金属が、しめりけや空気中の酸素にふれたときに、表面にできるもの。漢字 錆。

ザビエル 人名 (一五〇六～一五五二) スペインの宣教師。キリスト教を広めるためにイエズス

会をつくり、一五四九年、日本にはじめてキリスト教を伝えた。フランシスコ＝ザビエル（Francisco de Xavier）。

さびしい【寂しい】形容詞 ❶たよるものがなく、悲しい。例一人ぼっちで寂しい。❷静かで、心細い。例寂しい夜道。❸物足りない。みちたりない。ことば「ふところが寂しい（＝持っているお金が少ない）」参考「さみしい」ともいう。活用さびし・い。

さびしがる【寂しがる】動詞 さびしいと思う気持ちを外に表す。さみしがる。例一人で暮らすのを寂しがる。活用さびしが・る。

さびつく【さび付く】動詞 ❶ひどくさびて、金属がほかのものにくっつく。また、全体がさびにおおわれる。例鉄の門がさび付いてあかない。❷長いこと使わずにいて、うまく働かなくなる。例野球のうでがさび付く。活用さびつ・く。

ざひょう【座標】名詞 ある点がどこにあるかを、直角にまじわる二本の線をもとに表した数字の組み合わせ。

さびる 動詞 さびがでる。例さびたナイフを石でとぐ。活用さ・びる。漢字錆びる。

さびれる【寂れる】動詞 にぎやかだったところが、人気がなくなってさびしくなる。例店が寂れる。／すっかり寂れた町。活用さび・れる。

サファイア 名詞 青い色をしたすきとおったほうせき。▼英語 sapphire

ざぶとん【座布団】名詞 すわるときにしく、小さなふとん。例客に座布団をすすめる。

サフラン 名詞 アヤメ科の植物。秋に赤むらさき色の花がさく。めしべをほして、食べ物に黄色い色やかおりをつけるのに使う。▼英語 saffron

サプリメント 名詞 ビタミンなどさまざまな栄養の成分を、飲み物やつぶにしたもの。栄養補助食品。▼英語 supplement

さべつ【差別】名詞 する動詞 そのものの性質や状態などのちがいによって、あつかい方をかえること。わけへだてをすること。例差別のない社会。類区別。

さほう【作法】名詞 ❶〔ふだんの生活の〕おこないについてのきまり。エチケット。例作法にきびしい人。❷正しいやり方。例作法のとおりにお茶をたてる。

さぼうダム【砂防ダム】名詞〔山・川・海岸などで〕土やすなが、流れたりくずれたりするのをふせぐ、ていぼう。

サポーター 名詞 ❶運動選手などが筋肉や関節を守るために使う、ゴムをおりこんだ布製のほうたいや下着。❷サッカーで、チームをおうえんするために試合会場に行く人。▼英語 supporter

サポート 名詞 する動詞 手助けすること。支えてあげること。例学力をサポートする教材。▼英語 support

サボタージュ 名詞 する動詞 労働者がやとい主との間の争いを解決するために使う手段の一つ。労働者が仕事の能率をおとすことによって、やとい主に損害をあたえ、自分たちの要求を受け入れさせようとすること。参考フランス語・英語とも機械の「破壊行為」を表す。▼英語（フランス語から）sabotage

サボテン 名詞 サボテン科の植物。熱帯地方のすな地にはえる。くきは肉があつく、葉はとげになっている。夏に白・赤・黄色などの花がさく。種類が多い。参考㋐「シャボテン」ともいう。㋑スペイン語からといわれる。

さほど 副詞 それほど。たいして。例さほどむずかしくはない。類さして。参考㋐やや古い言い方。㋑下に「…ない」などの言葉がくる。

サボる 動詞 なまける。ずる休みする。例学校をサボる。参考㋐「サボタージュ」を略して日本でつくった言葉。㋑くだけた言い方。活用サボ・る。

さま【様】㊀名詞 様子。形。例花が風にゆれる様をえがいた。㊁接尾語 ❶《人の名前や人を表す言葉などの下につけて》人をうやまう気持ちを表す言葉。例山川和子様。／お父様。❷《ほかの言葉の下につけて》ていねいに言う言葉。例ごちそうさま。

ざま㊀名詞 様子。かっこう。例そのざまは何だ。参考あざけっていう言葉。㊁接尾語《動詞の下につけて》「…と同時に」「ちょうどそのとき」の意味を表す言葉。例すれちがいざまに声をかけた。

サマー 名詞 夏。例サマースクール。／サマーキャンプ。▼英語 summer

さまざま【様様】形容動詞 いろいろであるようす。例形も色も様々だ。参考ふつう「様々」と書く。

ことばあそび あいうえおうた⑨ まよなか まっ暗 まちぼうけ／山風 山鳥 山桜／ライオン

¹さます【冷ます】 動詞 ❶熱いものの、温度を下げる。また、体温を平熱にする。例 湯を冷まして飲む。／熱を冷ます薬。❷高まっていた気持ちや興味をおとろえさせる。例 こうふんを冷ます。活用 さま・す。⇩使い分け。

²さます【覚ます】 動詞 ❶ねむっていた状態から、意識をとりもどす。例 物音で目を覚ます。類 目覚める。❷［まよいなどから］正気にさせる。例 しかられて、目を覚ました。❸酒のよいをなくす。ことば「よいを覚ます」 活用 さま・す。⇩使い分け。

さまたげる【妨げる】 動詞 物事が進むのを、じゃまする。例 ねむりを妨げる。／技術の進歩を妨げる。活用 さまた・げる。

さまよう 動詞 ❶あてもなく歩きまわる。例 道にまよい、山中をさまよう。❷あちこち動く。ことば「生死のさかいをさまよう」 活用 さまよ・う。

使い分け　さます

●温度を下げる。
お湯を冷ます。

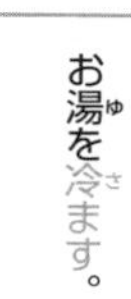
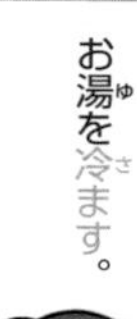
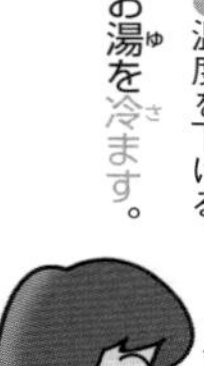

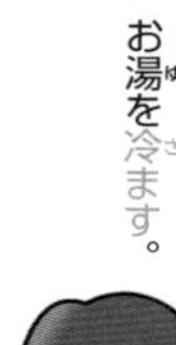

●意識がもどる。
目を覚ます。

さみしい 形容詞 ⬇さびしい。活用 さみし・い。

さみだれ【五月雨】 名詞 六月ごろにふり続く雨。例 五月雨のふるころ。参考 昔のこよみでは、五月ごろにあたる。

サミット 名詞 主要国首脳会議。日本・アメリカ・イギリス・フランス・ドイツ・イタリア・カナダの首相・大統領などが年に一度集まり、世界のさまざまな問題について話し合う会議。先進国首脳会議。G7。参考 ①「サミット」は頂上の意味。②欧州連合（EU）も参加。▼英語 summit

さむい【寒い】 形容詞 ❶気温の低さを体に感じる。気温が低い。例 外は寒い。／寒い地方。対 暑い。❷少ない。ことば「ふところが寒い（＝持っているお金が少ない）」❸じょうだんなどがつまらない。例 寒いギャグ。参考 ②③は、くだけた言い方。活用 さむ・い。

さむがり【寒がり】 名詞 形容動詞 ふつうの人とくらべて、特に寒さを感じること。また、そのような人。対 暑がり。

さむけ【寒気】 名詞 体にぞくぞくと感じる寒さ。例 寒気がする。

さむさ【寒さ】 名詞 寒いこと。また、そのていど。例 寒さにふるえる。／寒さのきびしい土地。対 暑さ。

さむざむ【寒寒】 副詞（ーと） する動詞 いかにも寒い感じがするようす。例 寒々とした冬の平野。参考 ふつう「寒々」と書く。

さむぞら【寒空】 名詞 寒そうな、冬の空。また、冬の気候。例 寒空のもとで、一時間も待った。

さむらい【侍】 名詞 武士。

さめ 名詞 軟骨魚（＝骨がやわらかい魚）のなかま。ひふがざらざらで、歯がするどい。参考「ふか」ともいう。漢字 鮫。

さめざめ 副詞（ーと） ずっと、なみだを流して泣くようす。例 さめざめと泣いた。

¹さめる 動詞 色やつやがうすくなる。例 風雨にさらされて色のさめた旗。活用 さ・める。類 あせる。

²さめる【冷める】 動詞 ❶熱いものの温度が下がる。例 スープが冷める。❷［おもしろみなどが］なくなる。例 興味が冷めた。活用 さ・める。⇩使い分け。

³さめる【覚める】 動詞 ❶ねむりが終わる。例 ねむりから覚める。❷［まよっている状態から］正気をとりもどす。例 まよいが覚める。❸酒のよいがなくなる。ことば「よいが覚める」 活用 さ・める。⇩使い分け。

さも 副詞 そのようにふるまうようす。例 さもうれしそうに、うなずいた。

さもしい 形容詞 心や考え方が、いやしい。よくばる心が強く、あさましい。例 さもしい根性。活用 さもし・い。

さもないと 接続詞 ⬇さもなければ。

さもなければ 接続詞 そうでなければ。さもないと。例 雨か、さもなければ雪になりそうだ。

¹さや 名詞 マメ科の植物のたねをつつむ、から。漢字 莢。⇩図。

使い分け さめる

●温度が下がる。
スープが冷める。

●意識がはっきりする。
ゆめから覚める。

2さや 名詞 刀のなかみを入れる、つつのようなおおい。漢字 鞘。⇩261ページ・刀（図）。

1さや

さやか 形容動詞 ❶明るくて、はっきりしているようす。例 さやかにかがやく秋の月。❷音が高くすんで、よく聞こえるようす。例 さやかに聞こえる笛の音。

さやさや 副詞(-と) 物が軽くふれ合って出る音を表す言葉。例 ススキが風にゆれてさやさやと鳴る。

さゆ【さ湯】名詞 なにもまぜていない湯。漢字 白湯。

さゆう【左右】一 名詞 ❶左と右。例 左右を見回す。例 左右の足。❷かたわら。すぐそば。❸〔考えや態度が〕はっきりしないこと。あいまいなこと。例 かれは言を左右にして、行動しようとしなかった。二 名詞 する動詞 強いえいきょうをあたえて、思うままに動かすこと。例 生き方を左右するようなできごと。

ざゆうのめい【座右の銘】慣用句 いつも心の中にとめておいて（わすれないようにして）、いましめとする言葉。参考「座右」は「座席の右」から身近なところの意味。

ことば博士になろう！

●言葉が「さかだち」すると…

左右 右左　風雨 雨風　山野 野山

上下の漢字を入れかえると別の言葉ができることがあります。右の例は上下の漢字を入れかえても、意味がほとんどかわりません。でも、このような例は少ないのです。つぎの例でたしかめてみましょう。

牛乳 乳牛　家人 人家　長身 身長
社会 会社　行進 進行　相手 手相
外野 野外　会議 議会　産出 出産

まったく、別の意味の言葉になってしまいます。

さよう【作用】名詞 する動詞 あるものの力が、ほかのものに働くこと。また、その力の働き。例 薬の作用で、痛みがとまる。

さようてん【作用点】名詞 てこなどの、力の働くところ。対 支点。力点。⇩860ページ・てこ（図）。

さようなら 感動詞 人とわかれるときのあいさつの言葉。さよなら。参考「さようならば（＝それならば）わかれよう」の意味で使う。

さよく【左翼】名詞 ❶〔鳥や飛行機などの〕左のつばさ。❷左右に広がった列などの左側の部分。❸野球で、本塁から見て左側の外野。レフト。❹政治についての考え方で、世の中のしくみを急にあらためようとする考え方。また、そのような考えをもっている人たちの集まり。類 左派。対 ①〜④右翼。

1さら 名詞 形容動詞 新しいこと。まだ使っていないこと。例 さらのシャツを着る。

2さら【皿】一 名詞 ❶あさくて平たいうつわ。また、そのような形のもの。❷「盛」「盟」などの漢字で、下の「皿」の部分の名。二 助数詞「皿一①」にのせた食べ物などの数え方。例 二皿。

ざら 形容動詞 たくさんあって、めずらしくないようす。例 ざらにある話。

さらいげつ【再来月】名詞 来月の次の月。

さらいしゅう【再来週】名詞 来週の次の週。

さらいねん【再来年】名詞 来年の次の年。

1さらう 動詞〔おしえられたことを〕くり返して

ことばあそび　あいうえおうた⑩　あいうえおにぎり食べようよ／かきくけコロッケ食べたいな／

練習する。活用 さら・う。

²**さらう** 動詞 〔いど・どぶ・川などの〕底にたまった土やごみをとりさる。例 川底のごみをさらう。

³**さらう** 動詞 ❶うばってつれさる。例 子どもをさらう。❷〔その場にあるものを〕全部もって行く。すっかりうばいさる。例 人気をさらう。

ざらがみ【ざら紙】名詞 ざらざらした、あまり質のよくない紙。

さらけだす【さらけ出す】動詞 ありのままをすっかり出して見せる。ことば「本心をさらけ出す」活用 さらけだ・す。

サラサ 名詞 人・花・鳥・草花などのもようを、いろいろな色を使ってそめた綿や絹の布。▼ポルトガル語

¹**さらさら**【更更】副詞 《後に打ち消しの言葉をつけて》少しも。いっこうに。例 反対されても、サッカーをやめる気はさらさらない。参考 ひらがなで書くことが多い。

²**さらさら** 一 副詞(ーと) ❶かわいたものが軽くふれ合って出る音。例 ササの葉がさらさらと鳴る。❷小川など、浅い川が流れる音。例 小川がさらさら流れる。❸筆やペンで流れるように書くようす。例 筆でさらさらと書く。
二 副詞(ーと) する動詞 しめり気やねばり気がなく、軽くて、なめらかなようす。例 さらさらした、砂。

ざらざら 副詞(ーと) する動詞 物の表面が細かくでこぼこしていて、さわった感じがなめらかでないようす。例 ざらざらした紙。対 つるつる。

さらし 名詞 ❶さらすこと。❷もめん・あさなどの布をさらして、白くしたもの。

さらしこ【さらし粉】名詞 消石灰〔水酸化カルシウム〕に塩素をしみこませた白い粉。消毒や布の漂白などに使う。

さらす 動詞 ❶日光にあてる。ことば「日にさらす」❷雨や風があたるままにしておく。ことば「風雨にさらされる」❸〔薬などを使って〕布などを白くする。❹〔見せたくないものを〕多くの人々に見せる。ことば⇩「はじをさらす」❺危険な状態の中におく。ことば「〔身を〕危険にさらす」活用 さら・す。

サラダ 名詞 生野菜や果物などを、マヨネーズやドレッシングなどで味つけした料理。▼英語 salad

さらち【さら地】名詞 使っていないあき地。特に、建物などがなくて、そのまま家を建てることができる土地。

ざらつく 動詞 ざらざらする。例 すなぼこりで、まどガラスがざらつく。活用 ざらつ・く。

さらに【更に】副詞 ❶同じ物事が重なるようす。例 頂上へは、ここからさらに二時間ぐらいかかる。❷今までより一段と。例 雨はさらにはげしくなった。❸少しも。いっこうに。例 言うことを聞く気などさらにない。参考 ㋐ひらがなで書くことが多い。㋑③は、下に「…ない」などの打ち消しの言葉が続く。

さらば 感動詞 わかれるときに言うあいさつの言葉。さようなら。参考 古い言い方。

サラブレッド 名詞 馬の品種の一つ。イギリスで血統を守って改良されたもので、主に競馬に使われる。参考 血すじや家がらのよい人の意味でも使う。例 かれは政界のサラブレッドだ。▼英語 thoroughbred

ざらめ 名詞 つぶのあらい、ざらざらしたさとう。ざらめとう。

サラリーマン 名詞 月給をもらって生活をしている人。つとめ人。参考 日本でつくった言葉。日本紹介のときに、salaryman として使われることがある。

さらりと 副詞 ❶手ざわりが軽くて、なめらかなようす。例 さらりとした絹のハンカチ。❷こだわりがなくて、さっぱりしているようす。例 さらりとした性格。

ざらりと 副詞 手ざわりが細かくでこぼこしていて、なめらかでないようす。例 ざらりとした布。

ざりがに 名詞 ❶エビのなかま。主に北海道や東北地方の川にすむ。ニホンザリガニ。❷アメリカザリガニのこと。アメリカからもちこまれ、日本各地の水田や川でふえた。

さりげない【さり気無い】形容詞 そのような様子を見せない。なにげない。例 友だちのさり気無いはげましがうれしかった。／さり気無く目くばせて合図しあう。活用 さりげな・い。

¹**さる** 連体詞 はっきりと名前や場所をあげず、ばくぜんとしめす言葉。ある。例 さるところ。／さる人。参考 やや古い言い方。

²**さる**【申】名詞 ❶十二支の九番目。❷昔の時刻のよび名で、今の午後四時ごろ。また、その前後二時間。❸昔の方角のよび名で、西南西。⇩593ページ・十二支(図)。

さる3【去る】〔動詞〕❶ある場所をはなれて行く。例すみなれた町を去る。❷なくなる。消える。例危険が去る。❸時がすぎる。例夏が去り、秋がやってきた。❹〔ある時から〕昔にさかのぼる。例今を去る五十年前。❺すぎさった。例去る三日の夜。対来る。活用さ・る。

さる4【猿】〔名詞〕霊長類の中で、ヒト以外の動物。特に、ニホンザルのこと。

ざる〔名詞〕細くさいた竹などであんだ入れ物。

さるぐつわ【猿ぐつわ】〔名詞〕声をたてさせないように、口にかませて頭のうしろでしばるもの。布などを使う。

さるしばい【猿芝居】〔名詞〕❶サルに教えて芸をさせる見世物。❷〔サルがやるような〕へたなしばい。また、すぐにばれるような考えの足りないたくらみ。

さるすべり〔名詞〕ミソハギ科の木。みきの皮は、褐色でつやがあり、サルもすべりそうなほどなめらか。夏から秋にかけて白や紅色の小さい花がさく。漢字 百日紅。

ざるそば〔名詞〕すのこをしいたうつわやざるなどに盛り、細く切った焼きのりをかけたそば。

さるぢえ【猿知恵】〔名詞〕かしこいようで、じっさいはおろかな考え。参考 あざけって言うことば。

サルビア〔名詞〕シソ科の植物。夏から秋にかけて、くきにそってならんだ赤などの花がさく。▼英語 salvia

さるまね【猿まね】〔名詞〕サルが人の動作をまねるように、なんの考えもなく、むやみに人のまねをすること。

さるもきからおちる【猿も木から落ちる】ことわざ どんな名人でも失敗することがあることのたとえ。例アナウンサーが原稿を読みまちがえた。猿も木から落ちる、だね。語源 木のぼりの得意なサルでも、木から落ちることがあるということから。類 弘法にも筆のあやまり。かっぱの川流れ。上手の手から水が漏る。

サルモネラきん【サルモネラ菌】〔名詞〕腸チフス・パラチフス・食中毒などの原因になる細菌。ネズミや鳥などよって運ばれる。▼英語 salmonella

さるもの【さる者】〔名詞〕なかなか手ごわい人。ゆだんのできない人。ことば「敵もさる者だ」参考 やや古い言い方。

さるものはおわず【去る者は追わず】故事成語 はなれていこうとするものは、その人の自由にまかせて、無理にひきとめない。

サロン〔名詞〕❶洋風の客間。応接間。❷ホテルや客船などの談話室。❸フランスなどで、上流社会の人たちが自宅の客間でひらいた社交的な集まり。❹美容のお店の名前につける言葉。例ネイルサロン。▼英語（フランス語から）salon

さわ【沢】〔名詞〕山と山の間の谷川。

さわかい【茶話会】〔名詞〕お茶をのみながら話し合う会。参考「ちゃわかい」ともいう。

さわがしい【騒がしい】〔形容詞〕大きな音がして、何かが起こっているようす。例教室が騒がしい。活用 さわがし・い。

さわがに【沢がに】〔名詞〕サワガニ科のカニ。さわなどにすむ。こうらのはばは二センチメートルぐらい。食用になる。

さわぎ【騒ぎ】〔名詞〕❶さわぐこと。また、事件。例騒ぎをおこす。❷《「…どころの騒ぎではない」の形で》とても…などしていられない。とても…の場合ではない。例こんでいて、試合を見るどころの騒ぎではない。

さわぎたてる【騒ぎ立てる】〔動詞〕❶ひどくさわぐ。例判定をめぐって、観衆が騒ぎ立てる。❷話題としてとりあげて、さかんにあれこれ言う。例芸能人の結婚をめぐって、マスコミが騒ぎ立てる。活用 さわぎた・てる。

さわぐ【騒ぐ】〔動詞〕❶大声を出したり、うるさい音を立てたりする。例外で子どもたちが騒いでいる。❷多くの人が不平を言ったり、らんぼうなことをしたりする。例反対して騒ぐ。❸〔不安や心配のため〕心がおだやかでなくなる。ことば⇩「胸が騒ぐ」❹あわてる。うろたえる。例騒がず、冷静に行動する。活用 さわ・ぐ。

ざわざわ〔副詞(-と)〕〔する動詞〕❶多くの人が小声で話したり動いたりして、落ち着かないようす。例会場がざわざわしている。❷木のえだや葉がふれあって出る音のようす。

ざわつく〔動詞〕ざわざわする。ざわめく。例教室がざわついている。活用 ざわつ・く。

ざわめき〔名詞〕人の話し声など、たえまのないざわざわした音。例客席のざわめき。

ざわめく〔動詞〕たえまなく（小さな）さわがしい音や話し声がする。ざわざわする。例会場がざわめく。活用 ざわめ・く。

あいうえお　かきくけこ　さ　さしすせそ　たちつてと　なにぬねの　はひふへほ　まみむめも　や　ゆ　よ　らりるれろ　わ　を　ん

ことばあそび　あいうえおうた⑪　たちつてとんかつ食べちゃうぞ／なにぬねのりまき食べくらべ／

さわやか【爽やか】（形容動詞）❶さっぱりとして、気持ちがよいようす。すがすがしいようす。例爽やかな秋風。／爽やかなかおり。❷はっきりして、よどみがないようす。ことば「弁舌爽やか」

さわらぬかみにたたりなし【触らぬ神にたたりなし】（ことわざ）かかわりあいをもたなければ、わざわいをうける心配もないというたとえ。語源 おそろしい神とかかわらなければ、たたりをうけることもないことから。

さわらび（名詞）芽を出したばかりのワラビ。

1 **さわり【触り】**（名詞）❶話や小説の、大切なところ。例この文章の触り。❷浄瑠璃などの、もっともよいところ。

2 **さわり【障り】**（名詞）なにかをしようとするときにじゃまになるもの。さしつかえ。例障りがあって、今日は行けない。

1 **さわる【触る】**（動詞）そっと、ふれる。軽く、ふれる。例手で触る。活用 さわ・る。⇩使い分け。

2 **さわる【障る】**（動詞）❶《「気に障る」の形で》しゃくにさわる。おこりたくなる。❷さしつかえる。害になる。例食べすぎは体に障る。活用 さわ・る。⇩使い分け。

さわん【左腕】（名詞）左のうで。特に、野球で左投げの投手。サウスポー。対右腕。

さをつける【差をつける】（慣用句）くらべたときのへだたりを大きくする。例相手に差をつけて勝つ。

1 **さん**（接尾語）❶《人名や人を表す言葉の下につけて》軽い尊敬や親しみの気持ちを表す言葉。また、動物の名などにつけて、親しみの気持ちを表す言葉。例山田さん。／おさるさん。❷《あいさつの言葉などにつけて》親しみをこめた、ていねいな気持ちを表す言葉。例お早うさん。

使い分け　さわる

●ふれる。
かべに触る。

●害になる。
体に障る。

2 **さん【三】**（名詞）数の名で、みっつ。また、三番目。ことば⇩「三寒四温」

3 **さん【桟】**（名詞）戸やしょうじなどの骨。

4 **さん【酸】**（名詞）水にとけると水素イオンを出し、リトマス試験紙を赤くかえる化合物をまとめていう言葉。塩酸・硫酸など。対アルカリ。

さんいん【山陰】（地名）山陰地方のこと。中国地方で日本海に面している、鳥取・島根両県と山口県北部に当たる。兵庫県と京都府の北部をふくめることもある。

1 **さんか【参加】**（名詞）（する動詞）仲間に入ること。加わること。例マラソン大会に参加する。／参加者。対不参加。

2 **さんか【酸化】**（名詞）（する動詞）物が酸素といっしょになってほかの物にかわること。参考 金属がさびるのは酸化の一つ。対還元。

3 **さんか【賛歌】**（名詞）ある物事を、ほめたたえる歌。例青春賛歌。

1 **さんが【山河】**（名詞）山と川。また、自然の景色。例ふるさとの山河。

2 **さんが【参賀】**（名詞）（する動詞）宮中に行き、お祝いの気持ちを表すこと。例新年の参賀。

1 **さんかい【参会】**（名詞）（する動詞）会合に出席すること。類参列。参集。

2 **さんかい【散会】**（名詞）（する動詞）会が終わって、人々がわかれること。類解散。閉会。対開会。開議。

さんがい【惨害】（名詞）むごい被害。例台風による惨害。

ざんがい【残骸】（名詞）こわれたり焼けたりしたまま、残っているもの。

さんかいのちんみ【山海の珍味】（名詞）山や海でとれた、めずらしい味の食べ物。また、それを集めたごちそう。

さんかく【三角】（名詞）三つの角があること。また、そのような形。例三角の屋根の家。

1 **さんがく【山岳】**（名詞）山。特に、高くて、けわしい山。

2 **さんがく【産額】**（名詞）つくりだされるものの、数や量。また、金額。

ざんがく【残額】（名詞）売ったり使ったりした後に残った金額。類残金。

さんかくけい【三角形】名 三つの直線でかこまれた図形。三つの角と三つの辺からできている。参考「さんかっけい」ともいう。

さんかくじょうぎ【三角定規】名 線などを引くときに使う、三角の形をした道具。

さんかくす【三角州】名 川が運んできた土やすなが、河口近くにつもってできた（三角形の）土地。⇩図。参考「デルタ」ともいう。

三角州

さんかくすい【三角すい】名 底の面が三角形になっている角すい。⇩663ページ・図形（図）。

さんかくそくりょう【三角測量】名 地上の三地点で三角形をつくり、その一辺の長さをはかることで、ほかの二辺の長さをもとめる測量の方法。参考 三角形の性質を利用したもので、地図をつくるときにおこなわれる。

さんがくちたい【山岳地帯】名 高くけわしい山がたくさんある地域。

さんかくちゅう【三角柱】名 底の面が三角形になっている角柱。⇩663ページ・図形（図）。

さんかくてん【三角点】名 三角測量のときに基準とする地点。また、そこにおく石などの目じるし。

さんがつ【三月】名 一年の三番目の月。古くは「弥生」といった。

さんかっけい【三角形】名 ⬇さんかくけい。

さんかてつ【酸化鉄】名 鉄の酸化物。天然にとり出されるものに、赤鉄鉱や磁鉄鉱がある。

さんがにち【三が日】名 一月一日から三日までの、三日間。

さんかぶつ【酸化物】名 酸素とほかの元素とが化合してできた物質。

さんかん¹【山間】名 山と山との間。また、山の中。山あい。例 山間の村。

さんかん²【参観】名 する動詞 その場所に行って、じっさいに見ること。例 授業参観。／参観日。類 見学。見物。

さんかんおう【三冠王】名 野球で、同一シーズンに首位打者・ホームラン王・打点王の三つになった選手。

さんかんしおん【三寒四温】四字熟語 冬に、三日ほど寒い日が続いたあと、四日ほどあたたかい日が続き、これがくり返される天候。

さんぎいん【参議院】名 衆議院とともに、国会をつくっているしくみの一つ。衆議院できめたことを、（よいかどうか）もう一度話し合うところ。衆議院とちがって、解散はない。

さんぎいんぎいん【参議院議員】名 国民の選挙によってえらばれ、参議院をつくっている人。任期は六年で、三年ごとに半数を改選する。参考 ⇩588ページ・衆議院議員。

さんきゃく【三脚】名 ❶物をのせる三本足の台。❷三本足のおりたたみ式のいす。

ざんぎゃく【残虐】名 形容動詞 〔人をころしたり、ひどく苦しめたりするような〕むごたらしいこと。例 残虐な行為。類 残酷。残忍。

サンキュー 感動詞 ありがとう。▼英語 Thank you

さんぎょう【産業】名 人間の生活に必要な、いろいろな物をつくり出す仕事。例 地元の産業の発展を目ざす。参考 農業・鉱業・工業・林業・建設業・水産業など。

ざんぎょう【残業】名 する動詞 決められた時間の後まで残って仕事をすること。また、その仕事。例 残業手当。

さんぎょうかくめい【産業革命】名 十八世紀の中ごろから十九世紀のはじめにかけて、イギリスを中心としておこった産業上の大きなうつりかわり。手工業から機械工業にかわり、大量生産がはじめられた。参考 日本では、明治時代の中ごろからおこった。

さんぎょうはいきぶつ【産業廃棄物】名 工場などで物をつくった後にできる、いらない物。よごれた油や金属のくずなど。

ざんきん【残金】名 使った後に残ったお金。例 残金は来月にくりこす。類 残額。

さんきんこうたい【参勤交代】名 江戸時代、幕府が各地の大名を一年おきに江戸へよびよせて、将軍につかえさせた制度。

サングラス 名 太陽の強い光などをふせぐため、色をつけためがね。日よけめがね。類 色眼鏡。▼英語 sunglasses

ざんげ 名 する動詞 神仏や人に、おかした罪やあ

ことばあそび あいうえおうた⑫ まみむめもりそば食べますよ／やいゆえようかん食べかけて／

やまちを正直に話して、ゆるしを願うこと。例自分の罪をざんげする。

1さんけい【山系】 名詞 二つ以上の山脈がごく近いところにあって、一つのまとまりになっているもの。例ヒマラヤ山系。

2さんけい【参詣】 名詞 する動詞 神社や寺におまいりすること。例お宮に参詣する。

さんけつ【酸欠】 名詞 「酸素欠乏」の略。空気中や水中の酸素が不足すること。

ざんげつ【残月】 名詞 夜が明けてからも、空にうっすらと見える月。有り明けの月。

さんけん【三権】 名詞 国家をおさめるための、立法・司法・行政の三つの権力。例三権分立。

ざんげん【ざん言】 名詞 する動詞 人をおとしいれるために、ありもしないことを言うこと。また、その言葉。例ざん言によって失脚した。類中傷。

さんげんしょく【三原色】 名詞 すべての色のもとになる三つの色。絵の具では赤・青・黄、光では赤・青むらさき・緑。まぜあわせるといろいろな色ができる。

さんけんぶんりつ【三権分立】 名詞 国家の権力を立法・司法・行政の三つに分け、それぞれ議会・裁判所・内閣の独立したしくみをおく制度。

さんご 名詞 ❶あたたかい海にすむ小さい動物。岩などにたくさんより集まって生活する。サンゴ虫。❷サンゴ虫が、海の底の岩などについてむれをつくり、死んだ後に残った石灰質のほねぐみ。木のえだのような形をしている。漢字珊瑚。

さんこう【参考】 名詞 〔今までに人のおこなったことがらや意見を〕自分の考えの助けにすること。例ほかの人の意見を参考にして決める。

さんこうしょ【参考書】 名詞 調査・研究・勉強などの参考に使う本。

ざんこく【残酷】 名詞 形容動詞 〔物事の状態や人のおこないなどが〕とてもひどいこと。むごたらしいこと。例残酷なしうち。類残忍。残虐。

さんごしょう【さんご礁】 名詞 「さんご❷」によってできた岩。また、それが集まってできた島。

サンサーンス 人名 (一八三五～一九二一) フランスの作曲家、ピアノ・オルガン奏者。評論家としても活やくし、国民音楽協会をつくり、フランスの器楽曲をさかんにするために力をそそいだ。組曲「動物の謝肉祭」などを作曲。シャルル＝カミーユ＝サンサーンス (Charles Camille Saint-Saëns)。

さんさい【山菜】 名詞 山にはえている植物のうち、食べられるもの。ワラビ・ゼンマイなど。

1さんざい【散在】 名詞 する動詞 あちらこちらに、ちらばってあること。点在すること。例高原にバンガローが散在している。

2さんざい【散財】 名詞 する動詞 たくさんのお金を〔つまらないことに〕使うこと。類むだづかい。

さんさく【散策】 名詞 する動詞 ぶらぶら歩くこと。類散歩。

さんざん【散散】 形容動詞 ❶はなはだしいようす。ひどく。ずいぶん。例散々まよったあげくようやく決心した。❷とても悪いようす。例ふんだりけったりの散々なめにあった。参考ふつう「散々」と書く。

さんさんくど【三三九度】 名詞 結婚式で、花むこと花よめが、三つ組みのさかずきで三回ずつ酒を飲みかわすこと。

さんさんごご【三三五五】 四字熟語 〔ここに三人あそこに五人というように〕人がばらばらにちらばっているようす。例子どもたちが学校に三々五々集まってくる。参考ふつう「三々五々」と書く。

さんさんと 副詞 〔太陽の光などが〕きらきらと明るくかがやくようす。例日の光がさんさんとふりそそぐ。

1さんじ【惨事】 名詞 〔とても見ていられないほどの〕いたましいできごと。例列車が脱線して大きな惨事となった。

2さんじ【賛辞】 名詞 ほめる言葉。例美しい歌声に、おしみない賛辞をおくる。

ざんじ【暫時】 副詞 しばらく。少しのあいだ。例暫時休けいします。

さんしき【算式】 名詞 十・－・×・÷などの記号を使って書き表した計算の式。

さんじげん【三次元】 名詞 三つの要素（＝次元）で、はかれるもの。たとえば、たて・横・高さではかる、空間。立体の世界。参考特に、人がすむ世界をさす。類二次元。

さんしすいめい【山紫水明】 四字熟語 〔山が紫色に見え、水が清いということから〕山や川などのある自然の景色が、美しく清らかなこ

と。例 山紫水明の地。

さんしゅう【参集】 名詞 する動詞 多くの人が、目的をもって集まってくること。例 大臣たちが参集した。類 参会。

1 **さんしゅつ【産出】** 名詞 する動詞 産物をとり出したり、うみ出したりすること。例 石油を産出する。⇩使い分け。

2 **さんしゅつ【算出】** 名詞 する動詞 計算して、答えを出すこと。例 予算を算出する。⇩使い分け。

さんじょ【賛助】 名詞 する動詞 そのことに賛成して、力をかし、助けること。例 賛助出演。類 協賛。

ざんしょ【残暑】 名詞 立秋がすぎても残っている暑さ。例 残暑がきびしい。対 余寒。残寒。

1 **さんしょう【山しょう】** 名詞 ミカン科の木。みきやえだにとげがある。若葉は「きのめ」とよばれ、かおりがある。葉も実も食用になる。漢字 山椒。参考「さんしょ」ともいう。

使い分け　さんしゅつ

●とり出すこと。
石油を産出する。

●計算して出すこと。
予算を算出する。

2 **さんしょう【参照】** 名詞 する動詞 ほかのものとてらし合わせて参考にすること。例 下記を参照してください。類 照合。

1 **さんじょう【参上】** 名詞 する動詞 「行く」のへりくだった言い方。例 ただちに参上いたします。

2 **さんじょう【惨状】** 名詞 むごたらしい有様。例 目をおおうばかりの惨状。

さんしょううお【山しょう魚】 名詞 両生類の動物。体が細長く、しっぽが長い。しめったところにすむ。漢字 山椒魚。

さんしょうはこつぶでもぴりりとからい【山しょうは小粒でもぴりりと辛い】 ことわざ 〔サンショウの実は小さくてもひじょうにからいことから〕体は小さくても、気性や才能がすぐれている人のたとえ。

さんしょく【蚕食】 名詞 する動詞 〔蚕がクワの葉をはじから食べるように〕他人の領域をだんだんにうばっていくこと。

さんしん【三振】 名詞 する動詞 野球で、バッターがストライクを三つとられてアウトになること。

ざんしん【斬新】 形容動詞 〔思いつきなどが〕とびぬけて新しいようす。例 斬新なデザイン。

1 **さんすい【山水】** 名詞 ❶山と水（川や湖など）のある自然の景色。❷⬇529ページ・さんすいが。

2 **さんすい【散水】** 名詞 する動詞 水をまくこと。例 散水車。

さんずい 名詞 漢字の部首の一つ。「池」「河」「流」などの左側の「氵」の部分。

さんすいが【山水画】 名詞 山や川などの自然の景色をかいた、東洋風の絵。山水。

さんすう【算数】 名詞 小学校の教科の一つ。数量や図形のきその学習。例 算数のテスト。

さんすくみ【三すくみ】 名詞 三つの物がたがいに相手の力をおさえあって、動きがとれないこと。語源 ヘビはナメクジをおそれ、ナメクジはカエルをおそれ、カエルはヘビをおそれて動きがとれなくなるという話から。

さんずのかわ【三ずの川】 名詞 仏教で、人が死んでからあの世にいくときにわたるといわれる川。漢字 三途の川。

さんする【産する】 動詞 つくり出す。うみ出す。例 熱帯に多く産する植物。活用 さん・する。

1 **さんせい【酸性】** 名詞 酸の性質。青色リトマス試験紙を赤色にかえる性質。対 アルカリ性。

2 **さんせい【賛成】** 名詞 する動詞 人の考えや意見をよいとみとめて、それを支持すること。例 あなたの意見に賛成だ。類 賛同。対 反対。

さんせいう【酸性雨】 名詞 大気汚染のえいきょうで、強い酸性になった雨。例 酸性雨によって、かれた木。

さんせいけん【参政権】 名詞 国会議員や地方公共団体の議員などを選挙して、政治に参加できる権利。また、選挙に立候補して選挙される権利。

さんせき【山積】 名詞 する動詞 〔山のように〕たくさん、たまること。例 仕事が山積している。

ざんせつ【残雪】 名詞 春になっても、消えない

ことばあそび　あ行のうた❶　あさささく　あさがお　あいうえお／あおむし　あおむけ　あいうえお

で残っている雪。例道のはしに残雪がある。

さんぜんと【さん然と】副詞 きらきらと、はなやかに光りかがやくようす。例さん然とかがやく王冠。漢字燦然と。

さんそ【酸素】名詞 色もにおいもない気体。空気の中にふくまれ、物がもえるときに必要。また、動物や植物の呼吸になくてはならない。

さんそう【山荘】名詞 山の中にあるべっそう。

ざんぞう【残像】名詞 見ていた物をとりさっても、しばらくそのすがたが目のおくに残っていて、それが見えるように感じること。

さんそきゅうにゅう【酸素吸入】名詞 呼吸がくるしくなったときなど、酸素ボンベの酸素ガスを口や鼻からすいこませること。

さんぞく【山賊】名詞 昔、山の中にすんでいて、旅人などをおそった悪者。対海賊。

さんそん【山村】名詞 山の中の村。山里。

ざんそん【残存】名詞 する動詞 なくならないで残っていること。例残存する最古の印刷物。参考「ざんぞん」とも読む。

さんだい【参内】名詞 する動詞 宮中にうかがうこと。皇居に行くこと。

さんたいよう【三大洋】名詞 地球上の三つの大きな海。太平洋・大西洋・インド洋の三つ。

ざんだか【残高】名詞 収入から支出を引いた残りの金額。例預金通帳の残高。

サンタクロース 名詞 クリスマスの前の夜、ねむっている子どもたちにおくりものをするとされる老人。トナカイが引くそりに乗ってくる。サンタ。▼英語 Santa Claus

サンダル 名詞 ひもやベルトでとめる、かんたんなはき物。類突っ掛け。▼英語 sandals

1 **さんたん**【賛嘆】名詞 する動詞 深く感心して、ほめること。例すばらしい演奏に賛嘆の声をあげる。

2 **さんたん**【惨たん】形容動詞 見ていられないほど、いたましく、ひどいようす。例台風のあとは惨たんたる有様だった。漢字惨憺。

さんだん【算段】名詞 する動詞 いろいろ工夫して、よりよい方法を見つけること。特に、必要なお金を手に入れる工夫をすること。例にげ出す算段をする。

さんだんがまえ【三段構え】名詞 ある方法がだめなら、次の方法を、それもだめなら、さらにもう一つの方法を、というように、三つの方法を用意しておくこと。また、その方法。例三段構えで準備をする。

さんだんとび【三段跳び】名詞 陸上競技の一つ。かた方の足でふみきってとび、同じ足で着地して（＝ホップ）、さらにその足でとび、反対の足で着地して（＝ステップ）、最後にその足でとんで着地した（＝ジャンプ）、その合計の距離を争う競技。

1 **さんち**【山地】名詞 山が多い土地。対平地。

2 **さんち**【産地】名詞 ある物がとれる土地。生産地。例ブドウの産地。

さんちゅう【山中】名詞 山の中。山あい。

さんちょう【山頂】名詞 山のいただき。頂上。対山ろく。

さんちょく【産直】名詞「産地直送」「産地直売」などの略。野菜などを、新しいうちに早く客にとどけるためのやり方。

さんづくり 名詞 漢字のつくりの一つ。「形」「彫」「彰」などの右側の「彡」の部分。

さんてい【算定】名詞 する動詞 計算して決めること。

ざんてい【暫定】名詞 〔はっきりと決めるまでの間〕かりに決めておくこと。例暫定的。／暫定政府。

サンドイッチ 名詞 うすく切ったパンの間に、野菜や肉などをはさんだ食べ物。サンドウィッチ。⇩コラム「地名・人名をふくむことば」（115ページ）。▼英語 sandwich

1 **さんどう**【参道】名詞 神社や寺におまいりするためにつくられた道。

2 **さんどう**【賛同】名詞 する動詞 人の考えや意見をよいとして、それに同意すること。ことば「賛同の意を表す」類賛成。

さんどめのしょうじき【三度目の正直】ことわざ はじめの二回は失敗しても、三回目はうまくいくこと。例三度目の正直で、新記録が出た。

ざんにん【残忍】名詞 形容動詞 むごいことを平気ですること。例残忍な手口の犯行。類残酷。残虐。

さんにんかんじょ【三人官女】名詞 ひな人形で、宮中につかえた女性をかたどった三体の人形。⇩1105ページ・ひな人形（図）。

さんにんしょう【三人称】名詞 人をさししめす代名詞の一つで、話し手や聞き手以外の人

や物事をさすもの。「彼・彼女」など。他称。参考 ⇩88ページ・一人称。976ページ・二人称。

さんにんよればもんじゅのちえ【三人寄れば文殊の知恵】ことわざ どんなにむずかしい問題でも三人集まって考えれば文殊（＝ちえのある、ぼさつの名）のようなすぐれたちえがわいてくるものだということ。

ざんねん【残念】形容動詞 大切なものや機会を失って、くやしいと思うようす。また、心残りなようす。例 会えなくて残念だ。／残念な結果に終わった。

ざんねんむねん【残念無念】四字熟語 とてもくやしいこと。例 もう少しでつかまえられたのに残念無念だ。

さんば【産婆】名詞 子どもが生まれるとき、世話をする女の人。参考 今は「助産師」という。

さんぱい【参拝】名詞 する動詞 神社や寺におまいりすること。例 正月には神社に参拝した。

ざんぱい【惨敗】名詞 する動詞 ひどい負け方をすること。さんざんに負けること。例 十対一で惨敗する。

さんぱいきゅうはい【三拝九拝】四字熟語 そんけいの気持ちを表すために、何度も頭をさげること。また、なんども頭をさげて、人に物事をたのむこと。例 父に三拝九拝しておこづかいをもらう。

さんばがらす【三羽がらす】名詞 〔弟子や部下、また、ある部門の中で〕特にすぐれた三人。例 若手俳優の三羽がらす。

さんばし【桟橋】名詞 陸から海に長くつきでた橋。船をつなぎとめて、客の乗りおりや、貨物のつみおろしなどをする。⇩図。

桟橋

さんぱつ【散髪】名詞 する動詞 のびた髪の毛を切って整えること。

ざんぱん【残飯】名詞 食べ残しのごはん。

さんはんきかん【三半規管】名詞 耳の中にある、わのような形をした三つのくだ。体のつりあいをとる働きをする。

さんび【賛美】名詞 する動詞 美しいものとして、ほめること。例 自然を賛美する。

さんぴ【賛否】名詞 賛成と反対。例 会員に賛否を問う。

さんびか【賛美歌】名詞 キリスト教で、神をたたえる歌。類 聖歌。

さんびょうし【三拍子】名詞 ❶音楽のひょうしの一つ。一小節が強・弱・弱の三ぱくからなりたっているもの。❷三つのことがら。

さんびょうしそろう【三拍子そろう】慣用句 三つの大切なことが整っている。例 走・攻・守の三拍子そろった名選手。

さんぴりょうろん【賛否両論】名詞 賛成の意見と、反対の意見。例 新しいシステムについては賛否両論がある。

さんぷ【散布】名詞 する動詞 ふりまくこと。まきちらすこと。例 殺虫剤を散布する。

ざんぶ【残部】名詞 ❶残りの部分。例 料理に使った野菜の残部。❷本などの、売れ残った部数。例 残部は三冊しかありません。

さんぷく【山腹】名詞 山のいただきと、ふもとの間。山の中腹。

さんぶつ【産物】名詞 その土地でつくられる物。また、とれる物。

サンフランシスコ 地名 アメリカ合衆国で、カリフォルニア州の太平洋に面する市。漢字 桑港。▼英語 San Francisco

サンプル 名詞 見本。ひょうほん。例 新しい薬のサンプル。▼英語 sample

さんぶん【散文】名詞 言葉の数や調子に特別のきまりのない、ふつうの文章。対 韻文。

さんぶんし【散文詩】名詞 自由詩の一つ。ふつうの文章の形で書かれた詩。

さんぽ【散歩】名詞 する動詞 〔気ばらしや健康などのため〕ぶらぶら歩くこと。

さんぼう【三方】名詞 ヒノキの白木でつくった四角形の台。前と左右との三方にあながある。神や仏などに物をそなえるときに使う。⇩図。

三方

あいうえお かきくけこ さしすせそ たちつてと なにぬねの はひふへほ まみむめも や ゆ よ らりるれろ わ を ん

ことばあそび あ行のうた❷ あらあら あめだよ あいうえお／あまみず あまもり あいうえお

ことば選びのまど

残念をあらわすことば

残念

大切なものや機会を失って、くやしいと思うようす。また、心残りなようす。

↓531ページ

あたら 発展

おしいことに。残念なことに。

↓32ページ

後ろ髪を引かれる 発展

〔髪の毛を後ろに引っぱられるように〕後のことが気になって、心が残る。

↓125ページ

惜しい

❶〔大切なものなので〕失うのが残念である。❷わずかなところで思いどおりにならず、残念である。

↓187ページ

悔恨 発展

自分のしたことをくやんで、残念に思うこと。

↓222ページ

返す返す

❶何度もくり返すようす。❷終わったことを何度も考えて、くやしいと思うようす。どう考えても。

↓231ページ

肩を落とす

かたの力がぬけて、両方のうでがたれさがる。がっかりしたようすを表す言葉。

↓263ページ

がっかり

のぞみどおりにならなくて、元気がなくなるようす。

↓265ページ

がっくり

がっかりしたり、つかれたりして、急に元気がなくなるようす。

↓266ページ

ことば選びのまど

残念をあらわすことば

悔いる

自分がしたことで、したりなかったことや、悪かったことを、後で残念に思う。

↓367ページ

悔いを残す

自分のしたことで、したりなかったことや、悪かったことを残念に思う気持ちが後まで残る。

↓367ページ

悔しい

〔物事がうまくいかなかったり、人にうらぎられたりして〕はらが立って、残念であるようす。

↓385ページ

後悔

〔あやまちや失敗などを〕後で残念に思うこと。

↓430ページ

心残り

いつまでも気になって、心配したり、残念に思ったりすること。

↓462ページ

痛恨 発展

たいへん残念に思うこと。とてもくやしがること。

↓823ページ

逃がした魚は大きい

一度、手に入れかけてから失ったものは、じっさいよりも価値があるように思われて、おしいものだというたとえ。

↓968ページ

ほぞをかむ 発展

どうにもならないことを、あとになってくやむことをたとえていう言葉。後悔する。

↓1204ページ

無念

くやしく思うこと。残念なこと。

↓1276ページ

2 **さんぼう**【参謀】名詞 ❶軍隊で、作戦を考える将校。類 軍師。❷いろいろと計画を立てる役目の人。

さんま 名詞 サンマ科の魚。体は細長い。秋の味覚として知られる。漢字 秋刀魚。

さんまいめ【三枚目】名詞 映画・演劇などで、こっけいなことをして、人を笑わせる役。また、その役をする人。語源 江戸時代、歌舞伎の看板や番付で、三番目に名前が書かれたことから。対 二枚目。

さんまん【散漫】形容動詞 集中せず、しまりがないようす。例 注意が散漫になる。

さんみ【酸味】名詞 すっぱい味。例 酸味の強いレモン。

さんみいったい【三位一体】四字熟語 三つのものが、一つに結びつくこと。また、三人が心を合わせて協力すること。注意「三位」を「さんい」と読まないこと。

さんみゃく【山脈】名詞 多くの山が長くつらなっているもの。やまなみ。例 奥羽山脈。／ヒマラヤ山脈。

ざんむ【残務】名詞 終わらないまま、後に残された仕事。例 残務を整理する。

さんめんきじ【三面記事】名詞 新聞で、主に社会のできごとについて書いた記事。語源 昔、新聞が全部で四ページのころ、三ページ目にのせたところからいう。

さんもん【山門】名詞 寺の正門。

さんや【山野】名詞 山や野原。のやま。

さんやく【三役】名詞 ❶大相撲で、大関・関脇・小結のこと。❷〔政党などの〕三つの主な役目。また、その役の人。例 党の三役。

さんよう【山陽】名詞 山陽地方のこと。中国地方で瀬戸内海に面している、岡山・広島両県と山口県南部に当たる。

さんようすうじ【算用数字】名詞 ➡50ページ・アラビアすうじ。

さんようちゅう【三葉虫】名詞 大昔にさかえた節足動物（＝エビなどのなかま）。多くの化石が発見されている。

1 **さんらん**【産卵】名詞 する動詞 卵を産むこと。例 メダカの産卵。

2 **さんらん**【散乱】名詞 する動詞 ばらばらにちらばること。例 ごみが散乱している。

さんりくかいがん【三陸海岸】地名 青森・岩手・宮城の三県にまたがる海岸。リアス式海岸など変化の多い景色にめぐまれ、水産物のゆたかなところ。

さんりゅう【三流】名詞 三番目の階級。ていどがとてもおとること。例 三流品。対 一流。二流。

ざんりゅう【残留】名詞 する動詞 後に残ること。

さんりん【山林】名詞 山と林。また、山中にある林。

さんりんしゃ【三輪車】名詞 小さな子どもの乗り物など、三つの車輪のついた車。

さんるい【三塁】名詞 ❶野球で、二塁と本塁の間の塁。サード（ベース）。❷「三塁手」の略。三塁を守る人。サード。

ざんるい【残塁】名詞 する動詞 野球で、その回のこうげきが終わったときに、走者が塁に残っていること。

さんるいだ【三塁打】名詞 野球で、打者が三塁まで進める安打。スリーベースヒット。

サンルーム 名詞 ガラスばりにして、日光がよく入るようにした部屋。▼英語 sunroom

さんれつ【参列】名詞 する動詞 式などに行き、加わること。例 結婚式に参列する。類 参会。

さんろく【山麓】名詞 山のふもと。対 山頂。

し

し	じ
シ	ジ
SI	ZI
si	zi

しか

1 **し** 助詞 （…のうえに）また。例 絵も好きだし、音楽も好きだ。

2 **し**【四】名詞 数の名で、よっつ。よん。また、四番目。例 四角形。

3 **し**【市】名詞 地方公共団体の一つ。都市としてのはたらきをはたすもの。類 町。村。

4 **し**【死】一 名詞 命がなくなること。死ぬこと。例 死をかくごする。対 生。二 助数詞 野球で、アウトのこと。例 二死満塁。

5 **し**【師】一 名詞 学問やわざなどを教える人。先生。ことば「師とあおぐ」対 弟。二 接尾語 ❶技術などを表す言葉のあとにつけて、専門家であることをしめす言葉。例 医師。／教師。❷僧や神父の名前につけて、うやまう気持ちを表す言葉。

6 **し**【詩】〔名詞〕心に深く感じたことを、リズムをもった文章で表したもの。例詩をつくる。

1 **じ**【字】〔名詞〕文字。特に、漢字。また、それを書いた様子。例きれいな字。

2 **じ**【地】〔名詞〕❶土地。地面。ことば⇩「雨ふって地かたまる」❷もとからの性質。例気がゆるんで、思わず地が出る。❸もともとのはだの色。例地が黒い。❹紙・布などでもようのない部分の色。例白の地に青い水玉のもよう。❺小説などの文章で、会話のないところ。例地の文。

しあい【試合】〔名詞〕〔する動詞〕〔スポーツ・武芸などで〕勝ち負けを争うこと。

1 **じあい**【自愛】〔名詞〕〔する動詞〕自分で自分の体を大切にすること。参考 手紙文で使う語。例ご自愛ください。

2 **じあい**【慈愛】〔名詞〕いつくしみ、かわいがること。また、その心。例慈愛に満ちた母のまなざし。類仁愛。

しあがり【仕上がり】〔名詞〕できあがること。また、できあがり具合。できばえ。

しあがる【仕上がる】〔動詞〕仕事などがすっかり終わって、物ができあがる。例絵は、もう二、三日で仕上がる。活用 しあが・る。

しあげ【仕上げ】〔名詞〕❶できあがること。また、できあがった具合。例みごとな仕上げ。❷している物事の最後のしめくくりや手入れ。例いよいよ仕上げにとりかかる。

しあげる【仕上げる】〔動詞〕〔仕事などを〕終わらせる。完成させる。例宿題の絵を仕上げる。活用 しあ・げる。

しあさって〔名詞〕あさっての次の日。今日から数えて四日目。

じあまり【字余り】〔名詞〕俳句や短歌などの音数が、きまりより多いこと。参考 俳句は十七音、短歌は三十一音より多いこと。

しあわせ【幸せ】〔名詞〕〔形容動詞〕運のよいこと。幸福。例幸せを実感する。／幸せな日々。対不幸せ。

1 **しあん**【私案】〔名詞〕自分だけの考え・計画。例私案をのべる。

2 **しあん**【思案】〔名詞〕〔する動詞〕〔どうしたらよいかと〕いろいろと考えること。例どうしたものかと思案する。

3 **しあん**【試案】〔名詞〕ためしにつくった計画。例試案を出す。類たたき台。

しあんなげくび【思案投げ首】〔慣用句〕よい考えがうかばなくて、こまっているようす。例解決策がなく、思案投げ首の状態だ。参考「投げ首」は、投げ出すように首を前にたれること。

しあんにあまる【思案に余る】〔慣用句〕いくら考えても、よい考えがうかばない。例思案に余って、先生に相談した。

しあんにくれる【思案に暮れる】〔慣用句〕まよって、いつまでも考えがまとまらない。例相談する人もいなくて思案に暮れた。

1 **しい**〔接尾語〕《名詞や動詞の下につけて》「…のようである」「…と思われる」の意味を表す言葉。例うたがわしい。／どくどくしい。活用 し・い。

2 **しい**〔名詞〕ブナ科の常緑樹。あたたかい地方で育つ。家具や建物などをつくるのに使われる。漢字 椎。

3 **シー**【C・c】〔名詞〕❶アルファベットの三番目の文字。❷セ氏温度を表す記号。「C」。❸「センチ」を表す記号。「c」。

1 **じい**【示威】〔名詞〕〔する動詞〕いきおいの強いことを人々にしめすこと。例示威行動。

2 **じい**【辞意】〔名詞〕その仕事や役目をやめようという考え。ことば「辞意を表明する」

3 **ジー**【G・g】〔名詞〕❶アルファベットの七番目の文字。❷「ギガ」を表す記号。「G」。❸重さの単位「グラム」を表す記号。「g」。

シーエーティーブイ【CATV】〔名詞〕⇩407ページ・ケーブルテレビ。

シーエスほうそう【CS放送】〔名詞〕⇩巻末「アルファベット略語集」1565ページ。

ジーエヌピー【GNP】〔名詞〕⇩458ページ・こくみんそうせいさん。参考 英語の「グロス ナショナル プロダクト (gross national product)」の略。

シーエム【CM】〔名詞〕⇩479ページ・コマーシャル。参考「コマーシャル」の意味の日本式の略称。

しいか【詩歌】〔名詞〕詩や短歌。詩歌。

しいく【飼育】〔名詞〕〔する動詞〕家畜などにえさをあたえて育てること。

じいしき【自意識】〔名詞〕自分自身について知る、心の働き。自己に対する意識。例妹は自意識が強すぎてこまる。

シーズン〔名詞〕❶季節。❷あることがさかんにおこなわれる季節・時期。例野球のシーズン。▼英語 season

ことばあそび あ行のうた❸ あきかぜ あおぞら あかとんぼ／あさひが あかあか あかねいろ

シーズンオフ 名詞 あることがさかんにおこなわれる時期以外の時期。時期はずれ。例シーズンオフにはトレーニングをする。参考英語の「シーズン」と「オフ」を組み合わせて日本でつくった言葉。英語では off-season。

ジーゼルエンジン 名詞 ⬇851ページ・ディーゼルエンジン。

ジーゼルカー 名詞 ⬇851ページ・ディーゼルカー。

シーソー 名詞 真ん中をささえた長い板の両はしに人がのり、たがいに上げ下げする遊び。また、そのしかけ。▼英語 seesaw

シーソーゲーム 名詞 両チームが点をとったり、とられたりしながらすすんでいく試合。▼英語 seesaw game

しいたけ 名詞 クリ・シイ・ナラなどのかれた木にはえるきのこ。ほして保存し、食用にする。漢字 椎茸。

しいたげる【虐げる】 動詞 いじめて、苦しめる。むごくあつかう。活用 しいた・げる。

シーツ 名詞 ふとんの上にしく布。しきふ。▼英語 sheet

しいて【強いて】 副詞 無理に。例しゅみはあまりないが、強いてあげれば読書かな。

シーディー【CD】 名詞 音をデジタル信号にかえて記録した、まるいプラスチックの板。レーザー光線で読みとり、再生する。参考英語の「コンパクト ディスク (compact disc)」の略。

ジーディーピー【GDP】 名詞 ⬇457ページ・こくないそうせいさん。参考英語の「グロス ドメスティック プロダクト (gross domestic product)」の略。

シーディーロム【CD-ROM】 名詞 ⬇巻末「アルファベット略語集」1566ページ。

[1]**シート** 名詞 ❶座席。例シートベルト。❷野球などで選手が守る位置。例シートノック。▼英語 seat

[2]**シート** 名詞 ❶一まいの紙。例切手のシート。❷自動車のおおいなどに使う、大きなビニールや布。▼英語 sheet

シード 名詞 する動詞 勝ちぬき戦で、さいしょから強いチームや強い選手同士が対戦しないように、組み合わせをつくること。また、その強いチームや選手を特別にあつかうこと。例第一シード。／シード校。▼英語 seed

シートベルト 名詞 自動車や飛行機の座席にとりつけてある安全用のベルト。座席に体を固定させる。▼英語 seat belt

ジーパン 名詞 じょうぶな、もめんの布でつくったズボン。参考「ジーンズパンツ」の略。じょうぶなため、作業用やふだん着にする。英語では jeans。

シーピーユー【CPU】 名詞 ⬇巻末「アルファベット略語集」1565ページ。

ジープ 名詞 小型で馬力の強い自動車。参考 ㋐でこぼこ道や砂はまも走れ、急な坂でものぼれる。㋑商標名。▼英語 jeep

シーラカンス 名詞 大昔にさかえた、海の魚。体長約一・五メートル。今もアフリカなどの深い海にいて、「生きている化石」とよばれる。▼英語 coelacanth

[1]**しいる【強いる】** 動詞 無理にさせる。おしつける。例参加を強いる。活用 し・いる。

[2]**シール** 名詞 ❶手紙やつつんだ物のふうをしたところにはる小さな紙。❷絵やマークなどがかいてあり、物にはりつけて目じるしやかざりにする小さな紙。▼英語 seal

しいれ【仕入れ】 名詞 商売のために、商人が品物を買い入れること。

しいれる【仕入れる】 動詞 ❶売るための商品や、生産するための原料を買い入れる。例問屋から商品を仕入れる。❷新たに自分のものとする。例情報を仕入れる。活用 しい・れる。

じいろ【地色】 名詞 布や紙などの、もともとの色。材料そのものの色。

[1]**しいん【子音】** 名詞 声を出すときに、舌や歯などによって息がさまたげられて出る音。しおん。参考 たとえば ka（カ）・so（ソ）では、k・s が子音、a・o は母音。対母音。

[2]**しいん【死因】** 名詞 死んだ原因。

[3]**シーン** 名詞 ❶映画やしばいの場面。例ラストシーン。❷光景。例感動的なシーン。▼英語 scene

じいん【寺院】 名詞 （大きな）寺。

ジーンズ 名詞 厚手の綿織物。また、それでつくったズボンや服。ズボン（ジーパン）だけをさすこともある。▼英語 jeans

しいんと 副詞 音がまったくしなくて、静かなようす。例家の中はしいんとしていた。

じいんと 副詞 ❶深く感動したときや悲しいと

きに、なみだが出そうになるようす。例美しい歌声に思わずじいんときた。❷ひどくいたむようす。例かべにぶつけたひじがじいんとする。

しうち【仕打ち】名詞 人に対する、よくないあつかい方。例ひどい仕打ちをうける。

しうんてん【試運転】名詞 する動詞 車・船・機械などを、ためしに動かしてみること。

しえい[1]【市営】名詞 市が事業としていとなんでいること。

しえい[2]【私営】名詞 いっぱんの人や団体が事業としていとなんでいること。類民営。対公営。

じえい【自衛】名詞 する動詞 自分の力で、自分を守ること。また、ほかの国がせめてきたとき、自分の国を守ること。例自衛の手段。

ジェイアール【JR】名詞 ⬇ジェーアール。

じえいたい【自衛隊】名詞 日本の独立と平和を守り、国民が安全にくらすためにある組織。陸上・海上・航空の三つの自衛隊がある。

ジェイリーグ【Jリーグ】名詞 ⬇巻末「アルファベット略語集」1562ページ。

ジェー【J・j】名詞 アルファベットの十番目の文字。参考「ジェイ」ともいう。

ジェーアール【JR】名詞 国鉄が地いきによって分けられ、民間の経営にうつされてできた六つの旅客会社と一つの貨物会社をまとめたよび名。ジェイアール。参考 Jは Japan（ジャパン＝日本）、Rは Railways（レールウエーズ＝鉄道会社）の頭文字。

ジェーリーグ【Jリーグ】名詞 ⬇巻末「アルファベット略語集」1562ページ。

しえき【使役】一 名詞 する動詞 人を使って仕事をさせること。二 名詞 文法で、「人に…を…させる」という意味を表す言い方。参考「せる」「させる」などを使い、「書かせる」「見させる」のように表す。

ジェスチャー 名詞 ❶身ぶり・手ぶり・表情など、相手に気持ちをわかってもらおうとするしぐさ。例外国人とジェスチャーをまじえて話す。❷本心からではなく、見せかけだけのおこない。例あれは単なるジェスチャーだ。参考「ゼスチャー」ともいう。▼英語 gesture

ジェットき【ジェット機】名詞 前の方からすいこんでおしちぢめた空気に気化した燃料をふきつけてばくはつさせ、そのふき出すガスのいきおいで飛ぶ飛行機。▼英語 jet (plane)

ジェットコースター 名詞 遊園地などにある、人を乗せてまがりくねったレールの上を激しく上り下りしながら高速で走る乗り物。参考 日本でつくった言葉。英語では、「ローラーコースター（roller coaster）」。

ジェネレーション 名詞 世代。ゼネレーション。例ヤングジェネレーション。参考 ふつう、一世代を三〇年間と考えて、親の世代、子の世代のように使う。▼英語 generation

シェルター 名詞 危険から身を守り、心身の安全を求めるためのひなん所。参考 危険は、放射能や攻撃、風雨や暑さ寒さ、人による暴力などをふくむ。例地下シェルター。▼英語 shelter

シェルパ 名詞 登山の道案内や荷物運びの仕事をする人。参考 もともとは、ネパールの高地に住む民族のこと。ヒマラヤ山脈の登山の案内などをしていた。▼英語 Sherpa

しえん【支援】名詞 する動詞 人のしていることに、力をそえて助けること。例復興を支援する。

ジェンダー 名詞 生物としての性別に対して、社会で生活する中でつくられる性別。▼英語 gender

しお[1]【塩】名詞 しおからい味がする、白いつぶ。海水や岩塩などからとれる。調味料などとして用いる。例塩を加える。

しお[2]【潮】名詞 ❶みちたりひいたりする、海の水。例潮がみちる。類うしお。❷物事をするのに都合のよいとき。しおどき。例電話がなったのを潮に、おいとまする。

しおあじ【塩味】名詞 塩でつけた味。例塩味のせんべい。

しおかぜ【潮風】名詞 海からふいてくる、塩気をふくんだ風。例潮風のにおい。類海風。

しおから【塩辛】名詞 魚・貝・イカなどの肉やはらわたを小さくきざみ、塩づけにしてから発酵させた食べ物。例イカの塩辛。

しおからい【塩辛い】形容詞〔食べ物などに〕塩気が多い。例塩辛いつけもの。活用 しおから・い。

しおからごえ【塩辛声】名詞 かすれた声。しゃがれ声。例かぜをひいて、すっかり塩辛声になってしまった。

しおからとんぼ【塩辛とんぼ】名詞 トンボ科のこん虫。日本全国に多くいる。おすの体は青白い。めすは「むぎわらとんぼ」とよばれる。

ことばあそび あ行のうた❹ あさの あおぞら あかとんぼ／いそぐ いのしし いわのうえ／

しおき【仕置き】 名詞 する動詞 ❶江戸時代、悪いことをした人をばっすること。また、そのばつ。❷《「お仕置き」の形で》悪いことをした人（特に子どもなど）をこらしめること。例 言うことを聞かないとお仕置きですよ。

しおくり【仕送り】 名詞 する動詞 くらしや学費を助けるために、お金や品物を送ること。

しおけ【塩気】 名詞 食べ物などにふくまれている、塩の味。例 塩気の多いスープ。

しおさい【潮さい】 名詞 海の水がみちてくるとき、聞こえてくる波の音。漢字 潮騒。

しおざかい【潮境】 名詞 ↓しおめ。

しおしお 副詞(ーと) がっかりして元気のないようす。例 入場をことわられて、しおしおと引き返す。

しおだまり【潮だまり】 名詞 引きしおのとき、岸のくぼみなどに池のように海の水がたまっているところ。⇩図。

潮だまり

しおづけ【塩漬け】 名詞〔長い間たくわえたり味をつけたりするために〕野菜・魚・肉などに塩をふってつけること。また、その食べ物。

しおどき【潮時】 名詞 ❶海の水がみちたり引いたりするとき。❷あることをするのに、ちょうどよいとき。ころあい。例 今が引退の潮時だ。

しおなり【潮鳴り】 名詞 海の、波の音。

しおひがり【潮干狩り】 名詞 海の水が引いたあとの遠あさのすなはまで、貝などをとってあそぶこと。

しおみず【塩水】 名詞 塩分をふくんだ水。塩をとかした水。対 真水。

しおめ【潮目】 名詞 性質のちがう二つの海流がぶつかるときにできる、すじ。潮境。参考 プランクトンが多く、魚がよくとれる。

しおもみ【塩もみ】 名詞 する動詞 生野菜などに塩をかけて、もんでやわらかくすること。また、その食べ物。例 キュウリの塩もみ。

しおやき【塩焼き】 名詞 ❶生の魚などに塩をふって焼くこと。また、その食べ物。例 サンマの塩焼き。❷海水をにつめて塩をつくること。また、その仕事をする人。

しおらしい 形容詞 おとなしくて、かわいらしい。ひかえめで、いじらしい。例 おてんばの姉さんがめずらしくしおらしいことを言う。活用 しおらし・い。

ジオラマ 名詞 ❶画面が立体のようにうきあがって見えるように工夫した見世物。❷立体的なもけい。▼英語（フランス語から）diorama

しおり【枝折り】 名詞 ❶読みかけの本の間に目じるしにはさむもの。❷あることをはじめてする人にわかりやすく書いた本。手引き書。例 旅行の枝折り。

しおりど【枝折り戸】 名詞 木のえだや竹などをあんでつくったかんたんな戸。庭の出入り口などにつける。⇩図。

しおれる 動詞 ❶水気がなくなって、草や木が弱る。例 庭の草花がしおれる。❷元気がなくなる。例 弟はしかられてしおれている。活用 しお・れる。

しおん【子音】 名詞 ↓536ページ・しいん（子音）。

じおん【字音】 名詞 漢字を音で読むときの読み。対 字訓。

枝折り戸

1 **しか【鹿】** 名詞 シカ科の動物。おすの角はえだ分かれし、毎年はえかわる。

2 **しか** 助詞 「それだけ」の意味を表す言葉。参考 下に「…ない」などの打ち消しの言葉がくる。例 出席者は五人しかいない。／ここには、えんぴつしかありません。／残り、十円しかない。

3 **しか【市価】** 名詞 町で品物が売り買いされるときのねだん。例 市価より一割やすい。

4 **しか【歯科】** 名詞 歯の病気をふせいだり、歯のちりょうをしたりするための医学。例 歯科医。

5 **しか【詩歌】** 名詞 ↓535ページ・しいか。

1 **じか【直】** 名詞 間に、ほかのものを入れないこと。直接。例 相手とじかの取り引きをする。

2 **じか【時価】** 名詞 そのときのねだん。

じが【自我】 名詞〔他人とはっきり区別した〕自分自身。自己。また、自分を意識する気持ち。

ことば「自我にめざめる」

1 **しかい**【司会】名詞 する動詞 会をうまく進めること。また、そのかかりの人。

2 **しかい**【市会】名詞 ➡542ページ・しぎかい。

3 **しかい**【死海】地名 アラビア半島の、イスラエルとヨルダンの国境にある湖。湖面は海面より四百メートル近く低いところにある。参考 塩分がとてもこく、魚などがすめないために「死海」とよばれる。

4 **しかい**【視界】名詞 ある場所から、目に見えるはんい。例 視界が開ける。／視界から消えた。

5 **しかい**【歯科医】名詞 歯の病気をしんさつしたり治療したりする医者。歯医者。

1 **しがい**【市外】名詞 市の区いきの外。例 市外電話。類 郊外。対 市内。

2 **しがい**【市街】名詞 人家がたくさんならんでいるにぎやかなところ。まち。

3 **しがい**【死骸】名詞 死んだ体。死体。例 小鳥の死骸をうめる。類 死体。

1 **じかい**【次回】名詞 この次の回。対 今回。前回。

2 **じかい**【磁界】名詞 磁石が鉄をひきつけたり、はねつけたりする働きがおよぶはんい。磁場。

じがい【自害】名詞 する動詞 〔刃物などで自分の体をきずつけて〕自分で死ぬこと。参考 古い言い方。類 自殺。自死。

しかいしゃ【司会者】名詞 司会をする人。例 クイズ番組の司会者。

しがいせん【紫外線】名詞 日光の色を分けたとき、むらさき色の外側にある目に見えない光線。ばいきんをころす力が強く、また、日焼けのもとになる。UV。参考 ⇩694ページ・赤外線。

しがいち【市街地】名詞 人家がたくさん集まっている土地。例 市街地にスーパーができる。

しかえし【仕返し】名詞 する動詞 自分にいやなことをした相手を、反対にやっつけること。ふくしゅう。

1 **しかく**【四角】名詞 形容動詞 〔正方形や長方形のように〕四つの角があること。また、その形。例 四角の部屋。／四角形。

2 **しかく**【死角】名詞 ❶たまのとどくはんいにありながら、銃のつくりや角度などのためにたまのとどかないところ。❷ある物にさえぎられて、見えないはんい。例 運転席からは死角になって見えなかった。

3 **しかく**【視覚】名詞 五感の一つ。目で、物を見る働き。例 視覚にうったえる。

4 **しかく**【資格】名詞 ❶人々の中で物事をするときの、身分・地位。例 委員の資格で会に出た。❷そのことをするのに必要なことがら。例 運転手の資格をとる。

1 **しがく**【史学】名詞 歴史について研究する学問。歴史学。

2 **しがく**【私学】名詞 私立の学校。

1 **じかく**【字画】名詞 漢字を組み立てている点や線。また、その数。例 字画が多い字。

2 **じかく**【自覚】名詞 する動詞 ❶自分のおかれている立場や責任などを、自分でよく知ること。例 未熟だということは自覚している。／六年生としての自覚をもつ。❷自分で感じとること。例 自覚症状。

しかくい【四角い】形容詞 四角の形をしている。例 四角い箱。／四角い形に紙を切る。活用 しかく・い。

しかくけい【四角形】名詞 四つの辺でかこまれ、四つの頂点のある形。四辺形。方形。参考 「しかっけい」ともいう。

じがくじしゅう【自学自習】名詞 する動詞 自分一人で学習すること。例 英語を自学自習する。類 独習。

しかくしめん【四角四面】四字熟語 まじめすぎてかたくるしいようす。例 四角四面なあいさつをする。

しかくばる【四角張る】動詞 ❶四角の形に似ている。例 四角張った顔。❷かしこまって、まじめくさった様子をする。例 四角張ったあいさつ。活用 しかくば・る。

しかけ【仕掛け】名詞 ❶仕事がやりかけであること。❷〔たくみにつくった〕しくみ。また、装置。例 手品の仕掛け。

しかけはなび【仕掛け花火】名詞 地上にしかけをつくって、いろいろな形や文字が表れるようにした花火。

しかける【仕掛ける】動詞 ❶〔仕事などを〕とちゅうまでする。例 発言を仕掛けてやめた。❷〔どうさを〕しむける。例 けんかを仕掛ける。❸とりつける。例 わなを仕掛ける。活用 しか・ける。

しがけん【滋賀県】地名 近畿地方の北東部にある県。県庁所在地は大津市。⇩916ページ・都道

あいうえお かきくけこ さしすせそ たちつてと なにぬねの はひふへほ まみむめも や ゆ よ らりるれろ わ を ん

ことばあそび あ行のうた⑤ えがお えんそく えきのまえ／おかし おみやげ おたのしみ

府県（図）。

しかざん【死火山】名詞 形は火山であるが、噴火したことがまったくない山。参考 ㋐今は使われない言葉。㋑⇩265ページ・活火山。

しかし 接続詞 前に言ったことを受けて、その反対のことを言うときに使う言葉。例 品物はよい。しかし、ねだんが高い。

しかじか 副詞 長い文章を略したときに、そのかわりとして使う言葉。例 かくかくしかじかの事情で、今回の運動会は中止になった。

じがじさん【自画自賛】四字熟語 〔自分でかいた絵に自分で言葉を書き入れる意味から〕自分で自分のことをほめること。例 作文を自画自賛する。

しかしながら 接続詞 「しかし」のあらたまった言い方。そうではあるが。例 努力はした。しかしながら成績はあがらなかった。

じかせい【自家製】名詞 自分の家でつくること。また、つくった物。例 自家製のパン。

じがぞう【自画像】名詞 自分で、自分の顔やすがたをかいた絵。

しかた【仕方】名詞 やり方。方法。例 話の仕方がうまい。

しかたがない【仕方が無い】慣用句 ❶ほかに方法がない。例 あやまるより仕方が無い。❷どうにもならない。すくいようがない。どうしようもない。例 約束をやぶってばかりいて、仕方が無い人だ。／泣けて仕方が無い。参考「しかたない」ともいう。

しかたない【仕方無い】形容詞 ⬇しかたがない。活用 しかたな・い。

じかたび【地下足袋】名詞 力仕事などをするときにはく、底がゴムのたび。語源 じかに土をふむたびということから。⇩図。

地下足袋

じがため【地固め】名詞 する動詞 ❶建物を建てる前に、地面をしっかりとかためておくこと。例 ローラーで地固めをする。❷物事の基礎をしっかりとつくっておくこと。例 優勝をめざしてチームの地固めをする。類 足がため。

じかだんぱん【じか談判】名詞 する動詞 ほかの人を間に入れずに、相手と直接話し合うこと。例 おこづかいをふやしてほしいと、母とじか談判する。

しがち【仕勝ち】形容動詞 とかく、そうすることになりやすいようす。例 あわてると、失敗しがちだ。参考 ㋐よくないことに使うことが多い。㋑ふつう、ひらがなで書く。

しかつ【死活】名詞 死ぬか生きるか。例 これが成功するかどうかが、死活にかかわる大きなポイントだ。

しがつ【四月】名詞 一年の四番目の月。古くは「卯月」といった。

じかつ【自活】名詞 する動詞 人の力をかりないで、自分の力でくらすこと。例 家を出て自活する。

しかっけい【四角形】名詞 ⬇しかくけい。

しかつめらしい 形容詞 まじめくさっているようす。また、もっともらしいようす。例 しかつめらしいあいさつ。／しかつめらしい顔でしゃべっているが、話の内容はうたがわしい。活用 しかつめらし・い。

しかつもんだい【死活問題】名詞 死ぬか生きるかにかかわるほどの、大きな問題。例 日照りが続くことは、農家の死活問題だ。

1**しかと** 名詞 する動詞 人をばかにして、相手にしないこと。例 いじわるをしたので、みんなにしかとされた。参考 くだけた言い方。

2**しかと** 副詞 たしかに。しっかりと。例 わたしがしかとこの目で見とどけた。参考「しっかと」ともいう。

しがない 形容詞 とるにたりない。つまらない。また、まずしい。例 しがない暮らし。活用 しがな・い。

じかに 副詞 間にものを入れないで。直接に。例 床にじかにおく。

じがね【地金】名詞 ❶めっきや細工物の下地になっている金属。❷生まれつきもっている性質。例 かくしていても、つい地金が出る。

しかねない 連語 ふつうではしないことを、するかもしれない。例 あの人なら、危険なこともしかねない。

じかはつでん【自家発電】名詞 する動詞 〔電力会社の電気によらず〕自分のところで電気をおこすこと。

しかばね 名詞 死んだ人の体。死がい。死体。例野にしかばねをさらす。／生けるしかばね（＝ただ生きているだけで、何もしようとしない人）。参考 あらたまった言い方。

じかび【直火】 名詞 火を直接あてて焼くこと。例直火焼き。

じかまき 名詞 田や畑に直接たねをまくこと。じきまき。

しがみつく 動詞 強くだきつく。例赤ちゃんがお母さんにしがみつく。類 すがりつく。活用 しがみつ・く。

しかめる 動詞 〔いやな気持ちのとき〕ひたいやまゆの間に、しわをよせる。例あまりの痛さに顔をしかめる。活用 しか・める。

しかも 接続詞 ❶前に言ったことに、さらにほかのことを加えるときに使う言葉。例ねだんが安く、しかも、おいしい。❷前に言ったことと、ちがうことを言うときに使う言葉。例しかられて、しかも、あらためないとはあきれる。

じかよう【自家用】 名詞 自分のところで使うもの。例自家用車。

しかり 動詞 そうである。そのとおりだ。例父もしかり、兄もしかり、わが家はみんな音楽が好きだ。活用 しか・り。

しかりつける【叱り付ける】 動詞 きびしくしかる。例いたずらをした弟を叱り付ける。活用 しかりつ・ける。

しかる【叱る】 動詞 〔目下の人に対して〕悪い点を注意し、せめる。例子どもを叱る。活用 しか・る。

しかるべき 連語 ❶そうするのがあたりまえである。例ほめられてしかるべきりっぱなおこないである。❷それにてきしている。例しかるべき人に会長をたのむ。参考 やや古い言い方。

しかん【士官】 名詞 軍隊で、兵隊をさしずする人。将校。

しがん【志願】 名詞 する動詞 あることをしたいと、自分からすすんで、ねがい出ること。例弟子入りを志願する。／志願者。類 志望。

1 **じかん【次官】** 名詞 大臣のつぎの位で、大臣を助ける役。

2 **じかん【時間】** 一 名詞 ❶とき。また、ある時刻とある時刻の間。例発車の時間。／時間がたつ。❷何かをするために区切った、ある長さの時。例自習の時間。二 助数詞 時の単位。一時間は一日を二十四に分けた一つ。一分の六十倍。例十時間ねむった。

じかんぎれ【時間切れ】 名詞 物事のきまりがつく前に制限時間になること。例時間切れでひきわける。

じかんのもんだい【時間の問題】 慣用句 なりゆきはだいたい決まっているが、いつそうなるかだけが気になる、ということ。例あの二人がけんかするのは時間の問題だ。

じかんわり【時間割り】 名詞 仕事や学校の授業の毎日の予定をそれぞれの時間にわりあてて書いた表。時間表。

1 **しき【士気】** 名詞 人々の意気ごみ。やる気。例士気を高める。

2 **しき【四季】** 名詞 一年の四つの季節。春・夏・秋・冬。

3 **しき【式】** 一 名詞 ❶きまったやり方。また、そのやり方による行事やもよおし。例お祝いの式。❷算数などで、計算のやり方を数字や記号でしめしたもの。例足し算の式。二 接尾語 ほかの言葉の下につけて、きまったやり方や形式であることをしめす言葉。例電動式のかみそり。

4 **しき【死期】** 名詞 死ぬとき。例死期が近づく。

5 **しき【指揮】** 名詞 する動詞 〔うまく仕事が進むように〕さしずすること。例オーケストラを指揮する。／ひなん訓練の指揮をとる。

1 **じき【次期】** 名詞 次の期間。次の時期。例次期の国会。／次期の大統領。

2 **じき【直】** 一 名詞 間に何もはさまないこと。じか。二 副詞 すぐ。ただちに。例もうじき帰るでしょう。

3 **じき【時季】** 名詞 〔あることがさかんにおこなわれる〕季節。例時季はずれのスイカ。⇩使い分け。

4 **じき【時期】** 名詞 〔物事をする〕ある区切られた時。例四月は入学の時期だ。⇩使い分け。

5 **じき【時機】** 名詞 物事をするのに、ちょうどよい時。チャンス。例この時機をのがすと、チャンスは二度とない。⇩使い分け。

6 **じき【磁気】** 名詞 じしゃくが鉄をひきつけたり、しりぞけたりする働き。

7 **じき【磁器】** 名詞 高い温度で焼いた、かたくて上等な焼き物。類 陶器。

ことばあそび あ行のうた❻ あきの あおぞら あいうえお／いわやま いのしし いうえおあ／

使い分け　じき

●ある季節。
田植えの時季。

●ある時。
歯がはえる時期。

●ちょうどよい時。
時機をうかがう。

しきい【敷居】名詞 戸やしょうじの下の、みぞのある横木。対 かもい。⇩282ページ・かも居（図）。

しきいがたかい【敷居が高い】慣用句 はずかしいという気持ちや、めいわくをかけたという気持ちがあるので、その人のところに行きにくい。例 約束をはたしていないので、会いに行くのは敷居が高い。

しきいし【敷石】名詞 道路や庭先などにしいてならべた、平らな石。例 敷石をふんで歩く。

しきおりおり【四季折折】名詞 季節ごとの、そのときそのとき。例 四季折々の花を楽しむ。参考 ふつう「四季折々」と書く。

じきおんどけい【自記温度計】名詞 温度を自動的に記録する温度計。

しぎかい【市議会】名詞 市民がえらんだ議員が集まって、市の政治について相談する会。市会。

しきかく【色覚】名詞 色のちがいを見分ける感覚。

しきかん【色感】名詞 ❶ある色から受ける感じ。例 あたたかい色感の洋服。❷色を区別する感覚。色を見分ける働き。例 色感のするどい画家。

しききん【敷金】名詞 家や部屋をかりるとき、家賃をはらう保証として、かす人にあずけておくお金。

しきけん【識見】名詞 物事を正しく見分ける力。例 識見の高い人。

しきさい【色彩】名詞 色の具合。いろどり。

しきし【色紙】名詞 和歌や俳句などを書く四角なあつい紙。類 短冊。

しきじ【式辞】名詞 式のときのあいさつ。例 校長先生の式辞。

じきじき【直直】副詞 人にたのまず直接に。じかに。例 先生に直々にお願いする。参考 ㋐ふつう「直々」と書く。㋑「直々に」の形でも用いる。

じきじきに【直直に】副詞 ⇩じきじき。

1 **しきしゃ**【指揮者】名詞 ❶さしずをする人。❷音楽で合唱や合奏のさしずやまとめをする人。コンダクター。

2 **しきしゃ**【識者】名詞 知識があり、しっかりした自分の考えをもっている人。

しきじょう【式場】名詞 ぎしきをする場所。例 卒業式の式場。

しきそ【色素】名詞 いろいろな物についている色のもとになるもの。

じきそ【直訴】名詞 する動詞 決められた手続きをとらないで、上の立場の人に直接うったえでること。

しきそう【色相】名詞 色あい。色の調子。類 色調。参考 明度・彩度とともに色の三属性の一つ。

しきたり 名詞 今までにやってきたこと。ならわし。例 その土地のしきたりにしたがう。

しきち【敷地】名詞 建物をたてたり道路にしたりするための土地。例 工場の敷地。類 用地。

しきちょう【色調】名詞 色の調子。色あい。例 明るい色調の絵。類 色相。

しきつめる【敷き詰める】動詞 すきまなく一面にしく。例 境内に小石を敷き詰める。活用 しきつ・める。

じきテープ【磁気テープ】名詞 プラスチックなどのテープに磁気のある粉をぬったもの。参考 録音・録画などに使われる。

しきてん【式典】名詞 ⇩320ページ・ぎしき。例 創立百年の式典。

じきに【直に】副詞 まもなく。すぐに。例 軽いけがなので直に治るだろう。

じきひつ【直筆】名詞 自分で直接書くこと。

また、書いたもの。対代筆。

しきふ【敷布】名詞 ⇒536ページ・シーツ。

しきふく【式服】名詞 特別な行事などのときに着る衣服。対平服。

しきぶとん【敷き布団】名詞 ねるときに、体の下にしくふとん。対かけぶとん。

しきべつ【識別】名詞 する動詞 物事のちがいを見分けること。例色の識別をする。

じきまき【直まき】名詞 ⇒541ページ・じかまき。

しきもの【敷物】名詞 地面や、ゆかの上にしくもの。じゅうたん・ござ・ざぶとんなど。

1 **しきゅう**【子宮】名詞 女性や動物のめすの体の中にあって、赤んぼうをうまれでるまで育てる器官。

2 **しきゅう**【支給】名詞 する動詞 〔対象となる相手に〕お金や品物をあたえること。例交通費を支給する。

3 **しきゅう**【四球】名詞 〔野球で、投手が一人の打者に〕ストライクにならない球（＝ボール）を四回投げて、一塁に出すこと。フォアボール。参考 打者は一塁に進む。

4 **しきゅう**【至急】名詞 とても急ぐこと。例至急れんらくしてください。類早速。早急。火急。

5 **しきゅう**【死球】名詞 〔野球で〕投手の投げた球がそのまま打者の体（または、ユニホーム）に当たること。デッドボール。参考 打者は一塁に進む。

1 **じきゅう**【自給】名詞 する動詞 必要な物をほかから得るのではなく、自分でつくること。例家庭菜園で食料を自給する。

2 **じきゅう**【持久】名詞 する動詞 〔ある状態で〕長い時間もちこたえること。

しきゅうしき【始球式】名詞 野球の試合が始まる前に、まねかれた人が第一球をキャッチャーに投げる儀式。

じきゅうじそく【自給自足】四字熟語 生活に必要な物を自分でつくって、自分で使うこと。例自給自足のくらし。

じきゅうせん【持久戦】名詞 勝ち負けが決まらず長く続く戦い。例持久戦にもちこむ。

じきゅうそう【持久走】名詞 長いきょりを、長い時間をかけて走ること。

じきゅうりつ【自給率】名詞 食べ物など、生活に必要なものが、自分の国や県などでどのくらいつくられているかをしめすわりあい。例日本の食糧自給率は低い。

じきゅうりょく【持久力】名詞 〔ある状態を〕長くもちこたえる力。

しきょ【死去】名詞 する動詞 人が死ぬこと。例今年の一月に死去した。参考 あらたまった言い方。

しぎょう【始業】名詞 する動詞 仕事や授業をはじめること。例始業のチャイムが鳴る。／始業式。対終業。

じきょう【自供】名詞 する動詞 とり調べをうけて、自分のした悪いことをのべること。例犯行を自供する。類自白。

じぎょう【事業】名詞 ❶社会の役に立つ、大きな仕事。例社会福祉の事業。❷利益を目的としておこなう生産や取り引き。例事業に成功する。

じぎょうか【事業家】名詞 利益を目的として、生産や取り引きをおこなう人。例かれは事業家として成功した。

しぎょうしき【始業式】名詞 学校で各学期の授業をはじめるときにおこなう儀式。対終業式。

しきょく【支局】名詞 本社や本局から分かれて、地方におかれ、その地方の仕事を受けもっているところ。例新聞社の支局。類支社。対本局。

1 **じきょく**【時局】名詞 国や社会の、その時その時の様子。例国が重大な時局をむかえる。

2 **じきょく**【磁極】名詞 じしゃくの両はしの、鉄をすいつける力がもっとも強いところ。N極とS極がある。

しきり【仕切り】名詞 ❶物と物との間のさかい。区切り。❷相撲で、立ち上がる身がまえをすること。

しきりに 副詞 ❶何度も。たびたび。例犬がしきりにほえている。❷ていどや度合が強いこと。熱心に。例先ほどからしきりに考えこんでいる。

1 **しきる** 接尾語 「さかんに…する」という意味を表す語。例ふりしきる雨。活用 しき・る。

2 **しきる**【仕切る】動詞 ❶さかいをつける。例カーテンで仕切る。❷ある物事の中心となって、おこなう。例パーティーを仕切る。❸相撲で、対戦する両者が、両手を土ひょうにつけて立ち上がる身がまえをする。活用 しき・る。

1 **しきん**【至近】名詞 形容動詞 ある地点にとても

ことばあそび あ行のうた⑦ えんぴつ えんにち えおあいう／おかし おにぎり おあいうえ

近いこと。ことば ⇩「至近距離」

²**しきん**【資金】名詞 仕事をするのに、もとになるお金。もとで。例 商売の資金がたりない。

しぎん【詩吟】名詞 漢詩にふしをつけてうたうこと。

しきんきょり【至近距離】名詞 きわめて近いへだたり。例 至近距離で写真を写す。

しきんせき【試金石】名詞 あるものの、ねうちや力を判断するもとになるもの。例 このもぎ試験がひごろの勉強の試金石となる。

しく【敷く】動詞 ❶平らに広げる。例 ふとんを敷く。❷一面にならべる。例 じゃりを敷く。❸設備をする。例 鉄道を敷く。❹広く行きわたらせる。例 市制を敷く。❺下にあてる。例 おしりの下にざぶとんを敷く。活用 し・く。

ことば博士になろう！

ふとんは、「しく」の？「ひく」の？

これは、「しく」が正解。漢字で書くと「敷く」で、平らに広げるという意味です。

「ふとんをひく」というのは、「江戸っ子」とよばれる、東京生まれの東京育ちに多いようです。「ヒ」と「シ」の発音の区別ができない場合があるからです。そして、地方から来た人が、「東京の人の言葉が共通語」だと思い、「江戸っ子」の「ふとんをひく」を耳にして、こちらのほうが共通語だとかんちがいしたことが、「しく」「ひく」の混同をまねいたようです。

¹**じく**【字句】名詞 文字と語句。

²**じく**【軸】名詞 ❶回るものの中心にあって、それをささえている部分。例 車輪の軸。❷細長いものの手でもつことができる部分。例 マッチの軸。❸物事の中心となるもの。例 軸になる人物。❹グラフで、もとになるたてと横の直線。❺まきもの。例 床の間に軸をかける。

しぐさ【仕草】名詞 ❶しかた。やり方。例 幼児は親の仕草をまねる。❷しばいなどの身ぶり。

ジグザグ 名詞 形容動詞 右に左におれまがった形。▼英語 zigzag

しくしく 一 副詞(-と) 静かに弱々しく泣くようす。例 女の子がしくしく泣く。二 副詞(-と) する動詞 はげしくはないが、たえずいたむようす。例 おなかがしくしくいたむ。

しくじる 動詞 やりそこなう。失敗する。例 試験にしくじる。活用 しくじ・る。

ジグソーパズル 名詞 細かく切り分けた絵や写真をうまく組み合わせ、もとのとおりになおして遊ぶもの。▼英語 jigsaw puzzle

シグナル 名詞 ❶信号。合図。しるし。❷鉄道などの信号機。▼英語 signal

しくはっく【四苦八苦】四字熟語 とても苦しむこと。例 家計のやりくりに四苦八苦する。

じくばり【字配り】名詞 文字のならべかた。例 あらかじめ字配りを考えてから書きはじめる。

しくみ【仕組み】名詞 機械や物事の組み立て。構造。例 かんたんな仕組みのおもちゃ。

しくむ【仕組む】動詞 ❶〔機械・道具などを〕工夫して、組み立てる。❷〔わからないように、悪いことを〕計画する。例 仕組まれたわなにはまる。活用 しく・む。

シクラメン 名詞 サクラソウ科の植物。冬から春に赤や白の花がさく。▼英語 cyclamen

しぐれ【時雨】名詞 秋から冬にかけて、ふったりやんだりする雨。ことば「時雨もようの空」

しぐれる 動詞 雨が、ふったりやんだりする。例 午後からしぐれてきた。活用 しぐ・れる。

じくん【字訓】名詞 漢字を日本語の意味で読む読み。訓。「花」を「はな」と読むもの。対 字音。

しけ 名詞 ❶雨や風が強く、海があれること。❷海があれて魚がとれないこと。漢字 時化。

¹**しけい**【死刑】名詞 ひじょうに悪いことをした人の命をとるばつ。

²**しけい**【詩形・詩型】名詞 詩の形式。言葉の音数やリズムで区別する。自由詩や定型詩などがある。

¹**じけい**【次兄】名詞 上から二番目の兄。例 次兄は中学を卒業したばかりだ。参考 あらたまった言い方。

²**じけい**【字形】名詞 書いた字のかたち。字のかっこう。類 字体。

しげき【刺激】名詞 する動詞 ❶目・耳・鼻・口・ひふなどの神経に強く感じるような働きをあたえること。例 海岸の日光は刺激が強い。❷心に強くひびかせること。こうふんさせること。例 病人を刺激しないでください。

しげしげ 副詞(-と) ❶何回も続くようす。例 しげしげとやってくる。❷じっくりと見るようす。例 し

す。

例 かがみで自分の顔をしげしげながめる。

しけつ【止血】 名詞 する動詞 血が出るのをとめること。例 ほうたいをまいて止血する。

じけつ【自決】 名詞 する動詞 ❶自分のことを自分できめること。例 民族自決。❷自殺すること。

しげみ【茂み】 名詞 草木がたくさんはえているところ。

1 **しける** 動詞 ❶風や雨が強く、海があれる。例 海がしける。❷もっているお金が不足がちである。ふところ具合が悪い。また、元気がない。例 しけた顔をしている。参考 ②はくだけた言い方。活用 し・ける。

2 **しける** 動詞 しめりけをもつ。しめる。例 しけたせんべい。活用 し・ける。

しげる【茂る】 動詞 草や木が、たくさんはえる。例 若葉が茂る。活用 しげ・る。

1 **しけん【私見】** 名詞 自分だけの考え方。自分の意見。ことば「私見をのべる」

2 **しけん【試験】** 名詞 する動詞 ❶物の性質や力をためして調べること。例 きちんと動くか試験してみる。❷問題を出して答えさせ、できばえを調べること。例 入学試験。

しげん【資源】 名詞 品物をつくるもとになるもの。特に、自然界からとれて品物をつくるもとになるもの。例 地下資源。

じけん【事件】 名詞 〔ふだんの生活にはない〕変わったできごと。例 事件が起きた。類 事故。

1 **じげん【次元】** 名詞 ❶線・面・空間などの広がりを表すもの。長さだけをもつ直線は一次元、長さとはばをもつ平面は二次元、長さとはばと高さをもつ空間は三次元。参考 わたしたちのすんでいる世界は三次元。❷物事を考えたり、おこなったりするときの立場。また、そのレベル。例 それとこれとでは次元がちがう。／次元の低い話。

2 **じげん【字源】** 名詞 一つ一つの文字が、それぞれの形や意味を持つようになった、もと。例「山」という漢字は、山そのものの形が字源になっている。

3 **じげん【時限】** 名詞 ❶時間をかぎること。また、そのかぎられた時間。ことば「時限ストライキ（＝時間をかぎっておこなうストライキ）」「時限爆弾（＝一定の時間がたつとばくはつするようになっている爆弾）」❷授業のひと区切り。例 第一時限は国語です。

しけんかん【試験管】 名詞 理科の実験などに使う、底がまるいガラスのくだ。⇩図。

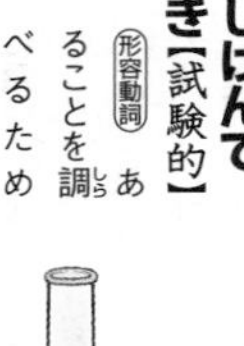
試験管

しけんてき【試験的】 形容動詞 あることを調べるため、ためしにやってみるようす。例 試験的な販売。

1 **しご【死後】** 名詞 死んだあと。例 死後の世界。対 生前。

2 **しご【死語】** 名詞 ❶昔は使ったが、現在ではほとんど使わなくなった語や句。「活動写真（＝映画）」や「乗合自動車（＝バス）」など。❷昔は使われていたが、現在では使われていない言語。古代ギリシャ語や古代ラテン語など。

3 **しご【私語】** 名詞 する動詞 話してはいけないときに、小さな声で話すこと。

1 **じこ【自己】** 名詞 自分自身。例 自己を見つめる。

2 **じこ【事故】** 名詞 思いがけない悪いできごと。例 事故防止。類 事件。

じご【事後】 名詞 あることがらがすんだあと。ことば「事後承諾（＝そのことが終わったあとでゆるしをえること）」対 事前。

1 **しこう【し好】** 名詞 する動詞 飲み物や食べ物を好むこと。また、人それぞれの好み。例 し好の変化。／し好品。漢字 嗜好。

2 **しこう【志向】** 名詞 する動詞 あることに心が引かれ、それをめざそうとすること。例 世界の平和を志向する。

3 **しこう【施工】** 名詞 する動詞 工事をおこなうこと。参考「せこう」ともいう。

4 **しこう【施行】** 名詞 する動詞 ❶じっさいにおこなうこと。❷法律が有効なものとして、おこなわれること。例 五月三日は憲法施行の記念日だ。

5 **しこう【指向】** 名詞 する動詞 ある決まった方向をめざして、そこにむかうこと。例 このマイクは高音への指向性がある。

6 **しこう【思考】** 名詞 する動詞 考えること。また、考えたもの。例 論理的な思考。／思考力。

7 **しこう【歯こう】** 名詞 歯の表面にこびりついたよごれ。むし歯の原因の一つ。漢字 歯垢。

ことばあそび **となえことば** 何かをするときに、きまって言うことばを「となえことば」といいま

1じこう【事項】名〔ある大きなことがらを組み立てている〕一つ一つのことがら。例注意事項。

2じこう【時効】名 法律で、ある決められた期間がすぎると、権利がなくなったり、うまれたりすること。例時効が成立する。

3じこう【時候】名 四季による暑さ、寒さの様子。ことば「時候のあいさつ（をする）」

しこうさくご【試行錯誤】四字熟語 ためすことと失敗することをくり返しながら、正しい解決方法をさがしていくこと。例試行錯誤を重ねて、ようやく成功にこぎつける。

じごうじとく【自業自得】四字熟語 自分のした悪いおこないのむくいを、自分の身にうけること。例失敗したのは忠告を聞かなかったためだから、自業自得だ。

じごえ【地声】名 生まれつきの声。例地声が大きい。対裏声。

しこく【四国】名 徳島・香川・愛媛・高知の四県をまとめた言い方。四国地方。

1しごく 動 ❶長い物などを、かた手でにぎりしめたり指ではさんだりして、一方の手でひく。例ひもをしごく。❷きたえる。例選手をしごく。活用 しご・く。

2しごく【至極】一 接尾語《ほかの言葉の後につけて》「このうえなく…だ」「きわめて…だ」などの意味を表す。ことば「迷惑至極（な話）」ことば「（またも失敗とは）残念至極（だ）」

二 副 このうえなく。きわめて。例しごく便利な道具。／しごくもっともな意見。参考 二はふつう、ひらがなで書く。

1じこく【自国】名 自分の国。対他国。

2じこく【時刻】名 ある決まった時。例出発時刻は七時だ。

じごく【地獄】名 ❶仏教で、生きているときに悪いことをした人が、死んでから行ってばつをうけるというところ。対極楽。❷キリスト教で、すくわれないたましいが落ちてゆく世界。対天国。❸ひじょうに苦しいことや状態のたとえ。例受験地獄。／通勤地獄。

じごくでほとけにあったよう【地獄で仏に会ったよう】ことわざ〔あぶない目にあっているときやこまっているときに〕思いがけない助けをうけることのたとえ。

じごくのさたもかねしだい【地獄の沙汰も金次第】ことわざ〔じごくでうけるさばきも金でなんとかなることから〕この世のことはすべて、金さえあればなんでも思いどおりになる、というたとえ。

じこくひょう【時刻表】名 乗り物などが着いたり出たりする時刻を書いた表。ダイヤ。

じごくみみ【地獄耳】名 ❶人のひみつなどをすぐ聞きつけること。例地獄耳の記者。❷一度聞いたらけっしてわすれないこと。

しこしこ 一 副（-と）〔地味な作業などを〕ずっと続けてするようす。例何日でもしこしこがんばる。

二 副（-と）する動詞〔食べ物が〕かんだときに歯ごたえがあるようす。例しこしこしたうどん。

じこしゅちょう【自己主張】名 する動詞 自分の意見・権利などを強くうったえること。

じこしょうかい【自己紹介】名 する動詞 自分で、自分の名前や身分などをのべること。

じこせきにん【自己責任】名 自分のしたことから生じた、負わなければならないつとめ。例自己責任を考えて行動する。

しごせん【子午線】名 ➡403ページ・けいせん（経線）。参考「子」は北、「午」は南の意味。

しこたま 副 たくさん。例食料をしこたま買いこむ。参考 くだけた言い方。

しごと【仕事】名 ❶働くこと。例畑で仕事をする。❷職業。例新しい仕事につく。❸物理学で、力を加えて物体を動かすこと。

しごとおさめ【仕事納め】名 新年をむかえるために、年末に仕事を終わりにすること。

しごとはじめ【仕事始め】名 新年になってはじめて仕事をすること。事始め。

じこほんい【自己本位】名 自分を中心として、物事を考えたり、したりすること。例自己本位な性格で、きらわれものだ。

じこまんぞく【自己満足】名 する動詞 自分のしたことや自分自身に、自分だけが満足すること。例自己満足ばかりでは進歩しない。

しこむ【仕込む】動 ❶教えて、できるようにさせる。例子どもにピアノを仕込む。❷商人が商品を買い入れる。しいれる。例商品を仕込む。❸酒やしょうゆなどの原料をまぜて、おけにつめる。活用 しこ・む。

しこり 名 ❶筋肉がかたくなること。また、そのかたいところ。例かたのしこり。❷いやなこと

があったとき、その後まで残っている、いやな気持ち。例心にしこりを残したままだ。

じこりゅう【自己流】 (名詞) 〔他人とはちがった〕自分だけのやり方。例自己流のおよぎ方。

しこをふむ【四股を踏む】 (連語) 力士がかた足ずつ高く足を上げて、力強く地面をふむ。力足をふむ。

しさ【示唆】 (名詞)(する動詞) それとなく教えようとして、しめすこと。例可能性を示唆する。類暗示。

じさ【時差】 (名詞) ❶場所によってちがう、時刻の差。参考経度が十五度ちがうと一時間の差がある。❷時刻をずらしておこなうこと。例時差出勤。

しさい【子細】 (名詞) 物事のくわしい事情。細かいわけ。例これには何か子細がありそうだ。類委細。

1 **しざい【死罪】** (名詞) ❶死刑。参考古い言い方。❷死刑になるほどの重いつみ。

2 **しざい【私財】** (名詞) 自分の財産。例私財をなげうって、博物館をつくった。類身代。

3 **しざい【資材】** (名詞) 物をつくるのに必要な材料。例建築資材。

じざい【自在】 (名詞)(形容動詞) 思うとおりになること。例自在にあやつる。類自由。

じざいかぎ【自在かぎ】 (名詞) いろりの上につるし、なべ・鉄びんなどをかけて、自由に上げ下げできるかぎ。⇩113ページ・囲炉裏(図)。

しさいに【子細に】 (副詞) くわしく。細かく。例わけを子細に話す。

しさく【思索】 (名詞)(する動詞) すじ道を立てて、あれこれと深く考えること。例人生について思索する。

2 **しさく【試作】** (名詞)(する動詞) ためしに作ってみること。例まだ試作の段階だ。／試作品。

じさく【自作】 (名詞)(する動詞) ❶自分で作ること。例自作のギター。対代作。❷自作農。対小作。

じさくのう【自作農】 (名詞) 自分の土地を使って、自分で作物をつくること。また、その農家。対小作農。

しさつ【視察】 (名詞)(する動詞) その場所へ行って、じっさいに様子を調べること。例海外の工場を視察する。

じさつ【自殺】 (名詞)(する動詞) 自分で死ぬこと。類自害。自死。対他殺。

1 **しさん【四散】** (名詞)(する動詞) 集まっていたものがちらばること。ばらばらになること。例戦争で家族が四散する。

2 **しさん【資産】** (名詞) 土地・家・お金などの財産。例資産をふやす。

じさん【持参】 (名詞)(する動詞) 品物をもって行くこと。もって来ること。例道具を持参する。／弁当持参で出かけた。

1 **しし** (名詞) ⬇1359ページ・ライオン。漢字獅子。

2 **しし【志士】** (名詞) 国や社会のために命をかけて働こうとする、高いこころざしをもった人。

1 **しじ【支持】** (名詞)(する動詞) ❶ささえてもちこたえること。例竹ざおで支持する。❷賛成して助けること。例わたしの意見が支持された。

2 **しじ【私事】** (名詞) おおやけでなく、自分だけの生活にかかわること。わたくしごと。例私事で会社を休む。

3 **しじ【指示】** (名詞)(する動詞) ❶さししめすこと。例行き先を矢じるしで指示する。❷さしずすること。さしず。ことば「(先生の)指示を仰ぐ」

4 **しじ【師事】** (名詞)(する動詞) ある人を先生として、なにかを教えてもらうこと。例外国人の先生に師事してピアノを学ぶ。

1 **じし【次姉】** (名詞) 上から二番目の姉。

2 **じし【自死】** (名詞)(する動詞) 自分で死ぬこと。例自死を思いとどまる。類自害。自殺。

じじ【時事】 (名詞) そのときそのときの、世の中におこったできごと。例時事解説。

しじご【指示語】 (名詞) ⬇468ページ・こそあどことば。

じじこっこく【時時刻刻】 (四字熟語) だんだんに時間がたつようす。しだいに。また、かくじつに時間がすぎていくようす。例出発の時間が時々刻々とせまる。参考ふつう「時々刻々」と書く。「じじこくこく」ともいう。

ししつ【資質】 (名詞) うまれつきもっている性質や能力。例音楽家としてのすぐれた資質をもっている。

しじつ【史実】 (名詞) 歴史のうえで、本当にあったこと。例史実にもとづいた作品。

じしつ【自室】 (名詞) 自分の部屋。

1 **じじつ【事実】** 一 (名詞) 本当にあったことがら。例この話は事実だ。類真実。二 (副詞) 本当に。たしかに。例事実、だれも現れなかった。

ことばあそび となえことば❶ （テストの前）てんとるてんとるてんてんとるとる

2**じじつ**【時日】名詞 ❶〔あることをするときめた〕日と時刻。例 会議の時日は後ほど知らせる。❷月日。時間。例 出発まで時日がない。

じじつはしょうせつよりもきなり【事実は小説よりも奇なり】ことわざ 世の中のできごとの方が、つくりごとの小説よりもふしぎでおもしろいものだ。参考 イギリスの詩人バイロンの言葉から。

じじつむこん【事実無根】四字熟語 本当にあったことがらにもとづいていないこと。本当はまったくそうでないこと。例 そんなうわさは事実無根だ。

ししふんじん【しし奮迅】四字熟語 すごいいきおいで、動き回ること。例 新人選手がしし奮迅のかつやくをする。参考「しし」は、ライオンのこと。漢字 獅子奮迅。

しじま 名詞 しんとしずまりかえっていること。例 夜のしじまをやぶるように犬がほえる。参考 やや古い言い方。

ししまい【しし舞】名詞 ししの頭に似せたかぶり物をつけておこなう舞。祭りなど祝いごとのとき、あくまをおいはらうためにおこなわれる。ししおどり。おしし。漢字 獅子舞。

しじみ 名詞 シジミ科の二まい貝。湖や河口にすむ。貝がらは三角形で、黒っぽい。食用にする。

しじもじ【指事文字】名詞「上」「下」のように、形がなくて絵にかけないようなものを、点や線などの記号で表した文字。対 象形文字。会意文字。形声文字。

1**ししゃ**【支社】名詞 本社から分かれて、仕事をするところ。類 支局。対 本社。

2**ししゃ**【死者】名詞 死んだ人。参考「死人」よりていねいな言い方。

3**ししゃ**【使者】名詞 命令をうけてつかいをする人。つかいのもの。例 使者をおくる。

4**ししゃ**【視写】名詞 する動詞 文章などを見て、そのとおりに書きうつすこと。例 手本を視写する。

5**ししゃ**【試写】名詞 する動詞 映画をみんなに見せる前に、ためしにうつして見ること。例 試写会。

6**ししゃ**【試射】名詞 する動詞 鉄ぽうや大ほうなどをためすために、うってみること。

じしゃ【寺社】名詞 寺と神社。

ししゃかい【試写会】名詞 ある場所に人々を集めて試写をおこなう、もよおし。

ししゃく【子爵】名詞 華族のよび名の一つで、伯爵につぐ位。類 公爵。侯爵。伯爵。男爵。

じしゃく【磁石】名詞 ❶鉄をひきつける性質をもっているもの。❷方位をはかる道具。はりは、いつも南北をさす。

ししゃごにゅう【四捨五入】四字熟語 およその数をもとめるとき、もとめる位のすぐ下の位が四までの数のときは切りすて、五以上の数のときは一をくり上げる方法。参考 たとえば、六・三は六とし、六・五は七とするなど。

ししゅ【死守】名詞 する動詞 必死に守ること。例 とりでを死守する。／一位の座を死守する。

1**じしゅ**【自主】名詞 人にたよらないで、自分のことは自分の力ですること。

2**じしゅ**【自首】名詞 する動詞 罪をおかした人が、自分から警察にその罪をもうしでること。

1**ししゅう**【刺しゅう】名詞 する動詞 布に糸で絵やもようをぬいとること。漢字 刺繍。

2**ししゅう**【詩集】名詞 詩をあつめた本。

しじゅう【始終】一 名詞 はじめからおわりまで。ことば ⇩「一部始終」 二 副詞 いつも。例 かれは始終不平を言っている。

じしゅう【自習】名詞 する動詞 自分で勉強すること。例 教室で自習する。／自習室。

じじゅう【侍従】名詞 天皇など、皇室の人々につかえる人。例 皇太子の侍従。注意「待従」と書かないこと。

しじゅうから【四十から】名詞 シジュウカラ科の鳥。頭が黒く、ほおは白い。胸に黒いネクタイのようなもようがある。漢字 四十雀。

しじゅうしょう【四重唱】名詞 ⬇289ページ・カルテット②。

しじゅうそう【四重奏】名詞 ⬇289ページ・カルテット①。

ししゅうびょう【歯周病】名詞 歯をささえるほねと歯ぐきにおこる病気。うみや血が出たりして、ひどくなると歯がぬける。

じしゅく【自粛】名詞 する動詞 自分からすすんで、おこないや態度をつつしむこと。例 活動を自粛する。

じしゅせい【自主性】名詞 自分のことは自分で決めてやっていこうという気持ちや態度。例 自主性を持って行動する。

ししゅつ【支出】名詞 する動詞 お金をしはらうこ

と。また、その額。例 支出の増加。類 出金。対 収入。

じしゅてき【自主的】 形容動詞 人にたよらず、自分でするようす。例 自主的な態度。

ししゅんき【思春期】 名詞 体や心の、子どもから大人への変化がはじまる時期。参考 いっぱんに、女性はまるみをおびた体つきに、男性はがっしりした体つきになってくる。

1 **ししょ【支所】** 名詞 会社や役所で、中央からわかれてつくられた事務所。

2 **ししょ【司書】** 名詞 図書館などで、本の整理をしたり、かしだしをしたりする役目。また、その人。

しじょ【子女】 名詞 ❶むすことむすめ。子ども。ことば ⇩「帰国子女」 ❷むすめ。ことば「良家の子女」 参考 あらたまった言い方。

1 **じしょ【地所】** 名詞〔財産としての〕土地。地面。

2 **じしょ【字書】** 名詞 ⬇568ページ・じてん（字典）。

3 **じしょ【辞書】** 名詞 言葉を集めて、きまった順序にならべ、その読み方や意味などを説明した本。辞典。ことば「辞書を引く」

1 **じじょ【次女】** 名詞 女のきょうだいのうち、二番目に生まれた子。対 次男。

2 **じじょ【自助】** 名詞 自分の力でおこなうこと。

1 **ししょう【支障】** 名詞 ある物事をするとき、じゃまになるもの。さしつかえ。ことば「（仕事に）支障をきたす」

2 **ししょう【死傷】** 名詞 する動詞 死んだり、けがをしたりすること。例 死傷者。

3 **ししょう【師匠】** 名詞 学問やげいごとなどを教える人。先生。例 おどりの師匠。対 弟子。

1 **しじょう【史上】** 名詞 歴史に残っていること。例 史上最大きぼのはくらん会。

2 **しじょう【市場】** 名詞 ❶⬇88ページ・いちば。❷売り手と買い手がいつもきまってとりひきする場所。例 株式市場。❸商品が売られるはんい。例 市場をかいたくする。

3 **しじょう【至上】** 名詞 これ以上のものがないほどの状態であること。例 至上のよろこび。類 最高。最上。

4 **しじょう【私情】** 名詞 おおやけの立場にいる人の、その立場をはなれた、自分個人の気持ち。ことば「私情をはさむ」「私情をすてる」

5 **しじょう【紙上】** 名詞 ❶紙の上。❷新聞などの記事。紙面。ことば「（新聞の）紙上をにぎわす」

6 **しじょう【詩情】** 名詞 ❶詩がもっているような、美しいあじわい。ことば「詩情あふれる（風景）」 ❷詩をつくりたくなる気持ち。ことば「（春の野を歩くと）詩情がわく」

1 **じしょう【自称】** 名詞 する動詞 ❶自分で勝手に名乗ること。例 自称作家。❷言葉のきまりで、話し手をさすもの。「わたし」「ぼく」など。

2 **じしょう【事象】** 名詞 本当に起こる、さまざまなできごと。例 大学で社会事象を研究する。

1 **じじょう【自乗】** 名詞 する動詞 二つの同じ数をかけあわせること。平方。二乗。例 五の自乗は二十五。

2 **じじょう【事情】** 名詞 ❶物事のわけ。例 何か深い事情があるらしい。❷物事の様子。例 アメリカの事情にくわしい。

しじょうちょうさ【市場調査】 名詞 商品をより多く売ったり新しく開発したりするために、買い手の考えなどについて調べること。マーケットリサーチ。

ししょく【試食】 名詞 する動詞 味をみるために、ためしに食べること。

じしょく【辞職】 名詞 する動詞 自分から職をやめること。例 議員を辞職する。類 退職。

じじょでん【自叙伝】 名詞 自分の一生のできごとを自分で書いたもの。自伝。

ししょばこ【私書箱】 名詞 郵便局において、決められた個人や団体だけが使える郵便箱。例 私書箱にあてて手紙を出す。

1 **ししん【私心】** 名詞 自分の利益だけを考える心。例 私心をすてて、人のためにつくす。

2 **ししん【私信】** 名詞 自分の用事で出す手紙。

3 **ししん【指針】** 名詞 ❶時計や計器などの目もりをさししめす針。❷どのようにしたらよいかなどをしめすことがら。例 人生の指針となる教え。類 方針。

しじん【詩人】 名詞 詩をつくる人。

1 **じしん【自身】** 名詞 自分。例 兄は自身の考えで学校を決めた。参考 ある言葉につけて、その言葉を強める。例 自分自身。／かれ自身。

2 **じしん【自信】** 名詞 自分のもっている力やねうちを、かたく信じること。例 水泳には自信がある。／自信をもつ。

3 **じしん【地震】** 名詞 地球の内側でおこる急な変化のため、地面がゆれ動くこと。例 地震が発

ことばあそび となえことば❷ （数える）だるまさんがころんだ／だるまさんねころんだ／だるま

生した。

4**じしん**【時針】名詞 時計の時をしめす針。短針。類 分針。秒針。

5**じしん**【磁針】名詞 方角を知るのに使う、針の形をしたじしゃく。真ん中をささえて水平に自由にまわるようにしてある。参考 いつも南北をさすので、方位を知るのに使う。

じしんかみなりかじおやじ【地震雷火事親父】ことわざ 世の中のおそろしいものを、そのじゅんにならべた言い方。

ししんけい【視神経】名詞 眼球のもうまくと脳を結ぶ神経。もうまくが受けた光の刺激を脳につたえる働きをする。⇩1278ページ・目㊀①（図）。

じしんけい【地震計】名詞 地震のゆれを記録するきかい。

ことば博士になろう！

大地震―「ダイジシン」か「おおジシン」か？

「多数」「部分」のように、「音読み＋音読み」の熟語の上に「大」がつくときは、「大多数」「大部分」と、音で「ダイ」と読むのがふつうですが、次のようなものは例外で、「おお」と訓で読みます。

- 大火事…おおカジ
- 大道具…おおドウグ
- 大掃除…おおソウジ

そして、「大地震」の場合は、「ダイジシン」「おおジシン」両方の読み方があります。

ジス【JIS】名詞 日本産業規格。産業製品の品質についてきめた国の規格。この規格に合格した製品にはジスマークがつけられる。参考 ①英語の略語。②もとは日本工業規格。

じすい【自炊】名詞 する動詞 自分で自分の食事をつくること。例 一人ぐらしで自炊している。

しすう【指数】名詞 ❶ある数の右かたに小さく書き、何回かけあわせるかをしめす数。たとえば、「5^2」の「2」のこと。❷あるときのねだんや物のとれ高などを百とし、それとくらべて、上がっているか下がっているかを表す数字。例 物価指数。

しずおかけん【静岡県】地名 中部地方の南東部にある太平洋に面した県。県庁所在地は静岡市。⇩916ページ・都道府県（図）。

しずおかし【静岡市】地名 静岡県の県庁所在地。⇩916ページ・都道府県（図）。

しずか【静か】形容動詞 ❶物音がせず、ひっそりしているようす。例 静かな夜。❷おだやかなようす。例 今日の海は静かだ。❸〔人の心や態度が〕落ち着いているようす。例 静かに話す。

しずく【滴】名詞 ぽたぽたおちる水などのつぶ。

しずけさ【静けさ】名詞 しずかなこと。また、その程度。ことば ⇩「あらしの前の静けさ」

しずしず【静静】副詞（ーと） 動作などが、静かで落ち着いているようす。例 静々と進む。参考 ふつう「静々」と書く。

システム 名詞 ある目的のために組み合わせた、まとまりのある全体。組織。体系。例 会社のシステム。／英会話を勉強するためのシステム。▼英語 system

じすべり【地滑り】名詞 大雨や地震で地面の一部が、しゃ面にそってすべりおちること。

ジスマーク【JISマーク】名詞 日本の産業製品が、国できめられた標準に合っていることを表すしるし。参考 JISは、「日本産業規格」の意味。▼英語 JIS mark

しずまりかえる【静まり返る】動詞 すっかり、しずかになる。例 生徒が帰ると、学校は静まり返った。活用 しずまりかえ・る。

1**しずまる**【静まる】動詞 ❶〔物音や動きが止まって〕静かになる。例 場内が静まる。❷〔気持ちが〕落ち着く。例 心が静まる。活用 しずま・る。⇩使い分け。

2**しずまる**【鎮まる】動詞 〔さわぎなどが〕おさまって、しずかになる。例 内乱が鎮まった。活用 しずま・る。⇩使い分け。

しずむ【沈む】動詞 ❶水の中へ、深く入る。例 船が沈む。対 浮く。浮かぶ。❷なやんだり、悲しんだりして、元気がなくなる。例 心が沈む。❸下の方へ落ちる。例 日が沈む。対 のぼる。活用 しず・む。

1**しずめる**【沈める】動詞 水の中などにしずむようにする。例 体を水中に沈める。対 浮かべる。活用 しず・める。⇩使い分け。

2**しずめる**【静める】動詞 ❶〔物音や動きを止めて〕しずかにさせる。例 鳴りを静める。❷〔気持ちを〕落ち着かせる。例 気を静める。活用 しず・める。⇩使い分け。

3**しずめる**【鎮める】動詞 〔さわぎなどを〕おさ

〈注〉上の歯なら、えんの下になげる。

めて、しずかにする。例暴動を鎮める。活用しず・める。⇨使い分け。

しする【資する】動詞 物事の役に立つ。例科学の発展に資する。活用し・する。

じする【辞する】動詞 ❶あいさつをして帰る。例訪問先を辞する。❷仕事や役目をやめる。例役員を辞する。❸すすめをことわる。辞退する。例申し出を辞する。参考ややあらたまった言い方。活用じ・する。

1 **しせい**【市制】名詞 市としての政治をするきまり。ことば「市制をしく」

2 **しせい**【市政】名詞 市がおこなう政治。例市政だより。

3 **しせい**【私製】名詞 個人がつくったもの。例私製はがき。対官製。

4 **しせい**【施政】名詞 政治をおこなうこと。例施政方針。

使い分け　しずまる

● しずかになる。
あらしが静まる。

● おさまる。
あらそいが鎮まる。

使い分け　しずめる

● 水中にしずむようにする。
船を沈める。

● 落ち着かせる。
心を静める。

● しずめ、おさえる。
さわぎを鎮める。

5 **しせい**【姿勢】名詞 ❶体のかっこう。すがた。例姿勢が悪い。❷心がまえ。例前向きな姿勢を見せる。

1 **じせい**【自生】名詞 する動詞 草や木が自然にはえること。例野や山に自生するワラビ。類野生。対栽培。

2 **じせい**【自制】名詞 する動詞 自分の気持ちや欲をおさえること。例何もかも話してしまいたいと思ったが自制した。／自制心。

3 **じせい**【時世】名詞 うつりかわる世の中。その時代。例時世にかなう。参考「ご時世」の形でも使う。例今は平和なよいご時世だ。

4 **じせい**【時勢】名詞 世の中のなりゆき。時代の流れ。例時勢におくれてはならない。

5 **じせい**【辞世】名詞 ❶死ぬこと。❷死ぬまぎわにそのときの気持ちなどをよみこんでつくった和歌や俳句をつくること。また、そうしてつくった和歌や俳句。例辞世の歌をよむ。参考もとの意味は、「この世にわかれをつげること」。

しせいかつ【私生活】名詞 仕事などの公の立場をはなれた、一人の人間としての生活。

しせいをただす【姿勢を正す】慣用句 ❶体のかっこうをきちんとする。例姿勢を正してあいさつをする。❷考え方や心がまえをしっかりとする。例姿勢を正して仕事にとりくむ。

1 **しせき**【史跡】名詞 歴史に残る有名な場所や建物などのあと。類旧跡。古跡。

2 **しせき**【歯石】名詞 だ液の中の石灰分が歯についてかたまったもの。

じせき【自責】名詞 自分で自分のおかしたあやまちや失敗をとがめること。ことば「自責の念にかられる（＝自分のあやまちを自分で責める）」

1 **しせつ**【私設】名詞 個人がお金を出してつくった設備。例私設の博物館。対公設。

2 **しせつ**【使節】名詞 国の代表としてよその国につかいに行く人。例外交使節。

3 **しせつ**【施設】名詞 ある目的のためにつくられた、建物や設備。例公共施設。類設備。

ことばあそび　となえことば❸　（歯がぬけたとき）ネズミの歯より　はよはえよ

ことば選びのまど

静か をあらわすことば

静か
物音がせず、ひっそりしているようす。
550ページ

嵐の前の静けさ
〔あらしの前は、少しの間、雨や風がやむことから〕大変なことが起こる前の、ぶきみなほど静かな様子のたとえ。
49ページ

息を殺す
息をとめるようにして、じっと静かにしている。息をこらす。息をつめる。
74ページ

息を潜める
息をしている音を気づかれないように、じっとしている。
74ページ

閑静 発展
しずかで、ひっそりしているようす。
299ページ

しいんと
音がまったくしなくて、静かなようす。
536ページ

しじま 発展
しんとしずまりかえっていること。
548ページ

静静
動作などが、静かで落ち着いているようす。
550ページ

しめやか 発展
❶ひっそりとして、しずかなようす。❷人々の心がしずんでさびしそうなようす。
578ページ

静寂 発展
ひっそりとして、しずかなこと。
687ページ

静粛 発展
声や物音をたてず、しずかにしていること。
687ページ

ことば選びのまど

静か をあらわすことば

そっと
音を立てずに物事をするようす。↓734ページ

そろそろ
ゆっくり、静かに物事をするようす。↓739ページ

そろりそろり
ゆっくりと、静かに動作をおこなうようす。↓739ページ

沈黙
だまっていること。だまりこむこと。↓821ページ

抜き足差し足
足音を立てないように、つま先でそっと歩くようす。↓985ページ

火が消えたよう
活気がなくなって、さびしくなったようす。↓1082ページ

ひそやか
人の声や物音がしないで、静かなようす。↓1093ページ

ひっそり
静まりかえっているようす。↓1097ページ

水を打ったよう
多くの人が熱心に聞き入って、静かになっているようす。↓1252ページ

1 **じせつ**【自説】(名詞) 自分の意見。自分の考え。例 自説をかえない。

2 **じせつ**【時節】(名詞) ❶季節。例 サクラの時節。❷よいおり。チャンス。例 時節がくるのをまとう。❸世の中のようす。例 商売をするにはむずかしい時節だ。

じせつがら【時節柄】(副詞) ときがときだけに。その時節にふさわしく。例 時節柄お大事に。

1 **しせん**【支線】(名詞) 本線から分かれた鉄道。(対) 本線。幹線。

2 **しせん**【視線】(名詞) 見つめている目の方向。目のむき。例 友だちと視線があう。

しぜん【自然】一 (名詞) ❶山・川・草・木・星・雲・雪などのように、人間がつくったものでなく、この世にあるもの。例 自然に親しむ。❷人の手を加えず、元のままであること。例 自然食品。(対) 人工。

二 (形容動詞) ❶ありのままであるようす。例 自然な態度。❷ひとりでにそうなるようす。例 あせが自然にかわく。

三 (副詞) ひとりでに。例 夜ふかしするから、自然、朝は目がさめない。

1 **じぜん**【事前】(名詞) 物事のおこるまえ。例 事前に準備しておく。(対) 事後。

2 **じぜん**【慈善】(名詞) まずしい人やこまっている人をあわれみ助けること。

しぜんいさん【自然遺産】(名詞) 世界遺産の分類の一つ。世界共通の貴重なものとして守るべき自然環境が認定される。日本では、屋久島・白神山地など。

しぜんかい【自然界】(名詞) 人がつくったものではなく、この世界にもともとある人間を取りまく世界。山、川、動物、植物、太陽、月、星、雨、風など。

しぜんかがく【自然科学】(名詞) 自然のことがらを研究する学問。天文学・物理学・化学・地学・生物学など。(対) 人文科学。社会科学。

しぜんかんきょう【自然環境】(名詞) 山・川・草・木など、その土地をとりまく風景や気象のこと。例 豊かな自然環境にめぐまれた土地。

しぜんげんしょう【自然現象】(名詞) 人間の働きかけによるのではなく、自然の動きによっておこることがら。例 にじは自然現象だ。

じぜんじぎょう【慈善事業】(名詞) こまっている人や、まずしい人を助けるために、いろいろな団体が力をあわせておこなう大きな仕事。例 慈善事業に寄付をする。

しぜんしゅぎ【自然主義】(名詞) 文学で、人間や社会のみにくい面にも目をむけて、現実をありのままにえがこうとする考え方。

しぜんすう【自然数】(名詞) ゼロより大きい整数。一、二、三…と、数えられる数。

しぜんはかい【自然破壊】(名詞) 山をむやみに切りくずしたり、湖やぬまをうめたり、木を多く切りすぎたり、海や川の水や大気をよごしたりするなど、自然のもともとのすがたを大きくかえてしまうこと。

しぜんほご【自然保護】(名詞) 人間が破壊したり汚染したりしないように、自然を大切に守り育てること。例 自然保護をうったえる。

しそ (名詞) シソ科の植物。かおりがあり、アオジソやアカジソを食用にする。漢字 紫蘇。

しそう【思想】(名詞) まとまったある一つの考え。特に、世の中や人の生き方についての考え。例 民主主義の思想。

じぞう【地蔵】(名詞) 「地蔵ぼさつ」の略。世の中の人々を助けみちびくといわれる仏。(参考) 多く、石の仏像につくり、道ばたなどにたててある。

しそうか【思想家】(名詞) 人生や世の中に対して、深い思想を持っている人。

1 **しそく**【子息】(名詞) 他人のむすこをていねいにいう言葉。(参考) 多く「ご子息」の形でつかう。(対) 息女。

2 **しそく**【四則】(名詞) 算数で、たし算・ひき算・かけ算・わり算をまとめていう言葉。

1 **しぞく**【士族】(名詞) 武士の階級や家がら。明治時代になって、もと武士だった階級の人にあたえられたよび名。

2 **しぞく**【氏族】(名詞) 先祖が同じで、名字が同じである人々の集まり。

じそく【時速】(名詞) 一時間に進むはやさを、そのきょりで表したもの。(参考) ㋐時速百キロメートルとは一時間に百キロメートル進むはやさ。㋑⇒1115ページ・秒速。1169ページ・分速。

じぞく【持続】(名詞)(する動詞) ある状態が長く続くこと。例 効果が持続する。(類) 継続。永続。

じぞくりょく【持続力】(名詞) あることを長く続けておこなえる力。

しそこなう【し損なう】(動詞) ❶やりそこなう。失敗する。例 こんどし損なったら、おしまい

〈注〉下の歯なら、やねの上になげる。

だ。❷する機会をのがす。例今朝はラジオ体操をし損なった。活用しそこな・う。

しそちょう【始祖鳥】名詞 大昔にいた鳥。鳥の先祖と考えられている。化石が発見された。⇩図。

始祖鳥

しそん【子孫】名詞 ある人を祖先として血すじがつながっている人々。子や孫。例藤原氏の子孫。対先祖。

しそんじる【仕損じる】動詞 やりそこなう。失敗する。参考「しそんずる」ともいう。活用しそん・じる。

じそんしん【自尊心】名詞 自分をすぐれていると思うこころ。また、自分の人格・品位を大切にする気持ち。プライド。例自尊心をきずつけられる。類気位。

1**した**【下】一 名詞 ❶低いところ。例がけの下。❷物の内側になっているところ。例上着の下に着るもの。❸地位が低いこと。例下の者。❹年が少ないこと。年下。例弟はわたしより年が二つ下です。対①〜④上。
二 接頭語 「前もってする」の意味を表す言葉。例下準備。／下調べ。

2**した**【舌】名詞 口の中にあって、食べ物の味を感じたり、物を飲みこんだり、発音を助けたりする働きをもつもの。べろ。例ぺろっと舌を出した。

しだ 名詞 ワラビ・ゼンマイなどの、シダ植物のこと。胞子でふえる。花はさかない。

じた【自他】名詞 自分と他人。ことば⇩「自他共に許す」

したい【死体】名詞 死んだ（人や動物の）体。類死がい。遺体。

しだい【次第】一 名詞 ❶式などの順序。例入学式の式次第。❷物事のなりゆき。わけ。例まったくおはずかしい次第です。
二 接尾語 ❶《ある言葉の下につけて》「…によってきまる」の意味を表す言葉。例お天気次第できまる。❷《ある言葉の下につけて》「…してすぐに」の意味を表す言葉。例できあがり次第おとどけします。

1**じたい**【字体】名詞 ❶文字の形。新字体・旧字体など。類字形。❷⬇626ページ・しょたい（書体）①②。

2**じたい**【自体】一 名詞 そのもの。それ自身。参考ある言葉の下につけて、その言葉を強める。例成功しないのは、やり方自体がまちがっているからだ。
二 副詞 もとはといえば。そもそも。例何もせずに文句ばかり言っていること自体がまちがっている。

3**じたい**【事態】名詞 物事のなりゆき。ようす。例事態はますます悪くなるいっぽうだ。

4**じたい**【辞退】名詞 する動詞 人からの申し出などをことわること。例出場を辞退する。

じだい【時代】名詞 ❶長い年月。例時代を感じさせる古びた建物。❷人の一生をあるきまりによって区切ったときの一時期。例少年時代。❸歴史のうえであるきまりによって区切られた期間。例江戸時代。❹年月をへて古くなっていること。例時代物。

じだいおくれ【時代遅れ】名詞 いつまでも昔のままで、今の時代に合わないこと。例時代遅れのファッション。

じだいげき【時代劇】名詞 明治時代より前、特に、武家時代のことがらをあつかったしばいや映画。

じだいさくご【時代錯誤】四字熟語 考え方ややり方などが、今の時代に合わないこと。例時代錯誤の方針。

しだいに【次第に】副詞 物事が少しずつ変わるようす。例東の空が次第に明るくなる。

したう【慕う】動詞 ❶こいしく思う。なつかしく思う。例遠くに住む祖母を慕う。類恋う。❷会いたくて後をおう。例犬がぼくのあとを慕って、ついてくる。❸尊敬して、そうなりたいと思う。例先生の人がらを慕う。活用した・う。

したうけ【下請け】名詞 する動詞 ある人が引き受けた仕事の全部または一部をさらにほかの人が引き受けること。例下請けの会社。

したうち【舌打ち】名詞 する動詞 上あごを舌ではじいて音を出すこと。参考物事がうまくいかないときやしゃくにさわるときなどにする。例舌打ちをしてくやしがる。

したえ【下絵】名詞 下がきの絵。

したがう【従う】動詞 ❶あとについていく。例

 となえことば❹ （歯がぬけたとき）カラスの歯より　はよはえよ

先生のあとに従って式場にはいる。❷人の言うとおりにする。例父の忠告に従う。❸あるやり方のとおりにする。まねる。例古いしきたりに従う。❹きまりを守る。例法律に従う。❺《「…するに従って」の形で》…につれて。…するとともに。例成長するに従って、美しくなる。活用 したが・う。

したがえる【従える】動詞 ❶ひきつれる。つれていく。例家来を従えた殿様。❷したがわせる。征服する。例全国の大名を従える。活用 したが・える。

したがき【下書き】名詞 する動詞 ❶清書する前に、ためしに書くこと。また、書いたもの。例えんぴつで下書きをする。❷まだできあがっていない文章。例作文の下書きを見てもらう。

したがって【従って】接続詞 だから。それだから。例熱心に練習した。従って、上達も早かった。

したがまわる【舌が回る】慣用句 なめらかに、よく話す。例きんちょうのあまり、舌が回らない。

したぎ【下着】名詞 はだにすぐ着る衣服。はだぎ。例新しい下着。対上着。

したく【支度・仕度】名詞 する動詞 物事の準備をすること。また、その準備。例食事の支度をする。

じたく【自宅】名詞 自分の家。

したくさ【下草】名詞 木の下にはえている草。例下草をかりはらう。

したけんぶん【下検分】名詞 する動詞 前もって、物事の様子や場所などについて調べること。例試合会場の下検分をする。類下見。

したごころ【下心】名詞 人に知らせない本当の気持ち。また特に、悪いたくらみ。例急に態度を変えたのは、何か下心があるにちがいない。

したごしらえ【下ごしらえ】名詞 ❶前もってじゅんびしておくこと。例研究発表の下ごしらえをする。❷あるものをつくるとき、前もってざっとこしらえておくこと。例料理の下ごしらえをする。

したさきさんずん【舌先三寸】四字熟語 相手をあやつる、たくみな話し方。口先。例舌先三寸で人をだます。

したざわり【舌触り】名詞 食べ物などが舌にふれたときの感じ。例このクリームは舌触りがなめらかだ。

したじ【下地】名詞 ❶物事のきそとなるもの。例下地がしっかりしているので、上達がはやい。類素地。❷生まれつきの性質・才能。例音楽の下地がある。❸「しょうゆ」のこと。

しだし【仕出し】名詞 料理をつくり、注文のあった家へとどけること。出前。例仕出しのべんとう。

したしい【親しい】形容詞 ❶よく知っていて、仲がよい。例親しい友だち。／親しくつき合う。❷いつもそばにあって関係が深い。なじみが深い。例いつも見ている親しい風景。活用 したし・い。

したじき【下敷き】名詞 ❶字を書くとき下にしくもの。❷物の下になること。例たおれた木の下敷きになる。

したしきなかにもれいぎあり【親しき中にも礼儀あり】ことわざ 相手がどんなに仲のよい人でも、礼儀はきちんとまもらなくてはいけない。

したしみ【親しみ】名詞 親しく思う気持ち。親近感。例新しい友だちにしだいに親しみをおぼえた。

したしむ【親しむ】動詞 ❶なかよくする。例親しんだ友だちとわかれる。❷なじむ。例読書に親しむ。／自然に親しむ。活用 したし・む。

したしらべ【下調べ】名詞 する動詞 前もって調べること。例念入りに下調べをする。

したそうだん【下相談】名詞 前もってしておく相談。例会の進行について下相談をしておく。

したたか 一 形容動詞 手ごわくて、思うままにあつかえないようす。例したたかな人間。二 副詞 ひどく。強く。例相撲でなげられ、したたかこしをうった。参考「したたかに」の形でも使う。

したためる 動詞 ❶書きしるす。例手紙をしたためる。❷食事をする。例夕食をしたためる。参考 やや古い言い方。活用 したた・める。

したたらず【舌足らず】名詞 形容動詞 ❶舌がよくまわらないで、言葉がはっきりしないこと。❷十分に物事を言い表していないこと。例舌足らずの文章。

したたる【滴る】動詞 しずくになって落ちる。例あせが滴る。活用 したた・る。

したつづみをうつ【舌鼓を打つ】慣用句 おいしいものを食べたとき、舌をならす。例 しんせんな海の幸と山の幸に、舌鼓を打った。参考「したづつみをうつ」ともいう。

したっぱ【下っ端】名詞 地位などが低いこと。また、その人。例 わたしなどまだ下っ端です。／下っ端の役人。

したづみ【下積み】名詞 ❶荷物などが下の方につまれていること。また、つまれているもの。対 上積み。❷人の下で使われていて、いつまでも出世できないこと。また、その人。例 下積みの生活が長い。

1 **したて**【下手】名詞 ❶下の方。しもて。❷へりくだった態度。❸相撲で、相手のうでの下にさし入れた手。対 ①③上手。注意「下手」を「しもて」「へた」と読むと、別の意味になる。

2 **したて**【仕立て】名詞 着物や洋服をこしらえること。例 仕立てのよい服。

したてにでる【下手に出る】慣用句 相手に対して、へりくだった態度をとる。例 下手に出ればつけ上がる。

したてもの【仕立て物】名詞 ❶布をたって着物をぬうこと。さいほう。ぬいもの。❷ぬうための布。また、ぬいあがった衣服。

したてる【仕立てる】動詞 ❶〔工夫して〕つくる。特に、衣服をつくる。例 ゆかたを仕立てる。❷仕事を教えこむ。例 一人前に仕立てる。❸準備する。例 車を仕立てて行く。活用 した・てる。

じたともにゆるす【自他共に許す】慣用句 自分も他人もそうだとみとめている。例 かの女はクラスで一番字が上手だと自他共に許している。ことば「自他共に認める」ともいう。

したどり【下取り】名詞 する動詞 新しく買う物の代金の一部として、古い物を引き取ってもらうこと。例 自動車の下取り。

したなめずり【舌なめずり】名詞 する動詞 ❶舌を出してくちびるをなめること。❷〔食べ物やほしいものを〕まちかまえること。例 ごちそうが出てくるのを、舌なめずりをしてまつ。

したにもおかない【下にも置かない】慣用句〔下座につかせないということから〕とても大切に、もてなす。例 下にも置かないもてなし。

したのねもかわかないうちに【舌の根も乾かないうちに】慣用句 その言葉を言いおわるかおわらないうちに。例 約束したことを舌の根も乾かないうちに、もうやぶった。参考 多くはよくない意味に使う。注意「舌の先も…」とまちがえないこと。

したばき【下履き】名詞 家の外ではくはき物。対 上履き。

じたばた 副詞(-と) する動詞 ❶〔手足をばたばたさせて〕一生けんめいに抵抗するようす。例 足をじたばたさせている。❷〔悪い状態からぬけ出すため〕いろいろやってみるようす。あせって、もがくようす。例 ここまできたら、じたばたしてもしかたがない。

したばたらき【下働き】名詞 ❶人の下で使われて働くこと。また、その人。❷人の家のせんたくやごはんのしたくなど、台所の仕事をすること。また、その人。

したび【下火】名詞 ❶もえていた火のいきおいがおとろえること。例 火事がやっと下火になった。❷さかんであった物事のいきおいが弱くなること。例 かぜの流行が下火になる。

したまち【下町】名詞 大都市で土地の低い地域にある商工業のさかんな町。対 山の手。

したまわる【下回る】動詞 数量が、あるきまった数量よりも少なくなる。例 今年の学力テストの平均は、去年よりも下回っている。対 上回る。活用 したまわ・る。

したみ【下見】名詞 する動詞 前もって見て、調べること。例 遠足の下見に行く。類 下検分。

したむき【下向き】名詞 ❶下の方を向いていること。❷物事のなりゆきが悪くなったり、いきおいがしだいにおとろえること。例 景気はますます下向きになってきた。対 ①②上向き。

したやく【下役】名詞〔役所や会社などで〕自分より位が下の人。対 上役。

したよみ【下読み】名詞 する動詞 本などを前もって読んで、調べておくこと。例 台本を下読みしておく。

じだらく【自堕落】名詞 形容動詞 だらしなく、しまりがないこと。例 自堕落な生活。

したりがお【したり顔】名詞〔うまくやったぞというような〕とくいそうな顔。例 横綱にかってしたり顔で土俵をおりた。

したわしい【慕わしい】形容詞 心がひきつけられ、そばにいたい気持ちだ。こいしい気分だ。

あいうえお かきくけこ さしすせそ し たちつてと なにぬねの はひふへほ まみむめも や ゆ よ らりるれろ わ を ん

ことばあそび となえことば⑤（からだのどこかがいたむとき）ちちんぷいぷい いたいいたいは

例かの女のことを慕わしく思う。活用 したわし・い。

したをだす【舌を出す】慣用句 かげで相手をばかにする。例心の中で舌を出している。

したをまく【舌を巻く】慣用句 とても感心する。例小学生とは思えないみごとな演技に、観客は舌を巻いた。

じだん【示談】名詞 争いごとを、裁判にかけたり、判決を出したりしないで、話し合いで解決すること。例示談が成立する。

じだんだをふむ【地団太を踏む・地団駄を踏む】慣用句 足をふみならし、ひじょうにくやしがるようす。

1 **しち**【七】名詞 数の名で、ななつ。なな。また、七番目。例七五三。

2 **しち**【質】名詞 ❶お金をかりたしるしにかりた人にあずけておく品物。例車を借金の質にとられる。❷質屋にお金をかりた保証として品物をあずけること。また、その品物。例時計を質に入れる。

じち【自治】名詞 自分たちのことを、自分たちで決めておこなうこと。例地方自治。

じちかい【自治会】名詞 ❶〔学校などで児童・生徒・学生などが〕自分たちのことを自分たちで決めておこなう会。❷同じ地域にすむ人々が、生活をよくするためにつくる会。例町内の自治会。

しちがつ【七月】名詞 一年の七番目の月。古くは「文月」といった。

しちごさん【七五三】名詞 子どもの成長をいのる祝い。男の子は三さいと五さい、女の子は三さいと七さいの年の十一月十五日に、神社などにおまいりする。⇩口絵11ページ。

しちごちょう【七五調】名詞 詩や和歌で、言葉が、七音・五音のじゅんにくり返される調子。参考 ㋐「ほたるのひかり（七）まどのゆき（五）ふみよむつきひ（七）かさねつつ（五）…」のような調子。㋑⇩465ページ・五七調。

じちたい【自治体】名詞 都道府県市町村などの、自分たちの地域について政治をおこなう団体。地方公共団体。

しちてんばっとう【七転八倒】四字熟語 ❶何度も転び、たおれること。❷苦しんで転げ回ること。例七転八倒の苦しみ。

しちふくじん【七福神】名詞 幸せをさずけると信じられている七人の神。恵比寿・大黒天・毘沙門天・弁財天・福禄寿・寿老人・布袋の七人。⇩図。

しちめんちょう【七面鳥】名詞 キジ科の鳥。首のまわりの色が、赤や青などに変わる。⇩図。

しちめんどうくさい【七面倒臭い】形容詞 とてもめんどうである。例七面倒臭い手続き。活用 しちめんどうくさ・い。

七面鳥

しちや【質屋】名詞 品物をあずかり、決まった利子でお金をかす店。

しちゃく【試着】名詞 する動詞 体に合うかどうか、買う前にためしに着てみること。例スカートを試着する。

1 **しちゅう**【支柱】名詞 ❶たおれないようにささえている柱。つっかいぼう。類添え木。❷物事をささえる大切な人。例一家の支柱となる。

2 **しちゅう**【市中】名詞 市の内。町の中。例優勝チームが市中をパレードする。類市内。

3 **シチュー** 名詞 肉・魚・貝などとジャガイモ・タマネギなどの野菜を、スープで長い時間にこん

恵比寿　布袋　福禄寿　毘沙門天　大黒天　弁財天　寿老人

七福神

だ料理。▼英語 stew

1**しちょう**【市庁】名詞 市役所のこと。

2**しちょう**【市長】名詞 選挙によって市民からえらばれた、市をおさめる代表者。

じちょう【自重】名詞 する動詞 ❶自分のおこないに気をつけ、軽はずみなことをしないようにすること。例自重して、だまっていた。類自愛。❷自分の体に注意して、大切にすること。

しちょうかく【視聴覚】名詞 視覚と聴覚。例視聴覚教室。

しちょうかくきょういく【視聴覚教育】名詞 テレビ・ビデオ・映画などを見たり、聞いたりしておこなう学習の方法。

しちょうしゃ【視聴者】名詞 テレビやラジオの放送を見たり聞いたりする人。例視聴者から寄せられたメールを読み上げる。参考「聴視者」ともいう。

しちょうそん【市町村】名詞 市と町と村。

しちょうりつ【視聴率】名詞 テレビで、ある番組がどのくらい見られているかを表すわりあい。参考パーセントで表す。

しちりん【七輪・七厘】名詞 料理のために炭火をおこす、土でつくったこんろ。語源七厘ほどのねだんの炭で煮ものができるという意味から出た言葉。⇩図。

じちんさい【地鎮祭】名詞 建物の基礎工事をする前におこなう、土地の神に工事の無事をいのる儀式。

しつ【質】名詞 ❶中身や内容のよしあし。例質のよい商品。❷もともと持っている性質。たち。例生まれながらがん健の質です。

しつい【失意】名詞 あてがはずれたり、望みがかなわなかったりしてがっかりすること。ことば「失意のどん底」対得意。

七輪

じついん【実印】名詞 市区町村長にとどけてあって、自分のものであることを証明してもらえるはん。対認め印。

じつえん【実演】名詞 する動詞 ❶じっさいにやって見せること。例料理のつくり方を実演する。❷役者や歌手が、舞台でえんじること。

しつおん【室温】名詞 部屋の中の温度。

しっか【失火】名詞 する動詞 あやまって火事を出すこと。また、その火事。

じっか【実家】名詞 ❶自分のうまれた家。生家。❷よめや養子に行った人がもといた家。

しつがい【室外】名詞 部屋の外。対室内。

じつがい【実害】名詞 じっさいに害があること。じっさいに受けた損害。例台風におそわれたが、さいわい実害は少なかった。

しつがいこつ【しつ蓋骨】名詞 ひざの関節の前の部分にある、平たいさらのような骨。⇩1209ページ・骨一①（図）。

しっかく【失格】名詞 する動詞 しかくを失うこと。例期限におくれて失格した。

しっかり 副詞（-と） する動詞 ❶たしかなようす。例手をしっかりにぎる。❷性格や考えなどが、たしかで、信用できるようす。例まだわかいが、しっかりしている。／しっかり者。❸気持ちがたしかで、きんちょうしているようす。例気をしっかりもて。❹〔体が〕じょうぶなようす。例年をとっても、足はしっかりしている。

しつかん【質感】名詞 材料がもともと持っているものからうける感じ。例あたたかみのある質感の生地。

1**じっかん**【十干】名詞 昔の中国で、すべてのもののもととなっていると考えられていた「木・火・土・金・水」の五つを、それぞれ「兄（＝え）」と「弟（＝と）」に分けたもの。「きのえ・きのと・ひのえ・ひのと・つちのえ・つちのと・かのえ・かのと・みずのえ・みずのと」の十で、十二支と組み合わせて年・月・日・時間・方角などを表すときに使った。参考⇩155ページ・えと。

2**じっかん**【実感】名詞 する動詞 自分がじっさいにやってみて、感じること。また、そのような感じ。例まだ優勝の実感がわかない。

1**しっき**【湿気】名詞 ➡しっけ。

2**しっき**【漆器】名詞 うるしをぬった道具や入れ物。ぬりもの。

しつぎ【質疑】名詞 する動詞 わからないところや、うたがわしいところを、人にきびしく質問すること。例国会で質疑がおこなわれた。

じつぎ【実技】名詞 技術や演技などをじっさいにおこなうこと。例体育の実技。／実技試験。

ことばあそび　となえことば⑥　（からだのどこかがいたむとき）いたいいたいは　いらんわあい

ことば選びのまど

親しいをあらわすことば

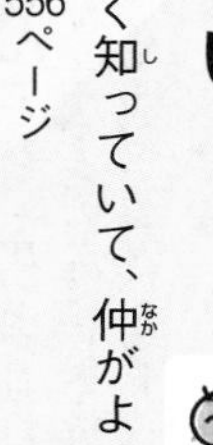

親しい
よく知っていて、仲がよい。
↓556ページ

意気投合 発展
たがいに気持ちがぴったり合うこと。↓72ページ

打ち解ける
心から親しくなる。↓130ページ

馬が合う
気が合う。気持ちがぴったりと合う。↓136ページ

同じ釜の飯を食う 発展
いっしょに生活や仕事をする。親しい仲間であることのたとえ。↓197ページ

肝胆相照らす 発展
心の底まで打ち明けて、つきあう。↓301ページ

気が置けない
えんりょが必要なく、うちとけられる。↓312ページ

気を許す
信用して、心配しない。
↓361ページ

緊密 発展
ぴったりとくっついていて、すきまのないようす。また、そのように深いつながりのあるようす。↓365ページ

心安い
親しくて、えんりょのない関係である。↓463ページ

心を開く
うちとけて、親しい気持ちになる。↓463ページ

心を許す
信じている。↓463ページ

ことば選びのまど

親しい をあらわすことば

懇意 発展
親しくつき合っているようす。↓489ページ

親身
身内であるように、親切なこと。↓645ページ

親密
親しく、深い関係にあること。↓645ページ

水魚の交わり 発展
〔水と魚のように〕はなれることのできない、親しいつき合い。↓650ページ

近しい
親しい。仲がよい。↓796ページ

竹馬の友 発展
〔「竹馬に乗って遊んだ友だち」ということから〕小さいころからの友だち。↓798ページ

仲むつまじい
気が合って、とても仲がいい。↓944ページ

仲良し
仲がいいこと。また、そのような間がらの人。↓944ページ

なじみ
なれて親しみをもつこと。親しい間がら。また、その人。↓949ページ

和気あいあい 発展
〔人々の間に〕なごやかで楽しい気持ちが満ちあふれているようす。↓1403ページ

しつぎおうとう【質疑応答】 名 疑問について質問し、それに対して答えること。例 質疑応答の時間をとる。

しっきゃく【失脚】 名 する動詞 失敗して、地位を失うこと。例 不正をして失脚した。

しつぎょう【失業】 名 する動詞 くらしのための仕事を失うこと。失職。

じっきょう【実況】 名 じっさいの有様。例 野球の実況中継。

じつぎょう【実業】 名 農業・工業・商業などのように、物をつくったり売り買いしたりする仕事。例 実業界。

じつぎょうか【実業家】 名 会社・工場・銀行などを動かして、事業をやっている人。

じっきょうほうそう【実況放送】 名 物事がじっさいにおこなわれている場所から放送すること。例 大相撲の実況放送。

しつぎょうほけん【失業保険】 名 ⬇485ページ・こようほけん。

シック 形容動詞 気がきいていて、上品で落ち着いているようす。例 シックな服装。▼英語（フランス語から）chic

しっくい 名 石灰に、ねんど・ふのりなどをまぜてねりあわせたもの。かべや天井などにぬり、かためる材料。

しっくり 副詞(ーと) する動詞 〔二つのものの調子などが〕よく合っているようす。ぴったりしているようす。例 その配役はしっくりしない。

じっくり 副詞(ーと) 物事を落ち着いて、ゆっくりとするようす。例 じっくり考える。

しつけ【仕付け】 名 ❶礼儀作法やよい習慣を教え、身につけさせること。❷さいほうで、ぬい目が動かないように糸であらくぬっておくこと。また、その糸。

しっけ【湿気】 名 しめった感じ。しめりけ。参考「しっき」ともいう。

しっけい【失敬】 一 名 形容動詞 する動詞 礼にはずれていること。例 失敬な人だ。類 失礼。二 ❶ 名 する動詞 人と別れること。例 そろそろ失敬する。❷だまって使ったり持って行ったりすること。例 えんぴつを失敬した。三 感動詞 気軽に別れるとき、また、ちょっとあやまるときに言う言葉。例 じゃあ、失敬。／あ、失敬。

1 **じっけい【実兄】** 名 血のつながった実の兄。対 義兄。実姉。

2 **じっけい【実刑】** 名 裁判で決まった判決により、じっさいにうけるけいばつ。例 ちょうえき三年の実刑。

3 **じっけい【実景】** 名 じっさいに見えるけしき。例 都会の実景をカメラにおさめる。

じつげつ【日月】 名 ❶太陽と月。❷月日。年月。例 完成までに長い日月をついやした。

しつける【仕付ける】 動詞 ❶礼儀作法やよい習慣を身につけさせる。例 母にきびしくしつけられた。❷しつけ糸をつける。さいほうで、ぬい目が動かないように糸であらくぬう。例 本ぬいの前にしつける。❸やりなれる。例 しつけた仕事なので楽にできる。参考 かなで書くことが多い。活用 しつ・ける。

しっけん【執権】 名 鎌倉幕府で、将軍を助けて政治をおこなった、最高の役目。

1 **しつげん【失言】** 名 する動詞 言ってはならないことをうっかり言ってしまうこと。また、その言葉。例 大臣が失言をわびた。類 放言。

2 **しつげん【湿原】** 名 水分の多い土地に、ミズゴケなどの植物がはえてできた草原。

1 **じっけん【実権】** 名 人々を自由に動かせるじっさいの権力。ことば「実権をにぎる」

2 **じっけん【実験】** 名 する動詞 〔理論や仮説が〕正しいかどうか、じっさいにためしてみること。例 科学実験。

じつげん【実現】 名 する動詞 本当のこととして、現れること。本当に、おこなわれること。ことば「ゆめが実現する」

じっけんだい【実験台】 名 ❶実験の道具や材料をのせる台。❷実験の対象や材料。例 新しい薬の実験台になる。

しつこい 形容詞 ❶〔色や味などの〕ていどが強い。例 料理の味がしつこい。❷くどくどと、うるさい。例 しつこく言いわけをする。❸うるさくつきまとうようす。例 しつこいハエ。活用 しつこ・い。

しっこう【執行】 名 する動詞 決まっていることを、じっさいにおこなうこと。例 刑を執行する。

じっこう【実行】 名 する動詞 〔計画や約束などを〕じっさいにおこなうこと。例 計画どおり実行する。

じっこうりょく【実行力】 名 むずかしい

物事でも、じっさいにおこなっていく力。例実行力のある人。

じっさい【実際】㊀(名詞) 本当にあること。現実の有様。例実際の様子。㊁(副詞) 本当に。まったく。例実際、すばらしい人だ。

じつざい【実在】(名詞)(する動詞) じっさいにこの世の中にあること。例登場人物は実在の人だ。

しっさく【失策・失錯】(名詞)(する動詞) ❶やりそこなうこと。失敗すること。❷野球で、エラー。

しつじ【執事】(名詞) 身分の高い人などの家で、仕事を主人にかわっておこなう役目。また、その役目の人。

1 **じっし**【十指】(名詞) 十本の指。じゅっし。
ことば「(かれの成績は学年でも)十指に入る」(=十番以内に入る)

2 **じっし**【実子】(名詞) 血のつながりのある子。実の子。対養子。まま子。

3 **じっし**【実姉】(名詞) 血のつながった実の姉。対義姉。実兄。

4 **じっし**【実施】(名詞)(する動詞) 決めたことを、じっさいにおこなうこと。例試験を実施する。

しつじつ【質実】(名詞)(形容動詞) かざりけがなくまじめなこと。

じっしつ【実質】(名詞) 〔外から見えるものに対して〕本当の中身。例見かけより実質のよいものを買う。

しつじつごうけん【質実剛健】四字熟語 かざりけがなく、まじめで、体も心も強くたくましいこと。例質実剛健の気風。

じっしつてき【実質的】(形容動詞) 形や見かけよりも、じっさいの内容を重くみるようす。また、内容のあるようす。例「書状」と「書簡」は実質的に同じものだ。対形式的。

じっしにあまる【十指に余る】慣用句 数が十より(はるかに)多い。例法律についての専門家は十指に余る。

じっしゃ【実写】(名詞)(する動詞) 本物の景色や様子を写真や映画にうつすこと。また、その写真や映画など。

じっしゃかい【実社会】(名詞) 〔頭の中で考えている社会に対して〕じっさいの社会。例大学を出て、実社会で働く。

1 **じっしゅう**【実収】(名詞) ❶税金やかかった費用をひいた、じっさいの収入。❷作物のじっさいの取れ高。

2 **じっしゅう**【実習】(名詞)(する動詞) 仕事などをじっさいにやってならうこと。例料理の実習。

しっしょう【失笑】(名詞)(する動詞) がまんできず、思わず笑うこと。例場ちがいな発言に失笑する。

じっしょう【実証】㊀(名詞) たしかなしょうこ。例実証のない説。㊁(名詞)(する動詞) 証拠をしめして証明すること。例深海に生き物がいることが実証された。

じつじょう【実情・実状】(名詞) じっさいの様子。例災害の実情を調べる。類真相。

しっしょうをかう【失笑を買う】慣用句 おろかな言葉やおこないのために、ほかの人から、笑われる。例調子はずれの歌をうたって、みんなの失笑を買った。

しっしょく【失職】(名詞)(する動詞) 仕事をなくすこと。失業。例会社がつぶれたので失職した。

1 **しっしん**【失神】(名詞)(する動詞) 気を失うこと。気絶。例鉄ぼうから落ちて、失神した。

2 **しっしん**【湿しん】(名詞) ひふが赤くはれ、かゆみが強く、かくとしるの出る病気。漢字湿疹。

じっしんほう【十進法】(名詞) 十の十倍が百になるように、十倍ごとに位どり(=けた)が進む数え方。

じっすう【実数】(名詞) じっさいの数字。例参加者の実数をかくにんする。

じっせいかつ【実生活】(名詞) じっさいのふだんの生活。例実生活はたいへん質素だ。

1 **しっせき**【叱責】(名詞)(する動詞) 人のあやまちをしかって、せめること。例きびしく叱責する。

2 **しっせき**【失跡】(名詞)(する動詞) 人のゆくえが分からなくなること。

じっせき【実績】(名詞) じっさいにあげた成績や成果。例実績がみとめられる。

1 **じっせん**【実戦】(名詞) 〔練習や演習ではない〕本物の戦い。また、じっさいの試合や試験など。例実戦できたえる。

2 **じっせん**【実践】(名詞)(する動詞) 考えたことを、じっさいにおこなうこと。例理論を実践にうつす。類実行。

3 **じっせん**【実線】(名詞) 切れめなく続いている線。例実線でグラフをかく。対点線。

しっそ【質素】(名詞)(形容動詞) 地味で、かざりけのないようす。例質素な食事。

ことばあそび となえことば⑦ (足がしびれたとき) しびれ京へのぼれ しびれ京へのぼれ 京の

1しっそう【失踪】名詞 する動詞 家を出たままゆくえがわからなくなること。

2しっそう【疾走】名詞 する動詞 はやく走ること。例馬が疾走する。／全力疾走。

じつぞう【実像】名詞 ❶光が、レンズで曲がったり、鏡で反射したりして、つくられる物のかたち。❷外から見ただけでは、わからない本当のすがた。例アイドルの実像。

しっそく【失速】名詞 する動詞 ❶飛行機が飛ぶために必要な速度を失うこと。❷急にいきおいがなくなること。例上昇していた景気が失速する。

じっそく【実測】名詞 する動詞 じっさいに、はかること。例実測によってつくられた地図。対目測。

しったい【失態・失体】名詞 とてもはずかしい失敗。ことば「失態をえんじる」

1じったい【実体】名詞 そのものがもっている本当のすがた。例UFOの実体をさぐる。⇩使い分け。

2じったい【実態】名詞 ありのままのすがた。じっさいのありさま。例環境保護の実態を調べる。⇩使い分け。

しったかぶり【知ったか振り】名詞 〔本当は知らないのに〕知っているようなふりをすること。

じつだん【実弾】名詞 本物のたま。実包。例実弾しゃげき。

しっち【湿地】名詞 しめりけの多い土地。じめじめした土地。例湿地帯。

使い分け じったい

●本当のすがた。
うちゅうの実体をさぐる。

●じっさいのありさま。
交通事故の実態を調べる。

じっち【実地】名詞 ❶じっさいの場所。例実地見学。❷じっさいの場合。例本で読んだことを実地にやってみる。

じっちゅうはっく【十中八九】四字熟語 〔十のうちの八か九までの意味から〕おおかた。ほとんど。たいてい。例試合は十中八九勝てるだろう。類九分どおり。九分九厘。

しっちょう【失調】名詞 つりあいがとれなくなること。例栄養失調。

じっちょく【実直】名詞 形容動詞 まじめで、正直なこと。例実直な仕事ぶり。類忠実。誠実。

しっつい【失墜】名詞 する動詞 なくすこと。うしなうこと。例信用が失墜する。

じつづき【地続き】名詞 〔間に海や川などがなく〕ある土地とほかの土地がつながっていること。例親の家と地続きの土地に家をたてる。

じって【十手】名詞 江戸時代に、罪人をつかまえる役人がもった、手元にかぎのついた鉄の棒。⇩図。

十手

じってい【実弟】名詞 血のつながった実の弟。対義弟。実妹。

しってん【失点】名詞 ❶試合・競技などでうしなった点。対得点。❷失敗したことがら。

しっと【嫉妬】名詞 する動詞 人のことをうらやんで、にくんだりねたんだりすること。ことば「嫉妬深い（人）」

しつど【湿度】名詞 空気中にふくまれている水分のわりあい。空気のしめりぐあい。

じっと 副詞 ❶〔体や視線などを〕動かさないようす。例じっと見つめる。❷がまんしてたえるようす。例いたさをじっとこらえる。

しっとう【失投】名詞 する動詞 野球で、ピッチャーが、バッターの打ちやすいところへボールをまちがえて投げてしまうこと。また、ボールを投げそこなうこと。例失投をみのがさないでヒットを打つ。

じつどう【実働】名詞 する動詞 じっさいに働くこと。例実働時間（＝じっさいに働いた時間）。

しつどけい【湿度計】名詞 湿度をはかる道具。

しっとり 副詞（-と）する動詞 ❶ちょうどよく、しめっているようす。例夜つゆに、庭の草がしっと

りぬれている。❷〔ふんいきや性格が〕落ち着いて、静かなようす。例しっとりした町なみ。

じっとり 副詞(-と) する動詞 水分をたくさんふくんで、しめっているようす。例あせが、せなかにじっとりにじむ。類じとじと。

しつない【室内】 名詞 部屋の中。例室内競技。類屋内。対室外。

しつないがく【室内楽】 名詞 少ない数の楽器でおこなう合奏。また、その曲。ピアノ三重奏、弦楽四重奏など。

じつに【実に】 副詞 本当に。まことに。例実にうれしそうな笑い声。

しつねん【失念】 名詞 する動詞 うっかりわすれること。例約束をつい失念いたしました。

じつの【実の】 連体詞 本当の。血のつながりのある。例実の親子。

じつは【実は】 副詞 本当のことをいえば。本当は。事実は。例実は前にも来たことがある。

ジッパー 名詞 ⬇1124ページ・ファスナー。▼英語 zipper

しっぱい【失敗】 名詞 する動詞 おこなってみて、目的がはたせないこと。例動画のさつえいに失敗した。／ちょうせんは失敗に終わった。類過失。不成功。対成功。

しっぱいはせいこうのもと【失敗は成功のもと】 ことわざ 失敗しても今までのやり方の悪い点を直していけば、次は成功するということ。例失敗は成功のもとというから、くよくよせずにがんばろう。

じっぱひとからげ【十把一からげ】 名詞 いいものも悪いものも区別しないで、一つにまとめてあつかうこと。例残った商品を十把一からげで安く売る。

じっぴ【実費】 名詞 じっさいにかかるお金。

しっぴつ【執筆】 名詞 する動詞 文章を書くこと。例小説を執筆する。

しっぷ【湿布】 名詞 する動詞 水・湯・薬などに布をひたし、それを体の悪い部分にあてて、いたみやはれなどをなおすこと。また、その布。

じっぷ【実父】 名詞 血のつながっている父。対養父。継父。実母。

しっぷう【疾風】 名詞 はげしくふく風。例疾風のごとく走りぬける。

じつぶつ【実物】 名詞 〔模型・見本・写真などでなく〕じっさいのもの。本物。例名画の実物を見て感動した。

じつぶつだい【実物大】 名詞 じっさいの物と同じ大きさ。例実物大の見本。

しっぺい【疾病】 名詞 「病気」のあらたまった言い方。例マスクをして疾病を予防する。

しっぺがえし【しっぺ返し】 名詞 する動詞 自分がされたことに対し、すぐに（同じような）しかえしをすること。ことば「しっぺ返しを食らう」語源「しっぺい（＝禅の修行をするときなどに使う竹でつくった平たいぼう）」でたたかれたのをたたきかえす意味から。

じっぺんしゃいっく【十返舎一九】 人名 （一七六五～一八三一）江戸時代の作家。弥次郎兵衛と喜多八が東海道を旅する「東海道中膝栗毛」を書いた。

しっぽ【尻尾】 名詞 ❶動物の尾。例トカゲの尻尾。❷魚の尾ひれ。❸細長い物のはし。例ダイコンの尻尾。

じつぼ【実母】 名詞 血のつながっている母。うみの母。対養母。継母。実父。

しつぼう【失望】 名詞 する動詞 望みをうしなうこと。また、望みどおりにならず、がっかりすること。例理解してもらえず失望した。類絶望。

しっぽうやき【七宝焼】 名詞 金・銀・銅などの下地に、いろいろな色のうわぐすりをぬって、もようを焼きつけたもの。

しっぽをだす【尻尾を出す】 慣用句 ごまかしていたことやかくしていたことが表れる。

しっぽをつかむ【尻尾をつかむ】 慣用句 ごまかしていたことやかくしていたことを見つける。例ついに犯人の尻尾をつかんだぞ。

しっぽをふる【尻尾を振る】 慣用句 ほかの人に気に入られるように、きげんを取る。

しっぽをまく【尻尾を巻く】 慣用句 相手にとてもかなわないと降参する。例尻尾を巻いてにげ出す。

じつまい【実妹】 名詞 血のつながった実の妹。対義妹。実弟。

しつむ【執務】 名詞 する動詞 仕事をすること。例執務時間は一日八時間です。

じつむ【実務】 名詞 じっさいの仕事。

しつめい【失明】 名詞 する動詞 目が見えなくなること。

じつめい【実名】 名詞 本当の名前。本名。対偽名。仮名。

ことばあそび となえことば❽ （足がしびれたとき）しびれ しびれ 京でおばさん もちついて

ことば選びのまど

失敗をあらわすことば

失敗
おこなってみて、目的がはたせないこと。
565ページ

あぶ蜂取らず
二つのものを一度に手に入れようとして、どちらも手に入れられないことのたとえ。
41ページ

うっかり
ぼんやりしていて、気がつかないようす。
131ページ

落ち度
あやまち。失敗。
193ページ

かっぱの川流れ
どんな名人でも失敗することがあることのたとえ。
268ページ

弘法にも筆の誤り
どんな名人でも失敗することがあることのたとえ。
446ページ

策士策に溺れる 発展
はかりごとの得意な人は、策略にたよりすぎて失敗する。
510ページ

猿も木から落ちる
どんな名人でも失敗することがあることのたとえ。
525ページ

失策 発展
❶やりそこなうこと。失敗すること。❷野球で、エラー。
563ページ

失態 発展
とてもはずかしい失敗。
564ページ

上手の手から水が漏る
上手な人でも失敗することがあるというたとえ。
614ページ

ことば選びのまど

失敗をあらわすことば

前車のてつを踏む 発展

〔前の車の車輪のあとを、後の車がたどる意味から〕前の人と同じ失敗をくり返す。→711ページ

粗相 発展

❶不注意のためにあやまちをおかすこと。また、そのあやまち。❷大小便をもらすこと。→732ページ

手抜かり

注意が足りなかったためにおこるまちがいや失敗。→866ページ

どじを踏む

ばかげた失敗をする。→910ページ

二とを追う者は一とをも得ず 発展

二つのことを一度にしようとすると、どちらも成功しないことのたとえ。→976ページ

二の舞を演じる

他人と同じ失敗を、自分もする。→976ページ

抜かる[2]

ゆだんして失敗する。やりそこなう。→985ページ

不覚を取る

ゆだんをして失敗する。→1131ページ

へま

しくじり。失敗。→1180ページ

墓穴を掘る 発展

自分のしたことで、自分をあやうくする。→1199ページ

油断

気をゆるめていて、必要な注意をしないこと。→1336ページ

しつもん【質問】 (名詞)(する動詞) わからないことやうたがいのあるところを、たずねること。例 好きな食べ物について質問する。／質問に答える。

しつよう【執よう】 (形容動詞) かんたんにはあきらめないこと。しつこいこと。例 執ようにつきまとう。漢字 執拗。

じつよう【実用】 (名詞) じっさいに役立つこと。例 見かけはよいが実用にむかない。

じつようか【実用化】 (名詞)(する動詞) じっさいに使えるようにすること。例 アイデアを実用化する。

じつようてき【実用的】 (形容動詞) じっさいに役立つようす。例 体裁のいい物より実用的な物がいい。

じづら【字面】 (名詞) ❶文字の形やならべ方から受ける感じ。例 字面がよくない。❷ある文が表す表面的な意味。例 字面だけをざっと読む。

しつらえる (動詞) きちんと整える。美しくかざりつける。例 部屋に床の間をしつらえる。参考 やや古い言い方。活用 しつら・える。

じつり【実利】 (名詞) じっさいの利益。じっさいに役立つこと。例 体裁より実利の方が大切だ。

しつりょう【質量】 (名詞) ❶質と量。例 質量ともによい。❷物体がもっている分量。ふつう、そのものの重さをいう。例 セ氏四度の水一立方センチメートルの質量は一グラムだ。

じつりょく【実力】 (名詞) 本当の力。例 実力をみとめられて選ばれた。

じつりょくこうし【実力行使】 (名詞) 〔ある目的をはたすために〕じゃまになるものを、じっさいの行動によって、のぞくこと。また、その行動。例 実力行使に出る。

しつれい【失礼】 一 (名詞)(する動詞) ❶れいぎにはずれたおこないをすること。例 失礼のないように気をつける。類 失敬。無礼。無作法。❷人と別れること。例 では、これで失礼します。
二 (感動詞) 人と別れるときや、軽くあやまるときなどに言う言葉。例 では、失礼。／あっ、失礼。

じつれい【実例】 (名詞) じっさいにあった例。例 実例をあげて説明する。

しつれん【失恋】 (名詞)(する動詞) 恋がかなわないこと。恋にやぶれること。

じつわ【実話】 (名詞) 本当にあった話。

シテ (名詞) 能楽の、主役。また、主役をする人。参考 ㋐かたかなで書くことが多い。㋑⇩アド。ツレ。ワキ。

1 **してい【子弟】** (名詞) 年のわかい人。例 王室の子弟が集まる学校。参考 あらたまった言い方。対 父兄。

2 **してい【指定】** (名詞)(する動詞) はっきり、それとさして決めること。例 座席を指定する。

3 **してい【師弟】** (名詞) 先生と、生徒。ししょうと、でし。例 師弟の間がら。

じでいく【地で行く】 慣用句 ❶かざらずにありのまま自然に行動する。例 人前でも気どらずに地で行く。❷〔物語の登場人物など〕想像上のことがらをじっさいの生活の中でおこなう。例 小説の主人公を地で行くようなかつやくをする。

していせき【指定席】 (名詞) 電車・劇場などで、その人がすわるように決められている席。例 特急の指定席を予約する。対 自由席。

しでかす (動詞) よくないことをする。また、大きなことをする。例 へまをしでかす。／とんだ失敗をしでかす。参考 くだけた言い方。活用 しでか・す。

1 **してき【私的】** (形容動詞) 自分だけに関係のあるようす。個人的。例 私的な用事。対 公的。

2 **してき【指摘】** (名詞)(する動詞) 〔多くの中から〕特にこれとさししめすこと。とりあげてしめすこと。例 まちがいを指摘する。

3 **してき【詩的】** (形容動詞) 詩のように美しく、味わいがあるようす。例 詩的な風景を絵にかく。

してつ【私鉄】 (名詞) 「私営鉄道」の略。民間の会社が経営している鉄道。対 国鉄。

してやられる 連語 相手のたくらみにうまくだまされる。また、先をこされる。例 またかれにしてやられた。

してやる (動詞) 自分の思いどおりにうまくやりおおせる。うまくだまして思いどおりの成果をえる。例 作戦がうまくいってしてやったりという顔をする。活用 してや・る。

1 **してん【支店】** (名詞) 本店から分かれて、ほかにつくったみせ。分店。類 出店。対 本店。

2 **してん【支点】** (名詞) 「てこ」をささえているところ。対 作用点。力点。⇩860ページ・てこ(図)。

3 **してん【視点】** (名詞) ものを考える立場。観点。例 視点をかえて考える。類 角度。

しでん【市電】 (名詞) 市が経営している電車。

1 **じてん【字典】** (名詞) 漢字をきまった順序になら

べ、読み方や意味などを説明した本。字書。例漢字字典。参考「辞典」や「事典」と区別するため、「もじてん」ということもある。⇩使い分け。

2 **じてん【次点】** 名詞 当選または入選した人の、次の点数・じゅんじょ。また、その人。

3 **じてん【自転】** 名詞 する動詞 ❶自分の力で回ること。❷天体が、自分の直径を一つの軸として回ること。例地球は自転している。対公転。

4 **じてん【時点】** 名詞 時の流れの中のあるいっしゅん。またはある一時期。例今の時点ではくわしいことはわからない。

5 **じてん【事典】** 名詞 いろいろなことがらを表す言葉を集めて、くわしく説明した本。例百科事典。参考「辞典」や「字典」と区別するため、「ことてん」ということもある。⇩使い分け。

6 **じてん【辞典】** 名詞 言葉を決まった順番にならべ、読み方や意味などを説明した本。辞書。例国語辞典。ことば「辞典を引く」参考「字典」や「事典」と区別するため、「ことばてん」ということもある。⇩使い分け。

じでん【自伝】 名詞 自分の一生のできごとを自分で書いたもの。自叙伝。

じてんしゃ【自転車】 名詞 〔のった人が〕足でペダルをふみ、車輪を回して進む二輪車。

してんのう【四天王】 名詞 ❶帝釈天に仕え、仏を守る四方の天王。持国天（東）・増長天（南）・広目天（西）・多聞天（北）。❷特にすぐれた四人の家来や弟子。ことば「徳川四天王（＝徳川家康のすぐれた四人の家来）」

しと【使途】 名詞 お金などの使い道。例会費の使途をあきらかにする。／使途不明のお金。

使い分け　じてん

● 文字を説明した本。
漢字字典。

● ことがらを説明した本。
百科事典。

● 言葉を説明した本。
国語辞典。

1 **しどう【私道】** 名詞 個人の土地につくった道。対公道。

2 **しどう【始動】** 名詞 する動詞 〔機械、また、組織などを〕動かし始めること。また、動き始めること。例エンジンを始動させる。／プロジェクトが始動する。

3 **しどう【指導】** 名詞 する動詞 ある目的にたっするように、教えみちびくこと。例水泳を指導する。

じとう【地頭】 名詞 鎌倉・室町時代、幕府が荘園のとりしまりや、税のとりたてをさせた役。また、その役人。

1 **じどう【自動】** 名詞 〔機械などが〕自分の力で動くこと。例自動ドア。対手動。

2 **じどう【児童】** 名詞 子ども。特に、小学生。

じどうかい【児童会】 名詞 ある問題について、学校の児童全員で話し合うための会。

じどうかん【児童館】 名詞 子どもたちの健康増進をはかるなどのために、いろいろな設備をそなえてある建物。

じどうけんしょう【児童憲章】 名詞 子どもの人権と幸福を守るためにつくられたきまり。一九五一（昭和二六）年に制定された。

じどうし【自動詞】 名詞 動詞の種類の一つ。「水が流れる」「子どもが泣く」「花がさく」の「流れる」「泣く」「さく」などのように、その言葉だけで、主語（水・子ども・花）の働きを説明できるもの。参考⇩775ページ・他動詞。

じどうしゃ【自動車】 名詞 エンジンの力で車輪を回転させて、道路を走る乗り物。

じどうしょ【児童書】 名詞 児童のために書かれた本。

じどうてき【自動的】 形容動詞 自分の力で動くようす。また、ひとりでにそうなるようす。例自動的にスイッチがはいる。

じどうはんばいき【自動販売機】 名詞 お金を入れると品物が出てくるしかけの機械。

じどうぶんがく【児童文学】 名詞 児童のためにつくられた文学作品。童話・童謡など。

しどけない 形容詞 服装などがみだれていて、だ

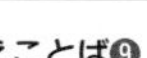
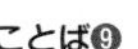
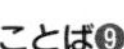

ことばあそび　となえことば⑨　（目にごみが入ったとき）目のもの　目のもの　向こうの山へ

らしがない。例 起きたばかりの、しどけないすがた。活用 しどけな・い。

しとげる【し遂げる】動詞 さいごまでやりとおす。例 ダム建設の工事をし遂げた。活用 しと・げる。

しとしと 副詞(-と) 雨が静かにふるようす。例 春雨がしとしとふる。

じとじと 副詞(-と) する動詞 気持ちが悪いほど、しめり気が多いようす。例 雨が続いて、毎日じとじとしている。類 じっとり。

しとめる【仕留める】動詞 ❶〔えものなどを〕うちころす。例 イノシシを鉄砲で仕留めた。❷目当てのものを手に入れる。例 弟はけん賞で特賞を仕留めた。参考 ❷はくだけた言い方。活用 しと・める。

しとやか 形容動詞 しずかで上品なようす。例 しとやかに歩く。参考 多く、女性に対していう。

しどろもどろ 形容動詞〔心に落ち着きがなく〕話がみだれているようす。例 しどろもどろに答える。

1 **しな** 接尾語 「…の時」「…するついで」の意味を表す言葉。…がけ。例 帰りしなに買い物をする。

2 **しな**【品】名詞 ❶品物。例 お祝いの品。❷品物の性質。例 ねだんのわりに品が悪い。

1 **しない**【市内】名詞 市の区いきの中。例 市内見学。類 市中。対 市外。

2 **しない**【竹刀】名詞 剣道で使う、竹でつくったかたな。

しなう 動詞 やわらかにまがる。しなる。例 魚がかかって、つりざおがしなっている。活用 しな・う。

しなうす【品薄】名詞 形容動詞 品物が少ないこと。品不足。例 長雨のため、野菜が品薄だ。

しなぎれ【品切れ】名詞 品物が売りきれてなくなること。

しなさだめ【品定め】名詞 人や物のよい悪いを言い合ってきめること。例 着物の品定めをする。

しなの【信濃】地名 昔の国の名。今の長野県に当たる。

しなのがわ【信濃川】地名 全長三百六十七キロメートルの、日本で一番長い川。長野県と新潟県を通って日本海にそそぐ。

しなびる 動詞 水気がなくなって、草や木がしぼむ。例 葉がしなびる。活用 しな・びる。

しなもの【品物】名詞 あることに使うための、形のあるもの。特に、商品。例 高価な品物。

しなやか 形容動詞 ❶やわらかく曲がるようす。例 しなやかな指づかい。／竹が、しなやかにまがる。❷動作がなめらかで自然なようす。例 しなやかに歩く。

じならし【地ならし】名詞 する動詞 地面を平らにすること。

じなり【地鳴り】名詞〔地震や火山のばくはつなどのため〕大地が鳴りひびくこと。また、その音。

シナリオ 名詞 映画・テレビなどのきゃく本。せりふ・動作・場面などを細かく書いた台本。▼英語 scenario

シナリオライター 名詞 シナリオを書く人。シナリオ作家。脚本家。▼英語 scenario writer

しなる 動詞 ➡しなう。活用 しな・る。

1 **しなん**【至難】名詞 形容動詞 これ以上ないほど、むずかしいこと。ことば「至難のわざ」

2 **しなん**【指南】名詞 する動詞 武芸などを人に教えること。また、教える人。例 剣術を指南する。

じなん【次男】名詞 男のきょうだいの中で二番目に生まれた子。対 次女。参考 やや古い言い方。

シニア 名詞 ❶年長者。❷上級。上級生。例 シニアコース。❸中高年者。例 シニア向けの住宅。対 ❶❷ジュニア。▼英語 senior

しにぎわ【死に際】名詞 もうすぐ死ぬというとき。死ぬまぎわ。例 死に際に言い残す。類 今わの際。

しにせ【老舗】名詞 昔からずっと続いていて、信用のある店。

しにめ【死に目】名詞 人の死にぎわ。ことば「親の死に目に会う」

しにものぐるい【死に物狂い】名詞 死んでもかまわないくらいの気持ちで努力すること。例 死に物狂いで練習にはげんだ。

しにん【死人】名詞 死んだ人。

1 **じにん**【自任】名詞 する動詞 自分の能力が、その任務や地位などにふさわしいと思うこと。例 天才画家だと自任する。／父は町内のまとめ役をもって自任している。

2 **じにん**【自認】名詞 する動詞 自分でしたことを、そうだとみとめること。例 これは失敗だったと

自認する。

3じにん【辞任】 名詞 する動詞 ある役目をやめること。例 責任をとって会長を辞任する。対 就任。

しにんにくちなし【死人に口なし】 ことわざ〔たとえ事実がどうあっても〕死んだ人は何も言わないということ。

しぬ【死ぬ】 動詞 ❶命がなくなる。例 病気で死ぬ。対 生まれる。❷いきいきしていない。例 この絵は死んでいる。❸役に立たない。活用されない。例 個性が死ぬ。対 ①〜③生きる。活用 し・ぬ。

じぬし【地主】 名詞 土地のもち主。

じねつ【地熱】 名詞 地球の中のねつ。参考「ちねつ」ともいう。

シネマ 名詞 映画。キネマ。例 銀座で、古いシネマを見た。▼英語（フランス語から）cinema

シネマスコープ 名詞 横長のスクリーンといくつものスピーカーを使った、迫力のある映画。シネスコ。参考 商標名。▼英語 Cinema-Scope

シネラマ 名詞 弓形になった大きなスクリーンにはばの広いフィルムでとった大画面をうつし、多くのスピーカーを使った迫力のある映画。参考 商標名。▼英語 Cinerama

しの 名詞 むらがってはえる細い竹。しのだけ。漢字 篠。

しのぎ 接尾語〔苦しいことやつらいことをがまんして〕きりぬけること。参考 多く、ほかの言葉につけて使う。ことば「一時しのぎ」⇩「たいくつしのぎ」

しのぎやすい 形容詞 気温やしめりけがちょうどよくなってすごしやすい。例 夏の暑さも夕方になるとしのぎやすくなる。活用 しのぎやす・い。

しのぎをけずる【しのぎを削る】 慣用句 はげしく、たたかう。例 運動会で赤組と白組がしのぎを削った。語源「しのぎ」は、刀の「みね」と「は」の間の高くなっているところ。戦いで刀と刀がはげしくぶつかり、しのぎがけずられるということから。⇩261ページ・刀（図）。

しのぐ 動詞 ❶ほかのものよりもすぐれる。例 わかものをしのぐ元気なおじいさん。❷こらえる。がまんしてきりぬける。例 寒さをしのぐ。活用 しの・ぐ。

しのごの【四の五の】 連語 あれこれともんくや不平不満を言うようす。つべこべ。例 四の五の言わずにさっさとでかけなさい。

しのつくあめ【しの突く雨】 連語〔細い竹をたばねてつき立てるように〕はげしくふる雨。例 しの突く雨の中を、父は出かけて行った。

しのはい【死の灰】 名詞 原子爆弾などに使われている核が爆発したときに出る放射能をもった灰。生き物の体に大きな害をおよぼす。

しのばせる【忍ばせる】 動詞 ❶こっそり、おこなう。例 足音を忍ばせる。❷こっそり、かくしもつ。例 ふところに短刀を忍ばせる。活用 しのば・せる。

しのび【忍び】 名詞 ❶人に知られないようにひそかにおこなうこと。例 殿様がお忍びで町に出かける。❷ひそかに敵をさぐったり、おそったりする術。またその術をつかう人。忍術。忍者。例 敵地に忍びの者を入りこませる。類 おん密。

しのびあし【忍び足】 名詞 人に気づかれないようにそっと歩く足どり。

しのびこむ【忍び込む】 動詞 気づかれないように、こっそり入る。例 どろぼうが家に忍び込む。活用 しのびこ・む。

しのびない【忍びない】 形容詞 かわいそうで、たえられない。例 見るに忍びない。参考「…するに忍びない」の形で用いる。活用 しのびな・い。

しのびなき【忍び泣き】 名詞 する動詞 声をたてないように、そっと泣くこと。例 ふとんの中で忍び泣きをする。

しのびよる【忍び寄る】 動詞 人に気づかれないようにそっと近づく。わからないうちに近づく。例 弟のうしろに忍び寄る。／不幸が忍び寄る。活用 しのびよ・る。

しのびわらい【忍び笑い】 名詞 する動詞 人に気づかれないように、そっと笑うこと。例 忍び笑いをもらす。

1しのぶ 動詞 なつかしく思い出す。例 なき友をしのぶ。漢字 偲ぶ。活用 しの・ぶ。

2しのぶ【忍ぶ】 動詞 ❶がまんする。ことば「はじを忍ぶ」❷人に知られないようにする。ことば⇩「人目を忍ぶ」活用 しの・ぶ。

じのぶん【地の文】 名詞 小説などの、会話文以外の文。注意「ちのぶん」と読まないこと。

1しば 名詞 野山にはえる小さな木。またそれをおった小枝。火をもやすときなどに使う。例 しばを集めてたき火をする。漢字 柴。

ことばあそび となえことば⑩ （ものをえらぶとき）どれにしようかな 天の神様のいうとおり

あいうえお かきくけこ さしすせそ たちつてと なにぬねの はひふへほ まみむめも や ゆ よ らりるれろ わ を ん

2 **しば**【芝】名詞 イネ科の植物。葉は細く、くきは地面をはい、節から根が出て広がる。参考 庭などにうえて芝生にする。

1 **しはい**【支配】名詞 する動詞 ❶あるものを思うとおりに動かしておさめたり、仕事をとりしまったりすること。例 国を支配する。❷人の考えやおこないを決めるのに大きな力をもつこと。例 わたしの運命を支配するできごと。

2 **しはい**【賜杯】名詞 天皇や皇族がスポーツ競技の勝者にあたえる優勝カップ。

しばい【芝居】名詞 ❶劇。特に、歌舞伎のこと。例 芝居見物。❷人をだますための、うそ。例 かの女が泣いたのは芝居だよ。

しはいにん【支配人】名詞 社長や主人にかわって仕事をとりしまり、さしずする役目の人。マネージャー。例 ホテルの支配人。

1 **しばかり**【しば刈り】名詞 野山にはえている小さな木などの枝をかりとること。また、かりとる人。例 山へしば刈りに行く。漢字 柴刈り。

2 **しばかり**【芝刈り】名詞 シバの高さをそろえて切り、短くととのえること。例 庭の芝刈りをする。

じはく【自白】名詞 する動詞 自分のおかした罪を自分からうちあけること。例 容疑者が自白した。類 自供。

しばし 副詞 少しの間。しばらく。例 しばしの別れ。／しばし待たれよ。参考 古い言い方。

しばしば 副詞 数多く、くり返すようす。例 この作家の作品にしばしば登場するキャラクター。

じはだ【地肌】名詞 ❶〔けしょうをしていない〕生まれつきのはだ。すはだ。例 地肌があれる。❷大地の表面。例 雪がとけて、山の地肌が表れた。

しばたたく 動詞 さかんにまばたきをする。目をぱちぱちさせる。例 けむりがしみて、目をしばたたく。活用 しばたた・く。

しはつ【始発】名詞 ❶その日のうちで、一番はじめの発車。また、その電車・バスなど。対 終発。❷あるところを出発点としてそこから出発すること。例 東京始発。対 終着。

じはつてき【自発的】形容動詞 自分からすすんでするようす。例 自発的に町をきれいにする運動をはじめた。

しばふ【芝生】名詞 シバがいちめんにはえているところ。

しはらい【支払い】名詞 代金や料金をはらうこと。例 送料の支払いをする。

しはらう【支払う】動詞 代金や料金をはらう。例 税金を支払う。活用 しはら・う。

しばらく 副詞 ❶少しの間。例 しばらくお待ちください。❷長い間。例 あの人とはしばらく会っていない。

しばらくぶり【しばらく振り】名詞 形容動詞 〔次の機会がおとずれるまでに〕長い時間がすぎたこと。またそのようす。ひさしぶり。例 かれに会うのはしばらく振りだ。

じばらをきる【自腹を切る】慣用句 〔自分ではらわなくてもよいようなお金まで〕自分のお金ではらう。例 幹事に自腹を切らせる。類 ふところを痛める。

しばりあげる【縛り上げる】動詞 なわなどでしっかりと厳重にしばる。例 悪者をつかまえてロープで縛り上げる。活用 しばりあ・げる。

しばりつける【縛り付ける】動詞 ❶ある物にしばってはなれないようにする。くくりつける。例 トラックの荷台に木材を縛り付ける。❷自由な行動がとれないようにする。例 きびしい規則に縛り付けられた生活をおくる。活用 しばりつ・ける。

しばる【縛る】動詞 ❶なわやひもで動かないように結ぶ。ゆわえる。例 古新聞をひもで縛る。❷自由にさせない。例 きそくで縛る。活用 しば・る。

1 **しはん**【市販】名詞 する動詞 いっぱんの店で売っていること。例 この本は市販されていない。

2 **しはん**【師範】名詞 ❶学問や技術を教える人。例 剣道の師範。❷「師範学校」の略。もと、小・中学校の先生になる人を養成した学校。

じばん【地盤】名詞 ❶建物などがたっている土地。例 地盤が沈下する。❷いきおいのとどくはんい。例 選挙の地盤。

しはんぶん【四半分】名詞 四分の一。例 紙を四半分に切る。参考 やや古い言い方。

しひ【私費】名詞 個人として出す費用。例 私費で、留学する。対 公費。

1 **じひ**【自費】名詞 自分でしはらう費用。例 自費で出版する。

2 **じひ**【慈悲】名詞 あわれみ、いつくしむこと。なさけ。例 仏の慈悲にすがる。類 仁愛。

じびか【耳鼻科】名詞 耳や鼻の病気をなおす

医学。また、その医院。

じびき【字引】名詞 ❶字典。❷辞典。辞書。参考 やや古い言い方。

じびきあみ【地引き網】名詞 おきにあみをはり、それをはまにひきよせて魚をとる方法。また、そのあみ。

しひつ【試筆・始筆】名詞 する動詞 新しい年をむかえて、はじめて字を書くこと。書きぞめ。例「日の出」という字を試筆する。

じひつ【自筆】名詞 自分で書くこと。また、自分で書いたもの。例 作家の自筆の手紙。類 肉筆。対 代筆。

じひびき【地響き】名詞 地面が動き、音をたてること。また、その音。例 地響きをたてて、トラックが通った。

じひょう[1]【時評】名詞 そのときの、世の中のできごとについての評論。例 社会時評。

じひょう[2]【辞表】名詞 つとめや役目をやめたいとき、そのわけを書いて出す書類。

じびょう【持病】名詞 なかなかなおらないで、いつも苦しめられている病気。例 おばさんは持病の神経痛になやんでいる。

しびれる 動詞 体の感覚がなくなる。また、強いしげきをうけて、けいれんをおこしたようになる。例 足がしびれて、歩けなくなった。／電気にしびれた。活用 しび・れる。

しびれをきらす【しびれを切らす】慣用句 [長くすわっていると足がしびれることから]まちくたびれて、がまんができなくなる。例 まちあわせた友だちが来ないので、しびれを切らして帰ってきた。

しぶ[1]【支部】名詞 本部から分かれて仕事をするところ。対 本部。

しぶ[2]【渋】名詞 「しぶがき」などにふくまれている、しぶいしる。参考 木や紙などにぬってくさるのをふせぐのに使われる。

じふ[1]【自負】名詞 する動詞 自分の才能や力を信じてほこること。例 かれは走ることならだれにも負けないと自負している。

じふ[2]【慈父】名詞 子どもに対して愛情が深く、思いやりのあるやさしい父親。対 慈母。

しぶい【渋い】形容詞 ❶しぶがきを食べたときのように、舌がしびれる味がするようす。例 渋い緑茶。❷じみで落ち着きがある。例 渋い色の着物。❸きげんが悪い。気むずかしい。例 渋い顔をしている。❹けちである。例 お金に渋い。活用 しぶ・い。

しぶおんぷ【四分音符】名詞 全音符の四分の一の長さを表す音符。しぶんおんぷ。

しぶがき【渋柿】名詞 じゅくしても、しぶい味のするカキ。ほしがきなどにして食べる。対 甘柿。

しぶがみ【渋紙】名詞 紙をはり合わせてカキのしぶをぬり、じょうぶにした紙。しき物や包み紙に使う。例 渋紙でリンゴを包む。参考「しぶかみ」ともいう。

しぶき 名詞 とびちる水のつぶ。例 波しぶき。

しふく【私服】名詞 ❶学校や会社などできめられている服ではなく、自分がふだん着る服。対 制服。❷「私服刑事」の略。ふつうの服を着て仕事をする刑事。

しふくをこやす【私腹を肥やす】慣用句 [地位や仕事を利用して]自分の財産をふやす。

しぶさわえいいち【渋沢栄一】人名（一八四〇～一九三一）江戸時代から昭和時代にかけての実業家。徳川慶喜の臣下から、明治政府の官僚となり、退官後に実業家となった。銀行などの会社を五〇〇以上設立・経営して「日本資本主義の父」と呼ばれる。

しぶしぶ【渋渋】副詞(-と) いやいやながら。例 せきたてられて渋々出かけて行った。類 いやいや。不承不承。参考 ふつう「渋々」と書く。

しぶつ【私物】名詞 個人のもち物。

じぶつ【事物】名詞 物事。特に、物。例 いろいろな事物を調べる。

シフト 名詞 する動詞 ❶野球で、あらかじめ打球のとぶ方向を考えて、選手の守備位置をかえること。例 バントシフト。❷位置を少し移すこと。方法ややり方を少し変えること。例 夜勤にシフトする。▼英語 shift

しぶとい 形容詞 ❶ごうじょうである。がんこである。例 言うことを聞かないしぶといやつ。❷ねばり強い。例 ピンチをしぶとくきりぬける。活用 しぶと・い。

しぶみ【渋み】名詞 ❶しぶい味。例 渋みの強いお茶。❷じみで、落ち着きのあるおもむき。例 渋みのある演技。

しぶる【渋る】動詞 ❶物事をするのをいやがる。例 返事を渋る。❷物事がすらすらとはかどらなくなる。例 あやまりに行く足どりが渋る。

ことばあそび　となえことば⑪　（指切りのとき）指切りげんまん　うそついたら　針1000本

活用 しぶ・る。

[1]**じぶん**【自分】一 名詞 その人自身。例自分のことは自分でしなさい。二 代名詞 わたくし。例自分の家に帰る。

[2]**じぶん**【時分】名詞 とき。ころ。例もう父が帰る時分だ。

じぶんかって【自分勝手】名詞 形容動詞 自分に都合のよいことだけしか考えないこと。わがまま。

しぶんごれつ【四分五裂】四字熟語 まとまりのあったものがいくつにも分かれてばらばらになること。例クラスが四分五裂の状態になる。参考「しぶごれつ」ともいう。

じぶんじしん【自分自身】名詞 自分を強めていう言葉。例自分自身に問いかける。

じぶんのあたまのはえをおえ【自分の頭のはえを追え】ことわざ ほかの人の世話をする前に、まずは自分自身のしまつをきちんとしなさい、ということのたとえ。参考「自分の頭のはえも追えない」という形でも使われることが多い。

しへい【紙幣】名詞 紙でつくったお金。さつ。対硬貨。

じへいしょう【自閉症】名詞 発達障害の一つ。他人とのまじわりがうまくできないなどのとくちょうがある。参考四月二日は「世界自閉症啓発デー」。

じべた【地べた】名詞 「土地の表面」「地面」「土の上」などのくだけた言い方。例地べたに腰をおろす。

しべつ【死別】名詞 する動詞 死にわかれること。対生別。

シベリア 地名 アジア北部のウラル山脈の東からベーリング海にわたる広い地域。ロシアの領土の一部。特に冬が長くてきびしい。▼英語 Siberia

しへん【紙片】名詞 紙の切れはし。紙切れ。例紙片にメモを残す。

しべん【至便】名詞 形容動詞 とても便利であること。例交通至便の地に住む。

じへん【事変】名詞 ❶〔国全体の安全にかかわるような〕大きなできごと。❷戦争をすることを相手につげないままおこなわれる戦争。❸国どうしの小さい、または、短い戦争。

じべん【自弁】名詞 する動詞 自分で自分の費用をしはらうこと。

しへんけい【四辺形】名詞 四つのへんにかこまれた平面図形。四角形。参考正方形・長方形・平行四辺形・台形・ひしがたなどがある。

しぼ【思慕】名詞 する動詞 なつかしく思うこと。こいしく思うこと。また、その気持ち。例やさしいせんぱいを姉のように思慕する。

[1]**じぼ**【字母】名詞 ❶かなやアルファベットなど、発音を表す一つ一つの文字。❷活字をつくるもとになる型。

[2]**じぼ**【慈母】名詞 やさしくて、思いやりのある母親。例慈母の愛情に包まれて育つ。対慈父。

[1]**しほう**【四方】名詞 ❶東・西・南・北の四つの方角。❷まわり全部。例日本は四方を海にかこまれている。

[2]**しほう**【司法】名詞 国が法律によって、裁判の仕事をすること。参考⇩348ページ・行政。1372ページ・立法。

[1]**しぼう**【子房】名詞 めしべの下の方のふくれた部分。おしべの花粉がめしべの先につくとふくらんで実になる。

[2]**しぼう**【死亡】名詞 する動詞 死ぬこと。例災害で百人以上死亡した。／死亡者。参考死を客観的にのべるときに用いることが多い。対出生。

[3]**しぼう**【志望】名詞 する動詞 こうしたい、こうなりたいとのぞむこと。また、そののぞみ。例プロ野球選手を志望する。／志望動機。／第一志望。類希望。志願。

[4]**しぼう**【脂肪】名詞 動物の体や植物の実などにふくまれているあぶら。参考ふつうの温度では、かたまっているものが多い。

じほう【時報】名詞 ❶〔ラジオやテレビで〕正しい時刻を知らせること。また、それを知らせる音。❷そのときそのときのできごとなどを知らせる新聞や雑誌。例経済時報。

じぼうじき【自暴自棄】四字熟語 わざと自分の身をそまつにあつかい、むちゃなおこないをすること。やけになること。例たった一回の失敗ぐらいで自暴自棄になるな。

しほうはっぽう【四方八方】四字熟語 あらゆる方面。例四方八方さがし回る。

しぼうりつ【死亡率】名詞 ある地域で、ある期間に死んだ人の数とその人口とのわりあい。参考ふつう人口千人に対するわりあいで表す。対出生率。

あいうえお かきくけこ さしすせそ たちつてと なにぬねの はひふへほ まみむめも やゆよ らりるれろ わをん

しぼむ 動詞 〔開いたり、ふくらんだりしていたものが〕しおれて小さくなる。例 アサガオの花は、昼ごろになるとしぼむ。対 ふくらむ。活用 しぼ・む。

しぼり【絞り】 名詞 ❶カメラのレンズに入る光の明るさを調節するしかけ。❷⬇しぼりぞめ。

しぼりぞめ【絞り染め】 名詞 布などをそめる方法の一つ。布のあちこちを糸などでくくり、地色をそめ残してもようをつくるそめ方。また、そのようにしてそめた物。しぼり。例 絞り染めのハンカチ。

1 **しぼる【絞る】** 動詞 ❶ねじって、水分を出す。例 ぞうきんを絞る。❷〔声やちえを〕無理に出す。例 ちえを絞る。❸〔広がったものを〕小さくまとめる。例 テーマを一つに絞る。❹小さくする。例 テレビの音を絞る。❺きびしくきたえる。きつく責める。例 下級生を絞る。参考 ㋐❺は、くだけた言い方。㋑❺は「搾る」とも書く。活用 しぼ・る。⇩使い分け。

2 **しぼる【搾る】** 動詞 ❶しめつけて液体を取り出す。例 牛の乳を搾る。❷無理に取る。例 金を搾る。活用 しぼ・る。⇩使い分け。

しほん【資本】 名詞 ある仕事をするのに必要なお金。もとで。

しほんか【資本家】 名詞 仕事のために必要なお金を出す人。対 労働者。

しほんきん【資本金】 名詞 会社などの事業をはじめるときに用意するお金。例 父の会社の資本金は一億円だ。

しほんしゅぎ【資本主義】 名詞 もうけるために資本家が事業をおこない、労働者をやとって品物を生産する経済のしくみ。対 社会主義。

使い分け しぼる

●ねじって水分を出す。
ぞうきんを絞る。

●しめつけて液体を取り出す。
牛の乳を搾る。

1 **しま** 名詞 布地に、たて、または横におりだしたすじ。また、そのようなもよう。例 しまのズボン。漢字 縞。

2 **しま【志摩】** 地名 昔の国の名。今の三重県志摩半島の東部に当たる。

3 **しま【島】** 名詞 まわりを水でかこまれた陸地。例 小さな島。

1 **しまい【終い】** 名詞 ❶終わり。さいご。例 話はしまいまでよく聞きなさい。❷終わること。やめること。例 店は今日はしまいです。

2 **しまい【仕舞】** 名詞 能楽で、シテ（主役）が特別の装束をつけず、うたいだけでおどるまい。

3 **しまい【姉妹】** 名詞 ❶姉と妹。女のきょうだい。例 四人姉妹の長女。類 兄弟。❷同じ流れを受けつぐ二つ以上のもの。また、よく似ているもの。例 姉妹会社。

じまい 接尾語《ある言葉の下につけて》❶「…をおわる」意味を表す言葉。例 店じまい。❷「(…しないで)終わってしまった」の意味を表す言葉。例 わからずじまい。／行かずじまい。

しまいこむ【しまい込む】 動詞 おくの方にしっかりかたづける。例 夏服をしまい込む。活用 しまいこ・む。

しまいとし【姉妹都市】 名詞 二つの国の間で、たがいに仲よくして文化交流をする都市。

しまう 動詞 ❶〔ある仕事などを〕すませる。し終わる。例 店をしまってから出かける。❷〔使った物や大切な物を〕かたづける。例 本を本だなにしまう。❸《「…てしまう」の形で》すっかりすませる。し終える。例 リンゴを食べてしまう。活用 しま・う。

しまうま【しま馬】 名詞 ウマ科の動物。体が黒と白のしまもようになっている。アフリカの草原に、むれをなしてすむ。ゼブラ。

じまえ【自前】 名詞 自分の分の費用を、自分のお金でまかなうこと。例 交通費は自前です。／自前の衣装でステージに立つ。

しまかげ【島影】 名詞 島のすがた。例 広い海には、島影一つ見えない。参考「島陰」は島の見えない部分をいう。

じまく【字幕】 名詞 〔映画やテレビで〕説明する言葉を文字でうつし出したもの。

しまぐに【島国】 名詞 まわりを海でかこまれた国。例 日本やイギリスは島国だ。

ことばあそび となえことば⑫ （指切りのとき）指切りげんまん　うそついた者は　地ごくの

しまぐにこんじょう【島国根性】 名 〔島国にすむ人に多いといわれる〕心がせまく、ゆとりのない性質。

しまだ【島田】 名 日本髪の型のひとつ。結婚していない女性や花よめなどがゆう。島田まげ。⇩図。

島田

しまつ【始末】 一 名 ❶物事の、はじめからおわりまでの事情。例ことの始末を語る。❷物事の（悪い）結果や状態。例全員に反対される始末だ。
二 名 する動詞 ❶しめくくりをすること。後かたづけをすること。例火の始末をする。❷むだづかいをしないこと。例始末のいい人。

しまった 感動詞 失敗したときなどに言う言葉。例しまった、さいふをわすれた。

しまつにおえない【始末に負えない】 慣用句 物事を解決するやり方がない。例どちらも自分が正しいと主張するばかりで始末に負えない。

しまながし【島流し】 名 昔のけいばつの一つ。悪いことをした人を遠くのはなれ島におくること。

しまねけん【島根県】 地名 中国地方の北部にある日本海に面した県。県庁所在地は松江市。⇩916ページ・都道府県（図）。

しまばら・あまくさいっき【島原・天草一揆】 名 江戸時代のはじめごろに、九州の島原と天草でおこった農民の一揆。農民やキリシタンをおさえつける幕府や領主に手向かったが失敗した。参考「島原の乱」「島原・天草の乱」「島原・天草の一揆」ともいう。

しまり【締まり】 名 ❶ゆるみのないこと。例じゃ口の締まりが悪い。❷しめくくり。例仕事に締まりをつける。❸むだづかいをしないこと。例締まり屋。

しまる1【閉まる】 動詞 〔開いていたものが〕とざされる。例戸が閉まる。対開く。活用しま・る。⇩使い分け。

しまる2【絞まる】 動詞 首などを手やひもなどで強くおさえつけられる。例首が絞まる。活用しま・る。⇩使い分け。

しまる3【締まる】 動詞 ❶ゆるみがなくなる。例ねじが締まる。❷心にゆるみがなくなる。きんちょうする。例気持ちが締まる。活用しま・る。⇩使い分け。

じまん【自慢】 名 する動詞 自分のことや自分のものを、得意になって言ったり見せたりすること。例新しいくつを自慢する。／自慢話。

しみ1 名 シミ科のこん虫。はねはない。大きさは一センチメートルぐらい。本や衣類をかじる。

しみ2【染み】 名 〔紙や布などに〕水やあぶらなどがしみこんでついたよごれ。例シャツに染みがついた。

じみ【地味】 形容動詞 目だたないようす。ひかえめなようす。例地味な着物。対派手。参考「ちみ」と読むと、べつの意味になる。

使い分け しまる

●とじるようになる。
ドアが閉まる。

●首などを強くおさえられる。
首が絞まる。

●ゆるみがなくなる。
ひもが締まる。

しみこむ【染み込む】 動詞 中まで深く、しみる。例油の染み込んだ作業服。活用しみこ・む。

しみじみ 副詞（ーと） ❶深く心に感じるようす。例友情のありがたさをしみじみ知った。❷静かで落ち着いたようす。例二人でしみじみと話をした。

しみず【清水】 名 地中や岩の間からわき出るきれいな水。

あいうえお
かきくけこ
さしすせそ
たちつてと
なにぬねの
はひふへほ
まみむめも
や ゆ よ
らりるれろ
わ を ん

じみち【地道】形容動詞 危険のあるようなおこないをせず、まちがわないようす。例 地道に努力をする。

しみつく【染み付く】動詞 ❶色やにおいなどが、しみこんでとれなくなる。例 よごれがえりに染み付く。❷よくない習慣がついて、くせになる。例 なまけぐせが染み付く。活用 しみつ・く。

しみったれ 名詞 形容動詞 けちなこと。また、けちな人。類 けちん坊。参考 くだけた言い方。

しみどうふ【しみ豆腐】名詞 ➡447ページ・こうやどうふ。

しみとおる【染み通る】動詞 中の方へ少しずつ深く入る。例 くつの中まで雨が染み通る。活用 しみとお・る。

しみぬき【染み抜き】名詞 衣服などについたしみをぬきとること。また、それに使う薬品。例 ワイシャツの染み抜きをする。

シミュレーション 名詞 コンピューターなどを使って、じっさいの場面に似た状況をつくり、そのなかでいろいろな実験をおこなうこと。模擬実験。▼英語 simulation

1 **しみる** 動詞 水などがこおる。また、こおるように寒く感じる。例 今夜はしみるねえ。活用 し・みる。

2 **しみる**【染みる】動詞 ❶液体などが中まで少しずつ入る。例 あせがシャツに染みる。❷〔ふれたり、中に入ったりして〕いたみを感じる。例 薬がきずに染みる。❸心に深く感じる。ことば「〔友だちの親切が〕身に染みる」活用 し・みる。

じみる 接尾語《名詞の下につけて》❶「しみこむ」「しみつく」などの意味を表す言葉。例 あかじみたズボン。❷「…らしく感じられる」の意味を表す言葉。例 子どもじみたわがままを言う。活用 じ・みる。

しみわたる【染み渡る】動詞 ❶液体などが全体にしみる。例 消毒薬が染み渡ったガーゼ。❷考え方などが、人々のすみずみにまで行きわたる。例 民主主義が、国民の一人一人に染み渡る。活用 しみわた・る。

しみん【市民】名詞 その市に住んでいる人。また、都市にすんでいる人。例 市民運動会。

1 **じむ**【事務】名詞 〔役所・銀行・会社などで〕帳面をつけたり計算をしたりする、主につくえの上でする仕事。例 事務を担当している。

2 **ジム** 名詞 トレーニングをするしせつ。ボクシングの練習をする所など。▼英語 gym

しむける【仕向ける】動詞 あることをしようという気持ちにさせる。例 勉強するように仕向ける。活用 しむ・ける。

じむしょ【事務所】名詞 会社などで、事務の仕事をするところ。オフィス。

じむてき【事務的】形容動詞 感情をまじえないで、かたどおりに物事をかたづけるようす。例 係の人は事務的に答えた。

1 **しめい**【氏名】名詞 名字と名前。姓名。例 氏名を記入する。

2 **しめい**【使命】名詞 あたえられたつとめ。しなければならないつとめ。ことば「使命を果たす」類 任務。

3 **しめい**【指名】名詞 する動詞 〔あることをするよう〕名前をさししめすこと。例 総理大臣に指名された。

しめいだしゃ【指名打者】名詞 野球で、投手に打順がまわってきたときに、かわりに打つように指名されている打げき専門の選手。

しめかざり【しめ飾り】名詞 〔正月に、家の入り口や神だななどに〕しめなわをはってかざること。また、そのかざり物。

しめきり【締め切り】名詞 ❶〔まど・戸などを〕しめたままにしておくこと。例 締め切りの部屋。❷とりあつかいをうちきること。また、その期日。例 締め切りは十五日です。

1 **しめきる**【閉め切る】動詞 ❶〔まど・戸などを〕すべて、とじる。例 教室を閉め切る。❷〔まど・戸などを〕長くとじたままにしておく。例 閉め切ったままの古い門。対 ①②開け放す。

2 **しめきる**【締め切る】動詞 〔受け付けなどを〕終わりにする。例 申しこみを締め切る。活用 しめき・る。

しめくくり【締めくくり】名詞 まとまりをつけること。ことば「〔話の〕締めくくりをつける」

しめくくる【締めくくる】動詞 ❶〔ばらばらになっている物を〕たばねてかたくしばる。❷終わりを、きちんとまとめる。例 スピーチをうまく締めくくる。活用 しめくく・る。

しめこみ【締め込み】名詞 相撲をとるときに身につけるふんどし。類 回し。

しめし【示し】名詞 ほかの人をいましめるために手本として見せること。ことば「〔子どもた

あいうえお かきくけこ さしすせそ し たちつてと なにぬねの はひふへほ まみむめも や ゆ よ らりるれろ わ を ん

ことばあそび となえことば⑬ （指切りのとき）指切り かんきり 死んでも生きても 針1000本

ちに」示しがつかない」参考 多く「示しがつかない」の形でつかう。

しめじ 名詞 きのこの一つ。食用にする。「かおりマツタケ、あじシメジ」といわれ、あじがよいとされる。

しめしあわせる【示し合わせる】 動詞 ❶前もって相談して決めておく。例 仲間と示し合わせて、反対した。❷たがいに合図をして知らせあう。例 目と目で示し合わせてそっと席を立った。活用 しめしあわ・せる。

しめしがつかない【示しがつかない】 慣用句 教えるための手本にならない。例 先生がうそをつくようでは、生徒に示しがつかない。

しめしめ 感動詞 物事が自分の思いどおりに進んでいることを、ひそかによろこんで言う言葉。例 しめしめ、作戦がうまくいったぞ。

じめじめ 副詞（―と） する動詞 ❶しめり気が多くて、いやな気持ちがするようす。例 じめじめした季節。❷性質やふんいきが暗く、晴れやかでないようす。例 じめじめした性格。

1 **しめす【示す】** 動詞 〔相手にわかるように〕見せる。例 信号の赤は「止まれ」を示す色だ。活用 しめ・す。

2 **しめす【湿す】** 動詞 しめりけをあたえる。ぬらす。活用 しめ・す。

しめすへん【示偏】 名詞 漢字の部首の一つ。「社」「神」などの左側の「ネ」の部分。

しめた 感動詞 物事が思いどおりになって、よろこぶときなどに言う言葉。例 しめた、うまくいったぞ。

しめだす【締め出す・閉め出す】 動詞 ❶門や戸をしめて、人を中に入れないようにする。例 いたずらをして締め出された。❷〔ほかのものを〕仲間に入れないようにする。仲間はずれにする。例 近海から外国の漁船を締め出す。活用 しめだ・す。

しめつ【死滅】 名詞 する動詞 全部死んで、ほろびること。例 多くの生物が死滅した。類 絶滅。対 生存。

じめつ【自滅】 名詞 する動詞 ❶ひとりでにほろびること。❷自分のしたことがもとで自分がほろびること。例 みかたのエラーで自滅した。

しめつける【締め付ける】 動詞 ❶強くしめる。例 ペンチでボルトを締め付ける。❷自由を制限する。圧迫する。例 規則で部下を締め付ける。活用 しめつ・ける。

しめっぽい【湿っぽい】 形容詞 ❶しめりけがある。例 このせんたく物は、まだ湿っぽい。❷気分がしずんでいる。例 湿っぽい話。活用 しめっぽ・い。

しめなわ【しめ縄】 名詞 とうとい場所を、けがれた場所から区別するためにはるなわ。また、わざわいの神が入らないように新年に出入り口にはりめぐらすなわ。新しいわらを左よりによりあわせ、わらのくきをたらした間に、しで〔＝きりこみを入れた白い紙〕をさげる。⇩図。

しめ縄

しめやか 形容動詞 ❶ひっそりとして、しずかなようす。例 しめやかにふる雨。❷人々の心がしずんでさびしそうなようす。例 しめやかなお経が聞こえる。

しめり【湿り】 名詞 ❶しめること。しっけ。例 湿りをおびた土。❷《「おしめり」の形で》雨。また、雨がふること。例 いいお湿りですね。

しめりけ【湿り気】 名詞 水分。また、水分をふくんでいること。しっけ。例 湿り気のある布。

1 **しめる【占める】** 動詞 ❶〔ある地位などを〕自分のものにする。例 すべてのランキングで一位を占める。❷場所をとる。例 席のほとんどを女性が占めていた。活用 し・める。

2 **しめる【閉める】** 動詞 〔開いているものを〕とじる。例 ドアを閉める。／まどを閉める。注意 送りがなに気をつける。対 開ける。活用 し・める。⇩使い分け。

3 **しめる【湿る】** 動詞 水分を少しふくむ。例 湿ったタオル。活用 しめ・る。

4 **しめる【絞める】** 動詞 〔首などを〕ひも・うでなどで強くおさえて、息ができないようにする。例 ロープで首を絞める。活用 し・める。⇩使い分け。

5 **しめる【締める】** 動詞 ❶かたく結ぶ。例 おびを締める。❷ゆるみをなくす。きんちょうさせる。例 気持ちを締めてかかる。❸区切りをつけて合計する。例 売り上げは締めて十万円です。

活用 し・める。⇩使い分け。

1 **しめん**【四面】名詞 ❶四つの面。例 正四面体。❷まわり。四方。例 四面を海にかこまれた国、日本。

2 **しめん**【紙面】名詞 紙のおもて。特に、新聞の記事。また、それが書いてあるところ。紙上。例 朝刊紙面にのっている記事。参考 雑誌の場合は「誌面」とかく。

3 **しめん**【誌面】名詞 雑誌で、記事ののっているところ。参考 ⇩しめん(紙面)。

使い分け　しめる

●とじる。
カーテンを閉める。

●首などを強くおさえる。
首を絞める。

●ゆるみをなくす。
帯を締める。

じめん【地面】名詞 ❶大地の表面。類 地表。地上。例 いん石が地面に落下した。❷土地。注意「ぢめん」と書かないこと。

しめんそか【四面そ歌】四字熟語 まわりが敵ばかりであること。例 わたしの提案はみんなに反対され、四面そ歌の状態だ。語源 昔の中国で、漢の高祖は、楚の項羽の軍を包囲したときに、漢軍に楚の国の歌を歌わせた。それを、項羽は楚の人々が降伏して、自分だけがとり残されたと思ってなげいたという話から。漢字 四面楚歌。

1 **しも**【下】名詞 ❶高さや場所の低い方。❷水が流れたり、風がふいたりしていく方。例 水は上から下にながれる。❸身分や地位の低いもの。❹後半。例 下半期。／下の句。対 ①～④上。

2 **しも**【霜】名詞 空気中の水じょう気が、夜の間に、ひえた地面や物にふれて、白い小さな氷の結晶となったもの。ことば「霜がおりる」

しもうさ【下総】地名 昔の国の名。今の千葉県北部と茨城県南西部に当たる。

しもがれ【霜枯れ】名詞 する動詞 しものために、草木がかれしぼむこと。例 霜枯れの風景も美しいものだ。

しもき【下期】名詞 一年を二つの期間に分けたうちの、後の方の半年。下半期。対 上期。

しもごえ【下肥】名詞 人間の大小便を肥料にしたもの。

しもざ【下座】名詞 〔会議やえん会などで〕地位の低い人がすわる場所。対 上座。上座。

しもじも【下下】名詞 身分の高くない、ふつうの人々。例 わたしたち下々の者には買えない品物だ。参考 ふつう「下々」と書く。

しもたや【しもた屋】名詞 商店街の中にあって、商売をしていない家。参考 昔、「店じまいをした家」の意味で使った言葉。

しもつき【霜月】名詞 昔のこよみで、十一月のこと。

しもつけ【下野】地名 昔の国の名。今の栃木県全体に当たる。

しもて【下手】名詞 ❶下の方向。❷しばいの舞台で、お客の方からみて左の方。対 ①②上手。⇩435ページ・高座(図)。注意「下手」を「したて」「へた」と読むと、別の意味になる。

じもと【地元】名詞 ❶そのことにちょくせつ関係のある土地。現地。例 道路の建設について、地元の人々に説明会を開く。❷自分のすんでいる土地。例 地元代表のチームをおうえんする。

しものく【下の句】名詞 短歌で五・七・五・七・七の五句のうち、後の七・七の二句。対 上の句。

しもばしら【霜柱】名詞 土の中の水分がこおって、細かい氷のはしらになったもの。ことば「霜柱が立つ」

しもふり【霜降り】名詞 ❶布地などで、しものような白いまだらのもようがあるもの。例 霜降りの着物。❷あぶら身が細かいあみの目のように入っている上等な牛肉。例 霜降り肉をすきやきにする。❸魚や肉などに湯をかけて白くする調理のしかた。

しもやけ【霜焼け】名詞 寒さで指・耳などの

ことばあそび となえことば⑭ (晴れをねがうとき) てるてるぼうず　てるぼうず　あした天気

血のめぐりが悪くなり、赤くはれて、かゆくなること。

しもよけ【霜よけ】名詞 畑の作物や草木などをしもの害から守るために、わらなどでおおうこと。また、そのおおい。しもがこい。

しもん[1]【指紋】名詞 手の指先の内側にある、多くの線がつくるもよう。参考 人によって形がちがい、一生かわらない。

しもん[2]【諮問】名詞 する動詞 〔政策や方針などについて〕下の者に考えなどをたずねること。例 外交問題について諮問する。

じもんじとう【自問自答】四字熟語 〔自分の気持ちや考えなどを〕自分の心にきいて、自分で答えること。例 自問自答をくり返す。

しや【視野】名詞 ❶目で見えるはんい。例 山をのぼるにつれて、視野が開けていく。❷物事の見方や考え方のはんい。例 視野が広い人。／視野がせまい。

ジャー 名詞 まほうびんと同じしくみにつくられた口の広い入れ物。類 ポット。▼英語 jar

じゃあく【邪悪】名詞 形容動詞 心がひねくれていて正しくないこと。例 邪悪な心。

ジャージ 名詞 ❶毛糸・絹・もめんなどを使ってメリヤス編みでつくった、のびちぢみするやわらかい布。ジャージー。❷「ジャージ①」でつくった運動着。▼英語 jersey

しゃあしゃあ 副詞(-と) する動詞 あつかましいようす。ずうずうしいようす。例 うそがばれても、しゃあしゃあとしている。

ジャーナリスト 名詞 新聞・雑誌・ラジオ・テレビなどの、編集者・記者、また、原稿を書く人など。▼英語 journalist

ジャーナリズム 名詞 新聞・雑誌・ラジオ・テレビなどの報道活動。また、その事業。▼英語 journalism

シャープ 一 名詞 音楽で半音高くする記号。えい記号。参考「♯」で表す。対 フラット。二 形容動詞 するどいようす。きれ味がよいようす。例 シャープな画像。▼英語 sharp

シャープペンシル 名詞 しんを少しずつおし出して使う筆記用具。しんはおぎなうことができる。シャープペン。参考 昔アメリカで発売された「エバーシャープペンシル」を略した言い方。英語では mechanical pencil という。

シャーベット 名詞 果物のしるに、さとうや香料などを入れて、こおらせた菓子。▼英語 sherbet

シャーレ 名詞 まるくて平たい、ふたのついたガラスの入れ物。理科の実験などに使う。ペトリざら。▼ドイツ語。

しゃいん【社員】名詞 会社につとめている人。

しゃうん【社運】名詞 会社の運命。例 社運をかけた大事業。

しゃおん【謝恩】名詞 する動詞 世話になったことに、深く感謝すること。例 謝恩会。

しゃか【釈迦】人名 紀元前五世紀ごろ、インドで仏教をはじめた人。しゃかむに。しゃくそん。おしゃかさま。ブッダ。

しゃかい【社会】名詞 ❶たがいに助けあい、生活をしている人々の集まり。例 地域社会。❷同じ仲間。例 学者の社会。❸世の中。世間。例 社会に出る。❹⬇580ページ・しゃかいか。

しゃかいうんどう【社会運動】名詞 社会でおきている問題を解決して、よりよい社会をつくろうとする運動。

しゃかいか【社会科】名詞 小学校・中学校・高校で教える教科の一つ。社会のしくみを知り、社会生活についての正しい知識を身につけることを目的とする。

しゃかいかがく【社会科学】名詞 社会のことがらを研究する学問。法学・政治学・経済学など。対 自然科学。人文科学。

しゃかいじぎょう【社会事業】名詞 めぐまれない人たちを助けたり、国の福祉を向上させたりするために、いろいろな団体が協力しておこなう大きな仕事。

しゃかいしゅぎ【社会主義】名詞 機械・土地・労働力など、生産手段を社会全体のものとして、経済の計画を立て、だれもが利益を平等にうけられるようにしようとする考え。また、そのようなしくみ。対 資本主義。

しゃかいじん【社会人】名詞 社会の一員として、働いてくらしをたてている人。

しゃかいせい【社会性】名詞 ❶まわりの人と集団生活をうまくやっていく能力。例 社会性のとぼしい人。❷社会のさまざまな問題とかかわりのある性質。例 社会性のあるドラマ。

しゃかいせいかつ【社会生活】名詞 社会の一員としての共同生活。

しゃかいてき【社会的】形容動詞 社会に広く

かかわりがあるようす。例 少子化は社会的な問題だ。

しゃかいふくし【社会福祉】 名詞 社会の人々全体の幸福。特に、めぐまれない人々の幸福を考えること。

しゃかいほうし【社会奉仕】 名詞 社会のために、お金に関係なく力をつくすこと。例 緑化運動をとおして社会奉仕に参加する。

しゃかいほしょう【社会保障】 名詞 めぐまれない人々の生活を国が助けること。参考 国がお金を出したり、また、保険などの方法によったりしておこなう。

しゃかいめん【社会面】 名詞 ❶社会にかんすることがら。❷新聞記事の中で、社会のできごとが書いてあるページ。

じゃがいも【じゃが芋】 名詞 ナス科の植物。まるくふくれた地下茎を食べる。メークイン・だんしゃくなどの種類がある。ばれいしょ。語源 ジャガタラ（今のジャカルタまたはジャワ島）から伝わったのでジャガタライモとよばれ、それが短くなったよび名。⇩コラム「地名・人名をふくむことば」（115ページ）。

しゃかいもんだい【社会問題】 名詞 社会のしくみが不合理なためにおこるさまざまな問題。失業・公害・環境・住宅・交通などの問題。

じゃかご【蛇籠】 名詞 細長いかごに石をつめこんだもの。護岸工事などにつかわれる。⇩図。

しゃかにせっぽう【釈迦に説法】 ことわざ そのことをよく知っている人に、あれこれと教えようとするおろかさのたとえ。参考 おしゃかさまに仏教を教える、という意味から。

しゃがむ 動詞 ひざとこしを曲げて、体を低くする。例 道ばたでしゃがむ。活用 しゃが・む。

しゃがれごえ【しゃがれ声】 名詞 〔「しわがれ声」のなまった言い方で〕かすれた声。

蛇籠

しゃがれる 動詞 声がかすれる。例 かぜでしゃがれた声。参考 「しわがれる」がなまったもの。活用 しゃが・れる。

じゃき【邪気】 名詞 ❶昔、病気や不幸のげんいんになるとされた悪い気。例 神社におまいりをして邪気をはらう。❷意地の悪いことをしようとする気持ち。悪気。例 あの人は、本当に邪気がない人だ。

しゃきしゃき 副詞(-と) する動詞 ❶歯切れよく物をかむ音。また、野菜などを細かく切る音のようす。例 しゃきしゃきした歯ざわりのダイコン。❷言葉や態度が活発で、てきぱきしているようす。例 しゃきしゃきと動く。

1 **しゃく** 一 名詞 形容動詞 ふゆかいで、はらが立つこと。例 気にしていると思われるのも、しゃくだ。

二 名詞 急にはらなどにおこる、はげしいいたみ。例 しゃくでくるしむ。漢字 癪。

2 **しゃく** 名詞 助数詞 もと日本で使われた、量の単位。一しゃくは、〇・〇一八リットル。漢字 勺。

3 **しゃく【尺】** 名詞 助数詞 もと日本で使われた、長さの単位。一尺は、約三十センチメートル。

じゃく【弱】 接尾語 《数量を表す言葉のあとにつけて》は数を切り上げたことをしめす言葉。例 百人弱の会員。

しゃくし 名詞 めしやしるをすくったりよそったりする道具。しゃもじ。

しゃくしじょうぎ【しゃくし定規】 四字熟語 物事を、いつもあてはまるとはかぎらない一つの基準だけにあてはめようとする、ゆうずうのきかないようす。例 しゃくし定規なやり方は、あらためるべきだ。語源 まがっている昔のしゃくしの柄を定規に使う意味から。漢字 杓子定規。

じゃくしゃ【弱者】 名詞 力・権力・勢力がない弱いもの。

しやくしょ【市役所】 名詞 市をおさめる仕事をする役所。市庁。

じゃくしょう【弱小】 名詞 形容動詞 ❶弱くて小さいこと。例 弱小チーム。対 強大。❷年がわかいこと。弱年。年少。

じゃくたい【弱体】 一 名詞 弱い体。例 弱体にむち打って働く。

二 名詞 形容動詞 ある団体やしくみが、よわよわしくてたよりにならないようす。例 母校の野球部は弱体だ。

じゃくたいか【弱体化】 名詞 する動詞 組織などが弱くなること。例 チームの弱体化。

しゃくち【借地】 名詞 する動詞 土地をかりるこ

ことばあそび となえことば⑮ （晴れをねがうとき）おてんとさん おてんとさん あっちばかり

と。また、かりた土地。例借地を申しこむ。／借地にたてた家。

じゃぐち【蛇口】名詞 水道管の先の水を出すところにとりつける金具。

じゃくてん【弱点】名詞 ❶十分でないところ。例相手の弱点をせめて、試合に勝った。類欠点。❷人に知られるとこまるようなこと。よわみ。例弱点をにぎる。

しゃくど【尺度】名詞 ❶長さをはかる道具。ものさし。❷長さ。例尺度をはかる。❸物事のねうちをはかったり、決めたりするもとになるもの。例善悪の尺度。

しゃくどう【赤銅】名詞 銅・銀・金をまぜてつくる金属。黒みがかったむらさき色をしてつやがある。「あかがね」ともいう。

しゃくどういろ【赤銅色】名詞 赤銅のような色。黒く日に焼けて、つやのあるはだの色。

しゃくとりむし【尺取虫】名詞 シャクガ科のガの幼虫。色や形は、細い枝に似ている。参考 人が親指と人さし指で寸法をはかる（＝尺をとる）ようなかっこうですすむので、この名前がある。

しゃくなげ 名詞 ツツジ科の木。初夏、うすべに色や赤などの大きな花がさく。漢字 石楠花。

じゃくにくきょうしょく【弱肉強食】四字熟語 弱いものが強いものに食われること。また、いきおいの強いものが弱いものをおさえつけること。例弱肉強食の世の中。

しゃくにさわる【しゃくに障る】慣用句 気に入らなくて、おこらずにはいられない気持ちになる。例しゃくに障る言い方。

しゃくねつ【しゃく熱】名詞 する動詞 ❶焼けつくようなこと。また、焼けるような暑さ。例しゃく熱の太陽。❷気持ちがとても高ぶること。例しゃく熱した議論をする。漢字 灼熱。

じゃくねん【若年・弱年】名詞 年がわかいこと。また、そのような人。参考 もと、十一才から十七才までの年れいをさした。

じゃくはい【弱輩・若輩】名詞 年がわかく、経験が少ない人。例弱輩ですが、よろしくお願いします。参考 けんそんするときや、相手を悪く言うときに使う。

しゃくはち【尺八】名詞 竹でつくった、たてぶえ。あなが表に四つ、うらに一つある。参考 長さが一尺八寸（＝約五十五センチメートル）あるところからいう。⇩図

尺八

しゃくほう【釈放】名詞 する動詞 とらえた人をはなして自由にすること。例ようぎ者が釈放された。

しゃくめい【釈明】名詞 する動詞 〔ごかいなどをとくために〕自分の立場やことのなりゆきをよく説明すること。弁解。弁明。言い開き。いいわけ。例釈明の余地はない。

しゃくや【借家】名詞 お金をはらって、かりてすむ家。かり家。例借家ずまい。対貸家。

しゃくやく 名詞 ボタン科の植物。高さは六十センチメートルぐらいになる。五月ごろ、べに色や白の大きな花がさく。漢字 芍薬。

しゃくよう【借用】名詞 する動詞 〔お金や物を〕かりて使うこと。例機材を借用する。

しゃくりあげる【しゃくり上げる】動詞 何回も息をすいこむようにして泣く。例しゃくり上げる声が聞こえる。活用 しゃくりあ・げる。

しゃけ 名詞 ⬇511ページ・さけ。

しゃげき【射撃】名詞 する動詞 てっぽうなどで、目当てのものをねらって、うつこと。例射撃を開始する。類砲撃。

ジャケット 名詞 ❶（前あきで）たけが短めの西洋風の上着。参考「ジャケツ」ともいう。❷レコードやCDを入れるふくろ。▼英語 jacket

じゃけん【邪険】形容動詞 思いやりがなくて、いじわるなようす。ことば「邪険にあつかう」

しゃこ【車庫】名詞 電車や自動車などを入れておく建物。

しゃこう【社交】名詞 社会生活をしていくために必要なつきあい。例社交の場。

しゃこうせい【社交性】名詞 人とつき合うことが上手な性質。ことば「社交性にとむ（人）」

しゃこうダンス【社交ダンス】名詞 男女二人が組んで、ワルツ・タンゴなどの曲に合わせておどるダンス。ソーシャルダンス。

しゃこうてき【社交的】形容動詞 人とのつき

合いが上手なようす。例 明るくて社交的な人。

しゃこうばん【遮光板】名 光をさえぎるために使う板。

しゃざい【謝罪】名 する動詞 自分のあやまちや罪をあやまること。例 事実をみとめ、謝罪した。参考 あらたまった言い方。

しゃさつ【射殺】名 する動詞 鉄ぽうやピストルなどでうちころすこと。

しゃじ【謝辞】名 感謝の言葉。お礼の言葉。また、おわびの言葉。ことば「謝辞をのべる」

しゃじく【車軸】名 車の回転の中心になる、心棒。例 車軸が折れる。

しゃじくをながす【車軸を流す】 慣用句〔車輪をとりつけるじくのように太い〕どしゃぶりの雨がふるようす。例 車軸を流すような大雨。

しゃじつ【写実】名 する動詞 じっさいの様子を文章や絵などにそのままえがきだすこと。

しゃしょう【車掌】名 列車やバスなどの中で、客の世話や発車の合図などをする人。

しゃしん【写真】名 カメラで物を写すこと。また、写したもの。ことば「写真をとる」

しゃしんか【写真家】名 写真をとることを仕事としたり、しゅみとしたりする人。

しゃしんかん【写真館】名 記念写真などをさつえいするスタジオをもっている店。

しゃしんき【写真機】名 物の光をレンズなどで集め、フィルムにその像をつくる機械。カメラ。

ジャス【JAS】名 日本農林規格。農林水産物とその加工品の品質についてきめた国の規格。この規格に合格したものにはジャスマークがつけられる。参考 英語の略語。

ジャズ 名 アメリカ南部の黒人の音楽から発達した音楽。▼英語 jazz

じゃすい【邪推】名 する動詞 人の行動や、人が言ったことを、わざと悪く考えること。例 うそをついているのではないかと邪推した。

ジャストミート 名 野球で、ボールの中心をとらえて打つこと。参考 英語を組み合わせて日本でつくった言葉。

ジャスミン 名 マツリカ・ソケイなどの、モクセイ科の植物のこと。花はかおりが強いものが多く、けしょう品やお茶のかおりのもとにする。参考 ジャスミンのかおりをつけたお茶をジャスミン茶という。▼英語 jasmine

1 **しゃせい**【写生】名 する動詞 人物や風景などを見て、ありのままに絵や文章にかくこと。

2 **しゃせい**【射精】名 する動詞 精巣でつくられた精子が、いろいろな液体とまざって精液となり体外へ出される現象。

しゃせいぶん【写生文】名 物事を見たとおりに写して書く文章。明治のころ、正岡子規がよびかけてはじめた。

しゃせつ【社説】名 新聞社や雑誌社が、その社を代表する意見として発表する記事。

しゃぜつ【謝絶】名 する動詞 〔申し出などを〕ことわること。例 面会謝絶。類 拒絶。

1 **しゃせん**【車線】名 道路を線で区切って、自動車が走るようにきめられた部分。レーン。

2 **しゃせん**【斜線】名 ななめにひいた線。

しゃそう【車窓】名 電車・バスなどのまど。例 車窓から見える景色。

しゃたい【車体】名 電車・自動車などの人や物をのせるところ。

しゃたく【社宅】名 会社がもっている、社員やその家族をすまわせるための家。

しゃだん【遮断】名 する動詞 〔交通・電流・光・熱・音などを〕さえぎること。例 まわりの音を完全に遮断する。

しゃだんき【遮断機】名 ふみきりなどで、列車が通るときに、人や自動車の通行を止めるしかけ。

しゃち 名 マイルカ科の動物。海にすむ、ほ乳類。体長八～十メートル。体の色は黒で、はらがわは白い。漢字 鯱。

しゃちほこ 名 ごてんや城などの、屋根のむねのはしにつける、魚に似た形をしたかざり。参考 人が想像してつくった動物。海にすむので、火をふせぐまじないとして屋根につけた。⇩図。

しゃちほこ

しゃちほこばる【しゃちほこ張る】動詞 きんちょうして、体がかたくなる。例 しゃちほこ張って、おじぎをした。活用 しゃちほこば・る。

ことばあそび となえことば⑯ （晴れをねがうとき）雨 こんこん やんどくれ あしたの晩に

しゃちゅう【車中】名詞 電車や自動車の中。車内。

しゃちょう【社長】名詞 会社を代表する人。

シャツ 名詞 ❶上半身に着るはだぎ。❷上着の下に着る服。▼英語 shirt

[1]**じゃっかん**【若干】名詞 副詞 少し。いくらか。例若干ちがう。

[2]**じゃっかん**【弱冠】名詞 年がわかいこと。例弱冠十八才で代表に選ばれた。

しゃっかんほう【尺貫法】名詞 長さは尺、重さは貫、量は升、面積は坪を単位とするはかり方。参考 昔使われていたが、一九五九（昭和三四）年にメートル法に統一された。

ジャッキ 名詞 重い物をもち上げる道具。▼英語 jack

しゃっきん【借金】名詞 する動詞 お金をかりること。また、かりたお金。

ジャック 名詞 トランプで、騎士の絵のついたカード。十一を表す。例ダイヤのジャック。▼英語 jack

ジャックナイフ 名詞 大型の、折りたたみ式のナイフ。▼英語 jackknife

しゃっくり 名詞 おうかくまくのけいれんによっておこる、空気をはげしくすいこむ運動。

しゃっこつ【尺骨】名詞 ひじと手首の間にある、二本の骨のうちの、小指側のもの。⇨1209ページ・骨[一]①（図）。

ジャッジ [一] 名詞 審判員。[二] 名詞 する動詞 審判。判定。例公正なジャッジ。▼英語 judge

シャッター 名詞 ❶カメラや映写機で、光のはいるあなをあけしめするしかけ。❷まきあげてあけしめする、うすい金属の板でつくった戸。よろい戸。▼英語 shutter

シャットアウト 名詞 する動詞 ❶しめだすこと。例ほこりをシャットアウトする。❷野球で相手に一点もあたえずにまかすこと。完封。▼英語 shutout

シャッポをぬぐ【シャッポを脱ぐ】慣用句 負けをみとめる。こうさんする。例相手が強すぎて、すぐにシャッポを脱いだ。類かぶとを脱ぐ。参考「シャッポ」は、フランス語でぼうしのこと。

しゃてい【射程】名詞 ❶鉄ぽうなどの弾丸がとどくきょり。❷いきおいや力のおよぶはんい。

しゃでん【社殿】名詞 神社で、神としてまつってあるものをおさめる建物。

しゃどう【車道】名詞 道路で、自動車などが通るように区別された部分。例車道で遊ぶなんてとんでもない。対歩道。人道。

じゃどう【邪道】名詞 ❶正しくない方法。例勝つためには何をしてもよいというのは邪道だ。❷悪いおこない。ことば「邪道におちいる」

シャトル 名詞 ❶「シャトルコック」の略。バドミントンの羽根。❷「シャトル便」の略。空や道路などの、きまった区間を往復する交通機関。例シャトルバス。❸「スペースシャトル」の略。▼英語 shuttle

シャトルバス 名詞 近いところを往復して運行するバス。▼英語 shuttle bus

しゃない【車内】名詞 電車や自動車の中。類車中。

しゃにかまえる【斜に構える】慣用句 物事にきちんと向き合わず、わざとふまじめな態度をとる。例いつも斜に構えていて、みんなに信用されない。

しゃにくさい【謝肉祭】名詞 カトリックで、毎年春、教えによって肉食ができなくなる期間の前におこなわれる祭り。カーニバル。

しゃにむに 副詞 ほかのことは考えないで、無理に。例終電に乗るため、しゃにむに走った。

じゃのめ【蛇の目】名詞「じゃの目がさ」の略。中心の近くに輪のもようがある紙の雨がさ。⇨図。

蛇の目

しゃば【しゃ婆】名詞 ❶仏教で、いろいろな苦しみやなやみをたえなくてはならない世界。この世。❷（ろうやなどに入れられた人が、その中から見た）外の自由な世界。参考②は、くだけた言い方。漢字 娑婆。

ジャパン 名詞 日本。日本国。▼英語 Japan

じゃぶじゃぶ 副詞（-と） 水をかき回したり、水の中を歩いたりするときの音のようす。例水でじゃぶじゃぶあらう。

しゃふつ【煮沸】名詞 する動詞 〔水などを〕にえ

たたせること。例 タオルを煮沸消毒する。

しゃぶる 動詞 口の中に入れて、なめたりすったりする。例 あめをしゃぶる。活用 しゃぶ・る。

[1]しゃべる 動詞 〔口数多く〕ものを言う。例 学校ではよくしゃべる。活用 しゃべ・る。

[2]シャベル 名詞 土やすなをほりおこしたり、すくったりする道具。ショベル。類 スコップ。▼英語 shovel

しゃへん【斜辺】 名詞 直角三角形の、直角とむかいあっている辺。参考 三つの辺の中で一番長い。

シャボテン 名詞 ➡521ページ・サボテン。

シャボン 名詞 ➡699ページ・[1]せっけん（石けん）。例 シャボンを使って服をあらう。▼ポルトガル語

シャボンだま【シャボン玉】 名詞 せっけんをとかした水を、細いくだの先につけ、反対がわからふいてつくるあわのたま。参考 子どもの遊びの一つ。

じゃま【邪魔】 名詞 形容動詞 する動詞 〔あることをしようとするとき〕さまたげになること。また、そのもの。例 勉強の邪魔をする。

しゃみせん【三味線】 名詞 三本のげんをばちではじいて鳴らす、日本のげん楽器。皮をはりつけた胴の部分と、さおの部分からできている。⇩図。参考「ひとさお・ふたさお…」とか「一ちょう・二ちょう…」と数える。

ジャム 名詞 〔イチゴやリンゴなどの〕果物をさとうでやわらかくにつめたもの。▼英語 jam

しゃむしょ【社務所】 名詞 神社で、事務の仕事をするところ。

しゃめん【斜面】 名詞 かたむいている面。坂になっているところ。例 山の斜面。

ばち②

三味線

しゃも 名詞 ニワトリの一品種。鳥をたたかわせる競技に使われた。天然記念物。

しゃもじ 名詞 ごはんやしるを食器にもる道具。しゃくし。

しゃよう【社用】 名詞 会社の用事。例 父は、社用で海外に行った。

じゃり【砂利】 名詞 ❶小さな石。❷小さな石に砂のまじったもの。例 砂利とセメントをまぜる。

しゃりょう【車両】 名詞 電車・自動車などのこと。特に、電車が連結しているときの一両一両。

しゃりん【車輪】 名詞 車のわ。例 前の車輪。

しゃれ 一 名詞 形容動詞 《「おしゃれ」の形で》美しくきかざること。また、きかざった人。例 おしゃれな人。 二 名詞 同じ音や、似た音の言葉を使った、こっけいな文句。

しゃれい【謝礼】 名詞 する動詞 お礼の気持ちを表して、お金や品物をおくること。また、そのお金や品物。

しゃれこうべ 名詞 雨や風に長い間さらされて、白骨になった頭がいこつ。されこうべ。

しゃれっけ【しゃれっ気】 名詞 ❶身なりをかざろうとする気持ちがおもてに出ていること。例 妹は最近しゃれっ気がでてきた。❷気のきいたことをすること。例 しゃれっ気のある話し方をする。

しゃれる 動詞 ❶〔服装などを〕美しくきかざる。例 しゃれた姿。❷格好よく、すっきりとしている。例 しゃれたお店。／しゃれた言いまわし。❸しゃれを言う。活用 しゃ・れる。

じゃれる 動詞 〔犬やネコなどが〕まつわりついてふざける。例 犬が足元でじゃれる。活用 じゃ・れる。

シャワー 名詞 「じょうろ」のような口から水や湯を出してあびるしかけ。また、そこから出る水や湯。▼英語 shower

ジャングル 名詞 熱帯地方で、木がすきまなくしげっている林。密林。▼英語 jungle

ジャングルジム 名詞 金属のくだを組み合わせてやぐらのようにつくった子どもの遊び道具。▼英語 jungle gym

じゃんけん 名詞 〔二人以上の人が〕かた手で石・紙・はさみの形を出しあい、勝ち負けをきめる遊び。参考「じゃんけんぽん」などとかけごえをかけておこなう。

シャンソン 名詞 フランスで、多くの人々に歌われ、したしまれている歌。▼フランス語

シャンデリア 名詞 洋間の天井からつりさげるかざり電灯。▼英語 chandelier

ことばあそび となえことば⑰ （晴れをねがうとき）夕やけ　こやけ　あした　天気になあれ

しゃんと ［副詞］［する動詞］❶姿勢や動作などが、きちんとしているようす。［例］もう少ししゃんとした方がいいよ。❷〔年のわりに〕しっかりしているようす。しゃんしゃん。［例］頭はしゃんとしている。

ジャンパー ［名詞］❶運動や仕事のときなどにきる、ゆったりとした上着。❷陸上競技やスキー競技の、ジャンプ種目の選手。▼英語 jumper

ジャンパースカート ［名詞］ブラウスなどの上に着る、そでなしの上着とスカートがひとつづきになっている女性用の洋服。［参考］日本でつくった言葉。

シャンパン ［名詞］フランスのシャンパーニュ地方でつくられる、あわのでる白ワイン。シャンペン。▼英語（フランス語から）champagne

ジャンプ ［名詞］［する動詞］とぶこと。とびあがること。［参考］特に、陸上競技の走りはばとび・走り高とび、スキーの跳躍競技種目など。また、三段とびで、三番目の跳躍。［例］ホップ、ステップ、ジャンプ。▼英語 jump

シャンプー ［名詞］髪の毛をあらうときに使う洗剤。また、それで髪の毛をあらうこと。▼英語 shampoo

ジャンプボール ［名詞］バスケットボールやポートボールなどで、審判が、むかい合って立っている二人の選手の間にボールを高く上げ、選手がジャンプしてそのボールにふれ、みかたのボールにしようとするプレー。試合をはじめるとき、ボールの取り合いになったとき、ボールをどちらのチームのものにするか判定できなかったときなどにおこなう。▼英語 jump ball

シャンペン ［名詞］⇩シャンパン。

ジャンボ ［名詞］「大きい」「巨大な」などの意味を表す言葉。［例］ジャンボジェット機。［参考］もとアメリカのサーカスにいたゾウの名から。▼英語 jumbo

ジャンボリー ［名詞］ボーイスカウトの大集会。さまざまなもよおしがある。▼英語 jamboree

ジャンル ［名詞］部類。種類。特に、文芸作品の部門。詩・小説・戯曲などの区別のこと。▼英語（フランス語から）genre

1 **しゅ【主】** ［名詞］❶自分がつかえる人。主人。❷中心になること。また、その物事。［例］女の人が主になる集まり。［類］主。❸キリスト教で、神またはキリストのこと。

2 **しゅ【朱】** ［名詞］だいだい色に近い赤。

3 **しゅ【首】** 一 ［名詞］第一の地位にある人。主だった人。［例］元首。
二 ［助数詞］《数を表す言葉の下につけて》和歌などを数える言葉。［例］和歌を三首よむ。

4 **しゅ【種】** ［名詞］❶植物のたね。❷しゅるい。［例］この種の話はめずらしい。❸生物を分類する単位の一つ。属の下。［例］絶滅した種。

1 **しゅい【首位】** ［名詞］第一位。一番。［例］首位をまもる。［類］首席。王座。

2 **しゅい【趣意】** ［名詞］何かをやろうとするとき、どうやってやるかという考えや目的。ねらい。［例］趣意書。／この会の趣意がわからない。

しゅいんせん【朱印船】 ［名詞］豊臣秀吉や徳川家康があたえた朱印状（外国へ行ってもよいという手紙）を持って、東南アジアへ貿易に行った船。御朱印船。

1 **しゆう【私有】** ［名詞］［する動詞］自分の物としてもっていること。［例］私有財産。［対］国有。公有。

2 **しゆう【雌雄】** ［名詞］❶めすとおす。❷勝ち負け。［ことば］「雌雄を争う」⇩「雌雄を決する」

1 **しゅう【州】** ［名詞］［接尾語］❶日本で、昔の国の名につける言葉。［例］紀州（＝紀伊）ミカン。❷アメリカ合衆国やオーストラリアなどで、国を形づくる区画のよび名。［例］ワシントン州。

2 **しゅう【週】** ［名詞］［助数詞］七つの曜日でまとめた単位。一週間。［例］週に二回ピアノを習う。

じゆう【自由】 ［名詞］［形容動詞］なにものにも制限されないで、思いどおりにできること。［例］言論の自由。［類］自在。［対］不自由。

1 **じゅう【十】** ［名詞］数の名で、とお。また、十番目。［例］十倍。

2 **じゅう【中】** ［接尾語］❶期間をしめす言葉について、その間ずっとということを表す言葉。［例］一年中。❷広さやはんいをしめす言葉について、その全体ということを表す言葉。［例］世界中。❸人の集まりをしめす言葉について、その全員ということを表す言葉。［例］クラス中。

3 **じゅう【拾】** ［名詞］「十」と同じ。［参考］領収書などに書くときに使う。［例］金拾万円。

4 **じゅう【銃】** ［名詞］⇩865ページ・てっぽう。

しゅうあく【醜悪】 ［名詞］［形容動詞］とてもみにくくて、けがらわしいこと。［例］醜悪な争い。

じゅうあつ【重圧】 ［名詞］強い力でおさえつけること。また、その力。［例］試験の重圧にたえる。

しゅうい【周囲】 名詞 ❶〔ある物の〕まわり。また、その長さ。例 池の周囲。❷ある物や、ある人などをとりまくもの。例 周囲の目が気になる。

じゅうい【獣医】 名詞 犬・ネコ・牛・馬など、動物のけがや病気をなおす医者。

じゆういし【自由意志】 名詞 ほかからおしつけられるのでなく、自分でこうしようと決めた考え。例 自由意志で投票する。

じゅういちがつ【十一月】 名詞 一年の十一番目の月。古くは「霜月」といった。

しゅういつ【秀逸】 名詞 形容動詞 同じ種類のものの中で、ほかよりすぐれていること。また、そのもの。例 秀逸な文章。

しゅうえき【収益】 名詞 りえきをえること。また、そのりえき。例 一日の収益が三万円。

しゅうえん【終演】 名詞 しばいなどで、その日の上演が終わること。対 開演。

じゅうおう【縦横】 名詞 ❶たてとよこ。❷東西南北。四方八方。例 鉄道が縦横に走っている。❸思うまま。自由自在。例 縦横にボールをあやつる。

じゅうおうむじん【縦横無尽】 四字熟語 物事を思いのままにおこなうようす。例 縦横無尽の大活躍。類 自由自在。

しゅうか【集荷】 名詞 する動詞 各地から、野菜・果物・魚などの荷物を市場に集めること。また、市場に集まること。例 マグロが魚市場に集荷される。

じゆうか【自由化】 名詞 する動詞 思いどおりにできるようにすること。国にとりしまられることがなくなること。例 貿易の自由化。

1 **しゅうかい【周回】** 名詞 物のまわりをまわること。例 湖を周回する道路。

2 **しゅうかい【集会】** 名詞 する動詞 人々が、ある目的をもって集まること。また、その集まり。

じゅうかがくこうぎょう【重化学工業】 名詞 重工業に化学工業をふくめていうよび名。

しゅうかく【収穫】 一 名詞 する動詞 農作物をとり入れること。また、とり入れたもの。例 米を収穫する。／収穫量。二 名詞 あることをおこなってえた、よい結果。例 チームがまとまったことが、合宿での収穫だ。

1 **しゅうがく【修学】** 名詞 する動詞 勉強して、学問を身につけること。

2 **しゅうがく【就学】** 名詞 する動詞 教育をうけるために、学校に入ること。例 就学年令になる。

しゅうがくりょこう【修学旅行】 名詞 生徒に、その土地の様子などを見学・学習させるためにおこなう団体旅行。

じゆうがた【自由形】 名詞 水泳競技の種目の一つ。どんな泳ぎ方をしてもよいが、多く一番スピードのでるクロールで泳ぐ。

じゅうがつ【十月】 名詞 一年の十番目の月。古くは「神無月」といった。

じゆうかったつ【自由かっ達】 四字熟語 心がのびのびとしていて、小さなことにこだわらないようす。漢字 自由闊達。

1 **しゅうかん【週刊】** 名詞 新聞や雑誌などを一週間に一度発行すること。例 女性週刊誌。注意「週間」と書かないこと。

2 **しゅうかん【週間】** 一 名詞 特別な行事をする七日間。例 読書週間。二 助数詞《数を表す言葉につけて》〔日曜日から土曜日までの〕七日間を単位とする数え方に使う言葉。注意「週刊」と書かないこと。

3 **しゅうかん【習慣】** 名詞 くり返してするうちに、きまりのようになったことがら。例 八時にねる習慣だ。類 慣例。

じゅうかん【縦貫】 名詞 する動詞 たて、または南北につらぬくこと。例 日本列島を縦貫する道路。

しゅうかんし【週刊誌】 名詞 一週間に一回発行される雑誌。

1 **しゅうき【周忌】** 助数詞 人が死んだあとに毎年めぐってくる、その人が死んだ日にあたる日。回忌。参考 満一年目は「一周忌」だが、満二年目は「二周忌」といわずに「三周忌」という。

2 **しゅうき【周期】** 名詞 一定の時間ごとに同じ運動がくり返されるとき、その一回にかかる時間。例 一時間の周期で湯をふきだす。

3 **しゅうき【臭気】** 名詞 いやなにおい。くさみ。悪臭。ことば「臭気をはなつ」

4 **しゅうき【秋季】** 名詞 秋の季節。例 秋季大運動会。参考 多く、もよおしものなどのよび名の上につけて使う。対 春季。

5 **しゅうき【秋期】** 名詞 秋の期間。例 秋期限定のお菓子。対 春期。

1 **しゅうぎ【祝儀】** 名詞 ❶〔結婚式などの〕お祝い

いの儀式。❷お祝いのとき、人におくる品物やお金。ひきで物。例祝儀の品物。❸世話をしてくれた人にお礼としてあげるお金。心づけ。チップ。例祝儀をはずむ。

2 **しゅうぎ**【衆議】名詞 たくさんの人が集まってする相談。また、そのときの意見。類合議。

しゅうぎいっけつ【衆議一決】四字熟語 多くの人の意見が一つにまとまること。例運動会を中止することに衆議一決した。

しゅうぎいん【衆議院】名詞 参議院とともに国会をつくっているしくみの一つ。全国のそれぞれの選挙区から国民の選挙によってえらばれた議員でつくられ、国の予算や法律などを決める。

しゅうぎいんぎいん【衆議院議員】名詞 国民の選挙によってえらばれ、衆議院をつくっている人。任期は四年。参考 ⇩527ページ・参議院議員。

しゅうきてき【周期的】形容動詞 あるきまった時間をおいて、くり返しおこること。例周期的な頭つうになやまされる。

1 **しゅうきゅう**【蹴球】名詞 サッカー。または、ラグビー、アメリカンフットボール。

2 **しゅうきゅう**【週休】名詞 一週間のうちに、決まった休みの日があること。また、その休日。例週休二日制。

3 **しゅうきゅう**【週給】名詞 一週間ごとにしはらわれる給料。

じゅうきょ【住居】名詞 住んでいる家。すまい。住宅。例住居をうつす。類住所。

しゅうきょう【宗教】名詞 神や仏を信じることによって心の落ち着きや幸福をえようとすること。参考 神道・仏教・キリスト教・イスラム教など。

1 **しゅうぎょう**【修業】名詞 する動詞 学問やわざを習いおぼえること。例修業証書。参考「しゅぎょう」とも読む。類修行。

2 **しゅうぎょう**【終業】名詞 する動詞〔ある決まった時間内におこなう〕仕事や勉強を終えること。例終業は五時です。対始業。

3 **しゅうぎょう**【就業】名詞 する動詞 仕事につくこと。仕事にとりかかること。例朝九時に就業する。

じゆうぎょう【自由業】名詞 人にやとわれずに、独立して働く職業。弁護士・芸術家・医者など。

じゅうぎょういん【従業員】名詞 会社や工場などで仕事をしている人。

しゅうきょうか【宗教家】名詞 布教など宗教にかかわることをおこなう人。

しゅうぎょうしき【終業式】名詞 学校で各学期の授業が終わるときにおこなう儀式。対始業式。

1 **しゅうきょく**【しゅう曲】名詞 する動詞 平らな地層が、横からの強い力によっておしまげられて、ひだができること。また、そうしてできた地形。例しゅう曲山脈。

2 **しゅうきょく**【終局】名詞 物事が終わること。例事件は終局をむかえた。類終盤。結末。対発端。

しゅうぎょとう【集魚灯】名詞 夜、魚をとるときに、魚を集めるためにつける明かり。

しゅうきん【集金】名詞 する動詞〔品物の代金など〕お金を集めること。また、そのお金。

じゅうきんぞく【重金属】名詞 比重がだいたい五より上の重い金属。参考 白金・金・銀・銅・鉄など。対軽金属。

シュークリーム 名詞 小麦粉にたまごとバターをまぜて焼いた、うすい皮の中に、クリームをつめた洋菓子。参考 シューはフランス語chou（キャベツ）で、それにクリームを合わせて日本でつくった言葉。英語ではcream puffという。シュークリームというとshoe cream（靴クリーム）に聞こえてしまう。

じゅうぐん【従軍】名詞 する動詞 軍隊といっしょに戦地に行くこと。例従軍記者。

しゅうけい【集計】名詞 する動詞 集めて計算すること。例寄付金の集計をする。類合計。

しゅうげき【襲撃】名詞 する動詞 ふいに敵をおそうこと。例敵の襲撃にあう。

1 **しゅうけつ**【終結】名詞 する動詞 物事を終わりにすること。また、物事のおさまりがついて、終わること。例戦いが終結した。類終了。

2 **しゅうけつ**【集結】名詞 する動詞 ちらばっていたものが一か所に集まること。また、集めること。例広場に集結した人々。対散開。

じゅうけつ【充血】名詞 する動詞 体のある部分を流れる血が、特に多くなること。例目が充血している。

しゅうげん【祝言】名詞 お祝い。特に、結婚

式。ことば「祝言をあげる」参考 古い言い方。

じゆうけんきゅう【自由研究】 名詞 テーマを自分で決めておこなう研究。

しゅうこう【就航】 名詞 する動詞 船や飛行機が（はじめて）航路を行ききすること。例 ゆうらん船は来月から就航する。

しゅうごう【集合】 名詞 する動詞 一か所に集まること。また、集めること。例 生徒が校庭に集合した。対 解散。

じゅうこう【重厚】 形容動詞 どっしりとして、落ち着いているようす。例 重厚なつくりの家。対 軽薄。

じゅうこうぎょう【重工業】 名詞 鉄鋼・船舶・車両など、重く大きな物をつくる工業。対 軽工業。

じゆうこうどう【自由行動】 名詞 思いのままにふるまうこと。例 午後は自由行動になる。

じゅうごや【十五夜】 名詞 陰暦で、十五日の満月の夜。特に、八月十五日の夜。参考 この夜の月を「中秋の名月」「いも名月」という。

ジューサー 名詞 果物や野菜のジュースをつくる器具。▼英語 juicer

しゅうさい【秀才】 名詞 ちえがあり、学問などに特にすぐれている人。類 天才。英才。

じゅうざい【重罪】 名詞 重い罪。例 重罪をおかす。

しゅうさく【習作】 名詞 絵・彫刻・音楽などで、練習のために作品をつくること。また、その作品。

じゅうさつ【銃殺】 名詞 する動詞 鉄ぽうでうちころすこと。例 きょう悪な犯人が銃殺された。

しゅうさん【集散】 名詞 する動詞 ❶集まったり、ちったりすること。また、集めたり、ちらしたりすること。❷産地から品物を集め、消費地に送り出すこと。参考 多く、農産物にいう。

しゅうさんち【集散地】 名詞 その地方でとれるものを集めて、ほかの地方へ送り出すところ。例 米の集散地。

じゅうさんや【十三夜】 名詞 陰暦で、十三日の夜。特に、九月十三日の夜。参考 この夜の月は十五夜の月について美しいとされ、「豆名月」「くり名月」という。

1 **しゅうし【収支】** 名詞 入ってくるお金と、出ていくお金。収入と支出。例 収支が合わない。

2 **しゅうし【宗旨】** 名詞 ❶その宗教の中心になる教え。例 仏教の宗旨を説く。❷一つの宗教の中の流派。宗派。例 同じ仏教でも宗旨がちがう。❸その人の主義や好み。例 宗旨を変える。

3 **しゅうし【修士】** 名詞 大学院で二年以上勉強して、論文の審査に合格した人にあたえられる学位。マスター。

4 **しゅうし【終始】** 一 名詞 する動詞 始めから終わりまで、かわらずやりとおすこと。例 平和運動に終始した一生。二 副詞 いつも。例 終始、笑顔だった。

しゅうじ【習字】 名詞 〔筆で〕文字の書き方を習うこと。類 書道。

じゆうし【自由詩】 名詞 字数や、言葉の調子にとらわれずに書く詩。対 定型詩。

じゅうし【重視】 名詞 する動詞 大切であると考えること。例 実績を重視する。対 軽視。

1 **じゅうじ【十字】** 名詞 ❶十個の文字。例 十字以内で答えなさい。❷漢字の「十」の字の形。十文字。ことば ⇩「赤十字」 ❸キリスト教徒が手でえがく十字の形。ことば ⇩「十字を切る」

2 **じゅうじ【従事】** 名詞 する動詞 ある仕事についていること。例 農業に従事する。

しゅうしいっかん【終始一貫】 四字熟語 始めから終わりまでかわらないこと。例 かれは、終始一貫正義をつらぬいた。類 首尾一貫。

じゅうじか【十字架】 名詞 ❶昔、罪をおかした人をはりつけにした、十の字の形をしたはしら。❷キリスト教の信者がとうとぶ十字の形。

しゅうしけい【終止形】 名詞 動詞や、形容詞・形容動詞などで、言い切りになるときの形。辞典では見出しの形で使われる。参考「うつくしい」の終止形は「うつくしい」である。

じゆうじざい【自由自在】 四字熟語 思うとおりにするようす。思いのままにできるようす。例 一輪車を自由自在にのりこなす。類 縦横無尽。

じゅうしちじょうのけんぽう【十七条の憲法】 名詞 六〇四年、聖徳太子によってつくられたという、十七条からできている憲法。参考 政治についての仕事をする人々が特に気をつけなければならない心がけを記したもので、今の憲法とは性質がちがう。

1 **しゅうじつ【終日】** 名詞 朝からばんまで。一日中。例 終日雨だった。

2 **しゅうじつ【週日】** 名詞 一週間のうち、日曜

あいうえお かきくけこ さしすせそ たちつてと なにぬねの はひふへほ まみむめも や ゆ よ らりるれろ わ を ん

ことばあそび となえことば⑲ （わかれるとき）さよなら 三角 また来て四角 四角はとうふ

日をのぞいた日。また、日曜日と土曜日をのぞいた日。ウイークデー。平日。

じゅうじつ【充実】 名詞 する動詞 中身がゆたかでしっかりしていること。例 充実した生活。

しゅうしふ【終止符】 名詞 曲や文の終わりにつけるしるし。ピリオド。

しゅうしふをうつ【終止符を打つ】 慣用句 物事を終わりにする。例 学生生活に終止符を打つ。

じゅうしまつ 名詞 カエデチョウ科の鳥。体長約十二センチメートル。おとなしい性質で、飼育しやすい。漢字 十姉妹。

しゅうしゃ【終車】 名詞 その日の最後に出る電車やバス。類 終電。

じゅうしゃ【従者】 名詞 主人のともをする人。おとも。

しゅうじゃく【執着】 名詞 する動詞 ➡592ページ・しゅうちゃく（執着）。

1 **しゅうしゅう【収拾】** 名詞 する動詞 みだれている物事をおさめて、まとめること。例 事態を収拾する。／たくさんの人がおしかけて収拾がつかなくなった。⇩使い分け。

2 **しゅうしゅう【収集】** 名詞 する動詞 集めること。また、集めたもの。例 人形を収集している。⇩使い分け。

じゅうじゅう【重重】 副詞 重ね重ね。よくよく。例 それは、重々承知しています。参考 ふつう「重々」と書く。

じゆうしゅぎ【自由主義】 名詞 個人の自由をとうとぶ主義。国などからのえいきょうをしりぞけて、できるかぎり人の考えやおこないの自由を重んじる考え方。リベラリズム。例 自由主義の国家。

使い分け　しゅうしゅう

●おさめること。
収拾がつかない。

●集めること。
ごみの収集。

しゅうしゅく【収縮】 名詞 する動詞 ちぢむこと。また、ちぢめること。例 筋肉が収縮する。

しゅうじゅく【習熟】 名詞 する動詞 物事によくなれて、上手になること。例 英語に習熟する。

じゅうじゅつ【柔術】 名詞 日本に古くからある武道の一つ。相手の力を利用して、相手をたおすわざ。

1 **じゅうじゅん【柔順】** 形容動詞 おとなしくて、ものやわらかなようす。例 柔順な性格の人。類 従順。

2 **じゅうじゅん【従順】** 形容動詞 すなおで、人にさからわないようす。例 命令に、従順にしたがう。類 柔順。

じゅうしょ【住所】 名詞 住んでいるところや、ある場所の、地名と番地。例 病院の住所を調べる。類 住居。住まい。居場所。

1 **じゅうしょう【重症】** 名詞 「命があぶないほど」病気が重いこと。例 重症の患者。類 重病。対 軽症。⇩使い分け。

2 **じゅうしょう【重唱】** 名詞 する動詞 音楽で、一人ずつちがった高さの声の部分をうけもって、合唱すること。

3 **じゅうしょう【重傷】** 名詞 「命にかかわるような」重いきず。ことば「重傷をおう」類 深手。痛手。対 軽傷。⇩使い分け。

1 **しゅうしょく【修飾】** 名詞 する動詞 ❶かざること。例 人物の言葉や動作をうまく修飾する。❷文法で、ある言葉の上についてその言葉の意味をくわしくはっきりさせること。例 上の言葉が

使い分け　じゅうしょう

●重い病気。
重症のかんじゃ。

●大けが。
重傷をおう。

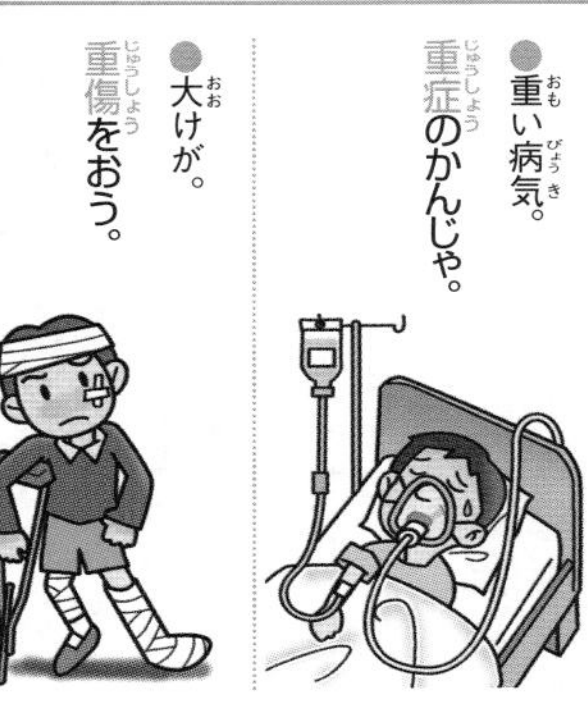

下の言葉を修飾する。

2 **しゅうしょく【就職】** (名詞)(する動詞) ある〔きまった〕職業につくこと。例 銀行に就職した。類 就任。奉職。対 退職。

じゅうしょく【住職】 (名詞) 寺で一番上の地位にある僧。住寺。

しゅうしょくぐち【就職口】 (名詞) ある仕事につくことができる場所。つとめ先。例 就職口をさがして、知り合いをたずねる。

しゅうしょくご【修飾語】 (名詞) 文法で、後に続く言葉の様子を、くわしく説明する言葉。参考「赤い花」という文では、「花」をくわしく説明している「赤い」が修飾語。

じゅうしょろく【住所録】 (名詞) 自分に関係のある人たちの住所・氏名などを書きまとめておく帳面。

じゅうじろ【十字路】 (名詞) 道が十字の形になっているところ。四つかど。類 交差点。

じゅうじをきる【十字を切る】 慣用句 〔特に、キリスト教を信じている人が〕むねの前で手で十字をえがく。例 十字を切って神にいのる。

1 **しゅうしん【終身】** (名詞) 〔生まれてから〕死ぬまでの間。一生。例 終身、世のためにつくす。

2 **しゅうしん【執心】** (名詞)(する動詞) あることに心が強くひきつけられること。例 お金に執心する。類 執着。

3 **しゅうしん【就寝】** (名詞)(する動詞) ねどこに入って、ねること。例 九時に就寝した。対 起床。

1 **しゅうじん【囚人】** (名詞) 罪をおかして、けいむ所に入れられている人。類 罪人。

2 **しゅうじん【衆人】** (名詞) 多くの人々。大ぜいの人。例 衆人が見ている前ではじをかいた。類 群衆。大衆。

1 **じゅうしん【重心】** (名詞) 重さの中心。

2 **じゅうしん【重臣】** (名詞) 大切な役目についている家来。例 徳川家の重臣。

3 **じゅうしん【銃身】** (名詞) たまがとおるあなのあいている、鉄ぽうのつつ。

しゅうじんかんし【衆人環視】 四字熟語 たくさんの人がまわりをとりかこんで見ていること。例 衆人環視のなかで、はじをかかされる。

シューズ (名詞) くつ。「サッカーシューズ」「レインシューズ」などの略としても使う。▼英語 shoes

1 **ジュース** (名詞) 果物や、野菜などをしぼったしる。また、それにさとうや水などを加えた飲み物。▼英語 juice

2 **ジュース** (名詞) テニスや卓球などで、一ゲームまたは一セットの勝ち負けがあと一点で決まるときに、同点になること。そのあとは、続けて二点とった方が勝ちになる。▼英語 deuce

1 **しゅうせい【修正】** (名詞)(する動詞) まちがいなどを直して正しくすること。例 図面を修正する。類 訂正。

2 **しゅうせい【終生・終世】** (名詞) 〔生まれてから〕死ぬまでの間。生きているかぎり。ことば「ご恩は終生わすれません」

3 **しゅうせい【習性】** (名詞) ❶習慣によってつくられた性質。❷その種類の動物にふつうにみられる生活や行動のし方。例 サケはうまれた川に帰ってくる習性がある。

じゅうせい【銃声】 (名詞) 鉄砲をうったときの音。類 砲声。

じゅうぜい【重税】 (名詞) 高い税金。例 重税にくるしむ。

しゅうせき【集積】 (名詞)(する動詞) 集めて、まとめておくこと。例 貨物を集積する。

じゆうせき【自由席】 (名詞) 電車・劇場などで、だれがすわってもいい席。すわる人が決められていない席。例 自由席のきっぷを買う。対 指定席。

じゅうせき【重責】 (名詞) 重いせきにん。ことば「重責をになう」

しゅうせきかいろ【集積回路】 (名詞) ➡3ページ・アイシー。

1 **しゅうせん【周旋】** (名詞)(する動詞) 物の売り買いや人との話し合いなどの間に入って、いろいろ世話をすること。例 先生に周旋してもらって、新しい部屋を借りることができた。参考 やや古い言い方。

2 **しゅうせん【終戦】** (名詞) 戦争が終わること。例 祖父は終戦の年にうまれた。参考 特に、第二次世界大戦の終わったことをいい、一九四五（昭和二〇）年八月十五日を「終戦記念日」とよぶ。対 開戦。

しゅうぜん【修繕】 (名詞)(する動詞) こわれたり悪くなったりしたところをつくろって、直すこと。例 屋根を修繕する。

じゅうぜん【従前】 (名詞) いままでよりも前。これまで。例 従前どおりに作業を進めよう。参考

ことばあそび となえことば⑳ （わかれるとき）カエルが 鳴くから帰ろ カラスが 鳴くから

少しあらたまった言い方。

1 **じゅうそう**【重曹】名詞 ふくらし粉や漂白剤などに使う白い粉。重炭酸ソーダ。炭酸水素ナトリウム。

2 **じゅうそう**【縦走】名詞 する動詞 ❶たて、または南北に通っていること。❷登山で、いくつもの山を尾根づたいに歩きとおすこと。例 北アルプスを縦走する。

しゅうそく【終息】名詞 する動詞 物事がすっかり終わること。例 感染症の流行が終息した。類 終了。

しゅうぞく【習俗】名詞 その土地に昔から伝わっている風俗や習慣。例 村の習俗。類 ならわし。風習。

じゅうぞく【従属】名詞 する動詞 ほかのものの下に、つきしたがうこと。例 強国に従属する国。

しゅうたい【醜態】名詞 見ていられないような、はずかしいおこないや態度。ことば 「醜態をさらす」「醜態をえんじる」

1 **じゅうたい**【重体・重態】名詞 病気が重く、命があぶないこと。ことば 「重体におちいる」

2 **じゅうたい**【渋滞】名詞 する動詞 物事がうまく進まないこと。例 事故で交通が渋滞している。

3 **じゅうたい**【縦隊】名詞 たてに長くならんだ形。例 二列縦隊にならぶ。対 横隊。

1 **じゅうだい**【十代】名詞 十才から十九才までの年令。また、その年令の人。例 十代の少女。

2 **じゅうだい**【重大】形容動詞 ❶ふつうでないようす。大変なようす。例 重大な事件。❷とても大切なようす。例 責任は重大だ。／重大発表。

しゅうたいせい【集大成】名詞 する動詞 たくさんのものを集めて、整理して、まとめること。また、まとめたもの。例 「万葉集」の研究の集大成。

じゅうたく【住宅】名詞 人の住んでいる家。すまい。住居。例 せまい住宅にすむ。

じゅうたくち【住宅地】名詞 住む家を建てるのにてきした土地。

しゅうだん【集団】名詞 多くの人・動物・物などが、集まったもの。例 集団生活。／先頭の集団にまざって走った。類 団体。

じゅうたん 名詞 床などにしく、あつい毛織物。カーペット。参考 今は毛のほかに絹や化学せんいの物もある。

じゅうだん【縦断】名詞 する動詞 ❶たてにたちきること。❷たて、または南北に通りぬけること。例 大陸を縦断する。対 ①②横断。

1 **しゅうち**【周知】名詞 する動詞 広く知れわたっていること。ことば 「周知の事実」

2 **しゅうち**【羞恥】名詞 はずかしく思うこと。はじらい。例 かれはことのほか、羞恥の念が強い。

3 **しゅうち**【衆知】名詞 多くの人のちえ。ことば 「衆知を集める」

しゅうちしん【羞恥心】名詞 はずかしいと思う気持ち。例 羞恥心がまったくない人。

1 **しゅうちゃく**【終着】名詞 〔電車などが〕最後の駅につくこと。例 終着駅。対 始発。

2 **しゅうちゃく**【執着】名詞 する動詞 あることを深く思いこむこと。また、あることが心からはなれないこと。例 生きることへの執着が病気に勝った。類 執心。参考 「しゅうじゃく」ともいう。

しゅうちゅう【集中】名詞 する動詞 一つのところに集めること。また、集まること。例 質問が集中する。

しゅうちゅうごうう【集中豪雨】名詞 かぎられたせまいはんいに、短い時間で、はげしく雨がふること。また、その雨。

しゅうちゅうりょく【集中力】名詞 心や気持ちを一つのことに集める力。例 集中力をやしなうトレーニング。

じゅうちん【重鎮】名詞 ある分野で中心となる役割をもつ人。例 物理学会の重鎮。

しゅうてん【終点】名詞 物事の終わるところ。特に、電車・バスなどがいきつく最後の駅。また、街道などの最後の地点。例 シルクロードの終点。対 起点。

しゅうでん【終電】名詞 「終電車」の略。類 終車。

じゅうてん【重点】名詞 〔特に、力を入れる〕大切なところ。例 栄養のバランスに重点をおく。

じゅうでん【充電】名詞 する動詞 〔蓄電池や蓄電器に〕電気をたくわえること。対 放電。

しゅうでんしゃ【終電車】名詞 その日最後に出る電車。

1 **しゅうと** 名詞 ❶夫、または、妻の父。❷⬇しゅうとめ。参考 ①は舅、②は姑と書く。

2 **シュート** 名詞 する動詞 ❶野球の、変化球の一つ。右投手は右へ、左投手は左へまがる。❷サッカーやバスケットボールなどでボールをゴールにむけてける、また、投げること。例 シュートを

きめる。▼英語 shoot（動詞。名詞は shot）

じゅうど【重度】名詞 〔病気やけがなどの〕ていどが重いこと。例 火事で重度のやけどを負う。対 軽度。

しゅうとう【周到】名詞 形容動詞 よく行きとどいて、まちがいのないこと。例 周到な計画を立てた。

じゅうどう【柔道】名詞 たがいに組み合い、相手の力をうまく利用して、投げたり、たおしたりするスポーツ。参考 明治時代のはじめ、嘉納治五郎がはじめた。

しゅうどういん【修道院】名詞 キリスト教で、キリストの教えにしたがい、きまりをまもって共同生活をするところ。

しゅうとく[1]【拾得】名詞 する動詞 落とし物をひろうこと。例 公園で拾得したさいふ。参考 あらたまった言い方。

しゅうとく[2]【修得】名詞 する動詞 学問やわざなどを習って、身につけること。例 小学校の先生の資格を修得した。

しゅうとく[3]【習得】名詞 する動詞 技術などを習いおぼえること。例 運転の技術を習得した。

しゅうとくぶつ【拾得物】名詞 ひろった落とし物。例 拾得物を警察にとどける。

しゅうとめ 名詞 夫、または、妻の母。しゅうと。漢字 姑。

じゅうなん【柔軟】形容動詞 ❶やわらかく、しなやかなようす。例 柔軟な体。／柔軟運動。❷そのときにおうじて、物事のあつかい方をかえるようす。例 柔軟な態度でのぞむ。

じゅうにがつ【十二月】名詞 一年の十二番目の月。古くは「師走」といった。

じゅうにし【十二支】名詞 昔、十二の動物の名前を当てはめて、時刻や方向を表したよび名。類 えと。参考 子（＝ネズミ）・丑（＝牛）・寅（＝トラ）・卯（＝ウサギ）・辰（＝竜）・巳（＝ヘビ）・午（＝馬）・未（＝羊）・申（＝サル）・酉（＝ニワトリ）・戌（＝犬）・亥（＝イノシシ）。⇩図。

十二支

じゅうにしちょう【十二指腸】名詞 胃から続いている小腸のはじめの部分。参考 指を十二本ならべたくらいの長さがあるのでこの名がついた。⇩939ページ・内臓（図）。

じゅうにひとえ【十二ひとえ】名詞 昔、皇室につかえた女の人がきた、正式な服装である着物。参考 いろいろな色のえりがかさなるようにしてきた。漢字 十二単。⇩図。

十二ひとえ

じゅうにぶん【十二分】形容動詞 「十分」を強めた言い方。多すぎるほど十分なこと。例 十二分のお礼をいただいた。

しゅうにゅう【収入】名詞 お金や品物が、自分の物として入ってくること。また、そのお金や品物。ことば「収入をえる」類 稼ぎ。対 支出。

しゅうにゅういんし【収入印紙】名詞 ⇩115ページ・いんし。

しゅうにん【就任】名詞 する動詞 ある役目につくこと。例 市長に就任した。類 就職。対 辞任。退任。

じゅうにん【住人】名詞 その土地や家に住んでいる人。例 アパートの住人。類 住民。

しゅうにんしき【就任式】名詞 ある〔重要な〕仕事につくときにする儀式。

じゅうにんといろ【十人十色】四字熟語 〔十人いれば、それぞれ顔かたちがちがうように〕人によって、好みや考え方がちがっていること。例 同じ質問をしても、答えは十人十色だ。

じゅうにんなみ【十人並み】名詞 形容動詞 顔だちや能力などがふつうであること。例 十人並みの器量。

しゅうねん[1]【周年】接尾語 《数字の下につけ

て》「…年目にあたる年」の意味を表す言葉。例開校百周年。

2 **しゅうねん【執念】** 名 深く思いこんでそこから動かない心。ことば「執念をもやす」

じゅうねんいちじつのごとく【十年一日のごとく】 ことわざ〔十年がまるで一日であるように〕いつまでもかわらないで同じことをくり返していること。例十年一日のごとくつとめてきた。

じゅうねんひとむかし【十年一昔】 ことわざ 十年たったら、世の中はすっかりかわっていること。

しゅうねんぶかい【執念深い】 形容詞 しつこくて、なかなかあきらめない。うらみなどをいつまでもわすれない。活用 しゅうねんぶか・い。

しゅうのう【収納】 名 する動詞 ❶〔箱やたんすなどに〕物をしまうこと。例荷物を収納するスペース。❷お金や品物を受け取っておさめること。

じゅうのう【十能】 名 炭火を入れて持ち運ぶ、えのついた道具。⇩図。

十能

しゅうは【宗派】 名 一つの宗教の中で、いくつかに分かれた、一つ一つのあつまり。例仏教の宗派。

しゅうはい【集配】 名 する動詞〔郵便物や貨物などを〕集めたり、配ったりすること。例集配業務。

じゅうばこ【重箱】 名 食べ物を入れてつみ重ね、一番上にふたをするはこ。参考 ふつう、四角なうるしぬりのはこ。⇩図。

重箱

じゅうばこのすみをようじでほじくる【重箱の隅をようじでほじくる】 ことわざ たいへんこまかいことにまで、さがし出して、うるさく口を出すようす。参考「重箱のすみをつつく」ともいう。

じゅうばこよみ【重箱読み】 名 二つの漢字でできている言葉を、上は音読み、下は訓読みにすること。参考 重箱・台所・役割など。対 湯とう読み。

しゅうバス【終バス】 名 その路線で、その日に運行する最後のバス。最終バス。

しゅうはすう【周波数】 名 電波や光などの一秒間に振動する回数。参考 単位は「ヘルツ」。

じゅうはちばん【十八番】 名 得意な芸。得意とすること。例かれの十八番は、ものまねだ。語源 歌舞伎の市川家に伝わる十八の得意な出し物から。類 十八番。

しゅうはつ【終発】 名 電車・バスなどの、その日の最後の発車。また、その電車・バスなど。対 始発。

1 **しゅうばん【終盤】** 名 ❶〔碁や将棋などで〕勝負の終わりに近いころ。類 終局。❷続いておこなわれていた物事の終わりのころ。例リーグ戦もいよいよ終盤に入った。対①②序盤。中盤。

2 **しゅうばん【週番】** 名 一週間ごとに、交代するつとめ。また、そのつとめをする人。例週番は八時に集まれ。

じゅうはん【重版】 名 する動詞 一度出版した本を、同じ版をつかって二回以上出版すること。また、その本。例売れ行きのよい本を重版する。類 再版。対 初版。

しゅうひつ【終筆】 名 習字で、ある字を書きおえる、最後の線や点。

じゅうびょう【重病】 名 重い病気。大病。類 重症。対 軽症。

ことば博士になろう!

あなたの十八番は?

「この歌は、彼女の十八番だ」という言い方をすることがあります。「十八番」は「もっとも得意な芸や物事」という意味で「おはこ」ともいいます。十八番は、江戸時代に歌舞伎の人気役者だった七代目市川団十郎が、十八の得意なしばいを発表した「歌舞伎十八番」がもとになっています。歌舞伎十八番の台本は箱に入れて大切にしておいたことから、「おはこ」ともいわれるようになりました。

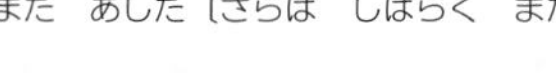

また　あした〔さらば　しばらく　またあした〕

じゆうびょうどう【自由平等】名 人々が自分の思いどおりにでき、差別がないこと。例 人類の自由平等を願う。

しゅうふく【修復】名 する動詞 こわれたところをつくり直すこと。例 名画を修復する。

じゅうふく【重複】名 する動詞 ➡815ページ・ちょうふく。

しゅうぶん【秋分】名 二十四節気の一つ。秋に、昼と夜の長さが同じになるとき。九月二十三日ごろ。⇨口絵10ページ。参考 彼岸の中日にあたる。対 春分。

¹じゅうぶん【十分】副 形容動詞 満足して、不足や不満のないようす。例 十分、理解している。／これだけあれば十分だ。対 不十分。

²じゅうぶん【重文】名 ❶主語と述語をそなえた部分が二つ以上ならんでいる文。対 単文。複文。参考「雨がふり、風がふく。」など。❷「重要文化財」の略。

しゅうぶんのひ【秋分の日】名 国民の祝日の一つ。秋分に当たり、せんぞのたましいをまつる日。九月二十三日ごろ。参考 ⇨607ページ・春分の日。

しゅうへき【習癖】名 〔身についてしまった〕くせ。例 妹にはつめをかむ習癖がある。参考 少しあらたまった言い方。ふつう、よくないくせについていう。

シューベルト 人名 (一七九七〜一八二八) オーストリアの作曲家。「野ばら」「ぼだいじゅ」「子もり歌」などのすぐれた歌曲をたくさんつくり、「歌曲の王」といわれている。フランツ＝ペーター＝シューベルト (Franz Peter Schubert)。

しゅうへん【周辺】名 まわり。類 付近。

シューマイ 名 ブタなどのひき肉にみじん切りにした野菜をまぜたものを、小麦粉のうすい皮でつつんでむした食品。漢字 焼売。▼中国語

しゅうまく【終幕】名 ❶しばいなどの、最後の一幕。しばいなどが終わること。対 序幕。❷物事が終わること。例 その事件も終幕をむかえた。

¹しゅうまつ【終末】名 終わり。はて。例 物語の終末。類 結末。対 発端。

²しゅうまつ【週末】名 一週間の終わり。土曜日。または金曜日の夜から日曜日まで。例 週末の予定。

じゅうまん【充満】名 する動詞 いっぱいになること。例 ガスが充満している。

じゅうみん【住民】名 その土地に住んでいる人。例 住民の考えを聞く。類 住人。

じゆうみんけんうんどう【自由民権運動】名 民主主義と国民の参政権、国会開設などをもとめておこった、明治時代前半の政治運動。板垣退助たちが中心になった。

じゅうみんとうひょう【住民投票】名 住民の意思を直接表すための投票。知事・市長・町長などをやめさせたり、議会を解散させたりするときにおこなわれる。

しゅうめい【襲名】名 する動詞 歌舞伎役者や落語家などが、親やししょうの芸名をつぐこと。例 襲名ひろう興行。

じゅうめん【渋面】名 ふゆかいそうな顔つき。しかめっつら。ことば「渋面を作る」

じゅうもんじ【十文字】名 十の字の形。たて、横にまじわった形。

しゅうや【終夜】名 一晩中。夜通し。例 終夜営業の店。

しゅうやく【集約】名 する動詞 〔あることに関係のあるものを〕よせ集めて、まとめること。例 みんなの考えを集約する。

じゅうやく【重役】名 ❶大切な役目。重任。大役。❷銀行・会社などの、取締役・監査役などの役目。また、その役目の人。

じゅうゆ【重油】名 原油からきはつ油・軽油などをとった残りのあぶら。参考 ディーゼル機関の燃料などに使う。

しゅうゆう【周遊】名 する動詞 あちらこちらを旅行してまわること。例 ヨーロッパ周遊の旅。

¹しゅうよう【収容】名 する動詞 〔人や荷物などを〕ある場所や施設に入れること。例 劇場の収容人数。

²しゅうよう【修養】名 する動詞 勉強をし、心をみがいて、りっぱな人になるようにつとめること。ことば「修養をつむ」

じゅうよう【重要】名 形容動詞 〔物事のもとになる〕大切なこと。例 重要な任務。類 肝要。

じゅうようし【重要視】名 する動詞 大切だと考えること。重視。例 人がらを重要視する。

しゅうようじょ【収容所】名 人などをひきとって入れておくところ。特に、捕虜などを強

ことばあそび となえことば㉒ (わかれるとき) あばよ しばよ またくるよ あばよ しばよ

制的に入れておくところ。

じゅうようせい【重要性】 名 特に大切であること。重要さ。例英語の重要性を知る。

じゅうようぶんかざい【重要文化財】 名 日本の歴史・芸術などを知るうえで大切なものとして、法律で特に保護している、建物・絵・彫刻など。重文。

じゅうようむけいぶんかざい【重要無形文化財】 名 演劇・音楽・工芸技術など形として残すことのできないものの中で、特に価値が高いとして国が法律でほごするもの。参考 重要無形文化財に指定された技をもつ人を、「人間国宝」ともいう。

しゅうらい【襲来】 名 する動詞 〔敵や暴風雨など、害をあたえるものが〕おそいかかってくること。例敵機が襲来する。／台風の襲来。

じゅうらい【従来】 名 前から今まで〔ずっと〕。例今年も従来どおりにおこなう。類在来。

しゅうらく【集落】 名 人家が集まっているところ。例谷あいの集落。

しゅうり【修理】 名 する動詞 〔こわれたり、やぶれたりしたところを〕直すこと。例自転車を修理する。

1 **しゅうりょう【収量】** 名 農作物のとれた量。収穫量。

2 **しゅうりょう【修了】** 名 する動詞 〔学問や技術など〕定められたことを学び終えること。例小学校の課程を修了する。⇩使い分け。

3 **しゅうりょう【終了】** 名 する動詞 〔ある物事が〕すっかり終わること。また、終えること。例大会はぶじに終了した。類終結。終息。対開始。⇩使い分け。

1 **じゅうりょう【十両】** 名 相撲で、前頭と幕下の間の位。また、その力士のこと。

2 **じゅうりょう【重量】** 名 ❶重さ。例荷物の重量をはかる。❷めかたが重いこと。例重量級の選手。対軽量。

じゅうりょうあげ【重量挙げ】 名 両はしにおもりをつけた鉄棒をさしあげて、力くらべをする競技。ウエートリフティング。

じゅうりょうかん【重量感】 名 どっしりとした重みのある感じ。

じゅうりょく【重力】 名 地球が、物をひきつける力。参考 ふつう、物の重さとして感じるもの。

しゆうりん【私有林】 名 個人やいっぱんの会社などがもっている山林。対国有林。

使い分け　しゅうりょう

●学び終えること。
小学校の課程を修了する。

●終わること。
試合は終了した。

1 **しゅうれん【修練】** 名 する動詞 心や技術をねりきたえること。例きびしい修練をつむ。

2 **しゅうれん【習練】** 名 する動詞 〔上手になるために〕けいこをすること。練習。例空手の習練にはげむ。

じゅうろうどう【重労働】 名 体をはげしく使う仕事。力仕事。

1 **しゅうろく【収録】** 名 する動詞 ❶〔新聞・雑誌・書物などに〕とりあげて、のせること。例書きおろしの小説も収録されている。❷〔放送するためや記録として残すために〕録音や、録画をすること。例山でウグイスの声を収録した。

2 **しゅうろく【集録】** 名 する動詞 〔いくつかの文章などを〕集めて記録すること。また、そのように記録したもの。例有名作家のエッセイを集録した書物。

しゅうわい【収賄】 名 する動詞 不正なおくり物を受け取ること。対贈賄。

しゆうをけっする【雌雄を決する】 故事成語 たたかって、勝ち負けを決める。優劣を決める。例雌雄を決する一戦。

しゅえい【守衛】 名 〔工場・会社・学校などの〕出入りする人々を見はったり、建物を守ったりする役目。また、その人。

じゅえき【樹液】 名 ❶木のみきからにじみ出る液。❷木の中にふくまれている養分となる液。

1 **しゅえん【主演】** 名 する動詞 映画やしばいなどで、主人公の役をすること。また、その人。例主

演の俳優がきまった。対助演。

しゅえん[2]【酒宴】名詞 酒を飲むえん会。

じゅかい【樹海】名詞〔高いところから見ると海のように見えるほど〕あおあおと木のしげった広い森林。例青木ケ原の樹海。

しゅかく【主客】名詞 ❶主人と客。例夕べは、主客ともにもり上がった会合になった。❷中心になるものと、そのつけたしのもの。例主客をとりちがえる。参考 ①②とも「しゅきゃく」とも読む。

じゅがく【儒学】名詞 中国の孔子がおこし、その弟子たちによって完成された、政治や人の道の教え。参考 日本には五世紀ごろに、漢字とともに伝わり、日本の文化に大きな影響をあたえた。

しゅかくてんとう【主客転倒】四字熟語 大事にすべき物事や人がそまつにあつかわれたり、順番がぎゃくになったりすること。例君の考えは、主客転倒もはなはだしい。参考「しゅきゃくてんとう」ともいう。

しゅかん【主観】名詞 ❶自分一人の考え。一人よがり。例主観をすてる。❷物事を見たり考えたりする働き。対①②客観。

しゅがん【主眼】名詞 物事の中心になる、もっとも大切なところ。例海外での活動に主眼を置いている。

しゅかんてき【主観的】形容動詞 自分だけの感じや考え方にかたよるようす。例好き、きらいは主観的なものです。対客観的。

しゅき【手記】名詞 自分で、自分がしたことや感想などを書き記すこと。また、書いたもの。例外国旅行の手記。

しゅぎ【主義】名詞 ❶〔その人が〕いつももっていてかわらない、ある一つの考え。例父はなんでも自分でやってみる主義だ。❷特定の考えを元にした制度や立場。例資本主義。

じゅきゅう【需給】名詞 物を買いもとめることと、売りさばくこと。例物のねだんは、需給の関係できまる。

しゅぎょう[1]【修行】名詞 する動詞 ❶仏の教えにしたがって、心のまよいをなくし、物事の正しい道を知るための努力をすること。例寺に入って修行にはげんだ。❷学問・武芸などをおさめ、みがき、自分をきたえること。ことば⇩「武者修行」類修業。注意「しゅうぎょう」とは読まない。⇩使い分け。

しゅぎょう[2]【修業】名詞 する動詞 学問やわざをならって、身につけること。例パティシエとして修業をつんだ。参考「しゅうぎょう」とも読む。類修行。⇩使い分け。

じゅきょう【儒教】名詞 孔子の考えをもとにした教え。儒学の教え。

じゅぎょう【授業】名詞 する動詞〔学校などで〕勉強などを教えること。例体育の授業。

じゅぎょうさんかん【授業参観】名詞 保護者が、学校で勉強している子どもの様子を、見学すること。

じゅぎょうりょう【授業料】名詞 学校などで勉強するためにおさめるお金。

しゅぎょく【珠玉】名詞 宝石のように美しく、すぐれたもの。ことば「珠玉の名品」参考「珠」は、真珠のこと。「玉」は、宝石のこと。

> **使い分け　しゅぎょう**
>
> ●仏の教えのために努力をすること。
> 寺に入って修行する。
>
> ●わざなどを身につけること。
> 板前の修業をする。

じゅく【塾】名詞〔学校以外の場所で〕個人が生徒を集めて、技術や勉強などを教えるところ。例学習塾。／英会話塾。

しゅくえん【祝宴】名詞 めでたいことを祝うためのえん会。ことば「〔留学する友のために〕祝宴をはる」

しゅくが【祝賀】名詞 する動詞〔めでたいことを〕よろこび祝うこと。例たん生日を祝賀する。

しゅくがかい【祝賀会】名詞 めでたいことをよろこび祝うための会。例優勝の祝賀会。

しゅくがん【宿願】名詞 ずっと前からもっていた願いごと。例市長に当選し、親子二代の宿願をはたした。

じゅくご【熟語】名詞 二つ以上の言葉〔特に

ことばあそび　見立て　似たものを使って別のものをなぞらえること

漢字)が結びついて、一つの意味を表す言葉。たとえば、「校門」は「校」と「門」とが結びついた熟語。例 熟語を用いて文を作る。

しゅくさいじつ【祝祭日】 名詞 祝日と祭日。

しゅくさつ【縮刷】 名詞 する動詞 もとの大きさよりも小さくして印刷すること。また、そのように印刷したもの。例 はがきサイズに縮刷する。

しゅくさつばん【縮刷版】 名詞 新聞などを小さくちぢめて印刷したもの。

しゅくじ【祝辞】 名詞 お祝いの気持ちをのべる言葉。例 卒業式の祝辞。対 弔辞。

じゅくじ【熟字】 名詞 二字以上の漢字を組み合わせてできた言葉。参考 「先生」「小学校」など。

じゅくじくん【熟字訓】 名詞 熟字(熟語)全体に当てる訓読みのこと。その熟字の意味に近い訓を当てる。参考 「梅雨」「七夕」「五月雨」など。

しゅくじつ【祝日】 名詞 お祝いをする日。特に、国家がきめたお祝いの日。例 国民の祝日。

¹しゅくしゃ【宿舎】 名詞 とまるところ。やど。

²しゅくしゃ【縮写】 名詞 する動詞 〔写真・地図など〕もとの形をちぢめて写すこと。また、ちぢめて写したもの。例 五万分の一に縮写した地図。

しゅくしゃく【縮尺】 名詞 する動詞 〔地図・設計図などで〕じっさいの長さとちぢめてかいた長さとのわりあい。例 五千分の一の縮尺。

しゅくじょ【淑女】 名詞 しとやかで品のいい女の人。類 貴婦人。対 紳士。

しゅくしょう【縮小】 名詞 する動詞 〔物事やしくみの大きさなどを〕ちぢめて小さくすること。ちぢんで小さくなること。例 軍備を縮小する。注意 「縮少」と書かないこと。対 拡大。

しゅくしょうかい【祝勝会】 名詞 戦争や試合などの勝利を祝ってひらく会。

しゅくす【祝す】 動詞 祝う。例 合格を祝してかんぱいしよう。活用 しゅく・す。

しゅくず【縮図】 名詞 ❶〔ある決まったわりあいで〕もとの大きさをちぢめてかいた図。❷ 形は小さいが本物そっくりであることのたとえ。例 社会の縮図。

じゅくす【熟す】 動詞 ❶ 果実などが十分に実る。例 熟したメロン。❷〔あることをするのに〕ちょうどよいときになる。例 機が熟した。参考 「じゅくする」ともいう。活用 じゅく・す。

じゅくすい【熟睡】 名詞 する動詞 ぐっすり、ねむること。例 ゆうべは熟睡した。

じゅくする【熟する】 動詞 ⇩じゅくす。活用 じゅく・する。

しゅくだい【宿題】 名詞 ❶ 教師が生徒にあたえて、家でやらせる問題。例 夏休みの宿題。❷ そのときにはっきり決まらずに、後に残された問題。例 それは次の会議までの宿題にしよう。

じゅくたつ【熟達】 名詞 する動詞 技術などになれて、上手になること。例 茶道に熟達する。類 熟練。

じゅくち【熟知】 名詞 する動詞 くわしく知っていること。例 このあたりの道は熟知している。

しゅくちょく【宿直】 名詞 する動詞 つとめ先の役所や会社などに、かわるがわるねとまりして、夜の番をすること。また、その当番の人。対 日直。

しゅくてき【宿敵】 名詞 ずっと前からの敵。例 宿敵をたおす。

しゅくてん【祝典】 名詞 祝いの儀式。例 学校の創立記念日の祝典をあげる。

しゅくでん【祝電】 名詞 お祝いの気持ちを伝える電報。例 合格をいわう祝電をうつ。

じゅくどく【熟読】 名詞 する動詞 文章の内容をよく考えて(何度も)読むこと。例 説明書を熟読する。類 精読。

しゅくば【宿場】 名詞 昔、街道のところどころにあって、旅人がとまったり、馬やかごをのりつぎしたりしたところ。

しゅくはい【祝杯】 名詞 お祝いの酒をつぐさかずき。祝いのさかずき。ことば 「(成功をいわって、)祝杯をあげる」

しゅくはく【宿泊】 名詞 する動詞 〔旅に出て〕旅館・ホテルなどにとまること。

しゅくばまち【宿場町】 名詞 昔、宿場があったためにさかえた町。参考 ⇩88ページ・市場町。610ページ・城下町。1310ページ・門前町。

しゅくふく【祝福】 名詞 する動詞 〔ほかの人の〕幸せをよろこび祝うこと。ことば 「前途を祝福する」

しゅくほう【祝砲】 名詞 お祝いの気持ちを表すためにうつ空砲。例 勝利を祝って祝砲をうつ。

しゅくぼう【宿望】(名詞) ずっと前から持っている望み。例 宿望をとげて、本を出版した。参考「しゅくもう」とも読む。

しゅくめい【宿命】(名詞) うまれる前からその人に決まっている運命。例 宿命のライバル。

じゅくりょ【熟慮】(名詞)(する動詞) 十分に気をつかい、考えること。例 熟慮のすえ、決めた。

じゅくれん【熟練】(名詞)(する動詞)〔ある仕事・技術などに〕よくなれていて、上手なこと。例 熟練したパイロット。(類) 老練。熟達。

1 **しゅくん**【主君】(名詞) 自分がつかえている君主。

2 **しゅくん**【殊勲】(名詞)〔戦争・試合・競技などでたてる〕すぐれた手がら。例 数々の殊勲をたてる。

しゅげい【手芸】(名詞)〔ししゅうや編み物など〕手先をつかって小さなものをつくるわざ。

しゅけん【主権】(名詞) 国をおさめる最高の権力。

じゅけん【受験】(名詞)(する動詞) 試験をうけること。例 受験生。

しゅけんざいみん【主権在民】(名詞) 主権が国民の一人ひとりにあること。参考 民主主義のもとになる考え方。

1 **しゅご**【主語】(名詞) 文の中で、動作や様子の、もとになる言葉。(対) 述語。参考 たとえば、「花がさく」「鳥が飛ぶ」では、「花が」「鳥が」が主語。

2 **しゅご**【守護】一 (名詞)(する動詞) 安全に守ること。例 武家が朝廷を守護する。(類) 警備。二 (名詞) 鎌倉・室町幕府の役職の一つ。国ごとにおかれ、今の警察や裁判所の役目をした。後に政治もおこなった。

しゅこう【趣向】(名詞)〔ある物事をおこなったり、また、つくったりするときの〕かわった感じやおもしろみを出すための工夫。

しゅこうぎょう【手工業】(名詞) 人力とかんたんな道具をつかって物をつくる、しくみの小さな工業。

しゅこうをこらす【趣向を凝らす】 慣用句 特別に工夫して、おもしろみを出す。例 学芸会の劇に趣向を凝らす。

しゅこん【主根】(名詞) 植物の種から最初にはえて、まっすぐのびる、中心のふとい根。

しゅさい【主催】(名詞)(する動詞) 中心になって会などをひらくこと。例 新聞社が主催する野球大会。

しゅざい【取材】(名詞)(する動詞) 新聞・雑誌などの記事や芸術作品などの題材を、自分で〔じっさいの〕事件や話からとること。また、さがして、集めること。例 雑誌の取材のため九州に行く。

しゅざん【珠算】(名詞) そろばんをつかってする計算。たまざん。

1 **しゅし**【主旨】(名詞)〔文章などの〕中心となる意味。おもな意味。例 論文の主旨を読みとる。

2 **しゅし**【種子】(名詞) 植物のたね。

3 **しゅし**【趣旨】(名詞) 物事をする目当て。ねらい。例 募金の趣旨に賛同する。

じゅし【樹脂】(名詞) 木のみきから出る液がかたまったもの。やに。参考「合成樹脂」は人工的につくったもの。

しゅじい【主治医】(名詞) ❶その病人について、中心になって病気のちりょうをする医者。❷病気になったとき、いつもかかっている医者。

しゅしゃ【取捨】(名詞)(する動詞) よいもの・必要なものをとり、悪いもの・不要なものはすてること。

しゅしゃせんたく【取捨選択】 四字熟語〔たくさんの中から〕よいものをえらんでとり、悪いものをすてること。例 本を取捨選択して読む。

しゅしゅ【守株】 故事成語 むだに古い習慣を守ること。また、古い習慣にこだわって進歩しないこと。例 昔からのやり方を守株するばかりでは、事業は発展しない。語源 ウサギが切り株にぶつかって死んだのを見た男が、ずっと切り株のそばにいて、またウサギを手に入れようと待っていたという話から。ことば「株を守る」「株を守りてうさぎを待つ」ともいう。

しゅじゅ【種種】(名詞)(形容動詞) 種類や方法が多いこと。さまざま。例 この問題については種々の意見がある。参考 ふつう、「種々」と書く。

じゅじゅ【授受】(名詞)(する動詞) 受けわたし。やりとり。例 ひそかに金銭の授受をおこなう。

しゅじゅう【主従】(名詞) ❶主となるものとそれにしたがうもの。例 主従の関係。❷主人と使用人。例 主従二人づれ。

しゅじゅざった【種種雑多】 四字熟語 いろいろな種類のものが入りまじっているようす。例 市場では種々雑多なものを売っている。参考 ふつう「種々雑多」と書く。

ことばあそび 見立て❶ 地球ぎ…机の上で世界一周。

しゅじゅつ【手術】名詞 する動詞 医者が、病人の体の悪い部分を切り開いたりとったりして、なおすこと。例 心臓の手術を受ける。

1 **しゅしょう**【主将】名詞 〔スポーツなどで〕チームのかしら。キャプテン。例 バレー部の主将。

2 **しゅしょう**【主唱】名詞 する動詞 多くの人々の中心になって、意見をとなえること。例 反戦平和を主唱する。類 提唱。

3 **しゅしょう**【首相】名詞 内閣の中心となってひきいる立場の大臣。参考 日本では内閣総理大臣のこと。

4 **しゅしょう**【殊勝】形容動詞 〔心がけ・おこないなどが〕感心なようす。例 毎朝家の前をそうじするとは殊勝な心がけだ。

しゅじょう【衆生】名詞 仏教で、この世に生きているすべての生き物。例 仏はすべての衆生を助ける。

1 **じゅしょう**【受賞】名詞 する動詞 賞状・賞品・賞金などを受け取ること。例 ノーベル賞を受賞する。対 授賞。⇩使い分け。

2 **じゅしょう**【授賞】名詞 する動詞 賞をあたえること。例 授賞式。対 受賞。⇩使い分け。

じゅしょうしき【授賞式】名詞 賞をあたえるための式。例 ノーベル賞の授賞式。

しゅしょく【主食】名詞 米やパンなど、ふだんの食事の中心となる食べ物。類 常食。対 副食。

しゅしん【主審】名詞 二人以上の審判員の中で、主となって審判する人。類 球審。対 副審。塁審。

使い分け　じゅしょう

●賞を受けること。
金賞を受賞する。

●賞をあたえること。
授賞式が開かれた。

しゅじん【主人】名詞 ❶一家のあるじ。❷自分のつかえている人。また、自分をやとっている人。例 口やかましい主人のもとで働く。❸妻が夫をさしていう言葉。

1 **じゅしん**【受信】名詞 する動詞 ❶〔電信・電話・放送などで〕相手からの通信を受けること。例 海外放送を受信する。類 着信。対 送信。発信。❷手紙などを受け取ること。対 発信。

2 **じゅしん**【受診】名詞 する動詞 医者の診察をうけること。

しゅじんこう【主人公】名詞 小説や映画などで、そのすじの中心になる人。

じゅず【数珠】名詞 仏をおがむとき手にかけるもの。小さなたくさんのたまを糸でつないで輪にしたもの。参考「ずず」ともいう。⇩図。

しゅすいこう【取水口】名詞 川や湖などから、用水路へ水を取り入れるところ。

しゅすいとう【取水塔】名詞 川や池の中などに建てられた、取水口をそなえた塔のような建物。

数珠

じゅずだま【数珠玉】名詞 ❶じゅずにする玉。草木の実・水晶・サンゴなどからつくる。❷イネ科の植物。水辺にむらがってはえる。秋のはじめに、かたい実をつける。

じゅずつなぎ【数珠つなぎ】名詞 〔たくさんのじゅず玉を一本の糸につなぐように〕たくさんの物や人をひとつなぎにすること。また、ひとつなぎになったもの。例 道路は車が数珠つなぎになっている。

しゅせい【守勢】名詞 〔戦争・競技などで〕相手の攻撃をふせぐためのかまえ。例 守勢に立たされる。対 攻勢。

じゅせい【受精】名詞 する動詞 おすの精子とめすの卵子が結びつくこと。

じゅせいらん【受精卵】名詞 ❶受精を終えた鳥の卵。❷受精した卵子。めすの卵子におすの精子が結びついたもの。

1 **しゅせき**【主席】名詞 ❶〔客をむかえるときの〕主人の席。❷政党などを中心になってひきいる第一位の人。

しゅせき【首席】名詞 第一位の席次。一番。例大学を首席で卒業した。類首位。

しゅせんど【守銭奴】名詞 お金をためることしか考えないよくの深い人。参考けいべつしてよぶ言葉。

じゅぞう【受像】名詞 する動詞 放送されたテレビの電波を受けて、像をうつしだすこと。例受像機。

しゅぞく【種族】名詞 ❶同じなかまにふくまれる生物。例種族を保存する。❷同じ先祖から出た人間の集まり。類部族。

しゅたい【主体】名詞 ❶ほかのものに対して、自分の考えで行動をしかけるもの。❷あることのしくみのなかで、物事を進める中心になるもの。例五年生が運動会の主体となる。

しゅだい【主題】名詞 ❶作品・文章などの中心になっている考えやことがら。例文章を書くときは、主題をはっきりさせること。❷音楽で、曲の中心となるメロディー。

しゅたいせい【主体性】名詞 しっかりした自分の考えや立場をもっていること。例主体性のない人。

しゅたいてき【主体的】形容動詞 しっかりした自分の考えをもって、すすんで働きかけるようす。例主体的に考えて行動する。

じゅたく【受託】名詞 する動詞 金品のあつかいや仕事などをよそからたのまれて、引き受けること。例受託販売。

じゅだく【受諾】名詞 する動詞 〔要求や提案を正式に〕引き受けること。例停戦を受諾する。類承諾。対拒否。

> **ことば博士になろう！**
>
> **文章の主題について**
>
> 「文章の主題」という言い方は、文学的文章である、童話・物語・小説・随筆で、文章の中心的なことがらをさすときに使うのがふつうです。
>
> 主題は、はっきりした表現で書かれていない場合も多いので、童話・物語・小説ならば主人公の言動や心情のうつりかわり、随筆ならば、作者のものの見方・感じ方に目をむけて、何をうったえようとしているか、考えるようにします。

しゅだん【手段】名詞 〔ある目的をなしとげるための〕方法。やり方。例これがただ一つの手段だ。

しゅだんをえらばない【手段を選ばない】慣用句 目的をなしとげるためには、どのような手段でも使う。例金もうけのためなら、手段を選ばない人もいる。

じゅちゅう【受注】名詞 する動詞 注文を受けること。例大きな工事を受注する。対発注。

しゅちゅうにおさめる【手中に収める】慣用句 自分のものにする。手に入れる。例広大な土地を手中に収める。／勝利を手中に収める。

しゅちょう【主張】名詞 する動詞 自分の意見・説などを強く言いはること。また、その意見・説。例正しいと信じることを、はっきりと主張する。／主張をとおす。

しゅつえん【出演】名詞 する動詞 舞台・映画・放送などに出て、歌や劇などをおこなうこと。

1 **しゅっか**【出火】名詞 する動詞 火事がおこること。また、火事をおこすこと。例出火原因。

2 **しゅっか**【出荷】名詞 する動詞 荷物をおくり出すこと。特に、商品を市場に出すこと。例リンゴの出荷がはじまる。対入荷。

しゅつがん【出願】名詞 する動詞 〔役所・学校などに〕願い出ること。願書を出すこと。例志望の学校に出願する。／出願者。

しゅつぎょ【出漁】名詞 する動詞 ➡603ページ・しゅつりょう。

1 **しゅっきん**【出金】名詞 する動詞 お金を出すこと。また、そのお金。類支出。対入金。

2 **しゅっきん**【出勤】名詞 する動詞 つとめているところに働きに行くこと。類出社。対欠勤。在宅。

しゅっけ【出家】名詞 する動詞 世間をはなれて、仏の教えを学ぶこと。また、その人。

1 **しゅっけつ**【出欠】名詞 出席と欠席。例出欠をかくにんする。

2 **しゅっけつ**【出血】名詞 する動詞 血が出ること。例出血多量。参考そんがいの大きいことのたとえにも使う。例出血大サービス。

しゅつげん【出現】名詞 する動詞 〔かくれていたものや、今まで知られていなかったものなどが〕現れ出ること。例川にアザラシが出現した。

1 **じゅつご**【述語】名詞 文の中で、主語を受け

ことばあそび 見立て❷ えんぴつ…身をすりへらして手紙を書くがんばり屋。

て、それがどうであるか、どうなったかを説明する言葉。たとえば、「花がさく」「鳥が飛ぶ」では、「さく」「飛ぶ」が述語。(対)主語。

じゅつご[2]【術語】(名詞) ある特定の学問や技術の中で、特別に決まった意味に使われる言葉。専門語。

しゅっこう[1]【出航】(名詞)(する動詞) 船が航海に出ること。船出。出帆。例 出航時刻がせまる。

しゅっこう[2]【出港】(名詞)(する動詞) 船が港を出ること。(類)出帆。(対)入港。

じゅっこう【熟考】(名詞)(する動詞) 時間をかけて、じっくりと考えること。例 この問題については熟考する必要がある。

しゅっこく【出国】(名詞)(する動詞) 外国へ行くためにその国を出ること。(参考)「しゅつごく」とも読む。(対)入国。

しゅっさつ【出札】(名詞)(する動詞) きっぷを売ること。例 出札がかり。／出札口。

しゅっさん【出産】(名詞)(する動詞) 子どもを生むこと。また、子どもが生まれること。例 昨年の秋に出産した。

しゅっし【出資】(名詞)(する動詞) 商売をするための、もとでになるお金を出すこと。例 新会社に出資する。(類)投資。

じゅっし【十指】(名詞) ➡563ページ・じっし〈十指〉。

しゅっしゃ【出社】(名詞)(する動詞) 仕事をするために会社にいくこと。また、会社に出ていること。(類)出勤。(対)退社。在宅。

しゅっしょう【出生】(名詞)(する動詞) 子どもが生まれること。例 出生地。(参考)「出生」ともいう。(対)死亡。

しゅつじょう【出場】(名詞)(する動詞) ❶〔あることのおこなわれている〕その場所に出ること。(類)入場。(対)退場。❷運動競技や演技などに参加すること。例 大会に出場する。／出場選手。(対)欠場。

しゅっしょうりつ【出生率】(名詞) 一定の人口に対して、一年間に生まれた人数の割合。例 出生率が今年も下がった。(対)死亡率。

しゅっしょく【出色】(形容動詞) ほかのものにくらべて、特に目立ってすぐれているようす。例 出色の演技。(類)抜群。

しゅっしょしんたい【出処進退】(四字熟語) その役目を続けるか、やめてしりぞくかという、身のふりかた。例 出処進退をあやまる。

しゅっしん【出身】(名詞) その土地の生まれであること。また、その学校を卒業したこと。例 出身地。／出身校。

しゅつじん【出陣】(名詞)(する動詞) 〔敵と戦うために〕戦場に出ること。例 出陣の時がきた。(類)出征。

しゅっすい【出水】(名詞)(する動詞) 川から水があふれ出ること。出水。(類)大水。洪水。

しゅっせ【出世】(名詞)(する動詞) 世の中に出て、成功してりっぱな身分になること。また、地位が上がること。

しゅっせい[1]【出生】(名詞)(する動詞) ➡しゅっしょう。

しゅっせい[2]【出征】(名詞)(する動詞) 軍人として軍隊に入り、戦場に出かけること。(類)出陣。

しゅっせうお【出世魚】(名詞) 成長とともによび方が変わる魚。ボラ、スズキ、ブリなど。(参考)ボラは成長するにつれ、おぼこ→いな→ぼら→とど、などのようによび方が変わる。

しゅっせき【出席】(名詞)(する動詞) 授業や会合などに出ること。例 パーティーに出席する。／出席者。(対)欠席。

しゅっせさく【出世作】(名詞) その人が、世間にみとめられるきっかけになった作品。例 その作家は第二作目が出世作となった。

しゅっそう【出走】(名詞)(する動詞) 競馬や競輪などで、レースに出場すること。

しゅつだい【出題】(名詞)(する動詞) 題を出すこと。また、問題を出すこと。

しゅっちょう【出張】(名詞)(する動詞) 仕事のために、自分の職場以外の地域や場所に出かけること。例 父は、カナダへ出張している。

しゅっちょうじょ【出張所】(名詞) 役所や会社などの、出先につくった事務所。

じゅって【十手】(名詞) ➡564ページ・じって。

しゅってん【出典】(名詞) 昔から伝えられていることがら、ことわざ、引用した語句などの出所。また、それらの出ている書物。例 用例の出典をしめす。

しゅつど【出土】(名詞)(する動詞) 大昔の品物や化石などが、土の中から出ること。例 出土品を展示する。

しゅっとう【出頭】(名詞)(する動詞) 〔命令・よび出

しにおうじて〕決められたところに出向くこと。例 かれは、裁判所《さいばんしょ》に出頭《しゅっとう》を命《めい》じられた。

しゅつどう【出動】 名詞 する動詞 〔軍隊《ぐんたい》や警官《けいかん》隊《たい》などが〕出《で》かけて行《い》って、活動《かつどう》すること。また、活動《かつどう》するために出《で》かけること。例 パトカーが出動《しゅつどう》する。

しゅつにゅう【出入】 名詞 する動詞 出《で》ることと入《はい》ること。出入《でい》り。例 人《ひと》の出入《しゅつにゅう》が多《おお》いビル。

しゅつのう【出納】 名詞 する動詞 ➡652ページ・すいとう（出納）。

しゅつば【出馬】 名詞 する動詞 ❶馬《うま》に乗《の》って出《で》かけること。❷〔社会《しゃかい》や政界《せいかい》などで〕かつやくするため、その場《ば》に乗《の》り出《だ》すこと。立候補《りっこうほ》すること。例 市長選挙《しちょうせんきょ》に出馬《しゅつば》する。

しゅっぱつ【出発】 名詞 する動詞 ❶〔目的《もくてき》の場所《ばしょ》に向《む》かって〕出《で》かけること。例 八時《はちじ》に出発《しゅっぱつ》した。／出発前《しゅっぱつまえ》。❷物事《ものごと》を始《はじ》めること。例 人生《じんせい》の新《あら》しい出発《しゅっぱつ》。

しゅっぱん[1]【出帆】 名詞 する動詞 船《ふね》が航海《こうかい》のため港《みなと》を出《で》ること。船出《ふなで》。出航《しゅっこう》。類 出港《しゅっこう》。

しゅっぱん[2]【出版】 名詞 する動詞 本《ほん》や雑誌《ざっし》などを印刷《いんさつ》して売《う》り出《だ》すこと。

しゅっぱんしゃ【出版社】 名詞 本《ほん》や雑誌《ざっし》などを出版《しゅっぱん》する会社《かいしゃ》。

しゅっぴ【出費】 名詞 する動詞 費用《ひよう》を出《だ》すこと。また、そのお金《かね》。例 今月《こんげつ》は、出費《しゅっぴ》がかさんだ。類 経費《けいひ》。

しゅっぴん【出品】 名詞 する動詞 〔展覧会《てんらんかい》や博覧会《はくらんかい》などに〕品物《しなもの》や作品《さくひん》を出《だ》すこと。

しゅつぼつ【出没】 名詞 する動詞 あらわれたりかくれたりすること。すがたを見せたり、かくれたりすること。例 クマが里《さと》に出没《しゅつぼつ》した。

しゅつりょう【出漁】 名詞 する動詞 魚《さかな》をとりに出《で》かけること。参考 「しゅつぎょ」ともいう。

しゅつりょく【出力】 名詞 機械《きかい》が、働《はたら》いて出《だ》す力《ちから》（の大《おお》きさ）。例 出力《しゅつりょく》二十万《にじゅうまん》キロワットの発電機《はつでんき》。対 入力《にゅうりょく》。

しゅつるい【出塁】 名詞 する動詞 野球《やきゅう》で、打者《だしゃ》がヒットやフォアボールなどで、塁《るい》に出《で》ること。

シュテムターン 名詞 スキーのすべり方《かた》の一《ひと》つ。スキー板《いた》を逆《ぎゃく》V《ブイ》字形《じがた》におしひらいてスピードをおとしながら回転《かいてん》のきっかけをつくり、回転《かいてん》をはじめたらスキー板《いた》をそろえてすべる方《ほう》法《ほう》。参考 ドイツ語《ご》の「シュテム」と英語《えいご》の「ターン」を組《く》み合《あ》わせた言葉《ことば》。

しゅと【首都】 名詞 その国全体《くにぜんたい》をおさめる役所《やくしょ》のある都市《とし》。首府《しゅふ》。例 日本《にほん》の首都《しゅと》は東京《とうきょう》である。

しゅとう【種痘】 名詞 天然痘《てんねんとう》をふせぐために、天然痘《てんねんとう》にかかった牛《うし》のできものからつくったワクチンを人《ひと》の体《からだ》にうえつけること。参考 一《1》七《7》九《9》六《6》年《ねん》、イギリスの医学者《いがくしゃ》ジェンナーが初《はじ》めておこなった。

しゅどう【手動】 名詞 機械《きかい》などを手《て》で動《うご》かしてあつかうこと。例 ハンドルを手動《しゅどう》で動《うご》かす。対 自動《じどう》。

しゅどうけん【主導権】 名詞 物事《ものごと》を中心《ちゅうしん》になって進《すす》めていくことのできる力《ちから》。例 外交《がいこう》の主導権《しゅどうけん》をにぎる。

じゅどうてき【受動的】 形容動詞 〔自分《じぶん》からすすんでやるのではなく〕ほかから働きかけられて物事《ものごと》をするようす。例 受動的《じゅどうてき》な性格《せいかく》。類 消極的《しょうきょくてき》。対 能動的《のうどうてき》。

しゅとく【取得】 名詞 する動詞 〔権利《けんり》・資格《しかく》・品《しな》物《もの》などを〕自分《じぶん》のものにすること。手《て》に入《い》れること。例 自動車《じどうしゃ》の運転免許《うんてんめんきょ》を取得《しゅとく》する。類 入手《にゅうしゅ》。獲得《かくとく》。

しゅとけん【首都圏】 名詞 首都《しゅと》、および、首都《しゅと》と経済的《けいざいてき》・社会的《しゃかいてき》に深《ふか》い関係《かんけい》のある地域《ちいき》。参考 日本《にほん》では、東京都《とうきょうと》・神奈川《かながわ》・埼玉《さいたま》・千葉《ちば》・茨城《いばらき》・栃木《とちぎ》・群馬《ぐんま》・山梨《やまなし》の一都七県《いっとななけん》。

しゅとして【主として】 副詞 ある物事《ものごと》の大部分《だいぶぶん》をしめているさま。おもに。例 この工場《こうじょう》では主《しゅ》としてカメラを製造《せいぞう》している。

じゅなん【受難】 名詞 ❶苦《くる》しみを受《う》けること。例 今年《ことし》は、けがをしたり病気《びょうき》になったりと、受難《じゅなん》の年《とし》だった。❷キリスト教《きょう》で、キリストが十字架《じゅうじか》にかけられた苦《くる》しみのこと。例 バッハの受難曲《じゅなんきょく》。

ジュニア 名詞 ❶年少者《ねんしょうしゃ》。❷下級生《かきゅうせい》。対 ①②シニア。❸中《ちゅう》・高校生《こうこうせい》ぐらいの少年《しょうねん》・少女《しょうじょ》。例 ジュニアの雑誌《ざっし》。❹むすこ。例 ジュニアが生《う》まれる。▼英語《えいご》 junior

しゅにく【朱肉】 名詞 はんをおすときに使《つか》う赤《あか》い色《いろ》をしたもの。印肉《いんにく》。

しゅにまじわればあかくなる【朱に交われば赤くなる】 ことわざ 人《ひと》はつきあう友《とも》だちによって、よくもなれば悪《わる》くもなる。参考 人間《にんげん》はまわりにえいきょうされやすいということのたとえ。

ことばあそび　見立《みた》て❸　足《あし》あと…どこまでもついてくる友《とも》だち。

じゅにゅう【授乳】 名詞 する動詞 あかんぼうにちちを飲ませること。

しゅにん【主任】 名詞 中心になってその仕事をうけもつ役目。また、その役目の人。例 国語科の主任。／販売主任。

しゅぬり【朱塗り】 名詞 道具や建物などをしゅ色（だいだい色にちかい、あか）にぬること。またしゅ色にぬったもの。例 朱塗りのはしを愛用する。

ジュネーブ 地名 スイス西部の都市。国際赤十字本部など、さまざまな国際機関がある。観光地としても有名。参考 英語では Geneva。漢字 寿府。▼フランス語

しゅのう【首脳】 名詞 〔国・会社・団体などの〕中心となって働く人。おもだった人。例 日米首脳会談。

シュバイツアー 人名 （一八七五～一九六五）フランスの神学者・医者・音楽家。アフリカで半世紀の間、病人をなおし伝道を続けた。ノーベル平和賞をうけた。アルバート＝シュバイツアー（Albert Schweitzer）。

1 **しゅはん【主犯】** 名詞 二人以上の人がいっしょになって悪いことをしたとき、その中心となった人。

2 **しゅはん【首班】** 名詞 ❶〔ある団体・政党などの中で〕一番上の位の人。❷内閣の中で第一の地位。総理大臣。

じゅばん 名詞 和服の下に着る、えりのあるはだぎ。参考 もとは、ポルトガル語。

1 **しゅび【守備】** 名詞 する動詞 せめてくる敵をふせぐこと。例 城を守備する。／守備をかためる。類 防御。対 攻撃。

2 **しゅび【首尾】** 名詞 ❶始めと終わり。例 文章の首尾がととのっている。❷物事のなりゆきや、結果。例 首尾は上々。

しゅびいっかん【首尾一貫】 四字熟語 始めから終わりまで、考えやおこないなどが変わらないこと。例 首尾一貫した主張。類 終始一貫。

じゅひょう【樹氷】 名詞 きりのつぶが、寒さで木のえだなどにこおりついたもの。風の方向にのびて氷の花がさいたように見える。

しゅびよく【首尾よく】 副詞 うまい具合に。都合よく。例 首尾よくかたきをうつことができた。

しゅひん【主賓】 名詞 その会で一番大切な客。

1 **しゅふ【主婦】** 名詞 妻であって、家の用事を中心になってしている人。例 家庭の主婦。

2 **しゅふ【首府】** 名詞 その国全体をおさめる役所のある都市。類 首都。

シュプール 名詞 スキーですべったとき、雪の上に残るあと。例 新雪にシュプールをえがく。▼ドイツ語

シュプレヒコール 名詞 デモや集会で、大ぜいの人が声をそろえて、スローガンなどをさけぶこと。例 デモ隊がシュプレヒコールをくり返す。▼ドイツ語

しゅぶん【主文】 名詞 ❶文章の中心になる部分。例 主文となるのは、この最後の一文だ。❷裁判の判決文の中で、結論をのべた部分。例 裁判長が判決の主文を読み上げる。

じゅふん【受粉】 名詞 する動詞 おしべの花粉が、めしべの先につくこと。

しゅべつ【種別】 名詞 する動詞 いろいろなものを、種類によって分けること。また、そのようにして分けたもの。例 図書館の本を、ジャンルごとに種別してならべかえる。

しゅほう【手法】 名詞 物事のやり方。特に、文章・絵・彫刻などの表現のしかた。例 他人の手法をまねる。類 技法。

しゅぼうしゃ【首謀者】 名詞 中心となって悪いことをたくらむ人。参考 「謀」には、「悪事をたくらむ」意味がある。

しゅみ【趣味】 名詞 ❶〔品のある〕おもむき。おもしろみ。参考 接尾語のようにも使う。例 異国趣味。❷物事の本当の味わいやおもしろみを理解する力。例 趣味がいい。❸〔職業でなく〕楽しみとしてする物事。例 父は、つりが趣味だ。

じゅみょう【寿命】 名詞 ❶いのちの長さ。例 寿命のちぢまる思いがした。❷物の、役にたっている期間。例 この機械の寿命は五年だ。

しゅもく【種目】 名詞 種類によっていくつかに分けたひとつひとつ。例 競技の種目。

じゅもく【樹木】 名詞 木。特に、立ち木。

じゅもん【呪文】 名詞 まじないやのろいの言葉。ことば 「呪文を唱える」

しゅやく【主役】 名詞 ❶劇や映画・ドラマなどで中心になる役。また、その役をする人。❷物事をするときのおもな役目。また、それをする人。例 今度の事件はかれが主役だ。対 ①② わき役。

じゅよ【授与】 名詞 する動詞 さずけて、あたえること。例 卒業証書を授与する。参考 あらたまった言い方。

しゅよう[1]【主要】 名詞 形容動詞 〔いくつかある中で〕おもだって大切なこと。例 主要な道路はすべてほそうされている。

しゅよう[2]【腫瘍】 名詞 体内の細胞が、ふつうとちがったふえ方をしてかたまりになるもの。「がん」もその一つ。はれもの。

じゅよう[1]【受容】 名詞 する動詞 〔ほかの人や考え方を〕受け入れること。例 事実を受容する。

じゅよう[2]【需要】 名詞 〔買い手が〕品物を必要とすること。いりよう。例 需要が多い。参考 電気・ガスなどにかんしたものでは「需用」と書く。対 供給。

しゅよく【主翼】 名詞 飛行機の胴体から左右にはり出している大きな翼。

しゅらば【修羅場】 名詞 ❶戦いがおこなわれている、血なまぐさい場所。しゅらじょう。ことば 「〔数々の〕修羅場をくぐる」 ❷しばいなどで、はげしい戦いの場面。

ジュラルミン 名詞 アルミニウムに銅・マンガン・マグネシウムなどをまぜた白色の合金。軽くてじょうぶなので、飛行機や自動車などの材料に使う。▼英語 duralumin

じゅり【受理】 名詞 する動詞 書類などを受けつけること。例 入学願書を受理する。類 受領。

しゅりけん【手裏剣】 名詞 手に持って、敵に投げる小さい刀。⇩図。

じゅりつ【樹立】 名詞 する動詞 〔これまでになかったようなことを〕うちたてること。例 世界新記録を樹立する。

しゅりゅう【主流】 名詞 ❶川のおおもとになる流れ。本流。対 支流。❷〔仲間の中で〕主な力となる人々。例 主流派。❸中心となる考え方や傾向。例 自然を守ろうという考え方が主流をしめている。

手裏剣

しゅりょう[1]【狩猟】 名詞 する動詞 銃やわななどで、野生の鳥やけものをとらえること。かり。

しゅりょう[2]【首領】 名詞 仲間のかしら。例 盗賊の首領。参考 多く、悪人のかしらに対してつかう。

じゅりょう【受領】 名詞 する動詞 お金や品物などを受け取ること。例 代金を受領する。／受領証。類 受理。

しゅりょく【主力】 名詞 ❶主な力。例 英語の勉強に主力をそそぐ。❷〔ある勢力の〕中心となっている力。例 敵の主力部隊をたおす。

じゅりん【樹林】 名詞 たくさんの木がはえている、大きな林。例 針葉樹林。

しゅるい【種類】 名詞 同じ性質や形などをもつものを、一まとめにしたときの仲間。例 種類が多い。

じゅれい【樹齢】 名詞 木の年令。例 樹齢八百年の大木。参考 年輪の数で調べることができる。

しゅれんのはやわざ【手練の早業】 慣用句 みごとなうでまえの、すばやいわざ。例 手練の早業で、敵をたおした。

しゅろ 名詞 ヤシ科の高木。葉は細かく分かれ、うちわのような形になっている。

じゅろうじん【寿老人】 名詞 七福神の一人。長寿の神。長いひげをたらし、ずきんをかぶり、つえを持ったすがたでえがかれる。参考 えがかれるすがたが、福禄寿とぎゃくになることがある。⇩558ページ・七福神（図）。

しゅわ【手話】 名詞 耳が不自由な人や言葉を話せない人が、目で見てわかるように手や指を動かしてする会話の方法。

じゅわき【受話器】 名詞 電話機などについている、耳にあてて相手の言葉や通信を聞く器具。参考 現在ではほとんど送話器と一体になっている。また、いっぱんに電話機のことをいう。

しゅわん【手腕】 名詞 〔すぐれた〕うでまえ。手なみ。例 会社の運営に手腕をふるう。

しゅん【旬】 名詞 魚や果物などが出さかりとなるもっとも味のよい時期。例 旬の魚が一番おいしい。

じゅん【順】 名詞 ❶いくつかの物事で、どれが先でどれが後かというならび方。例 五十音順。❷順番。

じゅんい【順位】 名詞 決められた位を表す順番。例 前回より順位を上げる。

じゅんえき【純益】 名詞 売上金額から、いろいろな費用をひいた、残りのもうけ。

ことばあそび 見立て❹ 牛…一日中、動く口。

じゅんえん【順延】(名詞)(する動詞)前もって決めた日から、順々に日をのばしていくこと。例雨がふったら遠足は順延です。類日延べ。

じゅんおう【順応】(名詞)(する動詞)⇒じゅんのう。

じゅんかい【巡回】(名詞)(する動詞)❶つぎつぎにまわって、うつっていくこと。例巡回図書館。❷見回ること。例警官が町を巡回する。

しゅんかしゅうとう【春夏秋冬】四字熟語 春と夏と秋と冬。四季。参考「一年中」「一年を通して」の意味にも使われる。

じゅんかつゆ【潤滑油】(名詞)❶機械のふれあう部分のすべりをよくするためにさす、あぶら。❷〔①の意味から〕物事がうまくはこばれるなかだちとなるもの。

しゅんかん【瞬間】(名詞)ひじょうに短い時間。また、何かをしたすぐあと。例瞬間のできごと。類せつな。

1**じゅんかん**【旬刊】(名詞)新聞や雑誌などを、十日ごとに発行すること。参考「旬」は、一か月を三つに分けた十日間のこと。

2**じゅんかん**【循環】(名詞)(する動詞)〔同じところを〕ぐるぐると回って、もとのところへもどること。例市内を循環するバス。／血液の循環。

じゅんかんき【循環器】(名詞)体中に血液やリンパ液をめぐらせるための器官。心臓・血管・リンパ管など。

1**しゅんき**【春季】(名詞)春のきせつ。例春季運動会。対秋季。

2**しゅんき**【春期】(名詞)春の期間。例春期講習会。対秋期。

じゅんきゅう【準急】(名詞)「準急行列車」の略。急行列車の次にはやい列車や電車。

じゅんきょ【準拠】(名詞)(する動詞)あるものをよりどころとして、それにしたがうこと。また、そのよりどころ。例教科書に準拠したテスト。

じゅんぎょう【巡業】(名詞)(する動詞)各地を回って、しばいや相撲などを見せること。

じゅんきょうじゅ【准教授】(名詞)大学・高等専門学校・研究所などで、教授につぐ地位。参考もとは「助教授」といった。

じゅんきん【純金】(名詞)まじりもののない金。例純金のゆびわ。

じゅんぐり【順繰り】(名詞)順番どおりにおこなうこと。例順繰りに意見をのべる。

じゅんけつ【純潔】(名詞)(形容動詞)心や体にけがれがなく、きよらかなこと。例純潔を守る。

じゅんけっしょう【準決勝】(名詞)かちぬき競技で、決勝に出る人やチームを決める試合。

しゅんこう【しゅん工】(名詞)(する動詞)〔大がかりな〕工事ができあがること。例新しい校舎は昨年しゅん工した。漢字竣工。類落成。対起工。着工。

じゅんさ【巡査】(名詞)❶警察官の階級の一つ。一番下の位。❷警官。おまわりさん。

しゅんじ【瞬時】(名詞)まばたきするくらいのとても短い時間。例瞬時に計算して答えた。

1**じゅんし**【巡視】(名詞)(する動詞)見回って、様子を調べること。例巡視船。

2**じゅんし**【殉死】(名詞)(する動詞)死んだ主君のあとを追って、家来が自殺すること。

じゅんじ【順次】(副詞)じゅんじゅんに物事をするようす。例順次考えを発表する。

しゅんじゅうにとむ【春秋に富む】慣用句 わかくて、これから先が希望にみちていること。例春秋に富む青年。

じゅんじゅんに【順順に】(副詞)順序をおってするようす。つぎつぎに。例順々にバスにのる。参考ふつう「順々に」と書く。

じゅんじょ【順序】(名詞)ある決まったならび方。また、決まった手順。例順序を入れかえる。／順序どおりに進める。

じゅんじょう【純情】(名詞)(形容動詞)すなおで、けがれのない心。また、そのような心をもっていること。ことば「純情かれん」

じゅんしょく【殉職】(名詞)(する動詞)〔社会のために〕仕事をしていて命をなくすこと。また、その仕事のためにすすんで命をなげだすこと。

じゅんじる【準じる】(動詞)⇒じゅんずる。活用じゅん・じる。

じゅんしん【純真】(名詞)(形容動詞)うそやかざり気がなく、心が清らかなこと。例純真な、おさなな子。注意「純心」と書かないこと。

じゅんすい【純粋】(名詞)(形容動詞)❶そのものだけで、まじり気のないこと。例純粋のアルコール。❷欲がなく、心が清らかで、まっすぐなこと。例純粋な気持ち。

じゅんずる【準ずる】(動詞)あるものを手本にして、それと同じようにあつかう。(…に)ならう。じゅんじる。例会員に準ずるあつかいをう

ける。活用 じゅん・ずる。

じゅんせつ【順接】 名詞 二つの文や句などで、前とあとの内容が順序よくつながっている関係。文と文が「そして」「それで」などでつながるなどの関係をいう。対 逆接。

じゅんぜん【純然】 形容動詞 ❶まじり気がないようす。例 純然たる金。❷まったくそれにちがいないようす。例 純然たるまちがい。

しゅんそく【俊足】 名詞 ❶走るのがはやいこと。また、その人。例 俊足をほこるランナー。❷すぐれた才能をもっている人。

じゅんたく【潤沢】 名詞 形容動詞 物がたくさんあること。例 潤沢な資金。

じゅんちょう【順調】 名詞 形容動詞 物事が調子よく進むこと。例 工事は順調に進んでいる。

じゅんて【順手】 名詞 鉄棒のにぎり方の一つ。手のこうを手前にむけてにぎる。対 逆手。

しゅんと 副詞 する動詞 がっかりして、静かになるようす。例 父親にしかられてしゅんとしている。

じゅんど【純度】 名詞 品物のまじりけのなさの程度。例 純度の高い水。

しゅんとう【春闘】 名詞 「春季闘争」の略。多くの労働組合が賃上げなどを要求して、毎年春に共同でおこなうたたかい。

じゅんとう【順当】 形容動詞 そうなるのが当然であること。例 優勝候補のチームが、順当に勝ちすすむ。

じゅんに【順に】 副詞 順序にしたがって。じゅんじゅんに。例 順につめてください。

じゅんのう【順応】 名詞 する動詞 まわりの様子の変化にしたがって、それに合うように変わること。例 新しい生活に順応する。参考「順応」ともいう。類 適応。

じゅんぱく【純白】 名詞 形容動詞 〔よごれなどがなく〕まっ白なこと。例 純白のウエディングドレス。

じゅんばん【順番】 名詞 順にかわってすること。また、その順。例 順番を待つ。

じゅんび【準備】 名詞 する動詞 ある物事をするとき、すぐにできるようにしておくこと。例 遠足の準備をする。

じゅんびうんどう【準備運動】 名詞 スポーツなどをする前に、体をならすためにおこなう運動。

じゅんぷう【順風】 名詞 進む方向に、後ろからふいてくる風。例 順風に帆を上げる。ことば ⇩「順風満帆」対 逆風。

じゅんぷうまんぱん【順風満帆】 四字熟語 〔船が順風（＝追い風）を帆にいっぱい受けて進むように〕物事がうまくいくことのたとえ。例 仕事は、順風満帆だ。

じゅんふどう【順不同】 名詞 ならべ方に五十音順などのきまりがないこと。例 この表の名前は順不同です。参考 人の名前をならべるときのただし書きなどに使う。

しゅんぶん【春分】 名詞 二十四節気の一つ。春に、昼と夜の長さが同じになるとき。三月二十一日ごろ。参考 彼岸の中日に当たる。対 秋分。⇩口絵7ページ。

しゅんぶんのひ【春分の日】 名詞 国民の祝日の一つ。春分に当たり、自然をたたえ、生物を大切にする日。三月二十一日ごろ。参考 ⇩595ページ・秋分の日。

じゅんぼく【純朴】 形容動詞 すなおで、かざりけがないこと。例 純朴な学生。

しゅんみんあかつきをおぼえず【春眠暁を覚えず】 故事成語 春の夜は短く、そのうえ気持ちよくねむれるので、明け方になってもなかなか目がさめない。例 春眠暁を覚えずというとおり、つい、ねすごしてしまった。参考 昔の中国の詩にある言葉。

じゅんもう【純毛】 名詞 まじりもののない、動物の毛。また、それでつくった毛糸や織物。

じゅんりょう【純良】 形容動詞 〔加工品などで〕まじり気がなく、質がよいようす。例 純良なバター。

じゅんれい【巡礼】 名詞 する動詞 宗教のうえでとうといとされる場所や、あちらこちらの神社や寺などをまわっておがむこと。また、その人。

じゅんろ【順路】 名詞 順序のある道すじ。例 見学の順路にしたがって見る。

しょ【書】 名詞 ❶書いた文字。❷書道。❸書物。

じょい【女医】 名詞 女性の医者。

しょいこ 名詞 たきぎや荷物をのせ、せなかにせおう、長方形の木のわく。⇩図。

しょいこむ【しょい込む】 動詞 ❶せなかに重い荷物をせおう。❷めんどうなことや、めいわくなことを引き受ける。例 人の心配ごとをしょい込んで、なやむ。活用 しょいこ・む。

しょいんづくり【書院造り】 名詞 床の間

ことばあそび 見立て⑤ 動物園…人間が動物に観察されるところ！

やちがいだななどがある、家のつくり方。室町時代にはじまり、今の和風の家のつくり方のもとになった。

しょいこ

1 **しょう【子葉】** 名詞 植物のたねの中にある、一番はじめに葉になる部分。後に出る本葉とは形がちがう。

2 **しょう【仕様】** 名詞 ❶やり方。方法。例 返事の仕様がよくない。❷「仕様書」の略。機械や自動車などのつくりや使い方を説明した文書。例 パソコンの仕様を読む。

3 **しよう【私用】** 一 名詞 自分のための用事。例 私用で休む。対 公用。二 名詞 する動詞 〔おおやけのものを〕自分のために使うこと。例 会社の電話を私用する。

4 **しよう【使用】** 名詞 する動詞 〔物・人などを〕使うこと。例 体育館を使用する。／使用料。

5 **しよう【試用】** 名詞 する動詞 ためしに使ってみること。例 試用期間が終わる。

1 **しょう** 動詞 ❶〔荷物などを〕せなかにのせる。例 ザックをしょう。❷〔めんどうなことを〕ひきうける。例 人の苦労までしょう。参考「背負う」のかわった形。活用 しょ・う。

2 **しょう** 名詞 雅楽で使う楽器。長さのちがう十七本の竹の管を立てたふえ。しょうのふえ。漢字 笙。

3 **しょう【小】** 名詞 ❶小さいこと。小さいもの。ことば ⇩「大は小をかねる」対 大。❷「小学校」の略。例 小中一貫校。

4 **しょう【升】** 名詞 助数詞 昔使われた容積の単位。一升は一合の十倍で、約一・八リットル。

5 **しょう【性】** 名詞 ❶〔うまれつきの〕性質。気性。例 心配性。ことば「性が合わない」❷ものの質。たち。例 性の悪い病気。

6 **しょう【商】** 名詞 割り算の答え。

7 **しょう【章】** 名詞 ❶文や音楽の、大きなひとまとまり。例 この物語は十の章でできている。❷全体として一つにまとまった文や詩。例 文章。❸しるし。例 校章。

8 **しょう【賞】** 名詞 すぐれた働きをした人にあたえられるほうび。例 賞をさずけられる。対 罰。

じよう【滋養】 名詞 体の栄養になること。例 滋養になるものを食べる。類 養分。

1 **じょう【丈】** 名詞 助数詞 昔の長さの単位。一丈は、約三・〇三メートル。

2 **じょう【情】** 名詞 ❶物事に感じる心の動き。❷他人を思いやる気持ち。ことば「情に流される」「情が深い」

3 **じょう【畳】** 助数詞 《数を表す言葉の下につけて》たたみの数を数える言葉。例 八畳の和室。

4 **じょう【錠】** 一 名詞 戸やふたなどが、あかないようにする金具。ことば「(とびらに)錠をおろす」二 助数詞 《数を表す言葉の下につけて》つぶになった薬を数える言葉。例 一回に三錠のむ。

じょうあい【情愛】 名詞 愛する心。なさけ。いつくしみ。例 親子の情愛。

しょうい【少尉】 名詞 軍隊の階級の一つ。中尉の下の位。

じょうい【上位】 名詞 上の位。順番などで上の方。例 大会で上位に入賞した。対 下位。

しょういだん【焼い弾】 名詞 建物などを焼きはらうために使われる爆弾。

しょういん【勝因】 名詞 〔試合などに〕かったげんいん。対 敗因。

1 **じょういん【上院】** 名詞 〔イギリスやアメリカなど〕二院制をとっている国の議会の、一方の議院。参考 日本の参議院にあたる。対 下院。

2 **じょういん【乗員】** 名詞 船・列車・飛行機などに乗って運転などの仕事をする人。

しょううん【勝運】 名詞 〔戦い・試合などの〕勝負に強い運勢・運命。例 勝運にみはなされた。

じょうえい【上映】 名詞 する動詞 映画をうつして人々に見せること。例 近日上映。

しょうエネ【省エネ】 名詞「省エネルギー」の略。

しょうエネルギー【省エネルギー】 名詞 石油・ガス・電気などのエネルギー資源をうまく使い、むだにしないこと。省エネ。

しょうえん【荘園】 名詞 奈良時代から室町時代にかけて、皇族・貴族・神社・寺などがもっていた土地。そうえん。

じょうえん【上演】 名詞 する動詞 劇などを舞台でおこない、人々に見せること。類 公演。

しょうおう【照応】 名詞 する動詞 二つの物が、たがいにうまくかかわって対応し合うこと。例 手紙の始めと終わりがうまく照応している。

じょうおん【常温】 名詞 ❶いつもかわらない温度。❷ふつうの温度。例 油は常温では液体である。参考 ②は、化学では十五〜二十五度。気象では、その土地の一年間の平均気温。

1 **しょうか【昇華】** 名詞 する動詞 ❶固体が、液体にならずにちょくせつ気体になること。例 ナフタリンが昇華する。❷芸術などにかかわる物事が、より高く清らかなものになること。

2 **しょうか【消化】** 名詞 する動詞 ❶体に吸収されやすいように、食べ物がこなれること。例 消化がよい。❷読んだり聞いたりしたことをよく理解して、自分のものにすること。例 この本はむずかしくて、わたしには消化できない。❸〔商品や仕事を〕残さずに売ったり、やりとげたりすること。例 スケジュールをきっちり消化する。

3 **しょうか【消火】** 名詞 する動詞 火や、火事を消すこと。

4 **しょうか【商家】** 名詞 商売をしてくらしている家。商人の家。

5 **しょうか【唱歌】** 名詞 歌を歌うこと。また、その歌。例 小学唱歌。

しょうが 名詞 ショウガ科の植物。かおりとからみのある地下茎を食用にする。漢字 生姜。

じょうか【浄化】 名詞 する動詞 よごれをとりのぞいて、きれいにすること。例 水を浄化する。

1 **しょうかい【紹介】** 名詞 する動詞 ❶知らない人同士を引き合わせること。例 新任の先生が紹介された。❷物事を人々に知らせること。例 新商品の紹介をする。／自己紹介。

2 **しょうかい【商会】** 名詞 商売をする会社。参考「〇〇商会」のように、会社や商店の名前のあとにつけて使う。

3 **しょうかい【照会】** 名詞 する動詞 〔はっきりしないことを〕問い合わせて、たしかめること。例 現地に照会してみる。

1 **しょうがい【生涯】** 名詞 この世に生きている間。一生。例 波乱にみちた生涯。類 人生。

2 **しょうがい【渉外】** 名詞 外部や外国とのれんらくや交しょう。例 渉外係。

3 **しょうがい【傷害】** 名詞 する動詞 人をきずつけること。また、けがをすること。例 傷害事件。

4 **しょうがい【障害】** 名詞 ❶じゃまになること。また、じゃまになるもの。❷体のこしょう。

じょうがい【場外】 名詞 しきられた場所の外。例 場外ホームランをうつ。対 場内。

しょうがいがくしゅう【生涯学習】 名詞 一人ひとりが、一生のあいだそれぞれ自分にあったやり方でみずから学習していくこと。

しょうがいきょうそう【障害競走】 名詞 ❶馬術競技・競馬で、障害物をコースにおいておこなう競走。障害レース。❷⬇しょうがいぶつきょうそう①。

しょうかいじょう【紹介状】 名詞 知らない人同士を引き合わせるための手紙。

しょうがいぶつ【障害物】 名詞 〔あることをするのに〕じゃまになるもの。例 障害物をとりのぞく。

しょうがいぶつきょうそう【障害物競走】 名詞 ❶陸上競技の種目の一つ。障害物をコースにおいておこなう競走。障害競走。参考 ハードルと水たまりをおいた三千メートル競走がある。❷運動会などで、コースにいろいろな障害物をおき、それをとんだりくぐったりする競走。

じょうがうつる【情が移る】 慣用句 相手を大事にする気持ちや親しみが、だんだんに生まれる。例 世話をしている金魚に情が移る。

しょうかえき【消化液】 名詞 食べ物をこなす働きのある液。だ液・胃液・腸液・すい液・たん汁など。

しょうかかん【消化管】 名詞 食物を消化し、栄養をとりこむ一続きのくだ。口からのど・食道・胃・小腸・大腸をへて、こう門までをさす。

1 **しょうかき【消化器】** 名詞 口・胃・腸など、食べ物をこなす働きをする器官。消化器官。

2 **しょうかき【消火器】** 名詞 火事になったばかりのとき、その火を消すつつ形の器具。

しょうかく【昇格】 名詞 する動詞 資格や身分などが上がること。例 部長に昇格する。類 格上げ。対 降格。

1 **しょうがく【小額】** 名詞 単位が小さい金高。例 小額の貨幣。対 高額。

2 **しょうがく【少額】** 名詞 〔合計として〕少しのお金のがく。例 少額の寄付をする。類 低額。対 多額。

しょうがくきん【奨学金】 名詞 能力がある生徒・学生が勉強・研究をするためにかしあた

あいうえお かきくけこ さしすせそ たちつてと なにぬねの はひふへほ まみむめも や ゆ よ らりるれろ わ を ん

ことばあそび 見立て❻ 親子…いいところだけ似てほしいのに、悪いところばかり似る。

えられるお金。

しょうがくせい【小学生】名 小学校に通っている子ども。

しょうかせん【消火栓】名 火事を消すときのために、特にもうけられている水道のせん。

しょうがつ【正月】名 ❶一年の一番はじめの月。一月。❷新年のお祝いをする期間。例 お正月には和服を着る。⇩口絵6ページ。

しょうがっこう【小学校】名 義務教育で六才から十二才までの子どもが通う学校。例 小学校の校舎。

しょうがない【仕様がない】慣用句 ほかにいい方法がない。しまつにおえない。しかたがない。例 今さらくやんでも仕様がない。参考「しょうがない」ともいう。

しょうかふりょう【消化不良】名 ❶つかれや病気などで、食物がきちんと消化できないこと。食欲がなくなったり、おなかのいたみやげりなどをおこしたりする。❷知ったことや学んだことがよくわからず、身につけられないこと。例 学んだことが多すぎて消化不良だ。

じょうかまち【城下町】名 昔、大名のすんでいた城を中心にして発達した町。仙台・金沢・姫路など。参考 中心になるものがあって、それによって栄えている町にもたとえる。例 図書館城下町。参考 ⇩88ページ・市場町。598ページ・宿場町。1310ページ・門前町。

[1]**しょうかん**【小寒】名 二十四節気の一つ。昔のこよみで、寒さがきびしくなり始めるとされるとき。一月六日ごろ。⇩口絵6ページ。

[2]**しょうかん**【召喚】名 する動詞 呼び出すこと。特に、裁判所が被告人や証人を呼び出すこと。例 召喚状。

[1]**じょうかん**【上官】名 軍隊などで、その人より階級が上の人。例 上官の命令にしたがう。

[2]**じょうかん**【情感】名 ある物事や情景などによって引きおこされる、しみじみとした感じ。例 情感をこめて歌う。

[1]**しょうき**【正気】名 形容動詞 頭の働きや意識が正常なこと。ことば「正気を失う」対 狂気。

[2]**しょうき**【勝機】名 勝負に勝てる機会。例 一対一なら勝機はある。ことば「勝機をつかむ」

しょうぎ【将棋】名 二人がばんの上にこまをならべ、たがいに一つずつこまを動かし、敵の王将をせめとるゲーム。ことば「将棋を指す」⇩図。

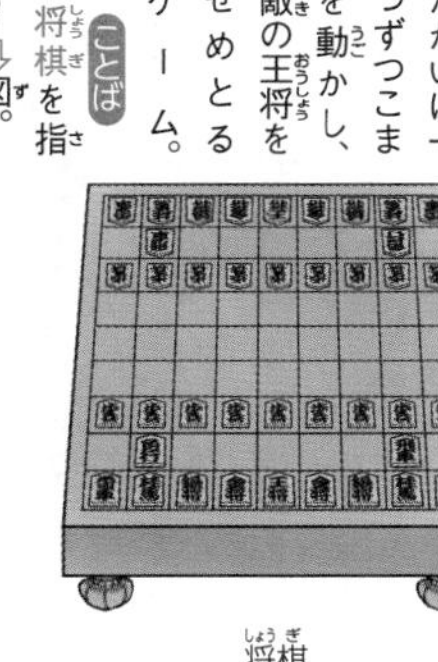
将棋

[1]**じょうき**【上気】名 する動詞 〔こうふんしたり、はげしい運動をしたりしたために〕のぼせて顔があつくなること。

[2]**じょうき**【蒸気】名 ❶液体が蒸発して、気体となったもの。❷ゆげ。例 蒸気で窓ガラスがくもる。

じょうぎ【定規・定木】名 直線や曲線を引いたり、図をかいたりするときに使う道具。類 ものさし。参考 目盛りがある場合、はしに余白がある。

じょうききかん【蒸気機関】名 水蒸気の力でピストンを動かして、動力をえるようにしたしくみ。

じょうききかんしゃ【蒸気機関車】名 水が水蒸気にかわるときの力をつかって動かす機関車。SL。参考 おもに石炭をたいて走る。⇩図。

蒸気機関車

じょうきげん【上機嫌】名 形容動詞 とてもきげんがいいようす。例 父は、上機嫌で歌っている。対 不機嫌。

しょうぎだおし【将棋倒し】名 〔将棋のこまを一列にならべて、はしのこまをたおすと、次々にたおれることから〕一つがたおれると、ほかも次々たおれること。例 電車が急停車したため、乗客は将棋倒しになった。

しょうきゃく【焼却】名 する動詞 焼いて、すてること。例 ごみを焼却する。

じょうきゃく【乗客】名 〔代金をはらって〕乗り物に乗る客。また、乗り物に乗っている客。

しょうきゃくろ【焼却炉】名 ごみなどを焼くための大きなかまど。

しょうきゅう【昇給】（名詞）（する動詞）給料が上がること。例 昇給は年一回です。

じょうきゅう【上級】（名詞）❶位や身分が高いこと。❷クラス・学年などの上のかいきゅう。例 兄はわたしより一年上級だ。対 ①②下級。②初級。中級。

しょうきゅうし【小臼歯】（名詞）犬歯のおくに二つずつある、小さいおくば。参考 人間の歯にだけいう。類 大きゅう歯。⇩1016ページ・歯①（図）。

じょうきゅうせい【上級生】（名詞）〔自分よりも〕クラス・学年などが上の、生徒・児童・学生。対 下級生。

しょうきょ【消去】（名詞）（する動詞）消して、なくすこと。例 パソコンからデータを消去する。

しょうぎょう【商業】（名詞）品物を売り買いして、利益をえる仕事。例 商業しせつ。類 商売。

じょうきょう[1]【上京】（名詞）（する動詞）地方から東京へ行くこと。

じょうきょう[2]【状況・情況】（名詞）物事のそのときの有様。様子。例 刻々と変わる事件現場の状況を伝える。類 情勢。

しょうきょくてき【消極的】（形容動詞）自分からは、すすんで物事をしないようす。ひかえめなようす。例 どちらかというと消極的なタイプだ。類 受動的。対 積極的。

しょうきん【賞金】（名詞）ほうびとしてあたえるお金。

じょうきん【常勤】（名詞）（する動詞）毎日つとめに出て、一定の時間働くこと。例 常勤の職員。対 非常勤。

じょうくう【上空】（名詞）空の上の方。また、ある場所の上の方の空。例 羽田上空。

しょうぐん【将軍】（名詞）❶軍隊をひきいて、さしずする大将。❷「征夷大将軍」の略。

じょうげ【上下】一（名詞）❶上の方向と下の方向。また、上の部分と下の部分。うえした。例 その絵は上下がぎゃくになっている。❷〔電車などで〕上りと下り。例 列車は上下ともおくれている。❸高い位と低い位。例 人間に上下のへだてはない。二（名詞）（する動詞）上がり下がりすること。例 ねだんが上下する。

じょうけい【情景】（名詞）〔見る人の心を動かしたり、人の気持ちとぴたりと合ったりする〕有様。また、景色。例 ほほえましい情景。類 光景。

しょうけいもじ【象形文字】（名詞）物の形をかたどってつくられた文字。参考 漢字のつくりかたの一つ。「日」「月」など。また、古代エジプトでつかわれた「エジプト文字」。対 指事文字。会意文字。形声文字。

しょうげき【衝撃】（名詞）❶〔物などが〕はげしくつきあたったときの強い力。❷急に強く心を動かされること。例 引退の発表はファンに衝撃をあたえた。類 衝動。ショック。

じょうげどう【上下動】（名詞）〔地震などで〕上下にゆれること。たてゆれ。参考 地震がおこった地点が近いときのゆれ方。対 水平動。

しょうけん【証券】（名詞）お金や物についての権利と義務をしるした書きつけ。株券・債券など。例 有価証券。

しょうげん【証言】（名詞）（する動詞）言葉で、事実を証明すること。また、その言葉。特に、裁判などで、証人としてのべること。

じょうけん【条件】（名詞）あることを決めるため、また、そうなるために必要な〔かぎられた〕ことがら。例 参加するための条件がある。

じょうげん【上限】（名詞）一番上のさかい目。これより上はない、一番上。例 料金の上限をさだめる。対 下限。

じょうげんのつき【上弦の月】（名詞）新月がすぎて、七日ほどして右半分がかがやいている月。対 下弦の月。⇩828ページ・月①（図）。

じょうけんはんしゃ【条件反射】（名詞）ある決まった訓練や経験で、動物が無意識に反応するようになること。たとえば、犬にベルの音と同時にえさをやり続けると、ベルの音だけでよだれをたらすようになること。

しょうこ【証拠】（名詞）事実であることを証明する、しるしとなるもの。例 その場にいたという証拠がある。

しょうご【正午】（名詞）昼の十二時。午後〇時。例 正午すぎにれんらくする。

じょうご[1]（名詞）口の小さな入れ物に、液体をそそぐときに使う道具。アサガオの花のような形をしている。ろうと。⇩図。

じょうご[2]【上戸】（名詞）❶酒をたくさん飲む人。また、とても酒の好きな人。対 下戸。❷酒をたくさん飲んだときに出るくせを表す言葉。
ことば ⇩「わらい上戸」「なき上戸」

しょうこう[1]【将校】（名詞）軍隊で、少尉以上の

ことばあそび 見立て❼ かみなり…空の大きなどなり声。

軍人。

²**しょうこう**【焼香】 名詞 する動詞 香をたいて、死んだ人をとむらうこと。

¹じょうご

¹**しょうごう**【称号】 名詞 〔ある資格を表す〕よび名。例 文学博士の称号。

²**しょうごう**【照合】 名詞 する動詞 〔二つ以上のものを〕てらし合わせて、調べること。例 原本と照合して、ちがいを見つけ出す。類 参照。

¹**じょうこう**【上皇】 名詞 位をゆずった天皇のよび名。例 後鳥羽上皇。

²**じょうこう**【乗降】 名詞 する動詞 〔乗り物に〕乗りおりすること。例 駅で乗降する人の数を調べる。

しょうこうかいぎしょ【商工会議所】 名詞 商工業の仕事をする人たちが、その地域の商工業の発展のためにつくった組織。

しょうこうぎょう【商工業】 名詞 商業と工業。

しょうこうぐち【昇降口】 名詞 あがりおりする出入り口。

じょうこうごう【上皇后】 名詞 上皇の妻。

しょうこうねつ【しょう紅熱】 名詞 感染症の一つ。子どもがかかりやすい。急に高いねつが出て頭やのどがいたむ。全身に赤いふきでものができる。溶連菌感染症。漢字 猩紅熱。

しょうこく【小国】 名詞 ❶国土の小さい国。対 ①②大国。❷〔経済力・武力などの〕弱い国。

しょうこだてる【証拠立てる】 動詞 証拠をあげて、たしかであることを証明する。例 犯人であることを証拠立てるものがいくつも残されている。活用 しょうこだ・てる。

しょうこりもなく【性懲りもなく】 慣用句 少しもあらためようとしないで〔悪いことを〕何度もくり返すようす。例 性懲りもなくすぐになまける。

¹**しょうさ**【小差】 名詞 わずかの差。わずかのちがい。例 小差で勝った。対 大差。

²**しょうさ**【少佐】 名詞 軍隊の階級の一つ。中佐の下の位。

じょうざ【上座】 名詞 目上の人や客がすわる場所。例 上座をすすめる。類 上座。上席。対 下座。

しょうさい【詳細】 名詞 形容動詞 くわしく細かいこと。例 事件の詳細を調べる。類 委細。事細か。

じょうざい【錠剤】 名詞 まる、または、平たいつぶになっている薬。

じょうさし【状差し】 名詞 柱やかべにかけて、手紙やはがきなどを入れておくもの。

¹**しょうさん**【勝算】 名詞 相手に勝てそうな見こみ。かちめ。例 あすの試合には勝算がある。

²**しょうさん**【賞賛・称賛】 名詞 する動詞 ほめて、たたえること。例 勇気ある行動を賞賛する。

じょうさん【蒸散】 名詞 する動詞 植物が体内の水分を、水蒸気として蒸発させること。参考 主に、葉のうらにある気孔でおこなう。

しょうし【焼死】 名詞 する動詞 火にやかれて死ぬこと。やけ死に。

しょうじ【障子】 名詞 家の建具の一つ。細いさんをつけた木のわくに紙をはり、部屋をしきるのにつかう。

じょうし【上司】 名詞 職場で、位が上の人。対 部下。

じょうじ【常時】 名詞 ふだん。いつどんなときでも。例 消火器は常時そなえてあります。

しょうしか【少子化】 名詞 する動詞 生まれる子どもの数がへり、人口に対するその数のわりあいが低くなること。

しょうじき【正直】 一 名詞 形容動詞 〔態度に〕うそやごまかしがないこと。例 正直で、信用できる人。対 うそつき。不正直。 二 副詞 いつわりなく。本当のところ。例 正直、かなり不安だった。

じょうしき【常識】 名詞 いっぱんの人々が、共通してもっている知識やものの考え方。例 人に世話になったら、お礼をいうのは常識だ。

じょうしきてき【常識的】 形容動詞 ❶常識にあっているようす。例 常識的に考えて、その意見は妥当だ。❷ありふれていて、目新しいことのないさま。例 常識的な提案ばかりでつまらない。

しょうじきのこうべにかみやどる【正直のこうべに神宿る】 ことわざ 正直な人には神の助けがある、というたとえ。参考 「こ

うべ」は頭のこと。

しょうじきものがばかをみる【正直者が馬鹿を見る】ことわざ〔不正をする者がとくをして〕正直に生きる者がそんをする。例正直者が馬鹿を見るような社会はおかしい。参考世の中にはむじゅんしていることが多い、ということ。

1 **しょうしつ**【消失】名詞 する動詞 消えて、なくなること。例しょうこが消失した。

2 **しょうしつ**【焼失】名詞 する動詞 やけてなくなること。また、やいてなくすこと。例貴重な本が焼失した。

じょうしつ【上質】名詞〔品物の〕質が上等なこと。例上質の和紙。

じょうじつ【情実】名詞 自分の利益を考えるため、公平でなくなること。また、そのようなようす。例入学試験に情実はゆるされない。

1 **しょうしゃ**【商社】名詞 貿易によって利益をあげる会社。

2 **しょうしゃ**【勝者】名詞〔競争・試合などに〕勝った人・チーム。例最後の勝者。対敗者。

じょうしゃ【乗車】名詞 する動詞 乗り物に乗ること。例八時発の新幹線に乗車する。対下車。降車。

じょうしゃけん【乗車券】名詞 電車・バスなどに乗る人が運賃とひきかえに受け取るきっぷ。

しょうじゃひっすい【盛者必衰】四字熟語 今、いきおいのさかんな者も、いつかかならずおとろえるということ。参考ア「じょうしゃひっすい」ともいう。イ「平家物語」に出てくる言葉。

じょうしゅ【城主】名詞 城のもち主。また、その地方をおさめているとのさま。

じょうじゅ【成就】名詞 する動詞 物事ができあがること。物事をなしとげること。例仕事が成就する。類達成。

1 **しょうしゅう**【召集】名詞 する動詞 ❶国会をひらくために、国会議員をよび集めること。例国会を召集する。❷戦争のときなどに、軍人となる人を軍隊に集めること。例軍に召集された。⇩使い分け。

2 **しょうしゅう**【招集】名詞 する動詞〔多くの人を〕まねき集めること。集まってもらうこと。例代表委員を招集する。⇩使い分け。

しょうじゅう【小銃】名詞〔持ち運びのできる〕鉄ぽう。歩兵銃・自動小銃など。

> **使い分け　しょうしゅう**
>
> ●よび集めること。
> 国会を召集する。
>
> ●まねき集めること。
> 代表委員を招集する。

じょうしゅう【常習】名詞 する動詞 いつもしなれていること。いつもの習慣。参考多く、悪いことにつかう。

じょうしゅうはん【常習犯】名詞 同じ犯罪をたびたびくり返すこと。また、その人。例すりの常習犯。

しょうじゅん【照準】名詞 目標に正しくねらいをつけること。ことば「照準を合わせる」

じょうじゅん【上旬】名詞 月の一日から十日までの十日間。初旬。対中旬。下旬。

1 **しょうしょ**【小暑】名詞 二十四節気の一つ。昔のこよみで、暑くなり始めるとされるとき。七月七日ごろ。⇩口絵9ページ。

2 **しょうしょ**【証書】名詞〔事実の〕しょうことなる書類。例卒業証書。

しょうじょ【少女】名詞〔十代くらいまでの〕わかい女子。例二人の少女。対少年。

じょうしょ【情緒】名詞 ➡616ページ・じょうちょ。

1 **しょうしょう**【少少】一 名詞 ❶〔数・量などが〕少ないこと。例さとう少々を加える。❷たいしたことではないこと。例少々のことではおどろかない。二 副詞 少しばかり。例少々おまちください。対多多。参考一二とも、ふつう「少々」と書く。

2 **しょうしょう**【少将】名詞 軍隊の階級の一つ。中将の下の位。

1 **しょうじょう**【症状】名詞 病気やけがなど

ことばあそび　見立て❽　教室…学んで食べて遊ぶ大きな部屋。

のようす。

2**しょうじょう**【賞状】名詞 りっぱな成績やおこないなどをほめたたえる言葉を書いてあたえる、（がくなどに入れてかざるようにした）文書。

1**じょうしょう**【上昇】名詞 する動詞 ❶ていどが高くなること。例 気温が上昇する。対 下降。❷かちなどが上がること。対 ①②低下。

2**じょうしょう**【常勝】名詞 試合や戦いで、いつも勝つこと。例 常勝チーム。

1**じょうじょう**【上上】名詞 形容動詞 とてもよいこと。例 上々のスタートを切った。参考 ふつう「上々」と書く。

2**じょうじょう**【上場】名詞 する動詞 ❶株式や商品が、取り引きの対象として取引所に登録されること。❷劇やしばいを人に見せること。

じょうしょうきりゅう【上昇気流】名詞 上空にのぼっていく空気のながれ。例 気球が上昇気流にのる。

じょうじょうしゃくりょう【情状酌量】名詞 する動詞 裁判で刑罰をきめるとき、つみをおかした理由を考えて刑罰を軽くすること。ことば「情状酌量の余地がある」

しょうしょく【小食・少食】名詞 食べる量が少ないこと。対 大食。

じょうしょく【常食】名詞 する動詞 〔主食として〕いつも食べている食物。例 日本人は米を常食にしている。類 主食。

しょうじる【生じる】動詞 ❶〔植物などが〕はえる。生ずる。例 かびが生じた。❷〔物事が〕おこる。生ずる。例 車に故障が生じた。活用 しょう・じる。❸〔しぜんに〕できる。生ずる。

じょうじる【乗じる】動詞 ❶ある数にある数をかける。乗ずる。例 二に三を乗じる。❷〔よい機会をとらえて〕都合よく利用する。つけこむ。乗ずる。例 敵の弱みに乗じて一気にせめこむ。活用 じょう・じる。

1**しょうしん**【小心】名詞 形容動詞 気が小さくて、おくびょうなこと。例 小心者。

2**しょうしん**【昇進】名詞 する動詞 地位が上がること。

3**しょうしん**【焼身】名詞 自分の体を火でやくこと。

1**しょうじん**【小人】名詞 ❶子ども。例 小人は半額です。❷身分の低い人。❸心のせまい人。小人物。参考 ①は、「しょうにん」とも読む。

2**しょうじん**【精進】名詞 する動詞 ❶一生けんめい努力すること。例 日夜、学問に精進している。❷仏の教えにしたがって修行すること。例 寺にこもって僧たちが精進する。

じょうじん【常人】名詞 特にかわったところのない、ふつうの人。じょうにん。

しょうしんしょうめい【正真正銘】四字熟語 まちがいなく本物であること。本当。例 これは、正真正銘の名刀です。

しょうじんりょうり【精進料理】名詞 肉類を使わず、野菜類だけを材料とする料理。

じょうず【上手】名詞 形容動詞 ❶〔あることをしたり、物を作ったりする〕うでまえがすぐれていること。また、その人。例 兄は話が上手だ。／ピアノを上手にひく。対 下手。❷おせじ。例 お上手を言う。

じょうすい【上水】名詞 貯水池などから引いた、飲み水。対 下水。

じょうすいき【浄水器】名詞 水をきれいにするためのきかい。

じょうすいじょう【浄水場】名詞 よごれてちょくせつ利用できない水を、こしたり消毒したりして、きれいな水にするところ。おもに、川や池などの水を、飲める水にする。

じょうすいち【浄水池】名詞 浄水場で、よごれをこしてきれいになった水をためておく池。

じょうすいどう【上水道】名詞 飲み水をおくる設備。対 下水道。

1**しょうすう**【小数】名詞 〇より大きく一より小さい数。一を十等分したものを〇・一、百等分したものを〇・〇一などと表す。参考 ⇩688ページ・整数。1169ページ・分数。⇩使い分け。

2**しょうすう**【少数】名詞 数が少ないこと。例 そのことを知っているのは、ごく少数だ。対 多数。⇩使い分け。

じょうすう【乗数】名詞 かけ算で、かけるほうの数。4×3では「3」。

しょうすうてん【小数点】名詞 小数を表すとき、一の位の後にうつ点。

じょうずのてからみずがもる【上手の手から水が漏る】ことわざ 上手な人でも失敗することがあるというたとえ。例 かれがエラーをするなんて、上手の手から水が漏る、だね。類 かっぱの川流れ。猿も木から落ちる。弘

法にも筆の誤り。参考「上手の手から水が漏れる」ともいう。

使い分け　しょうすう

小数　●1より小さい数。小数の計算。

少数　●数が少ないこと。少数の意見。

しょうずみ【使用済み】名詞 使ってしまったこと。使ってしまって、いらなくなったこと。例 使用済みの切手。

しょうする【称する】動詞 ❶名のる。名づける。よぶ。例 自分でサッカー通だと称している。❷ほめたたえる。例 長年の努力を称する。活用 しょう・する。

じょうせい【情勢・状勢】名詞〔物事の〕有様。なりゆき。例 世界の情勢はめまぐるしくうつりかわる。類 状況。形勢。

1 **じょうせき**【上席】名詞 ❶地位の高い人がすわる席。上座。例 わたしなどが上席にすわってはもうしわけない。類 上座。対 末席。❷席次が上位であること。例 上席部長。

2 **じょうせき**【定石】名詞 ❶囲碁で、ある場面でもっともよいとされる、決まったうちかた。❷〔❶の意味から〕物事をするときの、〔もっともよいと思われる〕決まったやり方。例 定石どおりに事をはこぶ。

1 **しょうせつ**【小雪】名詞 二十四節気の一つ。昔のこよみで、雪がまだ少ないとされるとき。十一月二十二日、二十三日ごろ。⇩口絵11ページ。

2 **しょうせつ**【小節】名詞 楽譜で、たての線で区切られたひとこま。

3 **しょうせつ**【小説】名詞 作者が想像や体験を通してつくり出した、世の中のできごとや人の心の動きなどを文章に書いたもの。

じょうせつ【常設】名詞 する動詞〔ある施設や機関などが〕いつでもそなえてあること。例 校内放送のためのスタジオが常設されている。類 常置。常備。

しょうせつか【小説家】名詞 小説を書くことを仕事にしている人。類 作家。

しょうせっかい【消石灰】名詞 生石灰に水をかけるとできる白色の粉末。肥料や消毒剤などに使う。水酸化カルシウム。

しょうせん【商船】名詞 お客や荷物を運ぶ船。貨物船・貨客船・旅客船など。

じょうせん【乗船】名詞 する動詞〔お客・船員が〕船に乗りこむこと。類 上船。対 下船。

しょうぞう【肖像】名詞 その人の顔やすがたに似せてこしらえた、絵やちょうこくなど。

1 **じょうそう**【上層】名詞 ❶重なっているものの、上の方の部分。例 大気の上層の温度をはかる。❷地位の高い人々。例 会社の上層部にもうし入れる。対 ❶❷下層。

2 **じょうそう**【情操】名詞 正しいことや美しいことなどを感じとる、複雑な心の働き。例 文学作品を読んで、ゆたかな情操をやしなう。

じょうぞう【醸造】名詞 する動詞 こうじ菌・こうぼ菌などを使って、米や大豆などをはっこうさせ、酒・みそ・しょうゆなどをつくること。例 ビールの醸造。／醸造所。

しょうそういん【正倉院】名詞 奈良の東大寺にある、くら。奈良時代のすぐれた美術工芸品がおさめられている。また、建物は「校倉造り」の代表的なもの。

しょうぞうが【肖像画】名詞 ある人の顔やすがたをかいた絵。

しょうそく【消息】名詞 ❶たより。手紙。❷〔ある人や物事の〕ようす。事情。例 かれのその後の消息はわからない。類 音信。

しょうぞく【装束】名詞 ❶身じたく。例 旅装束。❷〔儀式などにきる〕着物。

1 **しょうたい**【正体】名詞 ❶本当のすがた。例 正体を明かす。❷たしかな心。正気。例 正体もなく、ねむりこける。

2 **しょうたい**【招待】名詞 する動詞 客をまねいて、もてなすこと。例 パーティーに招待された。

1 **じょうたい**【上体】名詞 体のこしから上の部分。上半身。例 上体を前後にまげる。

2 **じょうたい**【状態】名詞 物事の有様。様子。例 健康の状態を調べる。

3 **じょうたい**【常体】名詞 文章の終わりを「だ」

ことばあそび　見立て⑨　ご石…なめたらだめな黒あめと、はっかあめ。

「である」の形《かたち》で結《むす》ぶ書《か》き方《かた》。対 敬体《けいたい》。

4 **じょうたい**【常態】名詞 いつもの様子《ようす》。例 雪《ゆき》でみだれた鉄道《てつどう》ダイヤが常態《じょうたい》に復《ふく》した。

しょうたいじょう【招待状】名詞 もよおしなどに、相手《あいて》をまねくための手紙《てがみ》。類 案内状《あんないじょう》。

しょうだく【承諾】名詞 する動詞 〔相手《あいて》のたのみごとや要求《ようきゅう》などを〕聞《き》いて、引《ひ》き受《う》けること。例 面会《めんかい》を承諾《しょうだく》する。類 承知《しょうち》。受諾《じゅだく》。

じょうたつ【上達】名詞 する動詞 上手《じょうず》になること。例 上達《じょうたつ》が早《はや》い。

1 **しょうだん**【昇段】名詞 する動詞 剣道《けんどう》・柔道《じゅうどう》・囲碁《いご》・将棋《しょうぎ》などで、段位《だんい》があがること。例 二段《にだん》に昇段《しょうだん》する。

2 **しょうだん**【商談】名詞 商売《しょうばい》についての話《はな》し合《あ》い。例 取引先《とりひきさき》との商談《しょうだん》がまとまる。

1 **じょうだん**【上段】名詞 ❶〔いくつかある段《だん》の〕上《うえ》の段《だん》。❷剣道《けんどう》で、刀《かたな》を頭《あたま》の上《うえ》にかまえるかまえ方《かた》。対 ①②下段《げだん》。

2 **じょうだん**【冗談】名詞 本気《ほんき》ではなく、ふざけてすること。また、ふざけた話《はなし》。例 冗談《じょうだん》ばかり言《い》っている。

しょうち【承知】名詞 する動詞 ❶引《ひ》き受《う》けること。聞《き》き入《い》れること。例 何度《なんど》も頭《あたま》をさげて、やっと承知《しょうち》してもらった。類 承諾《しょうだく》。対 不承知《ふしょうち》。❷知《し》っていること。例 ご承知《しょうち》のとおりです。❸よくわかって、ゆるすこと。例 そんなことをしたら承知《しょうち》しない。参考 ❸は、下《した》に「…ない」などの打《う》ち消《け》しの言葉《ことば》がつく。

じょうち【常置】名詞 する動詞 いつでも使《つか》えるようにそなえておくこと。例 各家庭《かくかてい》に消火器《しょうかき》を常置《じょうち》する。類 常設《じょうせつ》。常備《じょうび》。

しょうちくばい【松竹梅】名詞 松《まつ》と竹《たけ》と梅《うめ》。めでたいものとして、祝《いわ》いごとのかざりなどに使《つか》う。

しょうちゅう【焼酎】名詞 酒《さけ》かすやもろみ、いも・ソバ・ムギなどを原料《げんりょう》にしてつくる強《つよ》い酒《さけ》。

じょうちょ【情緒】名詞 あることを見《み》たり聞《き》いたり、ある場所《ばしょ》に行《い》ったりしたときにおこる、いろいろな感情《かんじょう》。また、そのような感情《かんじょう》をおこさせる独得《どくとく》の感《かん》じ。ことば「情緒《じょうちょ》ゆたか（な城下町《じょうかまち》）」「情緒《じょうちょ》がある」参考「情緒《じょうしょ》」ともいう。

1 **しょうちょう**【小腸】名詞 胃《い》と大腸《だいちょう》をむすぶ細長《ほそなが》い消化器官《しょうかきかん》。大人《おとな》で約六《やくろく》メートルある。⇩939ページ・内臓《ないぞう》（図《ず》）。

2 **しょうちょう**【省庁】名詞 外務省《がいむしょう》・法務省《ほうむしょう》のように、名前《なまえ》に「省《しょう》」のつく役所《やくしょ》と、文化庁《ぶんかちょう》・気象庁《きしょうちょう》のように、名前《なまえ》に「庁《ちょう》」のつく役所《やくしょ》。

3 **しょうちょう**【象徴】名詞 する動詞 〔考《かんが》えや感《かん》じなど〕形《かたち》のないものを、物《もの》などでそれを思《おも》いおこさせるように表《あらわ》すこと。また、表《あらわ》したもの。シンボル。例 ハトは平和《へいわ》の象徴《しょうちょう》とされる。

じょうちょう【情調】名詞 おもむき。気分《きぶん》。例 異国情調《いこくじょうちょう》。

しょうちょうてき【象徴的】形容動詞 なにかを象徴《しょうちょう》するようす。例 姫路城《ひめじじょう》は、安土桃山文化《あづちももやまぶんか》の象徴的《しょうちょうてき》な建物《たてもの》である。

1 **じょうてい**【上底】名詞 台形《だいけい》の平行《へいこう》な二辺《にへん》のうちの、上《うえ》の方《ほう》の辺《へん》。対 下底《かてい》。

2 **じょうてい**【上程】名詞 する動詞 議案《ぎあん》を会議《かいぎ》にかけること。例 選挙法《せんきょほう》の改正案《かいせいあん》を上程《じょうてい》する。

じょうでき【上出来】形容動詞 よくできているようす。例 初《はじ》めてにしては上出来《じょうでき》だ。対 不出来《ふでき》。

1 **しょうてん**【商店】名詞 商品《しょうひん》を売《う》る店《みせ》。例 駅《えき》前《まえ》に商店《しょうてん》がならんでいる。

2 **しょうてん**【昇天】名詞 する動詞 ❶天《てん》にのぼること。ことば「旭日昇天《きょくじつしょうてん》の勢《いきお》い（=朝日《あさひ》がのぼるように、勢《いきお》いがよいこと）」❷キリスト教《きょう》で、人《ひと》が死《し》んで、そのたましいが天国《てんごく》にのぼること。

3 **しょうてん**【焦点】名詞 ❶平行《へいこう》な光線《こうせん》がレンズや球面《きゅうめん》鏡《きょう》にあたって、くっせつ、または反射《はんしゃ》して集《あつ》まる点《てん》。⇩図《ず》。❷人々《ひとびと》の注意《ちゅうい》や関心《かんしん》などが集《あつ》まるところ。中心点《ちゅうしんてん》。例 話《はなし》の焦点《しょうてん》がぼやける。

焦点《しょうてん》①

しょうてんがい【商店街】名詞 商店《しょうてん》がたくさんならんでいる町《まち》。

じょうてんき【上天気】名詞 よく晴《は》れた、よい天気《てんき》。例 上天気《じょうてんき》にめぐまれた遠足《えんそく》。

しょうてんきょり【焦点距離】名詞 レンズや球面鏡《きゅうめんきょう》の中心《ちゅうしん》から焦点《しょうてん》までの距離《きょり》。

1 **しょうど**【焦土】名詞 ❶焼《や》けて黒《くろ》くなった土《つち》。❷草木《くさき》・建物《たてもの》などが焼《や》けてあとかたもなくなった土地《とち》。例 戦争《せんそう》で町《まち》は焦土《しょうど》となった。

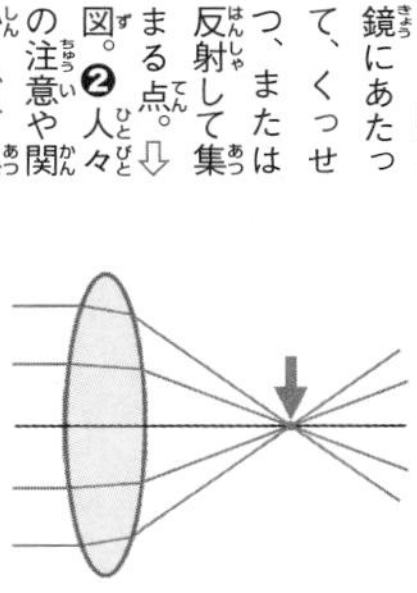

²**しょうど**【照度】名詞 ある面が、ある時間に受ける光の量のどあい。参考 単位は、ルクス。

じょうと【譲渡】名詞 する動詞 土地や建物などの財産や地位・権利などを、ゆずりわたすこと。例 株式を譲渡する。参考 あらたまった言い方。

じょうど【浄土】名詞 仏教で、仏やぼさつのいるという、罪やけがれのない国。極楽浄土。

しょうとう【消灯】名詞 する動詞 明かりを消すこと。例 病院では九時には消灯する。対 点灯。

しょうどう【衝動】名詞 ❶心をはげしく動かすこと。ショック。例 衝動を受ける。類 衝撃。❷感情の動きのままに行動したくなる、強い心の動き。例 大声でどなりたい衝動にかられた。

じょうとう【上等】名詞 形容動詞 物事がすぐれていること。例 上等な品。

じょうどう【常道】名詞 ❶ふつうのやり方。だれもがする一般の方法。例 商売の常道を行く。❷原則にのっとったやり方。例 常道をふみはずす。

しょうどく【消毒】名詞 する動詞 病気のもとになる細菌をころすこと。

じょうとくい【上得意】名詞 商品をたくさん買ってくれるよい客。

しょうとくたいし【聖徳太子】人名（五七四～六二二）飛鳥時代の皇族・政治家。推古天皇を助けて政治をおこない、十七条の憲法や冠位十二階の制を定めた。遣隋使として多くの人を隋（＝今の中国）に送り、大陸の文化を日本にとり入れることに力をつくした。仏教を信じ、法隆寺や四天王寺を建てた。

しょうどくやく【消毒薬】名詞 消毒するための薬。例 きず口に消毒薬をぬる。

しょうとつ【衝突】名詞 する動詞 ❶物と物とがぶつかること。例 車がガードレールに衝突した。❷〔意見などがくいちがって〕たがいに争うこと。例 二人の意見はまっこうから衝突した。

じょうない【場内】名詞 しきられた場所の中。例 場内では禁煙です。対 場外。

しょうに【小児】名詞 年令の少ない、子ども。おさない子。例 小児用の薬。

しょうにか【小児科】名詞 子どもの病気の、ちりょうや研究を専門にする医学。

じょうにながされる【情に流される】慣用句 感情に動かされる。例 情に流されて判断をあやまる。

しょうにまひ【小児麻ひ】名詞 ⬇1211ページ・ポリオ。

じょうにもろい【情にもろい】慣用句 人情に動かされやすい。例 情にもろい一面がある。

しょうにゅうせき【しょう乳石】名詞 しょう乳洞の中に、つららのようにたれ下がった石灰岩。石灰岩が地下水や雨水によってとけてできる。漢字 鍾乳石。⇩しょう乳洞（図）。

しょうにゅうどう【しょう乳洞】名詞 石灰岩でできている土地が、雨水や地下水のためにとけてできた、ほらあな。漢字 鍾乳洞。⇩図。

しようにん【使用人】名詞〔会社や店などで〕やとわれて働いている人。対 使用者。

¹**しょうにん**【上人】名詞 ❶徳の高い、りっぱな僧。❷僧をうやまったよび名。例 日蓮上人。

²**しょうにん**【小人】名詞「子ども」のこと。例 入場料は大人と小人とに分けられている。参考「しょうじん」と読むと別の意味もある。

しょう乳石
石柱
石じゅん
しょう乳洞

³**しょうにん**【承認】名詞 する動詞 ❶〔正しいものとして〕みとめゆるすこと。例 国会の承認をえる。❷〔同意して〕聞き入れること。例 父の承認をえる。

⁴**しょうにん**【商人】名詞 商売をしている人。

⁵**しょうにん**【証人】名詞 ❶ある事実を証明する人。❷〔裁判所によばれて〕自分の見聞きしたことをのべる人。❸身もとを保証してくれる人。保証人。

じょうにん【常任】名詞 する動詞 いつもその役目についていること。例 常任委員。

しょうにんずう【少人数】名詞 少ない人数。例 少人数教育。

しょうね【性根】名詞 その人の考えやおこないのもととなる心がまえ。ことば「性根をたたき直す」

じょうねつ【情熱】名詞 あることにうちこむ、はげしい心。例 スケートに情熱をもやす。

しょうねん【少年】名詞〔十代くらいまでの〕わかい男子。例 少年たち。対 少女。

ことばあそび 見立て⑩ 新聞…毎朝とどくニュースのプレゼント。

しょうねんよたいしをいだけ【少年よ大志を抱け】慣用句 明治時代のはじめ、札幌農学校の先生であったクラーク博士が教え子におくった言葉。「少年たちよ、大きなこころざしをもちなさい」という意味。

1 **しょうのう**【しょう脳】名詞 クスノキからとる、白い結晶。どくとくの強いかおりがある。防虫剤や防臭剤などに使う。

2 **しょうのう**【小脳】名詞 脳の一部。体のつりあいをたもったり、体の運動を調節したりする働きをする。

しょうのつき【小の月】名詞 〔一か月の日数が〕三十日以下の月。二月・四月・六月・九月・十一月のこと。参考「西向く士（二、四、六、九、士＝十一）」とおぼえる。対 大の月。

じょうば【乗馬】名詞 する動詞 馬に乗ること。また、乗るための馬。類 騎馬。

しょうはい【勝敗】名詞 勝ちと、負け。例 この試合の勝敗によって順位が決まる。

しょうばい【商売】一 名詞 する動詞 利益をえるために、品物を仕入れて売ること。例 地元で商売をしている。／商売はんじょう。類 商業。
二 名詞 職業。仕事。例 父の商売をつぐ。

しょうばいがたき【商売敵】名詞 商売上の競争相手。

しょうはいはときのうん【勝敗は時の運】ことわざ 勝ち負けはその時のめぐりあわせだということ。

しょうばつ【賞罰】名詞 ほめることと、ばっすること。

じょうはつ【蒸発】名詞 する動詞 ❶液体が、その表面から気体になること。例 水が蒸発する。❷ものがある場所からなくなること。また、人が消えたようにゆくえ不明になること。

しょうはブロック【消波ブロック】名詞 四本の足をつけたコンクリートブロックで、堤防・海岸・川岸などにたくさんおいて、堤防を守ったり、海岸や川岸の浸食をふせいだりするのに使う。波消しブロック。テトラポッド。

しょうばん【相伴】名詞 する動詞 客の相手をして、自分もいっしょにもてなしをうけること。
ことば「ご相伴にあずかる」

じょうはんしん【上半身】名詞 体の、こしから上の部分。上体。かみはんしん。例 上半身はだかになる。対 下半身。

しょうひ【消費】名詞 する動詞 〔お金・品物・労力などを〕使って、なくすこと。例 燃料を消費する。／消費量。対 生産。

じょうび【常備】名詞 する動詞 いつもじゅんびしておくこと。例 胃薬を常備している。類 常設。常置。

しょうひしゃ【消費者】名詞 つくられた物を買って使う人。

しょうひぜい【消費税】名詞 お金を出して品物を買ったときや、相手のサービスをうけたときに、一定のわりあいでかけられる税。

しょうひょう【商標】名詞 自分の会社でつくったしるしとして、商品につける記号。トレードマーク。例 登録商標。

1 **しょうひん**【商品】名詞 売ったり買ったりするための品物。例 商品を店頭にならべる。／新商品。

2 **しょうひん**【賞品】名詞 〔競技・コンクールなどで成績のよかった者に〕ほうびとしてあたえる品物。

じょうひん【上品】形容動詞 品のよいようす。例 上品なふるまい。対 下品。

しょうひんけん【商品券】名詞 デパートやスーパーマーケット・商店などで、商品をこう入できる券。券に書かれている金額のはんい内で商品をこう入できる。

1 **しょうぶ** 名詞 サトイモ科の植物。池やぬまにはえる。葉は、昔から悪をはらうといわれ、五月五日の「端午の節句」に、のきにさしたり湯に入れたりする。参考 ふつうショウブといわれているのはハナショウブのこと。漢字 菖蒲。

2 **しょうぶ**【勝負】一 名詞 勝ちと、負け。例 かんたんに勝負がついた。
二 名詞 する動詞 勝ち負けを争うこと。例 実力で勝負する。

1 **じょうぶ**【丈夫】形容動詞 ❶体が、病気になりにくく健康であるようす。例 丈夫に育つ。❷しっかりしていて、こわれたりくずれたりしにくいようす。例 丈夫なつくりのテーブル。

2 **じょうぶ**【上部】名詞 上の部分。例 かべの上部。対 下部。

しょうふく【承服】名詞 する動詞 相手の言うことをうけいれて、したがうこと。例 君の言うことに承服はできない。

しょうぶごと【勝負事】名詞 勝ち負けを争

あいうえお かきくけこ さしすせそ たちつてと なにぬねの はひふへほ まみむめも や ゆ よ らりるれろ わ を ん

うわざ。かけごと。

しょうふだ【正札】名 品物につける、本当のねだんを書いたふだ。また、そのねだん。

じょうぶつ【成仏】名 する動詞 死んで、この世に思い残すことなく、ほとけになること。例 成仏をいのる。

しょうぶゆ【しょうぶ湯】名 五月五日の「端午の節句」に、ショウブの葉を入れてわかすふろ。悪をはらうとされる。

しょうぶん【性分】名 その人が生まれつきもっている性質。例 母はおせっかいな性分だ。

じょうぶん【条文】名 〔法律など〕かじょう書きにしてある文章。例 憲法の条文。

しょうへき【障壁】名 ❶しきりの、かべ。❷物事の進行をさまたげるもの。じゃま。例 言葉のちがいという障壁を乗りこえる。

じょうへき【城壁】名 城をとりまいているかべや石がき。

しょうべん【小便】名 する動詞 にょう道から出される体のなかのいらなくなった水分。にょう。また、それを体の外に出すこと。対 大便。

じょうほ【譲歩】名 する動詞 自分の考えをひっこめて、相手の言い分をうけいれること。参考 もとの意味は、道をゆずって、ほかの人を先に行かせること。類 妥協。折り合い。

しょうぼう【消防】名 火事を消したり、火事が起こらないようにしたりすること。ことば「消防士（＝消防の仕事をする人）」

[1]**じょうほう**【乗法】名 かけ算。参考 ⇨278ページ・加法。425ページ・減法。628ページ・除法。

[2]**じょうほう**【情報】名 ある物事の様子を知らせること。また、その知らせ。例 たしかな情報を集める。

じょうほうかしゃかい【情報化社会】名 情報が物やエネルギーと同じような価値をもつとされ、物事が情報を中心として動き、発展する社会。情報社会。

しょうぼうしゃ【消防車】名 火事がもえ広がるのをふせいだり、人命救助をおこなったりするための車。ホースやはしごなどをつみ、消防士をのせて走る。消防自動車。

しょうぼうしょ【消防署】名 火事や事故などから、人々のいのちや財産を守る仕事をする役所。消防自動車・救急車などをそなえている。注意「消防所」と書かないこと。

しょうぼうだん【消防団】名 市町村にある、消防のための組織。各地域の住民によって、つくられ、運営されている。

しょうほん【抄本】名 ❶原本から、必要な部分だけをぬき書きした本。例「平家物語」の抄本。❷書類から、一部分だけ引き写したもの。例 戸籍抄本。対 ②謄本。

じょうまえ【錠前】名 戸や入れ物などをあかないようにする金具。ことば「錠前をおろす」「錠前をかける」

しようまっせつ【枝葉末節】四字熟語 〔中心からはずれている〕重要でないことがら。どうでもいいようなことがら。例 枝葉末節にこだわるな。

しょうまん【小満】名 二十四節気の一つ。昔のこよみで、草木などが生長し天地に満ちるとされるとき。五月二十一日ごろ。⇨口絵8ページ。

[1]**しょうみ**【正味】名 ❶〔入れ物をのぞいた〕中身だけの重さ。例 正味百グラム。参考 ⇨1127ページ・風袋。❷じっさいの数量。例 正味四時間みっちり働く。注意「正身」と書かないこと。

[2]**しょうみ**【賞味】名 する動詞 食べ物のおいしさを味わいながら食べること。例 心づくしのごちそうを賞味する。

しょうみきげん【賞味期限】名 〔食品にしめされて〕その食品がその日までは品質がかわらずにおいしく食べられることを表す日づけ。参考 法律によって、賞味期限をしめさなければならない食品が決められている。

じょうみゃく【静脈】名 血液を、体の各部から心臓へ運ぶくだ。参考 ふつう、動脈よりあさいところにあり、脈を打たない。対 動脈。

じょうむいん【乗務員】名 電車・バス・飛行機などに乗って、運転や乗客の世話などをする人。

しょうむてんのう【聖武天皇】人名（七〇一～七五六）奈良時代の天皇。仏教の力で国をおさめようとし、国ごとに国分寺や国分尼寺を建てた。また、奈良に東大寺を建て大仏をまつった。

[1]**しょうめい**【証明】名 する動詞 ある物事が事実であることを、明らかにすること。例 無実を証明する。／身分証明書。類 あかし。

[2]**しょうめい**【照明】■ 名 する動詞 電灯などで、

あいうえお かきくけこ さしすせそ し たちつてと なにぬねの はひふへほ まみむめも や ゆ よ らりるれろ わ を ん

ことばあそび 見立て⑪ しもばしら…日がのぼるまでの水しょうの柱。

明るくてらすこと。また、そのあかり。例室内の照明。二 名詞 舞台で、劇の効果をあげるための（色つきの）あかり。例照明係。

しょうめつ【消滅】名詞 する動詞 （自然に）消えて、なくなること。例星が消滅した。／権利が消滅する。

しょうめん【正面】名詞 ❶まっすぐ前を向いて見える方向。例先生の正面の席。❷物の前にあたる面。特に、建物などの表側。例正面げんかん。❸物事にまともに向かうこと。例問題に正面から取り組む。

しょうめんきって【正面切って】連語 えんりょしないで、はっきりと。例正面切って反対する。

しょうもう【消耗】名詞 する動詞 ❶使って、なくなること。また、なくすこと。例燃料を消耗する。❷体力や気力を使いはたすこと。例体力の消耗をふせぐ。

しょうもうひん【消耗品】名詞 使っているとへってなくなっていく物。例紙やえんぴつは消耗品だ。

しょうもん【証文】名詞 しょうこになる書きつけ。例証文を書いてわたす。

じょうもん【城門】名詞 城の出入り口。

じょうもんじだい【縄文時代】名詞 日本で縄文土器がつくられ、使われた時代。一万六千年ほど前から二千四百年ほど前までの、およそ一万年間で、新石器時代にあたる。木の実などの採集・狩り・漁をして生活していた。

じょうもんどき【縄文土器】名詞 日本の新石器時代に使われた土器。おもてになわ目のもようがある。縄文式土器。⇩図。

縄文土器

しょうや【しょう屋】名詞 江戸時代に、農民のかしらとして、村をとりしまったり、税をとりたてたりする仕事をした役。また、その人。参考 おもに関西でのよび名。関東では「名主」、北陸・東北では「肝煎」といった。現在の村長にあたる。漢字 庄屋。

じょうやく【条約】名詞 文書に書かれた、国と国との間の約束。ことば「条約の締結」

じょうやとう【常夜灯】名詞 一晩中つけておく明かり。

しょうゆ【しょう油】名詞 大豆・小麦を原料として、しお・こうじをまぜ、はっこうさせてつくった調味料。参考「したじ」「むらさき」ともいう。漢字 醤油。

しょうよ【賞与】名詞 役所や会社などで、給料のほかに特別に出すお金。ボーナス。

しょうよう【商用】名詞 商売のうえの用事。例商用で神戸に行く。

じょうよう【常用】名詞 する動詞 ❶ふだん使っていること。例常用のすずりばこ。❷続けて使うこと。例この薬を常用してはいけない。

じょうようかんじ【常用漢字】名詞 ふだんつかう漢字のめやすとして、政府が決めた二千百三十六の漢字。参考 それまでの「当用漢字」にかわって、一九八一（昭和五六）年に決められ、二〇一〇（平成二二）年に改定された。

じょうようしゃ【乗用車】名詞 人が乗るために使う自動車。

しょうようじゅりん【照葉樹林】名詞 亜熱帯から温帯にかけて見られる、カシ・シイ・クスノキなどの一年中みどりの葉をつけている広葉樹を主体とした林。参考 みどりの葉につやがあるため「照葉」という。

しょうらい【将来】名詞 これから先。例将来のことを考えて進学先を決める。／将来のゆめ。類 未来。

しょうり【勝利】名詞 する動詞 〔戦い・試合などに〕勝つこと。ことば「勝利をおさめる」対 敗北。

じょうりく【上陸】名詞 する動詞 水上から陸に上がること。例横浜港に上陸する。

しょうりつ【勝率】名詞 〔試合や対戦に〕勝った割合。例勝率が五割を切る。

しょうりゃく【省略】名詞 する動詞 物事や文章などの一部をはぶくこと。例説明は省略する。

じょうりゅう【上流】名詞 ❶川の流れのみなもとに近い方。川上。❷社会で、生活ていどや地位の高い階級。例上流家庭の生活。対 ①②中流。下流。

[2]じょうりゅう【蒸留】名詞 する動詞 液体をねっしたときに出る蒸気をひやし、ふたたび液体にすること。

じょうりゅうすい【蒸留水】名詞 蒸留してつくった、じゅんすいな水。参考 薬をまぜ合わせるときなどに使う。

しょうりょう【少量】名詞 わずかな分量。例 少量のしょうゆを加える。対 多量。

じょうりょく【常緑】名詞〔松・スギのように〕一年中みどりの葉をつけていること。

しょうりょくか【省力化】名詞 する動詞 機械を取り入れたり、仕事の順序を見直したりすることで、むだをはぶいて手間がかからないようにすること。例 デジタル化によって作業の省力化をはかる。

じょうりょくじゅ【常緑樹】名詞〔松・スギなど〕一年中葉がみどり色をしている木。ときわ木。対 落葉樹。

じょうるり【浄瑠璃】名詞 三味線に合わせ、ふしをつけてかたる語り物。特に、「義太夫節」のこと。

しょうれい【奨励】名詞 する動詞〔よいこととして〕おこなうことをすすめ、はげますこと。例 スポーツを奨励する。

[1]じょうれい【条令】名詞 かじょう書きにした法令。

[2]じょうれい【条例】名詞 国の法律のはんい内で、都道府県や市町村の議会で決めたきまり。

じょうれん【常連】名詞 ❶いつもいっしょに行動をしている仲間。❷〔一つのきまった店などに〕いつもきまって出入りする客。常客。例 店は常連客でにぎわっている。

じょうろ 名詞 草花や植木などに水をかける道具。じょろ。

しょうろう【鐘楼】名詞 寺のけいだいにある、かねがつるしてあるき堂。かねつき堂。例 鐘楼に上がって除夜のかねをつく。⇩図。

鐘楼

[1]しょうわ【昭和】名詞 昭和天皇が位についていたときの年号。一九二六年十二月二十五日から一九八九年一月七日まで。

[2]しょうわ【唱和】名詞 する動詞 一人の人がまず声に出して言った後で、ほかの多くの人が同じことを言うこと。例 ばんざいを唱和する。

しょうわきち【昭和基地】名詞 南極大陸にある、日本の観測基地。

しょうわじだい【昭和時代】名詞 年号が昭和であった時代。一九二六（昭和一）年から一九八九（昭和六四）年まで。

しょうわのひ【昭和の日】名詞 国民の祝日の一つ。昭和の時代を思い出し、国の将来について考える日。四月二十九日。参考 もとは昭和天皇のたん生日。

じょうわんこつ【上腕骨】名詞 かたとひじの間の骨。円柱状の形で、両はしが半球状にふくらんでいる。⇩1209ページ・骨㊀①（図）。

しょえん【初演】名詞 する動詞 演劇や音楽などをはじめて演じたり演奏したりすること。対 再演。

じょえん【助演】名詞 する動詞 映画やしばいなどで、主役を助ける役をえんじること。また、その人。対 主演。

ショー 名詞 人に見せるもよおしもの。展覧会やしばいなど。例 ファッションショー。▼英語 show

じょおう【女王】名詞 ❶女の王。クイーン。❷その社会で一番強い女の人。また、一番はなやかな女の人。対 ①②王。

ショーウインドー 名詞〔商店などで〕品物をかざって見せるためのガラスまど。ウインドー。▼英語 show window

じょおうばち【女王蜂】名詞 社会生活をするハチの群れの中で、卵をうむ能力のあるめすのハチ。

ジョーカー 名詞 トランプで、切りふだとして使われる、一番強いふだ。参考「ばば」ともいう。▼英語 joker

ジョーク 名詞 じょうだん。しゃれ。▼英語 joke

ショート㊀ 名詞 ❶短いこと。対 ロング。❷野球で、二塁と三塁の間を守る人。遊撃手。英語「ショートストップ（shortstop）」の略。

㊁ 名詞 する動詞 電気をみちびく二本の金属の部分がちょくせつふれあって、大きな電流が

ことばあそび 見立て⑫ 金魚ばち…わが家のミニミニ水族館。

流れること。参考 英語「ショートサーキット」の略。▼英語 short

ショートケーキ 名詞 スポンジケーキを台にし、その上に生クリームや果物をそえた菓子。参考 英語を組み合わせて日本でつくった言葉。英語では sponge cake が近い。shortcake は「さくさくしたケーキ」。

ショートコーナー 名詞 サッカーで、コーナーキックをするときに、ゴールに向けてけるのではなく、近くにいる味方にわたすこと。参考 英語「ショートコーナーキック」の略。▼英語 short corner

ショートパンツ 名詞 ひざ上くらいまでの、短いズボン。参考 英語では shorts で、特に短いものを hot pants という。

ショール 名詞 女の人のかたかけ。▼英語 shawl

ショールーム 名詞 商品をならべて客に見せるための部屋。展示室。▼英語 showroom

1 **しょか【初夏】** 名詞 夏のはじめ。五月から六月ごろ。はつなつ。対 晩夏。

2 **しょか【書架】** 名詞 本をならべるための、大きめのたな。本だな。例 新しい図鑑を書架におさめる。

3 **しょか【書家】** 名詞 字を書くのが特にうまい人。また、書道の専門家。

しょが【書画】 名詞 芸術としてねうちのある、書と絵画。例 祖父は書画やこっとうを集めるのがしゅみだ。

じょがい【除外】 名詞 する動詞 あるはんいやきまりからとりのぞくこと。例 未成年者を除外する。

1 **しょかん【所感】** 名詞 心に感じたこと。例 年の初めの所感をのべる。

2 **しょかん【書簡】** 名詞 手紙。書状。参考 あらたまった言い方。

じょかん【女官】 名詞 宮中につかえる女の人。参考「にょかん」とも読む。

1 **しょき【初期】** 名詞 はじめのころ。はじまってまもないころ。例 明治の初期。対 末期。

2 **しょき【書記】** 名詞 ❶会議の様子を記録する役。また、その人。例 学級会の書記をつとめる。❷書類・ちょうぼなどの記入や整理などの事務をする役。また、その人。

3 **しょき【暑気】** 名詞 暑いこと。夏の暑さ。対 寒気。

しょきゅう【初級】 名詞 何かを習うときの、一番はじめの段階。例 英会話を初級からはじめる。／初級講座。類 下級。初等。初歩。対 上級。

じょきょ【除去】 名詞 する動詞 いらないものを、とりのぞくこと。例 かびを除去する。

じょきょう【助教】 名詞 大学・高等専門学校・研究所などで、教授・准教授につぐ地位。

じょきょうじゅ【助教授】 名詞 ⇩606ページ・じゅんきょうじゅ。

じょきょく【序曲】 名詞 ❶歌劇などの、まくがあく前に演奏する曲。❷〔❶の意味から〕物事の始まり。前ぶれ。

ジョギング 名詞 準備運動や健康のために、ゆっくり走ること。▼英語 jogging

しよく【私欲】 名詞 自分が得をすることだけを考える気持ち。ことば「私欲を満たす」⇩「私利私欲」

1 **しょく【食】** 一 名詞 食べること。また、食べ物。ことば「食が細い（＝たくさん食べないようす）」
二 助数詞《数を表す言葉の下につけて》食事の回数を表す言葉。例 一日三食。

2 **しょく【職】** 名詞 ❶仕事。つとめ口。例 職をさがす。❷仕事をするための技術。例 手に職をつける。❸受け持っているつとめ。また、その地位。ことば「職をとく（＝解任する）」

しょくあたり【食あたり】 名詞 くさったり、細菌がついたりした食べ物を食べて、中毒すること。食中毒。

しょくいく【食育】 名詞 健康な生活を送るための、食べ物や食事に関する教育。

しょくいん【職員】 名詞 役所・学校・団体などにつとめている人。参考 主に、おおやけの仕事についている人にいう。

しょくいんしつ【職員室】 名詞 学校で、先生が授業以外の仕事をするための部屋。

しょくえん【食塩】 名詞 食用にする、しお。

しょくぎょう【職業】 名詞 くらしをたてるための、決まった仕事。職。類 生業。

しょくぎょうあんていじょ【職業安定所】 名詞 働きたい人に仕事の世話をしたり、雇用保険の仕事をしたりする役所。参考 正式には、「公共職業安定所」という。愛称は「ハローワーク」。

しょくぎょうびょう【職業病】 名 その仕事を長い間続けてしたためにおこる病気。

しょくご【食後】 名 食事のあと。対食前。

しょくじ【食事】 名 する動詞 〔生きるために必要な〕食べ物を食べたり、飲み物を飲んだりすること。また、その食べ物。例いっしょに食事をしよう。ことば「食事をとる」

しょくしがうごく【食指が動く】 故事成語 ❶食欲がおこる。語源 昔、中国で、食指（＝人差し指）が動くとかならずごちそうにありついたという人の話から。❷〔①の意味から〕あることをしたいという気持ちがおこる。例もうけ話に食指が動いた。

しょくしゅ【触手】 名 イソギンチャクやナマコなどの口のまわりにある、ひげのようなもの。物にさわったり、食べ物をつかまえたりする。⇩図。

触手

しょくじゅ【植樹】 名 する動詞 木を植えること。例卒業記念に植樹をする。

しょくしゅをのばす【触手を伸ばす】 慣用句 自分のものにしようと思って、他のものへ働きかける。

しょくじょせい【織女星】 名 ⇩1176ページ・ベガ。対けん牛星。

しょくせい【食性】 名 動物の食べるものや食べ方の習性。草食（植物食）・肉食（動物食）・雑食など。例図鑑で食性を調べる。

1 **しょくぜん【食前】** 名 食事の前。例食前に飲む薬。対食後。

2 **しょくぜん【食膳】** 名 食事のとき、食べ物などをのせる台。例海の幸、山の幸が食膳をにぎわせる。

しょくだい【しょく台】 名 〔持ち運びのできる〕火をともしたろうそくを立てる台。ろうそく立て。漢字 燭台。

1 **しょくたく【食卓】** 名 食事をするときに使うつくえ。ちゃぶ台。食台。テーブル。

2 **しょくたく【嘱託】** 一 名 正式の社員・職員としてではなく、特にたのまれて仕事をする人。二 名 する動詞 ある条件のもとで、仕事をしてくれるようにたのむこと。例事務作業を嘱託する。類委嘱。

しょくちゅうしょくぶつ【食虫植物】 名 葉でこん虫などをつかまえて、その養分をすいとる植物。モウセンゴケ・ウツボカズラなど。

しょくちゅうどく【食中毒】 名 ⇩しょくあたり。

1 **しょくどう【食堂】** 名 ❶食事をする部屋。❷食事を出す店。

2 **しょくどう【食道】** 名 食べ物が口から胃にいくときに通るくだ。気管の後ろ側にある。

しょくにん【職人】 名 主に手先の技術で物をつくることを仕事にしている人。

しょくにんかたぎ【職人かたぎ】 名 仕事のわざに自信があって、自分が満足できる仕事をしようとするがんこな性質。漢字 職人気質。

しょくば【職場】 名 仕事をするところ。また、つとめているところ。例新しい職場にうつる。

しょくばい【触媒】 名 それ自体はかわらないで、ほかのものの化学変化の仲だちをして、変化をはやめたりおそくしたりする働きをもつもの。

しょくパン【食パン】 名 箱の形に焼いた、主食用のパン。

しょくひ【食費】 名 食べ物にかかる費用。ことば「食費がかさむ」

しょくひん【食品】 名 食べるためにつくられた品物。類食料品。

しょくぶつ【植物】 名 生物の一つで、草・木などのこと。多く、土に根をはって生長する。例植物園。／高山植物。対動物。

しょくぶつえん【植物園】 名 いろいろな植物を集めて、人々に見せたり植物を守ったり研究したりするしせつ。類動物園。

しょくぶつせい【植物性】 名 植物をもとにしてつくられたものであること。例植物性の油。対動物性。

しょくへん【食偏】 名 漢字の部首の一つ。「飲」「飯」などの左側の「食」の部分。

しょくみんち【植民地】 名 政治や経済の上で、よその国におさめられている地域。

しょくむ【職務】 名 それぞれが受け持って

ことばあそび　見立て⑬　毛虫…動く小さなたわし。

いる仕事。つとめ。役目。例職務をはたす。

しょくもつ【食物】名詞 食べ物。注意「しょくぶつ」とは読まない。

しょくもつせんい【食物繊維】名詞 植物のせんいを形づくっていて、食べても人間には消化しにくいもの。ヒジキ・ゴボウ・ホウレンソウ・リンゴ・グリンピースなどに多くふくまれていて、健康をまもるのに役立つ。

しょくよう【食用】名詞 食べ物として使うこと。また、そのもの。例食用の油。

しょくよく【食欲】名詞 食べたいと思う気持ち。例熱が下がって食欲が出てきた。

しょくよくのあき【食欲の秋】連語 あつさがやわらぐ秋には、食べ物を食べたいという気持ちが強くなるということ。例食欲の秋だから、何を食べてもおいしい。

1 **しょくりょう**【食料】名詞 食べ物。また、その材料。例一週間分の食料を買いこむ。⇩使い分け。

2 **しょくりょう**【食糧】名詞 食べ物。特に、米・麦などの主食となる物。⇩使い分け。

しょくりょうひん【食料品】名詞〔米・野菜・肉・魚など〕人間の食べる物。類食品。

しょくりょうひんこうぎょう【食料品工業】名詞 加工した食品をつくる工業。

しょくりん【植林】名詞 する動詞 林をつくるために、山や野原などに木を植えること。

しょくん【諸君】代名詞「みなさん」とか「あなたがた」といった意味で、大ぜいの人によびかけるときに使う言葉。例生徒諸君、ぼくの話を聞いてください。参考 多く、対等か目下のたくさんの人にむかっていう。

使い分け　しょくりょう

●食べ物。
食料品売り場。

●主食。
三日分の食糧を確保する。

1 **しょけい**【処刑】名詞 する動詞 刑をおこなうこと。特に、死刑にすること。類処罰。

2 **しょけい**【初経】名詞 女性がはじめてけいけんする月経。初潮。

じょけいし【叙景詩】名詞 風景を見たままに書き表した詩。対叙事詩。叙情詩。

しょげかえる【しょげ返る】動詞 ひどくがっかりして、すっかり元気がなくなる。しょげこむ。例妹は、しかられてしょげ返っている。活用 しょげかえ・る。

しょげる 動詞 がっかりして元気がなくなる。活用 しょ・げる。

しょけん【所見】名詞 ❶見たことがら。また、見てくだした判断。例診察所見。❷考え。意見。例所見をのべる。

じょげん【助言】名詞 する動詞 気づいたことを言って、助けてやること。また、その言葉。例友だちに助言する。類口ぞえ。忠告。

しょこ【書庫】名詞 本を入れておく建物。

じょこう【徐行】名詞 する動詞 乗り物などが、(危険をさけるなどのために)ゆっくり進むこと。ことば「徐行運転」

しょこく【諸国】名詞 多くの国。いろいろの国。例ヨーロッパ諸国をめぐる旅。

しょさ【所作】名詞 体の動かし方や、言葉づかい。身のこなし。類動作。

しょさい【書斎】名詞 家で、本を読んだり文章を書いたりする部屋。

しょざい【所在】名詞 ❶物などがあること。また、ある場所。例県庁の所在地。❷人がいること。また、いる場所。例先方の所在をたしかめる。❸どこにあるのかということ。例責任の所在をはっきりさせる。

しょざいない【所在ない】形容詞 することがなく、たいくつである。例雨で外に出られず、所在ない一日をおくった。活用 しょざいな・い。

じょさいない【如才ない】形容詞 よく気がついて、あいそがいい。例如才なくふるまう。活用 じょさいな・い。

じょさんし【助産師】名詞 子どもがうまれるのを助けたり、うまれた赤ちゃんの世話をしたりするのを仕事とする人。

じょさんぷ【助産婦】名詞「助産師」の古いよび名。参考 さらに昔は「産婆」といった。

あいうえお かきくけこ さしすせそ たちつてと なにぬねの はひふへほ まみむめも や ゆ よ らりるれろ わ を ん

しょし【初志】 名 〔自分の将来について〕はじめにたてた目標。ことば「初志をつらぬく」「初志貫徹」類初心。

しょじ【所持】 名 する動詞 身につけて持っていること。例免許証を所持する。／所持金。

[1]**じょし【女子】** 名 ❶女の子。例五年生の女子。❷女性。例女子社員。対①②男子。

[2]**じょし【女史】** 名 接尾語 学問や地位のある女の人をうやまっていう言葉。また、その名前の下につける言葉。例ヘレン＝ケラー女史。

[3]**じょし【助詞】** 名 いつもほかの言葉につけて使われ、言葉と言葉の続き具合を表したり、意味をそえたりする言葉。たとえば、「鳥が鳴く」の「が」、「駅へ行く」の「へ」など。

じょじ【女児】 名 女の子。例女児を出産した。対男児。

しょしき【書式】 名 願書・とどけ書・証書などの、決まった書き方。

じょじし【叙事詩】 名 じっさいにあったできごとを材料にして、ありのままを物語のようにのべた詩。参考 ただのできごとでなく、英雄などを中心に、歴史的事件をのべた詩が多い。対叙景詩。叙情詩。

しょしゃ【書写】 一 名 する動詞 文字を書き写すこと。例古典を書写する。二 名 小・中学校でおこなう学科の一つ。筆やえんぴつで文字の書き方を習うこと。習字。

じょしゅ【助手】 名 ❶研究や仕事などの手助けをする人。❷大学で、教授などの手助けをする役目の人。

しょしゅう【初秋】 名 秋のはじめ。対晩秋。

じょじゅつ【叙述】 名 する動詞 自分の考えや物事の様子などを、順序をおってのべたり書いたりすること。また、のべたり書いたりしたもの。例事件について叙述する。類記述。

しょしゅん【初春】 名 ❶春のはじめ。春さき。早春。対晩春。❷正月のこと。参考「はつはる」と読んでも意味は同じ。

しょじゅん【初旬】 名 月のはじめの十日間。上旬。

しょしょ【処暑】 名 二十四節気の一つ。昔のこよみで、暑さがおさまるとされるとき。八月二十三日ごろ。⇩口絵9ページ。

しょじょう【書状】 名 手紙。例書状をしためる。参考 あらたまった言い方。

じょじょうし【叙情詩】 名 〔うれしさ・かなしさ・さびしさなど〕自分の心の動きをうたい表した詩。対叙景詩。叙事詩。

じょじょに【徐徐に】 副詞 ゆっくり。だんだんに。少しずつ。参考 ふつう「徐々に」と書く。

[1]**しょしん【初心】** 一 名 物事を始めたときの決心。ことば「初心にかえる」類初志。二 名 形容動詞 まだ物事になれないこと。習い始め。未熟。

[2]**しょしん【所信】** 名 こうであると信じていることがら。例所信をのべる。類信念。信条。

しょしんしゃ【初心者】 名 まだなれていない人。習い始めの人。

しょしんわするべからず【初心忘るべからず】 ことわざ 学び始めたときの新鮮な気持ちを、いつもわすれてはいけない。参考 室町時代の世阿弥という人の言葉。

じょすう【除数】 名 わり算で、わる方のかず。金田一メモ「6÷3＝2」の「3」が除数。

じょすうし【助数詞】 名 数を表す言葉の下につけて、数えるものの種類を表す言葉。一本の「本」、二枚の「枚」など。

しょする【処する】 動詞 ❶あることがらに対して、ふさわしいふるまいをする。例信念にもとづいて身を処する。❷ばつをあたえる。例厳罰に処する。活用 しょ・する。

しょせい【書生】 名 ❶「学生」の古い言い方。❷よその家に世話になって、その家の仕事を手伝いながら勉強している人。参考 明治・大正時代に多くみられた。

[1]**じょせい【女性】** 名 おんな。女の人。例女性向けの雑誌。対男性。

[2]**じょせい【助成】** 名 する動詞 研究や仕事がやりとげられるように助けること。例経費の一部を助成する。／助成金。

じょせいてき【女性的】 形容動詞 女性らしいようす。また、女性のような感じがするようす。例女性的な話し方。対男性的。

じょせいホルモン【女性ホルモン】 名 卵巣でつくられるホルモン。この働きによって、初経がおこったり、体つきに女性としてのとくちょうが表れたりする。

しょせき【書籍】 名 書物。本。図書。

じょせき【除籍】 名 する動詞 名簿や戸籍など

あいうえお かきくけこ さしすせそ たちつてと なにぬねの はひふへほ まみむめも や ゆ よ らりるれろ わ を ん

ことばあそび 見立て⑭ アジサイ…宝石のオパールが花になった。

から名前をのぞいて、身分を取り上げてしまうこと。例学費をはらわなかったので、大学を除籍されてしまった。類除名。

しょせつ【諸説】名詞 一つのことについての、いろいろな説・意見。例諸説入りみだれる。

じょせつ【除雪】名詞 する動詞 ふりつもった雪を取りのぞくこと。類ゆきかき。

じょせつしゃ【除雪車】名詞 鉄道の線路や道路の雪を取りのぞく車。ラッセル車・ロータリー車などがある。

しょせん【所詮】副詞 けっきょくは。どうせ。参考 多く、後ろに打ち消しの言葉がくる。例人間といえど、所詮自然の力にはかなわない。

しょぞう【所蔵】名詞 する動詞 自分のものとして、しまっておくこと。また、そのもの。例県立美術館が所蔵している名画。／所蔵品。

1 **じょそう**【助走】名詞 する動詞 〔高とびやはばとびなどで〕いきおいをつけるために、ふみきるところまで走ること。例助走をつけて、とびこえる。

2 **じょそう**【除草】名詞 する動詞 雑草をとりのぞくこと。草とり。草むしり。

しょぞく【所属】名詞 する動詞 〔ある物や人が〕ある会や団体などに入っていること。例わたしは、水泳クラブに所属している。

1 **しょたい**【所帯】名詞 ❶一戸をかまえた、独立した生活・生計。例所帯をもつ。／所帯道具。❷すまいや生活をいっしょにしている人々の集まり。例この町内には、二百所帯がすんでいる。参考 ⇩698ページ・世帯。

2 **しょたい**【書体】名詞 ❶文字のいろいろな書き方。字の形。かい書・行書など。❷印刷に使う文字の形の種類。明朝体・ゴシック体など。❸字の書きぶり。例みごとな書体。参考 ①②は「字体」ともいう。⇩図。

安衣雲 かい書
安衣雲 行書
安衣雲 草書
安衣雲 れい書
安衣雲 てん書

書体①

安衣雲 教科書体
安衣雲 明朝体
安衣雲 ゴシック体
A f k ローマン体
A f k イタリック体

書体②

しょだい【初代】名詞 〔代々続いている家・役職などの〕最初の代。第一代。例初代の校長。

しょたいめん【初対面】名詞 おたがいにはじめて会うこと。例初対面の人。

しょだな【書棚】名詞 本をのせて整理するたな。本だな。

しょち【処置】名詞 する動詞 ❶物事のしまつをつけること。物事を〔うまく〕とりはからうこと。例事故の処置をする。類処理。措置。❷〔病気やけがなどの〕手当てをすること。例応急処置。

しょちゅう【暑中】名詞 夏のもっとも暑いころ。特に、夏の土用の十八日間。対寒中。

しょちゅうみまい【暑中見舞い】名詞 暑中に、知人の様子をたずねること。また、そのたより。参考 立秋（＝八月八日ごろ）をすぎると「残暑見舞い」という。対寒中見舞い。

1 **しょちょう**【初潮】名詞 ➡624ページ・しょけい（初経）。

2 **しょちょう**【所長】名詞 研究所や事務所など「所」がつくしせつで、位が一番上の人。

3 **しょちょう**【署長】名詞 税務署・警察署・消防署などの、署で一番上の役目。また、その人。

じょちょう【助長】故事成語 力をのばしたり、よい状態になるように、助けること。例てきどの運動は健康を助長する。語源 なえを早くのばそうとして引っぱり、からしてしまったという話から。よけいなことをして悪い結果をまねくというのが、もともとの意味。

1 **しょっかく**【触角】名詞 こん虫やエビなどの頭にある、細長いひげのようなもの。物にさわって危険をさけたり、においをかいで食べ物をさがしたりする。⇩図。

触角

2 **しょっかく**【触覚】名詞 五感の一つ。物にさわって感じる、ひふの働き。例触覚で知る。

1 **しょっき**【食器】名詞 食事をするときに使う道具や入れ物。さら・ちゃわん・はしなど。

2 **しょっき**【織機】名詞 布をおる機械。はたおり機。はた。例 織機で新しい布をおり上げる。

ジョッキ 名詞 ビールを飲むための、とっ手のついた大きいコップ。参考 英語の jug（ジャグ）から変化した言葉。

ショッキング 形容動詞 驚きで強い衝撃を受けるようす。例 ショッキングなできごと。▼英語 shocking

ショック 名詞 ❶急に強い力を受けること。例 しょうとつのショックで車の前がへこんだ。❷心にはげしいおどろきや失望を受けること。例 ショックのあまり、ねこんでしまった。類 ①②衝撃。▼英語 shock

ショックをうける【ショックを受ける】慣用句 心にはげしいおどろきや失望を感じる。例 冷たい態度にショックを受けた。

しょっけん【食券】名詞 食堂などで、飲食物とひきかえるのに使うふだ。

しょっちゅう 副詞 いつも。例 しょっちゅうわすれ物をする。参考 くだけた言い方。

しょってる 動詞 自分で自分をかいかぶっている。うぬぼれている。参考 「しょっている」の略で、くだけた言い方。活用 しょっ・てる。

ショット 名詞 ❶テニスやゴルフなどで、ボールを打つこと。また、打ったボール。例 ナイスショット。❷映画で、カメラをまわし始めてから、まわし終えるまでの一場面。▼英語 shot

しょっぱい 形容詞 しおからい。例 しょっぱい水。参考 くだけた言い方。活用 しょっぱ・い。

ショッピング 名詞 買い物。例 ショッピングを楽しむ。▼英語 shopping

ショップ 名詞 店。商店。例 オンラインショップ。▼英語 shop

しょてい【所定】名詞 決まっていること。決められていること。例 所定の用紙に書いて出す。/所定の場所。参考 「所定の」の形で用いる。

しょてん【書店】名詞 本を売る店。本屋。

1 **しょとう**【初冬】名詞 冬のはじめ。はつふゆ。対 晩冬。

2 **しょとう**【初等】名詞 〔教育や学問などの〕はじめのだんかい。さいしょの等級。例 初等教育。類 初級。初歩。対 高等。

3 **しょとう**【諸島】名詞 〔ある地域に集まっている〕いくつかの島々。例 伊豆諸島。類 列島。

しょどう【書道】名詞 筆で文字を書く芸術。類 習字。

じょどうし【助動詞】名詞 ほかの言葉の下につけて、その言葉の働きを助け、意味をそえる言葉。たとえば、「しかられる」の「れる」や、「はやく帰りたい」の「たい」など。

しょとく【所得】名詞 ある期間に得た収入や利益。例 所得がふえる。

しょとくぜい【所得税】名詞 個人や会社などが一年間に得た収入にかけられる税金。

しょなのか【初七日】名詞 ある人が死んだ日から数えて、七日目にあたる日。また、その日におこなう法事（＝死んだ人をとむらう儀式）。参考 「しょなぬか」ともいう。

しょにち【初日】名詞 ❶しばいやもよおしものなどを始める最初の日。第一日。❷相撲で、負け続けていた力士がはじめて勝つこと。例 十両に上がってから五日目でようやく初日を出した。対 千秋楽。

しょにつく【緒に就く】慣用句 物事を、やり始める。また、物事がうまく進み始める。例 計画は緒に就いたばかりだ。参考 ㋐「緒」は、物事のはじめのこと。㋑「緒に就く」ともいう。

しょにんきゅう【初任給】名詞 会社などに入って、はじめてもらう給料。

じょのくち【序の口】名詞 ❶物事が始まったばかりで、本式でないこと。例 このくらいの暑さはまだ序の口だ。❷相撲の番付の一番下の位。また、その位の力士。

しょばつ【処罰】名詞 する動詞 おかした罪に対して、ばつをあたえること。類 処刑。

しょはん【初版】名詞 本の、さいしょの出版。第一版。例 初版本。対 再版。重版。

ショパン 人名 （一八一〇〜一八四九）ポーランドのピアニスト。作曲家。数多くの美しい曲をつくり、「ピアノの詩人」とよばれる。「革命」「別れの曲」「英雄ポロネーズ」などが有名。フレデリック＝フランソワ＝ショパン（Frederic Francois Chopin）。

じょばん【序盤】名詞 ❶〔碁や将棋などで〕勝負を始めたころ。❷〔①の意味から〕続いておこなわれる物事の始まってまもないころ。例 選挙の序盤戦。対 ①②中盤。終盤。

しょひょう【書評】名詞 本の内容について、

ことばあそび 見立て⑮ アザミ…「わたしにさわるとさすわよ。」と、とげとげしい花。

批評すること。また、その文章。

ジョブ 名詞 ❶（働いて賃金をもらう）仕事。❷コンピューターが処理する、ひとまとまりの作業。▼英語 job

しょぶん【処分】名詞 する動詞 ❶規則やきまりをやぶった者をばっすること。例学校の規則にはんして処分をうける。❷〔売ったり、すてたりして〕いらないものなどを整理すること。例古い新聞を処分する。

じょぶん【序文】名詞 その本を書いた理由や目あてについて、本文の前に書く文章。はしがき。前がき。

ショベルカー 名詞 大きなシャベルを動力によって動かし、みぞをほったり、土砂をトラックにつみこんだりする機械。シャベルカー。▼英語 shovel car

しょほ【初歩】名詞 物事の習い始め。手始め。例おどりを初歩からならう。類初級。初等。

しょほう【処方】名詞 医者が患者の様子にあわせて薬の種類・分量を指示すること。

じょほう【除法】名詞 わり算。参考⇩278ページ・加法。425ページ・減法。619ページ・乗法。

しょほうせん【処方箋】名詞 医者が薬剤師にわたす書類で、患者に必要な薬の種類やその調合法が書いてあるもの。

しょぼしょぼ 一 副詞(-と) 小雨がふり続いているようす。例朝から雨がしょぼしょぼとふっている。
二 副詞(-と) する動詞 （力なく）目をあけたりとじたりするようす。例目をしょぼしょぼさせる。

じょまく【序幕】名詞 ❶しばいの、さいしょの一幕。❷物事の始まり。類開幕。対終幕。

じょまくしき【除幕式】名詞 銅像や記念碑の完成を祝って、出席した関係者の前でおおった布をとりのぞく儀式。

しょみん【庶民】名詞 いっぱんの人々。参考たくさんの財産や強い権力をもっていないふつうの人々をいう。

しょむ【庶務】名詞 〔会社や役所の仕事で〕決まった名前をつけられない、いろいろな事務。

しょめい[1]【書名】名詞 本の名前。

しょめい[2]【署名】名詞 する動詞 自分の名前を書き記すこと。また、書き記した名前。サイン。類記名。

じょめい[1]【助命】名詞 ころされそうになっている人の命を助けること。ことば「助命を嘆願する」類救命。

じょめい[2]【除名】名詞 する動詞 〔ある団体や会などの〕名簿から名前をとりさり、その仲間からはずすこと。類除籍。

しょめいうんどう【署名運動】名詞 ある問題について、多くの署名を集めて関係のある機関に考えをつたえ、動かそうとすること。

しょめん【書面】名詞 手紙。文書。また、そこに書かれていることがら。例書面で通知する。

しょもつ【書物】名詞 本。図書。書籍。

じょや【除夜】名詞 一年の最後の夜。十二月三十一日（おおみそか）の夜。

じょやく【助役】名詞 ❶市町村長を助ける役。また、その人。❷駅長を助ける役。また、その人。

じょやのかね【除夜の鐘】名詞 おおみそかの夜十二時から寺でつく鐘。百八回つく。参考人間の心には百八のまよいがあり、それをとりのぞくために鳴らすという。

しょゆう【所有】名詞 する動詞 〔自分のものとして〕持っていること。例この美術館は、二千点の絵を所有している。

じょゆう【女優】名詞 女性の俳優。

しょゆうけん【所有権】名詞 自分のものとして、自由に使えたり売ったりできる権利。例父がこの土地の所有権を持っている。

しょよう[1]【所用】名詞 用事。例午後から、所用のためにるすになる。

しょよう[2]【所要】名詞 あることをするのに必要とすること。例所要時間。

しょり【処理】名詞 する動詞 物事や仕事を進め、まとめること。例たくさんの仕事をてぎわよく処理する。類処置。

じょりゅう【女流】名詞 女性。婦人。例女流棋士。参考多く、仕事などを表す言葉の上につけてつかう。

じょりょく【助力】名詞 する動詞 〔人の仕事などを〕手伝って、助けること。例助力をもとめる。／友人の事業に助力する。

しょるい【書類】名詞 〔ある事務について〕文字で書き記したもの。書きつけ。例書類を保管しておく。類文書。書き物。

ショルダーバッグ 名詞 かたにかけて持ち歩くかばん。ショルダー。▼英語 shoulder bag

じょれつ【序列】 名詞 地位や成績などの、順序。例 年功序列。

じょろん【序論】 名詞 議論や論文で、本論に入る前に全体の内容についてのべる部分。

しょんぼり 副詞(ーと) する動詞 元気がなく、さびしそうなようす。例 一人でしょんぼりとしている。

じらい【地雷】 名詞 土の中にうめておいて、その上を車や人が通るとばくはつする兵器。

しらが【白髪】 名詞 〔年をとったり病気になったりして〕白くなった髪の毛。

しらかば【白かば】 名詞 カバノキ科の木のシラカンバのこと。みきの皮は白く、紙のようにはがれる。漢字 白樺。

しらかみさんち【白神山地】 地名 青森県と秋田県の県境にある山地。国内でもっとも大きいブナの原生林がある。一九九三年、日本で初めての世界自然遺産として登録された。⇩695ページ・世界遺産（図）。

しらかわごう【白川郷】 地名 岐阜県にある、合掌造りの民家が残る集落。富山県の五箇山とともに、世界文化遺産。⇩695ページ・世界遺産（図）。

しらき【白木】 名詞 けずっただけで何もぬっていない木。

しらける【白ける】 動詞 ❶〔色があせて〕白っぽくなる。❷〔その場のふんいきが〕おもしろくなくなる。気まずくなる。例 心ない人の一言で楽しかった会が急に白けた。活用 しら・ける。

しらさぎ【白さぎ】 名詞 サギ科のうち、全身が白い鳥。チュウサギ・コサギなどがいる。漢字 白鷺。

しらじら【白白】 副詞(ーと) 夜が明けて、空がだんだん明るくなるようす。例 夜が白々と明けていく。参考 ㋐「しらしら」ともいう。㋑ふつう「白々」と書く。

しらじらしい【白白しい】 形容詞 ❶知っているくせに、知らないふりをするようす。例 白々しい態度。❷はっきりそうだとわかるようす。また、うそだとわかっているのに平気でいるようす。例 白々しいうそをつく。活用 しらじらし・い。参考 ふつう「白々しい」と書く。

じらす 動詞 〔からかったり、なかなか言葉や行動にうつさなかったりして〕相手の気持ちをいらいらさせる。例 じらさずにはやく教えてほしい。活用 じら・す。

しらずしらず【知らず知らず】 副詞 知らないうちに。いつのまにか。例 物語を読んでいるうちに、知らず知らずなみだがこぼれていた。

シラスだいち【シラス台地】 名詞 九州の鹿児島湾のあたりに広がる、火山灰や軽石がつもってできた台地。雨がふるとくずれやすくなる。

しらせ【知らせ】 名詞 知らせること。また、知らせるもの。通知。例 採用の知らせがとどく。

しらせる【知らせる】 動詞 〔できごとや考えなどを言ったり書いたりして〕他人が知るようにする。例 危険を知らせる。活用 しら・せる。

しらたき【白滝】 名詞 とても細くつくった、白いこんにゃく。

しらたま【白玉】 名詞 ❶白い美しい玉。昔は、しんじゅのことをいった。❷白玉粉（＝もち米の粉）でつくっただんご。しるこやつめたいさとう水などに入れて食べる。

しらなみ【白波】 名詞 あわだって白く見える波。例 海に白波が立つ。

しらぬい 名詞 九州の有明海や八代海で、夏の夜にいくつも現れ、ゆらめいて見える光。参考 漁船の明かりがふつうとはちがう光の進みかたによって海上に反射したものといわれる。漢字 不知火。

しらぬがほとけ【知らぬが仏】 ことわざ 知っていれば気になるが、知らなければ平気でいられるというたとえ。

しらばくれる 動詞 知っているのに知らないふりをする。知らぬ顔をする。例 だれがしたのかときかれても、みんなしらばくれてだまっている。参考「しらばっくれる」ともいう。活用 しらばく・れる。

しらはた【白旗】 名詞 白い色のはた。しろはた。参考 戦争などのとき、負けたことを自分でみとめる意味を表すのに使われる。ことば「白旗をあげる」

しらはのやがたつ【白羽の矢が立つ】 慣用句 たくさんの中から、特に目をつけられて、選び出される。例 大会の選手宣誓は弟に白羽の矢が立った。

しらふ 名詞 酒を飲んでいないときのようす。また、そのときの顔つき。例 しらふのときはおとなしい。

しらべ【調べ】 名詞 ❶調べること。ちょうさ。

あいうえお
かきくけこ
さしすせそ
し
たちつてと
なにぬねの
はひふへほ
まみむめも
や ゆ よ
らりるれろ
わ を ん

ことばあそび 見立て⑯ あやとり…1本のひもがつくる立体。

例天気調べ。❷〔罪をおかした人などを〕取り調べること。例警察の調べをうける。❸歌・詩・音楽などの調子。例琴の調べ。

しらべる【調べる】動詞 ❶〔わからないことや疑問などを〕書物や資料などで見たり、人から聞いたりして、明らかにする。例古墳について調べる。／くわしく調べる必要がある。❷取り調べる。活用しら・べる。

しらほ【白帆】名詞 船にはった白い帆。また、遠くに見える、白い帆をはった船。例海のかなたに白帆が見える。

しらみ 名詞 人や動物の体について血をすうこん虫。大きさは、一～四ミリメートル。発疹チフスなどの病原菌を運ぶこともある。

しらみつぶし【しらみ潰し】名詞 物事を、一つ残らず、細かく調べるようす。例すべての部屋をしらみ潰しにさがす。

しらむ【白む】動詞 ❶明るくなる。特に、夜があけて明るくなる。例東の空が白む。❷おもしろくなくなる。しらける。例座が白む。活用しら・む。

しらゆき【白雪】名詞 まっ白い雪。例富士の白雪。

しらをきる【白を切る】慣用句〔知っていながら〕わざと知らないふりをする。例何も聞いていないと白を切る。

しらんかお【知らん顔】名詞 知っているのに知らないふりをしている、その顔つき。また、そのようにすること。例みんなが働いているのに、知らん顔をして本を読んでいる。

しらんぷり【知らんぷり】名詞 知っていても、知らないふりをすること。例友だちがこまっているのに、知らんぷりをする。

しり[1]【尻】名詞 ❶肛門やそのまわりにある肉のゆたかな部分。おしり。例地面に尻をつく。⇩285ページ・体①（図）。❷器などの外側の底。例なべの尻をみがく。❸〔人や物の〕後ろ。例車の尻をおす。❹最後。末。例尻から三番目の成績。

しり[2]【私利】名詞 自分がもうかることだけを考える気持ち。ことば⇩「私利私欲」

しりあい【知り合い】名詞 おたがいに知っていること。また、その人。例知り合いの家に行く。

しりあがり【尻上がり】名詞 ❶物事の様子が終わりになるにしたがってだんだんよくなること。例入場者の数は尻上がりにふえている。❷言葉のあとの方の調子が高くなること。対①②尻下がり。

シリーズ 名詞 ❶〔書物や映画などで〕同じような種類の一続きのもの。例世界名作シリーズ。❷スポーツで、何日間か続けておこなわれる試合。例日本シリーズ。▼英語 series

シリウス 名詞 おおいぬ座の星。太陽をのぞいて、地球から見える恒星のなかでもっとも明るい。参考天狼星ともいう。▼英語（ラテン語から）Sirius

しりうまにのる【尻馬に乗る】慣用句〔よく考えもしないで〕人のあとについて行動する。例人の尻馬に乗ってさわぐ。

しりおし【尻押し】名詞 する動詞 ❶表には出ないで力となって、人を助けること。例政府の尻押しがあった。❷後ろからおすこと。例山のぼりで、友だちに尻押ししてもらった。参考くだけた言い方。

しりがあたたまる【尻が暖まる】慣用句 長い間、同じ所に落ち着いている。

しりがおもい【尻が重い】慣用句〔めんどうがって〕すぐに物事をしようとしない。

しりがかるい【尻が軽い】慣用句 ❶落ち着きがなくて、おこないが軽々しい。例尻が軽いので、つまらない失敗ばかりする。❷すぐにうわきをする。

シリカゲル 名詞 乾燥剤などに使う、無色または白色の固いつぶ。▼ドイツ語。

しりがこそばゆい【尻がこそばゆい】慣用句 気分が落ち着かなくて、そこからいなくなりたい。きまりが悪い。例あまりほめられると、尻がこそばゆいよ。

しりがながい【尻が長い】慣用句 人の家に行って、なかなか帰らない。例あの人は尻が長いので、お茶を出さずにおこう。

じりき[1]【自力】名詞 自分ひとりの力。例自力で立ちなおる。対他力。

じりき[2]【地力】名詞 その人がもともともっている力。例地力のある力士。

しりきれとんぼ【尻切れとんぼ】名詞 終わりまで続かず、とちゅうで切れたままであること。

しりごみ 名詞 する動詞 ❶おそれて、後ろの方へ少しずつさがること。あとずさり。例プールのとび

こみ台にあがって、思わずしりごみをした。❷するのをためらうこと。例みんなしりごみしてなかなか歌う人がいなかった。

しりさがり【尻下がり】名詞 ❶物事の様子が、終わりになるにしたがってだんだん悪くなること。例売れゆきが、尻下がりに悪くなる。❷言葉の終わりの方の調子が低くなること。対①②尻上がり。

しりしよく【私利私欲】四字熟語 自分だけとくをしようとする気持ち。例私利私欲のために悪事をはたらく。

じりじり ━ ❶副詞(-と)〔あるものに向かって〕少しずつ進んで行くようす。例ヘビがえものにじりじりと近づく。類じわじわ。❷太陽が強く照りつけるようす。例真夏の太陽がじりじりと照りつける。

二 副詞(-と) する動詞〔物事が思うとおりにならず〕いらいらするようす。例いくら待っても友だちがこなくて、じりじりした。

しりすぼまり【尻すぼまり】名詞 形容動詞 ❶入れ物などが下の方で細くなっていること。❷はじめにあったいきおいが、だんだんなくなること。例尻すぼまりの成績。

しりぞく【退く】動詞 ❶後ろへ行く。例先生の前から退く。対進む。❷たちさる。ひきさがる。例三しんして退く。❸ある地位からはなれる。引退する。やめる。例社長の地位を退いた。活用 しりぞ・く。

しりぞける【退ける】動詞 ❶おいかえす。おいはらう。例敵を退けた。❷遠ざける。遠くにはなす。例ほかの人を退けて二人だけで話し合う。❸ことわる。例みんなの要求を退けた。❹仕事や役目をやめさせる。例会長の役から退けられた。活用 しりぞ・ける。

1 **しりつ**【市立】名詞 市のお金でつくられ、市が管理すること。また、その施設。例市立の小学校。参考「私立」と発音が同じでまちがえやすいので、「いちりつ」ということもある。

2 **しりつ**【私立】名詞 いっぱんの人や団体のお金でつくられ、それらが管理すること。また、その施設。例私立の中学。参考「市立」と発音が同じでまちがえやすいので、「わたくしりつ」ということもある。対公立。

じりつ【自立】名詞 する動詞 人にたよらないで、自分の力で物事をやってゆくこと。例卒業したら自立してやってゆく。

じりつご【自立語】名詞 それだけである意味を表し、また、文中で文節になることのできる言葉。参考「学校の花だんに花がさく」の「学校」「花だん」「花」「さく」など。対付属語。

しりとり【尻取り】名詞 前の人のいった言葉の、最後の音で始まる言葉を見つけ、じゅんじゅんに言い続けてゆく遊び。参考しか→からす→すずめ→めだか…のように続き、最後の音が「ん」で終わると負けになる。

しりにしく【尻に敷く】慣用句 家庭で、妻が夫より強い力をもち、したがわせる。

しりにひがつく【尻に火が付く】慣用句 物事がさしせまって、あわてる。例しめきりが近づき、尻に火が付いた状態だ。

しりぬく【知り抜く】動詞 そのことについて、何から何までよく知っている。例芸能界の事情を知り抜いている人。活用 しりぬ・く。

しりぬぐい【尻拭い】名詞 ほかの人のした失敗のあとしまつをすること。例子どものいたずらの尻拭いをさせられた。

しりびれ【尻びれ】名詞 魚のはらの後ろ、おびれの前についている、ひれ。⇩1119ページ・ひれ(図)。

しりめ【しり目】名詞 目玉だけを動かして、横やななめ後ろをちょっと見ること。例弟の泣くのをしり目に、いそいで出かけた。

しりめつれつ【支離滅裂】四字熟語 ばらばらでまとまりのないようす。めちゃくちゃで、すじ道のとおらないようす。例よっぱらいの言うことは支離滅裂だ。

しりめにかける【しり目に掛ける】慣用句〔ちらっと見るだけということから〕ばかにして相手にしない。例しり目に掛けて出て行った。

しりもち【尻餅】名詞 ころんで、しりを地面に打つこと。ことば「尻餅をつく」

しりゅう【支流】名詞 ❶本流に流れこむ川。また、本流から分かれた川。対本流。主流。❷おおもとになる学問・技芸などから分かれたもの。

じりゅう【時流】名詞 その時代の、人々の考え方や流行などのけいこう。ことば「時流にさからう」

じりゅうにのる【時流に乗る】慣用句 そ

ことばあそび 見立て⑰ ありじごく…じょうごの底にまつ悲劇。

の時代の人々の、考え方や感じ方などのけいこうにあわせる。例時流に乗った商品の開発。

しりょ【思慮】名詞 する動詞 いろいろと考えをめぐらすこと。また、その考え。例思慮の深い人。類考慮。分別。

1 **しりょう**【資料】名詞 物事を調べたり、研究したりするときの、材料となるもの。例研究のための資料をさがす。

2 **しりょう**【飼料】名詞 かちくの食べ物。えさ。

1 **しりょく**【死力】名詞 死にものぐるいで出す、はげしい力。ありったけの力。類全力。

2 **しりょく**【視力】名詞 物を見る目の力。例視力がいい。

3 **しりょく**【資力】名詞 事業をやっていくためのもとでを出せる力。また、もとでのお金。類財力。

じりょく【磁力】名詞 磁石が、しりぞけ合ったり、引き合ったりする力。

しりょくをつくす【死力を尽くす】慣用句 死んでもかまわないくらいの気持ちで、はげしい力をふりしぼる。例死力を尽くして戦う。

しりをたたく【尻をたたく】慣用句 やる気を出すように、はげましたり、早くするように言ったりする。例がんばれと尻をたたく。

しりをまくる【尻をまくる】慣用句 それまでの態度をかえて、急に強い態度に出る。開き直る。例相手に追いつめられて尻をまくった。

しりをもちこむ【尻を持ち込む】慣用句 問題の後始末をさせようとする。例ごみの出し方で尻を持ち込まれる。

シリンダー 名詞 蒸気機関や、ガソリンエンジンなどにあって、中をピストンが動くまるいつつの部分。シリンダ。▼英語 cylinder

1 **しる**【汁】名詞 ❶物からしみでた液。また、しぼりとった液。例ミカンの汁。❷すい物。おつゆ。例みそ汁。

2 **しる**【知る】動詞 ❶〔見たり聞いたりして〕そのことに気がつく。例ニュースで事件を知った。❷わかる。理解する。例父の気持ちを知った。❸おぼえている。例かれの子どものころを知っている。❹会ったり、つき合ったりしたことがある。例町で知っている人を見かけた。❺かかわり合う。例どうなっても知らないよ。活用し・る。

シルエット 名詞 ❶横顔などをかいて、中を黒くぬりつぶした絵。❷かげ。かげぼうし。例まどにシルエットがうつる。▼英語(フランス語から) silhouette

シルク 名詞 絹。絹糸。絹おりもの。例シルクのハンカチ。▼英語 silk

シルクハット 名詞 黒い絹をつかった、高いつつの形のぼうし。男の人が正式な服装で用いる。⇩図。▼英語 silk hat

シルクロード 名詞 中央アジアを東西に横断する道。絹の道。絹街道。参考 ㋐昔、中国の絹をヨーロッパへ運ぶ商人が通ったことから。㋑もとドイツ語。その英訳。▼英語 Silk Road

しるけ【汁気】名詞 物にふくまれている水分。例汁気の多いくだもの。

しるこ【汁粉】名詞 アズキのあんをとかしたしるにさとうを加え、もちや白玉を入れた、あまい食べ物。おしるこ。類ぜんざい。

1 **しるし** 名詞 前ぶれ。きざし。例大雪は豊年のしるし。

2 **しるし**【印】名詞 ❶目じるしになるもの。ほかのものとまちがわないようにつけるもの。例赤い色で印をつけておく。❷しょうこになるもの。例荷物を受け取った印のサインをする。❸気持ちを外に表したもの。例お礼の印に花をプレゼントする。

しるしばかり【印ばかり】連語 ほんのちょっと。わずか。例印ばかりの品物ですが、どうかお受け取りください。

しるしばんてん【印半てん】名詞 えりやなかに名前などをそめぬいた、こしまでの上着。主に職人などがきる。はっぴ。⇩図。

シルクハット

印半てん

しるす【記す】動詞 ❶書く。記録する。例リストに名前を記す。❷心にとどめる。おぼえる。例戦争の悲さんさを心に記す。活用しる・す。

シルバー 名詞 ❶銀。銀色。❷《ほかの言葉につけて》年令が高いことをしめす。例シルバーシート。▼英語 silver

しるべ[1] 名詞 目じるし。てびき。例道しるべ。

しるべ[2]【知る辺】名詞 知り合い。知人。例知る辺をたよって上京する。

しるもの【汁物】名詞 みそしるやすましじるなど、しるを多くした料理。

しれい[1]【司令】する動詞 軍隊や艦隊をさしずし、監督すること。また、その人。例司令官。

しれい[2]【指令】する動詞 さしずすること。めいれい。例指令をうけて消防車が出動する。

じれい[1]【事例】名詞 ある問題や物事の例になるような、前にあったことがらや事件。

じれい[2]【辞令】名詞 ❶人をもてなすときの言葉。また、言葉づかい。ことば「社交辞令」❷［役所や会社などで］人を仕事や役目につけたりやめさせたりするとき、そのことを本人に知らせる正式の書きつけ。

じれったい 形容詞 物事が思うようにならず、いらいらしたり、あせったりする気持ちである。例結果がすぐにわからないのがじれったい。活用じれった・い。

しれとこ【知床】地名 北海道の北東部にある半島。めずらしい動植物が多い。世界自然遺産。⇩695ページ・世界遺産（図）。

しれる【知れる】動詞 ❶人に知られる。例親に知れてはこまる。／世間に名の知れた人。❷知ることができる。わかる。例ゆくえが知れない。／得体の知れない人。活用し・れる。

じれる 動詞 物事が思うようにならなくて、いらいらする。例工作がなかなかはかどらないので、じれる。活用じ・れる。

しれわたる【知れ渡る】動詞 たくさんの人に知られるようになる。例悪事が世間に知れ渡る。活用しれわた・る。

しれん【試練】名詞 心の強さや実力などの具合をきびしくためすこと。また、そのときの苦しみ。ことば「試練にたえる」

ジレンマ 名詞 二つのうち、どちらを選んでも困るけれど、決めなければいけない状態。ことば「ジレンマにおちいる」▼英語 dilemma

しろ[1]【白】名詞 ❶雪のような色。例白のシャツ。❷罪をおかしていないこと。例みんなにうたがわれていたが、かれは白だった。対①②黒。

しろ[2]【城】名詞 昔、その地方をおさめていた人が、敵をふせいだり自分の力をしめしたりするために、石・木・土などできずいた大きな建物。例城をきずく。⇩図。

天守かく
ほり
石がき

城

しろあと【城跡】名詞 昔、城のあったところ。

しろあり【白あり】名詞 白色のこん虫。くらい場所にすみ、木材や木造の建築物を食いあらす。名前に「あり」とあるが、アリとは別の種類。

しろい【白い】形容詞 ❶雪のような色をしている。白の色である。例白い馬。❷［はだの色が］白に近い。例すべすべした白いはだ。対①②黒い。活用しろ・い。

しろいはをみせる【白い歯を見せる】慣用句 ［歯を見せるようにして］笑いかける。例会ったとたん、白い歯を見せた。

しろいめでみる【白い目で見る】慣用句 軽べつした、冷たい目で人を見る。例まわりの人に白い目で見られる。

しろうと【素人】名詞 ある物事をあまりしたことがなくて、上手でない人。そのことを専門にしていない人。例素人のつくったものとは思えないよいできばえだ。対玄人。

しろうとばなれ【素人離れ】名詞 する動詞 専門家ではないとは思えないほど上手なこと。例素人離れした歌声。

しろかき【代かき】名詞 田植えをする前に田に水を入れ、土を平らにならす作業。

しろがね 名詞 銀のこと。参考 ア古い言い方。イ⇩9ページ・あかがね。396ページ・くろがね。453ページ・黄金。

しろくじちゅう【四六時中】四字熟語 一日中。夜も昼も。いつも。例四六時中仕事ばかりしている。類二六時中。

しろくま【白熊】名詞 ⬇1205ページ・ほっきょくぐま。

あいうえお かきくけこ さしすせそ たちつてと なにぬねの はひふへほ まみむめも や ゆ よ らりるれろ わ を ん

ことばあそび 見立て⑱ アルバム…過去の思い出が重なっている。

しろくろ【白黒】名詞 ❶白と黒。❷映画や写真などで、色がついていないこと。また、その映画や写真など。例白黒の写真。❸正しいか正しくないか。また、罪がないか罪があるか。ことば「白黒をつける（＝白黒を定める）」類①③黒白。

しろくろをはっきりさせる【白黒をはっきりさせる】慣用句 物事のよしあしをはっきりさせる。例しょうこを調べて、白黒をはっきりさせる。

しろざけ【白酒】名詞 白くてねばりけのあるあまい酒。参考みりんともち米からつくり、ひな祭りのときなどにのむ。

しろじ【白地】名詞 紙や布などの、もともとの色が白いこと。また、そのもの。例白地のゆかた。

じろじろ 副詞(-と) ずうずうしく見るようす。例人にじろじろ見られた。

シロップ 名詞 ❶こい、さとう水。❷果物のしるにさとうを入れたもの。例いちごのシロップ。▼英語 syrup

しろつめくさ【白詰草】名詞 ⇒395ページ・クローバー。

しろながすくじら【白長須鯨】名詞 ナガスクジラ科の動物。地球上でもっとも大きい。南極海・太平洋・大西洋北部などにいる。数がへっていて、つかまえることはきんじられている。

しろはた【白旗】名詞 ⇒629ページ・しらはた。

しろぼし【白星】名詞 ❶中をぬりつぶしていない、星型や丸型の図形。❷相撲で勝つこと。また、そのしるし。❸成功。てがら。ことば「（犯人をたいほして）白星をあげる（＝てがらをたてる）」類②勝ち星。対①〜③黒星。

シロホン 名詞 ⇒1301ページ・もっきん。参考「シロフォン」ともいう。▼英語 xylophone

しろみ【白身】名詞 ❶食用の肉の白いところ。特に、魚の白い肉。対赤身。❷たまごの中の白い部分。卵白。対黄身。

しろめ【白目】名詞 ❶目玉の白い部分。例白目をむいて、たおれる。❷いかりや、軽べつの気持ちなどのこもった目つき。例白目でにらむ。

しろもの【代物】名詞 〔ねうちがあるとみとめられる〕品物。または、人物。例この車は、二千万円もする代物だ。参考ぎゃくに、低く見たり、ひにくったりして、悪い方に使われることも多い。例たいした代物をつかまされたものだ。

じろん【持論】名詞 その人がいつも主張している意見。ふだんからもっている考え。

しわ 名詞 ❶ひふがたるんで表面にできるすじ。例顔のしわ。❷紙や布などをもんだときなどにできるすじ。例シャツのしわをのばす。

しわがれる 動詞 声がかすれる。声がかれる。しゃがれる。活用しわが・れる。

しわくちゃ 形容動詞 しわだらけのようす。例しわくちゃになった顔。

しわけ【仕分け】名詞 する動詞 品物などを、種類によってわけること。例ゆうびんの仕分け。

しわざ【仕業】名詞 したこと。おこない。例犯人の仕業だ。

じわじわ 副詞(-と) ❶物事が、ゆっくりと少しずつ進んで行くようす。例きょうふがじわじわせまってくる。類じりじり。❷液体がゆっくりしみこんだり、しみだしたりするようす。例ほうたいに血がじわじわにじんできた。

しわす【師走】名詞 昔のこよみで十二月のこと。例師走の町は、買い物客でにぎわった。参考「しはす」ともいう。

しわよせ【しわ寄せ】名詞 ある物事がうまくしまつされないため、ほかのところにえいきょうが出ること。また、そのえいきょう。

じわりと 副詞 〔物事が〕そろそろとではあるが、かくじつに進んでいるようす。例薬がじわりときいてきた。

じわれ【地割れ】名詞 する動詞 地震やひでりなどで地面がわれること。また、そのわれ目。例水不足で田んぼが地割れする。

しん[1]【心】名詞 ❶こころ。また、体のおくの深いところ。例心のしっかりした人。／温泉につかり心まであたたまった。❷物の中にあるかたい部分。例おびに心を入れる。❸もののまん中にあるもの。

しん[2]【芯】名詞 ❶ろうそくやランプなどの火をつける部分。❷物の中心。中心にある、かたい部分。例えんぴつの芯。参考「心」とも書く。

じん【陣】名詞 ❶戦争のため兵隊などをたくさんおいてそなえているところ。じん地。例敵の陣をさぐる。❷たたかい。いくさ。例大坂冬の陣。参考古い言い方。

しんあい【親愛】名詞 形容動詞 人をあいし、親し

しみをもっていること。また、その気持ち。［ことば］「親愛の情」

じんあい【仁愛】 (名詞) 人を仲間として思いやり、あいすること。［例］仁愛の心を大事にする。(類) 慈愛。慈悲。

しんあん【新案】 (名詞) 新しい思いつき。

しんい【真意】 (名詞) 本当の気持ち。［例］相手の真意をたしかめる。

じんいてき【人為的】 (形容動詞) 自然のままではなく、人間の力によっておこなわれること。［例］人為的に雪をふらせる。

しんいり【新入り】 (名詞) 新しく仲間に入ること。また、そのような人。［例］新入りをしょうかいする。

じんいん【人員】 (名詞) 人の数。人数。

しんうち【真打ち】 (名詞) 落語などの寄席で一番あとに出てくる、すぐれた芸をする人。また、落語家などで一番上の位の人。

しんえい【新鋭】 (名詞) 新しく現れていきおいのよいこと。また、そのような人や、もの。［例］新鋭のジェット機。

じんえい【陣営】 (名詞) ❶軍隊が集まり、戦いにそなえているところ。❷意見や考え方がちがい、対立しあうそれぞれの集まり。［例］与党と野党の両陣営。

しんえいたい【親衛隊】 (名詞) ❶国王などの身を守る軍隊。❷人気歌手などをとりまいて、いっしょに行動するねっしんなファン。

しんえん【深遠】 (名詞)(形容動詞) はかり知れないくらい、おく深いこと。［例］深遠な思想を論文にあらわす。

1 **しんか【臣下】** (名詞) 君主につかえる者。家臣。家来。

2 **しんか【真価】** (名詞) 本当のねうち。［ことば］「(教育の)真価が問われる」

3 **しんか【進化】** (名詞)(する動詞) ❶長い年月の間に、生物の体がまわりの状態によって、生活しやすいように変化していくこと。［例］人類の進化。❷物事が、もっとすぐれたものになっていくこと。［例］製造技術は、めざましい進化をとげた。(類) 進歩。発展。(対) ①②退化。①②停滞。①②不変。

じんか【人家】 (名詞) ひとのすむ家。

シンガーソングライター (名詞) 自分で作詞・作曲したポピュラー曲をうたう歌手。▼英語 singer-songwriter

しんかい【深海】 (名詞) 深い海。また、海の深いところ。

1 **しんがい【心外】** (形容動詞) 考えてもいないようす。また、思いもよらないことになって残念なようす。［例］そんな誤解をうけるとは心外だ。

2 **しんがい【侵害】** (名詞)(する動詞) 人の権利や自由をおかして、そんがいをあたえること。

しんかいぎょ【深海魚】 (名詞) 海の、深いところにすんでいる魚。

じんかいせんじゅつ【人海戦術】 (名詞) 大きい仕事をするのに、たくさんの人手をかけるやり方。

しんかいち【新開地】 (名詞) ❶新しくきりひらいた土地。❷新しくひらけて市街になったところ。［例］新開地の商店街。

しんがお【新顔】 (名詞) 新しくその仲間に入った人。新人。［例］今年は、どのチームにも新顔が多い。(対) 古顔。

しんがく【進学】 (名詞)(する動詞) 上級の学校に進むこと。［例］兄は高校に進学した。(類) 入学。

じんかく【人格】 (名詞) 人間としてのねうち。人がら。

じんかくしゃ【人格者】 (名詞) 人がらがすぐれ、多くの人の手本になるようなりっぱな人。

しんがた【新型】 (名詞) 今までのものとはちがった、新しい型。［例］新型の自動車。

しんがっき【新学期】 (名詞) 新しい学期。

シンガポール (地名) シンガポール共和国。マレー半島の南はしにある、シンガポール島を中心にした島々からなる国。首都はシンガポール。▼英語 Singapore

しんから【心から】 (副詞) 心のそこから。本当に。［例］世界の平和を心から願う。

しんがり (名詞) ❶列や順番などの一番あと。また、その人。［例］入場行進でしんがりをつとめた。❷軍隊がしりぞくとき、一番後ろにいて、おってくる敵をふせぐこと。また、その部隊。

1 **しんかん【神官】** (名詞) 神社で、神をまつる人。神主。

2 **しんかん【新刊】** (名詞) 新しく本を出すこと。また、新しく出た本。新書。

しんかんせん【新幹線】 (名詞) 幹線鉄道で、今までよりレールの間のはばを広くした電車の路線。時速二百キロメートル以上の速度が出せる。一九六四(昭和三九)年、東京・新大阪間が

ことばあそび　見立て⑲　あわ…地上におりた雲のかけら。

開通したのがはじめ。

1 **しんき【新規】** 名 形容動詞 それまでのものとは別の、新しいこと。例 新規に作成する。

1 **しんぎ【信義】** 名 約束したことを守り、人としてするべきことをすること。ことば「信義を重んじる」

2 **しんぎ【真偽】** 名 本当かうそか、また、正しいかまちがいかということ。例 真偽のほどはわからない。

3 **しんぎ【審議】** 名 する動詞 〔出された意見や考えについて〕よく調べたり、話し合ったりして相談すること。例 予算について審議する。

じんき【人気】 名 その土地の人々の性質や気風。参考「にんき」と読むと、別の意味になる。

じんぎ【仁義】 名 仁と義。人への思いやりと、人として守らなくてはならない正しい道。例 仁義を大切にする。

しんきいってん【心機一転】 四字熟語 あることをきっかけにして、新たな気持ちになること。例 心機一転して、来年からはまじめにがんばろう。注意「心気一転」と書かないこと。

しんきじく【新機軸】 名 今までのものとかわった新しい工夫や方法。

しんきまきなおし【新規まき直し】 名 今までのことはないことにして、新しくやりなおすこと。漢字 新規蒔き直し。

1 **しんきゅう【進級】** 名 する動詞 学年や位が上にすすむこと。

2 **しんきゅう【新旧】** 名 新しいものと古いもの。例 新旧の交代。

しんきょ【新居】 名 新しく建てた家。新しくすむ家。参考 特に結婚して新しくすむ家をいう。ことば「新居をかまえる」対 旧居。

1 **しんきょう【心境】** 名 〔そのときの〕心の状態。例 心境の変化。類 境地。

2 **しんきょう【進境】** 名 〔芸や学問などが〕進歩した程度やようす。例 チームのわかい人の進境がいちじるしい。

3 **しんきょう【新教】** 名 ➡1165ページ・プロテスタント。対 旧教。

しんきょく【新曲】 名 新しくつくられた歌や曲。例 新曲を発表する。

しんきろう【しん気楼】 名 さばくや海岸などの空中や地平線近くに、見えるはずのない遠くの景色がうつって見えるもの。参考 ねつやひえこみによって、空気のこさにちがいができるために、光がふつうとちがったまがり方をしておこる。漢字 蜃気楼。

しんきろく【新記録】 名 〔今までの記録をやぶって〕新しくつくられた一番よい記録。

しんきんかん【親近感】 名 親しみやすく、近づきやすい感じ。例 親近感をいだく。

1 **しんく【辛苦】** 名 つらく、苦しいこと。ことば「辛苦をなめる」

2 **しんく【真紅・深紅】** 名 こいべに色。まっか。例 真紅のバラ。

しんぐ【寝具】 名 ねるときにつかう道具。ふとん・まくら・ねまきなど。夜具。

しんくう【真空】 名 空気などがぜんぜんないこと。また、その空間。

じんぐう【神宮】 名 神をまつったみや。特に、伊勢神宮のこと。また、天皇の祖先神や天皇をまつった神社や、特定の神社のよび名。

しんくうかん【真空管】 名 ガラスや金属のくだに電極を入れ、中を真空にしたもの。参考 トランジスターなどの半導体が発達する前は、ラジオやテレビに使われていた。

ジンクス 名 〔勝負などで〕えんぎの悪いこと。また、そのような言い伝え。例 活やくしたつぎの年は成績が悪いというジンクスがある。参考 英語では悪いことにしか使わない。▼英語 jinx

シンクタンク 名 さまざまな分野の専門家を集めて研究・調査などをおこない、その技術や知識を企業などに提供する組織。頭脳集団。▼英語 think tank

シングル 名 ❶一人用。一人用のもの。例 シングルのベッド。❷「シングル幅」の略。❸「シングルブレスト」の略。洋服で、前合わせがあさく、ボタンが一列についているもの。対 ①～③ダブル。▼英語 single

シングルス 名 テニスや卓球などで、一人対一人でおこなう試合。対 ダブルス。▼英語 singles

シングルはば【シングル幅】 名 洋服地で、はば七十一センチメートルのもの。シングル。対 ダブル幅。

シンクロナイズドスイミング 名 ➡1ページ・アーティスティックスイミング。▼英語

synchronized swimming

しんぐん【進軍】名詞 する動詞 〔敵をうちやぶりながら〕軍隊が進むこと。類 行軍。

しんけい【神経】名詞 ❶動物の脳やせきずいから、体中に広がっている糸のようなもの。いろいろな感じを脳に伝えたり、脳の命令を体の各部分に伝えて動かしたりする働きをする。例 神経細胞。❷物事を感じとる働き。ことば「神経がするどい」「神経を使う」

しんけいしつ【神経質】名詞 形容動詞 物事に感じやすく、わずかなことでも気にする性質。例 神経質になっている。

しんけいすいじゃく【神経衰弱】名詞 ❶神経がつかれているためにおこる病気。いろいろなことをひどく心配したり、おこりっぽくなったり、注意力が足りなくなったりする。❷トランプの遊びの一つ。カードを全部うらがえしておき、二まいまたは四まいずつめくって数字を合わせる遊び。参考 神経がいらいらすることからこの名がついた。

しんけいつう【神経痛】名詞 神経がしげきされておこる、引きさくような痛みをともなう病気。

1 **しんげき**【進撃】名詞 する動詞 軍隊が敵をせめながら進むこと。例 敵陣に向かって進撃する。対 退却。

2 **しんげき**【新劇】名詞 歌舞伎などの旧劇に対して、明治時代の終わりごろから、ヨーロッパのしばいのやり方をとり入れてできた新しい劇。

しんげつ【新月】名詞 月が地球と太陽の間にきて、明るい部分がほとんど見えなくなったときの月。すっかりかけたときの月。対 満月。⇩828ページ・月①(図)。

しんけつをそそぐ【心血を注ぐ】慣用句 ほかのことを考えないで、それだけに気持ちをうちこんで物事をする。例 心血を注いだ小説。

しんけん【真剣】一 名詞 〔木刀や竹刀に対して〕本物の刀。例 真剣で勝負する。二 形容動詞 本気であるようす。まじめで心のこもっているようす。例 真剣に考える。

しんげん【進言】名詞 する動詞 自分より上の地位の人に対して意見を言うこと。例 大統領に進言する。

ことば博士になろう!
「新月」は、見えない「月」

月は、毎晩少しずつ形がかわっていきます。形によって、三日月、半月、満月などとよばれます。満月のあと日がたつにつれて、月は右側からかけはじめ、およそ十五日たつと見えなくなってしまいます。この見えない月のことを「新月」といいます。

新月のあと、三日ほどたつと、夕方西の空に三日月が見えます。新月からかぞえて十五日目の月が「十五夜の月」、つまり満月です。「十三夜の月」といえば、新月からかぞえて十三日目の月ということです。このように、見えない月「新月」は、月の満ち欠けの出発点になっています。

じんけん【人権】名詞 人間が人間らしく生きるために、当然なこととしてみとめられている権利。自由や平等などの権利。

しんけんしょうぶ【真剣勝負】名詞 ❶本物の刀を使って勝負をすること。❷本気になって勝ち負けを争うこと。また、本気になって物事にとりくむこと。

しんげんち【震源地】名詞 地震のおこった地点。参考 事件や争いなどのおこった場所、また、事件をおこした人の意味でも使う。例 かれが争いの震源地だ。

じんけんひ【人件費】名詞 人をやとうためにかかる、給料などの経費。例 人件費がかさむ。

しんご【新語】名詞 新しくつくられたり、外国からとり入れたりして、新しく使われるようになった言葉。

1 **しんこう**【信仰】名詞 する動詞 神や仏を信じてうやまうこと。例 信仰のあつい人。類 信心。

2 **しんこう**【侵攻】名詞 する動詞 相手の領土をせめて、入っていくこと。例 敵国に侵攻する。

3 **しんこう**【振興】名詞 する動詞 物事がさかんになること。また、さかんになるようにすること。例 産業の振興をはかる。

4 **しんこう**【進行】名詞 する動詞 ❶前へ進んでいくこと。例 進行方向。❷物事が進んでいくこと。例 司会者が番組を進行する。

5 **しんこう**【新興】名詞 新しくおこってさかんになること。例 新興の勢力。

6 **しんこう**【親交】名詞 親しいつき合い。例 何度も会って親交を深める。

ことばあそび 見立て⑳ いけ花…ポーズをする花。

しんごう【信号】名詞 あるきまりにしたがって、色・音・形・光などで、はなれたものに合図すること。また、その合図。例 手ばたで信号をおくる。

1**じんこう**【人口】名詞 国やある決まった広さの土地に住んでいる人の数。例 人口が多い国。

2**じんこう**【人工】名詞 人手を加えてつくりだすこと。人間の力でつくること。例 人工の湖。類 人造。対 天然。自然。

じんこうえいせい【人工衛星】名詞 ロケットでうち上げ、地球など、惑星のまわりをとびつづけるようにしたもの。参考 ㋐宇宙の調査、気象観測、放送・通信の中つぎなどに使われる。㋑一九五七（昭和三二）年十月四日に旧ソ連がうちあげたスプートニク一号が最初のもの。

じんこうえいよう【人工栄養】名詞 ❶病人などが口から食事がとれないときに、注射や管などを使って体内に入れる栄養分。❷母乳のかわりに、粉ミルクなどをあたえて乳児を育てること。また、その栄養分。

しんごうき【信号機】名詞 電車・自動車・歩行者などに、「すすめ」「ちゅうい」「とまれ」などの合図をおくる機械。シグナル。

じんこうこきゅう【人工呼吸】名詞 息がとまって死んだようになっている人の肺に空気をおくりこみ、息をふきかえさせること。また、その方法。

じんこうしば【人工芝】名詞 しばふに似せて、合成繊維でつくった敷物。

じんこうじゅせい【人工授精】名詞 する動詞 人手により、おすの精子をめすの卵子にむすびつけること。

じんこうてき【人工的】形容動詞 人の手が加わっているようす。例 人工的な公園。

じんこうみつど【人口密度】名詞 面積一平方キロメートルあたりの土地に、どれだけの人が住んでいるかをしめす数。

しんごうむし【信号無視】名詞 信号の指示にしたがわないこと。交通事故の原因になる。

しんこきゅう【深呼吸】名詞 する動詞 できるだけたくさんの空気を、深くすったりはいたりすること。

1**しんこく**【申告】名詞 する動詞 〔きまりにしたがって〕あることがらを役所へもうしでること。例 税金の申告をする。

2**しんこく**【深刻】形容動詞 ❶深く思いつめるようす。例 深刻な顔をする。／深刻ななやみ。❷物事のなりゆきが、さしせまっていて重大なようす。例 森林破壊は深刻な問題だ。

1**しんこん**【心魂】名詞 〔物事をしようとする〕気力。精神の全部。ことば「心魂をかたむける」

2**しんこん**【新婚】名詞 結婚したばかりであること。また、その人。例 新婚旅行。

しんさ【審査】名詞 する動詞 くわしく調べて、よいか悪いかなどを決めること。例 おうぼ作品を審査する。／審査員。類 検査。

しんさい【震災】名詞 地震のために受けるわざわい。

じんさい【人災】名詞 人の不注意などによって、ひきおこされる災害。参考 「天災」にならってできた言葉。対 天災。

じんざい【人材】名詞 すぐれた才能のある人。役にたつ人間。

しんさく【新作】名詞 する動詞 新しく作品をつくること。また、新しくつくった作品。

しんさつ【診察】名詞 する動詞 医者が病人の体をみて、病気やけがの様子や原因を調べること。例 診察を受ける。

1**しんざん**【深山】名詞 人里はなれたおく深い山。例 深山に分け入る。

2**しんざん**【新参】名詞 新しく仲間になること。また、その人。例 新参者。対 古参。

しんさんをなめる【辛酸をなめる】慣用句 つらく苦しい目にあう。例 世の中の辛酸をなめた。

しんし【紳士】名詞 ❶学問や教養があり、礼儀正しい男の人。対 淑女。❷男の人をうやまっていう言葉。例 紳士服。

じんじ【人事】名詞 ❶人の力でできることがら。人の仕事。ことば「人事をつくす」❷役所や会社などで、地位や役目に関係したことがら。例 人事異動。

1**しんしき**【神式】名詞 神道のしきたりにしたがっておこなう儀式。例 神式の結婚式。

2**しんしき**【新式】名詞 新しいやり方。新しい形。例 新式のクーラー。対 旧式。

1**しんしつ**【伸しつ】名詞 する動詞 ひざをのばすこと。

2**しんしつ**【寝室】名詞 ねるときに使う部屋。ねま。

しんじつ【真実】一（名詞）うそやかざりけのないこと。まこと。本当。例 証人は真実をのべること。類 事実。対 虚偽。
二（副詞）本当に。まったく。例 思いがけなく受賞して、真実うれしかった。

しんしてき【紳士的】（形容動詞）男の人が礼儀正しくて、相手を重んじるようす。例 紳士的な態度。

じんじふせい【人事不省】四字熟語 気を失って死んだようになること。ことば「人事不省におちいる」

しんじゃ【信者】（名詞）ある決まった宗教を信じている人。信徒。教徒。

じんじゃ【神社】（名詞）神をまつってある建物。おみや。

1 **しんしゅ**【進取】（名詞）自分からすすんで新しい物事をすること。例 進取の気風を育てる。

2 **しんしゅ**【新種】（名詞）今までになかった新しい種類。また、新しく発見された種類。例 新種の商売。／新種のこん虫。

1 **しんじゅ**【真珠】（名詞）貝がらの中にできる小さな玉。銀色のつやがあり、ゆびわ・首かざりなどに使う。パール。参考 アコヤガイなどを使った養殖がさかんにおこなわれている。

2 **しんじゅ**【新樹】（名詞）夏のはじめごろの、わか葉におおわれた樹木。

じんしゅ【人種】（名詞）体つきやひふの色、髪の毛など、体のとくちょうをもとにして分けた人間の種類。

しんじゅう【心中】（名詞）（する動詞）二人以上の人がいっしょに自殺すること。例 一家心中。

しんじゅがい【真珠貝】（名詞）↓21ページ・あこやがい。

しんしゅく【伸縮】（名詞）（する動詞）物がのびたりちぢんだりすること。また、のばしたりちぢめたりすること。例 あらうと多少伸縮する。／伸縮自在。

しんしゅつ【進出】（名詞）（する動詞）〔新しい方面に〕進み出ること。例 決勝戦に進出した。類 台頭。

じんじゅつ【仁術】（名詞）まごころと思いやりのあるおこない。ことば「仁術をほどこす」「医は仁術（＝医術は金もうけではなく、病気をなおすことによって人をすくう仕事であるということ）」

しんしゅつきぼつ【神出鬼没】四字熟語 自由自在に現れたり、かくれたりして、いる場所がなかなかつかめないこと。例 神出鬼没のどろぼう。

しんしゅん【新春】（名詞）年のはじめ。正月。

1 **しんしょ**【新書】（名詞）❶新しく出た本。新刊書。❷本の形の一つ。文庫本をたてながにした形の、てがるな本。

2 **しんしょ**【親書】（名詞）❶自分自身で書いた手紙。❷天皇・元首の書いた手紙・文書。

1 **しんしょう**【心証】（名詞）ある人の言葉やおこないがほかの人にあたえる印象。例 心証を悪くした。

2 **しんしょう**【身上】（名詞）財産。身代。参考「しんじょう」と読むと、別の意味になる。

3 **しんしょう**【辛勝】（名詞）（する動詞）試合などで、やっと勝つこと。例 強敵に辛勝する。対 楽勝。

1 **しんじょう**【心情】（名詞）心の中で感じているもの。例 相手の心情を理解する。

2 **しんじょう**【身上】（名詞）❶その人についてのことがら。みのうえ。❷よいところ。とりえ。ねうち。例 若さが身上のチーム。参考「しんしょう」と読むと、別の意味になる。

3 **しんじょう**【信条】（名詞）かたく信じてまもっていることがら。例 正直というのがわたしの信条です。類 所信。信念。

4 **しんじょう**【真情】（名詞）うそのない、本当の気持ち。例 真情あふれる演説。

じんじょう【尋常】（形容動詞）❶特にちがっていたり目立ったりせず、ふつうであるようす。例 尋常な手段。／あのおびえ方は尋常ではない。❷いさぎよいこと。すなおなこと。例 尋常に勝負しろ。

しんしょうひつばつ【信賞必罰】四字熟語 りっぱな働きをした人にはかならず賞をあたえ、悪いことをした人にはかならずばつをあたえること。

しんしょうぼうだい【針小棒大】四字熟語 おおげさに言うこと。語源 針のように小さいことを棒のように大きく言う意味から。

1 **しんしょく**【侵食】（名詞）（する動詞）〔ほかのりょうぶんなどに〕しだいにくいこむこと。例 となりの国の領地を侵食する。

2 **しんしょく**【浸食】（名詞）（する動詞）雨・風・川・海などが、岩や地面にあなをあけたり、けずりとっ

ことばあそび 見立て㉑ 流れ星…力つきた宇宙の花火。

たりすること。参考「侵食」とも書く。

3 **しんしょく**【寝食】名詞 ねることと、食べること。また、毎日のくらし。ことば「寝食を共にする（＝いっしょに生活する）」

しんしょくさよう【浸食作用】名詞 雨水や川・海などの浸食の働き。

しんしょくをわすれる【寝食を忘れる】慣用句 ねることも食べることもわすれるくらい、ある物事に熱中する。例 寝食を忘れて研究にうちこむ。

しんじる【信じる】動詞 ❶本当だと思い、うたがわない。信ずる。例 かれはかならず来ると信じている。❷神や仏をうやまって、その教えにしたがう。信ずる。例 仏教を信じる。活用 しん・じる。

じんじをつくしててんめいをまつ【人事を尽くして天命を待つ】故事成語 自分にできるせいいっぱいのことをして、あとは運にまかせて、待つ。例 一生けんめいに練習してきた。人事を尽くして天命を待つだけだ。

1 **しんしん**【心身】名詞 心と体。例 心身ともに健康である。

2 **しんしん**【新進】名詞 ある分野に新しく、力のある人が現れ出て、将来のかつやくが期待されること。例 新進の画家。

1 **しんじん**【信心】名詞 する動詞 神や仏を信じうやまうこと。また、その心。類 信仰。

2 **しんじん**【新人】名詞 ❶〔ある会社・団体などに〕新しく入ってきた人。また、新しく現れ出た人。例 新人歌手。❷二十万年前にあらわれた人類。クロマニヨン人や、現在の人類など。類 猿人。原人。

じんしん【人心】名詞 人の心。特に〔世間の〕人々の心。ことば「人心をまどわす」

しんしんきえい【新進気鋭】四字熟語 ある分野に新しく登場したばかりで、今後が期待されること。また、その人。例 新進気鋭のピアニスト。

じんしんじこ【人身事故】名詞 人がけがをしたり死んだりする、思いがけない悪いできごと。

しんしんしょう【心身症】名詞 心に重いふたんがかかったために、胃や心臓などの具合が悪くなる病気。

1 **しんしんと**【津津と】副詞〔ある気持ちが〕あふれでてつきないようす。例 かなしみが津々とわく。参考 ふつう「津々と」と書く。

2 **しんしんと**【深深と】副詞 ❶しずかに夜がふけていくようす。例 夜が深々とふけていく。❷寒さが身にしみるようす。例 深々とひえこんだ夜。❸しずかに雪がふるようす。例 雪が深々とふる。参考 ふつう「深々と」と書く。

しんじんぶかい【信心深い】形容詞 神や仏を信仰する気持ちが強い。例 信心深い人。活用 しんじんぶか・い。

1 **しんすい**【心酔】名詞 する動詞 人や作品、考えなどに、心から尊敬の気持ちをもつこと。例 ゴッホの作品に心酔する。

2 **しんすい**【浸水】名詞 する動詞〔大水などのために〕水が入りこんで水びたしになること。例 大雨で床下まで浸水した。

3 **しんすい**【進水】名詞 する動詞 新しくつくった船をはじめて水にうかべること。

しんずい【神髄・真髄】名詞 物事の一番大事なところ。ことば「〔音楽の〕神髄をきわめる」

しんすいしき【進水式】名詞 新しい船の進水をいわう式。

じんずうりき【神通力】名詞 ➡642ページ・じんつうりき。

しんずる【信ずる】動詞 ➡しんじる。活用 しん・ずる。

1 **しんせい**【申請】名詞 する動詞〔ゆるしを受けるために〕役所へ願い出ること。例 許可を申請する。

2 **しんせい**【神聖】名詞 形容動詞 清らかでけがれがないこと。おごそかで、とうといこと。

3 **しんせい**【真性】名詞 医学で、まちがいなく、その病気であること。例 真性コレラ。

4 **しんせい**【新制】名詞 新しく決められたしくみ。特に、第二次世界大戦後に決められた学校教育の新しいしくみ。六・三（三・三・四）制。例 新制の中学校。対 旧制。

5 **しんせい**【新星】名詞 ❶新しく発見された星。❷急に明るくかがやきだして、またもとのように暗くなる星。❸芸能界などで、急に注目され、人気のでてきた新人。例 映画界の新星。

じんせい【人生】名詞 ❶人の一生。人がこの世で生きている間。例 人生は長いようでみじかい。類 生涯。❷この世での人間の生活。例 さまざまな人生がある。

しんせいがん【深成岩】名詞 マグマが地中の深い所でゆっくりかたまってできた火成岩。

じんせいかん【人生観】名詞 人生の意味や目的についての考え方。人間はどのように生きたらよいのかということについての考え方。例人生観が変わるような、大きなできごと。

しんせいだい【新生代】名詞 大昔の時代の分け方の一つ。中生代の後で、今から約六千六百万年前から今の時代までの間。ほ乳類が発達した。

しんせき【親戚】名詞 血すじや結婚などによってつながっていること。また、その人。親類。例親戚づき合い。／遠い親戚。類親族。

じんせきみとう【人跡未踏】四字熟語 今までに人が一度もその土地に入りこんでいないこと。例人跡未踏のジャングル。

シンセサイザー 名詞 電子回路を使っていろいろな音をつくりだす装置。シンセ。▼英語 synthesizer

1 **しんせつ**【新雪】名詞 新しくふりつもった雪。例新雪をふむ。

2 **しんせつ**【新設】名詞 する動詞 〔設備・施設などを〕新しくつくること。新しくもうけること。例工場を新設する。／新設校。

3 **しんせつ**【新説】名詞 今までになかった新しい意見や学説。

4 **しんせつ**【親切】名詞 形容動詞 思いやりが深く、心をこめて人につくすこと。例親切に案内する。対不親切。

しんせっきじだい【新石器時代】名詞 石器が使われた時代を二つにわけたうちのあとの時代。農耕や牧畜が始まった。日本では、縄文時代がこれにあたる。対旧石器時代。

しんせん【新鮮】形容動詞 ❶新しくて、いきいきしているようす。例新鮮なレタス。類生鮮。❷よごれがなく気持ちがいいようす。例山の新鮮な空気。❸今までにない新しさが感じられるようす。例新鮮な感覚の絵。

1 **しんぜん**【神前】名詞 まつってある神の前。例神前結婚。

2 **しんぜん**【親善】名詞 たがいに親しくつき合い、なかよくすること。例親善試合。／国際親善。

じんせん【人選】名詞 する動詞 〔ある仕事や役目に〕ふさわしい人をえらぶこと。例後任者の人選が難航する。

1 **しんそう**【真相】名詞 本当の様子。本当の内容。例事件の真相を明らかにする。類実情。

2 **しんそう**【新装】名詞 新しくかざりつけて、きれいにすること。例新装開店。

しんぞう【心臓】名詞 ❶胸の中にある、体中に血を送り出す、ポンプのような働きをする器官。例心臓の音。⇨939ページ・内臓（図）。❷〔①の意味から〕全体の中心にあって、重要な働きをする部分。例東京は、日本の心臓部だ。❸《「心臓だ」の形で》ずうずうしいこと。あつかましいこと。例人の物をだまって使うなんて、ずいぶん心臓だ。

1 **じんぞう**【人造】名詞 人の力でつくり出すこと。また、つくりだしたもの。類人工。対天然。

2 **じんぞう**【腎臓】名詞 血液の中からいらなくなったものを取り出し、にょうをつくる働きをする内臓。大人のこぶしぐらいの大きさで、左右に一つずつある。⇨939ページ・内臓（図）。

しんぞうがつよい【心臓が強い】慣用句 おびえたり、おそれたりすることがないようす。また、あつかましく、ずうずうしいようす。例初めての舞台なのに堂々としていて、心臓が強いね。

じんぞうけんし【人造絹糸】名詞 絹糸に似せてつくったせんい。レーヨン。参考 略して「人絹」という。

じんぞうこ【人造湖】名詞 発電・農業・工業・上水などに利用するために、人がつくった湖。

しんぞうびょう【心臓病】名詞 心臓にかんする病気をまとめたよび方。心臓ひだいや心臓べんまく症など。

しんぞうまひ【心臓麻ひ】名詞 心臓に障害がおこって、心臓の働きがとまること。

しんぞく【親族】名詞 同じ血すじや、けっこんなどによって結ばれている人々。みうち。類親類。親せき。

じんそく【迅速】形容動詞 行動などが、とてもすばやいようす。例問題を迅速に処理する。類敏速。敏しょう。

しんそこ【心底・真底】一名詞 心のおくそこ。例心底からお礼をのべる。二副詞 心のそこから。本当に。例あの人が心底すきだ。

1 **しんたい**【身体】名詞 〔人間の〕体。肉体。類人体。五体。

2 **しんたい**【進退】一名詞 する動詞 進むこととし

ことばあそび 見立て22 風見どり…気ままな風に身をまかせている屋根の上の見はり番。

りぞくこと。ことば ⇩「進退きわまる」

二 名詞 つとめや仕事をやめるかやめないかということ。ことば「進退うかがい」

1**しんだい**【身代】名詞 家の財産。身上。例 親のつくった身代を食いつぶした。類 私財。

2**しんだい**【寝台】名詞 ねるときに使う台。ベッド。

1**じんたい**【じん帯】名詞 骨と骨とを結びつける、ひものような組織。関節をまもり、その動きをなめらかにする。漢字 靭帯。

2**じんたい**【人体】名詞 人間の体。類 身体。

じんだい【甚大】形容動詞 損害などがとても大きいようす。例 甚大な被害をこうむる。

しんたいきわまる【進退きわまる】慣用句 進むことも、しりぞくこともできなくて、こまる。例 反対されて進退きわまった。

しんたいけんさ【身体検査】名詞〔学校や会社などで〕体の成長の様子や、悪いところがないかどうかなどを調べること。

しんだいしゃ【寝台車】名詞 寝台をとりつけた鉄道の車両。

しんたいそう【新体操】名詞 輪・ボール・ロープ・リボンなどをあやつりながら、音楽に合わせて演技をする体操競技。

しんたいりく【新大陸】名詞 ヨーロッパ人が新しく発見した大陸。新世界。参考 特に、ヨーロッパやアジアに対して、南アメリカ・北アメリカ・オーストラリア大陸をさす。

しんだこのとしをかぞえる【死んだ子の年を数える】ことわざ〔生きていればいくつになったかなどと〕今となってはどうしようもないことについて、くどくどとぐちを言うことのたとえ。

しんだん【診断】名詞 する動詞 医者が病気の様子を判断すること。また、病気にかかっているかどうか調べること。ことば ⇩「健康診断」

じんち【陣地】名詞 戦争をするために、軍隊をおいたところ。陣。

しんちく【新築】名詞 する動詞 新しく家を建てること。また、その家。

じんちく【人畜】名詞 人間と家畜。例 人畜に無害な農薬。

しんちゃ【新茶】名詞 その年の新芽をつんでつくった茶。

1**しんちゅう**【心中】名詞 心の中の気持ち。ことば「心中おだやかではない」

2**しんちゅう**【真ちゅう】名詞 銅とあえんをまぜてつくった黄色の金属。さびにくい。

3**しんちゅう**【進駐】名詞 する動詞 軍隊がよその国の領土に入って、そのままそこにとどまること。

1**しんちょう**【身長】名詞 背の高さ。例 身長百六十センチメートル。類 体長。

2**しんちょう**【深長】形容動詞 深い意味がかくされていること。例 意味深長な発言。

3**しんちょう**【慎重】名詞 形容動詞 軽々しく物事をしないこと。注意深いこと。例 慎重に行動する。対 軽率。

4**しんちょう**【新調】名詞 する動詞〔衣服などを〕新しくつくること。また、新しくつくったもの。

しんちんたいしゃ【新陳代謝】四字熟語 ❶生物が、必要なものを体の中にとり入れて、いらないものを体の外にだす働き。❷古いものがさり、新しいものがそれにかわること。例 芸能界は新陳代謝がはげしい。

しんつう【心痛】名詞 する動詞 とても心配して心を痛めること。

じんつうりき【神通力】名詞 どんなことでも、思うとおりにできるふしぎな力。参考「じんずうりき」ともいう。

しんてい【進呈】名詞 する動詞 相手に物をさし上げること。例 この絵をあなたに進呈します。

シンデレラ 書名 ヨーロッパの昔話。シンデレラという少女が、魔法の力で王子と出会い、けっこんする。参考 思いがけない幸運をつかんだ人を「シンデレラガール」「シンデレラボーイ」ということがある。▼英語 Cinderella

1**しんてん**【進展】名詞 する動詞 物事がすすみ広がること。例 社会問題に進展する。

2**しんてん**【親展】名詞〔「かならずあて名の人が自分でひらいて読むように」という意味で〕封筒のあて名のわきに書く言葉。

1**しんでん**【神殿】名詞 神がまつってある建物。

2**しんでん**【新田】名詞 新しくひらかれた田。特に、江戸時代にひらかれた田。

しんでんず【心電図】名詞 心臓の運動によっておこる電流を、心電計を使って曲線の図に表したもの。心臓病の診断などに使う。

しんてんち【新天地】名詞 新しくひらかれた世界。また、新しいかつやくの場所。

しんでんづくり【寝殿造り】名詞 平安時

代の貴族の家のつくり方。寝殿という建物を中心に、東・西・北に対の屋という建物があり、南に池がある。池の東西には釣殿という建物がある。⇩図。

寝殿造り

1 **しんと** 副詞 する動詞 とても静かなようす。例 あたりはしんとしている。

2 **しんと【信徒】** 名詞 ある宗教を信じている人。信者。例 キリスト教の信徒。

1 **しんど【進度】** 名詞 物事の進み具合。例 学習の進度が少しおくれている。

2 **しんど【震度】** 名詞 地震のゆれ方の度合い。参考 ㋐地震計だけに感じるゆれ方のていどを震度〇とし、震度七までを十段階に分ける。㋑地震のきぼは「マグニチュード」で表す。

しんどい 形容詞 ❶つかれて、だるい。例 ねむっていなくて、しんどい。❷ほねがおれる。例 しんどい仕事だ。参考 くだけた言い方。活用 しんど・い。

1 **しんとう【神道】** 名詞 日本に古くからある宗教の一つ。天照大神を中心とする神々のほか、多くの神をまつる。参考「しんどう」ともいう。

2 **しんとう【浸透】** 名詞 する動詞 ❶水などがしみとおること。❷〔ある考えなどが〕広く行きわたること。例 人権尊重の精神が浸透する。

3 **しんとう【親等】** 名詞 親族の関係で、遠い・近いをしめす言葉。等親。参考 親子は一親等、兄弟・祖父母・孫は二親等、おじ・おばは三親等、いとこは四親等。

1 **しんどう【振動】** 名詞 する動詞 ❶ゆれ動くこと。例 列車が通ると、ガラスまどが振動する。❷〔ふりこのように〕ものが、ある決まった時間ごとに、くり返し同じような運動をすること。また、その運動。

2 **しんどう【新道】** 名詞 新しくきりひらかれた道。対 旧道。

3 **しんどう【神童】** 名詞 とてもすぐれた才能をもつ子ども。例 昔は神童とよばれていた。

4 **しんどう【震動】** 名詞 する動詞 〔大きなものが〕ゆれ動くこと。ふるえ動くこと。例 大地が震動する。

じんとう【陣頭】 名詞 ❶戦いをするとき、じんの一番前。最前線。❷〔①の意味から〕物事をするときなどの先頭。例 警察署長が陣頭に立って、指揮をとる。

じんどう【人道】 名詞 ❶人としておこなうべき、正しいことがら。❷〔通りの両側などにつくられた〕人の歩く道。歩道。対 車道。

じんどうしゅぎ【人道主義】 名詞 すべての人間を愛し人権を重んじ、人間全体の幸福と平等をめざす考え方。ヒューマニズム。

じんどうてき【人道的】 形容動詞 人の道にかなうようす。例 人道的な支援をする。

じんとく【人徳】 名詞 その人にしぜんにそなわっているよい性質。例 人徳のある人。

じんどる【陣取る】 動詞 ❶じん地をかまえる。❷ある場所をとる。ある位置をしめる。例 一番前に陣取ってしばいを見る。活用 じんど・る。

シンナー 名詞 ラッカーなどをうすめてぬりやすくするための液体。じょうはつした気体をすうと中毒になる。▼英語 thinner

しんに【真に】 副詞 本当に。また、しんけんに。例 真に偉大な人物。

しんにせまる【真に迫る】 慣用句 あらわれたものが本物と同じであると感じさせる。例 真に迫った演技。

しんにち【親日】 名詞 外国人が日本に対して、親しみの気持ちをもつこと。例 親日家。

1 **しんにゅう** 名詞 ⬇644ページ・しんにょう。

2 **しんにゅう【侵入】** 名詞 する動詞 〔よその家やよその国などに〕無理に入ること。例 まどから侵入する。／侵入者。

3 **しんにゅう【浸入】** 名詞 する動詞 土地や建物に、水が入ること。例 川の水があふれて、ゆか下に浸入する。

4 **しんにゅう【進入】** 名詞 する動詞 進んでいって、ある場所に入ること。例 ホームに列車が進入する。／進入禁止。

しんにゅうせい【新入生】 名詞 新しく入学

ことばあそび 見立て㉓ 駅弁…お持ち帰り郷土料理の決定版！

した生徒・学生。

しんにゅうをかける【しんにゅうを掛ける】慣用句 物事をもっと大げさにする。輪をかける。例 どしゃぶりにしんにゅうを掛けた雨。参考「しんにゅう」は漢字の部首の「しんにょう」のなまり。

しんにょう 名詞 漢字の部首の一つ。「近」「進」「達」などの「辶」の部分。参考「しんにゅう」ともいう。

1 **しんにん**【信任】名詞 する動詞 その人を信用して、物事をまかすこと。例 みんなに信任されて、会長をひきうけた。対 不信任。

2 **しんにん**【新任】名詞 新しく役につくこと。また、ついた人。例 新任の先生。

しんねりむっつり 副詞(―と) する動詞 思っていることをはっきり言わず、態度もはっきりしないようす。例 しんねりむっつりしていて、つき合いにくい。

1 **しんねん**【信念】名詞 自分の考えにまちがいがないと信じてうたがわない心。例 自分の信念をまげない。類 信条。所信。

2 **しんねん**【新年】名詞 新しい年。また、年のはじめ。例 新年をむかえる。類 年頭。対 旧年。

しんのう【親王】名詞 天皇家の男の子。皇子。参考 女の子は「内親王」という。

しんぱい【心配】名詞 する動詞 ❶ 物事のなりゆきを気にして、なやむこと。不安に思うこと。例 帰りがおそくなると、家族が心配する。類 不安。対 安心。❷ 心をくばって、世話をすること。例 祝賀会の会場を心配する。

しんぱいしょう【心配性】名詞 形容動詞 あることを必要以上に心配する性質。例 姉は心配性だ。

じんばおり【陣羽織】名詞 昔、陣地の中でよろいの上に着たそでのないはおり。⇩図。

かぶと
さい配
陣羽織

シンバル 名詞 打楽器の一つ。金属でつくった二まいの円ばんをうちあわせて鳴らす。▼英語 cymbals

1 **しんぱん**【侵犯】名詞 する動詞 他国の領土や権利をおかすこと。例 日本の領海が侵犯される。

2 **しんぱん**【審判】名詞 する動詞 ❶ 競技で、勝ち負けなどを決めること。また、決める人。❷ 正しいか正しくないかを調べて決めること。例 今日、裁判官によって審判がくだされる。

しんぴ【神秘】名詞 形容動詞 人の力では考えられないようなふしぎなこと。例 宇宙の神秘。

しんぴてき【神秘的】形容動詞 人間のちえではとても考えられないような、ふしぎなようす。

しんぴん【新品】名詞 新しい品物。

じんぴん【人品】名詞 人にそなわっている品格。例 人品のよい人物。

1 **しんぷ**【神父】名詞 カトリックで、神の教えをとく人。参考 ⇩198ページ・牧師。

2 **しんぷ**【新婦】名詞 結婚したばかりの女の人。花よめ。対 新郎。

しんぷう【新風】名詞 今までになかった、新しい考え方ややり方。ことば「(映画界に) 新風をふきこむ」

シンフォニー 名詞 ➡433ページ・こうきょうきょく。▼英語 symphony

1 **しんぷく**【心服】名詞 する動詞 心から尊敬して、したがうこと。例 先生に心服する。

2 **しんぷく**【振幅】名詞 ゆれ動くはば。ゆれ動いているものの中心点から、もっとも遠くにゆれた位置までの距離で表す。例 振幅が大きい。

しんぶつ【神仏】名詞 神と、仏。例 神仏に祈る。

じんぶつ【人物】名詞 ❶ 人。例 りっぱな人物。／重要人物。❷ 人がら。例 あの人は人物ができている。❸ 知識やおこないのすぐれた人。例 あの人は、なかなかの人物だ。

じんぶつぞう【人物像】名詞 ある人の性格や考え方などの全体をとらえてしめしたもの。

シンプル 形容動詞 複雑でなく単純なようす。よけいなものがなくて、すっきりしているようす。例 シンプルなデザインの服。▼英語 simple

しんぶん【新聞】名詞 社会のできごとやそれについての考えを、多くの人にはやく知らせるために、決まって出される印刷物。

じんぶんかがく【人文科学】名詞 人類のつくった文化について研究する学問。言語学・歴史学・哲学など。対 自然科学。社会科学。

しんぶんきしゃ【新聞記者】名詞 新聞にのせる材料を集めたり、原稿を書いたり、編集し

たりする仕事をする人。

しんぶんし【新聞紙】名詞 ❶新聞。❷新聞を、つつみ紙のようにただの紙として使うときのよび名。しんぶんがみ。例茶わんを新聞紙で包んでから箱にしまう。

しんぶんしゃ【新聞社】名詞 新聞を発行する会社。

しんぶんすう【真分数】名詞 一より小さい分数。分子が分母より小さい分数。対仮分数。

しんぺん【身辺】名詞 みのまわり。自分のそば。例身辺を守る。／身辺の整理をしておく。

しんぽ【進歩】名詞 する動詞 物事がよい方へ進むこと。例技術の進歩。類発展。進化。対退歩。

1 **しんぼう**【心棒】名詞 ❶車やこまなどの中心となるもの。軸。例こまの心棒。❷働きの中心となるもの。

2 **しんぼう**【辛抱】名詞 する動詞 がまんすること。例もう少しの辛抱だ。

3 **しんぼう**【信望】名詞 人々から受ける信らいと尊敬。信らいされて、評判のよいこと。例学級のみんなに信望がある。

じんぼう【人望】名詞 人々からたよりにされ、尊敬されること。例人望のある先生。類人気。徳望。

しんぼうえんりょ【深謀遠慮】四字熟語 遠い将来のことまで深く考えること。また、その考え。

しんぼうづよい【辛抱強い】形容詞 あきらめないでがまんするようす。がまんづよい。例辛抱強くチャンスを待つ。活用 しんぼうづよ・い。

しんぼく【親睦】名詞 する動詞 親しんで、仲よくすること。例親睦会。

シンポジウム 名詞 一つの問題について何人かが意見を発表し、それについて参加している人たちが質問したり自分の意見をのべたりする討論会。例環境保護をテーマにシンポジウムがひらかれる。▼英語 symposium

しんぽてき【進歩的】形容動詞 考え方などがふつうの人より進んでいて、新しいようす。例進歩的な考え方の人。対保守的。

シンボル 名詞 象徴。▼英語 symbol

シンボルマーク 名詞 団体やもよおしものなどの象徴として使われる記号や図案。参考 日本でつくった言葉。英語では単に symbol。

しんまい【新米】名詞 ❶今年とれた、新しい米。対古米。❷仕事にまだなれていないこと。また、その人。新前。例新米記者。

しんまえ【新前】名詞 ⬇しんまい❷。

じんましん 名詞 ひふに赤いぶつぶつができ、とてもかゆくなる病気。食べ物や薬などによっておこる場合が多い。

しんみ【親身】■一 名詞 〔親子・兄弟・姉妹など〕したしい身内。ことば「親身もおよばぬお世話になる」■二 名詞 形容動詞 身内であるように、親切なこと。例親身に世話をする。

しんみつ【親密】名詞 形容動詞 親しく、深い関係にあること。ことば「親密な間がら」

しんみょう【神妙】形容動詞 〔ふだんに似合わず〕すなおでおとなしいようす。例先生のお説教をみんな神妙な顔で聞いていた。

しんみり 副詞(−と) する動詞 悲しくて、心がしずんでいるようす。例あわれな話を聞いてしんみりした。

じんみん【人民】名詞 一つの国をつくっている人々。国民。

しんめ【新芽】名詞 新しく出た芽。

しんめい【身命】名詞 人の、体と命。ことば「身命をなげうつ（＝命をなげ出す）」参考「しんみょう」とも読む。

1 **じんめい**【人名】名詞 人の名前。

2 **じんめい**【人命】名詞 人間の命。例人命にかかわる問題。

じんめいようかんじ【人名用漢字】名詞 生まれた子どもの名前につかう漢字として、政府が決めた漢字。

じんめんじゅうしん【人面獣心】四字熟語 心の冷たい人をののしっていうことば。例人面獣心のふるまい。

しんもつ【進物】名詞 人にさし上げる品物。おくり物。例こちらは、ご進物ですか。参考 あらたまった言い方。

じんもん【尋問】名詞 する動詞 聞き出して、調べること。例警察官に尋問された。

しんや【深夜】名詞 真夜中。よふけ。

しんやくせいしょ【新約聖書】書名 キリスト教の教典の一つ。キリストとその弟子たちのおこないや言葉を書いたもの。参考「新約」は、神との新しい約束ごと。ふつう「旧約聖書」と合わせて「聖書」という。

ことばあそび 見立て㉔ きのこ…山の小さなパラソル。

ことば選びのまど

心配 をあらわすことば

心配

物事のなりゆきを気にして、なやむこと。不安に思うこと。

644ページ

案ずる 発展

心配する。気づかう。案じる。

58ページ

一抹の不安 発展

ほんの少しの不安。

88ページ

浮かぬ顔

心配なことがあって、晴れ晴れしない顔つき。

121ページ

落ち着かない

安心できない。

193ページ

顔を曇らせる

心配そうな顔つきをする。表情を暗くする。

235ページ

気懸かり

心配で、心からはなれないこと。心にかかること。

312ページ

気が気でない

心配で、じっとしていられない。

312ページ

気で気を病む

心配しなくてもいいのに、心配して苦しむ。

327ページ

気に掛かる

心配で、落ち着かない。

328ページ

気にする

あれこれ考えて、心配する。

328ページ

気に病む

心配して、なやむ。思いなやむ。

329ページ

ことば選びのまど

心配をあらわすことば

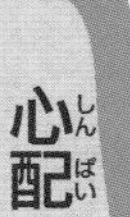

き憂 発展
心配しなくてもいいことを心配すること。
↓338ページ

気をもむ
あれこれ心配する。いらいらする。
↓361ページ

懸念 発展
先のことがどうなるかと心配すること。
↓415ページ

心もとない
たよりなくて安心できない。
↓462ページ

心を砕く
心配して、気をつかう。
↓463ページ

頭痛の種
心配や、なやみの原因になることがら。
↓670ページ

はらはら
〔見たり聞いたりしていることについて〕とても心配で、落ち着かないようす。
↓1064ページ

冷や冷や
〔悪いことが起きるのではないかと〕心配するようす。
↓1112ページ

不安
〔おそろしさや心配などのため〕安心できないこと。
↓1124ページ

憂慮 発展
あれこれと考えて心配すること。
↓1333ページ

しんゆう【親友】 名詞 とても仲のよい、本当の友だち。例かの女は、たった一人の親友だ。

しんよう【信用】 名詞 する動詞 ❶たしかだと信じて、うたがわないこと。例友だちの言葉を信用する。❷ほかの人からたしかだと信じられていること。評判のいいこと。例信用のある店。

じんよう【陣容】 名詞 ❶戦いのための陣地のとり方。例陣容をととのえて、戦にのぞむ。❷会社や団体などの、おもな人たちの顔ぶれ。例首脳部の陣容を新しくする。

しんようじゅ【針葉樹】 名詞 はりのような形の葉をもつ木。マツ・スギなど。参考⇩448ページ・広葉樹。

しんらい【信頼】 名詞 する動詞 信じて、たよりにすること。例信頼できる仲間がいる。

しんらつ【辛辣】 名詞 形容動詞 言うことなどが、とてもきびしいようす。例辛辣な皮肉を言う。／辛辣に批評する。

しんらばんしょう【森羅万象】 四字熟語 この宇宙にある、すべてのもの。例森羅万象に思いをはせる。

1 **しんり【心理】** 名詞 心の様子や働き。例バッターの心理をよんで投球する。

2 **しんり【真理】** 名詞 だれにでも、どこででも、いつでも正しいとみとめられることがら。例世の中の真理。

3 **しんり【審理】** 名詞 する動詞 裁判所などで、事実関係をくわしく調べて明らかにすること。例殺人事件の審理を進める。

しんりがく【心理学】 名詞 人間や動物の、心の働きや行動を研究する学問。

じんりきしゃ【人力車】 名詞 客をのせて、人がひいて走る二りん車。⇩図。

人力車

しんりゃく【侵略】 名詞 する動詞 よその国へせめこんで、その国の土地をうばいとること。

しんりょう【診療】 名詞 する動詞 医者が、病気やけがの人を調べたり、なおしたりすること。例診療時間。

しんりょうじょ【診療所】 名詞 医者が、病気やけがの人を調べたり、なおしたりするところ。入院できるようになっている。参考 病院よりもしくみが小さいものをいう。

しんりょく【新緑】 名詞 春から夏のはじめにかけてのわかばの緑。例新緑の山々。

1 **じんりょく【人力】** 名詞 人の出せる力やちえ。人間の力。じんりき。例人力によってとぶ飛行機。

2 **じんりょく【尽力】** 名詞 する動詞 〔他人のために〕力をつくすこと。例町の発展に尽力する。

しんりん【森林】 名詞 木のたくさんはえているところ。大きな森。例森林公園。

しんりんくみあい【森林組合】 名詞 ある地区の森林をもっている人で組織された、お金をもうけることを目的としない協同組合。

しんりんよく【森林浴】 名詞 〔心や体の健康のため〕森林に入って、その中の空気をすい、また全身にあびること。

1 **しんるい【進塁】** 名詞 する動詞 野球で、ランナーが次の塁へ進むこと。例バントで走者が進塁する。

2 **しんるい【親類】** 名詞 血すじやけっこんなどによってつながっている人。また、その人。親せき。類親族。縁続き。

じんるい【人類】 名詞 ❶ほかの動物と区別したときの人間。❷すべての人間。例人類の平和を願う。

じんるいあい【人類愛】 名詞 人々すべてに対する愛。例人類愛に満ちあふれた映画。

しんるいづきあい【親類付き合い】 名詞 ❶親類同士のつきあい。❷〔もともとは他人でも〕親類同士のような親しいつきあい。例親類付き合いが長い友だち。

しんれき【新暦】 名詞 ⬇755ページ・たいようれき。

1 **しんろ【針路】** 名詞 ❶〔らしん盤のはりのむきによって決めた〕船の進む道。例船は針路を北にとった。❷物事のめざす方向。⇩使い分け。

2 **しんろ【進路】** 名詞 進んでゆくみち。例台風の進路がそれて、上陸はさけられた。⇩使い分け。

1 **しんろう【心労】** 名詞 する動詞 いろいろと気をつかい心配すること。ことば「心労がたたる」

2 **しんろう【新郎】** 名詞 結婚したばかりの男の人。花むこ。対新婦。

しんわ【神話】 名詞 昔から伝えられている、神々を主人公にした物語。例ギリシャ神話。

使い分け **しんろ**

●船の進む道。針路を北にとる。

●進む方向。台風の進路。

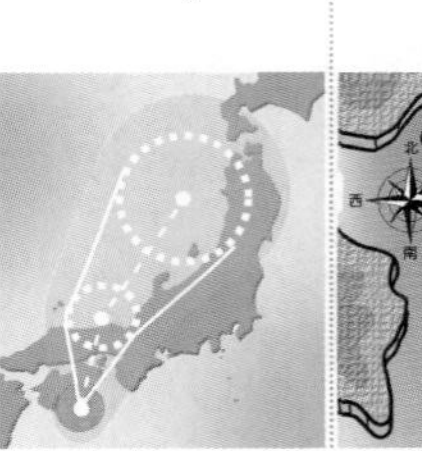

す

ず ズ ス
ZU SU
zu su

す[1]【州】名詞〔川・湖・海などの〕水の底にたまった土やすなが水の上に出てきて、島のようになったもの。

す[2]【巣】名詞 ❶鳥・虫・魚・けものなどの、すみか。例ツバメの巣。❷クモが虫などをとるためにはる、あみ。ことば「クモが巣をはる」❸〔悪いことをする者が〕集まっている場所。例さぎグループの巣。

す[3]【酢】名詞 料理などに味をつけるためのすっぱい液体。

ず[1] 助動詞 打ち消しの意味を表す言葉。…ない。…ぬ。例鳴かず飛ばず。

ず[2]【図】名詞 ものの形や様子をえがいたもの。例わかりやすい図でしめす。

すあし【素足】名詞 ❶くつ下やたびなどをはかない足。類素手。❷くつやサンダルなどをはかない足。例すあしで外に出る。類はだし。

すあな【巣穴】名詞 虫・鳥・けものなどが巣をつくって生活しているあな。

ずあん【図案】名詞〔洋服・道具などをつくるとき〕もようの組み合わせや形・色などを図に表したもの。デザイン。

すい[1]【粋】名詞 よりぬき。えりぬき。例技術の粋を集める。

すい[2]【酸い】形容詞 すのような味である。すっぱい。活用す・い。

ずい[1]【隋】地名 五八一年から六一八年まで続いた中国の王朝。都は大興（長安）。大和朝廷は、小野妹子らを遣隋使として送った。

ずい[2]【髄】名詞 ❶動物の骨の中をみたしているやわらかいもの。❷植物のくきや根の中心にあるやわらかい部分。

すいあげる【吸い上げる】動詞〔液体・気体などを〕すって、上げる。例ポンプで水を吸い上げる。活用すいあ・げる。

すいあつ【水圧】名詞 水の圧力。

すいい[1]【水位】名詞 もとになる面からはかった、川・海・湖などの水面の高さ。

すいい[2]【推移】名詞 する動詞 時がたつにつれて、物事の様子がうつりかわること。また、その有様。例売り上げは昨年と同じように推移している。類移行。

ずいい【随意】名詞 形容動詞 自分の思うとおりにすること。思いのまま。例参加したいなら、どうぞご随意に。

すいいき【水域】名詞 海や川などで、水面上の一定の区域。例危険水域。

ずいいち【随一】名詞 あるまとまりの中で、一番すぐれていること。例校内随一のうでまえ。

スイーツ 名詞 あまい菓子。▼英語 sweets

スイートピー 名詞 マメ科の植物。五月ごろ、赤・白・むらさき色などの花がさく。観賞用にさいばいされる。▼英語 sweet pea

ずいいん【随員】名詞 身分や地位の高い人に、つきしたがっていく人。例首相の随員としてヨーロッパに行く。

すいうん【水運】名詞 船で、人や荷物を運ぶこと。類海運。

すいえい【水泳】名詞 する動詞 スポーツや楽しみとして泳ぐこと。例水泳の練習をする。

すいえき【すい液】名詞 すい臓でつくられる消化液。食べ物にふくまれているでんぷん・たんぱく質・しぼうを消化する働きがある。

すいおん【水温】名詞 水の温度。

すいか 名詞 ウリ科の植物。つるは地上をはう。夏、大きな丸い実がなる。赤色または黄色の果肉は水分が多く、あまい。漢字西瓜。

すいがい【水害】名詞 大水のために受ける、人や家や田畑などのそん害。

すいがら【吸い殻】名詞 たばこを吸い終わっ

ことばあそび 見立て㉕ エスカレーター…後もどりができない階段。

たあとの灰や残りの部分。

すいかわり【すいか割り】名詞 目かくしをして、少しはなれた場所におかれたスイカをさがして、ぼうでたたきわる遊び。

すいきゅう【水球】名詞 プールでおこなう競技。七人ずつ二組みにわかれ、泳ぎながらボールを相手のゴールに投げいれて、得点を争う。ウオーターポロ。

すいぎゅう【水牛】名詞 ウシ科の動物。半月形の大きな角をもつ。東南アジアなどの水辺にすみ、水あびをよくする。

すいきょ【推挙】名詞 する動詞 ある地位や仕事に、ふさわしい人をすすめること。例 クラス委員に推挙する。類 推せん。

すいきょう【酔狂】名詞 形容動詞 ほかの人とはちがう、変わったことをこのむこと。例 大雨の中をさんぽに行くなんて、酔狂な人だ。参考「粋狂」とも書く。

すいぎょのまじわり【水魚の交わり】故事成語〔水と魚のように〕はなれることのできない、親しいつき合い。例 わたしたちは出会って十年、水魚の交わりだ。語源 昔の中国で、劉備という武将が、その家来の諸葛孔明との仲のよさをこのように言ったという話から。

すいぎん【水銀】名詞 銀白色をした液体の金属。環境や生物に対して有毒のため、きびしく管理されている。

すいけい【推計】名詞 する動詞 ある資料をもとにして、おおよその数量を計算すること。例 十年後の人口を推計する。

すいげん【水源】名詞 ❶川・地下水などの水が流れ出てくるもと。みなもと。❷用水を流すもとのところ。

すいげんち【水源地】名詞 水源のあるところ。

すいこう[1]【推こう】故事成語 文章や詩をつくるとき、言葉や書き表し方などを何度も考えてねりなおすこと。例 作文を推こうする。語源「推敲」と書く。「推」は押す、「敲」はたたくという意味。昔、中国の詩人が、「僧は推す月下の門」という詩の句の、「推す」を「敲く」にかえようかどうかまよったという話から。

すいこう[2]【遂行】名詞 する動詞〔最後まで〕やりとげること。例 任務を遂行する。

すいごう【水郷】名詞 川の下流や湖などのほとりにある〔景色のよい〕村や町。すいきょう。参考 特に、利根川下流の土地の低い地域をいい、国定公園の一部になっている。

ずいこう【随行】名詞 する動詞 身分や地位の高い人につきしたがって行くこと。例 通訳として随行する。類 随伴。

すいこうさいばい【水耕栽培】名詞 土を使わないで、栄養分をとかした水で植物を育てること。

すいこむ【吸い込む】動詞 ❶〔気体・液体などを〕すって中に入れる。例 息を深く吸い込む。❷あなの中や水の中などへ引き入れる。例 吸い込まれるようにすんだ水。活用 すいこ・む。

すいさいが【水彩画】名詞 水でといた絵の具でえがいた絵。対 油絵。参考 ⇩41ページ・油絵。

すいさつ【推察】名詞 する動詞〔はっきりわからないことなどを〕たぶんこうだろうと考えること。例 あわてていることが容易に推察できる。類 推測。推量。

すいさん【水産】名詞 海・川・湖などから、魚・貝・海そうなどがとれること。また、そのとれたもの。類 海産。

すいさんかナトリウム【水酸化ナトリウム】名詞 ➡256ページ・かせいソーダ。

すいさんぎょう【水産業】名詞 水産物をとったり養殖したり加工したりする産業。

すいさんしげん【水産資源】名詞 海・川・湖などからとれる、生活に役立つもの。

すいさんしけんじょう【水産試験場】名詞 水産業がより発展するように、いろいろな実験や研究をおこなう機関。都道府県などにつくられる。例 県の水産試験場でカキの養殖方法を研究する。

すいさんぶつ【水産物】名詞 海・川・湖などからとれるもの。魚・貝・海そうなど。類 海産物。

すいし【水死】名詞 する動詞 水におぼれて死ぬこと。類 でき死。

すいじ【炊事】名詞 する動詞 食物をにたり焼いたりして食べられるようにすること。食事のしたくをすること。類 調理。

ずいじ【随時】副詞 ❶そのときどき。例 先生が随時校内を見てまわる。❷いつも。いつでも。例 随時利用できる施設。

すいしつ【水質】名詞 水の性質。水の成分。

例海水浴場の水質を検査する。

すいしゃ【水車】 名詞 流れる水や高いところから落ちてくる水の力を使って回る車。みずぐるま。参考 水車の回る力を利用して機械を動かし、米や麦をついたり、こなにしたりするのに使った。⇩図。

水車

すいじゃく【衰弱】 名詞 する動詞 〔体が〕おとろえ、弱ること。例全身が衰弱している。

すいじゅん【水準】 名詞 〔物事のねうちや質などをみるときの〕ていど。レベル。例日本人の生活の水準は向上した。類標準。

すいじゅんき【水準器】 名詞 土地や建物などが平らになっているかどうかをはかる器具。アルコールなどのえき体と小さいあわが一つ入ったガラス管を台にとりつけたもの。水平になるとあわがガラス管の真ん中にくる。

ずいしょ【随所】 名詞 いたるところ。例随所に工夫のあとがみられる作品。

1 **すいしょう【水晶】** 名詞 石英が六角の形に結晶したもの。参考 はんこ・レンズ・かざり物などに使う。

2 **すいしょう【推奨】** 名詞 する動詞 ある物や人のすぐれている点をあげてほめ、人にすすめること。例小学生用の国語辞典を推奨する。

3 **すいしょう【推賞・推称】** 名詞 する動詞 ある物や人を、よいものであるとほめること。例多くの読者に推賞された小説。

すいじょう【水上】 名詞 水の上。水の表面。対陸上。

すいじょうき【水蒸気】 名詞 水が蒸発して、気体になったもの。

すいじょうきょうぎ【水上競技】 名詞 水上や水中でおこなう競技。水泳・水球・ボートなど。対陸上競技。

すいしょうたい【水晶体】 名詞 眼球のうちで、ひとみのすぐ後ろにあるレンズのような形をした部分。目に入ってくる光をもうまくに集中させる働きをする。⇩1278ページ・目㊀①（図）。

1 **すいしん【水深】** 名詞 〔海・川・湖などの〕水の深さ。例水深二百メートル。

2 **すいしん【推進】** 名詞 する動詞 ❶前の方におしすすめること。❷物事がはかどるようにすること。例市内の美化運動を推進する。

スイス 地名 スイス連邦。ヨーロッパの中部にある永世中立国。アルプス山脈が国の東西を横切っている。国際機関の本部がいくつもおかれている。首都はベルン。参考 英語名は Switzerland で、Swiss は「スイス人」。

すいすい 副詞(-と) ❶〔小さな動物などが〕水中や空中を軽やかに進むようす。例魚がすいすい泳ぐ。❷物事が問題なく進むようす。例仕事がすいすいかたづく。

1 **すいせい【すい星】** 名詞 太陽の光をうけて長い尾をひく星。ほうきぼし。参考 約七十六年ごとに近づく「ハレーすい星」がよく知られている。昔は、悪いことがおこる前ぶれと考えられていた。漢字 彗星。

2 **すいせい【水生】** 名詞 する動詞 動物や植物などが水の上や中、水辺で生活すること。例アメンボは水生のこん虫だ。対陸生。

3 **すいせい【水星】** 名詞 太陽系の天体の一つ。八つのわく星の中でもっとも小さい。約八十八日で太陽のまわりをまわる。⇩755ページ・太陽系（図）。

4 **すいせい【水勢】** 名詞 水が流れるいきおい。例大雨で川の水勢がました。

すいせいがん【水成岩】 名詞 ⬇749ページ・たいせきがん。

すいせいこんちゅう【水生昆虫】 名詞 水の上や中、水辺にすむこん虫。タガメ・アメンボ・ゲンゴロウなど。

すいせいのごとく【すい星のごとく】 慣用句 〔すい星があらわれるように〕才能のある人が急に出てくるようす。ことば「〔天才ピアニストが〕すい星のごとく現れる」参考「すい星」は漢字では、「彗星」と書く。長い尾をひいてかがやく星のこと。注意「水星」と書かないこと。

1 **すいせん【水仙】** 名詞 ヒガンバナ科の植物。球根でふえる。冬の終わりから春にかけて白や黄色の花がさく。

2 **すいせん【水洗】** 名詞 する動詞 水であらい流すこと。例水洗トイレ。

3 **すいせん【垂線】** 名詞 ⬇すいちょくせん。

4 **すいせん【推薦】** 名詞 する動詞 自分がよいと思

ことばあそび 見立て㉖ かかし…田んぼのおまわりさん。

う人やものを、ほかの人にすすめること。例きみを議長に推薦するつもりだ。類推挙。

すいそ【水素】名詞 色もにおいもない、もっとも軽い気体。燃えやすい。あえんという金属にうすいりゅうさんをかけてつくる。燃やすと水ができる。

すいそう[1]【水葬】名詞 する動詞 死体を川や海などに流してほうむること。

すいそう[2]【水槽】名詞 ❶水をたくわえるための(大きな)入れ物。❷水を入れて、魚などをかうための入れ物。

すいそう[3]【吹奏】名詞 する動詞 管楽器をふいて、えんそうすること。

すいぞう【すい臓】名詞 胃の後ろにある内臓。すい液をつくって十二指腸におくり出す。また、インシュリンというホルモンをつくる。⇩939ページ・内臓(図)。

ずいそう【随想】名詞 そのときそのときに、ふと心にうかんでくる思い。また、それを書きとめた文章。類随筆。

すいそうがく【吹奏楽】名詞 管楽器や打楽器でえんそうされる音楽。

すいそく【推測】名詞 する動詞 物事の様子やなりゆきなどを、だいたいこうだろうと考えること。例どこへ向かったか推測する。類推察。推量。推定。推理。憶測。予想。予測。

すいぞくかん【水族館】名詞 水中にすむ動物などをガラスばりの入れ物にいれて育て、人々に見せるようにしているところ。

すいそばくだん【水素爆弾】名詞 水素を利用した、ひじょうに強力な爆弾。水爆。

すいたい【衰退】名詞 する動詞 おとろえて、いきおいがなくなること。例産業の衰退。対繁栄。

すいだす【吸い出す】動詞 中に入っているものを、すって外へ出す。例ポンプで水を吸い出す。活用すいだ・す。

すいちゅう【水中】名詞 水の中。

すいちゅうよくせん【水中翼船】名詞 船体の下にとりつけたつばさで船体をうかし、水上をすべるようにはやく進む船。

すいちょく【垂直】名詞 形容動詞 ❶線と線、線と面、面と面がまじわるとき、たがいに直角であること。参考水平面に垂直ならば「鉛直」という。❷水平面に直角である方向。また、その方向にあること。例ぼうを垂直にたてる。

すいちょくせん【垂直線】名詞 線や面に直角にまじわる直線。垂線。参考水平面に垂直な線は「鉛直線」という。

すいちょくびよく【垂直尾翼】名詞 飛行機の後ろに垂直についているつばさ。左右の方向を安定させたり、進む方向をかえたりする働きをする。対水平尾翼。

すいつく【吸い付く】動詞 すって、また、すうようにして、ぴったりとつく。例赤ちゃんがおっぱいに吸い付く。活用すいつ・く。

すいつける【吸い付ける】動詞 ❶すったり、すうようにしたりして引きつけ、ぴったりとくっつかせる。例じしゃくは鉄を吸い付ける。❷すいなれている。活用すいつ・ける。

スイッチ 名詞 電気の流れを切ったり、通じさせたりするしかけ。▼英語 switch

スイッチバック 名詞 する動詞 列車が急な斜面をのぼりおりするとき、ジグザグにしいた線路を行ったり来たりしながら進むこと。また、その線路。⇩図。▼英語 switchback

スイッチバック

スイッチヒッター 名詞 野球で、左右どちらの打席でも打てる打者。▼英語 switch-hitter

すいてい[1]【水底】名詞 水のそこ。みなそこ。例船は水底深くしずんでしまった。対水面。

すいてい[2]【推定】名詞 する動詞 〔はっきりわからないことを〕たぶんこうだろうと考えて決めること。例千年前のものと推定される。類推測。推量。推理。

すいてき【水滴】名詞 水のしずく。

すいでん【水田】名詞 水を入れてイネをつくる田。みずた。

すいとう[1]【水筒】名詞 飲み水やお茶を入れてもち運べるようにした、つつ形の入れ物。

すいとう[2]【水稲】名詞 水田に植えて育てるイネ。対陸稲。

すいとう[3]【出納】名詞 する動詞 お金や品物を出し入れすること。しゅつのう。

すいどう【水道】名詞 ❶飲み水をそれぞれの

あいうえお
かきくけこ
さしすせそ
たちつてと
なにぬねの
はひふへほ
まみむめも
や ゆ よ
らりるれろ
わ を ん

家に配るための設備。上水道。例水道管。❷船が通る道。航路。❸陸地にはさまれて、せまくなっているところ。例豊後水道。類海峡。

すいどうきょう【水道橋】 名 上水や下水などの水道管が、谷・川・道路などを横切るためにかけた橋。水路橋。

すいとる【吸い取る】 動 ❶〔ほかのものの中にあるものを〕すい出して、とる。例チョウが花のみつを吸い取る。❷〔液体・粉・においなどを〕ほかのものにすいこませて、とる。例こぼした水をタオルで吸い取る。活用すいと・る。

すいとん【水団】 名 小麦粉を水でねってちぎり、野菜などといっしょにしるに入れて煮た食べ物。

すいなん【水難】 名 水によって受ける災難。こう水・水死・船の沈没など。例水難にあう。

すいばく【水爆】 名 「水素爆弾」の略。

すいはん【炊飯】 名 ごはんをたくこと。

ずいはん【随伴】 名 する動詞 ❶身分や地位の高い人のおともとなって、ついていくこと。例首相に随伴してアジアの国々をめぐる。❷あることがらにともなって起こること。例駅前の再開発に随伴する問題。類①随行。

すいはんき【炊飯器】 名 ごはんをたく道具。参考 ふつう、電気・ガスなどで自動的にたけるものをいう。

ずいひつ【随筆】 名 そのときそのときに心にうかんだことや思ったことを書いた文章。エッセー。類随想。

すいふ【水夫】 名 ふなのり。特に、船にのって、

> **ことば博士になろう！**
>
> **随筆のとくちょう**
>
> 随筆には、決まった形式はなく、作者が思い思いの文体でつづっています。それだけに、書く人の個性や生き方が、強く表れているともいえます。
>
> 随筆を読むときには、作者が、題材（話題）に対して、どんな見方・感じ方をしているかをとらえることが大切です。それによって、作者のものの考え方や生き方などが、うかびあがってきます。

雑役をする人。

すいぶん【水分】 名 物がふくんでいる水の量。例水分が多い。

ずいぶん【随分】 一 副詞（─と）ふつうのていどをこえているようす。とても。例随分、長く待たされた。
二 形容動詞 意地の悪いようす。ひどいようす。例つげ口をするとは随分だ。

すいへい[1]【水平】 名 形容動詞 ❶静かな水の面のように平らなこと。❷地球の重力の方向と直角にまじわる方向であること。また、その方向。

すいへい[2]【水兵】 名 海軍の兵士。

すいへいせん【水平線】 名 海の上で、空と海のさかいとして見える線。類地平線。

すいへいどう【水平動】 名 ❶水平に動くこと。❷地震で、地面が横にゆれること。参考 地震がおこった地点が遠いときのゆれ方。対①上下動。

すいへいびよく【水平尾翼】 名 飛行機の後ろに水平についているつばさ。水平の方向を安定させたり、高度をかえたりする働きをする。対垂直尾翼。

すいほうにきする【水泡に帰する】 慣用句 水にできたあわがすぐに消えてしまうように、続けてきた努力がまったくむだに終わってしまうたとえ。例努力が水泡に帰する。

すいぼくが【水墨画】 名 すみでかいた絵。すみ絵。参考 山や川のある景色を題材にしたものが多い。鎌倉時代に中国から伝わり、室町時代にさかんになった。

すいぼつ【水没】 名 する動詞 水の中にしずんで見えなくなってしまうこと。例ダムのために水没した村。

すいま【睡魔】 名 がまんできないほどのねむけを、悪魔にたとえていう言葉。ことば「睡魔におそわれる」

すいみゃく【水脈】 名 ❶地下水が流れる道。❷川や海で船がとおる道。水路。ふなみち。みお。

すいみん【睡眠】 名 する動詞 ねむること。ねむり。例毎日、八時間の睡眠をとっている。

スイミング 名 およぐこと。水泳。例スイミングスクール。▼英語 swimming

すいめん【水面】 名 水の上。水の表面。対水底。

すいめんか【水面下】 名 ❶水の中。例水面下にしずむ。❷人の目からかくれて見えない

あいうえお かきくけこ さしすせそ す たちつてと なにぬねの はひふへほ まみむめも や ゆ よ らりるれろ わ を ん

ことばあそび 見立て㉗ トンネル…まるい暗やみが、口をあけて待っている。

ところ。例水面下で話をすすめる。

すいもあまいもかみわける【酸いも甘いもかみ分ける】 ことわざ たくさんの経験を通して、人の気持ちや世の中のいろいろなことがらをよく知っているたとえ。

すいもの【吸い物】 名詞 日本料理で、野菜・魚などを入れたすましじる。

すいもん【水門】 名詞 川や貯水池にある、水の流れる量をかげんするためのしかけ。⇩図。

水門

すいようえき【水溶液】 名詞 ある物質を水にとかした液体。さとう水、食塩水など。

すいようび【水曜日】 名詞 一週の四番目の日。火曜日の次の日。水曜。

すいよく【水浴】 名詞 する動詞 〔体のよごれをとるため〕水をあびること。例川で水浴する。

すいよせる【吸い寄せる】 動詞 すったり、すうようにしたりして、すぐ近くによせる。活用 すいよ・せる。

1 **すいり【水利】** 名詞 ❶船を使って人や物を運ぶこと。例川ぞいの工場は水利がよい。❷農業や工業、飲み水のために水を利用すること。例水利権。

2 **すいり【推理】** 名詞 する動詞 わかっていることをもとにして、わからないことをおしはかること。例探偵が事件を推理する。類推定。推測。推論。

すいりく【水陸】 名詞 水と陸。水上と陸上。水路と陸路。例水陸両用の車。／水陸の便がよい場所。

すいりしょうせつ【推理小説】 名詞 事件のなぞをとき、犯人などをさがすようにくみたてた小説。ミステリー。

すいりゅう【水流】 名詞 水が流れること。水の流れ。例水流のはげしい川。

1 **すいりょう【水量】** 名詞 〔川・池・貯水池などの〕水の量。例大雨がふって、貯水池の水量がふえた。

2 **すいりょう【推量】** 名詞 する動詞 わかっていることをもとにして、物事の様子や人の気持ちなどをおしはかること。例相手の胸中を推量する。類推測。推察。推定。

1 **すいりょく【水力】** 名詞 流れる水の力。水のいきおい。特に、高いところから流れ落ちる水の力。ことば ⇩「水力発電」

2 **すいりょく【推力】** 名詞 物をおし進める力。推進力。参考 たとえば飛行機などで、ガスや空気を前の方からプロペラやエンジンにとりいれ、速度を加えて後ろの方におし出すことによってえられる、機体をおし進める力のこと。

すいりょくはつでん【水力発電】 名詞 水力を利用して発電機を回し、電気をおこすこと。参考 水路式とダム式がある。

すいれん【睡れん】 名詞 スイレン科の植物。池やぬまなどで育つ。夏、ピンク・白・赤・黄色などの花が水面にさく。漢字 睡蓮。

すいろ【水路】 名詞 ❶水を送るためにつくった道。❷〔川・海などの〕船の通るみち。また、それを使った交通。例水郷には、水路が発達している。類航路。対陸路。空路。

すいろしきはつでん【水路式発電】 名詞 高いところにある川や湖の水を、水路で引いてきて、その落ちる水のいきおいで電気をおこすやり方。

すいろん【推論】 名詞 する動詞 わかっていることをもとにして、まだわからないことがらについて考え、論じること。また、その考え。例調べた結果から原因を推論する。類推理。

スイング 名詞 する動詞 ふり回すこと。特に、バットやクラブなどをふること。▼英語 swing

すう【吸う】 動詞 ❶口や鼻から、気体や液体を体の中に入れる。例朝の空気を胸いっぱいに吸った。❷しみこませる。すい取る。例かわいたスポンジは水をよく吸う。活用 す・う。

スウェーデン 地名 スウェーデン王国。ヨーロッパ北部のスカンジナビア半島の東側にある国。福祉などの社会制度が整っていることで知られる。首都はストックホルム。▼英語 Sweden

すうがく【数学】 名詞 数や図形について研究する学問。代数・幾何など。

すうし【数詞】 名詞 ものの数量や順序を表す言葉。参考 「一つ」「二本」「三まい」「いくつ」など。

すうじ【数字】 名詞 数を表す文字。参考 アラ

ピア数字（1・2・3…）・ローマ数字（Ⅰ・Ⅱ・Ⅲ…）・漢数字（一・二・三…）などがある。

すうしき【数式】 (名詞) 数や量を表す数字や文字を、「＋・－・×・÷・＝」などの計算記号で結びつけて意味のある式にしたもの。

すうじつ【数日】 (名詞) 何日か。いく日か。例 ここ数日、いい天気が続いている。参考 ふつう、二、三日から五、六日の日数をいう。

すうすう (副詞(-と)) (する動詞) ❶せまいところなどを風がふきぬけるようす。例 すきま風がすうすう入ってくる。❷息を軽くすったりはいたりするときの音を表す言葉。例 すうすうと寝息をたてる。❸冷たくて、さわやかな感じのするようす。例 のどがすうすうする、あめ。

ずうずうしい (形容詞) ほかの人のめいわくを考えず、自分のしたいことを平気でするようす。例 ずうずうしく、いすわる。活用 ずうずうし・い。

ことば博士になろう!

● 数字の「ふるさと」

1、2、3……は、算用数字またはアラビア数字といいます。この数字はインドでうまれたのですが、アラビア人がヨーロッパに伝えたので、アラビア数字とよばれるようになりました。

一、二、三、十、百、千、万、億……は、中国でうまれたもので、漢数字といいます。

Ⅰ(1)Ⅱ(2)Ⅲ(3)Ⅳ(4)Ⅴ(5)Ⅸ(9)Ⅹ(10)……、これは、ローマ数字とよばれるもので、古代ローマ時代にうまれました。時計の文字ばんなどで使われています。

ずうたい【ずう体】 (名詞) 体。体つき。例 ずう体ばかり大きい。参考 くだけた言い方。漢字 図体。

すうち【数値】 (名詞) ❶〔算数などで〕文字で表した式の中のその文字にあてはまる数。❷計算・測定して出た数。

すうちょくせん【数直線】 (名詞) 数の位置をあらわした直線。0に当たる点を原点という。

スーツ (名詞) 同じ布でつくった、上下そろいの洋服。▼英語 suit

スーツケース (名詞) きがえなどを入れてもち歩く、旅行用の四角い大きなかばん。▼英語 suitcase

すうとう【数等】 (副詞) ❶段階分けをしたものの中の、いくつかの段階。数段階。❷はるかに。ずっと。数段。例 成績はわたしのほうが弟よりも数等上だ。

すうどん【素うどん】 (名詞) ゆでたうどんにしるをかけただけの食べ物。かけうどん。

すうにん【数人】 (名詞) 何人か。いく人か。例 クラス会には数人が欠席した。参考 ふつう、二、三人から五、六人の人数をいう。

すうねん【数年】 (名詞) 何年か。いく年か。例 数年会わないうちに、大きくなったね。参考 ふつう、二、三年から五、六年の年数をいう。

スーパー ━ (接頭語) 「超…」「すぐれた…」という意味を表す。例 スーパーコンピューター。▼英語 super

━ (名詞) ❶映画で画面の上に字幕を重ねること。また、その字幕。参考 「スーパーインポーズ」の略。❷「スーパーマーケット」の略。

スーパーコンピューター (名詞) ふくざつな計算を高速でおこなう大型のコンピューター。▼英語 supercomputer

スーパースター (名詞) ほかの人とくらべようがないほど人気のある、歌手やスポーツ選手など。▼英語 superstar

スーパーマーケット (名詞) お客が売り場で自由に品物をえらび、出口でお金をはらうしくみの、規模の大きな店。スーパー。▼英語 supermarket

スーパーマン (名詞) ふつうの人にはない、すばらしい能力をもっている人。超人。▼英語 superman

すうはい【崇拝】 (名詞) (する動詞) とうといものとして、心からうやまうこと。例 太陽を崇拝する国。

スープ (名詞) 肉や野菜などを煮たしるに、味をつけた料理。例 コーンスープ。▼英語 soup

スープざら【スープ皿】 (名詞) スープを入れるための皿。

ズーム (名詞) 映画やテレビなどでレンズを用いて、写されるものの大きさをかえること。例 ズームアップ。▼英語 zoom

すうりょう【数量】 (名詞) 物の数とかさ。例 送られてきた荷物の数量を調べる。

すえ【末】 (名詞) ❶終わり。例 しめきりは、今月の末だ。❷これから先。将来。例 末の見こみがない。❸〔…の〕後。例 苦心の末に、やっとでき

ことばあそび 見立て㉘ ヒトデ…海に落ちた星。

あがった。❹一番下《いちばんした》の子《こ》。すえっこ。

すえおき【据え置き】(名詞) すえおくこと。もとのままにしておくこと。ことば「料金《りょうきん》を据《す》え置《お》きにする」

すえおく【据え置く】(動詞) ❶すえつける。例 庭《にわ》にベンチを据《す》え置《お》く。❷〔手《て》を加《くわ》えたり、かえたりせずに〕もとのままにしておく。例 米《こめ》のねだんを据《す》え置《お》く。❸貯金《ちょきん》などをある期間《きかん》（六《ろっ》か月《げつ》・一年《いちねん》など）はらいもどさずにおく。活用 すえお・く。

すえおそろしい【末恐ろしい】(形容詞) 〔今《いま》でもこんなだから〕これから先《さき》どうなるか心配《しんぱい》である。例 小学生《しょうがくせい》でこんなに悪《わる》がしこいとは、末恐《すえおそ》ろしい。活用 すえおそろし・い。

スエズうんが【スエズ運河】(名詞) エジプトの北東部《ほくとうぶ》の、地中海《ちちゅうかい》と紅海《こうかい》とをつなぐ運河《うんが》。アジアとヨーロッパとをもっとも短《みじか》いきょりで結《むす》ぶルートとなる。

すえたのもしい【末頼もしい】(形容詞) 〔しっかりしているので〕これから先《さき》どんなによくなるかと楽《たの》しみである。例 末頼《すえたの》もしい少年《しょうねん》。活用 すえたのもし・い。

すえつける【据え付ける】(動詞) 動《うご》かないように、ある場所《ばしょ》におく。とりつける。例 工場《こうじょう》に、機械《きかい》を据《す》え付《つ》けた。活用 すえつ・ける。

すえっこ【末っ子】(名詞) きょうだいの中《なか》で一《いち》番年下《ばんとしした》の子《こ》。

すえながく【末永く・末長く】(副詞) これから先《さき》ずっと。例 末永《すえなが》くおつきあいください。

すえひろがり【末広がり】(名詞) ❶先《さき》の方《ほう》が広《ひろ》がっていること。❷〔①の意味《いみ》から〕だんだんさかえていくこと。❸〔先《さき》の方《ほう》が広《ひろ》がっている形《かたち》から〕おうぎのこと。参考 ㋐①②の意味《いみ》から、めでたい言葉《ことば》としてつかわれる。㋑「すえひろ」ともいう。

すえる[1] (動詞) 〔食《た》べ物《もの》や飲《の》み物《もの》などが〕くさってすっぱくなる。活用 す・える。

すえる[2]【据える】(動詞) ❶一《いっ》か所《しょ》に置《お》いて、動《うご》かさないようにする。例 冷蔵庫《れいぞうこ》を据《す》える。／目《め》を据《す》える。❷ある地位《ちい》につかせる。例 議長《ぎちょう》に据《す》える。❸しっかりと落《お》ち着《つ》かせる。ことば ⇩「こしを据《す》えて（勉強《べんきょう》する）」活用 す・える。

すおう【周防】(地名) 昔《むかし》の国《くに》の名《な》。今《いま》の山口県南《やまぐちけんなん》部《ぶ》と東部《とうぶ》に当《あ》たる。

ずが【図画】(名詞) 絵《え》。また、絵《え》をかくこと。ことば ⇩「図《ず》画工作《がこうさく》」

スカート (名詞) 〔主《おも》に女性《じょせい》の洋服《ようふく》で〕こしから下《した》をおおう、つつ形《がた》の衣服《いふく》。ことば「スカートをはく」▼英語《えいご》 skirt

スカーフ (名詞) 肩《かた》にかけたり、頭《あたま》や首《くび》にまいたりする、うすい布《ぬの》。類 ネッカチーフ。▼英語《えいご》 scarf

ずかい【図解】(名詞)(する動詞) 絵《え》や図《ず》でわかりやすく説明《せつめい》すること。類 図説《ずせつ》。

ずがいこつ【頭蓋骨】(名詞) 人間《にんげん》や動物《どうぶつ》の脳《のう》をつつんでまもっている頭《あたま》のほね。⇩1209ページ・骨《ほね》㊀①（図《ず》）。

スカイダイビング (名詞) 飛《と》んでいる航空機《こうくうき》から飛《と》び出《だ》して、パラシュートでさまざまなおり方《かた》をしてきそうスポーツ。▼英語《えいご》 skydiving

スカイライン (名詞) ❶空《そら》を後《うし》ろにしたときの、山《やま》や建物《たてもの》などのりんかくの線《せん》。❷山《やま》をめぐって走《はし》る自動車用《じどうしゃよう》の観光道路《かんこうどうろ》。参考 ②は日本《にほん》でつくった言葉《ことば》。▼英語《えいご》 skyline

スカウト (名詞)(する動詞) よい人材《じんざい》を見《み》つけて、自分《じぶん》のところに入《はい》るようにさそうこと。また、それを仕事《しごと》にしている人《ひと》。▼英語《えいご》 scout

すがお【素顔】(名詞) ❶けしょうをしていない、そのままの顔《かお》。❷物事《ものごと》のありのままのすがた。例 都会《とかい》の素顔《すがお》。

ずがこうさく【図画工作】(名詞) 小学校《しょうがっこう》の教《きょう》科《か》の一《ひと》つ。図画《ずが》と工作《こうさく》を学《まな》ぶ。図工《ずこう》。

すかさず (副詞) 間《あいだ》をおかないで、すぐに。例 すかさず、言《い》いかえす。

すかし【透かし】(名詞) 紙《かみ》を明《あか》るい方《ほう》にむけたとき、すけて見《み》えるもようや絵《え》。例 一万円《いちまんえん》さつには、透《す》かしがはいっている。

すかしぼり【透かし彫り】(名詞) もようの部《ぶ》分《ぶん》を残《のこ》して、板《いた》を表《おもて》からうらまでくりぬいた彫《ちょう》刻《こく》。例 透《す》かし彫《ぼ》りの竜《りゅう》。

すかす[1] (動詞) なぐさめて、きげんをとる。例 いくらなだめてもすかしても、妹《いもうと》は泣《な》きやまない。活用 すか・す。

すかす[2] (動詞) おなかをへらす。例 はらをすかす。活用 すか・す。漢字 空《す》かす。

すかす[3]【透かす】(動詞) ❶すきまをつくる。間《あいだ》を少《すこ》しあける。例 間《あいだ》を透《す》かして、なえを植《う》える。❷物《もの》の間《あいだ》や物《もの》を通《とお》してむこうを見《み》る。例 葉《は》を日《ひ》の光《ひかり》に透《す》かして見《み》ると、葉脈《ようみゃく》がはっきりと見《み》える。活用 すか・す。

すかすか (名詞)(形容動詞) すきまが多《おお》いようす。例

軽い箱だと思ったら、なかみはすかすかだ。

ずかずか 副詞(−と) えんりょなく、また、あらあらしく、進んだり入りこんだりするようす。例ずかずかと部屋に入ってきた。類つかつか。

すがすがしい 形容詞 気分がさっぱりとして、気持ちがよいようす。例すがすがしい朝。／すがすがしい表情。活用すがすがし・い。

すがた【姿】 名詞 ❶人の体の形。例姿を見せる。❷身なり。例ドレス姿。❸様子。有様。例他国から見た日本の姿。

ずがたかい【頭が高い】 慣用句 相手を見くだす態度で、無礼である。例新入りのくせに頭が高い。参考頭のさげかたが足りないという意味から。

すがたみ【姿見】 名詞 全身をうつして見るための、大きなかがみ。

ずがら【図柄】 名詞 〔織物などの〕図案の配置のようす。もよう。例だいたんな図柄の着物。

すがりつく【すがり付く】 動詞 一生けんめいにつかまる。しがみつく。類しがみつく。例母親に泣いてすがり付く子ども。活用すがりつ・く。

すがる 動詞 ❶つかまる。しがみつく。例けわしい山道をくさりにすがってのぼる。❷〔同情・援助などの〕助けを求めて、たよりにする。例人のなさけにすがる。活用すが・る。

すがわらのみちざね【菅原道真】 人名 (八四五〜九〇三)平安時代の学者・政治家。右大臣になったが、藤原時平の策略で中央からはずされた。参考学問の神としてまつられている。

ずかん【図鑑】 名詞 図や写真をたくさん入れて、わかりやすく説明している本。例植物図鑑。

スカンク 名詞 スカンク科の動物。アメリカ大陸にすむ。体は黒い毛におおわれ、せなかに白い線がある。敵におそわれると、おしりからくさい液を出す。▼英語 skunk

ずかんそくねつ【頭寒足熱】 四字熟語 頭はひやして、足はあたたかくしておくこと。参考このようにすると、よくねむれて健康によいといわれる。

¹すき 名詞 ❶田畑の土をほりおこす道具。長い柄の先に、鉄でつくったはばの広い刃がついている。⇨図。❷牛や馬にひかせて、土をほりおこす道具。からすき。

¹すき①

²すき【好き】 名詞 形容動詞 ❶〔ある物・物事・人に〕心がひかれるようす。例プリンが好きだ。／絵をかくのが好きだ。対きらい。❷かわったことを好むこと。ものずき。❸思いのまま。例好きなように使う。／お好きにどうぞ。

³すき【透き・隙】 名詞 ❶物と物との間。例戸の透きから月の光が入ってくる。❷あいている場所。余地。例腰をかけるすきもない。❸物事のきれめ。ひま。例すきを見て電話をかける。❹気のゆるみ。例すきを見せる。

¹すぎ【杉】 名詞 スギ科の高木。常緑樹。葉ははりのような形。木材は建築などに使われる。

²すぎ【過ぎ】 接尾語 ある時刻・年令、または、物事の程度などをこえている意味を表す言葉。例午後七時過ぎ。／五十過ぎの、私のおじさん。／食べ過ぎ。

スキー 名詞 くつにつけて足にはき、雪の上をすべったり歩いたりする長い板の形の道具。また、それをはいて雪の上をすべるスポーツ。▼英語 ski

スキーヤー 名詞 スキーをする人。例プロスキーヤー。▼英語 skier

すきかって【好き勝手】 名詞 形容動詞 まわりに気をつかわずに、自分の思うままにすること。例好き勝手なことばかり言う。

すききらい【好き嫌い】 名詞 好きと思うことときらいと思うこと。えり好み。例食べ物の好き嫌いがはげしい。

すきこそもののじょうずなれ【好きこそ物の上手なれ】 ことわざ 何事でも、好きであれば一生けんめいにするから上手になるということ。参考ぎゃくの意味のことわざは「下手の横好き」。

すきこのんで【好き好んで】 連語 特別に好きで。例だれも好き好んでくろうなどしない。注意「すきこのむ」がかわった形。

すぎさる【過ぎ去る】 動詞 ❶通りすぎてしまう。例台風が過ぎ去る。❷月日がすぎてしまう。昔のことになる。例五年の歳月が過ぎ去る。／過ぎ去った思い出。活用すぎさ・る。

ことばあそび 見立て㉙ ニンジン…いつもおふろ上がりの顔をしている。

ことば選びのまど

好きをあらわすことば

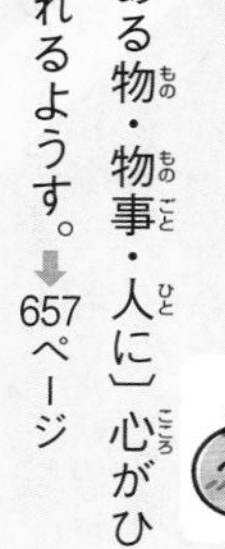

好き[2]
〔ある物・物事・人に〕心がひかれるようす。→657ページ

愛する
❶かわいがる。大切にする。❷こいしく思う。❸好む。大切にする。→3ページ

憧れる
〔自分がそうなりたかったり、そこへ行きたかったり、手に入れたかったりして〕強く心をひかれる。→21ページ

いとしい 発展
かわいい。こいしい。→97ページ

お気に入り
気に入っているもの。また、気に入っている人。→178ページ

かわいい
❶深く愛する気持ちや、とても大切にする気持ちをおこさせるようす。❷〔小さかったり、子どもっぽかったりして〕ほほえましい気持ちをおこさせるようす。→290ページ

気がある
こいしたう気持ちがある。→311ページ

気に入る
自分の好みに合う。→328ページ

恋しい
〔ある人・場所・時などが〕身近にないため、心が引きつけられる。→427ページ

好意[2]
相手を気に入っている気持ち。→429ページ

ことば選びのまど

好き をあらわすことば

好感 発展
〔人に対してもつ〕よい感じ。
↓431ページ

心を引かれる
気持ちがそちらにむく。関心をもつ。
↓463ページ

慕う
❶こいしく思う。なつかしく思う。❷会いたくて後をおう。❸尊敬して、そうなりたいと思う。
↓555ページ

大好き
とても好きなようす。
↓749ページ

熱を上げる 発展
一生けんめいになる。夢中になる。
↓995ページ

ほれる
❶好きになる。恋をする。❷〔ある人や物事に〕感心して心をひかれる。
↓1214ページ

夢中
あることだけに熱中すること。
↓1274ページ

胸を焦がす 発展
ある人のことを苦しいほど、深く、恋いしたう。
↓1276ページ

胸をときめかせる
うれしさや期待などで、胸がどきどきする。
↓1276ページ

目がない
とても好きであるようす。
↓1283ページ

すきずき【好き好き】名詞 人によってそれぞれ好みがちがうこと。例 食べ物には好き好きがある。

ずきずき 副詞(〜と) する動詞 きずなどが、みゃくを打つように、たえずいたむようす。例 すりむいたひざがずきずきする。

すぎたげんぱく【杉田玄白】人名 (一七三三〜一八一七)江戸時代中ごろの蘭学者・医者。前野良沢らとオランダの医学書を日本語に翻訳し、「解体新書」という名で出版した。日本で最初の西洋医学書である。また、この仕事の苦心や蘭学のおこりを書いた「蘭学事始」も有名。

すぎたるはおよばざるがごとし【過ぎたるは及ばざるがごとし】故事成語 何事でも、しすぎることは、したりないのと同じでよくない。ほどほどがよい。

すきっぱら【すきっ腹】名詞 おなかがすいていること。ことば「すきっ腹をかかえて(歩く)」

スキップ 名詞 する動詞 ❶かわるがわる、かた足でかるくとびながら前に進むこと。❷目の前にあることや一部を飛ばして、次に移ること。▼英語 skip

すきとおる【透き通る】動詞 ❶にごりやくもりなどがないために内側やむこう側がよく見える。透明である。例 底まで透き通って見える川。／透き通るようなはだの人。類 透ける。❷声がすんできれいである。例 少女の透き通った歌声。活用 すきとお・る。

すぎな【杉菜】名詞 トクサ科の植物。春のはじめに、地下茎から「つくし」がでる。

すぎない【過ぎない】連語 《「…に過ぎない」の形で》…以上のものではない。それだけのことである。ただの…である。例 その案は思いつきに過ぎない。

すきほうだい【好き放題】名詞 形容動詞 そうしたいと思うとおりに勝手にするようす。例 好き放題にしゃべりまくる。

すきま【透き間・隙間】名詞 物と物との間。例 ドアの透き間から、こっそりのぞく。

すきまかぜ【透き間風】名詞 戸やしょうじなどのすき間からふきこんでくる(つめたい)風。例 透き間風をふせぐ。

すきや【数寄屋・数奇屋】名詞 茶の湯をおこなう、独立した建物。参考 ⇩数寄屋造り。

すきやき【すき焼き】名詞 鉄なべに、牛肉・とうふ・しらたき・ネギなどを入れ、しょうゆ・さとうなどで味つけをし、煮ながら食べる料理。語源 農具のすきの上で焼いて食べたことからともいわれる。

すきやづくり【数寄屋造り・数奇屋造り】名詞 茶室のあじわいをとり入れた、日本のすまいのつくり方。

スキャナー 名詞 ❶写真や絵・文書などに光をあてて、入力情報としてコンピューターによみとる装置。イメージスキャナー。❷X線とコンピューターを組みあわせて、体の断面の写真をとる装置。CTスキャナー。▼英語 scanner

スキャンダル 名詞 世の中の人に恥ずかしくて顔向けできないできごとや、そのうわさ。▼英語 scandal

スキューバダイビング 名詞 ボンベ式の水中呼吸器をつかって水中にもぐること。参考「スキューバ」とは、「水中呼吸器」のこと。▼英語 scuba diving

すぎる【過ぎる】動詞 ❶通っていく。例 列車はもう静岡を過ぎた。❷時がたつ。例 十年の年月が過ぎた。❸〔もったいないくらい〕すぐれている。例 小学生には過ぎたもち物だ。❹ていどをこす。例 じょうだんが過ぎる。／おとなし過ぎる。／しゃべり過ぎる。活用 す・ぎる。

ずきん【頭巾】名詞 布でつくった、頭にかぶるもの。例 防空頭巾。／赤頭巾。

スキンシップ 名詞 はだとはだとのふれ合いによって、心がかよいあうこと。例 育児ではスキンシップも大切だ。参考 日本でつくった言葉。

1 **すく** 動詞 ❶中にあるものが少なくなる。例 電車がすいている。／おなかがすいた。❷ひまになる。例 手がすく。❸さっぱりする。例 胸のすくようなホームラン。活用 す・く。漢字 空く。

2 **すく** 動詞 髪の毛をくしでとかして整える。活用 す・く。漢字 梳く。

3 **すく** 動詞 原料をす(=竹などであんだもの)の上にうすく広げてのばし、紙やのりなどをつくる。例 和紙をすく。活用 す・く。漢字 漉く。

4 **すく** 動詞 〔すきなどを使って〕田畑の土をほり起こす。例 畑をていねいにすく。活用 す・く。漢字 鋤く。

5 **すく**【好く】動詞 〔物や人などが〕気にいる。好む。例 だれにも好かれる。対 嫌う。活用 す・く。

6 **すく**【透く】動詞 ❶物と物との間があく。すき

あいうえお かきくけこ さしすせそ たちつてと なにぬねの はひふへほ まみむめも や ゆ よ らりるれろ わ を ん

まができる。❷物と物との間から、また、ある物をとおして、むこう側が見える。活用す・く。

すぐ 副詞 ❶時間をおかないようす。例すぐ行く。類じき。❷きょりが短いようす。例左に曲がるとすぐ学校だ。

すくい【救い】 名詞 ❶すくうこと。助け。例救いを求める。❷気持ちのなぐさめになること。例友だちが味方をしてくれたことが救いだ。

スクイズ 名詞 野球で、三塁にいるランナーを、ホームにむかえいれるためのバント。スクイズバント。スクイズプレー。▼英語 squeeze

すくいぬし【救い主】 名詞 ❶救ってくれた人。❷キリスト教で、イエス＝キリストのこと。救世主。例救い主にいのりをささげる。

1 **すくう** 動詞 ❶〔液体や粉などを〕手やスプーンなどでとり出す。また、液体の中の物を、〔あみなどで〕とり上げる。例山の清水をすくう。／魚をすくう。❷下から上へ、さっと持ち上げる。例足をすくう。活用すく・う。

2 **すくう【救う】** 動詞 〔危険な状態やこまった状態などから〕助け出す。例地球を救うヒーロー。活用すく・う。

3 **すくう【巣くう】** 動詞 ❶巣をつくってすみつく。❷〔悪い人たちが〕集まって、いつく。例町に巣くう悪人。活用すく・う。

スクーター 名詞 ❶ガソリンエンジンで動く、小型二輪車。❷かた足をのせ、もう一方の足で地面をけって前に進む、子どもの遊びの乗り物。▼英語 scooter

スクープ 名詞 する動詞 新聞・雑誌・テレビなどが、他社よりさきに大きなニュースをみつけだして、報道すること。また、そのニュース。特種。例汚職事件をスクープする。／スクープをものにする。▼英語 scoop

スクールゾーン 名詞 幼稚園や小学校に通う子どもを交通事故から守るために、通学路として決めた区域。参考登下校の時間には車両は入ってはいけないと決められている。▼英語 school zone

スクールバス 名詞 学校に通う子どもたちをのせるためのバス。▼英語 school bus

すぐさま 副詞 すぐに。例すぐさま返事を書いた。

すくすく 副詞(-と) ❶〔まっすぐに〕いきおいよく、のびるようす。例ヒマワリがすくすくのびる。❷じょうぶにのびのびと育つようす。例弟はすくすくと成長した。

すくない【少ない】 形容詞 〔ほかのものにくらべて〕数や量がわずかである。例おやつが少ない。／参加者は少なかった。対多い。活用すくな・い。注意送りがなに気をつける。

すくなからず【少なからず】 副詞 ひじょうに。たいそう。たくさん。例父の言葉に、わたしは少なからずショックをうけた。参考「多く」よりも強い言い方。注意送りがなに気をつける。

すくなくとも【少なくとも】 副詞 ❶少なく考えても。例この作業をするためには、少なくとも十人は必要だ。❷ほかのことはないとしても、せめて。例少なくとも、宿題だけはわすれずにしよう。注意送りがなに気をつける。

すくなめ【少なめ】 名詞 形容動詞 分量が、ふつうよりやや少ないこと。例ごはんを少なめにもる。対多め。

すぐに 副詞 時間をあけないようす。類すぐ。じき。例すぐに帰る。

すくむ 動詞 〔おどろきやおそろしさのために〕体がちぢまって動けなくなる。例ゆれるつり橋を見ると、足がすくんでしまった。活用すく・む。

ずくめ 接尾語 《ある言葉の下につけて》「全部が…である」「…ばかりである」という意味を表す言葉。例お正月は、ごちそうはあるし、おこづかいはもらえるし、いいことずくめだ。／黒ずくめのいしょう。

すくめる 動詞 ❶〔おどろきやおそろしさのために〕体の自由をきかなくさせる。❷体をちぢませる。例ボールがとんできたので、思わず首をすくめた。活用すく・める。

スクラップ 名詞 ❶くず鉄。❷新聞や雑誌などから、必要な記事を切りぬくこと。また、切りぬいたもの。▼英語 scrap

スクラップブック 名詞 切りぬいた記事をはりつけておくためのノート。▼英語 scrapbook

スクラム 名詞 ❶多くの人がうでを組み合ってかたまること。❷力を合わせて物事をすること。例学級のみんながスクラムを組んで、がんばった。❸ラグビーで、中断したゲームを再開するため、両チームのフォワードがかたを組んでおし合うこと。⇩図。▼英語 scrum

スクランブルこうさてん【スクランブ

あいうえお かきくけこ さしすせそ す たちつてと なにぬねの はひふへほ まみむめも や ゆ よ らりるれろ わ を ん

ことばあそび 見立て30 かとりせんこう…緑の体をぎせいにして、人のねむりを守ります。

ル交差点】(名) 交差点に入る車をいったんすべて止めさせて、歩行者をいっせいに自由な方向へわたらせる方式の交差点。(参考)「スクランブル」は英語で「かきまぜる」の意味。

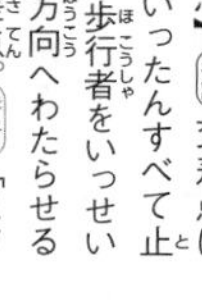
スクラム③

スクリーン (名) ❶映画やスライドなどをうつす、まく。映写幕。❷〔①の意味から〕映画。例スクリーンの女王。▼英語 screen

スクリーンセーバー (名) パソコンのソフトウエアの一つ。パソコンを使わずにおくと、アニメーションなどのえいぞうを出して、もとの画面をかくすもの。▼英語 screen saver

スクリュー (名) 船の後ろについていて、扇風機のはねのような形をした、船をおし進める働きをする器械。図。▼英語⇩ screw

スクリュー

すぐる (動) 〔多くのものの中から〕いいものやすぐれたものをえらび出す。よりぬく。えりすぐる。(活用) すぐ・る。

すぐれる【優れる】 (動) ❶ほかのものよりも、まさっている。ふつうのものよりも、りっぱである。例性能が優れている。❷〔気分・健康などが〕よい状態である。例かぜをひいて気分が優れない。(活用) すぐ・れる。

スクロール (名)(する動詞) コンピューターで、巻物を開くように、画面を上下・左右にずらして、見られるようにすること。例スクロールして、次のページを見る。▼英語 scroll

すけ【助】 (接尾語) 《ある言葉の下につけて》人の名前らしくいう言葉。例ちび助。

すげ (名) カヤツリグサ科の植物。葉は細長くかたい。昔、かさ・みのなどをつくった。(漢字) 菅。

ずけい【図形】 (名) ❶物の形をかいた図。❷算数で、面・線・点などが集まってできた形。⇩図。

スケート (名) ❶氷の上をすべるスポーツ。また、そのときにはく、底に金具のついたくつ。アイススケート。❷ローラースケート。(参考)①は英語の「アイス スケーティング (ice-skating)」から。②は英語の「ローラー スケーティング (roller-skating)」から。

スケートボード (名) 細長い板にローラーをつけたもの。これにのってすべり、遊びや競技をする。スケボー。▼英語 skateboard

スケートリンク (名) スケート場。(参考)英語の「スケーティング リンク (skating rink)」から。英語では ice rink と言うことも多い。

スケープゴート (名) 身代わりになって、人の罪や責任を引き受けさせられる人。▼英語 scapegoat

スケール (名) ❶長さや角度などをはかる器具。ものさしなど。❷大きさ。規模。例スケールの大きな話。▼英語 scale

すげかえる【すげ替える】 (動) 新しいものにつけかえる。例げたの鼻緒をすげ替える。(活用) すげか・える。

すげがさ (名) スゲの葉であんだかさ。(参考)昔、田畑で仕事をするときなどにかぶった。

スケジュール (名) 予定。予定表。(ことば)「(夏休みの)スケジュールを組む」▼英語 schedule

ずけずけ (副詞)(-と) 〔言いにくいようなことを〕思ったまま、えんりょなく言うようす。例問題点をずけずけと言う。(類)ずばずば。

すけだち【助太刀】 (名)(する動詞) ❶争っている人の一方を助けること。また、その人。❷こまっている人に力をかすこと。また、その人。例人手不足で、弟に助太刀をたのむ。(類)①②加勢。

スケッチ 一 (名) 写生。また、写生した絵。二 (名)(する動詞) 景色や有様を、絵・文章・曲などでかんたんに表すこと。例文章でスケッチする。▼英語 sketch

スケッチブック (名) 画用紙をたばねて、ノートのようにしたもの。写生帳。▼英語 sketchbook

すけっと【助っと】 (名) 手助けをする人。加勢。すけて。例助っとをたのむ。(参考)くだけた言い方。(漢字) 助っ人。

すげない (形容詞) 思いやりの気持ちがなく、冷たい。例すげない返事をされた。(活用) すげな・い。

すける【透ける】 (動) ある物をとおして、中に

あいうえお かきくけこ さしすせそ す たちつてと なにぬねの はひふへほ まみむめも や ゆ よ らりるれろ わ を ん

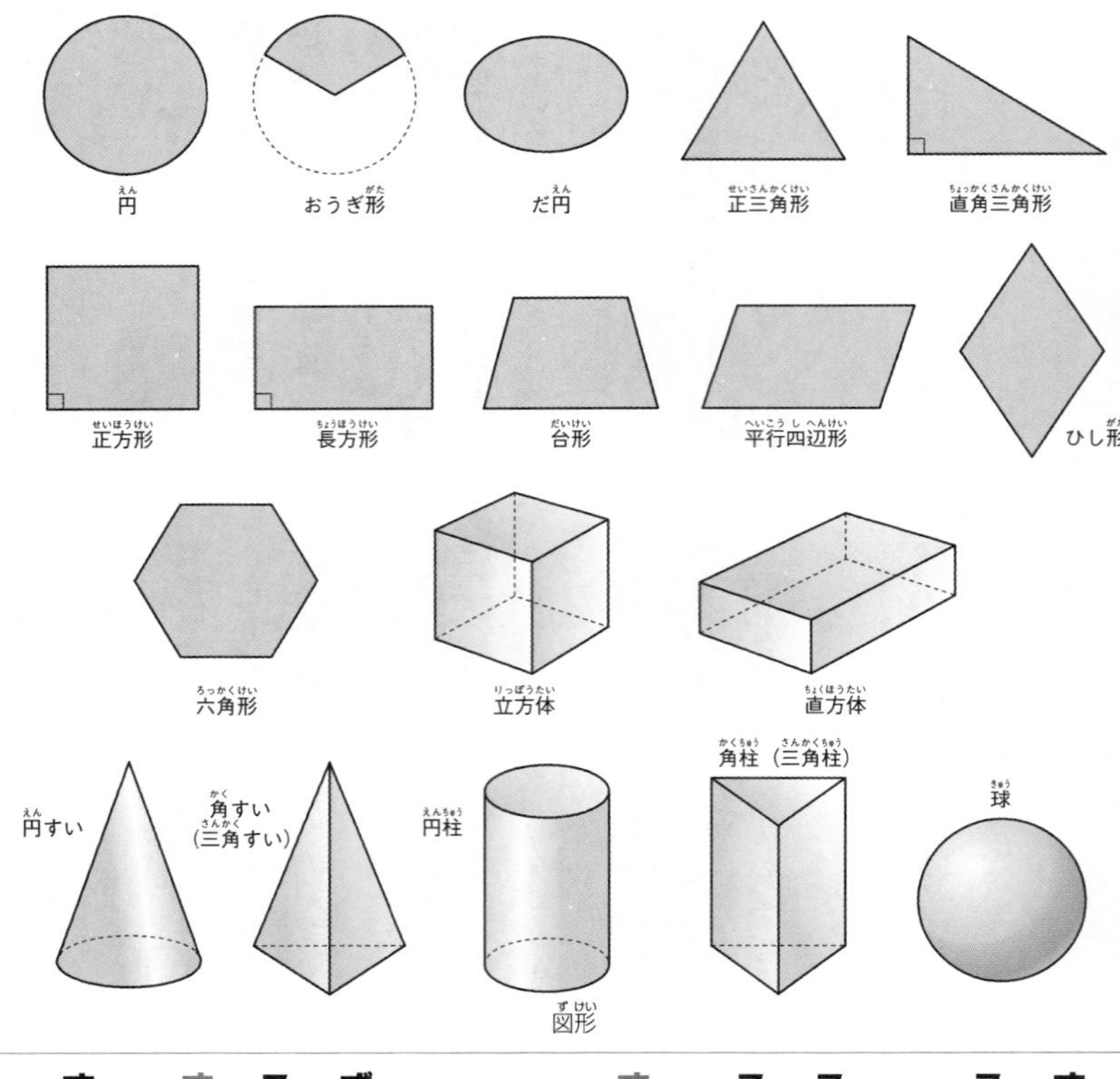

図形

ある物やむこう側のものが見える。例うでの血管が透けて見える。類透き通る。活用す・ける。

すげる 動詞 さしこんではめる。さしとおす。例げたの鼻緒をすげる。活用す・げる。

スコア 名詞 ❶試合の総得点。また、その記録。例六対五のスコアで勝った。❷音楽で合奏や合唱のすべての部分をひとまとめにした楽譜、総譜。▼英語 score

スコアボード 名詞 競技の得点を知らせるための掲示板。▼英語 scoreboard

スコアラー 名詞 スポーツの試合で、得点や試合の経過などを記録する人。記録員。▼英語 scorer

すごい 形容詞 ❶⊖おそろしい。気味が悪い。例すごい顔の仁王像。❷⊕感心するほど、すばらしい。あっけにとられるほど、なみはずれているようす。例あんなゴールを決めるなんて、すごい。❸⊕物事のていどが、ふつうをこえている。例すごい勉強家。❹⊕とても。例すごくうれしい。活用すご・い。漢字凄い。

ずこう【図工】 名詞 図画と工作。例二時間目は図工だ。

スコール 名詞 熱帯地方にふる、はげしいにわか雨。▼英語 squall

すこし【少し】 副詞 数量やていどが、少ないようす。例少しのパンと水しかない。／少しおどろいた。対たくさん。

すこしも【少しも】 副詞 ぜんぜん。ちっとも。参考下に「…ない」などの打ち消しの言葉が続く。例少しもこわくない。

ことばあそび 見立て㉛ シャワー…部屋の中で大雨です。

ことば選びのまど

すごい をあらわすことば

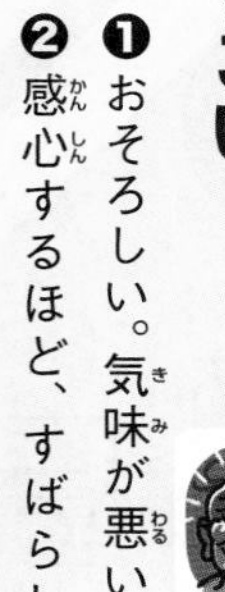

すごい

❶おそろしい。気味が悪い。❷感心するほど、すばらしい。あっけにとられるほど、なみはずれているようす。❸物事のていどが、ふつうをこえている。663ページ

足元にも及ばない

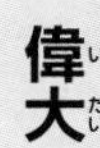

くらべものにならないほど、相手がすぐれている。26ページ

圧倒的 発展

ほかよりもかなりすぐれていたり、優勢であったりするようす。35ページ

偉大

すぐれていて、りっぱなようす。82ページ

恐るべき 発展

おそろしくなるほど、すごい。191ページ

この上無い 発展

これ以上のものがない。476ページ

5 最高

〔物事の状態や結果などが〕これ以上のものがないほど、よいこと。499ページ

秀逸 発展

同じ種類のものの中で、ほかよりすぐれていること。また、そのもの。587ページ

すさまじい

〔いきおいやていどが〕おそろしいほど、はげしい。666ページ

ことば選びの まど

すごい をあらわすことば

素晴らしい
❶すぐれていて、りっぱである。❷ていどがはげしい。
↓674ページ

想像を絶する 発展
思いうかべることができないほど、すごい。↓725ページ

とてつもない
ふつうでは考えられないような状態である。↓914ページ

途方もない
ていどなどが、ふつうとかけはなれているようす。
↓920ページ

並並ならぬ 発展
程度が、ふつうではない。
↓959ページ

計り知れない・測り知れない 発展
想像もできない。考えもおよばない。↓1027ページ

甚だしい 発展
ふつうの程度をこえているようす。↓1054ページ

非の打ち所がない
欠点が一つもない。完全である。↓1107ページ

右に出る者がない
もっとも、すぐれている。
↓1247ページ

見事
❶すばらしいようす。❷上手なようす。↓1249ページ

猛烈
〔いきおいや、ていどが〕とてもはげしいこと。↓1295ページ

すごす【過ごす】一 動詞 ❶時間を（むだに）つかう。例 おしゃべりに、時を過ごしてしまった。❷くらす。おくる。例 昨日は、家で過ごした。❸ていどをこす。やりすぎる。例 酒を過ごす。
二 接尾語《動詞につけて》「…するままにしておく」の意味を表す言葉。例 見過ごす。／ね過ごす。注意 送りがなに気をつける。活用 すご・す。

すごすご 副詞（〜と）思うとおりにならず、元気なく、その場をはなれるようす。例 すごすごと引き下がる。

スコップ 名詞 土やすなをほる道具。類 シャベル。▼オランダ語。

すこぶる 副詞 たいそう。たいへん。ひじょうに。例 父は、すこぶるごきげんで帰ってきた。

すごみ 名詞 ❶おそろしいようす。例 すごみのある目つき。／かれのプレーにはすごみを感じる。❷おそろしい言葉。例 黒い服の男は、低い声ですごみをきかせた。

すごむ 動詞 おどすようなようすや言葉つきをする。活用 すご・む。

すこやか【健やか】形容動詞 健康であるようす。例 健やかな成長を願う。

すごろく【すご六】名詞 紙の上に「ふりだし」から「あがり」までの絵があり、さいころをふって出た目の数だけ進んで、はやく「あがり」に行きついたものが勝ちになる遊び。漢字 双六。

すさぶ 動詞 ⬇すさむ。活用 すさ・ぶ。

すさまじい 形容詞〔いきおいやていどが〕おそろしいほど、はげしい。例 すさまじい音をたてて、くずれた。活用 すさまじ・い。

すさむ 動詞 なげやりになり、心や生活にまじめさがなくなる。ゆとりがなく、とげとげしくなる。例 気持ちがすさむ。／世の中がすさむ。参考「すさぶ」ともいう。活用 すさ・む。

ずさん 故事成語 計画や仕事のやり方がいいかげんで、まちがいが多いこと。例 ずさんな工事。／管理がずさんだ。語源 漢字では、「杜撰」と書く。「杜」は、昔の中国の詩人の杜黙のこと。「撰」は、詩をつくること。杜黙のつくる詩は、きまりからはずれたものが多かったことから。

すし 名詞 す・しお・さとうで味つけをしたごはんに、魚・貝・たまご・野菜などをそえた、食べ物。にぎりずし・おしずし・まきずし・ちらしずしなど、種類が多い。漢字 鮨。寿司。

すじ【筋】名詞 ❶筋肉。例 足の筋がつる。❷細長く続いているもの。例 雨水の流れたあとが筋になっている。❸物語などの、だいたいの内容。例 どんなしばいだったか、筋をわすれてしまった。❹わけ。物事の正しいすじ道。例 筋の通った意見。❺もとからある才能。素質。例 おどりの筋がいい。❻ある物事に関係のあることをさす言葉。…の方面。例 これは信用できる筋からの話だ。

> **ことば博士になろう！**
> **外国語になった日本語**
> 今、わたしたちは外来語をたくさん使っています。「ノート、テレビ、クレヨン、ピザ」など、ふだんからよく使う言葉です。
> 反対に、日本語がもとになって外国語になった言葉もあります。「すし、さしみ、着物、生け花、柔道、空手」など日本の文化が育てた言葉は、そのままの発音で外国語として使われています。

ずし[1] 名詞 仏像やおきょうの本をしまっておくための、二枚のとびらが両方に開く形の箱。漢字 厨子。

ずし[2]【図示】名詞 する動詞〔わかりやすいように〕図にかいて、表すこと。また、図でしめすこと。例 組み立て方を図示する。

すじかい【筋交い】名詞 ❶ななめ。はすかい。例 家の筋交いに交番がある。❷建物の強さをますために、柱と柱の間にななめにとりつけた木材。

すじがき【筋書き】名詞 ❶物語や劇などの、中みのあらましを書いたもの。すじ。❷前もって考えたり話し合ったりした計画。もくろみ。例 筋書きどおりに、うまくいった。

すじがね【筋金】名詞 ❶物をじょうぶにするために、中に入れるはりがねや金属の棒。❷その人の考えをしっかりとささえているもの。

すじがねいり【筋金入り】名詞 ある考えに強くささえられ、しっかりしていること。例 かれは、筋金入りの人間だ。

ずしき【図式】名詞 物事の関係やつくりなどを、わかりやすくするために表した図。

すじぐも【筋雲】名詞 ⬇416ページ・けんうん。

すじだて【筋立て】名詞 話のすじの組み立て。

例ドラマの筋立てを話す。

すじちがい【筋違い】名詞 ❶ななめむかい。筋むかい。❷相手がちがっていて、道理に合わないこと。例ぼくに文句を言うのは筋違いだ。

すしづめ【すし詰め】名詞〔たくさんの人や物が〕せまいところに、すきまのないほどぎっしりと入っていること。例すし詰めの電車。

すじみち【筋道】名詞 物事の正しいりくつや順番。ことば「筋道を立てて〔話す〕」

すじむかい【筋向かい】名詞〔家などが〕ななめにむかい合っていること。筋ちがい。

すじょう【素性・素姓】名詞 ❶血すじ・家がら。また、生まれ育ったかんきょう❷いわれ。ゆいしょ。ことば「素性のしれないお金（＝どうして手に入れたのかはっきりしない、あやしいお金）」

ずじょう【頭上】名詞 頭の上。例頭上に注意する。

ずしりと 副詞 重く感じられるようす。例ずしりと重いバッグ。

すす 名詞 ❶けむりの中にはいっているごく小さな黒いつぶ。もえきらない炭素のつぶ。❷「すす①」とほこりがいっしょになって糸のようにたれさがったもの。例天井のすすをはらう。

すず[1] 名詞 銀白色でつやのある、やわらかくてさびにくい金属。食器や銀紙などをつくる。また、うすい鉄板にめっきしてブリキをつくる。漢字 錫。

すず[2]【鈴】名詞 金属やせともので作った、中がからになっている球の中に小さな玉を入れ、ふって鳴らすもの。

ずず 名詞 ↓600ページ・じゅず。

すずかけのき【鈴掛の木】名詞 ↓1156ページ・プラタナス。

すずかぜ【涼風】名詞 すずしい風。特に、秋のはじめごろにふく、すずしい風。ことば「涼風が立ち始める」

すすき 名詞 イネ科の植物。野山にたくさん集まってはえる。秋に白いほをつける。おばな。かや。秋の七草の一つ。漢字 薄。芒。

すすぐ[1] 動詞 ❶水であらって、よごれをおとす。例コップを軽くすすぐ。❷〔恥や悪い評判などを〕とりのける。ことば「恥をすすぐ」活用 すす・ぐ。漢字 濯ぐ。

すすぐ[2] 動詞 水などで口の中をきれいにする。口をゆすぐ。例冷たい水で口をすすぐ。活用 すす・ぐ。漢字 漱ぐ。

すすける 動詞 すすがついて黒くなる。よごれてきたなくなる。例すすけた顔。活用 すす・ける。

すずしい【涼しい】形容詞 ❶ちょうどよい冷たさを感じ、気持ちがいい。例涼しい風がふく。❷〔目や目もとが〕美しい。例目もとの涼しい人。活用 すずし・い。

すずしいかお【涼しい顔】名詞 関係のないふりをしてすましている顔つき。

すずしろ 名詞 ダイコンの古い言い方。春の七草の一つ。⇩口絵6ページ。

すずな 名詞 カブの古い言い方。かぶら。春の七草の一つ。⇩口絵6ページ。

すずなり【鈴なり】名詞〔神をまつるときに用いる神楽鈴に、小さい鈴がたくさんついていることから〕❶たくさんの物が、一つの場所にぶら下がっていること。例カキの実が鈴なりだ。⇩図。❷一か所にたくさんの人がかたまっていること。例鈴なりの見物客。

神楽鈴

鈴なり①

すすはき【すす掃き】名詞 ↓すすはらい。

すすはらい【すす払い】名詞 天井やかべなどのすすをはらって、きれいにすること。例年に一度のすす払いの日。⇩図。参考「すすはき」ともいう。

すす払い

すすむ【進む】動詞 ❶前の方に行く。例車が進む。対退く。❷〔物事の内容やていどが〕よくなる。うまくなる。例進んだ技術。❸ひどくなる。例病気が進む。❹はかどる。例仕事が進む。❺時計が早く動いて、正しい時刻よりも先をさす。例この時計は五分進んでいる。❻《「進んで

あいうえお かきくけこ さしすせそ たちつてと なにぬねの はひふへほ まみむめも や ゆ よ らりるれろ わ を ん

ことばあそび 見立て㉜ 本…ものしずかな物知りさん。

…する」の形で》自分からすばやく物事をする。例進んで働く。対②④⑤おくれる。活用すす・む。

すずむ【涼む】動詞 暑さをさけて、すずしい風にあたる。例運動したあと、木かげで涼んだ。活用すず・む。

すずむし【鈴虫】名詞 コオロギ科のこん虫。体の色は黒茶色。おすは、はねをすり合わせて、「リーンリーン」となく。草原にすんでいる。

すずめ 名詞 人家の近くでよく見られる鳥。体の色は茶色。漢字雀。

すずめのなみだ【すずめの涙】慣用句 とても少ないことのたとえ。例予算は、すずめの涙ほどしかない。

すずめばち【すずめ蜂】名詞 スズメバチ科のこん虫。大形のハチ。体は黒と黄のしま。強いどくのはりをもつ。漢字雀蜂。

すずめひゃくまでおどりわすれず【すずめ百まで踊り忘れず】ことわざ おさないときに身についた習慣は、年をとってもわすれない。類三つ子の魂百まで。

1 **すすめる**【進める】動詞 ❶前の方へ行かせる。例車を進める。❷〔物事の内容やていどを〕よくする。例合理化を進める。❸はかどらせる。例準備を進める。❹時計のはりを動かして、正しい時刻よりも先の時刻をさすようにする。例五分進めておく。対②③④おくらせる。活用すす・める。⇩使い分け。

2 **すすめる**【勧める】動詞 そうするように、さそう。例お茶を勧める。活用すす・める。⇩使い分け。

3 **すすめる**【薦める】動詞〔人・物事をほめて〕とりあげるようにいう。例友だちが薦める本を読んでみた。活用すす・める。⇩使い分け。

すずらん【鈴らん】名詞 ユリ科の植物。北海道や本州の高山にはえる。初夏、くきの先に白いつりがね形の小さな花をならべてつける。漢字鈴蘭。

すずり 名詞 水を入れて、すみをする道具。石やかわらなどでつくる。漢字硯。⇩図。

使い分け　すすめる

●前に行かせる。
時計のはりを進める。

●そうするように、さそう。
入部を勧める。

●すいせんする。
母が薦める本を読む。

すすりあげる【すすり上げる】動詞 鼻汁をすするようにして泣く。例すすり上げて泣く。活用すすりあ・げる。

すずり

すすりなく【すすり泣く】動詞 鼻汁をすすりながら泣く。例かたをふるわせて、すすり泣く。活用すすりな・く。

すする 動詞 ❶すって口に入れる。例あついおかゆをすすった。❷鼻汁を、息といっしょにすう。例はなをすする音が聞こえる。活用すす・る。

すずをころがすよう【鈴を転がすよう】慣用句 女の人の声が、すんでいて美しくひびくようす。例鈴を転がすような声で歌う。

ずせつ【図説】名詞 する動詞 絵や図でわかりやすく説明すること。また、説明したもの。類図解。

すそ【裾】名詞 ❶着物の一番下の部分。⇩334ページ・着物②（図）。❷山のふもと。例山の裾の人家にあかりがともった。❸物の下の方。例カーテンの裾。

すその【裾野】名詞 山のふもとが、ゆるやかに広がっているところ。例富士山の裾野に広がる高原。

スター 名詞 人気のある人。特に、人気のある俳優・歌手など。例スター選手。▼英語 star

スターター 名詞 ❶競技で、出発の合図をする人。❷自動車などのエンジンを、始動させるためのしかけ。▼英語 starter

スタート 名詞 する動詞 出発すること。また、出発するところ。例 ランナーが、いっせいにスタートした。▼英語 start

スタートライン 名詞 〔競走のときの〕出発点。スタートするところにひいた白い線。参考 英語の「スタート」と「ライン」を組み合わせて日本でつくった言葉。英語では starting line。

スタイリスト 名詞 ❶映画や写真を撮影するとき、モデルの服装・髪形・アクセサリーなどをととのえる仕事をする人。❷身なりに気をくばる、おしゃれな人。▼英語 stylist

スタイリッシュ 形容動詞 流行を取り入れているようす。品がよくておしゃれなようす。▼英語 stylish

スタイル 名詞 ❶体つき。すがた。例 スタイルのいい人。❷服の型。例 最新流行のスタイル。❸文章の型。文体。参考 ①の「体つき」は英語にない意味。▼英語 style

スタジアム 名詞 観客席のある運動競技場。▼英語 stadium

スタジオ 名詞 ❶写真・映画・テレビなどをさつえいするところ。❷放送や演奏をする部屋。▼英語 studio

スタジャン 名詞 「スタジアムジャンパー」の略。野球の選手が着ていたジャンパーが一般の人々の間で流行したもの。むねやせなかにチーム名やマークなどが入っている。参考 英語を組み合わせて日本でつくった言葉。英語では baseball jacket。

すたすた 副詞(ーと) 急いで歩くようす。例 かれはすたすた歩いて行った。

ずたずた 形容動詞 細かく、切れているようす。例 布をずたずたに切りさく。

すだつ【巣立つ】 動詞 ❶ひな鳥が大きくなって、巣からとび立つ。❷子どもが一人前になって、父母や学校からはなれる。例 子どもたちはそれぞれの道へ巣立っていく。活用 すだ・つ。

スタッカート 名詞 音楽で、一つ一つの音を短く切って演奏する方法。参考 音符の上に「・」をつけて表す。▼英語(イタリア語から) staccato

スタッフ 名詞 ある仕事を進めるために、手分けして仕事をうけもつ人々。参考 英語では全員を指し、そのうちの一人は staff member という。▼英語 staff

ずだぶくろ【頭だ袋】 名詞 ❶修行の旅をする僧が、お経や食器などを入れて首にかけるふくろ。⇩図。❷いろいろな物を入れて持ちあるくための、だぶだぶしたふくろ。

頭だ袋①

スタミナ 名詞 物事をながく続ける力。ねばり強さ。体力。例 スタミナをつけるために運動する。▼英語 stamina

スタメン 名詞 「スターティングメンバー」の略。試合開始のときに出場している選手。先発の選手。参考 英語を組み合わせて日本でつくった言葉。英語では starting lineup。

すだれ 名詞 細くけずった竹やあしなどを、ならべて糸であんだもの。夏などに、日の光をさえぎるのに使う。また、巻きずしなどをまく小形のものもいう。⇩図。

すだれ

すたれる【廃れる】 動詞 おこなわれなくなる。使われなくなる。はやらなくなる。例 こままわし、おてだまなどの遊びは、近ごろ廃れてしまった。活用 すた・れる。

スタンス 名詞 ❶立場。態度。例 中立のスタンス。❷野球やゴルフなどで、ボールを打つときの足の開き具合。例 スタンスを広くとる。▼英語 stance

スタンダード 形容動詞 ❶標準的であるようす。❷定番であるようす。例 この曲はスタンダードナンバーだ。

スタンディングオベーション 名詞 コンサートなどで、観客がいっせいに立ちあがって、はく手かっさいすること。スタオベ。▼英語 standing ovation

ことばあそび 見立て㉝ 象…動く大きなじょうろ。

スタンド 名詞 ❶競技場などの、階段のようになっている見物席。❷「電気スタンド」の略。❸売店。例駅のスタンドで新聞を買う。❹物をのせたり、立てたりする台。▼英語 stand

スタンドプレー 名詞 ❶スポーツ選手などが、観客にうけようとしておこなう、はでなプレー。❷人の注目を集めるための、わざとらしいふるまい。例スタンドプレーがめだつ政治家。参考英語の「grandstand play」から。

スタンバイ 名詞 する動詞 ❶いつでもすぐに行動できるようにしておくこと。例よばれるまで、スタンバイする。❷飛行機や船などが、出発の用意ができていること。❸放送などで、準備すること。また、それがおわっていること。▼英語 standby

スタンプ 名詞 切手やはがきなどにおす消し印や、観光地などで記念におすゴム印。▼英語 stamp

スタンプラリー 名詞 あらかじめ決められた場所をまわり、そこに用意されているスタンプを集めるゲーム。参考日本でつくった言葉。

スチーム 名詞 ❶蒸気。例スチームアイロン。❷蒸気を使って、部屋などをあたためるしくみ。▼英語 steam

スチュワーデス 名詞 ⬇337ページ・キャビンアテンダント。▼英語 stewardess

ずつ 助詞 ❶それぞれに同じ数量をわりあてるという意味を表す言葉。例一人一こずつわたす。❷同じ数量をくり返すという意味を表す言葉。例毎日一時間ずつ勉強する。

ずつう【頭痛】 名詞 ❶頭がいたむこと。また、そのいたみ。例かぜをひいて、頭痛がする。❷心配。なやみ。ことば⇩「頭痛の種」

ずつうのたね【頭痛の種】 慣用句 心配や、なやみの原因になることがら。例いたずらっ子の弟は、わが家の頭痛の種だ。

すっかり 副詞 ❶何もかも、すべて。一つ残らず。例すっかりわすれてしまった。類ことごとく。❷ある状態になりきってしまうようす。例すっかり元気になった。

すっきり 副詞(ーと) する動詞 ❶〔心配ごとなどがなくて〕気分がよいようす。例よくねむったので頭がすっきりした。❷むだなものがなく、ととのって美しいようす。例すっきりした文章。

ズック 名詞 ❶太い麻の糸でおった布。運動ぐつ・テントなどをつくる。❷「ズックぐつ」の略。「ズック①」でつくった運動ぐつ。▼オランダ語

すっくと 副詞 〔心を決めて〕いきおいよく立ち上がるようす。例すっくと立ち上がる。

ずっしり 副詞(ーと) 重い手ごたえが感じられるようす。例ずっしりと重い箱。

すったもんだ 名詞 副詞 する動詞 さんざんもめること。例会議ですったもんだする。／すったもんだのあげく、仲間われしてしまう。参考くだけた言い方。

すってんころり 副詞(ーと) いきおいよく転ぶようす。すってんころりん。例すってんころりとあなに落ちた。参考くだけた言い方。

ずっと 副詞 ❶ほかのものにくらべて、大きなちがいがあるようす。例自分で作った方がずっとおいしい。❷時間のへだたりが大きいようす。例ずっと前から知っていた。❸ある状態を長く続けるようす。例ずっとわすれない。

すっとんきょう【素っ頓狂】 形容動詞 とつぜん、ひどく調子はずれなことを言ったり、したりするようす。例素っ頓狂な声をあげる。

すっぱい【酸っぱい】 形容詞 すのような味である。例酸っぱいうめぼし。金田一メモ 未熟な果物を食べたときに感じることもある。活用すっぱ・い。

すっぱだか【素っ裸】 名詞 衣服を何も着ていない、まったくのはだか。例すっ裸で歩きまわる。類まるはだか。参考くだけた言い方。

すっぱぬく【素っぱ抜く】 動詞 人がかくしていることを、とつぜん、ほかの人に知らせる。例雑誌にすっぱ抜かれた。参考くだけた言い方。活用すっぱぬ・く。

すっぽかす 動詞 しなければいけないことをしないで、そのままにしておく。例約束をすっぽかす。参考くだけた言い方。活用すっぽか・す。

すっぽぬける【すっぽ抜ける】 動詞 ❶ひっかかるところがなくて、すっぽりとぬける。例ボールがすっぽ抜ける。❷すっかりわすれる。例大事なことがすっぽ抜けないようにする。活用すっぽぬ・ける。

すっぽり 副詞(ーと) 〔ちょうど、ぴったり〕かぶさったり、中に入ったり、ぬけたりするようす。例毛布ですっぽりつつむ。

すっぽん 名詞 スッポン科のカメ。川や池にすむ。かむ力が強い。肉は食用にする。

すで【素手】名詞 手に何ももたないこと。また、手に何もはめないこと。例ボールを素手でつかむ。類素足。

すていしになる【捨て石になる】慣用句 今はむだなようでも、いつかかならず役に立つようなおこないをする。例世の捨て石になる。参考「捨て石」は、囲碁を打つときに、後で有利になるように打っておく、一見むだなようにみえる石。

スティック 名詞 ❶棒。棒状のもの。❷アイスホッケーやラインホッケーで使う、パックをうつための棒。▼英語 stick

ステーキ 名詞 厚めの肉などを焼いたもの。特に、ビーフ（牛肉）ステーキのこと。▼英語 steak

ステージ 名詞 ❶舞台。❷大ぜいの人に話をする、少し高くなったところ。演壇。❸物事の段階。▼英語 stage

ステープラー 名詞 ⇒1206ページ・ホッチキス。▼英語 stapler

すておく【捨て置く】動詞 そのままにして、かまわないでおく。例このまま捨て置くわけにはいかない。活用 すてお・く。

すてき【素敵】形容動詞 心を引きつけられるようす。すばらしいようす。例素敵な洋服。

すてご【捨て子】名詞 〔親が〕おさない子をすてること。また、すてられた子。

すてさる【捨て去る】動詞 思いきりよく、すてる。例過去を捨て去る。活用 すてさ・る。

すてぜりふ【捨てぜりふ】名詞 その場所から去るとき、相手に言う、らんぼうでいやしい言葉。ことば「捨てぜりふをはく」

ステッカー 名詞 のりつきの小さい紙きれ。参考 注意書きや宣伝文などがすりこんである。▼英語 sticker

ステッキ 名詞 〔西洋風の〕つえ。▼英語 stick

ステッチ 名詞 する動詞 ししゅうやさいほうなどの糸のぬい目。また、かざりのためにぬい目をつけること。▼英語 stitch

ステップ 一 名詞 ❶バスや電車などの、乗り降りするところのふみ段。❷ダンスをするときの足の動かし方。ことば「（リズムに合わせて）ステップをふむ」
二 名詞 する動詞 三段とびで、二番目の跳躍。例ホップ、ステップ、ジャンプ。▼英語 step

すでに【既に】副詞 ❶今より前に。先に。例既にみんな知っている。❷今となっては。もはや。例既に手おくれだ。類もう。

すてね【捨て値】名詞 〔すてるのと同じくらいの〕ひじょうに安いねだん。例捨て値で売る。

すてばち【捨て鉢】名詞 形容動詞 もうどうにでもなれという気持ちになること。やけくそ。例失敗続きで、捨て鉢な気分になる。

すてみ【捨て身】名詞 いのちをなげ出すくらいの気持ちで、物事を一生けんめいにすること。例捨て身の努力。

すてる【捨てる】動詞 ❶いらないものとして、投げ出す。例紙くずを捨てる。対拾う。❷なくす。例命を捨てる。❸あきらめる。例のぞみを捨てる。活用 す・てる。

すてるかみあればひろうかみあり【捨てる神あれば拾う神あり】ことわざ こまっているときに、見すてる人もいるし助けてくれる人もいる。世の中は広いからくよくよするな、というたとえ。

ステレオ 名詞 ラジオ・テレビ・オーディオ機器などの音が、演奏会場で聞いているような立体的な感じになるようなしくみ。また、その装置。対モノラル。▼英語 stereo

ステンドグラス 名詞 いろいろな色ガラスをつぎ合わせて、絵やもようを表した板ガラス。参考 キリスト教の教会の中に多く見られる。▼英語 stained glass

ステンレス 名詞 鋼鉄にクロムやニッケルをまぜてつくった、さびにくい金属。熱や薬品に強く、機械・家庭用品・建築用品などに使われる。参考 英語の「ステンレス スチール（stainless steel）」の略。

スト 名詞「ストライキ」の略。

ストア 名詞 店。商店。例チェーンストア。▼英語 store

ストーカー 名詞 特定の相手にしつこくつきまとう人。▼英語 stalker

すどおし【素通し】名詞 ❶さえぎるものがなく、むこうが見通せること。例部屋の中から素通しで庭が見える。❷すきとおったガラス。例窓ガラスは素通しになっている。❸度のない、ふつうのガラスをはめためがね。

ストーブ 名詞 石油・ガス・電気などを使って、部屋をあたためる道具。▼英語 stove

ことばあそび おもしろ解説❶ はさみ…何でも切れますが、人のえんや友情は切れません。

すどおり【素通り】 (名詞)(する動詞) たちよらないで、そのまま行ってしまうこと。

ストーリー (名詞) ❶話。物語。❷物語や映画などのすじ。▼英語 story

ストッキング (名詞) 長いくつ下。特に、女性用のうすくて長いくつ下。(類) ソックス。▼英語 stockings

1 **ストック** 一 (名詞)(する動詞) 品物をたくわえること。また、たくわえた品物。例 災害にそなえて食糧をストックする。
二 (名詞) ❶「スープストック (soup stock)」の略。スープの原料にする肉や野菜などの煮だしじる。❷アブラナ科の植物。アラセイトウともいう。春から初夏に、赤・白・むらさき色などのかおりのある花がさく。▼英語 stock

2 **ストック** (名詞) スキーをするときに使うつえ。ポール。▼ドイツ語

ストックホルム (地名) スウェーデンの首都。バルト海に面する港になっている。毎年、ここでノーベル賞をさずける式がおこなわれる。▼英語 Stockholm

ストッパー (名詞) ❶きかいなどの動きをとめる装置。安全装置。❷野球で、救援投手。リリーフピッチャー (relief pitcher)。(参考) ②の意味の英語は closer。▼英語 stopper

ストップ 一 (名詞)(する動詞) 止まること。止めること。例 生産をストップする。
二 (名詞)「止まれ」のあいず。停止信号。▼英語 stop

ストップウオッチ (名詞) 競技のときなどに使う時計。自由に動かしたり止めたりできるしくみで、一秒より短い時間もはかれるようになっている。ストップウォッチ。▼英語 stopwatch

ストライカー (名詞) サッカーなどで、すぐれたシュート力がある選手。▼英語 striker

ストライキ (名詞) 働く人たちが、給料のねあげなど自分たちの要求がやとい主にきき入れられないとき、要求をとおすためにそろって仕事をしないこと。スト。▼英語 strike

ストライク (名詞) 野球で、ピッチャーの投げた球で、決められた空間(=ストライクゾーン)の中を通ったもの。また、打者が空振りしたり、ファウルにした球。(対) ボール。▼英語 strike

ストライクゾーン (名詞) 野球やソフトボールで、ピッチャーの投げたボールがストライクと判定されるはんい。ボールを打つしせいをとった打者の、わきの下からひざがしらの下のところまでのホームベース上の空間。▼英語 strike zone

ストライプ (名詞) たて、横、ななめのしまになったもよう。例 こまかいストライプの上着。▼英語 stripe

ストラップ (名詞) ❶洋服や下着などの、かたのつりひも。❷カメラやバッグ・携帯電話などをさげるための、つりひも。▼英語 strap

ストレート 一 (名詞)(形容動詞) ❶まっすぐなこと。❷ものの言い方などが、そっちょくなこと。例 相手の欠点をストレートに言う。
二 (名詞) ❶続けざまなこと。例 ストレートのフォアボール。❷野球で、直球のこと。❸ボクシングで、うでをまっすぐにのばしてうつこと。また、そのパンチ。例 あごにストレートをくう。❹バレーボール・テニス・バドミントン・卓球などで、ボールをコートのサイドラインと平行に打つこと。また、平行なコース。(対) クロス。❺洋酒などを、水や氷でうすめないで、そのまま飲むこと。例 ウイスキーをストレートで飲む。❻入学試験に、一回で合格すること。例 ストレートで志望校に進む。▼英語 straight

ストレス (名詞) 外からのいろいろなしげきが人体に加わったときにおこる、よくない反応。▼英語 stress

ストレッチ (名詞) ❶陸上競技場などの、直線コース。例 ホームストレッチ(=ゴールのある側の直線コース)。／バックストレッチ(=ゴールと反対側の直線コース)。❷のびちぢみする布地。例 ストレッチパンツ。❸体をのばすたいそう。▼英語 stretch

ストロー (名詞) 飲み物などをすうときに使う(ビニール・木・紙などでできた)くだ。▼英語 straw

ストローク (名詞) ❶水泳で、手で水をかく動作をすること。また、その動作。❷ボートをこぐときの、オールで水をひとかきかく動作。▼英語 stroke

ストロボ (名詞) シャッターを開くと同時に強い光をだす装置。暗いところで写真をとるときに使う。例 ストロボをたいて写真をとる。(参考) 英語の「strobe light」から。

すな【砂】 (名詞) 岩や石がくだけてできた、細かい

つぶ。例 砂をしきつめる。

すなあらし【砂嵐】 名詞 さばくなどでおこる、砂をふくんでふきあれる強い風。例 砂嵐で何も見えない。

すなお【素直】 形容動詞 ❶ひねくれたところがなく、人にさからわないようす。例 素直にうなずく。❷くせやかざり気がなく、ありのままのようす。例 心に感じたことを素直に表現した文。類 率直。

すなけむり【砂煙】 名詞 砂がまい上がって、けむりのように見えるもの。土煙。

すなじ【砂地】 名詞 砂の多い土地。砂ばかりの土地。砂場。参考「すなち」とも読む。

スナック 名詞 ❶軽い食事。また、軽い食事やお酒をだす店。❷ポテトチップスやポップコーンなど、手軽に食べられる菓子。参考 ①は英語で snack bar というが、お酒は出さない。▼英語 snack

スナップ 名詞 ❶野球でボールを投げたり、ゴルフでボールを打ったりするときの、手首に力を入れてすばやく動かす動作。例 スナップをきかしてボールを投げる。❷衣服などの合わせ目をとめるための金具。ホック。❸「スナップショット (snapshot)」の略。スナップ写真。▼英語 snap

スナップしゃしん【スナップ写真】 名詞 動いている人や物の、あるしゅんかんをうつした写真。スナップ。

すなどけい【砂時計】 名詞 真ん中が細くくびれたガラスのつつの中に砂を入れ、いつも同じ量の砂が落ちるようにしたしかけ。落ちた量で時間をはかる時計。

すなば【砂場】 名詞 ❶いちめんに砂のあるところ。砂地。❷砂遊びや競技ができるように砂を入れてかこったところ。

すなはま【砂浜】 名詞 砂がいちめんにある海岸。

すなはら【砂原】 名詞 広い砂地。

すなぼこり【砂ぼこり】 名詞 細かい砂のほこり。土ぼこり。

すなやま【砂山】 名詞 海岸などにできる砂の山。砂丘。

すなわち 接続詞 ❶前に言ったことを、別の言葉で説明するときに使う言葉。例 江戸すなわち、今の東京に建てられた。❷まさしく。ちょうど。ぴったり。例 ある人のことがとても気になる。それがすなわち恋だ。

すなをかむよう【砂をかむよう】 慣用句 物事のあじわいやおもしろみのないようす。例 砂をかむようなむなしい毎日をおくっている。

ずにあたる【図に当たる】 慣用句 物事が、自分の思ったとおりになる。例 計画が図に当たった。類 つぼにはまる。

スニーカー 名詞 底がゴムでできている布製の運動ぐつ。▼英語 sneakers

ずにのる【図に乗る】 慣用句 物事が自分の思うとおりになり、調子に乗って、勝手なことをする。例 図に乗って、大さわぎをする。類 調子に乗る。

ずぬける【図抜ける】 動詞 ふつうのものより、ずっとすぐれている。例 図抜けて優秀だ。類 ずば抜ける。活用 ずぬ・ける。

すね 名詞 ひざからくるぶしまでの部分。はぎ。⇩24ページ・足①(図)。

すねかじり 名詞 自分で働かず、親や兄弟の世話になっていること。また、その人。

すねにきずをもつ【すねに傷を持つ】 慣用句 人にかくしている悪事がある。やましいことがある。例 すねに傷を持っているので、いつもびくびくしている。

すねる 動詞 思い通りにならず、不満があるがそれを言葉に出さないで、おかしな態度をとる。わがままをいって、人の言うことをすなおにきかない。おこっていじをはる。活用 す・ねる。

すねをかじる 慣用句 自立せず、親や兄弟から学費・生活費などを出してもらって生活する。例 親のすねをかじる。

ずのう【頭脳】 名詞 ❶脳。あたま。❷物事を考える力。ちえ。ことば「頭脳明せき」

スノーボード 名詞 一まいの板にのって、ストックを使わないで雪の上をすべるスポーツ。また、それに使う板。▼英語 snowboard

すのこ 名詞 ❶竹を細くさいたものや、アシのくきをならべてあんだもの。日よけにしたり、魚などをほしたりするのに使う。❷細い板を、間をあけて横木の上にならべて、くぎでとめたもの。ふろ場や流しなどにしく。

すのもの【酢の物】 名詞 魚・貝・野菜・ワカメなどを、「す」で味つけした食べ物。

スパーク 名詞 する動詞 プラスとマイナスの電気が

ことばあそび おもしろ解説❷ ハンガー…冬は、重いものばかりせおわされるので、かたこりがひ

ふれて、火花が出ること。また、その火花。▼英語 spark

スパート 名詞 する動詞 競走・競泳・ボートレースなどで、全速力を出すこと。例 ラストスパートをかける。▼英語 spurt

スパイ 名詞 する動詞 敵のひみつをこっそりとさぐりだして、味方に知らせること。また、それを仕事にしている人。間者。▼英語 spy

スパイク 一 名詞 競技用のくつの底にとりつける、すべりどめの金具。
二 名詞 する動詞 バレーボールで、ネットより高くあげたボールを相手のコートに強く打ちこむこと。▼英語 spike

スパイクシューズ 名詞 「スパイク一」をそこにとりつけた、競技用のくつ。▼英語 spikes

スパイス 名詞 ⬇438ページ・こうしんりょう。▼英語 spice

スパゲッティ 名詞 あなのあいていない細長いイタリアのめん。また、それを使った料理。▼英語（イタリア語から）spaghetti

すばこ【巣箱】 名詞 ❶野鳥がすめるように、木につけたはこ。❷ミツバチをかうはこ。

すばしこい 形容詞 動作などが、とてもはやいようす。例 すばしこくにげ回る。参考「すばしっこい」ともいう。類 すばやい。活用 すばしこ・い。

ずばずば 副詞（一と） えんりょなく、はっきりと言うようす。例 思ったことをずばずば言う。類 ずけずけ。

すはだ【素肌】 名詞 ❶けしょうをしていない、そのままのはだ。例 素肌の美しい人。❷下着などをつけない、はだ。

スパナ 名詞 ボルトやナットをしめたり、ゆるめたりする道具。類 レンチ。⇩図。▼英語 spanner

スパナ

ずばぬける【ずば抜ける】 動詞 ふつうのていどを、はるかにこえる。例 ずば抜けて、足がはやい。類 図抜ける。活用 ずばぬ・ける。

すばやい【素早い】 形容詞 動作や頭の働きが、とてもはやい。例 素早い動き。類 すばしこい。手早い。活用 すばや・い。

すばらしい【素晴らしい】 形容詞 ❶すぐれていて、りっぱである。例 素晴らしい曲。❷ていどがはげしい。例 素晴らしく速い。活用 すばらし・い。

ずばり 副詞（一と） ❶ナイフなどで、いきおいよく切るようす。例 ずばりと切り落とす。❷もっとも大事なことを、正しく言うようす。例 真相をずばりと言う。

すばる 名詞 おうし座にある、プレアデス星団の和名。肉眼では六つくらいが見える。

スパルタ 地名 昔、ギリシャにあった都市国家の一つ。きびしいしつけと厳格な教育で知られている。参考 きびしい教育を「スパルタ式（教育）」という。▼英語 Sparta

ずはん【図版】 名詞 本の中にいんさつされた図。

スピーカー 名詞 電気信号にかえた音声を、もとの音声にもどす装置。また、拡声器。▼英語 speaker

スピーチ 名詞 大ぜいの人の前でする、あいさつがわりの短い話。かんたんな演説。例 テーブルスピーチ。▼英語 speech

スピード 名詞 はやさ。速力。速度。例 スピードを出す。▼英語 speed

ずひょう【図表】 名詞 数量の関係やきまりなどをわかりやすいように、図や表に表したもの。グラフや表。

スピン 名詞 する動詞 ❶テニスや卓球などで、ボールを回転させること。例 ボールにスピンをかける。❷フィギュアスケートなどで、同じ場所で続けて回転すること。❸飛行機がうずまきのように回転して下におりること。❹自動車のタイヤが横にすべって車体がくるりと回転すること。▼英語 spin

スフィンクス 名詞 ❶昔のエジプトなどで、王宮・墓・神殿などの入り口に守り神としてたてた石の像。顔は人間で体はライオンの形をしている。⇩図。❷ギリシャ神話に出てくる怪物。通る人になぞをかけ、そのなぞがとけない人をこ

スフィンクス①

ろしたという。▼英語 Sphinx

スプーン 名詞〔西洋風の〕さじ。例 スプーン一ぱいのさとう。▼英語 spoon

ずぶとい【図太い】 形容詞 だいたんで、ちょっとしたことにはおどろいたり心配したりしないようす。ふてぶてしいようす。例 図太い神経。活用 ずぶと・い。

ずぶぬれ 名詞 体中が、すっかりぬれること。例 池におちて、ずぶぬれになった。

すぶり【素振り】 名詞 バットや木刀などを、何回もふって練習すること。

スプリング 名詞 ❶ばね。❷「スプリングコート」の略。春や秋にきる、軽いがいとう。▼英語 spring

スプリンクラー 名詞 ❶畑や芝生に水をまく機械。⇩図。❷火事のとき、天井などから自動的に水をまきちらして火を消すようになっている装置。▼英語 sprinkler

スプリンクラー①

スプレー 一 名詞 する動詞 液体に圧力をかけて、きりのようにふき出させ、ふきつけること。二 名詞「スプレー一」をふき出させる装置や用具。ふんむき。例 ヘアスプレー。▼英語 spray

すべ 名詞 やり方。方法。ことば「なすすべもなく（負けてしまった）」参考 やや古い言い方。

スペア 名詞〔なくしたり、こわれたりしたときのための〕予備の品。補充品。▼英語 spare

スペイン 地名 スペイン王国。ヨーロッパ南西部、イベリア半島にある。首都はマドリード。▼英語 Spain

スペース 名詞 あいているところ。空間。余白。▼英語 space

スペースシャトル 名詞 地球と宇宙を行き来して、人や物を運ぶための宇宙船。▼英語 space shuttle

スペード 名詞 トランプのしるしの一つ。黒い「♠」の形。▼英語 spade

すべからく 副詞 しなければならないこととして。当然。参考 下に「べし」がつくことが多い。例 ひみつは、すべからく守るべし。

スペクトル 名詞 光をプリズムに当てたときに出てくる色のおび。参考 太陽光線のスペクトルは、にじ（むらさき・あい・青・みどり・黄・だいだい・赤）の七色。▼フランス語

スペシャル 名詞 形容動詞 特別なようす。例 スペシャルランチ。／スペシャルサービス。▼英語 special

すべすべ 副詞（-と）する動詞 表面がなめらかなようす。例 すべすべした、ほお。類 つるつる。

すべて【全て】 一 名詞 ぜんぶ。例 すべての人。二 副詞 残らず。例 宿題はすべてすませた。参考 ひらがなで書くことが多い。

すべりこむ【滑り込む】 動詞 ❶すべって中に入る。また、すべるようにして入る。例 体をすきまに滑り込ませて、ぬけ出した。❷やっと間に合う。例 発車時間ぎりぎりに駅に滑り込む。❸野球で、走者が塁にすべって入る。スライディングをする。例 ホームベースに頭から滑り込む。活用 すべりこ・む。

すべりだい【滑り台】 名詞 高いところからすべりおりて遊ぶための遊具。

すべりだし【滑り出し】 名詞 ❶すべりはじめること。❷物事をはじめたときの状態。出だし。しはじめ。

すべりどめ【滑り止め】 名詞 ❶すべらないようにすること。また、そのためのもの。例 タイヤに滑り止めのチェーンをまく。❷入学試験で、入りたい学校に受からなかったときのために、ほかの学校も受験しておくこと。また、その学校。

すべる【滑る】 動詞 ❶物の上をなめらかに進む。例 戸がよく滑る。❷スキーやスケートで、雪や氷の上を進む。例 氷の上を滑る。❸下におろした足が、思っていたのとちがうように動き、たおれそうになる。例 雪の坂道で滑って転ぶ。❹〔調子にのって〕言ってはいけないことを言う。ことば ⇩「口が滑る」❺試験に落ちる。例 大学に滑った。参考 ❺はくだけた言い方。活用 すべ・る。

スポイト 名詞 上の方にゴムのふくろがついていて、先の方が細くなっているガラスのくだ。インキや薬をすい入れて、ほかの入れ物などにうつす器具。⇩図。▼オランダ語

スポークスマン 名詞 政府や団体などを代表

ことばあそび おもしろ解説❸ スニーカー…ベビーカーがいらなくなったころ、この“カー”にお

して、その意見を報道関係者に発表する人。▼英語 spokesman

スポイト

スポーツ 名詞 運動競技。▼英語 sports

スポーツのあき【スポーツの秋】 名詞 暑くも寒くもなくてすごしやすい秋は、スポーツをするのによいきせつだということ。

スポーツのひ【スポーツの日】 名詞 国民の祝日の一つ。スポーツに親しみ、健康な心と体をやしない育てる日。二〇二〇（令和二）年に体育の日からよび名が変わった。参考 体育の日は、一九九九年までは十月十日だったが、二〇〇〇年からは十月の第二月曜日になった。十月十日は、一九六四（昭和三九）年のオリンピック東京大会の開会日で、それを記念してさだめられた。

スポーツマン 名詞 運動競技をする人。▼英語 sportsman

スポーツマンシップ 名詞 スポーツをする人がもつべき心や態度。ひきょうなことや不正なことをせず、わざや力をきそいあおうとする精神や態度。▼英語 sportsmanship

ずぼし【図星】 名詞 考えていたとおりであること。目あてのところ。急所。ことば「図星をつく」

ずぼしをさす【図星を指す】 慣用句 ぴたりと当てる。急所をつく。例 弟に図星を指された。

スポットライト 名詞 舞台などで、一部分を特に明るくてらし出す明かり。ことば「スポットライトを当てる（＝注目させる）」「スポットライトをあびる（＝注目を集める）」▼英語 spotlight

すぼむ 動詞 ふくらんだ物がだんだんちぢんで小さくなる。また、広がったものの先がだんだん細くなる。類 しぼむ。例 ふうせんがすぼむ。活用 すぼ・む。

すぼめる 動詞 広がっているものをせまくする。すぼむようにする。例 口をすぼめる。活用 すぼ・める。

ずぼら 名詞 形容動詞 性格などが、だらしないこと。例 あの人はずぼらで、こまる。対 きちょうめん。参考 くだけた言い方。

ズボン 名詞 洋服で、下半身にはくもの。またのところで二つに分かれ、両足を別々に入れてはく。パンツ。例 パジャマのズボン。ことば「ズボンをはく」▼フランス語

スポンサー 名詞 お金をはらって、ラジオ・テレビなどで広告を放送してもらう人や会社。広告主。▼英語 sponsor

スポンジ 名詞 ゴム・合成樹脂などでつくった、小さなあなのたくさんあいたもの。参考 もとは海綿という海の生物でつくられた。▼英語 sponge

スポンジケーキ 名詞 たまご・さとう・小麦粉などをまぜたものを焼いた、スポンジのようにやわらかい洋菓子。▼英語 sponge cake

スマート 形容動詞 ❶すがたや形がすらりとして美しく、かっこうがよいようす。❷気がきいているようす。せんれんされているようす。例 スマートな文章。❸機器がコンピューターを組み込んで高性能なようす。参考 英語の smart からだが、英語では「頭がいい（アメリカ）」「しゃれた（イギリス）」「服装が決まった（イギリス）」などの意味で使う。

スマートフォン 名詞 ⇩スマホ。▼英語 smartphone

すまい【住まい】 名詞 住むところ。住んでいる家。すみか。類 住所。

すまう【住まう】 動詞 ずっとすんでいる。例 郊外に住まう。参考 あらたまった言い方。活用 すま・う。

すましじる【澄まし汁】 名詞 だし汁にしょうゆや塩で味つけした、すきとおったすい物。おすまし。

すます[1]【済ます】 動詞 ❶してしまう。終える。すませる。例 勉強を済ましてから遊ぶ。❷それでよいとする。間に合わせる。すませる。例 食事は軽く済ます。活用 すま・す。

すます[2]【澄ます】 動詞 ❶［にごった液体を］すきとおるようにする。例 池の水を澄ます。❷心を落ち着けて、一つのことに注意を集める。例 耳を澄まして、虫の音を聞く。❸まじめそうな顔をする。また、平気な様子をする。例 澄ました顔をしている。活用 すま・す。

すませる【済ませる】 動詞 ⇩すます（済ます）。活用 すま・せる。

スマッシュ 名詞 する動詞 テニス・卓球などで、高く上がった球を相手のコートに強く打ちこむこと。▼英語 smash

すまない【済まない】連語 感謝やおわびのしようがない。もうしわけがない。例本当にすまないことをしました。参考 ふつう、ひらがなで書く。

スマホ 名詞 「スマートフォン」「スマートホン」の略。写真・動画の撮影、動画・音楽の再生、情報管理などさまざまな機能をそなえた、けいたい電話。

1 **すみ**【炭】名詞 木をむしやきにして、あとに残ったもの。木炭。

2 **すみ**【隅】名詞 かこまれた場所の、はしのところ。また、かど。例教室の隅。

3 **すみ**【墨】名詞 すすをにかわでかためたもの。筆で字などをかくときに、すって使う。

すみえ【墨絵】名詞 すみでかいた絵。水墨画。

すみか【住みか】名詞 住んでいるところ。すまい。

すみきる【澄み切る】動詞 にごりやくもりがなく、よくすんでいる。例澄み切った青空。活用 すみき・る。

すみごこち【住み心地】名詞 住んでいる気分。例住み心地のいい家。類居心地。

すみこみ【住み込み】名詞 やとっている人の家にとまりこんで働くこと。対通い。

すみずみ【隅隅】名詞 あちらこちらの、すみ。また、あらゆる方面。例隅々まできれいにする。／この町内のことなら隅々まで知っている。参考 ふつう「隅々」と書く。

すみぞめのころも【墨染めの衣】名詞 僧が着ている、黒くそめたころも。

すみだわら【炭俵】名詞 炭をつめるたわら。または、炭をつめたたわら。

すみつく【住み着く】動詞 ある場所に長く住んで動かない。そこに長く住み続ける。例のらネコがあき地に住み着く。活用 すみつ・く。

すみなれる【住み慣れる】動詞 ある家や土地に長い間住んで、そこになれる。例住み慣れた町をはなれる。活用 すみな・れる。

すみにおけない【隅に置けない】慣用句 思っていたよりも、わざなどがすぐれていて、ゆだんができない。例かれもなかなか隅に置けない。

すみび【炭火】名詞 炭をもやした火。例炭火で魚を焼く。

すみません【済みません】連語 「すまない」をていねいにいった言葉。人にあやまったり、感謝したりするときにいう言葉。もうしわけありません。おそれ入ります。例集合時間におくれてすみません。／大切な本をかしてくださってすみませんでした。参考 ㋐話し言葉で「すいません」ともいう。㋑ふつう、ひらがなで書く。

すみやか【速やか】形容動詞 時間がかからず、はやいようす。例速やかに移動する。

すみやき【炭焼き】名詞 木をむし焼きにして、炭をつくること。また、炭をつくる人。例炭焼き小屋。

すみれ 名詞 スミレ科の植物。野原や道ばたにはえる。春、むらさき色の花がさく。漢字 菫。

すみわたる【澄み渡る】動詞 よごれやくもりがなく、どこまでもすんでいる。例澄み渡った秋の空。活用 すみわた・る。

1 **すむ**【住む】動詞 ❶家を決めて、そこでくらす。例マンションに住む。❷［動物が］巣をつくって生活をする。例水の中にすむ動物。参考 ❷は、ふつう、ひらがなで書く。活用 す・む。

2 **すむ**【済む】動詞 ❶終わる。例食事が済んだ。❷解決する。例あやまって済む問題ではない。活用 す・む。

3 **すむ**【澄む】動詞 ❶よごれやにごりがなく、すきとおる。例澄んだ池の水。❷心がきよらかになる。❸［声や音が］さえて聞こえる。例澄んだ声でうたう。❹清音である。対①～③にごる。活用 す・む。

スムーズ 形容動詞 物事が、すらすらとうまくいくようす。スムース。例スムーズな進行。▼英語 smooth

すめばみやこ【住めば都】ことわざ どんな場所でも、なれればそこが一番住みやすくなる、ということ。例引っこしは不安だったが「住めば都」で、今ではすっかりなじんでいる。注意「住むなら都がよい」という意味ではない。

ずめん【図面】名詞 建物や機械などのしくみやつくり方を、図に表したもの。

すもう【相撲】名詞 二人が土俵の中で組み合ったりおし合ったりして、相手をたおすか、土俵の外に出すかして勝ち負けを争う競技。
ことば 「相撲をとる（＝相撲をする）」

ことばあそび おもしろ解説④ テレビ…チャンネルに、命をあずけています。

すもうにならない【相撲にならない】 慣用句 両者の力がちがいすぎて勝負にならない。例 犬とかけっこをしても相撲にならないね。

スモッグ 名詞 空いっぱいに広がる、こいきりのようなもの。参考 自動車のはい気ガスや工場のけむりなどに空気中の水蒸気がつき、ひえてかたまってできる。これをいつもすっていると、のどなどの病気になる。例 光化学スモッグ。▼英語 smog

すもも 名詞 バラ科の植物。春、白い花がさく。実はあまずっぱく、食用になる。漢字 李。

すやき【素焼き】 名詞 うわぐすりをぬらないで、低い温度で焼いたやき物。

すやすや 副詞(-と) 静かに、よくねむっているようす。例 すやすやとねむる赤んぼう。

すら 助詞 ある例をあげて、ほかのものをおしはからせたり、強調したりする言葉。…でさえも。…でも。例 この楽器は、はじめての人ですらすぐに演奏できる(=それぐらいやさしいということを強調している)。

スラー 名詞 音楽の記号の一つ。高さのちがう二つ以上の音符につけて、続けてなめらかに演奏する意味を表す。⇩244ページ・楽譜(図)。▼英語 slur

スライス 名詞 する動詞 ❶うすく切ること。また、うすく切ったもの。例 スライスしたハム。❷野球やゴルフで、打ったボールが右打ちの人は右に、左打ちの人は左にまがってとぶこと。❸テニスや卓球で、球を切るように打つこと。▼英語 slice

スライダー 名詞 野球で、ピッチャーが投げる変化球の一つ。バッターのそばで、すべるようにまがるボール。▼英語 slider

スライディング 名詞 する動詞 ❶すべること。❷野球で、ランナーがベースにすべりこむこと。❸サッカーで、ボールをとったり、シュートやパスをふせいだりするために足を出してすべりこむこと。▼英語 sliding

スライド 一 名詞 する動詞 すべること。すべらせること。二 名詞 写真がうつったフィルムなどに光をあて、レンズをとおしてかくだいしてスクリーンにうつしだすそうち。また、そのフィルム。げんとう。▼英語 slide

スライドグラス 名詞 けんびきょうで観察する材料をのせる、とうめいなガラスの板。スライドガラス。参考 ㋐日本でつくった言葉。㋑上からうすいカバーガラスをかぶせて、プレパラートをつくる。

ずらす 動詞 〔重ならないように〕少し動かす。例 つくえをずらす。/時間をずらす。活用 ずら・す。

すらすら 副詞(-と) 物事が止まったりおくれたりせず、なめらかに進むようす。例 英語をすらすら話す。

スラックス 名詞 普段着のたけの長いズボン。▼英語 slacks

すらりと 副詞 ❶物事がなめらかにおこなわれるようす。例 言葉がすらりと出てこない。❷刀をひといきにぬくようす。例 すらりと刀をぬく。❸背が高くスマートなようす。また、細くてなめらかなようす。例 すらりとした人。/すらりとのびた足。

ずらりと 副詞 〔同じようなものが〕たくさんならんでいるようす。例 新しい商品がずらりとならんでいる。

スランプ 名詞 〔しばらくの間だけ〕調子が悪くなり、うまくいかない状態。ことば「スランプにおちいる」▼英語 slump

すり[1] 名詞 人のポケット・かばん・手さげなどから、お金や品物をすばやくぬすみとること。また、その人。

すり[2]【刷り】 名詞 印刷すること。また、そのできばえ。例 多色刷りの年賀状。/文集の刷りの具合を見る。

すりあし【すり足】 名詞 足のうらを地面やゆかにすりつけるようにして、音をたてないように歩くこと。また、その歩き方。例 真夜中のろうかをすり足で歩く。

すりあわせる【擦り合わせる】 動詞 ❶二つの物をこすり合わせる。例 ひえた手を擦り合わせる。❷物事をくらべて、いろいろな点をたしかめながら、うまくまとめる。例 二人の意見を擦り合わせて結論を出す。活用 すりあわ・せる。

スリーディー 名詞 〔平面ではなく〕立体の。また、立体に見える写真や映画。参考 three-dimensional(三次元の)が元で、「3D」と書くことが多い。例 3Dプリンター。

すりえ【すり餌】 名詞 小鳥にやる、すりつぶしたえさ。

です。

ずりおちる【ずり落ちる】（動詞）すべって、だんだん下へ行く。例めがねがずり落ちる。活用 ずりお・ちる。

すりかえる【すり替える】（動詞）わからないように、こっそりとりかえる。例にせものとすり替える。活用 すりか・える。

すりガラス（名詞）表面をかたいすなでこすったり、薬品をかけたりして、むこう側が見えないようにしたガラス。くもりガラス。

すりきず【擦り傷】（名詞）すりむいた傷。例ころんで、ひざに擦り傷をつくる。

すりきり【すり切り】（名詞）粉やつぶのものを、さじやカップなどではかるときに、上がふちと同じ高さになるように平らにすること。例計量スプーンですり切り一ぱいの塩を入れる。

すりきれる【擦り切れる】（動詞）こすれて切れる。こすれてへる。例シャツのえりが擦り切れる。活用 すりき・れる。

すりこぎ【すり粉木】（名詞）すりばちで、ごまやまめなどをすりつぶすときに使う木のぼう。⇩すり鉢（図）。

すりこむ【擦り込む】（動詞）こすりつけて、よく中にしみこませる。例あれた手にクリームを擦り込む。活用 すりこ・む。

スリット（名詞）洋服のすそなどに入れる、細い切りこみ。例スリットの入ったスカート。▼英語 slit

スリッパ（名詞）部屋の中でつっかけてはく、上ばき。参考 英語の slippers からだが、英語では mules, scuffs などと呼ぶのがふつう。slippers はかかとのある靴もいう。

スリップ 一（名詞）女の人がきる下着の一つ。ひもでかたからつって、ひざのあたりまでおおう。 二（名詞）（する動詞）すべること。特に、車がすべること。例急ブレーキで車がスリップした。参考 英語で車のスリップは skid という。▼英語 slip

すりつぶす【すり潰す】（動詞）すって、細かくくだく。例ジャガイモをすり潰す。活用 すりつぶ・す。

すりぬける【擦り抜ける】（動詞）大ぜいの人の間や、せまいものの間を通りぬける。例ひとごみを擦り抜ける。／バイクが車のわきを擦り抜ける。活用 すりぬ・ける。

すりばち【すり鉢】（名詞）すりこぎで食べ物をすりつぶすときに使う、内側にきざみがつけてあるはち。⇩図。

すりこぎ

すり鉢

すりへらす【すり減らす】（動詞）❶こすって、少なくする。❷心や体を、ひどくつかってつかれさせる。例神経をすり減らす。活用 すりへら・す。

すりみ【すり身】（名詞）魚の身をすりばちですりつぶしたもの。

スリム（形容動詞）ほっそりしているようす。細いようす。うすくて好ましいようす。例スリムな服がにあう。▼英語 slim

すりむく【擦りむく】（動詞）こすってひふをやぶる。こすってきずがつく。例ひざを擦りむく。活用 すりむ・く。

すりもの【刷り物】（名詞）いんさつしてあるもの。いんさつ物。

すりよる【擦り寄る】（動詞）ふれるぐらいに近くによる。活用 すりよ・る。

スリラー（名詞）ぞっとするほどおそろしい小説やドラマなど。▼英語 thriller

スリランカ（地名）スリランカ民主社会主義共和国。インドの南東にある、セイロン島とまわりの島からなる国。首都はスリ・ジャヤワルダナプラ・コッテ。▼英語 Sri Lanka

スリル（名詞）こわくて、また、あぶなくて、はらはらどきどきするような感じ。例スリルがある。ことば「スリル満点」▼英語 thrill

する[1]（動詞）❶［あることを］おこなう。例そうじをする。❷あるものにならせる。例まじめな人をリーダーにする。❸［あることが起こっていることが］わかる。感じる。例音がする。❹時間がたつ。例十分もすればもどってくると思う。❺あるねだんである。例五万円もする本。❻《「…にする」の形で》そう決める。例出かけるのはやめることにする。

する[2]（動詞）人が身につけているお金や品物を、気づかれないようにすばやくぬすむ。活用 す・る。

する[3]（動詞）❶細かくくだく。例ごまをする。❷財産などをつかってなくす。例競馬でお金をすってしまった。活用 す・る。

あいうえお かきくけこ さしすせそ す たちつてと なにぬねの はひふへほ まみむめも や ゆ よ らりるれろ わ を ん

ことばあそび おもしろ解説⑤ 自転車…地球のように自転していないので、「他転車」とよぶべき

4 **する**【刷る】(動詞) 字や絵を紙にうつしだす。いんさつする。例 版画を刷る。活用 す・る。⇩使い分け。

5 **する**【擦る】(動詞) 物と物を強くふれあわす。こする。例 墨を擦る。活用 す・る。⇩使い分け。

ずるい (形容詞) 不正な方法で成功しようとするようす。例 ずるい人。／ずるい考え。活用 ずる・い。

スルーパス (名詞) サッカーで、相手チームの選手の間をすりぬけておくるパス。参考 英語では through ball などという。

するが【駿河】(地名) 昔の国の名。今の静岡県中部・東部に当たる。

ずるがしこい【ずる賢い】(形容詞) ずるいことに頭がよく働く。例 ずる賢いやり方。活用 ずるがしこ・い。

するがわん【駿河湾】(地名) 静岡県の中部で、伊豆半島と御前崎の間にある海。

使い分け　する

● いんさつする。
版画を刷る。

● こする。
マッチを擦る。

するする (副詞(-と)) ❶なめらかにすべるようす。例 ひもをするする出す。❷物事がすべるように(じゃまもなく)進むようす。例 するすると解決した。

ずるずる (副詞(-と)) ❶物を引きずるようす。例 丸太をずるずる引きずって運ぶ。❷少しずつ、すべり落ちるようす。例 あなの中へずるずる落ちた。❸〔どろ・すななどで〕足もとがさだまらないようす。❹きまらずに長びくようす。例 約束をずるずる引きのばす。

すると (接続詞) ❶そうすると。例 暗い道を歩き続けた。すると、遠くに明かりが見えてきた。❷それならば。例 すると、きみは来られないんだね。

するどい【鋭い】(形容詞) ❶先がとがっているようす。例 鋭いナイフ。❷よく切れそうなようす。例 鋭いつめ。❸いきおいがはげしいようす。また、いきおいがはげしく、人の心を強くつきさすようす。例 鋭いいたみ。／鋭い目つき。❹頭の働きや感じ方がすばやく、すぐれているようす。例 鋭い指摘。対 ❷～❹鈍い。活用 するど・い。

するめ (名詞) イカを切りひらいて、内臓をとりさってほした食べ物。

ずれ (名詞) ❶正しい位置から少しはずれていること。❷くいちがい。へだたり。例 大人の考えと子どもの考えには少しずれがある。

すれあう【擦れ合う】(動詞) 物と物が、たがいにすれる。例 擦れ合うようにならんだ、家の屋根。活用 すれあ・う。

すれすれ (名詞)(形容動詞) ❶ある物にもう少しでふれそうになるくらい近づくようす。例 車がせまい道はばすれすれに通っていく。❷ある限度に近いようす。ぎりぎり。例 コップのふちすれすれまで水を入れる。／ちこくすれすれの時間までねている。

すれちがい【擦れ違い】(名詞) ❶たがいにふれあうほど近くを通りすぎて、それぞれ反対の方向へ行くこと。例 擦れ違いがむずかしい、せまい道。❷たがいに会おうとして行ったが、会えないこと。例 時間をまちがえて、擦れ違いになってしまった。❸話し合いなどで、問題とする点がかみ合わないこと。例 会議は擦れ違いのまま終わった。

すれちがう【擦れ違う】(動詞) ❶たがいにふれあうほど近くを通りすぎて、反対の方向へ行く。例 上りと下りの電車が擦れ違う。❷たがいに会おうとして行ったが、会えない。例 擦れ違ってばかりで、なかなか会えない。❸話し合いなどで、問題とする点がかみ合わない。例 話が擦れ違う。活用 すれちが・う。

すれっからし【擦れっ枯らし】(名詞) 世の中のいろいろなことを知り、悪がしこくなっていること。また、そのような人。参考「すれからし」ともいう。

すれる【擦れる】(動詞) ❶物と物が動いてふれあう。❷こすれてうすくなったり切れたりする。例 ズボンのおしりが擦れてきた。❸世の中で苦労して、すなおさがなくなる。例 わかいのに擦れている。活用 す・れる。

見ることができないものです。

ずれる 動詞 ❶たてや横に動いて、正しい位置から少しはずれる。例 めがねがずれた。❷〔考え方や感じ方などが〕ふつうのところから、はずれる。例 ぼくは感覚がずれているようだ。活用 ず・れる。

スローイン 名詞 〔バスケットボール・サッカーなどで〕コート内にボールを投げ入れること。▼英語 throw-in

スローガン 名詞 ある団体の考えやめあてなどを短い言葉で表したもの。標語。類 モットー。▼英語 slogan

スロープ 名詞 かたむいているところ。坂。斜面。例 なだらかなスロープ。▼英語 slope

スローモーション 一 名詞 映画やテレビなどで、画面の動きがゆっくりと見えること。また、そのうつし方。二 名詞 形容動詞 動作がのろいこと。ゆっくりとした動き。スローモー。参考 英語では二の意味では使わない。▼英語 slow motion

すわり【座り】 名詞 ❶すわること。❷安定。おちつき。例 座りがよいおきもの。

すわりごこち【座り心地】 名詞 すわったときの感じ。例 座り心地のよいソファー。

すわりこむ【座り込む】 動詞 その場にすわったまま動かないでいる。例 道ばたに座り込む。活用 すわりこ・む。

1 **すわる【座る】** 動詞 ❶ひざを曲げ、こしをおろす。例 いすに座る。対 立つ。❷席を取る。例 最前列に座る。❸ある位置をしめる。例 会長のいすに座る。活用 すわ・る。⇩使い分け。

2 **すわる【据わる】** 動詞 ❶安定する。ことば「首が据わる」❷落ち着いている。ことば「度胸が据わる」❸じっとしていて動かない。ことば ⇩「目が据わる（＝一点を見つめて目玉が動かなくなる）」活用 すわ・る。⇩使い分け。

すんか【寸暇】 名詞 わずかなひま。ことば「〔父は〕寸暇をおしんで〔仕事をしている〕」

ずんぐり 副詞(ーと) する動詞 太くて短いようす。太って背の低いようす。例 ずんぐりした体つき。

すんげき【寸劇】 名詞 短い劇。

すんし【寸志】 名詞 感謝の気持ちを表す、わずかなお金や品物。例 寸志をさし出す。参考 さし出す方がへりくだって、書いたり、言ったりする言葉。受けとる方からは「厚志」という。

ずんずん 副詞(ーと) 物事がはやく進むようす。例 ずんずん歩く。

使い分け　すわる

●こしかける。
いすに座る。

●安定する。
赤ちゃんの首が据わる。

すんぜん【寸前】 名詞 あるものや、ある物事のおこる、ほんの少し前。例 ゴール寸前でおいぬかれた。

すんたらず【寸足らず】 名詞 形容動詞 ちょうどよい寸法より少し短いこと。また、そのもの。例 寸足らずのズボン。類 寸詰まり。

すんだん【寸断】 名詞 する動詞 小さく切ること。ずたずたに切ること。例 大雨で、鉄道が寸断された。

すんづまり【寸詰まり】 名詞 形容動詞 ちぢんで寸法が短くなること。また、ちょうどよい寸法より少し短いこと。例 せんたくしたらセーターが寸詰まりになった。類 寸足らず。

すんてつひとをさす【寸鉄人を刺す】 慣用句 短い言葉で本当のことを言いあてること。相手の弱みをつく。例 寸鉄人を刺す発言でおそれられている評論家。注意「すんてつ、ひとをさす」と切って読む。

すんでのこと 副詞 もう少しで。あやうく。すんでのところ。例 すんでのことで、車にひかれるところだった。

ずんどう【ずん胴】 名詞 形容動詞 上から下まで太さがかわらないようす。丸いつつの形。例 ずん胴な形をしている茶づつ。

すんなり 一 副詞(ーと) する動詞 形や背がすらりとして、美しいようす。例 すんなりした手足。二 副詞(ーと) 物事がうまくいくようす。例 要求がすんなり受け入れられた。

すんぶん【寸分】 名詞 ほんの少し。わずか。

あいうえお かきくけこ さしすせそ す たちつてと なにぬねの はひふへほ まみむめも や ゆ よ らりるれろ わ を ん

ことばあそび おもしろ解説6 背中…自分のからだの一部なのに、一生かかっても、ちょくせつに

参考 後に「…ない」「…ず」「…ぬ」などの言葉をつけてつかう。例 寸分のすきまもなく、ぴったりと合った。／寸分たがわぬ大きさ。

すんぽう【寸法】 名詞 物の長さ。例 寸法をはかる。

せ

ぜ

ゼ セ

ZE SE

ze se

1 **せ【背】** 名詞 ❶せなか。例 犬の背をなでる。❷後ろ。例 海を背にして立つ。❸せたけ。身長。また、物の高さ。せい。例 背が低い。❹山の尾根。例 山の背。

2 **せ【畝】** 名詞 助数詞 昔使われた田や畑の面積の単位。一畝は一反の十分の一で、約百平方メートル。

3 **せ【瀬】** 名詞 ❶川の流れのはやいところ。はやせ。例 瀬を泳ぎわたる。❷川のあさいところ。あさせ。例 魚を瀬においこむ。対 ふち。❸とき。きかい。場合。例 一年に一度のおう瀬（＝あうとき）がまたれる。❹ところ。立場。例 わたしの立つ瀬がない。参考 ③④は、少し古い言い方。

1 **ぜ** 助詞 念をおすときに使う語。例 早く行こうぜ。参考 おもに男性が会話で使う、くだけた言い方。

2 **ぜ【是】** 名詞 正しいこと。例 かれの考えを是とする。対 非。

ぜあみ【世阿弥】 人名 室町時代の能役者。父の観阿弥とともに能の芸術性を高め、能について記した「風姿花伝」を著した。

1 **せい** 名詞 《「…のせい」などの形で》原因や理由を表す言葉。（…の）ため。（…の）おかげ。例 ねぶそくのせいか頭が重い。

2 **せい【正】** 名詞 ❶主となるもの。本来のもの。例 正と副の二通の申込書。対 副。❷ゼロより大きい数。プラス。正数。例 正の整数。対 負。

3 **せい【生】** 名詞 ❶命のあること。生きていること。例 生と死の分かれ目。対 死。❷生まれること。命。例 この世に生をうける。

4 **せい【性】** 一 名詞 ❶男女の区別。おすとめすの区別。また、それにかんすること。❷生まれつきの心の働き。性質。例 性すこぶる誠実である。二 接尾語 《ある言葉の下につけて》「その性質を持つこと」を表す言葉。例 安全性。／植物性。

5 **せい【姓】** 名詞 ⬇1263ページ・みょうじ。例 母方の姓をなのる。

6 **せい【背】** 名詞 せたけ。身長。また、物の高さ。背。例 背の低い木。

ぜい【税】 名詞 ⬇684ページ・ぜいきん。

せいあつ【制圧】 名詞 する動詞 相手を力でおさえつけること。例 敵を制圧する。類 鎮圧。

せいい【誠意】 名詞 まじめにおこなおうとする気持ち。例 誠意をもって答える。

せいいき【声域】 名詞 人が声を出すことのできる高低のはば。参考 高い方から、女性はソプラノ・メゾソプラノ・アルト、男性はテノール・バリトン・バスなどに分ける。

1 **せいいく【生育】** 名詞 する動詞 生き物が生まれ育つこと。特に植物が育つこと。また、育てること。例 高山で生育する植物。類 生長。発育。

2 **せいいく【成育】** 名詞 する動詞 育って、体が大きくなること。特に人や動物が育つこと。例 子どもの成育環境をととのえる。類 成長。発育。

せいいたいしょうぐん【征夷大将軍】 名詞 ❶平安時代の初期に朝廷から命じられた、東北地方の「えみし」をしたがわせる役目の軍隊の長。また、その役目の名。❷鎌倉・室町・江戸の各時代に幕府の長となって政治・軍事をおこなった人。また、その役目の名。将軍。

せいいっぱい【精一杯】 名詞 力のかぎり。できるかぎり。例 精一杯の努力をした。

せいう【晴雨】 名詞 晴れと雨。晴天と雨天。例 晴雨にかかわらず、旅行に出かける。

せいうけい【晴雨計】 名詞 気圧の高低をはかる器械。気圧計。

セイウチ 名詞 セイウチ科の動物。北極海にむれでくらし、長いきばをもつ。▼ロシア語から。

せいうん【星雲】 名詞 雲のように見えるたくさんの星の集まり。例 アンドロメダ星雲。

せいうんのこころざし【青雲の志】 故事成語 世の中に出て、高い地位と名誉をえようとする希望。例 青雲の志をいだく。参考 「青雲」は晴れた青空のことで、高い地位を表す。

せいえい【精鋭】 名詞 形容動詞 いきおいがよくて、すぐれていること。また、その人。例 精鋭を集めたチーム。

せいえき【精液】 名詞 人間の男性や動物のお

すが体から出す、精子をふくんだ液。

1 **せいえん【声援】** 名詞 する動詞 言葉をかけてはげますこと。ことば「声援を送る」類 応援。

2 **せいえん【製塩】** 名詞 する動詞 海水や岩塩などから食塩をつくること。例 製塩業。

せいおう【西欧】 名詞 ❶西洋。ヨーロッパ。❷ヨーロッパの西部の地域。ドイツ・フランス・イギリスなどの国がある。参考 ヨーロッパの東部の地域は「東欧」という。

せいおん【清音】 名詞 濁点「゛」や半濁点「゜」をつけない、かなで表す音。たとえば「が」に対して「か」、「ぱ」「ば」に対して「は」など。参考 ⇩761ページ・濁音。1075ページ・半濁音。

1 **せいか【正課】** 名詞 学校で、だれもがかならず受けなければならない科目。必修科目。例 正課のクラブ活動。対 課外。

2 **せいか【生花】** 名詞 ❶⬇76ページ・いけばな。❷自然のままの花。例 仏前に生花をそなえる。対 造花。

3 **せいか【生家】** 名詞 ❶ある人が生まれた家。例 ベートーベンの生家。❷実の親やきょうだいがいる家。実家。例 ぼくは母の生家で生まれた。

4 **せいか【成果】** 名詞 ある仕事の（よい）結果。（よい）できばえ。例 すばらしい成果を上げた。

5 **せいか【声価】** 名詞 世間の（よい）評判。（よい）うわさ。ことば「声価が高まる」

6 **せいか【青果】** 名詞 野菜やくだものをひとまとめにしたよび名。あおもの。例 青果店。

7 **せいか【盛夏】** 名詞 夏のまっさかり。真夏。

8 **せいか【聖火】** 名詞 神にささげるためにもやすきよらかな火。特に、オリンピックの会場でもやし続ける火。

9 **せいか【聖歌】** 名詞 キリスト教で、神をたたえるための歌。例 聖歌隊（＝聖歌を歌うための合唱団）。類 賛美歌。

10 **せいか【製菓】** 名詞 〔仕事として〕菓子をつくること。例 製菓業。

1 **せいかい【正解】** 名詞 する動詞 正しく答えること。また、正しい答え。例 テストの正解が発表された。類 正答。

2 **せいかい【政界】** 名詞 政治の社会。類 財界。

3 **せいかい【盛会】** 名詞 多くの人が集まり、にぎやかな会。例 姉の結婚式は盛会だった。

せいかいちば【青果市場】 名詞 野菜やくだものを売ったり買ったりする市場。

1 **せいかく【正確】** 名詞 形容動詞 正しくて、たしかなこと。例 正確な位置をしめす。対 不正確。

2 **せいかく【性格】** 名詞 ❶考え方・行動・態度などに表れる、その人のとくちょう。例 まじめな性格。❷物事がもっている傾向やとくちょう。例 会の性格がはっきりしない。

せいがく【声楽】 名詞 人の声で表す音楽。例 声楽家。対 器楽。

せいかつ【生活】 名詞 する動詞 ❶生きて活動すること。例 アリの生活を観察する。❷〔社会の中で〕くらしていくこと。例 都会で生活する。／日常生活。

せいかつか【生活科】 名詞 小学校低学年の学科の一つ。身のまわりの社会や自然について勉強する。

せいかつかんきょう【生活環境】 名詞 人間がくらしていくための環境。例 生活環境の向上をめざす。

せいかつきょうどうくみあい【生活協同組合】 名詞 組合員が資金を出しあい、生産者から安くてよい品物を買うなどして、みんなの生活をよりよくしようとする組合。消費生活協同組合。co-op（コープ）。参考 略して「生協」ともいう。

せいかつしゅうかんびょう【生活習慣病】 名詞 日々のくらし方が原因でかかる病気。四十才以上の人がなりやすい。高血圧症・糖尿病などがある。参考 以前は「成人病」といった。

せいかつなん【生活難】 名詞 物価が上がったり、収入がへったりして、くらしが苦しい状態。

せいかつひ【生活費】 名詞 人がくらしていくために必要なお金。例 今月かかった生活費を計算する。

せいかつぶん【生活文】 名詞 日々のくらしの中でおこることを、題材として書いた文章。

せいかつほご【生活保護】 名詞 最低限度の生活ができるように、国が生活にこまっている国民を法律により助け、まもる制度。

せいがでる【精が出る】 慣用句 一生けんめい、働く。例 朝早くから、ご精が出ますね。参考 熱心に働く様子に感心していう。

1 **せいかん【生還】** 名詞 する動詞 ❶生きて、もどること。例 探検隊は全員生還した。❷野球で、走

あいうえお かきくけこ さしすせそ たちつてと なにぬねの はひふへほ まみむめも やゆよ らりるれろ わをん

ことばあそび おもしろ解説⑦ 非常口…「安全口」とよぶべきかもしれません。

者が本塁にかえって点をとること。ホームイン。

せいかん[2]【静観】（名詞）（する動詞） 物事の進み具合をしずかに見まもること。

せいかん[3]【精かん】（名詞）（形容動詞） 顔つき・体つき・動作などがたくましくするどいこと。例 精かんな顔だち。漢字 精悍。

せいがん【請願】（名詞）（する動詞） 国民が法律で決められたやり方で、国や役所に希望することがらを願い出ること。例 制度改正を求めて請願する。

ぜいかん【税関】（名詞） 輸出品・輸入品にぜい金をかけたり、貿易のとりしまりをしたりする役所。港や空港におかれている。参考 日本では財務省にぞくしている。

せいかんトンネル【青函トンネル】（名詞） 本州と北海道をむすぶ海底トンネル。JRの鉄道線路が通っている。参考「青」は青森、「函」は函館の略から。

せいき[1]【生気】（名詞） いきいきした感じ。例 生気のない顔。類 活気。

せいき[2]【世紀】一（助数詞） 百年を区切りとした年代のかぞえ方。キリストの生まれた年をもとにしている。参考 二十一世紀は二〇〇一年から二一〇〇年まで。
二（名詞） ❶ある時代。年代。例 科学の世紀。❷《「世紀の…」の形で》一世紀に一度しか現れないような。例 世紀の大発見だ。

せいき[3]【正規】（名詞）（形容動詞） 正式に決められていること。また、そのきまり。例 正規の手続きをふむ。

せいき[4]【性器】（名詞） 動物が、子どもをつくるのに必要とする器官。生殖器。

せいぎ【正義】（名詞） 人のおこなうべき正しいすじ道。例 正義をつらぬく。

せいぎかん【正義感】（名詞） 人のおこなうべき正しいことを重んじる気持ち。ことば「正義感が強い」

せいきゅう[1]【性急】（名詞）（形容動詞） 落ち着きがなく、あわただしいこと。例 性急に事をはこぶ。

せいきゅう[2]【請求】（名詞）（する動詞）〔正しい権利として〕相手にもとめること。例 代金を請求する。類 要求。

せいきゅうしょ【請求書】（名詞） 商品の代金や仕事の料金の支払いをもとめる書類。

せいきょ【逝去】（名詞）（する動詞）「人がなくなること」のうやまった言い方。例 昨夜、先生のお母さまが逝去された。

せいぎょ【制御】（名詞）（する動詞） ❶思うとおりにおさえて、あやつること。例 力を制御する。❷機械などが目的どおりに動くように、操作・調節すること。例 速度を制御する。

せいきょう[1]【生協】（名詞） ➡683ページ・せいかつきょうどうくみあい。

せいきょう[2]【盛況】（名詞） にぎやかでさかんな有様。例 バザーはとても盛況だった。

せいぎょう[1]【正業】（名詞） まじめな職業。ふつうのきちんとした職業。例 正業につく。

せいぎょう[2]【生業】（名詞） 生活のための職業。例 生業にいそしむ。類 職業。なりわい。

せいきょく【政局】（名詞） 政治のなりゆき。例 大きな問題をかかえて政局はゆれている。

せいきん【精勤】（名詞）（する動詞） まじめに、勉強や仕事にはげむこと。例 長い間の精勤に対して、社長賞があたえられた。参考 あらたまった言い方。類 精励。皆勤。

ぜいきん【税金】（名詞） 国・都道府県・市町村が社会保障、社会資本の整備、公的サービスを運営するため、国民にわり当ててとるお金。租税。税。

せいく【成句】（名詞） ❶昔からよく使われている、物事の真理を言い表した、短い言葉。「風邪は万病のもと」など。❷二つ以上の語が結びついて、あるまとまった意味を表す言葉。「油断大敵」など。

せいくらべ【背比べ】（名詞）（する動詞） せの高さを、たがいにくらべあうこと。せくらべ。

せいけい[1]【成型】（名詞）（する動詞） 型にはめて物をつくること。

せいけい[2]【成形】（名詞）（する動詞） 形をつくること。類 形成。

せいけい[3]【生計】（名詞） 生活をしていく方法。くらしかた。ことば「生計を立てる」例 一家の生計をたもつ。類 家計。

せいけい[4]【西経】（名詞） イギリスの、もとグリニッジ天文台のあったところを通る線を〇度として、それから西の方へ百八十度までの間の経度。対 東経。⇩404ページ・経度（図）。

せいけい[5]【整形】（名詞）（する動詞） 物の形を整えること。例 整形手術。

せいけいをたてる【生計を立てる】

〈注〉（　）内が、もともとのことわざ。

慣用句 お金をかせいで生活していく。例 アルバイトで生計を立てながら、大学へかよう。

せいけつ【清潔】 名詞 形容動詞 よごれがなく、さっぱりしていること。例 清潔なシャツ。／清潔感がある。対 不潔。

[1]**せいけん【政見】** 名詞 政治についての意見。例 首相の政見放送を聞く。

[2]**せいけん【政権】** 名詞 国の政治をおこなう力。例 選挙にかって政権をにぎる。

せいげん【制限】 名詞 する動詞 〔これ以上はいけないという〕区切りをつけること。また、その区切り。例 食事を制限する。／制限速度。類 制約。

[1]**せいご【生後】** 名詞 生まれてから後。例 生後三か月の赤ちゃん。

[2]**せいご【正誤】** 名詞 ❶正しいことと、まちがっていること。❷まちがっているのを、正しく直すこと。例 本の正誤表（＝こういうまちがいがあるので、このように直してくださいという指示がある表）をかくにんする。

[1]**せいこう【成功】** 名詞 する動詞 ❶計画どおり、りっぱにできあがること。例 実験は成功だ。対 失敗。不成功。❷高い地位や財産を手に入れて社会からみとめられること。例 実業家として成功した。

[2]**せいこう【性交】** 名詞 する動詞 男女が性の交わりをすること。

[3]**せいこう【性行】** 名詞 人の性質や、ふだんのおこない。例 子どもたちの性行を観察する。

[4]**せいこう【精巧】** 名詞 形容動詞 細かいところまで、うまくつくられていること。例 精巧なおもちゃ。

[5]**せいこう【製鋼】** 名詞 する動詞 鋼鉄をつくること。また、その鋼鉄。

せいこううどく【晴耕雨読】 四字熟語 晴れた日には田畑をたがやし、雨の日には家にいて読書をすること。しずかに、のんびりと生活するようすをいう。例 晴耕雨読の日々をおくる。

せいこうとうてい【西高東低】 名詞 冬によくみられる日本付近の気圧の配置で、西のシベリアに高気圧があり、東のオホーツク海方面に低気圧があること。そのため、日本海側では雪や雨になり、太平洋側ではつめたい風がふいて晴れることが多くなる。

せいこうほう【正攻法】 名詞 だましたりはかりごとをもちいたりしないで、どうどうとせめるやり方。

ぜいこみ【税込み】 名詞 はらわれる給料・代金・料金などに税金として国などにおさめる分がふくまれていること。また、税金をふくんだ金額。例 税込み二千二百円。

[1]**せいこん【精根】** 名詞 〔物事をしようとする〕体力と精神力。精力と根気。ことば「精根を使い果たす」

[2]**せいこん【精魂】** 名詞 物事にうちこむ強い気持ちや思い。ことば「精魂をこめる」「精魂をかたむける」

[1]**せいざ【正座】** 名詞 する動詞 ひざをそろえて、足をくずさずにすわること。

[2]**せいざ【星座】** 名詞 星をいくつかの集まりに分け、その形によって名前をつけたもの。オリオン座・さそり座など八十八星座ある。

せいさい【制裁】 名詞 する動詞 規則などをやぶった者をばっすること。また、そのばつ。ことば「制裁を加える」

せいざい【製材】 名詞 する動詞 山から切り出した木を角材や板にすること。

せいさいをかく【精彩を欠く】 慣用句 生き生きとしたところが見えない。例 精彩を欠くプレーで、負けてしまった。

せいさいをはなつ【精彩を放つ】 慣用句 目立って、生き生きとして見える。例 ステージでひときわ精彩を放つ。

[1]**せいさく【制作】** 名詞 する動詞 絵や彫刻など、芸術作品をつくること。例 絵画を制作する。⇩使い分け。

[2]**せいさく【政策】** 名詞 政治をしていくときの目当て。政治のしかた。例 外交政策。

[3]**せいさく【製作】** 名詞 する動詞 ❶品物をつくること。例 部品を製作する。類 製造。❷映画・演劇・放送番組などをつくること。例 アニメーションの製作にとりかかる。参考 ❷は「制作」とも書く。⇩使い分け。

[1]**せいさん【生産】** 名詞 する動詞 人間の生活に必要な物をつくり出すこと。例 米を生産する。／大量生産。対 消費。

[2]**せいさん【成算】** 名詞 物事をうまくやりとげるみこみ。例 監督を引き受けたのは、チームを強くできる成算があってのことだろう。

[3]**せいさん【清算】** 名詞 する動詞 ❶かしかりを計

ことばあそび ことわざパロディー❶ だんごより現金（花よりだんご）

算してきまりをつけること。例月末に清算します。❷今までの関係やつながりをなくすこと。例悪い友だちとのつきあいを清算する。⇩使い分け。

4 **せいさん【精算】** 名詞 する動詞 〔そんとく・かしかりなどを〕細かく計算して結果を出すこと。例乗りこし料金を精算する。対概算。⇩使い分け。

せいさんかくけい【正三角形】 名詞 三つの辺の長さが、すべてひとしい三角形。⇩663ページ・図形（図）。

せいさんカリ【青酸カリ】 名詞 「シアン化カリウム」の別名。強い毒を持つ白色の結晶で、金や銀のめっきなどに使う。

せいさんしゃ【生産者】 名詞 生活に必要なものをつくる人。例野菜の生産者。

使い分け せいさく

● 作品をつくること。
絵を制作する。

● 品物をつくること。
いすを製作する。

使い分け せいさん

● しはらいをすませること。
借金を清算する。

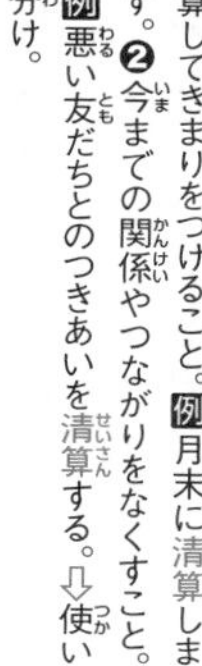

● 細かく計算すること。
料金を精算する。

せいさんだか【生産高】 名詞 生産されたものの量。例米の生産高があがる。

1 **せいし【生死】** 名詞 ❶生きているか死んでいるか。また、生きることと死ぬこと。例生死不明。❷運命。

ことば「生死のさかいをさまよう」「生死を共にする」

2 **せいし【正視】** 名詞 する動詞 正面から見ること。まともに見ること。例とても正視することができない。

3 **せいし【制止】** 名詞 する動詞 おさえて、止めること。例係員の制止をふりきって入りこむ。類禁止。

4 **せいし【精子】** 名詞 精巣でつくられる、子どもをつくるためのもとになる細胞。精虫。対卵子。

5 **せいし【静止】** 名詞 する動詞 じっとして動かないこと。止まって、動かないこと。例空中でぴたりと静止する。／静止画。類停止。対運動。

6 **せいし【製糸】** 名詞 糸をつくること。また、まゆから糸をとること。例製糸工場。

7 **せいし【製紙】** 名詞 紙をつくること。例製紙会社。

せいじ【政治】 名詞 国をおさめること。例日本の政治。

せいしえいせい【静止衛星】 名詞 地球の自転と同じはやさで、赤道の上を動く人工衛星。地上から見ると止まっているように見える。通信衛星として利用する。

せいじか【政治家】 名詞 ❶政治をおこなうことを仕事にしている人。❷ごたごたした問題をうまくおさめる人。かけひきのうまい人。例あの人はなかなかの政治家だ。

せいしき【正式】 名詞 形容動詞 きめられたとおりの正しいやり方。また、それに合っていること。例正式にもうしこむ。類公式。対略式。

せいしつ【性質】 名詞 ❶人が生まれつきもっている心や気持ちの様子。たち。例おこりっぽい性質。❷その物がもとからもっている、とくちょう。例油は水にまじりにくい性質がある。

せいじつ【誠実】 名詞 形容動詞 うそがなく、心がこもっていること。例つねに誠実でありたい。類忠実。実直。対不誠実。

1 **せいじゃ【正邪】** 名詞 正しいことと、悪いこと。例正邪を明らかにする。

2 **せいじゃ【聖者】** 名詞 ❶⬇せいじん（聖人）。❷キリスト教で、信仰がかたく、おこないのりっぱな信者。類聖女。

せいじゃく【静寂】 名詞 形容動詞 ひっそりとして、しずかなこと。例 静寂につつまれる。

せいしゅ【清酒】 名詞 米からつくる、すんだ日本の酒。日本酒。

せいしゅく【静粛】 名詞 形容動詞 声や物音をたてず、しずかにしていること。例 ご静粛に願います。

せいじゅく【成熟】 名詞 する動詞 ❶くだものなどが、よくみのること。例 成熟したメロン。❷心や体が一人前に成長すること。例 成熟した大人。参考 人や生き物以外に使うこともある。例 成熟した社会。❸何かをするのに、ちょうどよいころあいになること。例 市場が成熟する。

せいしゅん【青春】 名詞 元気でわかさのあふれる時代。わかい時代。例 青春は二度とこない。

せいじゅん【清純】 名詞 形容動詞 きよらかで、けがれのないようす。例 清純な心。

[1]**せいしょ【清書】** 名詞 する動詞 きれいに書き直すこと。また、書き直したもの。例 作文を清書する。

[2]**せいしょ【聖書】** 名詞 キリスト教の教えが書いてある本。バイブル。参考「旧約聖書」と「新約聖書」がある。

せいじょ【聖女】 名詞 信仰があつく、おこないがりっぱな女の人。類 聖者。聖人。

せいしょう【斉唱】 名詞 する動詞 ❶大ぜいの人が声をそろえてとなえること。例 ばんざいを斉唱する。❷二人以上の人が同じふしをうたうこと。例 国歌を斉唱する。参考 ⇩267ページ・合唱。

[1]**せいじょう【正常】** 名詞 形容動詞 特にかわったところがなく、ふつうであること。例 正常に動く。対 異常。

[2]**せいじょう【清浄】** 名詞 形容動詞 よごれがなく、きれいなこと。例 清浄な場所。／空気清浄機。対 不浄。

せいじょうき【星条旗】 名詞 アメリカ合衆国の国旗。独立したときの十三州を表す赤白十三本の線と、左上の青地に、今の五十州を表す白い星がえがかれている。

せいしょうなごん【清少納言】 人名（十世紀ごろ）平安時代の中ごろの女官・文学者。一条天皇のきさきである定子につかえた。宮中で見たり聞いたりしたことを書きつづった随筆「枕草子」の作者として有名。

せいしょうねん【青少年】 名詞 青年と少年。わかもの。

せいしょく【生殖】 名詞 生き物が自分と同じ種類の生き物を新しくつくること。また、その働き。

[1]**せいしん【清新】** 形容動詞 気持ちやふんい気などが、新しくて、すがすがしいようす。例 清新な作風の画家。

[2]**せいしん【精神】** 名詞 ❶心。また、心のもち方。例 健全な精神。／精神を集中させる。対 肉体。❷物事のもとになる大切な意味・目的。例 オリンピックの精神。

[1]**せいじん【成人】** 〔一〕名詞 心身ともに成長した大人。例 成人式。参考 日本の法律では満十八才以上の人。二〇二二年三月までは満二十才以上の人とされていた。〔二〕名詞 する動詞 子どもが育って、大人になること。例 成人して親元をはなれる。

[2]**せいじん【聖人】** 名詞 すぐれた知識をもち、おこないがりっぱで、人々から尊敬される人。聖者。類 君子。聖女。

せいしんいっとうなにごとかならざらん【精神一到何事か成らざらん】 故事成語 心を集中して物事をおこなえば、どんなむずかしいことでも、かならずできる。

せいじんしき【成人式】 名詞 ふつう、成人の日に、その一年間に成人になった人々を祝う儀式。地方自治体などが中心になっておこなわれる。参考 十八才でおこなうが、二十才でおこなうこともある。

せいしんせいい【誠心誠意】 四字熟語 まごころをもって一生けんめいに。例 誠心誠意サービスにつとめる。

せいしんてき【精神的】 形容動詞 心の働きに関係しているようす。例 精神的なショックから立ちなおる。対 肉体的。物質的。

せいしんねんれい【精神年齢】 名詞 ❶精神の発達のていどを、平均的な人の何才に当たるかというように、年れいによって表したもの。❷じっさいの年令とはかんけいなく、その人の考え方などが何才ぐらいかということ。例 精神年齢がわかい人。

せいじんのひ【成人の日】 名詞 国民の祝日の一つ。成人した人を祝う日。1999年までは一月十五日。二〇〇〇年からは一月の第二月曜日。

ことばあそび ことわざパロディー❷ ちりもつもれば大型ごみ（ちりもつもれば山となる）

せいじんびょう【成人病】(名詞) ➡683ページ・せいかつしゅうかんびょう。

せいしんりょく【精神力】(名詞) 何かをやりぬこうとする、気持ちの強さ。例 精神力をきたえる。類 気力。

せいず【製図】(名詞)(する動詞) じょうぎやコンパスなどを使って図面をかくこと。また、その図面。類 作図。

せいすい【盛衰】(名詞) 〔物事のいきおいなどが〕さかんになることと、おとろえること。例 源氏と平家の盛衰をえがいた物語。類 興亡。

1 **せいすう**【正数】(名詞) ゼロより大きい数。プラスの数。対 負数。

2 **せいすう**【整数】(名詞) 0・1・2・3・4…などのように、はすうのない数。参考 ⇩614ページ・小数。1169ページ・分数。

せいする【制する】(動詞) ❶〔気持ちや言葉などを〕おさえる。止める。例 先生が、さわぐ生徒を制する。❷おさめる。思うとおりにする。支配する。ことば 「勝ちを制する」「先んずれば人を制する」 活用 せい・する。

1 **せいせい**【清清】(副詞(―と))(する動詞) さっぱりして、気持ちがよいようす。例 言いたいことを言って、気分が清々した。参考 ふつう「清々」と書く。

2 **せいせい**【精製】(名詞)(する動詞) ❶細かいところまで、気をつけてつくること。例 精製品。❷あらくつくられたものに手を加えて、まじり気のないものにすること。例 砂糖を精製する。

せいぜい(副詞) ❶できるだけ。せいいっぱい。例 せいぜいおまけいたします。❷多く考えても。例 川の深さはせいぜい三十センチメートルだ。

せいせいどうどう【正正堂堂】四字熟語 おこないや態度が正しくて、りっぱなようす。例 正々堂々と戦う。参考 ふつう「正々堂々」と書く。

せいせき【成績】(名詞) ❶あることをやり終わった後の結果。例 売り上げの成績がよい。❷学習や試験のできばえ。例 学校の成績。注意 「成積」と書かないこと。

せいせっかい【生石灰】(名詞) 石灰岩を焼いてできる白色のかたまり。酸化カルシウムの別の名前。

1 **せいせん**【生鮮】◀(形容動詞) 新しくていきがよいこと。例 生鮮食料品。類 新鮮。

2 **せいせん**【精選】(名詞)(する動詞) たくさんの中からよいものをえらびだすこと。えりぬき。例 全国から精選された作品。

せいぜん【生前】(名詞) 〔ある人が〕生きていたとき。例 生前の功績をたたえる。対 死後。

せいぜんと【整然と】(副詞) きちんと、ととのっているようす。例 整然とならぶ。対 雑然と。

せいそ【清そ】(名詞)(形容動詞) かざりけがなく、きよらかで、感じのよいようす。例 清そなふんい気。漢字 清楚。

1 **せいそう**【正装】(名詞)(する動詞) 正式の服そうをすること。また、その服そう。例 正装して式に出席した。対 略装。⇩使い分け。

2 **せいそう**【清掃】◀(名詞)(する動詞) そうじをすること。例 園内を清掃する。／清掃活動。

3 **せいそう**【盛装】(名詞)(する動詞) 美しく着かざること。また、その服そう。例 会場は盛装した人々でいっぱいです。⇩使い分け。

4 **せいそう**【精巣】(名詞) 精子をつくるところ。対 卵巣。

せいぞう【製造】(名詞)(する動詞) 〔工場などで大量に〕商品として売るための物をつくること。例 テレビを製造している工場。類 製作。

せいそうけん【成層圏】(名詞) 高さ十～五十キロメートルのところにある大気の層。対流圏の上にあって、気温はほぼ一定している。

せいそうこうじょう【清掃工場】◀(名詞) ごみなどを集めて、もやしたりしてしょりするしせつ。

せいそく【生息】(名詞)(する動詞) 生物が生活し、生きていること。また、すんでいること。例 海辺に生息する鳥。

使い分け　せいそう

●正式の服そう。
正装で出席する。

●着かざること。
盛装した姉。

せいぞろい【勢ぞろい】 (名詞)(する動詞) ある目的のために大ぜいの人が集まりそろうこと。例 選手がグラウンドに勢ぞろいした。

せいぞん【生存】 (名詞)(する動詞) 生きていること。生き残ること。例 全員の生存がかくにんされた。対 死滅。

せいぞんきょうそう【生存競争】 (名詞) ❶生き物が生きるために、食べ物などをえようとしてする争い。強いものが残り弱いものがほろびる。❷人間社会で、生活や会社を続けるための争い。例 企業間の生存競争。

1 **せいたい【生態】** (名詞) 生き物が生活している様子。例 サルの生態を観察する。

2 **せいたい【声帯】** (名詞) のどにある声を出すまく。二本のおびのような筋肉で、肺から出る空気のしんどうによって声を出す。

せいだい【盛大】 (形容動詞) ［集まりや会が］大きくて、りっぱなようす。例 盛大なパーティー。

せいたかくけい【正多角形】 (名詞) 辺の長さも、角の大きさもすべてひとしい多角形。参考 「せいたかっけい」とも読む。

ぜいたく (名詞)(形容動詞)(する動詞) 必要以上にお金や物を使うこと。例 ぜいたくなくらし。

せいだくあわせのむ【清濁併せのむ】 慣用句 心が広く、よい人でも悪い人でもかまわずに受け入れる。

せいたん【生誕】 (名詞)(する動詞) 人が生まれること。例 リンカーン生誕の地。

せいだん【星団】 (名詞) たくさんの恒星の集まり。例 プレアデス星団。

1 **せいち【生地】** (名詞) その人が生まれた土地。例 わたしの生地は山口県です。

2 **せいち【聖地】** (名詞) 宗教上、きよらかでとうといとされている土地。宗教がおこったところや、信仰の中心となるところ。参考 キリスト教のエルサレム、イスラム教のメッカなど。

3 **せいち【整地】** (名詞)(する動詞) ❶家などを建てるために土地を平らにすること。地ならし。❷作物を植えるため田畑をたがやしととのえること。

せいちゅう【成虫】 (名詞) 親になったこん虫。対 幼虫。

1 **せいちょう【生長】** (名詞)(する動詞) 草や木が育って大きくなること。例 アサガオの生長。類 生育。発育。⇩使い分け。

2 **せいちょう【成長】** (名詞)(する動詞) ❶人や動物などが育って大きくなること。精神が一人前になること。例 子どもは成長がはやい。／成長期。類 成育。発育。❷物事が発展すること。例 経済が成長する。⇩使い分け。

せいちょうかぶ【成長株】 (名詞) ❶これから大いに発展するみこみのある会社の株。❷これから先りっぱになると思われる人。例 かれは新人選手のなかで一番の成長株だ。

せいちょうホルモン【成長ホルモン】 (名詞) 体の成長をうながすホルモン。おもに、骨・筋肉・内臓にはたらく。

せいつう【精通】 一 (名詞)(する動詞) そのことがらについて、くわしく知っていること。例 パソコンに精通している。二 (名詞) 男性の初めての射精。

使い分け せいちょう

● 植物が育つこと。
なえが生長する。

● 人や動物が育つこと。
子どもが成長する。

せいてい【制定】 (名詞)(する動詞) 法律や規則などをつくり、さだめること。例 憲法が制定された。

1 **せいてき【性的】** (形容動詞) 男女の性や性欲にかかわるようす。

2 **せいてき【静的】** (形容動詞) 動きのないようす。例 静的な表現。対 動的。

せいてつ【製鉄】 (名詞) 鉄鉱をとかして、鉄をつくること。例 製鉄所。

せいてはことをしそんずる【せいては事を仕損ずる】 ことわざ あわてて物事をすると、かえって失敗しやすい、というたとえ。

1 **せいてん【青天】** (名詞) 晴れわたった空。青空。

2 **せいてん【晴天】** (名詞) 晴れた空。また、よい天気。例 晴天が続く。類 好天。対 雨天。曇天。

3 **せいてん【聖典】** (名詞) ある宗教のもとになる、大切な教えなどが書かれている本。参考 仏教

ことばあそび ことわざパロディー❸ 泣く子は目立つ（泣く子は育つ）

の経典、キリスト教の聖書、イスラム教のコーランなど。

せいでんき【静電気】㊔ まさつによっておき、ある物についたまま動かない電気。

せいてんのへきれき【青天のへきれき】故事成語 とつぜんおこった、大事件やびっくりするようなこと。例 わたしがテレビに出るなんて、まさに青天のへきれきだ。参考「青天」は、青空のこと。「へきれき」は、かみなりのこと。青空にとつぜんかみなりが鳴るということから。注意「晴天のへきれき」と書かないこと。

せいてんはくじつ【青天白日】四字熟語 ❶青空に日がかがやいていること。よい天気。❷自分の心に後ろ暗いことがないこと。罪がないことがはっきりすること。例 うたがいが晴れて青天白日の身になる。注意「晴天白日」と書かないこと。

せいと【生徒】名詞 先生から教えを受ける人。特に、中学生や高校生。例 近くの中学の生徒たち。参考 ふつう、小学生は「児童」、大学生は「学生」という。類 学徒。

1 **せいど**【制度】名詞 国や団体などでさだめた、きまりやしくみ。例 社会保障制度。

2 **せいど**【精度】名詞 測定する器械などがどれくらい精密であるかの程度。例 精度を上げる。

1 **せいとう**【正当】名詞 形容動詞 道理にかなっていて正しいこと。例 正当な権利。対 不当。

2 **せいとう**【正答】名詞 する動詞 正しいこたえ。類 正解。対 誤答。

3 **せいとう**【正統】名詞 形容動詞 ❶血すじなどが、まじり気のないこと。例 源氏の正統。❷ある物事をはじめた人の教えなどを正しく受けついでいること。例 この流派の正統な継承者。❸その時代や社会のなかで、もっとも受け入れられている考え方や立場。例 かのじょは正統派のアイドルだ。対 ①〜③異端。

4 **せいとう**【政党】名詞 政治について同じ考えをもつ人が集まってつくった団体。

5 **せいとう**【製糖】名詞 サトウキビやテンサイなどからさとうをつくること。例 製糖工場。

1 **せいどう**【制動】名詞 する動詞 動いているものをとめたり、速さをゆるめたりすること。ブレーキをかけること。例 制動機（＝ブレーキ）。

2 **せいどう**【青銅】名詞 銅とすずとをまぜあわせてつくった合金。じょうぶでさびにくいため、銅像などをつくるのに使う。

3 **せいどう**【聖堂】名詞 ❶孔子をまつった建物。例 湯島聖堂。❷キリスト教の教会堂。

せいどうきじだい【青銅器時代】名詞 石器時代と鉄器時代のあいだの時代。青銅を使い、物の生産がさかんになり、国家がおこった。

せいとうせいじ【政党政治】名詞 いくつかの政党のうち、議員の数が一番多い政党が内閣をつくっておこなう政治のしくみ。

せいとうぼうえい【正当防衛】名詞 あぶないめに合わされたとき、自分を守るために、しかたなく相手に害を加えること。参考 法律では罪にならない。

せいとかい【生徒会】名詞 中学校・高等学校などの、生徒が自分たちのことを自分たちできめて、おこなう会。

せいどく【精読】名詞 する動詞 細かいところまでていねいによむこと。例 史料を精読する。類 熟読。対 乱読。

せいとん【整頓】名詞 する動詞 みだれている物の位置などを、きちんとととのえること。例 引き出しの中を整頓する。類 整理。

せいなんせんそう【西南戦争】名詞 一八七七（明治一〇）年、西郷隆盛がひきいる薩摩藩（＝今の鹿児島県）の士族たちが政府に反対しておこした戦争。西南の役。

せいなんのえき【西南の役】名詞 ⇩せいなんせんそう。

ぜいにく【ぜい肉】名詞 太りすぎのよぶんな肉。例 ぜい肉がつく。

1 **せいねん**【成年】名詞 心や体が一人前になったとみられる年。参考 法律では満十八才。二〇二二年三月までは満二十才。対 未成年。

2 **せいねん**【青年】名詞 二十才前後のわかい男女。例 青年期。

せいねんかいがいきょうりょくたい【青年海外協力隊】名詞 発展途上国の課題解決を手助けするために日本からおくられる、ボランティアの青年たち。また、その活動をする組織。

せいねんがっぴ【生年月日】名詞 生まれた年と月と日。

せいのう【性能】名詞 〔機械などの〕性質や働き。例 小さいが性能のよいモーター。

せいは【制覇】名詞 する動詞 ❶ほかのものをおさ

えて、支配者になること。例周辺の国を制覇した。❷競技などで優勝すること。例夏の大会で全国制覇をなしとげた。

せいばい【成敗】 名詞 する動詞 こらしめること。罪をさばいて、ばっすること。例悪人を成敗する。

せいばつ【征伐】 名詞 する動詞 さからう者や悪者をせめて、ほろぼすこと。例秀吉の九州征伐。類退治。

せいはんたい【正反対】 名詞 形容動詞 完全にぎゃくであること。例あの二人は正反対の性格だ。

せいひ【成否】 名詞 せいこうと、失敗。例計画の成否のかぎをにぎる人。

せいび【整備】 名詞 する動詞 いつでも使えるように、じゅんびすること。例道路を整備する。

せいひょう【製氷】 名詞 する動詞 氷をつくること。例製氷皿。

せいひれい【正比例】 名詞 する動詞 二つの数量が関係しあって、同じわりあいでふえたりへったりすること。対反比例。逆比例。

せいひん【製品】 名詞 〔商品として〕こしらえた品物。例新製品。

せいふ【政府】 名詞 国の政治をおこなうところ。日本では内閣と、その役所。例日本政府。／政府の代表。

せいぶ【西部】 名詞 西の方の部分。例北海道西部。

1**せいふく【制服】** 名詞 ある団体にぞくする人がきる、形や色が同じであるように決められた服。ユニホーム。対私服。

2**せいふく【征服】** 名詞 する動詞 ❶相手を負かして、したがえること。例世界征服をたくらむ。❷むずかしいことをやりとげること。例登山隊は、エベレストを征服した（＝頂上までのぼった）。

1**せいぶつ【生物】** 名詞 生き物。動物と植物のこと。例生物の進化。／海洋生物。

2**せいぶつ【静物】** 名詞 動かないもの。特に、画材で、動かないもの。例静物画。

せいふん【製粉】 名詞 する動詞 穀物をひいてこなにすること。特に、小麦をこなにすること。

せいぶん【成分】 名詞 物を形作っているもとになる一つ一つのもの。例水の成分。

1**せいべつ【生別】** 名詞 する動詞 いっしょにいるはずの人が、たがいに生きていながら、はなればなれになること。生きわかれ。例五才のときに、父と生別した。対死別。

2**せいべつ【性別】** 名詞 男と女、おすとめすの区別。

せいへん【政変】 名詞 政治のうえでの急な変動。特に、それまでの政府がたおれて、新しい政府ができること。

1**せいぼ【聖母】** 名詞 キリストの母。例聖母マリア。

2**せいぼ【歳暮】** 名詞 ❶年のくれ。年末。歳末。例歳暮の大売り出し。❷世話になった人におくる年のくれのおくり物。例お歳暮をおくる。参考 ⇩808ページ・中元。

せいほう【製法】 名詞 物のつくり方。例チーズの製法をならった。

1**せいぼう【声望】** 名詞 世間の（よい）ひょうばんと人望。ことば「声望が高い」

2**せいぼう【制帽】** 名詞 ある団体に入っている人々がかぶる、同じ色や形のぼうし。

せいほうけい【正方形】 名詞 四つの辺の長さが同じで、四つの角がみな直角の四角形。真四角。⇩663ページ・図形（図）。

せいほん【製本】 名詞 する動詞 原稿や印刷物などをとじて本にすること。例文集を製本する。

せいまい【精米】 名詞 する動詞 玄米のぬかをとりのぞき、こめを白くすること。また、白くなったこめ。例精米所。

せいみつ【精密】 形容動詞 ❶細かいところまでうまくつくられているようす。例精密な計器。❷細かいところまで注意が行きとどいているようす。例精密な検査。

ぜいむしょ【税務署】 名詞 国民から税金を集める仕事をする役所。

1**せいめい【生命】** 名詞 ❶命。じゅみょう。例とうとい生命。❷もっとも大切なもの。例公正こそ報道の生命だ。

2**せいめい【声明】** 名詞 する動詞 ある団体などが、自分たちの意見を広く世間に発表すること。また、その意見。例政府が声明を発表した。

3**せいめい【姓名】** 名詞 みょうじと名前。氏名。

4**せいめい【清明】** 名詞 二十四節気の一つ。昔のこよみで、すがすがしいとされるとき。四月四日、五日ごろ。⇩口絵7ページ。

せいめいいじそうち【生命維持装置】

あいうえお かきくけこ さしすせそ たちつてと なにぬねの はひふへほ まみむめも や ゆ よ らりるれろ わ を ん

ことばあそび ことわざパロディー❹ 無理が通れば道理になる（無理が通れば道理が引っこむ）

(名詞) 病気の重い患者の生命をたもつための装置。呼吸を助けたり水分や栄養をおぎなったりする、さまざまな装置をまとめていう。

せいめいせん【生命線】(名詞) ❶命を守るために、それ以上はぜったいゆずれないさかいめ。例 生命線を死守する。❷手相で、命の長さをうらなう手のひらのすじ。

せいめいほけん【生命保険】(名詞) 保険をかけている人が死んだときや、一定の年令になったときに、決められた額のお金がしはらわれることを約束する保険。

せいめいりょく【生命力】(名詞) 生きようとする力。生きぬく力。例 ざっ草のような生命力。

せいもこんもつきる【精も根も尽きる】慣用句 精力も根気もなくなる。例 苦労が続いて精も根も尽きた。

せいもん【正門】(名詞) 建物の正面にある門。おもて門。例 学校の正門。

せいや【聖夜】(名詞) クリスマスの前夜。クリスマスイブ。十二月二十四日の夜。

1 **せいやく**【制約】(名詞)(する動詞) 条件を決めて、それをこえさせないこと。また、その条件。例 行動を制約する。類 制限。

2 **せいやく**【誓約】(名詞)(する動詞) ちかいをたて、かたく約束すること。また、その約束。例 誓約書。

3 **せいやく**【製薬】(名詞) 薬をつくること。例 製薬会社。

1 **せいゆ**【精油】[一] (名詞) 植物の花・実・根からとった、においのよい油。香水の原料にする。
[二] (名詞)(する動詞) 石油からまじりもののない上等な石油をつくること。また、その石油。

2 **せいゆ**【製油】(名詞)(する動詞) ❶植物や動物から油をとること。❷原油から、灯油・軽油・ガソリンなどをつくること。

せいゆう【声優】(名詞) ラジオ・テレビ・アニメーション・映画などで、声だけで出演する俳優。

1 **せいよう**【西洋】(名詞) 〔日本からみて〕ヨーロッパやアメリカの国々のこと。対 東洋。

2 **せいよう**【静養】(名詞)(する動詞) 病気やつかれをなおすために、心や体をしずかに休めること。例 あたたかい土地で静養する。類 休養。

せいよく【性欲】(名詞) 性的に相手をもとめる欲望。

せいらい【生来】(名詞) ❶生まれつき。例 ぼくは生来のあわてものでこまります。❷うまれてからずっと。例 祖母は生来この町をはなれたことがない。

1 **せいり**【生理】(名詞) ❶生き物が生きていくための体の働き。例 人間の生理を勉強する。❷月経。メンス。

2 **せいり**【整理】(名詞)(する動詞) ❶みだれているものを正しくすること。例 手紙を整理する。類 整頓。❷よぶんなものをのぞくこと。例 大幅に人員を整理する。

せいりつ【成立】(名詞)(する動詞) 物事がなりたつこと。また、とりきめなどがまとまること。例 売買のけいやくが成立した。類 形成。対 不成立。

せいりてき【生理的】(形容動詞) ❶体のしくみや働きにかんするようす。例 生理的食塩水。❷〔りくつからではなく〕生まれつきの心の働きから、そのように感じるようす。例 毛虫は生理的に好きになれない。

せいりゃく【政略】(名詞) ❶政治上のはかりごと。政権を取るための策略。例 政略結婚。❷利益をえるためのかけひき。例 米の輸入自由化にたいする政略。

1 **せいりゅう**【清流】(名詞) 川などのすんだ流れ。例 ヤマメは清流にすむ川魚です。対 濁流。

2 **せいりゅう**【整流】(名詞)(する動詞) 交流の電流を、直流にかえること。

せいりょう【声量】(名詞) 声の大きさやゆたかさ。例 声量のゆたかな歌手。

せいりょういんりょうすい【清涼飲料水】(名詞) アルコール・乳製品以外の飲み物。ジュースやお茶など。

1 **せいりょく**【勢力】(名詞) ほかのものをおさえる力。いきおい。例 勢力はんい。

2 **せいりょく**【精力】(名詞) 心や体を働かせるもとになる力。例 精力おうせいな人。類 活力。

せいりょくてき【精力的】(形容動詞) 〔いくら働いても〕精力にみちて、つかれをみせないようす。〔つかれもみせず〕物事をどんどんおこなうようす。例 年をとっても仕事を精力的にこなす。

1 **せいれい**【政令】(名詞) 政治をおこなうため、内閣が定める命令や法令。

2 **せいれい**【精励】(名詞)(する動詞) 熱心に、勉強や仕事にはげむこと。例 今まで以上に勉学に精励したいと思います。参考 あらたまった言い方。類 精勤。

3 **せいれい**【精霊】(名詞) 山・川・動物・植物など、

自然界にあるもののすべてにやどっているという、たましい。

せいれいしていとし【政令指定都市】名詞 人口五十万以上の市で、国から都道府県と同じような権限をあたえられた大都市。大阪市、横浜市など。二〇二三年四月現在、二十ある。

せいれき【西暦】名詞 キリストの生まれた年を元年として数える、年の表し方。元年から前は、それからぎゃくに数えて、紀元前何年という。参考 じっさいは、キリストの生後四年以上たった年が元年となっている。

せいれつ【整列】名詞 する動詞 きちんとならぶこと。例 全員が整列する。

¹せいれん【精錬】名詞 する動詞 鉱石からとりだした金属をさらにまじりけのないものにすること。

²せいれん【製錬】名詞 する動詞 鉱石から金属をとりだすこと。

せいれんけっぱく【清廉潔白】四字熟語 心がきれいで、自分勝手でなく、おこないが正しいこと。例 清廉潔白な人。

せいろう【せい籠】名詞 食べ物を蒸気でむす道具。むし器。せいろ。漢字 蒸籠。⇩図。

せいろん【正論】名詞 りくつにあった正しい意見。例 かれは年はわかいが、堂々と正論をのべた。

せいをだす【精を出す】慣用句 一生けんめい、働く。熱心に努力する。例 仕事に精を出す。

セーター 名詞 毛糸などであんだ上着。特に、かぶって着るもの。類 カーディガン。▼英語 sweater

セーヌがわ【セーヌ川】地名 フランス北部を流れ、パリ市内を通って、イギリス海峡にそそぐ川。▼フランス語 Seine

せい籠

セービング 名詞 サッカーやラグビーなどで、体を投げだしてボールをとめること。例 ゴールキーパーが、みごとなセービングを見せる。▼英語 saving

セーフ 名詞 ❶野球で、走者が生きること。例 すべりこんでセーフ。❷テニス・卓球などで球が決められた線の内側に入ること。対 ①②アウト。▼英語 safe

セーブ 名詞 する動詞 ❶いきすぎないように、おさえること。例 力をセーブする。❷節約すること。例 出費をセーブする。❸野球で、リリーフ投手が、自分のチームのリードをたもったまま試合終了まで投げぬくこと。また、その投手にあたえられる記録。例 一シーズンで、三十セーブをあげた。❹コンピューターやテレビゲームの操作のとちゅうや最後で、それまでにおこなってきた内容を保存すること。▼英語 save

セーラーふく【セーラー服】名詞 ❶水兵が着る服。❷①をまねてつくった女子生徒用の服。参考「セーラー（sailor）」は水兵・船員のこと。

セール 名詞 売り出し。特に、安売り。例 開店記念セール。類 バーゲン。▼英語 sale

セールスポイント 名詞 商品を売るときに、特に強調する、その商品のすぐれたところ。例 新製品のセールスポイント。参考 日本でつくった言葉。英語は selling point。

セールスマン 名詞 ある会社にぞくしていて、その会社の品物を売り歩く人。例 自動車のセールスマン。▼英語 salesman

せおいなげ【背負い投げ】名詞 柔道のわざの一つ。相手の体をせおうようにしてなげるわざ。

せおう【背負う】動詞 ❶せなかにのせて、持つ。例 リュックを背負う。❷〔仕事などを〕引き受ける。例 一家を背負って働く。類 おぶう。活用 せお・う。

せおよぎ【背泳ぎ】名詞 あおむけになって泳ぐ泳ぎ方。背泳。バックストローク。

セオリー 名詞 学問上の考え。理論。学説。例 何事もセオリーどおりにはいかない。▼英語 theory

せかい【世界】名詞 ❶地球上のすべての国々。例 世界の平和。❷世の中。社会。例 家にばかりいて、外の世界を知らない。❸同じ仲間や種類の集まり。例 こん虫の世界。

せかいいさん【世界遺産】名詞 国連のユネスコにみとめられ、登録された、文化遺産・自然遺産・複合遺産。歴史的に大切な文化財や自然を長く保存するのが目的。日本では姫路城や富

士山などがある。参考 ⇩554ページ・自然遺産。1135ページ・複合遺産。1167ページ・文化遺産。⇩図。

せかいきろく【世界記録】名詞 スポーツ競技などで、世界最高の記録。例 マラソンの世界記録をつくる。

せかいしぜんいさん【世界自然遺産】名詞 ⬇554ページ・しぜんいさん。

せかいじんけんせんげん【世界人権宣言】名詞 一九四八年、国連で定められた人権にかんする宣言。世界中の人々の人権を大切にする基準や理想をしめしたもの。

せかいたいせん【世界大戦】名詞 二十世紀に二度にわたっておこった、世界的な戦争。第一次世界大戦（一九一四〈大正三〉年～一九一八〈大正七〉年）と、第二次世界大戦（一九三九〈昭和一四〉年～一九四五〈昭和二〇〉年）。

せかいてき【世界的】形容動詞 ❶世界中に関係があるようす。例 世界的なふけいき。❷世界中に知れわたるほどすぐれたようす。例 世界的な物理学者。

せかいぶんかいさん【世界文化遺産】名詞 ⬇1167ページ・ぶんかいさん②。

せかいほけんきかん【世界保健機関】名詞 世界中の人々の健康を守ることを目的としてつくられた、国際連合の専門機関。病気の予防についての指導をしたり、予防接種をおこなったりしている。参考 英語の頭文字をとって「ＷＨＯ」という。

せかす 動詞 いそがせる。せきたてる。例 工事をせかす。活用 せか・す。

せかせか 副詞（−と） する動詞 いそがしそうにして、落ち着かないようす。例 せかせかと歩き回る。類 あくせく。

ぜがひでも【是が非でも】慣用句 よくても悪くても。なにがなんでも。どうしても。例 この試合は是が非でもかちたい。

せがむ 動詞 あまえて、くり返して、たのむ。例 妹は母にせがんで人形を買ってもらった。活用 せが・む。

せがれ 名詞 「むすこ」のへりくだった言い方。例 これがわたしのせがれです。

セカンド 名詞 ❶二番目。例 セカンドサーブ。❷野球で、二塁。セカンドベース。また、二塁手。❸⬇698ページ・セコンド。▼英語 second

せき[1] 名詞 のどや気管がしげきされておこる、短くてはげしい息。漢字 咳。

せき[2] 名詞 水の流れをとめたり、調節したりするしきり。例 なみだがせきをきったように流れた。漢字 堰。

せき[3]【隻】助数詞 《数を表す言葉の下につけて》［大きな］船を数える言葉。類 そう。

せき[4]【席】■ 名詞 ❶すわる場所。例 自分の席につく。／運転席。❷会や式のある会場。例 結婚式のめでたい席でスピーチをする。❸地位。身分。
■ 接尾語 《ある言葉の下につけて》成績や地位の順番を表す言葉。例 わたしの絵が第一席に入った。

せき[5]【関】名詞 ⬇696ページ・せきしょ①。

せき[6]【積】名詞 かけ算の答え。対 商。

せき[7]【籍】名詞 ❶生まれや家族の様子などをしるした、公のちょうぼ。戸籍。❷ある団体や学校の一員としての身分。例 水泳部に籍を置く。

せきうん【積雲】名詞 よく晴れた夏の空に表れる、わたのようにつみ重なった雲。一～二キロメートルのところにうかぶ。⇩385ページ・雲（図）。

せきえい【石英】名詞 ガラスのようにすきとおった鉱物。ガラスや、焼き物の原料になる。参考 水晶はまじりけのない石英が結晶したもの。

せきがいせん【赤外線】名詞 日光をプリズムで分けたとき、赤の外側にある目に見えない光。物をあたためる力がある。参考 ⇩539ページ・紫外線。

せきがはら【関ケ原】名詞 勝負や運命を分ける大事なとき。語源 岐阜県の南西部にある関ケ原が、昔、徳川家康と石田三成が天下を争う戦いをした戦場であったことから。参考 ⇩関ケ原の戦い。

せきがはらのたたかい【関ケ原の戦い】名詞 一六〇〇年、今の岐阜県の関ケ原で、石田三成がひきいる西軍（豊臣方）と徳川家康がひきいる東軍（徳川方）とでおこなった戦い。東軍が勝ち、家康は、全国を支配するようになった。「天下分け目の戦い」ともいう。

せきこむ[1]【せき込む】動詞 続けざまにはげしくせきがでる。活用 せきこ・む。

せきこむ[2]【せき込む】動詞 急いで物事をしようとして、あせる。例 「どうだった」とせき込んでたずねた。活用 せきこ・む。

あいうえお かきくけこ さしすせそ せ たちつてと なにぬねの はひふへほ まみむめも や ゆ よ らりるれろ わ を ん

①法隆寺地域の仏教建造物（1993／文化）
②姫路城（1993／文化）
③屋久島（1993／自然）
④白神山地（1993／自然）
⑤古都京都の文化財（1994／文化）
⑥白川郷・五箇山の合掌造り集落（1995／文化）
⑦原爆ドーム（1996／文化）
⑧厳島神社（1996／文化）
⑨古都奈良の文化財（1998／文化）
⑩日光の社寺（1999／文化）
⑪琉球王国のグスクおよび関連遺産群（2000／文化）
⑫紀伊山地の霊場と参詣道（2004／文化）
⑬知床（2005／自然）
⑭石見銀山遺跡とその文化的景観（2007／文化）
⑮平泉（2011／文化）
⑯小笠原諸島（2011／自然）
⑰富士山（2013／文化）
⑱富岡製糸場と絹産業遺跡群（2014／文化）
⑲明治日本の産業革命遺産（2015／文化）
（山口県、鹿児島県、静岡県、岩手県、佐賀県、長崎県、福岡県、熊本県）
⑳ル・コルビュジエの建築作品―国立西洋美術館
（2016／文化）
㉑「神宿る島」宗像・沖ノ島と関連遺産群
（2017／文化）
㉒長崎と天草地方の
潜伏キリシタン関連遺産
（2018／文化）
㉓百舌鳥・古市古墳群
（2019／文化）
㉔奄美・沖縄（2021／自然）
㉕北海道・北東北の縄文遺跡群（2021／文化）

世界遺産（ ）内は、登録年／文化・自然・複合遺産の別

ことわざパロディー❻ 身から出たあか（身から出たさび）

せきさい【積載】 名詞 する動詞 自動車や船などに荷物をつみこむこと。例 トラックに、コンテナを積載する。

せきざい【石材】 名詞 家・橋・彫刻などの材料となる石。

せきさいりょう【積載量】 名詞 その船や車などに、つむことのできる貨物の重さ。例 積載量四トンのトラック。

せきじ【席次】 名詞 ❶席順。❷成績などの順番。例 席次を争う。

せきじゅうじ【赤十字】 名詞 ❶白地に赤の十字形を表したしるし。❷「赤十字社」または「国際赤十字」のこと。戦争のときは、敵みかたの区別なくきずついた人を助け、ふだんは苦しんでいる人々を助ける仕事をする、世界的な団体。

[1]**せきじゅん【石じゅん】** 名詞 石灰分が水にとけてしたたりおち、長い間に「たけのこ」のような形になったもの。漢字 石筍。⇩617ページ・しょう乳洞（図）。

[2]**せきじゅん【席順】** 名詞 すわる席の順番。席次。

せきしょ【関所】 名詞 ❶昔、国ざかいや大事な道に役人をおいて旅人や荷物を調べたところ。関。例 箱根の関所。❷通りぬけるのがむずかしいところのたとえ。例 大学へ入るには、入学試験という関所がある。

せきじょう【席上】 名詞 ある会合の場や、その席。例 会議の席上で質問をする。

せきずい【脊髄】 名詞 せぼねの中をとおって脳に続く、ひものような器官。中枢神経系の一部で、脳にしげきを伝えたり、反射運動をおこさせたりする。

せきせつ【積雪】 名詞 ふりつもった雪。例 積雪は三メートルをこえた。類 降雪。

せきぞう【石像】 名詞 石をほって、人や動物をかたどったもの。

せきたてる 動詞 はやくするようにうながす。急がせる。例 はやくはやくとせきたてる。活用 せきた・てる。

せきたん【石炭】 名詞 大昔の植物が長い間地中にうずもれているうちに、炭のようにかわったもの。燃料や化学工業の原料にする。

[1]**せきちゅう【石柱】** 名詞 ❶石の柱。❷しょうにゅうどうにできる石灰岩の柱。⇩617ページ・しょう乳洞（図）。

[2]**せきちゅう【脊柱】** 名詞 ➡706ページ・せぼね。

せきつい【脊椎】 名詞 せぼねをつくっている多くのほね。

せきついどうぶつ【脊椎動物】 名詞 せぼねをもっている動物。ほ乳類・鳥類・は虫類・両生類・魚類など。

せきとう【石塔】 名詞 ❶五つの石をつんだとう。参考「しゃか」の骨をまつる。❷はか石。

せきどう【赤道】 名詞 地球の表面で、南極と北極から等しいきょりにある地点を結んだ線。参考 緯度のもとになる線で、これより北を「北緯」、南を「南緯」という。⇩404ページ・経度（図）。

せきとめる【せき止める】 動詞 〔物をおいて〕通れないように、止める。さえぎって、止める。例 川をせき止める。活用 せきと・める。

せきとり【関取】 名詞 十両以上の相撲とり。

せきにん【責任】 名詞 ❶まかされて、自分がしなければならないつとめ。例 住民を守る責任がある。類 義務。❷物事がうまくいかなかった結果として、自分が引き受けるそんがいや非難。ことば「責任をとる」

せきにんかん【責任感】 名詞 責任をはたそうとする心。例 責任感の強い人。

せきにんしゃ【責任者】 名詞 〔あることについて〕責任をおわねばならない人。

せきねん【積年】 名詞 長い年月。例 積年ののぞみをはたす。類 多年。

せきのあたたまるいとまもない【席の暖まるいとまもない】 慣用句 〔一か所にじっとしているひまがないほど〕とてもいそがしい。例 会議が多くて席の暖まるいとまもない。参考「いとま」は、ひまのこと。

せきのやま【関の山】 名詞 いくらがんばっても、それ以上はできない、ぎりぎりのところ。例 時間かせぎも十五分が関の山だ。

せきはい【惜敗】 名詞 する動詞 もう少しで勝つところまでいきながら、おしくも負けること。例 一点差で惜敗する。

せきばらい【せき払い】 名詞 する動詞 わざとせきをすること。

せきはん【赤飯】 名詞 もち米の中にアズキを入れてむしたごはん。こわめし。おこわ。参考 めでたいときに食べる。

せきひ【石碑】 名詞 ❶記念のために、そのこと

を書いた文をほりこんでたてた石。いしぶみ。❷はか石。

せきひんあらうがごとし【赤貧洗うがごとし】ことわざ とてもまずしくて、あらいながしたように何も持っていないようす。

せきぶつ【石仏】名詞 石でつくった仏像。いしぼとけ。

せきべつ【惜別】名詞 別れることをつらく思うこと。別れをおしむこと。例 惜別の悲しみを歌う。

せきむ【責務】名詞 責任をもってしなければならないつとめ。義務。ことば「責務を果たす」類 任務。

せきめん【赤面】名詞 する動詞 はずかしくて顔を赤くすること。例 赤面のいたり。

せきゆ【石油】名詞 ❶原油からとれる、きはつ油・軽油・灯油・重油などをまとめていうよび名。❷「灯油」のこと。例 石油ストーブ。

せきゆかがくこうぎょう【石油化学工業】名詞 石油や天然ガスで、プラスチック・ゴム・せんいなど多くの物をつくる化学工業。

せきゆランプ【石油ランプ】名詞 灯油を燃料にして火をともす器具。ランプ。

セキュリティ 名詞 安全であること。防犯。また、そのためのしくみや方法。セキュリティー。▼英語 security

せきらら【赤裸裸】形容動詞 つつみかくしのないようす。ありのままであるようす。例 自分の本心を親友に赤裸々にうちあけ、相談する。参考 ふつう「赤裸々」と書く。

せきらんうん【積乱雲】名詞 大きな山のようにもりあがった雲。夏に多く表れ、にわか雨やかみなりをおこす。入道雲。かみなり雲。⇩385ページ・雲（図）。

せきり【赤痢】名詞 感染症の一つ。「せきりきん」という細菌でおこる大腸の病気。腹がはげしくいたみ、血のまじった便が出る。

せきわけ【関わけ】名詞 相撲で、三役の一つ。大関の下で、小結の上の位。漢字 関脇。

せきをきったように【せきを切ったように】慣用句 〔せきが切れて水があふれるように〕おさえられていた物事が、急にはげしくおこるようす。例 せきを切ったようにしゃべりだす。

せく 動詞 ❶急いでしようとして、あせる。例 気ばかりせいて足が思うように前へ出ない。❷〔息づかいが〕はげしくなる。急になる。ことば「息がせく」活用 せ・く。

セクシャルハラスメント 名詞 強い立場を利用しておこなう、性・性別にかかわるいやがらせ・いじめ。参考 略して「セクハラ」ともいう。▼英語 sexual harassment

セクハラ 名詞 ➡セクシャルハラスメント。

せけん【世間】名詞 ❶世の中（の人々）。社会。例 世間がゆるさない。❷つきあいのはんい。例 世間が広い。

せけんがせまい【世間が狭い】慣用句 ❶つきあう相手が少ない。世の中のことをよく知らない。例 ぼんやり生きていて、世間が狭い。❷かたみがせまい。例 子どもが問題をおこして、世間が狭い。

せけんしらず【世間知らず】名詞 形容動詞 経験が少なくて、世の中のことをよく知らないこと。また、そのような人。例 世間知らずのおじょうさん。

せけんずれ【世間擦れ】名詞 する動詞 世の中でくろうして、悪がしこくなること。例 まだ世間擦れしてないわかもの。注意 「世の中の考えとずれている」という意味ではない。

せけんてい【世間体】名詞 世間の人に対するていさい。みえ。ことば「世間体が悪い」例 世間体を気にするな。注意 「せけんたい」と読まない。

せけんなみ【世間並み】名詞 形容動詞 世間の人と同じくらい、ふつうであること。例 世間並みのくらし。

せけんばなし【世間話】名詞 世の中のできごとなどについての話。よもやま話。類 雑談。

せけんはひろいようでせまい【世間は広いようで狭い】ことわざ 世間は広いようだが、思いもしないところで知人に会ったり、知らない人でもなにかのつながりがあることがわかったりして、意外にせまいものだ。

せけんをせまくする【世間を狭くする】慣用句 人の信用をなくしたり、人にきらわれたりしてつきあう相手をへらす。例 人と仲よくしないと、世間を狭くすることになる。

せこい 形容詞 けちくさい。ずるい。例 せこいことは好きじゃない。参考 くだけた言い方。活用 せこ・い。

せこう【施工】名詞 する動詞 工事をおこなうこと。

あいうえお かきくけこ さしすせそ たちつてと なにぬねの はひふへほ まみむめも や ゆ よ らりるれろ わ を ん

ことばあそび ことわざパロディー⑦ 三人よればけんかばかり（三人よれば文殊のちえ）

参考「しこう」ともいう。

セコンド 名詞 ❶秒。また、時計の秒針。❷ボクシングの試合で、選手の世話をする人。参考「セカンド」ともいう。▼英語 second

せし【セ氏】 名詞 温度計のめもりのつけ方の一つ。水のこおる温度を〇度、にたつのを百度として、その間を百等分する。摂氏。参考 記号は「C」。類 カ氏。

¹せじ【世事】 名詞 世の中で起きているいろいろなできごと。ことば「世事にうとい」類 世情。

²せじ【世辞】 名詞 ➡190ページ・おせじ。

せしめる 動詞 うまくとりはからって自分のものにする。例 母からこづかいをせしめる。参考 くだけた言い方。活用 せし・める。

せしゅう【世襲】 名詞 する動詞 家の職業や地位を親から子へ代々うけついでいくこと。

せじょう【世情】 名詞 世の中の有様。世の中の状態。例 当時の世情にくわしい。類 世事。世相。

せすじ【背筋】 名詞 せぼねにそったきん肉。ことば「背筋をのばす」

せすじがさむくなる【背筋が寒くなる】 慣用句 おそろしさなどのため、ぞっとする。例 ホラー映画を見て、背筋が寒くなった。

ゼスチャー 名詞 ➡537ページ・ジェスチャー。

ぜせい【是正】 名詞 する動詞 〔まちがいなどを〕直して、正しくすること。例 経済格差を是正する。類 改正。

せせこましい 形容詞 ❶物がごたごたとあって、せまくて、きゅうくつである。例 せせこましい仕事場。❷〔気持ちなどが〕こせこせしている。例 せせこましい考え。活用 せせこまし・い。

せせらぎ 名詞 川のあさいところ。また、そこを流れる水の音。例 小川のせせらぎが聞こえる。

せせらわらう【せせら笑う】 動詞 ばかにして冷たく笑う。例 鼻先でせせら笑う。活用 せせらわら・う。

せそう【世相】 名詞 世の中の様子や有様。世の中のなりゆき。例 ふけいきの世相を表した事件。類 世情。

せぞく【世俗】 名詞 ❶世の中の人。世の中。世間。例 世俗をさけてすむ。❷世の中のならわし。しゅうかん。例 世俗にしたがって平凡にくらす。

せたい【世帯】 名詞 すまいや生活をいっしょにしている人の集まり。例 世帯主。参考「世帯」は、戸籍や統計などあらたまった場合に用いることが多い。

せだい【世代】 名詞 ❶生き物のうまれて死ぬまで。一代。例 親・子・まごの三世代。❷同じ年ごろの人々。例 わかい世代。

せたけ【背丈】 名詞 背の高さ。身長。

せちがらい【世知辛い】 形容詞 ❶〔お金にばかりこだわって〕くらしにくい。例 世知辛い世の中だ。❷けちだ。例 世知辛い人だ。活用 せちがら・い。

¹せつ【節】 一 名詞 ❶あることのおこなわれる時期。例 その節はお世話になりました。❷考えやおこないをかえないこと。みさお。例 節をまげない。❸ほどあい。例 節をこえない。二 接尾語 文章・詩歌などの区切り。例 第一章第二節。

²せつ【説】 名詞 ある人が言った考えや意見。例 新しい説。

せつえい【設営】 名詞 する動詞 〔ある仕事をするために〕建物や設備をつくって、ととのえること。例 テントを設営する。

ぜつえん【絶縁】 名詞 する動詞 ❶関係をなくすこと。例 あの人とは絶縁するつもりだ。／絶縁状態。類 絶交。❷熱や電気が伝わらないようにすること。

ぜつえんたい【絶縁体】 名詞 熱や電気を伝えにくいもの。不導体。不良導体。参考 ゴム・ガラス・空気・エボナイト・ビニールなどは電気の絶縁体。対 導体。

¹せっかい【切開】 名詞 する動詞 病気をなおすため、医者が、病人の体の一部を切り開くこと。例 腹部を切開する。

²せっかい【石灰】 名詞「生石灰」と「消石灰」のこと。参考 ㋐ふつう、石灰岩を焼いてつくる「生石灰」のことをいう。㋑「いしばい」ともいう。

せつがい【雪害】 名詞 大雪やなだれなどによって、交通機関や農作物が受けるひがい。

ぜっかい【絶海】 名詞 陸地から遠くはなれている海。ことば「絶海の孤島」

せっかいがん【石灰岩】 名詞 たいせき岩の一つ。石灰質の体をもった動物の死がいなどが水のそこにつもってできた岩。主な成分は炭酸カルシウム。石灰・セメントの原料になる。石灰石。

せっかいすい【石灰水】 名詞 消石灰（＝水

酸化カルシウム）をとかした液。二酸化炭素をふくむ気体をふきこむと、白くにごる。

せっかいせき【石灰石】名詞 ⬇せっかいがん。

せっかく ■一 名詞 ❶そのことのために、わざわざすること。例 せっかくの努力が水のあわとなる。❷《「せっかくの…」の形で》たまにしかない…。例 せっかくの休日だから、のんびりしよう。
■二 副詞 いろいろ苦労して。例 せっかく書いた手紙をやぶってしまった。

せっかち 名詞 形容動詞 気が短く、落ち着きのないこと。例 せっかちなので、もう行ってしまった。対 のんき。

せっかん【折かん】名詞 する動詞 きびしくこらしめるために、たたいたりすること。

せつがん【接岸】名詞 する動詞 船が岸に横づけになること。例 ヨットが桟橋に接岸する。

せっかんせいじ【摂関政治】名詞 平安時代に、藤原氏が摂政や関白となって政治を動かしたやり方。

せつがんレンズ【接眼レンズ】名詞 けんび鏡・ぼうえん鏡などの目にあてる方のレンズ。対 対物レンズ。⇩425ページ・顕微鏡（図）。

せっき【石器】名詞 大昔の人が使った、石でつくった道具。おの・やじり・さらなど。

せっきじだい【石器時代】名詞 人間がまだ金属を知らず、石でつくった道具を使っていた時代。旧石器時代と新石器時代とに分けられる。

せっきゃく【接客】名詞 する動詞 客をもてなすこと。例 接客態度がよい。

せっきゃくぎょう【接客業】名詞 飲食店や旅館など、客をもてなす仕事。

せっきょう【説教】名詞 する動詞 ❶神や仏の教えを話して聞かせること。例 教会へ説教を聞きに行く。類 説法。❷〔目下の人に〕あらたまって注意をすること。例 母に説教された。

ぜっきょう【絶叫】名詞 する動詞 ありったけの声でさけぶこと。例 助けをもとめて絶叫する。

せっきょくてき【積極的】形容動詞 自分からすすんで物事をするようす。例 積極的に参加する。類 能動的。対 消極的。

せっきん【接近】名詞 する動詞 近づくこと。近よること。近接。例 船が岸に接近する。

せっく【節句・節供】名詞 季節の変わり目にもうけられた、祝いの日。参考 一月七日の七草、三月三日の桃の節句、五月五日の端午の節句、七月七日の七夕、九月九日の菊の節句の五つをいう。現在は特に、「桃の節句」と「端午の節句」をさす。

ぜっく【絶句】■一 名詞 漢詩の形式の一つ。起・承・転・結の四句からできている。
■二 名詞 する動詞 話をしているとちゅうで、言葉がつまり、話ができなくなること。例 おどろいて絶句する。

せっくばたらき【節句働き】名詞 みんなが仕事を休むときに、自分だけが働くこと。例 なまけものの節句働き。

[1]**せっけい**【設計】名詞 する動詞 物をつくったり、あることをおこなったりするための計画をたてること。例 家の設計。／新しい生活の設計。

[2]**せっけい**【雪渓】名詞 高い山の谷間で、夏でも雪の残っているところ。

ぜっけい【絶景】名詞 言葉に言い表せないほどすばらしい風景。例 山上の絶景に見とれる。

せっけっきゅう【赤血球】名詞 動物の血の中にある赤い小さなつぶ。体の各部に酸素を運び、二酸化炭素を運び出す。

[1]**せっけん**【石けん】名詞 油にかせいソーダなどをまぜて熱を加え、かためたもの。水にとけるとあわだち、よごれやあかを落とす。シャボン。漢字 石鹸。

[2]**せっけん**【席けん】名詞 する動詞 はげしくせめて、敵の土地をつぎつぎにうばうこと。また、勢力をどんどんのばすこと。例 世界を席けんする。漢字 席巻。

[1]**せつげん**【雪原】名詞 ❶雪のつもった野原。❷高い山や、北極・南極の一年中雪におおわれた広い平地。

[2]**せつげん**【節減】名詞 する動詞 むだをなくして、使う量をへらすこと。例 経費を節減する。

ゼッケン 名詞 運動の選手が、胸やせなかにつける番号を書いた布。また、その番号。▼ドイツ語。

[1]**せっこう**【石こう】名詞 白い色をした鉱物。主な成分は硫酸カルシウム。セメントや白ぼくなどの原料にする。

[2]**せっこう**【拙攻】名詞 野球などのスポーツで、へたなせめ方をすること。例 拙攻をくり返して負ける。

ことばあそび ことわざパロディー❽ 能あるたかはつめをみがく（能あるたかはつめをかくす）

1 **ぜっこう【絶交】** 名詞 する動詞 つき合いをやめること。例 けんかをして絶交した。類 絶縁。

2 **ぜっこう【絶好】** 名詞 〔あることをおこなうのに〕とても都合がよいこと。例 絶好のチャンス。

せっこつ【接骨】 名詞 する動詞 おれたほねをつなぎ合わせたり、はずれたかんせつをもとにもどしたりすること。ほねつぎ。例 接骨院。

せっさたくま【切さたく磨】 四字熟語 学問などの向上のために、努力して、はげむこと。また、仲間同士が、たがいにはげまし合って努力すること。例 チームの仲間と切さたく磨して練習する。漢字 切磋琢磨。

ぜっさん【絶賛】 名詞 する動詞 これ以上ないほど、ほめること。例 海外でも絶賛された。類 激賞。

1 **せっし【切歯】** 名詞 ➡1310ページ・もんし。

2 **せっし【摂氏】** 名詞 ➡698ページ・せし。

せつじつ【切実】 形容動詞 ❶身にしみて強く感じるようす。例 実力不足を切実に感じる。❷その人に深いかかわりがあって大事であるようす。例 ごみの処理はくらしにとって切実な問題だ。

1 **せっしゃ【拙者】** 代名詞 昔、さむらいがへりくだって使った、自分をさす言葉。

2 **せっしゃ【接写】** 名詞 する動詞 カメラを、写すものにひじょうに近づけて写真をとること。例 小さい花を接写する。

せっしやくわん【切歯やく腕】 四字熟語 〔歯ぎしりをしたり、うでをにぎりしめたりして〕とてもおこったり、くやしがったりすること。例 思いがけない敗戦に切歯やく腕する。漢字 切歯扼腕。

1 **せっしゅ【拙守】** 名詞 野球などのスポーツで、へたな守り方をすること。例 拙守で点をとられた。

2 **せっしゅ【接種】** 名詞 する動詞 病気をなおしたり予防したりするため、弱くした病原菌などを体にうえつけること。例 予防接種。

3 **せっしゅ【摂取】** 名詞 する動詞 ❶体の中にとり入れること。例 水分を摂取する。❷外から学びとること。例 新しい文化を摂取する。

せっしゅう【雪舟】 人名 （一四二〇～一五〇六）室町時代の終わりごろの画家・禅僧。中国にわたって禅宗の修行をするとともに、絵の道を深く研究し、すぐれた水墨画を残した。

せつじょ【切除】 名詞 する動詞 病気をなおすため、医者が、病人の体の一部を切って取ること。例 胃の一部を切除した。

1 **せっしょう【折衝】** 名詞 する動詞 話し合って解決をはかること。例 反対派との折衝にあたる。

2 **せっしょう【殺生】** 一 名詞 する動詞 生き物をころすこと。例 むだな殺生はやめなさい。二 名詞 形容動詞 むごいこと。ざんこくなこと。例 ぼくだけるすばんだなんて殺生だ。

3 **せっしょう【摂政】** 名詞 天皇がおさないときや病気のとき、天皇にかわって政治をすること。また、その人。類 関白。

せつじょうしゃ【雪上車】 名詞 雪や氷の上を走れるようにした車。

せっしょく【接触】 名詞 する動詞 ❶ふれあうこと。また、ほかの人とつきあうこと。例 車と車の接触事故。❷かかわりをもつこと。例 外部の人と接触する。

せつじょく【雪辱】 名詞 する動詞 めいよをとりもどすこと。はじをそそぐこと。ことば「雪辱を果たす」

ぜっしょく【絶食】 名詞 する動詞 〔病気のちりょうなどのために〕何も食べないこと。類 断食。

せっすい【節水】 名詞 する動詞 〔むだをはぶいて〕使う水の量をへらすこと。

せっする【接する】 動詞 ❶ふれ合う。また、続いている。例 店がのきを接してならぶ。❷相手をする。例 客に笑顔で接する。❸近づける。例 ひたいを接して話す。❹出あう。例 悲報に接する。活用 せっ・する。

ぜっする【絶する】 動詞 はるかにこえている。かけはなれている。ことば「想像を絶する（すばらしい風景）」活用 ぜっ・する。

1 **せっせい【摂生】** 名詞 する動詞 健康をたもつため、生活に気をつけること。例 日ごろから摂生している。類 養生。

2 **せっせい【節制】** 名詞 する動詞 物事をひかえめにし、ていどをこえないようにすること。ほどよくすること。例 父は酒を節制している。

ぜっせい【絶世】 名詞 世の中に二つとないほどすぐれていること。ことば「絶世の美女」

せつせつと【切切と】 副詞 心がこもっているようす。例 切々とうったえる。参考 ふつう「切々」と書く。

せっせと 副詞 〔休まずに〕一生けんめいに物事

あいうえお かきくけこ せ さしすせそ たちつてと なにぬねの はひふへほ まみむめも や ゆ よ らりるれろ わ を ん

をするようす。例クモがせっせとあみをはっている。

せっせん【接戦】 名 する動詞 力が同じぐらいで、はげしく勝ち負けをせりあうこと。また、そのような戦い。例接戦の末、一点差で勝った。

ぜっせん【舌戦】 名 相手を言い負かそうとして、言葉で争うこと。例はげしい舌戦がくりひろげられる。

せっそう【節操】 名 自分の考えや立場をかたく守ること。ことば「節操がない」

せっそく【拙速】 名 形容動詞 できばえは悪くても、仕事の仕上がりははやいこと。例急ぐときは、拙速でもしかたがない。

せつぞく【接続】 名 する動詞 物をつなぐこと。また、物がつながること。続くこと。また、続けること。例パソコンとプリンターを接続する。

せつぞくご【接続語】 名 文の成分の一つ。語と語、文節と文節、文と文などをつなぐ働きをする語句。接続詞（＝つなぎ言葉）・接続助詞など。参考「そして」「しかし」「ところが」など。

せつぞくし【接続詞】 名 前の言葉や文と、後ろの言葉や文をつなぐ役目をする言葉。つなぎ言葉。「しかし」「また」「そして」など。

せったい【接待】 名 する動詞 客をもてなすこと。また、食事や酒などをふるまうこと。例接待を受ける。注意「接対」と書かないこと。

ぜったい【絶対】 一 名 ほかにくらべるものや、ならぶものがないこと。例絶対の自信をもつ。
二 副詞 ❶どうしても。必ず。例絶対反対だ。／絶対に行く。❷決して。例絶対あきらめない。参考 二②は下に「…ない」などの打ち消しの言葉が続く。注意「絶体」と書かないこと。

ぜつだい【絶大】 形容動詞 物事がこれ以上ないほど大きいようす。例絶大な人気をほこる。

ぜったいぜつめい【絶体絶命】 四字熟語 おいつめられて、どうすることもできないこと。例絶体絶命のピンチ。注意「絶対絶命」と書かないこと。

ぜったいたすう【絶対多数】 名 議決などで、対立する相手を問題にしないほどの多数をしめること。半数をこえて支持されること。例絶対多数の賛成できまる。

ぜったいてき【絶対的】 形容動詞 ただ一つしかなく、ほかにくらべるものがないようす。どんなものにもくらべられないものであること。例絶対的な神の力。対相対的。

せつだん【切断】 名 する動詞 切りはなすこと。たち切ること。例ロープを切断した。

せっち【設置】 名 する動詞 ❶そなえつけること。例消火器を設置する。❷ある組織などをつくること。例進学相談室を設置する。類設立。

せっちゃく【接着】 名 する動詞 物と物とがはなれないように、くっつけること。また、くっつくこと。

せっちゃくざい【接着剤】 名 物と物をくっつける薬品。特に、木材・金属・ゴム・ガラスなどをくっつけるものをいう。

せっちゅう【折衷】 名 する動詞 二つ以上のことなるものや意見などの間をとること。また、それぞれのよいところをとって新しいものをつくること。例和洋折衷の家。

ぜっちょう【絶頂】 名 ❶山の一番高いところ。頂上。❷物事の調子が一番よいとき。例幸福の絶頂にある。

せっちん【雪隠】 名 便所。かわや。参考古い言い方。

せっつ【摂津】 地名 昔の国の名。今の大阪府西部と兵庫県南東部に当たる。

せってい【設定】 名 する動詞 物事を新しく決めたり、つくったりすること。例価格を設定する。／目標を設定する。

せってん【接点】 名 ❶二つのものがふれ合うところ。いっちするところ。例話し合いの接点をさぐる。❷曲線や曲面が、ほかの線や面とせっする点。

せつでん【節電】 名 する動詞 電力の使用を節約すること。例むだな電灯をけすよう心がけ、節電する。

セット 一 ❶名 道具などの一そろい。例応接セット。❷映画やしばいの舞台そうち。❸テニス・バレーボールなどの一試合の中のひと勝負。
二 名 する動詞 ❶髪の形をととのえること。例美容院でセットしてもらう。❷機械や道具をつかえるように用意すること。例めざましどけいを六時にセットする。▼英語 set

せつど【節度】 名 その場に合う、ちょうどよいていど。ことば「節度をわきまえる」

ゼット【Z・z】 名 アルファベットの二十六番目の文字。

ことばあそび ことわざパロディー⑨ 論より現金（論よりしょうこ）

ことば選びのまど

接続詞をあらわすことば

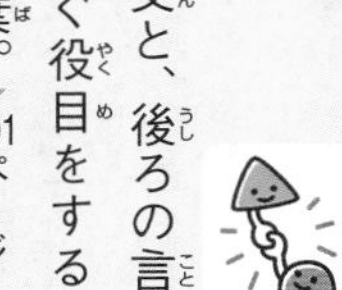

接続詞
前の言葉や文と、後ろの言葉や文をつなぐ役目をする言葉。つなぎ言葉。⇩701ページ

あるいは
または。⇩53ページ

おまけに
さらに。そのうえに。⇩203ページ

けれども
前に言ったこととは、ぎゃくの関係にあることを表すときに使う言葉。⇩416ページ

さて
前に言ったことを軽く受けて、話を変えるときに使う言葉。⇩519ページ

しかし
前に言ったことを受けて、その反対のことを言うときに使う言葉。⇩540ページ

すると
❶そうすると。❷それならば。⇩680ページ

そして
前に言った動きや状態を受けて、その後に次の動きや状態が起こるときに使う言葉。⇩732ページ

そもそも
あらたまって言い出すときにつかう言葉。⇩737ページ

それから
❶それに続いて、その後。❷それに加えて。⇩738ページ

それだけに
そういうことであるから、特に。⇩738ページ

ことば選びのまど

接続詞をあらわすことば

それで

❶前に言ったことを受けて、それを理由として、次のことを言うときに使う言葉。❷前に言ったことを受けて、話を先に進めるときに使う言葉。↓738ページ

それとも

〔二つのうち〕どちらかを選ぶときに使う言葉。↓739ページ

それに

あることに、さらにほかのことが加わるときに使う言葉。↓739ページ

だから

前に言ったことを理由として、次のことを言うときに使う言葉。↓759ページ

ちなみに

あることを言ったついでに、つけ加えて言うときに使う言葉。ついでに言えば。それにつけて。↓801ページ

ところが

前の文にふくまれる予想・期待に反することを言うときに使う言葉。↓908ページ

なぜなら(ば)

どうしてかと言えば。そのわけは。↓949ページ

にもかかわらず

それなのに。なのに。↓978ページ

又[2]

❶あることがらに、別のことがらをつけ加えるときに使う言葉。❷ことがらをならべて言うときに使う言葉。↓1229ページ

せっとう【窃盗】名詞 する動詞 他人の物をこっそりぬすむこと。また、その人。類 強盗。

せっとうご【接頭語】名詞 ある言葉の上につけて、意味をそえたり、調子をととのえたりする言葉。「お手紙」の「お」など。対 接尾語。

せっとく【説得】名詞 する動詞 よく話して、わからせること。例 参加するよう説得した。

せっとくりょく【説得力】名詞 自分の意見や考えなどを話して、相手をなっとくさせるちから。例 彼の話は、なかなか説得力がある。

セットプレー 名詞 サッカーやラグビーで、決められた位置からプレーをはじめること。サッカーのフリーキックやコーナーキック、ラグビーのラインアウトやスクラムなど。参考 英語のset play からだが、英語ではset piece という。

セットポイント 名詞 バレーボールやテニスなどで、そのセットの勝ち負けが決まる最後の一点。例 セットポイントをむかえる。▼英語 set point

セットポジション 名詞 野球で、走者がいるときなどに、投手が投球の前にボールを持った両手を、一度むねの前で止めるしせい。▼英語 set position

せつな【刹那】名詞 とても短い時間。類 瞬間。

せつない【切ない】形容詞 さびしかったり、悲しかったりして、胸がしめつけられるように、つらい。例 わかりあえないことが切ない。活用 せつな・い。

せつなる【切なる】連体詞 とても強い思いがこもっているようす。例 切なる願い。

せつに【切に】副詞 心から。しきりに。例 あなたのご健康を切におにのりします。参考 あらたまったいい方。

せっぱく【切迫】名詞 する動詞 ❶〔ある時刻や期限が〕近づくこと。例 受験の日が切迫してきた。❷大変なことがおこりそうな様子になること。例 国ざかいには切迫した空気がただよっていた。類 緊迫。

せっぱつまる【切羽詰まる】動詞 どうにもしかたのない状態になる。例 切羽詰まって、うちあける。参考 「切羽」は、刀のつばが柄とさやに接するところにはさむ、うすい金具のこと。切羽がつまると刀がぬけなくなることから。活用 せっぱつま・る。

せっぱん【折半】名詞 する動詞 お金や品物を半分ずつに分けること。例 プレゼントの費用を姉と折半する。

ぜっぱん【絶版】名詞 一度出した本が品切れになっても、新しく印刷されないこと。また、そうなった本。

せつび【設備】名詞 する動詞 〔あることをするのに必要なものを〕そなえつけること。また、そのそなえつけたもの。例 シャワーの設備がある浴室。類 施設。

せつびご【接尾語】名詞 ある言葉の後につけて、意味をそえたり、調子をととのえたりする言葉。「深さ」の「さ」、「ありがたみ」の「み」、「楽しげ」の「げ」など。対 接頭語。

ぜっぴつ【絶筆】名詞 死んだ人が、さいごにかいた字や文や絵。例 この絵は先生の絶筆です。

ぜっぴん【絶品】名詞 とてもすばらしい品物や作品。例 このプリンは絶品だ。

せっぷく【切腹】名詞 する動詞 自分で腹を切って死ぬこと。はらきり。

せつぶん【節分】名詞 雑節の一つで、立春の前日。二月三日ごろ。わざわいや病気を追いはらうために、豆まきをする。参考 もとは、季節のかわり目のことで、立春・立夏・立秋・立冬の前日をさした。⇩口絵6ページ。

せっぷん【接ぷん】名詞 する動詞 口づけ。キス。

ぜっぺき【絶壁】名詞 きりたったけわしいがけ。ことば「断崖絶壁」

せっぺん【切片】名詞 きれはし。けんび鏡などで調べるために、うすく切りとったもの。例 草のくきの切片を虫めがねで調べる。

せつぼう【切望】名詞 する動詞 強くのぞむこと。例 和解を切望する。類 懇望。熱望。

せっぽう【説法】名詞 する動詞 仏教の教えをわかるように話して聞かせること。類 説教。参考 ⇩581ページ・釈迦に説法。

ぜつぼう【絶望】名詞 する動詞 のぞみがまったくなくなること。のぞみがたえること。例 ゆくえ不明者の生存は、絶望的だ。類 失望。

ぜつみょう【絶妙】形容動詞 〔技術などが〕とても、すぐれているようす。例 絶妙なコントロール。

せつめい【説明】名詞 する動詞 ことがらの意味や中身がわかるようにしめすこと。例 使い方を動画で説明する。／説明書。

ぜつめい【絶命】名詞 する動詞 命がたえること。

死ぬこと。例 きずをおった兵士は、その日のうちに絶命した。

せつめいぶん【説明文】 名詞 あることがらについて、すじ道を立てて説明した文章。参考 記録文・報告文・論説文などをふくめていうこともある。対 物語文。

ぜつめつ【絶滅】 名詞 する動詞 ほろびて、すっかりなくなること。例 恐竜は絶滅した。類 全滅。撲滅。絶え果てる。

ぜつめつきぐしゅ【絶滅危惧種】 名詞 絶滅のおそれのある野生生物の種類。参考 イリオモテヤマネコやライチョウなど。

せつもん【設問】 名詞 する動詞 問題をつくって出すこと。また、出された問題。例 この設問のねらいは何か。

せつやく【節約】 名詞 する動詞 むだづかいをなくすこと。例 光熱費を節約する。

せつりつ【設立】 名詞 する動詞 〔会社・学校・病院などを〕新しくつくること。例 一年前に設立された会社。類 設置。

せつわ【説話】 名詞 昔から、語り伝えられた話。神話・伝説など。

せつをまげる【節を曲げる】 慣用句 正しいと思う考えをまげて人に合わせる。

せと【瀬戸】 名詞 ❶陸と陸にはさまれて海がせまくなっているところ。❷「せとぎわ」の略。❸「せともの」の略。

せど【背戸】 名詞 家のうら口。また、家のうらの方。例 背戸から外に出る。／背戸の竹やぶ。

せとうちこうぎょうちいき【瀬戸内工業地域】 名詞 瀬戸内海に面した各地にある工業地域をまとめた言い方。阪神工業地帯と北九州工業地帯との間にある。石油コンビナートや製鉄所を中心とした重化学工業が発達している。

せとぎわ【瀬戸際】 名詞 〔勝つか負けるか、生きるか死ぬかなど〕物事の大事な分かれ目。ことば 「瀬戸際に立たされる」

せとないかい【瀬戸内海】 地名 本州・四国・九州にかこまれた、日本でもっとも大きい内海。昔から海上交通がさかんで、水産物も多く、工業も発達している。

せともの【瀬戸物】 名詞 ❶愛知県の瀬戸市ふきんでつくられる焼き物。❷〔❶の意味から〕茶わんやさらなど、焼き物をまとめていう語。

せな 名詞 せなか。参考 古風な言い方。

せなか【背中】 名詞 ❶〔動物の〕体の後ろ側。胸・腹の反対側。⇩285ページ・体①（図）。❷〔ある物の〕後ろの方。例 戸を背中にして立つ。

せなかあわせ【背中合わせ】 名詞 二つの物、または、二人がたがいにせなかを合わせて、反対の方を向いていること。対 向かい合わせ。

ぜに【銭】 名詞 お金。特に、金属でつくったお金。例 銭をかせぐ。参考 くだけた言い方。

せにする【背にする】 慣用句 後ろにくるようにする。例 山々を背にして古い神社が建つ。

せにはらはかえられない【背に腹は替えられない】 ことわざ 目の前にある問題をきりぬけるためには、後のそんとくなどかまっていられないというたとえ。

ぜにん【是認】 名詞 する動詞 よいとみとめること。また、そのとおりだとみとめること。例 ささいなことでも、道理にはずれたことは是認できない。対 否認。

ゼネコン 名詞 土木工事の大手業者と建築工事の大手業者をまとめた言い方。総合建設業者。参考 英語の「ゼネラルコントラクター（general contractor）」の略。

せのび【背伸び】 名詞 する動詞 ❶つまさき立って背をのばし、背を高くすること。❷自分の力以上のことをしようとすること。例 背伸びをしたばかりに商売に失敗した。

せばまる【狭まる】 動詞 〔間が〕せまくなる。例 川はばは上流へ行くほど狭まる。対 広がる。活用 せばま・る。

せばめる【狭める】 動詞 〔間を〕せまくする。例 視野を狭める。対 広める。活用 せば・める。

せばんごう【背番号】 名詞 スポーツ選手がユニホームの背につける番号。

ぜひ【是非】 一 名詞 よいことと悪いこと。ことば 「是非を問う」 二 副詞 必ず。きっと。例 是非来てください。

ぜひとも【是非とも】 副詞 かならず。どんなことがあっても。例 是非とも参加してください。参考 「ぜひ」を強めた言い方。

せひょう【世評】 名詞 世の中のひょうばん。例 世評の高い作品。

せびる 動詞 〔お金や品物を〕くれるように、うるさくたのむ。例 母にこづかいをせびる。活用 せび・る。

ことばあそび ことわざパロディー⑩ 子どもの耳に説教（馬の耳に念仏）

せびれ【背びれ】 名 魚のせなかにあるひれ。⇩1119ページ・ひれ（図）。

せびろ【背広】 名 男の人が着る、おりえりのついた上着とズボン（・チョッキ）がそろいになった洋服。

せぶみ【瀬踏み】 名 する動詞 ❶川をわたる前にあさいところへ入って足で深さをはかること。❷物事をする前に、ちょっとためしてみること。

せぼね【背骨】 名 動物のせなかにあって、体をささえているほね。たくさんのほねが一本のはしらのようになっている。せきちゅう。⇩1209ページ・骨 一①（図）。

せまい【狭い】 形容詞 ❶面積が小さい。例 狭い庭。❷はばが小さい。例 狭い道。❸はんいが小さい。例 つき合いが狭い。❹心にゆとりがない。例 心の狭い人。対 ①〜④広い。活用 せま・い。

せまきもん【狭き門】 連語 ❶〔門がせまいので〕天国に入ることは大変むずかしい、というたとえ。参考 キリスト教の「聖書」にあることばから。❷進学などで、きょうそうがはげしくて、成功するのがむずかしいこと。例 大学の狭き門を突破して入学する。

せまくるしい【狭苦しい】 形容詞 不自由なほど、せまくて、きゅうくつである。例 狭苦しい場所。活用 せまくるし・い。

せまる【迫る】 動詞 ❶せまくなる。例 川はばが迫って、流れが急になった。❷〔ある時刻やある状態が〕近づいてくる。例 テストの日が迫る。／夕やみが迫る。❸おしよせてくる。また、せり出してくる。例 追っ手はすぐ後ろに迫っていた。❹〔息がつまって〕苦しくなる。例 いよいよスタートだ。息が迫って胸がどきどきした。❺〔相手をどうにもならない状態においやるように〕強い態度に出る。また、強くさいそくする。例 かした金をはやく返せと迫る。／必要に迫られて勉強する。活用 せま・る。

せみ 名 セミ科のこん虫。おすは木などにとまって鳴く。幼虫は地中で何年間もくらし、地上に出て成虫になる。アブラゼミ・ツクツクボウシ・ヒグラシ・ミンミンゼミなど種類が多い。例 せみの鳴き声。漢字 蝉。

せみしぐれ【せみ時雨】 名 たくさんのセミが鳴く様子を、しぐれがふる音にたとえた言葉。漢字 蝉時雨。

せめ[1]【攻め】 名 相手や敵をせめること。また、せめ方。例 守りから攻めに転じる。

せめ[2]【責め】 名 ❶責任。つとめ。ことば「責めを負う」❷こらしめるために苦しめること。例 きつい責めを受ける。

せめおとす【攻め落とす】 動詞 〔じん地や城などを〕せめて、うばいとる。せめて、負かす。例 敵の城を攻め落とした。活用 せめおと・す。

せめぎあう【せめぎ合う】 動詞 対立して、たがいに争う。例 与党と野党がせめぎ合う。活用 せめぎあ・う。

せめこむ【攻め込む】 動詞 〔相手の城・領地の中に〕せめて、入りこむ。例 一気に攻め込む。活用 せめこ・む。

せめたてる[1]【攻め立てる】 動詞 はげしく敵をせめる。例 四方から攻め立てる。活用 せめた・てる。

せめたてる[2]【責め立てる】 動詞 はげしくとがめる。例 相手の失敗を責め立てる。活用 せめた・てる。

せめて 副詞 十分ではないが、それだけでもよいから。例 せめてもう一度、会いたい。

せめてもの 連語 十分ではないが、それで満足しなければならないほどの。例 被害がわずかだったのが、せめてものすくいだ。参考「せめて」を強めた言い方。

せめのぼる【攻め上る】 動詞 地方から都へむけてせめていく。例 京をめざして攻め上る。活用 せめのぼ・る。

せめる[1]【攻める】 動詞 戦いをしかける。こうげきする。例 とりでを攻める。対 守る。活用 せ・める。⇩使い分け。

せめる[2]【責める】 動詞 ❶〔あやまちなどを〕言葉で追及する。例 不注意を責める。❷体をいためつけて苦しめる。例 罪人を責める。❸せきたてる。せがむ。例 早く返せと責められる。活用 せ・める。⇩使い分け。

セメント 名 石灰岩とねん土をまぜて焼き、くだいてこなにしたもの。水でねってかわかすとよくかたまる。すなやじゃりをまぜて、家や道路などをつくるのに使われる。▼英語 cement

せもたれ【背もたれ】 名 いすの後ろのよりかかる部分。

ゼラチン 名 動物の骨や皮をにつめてとった「にかわ」をよくさらしたもの。かたまる性質があり、食品や薬のカプセルなどに使う。▼英語

使い分け せめる

●こうげきする。
敵のしろを攻める。

●非難する。
あやまちを責める。

gelatine

セラミックス 名 陶器・磁器・ガラスなど、粘土や鉱物の粉などを高温で焼いてつくる製品をまとめていう言葉。セラミック。▼英語 ceramics

せり1 名 セリ科の植物。かおりがよく食用になる。春の七草の一つ。漢字 芹。⇨口絵6ページ。

せり2【競り】名 せりうり。競売。例 古本を競りに出す。

せりあう【競り合う】動詞 相手より上になろうと、たがいにきそう。例 二チームが競り合う。活用 せりあ・う。

せりあがる【せり上がる】動詞 下から、だんだんと上がってくる。例 舞台が少しずつせり上がる。

ゼリー 名 ゼラチンをとかし、くだもののしる・さとう・香料などを入れてかためた菓子。ジェリー。▼英語 jelly

せりいち【競り市】名 せり売りをする市場。

せりうり【競り売り】名 する動詞 競売。例 競り売りをおこなう。参考 売り手の方からいう言葉。

せりだす【せり出す】動詞 前の方に出る。例 川にせり出す木のえだ。

せりふ 名 ❶劇などの中で役者が言う言葉。❷人に対して言う、言い分。いいぐさ。例 そんなせりふは聞きあきた。漢字 台詞。

せる1 助動詞 ほかの人におこなわせる意味を表す言葉。例 妹に行かせる。

せる2【競る】動詞 ❶勝とうとして、争う。例 ゴール直前まで、はげしく競った。❷せり売りで、争って高いねだんをつける。例 競ってねがあがる。活用 せ・る。

セルフサービス 名 品物を自分で運んだりかたづけたりするなど、店の人がすることを客が自分ですること。例 セルフサービスの店。▼英語 self-service

セルフタイマー 名 一定時間がたつと、自動的にカメラのシャッターがきれるしかけ。自動シャッター。▼英語 self-timer

セルロイド 名 ニトロセルロースに、しょうのうをまぜてつくった物質。参考 おもちゃや下じきなどの材料にしたが、燃えやすいので、今ではあまり使われない。▼英語 celluloid

セレナーデ 名 器楽曲の一つ。恋する女性の窓辺で歌う、美しくかろやかな小曲。小夜曲。▼英語（フランス語から）serenade

セレモニー 名 おごそかにおこなう儀式。式典。例 十周年記念のセレモニー。▼英語 ceremony

セロ 名 ⇩795ページ・チェロ。

ゼロ 名 ❶数・数字の一つで、0。零。❷一つもないこと。何もないこと。例 わたしは音楽の才能がゼロだ。▼英語 zero

セロテープ 名 ⇩セロハンテープ。参考 商標名。▼英語 Sellotape

セロハン 名 うすくすきとおってつるつるした紙。つつみ紙などにする。参考 「セロファン」とも書く。▼英語（フランス語から）cellophane

セロハンテープ 名 セロハンの片面に接着剤をぬったすきとおったテープ。参考 フランス語の「セロハン」と英語の「テープ」から、日本でつくった言葉。「セロテープ（Sellotape）」は商標名。

セロリ 名 セリ科の植物。強いかおりがある。食用にする。▼英語 celery

せろん【世論】名 世の中の多くの人たちの意見や考え。例 世論をとりいれた政治。参考 「よろん」ともいう。

せわ【世話】一 名 する動詞 ❶様子をよく見て、生活したり生きていったりするのを助けること。例 赤ちゃんの世話をする。❷間に入って、うまくいくようにすること。例 就職を世話する。
二 名 形容動詞 手間をかけさせること。例 世話

ことばあそび ことわざパロディー⑪ 出ないくいはわすれられる（出るくいは打たれる）

になる。／世話をかける。

せわがない【世話がない】 慣用句 ❶手数がかからない。例なんでも自分でやる子だから世話がない。❷あきれて、どうしようもない。例子どもに注意されるとは世話がない。

せわがやける【世話が焼ける】 慣用句 手数がかかる。めんどうである。例世話が焼ける子ども。

せわしい 形容詞 ❶ひまが少ない。いそがしい。例せわしい日々。❷落ち着きがない。せかせかしている。せわしない。例あたりをせわしく見まわす。活用 せわし・い。

せわしない 形容詞 ⬇せわしい。活用 せわしな・い。

せわずき【世話好き】 名詞 形容動詞 好んで人のめんどうを見たがること。また、そういう人。例世話好きな人。類世話焼き。

せわにん【世話人】 名詞 行事などで、中心になって世話をする人。例夏祭りの世話人になる。類世話役。

せわやき【世話焼き】 名詞 好んで人の世話をしたがること。また、そういう人。例世話焼きがすぎる。類世話好き。

せわやく【世話役】 名詞 団体や会合などの中心になって、事務や運営のめんどうを見る役。また、その役の人。例町内会の世話役をひきうける。類世話人。

せわをやく【世話を焼く】 慣用句 すすんで人のめんどうを見る。例下級生の世話を焼く。

せをむける【背を向ける】 慣用句 ❶後ろ向きになる。❷相手の思いどおりにならない。また、つめたく知らないふりをする。例こまっている友だちに背を向ける。

1 **せん【千】** 名詞 数の名で、百の十倍。

2 **せん【栓】** 名詞 ❶〔びんなどの〕口をふさぐもの。例栓をぬく。❷水道管やガス管のはしについている、あけたりしめたりする、しかけ。コック。例消火栓。／ガスの栓。

3 **せん【線】** 名詞 ❶細長いすじ。例道路に白い線を引く。❷算数で、長さがあってはばやあつみのない図形。❸物事のおおよその方向やすじ道。例その線で話をつけよう。

1 **ぜん【膳】** 一 名詞 料理をのせるだい。二 助数詞 ❶《数字の下につけて》〔ごはんなど〕わんにもったものを数える言葉。例ごはんを二膳食べる。❷《数字の下につけて》〔二本一組みの〕はしを数える言葉。例はし一膳。

2 **ぜん【禅】** 名詞 ❶仏教で、心を落ち着けて、さとりをひらくこと。例禅の修行をつむ。❷「禅宗」の略。❸「座禅」の略。

ぜんあく【善悪】 名詞 よいことと、悪いこと。

1 **せんい【船医】** 名詞 航海中の船にのって、船員や乗客の病気やけがをなおす医者。

2 **せんい【戦意】** 名詞 戦おうとする気持ち。例戦意をうしなって降参する。

3 **せんい【繊維】** 名詞 ❶生物の体をつくっている細い糸のようなもの。❷糸や織物の原料となる細いもの。参考 天然繊維と化学繊維がある。

ぜんい【善意】 名詞 ❶人のためを思う気持ち。思いやりのある心。例赤い羽根の募金は大ぜいの人の善意でおこなわれる。類好意。❷よい見方。よい意味。例人の言うことを善意にかいしゃくする。対①②悪意。

ぜんいき【全域】 名詞 ぜんぶの地域。例関東全域に、大雨注意報が出る。

せんいこうぎょう【繊維工業】 名詞 いろいろな繊維を加工して、糸や織物をつくる工業。

せんいん【船員】 名詞 船に乗りこんで働いている人。ふなのり。

ぜんいん【全員】 名詞 すべての人。総員。

ぜんえい【前衛】 名詞 ❶軍隊で、敵に一番近いところで戦う部隊。❷バレーボールやテニスなどで、相手に一番近いところにいてプレーする役。また、その人。❸社会運動や芸術運動で、伝統にとらわれず新しいことをする活動。また、その人々。例前衛芸術。対①②後衛。

せんえつ【せん越】 名詞 形容動詞 身分や立場をこえてでしゃばること。例せん越ですが、ご指名ですのでごあいさつをもうしあげます。参考 みんなの前であいさつをするときなどに、けんそんして使うことが多い。

ぜんおん【全音】 名詞 音の高い低いのはばを表す単位。ドとレ、レとミのようなはば。半音の二倍。対半音。

1 **せんか【戦火】** 名詞 戦争によっておきた火事。また、戦争。例戦火をさける。／戦火を交える。

2 **せんか【戦果】** 名詞 戦ってえた成果。例戦果を報告する。

3 **せんか【戦禍】** 名詞 戦争による被害や、わざわい。ことば「戦禍をこうむる」

せんが【線画】 名詞 線だけでかいた絵。

1 **ぜんか【全科】** 名詞 国語・算数・理科・社会など、すべての教科。全科目。

2 **ぜんか【前科】** 名詞 前におかした罪。例 前科二犯。参考 前にしたよくないおこないについていうこともある。例 ちこくの前科。

せんかい【旋回】 名詞 する動詞 ❶円をえがいて回ること。例 ツバメが空中で旋回する。❷飛行機が進む方向をかえること。例 左に旋回する。

せんがい【選外】 名詞 選に入らないこと。入選しないこと。例 力作だったがおしくも選外だった。類 落選。

1 **ぜんかい【全快】** 名詞 する動詞 けがや病気がすっかりなおること。例 全快をよろこぶ。類 全治。

2 **ぜんかい【全開】** 名詞 する動詞 すっかり開くこと。また、いっぱいに開けること。例 まどを全開にする。

3 **ぜんかい【全壊】** 名詞 する動詞 〔建物などが〕すっかりこわれること。例 地震で、ビルが全壊した。

4 **ぜんかい【前回】** 名詞 この前のとき。例 参加者は前回を上まわった。対 今回。次回。

ぜんがく【全額】 名詞 ぜんぶの金額。例 一度に全額をしはらう。類 総額。

せんかくしゃ【先覚者】 名詞 世の中の動きや物事の道理をほかの人よりはやく見とおして活動する人。類 先駆者。

せんかくしょとう【尖閣諸島】 地名 沖縄県与那国島の北にある島々。日本固有の領土。

せんかん【戦艦】 名詞 軍艦の中で一番大型で、せめる力も守る力も強い船。

1 **せんがん【洗眼】** 名詞 する動詞 目をあらうこと。例 目にごみが入ったので、洗眼する。

2 **せんがん【洗顔】** 名詞 する動詞 顔をあらうこと。例 朝はまず洗顔をする。類 洗面。

せんき【戦記】 名詞 戦いの様子を書いたもの。軍記。例 戦記物語を読む。

1 **ぜんき【前記】** 名詞 する動詞 文の前の方に書いてあること。対 後記。

2 **ぜんき【前期】** 名詞 ❶二つまたは三つに分けた期間の、さいしょの期間。例 前期の役員をえらぶ。対 後期。❷今の前の期間。

1 **せんきゃく【先客】** 名詞 先に来ている客。例 店に入ると、すでに先客がいた。

2 **せんきゃく【船客】** 名詞 船の乗客。

せんきゃくばんらい【千客万来】 四字熟語 〔店などに〕たくさんの客が次々にやって来ること。例 千客万来で、店ははんじょうした。

1 **せんきょ【占拠】** 名詞 する動詞 ある場所を自分のものにして、いすわること。例 建物を不法に占拠する。

2 **せんきょ【選挙】** 名詞 する動詞 〔投票などによって〕ある地位や役目につく人を、多くの人の中から選ぶこと。例 委員を選挙する。

せんぎょ【鮮魚】 名詞 とりたての魚。いきのいい魚。

1 **せんきょう【船橋】** 名詞 ❶船の上甲板にあって、船長がさしずをするところ。ブリッジ。❷⬇1151ページ・ふなばし。

2 **せんきょう【戦況】** 名詞 戦いの様子。例 戦況を見まもる。類 戦局。

せんぎょう【専業】 名詞 専門の職業。また、その職業を専門にすること。対 兼業。

せんきょうし【宣教師】 名詞 キリスト教を外国へ伝え広める人。

せんぎょうのうか【専業農家】 名詞 農業だけでくらしをたてている農家。対 兼業農家。

せんきょうんどう【選挙運動】 名詞 選挙で、ある候補者が当選するように選挙をする人々に働きかけること。

せんきょく【戦局】 名詞 戦いのなりゆき。例 戦局が有利にてんかいする。類 戦況。

せんきょけん【選挙権】 名詞 選挙をすることができるけんり。参考 日本では満十八才以上の男女にある。対 被選挙権。

せんぎり【千切り】 名詞 野菜などを細くきざむこと。また、そのきざんだ物。例 キャベツの千切り。

せんく【先駆】 名詞 する動詞 ふつうの人に先立って〔新しいことを〕すること。

せんくしゃ【先駆者】 名詞 ほかの人に先立って、新しいことをはじめる人。類 先覚者。パイオニア。

1 **ぜんけい【全景】** 名詞 全体のけしき。例 おかの上からは、港の全景が一目で見わたせる。

2 **ぜんけい【前掲】** 名詞 同じ文書の中で、前にしめしてあること。例 前掲の図を見てください。

3 **ぜんけい【前景】** 名詞 ❶目の前のけしき。例 部屋の前景に海が広がる。❷絵や写真、舞台などで、手前の方に置かれたけしき。例 前景に草

あいうえお かきくけこ さしすせそ せ たちつてと なにぬねの はひふへほ まみむめも や ゆ よ らりるれろ わ を ん

ことばあそび ことわざパロディー⑫ 一を聞いて十のはやとちり（一を聞いて十を知る）

花を配置する。

せんけつ[1]【先決】名詞 する動詞 先に決めること。また、先に解決しなければならないこと。例 家を直すのはいいが、費用をどうするかが先決だ。

せんけつ[2]【鮮血】名詞 体から流れ出たばかりのまっ赤な血。ことば「鮮血がほとばしる」

せんげつ【先月】名詞 今月のすぐ前の月。前月。対 来月。

ぜんげつ【前月】名詞 ❶今月のすぐ前の月。先月。❷ある月の前の月。対 翌月。

せんけつもんだい【先決問題】名詞 何よりもさきに、まず解決しておかなくてはならない問題。例 遭難者の救出が先決問題だ。

せんげん【宣言】名詞 する動詞 自分の意見や態度をはっきり知らせること。例 独立を宣言する。

ぜんけん【全権】名詞 まかされたことがらをすべて自分の判断で決めることのできる権限。例 大使に全権をゆだねる。

ぜんげん【前言】名詞 前にのべること。また、前にのべた言葉。例 前言をとりけす。

せんけんのめい【先見の明】連語 先のことを前もって見通す、かしこさ。例 このように広い道路をつくるなんて先見の明がある。

せんご【戦後】名詞 戦争の終わった後。特に、第二次世界大戦の後。例 戦後最大の大火。対 戦前。

ぜんご【前後】一 名詞 ❶前と後ろ。例 前後からはさみうちにする。❷時刻・ことがらの後先。例 昼をはさんで前後四時間もの会議になった。二 名詞 する動詞 ❶間をおかないで続くこと。例 兄と前後して父が帰ってきた。❷順番がぎゃくになること。例 話が前後してわかりにくくなる。

せんこう[1]【先行】名詞 する動詞 ほかのものより先に行くこと。例 先行のグループにおいついた。

せんこう[2]【先攻】名詞 する動詞 〔スポーツの試合などで〕先にせめること。先ぜめ。例 トスでかって先攻をえらんだ。対 後攻。

せんこう[3]【専攻】名詞 する動詞 特別に深く研究すること。せんもんに研究すること。例 大学では心理学を専攻しました。

せんこう[4]【選考】名詞 する動詞 多くの人や物の中から、よく調べて、えらぶこと。例 優秀作品を選考する。類 選抜。選出。

せんこう[5]【線香】名詞 いろいろな香料のこなをねりかためて、細いぼうのようにしたもの。火をつけて仏だんなどにそなえる。

ぜんこう[1]【全校】名詞 学校全体。

ぜんこう[2]【前項】名詞 ❶前の方の項目・条項。❷数学で、二つ以上の項のうちの、前の項。対 後項。

ぜんこう[3]【善行】名詞 よいおこない。ことば「善行を積む」対 悪行。

せんこうはなび【線香花火】名詞 ❶こよりの中に火薬をしかけた花火。❷はじめはいきおいがよいが、すぐにおとろえて長続きしないことのたとえ。また、はかないことのたとえ。

せんこく[1]【先刻】一 名詞 先ほど。ちょっと前。例 先刻山田さんがみえた。対 後刻。二 副詞 すでに。とっくに。例 先刻ご承知のとおり。

せんこく[2]【宣告】名詞 する動詞 ❶〔正式なことをして〕言って知らせること。例 退場を宣告される。❷裁判官が判決を言いわたすこと。例 無罪を宣告する。

ぜんこく【全国】名詞 国全体。国中。例 日本全国。／全国各地。／全国大会。

ぜんこくし【全国紙】名詞 全国の読者に向けて発行される新聞。

せんごくじだい【戦国時代】名詞 いくさが続いて世の中がみだれた時代。中国では紀元前四〇三年から紀元前二二一年までのおよそ二百年間。日本では一四六七年の応仁の乱（または一四九三年の明応の政変）から豊臣秀吉が天下を統一するまでのおよそ百年間。

ぜんごさく【善後策】名詞 あとしまつをうまくつけるためのやり方。例 計画が失敗に終わって、善後策を相談する。注意「前後策」と書かないこと。

ぜんごふかく【前後不覚】四字熟語 前と後の区別もつかないほど、意識がぼんやりとすること。例 前後不覚の状態。

センサー 名詞 光・音・温度・圧力などを感じとって、信号をおくる装置。▼英語 sensor

せんさい[1]【戦災】名詞 戦争のために家を焼かれたり物を失ったりするさいなん。例 戦災で家を焼け出された。

せんさい[2]【繊細】形容動詞 ❶ほっそりとして美しいようす。例 少女の繊細なゆび。❷心の働きが細かくするどいようす。デリケート。例 芸術

家の繊細な感覚。

1**せんざい**【洗剤】名詞 衣類・食器・野菜などをあらうために用いられる薬品。

2**せんざい**【潜在】名詞 する動詞 表面には表れないが、内部にかくれてそんざいしていること。例かれには潜在的な能力がある。

ぜんさい【前菜】名詞 正式な料理の前に出される、軽い食べ物。オードブル。例前菜のもり合わせ。

せんざいいしき【潜在意識】名詞 感じとることはできないが、心のおくで働いている意識。

せんざいいちぐう【千載一遇】四字熟語 千年に一度しかめぐりあえないほどの、またとない機会。例千載一遇のチャンス。参考「載」は年のこと。

せんさく【詮索】名詞 する動詞 細かいところまでたずねて、調べること。例よけいな詮索をするな。

せんさばんべつ【千差万別】四字熟語 たくさんのものが、それぞれちがっていること。例人の生き方は千差万別だ。

1**せんし**【戦士】名詞 戦場で戦う兵士。

2**せんし**【戦死】名詞 する動詞 戦って死ぬこと。例多くの青年が戦死した。類戦没。討ち死に。

せんじ【戦時】名詞 戦争がおこなわれているとき。例祖母に戦時中の話を聞く。対平時。

ぜんじ【全治】名詞 する動詞 ➡714ページ・ぜんち。

せんしつ【船室】名詞 船の中の客が使う部屋。キャビン。例一等船室。

せんじつ【先日】名詞 この間。この前。過日。対後日。

ぜんじつ【前日】名詞 その前の日。対翌日。

せんじつめる【煎じ詰める】動詞 ❶薬草などのしるが、すっかりしみでるまでにる。❷終わりまで考えをすすめる。例二人の意見は、煎じ詰めると同じになる。活用 せんじつ・める。

1**せんしゃ**【洗車】名詞 する動詞 自動車などの車体をあらうこと。例ガソリンスタンドで洗車する。

2**せんしゃ**【戦車】名詞 鉄板でおおわれ、キャタピラー（＝鉄の板をおびのようにつなぎ合わせて、動く車のまわりにとりつけたもの）でけわしいところでも走れるようにした兵器。タンク。

せんじゃ【選者】名詞 たくさんの作品の中から、すぐれたものをえらぶ人。

ぜんしゃ【前者】名詞 二つのものをならべたりのべたりしたうちの、さいしょの方。例コロッケとハンバーグ、わたしはどちらかというと前者の方が好きだ。対後者。

ぜんしゃのてつをふむ【前車のてつを踏む】ことわざ［前の車の車輪のあとを、後の車がたどる意味から］前の人と同じ失敗をくり返す。例前車のてつを踏まないようにしよう。参考「てつ」は、車輪のあとのこと。

1**せんしゅ**【先取】名詞 する動詞 ほかのものより先にとること。例三点を先取する。／先取点。

2**せんしゅ**【船首】名詞 船の前の部分。へさき。みよし。対船尾。

3**せんしゅ**【選手】名詞 ❶競技に出るために選ばれた人。例代表選手。❷仕事としてスポーツをする人。例プロ野球の選手。

1**せんしゅう**【先週】名詞 今週のすぐ前の週。対今週。来週。翌週。

2**せんしゅう**【選集】名詞 たくさんの作品の中からいくつかをえらんでまとめた本。例動物物語選集。類全集。選書。

1**ぜんしゅう**【全集】名詞 ある人の、または、あることがらについてのすべての作品を集めた本。例世界美術全集。類選集。全書。

2**ぜんしゅう**【禅宗】名詞 インドの僧「だるま」が中国にわたってひらいた仏教の一つ。座禅をくむことでさとりをひらこうとする。日本には鎌倉時代に栄西や道元が伝えた。

せんじゅうみん【先住民】名詞 ある人々が移住してくる前から、その土地に住んでいた人々。

せんしゅうらく【千秋楽】名詞 相撲やしばいなどの最後の日。楽。対初日。

せんしゅけん【選手権】名詞 ある競技で、もっともすぐれた選手とみとめられた地位。チャンピオンシップ。例全日本柔道選手権大会。

せんしゅつ【選出】名詞 する動詞［代表者などを］多くのものの中から、えらび出すこと。例議員を選出する。類選考。選抜。

せんじゅつ【戦術】名詞 ❶戦いや試合に勝つための方法。例相手の練習を見て戦術をねる。類戦略。❷ある目的をはたすためのやり方。例だんまり戦術をきめこむ。

ぜんじゅつ【前述】名詞 する動詞 前にのべたこと。また、その言葉。例前述の言葉どおり行動

ことばあそび ことわざパロディー⑬ 言わぬが誤解のもと（言わぬが花）

する。対後述。

せんしゅてん【先取点】 名詞 スポーツ競技などで、相手より先にとる点。例ホームランで先取点をあげる。

ぜんしょ【善処】 名詞 する動詞 いいやり方でしまつをつけること。例この件について善処してほしい。

1**せんじょう【洗浄】** 名詞 する動詞 水や薬品などで、きれいにあらうこと。例コンタクトレンズを洗浄する。

2**せんじょう【戦場】** 名詞 戦いをしている場所。例戦場におもむく。類戦地。戦線。

1**ぜんしょう【全勝】** 名詞 する動詞 全部の試合に勝つこと。類土付かず。対全敗。

2**ぜんしょう【全焼】** 名詞 する動詞 火事で家が全部焼けること。まるやけ。類半焼。

せんじょうこうすいたい【線状降水帯】 名詞 次々と発生する積乱雲が列をなして、数時間ほぼ同じ場所を通過・停滞して、強い雨を降らせるもの。災害を発生させることもある。

せんじょうち【扇状地】 名詞 山から流れる川が運んできた土やすなでできたおうぎ形の土地。⇩図。

扇状地

せんしょく【染色】 名詞 する動詞 糸や布をそめること。

せんしょくたい【染色体】 名詞 細胞が分裂するときに見られる糸のようなもの。形や数が生物によって一定している。遺伝子をふくんでいて、遺伝に大事な役目をはたす。

せんじる【煎じる】 動詞 薬草などをにて、しるをとかしだす。例薬を煎じてのむ。活用せん・じる。

1**せんしん【先進】** 名詞 進歩のていどがほかより進んでいること。対後進。

2**せんしん【専心】** 名詞 する動詞 一つのことをおこなうために心を集中させること。例作曲に専心する。／一意専心。類熱中。専念。

3**せんしん【線審】** 名詞 テニスなどで、ボールが仕切り線の外に出たか出ないかを判定する人。ラインズマン。

1**せんじん【先人】** 名詞 昔の人。前の時代の人。例先人の苦労を知る。

2**せんじん【先陣】** 名詞 ❶一番前で戦いをする部隊。❷物事を最初におこなうこと。ことば「先陣を切る（＝最初におこなう）」

1**ぜんしん【全身】** 名詞 体ぜんたい。体中。例全身がつかれた。／全身でよろこびを表す。類満身。対半身。

2**ぜんしん【前身】** 名詞 ❶この世に生まれる前の身の上。❷ある人の、前の身分・職業。例かれの前身は相撲とりだ。❸前のよび名。かわる前のもの。例この大学の前身は法律専門学校です。

3**ぜんしん【前進】** 名詞 する動詞 前へ進むこと。対後退。

せんしんこく【先進国】 名詞 政治・経済・文化などが、ほかの国より進んでいる国。対発展途上国。

ぜんしんぜんれい【全身全霊】 四字熟語 体と心のすべて。体力と精神力のすべて。例全身全霊をこめて歌う。

ぜんじんみとう【前人未到・前人未踏】 四字熟語 今までに、だれもそこまで行きついたことがないこと。例前人未到の百連勝。

1**せんす【扇子】** 名詞 ➡166ページ・おうぎ（扇）。

2**センス** 名詞 物事の、細かなちがいや意味などを感じとる力。美しいものが感覚的にわかる能力。例センスのいい服装。▼英語 sense

せんすい【潜水】 名詞 する動詞 水の中にもぐること。

せんすいかん【潜水艦】 名詞 水の中にもぐったまま動きまわり、敵の船をせめたり、敵の様子をさぐったりする軍艦。

ぜんせ【前世】 名詞 仏教で、この世の中にうまれる前にいた世。対来世。現世。

1**せんせい【先生】** 名詞 ❶学校で児童・生徒に勉強を教える人。教員。❷学問・芸術などを教える人。また、その人をうやまっていう言葉。例いけ花の先生。❸学者・医者・芸術家・政治家などをうやまっていう言葉。

2**せんせい【先制】** 名詞 する動詞 人より先に物事をおこなって、相手をおさえること。機先を制すること。例先制攻撃。

3**せんせい【専制】** 名詞 ほかの人の考えを聞か

ずに、自分の考えだけで物事をおこなうこと。例 専制君主。類 独裁。

4 **せんせい【宣誓】** 名詞 する動詞 ちかいの言葉をのべること。ちかうこと。また、その言葉。例 選手の代表が宣誓した。

1 **ぜんせい【全盛】** 名詞 物事のいきおいが、もっともさかんなこと。例 全盛期。ことば「全盛をきわめる」

2 **ぜんせい【善政】** 名詞 人々のためになる、よい政治。例 新しい王が善政をおこなう。対 悪政。

せんせいせいじ【専制政治】 名詞 国民の考えには耳をかたむけずに、一人、またはごく一部の人の考えだけでおこなう政治。

せんせいてん【先制点】 名詞 相手より先に取った得点。例 先制点を取って、にげきった。

センセーショナル 形容動詞 人々の興味を強くひくようにするようす。例 センセーショナルな新聞記事。▼英語 sensational

センセーション 名詞 人々の興味・関心を強くひきつけてひょうばんになること。ことば「（映画スター同士の結婚が）センセーションをまきおこす」▼英語 sensation

1 **せんせん【宣戦】** 名詞 する動詞 戦争を始めることを相手の国に知らせること。ことば「宣戦を布告する」

2 **せんせん【戦線】** 名詞 戦いがおこなわれているところ。最前戦。例 戦線はしだいに広がっていった。類 戦場。戦地。

せんぜん【戦前】 名詞 ❶戦争が始まる前。特に、第二次世界大戦の始まる前。対 戦後。❷試合をする前。

1 **ぜんせん【前線】** 名詞 ❶戦場で敵にもっとも近いところ。例 前線の兵士。❷あたたかい空気のかたまりとつめたい空気のかたまりのさかいめが、地面とまじわるところ。例 梅雨前線。

2 **ぜんせん【善戦】** 名詞 する動詞 力いっぱい、よく戦うこと。例 善戦したが、おしくもやぶれた。参考 ふつう、やぶれた方にいう。類 健闘。

ぜんぜん【全然】 副詞 まったく。まるで。参考 下に「…ない」などの打ち消しの言葉が続くが、打ち消しの言葉を続けないで使うこともある。例 全然うれしくない。

せんせんきょうきょう【戦戦恐恐】 四字熟語 あることが起きるのをおそれて、びくびくするようす。例 また、もめるのではないかと戦々恐々としている。参考 ふつう「戦々恐々」と書く。

せんぞ【先祖】 名詞 ❶家の血すじの一番はじめの人。❷今の家族より前の代の人々。例 先祖代々のはか。対 子孫。

せんそう【戦争】 一 名詞 する動詞 戦うこと。特に、国と国とが戦うこと。例 戦争が終わった。対 平和。二 名詞 戦いのような、はげしい競争。例 受験戦争。／交通戦争。

ぜんそう【前奏】 名詞 独唱や独奏の前に、伴奏楽器だけで演奏する音楽。

ぜんそうきょく【前奏曲】 名詞 ❶オペラや組曲などの始めにえんそうされる曲。プレリュード。❷〔①の意味から〕ある物事のはじまり。ある事件のまえぶれ。

せんぞく【専属】 名詞 する動詞 ある一つの会社や団体とだけ関係をもつこと。例 A社と専属のけいやくを結ぶ。類 専任。

ぜんそく【ぜん息】 名詞 急にはげしいせきがでて、呼吸がくるしくなる病気。

ぜんそくりょく【全速力】 名詞 ありったけのはやさ。フルスピード。例 パトカーが全速力で犯人の車をついせきしている。

センター 名詞 ❶真ん中。中心。また、中心となる機関・場所。例 文化センター。／ショッピングセンター。❷野球で、外野の中央の守備位置。また、そこを守る役。中堅手。❸バレーボール、サッカーなどで、中央の位置。また、そこで守ったり攻めたりする役。▼英語 center

せんたい【船体】 名詞 船の、ふぞく品やつみ荷をのぞいた部分。船の本体。

せんだい【先代】 名詞 ❶今より前の代。前代。❷前の代の主人。例 この店は先代がはじめた。

ぜんたい【全体】 一 名詞 あるものや、ことがらのすべて。例 クラス全体の考え。／全体の四分の一。対 部分。二 副詞 ❶もとをただせば。もともと。例 こんなことになったのは、全体、君が悪いんだよ。❷いったい。例 全体、どうしたことだ。

せんだいし【仙台市】 地名 宮城県の県庁所在地。⇨916ページ・都道府県（図）。

せんたいしょう【線対称】 名詞 二つの点や形などが、一本の直線をさかいにして折り曲げたとき、ぴったりと重なり合うこと。参考 ⇨747

ことばあそび　ことわざパロディー⑭　金は金持ちの回しもの（金は天下の回りもの）

ページ・対称。

ぜんだいみもん【前代未聞】四字熟語 今までに一度も聞いたことがないような、めずらしいこと。例 前代未聞のできごと。

せんたく¹【洗濯】名詞 する動詞 よごれた衣服などをあらって、きれいにすること。例 ユニフォームを洗濯する。／洗濯物。

せんたく²【選択】名詞 する動詞 二つ以上の中から、えらぶこと。例 キャラクターを選択する。類 選別。

せんたくき【洗濯機】名詞 よごれた衣類などをせんたくする機械。水と洗剤とよごれた衣類などを入れて水流をおこし、よごれを落とす。電気洗濯機。

せんたくし【選択肢】名詞 アンケートなどで、質問に対して用意されているいくつかの答え。テストやクイズの場合は、正しい答えとまちがった答えがまじっている。注意「選択枝」と書かないこと。

せんだつ【先達】名詞 ❶りっぱな仕事をしてきて、後進をみちびく人。例 何事にも先達は必要だ。❷先に立って案内をする人。例 先達さんに山道を案内してもらう。参考「せんだち」ともいう。

せんだって【先だって】名詞 さきごろ。この間。例 先だってはありがとうございました。

センタリング 名詞 する動詞 サッカーなどで、タッチライン近くにいる選手から、ゴール近くにいるみかたの選手にボールをパスすること。クロスボール。参考 英語の centering からだが、英語では crossing という。

せんたん【先端】名詞 ❶細長い物の先。例 さおの先端。類 突端。❷流行などの、先頭。例 流行の先端を行く服装。／先端技術。

せんだん【船団】名詞 いくつかの船のひとまとまり。例 サケ・マス船団。

せんだんはふたばよりかんばし【せんだんは双葉より芳し】ことわざ 「「せんだん」がふた葉のときからよいかおりがするように」すぐれた人は子どものときからひいでている、というたとえ。参考「せんだん」とは、ビャクダンというよいかおりのする木のこと。

せんち¹【戦地】名詞 戦争のおこなわれているところ。特に、戦争のおこなわれている国外の場所。類 戦場。戦線。

センチ² 一 接頭語 メートル法の単位につけて、その百分の一を表す言葉。記号は「c」。二 名詞 助数詞 特に、「センチメートル」の略。▼英語（フランス語から）centi-

ぜんち【全治】名詞 する動詞 けががすっかりなおること。例 全治一か月のけが。類 全快。

ぜんちぜんのう【全知全能】四字熟語 あらゆることを知っていて、どんなことでもできる力。例 神は全知全能だ。

センチメートル 名詞 助数詞 メートル法の長さの単位の一つ。メートルの百分の一。センチ。記号は「cm」。▼英語（フランス語から）centimetre アメリカでは centimeter

センチメンタル 形容動詞 ちょっとしたことにも、なみだを流すほど、物事に感じやすいようす。感傷的。例 センチメンタルな少女。参考「おセンチ」ともいう。▼英語 sentimental

せんちゃ【煎茶】名詞 茶の葉をあつい湯でせんじて飲む茶。また、その茶の葉。

せんちゃく【先着】名詞 する動詞 ほかのものより先に着くこと。例 先着三名様まで。

せんちょう【船長】名詞 船の乗組員のさしずをし、船を進める指揮をとる人。

ぜんちょう¹【全長】名詞 全体の長さ。例 このトンネルは全長一キロメートルだ。参考 魚類などでは、ふつう頭の先からしっぽの先までの長さをいう。⇩図。

全長

ぜんちょう²【前兆】名詞 ある物事がおこる前に表れるしるし。まえぶれ。例 土砂災害のおこる前兆となる現象がある。類 兆候。

ぜんつう【全通】名詞 する動詞 道路や鉄道などの一つの路線全部が開通すること。全線開通。

せんて【先手】名詞 ❶物事を人より先におこなって、よい立場に立つこと。例 弟に先手を取られた。❷「碁」や「将棋」で、先にせめる方。対 ①②後手。

せんてい¹【せん定】名詞 する動詞 植木の形をととのえたり、花や実がよくつくようにしたりす

るために、木のえだを一部分きりとること。

2 **せんてい【選定】** 名詞 する動詞 多くのものの中から、えらんで決めること。例 すいせん図書を選定する。

ぜんてい【前提】 名詞 あることがなりたつためのもととなることがら。ある考えのもとになるもの。例 父の援助を前提に計画をたてる。

せんてつ【せん鉄】 名詞 鉄鉱石をとかしてつくった鉄。いものや、はがねをつくる原料になる。

せんてひっしょう【先手必勝】 四字熟語 勝ち負けを決める場面で、相手より先にせめていけば、かならず有利な立場になるということ。

せんてをうつ【先手を打つ】 慣用句 相手より先に物事をおこなって、よい立場にたつ。例 先手を打って、兵をすすめる。

せんでん【宣伝】 名詞 する動詞 ❶〔ある品物や考えを〕多くの人に知らせて、広めること。広く知らせること。例 テレビで宣伝する。類 広報。❷大げさに言いふらすこと。

ぜんてん【前転】 名詞 マット運動で、しゃがんで両手を前につき、頭の後ろからころがり、一回転して起きあがること。対 後転。

センテンス 名詞 文。まとまった中身がある一続きの言葉。▼英語 sentence

せんてんてき【先天的】 形容動詞 生まれながらもっているようす。生まれながらの。例 あのリズム感は先天的なものだ。対 後天的。

1 **せんと【遷都】** 名詞 する動詞 首都をほかにうつすこと。

2 **セント** 名詞 助数詞 アメリカ合衆国・カナダなどのお金の単位。ドルの百分の一。▼英語 cent

せんど【鮮度】 名詞 新しさのていど。例 食品の鮮度を保つ。

ぜんと【前途】 名詞 ❶行く先の道のり。例 旅の前途はほど遠い。❷これから先の人生。将来。ことば「前途有望（な若者）」

ぜんど【全土】 名詞 ある国・地域の全体。例 台風は日本の全土にえいきょうをあたえた。

1 **せんとう【先頭】** 名詞 一番前。一番先。例 列の先頭にいる。

2 **せんとう【戦闘】** 名詞 する動詞 武器を使って、戦うこと。また、その戦い。例 大規模な戦闘。

3 **せんとう【銭湯】** 名詞 お金をとってふろにいれるところ。ふろ屋。

1 **せんどう【先導】** 名詞 する動詞 先に立って、みちびくこと。例 パトカーが先導する。

2 **せんどう【扇動】** 名詞 する動詞 人をそそのかして、行動するようにしむけること。例 人を扇動して争いをおこす。

3 **せんどう【船頭】** 名詞 ❶小さな船をこぐ仕事をしている人。❷船をあやつるさしずをする人。

せんどうおおくしてふねやまにのぼる【船頭多くして船山に登る】 ことわざ 指導する人が多いと物事がうまくいかない、というたとえ。

せんとうごしょ【仙洞御所】 名詞 上皇のすまい。

せんどきじだい【先土器時代】 名詞 土器がまだつくられていなかったころの時代。ほぼ旧石器時代に当たる。

ぜんとようよう【前途洋洋】 四字熟語 将来がかぎりなく大きくひらけ、きぼうにみちているようす。例 ピアニストとしてのさいのうがみとめられて、かれの人生は前途洋々だ。参考 ふつう「前途洋々」と書く。

セントラルヒーティング 名詞 一か所で発生させた熱で建物中をあたたかくすること。▼英語 central heating

せんに【先に】 副詞 前に。先に。例 先に会った人。

ぜんにちせい【全日制】 名詞 高等学校などで、平日の昼間に授業をする制度。対 定時制。参考「ぜんじつせい」ともいう。

せんにゅう【潜入】 名詞 する動詞 こっそり入ること。例 敵地に潜入する。

せんにゅうかん【先入観】 名詞 じっさいに見たり聞いたりする前に、あらかじめ形づくられた考え。ことば「先入観にとらわれる」 注意「先入感」と書かないこと。

1 **せんにん【仙人】** 名詞 人間の世界からはなれて山中にすみ、かすみを食べて生き、年もとらず死ぬこともないという想像上の老人。

2 **せんにん【先任】** 名詞 ⇒ぜんにん（前任）。

3 **せんにん【専任】** 名詞 一つの役目や仕事だけを受け持つこと。また、その人。類 専属。対 兼任。

1 **ぜんにん【前任】** 名詞 前にその役目についていたこと。また、その人。先任。例 前任の人の意見をとりいれる。対 後任。

ことばあそび ことわざパロディー⑮ 果報はねてちゃ来ない（果報はねて待て）

2**ぜんにん**【善人】名詞 心やおこないのよい人。対悪人。

せんにんりき【千人力】名詞 ❶力がとても強いこと。また、その力。例千人力の大男。❷千人の助けをもったように心強いこと。例あなたが来てくれたら千人力だ。

せんぬき【栓抜き】名詞 びんなどのせん、または王かんをぬいてあける道具。参考てこを利用した道具の一つ。

1**せんねん**【先年】名詞 何年か前の年。例先年の台風で流された橋。類往年。前年。対後年。

2**せんねん**【専念】名詞 する動詞 ある一つのことに、一生けんめいになること。例勉強に専念する。類熱中。専心。

ぜんねん【前年】名詞 ❶今年の前の年。去年。例前年より売り上げがおちる。❷ある年の前の年。例ぼくが生まれる前年のできごと。類先年。

せんのう【洗脳】名詞 する動詞 ある人の考え方や生き方を、おおもとからかえさせること。

1**ぜんのう**【全能】名詞 あらゆることをすることができるようす。また、その力。ことば「全知全能」

2**ぜんのう**【前納】名詞 する動詞 代金や料金を前もっておさめること。例会費を前納する。対後納。

せんばい【専売】名詞 する動詞 ❶ある品物をその人だけが売ること。例専売の特許をとる。❷民間には売らせず、政府だけが売る制度。

せんぱい【先輩】名詞 ❶同じ学校を自分より先に卒業した人。❷年令・学問・地位・経験などが自分より上の人。例会社の先輩。類兄弟子。対①②後輩。

1**ぜんぱい**【全敗】名詞 する動詞 スポーツ競技などで、すべての試合に負けること。対全勝。

2**ぜんぱい**【全廃】名詞 する動詞 それまでおこなわれてきたことを、すっかりやめてしまうこと。例古い制度を全廃する。

ぜんはいそげ【善は急げ】ことわざ よいことは、思いついたら、ためらわずにすぐおこなえ。類思い立ったが吉日。

1**せんぱく**【浅薄】形容動詞 考えや知識が足りなくて、しっかりしていないこと。あさはかなこと。例浅薄な知識をふりまわす。

2**せんぱく**【船舶】名詞 〔特に大がたの〕船。例東京湾は、船舶の交通がはげしい。参考あらたまった言い方。

せんばつ【選抜】名詞 する動詞 〔ある基準にしたがって〕多くの中から、えらび出すこと。例選抜チーム。類選出。選考。

1**せんぱつ**【先発】名詞 する動詞 ❶先に出発すること。例頂上目ざして、まず五年生が先発した。対後発。❷野球などで、試合のさいしょから出場すること。また、その人。例先発メンバー。

2**せんぱつ**【洗髪】名詞 する動詞 髪の毛をあらうこと。

せんばづる【千羽鶴】名詞 ❶おり紙でおったツルをたくさんつないだもの。参考願いごとがかなうようにいのってつくる。⇩図。❷たくさんのツルをかいたもよう。例千羽鶴のつつみ紙。

1**せんばん**【千万】接尾語《ある言葉の下につけて》「ていどがはなはだしいようす」「このうえないようす」などの意味を表す言葉。参考悪い意味を表す言葉につけて使うことが多い。ことば「ふとどき千万」

千羽鶴

2**せんばん**【旋盤】名詞 物を回しながら、けずって加工する機械。

1**せんぱん**【先般】名詞 さきごろ。この間。例先般おうかがいした件について、お返事をいただきたい。参考あらたまった言い方。

2**せんぱん**【戦犯】名詞 「戦争犯罪人」の略。戦争で、降伏した人を殺したり、禁止された兵器を使ったりするなど、国際条約で定められた戦争の規則にそむくおこないをした人。また、他国を侵略する戦争をおこした人。

ぜんはん【前半】名詞 二つに分けたときの、前の半分。例試合の前半はリードした。参考「ぜんぱん」とも読む。対後半。

ぜんぱん【全般】名詞 ぜんたい。みんな。すべて。例今回のテストは全般によくできた。

せんび【船尾】名詞 船のうしろの部分。とも。対船首。

せんぴょう【選評】名詞 〔応募した作品の中

から」すぐれたものをえらんで、批評すること。また、その批評。

ぜんぶ【全部】名詞 ある物事のすべて。例 全部、食べた。／全部で千円だった。対 一部。

せんぷう【旋風】名詞 ❶うずまきのようにふく風。例 旋風が起こる。類 突風。❷世の中をゆり動かすような、とつぜんのできごと。例 サッカー界に旋風をまきおこした新人。

せんぷうき【扇風機】名詞 モーターで羽を回して風をおこす機械。

[1]**せんぷく**【船腹】名詞 ❶船のどうたい。また、船の荷物をつむところ。❷荷物をつんで運ぶものとしての、船。例 船腹が不足している。

[2]**せんぷく**【潜伏】名詞 する動詞 ❶かくれていること。例 犯人が潜伏する。❷病気がうつっていながら、症状がまだおもてに表れないこと。例 潜伏期。

ぜんぷく【全幅】名詞 〔感情や気持ちの〕ありったけ。あるもの全部。例 全幅の信頼をおく。

[1]**ぜんぶん**【全文】名詞 ある文章の全体。例 全文を書きうつす。

[2]**ぜんぶん**【前文】名詞 ❶前の部分に書いてある文章。例 前文を読んで問いに答えなさい。❷手紙のはじめに書く、時候などのあいさつの文。❸きまりや規則の前書き。例 憲法の前文。

せんぶんひ【千分比】名詞 千分率。

せんぶんりつ【千分率】名詞 全体を千としたときの、それぞれのしめる割合。千分比。パーミル（‰）で表す。

せんべい【煎餅】名詞 菓子の一つ。米の粉または小麦粉をねり、うすくのばして焼いた菓子。しょうゆ・さとうなどで味をつける。

せんべいぶとん【煎餅布団】名詞 せんべいのようにかたくてうすい、そまつなふとん。

[1]**せんべつ**【せん別】名詞 わかれのしるしに品物やお金をおくること。また、その品物やお金。はなむけ。例 せん別をわたす。

[2]**せんべつ**【選別】名詞 する動詞 〔あるきまりに合わせて〕えらび分けること。例 ミカンを選別する。類 選択。

ぜんぺん【全編】名詞 一つの詩・文章・映画などの全体。

せんぺんいちりつ【千編一律】四字熟語 みな同じ調子で、おもしろみがないこと。例 あの作家の作品は、千編一律だ。参考 もともとは、多くの詩が、すべて同じ調子でつくられているという意味。

せんぺんばんか【千変万化】四字熟語 いろいろに変わること。例 電車から、千変万化する入り江の風景を見る。

せんべんをつける【先べんをつける】慣用句 人よりも先に物事にとりかかる。例 ハイテク技術の開発に先べんをつける。参考「べん」は「むち」のこと。人より先に馬にむちを入れることからできた言葉。

せんぼう【羨望】名詞 する動詞 うらやましく思うこと。ことば「（宝くじにあたって）羨望の的になる（＝みんなからうらやましがられる）」

せんぽう【先方】名詞 ❶相手側の人。相手かた。例 先方の都合をきいてからたずねる。対 当方。❷むこうの方。先の方。前方。

ぜんぼう【全貌】名詞 物事の、全体のすがた。全体の様子。例 事件の全貌があきらかになった。類 全容。

ぜんぽう【前方】名詞 前の方。例 前方に注意する。対 後方。

せんぼうきょう【潜望鏡】名詞 海中の潜水艦などから、海上の様子を見ることができる望遠鏡。かがみやプリズムが利用されている。

ぜんぽうこうえんふん【前方後円墳】名詞 古代の墓の形の一つ。土を高くもり上げ、前を四角形、後ろをまるい形にしてある。参考 大阪府にある大仙古墳はこの形をしており、墓の面積としては世界一大きい。

せんぼつ【戦没】名詞 する動詞 戦争で死ぬこと。例 戦没者。参考「戦死」よりあらたまった場合に使われる。類 戦死。

[1]**ぜんまい** 名詞 ゼンマイ科のシダ植物。わかい葉は、うずまき形にまいていて、食用になる。

[2]**ぜんまい** 名詞 うずまき形にまいたはがねのばね。もとにもどろうとする力を利用して、いろいろな機械に使われる。

せんまいどおし【千枚通し】名詞 重ねた紙をさしとおして穴をあける、きりのようにとがった道具。

ぜんまいばかり 名詞 ぜんまいののびちぢみする性質を利用して重さをはかる道具。ばねばかり。

せんむ【専務】名詞 ❶「専務取締役」の略。社長を助けて会社全体をとりしまる役目。また、

ことばあそび　ことわざパロディー⑯　くさったらなまごみ（くさってもたい）

その人。❷ある仕事をせんもんに受け持つこと。例専務車掌。

せんめい【鮮明】 形容動詞 あざやかではっきりしているようす。例画面が鮮明なテレビ。

ぜんめつ【全滅】 名詞 する動詞 全部ほろびること。また、全部ほろぼすこと。例日でり続きで、畑の野菜は全滅した。類根絶。絶滅。

せんめん【洗面】 名詞 する動詞 顔をあらうこと。例洗面道具。類洗顔。

1**ぜんめん【全面】** 名詞 すべての面。全体。

2**ぜんめん【前面】** 名詞 前の方。表の方。例敵の前面に立ちふさがる。／要求を前面におし出す。

せんめんき【洗面器】 名詞 顔や手をあらうときに、水や湯を入れるうつわ。

せんめんじょ【洗面所】 名詞 ❶顔や手をあらうところ。❷トイレのこと。手洗い。

ぜんめんてき【全面的】 形容動詞 すべてにわたるようす。あらゆることに関係するようす。例つみを全面的にみとめた。

せんもう【繊毛】 名詞 ❶とても細い毛。❷細胞の表面にある、毛のようなもの。ゾウリムシや、動物の気管などにある。

せんもん【専門】 名詞 ある一つの学問や仕事だけを受け持ったり、研究したりすること。また、その学問や仕事。例考古学を専門に研究する。／宝石の専門店。注意「専問」と書かないこと。

せんもんか【専門家】 名詞 あることがらを専門に受け持ったり、研究したりしている人。例園芸の専門家。

せんもんがっこう【専門学校】 名詞 いろいろの職業についての技術を学び、資格をとるための勉強をする学校。看護専門学校、美容専門学校などがある。

せんもんてん【専門店】 名詞 ある決まった種類の商品だけをとりあつかう小売店。

ぜんもんのとらこうもんのおおかみ【前門の虎後門のおおかみ】 故事成語 一つの災難をのがれたのに、すぐまた次の災難にあうことのたとえ。

せんもんようご【専門用語】 名詞 専門家の間だけで使われる言葉。例医学の専門用語。

ぜんや【前夜】 名詞 ❶さくや。ゆうべ。❷あることがらのおこなわれる前日の夜。例祭りの前夜。

せんやく【先約】 名詞 先に決めた約束。例その日は先約があるので、別の日にしてほしい。

ぜんやさい【前夜祭】 名詞 ある行事や記念日の前の夜におこなう、おまつりやもよおし。例独立記念日の前夜祭。

1**せんゆう【専有】** 名詞 する動詞 一人で持っていること。ひとりじめ。例アパートの専有部分。類独占。対共有。

2**せんゆう【戦友】** 名詞 戦争でいっしょに戦った仲間。

せんゆうこうらく【先憂後楽】 四字熟語 人の上に立つ指導者は、下の人より先に苦労をして、下の人が楽になってから後で楽しむようにしなくてはならないということ。

せんよう【専用】 名詞 する動詞 ❶決まった人だけが使うこと。例社長専用のつくえ。対共用。❷決まったことがらや、決まったときだけに使うこと。例自動車専用道路。

1**ぜんよう【全容】** 名詞 物事の全体のすがたや有様。例事件の全容を明らかにする。類全貌。

2**ぜんよう【善用】** 名詞 する動詞 よいことに、うまく生かして使うこと。例あたえられた特権を善用する。対悪用。

ぜんら【全裸】 名詞 何も着ていないこと。あかはだか。まるはだか。

せんらん【戦乱】 名詞 戦いがおこって世の中がみだれること。例戦乱の世。類動乱。

せんり【千里】 名詞 ❶一里の千倍。❷ひじょうに遠い道のり。

せんりがん【千里眼】 名詞 遠いところのできごとや人の心を見とおす力。また、その力をもった人。

1**せんりつ【旋律】** 名詞 いろいろな高さや長さの音が組み合わさって続く、音の流れ。メロディー。

2**せんりつ【戦慄】** 名詞 する動詞 おそろしくて、体がふるえること。身ぶるいすること。例おそろしい事実に戦慄する。

せんりのつつみもありのあなからくずれる【千里の堤もありの穴から崩れる】 故事成語 「じょうぶな堤防も小さなアリの穴がもとでくずれてしまうように」わずかなことでも、ゆだんすると、とりかえしのつかないことがおきてしまう。

せんりのみちもいっぽよりはじまる【千里の道も一歩より始まる】 故事成語 〔遠いところへ行く旅も、まず一歩歩くことから始まるように〕たいへん大きな仕事も小さなことからはじまる。

せんりひん【戦利品】 名詞 戦争などで、敵からうばって手に入れた品物。

せんりゃく【戦略】 名詞 戦いや競争に勝つための計画。例 販売の戦略をねる。類 戦術。

ぜんりゃく【前略】 名詞 ❶手紙の始めに使う言葉。あいさつなどをはぶいてすぐに用件をのべるときに使う。❷文章を引用するときなどに、前の部分をはぶくこと。対 中略。後略。

せんりゅう【川柳】 名詞 五・七・五の十七音でできたこっけいな詩。俳句とちがって、季語や切れ字の約束がない。参考 江戸時代、柄井川柳が作者として名高かったので、この名がついた。「居候三ばい目にはそっと出し」など。

1 **せんりょう【千両】** 名詞 ❶一両の千倍。例 千両箱。❷金額の多いこと。また、たいへん価値のあること。例 千両役者。❸センリョウ科の木。冬に赤く小さな実がなる。

2 **せんりょう【占領】** 名詞 する動詞 ❶軍隊の力でほかの国の土地をうばって支配すること。例 占領地。❷あるところを一人じめにすること。例 部屋の半分をベッドが占領している。

3 **せんりょう【染料】** 名詞 糸や布などをそめる薬品。

ぜんりょう【善良】 形容動詞 人の性質が正しく、すなおなようす。例 善良な人間。

ぜんりょうせい【全寮制】 名詞 学校や会社などに入った全員を寮で生活させながら教育する制度。

せんりょうやくしゃ【千両役者】 名詞 〔給料を千両ももらえる役者の意味から〕芸がすぐれていて、人気があり、位の高い役者。

せんりょく【戦力】 名詞 戦争や試合で勝つための力。例 ひそかに戦力をやしなう。

ぜんりょく【全力】 名詞 ありったけの力。ことば「全力をつくす」類 死力。

ぜんりん【前輪】 名詞 自動車などの、前の方の車輪。ことば「前輪駆動（＝自動車で、エンジンが前の車輪だけを動かす方式）」対 後輪。

1 **せんれい【先例】** 名詞 前にあった同じような例。前からあったしきたり。例 先例にならう。類 前例。

2 **せんれい【洗礼】** 名詞 ❶キリスト教で、信者になるための儀式。体を水にひたしたり、頭の上に水をそそいだりして、つみやけがれをあらいきよめる。例 教会で洗礼を受ける。❷初めての特別な経験をすること。また、仲間になるために、一度は経験しなければならないこと。例 新人選手がプロの洗礼を受けた。

ぜんれい【前例】 名詞 前にあった同じようなためし。前からのしきたり。例 前例のとおりおこなう。類 先例。

ぜんれき【前歴】 名詞 その人が、今までにしてきたことがら。これまでの経歴。例 警察が前歴を調べる。

1 **せんれつ【戦列】** 名詞 ❶戦争をしている軍隊の列。❷戦うために集まった集団。例 けがをした選手が戦列に復帰した。

2 **せんれつ【鮮烈】** 形容動詞 はげしく、あざやかなようす。例 鮮烈な印象。

ぜんれつ【前列】 名詞 横にならんだいくつかの列の中で、前の列。対 後列。

せんれん【洗練】 名詞 する動詞 〔文章・考え・人がらなどを〕ねりきたえて、りっぱなものにすること。例 洗練された文章。

せんろ【線路】 名詞 電車などの通る道すじ。また、そこにしかれたレール。

そ

ぞ ゾ ソ
ZO SO
zo so

ぞ 助詞 ❶自分に強く言いきかせるときに使う言葉。例 だまされないぞ。❷相手に念をおすときに使う言葉。例 ゴールをめざせ。行くぞ。

そあく【粗悪】 形容動詞 〔物が〕そまつで、質が悪いこと。例 粗悪な品を買わされた。

そいつ 代名詞 ❶その人。その者。例 そいつをつかまえろ。❷それ。そのもの。そのこと。例 そいつをすててしまえ。／そいつはうれしいできごとだ。参考 少しらんぼうな言い方。

そいとげる【添い遂げる】 動詞 ❶思いがかなって夫婦になる。❷夫婦となって一生をともにすごす。活用 そいと・げる。

そいね【添い寝】 名詞 する動詞 よりそって、いっ

あいうえお かきくけこ さしすせそ たちつてと なにぬねの はひふへほ まみむめも や ゆ よ らりるれろ わ を ん

ことばあそび ことわざパロディー⑰ 先んずれば道にまよう（先んずれば人をせいす）

しょにねること。例子どもに添い寝する。

1 **そう** 一 副詞 《前に言ったことなどをうけて》そのように。そんなに。例そうしよう。／そう気にするな。

二 感動詞 相手の言ったことに対して、それをみとめたり、少しうたがったりする気持ちを表す言葉。例うん、そう、そのとおりだ。／え、そう？ それはおかしいね。

2 **そう** 助数詞 《数を表す言葉の下につけて》〔小さな〕船を数える言葉。例五そうのつり舟。類隻。

3 **そう【宋】** 地名 九六〇年から一二七九年まで続いた、中国の王朝。北宋・南宋の二つの時期に分けられる。

4 **そう【沿う】** 動詞 〔長く続くものなどに〕はなれずついてゆく。例海岸線に沿って走る。活用 そ・う。⇩使い分け。

5 **そう【添う】** 動詞 ❶あるもののそばをはなれずにいる。例弟は、かげの形に添う（＝いつもつれそっている）ように、いつもぼくにくっついている。❷のぞみや目当てに合う。例期待に添うようにがんばる。参考②は「沿う」と書くこともある。活用 そ・う。⇩使い分け。

6 **そう【僧】** 名詞 出家して仏につかえ、仏の教えをとく人。僧りょ。ぼうさん。

7 **そう【層】** 一 名詞 重なっていて、あつみをもって広がっているもの。また、その状態。例ふりつもった火山灰が層をなしている。

二 接尾語 同じ仲間の階級。例若手の選手層があついチーム。

三 助数詞 重なったものを数える言葉。例三層の天守閣。

使い分け　そう

●長く続くものからはなれない。
川に沿って歩く。

●そばについている。
祖母に添って歩く。

1 **ぞう【象】** 名詞 ゾウ科の動物。陸にすむ動物のうちで、最大。長い鼻と大きなきばをもつ。

2 **ぞう【像】** 名詞 ❶ある物・人などをかたどって、つくったりえがいたりしたもの。例女神の像。❷光が、鏡やレンズによって反射したり、屈折したりしてできる、物のかたち。

そうあたり【総当たり】 名詞 する動詞 スポーツ大会などで、すべての参加者やチームと試合をすること。リーグ戦。

1 **そうあん【草案】** 名詞 〔きまりなどをつくるときの〕文章の下書き。類草稿。

2 **そうあん【創案】** 名詞 する動詞 今までなかったものをはじめて考え出すこと。また、その考え出されたもの。類発案。

1 **そうい【相違】** 一 名詞 する動詞 二つ以上のものが、たがいにちがうこと。例原作と映画には、いくつかの相違がある。類異同。差異。

二 名詞 《「…に相違ない」の形で》…にちがいない。まちがいなく…だ。例まだ何かかくしているに相違ない。

2 **そうい【創意】** 名詞 新しく考えだす心。新しい思いつき。例創意にとんだ作品。

3 **そうい【総意】** 名詞 すべての人の考え。全体の意見。例国民の総意を代表する国会。

そういえば【そう言えば】 連語 前の言葉に関係することや、思い出したことなどを話すときに言う言葉。例そう言えば、あのとき何を言おうとしていたの。

そういくふう【創意工夫】 四字熟語 それまでの考え方やしきたりなどにとらわれない、新しい思いつきと工夫。

そういん【総員】 名詞 〔ある団体にぞくしている〕すべての人の数。全員。例総員五十名。類総勢。

ぞういん【増員】 名詞 する動詞 人数をふやすこと。

そううん【層雲】 名詞 空の低いところに、霧のように広がる灰色の雲。霧雨をふらせることがある。きりぐも。⇩385ページ・雲（図）。

ぞうえい【造営】 名詞 する動詞 寺・神社・宮殿などを建てること。例社殿の造営。類建立。

ぞうえき【増益】 名詞 する動詞 利益がふえること。類増収。対減益。

そうえん【荘園】 名詞 ➡608ページ・しょうえん。

ぞうえん【造園】 名詞 する動詞 庭園・公園などを

つくること。例造園家。

ぞうお【憎悪】 名詞 する動詞 にくんで、きらうこと。また、その気持ち。ことば「憎悪の念をいだく」

そうおう【相応】 名詞 形容動詞 する動詞 つりあっていること。ふさわしいこと。例年に相応した服装。対不相応。

そうおん【騒音】 名詞 うるさく感じる音。例車の通りが多く、騒音がはげしい。類雑音。

1 **ぞうか【造花】** 名詞 紙・布・プラスチックなどで、本物の花に似せてつくった花。対生花。

2 **ぞうか【増加】** 名詞 する動詞 数や量がふえること。また、ふやすこと。例人口の増加。対減少。

1 **そうかい【爽快】** 形容動詞 さわやかで気持ちがよいようす。例運動をした後は、爽快だ。

2 **そうかい【壮快】** 形容動詞 元気にあふれていて、気持ちがいいようす。例壮快な行進曲。

3 **そうかい【総会】** 名詞 会に入っている人全員が集まる会。例生徒会の総会をひらく。

そうがかり【総掛かり】 名詞 全員が力を合わせて、とりかかること。例全校児童が総掛かりで、作業をした。

そうかく【総画】 名詞 一つの漢字を組み立てている点や線の全体の数。例総画さくいん。

そうがく【総額】 名詞 全体の額。特に、お金の合計。類全額。

ぞうがく【増額】 名詞 する動詞 お金の額をふやすこと。例予算を増額する。対減額。

そうかくさくいん【総画索引】 名詞 漢字の総画から辞典が引けるように、本文にある漢字を画数順にならべ、その漢字がある本文のページ数をしるしたもの。

そうかつ【総括】 名詞 する動詞 全体を一つにまとめること。例意見を総括する。

1 **そうかん【壮観】** 名詞 規模が大きくて、すばらしいながめ。例山頂からのながめは壮観だ。

2 **そうかん【相関】** 名詞 する動詞 一方が変わるともう一方も変わるというように、おたがいにかかわりがあること。例二つの数値は相関している。

3 **そうかん【送還】** 名詞 する動詞 〔ほりょや密入国者など〕人を元いた場所へおくりかえすこと。例本国に送還する。

4 **そうかん【創刊】** 名詞 する動詞 雑誌や新聞などをはじめて出すこと。

5 **そうかん【総監】** 名詞 警察・軍隊などの大きな組織で、全体をとりしまって監督する役。また、その役の人。例警視総監。

ぞうかん【増刊】 名詞 する動詞 雑誌などで、決まった期日に出すほかに、りんじに発行すること。また、その雑誌。例夏休みの増刊号。

そうかんかんけい【相関関係】 名詞 一方がかわると、それにつれて相手もかわるような間がら。例景気と物価の間には相関関係がある。対因果関係。

そうがんきょう【双眼鏡】 名詞 両方の目に当てて、遠くの物をはっきりと大きくして見る器械。⇨図。

そうき【早期】 名詞 はじめのころ。はやい時期。例病気の早期発見をめざす。

1 **そうぎ【争議】** 名詞 ❶ちがった意見をもった人が、たがいに言い争うこと。❷「労働争議」の略。労働者と使用者との争い。

2 **そうぎ【葬儀】** 名詞 「葬式」のあらたまった言い方。

双眼鏡

1 **ぞうき【雑木】** 名詞 材木としては役に立たないいろいろな木。まきや炭などにする。

2 **ぞうき【臓器】** 名詞 体の中にある器官。心臓・じん臓・肺・胃・腸など。例臓器を移植する。／人工臓器。

ぞうきいしょく【臓器移植】 名詞 体の中にある器官を、病気をなおすなどのために、ほかの人にうつしかえること。例臓器移植手術をおこなう。

ぞうきばやし【雑木林】 名詞 雑木がはえている林。

1 **そうきゅう【早急】** 名詞 形容動詞 とても急ぐこと。例早急に手配する。参考「さっきゅう」ともいう。類至急。緊急。早速。

2 **そうきゅう【送球】** 名詞 する動詞 球技で、みかたの選手に球を送ること。特に、野球で、塁を守る選手に球を投げること。類投球。

そうきょ【壮挙】 名詞 きぼの大きな、みごとな計画やくわだて。例自転車で世界一周をするという壮挙をなしとげる。類快挙。

ことばあそび ことわざパロディー⑱ 朱に交わっても黒は黒（朱に交われば赤くなる）

そうぎょう[1]【創業】名詞 する動詞 新しく事業をはじめること。事業をおこすこと。例 大正元年に創業した会社。

そうぎょう[2]【操業】名詞 する動詞 機械などを動かして仕事をすること。例 操業時間。

ぞうきょう【増強】名詞 する動詞 〔数や量をふやして〕働きを強めること。例 体力を増強する。類 補強。強化。

そうきん【送金】名詞 する動詞 お金を送ること。また、そのお金。

ぞうきん【雑巾】名詞 〔主に家の中の〕よごれたところや足などをふく布。

そうぐう【遭遇】名詞 する動詞 〔おそろしいことや、苦しいことなどに〕思いがけず、出あうこと。例 おそろしい事件に遭遇した。

そうくずれ【総崩れ】名詞 する動詞 全体が一度にこわれて、ばらばらになること。例 敵にせめられて、味方は総崩れになった。

そうくつ【巣窟】名詞 悪者などが集まって、かくれ住んでいるところ。

そうけ【宗家】名詞 ❶〔茶の湯・いけ花・おどりなどの〕流派のもとになる家。家元。❷分家した家の、もとになる家。本家。

ぞうげ【象牙】名詞 ゾウのきば。パイプやはんこなど、細工物に使われる。参考 ワシントン条約によって、取り引きを禁止されている。

そうけい[1]【早計】名詞 深く考えていない、早まった考え。例 その決定は早計にすぎる。

そうけい[2]【総計】名詞 する動詞 全体の数や量の合計。

そうげい【送迎】名詞 する動詞 人の送りむかえをすること。例 ホテルの送迎バス。

ぞうけい[1]【造詣】名詞 〔学問や芸術などについての〕知識や技能をもっていること。ことば「造詣が深い」

ぞうけい[2]【造形・造型】名詞 する動詞 ある形をつくり出すこと。例 ねん土で造形する。／自然の造形。

ぞうけいびじゅつ【造形美術】名詞 目に見える形で、美しさを表す芸術。絵画、彫刻、建築など。造形芸術。

そうけだつ【総毛立つ】動詞 〔体中の毛がさか立つくらい〕おそろしさで体がすくむ。ぞっとする。例 総毛立つほどおそろしい話を聞いた。活用 そうけだ・つ。

ぞうけつ【増結】名詞 する動詞 列車に車両をつなぎたすこと。類 連結。

そうけっさん【総決算】名詞 ❶〔ある期間内の〕お金の出し入れ全部を計算してまとめること。❷物事のしめくくりをつけること。例 一年間の勉強の総決算をしよう。

ぞうげのとう【象牙の塔】名詞 世の中のことからはなれて、学問の研究だけに夢中になること。また、その場所。

そうけん[1]【双肩】名詞 重い責任などを受けとめるためのささえを、左右のかたにたとえた言葉。例 未来は、君たちの双肩にかかっている。

そうけん[2]【壮健】形容動詞 元気がよく、じょうぶなようす。例 壮健な肉体。類 強健。強壮。

そうけん[3]【創建】名詞 する動詞 建物などを新しくつくること。例 奈良時代に創建された寺。類 創設。創立。

そうげん【草原】名詞 草のはえている、広々とした土地。

ぞうげん【増減】名詞 する動詞 ふえることと、へること。また、ふやすことと、へらすこと。例 人口の増減を調べる。類 加減。

そうこ【倉庫】名詞 物をしまっておく建物。くら。

そうご【相互】名詞 おたがい。また、かわるがわる。例 相互に助け合う。

ぞうご【造語】名詞 する動詞 新しく言葉をつくること。また、その言葉。特に、今使われている言葉を組み合わせてつくった言葉。

そうこう[1]【草稿】名詞 下書きの文章。例 演説の草稿をつくる。類 草案。

そうこう[2]【霜降】名詞 二十四節気の一つ。昔のこよみで、霜が降りるとされるとき。十月二十三日、二十四日ごろ。⇨口絵10ページ。

そうごう【総合】名詞 する動詞 多くのばらばらなものをよせ集めて、一つにまとめること。例 情報を総合する。／総合病院。対 分析。

そうごうかいはつ【総合開発】名詞 ある土地の資源やかんきょうなど、全体のバランスを取りながら開発をおこなうこと。

そうごうてき【総合的】形容動詞 いろいろなものを合わせまとめるようす。例 工場用地として適当かどうか、総合的な見地から考える。

そうごうてきながくしゅう【総合的な学習】名詞 いくつかの別の学科をまとめ、生

あいうえお かきくけこ さしすせそ たちつてと なにぬねの はひふへほ まみむめも や ゆ よ らりるれろ わ を ん

徒の新しい考えや工夫をいかして学ぶ学習。

そうごうをくずす【相好を崩す】 慣用句 よろこんで、にこにこする。例 孫の言葉に相好を崩す。参考「相好」は、顔つきや表情のこと。

そうごん【荘厳】 名詞 形容動詞 おもおもしくりっぱなこと。とうとくおごそかなこと。

そうさ[1]【捜査】 名詞 する動詞 犯人をさがしたり、犯罪のしょうことなるものを見つけたりすること。例 事件の捜査をはじめた。

そうさ[2]【操作】 名詞 する動詞 ❶機械などを動かすこと。また、あつかうこと。例 リモコンを操作する。❷〔商売などで〕資金などをうまくやりくりすること。

ぞうさ【造作・雑作】 名詞 手のかかること。めんどう。例 造作をおかけしてすみません。

そうさい[1]【相殺】 名詞 する動詞 たがいの貸し借りなどをさしひいて、ゼロにすること。さしひきをして、たがいに損得がないようにすること。そうさつ。例 今年借りた分を、去年貸した分で相殺する。／前回のエラーを今回のヒットで相殺する。

そうさい[2]【総裁】 名詞 する動詞 全体の仕事やそこで働くすべての人をとりしまる役。また、その人。例 日本銀行総裁。

そうざい【総菜】 名詞 食事のとき、ごはんやパンなどの主食にそえて食べる物。おかず。副食物。

そうさく[1]【捜索】 名詞 する動詞 〔どこに行ったのかわからない人や物を〕たずねて、さがすこと。例 山で行方不明になった人を捜索する。

そうさく[2]【創作】 名詞 する動詞 ❶はじめてつくりだすこと。❷小説・絵・彫刻などの芸術作品をつくること。また、その作品。例 童話を創作する。／創作活動。類 創造。❸つくりごと。うそ。例 あの人の話は、すべて創作だ。

ぞうさく【造作】 一 名詞 する動詞 家を建てたり、部屋をつくったりすること。特に、家の中の仕上げをすること。
二 名詞 ❶家の中につくりつけたもの。たな・らんま・戸だななど。例 造作つきの家。❷顔のつくり。目鼻だち。例 造作の大きいりっぱな顔。

そうさせん【走査線】 名詞 テレビやディスプレイなどで、横の方向にならべつらねて、画像をつくりだす多くの細い線。線の数が多いほど画像は美しくなる。

そうさつ【相殺】 名詞 する動詞 ⇒そうさい（相殺）。

ぞうさつ【増刷】 名詞 する動詞 本などを後からつけ加えて印刷すること。増し刷り。

ぞうさもない【造作もない】 慣用句 手間がかからない。かんたんである。例 話をするだけなら造作もないことだ。

ぞうさをかける【造作を掛ける】 慣用句 人にめんどうや骨折りをかける。めいわくをかける。

ぞうさん【増産】 名詞 する動詞 とれ高やでき高をふやすこと。例 食糧増産。対 減産。

そうし[1]【草紙・草子】 名詞 ❶和紙をとじ合わせてつくった、昔の本。❷昔の、物語・日記・歌集・さし絵いりの読み物などの本。

そうし[2]【創始】 名詞 する動詞 だれもしたことのない物事を、はじめてつくり出すこと。例 王朝の創始者。

そうじ[1]【相似】 一 名詞 する動詞 二つの物の形や性質が、たがいによく似ていること。例 かんきょうが相似している。類 類似。
二 名詞 「相似形」のこと。類 合同。

そうじ[2]【送辞】 名詞 送別のあいさつ。特に、在校生が卒業生に送る言葉。

そうじ[3]【掃除】 名詞 する動詞 ちりやごみをとりのぞいて、きれいにすること。例 教室を掃除する。

ぞうし【増資】 名詞 する動詞 資本金〔株式会社のもとでとなるお金〕をふやすこと。

そうしき【葬式】 名詞 死んだ人をほうむる、儀式。葬儀。

そうじき【掃除機】 名詞 すいこみ口からごみやほこりなどをすいこみ、そうじをする機械。電気掃除機。

そうじけい【相似形】 名詞 大きさはちがうが、形は、まったく同じであるもの。

そうししゃ【創始者】 名詞 物事を新しくはじめた人。はじめてつくった人。

そうじしょく【総辞職】 名詞 する動詞 関係者がみんなその職をやめること。特に、内閣総理大臣をはじめ全大臣が同時に辞職すること。

そうしつ【喪失】 名詞 する動詞 気持ちや力などを失うこと。なくすこと。例 自信を喪失する。

そうして 接続詞 前に言った動きや状態を受け

ことばあそび ことわざパロディー⑲ 大は小よりじゃま（大は小をかねる）

て、その後に次の動きや状態が起こるときに使う言葉。例かれは、おくれてやってきた。そうして、ゆっくり話し始めた。

そうじて【総じて】副詞 全体として。だいたい。例みんなの意見は総じてこのようなものだ。

そうしゃ【走者】名詞 ❶〔陸上競技などで〕走る人。例第一走者。❷野球で、塁に出た人。ランナー。

そうしゃじょう【操車場】名詞 電車・列車などの車両を目的地に合わせて入れかえたりつなぎ合わせたりするところ。

そうじゅう【操縦】名詞 する動詞 ❶飛行機・機械などを（自由に）、あつかって動かすこと。例ヘリコプターを操縦する。❷人を自分の思うように動かすこと。例部下をうまく操縦する。

ぞうしゅう【増収】名詞 する動詞 作物のとれ高や、収入がふえること。類増益。対減収。

そうじゅく【早熟】名詞 形容動詞 ❶くだものなどが、早くじゅくすこと。❷年が若いのに、心や体が大人のようであること。例早熟の天才。

そうしゅん【早春】名詞 春のはじめごろ。春さき。初春。対晩春。

そうしょ【草書】名詞 漢字の書体の一つ。行書よりさらにすばやく書いた書き方。⇩626ページ・書体①（図）。

ぞうしょ【蔵書】名詞 〔自分が〕もっている本。例この図書館の蔵書は二万さつだ。

そうしょう【総称】名詞 する動詞 いくつかのものをまとめてよぶこと。また、そのよび名。例アサリ・ハマグリ・シジミなどを総称して二まい貝という。

そうじょう【僧正】名詞 僧の一番高い位。また、その僧。

そうじょうこうか【相乗効果】名詞 いくつかの物事がおたがいに働きあって、もっと大きいききめが表れること。例合併による相乗効果を期待する。

そうしょく[1]【草食】名詞 する動詞 動物が、草を主な食べ物とすること。対肉食。例草食動物。

そうしょく[2]【装飾】名詞 する動詞 美しくかざりつけること。また、そのかざり。例装飾がほどこされた建物。／装飾品。

ぞうしょく【増殖】名詞 する動詞 ふえること。また、ふやすこと。例細胞が増殖する。

そうしん【送信】名詞 する動詞 信号をのせた電波や電流を送り出すこと。対受信。

ぞうしん【増進】名詞 する動詞 〔力やいきおいを〕まして（よい方に）進むこと。また、進めること。例健康の増進をはかる。対減退。

そうしんぐ【装身具】名詞 〔指わ・首かざりなど〕体につけるかざりもの。アクセサリー。

そうすい【送水】名詞 する動詞 水道や水路で水を送ること。例それぞれの家庭に送水する。／送水管。類給水。

ぞうすい[1]【増水】名詞 する動詞 雨などのために、川や池などの水の量がふえること。対減水。

ぞうすい[2]【雑炊】名詞 野菜などを入れて味つけしたかゆ。おじや。

そうすう【総数】名詞 全体の数。例本校の児童の総数は七百名だ。

そうすかん【総すかん】名詞 みんなからきらわれること。ことば「総すかんを食う」参考「総スカン」と書くことが多い。

そうする【奏する】動詞 ❶〔天皇に〕もうし上げる。例意見を奏する。❷えんそうする。例お祝いの雅楽を奏する。活用 そう・する。

そうせい【早世】名詞 する動詞 年の若いときに死ぬこと。例早世した天才詩人。

そうぜい【総勢】名詞 集まった人全部の数。例遠足に出かけた生徒は、総勢三百名だった。類総員。

ぞうぜい【増税】名詞 する動詞 税金の額をふやすこと。対減税。

ぞうせい【造成】名詞 する動詞 〔自然に手を入れて〕つくること。例宅地を造成する。

そうせいじ【双生児】名詞 「ふたご」のあらたまった言い方。

そうせきうん【層積雲】名詞 かたまりや長いうねのようになって空をおおう、灰色または白い色の雲。地上二千メートルくらいの空に現れる。うねぐも。くもりぐも。⇩385ページ・雲（図）。

そうせつ【創設】名詞 する動詞 〔施設やしくみなどを〕はじめてつくること。例病院を創設する。類創立。創建。

そうぜつ【壮絶】名詞 形容動詞 〔ほかに例のないほど〕はげしくて、いさましいこと。例壮絶なたたかい。類壮烈。

ぞうせつ【増設】名詞 する動詞 建物や設備などをふやすこと。例校舎を増設する。

そうぜんと【騒然と】 副詞 さわがしいようす。おだやかでないようす。例 場内が騒然となる。

ぞうせん【造船】 名詞 する動詞 船をつくること。例 日本の造船技術は、世界でも一流だ。

そうせんきょ【総選挙】 名詞 議員や委員の全部を一度にえらびだす選挙。特に、衆議院で議員の任期が切れたとき、また、解散したときにおこなわれる選挙。

1 **そうそう【早早】** 一 副詞 急いで物事をするようす。はやばや。例 学校が終わると早々に帰った。
二 名詞 …になるとすぐに。…したあとすぐに。例 帰る早々、用事を言いつけられた。参考 ㋐二は多く、ほかの言葉の下につけて使う。㋑一二とも、ふつう「早々」と書く。

2 **そうそう【草草】** 感動詞 手紙の終わりに書くあいさつの言葉。「急いで走り書きをしました」という意味。参考 はじめに「前略」と書いた場合に使う。ふつう「草々」と書く。

3 **そうそう【草創】** 名詞 ある物事の、起こりはじめ。はじまり。例 あのざっしの草創期には、多くのすばらしい作家が作品を発表した。

4 **そうそう【葬送】** 名詞 死んだ人を、火葬場や墓場などまで見送ること。野辺送り。例 悲しげな葬送行進曲がひびく。参考「送葬」とも書く。

1 **そうぞう【創造】** 名詞 する動詞 今までにないものを新しくつくり出すこと。例 文化を創造する。類 創作。創出。

2 **そうぞう【想像】** 名詞 する動詞 じっさいにそこにないものや、まだ経験していないことがらを、心に思うこと。また、その考え。例 十年後の自分を想像する。

そうぞうしい【騒騒しい】 形容詞 話し声や物音などがまざり合って、うるさい。例 騒々しい足音。参考 ふつう「騒々しい」と書く。活用 そうぞうし・い。

そうぞうりょく【想像力】 名詞 心に思いえがく能力。例 想像力のとぼしい人。／想像力を働かせる。

そうぞうをぜっする【想像を絶する】 慣用句 思いうかべることができないほど、すごい。例 想像を絶する美しさ。

そうぞうをたくましくする【想像をたくましくする】 慣用句 勝手気ままに、あれこれ想像する。例 何があったのかと、想像をたくましくする。

そうぞく【相続】 名詞 する動詞 前の持ち主にかわって、その権利や財産などをうけつぐこと。
ことば「遺産を相続する」

そうだ 助動詞 ❶物事の様子を表す言葉。…の様子だ。…のようである。例 今にも雨がふりそうだ。／母はいそがしそうだ。❷人から聞いたことを表す言葉。…といううわさだ。…ということだ。例 あすは雨がふるそうだ。／彼は入院したそうだ。

1 **そうたい【早退】** 名詞 する動詞 学校やつとめ先から、決められた時刻よりも早く帰ること。例 熱が出たので早退した。

2 **そうたい【相対】** 名詞 ほかのものとのひかくやつりあいでなりたっていること。例 相対ひょうかで成績を決める。対 絶対。

3 **そうたい【総体】** 名詞 ❶物事の全体。そのもののすべて。例 日本文化の総体について考える。❷「全国高等学校総合体育大会（＝インターハイ）」の略。

1 **そうだい【壮大】** 形容動詞 大きくて、りっぱなようす。例 山頂から壮大なけしきをながめた。類 雄大。

2 **そうだい【総代】** 名詞 みんなの代表になる人。例 卒業生総代。

ぞうだい【増大】 名詞 する動詞 ふえて大きくなること。また、ふやして大きくすること。例 水の消費量が増大する。

そうたいてき【相対的】 形容動詞 物事が、ほかの物事とくらべることによってなりたつようす。例 相対的に言えば、こちらの作品の方がすぐれている。対 絶対的。

そうだち【総立ち】 名詞〔おどろいたり、こうふんしたりして〕そこにいる人全部がいっせいに立ち上がること。例 優勝したしゅんかん、おうえん席は、総立ちになってよろこんだ。

そうだつ【争奪】 名詞 する動詞 あるものを手に入れるために、争うこと。例 各国による植民地の争奪。

そうだん【相談】 名詞 する動詞〔どうすればよいかなどを〕話し合うこと。話し合い。また、ほかの人に意見を聞くこと。例 まずは、ここにいる三人で相談しよう。／親友に相談する。

そうち【装置】 名詞 道具や設備をとりつけること。また、そのしかけ。しくみ。例 舞台装置。

ことばあそび ことわざパロディー⑳ 旅は海外世は円高（旅は道づれ世は情け）

ぞうちく【増築】(名詞)(する動詞) 今ある建物に新しく部屋などをつけ足して建てること。たてまし。

1 **そうちょう**【早朝】(名詞) 朝の早いころ。例 早朝の散歩は気持ちがよい。類 明け方。

2 **そうちょう**【荘重】(形容動詞) おごそかで、おもおもしいようす。例 荘重な儀式。

3 **そうちょう**【総長】(名詞) ❶全体をまとめて、とりしまる役目。また、その人。例 検事総長。❷総合大学の長。学長。

ぞうちょう【増長】(名詞)(する動詞) 調子にのって、いい気になること。例 ちょっと点数がよかったぐらいで増長するものではない。

そうで【総出】(名詞) 一人残らず出ること。例 町中総出でかんげいする。

1 **そうてい**【装丁】(名詞)(する動詞) 書物の表紙に、図案や文字を入れ、本をつくりあげること。また、その図案や文字。

2 **そうてい**【想定】(名詞)(する動詞) かりに、ある条件や様子を定めること。例 スポーツ以外でも使用することを想定して建設する。

ぞうてい【贈呈】(名詞)(する動詞) 人に品物をあたえること。例 花束を贈呈する。参考 あらたまった言い方。

そうでん【送電】(名詞)(する動詞) 電気を送ること。

そうでんせん【送電線】(名詞) 発電所から、電気を変電所や配電所に送るための電線。

そうとう【相当】一 (名詞)(する動詞) 当てはまること。ふさわしいこと。例 副会長に相当する地位についている。二 (副詞)(形容動詞) かなり。だいぶ。例 相当、楽しかったようだ。／相当なうでまえ。

そうどう【騒動】(名詞) ❶多くの人がさわぎたてること。さわぎ。例 教室に小鳥がとびこんできて、騒動になった。❷〔世の中に対して影響のある〕大きな争いや事件。ことば 「米騒動」「お家騒動」

ぞうとう【贈答】(名詞)(する動詞) あいさつやお礼などのために、おくりものをしたり、お返しをしたりすること。例 贈答品。

そうどういん【総動員】(名詞)(する動詞) 〔仕事などをさせるため〕全部の人を集めること。例 全校生徒を総動員して、大そうじをする。

そうなめ【総なめ】(名詞) ❶災害などが、全体におよぶこと。例 火が町を総なめにした。❷競技などで、対戦相手をすべて負かすこと。例 出場チームを総なめにした。

そうなん【遭難】(名詞)(する動詞) 命にかかわるような、さいなんや事故に出あうこと。例 海上で遭難する。

ぞうに【雑煮】(名詞) 野菜・とり肉などを入れたしるに、もちを入れてにたもの。参考 おもに正月に食べる。

そうにゅう【挿入】(名詞)(する動詞) 中や間に、さしこむこと。さして入れること。例 カードを挿入する。

そうにょう【走にょう】(名詞) 漢字の部首の一つ。「起」「趣」などの「走」の部分。

そうねん【壮年】(名詞) 働きざかりの年ごろ。また、その年ごろの人。類 中年。

そうは【走破】(名詞)(する動詞) 予定された距離を走りとおすこと。例 全コースを走破する。

そうば【相場】(名詞) ❶品物が取り引きされる、そのときそのときのねだん。例 野菜の相場が上がる。❷じっさいの品物のやりとりはしないで、売買の約束だけをすることによって大きな利益をえようとする取り引き。例 相場でそんをする。❸多くの人が考えていること。世間いっぱんの考え。例 はじめての給料は相場なみだった。

そうばがきまっている【相場が決まっている】慣用句 ある物事について、世間の考え方では、それが当たり前だとされている。例 昔から冬は寒いと相場が決まっている。

そうはく【そう白】(名詞)(形容動詞) 血の気がなくて青白いようす。例 寒さで顔面そう白になる。漢字 蒼白。

ぞうはつ【増発】(名詞)(する動詞) 電車・バスなどの運行する回数をふやすこと。例 おおみそかは列車を増発する。

そうはとんやがおろさない【そうは問屋が卸さない】慣用句 そんなに思いどおりには、うまくいかない。参考 もとは、そんなに安いねだんでは、問屋が商品をおろしてくれないという意味。

そうばん【早晩】(副詞) おそかれ早かれ。いつかきっと。例 この店は、早晩つぶれるよ。

そうび【装備】(名詞)(する動詞) 〔たたかい・登山などのために〕必要な品物をとりつけること。また、その品物。例 装備をととのえる。

そうひつ【送筆】(名詞) 筆で文字を書くときの、

書き始めから書き終わるまでの中間の部分。

そうふ【送付】 名詞 する動詞 〔品物や書類などを〕送りとどけること。例 入学案内を送付する。

ぞうふく【増幅】 名詞 する動詞 ❶ラジオやテレビなどで、音声や映像の電流のふれはばを大きくすること。また、大きくなること。❷ある物事のはんいを広げ、大きくすること。また、大きくなること。例 政界のたびかさなる汚職が、国民のいかりを増幅する。

そうへい【僧兵】 名詞 寺や寺の領地をまもるために、武器をとって戦いをした僧。平安時代の末ごろに現れ、大きな勢力をもった。参考 東大寺・興福寺・延暦寺などの僧兵がよく知られている。

ぞうへいきょく【造幣局】 名詞 貨幣やくんしょうなどをつくる機関。参考 以前は財務省の付属機関だったが、今は独立行政法人となっている。

そうへき【双璧】 名詞 どちらがすぐれているか決められない二つのもの。例 あの二人はクラシック音楽界の双璧だ。ことば 「双璧をなす（＝双璧である）」

そうべつ【送別】 名詞 する動詞 わかれていく人を送ること。例 送別の言葉をのべる。／送別会。

ぞうほ【増補】 名詞 する動詞 〔本などで〕書きたりないところなどをふやしておぎなうこと。例 増補改訂版。

1**そうほう【双方】** 名詞 あちらとこちら。両方。例 賛成派と反対派の双方に言い分がある。

2**そうほう【走法】** 名詞 陸上競技で、はやく走るための走り方。例 ピッチ走法。

そうまとう【走馬灯】 名詞 中に明かりをつけると、まわりの紙にいろいろな絵がうつし出され、それが回るしかけになっているとうろう。まわりどうろう。参考 つぎつぎと過去のことを思い出すたとえとして「走馬灯のように」などと使うことがある。⇨図。

走馬灯

そうみ【総身】 名詞 体全体。全身。例 その話を聞いて総身がふるえるような感動をおぼえた。

そうむ【総務】 名詞 会社や役所などで、全体の事務をしめくくる仕事。また、その人。例 総務部長。

そうむしょう【総務省】 名詞 テレビなどの電波の管理、都道府県の政治のやり方や選挙の管理運営などの仕事をする国の機関。また、各省庁の仕事についての調整などもおこなう。

そうめい【そう明】 名詞 形容動詞 物事の理解が早く、かしこいこと。例 そう明な青年。漢字 聡明。

そうめいきょく【奏鳴曲】 名詞 ⬇735ページ・ソナタ。

そうめん 名詞 小麦粉に水と塩をまぜてこね、細く切ってかわかしためん。ゆでてやわらかくして食べる。漢字 素麺。

そうもく【草木】 名詞 草や木。また、植物。例 山川草木。

ぞうもつ【臓物】 名詞 はらわた。内臓。特に、食用にする、牛・ブタ・鳥・魚などの内臓。もつ。

ぞうよ【贈与】 名詞 する動詞 お金や品物などをおくって、あたえること。例 子どもに財産を贈与する。参考 あらたまった言い方。

そうらん【騒乱】 名詞 さわぎがおこって、世の中がみだれること。例 各地で騒乱が起きた。

そうり【総理】 名詞 「内閣総理大臣」の略。

ぞうり【草履】 名詞 鼻緒のある、そこの平らなはきもの。⇨図。

そうりだいじん【総理大臣】 名詞 「内閣総理大臣」の略。

わらぞうり
鼻緒
ぞうり
草履

そうりつ【創立】 名詞 する動詞 〔学校や会社などを〕はじめてつくること。例 この小学校は百年前に創立された。／創立記念日。類 創設。創建。

ぞうりむし【草履虫】 名詞 池や水たまりなどにいる、ぞうりのような形のとても小さな生物。色は無色、またはかっ色で、体中にはえている毛を動かして泳ぐ。

そうりょ【僧侶】 名詞 僧。ぼうさん。

1**そうりょう【送料】** 名詞 品物を送るのにかか

ことばあそび ことわざパロディー㉑ わたる世間におに千人（わたる世間におにはない）

るお金。おくり賃。

2 **そうりょう**【総量】名詞 全体の分量。全体の重量。

3 **そうりょう**【総領】名詞 ❶家のあとつぎ。例 総領息子。❷一番はじめに生まれた子。長男または長女。

ぞうりょう【増量】名詞 する動詞 あるものの分量・目方などがふえること。また、ふやすこと。対 減量。

そうりょうのじんろく【総領の甚六】ことわざ 長男・長女は大事にされすぎて、弟や妹にくらべるとお人よしで世間知らずが多いということ。

そうりょく【総力】名詞 すべての力。全体の力。ことば「総力をあげてたたかう」「総力戦」

ぞうりん【造林】名詞 する動詞 山や野に木のなえを植え、森林を育てること。

ソウル 地名 大韓民国（韓国）の首都。▼英語 Seoul

1 **そうるい**【走塁】名詞 する動詞 野球で走者が次の塁へ走ること。ベースランニング。類 盗塁。

2 **そうるい**【藻類】名詞 水中や水辺で育つ。花はさかず胞子でふえ、光合成をする。ワカメ・ノリ・ミカヅキモなど。

1 **そうれつ**【壮烈】名詞 形容動詞 いさましく、はげしいこと。例 壮烈な最期をとげる。類 壮絶。

2 **そうれつ**【葬列】名詞 葬式の行列。

そうろ【走路】名詞 陸上競技で、走者が走るところ。コース。

そうろう【候】動詞〔ほかの言葉の後につけて〕「ある」「いる」をていねいに言う言葉。…でございます。…であります。例 うけたまわって候。参考 古い言い方。

そうろん【総論】名詞 全体をまとめてのべた意見。対 各論。

そうわ【挿話】名詞 文章や話の中にはさむ、本すじとは関係のない、ちょっとした話。エピソード。

ぞうわい【贈賄】名詞 する動詞 自分の利益を目的として、（不正に）お金や品物を人におくること。対 収賄。

そえがき【添え書き】名詞 する動詞 手紙や書類などの終わりに、つけ加えて書くこと。また、その言葉。

そえぎ【添え木】名詞 ❶草や木がたおれないように木や竹で支えをすること。また、その木や竹。類 支柱。❷骨折したところにあて、その上からほうたいをして動かないようにする木。

そえる【添える】動詞 あるものにほかのものを加える。例 品物に手紙を添えておくる。活用 そ・える。

そえん【疎遠】名詞 形容動詞 長い間遠ざかっていて、親しみがうすれること。例 引っこしてから、かれとは疎遠になってしまった。

ソーシャルワーカー 名詞 医療、介護、福祉、教育などで困っている人の相談に乗り、支援する仕事をする人。▼英語 social worker

ソース 名詞 西洋料理の味つけのために食べ物にかける、液体の調味料。ウスターソース・トマトソース・ホワイトソースなど種類が多い。▼英語 sauce

ソーセージ 名詞 牛やブタなどの腸に肉などをつめ、くんせいやむし焼きにした食べ物。腸づめ。▼英語 sausage

ソーダ 名詞 ❶「炭酸ソーダ」のこと。水によくとけ、アルカリ性をしめす化合物。せっけんやガラスの原料になる。炭酸ナトリウム。❷「炭酸水」のこと。また、これにさとうなどを加えた飲み物。例 レモンソーダ。▼英語 soda

ソート 名詞 する動詞 コンピューターなどで、いくつかのデータを、五十音順のような決まった順番にならべかえること。▼英語 sort

ソーラー 接頭語 太陽。または、太陽エネルギー。例 ソーラー発電。▼英語 solar

ソーラーカー 名詞 太陽光線のエネルギーを電気エネルギーにかえ、それを動力にして走る自動車。▼英語 solar car

ゾーンディフェンス 名詞 バスケットボールやサッカーで、守る側の選手が、それぞれ守る区域をぶんたんする守り方。対 マンツーマンディフェンス。▼英語 zone defense

そかい【疎開】名詞 する動詞 戦争などのとき、損害を少なくするため都会の人や物などを地方にうつすこと。

1 **そがい**【阻害】名詞 する動詞 じゃますること。例 害虫が、イネの生育を阻害する。

2 **そがい**【疎外】名詞 する動詞 のけものにすること。よそよそしくすること。例 友だちに疎外される。

そかく【組閣】名詞 する動詞 総理大臣が各大臣を決めて、新しく内閣をつくること。例 内閣を組

閣する。

そぎおとす【そぎ落とす】動詞 うすくけずって、とる。例骨についた肉をそぎ落とす。活用 そぎおと・す。

そく【即】副詞 すぐに。例即実行する。

そぐ 動詞 ❶とがるように、けずる。例棒の先をそぐ。❷切り落とす。また、けずりとる。例木のえだをそぐ。活用 そ・ぐ。

ぞく[1]【俗】形容動詞 ❶世間でふつうにおこなわれているようす。例「ジョーカー」を俗に「ばば」ともいう。❷品がないようす。くだけているようす。例俗な人間。

ぞく[2]【属】名詞 生物を分類する単位の一つ。科の下。例ヒョウ属。

ぞく[3]【賊】名詞 ❶どろぼう。強盗。例賊におそわれる。❷反乱をおこした人。謀反人。例賊をうつ。

ぞくあく【俗悪】名詞 形容動詞 ていどが低く、下品なこと。例俗悪な番組。

そくい【即位】名詞 する動詞 天皇や王の位につくこと。例即位式。対退位。

そくおう【即応】名詞 する動詞 そのときそのときの様子によくあうこと。例時代に即応した考え。

そくおん【促音】名詞 つまる音。参考「がっこう」「コップ」などのように「っ」「ッ」で書き表す。

そくおんびん【促音便】名詞 音便の一つ。「作りて」が「作って」となるように、「ッ」の音にかわること。

ぞくがら【続柄】名詞 ⬇835ページ・つづきがら。

ぞくぐん【賊軍】名詞 国や政府にそむく軍隊。対官軍。ことば ⇩「勝てば官軍負ければ賊軍」

ぞくご【俗語】名詞 世の中でふつうに使われるくだけた言葉。また、上品でない言葉。「やばい」「せこい」「でかい」など。

そくざに【即座に】副詞 その場で、すぐ。例即座に答える。

そくし【即死】名詞 する動詞 〔事故などで〕その場で、すぐに死ぬこと。類急死。

そくじ【即時】名詞 すぐそのとき。すぐさま。例校内にいる生徒は即時下校してください。

そくじつ【即日】名詞 すぐその日。例選挙の即日開票。

ぞくしゅつ【続出】名詞 する動詞 同じ種類の物事が、続けて表れること。また、続いておこること。類輩出。続発。

そくじょ【息女】名詞 他人のむすめをていねいにいう言葉。参考 多く「ご息女」の形でつかう。対子息。

ぞくしょう【俗称】名詞 いっぱんに言われている正式でないよび名。類通称。

そくしん【促進】名詞 する動詞 急がせて、物事をはやく進めるようにすること。

そくする【即する】動詞 あることがらにぴったりあてはまる。例学校のきまりに即した行動。活用 そく・する。

ぞくする【属する】動詞 ある種類や、ある仲間に入っている。例ぼくの属している水泳クラブは、きびしいので有名だ。活用 ぞく・する。

そくせい[1]【促成】名詞 する動詞 〔植物を〕人工的にはやく生長させること。

そくせい[2]【速成】名詞 する動詞 はやくしあげること。急いでしあげること。例一人前の選手を速成するのは無理だ。

そくせいさいばい【促成栽培】名詞 温室や温床で、野菜・くだもの・花などをふつうの季節よりも早くとれるようにつくること。

そくせき[1]【即席】名詞 その場ですぐにすること。また、すぐにできること。例即席の歌。

そくせき[2]【足跡】名詞 ❶あしあと。❷ある人がおこなった研究や仕事の後に残るもの。例科学の発展に偉大な足跡を残す。

ぞくせけん【俗世間】名詞 〔いろいろめんどうなことがある〕この世の中。

ぞくせつ【俗説】名詞 世間に広く言い伝えられている説。

そくせん【側線】名詞 ❶鉄道などで、車の入れかえなどのため、ふつう使う線路のわきにつくった線路。❷魚の体の両側に、線のようにならんでいるあな。水の流れや水圧を感じる働きをする。

そくせんそっけつ【速戦即決】四字熟語 短時間のうちに一気に決着をつけること。例速戦即決で仕事をすすめる。注意「即戦速決」と書かないこと。

そくせんりょく【即戦力】名詞 〔特に訓練をしなくても〕そのまますぐ戦いに役立つ力。例即戦力になるピッチャー。

ぞくぞく[1] 副詞(-と) する動詞 ❶寒さやおそろしさなどのため、体がふるえるように感じるようす。例

ことばあそび ことわざパロディー㉒ 休み時間は短し授業は長し（帯に短したすきに長し）

背筋がぞくぞくする。❷うれしかったり、こうふんしたりして、体がふるえるように感じるようす。例すばらしい歌声にぞくぞくした。

ぞくぞく[2]【続続】副詞 つぎつぎ。後から後から。例ボランティアの人が続々と集まる。参考ふつう「続々」と書く。

そくたつ【速達】名詞「速達郵便」の略。ふつうの料金のほかに、ある一定の料金をとって、ふつうの郵便よりはやくとどける郵便物。

そくだん[1]【即断】名詞 する動詞 その場ですぐに決めること。例変更を即断することはできない。

そくだん[2]【速断】名詞 する動詞 よく考えずに、かるがるしく決めること。例速断をさける。

そくち【測地】名詞 する動詞 土地の広さや高さなどをはかること。土地の測量。

そくてい【測定】名詞 する動詞〔道具や器械を使って〕長さ・重さ・深さ・速さなどをはかること。例体重を測定する。／測定値。

そくてん【側転】名詞 体操で、両手をじゅんにつきながら、倒立のしせいをへて、横に一回転すること。また、マット運動で、ひざをおなかにかかえこんで、横に一回転すること。

そくど【速度】名詞〔進むものの〕速さのていど。ある時間内に進むきょりで表す。例最高速度。

そくとう【即答】名詞 する動詞 その場ですぐに答えること。例重大な問題なので即答をさけた。

ぞくとう【続投】名詞 する動詞 野球の試合で、ピッチャーがとちゅうで交代しないで投げ続けること。例監督は、先発投手に続投させた。参考役目が終わった人が、続けて同じ役につくことにもいう。例議長の続投が決まる。対継投。

そくどきごう【速度記号】名詞 音楽で、曲の速さを表す記号。一分あたりの速さを音符と数字で表したり、「アンダンテ（＝歩くはやさで）」のように言葉で表したりする。⇩244ページ・楽譜（図）。

そくどく【速読】名詞 する動詞 文字や文章を、ふつうよりはやく読むこと。例速読がとくいだ。

そくばい【即売】名詞 する動詞 展示品などをその場ですぐに売ること。例即売会を開く。

そくばく【束縛】名詞 する動詞〔制限して〕自由に行動させないこと。例親の束縛からのがれる。類拘束。

ぞくはつ【続発】名詞 する動詞〔同じような事件や事故が〕続いて、起こること。例盗難が続発する。

ぞくぶつ【俗物】名詞 理想や上品なしゅみなどをもたず、得になることやよい評判ばかりを求める人。

ぞくへん【続編】名詞〔映画や小説などで〕前につくられた作品の続きのもの。対本編。

そくほう【速報】名詞 する動詞〔事件などを〕決まったときにではなく、すばやく知らせること。また、その知らせ。例選挙の開票速報。／ニュース速報。類特報。急報。

ぞくみょう【俗名】名詞 ❶出家する前の名前。❷死んだ人の、生きていたときの名前。対戒名。

そくめん【側面】名詞 ❶横の面。また、左右の面。❷そば。わき。例側面からえんじょする。❸多くの中のある一面。例気づかなかった自分の側面を発見する。

そくりょう【測量】名詞 する動詞〔器械を使って〕土地の広さ・高さ・形・位置などをくわしくはかること。例土地の測量をおこなう。

そくりょく【速力】名詞〔自動車・列車・飛行機・船などの〕はやさ。スピード。例速力が低下した。

そぐわない 連語 似合わない。ふさわしくない。例この場のふんい気にそぐわない服。

ソケット 名詞 電球や真空管をはめこむ器具。▼英語 socket

そげる 動詞 うすく、けずりとったようになる。例長い入院で、ほおがそげた。活用 そ・げる。

そこ[1] 代名詞 ❶話し手より相手側に近い場所をしめす言葉。例そこにある本をください。❷話し手や相手から遠くない場所をしめす言葉。例ちょっとそこまで来たので寄ってみた。❸話し手が話題にしていることがらや場所や場面をしめす言葉。例そこが一番大切だ。／林の中に入って行くと、そこにはどんぐりがいっぱい落ちていた。参考「こそあど言葉」の一つ。

そこ[2]【底】名詞 ❶中のくぼんだところや入れ物などの下の面。例バケツの底。❷限界。ことば「底が知れない（＝かぎりがない）」❸もっともおく深いところ。例心の底。

そこいじがわるい【底意地が悪い】慣用句 あからさまではないが、心のおくに意地

あいうえお かきくけこ さしすせそ たちつてと なにぬねの はひふへほ まみむめも や ゆ よ らりるれろ わ を ん

が悪いところがあるようす。例 今ごろ言うなんて、底意地が悪い。

そこう【素行】 名詞 ふだんのおこない。例 素行が悪い人。類 品行。行状。

そこがあさい【底が浅い】 慣用句 中みに深みがない。実力があまりない。例 大げさにしゃべるが、話は底が浅い。

そこかしこ 代名詞 あちらこちら。ほうぼう。例 そこかしこに落ち葉がちらばる。参考 あらたまった言い方。

そこがみえる【底が見える】 慣用句 ❶物事の本当のすがたがわかる。例 よく考えると、底が見えてくる。❷何を考えているかがわかる。例 かくしていても、そぶりで底が見える。

そこがわれる【底が割れる】 慣用句 〔話のすじやねらいなど〕かくしておきたいことを、相手に見やぶられる。例 まずい話し方をして、とちゅうで話の底が割れた。

そこく【祖国】 名詞 先祖から住み続けてきて、自分もそこで生まれた国。母国。例 祖国の発展のためにつくす。

そこここ 代名詞 そっちと、こっち。あちこち。例 壁のそこここにきずがある。／公園のそこここで、子どもが遊んでいる。

そこしれぬ【底知れぬ】 連体詞 かぎりがないと思われるほどの。底知れない。例 底知れぬ力をもった選手。

そこそこ 一 副詞 急いでかんたんにすませるようす。終わるか終わらないうち。例 食事もそこそこに出かけた。参考 ふつう「…もそこそこに」の形で使う。二 接尾語 《数量を表す言葉の下につけて》「（わずか）…ばかり」の意味を表す言葉。例 わずか二年そこそこで町の様子がかわった。

そこぢから【底力】 名詞 〔ふだんはめだたないが〕いざというときに出す強い力。

そこつ【粗こつ】 一 名詞 形容動詞 そそっかしいこと。例 粗こつなふるまいが多い。二 名詞 不注意から出たあやまち。そそう。参考 一二は、少し古い言い方。漢字 粗忽。

そこで 接続詞 ❶前に言ったことを受けて、つぎのことをもち出すときに使う言葉。例 本を読んでいたら知らない言葉が出てきた。そこで、辞書で調べることにした。❷ところで。さて。例 そこで、ひとつご相談があるのですが。

そこなう【損なう】 一 動詞 ❶物をこわす。例 道具を損なう。参考 やや古い言い方。❷悪くする。きずつける。そこねる。例 健康を損なう。二 接尾語 《動詞の下につけて》「…に失敗する」「…する機会をのがす」意味を表す言葉。例 食べ損なう。活用 そこな・う。

そこなし【底無し】 名詞 ❶物のそこがないこと。例 底無しのぬま。❷終わりがないこと。きりがないこと。例 かれは底無しの力をもった選手だ。

そこぬけ【底抜け】 一 名詞 入れ物などのそこがないこと。二 名詞 形容動詞 きりがないこと。この上もないこと。例 あの人は、底抜けのお人よしだ。

そこねる【損ねる】 動詞 ➡そこなう 一 ②。活用 そこ・ねる。

そこはかとなく 副詞 なんとなく。どことなく。例 花のかおりが、そこはかとなくただよう。

そこびえ【底冷え】 名詞 する動詞 体のしんまで冷えるくらいに、寒いこと。また、そのような寒さ。例 底冷えのする夜。

そこびかり【底光り】 名詞 する動詞 〔表面に表れない〕おくにひそんだような深みのある光。例 底光りのする目で見る。

そこびきあみ【底引き網】 名詞 海のそこにはる大きなあみ。船で引き回して、魚をとる。参考 地引き網とトロール網がある。

そこら 代名詞 そのへん。そこいら。例 そこらにちらばっている本をかたづける。

そこをつく【底を突く】 慣用句 〔たくわえたものが〕完全に、なくなる。例 とうとう食糧が底を突いてしまった。

そさい【そ菜】 名詞 野菜。あおもの。例 畑でそ菜をさいばいする。

そざい【素材】 名詞 〔芸術作品などの〕もとになる材料。例 日常生活を素材にした小説。

そざつ【粗雑】 形容動詞 おおざっぱで、いいかげんなようす。例 粗雑なつくりのおもちゃ。類 ずさん。

そし【阻止】 名詞 する動詞 じゃまをして、止めること。例 敵の野望を阻止する。

そじ【素地】 名詞 何かをするときにもとになるもの。土台になるもの。例 素地の美しさを生かした作品。類 下地。

そしき【組織】 名詞 する動詞 あるきまりや目的に

ことばあそび ことわざパロディー㉓ 貸し借りはわざわいのもと（口はわざわいのもと）

したがって集まり、まとまりのあるものをつくること。また、そのしくみ。例探検隊を組織する。

そしきてき【組織的】 形容動詞 ある順序やきまりなどによくしたがっているようす。

そしつ【素質】 名詞 生まれつきもっている（すぐれた）性質。例画家の素質がある。

そして 接続詞 前に言った動きや状態を受けて、その後に次の動きや状態が起こるときに使う言葉。例駅まではバスで行った。そして、電車で目的地を目ざした。

そしな【粗品】 名詞 そまつな品物。そひん。参考 人に品物をおくるとき、へりくだっていう言葉。

そしゃく 名詞 する動詞 ❶食べ物をよくかんで、細かくすること。❷文章や言葉の意味をよく考えて読みとり、味わうこと。例古いことわざの意味をそしゃくする。

そしょう【訴訟】 名詞 する動詞 裁判所に、裁判をしてくれるように申し出ること。ことば「訴訟を起こす」

そしょく【粗食】 名詞 する動詞 そまつな食べ物。そまつな食事。例粗食にたえる。対美食。

そしらぬ【素知らぬ】 連体詞 知っているのにわざと知らないふりをするようす。例素知らぬ顔で通りすぎる。

そしる 動詞 人のことを悪く言う。例かげでそしる。類けなす。対ほめる。活用 そし・る。

そすい【疎水】 名詞〔運送・発電・かんがいなどに使うため〕土地をきりひらいてつくった水路。参考 地名につくときは「疏水」とも書く。

そすう【素数】 名詞 一より大きい整数のうち、一とその数自身をのぞいたほかの数ではわりきれない数。二・三・五・七など。

そせい[1]【そ生】 名詞 する動詞 生き返ること。よみがえること。例人工呼吸でそ生する。漢字 蘇生。

そせい[2]【粗製】 名詞〔悪い材料を使ったり手をぬいたりして〕つくり方がそまつなこと。

そぜい【租税】 名詞 ➡684ページ・ぜいきん。

そせいらんぞう【粗製乱造】 四字熟語 そまつな品物をたくさんつくること。例粗製乱造された商品が出回っている。

そせき【礎石】 名詞 ❶建物の柱の下におく石。土台石。❷物事の基礎。また、その基礎をきずく人。例文化交流の礎石となる。

そせん【祖先】 名詞 ❶先祖。❷現在あるものの、もとのもの。例人類の祖先。

そそう【粗相】 名詞 する動詞 ❶不注意のためにあやまちをおかすこと。また、そのあやまち。例大切なお客さまなので、粗相のないように。❷大小便をもらすこと。

そぞう【塑像】 名詞 ねん土や石こうなどでつくった像。例美術館の塑像をスケッチする。

そそぐ[1] 動詞〔手がらなどによって〕悪い評判をのぞく。すすぐ。ことば「汚名をそそぐ」活用 そそ・ぐ。

そそぐ[2]【注ぐ】 動詞 ❶流れこむ。例川が海に注ぐところ。❷〔液体を〕ついで入れる。例湯を注ぐ。❸〔力や注意などを〕一つのところに集める。例友だちの目がぼくに注がれているのを感じた。活用 そそ・ぐ。

そそくさ 副詞（−と） する動詞 落ち着かず、いそがしそうに動くようす。例客はそそくさと出て行った。

そそっかしい 形容詞〔動作や考えに〕落ち着きがなく、失敗が多い。例何でそんなにそそっかしいの。活用 そそっかし・い。

そそのかす【唆す】 動詞〔よくないおこないをする気になるように〕うまく言って、すすめる。おだてて〔悪いことを〕やらせる。例唆されて反乱を起こした。活用 そそのか・す。

そそりたつ【そそり立つ】 動詞 高くそびえる。例そそり立つ絶壁。活用 そそりた・つ。

そそる 動詞 そうしたいという気持ちをおこさせる。例食欲をそそる。活用 そそ・る。

そぞろ 副詞 形容動詞 ❶何かに気をとられて、落ち着かないようす。例夏休みが近づいて、毎日気もそぞろだ。❷なんとなく、そんな気持ちになるようす。例雨上がりは、そぞろに外に出たくなる。

そぞろあるき【そぞろ歩き】 名詞 あてもなく、ぶらぶら歩くこと。例川ばたをそぞろ歩きする。

そだ【粗だ】 名詞 切りとった木のえだ。たきぎなどに使う。

そだい【粗大】 名詞 形容動詞 あらくて大きいこと。

そだいごみ【粗大ごみ】 名詞 家庭からごみとして出される電気製品・家具・台所用品など。参考「粗大」は、かさばって大きいこと。

そだち【育ち】名詞 ❶子どもや動物・植物が大きくなっていくようす。例イネの育ちがおそい。❷その人がそれまでくらしてきた、かんきょう。例育ちのよさそうな顔つき。

そだちざかり【育ち盛り】名詞 子どもの体が一番成長する時期。のびざかり。

そだつ【育つ】動詞 ❶生き物や植物が大きくなる。例ひよこが育つ。❷教えられて、一人前になる。例わかい選手が育つ。活用 そだ・つ。

そだてのおや【育ての親】名詞〔自分を生んだ親ではなくて〕やしない育ててくれた親。養父母。

そだてる【育てる】動詞 ❶子どもや動物・植物の世話をして、大きくする。例三人の子を育てる。❷能力や心の働きなどをのばす。例思いやりのある心を育てる。❸一人前にするために教え、みちびく。例部下を育てる。活用 そだ・てる。

そち【措置】名詞 する動詞〔うまくいくように〕とりはからうこと。例適切な措置をほどこす。類処置。

そちら 代名詞 ❶話し相手のいる方向・場所、また、そこにあるものをさす言葉。例そちらは雪ですか。／そちらを買います。❷話し相手をさす言葉。例そちらのお考えはどうですか。参考 ㋐「そっち」よりも、ていねいな言い方。㋑「こそあど言葉」の一つ。

そつ 名詞 てぬかり。むだ。例なんでもそつなくこなす。

そつがない 慣用句 不注意やむだがない。例万事にそつがない。

そっき【速記】名詞 する動詞 特別の符号を使って、人の話を聞きながらすばやく書きとること。また、その書きとる方法。

そっきゅう【速球】名詞 野球で、投手が投げる速い球。例速球投手。

そっきょう【即興】名詞 ❶その場で感じるおもしろみ。❷その場で感じたことを、すぐに歌や詩などに表すこと。例即興で詩をつくる。

そつぎょう【卒業】名詞 する動詞 ❶学校で決められた学科を、すべて学びおえて、学校を去ること。例卒業式。対入学。❷ある段階を通りすぎること。例ままごと遊びはもう卒業した。

そつぎょうしき【卒業式】名詞 学校で、卒業を祝っておこなう儀式。対入学式。

そつぎょうしょうしょ【卒業証書】名詞 その学校で学ばなければならないことをすべて終えたことを、証明する文書。

そつぎょうせい【卒業生】名詞 その学校を卒業しようとしている人。また、卒業した人。例卒業生を代表して答辞を読む。／卒業生が母校をおとずれる。

そっきん[1]【即金】名詞 その場で、すぐお金をはらうこと。また、そのお金。例代金は即金ではらう。

そっきん[2]【側近】名詞〔身分の高い人などの〕そば近くにつかえること。また、その人。例首相の側近。

ソックス 名詞 足首の少し上まである、短いくつ下。類ストッキング。▼英語 socks

そっくり 一 副詞 すっかり。全部。例この品物はそっくりさし上げます。二 形容動詞〔二つ以上のものが〕とてもよく似ているようす。例あの兄弟は、顔も性格もそっくりだ。

そっくりかえる【反っくり返る】動詞 体を後ろにそらして、いばるようにする。例えらそうに、いすに反っくり返る。活用 そっくりかえ・る。

そっけつ【即決】名詞 する動詞 その場ですぐに決めること。例購入を即決した。

そっけない【素っ気無い】形容詞 思いやりやあいそがない。例そっけない口調。活用 そっけな・い。参考 ひらがなで書くことが多い。

そっこう【速攻】名詞 する動詞 すばやく、せめること。例速攻で点をとる。

ぞっこう【続行】名詞 する動詞 今していることを引き続いて、おこなうこと。例雨でも試合は続行する。

そっこうじょ【測候所】名詞 地域の気象や地震などを調べて、気象台に報告するところ。

そっこうせい【即効性】名詞 すぐにききめが表れる性質。

そっこく【即刻】副詞 今すぐに。例即刻中止にするべきだ。

ぞっこく【属国】名詞 よその国におさめられていて、独立していない国。

そっこん【側根】名詞 植物で、主になる根からわきに出る根。えだ根。

そつじゅ【卒寿】名詞 九十才。また、その祝い。

あいうえお かきくけこ さしすせそ たちつてと なにぬねの はひふへほ まみむめも や ゆ よ らりるれろ わ を ん

ことばあそび ことわざパロディー㉔ 石橋をたたいてこわす（石橋をたたいてわたる）

参考「卒」を略した「卆」が「九十」にみえることから。⇩コラム「喜寿・米寿・卒寿・白寿って何?」(320ページ)。

そっせん【率先】名詞 する動詞 人の先に立って、物事をおこなうこと。例 率先して、そうじをする。注意「卒先」と書かないこと。

そっち 代名詞 ❶「そちら①」のくだけた言い方。例 そっちをください。❷「そちら②」のくだけた言い方。例 そっちのせいだよ。

そっちのけ 名詞 手をつけないで、そのままにしておくこと。ほうっておくこと。

そっちゅう【卒中】名詞 血管が切れたりつまったりして起こる病気。参考「脳卒中」の意味で使うことが多い。

そっちょく【率直】形容動詞 かくしごとやかざりけがなく、ありのままであるようす。例 率直な感想。類 ざっくばらん。注意「卒直」と書かないこと。

そっと 副詞 ❶音を立てずに物事をするようす。例 そっと近づく。❷《「そっとしておく」の形で》静かなままにしておくようす。例 そっとしておいてくれ。❸こっそり。例 そっとのぞいてみる。

ぞっと 副詞 する動詞 ❶急に寒さを感じてふるえるようす。例 風の冷たさにぞっとする。❷おそろしさに思わず体がすくむようす。例 ぶきみな声が聞こえて、ぞっとした。

そっとう【卒倒】名詞 する動詞 急に意識を失って、たおれること。例 立ち上がったとたん卒倒した。

ぞっとしない 慣用句 あまり感心しない。いい気持ちがしない。例 ぞっとしない話。参考 くだけた言い方。

そっぽをむく 慣用句 知らん顔をする。類 顔を背ける。横を向く。参考「そっぽ」は、よその方、わきの方の意味。

そで【袖】名詞 ❶衣服の、両うでをおおう部分。また、たもと。例 シャツの袖をまくる。❷〔①の意味から〕物のわきについているもの。ことば「舞台のそで(=客席から見えない、舞台の左右のはしの部分)」

ソテー 名詞 油をうすくひいて、肉や魚をいためた料理。例 ポークソテー。▼英語(フランス語から)sauté

そでぐち【袖口】名詞 そでの先。手首やうでの出るところ。⇩334ページ・着物②(図)。

そですりあうもたしょうのえん【袖すり合うも多生の縁】ことわざ 道で見知らぬ人とそでがふれ合うようなちょっとしたことでも、前世からの縁によるものだ。参考「多生」は「他生」とも書く。「そで振り合うも多生の縁」ともいう。

そでつけ【袖付け】名詞 衣服の身ごろ(=胴体をつつむ部分)とそでをぬい合わせた部分。

そでにすがる【袖にすがる】慣用句 〔同情してもらい〕助けてくれるように、たのむ。例 知人の袖にすがるしかない。

そでにする【袖にする】慣用句 おろそかにする。冷たく、あつかう。例 袖にされたことをうらむ。

そでのした【袖の下】名詞 わいろ。例 袖の下をつかう。

そでをひく【袖を引く】慣用句 ❶人をさそう。例 ゲームをしようと、友だちの袖を引く。❷〔そでを引いて〕そっと注意する。例 うっかりしている父の袖を引く。

そと【外】名詞 ❶かこいやしきりの中ではない(広い)方。例 まどの外。対 内。中。❷自分の家以外のところ。例 外で遊ぶ。対 内。❸表に表れた部分。例 悲しみを外に出さない。

そとうみ【外海】名詞 陸地にかこまれていない広い海。がいかい。対 内海。

そとがわ【外側】名詞 物の外の方。例 建物の外側にかいだんがある。対 内側。

そとぜい【外税】名詞 商品の価格に消費税がふくまれていないこと。対 内税。

そとづら【外面】名詞 家族以外の、よその人に見せる顔つきや態度。例 外面のいい人。

そとのり【外のり】名詞 〔入れ物のあつみも加えてはかった〕外側の寸法。対 内のり。⇩130ページ・内のり(図)。

そとば 名詞 墓石の後ろなどに立てる、ほそ長い板。上部を塔の形にして、お経の言葉などを書く。漢字 卒塔婆。⇩図。

そとば

そとぶろ【外ぶろ】名詞 ❶建物の外につくられた浴場。❷自分の家以外のふろに入れさせてもらうこと。また、銭湯。対 ①②内ぶろ。

そとまわり【外回り】■ 名詞 ❶建物などの

回り。例家の外回りをそうじする。❷輪のような形をしている電車やバスの路線のうち、外側を回っている路線。

二 名詞 する動詞 会社などで、外に出て取引先などを回って歩くこと。また、その仕事。例朝から外回りをする。

そなえ【備え】 名詞 ❶用意。じゅんび。例冒険には万全の備えが必要だ。❷けいかい。守り。例備えをかためる。

そなえあればうれいなし【備えあれば憂いなし】 ことわざ 前もって十分にじゅんびしておけば、いざというときに何も心配することはない。例かさを持って行こう。備えあれば憂いなし、だよ。

そなえつけ【備え付け】 名詞 いつでも使えるようにその場に用意しておくこと。また、その物。例カウンターに備え付けの用紙。

そなえつける【備え付ける】 動詞 いつでも使えるように、一定の場所に（とりつけて）じゅんびしておく。例消火器を備え付ける。活用 そなえつ・ける。

そなえる[1]**【供える】** 動詞 神や仏に、品物をさし上げる。例仏壇に花を供える。活用 そな・える。⇩使い分け。

そなえる[2]**【備える】** 動詞 ❶〔物事がうまく進むように〕前もってじゅんびする。例明日の試合に備えて、休養をとる。❷物をととのえ、そろえる。例機材を備える。❸もともと、ある。例すぐれた才能を備えている。活用 そな・える。⇩使い分け。

使い分け そなえる

●神仏にささげる。
花を供える。

●じゅんびする。
台風に備える。

ソナタ 名詞 器楽曲の形式の一つ。ふつう、三つか四つの楽章からなる曲。奏鳴曲。例バイオリンソナタ。▼英語（イタリア語から）sonata

そなわる【備わる】 動詞 ❶〔器具などが〕ととのい、そろっている。例設備の備わった研究室。❷身についている。例徳の備わった人。活用 そなわ・る。

そねむ 動詞 人をうらやましく思って、にくむ。ねたむ。しっとする。例人の成功をそねむ。活用 そね・む。

その[1] 一 連体詞 ❶話し手より聞き手に近いものをさす言葉。例その本。／その花。❷すぐ前に言ったことをさす言葉。例その話はやめよう。参考 一は「こそあど言葉」の一つ。

二 感動詞 言葉がすらすら出ないときのつなぎに使う言葉。例その、少し言いにくいのですが。

その[2]**【園】** 名詞 野菜や花などを植えてある、区切られた土地。例桜の園。

そのうえ【その上】 接続詞 あることがらに、さらに別のことがらが加わるときに使う言葉。例風が強まり、その上、雨もふってきた。

そのうち【その内】 副詞 あまり時間のたたないうち。近いうち。例その内通知します。

そのくせ 接続詞 前に言ったことと、次に言うことが合っていないときに使う言葉。例かのじょは世話好きなのに、そのくせ自分のことはあまりかまわない。

そのご【その後】 名詞〔あることがあった〕それから後。その後。例その後いかがおすごしですか。

そのすじ【その筋】 名詞 ❶その方面。その分野。例その筋の専門家。❷そのことをとりあつかう役所。特に、警察のこと。例その筋からの通達。

そのた【その他】 名詞〔前にのべた〕それ以外のものやこと。そのほか。

そのため 接続詞 そういうわけで。例台風が上陸した。そのため、電車が大はばにおくれた。

そのつど【その都度】 名詞 そのたびに。例新しく決まったことは、その都度通知します。

そのて【その手】 名詞 ❶その手段。そのようなやり方。例その手にはのらないよ。❷そのような種類。例その手の品はおいてありません。／その手の話はもう聞きあきた。

そのてはくわない【その手は食わない】 慣用句 そのような計略にはひっかからない。例

ことばあそび ことわざパロディー㉕ ラーメンはあついうちに食べろ（鉄はあついうちに打て）

だまそうとしても、その手は食わないよ。

そのばかぎり【その場限り】 名詞 そのときだけで、後のことは考えないこと。例 その場限りの勉強ではだめだ。

そのばしのぎ【その場しのぎ】 名詞 そのときだけは、なんとかつくろってすませること。例 その場しのぎの出まかせを言う。類 その場のがれ。

そのばのがれ【その場逃れ】 名詞 そのときだけなんとかごまかして、うまくきりぬけること。例 その場逃れの言いわけをするな。類 その場しのぎ。

そのひぐらし【その日暮らし】 名詞 その日にかせいだお金で、その日をやっとくらしてゆくこと。また、そのようなまずしい生活。

そのへん【その辺】 連語 ❶そのあたり。その近く。例 以前、その辺に住んでいた。／その辺を散歩してこよう。❷それくらい。その程度。例 練習はその辺で十分だ。❸〔前に言った言葉をうけて〕そのようなこと。例 その辺の事情はよくわからない。

そのまま 副詞 ❶今までの状態のとおり。もとのまま。例 そのままお待ちください。❷すぐに。すぐさま。例 食事もせずにそのままあそびに行く。

そのみち【その道】 名詞 その分野。ある専門の方面。例 その道の大家に相談する。

そのもの 名詞《ほかの言葉の下につけて》まちがいなくそうであるという意味を表す。例 あの人は元気そのものだ。／あの画家は天才そのものだ。

そば[1] 名詞 ❶タデ科の植物。夏から秋にかけて、白い小さな花がさく。実は粉にして食用にする。❷「そば①」からとった粉をこねて、細長くきった食べ物。ゆでて、つゆにひたしたり、つゆをかけたりして食べる。漢字 蕎麦。

そば[2] 名詞 ❶〔ある物の〕すぐ近く。例 小学校のそばに川がある。❷《「…するそばから」の形で》…するとすぐに。例 聞いたそばからわすれる。

そばかす 名詞 主に顔にできる、黒茶色の小さなはん点。

そばだつ 動詞〔山や岩が〕ほかのところよりもひときわ高くそびえる。そそり立つ。そびえ立つ。例 雲にそばだつ岩山を見上げる。活用 そばだ・つ。

そばだてる 動詞《「耳をそばだてる」の形で》耳をすまして、声や音をよく聞こうとする。例 遠くの音に耳をそばだてた。活用 そばだ・てる。

そばづえをくう【そばづえを食う】 慣用句〔けんかのそばにいて、思いがけずつえで打たれることから〕自分に関係のないことでわざわいにあう。とばっちりをうける。

そびえたつ【そびえ立つ】 動詞 高くつき出るように、立っている。例 そびえ立つ高層ビル。活用 そびえた・つ。

ソビエトれんぽう【ソビエト連邦】 地名 ソビエト社会主義共和国連邦。ソ連。ロシアやウクライナなど、十五の共和国からなる連邦だったが、一九九一年に解体した。USSR (Union of Soviet Socialist Republics の略)。

そびえる 動詞 高く見おろすように立っている。例 富士山が青空にそびえる。活用 そび・える。

そびやかす 動詞 いばった様子で（わざと）高くする。例 優勝したバレー部員たちは、かたをそびやかして帰ってきた。活用 そびやか・す。

そびょう【素描】 名詞 する動詞 ➡863ページ・デッサン。

そびれる 接尾語《動詞の下につけて》「…しそこなう」「…しにくくなる」の意味を表す言葉。例 聞きそびれる。／寝そびれる。活用 そび・れる。

そひん【粗品】 名詞 ➡732ページ・そしな。

そふ【祖父】 名詞 父または母の、父にあたる人。おじいさん。例 祖父は八十才だ。対 祖母。

ソファー 名詞 両わきにひじかけがついた、横長のいす。▼英語 sofa

ソフト 一 形容動詞 やわらかいようす。例 ソフトなはだざわり。二 名詞 ❶「ソフトボール」の略。❷「ソフトクリーム」の略。❸「ソフトウエア」の略。▼英語 soft

ソフトウエア 名詞 コンピューターを働かせるためのプログラムをまとめていう言葉。参考 略して「ソフト」ともいう。対 ハードウエア。▼英語 software

ソフトクリーム 名詞 かためないで、やわらかくつくったアイスクリーム。参考 英語を組み合わせて日本でつくった言葉。英語では ice cream cone と呼ぶ。

ソフトボール 名詞 野球に似た運動競技。また、それに使うボール。野球のボールより少し大きくてやわらかいボールを使う。ソフト。▼英語 softball

そふぼ【祖父母】名詞 祖父と祖母。例 祖父母の家へ行く。

ソプラノ 名詞 歌を歌うときの、女性の声で一番高いはんい。また、そのはんいを受け持つ歌い手。例 ソプラノ歌手。参考 ⇩アルト。メゾソプラノ。▼英語（イタリア語から）soprano

そぶり【素振り】名詞 〔ある気持ちが〕顔つきやおこないに表れた様子。

そぼ【祖母】名詞 父または母の、母にあたる人。おばあさん。例 祖母とくらす。対 祖父。

そぼう【粗暴】形容動詞 動作や性質があらあらしいこと。例 粗暴なふるまい。

そぼく【素朴】名詞 形容動詞 ❶すなおで、かざりけがないこと。例 素朴な人がら。❷考え方が単純で、あまり進んでいないこと。例 素朴な疑問。

そぼふる【そぼ降る】動詞 雨が、音もなくふる。例 そぼ降る雨の中を家路につく。活用 そぼふ・る。

そまつ【粗末】形容動詞 ❶りっぱでないようす。みすぼらしいようす。例 粗末な小屋。❷大事にしないようす。例 物を粗末にする。

そまる【染まる】動詞 ❶色がつく。例 空が赤く染まった。❷えいきょうを受ける。例 悪に染まる。活用 そま・る。

そむく【背く】動詞 ❶したがわないで、さからう。例 命令に背く。❷うらぎる。例 祖国に背く。活用 そむ・く。

そむける【背ける】動詞 〔顔や視線を〕あるものからはなして、よそにむける。そらす。例 顔を背けたくなるような場面。活用 そむ・ける。

そめつける【染め付ける】動詞 そめて、色やもようを出す。活用 そめつ・ける。

そめぬく【染め抜く】動詞 もようの部分を地の色のまま残して、そのほかの部分をそめる。例 家紋を染め抜いた着物。活用 そめぬ・く。

そめもの【染め物】名詞 布などをそめること。また、そめた布。例 染め物をする。

そめる【染める】動詞 ❶しみこませて、色をつける。また、ぬって色をつける。例 布を染める。❷ある色にかえる。例 ほほを染める。活用 そ・める。

そもそも 一 接続詞 あらたまって言い出すときにつかう言葉。例 そもそも、自由とは何であろうか。
二 名詞 はじめ。さいしょ。例 さわぎのそもそものおこりは、君にある。
三 副詞 はじめから。もともと。例 君がそもそもおかしいのだ。

そや【粗野】名詞 形容動詞 言葉や態度などが、あらあらしくらんぼうなこと。いやしいこと。例 粗野な男の人。類 下品。

そよう【素養】名詞 ふだんから勉強して、身につけている技術・学問・知識など。たしなみ。例 父は英語の素養がある。

そよがす 動詞 風が物を静かに動かす。また、風が音を立てさせる。例 木の葉をそよがす春の風。活用 そよが・す。

そよかぜ【そよ風】名詞 しずかに気持ちよくふく風。例 そよ風にゆれるコスモスの花。参考 ㋐漢字では、「微風」と書く。㋑ふつう、春の風や夏の風にいう。

そよぐ 動詞 しずかにゆれ動く。例 ヤナギのえだが、風にそよいでいた。活用 そよ・ぐ。

そよそよ 副詞（-と）静かに風がふくようす。例 そよそよと風がふく。参考 ふつう、春の風や夏の風にいう。

そら【空】一 名詞 ❶頭上の高いところに広がる空間。例 青い空。❷天候。空の様子。例 ひと雨きそうな空。❸書いたものを見ないでそのとおりに言ったり書いたりすること。例 空で言える。❹〔旅などのとちゅうの〕遠い場所。例 旅の空。❺心のゆとり。気持ち。例 生きた空もない。
二 接頭語《ある言葉の上につけて》「何となく」「見せかけだけの」などの意味を表す言葉。例 空おそろしい。／空なみだ。

そらいろ【空色】名詞 晴れた空のようなうすい青色。水色。

そらおそろしい【空恐ろしい】形容詞 〔はっきりした理由はないが〕心のそこからおそろしい感じがするようす。例 情報がどんどん広がっていくのが空恐ろしい。活用 そらおそろし・い。

そらごと【空言】名詞 本当でない言葉。うそ。例 空言にまどわされる。

[1]**そらす** 動詞 ❶ほかの方へむける。はずす。例 話をそらす。❷わきへとりにがす。のがす。例

ことばあそび ことわざパロディー㉖ 暑さ寒さもルーム・エアコン（暑さ寒さもひがんまで）

キャッチャーがボールをそらしてしまった。活用 そら・す。

²**そらす**【反らす】動詞 後ろの方へまげる。例 赤ちゃんが身を反らして泣きはじめた。活用 そら・す。

そらぞらしい【空空しい】形容詞 知っていてわざと知らないふりをするようす。わざとらしいようす。例 空々しいうそ。参考 ふつう「空々しい」と書く。活用 そらぞらし・い。

そらとぼける【空とぼける】動詞 知っているのに、わざと知らないふりをする。活用 そらとぼ・ける。

そらに【空似】名詞 血のつながりがないのに、顔かたちがよく似ていること。ことば「他人の空似」

そらまめ【空豆】名詞 マメ科の植物。春、白むらさき色のチョウ形の花がさく。実はさやになっていて、たねを食用にする。参考 さやが上（空）をむいてつく。

そらみみ【空耳】名詞 ❶〔本当は〕聞こえないのに、聞こえたように感じること。例 物音がしたと思ったが、空耳だったようだ。❷聞いても聞かないふりをすること。例 空耳を使う。

そらもよう【空模様】名詞 空の様子。天候のようす。例 急に空模様がかわった。

そらんじる 動詞 書いたものを見なくても、そのとおりに言えるようにする。例 すきな詩をそらんじる。参考「そらんずる」ともいう。活用 そらん・じる。

¹**そり** 名詞 雪や氷の上をすべらせて、人や荷物などを運ぶ乗り物。参考 遊びや競技などにも使う。⇒図。

²**そり**【反り】名詞 ❶弓のようにまがっている様子。❷刀のみねのそっている部分。また、そのそった具合。

¹そり

そりがあわない【反りが合わない】慣用句〔刀のそり（＝曲がり）がさやと合わないという意味から〕たがいの気持ちが合わない。気が合わず、仲がよくない。例 かれとは、どうしても反りが合わない。

そりかえる【反り返る】動詞 ❶弓のようにまがる。例 生木を日にほすと反り返る。❷〔いばって〕体を後ろへそらす。例 会長は大きないすにすわって反り返っている。活用 そりかえ・る。

¹**そる** 動詞 ひげや髪の毛を根もとから切りとる。例 ひげをそる。活用 そ・る。漢字 剃る。

²**そる**【反る】動詞 ❶平らな物などが弓のようにまがる。例 板が反る。❷体の一部が後ろの方にまがる。例 背中が反る。活用 そ・る。

それ 代名詞 ❶話し手が相手の近くにあるものをさす言葉。例 それは、あなたのノートだ。❷話題になっていることがらや時をさす言葉。例 それはいつのことですか。／あの人にはそれ以来会っていない。参考「こそあど言葉」の一つ。

それから 接続詞 ❶それに続いて、その後。例 それから、どうしたの。❷それに加えて。例 夏休みには、海水浴、山のぼり、それから海外旅行にも行きたい。

それきり 副詞 それだけで終わり、後に続くものがないようす。それかぎり。それっきり。例 かれは旅に出て、それきり帰ってこない。

それぞれ 名詞 一人ひとり。めいめい。例 それぞれの役目をはたす。

それだけに 接続詞 そういうことであるから、特に。例 父にしかられたことはないが、それだけにかえってこわい。

それで 接続詞 ❶前に言ったことを受けて、それを理由として、次のことを言うときに使う言葉。例 頭がずきずきした。それで、薬を飲んだ。❷前に言ったことを受けて、話を先に進めるときに使う言葉。例 それで、かれは何て言ったの。

それでは 一 連語〔前のことがらを受けて〕そういうことでは。そんなありさまでは。例 それではこまる。
二 接続詞 ❶そういうわけなら。それなら。例 それではハイキングは中止しよう。❷始めや終わりの区切りを表す言葉。例 それでは会議をはじめます。

それでも 接続詞 前に言ったことと反対のことを言うときに使う言葉。例 間に合わないかもしれない。それでも、わたしは行く。

それどころ 連語〔前にのべられた言葉を受け

て」とても、そのていどではない。例いそがしくて、とてもそれどころではない。／感謝されたかって？　それどころかしかられたよ。

それとなく 副詞 それとはっきりわからないように、物事をするようす。遠回しに。例それとなく自分の考えを相手に伝えた。

それとも 接続詞 〔二つのうち〕どちらかを選ぶときに使う言葉。例ライスにしますか。それともパンにしますか。

それなら 接続詞 〔前のことを受けて〕そういうわけなら。例「その日は参加できる人が少ないようだ。」「それなら、別の日にしよう。」

それなり 一 名詞 副詞 そのまま。それっきり。例また会おうという二人の約束はそれなりになりました。

二 名詞 それはそれとして。それにふさわしく。例がんばればそれなりの効果はある。

それに 接続詞 あることに、さらにほかのことが加わるときに使う言葉。例このペンは、とても書きやすい。それに、デザインもすてきだ。

それは 副詞 次にのべることを感動の気持ちをこめて、強めて言う言葉。例その人は、それはきれいでした。

それはそれは 副詞 ❶「それは」をさらに強めて言う言葉。例それはそれは美しい人でした。❷おどろきやおそれいった気持ちを表す言葉。例それはそれは、大変失礼いたしました。

それほど 副詞 ❶そんなに。それくらい。例それほどほしいなら買ってあげよう。❷思っていたほど。問題になるほど。例このカメラはそれほど高くはない。／それほどおもしろい映画ではなかった。

それもそのはず 連語 〔前のことをうけて〕そうなっても当然なこと。そうなるのも、もっともなこと。例優勝した。それもそのはず、毎日きびしい練習をしてきたのだから。

それゆえ【それ故】 接続詞 〔前のことがらを受けて〕それだから。例わたしは体が小さい。それ故おわんのふねと、はしのかいで、川をくだった。参考 あらたまった言い方。

それる 動詞 ❶ねらいがはずれる。例ボールはゴールの右上にそれた。❷〔目当ての方向や物事の中心から〕ずれる。はずれる。例本題からそれている。活用 そ・れる。

ソれん【ソ連】 地名 ⬇ソビエトれんぽう。

ソロ 名詞 ひとりで歌ったり、ひとりで楽器を演奏したりすること。独唱。また、独奏。参考 ひとりであることや、ひとりで何かをすることにも使う。例ソロホーマー。／ソロキャンプ。▼英語〔イタリア語から〕solo

そろい 一 名詞 そろっていること。例そろいのゆかた。

二 助数詞 《数を表す言葉の下につけて》いくつかのものでひと組みになっているものを数える言葉。例スキー用具ひとそろい。

そろう 動詞 ❶二つ以上の物事の状態が同じになる。例大きさがそろっている。❷きちんと合う。例考えがそろう。❸きちんとならぶ。例列がそろう。❹全部が一か所に集まる。例メンバーがそろう。❺〔必要なものが〕全部そなわる。例道具はそろっている。活用 そろ・う。漢字 揃う。

そろえる 動詞 ❶二つ以上の物事の状態を同じにする。例長さをそろえる。❷合わせる。例声をそろえる。❸きちんとならべる。例くつをそろえる。❹一か所に集める。例顔をそろえる。❺〔必要なものを〕全部そなえる。例辞書をそろえる。活用 そろ・える。漢字 揃える。

そろそろ 副詞(ーと) ❶ゆっくり、静かに物事をするようす。例そろそろと近づく。❷やがて。まもなく。例そろそろ日がしずむ。❸あることをする時期になるようす。例そろそろ帰ろう。

ぞろぞろ 副詞(ーと) ❶〔人や虫などが〕長く続いて進むようす。例駅に向かってぞろぞろと歩く。❷〔着物などを〕だらしなく引きずるようす。例すそをぞろぞろと引きずる。

そろばん 名詞 中国や日本で、古くから使われている計算をする道具。⇩図。

そろばん

そろりそろり 副詞(ーと) ゆっくりと、静かに動作をおこなうようす。例そろりそろりとかいだんをおりる。

そわそわ 副詞(ーと) する動詞 気持ちや態度が落ち着かないようす。例ほかのことを考えてそわそわしている。

そん【損】 一 名詞 利益を失うこと。例十万円の

あいうえお かきくけこ さしすせそ たちつてと なにぬねの はひふへほ まみむめも や ゆ よ らりるれろ わ を ん

ことばあそび　ことわざパロディー㉗　人の成功見てわがふりまねろ（人のふり見てわがふり直せ）

損。対得。

二 名詞 形容動詞 努力したわりには効果の少ないこと。例損な役割。対得。益。

そんえき【損益】 名詞 そんをすることと、とくをすること。損害と利益。例損益を考えないで品物を売る。類得失。

そんがい【損害】 名詞 する動詞 〔こわれたり、失ったりしたために〕そんをすること。利益を失うこと。ことば「損害を受ける」「損害をこうむる」類損失。

ぞんがい【存外】 副詞 形容動詞 思っていたのとちがうようす。思いのほか。あんがい。例こわそうな顔をしているが、存外やさしい人だ。

そんがいほけん【損害保険】 名詞 あらかじめお金をはらっておいて、事故にあったときに、決められたお金を受け取るしくみ。

ソング 名詞 歌。例クリスマスソング。▼英語 song

そんけい【尊敬】 名詞 する動詞 その人の性格やおこないをすばらしいと思い、大切にし、したがおうとする気持ちをもつこと。例兄を尊敬している。

そんけいご【尊敬語】 名詞 人をうやまう気持ちを表す言葉。「おっしゃる」「くださる」など。参考 敬語の一つ。

そんげん【尊厳】 名詞 形容動詞 とうとく、おごそかなこと。例生命の尊厳をおかす。

そんげんし【尊厳死】 名詞 人としてのとうとさをたもったまま死ぬこと。人間らしく死ぬこと。参考 助かる見こみのない人が、生命いじそうちなどを使わずに死を選ぶときに使われる言葉。

そんざい【存在】 名詞 する動詞 〔人やものが〕あること。また、そのあるものや人。例生物が存在する星。／かれはわれわれのチームにとって重要な存在だ。

ぞんざい 形容動詞 乱暴で、いいかげんなようす。例ぞんざいな口調。

そんざいかん【存在感】 名詞 その人や物が、たしかにそこにあるという感じ。例存在感のある人。

そんしつ【損失】 名詞 そんをすること。利益を失うこと。例かれの死は、国家の大きな損失だ。

そんしょう【損傷】 名詞 する動詞 こわれたり、きずついたりすること。また、こわしたり、きずつけたりすること。例機体の損傷がめだつ。

ぞんじる【存じる】 動詞 ❶「思う」「考える」のへりくだった言い方。例お元気でおすごしのことと存じます。❷「知る」「承知する」のへりくだった言い方。例先生がご病気だったことを存じませんでした。参考「存ずる」ともいう。活用 ぞん・じる。

ぞんする【存する】 動詞 ある。そんざいする。例いくつかの問題点が存する。活用 そん・する。

そんぞく【存続】 名詞 する動詞 〔物事が〕引き続いてあること。例多くの人に協力してもらい、会を存続させる。

そんだい【尊大】 名詞 形容動詞 えらそうに、いばっていること。ことば「尊大にかまえる」

そんたく【忖度】 名詞 する動詞 人の心の中や考えなどをおしはかること。例相手の気持ちを忖度する。

1 **そんちょう【村長】** 名詞 村を代表し、村の政治をおこなう役目。また、その人。

2 **そんちょう【尊重】** 名詞 する動詞 価値のあるものとして大切にすること。例住民の意見を尊重する。

そんどう【村道】 名詞 ❶村の中を通っている道。❷村のお金でつくられ、村が管理する道。

そんとく【損得】 名詞 そんをすることと、とくをすること。例損得を考えずに働く。

そんな 形容動詞 ❶〔数や様子が〕そのようである。そのような。例そんなおもしろいことがあったのか。❷《「そんなに」の形で》そのように。それほど。例そんなに大きいネズミだったのか。参考 後に打ち消しの言葉をつけることもある。例そんなに悲しいとは思わない。参考「こそあど言葉」の一つ。

ぞんぶん【存分】 副詞 形容動詞 十分。思いきり。例したいことを存分にやってみなさい。

そんぼう【存亡】 名詞 存在することと、ほろびること。ことば「国家存亡の機」

ぞんめい【存命】 名詞 する動詞 〔人が〕生きていること。例父の存命中は大変お世話になりました。参考 あらたまった言い方。

そんらく【村落】 名詞 村里。村。

そんりつ【存立】 名詞 する動詞 ほろびないで、いつまでも続くこと。例国家の存立のために戦う。

た

だ ダ タ
DA TA
da ta

た[1] 助動詞 ❶物事が終わったことを表す言葉。例プリンを食べた。❷物事がすぎさったことを表す言葉。例昨日は寒かった。❸物事の有様を表す言葉。…ている。例ちらかった部屋。❹軽い命令を表す言葉。例ちょっと待った。参考「つないだ」「読んだ」のように、「だ」となることもある。

た[2]【田】名詞 〔水を引いて〕イネなどをつくる土地。たんぼ。例田をたがやす。

だ 助動詞 ❶はっきりこうであるという気持ちを表す言葉。…である。例好きだ。／まちがっていたのだ。❷⬇[1]た。

たあいない 形容詞 ⬇787ページ・たわいない。活用 たあいな・い。

ダークホース 名詞 ❶競馬で、本当の力はわからないが、強そうに思われる馬。❷〔思いがけず現れた〕強い競争相手。▼英語 dark horse

ターゲット 名詞 鉄砲や弓矢などの的。また、ねらいをつける相手。例若い女性をターゲットにした雑誌。▼英語 target

ダース 名詞 助数詞 十二を一組みとして、物を数える単位。参考 英語の dozen が変化したものと考えられている。

タートルネック 名詞 セーターなどで、首のまわりにぴったりとつく長いえり。とっくりえり。参考「タートル」はウミガメのこと。長いえりがカメの首に似ているところから。▼英語 turtleneck

ターバン 名詞 イスラム教やインドのシーク教の信者の男性などが頭にまく、長い布。▼英語 turban

ダービー 名詞 ❶イギリスのロンドンで毎年六月におこなわれる、特別な競馬のレース。また、これにならって世界の各地でおこなわれる競馬のレース。❷プロ野球などで、投手や打者などが一番をめざして成績を競い合うこと。例ホームランダービー。❸サッカーや野球などの球技で、本拠地が同じ別のチームが試合をすること。例大阪ダービー。▼英語 Derby

タービン 名詞 羽根車に水や蒸気をふきつけ、その力でじくを回転させるしくみの原動機。▼英語 turbine

ターミナル 名詞 ❶たくさんの交通機関が集まり、起点や終点となっているところ。例バスターミナル。❷「ターミナルビル」の略。空港で、いろいろな設備のある建物。❸電池などの電流の出入り口にとりつけた金具。▼英語 terminal

ターン 名詞 する動詞 ❶回ること。向きを変えること。例ダンスでターンをする。❷水泳・マラソンでおり返すこと。例トップでターンした。❸前半と後半がきりかわること。例首位でターンした。❹ゲームで、順番がまわってくること。▼英語 turn

たい[1] 接尾語《名詞や動詞について》「はなはだしい」「…のようすである」の意味を表す言葉。例じれったい。／やぼったい。参考 形容詞をつくる。

たい[2] 助動詞 自分の希望を表す言葉。例食べたい。／行きたい。活用 た・い。

たい[3] 名詞 マダイ・クロダイなど、タイ科の魚のこと。体はひらたい。「めでたい」の言葉にかけて、祝いのときなどの料理に使われる。漢字 鯛。

たい[4]【他意】名詞 別の考え。かくしている考え。ことば「他意はない」

たい[5]【対】名詞 ❶二つのものの間に差がないこと。対等。例対で碁を打つ。❷試合などで、たがいにたたかう相手をしめす言葉。例日本対アメリカ。❸それぞれの点数や数量などのわりあいをしめす言葉。例三対二。

タイ[6] 名詞 ❶ネクタイ。❷音楽で、同じ高さの二つの音を結ぶ弓形の線。タイで結ばれた二つの音は、一つの音として演奏される。⇩244ページ・楽譜（図）。❸スポーツなどで、記録・得点などがひとしいこと。▼英語 tie

タイ[7] 地名 タイ王国。東南アジアのインドシナ半島の中央部とマレー半島の北部をしめる国。首都はバンコク。参考 英語の Thai からだが、国名は Thailand で、Thai は「タイの人」。

だい[1]【代】一 名詞 ❶地位などをついで、その地位にいる期間。例祖父の代に、東京に住みはじめた。❷代金。例食事のお代をはらいます。二 助数詞 ❶皇位・王位・地位などをついだ順を表す言葉。例第十五代応神天皇。❷大昔の時

ことばあそび ことわざパロディー㉘ 歯医者の入れ歯（医者の不養生）

代の分け方を表す言葉。例古生代。❸年令・年代などのだいたいの範囲を表す言葉。例二十代の人たち。

2**だい**【大】〔名詞〕❶大きいこと。大きいもの。例大は小をかねる。対①小。❷「大学」の略。例音大（＝音楽大学）に進む。

3**だい**【台】〔一〕〔名詞〕❶物をのせたり、人がのったりするもの。例テレビを台にのせる。❷物のきそや土台になるもの。例ケーキの台を焼く。〔二〕〔助数詞〕❶車や機械などを数えるのに使う言葉。例バス三台。／パソコン二台。❷年令・ねだん・数量などのだいたいの範囲を表す言葉。例八時台の電車。／一万円台。

4**だい**【題】〔一〕〔名詞〕❶書物・文章・絵などの作品につける、内容をかんたんにしめした見出しの語句や名前。標題。タイトル。例作文に題をつける。❷和歌や俳句などをつくるときにかかげる内容の中心とするべきことがら。例「秋」を題に和歌をよむ。〔二〕〔助数詞〕試験などの問題や質問などを数えるのに使う言葉。例計算問題を二題解く。

タイア〔名詞〕⬇755ページ・タイヤ。

ダイア〔名詞〕⬇755ページ・ダイヤ。

たいあたり【体当たり】〔名詞〕〔する動詞〕❶体ごと相手にぶつかること。例とびらに体当たりした。❷全力をつくして物事をすること。例体当たりの演技。

タイアップ〔名詞〕〔する動詞〕ある目的のために、二つのものが手を結び合うこと。▼英語 tie-up

ダイアモンド〔名詞〕⬇755ページ・ダイヤモンド。

ダイアル〔名詞〕⬇755ページ・ダイヤル。

たいあん【大安】〔名詞〕こよみのうえで、なにをするにもよいとされている日。対仏滅。

だいあん【代案】〔名詞〕すでにある案にかわる案。例代案をしめす。

1**たいい**【大尉】〔名詞〕軍隊の階級の一つ。少佐の下、中尉の上の位。

2**たいい**【大意】〔名詞〕文章などのだいたいの意味。例大意をつかみながら読む。

3**たいい**【体位】〔名詞〕❶体の位置。姿勢。❷体の成長や強さのていど。例児童の体位が向上した。

4**たいい**【退位】〔名詞〕〔する動詞〕天皇や王が、くらいをしりぞくこと。対即位。

たいいく【体育】〔名詞〕体の成長や発達を助けるための教育。特に、学校で運動競技の技術などを教える学科。例体育がとくいだ。対知育。徳育。

たいいくかん【体育館】〔名詞〕屋内で運動をするためにつくられた建物。

たいいくのひ【体育の日】〔名詞〕⬇676ページ・スポーツのひ。

だいいち【第一】〔一〕〔名詞〕〔形容動詞〕❶いくつかあるものの中で、一番はじめ。例第一試合。❷一番大きいこと。また、一番すぐれていること。一番大切なこと。例世界第一の都市。／健康が第一だ。〔二〕〔副詞〕まず。なによりも。例ごみをちらかすなと言っても、第一ごみばこの数が少ない。

だいいちいんしょう【第一印象】〔名詞〕人や物を見てさいしょにうける感じ。

だいいちじ【第一次】〔名詞〕第一回目。第一番目。例第一次南極観測隊。

だいいちじせかいたいせん【第一次世界大戦】〔名詞〕一九一四（大正三）年から一九一八（大正七）年まで続いた世界戦争。ドイツとオーストリアが、ロシア・イギリス・フランス・アメリカ・日本などを相手にたたかった。一九一九年、ドイツ側がやぶれて終わった。〔参考〕「欧州大戦」ともいう。

だいいちにんしゃ【第一人者】〔名詞〕その分野で、一番すぐれた力をもっている人。例脳外科の第一人者。

だいいっきゅう【第一級】〔名詞〕とてもすぐれていること。例第一級のうでまえ。

だいいっせい【第一声】〔名詞〕活動をはじめるとき、おおやけの場で話す、さいしょの言葉。例首相就任の第一声をあげる。

だいいっせん【第一線】〔名詞〕❶戦場で、敵に一番近いところ。最前線。❷ある分野で、もっとも重要なことがらが、さかんにおこなわれている場所。例第一線をしりぞく。

だいいっぽ【第一歩】〔名詞〕❶はじめてふみ出すひと足。例月面に第一歩をしるす。❷物事をはじめる最初のだんかい。例社会人としての第一歩をふみだす。

1**たいいん**【退院】〔名詞〕〔する動詞〕入院していたかん者が、（けがや病気がなおって）病院を出ること。対入院。

2**たいいん**【隊員】〔名詞〕隊をつくっている人々。

また、その中の一人。

たいいんれき【太陰暦】名詞 月のみちかけをもとにしてつくったこよみ。陰暦。旧暦。参考「太陰」とは「月」のこと。対 太陽暦。

たいえき【体液】名詞 動物の体の中にある液体。血液、リンパ液など。

ダイエット 名詞 する動詞 健康や美容を目的として、やせるために食事制限や運動などをすること。参考 英語の diet は日ごろ食事で食べるものや、食事制限をさし、やせることだけを意味していない。また、運動などはさせない。

たいおう【対応】名詞 する動詞 ❶［上下・左右など］たがいに向きあって組みになること。例 対応する二つの辺。❷それぞれの物事におうじて行動すること。例 客の好みに合わせて対応する。

だいおう【大王】名詞 王をうやまっていう言葉。また、りっぱな王。

ダイオキシン 名詞 ごみ焼却場の灰などから検出される、有機塩素化合物の一つ。ひじょうに強い毒性をもつ。▼英語 dioxin

たいおん【体温】名詞 動物の体の温度。特に、人間の体の温度。例 体温をはかる。参考 人の体温は、だいたいセ氏三十六～三十七度。

たいおんけい【体温計】名詞 体温をはかるための温度計。検温器。

だいおんじょう【大音声】名詞 大きな声。例 大音声で名のりをあげる。

1 **たいか**【大火】名詞 大きな火事。大火事。

2 **たいか**【大家】名詞 ❶大きな家。❷財産のある家。また、いえがらのよい家。❸あることがらに、特にすぐれた知識や技術をもっている人。例 書道の大家。類 巨匠。達人。

3 **たいか**【退化】名詞 する動詞 ❶進歩がとまってあともどりすること。類 退歩。❷生物のある器官が、使わなくなったために、その働きがおとろえたり、形が小さくなったりすること。参考 ヘビのあしや、モグラの目など。対 ①②進化。

4 **たいか**【耐火】名詞 火や熱に強く、もえにくいこと。例 耐火建築。

たいが【大河】名詞 川はばが広く、水の量もゆたかな長い川。

だいか【代価】名詞 ❶品物のねだん。❷あることをするときにどうしても必要な、ぎせいや損害。例 多くの命を代価にして建設された。

1 **たいかい**【大会】名詞 ある目的のために、たくさんの人が集まる会。例 全国大会に出場する。

2 **たいかい**【大海】名詞 外海の、広く大きい海。類 大洋。

3 **たいかい**【退会】名詞 する動詞 会をやめて、会員でなくなること。例 同好会を退会する。対 入会。

1 **たいがい**【大概】一 名詞 ❶［物事の］あらまし。ほとんど。大部分。例 それについては大概のことは知っている。／大概の人はわたしと同じ意見だった。❷いいかげん。てきとうなていど。例 ふざけるのも大概にしろ。二 副詞 だいたいの様子。たいてい。例 日曜日はたいがい家にいます。参考 二はふつう、ひらがなで書く。

2 **たいがい**【体外】名詞 体の外。対 体内。

3 **たいがい**【対外】名詞 外部や外国に対すること。例 対外援助計画。

たいかく【体格】名詞 体つき。

たいがく【退学】名詞 する動詞 卒業しないで、とちゅうで学校をやめること。また、やめさせること。類 退校。

だいがく【大学】名詞 高等学校を卒業した人、または、それと同じ学力があるとみとめられた人がさらに勉強するために入る学校。参考 日本では、二年制（短期大学）と四年制がある。

だいがくいん【大学院】名詞 大学を卒業した人が、さらに深く勉強や研究をするために入るところ。修士課程と博士課程がある。

だいがくせい【大学生】名詞 大学に通う学生。

たいかくせん【対角線】名詞 多角形の、となりあっていない二つの頂点を結んだ直線。

たいかのかいしん【大化の改新】名詞 六四五（大化一）年に、中大兄皇子と中臣鎌足が蘇我氏をほろぼした乙巳の変にはじまる、政治のしくみを天皇中心にあらためたこと。

たいかん【耐寒】名詞 寒さにたえること。例 耐寒訓練。

たいがん【対岸】名詞 向こうぎし。例 船で対岸にわたる。

1 **だいかん**【大寒】名詞 二十四節気の一つ。昔のこよみで、一年のうちでもっとも寒いとされるとき。一月二十日ごろ。⇩口絵6ページ。

2 **だいかん**【代官】名詞 江戸時代、幕府がもっていた土地（＝天領）をおさめた役人。租税・戸

ことわざパロディー㉙ なきっつらにハンカチ（なきっつらにはち）

籍・警察・裁判などの仕事をした。

たいかんしき【戴冠式】名詞 新しい国王がはじめて王冠をかぶり、王の位についたことをたくさんの人に知らせる儀式。

たいがんじょうじゅ【大願成就】四字熟語 大きな願いが実現すること。神や仏に願ったことが、かなえられること。

たいがんのかじ【対岸の火事】慣用句 〔むこうぎしの火事の意味から〕自分には関係のない（不幸な）できごとのたとえ。

だいかんみんこく【大韓民国】地名 朝鮮半島の北緯三十八度の線から南の半分をしめる国。首都はソウル。韓国。

1 **たいき**【大気】名詞 地球をとりまいている空気。例 朝のすがすがしい大気をすいこむ。

2 **たいき**【大器】名詞 すぐれた才能をもっている人。大人物。例 大器とのひょうばんが高い選手。

3 **たいき**【待機】名詞 する動詞 準備をして、そのときがくるのを待つこと。例 会場では医師が待機している。

たいぎ【大儀】名詞 形容動詞 ❶めんどうであること。例 雨の日に出かけるのは大儀だ。❷つかれたりして、おっくうなこと。例 口をきくのも大儀だ。参考 身分の高い人が、目下に向かってねぎらうときに「このたびは大儀であった。」などと使う。古い言い方もある。

たいきおせん【大気汚染】名詞 自動車の排気ガスや工場のけむりなどで、空気がよごれること。

たいきけん【大気圏】名詞 地球のまわりの、空気のある範囲。

たいぎご【対義語】名詞 ある言葉に対して、反対の意味を表す言葉。反対語。対語。「近い」と「遠い」など。類 反意語。反対語。

だいぎし【代議士】名詞 国民によって選挙され、国会で国の政治をおこなう人。国会議員。参考 ふつうは、「衆議院議員」をさす。

たいきばんせい【大器晩成】四字熟語 すぐれた才能のある人は、わかいときはあまり目立たないが、年をとって力を表して、りっぱになること。参考「大器」は「大人物」の意味。

だいきぼ【大規模】名詞 形容動詞 物のつくりやしくみが、大きいこと。例 大規模な捜査。類 大大的。

たいぎめいぶん【大義名分】四字熟語 そうすることが正しいということを人々にみとめさせる、りっぱな理由。例 家族のためという大義名分がある。

たいきゃく【退却】名詞 する動詞 〔負けて〕今までいたところから、後ろへ行くこと。例 全軍が退却を開始した。類 後退。退散。対 進撃。

だいきゅう【代休】名詞 休みの日に働いたかわりとして、平日にとる休み。

だいきゅうし【大臼歯】名詞 うすのような形をした、大きな歯。おくば。類 小きゅう歯。⇩1016ページ・歯①（図）。

たいきゅうりょく【耐久力】名詞 つらいことや苦しいことにたえる力。また、じょうぶで長もちする性質。例 マラソンは、スピードと耐久力の両方が必要だ。

1 **たいきょ**【大挙】名詞 する動詞 多くの人がいっしょになって物事をすること。ことば「大挙しておしよせる」

2 **たいきょ**【退去】名詞 する動詞 今いる場所から、立ちのくこと。例 退去するよう命じられた。

1 **たいきょく**【大局】名詞 物事の全体のなりゆき。例 物事を大局的に見る。

2 **たいきょく**【対局】名詞 する動詞 二人で向き合って、囲碁や将棋をすること。手合わせをすること。例 名人の座をめぐる対局。

たいきん【大金】名詞 たくさんのお金。対 はした金。

だいきん【代金】名詞 品物とひきかえにはらうお金。例 ノートの代金をはらう。

だいく【大工】名詞 〔おもに木材を使って〕家を建てたりなおしたりすることを仕事にしている人。また、その仕事。

たいくう【滞空】名詞 する動詞 飛行機などが、空中をとび続けること。例 滞空時間。

たいぐう【待遇】名詞 する動詞 ❶人をもてなすこと。もてなし。❷職場で働く人の、身分や給料などについてのとりあつかい。例 待遇の改善をもとめる。

たいくつ【退屈】名詞 形容動詞 何もすることがなくて、つまらないこと。また、同じようなことがくり返されて、あきること。例 長い時間待たされて退屈だった。／この映画は何回見ても退屈しない。

たいくつしのぎ【退屈しのぎ】名詞 たいくつをまぎらすこと。ひまつぶし。例 退屈しのぎ

にまんがを読む。

¹**たいぐん**【大軍】(名詞) たくさんの軍勢。例大軍がおしよせる。

²**たいぐん**【大群】(名詞)〔動物などが〕たくさん集まってできた、大きなむれ。例魚の大群。

¹**たいけい**【体系】(名詞) それぞれ別々になっているものを、ある一定の決まりによって規則正しくまとめあげた、その全体。例日本語の文法を体系づける。

²**たいけい**【体形】(名詞) ❶かたち。形態。❷体のかたち。例体形をととのえる。

³**たいけい**【体型】(名詞) からだの形のタイプ。例がっしりした体型。

だいけい【台形】(名詞) むかいあう辺の一組みが平行で、長さがちがう四辺形。⇩663ページ・図形(図)。

たいけつ【対決】(名詞)(する動詞) たがいにはり合っている両者が、向かい合って、勝ち負けやよいか悪いかなどをはっきりと決めること。例一対一の対決。

たいけん【体験】(名詞)(する動詞) 自分自身でじっさいにやってみたり、出合ったりすること。また、それによって身についたもの。例おそろしい体験をした。／体験談。(類)経験。

¹**たいげん**【大言】(名詞)(する動詞) いばって、大げさなことを言うこと。また、その言葉。例必ず一位になると大言をはく。ことば ⇩「大言壮語」
注意「だいげん」と読まないこと。

²**たいげん**【体言】(名詞) それだけで一つの意味を表し、活用がなく、「が」「は」「も」などをつけて主語となることができる言葉。名詞・代名詞。(対)用言。

たいげんそうご【大言壮語】四字熟語 できそうもないような、大げさなことを言うこと。また、その言葉。例優勝すると大言壮語する。

たいげんどめ【体言止め】(名詞) 文の終わりに体言(＝名詞や代名詞)を置いて、意味を強めたり、文の感じをゆたかにする方法。詩や和歌・俳句などに多く使われる。「古池やかわず飛びこむ水の音」など。名詞止め。

¹**たいこ**【太古】(名詞) 大昔。例地中にうもれた太古の植物が石炭になった。注意「大古」と書かないこと。

²**たいこ**【太鼓】(名詞) 打楽器の一つ。木や金属でつくったつつの両側に革をはったもので、ばちでうって音を出す。⇩図。

ばち①

太鼓

たいご【対語】(名詞)⬇822ページ・ついご。

¹**たいこう**【体高】(名詞) 動物が立ったときの、足先から、かたまでの高さ。⇩図。

²**たいこう**【対向】(名詞)(する動詞) たがいに向き合うこと。(類)対面。

³**たいこう**【対抗】(名詞)(する動詞) たがいにはり合っている両者が、負けまいと争うこと。例対抗意識。／対抗戦。

⁴**たいこう**【対校】(名詞) 学校と学校が、たがいに競争すること。例テニスの対校試合。

体高

⁵**たいこう**【退校】(名詞)(する動詞)⬇743ページ・たいがく。

だいこう【代行】(名詞)(する動詞) 本人にかわって、その仕事をおこなうこと。また、その人。例校長の代行をつとめる。／車の運転を代行する。(類)代理。

たいこうしゃ【対向車】(名詞) 自分の車とはぎゃくの、向かい合う方向から走ってくる車。

だいこうどう【大講堂】(名詞) 大きな講堂。学校や寺などにある講堂の中の大きいもの。

たいこうぼう【太公望】故事成語 つりをする人。つりが好きな人。語源 太公望という人が、周という国の王につかえることになったのが、つりをしていたときであったという話から。

たいこく【大国】(名詞) ❶面積の広い国。❷国力の強い国。(対)小国。

だいこくてん【大黒天】(名詞) 七福神の一人。幸福と財宝をさずける神。左かたに大きなふくろをかつぎ、右手に打ちでの小づちをもって、米だわらの上にのったすがたでえがかれる。大黒。⇩558ページ・七福神(図)。

ことばあそび ことわざパロディー㉚ おぼれる者はうきわをつかむ（おぼれる者はわらをもつかむ）

だいこくばしら【大黒柱】名詞 ❶木造の家の中央にある太い柱。屋根をささえる大切な役目をはたす。⇩図。❷家やある集団で、中心になって働く大事な人。

大黒柱①

たいこばし【太鼓橋】名詞 真ん中が、高く丸く反りかえった形の橋。例庭園にある太鼓橋をわたる。参考 たいこを半分にしたような形をしていることから。

たいこばら【太鼓腹】名詞 太っていて、太鼓の胴のように丸く張り出した腹。

たいこばんをおす【太鼓判を押す】慣用句 たしかにまちがいないと責任をもってうけあう。参考「太鼓判」は「大きなはん」のこと。

だいごみ【だいご味】名詞 物事の本当のおもしろさや楽しさ。深い味わい。例コンサートに行ってオーケストラのだいご味を知った。漢字 醍醐味。

だいこん【大根】名詞 ❶アブラナ科の植物。白く太い根などを食用にする。すずしろ。春の七草の一つ。❷「大根役者」の略。

だいこんおろし【大根下ろし】名詞 ❶ダイコンをおろし器ですりおろした食べ物。❷ダイコンなどをすりおろす道具。おろし金。おろし器。

だいこんやくしゃ【大根役者】名詞 演技や芸のへたな役者をばかにしていう言葉。

1 **たいさ**【大佐】名詞 軍隊の階級の一つ。少将の下、中佐の上の位。

2 **たいさ**【大差】名詞 大きな差。例大差で勝った。対小差。

たいざ【対座】名詞 する動詞 向かい合ってすわること。例あい席で、見知らぬ人と対座する。

だいざ【台座】名詞 物をのせておく台。特に、仏像を安置しておく台。⇩1147ページ・仏像(図)。

たいざい【滞在】名詞 する動詞 よその土地に行ってしばらくとどまること。例カナダに一週間滞在した。

だいざい【題材】名詞 作品の主題になる材料。例作文の題材をえらぶ。

1 **たいさく**【大作】名詞 ❶すぐれた作品。例ファンタジー映画の大作。❷規模の大きな作品。

2 **たいさく**【対策】名詞 相手の態度や物事の事情に対して、問題となることがらを(うまく)解決する方法。例水害をふせぐ対策を考える。類方策。

だいさく【代作】名詞 する動詞 ある人のかわりに作品をつくること。また、そのつくった作品。例代作をたのまれる。対自作。

たいさん【退散】名詞 する動詞 ❶〔おわれて〕にげさること。また、ばらばらになってにげること。例悪霊を退散させる。類退却。後退。❷集まっていた人などが、さって行くこと。例早々に退散する。

だいさんしゃ【第三者】名詞 人と人との間で問題がおきたとき、そのことに関係していない人。例第三者の意見を聞く。対当事者。

だいさんセクター【第三セクター】名詞 国と地方公共団体と民間企業がお金を出し合ってつくった、ある事業をする組織。例第三セクターの鉄道。参考 国や地方公共団体などのおおやけの機関を第一セクター、民間企業を第二セクターということから。

たいさんぼく【大山木・泰山木】名詞 モクレン科の木。高さ十〜二十メートル。春に、白く大きなかおりのよい花がさく。

たいざんめいどうしてねずみいっぴき【大山鳴動してねずみ一匹】ことわざ 大さわぎをしたわりには、その結果がたいしたことのないたとえ。参考 西洋のことわざ。

1 **たいし**【大志】名詞 大きな目標。ことば「大志をいだく」

2 **たいし**【大使】名詞 国を代表して外国に行き、その国とのつきあいやそこにいる自分の国の人を守る役目の人。例アメリカ大使。参考 正式には「特命全権大使」という。類公使。領事。

1 **たいじ**【対じ】名詞 する動詞 向かい合ったまま対立すること。例両軍が川をはさんで対じする。

2 **たいじ**【胎児】名詞 母親のおなかの中にいる、まだ生まれ出ていない子。

3 **たいじ**【退治】名詞 する動詞 人や物に害をくわえるものをほろぼすこと。例桃太郎の鬼退治。類征伐。

だいし【台紙】名詞 〔写真・図画など〕物をは

びを「なぞかけ」といいます。

るためのあつい紙。

¹**だいじ【大事】** 一 名詞 大切なことがら。また、大変なことがら。ことば「大事にいたる」
二 形容動詞 ❶大切なようす。例大事な話がある。❷ていねいにあつかうようす。よく注意するようす。例大事にしまっておく。類①②大切。

²**だいじ【題字】** 名詞 本の表紙や、絵・石碑などに題としてしるす文字。

ダイジェスト 名詞 する動詞 長い内容の本や映画の、大切なところをぬき出して（短く）まとめること。また、そのようにまとめたもの。要約。▼英語 digest

たいしかん【大使館】 名詞 大使などの外交官が、駐在している国で仕事をするための役所。類領事館。

だいしきゅう【大至急】 名詞 非常に急ぐこと。例大至急、来てほしい。

だいしぜん【大自然】 名詞 大きな力をもつ自然。例大自然の驚異。

たいした【大した】 連体詞 ❶すばらしい。たいへんな。例大したうでまえだ。❷とりたてて言うほどの。参考②は下に「…ない」などの打ち消しの言葉が続く。例大したけがではない。

¹**たいしつ【体質】** 名詞 生まれつきもっている、体の性質。体のたち。

²**たいしつ【退室】** 名詞 する動詞 部屋から出ていくこと。例作文が書き上がった人は、退室してかまいません。対入室。

たいして【大して】 副詞 とりあげていうほど。それほど。あまり。参考下に「…ない」などの打ち消しの言葉が続く。例大しておもしろくもない話だ。

だいじにいたる【大事に至る】 慣用句 大変な状態になってしまう。例大事に至らないうちに中止しよう。

たいしゃ【退社】 名詞 する動詞 ❶会社をやめること。類退職。対入社。❷一日の仕事を終えて、会社を出ること。類退勤。対出社。

だいしゃ【台車】 名詞 ❶鉄道の列車の車体をささえている、車輪のついている部分。❷台に荷物などをのせて、人が動かす車輪のついた道具。

だいじゃ【大蛇】 名詞 大きなヘビ。おろち。

たいしゃく【貸借】 名詞 する動詞 ❶かすこととかりること。かしかり。❷簿記で、貸方と借方。また、その仕分け。

だいしゃりん【大車輪】 名詞 ❶器械体操で、両手で鉄棒をにぎり、体をまっすぐにのばしたままぐるぐると回転するわざ。❷一生けんめいにがんばること。例大車輪の活躍。

たいじゅ【大樹】 名詞 大きな木。大木。ことば「寄らば大樹の陰（＝たよりにするのなら、強い力をもっている人がよいということ）」類巨木。

¹**たいしゅう【大衆】** 名詞 ❶大ぜいの人々。類衆人。❷社会で、学問・知識・身分・財産などがふつうのていどである多くの人々。社会いっぱんの人。類民衆。公衆。

²**たいしゅう【体臭】** 名詞 体のにおい。

たいじゅう【体重】 名詞 体の重さ。例体重四十キロ。

たいしゅうてき【大衆的】 形容動詞 〔お金があまりかからず〕だれもが手がるに親しめるようす。例大衆的な料金でサービスする。

たいじゅうをかける【体重を掛ける】 慣用句 体の重さをある物の上やある方向におく。

たいしゅつ【退出】 名詞 する動詞 〔目上の人の前や、あらたまった場所から〕出て、帰ること。例社長室を退出する。

¹**たいしょ【大暑】** 名詞 二十四節気の一つ。昔のこよみで、もっとも暑いとされるとき。七月二十二日、二十三日ごろ。⇩口絵9ページ。

²**たいしょ【対処】** 名詞 する動詞 問題点などに合わせて、それにふさわしいようにおこなうこと。例混雑に対処する。

¹**たいしょう【大正】** 名詞 大正天皇が位についていたときの年号。一九一二年七月から一九二六年十二月まで。

²**たいしょう【大将】** 名詞 ❶軍隊の階級の一つ。一番上の位。❷上にたつ人。かしら。親分。例お山の大将。❸人をからかったり、親しんだりしていうよび名。例やあ、大将、けいきはどうだい。

³**たいしょう【大勝】** 名詞 する動詞 大きな差をつけて勝つこと。対大敗。

⁴**たいしょう【大賞】** 名詞 その分野でもっともすぐれた人や作品にあたえる賞。例コミック大賞。

⁵**たいしょう【対称】** 名詞 二つの点・線・形な

ことばあそび なぞかけ 「○○とかけて△△ととく」と問いかけ、○○と△△の共通点を示すあそ

どが、一つの点・線・面をさかいにして完全に向きあう位置にあること。⇩使い分け。

たいしょう[6]【対象】名詞 ある物事に働きかけるとき、その目当てとなるもの。例 小学生を対象にした本。⇩使い分け。

たいしょう[7]【対照】名詞 する動詞 ❶二つのものをてらし合わせて、くらべること。例 原文と対照する。類 対比。❷反対の性質をもつものをならべてくらべたときのはっきりしたちがい。また、そのとりあわせ。例 色の対照を考えて服をえらぶ。⇩使い分け。

たいしょう[8]【隊商】名詞 さばく地帯でラクダなどに荷物をつんで、隊を組んで旅をする商人たちの集まり。キャラバン。

たいじょう【退場】名詞 する動詞 〔会場・競技場・舞台など〕あることのおこなわれているところから、出て行くこと。例 けがをした選手が退場する。対 入場。出場。

だいしょう[1]【大小】名詞 ❶おおきいことと、ちいさいこと。おおきいか、ちいさいか。❷大刀と小刀。例 こしに大小をさす。類 ②両刀。

だいしょう[2]【代償】名詞 損害をあたえた相手に対して、つぐないをすること。また、そのつぐないのお金や品物。

たいしょうじだい【大正時代】名詞 年号が大正であった時代。一九一二(大正一)年から一九二六(大正一五)年まで。

たいしょうてき【対照的】形容動詞 二つのものの性質のちがいがはっきりして、目立つようす。例 兄弟なのに、体格も性質もまったく対照的だ。

使い分け たいしょう

● 完全に向きあっていること。左右対称の図形。

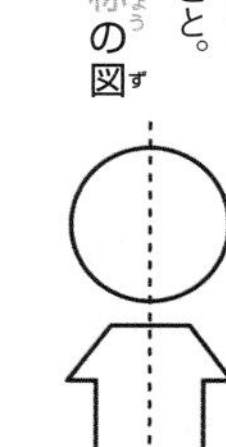

● 目当てとなるもの。小学生が対象の本。

● くらべること。二つを対照する。

だいじょうぶ【大丈夫】形容動詞 あぶなげがなく、たしかなようす。例 台風は通過したから、もう大丈夫だ。参考「いる・いらない」「よい・よくない」「できる・できない」などの問いかけや答えに使うこともある。例「水は大丈夫ですか(=水をつぎましょうか)」「大丈夫です(=いいえ、いりません)」

だいじょうみゃく【大静脈】名詞 体の各部分から集まった血液を心臓の右心房におくる、ふとい血管。

たいしょく[1]【大食】名詞 する動詞 たくさん食べること。おおぐい。例 大食家。対 小食。

たいしょく[2]【退職】名詞 する動詞 つとめをやめること。例 父は定年で退職した。類 辞職。対 就職。

たいしょこうしょ【大所高所】四字熟語 こまかいことにとらわれずに、全体を見わたす立場や考え方。例 大所高所にたって国の行く末を考える。

だいじをとる【大事を取る】慣用句 〔悪くなることを心配して〕用心して行動する。例 熱があるので大事を取って家でねていた。

たいしん【耐震】名詞 地震にあってもこわれにくいこと。例 耐震建築。

たいじん【退陣】名詞 する動詞 〔おおやけの〕地位や役目からひきさがること。例 内閣の退陣を要求する。類 引退。

だいじん【大臣】名詞 ❶国の政治をおこなうため、内閣をつくっている人。総理大臣と、各省の国務大臣と、省をもたない国務大臣。❷飛鳥時代から平安時代にかけて、国をおさめていた、一番上の役人。太政大臣・左大臣・右大臣・内大臣など。

だいじんぶつ【大人物】名詞 心が広く、とてもすぐれた才能をもつ人。例 大人物といわれる人。

だいず【大豆】名詞 マメ科の植物。赤むらさきや白の花がさく。じゅくしていない実は「えだまめ」といい、食用になる。また、みそやしょうゆ

どちらもかけます。

の原料になる。

だいすき【大好き】形容動詞 とても好きなようす。例パンダが大好きだ。

たいする【対する】動詞 ❶向かい合う。また、面する。例海に対した別荘。❷相手になる。例先生に対する態度。❸対になる。例陰に対する陽。❹〔ある物事に〕おうじる。例質問に対する答え。／質問に対して答える。活用 たい・する。

だいする【題する】動詞 本や作品に、題名をつける。例自作の油絵を「夜明けの海」と題する。活用 だい・する。

1 **たいせい**【大成】名詞 する動詞 ❶物事をりっぱにしあげること。例世阿弥が能を大成した。❷才能をのばして、りっぱな人物になること。例画家として大成する。❸多くの資料や関係のあるものを集めて、まとめ上げること。また、まとめ上げたもの。例昭和時代の詩を大成する。

2 **たいせい**【大勢】名詞 物事や世の中のおおかたのなりゆき。例試合の前半で、大勢が決まった。参考「おおぜい」と読むと、別の意味になる。

3 **たいせい**【体制】名詞 あるまとまった働きをする（社会の）しくみ。組織。例資本主義体制。

4 **たいせい**【体勢】名詞 体のかまえ。しせい。例ふいにおされたので、体勢がくずれた。⇩使い分け。

5 **たいせい**【胎生】名詞 〔人間やけもののように〕子どもが母親のおなかのなかで育ってから生まれること。例クジラは胎生動物だ。対卵生。

6 **たいせい**【態勢】名詞 身がまえ。準備。ことば「（受け入れの）態勢をととのえる」⇩使い分け。

使い分け たいせい

●体のかまえ。
体勢をくずす。

●準備。
出動態勢がととのう。

たいせいほうかん【大政奉還】名詞 一八六七年に、江戸幕府が朝廷に政権を返したこと。

たいせいよう【大西洋】地名 南北アメリカ大陸とヨーロッパ・アフリカ大陸の間にある、世界で二番目に大きな海。注意「太西洋」と書かないこと。

1 **たいせき**【堆積】名詞 する動詞 物がたくさんつみかさなること。例河口には、たくさんの砂や小石が堆積している。

2 **たいせき**【体積】名詞 長さ・はば・あつさのあるものの大きさ。かさ。容積。

3 **たいせき**【退席】名詞 する動詞 席を立って、その場所から出て行くこと。例とちゅうで退席した。

たいせきがん【堆積岩】名詞 水や風の力で運ばれた土・砂・石などが陸上や水底につみかさなり、長い時代がたってできた岩。地層をつくっていて、化石をふくむものもある。水成岩。

ことば博士になろう！

●**太平洋と大西洋**

「タイ平洋」「タイ西洋」と、読み方は同じなのに、なぜ「太・大」と漢字がちがうのでしょう。これは、「太平洋」が英語の「パシフィック（太平の〔おだやかな〕）オーシャン（洋〔海〕）」を訳した言葉であるのに対して、「大西洋」は、「大＋西＋洋→大きな西の洋（海）」という組み立ての言葉だからです。

たいせきぶつ【堆積物】名詞 水や風や氷の力で運ばれた土・砂・石などがつみかさなったもの。

1 **たいせつ**【大切】形容動詞 ❶重要なようす。例大切な話。❷〔そまつにしないで〕ていねいに、とりあつかうようす。例大切に使う。類大事。

2 **たいせつ**【大雪】名詞 二十四節気の一つ。昔のこよみで、雪が多くふるとされるとき。十二月七日ごろ。⇩口絵11ページ。

1 **たいせん**【大戦】名詞 ❶おおきな戦争。❷「第一次世界大戦」、また、「第二次世界大戦」のこと。

2 **たいせん**【対戦】名詞 する動詞 向かい合って、たたかうこと。試合などをすること。戦争や競技で、相手とたたかうこと。例初めて対戦する相手。

ことばあそび　なぞかけ❶　「電話」とかけて「かけ算」ととく。そのこころは？　→

だいせん【大山】地名 鳥取県の西部にある火山。中国地方で一番高い山。

だいせんこふん【大仙古墳・大山古墳】名詞 大阪府堺市にある日本で最大の前方後円墳。仁徳天皇の墓ではないかと考えられている。二〇一九年に世界文化遺産に登録された。⇩695ページ・世界遺産（図）。

たいぜんじじゃく【泰然自若】四字熟語 何があってもあわてずに、どっしりとして落ち着いているようす。例何を言われても、泰然自若としている。

たいぜんと【泰然と】副詞 ゆったりと落ち着いているようす。何があってもあわてないようす。例大きな音がしても泰然とかまえている。

1**たいそう**【大層】一 副詞 とても。例大層、とまどった。
二 形容動詞 大げさである。例大層なことを言う。

2**たいそう**【体操】名詞 ❶体をきたえるため、規則正しく手足などを動かす運動。例ラジオ体操。❷「体育」の古い言い方。

だいそう【代走】名詞 野球で、出塁した選手にかわって走者になること。また、その人。ピンチランナー。例代走を出す。

だいそれた【大それた】連体詞 正しいすじ道からひどくはずれた。また、能力や身分をわきまえない。とんでもない。例大それたことをしでかす。／大それた考えをもつ。

たいだ【怠惰】名詞 形容動詞 なすべきことをしないで、だらしないこと。例怠惰な生活をおくる。

だいだ【代打】名詞 野球で、ある打者にかわって打つこと。また、その人。ピンチヒッター。

だいたい【大体】一 名詞 おおよそのこと。あらまし。例話は大体わかった。類おしなべて。おおむね。
二 副詞 もともと。そもそも。例大体、きみがよくばりだから、いけないのだ。

1**だいだい** 名詞 ❶ミカン科の木。冬に黄色の実がつき、その実は落ちずに次の年の夏にはまた緑色になる。実を正月のかざりに使ったり、ポンずの原料にしたりする。❷「だいだい色」のこと。赤みをおびた黄色。漢字 橙。

2**だいだい**【代代】名詞 何代も続いていること。歴代。例家は代々農業をいとなんできた。参考ふつう「代々」と書く。

だいだいてき【大大的】形容動詞 特に規模が大きいようす。例大々的に宣伝する。類大規模。参考ふつう「大々的」と書く。

だいたすう【大多数】名詞〔ある数の〕ほとんど。例クラスの大多数が賛成した。類大部分。

1**たいだん**【対談】名詞 する動詞〔あらたまった場で〕二人が、向かい合って話し合うこと。また、その話。例小説家と画家が対談した。／対談番組。類対話。座談。会話。

2**たいだん**【退団】名詞 する動詞 それまで入っていた団体からぬけること。例劇団を退団する。対入団。

だいたん【大胆】名詞 形容動詞 勇気があって、おそれないようす。どきょうがあるようす。

だいたんふてき【大胆不敵】四字熟語 度胸があって、何もおそれないこと。例大胆不敵な行動。

1**だいち**【大地】名詞 広々とした土地。地面。類陸。参考「地」を強めていった言葉。

2**だいち**【台地】名詞 まわりより高くて平らになっている広い土地。類高台。

1**たいちょう**【体長】名詞 動物などの体の長さ。参考ほにゅう類などでは、ふつう頭の先からしりまでの長さをいう。類身長。⇩図。

体長

2**たいちょう**【体調】名詞 体の調子や具合。ことば「体調が悪い」「体調をくずす」

3**たいちょう**【隊長】名詞 軍隊やある集団をひきいて、その指揮をとる人。

1**だいちょう**【大腸】名詞 消化器官の一つ。小腸から肛門まで続く。おもに水分を吸収する。⇩939ページ・内臓（図）。

2**だいちょう**【台帳】名詞 ❶品物の売り上げなどを書きつける帳面。❷もとになる帳面。例土地台帳。

だいちょうきん【大腸菌】名詞 人や動物の大腸の中にいる細菌。病気の原因になるものもある。

タイツ 名詞 のびちぢみし、体にぴったりつくようにつくった衣服。バレエ・体操競技などのとき、また、防寒用に着る。▼英語 tights

たいてい【大抵】副詞 ❶大部分。例日曜日はたいてい出かけている。❷おおよそ。例学校はたいてい五時には終わる。❸ふつうであるようす。例かれの体格なら、相撲でたいてい負けることはない。参考 ア③は、下に「…ない」などの打ち消しの言葉が続く。イふつう、ひらがなで書く。

たいてき【大敵】名詞 とても強い敵。力があるので、おそろしく感じる相手。ことば⇩「油断大敵」類強敵。

たいでん【帯電】名詞 する動詞 物が電気をおびること。例帯電を防止する。

たいど【態度】名詞 ❶考えや心がまえなどが、表情や動きに表れたもの。例堂々とした態度。❷あることに対する、心のもち方。例態度をはっきりさせる。

たいとう[1]【台頭】名詞 する動詞 〔頭をもち上げる意味から〕ほかのものをぬいて、いきおいをましてくること。例今シーズンは新人選手の台頭がめだった。類進出。

たいとう[2]【対等】名詞 形容動詞 二つのものの間に、よいか悪いかや上下などの差がないこと。例対等な立場。

たいどう【胎動】名詞 する動詞 ❶母親のおなかの中で、赤んぼうが動くこと。❷新しい物事がおころうとする動きがかすかに感じられること。例新時代の胎動。

だいどうげい【大道芸】名詞 道路や広場で通る人を相手におこなわれる芸。

だいどうしょうい【大同小異】四字熟語 少しのちがいはあるが、だいたい同じであること。例二つの意見は大同小異だ。類五十歩百歩。

だいどうみゃく【大動脈】名詞 ❶心臓の左心室から体中に血液をおくる、ふとい血管。❷鉄道・道路などの交通の中心となる重要な線。

だいとうりょう【大統領】名詞 〔アメリカ・フランスなど〕共和制をとっている国で、国をおさめ、その国を代表する人。参考 多く選挙でえらばれる。

たいとく【体得】名詞 する動詞 物事をじっさいにおこなって理解し、自分の身につけること。例夏休みに水泳を体得した。類会得。

だいどく【代読】名詞 する動詞 かわりに読むこと。例お祝いのあいさつを代読する。

だいどころ【台所】名詞 ❶〔家庭で〕食事のしたくをするところ。勝手。炊事場。❷会計・財政・お金のやりくりをするところ。例国の台所をあずかる。

タイトル 名詞 ❶本や映画などの題。❷映画・テレビの字幕。❸運動競技で、最高の資格。選手権。例ミドル級のタイトルをうばう。▼英語 title

タイトルマッチ 名詞 プロボクシングやプロレスなど一対一でおこなう運動競技で、選手権を争う試合。選手権試合。▼英語 title match

たいない【体内】名詞 体の中。例栄養分を体内にとりいれる。対体外。

だいなし【台無し】形容動詞 役に立たなくなるようす。めちゃくちゃになるようす。例大雨で花だんが台無しになった。

ダイナマイト 名詞 けいそう土にニトログリセリンをしみこませてつくった爆薬。土木工事などに使う。参考 一八六六年、スウェーデンのノーベルが発明した。▼英語 dynamite

ダイナミック 形容動詞 力強い動きにあふれているようす。活動的。例ダイナミックな演技。▼英語 dynamic

だいなりしょうなり【大なり小なり】慣用句 大小のちがいはあっても。どっちにしても。例大なり小なり似たようなものだ。類多かれ少なかれ。

だいにじせいちょう【第二次性徴】名詞 思春期に、体に表れてくる男女差のとくちょう。

だいにじせかいたいせん【第二次世界大戦】名詞 一九三九(昭和一四)年、ドイツがポーランドにせめいったのがはじまりで、太平洋戦争にまで広がった戦争。一九四五(昭和二〇)年の日本の降伏で終わった。ドイツ・イタリア・日本などと、イギリス・アメリカ・フランス・中国・旧ソ連などの連合国とが戦った。

たいにち【対日】接頭語 〔ほかの言葉につけて〕「日本に対する」という意味を表す。例アメリカの対日政策。／外国人の対日感情。

だいにっぽんていこくけんぽう【大日本帝国憲法】名詞 一八八九(明治二二)年、明治天皇によって制定・発布された憲法。天皇

あいうえお かきくけこ さしすせそ たちつてと なにぬねの はひふへほ まみむめも や ゆ よ らりるれろ わ を ん

ことばあそび なぞかけ❷ 「野球のれんしゅう」とかけて「ドア」ととく。そのこころは？ →

主権の考えが中心になっていた。一九四七（昭和二二）年、日本国憲法が施行されるとともに廃止された。旧憲法。明治憲法。

たいにん[1]【大任】(名詞) 責任の重いつとめや、大切な役目。例 国の代表として、大任を果たした。類 大役。

たいにん[2]【退任】(名詞)(する動詞) 今までの任務をやめること。例 会長を退任する。対 就任。

ダイニングキッチン (名詞) 食事ができるように、いす・つくえなどをおいた台所。参考「DK」と略して書く。英語の「ダイニング（dining＝食堂）」と「キッチン（kitchen＝台所）」を組み合わせて日本でつくった言葉。

たいねつ【耐熱】(名詞) 高い温度にたえること。高熱を加えても変質しないこと。例 耐熱ガラス。

だいの【大の】(連体詞) ❶おおきな。一人前の。例 大の大人が子どもに負けた。❷ひじょうな。たいへんな。例 大の好物。／大のなかよし。

たいのう【滞納】(名詞)(する動詞) おさめるように決められた日がすぎても、お金をおさめないこと。

だいのう【大脳】(名詞) 脳の一部。人間が考えたり記憶したりするための、大切な器官。左右二つに分かれ、表面には多くのしわがある。

だいのじ【大の字】(名詞)「大」という字のように、両手・両足を大きく広げて、あおむけにねた形。例 たたみの上に大の字になる。

だいのつき【大の月】(名詞) 太陽暦で三十一日の日数がある月。一月・三月・五月・七月・八月・十月・十二月のこと。対 小の月。

たいは【大破】(名詞)(する動詞) ひどくこわれること。また、ひどくこわすこと。例 事故で大破した車。

だいば【台場】(名詞)「砲台場」の略。江戸時代、海上からのこうげきにそなえてたいほうをすえつけたところ。おだいば。

ダイバー (名詞) ❶水中にもぐってしごとをする人。潜水士。潜水夫。❷水泳で、とびこみ競技の選手。❸スキューバダイビングやスカイダイビングをする人。▼英語 diver

ダイバーシティ (名詞) 多様性。性別・年令・国籍・文化などの違いを認め合って、積極的にいっしょに行動しようとすること。さまざまな生物がともに暮らすこともいう。▼英語 diversity

たいはい【大敗】(名詞)(する動詞) 大きな差がついて負けること。例 連合軍に大敗した。対 大勝。

だいばかり【台ばかり】(名詞) 物を台の上にのせて重さをはかる、はかり。⇩1027ページ・はかり（図）。

だいはしょうをかねる【大は小を兼ねる】ことわざ 大きなものは、小さなものの役目もすることができる。

だいはちぐるま【大八車】(名詞) 木でできている大きな荷車。参考「代八車」とも書く。「代八」とは八人分の仕事をするという意味。

たいばつ【体罰】(名詞) 体に、ちょくせついたみや苦しみをあたえるばつ。

たいはん【大半】(名詞) 全体の半分よりかなり多いこと。例 観客の大半がまだ残っている。類 過半数。

たいばん【胎盤】(名詞) おなかの中の赤んぼうが成長するため、母親の体と呼吸・はいせつ・栄養の補給などのやりとりをする器官。

たいひ[1]【堆肥】(名詞) わら・草・落ち葉などをつみかさねて、くさらせたこやし。つみごえ。

たいひ[2]【対比】(名詞)(する動詞) 二つのものをくらべて、ちがいを調べること。例 昔のくらしと今のくらしを対比してみる。類 対照。比較。

たいひ[3]【待避】(名詞)(する動詞) ほかのものが通りすぎるのを、その道すじからはずれたり、わきへよったりして待つこと。例 列車が駅で待避する。

たいひ[4]【退避】(名詞)(する動詞) しりぞいて危険をさけること。例 安全な場所に退避する。

だいひつ【代筆】(名詞)(する動詞) その人のかわりに手紙や書類などを書くこと。また、その書いたもの。例 お礼状を代筆する。対 直筆。自筆。

たいびょう【大病】(名詞) ひじょうにおもい病気。重病。例 父は大病をしたことがある。

だいひょう【代表】(名詞)(する動詞) ❶多くの人に代わって考えをのべたり、物事をしたりすること。また、その人。例 学級を代表して意見をのべた。❷一部分で、全体の性質やとくちょうを表すこと。また、そのもの。例 日本を代表する山といえば富士山だ。

だいひょうさく【代表作】(名詞) その作家・作曲家・画家などの特色がもっともよく表れている、すぐれた作品。例 夏目漱石の代表作は「坊っちゃん」である。

だいひょうてき【代表的】(形容動詞) あるものを代表するようす。例 日本の代表的な科学者。

どちらもあおぎます。

ダイビング 名詞 する動詞 ❶水上競技で、とびこみ。❷飛行機の急降下。❸「スキューバダイビング」の略。❹「スキンダイビング」の略。▼英語 diving

たいぶ【大部】 名詞 ❶一冊の本で、ページ数が多いこと。❷ひとまとまりの本で、冊数が多いこと。例 三十巻という大部の全集。

タイプ 名詞 ❶形・性質・働きなどのちがいによって区別した種類。型。例 ほがらかなタイプの人。❷「タイプライター」の略。❸タイプライターのけんばん（＝キー）をたたいて、文字を紙にうち出すこと。参考 ❸は、英語の「タイプライティング」から。▼英語 type

だいぶ 副詞 そうとう。かなり。よほど。例 気分はだいぶよくなった。参考「だいぶん」ともいう。

たいふう【台風】 名詞 赤道から北の太平洋の南西部におこり、日本列島やアジア大陸東部、周辺の島をおそう熱帯低気圧。はげしい雨風をともなう。例 台風が近づく。

たいふうのめ【台風の目】 名詞 ❶台風の中心の、雲の少ないところ。台風の目の下では、風が弱い。❷さわぎの中心になる人やことがらをたとえていう言葉。例 無名の新人が台風の目となる。

だいふく【大福】 名詞「大福もち」の略。もちの中にあんを入れた和菓子。

だいぶつ【大仏】 名詞 大きな仏の像。参考 奈良の東大寺の大仏や、鎌倉の長谷の大仏などが有名。

たいぶつレンズ【対物レンズ】 名詞 望遠鏡・けんび鏡などの、つつの先にあるレンズ。対 接眼レンズ。⇨425ページ・顕微鏡（図）。

だいぶぶん【大部分】 名詞〔一部をのぞいて〕ほとんど全部。例 出席者の大部分は、男性だった。類 大多数。対 一部分。

タイプライター 名詞 指でキーボードをたたいて、文字を紙にうちだす機械。タイプ。参考 欧文用と和文用とがある。▼英語 typewriter

たいぶんすう【帯分数】 名詞 整数と真分数との和の形で表される分数。参考 たとえば $2\frac{1}{3}$ など。

たいへい【太平】 名詞 形容動詞 世の中がよくおさまっていて、おだやかな様子であること。例 天下太平。類 平和。注意「大平」と書かないこと。

たいへいよう【太平洋】 地名 アジア大陸とアメリカ大陸の間にある、世界で一番広い海。世界の海の約半分をしめる。注意「大平洋」と書かないこと。

たいへいようせんそう【太平洋戦争】 名詞 一九四一（昭和一六）年十二月八日の日本軍のハワイ真珠湾攻撃から、一九四五（昭和二〇）年八月十五日の日本の降服まで続いた、日本と、アメリカ・イギリス・フランス・中国などの連合国との戦争。第二次世界大戦の一部。

たいへいようベルト【太平洋ベルト】 名詞 日本の南側の太平洋にそって主要な工業地帯や大都市がならんで集まっている地帯。南関東・東海・近畿・瀬戸内海沿岸・北九州にいたる地帯。

たいべつ【大別】 名詞 する動詞 大きく分けること。例 生物を大別すると、動物と植物になる。

たいへん【大変】 一 副詞 ていどがはげしいようす。例 きみに会えて大変うれしい。二 形容動詞 ていどがふつうでないようす。例 大変な失敗をしてしまった。

だいへん【代返】 名詞 する動詞 教室などで出席をとるとき、欠席者にかわってほかの者が不正にへんじをすること。

だいべん[1]【大便】 名詞 肛門から出される食べ物のかす。くそ。うんこ。うんち。対 小便。

だいべん[2]【代弁】 名詞 する動詞 本人にかわって、その人の意見などをのべること。例 子どもたちの意見を代弁する。

たいほ[1]【退歩】 名詞 する動詞〔物事が〕前の状態より悪くなること。例 練習を休んでいたので、わざが退歩してしまった。類 退化。対 進歩。

たいほ[2]【逮捕】 名詞 する動詞 警察が、罪をおかした人やそのうたがいのある人をつかまえること。

たいほう【大砲】 名詞 大きなだんがんを遠くまでうちだす武器。

たいぼう[1]【耐乏】 名詞 物が足りず、不自由なことをがまんすること。例 耐乏生活をおくる。

たいぼう[2]【待望】 名詞 する動詞 まちのぞむこと。例 待望の新刊が発売された。

たいほうりつりょう【大宝律令】 名詞 大化の改新の中で、七〇一（大宝一）年につくられた法律。政治のしくみ、税のとりたて、罪をさばく決まりなどがさだめてある。

たいぼく【大木】 名詞 大きな木。大樹。

あいうえお
かきくけこ
さしすせそ
たちつてと た
なにぬねの
はひふへほ
まみむめも
や ゆ よ
らりるれろ
わ を ん

ことばあそび なぞかけ❸「うちわ」とかけて「大空」ととく。そのこころは？ →

だいほん【台本】(名詞) 劇や映画・ラジオ・テレビなどのせりふや動作、舞台の様子などが書かれている本。脚本。シナリオ。

だいほんざん【大本山】(名詞) 仏教で、同じ宗派の寺の中心として他の寺をまとめる寺。総本山につぐ地位にあるもの。

タイマー (名詞) ❶決めた時間に、スイッチを自動的に入れたり切ったりするそうち。タイムスイッチ。例すいはんきのタイマーを入れる。❷競技などで、時間をはかったりする人。また、そのための時計。ストップウオッチ。▼英語 timer

たいまい【大枚】(名詞) 金額の多いこと。たくさんのお金。大金。ことば「大枚をはたいて(＝たくさんのお金をつかって)(買う)」

たいまつ (名詞) 松やにのついたえだや、竹・アシなどをたばねたものに火をつけ、夜道を歩くときなど明かりに使うもの。⇩図。漢字 松明。

たいまつ

たいまん【怠慢】(名詞)(形容動詞) なまけて、仕事をしなかったり、責任をはたさなかったりすること。(対)勤勉。

だいみょう【大名】(名詞) ❶平安時代から室町時代にかけて、多くの領地をもっていた有力な武士。❷江戸時代、一万石以上の領地をもっていた武士。

だいみょうぎょうれつ【大名行列】(名詞) ❶江戸時代、大名が参勤交代などのおおやけの外出をするときの形式をととのえた行列。❷大ぜいの部下をしたがえて歩くこと。

だいみょうりょこう【大名旅行】(名詞) 大名がするようなぜいたくな旅行。

タイミング (名詞) 物事をするのにちょうどよいとき。ことば「タイミングがよい」「タイミングが悪い」▼英語 timing

タイム (名詞) ❶時刻。時間。例百メートル走のタイムをはかる。❷試合を少しの間中止すること。ことば「(審判が)タイムをかける」▼英語 time

タイムアウト (名詞) ❶試合時間が決められているスポーツで、作戦のうちあわせや選手交代などのために、試合を一時中止すること。例三回目のタイムアウトをとる。❷時間切れ。▼英語 timeout

タイムカード (名詞) 会社などにつとめている人が、何時間働いたかを記録するカード。▼英語 timecard

タイムカプセル (名詞) 未来の自分やほかの人々に、今の時代のことを伝えるため、その時代の記録や品物などを入れておくための入れ物。じょうぶな金属などでつくり、土の中にうめる。▼英語 time capsule

タイムスイッチ (名詞) ⇩タイマー①。▼英語 time switch

タイムスリップ (名詞)(する動詞) いっしゅんのうちに、未来や過去に移動すること。例SF小説の主人公が百年後の世界にタイムスリップする。参考 英語を組み合わせて日本でつくった言葉。

タイムマシン (名詞) 過去・現在・未来の世界の間を自由に行き来できるという、想像上の機械。▼英語 time machine

タイムリー (形容動詞) ❶ちょうどよいときに、物事をするようす。例タイムリーな発言。❷「タイムリーヒット」の略。野球で、ランナーがいるときに打って、ホームインさせることのできたヒット。▼英語 timely

タイムリミット (名詞) ぎりぎりゆるされた期限。例仕事のタイムリミットがあさってにせまる。▼英語 time limit

だいめい【題名】(名詞) 〔小説・詩・歌・映画などの〕作品の名前。タイトル。

だいめいし【代名詞】(名詞) 品詞の一つ。人・もの・方向・場所などの名前のかわりに使う言葉。「わたし」「あなた」「これ」「あれ」「そこ」「どこ」など。

1 **たいめん**【体面】(名詞) 世間に対する体裁。例体面をきずつけられる。

2 **たいめん**【対面】(名詞)(する動詞) 直接、顔を合わせること。例恩師と五年ぶりに対面した。

たいもう【大望】(名詞) 大きなのぞみ。ことば「大望をいだく」参考「たいぼう」とも読む。

だいもく【題目】(名詞) ❶本や演説などの名前。タイトル。例レポートの題目は「アサガオの研究」だ。(類)表題。❷言葉だけで、うまく言いつ

どちらもすぐとけます。

くろった説明。例お題目をならべているだけだ。参考②は、ふつう「お題目」の形で使う。

タイヤ 名詞 〔自動車・自転車などの〕車輪のまわりにつけるゴムのわ。タイア。▼英語 tire

ダイヤ 名詞 ❶「ダイヤモンド①」の略。❷「ダイヤグラム（diagram）」の略。図表。特に、列車運行表。例ＪＲのダイヤ。❸トランプのしるしの一つ。赤い「◆」の形。参考「ダイア」ともいう。

たいやく1【大役】名詞 責任のおもい役目。大事な役目。重役。例議長という大役をつとめる。類大任。

たいやく2【対訳】名詞 原文と訳文とが照らし合わせられるように、ならべてしめすこと。

だいやく【代役】名詞 劇や映画などで、ある役の人にかわってその役をつとめること。また、かわってつとめる人。例代役として出演することになった。

ダイヤモンド 名詞 ❶宝石の一つ。かたくてみがくとよく光る。ゆびわや首かざりなどにする。金剛石。ダイヤ。❷野球場で、本塁と一・二・三塁を結んだ正方形のところ。内野。参考「ダイアモンド」ともいう。▼英語 diamond

ダイヤル 名詞 ❶ラジオなどの目もりばん。❷電話機の数字ばん。例ダイヤル直通。参考「ダイアル」ともいう。▼英語 dial

ダイヤルイン 名詞 たくさんの電話がある事務所などで、それぞれの係にちょくせつつながる電話の方式。参考日本でつくった言葉。

たいよ【貸与】名詞 する動詞 かしあたえること。例ゆうしゅうな学生に、しょうがく金を貸与する。参考あらたまった言い方。

たいよう1【大洋】名詞 広くて大きな海。大海。

たいよう2【大要】名詞 〔長い文章や話の〕だいたいのすじ。あらまし。類概要。

たいよう3【太陽】名詞 太陽系の中心にある天体。高い温度のガスのかたまりからなり、地球に光と熱をあたえる。例太陽が、じりじりと照りつける。⇩755ページ・太陽系（図）。参考明るい・光り輝く・あたたかいなどのたとえにも用いる。例太陽のように明るい性格。

だいよう【代用】名詞 する動詞 あるもののかわりに使うこと。例生クリームがないので、ヨーグルトで代用する。

たいようエネルギー【太陽エネルギー】名詞 太陽でおこった核融合によってできた光や熱。地球にある、石油や石炭などのエネルギーは太陽からうけたエネルギーが形がかわってためられたものである。

たいようけい【太陽系】名詞 太陽を中心として動いている天体の集まり。八つの惑星（＝水星・金星・地球・火星・木星・土星・天王星・海王星）と、そのまわりを回る衛星や小惑星などからなる。⇩図。

たいようこうはつでん【太陽光発電】名詞 太陽の光エネルギーを利用して電気をおこすこと。

たいようでんち【太陽電池】名詞 太陽からの光のエネルギーを、ちょくせつ電気エネルギーにかえる装置。

たいようねつ【太陽熱】名詞 太陽から放射されて地球に伝わる熱。

たいようれき【太陽暦】名詞 地球が太陽のまわりをひと回りする時間を一年とするこよみ。一年を三百六十五日とし、四年に一度、三百六十六日のうるう年をおく。陽暦。新暦。対太陰暦。

たいら【平ら】■一 形容動詞 ❶でこぼこやかたむきがないようす。例運動場を平らにならす。❷《「お平らに」の形で》すわっている足をくずして、楽にするように。■二 接尾語 《地名の下につけて》山の中の平地であることを表す言葉。例松本平。参考■二は、「…だいら」とにごって読むことが多い。注意■二のときは「…平」と書き「ら」を送らない。

たいらげる【平らげる】動詞 ❶残らず食べてしまう。ことば「ごちそうを平らげる」❷〔敵や悪者を〕すべてたいじする。ことば「天下

水星 地球 木星 天王星 太陽 金星 火星 土星 海王星

太陽系

ことばあそび なぞかけ❹「氷」とかけて「やさしいクイズ」ととく。そのこころは？ →

を平らげる」活用 たいら・げる。

たいらのきよもり【平清盛】 人名（一一一八～一一八一）平安時代の終わりごろの武将。平家一族をひきいて、武士としてはじめて政権をにぎった。しかし、平家中心の身勝手な政治をおこなったため源氏の反げきにあい、争いのとちゅうで病死した。

たいらん【大乱】 名詞 広いはんいにわたって長く続くたたかい。

だいり[1]【内裏】 名詞 ❶昔、天皇が住んだごてん。❷「内裏びな」の略。

だいり[2]【代理】 名詞 する動詞 その人に代わって物事をすること。また、その人。例 父の代理で母が出席した。類 代行。

だいリーグ【大リーグ】 名詞 ➡1285ページ・メジャーリーグ。

たいりく【大陸】 名詞 とても大きな陸地。対 海洋。参考 ⇩1396ページ・六大陸。

たいりくせいきこう【大陸性気候】 名詞 大陸内部の気候。雨が少なく、昼と夜の気温の差が大きい。また、夏はとてもあつく、冬はとても寒い。対 海洋性気候。

たいりくだな【大陸棚】 名詞 大陸にそってある、海底の、けいしゃのゆるやかな部分。深さが二百メートルぐらいまでのところ。⇩221ページ・海溝（図）。

たいりくてき【大陸的】 形容動詞 ❶気持ちが大きく、のんびりしていて、動作がゆったりしているようす。例 かれは大陸的な性格の人です。❷物事の規模が雄大なようす。例 大陸的な風景が広がっている。

だいりせき【大理石】 名詞 石灰岩が変化してできた岩石。白色で、もようがある。建築や彫刻に使われる。

たいりつ【対立】 名詞 する動詞 両方の意見や利益などがたがいにちがっていること。また、反対の立場ではりあうこと。例 学級会で男子と女子の意見が対立した。

だいりてん【代理店】 名詞 約束をした会社にかわって、その会社の商品だけを売ったり、その会社の仕事だけをする店・会社。例 広告代理店。／保険の代理店。

だいりびな【内裏びな】 名詞 平安時代の天皇と皇后のすがたに似せてつくった一対の人形。桃の節句にかざる。⇩1105ページ・ひな人形（図）。

たいりゃく【大略】 名詞 おおよそ。だいたい。例 計画の大略を説明する。類 概略。概要。

たいりゅう【対流】 名詞 熱の伝わり方の一つ。下のあたためられた部分が上にのぼり、上の部分がさがるように動き、それをくり返して全体があたたまる。参考 ⇩879ページ・伝導。1190ページ・放射。

たいりゅうけん【対流圏】 名詞 地球をとりまいている大気のうち、成層圏の下にある、地面から十～十六キロメートルの高さの層。地球にある空気・水蒸気のほとんどがある。空気の対流がおこり、雲が生じ、雨や雪がふる。

たいりょう[1]【大量】 名詞 数や量がとても多いこと。例 大量の土砂。類 多量。

たいりょう[2]【大漁】 名詞 魚がたくさんとれること。類 豊漁。対 不漁。

たいりょうせいさん【大量生産】 名詞 機械を使って、まったく同じ製品を一度にたくさんつくること。

たいりょく【体力】 名詞 〔仕事・運動・病気などにたえられる〕体の力。例 体力がある。

たいりん【大輪】 名詞 花の大きさがふつうのものよりも大きいこと。また、そのもの。例 大輪のキクの花。参考「だいりん」ともいう。

タイル 名詞 ねん土を板の形にして焼き、色をつけてうわぐすりでつやを出したもの。ふろ場のゆか・かべなどにはる。▼英語 tile

ダイレクトメール 名詞 個人にあてて、郵便などで送る広告。ディーエム（DM）。▼英語 direct mail

ダイレクトメッセージ 名詞 SNSで、特定の人や仲間だけとやり取りすること。また、そのしくみ。ディーエム（DM）。▼英語 direct message

たいれつ【隊列】 名詞 隊になったものがつくった列。例 隊列を組んで行進する。

たいろ【退路】 名詞 にげ道。ことば「退路をたつ」

たいろう【大老】 名詞 江戸幕府で、将軍をたすける役目の一番上の位。また、その人。

だいろっかん【第六感】 名詞 目・耳・鼻・舌・ひふで感じるもの（＝五感）のほかにあるとされる、心で物事を感じとる働き。例 第六感が働いた。

たいわ【対話】 名詞 する動詞 向かい合って話すこと。また、その話。例 市民との対話を重視する。類 対談。会話。

たいをかわす【体をかわす】 慣用句 ❶相手の攻撃をさけて、体を動かす。例 ひらりと体をかわす。❷非難などをうけたとき、うまくきりぬける。例 するどい質問にもうまく体をかわす。

たうえ【田植え】 名詞 なわしろで育てたイネのなえを、田にうえること。

ダウン 一 名詞 する動詞 ❶さがること。さげること。例 ねだんがダウンする。対 アップ。❷ボクシングで、相手にうたれてたおれること。また、相手をうちたおすこと。ノックダウン。❸すっかりまいること。病気でねこむこと。例 かぜでダウンした。

二 名詞 水鳥の羽の下にはえるやわらかいむく毛。寒さをふせぐ衣類のつめ物や、羽ぶとんなどに使う。

三 助数詞《数を表す言葉の下につけて》野球で、アウトの回数を数える言葉。例 ツーダウンフルベース。参考 三は「ダン」ともいう。▼英語 down

ダウンロード 名詞 する動詞 インターネットにあるデータをコピーして、自分のコンピューターなどに保存すること。▼英語 download

たえがたい【耐え難い・堪え難い】 形容詞 がまんできないようす。例 耐え難い真夏の暑さ。活用 たえがた・い。

たえかねる【耐え兼ねる・堪え兼ねる】 動詞 こらえることができない。がまんできない。例 足のいたさに耐え兼ねて、マラソンをとちゅうできけんした。活用 たえか・ねる。

だえき【唾液】 名詞 口の中に出る液。でんぷんをとうぶんにかえる働きがある。つば。

たえしのぶ【耐え忍ぶ・堪え忍ぶ】 動詞 つらいことや苦しいことなどをがまんする。活用 たえしの・ぶ。

たえず【絶えず】 副詞 〔ある状態や動きが〕止まることなく、続くようす。例 絶えずほほえみをうかべている。／絶えず不安を感じている。

たえだえ【絶え絶え】 形容動詞 今にもとぎれそうに、やっと続いているようす。例 息も絶え絶えに話す。

たえぬく【耐え抜く・堪え抜く】 動詞 がまんし続ける。例 きびしい練習に耐え抜く。活用 たえぬ・く。

たえはてる【絶え果てる】 動詞 ❶すっかりなくなる。例 救出ののぞみは絶え果てる。❷すっかり死んでしまう。例 悪者は絶え果てた。類 ❷絶滅。活用 たえは・てる。

たえまなく【絶え間なく】 連語 とだえることがなく。例 工事の音が絶え間なく続く。

たえる1【耐える】 動詞 ❶〔つらさ・苦しさなどを〕がまんする。例 苦痛に耐える。❷もちこたえる。例 長い間、風や雪に耐えてきた大木。活用 た・える。⇩使い分け。

たえる2【堪える】 動詞 …することができる。（…する）ねうちがある。例 読むに堪えない本。活用 た・える。⇩使い分け。

たえる3【絶える】 動詞 ❶〔続いていたものが〕とぎれる。例 通信が絶えた。❷すっかり、なくなる。例 水の絶えた川。活用 た・える。

だえん【だ円】 名詞 細長い円。長円。漢字 楕円。⇩663ページ・図形（図）。

たおす【倒す】 動詞 ❶力を加えて、立っているものを横にする。例 うっかり、いすを倒した。❷負かす。例 チャンピオンを倒す。❸ほろぼす。くつがえす。例 幕府を倒す。❹殺す。例 一発でクマを倒す。❺借りていたお金を返さないで、相手に損害をあたえる。例 借金を倒す。活用 たお・す。

たおやか 形容動詞 ❶〔女性の動作などが〕しとやかで美しいようす。例 たおやかに舞う。❷〔物の形などが〕やわらかくて美しい。例 風にそよぐ、たおやかなヤナギの枝。

タオル 名詞 表面に糸を輪のような形にうきた

使い分け たえる

●がまんする。
苦痛に耐える。

●価値がある。
鑑賞に堪える作品。

あいうえお
かきくけこ
さしすせそ
たちつてと
なにぬねの
はひふへほ
まみむめも
やゆよ
らりるれろ
わをん

ことばあそび なぞかけ❺ 「口」とかけて「洗たく」ととく。そのこころは？ →

たせておった、もめんの布。また、その布でつくった、手や体などをふくもの。例タオルで顔をふく。類手ぬぐい。▼英語 towel

タオルケット 名詞 タオルの生地でつくられた、夏用のうすいかけぶとん。参考「タオル〔towel〕とブランケット〔blanket＝毛布〕」を組み合わせて日本でつくった言葉。

たおれる【倒れる】 動詞 ❶立っているものが横になる。例大風で木が倒れた。❷病気になって動けなくなる。また、死ぬ。例過労で倒れる。❸ほろびる。くつがえる。例軍事政権が倒れる。❹商店や会社などが、事業をやっていけなくなる。例近所の商店が倒れそうだ。活用 たお・れる。

1 **たか** 名詞 タカ科の鳥のうち、中形のもの。オオタカ・クマタカなど。漢字 鷹。

2 **たか【高】** 名詞 ❶〔とれたものや、はいったお金の〕数量。分量。例売り上げの高をみつもる。❷〔物事の〕ていど。ねうち。

たが 名詞 おけやたるなどのまわりにはめこみ、外側からしめる、竹や金属のわ。ことば ⇩「たがが緩む」

だが 接続詞 前に言ったことを受けて、その反対のことを言うときに使う言葉。例仕事ははやい。だが、まちがいが多い。

1 **たかい【他界】** 名詞 する動詞 死ぬこと。例恩師は一年前に他界した。参考 遠回しで、あらたまった言い方。

2 **たかい【高い】** 形容詞 ❶〔位置が〕上の方にある。例けむりが空高くのぼる。❷たてに長い。例せが高い。／高い山。❸〔身分や地位などが〕すぐれている。例高い位につく。❹〔ていど・いきおいなどが〕はげしい。例気温が高い。／波が高い。❺声や音が大きい。例テレビの音が高い。対①〜⑤低い。❻金額が大きい。例ねだんが高い。対⑥安い。活用 たか・い。

たがい【互い】 名詞 向こうと、こちら。両方。例互いの家を行き来する。

だかい【打開】 名詞 する動詞 ゆきづまった物事を解決する道をきりひらくこと。例打開策。

たがいちがい【互い違い】 名詞 二つの物事をこうたいにすること。また、二つのものが入れちがいであること。かわるがわる。例赤組と白組が互い違いにならぶ。

たがいに【互いに】 副詞 両方とも。どちらもともに。例互いに意見を出し合ってきめた。

たかいびき【高いびき】 名詞 大きな音のいびき。また、いびきをかいてぐっすりねむっていること。例高いびきをかいてねむる。

たがう 動詞 ❶ちがっている。くいちがう。例期待にたがわぬ富士の美しさ。❷はずれる。そむく。まちがう。例規則にたがう行動。参考 やや古い言い方。活用 たが・う。

たがえる 動詞 ❶約束や決まりなどをやぶる。例約束をたがえて、本をかえさない。❷ちがうようにする。例順序をたがえる。活用 たが・える。

たかが【高が】 副詞 数量やていどが、たいしたことがないようす。例高が一回失敗したくらいで、あきらめるな。

たかがしれている【高が知れている】 慣用句 ていどがわかっている。たいしたことはない。例いくら数が多いといっても、高が知れている。

たががゆるむ【たがが緩む】 慣用句 はりつめていた気持ちのしまりがなくなる。⇩口絵12ページ。

たがく【多額】 名詞 形容動詞 お金の額が多いこと。多い金額。類巨額。高額。対少額。

たかくけい【多角形】 名詞 三つ以上の直線でかこまれている平面図形。三角形・四角形・五角形など。参考「たかっけい」ともいう。

たかくけいえい【多角経営】 名詞 一つの会社がいろいろの種類の事業をおこなうこと。

たかさ【高さ】 名詞 高いこと。また、その程度。例せの高さをくらべる。

だがし【駄菓子】 名詞 ムギ・アワ・マメなどの安い材料を使ってつくった、大衆的な菓子。例駄菓子屋。

たかしお【高潮】 名詞 〔台風などのとき〕海面が高くなること。陸地に海水がおしよせることがある。風津波。類津波。

たかだい【高台】 名詞 まわりよりも高いところにある、たいらな土地。類台地。

たかだか【高高】 一 副詞 多く見つもっても。せいぜい。例高々百円ぐらいの品だ。二 副詞（―と）目立って高いようす。例高々と手をあげた。参考 一二は、ふつう「高々」と書く。

だがっき【打楽器】 名詞 たたいて音を出す楽器。たいこ・もっきん・トライアングルなど。

どちらもせんせい（先生・宣誓）がひつようです。

参考 ⇩294ページ・管楽器。417ページ・弦楽器。

たかっけい【多角形】 名詞 ⬇たかくけい。

1 **たかとび【高飛び】** 名詞 する動詞 悪いことをした人が、遠くへにげること。例 犯人が高飛びしようとしている。

2 **たかとび【高跳び】** 名詞 走り高跳び。また、棒高跳び。

たかなみ【高波】 名詞 高くたつ波。大波。ことば「高波にさらわれる」

たかなる【高鳴る】 動詞 ❶高くなりひびく。❷〔期待やよろこびなどで〕胸がどきどきする。ことば「期待に胸が高鳴る」 活用 たかな・る。

1 **たかね【高値】** 名詞 ねだんが高いこと。高いねだん。対 安値。

2 **たかね【高根】** 名詞 高いみね。また、高い山の頂上。例 富士の高根。参考「高嶺」とも書く。

たかねのはな【高根の花】 慣用句 見ているだけで、とても自分の手に入りそうもないもののたとえ。参考「高嶺の花」とも書く。

たかのぞみ【高望み】 名詞 する動詞 じっさいにできそうもないことをのぞむこと。また、そののぞみ。例 高望みしすぎると失敗する。

たかは【たか派】 名詞 相手とゆずりあうことをしないで、自分たちの主義や主張を強くおしとおそうとする考えの人たち。対 はと派。

たかはまきょし【高浜虚子】 人名 （一八七四～一九五九）明治時代から昭和時代にかけての俳人。正岡子規の弟子で、俳句の雑誌「ホトトギス」を中心になってつくった。一九五四年、文化勲章を受賞した。

たかびしゃ【高飛車】 名詞 形容動詞 〔相手の気持ちを少しも考えないで〕相手を無理におさえつけるような態度をとること。ことば「高飛車に出る（＝高飛車な態度である）」 参考「飛車」は、将棋のこまの一つ。攻めの中心で、前に出して相手を攻めることから。

たかぶる【高ぶる】 動詞 ❶気持ちが強くはげしくなる。こうふんする。例 旅行の前の日は、心が高ぶってねむれなかった。❷じまんする。いばる。例 人前で高ぶった態度をとる。活用 たかぶ・る。

たかまつし【高松市】 地名 香川県の県庁所在地。⇩916ページ・都道府県（図）。

たかまる【高まる】 動詞 〔物事のていどが〕高くなる。また、目立って強くなる。例 人気が高まる。対 低まる。活用 たかま・る。

たかみのけんぶつ【高みの見物】 慣用句 自分には関係のない立場で、物事のなりゆきを見ること。例 あとは高みの見物といこう。参考「高み」は、高い所のこと。

たかむらこうたろう【高村光太郎】 人名 （一八八三～一九五六）明治時代から昭和時代にかけての詩人・彫刻家。詩集「智恵子抄」などの作品がある。

たかめ【高め】 名詞 形容動詞 少し高いようす。例 水温は高めだ。対 低め。

たがめ【田亀】 名詞 コオイムシ科のこん虫。池やぬまにすみ、小魚などの体液をすう。

たかめる【高める】 動詞 〔物事のていどを〕高くする。あげる。例 教養を高める。対 低める。活用 たか・める。

たがやす【耕す】 動詞 〔作物をつくるために〕土地をほりおこして、やわらかくする。例 畑を耕す。注意 送りがなに気をつける。活用 たがや・す。

たから【宝】 名詞 ❶金・銀・宝石などの貴重なもの。例 宝をさがす。❷とても大切な人や物。例 子は宝だ。

だから 接続詞 前に言ったことを理由として、次のことを言うときに使う言葉。例 サッカーが上手になりたい。だから、きびしい練習にもたえられる。

たからか【高らか】 形容動詞 〔遠くまでよく聞こえるほど〕声や音が高くはっきりひびくようす。例 ファンファーレが高らかに鳴りひびいた。

たからくじ【宝くじ】 名詞 都道府県などで売り出す、お金の当たる券。

たからじま【宝島】 書名 イギリスのぼうけん小説。スティーブンソン作。一人の少年が、宝の地図を手に入れ、船乗りたちとともに、たからさがしの航海に出る物語。

たからのもちぐされ【宝の持ち腐れ】 慣用句 役に立つものや、りっぱな才能をもちながら、うまく使わないことのたとえ。

たからぶね【宝船】 名詞 宝物や七福神を乗せたふね。また、それをかいた絵。⇩図。

たからもの【宝物】 名詞 宝とするもの。また、とてもねうちのあるもの。例 この標本は、ぼくの宝物だ。

ことばあそび なぞかけ❻ 「学校」とかけて「開会式」ととく。そのこころは？ →

たかる 動詞 ❶多くの人が一か所に集まる。例やじうまがたかっている。❷〔害虫などが〕とまる。とりつく。例食べ物にハエがたかる。❸おどかしてお金や品物をとる。例ちんぴらにたかられた。参考❸はくだけた言い方。活用たか・る。

宝船

たがる 接尾語《ある言葉の下につけて》「あることをしたい」「あることをしたいようすをしめす」意味を表す言葉。例ミルクを飲みたがる。活用たが・る。

たかわらい【高笑い】名詞 する動詞〔意識して〕大きな声で笑うこと。例勝ちほこったように高笑いする。

たかをくくる【高をくくる】慣用句 たいしたことはないだろうと軽く考える。例相手は小学生だと高をくくっていたら、将棋に負けてしまった。

たき【滝】名詞 高いがけなどを、水が流れ落ちているところ。例滝の音。⇩図。

だきあわせ【抱き合わせ】名詞 ❶二つのものを組み合わせること。❷「抱き合わせ販売」の略。よく売れる品物と売れない品物を組み合わせて売ること。

だきかかえる【抱き抱える】動詞 うでを回して、だくようにして、しっかりと持つ。例大きなぬいぐるみを抱き抱える。活用だきか・か・える。

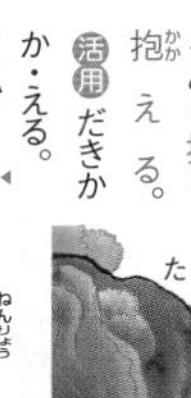

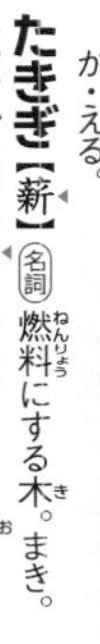

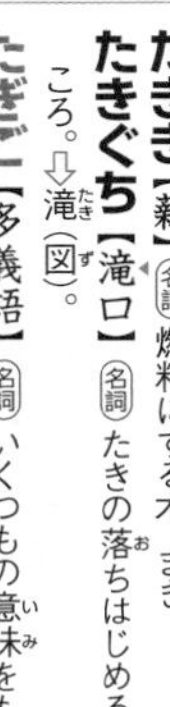

滝

たきぎ【薪】名詞 燃料にする木。まき。

たきぐち【滝口】名詞 たきの落ちはじめるところ。⇩滝（図）。

たぎご【多義語】名詞 いくつもの意味をもつ言葉。例「助ける」は、救助するという意味と、手伝うという意味をもつ多義語だ。

だきこむ【抱き込む】動詞 ❶うでの中にかかえる。❷仲間に引き入れる。例ライバル会社の社員を抱き込んで、情報をさぐる。参考❷は悪いことをする場合に使う。活用だきこ・む。

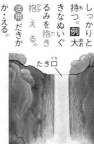

タキシード 名詞 夜の音楽会や晩さん会などに出席するときに着る、男性の略式の礼服。類モーニング。えんび服。⇩図。▼英語 tuxedo

タキシード

だきしめる【抱き締める】動詞 しっかりと力を入れてだく。活用だきし・める。

だきすくめる【抱きすくめる】動詞 強くだいて、動けないようにする。活用だきすく・める。

たきだし【炊き出し】名詞 火事・地震・大水などの災害や事故のとき、被害にあった人や現場で働く人に、ごはんをたいてくばること。

だきつく【抱き付く】動詞 りょううででかかえるようにして、しっかりだく。例抱き付いてはなさない。活用だきつ・く。

たきつけ【たき付け】名詞 まきや炭などに火をつけるために使う、もえやすいもの。紙くず・木ぎれ・かれはなど。

たきつける【たき付ける】動詞 ❶火をつけてもやす。❷おだててやらせる。そそのかす。例人をたき付けてさわぎをおこす。活用たきつ・ける。

たきつぼ【滝つぼ】名詞 たきの水が落ちこむ、深くなっているところ。⇩滝（図）。

たきにわたる【多岐にわたる】慣用句 いろいろな方面に分かれている。例多岐にわたる活動。

たきび【たき火】名詞 家の外で木のくずや、かれ葉などを集めてもやす火。

だきゅう【打球】名詞 野球やゴルフなどで、打ったたま。

だきょう【妥協】名詞 する動詞〔意見が分かれているとき〕おたがいの考えなどをゆずり合うこと。例こんな案では妥協できない。類折り合い。譲歩。

たぎる 動詞 ❶〔湯などが〕ぐらぐらとわく。にえたつ。例やかんの湯がたぎっている。❷気持ちなどが高まる。ことば「〔いさましい話を聞くと〕血がたぎる」活用たぎ・る。

たきれんたろう【滝廉太郎】人名（一八七九～一九〇三）明治時代の作曲家。「荒城の月」「箱根八里」「花」などの作曲者として知られている。二十四才で病死した。

たく[1] 動詞 燃料をもやす。例 ストーブをたく。活用 た・く。

たく[2]【炊く】動詞〔米を〕にる。例 ごはんを炊く。活用 た・く。

だく【抱く】動詞 うでを回して、むねにおしあてて、かかえる。例 子ねこを抱く。活用 だ・く。

たくあん【沢あん】名詞 ほしたダイコンを塩と米ぬかでつけたつけもの。たくあんづけ。たくわん。語源 江戸時代のはじめに、京都の大徳寺の沢あん和尚がはじめたという言い伝えがある。漢字 沢庵。⇩コラム「地名・人名をふくむことば」（115ページ）。

たぐい【類い】名詞 同じ種類・程度のもの。例 この類いの本はたくさんある。

たぐいない【類いない】形容詞 ほかにくらべるものがない。例 類いない強さ。参考「類い」は、同じていどのもののこと。活用 たぐいな・い。

たぐいまれ【類いまれ】形容動詞 同じていどのものがほとんどないほど、すぐれているようす。例 詩人としての類いまれな才能。

たくえつ【卓越】名詞 する動詞 ほかのものより、はるかにすぐれていること。例 卓越した力で人を動かす。

だくおん【濁音】名詞 にごる音。ガ行のガ・ギ・グ・ゲ・ゴのほか、ザ行・ダ行・バ行の音。参考 ⇩1075ページ・半濁音。683ページ・清音。

たくさん【沢山】副詞 形容動詞 ❶数量が多いようす。例 絵本がたくさんある。／たくさん食べる。対 少し。❷十分であるようす。例 もう、その話はたくさんだ。参考 ひらがなで書くことが多い。

たくしあげる【たくし上げる】動詞〔そでやすそなどを〕手でまくり上げる。例 シャツのそでをたくし上げる。活用 たくしあ・げる。

タクシー 名詞 町の中や決められた乗り場で、注文によって客を乗せ、走ったきょりや時間にしたがって料金をとる自動車。類 ハイヤー。▼英語 taxi

たくじしょ【託児所】名詞 親が働いているときなどに、小さな子どもをあずかって世話をする施設。

たくじょう【卓上】名詞 つくえやテーブルなどのうえ。例 卓上ピアノ。／卓上カレンダー。

たくす【託す】動詞〔人に〕たのむ。あずける。例 伝言を託す。活用 たく・す。

だくだく 副詞（-と）あせや血などが、たくさん出るようす。例 あせがだくだく出る。

たくち【宅地】名詞 家を建てるための土地。例 宅地を開発する。

だくてん【濁点】名詞 濁音を表すしるし。ガ・ギ・グ・ゲ・ゴなどの右上の「゛」のしるし。参考 ⇩1075ページ・半濁点。

タクト 名詞 音楽の指揮をするときに使う棒。ことば「タクトをふる（＝指揮をする）」⇩図。▼ドイツ語

たくはいびん【宅配便】名詞 荷物を家や会社などに配達する便。

たくはつ【托鉢】名詞 する動詞 僧が修行のために、お経をとなえながら鉢を持って家々をまわり、米やお金などをもらうこと。

タクト

たくほん【拓本】名詞 石碑やうつわなどにきざまれた文字などを、上におおった紙の上からすみをたたいて写し取ったもの。

たくましい 形容詞 ❶体ががっしりしていて、強そうなようす。例 たくましいうで。❷心がしっかりしていて、物事に動かされないようす。例 たくましい心。❸いきおいがさかんなようす。ことば「商魂たくましい（会社）」活用 たくま・しい。

たくみ【巧み】形容動詞 物事のやり方などがうまいようす。例 情景を巧みにえがく。

たくらみ 名詞〔ひそかに立てる、よくない〕計画。例 部活をさぼろうというたくらみがばれた。

たくらむ 動詞〔悪い〕計画を立てる。例 むほんをたくらむ。類 もくろむ。企てる。活用 たくら・む。

たくらん【托卵】名詞 する動詞 ほかの種類の鳥のすに、たまごをうんで、その鳥にたまごから育てさせること。参考 カッコウは、モズやオオヨ

あいうえお
かきくけこ
さしすせそ
たちつてと た
なにぬねの
はひふへほ
まみむめも
や ゆ よ
らりるれろ
わ を ん

ことばあそび なぞかけ⑦「かけっこ」とかけて「サッカー」ととく。そのこころは？ →

シキリのすなどに托卵する。

だくりゅう【濁流】 名詞 にごった（はげしい）水の流れ。例 濁流のうずまく川。対 清流。

たぐりよせる【手繰り寄せる】 動詞 両手でかわるがわるつかんで、手もとにひきよせる。例 ロープを手繰り寄せる。活用 たぐりよ・せる。

たぐる【手繰る】 動詞 ❶両手をかわるがわる動かして、糸などをひきよせる。❷じゅんにたどっていく。例 記憶を手繰る。活用 たぐ・る。

たくわえ【蓄え】 名詞 ❶ためておいたもの。❷貯金。例 わずかの蓄えもない。

たくわえる【蓄える】 動詞 〔お金・品物・労力などを、後で役立てるために〕ためておく。例 冬にそなえて食物を蓄える。活用 たくわ・える。

たけ1**【丈】** 名詞 ❶高さ。特に、背の高さ。例 丈の高い草。❷衣服の長さ。例 スカートの丈。

たけ2**【竹】** 名詞 イネ科の植物。ササと似ているが、成長したくきに皮が残らないものをタケとよぶ。例 竹の林。

だけ 助詞 ❶はんいをかぎる意味を表す言葉。例 一つだけ食べる。❷最低の限度を表す言葉。例 もう一日だけ待ってくれ。❸ていどを表す言葉。例 できるだけ早く行く。❹《「…だけのことはある」「…だけに」「…だけのことはある」などの形で》それにふさわしいという意味を表す言葉。例 がんばっただけあって、すばらしいできばえだ。

たけうま【竹馬】 名詞 二本の竹に足をのせる板をつけて乗る、子どもの遊び道具。⇨図。

たけかんむり【竹冠】 名詞 漢字の部首の一つ。「第」「箱」などの漢字の上の「竹」の部分。

だげき【打撃】 名詞 ❶ものを強くたたくこと。例 頭部への打撃で大けがをする。❷損害。いたで。例 水害にあって大きな打撃をうけた。❸心にあたえるきず。例 友人の心ないしうちに打撃をうける。❹野球で打者がボールを打つこと。例 打撃が強いチーム。

竹馬

たけしま【竹島】 地名 島根県隠岐の北西にある島。日本固有の領土だが、韓国に不法に占拠されている。

たけだけしい 形容詞 ❶とてもいさましく、あらあらしい。例 ライオンのたけだけしいうなり声。❷ずうずうしい。ことば「ぬすっとたけだけしい（＝どろぼうが、つかまってもへいきでいるようす）」 活用 たけだけし・い。

たけだしんげん【武田信玄】 人名 （一五二一～一五七三）戦国時代の武将。甲斐（今の山梨県）を中心にかつやくした。越後（今の新潟県）の上杉謙信と対立し、数回にわたって争った「川中島の戦い」がよく知られている。

だけつ【妥結】 名詞 する動詞 意見のちがう両方の人が、たがいにゆずりあって物事をまとめること。例 交渉が妥結した。

だけど 接続詞 そうではあるけれど、しかし。例 急いで行った。だけど、間に合わなかった。参考「だけれども」の略。くだけた言い方。

たけとりものがたり【竹取物語】 書名 平安時代のはじめごろにつくられた物語。作者はわからない。竹の中で見つけられたかぐやひめは、みかどや貴公子にけっこんをもうしこまれたが、やがて月に帰って行く。かなで書かれている。参考「物語の出で来はじめの祖」ともいわれる。

たけとんぼ【竹とんぼ】 名詞 子どものおもちゃの一つ。竹でプロペラをつくって、その真ん中に柄をつけ、両手で柄を回してとばすもの。⇨図。

竹とんぼ

たけなわ 名詞 形容動詞 物事の一番さかんなとき。例 春たけなわの庭園。

たけのこ【竹の子】 名詞 竹の地下茎からでるわかい芽。茶色の皮につつまれている。食用にする。参考「筍」とも書く。

たけひご【竹ひご】 名詞 竹を細くけずったもの。かごなどをつくるのに使う。

たけやぶ【竹やぶ】 名詞 竹がいちめんにはえているところ。竹の林。

たけりたつ【たけり立つ】 動詞 ひどくこうふ

あいうえお かきくけこ さしすせそ た たちつてと なにぬねの はひふへほ まみむめも や ゆ よ らりるれろ わ を ん

どちらもすぐにとけます。

んする。例 レスリングをたけり立っておうえんする。類 いきり立つ。活用 たけりた・つ。

たける[1] 動詞 ある方面にすぐれている。長じている。例 スポーツにたけた人。活用 た・ける。漢字 長ける。

たける[2] 動詞 たけなわになる。例 春たける。

たけをわったよう【竹を割ったよう】慣用句 性質がさっぱりしていることのたとえ。例 おばは、竹を割ったような性格だ。

たこ[1] 名詞 マダコ・イイダコなどの、うでが八本ある動物のこと。体はやわらかく、すみのような黒いしるをはく。食用にする。漢字 蛸。

たこ[2] 名詞 わり竹を組み合わせたものに紙をはって糸をつけ、風の力を利用して空にあげるおもちゃ。例 お正月にはたこを上げて遊ぶ。漢字 凧。

たこ[3] 名詞 皮の一部が、かたくなってもり上がったもの。手や足の、いつも使ってすれるところにできる。漢字 胼胝。

たこあげ【たこ揚げ】名詞 たこを空にあげること。

たこあし【たこ足】名詞 タコのあし(うで)のようにいくつにもわかれること。例 たこ足配線。

たこいと【たこ糸】名詞 たこあげに用いる、太い木綿の糸。

たこう【他校】名詞 ほかの学校。例 他校との交流。

だこう【蛇行】名詞 する動詞 ヘビがはうように、まがりくねること。例 川が蛇行する。

たこく【他国】名詞 ❶ よその国。外国。対 自国。❷ うまれ故郷でない土地。

たこやき【たこ焼き】名詞 水でといた小麦粉に、きざんだタコ・キャベツ・ネギなどを入れ、ピンポンだまくらいの大きさに焼いたもの。ソースや青のりなどをかけて食べる。

たごん【他言】名詞 する動詞 ほかの人に話すこと。例 けっして他言するな。類 口外。

たさい【多彩】名詞 形容動詞 ❶ いろいろな色が入りまじって美しいこと。例 多彩な色づかい。❷ いろいろな種類や変化があって、にぎやかなこと。例 歌ありおどりありの多彩なプログラム。

ださい 形容詞 かっこうが悪い。センスがない。例 ださいかっこうはしたくない。参考 くだけた言い方。活用 ださ・い。

たさつ【他殺】名詞 ほかの人にころされること。対 自殺。

たざわこ【田沢湖】地名 秋田県中東部、奥羽山脈の中にある湖。水深は日本一。

ださん【打算】名詞 する動詞 損得を考えること。例 何の打算もない。類 計算。

ださんてき【打算的】形容動詞 〔いつも〕損得を考えて物事をするようす。例 打算的な人。

たざんのいし【他山の石】故事成語 ほかの人の言葉やおこないは、たとえどんな(つまらない)ことでも、その人の心がけしだいで自分をよくするのに役立つものだということ。語源「ほかの山から出るつまらない石でも、自分の宝石をみがくのに役立つことがある」という、昔の中国の言葉から。

たし【足し】名詞 足りないものをおぎなうのに役立つもの。ことば「はらの足し(=空腹をおぎなう食べ物)にする」

だし[1]【山車】名詞 祭りのときに出る、きれいにかざった車。みんなでひきまわす。車の上で、たいこをたたいたり、ふえをふいたり、おどりをおどったりする。だんじり。⇩図。

山車

だし[2]【出し】名詞「出しじる」の略。にぼし・かつおぶし・こんぶなどを煮出した、しる。料理の味をととのえるのに使う。ことば「だしをとる」参考 ㋐ふつう、ひらがなで書く。㋑ ことば ⇩「だしにする」

だしあう【出し合う】動詞 たがいに、持っているものを出す。例 おこづかいを出し合ってプレゼントを買う。活用 だしあ・う。

だしいれ【出し入れ】名詞 する動詞 出したり入れたりすること。例 お金の出し入れをする。

だしおしみ【出し惜しみ】名詞 する動詞 けちけちして、お金や品物などを出したがらないこと。例 金持ちのくせに、わずかなお金を出し惜しみする。

だしおしむ【出し惜しむ】動詞 自分のお金や品物などを出すことをいやがる。例 資金を出し惜しむ。活用 だしおし・む。

ことばあそび なぞかけ❽「小さいあめ玉」とかけて「少しの雪」ととく。そのこころは？ →

たしか【確か】一 形容動詞 はっきりしていて、まちがいのないようす。また、信用できるようす。例 確かに見た。／うでは確かだ。対 不確か。二 副詞 たぶん。おそらく。例 確かあのとき、話したよね。

たしかめる【確かめる】動詞 まちがいがないか、調べてはっきりさせる。例 出席者の数を確かめる。活用 たしか・める。

たしざん【足し算】名詞 二つ以上の数を加える計算。よせざん。対 引き算。

だししぶる【出し渋る】動詞 お金や品物などを、何とかして出すまいとする。例 援軍を出し渋る。活用 だししぶ・る。

たしせいせい【多士済済】四字熟語 すぐれた人が多くいること。例 このチームは多士済々だ。参考 ア ふつう「多士済々」と書く。イ「多士済々」ともいう。

たじたじ 副詞（―と） 相手の力やいきおいなどにおされて、ひるむようす。例 まくしたてられて、たじたじとなった。

たじたなん【多事多難】四字熟語 事件がたくさんおきて、困難や苦しみが多いこと。例 このところ、多事多難であった。

たじつ【他日】名詞 この先のいつかべつの日。例 仕事の話は他日にゆずって、今日は楽しい話をしよう。

たしなみ 名詞 ❶このみ。しゅみ。例 よいたしなみをもつ。❷いけ花・茶の湯など、げいごとのこころえ。❸れいぎなどをよく知っていること。つつしみ。例 たしなみのないふるまい。

たしなむ 動詞 ❶このんで、親しむ。例 酒もたばこもたしなまない。❷〔げいごとなどを〕けいこして、身につける。このんで学ぶ。例 俳句をたしなむ。❸つつしむ。

たしなめる 動詞 〔相手のよくない行動を〕言葉でおだやかに注意する。例 むぼうな行動をたしなめる。類 いさめる。とがめる。活用 たしな・める。

だしにする【出しにする】慣用句 自分の利益や都合のために、ある人や物事を利用する。例 弟をだしにして（＝弟がほしがっているからなどと、弟のせいにして）ゲーム機を買ってもらう。参考 ア ふつう、ひらがなで書く。イ「出しに使う」ともいう。

だしぬく【出し抜く】動詞 人のすきを見て自分だけが先に物事をする。活用 だしぬ・く。

だしぬけ【出し抜け】形容動詞 思いがけないようす。とつぜん。例 くらやみから、出し抜けに人が現れた。

たじま【但馬】地名 昔の国の名。今の兵庫県北部に当たる。

だしもの【出し物】名詞 しばいの興行や、演芸会などでえんじる作品。

だしゃ【打者】名詞 野球で、たまを打つ人。バッター。

だじゃれ【駄じゃれ】名詞 へたなしゃれ。つまらないしゃれ。ことば「駄じゃれをとばす」

たしゅ【多種】名詞 種類が多いこと。例 この作家の作品は多種にわたる。

たしゅたよう【多種多様】四字熟語 いろいろ、さまざまなこと。例 人の気持ちは多種多様だ。

だじゅん【打順】名詞 野球で、打者となる順番。

1**たしょう**【他称】名詞 ⬇530ページ・さんにんしょう。

2**たしょう**【多少】一 名詞 多いことと少ないこと。例 人数の多少には、こだわらない。二 副詞 いくらか。少し。例 算数には多少、自信がある。

たじろぐ 動詞 相手の力やいきおいにおされて、ひるむ。例 けんかの相手が急に泣き出したので、ちょっとたじろいだ。活用 たじろ・ぐ。

だしわすれる【出し忘れる】動詞 出すことをわすれる。例 手紙を出し忘れる。

だしん【打診】名詞 する動詞 ❶医者が病人の胸やせなかなどを指でたたいて、その音で体の具合を調べること。❷相手の考えや気持ちをそれとなくさぐること。例 本人の気持ちを打診してみよう。

たす【足す】動詞 ❶加えて、増やす。足りないところをおぎなう。例 二に三を足すと五だ。❷《「用を足す」の形で》用事をすます。また、大小便をすます。活用 た・す。

だす【出す】一 動詞 ❶中から外へうつす。例 ひな人形をはこから出す。対 入れる。❷送る。例 手紙を出す。❸のせる。例 新聞に広告を出した。❹のばす。さしのべる。例 まどから手を出す。❺新しく仕事を始める。例 駅前に店を出した。❻あらわす。例 口に出す。❼加える。例

どちらもきたない（北ない）。

スピードを出す。❽あたえる。例お客様にお茶を出す。

三 接尾語《動詞の下につけて》❶「…しはじめる」の意味を表す言葉。例雨がふり出す。❷「…して外へあらわす」の意味を表す言葉。例ひみつをさぐり出す。活用 だ・す。

たすう【多数】名詞 数が多いこと。例発表されていない多数の作品。対少数。

だすう【打数】名詞 野球で、打席に立った回数(=打席数)から四死球とぎせい打をひいた数。

たすうけつ【多数決】名詞 物事を決めるとき、賛成する人の多い方に決めること。また、そのような決め方。

たすかる【助かる】動詞 ❶死をまぬがれる。例命が助かる。❷害を受けないですむ。例小屋はこわれたが、家は助かった。❸費用や手間がかからなくて楽である。例安くて助かる。活用 たすか・る。

たすき 名詞 ❶和服を着て仕事をするとき、動きやすいように両そでを肩にとめておくひも。❷一方の肩からななめにかける、文字などを書いた細い布。例たすきをかけた候補者。

たすきがけ【たすき掛け】名詞 たすきをかけること。また、たすきをかけたすがた。例たすき掛けで、家の大そうじをする。⇩図。

たすき掛け

たすけ【助け】名詞 助けること。助けるもの。例助けを求めて、さけぶ。

たすけあい【助け合い】名詞 たがいに助けて、力を合わせること。例助け合いの精神。

たすけぶね【助け船・助け舟】名詞 ❶しずみそうなふねや、おぼれている人をすくうためのふね。❷こまっている人を助けること。また、その助け。ことば「助け舟を出す」

たすける【助ける】動詞 ❶〔危険な状態から〕力をそえて、のがれさせる。例木にのぼって、おりられなくなった子どもを助ける。❷〔苦しんだり、こまったりしている状態に対して〕力をかして物事がうまくいくようにする。例家計を助ける。活用 たす・ける。

たずさえる【携える】動詞 ❶手に持つ。身につけて持つ。例書状を携えてやって来た。❷手をとりあって行く。例兄弟は手を携えて帰っていった。活用 たずさ・える。

たずさわる【携わる】動詞 あることがらに関係する。あることにしたがって働く。例教育に携わる。活用 たずさわ・る。

たずねる[1]【訪ねる】動詞 ある場所や人の家に行く。例友人を訪ねる。活用 たず・ねる。⇩使い分け。

たずねる[2]【尋ねる】動詞 ❶さがし求める。例行方を尋ねる。❷わからない点を、人に聞く。例参加人数を尋ねる。❸調べて、明らかにする。例祭りの由来を尋ねる。活用 たず・ねる。⇩使い分け。

使い分け たずねる

●おとずれる。
友達を訪ねる。

●質問する。
道を尋ねる。

たぜい【多勢】名詞 大ぜいの人。例多勢をたのんで、力をかしてもらう。対無勢。ことば ⇩「多勢に無勢」

だせい【惰性】名詞 ❶⬇299ページ・かんせい(慣性)。❷今までおこなってきたいきおい・習慣。

たぜいにぶぜい【多勢に無勢】慣用句 相手が多いのに、味方の人数が少ないこと。例多勢に無勢で、どうにもできない。

だせき【打席】名詞 野球で、バッターボックス。また、そこに打者として立つこと。

だせん【打線】名詞 野球で、そのチームのバッターの顔ぶれ。また、その力のていど。例強力打線。／上位打線。

たそがれ 名詞 ❶日がくれて、うすぐらくなりかけたころ。夕方。参考「たそかれは(=だれだ、あの人は)」の意味から。❷終わりに近づき、い

ことばあそび なぞかけ⑨ 「よごれ」とかけて「東西南」ととく。そのこころは？ →

きおいを失うころ。例 人生のたそがれ。漢字 黄昏。

たそがれどき【たそがれ時】名 夕方。

だそく【蛇足】故事成語 むだなもの。よけいなもの。語源 昔、中国でヘビの絵をはやくかく競争をしたとき、先にかいた人が、はやいのをじまんしてヘビに足をかきたしたために、それはヘビではないとされて、負けになったということからできた言葉。

たた【多多】副 多く。たくさん。例 反省点は多々ある。参考 ふつう「多々」と書く。対 少少。

1 **ただ** 名 代金のいらないこと。無料。例 ただで手に入れた。漢字 只。

2 **ただ** 名 特別でないこと。ふつう。例 ただの人。

3 **ただ** 一 副 もっぱら。それればかり。例 ただぶじであることをいのる。二 連体詞 たった。わずかに。例 ただ一人それに反対した。三 接続詞 ただし。もっとも。例 あのお店はおいしい。ただねだんが高い。

ただい【多大】名 形容動詞 数量やていどが、とても大きいこと。例 後世に多大なえいきょうをあたえた。対 軽少。

ただいま【ただ今】一 名 ちょうど今。現在。例 ただ今の時刻は八時です。二 副 ❶ほんの少し前。例 ただ今もどりました。❷間をおかず、すぐに。例 ただ今まいります。三 感動詞 外出先から帰ってきたときにいうあいさつの言葉。

1 **たたえる** 動 〔水などを〕いっぱいにする。例 ダムは水をまんまんとたたえている。活用 たた・える。

2 **たたえる** 動 ほめて言う。例 功績をたたえる。漢字 称える。

1 **たたかい**【戦い】名 ❶戦争。例 天下分け目の戦い。❷競技などで、勝ち負けを決めること。例 チャンピオンに戦いをいどむ。類 ①②争い。

2 **たたかい**【闘い】名 困難やよくないことに立ち向かうこと。例 まずしさとの闘い。

たたかいぬく【戦い抜く・闘い抜く】動 最後まで、たたかう。例 どこまでも戦い抜くかくごだ。活用 たたかいぬ・く。

1 **たたかう**【戦う】動 ❶戦争をする。例 兵士が戦う。❷試合をする。例 優勝をかけて戦う。活用 たたか・う。⇩使い分け。

2 **たたかう**【闘う】動 困難やよくないことなどを乗りこえようとする。例 権力と闘う。活用 たたか・う。⇩使い分け。

1 **たたき** 名 げんかん・ふろ場・台所などの土間を、コンクリートや土などでかためたもの。また、その土間。漢字 三和土。

2 **たたき** 名 ❶たたくこと。❷魚の身をほうちょうでこまかくたたき切った料理。例 アジのたたき。

たたきあげる【たたき上げる】動 〔うでまえや地位などを〕いろいろと苦労をかさねて、りっぱなものにする。例 職人からたたき上げて、自動車会社の社長になった。活用 たたきあ・げる。

使い分け たたかう

●勝ち負けを争う。
優勝をかけて戦う。

●困難に打ち勝とうとする。
病気と闘う。

たたきうり【たたき売り】名 ❶道ばたなどで、品物をのせた台などをたたきながら安く売ること。また、その人。例 バナナのたたき売り。❷大安売り。例 古い商品のたたき売り。

たたきこむ【たたき込む】動 ❶たたいて中に入れる。例 くぎを板にたたき込む。❷らんぼうに投げこむ。例 ろう屋にたたき込む。／川にたたき込む。❸身につくように、きびしく教えこむ。例 弟子にわざをたたき込む。❹しっかりとおぼえるようにする。例 先生の教えを頭にたたき込む。活用 たたきこ・む。

たたきだい【たたき台】名 みんなで考えてよくしていくための、もとになる案。例 ぼくの考えをたたき台にする。類 原案。試案。

たたきつける【たたき付ける】動 ❶はげしくうちつける。❷物をらんぼうに手わたす。

あいうえお かきくけこ さしすせそ た ちつてと なにぬねの はひふへほ まみむめも や ゆ よ らりるれろ わ を ん

どちらも「はる」をまちます。

例 辞表をたたき付ける。活用 たたきつ・ける。

たたきなおす【たたき直す】動詞 よくない心などを直して正しくする。例 まがった根性をたたき直す。活用 たたきなお・す。

たたきのめす 動詞 はげしくなぐって、おきあがれないようにする。てってていてきに、やっつける。例 敵をたたきのめす。活用 たたきのめ・す。

たたく 動詞 ❶続けて、打つ。また、打つ。例 祖母のかたをたたく。❷なぐる。例 ぼうでたたく。❸打って音を出す。例 パチパチと手をたたく。❹責める。非難する。例 新聞でさんざんたたかれた。❺ねだんを安くさせる。例 残ったものをたたいて買う。活用 たた・く。漢字 叩く。

たたけばほこりがでる【たたけばほこりが出る】ことわざ 表面は正しいようでも、こまかく調べるとやましいところが出てくる。例 すました顔をしていても、たたけばほこりが出るものだ。

ただごと【ただ事】名詞 ふつうのこと。あたりまえのこと。例 あのさけび声はただ事ではない。

ただし【但し】接続詞 前に言ったことがらに、説明や条件をつけ加えるときに使うことば。例 土曜日なら行ける。ただし、少しおくれるかもしれない。

ただしい【正しい】形容詞 ❶物事のすじ道やきまりなどに合っているようす。例 心の正しい人。❷真実であるようす。まちがっていないようす。例 きみの話が正しかったと証明された。／文章を正しく書きうつす。❸きちんとしているようす。例 正しい姿勢。活用 ただし・い。

ただしがき【但し書き】名詞 中心になる文の後につけて、それをおぎなう例外や条件などをつけ加える文。例 契約書に但し書きをつける。参考「ただし」という言葉で書きはじめることから。

[1] **ただす** 動詞 聞いて、たしかめる。例 方針をただす。活用 ただ・す。漢字 質す。

[2] **ただす** 動詞 罪があるかないかを調べる。例 罪をただす。漢字 糺す。

[3] **ただす**【正す】動詞 ❶〔まちがいを〕直す。正しくする。例 文字のまちがいを正す。❷きちんとする。例 みなりを正す。活用 ただ・す。

たたずまい 名詞 そこにあるもののすがたや有様。例 落ち着いたたたずまいの町。

たたずむ 動詞 しばらく、立ちどまる。じっと立っている。例 岸べにたたずむ人がいる。活用 たたず・む。

ただちに【直ちに】副詞 時間をおかずに、おこなうようす。例 直ちに出発する。

だだっこ【駄駄っ子】名詞 あまえて、わがままばかりいう子ども。ききわけのない子ども。例 いくつになっても、駄々っ子でこまる。参考 ふつう「駄々っ子」と書く。

だだっぴろい【だだっ広い】形容詞 むやみに広い。例 だだっ広い家。参考 くだけた言い方。活用 だだっぴろ・い。

ただでさえ 副詞 そうでなくても。例 ただでさえいそがしいのに、よけいな仕事を言いつけないでほしい。

ただならぬ 連体詞 ふつうではない。例 ただならぬ物音で目をさました。

ただばたらき【ただ働き】名詞 お金をもらわないで働くこと。また、働いても、その効果がないこと。例 一日ただ働きをさせられた。／せっかくの努力がただ働きに終わる。

たたみ【畳】名詞 わらをしんにしたものに、イグサのくきであんだおもてをぬいつけた、厚いしきもの。和室にしきつめる。例 畳の部屋。

たたみいと【畳糸】名詞 たたみをぬうときに用いる糸。

たたみおもて【畳表】名詞 たたみの表面にはる、イグサであんだござ。

たたみかける【畳み掛ける】動詞 〔相手にひまをあたえないで〕続けざまにものを言ったりおこなったりする。たたみこむ。例 畳み掛けるようなするどい質問。／畳み掛ける攻撃。活用 たたみか・ける。

たたみこむ【畳み込む】動詞 ❶おりたたんで中に入れる。例 テーブルの足を畳み込む。❷よくおぼえておく。心の中にしまっておく。例 母の教えを、むねの中に畳み込む。❸たたみかける。活用 たたみこ・む。

たたみのうえのすいれん【畳の上の水練】ことわざ 〔たたみの上で水泳の練習をするように〕りくつばかりで、実際の役に立たないこと。たたみすいれん。

たたむ【畳む】動詞 ❶折り返して重ねる。例 着物を畳む。❷〔商売などを〕やめる。例 店を畳む。❸小さくまとめる。例 かさを畳む。❹かくして、表さないでおく。例 そのことは胸に畳

あいうえお かきくけこ さしすせそ た たちつてと なにぬねの はひふへほ まみむめも や ゆ よ らりるれろ わ を ん

ことばあそび なぞかけ⑩「北国の冬」とかけて「やぶれたしょうじ」ととく。そのこころは？

んでおく。活用 たた・む。

ただものではない【ただ者ではない】連語 ふつうではなく、すぐれた人である。例 そんなことを言うなんて、ただ者ではない。

ただよう【漂う】動詞 ❶水中や空中にうかんで、ゆれ動く。例 波に漂う木の葉。類 たゆたう。❷あたりに立ちこめる。例 キンモクセイのよいにおいが漂っている。活用 ただよ・う。

ただよりたかいものはない【ただより高い物はない】ことわざ ただで物をもらうと、お返しにお金がかかったり、無理なことをたのまれたりして、かえって高くつく。

たたらをふむ【たたらを踏む】慣用句 いきおいあまって止められずに、何歩か歩く。例 急に止められて、たたらを踏んだ。参考「たたら」は、足でふんで空気を送る、ふいご。

たたり 名詞 ❶神や仏、死んだ人のたましいなどからうける災難。❷悪いことをしたためにうけるわざわい。類 むくい。

たたる 動詞 ❶神や仏、死んだ人などがうらんで、わざわいをあたえる。例 何かにたたられる。❷悪いことや無理をしたために、後まで苦しむ。悪い結果になる。例 夜ふかしがたたってかぜをひいた。活用 たた・る。

ただれる 動詞〔やけどなどのために〕皮や肉が、やぶれたりくずれたりする。活用 ただ・れる。

だだをこねる【駄駄をこねる】慣用句 子どもなどが、あまえて無理を言ったり、わがままにふるまったりしてこまらせる。参考 ふつう「駄々をこねる」と書く。

たち[1] 接尾語《人や生きものを表す言葉の下につけて》二人、または、二つ以上である意味を表す言葉。例 わたしたち。漢字 達。類 方。

たち[2] 名詞 性質。体質。例 妹は、かぜをひきやすいたちだ。漢字 質。

たち[3]【太刀】名詞 長いかたな。参考 一方だけに刃のついたかたなをいい、両側に刃のついたかたなは「剣」という。

たち[4]【立ち】接頭語《ある言葉の上につけて》❶意味を強める言葉。例 立ち働く。❷「立っている」の意味を表す言葉。例 立ち食い。

たちあい[1]【立ち会い】名詞 証人としてその場にいること。また、その人。例 第三者の立ち会いのもとに約束をかわす。

たちあい[2]【立ち合い】名詞 相撲で、両力士がしきりのしせいから立ち上がること。また、そのタイミング。例 力士が立ち合いの練習をする。

たちあいえんぜつ【立ち会い演説】名詞 選挙のときなどに、意見のちがう人が同じ場所に集まって演説をすること。

たちあう[1]【立ち会う】動詞 まちがいや問題がおこらないように、証人として、その場にいる。例 検査に立ち会う。活用 たちあ・う。

たちあう[2]【立ち合う】動詞 たがいに勝負を争う。例 正々堂々と立ち合う。活用 たちあ・う。

たちあがる【立ち上がる】動詞 ❶〔すわったり横になったりしているものが〕体をおこして立つ。例 急に立ち上がって出て行った。❷〔空中に〕高く上がる。例 すなぼこりがもうもうと立ち上がる。❸いきおいをもりかえす。例 失意のどん底から立ち上がる。❹行動をおこす。例 反対運動に立ち上がる。活用 たちあが・る。

たちあげる【立ち上げる】動詞 ❶パソコンや機械を動かすじゅんびをする。例 パソコンを立ち上げる。❷物事がうまくいくように、じゅんびをして、始める。例 新しいプロジェクトを立ち上げる。活用 たちあ・げる。

たちいふるまい【立ち居振る舞い】名詞 立ったりすわったりするふだんの動作。

たちいりきんし【立ち入り禁止】名詞 その場所へ入ってはいけないということ。例 その先は立ち入り禁止だ。

たちいる【立ち入る】動詞 ❶中へ入る。例 敷地内に立ち入る。❷かかわる。関係する。例 ひとの話に立ち入るな。❸あることがらに深くはいりこむ。例 家庭の事情に立ち入った話。活用 たちい・る。

たちうち【太刀打ち】名詞 する動詞 ❶刀で切り合うこと。❷競争すること。はりあうこと。例 わたしの実力ではかれに太刀打ちできない。

たちおうじょう【立ち往生】名詞 する動詞〔立ったままで死ぬという意味から〕とちゅうで進めなくなり、動くことができなくなること。例 強風で列車が立ち往生している。

たちおくれる【立ち後れる・立ち遅れる】動詞 ❶おくれて立つ。また、物事をするのがおくれる。❷〔発達などが〕おくれる。おとる。例 下水道の設備が立ち後れている。活用 たちおく・れる。

たちおとし【裁ち落とし】名詞 さいほうや

料理などで、いらない部分を切り落とすこと。また、そのいらない部分。例焼きのりの裁ち落とし。

たちかえる【立ち返る】動詞 もとにもどる。例原点に立ち返って考える。類立ち戻る。活用 たちかえ・る。

たちがれ【立ち枯れ】名詞 する動詞 草や木が立ったままでかれること。例立ち枯れの木を切りたおす。

たちき【立ち木】名詞 地面に根をおろしてたっている木。

たちぎえ【立ち消え】名詞 ❶〔燃えていた物が〕燃えきらないうちに、火が消えること。❷物事や計画などが、いつのまにかとちゅうでやめることになること。例計画が立ち消えになった。

たちぎき【立ち聞き】名詞 する動詞 人が話していることを〔立ったまま〕かげで、こっそり聞くこと。例とびらのかげで立ち聞きする。類盗み聞き。

たちきる[1]【断ち切る】動詞 ❶紙や布などを切りはなす。❷関係をなくす。例過去を断ち切る。活用 たちき・る。

たちきる[2]【裁ち切る】動詞 洋服にするために布を切りはなす。活用 たちき・る。

たちぐい【立ち食い】名詞 する動詞 立ったまま食べること。例立ち食いのそばや。／ハンバーガーを立ち食いする。

たちぐされ【立ち腐れ】名詞 木などが立ったまま、くさること。また、建物があれてだめになること。例立ち腐れの木が風でたおれる。

たちくらみ【立ちくらみ】名詞 する動詞 長い間立っていたり、急に立ち上がったりしたときにおこる、めまい。

たちげいこ【立ち稽古】名詞 劇のけいこで、読み合わせが終わったあと、立って動作や表情をつけながら練習すること。

たちこめる【立ちこめる】動詞 〔けむりやきりなどが〕あたりいちめんに広がる。例林には白いきりが立ちこめている。活用 たちこ・める。

たちさる【立ち去る】動詞 その場から、はなれる。例あわてて立ち去る。活用 たちさ・る。

たちさわぐ【立ち騒ぐ】動詞 ❶風や波が大きな音を立てる。例白波が立ち騒ぐ海。❷人がさわぎ立てる。例火事を見て立ち騒ぐ人々。活用 たちさわ・ぐ。

たちすくむ【立ちすくむ】動詞 〔おそろしさやおどろきのため〕立ったまま動けなくなる。例ぼうぜんと立ちすくむ。活用 たちすく・む。

たちつくす【立ち尽くす】動詞 〔おどろいたり、感動したりして〕長い間その場所にじっと立ったままでいる。例どうすればよいかわからず立ち尽くす。活用 たちつく・す。

たちどころに【立ち所に】副詞 その場で、すぐに。例かれは事件をたちどころに解決した。参考 ふつう、ひらがなで書く。

たちどまる【立ち止まる】動詞 歩くのをやめて、その場に立つ。例気になる店を見つけて立ち止まった。活用 たちどま・る。

たちなおる【立ち直る】動詞 悪くなっていた物事が、また元のように、よくなる。例悲しみから立ち直る。活用 たちなお・る。

たちならぶ【立ち並ぶ】動詞 ❶いくつもいくつも続いてならぶ。❷才能や力が同じくらいである。例かれのわざに立ち並ぶものはない。活用 たちなら・ぶ。

たちのく【立ち退く】動詞 〔今いるところをはなれたり、住んでいるところをひきはらったりして〕ほかの場所へうつる。活用 たちの・く。

たちのぼる【立ち上る】動詞 〔けむりなどが〕空中へ高く上がる。例けむりが立ち上る。活用 たちのぼ・る。

たちば【立場】名詞 ❶立っている場所。❷その人のおかれている地位や状態。例相手の立場を理解する。❸意見や考えなどのよりどころ。例自由主義の立場をとる。

たちはだかる【立ちはだかる】動詞 進もうとするものの前に立って、じゃまをする。立ちふさがる。例大男が道のまん中に立ちはだかっていた。活用 たちはだか・る。

たちはたらく【立ち働く】動詞 体をよく動かして働く。例いそがしく立ち働く。活用 たちはたら・く。

たちばな 名詞 ミカン科の木。実はすっぱいので食用には向かない。日本に古くからはえている。漢字 橘。

たちばなし【立ち話】名詞 立ちどまったまま人と話をすること。また、その話。

たちふさがる【立ち塞がる】動詞 進もうとするものの前に立って、さえぎる。例侵入者を止めるため、立ち塞がる。活用 たちふさが・る。

あいうえお
かきくけこ
さしすせそ
たちつてと た
なにぬねの
はひふへほ
まみむめも
や
ゆ
よ
らりるれろ
わ
を
ん

ことばあそび なぞかけ⑪ 「二つ返事」とかけて「赤ちゃん」ととく。そのこころは？ →

たちまち 副詞 ❶すぐに。例転校生は、たちまち校内の人気者になった。❷急に。例空がたちまち暗くなった。

たちまわり【立ち回り】 名詞 ❶立ち回ること。❷つかみ合いなどの、けんか。例路上で立ち回りをえんじる。類乱闘。❸しばいなどで、役者が切り合ったり、あばれたりする動作。

たちまわる【立ち回る】 動詞 ❶あちらこちら動き回る。例いそがしく立ち回って家事をする。❷人を動かして、自分が得になるようにする。例会社の中でうまく立ち回る。❸立ちよる。例犯人の立ち回る先を調べる。活用たちまわ・る。

たちみ【立ち見】 名詞 劇場などで、立ったままで出し物を見ること。

たちむかう【立ち向かう】 動詞 〔強いものや困難なことなどに〕おそれずに正面からぶつかっていく。例強敵に立ち向かう。活用たちむか・う。

たちもどる【立ち戻る】 動詞 もとの場所や有様にもどる。例出発点に立ち戻る。類立ち返る。活用たちもど・る。

たちゆく【立ち行く】 動詞 生活や商売などがうまく成り立っていく。例店が立ち行くように工夫をする。活用たちゆ・く。

だちょう【だ鳥】 名詞 ダチョウ科の鳥。鳥の中で、もっとも大きい。飛ぶことはできないが、はやく走れる。漢字駝鳥。

たちよみ【立ち読み】 名詞 する動詞 店先で、売り物の本を買わずに〔立ったまま〕読むこと。例まんがを立ち読みする。

たちよる【立ち寄る】 動詞 ❶あるもののそばに行く。例店に立ち寄る。❷よそへ行くとちゅう、ついでに行く。例旅行のとちゅう、母の実家に立ち寄る。活用たちよ・る。

だちん【駄賃】 名詞 〔子どもなどが〕使いや手伝いなどをしたとき、ほうびにあたえるお金。

1 **たつ** 動詞 時がすぎてゆく。例月日がたつのは、はやい。活用た・つ。

2 **たつ【立つ】** 動詞 ❶体を起こす。例いすから立って歩き出す。対座る。❷まっすぐ、たてになっている。例電柱が立っている。❸〔湯気やけむりなどが〕上へ上がる。例湯気が立つ。❹出かける。出発する。例旅に立つ。❺〔うわさなどが〕広まる。例うわさが立つ。❻新しくもうけられる。例朝市が立つ。❼よくできる。例筆が立つ。❽〔波や風が〕起こる。はげしくなる。例波が立つ。❾すじ道が通る。例もうしわけが立たない。活用た・つ。⇩使い分け。

3 **たつ【辰】** 名詞 ❶十二支の五番目。❷昔の時刻のよび名で、今の午前八時ごろ。また、その前後二時間。❸昔の方角のよび名で、東南東。⇩593ページ・十二支(図)。

4 **たつ【建つ】** 動詞 建物がつくられる。例ビルが建つ。活用た・つ。⇩使い分け。

5 **たつ【竜】** 名詞 ➡1374ページ・りゅう〔竜〕。

6 **たつ【断つ】** 動詞 ❶切る。切りはなす。例くさりを断つ。／きずなを断つ。❷続けてきたことをやめる。例やせるためにあまいお菓子を断っている。／国交を断つ。❸さえぎる。例水害によって交通が断たれた。活用た・つ。⇩使い分け。

使い分け たつ

●体を起こす。
いすから立つ。

●建物がつくられる。
家が建つ。

7 **たつ【絶つ】** 動詞 ❶つながりをなくす。縁を切る。例友だちづき合いを絶つ。❷なくす。ほろぼす。例命を絶つ。活用た・つ。⇩使い分け。

8 **たつ【裁つ】** 動詞 〔寸法に合わせて〕紙や布などを切る。例型紙に合わせて布を裁つ。活用た・つ。⇩使い分け。

だつい【脱衣】 名詞 する動詞 衣服をぬぐこと。例脱衣場。対着衣。

1 **だっかい【脱会】** 名詞 する動詞 ある会からぬけること。会員でなくなること。例テニスのサークルから脱会する。類脱退。退会。対入会。

2 **だっかい【奪回】** 名詞 する動詞 取られたものを、うばいかえすこと。例首位を奪回する。

だっきゃく【脱却】 名詞 する動詞 前の有様から

どちらもはしがつきものです。

使い分け たつ

●つながっているものを切りはなす。
くさりを断つ。

●続いているものを終わらせる。
つき合いを絶つ。

●布や紙を切る。
生地を裁つ。

ぬけ出ること。前のことをすててしまうこと。例 赤字からの脱却をはかる。

たっきゅう【卓球】 名 中央にあみをはった台の上で、セルロイドのたまをラケットで打ち合い、とく点をきそう競技。ピンポン。

だっきゅう【脱臼】 名 する動詞 骨の関節がはずれること。

ダッグアウト 名 野球場で、監督や選手がひかえている場所。一塁側と三塁側とに分かれている。▼英語 dugout

タックル 名 する動詞 ❶ラグビーで、ボールを持っている相手に組みつき、その動きをさまたげること。⇩図。❷サッカーで、体当たりしたり、すべりこんだりして、相手のボールをうばうこと。▼英語 tackle

タックル①

たっけん【卓見】 名 すぐれた考えや意見。例 まれにみる卓見の持ち主。

だっこく【脱穀】 名 する動詞 ❶イネや麦などの実を穂からとりはなすこと。類 いねこき。❷イネや麦のつぶから、からをとりのぞくこと。

だつごく【脱獄】 名 する動詞 囚人が刑務所から、にげ出すこと。例 囚人が脱獄した。

だつじ【脱字】 名 文章を書くときに、うっかり書き落とした字。また、印刷するときに、ぬけ落ちた字。例 脱字がめだつ作文。／誤字脱字。

だっしめん【脱脂綿】 名 あぶらけをとりさって消毒した、わた。

たっしゃ【達者】 形容動詞 ❶体がじょうぶなようす。例 達者にくらす。❷〔わざなどが〕すぐれていて、上手なようす。例 英語が達者だ。

[1]だっしゅ【奪取】 名 する動詞 相手からうばいとること。例 政権を奪取する。

[2]ダッシュ 名 する動詞 ❶いきおいよく進むこと。例 ボールをもってダッシュする。❷文章で、説明をおぎなったり、言葉を省略したりするときなどに使う「―」のしるし。ダーシ。❸数学や化学などで、ローマ字の右上にうつ「′」の記号。▼英語 dash

だっしゅう【脱臭】 名 する動詞 いやなにおいをぬき去ること。例 台所の脱臭をする。

だっしゅつ【脱出】 名 する動詞 〔あぶないところから〕のがれ出ること。例 落城する前に脱出した。／脱出をこころみる。

だっしょく【脱色】 名 する動詞 そめてある色、またはもとからある色を取りさること。

たつじん【達人】 名 〔技芸・武術などに〕特にすぐれたうでまえをもった人。例 剣道の達人。類 大家。

だっすい【脱水】 名 する動詞 水分をとりさること。

たっする【達する】 動詞 ❶とどく。ゆきつく。例 名人の域に達した。❷やりとげる。つらぬく。例 目的を達する。活用 たっ・する。

だっする【脱する】 動詞 〔あぶないところから〕のがれる。例 危機を脱する。活用 だっ・する。

たっせい【達成】 名 する動詞 やりとげること。例 目標を達成する。類 成就。

だつぜい【脱税】 名 する動詞 ごまかして税金をおさめないこと。例 脱税を摘発する。

たつせがない【立つ瀬がない】 慣用句 こまった立場になるようす。例 そんなことをされては、わたしの立つ瀬がない。

だっせん【脱線】 名 する動詞 ❶電車などの車

あいうえお
かきくけこ
さしすせそ
たちつてと た
なにぬねの
はひふへほ
まみむめも
や
ゆ
よ
らりるれろ
わ
を
ん

ことばあそび なぞかけ⑫ 「和食」とかけて「川」ととく。そのこころは？ →

輪がレールからはずれること。❷話やおこないなどがほんすじからそれること。例父はときどき話を脱線させてわたしを笑わせる。

だっそう【脱走】 名詞 する動詞 〔自由のないところから〕ぬけ出して、にげること。例兵士が軍から脱走した。

たった 副詞 数などの少ないようす。わずか。例集まったのは、たった三人だった。

だったい【脱退】 名詞 する動詞 入っていた集まりや会などをやめること。例バンドを脱退する。対加入。

たったいま【たった今】 副詞 今よりほんの少し前。今しがた。例たった今、父から電話があった。参考「ただ今」からかわった言い方。

たつたひめ【竜田姫・立田姫】 名詞 日本の秋の女神。

タッチ 名詞 する動詞 ❶さわること。例二塁手がランナーにタッチした。❷絵画などの筆づかいや感じ。例明るく力強いタッチでえがく。❸関係すること。例その問題にはいっさいタッチしていない。❹手ざわり。例しなやかなタッチ。参考①英語で、野球で走者をアウトにするのはtagという。▼英語 touch

タッチアウト 名詞 野球で、ボールを走者につけてアウトにすること。参考英語を組み合わせて日本でつくった言葉。英語では tag out。

タッチアップ 名詞 する動詞 野球で、打者がフライを打ち上げたとき、走者がもとの塁にいったんもどり、守備者がフライをキャッチした後に、走者が次の塁に走り出すこと。走者は、守り手がボールをとる前に走り出してはいけない。参考英語を組み合わせて日本でつくった言葉。英語では tag up。

タッチダウン 名詞 する動詞 ❶ラグビーで、まもっている側が味方のインゴール内でボールを地面につけてプレーを止めること。❷アメリカンフットボールで、ボールを持ったまま相手のゴールラインをこえて得点すること。▼英語 touchdown

タッチライン 名詞 サッカーなどの長方形のフィールドの、長い方の区画線。対ゴールライン。▼英語 touchline

たって[1] 副詞 強く望むようす。ぜひ。どうしても。例きみのたっての願いとあれば、聞かないわけにはいかない。

たって[2] 連語 ❶前の言葉をうけて、それとぎゃくのことをのべるときに使う言葉。…したとしても。…しても。例いくら泣いたってゆるさない。❷「(という)ことだ・ことか・ことは」などの意味を表す。例もう帰ったって。／え？ けがしたって？ 参考「だって」の形をとる場合もある。例名前をよんだって返事もしない。／ころんだって？

だって[1] 接続詞 ❶そうはいっても。例「行かない。」「だって、さっきは行くと言っていたじゃないか。」❷なぜなら。例「なぜ休んだの。」「だって頭がいたかったんだもの。」

だって[2] 連語 ❶だとしても。でも。例横綱だって負けることがある。❷人から聞いたことやふたしかなことであることを表す。だそうだ。例あの人が市長さんだって。

たっているものはおやでもつかえ【立っている者は親でも使え】 ことわざ 急ぎのときは、だれでもいいからそばに立っている人にたのめ。

たっとい[1]**【尊い】** 形容詞 ➡892ページ・とうとい〔尊い〕。活用 たっと・い。

たっとい[2]**【貴い】** 形容詞 ➡892ページ・とうとい〔貴い〕。活用 たっと・い。

だっとのごとし【脱兎のごとし】 故事成語 とてもはやいもののたとえ。例脱兎のごとく走り出す。参考漢字では、「脱兎のごとし」と書く。「脱兎」は、追いかけられて、にげる兎のこと。

たっとぶ[1]**【尊ぶ】** 動詞 ➡892ページ・とうとぶ〔尊ぶ〕。活用 たっと・ぶ。

たっとぶ[2]**【貴ぶ】** 動詞 ➡892ページ・とうとぶ〔貴ぶ〕。活用 たっと・ぶ。

たつとりあとをにごさず【立つ鳥跡を濁さず】 ことわざ よそにうつるときは、あとが見苦しくないように、きちんとしまつをしておかなければならない、というたとえ。飛ぶ鳥跡を濁さず。⇩口絵14ページ。

たづな【手綱】 名詞 馬を思いどおりにあつかうために、馬のくつわにつけるつな。⇩380ページ・くつわ〔図〕。

たづなをひきしめる【手綱を引き締める】 慣用句 勝手なことをしないように、きびしく監督する。例なまけないように、手綱を引き締める。

あいうえお かきくけこ さしすせそ たちつてと なにぬねの はひふへほ まみむめも や ゆ よ らりるれろ わ を ん

たつのおとしご【竜の落とし子】［名詞］ヨウジウオ科の魚。体を立てたまま泳いだり、長い尾を海そうにまきつけたりする。めすはおすの腹のふくろにたまごをうみ、おすがたまごをまもり育てる。［参考］顔つきが馬に似ているので「海馬」ともいう。⇩図。

竜の落とし子

だっぴ【脱皮】［名詞］［する動詞］❶こん虫やヘビなどの動物が、古い皮をぬぎすてること。❷今までの古い考えや習慣などからぬけ出すこと。［例］明治維新によって日本は近代化への脱皮をはかった。

たっぴつ【達筆】［名詞］［形容動詞］上手に字を書くこと。また、その字。［対］悪筆。

たっぷり 一［副詞］［(-と)］十分にあるようす。［例］筆に墨をたっぷりつける。／時間はたっぷりある。二［副詞］［(-と)］［する動詞］〔衣服などが大きくて〕ゆったりしているようす。［例］たっぷりした上着。

ダッフルコート［名詞］フードつきのコート。輪になったひもと、浮きのような形のものを引っかけて、前をとじる。▼英語 duffle coat

だつぼう【脱帽】［名詞］［する動詞］❶ぼうしをぬぐこと。❷相手に感心して、うやまう気持ちを表すこと。［例］きみのがまん強さには脱帽するよ。

たつまき【竜巻】［名詞］地上にある物や海水などをまきあげる、強くはげしい空気のうず。［類］つむじ風。

だつもう【脱毛】［名詞］［する動詞］❶毛がぬけ落ちること。❷毛をぬくこと。

だつらく【脱落】［名詞］［する動詞］❶ぬけ落ちること。［例］文字の脱落がないか調べる。❷仲間などについていけなくなって、その仲間からぬけること。［例］マラソンのとちゅうで脱落した。

たて 1［接尾語］《ある言葉の下につけて》「…して間もない」「…したばかり」の意味を表す言葉。［例］できたてのお菓子。

たて 2【盾】［名詞］❶敵の、矢・やり・つるぎなどをふせぐ道具。❷自分を守る手段となるもの。

たて 3【縦】［名詞］上と下の方向。または、前と後ろの方向。［例］縦に長いかがみ。／縦にならぶ。／縦書き。［対］横。

だて［名詞］［形容動詞］はでな身なりやふるまいで、外見をかざること。みえをはること。［漢字］伊達。

たてあなしきじゅうきょ【たて穴式住居】［名詞］⬇たてあなじゅうきょ。

たてあなじゅうきょ【たて穴住居】［名詞］古代の人々が住んでいた家。地面にあなをあさくほり、まわりに柱を立てて草で屋根をふいた、かんたんなすまい。たて穴式住居。⇩図。

たて穴住居

たていたにみず【立て板に水】［ことわざ］〔立てかけてある板に水を流すように〕つかえないで、すらすら話すことのたとえ。［例］立て板に水の説明。

たていと【縦糸】［名詞］織物の、たての方向に通っている糸。［対］横糸。

たてうり【建て売り】［名詞］家を建てて売ること。また、その家。

たてかえる【立て替える】［動詞］ある人のかわりに、いちじお金を支払う。［例］会費を立て替える。［活用］たてか・える。

たてがき【縦書き】［名詞］文字を上から下に書くこと。［例］国語の教科書の文章は縦書きだ。［対］横書き。

たてかく【縦画】［名詞］漢字を組み立てている、縦の線。［対］横画。

たてかける【立て掛ける】［動詞］ほかの物にもたれさせて立てる。［例］看板をへいに立て掛ける。［活用］たてか・ける。

たてがみ［名詞］馬・ライオンなどの、首からせなかにかけてはえている長い毛。⇩図。

たてがみ

たてぐ【建具】［名詞］戸・障子・ふすまなど、家の中にとりつけてあけたてするもの。

たてくうむしもすきずき【たで食う虫も好き好き】［慣用句］〔ふつうでは食べない、か

ことばあそび なぞかけ⑬ 「鳥」とかけて「新聞」ととく。そのこころは？ →

らい夕デの葉をこのんで食べる虫がいるように〕人のこのみはさまざまであるということ。例たで食う虫も好き好きで、こわい話が大好きだという人もいる。

たてごと【たて琴】名詞 ⬇1018ページ・ハープ。

たてこむ【立て込む】動詞 ❶人が集まって、こみあう。例夕方になるとお客が立て込み、にぎわう。❷いろいろな用事が一度にかさなる。例仕事が立て込む。❸家がすきまなく建っている。例家が立て込んでいる。活用 たてこ・む。参考 ③は「建て込む」とも書く。

たてこもる【立て籠もる】動詞 ❶家などの中にとじこもる。❷城などの中にこもって、敵とたたかう。活用 たてこも・る。

たてじく【縦軸】名詞 グラフなどの、たてのじく。例この折れ線グラフの縦軸は、生産高を表している。対 横軸。

たてじま【縦じま】名詞 〔織物などで〕たての方向に表れる線のもよう。対 横じま。

たてつく【たて突く】動詞 目上の人にさからう。さからって言い返す。例上司にたて突く。参考「たてを突く」ともいう。活用 たてつ・く。

たてつけ【立て付け】名詞 戸や障子などの、あけたての具合。例立て付けが悪い家。

たてつづけ【立て続け】名詞 〔同じことや、似た物事が〕続けておこなわれること。続けざま。例立て続けにホームランをうつ。

たてつぼ【建坪】名詞 建物のしめている場所の広さ。参考 二階以上を加えた広さは「総建坪」という。

1**たてなおす**【立て直す】動詞 ❶もう一度あらためて立てる。例かたむいた石碑を立て直す。❷〔計画や考えを〕もう一度はじめから、やり直す。例プランを立て直す。❸元のようにする。例会社の経営を立て直す。参考 ③は「建て直す」とも書く。活用 たてなお・す。

2**たてなおす**【建て直す】動詞 ❶古い建物をこわして、新しく建てる。❷⬇立て直す③。活用 たてなお・す。

たてにとる【盾に取る】慣用句 〔あることがらを〕自分の利益や安全を守る手段とする。いいわけにする。

だてのうすぎ【だての薄着】ことわざ かっこうよく見せようとして、寒いのにがまんしてうすい着物を着ていること。

たてのものをよこにもしない【縦のものを横にもしない】ことわざ ⬇1349ページ・よこのものをたてにもしない。

たてひざ【立て膝】名詞 する動詞 かたほうのひざを立ててすわること。また、そのしせい。例立て膝をして食事をする。参考 ぎょうぎの悪いすわり方。

たてぶえ【縦笛】名詞 たてにしてふくふえ。クラリネットや尺八など。

たてふだ【立て札】名詞 人に知らせることがらを書いて、道ばたなどにたてる板。

たてまえ【建て前】名詞 ❶家を建てるとき、おもな骨組みができて、むな木をあげること。また、それが終わったときにおこなう祝いの式。❷基本となる決まり。また、おもてむきの方針。例民主主義は多数決が建て前だ。ことば「本音と建て前」

たてまし【建て増し】名詞 する動詞 今まである建物につけたして建てること。また、そのつけた部分。増築。

たてまつる【奉る】動詞 ❶〔神仏や、身分の高い人などに〕品物をさし上げる。例新米を神に奉る。❷形だけ人を高い位につける。例かれを会長に奉っておこう。活用 たてまつ・る。

たてむすび【縦結び】名詞 〔ひもなどをこま結びにするとき〕結び目のりょうはじが上下になるような結び方。参考 不器用な結び方とされている。

たてもの【建物】名詞 人が住んだり仕事をしたり物を置いたりするためにつくったもの。例古い建物。注意 送りがなをつけない。

たてやくしゃ【立て役者】名詞 ❶しばいなどで、その一座の中心になる役者。❷物事をするとき、中心になってかつやくする人。例今日の立て役者は完投した投手だ。

たてゆれ【縦揺れ】名詞 ❶船や飛行機などがたてにゆれること。❷地震で上下にゆれること。対①②横揺れ。

1**たてる**【立てる】一 動詞 ❶〔横になっているものを〕起こして、たてにする。例ぼうを立てる。❷〔物を〕すえる。例かんばんを立てる。❸つきさす。例つめを立てる。❹音や声などを出す。例さけび声を立てる。❺しっかり決める。例ちかいを立てる。❻つくる。作成する。例計画を立てる。❼なしとげる。例手がらを立てる。❽

〔めいよなどを〕きずつけないように気をつかう。例 顔を立てる。⑨〔戸や障子を〕しめる。例 ろう下の戸を立てる。⑩気持ちをとげとげしくする。例 はらを立てる。⇩使い分け。
二 接尾語《動詞の下につけて》意味を強める言葉。しきりに…する。例 書き立てる。活用 た・てる。

²たてる【建てる】 動詞 建物をつくる。例 家を建てる。活用 た・てる。⇩使い分け。

たてわり【縦割り】 名詞 ❶物をたてに割ること。❷仕事などのしくみが人の上下の関係で運営されていて、横のつながりがない状態。例 縦割り行政。

たてをつく【たてを突く】 慣用句 ⬇たてつく。

だでん【打電】 名詞 する動詞 無線電信や電報を打つこと。例 SOSを打電する。

使い分け　たてる

●まっすぐ、たてにする。
ぼうを立てる。

●建物をつくる。
家を建てる。

¹たとい 副詞 ⬇²たとえ。

¹だとう【打倒】 名詞 する動詞 うちたおすこと。負かすこと。例 強敵を打倒する。

²だとう【妥当】 名詞 形容動詞 する動詞 〔考えや、やり方が〕その場合によくあてはまること。例 妥当な意見。

たどうし【他動詞】 名詞 動詞の種類の一つ。「流す」「聞く」のように、その言葉だけではまとまった意味にならないで、「水を流す」「話を聞く」のように「水を」「話を」という言葉の助けがいるもの。参考 ⇩569ページ・自動詞。

¹たとえ【例え】 名詞 〔わかりやすく説明するため〕あるものに似たものをとり上げて言うこと。また、そのもの。例 例えを用いて説明する。

²たとえ 副詞 かりに〔…だとしても〕。例 たとえ反対されても、ぼくは行く。参考 ㋐「とも」「ても」「…しようが」などが後にくる。㋑「たとい」ともいう。

たとえば【例えば】 副詞 例をあげるとすると。例 わたしが行きたいのは、例えば遊園地のような楽しい場所だ。

たとえる【例える】 動詞 〔よくわからせるために〕あるものに似たものを出して説明する。例 花の白さを雪にたとえる。活用 たと・える。

たどく【多読】 名詞 する動詞 多くの本を読むこと。例 歴史小説を多読した。類 乱読。

たどたどしい 形容詞 上手でなく、あぶなっかしい。たしかでない。例 たどたどしい文章。活用 たどたどし・い。

たどりつく【たどり着く】 動詞 〔ようやく〕目当てのところに着く。例 頂上にたどり着いた。活用 たどりつ・く。

たどる 動詞 ❶あるものを求めて、後について行く。例 雪の上の足あとをたどる。❷物事がある方向に進む。例 悲しい運命をたどる。活用 たど・る。

たな【棚】 名詞 〔物をのせるため〕板を横にわたしたもの。例 食器を入れる棚。

たなあげ【棚上げ】 名詞 する動詞 問題としてとり上げずに、ほうっておくこと。例 運賃のねあげは当分棚上げにしたい。

たなおろし【棚卸し】 名詞 する動詞 ❶決算や整理などのため、今もっている品物の数やねだんを調べること。❷人の欠点などをさがして、いろいろと悪く言うこと。

たなからぼたもち【棚からぼた餅】 ことわざ なにもしないのに思いがけない幸運に出合うことのたとえ。参考「たなぼた」ともいう。

たなご【たな子】 名詞 家をかりて住んでいる人。参考 古い言い方。漢字 店子。

たなごころをかえす【たなごころを返す】 慣用句 ❶〔手のひらを返すように〕物事がかんたんにできるたとえ。❷〔人の態度や考えが〕かんたんに変わってしまうたとえ。

たなごころをさす【たなごころを指す】 慣用句 〔手のひらにあるものをゆびさすように〕物事がはっきりしているたとえ。

たなざらし 名詞 ❶売れない商品がいつまでも

あいうえお
かきくけこ
さしすせそ
たちつてと　た
なにぬねの
はひふへほ
まみむめも
や ゆ よ
らりるれろ
わ を ん

ことばあそび　なぞかけ⑭　「えんぴつ」とかけて「虫さされ」ととく。そのこころは？ →

店先にあること。❷問題が解決されずにほうっておかれること。例その法案は長い間たなざらしになっている。

たなだ【棚田】 名 かたむいた土地に、かいだんのようにつくった田んぼ。⇩図。

棚田

たなにあげる【棚に上げる】 慣用句［あることに］わざとふれないでおく。例自分のあやまちを棚に上げて人をせめる。

たなばた【七夕】 名 七月七日の夜におこなわれる星祭り。竹のえだに願いごとを書いた短ざくやかざりを下げる。七夕祭り。参考この夜、天の川をはさんでおりひめ星とひこ星とが出会うという中国の伝説による。⇩口絵9ページ。

たなばたかざり【七夕飾り】 名 七夕に、色紙などでつくって竹のえだにかざるもの。

たなばたまつり【七夕祭り】 名 ⬇たなばた。

たなびく【棚引く】 動［雲・けむり・かすみなどが］横に長く尾をひいたようにうかぶ。例春がすみがたなびく。活用たなび・く。

たなぼた【棚ぼた】 名 ⬇たなからぼたもち。

たなん【多難】 名 形容動詞 困難や苦しみの多いこと。例多難な人生。ことば「前途多難」

たに【谷】 名 山と山との間の、深くくぼんでいるところ。例谷の底をのぞく。

だに 名 ❶クモのなかまの小さい動物。人間や動物の体について血をすうものがある。イエダニ・イヌダニなど種類が多い。❷お金などをたかってくらす、きらわれもの。例町のだに。参考②はくだけた言い方。

たにあい【谷あい】 名 谷になっているところ。たにま。

たにおり【谷折り】 名 紙などをおるときに、おり目の線が内側にかくれるようにおること。例おり紙を谷折りにする。対山折り。⇩図。

谷折り

たにかぜ【谷風】 名 谷間から山のいただきに向かってふく風。例日中、谷風がふいた。対山風。

たにがわ【谷川】 名 谷間を流れる川。

たにし【田にし】 名 タニシ科のまき貝のこと。田んぼやぬまなどにすむ。貝がらは、黒っぽい緑色をしている。漢字田螺。

たにそこ【谷底】 名 谷の一番深いところ。

たにま【谷間】 名 谷になっているところ。

たにん【他人】 名 ❶自分以外の人。例他人の目を気にする。❷血のつながりのない人。ことば「遠くの親類より近くの他人」❸そのことがらに関係のない人。例他人は口を出すな。

たにんぎょうぎ【他人行儀】 四字熟語 親しい間がらなのに、他人のようにあらたまったふるまいをすること。例他人行儀なあいさつ。

たにんずう【多人数】 名 多くの人数。おおぜい。

たにんのそらに【他人の空似】 慣用句 血のつながりがないのに、ぐうぜん顔形がよく似ていること。例知り合いとそっくりな人を見かけたが、他人の空似らしい。

たぬき 名 イヌ科の動物。体は黒茶色で、しっぽが太い。昔話や伝説では、人をだますとされている。また、ずるがしこい人のこともいう。ことば「たぬきおやじ」漢字狸。

たぬきねいり【たぬき寝入り】 名 する動詞 ねたふりをすること。ことば「たぬき寝入りをきめこむ」⇩図。

たぬき寝入り

たね【種】 名 ❶植物が芽を出すもとになるもの。種子。例ヒマワリの種。❷あることを起こすもとになるもの。例そそっかしい弟は心配の種だ。❸［話などの］材料。例話

の種がなくなった。❹〔手品などの〕しかけ。例手品の種を明かす。

たねあかし【種明かし】 名詞 する動詞 〔手品などの〕しかけを見せて教えること。

たねあぶら【種油】 名詞 アブラナの種からしぼった油。なたね油。

たねいも【種芋】 名詞 サツマイモ・ジャガイモなどをつくるとき土に植えて、めを出すもとになるいも。

たねがしま【種子島】 名詞 ❶鹿児島県にある島。一五四三年にポルトガル人によって、はじめて火縄銃が伝えられた。❷火縄銃のこと。

たねぎれ【種切れ】 名詞 する動詞 材料がなくなること。例話が種切れになった。

たねほん【種本】 名詞 ある書物や講義などのもとになっている著書。

たねまき【種まき】 名詞 草花や農作物などの種をまくこと。

たねまきき【種まき機】 名詞 作物の種をまく仕事をする機械。

たねもみ【種もみ】 名詞 イネの種としてまくためのもみ。

たねん【多年】 名詞 長い年月。類 積年。

たねんそう【多年草】 名詞 くきや葉がかれても、根はかれないで、二年以上生育を続ける植物。対 一年草。

だの 助詞 いくつかのことを例にしてならべて言うときに使う言葉。例部屋の中には、おもちゃだの絵本だのがいっぱい散らかっていた。

たのしい【楽しい】 形容詞 〔自分の望みどおりになって〕心がみちたりて、気持ちがよい。明るい気分である。例今日はとても楽しかった。／楽しいひとときをすごす。対 苦しい。活用 たのし・い。

たのしげ【楽しげ】 形容動詞 楽しそうなようす。例妹が子犬と楽しげに遊んでいる。

たのしみ【楽しみ】 [一] 名詞 楽しむこと。例友だちと遊ぶのが何よりの楽しみだ。[二] 形容動詞 〔この先よい結果になって〕楽しいであろうと心待ちにされるようす。例こんどの日曜日のつりが楽しみである。／この子がどんな子になるか楽しみだ。

たのしむ【楽しむ】 動詞 ❶楽しいと感じる。楽しく思う。例人生を楽しむ。❷好きなことをして、気持ちよくすごす。例読書を楽しむ。活用 たのし・む。

たのみ【頼み】 名詞 ❶人に、してほしいと願うこと。また、その内容。例きみに頼みがある。❷あてにすること。たよること。例頼みにするのはきみだけだ。

たのみこむ【頼み込む】 動詞 〔ぜひとも聞き入れてくれるように〕熱心にたのむ。例頼み込んで買ってもらった。活用 たのみこ・む。

たのみのつな【頼みの綱】 慣用句 苦しいときに、あてにしてたよれる人や物事。例頼みの綱が切れた。

たのむ【頼む】 動詞 ❶してほしいと願う。例むかえを頼む。❷あてにする。例一家の柱と頼む父。❸〔仕事などを〕まかせる。例後は頼む。活用 たの・む。

たのもしい【頼もしい】 形容詞 力強くて、たよりになりそうである。例頼もしい青年。活用 たのもし・い。

たば【束】 [一] 名詞 細長いものを一まとめにして、くくったもの。例イネの束。[二] 助数詞 《数を表す言葉の下につけて》一まとめにした細長いものを数える言葉。例一束の手紙。

だは【打破】 名詞 する動詞 うち負かすこと。また、じゃまになるものをとりのぞくこと。例現状を打破する。

たばこ 名詞 ❶ナス科の植物。高さ約二メートルで、葉は大きい。夏、うすべに色の花がさく。❷「たばこ❶」の葉からつくったもの。火をつけてすう。参考 外来語であるが、日本で古くから使われている言葉なので、漢字（煙草）やひらがなで書く。▼ポルトガル語

たはた【田畑】 名詞 田とはたけ。

たばになって【束になって】 慣用句 多くの人がいっしょになって、向かってくるようす。例全員で束になってかかっても、かなう相手ではない。

たばねる【束ねる】 動詞 細長いものや、うすくて平らなものを一つにまとめて、しばる。例髪の毛を束ねる。活用 たば・ねる。

たび[1]【足袋】 名詞 和服を着たとき足にはくもの。指先が二つに分かれて、ふくろ状になっている。類 靴下。⇩図。

たび[2]【度】 [一] 名詞 ❶何度かくり返されることの、それぞれの一回一回。例この度のさわぎについ

ことばあそび なぞかけ⑮ 「えんぴつ」とかけて「まごの手」ととく。そのこころは？ →

て説明します。❷《「度に」の形で》…をするごとに。…のときごとに。例やる度にうまくなる。

こはぜ

足袋

二 助数詞《数を表す言葉につけて》度数・回数を数える言葉。例三度。

たび[3]【旅】名詞 する動詞 自分の家をはなれて、とまりがけで、一時よその土地へ行くこと。旅行。例旅に出る。／一人旅。

たびかさなる【度重なる】動詞 同じようなことが何度もおこる。例度重なる失敗にもめげずにがんばる。活用 たびかさな・る。

たびげいにん【旅芸人】名詞 いろいろな地方を旅して、芸を見せながらくらす人。

たびさき【旅先】名詞 旅行の目的地。旅に出かけているところ。例旅先からたよりを出す。類出先。

たびじ【旅路】名詞 ❶旅の道すじ。旅のとちゅう。例旅路の無事をいのる。❷旅。例長い旅路。

たびだつ【旅立つ】動詞 旅に出る。旅行に出発する。例アメリカへ旅立つ。活用 たびだ・つ。

たびたび【度度】副詞 同じことが、何回もくり返されるようす。しばしば。なんども。参考 ふつう「度々」と書く。

たびどり【旅鳥】名詞 わたり鳥で、いつもきまった土地を通っていく鳥。シギやチドリなど。

だびにふす【だびに付す】慣用句 火葬にする。死んだ人を焼いて、その骨をとむらうこと。

たびのはじはかきすて【旅の恥はかき捨て】ことわざ 旅先では知っている人もいないので、はずかしいおこないでも平気でするということ。

たびはだし【足袋はだし】名詞 げたなどをはかずに、たびのままで地面を歩くこと。

たびはみちづれよはなさけ【旅は道連れ世は情け】ことわざ 旅先で道づれがあると心強いように、世の中を生きてゆくにはたがいに思いやりの心をもって助けあうことが必要だ。

たびびと【旅人】名詞 旅行をしている人。

たびまわり【旅回り】名詞 芸人や商人があちらこちら旅をして歩くこと。例旅回りの一座。

ダビング 名詞 する動詞 録音したものや録画したものを、さらにべつのテープなどにうつすこと。▼英語 dubbing

タフ 形容動詞 たくましいようす。わずかなことではへこたれないようす。例タフなわか者。▼英語 tough

タブー 名詞 口に出したりふれたりしてはならないとされていること。また、そのようなもの。▼英語 taboo

タブキー 名詞 パソコンなどで、カーソルを一定区間さっと移動させるときなどに使うキー。▼英語 tab key

だぶだぶ 一 形容動詞 副詞(−と) する動詞 着るものなどが大きすぎて、体に合わないようす。例だぶだぶになったズボン。

二 副詞(−と) 液体をたっぷりかけるようす。例ソースをだぶだぶかける。

三 副詞(−と) する動詞 液体が多く入っていて、ゆれて動くようす。例牛乳を飲みすぎて、おなかがだぶだぶしている。

だぶつく 動詞 ❶着るものなどが大きすぎて、だぶだぶする。例ズボンがだぶつく。❷液体がいっぱい入っていて、だぶだぶする。例水を飲みすぎておなかがだぶつく。❸品物やお金があまりすぎている。例大豊作でお米がだぶついている。活用 だぶつ・く。

たぶらかす 動詞 心をまよわせて、だます。例やさしいそぶりで老人をたぶらかす。活用 たぶらか・す。

ダブリュー【W・w】名詞 ❶アルファベットの二十三番目の文字。❷電力をはかる単位「ワット」を表す記号。「W」。

ダブリューエイチオー【WHO】名詞 ➡ 694ページ・せかいほけんきかん。

ダブる[1] 動詞 かさなる。二重になる。参考 英語の「ダブル」を動詞にしたもので、くだけた言い方。活用 ダブ・る。

ダブル[2] 名詞 ❶二人用。例ダブルベッド。❷「ダブル幅」の略。❸「ダブルブレスト」の略。洋服で前のあわせが広く、ボタンが二列になっている上着。対①〜③シングル。▼英語 double

ダブルクリック 名詞 する動詞 パソコンで、マウ

スのボタンを続けて二度おすこと。類クリック。▼英語 double-click

ダブルス 名詞 テニスや卓球で、二人ずつ組んでする試合。対シングルス。▼英語 doubles

ダブルスコア 名詞 スポーツの試合で、一方の得点が相手の二倍になること。参考 英語の「ダブル（=倍）」と「スコア（=総得点）」を組み合わせて日本でつくった言葉。

ダブルスチール 名詞 野球で、二人の走者が同時に盗塁すること。▼英語 double steal

ダブルはば【ダブル幅】名詞 洋服地のはばで、シングルはば（=約七十一センチメートル）の二倍のはば。約一・四二メートル。ダブル。対シングル幅。

ダブルプレー 名詞 野球で、連続したプレーの間に二人の走者をアウトにすること。併殺。ゲッツー。▼英語 double play

ダブルヘッダー 名詞 野球で、同じチーム同士が同じ日に同じ球場で二回続けて試合をすること。▼英語 doubleheader

タブレット 名詞 ❶錠剤。❷ペンや指先で液晶画面にふれてコンピューターを操作する、板のような形の、持ち運びができる装置。▼英語 tablet

たぶん【多分】一 名詞 たくさん。例 多分の寄付。
二 副詞 物事の事情や人の気持ちなどを、こうだろうと考えるようす。例 かれは多分、来ないだろう。

たぶんをはばかる【他聞をはばかる】慣用句 ほかの人に聞かれては、こまる。例 この件は他聞をはばかる。

たべごろ【食べ頃】名詞 その食べ物の、一番おいしいとき。食べるのにちょうどよいとき。例 食べ頃のメロン。

たべずぎらい【食べず嫌い】名詞 ⬇397ページ・くわずぎらい。

たべちらかす【食べ散らかす】動詞 食べ物を手あたりしだいに食べ、あとに残ったものがばらばらできたなくなっているようす。活用 たべちらか・す。

たべつける【食べつける】動詞 ふだんよく食べている。食べなれている。例 食べつけないものを食べておなかをこわす。活用 たべつ・ける。

たべもの【食べ物】名詞 食べるもの。食物。例 好きな食べ物は何ですか。

たべる【食べる】動詞 ❶物をかんで飲みこむ。例 朝食は七時に食べる。❷生活する。例 一家を食べさせる。活用 た・べる。

だほ【だ捕】名詞 する動詞 敵の船や外国の船をつかまえること。例 領海に侵入してきた漁船をだ捕する。

たほう【他方】一 名詞 ほかの方。もう一つの方。例 一方は賛成、他方は反対である。
二 副詞 ほかの方から見ると。一面。例 かれは乱暴だが、他方やさしいところもある。

たぼう【多忙】名詞 形容動詞 とてもいそがしいこと。例 このところ多忙な毎日をおくっている。／ご多忙のところ、おそれいります。

たほうめん【多方面】名詞 形容動詞 いろいろの方面。多くの分野。例 多方面にわたってかつやくする。

ことば博士になろう！

●「食べる・飲む」の敬語は、いろいろ

「何をめし上がりますか。」
「おそばをいただきます。」
「Aさんも、何かお食べになったら。」
「ええ、あとでちょうだいします。」
「では、Bさんが食べられるときに、いっしょにお上がりになれば…。」

――線部の「めし上がる・お食べになる・食べられる・上がる」はうやまった言い方、――線部の「いただく・ちょうだいする」はへりくだった言い方で、いずれも「食べる・飲む」の敬語です。きちんと使い分けましょう。

だぼく【打撲】名詞 する動詞 体を強く打ちつけること。例 ころんでひざを打撲する。／打撲傷。

だぼくしょう【打撲傷】名詞 ⬇131ページ・うちみ。

たま[1] 副詞《「たまに」「たまの」の形で》ある物事のおこる回数がごく少ないようす。例 たまの休日。／たまにたずねてくる人がある。

たま[2]【玉】名詞 ❶〔まるい形などにみがいた〕美しい宝石やしんじゅ。例 玉をちりばめたかんむり。❷美しいもの、大切なものなどをたとえていう言葉。例 玉のはだ。❸まるい形のもの。例 こんにゃくの玉。❹めがねなどのレンズ。例 めがねの玉。⇩使い分け。

ことばあそび なぞかけ⑯「えんぴつ」とかけて「悪者」ととく。そのこころは？ →

ことば選びのまど

楽しい をあらわすことば

楽しい

〔自分の望みどおりになって〕心がみちたりて、気持ちがよい。明るい気分である。

↓777ページ

命の洗濯

日ごろの苦労をわすれるための気晴らし。↓101ページ

浮き浮き

うれしかったり楽しかったりして、落ち着かないようす。

↓121ページ

エンジョイ

十分に楽しむこと。↓161ページ

おう歌 発展

〔声をそろえて歌う意から〕多くの人がほめたたえること。幸せな気持ちをぞんぶんに楽しむこと。↓166ページ

快楽 発展

気持ちよく、たのしいこと。たのしみ。↓229ページ

歓談 発展

うちとけて、楽しく話し合うこと。↓301ページ

きとして 発展

いかにも楽しそうに。

↓315ページ

気晴らし

つかれた心やいやな気持ちをはらいのけて気分をなおすこと。うさ晴らし。↓330ページ

興じる 発展

おもしろがる。たのしむ。

↓348ページ

興に乗る 発展

その場のおもしろさにひきこまれる。おもしろくなる。

↓350ページ

ことば選びのまど

楽しい をあらわすことば

娯楽
人を楽しませなぐさめるもの。
⬇486ページ

堪能 発展
十分に満足すること。
⬇792ページ

痛快
気分がさわやかになるようなことを見たり聞いたりして、とても気持ちがよいこと。
⬇823ページ

道楽 発展
仕事のほかに、自分の楽しみとしてすること。
⬇896ページ

慰み
気晴らし。楽しみ。
⬇946ページ

満喫 発展
十分にあじわい楽しむこと。
⬇1242ページ

愉快
楽しくて気持ちのいいこと。
⬇1333ページ

レジャー
生活を楽しむための自由な時間。また、そのときにする遊び。
⬇1387ページ

わくわく
期待などで気持ちが落ち着かないようす。
⬇1404ページ

[3]たま【球】 名詞 〔ボールなど〕まるい形をしたもの。例 はやい球を投げる。⇩使い分け。

[4]たま【弾】 名詞 鉄砲などでうち出す、金属などでつくった小さなもの。弾丸。⇩使い分け。

たまいし【玉石】 名詞 石がきや庭などに用いる、丸い石。

たまいれ【玉入れ】 名詞 ぼうの先につけたかごに玉を投げ入れ、入った玉の数をきそう競技。参考 運動会などでおこなう。

たまえ 接尾語 〔ほかの言葉の後につけて〕「…しなさい」「…してください」の意味を表す言葉。例 はやく行きたまえ。／ちょっと来てくれたまえ。／めぐみたまえ。

使い分け　たま

●まるい形のもの。
運動会の玉入れ。

●ボール。
はやい球を投げる。

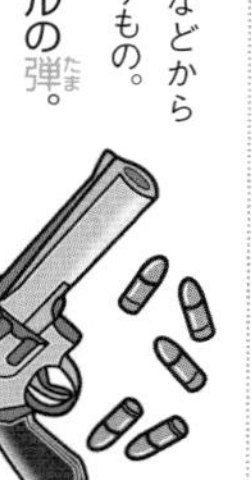

●鉄砲などからうち出すもの。
ピストルの弾。

たまぐし【玉串】 名詞 サカキの枝に白い紙や布などをつけたもの。神前にそなえる。⇩図。

玉串

たまげる 動詞 とてもおどろく。例 これは、たまげた。活用 たま・げる。参考 くだけた言い方。

たまご【卵】 名詞 ❶鳥・魚・虫などがうむ、まるいもの。中から子がかえる。例 卵から、ひなが生まれた。❷特に、ニワトリのたまご。例 玉子焼き。参考 ②を使う料理は「玉子」とも書く。❸まだ一人前にならないものや人。例 医者の卵。

たまごがた【卵形】 名詞 ニワトリの卵のような形。だ円形の一方が少しとがっている形。例 卵形の顔。

たまごやき【卵焼き】 名詞 といたたまごに味つけをして焼いた料理。参考「玉子焼き」とも書く。

たましい【魂】 名詞 ❶体とは別にあって、心の働きのもとになると考えられているもの。例 祖先の魂をまつる。❷〔物事をしようとする〕気力。せいしん。例 魂を入れかえてがんばろう。

たまじゃり【玉砂利】 名詞 道や庭にしくきれいな小石。

だます 動詞 ❶うそのことを本当だと思わせる。例 調子のいいことを言って、だます。❷〔泣いている子どもなどを〕なだめて、しずめる。例 泣く子どもをだましながら家事をする。活用 だま・す。

たまたま 副詞 ❶ときおり。たまに。例 通学のとちゅうたまたま見かける人。❷ぐうぜん。例 たまたま通りかかった人に助けられた。

たまつき【玉突き】 名詞 ❶長方形の台の上に数個の玉をおいて、棒の先でついて勝ち負けを決める遊び。ビリヤード。❷後ろからぶつけられた自動車が前の車にまたぶつかり、それが次々におこること。例 玉突き事故。

たまてばこ【玉手箱】 名詞 ❶身のまわりのこまごましたものを入れる美しいはこ。特に伝説で、浦島太郎が竜宮城で乙姫からもらったというはこ。❷人に見せたくない大切な物を入れるはこ。

たまに 副詞 ➡[1]たま。

たまにきず【玉にきず】 ことわざ ひじょうにすぐれているが、ほんの少し欠点があること。例 ほがらかでよい人だが、落ち着きのないのが玉にきずです。

たまねぎ【玉ねぎ】 名詞 ユリ科の植物。地下にできるまるいくきを食用にする。からみとかおりが強い。漢字 玉葱。

たまのあせ【玉の汗】 連語 〔はげしい運動・仕事などをしたときに出る〕大つぶのあせ。例 玉の汗をながす。

どちらにもしんがある。

たまのこしにのる【玉のこしに乗る】慣用句 女の人が、お金持ちや身分の高い人と結婚する。参考「玉のこし」は、昔、とうとい人が乗ったりっぱな乗り物。

たまのり【玉乗り】名詞 大きな玉に乗り、それを足でころがしながらする曲芸。また、それをする人。

たまひろい【玉拾い】名詞 野球などの球技で、とんでいったボールをひろうこと。また、それをする人。

たまむし【玉虫】名詞 タマムシ科のこん虫。金色をおびた緑色のはねに、むらさき色の二本のすじがある。光のあたる具合でちがった色にかがやく。

たまむしいろ【玉虫色】名詞 ❶タマムシの羽のように、光のあたる具合で金色をおびた緑色やむらさき色に見える、そめ物やおり物の色。❷見方によってどのようにも受け取れるような表現のしかた。例大臣の玉虫色の発言がひはんされた。

たまもの【たま物】名詞 ❶いただいた物。❷あることを（一生けんめいに）してえた、よい結果。例この勝利は努力のたま物だ。漢字賜物。

たまらない 連語 ❶すぐにだめになる。例こんなに歩いては、くつがたまらない。❷がまんできない。例こうあつい日が続いてはたまらない。❸がまんできないほど…である。…で、がまんできない。例くすぐったくてたまらない。／たまらなくくやしい。参考③は、「…てたまらない」「たまらなく…」の形で用いる。❹このうえなくよい。例早朝の空気はたまらなく気持ちがよい。

たまりかねる【たまり兼ねる】動詞 がまんできなくなる。例図書室がうるさいので、たまり兼ねて注意した。活用たまりか・ねる。

だまりこくる【黙りこくる】動詞 いつまでもだまったままでいる。活用だまりこく・る。

だまりこむ【黙り込む】動詞 ひとこともしゃべらなくなる。例祖父は昔のことを思い出すのか、ときおり黙り込む。活用だまりこ・む。

たまりば【たまり場】名詞 仲間などがいつも集まっている場所。例近くの喫茶店をたまり場にする。

たまる[1] 動詞 がまんできる。もちこたえる。例責任をおしつけられてはたまらない。／へこたれてたまるか（＝へこたれることはできない）。活用たま・る。参考⇩たまらない。

たまる[2] 動詞 ❶〔物が〕少しずつ集まり、多くなる。例ごみがたまる。❷〔たくわえが〕多くなる。例おこづかいがたまる。❸〔仕事や支払いなどが〕とどこおる。例たまっていた夏休みの宿題をやっと終えた。

だまる【黙る】動詞 言うことをやめる。また、言わない。例黙っていては何もわからない。活用だま・る。

たまわる【賜る】動詞 ❶「もらう」のへりくだった言い方。例とのさまからほうびを賜る。❷〔身分の高い人や目上の人が〕ものをあたえる。例王さまが一同にお金を賜る。参考あらたまった言い方。活用たまわ・る。

たまをころがす【玉を転がす】慣用句 〔女の人の〕高くて、すんだ美しい声のたとえ。例玉を転がすような歌声。

たみ【民】名詞 国や社会をつくっている、いっぱんの人。国民。参考古い言い方。

ダミー 名詞 ❶実物のように見せかけたもの。見本。❷洋装店などで、衣服を着せてかざっておくための人形。マネキン。❸映画などのトリック撮影で、人のかわりに使う人形。❹衝突や落下の実験で使う人形。❺サッカーやラグビーで、パスをするとみせかけて、相手をまどわすプレー。▼英語 dummy

だみごえ【だみ声】名詞 にごった感じのきたない声。また、なまりのある声。類どら声。

だみんをむさぼる【惰眠を貪る】慣用句 なまけて、ねむってばかりいる。例惰眠を貪る生活。

ダム 名詞 発電やかんがいなどのために川などをせきとめ、水をためる、大きなていぼう。▼英語 dam

たむける【手向ける】動詞 神仏や死者の霊に品物をさし上げる。例墓に花を手向ける。活用たむ・ける。

ダムしきはつでん【ダム式発電】名詞 ダムをつくり、たくわえられた水の落ちるいきおいを利用して電気をおこすやり方。

たむろする 動詞 何人かの人が一か所に集まる。例駅前にたむろする。活用たむろ・する。

ため 名詞 ❶役に立つこと。例みんなのためになる仕事。❷…の理由で。…のせいで。例ねぼう

ことばあそび なぞかけ⑰ 「えんぴつ」とかけて「リンゴ」ととく。そのこころは？ →

したために、おくれた。❸…という目的で。例資格をとるために、勉強する。

だめ【駄目】名詞 形容動詞 ❶役に立たないようす。悪い状態であるようす。例かさが駄目になった。❷むだなようす。例どんなに反対しても駄目だった。❸できないようす。例ぼくはスポーツが駄目だ。❹してはいけないようす。例大声を出しては駄目です。参考もともとは、囲碁の目で、どちらのものにもならないところのこと。

ためいき【ため息】名詞 心配したり、こまったりしたときに出る、大きな息。ことば「ため息をつく」

ためいけ【ため池】名詞 田にひく水や防火用水などをためておく池。

ダメージ 名詞 損害。いたで。損傷。例むりな運動は体がダメージを受ける。▼英語 damage

だめおし【駄目押し】名詞 する動詞 ❶ねんのために、もう一度たしかめておくこと。例約束をわすれないように駄目押しをする。❷スポーツの試合で、勝ちがほとんど決まっているのに、さらに点をとって、その勝ちをいっそうたしかなものにすること。例駄目押しの満塁ホームランを打つ。

ためこむ【ため込む】動詞 ためて、しまっておく。さかんに、ためる。例大金をため込む。活用ためこ・む。

1**ためし** 名詞 以前にじっさいにあったことがら。先例。例だれひとり成功したためしがない。

2**ためし**【試し】名詞 ためすこと。こころみ。例できるかどうか、試しにやってごらん。

ためす【試す】動詞〔どうなるか、また、どうであるかを〕じっさいにやってみる。例どれだけ力がついたか試す機会がきた。活用ため・す。

ためつすがめつ【矯めつすがめつ】連語 一つのものを、いろいろな方向からよく見るようす。例茶わんを矯めつすがめつながめる。

ためらう 動詞 どうしようかと、まよう。心が決まらず、ぐずぐずする。例話しかけるのをためらう。活用ためら・う。

ためらわず 連語 まようことなく。例何を言われても、ためらわず進め。

ためる 動詞 ❶〔物を〕少しずつ一か所に集めてとっておく。集め、たくわえる。例ふろに水をためる。❷お金をたくわえる。例おこづかいをためる。❸〔仕事やしはらいなどを〕とどこおらせる。例仕事をためる。活用た・める。

だめをおす【駄目を押す】慣用句 ねんのために、もう一度たしかめる。例まちがいのないように、駄目を押す。

1**ためん**【他面】名詞 ❶物事のある面に対して、ほかの面。例やさしい人だが、他面ではきびしいところもある。❷ほかの面からみると。別の面では。例とてもべんりだが、他面、お金がかかりすぎる。

2**ためん**【多面】名詞 ❶多くの平面。例多面体。❷いろいろな方面。例多面にわたって活躍している人。

たもあみ【たも網】名詞 さかなをすくう、小さなあみ。たも。

たもうさく【多毛作】名詞 一年の間に、同じ田畑で三種類以上の作物を、順番につくること。参考⇩89ページ・一毛作。978ページ・二毛作。

たもつ【保つ】動詞 ❶〔ある様子を〕変えずに長く続ける。また、長く続く。例一定の温度を保つ。❷〔なくなったり、おとろえたりしないように〕ささえ守る。例体面を保つ。活用たも・つ。

たもと 名詞 ❶和服の、そでの下のふくろのような部分。⇩334ページ・着物②（図）。❷すぐそば。きわ。例橋のたもと。

たもとをわかつ【たもとを分かつ】慣用句 人と別れる。また、関係をなくす。例意見の対立から、たもとを分かつことになった。

たやす【絶やす】動詞 すっかり、なくす。例ほほえみを絶やさない。類ほろぼす。活用たや・す。

たやすい 形容詞 やさしい。かんたんである。例あなたが考えているほどたやすい仕事ではない。活用たやす・い。

たゆたう 動詞 ❶ゆらゆらとゆれ動く。例波にたゆたうボート。類ただよう。❷なかなか決められなくて、あれこれとまよう。例たゆたう心。参考①②古い言い方。活用たゆた・う。

たゆまず 副詞 なまけることなく。例たゆまず努力する。

1**たよう**【多用】一名詞 用事が多いこと。例ご多用中おそれいりますが。二名詞 する動詞 たくさん使うこと。例漢字を多用する。

どちらも一本しんが通っている。

たよう[2]【多様】(形容動詞) 変化にとんでいるようす。さまざま。ことば「多種多様」(対)一様。

たようか【多様化】(名詞)(する動詞) 物事のやり方や種類が変わってふえること。例 食生活の多様化。

たようせい【多様性】(名詞) ある範囲・場所・集団の中に、多くの異なる種類や、特徴をもつものが同時に存在しているようす。例 生物多様性。参考 ⇩752ページ・ダイバーシティ。

たより[1]【便り】(名詞)(する動詞) 手紙。知らせ。

たより[2]【頼り】(名詞) たのみにすること。また、たのみになる人。例 みんなに頼りにされる。

たよりない【頼りない】(形容詞) あてにならなくて不安なようす。心細い。例 頼りない返事。活用 たよりな・い。

たよる【頼る】(動詞) たのみにする。あてにする。例 人に頼らず、自分で作った。活用 たよ・る。

たら[1] (名詞) タラ科の魚。日本の近海にいるのは、マダラ・スケトウダラ・コマイ。特に、マダラのこと。口が大きい。漢字 鱈。参考 ⇩たらこ。

たら[2] (助詞) ❶かるくとがめたり、親しみをこめたりする気持ちを表す言葉。…といったら。例 姉さんたら、いつもいばっているわ。❷じれったい気持ちを表す言葉。…てば。例 だめだったら。❸遠回しに命令したり、すすめたりする言葉。例 少しはお休みになったらどうですか。

たら[3] (連語) もし…したとするならば。例 失敗したら、どうしよう。

たらい (名詞) 湯や水を入れるひらたい大きな入れ物。洗たくなどに使う。

たらいまわし【たらい回し】(名詞)(する動詞) 一つのものやことがらを、順番にほかの人にまわすこと。例 政権のたらい回し。

だらく【堕落】(名詞)(する動詞) ふまじめになり、おこないが悪くなること。例 生活が堕落する。

だらけ (接尾語)《ある言葉の下につけて》「…にまみれている」「…がたくさんある」などの意味を表す言葉。例 まちがいだらけ。／きずだらけ。

だらける (動詞) しまりがなくなる。だらしなくなる。例 気持ちがだらけて、勉強がはかどらない。活用 だら・ける。

たらこ【たら子】(名詞) スケトウダラの卵を塩づけにした食べ物。焼いたり、おにぎりの具にしたりして食べる。参考 塩づけにするときトウガラシを加えたものを「めんたいこ」という。

だらしない【だらし無い】(形容詞) ❶きちんとしていないようす。例 だらしないかっこう。❷気力が感じられず、なさけないようす。例 だらしない負け方。活用 だらしな・い。

たらす【垂らす】(動詞) ❶〔細長いものを〕たれるようにする。ぶら下げる。例 髪の毛を垂らす。❷液体をしたたらせる。例 ひたいからあせを垂らす。活用 たら・す。

たらず【足らず】(接尾語)《数量を表す言葉の下につけて》「…の数に足りない」の意味を表す言葉。例 一年足らずで帰国した。／試合開始から二分足らずでのゴールだった。

たらたら (副詞)(―と) ❶しずくが、続けて落ちるようす。例 たらたらと血が流れる。❷聞いていて、いやになるようなことを長々と言うようす。例 たらたらとおせじを言う。

だらだら (副詞)(―と)(する動詞) ❶なだらかなかたむきが続くようす。例 だらだらした長い坂道をのぼる。❷液体がとぎれず流れるようす。例 あせをだらだら流す。❸物事がしまりなく長く続くようす。例 だらだらしたあいさつ。

タラップ (名詞) 船や飛行機などに乗りおりするときにかける、はしごのような階段。▼オランダ語。

たらふく【たら腹】(副詞) 十分に食べるようす。はらいっぱい。例 ごちそうをたらふく食べた。参考 くだけた言い方。

たり (助詞) ❶いくつかのことがらをならべて言うときに使う言葉。例 字を書いたり、絵をかいたりする。❷一つの動作を例としてあげるときに使う言葉。例 うたがったりして、すみません。参考 「泳いだり（泳ぐ）」「とんだり（とぶ）」のように、「だり」となる場合もある。注意 ①は「話したり、食べたり、歌ってもりあがった。」のように「たり」をはぶくことはせず、「歌ったりして」のように、すべて「たり」をつけること。

ダリア (名詞) キク科の植物。夏から秋にかけて、赤・白・黄色などの大きな花がさく。観賞用としてさいばいされる。ダリヤ。▼英語 dahlia

たりき【他力】(名詞) 他人の力。人の手助け。例 他力をあてにする。(対)自力。

たりきほんがん【他力本願】(四字熟語) ❶仏教で、自分の修行によってではなく、あみだぶつの力にたよって成仏すること。❷他人の力にたよって物事をしようとすること。例 弟はい

あ い う え お
か き く け こ
さ し す せ そ
た ち つ て と
な に ぬ ね の
は ひ ふ へ ほ
ま み む め も
や ゆ よ
ら り る れ ろ
わ を ん

ことばあそび なぞかけ⑱ 「えんぴつ」とかけて「しっかり者」ととく。そのこころは？ →

つも他力本願だ。

だりつ【打率】名詞 野球で、打数とヒットになった数とのわりあい。

たりゅう【他流】名詞 ほかの流派。例 剣術の他流試合。

たりょう【多量】名詞 形容動詞 分量が多いこと。例 多量の水。類 大量。対 少量。

1**だりょく**【打力】名詞 ❶物を打つ力。❷野球で、バッターが打つ力。

2**だりょく**【惰力】名詞 それまでのいきおいで動こうとする力。

たりる【足りる】動詞 ❶十分である。例 バス代は三百円あれば足りる。❷役に立つ。間に合う。例 電話で足りる用事。❸ねうちがある。例 信じるに足りる人。活用 た・りる。

1**たる** 名詞 酒・みそ・しょうゆなどを入れる、ふたのある木の入れ物。漢字 樽。

2**たる**【足る】動詞 「足りる」の古い言い方。例 かのじょは、すべてをまかせるに足る人物だ。活用 た・る。

だるい 形容詞 〔つかれや病気などのために〕力が出なくて、動くのがつらい感じである。例 体がだるい。活用 だる・い。

たるき【垂木】名詞 屋根をささえるために、むねからのきさきにわたす長い木材。⇩128ページ・うだつが上がらない（図）。

だるま【だる磨】一 人名 インドの名高い僧。禅宗を開いた人。だるま大師。二 名詞 だるま大師をかたどった人形。⇩図。漢字 達磨。

たるみ 名詞 高いところから流れ落ちる水。たき。参考 ㋐古い言い方。㋑「垂水」と書く。

たるむ 動詞 ❶ぴんとはっていたものが、ゆるむ。しまりがなくなる。例 なわがたるむ。❷気がゆるむ。例 このごろ少したるんでるぞ。活用 たる・む。

だる磨二

たれ【垂れ】名詞 ❶たれさがること。たれさがっているもの。❷かばやき・やきとりなどにつけるしる。例 やきとりにたれをつける。❸漢字をつくっている部分の名前。「がんだれ（厂）」「まだれ（广）」「やまいだれ（疒）」など。参考 ②はふつう、ひらがなで書く。

だれ【誰】代名詞 名前がわからない人。また、特にはっきりと決まっていない人をさす言葉。例 あなたは誰ですか。／誰か行ってくれ。

たれこめる【垂れこめる】動詞 〔雲・きりなどが〕低く下がって、あたりをおおう。例 谷間にきりが垂れこめている。活用 たれこ・める。

たれさがる【垂れ下がる】動詞 下の方にだらりと下がる。例 えだが垂れ下がる。活用 たれさが・る。

だれしも【誰しも】連語 だれでも。どんな人でも。例 誰しもが幸せを願っている。参考 「だれも」を強めた言い方。

だれそれ【誰それ】代名詞 特にだれといってはっきりさせない言い方。ある人。

たれながし【垂れ流し】名詞 ❶大便や小便を知らないうちにもらしてしまうこと。おもらし。❷工場などで、よごれたきたない水などをそのまま川や海にすてること。

だれひとり【誰一人】連語 だれも。ひとりも。例 誰一人反対する人はいなかった。

たれまく【垂れ幕】名詞 たれさげた幕。また、文字などを書いて高いところからさげる、細長い布。例 大売り出しの垂れ幕をさげる。

たれる【垂れる】動詞 ❶〔しずくなどが〕したたって落ちる。例 インクが垂れる。❷下に下がる。例 布が垂れる。❸下の方へ下げる。下の方へ向けて、おろす。例 頭を垂れる。❹あたえる。しめす。例 教訓を垂れる。活用 た・れる。

だれる 動詞 気持ちがゆるむ。だらける。例 気分がだれる。活用 だ・れる。

タレント 名詞 テレビや雑誌などによく出てくる芸能人や有名人。参考 英語で talent は「才能ある人たち」をいい、日本でいうタレントは personality や entertainer などと呼ぶ。

だろう 連語 おしはかる気持ちを表す言葉。たぶん…にちがいない。例 夕焼けだから明日は晴れだろう。

たろうかじゃ【太郎冠者】名詞 狂言の役の一つ。大名などのめしつかいとして登場する男の人。

タワー 名詞 高い建物。とう。例 東京タワー。英語 tower ▼

どちらもねばります。

たわいない 形容詞 ❶はりあいがない。手ごたえがない。例 たわいなく言い負かされた。❷深い考えがない。例 行動もおさないが、考えることもたわいない。参考 ㋐「たあいない」ともいう。㋑「たわいがない」「たわいもない」の形でも用いる。活用 たわいな・い。

たわけ 名詞 ❶ふざけた言動。例 たわけを言うのもたいがいにしろ。❷おろか者。例 このたわけ者めが。

たわごと【たわ言】名詞 ばかげた言葉。くだらない話。例 たわ言を言うな。／そんなたわ言を聞いているひまはない。

たわし 名詞 食器やなべなどをこすってあらうのに使う道具。シュロの毛やナイロンなどをたばねてつくる。

たわむ 動詞 〔木のえだなどに重みがかかって〕弓なりにまがる。しなってまがる。例 昨夜の雪で竹のえだがたわんでいる。活用 たわ・む。

たわむれる【戯れる】動詞 おもしろがって遊ぶ。ふざける。例 犬と戯れる。活用 たわむ・れる。

たわめる 動詞 〔木のえだなどを〕まげる。おしまげる。例 えだをたわめて木の形をととのえる。活用 たわ・める。

たわら【俵】名詞 米やすみなどを入れる、わらなどであんだふくろのような入れ物。

たわわ 形容動詞 〔実がたくさんついて、その重さで〕えだが曲がっているようす。例 カキの実が、えだもたわわに実っている。

たん[1] 名詞 のどや気管から出るねばり気のあるもの。例 たんがからむ。

たん[2]【反】名詞 助数詞 ❶もと、日本で使われていた、田畑・山林などの土地の広さの単位。一反はおよそ十アール。❷もと、日本で使われていた、布の長さの単位。一反はおよそ一〇・六メートル。参考 ②は、はばが三十四センチメートルで、ふつうの大人の着物一人分の布の量。

だん[1]【壇】名詞 ❶土をもって高くつくった祭りや儀式をおこなう場所。❷下にいる人からよく見えるようにいちだん高くつくった場所。

だん[2]【段】一 名詞 ❶階段。例 神社の段をあがる。❷将棋・碁・柔道・剣道などのうでまえによる等級。❸文章のひと区切り。例 この文は三つの段に分かれている。❹ことがら。話。例 失礼の段、おゆるしください。類 段落。❺場合。例 あいさつを自分でする段になると大変だ。
二 助数詞 ❶階段の数をかぞえる言葉。例 二階まで十段ある。❷等級を数える言葉。例 二段から三段にあがる。❸文章の区切りを数える言葉。例 五段からなる文章。

だんあつ【弾圧】名詞 する動詞 権力などで無理におさえつけること。例 反対派を弾圧する。

たんい【単位】名詞 ❶物の数や量を表すときのもとになるもの。長さをはかるメートル、重さをはかるグラムなど。❷高等学校や大学での学習のひと区切りとなるもの。

たんいつ【単一】名詞 形容動詞 ❶一つだけであること。一人だけであること。例 単一行動をとる。❷ほかのものがまじっていないこと。こみいっていないこと。❸ふくざつでないこと。

だんいん【団員】名詞 団体をつくっている、一人ひとり。例 スポーツ少年団の団員。

たんおんかい【短音階】名詞 音楽で、第二音と第三音の間が半音で、ほかは全音である音階。暗く、さびしい感じがする。対 長音階。

たんか[1]【担架】名詞 けが人や病人をのせて運ぶ道具。⇩図。

担架

たんか[2]【単価】名詞 品物の一つあたりのねだん。

たんか[3]【短歌】名詞 五・七・五・七・七の五句三十一音からできている、うた。和歌の形式の一つ。

だんか【だん家】名詞 そのお寺に墓地があっ

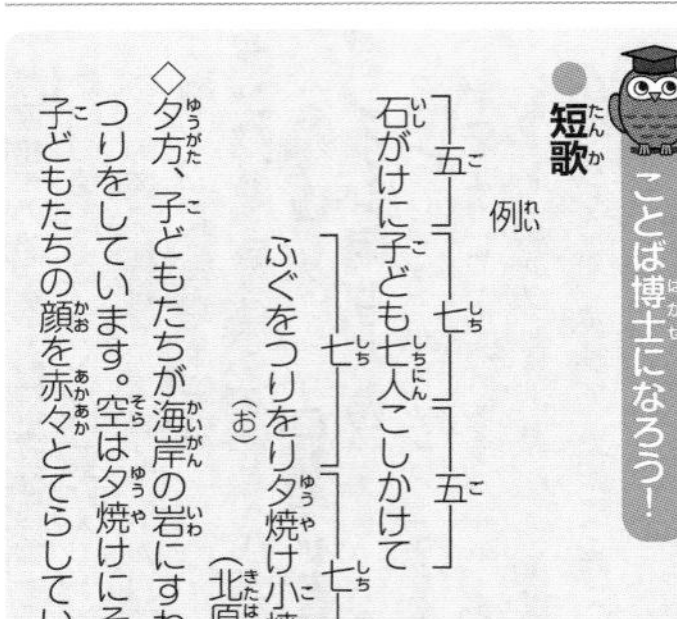
ことば博士になろう！
● 短歌

例

石がけに（五）子ども七人（七）こしかけて（五）ふぐをつりをり（七）夕焼け小焼け（七）（お）
（北原白秋）

◇夕方、子どもたちが海岸の岩にすわって、つりをしています。空は夕焼けにそまり、子どもたちの顔を赤々とてらしています。

ことばあそび なぞかけ⑲「マラソン選手」とかけて「なっとう」ととく。そのこころは？ →

て、葬式や法事などをしてもらう家。お金や品物をおさめて、そのお寺の財政をささえることもする。漢字 檀家。

タンカー 名詞 石油などを運ぶ船。油送船。▼英語 tanker

だんかい【段階】 名詞 物事の進む順序。また、そのひと区切り。例 段階をふんでていねいに教える。

だんがい【断崖】 名詞 切り立っている、けわしいがけ。

たんかだいがく【単科大学】 名詞 一つの学部だけでできている大学。医科大学・工業大学・歯科大学・商科大学など。

たんかをきる【たんかを切る】 慣用句 けんかなどで、いせいのよい言葉をならべたてて、相手をやりこめる。

1 **たんがん【単眼】** 名詞 クモやこん虫などにある、しくみのかんたんな目。遠近と明るさしか感じない。⇨1135ページ・複眼（図）。

2 **たんがん【嘆願】** 名詞 する動詞 事情などをくわしく話して、特にたのむこと。例 助命を嘆願する。

だんがん【弾丸】 名詞 鉄砲や大砲などのたま。

1 **たんき【短気】** 名詞 形容動詞 気が短いこと。例 短気な性格。

2 **たんき【短期】** 名詞 短い期間。対 長期。

たんきだいがく【短期大学】 名詞 勉強する期間が二年または三年の大学。短大。

たんきはそんき【短気は損気】 ことわざ 自分が短気をおこすとけっきょくは失敗して、そんをするということ。

1 **たんきゅう【探求】** 名詞 する動詞〔ある物事を〕どこまでも、さがしもとめること。例 平和を探求する。類 探索。⇩使い分け。

2 **たんきゅう【探究】** 名詞 する動詞〔物事の本当のすがたやありさまを〕どこまでも深く調べ、明らかにしようとすること。例 真理を探究する。類 追究。⇩使い分け。

だんきゅう【段丘】 名詞 海岸や川岸などに見られる、階段のようになった地形。海岸段丘・河岸段丘など。

たんきょり【短距離】 名詞 ❶短い道のり。例 短距離の輸送。類 近距離。対 遠距離。❷「短距離競走」の略。陸上競技の種目の一つで、短い距離の競走。百メートル、二百メートルなど。❸水泳の競泳種目で、二百メートル以下のもの。対 ①〜③長距離。中距離。

使い分け　たんきゅう

●さがしもとめること。
事故原因の探求。

●深く調べて明らかにすること。
美を探究する。

タンク 名詞 ❶気体や液体を入れておく大きな入れ物。例 ガスタンク。❷戦車。▼英語 tank

ダンクショット 名詞 バスケットボールで、ジャンプしてボールをリング上からネットにおしこむようにして入れるシュート。ダンキングシュート。ダンクシュート。参考 英語の dunk shot からだが、英語ではふつう単に dunk あるいは slam dunk という。

タングステン 名詞 とてもかたく、高熱にもとけない金属。電球のフィラメントや、合金の材料などに使う。▼英語 tungsten

タンクローリー 名詞 ガソリンなどの液体を運ぶための鉄製のタンクをそなえた貨物自動車。参考 英語の「タンク」と「ローリー（lorry＝トラック）」を組み合わせて日本でつくった言葉。英語では tanker truck という。

だんけつ【団結】 名詞 する動詞 あることをするために、多くの人が力を合わせ、まとまること。例 チームが団結すれば優勝もゆめではない。

たんけん【探検・探険】 名詞 する動詞〔危険をおかして〕まだ知られていない土地などを、じっさいに行って調べること。例 ジャングルを探検する。

たんげん【単元】 名詞 学習する教材を、ある問題を中心にして集めた一まとまり。

だんげん【断言】 名詞 する動詞 はっきり、自信を

そのこころは？　→　どちらも長いき（生き・息）です。

もって言うこと。例成功すると断言する。

たんけんか【探検家・探険家】名詞 いろいろなところを探検する人。

たんご[1]【丹後】地名 昔の国の名。今の京都府の北部に当たる。

たんご[2]【単語】名詞 意味をもっていて、文を組み立てるうえで最小の単位となるもの。たとえば、「本を読む」は「本」「を」「読む」の三つの単語に分けられる。例知っている単語をならべる。

タンゴ[3] 名詞 アルゼンチンではじまった、四分の二拍子のダンス音楽。また、それに合わせておどるダンス。▼英語（スペイン語から）tango

だんこ【断固】副詞 形容動詞 かたく決心して物事をするようす。例断固ことわる。

だんご【団子】名詞 ❶米・麦などの粉をこねてまるめ、むしたり、ゆでたりした食べ物。❷まるめたもの。例ひき肉を団子にする。

たんこう[1]【炭坑】名詞 石炭をほり出すあな。

たんこう[2]【炭鉱】名詞 石炭をほり出している鉱山。類炭田。

だんこう[1]【団交】名詞 「団体交渉」の略。労働組合などの団体が、使用者側と賃金や労働条件などについて話し合うこと。

だんこう[2]【断行】名詞 する動詞 思いきって、おこなうこと。困難をおしきって、おこなうこと。例値下げを断行する。類強行。決行。

だんごう【談合】名詞 する動詞 ❶話し合うこと。例役員が談合する。❷工事などの入札のとき、入札に参加する者が前もって入札のねだんや落札する者を決めておくこと。例公共工事での談合疑惑。

たんこうぼん【単行本】名詞 〔雑誌や全集ではなく〕それだけで一さつの本として発行される本。

たんごのせっく【端午の節句】名詞 五月五日におこなう男の子のお祝い。ショウブをのきにさし、こいのぼりをたて、よろい・かぶとなどをかざる。たんご。⇩口絵8ページ。

たんこぶ 名詞 「こぶ」のくだけた言い方。

だんごむし【団子虫】名詞 オカダンゴムシ科の動物。石の下や落ち葉の中にいて、ふれられると丸くなる。

たんさ【探査】名詞 する動詞 様子をさぐって、くわしく調べること。例資源を探査する。／月面探査。

ダンサー 名詞 〔西洋風の〕おどりやダンスを仕事にしている人。ぶよう家。例バレエのダンサーとして、ぶたいに立つ。▼英語 dancer

たんさいぼう【単細胞】名詞 ❶生物の体が単一の細胞でできていること。例単細胞生物。❷考え方の単純な人。例かれは単細胞だから、すぐだまされる。

たんさく[1]【単作】名詞 一つの農地に一つの作物だけをつくること。類一毛作。

たんさく[2]【探索】名詞 する動詞 〔ありかのわからないものを〕さがし、求めること。例付近を探索する。類探求。

たんざく【短冊】名詞 ❶短歌や俳句などを書く、細長い紙。類色紙。❷うすく細長い形。たんざく形。例ダイコンを短冊に切る。

たんざくぎり【短冊切り】名詞 野菜などをうすい長方形（＝たんざくの形）に切ること。また、その切り方。

たんさん【炭酸】名詞 二酸化炭素が水にとけるときにできる弱い酸。

たんさんガス【炭酸ガス】名詞 ➡972ページ・にさんかたんそ。

たんさんカルシウム【炭酸カルシウム】名詞 方解石・石灰石・大理石・貝がらなどにふくまれる、白い物質。セメントや歯みがき粉などに使われる。

たんさんすい【炭酸水】名詞 炭酸ガスをとかした水。飲料水などに使う。

たんさんでんち【単三電池】名詞 「単三型乾電池」の略。つつの形の電池で、単二型の次の大きさのもの。

たんさんどうかさよう【炭酸同化作用】名詞 植物が空気中の二酸化炭素をもとにして、でんぷんをつくる働き。多くは光のエネルギーを利用する。光合成。参考「炭素同化作用」ともいう。

だんし【男子】名詞 ❶男の子。例男子児童。❷男性。例男子シングルス。対①②女子。

だんじ【男児】名詞 ❶男の子。例男児が誕生する。対女児。❷男の人。りっぱな男の人。例九州男児。

だんじき【断食】名詞 する動詞 〔神や仏に願いごとをするとき〕しばらくの間、食事をしないこと。類絶食。

たんじじつ【短時日】名詞 短い日数。例短時

あいうえお かきくけこ さしすせそ たちつてと た なにぬねの はひふへほ まみむめも や ゆ よ らりるれろ わ を ん

ことばあそび なぞかけ⑳ 「おばあちゃん」とかけて「アーティスティックスイミング」ととく。

だんじて【断じて】副詞 ❶《あとに「…ない」などの打ち消しの言葉を続けて》ぜったいにそんなことはないという強い気持ちを表す。けっして。どうしても。例悪いことは断じてしない。❷強い決意を表す言葉。きっと。かならず。例正しいことは断じておこなう。

だんしゃく【男爵】名詞 華族のよび名の一つで、子爵につぐ位。類公爵。侯爵。伯爵。子爵。

たんじゅう【胆汁】名詞 肝臓でつくられる液体。脂肪の消化を助ける働きをする。

たんしゅく【短縮】名詞 する動詞 〔ある決まった〕時間やきょりなどをちぢめること。例営業時間を短縮する。対延長。

たんじゅん【単純】名詞 形容動詞 しくみがかんたんなこと。入りくんでいないこと。例単純なつくりの製品。対複雑。

たんしょ【短所】名詞 〔性質などの〕悪いところ。足りない点。例そそっかしいのが、かれの短所だ。対長所。

だんじょ【男女】名詞 男と、女。例数人の男女がやって来た。

たんじょう【誕生】名詞 する動詞 ❶生まれること。例第一子が誕生した。❷新しい物事ができ上がること。例二つの会社が合併して、新会社が誕生した。

だんしょう【談笑】名詞 する動詞 笑いながら、楽しく話し合うこと。例カフェで談笑する。

たんじょうせき【誕生石】名詞 十二か月のそれぞれにちなむ宝石。

たんじょうび【誕生日】名詞 その人の生まれた日。

だんしょく【暖色】名詞 見た目にあたたかい感じをあたえる色。赤・黄・だいだい色など。対寒色。

だんじり 名詞 ⇩763ページ・だし(山車)。

1 **たんしん**【単身】名詞 〔つれがなく〕ただ一人。ひとりみ。例父は単身でその場にむかった。

2 **たんしん**【短針】名詞 時計の、短い方のはり。対長針。

たんしんふにん【単身赴任】名詞 遠くへ転勤になったとき、家族を家に残して、一人だけでつとめさきのある土地に行くこと。

たんす 名詞 ひきだしやとびらのある、木でつくった家具。着物などを入れる。参考「ひとさお」「ふたさお」…と数える。

ダンス 名詞 〔西洋風の〕おどり。例ダンスパーティー。▼英語 dance

たんすい【淡水】名詞 〔川の水や地下水など〕塩気をふくまない水。まみず。

だんすい【断水】名詞 する動詞 〔水道管などに〕水をおくるのを止めること。また、水が止まること。

たんすいかぶつ【炭水化物】名詞 炭素・水素・酸素が結びついてできているもの。でんぷん・さとう・セルロースなど。栄養素の一つ。

たんすいぎょ【淡水魚】名詞 淡水にすむさかな。メダカ・コイ・フナ・アユ・ナマズなど。

たんすう【単数】名詞 〔もののかずが〕一つであること。対複数。

1 **たんせい**【丹精】名詞 する動詞 心をこめてつくったり、世話をしたりすること。例父が丹精したバラの花。

2 **たんせい**【嘆声】名詞 感心したり、なげいたりして、思わず出る声。ことば「嘆声をあげる」

3 **たんせい**【端正】形容動詞 すがたやしぐさなどが、ととのっていること。例端正な横顔。類端麗。

1 **だんせい**【男性】名詞 おとこ。男の人。例わかい男性。対女性。

2 **だんせい**【弾性】名詞 外から力を受けて変形したものが、その力がなくなったときに、もとの形にもどろうとする性質。

だんせいてき【男性的】形容動詞 男としてのとくちょうをもっているようす。また、強くたくましいようす。堂々としているようす。対女性的。

だんせいホルモン【男性ホルモン】名詞 精巣でつくられるホルモン。この働きによって、精通がおこったり、体つきに男性としてのとくちょうが表れたりする。

だんぜつ【断絶】名詞 する動詞 関係がとだえること。また、関係などをたち切ること。例国交を断絶する。

たんせん【単線】名詞 ❶一本の線。❷一つの線路を、上り下りの列車で使うもの。対複線。

だんぜん【断然】副詞 ❶考えをはっきりと決めるようす。かならず。例今度こそ断然成功するぞ。❷物事のどあいが、ほかとくらべてひじょうにちがっているようす。例白組が断然リードしている。

どちらもこします。

たんそ【炭素】 名詞 元素の一つ。もえて二酸化炭素になる。参考 石ぼくやダイヤモンドは炭素だけのかたまり。

だんそう【断層】 名詞 続いている地層の一部が分かれて上下または水平に地層がくいちがう現象。また、それによってできたくいちがい。⇩図。

断層

たんそく【嘆息】 名詞 する動詞 〔こまったり、心配したりして〕ためいきをつくこと。ためいき。

だんぞく【断続】 名詞 する動詞 切れたり続いたりすること。例 鳴き声が断続して聞こえる。／断続的。

たんだい【短大】 名詞 ⬇788ページ・たんきだいがく。

だんたい【団体】 名詞 同じ目的をもっている人々の集まり。例 団体旅行。類 集団。

だんたいこうしょう【団体交渉】 名詞 ⬇789ページ・だんこう（団交）。

だんたいせん【団体戦】 名詞 何人かで一つのチームになり、それぞれの人がおこなった競技の結果によって、チームとしてきそう競技の形式。

だんだら 名詞 いくつかの色を使った、太い横のしまもよう。例 赤と白のだんだらにそめる。

だんだん【段段】 一 名詞 階段。例 神社の段々をのぼる。参考 ふつう「段々」と書く。 二 副詞（ーと） 物事が順に進むようす。例 だんだん寒くなってきた。参考 二はひらがなで書くことが多い。

たんたんと【淡淡と】 副詞 物事にこだわらないようす。また、あっさりしているようす。例 自分のおいたちを淡々と語る。参考 ふつう「淡々と」と書く。

だんだんばたけ【段段畑】 名詞 山の斜面などに、階段のようにつくった畑。参考 ふつう「段々畑」と書く。⇩図。

段々畑

たんち【探知】 名詞 する動詞 かくされているものなどを、さぐって知ること。例 レーダーでミサイルを探知する。／魚群探知機。

だんち【団地】 名詞 住宅やアパート・工場など、同じ種類の建物を、計画的に集めて建ててあるところ。

だんちがい【段違い】 名詞 形容動詞 ❶二つ以上のものが、とてもちがっていること。例 このそうじきの方が段違いにパワーがある。❷二つの物の高さがちがうこと。例 段違い平行棒。

[1]たんちょう【単調】 名詞 形容動詞 同じような調子で、変化が少ないこと。例 単調な生活にあきる。類 一本調子。

[2]たんちょう【短調】 名詞 音楽で、短音階をもとにしてつくられた曲の調子。長調にくらべて、暗くさびしい感じになる。対 長調。

だんちょう【団長】 名詞 団体をとりまとめる人。例 消防団長。

だんちょうのおもい【断腸の思い】 慣用句 〔腸がちぎれるほどの〕たえられない悲しい思い。例 断腸の思いで去る。

たんてい【探偵】 名詞 する動詞 ある人の様子や犯人の行動などをこっそりさぐること。また、それを仕事としている人。

だんてい【断定】 名詞 する動詞 はっきり、そうだと決めること。例 原因は断定できない。

たんてき【端的】 形容動詞 ❶はっきりしていて明らかなようす。例 関係の変化を端的にしめしている。❷てっとりばやいようす。例 感想を端的にのべる。注意「単的」「短的」と書かない。

たんでん【炭田】 名詞 石炭がたくさんうまっていてそれをほり出している地域。類 炭鉱。

たんと 副詞 いっぱい。たくさん。例 たんとめし上がれ。参考 くだけた言い方。

[1]たんとう【担当】 名詞 する動詞 ある仕事や役目を受け持つこと。また、その人。例 会計を担当する。

[2]たんとう【短刀】 名詞 短い刀。類 小刀。

だんとう【暖冬】 名詞 いつもの年にくらべて気温が高い冬。対 冷夏。

たんとうちょくにゅう【単刀直入】 四字熟語 〔一ふりの刀を持ち、たった一人で敵の

ことばあそび なぞかけ㉑ 「おおみそか」とかけて「とうげ」ととく。そのこころは？ →

中にとびこむ意味から〕前おきや遠回しの言い方をせず、いきなり物事の中心に入ること。例 単刀直入に言う。注意「短刀直入」と書かないこと。

たんどく【単独】 名詞 ❶〔あることをするとき〕ただ一人であること。自分一人。例 単独行動。対 共同。❷ただ一つであること。

だんどり【段取り】 名詞 物事を進めるための順番。また、その準備。例 仕事が早く終わるように、段取りを考える。類 手順。

だんな【旦那】 名詞 ❶店などにやとわれている人たちが、主人をさす言葉。❷夫をさす言葉。❸商人が男の客をよぶ言葉。

たんなる【単なる】 連体詞 ただそれだけでほかに何もふくまないようす。ただの。例 単なる空想にすぎない。

たんに【単に】 副詞 ただ。例 これは単にきみ一人の問題ではない。

たんにん【担任】 名詞 する動詞 役目や学級を受け持つこと。また、その人。受け持ち。

だんねつ【断熱】 名詞 する動詞 ねつが伝わらないようにすること。例 断熱材を使った家。

たんねん【丹念】 形容動詞 心をこめて、ていねいにするようす。例 丹念に調べる。

だんねん【断念】 名詞 する動詞 きっぱりと、あきらめること。例 登頂を断念した。類 観念。

1 **たんのう【胆のう】** 名詞 肝臓の下の方にあるふくろ。肝臓でつくられる「たんじゅう」をためておく。

2 **たんのう【堪能】** ■一 名詞 する動詞 十分に満足すること。例 おいしい料理を堪能した。■二 名詞 形容動詞 学問などにくわしくて、十分な力をもっていること。例 英語に堪能な人。

だんのうら【壇ノ浦】 地名 山口県下関市の海岸。源氏と平氏との最後の戦場として知られる。

たんば【丹波】 地名 昔の国の名。今の京都府中部と兵庫県中東部に当たる。

たんぱ【短波】 名詞 波長の短い電波。ふつう、波長十メートルから百メートルの電波をいう。遠いところとの無線通信や外国向けのラジオ放送などに使う。対 長波。中波。超短波。

たんぱく【淡泊】 名詞 形容動詞 ❶〔味や色などが〕あっさりしていること。例 淡泊な料理。対 濃厚。❷〔態度や性格が〕さっぱりしていること。例 淡泊な人がら。

たんぱくしつ【たん白質】 名詞 動物や植物の体を形づくる複雑な化合物。また、動物の大事な栄養素の一つで、肉・乳・豆・たまごの白みなどに多くふくまれる。

だんぱつ【断髪】 名詞 する動詞 長い髪の毛を短く切ること。例 引退した力士の断髪式。

タンバリン 名詞 金属、また、木などのまるいわくに皮をはり、まわりにすずをつけた打楽器。タンブリン。▼英語 tambourine

たんパン【短パン】 名詞 運動用のたけの短いズボン。参考「短パン」の「パン」は、「パンツ」の略。

だんぱん【談判】 名詞 する動詞 問題の解決や取り決めをするために、話し合うこと。例 単身で乗りこんで談判する。

ダンピング 名詞 する動詞 とても安いねだんで商品を投げ売りすること。▼英語 dumping

ダンプカー 名詞 荷台をななめにかたむけて、中のものをすべりおとせるようにした大型トラック。ダンプトラック。ダンプ。参考 英語の「ダンプトラック(dump truck)」の「ダンプ(＝ゴミなどをどさっと捨てる)」と「カー」を組み合わせて日本でつくった言葉。英語で car は「乗用車」で truck や bus は car の仲間ではない。

タンブリン 名詞 ⬇タンバリン。

1 **たんぶん【単文】** 名詞 「花がさく」「山は高い」などの文のように、主語(花が・山は)と、述語(さく・高い)が、それぞれ一つずつでできている文。対 重文。参考 ⇩1136ページ・複文。

2 **たんぶん【短文】** 名詞 短い文。短い文章。対 長文。

ダンベル 名詞 鉄などのぼうの両はしに重い球をつけた体操用具。筋肉をきたえるのに使う。あれい。▼英語 dumbbell

たんぺん【短編】 名詞 小説や映画などの短い作品。対 長編。

だんぺん【断片】 名詞 紙や布などの切れはし。類 かけら。

たんぺんしゅう【短編集】 名詞 小説などの、長さの短い作品を集めて一つにまとめた本。

だんぺんてき【断片的】 形容動詞 まとまりがなく、とぎれているようす。例 断片的な記おく。

たんぼ【田んぼ】 名詞 田。水田。例 田んぼに水をはる。

たんぽ【担保】 名詞 お金を借りるときに、返す保証としてさし出す品物。

たんぼう【探訪】 名詞 する動詞 たずねていって、

あいうえお かきくけこ さしすせそ たちつてと なにぬねの はひふへほ まみむめも や ゆ よ らりるれろ わ を ん

どちらもかきます。

社会のできごとや様子をさぐること。

だんぼう【暖房】名詞 する動詞 部屋の中をあたためること。また、そのしかけ。対 冷房。

だんぼうきぐ【暖房機具】名詞 部屋の中をあたためる道具。ストーブ、火ばちなど。

だんボール【段ボール】名詞 波形にしたボール紙と平らなボール紙をはり合わせたもの。また、それでできたはこ。だんボールばこ。

たんぽぽ 名詞 キク科の植物。春、黄または白の花がさく。たねに白い毛がついていて、風でとぶ。参考 日本全国で見られるセイヨウタンポポは帰化植物。漢字 蒲公英。

たんまつ【端末】名詞 ❶はし。すえ。❷「端末装置」の略。中心になるコンピューターとつながって、データを入れたり出したりする装置。キーボード・ディスプレー・プリンターなどをそなえている。

だんまつま【断末魔】名詞 死ぬまぎわ。また、そのときの苦しみ。例 断末魔のさけび。

たんまり 副詞(-と) 〔もうけや楽しみが〕十分にあるようす。例 たんまりお金をもうけた。参考 くだけた言い方。

たんめい【短命】名詞 形容動詞 わかいうちに死ぬこと。短い命。参考 組織などが長続きしないことにもたとえられる。例 この内閣は短命におわった。対 長命。

タンメン 名詞 中国料理の一つ。スープが塩味で、上にいためた野菜をのせたそば。漢字 湯麵。▼中国語

だんめん【断面】名詞 ❶ものを切ったときの、切り口の面。❷物事をある立場から見たときのようす。例 新聞で社会のいろいろな断面を知ることができる。

だんめんず【断面図】名詞 ある物の切り口をえがいた図。また、ある物の内部がわかるように表した図。例 建物の断面図。

たんもの【反物】名詞 着物にする布。

だんやく【弾薬】名詞 弾丸と、それを発射させる火薬をまとめていう言葉。例 弾薬庫。

だんゆう【男優】名詞 男性の俳優。対 女優。

だんらく【段落】名詞 ❶文章を内容によって分けた、一まとまり。例 段落ごとに読んでいく。類 段。❷物事の区切り。

だんらん【団らん】名詞 する動詞 親しい者が集まってなごやかに楽しむこと。例 一家団らん。

だんりゅう【暖流】名詞 赤道ふきんから温帯へ向かって流れる、水温の高い海流。参考 日本海流(=黒潮)やメキシコ湾流など。対 寒流。
⇩230ページ・かいりゅう。

だんりょく【弾力】名詞 ❶外からの力をはねかえそうとする力。例 弾力のあるゴムまり。❷〔その場その場の様子におうじて〕考え・態度などを自由に変えられる能力。例 交渉には弾力のある態度でのぞむ。

たんれい【端麗】形容動詞 すがたや形がととのっていて美しいようす。例 端麗なすがた。
ことば 「容姿端麗」 類 端正。

だんれつ【断裂】名詞 する動詞 切れて、さけること。例 アキレスけんの断裂。

たんれん【鍛練・鍛錬】名詞 する動詞 〔心や体などを〕強くきたえること。例 剣道部に入って心身を鍛練する。参考 もとは「金属をきたえる」意味。

だんろ【暖炉】名詞 火をたいて部屋をあたためるため、かべなどにつくりつけた設備。⇩図。

暖炉

だんわ【談話】名詞 する動詞 ❶話をすること。また、話。例 談話室。❷あることがらについての〔正式でない〕意見。例 総理大臣の談話。

だんをくだす【断を下す】慣用句 物事を決める。例 思いきって断を下す。

だんをとる【暖を取る】慣用句 体をあたためる。また、あたたまる。例 火をたいて暖を取る。

たんをはっする【端を発する】慣用句 物事のはじめになる。物事のきっかけになる。例 後継者選びに端を発する内戦。

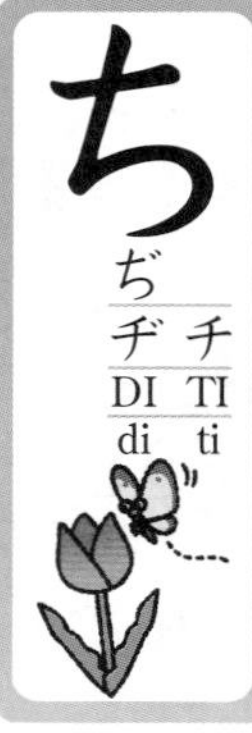

ち[1]【血】名詞 ❶動物の体の中を流れる赤い液体。血液。例 血が出た。❷血すじ。血統。例 王の血

あいうえお
かきくけこ
さしすせそ
たちつてと ち
なにぬねの
はひふへほ
まみむめも
や ゆ よ
らりるれろ
わ を ん

ことばあそび なぞかけ㉒ 「あせ」とかけて「クレヨン」ととく。そのこころは？ →

を引く子。

ち²【地】 名詞 ❶地面。大地。例天と地。❷決められた場所。かぎられた地域。例安住の地。❸上下の決まっている荷物などの下の方。例天地無用。対①③天。

チアガール 名詞 そろいの衣装で、はなやかなおうえんをする女子のおうえん団員。類チアリーダー。参考「チア」は応援の人たちの声援の掛け声。日本でつくった言葉。

チアリーダー 名詞 スポーツ大会などで、そろいの衣装で、はなやかなおうえんをするおうえん団員。類チアガール。▼英語 cheerleader

ちあん【治安】 名詞 国や社会の決まりが守られ、平和なこと。例治安のよい国。

ちい【地位】 名詞 くらい。身分。立場。例重要な地位につく。

ちいき【地域】 名詞 あるかぎられたはんいの土地。例農業のさかんな地域。／この地域の住民。

ちいきしゃかい【地域社会】 名詞 ある一定の場所に住む人々の社会。市・町・村など。例地域社会のためにつくす。

ちいく【知育】 名詞 頭の働きを高め、知識をゆたかにするための教育。例知育のための教材。対体育。徳育。

ちいさい【小さい】 形容詞 ❶〔形・広さなどが〕わずかであるようす。例小さい家。❷年令が少ない。おさない。例小さいころの思い出。❸数量やていどが少ない。例小さい数。❹〔考え方などが〕せまい。例心の小さい人。❺きぼが大きくないようす。例小さい会社。対①～⑤大きい。活用ちいさ・い。

ちいさな【小さな】 連体詞 〔そのものが〕小さい。例小さな町。対大きな。

ちいさめ【小さめ】 名詞 形容動詞 やや小さなくらいであること。例小さめの服。対大きめ。

チーズ 名詞 ウシ・ヒツジ・ヤギの乳をはっこうさせて、かたまりとした食品。▼英語 cheese

チーター 名詞 ネコ科の動物。アフリカ・イランなどの草原にすむ。体は黄色で、黒い点々がある。短い距離では、地上の動物の中でもっともはやく走るといわれる。チータ。▼英語 cheetah

チート 名詞 ❶不正。いかさま行為。❷とても強いこと。無敵。参考くだけた言い方。▼英語 cheat (不正をすることは cheating)

チーフ 名詞 みんなで仕事をする場合などに中心となる人。例グループのチーフになる。▼英語 chief

チーム 名詞 共同で仕事をする集団。また、団体競技のそれぞれの組。例チームを組んで作業をする。／ソフトボールのチームに所属する。▼英語 team

チームプレー 名詞 野球やサッカーのように何人かでやるスポーツで、メンバーがチーム全体のために力を合わせておこなうプレー。▼英語 team play

チームワーク 名詞 あることをおこなうときの、チームの中のたがいの結びつき。例チームワークがとれている。▼英語 teamwork

ちいるい【地衣類】 名詞 菌類のなかまで、そう類と共生しているもの。岩や木のみきなどにはえる。サルオガセ・リトマスゴケ・イワタケなど。地衣植物。

ちえ【知恵】 名詞 物事のすじ道をよく知り、それをうまく使うことのできる頭の働き。例知恵と勇気が必要だ。類知能。

チェアマン 名詞 ❶議長。❷組織や団体の長。例Jリーグのチェアマン。❸会社の会長。類チェアパーソン。▼英語 chairman

チェーン 名詞 ❶くさり。特に、雪道ですべらないように自動車のタイヤにとりつけるくさり。❷自転車やオートバイで、回転する力を車輪に伝える、くさりの形をしたベルト。❸同じ資本などで統一して経営する小売店・映画館などの系列。▼英語 chain

チェーンストア 名詞 同じ資本で経営されるいくつかの小売店。また、品物の仕入れや広告などを共同でおこなっている小売店。チェーン店。▼英語 chain store

チェス 名詞 日本の将棋に似た、西洋のゲーム。二人が白黒それぞれ十六のこまを動かして、勝負を争う。⇩図。▼英語 chess

チェック ━ 名詞 ❶小切手。❷こうしじま

チェス

どちらもわります。

あいうえお かきくけこ さしすせそ たちつてと なにぬねの はひふへほ まみむめも やゆよ らりるれろ わをん

のもよう。例チェックのスカート。❸飲食店の会計。例テーブルチェック。

二 名詞 する動詞 ❶てらし合わせて検査すること。例不良品をチェックする。❷確認・調査すること。例本屋で参考書をチェックする。▼英語 check

チェックアウト 名詞 する動詞 宿泊したホテルなどで、料金をはらって部屋を引きはらうこと。対チェックイン。▼英語 checkout

チェックイン 名詞 する動詞 ホテルなどに宿泊するための手続きをすませること。対チェックアウト。▼英語 check-in

ちえねつ【知恵熱】 名詞 おさない子に見られる、原因のわからない発熱。

ちえのみ【知恵の実】 名詞「聖書」の中で、人間の祖先とされるアダムとイブが食べた木の実。その実は神が食べてはいけないと命じたもので、そのために、二人は楽園を追われた。

ちえのわ【知恵の輪】 名詞 金属でできたいろいろな形の輪を、つなぎ合わせたりはずしたりして遊ぶおもちゃ。

ちえぶくろ【知恵袋】 名詞 〔ちえがふくろの中にたくわえられているものと考えて〕仲間のうちで、もっともちえのある人。例こまったときはクラスの知恵袋に相談する。

チェロ 名詞 バイオリンを大きくしたような弦楽器。音は低く、おもおもしい。参考「セロ」ともいう。▼英語 cello

ちえをしぼる【知恵を絞る】 慣用句 一生けんめい考える。例たくさんの人に楽しんでもらうため、知恵を絞る。

ちえをつける【知恵を付ける】 慣用句 そばにいる人が、こうしたほうがいいと教えてそそのかす。例まわりに知恵を付けられて、もんくを言う。

ちえん【遅延】 名詞 する動詞 予定した時刻よりおくれること。例バスは十五分ほど遅延した。

チェンジ 名詞 する動詞 とりかえること。入れかわること。また、変えること、変わること。例イメージチェンジ。／メンバーチェンジ。▼英語 change

チェンジアップ 名詞 野球で、速球を投げるのと同じフォームで投げる、ゆるいたま。バッターのタイミングをはずすためのもの。▼英語 change-up

チェンジコート 名詞 テニス・バレーボールなどで、コートを交代すること。参考 英語を組み合わせて日本でつくった言葉。英語では change ends という。

チェンバロ 名詞 けんばんをたたくと、その後ろにあるつめが弦をたたいて音を出すしかけの楽器。せんさいで、美しい音が出る。ハープシコード。クラブサン。▼イタリア語

ちか[1]【地下】 名詞 ❶地面の下。土の中。例地下室。／地下鉄。類地中。対地上。❷死んだ人が行くという世界。

ちか[2]【地価】 名詞 土地のねだん。

ちかい[1]【地階】 名詞 建物で地下につくられた階。一階の下の階。類地下室。

ちかい[2]【近い】 形容詞 ❶きょりが短い。例ぼくの家は学校から近い。❷時間のへだたりが少ない。日時が短い。例近いうちに、また会おう。❸関係が深い。親しい。例ごく近い間がら。対①～③遠い。❹似ている。…と言ってもいい。例白に近いはい色。❺ほぼそれくらいである。例百人近い観客。活用 ちか・い。

ちかい[3]【誓い】 名詞 ちかうこと。ことば「誓いを立てる」

ちがい【違い】 名詞 ちがうこと。同じでないこと。例味に大きな違いがある。

ちがいだな【違い棚】 名詞 二枚のたな板を、上の板を左側、下の板を右側というように、段ちがいにとりつけたたな。ふつう、とこの間のわきにつける。⇩図。

違い棚

ちがいない【違いない】 連語 ❶本当だ。そのとおりだ。例うん。違いない、きみの言うとおりだ。❷《「…に違いない」の形で》…に決まっている。例あの声は、父に違いない。

ちがいほうけん【治外法権】 名詞 外国にいながら、その国の法律に支配されないという特別な権利。元首・外交官などに対してみとめられる。

ちかう【誓う】 動詞 〔神や仏に対して〕かたく

あいうえお
かきくけこ
さしすせそ
たちつてと ち
なにぬねの
はひふへほ
まみむめも
やゆよ
らりるれろ
わをん

ことばあそび なぞかけ㉓「スイカ」とかけて「わりばし」ととく。そのこころは？ →

約束する。また、かたく決心する。例次は必ず合格すると誓う。活用ちか・う。

ちがう【違う】動詞 ❶同じではない。例色が違う。❷まちがっている。例答えが違う。活用ちが・う。

ちがえる【違える】動詞 ❶ちがうようにする。かえる。例方法を違えてみる。❷まちがえる。とりちがえる。例約束の時間を違えた。活用ちが・える。

ちかがい【地下街】名詞 地下につくられた商店街。例地下街のレストラン。

ちがかよう【血が通う】慣用句 ❶血が流れている。生きている。❷人間らしいあたたかさが感じられる。例血が通った政策をのぞむ。

ちかく[1]【地核】名詞 地球の中心で、温度が高く圧力が高い部分。コア。

ちかく[2]【地殻】名詞 地球の外側の部分。

ちかく[3]【近く】一名詞 近いところ。近所。例近くの店に行く。対遠く。二副詞 そのうちに。近いうちに。例父は近く課長になるそうだ。

ちかく[4]【知覚】名詞 する動詞 〔見る、聞く、においをかぐ、ふれるなど〕感覚によって物事を知ること。また、その働き。例何かが存在していることを知覚する。／知覚神経。

ちかけい【地下茎】名詞 植物の、土の中にあるくき。養分をたくわえたり、仲間をふやしたりする役目をする。ハスやジャガイモなどにある。

ちかごろ【近頃】名詞 このごろ。例近頃の流行。

ちがさわぐ【血が騒ぐ】慣用句 気持ちが高ぶる。こうふんして、じっとしていられなくなる。例サッカーを見ていると、いつも血が騒ぐ。

ちかしい【近しい】形容詞 親しい。仲がよい。例かれは、もっとも近しい友人だ。活用ちかし・い。

ちかしげん【地下資源】名詞 地面の下にうずもれている資源。石炭・石油・鉱石など。

ちかしつ【地下室】名詞 建物で、地面より下につくった部屋。類地階。

ちかすい【地下水】名詞 地中の砂や石などのすきまにたまったり、その間を流れたりしている水。

ちがたえる【血が絶える】慣用句 血のつながった人がいなくなる。血すじを受けつぐ人がいなくなる。例子どもがいないために、名人の血が絶えた。

ちかちか 副詞(ーと) する動詞 ❶明るくなったり暗くなったりしながら光るようす。例ライトがちかちか光る。❷目がしげきされて、いたむようす。例まぶしくて目がちかちかする。

ちかぢか【近近】副詞 近いうちに。例近々発表される。参考ふつう「近々」と書く。

ちかづき【近付き】名詞 親しくつきあいをすること。参考多く「お近付き」の形で使う。例お近付きのしるしに食事をしませんか。

ちかづく【近付く】動詞 ❶きょりが近くなる。例目的地に近付いた。対遠のく。遠ざかる。❷ある期日がせまる。例クリスマスが近付いた。❸親しもうとする。つき合いをしようとする。例クラブに入ってもらおうと近付く。対遠のく。遠ざかる。❹〔あるものに〕似てくる。例少し本物に近付いた。活用ちかづ・く。

ちかづける【近付ける】動詞 ❶〔ある場所やものの〕近くによせる。例本に目を近付ける。❷人をそばによせて親しくする。例近付けると危険な人物。対①②遠ざける。活用ちかづ・ける。

ちがつながる【血がつながる】慣用句 親子・兄弟のように、血を分けた関係がある。血すじを引いている。

ちかてつ【地下鉄】名詞 「地下鉄道」の略。全部または大部分が地面の下にほったトンネルの中を走る鉄道。

ちかどう【地下道】名詞 地面の下に、トンネルのようにつくった通り道。

ちがのぼる【血が上る】慣用句 かっとなる。のぼせる。逆上する。例頭に血が上る。

ちかまつもんざえもん【近松門左衛門】人名 （一六五三〜一七二四）江戸時代初めごろの浄瑠璃作家・歌舞伎の脚本作家。封建社会の中の人々の苦しみやかなしみ、愛情の深さなどをえがいた名作を多くつくった。代表作には、「国性爺合戦」「曽根崎心中」などがある。

ちかみち【近道】名詞 する動詞 ❶目的地にはやく行ける、きょりの短い道。また、その道を通ること。例駅への近道。対回り道。❷あることをはやくなしとげるための方法。例合格への近道。類①②はやみち。

ちかめ【近め】名詞 形容動詞 ふつうより少しち

かいようす。例バッターの近めに投げる。対遠め。

ちかよる【近寄る】動詞❶〔ある物の〕ちかくによる。行く。例そっと近寄る。❷〔ある物事や人と〕かかわりをもつ。例悪い仲間に近寄る。対遠のく。活用ちかよ・る。

ちから【力】名詞❶動物が体にもっている、動いたり、働いたりするもとになるもの。例うでの力。❷物を動かしたり、止めたり、速度を変えたりする働き。例水の力で水車が回る。❸あることをおこなう能力。例国語の力をつける。❹役に立つ働き。ききめ。例薬の力で病気が治った。❺手助け。例友だちの力を借りる。❻元気。気力。ことば「力がわく」

ちからいっぱい【力一杯】副詞もっている力を、全部出すようす。例ロープを力一杯引っぱる。

ちからがわく【力がわく】慣用句気持ちや体に、元気が生まれる。いきおいが出てくる。例はげまされて力がわく。

ちからこぶ【力こぶ】名詞うでに力を入れてまげたときにできる、筋肉のもり上がり。

ちからこぶをいれる【力こぶを入れる】慣用句物事を熱心におこなう。例英語教育に力こぶを入れる。

ちからしごと【力仕事】名詞〔重いものを運ぶなど〕力のいる仕事。類力業。

ちからじまん【力自慢】名詞力があることをじまんしている人。

ちからずく【力ずく】名詞〔権力や暴力で〕無理に目的をはたすこと。例力ずくで意見を通す。類腕ずく。

ちからぞえ【力添え】名詞する動詞力をそえて、助けること。例お力添えに感謝します。

ちからだめし【力試し】名詞力などのていどをためすこと。うでだめし。

ちからつきる【力尽きる】動詞残っていた力が、すっかりなくなってしまう。例もう少しで頂上というところで力尽きた。活用ちからつ・きる。

ちからづける【力付ける】動詞はげまして、力を出せるようにさせる。例あたたかい言葉に力付けられる。活用ちからづ・ける。

ちからづよい【力強い】形容詞❶力がこもっている。力があふれている。例力強い手。❷たよりになって心強い。例力強い味方が現れた。活用ちからづよ・い。

ちからない【力ない】形容詞気力や元気がないようす。例力なくつぶやく。活用ちからな・い。

ちからになる【力になる】慣用句たよられて、助ける。他人のたよりになる。例かれにはずいぶん力になってもらった。

ちからのかぎり【力の限り】連語ありったけの力を出して。例勝利をめざして、力の限りがんばります。

ちからぶそく【力不足】名詞形容動詞役目をはたすための、持っている力が足りないこと。例わたしの力不足で試合に負けた。対役不足。

ちからまかせ【力任せ】名詞形容動詞ありったけの力を出してするようす。例力任せにつなをひっぱる。

ちからまけ【力負け】名詞する動詞❶相手より力がおとっていて、負けること。例チャンピオンが相手では、どうしても力負けする。❷力を入れすぎたために、かえって負けること。例意気ごみすぎて、力負けする。

ちからみず【力水】名詞相撲で、土俵にあがる力士が、口をすすいできれいにする水。土俵の下のすみにおく。化粧水。例力水をつける。

ちからもち【力持ち】名詞力の強いこと。また、力の強い人。

ちからわざ【力業】名詞❶体やうでの力が必要な仕事。例材木を運ぶ力業。類力仕事。❷力を用いたわざ。例力業で相手を投げたおす。

ちからをいれる【力を入れる】慣用句熱心に努力する。例合唱に力を入れる。

ちからをおとす【力を落とす】慣用句がっかりして、やる気をなくす。例計画が中止になり、力を落とす。

ちからをかす【力を貸す】慣用句人のために手伝ったり、助けたりする。例この仕事をやりとげるために、あなたの力を貸してほしい。

ちからをつくす【力を尽くす】慣用句一生けんめい、できるかぎりのことをする。例力を尽くして、伝統を守る。

ちかん【痴漢】名詞電車の中や夜道などで、他人にいやらしいいたずらをする人。

ちき【知己】名詞❶自分の考えや気持ちをよく

あいうえお かきくけこ さしすせそ たちつてと ち なにぬねの はひふへほ まみむめも や ゆ よ らりるれろ わ を ん

ことばあそび なぞかけ㉔「セミ」とかけて「赤ちゃん」ととく。そのこころは？→

知ってくれる人。親友。❷知りあい。知人。例知己をたよってアメリカにわたる。

ちきゅう【地球】名詞 人類がすんでいる天体。太陽系のわく星の一つ。一日に一回自転し、一年に一回公転する。周囲は、赤道上で約四万キロメートル。例地球上の生物。⇩755ページ・太陽系(図)。

ちきゅうおんだんか【地球温暖化】名詞 地球の気温が高くなること。二酸化炭素やメタン、フロンなど「温室効果ガス」が温暖化をもたらす。気象や自然などにえいきょうがあり、問題になっている。

ちきゅうぎ【地球儀】名詞 回転するようにつくってある、地球のもけい。

ちぎょ【稚魚】名詞 たまごからかえってから、十分に成長するまでのわかい魚。

ちぎり【契り】名詞 おたがいに、そうしようと約束すること。特に、夫婦になる約束をする意味で使われることが多い。

ちぎりをかわす【契りを交わす】慣用句 たがいに約束をする。また、夫婦になる約束をする。例かたく契りを交わす。

¹ちぎる 動詞 ❶手で細かく切りはなす。例紙をちぎる。❷無理に引っぱって取る。例えだから花をちぎる。活用 ちぎ・る。

²ちぎる【契る】動詞 たがいに、将来のことを約束する。活用 ちぎ・る。

ちぎれる 動詞 ❶こまかく切れて、はなれる。例雲がちぎれて飛んでいく。❷もぎとったように切れる。例ひっぱられて、着物のそでがちぎれる。活用 ちぎ・れる。

チキン 名詞 ニワトリの肉。とり肉。例チキンナゲット。▼英語 chicken

ちく【地区】名詞 ある区切られたはんいの土地。地域。例九州地区の代表。

ちくおんき【蓄音機】名詞 音や声をふきこんだレコードを回して、もとの音や声をとり出す機械。参考 一八七七(明治一〇)年にエジソンが発明した。

ちくご【筑後】地名 昔の国の名。今の福岡県南部に当たる。

ちくごがわ【筑後川】地名 九州北部を西へ流れる川。大分県九重山・熊本県阿蘇山から始まり、筑紫平野をへて有明海にそそぐ。

ちぐさ【千草】名詞 ❶いろいろな草。例庭の千草。❷「千草色」の略。緑がかったうすい青色。参考「ちくさ」ともいう。

ちくさん【畜産】名詞 馬・牛・ブタ・羊などをかって、人間の生活に役立てる産業。

ちくじ【逐次】副詞 順を追っておこなうようす。じゅんじゅんに。例様子が変わったら逐次ごれんらくします。

ちくしょう【畜生】一 名詞 けだもの。二 感動詞 おこったときやくやしいときなどにいう言葉。

ちくせき【蓄積】名詞 する動詞 ためておくこと。また、たまること。例疲労が蓄積する。

ちくぜん【筑前】地名 昔の国の名。今の福岡県北西部に当たる。

ちくちく 一 副詞(〜と) ❶先のとがったもので、続けてさしたりつついたりするようす。例ちくちくさす。❷意地悪く、せめるようす。例ちくちくといやみを言われた。二 副詞(〜と) する動詞 とがったものでさされるように、いたむようす。例とげがささって、指がちくちくする。

ちくでんき【蓄電器】名詞 ⬇494ページ・コンデンサー。

ちくでんち【蓄電池】名詞 電気をたくわえ、必要なときにとり出して使える電池。充電すればくり返して使える。バッテリー。

ちぐはぐ 名詞 形容動詞 〔二つ以上のものの様子や形が〕くいちがって、そろわないこと。つり合いがとれないこと。例言うこととすることがちぐはぐだ。

ちくばのとも【竹馬の友】慣用句 〔「竹馬に乗って遊んだ友だち」ということから〕小さいころからの友だち。例なつかしい竹馬の友。

ちくび【乳首】名詞 ❶ちぶさの先の、小さくつきだした部分。乳頭。参考「ちちくび」ともいう。❷赤んぼうにくわえさせるために、「ちくび①」に似せてゴムでつくったもの。

チグリスがわ【チグリス川】地名 トルコからイラクをへて、ペルシャ湾にそそぐ川。下流でユーフラテス川と合流する。古代、流れにそってメソポタミア文明がうまれた。▼英語 Tigris

ちくりと 副詞 ❶とがったものの先で、さすようす。例注射されたとき、ちくりと感じた。❷相手に、意地悪なことを言うようす。例言うことを聞かない妹にちくりと皮肉を言う。

どちらもおしりの色がはでです。

ちくりん【竹林】名詞 タケがむらがってはえているところ。竹やぶ。

ちくわ【竹輪】名詞 魚の身をすりつぶしたものを、くしにぬりつけて焼いた食品。語源 切り口が竹を輪切りにしたものに似ていることから「竹輪」と名づけられた。

ちけい【地形】名詞 土地の表面の様子。土地の高低やかたむきなどの様子。類 地勢。

ちけいず【地形図】名詞 地形の様子をしめす図。土地の高低を等高線などでしめし、地名や川・道路、土地利用の様子などがしるしてある。

チケット 名詞 きっぷ。入場券・乗車券・回数券・食券など。▼英語 ticket

ちご【稚児】名詞 神社や寺のお祭りで、着かざって行列に加わる子ども。おちご。おちごさん。

ちこく【遅刻】名詞 する動詞 決められた時刻におくれること。

ちし【致死】名詞 死なせること。例 過失致死（＝あやまちによって他人を死なせること）。

ちじ【知事】名詞 都道府県の政治をおこなう、一番上の人。

ちしお【血潮】名詞 ❶流れ出る血。例 赤い血潮にそまる。❷体の中を流れる血。また、高まった気持ち。例 わかい血潮がたぎる。参考「血」を「潮」にたとえた言葉。

ちしき【知識】名詞 物事についてよく知っていること。また、知っている内容。例 ゆたかな知識をもっている。／知識がない。

ちしきよく【知識欲】名詞 もっと知りたいと思う気持ち。例 知識欲がおうせいだ。

ちじく【地軸】名詞 地球の北極と南極とを結ぶ線。地球はこの線をじくにして自転する。

×ちじこまる［縮こまる］⬇ちぢこまる。

ちしつ【地質】名詞 地球の表面の部分をつくっている、いろいろな岩石や地層などの性質。

ちしつじだい【地質時代】名詞 地球の歴史で、地質を手がかりにして考えられた、大昔から現在までの時代。

ちしまかいりゅう【千島海流】名詞 日本の太平洋側を北から南へ向けて流れる寒流。親潮。⇩230ページ・海流（図）。

×ちじまる［縮まる］⬇ちぢまる。

ちしまれっとう【千島列島】地名 太平洋北西部で、北海道とカムチャツカ半島との間にある列島。

×ちじみ［縮み］⬇ちぢみ。

×ちじみあがる［縮み上がる］⬇ちぢみあがる。

×ちじむ［縮む］⬇ちぢむ。

×ちじめる［縮める］⬇ちぢめる。

ちじょう【地上】名詞 ❶地面の上。地面より上。例 地上七階、地下二階のビル。類 地面。地表。対 地下。❷今生きてすんでいる世の中。例 地上の楽園。対 天上。

ちじょうデジタルほうそう【地上デジタル放送】名詞 地上にある放送局からデジタル情報を送信する方式の放送。地デジ。

ちじょく【恥辱】名詞 はじ。はずかしめ。例 恥辱を受ける。類 屈辱。

×ちじらす［縮らす］⬇ちぢらす。

ちしりょう【致死量】名詞 人間や動物を死なせるのに十分な、薬や放射能の分量。

×ちじれる［縮れる］⬇ちぢれる。

ちじん【知人】名詞 知っている人。知りあい。

ちず【地図】名詞〔山・川・平野など〕ある土地のじっさいの有様を、一定のわりあいでちぢめて、記号や文字などを使って紙などに書き表した図。例 地図を広げる。

ちすい【治水】名詞 する動詞 こう水をふせぐために、川にていぼうをきずいたり、川ぞこをほりさげたり、山に木をうえたりすること。例 治水工事。

ちすじ【血筋】名詞 ❶血液が流れるすじ道。血管。❷〔親・子・まごなど〕血のつながっている関係。例 貴族の血筋。

1**ちせい**【地勢】名詞〔山・川・平野などの〕土地の有様。例 けわしい地勢。類 地形。

2**ちせい**【知性】名詞 物事を知ったり考えたり、それを整理したり判断したりする心の働き。

ちせいてき【知性的】形容動詞 知性があるようす。例 知性的な顔だち。

ちそう【地層】名詞 岩や土などによってできた、たいせき岩の層のかさなり。

ちたい【地帯】名詞 あるとくちょうをもつ、かぎられたはんいの土地。例 工業地帯。

ちたはんとう【知多半島】地名 愛知県南西部で伊勢湾に面した半島。

ちだるま【血だるま】名詞 全身が血だらけで、赤いだるまのようになること。また、そのもの。漢字 血達磨。

ことばあそび なぞかけ㉕ 「ホタル」とかけて「サル」ととく。そのこころは？ →

チタン 名詞 軽くてかたく、熱にも強い金属。ジェット機の機体の材料などに使う。チタニウム。▼ドイツ語

1**ちち**【父】名詞 男親。おとうさん。例 わたしの父は教師です。対 母。⇩98ページ・いとこ（図）。

2**ちち**【乳】名詞 ❶〔子を育てるために〕ちぶさから出る白いしる。例 乳を飲む。❷ちぶさ。

ちちうえ【父上】名詞〔自分または他人の〕父親をうやまっていう言葉。対 母上。

ちちうし【乳牛】名詞 ⬇979ページ・にゅうぎゅう。

ちちおや【父親】名詞 ある人の父である親。男親。対 母親。

ちちかた【父方】名詞 父親の血筋につながっていること。例 父方のおじ。対 母方。

ちちくさい【乳臭い】形容詞 ❶ちちのにおいがする。例 乳臭い赤んぼう。❷子どもっぽい。ようちだ。例 見るからに乳臭いかっこう。活用 ちちくさ・い。

ちちくび【乳首】名詞 ⬇798ページ・ちくび①。

ちぢこまる【縮こまる】動詞〔寒さやおそろしさのために〕体がちぢんだように小さくなる。例 ふとんの中で縮こまっている。活用 ちぢこま・る。注意「ちじこまる」と書かないこと。

ちちとして【遅遅として】連語 物事の進み方がおそいようす。例 遅々として作業が進まない。参考 ふつう「遅々として」と書く。

ちちのひ【父の日】名詞 父親に感謝する日。六月の第三日曜日。対 母の日。

ちちばなれ【乳離れ】名詞 する動詞 ⬇802ページ・ちばなれ。

ちぢまる【縮まる】動詞 ちぢんだように小さくなる。長さが短くなる。例 セーターが縮まる。活用 ちぢま・る。注意「ちじまる」と書かないこと。

ちぢみ【縮み】名詞 ❶ちぢむこと。対 伸び。❷織物の一つ。布地にこまかいしわをおりだしてあるもの。注意「ちじみ」と書かないこと。

ちぢみあがる【縮み上がる】動詞 ❶〔布などが〕ちぢんで短くなる。❷〔おそろしさなどのために〕体がちぢんで小さくなったように感じる。体がすくむ。例 あまりのおそろしさに縮み上がってしまった。注意「ちじみあがる」と書かないこと。活用 ちぢみあが・る。

ちぢむ【縮む】動詞 ❶小さくなる。短くなる。例 服が縮む。❷おそろしくて小さくなる。例 身の縮む思いがする。注意「ちじむ」と書かないこと。活用 ちぢ・む。

ちぢめる【縮める】動詞 ❶小さくする。例 目標を縮める。❷短くする。例 無理をして命を縮めた。❸引っこめる。例 カメが首を縮める。注意「ちじめる」と書かないこと。対 ①〜③伸ばす。延ばす。活用 ちぢ・める。

ちちゅう【地中】名詞 大地の中。土の中。類 地下。

ちちゅうかい【地中海】地名 北はヨーロッパ、南はアフリカ、東はアジアの三大陸にかこまれた、東西に細長い海。

ちぢらす【縮らす】動詞 ちぢれるようにする。ちぢらせる。例 髪を縮らした男の人。注意「ちじらす」と書かないこと。活用 ちぢら・す。

ことば博士になろう！

●「ぢ」と「づ」

日本語のかなづかいは、発音どおりに書き表すのが原則ですが、「ジ・ズ」と発音するのに、「ぢ・づ」と書くものがあります。

①「チ」「ツ」の音が続いたために、あとの音が「ジ・ズ」とにごって発音されるもの。

例 ちぢむ　ちぢれる　ちぢみ
つづく　つづみ　つづり

②二つの言葉が合わさった複合語で、後の言葉のはじめの音の「チ」「ツ」が「ジ・ズ」とにごって発音されるもの。

例 はなぢ（鼻＋血）
うでぢから（うで＋力）
みかづき（三日＋月）
びんづめ（びん＋つめる）

ちぢれる【縮れる】動詞 ❶しわがよってちぢむ。❷毛が、小さくうねったりまいたりする。例 縮れた髪の毛。注意「ちじれる」と書かないこと。活用 ちぢ・れる。

ちっこう【築港】名詞 する動詞 船が出入りしたり、荷物を積み下ろしをしたりできるように、港をつくること。例 築港工事。参考「ちくこう」ともいう。

ちつじょ【秩序】名詞 物事が正しくおこなわれるための順序やきまり。ことば「秩序を守る」「秩序をみだす」

ちっそ【窒素】名詞 気体の一つ。色もにおいも

味もない。空気の体積の約五分の四をしめる。肥料や火薬などの原料になる。

ちっそく【窒息】名詞 する動詞 いきがつまって、呼吸ができなくなること。例 窒息死。

ちっそさんかぶつ【窒素酸化物】名詞 自動車の排気ガスや工場などから発生し、大気をよごすちっ素と酸素の化合物。ノックス。

ちっちゃい 形容詞 「ちいさい」のくだけた言い方。ちいちゃい。例 ちっちゃい子。活用 ちっちゃ・い。

ちっとも 副詞 《「ちっとも…ない」の形で》少しも。いっこうに。例 ちっともおもしろくない。

¹チップ 名詞 ❶お礼としてあたえるお金。心づけ。例 ホテルのボーイにチップをわたす。❷野球で、ボールが打者のバットをかすってうしろへとぶこと。また、そのボール。▼英語 tip

²チップ 名詞 ❶うすい輪切り。❷小さなかけら。❸シリコン製の半導体の小片。例 ＩＣチップ。▼英語 chip

ちっぽけ 形容動詞 とても小さいようす。小さくて、ねうちがないようす。例 ちっぽけな家。／ちっぽけな存在。参考 くだけた言い方。

ちてい【地底】名詞 大地の底。地下のとても深いところ。

ちてき【知的】形容動詞 ❶知識や知性のあるようす。例 知的な感じの人。❷〔物事が〕知識に関係があるようす。例 知的なゲーム。

ちでちをあらう【血で血を洗う】慣用句 ❶悪事や暴力に対して、同じように悪事や暴力で返す。例 血で血を洗う抗争。❷肉親同士が争う。例 血で血を洗う一族の争い。

ちてん【地点】名詞 地上の、ある一つの場所。

ちとあせ【血と汗】連語 苦労して、努力をすること。例 血と汗とでタイトルを勝ちとる。

ちどうせつ【地動説】名詞 地球は、自転しながら太陽のまわりを公転しているとする説。参考 十六世紀にコペルニクスがとなえはじめ、ガリレオ、ケプラー、ニュートンなどによって明らかにされた。対 天動説。

ちとせあめ【千とせあめ】名詞 七五三などの祝いで売られる紅白のあめ。漢字 千歳飴。

ちとなりにくとなる【血となり肉となる】慣用句 学んだことや知ったことがきちんと身につく。

ちどり【千鳥】名詞 コチドリ・シロチドリなどの、チドリ科の鳥のこと。海べなどにすむ。あしの指が三本で、後ろ側の指がないものが多い。

ちどりあし【千鳥足】名詞 酒によった人の、ふらふらした足どり。例 千鳥足で歩く。

ちなまぐさい【血なまぐさい】形容詞 ❶血のにおいがするようす。❷血を流すようなむごたらしいようす。例 血なまぐさい事件。活用 ちなまぐさ・い。

ちなみに 接続詞 あることを言ったついでに、つけ加えて言うときに使う言葉。ついでに言えば。それにつけて。例 わが家は五人家族です。ちなみに、ネコ好きは父だけです。

ちなむ 動詞 あることがらに関係づける。つながりをもつ。例 文化の日にちなんだ行事。活用 ちな・む。

ちにうえる【血に飢える】慣用句 人をころしたりきずつけたりしたいような、すさんだ気持ちになっている。

ちにおちる【地に落ちる】慣用句 いきおいのさかんであったものが、すっかりおとろえる。例 父親の権威が地に落ちる。

ちねつ【地熱】名詞 ⬇571ページ・じねつ。

ちのあめがふる【血の雨が降る】慣用句 争いなどのために、たくさんの血が流される。例 銃撃戦で血の雨が降った。

ちのう【知能】名詞 物事を知ったり、考えたり、わかったりする頭の働き。ちえの働き。類 知恵。能力。

ちのうしすう【知能指数】名詞 知能がどれぐらい発達しているかを数字で表したもの。知能検査によって出た精神年令を実際の年令でわり、それを百倍して求めるなどの方法がある。平均は百。ＩＱ。

ちのうみ【血の海】連語 〔海のように〕たくさんの血が流れて広がっているようす。例 あたり一面の血の海。

ちのかよった【血の通った】慣用句 ❶血が流れている。生きている。❷人間らしいあたたかさが感じられる。例 血の通った政治。

ちのけ【血の気】名詞 ❶血の通っているようす。ひふの赤み。例 血の気のない顔。❷こうふんしやすくて、すぐおこりだすような性質。例 血の気の多い人。

ちのけがうせる【血の気がうせる】慣用句 おそろしさなどのために、顔色が青ざめ

ことばあそび なぞかけ㉖ 「お月見」とかけて「桃太郎」ととく。そのこころは？ →

る。例きょうふのあまり、血の気がうせる。

ちのけがない【血の気がない】慣用句 血色が悪い。顔色の赤みがない。例血の気がない病人。

ちのけがひく【血の気が引く】慣用句 〔おどろきやおそろしさで〕顔色が青ざめる。例大切な時計をこわしてしまったかと、血の気が引く思いをした。

ちのにじむような【血のにじむような】慣用句 とても苦労するようす。例血のにじむような努力をかさねる。

×**ちのぶん**【地の文】⬇571ページ・じのぶん。

ちのみご【乳飲み子】名詞 まだ、ちちを飲んでいるような子ども。赤んぼう。乳児。

ちのめぐり【血の巡り】連語 ❶血のじゅんかん。❷物事を理解する頭の働き。例血の巡りの悪い人。

ちのり【地の利】連語 あることをおこなうのに、土地の位置や様子がちょうどよいこと。ことば「地の利をえる」

ちばけん【千葉県】地名 関東地方の南東部にある県。県庁所在地は千葉市。⇩916ページ・都道府県（図）。

ちばし【千葉市】地名 千葉県の県庁所在地。⇩916ページ・都道府県（図）。

ちばしる【血走る】動詞 物事に熱中したりこうふんしたりして、目に多くの血が流れ赤くなる。ことば「血走った目」活用 ちばし・る。

ちばなれ【乳離れ】名詞 する動詞 赤んぼうが大きくなって、ちちを飲まなくなること。また、その時期。ちちばなれ。離乳。

ちびちび 副詞(-と) 少しずつ、おこなうようす。例ジュースをちびちび飲む。参考 くだけた言い方。

ちひょう【地表】名詞 地球の表面。また、土地の表面。類 地面。地上。

ちびる[1] 動詞 さきがすりへる。さきがすり切れる。例ちびたえんぴつ。参考 くだけた言い方。活用 ちび・る。

ちびる[2] 動詞 ❶小便を少しもらす。例こわくて、ちびりそうになった。❷出しおしみをする。けちけちする。例予算をちびる。参考①②くだけた言い方。活用 ちび・る。

ちぶさ【乳房】名詞 女性の胸や動物のめすの腹などにある、ちちの出るふくらんだところ。

チフス 名詞 感染症の腸チフス・パラチフス・発しんチフスの総称。日本では特に腸チフスをいう。▼ドイツ語

ちへいせん【地平線】名詞 広い平地で、地面と空とのさかいの線。類 水平線。

チベット 地名 中国南西部の高原地帯。また、その地域に住む民族。また、そこにある自治区。区都はラサ。▼英語 Tibet

ちほ【地歩】名詞 ある分野での地位や立場。例しっかりと地歩をかためる。

ちほう【地方】名詞 ❶中央の都市からはなれたところ。例地方出身の人。❷国内をいくつかに分けた、ある地域。例九州地方。／関東地方。

ちほうこうきょうだんたい【地方公共団体】名詞 都道府県、市町村など、その地方をおさめていくことを法律でみとめられた団体。地方自治体。

ちほうこうむいん【地方公務員】名詞 地方公共団体につとめる人。対 国家公務員。

ちほうさいばんしょ【地方裁判所】名詞 下級裁判所の一つ。各都道府県にもうけられていて、はじめての裁判はだいたいここでおこなわれる。地裁。

ちほうじちたい【地方自治体】名詞 地方公共団体のふつうの言い方。

ちほうしょく【地方色】名詞 その地方の自然・風俗・人情などからうまれる独特の感じ。ローカルカラー。例地方色ゆたかなお祭り。

ちほうぜい【地方税】名詞 地方公共団体に必要な費用として、そこに住む人から集める税金。住民税・固定資産税など。対 国税。

ちほうばん【地方版】名詞 ❶新聞で、ある地方の読者のために、その地方の記事を集めてのせたページ。❷地方へ発送するために、しめきりを早くして先に印刷した新聞。

ちほうぶんけん【地方分権】名詞 政治の権力が地方にも分けられていること。対 中央集権。

ちまき 名詞 たんごの節句につくって食べるもち菓子。もち米・もち米粉・くず粉などでつくったもちをササの葉などでまいてしばったもの。⇩図。

ちまた 名詞 ❶町の中の道路。にぎやかな町の通り。町中。例ざっとう（＝人ごみ）のちまたを行く。❷世の中。世間。例ちまたのうわさになる。❸〔大ぜいの人がある物事をおこなう〕場所。と

どちらも赤や青があります。

ころ。例戦乱のちまたとなった。漢字 巷。

ちまちま 副詞(-と) する動詞 小さいようす。小さくまとまっているようす。例ちまちまとした字。

ちまき

ちまつりにあげる【血祭りに上げる】 慣用句 戦いのはじめに、敵をころして気持ちをもり上げる。例とらえた兵士を血祭りに上げる。

ちまなこ【血眼】 名詞 ❶〔こうふんして〕血ばしった目。❷《多く「血眼になる」の形で》夢中になって物事をするようす。特に、必死になってさがし回るようす。例さいふを血眼になってさがす。

ちまみれ【血まみれ】 名詞 形容動詞 〔体などに〕血がたくさんついて赤くそまること。血みどろ。例血まみれのけが人。

ちまめ【血豆】 名詞 ゆびを強くはさんだときなどにできる、赤黒い豆つぶのようなもの。ひふのすぐ下に血がたまってできる。

ちまよう【血迷う】 動詞 〔はげしいいかりなどのため〕こうふんして理性をなくし、正しい判断や行動ができなくなる。例何を血迷ったか、とんでもないことをしでかした。活用 ちまよ・う。

ちみ【地味】 名詞 作物をつくる土地の性質のよしあし。例地味のこえた畑。参考「じみ」と読むと、別の意味になる。

ちみちをあげる【血道を上げる】 慣用句 遊びごとなどに熱中する。例カードを集めることに血道を上げる。

ちみつ【緻密】 形容動詞 くわしくて、たしかなようす。また、ていねいで、まちがいがないようす。例緻密な計画。

ちみどろ【血みどろ】 名詞 形容動詞 ❶血まみれ。血だらけ。❷とても苦しくむずかしいようすであること。例血みどろの努力。

ちめい【地名】 名詞 その土地の名前。

ちめいしょう【致命傷】 名詞 ❶死ぬ原因となったきず。例頭のきずが致命傷となった。❷二度と立ち直ることのできないような、大きな失敗や損害など。類①②命取り。

ちめいてき【致命的】 形容動詞 ❶命にかかわるようす。例致命的な重傷をおう。❷失敗や損害などが、とりかえしがつかないほど大きいようす。例致命的な痛手をうける。

ちめいど【知名度】 名詞 その人の名前がどていど世間に知られているかの度合い。例知名度の高いタレント。

×ぢめん【地面】➡579ページ・じめん。

ちもなみだもない【血も涙もない】 慣用句 心が冷たくて、思いやりがまったくない。例血も涙もない言葉。

ちゃ【茶】 名詞 ❶ツバキ科のチャノキ。また、そのわか葉をかんそうさせたもの。または、それに湯をそそいでせんじた飲み物。おちゃ。例茶をいれる。／茶を飲む。❷ちゃいろ。例茶のスカート。❸「茶の湯」のこと。

チャージ 名詞 する動詞 ❶自動車や飛行機などに燃料を入れること。❷蓄電池に充電すること。❸ラグビーやアメリカンフットボールで、相手のキックを自分の体を投げ出してさえぎること。❹サッカーやラグビーなどで、相手の選手にわざとぶつかること。反則になることもある。❺電子カードに入金して使える残高を増やすこと。▼英語 charge

チャーシュー 名詞 中国料理で使う焼きぶた。例チャーシューメン。漢字 叉焼。▼中国語

チャーター 名詞 する動詞 船・飛行機・バスなどをかりきること。また、その船・飛行機・バスなど。参考 もとは船にだけ使われた言葉。▼英語 charter

チャーハン 名詞 ごはんに、肉・ネギなどの野菜・たまごなどをまぜて、味をつけながら油でいためた中国風の料理。焼きめし。漢字 炒飯。▼中国語

チャーミング 形容動詞 かわいらしくて人の心をひきつけるようす。みりょくがあるようす。例くりっとした目がチャーミングだ。▼英語 charming

チャイコフスキー 人名 （一八四〇～一八九三）ロシアの作曲家。バレエ曲「白鳥の湖」「くるみ割り人形」や交響曲「悲愴」など、美しいメロディーにあふれた曲を多く残している。ピョートル＝イリイッチ＝チャイコフスキー。

チャイム 名詞 ❶打楽器の一種。音階に合わせ

あいうえお かきくけこ さしすせそ たちつてと ち なにぬねの はひふへほ まみむめも や ゆ よ らりるれろ わ を ん

ことばあそび なぞかけ㉗「おに」とかけて「信号」ととく。そのこころは？ →

て組み合わせた一組みのかね。❷家の入り口や、会社・学校などで鳴らす、「チャイム①」に似た音を出すしかけ。また、その音。▼英語 chime

チャイルドシート 名詞 自動車の席にとりつける、小さな子ども用の座席。参考 六才未満の子どもには着用が義務づけられている。▼英語 child seat

ちゃいろ【茶色】名詞 黒みがかったオレンジ色。茶。例 茶色の髪。

ちゃかす 動詞 まじめなことをじょうだんにする。例 兄はいつも人の話をちゃかす。活用 ちゃか・す。

ちゃかっしょく【茶褐色】名詞 少し黒みがかった茶色。

ちゃき【茶器】名詞 茶を入れたり飲んだりするのに使う道具。

ちゃきちゃき 名詞 形容動詞 まじり気がないこと。きっすい。例 ちゃきちゃきの江戸っ子。

ちゃくい【着衣】名詞 する動詞 衣服を身につけること。また、身につけている衣服。例 着衣のまま、泳ぐ。対 脱衣。

ちゃくがん【着眼】名詞 する動詞 ある物事の大切な点などを注意して見ること。例 材料に着眼する。／着眼点。類 着目。

ちゃくじつ【着実】名詞 形容動詞 落ち着いて正確に物事をおこなうこと。例 着実に力をつける。

ちゃくしゅ【着手】名詞 する動詞 〔ある仕事に〕とりかかること。例 改革に着手する。

ちゃくじゅん【着順】名詞 目的のところに着いた順番。ゴールした順番。例 ランナーの着順で得点を決める。

ちゃくしょく【着色】名詞 する動詞 色をつけること。例 着色した食品。

ちゃくしん【着信】名詞 する動詞 電話や電子メールなどの通信がとどくこと。また、その通信。例 着信拒否。／スマホに母からのメールが着信する。類 受信。

ちゃくすい【着水】名詞 する動詞 水上飛行機や水鳥などが、空から水面におりること。例 海上に着水する。

ちゃくせき【着席】名詞 する動詞 席につくこと。席にこしをおろすこと。対 起立。

ちゃくそう【着想】名詞 〔ある物事をするときや、ある物をつくるときの〕工夫。思いつき。例 絵画から着想を得て作った曲。／おもしろい着想だ。

ちゃくだつ【着脱】名詞 する動詞 つけたりはずしたりすること。また、着たりぬいだりすること。例 かんたんに着脱できるベルト。

ちゃくだん【着弾】名詞 する動詞 鉄砲や大砲などから打ち出されたたまが、ある地点までとんでとどくこと。

ちゃくち【着地】名詞 する動詞 とんでいたものがおりて、地面に着くこと。例 両足をそろえて着地した。

ちゃくちゃく【着着】副詞(―と) 物事が順番どおりに、うまく進むようす。例 仕事が着々と進む。参考 ふつう「着々」と書く。

ちゃくにん【着任】名詞 する動詞 新しいつとめにつくこと。また、新しいつとめ先のあるところにつくこと。類 赴任。対 離任。

ちゃくふく【着服】名詞 する動詞 他人の物をこっそり自分の物にすること。例 公金を着服する。

ちゃくメロ【着メロ】名詞 「着信メロディー」の略。スマートフォンなどで、通信がとどいたことを知らせる曲や曲の一部。

ちゃくもく【着目】名詞 する動詞 〔ある物事を重要なものとして〕気をつけて見ること。例 新しい技術に着目する。類 注目。着眼。

ちゃくよう【着用】名詞 する動詞 衣服を着ること。例 スーツを着用する。

ちゃくりく【着陸】名詞 する動詞 飛行機などが、空中から陸地におりること。例 空港に着陸した。対 離陸。

ちゃこし【茶こし】名詞 せん茶・紅茶などの茶がらをこす道具。まるい小さなわくにあみをはって、柄をつけたもの。

ちゃしつ【茶室】名詞 茶の湯をするための部屋。

ちゃたく【茶たく】名詞 〔客に茶を出すとき〕ゆのみをのせる小さなさらの形をした台。⇩図。

ちゃだんす【茶だんす】名詞 茶器や食器を入れておく、たなや引きだしのついた家具。

ちゃち 形容動詞 安っぽくて、値うちのないようす。例 ちゃちなおもちゃ。参考 くだけた言い方。

ちゃちゃをいれる【茶茶を入れる】慣用句 ひやかして、じゃまをする。例 横から

どちらも暗いところで見ます。

茶々を入れておこられた。参考ふつう「茶々を入れる」と書く。

ちゃっか【着火】名詞 する動詞 火がつくこと。また、火をつけること。例たやすく着火する。

ちゃっかり 副詞(ーと) する動詞 ぬけめがなく、ずうずうしいようす。例ちゃっかり、自分の分まで注文している。参考くだけた言い方。

茶わん

茶たく

チャック 名詞 ➡1124ページ・ファスナー。

ちゃづけ【茶漬け】名詞 ごはんにお茶をかけた食べ物。ふつう、のり・つけもの・しおざけなどといっしょに食べる。お茶づけ。例のり茶漬け。参考お茶のかわりに、うす味のだしじるをかけることもある。

ちゃっこう【着工】名詞 する動詞 工事にとりかかること。例一年前に着工し、先月完成した。類起工。対しゅん工。

ちゃづつ【茶筒】名詞 お茶の葉を入れておく、つつ形の容器。

チャット 名詞 する動詞 〔もとは「おしゃべり」の意味から〕コンピューターやスマートフォンのインターネットを利用して、何人もの人が伝えたいことのやりとりをその場ですること。▼英語 chat

ちゃつみ【茶摘み】名詞 夏のはじめごろ、茶の芽やわかい葉をつむこと。また、その人。

ちゃつみうた【茶摘み歌】名詞 茶つみをしながら歌う歌。

ちゃどう【茶道】名詞 ➡519ページ・さどう。

ちゃどころ【茶所】名詞 茶が広くさいばいされていることで、知られている地方。例静岡は茶所だ。

ちゃのま【茶の間】名詞 家族が食事をしたりお茶を飲んだりする部屋。類居間。

ちゃのみともだち【茶飲み友達】名詞 茶を飲みながら、心をゆるして話などをする親しい友だち。

ちゃのゆ【茶の湯】名詞 客を茶室にまねき、まっ茶（＝こなにした茶）をたててもてなすこと。また、その作法。

ちゃばしら【茶柱】名詞 茶をゆのみに入れたとき、ゆのみの中でたてになってうかぶ、茶のくき。ことば「茶柱が立つ」参考「茶柱が立つ」と、いいことがおこるといわれる。⇩図。

茶柱

ちゃばたけ【茶畑】名詞 茶をさいばいしている畑。

ちゃぱつ【茶髪】名詞 茶色にそめた髪の毛。参考くだけた言い方。

ちゃばらもいっとき【茶腹も一時】ことわざ 茶を飲んだだけでも、ちょっとの間、おなかのすいたのをがまんできる。わずかなものでも、一時しのぎになる、ということ。

ちゃばん【茶番】名詞 底の見えすいたばかばかしいふるまいや物事。例とんだ茶番だね。

ちゃぶだい【ちゃぶ台】名詞 〔和風の部屋で使う〕おりたたみのできる短いあしのついた食事用のつくえ。⇩図。

チャペル 名詞 キリスト教で、神にいのるための建物。礼拝堂。▼英語 chapel

ちゃぶ台

ちゃぼ 名詞 ニワトリの一品種。体が小さい。天然記念物。

ちやほや 副詞(ーと) する動詞 あまやかしたり、きげんをとったりするようす。例ちやほやされていい気になっている。

ちゃみせ【茶店】名詞 街道の道ばたなどにあって、通る人が休んだりお茶を飲んだりする小さな店。茶屋。

ちゃめ【茶目】名詞 形容動詞 おもしろおかしく、悪気のないいたずらをすること。また、その人。おちゃめ。

ちゃめっけ【茶目っ気】名詞 悪気のないいたずらをして、人を笑わそうとする気持ち。ことば「茶目っ気たっぷり（のふるまい）」

ことばあそび なぞかけ㉘ 「星」とかけて「映画」ととく。そのこころは？ →

ちゃや【茶屋】(名詞) ❶↓ちゃみせ。❷茶を売る店。❸客を遊ばせたり酒を飲ませたりする店。

ちゃら (名詞) ❶でたらめ。出まかせ。例あんまりちゃらを言うな。❷貸したり借りたりの関係をなくすこと。例勝負をちゃらにする。

ちゃらんぽらん (名詞)(形容動詞) いいかげんで無責任なこと。例ちゃらんぽらんな男。(参考)くだけた言い方。

チャリティー (名詞) まずしい人やこまっている人を、寄付などをして助けること。慈善。例チャリティーショー(=慈善のための資金を集めるためにおこなう興行)。▼英語 charity

ちゃりんこ (名詞) ❶自転車。小型のオートバイ。❷子どもの、すり。(参考)くだけた言い方。

チャルメラ (名詞) らっぱに似た楽器。屋台のラーメン屋などがふいて使う。⇩図。▼ポルトガル語

チャルメラ

チャレンジ (名詞)(する動詞) ❶相手に、たたかいをしかけること。また、試合などをもうし入れること。挑戦。例世界チャンピオンにチャレンジする。❷困難な物事を、すすんでなしとげようとすること。挑戦。例世界記録にチャレンジする。❸球技で、しんぱんの判定に異議をとなえる制度。▼英語 challenge

ちゃわかい【茶話会】(名詞) ↓525ページ・さわかい。

ちゃわん【茶わん】(名詞) 茶を飲んだり、ごはんを食べたりするのに使う、陶器や磁器の器。例茶わんを差し出す。漢字 茶碗。⇩805ページ・茶たく(図)。

ちゃわんむし【茶わん蒸し】(名詞) 鳥肉・かまぼこ・ぎんなん・ミツバなどを入れた茶わんに、だしでといた卵じるをそそぎ、そのまま蒸してかためた料理。

ちゃん (接尾語) 〔人の名前や人を表す言葉について〕人をよぶ言葉。例ようこちゃん。／おじいちゃん。(参考)「さん」よりも親しみをこめた言い方。

チャンス (名詞) 物事をするのに、ちょうどよいおり。例点を入れるぜっこうのチャンスだ。▼英語 chance

ちゃんちゃらおかしい (形容詞) ばかばかしくて、問題にならない。例そんな話ちゃんちゃらおかしくて聞いていられない。(参考)くだけた言い方。(活用)ちゃんちゃらおかし・い。

ちゃんちゃんこ (名詞) 子ども用の、そでのないわたいれのはおり。そでなし。⇩図。

ちゃんちゃんこ

ちゃんと (副詞)(する動詞) ❶まちがいなく、きちんとしているようす。例宿題をちゃんとする。❷態度がしっかりしているようす。例六年生らしくちゃんとしなさい。❸形や様子などが、ととのっているようす。例ちゃんとした服装。

チャンネル (名詞) ❶ラジオ・テレビ・無線電信などで、それぞれの放送局にわりあてられた電波の周波数。❷テレビの、放送を切りかえるためのボタン。▼英語 channel

ちゃんばら (名詞) 「ちゃんちゃんばらばら」の略。刀で切り合うこと。例ちゃんばら映画。

チャンピオン (名詞) スポーツなどの優勝者。例全日本のチャンピオン。▼英語 champion

ちゃんぽん 一 (名詞)(形容動詞) ちがったものをまぜこぜにすること。例和風と洋風をちゃんぽんにした料理。(参考)くだけた言い方。
二 (名詞) 肉・貝・野菜・かまぼこなどをいため、中華風のめんといっしょにスープでにた料理。長崎の名物。

ちゅう[1]【中】(名詞) ❶間・真ん中であること。❷「中学」の略。例附属中に通う。

ちゅう[2]【注】(名詞) 本文の説明をおぎなったり、本文中の言葉や文の意味をくわしく説明したりするために書き入れた、言葉や文。例むずかしい語句に注をつける。

ちゅうい[1]【中尉】(名詞) 軍隊の階級の一つ。大尉の下、少尉の上の位。

ちゅうい[2]【注意】(名詞)(する動詞) ❶集中し、気をつけること。例足もとに注意して歩く。／注意を要する。(類)留意。❷〔悪いところや直さなければ

どちらもとのさまがいます。

ばならないことを〕よく言い聞かせること。例言葉づかいを注意された。

ちゅういぶかい【注意深い】(形容詞) よく気をつけるようす。例注意深い人。活用 ちゅういぶか・い。

ちゅういほう【注意報】(名詞) 大雨・強風などによって災害がおこるおそれのあるとき、注意するように気象庁や気象台が出すしらせ。

ちゅういをはらう【注意を払う】慣用句 あることに気をつける。例けがをしないように細心の注意を払う。

チューインガム (名詞) お菓子の一つ。チクルという木のしるや合成樹脂に、あまみや香料を加え、かためたもの。口の中でかんであじわう。▼英語 chewing gum

ちゅうおう【中央】(名詞) ❶真ん中。例町の中央にある広場。❷ある国で、政府のある土地。首都。❸中心となる大切な位置・役目。例中央官庁。

ちゅうおうしゅうけん【中央集権】(名詞) 政治の権力が国の政府などに集まっていること。対地方分権。

ちゅうか【中華】(名詞) ❶中国のこと。❷「中華料理」の略。中国風の料理。中国料理。例夕食は中華にしよう。❸「中華そば」の略。中国風のそば。ラーメン。例冷やし中華。

ちゅうかい【仲介】(名詞)(する動詞) 両方の間にいて、とりついだり、まとめたりすること。例土地の売買の仲介をする。

ちゅうがい【虫害】(名詞) 〔植物などが〕虫に食いあらされたりしてうける害。

ちゅうがえり【宙返り】(名詞)(する動詞) 空中で、体や飛行機などを回転させること。とんぼがえり。

ちゅうかく【中核】(名詞) 物事の中心となる、大切な部分。例姉はチームの中核となる選手だ。

ちゅうがく【中学】(名詞) 「中学校」の略。

ちゅうがくせい【中学生】(名詞) 中学校に通っている子ども。

ちゅうがくねん【中学年】(名詞) 〔小学校で〕中ほどの学年。おもに三・四年をさす。対高学年。低学年。

ちゅうかじんみんきょうわこく【中華人民共和国】(地名) アジア大陸の東部から中部にかけてある国。首都は北京。参考「中国」ということが多い。

ちゅうかそば【中華そば】(名詞) ⬇1359ページ・ラーメン。

1 **ちゅうがた**【中形】(名詞) 形が中くらいであること。例中形のバケツ。

2 **ちゅうがた**【中型】(名詞) 型が中くらいであること。また、規模が中くらいであること。例中型のバス。

ちゅうがっこう【中学校】(名詞) ❶小学校の教育を終えた人が、さらに三年間の教育を受ける義務制の学校。例中学校に入学する。❷古い制度で、小学校を終えた人にさらに五年間の教育をおこなった男子の学校。

1 **ちゅうかん**【中間】(名詞) ❶二つのものの間。特に、真ん中。例中間地点。❷物事のとちゅう。例中間報告。類①②中途。

2 **ちゅうかん**【昼間】(名詞) ひるま。日中。

ちゅうかんしょく【中間色】(名詞) ❶純色(＝まじりけのない色)に白やはい色をまぜた、やわらかい感じの色。❷赤・青・黄の三原色と白・黒以外の色。間色。

1 **ちゅうき**【中期】(名詞) ある期間を三つに分けたときの、真ん中の期間。対初期。末期。晩期。前期。後期。

2 **ちゅうき**【注記】(名詞)(する動詞) 本文の意味がよくわかるように、短い説明を書きしるすこと。また、書きしるしたもの。例巻末に注記をつける。

ちゅうぎ【忠義】(名詞)(形容動詞) 主君や主人に対していっしょうけんめいにつくすこと。

ちゅうきゅう【中級】(名詞) 中くらいの等級・ていど。例中級の教材。対上級。初級。下級。

ちゅうきょうこうぎょうちたい【中京工業地帯】(名詞) 名古屋市を中心にして、愛知県・岐阜県・三重県に広がる工業地帯。機械工業・化学工業がさかんである。

ちゅうきょり【中距離】(名詞) ❶中くらいのきょり。❷「中距離競走」の略。陸上競技の種目の一つ。八百メートル・千五百メートルなどの競走。対①②短距離。長距離。

ちゅうきんとう【中近東】(名詞) アジアの中東と近東を合わせた地域。

ちゅうくう【中空】❶(名詞) 空の中ほど。中天。例中空の月をながめる。❷(名詞)(形容動詞) 内部がからになっていること。例麦のくきは中空になっている。

ことばあそび なぞかけ㉙ 「カエル」とかけて「お城」ととく。そのこころは？ →

ちゅうぐらい【中位】 名詞 形容動詞 真ん中のあたりであること。中くらい。参考「ぐらい」はひらがなで書くことが多い。例クラスでは中ぐらいのせの高さだ。

ちゅうけい【中継】 名詞 する動詞 ❶とちゅうでうけつぐこと。なかつぎ。例外野手からのボールを内野手が中継する。❷「中継放送」の略。

ちゅうけいほうそう【中継放送】 名詞 する動詞 ある場所や放送局をなかつぎにして放送すること。

ちゅうけん【中堅】 名詞 ❶〔ある仲間・社会・団体などの中で〕〔地位は高くも低くもない〕中心となって働く人。❷〔ある業界や学校などの中で〕〔大きくも小さくもない、また上でも下でもない〕まん中ぐらいのもの。例中堅企業。／中堅層。❸野球で、「中堅手」の略。外野の真ん中を守る人。センター。

1 **ちゅうげん【中元】** 名詞 ❶旧暦の七月十五日。❷「中元①」のころ、世話になった人にお礼におくる、おくりもの。参考 ⇩691ページ・歳暮。

2 **ちゅうげん【忠言】** 名詞 する動詞 〔その人のためを思って〕心をこめて注意すること。また、その言葉。ことば「忠言は耳にさからう（＝忠告はなかなか人に受け入れられないものだ）」類忠告。

ちゅうこ【中古】 名詞 ❶一度使って、少し古くなっていること。ちゅうぶる。例中古の車を買う。／中古品。❷時代の分け方の一つ。日本では、ふつう平安時代のこと。対上古。近古。

ちゅうこう【忠孝】 名詞 忠義と孝行。主君や親のために一生けんめいつくすこと。例忠孝をおもんじる。

ちゅうこういっかんきょういく【中高一貫教育】 名詞 中学校と高校の六年間を、一つのまとまった考え方にもとづいて学ぶ教育の方法。

ちゅうこうねん【中高年】 名詞 中年と高年。青年と老年の間の年の人。

ちゅうこく【忠告】 名詞 する動詞 〔その人のためを思って〕あやまちなどを注意し、直すようにすすめること。また、その言葉。例親の忠告を聞く。類忠言。助言。警告。

ちゅうごく【中国】 一 名詞 アジア東部の地域のこと。二 地名 ⇩ちゅうかじんみんきょうわこく。三 名詞 ⇩ちゅうごくちほう。

ちゅうごくざんりゅうこじ【中国残留孤児】 名詞 中国大陸で、第二次世界大戦の終戦の混乱の中で親とはなればなれとなり、そのまま中国に残った日本人の子ども。

ちゅうごくちほう【中国地方】 名詞 日本の本州西部の地方。山口県・鳥取県・島根県・広島県・岡山県のある地方。中国。

ちゅうごし【中腰】 名詞 こしを半分あげて、立ちかけた姿勢。例中腰でレシーブする。

ちゅうさ【中佐】 名詞 軍隊の階級の一つ。大佐の下、少佐の上の位。

ちゅうざ【中座】 名詞 する動詞 集まりや話し合いのとちゅうで席をはずすこと。

ちゅうさい【仲裁】 名詞 する動詞 争っている両方の間にはいって、仲なおりをさせること。

ちゅうざい【駐在】 一 名詞 する動詞 仕事のために命令されて、決まった場所に長くとどまること。例ワシントン駐在の記者。二 名詞 「駐在所」の略。また、駐在所にいる警察官。

ちゅうざいしょ【駐在所】 名詞 警察官が住みこんで、受け持ちの区域の仕事をするところ。

1 **ちゅうし【中止】** 名詞 する動詞 物事を、とちゅうでやめること。また、予定していたことをやめること。例発売を中止する。／雨で花火大会が中止になった。類中絶。休止。

2 **ちゅうし【注視】** 名詞 する動詞 注意して見ること。例かれの表情を注視する。類注目。

ちゅうじく【中軸】 名詞 物事の中心となる物や人。例中軸打者。

ちゅうじつ【忠実】 形容動詞 ❶物事をしょうじきでまじめにおこなうようす。例規則を忠実に守る。類誠実。実直。❷少しのちがいもなく、物事をするようす。例こまかいところまで忠実に写生する。

1 **ちゅうしゃ【注射】** 名詞 する動詞 注射器の針をさして薬を体の中に入れること。例予防注射。

2 **ちゅうしゃ【駐車】** 名詞 する動詞 自動車などを止めておくこと。例駐車禁止。類停車。

ちゅうしゃく【注釈】 名詞 する動詞 本文の、わかりにくい言葉や文の意味をわかりやすく説明すること。また、その説明したもの。例注釈書。

ちゅうしゅう【中秋】 名詞 昔のこよみで、八月十五日。ことば ⇩「中秋の名月」

あに？（なぞなぞの答えは、ページをめくったところにあるよ。）

ちゅうしゅうのめいげつ【中秋の名月】 名詞 昔のこよみで、八月十五日の月。いも名月。

ちゅうしゅつ【抽出】 名詞 する動詞 〔ある人やものなどを〕ぬき出すこと。とり出すこと。例 名簿から抽出した人。

ちゅうじゅん【中旬】 名詞 月の十一日から二十日までの十日間。対 上旬。下旬。

1 **ちゅうしょう【中小】** 名詞 中と小。中くらいのものと小さいもの。例 中小の企業。

2 **ちゅうしょう【中傷】** 名詞 する動詞 ありもしないことを言って、その人のめいよをきずつけること。例 中傷を受ける。類 非難。ざん言。

3 **ちゅうしょう【抽象】** 名詞 する動詞 いろいろなもののなかから、共通した点をぬき出してとらえること。例 抽象画。対 具象。具体。

ちゅうじょう【中将】 名詞 軍隊の階級の一つ。大将の下、少将の上の位。

ちゅうしょうきぎょう【中小企業】 名詞 少ない資本・人数で経営している商店や工場。

ちゅうしょうてき【抽象的】 形容動詞 ❶ことなっているものから共通の点をぬき出して、一つにまとめるようす。❷じっさいのことからはなれていて、様子や内容がはっきりしないようす。例 抽象的で、わかりにくい話。対 具体的。

ちゅうしょく【昼食】 名詞 ひるごはん。対 朝食。夕食。

ちゅうしん【中心】 名詞 ❶真ん中の位置。例 地球の中心。❷物事のもっとも大切な働きをするところ。また、その大切な部分。例 ボランティアを中心として活動する。／中心人物。

ちゅうしんかく【中心角】 名詞 おうぎ形で、二つの半径にはさまれた角。

ちゅうしんてん【中心点】 名詞 ❶図形や物体の真ん中にあたる位置。例 円の中心点。❷物事の中心となる大切なところ。例 経済問題の中心点。

ちゅうすい【注水】 名詞 する動詞 水をそそぎいれること。また、水をそそぎかけること。

ちゅうすいえん【虫垂炎】 名詞 盲腸の下のはしにある虫垂がはれたり、うんだりする症状を表す病気。参考 以前は「盲腸炎」ともよばれていた。

ちゅうすう【中枢】 名詞 物事の中心になる、大切なところ。例 政治の中枢にいる人物。対 末端。

1 **ちゅうせい【中世】** 名詞 時代の分け方の一つ。日本では、ふつう鎌倉・室町時代のこと。西洋では五世紀から十五世紀ごろまでのこと。類 近古。対 古代。近世。近代。

2 **ちゅうせい【中性】** 名詞 酸性でもアルカリ性でもない性質。例 中性洗剤。

3 **ちゅうせい【忠誠】** 名詞 〔君主や主人に〕一生けんめいにつかえること。忠実なこと。また、その心。ことば「忠誠をつくす」

ちゅうせいだい【中生代】 名詞 大昔の時代の分け方の一つ。古生代の後で、今から約二億五千万年前から六千六百万年前までの間。恐竜がさかえ、やがて、ほろびた。

ちゅうぜつ【中絶】 名詞 する動詞 とちゅうでやめること。類 中断。中止。

ちゅうせん【抽選】 名詞 する動詞 くじをひくこと。例 抽選で決める。

ちゅうぞう【鋳造】 名詞 する動詞 とかした金属を、型に流しこんで物をつくること。例 貨幣を鋳造する。

ちゅうたい【中退】 名詞 する動詞 「中途退学」の略。学校をとちゅうでやめること。

ちゅうだん【中断】 名詞 する動詞 とちゅうで、とぎれること。また、とちゅうでやめること。例 放送が中断した。／作業を中断する。類 中絶。

ちゅうちょ 名詞 する動詞 考えが決まらず、あれこれとまよい、ためらうこと。例 発言をちゅうちょする。／ちゅうちょなく、選ぶ。

ちゅうづり【宙づり】 名詞 地面につかず、空中にぶらさがったままでいること。また、その状態。例 ロープウエーが宙づりになった。

ちゅうてん【中天】 名詞 空の真ん中あたり。中空。なかぞら。例 満月が中天にかかる。

ちゅうと【中途】 名詞 ❶道のりのなかほど。❷物事のなかほど。仕事のなかば。例 作業を中途でやめる。類 ①②中間。

1 **ちゅうとう【中東】** 名詞 ヨーロッパから見て極東と近東との間に当たる地域。アフガニスタン・イラン・イラク・サウジアラビアなどをふくむ地方。また、トルコ・エジプトなどをふくめた中近東の意味でも使われる。

2 **ちゅうとう【中等】** 名詞 ていどが中くらいであること。対 上等。下等。初等。高等。

3 **ちゅうとう【柱頭】** 名詞 めしべの先の花粉の

ことばあそび　なぞなぞ❶　「あいうえお」の中に入っている、晴れた空の色をあらわすことばはな

つく部分。参考 ねん液を出したり、毛があったりして花粉がつきやすくなっている。

ちゅうどく【中毒】 名詞 する動詞 いたんだ食べ物や細菌の毒素などにあたること。例 食中毒。

ちゅうとはんぱ【中途半端】 四字熟語 物事がやりかけのままであること。どっちつかずであること。例 中途半端な仕事。

ちゅうにうく【宙に浮く】 慣用句 ❶空中にうかぶ。また、足などが地面につかない。❷行きどころがなくなる。例 あて名がはっきりせず郵便物が宙に浮いている。

ちゅうにかい【中二階】 名詞 二階と一階の中間の高さにつくられた階。また、ふつうの二階よりも少し低い二階。

ちゅうにくちゅうぜい【中肉中背】 名詞 太りすぎていなくて、中くらいの背の高さであること。

ちゅうにち【中日】 名詞 春と秋の彼岸の真ん中の日。「春分の日」と「秋分の日」に当たる。参考「彼岸の中日」ともいう。

ちゅうにまう【宙に舞う】 慣用句 空中でおどるように動く。例 花びらが宙に舞う。

ちゅうにまよう【宙に迷う】 慣用句 物事が決まらないまま、あやふやになる。例 学級会で意見がまとまらず、遠足の行き先は宙に迷った状態だ。

ちゅうにゅう【注入】 名詞 する動詞 水などをそそいで入れること。例 体内に薬液を注入する。

ちゅうねん【中年】 名詞 四十才代ぐらいの年ごろ。また、その年ごろの人。青年と老年の間。類 壮年。

ちゅうは【中波】 名詞 波長が短波と長波の間の電波。ふつう、波長が百メートルから千メートルの電波をいう。ラジオ放送などに使う。対 長波。短波。超短波。

チューバ 名詞 らっぱの形をした大形の楽器。金管楽器の中で、一番低い音を出す。テューバ。▼英語 tuba

ちゅうばいか【虫媒花】 名詞 こん虫によって花粉が運ばれて実を結ぶ花。花の色が美しく、かおりのよいものが多い。類 風媒花。

ちゅうばん【中盤】 名詞 ❶囲碁・将棋で、たたかいのなかごろ。❷〔試合や選挙戦など〕続いておこなわれている物事のなかごろ。例 選挙戦も中盤にさしかかった。対 ①②序盤。終盤。

1 **ちゅうぶ【中部】** 名詞 ❶真ん中の部分。❷「中部地方」の略。

2 **チューブ** 名詞 ❶くだ。❷タイヤの中に入れるゴムのくだ。❸〔ねりはみがき・接着剤などを入れる〕やわらかい金属やビニールなどでつくったつつのような入れ物。▼英語 tube

ちゅうふく【中腹】 名詞 山の頂上とふもとの間の部分。山腹。

ちゅうぶちほう【中部地方】 名詞 新潟・富山・石川・福井・長野・山梨・岐阜・愛知・静岡の九つの県のある地方。

ちゅうぶらりん【宙ぶらりん・中ぶらりん】 名詞 形容動詞 ❶空中にぶらさがっているようす。例 たこが電線にかかって、ちゅうぶらりんになる。❷どっちつかずで、中途半端なようす。例 計画がちゅうぶらりんになる。

ちゅうぶる【中古】 名詞 使って少しふるくなっていること。また、そのもの。ちゅうこ。

ちゅうもく【注目】 名詞 する動詞 注意して、よく見ること。また、関心を向けること。例 新人選手に注目する。類 着目。注視。

ちゅうもくのまと【注目の的】 慣用句 たくさんの人々が心をひきつけられて、見守っている物事。例 全国民の注目の的になる。

ちゅうもくをあびる【注目を浴びる】 慣用句 多くの人から注意して見られる。興味や関心をもって見られる。例 新人選手の活やくが注目を浴びた。

ちゅうもん【注文】 名詞 する動詞 ❶店に、必要な品物をつくることや配達することなどをたのむこと。例 ピザを注文する。❷こうしてほしいと望むこと。ことば ⇩「注文をつける（＝のぞんでいることを言う）」

ちゅうもんをつける【注文を付ける】 慣用句 自分の望みどおりにしてほしいとたのむ。例 へんな注文を付けられた。

ちゅうや【昼夜】 名詞 ひるとよる。

ちゅうやけんこう【昼夜兼行】 四字熟語 昼も夜も休まないで仕事をすること。例 昼夜兼行で復旧作業をする。

ちゅうやのべつなく【昼夜の別なく】 慣用句 ⬇ちゅうやをわかたず。

ちゅうやをおかず【昼夜をおかず】 慣用句 ⬇ちゅうやをわかたず。

ちゅうやをわかたず【昼夜を分かたず】

慣用句 昼と夜の区別なく。昼も夜も休まないで。昼夜の別なく。昼夜をおかず。例 昼夜を分かたず働き続ける。

ちゅうゆ【注油】名詞 する動詞 機械などに油をさすこと。

ちゅうりつ【中立】名詞 する動詞 争っている両方の、どちらのみかたもしないし反対もしないこと。

ちゅうりつこく【中立国】名詞 戦争がおきたとき、どちらの国のみかたもしないことを世界に明らかにしている国。

チューリップ 名詞 ユリ科の植物。春につりがね形のさまざまな色の花がさく。球根でふえる。▼英語 tulip

ちゅうりゃく【中略】名詞 する動詞 〔文章などの〕とちゅうをはぶくこと。対 前略。後略。

1 **ちゅうりゅう**【中流】名詞 ❶川の、みなもとから河口までの間のなかほど。対 上流。下流。❷川の流れの真ん中。川のなかほど。❸世の中でふつうていどの生活をしている階級。例 中流家庭。対 上流。下流。

2 **ちゅうりゅう**【駐留】名詞 する動詞 軍隊が、ある土地にある期間とどまっていること。例 駐留軍。類 在留。

ちゅうりん【駐輪】名詞 自転車をとめておくこと。例 駐輪場。

ちゅうわ【中和】名詞 する動詞 〔酸とアルカリなどのように〕性質の反対のものがまざりあって、どちらの性質もなくなること。

ちょいちょい 副詞 たびたび。しばしば。例 おじの家にちょいちょい遊びに行く。参考 くだけた言い方。

1 **ちょう** 名詞 羽に「りんぷん」という粉がついている、こん虫。花のみつをすい、とまるとき羽を立てる。幼虫は、毛虫や青虫。例 ナノハナにちょうがとまっている。参考 「ちょうちょう」「ちょうちょ」ともいう。漢字 蝶。

2 **ちょう**【丁】助数詞 《数を表す言葉の下につけて》とうふ・てっぽう・道具などを数える言葉。例 とうふ一丁。／はさみ二丁。

3 **ちょう**【兆】助数詞 数の単位。一兆は一億の一万倍。

4 **ちょう**【町】一 名詞 町。地方公共団体の一つ。例 町議会。二 名詞 助数詞 ❶昔の、土地の広さの単位。一町は約九・九一七平方メートル。❷昔の距離の単位。一町は約百九メートル。

5 **ちょう**【超】一 接頭語 ❶ていどが、それ以上である意味を表す言葉。例 超満員。❷あるはんいをはるかにこえている意味を表す言葉。例 超能力。／超特急。二 接尾語 あるはんいや数値をこえている意味を表す言葉。例 百グラム超。対 未満。三 副詞 ていどが、なみはずれているようす。例 超かわいい。

6 **ちょう**【腸】名詞 胃とこう門の間にある、消化器の一つ。小腸と大腸がある。食べ物をこなして、とり入れる働きをする。

ちょうい【弔意】名詞 人の死をかなしむ気持ち。ことば 「弔意を表す」

ちょういん【調印】名詞 する動詞 条約や契約をとり決めたしるしに、両方の代表者が、その書類に署名をしてはんをおすこと。例 平和条約の調印がおこなわれた。

ちょうえき【懲役】名詞 けいばつの決まった人を刑務所に入れて、決まった仕事をさせながら、罪のつぐないをさせること。

ちょうえつ【超越】名詞 する動詞 ❶ほかのものやふつうのていどをはるかにこえてすぐれていること。例 一般の人を超越した才能の持ち主。❷ふつうの人の生活態度や考え方をこえて、より高い立場にあること。ことば 「勝敗を超越している（＝勝ち負けにこだわらない）」

ちょうえん【長円】名詞 数学で、円柱や円すいをななめに切ったときの切り口の形。だえん。

ちょうおん【長音】名詞 長くのばす音。「おとうさん」の「とう」、「おかあさん」の「かあ」などや、「サッカー」の「カー」など。

ちょうおんかい【長音階】名詞 音楽で、第三音と第四音、第七音と第八音の間が半音で、ほかは全音である音階。かろやかで、明るい感じがする。対 短音階。

ちょうおんきごう【長音記号】名詞 長くのばす音をしめす記号。「アーチ」「ボール」などの「ー」。音引き。

ちょうおんそく【超音速】名詞 音速（秒速約三百四十メートル）よりもはやい速度。例 超音速のジェット機。

ちょうおんぱ【超音波】名詞 しんどう数が毎秒二万ヘルツ以上で、人間の耳には音として

こたえ あお（青）

聞こえない音波。海の深さをはかったり、魚のむれをさがしたりするのに使う。

ちょうか[1]【長歌】名詞 和歌の形式の一つ。五・七の句を三つ以上続けて、最後に五・七・七の句で終わる歌。「万葉集」に多くみられる。

ちょうか[2]【超過】名詞 する動詞 ある決まった数・量・時間などをこえること。例 予算を超過した。

ちょうかい[1]【町会】名詞 ❶町の政治を話し合って決めるしくみ。町議会。例 町会議員。❷町の行事などを相談する町内の人々でつくっている集まり。町内会。

ちょうかい[2]【朝会】名詞 〔学校や会社などで〕朝のあいさつや話をする集まり。朝礼。

ちょうかく【聴覚】名詞 五感の一つ。音をききとったり、きき分けたりする働き。例 聴覚が発達している。

ちょうかん[1]【長官】名詞 役所の事務をとりおこなう最高の役目。また、その人。

ちょうかん[2]【朝刊】名詞 朝、発行される新聞。対 夕刊。

ちょうかんず【鳥かん図】名詞 土地や建物などの様子を、高いところから見下ろしたようにかいた図。⇩図。

鳥かん図

ちょうき【長期】名詞 長い期間。対 短期。

ちょうきか【長期化】名詞 する動詞 長い期間になること。例 議論が長期化する。

ちょうぎかい【町議会】名詞 ➡ちょうかい（町会）①。

ちょうきょう【調教】名詞 する動詞 馬・犬・もうじゅうなどの動物をくんれんすること。例 馬の調教をする。／調教師。

ちょうきょり【長距離】名詞 ❶長い道のり。きょりが長いこと。例 長距離電話。類 遠距離。❷「長距離競走」の略。陸上競技の種目で、三千メートル・五千メートル・一万メートルなどの競走。❸水泳の競泳種目で、千五百メートル。対 ①〜③短距離。中距離。

ちょうけい【長兄】名詞 一番上の兄。対 末弟。長姉。参考 あらたまった言い方。

ちょうけし【帳消し】名詞 する動詞 ❶〔お金の貸し借りの関係がなくなり帳簿に記入したことをけす意味から〕お金や品物の貸し借りの関係がなくなること。例 借金を帳消しにする。❷先におこなわれた物事のよい点や悪い点を、あとの行動でとりけしてしまうこと。例 エラーを帳消しにするホームラン。

ちょうこう[1]【兆候】名詞 なにかがおこる前ぶれ。きざし。例 あらしの兆候がみられる。／インフレの兆候があらわれる。類 前兆。

ちょうこう[2]【長江】地名 中国でもっとも長い大河。西部の高原地帯から流れ出し、東シナ海にそそぐ。参考「揚子江」ともいう。

ちょうこう[3]【聴講】名詞 する動詞 〔大学などの〕講義をきくこと。例 聴講生。

ちょうごう[1]【調号】名詞 音楽で、楽譜のはじめに書いてある、その曲の調子をしめすシャープ（♯）、フラット（♭）などの記号。

ちょうごう[2]【調合】名詞 する動詞 いくつかの薬をまぜ合わせること。例 薬を調合する。

ちょうこうそう【超高層】名詞 建物などがとても高いこと。例 超高層ビル。

ちょうこうそく【超高速】名詞 高速度をさらにこえた速度。例 超高速のリニアモーターカー。

ちょうこく【彫刻】名詞 する動詞 木・石・金属などに、形やもようなどをほりきざむこと。また、そのほりきざんだもの。例 彫刻をほどこす。

ちょうこくとう【彫刻刀】名詞 版画をつくるときに使う小刀。切り出し・丸刀・三角刀・平刀などがある。

ちょうさ【調査】名詞 する動詞 調べて、はっきりさせること。例 事実を調査する。／世論調査。

ちょうさんぼし【朝三暮四】四字熟語 目先のそんとくにとらわれて、結果が同じになることにまで気がまわらないこと。また、うまいことを言って人をだますこと。語源 サルにトチの実をあたえるのに、朝に三つ、夕方に四つやろうと言ったらおこったのに、朝に四つ、夕方に三つやろうと言ったらよろこんだという、中国の話から。

ちょうし[1]【ちょう子】名詞 ❶酒を入れ、あたためて、さかずきにつぐために使うびんの形のうつわ。おちょう子。とっくり。❷結婚式のときなどに使う、酒をさかずきにつぐための、長いえ

のついた器。漢字 銚子。

2 **ちょうし**【長姉】(名詞) 一番上の姉。(対)長兄。参考 あらたまった言い方。

3 **ちょうし**【調子】(名詞) ❶音楽で、音の高低や長短。例 調子がはずれる。❷〔体や機械などの〕具合。様子。例 のどの調子がよくない。❸言葉の言い回しや様子。例 はげしい調子で言う。❹物事のいきおい。例 調子が出る。／調子を落とす。❺相手の気持ちにおうじた様子や態度。例 友だちと調子を合わせる。

ちょうじ【弔辞】(名詞) 〔葬式のとき〕人の死をかなしみ、とむらう言葉。(対)祝辞。

ちょうしがいい【調子がいい】慣用句 ❶相手の気持ちに合わせて、上手に話をしたり、行動したりする。例 かれは調子がいいことばかり言う。❷体や仕事の具合が順調である。例 胃の調子がいい。／今月の売り上げは調子がいい。

ちょうしづく【調子付く】(動詞) いきおいにのる。はずみがつく。例 連勝して、チームが調子付く。活用 ちょうしづ・く。

ちょうしにのる【調子に乗る】慣用句 ❶〔仕事などの〕進み具合がよくなる。例 調子に乗ってきたので、一気にしあげよう。❷おだてられてとくいになる。例 調子に乗って、よけいなことを言ってしまった。類 図に乗る。

ちょうしはずれ【調子外れ】(名詞)(形容動詞) ❶音楽で、音の高低や長短、速さが正しくないこと。例 調子外れの歌声。❷考え方や言動がほかの人とちがっていて、うまく合わないこと。例 調子外れなことを言う。

ちょうしゃ【庁舎】(名詞) 役所の建物。

ちょうじゃ【長者】(名詞) 「大金持ち」の古い言い方。例 長者番付。

ちょうじゃどん【長者どん】(名詞) 長者様。長者どの。参考 ㋐「どん」は名前などの下につける言葉で、「どの」と同じ。㋑古い言い方。

ちょうしゅ【聴取】(名詞)(する動詞) ❶〔物事の様子などを〕人からよく聞くこと。例 事情を聴取する。❷ラジオなどをきくこと。例 聴取者。

ちょうじゅ【長寿】(名詞) じゅみょうが長いこと。長生き。例 不老長寿。

1 **ちょうしゅう**【徴収】(名詞)(する動詞) 税金・手数料・会費などをとりたてること。例 会費千円を徴収します。

2 **ちょうしゅう**【聴衆】(名詞) 講演や音楽などをききに集まってきた人々。

ちょうじゅうぎが【鳥獣戯画】(名詞) 平安時代から鎌倉時代にえがかれた四巻からなる絵巻物。擬人化された動物などが、墨を用いてえがかれている。鳥獣人物戯画。

ちょうしゅりつ【聴取率】(名詞) あるラジオの番組を、どのくらいの人が聞いているかを表すわりあい。参考 パーセントで表す。

1 **ちょうしょ**【長所】(名詞) 〔性質などの〕すぐれて、よいところ。例 長所をのばす。(対)短所。

2 **ちょうしょ**【調書】(名詞) 調べたことがらを書いた文書。また、とり調べた結果を書いた文書。

ちょうじょ【長女】(名詞) 女の子どもの中で最初にうまれた子。(対)長男。

ちょうしょう【嘲笑】(名詞)(する動詞) ばかにして笑うこと。例 無知を嘲笑する。／人々の嘲笑を買う。

ちょうじょう【頂上】(名詞) ❶山の、もっとも高いところ。例 頂上からのながめはすばらしい。❷それより上のものがない状態。例 暑さは今が頂上だ。類 ①②頂点。

ちょうしょく【朝食】(名詞) 朝の食事。朝めし。(対)昼食。夕食。

ちょうじり【帳尻】(名詞) 〔帳簿の終わりの部分の意味で〕お金の出し入れの最後の計算。また、ある行動の最後の結果。ことば「帳尻が合う」

ちょうじる【長じる】(動詞) ❶成長する。大人になる。例 長じるにつれて、ますます母親に似てきた。❷すぐれる。ひいでる。例 書道に長じた人。参考 ①②㋐「長ずる」ともいう。㋑あらたまった言い方。活用 ちょう・じる。

ちょうしをあわせる【調子を合わせる】慣用句 ❶相手の気に入るように話をしたり、行動したりする。❷音楽で音の高低や強弱や速さなどを合わせる。❸機械などの動きをととのえる。

1 **ちょうしん**【長身】(名詞) 背が高いこと。

2 **ちょうしん**【長針】(名詞) 時計の長い方のはり。分針。(対)短針。

ちょうじん【超人】(名詞) ふつうの人ができないようなことができる人。なみはずれた能力をもつ人。例 超人のようなパワー。

ちょうしんき【聴診器】(名詞) 医者が、診察のときに使う、体の中の音をききとる道具。⇩

ことばあそび なぞなぞ❷「かきくけこ」の中に入っている、秋にさいて、耳にかんけいのある花

図。

ちょうじんてき【超人的】形容動詞 ふつうの人ができないようなことをするようす。例 超人的な活躍を見せた。

聴診器

ちょうずる【長ずる】動詞 ➡ちょうじる。活用 ちょう・ずる。

ちょうせい【調整】名詞 する動詞 〔あるきまりに合わせて〕物事を直したりととのえたりして、よい状態にすること。例 機械を調整する。／二人の間で意見の調整をする必要がある。

ちょうせいしつ【調整室】名詞 機械などの動き具合をととのえる仕事をする部屋。

ちょうせつ【調節】名詞 する動詞 物事の調子を、ちょうどよくすること。例 エアコンの温度を調節する。／マイクの角度を調節する。

1 **ちょうせん**【挑戦】名詞 する動詞 ❶相手に、たたかいをしかけること。また、試合をしかけること。例 チャンピオンに挑戦する。❷困難な物事をなしとげようとすること。例 記録に挑戦する。

2 **ちょうせん**【朝鮮】名詞 朝鮮半島とその周辺の島からなる地域。

ちょうせんじょう【挑戦状】名詞 相手にたたかいをしかけることをつげる手紙。例 敵に挑戦状をたたきつける。

ちょうぜんと【超然と】副詞 物事にこだわらず、落ち着いているようす。例 あわてふためく人々の中で、一人超然としている。

ちょうせんはんとう【朝鮮半島】地名 アジア大陸の東部にある半島。北に朝鮮民主主義人民共和国、南に大韓民国がある。

ちょうせんみんしゅしゅぎじんみんきょうわこく【朝鮮民主主義人民共和国】地名 朝鮮半島の北緯三十八度の線から北の半分をしめる国。首都は平壌。北朝鮮。

ちょうぞう【彫像】名詞 木・石・金属などをほってつくった像。例 生きているかのようなライオンの彫像。

ちょうそくのしんぽ【長足の進歩】慣用句 物事の進歩が、とてもはやいこと。例 宇宙科学の研究は、長足の進歩をとげた。

ちょうそん【町村】名詞 町と村。例 町村合併。

ちょうだい【頂戴】名詞 する動詞 ❶いただくこと。「もらうこと」のへりくだった言い方。例 おほめの言葉を頂戴する。❷「もらって食べること」のへりくだった言い方。例 しんせきの家で、夕ごはんを頂戴する。❸相手にものをもらうこと、また、あることをしてもらうことを望む言葉。例 こづかいを頂戴。

ちょうたつ【調達】名詞 する動詞 必要な品物やお金などを、とりそろえること。例 選挙の資金を調達する。

ちょうたん【長短】名詞 ❶長いものと短いもの。❷ものの長さ。❸長所と短所。

ちょうたんぱ【超短波】名詞 おもに、テレビ放送・FM放送などに使う電波。波長が十メートルから一メートルで、まっすぐ進む性質がある。対 長波。中波。短波。

ちょうチフス【腸チフス】名詞 感染症の一つ。腸チフス菌の感染により、小腸がおかされ、高熱をはっする病気。

ちょうちょ 名詞 ➡811ページ・1ちょう。

1 **ちょうちょう** 名詞 ➡811ページ・1ちょう。

2 **ちょうちょう**【町長】名詞 町の政治をおこなう一番上の人。町民が選挙でえらぶ。

3 **ちょうちょう**【長調】名詞 音楽で、長音階をもとにしてつくられた曲の調子。短調にくらべて、明るい感じがする。対 短調。

ちょうちん 名詞 昔の明かりの一つ。細い竹でつくった骨組みの上に紙をはり、中にろうそくをともすもの。参考「一はり」「二はり」…と数える。漢字 提灯。⇨図。

ちょうちん

ちょうちんにつりがね【ちょうちんに釣り鐘】ことわざ 〔ちょうちんと釣り鐘は、形は似ていても、重さがまったくちがうことから〕二つのものがつり合わないことのたとえ。例 あ

の二人は、ちょうちんに釣り鐘といった感じだね。類 月とすっぽん。

ちょうちんをもつ【ちょうちんを持つ】 慣用句 ある人をほめて回る。例 政治家のちょうちんを持つ。

ちょうつがい 名詞 ❶ひらき戸やふたなどを、ひらいたりとじたりできるように、そのさかいめにとりつける金具。⇩図。❷体の関節のつなぎ目。漢字 蝶番。

ちょうつがい①

ちょうてい[1]【朝廷】 名詞 昔、天皇が政治をおこなっていたところ。例 大和朝廷。

ちょうてい[2]【調停】 名詞 する動詞 意見のちがった両方の間に立って、うまくまとめること。例 紛争を調停する。

ちょうてん【頂点】 名詞 ❶〔山などの〕いただき。てっぺん。類 頂上。❷二つの直線がまじわって角をつくっている点。また、多面体で三面以上がまじわっている点。❸物事の一番さかんなとき。例 人気の頂点に立つ。類 頂上。極点。

ちょうでん【弔電】 名詞 死んだ人をいたむ、くやみの電報。

ちょうど[1]【丁度】 副詞 ❶〔数・大きさ・時刻などが〕ぴったりしているようす。また、都合よく。例 あれからちょうど十年たった。／ちょうど、やって来た。❷ある物事が、ほかの物事とそっくりなようす。例 ちょうど雪の結晶のような形である。

ちょうど[2]【調度】 名詞 家の中でふだん使う道具。身の回りの道具類。例 調度品。

ちょうとっきゅう【超特急】 名詞 ❶特急列車よりもさらにはやい列車。❷とてもはやく物事をすること。例 超特急でしあげる。

ちょうな 名詞 木材をあらけずりするときに使う、大工道具。ておの。⇩図。

ちょうない【町内】 名詞 同じ町の中。例 町内会。

ちょうなん【長男】 名詞 男の子どもの中で、最初にうまれた子。対 長女。

ちょうな

ちょうにん【町人】 名詞 江戸時代、城下町などに住んでいた商人と職人。

ちょうネクタイ 名詞 チョウの形に似たネクタイ。

ちょうのうりょく【超能力】 名詞 人間の能力をこえた、ふしぎな能力。未来を予言したり、手をふれずに物を動かしたりすることなどができるとされる。

ちょうは【長波】 名詞 波長の長い電波。波長が一キロメートルから百キロメートルの電波をいう。船や飛行機の通信などに使う。対 中波。短波。超短波。

ちょうば【跳馬】 名詞 体操競技の一つ。馬の胴体の形をした器具をとびこしたり、体を回転させたりして技をきそう。

ちょうはつ[1]【長髪】 名詞 長くのばした髪の毛。

ちょうはつ[2]【挑発】 名詞 する動詞〔事件や、ある気持ちをおこさせるように〕相手をしげきしてさそいかけること。そそのかすこと。ことば「（相手の）挑発にのる」

ちょうはつ[3]【調髪】 名詞 する動詞 髪の毛をかったりゆったりして、髪の形をととのえること。類 理髪。

ちょうふく【重複】 名詞 する動詞 同じものやことがかさなること。また、同じ物事がくり返されること。参考「じゅうふく」ともいう。注意「重復」と書かないこと。

ちょうぶん【長文】 名詞 長い文。また、長い文章。例 長文の手紙を書いた。対 短文。

ちょうへい【徴兵】 名詞 する動詞 国が国民を強制的に軍隊に入れること。

ちょうへん【長編】 名詞 詩・小説・映画・テレビドラマなどで、長い作品。例 長編小説。対 短編。

ちょうぼ【帳簿】 名詞 お金や品物の出し入れなどを書き入れる帳面。ことば「帳簿をつける」

ちょうほう【重宝】 名詞 形容動詞 する動詞 べんりなこと。役に立つこと。例 ふだんから重宝している品物。

ちょうぼう【眺望】 名詞 する動詞 遠くまで見わたすこと。また、そのながめ。見晴らし。例 眺望のきく山頂。類 展望。

ちょうほうけい【長方形】 名詞 四つの角がすべて直角の、細長い四辺形。ながしかく。⇩663ページ・図形（図）。

ちょうほんにん【張本人】 名詞 事件をおこす一番もとになった人。

ちょうみりょう【調味料】 名詞 食べ物や飲み物に、あじをつける材料。さとう・塩・しょうゆ・みそなど。

ちょうみん【町民】 名詞 その町に住んでいる人。類 市民。村民。

ちょうめ【丁目】 名詞 助数詞 一つの町の中を、さらにこまかく分けたもの。番地より大きい。上に数字をつけて、住所を表すのに使う。例 一丁目一番地。

ちょうめい【長命】 名詞 形容動詞 長く生きること。例 長命をたもつ。対 短命。

ちょうめん【帳面】 名詞 物を書くために、同じ大きさの紙をかさねてとじたもの。ノート。

ちょうもん【弔問】 名詞 する動詞 死んだ人の家をたずねて、くやみをのべること。例 弔問客。

ちょうやく【跳躍】 名詞 する動詞 ❶とび上がること。とびはねること。例 ウサギが大きく跳躍した。／跳躍力。❷〔走り高とび・走りはばとびなど〕とびあがる運動競技。

ちょうようのじょ【長幼の序】 慣用句 年が上か下かによって決まる一定の順序。例 長幼の序をおもんじる。

ちょうようのせっく【重陽の節句】 名詞 ➡317ページ・きくのせっく。

ちょうよはなよと【ちょうよ花よと】 慣用句 自分の子どもをかわいがって、大切にするようす。例 ちょうよ花よと育てられた。

ちょうり【調理】 名詞 する動詞 食品を料理すること。例 つったアジを自分で調理する。／調理実習。類 炊事。

1 **ちょうりつ【町立】** 名詞 町のお金でつくられ、町が管理すること。また、その施設。例 町立図書館。

2 **ちょうりつ【調律】** 名詞 する動詞 楽器の音を正しい音に合わせること。例 ピアノの調律。

ちょうりゅう【潮流】 名詞 ❶しおがみちたりひいたりすることでおこる海水の流れ。❷世の中のうつりかわり。例 時代の潮流にのって動く。

ちょうりょく【聴力】 名詞 音をききとる力。例 聴力がおとろえる。

ちょうるい【鳥類】 名詞 せきつい動物の一つ。とりのなかま。体は羽毛でおおわれ、つばさで空を飛ぶものが多い。くちばしがあり、歯はない。卵をうんでふえる。

ちょうれい【朝礼】 名詞 〔学校や会社などで〕朝のあいさつや話をする集まり。朝会。

ちょうれいぼかい【朝令暮改】 四字熟語 〔朝に出した命令を夕方にはかえてしまうように〕命令や方針がたびたびかわって、あてにならないこと。

ちょうろう【長老】 名詞 ❶年をとって、多くの経験をつんだ人。例 町の長老。／政界の長老。❷徳の高い僧。

ちょうわ【調和】 名詞 する動詞 〔二つ以上の物事が〕うまくつり合っていること。例 町なみと調和した建物。対 不調和。

チョーク 名詞 黒板に字などを書く、棒の形の道具。はくぼく。▼英語 chalk

ちよがみ【千代紙】 名詞 いろいろな模様を色ずりにした紙。はこにはったり、おり紙にしたりするのに使う。類 色紙。

ちょきん【貯金】 名詞 する動詞 お金をためること。また、ためたお金。例 毎月、貯金をする。／貯金通帳。類 貯蓄。預金。

ちょくえい【直営】 名詞 する動詞 ちょくせつに経営すること。例 大学直営の売店。

ちょくおん【直音】 名詞 かな一字で表せる一音節の音。よう音・そく音・はつ音をのぞくかな一字で表される音。

ちょくげき【直撃】 名詞 する動詞 目標にちょくせつ当たること。例 台風の直撃をうけた。

ちょくご【直後】 名詞 ある物事のあった、すぐあと。例 終戦直後。対 直前。

ちょくし【直視】 名詞 する動詞 ❶目をそらさないで、まっすぐに見つめること。例 人の顔を直視する。❷物事をありのままに正しく見ること。例 社会の現実を直視する。

ちょくしゃ【直射】 名詞 する動詞 光がじかにてりつけること。まっすぐにてらすこと。

ちょくしゃにっこう【直射日光】 名詞 太陽からじかにてりつける光。

あいうえお かきくけこ さしすせそ たちつてと なにぬねの はひふへほ まみむめも や ゆ よ らりるれろ わ を ん

ちょくしん【直進】名 する動詞 まっすぐに進むこと。例 交差点を直進する。

ちょくせつ【直接】名 副詞 間に、ほかのものを入れないようす。例 先生に直接言う。対 間接。

ちょくせつぜい【直接税】名 税をはらう人が国などに直接おさめる税金。所得税・法人税など。対 間接税。

ちょくせつてき【直接的】形容動詞 間にほかのものをおかないで、じかにせっするようす。例 直接的な表現。対 間接的。

ちょくせん【直線】名 二つの点を結ぶ、まっすぐな線。例 直線きょり。対 曲線。

ちょくぜん【直前】名 すぐ前。また、ある物事がおこるすぐ前。例 出発直前。対 直後。

ちょくそう【直送】名 する動詞 送り先に品物をちょくせつ送りとどけること。例 産地直送の新鮮なくだもの。

ちょくぞく【直属】名 する動詞 ある人のすぐ下に所属していること。例 首相直属の秘書官。

ちょくちょう【直腸】名 腸の一番終わりの部分。下は肛門につながって大便やガスなどを出す働きをする。

ちょくちょく 副詞 たびたび。ちょいちょい。例 ちょくちょく来る客。参考 くだけた言い方。

ちょくつう【直通】名 する動詞 乗り物や電話などで、乗りかえや中継なしに、じかに目的地や相手に通じていること。例 直通運転。／直通電話。

ちょくばい【直売】名 する動詞 生産者が消費者に直接、商品を売ること。例 産地直売。

ちょくほうたい【直方体】名 六つの長方形の面、または、二つの正方形の面と四つの長方形の面でかこまれている立体。⇩663ページ・図形（図）。

ちょくめん【直面】名 する動詞 じかに、ある物事にむかい合うこと。例 困難な問題に直面する。類 当面。

ちょくやく【直訳】名 する動詞 原文の言葉にしたがって一語一語をたどるように訳すこと。対 意訳。

ちょくゆにゅう【直輸入】名 する動詞 外国の商品を、間にだれもいれずに輸入すること。

ちょくりつ【直立】名 する動詞 まっすぐに立つこと。例 二本足で直立する。ことば「直立不動」

ちょくりゅう【直流】名 いつも決まった方向に流れている電流。直流電流。対 交流。

ちょくれつ【直列】一 名 する動詞 いくつかのものが、まっすぐたて一列にならぶこと。また、たてにならぶこと。二 名 電池などの陽極と陰極を交互に一列になるようつなぐこと。また、そのつなぎ方。

ちょくれつつなぎ【直列つなぎ】名 電池などのつなぎ方の一つ。電流の流れる道を一すじだけにするつなぎ方。直列。

チョコ 名 ⇩チョコレート。

ちょこちょこ 副詞(-と) する動詞 ❶小さいものが、せまい歩幅で歩いたり走ったりするようす。また、動作が落ち着かず、あちこちと動くようす。例 おさない子がちょこちょこ歩く。／ちょこちょこ動く。❷たびたび。例 店にちょこちょこやって来る。

ちょこなんと 副詞 〔人や動物などが〕きちんとしているようす。ちょこんと。例 小さい子がいすの上にちょこなんとすわっていた。

ちょこまか 副詞(-と) する動詞 落ち着きなく動き回るようす。例 ちょこまか歩き回る。

チョコレート 名 カカオの実をいって粉にし、さとう・ミルク・香料などを入れてねりかためた菓子。チョコ。▼英語 chocolate

ちょこんと 副詞 ❶少しだけ。ちょっと。例 ボールにちょこんとバットをあてる。❷小さくかしこまっているようす。例 子どもがいすの上にちょこんとすわっている。参考 ①②くだけた言い方。

ちょさく【著作】名 する動詞 小説・詩・戯曲・論文などを書き表すこと。また、その書き表した作品。例 著作者。／著作物。

ちょさくけん【著作権】名 著作者が自分の作品を自由に使える権利。たとえばその種類は、小説の場合は、複製・翻訳・放送・上演など、音楽の場合は、演奏・歌唱・放送などをふくむ。それらをインターネット上のサイトに掲載することもふくむ。その権利は著作者の生きている間、また、死んだあとも一定期間続く。論文・絵画・彫刻・写真・建築などの分野でも著作権はある。他人が使用する場合、必ず著作者に許諾をもらわなければならない。記号は、©。

あいうえお かきくけこ さしすせそ たちつてと ち なにぬねの はひふへほ まみむめも や ゆ よ らりるれろ わ を ん

ことばあそび なぞなぞ❸ 「さしすせそ」の中に入っている、にぎったりのりでまいたりして食べ

ちょさくしゃ【著作者】名詞 小説・詩・戯曲・論文などを書き表す人。音楽・絵画・彫刻・建築・写真などをつくる人も著作者である。

ちょさくぶつ【著作物】名詞 著作者によって書かれたり、つくられたりしたもの。小説・論文・絵・彫刻・音楽の曲や演奏・歌・写真・コンピューターのソフトなどがある。

ちょしゃ【著者】名詞 その本を書き表した人。類 筆者。

ちょじゅつ【著述】名詞 する動詞 小説・論文などの文章を書き表すこと。また、その小説や論文。例 著述業。

ちょしょ【著書】名詞 書き表した本。例 著書にサインをしてもらう。

ちょすい【貯水】名詞 する動詞 水をためること。また、ためた水。例 貯水量がふえてきた。

ちょすいち【貯水池】名詞 飲み水や、田畑などに引く水をためておく池。

ちょぞう【貯蔵】名詞 する動詞 物をたくわえておくこと。しまっておくこと。例 米を貯蔵する。

ちょちく【貯蓄】名詞 する動詞 〔お金などの〕財産をたくわえること。また、たくわえたもの。例 貯蓄をふやす。類 貯金。

ちょっか【直下】一 名詞 すぐ下。真下。例 赤道直下。
二 名詞 する動詞 ❶まっすぐにくだること。まっすぐにおちること。例 たきとなって直下する急流。❷物事がはやく進むこと。例 急転直下。

ちょっかい 名詞 人のしていることに、横からよけいなことを言ったり、手を出したりすること。例 ぼくが勉強していると、弟がちょっかいを出してきた。参考 くだけた言い方。

ちょっかく【直角】名詞 形容動詞 二つの直線が、垂直にまじわったときにできる角。九十度の角。

ちょっかくさんかくけい【直角三角形】名詞 一つの角が九十度である三角形。⇩663ページ・図形（図）。

ちょっかん【直感】名詞 する動詞 〔勘などの働きによって〕すばやく、物事の様子を感じとること。例 かれがあやしいと直感した。

チョッキ 名詞 上着の下にきる、えりとそでのない、たけの短い服。ベスト。▼ポルトガル語

ちょっきゅう【直球】名詞 野球で、ピッチャーがバッターに投げるまっすぐなたま。ストレート。対 変化球。

ちょっきり 副詞 数や量のきりがよいこと。ちょうど。きっちり。例 合計するとちょっきり千円になる。参考 くだけた言い方。

ちょっけい[1]【直系】名詞 〔血すじや師弟などの関係で〕ちょくせつに続いているつながり。例 直系の子孫。

ちょっけい[2]【直径】名詞 円、または球の中心を通って、円周から円周までわたした直線。さしわたし。注意 「直経」と書かないこと。

ちょっけつ【直結】名詞 する動詞 間になにも入れずに、ちょくせつ結びつくこと。また、結びつけること。例 生産者と直結した商売をする。

ちょっこう【直行】名詞 する動詞 寄り道をしないで、目ざすところにまっすぐ行くこと。例 駅に直行する。

ちょっと 一 副詞 ❶〔時間・数量・ていどなどが〕とても少ないようす。例 ちょっと待っててね。❷〔❶を反対の意味に使って〕けっこう。かなり。例 ちょっといい店。❸かんたんには。少しのことでは。例 こんなにすてきな家はちょっと見つからない。参考 ❸は、下に「…ない」などの打ち消しの言葉が続く。
二 感動詞 身近の人に、気軽によびかける言葉。例 ちょっと、きみ。こちらにおいでよ。

ちょっとした 連体詞 ❶ささやかな。わずかの。例 ちょっとしたはずみにたおれた。❷〔❶を反対の意味に使って〕かなりの。そうとうの。例 かれのうでまえはちょっとしたものだ。

ちょっとみ【ちょっと見】名詞 ちょっと見たところ。ちょっと見た感じ。例 あの人はちょっと見はこわいけれど、やさしい人です。

ちょっぴり 副詞 量やていどが、とても少ないようす。例 ちょっぴり泣いた。参考 くだけた言い方。

ちょとつもうしん【ちょ突猛進】四字熟語 あることをがむしゃらにやりぬくこと。イノシシのようにむこうみずにまっすぐ進むこと。漢字 猪突猛進。

ちょにつく【緒に就く】慣用句 ➡627ページ・しょにつく。

ちょめい【著名】形容動詞 有名であること。例 著名なカメラマン。／著名人。類 有名。

チョモランマ 地名 「エベレスト（Mt.Everest）」のチベット語のよび方。▼チベット語

ちょろい 形容詞 ❶とてもかんたんである。例 ちょろい問題だ。❷なまぬるい。てぬるい。例 そんなちょろい考えは通用しない。参考 ①②くだけた言い方。活用 ちょろ・い。

ちょろちょろ 副詞(-と) する動詞 ❶わずかの水などが流れ続けるようす。例 水がちょろちょろ流れていた。❷小さなほのおを出して、火がもえるようす。例 たき火がちょろちょろもえている。❸小さいものが、すばしこく動き回るようす。例 ネズミがちょろちょろしている。類 うろちょろ。

ちょろまかす 動詞 人が見ていないときをねらってぬすむ。また、ごまかす。例 店の金をちょろまかす。参考 くだけた言い方。活用 ちょろまか・す。

ちょんぎる【ちょん切る】動詞 かんたんに切る。らんぼうに切る。例 バラのつぼみをちょん切る。参考 くだけた言い方。活用 ちょんぎ・る。

ちょんぼ 名詞 思いがけなくやってしまった失敗。参考 くだけた言い方。

ちょんまげ 名詞 江戸時代に、男がゆった髪型の一つ。髪の毛を一つにまとめて頭の上でたばね、それを前におりまげたもの。⇩図。

ちょんまげ

ちらかす【散らかす】動詞 ちらかるようにする。対 かたづける。活用 ちらか・す。

ちらかる【散らかる】動詞 物が、らんざつにちり広がる。ちらばる。例 工作をしたので木のくずがいっぱい散らかった。活用 ちらか・る。

ちらし【散らし】名詞 ❶ちらすこと。また、ちらしたもの。例 散らしもよう。❷広告や宣伝のために、印刷してくばる一まいずりの紙。❸「ちらしずし」の略。

ちらしずし【散らしずし】名詞 す・しおなどで味をつけたごはんの上に、魚・たまご焼き・野菜などをのせた食べ物。ちらし。類 五目ずし。

ちらす【散らす】一 動詞 ちるようにする。例 花びらを散らす。二 接尾語《動詞の下につけて》「あらあらしく…する」の意味を表す言葉。例 どなり散らす。／まき散らす。活用 ちら・す。

ちらちら 副詞(-と) する動詞 ❶細かいものが飛びちるようす。例 雪がちらちらまう。❷小さな光がくり返し、かすかに光るようす。例 町の明かりがちらちらしていた。❸物が見えたりかくれたりするようす。例 人かげがちらちらと見える。❹少しずつ、くり返して見るようす。例 弟がわたしをちらちら見ている。

ちらつかせる 動詞 ❶こまかくゆれるようにふらす。例 次の場面で天井から紙の小雪をちらつかせる。❷〔相手をおどしたり、注意をひいたりするために〕ちらちら見せる。例 札たばをちらつかせる。活用 ちらつか・せる。

ちらつく 動詞 ❶〔雪などが〕こまかくゆれながらふる。例 小雪がちらつく。❷きえたりあらわれたりするように感じられる。例 あのすばらしい光景がまだ目の前にちらついている。活用 ちらつ・く。

ちらっと 副詞 ➡ちらりと。

ちらばる【散らばる】動詞 あちこちにちって広がる。例 四方に散らばる。活用 ちらば・る。

ちらほら 副詞(-と) する動詞 あちらこちらに少しずつあるようす。例 ウメの花がちらほらとさいている。

ちらりと 副詞 ❶少しの間、わずかに見るようす。また、わずかに見えるようす。ちらっと。例 先生の顔をちらりと見る。／部屋の中がちらりと見える。❷うわさなどがちょっと耳に入るようす。ちらっと。例 ちらりと耳にした話。

ちり[1] 名詞 ❶ほこり。ごみ。❷世の中のけがれ。よごれ。例 都会のちりにまみれる。❸ごくわずかなもののたとえ。また、ねうちのないもののたとえ。例 悪い心はちりほどもない。

ちり[2]【地理】名詞 ❶土地・気候・生物・人口・都市・産業・交通などの様子。例 日本の地理を勉強する。❷土地の様子。例 この土地の地理に明るい。

チリ[3] 地名 チリ共和国。南アメリカ大陸の南西部、太平洋に面した細長い形の国。首都はサンティアゴ。▼英語 Chile

ちりがみ【ちり紙】名詞 鼻をかむときなどに使う紙。

ちりぢり【散り散り】形容動詞 集まっていたものが、はなればなれになるようす。例 戦争で、一

あいうえお かきくけこ さしすせそ たちつてと ち なにぬねの はひふへほ まみむめも や ゆ よ らりるれろ わ を ん

こたえ すし

家は散り散りになった。

ちりとり【ちり取り】名詞 はき集めたごみを、すくいとる道具。ごみとり。

ちりばめる 動詞〔金銀・宝石などを〕あちこちにちらしてはめこむ。例宝石をちりばめたはこ。活用 ちりば・める。

ちりめん 名詞 絹織物の一つ。たて糸によりのない生糸、よこ糸によりの強い生糸を使っておりあげ、湯につけてちぢませたもの。

ちりもつもればやまとなる【ちりも積もれば山となる】ことわざ ほんのわずかなものでも、つもりかさなれば大きなものになるというたとえ。

ちりょう【治療】名詞 する動詞 病気やけがなどをなおすこと。例入院して治療する。／治療を受ける。

ちりれんげ【散りれん華】名詞 焼き物のさじ。れんげ。

語源「れんげ」は、ハスの花のことで、形が散ったハスの花びらに似ているところからの名前。⇩図。

ハス

散りれん華

ちる【散る】動詞 ❶ばらばらになる。例クラス会で、方々に散っていた友だちが集まった。対集まる。❷はなれて落ちる。例バラの花びらが散った。❸〔にじんで〕広がる。例インクが散る。❹気持ちがほかの方にむいて、落ち着かなくなる。例気が散って勉強できない。❺〔人が〕いさぎよく死ぬ。特に、戦死する。例国のために散った人々。活用 ち・る。

チルド 名詞 食品などを、こおる寸前の〇度ぐらいの低温で保存しておくこと。低温冷蔵。例チルド食品。▼英語 chilled

ちわきにくおどる【血沸き肉躍る】慣用句 こうふんして、体中に勇気がわいてくる。例血沸き肉躍る冒険小説。

チワワ 名詞 犬の一品種。犬の中でもっとも小さい。頭はまるい。▼英語 Chihuahua

ちをみる【血を見る】慣用句 争いごとで、死んだりけがをしたりする人が出る。

ちをわける【血を分ける】慣用句 血のつながりのある本当の親子、または、きょうだいの関係にある。例血を分けた弟。

ちんあげ【賃上げ】名詞 する動詞 賃金をあげること。例賃上げ交しょう。対賃下げ。

ちんあつ【鎮圧】名詞 する動詞〔大きなさわぎなどを〕おさえつけてしずめること。例暴動を鎮圧する。類制圧。

ちんか[1]【沈下】名詞 する動詞 土地などが、少しずつ、しずんで下がること。例地盤が沈下した。

ちんか[2]【鎮火】名詞 する動詞 火事がきえること。例山火事が鎮火する。

ちんがし【賃貸し】名詞 する動詞 お金をとって物をかすこと。例へやを賃貸しする。

ちんきゃく【珍客】名詞 めずらしい客。

ちんぎん【賃金・賃銀】名詞 労働者が、働いたことに対して受けとるお金。労銀。労賃。例賃金を引き上げる。／平均賃金。

ちんざ【鎮座】名詞 する動詞 ❶その場所に神がすんでいること。例この神社には大国主命が鎮座ましましている。❷人がどっかりとすわりこんでいること。大きな物がおいてあること。例客間の真ん中に大男が鎮座している。

ちんさげ【賃下げ】名詞 する動詞 賃金をさげること。対賃上げ。

ちんじ【珍事】名詞 めずらしく、かわったできごと。

ちんしごと【賃仕事】名詞 家庭などで、てまちんをとってする手しごと。内職。

ちんしもっこう【沈思黙考】四字熟語 だまって、考えこむこと。例しばらく沈思黙考していた。

ちんしゃ【陳謝】名詞 する動詞 わけをきちんと話して、あやまること。例配達のおくれを陳謝する。参考 あらたまった言い方。

ちんじゅ【鎮守】名詞 その土地を守る神。また、その神をまつった神社。例鎮守の森。

ちんじょう【陳情】名詞 する動詞〔役所などに行って〕じっさいの（よくない）様子を話し、それに対してうまくとりはからってくれるようにたのむこと。例県に陳情する。／陳情書。

ちんせい[1]【沈静】名詞 形容動詞 する動詞 落ち着いて、しずかなこと。また、しずかになること。

ちんせい[2]【鎮静】名詞 する動詞 さわぎや興奮した心が、しずまって落ち着くこと。また、しずめ

て落ち着かせること。

1 **ちんたい【沈滞】** 名詞 する動詞 ❶物事が行きづまって活気がなくなること。例景気が沈滞している。❷人々の気持ちがしずんで活気がないこと。例沈滞した空気がただよう。

2 **ちんたい【賃貸】** 名詞 する動詞 お金をとって物をかすこと。ちんがし。例賃貸マンション。

ちんたら 副詞(-と) する動詞 だらしがなく、のろのろするようす。例ちんたらするな。参考くだけた言い方。

ちんちくりん 名詞 形容動詞 ❶せたけがとても低いこと。また、その人。❷衣服のたけが、身長にくらべ短いようす。例ちんちくりんのコート。類❷つんつるてん。参考❶❷くだけた言い方。

ちんちゃく【沈着】 名詞 形容動詞 落ち着いていて、何事にもおどろかないこと。例沈着な行動。類冷静。

ちんちょう【珍重】 名詞 する動詞 めずらしいものとして大切にすること。例高級食材として珍重される。

ちんつう【沈痛】 形容動詞 悲しみに思いなやみ、しずみこんでいるようす。ことば「沈痛なおももち」

ちんつうざい【鎮痛剤】 名詞 いたみをとめるための薬。

ちんでん【沈殿】 名詞 する動詞 液体の中にまじっている物が、下の方にしずむこと。例異物が沈殿している。

ちんどんや【ちんどん屋】 名詞 人目につきやすいような服装をし、ふえ・かね・たいこ・らっぱなどで合奏しながら、町中を歩いて商店や映画などの宣伝をする人。また、その職業。

チンパニー 名詞 ➡855ページ・ティンパニ。

チンパンジー 名詞 アフリカの森林にすむサルのなかまの動物。身長約一・五メートルで、顔以外には黒色の毛がはえている。道具を使って食べ物をとることがある。くろしょうじょう。▼英語 chimpanzee

ちんぴら 名詞 悪者をきどった生意気な身なりやふるまいをするわか者。

ちんぷ【陳腐】 名詞 形容動詞 古くさいこと。また、ありふれていて、つまらないようす。例陳腐な表現の文章。

ちんぷんかんぷん 名詞 形容動詞 何が何だか、わけがわからないこと。例むずかしくて、ちんぷんかんぷんだ。参考くだけた言い方。

ちんぼつ【沈没】 名詞 する動詞 船が水中にしずむこと。例漁船が沈没した。

ちんまり 副詞(-と) する動詞 小さくまとまっているようす。例すみにちんまりとすわっている。

ちんみ【珍味】 名詞 めずらしいあじ。また、その食べ物。例山海の珍味。

ちんもく【沈黙】 名詞 する動詞 だまっていること。だまりこむこと。例その件については全員が沈黙している。／沈黙が続く。類暗黙。

ちんもくはきんゆうべんはぎん【沈黙は金雄弁は銀】 ことわざ だまっていることは、よくしゃべることよりもまさっていることのたとえ。

ちんれつ【陳列】 名詞 する動詞 人に見せるために品物をならべること。例陳列だな。

つ

づ
ヅ ツ
DU TU
du tu

ツアー 名詞 小旅行。観光旅行。例ツアーを組む。／スキーツアー。▼英語 tour

1 **つい** 副詞 ❶〔時間・きょりなどが〕ほんの少し。例ついその先の店に買い物に行く。❷うっかり。思わず。例ないしょのことを、つい話してしまった。

2 **つい【対】** 一 名詞 二つそろって一組みになっているもの。ペア。例対になる言葉。二 助数詞《数を表す言葉の下につけて》二つで一組みになったものを数える言葉。例一対のめおと茶わん。

ついおく【追憶】 名詞 する動詞 すぎ去ったことを思い出すこと。例少年時代を追憶する。類追想。

ついか【追加】 名詞 する動詞 後からつけ加えること。例追加注文。

ついき【追記】 名詞 する動詞 後から書きたすこと。また、後から書きたした文。例注意点を追記する。

1 **ついきゅう【追及】** 名詞 する動詞 〔のがれようとするものを〕どこまでもあきらめずに調べ、追いつめること。また、問いつめること。例犯人を追及する。／責任を追及する。⇩使い分け。

ことばあそび なぞなぞ❹「たちつてと」の中に入っている、人間の体の中をいつも流れているも

²ついきゅう【追求】(名詞)(する動詞)〔目当てのものを〕どこまでも追いかけて、手に入れようとすること。例利益を追求する。⇩使い分け。

³ついきゅう【追究】(名詞)(する動詞)学問などで、わからないことをどこまでもあきらめずに調べ、はっきりさせること。例真理を追究する。類探究。⇩使い分け。

ついく【対句】(名詞)意味・組み立て・調子などの似ている二つの句。また、その二つの句をならべる言い表し方。参考「月は東に、日は西に」や「父の恩は山よりも高く、母の恩は海よりも深い」など。

使い分け　ついきゅう

●追いつめること。
責任を追及する。

●追いもとめること。
理想を追求する。

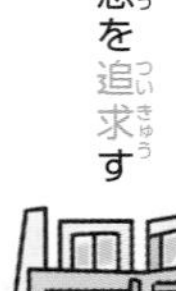

●調べてはっきりさせること。
真理を追究する。

ついげき【追撃】(名詞)(する動詞)にげる敵を追いかけて、せめること。ことば「追撃をかける」

ついご【対語】(名詞)❶二つ以上の言葉の意味が対の関係にある言葉。「天」と「地」、「右」と「左」、「真」と「善」と「美」など。対照語。❷反対語。参考②「たいご」「対義語」ともいう。

ついじゅう【追従】(名詞)(する動詞)人のいうことやすることにそのまましたがうこと。例人に追従ばかりしないで、自分の意見をもとう。注意「ついしょう」と読むと別の意味になる。

ついしょう【追従】(名詞)(する動詞)人のきげんをとり、へつらうこと。おべっかをつかうこと。ことば「お追従をいう」注意「ついじゅう」と読むと別の意味になる。類お世辞。迎合。

ついしん【追伸・追申】(名詞)手紙の本文が終わって、さらに書き加えるとき、そのはじめに書く言葉。また、その書き加えた部分。参考「つけ加えて申しのべる」の意味。

ついせき【追跡】(名詞)(する動詞)❶にげるもののあとを追いかけること。例犯人を追跡する。❷物事のその後のなりゆきや、人物のその後の様子を調べること。例追跡調査。類尾行。

ついぞ(副詞)今までに一度も。いまだかつて。参考下に「…ない」などの言葉がくる。例そんな話はついぞ聞いたことがない。

ついそう【追想】(名詞)(する動詞)すぎ去ったことやなくなった人を思い出すこと。例楽しかった日々を追想する。類追憶。

ついたち【一日】(名詞)月の第一日。対みそか。

ついたて【つい立】(名詞)びょうぶに似た家具。下に台がついていて、ざしきなどに立ててしきりにする。漢字衝立。

ついて(連語)❶…にかんして。例活動方針について話し合う。❷…ごとに。例一回について二百円かかる。

¹ついで(名詞)ある物事をするとき、都合よくほかの物事といっしょにする機会。例ついでがあるから、わたしが行くことにする。

²ついで【次いで】(接続詞)ひき続いて。次に。例校長先生の話が終わり、次いで教頭先生の話があった。

ついでに(副詞)〔ある物事をした〕ちょうどその機会に。例ついでにこれもポストに入れてきてください。

ついては【就いては】(接続詞)❶そのことにかんしては。例その問題についてはあとで説明します。❷それなので。したがって。例入会を申しこみます。ついては入会の案内書をお送りください。参考①②ふつう、ひらがなで書く。

ついてまわる【付いて回る】(慣用句)いつもはなれずにそばにいる。例兄のあとを一日中付いて回る。/悪い評判が付いて回る。類つきまとう。

ついとう【追悼】(名詞)(する動詞)死んだ人のおもかげをしのび、その死をなげきかなしむこと。例追悼文。/追悼式。類哀悼。

ついとつ【追突】(名詞)(する動詞)乗り物などが、後

ろからぶつかること。例 追突事故。

ついに 副詞 ❶長い時間をかけて、ようやくたどりつくようす。例 なやんだ末、ついに決心した。❷長い時間をかけたが、はたせないようす。例 かれはついに現れなかった。参考 ❷は、下に「…ない」などの打ち消しの言葉が続く。

ついばむ 動詞 鳥が、くちばしでえさをつついて食べる。活用 ついば・む。

ついひ【追肥】 名詞 作物が育つとちゅうであたえるこやし。おいごえ。対 元肥。

ついほう【追放】 名詞 する動詞 〔害のあるものを〕おいはらうこと。しめ出すこと。例 暴力追放運動。／町の悪人を追放する。

ついやす【費やす】 動詞 お金や時間をかける。また、むだに使う。例 説明に半日費やした。活用 ついや・す。

ついらく【墜落】 名詞 する動詞 高いところから落ちること。例 飛行機が墜落した。類 転落。

1 **つう【通】** 一 名詞 あることをくわしく知っていること。また、そのような人。例 あの人はしばいの通です。／経済通。

二 助数詞 《数を表す言葉の下につけて》手紙や書類などを数える言葉。例 二通の手紙。

2 **ツー** 名詞 二。二つ。例 ツーアウト。▼英語 two

つういん【通院】 名詞 する動詞 病院などに病気やけがをなおすために通うこと。

1 **つうか【通貨】** 名詞 その国で使われているお金。

2 **つうか【通過】** 名詞 する動詞 ❶〔ある場所を〕とおりすぎること。例 特急列車が駅を通過した。❷〔試験や検査などに〕合格すること。例 第一次試験を通過した。

つうかあ 名詞 ふだんから相手の気持ちがよくわかっていて、少し話せばおたがいの考えがすぐわかること。例 つうかあの仲。参考「つうと言えば、かあと答える」をちぢめた言葉。

つうかい【痛快】 名詞 形容動詞 気分がさわやかになるようなことを見たり聞いたりして、とても気持ちがよいこと。例 痛快な、逆転サヨナラホームランがとび出した。

つうかく【痛覚】 名詞 ひふや体の中などで、いたさを感じる働き。

つうがく【通学】 名詞 する動詞 学校へ通うこと。例 歩いて通学する。／バス通学。

つうがくろ【通学路】 名詞 学校に通う道すじ。

つうかん【痛感】 名詞 する動詞 強く心に感じること。例 勉強不足を痛感する。

つうき【通気】 名詞 物の内側と外側との間で空気が行き来すること。例 通気のよい部屋。

つうきん【通勤】 名詞 する動詞 つとめに通うこと。例 自転車で通勤する。／通勤時間。

つうこう【通行】 名詞 する動詞 人や自動車が、道などを通ること。例 車両が通行する。／右側通行。

つうこうどめ【通行止め】 名詞 人や車が道路を通ることを禁止すること。通行禁止。例 道路工事のために通行止めにする。

つうこく【通告】 名詞 する動詞 文書などで正式に知らせること。例 条約破棄を通告する。類 通知。通達。

つうこん【痛恨】 名詞 する動詞 たいへん残念に思うこと。とてもくやしがること。ことば「〔ミスがあったことは〕痛恨のきわみ〔であります〕」

つうさん【通算】 名詞 する動詞 全体をまとめて計算すること。また、計算したもの。例 通算五回目の優勝です。

1 **つうしょう【通称】** 名詞 世の中でふつうに使われている名前。とおり名。例 あの大通りは通称「すずらん通り」という。類 俗称。

2 **つうしょう【通商】** 名詞 する動詞 外国と品物の売り買いをすること。類 貿易。

つうじょう【通常】 名詞 ふだんおこなわれていることであること。ふつう。例 雨がふったら通常の授業をおこなう。類 通例。平常。

つうじょうこっかい【通常国会】 名詞 毎年一月から一五〇日間開かれる国会。類 臨時国会。特別国会。

つうじる【通じる】 動詞 ❶〔列車や電流などが〕通る。通う。例 鉄道が通じる。／電流が通じている。❷〔道などが〕ある場所に続く。例 この道は、わたしたちの学校に通じている。❸くわしく知っている。例 先生はこの町の歴史に通じている。❹〔相手に〕わかる。伝わる。例 だまっていても心は通じていた。❺広く行きわたる。例 英語の通じる国。❻《「通じて」の形で》ある物事の全体にわたるようす。例 一年を通じて暖かい。❼《「通じて」の形で》あるものを通してするようす。例 テレビを通じて、よびかける。参考「通ずる」ともいう。活用 つう・じる。

つうしん【通信】 名詞 する動詞 ❶様子を知らせること。たより。❷インターネット。電信・電話・郵便などでれんらくすること。例 あらして通信がとだえてしまった。類 音信。

つうしんえいせい【通信衛星】 名詞 きょりが遠いところとの通信や、テレビ中継などのためにうち上げた人工衛星。

つうしんきょういく【通信教育】 名詞 郵便・ラジオ・テレビなどを使って、自分の家で勉強できるようにした教育。例 通信教育で、デザインの勉強をする。

つうしんしゃ【通信社】 名詞 各地から集めたニュースを新聞社・放送局などに提供する会社。

つうしんしれいしつ【通信司令室】 名詞 無線通信などで命令を出す仕事をするところ。警察や消防が防犯・防災などのため、また、鉄道で列車の運行・安全のためなどにもうける。政府や各省庁・都道府県市町村にもある。

つうしんはんばい【通信販売】 名詞 する動詞 郵便や広告やインターネットなどを使って客から注文をとり、商品を送って売る方法。通販。

つうしんぶん【通信文】 名詞 様子や気持ちを伝える文章。電信・郵便・メールなどの文章。

つうしんぼ【通信簿】 名詞 ⬇つうちひょう。

つうずる【通ずる】 動詞 ⬇つうじる。活用 つう・ずる。

1 **つうせつ【通説】** 名詞 〔たしかなこんきょはないが〕世の中いっぱんにみとめられている話や考え。例 昔、天動説が社会の通説になっていた。類 定説。

2 **つうせつ【痛切】** 形容動詞 身にしみて深く感じるようす。ことば「痛切に感じる」

つうそく【通則】 名詞 いっぱんに当てはめて使われる規則。例 おくりがなのつけ方の通則。対 変則。

つうぞく【通俗】 名詞 形容動詞 わかりやすく、いっぱんの人にも親しまれること。いっぱん向きであること。例 通俗小説。

つうぞくてき【通俗的】 形容動詞 ありふれていて、ていどの低いようす。例 通俗的な映画。

つうだ【痛打】 名詞 する動詞 ❶とてもひどい痛手をあたえること。❷野球でバッターがするどいあたりのヒットを打つこと。例 痛打をあびせる。

つうたつ【通達】 名詞 する動詞 〔上位から下位へ〕知らせること。特に、役所から役所へ知らせること。例 政府が通達を出した。類 通知。通告。

つうち【通知】 名詞 する動詞 〔必要なことがらを〕知らせること。また、その知らせ。例 合格通知。類 通達。通告。通報。

つうちひょう【通知表】 名詞 学校から生徒の家庭に、生徒の体の様子、出席日数、学校生活の様子、学習の様子などを知らせる書類。通信簿。

つうちょう【通帳】 名詞 銀行・郵便局・商店などで、お金や品物の出し入れ、貸し借りなどを書き入れる帳面。かよい帳。例 貯金通帳。

つうどく【通読】 名詞 する動詞 本をはじめから終わりまで、ひととおり読むこと。例 そのシリーズすべてを通読した。

つうねん【通念】 名詞 あることに対して、みんなが同じようにもっている考え。例 男女平等は社会の通念である。

ツーピース 名詞 上下二つの部分に分かれて、一組みになっている服。参考 英語の「ツーピース ドレス（two-piece dress）」の略。対 ワンピース。

つうふう【通風】 名詞 風を通すこと。風通し。例 まどをあけて通風をよくする。

つうぶん【通分】 名詞 する動詞 算数で、分母のちがう二つ以上の分数を、その値をかえないで分母が共通な分数になおすこと。

つうほう【通報】 名詞 する動詞 〔そのときおこったことがらを〕知らせること。また、その知らせ。例 警察に通報する。類 通知。

つうやく【通訳】 名詞 する動詞 話す言葉がちがう両者の間に入って、両方の言葉を相手にわかる言葉に直すこと。また、その人。例 父は、英語の通訳をしている。

つうよう【通用】 名詞 する動詞 ❶広く世の中に使われること。例 日本語の通用する国。❷〔正しい、価値のあるものとして〕世の中にみとめられること。例 このきっぷは三日間通用する。❸いつも出入りすること。例 通用口。

つうようもん【通用門】 名詞 ふだんの出入りに使っている門。

つうれい【通例】 名詞 いっぱんのならわし。いつもの例。例 日曜日の夕食後は家族で話し合うのが通例になっている。類 通常。慣例。

つうれつ【痛烈】 名詞 形容動詞 とてもはげしく

おこなわれること。例痛烈な批判。

つうろ【通路】 名詞 通り道。行き来する道路。例車が通路をふさいでいる。

つうわ【通話】 名詞 する動詞 電話で話をすること。例通話料金。

つえ 名詞 ❶手に持って体をささえ、歩く助けにする木や金属などのぼう。❷たよりにするもののたとえ。ことば「つえをつく」 漢字 杖。

つえともはしらともたのむ【つえとも柱とも頼む】 慣用句 強くたよりにしている。例かれは家族がつえとも柱とも頼む人だ。

1 **つか** 名詞 刀や弓の、手でにぎる部分。例刀のつかに手がかかる。漢字 柄。⇩261ページ・刀(図)。

2 **つか【塚】** 名詞 ❶土を高くもり上げたもの。例一里ごとに塚をきずく。❷土を高くもり上げてつくった墓。例お寺のうらに、古い塚があった。

つかい【使い・遣い】 一 名詞 人にたのまれて用事をしに行くこと。また、その人。例使いをたのむ。／使いを出す。

二 接尾語《ある言葉の下につけて》「…を使うこと」「…の使い方」「…を使う人」の意味を表す言葉。例魔法使い。参考 心の働きやお金にかかわるときには「気遣い」「金遣い」のように、「…づかい」と用いることが多い。

つがい 一 名詞 ❶二つ組み合わせて一組みになるもの。特に、おすとめすで一組みになるもの。また、それを数える言葉。例ツバメのつがい。❷関節。つがいめ。例こしのつがいをいためる。

二 助数詞《数を表す言葉の下につけて》めすとおすの組みを数える言葉。例二つがいのカナリア。

つかいがって【使い勝手】 名詞 使うときの使いやすさや使いにくさのようす。例使い勝手のよいパソコン。

つかいこなす【使いこなす】 動詞 上手にあつかう。そのものの性能を十分に役立てて使う。例スマートフォンを使いこなす。活用 つかいこな・す。

つかいこむ【使い込む】 動詞 ❶あずかったお金などを、勝手に使ってしまう。例会社の金を使い込む。❷長い間使って、十分になれる。例使い込んだ、なべ。活用 つかいこ・む。

つかいすて【使い捨て】 名詞 使ったあと、あらったり修理したりして使わずにすてること。また、すてるもの。例使い捨ての紙コップ。

つかいて【使い手】 名詞 ❶使う人。例使い手がよいと、包丁もよく切れる。❷刀ややりなどを上手に使う人。例剣の使い手。

つかいはしり【使い走り】 名詞 言いつけられてあちこちに使いに行くこと。また、その人。参考「つかいばしり」ともいう。また、くだけて「つかいっぱしり」ともいい、人については、略して「ぱしり」ともいう。

つかいはたす【使い果たす】 動詞 全部、使ってしまう。例ぜいたくばかりして、財産を使い果たす。活用 つかいはた・す。

つかいふるす【使い古す】 動詞 長い間使って、古くなる。例使い古したバッグ。活用 つかいふる・す。

つかいみち【使い道】 名詞 ❶使う方法。使い方。例お金の使い道を学ぶ。❷使う目的にあったところ。使いどころ。例使い道のない道具を買ってはいけない。

つかいもの【使い物】 名詞 ❶使って役に立つもの。例古くて使い物にならない。❷おくりもの。進物。例お使い物をとどける。／お使い物のメロン。

つかいわける【使い分ける】 動詞 ❶〔同じものを〕いくつかの場合に合わせて、ちがう使い方をする。例一まいの布をいろいろと使い分ける。❷いくつかのものを場合に合わせて、うまく区別して使う。例三か国語を使い分ける。活用 つかいわ・ける。

1 **つかう【使う】** 動詞 ❶人をやとって、仕事をさせる。例あの工場では人を百人使っている。❷ある物を役に立てる。使用する。例えんぴつを使う。活用 つか・う。⇩使い分け。

2 **つかう【遣う】** 動詞 ❶〔お金や時間を〕ついやす。例こづかいを遣う。／この本をさがすために時間を遣った。❷心や頭を働かせる。例気を遣う。参考「使う」とも書く。活用 つか・う。⇩使い分け。

1 **つかえる** 動詞 ❶つきあたって、先に進めなくなる。例頭が天井につかえそうだ。❷物がつまって通らなくなる。例もちがのどにつかえる。／胸がつかえる。❸物事が進まなくなり、たまる。例仕事がつかえる。参考 ①〜③は、「つっかえる」ともいう。活用 つか・える。

2 **つかえる【仕える】** 動詞 ❶主君・主人・目上の人などの（そばにいて）さしずにしたがって仕事をする。例殿様に仕える。❷〔役所・会社な

ことばあそび なぞなぞ❺ 「なにぬねの」の中に入っている、土の中で植物をしっかりささえてい

使い分け つかう

●用いる。
えんぴつを使う。

●心や頭を働かせる。
気を遣う。

どに」つとめてその仕事に奉仕する。例会社に仕える。活用 つか・える。

つがえる 動詞 ❶二つのものを組み合わせる。例はずれた関節をつがえて、もとどおりにした。❷矢を弓のつるに当てる。例弓に矢をつがえた。活用 つが・える。

つかさどる 動詞 ❶役目として、責任をもって仕事を受け持つ。例公務をつかさどる。❷管理したり、監督したりする。例母は家庭をつかさどっている。活用 つかさど・る。漢字 司る。

つかつか 副詞〈―と〉えんりょしないで、いきおいよく進み出るようす。例つかつかと前に出てきた。類ずかずか。

つかぬこと 連語 それまでの話と、まったく関係のないこと。だしぬけであること。例つかぬことをうかがいますが、家はどちらですか。

つかねる 動詞 ❶たばにして一つにまとめる。たばねる。例まきをつかねる。❷うでを組み合わせる。こまぬく。活用 つか・ねる。

つかのま【つかの間】 名詞 ほんのちょっとの間。例よろこんだのもつかの間。／つかの間もわすれない。漢字 束の間。

つかまえる【捕まえる】 動詞 ❶〔にげたもの、にげようとするものを〕とらえる。とりおさえる。例どろぼうを捕まえる。❷手でしっかりと持つ。例お母さんの服のすそをしっかりとつかまえる。参考 ②はふつう、ひらがなで書く。活用 つかま・える。

つかませる 動詞 ❶物を手でにぎるようにさせる。例手すりをしっかりとつかませる。❷わいろなどを受け取らせる。例金をそっとつかませる。❸だまして悪い品物を買わせる。例にせものをつかませる。活用 つかま・せる。

つかまる【捕まる】 動詞 ❶〔にげたものが〕とらえられる。例犯人が捕まる。❷引きとめられる。例あの人に捕まると話が長い。❸手でにぎって、ささえる。例つりかわにつかまる。参考 ③はふつう、ひらがなで書く。活用 つかま・る。

つかみあう【つかみ合う】 動詞 たがいに相手をつかんで、けんかをする。例教室の中でつかみ合う。活用 つかみあ・う。

つかみかかる【つかみ掛かる】 動詞 相手に、はげしいいきおいで組みつく。例かれはいきなりつかみ掛かってきた。活用 つかみかか・る。

つかみどころのない【つかみ所のない】 慣用句 そのもののねうちや本当の意味を、はっきり知ることができない。要点がはっきりしない。例つかみ所のない、なぞめいた人。参考「つかみどころがない」ともいう。

つかみどり【つかみ取り】 名詞 ❶物を一度に手でつかめるだけとること。例キャンディーのつかみ取り大会。❷ものをつかんでとること。例魚をつかみ取りにする。

つかみとる【つかみ取る】 動詞 つかんで、取る。例お菓子をつかみ取る。活用 つかみと・る。

つかむ 動詞 ❶物をしっかりと手でにぎる。例つなをしっかりとつかむ。❷自分のものにする。例チャンスをつかむ。❸物事の大切なところをとらえて、よく理解する。例文章の意味をつかむ。活用 つか・む。

つかる 動詞 ❶水や液体の中などに入る。例大水で床下まで水につかる。❷ずっとある状態になったままである。例ぬるま湯につかったような生活。❸つけものが、食べごろになる。例キュウリがつかる。活用 つか・る。

つがるかいきょう【津軽海峡】 地名 本州と北海道の間にある海峡。ここで日本海と太平洋がつながっている。

つがるはんとう【津軽半島】 地名 青森県の北西部にある半島。北側は津軽海峡、西側は日本海に面している。

つかれ【疲れ】 名詞 つかれること。くたびれること。例疲れがたまる。

つかれはてる【疲れ果てる】 動詞 すっかりつかれる。例疲れ果てて、ベッドにたおれこんだ。活用 つかれは・てる。

[1]**つかれる** 動詞 ほかの生き物のたましいなどにのりうつられたようになる。とりつかれる。例何かにつかれたように働き続けた。活用 つか・れる。

[2]**つかれる【疲れる】** 動詞 ❶〔ある働きや運動をして〕体力や気力がおとろえる。例大そうじをして疲れた。❷長く使ったために、古びて弱くなる。例疲れたズボン。活用 つか・れる。

つかわす【遣わす】 動詞 ❶使いとして行かせる。例話し合いのために使いの者を遣わすことになった。❷〔目上の者が目下の者に〕物をあたえる。例ほうびを遣わす。❸《「…て遣わす」の形で》…してやる。例ほめて遣わす。参考 古い言い方。活用 つかわ・す。

[1]**つき** 動詞 《「…につき」の形で》❶…ごとに。例一人につき三こまで買える。❷…の理由で。例病気につき欠席いたします。

[2]**つき【月】** 名詞 ❶地球のまわりを回っている天体。約二十七日で地球を一回りし、満月・三日月などのように形が変わって見える。例今夜は月がきれいだ。⇩図。❷〔こよみで〕一年を十二に分けた一つ。参考⇩752ページ・大の月。618ページ・小の月。❸一か月。例月に一回集まる。

[3]**つき【付き】** 一 名詞 ❶〔物がほかの物に〕つくこと。また、その具合。例のりの付きがいい。❷火のもえだす調子。火のつきぐあい。例マッチの付きが悪い。❸よいめぐり合わせ。運。例付きが回ってきた。
二 接尾語 ❶《名詞の下につけて》「…にあらわれたようす」の意味を表すことば。例顔付き。／手付き。❷《名詞の下につけて》「…がついている」の意味を表す言葉。例家具付きの家。

ことば博士になろう!

「月」の古いよび方

今の一月から一二月までのことを、昔は次のようによんでいました。

一月…むつき（睦月）
二月…きさらぎ（如月）
三月…やよい（弥生）
四月…うづき（卯月）
五月…さつき（皐月）
六月…みなづき（水無月）
七月…ふづき（ふみづき）（文月）
八月…はづき（葉月）
九月…ながつき（長月）
一〇月…かんなづき（神無月）
一一月…しもつき（霜月）
一二月…しわす（師走）

今でも、「さつき」「しわす」などはよく耳にしますね。

[1]**つぎ【次】** 名詞 ❶すぐそのあとや下に続くこと。また、そのもの。例次の電車。／次の人。❷宿場。例東海道五十三次。

[2]**つぎ【継ぎ】** 名詞 衣服などのやぶれたところに、別のぬのをあててつくろうこと。また、そのぬの。例ズボンのひざに継ぎを当てる。

つきあい【付き合い】 名詞 ❶仲間として、つき合うこと。例友だちの兄弟とも付き合いがある。❷〔義理で〕相手をすること。例母の付き合いで買い物に行く。

つきあう【付き合う】 動詞 ❶〔たがいに〕親しくまじわる。例となりの家の人と、仲よく付き合う。❷恋人になる。例あの二人は付き合っている。❸〔義理で〕相手の人といっしょに物事をする。例友だちのさか上がりの練習に付き合う。活用 つきあ・う。

つきあかり【月明かり】 名詞 月の光で明るいこと。また、明るい月の光。例月明かりの夜道を歩く。

つきあげる【突き上げる】 動詞 ❶下からついて、上におし上げる。例こぶしを突き上げる。❷下の者が上の者に対して、強く働きかけて自分の考えをみとめさせようとする。例会社の上役を突き上げる。活用 つきあ・げる。

つきあたり【突き当たり】 名詞 道などが、行きあたりになったところ。例突き当たりを右にまがる。

つきあたる【突き当たる】 動詞 ❶〔進んで行く方向にあるものに〕ぶつかる。しょうとつする。例あわてて、かべに突き当たる。❷進む方向にじゃまするものがあって、そのまま進めなくなる。例むずかしい問題に突き当たってしまった。活用 つきあた・る。

つきあわせる【突き合わせる】 動詞 ❶二つのものをくっつきそうになるほど近づけて向かい合わせにする。例二人は、しんけんな顔を突き合わせて話し合っていた。❷両方をくらべて、同じかどうかなどを調べる。例伝票と品物とを突き合わせる。活用 つきあわ・せる。

つぎあわせる【継ぎ合わせる】動詞 ❶つないで一つにする。例切れたフィルムを継ぎ合わせる。❷ぬいつけて一まいにする。例はぎれを継ぎ合わせてベッドカバーをつくる。活用 つぎあわ・せる。

つきおくれ【月後れ・月遅れ】名詞 ❶その月にあるはずの物事を、次の月におくらせること。例月後れの正月。❷毎月出る雑誌などで、発売中のものより前の号。

つきおとす【突き落とす】動詞 高いところからついて落とす。例飛びこみ台からプールに突き落とす。活用 つきおと・す。

つきかえす【突き返す】動詞 ❶相手がついてきたのに対して、こちらもつく。例土俵ぎわで突き返す。❷〔さし出されたものを〕きっぱりことわって、もどす。つっかえす。例不正なおくり物を突き返す。活用 つきかえ・す。

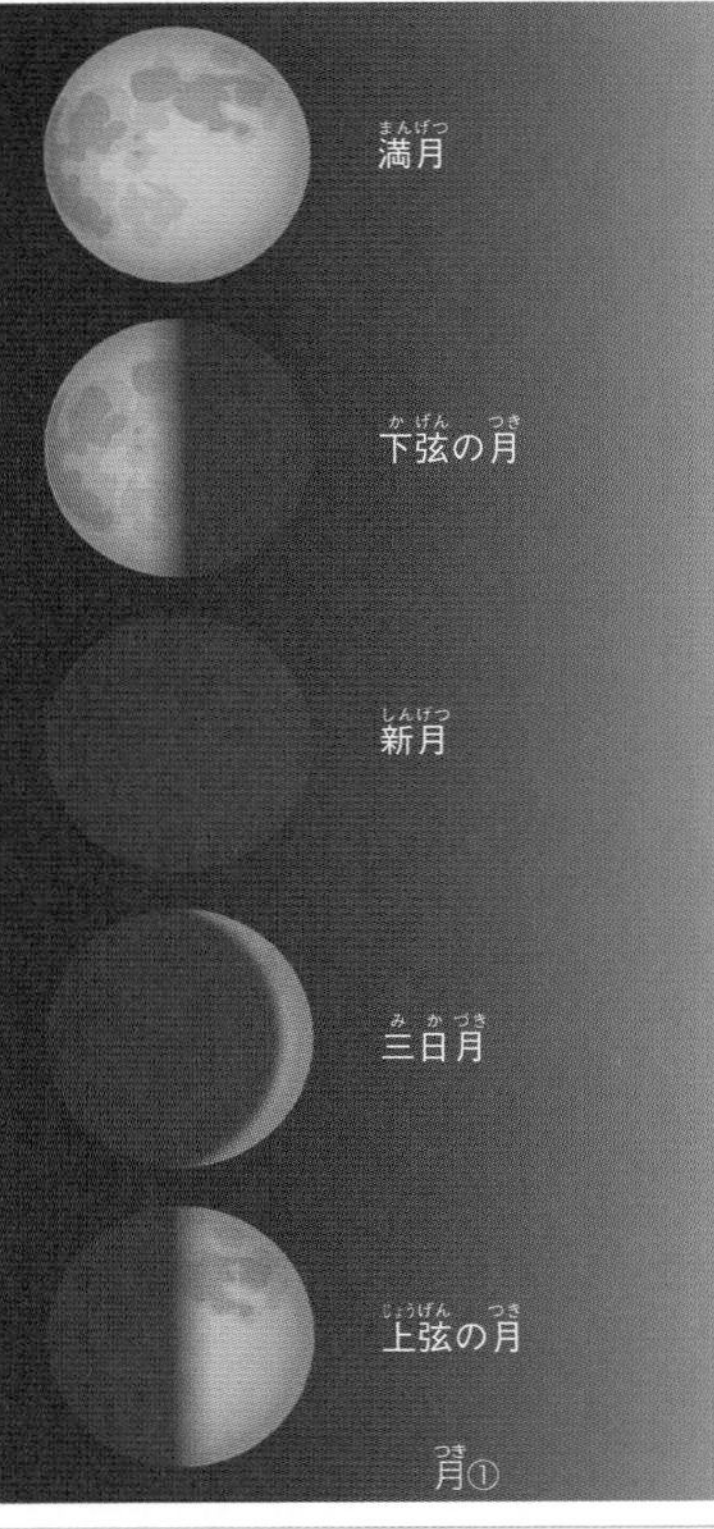

月①

つきかげ【月影】名詞 ❶月の光。例月影がさやかに部屋にさしこんでいる。❷月の光によってできた、物のかげ。例満月の夜は月影ができる。

つぎき【接ぎ木】名詞 する動詞 植物のえだや芽を切って、同じような種類のほかの植物につぐこと。参考 じょうぶにしたり、品種を改良したりするためにおこなう。

つきぎめ【月ぎめ】名詞 一か月ごとにしはらう約束をすること。また、その約束。例月ぎめちゅうしゃ場。漢字 月極め。

つききり【付き切り】名詞 いつもそばにつきそっていること。つきっきり。例付き切りで看病する。

つぎこむ【つぎ込む】動詞 ❶〔びんなどの〕入れ物に、液体をそそぎ入れる。例びんに水をつぎ込む。❷あることをするために、多くのお金や、多くの人を使う。例多くの費用と人員をつぎ込んで、ダムが完成した。活用 つぎこ・む。

つきささる【突き刺さる】動詞 ❶先のとがったものが、物にあなをあけて中に入る。例とげが指に突き刺さる。❷ほかの人の言葉などで心がきずつけられる。例責任をついきゅうするきびしい言葉が心に突き刺さる。活用 つきささ・る。

つきさす【突き刺す】動詞 ❶〔先のとがったもので〕ついてさしとおす。また、ついて立てる。例たたみにきりを突き刺した。❷言葉などで、相手の心などをするどくつく。例心をするどく突き刺す言葉。活用 つきさ・す。

つきしたがう【付き従う】動詞 ❶人のあとについて行く。例王様に大ぜいのお供が付き従う。❷部下になる。例大ぜいの武士が将軍に付き従った。活用 つきしたが・う。

つきすすむ【突き進む】動詞 いきおいよく進む。例優勝をめざして突き進む。活用 つきすす・む。

つきそい【付き添い】名詞 そばについて世話をすること。また、その人。例病人の付き添いをする。

つきそう【付き添う】動詞 世話をするために、そばについている。例母が介護の祖母に付き添う。活用 つきそ・う。

つきだし【突き出し】名詞 相撲で、相手をついて土俵の外に出すこと。

つきだす【突き出す】動詞 ❶あるところから外へ、ついて出す。例土俵の外へ突き出す。❷物を前へ（いきおいよく）出す。例両手を目の前に突き出した。❸〔犯人などを〕警察にわたす。例どろぼうをつかまえて警察に突き出した。活用 つきだ・す。

つぎたす【継ぎ足す】動詞 今あるものに、足りない分を加える。あとから加える。例ロープを継ぎ足して長くする。／説明を継ぎ足す。活用 つぎた・す。

つきたてる【突き立てる】動詞 ❶つきさして立てる。いきおいよくついて物の中に入れる。例目じるしの棒を地面に突き立てる。❷はげしくつつく。つきまくる。例土俵の外まで相手を突き立てる。活用 つきた・てる。

つきづき【月月】名詞 毎月。月ごとに。例月々のおこづかい。参考 ふつう「月々」と書く。

つぎつぎ【次次】副詞（-と） 次から次へと続くようす。例新作を次々発表する。参考 ㋐ふつう「次々」と書く。㋑「次々に」「次々と」の形でも用いる。

つきっきり【付きっ切り】名詞 「つききり」を強めた言い方。

つきつける【突き付ける】動詞 〔あらあらしい態度で〕目の前にさしだす。例ピストルを突き付ける。／むずかしい問題を突き付けた。活用 つきつ・ける。

つきつめる【突き詰める】動詞 ❶つきとめる。❷ある一つのことだけをどこまでも深く思う。例突き詰めて考えてみよう。活用 つきつ・める。

つきでる【突き出る】動詞 ❶とがったものが、何かをつきやぶって出る。例くぎが板のうら側に突き出る。❷その部分が、外側や前の方に出っぱる。例海に突き出た堤防。活用 つき・でる。

つきとおす【突き通す】動詞 ついて、うらまでとおす。つきぬく。例きりで厚紙を突き通す。活用 つきとお・す。

つきとすっぽん【月とすっぽん】ことわざ 〔月とスッポンは、両方とも丸い形をしているが、価値がまるでちがうということから〕二つのものに、大きなちがいがあることのたとえ。例二つの作品のできばえは、まさに月とすっぽんだ。参考「すっぽん」は、カメの一種。類ちょうちんにつり鐘。雲泥の差。

つきとばす【突き飛ばす】動詞 らんぼうについたりぶつかったりして、はねとばす。活用 つきとば・す。

つきとめる【突き止める】動詞 わからないことを調べて、はっきりさせる。調べて、さがしあてる。例犯人のかくれ場所を、とうとう突き止めた。活用 つきと・める。

つきなみ【月並み】名詞 形容動詞 どこにでもあって、おもしろみのないこと。例月並みな表現。

つぎに【次に】接続詞 その後に続いて。例はじめに姉が歌います。次にぼくがピアノをひきます。

つきぬける【突き抜ける】動詞 ❶つきやぶって反対側に出る。例かべを突き抜ける。❷むこう側へ通りぬける。例この道を突き抜けると駅へ出ます。活用 つきぬ・ける。

つきのわぐま【月の輪熊】名詞 クマ科の動物。体の毛の色は黒く、胸に三日月形の白いもようがある。

つぎはぎ【継ぎはぎ】名詞 ❶着物などのやぶれめにつぎをあてたり、布をはぎ合わせたりすること。また、その部分。例継ぎはぎだらけのズボン。❷人の書いた文章などから少しずつとってきて一つの文章をつくること。例例文集から文章をとって継ぎはぎする。

つきはてる【尽き果てる】動詞 全部、なくなる。ことば「精も根も尽き果てる」活用 つきは・てる。

つきはなす【突き放す】動詞 ❶ついてむこうへおいやる。ついてはなれさせる。例つっかかってくる敵を突き放す。❷〔たよってくる相手を〕見すてる。例つめたい言葉で突き放す。活用 つきはな・す。

つきひ【月日】名詞 〔月と太陽の意味から〕時間。年月。例月日がたつのは早いものだ。

つきびと【付き人】名詞 ある人にいつもつきそって、世話をする人。つけびと。例横綱の付き人。

つきまとう【付きまとう】動詞 いつもそばについていて、はなれない。例そんなにぼくに付きまとうな。類付いて回る。活用 つきまと・う。

つきみ【月見】名詞 十五夜や十三夜の月をな

ことばあそび なぞなぞ⑥ 「はひふへほ」の中に入っている、食べるときに使うものはなあに？

がめて楽しむ行事。⇩口絵10ページ。

つきみそう【月見草】名詞 ❶オオマツヨイグサ・マツヨイグサなどのこと。夏の夕方、うす黄色の花がさき、次の日の朝しぼむ。❷アカバナ科の植物。夏の夕方、白い花がさき、次の日の朝しぼんで赤くなる。

つきみだんご【月見団子】名詞 十五夜や十三夜の月をながめて楽しむとき、月にそなえる、もちを小さくまるめた菓子。

つぎめ【継ぎ目】名詞 二つの物をつぎ合わせたところ。

つきもの【付き物】名詞 あるものに、いつもついているもの。それからはなすことができないもの。例テーブルにいすは付き物だ。

つきやぶる【突き破る】動詞 ❶物をついてこわし、あなをあける。例しょうじを突き破る。❷つき進んでうち負かす。例敵軍を突き破る。活用 つきやぶ・る。

つきやま【築山】名詞 庭に、土や石をつみ上げてつくった小さな山の形をしたもの。

つきゆび【突き指】名詞 する動詞 物に強くぶつけたりして、指の関節をいためること。

つきよ【月夜】名詞 月が明るい夜。例月夜のはまべを歩く。対やみ夜。

つきる【尽きる】動詞 終わる。すっかり、なくなる。例話題が尽きる。活用 つ・きる。

1 **つく** 動詞 ❶口や鼻から息を出す。例ため息をつく。❷［うそや悪口を］いう。例うそをつく。活用 つ・く。

2 **つく** 動詞 ［きねなどで］おしつぶす。例もちをつく。活用 つ・く。漢字 搗く。

3 **つく** 動詞 けものなどの悪いたましいがのりうつる。例キツネがつく。活用 つ・く。

4 **つく**【付く】動詞 ❶あるものがふれて、とれなくなる。くっつく。例よごれが付く。❷いっしょに行く。例母が付いて行く。❸味方をする。例弱い方に付く。❹ある働きがおこる。例明かりが付く。❺感じとる。例気が付く。／目に付く。❻はっきりする。例決心が付く。❼加わる。例おまけが付く。活用 つ・く。⇩使い分け。

5 **つく**【突く】動詞 ❶先のとがったもので、さす。例針で突く。❷強く当てる。例寺でかねを突く。❸相手の弱点などをはっきり言う。例いたいところを突かれた。❹ささえとする。例つえを突く。❺気にしないで進む。例雨をついて出発する。参考 ⑤は多く、ひらがなで書く。活用 つ・く。

6 **つく**【就く】動詞 ❶ある場所に身をおく。例席に就く。参考 ①は「着く」とも書く。❷ある地位・身分になってその仕事をする。例新しい仕事に就く。❸目当ての物事にとりかかる。はじめる。例帰途に就く。❹《「…について」の形で》話題にする。…にかんして。例予算案について発表します。❺《「…について」の形で》…におうじて。…ごとに。例使用料は一時間について五百円です。参考 ④⑤はふつう、ひらがなで書く。活用 つ・く。⇩使い分け。

7 **つく**【着く】動詞 ❶目当てのところに、とどく。例手紙が着く。❷ある場所に行きつく。例家に着く。活用 つ・く。⇩使い分け。

使い分け　つく

●くっつく。よごれが付く。

●身をおく。社長の地位に就く。

●とどく。手紙が着く。

1 **つぐ** 動詞 水などの液体をそそいで入れる。例お茶をつぐ。／ジュースがコップにつがれた。活用 つ・ぐ。漢字 注ぐ。

2 **つぐ**【次ぐ】動詞 ❶後に続く。例あいさつに次いで、すぐ用件を話した。❷物事のていどが、すぐその下の位置である。例利根川に次いで長い川。活用 つ・ぐ。⇩使い分け。

3 **つぐ**【接ぐ】動詞 つなぎ合わせる。例おれた骨を接ぐ。活用 つ・ぐ。⇩使い分け。

4 **つぐ**【継ぐ】動詞 ❶前のものをうけて続ける。

例家を継ぐ。❷衣服などのやぶれをつくろう。❸そえてたす。加える。例火ばちに炭を継ぐ。活用 つ・ぐ。⇩使い分け。

つくえ【机】 名詞 本を読んだり、書きものをしたりするための台。例机の上に教科書を置く。

つくし 名詞 春、スギナの地下茎から出る、筆のような形をしたもの。上の方にある胞子が風でとんでいき、ふえる。漢字 土筆。⇩図。

つくしへいや【筑紫平野】 地名 九州の福岡県南部と佐賀県東部にある、筑後川が流れる平野。農業がさかん。

使い分け　つぐ

●後に続く。社長に次ぐ地位の人。

●つなぎ合わせる。おれた骨を接ぐ。

●続ける。跡を継ぐ。

つくし

つくす【尽くす】 一 動詞 ❶〔力などを〕出しきる。例全力を尽くす。❷人のためになることをする。例世の中のために尽くした。❸ぎりぎりのところまで、おこなう。例ぜいたくのかぎりを尽くす。
二 接尾語《動詞の下につけて》「すっかり…する」の意味を表す言葉。例食べ尽くす。／言い尽くす。／うめ尽くす。活用 つく・す。

つくだに【つくだ煮】 名詞 魚・貝・コンブ・豆などを、しょうゆ・さとう・みりんなどであじつけしてよくにつめた食べ物。ながもちする。語源 江戸時代、江戸（＝今の東京）のつくだ島ではじめてつくられたのでこの名がついたという。漢字 佃煮。

つくづく 副詞（－と）❶細かいところも見落とさないように、じっと見るようす。例かがみにうつる顔をつくづくと見た。❷身にしみて深く感じるようす。例来てよかったとつくづく思う。類 つらつら。

つくつくぼうし【つくつく法師】 名詞 セミ科のこん虫。体長約三センチメートル。「ツクツクホーシ」となく。

つぐない【償い】 名詞 つぐなうこと。また、そのために必要なお金・品物・労力など。例わたしが働いて償いをします。類 弁償。

つぐなう【償う】 動詞〔おかした罪や、相手にあたえた損害などの〕うめ合わせをする。つぐないをする。ことば「罪を償う」 活用 つぐな・う。

つくね 名詞 すりつぶした肉をこねてまるめ、にたり焼いたりした食べ物。類 つみれ。

つくねんと 副詞 なにもしないで、一人でぼんやりとしているようす。例おじいさんは、ざしきにつくねんとすわっていた。

つぐむ 動詞 口をとじてものを言わない。だまる。例かれは、すっかり口をつぐんでしまった。活用 つぐ・む。

つくり[1] 名詞 漢字を左と右に分けたとき、右側にある部分。「海」の「毎」、「初」の「刀」、「植」の「直」など。対 偏。

つくり[2]**【作り・造り】** 名詞 ❶つくること。また、つくられたもの。❷つくられたものの様子。つくり具合。例作りのよい本だな。／りっぱな造りの家。❸さしみ。例タイの作り。❹よそおい。みなり。例わか作り。

つくりあげる【作り上げる・造り上げる】 動詞 ❶すっかり、つくり終える。完成させる。例注文の品を作り上げる。／一か月で家を造り上げる。❷じっさいにはないのに、あるように見せかける。例美談を作り上げる。活用 つくりあ・げる。

つくりかえる【作り替える】 動詞 ❶新しくつくって、古いものととりかえる。例着古したセーターを作り替える。❷前からあったものに手を加えて、別のものにする。例和室を洋間に

こたえ　は（歯）

作り替える。活用 つくりか・える。

つくりごえ【作り声】名詞 人や動物の声をまねたり、ふだんの声ではなくわざとちがえたりして出す声。例 作り声を出して母にあまえる。

つくりごと【作り事】名詞 本当にはないことを、いかにもあるようにつくったことがら。こしらえごと。例 この話は作り事だそうだ。

つくりざかや【造り酒屋】名詞 酒をつくって売る店。醸造元。

つくりだす【作り出す・造り出す】動詞 ❶つくりはじめる。例 しゅみで人形を作り出してから十年になる。❷生産する。製造する。例 製品を造り出す。❸新しいものを生み出す。例 新作を作り出す。活用 つくりだ・す。

つくりつけ【作り付け】名詞〔家具などを〕動かせないようにつくること。また、そのつくったもの。例 作り付けの洋服だんす。

つくりなおす【作り直す】動詞 一度作ったものをやめて、あらためて作る。例 洋服を作り直す。活用 つくりなお・す。

つくりばなし【作り話】名詞 本当にはないことを、いかにもあるようにつくった話。フィクション。

つくりもの【作り物】名詞 本物に似せてつくられたもの。にせ物。例 作り物のダイヤの指輪。

つくりわらい【作り笑い】名詞 笑いたくないのに、無理に笑うこと。例 おかしくもないのに、作り笑いをうかべている。

1 **つくる**【作る】動詞 ❶材料・原料から、物を新しくこしらえる。例 カレーライスを作る。❷今までになかったものを新しくこしらえる。例 文章を作る。／会社を作る。❸世話をして、育てる。例 野菜を作る。❹役に立てるためにととのえる。例 金を作る。❺わざとそのような様子をする。例 笑顔を作る。参考 ②は「創る」とも書く。活用 つく・る。⇩使い分け。

2 **つくる**【造る】動詞 ❶〔大きなものを〕こしらえる。例 船を造る。❷〔原料から〕酒・しょうゆ・みそなどをこしらえる。例 米から酒を造る。活用 つく・る。⇩使い分け。

3 **つくる**【創る】動詞 考えて、こしらえる。例 詩を創る。参考「作る」とも書く。活用 つく・る。⇩使い分け。

つくろう【繕う】動詞 ❶やぶれたものや、こわれたものを直す。例 くつ下を繕う。❷おかしくないようにととのえる。例 身なりを繕う。❸〔失敗や欠点を〕わからないようにする。見た目によいようにする。例 あわててその場を繕う。活用 つくろ・う。

つけ【付け】一 名詞 ❶〔品物などを買ったときの〕かんじょう書き。例 付けを見てかんじょうをはらう。❷〔品物などを買うとき〕後でまとめて支払う約束で、帳面につけさせておくこと。また、そのしはらい方法。例 付けで買う。
二 接尾語《動詞の下につけて》「いつも…をしている」の意味を表す言葉。例 行きつけの店。／かかりつけの歯医者。参考 二はふつう、ひらがなで書く。

づけ【付け】接尾語《日にちを表す言葉の下につけて》「その日」の意味を表す言葉。例 八日付けで発表された文書。

使い分け　つくる

●こしらえる。
サラダを作る。

●大きなものをこしらえる。
船を造る。

●考えてこしらえる。
詩を創る。

つけあがる【付け上がる】動詞〔まわりの人が、あまやかしたりおとなしかったりするのをいいことに〕自分の思いどおりに勝手なことをする。例 やさしくすると、付け上がる。活用 つけあが・る。

つけあわせ【付け合わせ】名詞 ほかのものをつけそえること。特に、肉や魚などの料理にそえる野菜などのこと。

つけいる【付け入る】動詞 機会をうまくつかんで、それをのがさないように利用する。つけこむ。例 相手の弱みに付け入る。活用 つけい・る。

つけかえる【付け替える】動詞 今あるものにかえて、別のものをつける。また、別の場所につけ直す。例 部品を付け替えたら、動いた。活用 つけか・える。

つげぐち【告げ口】名詞 する動詞 人のひみつやあやまちなどを、こっそりほかの人に知らせること。例 さぼっていたことを告げ口された。

つけくわえる【付け加える】動詞 〔すでにあるものに〕後からそえてたす。つけたす。例 もう一言付け加えます。活用 つけくわ・える。

つけこむ【付け込む】動詞 よい機会をとらえたり、相手の弱点を利用したりして、物事をおこなう。つけいる。例 かれがお人よしなのに付け込んでだますのはゆるせない。活用 つけこ・む。

つけだし【付け出し】名詞 大相撲で、入門した力士の実力をみとめて、さいしょからある地位の番付に名前をのせること。また、その力士。例 幕下付け出し。

つけたす【付け足す】動詞 〔もとからあるものに〕あとから足りないところを加える。つけ加える。例 前の人の発言に付け足して自分の意見を言う。活用 つけた・す。

つけたり【付けたり】名詞 おもなものにそえられた、あまり重要ではないもの。例 付けたりの飾りもの。

つけつけ 副詞（ーと）➡662ページ・ずけずけ。

つけとどけ【付け届け】名詞 お礼や習慣などで、人におくり物をすること。また、そのおくり物。例 おぼんと年末の付け届け。

つけな【漬け菜】名詞 つけものにする、ハクサイ・カブなどの菜。

つけね【付け根】名詞 物がついているねもとのところ。例 うでの付け根。／首の付け根。

つけねらう【付け狙う】動詞 〔相手をおそおうと〕あとをつけて様子をうかがう。例 あやしい人に付け狙われた。活用 つけねら・う。

つけまわす【付け回す】動詞 どこまでもしつこく後を追う。例 あやしい男に付け回された。活用 つけまわ・す。

つけめ【付け目】名詞 ❶目当てとするところ。ねらいとするところ。例 金が付け目で近づく。❷つけこむのによい場合。利用するのにちょうどよい、相手の弱点。例 見はりが一人なのが付け目だ。

つけもの【漬物】名詞 野菜などを、塩・ぬか・みそ・酒かすなどにつけた食べ物。香の物。

つけやきば【付け焼き刃】名詞 そのときだけを、うまくごまかすためのやり方。一時しのぎにおぼえたことがら。例 付け焼き刃の勉強では実力がつかない。

1**つける**【付ける】一 動詞 ❶物と物とをふれ合わせて、とれないようにする。例 シャツにボタンを付ける。❷書きこむ。例 日記を付ける。❸ある状態が起こるようにする。例 力を付ける。❹ある働きが起こるようにする。例 火を付ける。／テレビを付ける。❺見つからないように、後を追って行く。例 あやしい人物を付ける。❻気持ちをある方向に向ける。例 気を付ける。／目を付ける。⇩使い分け。
二 接尾語 ❶《動詞の下につけて》「いつも…する」の意味を表す言葉。例 歩きつけている道。❷《動詞の下につけて》「強いいきおいで…する」意味を表す言葉。例 たたきつける。／どなりつける。参考 二はふつう、ひらがなで書く。活用 つ・ける。

2**つける**【就ける】動詞 決まった場所や位置などに身をおかせる。例 新しい役職に就ける。活用 つ・ける。⇩使い分け。

3**つける**【着ける】動詞 ❶〔衣服を〕体にまとう。例 おびを着ける。❷車や船をある場所に止めて、おりられるようにする。例 船を岸に着ける。活用 つ・ける。⇩使い分け。

4**つける**【漬ける】動詞 ❶液体の中へ入れて、しみこませる。例 布を水に漬ける。❷野菜などを、塩・ぬか・みそ・酒かすなどの中へ入れて、つけものにする。例 ナスを漬ける。活用 つ・ける。

つげる【告げる】動詞 のべて知らせる。例 来客を告げる。活用 つ・げる。

つごう【都合】一 名詞 あることをするときの事情。例 相手の都合に合わせる。二 名詞 する動詞 工夫してお金や品物を集めること。ことば「都合がつく（＝お金の用意ができた）」「金を都合する」三 副詞 全体で。全部で。例 出席者は、都合六人です。

つし【津市】地名 三重県の県庁所在地。⇩916ページ

ことばあそび なぞなぞ⑦ 「まみむめも」の中に入っている、おにがきらいなものはなあに？

あいうえお
かきくけこ
さしすせそ
たちつてと
つ
なにぬねの
はひふへほ
まみむめも
や ゆ よ
らりるれろ
わ を ん

使い分け　つける

●くっつける。
色を付ける。

●身をおかせる。
役職に就ける。

●ある場所に止める。
車をげんかんに着ける。

ジ・都道府県（図）。

つじ 名詞 ❶道が十字にまじわっているところ。四つ角。❷〔人の行きする〕道ばた。漢字 辻。

つじつま 名詞 物事のすじ道。例 つじつまの合わない話。

つしま【対馬】 地名 昔の国の名。今の長崎県の対馬全体に当たる。

つしまかいきょう【対馬海峡】 地名 九州と朝鮮半島の間の海。

つしまかいりゅう【対馬海流】 名詞 黒潮が南西諸島のあたりでわかれて、日本海に流れこむ海流。⇩230ページ・海流（図）。

×**つづく【続く】**⬇835ページ・つづく。

×**つづみ【鼓】**⬇837ページ・つづみ。

×**つづる**⬇837ページ・つづる。

つた 名詞 ブドウ科の植物。まきひげの先にきゅうばんがあり、かべなどをはい上がるように育つ。漢字 蔦。⇩図。

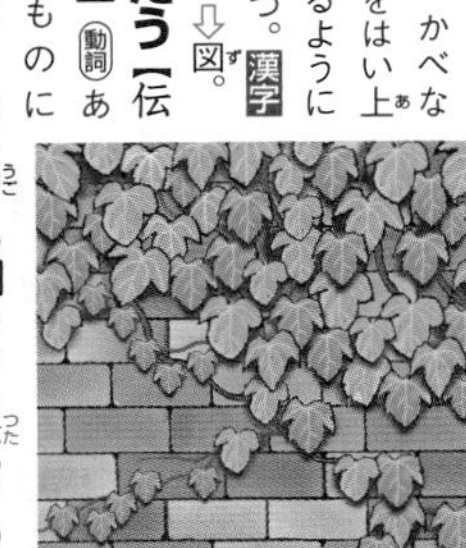

つた

つたう【伝う】 動詞 あるものにそってうつり動く。例 つなを伝ってのぼる。活用 つた・う。

つだうめこ【津田梅子】 人名 （一八六四～一九二九）江戸時代から昭和時代にかけての教育者。女性として日本初の留学生となりアメリカに渡る。二度目の留学から帰国して「女子英学塾」を設立した。

つたえあう【伝え合う】 動詞 たがいに伝える。例 気持ちを伝え合う。活用 つたえあ・う。

つたえきく【伝え聞く】 動詞 人から聞く。うわさに聞く。例 伝え聞くところによると、かのじょはアメリカに留学するそうだ。類 聞き及ぶ。活用 つたえき・く。

つたえる【伝える】 動詞 ❶ある物を一方から、ほかへうつす。例 熱を伝える。❷言葉で知らせる。例 結果を伝える。❸伝言する。例 兄に伝えるようにたのまれた。❹ゆずりわたして、後に残す。例 学問を伝える。❺ほかから持ってきて、広める。例 新しい技術を伝える。活用 つた・える。

つたない【拙い】 形容詞 ❶へたである。例 拙い文章。❷十分ではない。行きとどかない。例 拙い者ですが、どうぞよろしくお願いします。❸運が悪い。例 武運拙くうち死にする。活用 つたな・い。

つたわる【伝わる】 動詞 ❶物にそって進む。例 水がといを伝わって落ちてきた。❷あるものが一方からもう一つの方へとどく。例 電流が伝わる。／あたたかい心が伝わる。❸世の中に知れわたる。例 うわさが伝わる。❹受けつがれて残る。例 昔から伝わる話。❺よそからわたってくる。例 外国から伝わってきた技術。活用 つた・わ・る。

つち1 名詞 物をたたく道具。ハンマー。参考 木でつくったものと、金属でつくったものとがある。漢字 槌。鎚。

つち2**【土】** 名詞 ❶岩石が、雨風にさらされて小さなつぶになったもの。例 黒い土。❷陸地の表面。地面。参考「…の土をふむ」という形で使われて、その土地に来る意味を表す。例 久しぶりに故郷の土をふんだ。

つちかう【培う】 動詞 〔よい性質や力などを〕やしなって、育てる。例 日ごろ培った力を十分に出す。参考 もともとは、「根に土をかけて草木を育てる」という意味。活用 つちか・う。

つちがつく【土が付く】慣用句 相撲で負ける。例横綱に土が付く。語源 どひょうの土が付くということから。

つちくれ【土くれ】名詞 土のかたまり。

つちけむり【土煙】名詞 土やすなが、けむりのようにまい上がったもの。砂けむり。例車が土煙をあげて走りさった。

つちつかず【土付かず】名詞 相撲で、その場所が始まってから一回も負けていないこと。類 全勝。

つちのこ【つちの子】名詞 どうの太い、ヘビのような形をした、伝説上の動物。⇩図。

つちの子

つちふまず【土踏まず】名詞 足のうらのへこんだところ。⇩24ページ・足①（図）。

つちへん【土偏】名詞 漢字の部首の一つ。「地」「場」などの左側の「土」の部分。

つちよせ【土寄せ】名詞 農作物の根元に土をよせかけること。地上の部分をささえ、寒さやかんそうなどをふせぐためにおこなう。

1**つつ** 助詞 ❶二つのことが同時におこなわれることを表す言葉。…ながら。例歌いつつおどる。❷…にもかかわらず。例悪いと知りつつやってしまった。❸《「…つつある」の形で》ある動作が続いていることを表す言葉。例今、そちらへ向かいつつある。

2**つつ**【筒】名詞 まるくて細長く、中がからになっているもの。例竹の筒。

つつうらうら【津津浦浦】四字熟語 全国いたるところ。国中。つづうらうら。例コンビニが津々浦々に見られる。参考 ふつう「津々浦々」と書く。

つっかいぼう【突っかい棒】名詞 物がたおれないようにささえたり、引き戸が開かないように戸じまりに使ったりするぼう。例突っかい棒をあてがって、かきねをささえる。

つっかえす【突っ返す】動詞 ➡828ページ・つきかえす②。活用 つっかえ・す。

つっかかる【突っ掛かる】動詞 ❶あるものをめがけて、ついていく。例もうれつないきおいで、牛が突っ掛かってくる。❷ぶつかる。ひっかかる。例木の根に突っ掛かってころぶ。❸くってかかる。言いがかりをつける。例親に突っ掛かる。活用 つっかか・る。

つっかけ【突っ掛け】名詞 足の先に引っかけてはくかんたんなはきもの。類 サンダル。

つっかける【突っ掛ける】動詞 ❶はきものをつま先にひっかけるようにしてはく。例サンダルを突っ掛けて外に出た。❷はげしいいきおいでぶつける。例オートバイに突っ掛けられた。活用 つっか・ける。

つつがない【つつが無い】形容詞 いつもとかわったことがない。ぶじである。例式はつつが無く終わった。活用 つつがな・い。

つづき【続き】名詞 ❶続くこと。また、続き具合。例文と文との続きが悪い。❷その後に続く部分。例話の続きを聞く。／ドラマの続きを見る。❸《ほかの言葉の後について》それがずっと続いていることを表す。例雨続き。／お天気続き。／陸続き。

つづきがら【続き柄】名詞 どのような血のつながりがあるかということ。血族の関係。ぞくがら。例書類に本人と保護者との続き柄をしるす。類 間柄。

つづきもの【続き物】名詞 新聞・雑誌の小説やテレビのドラマなどで、一回では終わらず、何回か続いてから終わるもの。

つっきる【突っ切る】動詞 まっすぐに通りぬける。いきおいよく横ぎる。例野原を突っ切って帰った。活用 つっき・る。

つつく 動詞 ❶指先・くちばしなどで続けて軽く、つく。例かたをつつく。❷あることをさせようと、そそのかす。例遊びに行こうと友だちをつつく。❸人の欠点をとり上げて、とがめる。例欠点をつつく。❹はし・くちばしなどで、つくようにして食べる。例小鳥がえさをつつく。／すきやきをつつく。活用 つつ・く。

つづく【続く】動詞 ❶同じものが長くつながる。例でこぼこの道が続く。❷同じような状態が、変わらずにある。例雨の日が続く。❸同じ物事が間をおかずに起こる。例不幸が続く。❹すぐ後にしたがう。例姉に続いて歩く。活用 つづ・く。注意「つずく」と書かないこと。

つづけざま【続け様】名詞 次から次へと同じことをくり返すようす。例続け様に事件がお

こたえ まめ（豆）

こった。

つづける【続ける】一 動詞 続くようにする。例話を続ける。／けいこを続ける。二 接尾語《動詞の下につけて》「ずっと…する」の意味を表す言葉。例歌い続ける。／食べ続ける。活用 つづ・ける。

つっけんどん【突っけん貪】形容動詞 態度や言葉づかいがとげとげしくて、冷たいようす。らんぼうで、そっけないようす。例つっけんどんに言う。参考 ひらがなで書くことが多い。

つっこみ【突っ込み】名詞 ❶つっこむこと。❷内部に深く入りこむこと。深くきわめること。例研究の突っ込みが足りない。❸漫才で、ぼけ役に対して笑いどころをしめす役。対③ぼけ。

つっこむ【突っ込む】動詞 ❶はげしいいきおいで、中に入る。例自動車は草むらへ突っ込んで行った。❷〔問題となる点に〕深く立ち入る。例もっと突っ込んだ話し合いが必要だ。❸深くさして、入れる。例指を突っ込む。❹らんぼうに入れる。例引き出しに突っ込む。❺強く問いせめる。例どこから突っ込まれてもやましいところはない。活用 つっこ・む。

つつさき【筒先】名詞 ホースや鉄砲など、つつの形をしているものの先。例大砲の筒先を敵に向ける。

つつじ 名詞 ツツジ科の植物。春に、赤・白・むらさきなどの花がさく。

つつしみ【慎み】名詞 〔まちがいのないように〕気をつけてひかえ目にしたり、用心したりすること。例慎みにかけるふるまい。

つつしみぶかい【慎み深い】形容詞 つつしむ心が深い。例慎み深い人。活用 つつしみぶか・い。

1 **つつしむ**【慎む】動詞 ❶まちがいのないように気をつける。また、まちがったことをしないようにする。例言葉を慎む。❷〔量などを〕ひかえめにする。例少し酒を慎みなさい。活用 つつし・む。⇩使い分け。

2 **つつしむ**【謹む】動詞《「つつしんで」の形で》ていねいに…する。うやうやしくする。ことば「謹んでおくやみ申し上げます」活用 つつし・む。⇩使い分け。

つつそで【筒袖】名詞 和服で、たもとのないつつ形のそで。また、そのような着物。参考 たもとがないので、動きやすい。⇩図。

つったつ【突っ立つ】動詞 まっすぐに立つ。立ったままでいる。例突っ立っていないで、早く手伝いなさい。活用 つっ た・つ。

筒袖

使い分け　つつしむ

●気をつける。
言葉を慎む。

●ていねいにする。
謹んでおいわいを申し上げます。

つつぬけ【筒抜け】名詞 ❶話し声が、そのまま聞こえること。例どなり声は、となりの家に筒抜けであった。❷ひみつにしていたことが、ほかの人にそのまま伝わること。例みかたの作戦が、筒抜けになっていた。

つっぱしる【突っ走る】動詞 ❶いきおいよく走る。例オートバイで突っ走る。❷よくないほうにまっしぐらに進む。例戦争にむけて突っ走る。活用 つっぱし・る。

つっぱねる【突っぱねる】動詞 ❶ついてはねとばす。❷〔たのみや要求などを〕手きびしくことわる。例命令を突っぱねる。活用 つっぱ・ねる。

つっぱり【突っ張り】名詞 相撲で、うでをのばして、両方の手のひらで相手の胸やかたを強くおすこと。例はげしい突っ張りをみせる。

つっぱる【突っ張る】動詞 ❶おしあててたおれないようにささえる。例かたむいたへいを棒で突っ張る。❷〔相手にたいこうして〕自分の言い分をおし通そうとする。❸相撲で、うでをのばし、手のひらでいきおいよくおす。例たがいにはげしく突っ張る。❹体の筋肉などが、ひっぱ

られるように強くはってかたくなる。例右足のももが突っ張る。活用つっぱ・る。

つっぷす【突っ伏す】 動詞 急にうつぶせになる。例つくえに突っ伏してなく。

つつましい 形容詞 えんりょ深い。ひかえめである。例つつましくお祝いをする。活用つつまし・い。

つつましやか 形容動詞 えんりょ深いようす。ひかえめなようす。例つつましやかにふるまう。

つづまる 動詞 短くなる。例音がつづまってできた言葉。活用つづま・る。

1つつみ【包み】 名詞〔紙やふろしきなどで〕つつむこと。また、つつんだもの。例おかしの包み。

2つつみ【堤】 名詞 ❶川や池などの水があふれないように、土や石をもりあげて高くしたところ。どて。ていぼう。❷水をためた池。

つづみ【鼓】 名詞〔能などに使う〕打楽器の一つ。真ん中がくびれたどうの両側に革をはったもの。手でうちならす。注意「つずみ」と書かないこと。⇨図。

鼓

つつみかくす【包み隠す】 動詞〔つつんで見えなくする意味から〕ひみつにして、人に知られないようにする。例事実を包み隠さず話す。活用つつみかく・す。

つつみがみ【包み紙】 名詞 物をつつむために使う紙。包装紙。例プレゼントの包み紙をひらく。

つつむ【包む】 動詞 ❶中に物を入れて、外から見えないようにかぶせる。例お菓子を紙に包む。❷まわりをかこむ。例きりに包まれる。活用つつ・む。

つづめる 動詞 ❶短くする。ちぢめる。例ズボンのたけをつづめる。❷話や文章を、短くまとめる。要約する。例要点だけを、つづめて話す。活用つづ・める。

つづら 名詞 着物などを入れる（大きな）はこ形のかご。フジのつるや竹であんでつくる。参考もとツヅラフジのつるであんだ。⇨図。

つづらおり【つづら折り】 名詞〔ツヅラフジのつるのように〕ひじょうにまがりくねっている坂道。

つづら

つづり 名詞 ❶とじること。また、とじたもの。特に、書類などをとじ合わせたもの。❷外国語の単語を表すときの、文字のならべ方。例「ベスト」のつづりを調べる。

つづりかた【つづり方】 名詞 ❶ローマ字をならべて、言葉を書くやり方。例アルファベットのつづり方をおぼえる。❷小学校で、「作文」の古い言い方。

つづる 動詞 ❶つなぎ合わせる。例ほころびをつづる。❷詩や文章をつくる。例日記をつづる。❸アルファベットをつらねて、単語を書く。例ローマ字をつづる。注意「つずる」と書かないこと。活用つづ・る。

つて 名詞〔自分の希望や目的をかなえるための〕手がかり。てづる。例つてをたよって留学した。

つと 副詞 急にある動作をはじめるようす。とつぜん。さっと。例つと立ち上がる。

つど【都度】 名詞 …のたび。たびごと。例お金を使ったらその都度ノートに書いておく。

つどい【集い】 名詞〔何かをするための〕集まり。会合。集会。例友人との楽しい集い。

つどう【集う】 動詞〔会やもよおしなどのために〕集まる。例本好きが集うカフェ。活用つど・う。

1つとまる【務まる】 動詞 役目や任務をきちんとはたすことができる。例わたしには主役は務まらない。活用つとま・る。⇨使い分け。

2つとまる【勤まる】 動詞 給料をもらって仕事をする。例わたしにはこの会社は勤まらない。活用つとま・る。⇨使い分け。

1つとめ【務め】 名詞 しなくてはならないこと。義務。任務。例国民としての務めをはたす。

2つとめ【勤め】 名詞 ❶役所や会社などに行って働くこと。また、その仕事。例毎日勤めに出る。❷仏の前で、毎日決まった時間にお経をあげること。例祖母は、毎朝お勤めを欠かさない。

つとめぐち【勤め口】 名詞 働いて給料をもら

ことばあそび なぞなぞ❽ 「やいゆえよ」の中に入っている、まとをめざしてとぶものはなあに？

使い分け　つとまる

●役目をはたすことができる。
わたしには主役は務まらない。

●職にたえうる。
わたしにはこの会社は勤まらない。

うところ。例よい勤め口をさがす。

つとめさき【勤め先】 名詞 勤めているところ。勤務先。例勤め先が変わる。

つとめて【努めて】 副詞 できるだけ。努力して。例努めて平気な顔をしていた。

つとめにん【勤め人】 名詞 役所や会社などにつとめている人。サラリーマン。

1 **つとめる【努める】** 動詞 努力して、おこなう。力をつくす。例サービスの向上に努める。活用 つと・める。⇩使い分け。

2 **つとめる【務める】** 動詞 ❶役目を受け持つ。例案内係を務める。❷劇などで役をえんじる。例主役を務める。活用 つと・める。⇩使い分け。

3 **つとめる【勤める】** 動詞 役所や会社などに行って働く。例市役所に勤める。活用 つと・める。⇩使い分け。

1 **つな【綱】** 名詞 ❶せんいやはり金などを、長くより合わせてつくったじょうぶなひも。例綱を引く。❷たよりにするもの。例たのみの綱。

2 **ツナ** 名詞 加工したマグロの肉。▼英語 tuna

つながり 名詞 つながっていること。また、関係。例音楽家とつながりがある。

つながる 動詞 ❶〔はなれていたものが〕ひと続きに結ばれる。また、つらなる。例道路がつながる。❷関係する。ことば「血がつながる（＝肉親や親類である）」活用 つなが・る。

使い分け　つとめる

●力をつくす。
早く完成するよう努める。

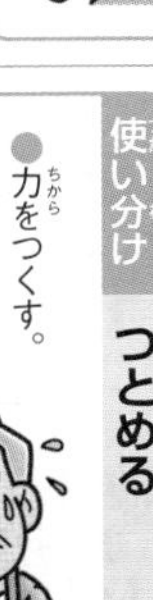

●役目を受け持つ。
案内係を務める。

●働く。
会社に勤める。

つなぎ 名詞 ❶次のことが始まるまで、その間をうめるために何かをする。また、そのもの。例つなぎに手品をする。／つなぎの仕事。❷料理で、ねばりけのないものをかためるために、まぜこむもの。例そばのつなぎに小麦粉を入れる。❸上着とズボンがつながっている衣服。例つなぎを着る。

つなぎことば【つなぎ言葉】 名詞 ⬇701ページ・せつぞくし。

つなぐ 動詞 ❶〔ひもやつななどで〕物をほかのものに結んで、はなれないようにする。例ロープで船を岸につなぐ。❷〔はなれているものを〕結んで一続きにする。例手をつなぐ。❸刑務所などに入る。例ろうやにつながれる。❹長く続くようにする。例のぞみをつなぐ。活用 つな・ぐ。

つなひき【綱引き】 名詞 大ぜいの人がふた組みに分かれて、一本のつなを両方から引っぱり合う競技。

つなみ【津波】 名詞 地震や台風などのために、とつぜん海岸におしよせる大波。参考 大きな山くずれを「山津波」という。類 高潮。

つなわたり【綱渡り】 名詞 する動詞 ❶高いところにはった一本のつなの上を、芸をしながらわたり歩くこと。また、その曲芸。❷とても危険な状態で物事をおこなうことのたとえ。例綱渡りの生活。

つね【常】 名詞 ❶日ごろ。ふだん。例常の様子。❷いつも変わらないこと。例大きな声であいさつするのが常だ。❸あたりまえ。ふつう。例常の人。

つねづね【常常】副詞 ふだん。いつも。例 そうしたいと常々思っていた。参考 ふつう「常々」と書く。

つねに【常に】副詞 いつも。たえず。例 常に冷静な人。

つねひごろ【常日頃】名詞 ふだん。いつも。例 常日頃から健康に気をつける。

つねる 動詞 指の先で、ひふをつまんで、ねじる。例 ほおをつねる。活用 つね・る。

つの【角】名詞 ❶動物の頭にある、かたくつき出たもの。例 牛の角。❷物の表面につき出ているもの。例 カタツムリの角。

つのかくし【角隠し】名詞 和装の結婚衣装で、花よめが日本髪の上からかぶる白いぬの。⇩図。

角隠し

つのぶえ【角笛】名詞 けものの角でつくったふえ。

つのる【募る】動詞 ❶広く、人々から集める。例 交通安全の標語を募る。❷さらにていどがはげしくなる。いきおいがいっそう強くなる。ことば「不安が募る」活用 つの・る。

つのをだす【角を出す】慣用句 女の人がやきもちを焼く。参考 能楽で、女の人のたましいが、しっとでおにになるという話から。

つのをためてうしをころす【角を矯めて牛を殺す】慣用句 小さな欠点を直そうとして、かえって全体をだめにしてしまう。例 小さなミスは大目に見てやらないと、角をためて牛を殺すことになりかねない。語源 牛の曲がった角をまっすぐにしようとして、牛を殺してしまったということから。注意「ためる」を「貯める」とまちがえないこと。

つば[1] 名詞 ❶刀の、つかと刃の間にはさむ、まるい金具。⇩261ページ・刀（図）。❷ぼうしのまわりや前にあるふち。例 つばの広いぼうし。❸ごはんをたくかまなどの、まわりに出ているふち。

つば[2]【唾】名詞 口の中に出る、消化の働きをする液。だ液。つばき。例 唾をのみこむ。

つばき[1] 名詞 ツバキ科の植物のこと。特に、ヤブツバキ。葉は、かたくてあつい。冬から春に花がさく。漢字 椿。

つばき[2]【唾】名詞 つば。だ液。

つばさ【翼】名詞 ❶鳥がとぶときに広げる、はね。例 白鳥が翼を広げる。❷飛行機のはね。

つばぜりあい【つばぜり合い】名詞 たがいにはげしく勝負を争うこと。ことば「（優勝をめざして、両チームが）つばぜり合いをえんじる」

つばめ 名詞 ツバメ科の鳥。尾は長く、二つに分かれている。春に日本にくるわたり鳥。漢字 燕。

つぶ【粒】一 名詞 ❶まるくて小さいもの。例 豆粒。❷集まりをつくっている一人一人。また、一つ一つ。例 粒がそろったイチゴ。⇩図。
二 助数詞《数を表す言葉の下につけて》まるくて小さいものを数えるのに使う言葉。例 一粒の麦。

つぶがそろう【粒がそろう】慣用句 集まった人や物が、すべてすぐれている。例 今年の新人は粒がそろっている。

つばめ

つぶさに 副詞 細かく。くわしく。例 事件をつぶさに調べる。

つぶしがきく【潰しが効く】慣用句 本来の仕事以外の仕事でも、うまくやれる力がある。例 英語ができると潰しが効く。

つぶす【潰す】動詞 ❶外から力を加えて、形をくずす。おさえて、こわす。例 ゆでたまごを潰す。❷すきまをうずめて、ふさぐ。例 かべをぬり潰す。❸〔時間を〕むだに使ってしまう。例 時間を潰す。／ひまを潰す。❹役に立たなくする。例 声を潰す。❺〔組織などを〕ほろぼす。例 会社を潰す。／家を潰す。活用 つぶ・す。

つぶぞろい【粒ぞろい】名詞 ❶つぶの大きさや質がそろっていること。❷〔能力などが〕どれも同じくらいにすぐれていること。例 粒ぞろいの選手たち。類 粒より。

つぶて 名詞 投げるための小石。また、投げられた小石。

つぶやく 動詞 小さな声で、ひとりごとを言う。

こたえ や（矢）

例低い声でつぶやく。類ささやく。活用つぶや・く。

つぶより【粒より】名詞 たくさんの中から、すぐれたものをえらび出すこと。また、えらび出されたすぐれたもの。よりぬき。例粒よりの選手。類粒ぞろい。

つぶら 形容動詞 まるくてかわいらしいようす。例つぶらな目。

つぶる 動詞 ❶まぶたをとじる。❷《多く「目をつぶる」の形で》見て見ないふりをする。知っていて知らないふりをする。例悪事に目をつぶるわけにはいかない。参考「つむる」ともいう。活用つぶ・る。

つぶれる【潰れる】動詞 ❶外からの力でおされて、形がくずれる。例はこが潰れる。❷すきまがうずまる。例あなが潰れる。❸〔時間が〕むだについやされる。例わすれ物を取りにもどって半日潰れた。❹役に立たなくなる。だめになる。例声が潰れる。❺〔組織などが〕ほろびる。例会社が潰れた。活用つぶ・れる。

つべこべ 副詞(-と) あれこれと、うるさく文句を言うようす。例つべこべ言うな。

ツベルクリン 名詞 結核菌にかんせんしているかどうかを調べる注射液。一八九〇（明治二三）年にドイツのコッホがはじめてつくった。うでのひふの下に注射してその変化（＝ツベルクリン反応）を見る。注射のあとの赤くまるいはれの直けいが十ミリ以上を陽性とし、結核菌にかんせんしているとはんだんする。▼英語（ドイツ語から）tuberculin

つぼ¹ 名詞 ❶〔ガラスや焼き物などでつくられた〕口がせまく、どうがふくらんでいる入れ物。❷物事の大切な点。ことば「つぼをおさえる」漢字壺。

つぼ²【坪】名詞 助数詞 もと、日本で使われた土地や建物の広さをはかる単位。たて・横がそれぞれ一間（＝約一・八メートル）の正方形の面積で、約三・三平方メートル。

っぽい 接尾語 ➡1186ページ・ぽい。

つぼにはまる 慣用句 ねらったとおりになる。例思うつぼにはまる。類図に当たる。

つぼまる 動詞 つぼむようになる。すぼまる。例上の方がつぼまった花びん。活用つぼま・る。

つぼみ 名詞 花の、まだ開いていないもの。例バラのつぼみ。

つぼむ 動詞 開いていたものがせまく小さくなる。すぼむ。例アサガオがいつの間にかつぼんでしまった。活用つぼ・む。

つぼめる 動詞 開いたものや大きなものをとじる。すぼめる。例かさをつぼめる。活用つぼ・める。

つま【妻】名詞 ❶夫のある女性。また、夫がその女性をよぶよび名。女房。対夫。❷さしみなどにそえる野菜や海そうなど。参考②はふつう、ひらがなで書く。

つまかわ【爪皮】名詞 雨水やどろをふせぐために、げたの先につけるおおい。つまがけ。⇩図。

つまさき【爪先】名詞 足の指先。足の先。⇩24ページ・足①（図）。

つまさきあがり【爪先上がり】名詞 形容動詞 道がゆるやかなのぼり坂になっていること。また、その道。例爪先上がりの坂道。

つまさきだつ【爪先立つ】動詞 足の指先で立つ。例人だかりの後ろから、爪先立って見物する。活用つまさきだ・つ。

爪皮

つまされる 動詞 心が動かされる。例友だちの話を身につまされる思いで聞いた。活用つまさ・れる。

つましい 形容詞 ぜいたくでない。質素である。例つましいくらしをしている。活用つまし・い。

つまずく 動詞 ❶足が物に当たって転びそうになる。例石につまずいた。❷失敗する。例新しい事業につまずいた。／予選でつまずいてしまった。活用つまず・く。

つまはじき【爪はじき】名詞 する動詞 人をにくんだりきらったりして、仲間はずれにすること。例世間から爪はじきにされる。

つまびく【爪弾く】動詞 弦楽器を指先ではじいてならす。例ギターを爪弾く。活用つまび・く。

つまびらか 形容動詞 くわしく、はっきりしているようす。例原因をつまびらかにする。参考やや古い言い方。

つままれる 連語 ばかされる。ことば「キツネにつままれる」

つまみ 一 名詞 ❶つまんで持つところ。例なべのふたのつまみ。類取っ手。❷酒などを飲むときの、かんたんなおかず。おつまみ。

二 助数詞《数を表す言葉の下につけて》つまんだ量を表す言葉。例さとうひとつまみ。

つまみあらい【つまみ洗い】名詞 する動詞 衣服や布などのよごれた部分だけを、つまんであらうこと。例服についたしみをつまみ洗いする。

つまみぐい【つまみ食い】名詞 する動詞 ❶〔はしなどを使わないで〕指先でつまんで食べること。❷人にかくれて、こっそりと食べること。類盗み食い。

つまみだす【つまみ出す】動詞 ❶つまんで外へ出す。例家にとびこんだ虫をつまみ出す。❷無理にひっぱり出す。外へ追い出す。例会場で大声を出した人がつまみ出された。活用 つまみだ・す。

つまみな【つまみ菜】名詞 間引いてとったダイコンやハクサイなどのわかいうちの菜。おひたしなどにして食べる。

つまむ 動詞 ❶指の先で、はさんで持つ。例小さな虫をつまむ。❷一部分をとらえる。ぬき出す。例大切なところをつまんで話す。❸つまんで食べる。例料理をつまむ。活用 つま・む。

つまようじ【爪ようじ】名詞 歯の間にはさまったものをとりのける細いぼう。ようじ。漢字 爪楊枝。

つまらない 連語 ❶価値がない。たいしたものではない。例つまらないことに、こだわっている。❷きょうみがもてず、おもしろくない。例つまらないじょうだんを言う。／あの映画はつまらなかった。❸ばかばかしい。例そんなことで争うなんてつまらない。❹はり合いがない。例努力がみとめられず、つまらない。参考くだけて「つまんない」ともいう。

つまり 副詞 まとめて言えば。例いろいろなことを言ったが、つまり、その案には反対だということだ。

つまる【詰まる】動詞 ❶物が入って、いっぱいになる。例本だなには、本がぎっしり詰まっている。❷ふさがる。つかえる。例下水かんが詰まる。／鼻が詰まってきた。❸ちぢまる。例先頭との差が詰まる。❹終わりに近づく。例年が詰まる。❺どうしてよいか、こまる。例答えに詰まった。活用 つま・る。

つみ【罪】一 名詞 ❶人間の、してはならない悪いおこない。また、法律にそむいたおこない。例ぬすみの罪をおかす。❷宗教で、教えにそむくおこない。例過去の罪を神にざんげする。

二 形容動詞 思いやりのないようす。例人前ではじをかかせるような罪なことはできない。

つみあげる【積み上げる】動詞 ❶ある物の上に、ほかの物を上げて、つむ。例本を山のように積み上げる。❷ある物事を、段階を追ってくり返しておこなう。例実績を着実に積み上げる。活用 つみあ・げる。

つみいれ【摘み入れ】名詞 ➡つみれ。

つみおろし【積み下ろし・積み降ろし・積み卸し】名詞 荷物を船や車につんだりおろしたりすること。例貨物の積みおろし。

つみかえる【積み替える】動詞 ❶つんである物を、別の場所にうつしてつむ。例船の積み荷をトラックに積み替える。❷一度つんだ物をおろして、もう一度つむ。つみなおす。例くずれそうな荷物を積み替える。活用 つみか・える。

つみかさねる【積み重ねる】動詞 ❶ある物の上にほかの物をつむ。例本を積み重ねる。❷ある物事をだんだんとかさねてふやしていく。例経験を積み重ねる。活用 つみかさ・ねる。

つみがない【罪が無い】慣用句 ➡つみのない。

つみき【積み木】名詞 いろいろな形をした木切れをつんで、いろいろなものの形をつくる遊び。また、それに使う木切れのおもちゃ。例積み木をして遊ぶ。／積み木をくずす。

つみくさ【摘み草】名詞 春、野原に出て草や花をつむこと。例土手で摘み草をする。

つみこむ【積み込む】動詞 〔車や船などに〕荷物をつんで入れる。例車にスーツケースを積み込んだ。活用 つみこ・む。

つみだす【積み出す】動詞 船や車に荷物をつんで、送り出す。例トラックで魚を積み出す。活用 つみだ・す。

つみたて【積み立て】名詞 何回かに分けて、お金を少しずつためること。例海外旅行のために積み立てをする。

つみたてる【積み立てる】動詞 〔ある目的のために〕お金などを少しずつ、何回かに分けてためていく。例修学旅行の費用を積み立てる。活用 つみた・てる。

ことばあそび なぞなぞ⑨「らりるれろ」の中に入っている、船をこぐための道具はなあに？

ことば選びのまど

つまらない
をあらわすことば

つまらない

❶価値がない。たいしたものではない。❷きょうみがもてず、おもしろくない。❸ばかばかしい。

⬇841ページ

味気ない

味わいがなく、つまらない。

⬇24ページ

味も素っ気も無い

おもしろみやうるおいが少しもない。⬇26ページ

大味

❶食べ物の味が細やかでなく、あまりおいしくないようす。❷物事がおおまかで、おもむきが足りないようす。

⬇169ページ

型にはまる

〔新しさや工夫を加えず〕決まりきったやり方で、おもしろみがない。⬇261ページ

興醒め 発展

〔あることに感じていた〕興味や楽しみが、すっかりなくなること。⬇347ページ

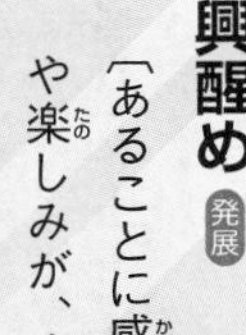

下らない

何の役にも立たない。

⬇375ページ

座が白ける 発展

うちとけた気分がこわれて、その場が気まずくなる。

⬇506ページ

所在ない 発展

することがなく、たいくつである。⬇624ページ

白ける

〔その場のふんいきが〕おもしろくなくなる。気まずくなる。

⬇629ページ

ことば選びのまど

つまらない をあらわすことば

砂をかむよう
物事のあじわいやおもしろみのないようす。673ページ

精彩を欠く 発展
生き生きとしたところが見えない。685ページ

退屈
何もすることがなくて、つまらないこと。また、同じようなことがくり返されて、あきること。744ページ

たわいない
❶はりあいがない。手ごたえがない。❷深い考えがない。787ページ

茶番
底の見えすいたばかばかしいふるまいや物事。805ページ

取るに足りない
とりたてて言うほどのこともない。それほど、ねうちがない。932ページ

馬鹿馬鹿しい
とても、ばからしい。1026ページ

身も蓋も無い
あまりにはっきり言いすぎて、おもしろみやおもむきがない。1262ページ

無意味
役に立たないこと。つまらないこと。1266ページ

物足りない
何となく満足できない。1305ページ

つみつくり【罪作り】名詞 形容動詞 人の心をきずつけるようなおこないをすること。例 高れい者をだますなんて、なんと罪作りなやつだ。

つみとる【摘み取る】動詞 ❶芽・花・実などを、指でつまんで、とる。例 お茶の葉を摘み取る。❷大きくなる前に、とりのぞく。例 悪の芽を摘み取る。活用 つみと・る。

つみに【積み荷】名詞 船や車などにつんで運ぶ荷物。

つみのこし【積み残し】名詞 つみきれなくて、一部を残してしまうこと。例 船荷に積み残しがでる。参考 乗客や、処理できなくて残ってしまったものにもいう。例 積み残しの乗客をおいて発車する。／積み残しの法案。

つみのない【罪の無い】慣用句 悪気がない。むじゃきである。つみがない。例 罪の無いいたずら。

つみぶかい【罪深い】形容詞 罪がおもい。また、罪をいくつも重ねている。例 罪深いおこない。／罪深い人。活用 つみぶか・い。

つみほろぼし【罪滅ぼし】名詞 よいことをして自分のおかした罪のうめ合わせをすること。例 会にちこくした罪滅ぼしに、あとかたづけを引きうける。

つみれ 名詞 すりつぶした魚肉をなべにつまみ入れ、にたりむしたりした食べ物。つみいれ。類 つくね。

つみをきせる【罪を着せる】慣用句 悪いことをしていない人に罪をおしつける。罪をかぶせる。例 無実の人に罪を着せてくるしめる。

つみをにくんでひとをにくまず【罪をにくんで人をにくまず】故事成語 罪は悪いこととしてにくんでも、その罪をおかした人までもにくんではならない。

1**つむ**【詰む】動詞 ❶すきまがなくなる。例 目が詰んだ手あみのセーター。❷将棋で、王将がにげられなくなる。例 王手がかかって詰む。❸ほかに方法がなくなる。例 テストで時間がなくなり、詰んだ。活用 つ・む。

2**つむ**【摘む】動詞 ❶はえているものを、はさんで、取る。例 草花を摘む。❷先の部分をはさみなどで切り取る。例 えだを摘む。活用 つ・む。

3**つむ**【積む】動詞 ❶物を重ねる。例 石を積む。❷物事をくり返す。例 経験を積む。❸船や車に荷物をのせる。例 荷物を積む。❹お金をためる。例 大金を積む。活用 つ・む。

つむぎ 名詞 真綿などから取った太い糸でつくった、手ざわりのあらいぬの。漢字 紬。

つむぐ【紡ぐ】動詞 綿やまゆから、せんいをとり出して糸にする。例 糸を紡ぐ。活用 つむ・ぐ。

つむじ 名詞 ❶うずのようにまいている毛。参考 人間では、ふつう頭の頂上にある。⇩285ページ・体①（図）。❷「つむじかぜ」の略。

つむじかぜ【つむじ風】名詞 うずをまいてふく強い風。例 小さなつむじ風。漢字 旋風。類 たつまき。

つむじまがり【つむじ曲がり】名詞 形容動詞 性質がひねくれていて、すなおでないこと。また、そのような人。例 少しつむじ曲がりなところがある。

つむじをまげる【つむじを曲げる】慣用句 気分を悪くして、人の言うことを聞かない。例 つむじを曲げたら、一言も話さなくなる。

つむる 動詞 ⬇840ページ・つぶる。活用 つむ・る。

つめ【爪】名詞 ❶手や足の先にはえる、かたいもの。例 爪を切る。❷琴などをひくときに、指先にはめる道具。❸引っかけてとめるしかけのもの。また、物をとめる小さなもの。❹辞書で、ページの外側にある、そのページに出ている言葉の一字目をしめすしるし。このページでは、黄緑色の「つ」の部分。

づめ【詰め】接尾語《ある言葉の下につけて》❶同じ様子が続くことを表す言葉。例 ずっと立ち詰めであった。❷「つめること」「つめてあるもの」の意味を表す言葉。例 四百字詰めの原稿用紙。／びん詰め。／はこ詰め。

つめあと【爪痕】名詞 ❶⊖つめでひっかいたあと。❷⊖被害のあと。例 台風の爪痕を残している。❸⊕〔よい〕結果や印象。例 この試合で爪痕を残してレギュラーになる。

つめあわせ【詰め合わせ】名詞 一つの入れ物の中に、二種類以上の品物をつめた物。例 おみやげにチョコレートの詰め合わせをもらった。

つめえり【詰め襟】名詞 洋服のえりで、おりかえさず立っているもの。また、そのえりの洋服。参考 学生服に多い。

つめかえる【詰め替える】動詞 中身をかえてつめなおす。また、ほかの入れ物にうつしてつめる。例 ふくろ入りのキャンデーをかんに詰め替える。活用 つめか・える。

つめかける【詰め掛ける】動詞 多くの人が

あいうえお かきくけこ さしすせそ たちつてと なにぬねの はひふへほ まみむめも や ゆ よ らりるれろ わ を ん

一度におしかける。例会場には、大ぜいの人が詰め掛けて大さわぎだった。活用つめか・ける。

つめきり【爪切り】名詞 つめを切るための道具。

つめこみ【詰め込み】名詞 つめこむこと。例詰め込み教育。

つめこむ【詰め込む】動詞〔入れ物・乗り物などに〕つめられるだけ、いっぱいに入れる。例乗客を詰め込んだ電車。活用つめこ・む。

つめしょ【詰所】名詞 ある仕事をする人たちが集まって、順番や用事をまっているところ。例警備員の詰所。

つめたい【冷たい】形容詞 ❶温度が低い。例冷たい水。対熱い。❷思いやりがない。例心が冷たい。／冷たくことわられる。対あたたかい。注意送りがなに気をつける。活用つめた・い。

つめにひをともす【爪に火をともす】ことわざ とてもまずしい生活をするたとえ。また、ひどくけちであるたとえ。例爪に火をともすようにして、お金をためる。語源ろうそくの代わりに、つめに火をともすという意味から。

つめのあかほど【爪のあかほど】慣用句 ごくわずかなことのたとえ。

つめのあかをせんじてのむ【爪のあかを煎じて飲む】ことわざ〔すぐれた人のつめにたまったあかを、せんじ薬のように飲んで〕その人のようになろうと心がける。例努力家のかれの爪のあかを煎じて飲むべきだ。

つめばらをきらされる【詰め腹を切らされる】慣用句 無理に、責任をとらされる。無理に仕事をやめさせられる。

つめもの【詰め物】名詞 ❶鳥・魚などの中に、別に調理したものをつめた料理。❷荷づくりのとき、中の品物がこわれないようにすきまをふさぐもの。例ガラスの花びんのまわりに詰め物をする。❸あなをうずめてふさぐもの。例虫歯の詰め物。

つめよる【詰め寄る】動詞 ❶そばによる。例じりじりと相手に詰め寄る。❷〔返事などをもとめて〕はげしい態度で相手に近よる。例答えをもとめてはげしく詰め寄った。活用つめよ・る。

つめる【詰める】一 動詞 ❶物を入れて、いっぱいにする。例弁当を詰める。❷熱心に続ける。例根を詰める。❸ちぢめる。短くする。例ズボンのすそを詰める。❹役目のためにあるところに行って、そこにいる。例役所に詰める。／病室に詰めている。❺ふさぐ。止める。例息を詰める。❻〔返事などをもとめて〕はげしい態度で相手にせまる。
二 接尾語《動詞の下につけて》「すっかり…する」の意味を表す言葉。例思い詰める。／のぼり詰める。活用つ・める。

つめをとぐ【爪を研ぐ】慣用句〔けものがつめをみがくようにして〕ねらいをつけて、じゅんびする。例やっつけてやろうと爪を研ぐ。

つもり 名詞 ❶前もって思っていること。考え。例休みになったらスキーに行くつもりです。❷〔じっさいはしないのに〕したような気持ちになること。例旅行したつもりで貯金する。

つもりつもる【積もり積もる】動詞 つもった上にさらにつもる。例積もり積もったうらみをぶちまける。活用つもりつも・る。

つもる【積もる】動詞 上にだんだん重なって高くなる。たくさんたまる。例雪が積もる。活用つも・る。

1 **つや**【艶】名詞 美しくなめらかに光ること。また、その光。例艶のある、髪の毛。／艶が出るまで、みがく。

2 **つや**【通夜】名詞 葬式をする前に、家族や親しい人たちが集まって、死んだ人の霊をなぐさめて一夜をすごすこと。おつや。

つやけし【艶消し】名詞 つやをなくすこと。例艶消しガラス（＝くもりガラス）。

つやつや【艶艶】副詞(-と) する動詞 美しいつやのあるようす。例つやつやした黒髪。

1 **つゆ** 名詞 ❶くだものなどの水分。例オレンジのつゆをしぼる。❷すいもの。すましじる。例とうふのおつゆ。❸そばやてんぷらなどをつけて食べるしる。つけじる。例そうめんのつゆ。

2 **つゆ**【梅雨】名詞 六月中旬から七月にかけて、ふり続く雨。また、その季節。ことば「梅雨入り」「梅雨明け」参考「梅雨」ともいう。

3 **つゆ**【露】一 名詞 ❶夜、または夜明けに、空気が冷えたため、空気中の水分が細かい水のつぶになって、物の表面についたもの。例草の葉の露。❷消えやすく、すぐになくなるもののたとえ。はかないもの。例露の命。／露の間。
二 副詞《下に「ない」などの言葉が続いて》少しも…ない。ぜんぜん…ない。例そんなこととはつゆ知らず、帰ってしまった。参考 二はふつう、

あいうえお かきくけこ さしすせそ たちつてと なにぬねの はひふへほ まみむめも や ゆ よ らりるれろ わ を ん

ひらがなで書く。

つゆあけ【梅雨明け】名詞 梅雨が終わること。また、その日。例 梅雨明けの時期になる。対 梅雨入り。

つゆいり【梅雨入り】名詞 梅雨に入ること。また、その日。対 梅雨明け。

つゆくさ【露草】名詞 ツユクサ科の植物。くきの下の方は地面をはい、夏の朝、チョウのような形をした、あい色の花がさく。花は一日でしおれる。ほたるぐさ。

つゆはらい【露払い】名詞 相撲で、横綱の土俵入りのときに、先にたって土俵にあがる力士。

つゆばれ【梅雨晴れ】名詞 梅雨が終わって、空が晴れること。また、梅雨の間にときどき見られる晴天。さつきばれ。

つゆびえ【梅雨冷え】名詞 梅雨のころに、ひえて寒くなること。例 梅雨冷えでかぜをひく。

つゆほども【露ほども】副詞 ほんの少しも。例 そんなこととは露ほども知らなかった。参考 下に「…ない」などの言葉が続く。

つよい【強い】形容詞 ❶力がすぐれていて、ほかに負けないようす。例 力が強い。❷じょうぶであるようす。例 強い体。❸しっかりしていて、くじけないようす。例 強い心。／意志が強い。❹ていどがはげしい。例 強い風。／強いにおい。❺［ある物事についての］能力があるようす。例 数字に強い。対 ①～⑤弱い。活用 つよ・い。

つよがり【強がり】名詞 強そうに見せかけること。また、その言葉。例 強がりを言ったものの、内心は不安でたまらない。類 からいばり。

つよがる【強がる】動詞 じっさいより強そうにしたり言ったりする。例 無理に強がっている。活用 つよが・る。

つよき【強気】名詞 形容動詞 積極的な態度をとること。気が強いこと。例 強気に勝負する。対 弱気。

つよごし【強腰】名詞 形容動詞 強い態度で主張して、ゆずらないこと。例 強腰で話し合いにのぞむ。対 弱腰。

つよさ【強さ】名詞 強い性質。強い様子。強いていど。例 弓の強さをためす。対 弱さ。

つよび【強火】名詞 料理で、にたり焼いたりするときのいきおいの強い火。例 強火でいためる。対 弱火。

つよまる【強まる】動詞 だんだんと強くなる。前よりもはげしくなる。例 風雨が強まる。対 弱まる。活用 つよま・る。

つよみ【強み】名詞 ❶強い程度。強さ。例 横綱は近ごろいちだんと強みをました。❷物事をするとき、たよりにできるところ。例 英語が話せるのが強みだ。対 弱み。

つよめる【強める】動詞 それまでよりも強くする。例 火力を強める。対 弱める。活用 つよ・める。

つら【面】名詞 ❶顔。参考 やや品のない言い方で、いやしめた感じをもつ。例 おまえの面は見たくもない。❷物の表面。例 上っ面。

つらあて【面当て】名詞 こころよく思っていない人に、わざといやがるようなことを言ったりしたりすること。あてつけ。例 意地悪された面当てに悪口を言いふらす。

つらい 形容詞 ❶心や体が、がまんできないほど、苦しい。例 つらい仕事。／思い出すだけでつらくなる。❷冷たくあつかうようす。例 弟につらく当たる。活用 つら・い。漢字 辛い。

つらがまえ【面構え】名詞 顔つき。例 たくましい面構えをしている。

つらだましい【面魂】名詞 強い気持ちや性格が表れている顔つき。例 不敵な面魂。

つらつら 副詞 よく考えてみるようす。参考 下に「思う」「考える」などの言葉をつけて使う。例 つらつら思うに、一人で会社をおこした祖父はえらかった。類 つくづく。

つらなる【連なる】動詞 ❶列になって続く。切れることがなく続く。例 高い山が連なる。❷ある会や集まりに出る。例 席に連なる。❸［会や団体の］仲間に入る。例 編集委員に連なっている。活用 つらな・る。

つらぬきとおす【貫き通す】動詞 終わりまでつらぬく。活用 つらぬきとお・す。

つらぬく【貫く】動詞 ❶一つのはしから、反対のはしまでつき通す。例 高速道路が町を貫いている。／山を貫くトンネル。❷終わりまでやりぬく。なしとげる。ことば「初心を貫く」 活用 つらぬ・く。

つらねる【連ねる】動詞 ❶一列にならべる。一列にして続ける。例 たくさんの店がのきを連ねる。❷［会や団体の］仲間に加わるようにする。例 会員に名前を連ねる。活用 つら・ねる。

つらのかわがあつい【面の皮が厚い】慣用句 あつかましい。ずうずうしい。例 面の皮が厚いやつ。

つらよごし【面汚し】名詞 仲間の人たちにはじをかかせること。また、その人。例 あんなずるいやつはクラスの面汚しだ。

つらら 名詞 家のひさしなどから少しずつ落ちる水がこおって、ぼうのようにたれさがったもの。⇩図。

つらら

つられる【釣られる】動詞 引きずりこまれる。引き入れられる。例 うまい話に釣られる。活用 つら・れる。

つり【釣り】名詞 ❶魚をつること。例 釣りがしゅみです。❷つり銭。おつり。

つりあい【釣り合い】名詞 つりあうこと。バランス。例 輸出と輸入の釣り合いがとれる。

つりあう【釣り合う】動詞 ❶両方の力・数量・ていどなどが、どちらにもかたよらない。例 収入と支出が釣り合う。❷二つ以上の物や物事が似合っていたり、しっくりとしていたりする。例 服とぼうしが釣り合う。活用 つりあ・う。

1 **つりあげる**【つり上げる】動詞 ❶つって高く上げる。例 クレーンで車をつり上げる。❷《「目をつり上げる」の形で》目じりをひきつらせて上へ上げる。例 目をつり上げておこる。活用 つりあ・げる。

2 **つりあげる**【釣り上げる】動詞 ❶魚をつって、とらえる。例 大きなタイを釣り上げる。❷もののねだんを、わざと高くする。例 ねだんをむやみに釣り上げては、買い手がこまる。活用 つりあ・げる。

つりいと【釣り糸】名詞 魚をつるための、ナイロンやテトロンでつくった糸。例 小川に釣り糸をたれる。

つりおとしたさかなはおおきい【釣り落とした魚は大きい】ことわざ 手に入れそこなったものは、特にりっぱなものに思えておしい。類 にがした魚は大きい。

つりがね【釣り鐘】名詞 寺の堂につるしてある大きなかね。ぼん鐘。⇩図。

つりかわ【つり革】名詞 電車やバスなどで立っている人が体をささえるためにつかまる輪のついたひも。

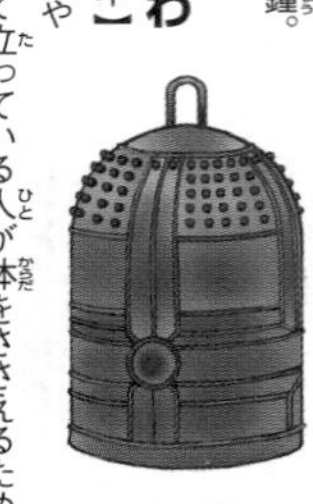

釣り鐘

つりこまれる【釣り込まれる】連語 さそいこまれる。引き入れられる。例 話に釣り込まれて終わりまで聞いてしまった。参考「つりこまれる」は「つりこむ」の受け身の形。この形で使われることが多い。

つりこむ【釣り込む】動詞 ❶だまして、さそい入れる。例 うまいことばで客を釣り込む。❷うまく相手の気をひいたり、きょうみをおこさせたりして引き入れる。参考 ⇩釣り込まれる。活用 つりこ・む。

つりざお【釣りざお】名詞 魚つりに使うさお。

つりせん【釣り銭】名詞 商品のねだんよりも多くお金をはらったときに、多い分だけ返してもらうお金。つり。おつり。

1 **つりだす**【つり出す】動詞 相撲で、相手をかかえて土俵の外に出す。例 まわしをつかんでつり出す。活用 つりだ・す。

2 **つりだす**【釣り出す】動詞 さそい出す。例 うまいことを言って、人を釣り出す。活用 つりだ・す。

つりばし【つり橋】名詞 はしらや橋げたなどを使わないで両側から鉄のつななどをはりわたしてつくった橋。⇩図。

つり橋

つりばり【釣り針】名詞 魚をつるために使う、先のまがったはり。

つりぶね【釣り船】名詞 魚つりに使う船。

つりぼり【釣り堀】名詞 池やほりなどに魚をかい、お金をとってつらせるところ。

つりわ【つり輪】名詞 上からつり下げた二本のロープの先に、手でにぎるためのわをつけた体操用具。また、それを使ってする体操競技。

あいうえお かきくけこ さしすせそ たちつてと なにぬねの はひふへほ まみむめも や ゆ よ らりるれろ わ を ん

ことばあそび なぞなぞ⑩ 「わいうえを」の中に入っている、まるい形のものはなあに？

1 **つる** 名詞 ❶植物のくきで、細くのびてものにからまったり、地をはったりするもの。❷めがねの、耳にかける部分。漢字 蔓。

2 **つる** 名詞 どびんやなべなどの、弓形のとって。

3 **つる【鶴】** 名詞 タンチョウ・マナヅルなどのツル科の鳥。大形で、くび・あし・くちばしが長い。参考 長生きをするめでたい鳥とされている。また、すぐれたもののたとえにも使われる。ことば ⇩「鶴は千年亀は万年」／1028ページ・「掃きだめに鶴」

4 **つる** 動詞 ❶引っぱられたように上に上がる。❷筋肉がかたくなって動かなくなる。例 足がつって歩けない。❸上からぶら下げる。例 照る照るぼうずをつる。❹〔両方のはしをとめて〕かけわたす。例 ハンモックをつる。❺相撲で相手のまわしに手をかけて、高く持ち上げる。活用 つ・る。漢字 吊る。

5 **つる【弦】** 名詞 弓にはる糸。

6 **つる【釣る】** 動詞 ❶つりばりを使って、魚などをとる。例 川でアユを釣る。❷うまく〔だまして〕ある物事をさせる。さそい出す。例 うまい話に釣られないように。活用 つ・る。

つるぎ【剣】 名詞 両側に刃のついた刀。参考 一方だけに刃のついたものは「太刀」という。

つるくさ【つる草】 名詞 アサガオなどのように、くきが「つる」になってのびる草のなかま。

つるしあげ【つるし上げ】 名詞 大ぜいで一人の人を、きびしく問いつめたりせめたりすること。例 はげしいつるし上げを食う。

つるしあげる【つるし上げる】 動詞 ❶物をつるして、高いところへひき上げる。例 ピアノを五階までつるし上げる。❷一人の人や少数の人を、大ぜいの人たちがきびしくせめる。例 責任者をつるし上げる。活用 つるしあ・げる。

つるしがき【つるし柿】 名詞 しぶがきの皮をむいて、日にほしてあまくしたもの。ほしがき。

つるす 動詞 〔ひもやつななどで〕上からつり下げる。ぶらさげる。例 風りんをつるす。活用 つる・す。

つるつる 副詞(-と) する動詞 ❶物の表面がなめらかで、つやのあるようす。例 つるつるした、ゆか。対 ざらざら。❷よくすべるようす。例 道がこおってつるつるすべる。❸そば・うどんなどをすするようす。例 そうめんをつるつるとすする。

つるのひとこえ【鶴の一声】 慣用句 多くの人の意見や議論をおさえつける、権威のある人の一言。例 会長の鶴の一声で決まった。

つるはし【鶴はし】 名詞 かたい土などをほりおこすのに使う道具。両はしがツルのくちばしのような形をしている。⇩図。

鶴はし

つるはせんねんかめはまんねん【鶴は千年亀は万年】 ことわざ 〔ツルやカメは長命だという考えから〕長生きでめでたいことにいう。

つるべ【釣べ】 名詞 つなや長いさおの先に結びつけて、いどの水をくみあげるもの。漢字 釣瓶。参考 ⇩1056ページ・はね釣べ。

つるべうち【釣べ打ち】 名詞 する動詞 ❶たくさんのうち手がならんで、鉄砲をたて続けにうつこと。❷野球で、バッターが続けてヒットを打つこと。

つるべおとし【釣べ落とし】 名詞 はやく落ちること。特に、秋の太陽が、早くしずむことのたとえ。ことば「釣べ落としの秋の夕ぐれ」

つるむ 動詞 いっしょに行動する。例 仲間とつるんで歩く。参考 くだけた言い方。活用 つる・む。

つるりと 副詞 ❶表面がつるつるしているようす。例 ガラス玉のつるりとした手ざわり。❷よくすべるようす。例 ぬれた道でつるりとすべる。

1 **つれ【連れ】** 名詞 いっしょに行くこと。また、その人。いっしょに行動する人。例 連れをまたせておく。

2 **ツレ** 名詞 能楽で、シテ（＝主役）やワキ（＝相手役）にともなって舞台に出て、演技を助ける役。参考 ㋐かたかなで書くことが多い。㋑⇩アド。シテ。ワキ。

つれあい【連れ合い】 名詞 いっしょにいる人。特に夫、または、妻。例 あそこにいるのが、わたしの連れ合いです。

つれそう【連れ添う】 動詞 夫婦になる。夫婦になって、いっしょにくらす。例 長年連れ添った夫婦。活用 つれそ・う。

つれだす【連れ出す】 動詞 さそって外へつれて出る。例 友だちを公園に連れ出す。活用 つれだ・す。

つれだつ【連れ立つ】 動詞 いっしょに行く。

例友人と連れ立って図書館に行った。活用 つれだ・つ。

つれづれぐさ【徒然草】 書名 鎌倉時代のすえに成立したずいひつ集。作者は、兼好法師。すべてのものはつねにうつりかわってとどまることがないという無常観のもと、社会や人間を、ユーモアをまじえながらもするどくかんさつしている。

つれて 連語 《「…につれて」の形で》…するにしたがって。…するとともに。例町に近づくにつれてにぎやかになってきた。

つれない 形容詞 無関心で、思いやりがない。例つれないそぶりをする。／つれなくことわる。活用 つれな・い。

つれる【連れる】 動詞 いっしょに行く。また、したがえて行く。例生徒を連れて遠足に行く。活用 つ・れる。

つわもの 名詞 ❶さむらい。兵隊。参考 古い言い方。❷いさましい人。ある方面ですぐれたうでまえをもっている人。例兄の友人は柔道部のつわものです。

つわり 名詞 妊娠のはじめのころなどにある症状。はきけがしたり、食欲がなくなったりする。

つんざく 動詞 はげしく、つきやぶる。また、〔やぶれると思われるくらい〕強い声や音がする。例耳をつんざく音。／やみをつんざくひびき。活用 つんざ・く。

つんつるてん 名詞 形容動詞 ❶衣服のたけが短いようす。❷頭がかんぜんにはげているようす。参考 ①②は、くだけた言い方。

つんと 副詞 する動詞 ❶きどって、親しみのない態度であるようす。また、おこっているようす。例友だちが話しかけてもつんとして、横を向いていた。❷においなどが強くするようす。例つんといやなにおいがした。

ツンドラ 名詞 一年中ほとんど氷がはっており、夏の間少しとけて、コケなどのはえる広いあれ地。シベリア・カナダ・アラスカなどにある。▼英語（ロシア語から）tundra

つんのめる 動詞 体が前へ、いきおいよくたおれかかる。例つまずいて、つんのめる。参考 くだけた言い方。⇩図。活用 つんのめ・る。

つんのめる

て

で
デ テ
DE TE
de te

て[1] 助詞 ❶次の言葉や文に、意味を続ける言葉。例歯をみがいて、ねる。❷原因や理由、また、状態をしめす言葉。例うるさくて、ねむれない。／うわさが広がっている。❸軽い命令やたのむ意味を表す。例わたしにやらせて。参考 ①②は、「で」になることもある。例においをかいでみる。／よろこんで力をかす。

て[2]**【手】** 一 名詞 ❶体の、かたからのびている部分。例手を上げる。❷①で、手首から先の部分。例手をあらう。⇩図。❸とびらや、入れ物などのつかむ部分。例なべの手。❹働く人。労力。例手が足りない。❺方法。やり方。例新しい手を使う。❻うでまえ。例習字の手が上がった。❼〔ほのおなどの〕いきおい。例火の手が上がった。❽方向。例山の手。❾種類。例この手の品物がほしい。二 接尾語 《ある言葉の下につけて》「…をする人」の意味を表す言葉。例読み手。／働き手。

手のこう
てのひら
手首

手二②

で[1] 助詞 ❶場所をしめす言葉。例家の中で遊ぶ。❷方法や材料をしめす言葉。例バスで通学する。／木でつくる。❸原因や理由をしめす言葉。例病気で休む。❹時期やはんいをしめす言葉。

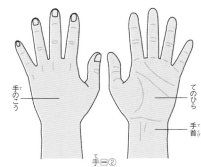

例一日でしあげる。

[2]で【出】 名詞 ❶出ること。また、出る具合。例月の出。／水の出が悪い。対入り。❷人の出どころ。出身。例かれは貴族の出です。❸役者などが舞台に出ること。出番。例出をまつ。

であい【出会い・出合い】 名詞 ❶〔思いがけなく〕めぐりあうこと。はじめて顔をあわせること。知り合うこと。例先生との出会いが運命をかえた。❷二つの道や川の流れなどが合流して一つになるところ。例支流と本流との出合いに集まる魚。

であいがしら【出会い頭・出合い頭】 名詞 出あったとたん。また、出たとたん。例出会い頭に人とぶつかった。⇩図。

出会い頭

であう【出会う・出合う】 動詞 ❶〔歩いているときや、出かけたところなどで〕ぐうぜんに、あう。例かれとは旅行先で出会った。❷〔ある物事に〕思いがけずあう。ふと目にとまる。例わからないことに出合ったらすぐ調べる。❸ある場所でいっしょになる。例二つの川が出合う。活用であ・う。

てあか【手あか】 名詞 ❶手のあか。手についているよごれ。また、長く使ったためについたよごれ。例手あかで黒くなった、とびら。❷使い古されて、新しさがないこと。例手あかのついたせりふ。

てあし【手足】 名詞 手と足。

であし【出足】 名詞 ❶ある場所に、人の集まってくるていど。例投票者の出足が悪い。❷出発するときや、物事を始めるときのはやさ。例出足のいい車。

てあしとなる【手足となる】 慣用句 人の言いつけどおりに動く。例社長の手足となって働く。

てあしをのばす【手足を伸ばす】 慣用句 手と足を大きくのばす。また、体をのばしてのんびりと休む。例手足を伸ばして温泉につかる。

てあたりしだい【手当たり次第】 副詞 手にふれるものはなんでもかたっぱしから。例手当たり次第物を投げつける。

てあつい【手厚い】 形容詞 とりあつかいが親切で、ていねいである。例手厚い看病。活用てあつ・い。

てあて【手当て】 一 名詞 働きに対して、支払うお金。また、基本給のほかに出されるお金。例住宅手当。注意 一は、「手当」と書く。
二 名詞 する動詞 ❶けがや病気を治すために、薬をつけたり、注射したりすること。例きずの手当てをする。❷〔あることを考えに入れて〕前もって用意すること。例作業の人員を手当てする。

てあみ【手編み】 名詞 きかいを使わないで、手であむこと。また、手であんだもの。例手編みのセーター。

てあら【手荒】 名詞 形容動詞 とりあつかいがらんぼうなようす。また、あらあらしくらんぼうにふるまうようす。例本は手荒にあつかわない。

[1]てあらい【手洗い】 名詞 ❶〔用便をした後で〕手をあらうこと。また、そのためのうつわ。❷便所。トイレ。参考 ❷はやや上品な言い方で、ふつう「お手洗い」の形で使う。

[2]てあらい【手荒い】 形容詞 とりあつかいがらんぼうである。例手荒くあつかうとこわれる。活用てあら・い。

であるく【出歩く】 動詞 家を出て、あちらこちらを歩き回る。例夜中に出歩くのはひかえた方がよい。活用であ・る・く。

てあわせ【手合わせ】 名詞 する動詞 力をためすために、勝負をすること。例将棋の手合わせをする。

てい【体】 名詞 ❶外からそのように見えるようす。例ほうほうの体でにげだす。❷〔具合の悪いことをかくした〕見せかけのようす。ていさい。例体のいい言いわけをする。

ていあん【提案】 名詞 する動詞 ある考えを出すこと。また、その考え。例延期を提案する。

ティー【T・t】 名詞 ❶アルファベットの二十番目の文字。❷重さをはかる単位「トン」をあらわす記号。「t」。

ディー【D・d】 名詞 アルファベットの四番目の文字。

ディーエイチ【DH】 名詞 野球で、守備につかず打げきだけをする役目の人。指名打者。参考 英語の designated hitter の略。

あいうえお かきくけこ さしすせそ たちつてと なにぬねの はひふへほ まみむめも や ゆ よ らりるれろ わ を ん

ディーエヌエー【DNA】名詞 生物の細胞の中にあって、親から子へ、細胞から細胞へと、形質（＝ある生物のとくちょう的な形や性質）の遺伝をつかさどるもの。デオキシリボ核酸。参考 英語の略語。

ディーエム【DM】名詞 ⇩756ページ・ダイレクトメール。／756ページ・ダイレクトメッセージ。

ティーカップ 名詞 ❶紅茶を飲むときに使う茶わん。❷遊園地などにある乗り物の一つ。大きな回転板の上に、人が乗ることのできるティーカップに似たものがいくつかあり、その中に人を乗せて回転板を回す。▼英語 teacup

ディーケー【DK】名詞 ⇩752ページ・ダイニングキッチン。

ディージェー【DJ】名詞 ⇩853ページ・ディスクジョッキー。

ティーシャツ【Tシャツ】名詞 丸首で半そで、または長そでのシャツ。参考 両そでを広げた形が「T」の字に似ていることから。▼英語 T-shirt

ディーゼルエンジン 名詞 強くおしちぢめた空気に重油をふきこんで燃焼させ、その力を利用するしくみ。船や発電機などに使う。ジーゼルエンジン。参考 ドイツ人ディーゼル（Rudolf Diesel）が一八九三（明治二六）年に発明し、一八九七年に完成した。▼英語 diesel engine

ディーゼルカー 名詞 ディーゼルエンジンをとりつけ、その力で走る車両。気動車。ジーゼルカー。▼英語 diesel car

ティーバッグ 名詞 紅茶や緑茶の葉をうすい紙のふくろにつめたもの。ふくろのまま、あつい湯にひたして使う。▼英語 tea bag

ディーピーイー【DPE】名詞 写真の、現像、焼き付け、引きのばしのこと。参考 日本でつくった言葉。

ティーピーオー【TPO】名詞 時間・場所・目的におうじて服装や行動に区別をつけること。例 ティーピーオーに気をくばる。参考 英語の「タイム（time＝時間）・プレース（place＝場所）・オケージョン（occasion＝場合）」の頭文字をとって日本でつくった言葉。

ディーブイディー【DVD】名詞 映像や音声をデジタル情報として記録するディスク。参考 英語の「デジタルバーサタイルディスク（digital versatile disc）」の略から。

ていいん【定員】名詞 ある、決められた人数。例 バスの定員。類 定数。

ティーンエージャー 名詞 十代の少年少女。参考 英語では、十三才（thirteen）から十九才（nineteen）までの -teen で終わる年齢の少年少女をいう。▼英語 teenager

ていえん【庭園】名詞 草や木をうえ、岩をおいたりした、見るための広いにわ。

ていおう【帝王】名詞 君主国の元首。皇帝。類 国王。

1**ていおん**【低音】名詞 低い音や声。対 高音。

2**ていおん**【低温】名詞 低い温度。対 高温。

ていおんさっきん【低温殺菌】名詞 菌をころす方法の一つで、六十～七十度の熱をくり返し加えて殺菌すること。牛乳など、高い温度で殺菌すると味や質がかわってしまうものに対して使われる。

ていおんどうぶつ【定温動物】名詞 ほ乳類や鳥類などのように、まわりの温度に関係なく自分の体温をいつも同じくらいに調節できる動物。恒温動物。対 変温動物。

1**ていか**【低下】する動詞 ❶ていどが低くなること。例 気温が低下する。対 上昇。❷ていどが悪くなること。例 体力が低下する。類 悪化。対 向上。

2**ていか**【定価】名詞 その品物につけられている決まったねだん。例 定価で売る。

1**ていがく**【低額】名詞 金額が低いこと。少ない金額。類 少額。対 高額。

2**ていがく**【定額】名詞 ある決まったお金の額。

3**ていがく**【停学】名詞 学校の決まりをやぶった学生や生徒に対して、ばつとして、ある期間、学校に来ることをとめること。

ていがくねん【低学年】名詞 学校で下の方の学年。特に小学校の一、二年生のことをさす。対 中学年。高学年。

ていかっしゃ【定滑車】名詞 軸の位置が動かないようにしてある滑車。加える力の大きさはかわらないが、力の方向がかえられる。参考 ⇩886ページ・動滑車。

1**ていき**【定期】名詞 ❶いつからいつまでと期間が決まっていること。また、期日が決まっていること。例 定期試験。／毎月、定期に検査をする。❷「定期乗車券」の略。❸「定期預金」の略。

ことばあそび なぞなぞ⑪ 明るいと細くなって、暗いと太くなるもの、なあに？

2ていき【提起】名詞 する動詞 ある問題や訴訟などを持ち出すこと。例問題を提起する。

ていぎ【定義】名詞 する動詞 ある物事について、それがどんなものであるかを正確に決めて説明すること。また、その言葉。例三角形は、「三つの直線でかこまれた平面図形である」と定義される。

ていきあつ【低気圧】名詞 ❶まわりの気圧にくらべて気圧が低くなっているところ。天気が悪く、中心付近では雨がふることが多い。対高気圧。❷〔「低気圧①」が近づくと天気が悪くなることから〕きげんが悪いこと。例父は朝から低気圧だ。参考②はくだけた言い方。

ていきけん【定期券】名詞 ➡ていきじょうしゃけん

ていきじょうしゃけん【定期乗車券】名詞 ある区間内を、決められた期間内ならいつでも乗れる電車やバスなどのきっぷ。定期券。定期。

ていきてき【定期的】形容動詞 ある決まった時期に決まったことをおこなうようす。例定期的に健康しんだんをうける。

ていきびん【定期便】名詞 ある決まった区間を定期的に行ったり来たりする連絡や輸送。また、そのための交通機関。例定期便で荷物をおくる。

1ていきゅう【低級】名詞 形容動詞 物事のていどが低いこと。また、品物の質などが悪いこと。例低級なしゅみ。／低級品。対高級。

2ていきゅう【庭球】名詞 ➡865ページ・テニス。

ていきゅうび【定休日】名詞 〔会社・商店などで〕毎月、または毎週決まっている休みの日。類公休日。休日。

ていきょう【提供】名詞 する動詞 人に自分のものをかしたり、あたえたりすること。例資料を提供する。類供出。

ていきよきん【定期預金】名詞 ある決まった期間はおろさないという約束で、銀行などにあずける預金。定期。

テイクアウト 名詞 する動詞 ファーストフード店やレストランなどから、飲食物を買って持ち帰ること。また、その飲食物。持ち帰り。テークアウト。参考ファーストフード店などの店内で買った飲食物を持ち帰らずに店内で飲食することを「イートイン」という。▼英語 take-out

ていくう【低空】名詞 空の低いところ。ことば「低空飛行」対高空。

ていくうひこう【低空飛行】名詞 ❶飛行機などが、空の低いところをとぶこと。❷低い程度のまま進むこと。例業績は低空飛行が続いている。

テイクオフ 名詞 ❶航空機が離陸すること。❷発展途上国が、自立できるようになること。▼英語 takeoff

1ていけい【定形】名詞 大きさや重さが決まっている形。例定形のふうとうで手紙を出す。／定形郵便物。

2ていけい【定型】名詞 ある決まったかた。

3ていけい【提携】名詞 する動詞 たがいに力を合わせて仕事をすること。特に、二つ以上の会社や団体が協力して仕事をすること。例外国の会社と提携して事業を進める。

ていけいし【定型詩】名詞 ある決まった形式にしたがって書く詩。対自由詩。

ていけつ【締結】名詞 する動詞 条約や契約などを結ぶこと。例平和条約を締結する。

ていけつあつ【低血圧】名詞 基準のあたいよりも血圧が低いこと。対高血圧。

ていけん【定見】名詞 ほかの人の意見に動かされない、その人自身のしっかりした考え。例定見のない人。

ていげん【提言】名詞 する動詞 自分の考えや意見を多くの人の前に出すこと。また、その考えや意見。例政策を提言する。

ていこう【抵抗】名詞 する動詞 ❶ほかから加えられる力に対して、それをはねのけようとすること。例弾圧に抵抗する。類反抗。❷わだかまりやこだわりがあって、すなおには受け入れられない感じ。例かれの一方的な決め方には抵抗がある。❸ある力の働きに対して、反対の方向に働く力。空気抵抗など。❹電流が流れるとき、その流れをさまたげようとする力。電気抵抗。

ていこうりょく【抵抗力】名詞 外からの力をはねかえそうとする力。特に、病気にうちかとうとする力。例抵抗力をつける。

1ていこく【定刻】名詞 ある決まった時刻。定時。例音楽会は定刻にはじまった。類刻限。

2ていこく【帝国】名詞 皇帝がおさめる国家。

ていこくしゅぎ【帝国主義】名詞 ほかの国

をぎせいにして自分の国の領土を広げたり、利益をえたりしようとする考えや政治のやり方。

デイサービス 名詞 介護保険サービスの一つ。介護が必要な高齢者が日中に施設にかよい、食事や入浴、トレーニングなどをおこなう。通所介護。デーサービス。参考 英語を組み合わせて日本でつくった言葉。

ていさい【体裁】 名詞 ❶外から見た形。有様。❷人に見られたり聞かれたりしたときの自分のようす。めんぼく。体面。ことば「体裁をととのえる」「(人前でさわぐと)体裁が悪い」

ていさいぶる【体裁振る】 動詞 人からよく見られることばかりを気にして行動する。みえをはる。もったいぶる。例 体裁振ったものの言い方。活用 ていさいぶ・る。

ていさつ【偵察】 名詞 する動詞 相手の様子をこっそりさぐって、調べること。例 敵の動向を偵察する。／偵察隊。

ていし【停止】 名詞 する動詞 ❶物が、動いているとちゅうでとまること。また、とめること。例 エレベーターが停止した。類 静止。❷〔続いていたことを〕一時、止めること。例 生産を停止する。／出場停止。

1 **ていじ【定時】** 名詞 ある決まった時刻。定刻。例 列車は、定時に発車した。

2 **ていじ【提示】** 名詞 する動詞 〔解決しなければならないことがらなどを〕あるところに持ち出して、しめすこと。例 問題点を提示する。

ていしせい【低姿勢】 名詞 相手に対して低くかまえたしせい。また、相手に対してひかえめな態度にでること。対 高姿勢。

ていじせい【定時制】 名詞 学校で、夜間や特別の時期に授業をする制度。対 全日制。通信制。

ていしゃ【停車】 名詞 する動詞 電車・バス・自動車などがとまること。また、とめること。類 駐車。対 発車。

ていしゃじょう【停車場】 名詞 駅。ていしゃば。参考 ㋐やや古い言い方。㋑バスや路面電車の場合は、「停留所」という。

ていしゅ【亭主】 名詞 ❶その家の主人。例 宿屋の亭主。❷夫。参考 ①②ともくだけた言い方。対 ②女房。

ていしゅう【定収】 名詞 決まって入る収入。定収入。

ていじゅう【定住】 名詞 する動詞 ある場所に家を定めて、住みつくこと。例 北海道に定住する。類 永住。

ていしゅうは【低周波】 名詞 電波や電流などで、振動数や周波数が低く小さいもの。また、低く小さい振動や周波数。

ていしゅかんぱく【亭主関白】 名詞 家庭の中で、夫が妻に対していつもえらそうにいばっていること。

ていしゅつ【提出】 名詞 する動詞 〔決められたところに〕さし出すこと。例 しょうこ品を提出する。

ていしょう【提唱】 名詞 する動詞 ある意見や考えを発表して、広く人々によびかけること。例 あいさつ運動が提唱された。類 主唱。

1 **ていしょく【定食】** 名詞 飲食店・食堂などで、献立の決まっている料理。

2 **ていしょく【定職】** 名詞 長く続けていく決まった仕事。ことば「定職につく」

ていじろ【丁字路】 名詞 「丁」の字形にまじわる道路。T字路。⇩図。

丁字路

ていすう【定数】 名詞 人や物の、決められた数。例 議員の定数。類 定員。

ディスカウント 名詞 する動詞 わりびき。ねびき。例 定価より三割ディスカウントする。／ディスカウントショップ。▼英語 discount

ディスカッション 名詞 する動詞 みんなが意見を出して、話し合うこと。討論。討議。▼英語 discussion

ディスク 名詞 ❶映像や音声などのデータを記録する、円ばん形のもの。CDやDVDなど。❷磁気を使うコンピューター用のデータ記録装置。▼英語 disc/disk

ディスクジョッキー 名詞 ラジオ放送で、音楽をきかせながら、解説などのおしゃべりをして番組を進める人。また、その番組。DJ。▼英語 disc jockey

ディスコ 名詞 音楽を流してダンスを楽しむことのできる店。参考 フランス語の「ディスコ

こたえ ネコの目

テーク」の略から。もとの意味はレコードをしまってある部屋。▼英語（フランス語から）disco

ディスプレー 名詞 ❶商品などを、人に見せるためにきれいにならべること。❷コンピューターで、出力した情報を画面にしめすしかけ。▼英語 display

ていせい【訂正】 名詞 する動詞 〔文字や文章・内容などの〕あやまりを直すこと。例 記事を訂正する。類 修正。

ていせつ【定説】 名詞 学問などで、いっぱんに正しいとされている考え。例 定説をくつがえす。類 通説。

[1]ていせん【停船】 名詞 する動詞 航行中の船がとまること。また、船をとめること。例 タンカーが港の沖合いに停船する。

[2]ていせん【停戦】 名詞 する動詞 〔負傷者などを運んだり、降服のこうしょうをおこなったりするため〕一時、戦争をやめること。類 休戦。

ていそ【提訴】 名詞 する動詞 もめごとを裁判所などにうったえること。訴訟をおこすこと。例 著作権侵害で提訴する。

ていそく【低速】 名詞 速度がおそいこと。対 高速。例 強風のため、電車を低速で運転する。

ていぞく【低俗】 名詞 形容動詞 〔物事の性質やしゅみなどが〕下品でていどが低いこと。例 低俗な映画。対 高尚。

[1]ていたい【手痛い】 形容詞 はげしい。ひどい。例 手痛い損害をうけた。活用 ていた・い。

[2]ていたい【停滞】 名詞 する動詞 ある場所にとどまって、進まないこと。また、物事がうまく進まないこと。例 景気が停滞する。

ていたく【邸宅】 名詞 大きな住まい。やしき。

ていたらく【体たらく】 名詞 みっともないようす。このましくない有様。例 そんな体たらくでは、先が思いやられる。

ていち【低地】 名詞 低い土地。対 高地。

ていちあみ【定置網】 名詞 決まった場所に一定の期間しかけておいて、大量の魚をとるあみ。

ていちゃく【定着】 名詞 する動詞 ❶〔決まった位置や場所に〕しっかりとつくこと。根をおろすこと。また、しっかりつかせること。例 いい本を読もうという運動が定着してきた。類 固定。❷写真で、現像したフィルムや印画紙などが感光しないようにすること。

[1]ていちょう【丁重】 名詞 形容動詞 ていねいで、心がこもっていること。ことば「丁重なあいさつ」類 丁寧。

[2]ていちょう【低調】 名詞 形容動詞 ❶ていどが低いこと。例 低調な作品。❷調子が出ず、思うように進まないこと。例 低調な売れ行き。❸もり上がらないこと。例 低調な会議。

ていちょうご【丁重語】 名詞 自分をへりくだった気持ちを表す言葉。「行く」は「参る」、「言う」は「申す」になるなど。参考 敬語の一つ。また、「けんじょう語」の一つ。

ティッシュペーパー 名詞 うすくてやわらかいちり紙。ティッシュ。参考 英語では単に tissue といい、tissue paper は別のうすい紙を指す。

ていっぱい【手一杯】 形容動詞 その仕事だけで、ほかのことをするよゆうがないようす。例 この仕事だけで手一杯です。

ていでん【停電】 名詞 する動詞 送られている電流がとまること。また、そのために電灯がきえること。

ていてんかんそく【定点観測】 名詞 海上の決められた地点で、一定期間続けて気象を調べること。

ていど【程度】 名詞 〔大きい小さい、高い低い、強い弱い、よい悪いなど〕物事のどあい。例 ひがいの程度を調べる。

ていとう【抵当】 名詞 お金や物を借りるとき、それが返せない場合には自由にしてよいという約束で、相手にあずけるもの。担保。例 家を抵当に入れる。

ていとく【提督】 名詞 海軍で、司令官や大将・中将・少将などをさす言葉。

ていどもんだい【程度問題】 名詞 程度がどれくらいかによって、よいとか悪いとかが決まるということ。物事には、ちょうどよい程度があるということ。例 ケーキが好きなのはいいけれど、程度問題だよ。

ディナー 名詞 洋風の正式な食事。参考 ふつうは夕食をさす。▼英語 dinner

ていねい【丁寧】 名詞 形容動詞 ❶親切で、礼儀正しいこと。例 丁寧なあいさつをする。類 丁重。❷すみずみまで、よく注意が行きとどいていること。例 丁寧に教える。

ていねいご【丁寧語】 名詞 相手に対して、あ

らたまった気持ちを表す言葉。「ございます」「お金」「学校です」などの―のついている部分の言葉。参考 敬語の一つ。

ていねん【定年・停年】 名詞 会社や役所などで、やめるように決めた年令。例 祖父は定年をむかえた。

ていはく【停泊】 名詞 する動詞 船がいかりを下ろして、港にとまること。

デイパック 名詞 日帰りの荷物が入る程度の、小型のリュックサック。デーパック。▼英語 day pack

ていばん【定番】 名詞 流行にかかわりなく、いつも安定して人気のある商品。例 白のワイシャツは定番の商品だ。

ていひょう【定評】 名詞 多くの人にみとめられていて、すぐにはかわらないひょうばん。ことば 「(あの店の品物のよさは)定評がある」

ディフェンス 名詞 スポーツで、守備のこと。また、守備側の選手。例 ディフェンスをかためる。対 オフェンス。▼英語 defense

ディフェンダー 名詞 サッカーなどで、守備を中心にする選手。▼英語 defender

ディベート 名詞 する動詞 あるテーマについて、賛成と反対の二つのグループに分かれておこなう討論。▼英語 debate

ていへん【底辺】 名詞 ❶いろいろな形の底にあたる辺。三角形の頂点に対する辺、平行四辺形の高さに対する辺など。❷あるしくみの下の方。例 底辺から抜け出す。

ていぼう【堤防】 名詞 水害をふせぐために、川や海岸に土・石・コンクリートなどで高くきずいた土手。

ていぼく【低木】 名詞 あまり高くならないで、えだを根もと近くから出している木。ヤツデ・ナンテン・ツツジなど。参考 もとは「かん木」といっていた。対 高木。

ていまい【弟妹】 名詞 おとうとといもうと。

ていめい【低迷】 名詞 する動詞 ❶雲などが、低いところをただようこと。例 暗雲が低迷する。❷よくない状態からなかなかぬけだせないこと。例 景気が低迷する。/チームが最下位に低迷する。

ていめん【底面】 名詞 立体の底にあたる面。

ていめんせき【底面積】 名詞 〔四角柱など〕立体の底の平面の面積。

ていよく【体よく】 副詞 さしさわりがないように、表面上うまく。例 体よくことわられた。

ていらく【低落】 名詞 する動詞 下がって低くなること。例 価格が低落する。参考 よい意味には使わない。

ていり¹【低利】 名詞 利息が安いこと。対 高利。

ていり²【定理】 名詞 正しく証明することができる決まり。例 ピタゴラスの定理。

でいり【出入り】 名詞 する動詞 ❶人が出たり入ったりすること。❷その家によくきて仕事や商売などをすること。例 米は、いつも出入りの店に注文します。❸お金が出たり入ったりすること。例 お金の出入りがはげしい。❹つき出たり入りこんだりしていること。例 出入りの多い海岸。❺もめごと。けんか。

ていりゅう【底流】 名詞 ❶川や海の底の方にある流れ。❷うわべからは見えない、人の心の動き。例 戦争をにくむ気持ちは、国民の底流にある。

ていりゅうじょ【停留所】 名詞 路面電車やバスなどがとまり、客が乗り降りするところ。停留場。類 停車場。

ていりょう【定量】 名詞 決められた分量。例 定量の薬をのむ。

ていれ【手入れ】 名詞 する動詞 ❶世話をして、きれいにしたり直したりすること。例 庭の手入れをする。❷犯罪を調べたり、犯人をとらえたりするために、警官が目的の場所に入ること。

ていれい【定例】 名詞 前から決まっているしきたり。いつもの決まり。例 定例の会議。

ディレクター 名詞 映画・テレビ・演劇などで、演出や指揮をする人。▼英語 director

ティンパニ 名詞 半球の形をしたたいこの一種。とめがねで音の高さを調節する。オーケストラなどで使う。チンパニー。▼英語(イタリア語から) timpani

てうす【手薄】 名詞 形容動詞 ❶人手の少ないこと。また、そのために不完全であること。例 取りしまりが手薄にならないようにする。❷手もとにある品物やお金が少ないこと。例 在庫が手薄になった。

てうち【手打ち】 名詞 ❶〔機械を使わず〕うどんやそばを手でつくること。例 手打ちのうどん。❷取り引きの約束ができたときや、仲なおりな

あいうえお かきくけこ さしすせそ たちつてと なにぬねの はひふへほ まみむめも や ゆ よ らりるれろ わ を ん

ことばあそび なぞなぞ⑫ 車を使っているときには使わなくて、使わないときに使う、たてものは

どのしるしに、両手をうちならすこと。また、その約束や仲なおりなどができること。

テークアウト 名詞 する動詞 ⬇852ページ・テイクアウト。

テークオーバーゾーン 名詞 リレーで、次の走者にバトンをわたすための場所。十五〜二十メートルぐらいのはばでもうけてある。バトンゾーン。▼英語 take-over zone

デーゲーム 名詞 野球などの昼間の試合。参考 夜間の試合、ナイターは night game。▼英語 day game

デーサービス 名詞 ⬇853ページ・デイサービス。

データ 名詞 ❶〔おしはかったり結論を出したりするための〕資料。材料。❷コンピューターなどで使うために、情報を記号などで表したもの。▼英語 data

データつうしん【データ通信】 名詞 いくつものコンピューターや携帯電話などを結んで、データのやりとりをすること。

データバンク 名詞 たくさんのデータを保管しておき、必要におうじて利用者にていきょうする機関。DB。▼英語 databank

データベース 名詞 コンピューターで、関連するデータをまとめて、すぐにさがせるようにしたもの。DB。▼英語 database

デート 名詞 する動詞 好意をもつ人や、特別な関係の友人と会うこと。また、会うための約束。▼英語 date

デーパック 名詞 ⬇デイパック。

テーピング 名詞 する動詞 スポーツ選手が、ねんざや肉ばなれなどのけがを予防したり治療したりするために、テープを関節や筋肉などに巻きつけること。▼英語 taping

テープ 名詞 ❶紙や布でつくられた、はばのせまい、長いおびのようなもの。❷競走のゴールにはる細長いひも。❸録音・録画などに使う、プラスチック製の細長いもの。例 ビデオテープ。／カセットテープ。▼英語 tape

テープカット 名詞 道路・トンネルの開通式や建物の開場式などで、代表者がテープを切って始まりを表すこと。参考 英語を組み合わせて日本でつくった言葉。英語では「リボンを切る儀式(ribbon-cutting ceremony)」と表現する。

テーブル 名詞 〔引き出しのついていない〕西洋式のつくえ。日常使う物をおく台。特に、食卓。▼英語 table

テーブルクロス 名詞 テーブルにかける布。テーブルかけ。テーブルクロース。参考 テーブルの中央にしくかざりの布は「テーブルセンター」という。▼英語 tablecloth

テーブルスピーチ 名詞 結婚式やお祝いの会などでする、自分の席で行う短い話。参考 英語を組み合わせて日本でつくった言葉。

テーブルマナー 名詞 西洋料理を食べるときの作法。▼英語 table manners

テープレコーダー 名詞 音を記録するためのテープを使って、音を録音したり再生したりする機械。▼英語 tape recorder

テーマ 名詞 主題。参考 英語では theme。▼ドイツ語

テーマソング 名詞 映画やテレビ放送などの、主題歌。参考 日本でつくった言葉。英語では theme song。

テーマパーク 名詞 テーマを決めてつくった、きぼの大きい遊園地。参考 日本でつくった言葉。英語では theme park。

ておい【手負い】 名詞 たたかってきずをうけること。また、きずをうけた人や動物。例 手負いのトラ。

ておくれ【手後れ・手遅れ】 名詞 手当てや、物事をするのがおそくなって、間に合わないこと。例 早く病院に行かないと手後れになる。

ておけ【手おけ】 名詞 手でさげて持ち運びできるように、とってのついたおけ。

ており【手織り】 名詞 手で織物をおること。また、その織物。

てがあがる【手が上がる】 慣用句 〔ならいごとなどの〕わざが上手になる。特に、字が上手になる。例 習字の手が上がった。

てがあく【手が空く】 慣用句 〔仕事などが終わって〕ひまになる。手がすく。

でかい 形容詞 大きい。はなはだしい。でっかい。例 でかい魚をつった。参考 くだけた言い方。活用 でか・い。

てがうしろにまわる【手が後ろに回る】 慣用句 〔うしろ手にしばられることから〕悪いことをして、警察などにつかまる。例 手が後ろに回るようなまねをするな。

てがかかる【手が掛かる】慣用句 多くの時間や労力がかかる。手数がかかる。

てがかり【手掛かり・手懸かり】名詞 ❶手をかけるところ。❷さがしたり調べたりする糸口となるもの。きっかけ。例 問題をとく手掛かりが見つかった。

てがき【手書き】名詞 印刷などによらず、手で絵や字をかくこと。また、手でかいたもの。例 手書きの年賀状。

てがきれる【手が切れる】慣用句 それまでつきあっていた人とつきあわなくなる。例 悪い仲間と手が切れる。

でがけ【出掛け】名詞 〔家から〕よそへ出かけようとするとき。例 出掛けに来客があった。

てがける【手掛ける・手懸ける】動詞 自分で直接あつかう。例 はじめて手掛けたビルが完成した。活用 てが・ける。

でかける【出掛ける】動詞 ❶ある場所を目ざしたり目的があったりして出て行く。例 買い物に出掛ける。❷〔ある場所から〕出ようとする。例 出掛けるまぎわに雨がふってきた。活用 でか・ける。

てかげん【手加減】一 名詞 〔はかりや、物などを使わず〕手にとった感じではかること。例 手加減で湯の温度をはかる。二 名詞 する動詞 〔相手の力量やていどに合わせて〕ほどよく調節すること。また、ほどよいころあい。例 小さい子が相手のときは手加減をする。類 手心。

てがこむ【手が込む】慣用句 しかけや、つくり方などが複雑である。例 手が込んだ料理。

てかず【手数】名詞 ⬇862ページ・てすう。

でかす 動詞 ❶つくり上げる。よくない状態をまねく。例 失敗をしでかす。❷《「でかした」の形で》うまくやる。例 それはでかした。活用 でか・す。

でかせぎ【出稼ぎ】名詞 自分の土地をはなれ、一時よその土地へ働きに出ること。また、その人。

てがた【手形】名詞 ❶手のひらにすみなどをぬりつけて紙や布におした手のかたち。❷ある額のお金を、決められた日に、決められた場所で支払うことを約束した書きつけ。かわせ手形・約束手形など。

でかた【出方】名詞 やり方。態度。例 あわてずに、よく相手の出方を見る。

てがたい【手堅い】形容詞 しっかりしていて、あぶないところがない。例 手堅い商売。活用 てがた・い。

てがたなをきる【手刀を切る】慣用句 相撲で、勝った力士が賞金を受けとるときの作法として、手刀とした右手で中央・右・左の順に切る動作をする。

てがたりない【手が足りない】慣用句 あることをするための人数が足りない。例 図書室の本を整理するのに、三人では手が足りない。

てがつけられない【手が付けられない】慣用句 ていどがひどすぎてどうすることもできない。例 らんぼうで手が付けられない。

てかてか 副詞 形容動詞 する動詞 つやがあって、光っているようす。例 てかてかした顔。

でかでかと 副詞 特に大きくて、目立つようす。例 新聞に写真がでかでかとのっている。参考 くだけた言い方。

てがでない【手が出ない】慣用句 ❶むずかしくて、どうすることもできない。例 この問題には手が出ない。❷高くて買えない。例 こんなに高くては、とても手が出ない。

てがとどく【手が届く】慣用句 ❶注意や世話が行きとどく。例 かゆいところに手が届くような世話をする。❷もう少しで、なる。例 母はもうすぐ四十才に手が届く。

てがない【手がない】慣用句 ❶人手が足りない。例 手がなくて仕事がすすまない。❷どうしようもない。例 これ以上はうまい手がない。

てがはなせない【手が離せない】慣用句 用事をしていて、ほかのことができない。例 今は手が離せないから、後で話そう。

てがはなれる【手が離れる】慣用句 ❶子どもが大きくなって、世話をしなくてもすむようになる。例 ようやく子どもから手が離れた。❷仕事などがかたづいて、自分と関係がなくなる。例 長年続けてきた事業から手が離れる。

てがはやい【手が早い】慣用句 ❶仕事などをてきぱきとかたづけるようす。例 作業の手が早い。❷すぐに暴力をふるうようす。例 口より手が早い。

てがふさがる【手が塞がる】慣用句 ❶〔物をもっていて〕両手が使えない。❷〔用事をしていて〕ほかの仕事ができない。例 勉強で手が塞

こたえ 車庫

がっているので、後でそうじをするね。

てがまわる【手が回る】慣用句 ❶注意や世話などが行きとどく。例とてもいそがしくて、そこまでは手が回りません。❷犯人などをつかまえる準備ができる。例警察の手が回る。

てがみ【手紙】名詞 用事や伝えたい気持ちなどを書いて、人におくる書き物。封書・はがきなど。また、特に封書。例お礼の手紙を書く。

てがら【手柄】名詞 ほめられるようなりっぱな働き。功績。ことば「手柄を立てる」

てがる【手軽】形容動詞 手間がかからず、かんたんなようす。例手軽にできる料理。

てき[1]【的】接尾語《物事や人など、多くの言葉の後につけて》❶「…らしい」「…のような」などの意味を表す。例動物的な強さ。❷「…についての」「…にかかわる」などの意味を表す。例科学的に説明する。❸「…の状態にある」意味を表す。例定期的なテスト。

てき[2]【敵】名詞 ❶たたかいや競争・試合などの相手。例敵をたおす。対味方。❷がいをあたえるもの。例社会の敵。

でき【出来】名詞 でき具合。できばえ。例今年は果物の出来がよい。

できあい【出来合い】名詞 注文によってつくったのではなく、すでにできあがっていること。また、その品物。既製品。例出来合いの服。

できあがり【出来上がり】名詞 ❶できあがること。完成すること。また、そのもの。❷できあがった具合。できばえ。

できあがる【出来上がる】動詞 すっかりできる。完成する。例今建てている家は、もう少しで出来上がる。活用 できあが・る。

てきい【敵意】名詞 相手を敵と思い、にくむ気持ち。ことば「敵意に満ちた（まなざし）」

てきおう【適応】名詞 する動詞 ❶ある物事の様子に、うまく合うこと。例かんきょうに適応する。❷動物や植物の体の形や働きが、まわりのようすに合わせてかわってゆくこと。類順応。

てきおん【適温】名詞 ちょうどよい温度。例適温にしてふろに入る。

てきか【摘果】名詞 する動詞 果物のなる木で、よい実をつくるために、よぶんな実をつみとること。

てきがいしん【敵がい心】名詞 敵に対して持つ、いかりの心。ことば「敵がい心を燃やす」

てきかく[1]【的確】名詞 形容動詞 〔考え方や表し方などが〕たしかなこと。たしかで、まちがいのないこと。例的確に判断する。参考「てっかく」ともいう。⇩使い分け。

てきかく[2]【適格】名詞 形容動詞 〔規則などに決められた〕資格に当てはまること。ある仕事やことがらにぴったり当てはまっていること。例会長として適格な人。参考「てっかく」ともいう。⇩使い分け。

てきがた【敵方】名詞 戦争や争いの相手。例敵方が有利になる。対味方。

てきぎ【適宜】形容動詞 ❶それぞれの場合によく合っているようす。例多くの中から適宜取捨する。❷〔ほかからしばられず〕そのときそのときにおうじて、各自がよいと思うとおりにするようす。例終わったら適宜帰ってよい。

使い分け　てきかく

●たしかなようす。
的確な指示。

●当てはまるようす。
委員長として適格だ。

てきごう【適合】名詞 する動詞 ある条件などに、当てはまること。例安全基準に適合する。

てきこく【敵国】名詞 戦争をしている相手の国。参考「てっこく」とも読む。

できごころ【出来心】名詞 そのとき、急におこった悪い考え。例出来心でついやってしまった。

できごと【出来事】名詞 世の中に起こる、ことがらや事件。例過去の出来事。／思いがけない出来事。

てきざいてきしょ【適材適所】四字熟語 才能や力に合った役目や仕事をその人に受け持たせること。例社員には適材適所を考えて仕事を受け持たせる。

てきし【敵視】名詞 する動詞 相手を敵と考えるこ

と。敵としてあつかうこと。例たがいに敵視する。

できし【溺死】 名詞 する動詞 水におぼれて死ぬこと。水死。例波にのまれて溺死する。

てきしつ【敵失】 名詞 野球で、相手チームのエラー。例敵失でランナーがセカンドに進む。

てきしゅつ【摘出】 名詞 する動詞 〔手術などをして〕悪い部分をとり出すこと。

てきじん【敵陣】 名詞 敵が集まっているところ。敵の陣地。

テキスト 名詞 教科書。また、物事を学ぶときに使う本。▼英語 text (book)

てきする【適する】 動詞 よく当てはまる。うまく合う。例飲用に適する水。活用 てき・する。

てきせい1 **【適正】** 名詞 形容動詞 ちょうど合っていて正しいこと。例適正な価格で販売する。

てきせい2 **【適性】** 名詞 せいかくや能力が、ある物事をするのによく合うこと。また、そのせいかくや能力。例適性試験。

てきせつ【適切】 形容動詞 よく当てはまるようす。ふさわしいようす。例適切な処置をとる。類適当。

できそこない【出来損ない】 名詞 できあがりが完全でないこと。例出来損ないのケーキ。

てきたい【敵対】 名詞 する動詞 敵として立ち向かうこと。例敵対する気持ちをすてる。

できだか【出来高】 名詞 ❶〔農作物などの〕とりいれ高。❷〔仕事などの〕できあがった全部の量。生産高。例代金は出来高におうじてはらう。

できたて【出来たて】 名詞 できたばかりであること。また、そのもの。例出来たてのほやほや。

てきち【敵地】 名詞 敵のいる土地。敵がせんりょうしている土地。例敵地にのりこむ。

てきちゅう【的中】 名詞 する動詞 ❶たまや矢が正しくまとにあたること。命中。❷考えたことがぴたりとあたること。ことば「予想が的中する」参考 ②は「適中」とも書く。

てきど【適度】 名詞 形容動詞 ちょうどよいこと。ほどよいこと。例適度のしめりけ。対過度。

てきとう【適当】 名詞 形容動詞 ❶⊕目的や条件に、ちょうどよく合うこと。例パーティーに適当な会場をさがす。類適切。対不適当。❷⊕分量・ていどなどが、ちょうどよく合うこと。例適当な大きさに切る。対過当。❸⊖物事をまじめにしないようす。いいかげんなようす。例適当に答える。参考 ③は、ふつう悪い意味で用いる。

てきにん【適任】 名詞 形容動詞 その役目や仕事にふさわしいこと。例かれは、キャプテンとして適任だ。類適役。

できばえ【出来栄え】 名詞 できあがりの様子。例みごとな出来栄え。／出来栄えがよい。

てきぱき 副詞（-と） する動詞 すばやく物事をするようす。例てきぱきと仕事をする。類きびきび。

てきはつ【摘発】 名詞 する動詞 悪いことを見つけだすこと。

てきはほんのうじにあり【敵は本能寺にあり】 ことわざ 本当の目的が別のところにあること。参考 明智光秀が織田信長をうらぎって、備中に行くと見せかけて京都の本能寺にいた信長をおそったことから。

てきひ【適否】 名詞 ふさわしいか、ふさわしくないか、ということ。例政治家としての適否を問う。注意「適非」と書かないこと。類可否。

てきびしい【手厳しい】 形容詞 大変きびしい。えんりょのない。例手厳しい批評。対手ぬるい。活用 てきびし・い。

できふでき【出来不出来】 名詞 できばえがよいか悪いか。例農作物の出来不出来が気になる。

てきめん【てき面】 形容動詞 ききめやしるしがすぐに表れるようす。例効果はてき面だ。

できもの【出来物】 名詞 ふきでもの。おでき。

てきやく【適役】 名詞 〔仕事やしばいなどで〕その人によくあてはまるやく。類適任。

てきよう【適用】 名詞 する動詞 規則などに物事を当てはめて、使うこと。例新しいルールが適用される。

てきりょう【適量】 名詞 ちょうどよい分量。例薬を適量のむ。

できる【出来る】 動詞 ❶つくられる。例スーパーができる。❷物事がおこってくる。例用事ができた。❸しあがる。例下書きができた。❹すぐれている。頭やうでまえがよく、物事をうまくおこなう。例兄は英語ができる。❺する力がある。やれる。例この問題ができる人はいますか。参考 ふつう、ひらがなで書く。活用 でき・る。

てきれい【適齢】 名詞 ちょうどよい年ごろ。例

あいうえお
かきくけこ
さしすせそ
たちつてと
て
なにぬねの
はひふへほ
まみむめも
や ゆ よ
らりるれろ
わ を ん

ことばあそび なぞなぞ⑬ 一つの入り口を入ると、五つの入り口に分かれているもの、なあに？

適齢期。

てぎわ【手際】 名詞 ❶物事をおこなう方法や順序。ことば「手際がよい」❷何かをする、うでまえ。例見事な手際。

てぐす 名詞 テグスサン・かいこなどからとった糸。つり糸などに用いる。

てぐすねをひく【手ぐすねを引く】 慣用句 しっかりと用意をして、そのときの来るのをまっている。例手ぐすねを引いて敵を待つ。参考㋐「手ぐすね引く」ともいう。㋑「くすね」は、弓のつるを強くするためにぬる薬のこと。

てくせ【手癖】 名詞 習慣になっている手の動き。特に、ぬすみをする、くせ。ことば「手癖が悪い」

てぐち【手口】 名詞 悪いことをするときの（決まった）やり方。例二つの事件は手口が似ている。

でぐち【出口】 名詞 外へでる口。対入り口。

てくてく 副詞（-と） 同じような調子で歩いて行くようす。例神社までてくてく歩く。

テクニカルノックアウト 名詞 ボクシングで、力がちがいすぎるときや、一方がけがで試合ができなくなったとき、レフェリーが勝ち負けを決めること。参考「TKO」と略して書く。▼英語 technical knockout

テクニック 名詞 〔上手な〕やり方。わざ。例かれのピアノのテクニックはすばらしい。▼英語 technique

でくのぼう【でくの坊】 名詞 ❶でく。参考 木ぼりの人形。❷役に立たない人。また、人の言うままに動く人。

テクノロジー 名詞 科学技術。例バイオテクノロジー。▼英語 technology

てくばり【手配り】 名詞 する動詞 物事をおこなうためのじゅんびをすること。手配。例新年会の手配りをする。

てくび【手首】 名詞 うでと手のひらのつながっているところ。対足首。⇩849ページ・手②（図）。

てくびのかえし【手首の返し】 連語 鉄棒をするときに、回転に合わせて手をにぎりかえること。また、野球などで、ボールを打つときに手首を動かすこと。

デクレシェンド 名詞 音楽で、音をだんだん弱くすること。また、それを表す記号。参考「＞」で表す。対クレシェンド。▼英語（イタリア語から）decrescendo

でくわす【出くわす】 動詞 ぐうぜんに出あう。ばったり、あう。例敵に出くわす可能性がある。活用 でくわ・す。

てこ 名詞 小さな力で、重い物を動かすときに使うぼう。また、そのしかけ。ことば「てこ入れ」⇩「てこでも動かない」⇩図。

力点
支点
作用点

てこ

てこいれ【てこ入れ】 名詞 うまく進まない物事を、外側から助けること。例弱いチームのてこ入れを図る。

てごころ【手心】 名詞 その場のようすや相手に合わせてほどよく調節すること。また、その調節。参考 多く「手心を加える」の形で使う。ことば「（わいろをおくって）手心を加えてもらう」類手加減。

てこずる 動詞 あつかい方がわからなくて、こまる。例泣く子にてこずった。活用 てこず・る。

てごたえ【手答え・手応え】 名詞 ❶〔たたいたり、もったりしたとき〕手にうける感じ。例魚がつれたときの手ごたえはなんともいえずいいものだ。❷こちらのやり方に対する、相手の態度。例相手チームは弱くて、手ごたえがない。

てこでもうごかない【てこでも動かない】 慣用句 どうやっても動かない。また、考えなどをかえない。例弟は、一度言い出したらてこでも動かない。

でこぼこ【凸凹】 名詞 形容動詞 する動詞 ❶物の表面が平らではなく、高い低いがあること。例凸凹の道。❷物の数や量がつり合っていないこと。例受け持つ仕事の量の凸凹をなくす。

デコレーション 名詞 かざり。かざりつけ。例クリスマスのデコレーション。／デコレーションケーキ。▼英語 decoration

てごろ【手頃】 形容動詞 〔大きさやねだんなどが〕ちょうどよいようす。例手頃なねだんの品。

てごわい【手ごわい】 形容詞 相手として、強い。強くて、ゆだんできない。例手ごわいチームと対戦する。活用 てごわ・い。参考「手づよい」ともいう。

テコンドー 名詞 朝鮮・韓国に伝わる武道。け

りわざが多い。▼朝鮮・韓国語

デザート 名詞 洋食で、正式な食事の後に出る、果物や菓子など。▼英語 dessert

デザイナー 名詞 衣服や建物・家具・本などの、形やもようなどを考える職業の人。▼英語 designer

デザイン 名詞 する動詞 図案や形などを考えること。また、考えた図案。例 洋服のデザイン。／本の表紙をデザインする。▼英語 design

でさかり【出盛り】 名詞 季節の野菜や果物が、さかんに出まわること。例 ナシの出盛り。

でさかる【出盛る】 動詞 ❶人出が多くなる。例 祭りで見物人が出盛る。❷その季節の農作物がたくさん出る。例 キュウリやナスが出盛る。活用 でさか・る。

てさき【手先】 名詞 ❶手のさき。指のさき。例 手先が器用だ。❷ある人の命令どおりに使われる人。例 悪者の手先。

でさき【出先】 名詞 出かけていったところ。外出先。類 旅先。

てさぎょう【手作業】 名詞 機械を使わず、手でする作業。例 手作業でシールをはる。

てさぐり【手探り】 名詞 する動詞 〔暗がりで〕手でさわりながら物事をすること。例 暗やみの中で、手探りで電気のスイッチをさがす。

てさげ【手提げ】 名詞 手にさげて持つこと。また、手にさげて持つようにつくった、ふくろ・かばん・かごなど。

てさばき【手さばき】 名詞 なにかをするときの、手の使い方。例 みごとな手さばきで魚をおろす。

てざわり【手触り】 名詞 手でさわった感じ。例 手触りのよい布地。

でし[1]【弟子】 名詞 先生について教えをうける人。門人。対 親方。師匠。

デシ[2] 接頭語 《メートル法の単位の上につけて》「十分の一」の意味を表す言葉。たとえば、一デシリットルは十分の一リットルのこと。▼英語（フランス語から）deci-

でしいり【弟子入り】 名詞 する動詞 でしになること。入門。

てしおにかける【手塩に掛ける】 慣用句 自分で世話をして育てる。例 手塩に掛けて育てた子馬。語源 「手塩」は、このみに合わせて自分で味つけができるようにおかれた少量の塩のこと。⇨コラム「料理に関係した言葉」（62ページ）。

てしごと【手仕事】 名詞 手先を使うこまかな仕事。例 時計の修理は手仕事です。

てした【手下】 名詞 ある人の命令どおりに働く人。子分。例 どろぼうの手下。

デジタル 名詞 〔時間や重さなどの〕あらゆる情報を〇と一の数字の並びとして表す方式。対 アナログ。▼英語 digital

デジタルカメラ 名詞 画像をデジタル情報にかえて記録するカメラ。参考 略して「デジカメ」という。▼英語 digital camera

デジタルほうそう【デジタル放送】 名詞 デジタル方式によるテレビ・ラジオの放送。アナログ放送にくらべて、放送の受け手が参加できる、チャンネル数がふえる、画質がよくなる、データ放送がふえるなどの特色がある。

てじな【手品】 名詞 人の目をくらまして、いろいろとふしぎなことを手先でおこなう芸。

デシベル 名詞 助数詞 音の強さを表す単位。人が聞きとれる一番小さな音を〇とする。記号は「dB」。▼英語 decibel

でじま【出島】 地名 長崎県にある、人工的につくられた島。江戸時代に、日本が鎖国をしていた間、ここだけが貿易をゆるされてオランダ人が住むことができた。

てじめ【手締め】 名詞 物事のなしとげられたことをお祝いして、集まった人々がかけ声に合わせて、手を打つこと。

でしゃばる【出しゃばる】 動詞 しなくてもよいのに出てきてよけいなことをする。例 出しゃばる人はきらわれる。活用 でしゃば・る。

てじゅん【手順】 名詞 仕事の順序。例 手順よく仕事を進める。類 段取り。

でしょう 連語 「だろう」のていねいな形。例 明日は雨がふるでしょう。

デシリットル 名詞 助数詞 一リットルの十分の一を表す単位。百立方センチメートル。参考 「dL」の記号で表す。▼英語（フランス語から）deciliter

でじろ【出城】 名詞 中心となる城の外に別につくられた城。けわしい地形などにつくった。

です 助動詞 はっきりこうであるという気持ちを表す言葉。例 わたしは小学三年生です。参考 「だ」のていねいな言い方。

てすう【手数】(名) そのことをするのに必要な手間や時間。てかず。例 手数のかかる仕事。／お手数をおかけしました。

てすうりょう【手数料】(名) 人のためにした仕事に対して受け取る料金。

てずから【手ずから】(副) 自分の手で。みずから。例 殿様が手ずから家来にほうびをやる。

ですから (接続詞) そういうわけで。それゆえ。参考「だから」のていねいな言い方。

てすき[1]【手すき】(名) 人の手で紙をすくこと。また、すいた紙。例 手すきの和紙。

てすき[2]【手透き】(名)(形容動詞) 仕事がなくてひまなこと。手があいていること。

ですぎる【出過ぎる】(動詞) ❶あるはんいをこえてでる。例 前へ出過ぎる。❷でしゃばる。例 出過ぎた発言をして人ににくまれる。活用 です・ぎる。

デスク (名) ❶事務づくえ。❷新聞社で、編集や整理の責任者。▼英語 desk

デスクトップ (名) ❶つくえの上。卓上用の。❷つくえの上にすえつけるパソコン。例 デスクトップのパソコン。対 ラップトップ。▼英語 desktop

テスター (名) ❶電気回路の電圧・電流・抵抗などを調べる計器。❷調査や検査をする人。▼英語 tester

テスト (名)(する動詞) 試験。検査。例 算数のテスト。／性能をテストする。▼英語 test

テストケース (名) ためしにおこなわれることがら。試験台。例 テストケースとして夜間の通行を制限する。▼英語 test case

てすり【手すり】(名) 橋や階段などのふちにある、体をささえるための横木。

てずり【手刷り】(名) 人の手で印刷すること。また、印刷したもの。例 手刷りの版画。

てせい【手製】(名) 自分でつくること。また、自分でつくったもの。手づくり。例 母の手製の洋服。

てぜま【手狭】(名)(形容動詞) 部屋や家などが、使うにはせまく感じられること。例 この家も手狭になった。

てそう【手相】(名) 〔その人の性質や運命があらわれているという〕手のひらのすじの形。

でぞめしき【出初め式】(名) 新年に、消防の仕事をする人たちがせいぞろいして、火事の消し方などを見せる行事。出初め。

でそろう【出そろう】(動詞) 残らず全部がそろって出る。例 みんなの作品が出そろった。活用 でそろ・う。

てだし【手出し】(名)(する動詞) ❶けんかや争いをしかけること。例 いつも弟の方が先に手出しをする。❷〔よけいな〕世話をやくこと。例 いらぬ手出しをするな。

でだし【出だし】(名) 物事の始まり。しはじめ。すべりだし。例 出だしはよかったが、だんだんおいぬかれた。

てだすけ【手助け】(名)(する動詞) 人の仕事を手伝って、助けること。また、その人。例 手助けが必要だ。類 手伝い。

てだて【手立て】(名) 方法。やり方。例 にげ出す手立てを考える。

でたとこしょうぶ【出たとこ勝負】(名) じゅんびなどをしないで、その場のなりゆきにまかせて、物事をおこなうこと。例 出たとこ勝負で試験を受ける。参考 くだけた言い方。

てだまにとる【手玉に取る】慣用句 〔お手玉で遊ぶように〕自分の思いどおりに相手を動かす。例 チームの上級生に手玉に取られる。

でたらめ (名)(形容動詞) 〔言うことやおこないなどの〕すじ道がとおらないこと。でまかせでいいかげんなこと。類 めちゃくちゃ。

てぢか【手近】(名)(形容動詞) ❶すぐそばにあること。すぐそば。例 手近なペンをとって書く。❷ふつうにあることで、わかりやすいこと。例 手近な例を出して説明する。

てちがい【手違い】(名) 物事を進める順序や方法などをまちがえること。例 ちょっとした手違いで、やり直すはめになった。

てちょう【手帳】(名) ちょっとしたことを書きとめておくために、いつも手もとにもっている、小さな帳面。

てつ【鉄】(名) ❶かたくて強い金属。道具や機械など、身の回りのあらゆるものに使われる。くろがね。❷かたくて強いことのたとえ。例 鉄の意志でやりとおす。

てっかい【撤回】(名)(する動詞) 一度出した意見や書類をとり下げること。例 前言を撤回する。／撤回を求める。

でっかい (形容詞) 大きい。はなはだしい。参考「でかい」を強めていう言葉で、くだけた言い

方。活用 でっか・い。

1**てっかく**【的確】名詞 形容動詞 ➡858ページ・てきかく（的確）。

2**てっかく**【適格】名詞 形容動詞 ➡858ページ・てきかく（適格）。

てつがく【哲学】名詞 人生や世界などについての、根本的な原理をはっきり知ろうとする学問。

てつかず【手付かず】名詞 まだ使っていないで、そのままにしてあること。まだとりかかっていないこと。例 手付かずの貯金。／宿題は手付かずです。

てつかぶと【鉄かぶと】名詞 戦場などで、銃弾から頭を守るためにかぶる、鉄でつくったぼうし。

てづかみ【手づかみ】名詞 道具を使わず、手で直接つかむこと。例 手づかみで食べる。

てっかん【鉄管】名詞 鉄でつくったくだ。参考 水道かん・下水かんなどに使う。

てつき【手付き】名詞 ある物事をするときの手のかっこう。手の動かし方。例 スケートぐつのひもをなれた手付きで結ぶ。

1**てっき**【鉄器】名詞 鉄でつくった道具。

2**てっき**【敵機】名詞 敵の飛行機。

デッキ 名詞 ❶船のかんぱん。⇩図。❷列車の、乗り降りをするところのゆか。❸港や空港の、人を送り迎えする台。例 展望デッキ。❹建物の外にはり出した台。例 ウッドデッキ。❺カードゲームの一そろい。▼英語 deck

てっきじだい【鉄器時代】名詞 石器時代・青銅器時代の次の時代。鉄を使って、武器やいろいろな道具をつくった。

てっきょ【撤去】名詞 する動詞 建物や設備などを、とりのぞくこと。例 かんばんを撤去する。

てっきょう【鉄橋】名詞 鉄でつくった橋。特に列車の通る、大きな橋。

てっきり 副詞 まちがいなく。きっと。例 てっきり晴れだと思っていたのに雨になった。

1**てっきん**【鉄筋】名詞 ❶コンクリートの建物のしんに入れる鉄のぼう。❷「鉄筋コンクリート」の略。

2**てっきん**【鉄琴】名詞 台の上に長さのちがった細長い鉄の板をならべ、たたいてならす楽器。類 木琴。

てっきんコンクリート【鉄筋コンクリート】名詞 鉄のぼうをしんにして、コンクリートでかためたもの。大きな橋や建物に使う。鉄筋。

てづくり【手作り・手造り】名詞 自分の手でつくること。また、つくったもの。手製。

てつけ【手付け】名詞 売り買いなどの契約を結ぶとき、その保証としてわたす代金の一部。手付け金。例 手付けの金。

デッキ①

1**てっこう**【鉄鉱】名詞 鉄をたくさんふくんでいる石。鉄をとり出すことのできる鉱石。鉄鉱石。

2**てっこう**【鉄鋼】名詞 特に手を加えた、かたくて強い鉄。はがね。

てっこうせき【鉄鉱石】名詞 鉄の原料となる鉱石。磁鉄鉱・赤鉄鉱・りょう鉄鉱など。

てっこつ【鉄骨】名詞 鉄材で組み立てた、建物などのほね組み。また、それに使う鉄の材料。例 ビルの鉄骨を組み立てる。

てつざい【鉄材】名詞 建物や、土木工事などのときの材料になる鉄。

デッサン 名詞 する動詞 えんぴつや木炭でかいた下がきの絵。素びょう。▼フランス語

てっしゅう【撤収】名詞 する動詞 ❶とり去ってしまうこと。例 工事現場から事務所を撤収する。❷軍隊などを引き上げること。例 登山隊のベースキャンプを撤収する。

てつじょうもう【鉄条網】名詞 とげのついたはり金を、あみのように張りめぐらしたさく。例 人が入れないように鉄条網をめぐらす。

てつじん【鉄人】名詞 鉄のように強い体をもった人。参考 強い気持ちをもった人や、ある分野ですぐれた力をもった人にもたとえる。

てっする【徹する】動詞 ❶しみとおる。例 くやしさが骨身に徹する。❷つらぬく。通す。例 工事は、夜を徹しておこなわれた。❸一つのことに心をそそぐ。うちこむ。例 仕事に徹する。
活用 てっ・する。

てっせい【鉄製】名詞 鉄でつくること。また、

ことばあそび なぞなぞ⑭ 目をつぶっているのに見えるもの、なあに？

鉄でつくられたもの。参考「てっせい」とも読む。

てっせん【鉄線】名詞 鉄のはりがね。

てっそく【鉄則】名詞 守らなければならない、大切な決まり。きびしい決まり。

てったい【撤退】名詞 する動詞 今いるところから後ろへ下がること。特に、軍隊などがじん地などをすてて、よそにうつること。例 撤退を余儀なくされた。

てつだい【手伝い】名詞 てつだうこと。また、その人。例 父の手伝いをする。類 手助け。

てつだう【手伝う】動詞 ❶人の仕事などを助ける。例 そうじを手伝う。❷ある原因に、さらにほかの原因が加わる。例 気温が上がらないうえに、連日の雨が手伝って畑の野菜の育ちが悪い。活用 てつだ・う。

でっち 名詞 昔、商人や職人の家に住みこんで、働いていた少年。例 酒屋のでっち。

でっちあげる【でっち上げる】動詞 ありもしないことを本当にあったことのようにつくりあげる。例 証拠をでっち上げる。活用 でっちあ・げる。

てっついをくだす【鉄ついを下す】慣用句 きまりをやぶった者にきびしいばつや処分をあたえる。参考「鉄つい」は大形のかなづち。

てつづき【手続き】名詞 する動詞 物事をするときの決まったやり方。物事をするのに必要なやり方。例 入学の手続きをすませる。

てってい【徹底】名詞 する動詞 ❶〔知らせなどが〕十分に行きとどくこと。例 旅行の注意を、全員に徹底させる。❷物事を一つの考えにそってどこまでもやりぬくこと。例 徹底した仕事ぶり。

てっていてき【徹底的】形容動詞 十分に行きとどいているようす。どこまでもやりぬくようす。例 事故の原因を徹底的に調査する。

てっとう【鉄塔】名詞 鉄材を組み立ててつくった、高いとう。特に、高圧送電線をささえる鉄のとう。

てつどう【鉄道】名詞 レールをしいて電車などを走らせ、人や物を運ぶ交通のしくみ。例 鉄道路線。／鉄道車両。

てっとうてつび【徹頭徹尾】四字熟語 はじまりから終わりまで、態度がかわらないようす。どこまでも。あくまでも。例 徹頭徹尾反対する。

デッドスペース 名詞 家の中などで、うまく使われていない場所。▼英語 dead space

デッドヒート 名詞 競泳や競走で、ゴール近くでの、はげしいせり合い。また、ほとんど同時にゴールに入ること。例 デッドヒートをくり広げる。▼英語 dead heat

デッドボール 名詞 野球で、ピッチャーの投げたボールが打者に当たること。死球。参考 日本でつくった言葉。英語では、hit by a pitch という。dead ball はプレーを審判が止めたボール。

てっとりばやい【手っ取り早い】形容詞 すばやい。また、手間がかからず、かんたんである。例 話を手っ取り早くすませる。／人にたのむより自分でした方が手っ取り早い。参考 くだけた言い方。活用 てっとりばや・い。

でっぱ【出っ歯】名詞 上の前歯が前の方につきでていること。また、その歯。

てつはあついうちにうて【鉄は熱いうちに打て】ことわざ わかいときに体や心をきたえなさいというたとえ。また、物事をおこなうにはチャンスを失ってはいけないというたとえ。語源 鉄はまっ赤に焼いて、打って強くきたえることからできたことわざ。

てっぱい【撤廃】名詞 する動詞〔それまでの制度や規則を〕やめること。例 年令制限を撤廃する。

でっぱり【出っ張り】名詞 外の方に、つきでていること・もの。

でっぱる【出っ張る】動詞 外の方に、つき出る。例 腹が出っ張る。参考 くだけた言い方。活用 でっぱ・る。

てっぱん【鉄板】名詞 鉄のいた。

てつびん【鉄瓶】名詞 やかんに似た、鉄でつくった湯わかし。⇨図。

でっぷり 副詞(-と) する動詞 とても太っているようす。例 でっぷりとした人。

てつぶん【鉄分】名詞 あるものにふくまれている鉄の成分。例 鉄分をふくんだ温泉。

鉄瓶

あいうえお かきくけこ さしすせそ たちつてと なにぬねの はひふへほ まみむめも や ゆ よ らりるれろ わ を ん

てっぺき【鉄壁】名 ❶鉄のかべ。❷敵をふせぐ、鉄のかべのようなかたい守り。例鉄壁の守備陣。

てっぺん 名 物の一番高いところ。いただき。頂上。例山のてっぺん。

てつぼう【鉄棒】名 ❶鉄でできたぼう。❷二本の柱に鉄のぼうを横にわたした体操の用具。

てっぽう【鉄砲】名 たまをこめて、うち出す武器。銃。特に、小銃。

てっぽうだま【鉄砲玉】名 ❶鉄砲のたま。だんがん。❷行ったままもどってこないことのたとえ。例弟の使いは、いつも鉄砲玉だ。

てっぽうみず【鉄砲水】名 山地の集中豪雨などで、大量の水がはげしいいきおいで流れくだること。例鉄砲水で橋がおし流される。

てづまり【手詰まり】名 やり方や方法がなくなって、こまること。例話し合いは手詰まりの状態だ。

てつめんぴ【鉄面皮】名 形容動詞 何事もはずかしいと思わない、あつかましいようす。例鉄面皮なやつ。

てつや【徹夜】名 する動詞 一晩中ねないでいること。夜明かしをすること。例徹夜でしあげた。

てづよい【手強い】形容詞 ⬇860ページ・てごわい。活用てづよ・い。

てづる【手づる】名 ❶たよることのできる知り合い。例手づるを求めて、就職する。❷手がかり。糸口。例事件解決の手づるをつかんだ。

てつわん【鉄腕】名 鉄のように強いうで。例鉄腕投手。

でどころ【出所】名 ❶物事の出てくるもとのところ。例うわさの出所はわからない。❷出るのにちょうどよい場所や場面。例そろそろ主役の出所だ。❸出口。

テトラポッド 名 四本の足をつけたコンクリートブロック。波の力を弱めるために海岸などにしずめて使う。波消しブロック。参考商標名。▼英語 Tetrapod

てどり【手取り】名 給料などから税金などをさしひいた、じっさいに受けとる金額。

てとりあしとり【手取り足取り】慣用句 細かいことまで気にして、ていねいに教えること。例手取り足取り教える。

テナー 名 ⬇テノール。

てなおし【手直し】名 する動詞 できあがったあとで、よくないところをなおすこと。例作品の手直しをする。

でなおす【出直す】動詞 ❶いったんもどってから、もう一度出かける。❷はじめからやりなおす。例一から出直して勉強しなおす。活用でな・お・す。

てなずける【手なずける】動詞 ❶〔動物などを〕うまくあつかってなつかせ、命令を聞くようにする。例ライオンを手なずける。❷うまくあつかって、味方にする。例新しく入った部員を手なずける。活用てなず・ける。

てなみ【手並み】名 うでまえ。例お手並みをはいけんしましょう。

てならい【手習い】名 ❶字をならうこと。習字。❷勉強。けいこ。ことば「六十（＝六十才）の手習い」参考やや古い言い方。

てならし【手慣らし】名 使って、なれておくこと。例試合の前にキャッチボールで手慣らしをする。

てなれる【手慣れる】動詞 ❶使いなれる。例手慣れた道具。❷なれているので、上手にできる。例手慣れた仕事。活用てな・れる。

テナント 名 ビルなどの一区画をかりている商店や事務所。▼英語 tenant

てにあせをにぎる【手に汗を握る】慣用句 なりゆきを、きんちょうして見守る。例手に汗を握るストーリー。

てにあまる【手に余る】慣用句 力が足りなくて、どうすることもできない。例わたしたちの手に余る事態が起きた。

てにいれる【手に入れる】慣用句 自分のものにする。例ほしかった自転車をようやく手に入れた。

てにおえない【手に負えない】慣用句 力が足りなくて、引き受けることができない。例わがままで、手に負えない。

てにかける【手に掛ける】慣用句 ❶自分で十分に世話をする。例手に掛けて育てたバラ。❷自分の手で人をころす。例親のかたきを手に掛ける。

テニス 名 ネットをはさみ、ラケットでボールをうち合い、得点をきそう競技。庭球。参考試合の方法には、一人対一人でするシングルスと、二人対二人でするダブルスがある。また、使う

あいうえお かきくけこ さしすせそ たちつてと なにぬねの はひふへほ まみむめも やゆよ らりるれろ わをん

こたえ 夢

ボールによって、軟式と硬式がある。▼英語 tennis

テニスコート 名詞 テニスをするためにつくられた長方形の場所。▼英語 tennis court

てにする【手にする】慣用句 ❶手に持つ。例グラスを手にしたまま出て行った。❷自分のものにする。例勝利を手にする。

てにつかない【手に付かない】慣用句 〔ほかのことに注意が向いてしまって〕落ち着いて物事ができない。例テレビが気になって、勉強が手に付かない。

てにてに【手に手に】連語 同じようなものを、みんなが持っているようす。例手に手にそうじ道具を持って集まる。

てにてをとる【手に手を取る】慣用句 たがいに手をとり合う。仲よくいっしょに行動する。参考 特に、愛し合った男女が連れ立ってどこかへ行くことにいう。

てにとるように【手に取るように】慣用句 すぐ目の前にあるようにはっきりしているようす。例おさななじみのかのじょの気持ちは手に取るようにわかる。

てにのる【手に乗る】慣用句 相手の思いどおりになる。人の計略にかかる。参考「その手に(は)乗らない」の形でも使われる。

デニム 名詞 ❶あつい綿織物。じょうぶなので作業服などに使う。❷ジーンズ、ジーパンのこと。▼英語 denim

てにもつ【手荷物】名詞 手に持って運ぶ荷物。また、旅行する人が持ち運びできる大きさの荷物。

てにをは 名詞 ❶ほかの言葉の下につけて、言葉と言葉の続き具合やいろいろな意味を表すことば。助詞や助動詞などのこと。❷助詞・助動詞などの言葉の使い方。

てぬい【手縫い】名詞 〔ミシンを使わずに〕手でぬうこと。また、ぬったもの。例手縫いの洋服。

てぬかり【手抜かり】名詞 注意が足りなかったためにおこるまちがいや失敗。

てぬき【手抜き】名詞 しなければならないとわかっていながら、それをしないでおくこと。例手抜き工事。

てぬぐい【手拭い】名詞 あらった後の手・顔・体などをふく、長方形の木綿の布。日本手ぬぐい。類タオル。

てぬるい【手ぬるい】形容詞 あつかいがきびしくない。対手きびしい。活用 てぬる・い。

てのうち【手の内】名詞 ❶うでまえ。能力。例手の内を見せる。❷これからしようとしていることがら。また、その方法や考え。例手の内を見すかされる。❸権力のおよぶはんい。例まわりの領主を手の内におさめる。

てのうちをあかす【手の内を明かす】慣用句 心の中の考えを打ち明ける。例用心してだれにも手の内を明かさない。

てのうら【手の裏】名詞 てのひら。たなごころ。

てのうらをかえす【手の裏をかえす】慣用句 ⬇てのひらをかえす。

テノール 名詞 歌をうたうときの男性の声で、一番高いはんい。また、そのはんいを受け持つ歌い手。テナー(tenor)。参考 ⇩バリトン。[1]バス①。▼ドイツ語

てのこう【手の甲】名詞 てのひらの反対側で、指のつけねから手首までの部分。対てのひら。⇩849ページ・手②(図)。

てのつけようがない【手の付けようがない】慣用句 とるべき方法がない。例こんなにちらかっていては、手の付けようがない。

てのひら【手の平】名詞 手をにぎったとき、内側になる面。手のはら。手のうち。手のうら。たなごころ。対手の甲。⇩849ページ・手②(図)。

てのひらをかえす【手の平をかえす】慣用句 態度を、急に変える様子のたとえ。例事業に失敗したとたん、まわりの人は手の平をかえすように冷たくなった。参考「手のうらをかえす」ともいう。

てのまいあしのふむところをしらず【手の舞い足の踏む所を知らず】故事成語 とてもうれしくて、思わずおどりだしたくなるような気持ちになることのたとえ。例おうえんしていたチームが優勝して、兄は手の舞い足の踏む所を知らずといった様子だ。

デノミネーション 名詞 通貨の単位のよび名を切り下げること。参考 ㋐たとえば、現在の百円を一円とよびかえること。㋑略して「デノミ」ともいう。▼英語 denomination

てのもの【手の物】名詞 ❶手に入ったもの。❷⬇194ページ・おてのもの。

ては 連語 ❶同じ動作がくり返されることを表す言葉。…して…し。例よせてはかえす波。❷…したとしたら。…したらいつでも。例雨がふってはこまる。／せいては事をしそんずる。❸…したからには。…した以上は。例こまっている人を見てはだまっていられない。

では[1] 連語 ❶であるとすれば。であっては。例これではだめだ。❷《「ではないか」「ではありませんか」などの形で》前の語句を特にとりあげてしめす言葉。例お母さんはちゃんとここにいるではありませんか。

では[2] 接続詞 そういうことならば。例では、いっしょに行きましょう。

デパート 名詞 ひじょうに多くの種類の品物をあつかっている大きな小売店。百貨店。参考 英語の「デパートメントストア（department store）」の略。

てはい【手配】 名詞 する動詞 ❶〔手順を決めたり、だんどりをしたりして〕じゅんびすること。例車を手配する。❷〔犯人をとらえるため〕あちらこちらにれんらくをとること。ことば「指名手配」

ではいり【出入り】 名詞 する動詞 ❶〔同じところにたびたび〕出たり入ったりすること。❷人数・数量などが多かったり少なかったりすること。例学級により人数に出入りがある。❸お金の支出と収入。例今月はお金の出入りが多い。

てはじめ【手始め】 名詞 物事をはじめる、第一歩。

てはず【手はず】 名詞 物事をおこなう前に、前もってしておく用意。ことば「手はずを整える」

てばたしんごう【手旗信号】 名詞 右手に赤、左手に白の小さなはたをもち、その動かし方や組み合わせで遠くの人と通信する方法。また、そのあいず。

デバッグ 名詞 する動詞 コンピューターのプログラムを調べて、あやまり（＝バグ）をなくすこと。▼英語 debug

てはっちょうくちはっちょう【手八丁口八丁】 慣用句 ➡378ページ・くちもはっちょうてもはっちょう。

ではな【出鼻】 名詞 ❶出ようとする、ちょうどそのとき。出るまぎわ。例出鼻に雨がふり出した。❷物事をはじめようとする、そのとき。例試合をはじめようとしたとき雨がふりだし出鼻をくじかれた。参考 ①②「でばな」ともいう。

てばなし【手放し】 名詞 ❶手をはなすこと。❷人の前でえんりょしたり、気持ちをかくしたりしないこと。ことば「手放しでよろこぶ」

てばなす【手放す】 動詞 ❶手から物をはなす。例たづなを手放す。❷〔あるものを〕売ったり、人にやったりする。例大切にしていた本を手放すことにした。❸手もとからはなしてよそへやる。例ペットを手放す。活用 てばな・す。

てばなれ【手離れ】 名詞 する動詞 ❶子どもが大きくなって、親の世話がいらなくなること。例上の子が手離れする。❷すっかり完成して、手を加える必要がなくなること。例新築工事がようやく手離れした。

ではなをくじく【出鼻をくじく】 慣用句 物事をはじめようとしたとたんに、じゃまをする。さまたげて、だめにする。

でばぼうちょう【出刃包丁】 名詞 先がとがって、刃の反対側があついほうちょう。魚や鳥を料理するときに使う。

てばやい【手早い】 形容詞 物事をするのが早い。例手早くかたづける。類素早い。活用 てばや・い。

ではらう【出払う】 動詞 全部出てしまってなにもない。また、全員外出してだれもいない。例タクシーはあいにく全部出払っている。活用 ではら・う。

でばん【出番】 名詞 ❶仕事や舞台などに出る番。例こんどはぼくらの出番だ。❷ある人が働くのにむいている場面がまわってくること。例ピンチヒッターの出番。

てびかえる【手控える】 動詞 ❶物事をひかえ目にする。さしひかえる。例高い買い物は手控える。❷わすれないように、書いておく。例ノートに手控える。活用 てびか・える。

てびき【手引き】 名詞 する動詞 ❶ある場所へ〔手を引いて〕みちびくこと。例どろぼうを手引きした人物がいるはずだ。❷教え、みちびくこと。また、入門書。例海外旅行の手引き。❸世話。しょうかい。例せんぱいの手引きで会社に入る。

てひどい【手ひどい】 形容詞 大変はげしい。とてもきびしい。例台風の上陸で、手ひどい打撃をうけた。／手ひどくしかられる。活用 てひど・い。

デビュー 名詞 する動詞 俳優・歌手・作家などとし

あいうえお かきくけこ さしすせそ たちつてと なにぬねの はひふへほ まみむめも や ゆ よ らりるれろ わ を ん

ことばあそび なぞなぞ⑮ 100円以下で、日本中どこへでも旅をすることができるフリルつきの

て、はじめて多くの人々の前に現れること。▼英語（フランス語から）debut

てびょうし【手拍子】 名詞 手をたたいて、音楽や歌の調子をとること。また、その調子。対 足拍子。

てびろい【手広い】 形容詞 〔仕事などの〕はんいが広い。また、いろいろなことに広く関係している。例 父は、手広く商売をしている。活用 てびろ・い。

てふき【手拭き】 名詞 手をふく布や紙。お手ふき。

てぶくろ【手袋】 名詞 寒さをふせいだり、作業をしたりするときに手にはめるもの。手の形をしたふくろのようなもの。例 白い手袋をはめる。

でぶしょう【出無精・出不精】 名詞 形容動詞 外出をめんどうがったり、いやがったりすること。また、そのような人。例 出無精な兄は、休みの日もたいてい家にいる。

てぶそく【手不足】 名詞 形容動詞 人手が足りないこと。人手不足。例 手不足で仕事が期限に間に合わない。

てふだ【手札】 名詞 ❶トランプなどで自分の手に持っている札。❷写真の大きさで、たて十一センチよこ八センチのもの。

でふね【出船】 名詞 船が港を出ていくこと。また、港を出ていく船。対 入り船。

てぶら【手ぶら】 名詞 手になにも持たないこと。また、みやげや、えものなどがないこと。

てぶり【手振り】 名詞 手を動かすこと。また、そのかっこう。例 身振り手振りで説明する。類 手まね。身振り。

デフレ 名詞 「デフレーション」の略。

デフレーション 名詞 国に出回っているお金にくらべて、商品の量が多い状態。お金のねうちが上がり物価が下がる。商品の売れゆきが悪くなり、倒産する会社が出て、失業者が多くなり、景気が悪くなる。参考 略して「デフレ」ともいう。対 インフレーション。▼英語 deflation

テフロン 名詞 合成樹脂の一つ。じょうぶで熱や薬品に強い。電気の絶縁材やフライパン・アイロンのこげつき防止などに使われている。参考 商標名。▼英語 Teflon

でべそ【出べそ】 名詞 とび出ているへそ。

てへん【手偏】 名詞 漢字の部首の一つ。「打」「技」などの左側の「扌」の部分。

てべんとう【手弁当】 名詞 ❶自分で弁当を用意して、持っていくこと。また、その弁当。❷あることのために、お金をもらわないで働くこと。例 手弁当で奉仕する。

でほうだい【出放題】 名詞 形容動詞 ❶いくらでも出ること。出るままにほうっておくこと。例 水道管がこわれて、水が出放題だ。❷口から出まかせに、勝手なことを言うこと。例 口から出放題の悪口。

てほどき【手ほどき】 名詞 する動詞 〔学問や芸事などを〕はじめて学ぶ人に、よくわかるように教えること。例 先生の手ほどきをうける。

てほん【手本】 名詞 ❶字や絵をならうとき、手もとにおいて、模範とする字や絵。例 習字の手本。❷物事をするとき、模範となるようなりっぱな人やおこない。例 母を手本にして行動する。

てま【手間】 名詞 仕事をするのにかかる、時間や労力。例 手間のかかる料理。／手間を省く。

デマ 名詞 でたらめなうわさ話や、情報。例 あんなデマを信じてはいけない。参考 ドイツ語の「デマゴギー（demagogy）」から。

てまえ【手前】 一 名詞 ❶こちら側。自分に近い方。例 駅の手前で立ち止まった。❷人に対するていさい。例 友だちの手前、なみだをこらえた。❸わざ。しかた。特に、お茶をたてるときの作法。例 お手前をはいけんする。二 代名詞 「自分」をへりくだった言い方。例 手前どもは、父の代からここに住んでいます。

でまえ【出前】 名詞 注文をうけた家に料理をとどけること。また、その料理。例 すしの出前をたのむ。ことば 「出前をとる」

てまえがって【手前勝手】 名詞 形容動詞 自分に都合のよいことだけしか考えないこと。自分勝手。例 手前勝手な理由。

てまえみそ【手前みそ】 名詞 自分のことをじまんすること。例 手前みそをならべたてる。

でまかせ【出任せ】 名詞 形容動詞 ❶出るにまかせること。❷思いつくままに、いいかげんなことを言うこと。例 口から出任せにものをいう。

てまき【手巻き】 名詞 ❶〔ねじなどを〕手で巻くこと。手で巻くもの。例 手巻きの柱時計。❷自分で巻いてつくること。巻いたもの。例 手巻きずし。

てまくら【手枕】 名詞 自分のうでをまげて、ま

くらにすること。例 手枕で昼寝をする。

てましごと【手間仕事】 名詞 ❶手間がかかる仕事。❷手間賃をもらってする仕事。例 大工に手間仕事をたのむ。

てまちん【手間賃】 名詞 仕事にかかった時間やほねおりに対して、支払われるお金。例 一日分の手間賃をもらう。

でまど【出窓】 名詞 建物のかべから外につきだしてつくられたまど。⇩図。

出窓

てまどる【手間取る】 動詞 〔物事をするのに〕時間がかかる。手数がかかる。例 外出のしたくに手間取った。類 暇取る。活用 てまど・る。

てまね【手まね】 名詞 する動詞 手を動かして、ある動作や物事のまねをすること。類 手振り。身振り。

てまねき【手招き】 名詞 する動詞 手をふって、こちらへよぶこと。例 母が手招きしている。

てまひま【手間暇】 名詞 あることをするのに必要な時間や労力。ことば「手間暇をかける」

てまめ【手まめ】 形容動詞 ❶めんどうなことも、おっくうがらずにすること。例 家の中を手まめにかたづける。類 こまめ。❷手先を使う仕事が上手なこと。例 手まめに虫かごをつくる。

てまり【手まり】 名詞 手でついて遊ぶまり。また、わたを丸めたしんに色糸をまいたまり。今はゴムや塩化ビニールでつくったものが多い。

てまわし【手回し】 名詞 ❶手でまわすこと。例 手回しの機械。❷前から用意しておくこと。じゅんび。てはい。例 手回しよく、半年前から旅館の予約をしておく。

てまわり【手回り】 名詞 身のまわり。また、身のまわりにおいて使うもの。例 手回り品。

でまわる【出回る】 動詞 品物があちらこちらの店にたくさん出る。例 野菜が安く出回っている。活用 でまわ・る。

てみじか【手短】 形容動詞 大切なことだけを、短くかんたんに話したり、書いたりするようす。例 時間がないので手短に説明する。注意 送りがなをつけない。

でみず【出水】 名詞 大雨や長雨のあと、川の水があふれること。類 大水。洪水。参考「出水」ともいう。

でみせ【出店】 名詞 ❶本店からはなれたところに出した店。例 デパートの出店。類 支店。❷道ばたなどに出した店。例 神社の参道に出店がならぶ。類 露店。

てみやげ【手土産】 名詞 人をたずねるとき持って行く（ちょっとした）おくりもの。

てむかう【手向かう】 動詞 相手にさからって立ちむかう。例 兄に手向かう。類 はむかう。活用 てむか・う。

でむかえ【出迎え】 名詞 出て行って、むかえること。また、その人。例 出迎えの車。対 見送り。

でむかえる【出迎える】 動詞 出かけて行って、むかえる。例 大統領を出迎える。活用 でむか・える。

でむく【出向く】 動詞 ある場所に出かけて行く。例 あいさつに出向く。活用 でむ・く。

でめきん【出目金】 名詞 両目が左右に大きくとび出ている金魚。

デメリット 名詞 短所。欠点。例 この計画はデメリットが多い。対 メリット。▼英語 demerit

ても 助詞 ❶たとえ…しても。例 口がさけても言わないよ。❷…したが。…したけれども。例 なん回行っても道がわからない。参考 ①②とも上にくる言葉によって、「でも」の形になる。例 いくらよんでもへんじがない。

でも[1] 助詞 ❶一つの例としてあげるのに使う言葉。例 キャッチボールでもしようか。❷とくちょうのある例をあげて、強調するのに使う言葉。…でさえも。例 そんなことは子どもでも知っている。❸すべてをみとめる意味を表す言葉。例 だれでも参加できる。❹…だけでも。例 一人だけでも来てほしい。

でも[2] 接続詞 前に言ったことを受けて、その反対のことを言うときに使う言葉。例 行きたくないと思っていた。でも、行ったらとても楽しかった。参考 くだけた言い方。

デモ[3] 名詞 大ぜいの人が集まって、自分たちの考えやいきおいをしめすこと。また、その集まりや行進。参考 英語の「デモンストレーション（demonstration）」の略。▼英語 demo

あいうえお かきくけこ さしすせそ たちつてと なにぬねの はひふへほ まみむめも や ゆ よ らりるれろ わ を ん

 こたえ 切手

てもあしもでない【手も足も出ない】 慣用句 自分の力では、どうすることもできない。例問題がむずかしすぎて手も足も出なかった。

デモクラシー 名詞 民主主義。また、民主政治。▼英語 democracy

てもち【手持ち】 名詞 今、手もとに持っていること。また、今持っているお金や品物。例手持ちのお金。／手持ちが千円しかない。

てもちぶさた【手持ち無沙汰】 名詞 形容動詞 なにもすることがなくて、たいくつなこと。また、そのようす。

てもと【手元】 名詞 ❶手のとどくところ。そば。❷手の動き具合。例手元がくるう。❸手近にあるお金。また、くらしをたてていくためのお金。例手元が苦しい。

てもなく【手もなく】 副詞 少しの手間もかからず。例手もなくだまされた。

でもの【出物】 名詞 ❶できもの。おでき。❷おなら。❸たまにしか売りに出されない古道具やこっとう品、格安の品物など。

でものはれものところきらわず【出物腫れ物所きらわず】 ことわざ おならやできものは、場所などにかかわりなく勝手に出るものだ。

デモンストレーション 名詞 ❶↓デモ。❷宣伝のために、品物の使い方などを実演してみせること。❸スポーツ大会などで、正式の競技種目のほかにおこなわれる演技。公開演技。▼英語 demonstration

テューバ 名詞 ↓810ページ・チューバ。

デュエット 名詞 ❶↓972ページ・にじゅうしょう。❷二つの楽器で合奏すること。二重奏。❸バレエなどで、二人がいっしょにおどること。▼英語 duet

デュナン 人名 （一八二八～一九一〇）スイスの社会事業家。赤十字運動を呼びかけ、国際赤十字社をつくった。第一回のノーベル平和賞を受けた。アンリ＝デュナン（Jean-Henri Dunant）。

てら【寺】 名詞 仏をまつり、仏の教えをおさめる人が修行するところ。

てらう 動詞 学問などがあるかのように見せかける。わざと人に見せびらかす。例実力がないのに、うわべだけてらう。活用 てら・う。

てらおとこ【寺男】 名詞 寺で、そうじやかたづけなどこまごました仕事をする人。

てらこや【寺子屋】 名詞 江戸時代、町人や農民の子どもに読み書きを教えたところ。参考 寺で、僧が教えたことからはじまった。注意「寺小屋」と書かないこと。

てらしあわせる【照らし合わせる】 動詞 二つ以上のものをくらべて、同じかどうかなどを調べる。例参加者と名ぼを照らし合わせる。活用 てらしあわ・せる。

てらす[1]【照らす】 動詞 ❶光を当てて明るくする。例足もとを照らす。❷あるものとくらべてたしかめる。例事実に照らして話す。活用 てら・す。

テラス[2] 名詞 〔西洋風の建物で〕部屋から庭につきだした、屋根のない台のようなところ。参考 ⇩バルコニー。ピロティ。ベランダ。▼英語 terrace

デラックス 名詞 形容動詞 〔品質や設備などが〕ぜいたくなようす。ごうかなようす。例デラックスなホテル。DX。参考 フランス語の「ドゥリュクス」の英語読みから。▼英語 deluxe

てらてら 副詞（−と） する動詞 つやがあって光っているようす。例てらてらした顔。

てり【照り】 名詞 ❶つや。光沢。例照りをおさえた茶わん。❷料理につやを出すためにぬるもの。特に、しょうゆ・みりん・さとうなどをにつめたしる。また、それをぬって出したつや。例焼き魚に照りをつける。

てりかえし【照り返し】 名詞 てりかえすこと。反射。例入り日の照り返しをうけて、部屋の中が明るい。

てりかえす【照り返す】 動詞 ほかから受けた光や熱をはね返す。例道路が、真夏の日ざしを照り返す。活用 てりかえ・す。

デリケート 形容動詞 ❶はっきり言葉に言い表せないほど、こまかく入り組んでいるようす。びみょうなようす。例デリケートな問題。❷ひじょうにするどく、感じやすいようす。例デリケートな神経の持ち主。▼英語 delicate

てりつける【照り付ける】 動詞 太陽がはげしくてらす。例夏の太陽が、かんかん照り付ける。活用 てりつ・ける。

テリトリー 名詞 ❶自分のいきおいのおよぶはんい。なわばり。❷セールスマンや販売店などの、受け持ち地域。例テリトリーを広げる。▼

あいうえお かきくけこ さしすせそ たちつてと なにぬねの はひふへほ まみむめも や ゆ よ らりるれろ わ を ん

英語 territory

てりはえる【照り映える】動詞 光にてらされて美しくかがやく。例もみじが夕日に照り映える。活用 てりは・える。

てりやき【照り焼き】名詞 しょうゆやみりんなどでつくったたれをつけながら焼いて、表面が光るようにすること。また、そうして焼いたもの。例ブリの照り焼き。

てりょうり【手料理】名詞（料理屋などにたのまないで）自分でつくった料理。

てる【照る】動詞 ❶（月や太陽などが）光を出す。例太陽が照る。❷天気がよい。晴れる。例照る日、くもる日。活用 て・る。

でる【出る】動詞 ❶内側から外の方へ行く。例部屋から出る。対入る。❷出発する。例船が出る。／旅に出る。❸行きつく。例つきあたりに出る。❹あらわれる。例月が出る。❺見つかる。例落とし物が出る。❻おこる。例風が出る。❼（水などが）外にあふれて流れる。例温泉が出る。❽加わる。例スピードが出る。❾卒業する。例学校を出る。❿出版される。例本が出る。⓫（本などに）のる。例新聞に名前が出る。⓬売れる。例よく出る品。⓭あたえられる。例ゆるしが出る。⓮そこからおこる。例英語の「ペーパー」は「パピルス」から出た。⓯ある場所へ行く。例パーティーに出る。

でるくいはうたれる【出るくいは打たれる】ことわざ 目立つ人は、人からにくまれたり、ねたまれたりするものだということのたとえ。例あまり目立たない方がいいよ。出る杭は打たれるというからね。

デルタ 名詞 ⬇527ページ・さんかくす。▼英語 delta

てるてるぼうず【照る照る坊主】名詞 晴天になるよう願って、家ののき下などにつるす人形。⇩図。

照る照る坊主

でるところへでる【出る所へ出る】慣用句 ものごとの決着をつけるために、警察や裁判所などにうったえ出る。例出る所へ出て、白黒をはっきりさせよう。

でるまくではない【出る幕ではない】慣用句 出て何かをしたり、口出ししたりするときではない。例子どもの出る幕ではない。

てれかくし【照れ隠し】名詞（人の見ている前で、失敗などをしたとき）はずかしさや気まずさをかくそうとすること。例人の前でころんで、照れ隠しに頭をかく。

てれくさい【照れ臭い】形容詞 照れるような感じで、はずかしい。例コンクールで一位になったことを自分から話すのは照れ臭い。活用 てれくさ・い。

でれでれ 副詞（ーと）する動詞 態度などがしっかりしていなくて、だらしのないようす。例でれでれしたすがた。

テレパシー 名詞 言葉や身ぶりによらないで、ある人の気持ちや考えがはなれている人に直接伝わること。▼英語 telepathy

テレビ 名詞 像を電波にかえておくり、それをうつし出すしかけ。また、その機械。参考 英語の「テレビジョン（television）」の略。

テレビゲーム 名詞 テレビの画面を利用して遊ぶコンピューターゲームの一つ。参考 英語を組み合わせて日本でつくった言葉。英語では video game と呼ぶのがふつう。

テレビジョン 名詞 ⬇テレビ。参考 略して「TV」とも。▼英語 television

テレビでんわ【テレビ電話】名詞 電話回線を利用して、音声と画像をいっしょに送受信できる通信のしくみ。

テレビとう【テレビ塔】名詞 テレビの電波を送るためのとう。そのほかに、気象観測や大気汚染の観測などに役立てている。

てれや【照れ屋】名詞 ちょっとしたことでも、すぐにてれる人。例照れ屋で、すぐに赤くなる。

てれる【照れる】動詞 はずかしがる。例人前で歌うのは照れる。／あまり照れる様子もなく答えた。活用 て・れる。

てれんてくだ【手練手管】名詞 人を思いのままにだますやり方。例手練手管に引っかかる。

テロ 名詞 ⬇テロリズム。▼英語 terror

テロップ 名詞 テレビカメラをとおさないで、テレビの画面に文字や絵などをうつし出すしくみ。また、その文字や絵など。例ニュース速報

ことばあそび なぞなぞ⑯ ノックされると字を書くもの、なあに？

のテロップがながれる。▼英語 telop

テロリスト【名詞】殺人や爆弾攻撃、おどしなど暴力で人々に恐怖心を起こさせ、自分たちの主張を通そうとしたり、政治的目的をはたそうとしたりする人。▼英語 terrorist

テロリズム【名詞】殺人や爆弾攻撃、おどしなど暴力で人々に恐怖心を起こさせ、自分たちの主張を通そうとしたり、政治的目的をはたそうとしたりする考え方。また、その行動。【参考】略して「テロ（terror）」ともいう。▼英語 terrorism

でわ【出羽】【地名】昔の国の名。今の山形県・秋田県の二県に当たる。

てわけ【手分け】【名詞】【する動詞】一つの仕事を何人かで分けて受け持つこと。【例】手分けして、にわの草取りをする。【類】分担。

てわたす【手渡す】【動詞】相手の人に直接わたす。【例】先生に手紙を手渡す。【活用】てわた・す。

てをあげる【手を上げる】【慣用句】❶こうさんする。【例】どうしようもなくて手を上げる。❷なぐる気で、こぶしをふりあげる。【例】はらが立って手を上げる。❸うまくなる。【例】ちょっとの間にずいぶん手を上げたね。

てをあわせる【手を合わせる】【慣用句】❶左右のてのひらを合わせる。おがむ。❷相手になって勝負する。【例】一局、手を合わせる。

てをいれる【手を入れる】【慣用句】足りないところをおぎない、悪いところをよくする。【例】作文に手を入れる。

てをうつ【手を打つ】【慣用句】❶両手をうち合わせる。【参考】「はたと手を打つ」のように、思い当たったときや感心したときなどに思わずする動作のときに使う。❷相談をまとめる。【例】そのねだんで手を打とう。❸〔ある物事に対して〕前もってある方法をとっておく。【例】いざというときのために手を打っておく。

てをかえしなをかえる【手を替え品を替える】【慣用句】あれこれいろいろな方法でためしてみる。【例】手を替え品を替えて宣伝する。

てをかける【手を掛ける】【慣用句】手間をかける。手数をかける。【例】手を掛けて仕上げた芸術作品。

てをかす【手を貸す】【慣用句】手助けをする。【例】友人が手を貸してくれた。

てをかりる【手を借りる】【慣用句】手助けしてもらう。手伝ってもらう。【例】父の手を借りて工作をしあげる。

てをきる【手を切る】【慣用句】関係をなくす。縁をきる。【例】悪友と手を切る。

てをくだす【手を下す】【慣用句】自分でじっさいに、そのことをする。【例】直接手を下す。

てをくむ【手を組む】【慣用句】同じ目的をはたすために協力する。【例】ライバルと手を組むことも考えている。

てをくわえる【手を加える】【慣用句】人がつくったものを直す。【例】作品の一部に手を加える。

てをこまぬく【手をこまぬく】【慣用句】⇩872ページ・てをこまねく。

てをこまねく【手をこまねく】【慣用句】なにもしないで、なりゆきにまかせる。てをこまぬく。【例】手をこまねいているだけでは、だめだ。【類】手をつかねる。

てをさしのべる【手を差し伸べる】【慣用句】❶手をのばす。❷助けるために、力をかす。【例】こまっている人にすくいの手を差し伸べる。

てをそめる【手を染める】【慣用句】あることをしはじめる。あることにかかわりをもつ。【例】悪事に手を染める。

てをだす【手を出す】【慣用句】❶自分から進んで、ある動作をしかける。【例】ごちそうに手を出す。❷暴力をふるう。けんかをしかける。【例】口より先に手を出す。❸あることをしはじめる。あたらしく関係をもつ。【例】株に手を出す。／事業に手を出す。

てをつかねる【手をつかねる】【慣用句】なにもしないでいる。また、なにもできないでいる。【例】意外なできごとに手をつかねるばかりだ。【類】手をこまねく。

てをつくす【手を尽くす】【慣用句】できるだけの、いろいろなことをする。【例】手を尽くして、さがす。

てをつける【手を付ける】【慣用句】❶あることをし始める。【例】ちらかりすぎていて、どこから手を付けていいかわからない。❷使いはじめる。また、使う。【例】貯金に手を付ける。❸食べる。【例】せっかくのごちそうになにも手を付けない。【参考】「手を着ける」とも書く。

てをとる【手を取る】【慣用句】❶〔親しみを表

して」人の手をにぎる。例手を取って世話をする。❷ていねいにする。例手を取って教える。❸手間取る。手を焼く。例予想より手を取る問題だ。

てをにぎる【手を握る】慣用句 （仕事などを）力を合わせてする。また、仲なおりする。

てをぬく【手を抜く】慣用句 しなければならないことをしないでごまかす。例工事の手を抜く。

てをのばす【手を延ばす】慣用句 仕事などのはんいを広げる。例水道工事の分野に手を延ばす。類手を広げる。

てをひく【手を引く】慣用句 今まで関係していたことをやめて、つながりをなくす。例海外の事業から手を引く。

てをひろげる【手を広げる】慣用句 仕事のはんいを大きくする。いろいろなことに関係をつける。例全国に商売の手を広げる。類手を延ばす。

てをほどこす【手を施す】慣用句 物事がうまくいくようになにかをする。

てをまわす【手を回す】慣用句 前もって、必要なじゅんびをしておく。例計画どおり進められるように手を回す。

てをむすぶ【手を結ぶ】慣用句 協力することを、約束する。例与党と野党が手を結ぶ。

てをやく【手を焼く】慣用句 あつかい方に、こまる。例けんかをおさめるのに手を焼く。

てをやすめる【手を休める】慣用句 （仕事をしていた）手を少しとめる。例手を休めずに話を聞く。

てをわずらわす【手を煩わす】慣用句 人に手間をかけさせる。例他人の手を煩わすことなく、解決したい。

[1]**てん**【天】名詞 ❶地面から遠くはなれたところ。おおぞら。例天にとどきそうな高い木。対地。❷すべてのものを支配するという最高の神。例天にいのる。❸神や仏のいるという世界。天国。例たましいが天にのぼる。

[2]**てん**【点】名詞 ❶目じるしにつける小さなしるし。❷算数で、位置だけあって大きさのない図形。❸文の区切りにつけるしるし。とうてん。例点をうつ。❹ゲームやしけんなどのせいせき。例よい点をとる。❺さししめすところ。そのところ。例わからない点が多い。

でんあつ【電圧】名詞 電流を流す働きの強さ。参考 単位は「ボルト（V）」で表す。

てんい【転移】名詞 する動詞 ❶（場所を）うつすこと。うつること。❷（がんなどの）病気が、体の別のところにうつり、はじめの病気をおこした部分と同じような変化をおこすこと。

てんいむほう【天衣無縫】四字熟語 〔天女の衣にはぬい目がないということから〕❶文章や詩歌にわざとらしさがなく、しかも美しいこと。❷むじゃきで、かざりけがないようす。例天衣無縫な主人公。

てんいん【店員】名詞 店で働く人。

でんえん【田園】名詞 ❶田や畑。❷いなか。郊外。例のどかな田園の風景。

でんえんとし【田園都市】名詞 田畑や草木の緑がゆたかな都市。また、大都市の近くに、田園のよさを残してつくられた都市。

でんえんふうけい【田園風景】名詞 田畑が広がり草木の緑がゆたかな、のどかなながめ。

[1]**てんか**【天下】名詞 ❶全世界。❷全国。ことば「天下を治める」❸広い世の中。世間。例天下に、はじをさらす。

[2]**てんか**【点火】名詞 する動詞 火や明かりをつけること。例ガスに点火する。

[3]**てんか**【添加】名詞 する動詞 あるものにほかのものをつけ加えること。例添加物使用の食品。

[4]**てんか**【転嫁】名詞 する動詞 罪や責任などを人になすりつけること。例責任を友人に転嫁する。

[1]**でんか**【殿下】名詞 天皇・皇后など「陛下」とよばれる以外の皇族や、関白などをうやまっていうよび名。例皇太子殿下。類陛下。閣下。

[2]**でんか**【電化】名詞 する動詞 熱・明かり・機械を動かす力などに電気を利用すること。例電化製品。

[1]**てんかい**【展開】名詞 する動詞 ❶次々とくり広げること。くり広げられること。例グラウンドでは、熱戦が展開されている。❷はんいを大きく広げること。また、大きく広がること。例山をこすと、広い平野が展開していた。❸〔行きづまっていたことが〕新しい方向に進むこと。例一つのエラーで、試合は思わぬ展開になった。

[2]**てんかい**【転回】名詞 する動詞 ぐるっとまわって向きがかわること。また、向きをかえること。

てんかいず【展開図】名詞 立体の面を切り広げて、平面上に表した図。⇩図。

あいうえお かきくけこ さしすせそ たちつてと て なにぬねの はひふへほ まみむめも や ゆ よ らりるれろ わ を ん

こたえ シャーペン／ボールペン

てんかいっぴん【天下一品】四字熟語 仕事をする力やそのできばえが、この世でただ一つといえるほどすぐれていること。例 天下一品の味。

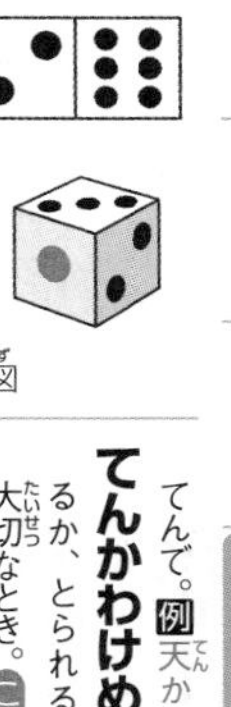
展開図

てんかく【点画】名詞 漢字を形づくる点と線。

でんがく【田楽】名詞 ❶田の神をまつり豊作をいのるおどりなどからはじまった芸能。❷「田楽どうふ」の略。とうふをくしにさして、みそをぬって焼いた食べ物。

てんかたいへい【天下太平】四字熟語 世の中が心配ごともなくおだやかなこと。また、人がのんびりしていること。

でんかのほうとう【伝家の宝刀】慣用句 ❶その家に代々伝わる、家宝の刀。❷いざというときだけに使う、とっておきの手段。

てんかはれて【天下晴れて】慣用句 おおっぴらに。世間に気がねなく。例 天下晴れて自由になる。

てんかぶつ【添加物】名詞 あるものに、さまざまな理由でつけ加えるほかのもの。例 食品添加物。

てんから【天から】副詞 はじめから。頭から。てんで。例 天からあやしいと思った。

てんかわけめ【天下分け目】名詞 天下をとるか、とられるかの分かれ目。勝負が決まる大切なとき。ことば「天下分け目のたたかい」

てんかん【転換】名詞 する動詞 〔方向・方針・気持ちなどを〕かえること。また、かわること。例 方向を転換する。／気分転換。

てんがん【点眼】名詞 する動詞 目薬をさすこと。例 点眼薬。

1 **てんき**【天気】名詞 ❶±空の（変化の）様子。例 遠足の日の天気が心配だ。⇩図。❷⊕晴天。晴れ。例 明日は天気になってほしい。

晴れ
快晴
雪
雨
くもり
ひょう
かみなり
天気の記号

2 **てんき**【転記】名詞 する動詞 書かれている内容を、ほかの帳簿などに書きうつすこと。例 控えから台帳に転記する。

3 **てんき**【転機】名詞 物事がすっかりかわるきっかけ。類 契機。

1 **でんき**【伝記】名詞 ある人の一生について書いた本。例 エジソンの伝記。

2 **でんき**【電器】名詞 「電気器具」の略。電灯・アイロン・テレビ・せんたく機など、電気を使った器具。例 町の電器店。

3 **でんき**【電気】名詞 ❶エネルギーの一つ。火力・水力などによって起こし、熱を出したり機械を動かしたりする。❷電灯。例 部屋の電気をつける。

ことば博士になろう！

伝記について

伝記の中で、その人自身が自分のことを書いたものを自叙伝（自伝）といいます。福沢諭吉の「福翁自伝」、シュバイツァーの「わが生涯と思想より」などは、よく知られた自叙伝です。

伝記の主人公は、文学・医学・政治・冒険・スポーツなど、いろいろな分野で活やくした人で、日本ばかりではなく、世界の偉人として有名な人物も数多く登場してきます。伝記を読み、その人物の業績や生き方を知ることによって、生きていくうえで大切なことがらを、たくさん発見できるはずです。

テンキー 名詞 コンピューター・計算機などで、0から9までの数字を入力するキー。参考「10（ten）」と「キー（keys）」を組み合わせて日本でつくった言葉。

でんききかんしゃ【電気機関車】名詞 電気でモーターを回して走る機関車。

てんきず【天気図】名詞 地図の上に、同じ時刻に観測した、天気・風向・風力・気圧配置などを、記号や数字を使って書き表したもの。

でんきスタンド【電気スタンド】名詞 つくえの上やゆかにおいて使う、照明用の電灯。

スタンド。

でんきていこう【電気抵抗】名詞 電線などで、電流のとおりにくさの度合いを表すあたい。単位は「オーム（Ω）」で表す。

でんきぶんかい【電気分解】名詞 する動詞 電解質の溶液などに電流を通して、物質を分解すること。電気めっきをするときなどにおこなう。

てんきゅう【天球】名詞 地球上で見ている人を中心として考えた、天に広がるかぎりなく大きな球面。すべての天体をこの球面上にあるかのようにしめすことができる。

でんきゅう【電球】名詞 電気を流すと、光を出すようにした、ガラスのたま。参考 白熱電球・LED電球など。⇩1126ページ・フィラメント（図）。

てんきょ【転居】名詞 する動詞 住む家をかえること。例 転居のため学校をかわる。類 引っ越し。

てんぎょう【転業】名詞 する動詞 仕事をかえること。特に、商売をかえること。転職。例 そば屋から天ぷら屋に転業した。

でんきょく【電極】名詞 電池などで、電流の出入り口に使う金属部分。電流の流れ出るほうが＋（プラス）で、入るほうが－（マイナス）。

てんきよほう【天気予報】名詞 過去と現在の気象の状態から、科学的な方法で、ある場所・ある期間の天気をあらかじめ予想して発表すること。また、その発表。

てんきん【転勤】名詞 する動詞 〔つとめている会社や役所は同じで〕つとめる場所がかわること。例 父は、東京に転勤することになった。類 転

ことば博士になろう！

ことわざ天気予報

昔の人々は、身の回りの自然を観察して天気を予想しました。今でも天気に関係のあることわざが数多く残っています。

- カエルが鳴けば雨がふる
- ツバメが低くとべば雨
- 月がかさをかぶると雨
- けむりが西へかたむけば雨、東にかたむけば晴れ
- 夕焼けにはかまをとげ（＝明日は晴れる）

昔の人々は、科学的な知識をもっていなかったので、これらは生活の経験からうまれました。

出。

てんぐ【天ぐ】名詞 ❶昔、山おくにすんでいると信じられていた、ふしぎな力をもった化け物。顔は赤く、鼻が高くてつばさをもち、空をとぶことができる。⇩図。❷じまんすること。また、じまんをする人。ことば「天ぐになる」 参考 ②は、じまんすることを「鼻が高い」ということから。

天ぐ①

漢字 天狗。

てんくう【天空】名詞 はてしなく広がっている空。大空。例 ジェット機が天空をかける。

てんぐさ【天草】名詞 マクサなどの、テングサ科の海そう。ところてんや寒天の原料になる。

てんぐになる【天ぐになる】慣用句 うぬぼれた態度をとる。例 大勝したので、天ぐになっている。

でんぐりがえし【でんぐり返し】名詞 手を地面について、前、または後ろに体を一回転すること。また、ひっくり返すこと。

でんぐりがえる【でんぐり返る】動詞 ❶でんぐり返しをする。❷ものがさかさまになる。ひっくり返る。例 びっくりして、心臓がでんぐり返るかと思った。活用 でんぐりがえ・る。

てんけい【典型】名詞 あるものの中で、そのものの特ちょうを、もっともよく表しているもの。例 正直者の典型。

てんけいてき【典型的】形容動詞 あるものの特ちょうを、もっともよく表しているようす。例 あの家は、典型的な和風建築だ。

でんげき【電撃】名詞 ❶電流にさわったときに受ける、はげしいショック。❷いなずまのように、すばやくせめること。例 電撃作戦。

でんげきてき【電撃的】形容動詞 〔電気でショックを受けたように〕はっとおどろくほど、とつぜんであるようす。例 電撃的な発表。

てんけん【点検】名詞 する動詞 一つ一つ調べること。例 機械を点検する。

でんげん【電源】名詞 ❶発電所など、電気を

あいうえお かきくけこ さしすせそ たちつてと なにぬねの はひふへほ まみむめも や ゆ よ らりるれろ わ を ん

つくり出すところ。❷電流が必要なときに、すぐ使えるようになっている電流のとり出し口。コンセントなど。

てんこ【点呼】名詞 する動詞 一人一人の名をよんで、人数を調べること。例全員集めて点呼する。

1 **てんこう**【天候】名詞 天気の具合。例山の天候はかわりやすい。

2 **てんこう**【転向】名詞 する動詞 ❶立場・方針・仕事・しゅみなどをかえること。例スポーツから学問の道へ転向した。❷今までもっていた考え方をかえること。特に、社会主義者などがその思想や信念などをすてること。

3 **てんこう**【転校】名詞 する動詞 生徒が学業のとちゅうで、ほかの学校にかわること。例新学期に二人の生徒が転校してきた。

でんこう【電光】名詞 ❶いなびかり。❷電灯の光。

でんこうけいじばん【電光掲示板】名詞 たくさんの電球をつけたり消したりして、文字や図をしめすしかけ。

でんこうせっか【電光石火】四字熟語 とてもすばやいこと。例電光石火の早わざ。参考「電光」は、いなずまのこと。「石火」は、火うち石からとぶ火花のこと。

でんこうニュース【電光ニュース】名詞 たて横にいくつもならべた電灯を文字の形に光らせて、ニュースを知らせるしくみ。

てんごく【天国】名詞 ❶キリスト教で、神や天使がすんでいると考えられている、きよらかな天上の世界。❷すばらしいところのたとえ。例この通りは、休日に歩行者天国になる。対①②地獄。

てんこもり【てんこ盛り】名詞 山のように高くもり上げること。山もり。例ごはんのてんこ盛り。参考くだけた言い方。

でんごん【伝言】名詞 する動詞 人にたのんで、用件などの言葉を相手に伝えること。また、その言葉。例兄への伝言をたのまれた。

てんさ【点差】名詞 得点の、多い少ないのちがいのこと。例赤組と白組の点差は十点だ。

1 **てんさい**【てん菜】名詞 アカザ科の植物。根からさとうをとる。日本では主に北海道で栽培されている。さとうだいこん。ビート。

2 **てんさい**【天才】名詞 うまれつきもっている、人よりすぐれたちえやうでまえ。また、その人。例絵の天才。類英才。秀才。

3 **てんさい**【天災】名詞 あらし・地震・かみなり・こうずい・津波など、自然の変化によっておこるさいなん。例天災にそなえ、防災に力を入れる。対人災。

4 **てんさい**【転載】名詞 する動詞 新聞・雑誌・本・インターネット・SNSなどにのっている文章や写真を、ほかの物にそのままのせること。

てんざい【点在】名詞 する動詞 あちらこちらにちらばってあること。例山すそに家が点在している。

てんさいてき【天才的】形容動詞 天才かと思うほど、すぐれているようす。例天才的ひらめき。

てんさいはわすれたころにやってくる【天災は忘れた頃にやってくる】ことわざ 水害・地震などのような自然による災害はいつおきるかわからないから、いつも用心が大切だというおしえ。

1 **てんさく**【転作】名詞 する動詞 田畑で、それまでの作物でなく別の作物をつくること。例イネをやめて、野菜に転作する。

2 **てんさく**【添削】名詞 する動詞 人の作文や答案などの、足りないところを書き加えたり、よぶんなところをけずったり、まちがいを直したりすること。例作文を添削する。

1 **てんし**【天子】名詞 国をおさめる者。天皇。王。

2 **てんし**【天使】名詞 キリスト教で、この世界につかわされた神の使い。エンゼル。

1 **てんじ**【点字】名詞 目の不自由な人のための文字。とび出させた小さな点をきまりにしたがって組み合わせてあり、指先でさわって読む。参考一八二五年、フランスのルイ＝ブライユが発明した。

2 **てんじ**【展示】名詞 する動詞 品物をならべて、人に見せること。例夏休みの作品を展示する。／展示室。

でんし【電子】名詞 原子核のまわりにある、負の電気をもった、とてもこまかいつぶ。エレクトロン。

でんしオルガン【電子オルガン】名詞 電気の振動を音波にかえて、いろいろな楽器の音が出るようにした、けん盤楽器。

てんじく【天じく】地名 昔、日本および中国でインドをさしたよび名。漢字天竺。

でんしけいさんき【電子計算機】(名詞) ↓495ページ・コンピューター。

でんしけんびきょう【電子顕微鏡】(名詞) 光学レンズのかわりに電子レンズを使った顕微鏡。ふつうの顕微鏡の数万倍の倍率をもつ。

でんしこうがく【電子工学】(名詞) 電子の運動によっておこる現象や、その現象を技術に応用する方法を研究する学問。エレクトロニクス。

でんじしゃく【電磁石】(名詞) 鉄心にコイルをまいたもの。コイルに電流が流れているときだけ鉄が磁石になる。モーター・発電機など、使い道が広い。

てんじてんのう【天智天皇】(人名) ↓943ページ・なかのおおえのおうじ。

てんじブロック【点字ブロック】(名詞) 目の不自由な人が足のうらや白杖でふれて方向などがわかるようにつくられた、点や線のでっぱりのある黄色いブロック。

でんしメール【電子メール】(名詞) コンピューターのネットワークを使って、言葉を手紙のようにやりとりする通信。また、その言葉。Eメール。メール。

でんしゃ【電車】(名詞) 電気でモーターを回して、レールの上を走る乗り物。

てんしゅ【店主】(名詞) みせの主人。

てんじゅ【天寿】(名詞) 天からあたえられた命の長さ。自然の寿命。ことば「天寿を全うする」

でんじゅ【伝授】(名詞)(する動詞) 〔芸術・学問・わざなどの〕もっとも大切なところを教えること。例 製造技術を伝授する。

てんしゅかく【天守閣】(名詞) 昔、城の中心（＝本丸）に建てた、三階または五階のやぐら。てんしゅ。⇩633ページ・城（図）。

てんしゅつ【転出】(名詞)(する動詞) ❶ある土地から、ほかの土地へうつり住むこと。例 転出届。対 転入。❷つとめる部署や場所がかわること。例 四月から、ほかの営業所に転出する。類 転勤。

てんしょ【てん書】(名詞) 漢字の古い書体。今は印章などに使われている。⇩626ページ・書体①（図）。

[1]**てんじょう**【天上】(名詞) ❶空。天。また、空のうえ。対 地上。❷仏教で天人がすむといわれている世界。天上界。

[2]**てんじょう**【天井】(名詞) ❶部屋の上の方にはった板。また、その面。例 天井を見上げる。❷物の内側のもっとも高いところ。例 電車の天井。

でんしょう【伝承】(名詞)(する動詞) 人から人へと受けつたえていくこと。また、物語・歌・しきたりなどを、前の時代から次の時代へ言い伝えること。また、言い伝えられたことがら。類 言い習わし。

てんじょういん【添乗員】(名詞) 団体旅行の客に同行して世話をする、旅行会社のたんとう者。ツアーコンダクター。

てんじょうがわ【天井川】(名詞) 川の底がまわりの土地よりも高くなった川。まわりの土地より高いところを流れる川。

てんじょうしらず【天井知らず】(名詞) 物のねだんなどが高くなって、どこまで上がるかわからないようす。例 天井知らずの値上がり。

[1]**てんしょく**【天職】(名詞) ❶天からあたえられた仕事。❷自分の性質や才能に合った職業。例 教師はわたしの天職です。

[2]**てんしょく**【転職】(名詞)(する動詞) 職業をかえること。転業。

でんしょばと【伝書ばと】(名詞) 遠くはなれた所へ通信文を運ぶように訓練されたハト。

テンション (名詞) ❶気持ちがはりつめること。不安。❷気分のもり上がり。例 テンションが高い。▼英語 tension

てんじる【転じる】(動詞) 方向や様子などがかわる。また、かえる。例 話題を転じる。参考「転ずる」ともいう。

でんしレンジ【電子レンジ】(名詞) 周波数の高い電波を使って熱を加える調理器具。短い時間でてがるに加熱できる。参考 英語ではmicrowave (oven) という。

てんしん【転身】(名詞)(する動詞) 身分や職業、考え方などをかえること。例 歌手から俳優に転身する。

でんしん【電信】(名詞) 電流や電波を使い、信号を送ったり受けたりして通信すること。参考 有線電信と無線電信がある。

でんしんばしら【電信柱】(名詞) ↓878ページ・でんちゅう。

てんしんらんまん【天真らん漫】 四字熟語 むじゃきで、かざりけがなく、明るいこと。例 天真らん漫な笑顔。漢字 天真爛漫。

あいうえお かきくけこ さしすせそ たちつてと て なにぬねの はひふへほ まみむめも や ゆ よ らりるれろ わ を ん

こたえ かぎ（キー）

てんすう【点数】名詞 ❶〔競技や試験の〕成績を表す数字。例テストの点数。❷品物の数。例作品点数が多い。

てんせい【天性】名詞 その人のもって生まれた性質。生まれつき。類持ち前。例天性の才能。

でんせつ【伝説】名詞 昔から、人々にかたり伝えられてきた話。言い伝え。例桃太郎伝説。

1 **てんせん**【点線】名詞 多くの点を線のようにならべたもの。対実線。

2 **てんせん**【転戦】名詞 する動詞 場所をあちらこちらにかえて戦うこと。例プロ野球のチームが転戦する。

1 **でんせん**【伝染】名詞 する動詞 ❶病気が人や動物にうつること。類感染。❷物事が次々と広まること。例あくびが伝染する。

2 **でんせん**【伝線】名詞 する動詞 ストッキングなどが線のようにほころびること。

3 **でんせん**【電線】名詞 電流を通すための金属の線。類導線。

でんせんびょう【伝染病】名詞 ⬇300ページ・かんせんしょう。

てんそう【転送】名詞 する動詞 送られてきたものを（そのまま）さらにほかのところに送ること。例小包を、転居先に転送する。／メールの文章を転送する。類回送。

でんそう【電送】名詞 する動詞 電流や電波を利用して、原稿の文章や写真の像などをはなれたところに送ること。

てんたい【天体】名詞 太陽・月・星など、宇宙にあるすべての物体をまとめていう言葉。地球もその一つ。

てんだいしゅう【天台宗】名詞 仏教の宗派の一つ。平安時代のはじめに、唐で学んで帰った最澄が広めた。

てんたいしょう【点対称】名詞 二つの点や図形のうちの一つを、ある点を中心として百八十度回転すると、もう一つの点や図形とぴったり重なること。対線対象。

てんたいぼうえんきょう【天体望遠鏡】名詞 天体を観測するための望遠鏡。

てんたかくうまこゆるあき【天高く馬肥ゆる秋】慣用句 〔空は高くはれわたり、馬はよくふとる、という意味から〕秋はよい気候であるということを表す言葉。

でんたく【電卓】名詞 「電子式卓上計算機」の略。電子計算機の技術を応用した小型の計算機。

でんたつ【伝達】名詞 する動詞 言葉や文章で、命令やれんらくなどをほかの人に伝えること。例命令を伝達する。

1 **てんち**【天地】名詞 ❶天と地。❷世界。世の中。例新しい天地をもとめて外国にわたった。❸物の上と下の部分。また、その方向。例天地をぎゃくにする。

2 **てんち**【転地】名詞 する動詞 〔病気などをなおすために〕すむ場所をほかの土地にうつすこと。例転地して療養する。

1 **でんち**【田地】名詞 田畑として使う土地。ことば「田地田畑」参考「でんじ」ともいう。

2 **でんち**【電池】名詞 薬品や光などを使って電流をおこすしかけ。かん電池・ちく電池など。注意「電地」と書かないこと。

てんちむよう【天地無用】四字熟語 荷物などで、上下をさかさまにしてはならないという注意を表す言葉。

てんちゅう【転注】名詞 ある漢字のもともとの意味を、ほかの意味にかえて使うこと。参考⇩転注文字。

でんちゅう【電柱】名詞 電線や電話線をささえるはしら。電信ばしら。

てんちゅうもじ【転注文字】名詞 ある漢字の本来の意味を、少しちがった意味に使う文字。「楽」はもともと「音楽」の意味だったが、音楽は聞いて楽しいので、「楽しい」を意味する「楽」に用いるようになった。

1 **てんちょう**【店長】名詞 店で、一番上の地位の人。例コンビニエンスストアの店長。

2 **てんちょう**【天頂】名詞 ❶空の中で、天体を観測する人の真上にあたる点。❷天。てっぺん。

3 **てんちょう**【転調】名詞 する動詞 楽曲のとちゅうで、ある調子からほかの調子にかわること。また、かえること。

てんで 副詞 ぜんぜん。まったく。参考多く、下に「…ない」などの打ち消しの言葉が続く。例てんで問題にならない。

1 **てんてき**【天敵】名詞 ある動物がほかの動物をとらえて食べるとき、食べられる動物に対して、食べるほうの動物。たとえば、アブラムシを食べるテントウムシ、カエルを食べるヘビなど。

2 **てんてき【点滴】** 名詞 する動詞 「点滴注射」の略。薬や栄養分などをふくんだ液体を、長い時間をかけて少しずつ体の中に入れる注射。

てんてこまい【てんてこ舞い】 名詞 する動詞 いそがしくて、あわてふためき、休む間もなく働くこと。例 問い合わせが多くて、てんてこ舞いしている。参考 「てんてこ」は、神楽などで用いるたいこの音のこと。類 きりきり舞い。

てんてつき【転てつ機】 名詞 鉄道で、車両の進行をある線路からほかの線路に切りかえるしかけ。ポイント。

てんでに 副詞 それぞれが別々に。思い思いに。例 みんながてんでに好きな物を食べた。

1 **てんてん【点点】** 副詞(ーと) ❶〔点をうったように〕あちらこちらにちらばったり、続いたりしているようす。例 赤い花が点々とさいている。❷しずくなどが、したたり落ちるようす。例 血が点々としたたる。参考 ①②とも、ふつう「点々」と書く。

2 **てんてん【転転】** 副詞(ーと) ❶次から次へと、うつりかわるようす。例 職業を転々とかえる。❷転がって行くようす。例 ボールが転々と転がる。参考 ①②とも、ふつう「転々」と書く。

てんでんばらばら 形容動詞 みんながまとまりなく思い思いに行動するようす。例 てんでんばらばらに歩いていく。

でんでんむし【でんでん虫】 名詞 ⬇261ページ・かたつむり。

テント 名詞 野外で、暑さ・寒さや雨風などをふせぐため、かんたんな骨組みをあつい布でおおってつくる小屋のようなもの。また、そのおおいの布。分解して持ち運びでき、キャンプ・登山などに使う。天幕。ことば 「テントをはる」▼英語 tent

でんと 副詞 重みがあってどっしりと落ち着きはらっているようす。すわって落ち着いているようす。参考 くだけた言い方。

1 **てんとう【店頭】** 名詞 みせさき。例 店頭に新鮮な魚がならんでいる。

2 **てんとう【点灯】** 名詞 する動詞 明かりをつけること。対 消灯。

3 **てんとう【転倒】** 名詞 する動詞 ❶引っくりかえって、たおれること。例 自転車で転倒した。❷さかさまになること。ことば 「本末（＝大切なことと、そうでないこと）を転倒する」❸あわててどうしてよいかわからなくなること。例 おどろきのあまり、気が転倒する。

1 **でんとう【伝統】** 名詞 昔から受けつがれてきた考えや習慣などで、現在にも続いているもの。例 伝統を守る。／伝統行事。

2 **でんとう【電灯】** 名詞 電流を通して光を出すしくみ。また、その明かり。例 電灯の光。

1 **でんどう【伝道】** 名詞 する動詞 おもにキリスト教で、教えを伝え広めること。類 布教。

2 **でんどう【伝導】** 名詞 する動詞 熱や電気などが、ものを伝わっていくこと。参考 ⇩756ページ・対流。1190ページ・放射。

3 **でんどう【殿堂】** 名詞 ❶大きくりっぱな建物。❷神や仏をまつってある建物。例 学問の殿堂。

でんどうき【電動機】 名詞 電気の力を、物を動かす力にかえる機械。磁石の働きを利用している。電車・エレベーター・せんたく機など、広く使われている。モーター。

でんとうげいのう【伝統芸能】 名詞 昔から受けつがれてきた芸能。例 能は日本の伝統芸能だ。

でんとうこうぎょう【伝統工業】 名詞 昔から受けつがれてきて、その土地を代表する特色のある工業。伝統的工芸品などをつくる。

でんとうこうげい【伝統工芸】 名詞 昔から受けつがれてきた技術をもとにした工芸。また、その作品。

てんどうせつ【天動説】 名詞 地球は宇宙の中心に動かずに止まっていて、太陽や星が地球のまわりを回っているという古代・中世の考え方。対 地動説。

でんとうてき【伝統的】 形容動詞 長い伝統のあるようす。例 この学校は伝統的に野球が強い。

でんとうてきこうげいひん【伝統的工芸品】 名詞 各地でつくられ、法律にもとづいて指定された産物のよび名。昔からの技術や材料を用いてほとんど手作業でつくられ、日常生活に使われるもの。

でんとうぶんか【伝統文化】 名詞 昔から受けつがれてきた文化。

てんとうむし【天道虫】 名詞 ナナホシテントウ・ナミテントウなどの、テントウムシ科のこん虫。せなかに点のもようがある。

てんとりむし【点取り虫】 名詞 試験でよい

ことばあそび なぞなぞ⑱ おなかがいっぱいになると空にされてしまうもの、なあに？

点をとることばかり考えている人。

てんどん【天丼】名詞 どんぶりに入れたごはんの上にてんぷらをのせ、たれをかけた料理。

てんにものぼるここち【天にも昇る心地】慣用句 とてもうれしい気持ちのたとえ。例 あこがれていた人と話ができて、天にも昇る心地だ。

てんにゅう【転入】名詞 する動詞 ある土地や学校にほかからうつってくること。対 転出。

てんにょ【天女】名詞 女性の天人。

1 **てんにん**【天人】名詞 仏教で、天上にすんでいると考えられている人。ふつうは女性のすがたで、羽衣を着て自由に空をとびまわり、音楽にすぐれているといわれる。天女。

2 **てんにん**【転任】名詞 する動詞 ほかの役目にかわること。また、つとめる場所がかわること。

でんねつき【電熱器】名詞 ニクロム線などに電流を通しておこる熱を利用する器具。

てんねん【天然】名詞 人手を加えていない、自然のままのようす。例 天然資源。対 人造。人工。

てんねんガス【天然ガス】名詞 炭田や油田などからふき出す、もえるガス。燃料や化学工業の原料などに使う。

てんねんきねんぶつ【天然記念物】名詞 めずらしい動物・植物・鉱物などで、特に国が決めて保護しているもの。

てんねんしげん【天然資源】名詞 自然界にそんざいする、人間の生活に役立ったり、品物をつくり出したりするもとになるもの。土地や森林・水、また、石油や石炭など。

てんねんしょく【天然色】名詞 自然のままの色あい。

てんねんとう【天然痘】名詞 病気の一つ。熱が出て、ひふにうみをもったできものができ、なおるとあとが残る。種痘によって予防でき、一九八〇年に根絶宣言された。ほうそう。

てんのう【天皇】名詞 憲法で定められた日本のしょうちょう。類 皇帝。天子。国王。

てんのうざん【天王山】慣用句 〔昔、豊臣秀吉がこの山をとって、明智光秀をやぶったことから〕勝ち負けを決める大事なとき。勝負の分かれ目。

てんのうせい【天王星】名詞 太陽系の天体の一つ。わく星で、約八十四年で太陽を一回りする。⇩755ページ・太陽系（図）。

てんのうたんじょうび【天皇誕生日】名詞 国民の祝日の一つ。天皇のうまれた日。令和は、二月二十三日。

てんのうへいか【天皇陛下】名詞 「天皇」をうやまっていう言葉。

てんば【天馬】名詞 空をかけめぐるという、馬。特に、ギリシャ神話に出てくるつばさのある馬。参考「てんま」ともいう。

1 **でんぱ**【伝ぱ】名詞 する動詞 物事が、伝わり広まっていくこと。例 日本に仏教が伝ぱした時代。

2 **でんぱ**【電波】名詞 真空中や空気中を光と同じはやさで進む電気のなみ。通信やラジオやテレビなどに使われている。

てんばい【転売】名詞 する動詞 ある人から買ったものを、さらにほかの人に売ること。

でんぱた【田畑】名詞 田と畑。たはた。参考「でんばた」ともいう。

でんぱたんちき【電波探知機】名詞 ⬇1386ページ・レーダー。

てんばつ【天罰】名詞 悪いことをしたために神から受けるばつ。自然に受けるばつ。ことば「天罰が下る」

てんばつてきめん【天罰てき面】四字熟語 悪いことをして、すぐにばつをうけるはめになること。漢字 天罰覿面。

てんはにぶつをあたえず【天は二物を与えず】ことわざ 一人の人間がいくつもの才能やよいところをもつということはないということ。

てんはひとのうえにひとをつくらずひとのしたにひとをつくらず【天は人の上に人を造らず人の下に人を造らず】ことわざ 人はもともと平等で、上下の別はないということ。参考 福沢諭吉の言葉。

てんはみずからたすくるものをたすく【天は自ら助くる者を助く】ことわざ 天は、人をたよらず自分で努力する人を助けてくれるものだというおしえ。注意「助く」は「助ける」の古い言い方。

1 **てんぴ**【天日】名詞 太陽の光。また、その熱。例 天日でひものをつくる。

2 **てんぴ**【天火】名詞 料理に使う、むしやきの道具。オーブン。

てんびき【天引き】名詞 する動詞 給料などその人にわたすお金から、前もってある金額だけひ

いておくこと。

てんびょう【点描】 名詞 する動詞 ❶線を使わずに点の集まりで絵をかくやり方。❷短い文章で人物や物事の特色をとらえて、かんけつに書き表すこと。例 級友の点描を文集にのせる。

でんぴょう【伝票】 名詞 お金の出し入れや品物の受けわたしをするときに書きしるす、小さな用紙。会社・銀行・商店・役所などで使う。

てんぴょうじだい【天平時代】 名詞 奈良時代の中ごろ、天平年間を中心とした時期。唐のえいきょうを受けた貴族文化がさかえ、彫刻をはじめ、すぐれた仏教美術を生んだ。

てんびん【天びん】 名詞 ❶はかりの一つ。両はしにあるさらの一方に、はかるものをのせ、もう一方に重りをのせて、つりあわせてはかる。⇩1027ページ・はかり（図）。❷「天びん棒」の略。両はしに荷物をかけて、かたにかつぐぼう。⇩図。 漢字 天秤。

天びん②

てんびんにかける【天びんに掛ける】 慣用句 どちらか一つをえらぶために、二つのものの優劣や損得をくらべる。例 お金か名誉か天びんに掛ける。

てんぷ【添付】 名詞 する動詞 〔書類などに〕いっしょにそえること。例 書類に写真を添付する。

てんぷく【転覆】 名詞 する動詞 ❶ひっくりかえること。ひっくりかえすこと。例 台風で船が転覆する。❷〔政府などの組織が〕ほろびること。ほろぼすこと。例 政府の転覆をはかる。

てんぷら【天ぷら】 名詞 魚や野菜などに、水でといた小麦粉のころもをつけて、油であげた料理。参考 外来語であるが、日本で古くから使われている言葉なので、漢字やひらがなで書く。

てんぷん【天分】 名詞 うまれつきもっている才能。例 天分にめぐまれる。

でんぶん[1]【伝聞】 名詞 する動詞 〔直接見たり聞いたりしたのではなく〕人から、伝え聞くこと。例 伝聞による情報。

でんぶん[2]【電文】 名詞 電報の文章。

でんぷん 名詞 炭水化物の一つ。白くて、味もにおいもない。米やいもなどにふくまれる。

てんぺんちい【天変地異】 四字熟語 〔たつまきや地震など〕天や地上におこる、自然のかわったできごと。

てんぽ[1]【店舗】 名詞 みせ。商店。

テンポ[2] 名詞 ❶曲のはやさ。例 テンポのはやい曲。❷物事の進むはやさ。例 試合は、はやいテンポで進められた。▼英語（イタリア語から）tempo

てんぼう【展望】 名詞 する動詞 ❶広く、遠くまで見わたすこと。また、そのながめ。例 海を展望できる部屋。類 眺望。❷〔社会の動きなどを〕いろいろな方面から広く見て、物事を考えること。例 政界を展望する。

でんぽう【電報】 名詞 電信で送る通信。また、その文章。ことば「電報を打つ」

てんぼうだい【展望台】 名詞 山などで、遠くの方まで広く見わたせるようにした場所。

てんま【天馬】 名詞 ⬇てんば。

デンマーク 地名 デンマーク王国。ヨーロッパ北西部のユトランド半島と、周辺の島を中心とした国。首都はコペンハーゲン。▼英語 Denmark

てんまく【天幕】 名詞 テント。

てんません【伝馬船】 名詞 荷物などを運ぶ、底の平たい小さな木のふね。⇩図。

へさき
ろ
とも

伝馬船

てんまつ【てん末】 名詞 物事のはじめから終わりまでの様子。例 事件のてん末をくわしく話す。

てんまど【天窓】 名詞 光を入れたり空気を入れかえたりするために、屋根につくったまど。

てんめい【天命】 名詞 ❶天によってさだめられた運命。ことば「人事をつくして天命を待つ」❷生まれつきさだめられている命の長さ。ことば「天命がつきる」

てんめつ【点滅】 名詞 する動詞 明かりがついたりきえたりすること。また、つけたりけしたりすること。例 信号が点滅する。

てんもん【天文】 名詞 太陽・月・星など、天体に関係のあるいろいろなことがら。

こたえ ごみ箱

てんもんがく【天文学】名詞 宇宙と天体とを研究する学問。近年、人工衛星などによって急速に発展している。

てんもんだい【天文台】名詞 天体の有様を、じっさいに大型の望遠鏡などでかんそくしながら研究するところ。

てんやく【点訳】名詞 する動詞 目の不自由な人のために、ふつうの文字を点字になおすこと。

てんやもの【店屋物】名詞 飲食店に注文してとりよせる食べ物。

てんやわんや 名詞 形容動詞 それぞれが勝手に行動したりさわぎたてたりして、おさまりがつかないようす。参考 くだけた言い方。

てんよう【転用】名詞 する動詞 あるものを、もとの目的とはちがうことに使うこと。例 空き家を民宿に転用する。類 流用。

でんらい【伝来】名詞 する動詞 ❶外国などから伝わってくること。例 仏教の伝来。❷古くから受けつがれてきたこと。例 先祖伝来の土地。

てんらく【転落】名詞 する動詞 ❶〔階段などに接しながら〕ころがり落ちること。例 土手から転落した。類 墜落。❷落ちぶれること。例 最下位に転落する。

てんらん【天覧】名詞 天皇が見ることをうやまっていう言葉。例 天覧相撲。

てんらんかい【展覧会】名詞 〔作品などを〕ならべて大ぜいの人に見せること。また、そのもよおし。

でんりゅう【電流】名詞 電気の流れ。参考 単位は「アンペア（A）」で表す。

てんりゅうがわ【天竜川】地名 長野県の諏訪湖から流れ出し、静岡県を通って遠州灘にそそぐ川。とちゅうに多くのダムがある。

でんりゅうけい【電流計】名詞 電流の大きさをはかる計器。

でんりょく【電力】名詞 電流が、ある時間内にする仕事の量。また、発生するエネルギーの量。参考 単位は「ワット（W）」で表す。

でんれい【伝令】名詞 命令や知らせを伝えること。また、伝える人。

でんわ【電話】名詞 する動詞 声を電流の変化にかえてはなれたところに伝え、会話ができるようにしたしかけ。また、それを使って話をすること。また、その話。ことば「電話をかける」

でんわぐち【電話口】名詞 電話機の、話を聞いたり話したりするところ。例 電話口によびよせる。

てんをこがす【天を焦がす】慣用句 空がこげてしまうくらいに、高々と火がもえあがる。例 天を焦がすようないきおいのほのお。

てんをつく【天をつく】慣用句 ❶いきおいやいきごみが、とてもさかんであること。例 意気天をつく。❷天にとどきそうに高く立つ。そびえる。例 天をつくほどの大きな木。

と

ど
ド ト
DO TO
do to

1と 助詞 ❶動作の相手をしめす言葉。例 お母さんと買い物に行く。❷人の言葉を引用したり、自分の思っていることをしめしたりする言葉。例 友だちに「いっしょに行こうよ。」とさそわれた。／雨がふると思う。❸いろいろなことがら・ものなどをならべあげるときに使う言葉。例 ハンバーグとカレー。❹動作や作用の結果をしめす言葉。ことば「ちりもつもれば山となる」❺くらべる対象をしめす言葉。例 その本はぼくのと同じだ。❻「もし…したら」の意味を表す言葉。例 雨がふると遠足は中止です。❼「…したら」の意味を表す言葉。例 九を三でわると三になる。❽前の文と後の文とをつなぐ言葉。例 長いトンネルをぬけると海が見えた。

2と 接続詞 すると。例 雨がやんだ。と、急に風がふき始めた。

3と【戸】名詞 出入り口・まど・戸だななどにとりつけておく建具。ドア。例 戸をしめる。

4と【斗】名詞 助数詞 日本で、もと使われていた米・酒などをはかる単位。参考 一斗は十升で、およそ十八リットル。

5と【都】名詞 地方公共団体の一つ。東京都のこと。例 都の財政。類 道。府。県。

1ど 接頭語 《ある言葉の上につけて》下の言葉の意味を強める言葉。ことば「ど真ん中」参考 くだけた言い方。

2ど【度】名詞 ❶数ではかられるもの。また、それを表す目もり。例 角度をはかる。／近眼の度がすすむ。❷回数。とき。例 今度の日曜日。／年度がかわる。

ドア 名詞 〔西洋風の〕ひらき戸。とびら。▼英語 door

どあい【度合い】 名詞 物事の程度。ほどあい。例 開会がせまって、きんちょうの度合いが高まる。注意 送りがなに気をつける。

とあみ【投網】 名詞 魚をとるあみの一種。つなをつけた円すい形のあみを水面に投げて広げ、中に入った魚をたぐりよせて、とる。⇩図。

投網

とある 連体詞 ある〔一つの〕。例 北国のとある町で会った人。／とある夏の日に見つけた花。参考 たまたま行きついた場所・建物、ぐうぜんそうなった日時などについていう。

1
とい 名詞 ❶〔のき先などにつけ〕屋根にふった雨水をうけて地上に流すしかけ。⇩292ページ・瓦屋根（図）。❷地上にかけわたして水や湯を流すしかけ。かけい。例 竹のといで、山から水を引く。

2
とい【問い】 名詞 ❶〔わからないことや、はっきりしないことを〕たずねること。例 母の問いに答える。❷〔試験などの〕問題。例 次の問いに答えなさい。対 ①②答え。

といあわせ【問い合わせ】 名詞 といあわせること。照会。例 新製品についての問い合わせが殺到する。

といあわせる【問い合わせる】 動詞 よくわからないことを聞いて、たしかめる。例 在庫を問い合わせる。活用 といあわ・せる。

といかえす【問い返す】 動詞 ❶もう一度たずねる。例 よく聞こえなかったので問い返した。❷しつもんに答えないで、ぎゃくにしつもんする。例 弟に「ペンチは、どこにあるの。」ときいたら、「ペンチって何。」と問い返された。活用 といかえ・す。

といかける【問い掛ける】 動詞 ❶〔知らない人に〕しつもんをしかける。一方的にしつもんする。例 駅で急に問い掛けられた。❷しつもんをしはじめる。例 問い掛けて、やめた。活用 といか・ける。

といき【吐息】 名詞 〔安心したり、がっかりしたりしたときに〕大きくはく、息。ためいき。ことば「吐息をもらす」 参考 ⇩7ページ・青息吐息。

といし【と石】 名詞 ほうちょうなどの刃物をとぐのに使う石。漢字 砥石。⇩図。

と石

といた【戸板】 名詞 人や物をのせて運ぶためにはずした、雨戸の板。

といただす【問いただす】 動詞 ❶わからないことをたずねてはっきりさせる。例 ぎもん点を問いただす。❷〔本当のことを言わせるため〕きびしくしつもんする。例 おくれた理由を問いただす。類 ①②聞きただす。活用 といただ・す。

1
どいつ 代名詞 どの人。だれ。どのもの。どれ。例 ガラスをわったのはどいつだ。／どいつがきみのかな。参考 少しらんぼうな言い方。

2
ドイツ 地名 ドイツ連邦共和国。ヨーロッパの中央部、フランスとポーランドの間にある国。第二次世界大戦のあと東西にわかれていたが、一九九〇年に統合した。世界有数の工業国。首都はベルリン（Berlin）。参考 英語では Germany。

といつめる【問い詰める】 動詞 〔本当のことを言わせるため〕どこまでもたずねる。例 問い詰められて、白状した。活用 といつ・める。

トイレ 名詞 「トイレット」の略。

トイレット 名詞 ❶けしょう室。❷便所。参考 英語の toilet からだが、アメリカでは「便器」の意味になる。場所は bathroom（家）、restroom（公共の場所）がふつう。

トイレットペーパー 名詞 つつの形にまいてある、トイレで使う紙。▼英語 toilet paper

1
とう【党】 名詞 同じ考えや目的をもった人々の集まり。政党。例 新しい党を結成する。

2
とう【唐】 地名 六一八年から九〇七年まで続いた中国の王朝。都は長安。文化が大いにさかえ、奈良時代・平安時代には日本から遣唐使が送られた。

3
とう【問う】 動詞 ❶〔わからないことや、はっきりしないことなどを〕人に聞く。例 本心を問う。❷問題にする。例 年令は問わない。❸責任のあ

ことばあそび なぞなぞ⑲ 明るいと見えなくて暗いと見える、空にさく大きな花、なあに？

りかやおかした罪などをきびしく調べてせめる。例罪に問われる。活用と・う。

4 **とう【等】** 接尾語 ❶順位や等級を表す言葉。例一等賞。／特等席。❷《ある言葉の下につけて》いくつかのものをならべて、そのほかにまだあることを表す言葉。例えんぴつ・けしゴム等を用意しなさい。類②など。

5 **とう【塔】** 名詞 ❶しゃかの骨をおさめ、くようしたり、仏をまつったりするために建てた高い建物。例五重の塔。❷細く高くそびえたっている建物。タワー。例テレビ塔。

6 **とう【頭】** 助数詞 《ある言葉の下につけて》〔大きい〕動物を数える言葉。例二頭の牛。

1 **どう** 副詞 ❶どのように。例顔色が悪いがどうしたの。／試合はこれからどうなるのだろう。❷「どうですか」の略。例この色はどう？

2 **どう【胴】** 名詞 ❶体の、手足と頭をのぞいた部分。例足が短く、胴が長い。❷体の真ん中あたり。例胴のまわり。❸物の横はら。例飛行機の胴。❹剣道の道具で、胸やはらをおおう物。例赤い胴をつける。

3 **どう【道】** 名詞 地方公共団体の一つ。北海道のこと。例道立高校。類都。府。県。

4 **どう【銅】** 名詞 黒みがかった赤色をした金属。鉄よりやわらかく、よくのび、熱や電気をよく伝える。電線などに使う。

どうあげ【胴上げ】 名詞 する動詞 大ぜいで一人の人の体をほうり上げること。例優勝した選手たちは、監督を胴上げした。参考よろこびの気持ちを表すときにする。

とうあつせん【等圧線】 名詞 天気図で、気圧の同じ地点を結んだ線。

とうあん【答案】 名詞 答えを書いた紙。また、その答え。

×とうい［遠い］➡897ページ・とおい。

どうい【同意】 一 名詞 同じ意味。ことば「同意語」 二 名詞 する動詞 相手の考えに賛成すること。例かれの意見に同意する。類合意。

どういう 連体詞 どのような。どんな。例かの女がどういう話をしたのかおぼえていない。

どういご【同意語】 名詞 ある言葉と同じ意味をもつ言葉。同義語。対反意語。

とういそくみょう【当意即妙】 四字熟語 その場におうじて、すばやく考えられること。例当意即妙の答え。

どういたしまして 連語 相手にお礼を言われたときやほめられたときなどに、へりくだってそれを打ち消すあいさつ。そんなことはありませんの意味。

とういつ【統一】 名詞 する動詞 ばらばらになっているものを、あるきまりのもとに一つにまとめること。例店名を統一する。ことば「天下統一」 類統合。

どういつ【同一】 形容動詞 ❶同じであるようす。例同一人物。❷差のないようす。ひとしいようす。例大人と子どもを同一にあつかう。

とういん【党員】 名詞 ある政党にはいっている人。

どういん【動員】 名詞 する動詞 〔大がかりな仕事や目的のために〕たくさんの人や物を集めること。例一日で千人を動員した。

とうえい【投影】 名詞 する動詞 〔あるものの上に〕かげがうつること。かげをうつすこと。また、そのかげ。

とうおん【唐音】 名詞 漢字の音読みの一つ。鎌倉時代から江戸時代にかけて、中国から日本にはいってきたもの。「行」を「あん」、「明」を「みん」と読むなど。類呉音。漢音。

どうおん【同音】 名詞 ❶同じ発音。❷同じ高さの音声。❸声をそろえて言うこと。参考⇩75ページ・異口同音。

どうおんいぎご【同音異義語】 名詞 ➡どうおんご。

どうおんいじ【同音異字】 名詞 ➡どうおんご。

どうおんご【同音語】 名詞 同じ発音の言葉。同音異義語。同音異字。参考「神」と「紙」、「強力」と「協力」など、音や訓が同じ言葉をまとめた言い方。

とうおんせん【等温線】 名詞 天気図で温度の同じ地点を結んだ線。

1 **とうか【灯火】** 名詞 ともしび。明かり。

2 **とうか【投下】** 名詞 する動詞 〔高いところから〕物を投げおろすこと。例ヘリコプターから物資を投下する。

1 **どうか** 副詞 ❶ていねいにたのむ気持ちや、願いやいのりの気持ちを表す言葉。例どうか成功しますように。❷何とか。どうにか。例このさわぎは、どうかならないのか。❸なぜかわからない

金田一先生のことばの教室

●漢字の役目

日本語は、音の種類がとても少ない言語です。一〇〇をこえるくらいの数しかありません。ほかの言語では、たとえば英語は、三万以上あるといわれています。そして、音が少ないと、それを組み合わせてつくる語はかぎられてしまい、同音語が多くなってしまいます。

同音語は、聞いただけではわからない場合があります。たとえば、「しりつ学校」と言っても、「私立学校」か「市立学校」かわかりません。「かがくの実験」と言っても、「科学」か「化学」かわかりません。「じてんを買う」と言うときの「じてん」は、「辞典」か「事典」か「字典」かわかりません。「せいし業」は、「製糸業」か「製紙業」かわかりません。こういう言葉は、これらのほかにも、とてもたくさんあります。

漢字を見れば、そのときに区別することができます。もし漢字がなかったら、わたしたちは多くの言葉が使えなくなってしまうでしょう。それはとてもこまります。漢字のおかげで、わたしたちはいろいろな言葉を自由に使いこなすことができるのです。

が、ふつうとはちがうようす。例元気がないが、どうかしたのか。

²**どうか**【同化】名詞 する動詞 ❶生物が外からとり入れたものを、自分の体をつくるものにかえること。❷物事をよく理解して自分のものにすること。例外国からとり入れたちしきを同化する。❸まわりのものと同じようになること。また、同じようにすること。例いつしかまわりの考えに同化してしまった。

³**どうか**【銅貨】名詞 銅でつくったおかね。類金貨。銀貨。

どうが【動画】名詞 ❶⬇39ページ・アニメーション。❷ビデオカメラやスマートフォンなどで撮影した、動きのある映像。例動画を編集する。

とうかい【倒壊】名詞 する動詞 建物などがたおれて、こわれること。例大雪で小屋が倒壊した。

とうがい【等外】名詞 決められた等級や順位にはいらないこと。例等外に落ちる。

とうかいこうぎょうちいき【東海工業地域】名詞 静岡県浜松市を中心に、沼津市から愛知県豊橋市にかけて、海に面して広がる工業地域。製紙・機械・金属・電気・電子機器・楽器などの工業がさかんである。

とうかいちほう【東海地方】名詞 静岡・愛知・岐阜県の南部と三重県をふくむ、中部地方の太平洋側一帯。

とうかいどう【東海道】名詞 ❶昔、日本全国を八つに分けたうちの一つ。今の三重県から茨城県までの太平洋側。❷昔の五街道の一つ。京都から江戸に通じる、おもに海にそった道。⇩452ページ・五街道(図)。

とうかいどうごじゅうさんつぎ【東海道五十三次】名詞 江戸時代、江戸の日本橋と京都の三条大橋までの東海道にあった五十三の宿場。

とうかいどうちゅうひざくりげ【東海道中膝栗毛】書名 江戸時代の終わりごろに、十返舎一九が書いた物語。弥次郎兵衛と喜多八の二人が、東海道を旅する間に起こるいろいろな事件をおもしろおかしくえがいたもの。やじきた道中。

とうかく【当確】名詞 「当選確実」の略。選挙のとき、票を数えているとちゅうで当選がたしかになること。

どうかく【同格】名詞 同じ資格。同じねうち。例部長と同格の地位にある。

とうかくをあらわす【頭角を現す】故事成語 知識や才能が特にすぐれていて、目立つようになる。例新人選手が頭角を現す。参考「頭角」は、動物のつのや、頭の先のこと。

とうかしたしむべきこう【灯火親しむべき候】故事成語 明かりの下で、勉強や読書をするのにもっともよい季節。秋のこと。

どうかすると 連語 場合によっては。ややもすると。例どうかすると間に合わないかもしれない。／どうかするとねぼうしがちだ。

どうかせん【導火線】名詞 ❶ダイナマイトなどについている、火をつけて爆発させるための線。❷事件を引きおこすもとになるもの。例小さな争いが戦争の導火線となった。

とうがたつ【とうが立つ】慣用句 ❶野菜のくきなどがのびすぎて、かたくて食べられなくなる。❷〔年をとって〕さかりの時期がすぎてし

まう。

どうかっしゃ【動滑車】 名詞 車が回ると、それにつれてじくも動くしくみの滑車。重い物を小さな力で引き上げることができる。参考 ⇩851ページ・定滑車。

どうかとおもう【どうかと思う】 慣用句 うたがわしいと思う。おかしいと思う。例 そんなやり方はどうかと思う。

とうがらし【唐辛子】 名詞 ナス科の植物。実は細長く、じゅくすと赤くなる。からい実をほして、香辛料にする。とんがらし。

とうかん【投かん】 名詞 する動詞 郵便物をポストに入れること。例 はがきを投かんする。漢字 投函。

どうかん【同感】 名詞 する動詞 ある人と同じように感じたり考えたりすること。例 きみの意見に同感だ。類 共感。

どうがん【童顔】 名詞 子どもっぽい顔つき。

1 **とうき【冬季】** 名詞 冬の季節。例 冬季オリンピック。対 夏季。

2 **とうき【冬期】** 名詞 冬の間。例 冬期はバスは運休する。対 夏期。

3 **とうき【当季】** 名詞 この季節。このとき。

4 **とうき【当期】** 名詞 この期間。このとき。例 当期の決算報告。

5 **とうき【投棄】** 名詞 する動詞 いらないものとして、投げすてること。例 ごみの不法投棄。

6 **とうき【陶器】** 名詞 焼き物の一つ。ねん土などをねって形をつくり、うわぐすりをぬって、ひかくてき低い温度で焼いたもの。類 磁器。

7 **とうき【登記】** 名詞 する動詞 自分の権利などをはっきりさせるために、決まったことがらをおおやけの帳簿に書きしるすこと。また、その手続き。例 買った家の登記をすませた。類 登録。

8 **とうき【騰貴】** 名詞 する動詞 物のねだんが高くなること。例 米のねだんが騰貴した。対 下落。

とうぎ【討議】 名詞 する動詞 〔あることがらについて〕おたがいに意見を出し合うこと。例 討議を重ねる。類 討論。

1 **どうき【同期】** 名詞 ❶同じ時期。例 売り上げは昨年の同期にくらべて、ふえてきた。❷〔同じ学校や会社で〕入学・入社や卒業の年が同じであること。例 同期の者が集まる。

2 **どうき【動き】** 名詞 する動詞 心臓がふだんとちがってはげしくみゃくうつこと。またその動き。漢字 動悸。

3 **どうき【動機】** 名詞 ある考えやおこないを引きおこす直接の原因となるもの。きっかけ。例 犯行の動機を聞きだす。

1 **どうぎ【動議】** 名詞 会議で予定していなかった議題を出すこと。また、その議題。例 きん急動議。

2 **どうぎ【道義】** 名詞 人として守るべき正しい道。ことば「道義を重んじる」「道義心」

どうぎご【同義語】 名詞 ⬇884ページ・どういご。

どうきづけ【動機付け】 名詞 する動詞 人や動物があるおこないをするようにしむけるもとになること。

1 **とうきゅう【投球】** 名詞 する動詞 野球で、たまを投げること。特に、ピッチャーがバッターにたまを投げること。また、投げたたま。類 送球。

2 **とうきゅう【等級】** 名詞 〔身分や品質などの〕上下を区別する位。例 等級によってねだんに差がある。類 階級。

とうぎゅう【闘牛】 名詞 ❶人と牛とがたたかう競技。参考 スペインが有名で、ほかにポルトガル・メキシコなどでもおこなわれる。❷牛と牛とをたたかわせる競技。また、その牛。参考 ②は、愛媛県・新潟県などでおこなわれる。

どうきゅう【同級】 名詞 ❶同じ等級。❷同じ学級。例 かれとは同級でした。

どうきょ【同居】 名詞 する動詞 一つの家にいっしょに住むこと。例 祖父母と同居している。

どうきょう【同郷】 名詞 郷里が同じであること。例 同郷の友人。

どうぎょう【同業】 名詞 職業や業種が同じであること。また、同じである人。

とうきょうこくさいくうこう【東京国際空港】 名詞 東京都大田区にある国際空港。「羽田空港」ともいう。参考 国際線は成田国際空港を使う方が多い。

とうきょうと【東京都】 地名 関東地方南部にある、日本の首都。日本の政治・経済・文化の中心地。昔は江戸といった。伊豆諸島・小笠原諸島もはいる。⇩916ページ・都道府県(図)。

とうきょうわん【東京湾】 地名 関東地方の南がわ、房総半島と三浦半島にかこまれた海。沿岸には東京・川崎・横浜・横須賀・千葉などの港があり、京浜工業地帯が広がっている。

とうきょく【当局】 名詞 あることがらについ

て、責任をもってとりあつかっているところ。例 事件の内容について、警察当局の発表がある。参考 多く、役所のことをいう。

どうぐ【道具】 名詞 ❶物をつくったり、仕事をしたりするときに用いる用具。また、ふだんの生活に使ったりする、いろいろな物。例 つりの道具。❷ある目的のために人に利用される物事や人。例 金もうけの道具にされた。

とうぐう【東宮・春宮】 名詞 皇太子のすまい。また、皇太子のこと。

どうくつ【洞窟】 名詞 岩にできたおくの深い大きなあな。ほらあな。

どうくんいぎご【同訓異義語】 名詞 ➡どうくんご。

どうくんいじ【同訓異字】 名詞 ➡どうくんご。

どうくんご【同訓語】 名詞 訓が同じ言葉。同訓異義語。同訓異字。参考「図る」と「計る」と「測る」など。

とうげ【峠】 名詞 ❶山道をのぼりつめて、下りになろうとするところ。❷物事の一番さかんなとき。また、危険なとき。例 寒さは今夜が峠だ。

どうけ【道化】 名詞 こっけいな言葉や身ぶりで人を笑わせること。また、それをする人。例 クラスの道化者。

1 **とうけい【東経】** 名詞 イギリスの、もとグリニッジ天文台のあったあとを通る子午線を〇度として、東の方の百八十度までの間の経度。参考 東京は東経百三十九度にあたる。対 西経。⇩404ページ・経度(図)。

2 **とうけい【統計】** 名詞 する動詞 同じ種類のものやことがらなどを多く集め、それを数で表すこと。また、その数で表したもの。例 人口のうつりかわりを統計にとる。参考 数字のうえから物事の様子を調べたり、あるきまりを見つけたりする。

とうげい【陶芸】 名詞 陶器や磁器などの焼き物をつくるわざ。例 この地方は古くから陶芸がさかんだ。

どうけし【道化師】 名詞 ➡1081ページ・ピエロ。

とうけつ【凍結】 名詞 する動詞 ❶こおりつくこと。例 道路が凍結した。類 氷結。❷お金や財産などを動かしたり使ったりできなくすること。また、おおやけの計画の進行をとめること。例 資産を凍結する。

とうげをこす【峠を越す】 慣用句 一番さかんな時期をすぎる。一番危険な時期をすぎる。例 はしかの流行が峠を越す。

とうけん【刀剣】 名詞 かたなと、つるぎ。

どうけん【同権】 名詞 同じ権利をもっていること。また、平等な権利。ことば「男女同権」

とうご【頭語】 名詞 手紙を書くとき、書き出しに使うことば。「拝啓」「前略」など。対 結語。

どうこ【銅こ】 名詞 かまどや長ひばちのわきにおき、いつもわいたお湯をためてある、銅や鉄でつくった入れ物。お湯はひしゃくでくむ。⇩図。

1 **とうこう【刀工】** 名詞 刀をつくる人。刀かじ。

2 **とうこう【投降】** 名詞 する動詞 敵に降参すること。類 降伏。

3 **とうこう【投稿】** 名詞 する動詞 〔読者や視聴者などが〕新聞や雑誌にのせてもらったり、放送してもらったりするために、原稿などを送ること。また、その原稿など。例 俳句を投稿する。類 投書。

4 **とうこう【陶工】** 名詞 陶磁器をつくることを仕事にしている人。

5 **とうこう【登校】** 名詞 する動詞 〔授業をうけるために〕児童や生徒が学校に行くこと。対 下校。

1 **とうごう【投合】** 名詞 する動詞 心や気持ちがぴったり合うこと。ことば「意気投合(する)」

2 **とうごう【等号】** 名詞 二つの数や式がひとしいことをしめす記号。イコール。参考 記号は「=」。

3 **とうごう【統合】** 名詞 する動詞 いくつかあるものをまとめて一つにすること。例 会社の統合をすすめる。類 統一。合併。

1 **どうこう** 副詞 する動詞 いろいろ言うようす。どうのこうの。あれこれ。例 いまさらどうこう言ってもしかたがない。

2 **どうこう【瞳孔】** 名詞 目だまの中心にある、こう彩にかこまれた小さなあな。目にはいる光線の入り口になる。ひとみ。⇩1278ページ・目㊀①(図)。

3 **どうこう【同好】** 名詞 興味やしゅみが同じであること。例 同好会。

銅こ

ことばあそび なぞなぞ⑳ 自分の体をよごしても服をまもるガードマン、なあに？

4 **どうこう**【同行】(名詞)(する動詞)いっしょに行くこと。また、その人。例医師が同行する。類同伴。

5 **どうこう**【動向】(名詞)人や社会などの動き。また、その方向。例世論の動向に注目する。類動静。形勢。傾向。

どうこういきょく【同工異曲】四字熟語 見た様子はちがうようだが、中身はほとんど同じであること。例同工異曲の作品。

とうこうき【投光器】(名詞)光をレンズで集めて、遠くをてらす電気装置。

とうこうきょひ【登校拒否】(名詞)⬇1149ページ・ふとうこう。

とうこうせん【等高線】(名詞)地図で、海面から同じ高さの地点を結んだ線。参考この線の集まり方で、土地の高さや地形がわかる。

とうごうへいはちろう【東郷平八郎】人名(一八四七〜一九三四)明治時代の海軍の軍人。日露戦争のときに連合艦隊司令長官として、ロシアのバルチック艦隊をやぶった。

1 **とうごく**【投獄】(名詞)(する動詞)ろうやに入れること。

2 **とうごく**【東国】(名詞)近畿地方より東の方の国。類あずま。参考昔は、今の関東地方の国々のことをいった。

とうこん【闘魂】(名詞)たたかおうとする、はげしい気持ち。例闘魂が表情にみなぎっている。

とうざ【当座】(名詞)❶〔あることがあったあと〕しばらくの間。一時。例おもちゃはいつも、買ってもらった当座しか使わない。❷しばらくの間。さしあたって。例当座のくらしに必要なものはある。

どうさ【動作】(名詞)体の動き。ふるまい。例きびきびした動作。類所作。

とうさい【搭載】(名詞)(する動詞)船・飛行機・自動車などにつみこむこと。例ミサイルを戦闘機に搭載する。

とうざい【東西】(名詞)❶東と西の方向。対南北。❷東洋と西洋。例東西の文化の交流。

どうざい【同罪】(名詞)罪や責任などが同じであること。例いたずらをした人も、見のがした人も同罪だ。

とうざいとうざい【東西東西】(感動詞)しばいなどをはじめるとき、あいさつやあらすじの説明をする口上の最初に言う言葉。参考ざわざわしている観客を静かにさせるという目的があった。「とざいとうざい」ともいう。

とうざいなんぼく【東西南北】四字熟語 ❶東と西と南と北の四つの方向。あらゆる方向。❷方向。方角。例磁石で東西南北を知る。

とうさく【盗作】(名詞)(する動詞)ほかの人の作品を、勝手に自分のものとして使うこと。

1 **とうさん**【父さん】(名詞)子どもが自分の父親をよぶときに使う言葉。対母さん。

2 **とうさん**【倒産】(名詞)(する動詞)お金のやりくりがつかず商店・会社などがつぶれること。類破産。

どうさん【動産】(名詞)〔土地や建物以外の〕お金・証券・商品などの財産。対不動産。

どうざん【銅山】(名詞)銅がとれる鉱山。

1 **とうし**【投資】(名詞)(する動詞)利益をえるために、事業をするもとでのお金を出すこと。類出資。

2 **とうし**【凍死】(名詞)(する動詞)こごえて死ぬこと。

3 **とうし**【透視】(名詞)(する動詞)❶すかして見ること。❷目では見えないものや物にさえぎられて見えないものを見ぬくこと。例透視術。❸X線で体の中を検査すること。例透視撮影。

4 **とうし**【闘志】(名詞)たたかって勝とうとする強い気持ち。例闘志がわいてくる。

1 **とうじ**【とう氏】(名詞)酒をつくる職人。また、その頭。参考「とじ」ともいう。漢字杜氏。

2 **とうじ**【冬至】(名詞)二十四節気の一つ。北半球では昼の時間が一年でもっとも短くなるとき。十二月二十二日ごろ。対夏至。⇩口絵11ページ。

3 **とうじ**【当時】(名詞)そのとき。そのころ。

4 **とうじ**【湯治】(名詞)(する動詞)温泉に入って、病気やけがをなおすこと。例湯治に行く。

5 **とうじ**【答辞】(名詞)式のとき、お祝いの言葉に対して、こたえる言葉。対送辞。

1 **どうし**【同士】(名詞)たがいに同じ関係にある人。また、同じ種類のものである人。例似た者同士。類仲間。相手。

2 **どうし**【同志】(名詞)同じ考えや目的などをもって、いっしょに行動する仲間。例同志を集めて政党を結成する。

3 **どうし**【動詞】(名詞)物の動き・様子・働きなどを表す言葉。参考「行く」「走る」「見る」など。言葉の終わりの部分(＝語尾)が、ふつう「う」の段でおわり、変化する。

どうじ【同時】(名詞)❶同じとき。例二人は、同時にゴールした。❷時間のおくれがないこと。…とすぐに。例ぼくが家につくと同時に電話が

あいうえお かきくけこ さしすせそ たちつてと なにぬねの はひふへほ まみむめも や ゆ よ らりるれろ わ を ん

鳴った。❸…とともに。例練習は苦しいと同時に楽しくもある。

どうしうち【同士討ち】 名詞 する動詞 味方同士、または、仲間同士の争い。

とうじき【陶磁器】 名詞 陶器と磁器。焼き物。

とうじしゃ【当事者】 名詞 あることがらに直接関係のある人。例事件の様子を当事者から聞いた。対第三者。

とうじつ【当日】 名詞〔ある物事がおこなわれる〕その日。例遠足の当日は晴れだった。

1 **どうしつ【同室】** 名詞 する動詞 同じ部屋。また、同じ部屋にいること。例アパートで同室の友人。／ホテルで三人が同室にとまる。

2 **どうしつ【同質】** 名詞 形容動詞 物の性質や成分が同じであること。例同質の紙。／同質の文化。対異質。

どうじつ【同日】 名詞 ❶同じ日。❷〔前に話に出た〕その同じ日。例同日の午後に帰宅する。

どうして 一 副詞 ❶どういう方法で。例どうしてここからぬけ出そうか。❷どういう理由で。例どうして泣いているの。
二 感動詞 予想されることや相手の言葉と反対のことを言うときに使う言葉。それどころか。例姉はやさしそうに見えるが、どうして、こわいところもある。参考「どうして、どうして」と続けて使うこともある。

どうしても 副詞 ❶どういうふうにしても。例どうしてもわからない。❷どんなことがあっても。例どうしてもカメラがほしい。

とうしゃばん【謄写版】 名詞 原紙〔＝ろうをひいてあるうすい紙〕に鉄筆などで字や絵をかき、インキをつけたローラーでおして印刷する機械。がり版。

1 **とうしゅ【当主】** 名詞 その家の今の主人。

2 **とうしゅ【投手】** 名詞 野球で、打者にたまを投げる人。ピッチャー。

3 **とうしゅ【党首】** 名詞 政党などのかしら。例党首会談。

どうしゅ【同種】 名詞 同じ種類。対異種。

とうしゅう【踏襲】 名詞 する動詞 それまでのやり方や考えをかえずに受けついでゆくこと。例先祖からのしきたりを踏襲する。

1 **とうしょ【当初】** 名詞 その物事のはじめのころ。例当初の計画を変更する。

2 **とうしょ【投書】** 名詞 する動詞 自分の考え・希望・苦情などを書いて、それにかかわりのあるところや新聞・雑誌・テレビ・ラジオなどの担当者におくること。また、おくったもの。類投稿。

1 **とうしょう【凍傷】** 名詞 低い温度の場所にいるために、体の部分がこおって、ひふなどがきずつくこと。冬山などでおこることが多い。

2 **とうしょう【闘将】** 名詞 ❶たたかう気持ちのさかんな大将。❷スポーツなどで、チームの先頭に立ってたたかう選手。

1 **とうじょう【搭乗】** 名詞 する動詞 飛行機や船に乗りこむこと。例国際線に搭乗する。

2 **とうじょう【登場】** 名詞 する動詞 ❶舞台にその役になった人が出てくること。例主人公が登場する。❷劇・小説・事件などの場面に出てくること。例魔法使いが登場する。❸新しいものなどが現れること。例新しいゲームの登場。

1 **どうじょう【同上】** 名詞 ❶前に書いたことと同じであること。例同上の理由で弟も休みます。❷横書きの表などで、「上に書いたことと同じ」という意味を表すときに使う言葉。

2 **どうじょう【同乗】** 名詞 する動詞 同じ乗り物にいっしょに乗ること。例友人の車に同乗する。

3 **どうじょう【同情】** 名詞 する動詞 ほかの人のなやみや苦しみを、相手の気持ちになって思いやること。ことば「同情をよせる」

4 **どうじょう【道場】** 名詞 ❶仏の教えをまなび、おきてにしたがっておこないはげむところ。❷武芸をまなび、けいこをするところ。

とうしょうぐう【東照宮】 名詞 栃木県日光市にある、徳川家康をまつった神社。世界文化遺産として登録されている。参考三代将軍家光のときに建てられた。同名の神社は、全国に数多くある。⇩695ページ・世界遺産（図）。

とうじょうじんぶつ【登場人物】 名詞 しばいの舞台や物語などの中に現れる人。類作中人物。

どうしょくぶつ【動植物】 名詞 動物と植物。例動植物を保護するためのきまり。

とうじる【投じる】 動詞 ❶投げる。例直球を投じる。❷投げこむ。例いくさに身を投じる。❸お金などをつぎこむ。例大金を投じて会社をつくる。❹薬をあたえる。例飲み薬を投じる。参考「投ずる」ともいう。活用とう・じる。

どうじる【動じる】 動詞 どうしてよいかわからず、あわてる。落ち着きを失う。例何ごとに

も動じない人。参考「動ずる」ともいう。活用どう・じる。

1とうしん【灯心】名詞 灯油にひたして明かりをともす、ランプなどのしん。

2とうしん【答申】名詞 する動詞 役所や上役からの問いに対して、答えや意見をのべること。例国語審議会が文部科学大臣に答申する。

3とうしん【等身】名詞 同じくらいの大きさであること。例祖父の等身の像をつくる。

どうしん【童心】名詞 子どもの心。また、子どものような、むじゃきな心。ことば「童心にかえる」類子供心。

どうじん【同人】名詞 考えや好みが同じ人。なかま。例同人誌。参考「どうにん」ともいう。

とうしんだい【等身大】名詞 人の体と同じくらいの大きさ。例等身大のポスター。

どうせ 副詞 いずれにしても。どうしたって。例どうせ聞いてくれないだろう。参考 あきらめや、ばかにした気持ちを表す。

1とうせい【当世】名詞 今の世。現代。例当世の流行を追う。

2とうせい【統制】名詞 する動詞 あるきまりにしたがって物事をまとめ、おさめること。例言論を統制する。／統制がとれている。

1どうせい【同せい】名詞 する動詞 結婚していない者どうしがいっしょに住むこと。

2どうせい【同姓】名詞 名字が同じであること。類同名。

3どうせい【同性】名詞 男性同士。または、女性同士。対異性。

4どうせい【動静】名詞 人や社会の動きの様子。例相手の動静をさぐる。類動向。

とうせいふう【当世風】名詞 形容動詞 今の世に流行している物事や考え方。また、その様子。例当世風のファッション。

とうせき【投石】名詞 する動詞 石を投げつけること。

どうせき【同席】名詞 する動詞 ❶同じ集まりに出ること。例結婚式で同席する。類列席。❷同じテーブルにすわること。

とうせつ【当節】名詞 このごろ。さいきん。参考古い言い方。

1とうせん【当せん】名詞 する動詞 くじに当たること。例当せん番号をたしかめる。

2とうせん【当選】名詞 する動詞 選挙でえらばれること。例委員長に当選した。対落選。

とうぜん【当然】形容動詞 副詞 そうなるべきであるようす。そうするべきであるようす。例安全を優先するのは当然だ。／当然、出席するつもりだ。類必然。

1どうせん【銅線】名詞 銅でつくったはりがね。

2どうせん【導線】名詞 電流を通すための針金。類電線。

どうぜん【同然】形容動詞 ほとんど同じであるようす。…と言ってもいいくらいであるようす。例おばは、わたしにとって親同然だ。／ここまでくれば勝ったも同然である。類同様。

とうせんかろ【冬扇夏炉】四字熟語 ➡290ページ・かろとうせん。

どうぞ 副詞 ❶相手に何かたのむときに使う言葉。例どうぞゆるしてください。❷相手に何かすすめるときに使う言葉。例どうぞすわってください。

1とうそう【逃走】名詞 する動詞 〔走って〕にげること。例車で逃走した。／逃走をはかる。類逃亡。

2とうそう【闘争】名詞 する動詞 相手をおしのけようとして、争うこと。例闘争心。／権力闘争。

どうそう【同窓】名詞 同じ学校を卒業していること。また、同じ先生に教えをうけたこと。例同窓の先輩。類同門。

どうぞう【銅像】名詞 銅や青銅で、人のすがたなどを形づくったもの。

どうそうかい【同窓会】名詞 同じ学校を卒業した人々でつくっている会。また、その会合。

とうぞく【盗賊】名詞 どろぼう。ぬすびと。特に、集団で大がかりなぬすみを働くもの。参考やや古い言い方。

どうぞく【同族】名詞 同じ血すじや同じ民族であること。類一族。

どうそじん【道祖神】名詞 村人を守るために、村はずれなどにまつられる神。さえの神。⇩図。

とうそつ【統率】名詞 する動詞 多くの人を

道祖神

一つにまとめて、ひきいること。例 統率のとれた集団。／部下を統率する。

とうた【とう汰】名詞 する動詞 ❶いらないものやふさわしくないものをとりのぞくこと。❷自然の中で、生きていくのにちょうどいいものが残り、そうでないものはほろびていくこと。
ことば「自然とう汰」 漢字 淘汰。

とうだ【投打】名詞 野球で、ピッチングとバッティング。例 投打にすぐれたチーム。

1 **とうだい**【灯台】名詞 ❶島・みさき・港の出入り口などにある塔のような建物。夜、光を出して、航行する船に位置やあぶないところなどを知らせる。❷ろうそくを立て、火をともす台。⇩図。

灯台①

灯台②

2 **とうだい**【当代】名詞 ❶今の世。例 当代のヒーロー。❷今の主人。例 当代は三代目だ。

1 **どうたい**【同体】名詞 ❶一体であること。例 一心同体。❷相撲で、二人が同時にたおれたり土俵の外に出たりして、どちらが勝ちかわからないこと。取り直しになる。

2 **どうたい**【胴体】名詞 ❶人間や動物などの、手足と頭をのぞいた部分。❷物の中心になる、細長い形をした部分。例 飛行機の胴体。

3 **どうたい**【導体】名詞 熱や電気をよく伝えるもの。良導体。対 絶縁体。

とうだいじ【東大寺】名詞 奈良市にある、奈良時代に聖武天皇によって建てられた寺。現在残っている木造の建物の中で世界一の大きさをもつ。大仏や正倉院などが有名。世界文化遺産として登録されている。⇩695ページ・世界遺産（図）。

とうだいもとくらし【灯台下暗し】ことわざ 〔「灯台②」のすぐ下は光が当たらず暗いことから〕身近なことは、かえって気がつきにくいことのたとえ。

どうたく【銅たく】名詞 弥生時代につくられた、つりがねのような形の青銅の器具。参考 祭りの道具、あるいは楽器として使われたといわれる。漢字 銅鐸。⇩図。

銅たく

とうたつ【到達】名詞 する動詞 ある地点や状態などに行きつくこと。とどくこと。例 火星に到達した。

1 **とうち**【当地】名詞 〔自分のいる〕この土地。例 当地は景色のいいところです。

2 **とうち**【倒置】名詞 する動詞 位置をさかさまにすること。例 単語を倒置して表現する。

3 **とうち**【統治】名詞 する動詞 支配者が国や人びとをおさめること。例 国家を統治する。

とうちほう【倒置法】名詞 意味を強めたり語調をととのえたりするために、文の中の主語や述語などの順序をふつうと逆にすること。参考「雪が、ふってきた。」を「ふってきた、雪が。」とするなど。

とうちゃく【到着】名詞 する動詞 人や物が目的のところに着くこと。例 電車が駅に到着した。／八時に到着の予定だ。

どうちゅう【道中】名詞 旅のとちゅう。また、旅。例 道中の無事をいのる。

とうちょう【登頂】名詞 する動詞 高い山の頂上にのぼること。とちょう。

1 **どうちょう**【同調】名詞 する動詞 他人の意見や考えを受け入れること。他人と同じ意見や考えになること。例 リーダーの意見に同調した。

2 **どうちょう**【道庁】名詞 北海道をおさめるための仕事をする役所。北海道庁。

とうちょく【当直】名詞 する動詞 役所や会社などで、日直・宿直の番に当たること。また、その人。

とうてい【到底】副詞 とても。どうしても。例 そんなひどいことは、ぼくには到底できない。参考 下に「…ない」などの言葉がくる。

どうてい【道程】名詞 ❶あるところからほかのところまでのきょり。みちのり。類 行程。❷あるところやある状態にいたるまでのとちゅう。

ことばあそび なぞなぞ㉑ 家じゅう走り回って、大きな口からごみを食べるもの、なあに？

類 過程。

どうてき【動的】 形容動詞 動きのあるようす。生き生きしているようす。例 動的な筆づかい。対 静的。

どうでも 副詞 ❶どうであっても。どのようにも。例 どうでもいい。❷どうしても。例 どうでもやらなけりゃならない。

1 **とうてん【当店】** 名詞 わたしの店。この店。例 当店の定休日は火曜日です。

2 **とうてん【読点】** 名詞 文のとちゅうの切れめにつけるしるし。「、」で表す。注意「どくてん」と読まないこと。参考 類 句点。

1 **どうてん【同点】** 名詞 点数が同じであること。

2 **どうてん【動転】** 名詞 する動詞 とてもおどろいて落ち着きをうしなうこと。ことば「気が動転する」類 ぎょうてん。

1 **とうとい【尊い】** 形容詞 うやまうべきものとみとめて、大切にあつかうべきであるようす。例 尊い教え。参考「尊い」ともいう。活用 とうと・い。⇩使い分け。

2 **とうとい【貴い】** 形容詞 価値や身分をみとめて、大切にあつかうべきであるようす。参考「貴い」ともいう。活用 とうと・い。⇩使い分け。

とうとう【到頭】 副詞〔いろいろやってみて〕ついに。例 試行錯誤のすえ、とうとう完成した。参考 ひらがなで書くことが多い。

どうとう【同等】 名詞 形容動詞〔地位やていどなどが〕同じであること。例 部長と同等の権限がある。類 同様。

どうどうと【堂堂と】 副詞 ❶いかめしくりっぱなようす。例 堂々とした態度。❷何ごともおそれず、いさましいようす。例 堂々と意見をのべる。参考 ふつう「堂々と」と書く。

ことば博士になろう!

●読点(、)一つミスのもと!!

「マッチ一本火事のもと」という防火の標語がありますが、文のとちゅうの区切れにつける読点も、使い方をあやまると、とんでもない誤解をまねいてしまいます。

ここで①は②きものをぬいでください。

この文では、読点を①にうつと、「ぬぐ」ものが「はきもの」になり、②にうつと「きもの」になります。

「土足厳禁」のお寺の本堂の前に、「ここではきものをぬいでください。」なんていうはり紙がしてあったら、みんな、こまってしまいますよね。

どうどうめぐり【堂堂巡り】 名詞 する動詞 同じ議論がくり返されて、先へ進まないこと。例 堂々巡りの会話。参考 ふつう「堂々巡り」と書く。

どうとく【道徳】 名詞 人として守らなければならない正しいおこない。例 交通道徳。

どうとくてき【道徳的】 形容動詞 ❶道徳に関係しているようす。例 そのおこないは道徳的にゆるせない。❷道徳にかなっているようす。例 道徳的なお話。

使い分け　とうとい

●うやまうべきである。
尊い教え。

●貴重である。
貴い資料。

とうとさ【尊さ・貴さ】 名詞 とうといこと。とうといことのていど。たっとさ。例 神仏の尊さは、だれにもはかりしれない。

とうとつ【唐突】 形容動詞 とつぜん、前ぶれもなく物事をはじめるようす。例 唐突におこりだす。

1 **とうとぶ【尊ぶ】** 動詞 うやまうべきものとして、大切にする。例 祖先を尊ぶ。参考「尊ぶ」ともいう。活用 とうと・ぶ。⇩使い分け。

2 **とうとぶ【貴ぶ】** 動詞 価値や身分のあるものとして、大切にする。例 学問を貴ぶ。参考「貴ぶ」ともいう。活用 とうと・ぶ。⇩使い分け。

とうどり【頭取】 名詞 銀行などの代表者。

とうなん【盗難】 名詞 お金や品物をぬすまれること。ことば「盗難にあう」

とうなんアジア【東南アジア】 名詞 アジア

使い分け とうとぶ

●うやまう。祖先を尊ぶ。

●貴重であるとする。平和を貴ぶ。

の南東部で、インドシナ半島とマレー諸島からなる地域のよび名。タイ・ベトナム・マレーシア・シンガポール・フィリピン・インドネシアなどの国々をふくむ。

とうに 副詞 ずっと前に。はやくから。とっくに。例花はとうにちっていた。

どうにいる【堂に入る】 故事成語 物事にすっかりなれて、身についている。例多くの人の前で、堂に入ったあいさつをする。

どうにか 副詞 ❶苦労や問題があったが、とりあえず目的をはたしたようす。例どうにか間に合った。❷どのようにか。何とか。例ちらかった部屋をどうにかしなさい。

どうにも 副詞 ❶どのようにしてみたところで。どうしても。参考後に「ない」などの打ち消しの言葉が続く。例ここまで話がこじれては、もうどうにもならない。❷なんとも。例どうにもやんちゃでこまった。

1 **とうにゅう【投入】** 名詞 する動詞 ❶物を投げ入れること。例コインを投入する。❷〔労力やお金を〕つぎこむこと。例資本を投入する。

2 **とうにゅう【豆乳】** 名詞 すりつぶした大豆を煮て、こした白い液。飲み物にしたり、とうふの原料にしたりする。

どうにゅう【導入】 名詞 する動詞 外部のものやしくみなどを、とり入れること。例先進技術を導入する。

とうにょうびょう【糖尿病】 名詞 血液中の糖がふえて、にょうの中に糖がまじって出てくる病気。

とうにん【当人】 名詞 〔問題になっている〕その人。本人。例当人の考えを聞きたい。

とうねん【当年】 名詞 今年。本年。例当年三十才になります。参考 多く、年令にいう。

どうねん【同年】 名詞 ❶同じ年。❷同じ年令・学年。同い年。例同年の生まれ。❸前にのべた年と同じ年。例二〇二三年三月に幼稚園を出て、同年四月小学校に入学した。

とうの【当の】 連体詞 ちょうど今話題になっている。例当の本人はなにも知らない。

どうのこうの 連語 なんのかの。なにやかや。例どうのこうのともんくを言う。参考 不平や不満があって、あれこれ言うようす。

とうのむかし【とうの昔】 連語 ずっと前。とっくの昔。例あの遊園地はとうの昔になくなった。

1 **とうは【党派】** 名詞 同じ考えや意見をもっている人々の集まり。例党派をこえて手をむすぶ。

2 **とうは【踏破】** 名詞 する動詞 〔困難な長い道のりを〕最後まで歩き通すこと。例日本列島を北から南へ踏破した。参考 動物や乗り物などを使ったときにもいう。例犬ぞりで北極を踏破した。

どうはい【同輩】 名詞 年令や地位などが同じくらいの人。例同輩同士の気楽なつきあい。

とうはつ【頭髪】 名詞 あたまの毛。髪の毛。

とうはん【登坂】 名詞 する動詞 車両が坂道や斜面をのぼること。参考「とはん」ともいう。

1 **とうばん【当番】** 名詞 ある仕事を受け持つ番に当たること。また、その番に当たっている人。例そうじの当番。対非番。

2 **とうばん【登板】** 名詞 する動詞 野球で、ピッチャーが試合に出ること。

どうはん【同伴】 名詞 する動詞 いっしょに行くこと。また、いっしょにつれていること。例父母を同伴して式に出る。類同行。

1 **とうひ【唐ひ】** 名詞 マツ科の木。エゾマツの変種。山地などにはえる。まつぼっくりは細長い。漢字 唐檜。

2 **とうひ【逃避】** 名詞 する動詞 しなければならない物事などをさけて、にげること。例つらい現実から逃避する。

とうひょう【投票】 名詞 する動詞 ❶選挙のとき、えらびたい人の名を紙に書いてはこなどに入れること。❷会議などで、あることを決めるために、自分の考えを書いて出すこと。

あいうえお かきくけこ さしすせそ たちつてと なにぬねの はひふへほ まみむめも や ゆ よ らりるれろ わ を ん

こたえ 電気そうじき

とうびょう【闘病】 名詞 する動詞 病気をなおすために、ちりょうにはげむこと。例 闘病生活。

どうひょう【道標】 名詞 みちしるべ。例 道標を立てる。

どうびょうあいあわれむ【同病相あわれむ】 故事成語 同じ病気や同じなやみをもっている人は、たがいに同情しあうということ。

とうふ【豆腐】 名詞 大豆をすりつぶし、煮てかすをとり、にがりでかためた食べ物。白くてやわらかい。栄養にとみ、消化がよい。

[1]とうぶ【東部】 名詞 東の方の部分。例 県の東部。

[2]とうぶ【頭部】 名詞 あたまの部分。

とうふう【東風】 名詞 東からふく風。また、春風のこと。例 東風がふき続ける。参考「東風」ともいう。

どうふう【同封】 名詞 する動詞 ふうとうの中に手紙といっしょに入れること。例 写真を同封する。

どうぶつ【動物】 名詞 人間・鳥・けもの・魚など、自由に動き回り、ほかの生物を食べて生きているもの。例 陸上の動物。対 植物。参考 特に、けものをさす場合がある。

どうぶつえん【動物園】 名詞 大ぜいの人に見せるため、いろいろな動物をかっているところ。対 植物園。

どうぶつせい【動物性】 名詞 ❶動物だけがもつ、体の働きや性質。例 神経は動物性器官だ。❷動物からえられるものであること。例 ミルクで動物性たんぱく質をとる。対 ❷植物性。

ことば博士になろう！

言葉の「動物園」

言葉には、身近な動物の名を使ったものがたくさんあります。意味や、動物のもつイメージを調べてみましょう。

〈猫〉
○猫にかつおぶし ○猫に小判
○猫の手も借りたい ○猫の額
○猫の目のよう
○猫をかぶる ○猫舌 ○猫もしゃくしも
○猫なで声 ○猫柳 ○猫ばば ○猫背

〈犬〉
○犬も歩けば棒に当たる ○犬死に
○犬の遠ぼえ ○犬猿の仲
○飼い犬に手をかまれる

〈牛〉
○牛の歩み ○牛耳る

〈馬〉
○馬が合う ○馬の耳に念仏 ○馬耳東風
○しり馬に乗る

〈猿〉
○猿も木から落ちる ○猿知恵

〈その他〉
○袋のねずみ ○とらの威を借るきつね
○いたちごっこ ○きつねにつままれる
○たぬき寝入り ○捕らぬたぬきの皮算用
○からすの行水 ○おうむ返し

どうぶつてき【動物的】 形容動詞 人間が、けもののような本能をむき出しにするようす。あらあらしくらんぼうなようす。例 動物的な行動。

とうふにかすがい【豆腐にかすがい】 ことわざ 〔とうふの中にかすがいをうちこむように〕てごたえやききめのないことのたとえ。類 ぬかにくぎ。のれんに腕押し。

[1]とうぶん【当分】 副詞 しばらくの間。例 この暑さは当分続きそうだ。参考 期限をはっきり決めない言い方。

[2]とうぶん【等分】 名詞 する動詞 ❶同じ大きさ・数・わりあい。例 おやつを弟と等分にわける。❷いくつかのひとしい分量に分けること。例 財産を等分する。／二等分。

[3]とうぶん【糖分】 名詞 〔ある物にふくまれている〕さとうなどのせいぶん。

とうへき【盗癖】 名詞 物をぬすむくせ。

とうべん【答弁】 名詞 する動詞 〔おおやけの会議などで〕質問に答えること。また、その答え。例 市長の答弁に拍手がわいた。

とうへんぼく【唐変木】 名詞 気のきかない人や、がんこでものわかりの悪い人をののしっていう言葉。ことば「唐変木のわからずや」

[1]とうほう【当方】 名詞 〔相手方に対して〕自分の方。こちら。例 当方の責任です。対 先方。

[2]とうほう【東方】 名詞 東の方面。東の方角。

とうぼう【逃亡】 名詞 する動詞 にげて、すがたをかくすこと。例 犯人が逃亡した。／逃亡者。類 逃走。

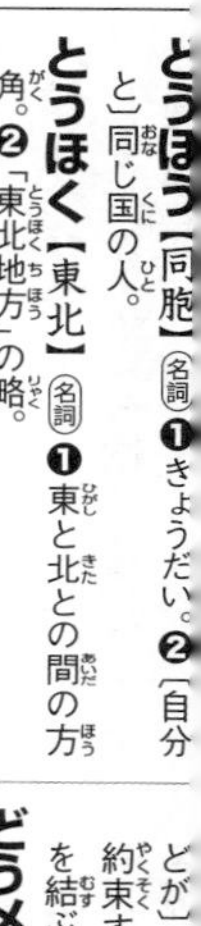

どうほう【同胞】名詞 ❶きょうだい。❷〔自分と〕同じ国の人。

とうほく【東北】名詞 ❶東と北との間の方角。❷「東北地方」の略。

とうぼく【倒木】名詞 たおれている木。

とうほくちほう【東北地方】名詞 本州の東北部。青森・秋田・岩手・山形・宮城・福島の六県をふくむ地方。奥羽地方。東北。

とうほん【謄本】名詞 ❶もとになる文書の中身をそのまま写しとった文書。対抄本。❷特に、戸籍謄本のこと。

とうほんせいそう【東奔西走】四字熟語 仕事などのために、あちらこちらをいそがしく走り回ること。例協力してくれる人を求めて東奔西走する。

どうみゃく【動脈】名詞 ❶心臓から送り出される血を運ぶくだ。対静脈。❷大事な道。例東名高速道路は、交通の大動脈だ。

とうみょう【灯明】名詞 神や仏にそなえる明かり。

1 **とうみん**【冬眠】名詞 する動詞 動物がほとんど動かない状態で冬をこすこと。類休眠。参考 カエル・ヘビ・ヤマネなどが冬眠する。

2 **とうみん**【島民】名詞 島の住民。

とうめい【透明】名詞 形容動詞 くもりがなく、すきとおって見えること。例透明なガラス。対不透明。

1 **どうめい**【同名】名詞 同じ名前。例この本にはわたしと同名の主人公が出ている。類同姓。

2 **どうめい**【同盟】名詞 する動詞 〔国や団体、人などが〕同じ目的のために、力を合わせることを約束すること。また、その約束。ことば「同盟を結ぶ」類盟約。

どうメダル【銅メダル】名詞 〔大きな〕競技で三位の人にあたえられる、銅または銅メッキのメダル。また、三位のこと。

とうめん【当面】名詞 する動詞 ❶ある状態や問題にぶつかること。例むずかしい問題に当面する。類直面。❷さしあたり。例試験にうかることが当面の課題だ。

どうも 副詞 ❶どうしても。例どうも見つからない。❷何となく。例どうも体調が悪い。❸どう考えても。例その言い方はどうもよくない。❹本当に。例どうもありがとう。／どうもすみません。

どうもう【どう猛】形容動詞 とてもらんぼうで、あらあらしいようす。例どう猛な犬。

とうもろこし 名詞 イネ科の植物。くきの中ほどに、黄色などの種がぎっしりならんだ実がつく。実を食用にする。とうきび。漢字 玉蜀黍。

どうもん【同門】名詞 同じ先生のもとでまなぶこと。また、そのようにまなんだ人。例この方は、同門の先ぱいです。類同窓。

とうやく【投薬】名詞 する動詞 病気やけがに合わせて薬をあたえること。例患者に投薬する。類投与。

どうやら 副詞 ❶十分ではないが、とりあえず目的をはたしたようす。例どうやらでき上がった。❷〔はっきりわからないが〕何となく。例どうやら道をまちがえたらしい。

とうゆ【灯油】名詞 ❶明かりをともすのに使うあぶら。❷原油を精製してつくったあぶら。燃料として使われる。参考 ①は、昔は菜種油を使った。②は、おもに燃料として使われる。

とうよ【投与】名詞 する動詞 ❶病人に薬剤をあたえること。例点てきを投与する。類投薬。❷投げてあたえること。例養殖の魚にえさを投与する。

1 **とうよう**【東洋】名詞 ❶アジア。❷アジアの東の地方。日本・中国・フィリピン・インドなど。対①②西洋。

2 **とうよう**【盗用】名詞 する動詞 ほかの人に権利があるものを、ことわりなくこっそり使うこと。例人のデザインを盗用する。

3 **とうよう**【登用】名詞 する動詞 人を選んで、引き上げて使うこと。例人材を登用する。類採用。起用。

1 **どうよう**【同様】形容動詞 同じであるようす。例先日と同様の理由で、中止になった。類同然。同等。

2 **どうよう**【動揺】名詞 する動詞 ❶ゆれ動くこと。例道が悪く車の動揺がひどい。❷気持ちがゆれ動き、落ち着かないこと。例真相を聞き、動揺している。

3 **どうよう**【童謡】名詞 子どもがうたうためにつくられた歌や詩。

とうらい【到来】名詞 する動詞 ❶ある時期がやってくること。例絶好のチャンスが到来した。❷よそから、おくり物がとどくこと。例到来の品。

とうらく【当落】名詞 当選と落選。例選挙の

あいうえお　かきくけこ　さしすせそ　たちつてと　と　なにぬねの　はひふへほ　まみむめも　や ゆ よ　らりるれろ　わ を ん

ことばあそび　なぞなぞ㉒　通るときは通してくれず、通らないときに通してくれるもの、なあに？

当落が決まる。

どうらく【道楽】一 名詞 仕事のほかに、自分の楽しみとしてすること。例 ゴルフが、父のたった一つの道楽だ。二 名詞 する動詞 仕事をせずに、遊びにふけること。ことば「道楽むすこ」

1**どうらん**【胴乱】名詞 植物採集のとき、とった植物を入れる、ブリキなどでできた入れ物。⇩図。

胴乱

2**どうらん**【動乱】名詞 世の中がさわがしくみだれること。また、規模の小さな戦争。例 海外で動乱がおこった。類 戦乱。

×**とうり**【通り】➡898ページ・とおり。

どうり【道理】名詞 物事の正しいすじ道。また、理由。ことば「道理をわきまえる」

とうりつ【倒立】名詞 する動詞 さかだち。

どうりつ【道立】名詞 北海道のお金でつくられ、北海道が管理すること。また、その施設。

どうりで【道理で】副詞 なるほど。そういうわけで。例 経験があるのか。道理でうまいと思った。

とうりゅう【とう留】名詞 する動詞 旅行先で、しばらくとどまること。例 温泉宿にとう留する。漢字 逗留。

とうりゅうもん【登竜門】故事成語 出世や成功のためにとおらなければならない、むずかしい関門。例 このオーディションは役者の登竜門だ。語源 昔、中国で、黄河の「竜門」という急流を登ったコイは竜になるといわれた。そこから生まれた言葉。

1**とうりょう**【棟りょう】名詞 ❶大工のかしら。❷一国・一族などのかしら。例 源氏の棟りょう。漢字 棟梁。

2**とうりょう**【頭領・統領】名詞 大ぜいの人をまとめおさめること。また、まとめおさめる人。かしら。

どうりょう【同僚】名詞 同じ職場で働いている仲間。特に、同じくらいの地位の人。

どうりょく【動力】名詞 機械を動かす力。参考 電力・水力・風力・原子力など。

どうりん【動輪】名詞 ピストンやモーターの力をうけて、機関車や電車を動かす大きな車輪。

×**とうる**【通る】➡899ページ・とおる。

とうるい【盗塁】名詞 する動詞 野球で、ランナーが相手のすきをねらって次の塁へ進むこと。特に、それに成功すること。類 走塁。

どうるい【同類】名詞 同じ種類。また、同じ仲間。例 わたしたちは同類の人間だ。

どうるいご【同類語】名詞 意味の似ている言葉。類義語。類語。参考「勉強」と「学習」など。

とうれい【答礼】名詞 する動詞 相手がしてくれたおじぎなどのあいさつに対して、自分からもあいさつを返すこと。例 答礼をするのは、人間として当然のことだ。

どうれつ【同列】名詞 ❶同じ列。❷同じ地位やていどであること。例 二人を同列にあつかう。

どうろ【道路】名詞 人や自動車などが通れるようにした道。例 道路を横断する。／高速道路。

とうろう【灯籠】名詞 木・石・竹・金属などでわくをつくり、中に明かりをともすようにしたもの。⇩図。

灯籠

とうろうながし【灯籠流し】名詞 なくなった人のたましいをあの世に送るために、うらぼんの終わりの日に、火をともした灯ろうを川や海に流す行事。⇩図。

灯籠流し

とうろうのおの 故事成語 自分が弱いのに、身のほど知らずに強い相手にたちむかうこと。例 あのチームが相手では、ぼくらはとうろうのおのだ。参考「とうろう」はカマキリのこと。昔、馬車に向かって前あしをふりあげたカマキリがいたことから、カマキリの前あしをおのにた

とえてできた言葉。漢字 蟷螂の斧。

とうろく【登録】名詞 する動詞 ❶役所などにとどけ出て、おおやけの帳簿に書きしるすこと。例 自動車の登録をすませた。類 登記。❷帳簿に記すこと。また、デジタル機器に記憶させること。例 チャンネル登録。

とうろくしょうひょう【登録商標】名詞 法の定めによって、特許庁に正式にとどけてみとめられた商標。トレードマーク。

どうろひょうしき【道路標識】名詞 安全な道路の交通のために、さまざまな規制や指示をしめした表示板。

とうろん【討論】名詞 する動詞 〔何人かで〕ある問題について考えを出し合って議論すること。例 環境問題について討論する。／公開討論。類 討議。

とうろんかい【討論会】名詞 ある問題について、たがいに意見を出して、話し合うための集まり。ディスカッション。

どうわ【童話】名詞 子どものためにつくられた物語。例 アンデルセンが書いた童話。

とうわく【当惑】名詞 する動詞 どうしてよいかわからず、まようこと。例 身におぼえのない話に当惑する。

とうをえる【当を得る】慣用句 道理にかなう。合っている。例 当を得た質問。

とえい【都営】名詞 東京都が事業としていとなんでいること。例 都営バス。

とえはたえ【十重二十重】名詞 同じものがなんじゅうにも重なるようす。例 敵を十重二十重にかこんでいる。

どえらい【ど偉い】形容詞 びっくりする様子である。例 ど偉い事件が起きた。参考 くだけた言い方。

とお【十】名詞 ❶一の十倍。じゅう。❷十才。例 今年で十になる。

とおあさ【遠浅】名詞 海岸から沖の方まであさくなっていること。また、そのようなところ。

とおい【遠い】形容詞 ❶〔きょりが〕はなれている。例 学校までは遠い。❷時間がへだたっている。年月がたっている。例 遠い昔。❸関係がうすい。例 遠い親類。対 ①〜③近い。❹よく聞こえない。ことば「耳が遠い」 注意「とうい」と書かないこと。活用 とお・い。

とおえん【遠縁】名詞 血のつながりの遠い親類。

とおかのきく【十日の菊】ことわざ 〔キクは九月九日の節句の花で、十日では役に立たないことから〕時期におくれて役に立たないことのたとえ。例 今ごろ来ても十日の菊だ。参考 ⇩1266ページ・六日のあやめ。

とおからず【遠からず】副詞 まもなく。近いうちに。例 遠からず解決するだろう。

トーキー 名詞 画面に合わせて、音や声が出るようになっている映画。対 サイレント。▼英語 talkie

とおく【遠く】一 名詞 遠いところ。例 遠くの家。／遠くに行く。対 近く。
二 副詞 時間がへだたっているようす。はるかに。例 遠く千年の昔の話。

とおくのしんるいよりちかくのたにん【遠くの親類より近くの他人】ことわざ いざというときには、遠くにいてつきあいのない親類よりも、近くにいて親しくしている他人の方がたよりになるということ。参考「遠い親戚より近くの他人」ともいう。

とおざかる【遠ざかる】動詞 ❶〔ある場所から〕だんだん、はなれていく。例 遠ざかっていく船を見送る。❷関係がうすくなる。親しまないようになる。うとくなる。例 野球から遠ざかる。対 ①②近づく。活用 とおざか・る。

とおざける【遠ざける】動詞 ❶遠くへ、はなれさせる。例 人を遠ざける。／危険な場所から遠ざける。❷つきあいをしないようにする。例 悪い仲間を遠ざける。対 ①②近付ける。活用 とおざ・ける。

とおす【通す】一 動詞 ❶通行させる。例 車を通す。❷はしまで、とどかせる。例 二つの町の間に鉄道を通す。❸一方からもう一つの方へぬけさせる。例 セーターにうでを通す。❹細かい物の間やとうめいな物などをくぐらせる。例 ガラスを通して見る。❺おしのけて進める。例 無理を通す。❻〔ある人や物事を〕間に入れる。例 校長先生の話が、担任の先生を通して伝えられた。❼〔客を〕げんかん先などから部屋の中に入れる。例 お客さまを応接間に通す。❽最初から最後まで続ける。例 全曲を通して聞く。
二 接尾語《動詞の下につけて》「…し続ける」「終わりまでする」の意味を表す言葉。例 かくし通す。／読み通す。活用 とお・す。

こたえ ふみきり（のしゃだんき）

トースター 名詞 電気を使って、うすく切った食パンなどを焼く器具。▼英語 toaster

トースト 名詞 する動詞 食パンをうすく切ってかるく焼いた食べ物。▼英語 toast

とおせんぼう【通せん坊】 名詞 ❶両手を広げて、相手が通るのをじゃまする子どもの遊び。❷道をふさいでとおれなくすること。参考「とおせんぼ」ともいう。

トータル 名詞 する動詞 合計すること。総計。例使ったお金はトータルで千円です。／得点をトータルする。▼英語 total

とおで【遠出】 名詞 する動詞 遠くへ出かけること。例車で遠出をする。

トーテムポール 名詞 自分たちと特別な関係があるとされる動植物などを、えがいたり彫刻したりした柱。北米のネイティブアメリカンの風習。⇩図。▼英語 totem pole

トーテムポール

とおとうみ【遠江】 地名 昔の国の名。今の静岡県西部に当たる。

ドーナツ 名詞 小麦粉にさとう・たまご・牛乳などをまぜてこね、輪の形やボールなどの形にして油であげた菓子。ドーナッツ。▼英語 doughnut

トーナメント 名詞 運動競技の試合の方法の一つ。勝ったもの同士がじゅんじゅんに試合をしていって優勝を決めるやり方。類勝ち抜き。参考⇩1367ページ・リーグ戦。▼英語 tournament

とおのく【遠のく】 動詞 ❶遠くなる。例かみなりの音が遠のいた。❷関係がとぎれとぎれになる。そえんになる。例つきあいが遠のく。対①②近づく。近寄る。活用とおの・く。

とおのり【遠乗り】 名詞 する動詞 馬・自転車・自動車などに乗り、遠くまで出かけること。

ドーピング 名詞 スポーツ選手が、運動能力を高めるために特別な薬を使うこと。不正行為として禁止されている。▼英語 doping

とおぼえ【遠ぼえ】 名詞 する動詞 犬などが遠くで、また、遠くにむかって長くひびく声で鳴くこと。また、その声。ことば「負け犬の遠ぼえ」

とおまき【遠巻き】 名詞 その場所から少しはなれて、まわりをかこむこと。例さわぎを遠巻きにして見ている。

とおまわし【遠回し】 形容動詞 〔はっきり言わないで〕それとなく相手にわからせようとすること。例友人から遠回しに注意された。

とおまわり【遠回り】 名詞 する動詞 〔近い方の道を通らず〕遠い道を通っていくこと。例こちらの道を行くと、遠回りになる。

ドーム 名詞 まるい屋根。また、まるい屋根の建物。例大寺院のドーム。▼英語 dome

とおめ【遠目】 一 名詞 ❶遠くから見ること。また、そのときの感じ。例体形にとくちょうがあるので、遠目にもよくわかる。❷遠視。参考②はくだけた言い方。
二 形容動詞 ふつうより少し遠いようす。例遠めのボール。参考二はふつう「遠め」と書く。対近め。

とおめがきく【遠目がきく】 慣用句 遠くがよく見える。例遠目がきくし鼻もきく。

とおめがね【遠眼鏡】 名詞 望遠鏡。参考古い言い方。

とおり【通り】 一 名詞 ❶人や車の行き来する道。例通りに面した家。❷人や車の行き来。例人の通りの多い道。❸〔風や水などの〕流れ具合。例風の通りがよい。❹声などが伝わる具合。例通りのいい声。❺同じであること。それにちがいないこと。例きみの言うとおりだ。参考⑤は、ひらがなで書くことが多い。
二 助数詞 《数を表す言葉の下につけて》「…種類」の意味を表す言葉。例二通りの読み方。
注意「とうり」と書かないこと。

とおりあめ【通り雨】 名詞 さっとふって、すぐにやむ雨。例通り雨だから、ここで少し待とう。類夕立。

とおりあわせる【通り合わせる】 動詞 たまたまそこを通りかかる。例通り合わせた人に助けをもとめる。活用とおりあわ・せる。

とおりいっぺん【通り一遍】 名詞 形容動詞 ❶通りかかって、たまたま立ちよること。例通り一遍の旅行者。❷うわべだけで、心のこもっていないこと。ことば「通り一遍のあいさつ」

とおりがかり【通り掛かり】 名詞 ❶その場所をちょうど通ること。例通り掛かりの人に道をたずねる。❷よそへ行くとちゅう。通るつい

で。例通り掛かりにおじさんの家へよる。

とおりかかる【通り掛かる】動詞 ちょうどそこを通る。さしかかる。例学校の前を通り掛かると先生が出てこられた。活用 とおりかか・る。

とおりこす【通り越す】動詞 ❶ある場所を通って先へ行く。例うっかり目的地を通り越す。❷あるていどをこえる。例すずしいを通り越して寒い。活用 とおりこ・す。

とおりすがり【通りすがり】名詞 たまたまそこを通ること。例通りすがりにはいった店で、前からさがしていた品物を見つけた。

とおりすぎる【通り過ぎる】動詞 ある場所を通って先へ行く。例車が通り過ぎるのを待つ。活用 とおりす・ぎる。

とおりぬける【通り抜ける】動詞 通って、向こうへ出る。例公園を通り抜ける。活用 とおりぬ・ける。

とおりま【通り魔】名詞 ❶通りがかった人をきずつけて、さっとすがたを消すという化け物。❷通行人をとつぜんきずつけてにげる人。

とおる【通る】動詞 ❶〔あるところを〕すぎる。例家の前を通る。❷向こうへとどく。例鉄道が通る。❸一方からもう一つの方へぬける。例そでに手が通る。❹よく伝わる。例遠くまで通る声。❺広く人々に知れわたっている。例全国に名が通っている。❻わかる。りくつに合う。例意味の通らない文章。❼合格する。受け入れられる。例試験に通る。注意「とうる」と書かないこと。活用 とお・る。

トーン 名詞 音や声の調子。音調。また、色などの調子。色調。▼英語 tone

トおんきごう【ト音記号】名詞 音楽で、五線の左はしにあり、第二線（下から二番目の線）がト音であることをしめす記号。記号は「G」の変形したもので、「𝄞」とかく。類 へ音記号。⇩244ページ・楽譜（図）。

とか【都下】名詞 東京都の中で、二十三区以外の市町村。

とかい【都会】名詞 人口が多く、政治・経済・文化などの中心になっている、にぎやかで大きい町。例都会の生活。

どがいし【度外視】名詞 する動詞 考えに入れないこと。問題にしないこと。無視。例もうけを度外視して売る。

とがき【ト書き】名詞 きゃく本の中で、登場人物の動作や気持ちなどを説明してある言葉。参考 せりふのあとで、「…トなく」「…ト立ち上がる」などと書くことからいう。

とかく 副詞 する動詞 ❶あれやこれや。いろいろ。例とかくするうちに時間がきた。❷どうかすると。ややもすると。例人はとかくなまけやすい。

とかげ 名詞 ニホントカゲ。トカゲ科のはちゅう類。体は細く、尾が長い。四本の短い足がある。参考 敵に尾をおさえられると、尾を切ってにげるが、またはえてくる。漢字 蜥蜴。

とかす[1]【解かす】動詞 ❶みだれた髪の毛をととのえる。くしけずる。例髪を解かす。❷ゆるめる。ほぐす。例冷えた心を解かす。活用 とか・す。⇩使い分け（とく）。

とかす[2]【溶かす】動詞 かたまっているものを液体にする。例さとうを水に溶かす。参考「解かす」とも書く。活用 とか・す。⇩使い分け（とく）。

どかす 動詞 物を別の場所にうつす。どける。例いすの上の本をどかしてすわる。活用 どか・す。

どがすぎる【度が過ぎる】慣用句 ちょうどよいていどをこしている。いきすぎである。例いたずらの度が過ぎる。

どかっと 副詞 ❶重いものが、いきおいよく落ちるようす。例やねの雪がどかっと落ちる。❷一度にたくさん。例商売でどかっともうかる。参考 くだけた言い方。

どかどか 副詞（-と）❶多くの人が、足音を立てて、いきおいよく入ってくるようす。例教室にどかどかと入ってきた。❷物事が続けて起こるようす。例注文がどかどかくる。

とがめる 動詞 ❶あやまちや罪などをせめる。例失敗をとがめる。類 たしなめる。❷あやしく思って問いただす。例自転車に乗っていただけなのに、警官にとがめられた。活用 とが・める。

とがらす 動詞 ❶物の先を細く、するどくする。例えんぴつのしんをとがらす。❷〔心を〕細かい点までするどく働かす。例神経をとがらす。活用 とがら・す。

とがる 動詞 ❶先が細く、するどくなる。例先のとがった、ぼう。❷〔心が〕細かい点までするどく働く。例神経がとがる。❸ふきげんになる。おこる。例とがった声を出す。活用 とが・る。

どかん【土管】名詞 ねんどを焼いてつくった、

ことばあそび なぞなぞ㉓ フライパンの上にできる、白い雲に黄色の満月、なあに？

太いくだ。参考 下水管などに使う。

¹**とき** 名詞 トキ科の鳥。くちばしは黒くて長く、つばさのもとの方はうすべに色。かつては多くいたが、日本では野生のものは絶めつした。⇩図。参考 国際保護鳥・特別天然記念物になっている。

¹とき

²**とき**【時】名詞 ❶時間。また、時刻。例 時計が時をきざむ。❷時代。年代。例 子どもの時の話をする。❸その当時。そのころ。例 時の大臣。／時の人。❹季節。例 寒い時に生まれた。❺よい機会。ことば「時を待つ」❻場合。例 雨の時は中止する。

どき【土器】名詞 うわぐすりをかけないで焼いた、物を入れるうつわ。特に、大昔の人が使った焼き物。ことば「縄文土器」「弥生土器」

¹**ときあかす**【解き明かす】動詞 わからないことを調べて、はっきりさせる。例 事件のなぞを解き明かした。活用 ときあか・す。

²**ときあかす**【説き明かす】動詞 物事の意味や内容がわかるように話す。活用 ときあか・す。

ときいろ【とき色】名詞 うすべに色。あわいもも色。例 姉はとき色の着物がよく似合う。参考 トキの、つばさの色から。

ときおり【時折】副詞 あることがらが、たまにおこるようす。ときどき。例 時折雨もまじった、強い風がふく。

ときがかいけつする【時が解決する】慣用句 つらいことや苦しいことも、月日がたてば自然にわすれていくというたとえ。

とぎすます【研ぎ澄ます】動詞 ❶刃物をといで、よく切れるようにする。❷心の働きをするどくする。例 神経を研ぎ澄ます。活用 とぎすま・す。

ときたま【時たま】副詞 ときおり。たまに。例 時たま、犬の遠ぼえが聞こえる。

どぎつい 形容詞 〔いやな感じがするくらい〕とても強い。例 どぎつい色のきのこ。参考「ど」は意味を強める言葉。類 あくどい。活用 どぎつ・い。

ときどき【時時】一 名詞 そのとき、そのとき。例 時々の花がさきみだれる庭。二 副詞 たまに。ときおり。おりおり。例 晴れ時々くもり。／父は時々ギターをひく。参考 一 二とも、ふつう「時々」と書く。

どきどき 副詞(ーと) する動詞 〔はげしい運動・こわさ・喜びなどのために〕心臓のこどうがはやくなるようす。例 どきどきしながら自分の番を待っている。

ときとして【時として】副詞 ときには。たまには。例 ふだんは無口だが、時としてじょうだんを言うことがある。

ときとばあい【時と場合】連語 時期とそのときのようす。例 時と場合を考えて行動しなさい。

ことば博士になろう!

ときどき・しばしば・しじゅう

①友だちにときどき会っている。
②友だちにしばしば会っている。
③友だちにしじゅう会っている。

右の文では、①から順に友だちに会う回数が多くなっていきますね。くり返しの回数がどのていどかを表す言葉は、ほかにもたくさんあります。

①ときどきのなかま　たまに　ときおり　ときたま
②しばしばのなかま　たびたび　ちょいちょい　ちょくちょく
③しじゅうのなかま　いつも　たえず　つねに　ひっきりなしに

ときならぬ【時ならぬ】連語 ❶思いもよらぬ。とつぜんの。例 時ならぬ先生からの電話におどろいた。❷季節はずれの。その時期に合わない。例 時ならぬ春の大雪。

ときに【時に】一 副詞 〔いつもではないが〕たまに。例 きびしい人だが、時にやさしい。二 接続詞 話題を変えるときに使う言葉。例 時に、あの事件はどうなりましたか。

ときには【時には】連語 場合によっては。たまには。例 時にはけんかもする。

ときのうん【時の運】連語 そのときのなりゆ

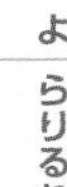

き。めぐりあわせ。ことば「勝負は時の運」

ときのこえ【ときの声】名詞〔たたかいのときなどに〕大ぜいの人が、いっせいにあげるさけびごえ。

ときのひと【時の人】連語 せけんで話題になっている人。例時の人としてテレビにでる。

ときはかねなり【時は金なり】ことわざ 時間はお金のように大切だから、けっしてむだに使ってはいけないというたとえ。参考 西洋のことわざ。

ときはなつ【解き放つ】動詞 しばりつけていたものを自由にさせる。解き放す。例古いしきたりから解き放つ。活用 ときはな・つ。

ときふせる【説き伏せる】動詞 よく説明して、自分の考えのとおりにさせる。例親を説き伏せて留学した。活用 ときふ・せる。

ときほぐす【解きほぐす】動詞 ❶もつれた糸などを、ゆるめてばらばらにする。例毛糸のかたまりを解きほぐす。❷こみいった問題などをわかりやすくする。例問題を解きほぐして説明する。❸かたくなな心をやわらげる。例笑いで気持ちを解きほぐす。活用 ときほぐ・す。

どぎまぎ 副詞(−と) する動詞 急なできごとなどに対して、あわてて、うろたえるようす。例とつぜんの質問にどぎまぎする。

ときめかす 動詞 ➡ 1ときめく。活用 ときめか・す。

ときめき 名詞〔喜びや期待などで〕どきどきすること。例心のときめき。

1 **ときめく** 動詞〔喜びや期待などで〕どきどきする。例むねがときめく。参考「ときめく」は自動詞。「ときめかす」とすると他動詞。例むねをときめかす。活用 ときめ・く。

2 **ときめく**【時めく】動詞 よい機会にめぐりあって、さかえる。例今を時めく人気作家。活用 ときめ・く。

どぎもをぬく【度肝を抜く】慣用句 びっくりさせる。例敵の度肝を抜くだいたんな作戦。

ドキュメンタリー 名詞〔ラジオ・テレビ・映画などで〕じっさいのようすをそのまま記録した作品。▼英語 documentary

1 **どきょう**【度胸】名詞 物事をおそれない心。例度胸のいい人。

2 **どきょう**【読経】名詞 する動詞 声を出してお経をよむこと。

ときょうそう【徒競走】名詞 かけっこ。例五十メートル徒競走。

とぎれとぎれ【と切れと切れ】副詞 形容動詞 とちゅうで何度も切れるようす。また、とちゅうで切れながらも続いているようす。例と切れと切れに話す。

とぎれる【と切れる】動詞 続いていたものが、とちゅうで切れたり、なくなったりする。例たよりがと切れた。活用 とぎ・れる。

ときわぎ【ときわ木】名詞 一年中、葉が緑色をしている木。常緑樹。例庭にときわ木が美しくしげる。参考 マツ・スギ・ツバキなど。対 落葉樹。

ときをうつさず【時を移さず】慣用句〔ある事があって〕すぐに。例時を移さず実行する。

ときをえる【時を得る】慣用句 よい機会にめぐまれてさかえる。時流にのる。例時を得た新商品。

ときをかせぐ【時を稼ぐ】慣用句 ほかのことで時間をひきのばして、物事のじゅんびなどを進める。時間をかせぐ。例質問をくり返して時を稼ぐ。

ときをきざむ【時を刻む】慣用句 時計のはりできざまれるようにして、こくこくと時がすぎていく。例大きな柱時計がゆったり時を刻む。

ときをつくる【時を作る】慣用句 おんどりが鳴いて、夜明けをつげる。

1 **とく**【得】一 名詞 りえき。もうけ。ことば「一文の得にもならない」対 損。二 名詞 形容動詞 都合のいいこと。例回数券を買ったほうが得だ。

2 **とく**【解く】動詞 ❶結んであるものをほどく。例なわを解く。対 結ぶ。❷〔ぬったりあんだりしてあるものを〕ほどいて分ける。例セーターを解いて、あみ直す。❸問題の答えを出す。例なぞを解く。❹〔いかりやうたがいなどを〕なくす。例誤解を解く。❺〔仕事や役目などを〕やめさせる。例会長の任を解く。❻自由にする。例城の囲みを解く。活用 と・く。⇩使い分け。

3 **とく**【溶く】動詞 液体にまぜて、とかす。例絵の具を水で溶く。活用 と・く。⇩使い分け。

4 **とく**【徳】名詞 ❶人としての正しい心やおこないがあって、人からしたわれる人がら。例徳の高い僧。❷人にめぐみをあたえるおこない。

ことば「徳をほどこす」

⁵**とく**【説く】動詞 よくわかるように話す。例 教育の重要性を説く。活用 と・く。⇩使い分け。

とぐ【研ぐ】動詞 ❶刃物をと石などでこすって、切れあじをよくする。例 ナイフを研ぐ。❷水の中でこすってあらう。例 米を研ぐ。❸みがいてつやを出す。例 鏡を研ぐ。活用 と・ぐ。

¹**どく** 動詞 その場所をはなれる。しりぞく。例 ちょっとどいてよ。活用 ど・く。

使い分け　とく

●ゆるめる。
なわを解く。

●液体にする。
絵の具を水で溶く。

●説明する。
理由を説く。

※とかす（解かす・溶かす）も同じように用いる。

²**どく**【毒】名詞 ❶健康や命の害になるもの。特に、毒薬。例 マムシの毒。ことば「毒をもる」❷人の心をきずつけるもの。よくないもの。例 毒のある言葉。❸ためにならないもの。例 この番組は子どもには毒だ。対 ①③薬。

¹**とくい**【特異】形容動詞 ❶ほかのものと、特にちがっているようす。例 特異な体質。❷特にすぐれているようす。例 特異な才能にめぐまれている。

²**とくい**【得意】名詞 形容動詞 ❶よくなれていて上手なこと。例 ギターが得意だ。／得意わざ。対 苦手。不得意。❷すぐれていると、じまんすること。例 得意になって胸をはる。❸望みどおりになって、満足すること。例 優勝して得意になる。対 失意。❹よく買ってくれる客。例 お得意さんにサービスをする。

とくいがお【得意顔】名詞 ほこらしげな顔つき。

とくいく【徳育】名詞 道徳を身につけさせる教育。対 知育。体育。

とくいさき【得意先】名詞 商売でひいきにしてくれる客。例 得意先を回る。

とくいまんめん【得意満面】四字熟語 ほこらしそうな気持ちが顔いっぱいに表れているようす。例 得意満面でじまん話をする。

どぐう【土偶】名詞 土でつくった人形。特に、人物をかたどった縄文時代のもの。⇩図。

どくえい【独泳】名詞 する動詞 一人で泳ぐこと。また、レースで、ほかの人を引きはなして一人だけ先頭を泳ぐこと。

どくえん【独演】名詞 する動詞 一人だけで、演芸や演説などをすること。例 名人の独演会。

土偶

どくがく【独学】名詞 する動詞 学校に行かず、先生にもつかないで、自分一人で勉強すること。例 独学でフランス語をおぼえた。

どくガス【毒ガス】名詞 人間や生物に有害な気体。特に、戦争で化学兵器となるガス。

とくがわいえみつ【徳川家光】人名（一六〇四～一六五一）江戸幕府の第三代将軍。家康がつくった武家諸法度をきびしくし、参勤交代の制度をしくなど、幕府のしくみをかんせいさせた。また、キリスト教のとりしまりを強め、一六三九年、鎖国令を出した。

とくがわいえやす【徳川家康】人名（一五四二～一六一六）戦国時代の武将・江戸幕府の第一代将軍。関ケ原の戦いで豊臣方をやぶり、江戸に幕府を開いた。武士が守るべき規則をさだめた武家諸法度をつくるなど、体制の土台をかためた。

とくがわじだい【徳川時代】名詞 ➡155ページ・えどじだい。

とくがわよしむね【徳川吉宗】人名（一六八四～一七五一）江戸幕府の第八代将軍。紀州藩に生まれ藩主となった後、将軍家をついだ。

享保の改革をおこなって、幕府の安定をはかった。

とくぎ【特技】名詞 自分が特に自信をもっていて、上手にできるわざ。

どくけ【毒気】名詞 ➡912ページ・どっけ。

どくけをぬかれる【毒気を抜かれる】慣用句 ➡912ページ・どっけをぬかれる。

どくご【読後】名詞 本をよんだ後。例 読後の感想を書く。

どくごかん【読後感】名詞 ある本をよんだ後に感じる気持ち。本の感想。

どくさい【独裁】名詞 する動詞 ❶自分一人の考えで決めること。❷一人、または、ある一部の人だけが権力をもっていること。類 専制。

とくさく【得策】名詞 うまいやり方。よい方法。例 相手をおこらせない方が得策だ。

とくさつ【特撮】名詞 「特殊撮影」の略。映画・テレビなどで、特別のしかけや技法を使って撮影して、じっさいにはありえないことを画面に表すこと。

どくさつ【毒殺】名詞 する動詞 毒薬を使って、人をころすこと。

とくさん【特産】名詞 特にその地方(だけ)で生産されること。また、その産物。例 特産品。

とくし【特使】名詞 〔国の元首などの代理として〕特別な役目をもったつかい。例 アメリカに政府の特使をおくる。

どくじ【独自】形容動詞 ほかのものとちがって、それだけが特別にもっているようす。例 日本独自の風習。類 独特。特有。

とくしか【篤志家】名詞 社会事業などに熱心な人。こまっている人や、きのどくな人への思いやりがある人。

とくしつ[1]【特質】名詞 そのものだけがもっている、特別な性質。例 金属の特質。

とくしつ[2]【得失】名詞 自分のものにすることと、なくすこと。利益と損失。ことば 「得失をろんじる」 類 利害。損益。

とくしまけん【徳島県】地名 四国地方東部の県。県庁所在地は徳島市。⇩916ページ・都道府県(図)。

とくしまし【徳島市】地名 徳島県の県庁所在地。⇩916ページ・都道府県(図)。

どくしゃ【読者】名詞 〔新聞・雑誌・書物などの〕読み手。読む人。

どくじゃ【毒蛇】名詞 きばから毒を出すヘビ。多くは頭の形が三角形。マムシ・ハブ・コブラなど。どくへび。

とくしゅ【特殊】形容動詞 ふつうのものと、ちがっていること。例 特殊な加工をほどこす。対 一般。一般的。

とくしゅう【特集】名詞 する動詞 〔新聞・雑誌・テレビなどで〕一つのことを特にとり上げて編集すること。また、その編集されたもの。例 ワールドカップを特集する。

どくしゅう【独習】名詞 する動詞 〔学校へ通ったり、先生に習ったりするのではなく〕自分一人で学び習うこと。例 ギターを独習する。類 自学自習。

どくしょ【読書】名詞 する動詞 本を読むこと。例 電車の中で読書する。/読書がしゅみだ。

とくしょう【特賞】名詞 一番上の特別な賞。一等賞の上の賞。

とくじょう【特上】名詞 特別に上等なこと。また、そのもの。例 特上のすし。

どくしょう【独唱】名詞 する動詞 〔音楽会などで〕一人で歌うこと。例 独唱会。類 独奏。対 合唱。

とくしょく【特色】名詞 ❶ほかのものと、特にちがっているところ。例 特色のある色づかい。❷ほかのものより、特にすぐれているところ。例 速さが特色だ。類 特性。

とくしょくがある【特色がある】連語 ほかのものより、特にすぐれている。例 この海岸は水がすんでいるという特色がある。

どくしょしゅうかん【読書週間】名詞 子どもたちがよい本を読んで、読書生活が向上するように決められた週間。毎年十月二十七日から十一月九日までの二週間。

どくしょのあき【読書の秋】名詞 夜が長くなる秋は、読書をする時間が十分にあって、読書によいきせつだということ。

とくしん【得心】名詞 する動詞 〔相手の言うことなどが〕よくわかって承知すること。類 納得。ことば ⇩「得心が行く」

どくしん【独身】名詞 結婚していないこと。また、その人。ひとりみ。

とくしんがいく【得心が行く】慣用句 心からなっとくする。よくわかる。例 得心が行くまで何回も質問する。

あいうえお
かきくけこ
さしすせそ
たちつてと
と
なにぬねの
はひふへほ
まみむめも
や
ゆ
よ
らりるれろ
わ
を
ん

ことばあそび なぞなぞ24 シャツの小さなあなから頭を出してがんばっているもの、なあに?

とくする【得する】動詞 利益をえる。活用 とく・する。

どくする【毒する】動詞 悪いえいきょうをあたえる。そこなう。例子どもの心を毒する本。活用 どく・する。

1 **とくせい**【特性】名詞 そのものだけがもっている、特別な性質。類特色。個性。

2 **とくせい**【特製】名詞 する動詞 特別に、つくること。例特製のケーキ。対並製。

どくせい【毒性】名詞 毒になる性質。例毒性の強いきのこ。

とくせつ【特設】名詞 する動詞 そのときだけ、特別にそなえておくこと。例イベントのため舞台を特設する。

どくぜつ【毒舌】名詞 ひどい悪口やひにく。また、それを言うこと。ことば「毒舌をふるう」類憎まれ口。

とくせん【特選】名詞 する動詞 ❶多くの中から特別にえらぶこと。また、特別にえらんだもの。例当店特選の品物。❷展覧会などで、特にすぐれているとしてえらばれること。また、その作品。例習字コンクールで特選になった。

どくせん【独占】名詞 する動詞 ❶ひとりじめにすること。例日本選手が上位を独占する。／話題を独占する。類専有。❷生産と市場を支配して、もうけをひとりじめにすること。

どくぜん【独善】名詞 自分だけが正しいと思いこみ、人の意見を聞かないこと。ひとりよがり。例そんな独善的な考え方では、みんなにきらわれてしまうよ。

どくそ【毒素】名詞 〔細菌がつくったり、動植物がくさったときにできたりする〕動物の体に毒になるもの。

1 **どくそう**【独走】名詞 する動詞 ❶〔競技などで〕一人だけで走ること。❷〔相手になるものがいないほど〕ほかのものを大きく引きはなして、一人で先頭を走ること。例トップを独走する。❸〔ほかの人のことは考えずに〕一人だけ勝手に行動すること。

2 **どくそう**【独奏】名詞 する動詞 一人で、または、一人が中心になってえんそうすること。例ピアノを独奏する。類独唱。対合奏。

3 **どくそう**【独創】名詞 する動詞 他人のまねではなく、自分で新しくつくり出すこと。また、つくり出したもの。例この画家の作品は独創性にみちている。

どくそうてき【独創的】形容動詞 〔人のまねをしないで〕自分の考えだけで新しいものをつくりだす力があるようす。また、その力によってつくられているようす。例独創的な絵。

とくそく【督促】名詞 する動詞 うながすこと。約束をはたすように急がせること。例手紙で督促する。類催促。

ドクター 名詞 ❶医者。医師。例父は市立病院のドクターです。❷博士。例アメリカの大学院でドクターの資格を取る。▼英語 doctor

ドクターストップ 名詞 ❶ボクシングで、たたかっている選手がけがをしたとき、医者が試合をやめさせること。例第五ラウンドで、ドクターストップがかかった。❷医者が、かん者に対して、そのおこないを制限すること。参考 英語の「ドクター」と「ストップ」を組み合わせて日本でつくった言葉。

とくだい【特大】名詞 特別に大きいこと。また、特別に大きいもの。例特大のケーキ。／特大サイズのシャツ。

とくだね【特種】名詞 その新聞社や出版社・放送局だけが特別に手に入れた記事の材料。

とくだわら【徳俵】名詞 相撲の土俵の一部で、東西南北にあたる部分の中央に、少し外にずらしてうめてあるたわら。

どくだん【独断】名詞 する動詞 〔人に相談せずに〕自分だけの考えで決めること。また、その考え。例独断で進める。

どくだんじょう【独壇場】名詞 その人だけが、思うままにふるまうことのできる場所や場面。ひとり舞台。例サッカーになるとかれの独壇場だ。語源 正しくは「独擅場（どくせんじょう）」だが、まちがって「どくだんじょう」と読まれ、「独壇場」と書かれるようになった言葉。

とぐち【戸口】名詞 建物・家などの出入り口。門口。

とくちゅう【特注】名詞 する動詞 「特別注文」の略。ふつうに売っている商品ではなく、材料やつくり方を指定してつくらせること。例特注品。

1 **とくちょう**【特長】名詞 ほかのものにくらべて、特にすぐれているところ。例各人の特長をいかす。注意 よい意味だけで使う。類特徴。⇩使い分け。

2 **とくちょう**【特徴】名詞 ほかのものとくらべ

て、特に目立つところ。例かれは声に特徴がある。類特長。⇩使い分け。

どくづく【毒突く】 動詞 ひどい悪口を直接言う。例はらを立てて毒突く。類ののしる。活用どくづ・く。

とくてい【特定】 名詞 する動詞 〔多くのものの中から〕特にそれと指定すること。また、特にそれと決められていること。例特定の人物。／写真で見た場所を特定する。

1 **とくてん【特典】** 名詞 特別の（よい）あつかい。例学生には割引の特典がある。類特権。

2 **とくてん【得点】** 名詞 する動詞 〔試合や試験などで〕点数をとること。また、そのとった点数。対失点。

×どくてん〔読点〕 ⬇892ページ・とうてん。

とくと【篤と】 副詞 よくよく。ねんをいれて。

使い分け　とくちょう

●すぐれているところ。
この本の特長。

●目立つところ。
かみの毛に特徴がある。

例品物を篤とごらんください。

とくとう【特等】 名詞 〔一等より上の〕特別すぐれた等級。例福引きで特等が当たった。

どくとく【独特・独得】 形容動詞 はっきりした特ちょうなどを、そのものだけが特別にもっているようす。例独特のふんい気がある。類独自。特有。

どくどくしい【毒毒しい】 形容詞 ❶いかにも毒がありそうなようす。例毒々しいきのこ。❷いかにもにくしみをふくんでいるようす。例毒々しい言葉。❸〔色などが〕こすぎて、いやな感じをうけるようす。例毒々しい色の服。参考ふつう「毒々しい」と書く。活用どくどくし・い。

どくどく 副詞(-と) 液体がいきおいよく流れ出るようす。例血がどくどくあふれる。

とくとくと【得得と】 副詞 得意になっているようす。例自分のてがら話を得々としゃべっている。参考ふつう「得々と」と書く。

とくに【特に】 副詞 多くあるものの中から、そのものだけをとり出して言うようす。例このまんがは特におもしろい。

どくにもくすりにもならない【毒にも薬にもならない】 慣用句 害にならないかわりに、ためにもならない。

どくは【読破】 名詞 する動詞 〔むずかしい書物や長い文章を〕終わりまで読み通すこと。例長編の「戦争と平和」を読破した。

とくばい【特売】 名詞 する動詞 特に安いねだんで、品物を売ること。例特売品。

とくはいん【特派員】 名詞 特別にその地にさしむけられた人。特に、その地のニュースを集め報告するために、外国にさしむけられた新聞・雑誌・放送などの記者。

どくはく【独白】 名詞 する動詞 ❶ひとりごとを言うこと。また、その言葉。例自分の部屋で独白する。❷劇で、相手なしにひとりでせりふを言うこと。また、そのせりふ。モノローグ。

とくひつ【特筆】 名詞 する動詞 特に目立つように書くこと。例特筆すべき大事件。

とくひつたいしょ【特筆大書】 四字熟語 特に目立つように、とり上げて書くこと。例特筆大書して多くの人に知らせる。

とくひょう【得票】 名詞 する動詞 選挙で、票をえること。また、その票の数。

どくぶつ【毒物】 名詞 毒のあるもの。例毒物の検査をする。

どくぶん【独文】 名詞 ❶ドイツ語で書かれた文章。❷ドイツ文学。また、ドイツ文学科。

とくべつ【特別】 副詞 形容動詞 ふつうとはちがって区別されるようす。例特別、大切にしている。／特別な理由がある。／特別に教えてあげよう。

とくべつきゅうこう【特別急行】 名詞 おもな駅だけに止まり、速度が速い列車。特急。

とくべつこっかい【特別国会】 名詞 衆議院解散の総選挙のあと、三十日以内に開かれる国会。新しい総理大臣が指名される。類通常国会。臨時国会。

とくべつしえんがっこう【特別支援学校】 名詞 心身に障害のある児童・生徒が学ぶ学校。

めの学校。

とくべつてんねんきねんぶつ【特別天然記念物】名詞 天然記念物のうち、特に重要なものとして指定されたもの。トキや、阿寒湖のマリモなど。

どくへび【毒蛇】名詞 ➡903ページ・どくじゃ。

とくほう【特報】名詞 する動詞 〔新聞やテレビなどで〕特別に知らせること。例 選挙特報。類 速報。

とくぼう【徳望】名詞 徳が高くて、人からしんらいされ、したわれること。例 おじは徳望があるので、責任のある仕事をまかされている。類 人望。

とくほん【読本】名詞 ❶明治時代から第二次世界大戦直後にかけての、国語の教科書のよび名。また、広く教科書ぜんたい。❷やさしく書いた手引きの本。入門書。例 文章読本。

どくみ【毒味・毒見】名詞 する動詞 ❶〔食べ物や飲み物に〕毒が入っていないか、ためしに食べたり飲んだりしてみること。❷あじみをすること。

どくむし【毒虫】名詞 毒をもっている虫。参考 ハチ・ムカデ・毛虫など。

とくめい[1]【特命】名詞 特別の命令や任命。例 特命を受けてヨーロッパにわたる。／特命全権大使。

とくめい[2]【匿名】名詞 本名をかくすこと。また、本名をかくして、つけた別の名前。

とくやく【特約】名詞 する動詞 〔利益をあたえることを条件に〕特別のけいやくをすること。例 会社で特約しているホテル。

どくやく【毒薬】名詞 体に入ったとき、少しの量でも命を失う危険のある薬。類 劇薬。

とくゆう【特有】形容動詞 そのものだけが特別にもっているようす。例 特有なにおいがある植物。類 独特。独自。

とくよう【徳用】名詞 形容動詞 ねだんのわりにとくなこと。わりやすなこと。例 徳用のお茶。

とくり【徳利】名詞 ➡912ページ・とっくり。

どくりつ【独立】名詞 する動詞 ❶ほかのものから、はなれてあること。例 独立した家屋。❷ほかからの助けや指図を受けずに、物事をしたり決めたりすること。例 独立国。／親から独立して、くらし始めた。

どくりつじそん【独立自尊】四字熟語 人にたよらず自力で物事をおこなって、自分のとうとさを守ること。

どくりつどっぽ【独立独歩】四字熟語 ほかの人の力をたよらないで、自分の思うとおりにすること。例 独立独歩の精神をやしなう。

どくりょく【独力】名詞 自分一人だけの力。自力。例 独力で犬小屋をつくった。

とくれい【特例】名詞 特別な場合。特にもうけた例外。例 特例としてみとめる。

とぐろ 名詞 ヘビがうずまきのような形に体をまくこと。また、そのようなようす。ことば「ヘビがとぐろをまく」

どくろ 名詞 長い年月がたって、肉や皮がおちて、ほねだけになった人間の頭。されこうべ。しゃれこうべ。

とぐろをまく【とぐろを巻く】慣用句 何人かの人が、用もないのにある場所に集まっている。例 店の前でとぐろを巻く。

どくをくらわばさらまで【毒を食らわば皿まで】ことわざ 〔どくを食うからには、それをのせた皿までなめるという意味から〕いったん悪いことをしたら、とことんやりとおすというたとえ。参考 開きなおった言い方。

どくをもってどくをせいす【毒をもって毒を制す】慣用句 〔毒の害をふせぐために、ほかの毒を使うことから〕悪いものをのぞくためにほかの悪いものを使うたとえ。

とげ 名詞 ❶〔植物のくき・葉、動物のひふ・からなどにある〕はりのように細くつき出ているもの。例 バラのとげ。❷細くてとがった、木や竹のかけら。例 指にささったとげをぬく。❸意地の悪さを感じさせること。また、そのような言葉。例 言い方にとげがある。

とけあう【溶け合う】動詞 物がとけて、まざり合う。例 コーヒーとミルクが溶け合う。活用 とけあ・う。

とけい【時計】名詞 時間をはかったり、時刻をしめしたりする器械。例 時計を見ると、もう八時をすぎていた。

とけいだい【時計台】名詞 大きい時計をそなえた高いとうのある建物。

とけいまわり【時計回り】名詞 時計のはりの進む方向にまわること。例 時計回りに走る。

とけこむ【溶け込む】動詞 ❶とけてまざってしまう。例 しおが溶け込んだ海水。❷心のへだたりがなくなり、親しくなる。うちとける。例 ふ

あいうえお かきくけこ さしすせそ たちつてと なにぬねの はひふへほ まみむめも や ゆ よ らりるれろ わ を ん

んいきに溶け込む。活用 とけこ・む。

どげざ【土下座】 名詞 する動詞 地面にひざまずいて、おじぎすること。例 土下座をしてあやまる。

とけつ【吐血】 名詞 する動詞 胃や食道などから出た血をはくこと。参考 肺から出た血は「かっ血」という。

とげとげしい 形容詞 話しぶりや動作にやさしさやゆとりがなく、とげでさすような意地悪な感じであるようす。例 とげとげしい声。活用 とげとげし・い。

1**とける【解ける】** 動詞 ❶〔結んであるものや、もつれているものが〕ほどける。例 くつのひもが解ける。❷〔いかりや、うらみなどが〕なくなる。例 弟へのうたがいは解けた。❸わからなかったものがわかる。答えが出る。例 なぞが解ける。❹〔おさえられたり、止められたりしていたものがなくなり〕自由になる。例 外出禁止令が解ける。活用 と・ける。⇩使い分け。

2**とける【溶ける】** 動詞 ❶固体が液体になる。例 氷が溶ける。❷液体に、ほかのものがまざる。例 さとうは水に溶ける。参考 ①②「解ける」とも書く。活用 と・ける。⇩使い分け。

とげる【遂げる】 動詞 ❶〔めざしたことを〕すっかりやってしまう。はたす。ことば「目的を遂げる」❷ある結果になる。ことば「進歩を遂げる」活用 と・げる。

どける 動詞 動かしてほかの場所へうつす。物をとりのける。どかす。例 車をどけてくれ。活用 ど・ける。

とこ【床】 名詞 ❶ねどこ。例 床につく。❷とこのま。❸なえを育てるところ。なえどこ。

使い分け　とける

●答えが出る。
問題が解けた。

●液体とまざりあう。
さとうが溶ける。

どこ 代名詞 どの場所。例 どこにでも売っている。／どこへ行くの。参考「こそあど言葉」の一つ。

とこあげ【床上げ】 名詞 する動詞 長い間の病気などがなおって、ねどこをとりはらうこと。また、その祝い。とこばらい。

とこう【渡航】 名詞 する動詞 船や飛行機で、海をわたって外国に行くこと。

どこか 連語 はっきりとはわからない場所や物事をさす言葉。例 どこかで休もう。

どこからともなく 副詞 どこからか、はっきりしているわけではなく。例 どこからともなく現れた。

とこしえ 形容動詞 いつまでもかわらずに長く続くようす。例 とこしえの友情をちかう。参考 文学的な言い方。

どことなく 副詞 はっきりこうだとはいえないが。なんとなく。例 どことなくへんな気がする。

とことん ■一 名詞 物事の最後。ぎりぎりのところ。例 とことんまでやりぬく。■二 副詞 てってい的に。どこまでも。例 とことんやってみる。

とこなつ【常夏】 名詞 一年中、いつも夏のようであること。例 常夏の国ハワイ。

とこにつく【床に就く】 慣用句 ❶ねどこに入って、ねる。例 ゆうべは早く床に就いた。❷病気になってねこむ。例 ちょっとしたかぜがもとで床に就いた。

どこのうまのほね【どこの馬の骨】 慣用句 身元のはっきりしない相手をののしる言葉。例 あれは、どこの馬の骨かわからない男だ。

とこのま【床の間】 名詞 ざしきの正面の床をいちだん高くしたところ。参考 かけじく・おきもの・いけ花などをかざる。⇩図。

床の間

どこふくかぜ【どこ吹く風】 慣用句 人の言うことやすることなどを、少しも気にしないようす。例 注意してもどこ吹く風といった顔をしている。

どこもかしこも 連語 いたるところ。どこもかも。例 町は、どこもかしこも人であふれてい

ことばあそび　なぞなぞ㉕　一週間に二日しか使えない楽器、なあに？

た。

とこや【床屋】名詞 髪の毛をかってととのえたり、ひげをそったりする職業。また、その店。参考 今は、りよう室・りはつ店という。

ところ【所】名詞 ❶場所。例 わたしの家はここからすぐの所にあります。❷土地。例 所によって言い方がちがう。❸住んでいる家のある場所の名前。例 所、番地をはっきり書く。❹部分。例 その本の終わりの所を読みなさい。❺ある点。例 かれのほがらかな所が好きだ。❻時。場合。例 今日のところは見のがしてやる。❼ちょうどそのとき。例 今出かけるところだ。参考 ❻❼はふつう、ひらがなで書く。

どころ 助詞《「…どころではない」の形で》「まるでそのような程度や状態ではない」の意味を表す言葉。例 暑いどころ（のさわぎ）ではない（＝とてもあつい）。／いそがしくて遊ぶどころではない（＝遊んではいられない）。

ところが 一 接続詞 前の文にふくまれる予想・期待に反することを言うときに使う言葉。例 もう負けると思っていた。ところが、せり合ったすえに勝った。

二 助詞 あることをした結果おこる状態をしめす言葉。…たら。…けれども。例 訪ねたところが不在だった。参考 「が」を略して「ところ」の形でも用いる。

どころか 助詞 下に続くことがらを強調するために、前にのべたことがらを打ち消す意味を表す言葉。…と思ったら反対に。…ではなく…だ。例 たずねていったのに、話をするどころか会ってもくれなかった。

ところがき【所書き】名詞 住所をかきしるしたもの。また、住所。

ところかまわず【所構わず】副詞 どんな場所でも平気で。例 所構わず大声でさわぐ。

ところかわればしなかわる【所変われば品変わる】ことわざ 土地がちがうと、言葉や習慣などもみなちがってくる。

ところきらわず【所嫌わず】副詞 場所をえらばず。どこでもかまわず。例 所嫌わずさわぐ。

ところせましと【所狭しと】連語 その場所がせまく感じられるようす。例 商品を所狭しとならべる。

ところで 一 接続詞 急に話を変えるときに使う言葉。例 ところで、きみは何を食べていたの。

二 助詞 「もし…しても」の意味を表す言葉。例 行ったところでるすだろう。

ところてん 名詞 さらしたテングサを煮て、そのしるをかためた食べ物。細長く切り、すじょうゆなどをかけて食べる。漢字 心太。

ところどころ【所所】名詞 あちらこちら。あちこち。例 シャツの所々にどろがつく。／所々まちがいのある文章。参考 ふつう「所々」と書く。

ところをえる【所を得る】慣用句 その人にふさわしい地位や仕事につく。例 所を得てかつやくする。

どこんじょう【ど根性】名詞 なにごとにもくじけない強い心。例 生まれつきど根性がある。参考 「ど」は、ほかの言葉の上につけて意味を強める。

とさ【土佐】地名 昔の国の名。今の高知県全体に当たる。

とさか 名詞 ニワトリ・キジなどの頭の上にあるかんむりのようなもの。⇨図。

どさくさ 名詞 急な用事や事件などのため、混乱しているようす。例 引っこしのどさくさで日記をなくした。

とさか

とざす【閉ざす】動詞 ❶戸や門などをしめる。例 門を閉ざす。❷通れなくする。例 道を閉ざす。❸とじこめる。例 雪に閉ざされた地域。／心を閉ざす。活用 とざ・す。

どさまわり【どさ回り】名詞 劇団や芸人などが、地方をまわって客に見てもらうこと。また、地方ばかりをまわっている劇団。

とざん【登山】名詞 する動詞 〔楽しみのために〕山にのぼること。

どさんこ【ど産子】名詞 北海道で生まれ育った人。参考 「道産子」と書く。もとは北海道で生まれ育った馬のこと。

とし[1]【年】名詞 ❶時の単位。一年。十二か月。例 新しい年。❷年令。ことば 「年をとる（＝年令が増える）」

とし[2]【都市】名詞 人口が多く、政治・経済・文

化などの中心になっている大きな町。例 人口百万人の都市。

どじ 名詞 形容動詞 まぬけ。失敗。例 どじなやつ。

としうえ【年上】 名詞〔ある人より〕年令が多いこと。また、その人。対 年下。

としおいる【年老いる】 動詞 年をとる。例 年老いた祖母。活用 としお・いる。

としおとこ【年男】 名詞 その年のえとと同じ年に生まれた男の人。参考 節分の日に豆まきの役をするなどのならわしがあった。

としおんな【年女】 名詞 その年のえとと同じ年に生まれた女の人。

としがあける【年が明ける】 慣用句 新しい年になる。例 次の会合は、年が明けてからにしましょう。

としがあらたまる【年が改まる】 慣用句 ❶新しい年になる。❷年号がかわる。例 平成から令和に年が改まる。

としがいもなく【年がいもなく】 慣用句 年令に似合わずあさはかにも。例 年がいもなく社内運動会でがんばりすぎて、体がいたい。参考「年がい」はその年令にふさわしいおこないや考え方。

としかさ【年かさ】 名詞 形容動詞〔二人以上の年令をくらべたとき〕年令が上であること。また、その人。としうえ。

としかっこう【年格好】 名詞 その人を見たときに感じられる、だいたいの年令。例 三十ぐらいの年格好の人。

としがみ【年神】 名詞 正月に家々でまつる神。その年の福をもたらすとされる。

としけいかく【都市計画】 名詞 都市の交通・施設・住まいなどをととのえるための計画。

としご【年子】 名詞 同じ母親からうまれた一つちがいの子。

としこし【年越し】 名詞 する動詞 ❶その年をおくり、新しい年をむかえること。例 年越しのそば。❷おおみそかの夜。

としこしそば【年越しそば】 名詞 細く長く生きる、というえんぎをかついで、おおみそかの夜に食べるそば。

としごとに【年ごとに】 副詞 年が新しくなるたびに。毎年。年々。例 年ごとに人口が増えていく。

とじこむ【とじ込む】 動詞 ❶ばらばらの紙をとじて一つにまとめる。例 作文をとじ込んで残しておく。❷あとから、とじて入れる。例 雑誌にはがきをとじ込む。活用 とじこ・む。

とじこめる【閉じ込める】 動詞 ある場所に入れて、外に出られないようにする。例 トラをおりに閉じ込める。類 おしこめる。活用 とじこ・める。

とじこもる【閉じ籠もる】 動詞 家や部屋の中に入ったきりで、外に出ない。例 台風のときは、家に閉じ籠もっていた。活用 とじこも・る。

としごろ【年頃】 名詞 ❶〔何かをするのに〕ちょうどよい年令。例 遊びたい年頃。参考 女性が結婚するのにちょうどよい年令をいうこともある。❷およその年令。例 年頃は十才ぐらいだった。

としした【年下】 名詞〔ある人より〕年令が少ないこと。また、その人。年少。対 年上。

どじつ【土質】 名詞 土の性質。

としつき【年月】 名詞 なん年かの長い間。ねんげつ。さいげつ。例 長い年月が流れる。／年月を重ねる。

として 一 助詞 ❶「…の立場で」「…の資格で」という意味を表す言葉。例 友だちとして相談にのる。／学生としての義務をはたす。❷「どれも例外がない」という意味を表す言葉。例 だれひとりとしてうまくいかなかった。

二 連語「…と思って」という意味を表す言葉。例 部屋の中に入ろうとして戸をあけた。

どしどし 副詞 物事が切れめなく、次々と続くようす。また、物事を休みなくするようす。例 どしどし仕事をする。類 どんどん。

としとともに【年と共に】 連語 ❶年月がたつにつれて。例 年と共に町の様子がかわった。❷年令が加わるにつれて。例 年と共に美しくなる。

としとる【年取る】 動詞 ❶年がふえる。老いる。例 年取った祖父母。❷新年をむかえる。活用 としと・る。

としにはかてぬ【年には勝てぬ】 慣用句 年をとると体力がなくなり、わかいときのようなわけにはいかない。

としにふそくはない【年に不足はない】 慣用句 ❶十分に生きたので、いつ死んでもよい。❷年令の点から見て、なにかをするのに十分である。

あいうえお
かきくけこ
さしすせそ
たちつてと
と
なにぬねの
はひふへほ
まみむめも
や
ゆ
よ
らりるれろ
わ
を
ん

こたえ もっきん

としのいち【年の市】名詞 年末に、新年の松かざりや正月用の品物などを売る市。

としのくれ【年の暮れ】名詞 その年の終わりのころ。年末。年の瀬。

としのこう【年の功】名詞 年をとって経験をつみ、ちしきや物事を解決する力があること。例年の功で困難をきりぬけた。

としのころ【年の頃】名詞 だいたいの年令。例年の頃は六十くらい。

としのせ【年の瀬】名詞 年のくれ。

としはあらそえない【年は争えない】慣用句 気持ちはわかいつもりでも、体力や体つきはおとろえるものだ。

とじまり【戸締まり】名詞 する動詞 門や戸にかぎをかけ、あかないようにすること。

どしゃ【土砂】名詞 土とすな。例土砂災害。

どしゃくずれ【土砂崩れ】名詞 長雨や大水などで、山などの土砂がくずれること。

どしゃぶり【土砂降り】名詞 雨がはげしくふること。また、その雨。例外はどしゃ降りだ。参考「どしゃ降り」と書くことが多い。

としゅたいそう【徒手体操】名詞 器械や道具を使わないでおこなう体操。対器械体操。

としょ【図書】名詞 本。書物。例関連図書。／図書室。

どじょう[1] 名詞 ドジョウ科の魚。田んぼなどにすむ。体は細長く、口のまわりにひげがある。食用にする。

どじょう[2]【土壌】名詞 土。特に、作物の育つ土。

どじょうひげ 名詞 ドジョウのひげのように、うすい口ひげ。

としょかん【図書館】名詞〔多くの人が読んだり、調べたりできるように〕いろいろな本や資料を集めてあるしせつ。

としょけん【図書券】名詞 金額などがしるされていて、本屋で図書が買える券。参考二〇〇五年に発行を終了し、プリペイドカードである図書カードに移行した。

としょしつ【図書室】名詞 学校などで、みんなが利用できるように本をしまっておく部屋。

としより【年寄り】名詞 ❶年をとった人。老人。例お年寄りが多い。類老体。❷相撲で、力士を指導したり、育てたりする人。参考②は引退した力士がなる。「年寄」と書く。

としよりのひやみず【年寄りの冷や水】ことわざ 年をとった人が、無理してあぶないこ

ことば博士になろう！

言葉の中に登場する動物

ドジョウには、口のところにひげのようなものがあります。ドジョウの「ひげ」に似た、まばらな口ひげのことを「どじょうひげ」といいます。「がま口」というのは、口金のついている小銭入れです。口が、ガマガエルの口の形に似ているからです。

ほかにも、「くま手」「みみずばれ」「こうもりがさ」など、言葉の中には動物がいろいろいるのです。

とをしたり出しゃばったりすること。

とじる[1] 動詞〔紙などを〕かさねて一つにつづりあわせる。例みんなの作文をとじて文集にする。活用と・じる。

とじる[2]【閉じる】動詞 ❶〔あけてあったり、広げてあったりしたものを〕しめる。ふさぐ。また、しまる。ふさがる。例教科書を閉じる。／目を閉じる。／門が閉じる。❷〔会などを〕終わりにする。例会合を閉じる。対①②開く。活用と・じる。

としをくう【年を食う】慣用句 年をとる。例だいぶ年を食った人。

としをこす【年を越す】慣用句 前の年をおくって新年をむかえる。

どじをふむ【どじを踏む】慣用句 ばかげた失敗をする。例とんでもないどじを踏む。参考くだけた言い方。

としをへる【年を経る】慣用句 ❶長い年月がたつ。例年を経て大木になる。❷年をとる。例年を経て老人になる。

としん【都心】名詞 都市の（にぎやかな）中心の場所。特に、東京都の中心部。

どしんと 副詞 重いものが、いきおいよくぶつかったり落ちたりするようす。また、そのときの音を表す言葉。どすんと。例車がへいにどしんとぶつかる。／岩がどしんと落ちる。

トス 名詞 する動詞 ❶硬貨などを投げ上げて、出るのが裏か表かで物事を決めること。コイントス。❷野球・バスケットボールなどで、近くの味方にボールを下からかるく投げて送ること。❸バ

レーボールのこうげきで、スパイクがうてるようにネット近くでボールをかるく上げること。▼英語 toss

どすう【度数】 名詞 ❶物事をした回数。例 漢字を使用した度数を調べる。❷温度や角度など、「度」で表すものをしめす数。例 体温計の度数。／ウイスキーの度数。

どすぐろい【どす黒い】 形容詞 ❶にごったように黒ずんでいる。例 どす黒いけむり。❷ひそかに悪だくみをするように、心がねじけているようす。例 どす黒いはかりごと。活用 どすぐろ・い。

どすんと 副詞 ➡どしんと。

どせい【土星】 名詞 太陽系の天体の一つ。八つのわく星の中で木星の次に大きい。まわりに大きな輪があり多くの衛星をもっている。参考 ⇨755ページ・太陽系(図)。

どせきりゅう【土石流】 名詞 山くずれやがけくずれなどのさいに、土や石が水といっしょに流れ出すこと。また、その流れ。

とそ 名詞 正月にのむ、薬草をひたした酒。おとそ。参考 サンショウ・キキョウ・ニッケイ・カンゾウなどの薬草をまぜたものを酒やみりんにひたしてつくる。

とそう【塗装】 名詞 する動詞 〔家具やかべなどを美しくするために〕ペンキやニスなどをぬったりふきつけたりすること。

どそう【土葬】 名詞 する動詞 死体を焼かずに、そのまま土の中にほうむること。

どぞう【土蔵】 名詞 かべを土やしっくいなどであつくぬりかためた、くら。

どそく【土足】 名詞 はきものをはいたままの足。また、土でよごれた足。例 土足は禁止だ。

どだい【土台】 一 名詞 ❶建物・橋などの一番下にあって、上の重みをささえる横木や石。❷物事の、きそ。例 医学の土台をきずく。類 基盤。二 副詞 もともと。はじめから。例 勉強を少しもしないでよい点をとろうなんて、どだい無理な話だ。参考 二はふつう、ひらがなで書く。

とだえる【途絶える】 動詞 ❶続いていたものが、とちゅうで切れて、後が続かなくなる。例 通信が途絶える。❷行き来が、なくなる。例 台風のため、島との交通が途絶えた。活用 とだ・える。

とだな【戸棚】 名詞 前の方に戸をつけ、中にたなのある、物を入れるための家具。例 戸棚にしまう。

どたばた 副詞(−と) する動詞 ❶大きな音を立てたり大声を出したりして、さわがしいようす。また、その音を表す言葉。例 どたばた走る。❷あわて、さわぐようす。例 客がおしよせて、どたばたした。

¹とたん【途端】 名詞 〔あることをした〕ちょうどそのとき。例 家に帰りついたとたん、電話が鳴りだした。参考 ふつう、ひらがなで書く。

²トタン 名詞 うすい鉄板に「あえん」をめっきしてさびにくくしたもの。参考 屋根などに使う。類 ブリキ。▼ポルトガル語

どたんば【土壇場】 名詞 〔これ以上どうしようもない〕ぎりぎりのところ。例 生きるか死ぬかの土壇場。

とち【土地】 名詞 ❶田や畑の土。例 やせた土地。❷〔あるまとまった広さの〕地面。地所。例 家を建てる土地をさがす。❸その地方。例 知らない土地の話を聞く。

とちがら【土地柄】 名詞 その土地だけにみられる風習や気風。その土地の有様。例 人情のあつい土地柄。

とちぎけん【栃木県】 地名 関東地方北部の県。県庁所在地は宇都宮市。⇨916ページ・都道府県(図)。

とちのき【栃の木】 名詞 トチノキ科の木。葉は大きく、てのひらのように何まいにも分かれている。秋にまるい実がなる。

どちゃく【土着】 名詞 する動詞 その土地に〔先祖から〕ずっと住んでいること。また、住みつくこと。

とちゅう【途中】 名詞 ❶ある場所から目的地に着くまでの間。例 学校に行く途中で、近所のおばさんにあった。❷物事が続いている間。例 試合の途中で帰った。類 ①②中途。

¹とちょう【都庁】 名詞 東京都をおさめるための仕事をする役所。東京都庁。

²とちょう【登頂】 名詞 する動詞 ➡891ページ・とうちょう。

どちら 代名詞 ❶はっきり決まらない方向や場所をさす言葉。例 どちらへお出かけですか。❷二つ、または二つ以上のものの中から一つを選ぶときに使う言葉。例 チョコレート味とバニラ味、

ことばあそび なぞなぞ㉖ かたいよろいをきて、すなはまを横歩きしているもの、なあに？

どちらが好きですか。❸《「どちらさま」の形で》だれであるかわからない人をさす言葉。例 失礼ですがどちらさまでしょう。参考 ㋐①②は「どっち」よりも、ていねいな言い方。㋑「こそあど言葉」の一つ。

どちらかといえば【どちらかと言えば】連語 あえて言うならば。どちらかというと。例 どちらかと言えば、おとなしいせいかくだ。

とちる 動詞 ❶放送や演劇などで、せりふやしぐさをまちがえる。例 本番でとちる。❷やりそこなう。失敗する。例 入学試験でとちる。参考 くだけた言い方。活用 とち・る。

とっか【特価】名詞 ふつうより特別安いねだん。例 特価品。

どっかい【読解】名詞 する動詞 文章を読んで、その意味や内容を理解すること。例 読解力。／英文読解。

とっかえひっかえ【取っ換え引っ換え】名詞 あれこれと次々に取りかえるようす。参考「取りかえ引きかえ」が変化した形。

どっかと 副詞 ➡どっかり。

どっかり 副詞(-と) ❶重いものを下ろすようす。例 どっかりと、こしをおろす。❷大きくて重いものが、広い位置をしめているようす。例 どっかりと根をおろす。参考「どっかと」ともいう。

とっかん【突貫】名詞 する動詞 ❶ときの声を上げて敵陣につき進むこと。類 突進。突撃。❷〔とちゅうで休まず〕いっきにやってしまうこと。ことば「突貫工事」

とっき[1]【突起】名詞 する動詞 〔ある部分が〕つき出ること。また、つき出たもの。例 突起物。

とっき[2]【特記】名詞 する動詞 大切なこととして、特に書きしるすこと。ことば「特記事項」

とっきゅう【特急】名詞 ❶特に急いですること。例 この仕事は、特急でやってほしい。❷「特別急行」の略。

とっきょ【特許】名詞 新しい発明や改良などをした人や会社に、政府がそれを使う権利をあたえること。また、その権利。パテント。

ドッキング 名詞 する動詞 ❶人工衛星や宇宙船が宇宙で結合すること。❷二つのものが結びついて、一つになること。▼英語 docking

とつぐ【嫁ぐ】動詞 よめにいく。よめいりする。活用 とつ・ぐ。

ドック 名詞 ❶大きな船をつくったり、修理したりするための設備。図。❷病気をはやく見つけるために、体全体をくわしくしんさつする設備。例 人間ドック。▼英語 dock

ドック①

とっくに 副詞 ずっと前に。とうに。例 そんなこと、とっくに知っていた。

とっくみあい【取っ組み合い】名詞 する動詞 たがいにくみついて争うこと。ことば「取っ組み合いのけんか」

とっくり[1] 名詞 ❶日本酒をいれる、細長く口のせまい容器。参考「とくり」ともいう。❷えりが「とっくり①」の形に似たセーター。またそのえり。漢字 徳利。

とっくり[2] 副詞(-と) 落ち着いて、十分におこなうようす。例 とっくりとごらんください。

とっくん【特訓】名詞 する動詞 「特別訓練」の略。特別におこなうきびしい訓練。例 スポーツ大会にむけて特訓をする。

どっけ【毒気】名詞 ❶毒になる成分。例 きのこの毒気に当たる。❷人をふゆかいにさせるふんいき。また、悪意。例 毒気をふくんだ言い方。参考「どくけ」「どくき」「どっき」ともいう。

とつげき【突撃】名詞 する動詞 敵にむかって、はげしくせめこんでいくこと。例 突撃のらっぱが鳴る。類 突進。突貫。

どっけをぬかれる【毒気を抜かれる】慣用句 とてもおどろかされて、相手に働きかける気力がなくなる。どくけをぬかれる。

とっけん【特権】名詞 ある人にだけあたえられている、特別の権利。類 特典。

どっこい 感動詞 ❶力を入れるときなどのかけ声。どっこいしょ。例 うんとこどっこい。❷相手をさえぎって、止めるときの言葉。例 どっこい、そうはいかないぞ。

どっこいしょ 感動詞 ❶力を入れるときなどのかけ声。❷こしをおろしたり上げたりするときに、思わず口にする言葉。類 よいしょ。

どっこいどっこい 形容動詞 差がなくて、どちらがすぐれているとも、おとっているともいえな

いようす。例 実力はどっこいどっこいだ。参考 くだけた言い方。

とっこうやく【特効薬】名詞 ある病気やきずに、特別よくきく薬。

とっさ 名詞 ひじょうに短い間。しゅんかん。例 とっさのできごと。

とっさに 副詞 とても短い間におこなうようす。例 とっさに身をふせた。

どっさり 副詞(-と) 物がたくさんあるようす。例 おじさんからどっさりおみやげをもらった。

ドッジボール 名詞 二組みに分かれてコート内で一つのボールを投げ合い、相手の体に多く当てた方が勝ちになる競技。ドッチボール。▼英語 dodge ball

とっしゅつ【突出】名詞 する動詞 ❶目立つように、つき出ること。例 海に突出したみさき。❷急につきやぶって出ること。例 ガスが地中から突出する。❸ほかのものよりずぬけている。例 国語の成績が突出している。

とつじょ【突如】副詞 形容動詞 思いがけないことが急におこるようす。とつぜん。例 突如、爆発音が聞こえた。

どっしり 副詞(-と) する動詞 ❶重みを感じるようす。例 どっしりした体格。❷落ち着いて、おもおもしいようす。例 大きないすにどっしりとすわる。

とっしん【突進】名詞 する動詞 わき目もふらず、まっすぐにつき進むこと。例 ゴールめがけて突進する。類 突撃。突貫。まい進。

とつぜん【突然】副詞 思いがけない物事が急に起こるようす。例 突然、停電した。

とつぜんへんい【突然変異】名詞 親とちがった新しい形や性質がとつぜん子に表れて、それが遺伝すること。

とったん【突端】名詞 つき出たものの、先の部分。例 島の突端に灯台が見える。類 先端。

どっち 代名詞 ❶「どちら①」のくだけた言い方。例 トイレはどっちかな。❷「どちら②」のくだけた言い方。例 夏と冬、どっちが好きかな。

どっちつかず【どっち付かず】名詞 形容動詞 どちらとも決まらないこと。はっきりしないこと。例 賛成か反対かどっち付かずの返事。

どっちみち【どっち道】副詞 「どのみち」のくだけた言い方。例 かくしても、どっちみち知れることだ。

とっちめる 動詞 ひどくしかる。こらしめる。例 悪いやつらをとっちめる。参考 くだけた言い方。活用 とっち・める。

どっちもどっち 連語 どちらも同じていどで、差がないようす。例 どっちもどっちの成績だ。類 五十歩百歩。参考 どちらもあまりよくないときにいう。

とっちゃんぼうや【とっちゃん坊や】名詞 みかけや態度に子どもっぽいところがある大人の男の人。注意 おじさんのような子どもという意味ではない。

とっつき【取っ付き】名詞 ❶はじめて会ったときの感じ。例 とっつきが悪くてそんをする。ことば「とっつきにくい」❷一番手前。例 家に入ってとっつきの部屋。❸物事のはじめ。例 仕事のとっつき。参考 ふつう、ひらがなで書く。

[1]**とって** 連語 《「…にとって」の形で》…を中心として考えると。例 ぼくたちにとって一番大切なのは友だちだ。

[2]**とって**【取っ手】名詞 ドア・ひき出しなどについている、手でにぎるところ。類 つまみ。

とってい【突堤】名詞 陸から海や川に長くつき出した堤防。

とっておき【取って置き】名詞 特別なときがくるまで、大切にとっておくこと。また、そのもの。例 取って置きのお茶を出して、もてなす。参考「とっとき」ともいう。

とってかえす【取って返す】動詞 急いで引き返す。例 旅先から取って返す。活用 とってか・えす。

とってかわる【取って代わる】動詞 ある物・人にかわって、その地位をしめる。例 補欠の選手が正選手に取って代わった。活用 とってかわ・る。

とってつけたよう【取って付けたよう】慣用句 〔言葉や態度などが〕不自然で、わざとらしいようす。例 かたいふんいきをかえようと、取って付けたように笑った。

とっても 副詞 ➡とても。

[1]**どっと** 副詞 ❶多くの人が一度に声を上げるようす。例 みんながどっと笑った。❷多くの人や物事などが、一度におしよせるようす。例 話題の観光地に、人々がどっとおしよせた。❸急につかれが出たり、重い病気になったりするよう

す。例どっとつかれが出た。

²ドット 名詞 ❶コンピューターの画面などで、文字や図形をつくっている点。❷コンピューターなどで使う、ピリオド。「.」で表す。▼英語 dot

とっとき【取っとき】 名詞 ⇩とっておき。

とつとつと 副詞 ぎこちなく話すようす。とぎれとぎれに言葉を言うようす。例とつとつと、思い出を語る。

とっとと 副詞 おこないや歩みがとてもはやいようす。さっさと。例とっとと歩け。参考 多く、人をいそがせるときに使う。ぞんざいな言い方。

とっとりけん【鳥取県】 地名 中国地方北東部の県。県庁所在地は鳥取市。⇩916ページ・都道府県(図)。

とっとりし【鳥取市】 地名 鳥取県の県庁所在地。⇩916ページ・都道府県(図)。

とつにゅう【突入】 名詞 する動詞 いきおいよく入ること。例敵陣に突入する。

とっぱ【突破】 名詞 する動詞 ❶〔かこみなどを〕つきやぶって、進むこと。例馬に乗って敵陣を突破する。❷ある数量をこえること。例観客が十万人を突破した。

とっぱつ【突発】 名詞 する動詞 思いがけないことが急におこること。例大事件が突発する。

とっぱつてき【突発的】 形容動詞 思いがけないことが急におこるようす。例突発的な現象。

とっぴ【突飛】 形容動詞 ふつうでは考えつかないほど、かわっているようす。例突飛な行動をする。

とっぴょうしもない【突拍子もない】 慣用句 ふつうでは考えられない。例突拍子もないことを言う。

トッピング 名詞 する動詞 菓子や料理の上に、かざりにしたり味をととのえたりするためにのせるもの。また、それらをのせること。参考 アイスクリームにふりかけるチョコレートチップやピザにのせる具など。▼英語 topping

トップ 名詞 ❶一番目。先頭。例トップバッター。❷順番の最初。首位。例トップで大学を卒業した。❸国や会社などで、一番上の地位の人。例トップ会談。▼英語 top

とっぷう【突風】 名詞 急にふきつける強い風。例かんばんが突風にふきとばされた。類 旋風。

トップニュース 名詞 ❶新聞の一ページ目などの右上にのせる重要な記事。トップ記事。❷テレビやラジオのニュース番組で、一番はじめに放送するニュース。参考 英語の top news からだが、headline news というほうが多い。

とっぷり 副詞(-と) ❶日がしずんで、すっかり暗くなるようす。例日はとっぷりくれ、星が出た。❷あるものの中に入るようす。例とっぷりとお湯につかる。

どっぷり 副詞(-と) ❶水や湯などに、すっかりつかるようす。例どっぷりと温泉につかる。❷今の有様に満足しているようす。例古いやり方にどっぷりつかっている。

トップをきる【トップを切る】 慣用句 ❶競走で先頭を走る。❷真っ先にはじめる。例トップを切って開発する。

とつめんきょう【凸面鏡】 名詞 表面の真ん中が、まるくもり上がっているかがみ。広いはんいをうつせるので、自動車のバックミラーなどに使う。対 凹面鏡。

とつレンズ【凸レンズ】 名詞 〔虫めがねのように〕真ん中の部分がまわりよりあつくなっているレンズ。⇩図。参考 物を大きく見ることができる。対 凹レンズ。

凹レンズ

凸レンズ

どて【土手】 名詞 〔こうずいなどをふせぐために〕土を高く、長くつみ上げたもの。つつみ。

とてつもない 慣用句 ふつうでは考えられないような状態である。例とてつもない新記録が出た。/とてつもなく広いやしき。

とても 副詞 ❶どのようにしても、できないようす。参考 ①は、下に「…ない」などの打ち消しの言葉が続く。例そんなことは、とても言えない。❷ふつうの程度とのちがいが大きいようす。例とてもやさしい人。参考 ②は「とっても」ともいう。

とてもじゃないが 連語 どのようにしても。例とてもじゃないが、そんなにたくさん食べられない。参考 「とても」を強めた言い方。

どてら 名詞 ふつうの着物より少し大きめにしたて、わたを入れた和服。寒いときに着る。

とでん【都電】 名詞 東京都が事業としておこ

なっている、路面を走る電車。

とどう【徒党】(名詞)〔よくないことをするために〕集まった、仲間。ことば「徒党を組む」

とどうふけん【都道府県】(名詞)東京都・北海道・大阪府・京都府と、四十三の県をまとめていう言葉。⇩図（916ページ）。

とどく【届く】(動詞)❶〔送ったものが〕目的のところに着く。例小包が届く。❷あるところに行きつく。例天井に手が届く。❸十分に行きわたる。例手入れの届いた庭。❹〔願いなどが〕通じる。かなう。例思いが届く。活用とど・く。

とどけ【届け】(名詞)〔会社・学校などに〕とどけ出ること。また、その書類。例退会の届けを出す。

とどけさき【届け先】(名詞)品物などをとどける相手。

とどけでる【届け出る】(動詞)学校や役所などに、文書や口頭で伝える。例市役所に住所の変更を届け出る。活用とどけ・でる。

とどける【届ける】(動詞)❶決められた場所や相手に物が着くようにする。例手紙を届ける。❷きまりのとおりにさし出したり、もうし出たりする。例ひろったお金を交番に届ける。

とどこおる【滞る】(動詞)❶物事がつかえて進まない。例人手が足りず、工事が滞る。❷はらわなければならないお金がたまる。例家賃が滞る。活用とどこお・る。

¹ととのう【調う】(動詞)❶足りないものがなく、そろう。用意ができる。例食事の用意が調う。❷うまくまとまる。成立する。例商談が調う。活用ととの・う。⇩使い分け。

²ととのう【整う】(動詞)形がきちんとしている。また、みだれたところがなくなる。例整った文章。／呼吸が整う。活用ととの・う。⇩使い分け。

¹ととのえる【調える】(動詞)❶必要なものをそろえる。したくをする。例家具を調える。❷まとめる。成立させる。例縁組みを調える。活用ととの・える。⇩使い分け。

²ととのえる【整える】(動詞)みだれているものを、きちんとする。例身なりを整える。活用ととの・える。⇩使い分け。

とどのつまり 慣用句〔いろいろなことがあって〕けっきょくのところ。あげくのはて。語源魚のボラは、成長するにつれて、「おぼこ」「いな」「ぼら」などと名をかえ、さいごに「とど」となることから。

使い分け　ととのう

●そろう。
ざいりょうが調う。

●きちんとなる。
体調が整う。

使い分け　ととのえる

●そろえる。
家具を調える。

●きちんとする。
身なりを整える。

とどまる(動詞)❶そこを動かないでいる。例現地にとどまる。❷あるはんいから出ない。例意見をのべたにとどまる。活用とどま・る。

とどめ(名詞)のどなどの急所をさして、完全に息のねをとめること。ことば⇩「とどめを刺す」

とどめる(動詞)❶動いていたものをとめる。例足をとどめて、景色に見とれる。❷あとに残す。例子どものころのおもかげをとどめている。／歴史に名をとどめる。❸あるはんいから出ないようにする。それだけにする。例費用を千円以内にとどめる。／あやまりを指摘するだけにとどめる。活用とど・める。

とどめをさす【とどめを刺す】慣用句❶人をころすとき、さいごに急所をついて生きかえらないようにする。❷相手に大きな損害をあたえて、反撃できないようにする。例満塁ホーム

あいうえお　かきくけこ　さしすせそ　たちつてと　なにぬねの　はひふへほ　まみむめも　や　ゆ　よ　らりるれろ　わ　を　ん

ことばあそび　なぞなぞ㉗　何でもくっつけてしまう、とうめいな帯、なあに？

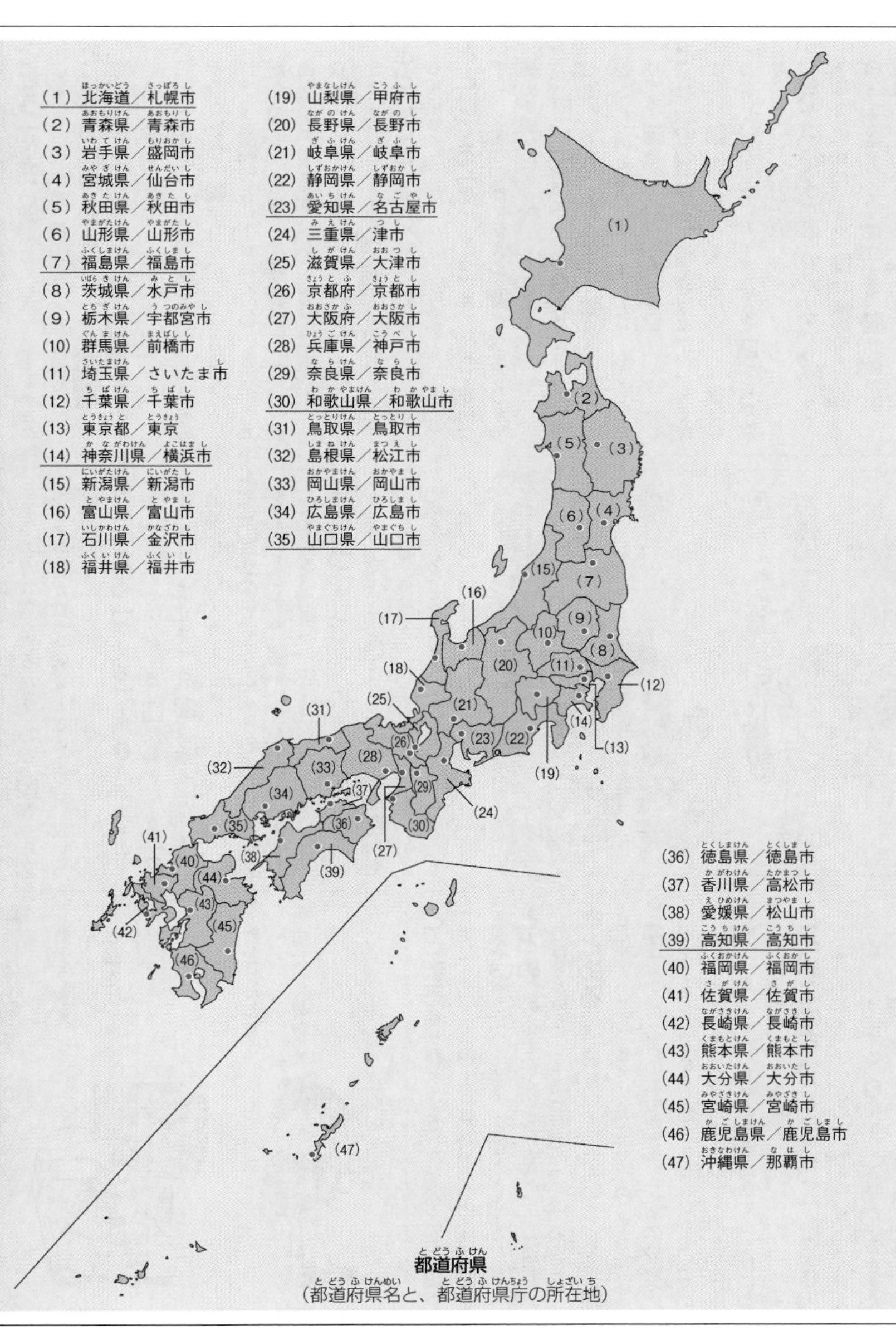
(1) 北海道／札幌市
(2) 青森県／青森市
(3) 岩手県／盛岡市
(4) 宮城県／仙台市
(5) 秋田県／秋田市
(6) 山形県／山形市
(7) 福島県／福島市
(8) 茨城県／水戸市
(9) 栃木県／宇都宮市
(10) 群馬県／前橋市
(11) 埼玉県／さいたま市
(12) 千葉県／千葉市
(13) 東京都／東京
(14) 神奈川県／横浜市
(15) 新潟県／新潟市
(16) 富山県／富山市
(17) 石川県／金沢市
(18) 福井県／福井市
(19) 山梨県／甲府市
(20) 長野県／長野市
(21) 岐阜県／岐阜市
(22) 静岡県／静岡市
(23) 愛知県／名古屋市
(24) 三重県／津市
(25) 滋賀県／大津市
(26) 京都府／京都市
(27) 大阪府／大阪市
(28) 兵庫県／神戸市
(29) 奈良県／奈良市
(30) 和歌山県／和歌山市
(31) 鳥取県／鳥取市
(32) 島根県／松江市
(33) 岡山県／岡山市
(34) 広島県／広島市
(35) 山口県／山口市
(36) 徳島県／徳島市
(37) 香川県／高松市
(38) 愛媛県／松山市
(39) 高知県／高知市
(40) 福岡県／福岡市
(41) 佐賀県／佐賀市
(42) 長崎県／長崎市
(43) 熊本県／熊本市
(44) 大分県／大分市
(45) 宮崎県／宮崎市
(46) 鹿児島県／鹿児島市
(47) 沖縄県／那覇市

都道府県
（都道府県名と、都道府県庁の所在地）

ランでとどめを刺す。❸《「―は…にとどめを刺す」の形で》…が一番すぐれている。例 自然のながめは秋にとどめを刺す。

とどろかす 動詞 ❶〔大きな音を〕ひびかせる。例 爆音をとどろかす。❷世間に広く知らせる。例 名を世界にとどろかす。❸どきどきさせる。例 胸をとどろかす。活用 とどろか・す。

とどろく 動詞 ❶音が鳴りひびく。例 かみなりの音がとどろく。❷世の中に知れわたる。例 名前が天下にとどろく。❸心臓がはげしくみゃくうつ。例 はっとして胸がとどろく。活用 とどろ・く。漢字 轟く。

ドナー 名詞 臓器や体の組織を提供する人。▼英語 donor

となえる【唱える】 動詞 ❶声に出して言う。例 念仏を唱える。❷大声で言う。例 ばんざいを唱える。❸〔人の先に立って〕自分の意見を強く言う。例 戦争反対を唱える。ことば「異を唱える」活用 とな・える。

トナカイ 名詞 シカ科の動物。北の寒い地方にむれをつくってすむ。おすにも、めすにも大きなつのがある。そりを引かせ、肉やちちを食用にする。▼アイヌ語

どなた 代名詞「だれ」の尊敬した言い方。例 あの方はどなたですか。

となり【隣】 名詞 ❶右または左にならんで、続いていること。また、その場所。例 隣の席。❷ならんで続いている家。例 隣の犬がほえている。参考「隣り合う」「隣り合わせ」などは「り」をおくる。

となりあわせ【隣り合わせ】 名詞 たがいにとなりであること。例 兄と隣り合わせにすわる。

となりぐみ【隣組】 名詞 第二次世界大戦のとき、国民をまとめ協力させるために町内会の下につくった住民の組織。

どなりこむ【怒鳴り込む】 動詞〔ほかの人の家などに出かけて行って〕はげしいいきおいでおこって、大きな声を出して文句を言う。例 クレーム客が怒鳴り込む。活用 どなりこ・む。

どなりたてる【怒鳴り立てる】 動詞 はげしくおこって、大きな声を出す。例 庭の方から怒鳴り立てる父の声が聞こえる。活用 どなりた・てる。

どなりつける【怒鳴り付ける】 動詞 はげしいいきおいで、しかる。例 いきなり怒鳴り付けられた。活用 どなりつ・ける。

となりのしばふはあおい【隣の芝生は青い】 ことわざ ほかの人のものはなんでもよく見えるたとえ。参考「となりの花は赤い」ともいう。

どなる【怒鳴る】 動詞 はげしい声でさけぶ。また、大声をあげて、おこる。例 電話に向かって怒鳴る。活用 どな・る。

とにかく 副詞 どんな事情があっても、それは別として。例 話は後にして、とにかく食事にしよう。

とにもかくにも 副詞 なににせよ。ともかく。例 とにもかくにもやるしかない。

とねがわ【利根川】 地名 関東平野を西北から南東へ流れ、銚子で太平洋にそそぐ、日本二位の長さの川。坂東太郎ともよばれる。

との【殿】 名詞 身分の高い人や主君をうやまっていう言葉。

どの[1] 連体詞 いくつかの中から選ぶときや、はっきりとしていない物や物事をさす言葉。例 どの色にしようかな。／大きさはどのくらいですか。参考「こそあど言葉」の一つ。

どの[2]**【殿】** 接尾語 名前の下につけて、うやまう気持ちを表す言葉。例 山川太郎殿。参考 手紙や公式の場面などで多く使われる。

どのう【土のう】 名詞 土をぎっしりつめたふくろ。参考 つみかさねて堤防などをつくる。⇩図。

土のう

とのさま【殿様】 名詞 ❶身分の高い人や主君をうやまってよぶ言葉。❷江戸時代、大名や旗本をうやまってよんだ言葉。

とのさまがえる【殿様がえる】 名詞 アカガエル科のカエル。おすのせなかは緑色で、こい茶色のすじとはんてんがある。

どのみち【どの道】 副詞 どちらにしても。どうせ。どっちみち。例 かくしごとをしても、どのみち見つかってしまう。

どのよう 連語 どんな様子。どんなふう。例 どのような結果になるか、まだわからない。

あいうえお かきくけこ さしすせそ たちつてと と なにぬねの はひふへほ まみむめも や ゆ よ らりるれろ わ を ん

とはいえ【とは言え】一 連語 そうはいっても。例春とは言え寒い。二 接続詞 けれども。例熱がある、とは言え、会社を休めない。

どばし【土橋】名詞 木で骨組みをつくり、上を土などでおおった橋。

とばす【飛ばす】一 動詞 ❶地面や手もとなどから、はなして空中を進ませる。例紙飛行機を飛ばす。❷はやく走らせる。例車を飛ばす。❸とちゅうをぬかして、先へ進む。例むずかしい問題を飛ばしてやる。❹〔うわさを〕言いふらす。例デマを飛ばす。
二 接尾語《動詞の下につけて》「はげしく…する」意味を表す言葉。例しかり飛ばす。活用 とば・す。

どはずれ【度外れ】名詞 ふつうのていどを、はるかにこえていること。なみはずれていること。例度外れな強さ。／度外れな大声。

とばっちり 名詞 ❶とびちる水やどろ。❷そばにいたために、思っていなかった悪い目にあうこと。例兄弟げんかのとばっちりを受ける。参考「とばしり（＝しぶき）」から変わった、くだけた言い方。

とはん【登坂】名詞 する動詞 ➡893ページ・とうはん。

とび 名詞 タカ科の鳥。体は茶かっ色で、白いまだらがある。人家の近くや海べりにすむ。くちばしは小さく、先が曲がっている。とんび。漢字 鳶。⇩図。

とびあがる【飛び上がる】動詞 ❶とんで空中へ上がる。例スズメが飛び上がる。対飛び下りる。❷〔突然の喜びやおどろきのため思わず〕はね上がる。おどり上がる。例合格の知らせに飛び上がってよろこぶ。活用 とびあが・る。参考②は「跳び上がる」とも書く。

とび

とびあるく【飛び歩く】動詞 急いで、あちらこちらを歩き回る。例町を飛び歩く。活用 とびある・く。

とびいし【飛び石】名詞〔日本庭園などで〕その上をあるけるように、間をおいてならべた平らな石。⇩1153ページ・踏み石(図)。

とびいり【飛び入り】名詞〔もよおしものなどに〕予定していなかった人が急に加わること。また、その人。例飛び入りで歌う。類番外。

とびいろ【とび色】名詞 少し黒みがかった茶色。茶かっ色。例とび色のひとみが美しい女性。参考トビの羽の色から。

とびうお【飛び魚】名詞 トビウオ科の魚。むなびれとはらびれが大きく、水面から高くとび上がることができる。⇩図。

とびおきる【飛び起きる】動詞 いきおいよく起き上がる。例目ざまし時計の音に飛び起きる。活用 とびお・きる。

とびおりる【飛び下りる・飛び降りる】動詞 ❶高いところから身をおどらせて、おりる。例台から飛び下りる。対飛び上がる。❷走っている乗り物からとんで、おりる。例車から飛び降りる。対飛び乗る。活用 とびお・りる。

飛び魚

とびかう【飛び交う】動詞〔多くのものが〕たがいに反対の方向に入りまじってとぶ。例川でホタルが飛び交っていた。／どなり声が飛び交う。活用 とびか・う。

とびかかる【飛び掛かる】動詞〔相手を攻撃するために〕いきおいよくとびつく。例ライオンがえものに飛び掛かる。活用 とびかか・る。

とびがたかをうむ【とびがたかを生む】ことわざ ➡936ページ・とんびがたかをうむ。

とびきゅう【飛び級】名詞 する動詞〔進学や進級のときに〕級を一つとばして上に進むこと。

とびきり【飛び切り】名詞 ❶一番すぐれていること。例飛び切りの料理を出す。❷なみはずれて。ずばぬけて。例飛び切りむずかしい問題。

とびぐち【とび口】名詞 木のぼうの先に、トビのくちばしのような形をした鉄のかぎをつけた道具。材木などをひっかけるのに使う。⇩図。

とびこえる【飛び越える・跳び越える】動詞 ❶間にあるものの上をとんで、こえる。と

びこす。例水たまりを跳び越える。❷ある順番などをぬかして、先へ進む。とびこす。例せんぱいを飛び越えて出世する。活用 とびこ・える。

とび口

とびこす【飛び越す】動詞 ⬇とびこえる。活用 とびこ・す。

とびこみ【飛び込み】名詞 ❶とびこむこと。❷水泳競技の種目の一つ。飛び込み台からプールにとびこむ形や美しさをきそうもの。ダイビング。❸物事がとつぜんおこること。例飛び込みで予定にない会議がはじめられた。

とびこむ【飛び込む】動詞 ❶外からとんできて、中に入る。例鳥が部屋の中に飛び込む。❷身をおどらせて、中に入る。例海に飛び込む。❸いきおいよく入る。例夕立にあい、のき下に飛び込む。❹自分から進んで、その物事にかかわる。例政治の世界に飛び込む。活用 とびこ・む。

とびさる【飛び去る】動詞 とんで行ってしまう。例ツバメは南の国に飛び去った。活用 とびさ・る。

とびしょく【とび職】名詞 土木工事や建築工事で、足場を組み立てたり、くい打ちをしたりする人。とびのもの。

とびだす【飛び出す】動詞 ❶いきおいよく外に出る。例ホースから水が飛び出す。❷ある場所から、急に出て行く。例けんかをして家を飛び出す。❸外側へつき出る。例目玉が飛び出すほどねだんが高い。❹急にあらわれ出る。例車の前に、ネコが飛び出す。活用 とびだ・す。

とびたつ【飛び立つ】動詞 ❶とんで、その場からはなれる。例飛行機が飛び立つ。❷うれしさで心が落ち着かないでいる。心がおどる。例飛び立つ思いで出発をまつ。活用 とびた・つ。

とびち【飛び地】名詞 ほかの区画の中に、飛びはなれてある領地や地区。

とびちる【飛び散る】動詞 とんであちこちにちる。例火花が飛び散る。／しぶきが飛び散る。活用 とびち・る。

とびつく【飛び付く】動詞 ❶とびあがってとりつく。いきおいよくすがりつく。例子どもが先生のせなかに飛び付く。❷自分のものにしようとする行動をとる。例好きなものだとすぐ飛び付く。活用 とびつ・く。

トピック 名詞 話題。そのときみんなの話にさかんに出てくるできごと。トピックス。例今週のトピック。▼英語 topic

とびでる【飛び出る】動詞 いきおいよく外に出る。例知らせを聞いて、あわてて家を飛び出た。活用 とび・でる。

とびどうぐ【飛び道具】名詞 遠くからとばして敵をうつ武器。弓矢・鉄砲など。参考 古い言い方。

とびにあぶらあげをさらわれる【とびに油揚げをさらわれる】ことわざ ⬇936ページ・とんびにあぶらあげをさらわれる。

とびぬける【飛び抜ける】動詞 〔ほかのものにくらべて〕とてもすぐれている。例飛び抜けて、話がおもしろい。活用 とびぬ・ける。

とびのく【飛びのく】動詞 すばやく身をかわしてしりぞく。例水しぶきがかからないように飛びのく。活用 とびの・く。

とびのる【飛び乗る】動詞 ❶いきおいよく身をおどらせて乗る。例馬に飛び乗る。❷動いている物にとびつくようにして乗る。また、動き出す直前の乗り物に、急いで乗る。例電車に飛び乗る。対①②飛びおりる。活用 とびの・る。

とびばこ【跳び箱・飛び箱】名詞 体操用具の一つ。木でできた四角のわくをかさねた上に、布などをはった台をおいたもの。走ってきて、手をついてとびこす。

とびひ【飛び火】一 名詞 する動詞 ❶火事のとき、火のこがとんで、はなれたところにもえうつること。また、その火のこ。❷事件などのえいきょうが、関係がないと思われていた人のところまでおよんでいくこと。例事件は意外なところまで飛び火した。二 名詞 ひふの感染症。水ぶくれが次々とでき、やがて、かさぶたになる。子どもがかかりやすい。

とびまわる【飛び回る】動詞 ❶空中を飛んで回る。❷あちらこちらをかけ回る。例いそがしそうに会社内を飛び回る。❸ある目的のために、あちらこちらをいそがしく歩き回る。例商品の販売のために全国を飛び回る。活用 とび

ことばあそび なぞなぞ㉘ ドアをこわすとあまい水がながれ出すもの、なあに？

まわ・る。

どひょう【土俵】名詞 ❶土をつめた、たわら。❷相撲をとるために、土をつめたたわらでまわりをまるくかこったところ。

どひょういり【土俵入り】名詞 相撲で、力士が化粧まわしをつけて、土俵でおこなう儀式。横綱の土俵入りと、幕内力士の土俵入りとがある。

どひょうぎわ【土俵際】名詞 ❶相撲の土俵の中と外のさかい目。例 土俵際でうっちゃる。❷物事が成功するかしないかのさかい目。例 負けるか勝つかの土俵際。

とびら【扉】名詞 ❶ひらき戸。ドア。❷本の見返しの次のページ。参考 本の題や作者の名などが書いてある。

どびん【土瓶】名詞 湯や茶をゆのみにつぐための、とうきのうつわ。参考 きゅうすより少し大きく、「つる」がついている。⇩図。

土瓶

¹とぶ【飛ぶ】動詞 ❶〔鳥や飛行機などが〕空中を行く。例 ジェット機が飛ぶ。／ツバメが飛んでいる。❷風にふかれて空中に上がる。例 紙くずが飛ぶ。❸はねて、ちらばる。例 火花が飛んだ。❹はやく走る。はやく行く。例 ちこくしそうになって、飛んで行く。❺間をぬかして先へうつる。例 本のページが飛んでいる。❻世の中に広まる。すばやく伝わる。例 うわさが飛ぶ。活用 と・ぶ。⇩使い分け。

²とぶ【跳ぶ】動詞 ❶はずみをつけて、足ではね上がる。例 カエルがぴょんと跳ぶ。❷足ではね上がって、こえる。例 みぞを跳んで、こえた。活用 と・ぶ。⇩使い分け。

どぶ 名詞 雨水や汚水などが流れるみぞ。下水。

とぶくろ【戸袋】名詞 しきいのはしにある、雨戸をしまうところ。⇩図。

とぶとりあとをにごさず【飛ぶ鳥跡を濁さず】ことわざ ➡772ページ・たつとりあとをにごさず。

とぶとりをおとすいきおい【飛ぶ鳥を落とす勢い】慣用句 いきおいや権力がとても強いようす。参考「飛ぶ鳥も落とす勢い」ともいう。

使い分け　とぶ

●空中を行く。
鳥が飛ぶ。

●はね上がる。
カエルが跳ぶ。

とぶようにうれる【飛ぶように売れる】慣用句 どんどん売れる。例 子どもに人気の商品が飛ぶように売れる。

戸袋

どぶろく 名詞 米を原料にしてつくり、かすをこしていない酒。白くてどろりとしている。

とべい【渡米】名詞 する動詞 アメリカ合衆国へ行くこと。例 語学留学で渡米する。

どべい【土塀】名詞 土でつくったへい。

とほ【徒歩】名詞 〔乗り物を使わないで〕歩いて行くこと。例 徒歩で通学している。

とほうにくれる【途方に暮れる】慣用句 どうしたらよいかわからなくなって、こまる。例 道にまよって途方に暮れている。

とほうもない【途方もない】慣用句 ❶道理に合わない。例 途方もない考えだ。❷ていどが、ふつうとかけはなれているようす。例 途方もない大きな望みをもつ。

どぼく【土木】名詞 材木・石・鉄・土などを使って、家・道路・橋などをつくる仕事。例 土木工事。

とぼける 動詞 ❶わざと知らないふりをする。例 何も知らないと言ってとぼけている。❷ばか

げているように思わせる。例 とぼけたじょうだんを言う。活用 とぼ・ける。

とぼしい【乏しい】形容詞 少ない。足りない。例 資源が乏しい。活用 とぼし・い。

どぼっと 副詞 どろりとした液体の中に落ちて入るようす。また、どろりとした液体をかけたり、こぼしたりするようす。例 ぬかるみにどぼっと足をふみこむ。／ソースをどぼっとかける。

とぼとぼ 副詞(-と) 元気なく歩くようす。例 一人、とぼとぼ歩く。

どま【土間】名詞 家の中で床をはっていない、地面のままのところ。

トマト 名詞 ナス科の植物。夏、黄色の花がさき、赤または黄色の実がなる。なまのまま食べたりにこみ料理にしたりするほか、ケチャップやジュースにする。▼英語 tomato

とまどう【戸惑う・途惑う】動詞 どうしたらよいかわからず、まよう。例 初めての場所で戸惑うばかりだ。活用 とまど・う。

とまり【泊まり】名詞 ❶とまること。例 泊まりの客。❷とまるところ。旅館。例 お泊まりはどちらですか。❸宿直。例 父はきょうは泊まりで家にいない。

とまりがけ【泊まり掛け】名詞 とまる予定で出かけること。例 泊まり掛けで温泉に行く。対 日帰り。

とまりぎ【止まり木】名詞 鳥かごや鳥小屋にある、鳥がとまれるようにとりつけた横木。

とまりこむ【泊まり込む】動詞 家に帰らないで、そのままそこにとまる。例 仕事で会社に泊まり込む。活用 とまりこ・む。

とまる[1]【止まる】動詞 ❶動いていたものが動かなくなる。例 時計が止まる。❷通じていたものが通じなくなる。例 水道が止まる。❸続いていたものが終わる。例 いたみが止まる。❹鳥などが、木や物につかまって休む。例 スズメが木のえだに止まる。活用 とま・る。⇩使い分け。

とまる[2]【留まる】動詞 心に残る。感じる。例 人かげが目に留まる。活用 とま・る。⇩使い分け。

とまる[3]【泊まる】動詞 ❶自分の家ではない、ほかのところで夜をすごす。例 親せきの家に泊まる。❷船がいかりを下ろす。例 沖に泊まっている大きな船。活用 とま・る。⇩使い分け。

とみ【富】名詞 ❶ざいさん。例 巨万の富をきずく。❷役に立つ資源。例 海の富を大事にする。

とみおかせいしじょう【富岡製糸場】名詞 一八七二(明治五)年、生糸を生産するために群馬県につくられた製糸工場。世界文化遺産。⇩695ページ・世界遺産(図)。

とみに 副詞 急に。にわかに。例 近ごろとみに体が弱ってきた。参考 古い言い方。

とむ【富む】動詞 ❶お金や品物がたくさんある。❷十分ある。ゆたかである。ことば「変化に富む」活用 と・む。

とむらい【弔い】名詞 ❶人の死をかなしみおしむこと。くやみ。例 弔いの言葉をのべる。❷そうしき。例 お弔いの列。

とむらいがっせん【弔い合戦】名詞 死んだ人のたましいをなぐさめたり、しかえしをしたりするために戦うこと。また、その戦い。

使い分け　とまる

●動かなくなる。
水道が止まる。

●残る。
目に留まる。

●宿泊する。
ホテルに泊まる。

とむらう【弔う】動詞 ❶人の死をかなしみ、おしむ。くやみをいう。例 友人の死を弔う。❷死んだ人のたましいをなぐさめる。例 先祖の霊を弔う。活用 とむら・う。

とめ【止め】名詞 漢字を書くときの終わり方。はらったりはねたりしないで、止めること。

とめがね【留め金・止め金】名詞 つぎめや合わせめがはなれないようにとめている金具。例 ハンドバッグの留め金。類 口金。

とめどなく 連語 終わることがなく。かぎりな

あいうえお かきくけこ さしすせそ たちつてと な にぬねの はひふへほ まみむめも や ゆ よ らりるれろ わ を ん

く。例なみだがとめどなく流れた。参考「とめどもなく」ともいう。

とめばり【留め針】 名詞 ❶さいほうをするとき、おりめなどにかりにさしておくはり。まちばり。❷ものを動かないようにとめるはり。ピン。

1 **とめる【止める】** 動詞 ❶動かないようにする。例車を止める。❷通じていたものを通じないようにする。例ガスを止める。❸続いていたものをやめさせる。例じゃ口をしめて、水を止める。❹何かしようとすることを、やめさせる。例外出を止める。活用と・める。⇩使い分け。

2 **とめる【留める】** 動詞〔心に〕残す。例そんなに気に留めるな。活用と・める。⇩使い分け。

3 **とめる【泊める】** 動詞 ❶人に宿をかす。例旅人を泊める。❷船を港にとどまらせる。例船を港に泊める。活用と・める。⇩使い分け。

1 **とも** 名詞 船の後ろの方。船尾。対へさき。⇩881ページ・伝馬船（図）。

2 **とも** 助詞 ❶たとえ…ても。例たとえどんなことがおころうとともここをはなれてはいけない。❷強くうけあう気持ちを表す言葉。もちろん。例ええ、行きますとも。❸助詞の「と」を強めた言い方。例中学生ともあろうものが、こんなことを知らないのか。

3 **とも【友】** 名詞 友だち。例友として忠告する。参考ややあらたまった言い方。

4 **とも【共】** 一 名詞 ❶いっしょ。同じ。例行動を共にする。❷同じ質であること。例共の布でつぎを当てる。
二 接頭語《ある言葉の上につけて》「いっしょに」「同じに」の意味を表す言葉。ことば「共だおれ」
三 接尾語 ❶《ある言葉の下につけて》「全部」「すべて」の意味を表す言葉。例五人共みんな元気だった。❷《ある言葉の下につけて》「…をふくめて」の意味を表す言葉。例期間は、本日共三日間。

5 **とも【供】** 名詞 目上の人や主人につきしたがっていくこと。また、その人。おとも。例社長のお供で中国へ行く。

使い分け　とめる

●動かないようにする。
車を止める。

●残るようにする。
心に留める。

●宿泊させる。
家に泊める。

ども 接尾語《人を表す言葉の下につけて》数の多いことや、相手を見くだしたり自分をへりくだったりする気持ちを表す言葉。例男ども。／私どもにはわかりません。

ともあれ 副詞 それはそれとして。そのことはともかく。例ともあれ、まずはよかった。／何はともあれ、いちど行ってみよう。

ともえ 名詞 おたまじゃくしのような形を、円の中にえがいた図案。漢字巴。参考⇩1256ページ・三つどもえ。

ともかく 副詞 ❶とにかく。例ともかく、話を聞いてみよう。❷…は、別にして。例一人ならともかく、三人もいたのに、だれも気がつかなかったのか。参考❷は、「…ならともかく」「…はともかく」などの形で用いる。

ともかせぎ【共稼ぎ】 名詞 する動詞 ⬇ともばたらき。

ともぎれ【共切れ】 名詞 まったく同じ布地。共布。例スカートと共切れのハンカチ。

ともぐい【共食い】 名詞 する動詞 ❶同じ仲間同士が、たがいにくいあうこと。例カマキリは共食いをする。❷同じ仲間で、たがいに利益を争って、どちらも損をすること。例安売り競争をしすぎて共食いになった。類共倒れ。

ともしび【ともし火】 名詞 明かりにするため火をつけたもの。明かり。漢字灯火。

ともす 動詞 明かりをつける。例庭に明かりをともす。活用とも・す。

ともすると 副詞 どうかすると。ややもすると。例ともするとくじけそうになる心をはげまして

くれた友だち。参考「ともすれば」ともいう。

ともすれば 副詞 ↓ともすると。

ともだおれ【共倒れ】 名詞 （商売などで）はげしく競争して、両方とも、やっていけなくなること。類共食い。

ともだち【友達】 名詞 （親しく）つき合っている人。例友達と遊ぶ。

ともづな【とも綱】 名詞 船をつないでおく、つな。参考船のとも（＝後ろの方）にある。⇩図。

とも綱

ともども【共共】 副詞 いっしょに。例親子共々、マラソンに参加する。参考ふつう「共々」と書く。

ともなう【伴う】 動詞 ❶つれて行く。また、ついて行く。例家来を伴って旅に出る。❷ついて回る。同時にもつ。例雨を伴ったはげしい風。活用ともな・う。

ともに【共に】 副詞 いっしょに。例共にまなび共に遊ぶ。

ともばたらき【共働き】 名詞 する動詞 夫婦がどちらもつとめに出て、くらしを立てること。ともかせぎ。

ともる 動詞 明かりがつく。例ネオンがともる。活用とも・る。

どもる 動詞 しゃべるとき、言葉がつかえたり同じ音をくり返したりして、なめらかに言えない。活用ども・る。

とやかく 副詞 あれこれと。なんのかのと。例あなたのことをとやかく言う人がいますが、わたしは気にしていません。

どやす 動詞 ❶どなりつける。例いたずらっ子を大声でどやす。❷うつ。なぐる。例思いっきりせなかをどやす。参考くだけた言い方。活用どや・す。

どやどや 副詞（-と） 多くの人が、さわがしく出てきたり、入ってきたりするようす。例観客がどやどやと会場に入ってくる。

とやまけん【富山県】 地名 中部地方北部にある日本海に面した県。県庁所在地は富山市。⇩916ページ・都道府県（図）。

とやまし【富山市】 地名 富山県の県庁所在地。⇩916ページ・都道府県（図）。

どよう【土用】 名詞 ❶雑節の一つ。立春・立夏・立秋・立冬の前の十八日間。❷特に、立秋の前の、夏の土用。夏のもっとも暑いとき。ことば⇩「土用波」「土用干し」

どようなみ【土用波】 名詞 夏の土用のころおこる高い波。参考南方でうまれた台風によってできた波のうねりが伝わったもの。

どようび【土曜日】 名詞 一週の最後の日。金曜日と日曜日の間の日。土曜。

どようぼし【土用干し】 名詞 夏の土用のころに、虫やかびをふせぐために、衣服や本を日にほしたり、風にあてたりすること。類虫干し。

とよとみひでよし【豊臣秀吉】 人名 （一五三六〜一五九八）戦国時代、安土桃山時代の武将。はじめ織田信長につかえたが、その死後、あとをついで全国統一をなしとげ、検地や刀狩りをおこなって政治を安定させた。また、外国との貿易をすすめるなど、商業の発達にも力をつくした。大坂城など土木事業をさかんにし、茶の湯など桃山文化を発展させた。わかいころは木下藤吉郎、ついで羽柴秀吉といった。のち、関白となり、豊臣を名のった。

どよめき 名詞 たくさんの人の声でざわざわとさわがしいこと。また、そのひびき。例会場にどよめきがおこった。

どよめく 動詞 ❶（大きな音や声が）鳴りひびく。例砲声が空にどよめいた。❷（多くの人が）一度に声を上げてさわぐ。例大観衆のどよめく中をマラソンランナーが競技場にはいってきた。活用どよめ・く。

とら[1]【虎】 名詞 ネコ科の動物。体は黄色で黒いしまもようがある。むれはつくらず、ほかの動物をおそって食べる。

とら[2]【寅】 名詞 ❶十二支の三番目。❷昔の時刻のよび名で、今の午前四時ごろ。また、その前後二時間。❸昔の方角のよび名で、東北東。⇩593ページ・十二支（図）。

どら 名詞 青銅でできた、おぼんの形をした打楽器。参考船が出るときのあいずや楽器として使う。⇩図。

とらい[1]【渡来】 名詞 する動詞 外国から海をわたって入って来ること。例中国から渡来した織物。

ことばあそび なぞなぞ㉙ 雨がふると骨をのばしてよろこぶもの、なあに？

／南蛮渡来の品。類 舶来。

²**トライ** 名 する動詞 ❶ためすこと。ためしにやってみること。例 むずかしい技にトライする。❷ラグビーで、相手のゴールライン内の地面にボールをつけること。もっとも高い得点になる。例 逆転のトライをきめる。▼英語 try

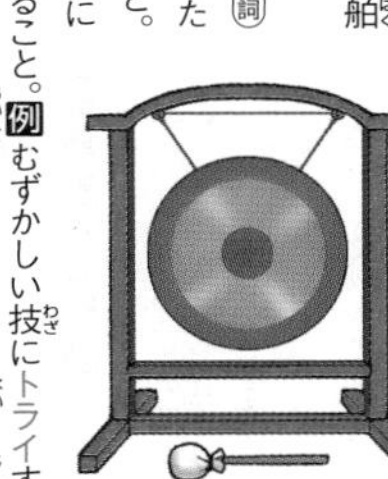
どら

ドライ 名 形容動詞 ❶義理やなさけにこだわらず、わりきって物事をおこなうようす。例 ドライな性格。❷しめりけのないようす。▼英語 dry

ドライアイス 名 二酸化炭素をひやしておしかためた白いもの。参考 気体になるときにまわりの熱をうばうので、物をひやすのに使う。▼英語 dry ice

トライアスロン 名 水泳・自転車・マラソンの三種目を続けておこなう競技。鉄人レース。▼英語 triathlon

トライアル 名 試合の前にためしにおこなわれる競技や競争。試技。試走。例 自動車レースのタイムトライアル。▼英語 trial

トライアングル 名 ❶三角形。❷三角形にまげた鉄のまるいぼうを金属のぼうでたたいて鳴らす打楽器。▼英語 triangle

ドライカレー 名 カレー粉・肉・野菜などをごはんといっしょにいためた料理。参考 英語を組み合わせて日本でつくった言葉。

ドライクリーニング 名 水のかわりに、蒸気やベンジンなどを使ってするせんたく。▼英語 dry cleaning

とらいじん【渡来人】 名 古代、外国（おもに朝鮮半島や中国大陸）から海をわたってやってきて、日本に住みついた人。

ドライバー 名 ❶ねじ回し。❷自動車を運転する人。▼英語 driver

ドライブ 名 する動詞 自動車で遠くへ遊びにいくこと。▼英語 drive

ドライブイン 名 ❶自動車で旅行する人が利用する、道路ぞいの休憩所やレストラン。広い駐車場がある。❷自動車に乗ったまま買い物をしたり映画を見たりすることのできる施設。アメリカに多い。▼英語 drive-in

ドライブウエー 名 観光のためにつくられた自動車用の道路。参考 日本で作った言葉。英語では driveway は自宅、あるいは、ガレージから表通りに出るまでの車用の道。

ドライフラワー 名 そのままの形でかわかした草花。また、それを使ったかざり。▼英語 dried flower

ドライヤー 名 かんそうき。特に、髪の毛をかわかすものをいう。▼英語 dryer

トラウマ 名 おそろしい目にあったために、心に深い傷をおうこと。精神的ショック。▼（ドイツ語から）trauma

とらえどころがない【捕らえどころがない】 慣用句 物事がよいか悪いかなどを、決めることができないようす。例 捕らえどころがない性格。

¹**とらえる【捉える】** 動詞 的確につかむ。例 文章の要点を捉える。活用 とら・える ⇩使い分け

²**とらえる【捕らえる】** 動詞 〔にげるものを〕とりおさえる。つかまえる。例 えものを捕らえる。活用 とら・える。⇩使い分け。

とらがり【虎刈り】 名 頭の毛のかりかたがふぞろいで、トラのしま模様のようにまだらに見えること。

トラクター 名 重いものをひっぱって運ぶ車。農業ではすきをつけて畑をたがやしたり、かり入れに使ったりする。▼英語 tractor

どらごえ【どら声】 名 太くてにごったこえ。類 だみ声。

使い分け　とらえる

●的確につかむ。
要点を捉える。

●とりおさえる。
犯人を捕らえる。

トラコーマ 名詞 目の感染症の一つ。目のうらの膜にぶつぶつができる。トラホーム。▼英語 trachoma

1**トラック** 名詞 荷物を運ぶ自動車。▼英語 truck

2**トラック** 名詞 陸上競技場で、走るのに使うところ。競走路。例 トラックを三周する。対 フィールド。▼英語 track

ドラッグストア 名詞 薬のほかに、化粧品・日用雑貨なども売る薬屋。▼英語 drugstore

ドラッグバント 名詞 野球で、バッターがバットを引くようにボールをかるくあてるバント。バッターもセーフになろうとする。▼英語 drag bunt

トラッピング 名詞 サッカーで、トラップすること。▼英語 trapping

トラップ 名詞 ❶わな。❷下水管から悪いにおいがもれないようにする装置。❸サッカーで、ボールをうけとめていきおいをとめ、自分のボールにする技。▼英語 trap

とらぬたぬきのかわざんよう【捕らぬたぬきの皮算用】ことわざ 〔つかまえてもいないタヌキの皮を、いくらで売ろうかと考えることから〕まだ手にしていないうちから、あれこれあてにして計算すること。

どらねこ【どら猫】名詞 食べ物をぬすむなどする、ずうずうしい、ネコ。また、のらネコ。

とらのいをかるきつね【虎の威を借るきつね】故事成語 〔自分には力がないのに〕強い人の力をたより、そのかげにかくれていばることのたとえ。例 兄がクラブの部長だからといっていばる弟は、まさに虎の威を借るきつねだ。

とらのおをふむ【虎の尾を踏む】慣用句 とても危険なことをすることのたとえ。例 虎の尾を踏むようなふるまい。

とらのこ【虎の子】名詞 〔トラは自分の子をとても大切にするとされることから〕大切にしまっている品物やお金。例 虎の子の千円で、どうしてもほしかった本を買った。

とらのまき【虎の巻】故事成語 ❶兵法の一番大事なことがらを書いたもの。❷教科書などの内容をわかりやすく解説した参考書。あんちょこ。

ドラフトせい【ドラフト制】名詞 プロ野球で新人選手を獲得するとき、すべての球団が集まって会議を開き、それぞれの選手への交渉権を指名・抽選などによって決める制度。新人選手選択制度。

1**トラブる** 動詞 故障をおこす。うまくいかなくなる。もめごとをおこす。例 車がトラブる。／友人とちょっとトラブった。参考 英語の「トラブル(trouble)」を動詞にしたもので、くだけた言い方。活用 トラブ・る。

2**トラブル** 名詞 ❶もめごと。ごたごた。例 友人とトラブルをおこした。❷機械のこしょう。例 エンジントラブル。▼英語 trouble

トラベリング 名詞 バスケットボールやポートボールで、ボールをもった選手がドリブルをしないで三歩以上歩く反則。▼英語 traveling

トラホーム 名詞 ↓トラコーマ。▼ドイツ語

ドラマ 名詞 ❶しばい。劇。例 ラジオドラマ。❷脚本。戯曲。▼英語 drama

ドラマチック 形容動詞 まるで劇を見ているように、心に強い感激をおこさせるようす。劇的。例 ドラマチックな再会。▼英語 dramatic

ドラム 名詞 ❶日本のたいこに似た、洋楽で使う打楽器。❷機械で、円筒形の部分。▼英語 drums

ドラムかん【ドラム缶】名詞 ガソリン・重油などを入れる鉄製の大きなかん。⇩図。

ドラム缶

どらやき【どら焼き】名詞 小麦粉・さとう・たまごをまぜて円形に焼いた二枚の皮の間に、あんこをはさんだ菓子。

とらわれる【捕らわれる】動詞 ❶〔敵などに〕つかまる。❷〔ある考え方や物事などに〕こだわって、ぬけ出せない。例 迷信に捕らわれる。活用 とらわ・れる。注意 送りがなに気をつける。

トランク 名詞 ❶大きな四角の旅行かばん。❷自動車の(うしろについている)、荷物を入れるところ。▼英語 trunk

トランクス 名詞 腰の部分にゴムの入っている、半ズボン型のパンツ。ボクシングなどのスポーツ用。また、男子用下着。▼英語 trunks

トランシーバー 名詞 けいたい用の無線通信機。▼英語 transceiver

トランジスタ 名詞 半導体の一部で、ゲルマニウムやシリコンの結晶片を使って、電波や電流の増幅・発振など、真空管と同じ働きをさせるもの。参考 ㋐小さくてかるく、性能がいいので、ラジオ・テレビ・コンピューター・スマートフォン・自動車などいろいろな機械に使われる。㋑「トランジスター」ともいう。▼英語 transistor

トランス 名詞 変圧器。参考 英語の「トランスフォーマー(transformer)」の略。

トランプ 名詞 西洋から伝わった、かるたの一種。クラブ・スペード・ダイヤ・ハートの四種類のカード十三まいずつとジョーカー一まいの五十三まいのカードを使って遊ぶ。また、その遊び。参考 英語の trump からだが、これは「切り札」をさす。トランプのカードゲームは cards という。

トランペット 名詞 金管楽器の一つ。小形のらっぱで、三つの弁があり、音は強くするどい。▼英語 trumpet

トランポリン 名詞 金属のわくに、ばねで弾力性の強いマットをとりつけた運動器具。また、その上でとび上がったり、空中回転などをしたりする競技。▼英語 trampoline

とり[1]【取り】一 接頭語 動詞について、意味を強めることば。例 取り調べる。／取りそろえる。二 名詞 寄席や歌謡ショーなどで、最後に登場すること。例 取りをつとめる。

とり[2]【酉】名詞 ❶十二支の十番目。ニワトリ。❷昔の時刻のよび名で、今の午後六時ごろ。また、その前後二時間。❸昔の方角のよび名で、西。❹「酉①」にあてはめた年や日。⇩593ページ・十二支(図)。

とり[3]【鳥】名詞 ❶つばさをもち、くちばしがあり、たまごをうむ動物。例 ペンギンは鳥だ。❷ニワトリ。また、ニワトリの肉。鳥肉。

とりあう【取り合う】動詞 ❶たがいにとる。例 手を取り合って、よろこぶ。❷争って、うばい合う。例 領地を取り合う。❸相手になる。例 係員が取り合ってくれない。活用 とりあ・う。

とりあえず【取りあえず】副詞 ほかのことはおいておいて、あることを先にするようす。例 いつになるかわからないが、取りあえずじゅんびをしておく。

とりあげる【取り上げる】動詞 ❶〔下に置いてあるものを〕手にとって持つ。例 つくえの上の新聞を取り上げる。❷意見や案を採用する。聞き入れる。例 社員の提案を取り上げる。❸むりやり取る。例 妹のおもちゃを取り上げる。❹特に問題にする。問題としてあつかう。例 今回はこの詩を取り上げて鑑賞する。参考 ②④は「採り上げる」とも書く。活用 とりあ・げる。

とりあつかい【取り扱い】名詞 とりあつかうこと。例 危険物の取り扱いには十分な注意がひつようだ。

とりあつかう【取り扱う】動詞 ❶〔機械・道具などを〕手で動かしたり使ったりする。例 ていねいに取り扱う。❷仕事として引き受けて、おこなう。例 窓口で取り扱う。❸もてなす。世話をする。例 重要人物として取り扱う。活用 とりあつか・う。

とりあわせ【取り合わせ】名詞 とりあわせること。例 色の取り合わせを考える。

とりあわせる【取り合わせる】動詞 いくつかのものを、つりあうように組み合わせる。例 花と鳥を取り合わせたデザイン。／魚と肉を上手に取り合わせた料理。活用 とりあわ・せる。

ドリアン 名詞 東南アジア原産の木。実は二十〜三十センチメートルで、からにはとげがあり、強いにおいがある。▼英語 durian

とりい【鳥居】名詞 神社の入り口に立てた門。木や石でつくる。⇩図。

とりいそぎ【取り急ぎ】副詞 「時間がないのでいそいで」の意味で、手紙に使う言葉。ことば 「取り急ぎお知らせします」

鳥居

トリートメント 名詞 髪の毛をあらった後の、髪の状態をよくするために使う液。参考 ⇩リンス。コンディショナー。▼英語 treatment

ドリーム 名詞 夢。▼英語 dream

とりいる【取り入る】動詞 ごきげんをとって、目上の人などに気に入られるようにする。例 政

あいうえお かきくけこ さしすせそ たちつてと なにぬねの はひふへほ まみむめも や ゆ よ らりるれろ わ を ん

治家に取り入る。活用 とりい・る。

とりいれ【取り入れ】名詞 ❶とりいれること。例新しい技術の取り入れがいそがれる。❷みのった作物をおさめること。収穫。例取り入れの秋。

とりいれぐち【取り入れ口】名詞 川や湖などから水を用水路に入れるところ、またその設備。発電・かんがい・水道などのためにつくる。取水口。

とりいれる【取り入れる】動詞 ❶〔外に出ているものを〕取って中に入れる。例せんたく物を取り入れる。類取りこむ。❷実ったイネ・ムギなどをかりとる。❸〔役に立つことなどを〕受け入れる。みちびき入れる。例外国の文化を取り入れる。参考❸は「採り入れる」とも書く。活用 とりい・れる。

とりインフルエンザ【鳥インフルエンザ】名詞 鳥インフルエンザウイルスによって、ニワトリ・アヒルなどがかかる感染症。人に感染することもある。

とりうちぼうし【鳥打ち帽子】名詞 前にひさしのついた、まるくて平たいぼうし。ハンチング。鳥打ち帽。⇩図。

鳥打ち帽子

とりえ【取り柄・取り得】名詞 役に立つところ。長所。例すなおなのが弟の取り柄です。

トリオ 名詞 ❶三重唱。または、三重奏。例ピアノトリオ。❷三人でできた一組み。例クリーンアップトリオ。▼英語（イタリア語から）trio

とりおい【鳥追い】名詞 正月十五日におこなう豊作をいのる行事。田畑をあらす鳥や虫をおいはらう歌を人々がうたい、家々を回って歩く。

とりおく【取り置く】動詞 別にとって、残しておく。とっておく。例商品を取り置いてもらう。活用 とりお・く。

とりおこなう【執り行う】動詞 式や祭りなどをおこなう。例儀式を執り行う。活用 とりおこな・う。参考 ややあらたまった言い方。

とりおさえる【取り押さえる】動詞 あばれるものなどをおさえて、動けなくする。例警官が犯人を取り押さえる。活用 とりおさ・える。

とりおとす【取り落とす】動詞 ❶持っている物をうっかりおとす。例びっくりして、皿を取り落とす。❷うっかりぬかす。例大事な名前をリストから取り落とす。活用 とりおと・す。

とりかえしがつかない【取り返しがつかない】慣用句 元どおりにすることができない。また、とりもどすことができない（ほど重大なようす）。例早く行かないと取り返しがつかないことになる。

とりかえす【取り返す】動詞 ❶ふたたび自分のものにする。とりもどす。例かした金を取り返す。❷ふたたび元へもどす。例人気を取り返す。活用 とりかえ・す。

とりかえる【取り替える・取り換える】動詞 ❶〔自分の物と相手の物を〕たがいにかえる。例妹と服を取り換える。❷別のものにかえる。例電池を取り替える。活用 とりか・える。

とりかかる【取り掛かる】動詞 ある行動をし始める。例調理に取り掛かる。活用 とりかか・る。参考「とり」は意味を強める言葉。

とりかご【鳥籠】名詞 鳥を入れてかうかご。

とりかこむ【取り囲む】動詞 まわりをすっかりかこむ。例敵の城を取り囲む。活用 とりかこ・む。参考「とり」は、意味を強める言葉。

とりかじ【取りかじ】名詞 船を左に進めるかじのとり方。対おもかじ。

とりかたづける【取り片付ける】動詞 ちらかっている物をきちんとする。せいとんする。例部屋の中を取り片付ける。活用 とりかたづ・ける。参考「とり」は意味を強める言葉。

とりかわす【取り交わす】動詞 たがいにやりとりする。こうかんする。例契約を取り交わす。参考「とり」は意味を強める言葉。活用 とりかわ・す。

とりき【取り木】名詞 木のえだをまげて土にうめ、根が出たら親木から切りはなして苗木をつくること。また、その苗木。類さし木。

とりきめ【取り決め】名詞 とり決めること。とり決めたこと。例支払い日の取り決めをする。

とりきめる【取り決める】動詞 〔相談して〕決める。また、約束する。例旅行の日程を取り決める。参考「とり」は意味を強める言葉。

ことばあそび なぞなぞ㉚ 春から初夏にかけてやってくる、えんび服を着た鳥、なあに？

活用 とりき・める。

とりくずす【取り崩す】動詞 ❶くずして取り去る。例 家を取り崩す。❷たくわえていたものを少しずつ取り出す。例 貯金を取り崩す。参考「とり」は意味を強める言葉。活用 とりくず・す。

とりくち【取り口】名詞 相撲をとるときの、とり方。

とりくみ【取り組み】名詞 ❶とりくむこと。例 むずかしい問題への取り組み。❷相撲で、対戦する組み合わせ。例 千秋楽の取組が決まる。参考 ❷は、ふつう「取組」と書く。

とりくむ【取り組む】動詞 ❶〔争って〕たがいに組み合う。例 たがいに武器をすてて取り組んだ。❷物事を一生けんめいにおこなう。例 算数の問題に取り組む。活用 とりく・む。

とりけし【取り消し】名詞 とりけすこと。なかったことにすること。例 予約の取り消し。

とりけす【取り消す】動詞 一度決めて、書いたり言ったりしたことを、なかったことにする。例 処分を取り消す。参考「とり」は意味を強める言葉。活用 とりけ・す。

とりこ 名詞 ❶いけどりになった人。いけどりにした敵。ほりょ。❷あるものに夢中になり、ほかのものに注意がむかない状態。また、そのような人。例 ゲームのとりこになる。

とりこしぐろう【取り越し苦労】名詞 する動詞〔どうなるかわからない〕さきざきのことをあれこれ考えて、よけいな心配をすること。

とりこぼす【取りこぼす】動詞 ふつうなら勝てるはずの相手に負ける。例 大事な試合を取りこぼす。活用 とりこぼ・す。

とりこみ【取り込み】名詞 ❶とってしまいこむこと。❷急なできごとや不幸でごたごたすること。例 お取り込みのところ、すみませんが…。❸だましとること。例 取り込みさぎ。

とりこむ【取り込む】動詞 ❶とって、中に入れる。例 せんたく物を取り込む。❷〔不正な方法で〕自分のものにする。手に入れる。例 人の土地を取り込む。❸とつぜんのできごとや、いそがしいできごとで、ごたごたしている。例 ただ今来客で取り込んでいますので、失礼します。活用 とりこ・む。

とりごや【鳥小屋】名詞 鳥、特に、ニワトリをかっておく小屋。

とりこわす【取り壊す】動詞〔建物などを〕こわして、とりのぞく。例 物置小屋を取り壊して、花だんをつくる。参考「とり」は意味を強める言葉。活用 とりこわ・す。

とりさげる【取り下げる】動詞 さし出したものを、とりもどす。また、一度もうし出たことをとりけす。例 うったえを取り下げる。活用 とりさ・げる。

とりざた【取り沙汰】名詞 する動詞 世間の人々がうわさをすること。また、そのうわさ。ひょうばん。例 世間に取り沙汰される。

とりざら【取り皿】名詞 大皿の料理を、それぞれに取りわけるための小皿。

とりさる【取り去る】動詞 とって、のぞく。例 よごれを取り去る。類 取りのぞく。活用 とりさ・る。

とりしきる【取り仕切る】動詞 物事を引き受けて、責任をもっておこなう。例 店を取り仕切る。参考「とり」は意味を強める言葉。活用 とりしき・る。

とりしまり【取り締まり】名詞 とりしまること。また、その人。

とりしまりやく【取締役】名詞 株式会社の重役。会社を代表し、責任をもって仕事を進める人。また、その役。

とりしまる【取り締まる】動詞〔不正やいはんのないように〕きびしく見守る。監督する。例 交通いはんを取り締まる。活用 とりしま・る。

とりしらべ【取り調べ】名詞 とり調べること。

とりしらべる【取り調べる】動詞〔犯人やそのうたがいのある者を〕くわしく調べる。例 関係者を取り調べる。参考「とり」は意味を強める言葉。活用 とりしら・べる。

とりすがる【取りすがる】動詞〔相手の体に〕しっかりとつかまる。しがみつく。例 おもちゃがほしいと、父に取りすがって泣く。参考「とり」は意味を強める言葉。活用 とりすが・る。

とりすます【取り澄ます】動詞 気取った態度をとる。例 取り澄ましたおじぎをする。参考「とり」は意味を強める言葉。活用 とりすま・す。

とりそろえる【取りそろえる】動詞 いろいろな物を、すべて集めて、そろえる。例 商品を取りそろえる。参考「とり」は意味を強める言葉。活用 とりそろ・える。

とりだす【取り出す】動詞 ❶手にとって外へ

出す。例かばんから本を取り出す。❷多くの中からえらんで出す。例パソコンからデータを取り出す。活用とりだ・す。

とりたて【取り立て】名詞❶無理にとり上げること。例借金の取り立て。❷登用すること。例社長の取り立てで出世する。❸とったばかりであること。取れ立て。例取り立てのトマト。

とりたてる【取り立てる】動詞❶〔かした金などを〕きびしく言って、取る。例借金を取り立てる。❷上の地位に引き上げる。例支店長に取り立てる。❸〔多くのものの中から〕特にとり上げる。例取り立てて問題にする点はありません。活用とりた・てる。

とりちがえる【取り違える】動詞❶まちがってほかのものをとる。❷まちがえて、別の意味にうけとる。考えちがいをする。例話の意味を取り違えた。活用とりちが・える。

とりちらかす【取り散らかす】動詞あちこちにものをほうっておく。例家の中を取り散らかす。参考「とり」は意味を強める言葉。活用とりちらか・す。

とりつ【都立】名詞東京都のお金でつくられ、東京都が管理すること。また、その施設。例都立高校。

とりつかれる【取り付かれる】動詞❶物の怪や魔物、動物などにのりうつられる。例キツネに取り付かれる。❷頭からはなれないでいる。例発明のアイデアに取り付かれる。活用とりつか・れる。参考①②「取り憑かれる」とも書く。

とりつぎ【取り次ぎ】名詞❶間に入ってとりつぐこと。また、その人。例電話の取り次ぎをたのむ。❷書籍や雑誌の流通で、出版社と書店の間をなかだちする会社。出版取次。参考②は「取次」と書く。

とりつく【取り付く】動詞❶すがりつく。❷〔あることを〕しはじめる。例新しい仕事に取り付く。❸〔悪い霊などが〕のりうつる。例おくびょう神が取り付いたらしい。❹〔ある考えや思いが〕頭をはなれないでいる。例その疑問が取り付いてはなれない。参考③④は「取り憑く」とも書く。活用とりつ・く。

トリック名詞❶人をだます方法。たくらみ。例相手のトリックにひっかかった。❷映画などで、じっさいにはできないことを本当にあったようにみせかける技術。▼英語 trick

とりつぐ【取り次ぐ】動詞❶たのまれたことを、ほかの人に伝える。例電話の伝言を取り次ぐ。❷一方からうけたものをもう一方にわたす。なかつぎをする。例生産者からお客に品物を取り次ぐ。活用とりつ・ぐ。

とりつくしまがない【取り付く島が無い】慣用句相手が親しみのない態度で、話しかけるきっかけがない。相手の態度が冷たくて、すがることができない。例話しかけても、こちらを見もしないので取り付く島が無い。参考「取り付く島も無い」ともいう。

とりつくす【取り尽くす】動詞すっかり、取る。例池の魚を取り尽くす。活用とりつく・す。

とりつくろう【取り繕う】動詞❶手入れをする。修理する。例台風でいたんだ屋根を取り繕う。❷〔あやまちなどを〕うまくかくして、その場をよそおう。例あわてて取り繕う。活用とりつくろ・う。

とりつける【取り付ける】動詞❶そなえつける。例自動車にエアコンを取り付ける。❷〔むずかしい取り引きや、約束などを〕成立させる。例川に橋をかける約束を市から取り付けた。活用とりつ・ける。

とりで名詞❶昔、中心の城を守るために、少しはなれたところにつくった、小さな城。❷敵をふせぐために、大切な地点につくったしせつ。漢字砦。

とりとめない【取り留めない】連語➡とりとめのない。

とりとめのない【取り留めのない】連語はっきりとしたまとまりのないようす。例取り留めのないおしゃべり。参考「とりとめない」ともいう。

とりとめる【取り止める・取り留める】動詞あぶないところを何とかとめる。ことば「〔あやういところで〕一命を取り止めた」活用とりと・める。

とりどり形容動詞〔たくさんの種類があって〕それぞれちがっているようす。例さいている花は色とりどりだ。

とりなおす【取り直す】動詞❶もういちど取る。例免許を取り直す。／決を取り直す。❷いちど手からはなしたものを、もういちど手に持つ。また、持っていたものの、持ち方をかえる。

あいうえお かきくけこ さしすせそ たちつてと なにぬねの はひふへほ まみむめも や ゆ よ らりるれろ わ を ん

こたえ ツバメ

例 筆を取り直して書く。❸気持ちをあらたにする。くじけそうになった気持ちをふるいおこす。例 気を取り直して勉強を続ける。❹相撲で、もういちど勝負をしなおす。例 物言いがついて取り直す。活用 とりなお・す。

とりなす【取り成す・執り成す】動詞 ❶争いの間に入って、うまくおさめる。❷その場をうまくとりつくろう。例 母が取り成してくれたおかげで、父におこられずにすんだ。活用 とりな・す。

とりにがす【取り逃がす】動詞 つかまえそこなう。例 犯人を取り逃がした。活用 とりにが・す。

とりにく【とり肉】名詞 ニワトリの肉。漢字 鶏肉。

とりのいち【とりの市】名詞 十一月のとりの日（＝昔のこよみで、十二に分けたうちの十番目の日）に、鷲神社の祭りに立つ市。くまでなどのえんぎのよいものが売られる。漢字 酉の市。

とりのける【取りのける】動詞 ❶とって、そこからなくす。例 じゃまな石を取りのける。❷それだけ別に残しておく。例 妹の分は取りのけておく。活用 とりの・ける。

とりのこす【取り残す】動詞 ❶全部をとらずに、一部を残しておく。例 末じゅくなカキは取り残す。❷大ぜいが先へ行って、あとに一部を残す。おきざりにする。例 教室に一人取り残された。活用 とりのこ・す。

とりのぞく【取り除く】動詞 〔じゃまなものを〕とって、なくす。例 異物を取り除く。類 取り去る。活用 とりのぞ・く。

とりはからう【取り計らう】動詞 物事がうまくいくようにする。例 二人でいられるように取り計らう。参考「とり」は意味を強める言葉。活用 とりはから・う。

とりはぐれる【取りはぐれる】動詞 〔とろうとしたが〕うまくとれずに終わる。例 食事を取りはぐれる。活用 とりはぐ・れる。

とりはこぶ【取り運ぶ】動詞 物事を進める。例 決めたとおり取り運ぶ。活用 とりはこ・ぶ。

とりはずす【取り外す】動詞 とりつけてあるものを、はずす。例 パンクしたタイヤを取り外す。活用 とりはず・す。

とりはだ【鳥肌】名詞 〔寒さやおそろしさで毛あながちぢみ〕鳥の羽をむしった後のようにぶつぶつになったひふ。

とりはだがたつ【鳥肌が立つ】慣用句 寒さやおそろしさで、ひふが毛をむしった後の鳥のはだのように、ぶつぶつになる。例 こわい話を聞いて鳥肌が立った。参考 強い感動を受けたときにも言うことがある。

とりはらう【取り払う】動詞 〔じゃまになっているものを〕すっかり、取りのぞく。例 かべを取り払う。活用 とりはら・う。

とりひき【取り引き】名詞 する動詞 ❶品物を売ったり買ったりすること。商売。例 外国との取り引きが成立した。類 売り買い。❷たがいに自分の利益になるように、物やことがらを交換すること。例 犯人と取り引きして人質をとりもどした。注意「取引所」「取引先」「取引高」などは送りがなをつけない。

とりふだ【取り札】名詞 百人一首やいろはがるたなどで、とる方のふだ。

ドリブル 名詞 する動詞 ❶ラグビーやサッカーで、ボールをけりながら進むこと。❷バスケットボールやハンドボールで、ボールをかた手でつきながら進むこと。❸バレーボールで、一人が続けて二度ボールにふれること。反則になる。ダブルコンタクト。▼英語 dribble

トリプルプレー 名詞 野球で、一続きのプレーで三つのアウトをとること。▼英語 triple play

とりぶん【取り分】名詞 自分の物としてとるわけ前。例 取り分が少ないともんくを言う。

トリマー 名詞 犬やネコなど、ペットの毛をはさみなどでかったり、くしで整えたりする仕事をしている人。▼英語 trimmer

とりまき【取り巻き】名詞 金や力のある人のそばにいて、きげんをとって得をしようとすること。また、その人。例 取り巻きがおべっかを使う。

とりまぎれる【取り紛れる】動詞 ❶いりまじったりまぎれこんだりして、わからなくなる。例 人ごみに取り紛れて、見失う。❷あることに心を集中させられて、しなければならないほかのことをわすれる。例 いそがしさに取り紛れて、お礼の手紙を書くのがすっかりおくれた。参考「とり」は意味を強める言葉。活用 とりまぎ・れる。

とりまく【取り巻く】動詞 ❶まわりをかこむ。

例敵をぐるりと取り巻いた。／かれを取り巻く人々。❷お金や地位のある人のそばにつきまとって、きげんをとる。参考「とり」は意味を強める言葉。活用とりま・く。

とりまぜる【取り混ぜる】 動詞〔種類や形のちがう〕いろいろなものをまぜ合わせる。例焼きいもを大小取り混ぜて買う。参考「とり」は意味を強める言葉。活用とりま・ぜる。

とりまとめる【取りまとめる】 動詞❶いろいろなものを集めて、一つにする。例荷物を取りまとめて送る。❷争いや話し合いをおさめる。例もめごとを取りまとめる。参考「とり」は意味を強める言葉。活用とりまと・める。

とりみだす【取り乱す】 動詞❶とりちらかす。例取り乱していた部屋をかたづける。❷心の落ち着きをなくして、見苦しいおこないをする。例弟がけがをしたと聞いて、母はすっかり取り乱してしまった。参考「とり」は意味を強める言葉。活用とりみだ・す。

とりむすぶ【取り結ぶ】 動詞❶約束などをする。例売買の約束を取り結ぶ。❷中に立ってまとめる。例二人を取り結んで結婚させる。❸人のきげんをとる。例客のきげんを取り結ぶ。参考「とり」は意味を強める言葉。活用とりむす・ぶ。

とりめ【鳥目】 名詞〔多くの鳥のように〕夜になるとものがよく見えなくなる病気。夜盲症。参考ビタミンAが不足するとおこる。

とりもち【鳥もち】 名詞鳥や虫をつかまえるために、さおの先につけるねばねばしたもの。モチノキの皮などからとる。

とりもつ【取り持つ】 動詞❶手にとって持つ。❷両方の間に入って世話をする。例うまく取り持って二人を仲なおりさせた。❸もてなす。例座を取り持つ。活用とりも・つ。

とりもどす【取り戻す】 動詞❶人にあたえたり、とられたりしたものを、ふたたび自分のものにする。とり返す。例手ばなした土地を取り戻す。❷一度失った状態を、ふたたび元にかえす。例落ち着きを取り戻す。活用とりもど・す。

とりもなおさず【取りも直さず】 連語まさに。すなわち。例勉強をすること、それが取りも直さずきみたちの仕事である。

とりやめる【取りやめる】 動詞予定していたことをやめる。例旅行を取りやめる。参考「とり」は意味を強める言葉。活用とりや・める。

とりょう【塗料】 名詞物を美しく見せたり、さびやくさるのをふせいだりするためにぬるもの。参考ペンキ・ニス・うるしなど。

どりょう【度量】 名詞❶ものさしと、ます。参考古い言い方。❷人の意見・行動などを受け入れる、心の広さ。ことば「度量が広い」類器量。

どりょうこう【度量衡】 名詞長さと容積と重さ。また、それをはかるもの。ものさしと、ますと、はかり。

どりょく【努力】 名詞 する動詞〔ある目的をはたすために〕自分のもっている力で、一生けんめいにつとめること。例努力を重ねる。／ゆめをかなえるために努力する。

どりょくか【努力家】 名詞目標に向かって、力のかぎりをつくしてがんばる人。例かの女は、かなりの努力家だ。

とりよせる【取り寄せる】 動詞❶手にとって自分の近くにもってくる。例かばんを手もとに取り寄せる。❷注文して、もってこさせる。注文して送らせる。例本を取り寄せる。活用とりよ・せる。

ドリル 名詞❶〔モーターなどで〕ぐるぐる回して、あなをあける道具。❷ある教科の問題練習をくり返すこと。また、そのための問題集。▼英語 drill

とりわけ【取り分け】 副詞特に。特別に。例教科の中でも、とりわけ国語が好きです。参考多く、ひらがなで書く。

とりわける【取り分ける】 動詞❶分けて、とる。例小皿に取り分ける。❷とって、別にする。例古い品を取り分ける。活用とりわ・ける。

ドリンク 名詞飲み物。特に、健康のための飲み物。ドリンク剤。▼英語 drink

とる[1]【取る】 動詞❶つかむ。にぎる。例コップを取る。❷うばう。ぬすむ。例人の物を取る。❸受け取る。もらう。例休みを取る。❹その場所から、のぞく。例庭の草を取る。❺必要なものをえる。例会費を取る。❻食べる。例食事を取る。❼書き記す。例ノートを取る。❽はかる。調べる。例脈を取る。❾注文して持って来させる。また、ひき続き予約して買う。例出前を取る。／新聞を取る。❿負うべきものとして自分の身に受ける。例責任を取る。⓫必要とする。

あいうえお
かきくけこ
さしすせそ
たちつてと と
なにぬねの
はひふへほ
まみむめも
や
ゆ
よ
らりるれろ
わ
を
ん

ことばあそび なぞなぞ㉛ アルファベットがつく食べられない「パン」、なあに？

例手間を取る。⑫つみ重ねる。例年を取る。⑬ある行動のしかたをする。例自由行動を取る。⑭判断し、理解する。例人の言葉を悪く取る。⑮時間や場所をしめる。例席を取る。活用と・る。⇩使い分け。

[2]**とる【捕る】** 動詞 おいかけて、つかまえる。例ネコがネズミを捕る。活用と・る。⇩使い分け。

[3]**とる【執る】** 動詞 ❶仕事などをする。例事務を執る。❷手に持つ。例メスを執って手術をする。活用と・る。⇩使い分け。

[4]**とる【採る】** 動詞 ❶さがして集める。例雑木林で、こん虫を採る。❷人をやとう。例社員を採る。❸選び出して用いる。例新しい方法を採る。❹みちびき入れる。例まどから光を採る。活用と・る。⇩使い分け。

[5]**とる【撮る】** 動詞 写真をうつす。例写真を撮る。活用と・る。⇩使い分け。

ドル 名詞 助数詞 ❶アメリカ合衆国のお金の単位。❷「ドル①」で表されるお金。例ドルを円と交換する。参考㋐一ドルは百セント。記号は「$」。㋑英語の「ダラー(dollar)」から。

トルコ 地名 トルコ共和国。アジア西部の小アジア半島とバルカン半島南東部からなる国。首都はアンカラ(Ankara)。参考英語では Turkey。

トルストイ 人名 (一八二八～一九一〇) ロシアの小説家。「戦争と平和」「復活」などの多くの作品で、ロシアの社会などをえがいた。レフ＝トルストイ(Lev Tolstoy)。

とるにたりない【取るに足りない】 慣用句 とりたてて言うほどのこともない。それほど、ねうちがない。例そんなことは取るに足りない問題だ。類吹けば飛ぶよう。参考「取るに足らない」ともいう。

ドルばこ【ドル箱】 名詞 ❶お金を入れておく箱。金庫。❷お金を出してくれる人。❸お金をもうけさせてくれるものや人。例ドル箱スター。

とるものもとりあえず【取る物も取りあえず】 慣用句 もって行くものをとるひまもないくらい、急いで。例急病と聞いて、取る物も取りあえずかけつけた。

[1]**どれ** 代名詞 三つ以上のかぎられたはんいのものの中から、一つのものをさす言葉。例どれにしようかな。参考㋐二つのものから選ぶときは「どちら」「どっち」を用いる。㋑「こそあど言葉」の一つ。

[2]**どれ** 感動詞 ❶あらためて行動をおこすとき、ひとりごとのようにいう言葉。さあ。例どれ、ぼつぼつ出かけようか。❷相手にあることをさせるときにいう言葉。例どれ、見せてごらん。

どれい【奴隷】 名詞 ❶昔、お金で売り買いされ、主人の思うままに使われた人。❷ある物事にとらわれて、そのことからはなれられない人。例金銭の奴隷。

トレード 名詞 する動詞 ❶取引。貿易。❷物や人を交換すること。特に、プロスポーツで、選手のせきをほかのチームにうつすこと。また、チーム

使い分け　とる

●手で持つ。
コップを取る。

●つかまえる。
外野フライを捕る。

●仕事をする。
事務を執る。

●さがして集める。
きのこを採る。

●さつえいする。
写真を撮る。

同士で選手を交換すること。▼英語 trade

トレードマーク 名詞 ❶ある商品をほかの商品と区別するためにつける、文字・記号などのしるし。商標。❷その人の特ちょうを表しているようす・持ち物など。例 ビーチサンダルがかれのトレードマークだ。▼英語 trademark

トレーナー 名詞 ❶運動選手の体の調子に気をつけたり、練習の指導をしたりする職業の人。❷運動用の厚手の長そでシャツ。▼英語 trainer

トレーニング 名詞 〔運動や競技などの〕練習。▼英語 training

トレーニングパンツ 名詞 ❶スポーツの練習のときにはく、足首まであるズボン。トレパン。参考 英語を組み合わせて日本でつくった言葉。英語では sweat pants ❷幼児のトイレしつけ用の下着。▼英語 training pants

トレーラー 名詞 エンジンがついていなくて、ほかの車に引かれて荷物や客を運ぶ車。▼英語 trailer

ドレス 名詞 女の人が着る洋服。特に、あらたまった場所などで着る服。▼英語 dress

とれだか【取れ高】 名詞 農作物などのとれた量。

とれたて【取れ立て】 名詞 〔魚や野菜・果物などが〕とれたばかりであること。また、そのもの。取り立て。例 取れ立てのアワビ。

トレッキング 名詞 楽しみながら野山を歩くこと。▼英語 trekking

ドレッシング 名詞 ソースの一つ。酢とサラダ油をまぜて調味料を加えたもの。サラダなどにかけて用いる。▼英語 dressing

トレパン 名詞 「トレーニングパンツ」の略。

どれほど【どれ程】 名詞 副詞 ❶どのくらい。例 どれ程の価値があるのだろう。❷どんなに多く。例 どれ程食べても、足りない気分だ。

とれる【取れる】 動詞 ❶〔ついていたものが〕はなれおちる。例 シャツのボタンが取れる。❷理解できる。うけとれる。例 この文章は反対の意味にも取れる。❸しゅうかくがある。えものがある。例 この海岸では魚のほかに、コンブやヒジキも取れる。活用 と・れる。

どろ【泥】 名詞 水がまじってやわらかくなった土。例 くつに泥がついた。／泥にまみれる。

トロイカ 名詞 ロシアの三頭だての馬ぞり。参考 雪がないときは車をつけて「馬車」にかわる。⇩図。▼英語（ロシア語から） troika

トロイカ

とろう【徒労】 名詞 苦労しておこなったことが役に立たないこと。ことば 「徒労に終わる」

どろうみ【泥海】 名詞 ❶どろがまじってにごった海。❷一面のぬかるみ。参考 広くぬかるみが続いているようすを海にたとえていう言葉。

ドロー 名詞 スポーツの試合で、引き分けになること。▼英語 draw

トロール 名詞 魚をとるあみの一つ。遠洋漁業で使う。両はしに引きづなをつけた三角形のあみで、船で引いて海の底の方にいる魚をとる。▼英語 trawl

ドローン 名詞 はなれた場所から操縦して飛ばす無人飛行物。上空から撮影して、さまざまに利用する。参考 英語の元の意味はオスバチで、その羽音に似ていることから。▼英語 drone

とろかす 動詞 ❶金属などを熱してとかす。例 鉄をとろかす。❷心のしまりをなくさせる。うっとりさせる。ことば 「心をとろかす（言葉）」 活用 とろか・す。

どろくさい【泥臭い】 形容詞 ❶どろのにおいがする。例 泥臭い魚。❷あかぬけていない。やぼったい。例 泥臭い服装。活用 どろくさ・い。

とろける 動詞 ❶とけてやわらかくなり、形がくずれる。例 とろけるチーズ。❷よい気持ちになってうっとりする。また、気がゆるんでしまりがなくなる。ことば 「（ムード音楽に）心がとろける」 活用 とろ・ける。

どろじあい【泥仕合】 名詞 〔正しい議論をせず〕たがいに相手の欠点やひみつなどをあばいて、勝とうとすること。また、そのようなみにくい争い。例 論争は、やがて泥仕合になってしまった。注意 「泥試合」と書かないこと。

トロッコ 名詞 土や石などをのせ、小型のレールの上を手でおして運ぶ車。参考 英語の「トラック」からといわれる。⇩図。

あいうえお かきくけこ さしすせそ たちつてと なにぬねの はひふへほ まみむめも や ゆ よ らりるれろ わ を ん

こたえ ジーパン（Gパン）

ドロップ 名詞 さとうに果物などの味や色をつけて、煮つめてつくった西洋風のあめ。▼英語 drop

トロッコ

とろとろ 副詞(-と) 形容動詞 する動詞 ❶物がとけて、ねばり気があるようす。例とけて、とろとろになったアイス。❷浅くねむるようす。ねむくなるようす。例いつのまにかとろとろしていた。❸火などのいきおいが弱いようす。例おかゆをとろとろ煮る。❹物事をゆっくりするようす。例とろとろするな。

どろどろ 一 副詞(-と) 形容動詞 する動詞 ❶ねばり気のある、にごった液体になっているようす。例どろどろにとけた鉄。❷気持ちなどがからみ合って、すっきりしないようす。例どろどろとした人間関係。
二 形容動詞 どろでよごれたようす。例くつがどろどろだ。

どろなわ【泥縄】名詞 あることがおこってから、あわてて対応すること。例泥縄式の受験勉強ではとても合格できない。参考「泥棒をとらえて縄をなう」ということわざから。

どろぬま【泥沼】名詞 ❶どろの深いぬま。❷〔①の意味から〕なかなかぬけられない、悪い状態。例連敗の泥沼におちこんだ。

どろのき 名詞 ヤナギ科の木。木材をマッチのじくやパルプなどにする。どろやなぎ。

どろのように【泥のように】慣用句 ぐっすり、ねむりこんでいるようす。ことば「(つかれはてて)泥のようにねむる」

とろび【とろ火】名詞 とてもいきおいの弱い火。例とろ火にかける。

トロフィー 名詞 優勝、または、入賞したものに記念にあたえられる、カップ・たて・像など。▼英語 trophy

どろぼう【泥棒・泥坊】名詞 する動詞 人のものをぬすむ人。また、人のものをぬすむこと。

どろぼうにおいせん【泥棒に追い銭】ことわざ〔どろぼうに物をとられて、そのうえお金をやるように〕そんしたうえに、さらにそんをするようなばかげたことをすることのたとえ。参考「盗人に追い銭」ともいう。

どろぼうをとらえてなわをなう【泥棒を捕らえて縄をなう】ことわざ〔ふだんなにもせずにいて〕こまったことがおきてからあわてて用意するたとえ。どろなわ。参考「盗人を見て縄をなう」ともいう。

どろまみれ【泥まみれ】名詞 形容動詞 どろだらけになること。例泥まみれになってサッカーの練習をした。

とろみ 名詞 少しとろりとしているようす。例かたくり粉でとろみをつけた料理。

どろみず【泥水】名詞 どろがまじった水。

どろやなぎ 名詞 ➡どろのき。

どろよけ【泥よけ】名詞 自転車や自動車で、運転中にはね上げるどろをふせぐために、タイヤの部分についているおおい。

とろりと 副詞 ❶物がとけて形がくずれるようす。例とろりととろけたチーズ。❷浅くねむるようす。例いつのまにかとろりとねむっていた。

どろりと 副詞 物がとけて、ねばり気が強いようす。液体に物がとけて、重くにごっているようす。例どろりとよごれた池。

とろろ 名詞「とろろじる」のこと。とろろいもをすりおろして、だしじるなどを加えてのばしたもの。ご飯やそばなどとともに食べる。

とろろいも 名詞 とろろじるにするいも。ヤマノイモ(=やまいも)やナガイモなど。

どろをかぶる【泥をかぶる】慣用句 他人の失敗や悪事の責任をおう。そんをする役目を引き受ける。例部下のミスの泥をかぶる。

どろをぬる【泥を塗る】慣用句 はじをかかせる。めいよをきずつける。例親の顔に泥を塗る。

どろをはく【泥を吐く】慣用句〔調べられて〕かくしていたことなどを言う。例取り調べで泥を吐いた。

ドロンゲーム 名詞 野球などで、引き分けの試合。▼英語 drawn game

どろんこ【泥んこ】名詞 どろ。また、どろまみれ。どろだらけ。例泥んこの道。/泥んこになって遊ぶ。参考くだけた言い方。

トロンボーン 名詞 金管楽器の一つ。組み合わさっている二つの管をのびちぢみさせて、音の高さをかえる。▼英語 trombone

とわ 名詞 形容動詞 いつまでも変わらないこと。永遠。例 とわの愛をちかう。漢字 永久。永遠。

どわすれ【度忘れ】 名詞 する動詞 知っていたことをふとわすれて、なかなか思い出せないこと。例 人の名前を度忘れする。

とわだこ【十和田湖】 地名 十和田八幡平国立公園の一部で、青森県と秋田県との県境にある湖。

どをうしなう【度を失う】 慣用句 ふだんの落ち着きをなくして、あわてる。例 とつぜんの中止の発表に、度を失う。

どをすごす【度を過ごす】 慣用句 ちょうどよい度合いをこえる。例 度を過ごした悪ふざけ。

トン 名詞 助数詞 ❶ 重さをはかる単位。一トンは千キログラム。❷ 船や貨車の容積をはかる単位。参考 ㋐②は、船では一トンは百立方フィート。貨車では一トンは四十立方フィート。㋑記号は「t」。▼英語 ton

どんかく【鈍角】 名詞 九十度（＝直角）より大きく、百八十度より小さい角。対 鋭角。

とんカツ【豚カツ】 名詞 ぶた肉に小麦粉・たまご・パン粉をつけて油であげた料理。参考 カツは英語の「カツレツ（cutlet）」の略。

とんがらし【とん辛子】 名詞 ➡886ページ・とうがらし。

どんかん【鈍感】 名詞 形容動詞 物事に対する感じ方がにぶいこと。例 わたしは少し鈍感なところがある。類 無神経。対 敏感。

とんきょう【頓狂・頓興】 形容動詞 とつぜん、調子はずれなことを言ったり、したりするようす。例 とんきょうな声を出す。参考 意味を強めるときは「すっとんきょう」という。

どんぐり 名詞 ブナ科の木の実。かたい皮におおわれている。マテバシイ・コナラ・クヌギなど、いろいろな形のものがある。参考 おわんのような形の部分は「かくと」という。漢字 団栗。

どんぐりのせいくらべ【どんぐりの背比べ】 ことわざ〔どんぐりの形や大きさが、どれも同じくらいであることから〕どれも同じくらいで、特にすぐれたものがないこと。例 今回のおうぼ作品は、どんぐりの背比べで、えらぶのにこまった。

どんこう【鈍行】 名詞 どの駅にも止まっていく列車や電車。参考 くだけた言い方。対 急行。

とんざ【頓挫】 名詞 する動詞 計画や事業などが、とちゅうで急にだめになること。例 急病で計画が頓挫した。

とんじゃく【頓着】 名詞 する動詞 ➡とんちゃく。

どんじゅう【鈍重】 名詞 形容動詞 動作や性質がにぶくて、のろいこと。例 鈍重な動物。類 のろま。

とんじる【豚汁】 名詞 ぶた肉とニンジン・ゴボウ・ダイコン・ハクサイなどの野菜を煮こんで、みそで味つけしたしる料理。ぶたじる。

どんぞこ【どん底】 名詞 一番下。一番悪い状態。例 びんぼうのどん底からはいあがる。

とんだ 連体詞 思いもかけない。意外な。ことば「とんだ目にあった（＝思いがけない、ひどい体験をした）」参考 くだけた言い方。

とんち【頓ち】 名詞 その場におうじて、すばやく働くかわったうまいちえ。例 とんちのきいた話をする人。類 機知。

とんちゃく【頓着】 名詞 する動詞 物事を気にし、こだわること。とんじゃく。例 着るものに頓着しない人。

どんちゃんさわぎ【どんちゃん騒ぎ】 名詞 酒を飲んで大さわぎすること。

とんちんかん【頓珍漢】 名詞 形容動詞 まとはずれで、つじつまの合わないことを言ったりしたりすること。また、その人。例 頓珍漢な返事。

どんつう【鈍痛】 名詞 にぶく、おもくるしいいたみ。例 胃に鈍痛を感じる。対 劇痛。

とんでひにいるなつのむし【飛んで火に入る夏の虫】 ことわざ 自分から進んで、あぶないところにはいって、わざわいをうけることのたとえ。語源 夏の夜、明るい火によってきた虫が、火に焼かれて死ぬことからいう。

とんでもない 形容詞 ❶ ふつうの程度や常識をはずれているようす。例 この台風の中を出かけるとは、とんでもないことだ。❷ あってはならないようす。例 とんでもない事件。❸ 事実ではないようす。例 わたしがかれをきらっているなんて、とんでもない話だ。活用 とんでもな・い。

どんてん【曇天】 名詞 くもった空。くもった天気。対 晴天。雨天。

どんでんがえし【どんでん返し】 名詞 物事がとつぜん正反対にかわること。例 物語はどんでん返しで終わる。

とんと 副詞 ちっとも。まったく。参考 下に「…ない」などの打ち消しの言葉がくる。例 あれ以

あいうえお かきくけこ さしすせそ たちつてと と なにぬねの はひふへほ まみむめも や ゆ よ らりるれろ わ を ん

ことばあそび なぞなぞ32 風がふくと、たくさんのらっかさんをとばすもの、なあに？

来とんと顔を見せなくなった。

どんどやき【どんど焼き】名詞 正月十五日におこなう火祭り。松かざりやしめなわなどを家々から集めて焼き、その火で焼いたもちを食べて、その年の幸福をいのる。

とんとん 一 副詞(〜と) ❶かたいものを軽くたたく音を表す言葉。例ドアをとんとんノックする。❷物事が順調に進むようす。例話がとんとんとまとまった。
二 形容動詞 両方が同じくらいであるようす。例文化祭の収支はとんとんだった。

どんどん 副詞(〜と) ❶かたいものを強くたたく音を表す言葉。例戸をどんどんたたく。❷たいこ・花火・大砲などが続けて鳴る音の様子を表す。❸物事がすばやく進むようす。また、さかんにそうなるようす。例仕事がどんどんかたづく。類③どしどし。

とんとんびょうし【とんとん拍子】名詞 物事が思いどおりに調子よく進むこと。例とんとん拍子に話が進んだ。参考くだけた言い方。

とんとんぶき 名詞 屋根をそまつな板だけでふくこと。また、その屋根。

どんな 形容動詞 どのような。例あの人はどんな性格ですか。参考「こそあど言葉」の一つ。

トンネル 一 名詞 山・川底・海底などをほりぬいて、人や車などが通れるようにした道。
二 名詞 する動詞 野球で、ゴロのボールをまたの間を通して後ろにのがすこと。参考 二は、くだけた言い方。▼英語 tunnel

> **ことば博士になろう!**
>
> **●点一つで感じがかわる**
>
> ①トントンと戸をたたく。
> ②ドンドンと戸をたたく。
>
> 右の二つをくらべてみると、②の方が音が大きく感じられます。にごった音（濁音）は、すんだ音（清音）よりも、はげしく強い感じがするのがふつうです。「コトコト」「カタカタ」よりも、「ゴトゴト」「ガタガタ」の方が、音が大きいというわけです。
>
> では、つぎの例はどうちがうでしょうか。ちがいを考えてみましょう。
>
> ●ばたりとたおれる。
> ●ぱたりとたおれる。

とんび 名詞 ❶➡918ページ・とび。❷男の人が着物の上に着るがいとう。二重まわし。

とんびがたかをうむ【とんびがたかを生む】ことわざ へいぼんな親からすぐれた子どもが生まれるたとえ。とびがたかを生む。

どんぴしゃり 副詞 少しのちがいもなく当たるようす。どんぴしゃ。例予想どおりどんぴしゃりの雲行きだ。参考くだけた言い方。

とんびにあぶらあげをさらわれる【とんびに油揚げをさらわれる】ことわざ 大事なものをふいに横からとられるたとえ。とびに油揚げをさらわれる。

どんぶり【丼】名詞 ❶「どんぶりばち」の略。食べ物を入れる、厚みのある深い焼き物のはち。❷「どんぶり①」にごはんをもり、その上におかずをのせた料理。例親子丼。

とんぼ 名詞 こん虫の一種。体は細長く、目が大きい。すきとおった四まいの羽でとぶ。幼虫は「やご」といい、水中にすむ。漢字 蜻蛉。

とんぼがえり【とんぼ返り】名詞 する動詞 ❶しばいで、手を地面につかないでちゅう返りをすること。❷目的地について、すぐにもどること。例大阪までとんぼ返りの出張だ。注意「とんぼ帰り」と書かないこと。

とんま【頓馬】名詞 形容動詞 言うことやすることが、まがぬけていること。また、その人。例あいつはとんまなことばかりする。参考㋐くだけた言い方。㋑ふつう、ひらがなで書く。

ドンマイ 感動詞 スポーツなどで、失敗した人をはげます言葉。「気にするな。」「心配するな。」という意味。参考英語の「ドント マインド」から日本でつくった言葉。英語で相手に「気にするな」というときには、Don't mind. では通じず、Never mind. あるいは、Don't worry.（心配しないで）などという。

とんや【問屋】名詞 品物をつくる人から買い入れて小売店にうる店。また、それを仕事にしている人。といや。

どんよく【貪欲】名詞 形容動詞 とても欲が深いこと。例貪欲に知識を吸収する。類強欲。

どんより 副詞(〜と) する動詞 ❶空がくもっていて、うす暗いようす。例どんよりした天気。❷色がにごっているようす。例ぬまはどんよりにごっていた。

な

ナ
NA
na

な[1] 助詞 ❶「(…しては)いけない」の意味を表す言葉。例 笑うな。❷感動を表す言葉。例 うれしいな。参考 ②は「なあ」の形になることもある。

な[2]【名】名詞 ❶名前。よび名。例 名も知らない草花。❷よい評判。例 学校の名をけがすな。❸うわべだけの有様。ことば「名をすてて実をとる」

な[3]【菜】名詞 ❶ハクサイ・キャベツ・ホウレンソウなど、葉や茎などを食べる野菜。例 菜をつむ。❷⬇42ページ・あぶらな。

なあ 助詞 感動の意味を表す言葉。例 美しいながめだなあ。

ナース 名詞 看護師。▼英語 nurse

ナースステーション 名詞 病院で看護師が打ち合わせをしたり、待機したりするところ。ナースセンター。▼英語 nurses' station

なあなあ 名詞 深く話し合わず、いいかげんにすませること。また、そのような関係。例 なあなあですませるのはよくない。

ない[1] 助動詞 上の動作や作用を打ち消す意味を表す言葉。例 行かない。/食べない。/出ない。

ない[2]【亡い】形容詞 〔すでに死んで〕この世にいない。活用 な・い。⇩使い分け。

ない[3]【無い】■一 形容詞 ❶見たりさわったりできない。例 さばくには水が無い。❷持っていない。例 お金が無い。❸欠けている。例 信用が無い。❹休みである。また、終わりである。例 この時間ではもうバスが無い。対 ①～④有る。❺〔すでに死んで〕この世にいない。例 かれには祖母はない。参考 ⑤は「亡い」と書くことが多い。⇩使い分け。

■二 接尾語《名詞の下につけて》打ち消しの意味を表す言葉。例 たよりない。/しかたない。参考 ■二はふつう、ひらがなで書く。活用 な・い。

ナイーブ 形容動詞 すなおで純真なようす。また、物事に感じやすいようす。例 ナイーブな青年の役を演じる。参考 日本語では好ましい意味で使うことが多いが、英語では「世間知らずの」という悪い意味で使うことが多い。▼英語 naive

ないえん【内縁】名詞 いっしょに住んで夫婦のように生活しているが、正式な結婚の届けを役所に出していない男女の関係。例 内縁の妻。

使い分け　ない

●死んで、いない。
その人は今は亡い。

●存在しない。
水が無い。

ないか【内科】名詞 医学の区分けの一つ。肺・胃・腸など内臓の病気を、手術をしないでなおす医学。参考 ⇩407ページ・外科。

ないかい【内海】名詞 まわりをほとんど陸地にかこまれている海。対 外海。

ないがい【内外】■一 名詞 ❶内と外。例 家の内外をきれいにそうじする。❷国内と国外。例 内外のニュースを伝える。

■二 接尾語《数量を表す言葉の下につけて》およそのていどを表す言葉。例 一万円内外の品。

ないかく[1]【内角】名詞 ❶多角形の、となりあう二辺にはさまれてできる内側の角。❷野球で、ホームベースの、バッターに近い側。インコース。例 内角高めのボール。対 ①②外角。

ないかく[2]【内閣】名詞 法にしたがって国をおさめる、一番上のしくみ。日本では、内閣総理大臣とそのほかの国務大臣によってつくられる。

ないかくそうりだいじん【内閣総理大臣】名詞 日本の政治で、内閣の最高責任者。首相とよばれる。総理大臣。総理。参考 国会の議決によって、国会議員の中からえらばれる。初代内閣総理大臣は伊藤博文。

ないかくふ【内閣府】名詞 ほかの省庁の上に位置づけられて、政府全体の立場から重要な政策の調整や企画立案などの仕事をする国の機関。

ないがしろ 名詞 形容動詞 物事や人をかるく見て、そまつにあつかうこと。例 親をないがしろにしてはいけない。参考 多く、「ないがしろにす

あいうえお
かきくけこ
さしすせそ
たちつてと
なにぬねの
はひふへほ
まみむめも
や ゆ よ
らりるれろ
わ を ん

こたえ　タンポポ

る」の形で使う。

ないきん【内勤】(名詞)(する動詞) つとめ先の建物の中で仕事をすること。例 ゆうびん局で内勤のアルバイトをする。対 外勤。

ないこうてき【内向的】(形容動詞) 人前にすすんで出て行かず、とじこもって一人で考えたりなやんだりしているようす。例 わたしは内向的な性格だ。対 外向的。

ないざい【内在】(名詞)(する動詞) あるものが、そのものと深くかかわりあいながら、そのものの内部に存在していること。例 工業の発展には自然破壊の問題が内在する。

ないし(接続詞) ❶あるいは。または。例 えんぴつないしペンを使用のこと。❷《数を表す言葉の間において》…から…までの間。例 工事は二年ないし三年かかるだろう。

ないじつ【内実】(名詞) ❶内部の実情。うちまく。例 お金持ちのように見えても内実は火の車だ。❷表にあらわれない内側の本当のこと。実際。本当は。例 姉のおせっかいには内実こまっている。

ないしゅっけつ【内出血】(名詞)(する動詞)〔外に出ないで〕体の内部で、血管がやぶれて血が出ること。

ないしょ【内緒】(名詞) 人に知らせずに、かくしておくこと。ひみつ。例 内緒話。参考「内証」のつまった言い方。

ないじょ【内助】(名詞) 表に出ない助け。ことば ⇩「内助の功」

ないしょう【内証】(名詞) ➡ないしょ。

ないじょう【内情】(名詞) 内部の様子。表むきになっていない、うちわの様子。内幕。例 ライバル会社の内情をさぐる。

ないしょく【内職】(名詞)(する動詞) ❶本職のひまにする仕事。類 副業。❷〔家計を助けるために〕家でひまをみてする手仕事。

ないじょのこう【内助の功】連語 表に出ない働き。特に、仕事をする夫をささえる妻の働きのこと。

ないしん【内心】(名詞) 心の中。例 内心をうちあける。参考 副詞のように用いることもある。例 内心ひやひやした。

ないしんしょ【内申書】(名詞) 生徒が今かよっている学校から、入学を望んでいる学校に、その生徒のそれまでの成績などを知らせる書類。

ないしんのう【内親王】(名詞) 天皇家の女子。皇女。参考 男子は「親王」という。

ないせい[1]【内政】(名詞) 国内の政治。

ないせい[2]【内省】(名詞)(する動詞)〔自分のおこないなどを〕ふりかえって、考えること。例 日ごろの言動を内省する。

ないせん[1]【内戦】(名詞) 一つの国の中で、同じ国民同士がたたかう戦争。類 内乱。

ないせん[2]【内線】(名詞) ❶内側の線。❷会社や学校などで、その内部だけに通じる電話線。対 ①②外線。

ないそう【内装】(名詞) 建物や車などの中の、せつびやかざりつけ。インテリア。例 内装工事。／店の内装を和風にかえる。対 外装。

ないぞう[1]【内蔵】(名詞)(する動詞) 中に持っていること。内部に取りつけてあること。例 マイク内蔵のデジカメ。／この議題はいろいろな問題を内蔵している。

ないぞう[2]【内臓】(名詞) 胃・腸・心臓・肺などのように、腹や胸の中にある器官をまとめていうよび名。⇩図。

ないそではふれない【無い袖は振れない】ことわざ〔主にお金について〕実際に持っていないものは出しようがない。ないものはどうしようもない。例 いくらねだられても無い袖は振れない。

ナイター(名詞) 夜におこなう野球やサッカーなどの試合。ナイトゲーム。参考 日本でつくった言葉。英語では night game。

ないだく【内諾】(名詞)(する動詞) 人のたのみなどを正式にではなく内々に聞き入れること。例 会長になることを内諾した。

ないち【内地】(名詞)〔植民地や、はなれ島などに対して〕その国の本土。対 外地。

ナイチンゲール 人名 (一八二〇〜一九一〇) イギリスの看護師。一八五三年のクリミア戦争のとき、多くの看護師のリーダーとなって敵味方の区別なくきずついた兵士を看護し、医療・看護の衛生も統計によってよくするなど、「クリミアの天使」とよばれた。その後も看護師の学校をととのえるなどの活動を続けた。フローレンス＝ナイチンゲール (Florence Nightingale)。

ないつう【内通】(名詞)(する動詞) 味方の中にいな

あいうえお かきくけこ さしすせそ たちつてと なにぬねの はひふへほ まみむめも や ゆ よ らりるれろ わ を ん

がら、仲間をうらぎってひそかに敵とつながりをもつこと。例内通者。

ないてい【内定】 名詞 する動詞 〔正式に発表する前に〕内部で決めること。また、決まること。例役員に内定する。

ないてもわらっても【泣いても笑っても】 慣用句 どのようにしてみても事実や結果はかわらないということのたとえ。例泣いても笑ってもテストまであと一週間しかない。

ないない【内内】 一 名詞 表だたないで物事をこっそりおこなうこと。うちうち。うちわ。内密。例内々で相談をする。二 副詞 心の中で。ひそかに。例合格したかどうか内々心配していた。参考 ふつう「内々」と書く。

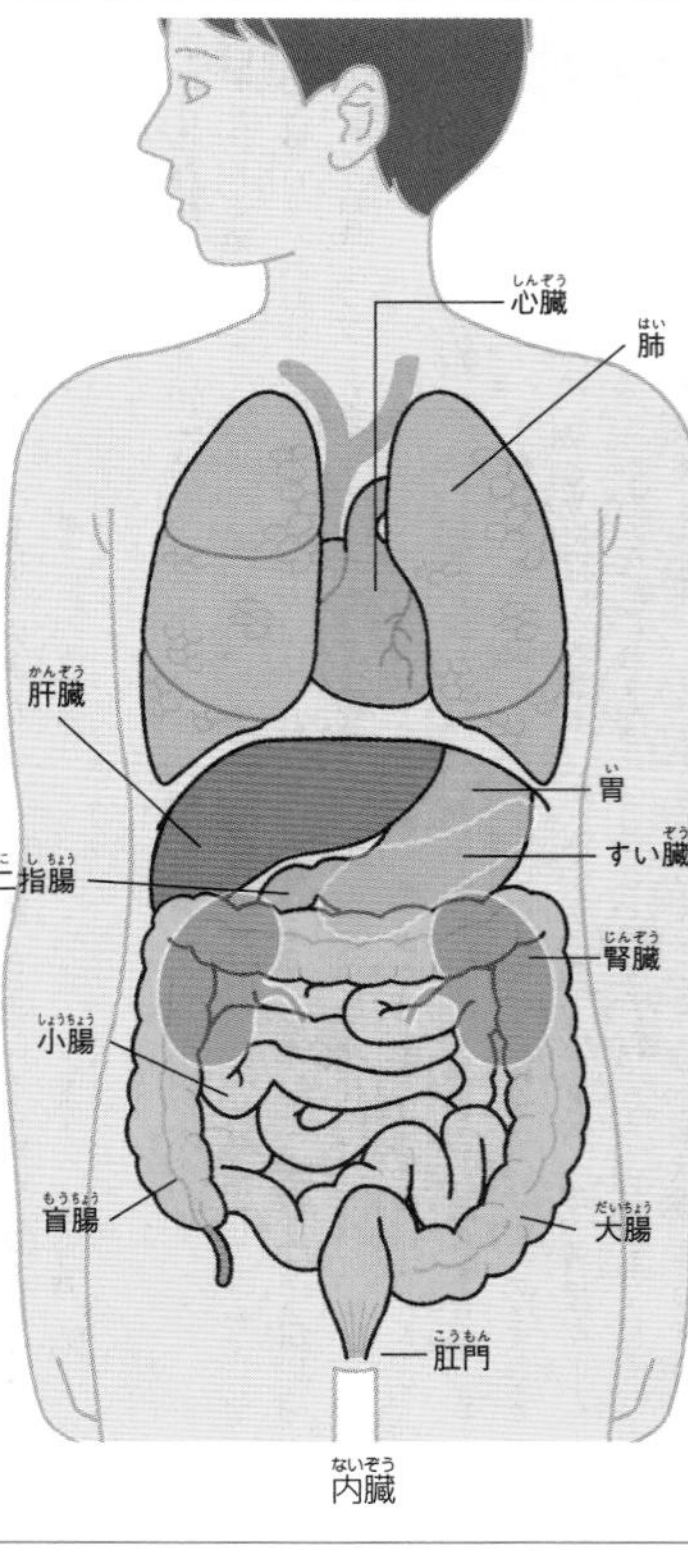

内臓

ないねんきかん【内燃機関】 名詞 シリンダーの中でガソリンや重油などを燃焼させ、ピストンを動かして動力をつくりだすしくみ。参考 ガソリン機関やディーゼル機関など。

ナイフ 名詞 ❶小がたな。❷洋食を食べるときに使う小がたな。▼英語 knife

ないぶ【内部】 名詞 ❶物の内側。例エンジンの内部を調べる。類 内面。❷ある集まりやしくみの中。うちわ。例会社の内部で対立がおこる。対 ①②外部。

ないふく【内服】 名詞 する動詞 薬を口から飲むこと。内用。

ないふくやく【内服薬】 名詞 飲む薬。飲み薬。内用薬。対 外用薬。

ないふん【内紛】 名詞 内部でおこる争い。仲間内のもめごと。うちわもめ。

ないぶん[1]【内分】 名詞 する動詞 〔算数で〕一つの線を、その線上のある一点で二つに分けること。例直線を、中心点で内分する。

ないぶん[2]【内聞】 一 名詞 する動詞 こっそりと聞くこと。特に、身分の高い人が、公にではなく知ること。例内聞に達する。二 名詞 外に発表しないこと。例このことは、内聞にしてほしい。

ないぶんぴつ【内分泌】 名詞 体の中のいろいろなせん細胞でつくられるホルモンを、ちょくせつ血液の中におくりこむこと。参考「ないぶんぴ」ともいう。

ないみつ【内密】 名詞 形容動詞 かくして表ざたにしないこと。ないしょ。ないぶん。例内密に話し合う。類 秘密。

ないめん【内面】 名詞 ❶内側の面。また、物事の内側。例はこの内面をきれいにあらう。類 内部。❷人の心の働き。また、それに関係した方面。例見かけは弱そうだが内面はしっかりしている。対 ①②外面。

ないものねだり【無い物ねだり】 名詞 そこにないものをほしがること。また、実現できそうにないものをもとめること。例無い物ねだりばかりするより、まず努力をするべきだ。

ないや【内野】 名詞 ❶野球で、本塁・一塁・二塁・三塁を結ぶ正方形の内側。インフィールド。例内野フライ。❷野球で、「内野手」の略。一塁手・二塁手・三塁手と、遊撃手のこと。対 ①②外野。

ことばあそび なぞなぞ㉝ とってもとってもへらないもの、なあに？

ないゆうがいかん【内憂外患】 四字熟語 自分の国の中にある心配ごとと外国から受ける心配ごと。

ないよう【内容】 名詞 ❶あるものの中にはいっているもの。中身。例にもつの内容はなんですか。❷文章や本に書かれていることがら。例本の内容を聞かせてください。対形式。

ないようやく【内用薬】 名詞 ⬇ないふくやく。

ないらん【内乱】 名詞 国の中のみだれ。特に、暴力によって政治の権力をうばいとろうとする、国の中のさわぎ。類内戦。

ないりく【内陸】 名詞 陸地の中で、海岸から遠い地方。例アジアの内陸を旅する。

ないりんさ【内輪差】 名詞 車がまがるときの、内側の前輪が通る位置と内側の後輪が通る位置との差。参考 前輪よりも後輪の方が、カーブの内側を通るので、交差点での事故の原因になる。

ナイルがわ【ナイル川】 地名 アフリカの東北部を流れて地中海にそそぐ、世界一長い川。下流では昔から農業が発達し、「ナイルの賜物」といわれる古代エジプト文明が生まれた。▼英語 Nile

ナイロン 名詞 石炭酸などに、水素・アンモニアなどを作用させてつくった合成せんい。絹に似ているが、絹よりも強い。熱と光に弱い。衣類やつり糸などに使われる。参考 もとは、これを開発した会社の商品名。▼英語 nylon

ナイン 名詞 ❶九。九つ。❷〔一チームの人数が九人で試合をすることから〕野球のチーム。また、そのチームの選手。例かれは甲子園で優勝したナインのひとりだ。▼英語 nine

なう 動詞 多くの糸やわらなどをより合わせて、一本のものにする。例なわをなう。活用 な・う。

なうて【名うて】 名詞 あることで有名なこと。参考 ふつう、「名うての」の形で用いる。例名うての豪傑。／名うての悪党。

ナウマンぞう【ナウマン象】 名詞 大昔にいたゾウ科の動物。今から約四十万年前から二万年前に、日本や中国などにすんでいた。きばは長く、大きく曲がっている。長野県の野尻湖などで化石が発見されている。参考 ドイツの地質学者ナウマン（Heinrich Naumann）にちなんで、この名前がついた。

なえ【苗】 名詞 種から芽を出したばかりの小さな植物。特に、イネ・野菜・草花・木などの、うつして植えるための小さなもの。例苗を植える。

なえぎ【苗木】 名詞 木のなえ。

なえどこ【苗床】 名詞 植物の種をまいて、なえを育てるところ。参考 水稲（＝水田につくるイネ）の場合は、「苗代」という。

なお 一 副詞 ❶ある状態や気持ちなどが、前と同じように続いていることを表す言葉。まだ。例古い城が今なお残っている町。❷それまでの状態やほかのものにくらべて、程度が進んでいることを表す言葉。さらに。例前よりもなおむずかしくなった。❸今の状態に、つけ加えるものがあるようす。例しめきりまでなお一週間ある。

二 接続詞 あることを言った後で、さらにほかのことをつけ加えるときに使う言葉。例なお、出発の時刻が変わる場合があります。

なおかつ【なお且つ】 副詞 ❶その上さらに。その上また。例おもしろくてなおかつ勉強にもなる本をえらぶ。❷それでもまだ。それでもやはり。あいかわらず。例失敗してもなおかつ挑戦を続ける。

なおさら【なお更】 副詞 そのうえ、ますます。例ひみつだと言われると、なおさら気になる。

なおざり 名詞 形容動詞 物事に注意しないで、ほうっておくこと。大事にしないこと。例福祉をなおざりにする。注意「おざなり」との意味のちがいに気をつける。

なおし【直し】 名詞 まちがいなどを正しくすること。また、こわれたものを、もとどおりにすること。例直しの多い文章。／カメラを直しに出す。

1なおす【治す】 動詞 〔病気やけがを〕手当てして、元の健康な状態にする。例病気を治す。活用 なお・す。⇩使い分け。

2なおす【直す】 一 動詞 ❶悪くなったものを、元のよい状態にする。例きげんを直す。❷〔まちがったところを〕あらためて、正しくする。例言葉づかいを直す。類正す。❸元のとおりに、よくする。例こわれた時計を直す。❹基準のちがうものにかえる。あらためる。例フィートをメートルに直す。⇩使い分け。

二 接尾語 《動詞の下につけて》さらに…する。正しく…する。例すわり直す。活用 なお・す。

使い分け　なおす

●健康な状態にする。
けがを治す。

●元のよい状態にもどす。
自転車を直す。

なおも 副詞 その上まだ。それでもまだ。あいかわらず。例 台風がすぎ去ってなおも降り続く雨。

なおり【治り】 名詞 病気やけががよくなること。例 若い人ほど治りがはやい。

なおる[1]【治る】 動詞 〔病気やけがが〕元の健康な状態になる。例 けがが治った。活用 なお・る。⇩使い分け。

なおる[2]【直る】 動詞 ❶悪くなったものが、元のよい状態にもどる。例 きげんが直る。❷〔まちがったところが〕あらたまって、正しくなる。例 まちがいが直る。❸元のとおりに、よくなる。例 エンジンの故障が直った。活用 なお・る。⇩使い分け。

なおれ【名折れ】 名詞 めいよにきずがつくこと。ふめいよ。例 そんなことをすると学校の名折れになる。

使い分け　なおる

●健康な状態になる。
かぜが治る。

●元のよい状態にもどる。
時計が直る。

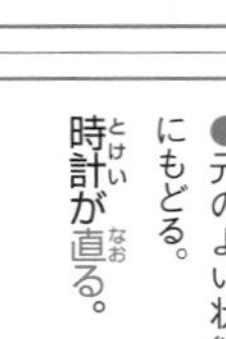

なか[1]【中】 名詞 ❶かこまれたものの内側。例 家の中。対 外。❷〔位置や順番の〕真ん中。例 先生を中にして写真をとる。❸外から見えないところ。例 心の中。❹あるはんい。例 クラスの中から選ぶ。❺二つのものの間。中間。例 二人の中に立って仲直りさせる。❻ある状態が続いているとき。例 雨の中を歩いて行った。⇩使い分け。

なか[2]【仲】 名詞 人と人との間がら。例 仲がいい。／親子の仲。⇩使い分け。

ながあめ【長雨】 名詞 何日もふり続く雨。例 秋の長雨。

ながい[1]【永い】 形容詞 永久に続く様子である。例 永い年月。参考「長い」とも書く。活用 なが・い。⇩使い分け。

使い分け　なか

●内側。
部屋の中。

●人との間がら。
仲のよい友達。

ながい[2]【長い】 形容詞 ❶二つのものの間の、へだたりが大きい。例 長いひも。／長い道のり。❷ある時からある時までの、時間のへだたりが大きい。例 長い間。参考 ②は「永い」とも書く。対 ①②短い。活用 なが・い。⇩使い分け。

ながい[3]【長居】 名詞 する動詞 あるところに長くとどまっていること。例 いごこちがよいので思わず長居した。

ながいき【長生き】 名詞 する動詞 長く生きること。例 両親には長生きしてほしい。対 早死に。若死に。

ながいめでみる【長い目で見る】 慣用句 〔一時の失敗などは気にしないで〕気長に将来の成長を見守る。

ながいも【長芋】 名詞 ヤマノイモ科の植物。地中にぼうのように長いいもができる。いもをす

あいうえお
かきくけこ
さしすせそ
たちつてと
な なにぬねの
はひふへほ
まみむめも
や
ゆ
よ
らりるれろ
わ
を
ん

こたえ　すもう／写真

使い分け **ながい**

●永久に続くようす。
永いねむりにつく。(＝亡くなる)

●長さがある。
長い道のり。

りおろして、とろろを作る。

ながいものにはまかれろ【長い物には巻かれろ】ことわざ 目上の者や勢力のある者には反こうするよりは、したがった方がとくであるというおしえ。

なかいり【中入り】名詞 相撲やしばいで、とちゅうでしばらく休むこと。また、その休み時間。例 中入り後の取組。

ながうれる【名が売れる】慣用句 広く世間に名前が知られるようになる。例 作家として名が売れる。

なかがい【仲買】名詞 品物を買い、それをほかの人に売って手数料をもうけること。また、その人。ブローカー。注意 送りがなをつけない。

なかがいにん【仲買人】名詞 仲買を仕事とする人。ブローカー。

ながぐつ【長靴】名詞 〔雨ふりのときなどにはく〕ゴムまたは革でつくった長いくつ。

なかぐろ【中黒】名詞 区切り符号の一つ。同じ種類の言葉をならべるときなどに使う。「天・地・人」などと書くときの「・」。中点。

なかごろ【中頃】名詞 真ん中あたり。中ほど。ちゅうくらいの所。真ん中くらいの時期。例 十月の中頃、旅行に行く。

ながさ【長さ】名詞 ❶長いこと。また、そのどあい。きょり。例 川の長さ。❷ある時刻とある時刻との間のへだたり。例 春分の日は、昼と夜の長さが同じだ。

ながさきけん【長崎県】地名 九州地方の北西部にあり、東シナ海に面している県。五島列島・壱岐・対馬・島原などをふくむ。県庁所在地は長崎市。⇩916ページ・都道府県(図)。

ながさきし【長崎市】地名 長崎県の県庁所在地。⇩916ページ・都道府県(図)。

ながし【流し】名詞 ❶台所などで、水を流して食器や食品などをあらうところ。例 流しをいつもきれいにする。❷〔タクシーや芸人が〕客をもとめて、町の中をうつり動くこと。また、その車や人。例 流しのタクシー。

ながしうち【流し打ち】名詞 野球で、右打ちする打者ならライト方向に、左打ちする打者ならレフト方向に打球が飛ぶように打つこと。

ながしかく【長四角】名詞 ➡816ページ・ちょうほうけい。

ながしこむ【流し込む】動詞 流して、中に入れる。例 石こうを型に流し込む。活用 ながしこ・む。

ながしびな【流しびな】名詞 三月三日のひなまつりに川や海に流す、紙でつくったひな人形。また、その行事。

なかす[1]【中州】名詞 川の中に土や砂がつもって、島のようになっているところ。

なかす[2]【泣かす】動詞 ➡なかせる。活用 なか・す。

ながす【流す】動詞 ❶水や物などを流れるようにする。例 水を流す。❷伝える。広める。例 うわさを流す。❸よごれを落とす。例 ふろに入って、あせを流す。❹客を求めて、うつり動く。例 タクシーが市内を流す。❺《ある言葉の下につけて》「そのままにしておく」の意味を表す言葉。例 聞き流す。活用 なが・す。

なかずとばず【鳴かず飛ばず】慣用句 これといった活躍やおこないをしていないことのたとえ。例 鳴かず飛ばずの下積み生活をへてスターになった。

なかせる【泣かせる】動詞 ❶泣くようにさせる。例 意地悪をして泣かせる。❷ひどいことをして、泣きたくなるほどこまらせたりくるしめたりする。例 親を泣かせるような悪さばかりする。❸泣きたくなるほど感動させる。例 泣かせる話だ。参考 ①②③とも、「泣かす」ともいう。活用 なか・せる。

なかせんどう【中山道・中仙道】名詞 江戸時代の五街道の一つ。江戸(＝今の東京)から信濃(＝今の長野県)をへて京都にいたる街道。⇩452ページ・五街道(図)。

なかぞら【中空】名詞 空の中ほど。中天。例 中空にうかぶ月。

なかたがい【仲たがい】名詞 する動詞 仲が悪くなること。例 友だちと、つまらないことがきっかけで仲たがいしてしまった。対 仲直り。

なかだち【仲立ち】名詞 する動詞 人と人の間に入って、話がまとまるように世話をすること。また、その人。例 知人の仲立ちで、かれと会うことになった。

ながたつ【名が立つ】慣用句 世の中の評判になる。

ながたらしい【長たらしい】形容詞 〔文章や話などが〕いつまでも終わらず、いやになるほど長い。例 長たらしい説教。活用 ながたらし・い。

なかだるみ【中だるみ】名詞 する動詞 物事が中途でだれること。勢いがなかほどでしばらくゆるむこと。例 会議が中だるみしないように、とちゅうで休けいを入れよう。

ながだんぎ【長談義】名詞 長い時間、説教や話をすること。また、長くてまとまりのないたいくつな話。ことば ⇩「下手の長談義」

ながちょうば【長丁場】名詞 ❶〔仕事などで〕一段落するまでに長い時間がかかること。また、長い時間のかかる物事。例 長丁場の会議がやっと終わった。❷しばいやえんげきで、一区切りまでに長い時間のかかるもの。❸長い道のり。また、旅行の日程や道のりが長いこと。参考 江戸時代の旅人は長い旅のとちゅうに「宿場」で休みをとった。「丁場」は宿場と宿場の間のきょりのこと。「長丁場」はもともと次の宿場までの道のりが長く、時間もかかるという意味。

なかつぎ【中継ぎ】名詞 する動詞 とちゅうでつぎあわせたり、引きついだりすること。例 中継ぎのピッチャー。

ながつき【長月】名詞 昔のこよみで、九月のこと。

ながつづき【長続き】名詞 する動詞 一つの物事が、長い間続くこと。例 あきっぽくて、何ごとも長続きしない人。

なかづり【中づり】名詞 電車やバスの中にポスターなどをつりさげること。また、そのポスターなど。例 中づり広告。

なかでも【中でも】副詞 多くのものの中でもとりわけ。特に。特別に。例 どのスポーツもひととおりこなすが、中でも野球がとくいだ。

なかてん【中点】名詞 ⬇なかぐろ。

ながと【長門】地名 昔の国の名。今の山口県の北西部に当たる。

ながとおる【名が通る】慣用句 広く世間に名前が知られている。例 名が通った会社。

なかとみのかまたり【中臣鎌足】人名 (六一四～六六九) 飛鳥時代の政治家。中大兄皇子（＝のちの天智天皇）を助けて、大化の改新という新しい政治の基礎をきずくために力をつくした。はじめは中臣姓だったが、天皇から藤原の姓をあたえられ、「藤原鎌足」となった。

なかなおり【仲直り】名詞 する動詞 仲が悪くなった二人が、もとどおりに仲よくなること。対 仲たがい。

なかなか 副詞 ❶思っていた以上によい様子を表す言葉。例 なかなかよいできばえだ。❷物事がかんたんに終わらないことを表す言葉。参考 ②は、下に「…ない」などの打ち消しの言葉が続く。例 なかなか見つからない。

ながなが【長長】副詞(－と) とても長いようす。また、長くのびているようす。例 電話で長々と話す。／犬が長々とねそべっている。参考 ふつう「長々」と書く。

なかにわ【中庭】名詞 建物などにかこまれた庭。内庭。

ながねん【長年・永年】名詞 長い年月。例 長年のつきあい。

なかのおおえのおうじ【中大兄皇子】人名 (六二六～六七一) 舒明天皇の皇子。飛鳥時代の天皇。六四五年、天皇中心の政治をするために、中臣鎌足とともに蘇我氏をたおして大化の改新をおこなった。六六八年、大津京（今の滋賀県）で天皇の位について、天智天皇となった。

ながのけん【長野県】地名 中部地方の中央にある、海岸のない内陸の県。県庁所在地は長野市。⇩916ページ・都道府県（図）。

ながのし【長野市】地名 長野県の県庁所在地。⇩916ページ・都道府県（図）。

ながのわかれ【永の別れ】名詞 死んでしまって永久に会えないこと。例 再会することなく、永の別れとなってしまった。

なかば【半ば】一 名詞 ❶全体のおよそ半分。例 参加者の半ばが小学生だった。❷真ん中。中ほど。例 四月の半ば。／道の半ば。

ことばあそび なぞなぞ34 とればとるほど、ふえていくもの、なあに？

ニ 副詞 半分ぐらい、その状態であるようす。例 なくしたと半ばあきらめていたものが見つかった。

ながばなし【長話】名詞 する動詞 長い時間、話をすること。また、その話。例 ひさしぶりに会った友だちと長話をする。

なかび【中日】名詞 しばい・相撲・よせなどがおこなわれている期間の真ん中の日。

ながびく【長引く】動詞〔予定・予想よりも〕時間が長くかかる。のびのびになる。例 雨がふって、試合が長引いた。活用 ながび・く。

なかほど【中ほど】名詞 ❶程度が中くらいであること。例 中ほどの成績。❷ある場所の真ん中あたり。例 車内の中ほどまでつめる。❸時間や期間の中ごろ。なかば。例 三月も中ほどになると、あたたかくなる。

なかま【仲間】名詞 あることをいっしょにする人。例 つりの仲間。類 相手。同士。

なかまいり【仲間入り】名詞 する動詞 仲間に加わること。例 食べ歩きの会に仲間入りした。

なかまはずれ【仲間外れ】名詞 仲間に入れてもらえないこと。また、その人。

なかまわれ【仲間割れ】名詞 する動詞 仲間の間にもめごとなどがおこって分かれること。

なかみ【中身・中味】名詞 中に入っているもの。内容。例 はこの中身。

なかみせ【仲店・仲見世】名詞 神社や寺の境内や参道にある、みやげものなどを売る店。例 仲店通り。

なかむつまじい【仲むつまじい】形容詞 気が合って、とても仲がいい。例 仲むつまじい兄弟。活用 なかむつまじ・い。

ながめ1【長め】名詞 形容動詞 少し長いようす。例 ズボンが長めで歩きにくい。対 短め。

ながめ2【眺め】名詞 見わたすこと。また、見わたした景色。例 山頂からの眺め。

ながめる【眺める】動詞 ❶あるものを見つめる。例 しげしげと寝顔を眺める。❷遠くの景色などを見わたす。例 頂上から遠くを眺める。活用 なが・める。

ながもち【長持ち】ー 名詞 する動詞 物が長い間使えること。役に立つこと。例 この電池は長持ちだ。ニ 名詞 衣類やふとんなどを入れる、ふたのついた長方形の大きなはこ。⇩図。

長持ちニ

ながや【長屋】名詞 細長い建物をいくつかにしきって、たくさんの家族が住めるようにしたもの。

なかやすみ【中休み】名詞 する動詞 仕事などのとちゅうで、ちょっと休むこと。また、その休み。

ながゆ【長湯】名詞 長い間ふろに入ること。例 長湯でのぼせる。

なかゆび【中指】名詞 五本の指のうち、まん中の一番長い指。

なかよし【仲良し】名詞 仲がいいこと。また、そのような間がらの人。例 二人は仲良しだ。

ながら 助詞 ❶二つのことが同時におこなわれることを表す言葉。…と同時に。例 ギターをひきながら歌う。❷反対のことがらが同時におこなわれることを表す言葉。例 不満ながら、したがう。❸…のままの状態で。例 昔ながらのやり方でやる。

ながらえる【長らえる】動詞 長く生き続ける。例 命を長らえる。活用 ながら・える。

ながらく【長らく】副詞 長い間。例 長らくお待たせいたしました。参考 ややあらたまった言い方。

ながれ【流れ】名詞 ❶流れるようす。例 水の流れがはやい。／ホームランが試合の流れを変えた。❷川。例 流れにそって小さな道がある。❸血筋。流派。例 源氏の流れを引く。❹中止になること。例 雨で遠足はお流れだ。参考 ④はふつう「お流れ」の形で用いる。

ながれこむ【流れ込む】動詞 流れて、中に入る。例 冷たい空気が部屋に流れ込む。活用 ながれこ・む。

ながれさぎょう【流れ作業】名詞 工場で品物をつくるときなど、多くの人が手分けして、めいめいの受け持ちの作業だけをしてじゅんに次におくっていき、最後にできあがるようにした仕事のしくみ。

ながれだま【流れ弾】名詞 ねらいからそれてとぶ、鉄砲などのたま。例 流れ弾にあたる。

ながれにさおさす【流れにさお差す】ことわざ 機会をつかんで、いきおいに乗る。

語源 流れに乗った舟で、さらに、さおをさして、うまく川を下るということから。注意「流れにさからう」という意味ではない。

ながれぼし【流れ星】名詞 夜空に、とつぜん線をかいたように流れる星。流星。

ながれもの【流れ者】名詞 住所が定まらず、あちこちわたり歩く人。

ながれる【流れる】動詞 ❶水などが動く。例 川が流れる。❷したたる。たれる。例 あせが流れる。❸物が水上や水中を動く。例 橋が流れる。❹〔気体が〕ただよって動く。例 きりが流れる。❺すぎさる。例 時が流れる。❻とりやめになる。例 雨のため試合が流れる。❼〔うわさなどが〕広まる。例 うわさが流れる。活用 なが・れる。

ながれをくむ【流れをくむ】慣用句 ある血すじをついでいる。また、学問やわざなどで、あるやり方をうけついでいる。例 源氏の流れをくむ武士。／印象派の流れをくむ画家。

ながわずらい【長患い】名詞 長い間、病気をすること。また、その病気。例 長患いでやせる。

なかをとる【中を取る】慣用句 中間をえらぶ。例 両方の言い分の中を取る。

なぎ 名詞 風がやんで海がおだやかになること。特に、朝夕二回、風向きが入れかわるため、風がやんで海がおだやかになること。例 夕なぎ。

なきあかす【泣き明かす】動詞 一晩中、泣く。例 部屋で一人、泣き明かした。活用 なきあか・す。

なきおとし【泣き落とし】名詞 泣いて、かわいそうに思わせた相手に、たのみごとを聞いてもらうこと。例 妹の泣き落としに引っかかる。

なきがお【泣き顔】名詞 泣いている顔。また、泣き出しそうな顔。例 弟はしかられて泣き顔になった。対 笑顔。

なきがら 名詞 死んだ人の体。遺体。例 なきがらを清める。

なきくずれる【泣き崩れる】動詞 姿勢をくずして、はげしく泣く。とりみだして泣く。例 とつぜんの悲しい知らせに泣き崩れる。活用 なきくず・れる。

なきくらす【泣き暮らす】動詞 毎日、泣いてばかりいる。例 泣き暮らす日々。活用 なきくら・す。

1 **なきごえ**【泣き声】名詞 ❶人の泣く声。❷泣き出しそうな声。なみだ声。例 泣き声で無実をうったえる。

2 **なきごえ**【鳴き声】名詞 〔鳥・虫・けものなどの〕鳴く声。例 ウグイスの鳴き声がどこからかきこえてくる。

なきごと【泣き言】名詞 自分の不運や不幸をなげいて、くどくどと話す言葉。例 泣き言ばかり言うな。

なぎさ 名詞 波のうちよせるところ。波うちぎわ。

なきさけぶ【泣き叫ぶ】動詞 大きな声を出して泣く。例 迷子になって泣き叫ぶ。活用 なきさけ・ぶ。

なきしきる【鳴きしきる】動詞 虫や鳥などが鳴き続ける。しきりになく。例 林の中でセミが鳴きしきる。活用 なきしき・る。

なきじゃくる【泣きじゃくる】動詞 しゃくり上げながら、はげしく泣く。例 泣きじゃくる少女。活用 なきじゃく・る。

なきじょうご【泣き上戸】名詞 酒によると、泣くくせのある人。また、そのくせ。対 笑い上戸。

なぎたおす【なぎ倒す】動詞 ❶立っているものを横にはらって、たおす。例 ススキをなぎ倒しながら野原を進む。❷大ぜいの敵を次々といきおいよく負かす。例 敵をばったばったとなぎ倒す。活用 なぎたお・す。

なきだす【泣き出す】動詞 泣きはじめる。例 しかられて泣き出した。活用 なきだ・す。

なきたてる【鳴き立てる】動詞 鳥・虫・けものなどが、大きな声でさかんに鳴く。例 子犬がキャンキャンと鳴き立てる。活用 なきた・てる。

なきつく【泣き付く】動詞 ❶泣きながらすがりつく。例 子どもが母親の胸に泣き付く。❷泣くようにして、たのむ。例 親に泣き付く。活用 なきつ・く。

なきっつらにはち【泣きっ面に蜂】ことわざ 〔泣いている顔をハチがさすということから〕苦しんでいる人に、さらに心配ごとや苦しみがかさなること。例 ころんだ上に、さいふまでなくして、まったく泣きっ面に蜂だ。参考「泣き面に蜂」ともいう。類 弱り目にたたり目。踏んだりけったり。

なきなき【泣き泣き】副詞 ⇩なくなく。

なぎなた 名詞 長い柄の先に、そりかえった広くて長い刃をつけた、武器。また、それを用いた

あいうえお かきくけこ さしすせそ たちつてと なにぬねの はひふへほ まみむめも やゆよ らりるれろ わをん

こたえ 年（とし）

武道。

なきにしもあらず【無きにしもあらず】 慣用句 ないわけではない。少しはある。例 失敗のおそれも、無きにしもあらずだ。

なきねいり【泣き寝入り】 名詞 する動詞 ❶泣きながらねてしまうこと。❷不満ではあるが、しかたがないとあきらめること。

なきのなみだ【泣きの涙】 連語 なみだを流して泣くこと。なげき悲しむこと。例 毎日を泣きの涙でくらす。

なぎはらう【なぎ払う】 動詞 刃物などで、いきおいよく横にはらう。例 かまで草をなぎ払う。活用 なぎはら・う。

なきはらす【泣き腫らす】 動詞 はげしく泣き続けて、まぶたをはらす。例 目を真っ赤に泣き腫らす。活用 なきはら・す。

なきふす【泣き伏す】 動詞 とても悲しくて、うつぶせになって泣く。例 こらえきれず泣き伏した。活用 なきふ・す。

なきべそ【泣きべそ】 名詞 泣きだしそうな顔になること。例 泣きべそをかく。

なきみそ【泣き味そ】 名詞 ⬇なきむし。

なきむし【泣き虫】 名詞 ちょっとしたことにもすぐ泣く人。例 弟は泣き虫だ。参考 「なきみそ」ともいう。

なきものにする【亡き者にする】 慣用句 この世から消す。ころす。参考 「亡き者」は死んだ人のこと。

なきわかれ【泣き別れ】 名詞 泣きながら、しかたなくわかれること。例 母と子の泣き別れの物語。

なきわめく【泣きわめく】 動詞 大きな声で泣いて、さけぶ。例 泣きわめいて、うったえる。活用 なきわめ・く。

なきわらい【泣き笑い】 名詞 泣きながら、笑うこと。また、泣いたり、笑ったりすること。例 泣き笑いの人生。

なきをいれる【泣きを入れる】 慣用句 泣きついて、たのむ。例 期限をのばしてくれるよう、泣きを入れる。

なきをみせる【泣きを見せる】 慣用句 つらい思いをさせる。例 家族に泣きを見せる。

なきをみる【泣きを見る】 慣用句 泣くほどの、悲しい目やつらい目にあう。例 なまけていると、いつか泣きを見ることになるよ。

なく[1]【泣く】 動詞 〔悲しみや喜びのあまり〕なみだを流す。例 はげしく泣く。／泣くのをこらえる。対 笑う。活用 な・く。⇩使い分け。

なく[2]【鳴く】 動詞 鳥・虫・けものなどが声を出す。例 セミが鳴く。活用 な・く。⇩使い分け。

なぐ 動詞 〔波や風が〕しずまる。例 早春の海はないでいた。活用 な・ぐ。

なくことじとうにはかてぬ【泣く子と地頭には勝てぬ】 ことわざ 道理のわからない子どもや力のある者の無理には、言うことをきくしかない。参考 「地頭」は、昔、農民からおそれられた役人。

なくこもだまる【泣く子も黙る】 慣用句 泣いている子どもでもだまるほど、おそろしいようす。例 泣く子も黙ると言われる存在。

使い分け　なく

●なみだを流す。
大声で泣く。

●生物が声を出す。
ニワトリが鳴く。

なぐさみ【慰み】 名詞 気晴らし。楽しみ。

なぐさめ【慰め】 名詞 なぐさめること。また、なぐさめるために役立つもの。例 慰めの言葉。

なぐさめる【慰める】 動詞 悲しみや苦しみなどをわすれさせ、気持ちをやわらげる。いたわって元気づける。例 試合で負けてがっかりしている友だちを慰める。／庭の草花がつかれた心を慰めてくれる。活用 なぐさ・める。

なくす[1]【亡くす】 動詞 身内の人や大切な人を、死によって、失う。例 最近、おじを亡くした。活用 なく・す。

なくす[2]【無くす】 動詞 〔物を〕失う。例 さいふを無くす。／落ち着きを無くす。活用 なく・す。

なくてななくせ【無くて七癖】 ことわざ くせがないようでも、だれにもそれぞれくせがある

あいうえお かきくけこ さしすせそ たちつてと なにぬねの はひふへほ まみむめも や ゆ よ らりるれろ わ を ん

ことば博士になろう!

●身近な生き物が「なく」と……

「なく」を漢字で書くと「泣く」「鳴く」の二つがあります。「泣く」は、人の場合にだけ使います。「鳴く」は「虫が鳴く」「鳥が鳴く」「カエルが鳴く」のように、人間以外の生き物が「声を出す」意味です。しかし動物によっては、決まった言い方をするものがあります。

馬がいななく。
犬がほえる。
鳥がさえずる。

馬や犬は、日本人にとって身近で役にたつ動物だったので、特別な言い方をしたのかもしれません。「さえずる」は、カラスやタカのような大きな鳥についてはいいません。小鳥が鳴くときに用います。小鳥も、わたしたちの祖先にとって身近な動物だったのでしょう。

ものだ。

なくてはならない 連語 ❶ないとこまる。ないというわけにはいかない。例かれはサッカー部になくてはならない選手だ。❷…しないわけにはいかない。例こまっている人がいたら、助けてやらなくてはならない。

なくなく【泣く泣く】副詞 泣きながら。また、泣きたいようなつらい気持ちで。例転校する友だちと泣く泣く別れた。参考「なきなき」ともいう。

なくなる[1]【亡くなる】動詞〔人が〕死ぬ。例おしまれつつ、亡くなった。参考「死ぬ」よりも、ていねいな言い方。活用なくな・る。

なくなる[2]【無くなる】動詞 ❶へっていって、何もない状態になる。例ダムの水が無くなる。❷見つからなくなる。例カメラが無くなった。活用なくな・る。

なくねこはねずみとらず【鳴く猫はねずみ捕らず】ことわざ よくしゃべる人は実行しないものだということ。参考「鳴く猫はねずみを捕らぬ」ともいう。

なぐりがき【殴り書き】名詞 する動詞 らんぼうに書くこと。また、そのように書いたもの。例メモ用紙に殴り書きする。／殴り書きした手紙。

なぐりこみ【殴り込み】名詞 おしかけていって、らんぼうすること。例殴り込みをかける。

なぐりつける【殴り付ける】動詞 思いきりなぐる。例かっとして思わず殴り付ける。活用なぐりつ・ける。

なぐりとばす【殴り飛ばす】動詞 いきおいよくなぐる。例思いきり殴り飛ばす。活用なぐりとば・す。

なぐる【殴る】動詞〔こぶしなどで〕強く打つ。例殴るのは反則だ。類たたく。活用なぐ・る。

なげいれる【投げ入れる】動詞 投げて、中に入れる。例玉入れの玉をかごに投げ入れる。類投げこむ。活用なげい・れる。

なげうつ 動詞 ❶〔投げるようにして〕すてる。❷おしげもなくさし出す。例財産をなげうって奉仕する。活用なげう・つ。

なげうり【投げ売り】名詞 する動詞 損になることもかまわず、安く売ること。例売れ残った品を投げ売りする。

なげかける【投げ掛ける】動詞 ❶投げるようにしてかける。例木の枝にロープを投げ掛ける。❷相手に目をむけたり、言葉をかけたりする。例するどい視線を投げ掛ける。／あたたかい言葉を投げ掛ける。❸そのことをもちだして、しめす。提示する。例疑問を投げ掛ける。活用なげか・ける。

なげかわしい【嘆かわしい】形容詞 おこりたくなるほどひどい。また、かなしくなるほど情けない。例高齢者をだます人がふえたのは、嘆かわしいことだ。活用なげかわし・い。

なげき【嘆き】名詞 なげくこと。

なげく【嘆く】動詞 ❶深く心をいため、悲しむ。例知人の死を嘆く。❷〔かえらぬことや思いどおりにいかないことを〕うらみ、悲しんで口に出す。例不運を嘆く。活用なげ・く。

なげこむ【投げ込む】動詞〔強めに〕投げて入れる。例池に石を投げ込む。類投げ入れる。活用なげこ・む。

なげし 名詞 かもいの上に、かざりとしてつけてある横木。漢字長押。⇩282ページ・かも居(図)。

なげすてる【投げ捨てる】動詞 投げるようにして、すてる。例つつみ紙を投げ捨てる。活用なげす・てる。

なげだす【投げ出す】動詞 ❶投げるようにだす。ほうりだす。例足を投げ出す。❷あきらめて、とちゅうでやめる。例ここまできて投げ出

ことばあそび なぞなぞ㉟ 7ひきよりは多く、9ひきよりは少ない虫、なあに?

すわけにはいかない。❸財産や命をわたす。例全財産を投げ出して、建設した。活用 なげだ・す。

なげつける【投げ付ける】 動詞 ぶつけるように、いきおいよく投げる。例地面にボールを投げ付ける。活用 なげつ・ける。

ナゲット 名詞 ❶金のかたまり。❷とり肉や魚肉などを、ころもをつけて油であげたもの。例チキンナゲット。▼英語 nugget

なげとばす【投げ飛ばす】 動詞 いきおいよく投げる。例大男を投げ飛ばす。活用 なげとば・す。

なけなし 名詞 あるのかないのかわからないくらいわずかなこと。ほとんどないこと。例なけなしのお金をとられた。

なげなわ【投げ縄】 名詞 先の方を輪の形に結んだ長いなわ。輪の部分を投げて、野生の動物などをつかまえる。

なげやり【投げやり】 名詞 形容動詞 ❶〔しなくてはならないことを〕そのままにしてほうっておくようす。やりっぱなしにするようす。❷無責任な気持ちや態度をもつようす。例投げやりな返事。

なける【泣ける】 動詞 感動して自然になみだが出てくる。泣きたくなるほど感動する。例その話は泣けるね。活用 な・ける。

なげる【投げる】 動詞 ❶手に持って、遠くへ飛ばす。例ボールを投げる。❷あきらめて熱心にやらない。例試合を投げてはいけない。❸〔その方へ〕向ける。例音のした方へ視線を投げる。❹自分の身をほうり出す。また、飛びこんで自殺をはかる。例川に身を投げる。活用 な・げる。

なこうど【仲人】 名詞 結婚の仲だちをする人。媒酌人。

なごむ【和む】 動詞 気持ちがおだやかになる。例花を見ていると心が和む。活用 なご・む。

なごやか【和やか】 形容動詞 気分がやわらいで、おだやかなようす。例和やかなふんいき。注意 送りがなに気をつける。

なごやし【名古屋市】 地名 愛知県の県庁所在地。⇩916ページ・都道府県(図)。

なごり【名残】 名詞 ❶物事のすんだ後に、その様子が残っていること。例駅に、当時の名残がある。❷別れるのをつらく思う気持ち。例転校していく友と名残をおしむ。

なごりおしい【名残惜しい】 形容詞 心残りがして、別れるのがつらい。例名残惜しいけれども、ここで別れよう。活用 なごりおし・い。

ナサ【NASA】 名詞 アメリカ航空宇宙局。宇宙の開発をすすめるための政府機関。参考 英語の略語。

なさい 動詞 「なさる」という言葉で、人に命令するときの言い方。例遊びは終わりになさい。

なさけ【情け】 名詞 ほかの人を思いやる、あたたかい気持ち。ことば 「人の情けが身にしみる」「敵に情けをかける」

なさけがあだ【情けがあだ】 ことわざ 思いやりが、かえって相手のためにならないこと。例悪事を見のがしてやっても、いつかは情けがあだになる。

なさけしらず【情け知らず】 名詞 思いやりの心がないこと。また、その人。例そんな情け知らずだとは思わなかった。

なさけない【情けない】 形容詞 ❶あきれるようなようす。例かんじんなところでにげ出すとは情けない。❷みじめなようす。例情けないすがたを見せたくない。活用 なさけな・い。

なさけはひとのためならず【情けは人のためならず】 ことわざ 人に親切にしておけば、いつか自分も人から親切にされることがあるということ。金田一メモ 「情けをかけると、あまやかすことになって、その人のためにならない」という意味で用いるのは、本来の使い方ではない。

なさけぶかい【情け深い】 形容詞 思いやりの心があつい。例手伝ってくれるという情け深い人と出会った。類 哀れみ深い。活用 なさけぶか・い。

なさけようしゃもない【情け容赦もない】 慣用句 思いやりや手かげんがないようす。例情け容赦もないこうげき。

なざし【名指し】 名詞 する動詞 名前をさししめすこと。指名。

なさる 動詞 「なす」「する」をうやまっていう言葉。例これからなにをなさるのですか。活用 なさ・る。

なし【梨】 名詞 バラ科の木。春に白い花がさき、秋にあまく水分の多い実ができる。参考 まるい形の和なし(日本なし)や、下がふくらんだ形の洋なしなどがある。

なしくずし【なし崩し】 名詞 ❶借りたお金を少しずつ返すこと。❷物事を正式のやり方ではなく、少しずつかたづけていくこと。例なし崩しに進める。

なしとげる【成し遂げる】 動詞 物事を終わりまでやりとおす。完成させる。例研究を成し遂げる。活用 なしと・げる。

なしのつぶて【梨のつぶて】 慣用句 〔投げた小石はもどってこないように〕返事がないこと。たよりがないこと。参考「なし」は果物の名で、「無し」にかけている。

なじみ 名詞 なれて親しみをもつこと。親しい間がら。また、その人。例なじみのお客。

なじむ 動詞 ❶よくなれて親しむ。❷よくとけ合う。例外国の生活になじむ。活用 なじ・む。

ナショナリズム 名詞 外国やほかの民族の力をのぞいて、自分の国や民族の独立・発展をめざす考えとその運動。▼英語 nationalism

ナショナルチーム 名詞 国を代表してたたかうためにえらばれた選手たちの集まり。▼英語 national team

ナショナルトラスト 名詞 自然や文化遺産などを守るために、お金を集めてその土地や建物を買いとる市民運動。イギリスからはじまった。▼英語 national trust

なじる 動詞 相手を問いつめて、せめる。例約束をやぶった友だちをなじる。活用 なじ・る。

[1]なす 名詞 ナス科の植物。夏に、星のような形のむらさき色の花がさく。夏・秋にできるこいむらさき色の実を食用にする。なすび。漢字 茄子。

[2]なす 動詞 する。おこなう。例なすすべを知らない。活用 な・す。

[3]なす【成す】 動詞 ❶形づくる。つくりあげる。つくる。例群れを成す。❷しとげる。つくりあげる。例一代で財を成す。参考 やや古い言い方。活用 な・す。

なずな 名詞 アブラナ科の植物。道ばたなどにはえ、春に小さな白い花がさく。実は三角形。春の七草の一つ。ぺんぺんぐさ。⇩口絵6ページ。

なすりつける【なすり付ける】 動詞 ❶こするようにして、つける。くっつける。例壁にペンキをなすり付ける。❷自分の失敗や責任を他人のせいにする。例人に罪をなすり付ける。活用 なすりつ・ける。

なする 動詞 こすってつける。ぬりつける。例くつのどろをマットになする。活用 なす・る。

なぜ 副詞 どうして。どういうわけで。例なぜ、こんなにおいしいのか教えてほしい。

なぜなら(ば) 接続詞 どうしてかと言えば。そのわけは。例あなたが見かけたのは、わたしではない。なぜならば、その日はずっと家にいたからだ。

なせばなる【なせば成る】 ことわざ やろうと思えばできないことはないということ。参考 江戸時代の米沢藩主、上杉鷹山の「なせば成るなさねば成らぬ何事も 成らぬは人のなさぬなりけり」という歌からといわれる。

なぞ【謎】 名詞 ❶なぞなぞ。❷それとなく遠回しに言うこと。ことば ⇩「謎を掛ける」❸本当のすがたやわけがわかっていない、ふしぎなこと。解決がつかないこと。例宇宙の謎。

なぞなぞ【謎謎】 名詞 前もって用意した答えを、ほかの言葉でといかけて、それを当てさせる遊び。参考「なぞなぞ」「謎々」と書くことが多い。

なぞらえる 動詞 似ているものにたとえて考える。見たてる。例人生はよく旅になぞらえられる。活用 なぞら・える。

なぞる 動詞 書いてある字などの上をたどって書く。例手本の字をなぞる。活用 なぞ・る。

なぞをかける【謎を掛ける】 慣用句 ❶なぞなぞの問題を出す。❷それとなくわからせるように遠回しに言う。例謎を掛けて、ほしい物を手に入れる。

なた 名詞 短くて厚みのある、はばの広い刃物。木などをわるのに使う。⇩図。

なだ 名詞 しおの流れがはやく、波があらくて航海がむずかしい海。例遠州なだ。漢字 灘。

なだい【名代】 名詞 名高いこと。例当地で名代のまんじゅう。類 有名。高名。

なだかい【名高い】 形容詞 有名である。例観光地として名高い。活用 なだか・い。

なだたる【名だたる】 連体詞 名前を知られた。有名な。評判の。例世界に名だたるピアニスト。

なた

ことば選びのまど

泣くをあらわすことば

泣く[1]

〔悲しみや喜びのあまり〕なみだを流す。↓946ページ

うそ泣き

本当に泣くのではなく、泣くふりをすること。↓127ページ

うれし泣き

うれしさのあまり、泣くこと。↓143ページ

鬼の目にも涙 発展

おにのようにひどい人でも、ときにはなさけぶかくなるときがあるというたとえ。↓198ページ

悔し泣き

くやしく思って泣くこと。↓385ページ

号泣[1] 発展

大声をあげて泣くこと。↓433ページ

さめざめ

ずっと、なみだを流して泣くようす。↓522ページ

しくしく

静かに弱々しく泣くようす。↓544ページ

忍び泣き

声をたてないように、そっと泣くこと。↓571ページ

しゃくり上げる

何回も息をすいこむようにして泣く。↓582ページ

すすり泣く

鼻汁をすすりながら泣く。↓668ページ

ことば選びのまど

泣くをあらわすことば

泣き崩れる
姿勢をくずして、はげしく泣く。とりみだして泣く。
945ページ

泣き叫ぶ
大きな声を出して泣く。
945ページ

泣きじゃくる
しゃくり上げながら、はげしく泣く。
945ページ

泣き腫らす
はげしく泣き続けて、まぶたをはらす。
946ページ

泣きわめく
大きな声で泣いて、さけぶ。
946ページ

涙ぐむ
目に涙をためる。今にも泣きそうになる。
959ページ

涙に暮れる 発展
ひどく泣いて、悲しむ。悲しみながら日をすごす。
959ページ

むせび泣く 発展
息をつまらせて、はげしく泣く。
1273ページ

目が潤む 発展
目になみだがうかぶ。
1282ページ

目頭が熱くなる 発展
感動して、目になみだがにじんでくる。
1282ページ

めそめそ
弱々しく泣くようす。また、何かというとすぐ泣くようす。
1286ページ

なたね【菜種】名詞 アブラナのたね。しぼってあぶらをとる。

なたねあぶら【菜種油】名詞 アブラナのたねをしぼってとった油。食用や工業用に用いる。

なたねづゆ【菜種梅雨】名詞 三月の終わりごろ、アブラナの花がさくころにふる長雨。

なだめすかす 動詞 いろいろとなぐさめてきげんをとる。例 泣いている子どもをなだめすかす。活用 なだめすか・す。

なだめる 動詞 おこっている人や悲しんでいる人の気持ちをやわらげて、落ち着かせる。例 弟をなだめる。活用 なだ・める。

なだらか 形容動詞 ❶〔山や道などの〕かたむきがゆるやかなようす。例 なだらかな山道。❷ なめらかなようす。すらすらとすすむようす。

なだれ【雪崩】名詞 ふりつもったたくさんの雪が、山のしゃ面を急にくずれおちること。また、その雪。

なだれおちる【雪崩落ちる】動詞 〔なだれのように〕多くのものが、一度に落ちる。例 つみ上げたにもつが雪崩落ちた。活用 なだれお・ちる。

なだれこむ【雪崩込む】動詞 〔なだれのように〕多くの人が、一度にどっと入る。例 観客が会場に雪崩込んだ。活用 なだれこ・む。

なだれをうつ【雪崩を打つ】慣用句 〔なだれがおきたように〕多くの人が一度にやって来る。例 客が雪崩を打って入ってきた。

ナチス 名詞 ドイツのヒトラーを中心にしてつくられた独裁的な政党。民主主義を否定し、自国の利益のために外国を侵略する政策をとった。一九三三年に政権をにぎり、一九四五年に敗戦とともになくなった。▼英語（ドイツ語から）Nazis

ナチュラル 一 形容動詞 自然であるようす。天然の。
二 名詞 音楽で、シャープ（♯）やフラット（♭）で変化した音を、もとの高さにもどす記号。本位記号。参考「♮」で表す。▼英語 natural

なつ【夏】名詞 一年を四つの季節に分けたうちの一つ。春の後の季節で、六月・七月・八月ごろ。一年で一番暑く、昼の時間が長い。例 この夏の思い出。

なついん【なつ印】名詞 する動詞 はんをおすこと。類 押印。例 提出する書類に署名なつ印をしてください。参考 あらたまった言い方。漢字 捺印。

なつがけ【夏掛け】名詞 夏のあついときに使う、うすいかけぶとん。

なつかしい【懐かしい】形容詞 〔いろいろとすぎさったときのことが〕思い出されて、心がひきつけられる。例 懐かしい曲。活用 なつかし・い。

なつかしむ【懐かしむ】動詞 なつかしく思う。例 ふるさとを懐かしむ。活用 なつかし・む。

なつがれ【夏枯れ】名詞 商売で、夏の間、しばらく売り上げが落ちて、景気が悪くなること。

なつく【懐く】動詞 〔子どもや動物が〕なれて、親しくなる。例 妹は近所のお姉さんに懐いている。活用 なつ・く。

なつくさ【夏草】名詞 夏においしげる草。

なつぐも【夏雲】名詞 夏の空に現れる雲。

ナックルボール 名詞 野球で、ピッチャーが投げるボールの一つ。ボールが回転せずに進み、バッターの近くでゆれて落ちる。▼英語 knuckle ball

なづけおや【名付け親】名詞 親に代わり、生まれた子どもに名前をつける人。また、あるもののよび名をさいしょにつけた人。例 新製品の名付け親。

なづける【名付ける】動詞 〔人や物に〕名前をつける。例 長男に、「はじめ」と名付けた。活用 なづ・ける。

なつご【夏ご】名詞 夏のはじめごろから飼われるかいこ。飼育される日数が短いため、まゆの量が少なく、質もおとる。参考 ⇨1068ページ・春ご。12ページ・秋ご。

なつこだち【夏木立】名詞 夏に青々とおいしげっている木々。

なつざしき【夏座敷】名詞 すだれで日ざしをさえぎったり、戸を開けて風通しをよくしたりした夏向きのざしき。

なつじかん【夏時間】名詞 夏の一定の期間に日がでている時間をうまく使うことを目的として時計をいつもより一時間すすめて生活する制度。ヨーロッパなどでおこなわれている。夏時刻。サマータイム。

なつぞら【夏空】名詞 日ざしが強く、晴れわたった夏の空。例 雲一つない夏空。

ナッツ 名詞 クルミ・アーモンド・カシューナッツなど、食用になるかたい木の実をまとめていう言葉。▼英語 nuts

なってない【連語】とても悪い。まるでだめである。例この店の店員は、態度がなってない。参考「なっていない」ともいう。

ナット 名詞 ボルトにはめてものをしめつけるのに使う金具。ふつう六角形で、内側にねじがきってある。▼英語 nut ⇩1214ページ・ボルト（図）。

なっとう【納豆】 名詞 ダイズを煮て、なっとう菌を働かせてつくった、ねばりけのある食べ物。

なっとく【納得】 する動詞 〔他人の考えなどが〕よくわかること。よく理解すること。例納得がゆくまで話し合う。

なつどり【夏鳥】 名詞 春になると日本にきて巣をつくり、ひなを育て、秋になると南のあたたかい地方へわたって冬をすごすわたり鳥。ツバメ・ホトトギスなど。対冬鳥。

なつば【夏場】 名詞 夏のころ。夏の間。例夏場は海水浴の客でにぎわう。対冬場。

なっぱ【菜っ葉】 名詞 葉を食用にする野菜をまとめていう言葉。参考くだけた言い方。

なつばて【夏ばて】 名詞 する動詞 夏の暑さのためにつかれたり体が弱くなったりすること。暑気あたり。例夏ばてして食欲もない。類夏まけ。

なつび【夏日】 名詞 夏の暑い日。一日の最高気温が二十五度以上の日。また、夏の強い日ざし。対冬日。参考⇩1235ページ・真夏日。1294ページ・猛暑日。

ナップザック 名詞 ハイキングなどで使う、小形のリュックサック。▼英語（ドイツ語から）knapsack

なつまけ【夏負け】 名詞 する動詞 夏の暑さのために体が弱ること。類夏ばて。

なつまつり【夏祭り】 名詞 夏におこなわれる、地域や神社の祭り。参考病気・虫の被害・台風・水害などにあわないことをいのっておこなわれることが多い。

なつみかん【夏みかん】 名詞 ミカン科の木。春から夏にかけてじゅくす実を食用にする。夏だいだい。

なつむき【夏向き】 名詞 夏の季節にふさわしいこと。夏にあっていること。また、そのもの。例半そでの白い夏向きの服。

なつめ 名詞 ❶クロウメモドキ科の木。秋に、だ円の形の実がじゅくして暗い赤色になる。ほした実などを食用にする。❷茶道でまっ茶のこなを入れる入れ物。形が「なつめ❶」に似ている。

なつめそうせき【夏目漱石】 人名（一八六七〜一九一六）明治時代から大正時代にかけての小説家・英文学者。「吾輩は猫である」「坊っちゃん」「草枕」「三四郎」「それから」など、たくさんの作品を書いた。

なつもの【夏物】 名詞 夏の間だけ使う物。特に、夏に着る衣類。対冬物。

なつやすみ【夏休み】 名詞 学校が、夏の暑い間授業などを休みにすること。例夏休みに旅行をする。

なつやせ【夏痩せ】 名詞 する動詞 夏の暑さにまけて、体がやせること。

なつやま【夏山】 名詞 夏の山。夏の草木がしげった山。また、夏にのぼる山。対冬山。

なでおろす【なで下ろす】 動詞 ❶上から下に向かってなでる。❷《「胸をなで下ろす」の形で》ほっと一安心する。活用 なでおろ・す。

なでがた【なで肩】 名詞 なでおろしたようにまるくなだらかに下がった肩。

なでぎり【なで切り】 名詞 する動詞 ❶刃物をおしつけて、なでるように切ること。❷敵をかたっぱしから切りたおすこと。また、試合などで、相手を次々と負かすこと。例強敵をなで切りにして優勝する。

なでしこ 名詞 ナデシコ科の植物。へりが細かく切れこんだ花びらで、ピンク色などの花がさく。秋の七草の一つ。漢字 撫子。⇩口絵10ページ。

なでつける【なで付ける】 動詞 なでておさえつける。特に、髪の毛をとかしてととのえる。活用 なでつ・ける。

なでる 動詞 ❶〔てのひらで〕軽く、ゆっくりとさわる。例頭をなでる。❷物がほかの物に軽くふれる。例ほおをなでる風。❸髪の毛のみだれをととのえる。例くしで髪をなでる。活用 な・でる。

など 助詞 ❶いくつかのものをならべて、ほかにもあることをしめす言葉。例ハクサイやコマツナなどの、葉を食べる野菜。類等。❷けいべつやけんそんの気持ちを表す言葉。例おまえなどに負けるものか。／この服はわたしなどには上等すぎます。❸意味を強めたり、打ち消しの意味を表したりする言葉。例うそなどつくはずがない。❹物事を一つに決めず、言葉の調子をやわらげる言葉。例お菓子など一ついかがですか。

ことばあそび　なぞなぞ36　いつでも木をつねっている動物、なあに？

なとり【名取り】名 日本ぶようや茶道などの芸道で、一定の基準まで上達した人が家元や師匠から芸名をもらい、ほかの人に教えるのをゆるされること。また、その人。

ナトリウム 名 金属元素の一つ。銀白色でやわらかい。水に入れると水素を出す。ねっしてとかした食塩または水酸化ナトリウム（＝かせいソーダ）を電気分解してつくる。▼ドイツ語

なな【七】名 ⬇558ページ・しち（七）。

なないろ【七色】名 ❶七つの色。例七色のにじ。❷七つの種類。また、たくさんの種類。例七色の声のもちぬし。

ななくさ【七草】名 ❶「春の七草」のこと。❷「秋の七草」のこと。❸「七草の節句」の略。一月七日に春の七草を入れてたいたおかゆを食べ、その年の健康をいのる。

ななくさがゆ【七草がゆ】名 一月七日に春の七草を入れてつくるおかゆ。⇩口絵6ページ。

ななころびやおき【七転び八起き】連語 [七回ころんで八回おきあがる意味から]なんど失敗してもそれに負けないでがんばること。

ななつ【七つ】名 ❶一の七倍。しち。なな。❷七才。❸昔使っていた、時刻のよび方。今の午前四時ごろと午後四時ごろ。

ななつどうぐ【七つ道具】名 七つの種類がそろって一組みとなる道具。また、必要なときに使えるようにいつもそろえて持ち歩くひとそろいの道具。例かなづちは大工の七つ道具の一つだ。

ななつのうみ【七つの海】名 世界の七つの大きな海。南太平洋・北太平洋・南大西洋・北大西洋・南極海・北極海・インド洋をまとめたよび方。また、世界中の海のこと。七洋。例七つの海をまたにかけて旅をする。

ななひかり【七光】名 主君や親のおかげで、家臣や子どもがいろいろな得をすること。例親の七光で出世する。

ななふしぎ【七不思議】名 ある地域や場所で見られる、七つの不思議なことがら。自然現象や怪談、伝説など。例古いお寺にまつわる七不思議。

ななほしてんとう【七星天道】名 テントウムシ科のこん虫。せなかは赤く、七つの黒い点がある。アブラムシを食べる。

ななまがり【七曲がり】名 する動詞 道路や坂道などが何度もおれ曲がって重なっていること。また、そのような道。つづらおり。

ななめ【斜め】名 形容動詞 ❶かたむいていること。例体を斜めにする。／斜めに線を引く。❷ふつうの状態とちがうこと。ことば「ごきげんが斜めだ（＝きげんが悪い）」

ななめよみ【斜め読み】名 書いてあることのだいたいの内容を知るために、ざっと読むこと。例新聞の斜め読みをする。

なに【何】一 代名詞 ❶名前のわからない物や、はっきりわからないことがらをさす言葉。例何がほしいの。参考「なん」の形でも使われる。例何の話をしているの。❷ある代表的な物やことがらをあげ、そのほかのいろいろな物やことがらをはぶいて一まとめにしてさす言葉。例服も何もびしょぬれだ。
二 感動詞 おどろいたり、念をおしたり、反発したりするときの言葉。例何、大けがをしたって。
三 副詞 少しも。まったく。参考下に「…ない」などの打ち消しの言葉が続く。例何不自由なくくらす。

なにか【何か】一 連語 ❶決まっていない物事やわかっていない物事をさす言葉。例何かないかな。❷それに似たものをさす言葉。例えんぴつか何か書くものがないか。
二 副詞 どことなく。なぜか。例何かへんだ。

なにがし 代名詞 ❶数や量のはっきりしないものをさす言葉。例なにがしかの寄付金。❷[知っていても名前を]はっきり言わずにある人のことをさす言葉。例有名な政治家のなにがし。

なにかしら【何かしら】連語 ❶なにかはわからない物事をさす言葉。例父はいつも何かしら読んでいる。❷なにかはわからないが、なんとなく。例何かしらあやしい人がいる。

なにかと【何かと】副詞 あれやこれやと。いろいろと。例何かとお世話になりました。

なにかというと【何かと言うと】連語 なにかがあるたびに。なにかといえば。例何かと言うと口を出したがる人。

なにがなし【何がなし】副詞 なんとなく。どういうわけともなく。例何がなしかなしい気分になる。

なにがなんでも【何が何でも】連語 どん

なことがあっても。何としてでも。例何が何でも勝ってみせる。

なにかにつけ【何かにつけ】連語 あれやこれやと、ことあるごとに。例何かにつけもんくを言ううるさい人。参考「何かにつけて」の形でも使う。

なにからなにまで【何から何まで】連語 何もかもすべて。例あの子のことは何から何まで知っている。

なにくそ【何くそ】感動詞 元気が出ないとき、自分の気持ちをふるいたたせるように言う言葉。ことば「何くそ負けるもんか」

なにくれとなく【何くれとなく】連語 あれこれと。いろいろと。例上級生は何くれとなく、新入生のめんどうをみている。

なにくわぬかお【何食わぬ顔】連語 〔自分のしたことや関係のあることについて〕まったく関係がないといったふるまい。また、そのような表情。例何食わぬ顔で話し続けていた。

なにげない【何気ない】形容詞 ❶気にしないようす。平気でいるようす。例何気ない感じをよそおう。❷《「何気なく」の形で》これといった目的もなく。ふと。例何気なく外を見たら友だちが歩いているのが見えた。活用なにげな・い。

なにごと【何事】名詞 ❶どんなこと。例何事が起ころうと、あわてるな。❷すべてのこと。万事。例何事もがまんが大切だ。❸何か変わったこと。例何事もなく一日が終わった。❹「なんということだ」という意味で、相手をせめる言葉。例約束をやぶるとは何事だ。

なにさま【何様】名詞 えらい人。有名な人。例自分を何様だと思っているのか。参考ふつう人をせめるときに使う。

なにしろ【何しろ】副詞 とにかく。何にしても。例何しろ大変な人出だった。

なにするものぞ【何するものぞ】連語 「たいしたことはない」という意味で、困難にあったときなどに気持ちをふるいたたせる言葉。例悪天候も何するものぞ。／強敵何するものぞ。

なにせ【何せ】副詞 なにしろ。なんとしても。なんせ。例何せ思いもかけないことだったので、あわててしまった。

なにとぞ【何とぞ】副詞 相手にていねいにたのむ気持ちを表す言葉。どうぞ。どうか。ぜひ。例何とぞよろしくお願いします。／何とぞおゆるしください。漢字何卒。

なにはさておき【何はさておき】連語 ほかのことは後回しにしても。例何はさておき、応えんにかけつける。

なにはともあれ【何はともあれ】連語 ほかのことは、どうであっても。例何はともあれ無事でよかった。

なにはなくとも【何は無くとも】連語 ほかには何もなくても。例何は無くとも平和であればよい。

なにひとつ【何一つ】連語 なにも。ひとつも。まったく。注意後ろに、「ない」「ません」などの言葉が続く。例何一つ知りません。／何一つ残っていない。

なにぶん【何分】副詞 ❶どうか。どうぞ。例何分よろしくお願いします。❷どのように考えても。とにかく。例何分まだ子どもですので、うまくできるかどうか心配です。

なにも【何も】副詞 ❶どんなことも。何もかも。例おそろしさに足のいたさも何もわすれてにげてきた。❷なに一つ。まったく。例何もいうことはない。❸特にとりたてて。べつに。例何もそうおこることはないでしょう。参考②③は下に「…ない」などの打ち消しの言葉が続く。

なにもかも【何もかも】連語 あれもこれも、すべて。例何もかも話すつもりだ。

なにもの【何者】名詞 どういう人。だれ。例あの人物は何者かね。

なにやかや【何やかや】連語 あれやこれやいろいろ。例何やかやと用事がたえない。

なにやら【何やら】副詞 何かしら。なんだか。例子どもが集まって何やらさわいでいる。

なにより【何より】一名詞 ほかのどんなものよりも一番よいこと。例冬の寒い夜は、あたたかい飲み物が何よりのごちそうです。二副詞 どんなものよりも一番。この上なく。例無事で帰ってきたのが何よりうれしい。

なにわ【難波・浪速】地名 大阪地方の昔のよび名。

なにわぶし【なにわ節】名詞 三味線を伴奏とする、義理・人情を主題とした語り物。浪曲。

なにわぶしてき【なにわ節的】形容動詞 人のおこないや考え方が、義理・人情を大切にし、古くさいようす。

なにをおいても【何をおいても】連語 ほ

かのことはどうであろうとも。何はさておき。例何をおいても準備だけはしておこう。

なにをかいわんや【何をか言わんや】連語 あきれはてて、それ以上何を言ってもしかたがないことをいう。

なぬし【名主】名詞 江戸時代に、村をおさめる仕事をした役目。また、その人。参考 関西では「庄屋」といった。

なのある【名のある】連語 世間から信用されていて、有名である。例きっと名のある人にちがいない。

なのか【七日】名詞 ❶月の第七日。❷七つの日数。一週間。

なのはな【菜の花】名詞 アブラナの花。また、アブラナ。

なのりでる【名乗り出る】動詞 すすんで自分から言う。それは自分であると申し出る。例ガラスをわったのは自分だと名乗り出た。活用 なのり・でる。

なのりをあげる【名乗りを上げる】慣用句 ❶自分の名前を大声で言う。❷競争などに参加する気持ちをはっきりと表す。特に、選挙に候補者として立つ。立候補する。例オリンピックの開催に名乗りを上げる。／市長選挙に名乗りを上げる。

なのる【名乗る】動詞 ❶自分の名を言う。例自分から先に名乗る。❷自分の名とする。例結婚して、山本の姓を名乗る。活用 なの・る。

なばかり【名ばかり】連語 名前だけがあって、本当の内容がともなわないこと。例デパートとは名ばかりの小さな店。

なはし【那覇市】地名 沖縄県の県庁所在地。⇨916ページ・都道府県（図）。

なはたいをあらわす【名は体を表す】ことわざ 名前はそのもののありのままのすがたを表している。

なびかす 動詞 ❶（風・水などのいきおいで）横に流れるように動かす。例髪の毛を風になびかす。❷ほかの人をしたがわせる。例部下を自分の思いどおりになびかす。活用 なびか・す。

なびく 動詞 ❶雨や風のために横に流れるように動く。例草が風になびく。❷ほかの人の考えや勢いにしたがう。活用 なび・く。

ナビゲーター 名詞 ❶航海士。航空士。❷自動車のラリーなどで、助手席にのって、運転する人に速度や方向などを知らせる人。❸ラジオ・テレビの番組の司会者。▼英語 navigator

ナフキン 名詞 ⇨ナプキン。

ナプキン 名詞 主に洋食のとき、衣服のよごれるのをふせぐため、ひざや胸にかける白い布や紙。ナフキン。▼英語 napkin

なふだ【名札】名詞 名前を書いたふだ。

ナフタリン 名詞 コールタールからつくる白い結晶。防虫剤やくさみどめに使う。ナフタレン。▼ドイツ語

なぶる 動詞 人をいじめて、おもしろがる。また、人をからかって、ばかにする。例ネコが虫をなぶる。活用 なぶ・る。

なべ【鍋】名詞 ❶食物を煮るのに使う道具。例鉄の鍋。❷「なべ料理」の略。なべで煮ながら食べる料理。なべもの。例鍋を食べる。

なべぶた【鍋蓋】名詞 ❶なべのふた。❷漢字の部首の一つ。「京」「交」などの上の「亠」の部分。けいさん冠。

なべもの【鍋物】名詞 土なべなどで、野菜・魚・貝・肉などを煮ながら食べる料理。

なべやき【鍋焼き】名詞 ❶魚や肉を野菜といっしょにみそで煮た料理。なべから取り分けて食べる。❷「鍋焼きうどん」の略。うどんを、小さなべで野菜や肉といっしょに煮こんだ料理。ちょくせつなべから食べる。

なま【生】一 名詞 ❶煮たり、焼いたり、ほしたりしていなくて、そのままであること。例生野菜。／生肉。❷自然のまま。手を加えないこと。例生の声。二 接頭語 ❶《ある言葉の上につけて》「十分でない」「いいかげんな」の意味を表す言葉。例生返事。／生煮え。❷《ある言葉の上につけて》「少しばかり」の意味を表す言葉。例生暖かい。／生ぬるい。

なまあくび【生あくび】名詞 ちゅうとはんぱなあくび。軽いあくび。ことば「生あくびをかみころす」

なまあげ【生揚げ】名詞 ❶とうふをあつく切って、油であげた食品。厚揚げ。❷あげ方が足りないこと。例このフライは生揚げだ。

なまあたたかい【生暖かい】形容詞 少しあたたかい。例急に生暖かい風がふいてきた。参考 不快なときに用いることが多い。活用 なまあたたか・い。

あいうえお
かきくけこ
さしすせそ
たちつてと
な なにぬねの
はひふへほ
まみむめも
や ゆ よ
らりるれろ
わ を ん

なまいき【生意気】名詞 形容動詞 えらそうにしたり、知っているふりをしたりして、にくらしいこと。例生意気な口をきく。

なまえ【名前】名詞 ❶〔ほかのものと区別するため〕人・物・場所につけたよび名。名。例名前をつける。❷姓名。例持ち物に名前を書く。❸姓に対する名。例姓は山田、名前は太郎です。

なまえまけ【名前負け】名詞 する動詞 名前がりっぱすぎて、本当のすがたがおとって見えること。

なまえんそう【生演奏】名詞 する動詞 テープやCDなどで再生されたのではなく、本当に楽器を使っておこなう演奏。

なまがし【生菓子】名詞 ❶おもに、あんを使ってつくった菓子。ようかん・まんじゅうなど。対干菓子。❷クリームなどを使った、水けの多いやわらかな西洋菓子。ケーキ・シュークリームなど。

なまかじり【生かじり】名詞 する動詞 物事の一面だけを知って、十分に理解していないこと。例生かじりの知識。

なまがわき【生乾き】名詞 十分にかわいていないようす。例せんたく物はまだ生乾きです。

なまき【生木】名詞 地面にはえている木や、切ったばかりの木。対かれ木。

なまきず【生傷】名詞 受けたばかりのきず。新しいきず。ことば「生傷がたえない」

なまぐさい【生臭い】形容詞 ❶生の魚や肉のにおいがするようす。例生臭い魚。❷血のにおいがする。例生臭い事件。活用なまぐさ・い。

なまくら 名詞 形容動詞 ❶刃物の切れあじが悪いこと。また、その刃物。❷いくじがなかったり、なまけていたりすること。また、その人。

なまクリーム【生クリーム】名詞 牛乳からとりだしたしぼう分。料理やケーキに使ったり、コーヒーに入れたりする。

[1]**なまけもの** 名詞 ナマケモノ科の動物。体長約六十センチメートル。かぎのようなつめで木の枝にぶらさがり、ほとんど動かない。木の葉や果実を食べる。⇩図。

[1]なまけもの

[2]**なまけもの**【怠け者】名詞 よく働かない人。なまけてばかりいる人。対働き者。

なまけもののせっくばたらき【怠け者の節句働き】ことわざ ふだんなまけている者は、ほかの人たちが休むときになって、働くことになるということのたとえ。

なまける【怠ける】動詞 しなければならないことをしないで、ほうっておく。例練習を怠ける。活用なま・ける。

なまこ 名詞 海にすむまるいつつ形の動物。体はやわらかく、いぼのようなものがある。食用にする。

なまごみ【生ごみ】名詞 台所などから出る、野菜くずや残り物などの、水分の多いごみ。

なまゴム【生ゴム】名詞 ゴムの木からとったしるをかためたもの。さまざまなゴム製品をつくる原料となる。

なまごろし【生殺し】名詞 ❶死ぬかと思われるほどひどいめにあわせること。半殺し。例ヘビの生殺し。❷物事を中途はんぱにして、相手がこまっているのをそのままほうっておくこと。

なまじ 副詞 形容動詞 ❶しなくてもよいのに、わざわざするようす。例なまじ口を出すから、もめるんだ。❷〔むしろそうでない方がよいくらいの〕中途はんぱなようす。いいかげんなようす。例なまじ体力があるので、こまる。参考「なまじっか」ともいう。

なまじっか 副詞 形容動詞 ➡なまじ。

なましゅつえん【生出演】名詞 する動詞 放送や舞台などに、録画・録音を使わずに直接出演すること。

なます 名詞 魚や野菜などをこまかく切って、酢にひたした食べ物。

なまず 名詞 ナマズ科の魚。川や池のどろの中にすむ。頭は、平たくて大きく、口のまわりに四本のひげがある。うろこがなく、体の表面はぬるぬるしている。漢字鯰。

なまたまご【生卵】名詞 煮たり、焼いたりしていないたまご。

なまちゅうけい【生中継】名詞 する動詞 はなれた場所から、放送衛星や放送局をなかつぎにして、今おこっていることを放送すること。例ワールドカップの生中継。

あいうえお
かきくけこ
さしすせそ
たちつてと
な にぬねの
はひふへほ
まみむめも
や
ゆ
よ
らりるれろ
わ
を
ん

ことばあそび なぞなぞ37 5よりも2が強く、2よりも0が強く、0より5が強いもの、なあに？

なまつばをのみこむ【生唾を飲み込む】慣用句 目の前にあるものが、ほしくてたまらないようす。例 新しいゲームを見てごくりと生唾を飲み込む。

なまづめ【生爪】名詞 指にはえているままのつめ。いきづめ。例 生爪をはがす。

なまなましい【生生しい】形容詞 今起きたばかりのように、新しいこととして、感じられるようす。例 生々しいきずあとを残している。参考 ふつう「生々しい」と書く。活用 なまなまし・い。

なまにえ【生煮え】名詞 形容動詞 ❶十分に煮えていないこと。また、そのもの。例 生煮えの肉。❷返事や態度などがはっきりしないこと。例 生煮えの返事。

なまぬるい【生ぬるい】形容詞 ❶中途はんぱにあたたかみがある。例 生ぬるい風がふく。❷やり方がきびしくない。はっきりしない。例 そんな生ぬるい練習ではとても優勝はできない。活用 なまぬる・い。

なまはげ【生剝げ】名詞 秋田県男鹿半島などで大みそかの夜におこなわれている行事。また、お面とみのをつけて、鬼のようなすがたになったもの。なまはげ役の数人が、地域の家をめぐる。

なまはんか【生半可】名詞 形容動詞 十分でないこと。ちゅうとはんぱであること。例 生半可な知識をひけらかす。／生半可な気持ちではうまくいかない。

なまビール【生ビール】名詞 殺菌のための加熱をしていないビール。

なまびょうほうはおおけがのもと【生兵法は大けがのもと】ことわざ 十分ではない学問やうでまえにたよると、かえって大失敗をすることのたとえ。参考「生兵法」は、中途はんぱな剣術のうでまえのこと。

なまへんじ【生返事】名詞 気の乗らないときなどにする、いいかげんな返事。例 生返事をするばかりで、動こうとしない。

なまほうそう【生放送】名詞 する動詞 〔ラジオ・テレビなどで録音・録画などによらず〕スタジオや現場から直接放送すること。また、その放送。

なまみ【生身】名詞 〔人の〕今、生きている体。ことば「生身の人間」

なまみず【生水】名詞 わかしていない水。

なまめかしい 形容詞 あでやかで美しい。色っぽい。例 なまめかしい声。活用 なまめかし・い。

なまもの【生物】名詞 煮たり、焼いたり、ほしたりしていない食べ物。参考 特に、生の魚や生菓子のことをいう。注意「せいぶつ」と読むと別の意味になる。

なまやけ【生焼け】名詞 よく焼けていないこと。また、その食べ物。例 生焼けの魚。

なまやさい【生野菜】名詞 煮たりゆでたりしてない、生のままの野菜。例 生野菜のサラダ。

なまやさしい【生易しい】形容詞 たやすい。かんたんである。参考 ふつう、下に「…ない」などの打ち消しの言葉が続く。例 日記を書き続けることは生易しいことではない。活用 なまやさし・い。

なまり[1] 名詞 ある地方だけで使われている言葉の調子や発音。類 方言。

なまり[2]【鉛】名詞 青みがかったはい色をした、やわらかい金属。熱にとけやすく、重い。活字・はんだなどに使う。

なまりいろ【鉛色】名詞 なまりの色のような、青みがかったはい色。例 どんよりとくもった鉛色の空。

なまる[1] 動詞 ❶刃物の切れあじが悪くなる。例 ほうちょうがなまる。❷ものの働きがにぶくなる。例 運動不足で体がなまる。活用 なま・る。

なまる[2] 動詞 標準的な発音とちがう発音をする。活用 なま・る。

なみ[1]【波】名詞 ❶風などによって起こる、水面の高低の運動。例 大きな波。参考 特に、海の波をさしていうことが多い。❷「波①」のように高くなったり、低くなったりするもの。例 成績に波がある。❸動いていくものや、おしよせてくるもののたとえ。例 人の波。／時代の波。

なみ[2]【並】一 名詞 ふつう。中ぐらい。例 牛肉の並を買う。二 接尾語 ❶《ある言葉の下につけて》「…と同じくらい」の意味を表す言葉。例 人並み。／世間並み。❷《ある言葉の下につけて》「そのもの全部」の意味を表す言葉。例 軒並み休業。❸《ある言葉の下につけて》「ならんだもの」の意味を表す言葉。例 みんなの足並みがそろう。／町並みがきれいだ。参考 二は「み」を送る。

なみいる【並み居る】動詞 その場所にならんでいる。例 式場に並み居る人々。活用 なみ・い

る。

なみうちぎわ【波打ち際】名詞 波がうちよせるところ。なぎさ。

なみうつ【波打つ】動詞 ❶波がよせてくる。波がたつ。例 波打つ岸辺。❷波のようにうねる。例 いなほが波打つ。活用 なみう・つ。

なみがしら【波頭】名詞 波の一番高くもりあがったところ。例 波頭が白くくだける。

なみかぜ【波風】名詞 ❶波と風。❷争いや、もめごと。また、つらいこと。例 波風のないくらし。

なみかぜがたつ【波風が立つ】慣用句 争いや、もめごとがおこる。例 家の中に波風が立つ。

なみき【並木】名詞 道の両側などに、一列にならべて植えた木。類 街路樹。注意 送りがなをつけない。

なみせい【並製】名詞 〔品質などを〕ふつうにつくること。中ぐらいの品質のもの。対 特製。上製。

なみだ【涙】名詞 ❶悲しいとき、苦しいとき、かわいそうなとき、感動したときなどに、目から出る液体。例 涙が出る。❷同情や人情をたとえていう言葉。例 血も涙もない人。

なみだあめ【涙雨】名詞 ❶悲しいときの涙が雨になってふったと思われるような雨。例 これは、わたしの涙雨だ。❷ちょっとだけふる雨。例 涙雨にふられる。

なみたいてい【並大抵】名詞 形容動詞 ふつうの程度であるようす。ひととおり。おおかた。参考 あとに「…ない」などの言葉が続く。例 子どもを育てるのは並大抵の苦労ではない。

なみだがでる【涙が出る】慣用句 目からなみだが流れる。例 悲しくて涙が出た。

なみだぐましい【涙ぐましい】形容詞 〔同情したり感心したりして〕涙が出そうになる。例 涙ぐましい努力を続ける。活用 なみだぐまし・い。

なみだぐむ【涙ぐむ】動詞 目に涙をためる。今にも泣きそうになる。例 小説を読んで涙ぐむ。活用 なみだぐ・む。

なみだごえ【涙声】名詞 泣き出しそうな声。また、泣きながら話す声。例 涙声でうったえる。

なみだつ【波立つ】動詞 ❶波が高くなる。❷もめごとがおこる。例 政界が波立つ。活用 なみだ・つ。

なみだながらに【涙ながらに】副詞 涙を流しながら。泣きながら。例 涙ながらに語る。

なみだにくれる【涙に暮れる】慣用句 ひどく泣いて、悲しむ。悲しみながら日をすごす。例 大切な人をなくして涙に暮れる。

なみだにむせぶ【涙にむせぶ】慣用句 息をつまらせるようにして、はげしく泣く。例 感激の涙にむせぶ。

なみだもろい【涙もろい】形容詞 ちょっとしたことにもすぐ感動して、涙を流しやすい。例 わたしの母は涙もろい。活用 なみだもろ・い。

なみだをさそう【涙を誘う】慣用句 泣きたくなるような気分にさせる。例 涙を誘う親子の別れの場面。

なみだをのむ【涙をのむ】慣用句 今にも出そうな涙をこらえる。また、とてもつらいことやくやしいことをがまんする。例 大切にしていたものを、涙をのんで手ばなす。

なみなみ 副詞（-と） 水などが、こぼれそうなほどいっぱいであるようす。例 水をコップになみなみとつぐ。

なみなみならぬ【並並ならぬ】連語 程度が、ふつうではない。例 並々ならぬ努力。参考「並々ならぬ」と書く。

なみにのる【波に乗る】慣用句 そのときのいきおいにうまく調子があう。例 景気の波に乗る。

なみのり【波乗り】名詞 ➡497ページ・サーフィン。

なみはずれる【並外れる】動詞 〔性質などが〕特別すぐれている。ふつうのものとはちがう。例 並外れた記憶力。活用 なみはず・れる。

なみま【波間】名詞 波と波との間。ことば「波間にただよう」

なむあみだぶつ【南無あみだ仏】名詞 仏教の浄土宗で、仏をおがむときにとなえる言葉。参考「あみださまを信心し、すくいをもとめる」という意味。漢字 南無阿弥陀仏。

なむみょうほうれんげきょう【南無妙法れん華経】名詞 仏教の日蓮宗でとなえる言葉。これをとなえれば、死んでから仏になれるといわれている。参考「妙法れん華経」というお経をあがめ、仏を信心し、すくいをもとめるという意味。漢字 南無妙法蓮華経。

なめくじ 名詞 ナメクジ科の動物。しめったところにすみ、体はねばねばした液でおおわれている。塩をかけると水分が出て、体がちぢむ。なめくじら。

なめくじにしお【なめくじに塩】 ことわざ 〔ナメクジに塩をかけると、ちぢむことから〕手ごわい相手に出会って、ちぢみあがってしまうことのたとえ。

なめこ【滑子】 名詞 きのこの一つ。色はうす茶色で、ぬめりがある。食用にする。なめたけ。

なめしがわ【なめし革】 名詞 なめしてやわらかくした動物の皮。

なめす 動詞 薬品を使って、動物の皮から毛とあぶらをとり、やわらかくする。例 牛の皮をなめす。活用 なめ・す。

なめらか【滑らか】 形容動詞 ❶つるつるして、すべりそうなようす。例 滑らかな、はだ。❷物事がつかえずにすらすら進むようす。例 滑らかな話し方。参考 送りがなに気をつける。

なめる 動詞 ❶舌の先で〔なでるように〕さわる。例 あめをなめる。❷〔苦しみなどを〕経験する。例 苦労をなめてきた人だ。❸ばかにする。あまく見る。例 相手になめられないように堂々としていよう。活用 な・める。

なもない【名もない】 慣用句 ❶世の中に知られていない。例 名もない人々から、はげましの手紙をもらう。❷つまらない。とるに足りない。例 名もない草花。

なや【納屋】 名詞 物を入れてしまっておく小屋。物置。

なやましい【悩ましい】 形容詞 ❶なやむことがあって、苦しいようす。例 悩ましい問題をかかえている。❷こうふんするような刺激をうけて、心が落ち着かない。例 悩ましい香水のかおり。活用 なやまし・い。

なやます【悩ます】 動詞 なやむようにする。苦しめる。なやませる。例 子どものことで心を悩ます。／騒音に悩まされる。活用 なやま・す。

なやませる【悩ませる】 動詞 ⬇なやます。活用 なやま・せる。

なやみ【悩み】 名詞 なやむこと。思いわずらうこと。苦しみ。例 人前でうまく話せないのがぼくの悩みだ。

なやむ【悩む】 動詞 ❶〔心の中で〕あれこれと考え、苦しむ。例 真実を伝えるべきか悩む。❷体のいたみなどで苦しむ。例 日ごろ頭痛に悩んでいる。活用 なや・む。

なよなよ 副詞(-と) する動詞 やわらかくて、弱々しいようす。例 なよなよとした動作。

なら 名詞 ブナ科のコナラ・ミズナラなどの木のこと。漢字 楢。

ならいせいとなる【習い性となる】 故事成語 同じことをくり返していると、それがその人の生まれつきの性質のようになる。例 毎日、辞典を引くと、辞典を引くのが習い性となるから、引いてみるとよい。注意 読むときは「ならい、せいとなる」のように区切って読む。

[1]ならう【倣う】 動詞 ほかのもののまねをする。ほかのものに似せる。例 お手本に倣って書いてみる。活用 なら・う。⇩使い分け。

[2]ならう【習う】 動詞 教えてもらって、おぼえる。くり返して身につける。例 バイオリンを習う。活用 なら・う。⇩使い分け。

ならうよりなれよ【習うより慣れよ】 ことわざ 人に教えられておぼえるよりも、自分でなんどもやりながらおぼえた方がよく身につくということ。

ならくのそこ【奈落の底】 慣用句 ❶底がどこまであるかわからない、深いところ。例 奈落の底のような谷底に川が流れている。❷どうしてもぬけだせない、運命や身の上。例 奈落の底におちこんだように、身動きがとれない。参考 「奈落」は地獄のこと。

ならけん【奈良県】 地名 近畿地方の中央部にある県。県庁所在地は奈良市。⇩916ページ・都道府県（図）。

使い分け　ならう

●まねをする。
これまでの例に倣う。

●教わる。
ピアノを習う。

ならし【奈良市】地名 奈良県の県庁所在地。⇩916ページ・都道府県(図)。

ならじだい【奈良時代】名詞 七一〇年に元明天皇が奈良に都をおいてから、七九四年に桓武天皇が京都に都をうつすまでの八十五年間。中国の影響をうけて、仏教がさかえた。

1**ならす** 動詞 ❶〔高低やでこぼこをなくして〕平らにする。例あれたグラウンドをならす。❷同じになるようにする。平均する。例一年間に読む本をならすと、月五さつになる。活用なら・す。

2**ならす**【慣らす】動詞 ❶よくなれるようにする。例新しいくつに足を慣らす。❷動物をてなずける。例犬を慣らす。活用なら・す。

3**ならす**【鳴らす】動詞 ❶音を出す。例すずを鳴らす。❷評判をとる。例先生もわかいときは、マラソンで鳴らしたものだ。❸いいふらす。いいたてる。例不平を鳴らす。活用なら・す。

ならずもの【ならず者】名詞 決まった仕事がなく、いつも悪いことばかりしている人。ごろつき。

ならづけ【奈良漬け】名詞 ウリなどの野菜を酒かすにつけた食べ物。

ならではの 連語〔ほかの言葉の後につけて〕ただ…だけの。…でなくてはの。例日本人ならではの考え方。／母親ならではの心づかい。

ならない 連語 ❶（…しては・…しなければ）いけない。例三日のうちに決めなければならない。❷（…することが）できない。例がまんがならない。❸…てたまらない。例おかしくてならない。

ならぬかんにんするがかんにん【ならぬ堪忍するが堪忍】ことわざ がまんできないことをがまんするのが、本当の堪忍であるということ。

ならび【並び】名詞 ❶ならぶこと。ならぶようす。ならんだもの。例並びのよい歯。❷道路の同じがわ。例学校の並びに本屋がある。

ならびない【並びない】形容詞〔程度や能力などが〕ならぶものがないほどであるようす。例世界でも並びない建築家。活用ならびな・い。

ならびに【並びに】接続詞 同じようなものを二つ以上ならべていうときに使う言葉。および。また。例卒業生並びに在校生。

ならぶ【並ぶ】動詞 ❶横に、となりになるような位置をしめる。例並んで歩く。❷列をつくる。例店の前に並ぶ。❸〔力やわざなどの程度が〕同じくらいである。例水泳では、かれに並ぶものがいない。活用なら・ぶ。

ならべたてる【並べ立てる】動詞 ❶物をたくさんならべる。例道ばたに商品を並べ立てる。❷次から次に言う。例不平不満を並べ立てる。活用ならべた・てる。

ならべる【並べる】動詞 ❶となりになる。一列にそろえる。例かたを並べて歩く。❷〔多くのものを〕置いて広げる。例テーブルの上に皿を並べる。❸いろいろと言う。例仕事をせず、文句ばかり並べている。活用なら・べる。

ならわし【習わし】名詞 昔からの決まり。しきたり。類習俗。

1**なり** 名詞〔服装などの〕ようす。身なり。また、体つき。例りっぱななりをした男。

2**なり** 接尾語 ❶《ある言葉の下につけて》「…のような形」「…のようす」の意味を表す言葉。例山なり。／弓なり。❷《ある言葉の下につけて》「…にふさわしい」の意味を表す言葉。例子どもなりの考え方。❸《ある言葉の下につけて》「…するまま」の意味を表す言葉。例兄の言いなりになる。

3**なり** 助詞 ❶…するとすぐ。例「行くぞ」というなり外へとび出した。❷…のまま。例行ったなりもどらない。❸いくつかあげたものの中からえらぶ意味を表す言葉。例果物なりお菓子なり好きな物を食べてください。

なりあがり【成り上がり】名詞 低い身分の人が急に高い身分になること。また、びんぼうな人が急に金持ちになること。また、そのような人。参考けいべつの意味をこめていう。

なりあがる【成り上がる】動詞 身分の低い人が、急に高い身分になる。びんぼうな人が、急に金持ちになる。例農民から関白に成り上がる。活用なりあが・る。

なりかわる【成り代わる】動詞 ある人のかわりをつとめる。例父に成り代わりまして、お礼を申し上げます。活用なりかわ・る。

なりきる【成り切る】動詞 すっかりそのものになる。例ドラマの役に成り切る。活用なりき・る。

なりきん【成金】名詞 ❶将棋で、敵の陣地に入って、金将と同じ働きをするようになったこま。❷急に金持ちになること。また、その人。例

ことばあそび なぞなぞ38 赤でも止まらない悪い虫、なあに？

土地成金。参考 ②は、けいべつの意味をこめていう。

なりさがる【成り下がる】動詞 みじめな身の上になる。落ちぶれる。活用 なりさが・る。

なりすます【成り済ます】動詞 あるものになったふりをする。例 別人に成り済ます。活用 なりすま・す。

なりそこねる【成り損ねる】動詞 なにかになるのに失敗する。例 社長に成り損ねる。活用 なりそこ・ねる。

なりたち【成り立ち】名詞 ❶できあがること。成立。❷できあがるまでの順序。できかた。例 地球の成り立ちを調べる。❸あるものの組み立て・しくみ。例 文の成り立ち。

なりたつ【成り立つ】動詞 ❶できあがる。まとまる。例 契約が成り立つ。❷組み立てられている。できている。例 この作品は二つの場面から成り立っている。❸考えられる。例 そういう考え方も成り立つ。❹やっていける。例 商売が成り立つ。活用 なりた・つ。

なりて【なり手】名詞 なにかになろうとする人。例 委員長のなり手がいない。

なりはてる【成り果てる】動詞 すっかり落ちぶれて、そのようになってしまう。例 あわれなすがたに成り果てる。活用 なりは・てる。

なりひびく【鳴り響く】動詞 ❶大きな音があたりにひびきわたる。例 お寺のかねが鳴り響く。❷〔名前や評判が〕広く知れわたる。例 天下にその名が鳴り響く勇者。類 ①②鳴り渡る。活用 なりひび・く。

なりふり【なり振り】名詞 身なり。かっこう。ことば「なり振りかまわずに〔働く〕」類 風体。

なりもの【鳴り物】名詞 楽器。特に、しゃみせん・たいこ・笛などのような楽器。

なりものいり【鳴り物入り】名詞 ❶しゃみせん・たいこ・笛などの鳴り物をにぎやかに演奏すること。❷大げさに宣伝すること。例 鳴り物入りで客を集める。

なりゆき【成り行き】名詞 物事がうつりかわってゆく有様。また、その結果。情勢。ことば「〔自然の〕成り行きにまかせる」類 経過。

なりわい 名詞 生活をしていくための仕事。例 農業をなりわいとする。参考 やや古い言い方。類 生業。

なりわたる【鳴り渡る】動詞 ❶大きな音が四方にひびく。❷〔名前や評判が〕広く知れわたる。例 悪名が天下に鳴り渡っている。類 ①②鳴り響く。活用 なりわた・る。

なりをひそめる【鳴りを潜める】慣用句 〔さわいでいたものが〕静かになる。また、活動がとだえ、目立たなくなる。例 去年ふん火した山は、今のところ鳴りを潜めている。参考「鳴りを静める」ともいう。

なる[1] 動詞 実をつける。例 カキがなる。活用 な・る。漢字 生る。

なる[2] 動詞 ❶〔前とちがったものに〕かわる。変化する。例 雪がみぞれになる。❷時がたって、ある様子やある時刻にたっする。例 秋になる。❸役に立つ。例 参考になる。❹《「お…になる」の形で》相手の動作を尊敬していう言葉。例 お休みになる。活用 な・る。

なる[3]【成る】動詞 ❶できあがる。例 研究が成る。❷組み立てられている。例 水は、水素と酸素から成る。活用 な・る。

なる[4]【鳴る】動詞 ❶音や声がする。音や声が出る。例 チャイムが鳴る。❷広く知れわたる。例 日本有数の名勝をもって鳴る城。活用 な・る。

なるこ【鳴子】名詞 田畑をあらす鳥やけものをおいはらう道具。板に細い竹をぶらさげたものをなわにかけ、なわを引くとからからと鳴るようにしたもの。⇩図

鳴子

なるたけ 副詞 なるべく。できるだけ。例 明日はなるたけ早く来てください。参考 ㋐くだけた言い方。㋑「なるだけ」ともいう。

なるとかいきょう【鳴門海峡】地名 徳島県鳴門市と兵庫県の淡路島との間のせまい海。瀬戸内海と紀伊水道とを結ぶ。

なるべく 副詞 できるだけ。例 なるべく早く来てほしい。

なるほど ■ 副詞 〔前から聞いていたとおり〕本当に。たしかに。例 なるほど、ここは静かだね。■ 感動詞 相手の言うことにあいづちをうつときに使う。例 なるほど、ごもっともです。

なれ【慣れ】名詞 なれること。たびたびけいけんして、へいきになること。また、上手になること。例 慣れからくるゆだんで、失敗する。／うまくできるかどうかは慣れの問題だ。

なれあい【なれ合い】名詞 おたがいに都合のよいように、前もってうちあわせておくこと。参考 ふつう、悪い意味に使う。

ナレーション 名詞 映画やテレビなどで、画面に登場しない語り手が、その場面やすじについて音声で説明すること。また、その説明。例 ナレーションが入る。▼英語 narration

ナレーター 名詞 ナレーションをおこなう人。ラジオ・テレビ・映画などの語り手。▼英語 narrator

なれしたしむ【慣れ親しむ】動詞 なれて身近に感じる。例 慣れ親しんだ場所。活用 なれしたし・む。

なれそめ【なれ初め】名詞 親しくなるきっかけ。例 二人のなれ初め。

なれっこ【慣れっこ】名詞 形容動詞 すっかりなれて、へいきになっていること。例 しかられるのは慣れっこだ。参考 くだけた言い方。

なれなれしい 形容詞 いかにも親しいように、えんりょがない態度をとるようす。心やすい。例 かれはだれにでもなれなれしい口をきく。活用 なれなれし・い。

なれのはて【成れの果て】名詞 落ちぶれた結果。また、落ちぶれたみじめなすがた。例 いちじはとぶ鳥を落とすいきおいだったかれも、事業がうまくいかなくなって、みじめな成れの果てをさらしていた。

なれる[1] 動詞 〔動物が〕人に親しんでなつく。例 よくなれた犬。活用 な・れる。

なれる[2]【慣れる】動詞 ❶何度も出あったり、経験したりして、当たり前になる。例 キャンプには慣れている。❷何度もおこなって、上手になる。例 慣れた手つきでリンゴの皮をむく。❸なじんで、よくなる。例 新しいくつが足に慣れてきた。活用 な・れる。

なわ【縄】名詞 わらや麻のせんいをより合わせてつくった細長いひも。物をくくったり、結んだりするのに使う。

なわしろ【苗代】名詞 イネの種をまき、なえに育てるところ。

なわつき【縄付き】名詞 悪いことをして、なわでしばられること。また、その人。罪人。例 家から縄付きを出す。

なわとび【縄跳び・縄飛び】名詞 なわをもって回し、それをとびこえたり、くぐったりする遊び。

なわばしご【縄ばしご】名詞 なわでつくった、はしご。高いところからつり下げて使う。

なわばり【縄張り】名詞 ❶なわをはって地面をしきったり、建物の位置を決めたりすること。❷ほかのものをおさえる力のおよぶはんい。例 アユの縄張りあらそい。

なをあげる【名を上げる】慣用句 成功して、有名になる。例 商売で名を上げる。

なをうる【名を売る】慣用句 広く世間に名前を知られるようにする。例 店の名を売るために、ちらしを配った。

なをかりる【名を借りる】慣用句 ❶他人の名前をかりる。❷口実にする。例 アンケートに名を借りて品物を売りつけられた。

なをけがす【名を汚す】慣用句 めいよをきずつける。評判を落とす。例 学校の名を汚す。

なをすててじつをとる【名を捨てて実を取る】ことわざ うわべだけの名声をえるよりも、じっさいに得な方をえらぶ。

なをなす【名を成す】慣用句 〔成功して〕有名になる。例 科学者として、名を成す。

なをのこす【名を残す】慣用句 後世まで名声が伝えられる。例 名将として名を残す。

なん[1]【何】❶代名詞 ➡954ページ・なに（何）❶①。例 これは何ですか。❷接頭語《ある言葉の上につけて》数や量がはっきりしないことを表す言葉。幾。例 何階。／何時間。／何回。参考「なに」がかわった形。

なん[2]【男】接尾語《数を表す言葉につけて》「…人目のむすこ」の意味を表す言葉。例 長男。／次男。

ナン[3] 名詞 インドの平たいパン。小麦粉をねってのばし、かまどの内側にはりつけて焼く。▼英語（ヒンディー語から）naan／nan

なんい[1]【南緯】名詞 赤道を〇度として、南へはかった緯度。例 南緯三十度。対 北緯。⇨404ページ・経度（図）。

なんい[2]【難易】名詞 むずかしいことと、やさしいこと。例 問題の難易度。

こたえ 信号無視

なんか[1] 助詞 「など」②③④のくだけた言い方。例晴れているから、かさなんかいらないよ。

なんか[2]【南下】名詞 する動詞 南へ向かって進むこと。例船は魚群をおって南下した。対北上。

なんか[3]【軟化】名詞 する動詞 ❶かたいものがやわらかくなること。また、やわらかくすること。❷〔はげしかった態度などが〕おだやかになること。例誠意をつくして話したので、だんだん態度が軟化してきた。対①②硬化。

なんかい【難解】名詞 形容動詞 むずかしく、わかりにくいこと。例難解な文章。対平易。

なんかん【難関】名詞 なかなか通ることのできないむずかしい場所。また、切りぬけるのがむずかしい困難なことがら。ことば「難関を突破する」類難所。

なんぎ【難儀】一 名詞 形容動詞 むずかしいこと。めんどう。困難。めいわく。例難儀なことをたのまれた。
二 名詞 する動詞 苦しみなやむこと。例つかれているのに重い荷物をもたされて難儀した。注意「難議」と書かないこと。

なんきゅう【軟球】名詞 野球やテニスなどで使う、やわらかいボール。対硬球。

なんぎょうくぎょう【難行苦行】四字熟語 ❶たいへんつらい修行。❷ひどい苦労をすること。例難行苦行にたえる。

なんきょく[1]【南極】地名 ❶地球の自転軸の南のはしにあたるところ。南緯九十度の地点。❷「南極大陸」の略。また、その周辺。対①②北極。

なんきょく[2]【難局】名詞 めんどうで、解決するのがむずかしいできごと。また、そのような場面。ことば「難局に直面した」

なんきょくかい【南極海】地名 南極大陸のまわりの海。太平洋・大西洋・インド洋の南のはしにあたる。南氷洋。

なんきょくけん【南極圏】名詞 南極と南緯六六・五度あたりの間にある地方。対北極圏。

なんきょくたいりく【南極大陸】名詞 「南極①」を中心とした大陸。一年中あつい氷でおおわれている。

なんきん【軟禁】名詞 する動詞 家の中では自由に動けるようにしておくが、外の人とは会ったり出かけたりさせないこと。

なんきんまめ【南京豆】名詞 ➡1363ページ・らっかせい。

なんくせをつける【難癖をつける】慣用句 小さな欠点や失敗をとり上げてせめる。例人のすることに、いちいち難癖をつける。

なんこう[1]【軟こう】名詞 しぼう・ワセリンなどをまぜて、ぬりやすくした薬。ぬりぐすり。

なんこう[2]【難航】名詞 する動詞 ❶あらしなどのために、船がなかなか進まないこと。❷物事がうまく進まないこと。例話し合いが難航している。

なんこうふらく【難攻不落】四字熟語 ❶守りがかたくてせめるのがむずかしく、せめ落とせないこと。例難攻不落の城。❷相手が手ごわくて、こちらの思いどおりにならないこと。例あの会社は難攻不落で取り引きがむずかしい。

なんごく【南国】名詞 南の方の〈あたたかい〉国・地方。対北国。

なんこつ【軟骨】名詞 やわらかいほね。人の耳や鼻などにある。

なんざん【難産】名詞 する動詞 ❶お産のとき、赤んぼうがなかなかうまれないこと。対安産。❷物事がなかなか成立しないこと。例新しい内閣が難産のすえ、発足した。

なんじ 代名詞 おまえ。例なんじ自身を知れ。参考㋐目上の人が目下の人によびかけることば。㋑古い言い方。漢字汝。

なんしき【軟式】名詞 野球やテニスなどで、やわらかいボールを使ってする方式。例軟式野球。対硬式。

なんじのてきをあいせよ【なんじの敵を愛せよ】ことわざ あなたをにくむ敵に対して、愛でこたえなさい。参考キリスト教の「聖書」の中の言葉。

なんじゃく【軟弱】名詞 形容動詞 ❶やわらかで、弱いこと。また、弱々しいこと。例軟弱な体。❷しっかりした信念がなく、よわごしであること。例軟弱な外交が非難される。対強硬。

なんじゅう【難渋】名詞 する動詞 物事がすらすらと進まなくて、こまること。例交渉が難渋する。／雪が深くて難渋する。

なんしょ【難所】名詞 道などがけわしく、通りにくいところ。あぶないところ。例いよいよ山の難所にかかる。類難関。

なんしょく【難色】名詞 賛成しない態度。ことば「難色をしめす」

なんすい【軟水】名 カルシウムやマグネシウムなどがあまりとけこんでいない水。参考 日本の水は軟水が多い。対 硬水。

なんせ【何せ】副 ➡955ページ・なにせ。

なんせい【南西】名 南と西の中間の方角。対 北東。

なんせん【難船】名 する動詞 あらしなどのために、船がこわれたり、ひっくりかえったりすること。難破。また、その船。難破船。

ナンセンス 名 形容動詞 意味のないこと。ばかげていること。例 その意見はナンセンスだ。▼英語 nonsense

なんせんほくば【南船北馬】四字熟語 あちらこちらと旅行してまわること。語源 中国では、南の地方は川が多いので船を使い、北の地方は地続きなので馬を使うことからできた言葉。

なんだい【難題】名 ❶むずかしい問題。難問。❷無理な要求。ことば「難題をふっかける」

なんたいどうぶつ【軟体動物】名 タコ・イカ・貝などのように体のやわらかい動物をまとめたよび名。

なんだか【何だか】副 どういうわけかわからないが。なんとなく。例 何だか心配だ。

なんたん【南端】名 〔陸地や国境などの〕南のはし。対 北端。

なんちゃくりく【軟着陸】名 する動詞 宇宙船などが、強いショックを受けないように速度を落としながら静かに着陸すること。ソフトランディング。例 月面に軟着陸する。

なんちゅう【南中】名 する動詞 おもに太陽や月が、子午線の上にくること。

なんて[1] 助詞 ❶言ったことをやわらげたり、気軽な調子でしめしたりする言葉。例 うそをつくなんてばかだね。❷あまりたいしたことはないという、かるい気持ちを表す言葉。例 わたしのうでまえなんてこの程度のものです。❸話したことについて、こう思うという気持ちを表す言葉。例 うそをつくなんてひどい人だ。❹打ち消す気持ちを強めて表す言葉。例 お金なんて持っていません。

なんて[2]【何て】副 なんという。たいそうまあ。なんと。例 あなたの手は何て大きいの。

なんで【何で】副 なぜ。どうして。どんなわけで。例 何でちこくしたの。

なんであれ【何であれ】連語 なんであっても。どういうわけであっても。例 理由が何であれ、ゆるすわけにはいかない。

なんでも【何でも】副 ❶どうやら。はっきりしないが。例 何でも今日は休みだってさ。❷どうしても。なんとかして。例 なにが何でもやるしかない。❸どれでも。どんなことでも。例 何でも好きなものをあげる。

なんでもない【何でもない】連語 どうということはない。たいしたことはない。例 少し待つぐらい、何でもない。

なんてん[1]【南天】名 ❶南の方の空。❷メギ科の木。秋に葉が赤くなり、小さく赤い実ができる。

なんてん[2]【難点】名 ❶しまつのむずかしいところ。困難なところ。❷よくないところ。欠点。例 この商品はデザインはいいが、重いのが難点だ。

なんと【何と】副 ❶どのように。どう。例 何といってよいかわからない。／何としたことだろう。❷たいそうまあ。なんて。例 何とすばらしいながめでしょう。

なんど[1]【何度】名 ❶何回。なんべん。どれくらいの回数かわからないときに使う言葉。例 何度も電話した。❷温度・角度などがどのくらいかわからないときに使う言葉。例 熱は何度くらいですか。

なんど[2]【納戸】名 家の中で、衣類・器具などをしまっておく部屋。

なんという【何と言う】連語 ❶名前がわからないとき、また、名前をたずねるときにいう言葉。例 これは何と言う花ですか。❷特にとりたてていうこともないこと。例 なんという目的もなくぶらぶら歩いている。❸言葉ではいえないほど、ていどがはなはだしいようす。例 なんというやさしい人だ。参考 ❷❸は、ふつうひらがなで書く。

なんとう【南東】名 南と東の中間の方角。対 北西。

なんとか【何とか】一 副 何でもよいから、とにかく何か。例 何とか言ったらどうだ。二 副 する動詞 何かの手段を用いることを表す言葉。例 何とかして時間を作ってほしい。

なんどく【難読】名 読むのがむずかしいこと。例 難読漢字。

あいうえお かきくけこ さしすせそ たちつてと なにぬねの はひふへほ まみむめも や ゆ よ らりるれろ わ を ん

ことばあそび なぞなぞ㊴ 星は星でもすっぱい星、なあに？

なんとしても【何としても】連語 どうあっても。どんなことをしてでも。例 この試合には何としても勝ちたい。

なんとなく【何となく】副詞 はっきりした理由や目的はなく。例 何となく気にかかる。

なんとも【何とも】副詞 ❶まことに。まったく。例 車が動かなくて、何ともこまった。／何ともみごとな桜だ。❷どういうふうであるか。どうとも。例 勝敗については何ともいえない。❸特にとりあげて問題にすることはないという意味を表す言葉。例 もう、何とも思っていない。参考 ❷❸は、下に「…ない」などの打ち消しの言葉が続く。

なんなく【難なく】副詞 何の困難もなく。例 難なくクリアした。

なんなら【何なら】副詞 もし必要があるなら。お望みなら。都合によっては。例 何ならいっしょに行きましょうか。

なんなりと【何なりと】副詞 なんでも。どんなことでも。例 用があったら何なりといってください。

なんにも【何にも】副詞 なに一つ。まったく。なにも。参考 下に「…ない」などの打ち消しの言葉が続く。例 その事件のことは、何にも知らない。

なんの【何の】一 連語 ❶どういう。例 何の本を読んでいるの。❷たいした。どれほどの。例 何のききめもない。❸上につく言葉を強調する言葉。例 こわかったのなんのといったら…。参考 ❸は、ふつうひらがなで書く。
二 感動詞「べつに心配していない」という気持ちを表す言葉。例 何のこれしきの傷。

なんのかの【何のかの】連語 あれやこれや。あれこれ。いろいろ。例 何のかのと文句が多い。

なんのその【何のその】連語 なんでもないものともしない。例 寒さなんか何のそのだ。

なんぱ【難破】名詞 する動詞 あらしなどのために、船がこわれたり、ひっくりかえったりすること。例 大西洋で難破した。／難破船。類 難船。

ナンバー 名詞 ❶番号。数字。例 自動車のナンバー。❷〔雑誌などの〕号数。例 バックナンバー。▼英語 number

ナンバープレート 名詞 自動車などにつけて、正式に登録されていることをしめす番号の板。▼英語 number plate

ナンバーワン 名詞 その物事に、一番すぐれている人。第一人者。例 テニス界のナンバーワン。▼英語 number one (= 1)

なんばい【何倍】名詞 同じ数を何回加えたかはっきりしないときに使う言葉。例 予想より何倍も多くの人がおとずれた。

なんばん【南蛮】名詞 ❶昔、東南アジアの国々をさした言葉。❷昔、ポルトガル人やスペイン人をさした言葉。南蛮人。例 南蛮貿易。／南蛮船。

なんびょう【難病】名詞 なかなかなおらない、重い病気。

なんぴょうよう【南氷洋】地名 ⬇964ページ・なんきょくかい。

なんぶ【南部】名詞 南の方の部分。例 九州南部。

なんべい【南米】名詞「南アメリカ」のこと。対 北米。

なんぽう【南方】名詞 ❶南の方角。対 北方。❷第二次世界大戦中、南洋の島々をさした言葉。

なんぼく【南北】名詞 南と北。例 南北アメリカ。対 東西。

なんぼくちょうじだい【南北朝時代】名詞 一三三六年から一三九二年まで、吉野の南朝と京都の北朝の二つの朝廷が対立した時代。参考 一三三八年に室町幕府が開かれる。

なんみん【難民】名詞 戦争などの災難にあってにげてきた人々。避難民。

なんもん【難問】名詞 むずかしい問題。難題。例 難問にとりくむ。

なんよう【南洋】名詞 太平洋の西の部分で、赤道近くの海。また、そのあたりにある島々。例 南洋の島へ行く。

なんら【何ら】副詞 何も。少しも。例 わたしには何らやましいことはない。／何らはじるところはない。

なんらか【何らか】連語 何か。いくらか。例 何らかの対策が必要だ。／古い道具だが何らかの役には立つだろう。

なんろ【難路】名詞 けわしくて、あぶない道。通りにくい道。例 難路をさけて進む。類 悪路。

なんをのがれる【難を逃れる】慣用句 わざわいに、あわずにすむ。例 あぶないところで難を逃れる。

に
ニ
NI
ni

[1]に 助詞 ❶場所をしめす言葉。例家にいます。❷時刻や時をしめす言葉。例五時に帰る。❸行きつくところ、行き先をしめす言葉。例京都に行く。❹動作の目的をしめす言葉。例遊びに行く。❺動作をむける、または、むけられる相手をしめす言葉。例小鳥にえさをやる。／先生にほめられた。❻動作や作用の結果をしめす言葉。例氷はとけると水になる。❼…として。例ごほうびにお菓子をあげる。

[2]に【二】名詞 数の名で、二つ。また、二番目。例テレビドラマの二話を見る。

[3]に【弐】名詞 ふたつ。例金弐百円。参考 証書に金額などを書くときに使う。

[4]に【荷】名詞 ❶持ち運んだり、送ったりする品物。にもつ。❷責任。例肩の荷がおりる。

にあう【似合う】動詞 ある物とほかの物が、よくつり合う。例妹に似合うリボン。／この町に似合わない建物。活用 にあ・う。

にあげ【荷揚げ】名詞 する動詞 船につんである荷物を陸にあげること。

にあたって【に当たって】連語 何かをおこなう、そのときに。…に当たり。例受験するに当たっての心がまえ。

ニアミス 名詞 飛んでいる飛行機同士が、ぶつかりそうになるくらい近づくこと。▼英語 near miss

にいがたけん【新潟県】地名 中部地方北東部で日本海に面する県。県庁所在地は新潟市。⇩916ページ・都道府県(図)。

にいがたし【新潟市】地名 新潟県の県庁所在地。⇩916ページ・都道府県(図)。

にいがたへいや【新潟平野】地名 新潟県の中央部にあり、信濃川・阿賀野川の下流に広がる平野。有名な米の産地。越後平野。

にいさん【兄さん】名詞 ❶「兄」をうやまったり親しんだりしてよぶ言葉。例兄さん、早く起きて。❷わかい男性を、親しみをこめてよぶ言葉。

にいみなんきち【新美南吉】人名（一九一三～一九四三）童話作家。『ごんぎつね』『手ぶくろを買いに』などの作品がある。

にいんせい【二院制】名詞 日本の衆議院と参議院のように、国会が二つの議院からなりたっているしくみ。

にえきらない【煮え切らない】連語 思いきりが悪くて、ぐずぐずしている。考えや態度などが、はっきりしない。例煮え切らない態度。

にえくりかえる【煮え繰り返る】動詞 湯が煮えてぐらぐらとわき返る。例やかんの湯が煮え繰り返っている。ことば ⇩「はらわたが煮え繰り返る（＝ひじょうにはらが立つ）」活用 にえくりかえ・る。

にえたぎる【煮えたぎる】動詞 さかんに煮えたって、わきあがる。活用 にえたぎ・る。

にえたつ【煮え立つ】動詞 湯などがわいて、湯気やあわがさかんに出る。煮立つ。沸騰する。例なべのスープが煮え立つ。活用 にえた・つ。

にえゆ【煮え湯】名詞 煮えたった湯。熱湯。

にえゆをのまされる【煮え湯を飲まされる】慣用句 〔相手を信じたり、たよりにしたりしていたのに〕うらぎられて、ひどいめにあわされる。例味方だと思っていた相手に煮え湯を飲まされた。参考「煮え湯」は、煮えたった熱い湯のこと。

にえる【煮える】動詞 食べ物によく熱がとおる。また、熱がとおって食べられる状態になる。例シチューが煮える。活用 に・える。

[1]**におい**【匂い】名詞 ❶鼻に感じる、かおり。例いい匂いのする花。❷それらしい感じや様子。例下町の匂い。⇩使い分け。

[2]**におい**【臭い】名詞 不快なくさみ。例魚のくさった臭いがする。⇩使い分け。

[1]**におう**【匂う】動詞 ❶よいかおりが感じられる。例梅の花が匂う。❷色が美しくかがやく。例朝日に匂う山桜。活用 にお・う。⇩使い分け。

[2]**におう**【臭う】動詞 不快なくさみが感じられる。例ごみばこが臭う。活用 にお・う。⇩使い分け。

[3]**におう**【仁王】名詞 仏を守る二つの神。また、その像。仁王像。多く、寺の門の両側に立っている。参考「金剛力士」ともいう。⇩図。

におうだち【仁王立ち】名詞 する動詞 仁王の像のように、いかめしく力強く立つこと。例先生が校門の前で仁王立ちしていた。

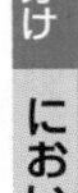

使い分け　におい

●よいかおり。
いい匂いのする花。

●いやなくさみ。
魚のくさった臭い。

におわせる【匂わせる】動詞 ❶よいかおりをさせる。例あの人は、いつもほのかに香水をにおわせている。❷態度や言葉で、それとなくわからせる。ほのめかす。例うわさが本当であることをにおわせた。活用 におわ・せる。

仁王

にかい【二階】名詞 建物のつくりで、二つかさなっている階の上の方。また、階が二つより多く重なっている場合は、下から二番目。

にがい【苦い】形容詞 ❶こいお茶などを飲んだときのように、顔をしかめたくなるような味がするようす。例苦い薬。❷つらくて苦しい。例苦い経験。❸おもしろくなくて、いやである。例注意されて苦い顔をする。活用 にが・い。

使い分け　におう

●よいかおりがする。
梅の花が匂う。

●いやなくさみがする。
生ごみが臭う。

にかいからめぐすり【二階から目薬】ことわざ 〔二階から、下にいる人に目薬をさしてやるように〕とても回りくどいことのたとえ。また、まったく効果のないことのたとえ。

にがうり【苦うり】名詞 ウリ科のツルレイシの別の名前。苦みのある緑色の実を食用にする。ゴーヤ。

にがお【似顔】名詞 「似顔絵」の略。

にがおえ【似顔絵】名詞 ある人の顔に似せてかいた絵。似顔。例首相の似顔絵。

にがおもい【荷が重い】慣用句 責任やふたんが、その人の能力以上に大きい。例その仕事は、かれには荷が重い。

にがしたさかなはおおきい【逃がした魚は大きい】ことわざ 一度、手に入れかけてから失ったものは、じっさいよりも価値があるように思われて、おしいものだというたとえ。例入ると思っていた選手が、ほかのチームに行ってしまった。まさに逃がした魚は大きいという思いだ。類釣り落とした魚は大きい。

にがす【逃がす】動詞 ❶〔とらえていたものを〕はなして自由にしてやる。例チョウを逃がす。❷とらえそこなう。にげられる。例もう少しのところで犯人を逃がしてしまった。活用 にが・す。

にがつ【二月】名詞 一年の二番目の月。古くは「如月」といった。

にがて【苦手】名詞 形容動詞 ❶あつかいにくい相手や物事。手ごわい相手や物事。例おしゃべりな人は苦手だ。❷自信がなく、よくできない物事や学科。例音楽が苦手だ。類不得意。不得手。対得意。

にがにがしい【苦苦しい】形容詞 とても、いやな気持ちである。とても、ふゆかいである。例さわいでいる若者を苦々しく思う。参考ふつう「苦々しい」と書く。活用 にがにがし・い。

にがみ【苦み】名詞 ❶苦いこと。苦い味。例苦みのある食べ物。対甘み。❷ふゆかいな気持ち。例笑って苦みをこらえる。

にがみばしる【苦み走る】動詞 顔つきがひきしまっている。例苦み走ったいい男。活用 にがみばし・る。

にがむしをかみつぶしたよう【苦虫をかみ潰したよう】慣用句 とてもきげんの悪い顔つきのたとえ。例苦虫をかみ潰したよう

な顔で、こちらを見ている。

にかよう【似通う】動詞 たがいによく似ている。例 ぼくと父とは性格が似通っている。活用 にかよ・う。

にがり 名詞 海水から食塩をとったあとに残る、苦い液。たんぱく質をかためる性質があるので、とうふをつくるときに使う。

にがりきる【苦り切る】動詞 ひどくふゆかいそうな顔つきをする。ひじょうにふきげんなようすをする。活用 にがりき・る。

にがる【苦る】動詞 苦々しい顔をする。活用 にが・る。

にかわ 名詞 けもののほねや皮を煮つめてつくったもの。物をくっつけるのに使う。参考 まじりけのないものを「ゼラチン」という。

にがわらい【苦笑い】名詞 する動詞 心の中ではふゆかいに思いながら、無理に笑うこと。また、その笑い。例 図星をさされて苦笑いする。

にかんして【に関して】連語 …について。…にかかわって。例 その件に関しては何も知らない。

にきさく【二期作】名詞 同じ水田で、一年に二回米をつくること。参考 ⇩978ページ・二毛作。

にぎにぎしい 形容詞 とてもにぎやかなようす。例 にぎにぎしく客をむかえる。活用 にぎにぎし・い。

にきび 名詞 おもに顔にできる小さなふきでもの。わかい人にできることが多い。

にぎやか 形容動詞 ❶人出が多くて、さかんなようす。例 にぎやかな商店街。❷よくしゃべったり、笑ったりして、さわがしいようす。陽気なようす。例 かの女はにぎやかな人だ。

にぎり【握り】㊀ 名詞 ❶にぎること。また、にぎり方やにぎる強さ。例 あのボールの握りはカーブだろう。❷手で持つところ。とって。例 かさの握りがとれた。❸「にぎりめし」の略。参考 ふつう、「おにぎり」の形で使う。❹「にぎりずし」の略。
㊁ 助数詞 一回ににぎった、長さ・太さ・量をもとにして、物の数量を表す言葉。例 一握りの米。／バットを一握りあまして持つ。

にぎりこぶし【握り拳】名詞 かたくにぎりしめた手。げんこつ。こぶし。

にぎりしめる【握り締める】動詞 ❶手に力を入れて強くにぎる。例 友だちの手を握り締める。❷にぎってはなさない。大切に守ってはなさない。例 財産をしっかり握り締めている。活用 にぎりし・める。

にぎりずし【握りずし】名詞 すの入った飯をにぎり、上に生の魚や貝、たまごやきなどの具をのせた食べ物。にぎり。

にぎりつぶす【握り潰す】動詞 ❶強くにぎってこわす。例 ジュースのあきかんを握り潰す。❷意見や提案などにきちんと対応せず、そのままはっきりさせないでおく。例 ぼくの提案は握り潰されてしまった。活用 にぎりつぶ・す。

にぎりめし【握り飯】名詞 めしをまるく、または三角形などににぎり、軽くかためた食べ物。おにぎり。おむすび。

にぎる【握る】動詞 ❶手の指をすべて内側に曲げる。また、そうして物をつかむ。例 ボールを握る。❷たしかに自分のものにする。例 証拠を握る。❸にぎり飯やにぎりずしなどをつくる。例 マグロを握ってくれ。活用 にぎ・る。

にぎわい 名詞 にぎわうこと。例 祭りの夜のにぎわい。

にぎわう 動詞 人がたくさん出て、にぎやかになる。例 大売り出しで商店街はにぎわっている。活用 にぎわ・う。

にぎわす 動詞 ❶にぎやかにする。❷ゆたかにする。例 新聞の紙面をにぎわす花のたより。例 食卓をにぎわす料理。活用 にぎわ・す。

にく【肉】名詞 ❶動物のひふの下にあって、ほねをつつんでいるやわらかいもの。特に、食用とする鳥・けもの・魚についていうことが多い。❷果物の実や葉などのやわらかい部分。例 肉のあついメロン。❸内容をゆたかにするもの。例 文章に肉をつける。❹人間の体。肉体。対 霊。❺はんをおすときにつけて使うもの。印肉。

にくい[1] 接尾語 《動詞の下につけて》「…することがむずかしい」の意味を表す言葉。例 わかりにくい。／話しにくい。参考 形容詞をつくる。活用 にく・い。

にくい[2]【憎い】形容詞 ❶⊖気に入らなくて、ゆるせない気持ちである。例 うらぎり者が憎い。❷⊕〔①の反対の意味に使って〕感心である。気がきいている。かわいい。例 母の日に花屋から花をとどけさせるなんて、憎いことをするじゃないか。活用 にく・い。

にくがん【肉眼】名詞 〔けんび鏡・虫めがね・

ことばあそび なぞなぞ40 足にくっついてくるウリ、なあに？

望遠鏡などを使わない〕人間の目。

にくきゅう【肉球】名詞 犬やネコの足のうらにある、ふくらんだやわらかい部分。

にくぎゅう【肉牛】名詞 食用にする目的で育てる牛。参考 ⇩152ページ・役牛。

にくしみ【憎しみ】名詞 にくらしいと思う心。例 憎しみにみちた目で見る。

にくじゃが【肉じゃが】名詞 肉・ジャガイモ・タマネギ・糸こんにゃくなどを煮こみ、しょうゆやさとうで味つけをした料理。

にくしょく【肉食】名詞 する動詞 ❶動物がほかの動物を食べること。対 草食。❷人間が、食べ物に主に肉類をとること。対 菜食。

にくしん【肉親】名詞 親子・兄弟など、血のつながりがとても近い人。ことば「肉親の情」

にくずれ【荷崩れ】名詞 する動詞 トラックなどにつんだ荷物がくずれること。

にくせい【肉声】名詞 〔マイクロホンなどをとおさない〕人の口からじかに出る声。

にくたい【肉体】名詞 人間の体。身体。対 精神。

にくたいてき【肉体的】形容動詞 体にかかわるようす。例 肉体的につかれた。対 精神的。

にくたいろうどう【肉体労働】名詞 体を使ってする仕事。

にくたらしい【憎たらしい】形容詞 にくらしい感じである。例 憎たらしい言い方。活用 にくたらし・い。

1 **にくづき**【肉月】名詞 漢字の部首の一つ。「胸」「胃」などの左側や下にある、「月」の部分。参考 ㋐多く、体に関係のある字につく。㋑「朝」「望」などの「月」は「つき」。

2 **にくづき**【肉付き】名詞 体の肉のつき具合。体の太り具合。ことば「肉付きがいい（＝太っている）」

にくづけ【肉付け】名詞 する動詞 骨組みのできあがっているものに手を加えて、内容をゆたかにすること。例 もう少し文章に肉付けするとよい物語になる。

にくにくしい【憎憎しい】形容詞 とても、にくらしい。例 憎々しい態度。参考 ふつう「憎々しい」と書く。活用 にくにくし・い。

にくはく【肉薄】名詞 する動詞 相手のすぐ近くまでせまること。はげしくせめて相手に近づくこと。ことば「敵に肉薄する」

にくばなれ【肉離れ】名詞 する動詞 急にはげしい運動をしたときなどに、筋肉が切れてしまうこと。

にくひつ【肉筆】名詞 〔印刷などでなく〕その人が自分でじかにかいたもの。例 著者の肉筆のサイン。類 自筆。

にくぶと【肉太】名詞 形容動詞 図や文字の線が太いこと。例 肉太の字。対 肉細。

にくぼそ【肉細】名詞 形容動詞 図や文字の線が細いこと。例 肉細の文字。対 肉太。

にくまれぐち【憎まれ口】名詞 人に、にくまれるような口のきき方。また、その言葉。ことば「憎まれ口をたたく」類 毒舌。

にくまれっこよにはばかる【憎まれっ子世にはばかる】ことわざ 人ににくまれるような人が、かえって世の中ではいきおいをふるっているということ。

にくまれやく【憎まれ役】名詞 人からきらわれたり、にくまれたりするような役目。

にくまんじゅう【肉まんじゅう】名詞 味つけしたひき肉と野菜などを入れてむしたまんじゅう。肉まん。ぶたまん。

にくむ【憎む】動詞 にくいと思う。きらう。例 世の中の不正を憎む。活用 にく・む。

にくらしい【憎らしい】形容詞 ❶⊖にくい気持ちをおこさせるようす。例 自分勝手な人が憎らしい。❷⊕〔①の反対の意味に使って〕気がきいている。例 こんな気配りをしてくれるなんて、憎らしい人だ（＝気がきく人だ）。活用 にくらし・い。

にぐるま【荷車】名詞 荷物を運ぶのに使う、人や牛馬が引く車。⇩図。

荷車

ニクロムせん【ニクロム線】名詞 ニッケル・クロム・鉄などの合金でつくった、はり金。電気が流れると熱が出るので、電熱器や電気アイロンなどに使う。

にげあし【逃げ足】名詞 あるところから、にげること。にげるようす。ことば「逃げ足がはやい」

にげうせる【逃げうせる】動詞 にげて、すがたをかくす。例 一人残らず逃げうせた。活用 に

げう・せる。

にげおおせる【逃げおおせる】動詞 最後まで、にげきる。例 無事に逃げおおせる。活用 にげおお・せる。

にげおくれる【逃げ遅れる】動詞 にげるのが、おそくなる。例 逃げ遅れるおそれがある。活用 にげおく・れる。

にげかくれ【逃げ隠れ】名詞 する動詞 にげて、どこか人目につかないところにかくれること。例 逃げ隠れしてもむだだ。

にげきる【逃げ切る】動詞 終わりまで、うまくにげる。特に、スポーツで、追いつかれないで勝つ。例 一点差で逃げ切る。活用 にげき・る。

にげぐち【逃げ口】名詞 ❶にげるときの出口。❷言いのがれ。例 そんな逃げ口は通用しない。

にげこうじょう【逃げ口上】名詞 言いのがれようとする言葉。例 逃げ口上のうまいやつ。

にげごし【逃げ腰】名詞 今にも、にげようとする態度。また、物事をさけようとする態度。例 かれは、めんどうな話になると逃げ腰になる。

にげこむ【逃げ込む】動詞 にげて、ある場所に入りこむ。例 山に逃げ込む。活用 にげこ・む。

にげじたく【逃げ支度・逃げ仕度】名詞 にげるための用意。

にげだす【逃げ出す】動詞 ❶にげて、その場からいなくなる。例 部屋から逃げ出す。❷にげ始める。例 逃げ出した相手を引き止める。活用 にげだ・す。

にげのびる【逃げ延びる】動詞 つかまらないで、遠くまでにげて助かる。例 どうにか逃げ延びた。活用 にげの・びる。

にげば【逃げ場】名詞 にげて行く場所。ことば「逃げ場がない」「逃げ場を失う」

にげまどう【逃げ惑う】動詞 どこへにげたらよいかわからなくて、うろうろする。例 大火の中を逃げ惑う人々。活用 にげまど・う。

にげまわる【逃げ回る】動詞 つかまらないように、または、さいなんにあわないように、あちらこちらににげる。例 敵に追われて逃げ回る。活用 にげまわ・る。

にげみず【逃げ水】名詞 しんきろうの一つ。夏などに遠くが水にぬれているように見え、近づくとそれがさらに遠のいて見えるようす。

にげみち【逃げ道】名詞 ❶にげていくことのできる、道すじ。❷責任などをのがれるための方法。例 責任を追及されてもこまらないように逃げ道をつくっておく。

にげる【逃げる】動詞 ❶追いつかれたり、とらえられたりしないように、その場からいなくなる。また、すがたをかくす。例 シマウマが走って逃げる。対 追う。❷近づかないようにする。さける。例 かれはつらい仕事になると逃げてしまう。活用 に・げる。

にげるがかち【逃げるが勝ち】ことわざ にげて、相手に勝ちをゆずった方がかえって得になる、ということ。例 逃げるが勝ちというから、今はしりぞこう。類 負けるが勝ち。

にげをうつ【逃げを打つ】慣用句 にげるための用意をする。責任をのがれようとする。例 うまくいかないと、すぐ逃げを打つ。

にこごり【煮こごり】名詞 魚などを煮たしるが、ひえてかたまったもの。また、そのようにしてつくる料理。参考 しるの中のゼラチンがひえてかたまってできる。

にごす【濁す】動詞 ❶にごらせる。きたなくする。例 池の水を濁す。❷はっきりさせない。あいまいにする。ことば ⇩「言葉を濁す」活用 にご・す。

ニコチン 名詞 タバコの葉にふくまれる無色の液体。有毒で、多量にとると、中毒をおこす。▼英語 nicotine

にこにこ 副詞(−と) する動詞 〔声を出さず〕うれしそうに笑うようす。例 あの子はいつもにこにこしている。

にこみ【煮込み】名詞 煮こむこと。また、煮こんだ料理。例 煮込みうどん。

にこむ【煮込む】動詞 ❶時間をかけて、よく煮る。例 おでんをぐつぐつと煮込む。❷いろいろな材料を、いっしょに煮る。例 野菜と肉を煮込んでビーフシチューを作る。活用 にこ・む。

にこやか 形容動詞 にこにこして、気持ちの明るいようす。心からうれしそうなようす。例 にこやかにあいさつする。

にこりと 副詞 にこやかに、笑うようす。例 目があうとにこりとした。

にごる【濁る】動詞 ❶ほかのものが入りまじって、すきとおらなくなる。例 大雨で川の水が濁る。❷けがれる。悪くなる。例 濁った心。❸濁音になる。例「か」を「が」と濁って読む。❹色

や音などがすんだ状態でなくなる。例濁った声。対①～④澄む。活用にご・る。

にころがし【煮転がし】名詞 サトイモなどを、しるがなくなるまで転がしながら煮たもの。にっころがし。にころばし。

にごん【二言】名詞 ❶二度言うこと。❷前に言ったこととちがうことを言うこと。ことば「武士に二言はない」

にざかな【煮魚】名詞 味をつけて煮た魚。

にさん【二三】名詞 二つか三つ。いくらか。少し。例二三聞きたいことがあります。

にさんかいおう【二酸化硫黄】名詞 いおうなどがもえたときに出る、有毒で強いにおいのある気体。酸性雨のもとになる。亜硫酸ガス。

にさんかたんそ【二酸化炭素】名詞 炭素が完全にもえたときや、動物の呼吸などによってできる気体。空気よりも重く色もにおいもない。炭酸ガス。

にさんかちっそ【二酸化窒素】名詞 赤茶色の有毒な気体。自動車のエンジンなどで発生し、大気をよごすもとになる。

にし【西】名詞 太陽のしずむ方角。例西の空。対東。

にじ【虹】名詞 雨がふったあとなどに現れる、弓形の七色の光のおび。日光が空気中の小さな水のつぶに当たり、光が屈折しておこる。レインボー。参考かならず、太陽と反対側の空中に現れる。⇩口絵4ページ。

にしかぜ【西風】名詞 西からふく風。例秋にふく西風。対東風。

にしき【錦】名詞 ❶金や銀の糸でもようをつけた、絹織物。❷色やもようの美しいもののたとえ。例もみじの錦をまとった秋の山。

にしきえ【錦絵】名詞 多色ずりの、うきよ絵。

にしきのみはた【錦のみ旗】名詞 ❶明治維新のとき、官軍のしるしとして用いた旗。赤いにしきに金銀の糸で太陽と月のししゅうをしたもの。❷自分の考えや行動を正当化して、人をしたがわせる力のあるもの。例姉は、母の意見を錦のみ旗にしておしつける。

にしきへび【錦蛇】名詞 熱帯地方にすむ、大形のヘビ。かっ色の体に茶や黒のまだらがある。

にしきをかざる【錦を飾る】ことわざ ⬇454ページ・こきょうへにしきをかざる。

にしじんおり【西陣織】名詞 京都の西陣でつくられる、高級な絹織物。

にじっせいき【二十世紀】名詞 ❶西暦一九〇一年から、二〇〇〇年までの百年間。❷果物のナシの品種。皮は黄緑色。参考「にじゅっせいき」ともいう。

にしはんきゅう【西半球】名詞 地球を東と西に分けたときの西の部分。西経〇度から西経百八十度までをいい、南・北アメリカ大陸などがふくまれる。対東半球。

にしび【西日】名詞 西にしずもうとするころの太陽。また、その光。夕日。

にじみでる【にじみ出る】動詞 ❶〔色・水・油などが〕しみて、外側に出てくる。例インクがにじみ出る。❷〔なみだ・あせ・血などが〕うっすらと出る。例ひたいにあせがにじみ出ていた。❸〔心持ちや考えなどが〕自然に表面に表れてくる。例かれの言葉には、やさしい心がにじみ出ている。活用にじみ・でる。

にじむ 動詞 ❶〔油や絵の具の色などが〕まわりにしみて広がる。例習字の紙にすみがにじむ。❷〔なみだ・あせ・血などが〕うっすらと出てくる。例目になみだをにじませる。活用にじ・む。

にしもひがしもわからない【西も東も分からない】慣用句 ❶その土地の様子がわからない。例引っこしてきたばかりで、西も東も分からない。❷物事になれていなくて、何をどうしたらいいか、わからない。例初めて参加したので、西も東も分からない。類①②右も左も分からない。

にしゃたくいつ【二者択一】四字熟語 二つのうちのどちらかをえらぶこと。例二者択一をせまる。

にじゅう【二重】名詞 〔同じようなものが〕二つ重なること。例ふたが二重になっている。

にじゅういっせいき【二十一世紀】名詞 西暦二〇〇一年から、二一〇〇年までの百年間。

にじゅうしきかざん【二重式火山】名詞 火口の中にもう一つ火山が生まれて二重になった火山。二重火山。

にじゅうしせっき【二十四節気】名詞 昔のこよみで、一年を二十四の季節に分けて、それぞれに名前をつけたもの。立春、夏至、秋分、冬至など。⇩口絵6ページ。

にじゅうしょう【二重唱】名詞 二人が高音部と低音部に分かれて歌うこと。デュエット。

にじゅうじんかく【二重人格】名詞 一人の人間が、まったくことなる二つの人がらをもっていること。

にじょう【二乗】名詞 する動詞 同じ数や文字を二回かけあわせること。自乗。参考「三の二乗」は「三かける三」のこと。

にじりよる【にじり寄る】動詞 すわった姿勢で、少しずつ近づく。例 こちらへにじり寄ってきた。活用 にじりよ・る。⇩図。

にじり寄る

にしん 名詞 ニシン科の魚。北の海にすむ。食用にする。参考 たまごから「かずのこ」を作る。漢字 鰊。

ニス 名詞 まつやになどの樹脂をアルコールでといたもの。木でつくられたものなどにぬって美しくなめらかにする。ワニス。参考 英語「バニッシュ（varnish）」から。

にすい【二水】名詞 漢字の部首の一つ。「冷」「凍」などの左側の「冫」の部分。

にせ【偽】名詞 本物のように見せかけること。また、そのもの。にせもの。参考 ある言葉の上につけて「その身分をごまかす…」の意味でも使う。例 偽学生。

にせい【二世】名詞 ❶〔同じ名前で〕二番目に位についた人。例 チャールズ二世。参考 おもに王の位についた人をいう。❷日本から移住した人の子で、移住した国で生まれ、その国の市民権をもつ人。例 日系二世。❸子ども。あとつぎ。例 おじさんに二世が生まれた。

にせさつ【偽札】名詞 紙のお金で、本物に似せてつくったもの。

にせもの¹【偽物】名詞 本物に似せて作ったもの。例 偽物を見分ける。対 本物。

にせもの²【偽者】名詞 うそを言って、本人に見せかけている人。

にせる【似せる】動詞 あるものに似るようにする。まねて、つくる。例 本物に似せて作った。活用 に・せる。

にそくさんもん【二束三文】四字熟語〔二たばでわずか三文にしかならない意味から〕数が多くても、ひじょうに安いねだんにしかならないこと。ひどく安いねだんのこと。例 古いざっしを古本屋に二束三文で売った。

にそくのわらじをはく【二足のわらじを履く】慣用句 一人の人が、二つの仕事や立場をかねる。例 歌人と医者と、二足のわらじを履く。

にだい【荷台】名詞〔トラック・自転車などの〕荷物をのせるところ。

にたいして【に対して】連語 …を相手として。…について。例 質問に対して答える。

にたき【煮炊き】名詞 する動詞 食べ物を、煮たり焼いたりして調理すること。すいじ。

にたつ【煮立つ】動詞 湯などが、ぐらぐらとわき立つ。煮え立つ。例 スープが煮立つ。活用 にた・つ。

にたてる【煮立てる】動詞 熱を加えて、ぐらぐらわくようにする。例 スープを煮立てる。活用 にた・てる。

にたにた 副詞(-と) する動詞 声を出さないで、うす気味悪く、笑うようす。例 にたにた笑いながら近づいてきた。

にたもの【似た者】名詞 性質などがたがいに似ている人。例 似た者同士、仲よくしよう。

にたものふうふ【似た者夫婦】名詞 夫婦は、性質やこのみが似てくる、ということ。また、そういう夫婦。

にたりよったり【似たり寄ったり】連語 どちらも同じようで、たいしたちがいがないこと。例 似たり寄ったりの作品。参考 ふつう、よくないものにいう。類 五十歩百歩。

にだんがまえ【二段構え】名詞 一つのやり方がまずければ別のやり方をというように、前もって二つのやり方を用意すること。例 万一のことを考えて二段構えでいく。

にちぎん【日銀】名詞 ➡975ページ・にっぽんぎんこう。

にちげん【日限】名詞 約束して、前もって決めた日。例 日限がせまる。類 期日。期限。

にちじ【日時】名詞 日づけと時刻。

にちじょう【日常】名詞 ふだん。つね日ごろ。例 日常の心がけが大切だ。類 平常。平素。

にちじょうさはんじ【日常茶飯事】名詞〔「ふだんの食事」という意味から〕よくあること。身近に見聞きすること。例 かれのちこくは

ことばあそび なぞなぞ41 一階はごみ箱、二階は大工さん、なあに？

日常茶飯事だ。参考「日常茶飯」ともいう。注意「日常茶飯時」と書かないこと。

にちじょうせいかつ【日常生活】名詞 毎日くり返されているふつうのくらし。

にちじょうてき【日常的】形容動詞 ふだんから、よくあるようす。例日常的におこなわれている。

にちべいあんぜんほしょうじょうやく【日米安全保障条約】名詞 一九五一（昭和二六）年、日本の安全を守ることを名目にして、日本とアメリカとの間で結んだ条約。日本国内にアメリカ軍の基地をおくことをみとめた。参考略して「安保」「安保条約」といわれる。

にちぼつ【日没】名詞 太陽がしずむこと。日の入り。例日没時刻。

にちや【日夜】副詞 昼も夜も。いつも。

にちようがっこう【日曜学校】名詞 キリスト教会で、子どもに宗教教育をするために、日曜日ごとにひらく学校。

にちようだいく【日曜大工】名詞 自分のしゅみとして、休日などに家の大工仕事をすること。また、その人。

にちようび【日曜日】名詞 一週の最初の日。月曜日の前の日。日曜。参考学校・役所や、多くの会社は休みになる。

にちようひん【日用品】名詞 ふだんのくらしに使う品物。

にちろせんそう【日露戦争】名詞 一九〇四（明治三七）年から一九〇五年まで、中国東北部と朝鮮半島の支配をめぐって、日本とロシアとの間でおこった戦争。ポーツマス条約を結んで講和した。

にっか【日課】名詞 毎日するように決めてあることがら。

ニッカドでんち【ニッカド電池】名詞 ニッケル酸化物とカドミウムを使ってつくった、充電してくり返し使える電池。参考「ニッケルカドミウム（nickel-cadmium）電池」の略。

につかわしい【似つかわしい】形容詞 ふさわしいようす。ぴったりしているようす。例入学式に似つかわしい服を着る。活用につかわしい。

にっかん【日刊】名詞 毎日刊行すること。例日刊新聞。

にっき【日記】名詞 毎日のできごとや感じたことなどを書き記したもの。ことば「日記をつける」参考⇩日誌。

にっきちょう【日記帳】名詞 日記を書き記すノート。

にっきゅう【日給】名詞 一日いくらと決めてある給料。類日当。

ニックネーム 名詞 親しんでつける、本名以外のよび名。愛称。あだ名。▼英語 nickname

にづくり【荷作り・荷造り】名詞 する動詞 荷物をまとめて、運びやすいようにすること。

につけ【煮付け】名詞 しるがしみこむように、よく煮た食べ物。例鯛の煮付け。

にっけい【日系】名詞 日本以外の国の市民権をもっているが、日本人の血すじをひいていること。例日系のアメリカ人。

ニッケル 名詞 銀白色をした金属元素。かたくてさびにくいので、めっきなどに使われる。▼英語 nickel

にっこう【日光】一 名詞 太陽の光。日の光。ことば「日光を浴びる」 二 地名 栃木県にある市。二荒山神社・東照宮・輪王寺などがある。「日光の社寺」は世界文化遺産。⇩695ページ・世界遺産（図）

にっこうかいどう【日光街道】名詞 江戸時代の五街道の一つ。江戸（＝今の東京）から日光までの街道。⇩452ページ・五街道（図）。

にっこうしょうどく【日光消毒】名詞 日光に当てて、ばいきんを殺すこと。紫外線の力を利用する。

にっこうよく【日光浴】名詞 体をじょうぶにするため、日光に当たること。

にっこうをみないうちはけっこうというな【日光を見ないうちは結構と言うな】ことわざ 日光の東照宮を見ないうちは、なにを見ても「けっこう」と言ってはいけない。日光東照宮ほどすばらしいものはないということ。参考日光東照宮は栃木県日光市にある神社。

にっこり 副詞（−と）する動詞 声を出さないで、うれしそうに笑うようす。例思わずにっこりした。

1 **にっさん**【日参】名詞 する動詞 ❶神社や寺に、毎日おまいりすること。❷ある目的をはたすために、毎日同じところをたずねること。例宿題をしあげるために、図書館へ日参した。

2 **にっさん**【日産】名詞 一日に生産する量。例日産千こ。類月産。

にっし【日誌】名詞 毎日のできごとなどを、書き記したもの。例 学級日誌。参考 ふつう「日記」は個人的なもの、「日誌」は公のものをいう。

にっしゃびょう【日射病】名詞 強い日光に長くてらされたときにおこる病気。めまいをおこしたり、はき気がしたりする。参考 ⇩熱中症。

にっしょう【日照】名詞〔雲やきりにさえぎられずに〕太陽が地上をてらすこと。

にっしょうき【日章旗】名詞 日の丸のはた。日本の国旗。

にっしょうけん【日照権】名詞 太陽の光を受ける権利。近くの建物などのせいで日当たりが悪くなったときに、被害を申し立てることができる。

にっしょうじかん【日照時間】名詞 日の出から日没までの間で、太陽の光が、雲やビルなどにさえぎられないで地上をてらす時間。

にっしょく【日食】名詞 太陽と地球の間に月が入ったため、太陽の全部あるいは、一部が見えなくなること。参考 ⇩ア図。イ413ページ・月食。

にっしんげっぽ【日進月歩】四字熟語〔科学・文化などが〕たえまなく進歩すること。

にっしんせんそう【日清戦争】名詞 一八九四(明治二七)年から一八九五年まで、朝鮮の支配をめぐって日本と清国(=今の中国)との間でおこった戦争。下関条約を結んで講和した。

にっすう【日数】名詞 日にちの数。ひかず。ひにち。

にっちもさっちもいかない 慣用句 行きづまって、どうにも解決できない。例 みんなが勝手なことを言い出したので、学級会がにっちもさっちもいかなくなってしまった。

にっちゅう[1]【日中】名詞 太陽の出ている間。昼間。対 夜中。夜間。

にっちゅう[2]【日中】名詞 日本と中国。

にっちょく【日直】名詞 ❶学校や会社などで、(休日に)昼間の間、番をすること。また、その人。対 宿直。❷その日の当番。

にってい【日程】名詞 仕事・行事・旅行などの、毎日の予定。例 旅行の日程が発表された。

ニット 名詞 毛糸などであんだ物。▼英語 knit

にっとう【日当】名詞 一日いくらと決めてはらう、てあて。類 日給。

日食

にっぽん【日本】地名 わが国のよび名。にほん。⇩コラム「日本は、ニホンかニッポンか」(977ページ)。

にっぽんぎんこう【日本銀行】名詞 日本の金融の中心になる銀行。紙幣を発行し、政府やふつうの銀行にお金をかしたり、通貨の量を調節したりする。にほんぎんこう。参考 略して「日銀」ともいう。

にっぽんご【日本語】名詞 ⬇978ページ・にほんご。

につまる【煮詰まる】動詞 ❶十分に煮えて水分がなくなる。❷十分に調べたり話しあったりして、解決に近づく。例 話が煮詰まる。

金田一メモ ❷で、「行きづまる」という意味で用いるのは、本来の使い方ではない。活用 につま・る。

につめる【煮詰める】動詞 しるがなくなるまでよく煮る。活用 につ・める。

にて 助詞 ❶場所を表す言葉。例 サッカー大会は校庭にておこないます。❷時間や時期を表す言葉。例 では、これにて失礼いたします。❸方法や材料を表す言葉。例 会場まではバスにてまいります。❹理由を表す言葉。例 病気にて欠席いたします。参考「で」の古い言い方。

にている【似ている】連語〔形や性質が〕たがいに同じであるように見える。そっくりであるように見える。例 母と祖母は、話し方が似ている。

にてひなるもの【似て非なるもの】慣用句 見かけは似ているが、実体はちがうもの。

例自由と放任は似て非なるものだ。

にてもにつかない【似ても似つかない】慣用句 ぜんぜん似ていない。例同姓同名だが、似ても似つかない二人。

にてもやいてもくえない【煮ても焼いても食えない】慣用句 手ごわくて、思うとおりにあつかえない。例煮ても焼いても食えない人だ。

にてんさんてん【二転三転】名詞 する動詞 物事が次々と何度もかわること。例計画が二転三転して、なかなか進まない。

にどあることはさんどある【二度あることは三度ある】ことわざ 二度同じことがおこれば、かならずもう一度同じことがおこる。物事はくり返しておこるものだ。

にとうへんさんかくけい【二等辺三角形】名詞 二つの辺の長さがひとしい三角形。

にどざき【二度咲き】名詞 春に花がさいた植物が、秋にまた花がさくこと。類返りざき。

にとって 連語 ⬇913ページ・1とって。

にどでま【二度手間】名詞 一回ですむことに、二回も手間をかけること。例二度手間をかけて申しわけありません。

にどとふたたび【二度と再び】連語 二度と。ふたたび。例二度と再びまちがいはおこさない。参考㋐同じ意味の言葉を重ねて意味を強めた言い方。㋑下に「…ない」などの打ち消しの言葉が続く。

ニトログリセリン 名詞 ダイナマイトや火薬の原料になる油のような無色の液体。少しのショックでもばくはつしやすい。心臓などの薬にもなる。▼英語 nitroglycerin

にとをおうものはいっとをもえず【二兎を追う者は一兎をも得ず】ことわざ 二つのことを一度にしようとすると、どちらも成功しないことのたとえ。例二兎を追う者は一兎をも得ずというから、目標は一つにしぼるべきだ。語源 漢字では、「二と」「一と」は「二兎」「一兎」と書く。「兎」は、ウサギのこと。二ひきのウサギを同時にとろうとする人は、結局一ぴきもとれないということから。類あぶ蜂取らず。

にないて【担い手】名詞 ❶荷物をかつぐ人。❷責任をもち、中心となって物事を進める人。例次の時代の担い手。

になう【担う】動詞 ❶かたにかけてかつぐ。例大きな荷物を担う。❷ひきうける。責任をもつ。例日本の将来を担う若者。活用 にな・う。

ににんさんきゃく【二人三脚】四字熟語 二人が一組みになって横にならび、内側のとなりあった足首を結び合わせて走る競技。参考 二人の人が一つの物事を協力しておこなう意味にも使う。

ににんしょう【二人称】名詞 人をさししめす代名詞の一つで、話し手が聞き手をさしていうときのもの。「あなた」など。参考⇩88ページ・一人称。530ページ・三人称。

にぬし【荷主】名詞 荷物の持ち主・送り主。

にねんそう【二年草】名詞 めが出てから成長してかれるまで、足かけ二年かかる植物。ダイコンやムギなどのように、秋にめが出て、春に花がさくものが多い。

にのあしをふむ【二の足を踏む】慣用句（一歩進んで、二歩目は進めないという意味から）気がすすまなくて、ぐずぐずする。例高価な本なので、買うことに二の足を踏む。

にのうで【二の腕】名詞 かたからひじの間。⇩285ページ・体①（図）。

にのくがつげない【二の句が継げない】慣用句 おどろいたり、あきれたりして、次の言葉が出てこない。例とうとつな話に二の句が継げない。

にのつぎ【二の次】名詞 二番目。あとまわし。例勉強は二の次で、部活にうちこんでいる。

にのまい【二の舞】名詞 他人と同じ失敗を自分もすること。例兄の二の舞になるおそれがある。参考 もとの意味は、舞楽で「安摩」という舞の次に、それをまねて演じるこっけいな舞。

にのまいをえんじる【二の舞を演じる】慣用句 他人と同じ失敗を、自分もする。例発表会であがってしまい失敗した友だちの二の舞を演じることにならないようにしたい。参考「二の舞」は、舞楽で「安摩」という舞の次に、それをまねて演じるこっけいな舞のこと。

にばしゃ【荷馬車】名詞 荷物を運ぶ馬車。

にばんせんじ【二番煎じ】名詞 ❶一度せんじたものを、もう一度せんじた茶や薬。❷前にあったことをまねていて、新しさやおもしろさがないこと。また、そのようなもの。例この映画は外国映画の二番煎じだ。

にひゃくとおか【二百十日】名詞 雑節の一つ。立春から数えて二百十日目。九月一日ごろ。台風がよく来るとされる。

ニヒル 名詞 形容動詞 何事にも心を動かされず、気持ちがつめたいこと。参考 元になったラテン語nihilは「何もない」という意味。▼ラテン語

にぶ【二部】名詞 ❶二つの部分。また、二番目の部分。❷大学の夜間部。

にぶい【鈍い】形容詞 ❶刃物がよく切れない。例 はさみの切れ味が鈍くなった。❷動きや頭の働きがおそい。例 動作が鈍い。／かんが鈍い。対 ①②鋭い。❸光が弱くて、あざやかでない。また、低くひびく音がするようす。例 鈍い光。／どすんと鈍い音がする。活用 にぶ・い。

にふくめる【煮含める】動詞 にものの中まで味がしみこむように、弱火でゆっくり煮る。例 よく煮含めたダイコン。活用 にふく・める。

にふだ【荷札】名詞 荷物を送るとき、送り先や自分の名前を書いて荷物につけるふだ。

にぶる【鈍る】動詞 ❶〔刃物などが〕よく切れなくなる。するどさがなくなる。例 切れ味が鈍る。❷〔頭や心などの働き、うでまえ、物事のいきおいや動きなどが〕弱くなる。例 決心が鈍る。／うでが鈍る。活用 にぶ・る。

にぶん【二分】名詞 する動詞 二つに分けること。例 天下を二分する戦乱。

にべもない【にべも無い】慣用句 冷たく、つきはなす様子である。例 にべも無くことわられる。

にぼし【煮干し】名詞 小魚を煮てほしたもの。だしをとるのに使う。

にほん【日本】地名 わが国のよび名。にっぽん。⇩977ページ・コラム「日本は、ニホンかニッポンか!?」。

にほんアルプス【日本アルプス】名詞 中部地方にある、飛驒山脈（＝北アルプス）・木曽山脈（＝中央アルプス）・赤石山脈（＝南アルプス）をまとめたよび名。三千メートル前後の高山が多く、ヨーロッパのアルプス（the Alps）に似ていることから名づけられた。

にほんいち【日本一】名詞 日本で一番であること。例 ダンスで日本一になりたい。参考「日本一」ともいう。

にほんが【日本画】名詞 日本に昔から伝わる方法でかき、やわらかい感じを出すことを重くみる絵画。山水画・浮世絵など。対 洋画。

にほんかい【日本海】地名 日本列島とアジア大陸との間の海。

にほんかいこう【日本海溝】名詞 日本列島から約二百キロメートルはなれた東方の海底を、南北に走る深いみぞ。

にほんかいりゅう【日本海流】名詞 台湾沖から北に進み、日本の太平洋側を流れる暖流。黒潮。⇩230ページ・海流（図）。

にほんがみ【日本髪】名詞 日本だけにある、女の人の髪の形。島田まげ・丸まげなど。

にほんかもしか【日本かもしか】名詞 ウシ科の動物。おすもめすも短い角がある。山などにすむ。特別天然記念物。

にほんきろく【日本記録】名詞 日本人がさ

ことば博士になろう！

●日本は、ニホンかニッポンか!?

「日本という国には、日本人がすんでいて、ふだん日本語を話しています。」

右の文を声に出して読んでみてください。「日本・日本人・日本語」をどう読みましたか。「ニホン・ニホンジン・ニホンゴ」と読んだ人もいるでしょう。「ニッポン・ニッポンジン・ニッポンゴ」と読んだ人もいるでしょう。では、いったいどちらが正しいのでしょうか。

わたしたちの国の名の「日本」は、これまでに何度か、「ニッポン」という言い方に決めようとする動きがありました。しかし、「ニホン」という言い方もごくふつうに使われているので、一つの言い方に統一できずに、今でも両方が使われています。つまり、「日本」は、「ニッポン」と読んでも「ニホン」と読んでも正しいことになります。「日本人・日本語」の場合も二つの読み方があります。

日本銀行は、ふつう「ニホンギンコウ」といいますが、お札には、ローマ字で「NIPPON GINKO（ニッポンギンコウ）」と印刷してあります。

ただし、どんな場合もどちらでもいいというわけではありません。次の例は、どれも「ニホン」と読みます。

日本画　日本酒　日本史　日本間
日本料理　日本文学

ことばあそび　なぞなぞ42　顔の中にいる動物、なあに？

まざまなスポーツなどで出した、もっともすぐれた記録で、関係する機関によってみとめられたもの。

にほんぎんこう【日本銀行】名詞 ⬇975ページ・にっぽんぎんこう。

にほんご【日本語】名詞 日本の国で、国語として使う言葉。例 日本語で話す。参考「日本語」ともいう。

にほんこくけんぽう【日本国憲法】名詞 日本の国の政治のおおもととなる決まり。一九四六（昭和二一）年十一月三日に公布され、よく年の五月三日から施行された。参考 主権は国民にあること、人間はすべて平等であること、平和を守り戦争をしないことなどを決めている。「新憲法」ともいう。対 大日本帝国憲法。

にほんざる【日本猿】名詞 日本だけにいるサルのなかま。毛は茶色で、かおとおしりが赤い。

にほんさんぎょうきかく【日本産業規格】名詞 ⬇550ページ・ジス。

にほんさんけい【日本三景】名詞 日本で昔から景色がよいとされる三つの場所。宮城県の松島、京都府の天橋立、広島県の厳島。

にほんし[1]【日本史】名詞 日本の歴史。

にほんし[2]【日本紙】名詞 日本で昔からつくられている紙。「こうぞ」「みつまた」などの木のせんいでつくる。和紙。

にほんしきローマじ【日本式ローマ字】名詞 日本語をローマ字で書き表す方法の一つ。ヘボン式が英語にかたよっているとして日本人が考え出した。「し」を「si」、「ち」を「ti」、「ぢ」を「di」などと書く。⇩ヘボン式ローマ字。訓令式ローマ字。

にほんじっしんぶんるいほう【日本十進分類法】名詞 日本の図書館で用いられる、図書の分類の方法の一つ。図書の内容によって大きく十に分け、それぞれをさらに十、またその下を十に分ける。

にほんしゅ【日本酒】名詞 米からつくる日本どくとくの酒。特に、清酒のこと。対 洋酒。

にほんしょき【日本書紀】書名 舎人親王と太安万侶が中心となって、奈良時代の初めにつくられた歴史書。日本の天地のはじまりから、持統天皇までのことが漢文で書かれている。

にほんじん【日本人】名詞 日本の国籍をもっている人。日本国民。にっぽんじん。

にほんだて【二本立て】名詞 ❶映画館などで、二本の作品をいっしょに見せること。❷物事を二ついっしょに進めること。例 二本立ての計画。

にほんてき【日本的】形容動詞 日本らしいようす。例 日本的な庭。

にほんとう【日本刀】名詞 日本どくとくの方法でつくるかたな。刃がそっていて、するどい。

にほんのうえん【日本脳炎】名詞 感染症の一つ。おもにコガタアカイエカが運ぶウイルスによる。高いねつが出て死ぬこともある。

にほんのうりんきかく【日本農林規格】名詞 ⬇583ページ・ジャス。

にほんばれ【日本晴れ】名詞 雲一つない、からりと晴れわたった天気。快晴。にっぽんばれ。

にほんぶよう【日本舞踊】名詞 日本の伝統的なおどり。歌舞伎のおどりからはじまったとされる。

にほんま【日本間】名詞 たたみ・しょうじ・ふすまなどのある、日本風の部屋。和室。対 洋間。

にほんれっとう【日本列島】名詞 アジアの東部、太平洋の北西部を、北東から南西に弓のような形につらなっている島々。日本の国土をなす。

にまいがい【二枚貝】名詞 〔アサリやハマグリなど〕二枚の貝がらをもつ貝。参考 ⇩1223ページ・巻き貝。

にまいごし【二枚腰】名詞 相撲や柔道で、しせいがくずれかけてもくずれない、ねばり強いこし。また、そうしたこしの持ち主。

にまいじた【二枚舌】名詞 前と後でちがうことを言うこと。ことば「二枚舌を使う」

にまいめ【二枚目】名詞 ❶歌舞伎や映画などの美男の役。また、その役をする役者。語源 昔、歌舞伎で美男の役名をかんばんなどの二番目（二枚目）の板に書いたことからいう。対 三枚目。❷顔だちのととのった、きれいな男の人。

にまめ【煮豆】名詞 味つけをして煮た豆。

にもうさく【二毛作】名詞 一年の間に、同じ田畑で二種類の作物を時期をちがえてつくること。参考 ⇩89ページ・一毛作。784ページ・多毛作。969ページ・二期作。

にもかかわらず 連語 …にこだわらず。…であるのに。例 わかいにもかかわらず元気がない。

ことば博士になろう!

美男子は「看板」になる!!

「彼は、なかなかの二枚目だ。」とか、「彼は、三枚目だから、いつも人を笑わせている。」といった言い方をすることがあります。二枚目は美男子という意味、三枚目はこっけいなことをする男の人、ひょうきんな男の人という意味です。

二枚目、三枚目はもともと江戸時代に、歌舞伎の芝居小屋の前にかかげた役者の看板の位置を表しています。右から一枚目には主役、二枚目には美男の役、三枚目にはこっけいな役をえんじる役者の名前が書いてあったことからうまれた言葉です。

二 接続詞 それなのに。なのに。例 答案用紙を出す前に何回も見なおした。にもかかわらずミスをしてしまった。

にもつ【荷物】 名詞 持ち運んだり、送ったりする品物。荷。例 荷物を運ぶ。

にもの【煮物】 名詞 食べ物を煮ること。また、煮た食べ物。

にやける 動詞 男の人がへんにおしゃれをしたり、弱々しく色っぽくふるまったりする。例 にやけた男。

金田一メモ 「にやにやする」という意味で用いるのは、本来の使い方ではない。例 失敗したのににやけるな。参考 くだけた言い方。

活用 にや・ける。

にやにや 副詞(—と) する動詞 声を出さないで、何か意味がありそうに、うす笑いをするようす。例 話を聞いて、にやにやしている。

にやりと 副詞 何か意味がありそうな笑いを、顔にちらりとうかべるようす。例 かれはにやりと笑って出て行った。

ニュアンス 名詞 色・音・意味・調子などの、ごくわずかなちがい。びみょうな味わい。▼英語(フランス語から) nuance

ニュー 名詞 新しい。例 ニューモデル。▼英語 new

にゅういん【入院】 名詞 する動詞 病気やけがをなおすために病院に入ること。対 退院。

にゅうえき【乳液】 名詞 色などがミルクに似ている液体。また、そのようなはだを保護する化粧品。

にゅうえん【入園】 名詞 する動詞 ❶幼稚園や保育園に、園児として入ること。例 四月に入園した。対 卒園。❷動物園・植物園・公園・遊園地など、「園」と名のつくところに入ること。例 入園料。対 退園。

にゅうか【入荷】 名詞 する動詞 店や市場に品物が入ること。例 アジが大量に入荷する。対 出荷。

にゅうかい【入会】 名詞 する動詞 ある会に入って会員になること。例 野鳥観察の会に入会する。類 加入。対 脱会。

にゅうかく【入閣】 名詞 する動詞 大臣になって、内閣の一員になること。

にゅうがく【入学】 名詞 する動詞 児童・生徒・学生として、学校に入ること。例 小学校に入学する。類 入門。進学。対 卒業。

にゅうがくしき【入学式】 名詞 児童・生徒や学生の入学を祝っておこなう学校の儀式。対 卒業式。

にゅうがくしけん【入学試験】 名詞 入学を望む者の中から、その学校にふさわしい者をえらぶために、学力・体力・人がらなどについておこなう試験。入試。

にゅうぎゅう【乳牛】 名詞 ちちのよく出る種類の牛。ホルスタイン種・ジャージー種など。ちちうし。参考 ⇩152ページ・役牛。

にゅうきょ【入居】 名詞 する動詞 建物に入って正式に住むこと。例 新しいアパートに入居する。

にゅうきん【入金】 名詞 する動詞 ❶お金が入ること。また、そのお金。例 今月の入金は二十万円だ。対 出金。❷お金をはらいこむこと。

にゅうこう【入港】 名詞 する動詞 船が港に入ること。対 出港。

にゅうこく【入国】 名詞 する動詞 外国から、ある国に入ること。例 入国の許可が出る。対 出国。

にゅうさつ【入札】 名詞 する動詞 品物の売買や仕事のうけおいなどで、希望者が二人以上いるとき、見つもりのねだんを書いて出させ、条件のよい人に決めるやり方。参考 ⇩1361ページ・落札。789ページ・談合。

にゅうさんきん【乳酸菌】 名詞 食べ物などをすっぱくする働きがある細菌。この働きを利用してヨーグルトやチーズなどをつくる。

にゅうし【入試】 名詞 「入学試験」の略。例 大

あいうえお かきくけこ さしすせそ たちつてと なにぬねの はひふへほ まみむめも や ゆ よ らりるれろ わ を ん

こたえ ブタ(←まぶた)

学入試問題。

2 **にゅうし**【乳歯】名詞 生まれて六か月ぐらいではえはじめ、十才ぐらいまでにぬけかわる子どもの歯。対 永久歯。

にゅうじ【乳児】名詞 生まれてから一年ぐらいまでの、ちちをのんでいる赤んぼう。ちのみご。

ニュージーランド 地名 オーストラリアの東南にある、南北二つの島を中心とした国。首都はウェリントン。▼英語 New Zealand

にゅうしつ【入室】名詞 する動詞 部屋に入ること。例 入室をゆるされた。対 退室。

にゅうしゃ【入社】名詞 する動詞 会社に入り、その社員になること。例 今年は十名入社しました。対 退社。

にゅうしゅ【入手】名詞 する動詞 〔ほしい物を〕手に入れて、自分のものにすること。例 めずらしい切手を入手した。類 取得。

にゅうしょ【入所】名詞 する動詞 「研究所」など、名前に「所」とつくところに入ること。対 退所。

にゅうしょう【入賞】名詞 する動詞 〔展覧会や競技会などで〕成績がよく、賞をもらうこと。例 三位に入賞する。類 入選。

にゅうじょう【入場】名詞 する動詞 会場・式場・競技場などに入ること。例 選手たちが入場する。類 出場。対 退場。

にゅうじょうけん【入場券】名詞 ❶場内に入ることのできるきっぷ。❷〔見送りや出むかえのため〕駅のプラットホームに入ることのできるきっぷ。

にゅうじょうしき【入場式】名詞 会場・式場・競技場などで、もよおしをはじめる式。

にゅうしん【入信】名詞 する動詞 ある宗教の信者になること。

ニュース 名詞 新しいできごとや、めずらしいできごと。また、その知らせ。例 うれしいニュースが伝わってきた。▼英語 news

にゅうすい【入水】名詞 する動詞 ❶水の中に入ること。❷水中に身投げして死ぬこと。入水。

ニュースキャスター 名詞 ニュース番組で、ニュースの解説をしながら番組を進める人。▼英語 newscaster

ニュースソース 名詞 ニュースの出どころ。取材源、情報源。▼英語 news source

にゅうせいひん【乳製品】名詞 牛乳に手を加えてつくったもの。バター・チーズなど。

にゅうせき【入籍】名詞 する動詞 人が、戸籍に新しく記されること。特に、けっこんして戸籍に入ること。

ニューセラミックス 名詞 ふつうの陶器や磁器よりもすぐれた性質をもったもの。こわれにくい、熱に強い、電気を通さないなどの性質をもっている。電子部品・人工の骨・エンジンなどをつくるのに使われる。ファインセラミックス。▼英語 new ceramics

1 **にゅうせん**【入選】名詞 する動詞 〔展覧会などにおうぼした作品が〕しんさに合格すること。類 入賞。対 落選。

2 **にゅうせん**【入線】名詞 する動詞 始発駅で、列車が決められた線路に入ること。例 特急列車が一番線に入線する。

にゅうたい【入隊】名詞 する動詞 「隊」と名のつくところに入って、その中の一員になること。

ニュータウン 名詞 大都市のまわりに計画的につくられた大規模な住宅都市。▼英語 new town

にゅうだん【入団】名詞 する動詞 ある団体に入って一員になること。例 青年団に入団する。対 退団。

にゅうでん【入電】名詞 する動詞 電信・電話・電報などがとどくこと。また、とどいた情報。例 朝早く、アメリカから重大ニュースの入電があった。類 来電。

1 **にゅうとう**【入党】名詞 する動詞 ある党に入って一員になること。例 入党して党員になる。

2 **にゅうとう**【入湯】名詞 する動詞 ふろに入ること。特に、温泉に入ること。例 入湯料。

にゅうどう【入道】一 名詞 する動詞 仏の教えのみちに入って僧になること。また、その人。二 名詞 頭の毛をそっている人。また、そのような頭の化け物。

にゅうどうぐも【入道雲】名詞 「入道二」のような形になった大きな雲。「積乱雲」の別のよび方。

ニュートラル 名詞 形容動詞 中立。中間。どちらでもないこと。どちらにも味方しないこと。例 ニュートラルな立場を守る。▼英語 neutral

ニュートン 人名 (一六四二～一七二七) イギリスの物理学者・数学者・天文学者。「万有引力の法則」を発見し、力学と天文学の基礎をきずいた。数学や光学の研究でも大きな業績を残し

あいうえお かきくけこ さしすせそ たちつてと なにぬねの はひふへほ まみむめも や ゆ よ らりるれろ わ を ん

た。アイザック＝ニュートン(Isaac Newton)。

にゅうねん【入念】 名詞 形容動詞 細かいところにまでよく気を配ること。ねんいり。例 入念にしあげた手作りの家具。

にゅうばい【入梅】 名詞 ❶つゆの季節に入ること。つゆいり。❷雑節の一つ。六月十日、十一日ごろ。つゆの雨がふり始めるとき。

にゅうばち【乳鉢】 名詞 薬など、かたまりになっているものをすりつぶして粉にしたり、ほかの薬とまぜたりするときに使う、ガラスやせと物でつくったうつわ。

にゅうぶ【入部】 名詞 する動詞 野球部・合唱部などのように、なにかの部に入ること。対 退部。

にゅうぼう【乳棒】 名詞 実験や検査に使うものを、うつわに入れてつぶしたりまぜたりするのに用いる、先が丸くなったぼう。

にゅうまく【入幕】 名詞 する動詞 相撲で、十両の力士の地位が上がって、幕内力士になること。

ニューメディア 名詞 今までの新聞やテレビなどに対して、電子技術によってうみだされた、情報を伝える新しい方法。衛星放送やケーブルテレビ(CATV)など。▼英語 new media

にゅうもん【入門】 一 名詞 する動詞 弟子入りをすること。例 空手の道場に入門する。類 入学。二 名詞 はじめて学ぶ人のために、よくわかるように書いた本。手びき。例 つり入門。

にゅうよう【入用】 名詞 形容動詞 〔あることをするために〕いること。必要。いりよう。対 不用。

にゅうようじ【乳幼児】 名詞 乳児と幼児。小学校に入学する前の子どもをまとめたよび名。未就学児。

ニューヨーク 地名 ❶アメリカ合衆国の東部にある州。州都はオールバニ。❷「ニューヨーク①」にある、アメリカで最大の都市。大西洋にそそぐハドソン川の河口にあり、世界の経済や文化の中心地。「ビッグアップル(The Big Apple)」とよばれる。N.Y.。漢字 紐育・紐約。▼英語 New York

にゅうよく【入浴】 名詞 する動詞 ふろに入ること。例 入浴してさっぱりする。

にゅうりょく【入力】 名詞 する動詞 ❶コンピューターに情報を入れること。例 パソコンにデータを入力する。❷機械に動力をあたえること。対 ①②出力。

にゅうわ【柔和】 形容動詞 〔性質や態度などが〕やさしくおだやかなようす。例 えみをたやさない柔和な表情。対 険悪。

にょう[1] 名詞 漢字を形づくっている部分の名の一つ。漢字の左から下にかけてつく部分。「道」の「辶(しんにょう)」、「建」の「廴(えんにょう)」、「起」の「走(そうにょう)」など。

にょう[2]**【尿】** 名詞 体の中でいらなくなったものがじん臓に回り、いらなくなった水分といっしょに、ぼうこうを通って、体の外に出たもの。小便。

にょうい【尿意】 名詞 小便をしたいという感覚。ことば「尿意をもよおす」

にょうぼう【女房】 名詞 ❶妻。参考 ややくだけた言い方。対 ていしゅ。❷昔、宮中につかえ、部屋をあたえられていた身分の高い女官。

にょうぼうやく【女房役】 名詞 〔妻が夫を助けるように〕中心となる相手のそばにいて、助ける役目。また、その人。例 キャッチャーは、ピッチャーの女房役だ。

にょきにょき 副詞(ーと) 細長い物が次々にあらわれ出てくるようす。例 たけのこがにょきにょきとはえる。

にょじつに【如実に】 副詞 ありのままに。じっさいのとおりに。例 テレビが、台風のつめあとを如実にしめす。

によって 連語 ❶…が原因となって。例 努力によってゆめをかなえた。❷…の方法で。…を手段にして。例 村人の手によってつくられた橋。❸それぞれ。例 人によって好みがちがう。

にょらい【如来】 名詞 仏教で、仏をうやまったよび名。

にょろにょろ 副詞(ーと) する動詞 〔ヘビ・ウナギなどのような〕細長いものがくねって動くようす。例 ヘビがにょろにょろと、はう。

にら 名詞 ユリ科の植物。葉は平たくて細長く、強いにおいがある。葉を食用にする。漢字 韮。

にらみあう【にらみ合う】 動詞 ❶たがいににらむ。例 力士がにらみ合ってかまえる。❷敵だと思って対立する。例 にらみ合う二つのグループ。活用 にらみあ・う。

にらみあわせる【にらみ合わせる】 動詞 いくつかのものをくらべて考える。例 予算とにらみ合わせて買い物をする。活用 にらみあわ・せる。

ことばあそび なぞなぞ㊸ 切っても切っても切れない紙、なあに？

にらみつける【にらみ付ける】動詞 はげしいいきおいで、にらむ。例こわい顔をしてにらみ付けた。活用 にらみつ・ける。

にらみをきかせる【にらみを利かせる】慣用句 相手の心を、強い力やいきおいでおさえつける。例悪いことをしないように、にらみを利かせる。

にらむ 動詞 ❶こわい目で、じっと見る。例おこって、にらむ。❷見当をつける。例刑事があやしいとにらんだ男。❸《「にらまれる」の形で》注意すべき人物として用心される。例上司ににらまれる。参考 ❸は、悪い意味に用いる。活用 にら・む。

にらめっこ 名詞 する動詞 ❶二人がたがいにおかしな顔つきをしてにらみ合い、先に笑いだしたほうを負けとする、子どもの遊び。❷長い間、だまってものを見続けること。例辞書とにらめっこして英語の本を読む。

にりゅう【二流】名詞 人間の品位やわざ、物の品質などが、一番よいものにくらべて少しおとること。例二流の人物。対一流。三流。

にりんしゃ【二輪車】名詞 自転車・オートバイなど、車輪が二つついた車。

1**にる**【似る】動詞 〔形や性質が〕たがいに同じようである。例顔が兄に似る。／母親に似た性格。

2**にる**【煮る】動詞 食べ物などに水分を加え、火にかけて熱を通す。例豆を煮る。

にるい【二塁】名詞 ❶野球で、一塁と三塁の間にある二番目の塁。セカンド（ベース）。❷「二塁手」の略。二塁を守る人。セカンド。

にるいだ【二塁打】名詞 野球で打者が二塁まで進めるヒット。ツーベースヒット。

にろくじちゅう【二六時中】副詞 一日中。例二六時中考え続ける。類四六時中。

にわ【庭】名詞 ❶やしきの中のあき地。例広い庭。参考 草木を植えたり、池や築山などをつくったりする。❷物事をする場所のたとえ。例学びの庭。参考 ❷は、詩や歌などで用いる。

にわいし【庭石】名詞 庭のながめをよくするためにおく石。

にわいじり【庭いじり】名詞 する動詞 庭の植物や石などの手入れをすること。

にわか 形容動詞 ❶物事が急におこるようす。例雲が切れて、あたりがにわかに明るくなった。❷物事に対する反応がはやいようす。例にわかには賛成できない。

にわかあめ【にわか雨】名詞 急にふる、はげしい雨。例にわか雨がふり出した。類夕立。

にわかじこみ【にわか仕込み】名詞 ❶間に合わせにあわてておぼえこむこと。例にわか仕込みのぼんおどり。❷必要にせまられて、急いで商品を仕入れること。

にわき【庭木】名詞 ながめをよくするため、庭に植えてある木。庭に植える木。

にわさき【庭先】名詞 庭の、えんがわや建物に近い方。例庭先に出て月を見る。

にわし【庭師】名詞 庭づくりや庭の手入れを仕事にしている人。

にわたって 連語 …におよんで。…にいきわたって。例伊豆から東京にわたって雨がふった。

にわとり【鶏】名詞 人にかいならされた、キジ科の鳥。たまごや肉をとるためにかわれる。種類が多い。頭に赤色のとさかがある。参考「庭鳥」の意味から。

にん【人】一 助数詞《数を表す言葉の下につけて》人数を数える言葉。名。例三人の客が来る。二 接尾語《ある言葉の下につけて》「…する人」の意味を表す言葉。例保証人。／支配人。

にんい【任意】名詞 形容動詞 〔その人の〕思うとおりにすること。自由に決めること。例会に参加する、しないは任意だ。

にんか【認可】名詞 する動詞 願い出たことを〔役所などが〕よいとみとめてゆるすこと。例個人タクシーの認可がおりる。

1**にんき**【人気】名詞 ある人や物をよいとする、世間の評判。例子どもに人気の番組。／人気役者。類人望。参考「ひとけ」と読むと、別の意味になる。

2**にんき**【任期】名詞 その役目を受け持つ、ある決められた期間。例委員長の任期は一年だ。

にんきがある【人気がある】連語 世間の人々に好かれ、支持されている。例人気があるタレント。

にんきもの【人気者】名詞 人気がある人。例クラスの人気者になる。

にんぎょ【人魚】名詞 体の上半分はわかい女の人のすがたで、下半分が魚のすがたをしているという、想像上の動物。

にんぎょう【人形】名詞 人の形をかたどった、

かざり物。また、おもちゃ。例ひな人形。

にんぎょうげき【人形劇】名詞 あやつり人形や、指人形などを使ってする劇。

にんぎょうじょうるり【人形浄瑠璃】名詞 じょうるりの節に合わせて人形つかいが人形をあやつってするしばい。参考 江戸時代にさかんだった。「文楽」はその代表的なもの。

にんげん【人間】名詞 ❶人。人類。例りっぱな人間になりたい。❷人がら。人物。ことば「(あの人は)人間ができている」

にんげんかんけい【人間関係】名詞 集団の中での、人と人とのかかわり合い。また、その間がら。

にんげんこくほう【人間国宝】名詞 重要無形文化財に指定された技をもつ人のこと。演劇・芸能・音楽・工芸などのでんとう的な技を伝える。正式には「重要無形文化財保持者」。

にんげんせい【人間性】名詞 人であるならばだれもがもっている、人間らしい性質。例情報化社会の中で大切なのは人間性だ。／かの女の人間性はすばらしい。

にんげんてき【人間的】形容動詞 人間としてのあたたかい気持ちや性質があるようす。人間らしさがあるようす。例人間的な生き方。

にんげんドック【人間ドック】名詞 病気があるかどうかを調べるために、全身をくわしく検査すること。また、そのための施設。参考 船のドック入りに見立てていう。

にんげんみ【人間味】名詞 人間らしいあたたかい心もち。思いやりのある心。例人間味ゆたかな人。

にんげんわざ【人間業】名詞 人間の力でできることがら。例人間業とは思えないほど、すばらしい。対神業。

にんしき【認識】名詞 する動詞 物事をよく知り、見わけ、判断すること。また、そのようにしてえた知識。例認識をあらためる。／世の中を正しく認識する。

にんじゃ【忍者】名詞 忍術を使って敵のじん地などにしのび入り、様子をさぐったり、ひみつを聞き出したりする者。

にんじゅつ【忍術】名詞 人に気づかれないように、いろいろな行動をする術。しのびの術。にんぽう。参考 武家時代にさかんにおこなわれた。甲賀流・伊賀流が有名。

にんしょう【認証】名詞 する動詞 ❶ある行動について、役所などが、それを正しい手続きによるものとみとめて、公に証明すること。❷パソコンやスマートフォン、インターネットサービスに、IDやパスワードを入れて利用できる状態にする手続き。

にんじょう【人情】名詞 人として、もともと持っている心。特に、思いやり・愛情・あわれみなどの気持ち。例ひみつだと言われると知りたくなるのが人情だ。ことば「(この町の人たちは)人情にあつい」

にんじょうみ【人情味】名詞 人に対する心のあたたかみ。ことば「人情味あふれる(話)」

にんじる【任じる】動詞 ➡にんずる。活用 にん・じる。

にんしん【妊娠】名詞 する動詞 おなかに子どもをやどすこと。みごもること。

にんじん【人じん】名詞 セリ科の植物。夏にくきがのび、その先に小さな白い花がかたまってさく。だいだい色の根を食用にする。漢字 人参。

にんずう【人数】名詞 人の数。例サッカーの人数がそろう。参考「にんず」ともいう。

にんずる【任ずる】動詞 ❶役目につかせる。例学級委員に任ずる。❷〔あることを〕引き受けて自分のつとめとし、責任をもって仕事をする。また、まるでそうであるかのように思いこむ。例かれは、みずから天才をもって任じている。活用 にん・ずる。参考「任じる」ともいう。

にんそう【人相】名詞 ❶人の顔かたち。顔つき。例人相の悪い人。類容ぼう。❷顔に表れている、その人の性質や運命。例人相を見る。

にんそうがき【人相書き】名詞 多くの人々にたずねるために、悪いことをした人やゆくえ不明の人の顔を書いてしめした紙。

にんたい【忍耐】名詞 する動詞 つらいことをがまんすること。じっとこらえること。例忍耐力。

にんち【任地】名詞 そこで仕事をするようにいいつけられた土地。

にんてい【認定】名詞 する動詞 〔政府や役所などが〕内容や程度を調べて、ある基準に合っているとみとめること。例卒業を認定する。

にんにく 名詞 ネギ科の植物。地中にあるふくらんだくきを食用や薬用にする。強いにおいがする。ガーリック。漢字 大蒜。

にんにょう【人にょう】名詞 漢字の部首の一つ。「元」「兄」「光」などの「儿」の部分。参考「ひとあし」ともいう。

にんぷ【妊婦】名詞 妊娠している女の人。

にんべん【人偏】名詞 漢字の部首の一つ。「体」「作」「信」などの左側の「亻」の部分。

にんぽう【忍法】名詞 ⇒にんじゅつ。

にんまり 副詞(−と) する動詞 〔物事が自分の思いどおりになったときなどに〕満足そうな笑いをうかべるようす。例 作戦が成功し、にんまりと笑った。

にんむ【任務】名詞 その人の責任とされる、つとめ。例 特別な任務をあたえられた。類 使命。責務。

にんめい【任命】名詞 する動詞 ある役目を受け持つように命令すること。例 生徒会の新しい会長に任命された。

ぬ

ヌ
NU
nu

ぬ[1] 助動詞 物事を打ち消す意味を表す言葉。…ない。例 そんなことをしてはなりませぬ。参考 多く、「ん」の形で使われる。例 そんなことをしてはいけません。

ぬ[2] 助動詞 物事の終わったことを表す言葉。…た。…てしまった。例 夏はきぬ。参考 文語の助動詞。

ぬいあげ【縫い上げ】名詞 着物の長さを短くするために、かたやこしのところを折りまげてぬうこと。「かたあげ」「こしあげ」ともいう。

ぬいあわせる【縫い合わせる】動詞 はりなどでぬってつなげる。例 ほころびたところを縫い合わせる。活用 ぬいあわ・せる。

ぬいいと【縫い糸】名詞 布をぬうのに用いる糸。

ぬいかえす【縫い返す】動詞 ❶ぬってあるものをほどいて、ふたたびぬう。類 ぬい直す。❷ぬってきた方向と逆にもう一度ぬう。活用 ぬいかえ・す。

ぬいぐるみ【縫いぐるみ】名詞 ❶布を動物などの形にぬい、中にわたなどをつめたおもちゃ。❷しばいで、役者が動物の役をするときに着る、動物の形をした、いしょう。

ぬいしろ【縫い代】名詞 布をぬいあわせるとき、中にぬいこまれる部分。

ぬいとり【縫い取り】名詞 布に、いろいろなもようを色糸でぬうこと。また、そのもよう。ししゅう。例 縫い取りをしたおび。

ぬいなおす【縫い直す】動詞 ぬってあるものをほどいて、ふたたびぬう。類 ぬい返す。活用 ぬいなお・す。

ぬいばり【縫い針】名詞 衣服などをぬうための針。糸をとおす穴がある。

ぬいめ【縫い目】名詞 ❶布と布をぬい合わせた部分。例 縫い目がほつれる。❷ぬった糸の目。例 縫い目のあらい服。

ぬいもの【縫い物】名詞 着物などをぬうこと。さいほう。また、ぬってつくったもの。

ぬう【縫う】動詞 ❶糸を通した針で、布などをつづり合わせる。例 着物を縫う。❷傷口などを針と糸でとじ合わせる。例 ひたいを三針縫った。❸人や物などの間を、右や左に曲がりながら通る。例 人ごみの中を縫って歩く。活用 ぬ・う。

ヌード 名詞 絵・彫刻・写真などに表されたはだかの人。また、その作品。▼英語 nude

ヌードル 名詞 小麦粉と卵で作った、西洋風のめん類。▼英語 noodle

ぬえ 名詞 頭はサル、手足はトラ、体はタヌキ、しっぽはヘビ、鳴き声はトラツグミのようだという伝説上の動物。漢字 鵺。⇩図。

ぬえ

ぬか 名詞 玄米をついたときに出る粉。こめぬか。漢字 糠。⇩1307ページ・²もみ②(図)。

ぬかあめ【ぬか雨】名詞 〔ぬかのように〕細かくふる雨。きりさめ。こぬか雨。漢字 糠雨。

ぬかす【抜かす】動詞 ❶もらす。おとす。はずす。例 一人抜かして数えていた。❷ぬけるようにする。ぬけた状態にする。例 腰を抜かす。活用 ぬか・す。

ぬかずく 動詞 ひたいを地面にすりつけるよう

(クイズの答えは、ページをめくったところにあるよ。)

にして、ていねいにおがむ。例神前にぬかずく。活用ぬかず・く。

ぬかづけ【ぬか漬け】名詞野菜などを、米ぬかと塩でつけること。また、つけたもの。ぬかみそづけ。例キュウリのぬか漬け。

ぬかどこ【ぬか床】名詞野菜などをつけるために、米ぬかと塩をまぜたもの。類ぬかみそ。

ぬかにくぎ ことわざ〔ぬかの中にくぎをうってもききめがないように〕いくらほねをおっても、手ごたえやききめのないことのたとえ。類とうふにかすがい。のれんにうでおし。

ぬかみそ【ぬか味そ】名詞つけ物をつくるため、米ぬかに塩をまぜたもの。野菜などをつける。漢字糠味噌。類ぬかどこ。

ぬかみそがくさる【ぬか味そが腐る】慣用句歌などを歌うときの、声の悪さや調子はずれな歌いぶりをあざけって言うことば。

ぬかみそくさい【ぬか味そ臭い】形容詞❶ぬかみそのにおいがする。❷家事などに追われて、身なりやけしょうなどにかまわないようす。活用ぬかみそくさ・い。

ぬかよろこび【ぬか喜び】名詞する動詞今まで喜んでいたのに、あてがはずれて喜びがむだになること。例クイズに当選したと思ったが人ちがいだとわかり、ぬか喜びに終わった。

ぬかり【抜かり】名詞〔準備をする上での〕てぬかり。参考多く、下に「…ない」などの打ち消しの言葉が続く。例準備に抜かりはない。／抜かりなく準備する。

1 **ぬかる** 動詞雨や雪どけなどのために、道や地面がどろどろになる。活用ぬか・る。

2 **ぬかる**【抜かる】動詞ゆだんして失敗する。やりそこなう。例勝負はこれからだ。抜かるな。活用ぬか・る。

ぬかるみ 名詞雨や雪どけのため、どろどろになったところ。例ぬかるみをさけて歩く。

ぬき【抜き】一名詞ぬくこと。とりさったり、はぶいたりすること。例前おきは抜きにして、すぐ議題に入る。

二接尾語《ある言葉の下につけて》それをとりさったり、はぶいたりする意味を表す言葉。例しみ抜き。／朝食抜き。

ぬきあしさしあし【抜き足差し足】連語足音を立てないように、つま先でそっと歩くようす。例抜き足差し足で、部屋に入る。

ぬきうち【抜き打ち】名詞❶刀をぬくと同時に切りつけること。❷前ぶれもなく、物事を急におこなうこと。不意打ち。例抜き打ちに検査をする。

ぬきがき【抜き書き】名詞する動詞書物などの、一部分だけをぬき出して書くこと。また、書き出したもの。例文章の要点を抜き書きする。

ぬきさしならない【抜き差しならない】慣用句身動きがとれなくて、どうしようもない。例話がこじれて抜き差しならない立場においこまれた。

ぬきさる【抜き去る】名詞❶すっかりとりのぞく。例不安を抜き去る。❷相手をおいぬいて先にいく。例ゴールの直前で、先頭のランナーを抜き去る。活用ぬきさ・る。

ぬぎすてる【脱ぎ捨てる】動詞❶〔着物・はき物などを〕すてるようにぬぐ。また、ぬぎっぱなしにする。例くつを脱ぎ捨ててかけ出した。❷衣服などをぬいですててしまう。❸今まで身についていた考え・習慣などをすてる。例古い考えを脱ぎ捨てる。活用ぬぎす・てる。

ぬきだす【抜き出す】動詞❶引っぱって出す。例つまようじを一本抜き出す。❷〔多くのものの中から〕えらび出す。例教科書からわからない言葉を抜き出して、ノートに書く。活用ぬきだ・す。

ぬきつぬかれつ【抜きつ抜かれつ】連語相手を追いこしたり相手に追いこされたり。追いつ追われつ。例抜きつ抜かれつのレース。

ぬきて【抜き手】名詞手をかわるがわる水面にぬき上げるようにして水をかく泳ぎ方。ことば「抜き手をきって泳ぐ」参考足はひら泳ぎのようなあおり足で泳ぐ。

ぬきとる【抜き取る】動詞引きぬいて、とる。例古いくぎを抜き取る。活用ぬきと・る。

ぬきみ【抜き身】名詞さやからぬいた刀ややり。例抜き身をふりかざす。

ぬきんでる【抜きんでる】動詞ほかのものより、特にすぐれている。例抜きんでて強い。活用ぬきん・でる。

ぬく【抜く】一動詞❶中から引っぱり出す。例とげを抜く。❷取り去る。例しみを抜く。❸はぶく。省略する。例食事を抜く。❹つきやぶって向こう側に出す。例山を抜く大工事。❺追いこす。例リレーで一人抜いた。❻選び出す。例

あいうえお
かきくけこ
さしすせそ
たちつてと
ぬ なにぬねの
はひふへほ
まみむめも
や ゆ よ
らりるれろ
わ を ん

ことばあそび　漢字クイズ❶　上がさかだちすると、何になるでしょう？

トランプを一まい抜く。

二 接尾語 《ある言葉の下につけて》「最後まで…する」「ひどく…する」などの意味を表す言葉。例 百メートルを泳ぎ抜く。／苦しみ抜く。活用 ぬ・く。

ぬぐ【脱ぐ】 動詞 体につけているものを取り去る。例 シャツを脱ぐ。／ぼうしを脱ぐ。対 着る。はく。履く。かぶる。活用 ぬ・ぐ。

ぬくい 形容詞 あたたかい。例 ぬくい湯で手をあらう。類 ぬくとい。活用 ぬく・い。

ぬぐう【拭う】 動詞 ❶ふきとる。また、ふいてきれいにする。例 汗を拭う。❷消す。とりのぞく。例 うたがいの気持ちを拭いきれない。活用 ぬぐ・う。

ぬくとい 形容詞 あたたかい。例 ぬくとい日だまりで遊ぶ。類 ぬくい。活用 ぬくと・い。

ぬくぬく 副詞(−と) する動詞 ❶気持ちよく、あたたかそうなようす。例 ふとんにくるまって、ぬくぬくねている。❷苦労がなく、のんびりしているようす。例 ぬくぬくと生きる。❸ずうずうしいようす。平気で、なまけているようす。例 ぬくぬくといすわる。

ぬくまる 動詞 あたたまる。あたたかくなる。ぬくもる。例 ふろにはいってぬくまる。活用 ぬくま・る。

ぬくみ 名詞 〔体や物の〕あたたかさ。あたたかみ。ぬくもり。例 弁当のぬくみ。

ぬくめる 動詞 あたためる。あたたかにする。例 ふろに入って、体をぬくめる。活用 ぬく・める。

ぬくもり 名詞 あたたかさ。例 つないだ手のぬくもりをわすれない。

ぬくもる 動詞 あたたまる。あたたかくなる。ぬくまる。活用 ぬくも・る。

ぬけあな【抜け穴】 名詞 ❶通りぬけのできるあな。❷人に知られないように、こっそりとぬけだせるあな。例 城にはひみつの抜け穴があった。❸責任などをうまくのがれる方法。例 この規則には抜け穴がある。

ぬけがけ【抜け駆け】 名詞 する動詞 こっそりと、人よりも先に物事をおこなうこと。

ぬけがけのこうみょう【抜け駆けの功名】 ことわざ 人を出しぬいて立てたてがら。例 抜け駆けの功名をねらう。

ぬけがら【抜け殻】 名詞 ❶セミやヘビなどが、脱皮したあとに残った皮。❷ものの中身がなくなったあとのもの。また、たましいがぬけたように、ぼんやりしている人。例 弟は、夏休みが終わって脱け殻になった。

ぬけだす【抜け出す】 動詞 ❶こっそりその場所をはなれて、外に出る。例 教室を抜け出す。❷ぬけはじめる。例 髪の毛が抜け出す。活用 ぬけだ・す。

ぬけでる【抜け出る】 動詞 ❶中から外に出る。こっそり出る。例 会場から抜け出る。❷特にすぐれている。ぬきんでる。例 算数の力が抜け出る。活用 ぬけ・でる。

ぬけぬけ 副詞(−と) ずうずうしいようす。あつかましいようす。例 ぬけぬけと答えた。

ぬけみち【抜け道】 名詞 ❶〔ほかの人が知らない〕本道以外のうら道。また、ひそかににげだす道。例 抜け道を通って先回りする。❷責任などをうまくのがれる方法。例 どうやったらつかまらないか抜け道を考える。

ぬけめ【抜け目】 名詞 ぬけたところ。手ぬかり。特に、自分の利益についての手ぬかり。ことば「抜け目のない〔人〕」

ぬけめがない【抜け目がない】 慣用句 注意深くて、ぬけたところがない。また、自分の得になりそうだと思うと、その機会をのがさない。例 抜け目がない人。

ぬける【抜ける】 動詞 ❶はなれて取れる。例 毛が抜ける。❷〔ある集まりや場所から〕はなれて出る。例 人ごみから抜ける。❸必要なことがもれる。例 要点が抜けている。❹なくなる。例 手の力が抜ける。❺ちえが足りない。例 どことなく抜けた感じの人。❻通って出る。例 自動車がトンネルを抜ける。活用 ぬ・ける。

ぬげる【脱げる】 動詞 ❶身につけていた物が、自然にはなれおちる。例 ぼうしが脱げる。❷ぬぐことができる。活用 ぬ・げる。

ぬけるよう【抜けるよう】 慣用句 すきとおっているようす。例 抜けるような青い空。

ぬし【主】 名詞 ❶一家をささえている人。主人。あるじ。例 この家の主。❷持っている人。持ち主。例 声の主は先生だった。❸あることがらの中心となっている人。例 うわさの主が来た。❹山や池などに、古くからすみついていて、ふしぎな力をもっていると伝えられる動物。例 この池の主は大きなナマズだという。

ぬすっと【盗っと】 名詞 ぬすびと。どろぼう。

ぬすっとたけだけしい【盗っとたけだけしい】慣用句 どろぼうのくせに、（とがめられて開きなおるとは）ずうずうしい。

ぬすびと【盗人】名詞 人のものをぬすみとる人。ぬすっと。どろぼう。盗賊。参考 少し古い言い方。

ぬすびとにおいせん【盗人に追い銭】ことわざ ↓934ページ・どろぼうにおいせん。

ぬすびとにもさんぶのり【盗人にも三分の理】ことわざ どろぼうがぬすみをするにも、それなりの理由がある。どんなことにでもりくつはつけられることのたとえ。

ぬすびとのひるね【盗人の昼寝】ことわざ 夜にぬすみをするために、どろぼうがひるねをすること。一見なんでもないような行動にも、かくされた考えがあることのたとえ。

ぬすびとをとらえてみればわがこなり【盗人を捕らえて見れば我が子なり】ことわざ 意外なことにおどろいて、こまってしまうことのたとえ。また、身近な者にもゆだんできないことのたとえ。

ぬすびとをみてなわをなう【盗人を見て縄をなう】ことわざ ↓934ページ・どろぼうをとらえてなわをなう。

ぬすみぎき【盗み聞き】名詞 する動詞 人の話をこっそり聞くこと。例 ひみつの話を盗み聞きされた。類 立ち聞き。

ぬすみぐい【盗み食い】名詞 する動詞 人にかくれて、こっそり食べること。例 冷蔵庫のプリンを盗み食いする。類 つまみ食い。

ぬすみみる【盗み見る】動詞 気づかれないように、こっそり見る。例 手紙を盗み見る。活用 ぬすみ・みる。

ぬすみよみ【盗み読み】名詞 する動詞 ❶人の手紙などをことわりなく、ひそかに読むこと。例 日記の盗み読みをする。❷人の読んでいるものを、わきからのぞいて読むこと。例 となりにいた人に手紙を盗み読みされていたようだ。

ぬすむ【盗む】動詞 ❶人のものをこっそり取る。例 パンを盗む。❷こっそり物事をする。ことば「人目を盗む」例 先生の目を盗んで、いたずらをする。❸どうにか都合をつける。例 ひまを盗んでは本を読む。活用 ぬす・む。

ぬた 名詞 魚や貝、ネギやワカメなどを、すみそであえた食べ物。ぬたあえ。

ぬっと 副詞 とつぜん出てきたり、急に立ち上がったりするようす。例 大男がぬっとすがたをあらわした。

ぬの【布】名詞 糸でおったもの。織物。きれ。

ぬのじ【布地】名詞 服や着物をつくるぬの。きれじ。参考 ふつう、和服のときには「反物」「呉服」という。

ぬのめ【布目】名詞 布の織り目。また、そのもよう。例 布目の美しい絹織物。

ぬま【沼】名詞 あさくて、どろの多い池。例 沼のほとりにある小屋。参考 深くはまって心やすらぐ趣味や好きなものごとのたとえにも使う。ことば「沼に落ちる」

ぬまち【沼地】名詞 じめじめしていて、どろ深い土地。

ぬめぬめ 副詞（-と）する動詞 表面がぬれて、ぬるぬるしているようす。例 ぬめぬめした、ヘビのひふ。類 ぬらぬら。

ぬめり 名詞 ぬるぬるすること。また、その粘液。例 魚の皮のぬめりをとる。

ぬらす 動詞 〔水などで〕ぬれるようにする。例 タオルをぬらして、はれたところを冷やす。活用 ぬら・す。

ぬらぬら 副詞（-と）する動詞 気持ちが悪いほど、ぬるぬるしているようす。例 油がこぼれて、ゆかがぬらぬらしている。類 ぬめぬめ。

ぬらりくらり 副詞（-と）する動詞 ❶なまけていて、きちんとしていないようす。例 ぬらりくらり遊んでくらしている。❷態度がはっきりしないようす。例 ぬらりくらりと言いのがれる。類 ①のらりくらり。

ぬり【塗り】名詞 〔うるし・ペンキなどを〕ぬること。また、ぬってある具合。また、そのぬったもの。例 塗りがはげる。

ぬりえ【塗り絵】名詞 まわりの線だけをかいてある絵に、色をぬって遊ぶこと。また、その絵。例 子どもが塗り絵をする。

ぬりかえる【塗り替える】動詞 ❶前にぬってあったものを、新しくぬり直す。例 かべを白く塗り替える。❷すっかり、ちがったものにする。また、記録を更新する。例 世界記録を塗り替える。活用 ぬりか・える。

ぬりぐすり【塗り薬】名詞 ひふなどの悪いところに、ぬったりすりこんだりする薬。

ぬりこめる【塗り込める】動詞 中に物を入

れて、外側をぬって見えなくする。例 かべにお金を塗り込めてかくす。活用 ぬりこ・める。

ぬりたくる【塗りたくる】動詞 めちゃめちゃにぬる。べたべたとぬる。例 絵の具をやたらに塗りたくる。活用 ぬりたく・る。

ぬりたて【塗りたて】名詞 ぬったばかりであること。例 ペンキ塗りたて。

ぬりたてる【塗り立てる】動詞 ❶きれいにぬって、かざる。例 店の看板を明るい色で塗り立てる。❷おしろいや紅などを、やたらとぬる。厚化粧する。例 まっ白に塗り立てた顔。活用 ぬりた・てる。

ぬりつける【塗り付ける】動詞 ❶強くぬる。なすりつける。例 ペンキを塗り付ける。❷責任や罪を他人におわせる。なすりつける。例 罪を人に塗り付けて知らん顔をする。活用 ぬりつ・ける。

ぬりつぶす【塗り潰す】動詞 すきまのないようにすっかりぬる。例 かべを白く塗り潰す。活用 ぬりつぶ・す。

ぬりもの【塗り物】名詞 うるしをぬってしあげた道具。漆器。参考 ⇩やきもの①。

ぬる【塗る】動詞 ❶ある面に、液体や粉などをなすりつける。例 薬を塗る。❷〔かべやへいに〕土やしっくいなどをなすりつける。例 かべを塗る。活用 ぬ・る。

ぬるい 形容詞 ❶〔水などの温度が〕ちょうどよい温度より少し高い。生あたたかい。例 ジュースがぬるい。❷〔湯などの温度が〕ちょうどよい温度より少し低い。例 お茶がぬるい。／おふろがぬるい。❸きびしくない。にぶい。例 そんなぬるいやり方ではだめだ。活用 ぬる・い。類 ①③生ぬるい。③手ぬるい。

ぬるぬる 副詞(-と) する動詞 〔ぬれたり、なめらかだったりして〕すべりやすく、つかまえにくいようす。例 ゆかがぬるぬるしている。

ぬるまゆ【ぬるま湯】名詞 生あたたかい湯。

ぬるまゆにつかる【ぬるま湯につかる】慣用句 今の生活にそれほど不満も心配もなく、ぼんやりすごすたとえ。例 ぬるま湯につかったような毎日。

ぬるむ 動詞 ❶〔水などが〕少しあたたかくなる。例 冬がすぎて川の水がぬるむ季節となる。❷あついものがさめる。ぬるくなる。例 熱湯がぬるむ。活用 ぬる・む。

ぬれえん【ぬれ縁】名詞 雨戸のしきいの外にあって、雨がふるとぬれる、はばのせまいえんがわ。

ぬれがみをはがすよう【ぬれ紙を剝がすよう】慣用句 ❶注意深く静かにおこなうたとえ。❷病気が少しずつよくなるたとえ。例 ぬれ紙を剝がすように、病気が快方にむかう。

ぬれぎぬ 名詞 悪いことをしていないのに、罪があるとされたり、せめられたりすること。無実の罪。例 ぬれぎぬだと主張する。漢字 濡れ衣。

ぬれぎぬをきせられる【ぬれぎぬを着せられる】慣用句 身におぼえのない罪におとしいれられるたとえ。

ぬれてであわ【ぬれ手であわ】ことわざ 〔ぬれた手で穀物のアワをつかむと、たくさんつかめることから〕苦労しないで、たくさんもうけることのたとえ。例 ぬれ手であわの大もうけ。漢字 濡れ手で粟。

ぬれねずみ 名詞 服を着たまま、体中びっしょりぬれること。また、その人。ずぶぬれ。例 とちゅう雨にふられてぬれねずみになった。

ぬれる 動詞 物に、水や液体がかかって、しめる。また、水や液体がかかる。例 雨にぬれる。活用 ぬ・れる。漢字 濡れる。

ね
ネ
NE
ne

ね1 助詞 ❶相手の注意を引きながら言葉をつないでいくときに使う言葉。例 あしたね、動物園に行くの。❷相手に念をおす気持ちを表す言葉。例 いいお天気だね。

ね2【子】名詞 ❶十二支の一番目。ネズミ。❷昔の時刻のよび名で、今の午前〇時ごろ。また、その前後二時間。❸昔の方角のよび名で、北。⇩593ページ・十二支(図)。

ね3【音】名詞 音。声。例 虫の音。／ふえの音。

ね4【値】名詞 売り買いするねだん。例 値がはる。

ね5【根】名詞 ❶植物の地中にある部分。みきや葉をささえ、水や養分をすいとる役目をする。例 タンポポの根。❷物の下にあって、土台となるもの。例 歯の根。❸生まれつき持っている性質。例 かれは根が正直者だから、かくしごとが

できない。❹物事のおこるもと。例このもめごとの根は深い。

ねあがり【値上がり】名 する動詞 物のねだんや料金が高くなること。対値下がり。

ねあげ【値上げ】名 する動詞 ねだんや料金を高くすること。例運賃を値上げする。対値下げ。

ねあせ【寝汗】名 ねむっているうちにかくあせ。ことば「寝汗をかく」

ねいき【寝息】名 ねむっているときの呼吸。ことば「寝息を立てる」

ねいきをうかがう【寝息をうかがう】慣用句 本当にねむっているかどうかをたしかめる。また、人がねむっている間に、悪いことをしようとする。

ネイティブアメリカン 名 アメリカ大陸に昔から住んでいる民族。参考 以前は「アメリカインディアン」といった。▼英語 Native American

ネイティブスピーカー 名 その言葉を、生まれ育ったときから自然に身につけて話している人。母語として話せる人。ネイティブ。例ネイティブスピーカーの先生にフランス語を習う。▼英語 native speaker

ねいりばな【寝入りばな】名 ねむってまもないとき。例寝入りばなに地震があった。

ねいる【寝入る】動詞 ❶ねむりはじめる。例寝入ってすぐに、起こされた。❷よくねむっている。例いびきをかいて寝入っている。活用 ねい・る。

ねいろ【音色】名 その楽器がもつ音の、特別なひびき。例ピアノとバイオリンでは音色がちがう。参考「おんしょく」とも読む。

ねうち【値打ち】名 その物事の役立つどあい。また、そのものがもっているりっぱさ。かち。

ねえ[1] 助詞 ❶相手もそう思ってくれることを期待する気持ちを表すときに使う言葉。例やさしい人ですねえ。❷疑いの気持ちをやわらげるときに使う言葉。例本当にうまくいくのかねえ。

ねえ[2] 感動詞 よびかけたり、念をおしたりするときに使う言葉。例ねえ、そうでしょう。

ねえさん【姉さん】名 ❶「姉」をうやまったり親しんだりしてよぶ言葉。例姉さんが服をかしてくれた。❷わかい女性を、親しみをこめてよぶ言葉。

ねえさんかぶり【姉さんかぶり】名 ⬇40ページ・あねさんかぶり。

ネーブル 名 ミカン科のオレンジのなかま。実に、へそに似た小さなくぼみがある。ネーブルオレンジ。▼英語 navel

ネーム 名 ❶名。よび名。例ペンネーム。❷「ネームプレート（nameplate）」の略。名ふだ。❸本や新聞などで、図のわきにそえてある説明。例写真のネームを読む。▼英語 name

ねおき【寝起き】一 名 ねむっていた人が目をさましておきること。また、おきたときの気分。ことば「寝起きがよい」「寝起きが悪い」 二 名 する動詞 ねたり起きたりすること。ふだんの生活。例合宿で友だちと寝起きをともにする。

ネオン 名 ❶元素の一つ。大気中にわずかにふくまれる気体。ネオンサインに使われる。❷「ネオンサイン」の略。▼英語 neon

ネオンサイン 名 空気をぬいたガラス管に、ネオン・ヘリウム・アルゴンなどのガスを入れ、放電させて光らせるもの。かざりや広告などに使う。ネオン。▼英語 neon sign

ネガ 名 写真をとって、現像したフィルム。明暗や色さいが実物とは反対にうつっている。陰画。参考 英語「ネガティブ（negative）」の略。対ポジ。

ねがい【願い】名 こうあってほしい、こうしてほしいと期待すること。また、そのことがら。例願いをこめて名づけた。／願いをかなえる。

ねがいごと【願い事】名 こうあってほしいと、願うことがら。特に、神仏に願うことがら。例願い事は何ですか。

ねがいさげ【願い下げ】名 一度望んだことを自分から取り消すこと。また、ことわること。例そんな仕事はこちらから願い下げだ。

ねがいでる【願い出る】動詞〔自分より高い地位の人や役所などに〕願いをもうし出る。例帰国を願い出る。活用 ねがい・でる。

ねがう【願う】動詞 ❶こうあってほしい、こうしてほしいと期待する。例平和を願う。❷たのむ。例協力を願う。活用 ねが・う。

ねがえり【寝返り】名 する動詞 ❶ねていて体の向きをかえること。ことば ⇩「寝返りを打つ」❷味方をうらぎって敵の方につくこと。類裏切り。

ねがえりをうつ【寝返りを打つ】

あいうえお
かきくけこ
さしすせそ
たちつてと
なにぬねの ね
はひふへほ
まみむめも
や
ゆ
よ
らりるれろ
わ
を
ん

ことばあそび 漢字クイズ❷ 「ラ」にかさをかぶせたのは、いつでしょう？

慣用句 ❶ねがえりをする。❷味方をうらぎる。

ねがえる【寝返る】 動詞 ❶ねたままで、体の向きをかえる。❷味方をうらぎって、敵の方につく。例平気で寝返るやつ。類裏切る。活用ねがえ・る。

ねがお【寝顔】 名詞 ねむっているときの顔つき。

ねかす【寝かす】 動詞 ❶ねるようにする。ねむるようにする。例子どもを寝かす。❷〔立っているものを〕そっとよこにたおす。❸〔お金や品物を〕使わずにそのままにしておく。例しばらく寝かしてねあがりをまつ。❹こうじ・なっとうなどをつくるために、材料をあたたかいところではっこうさせる。参考「ねかせる」ともいう。活用ねか・す。

ねかせる【寝かせる】 動詞 ⬇ねかす。活用ねか・せる。

ねかた【根方】 名詞 木の下の方。根元。

ねがったりかなったり【願ったりかなったり】 慣用句〔相手の望みが、自分の望みと同じで〕すっかり思いどおりになること。例参加してもらえるなら、願ったりかなったりだ。

ねがってもない【願ってもない】 慣用句 たとえ望んでもできそうもないことが、思いがけなくかなってうれしいようす。例願ってもないチャンスがおとずれた。

ネガティブ 一 形容動詞 消極的であるようす。否定的であるようす。例ネガティブに考える。対ポジティブ。▼英語 negative
二 名詞 ⬇ネガ。

ねがはえる【根が生える】 慣用句 ❶植物の根が出る。❷ある場所や地位から動かなくなる。いすわる。

ねがはる【値が張る】 慣用句 ねだんが高い。例少し値が張るが、すばらしいカメラだ。

ねぎ 名詞 ユリ科の植物。葉などを食用にする。根元の部分は白く、葉は緑色でつつのようになっている。漢字 葱。参考⇩ねぎぼうず。

ねぎぼうず【ねぎ坊主】 名詞 ネギの花。参考 白い小さな花が集まって、ぼうず頭のようにまるくまとまってさく。⇩図。

ねぎ坊主

ねぎらう 動詞 人の苦労をなぐさめる。感謝していたわる。例日ごろの妻の苦労をねぎらってプレゼントをする。活用ねぎら・う。

ねぎる【値切る】 動詞 ねだんをまけさせる。例値切って買う。活用ねぎ・る。

ねくずれ【値崩れ】 名詞 する動詞 商品のねだんが、急にとても安くなること。例リンゴが市場に出まわりすぎて値崩れをおこす。

ねぐせ【寝癖】 名詞 ❶ねむり方のくせ。例寝癖が悪い。類寝相。❷ねている間に、髪の毛についたくせ。例寝癖がついて、髪がくしゃくしゃだ。

ネクター 名詞 くだものをすりつぶした飲み物。参考 ギリシャ神話に出てくる、飲めば不老不死になるといわれる神々の飲み物の名前から。▼英語 nectar

ネクタイ 名詞 ワイシャツなどの首の前で結んでかざりにする、細長い布。▼英語 necktie

ネクタイピン 名詞 ネクタイをとめておくかざりのピン。タイピン。参考 英語を組み合わせて日本でつくった言葉。英語では、さして留めるものは tie pin、はさんで留めるものは tie clip などと呼ぶ。

ねくびをかく【寝首をかく】 慣用句 ❶ねむっている人をころす。❷ゆだんさせておいて、人をおとしいれる。例部下に寝首をかかれる。

ねぐら 名詞 ❶鳥のねるところ。❷人のねるところ。住む家。例ふらりと旅に出たが、ねぐらにはこまらなかった。参考②は、くだけた言い方。

ネグリジェ 名詞 ワンピースのような形でゆったりとできている女の人のねまき。類パジャマ。▼英語（フランス語から）negligee

ねぐるしい【寝苦しい】 形容詞〔暑さや苦しさなどのため〕ぐっすりねむれない。例夏の夜は寝苦しい。活用ねぐるし・い。

ねこ【猫】 名詞 ネコ科のイエネコのこと。昔から人にかわれていた。体はしなやかでジャンプ力がある。つめがするどい。例猫を飼う。

ねこかぶり【猫かぶり】 名詞 本当はそうでないのに、おとなしそうなふりをしていること。また、そのような人。例猫かぶりにだまされる。

ねこかわいがり【猫かわいがり】 名詞 ネコをかわいがるように、あまやかしてかわいがること。例孫を猫かわいがりする。

ねこぐるま【猫車】名詞 土やすなを運ぶための、手でおす一輪車。⇩図。

猫車

ねごこち【寝心地】名詞 ねたときの感じ。また、ねむっているときの気持ち。例 寝心地のいいベッド。

ねこじた【猫舌】名詞 あついものを飲んだり食べたりできないこと。また、その人。語源 ネコはあついものをきらって食べないことから。

ねこじゃらし【猫じゃらし】名詞 ⬇156ページ・えのころぐさ。

ねこぜ【猫背】名詞 首が前に出て、せなかがまがっていること。

ねこそぎ【根こそぎ】一 名詞 根まですっかりぬきとること。二 副詞 あるものを、全部残さず。例 よごれを根こそぎ落とす。類 ことごとく。

ねごと【寝言】名詞 ❶ねむっているときに自分では知らずに言う言葉。❷わけのわからぬ言葉。例 そんな寝言にとりあうな。ことば「寝言は寝て言え（＝わけのわからないことを言うな、というののしりの言葉）」

ねこなでごえ【猫なで声】名詞〔ネコがなでられたときに出すようなあまえ声の意味から〕人のきげんをとろうとして出す、やさしいあまえるような声。

ねこにかつおぶし【猫にかつお節】ことわざ〔かつおぶしはネコが好きな食べ物であることから〕好きな物をそばにおいては、ゆだんがならないことのたとえ。

ねこにこばん【猫に小判】ことわざ〔小判のねうちは、ネコにはわからない意味から〕どんなにねうちのあるものでも、知らない人にとっては、なんの役にも立たないことのたとえ。類 豚に真珠。

ねこにまたたび【猫にまたたび】ことわざ〔マタタビはネコが好きな食べ物であることから〕❶好きなもののたとえ。❷とてもききめがあることのたとえ。

ねこのくびにすずをつける【猫の首に鈴を付ける】慣用句 とてもむずかしくて、できない相談をするたとえ。語源「イソップ物語」で、ネズミたちがネコの首にすずをつける相談をするが、こわくてだれも引き受けないことから生まれた言い方。

ねこのこいっぴきいない【猫の子一匹いない】慣用句 まったく人のすがたが見えないたとえ。例 猫の子一匹いない日曜日の校庭。

ねこのてもかりたい【猫の手も借りたい】慣用句 とてもいそがしくて、だれでもよいから手伝いがほしいことのたとえ。例 仕事が多くて猫の手も借りたいほどだ。

ねこのひたい【猫の額】慣用句 とてもせまい場所のたとえ。例 猫の額ほどの庭。⇩口絵15ページ。

ねこのめのよう【猫の目のよう】慣用句 人の気持ちや物事の状態などが、変わりやすいことのたとえ。例 あの人は気まぐれで、気持ちが猫の目のようにかわる。語源 ネコのひとみは、光によって太くなったり、細くなったり、変わりやすいことから。⇩口絵15ページ。

ねこばば【猫ばば】名詞 する動詞〔ネコがふんをしたとき、すなをかけてかくすことから〕拾った物やあずかった物などを、だまって自分のものにしておくこと。例 拾った百円玉を猫ばばする。

ねこまたぎ【猫またぎ】名詞〔魚が好きなネコでさえまたいで通るほど〕まずい魚のこと。ねこまた。

ねこみ【寝込み】名詞 ぐっすりとねむっている最中。ことば「（敵の）寝込みをおそう」

ねこむ【寝込む】動詞 ❶ぐっすり、ねむる。例 ゆすぶられてもわからないほど寝込んでいた。❷病気で床につく。例 かぜで三日ほど寝込んだ。活用 ねこ・む。

ねこもしゃくしも【猫もしゃくしも】慣用句 どれもこれも。だれもかれも。みんな。例 流行のスタイルを猫もしゃくしもまねる。

ねこやなぎ【猫柳】名詞 ヤナギ科の木。川の近くにはえる。花が集まった穂がネコのしっぽに似ている。⇩図。

ねころぶ【寝転ぶ】動詞 むぞうさに横になる。例 しばふに寝転ぶ。類 寝そべる。活用 ねころ・ぶ。

ねこをおうよりさかなをのけよ【猫を追うより魚をのけよ】ことわざ 問題を解

ことば博士になろう!

● **動物名であらわされることば**

● ねこかぶり(本心をかくしていること)
● ねこかわいがり(あまやかすかわいがり方)
● ねこじた(あつい飲食物がにが手な人)
● ねこのひたい(せまいことのたとえ)
● さるまね(うわべだけをまねすること)
● さるぢえ(よいようで、まのぬけたちえ)
● たぬき寝入り(ねむったふりをすること)
● とんぼ返り(目的地につくと、すぐに帰ってくること)
● たこあし配線(一つのコンセントにつなぐコードがタコのあしのように多いこと)

とんぼ返り、たこあし配線などは、わりあい新しい言葉です。これからもこのような言葉がふえていくかもしれませんね。

猫柳

決するためには、目の前のことにとらわれず、おおもとから解決するべきだという教え。参考「猫を追うより皿を引け」ともいう。

ねこをかぶる【猫をかぶる】慣用句 本当の性質をかくして、おとなしそうに見せかける。例 妹は家ではわがままだが、学校では猫をかぶっている。

ねさがり【値下がり】名詞 する動詞 物のねだんや料金が、安くなること。対 値上がり。

ねさげ【値下げ】名詞 する動詞 ねだんを安くすること。類 値引き。対 値上げ。

ねざす【根差す】動詞 ❶草や木の根が土の中にのびていく。❷もとづく。原因になる。例 日々のくらしに根差した民芸品。活用 ねざ・す。

ねざめ【寝覚め】名詞 ねむりからさめること。めざめ。

ねざめがわるい【寝覚めが悪い】慣用句 ❶ねむりからさめたときの気分がよくない。❷自分がしたよくないおこないなどが思い出されて、気持ちがすっきりしない。例 友だちとけんかをしたので、寝覚めが悪い。

ねじ 名詞 ❶まるい金属のぼうに、ななめにうずまき形のみぞをつけたもの。物をしめつけるのに使う。例 ねじがゆるむ。❷〔時計などの〕ぜんまいをまくもの。例 時計のねじを巻く。

ねじがゆるむ【ねじが緩む】慣用句 はりつめた気持ちがゆるんでだらける。例 テストが終わってねじが緩む。

ねじきる【ねじ切る】動詞 ねじって切る。例 はりがねをねじ切る。活用 ねじき・る。

ねじくぎ 名詞 ねじがきざんであるくぎ。

ねじくれる 動詞 ❶ひどくねじれてまがった形になる。例 ねじくれた松のえだ。❷心がひねくれる。ねじける。例 気持ちがねじくれた人。活用 ねじく・れる。

ねじける 動詞 ❶形がゆがんだりねじれたりする。ねじくれる。例 ねじけた木。❷ひねくれる。ねじくれる。例 ねじけた気持ち。活用 ねじ・ける。

ねじこむ【ねじ込む】動詞 ❶ねじって入れる。無理に入れる。例 ぼうしをかばんにねじ込む。❷強くもんくをいう。例 道路工事の音がうるさいので、役所にねじ込んだ。活用 ねじこ・む。

ねしずまる【寝静まる】動詞 みんながねてしまって静かになる。例 みんな寝静まると電車の音が大きく聞こえる。活用 ねしずま・る。

ねしな【寝しな】名詞 ねようとするとき。ねるまぎわ。例 寝しなにものを食べないように。

ねじふせる【ねじ伏せる】動詞 ❶相手のうでをねじってたおし、そのままおさえつける。例 どろぼうをねじ伏せる。❷腕力や権力を使って、むりやりに相手をしたがわせる。活用 ねじふ・せる。

ねじまげる【ねじ曲げる】動詞 ❶ねじってまげる。❷わざと悪くかえる。例 事実をねじ曲げて報告する。活用 ねじま・げる。

ねじまわし【ねじ回し】名詞 ねじをまわして、はめこんだりぬいたりする道具。ドライバー。

ねしょうがつ【寝正月】名詞 何もせずに、正月をのんびりすごすこと。また、病気でねたまま正月をすごすこと。

ねしょうべん【寝小便】名詞 ねむっているうちに小便をもらすこと。おねしょ。

ねじりはちまき【ねじり鉢巻き】名詞 手ぬぐいをねじって、頭にまきつけること。参考

物事を一生けんめいにするようすにたとえる。

ねじる 動詞 ❶ひねってまげる。ひねる。例 うでをねじる。❷両はしをもって反対の方向に回す。また、ねじになっているものをひねる。例 水道のせんをねじる。活用 ねじ・る。

ねじれる 動詞 ❶よれてまがる。例 ネクタイがねじれる。❷ひねくれる。例 心がねじれている。活用 ねじ・れる。

ねじろ【根城】 名詞 仕事や活動などの中心となる場所。例 工場を根城にして仕事をする。

ねじをまく【ねじを巻く】 慣用句 ゆるんだ気持ちや態度をひきしめる。例 大声でチームにねじを巻く。

ねず 名詞 ヒノキ科の木。葉がはりのようにとがっている。ねずみさし。

ねすごす【寝過ごす】 動詞 起きる時刻がきても、起きない。例 夜ふかししたので、寝過ごしてしまった。活用 ねすご・す。

ねずのばん【寝ずの番】 名詞 夜中にずっとねないで番をすること。例 寝ずの番で城を守る。

ねずみ 名詞 ハツカネズミ・ドブネズミなどの、ネズミ科の動物。世界中にいる。歯はじょうぶで、一生のびつづける。漢字 鼠。

ねずみいろ【ねずみ色】 名詞 青みがかった、うすぐろい色。グレー。

ねずみざん【ねずみ算】 名詞 短期間に数がはげしくふえること。例 ねずみ算式にふえる。語源 もとは、ネズミが急速にふえることをふまえた数学の問題のこと。

ねずみはなび【ねずみ花火】 名詞 小さいわになっていて、火をつけるといきおいよく地面を動きまわる花火。

ねぞう【寝相】 名詞 ねむっているときの様子やすがた。ことば「寝相が悪い」類 寝癖。

ねそびれる【寝そびれる】 動詞 ねむるきっかけを失って、ねむれなくなる。ねはぐれる。ねそこなう。例 外がうるさくて寝そびれる。活用 ねそび・れる。

ねそべる【寝そべる】 動詞 体をのばして、腹ばいになったり、横になったりする。例 すなはまで寝そべるのは気持ちいい。類 寝ころぶ。活用 ねそべ・る。

ねたきり【寝たきり】 名詞 病気などで、横になったままおきられないこと。例 寝たきりの高令者。

ねたこをおこす【寝た子を起こす】 慣用句 ようやくさわぎがおさまったのに、よけいな手だしをしてふたたび問題をひきおこすたとえ。

ねたましい【妬ましい】 形容詞 うらやましく、にくらしい。例 人気があってちやほやされている友だちが妬ましい。活用 ねたまし・い。

ねたむ【妬む】 動詞 〔人のすぐれているところや幸福などを見て〕うらやましくにくらしく思う。例 人の成功を妬む。類 そねむ。活用 ねた・む。

ねだやし【根絶やし】 名詞 ❶植物の根まですっかりぬきとってしまうこと。❷物事をもとからとりさって残らないようにすること。例 暴力を根絶やしにする運動。

ねだる 動詞 ほしいものを手に入れようと、無理に言って、たのむ。例 おやつをねだる。活用 ねだ・る。

ねだん【値段】 名詞 品物の、売り買いするときの金額。例 値段が高い。

ねちがえる【寝違える】 動詞 ねているときの姿勢が悪くて筋をいため、首や肩がいたくなる。例 首を寝違えた。活用 ねちが・える。

ねちっこい 形容詞 ねちねちしているようす。しつこい。例 ねちっこく食い下がる。参考 くだけた言い方。活用 ねちっこ・い。

ねちねち 副詞(−と) する動詞 ❶くどくて、しつこいようす。例 ねちねちといやみを言う。／ねちねちした話し方。❷ねばねばしているようす。例 あぶらで手がねちねちする。

ねつ【熱】 名詞 ❶物の温度を変化させる力。例 料理の材料に熱を加える。❷病気などによる、ふつうより高い体温。例 かぜをひいて熱が出た。❸あることにうちこむ、はげしいいきごみ。例 合唱の練習に熱が入る。

ねつあい【熱愛】 名詞 する動詞 はげしく愛すること。

ねつい【熱意】 名詞 物事に対する、あつい気持ち。例 かれの熱意が、みんなの気持ちを動かした。

ねつえん【熱演】 名詞 する動詞 しばいや演説などを一生けんめいにやること。

ねつがある【熱がある】 慣用句 ❶病気などで体温が上がっている。例 どうも熱があるよう

あいうえお
かきくけこ
さしすせそ
たちつてと
なにぬねの ね
はひふへほ
まみむめも
やゆよ
らりるれろ
わをん

ことばあそび 漢字クイズ❸ 山の下に灰をおいたら、何ができるでしょう？

だ。❷高ぶった気持ちがこもる。例話に熱がある。

ねつがさめる【熱が冷める】慣用句 ❶上がった体温がもとにもどる。❷熱中する度合いが低くなる。例野球に対する熱が冷めた。

ネッカチーフ 名詞 女の人が、寒さや風をふせいだり、かざりにしたりするために、首にまいたり頭にかぶったりする、うすい布。類スカーフ。▼英語 neckerchief

ねっから【根っから】副詞 ❶はじめから。もともと。例かれは根っからの正直者だ。❷まったく。少しも。参考❷は、下に「…ない」などの打ち消しの言葉が続く。例かれは根っから信用できない。

ねつき【寝付き】名詞 ねむりに入ること。例この子は寝付きが悪い。／寝付きのいい子。

ねっき【熱気】名詞 ❶あつい空気。例熱気消毒。❷〔病気などによる〕高い体温。熱のほてり。❸興奮して高まった気持ちや空気。例会場は熱気につつまれた。

ねつききゅう【熱気球】名詞 中の空気を熱して空中にうかせる、球形のふくろ。

ねっきょう【熱狂】名詞 する動詞 興奮して夢中になること。例観客が熱狂している。

ねつく【寝付く】動詞 ❶ねむりにつく。ねいる。例わたしは寝付くのがはやい。❷病気になってねる。例父は過労でとうとう寝付いてしまった。活用ねつ・く。

ネックレス 名詞 ⬇381ページ・首かざり。例しんじゅのネックレス。▼英語 necklace

ねっけつ【熱血】名詞 血がわき立つような、はげしい気持ち。例熱血指導。／熱血漢。

ねっこ【根っこ】名詞 ❶草や木の根。❷木の切りかぶ。例根っこにつまずく。❸ものの下の部分。ねもと。参考くだけた言い方。

ねっしやすくさめやすい【熱しやすく冷めやすい】慣用句 一つの物事にすぐ夢中になるが、また、すぐあきるようす。

ねっしゃびょう【熱射病】名詞 高い気温のところに長くいるときにおこる病気。体温が上がり、けいれんをおこすこともある。⇩熱中症。

ねっしょう【熱唱】名詞 する動詞 心をこめて、一生けんめいに歌うこと。例合唱コンクールで熱唱する。

ねつじょう【熱情】名詞 一つのことに集中するはげしい気持ち。情熱。例自分のゆめを熱情をこめてかたる。

ねっしん【熱心】形容動詞 一つのことに一生けんめいにはげむこと。心をうちこむこと。例熱心に応えんする。

ねっする【熱する】動詞 ❶あつくする。また、あつくなる。例鉄を熱する。❷熱心になる。熱中する。例議論が熱してくると、声が大きくなる。活用ねっ・する。

ねっせん【熱戦】名詞 はげしい戦い。熱のこもった試合。例熱戦をくりひろげる。類激戦。

ねつぞう【ねつ造】名詞 する動詞 ありもしないことを、あるかのようにつくり上げること。例話をねつ造する。漢字捏造。

ねったい【熱帯】名詞 赤道を中心にして、南回帰線と北回帰線の間にある地帯。一年中暑く、四季の区別がない。対温帯。参考寒帯。冷帯。

ねったいぎょ【熱帯魚】名詞 熱帯地方の海や川にすむ魚をまとめていう言葉。ネオンテトラ・グッピーなど、色や形の美しいものが多い。見て楽しむために飼われる。

ねったいしょくぶつ【熱帯植物】名詞 熱帯地方にはえている植物をまとめていうことば。ヤシ・ゴムの木など。

ねったいていきあつ【熱帯低気圧】名詞 熱帯地方の海上に発生する低気圧。夏から秋にかけて発生し、強い暴風雨をともない、台風などになる。

ねったいや【熱帯夜】名詞 一日の最低気温が二十五度以上である、あつい夜。

ねったいりん【熱帯林】名詞 熱帯にある森林。熱帯雨林、熱帯季節林など。

ねっちゅう【熱中】名詞 する動詞 一つのことに心を集中させること。例弟は魚つりに熱中している。類専心。専念。没頭。

ねっちゅうしょう【熱中症】名詞 温度と湿度の高いところにいたために、体温の調節ができなくなっておこる病気。頭がいたくなったり、めまいをおこしたりする。熱射病、日射病、熱疲労など。

ねつっぽい【熱っぽい】形容詞 ❶〔病気などのため〕体温がふつうより高く感じるようす。例かぜをひいたのか、体が熱っぽい。❷感情がはげしくなるようす。例熱っぽい口調でかたる。

(活用) ねつっぽ・い。

ネット (名詞) ❶あみ。特に、髪の毛のみだれをふせぐためにかぶるあみ。❷テニスやバレーボールなどで、コートのしきりにするあみ。❸「インターネット（internet）」の略。例 ネットで調べる。▼英語 net

ネットイン (名詞)(する動詞) テニスやバレーボールなどで、ボールがネットにふれてから相手のコートに入ること。(参考) 英語の「ネット」と「イン（in＝中へ）」を組み合わせて日本でつくった言葉。

ねっとう【熱湯】 (名詞) にえたっている湯。

ネットショッピング (名詞) インターネットを通じた商品の売り方・買い方。オンラインショッピング。(参考) 英語の net shopping からだが、英語では online shopping または internet shopping という。

ねっとり (副詞(ーと))(する動詞) ねばりがあるようす。例 ねっとりとした水あめ。

ネットワーク (名詞) ❶あみの目のようにはりめぐらされたもの。❷ラジオやテレビなどで、いくつかの放送局を結んだ組織。❸コンピューターどうしをつないで情報をやりとりするしくみ。▼英語 network

ねつにうかされる【熱に浮かされる】 (慣用句) ❶高い熱のせいで、考えや気持ちが自分でもわからなくなる。❷のぼせて夢中になる。

ねっぱ【熱波】 (名詞) 夏、南から波のようにおしよせてくる、高温の大気のかたまり。(対) 寒波。

ねつびょう【熱病】 (名詞) とても高い熱が出る病気。

ねっぷう【熱風】 (名詞) 熱気をふくんだ風。例 熱風が部屋に入る。

ねつべん【熱弁】 (名詞) 力のこもった、熱心な演説。熱をこめた話し方。(ことば)「熱弁をふるう」

ねつぼう【熱望】 (名詞)(する動詞) 熱心に望むこと。また、その望み。例 留学を熱望している。／熱望にこたえ、再演する。(類) 切望。懇望。

ねづよい【根強い】 (形容詞) 物事のもとがしっかりしていて、かんたんには変わらない。例 根強い人気。(活用) ねづよ・い。

ねつりょう【熱量】 (名詞) ❶熱の分量。❷食物が体に入って出す熱の分量。単位はキロカロリーで表す。

ねつれつ【熱烈】 (形容動詞) もえるようなはげしい心がこもっていること。例 熱烈なファン。

ねつをあげる【熱を上げる】 (慣用句) 一生けんめいになる。夢中になる。例 アイドルタレントに熱を上げる。

ねつをいれる【熱を入れる】 (慣用句) 熱中する。うちこむ。例 部活に熱を入れる。

ねてもさめても【寝ても覚めても】 (慣用句) ねむっているときも、目をさましているときも。いつでも。たえず。例 試験のことが寝ても覚めても頭からはなれない。

ねどこ【寝床】 (名詞) ねるためにふとんをしいたところ。(ことば)「寝床に入る」

ねとねと (副詞(ーと))(する動詞) ねばりつく感じがするようす。例 シャツが、あせでねとねとする。

ねとまり【寝泊まり】 (名詞)(する動詞) 家をはなれてある期間そこにとまること。例 出張中はホテルに寝泊まりしている。

ねなしぐさ【根無し草】 (名詞) ❶水にういていて、根が土についていない草。うき草。❷ゆれ動いて、定まっていない物事。例 根無し草のような生活。

ねにもつ【根に持つ】 (慣用句) うらみの気持ちをいつまでもわすれない。例 けんかしたことを根に持っているらしい。

ねばつく【粘つく】 (動詞) ねばってものにくっつく。ねばねばする。例 油で手が粘つく。／口の中が粘つく。(活用) ねばつ・く。

ねばっこい【粘っこい】 (形容詞) ❶ねばねばしている。ねばりけが強い。例 粘っこいごはん。❷〔人の考え方や行動が〕しつこくて、なかなかあきらめない。例 粘っこい質問。(活用) ねばっこ・い。

ねばねば ㊀ (副詞(ーと))(する動詞) よくねばって、ほかの物にくっつきやすいようす。例 ねばねばする納豆。㊁ (名詞) ねばっているもの。例 松の木のねばねばが服についた。

ねばり【粘り】 (名詞) ❶ねばること。例 粘りのあるおもち。❷根気。例 何をするにも、粘りが大切だ。

ねばりけ【粘り気】 (名詞) ねばねばした性質。ねばる力。例 粘り気の強いもち。／小麦粉を粘り気がでるまでこねる。

ねばりごし【粘り腰】 (名詞) 相手にせめられても、ねばり強く持ちこたえる腰の力。また、そのような態度。例 わがチームは粘り腰で逆転勝ちした。

あいうえお かきくけこ さしすせそ たちつてと なにぬねの はひふへほ まみむめも や ゆ よ らりるれろ わ を ん

こたえ 炭（すみ）

ことば選びのまど

熱心 をあらわすことば

熱心

一つのことに一生けんめいにはげむこと。心をうちこむこと。⇩994ページ

意気込む

〔あることをしようと〕はりきる。⇩71ページ

一意専心 発展

ほかのことを考えずに、一つのことに気持ちを集中させること。⇩85ページ

一心不乱 発展

一つのことに心を集中して、ほかのことにみだされないこと。⇩93ページ

打ち込む

一つのことに、全力をつくす。⇩129ページ

うつつを抜かす

ほかのことをわすれるほど、あることに熱中する。⇩133ページ

3 傾倒 発展

ある物事に熱中すること。⇩404ページ

根を詰める

根気強く一つの物事に集中する。⇩496ページ

心血を注ぐ 発展

ほかのことを考えないで、それだけに気持ちをうちこんで物事をする。⇩637ページ

寝食を忘れる 発展

ねることも食べることもわすれるくらい、ある物事に熱中する。⇩640ページ

2 専念

ある一つのことに、一生けんめいになること。⇩716ページ

ことば選びのまど

熱心をあらわすことば

力の限り
ありったけの力を出して。
↓797ページ

熱狂 発展
興奮して夢中になること。
↓994ページ

熱中
一つのことに心を集中させること。
↓994ページ

熱を入れる
熱中する。うちこむ。
↓995ページ

のめり込む
〔そこからぬけ出せなくなるくらい〕ほかのことをわすれて熱中する。
↓1013ページ

ひた向き
ただそのことだけに、一生けんめいになるようす。
↓1094ページ

奮闘 発展
力をふるって、たたかうこと。また、がんばること。
↓1169ページ

没頭 発展
そのことだけに夢中になること。没入。
↓1206ページ

無我夢中
そのことだけに一生けんめいになり、ほかのことをわすれること。
↓1267ページ

脇目も振らず
ほかのことに気を取られないで、一つのことに集中して取り組んでいるようす。
↓1404ページ

ねばりづよい【粘り強い】形容詞 ❶ねばねばしてよくつくようす。❷どこまでもやりとげようとするようす。例 粘り強く説得する。活用 ねばりづよ・い。

ねばりぬく【粘り抜く】動詞 とちゅうであきらめずに、最後までやりとおす。例 粘り抜いて、引き分けにした。活用 ねばりぬ・く。

ねばる【粘る】動詞 ❶やわらかくて、物によくくっついたり、のびちぢみしてちぎれなかったりする。例 よく粘るもち。❷あきらめず根気よく続ける。例 取材をするために何時間も粘る。活用 ねば・る。

ねびえ【寝冷え】名詞 する動詞 ねむっている間に体がひえて、かぜをひいたり、おなかをこわしたりすること。例 夏は寝冷えしやすい。

ねびき【値引き】名詞 する動詞 品物のねだんを定価より安くすること。ねだんをまけること。類 値下げ。

ねぶかい【根深い】形容詞 ❶根が土の中に深く入っている。例 根深くて、なかなかぬけない草。❷原因などが深いところにあって、かんたんにはとりのぞけない。例 両者の対立には根深い理由がある。／根深いうらみがある。活用 ねぶか・い。

ねぶくろ【寝袋】名詞 登山やキャンプなどのときに使う、ねるための道具。ふくろのようになっていて、中に入ってねる。シュラーフザック。

ねぶそく【寝不足】名詞 形容動詞 ねむり足りないこと。すいみん不足。

ねふだ【値札】名詞 値段を書いて商品につける小さな紙。

ねぶみ【値踏み】名詞 する動詞 品物を調べて、値段をつけること。例 中古車の値踏みをする。

ねぼう【寝坊】名詞 形容動詞 する動詞 朝、おそくまでねていること。また、そのようなくせのある人。例 寝坊して遅刻する。類 朝寝坊。ねぼすけ。

ねぼけまなこ【寝ぼけ眼】名詞 目がさめてもまだねむけがとれず、とろんとした目つきをしていること。例 弟は寝ぼけ眼をこすりながらふとんでごろごろしている。

ねぼける【寝ぼける】動詞 起きてもまだ、ぼんやりしている。また、ねむったまま、へんなことを言ったりしたりする。例 寝ぼけて、おかしなことを言う。活用 ねぼ・ける。

ねぼすけ【寝ぼ助】名詞 ねぼうをする人をからかっていう言葉。類 寝坊。

ねほりはほり【根掘り葉掘り】副詞 細かいことまであれこれ聞くようす。例 家族のことを根掘り葉掘り聞かれた。

ねま【寝間】名詞 ねるための部屋。寝室。

ねまき【寝巻き】名詞 ねるときに着る衣類。

ねまわし【根回し】名詞 する動詞 話し合いなどをうまくまとめるために、前もって話をつけること。例 あらかじめ根回しをしておいたので、会議がうまくいった。

ねみみにみず【寝耳に水】ことわざ 急に思いがけないことがおこり、おどろくことのたとえ。例 となりにビルが建つなんて寝耳に水だ。

ねむい【眠い】形容詞 ねむりたい気持ちである。今にもねむってしまいそうなようすである。例 眠いのをがまんして、おきている。参考「ねむたい」ともいう。活用 ねむ・い。

ねむけ【眠気】名詞 ねむりたいような気分。例 眠気をさそう音楽。

ねむけざまし【眠気覚まし】名詞 ねむくなったとき、目がさめるようにすること。また、そのための手段。例 眠気覚ましにコーヒーを飲む。

ねむたい【眠たい】形容詞 ➡ねむい。活用 ねむた・い。

ねむのき【ねむの木】名詞 マメ科の木。花のように見える赤く細長いものは、おしべ。夕方になると葉がとじる。漢字 合歓木。

ねむり【眠り】名詞 ねむること。ねむっている状態。例 眠りからさめる。ことば「永い眠りにつく（＝死ぬ）」

ねむりぐすり【眠り薬】名詞 ぐっすりねむるために使う薬。すいみん薬。

ねむりこける【眠りこける】動詞 〔少しのことでは目ざめないほど〕ぐっすりと、ねむる。例 だらしなく、眠りこけている。活用 ねむりこ・ける。

ねむりこむ【眠り込む】動詞 すっかり、ねてしまう。例 本を読んでいるうちに眠り込んでしまった。活用 ねむりこ・む。

ねむりにつく【眠りにつく】慣用句 ❶ねむる。ねる。例 夜十時には、みんな眠りについた。❷死ぬ。永眠する。例 永遠の眠りにつく。

ねむる【眠る】動詞 ❶心や体が、自然に活動をやめて、一時的に意識がない状態になる。例 ベッドで眠る。対 起きる。❷死ぬ。永眠する。例

例先祖が眠る墓。活用ねむ・る。

ねめる 動詞 にらむ。例こわそうな目つきでねめる。参考少し古い言い方。活用ね・める。

ねもと【根元・根本】 名詞 ❶〔植物や立っている物などの〕下の方の部分。例サクラの木の根元。❷物事のおおもと。こんぽん。

ねもはもない【根も葉もない】 慣用句 何の理由もよりどころもない。例根も葉もないうわさがたつ。

ねゆき【根雪】 名詞 ふりつもったまま、とけないで春まで残る雪。例何度も雪がふって、根雪になった。

ねらい【狙い】 名詞 ねらうこと。また、ねらったもの。例狙いを定めて、うつ。

ねらいうち【狙い撃ち】 名詞 する動詞 ❶鉄砲でねらいをつけて、たまをうつこと。❷ある人やある物をねらって、行動すること。例かれのハートを狙い撃ちにした。

ねらいすます【狙い澄ます】 動詞 よくねらいをつける。例狙い澄まして的に矢をはなつ。活用ねらいすま・す。

ねらう【狙う】 動詞 ❶目当てとするものに、当てようとかまえる。例的を狙ってうつ。❷目当てのものを手に入れようとする。また、そのおりをうかがう。例ネコがネズミを狙う。／優勝を狙う。❸時期をうかがってみる。例すきを狙ってにげる。活用ねら・う。

ねりあげる【練り上げる】 動詞 ❶十分にこねて、作り上げる。例あんを練り上げる。❷何度も直して、りっぱなものにする。例計画を練り上げる。／よく練り上げた文章。活用ねりあ・げる。

ねりあるく【練り歩く】 動詞 多くの人が列をつくって、ゆっくり歩き回る。例おみこしが町を練り歩く。活用ねりある・く。

ねりあわせる【練り合わせる】 動詞 二つ以上の物をまぜ、よくこねて一つにする。例そば粉と小麦粉を練り合わせる。活用ねりあわ・せる。

ねりせいひん【練り製品】 名詞 すりつぶした魚肉をねって味をつけ、火をとおして加工した食べ物。かまぼこ・ちくわ・はんぺんなど。

ねりなおす【練り直す】 動詞 ❶一度練ったものを、もう一度よく練る。例うどん粉を練り直す。❷もう一度考えて、もっとよいものにする。例計画を練り直す。活用ねりなお・す。

ねりはみがき【練り歯磨き】 名詞 練ってのりのようにしてある歯みがきの薬を、チューブにつめたもの。

[1]ねる【寝る】 動詞 ❶ねどこに入る。ねむる。例先に寝る。／寝る前に本を読む。❷体を横にする。例寝ながら本を読む。❸病気になって床につく。例かぜをひいて寝ている。❹品物や資金が動かず、役に立たない。例品物が倉庫に寝ている。

[2]ねる【練る】 動詞 ❶こねて、ねばらせる。例小麦粉を練る。❷よく考えて、よりよいものにする。例作戦を練る。❸心や体をきたえる。例わざを練る。活用ね・る。

[3]ネル 名詞 「フランネル（flannel）」の略。表面がけばだった、やわらかな毛織物。綿糸を使ったものもある。例ネルのシャツ。

ねるこはそだつ【寝る子は育つ】 ことわざ よくねる子どもは健康でじょうぶに育つということ。例寝る子は育つというから、夜ふかしはしないようにね。

ねれる【練れる】 動詞 ❶〔人の心などがきたえられて〕おだやかですぐれた人がらになる。例よく練れた人物。❷〔学問・わざ・文章などを〕努力を重ねて、よいものにする。例よく練れた文章。活用ね・れる。

ねわけ【根分け】 名詞 する動詞 木や草の根をわけてふやすこと。

ねわざ【寝技】 名詞 ❶柔道・レスリングで、ねた姿勢で相手にかけるわざ。対立ち技。❷うらでわからないようにおこなうかけひき。例寝技をつかって、取り引きをうまくまとめた。

ねをあげる【音を上げる】 慣用句 〔苦しくてなき声をあげる意味から〕まいる。こうさんする。例きびしい練習に音を上げる。

ねをおろす【根を下ろす】 慣用句 ❶草木がしっかり根をつける。❷その土地に住みつく。例かれもこの町にすっかり根を下ろした。

ねをはやす【根を生やす】 慣用句 一つの場所に長く落ち着いている。ある場所に長く住みつく。

ねをはる【根を張る】 慣用句 ❶草木の根がのびて、まわりに広がる。❷いきおいが強くなる。例この町には悪人が根を張っている。

ねん【念】 名詞 ❶考え。気持ち。例不安の念にかられる。❷よく注意すること。例念を入れて

ことばあそび 漢字クイズ❹ 「恩」から大きな心をとったら、何がのこるでしょう？

確認する。

ねんいり【念入り】 形容動詞 細かく、ていねいに物事をするようす。例 念入りにそうじをする。類 入念。

ねんえき【粘液】 名詞 ねばねばしたしる。

ねんが【年賀】 名詞 新年のお祝い。例 先生のところへ年賀に出かけた。

ねんがく【年額】 名詞 お金の出入りや、物のできだかなどの一年間の合計。

ねんがじょう【年賀状】 名詞 新年の祝いの言葉を書いた、はがきや手紙。

ねんがっぴ【年月日】 名詞 あることがおこなわれる年・月・日。あることがおこった年・月・日。

ねんがらねんじゅう【年がら年中】 副詞 一年中。いつも。例 わたしの母は年がら年中いそがしそうにとび回っている。

1 **ねんかん【年刊】** 名詞 〔雑誌などを〕一年に一回発行すること。類 日刊。月刊。週刊。

2 **ねんかん【年間】** 名詞 その一年の間。

3 **ねんかん【年鑑】** 名詞 その年の社会のできごとや、統計などをまとめて、毎年一回出す本。

ねんがん【念願】 名詞 する動詞 長い間願い望むこと。また、その望み。例 念願の初優勝を果たした。類 願望。

ねんき【年季】 名詞 昔、人をやとうときに決めた、つとめる年数。ことば 「年季が明ける」

ねんきゅう【年給】 名詞 一年分を一回でしはらう給料。類 年俸。

ねんきをいれる【年季を入れる】 慣用句 長い年月をかけてその仕事の経験をつむ。例 さすが年季を入れただけあって、みごとなうでまえだ。

ねんきん【年金】 名詞 ある期間、決まった額のお金をはらいこんでおき、その後決まった期間、また、死ぬまでの間、毎年しはらわれるお金。例 国民年金。／厚生年金。

ねんぐ【年貢】 名詞 ❶昔、田畑・屋敷・土地などに、一年ごとにわりあてられた税。❷田畑をかりている農民が、地主に支払う米やお金。小作料。ねんぐ米。

ねんぐのおさめどき【年貢の納め時】 慣用句 長い間悪いことをしていたものが、ついにつかまって罰をうけるとき。

ねんげつ【年月】 名詞 〔物事にかかる〕何年かの間。例 このダムは、長い年月をかけてでき上がった。

ねんげん【年限】 名詞 一年単位で決めた期限。例 車検の年限が切れる。

ねんごう【年号】 名詞 日本などで、ある特定の時代につけられる名前。元号。例 年号がかわる。参考 昔は、一代の天皇の間に何回か年号をかえたが、「明治」以後は「大正」「昭和」「平成」「令和」のように、一代に一つの年号と決められた。

ねんこうじょれつ【年功序列】 四字熟語 会社などで、つとめた年数によって地位や給料が決まること。例 年功序列で昇進する。

ねんごろ【懇ろ】 形容動詞 ❶真心がこもっているようす。ていねいなようす。例 懇ろに世話をする。❷仲がいいようす。

ねんざ【捻挫】 名詞 する動詞 手や足の関節をくじいていためること。

ねんし【年始】 名詞 ❶年のはじめ。年頭。対 年末。❷年のはじめのお祝い。また、そのあいさつ。例 年始回り。

ねんじ【年次】 名詞 ❶一年ごと。毎年。例 読書の年次計画を立てる。❷年の順。例 姉は兄より卒業年次が二年早い。

ねんしゅう【年収】 名詞 一年間に入るお金や物の合計。例 年収五百万円。類 月収。

ねんじゅう【年中】 副詞 いつも。たえず。例 母は、年中いそがしく働いている。

ねんじゅうぎょうじ【年中行事】 名詞 ⇩ ねんちゅうぎょうじ。

1 **ねんしょ【年初】** 名詞 一年のはじめのころ。

2 **ねんしょ【念書】** 名詞 後でしょうことするために、約束したことを書いて相手にわたす書類。例 念書をおたがいにとりかわす。

1 **ねんしょう【年少】** 名詞 形容動詞 としがわかいこと。おさないこと。対 年長。

2 **ねんしょう【年商】** 名詞 会社や商店で、一年間の売り上げを合計した金額。例 わが社の年商は百億円です。

3 **ねんしょう【燃焼】** 名詞 する動詞 ❶物がもえること。❷〔心残りのないぐらい〕せいいっぱい物事をおこなうことのたとえ。例 青春時代を燃焼しつくす。

ねんじる【念じる】 動詞 ❶こうありたいと心の中で思う。例 気づいてほしいと念じる。❷神や仏にいのる。参考 「念ずる」ともいう。活用

ねん・じる。

ねんすう【年数】 名詞 ❶年の数。例 中学校の在学年数は三年です。❷多くの年。例 年数をかけて研究する。

ねんずる【念ずる】 動詞 ➡ねんじる。活用 ねん・ずる。

ねんだい【年代】 名詞 ❶すぎてきた年月。時代。例 年代をへた建物。❷ある時をもとにして数えた年数。例 大きなできごとを年代のじゅんにならべる。❸ひとまとまりに区切った、期間。時代。例 昭和の年代。❹ある年令。年ごろ。例 親とは年代がちがう。

ねんだいもの【年代物】 名詞 長い年月がたっていて、価値のあるもの。例 年代物の自動車。

ねんちゃく【粘着】 名詞 する動詞 〔物に〕ねばりつくこと。例 粘着力。

ねんちゅうぎょうじ【年中行事】 名詞 毎年ある時期に決まっておこなう行事。ならわしになっている、儀式や祝いごと。参考「ねんじゅうぎょうじ」ともいう。

ねんちょう【年長】 名詞 形容動詞 年が上であること。また、その人。としうえ。例 年長者。対 年少。

1 **ねんど【年度】** 名詞 役所や会社、学校などで、仕事などの都合で分けた一年間。参考 ふつう、四月一日にはじまり、翌年の三月三十一日に終わる。

2 **ねんど【粘土】** 名詞 岩石がひじょうにこまかく分解してできた、ねばりけのある土。せともの・かわらなどの材料にする。

1 **ねんとう【年頭】** 名詞 年のはじめ。ことば「年頭のあいさつ」類 新年。

2 **ねんとう【念頭】** 名詞 胸のうち。心の中。例 最上級生だということを念頭に行動する。

ねんとうにおく【念頭に置く】 慣用句 わすれずに、いつも心におぼえておく。例 自分の責任を念頭において行動する。

ねんどまつ【年度末】 名詞 その年度の終わり。ふつう、三月ごろ。

ねんない【年内】 名詞 その年のうち。例 この仕事は年内にできる予定である。

ねんにはねんをいれる【念には念を入れる】 ことわざ よく注意した上に、さらに注意する。例 念には念を入れて戸じまりをする。

ねんねこ 名詞 子どもをせおうときに着る、わたの入ったはんてん。ねんねこばんてん。⇩図。

ねんねこばんてん【ねんねこ半てん】 名詞 ➡ねんねこ。

ねんねこ

ねんねん【年年】 副詞 毎年。年とともに。例 東京の人口は年々ふえる一方だ。参考 ふつう「年々」と書く。

ねんのいった【念の入った】 慣用句 細かい点まで十分注意しているようす。例 念の入った指示を出す。

ねんのため【念のため】 連語 よりいっそう注意するため。例 念のためもう一度説明します。

ねんぱい【年配・年輩】 名詞 ❶だいたいの年令。例 四十年配の男性。❷〔世の中のことが、よくわかるようになった〕かなりの年ごろ。例 年配の人。

ねんぴ【燃費】 名詞 自動車などが一リットルの燃料で走ることができるキロ数。燃料消費率。例 燃費のよい車。

ねんぴょう【年表】 名詞 世の中のできごとを年月順に書いた表。例 歴史年表。

ねんぷ【年譜】 名詞 ある人の一生の間のできごとや仕事、また、ある団体のうつりかわりについて、年月順に書いた記録。

ねんぶつ【念仏】 名詞 する動詞 仏の名をとなえながら、いのること。特に「なむあみだぶつ」ととなえて、いのること。また、そのとなえる言葉。

ねんぽう【年俸】 名詞 一年間いくらと決めた給料。類 年給。

ねんまく【粘膜】 名詞 目・鼻・のど・胃・腸などの内側をつつんでいるやわらかくてうすいまく。いつも粘液でしめっている。

ねんまつ【年末】 名詞 一年の終わりのころ。年のくれ。歳末。歳暮。例 年末の大そうじ。対 年始。

ねんらい【年来】 名詞 何年も前から。長年。例 年来の望みをはたす。

ねんり【年利】 名詞 一年間につく利息。また、そのわりあい。例 年利六分。

ねんりき【念力】 名詞 一心に思いこむことに

あいうえお かきくけこ さしすせそ たちつてと なにぬねの ね はひふへほ まみむめも や ゆ よ らりるれろ わ を ん

よってわいてくる力。

ねんりきいわをもとおす【念力岩をも通す】［ことわざ］心にわいてくる力を一つに集めて物事をおこなえば、どんなことでもなしとげられる。

ねんりつ【年率】［名詞］一年単位で計算した比率や利率。［例］年率一パーセントの利息。

ねんりょう【燃料】［名詞］もやして、熱・光・動力などをえるためのもの。炭・まき・石炭・石油・ガスなど。

ねんりん【年輪】［名詞］木を横に切ったとき、その切り口に見える輪のようなすじ。［参考］一年に一つずつできる。⇩図。

年輪

ねんれい【年齢・年令】［名詞］人などが生まれてから、今までの年数。とし。

ねんをおす【念を押す】［慣用句］まちがいのないように、たしかめて、注意をする。［例］おくれないよう念を押す。

の

ノ
NO
no

の[1]［助詞］❶主語をさししめす働きをする言葉。…が。［例］わたしの一番好きな花。❷「何のもの」「だれのもの」「どこのもの」「いつのもの」「どんなもの」などの意味を表す言葉。［例］わたしのノート。／昨日の話。❸「もの」「こと」「ようす」などのかわりに使う言葉。［例］小さいのがほしい。／かんたんなのがいい。／妹がくるのが見えた。❹《「…のなんの」「…の…ないの」の形で》とても…だ。［例］おどろいたのなんの、こしがぬけてしまった。❺疑問の意味を表す言葉。［例］どうするの。❻軽い断定を表す言葉。［例］今日からバレエを習うの。［参考］⑤⑥は文の終わりにつく。

の[2]【野】一［名詞］草などがはえた、広くて平らな土地。野原。二［接頭語］《ある言葉の上につけて》「自然のままの」「野性の」の意味を表す言葉。［例］野いばら／野うさぎ。

ノイズ［名詞］❶うるさい音。気になる音。雑音。❷ラジオやテレビなどの電波を受けるのをじゃまする電気的なみだれ。［例］このラジオにはノイズが入る。▼英語 noise

のいばら【野茨】［名詞］バラ科の木。初夏に、白くて小さな花がさく。野ばら。

ノイローゼ［名詞］神経症の一つ。心の状態がよくなくなることで、物事を気にしてくよくよしたり、いらいらしたり、おそれたりする。▼ドイツ語

のう[1]【能】［名詞］❶物事をやりとげることのできる力。［例］食べるばかりでなんの能もない。❷室町時代にできた、謡とはやしに合わせてえんじる日本独特の劇。面をつけてえんじることが多い。能楽。

のう[2]【脳】［名詞］❶頭のほねの中にあって、考える働きをしたり、体を動かす命令を出したりするところ。のうずい。❷考えたりおぼえたりする頭の働き。

のうあるたかはつめをかくす【能ある鷹は爪を隠す】［ことわざ］本当にすぐれた才能のある人は、むやみにそれを見せびらかさないということのたとえ。

のういっけつ【脳いっ血】［名詞］脳の中の血管がやぶれて、血があふれでる病気。脳出血。

のうえん【農園】［名詞］野菜・くだもの・草花などをつくる畑。

のうか【農家】［名詞］主に農業でくらしをたてている家庭。また、その家族の住む家。

のうかい【納会】［名詞］❶その年の最後に、しめくくりのために開かれる会。❷取引所でおこなわれる、その月最後の取り引き。［例］今月の納会は活気があった。

のうがき【能書き】［名詞］❶薬などのききめを書き記したもの。また、その文句。効能書き。❷自分のとくいなことなどを自分で宣伝すること。また、その文句。［例］あの人は能書きばかりで、実行しない。

のうがく【能楽】［名詞］➡のう（能）②。

のうがない【能がない】［慣用句］❶持って生まれた能力がない。力がない。［例］自分にはこれしか能がない。❷工夫が足りない。［例］同じまちがいをするのは能がない。

ことば博士になろう！

能（能楽）について

能の台本にあたるものを「謡」あるいは「謡曲」といいます。能は笛・つづみ・たいこなどのはやしに合わせて、謡（謡曲）をうたい、まうのです。能で主役をつとめる人を仕手方、相手役をわき方といいます。
能は、長い歴史をもつ日本独特の伝統芸能です。

のうかん【納棺】名詞 する動詞 死んだ人の体を、かんおけにおさめること。

のうかんき【農閑期】名詞 農業の仕事がひまなとき。対 農繁期。

のうきぐ【農機具】名詞 農作業に使う機械や道具。くわ・かま・脱穀機・耕うん機など。

のうきょう【農協】名詞 「農業協同組合」の略。

のうぎょう【農業】名詞 土地をたがやして、作物・果物・花などをつくったり、かちくをかったりする仕事。例 農業地帯。

のうぎょうきょうどうくみあい【農業協同組合】名詞 農家の人々が、くらしをよくするためにつくっている、助け合いのしくみ。作物の出荷・品物の購入などを共同でおこない、お金のかしだし・預金のあずかりなどもおこなう。農協。JA。

のうきょうげん【能狂言】名詞 ❶能と能の間に演ずる、狂言。❷能と狂言。

のうぐ【農具】名詞 くわ・すき・かまなど、手で使う農業の道具。

1 **のうこう**【農耕】名詞 田や畑をたがやして作物をつくること。

2 **のうこう**【濃厚】形容動詞 ❶味や色などがこいようす。対 淡泊。❷はっきりしてくるようす。ことば「敗色濃厚」

のうこつ【納骨】名詞 する動詞 〔遺体を火葬にしたあと〕遺骨を墓や寺などにおさめること。

のうさぎょう【農作業】名詞 田や畑でする仕事。のら仕事。

のうさくぶつ【農作物】名詞 米・麦・野菜など、田畑でつくられるもの。作物。

のうさんぶつ【農産物】名詞 農業によってつくられるもの。参考 「農作物」よりも意味が広く、くだもの・茶・たまご・牛乳・まゆなどもふくむ。

のうし【脳死】名詞 脳の機能が失われ、回復できなくなった状態。

のうしゃ【納車】名詞 する動詞 車を、買った人のところにとどけること。

のうしゅく【濃縮】名詞 する動詞 液体をにつめるなどしてこくすること。例 濃縮ジュース。

のうしゅっけつ【脳出血】名詞 ↓のういっけつ。

のうじょう【農場】名詞 きぼの大きな農業をおこなうための広い田畑と、農機具・建物をそなえたところ。

のうしんとう【脳震とう・脳振とう】名詞 頭を強く打ったあとにおきる、体や意識の一時的ないじょう。めまいを感じたり、自分がどこにいるのかわからなくなったりする。

のうずい【脳髄】名詞 ↓脳①。

のうせい【農政】名詞 農業にかかわる政策や、それをじっさいにおこなうための仕事。

のうぜい【納税】名詞 する動詞 税金をおさめること。

のうせいまひ【脳性麻ひ】名詞 何かの理由で脳にきずがついて、体や手足を自由に動かせなくなる病気。

のうせきずいまくえん【脳脊髄膜炎】名詞 脳やせきずいをつつんでいる髄膜（くも膜と軟膜）に炎症がおこる病気。原因はさまざまだが、細菌やウイルスが多い。主な症状は、高い熱が出る、はげしく頭がいたむ、はくなど。髄膜炎。参考 昔は「脳膜炎」といった。

のうそっちゅう【脳卒中】名詞 脳の中の血管が、急に切れたりつまったりする病気。切れたりつまったりしたところから先には血液が行かなくなって、脳の細胞がこわれる。言葉が言えなくなったり、手や足などにまひが残ったりすることがある。

のうそん【農村】名詞 農家の多い村。

のうそんちたい【農村地帯】名詞 農地が大部分をしめている地域。農家の多い地域。

のうたん【濃淡】名詞 〔色や味の〕こいことと、うすいこと。例 すみの濃淡。

のうち【農地】名詞 田や畑など農作物をつくる土地。類 耕地。

のうちかいかく【農地改革】名詞 第二次

ことばあそび 漢字クイズ❺ 白い水が出てくるのは、どこでしょう？

世界大戦後におこなわれた農地制度の改革。地主が持っていた小作地を国が買いあげ、小作農に売りわたして自作農をふやした。

のうてん【脳天】名詞 頭のてっぺん。⇩285ページ・体①（図）。

のうてんき【脳天気】名詞 形容動詞 調子がよくて、軽はずみなさま。また、その人。例あの人はいつも脳天気だ。参考「能天気」とも書く。

のうど【濃度】名詞 液体や気体などのこさ。

のうどうてき【能動的】形容動詞 自分の方から働きかけるようす。例何事にも能動的にとりくむ。類積極的。対受動的。

のうなし【能無し】名詞 何の役にも立たないこと。また、役に立たない人。類無能。

のうにゅう【納入】名詞 する動詞 お金や品物をおさめること。例会費を納入する。類納付。

のうのう 副詞（-と） 心配ごとがなく、のんきなようす。例のうのうとくらす。

のうは【脳波】名詞 脳の神経細胞が動くときにおこる弱い電流。また、その変化を記録した波形。脳の病気の診断に使う。

ノウハウ 名詞 あることについての専門的な知識や技術。また、その情報。ノーハウ。例仕事のノウハウをおぼえる。▼英語 know-how

のうはんき【農繁期】名詞 農業の仕事がもっともいそがしいとき。対農閑期。

のうびへいや【濃尾平野】地名 岐阜県と愛知県にまたがる平野。中京工業地帯や、岐阜、名古屋などの大きな都市がある。参考 昔は、岐阜県南部を美濃の国といい、愛知県西部を尾張の国といったため、一字ずつとってこの名がつけられた。

のうひん【納品】名詞 する動詞 品物をおさめること。また、その品物。

のうひんけつ【脳貧血】名詞 一時的に血圧が下がりすぎて、脳を流れる血液が急にへるもの。頭がいたくなったりめまいがおこったりして、意識を失うこともある。

のうふ1【納付】名詞 する動詞 国や役所に金や物をおさめること。例税金を納付する。類納入。

のうふ2【農夫】名詞 農業を仕事にしている男の人。

のうまくえん【脳膜炎】名詞 ⬇のうせきずいまくえん。

のうみそ【脳味そ】名詞「脳」のくだけた言い方。ことば「脳味そをしぼる（＝一生けんめいに考える）」

のうみん【農民】名詞 農業でくらしをたてている人。

のうむ【濃霧】名詞 深いきり。こいきり。例濃霧のため船がしょうとつした。

のうめん【能面】名詞 能楽に使う面。参考 無表情な顔にもたとえる。例能面のような顔。⇩図。

のうやく【農薬】名詞 農作物の病気や害虫をふせぐ薬。

のうり【脳裏】名詞 頭の中。心の中。ことば「（母の顔が）脳裏にうかぶ」

のうりつ【能率】名詞 決まった時間にできる仕事の量のわりあい。仕事のはかどり具合。例働きづめだと能率が落ちる。

のうりつてき【能率的】形容動詞 むだがなく仕事がはかどるようす。例もっと能率的なやり方を考えよう。類効率的。

能面

のうりょう【納涼】名詞 夏のあつい夜など、外の風通しのよいところですずしさをあじわうこと。例納涼花火大会。

のうりょく【能力】名詞 物事をすることができる力。例試合でもてる能力をすべて出しきった。

のうりんすいさんしょう【農林水産省】名詞 農業・林業・畜産業・水産業などについての仕事をする国の機関。農水省。

ノー 1 感動詞 いいえ。だめ。例はっきり「ノー」と言う。対イエス。
2 接頭語《外来語の上について》必要ないこと、禁止されていることなどを表す。例ノーネクタイ。／ノースモーキング。▼英語 no

ノーカウント 名詞［スポーツで］得点に数えないこと。やりなおし。例審判がノーカウントをつげる。参考 英語の「no（ゼロ）」と「count（数えること）」を組み合わせて日本でつくった言葉。

ノーカット 名詞 映画のフィルムなどで、切っ

たりなおしたりしたところがない、もとのままのもの。例ノーカット版を上映する。参考英語の「no（ゼロ）」と「cut（削除）」を組み合わせて日本でつくった言葉。

ノーゲーム 名詞 野球で、五回まで終わらずに、なかったことになる試合。無効試合。例昨日は雨でノーゲームになった。参考英語の「no（ゼロ）」と「game（試合）」を組み合わせて日本でつくった言葉。野球のほかにも使うことがある。

ノーコメント 名詞 何も言うことはない。説明の必要はない。例その問題についてはノーコメントだ。参考質問に対して、返答をことわるときなどに使う言葉。▼英語 no comment

ノーコン 名詞 「ノーコントロール」の略。野球で、投手のコントロールが悪く、ストライクが入らないこと。また、その投手。例あのピッチャーはノーコンだ。参考英語では bad control という。

ノーサイド 名詞 ラグビーの試合が終わること。参考「敵・味方がなくなる」意味から。そこから、戦いのあとに、お互いをたたえあうこともいう。▼英語 no side

ノースリーブ 名詞 そでのないこと。そでのない服。参考英語の「no（ゼロ）」と「sleeve（そで）」を組み合わせて日本でつくった言葉。英語では sleeveless という。

ノータッチ 名詞 ❶ふれないこと。さわらないこと。❷物事や事件にかかわっていないこと。例わたしはそのことに関してはノータッチです。参考英語を組み合わせて日本でつくった言葉。

ノート ■一 名詞 「ノートブック（notebook）」の略。帳面。例国語のノート。参考英語で、note は忘れないように書きとめておくメモや注釈の意味。帳面の notebook を note と略していうことはない。
■二 名詞 する動詞 書きとめること。例先生の話をノートする。ことば「ノートをとる（＝ノートに書く）」▼英語 note

ノートパソコン 名詞 ノートのようにうすくて、とじたりひらいたりできるパソコン。参考英語の「ノートブック パーソナル コンピューター」を略してつくった言葉。ただし、英語では laptop (computer) ということが多い。

ノーハウ 名詞 ⇩ノウハウ。

ノーヒットノーラン 名詞 野球の試合で、一人のピッチャーが完投し、相手チームを無安打・無得点におさえること。参考一人も塁に出さなかった場合は完全試合という。▼英語 no-hit, no-run 類完全試合。

ノーベルしょう【ノーベル賞】 名詞 ノーベル（＝ダイナマイトを発明したスウェーデンの化学者）の残したお金でもうけられた賞。毎年、人類のためにつくした人におくられる。物理学、化学、医学・生理学、文学、経済学、平和の六つの部門がある。参考日本人で初めて受賞したのは、湯川秀樹。一九四九（昭和二四）年に物理学賞を受賞した。

ノーマーク 名詞 〔スポーツで、相手に〕用心されないこと。また、用心しないこと。例ノーマークの選手にやられた。参考英語を組み合わせて日本でつくった言葉。

ノーマル 形容動詞 ふつうであるようす。例ノーマルな考え方。▼英語 normal

ノーミス 名詞 まちがいや失敗がないこと。例今日のテストはノーミスだった。参考英語の「no（ゼロ）」と「miss（打ち損ない）」あるいは、「mistake（やり損ない、失敗）」を組み合わせて日本でつくった言葉。

のがい【野飼い】 名詞 牛や馬などのかちくを、野原でかうこと。例野飼いの馬を乗りこなすのはむずかしい。類放し飼い。

のがす【逃す】 動詞 ❶つかまえていたものをはなしてやる。にがす。例とらえたシカを逃してやった。❷つかまえそこなう。手に入れそこなう。例優勝のチャンスを逃した。活用のが・す。

のがれる【逃れる】 動詞 ❶にげる。遠ざかる。例敵のついせきから逃れた。❷〔いやなことを〕うけないですむ。例責任を逃れる。活用のが・れる。

のき【軒】 名詞 やねのはしの、建物より外につき出したところ。

のぎ 名詞 イネや麦の実の先についている針のような毛。

のきうら【軒裏】 名詞 のきの、うら側。

のぎく【野菊】 名詞 夏の終わりから秋にかけて、野原にさくキク。ヨメナ・ノコンギクなど。

のきさき【軒先】 名詞 ❶のきのはしの方。軒端。例軒先に、クモがあみをはっている。❷のきに近いところ。また、家の前。軒端。例軒先にこ

あいうえお かきくけこ さしすせそ たちつてと なにぬねの の はひふへほ まみむめも や ゆ よ らりるれろ わ を ん

いのぼりを立てる。

のきした【軒下】名詞 のきの下。

のきなみ【軒並み】一 名詞 ❶家々ののきがならび続いているようす。例軒並みがきれいな城下町。❷ならんでいる家のすべて。家ごと。例軒並みにかざられた花が、通行人の目を楽しませる。
二 副詞 どれもこれも。いちように。例台風で列車が軒並みおくれている。

のきば【軒端】名詞 のきのはし。また、のきに近いところ。

のぎへん【のぎ偏】名詞 漢字の部首の一つ。「秋」「科」などの左側の「禾」の部分。

のきをならべる【軒を並べる】慣用句 となりあって家がたちならぶ。例きれいな店が軒を並べている。

のく 動詞 〔その場所からはなれて〕ほかの場所にうつる。立ちさる。例わきにのいて救急車をやりすごす。活用 の・く。

のぐちひでよ【野口英世】人名 （一八七六～一九二八）明治時代から大正にかけての細菌学者。アメリカにわたり細菌学の研究を続けたのち、黄熱病の研究のためアフリカにわたったが、自分もその病気にかかって死んだ。

のけぞる【のけ反る】動詞 あおむけにそりかえる。例かれはのけ反ってたおれた。活用 のけぞ・る。

のけもの【のけ者】名詞 仲間はずれにされた人。

1**のける** 動詞 ❶ほかのところへ、うつす。例じゃまな石をのける。❷《「…てのける」の形で》みごとに…してしまう。思いきって…してしまう。例最後までやってのける。活用 の・ける。

2**のける** 動詞 それをのぞいて、別にする。例ぼくのうちは、兄をのけてみんなめがねをかけている。活用 の・ける。

のこぎり【鋸】名詞 木などをひいて切る道具。漢字 鋸。

のこす【残す】動詞 ❶後に置いておく。なくさずにおく。例足あとを残す。❷後の世に伝える。例エジソンは発明王として名を残した。❸全部は使わないで、あまらせる。例こづかいを残す。❹相撲で、相手のわざをこらえて、もちこたえる。例土俵ぎわで残す。活用 のこ・す。

のこった【残った】感動詞 相撲で、まだ勝負がついていないときに、行司が力士にかけるかけ声。参考 まだ土俵の中に残っている、の意味から。注意 「残った、残った」とくり返して使うことが多い。

のこのこ 副詞(―と) 出てこない方がよい場所に、平気で出てくるようす。例一時間もおくれて、のこのこやって来た。

のこらず【残らず】副詞 すっかり。全部。例給食を残らずたいらげた。

のこり【残り】名詞 残ること。また、後に残ったもの。例給食の残り。

のこりおしい【残り惜しい】形容詞 心が残るようす。残念だ。例これで終わりとは、何だか残り惜しい。類 名残惜しい。

のこりすくない【残り少ない】形容詞 あとに残っている物が少ない。もうあまり残っていないようす。例食べ物が残り少なくなる。／残り少ない夏休み。活用 のこりすくな・い。

のこりもの【残り物】名詞 あとに残っている物。また、あまった物。例夕飯の残り物。

のこりものにはふくがある【残り物には福がある】ことわざ 〔人が先にとって〕残った物の中に、思いもしないよい物がある。対 早い者勝ち。

のこる【残る】動詞 ❶後にとどまる。なくならずにある。例教室に残る。／心に残ったできごと。❷あまる。例料理が一人分残った。❸後の世に伝わる。例国をすくった英雄として名が残る。❹相撲で、相手のわざが決まらず、勝負がつかずにいる。例土俵ぎわであやうく残った。活用 のこ・る。

のさばる 動詞 ❶自由にのび広がる。例雑草がのさばる。❷いばって勝手なことをする。例悪人がのさばる世の中。活用 のさば・る。

のざらし【野ざらし】名詞 ❶野で雨風にさらされたままになっていること。例野ざらしの地ぞうさま。❷野にさらされたもの。特に、白骨になった頭がい骨。されこうべ。

のし 名詞 色紙を六角形におり、中にのしあわび（＝アワビの肉をうすく切ってのばしほしたもの）に似せた紙をつつんだもの。祝いのおくり物につける。⇩のし袋（図）。

のしあがる【のし上がる】動詞 ❶地位や順位などが目立ってよくなる。例平社員から重役にまでのし上がった。活用 のしあが・る。

のしあるく【のし歩く】動詞 いばった様子で歩く。大またでゆっくり歩く。例 かれはいつも町の中をのし歩いている。活用 のしある・く。

のしかかる【のし掛かる】動詞 ❶〔体をのばして〕おおいかぶさる。かぶさるようにおおいかかる。例 大ぜいが一度にのし掛かったので、大男もたおれてしまった。❷〔不安などが〕心をおさえつける。例 失敗するのではないかという不安がのし掛かってきた。活用 のしかか・る。

のしがみ【のし紙】名詞 のしや水引きがついたり印刷したりしてある紙。おくり物の上にかぶせる。

のしぶくろ【のし袋】名詞 のしや水引きがついたり印刷したりしてあるふくろ。祝いごとや葬式のときなどにお金を入れてわたす。⇩図。

のし
水引
のし袋（祝儀用）

のしもち【のし餅】名詞 平らにのばした、もち。

のじゅく【野宿】名詞 する動詞 夜、野山や野外でねること。類 野営。

のしをつける【のしを付ける】慣用句 よろこんで相手にわたす気持ちを表す。例 そんなにほしければのしを付けてあげるよ。参考 ㋐「のし」は、お金をおくるときに入れる、のしぶくろにつけるもの。㋑自分には不要なものであることを強調するときにいう。

のす 動詞 ❶のばす。平らにする。例 板の上でもちをのす。❷なぐりたおす。例 一発のパンチでのしてしまった。❸遠くまで行く。出かける。例 ここまで来たのだからとなり町までのしてみよう。❹成績・地位などが上がる。例 うしろのランナーがぐんぐんのしてきた。参考 ②③はくだけた言い方。活用 の・す。

ノズル 名詞 液体などをふきつけるために、つつの先が細くなっている道具。▼英語 nozzle

[1]**のせる**【乗せる】動詞 ❶〔乗り物に〕人をつむ。例 車に乗せる。❷参加させる。例 その話に乗せてくれ。❸計略にかける。ことば「口車に乗せる（＝だます）」活用 の・せる。⇩使い分け。

[2]**のせる**【載せる】動詞 ❶〔乗り物に〕荷物をつむ。例 自動車に大きなものを載せる。❷物の上におく。例 荷物をたなに載せる。❸新聞や雑誌、インターネットの記事にする。例 読者の投書を載せる。❹辞典や図鑑の項目とする。例 国語辞典に載せる。活用 の・せる。⇩使い分け。

のぞかせる 動詞 相手に一部分が見えるようにする。例 まどから顔をのぞかせる。／ポケットからハンカチをのぞかせる。活用 のぞか・せる。

のぞきこむ【のぞき込む】動詞 首をのばして、中のものを見る。また、顔を近づけて見る。例 あなをのぞき込む。活用 のぞきこ・む。

のぞきみ【のぞき見】名詞 する動詞 すきまや背後などから、そっと見ること。例 ドアのすきまからのぞき見する。／スマートフォンののぞき見を防止する。

のぞきめがね【のぞき眼鏡】名詞 ❶はこにレンズがついていて、中の動く絵を見せるしかけ。見せ物のひとつ。のぞきからくり。❷はこの底にガラスやレンズをつけ、水中を見るようにしたもの。はこめがね。

[1]**のぞく** 動詞 ❶すきまなどから、向こうを見る。例 木のかげからのぞく。❷ちょっと見る。例 書店をのぞいてみる。❸相手に知られないように見る。例 弟の日記をのぞく。❹身をのりだして、上から見る。例 谷底をのぞく。❺一部分が見える。例 えりもとからネックレスがのぞく。活用 のぞ・く。

[2]**のぞく**【除く】動詞 ❶その場所から、取り去る。例 不純物を除く。❷あるはんいに入れない。仲間からはずす。例 きみとぼくを除いて、この

使い分け　のせる

●乗り物に人を入れる。
子どもを車に乗せる。

●乗り物に荷物をつむ。
車に荷物を載せる。

あいうえお　かきくけこ　さしすせそ　たちつてと　なにぬねの　の　はひふへほ　まみむめも　や　ゆ　よ　らりるれろ　わ　を　ん

ことばあそび　漢字クイズ6　人が動くと、何をするでしょう？

ことはまだだれも知らない。活用 のぞ・く。

のそのそ 副詞(ーと) する動詞 動作がにぶく、ゆっくりと動くようす。例 のそのそと歩く。

のぞましい【望ましい】形容詞 そうあってほしいようす。例 全員の参加が望ましい。活用 のぞまし・い。

のぞみ【望み】名詞 ❶望むこと。例 家族の幸せが、わたしの望みだ。／最後まで望みはすてない。❷〔よくなりそうな〕みこみ。例 回復の望みがでてきた。

のぞむ[1]【望む】動詞 ❶遠くからながめる。例 山の上から町を望む。❷そうあってほしいと思う。例 静かなくらしを望む。活用 のぞ・む。⇩使い分け。

のぞむ[2]【臨む】動詞 ❶向かい合う。対する。例 湖に臨んだ家。❷〔あるところに〕出席する。出る。例 心を落ち着けてテストに臨む。❸ある場面にであう。例 わかれに臨んでひとことあいさつする。活用 のぞ・む。⇩使い分け。

のたうちまわる【のた打ち回る】動詞 苦しんで、もがき、転げ回る。例 おなかがいたくて、のた打ち回る。活用 のたうちまわ・る。

のたうつ【のた打つ】動詞 苦しんで転げ回る。活用 のたう・つ。

のたくる 動詞 ❶〔ミミズなどが〕体をくねらせて、はう。ぬたくる。❷まがりくねったへたな字をかく。ぬたくる。活用 のたく・る。

のだて【野だて】名詞 する動詞 庭や外で、茶を立てること。また、その会。例 梅見の野だてによばれる。漢字 野点。

使い分け　のぞむ

●希望する。
晴れることを望む。

●向かい合う。
湖に臨む家。

のたれじに【野垂れ死に】名詞 する動詞 道ばたなどにたおれてそのまま死ぬこと。また、そのようなみじめな死に方。類 ゆきだおれ。

のち【後】名詞 ❶あることが終わった後。例 話し合いの後、発表しよう。❷これから先。未来。例 後の人々。

のちに【後に】副詞〔そのときや今から〕ある時間がたってから。そのあと。例 後に、その人はスターになった。

のちのち【後後】名詞 これから先。将来。あと。例 今の勉強が後々役に立つ。参考 ふつう「後々」と書く。

のちのつき【後の月】名詞 昔のこよみで、九月十三日の月。十三夜。参考 昔のこよみで、八月の十五夜、「中秋の名月」に対して言う。

のちのよ【後の世】名詞 ❶これから先の世の中。将来。例 原爆のおそろしさを後の世まで語りつたえる。❷死んだあとの世界。例 ぼうさんは後の世について説教をした。

のちほど【後程】副詞 少し時間がたってから。あとで。例 後程うかがいます。

ノック 名詞 する動詞 ❶人の家や部屋に入るとき、あいずのためにドアを軽くたたくこと。❷野球で、守備の練習のためにボールを打ってやること。▼英語 knock

ノックアウト 名詞 する動詞 ❶ボクシングで相手を打ちたおし、レフェリーが十まで数えるうちに立ち上がれないようにすること。❷野球で、相手のピッチャーを打ちこんで、交代させること。❸相手を完全にたたきのめすこと。KO。▼英語 knockout

ノックダウンほうしき【ノックダウン方式】名詞 完成品のかわりに部品のセットを売り、買った人が自分で組み立てる方法。自動車や電化製品の輸出におこなわれている。

のっけ 名詞 さいしょ。はじめ。例 のっけからおどろいた。参考 もともとは大阪地方の言葉。「のっけから」「のっけに」などと使われる。

のっしのっし 副詞(ーと)〔体の重いものが〕ゆっくりと地面をふみつけて歩くようす。例 大相撲の力士が、のっしのっしと花道から登場した。

のっそり 副詞(ーと) する動詞 動作がにぶく、のろのろしているようす。例 部屋にのっそり入ってきた。

ノット 名詞 助数詞 船のはやさを表す単位。一ノットは、一時間に一海里(約一八五二メートル)

進むはやさ。▼英語 knot

のっとる[1] 動詞 あるものを手本として、それにしたがう。例古いしきたりにのっとって式をおこなう。活用 のっと・る。

のっとる[2]【乗っ取る】動詞 うばいとって自分のものにする。例ゲリラが人質をとって飛行機を乗っ取った。活用 のっと・る。

のっぱら【野っ原】名詞 原っぱ。野原。例野っ原をかけまわる。参考「のはら」の変化した形。

のっぴきならない【のっ引きならない】慣用句 どうしてもさけることができない。例父はのっ引きならない用事で会社を休んだ。

のっぺらぼう 一 名詞 形容動詞 いちめんになめらかで変化のないこと。例のっぺらぼうな顔。二 名詞 目・鼻・口のない顔の化け物。

のっぺり 副詞(-と) する動詞 平らで、でこぼこのないようす。例のっぺりした顔。

のっぽ 名詞 形容動詞 背が高いこと。また、背の高い人。

のづみ【野積み】名詞 する動詞 品物や材料を外につんでおくこと。例古タイヤが野積みになっている。

ので 助詞 理由を表す言葉。例つかれたので帰ります。

のてん【野天】名詞 家の外。屋根のないところ。例野天ぶろ。類露天。

のと【能登】地名 昔の国の名。今の石川県の北部に当たる。

のど【喉・咽・咽喉】名詞 ❶口のおくで食道や気管につながるところ。例のどがかわく。❷歌う声。例喉自慢。⇩喉仏(図)。

のどか 形容動詞 ❶〔心持ちや動作などが〕のびのびしておだやかなようす。例広い牧場で牛がのどかに草を食べている。❷〔空が晴れて〕おだやかなようす。例のどかな春の一日。

のどがなる【喉が鳴る】慣用句 〔おいしそうな食べ物を目の前にして〕たいへん食欲が出る。すぐにも食べたくなる。

のどからてがでる【喉から手が出る】慣用句 とてもほしくてたまらないことのたとえ。例喉から手が出るほど、あのカードがほしい。

のどごし【喉越し】名詞 食べ物や飲み物がのどを通るときの感じ。例そうめんは喉越しがいい。

のどちんこ【喉ちんこ】名詞 のどのおくにたれさがっているもの。参考くだけた言い方。医師が使う言葉では「口蓋垂」という。

のとはんとう【能登半島】地名 石川県北部の日本海につきだした半島。

のどぶえ【喉笛】名詞 のどの、息が通るところ。例ライオンはシマウマの喉笛にくいついた。

のどぼとけ【喉仏】名詞 のどの中ほどにある、骨の出っぱっているところ。参考大人の男性に特にはっきり表れる。⇩図。

のどもと【喉元】名詞 ❶のどのあたり。❷〔ある物の中で〕一番大事なところ。例相手の国の喉元をおさえる。

のどもとすぎればあつさをわすれる【喉元過ぎれば熱さを忘れる】ことわざ 苦しいことでもすぎてしまえば、その苦しさをすぐわすれてしまうというたとえ。

のどわ【喉輪】名詞 相撲で、手のひらを相手ののどにあててせめるわざ。

のど
喉仏

のどをつまらせる【喉を詰まらせる】慣用句 ❶食べ物などをのどにつまらせてしまう。❷悲しみのあまり、言葉が出なくなるようす。例とつぜんの悲報に喉を詰まらせた。

のなか【野中】名詞 野原のなか。例野中の一けん家。

のに 助詞 ふつうに考えつくことと、反対の結果になる意味を表す言葉。例寒いのに半そでの服を着ている。

ののしる【罵る】動詞 大声でひどい悪口を言う。大声を出して、せめる。例口ぎたなく罵る。類毒突く。活用 ののし・る。

のばす[1]【伸ばす】動詞 ❶〔物の長さを〕長くする。例髪の毛を伸ばしている。❷〔曲がったり、ちぢんだりしているものを〕まっすぐにする。例はり金を伸ばす。対曲げる。対①②縮める。❸〔力や能力を〕大きくゆたかにする。例文章を書く力を伸ばす。／勢力を伸ばす。参考①②は「延ばす」とも書く。活用 のば・す。⇩使い分

 こたえ 働(はたら)く

け。

のばす[2]【延ばす】(動詞) ❶〔時間を〕長くする。例休み時間を五分延ばす。❷〔距離・線などを〕長くする。例高速道路を先まで延ばす。対①縮める。❸〔決まっている〕時期をおくらせる。例雨のため運動会を次の日曜日まで延ばす。❹うすめる。例のりを水で延ばす。活用のば・す。⇩使い分け。

のばなし【野放し】(名詞) ❶動物をはなしがいにすること。❷〔世話や監督をしないで〕気ままにさせておくこと。例違法な駐車が野放しにされている。

のはら【野原】(名詞) 草などのはえた広く平らな土地。例野原をかけ回る。

のばら【野ばら】(名詞) ➡1002ページ・のいばら。

のび[1]【伸び】(名詞) ❶のびること。長くなること。例つめの伸びが早い。対縮み。❷たいくつしたりつかれたりしたときに、手や足をのばすこと。例思いっきり伸びをする。

使い分け　のばす

●長さを長くする。
手を伸ばす。

●時間を長くする。
休み時間を十分延ばす。

のび[2]【野火】(名詞) 冬の終わりに、野山のかれ草を焼く火。参考はやく広がるもののたとえにも使う。例うわさは野火のごとく学校中に広まった。

のびあがる【伸び上がる】(動詞) つま先を立てて体をのばす。例伸び上がって見る。活用のびあが・る。

のびちぢみ【伸び縮み】(名詞)(する動詞) のびたりちぢんだりすること。伸縮。

のびなやむ【伸び悩む】(動詞) 物事が思うようによくならない。例成績が伸び悩む。活用のびなや・む。

のびのび[1]【伸び伸び】(副詞(-と))(する動詞) おさえつけるものがなく、ゆったりと感じられるようす。例のびのびと育った子ども。

のびのび[2]【延び延び】(名詞) 物事をおこなうのがだんだんおくれること。例雨のため工事は延び延びになっている。

のびやか【伸びやか】(形容動詞) のびのびしているようす。ゆったりとくつろいでいるようす。例あの人はいつも伸びやかだ。

のびる[1]【伸びる】(動詞) ❶〔物の長さが〕長くなる。また、成長する。例草が伸びた。❷〔まがったり、ちぢんだりしていたものが〕まっすぐになる。例シャツのしわが伸びる。❸〔力や能力が〕ゆたかになる。例クラス全員の学力が伸びた。❹弾力がなくなる。例そばが伸びてしまった。参考①②④は「延びる」とも書く。活用の・びる。⇩使い分け。

のびる[2]【延びる】(動詞) ❶〔時間が〕長くなる。例日本人の平均寿命が延びる。❷〔決められた〕時期がおくれる。例雨のため遠足は一週間延びた。❸〔距離・線などが〕長くなる。例郊外まで地下鉄が延びる。参考③は「伸びる」とも書く。活用の・びる。⇩使い分け。

のびる[3]【野びる】(名詞) ユリ科の植物。葉は細く、ニラと同じようなにおいがする。漢字野蒜。

ノブ(名詞) ドアの取っ手。にぎり。▼英語 knob

のぶし【野武士】(名詞) 昔、野や山にかくれて、戦いに負けてにげるさむらいなどをおそい、刀ややりなどの武器、着物などをうばった集団。武士のほか、農民が武器を手にしてなったものも多い。参考「のぶせり」ともいう。

使い分け　のびる

●長さが長くなる。
背が伸びる。

●時間が長くなる。
期間が延びる。

のぶとい【野太い】形容詞 ❶ずうずうしい。態度が大きい。例あいつは野太い男だ。❷〔声が〕低い、ふとい。例顔に似合わない野太い声を出す。活用 のぶと・い。

のぶん 名詞 漢字の部首の一つ。「改」「政」などの「攵」の部分。ぼくにょう。

1 **のべ**【延べ】名詞 同じものがいくつ重なっても、それぞれを一つずつとして数えること。例三日間の入場者は延べ二千人だった。

2 **のべ**【野辺】名詞 野のあたり。野原。

のべおくり【野辺送り】名詞 死んだ人を火葬場や埋葬場まで見送ること。また、その行列。野辺の送り。

のべじんいん【延べ人員】名詞 ある仕事をした人の数を、かりに一日でしあげたとしたら何人になるかで表したもの。延べ人数。参考 二人で八日かかった仕事の延べ人員は十六人となる。

のべつ 副詞 休みなく続くようす。ひっきりなし。例のべつ何か食べている。

のべつまくなし【のべつ幕無し】名詞 形容動詞 〔しばいで、幕を引かずに続けてえんじることから〕休みなく続けること。例おしゃべりな妹は、のべつ幕無しに話をしている。

のべにっすう【延べ日数】名詞 ある仕事にかかった日数を、かりに一人でやったとするとき何日になるかで表したもの。参考 三人で四日かかった仕事の延べ日数は十二日。

のべにんずう【延べ人数】名詞 ⬇のべじんいん。

のべばらい【延べ払い】名詞 〔何かを買ったとき〕お金の支払いを先にのばすこと。ある日にちがたったあとで払うこと。

のべぼう【延べ棒】名詞 ❶金属をうすくぼうのようにのばしたもの。例金の延べ棒。❷もちなどをのばすための、木などでつくられたぼう。例そばを延べ棒でうすくのばしてから、切る。

1 **のべる**【述べる】動詞 思っていることを、言葉で表す。例学級会で意見を述べる。参考 ややあらたまった言い方。活用 の・べる。

2 **のべる**【伸べる】動詞 〔手などを〕のばす。例すくいの手を伸べる。活用 の・べる。⇩使い分け。

3 **のべる**【延べる】動詞 広げる。しく。例ねる前に床を延べる。活用 の・べる。⇩使い分け。

のほうず【野放図】名詞 形容動詞 ❶することにけじめがなく、だらしないこと。勝手気ままで、ずうずうしいこと。例細かいことにこだわらない野放図な性格。❷きりがなく、どこまで広がるかわからないこと。例外来生物を野放図にふやすことは危険だ。

のぼせあがる【のぼせ上がる】動詞 ひどくのぼせて、夢中になる。活用 のぼせあが・る。

1 **のぼせる** 動詞 ❶頭に血がのぼってめまいがする。例長湯をしてのぼせた。❷物事や人に夢中になる。例姉はテニスにのぼせている。／アイドルにのぼせる。❸かっとなってとりみだす。例人に笑われたので、ますますのぼせてしまった。❹うぬぼれる。例一度ぐらい勝ったからといってのぼせるな。活用 のぼ・せる。

使い分け のべる

●さし出す。
すくいの手を伸べる。

●広げる。
床を延べる。

2 **のぼせる**【上せる】動詞 ❶〔位置・地位を〕高いところや上の方にあげる。例屋根に上せる。❷書いてのせる。例記録に上せる。❸とりあげて出す。例話題に上せる。活用 のぼ・せる。

のほほんと 副詞 何もしないで、のんきにしているようす。例何のなやみもなく、毎日をのほほんと暮らす。

1 **のぼり** 名詞 ❶細長い布の、上と横の一方にさおを通して、目じるしとして立てるもの。❷「こいのぼり」の略。

2 **のぼり**【上り】名詞 ❶下から上へうつること。❷地方から中央へ行くこと。特に、地方から東京へ行くこと。例上りの高速道路がこんでいる。❸道が自然に高くなっていくこと。また、そのような道。例急な上りにさしかかる。❹「上り列車」の略。例ホームに上りの電車が入ってくる。

ことばあそび 漢字クイズ⑦ 日が生まれるところは、どこでしょう？

きた。対①～④下り。

3のぼり【登り】名詞〔山などの〕高いところにあがること。例登りの道はきつかった。

のぼりがま【登り窯】 名詞 ななめになっている土地に階段状につくった、焼き物をやくためのかま。

のぼりくだり【上り下り】 名詞 上ることとくだること。例この山は上り下りがきつい。

のぼりぐち【上り口】 名詞〔階段、坂道、山などの〕上りはじめるところ。例上り口から頂上までおよそ一時間かかる。

のぼりざか【上り坂】 名詞 ❶だんだん上に上っていく坂。❷〔物事が〕だんだんよい方に向かっているようす。例調子は上り坂だ。対①②下り坂。

のぼりちょうし【上り調子】 名詞 物事や体の調子がいいこと。例さいきん、仕事が上り調子だ。

のぼりつめる【上り詰める】 動詞 一番上まで のぼる。例坂道を上り詰める。／社長にまで上り詰める。活用 のぼりつ・める。

1**のぼる【上る】** 動詞 ❶低い所から高い所へ行く。例坂を上る。❷川上に向かって進む。例サケはたまごをうむために川を上る。❸地方から中央へ行く。特に、地方から東京へ行く。例都に上る。対①～③下る。❹話題になる。例世間のうわさに上った。❺〔ある数や量に〕たっする。例参加者は五百人にも上った。活用 のぼ・る。⇩使い分け。

2**のぼる【昇る】** 動詞 太陽や月などが空に高く現れる。ことば「朝日が昇る」参考「上る」とも書く。対沈む。活用 のぼ・る。⇩使い分け。

3**のぼる【登る】** 動詞 ❶山道や急な坂などを、自分で上がっていく。例山に登る。／木に登る。❷高い地位になる。例大臣の位に登る。対下る。おりる。活用 のぼ・る。⇩使い分け。参考②は「昇る」とも書く。

のまれる【飲まれる】 連語 ❶ひきこまれる。例あらしのため船は波に飲まれてしまった。❷相手のいきおいにおされてしまう。あっとうされる。例ふんいきに飲まれ実力が出ない。

使い分け　のぼる

●高い所にあがる。
階段を上る。

●空に高く上がる。
朝日が昇る。

●自分の力で、高い所に行く。
山に登る。

1**のみ** 名詞 とても小さく、動物の体にくっついて血をすうこん虫。よくとびはねる。

2**のみ** 名詞 木や石にあなをあけたり、みぞをつけたりする道具。例木をのみでほり、かんなでけずる。⇩図。

3**のみ** 助詞 はんいをかぎる意味を表す。…だけ。例大会に出られるのは、クラスでたった五名のみだ。／準備はすんだので、あとは出発を待つのみだ。

2のみ

のみくい【飲み食い】 名詞 する動詞 飲んだり食べたりすること。例レストランで飲み食いする。／飲み食いにお金をかける。

のみぐすり【飲み薬】 名詞 飲む薬。内服薬。例注射はいやだから、飲み薬がほしい。

のみくだす【飲み下す】 動詞〔食べ物などを〕飲みこむ。飲んで食道から胃におくる。例苦い薬を一気に飲み下す。活用 のみくだ・す。

のみくち【飲み口】 名詞 飲み物などを口にふくんだときの感じ。例このお茶は飲み口がいい。

のみこみ【飲み込み】 名詞 物事を理解する力。ことば「飲み込みが早い」

のみこむ【飲み込む】 動詞 ❶飲んで腹の中に入れる。❷〔りくつやわけを〕理解する。例こ

つを飲み込む。活用 のみこ・む。

のみで【飲み出】名詞 飲み物の量が多いこと。参考 ふつう「飲みで」と書く。

のみとりまなこ【のみ取り眼】名詞〔ノミをつかまえようとするときのように〕どんな小さなことでも見のがさないように気をくばってものをさがす目つき。例 落としたコンタクトレンズをのみ取り眼でさがす。類 鵜の目鷹の目。

のみならず 一 接続詞《文のはじめについて》そればかりでなく。例 寒い。のみならずおなかも空いてきた。二 連語 …だけでなく。例 学力のみならず体力もすぐれている。

ノミネート 名詞 する動詞 候補として指名すること。推せんすること。例 最優秀賞にノミネートされた作品。▼英語 nominate

のみほす【飲み干す】動詞 すっかり飲んでしまう。例 つめたい水をひといきに飲み干す。活用 のみほ・す。

のみみず【飲み水】名詞 飲むための水。飲用水。飲料水。

のみもの【飲み物】名詞〔茶・酒・ジュースなどのように〕飲むためのもの。例 飲み物を持って行く。

のみや【飲み屋】名詞 つまみやおかずを食べながら酒を飲む店。類 居酒屋。

のむ【飲む】動詞 ❶〔水などを〕口から、体の中に入れる。例 お茶を飲む。❷相手を軽く見る。例 敵を飲んでかかる。❸受け入れる。例 しかたなく、相手の要求を飲んだ。❹〔出そうになるのを〕がまんする。例 なみだを飲む。❺酒を、口から体の中に入れる。例 父は飲んで帰った。❻すいこむ。例 たばこを飲む。活用 の・む。

のめりこむ【のめり込む】動詞 ❶前にたおれこむ。例 おされて田んぼにのめり込んだ。❷〔そこからぬけ出せなくなるくらい〕ほかのことをわすれて熱中する。例 テニスにのめり込んでいる。活用 のめりこ・む。

のめる 動詞 前の方にたおれそうになる。例 あわてて玄関でのめった。活用 のめ・る。

のやき【野焼き】名詞 春に草がよくはえるように、冬の間に野の草を焼くこと。参考 害虫をころし、はいを肥料にする。類 山焼き。

のやま【野山】名詞 野と山。山野。例 秋の野山を歩く。

のら【野良】名詞 ❶田や畑。例 父は朝から野良にでかけている。❷野原。

のらいぬ【野良犬】名詞 飼い主がいない犬。野犬。対 飼い犬。

のらくら 副詞（-と）する動詞 なまけて、だらだらしているようす。例 のらくら遊びくらす。

のらしごと【野良仕事】名詞 田畑に出てするしごと。

のらねこ【野良猫】名詞 飼い主がいないネコ。対 飼い猫。

のらりくらり 副詞（-と）する動詞 ❶なまけて、ぶらぶらしているようす。例 毎日、のらりくらりとすごす。❷態度などがはっきりしないで、つかみどころがないようす。例 何を質問されても、のらりくらりとかわす。類 ①② ぬらりくらり。

のり[1] 名詞 ❶海中の岩などについている海そう。アオノリ・アサクサノリなど。❷アサクサノリなどをうすくすいてほした食べ物。ほしのり。漢字 海苔。

のり[2] 名詞 物をはるときに使う、ねばねばしたもの。でんぷんのり・ふのり・ゴムのりなど。漢字 糊。

のりあい【乗り合い】名詞 同じ乗り物にいっしょに乗ること。また、その乗り物。例 乗り合いバス。類 相乗り。

のりあげる【乗り上げる】動詞 進んできた船や車などが、障害物の上に乗って動けなくなる。例 モーターボートが岩に乗り上げる。／トラックが歩道に乗り上げる。活用 のりあ・げる。

のりあわせる【乗り合わせる】動詞 ぐうぜん同じ乗り物に、いっしょに乗る。例 バスで、先生と乗り合わせた。活用 のりあわ・せる。

のりいれる【乗り入れる】動詞 ❶乗り物に乗ったまま中に入る。例 ホテルの入り口前まで車を乗り入れる。❷電車やバスなどの路線をのばして、ある地域まで運行するようにする。また、ほかの会社の路線までのばして運行する。例 特急電車が、空港の近くまで乗り入れる。活用 のりい・れる。

のりうつる【乗り移る】動詞 ❶ある乗り物から、ほかの乗り物に乗る。例 汽船からモーターボートに乗り移った。類 乗り換える。❷神や仏、また、なくなった人のたましいなどが人の体に入りこむ。例 なくなった祖母が乗り移ったようなことを言う。活用 のりうつ・る。

のりおくれる【乗り遅れる】動詞 ❶乗り物の出発時間に間に合わなくて、乗りそこなう。例電車に乗り遅れて、ちこくした。❷世の中の新しい動きについていけず、とり残される。例流行に乗り遅れる。活用 のりおく・れる。

のりおり【乗り降り】名詞 する動詞 乗り物に乗ることと、おりること。例電車の乗り降り。

のりかえ【乗り換え】名詞 ❶ある乗り物からおりてほかの乗り物に乗ること。例東京駅で乗り換えだ。❷乗りかえるために用意しておく乗り物。例乗り換え用の車はない。❸今までのものやり方をすてて、新しいものをとること。例仕事の乗り換えが早い。

のりかえる【乗り換える】動詞 ❶ある乗り物をおりて、ほかの乗り物に乗る。例次の駅で急行に乗り換える。類 乗り移る。❷今までの考え方ややり方から、新しい考え方ややり方にきりかえる。例ひいきのチームを別のチームに乗り換える。活用 のりか・える。

のりかかったふね【乗り掛かった船】ことわざ 岸をはなれた船からはおりられないことから、いったん始めたことは中途でやめるわけにいかないということのたとえ。例乗り掛かった船なので、やれるだけやってみよう。

のりき【乗り気】名詞 形容動詞 あることをしようという気持ちが強くなっていること。例何か計画に乗り気になっている。／あまり乗り気ではないようだ。類 気乗り。

のりきる【乗り切る】動詞 ❶乗ったままで通りぬける。例あらしの海を乗り切ってもどった。❷むずかしいことをやりとげる。例最後の難関を乗り切る。活用 のりき・る。

のりくみいん【乗組員】名詞 船・飛行機などに乗って、その中で仕事をする人。注意 送りがなをつけない。

のりくむ【乗り組む】動詞 船や飛行機などの中で仕事をするために、乗りこむ。例百人が乗り組む船。活用 のりく・む。

のりこえる【乗り越える】動詞 ❶乗り物に乗って通りこす。❷物の上をこえて向こうに行く。例岩を乗り越えて進む。❸ほかの人をぬいて先に進む。例先ぱいを乗り越える。❹〔苦しい状態を〕きりぬける。乗りきる。例苦しみを乗り越える。活用 のりこ・える。

のりごこち【乗り心地】名詞 乗り物に乗ったときの気持ち。例新幹線は乗り心地がよい。

のりこし【乗り越し】名詞 する動詞 おりる予定の駅より先まで行くこと。例乗り越しの料金。

のりこす【乗り越す】動詞 おりるところより先まで乗ってしまう。例乗り越してしまったので、もどった。類 乗り過ごす。活用 のりこ・す。

のりこなす【乗りこなす】動詞 〔車や馬などに〕思うままに、うまく乗る。例馬を乗りこなす。活用 のりこな・す。

のりこむ【乗り込む】動詞 ❶乗り物の中に入りこむ。例バスに乗り込む。❷多くの人といっしょに乗る。例同じ列車に乗り込む。❸いさましくある場所に入る。例敵地に乗り込む。❹乗り物に乗ったまま、ある場所に行く。例車で会場に乗り込む。活用 のりこ・む。

のりしろ【のり代】名詞 紙をはりあわせるとき、のりをつける部分。

のりすごす【乗り過ごす】動詞 うっかりして、おりるはずの駅を通りすぎる。例いねむりをしていて一駅乗り過ごす。類 乗り越す。活用 のりす・ごす。

のりすてる【乗り捨てる】動詞 乗って行ったものを、おりた場所にそのままほうっておく。例犯人は自動車を乗り捨てて、にげた。活用 のりす・てる。

のりだす【乗り出す】動詞 ❶船などに乗って出発する。また、いきおいよく出かけていく。例漁船はおきへ乗り出した。❷すすんで物事をはじめる。例名探偵が事件の解決に乗り出す。❸体を前の方へ出す。例身を乗り出してバレーボールの試合を見つめる。活用 のりだ・す。

のりつぐ【乗り継ぐ】動詞 別の乗り物に乗りかえて、先へ進む。例バスを乗り継いで行く。活用 のりつ・ぐ。

のりづけ【のり付け】名詞 する動詞 ❶のりではりつけること。例ふうとうの口をのり付けする。❷せんたく物にのりをつけて、布をぱりっとさせること。例シーツにのり付けをする。

のりつける【乗り付ける】動詞 ❶乗り物に乗ったまま、その場所に着く。例げんかんまで自動車を乗り付けた。❷乗ることになれている。例ヨットに乗り付けている。活用 のりつ・ける。

のりて【乗り手】名詞 ❶〔その乗り物に〕乗る人。例この馬の乗り手は経験ゆたかな人です。

❷上手に乗りこなす人。例 一流の乗り手ばかりが出場する。

のりと【祝詞】名詞 神主が神に対して唱える言葉。ことば「祝詞をあげる」

のりにげ【乗り逃げ】名詞 する動詞 ❶乗り物に乗って、料金をはらわないでにげること。例 タクシーの乗り逃げ事件があった。❷人の乗り物をぬすんで、乗ってにげること。例 自転車を乗り逃げされた。

のりのり 名詞 形容動詞 調子がよくて、もり上がっているようす。例 のりのりで歌う。

のりば【乗り場】名詞 乗り物に乗るための場所。例 タクシー乗り場。

のりまき【のり巻き】名詞 のりでまいたすし。のりまきずし。

のりまわす【乗り回す】動詞 乗り物に乗って、あちらこちら走り回る。例 オートバイを乗り回す。活用 のりまわ・す。

のりもの【乗り物】名詞 人を乗せて運ぶもの。電車・汽車・自動車・飛行機など。

のりものよい【乗り物酔い】名詞 乗り物に乗ると、はきけがしたり気分が悪くなったりすること。

のる[1]【乗る】動詞 ❶物の上に上がる。例 ふみ台に乗る。❷乗り物の中や上に、体をおく。例 電車に乗る。／エスカレーターに乗る。対 降りる。❸［風などの流れで］運ばれる。例 波の音が風に乗って聞こえてくる。❹調子に合う。例 リズムに乗る。❺加わる。相手になる。例 相談に乗る。❻相手の考えのとおりに行動してしまう。例 敵の計略に乗ってしまった。❼いきおいがついて、調子がよくなる。例 好調の波に乗る。❽十分につく。例 あぶらの乗ったサンマ。活用 の・る。⇩使い分け。

のる[2]【載る】動詞 ❶物が何かの上に置かれる。例 テーブルに花びんが載っている。❷文章などが新聞や雑誌に出る。例 ぼくの詩が新聞に載った。活用 の・る。⇩使い分け。

ノルウェー 地名 ノルウェー王国。スカンジナビア半島西部にある細長い国。林業、水産業がさかん。フィヨルドや氷河など自然にめぐまれている。首都はオスロ。▼英語 Norway

のるかそるか【のるか反るか】連語 うまくいくかいかないか。成功するか、失敗するか。いちかばちか。例 監督はのるか反るか勝負をかけて代打をおくった。

使い分け　のる

●乗り物に入る。
バスに乗る。

●新聞や雑誌に出る。
新聞に写真が載る。

ノルディック 名詞 スキーで、距離競技・ジャンプ競技・複合競技の三種目をまとめていう言葉。ノルディック種目。参考 ⇩アルペン。▼英語 Nordic

ノルマ 名詞 わり当てられた仕事の量。例 ノルマを達成する。▼ロシア語

のれん 名詞 ❶店の名などをそめて、のきにたらしてある布。⇩図。❷店の名。屋号。例 古いのれんをほこる。❸店の信用。例 悪い品を売ったらのれんにかかわる。

のれん①

のれんにうでおし【のれんに腕押し】ことわざ いくら力を入れても手ごたえのないことのたとえ。例 何を言っても表情を変えず、まったく、のれんに腕押しだ。類 ぬかにくぎ。とうふにかすがい。

のれんをおろす【のれんを下ろす】慣用句 商売をやめて、店をしめる。例 長年営業してきたが、ついにのれんを下ろすことになった。類 閉店。店じまい。

のれんをわける【のれんを分ける】慣用句［長年つとめた店員に］店の得意先や仕入先などをわけあたえる。例 のれんを分けてもらって、独立する。

のろい[1]【呪い】名詞 のろうこと。ことば「呪い

ことばあそび 漢字クイズ⑧ 山の下にある石は、何でしょう？

をかける」

2 **のろい** 形容詞 動作がにぶい。また、動きがおそい。例 歩みがのろい。／計算がのろい。活用 のろ・い。

のろう【呪う】 動詞 〔うらみのある人やにくい人に〕災難がおこるようにいのる。活用 のろ・う。

のろける 動詞 夫や妻、恋人などのことを、ほかの人にうれしそうに話す。活用 のろ・ける。

のろし 名詞 昔、戦などで、合図のためにあげた火やけむり。漢字 狼煙。⇩図。

のろし

のろしをあげる【のろしを上げる】 慣用句 ❶合図をする。❷世間に、ある物事をおこすことを知らせ、いきおいをしめす。例 幕府打倒ののろしを上げる。

のろのろ 副詞(-と) する動詞 動きがにぶく、ゆっくりしているようす。例 つかれて、のろのろ歩く。

のろま 名詞 形容動詞 動作や頭の働きがにぶいこと。また、そういう人。類 鈍重。

のわき【野分】 名詞 「台風」の古い言い方。秋から冬のはじめにふく大風。例 野分の風。参考 「野分」ともいう。

のんき 形容動詞 ❶心配ごとや苦労がないようす。例 のんきにくらす。❷気が長く、のんびりしているようす。例 母はのんきな性分なので、まったくあせっていなかった。対 せっかち。

ノンステップバス 名詞 出入り口に段差がなくて、乗りおりしやすいバス。参考 英語を組み合わせて日本でつくった言葉。

ノンストップ 名詞 とちゅうで止まらないこと。例 終点までノンストップで行く。▼英語 nonstop

のんだくれ【飲んだくれ】 名詞 いつも酒ばかり飲んで、だらしのない状態になっていること。また、その人。よっぱらい。

のんでかかる【飲んでかかる】 慣用句 相手をみくびってあつかう。例 相手をはじめから飲んでかかる。

のんびり 副詞(-と) する動詞 性質や気分などが、ゆったりとしているようす。例 のんびりした人なので、いっしょにいると安心する。類 ゆうゆう。

ノンフィクション 名詞 事実を書いた読み物。伝記・歴史・旅行記など。対 フィクション。▼英語 nonfiction

ノンプロ 名詞 それを職業にしていないこと。また、その人。参考 ア特に、プロ野球や学生野球以外の、社会人野球のこと。イ英語の「ノンプロフェッショナル（nonprofessional）」から。類 アマチュア。対 プロフェッショナル。

のんべんだらり 副詞(-と) 何をするわけでもなく、だらだらと時間をすごすようす。例 のんべんだらりと毎日をすごす。

は
ぱ ば
パ バ ハ
PA BA HA
pa ba ha

1 **は** 助詞 そのものを特にとりあげて、ほかのものと区別してしめす言葉。例 これは本です。／わたしは行きません。注意 「は」と書いて「わ」と発音する。

2 **は【刃】** 名詞 ナイフやほうちょうなどの、物を切る部分。例 ほうちょうの刃が欠けた。

3 **は【羽】** 名詞 鳥のはね。つばさ。

4 **は【葉】** 名詞 植物のくきやえだについていて、呼吸や光合成などをおこなう部分。

5 **は【歯】** 名詞 ❶せきつい動物の口の中にあり、食べ物をかみくだく役目をするかたいもの。⇩図。ことば 「歯をみがく」❷道具や機械などのふちにある、きざみ。例 はぐるまの歯。／のこぎりの歯。❸げたの、地面につく部分。⇩410ページ・げた（図）。

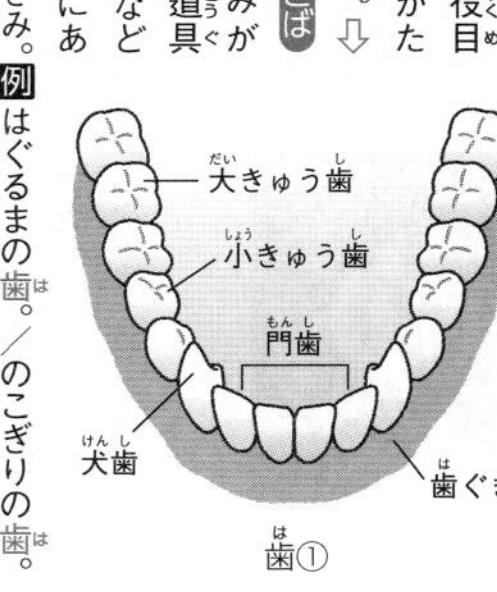

歯①

1 **ば** 助詞 ❶「もし…なら」の意味を表す言葉。例 雨がふれば中止する。❷ある条件があればかなら

ずそうなることを表す言葉。例十五を三でわれば五になる。❸同じようなことがらをならべあげるのに使う言葉。例大人もいれば子どももいる。❹ふと思い出して話題としてとりあげるときに使う言葉。例エジソンといえば、あの伝記の本はだれにかしたかな。

ば²【場】名詞 ❶物事がおこっているところ。おこなっているところ。例活動の場を広げる。❷劇やしばいなどで、いくつかに分けた一場面。例次は、兄弟の別れの場だ。❸とき。場合。例その場におうじて、問題を解決する。

バー 名詞 ❶横にわたしたぼう。走り高とびやぼう高とびに使う横木やバレエの練習で体をささえる横木など。❷酒場。主に洋酒を飲ませる店。▼英語 bar

ぱあ 一 名詞 じゃんけんで、五本の指をひらいた形。紙を表す。二 名詞 形容動詞 ❶すっかりなくなること。例計画がぱあになる。❷おろかな人。参考 二はくだけた言い方。

ばあい【場合】名詞 ❶そうなったとき。そのおり。例申しこみが多い場合は、ちゅうせんになる。❷そのときの事情。例場合によっては中止する。

パーキング 名詞 車を止めておくこと。また、その場所。参考 英語で、車を止める場所は parking lot という。▼英語 parking

はあく【把握】名詞 する動詞 ❶にぎりしめること。❷よく理解すること。例内容を把握する。

バーゲンセール 名詞 商品を特別に安く売ること。特売。参考 英語で、bargain は「お買い得品」の意味で、「特売」は、英語では単に sale という。

バーコード 名詞 商品の包装紙や外箱などにいんさつしてある、黒い短い線を何本も平行にならべた符号。定価など商品についてのさまざまな情報が入っており、コンピューターに読みとらせることができる。▼英語 bar code

バージョン 名詞 ❶コンピューターのプログラムなどで、何回目の版かということ。❷商品などの「…版」の意味。▼英語 version

バージョンアップ 名詞 する動詞 コンピューターのプログラムなどを手直しして、ハードウエアやソフトウエアの性能などをよりよいものにすること。参考 日本でつくった言葉で、英語では upgrade という。

バースデー 名詞 たん生日。▼英語 birthday

パーセンテージ 名詞 百分率。「パーセント」で表される割合。参考 全体を一〇〇としたときの割合。百分率で具体的な数字で表すときには、あとに単位である「パーセント」がくる。▼英語 percentage

パーセント 名詞 助数詞 百分率を表す単位。一パーセントは百分の一。記号は、「%」。例「五十パーセント」は、ちょうど半分のことだ。▼英語 percent

パーソナリティ 名詞 ❶その人の性格・個性・人柄。❷テレビ、ラジオなどで番組を司会・進行する人。パーソナリティー。参考 英語はタレントのほか、テレビ、ラジオなどで活躍する有名人をいう。▼英語 personality

パーソナルコンピューター 名詞 ➡1041ページ・パソコン。▼英語 personal computer

ばあたり【場当たり】名詞 ❶〔しばいなどで〕その場の思いつきで、人々の評判や人気をえようとすること。例場当たりをねらう。❷そのときだけの思いつき。例場当たりの計画。

パーツ 名詞 ➡1152ページ・ぶぶん。ぶぶんひん。▼英語 parts

パーティー 名詞 ❶多くの人が集まって、酒を飲んだり、食事をしたり、ゲームをしたりして楽しむ会。例クリスマスパーティー。❷〔登山などの〕仲間。例女性だけのパーティーで山にのぼる。▼英語 party

ハート 名詞 ❶心臓。❷心。❸トランプのしるしの一つ。赤い「♥」の形。▼英語 heart

ハード 一 名詞 形容動詞 かたいようす。きびしいようす。きついようす。つらいようす。例ハードな練習。二 名詞 ❶「ハードウエア」の略。❷「ハードディスク」の略。▼英語 hard

パート 名詞 ❶受け持ち部分。役割。例重要なパートをまかされる。❷音楽で、声部。また、それぞれの楽器が受け持つ部分。例コーラスで高いパートを歌う。❸「パートタイム」の略。❹「パートタイマー」の略。▼英語 part

バードウィーク 名詞 野鳥を大切に守る心を育てる週間。五月十日から十六日までの一週間。愛鳥週間。参考 日本でつくった言葉。英米には Bird Day がある。

ハードウエア 名詞 コンピューターの機器や装置をまとめていう言葉。ハード。対 ソフトウエア。▼英語 hardware

バードウオッチング 名詞 野山にでかけて、自然の中で野鳥を観察すること。野鳥観察。▼英語 bird watching

パートタイマー 名詞 パートタイムで働く人。パート。▼英語 part-timer

パートタイム 名詞 一日のうちで、ある決まった（短い）時間だけ仕事をする働き方。パート。対 フルタイム。▼英語 part time

ハードディスク 名詞 コンピューターで情報を記録する装置の一つ。磁気をおびた金属などの円ばんでできている。ＨＤＤ。▼英語 hard disk

パートナー 名詞 ❶仕事やダンスなどで、二人で組むときの相手。❷夫婦やカップルで、相手のこと。夫にとっての妻、妻にとっての夫など。▼英語 partner

ハードル 名詞 障害競走で使う木または金属のわく。また、それをとびこえながら走る競走。ハードル走。参考 乗りこえなければならない物事のたとえにも使われる。例 初心者にはハードルの高い課題だ。▼英語 hurdle

バーナー 名詞 ガスや液体燃料をふきだして、もやすための器具。例 ガスバーナー。／石油バーナー。▼英語 burner

ハーフ 名詞 ❶半分。中間。例 ハーフサイズ。❷人種のちがう両親から生まれた人。❸スポーツで、試合の前半または後半。▼英語 half

ハーブ 名詞 料理の風味づけや薬として、人のくらしに役立つ植物のこと。タイム・セージ・ペパーミント・ローズマリーなど。香草。例 ハーブティー。／ハーブキャンデー。▼英語 herb

ハープ 名詞 古くからある弦楽器。四十七本の糸を指ではじいてひく。たてごと。▼英語 harp

ハーフウエーライン 名詞 サッカーやラグビーのフィールドの中央に引かれている区画線。ゴールラインとは平行に、タッチラインとは直角に引かれ、ピッチを半分に分けている。▼英語 halfway line

パーフェクト ■一 形容動詞 完全で、かけたところがないようす。
■二 名詞 野球で、「パーフェクトゲーム」の略。ピッチャーが一人もランナーを出さずに、終わりまで投げきること。完全試合。▼英語 perfect

ハープシコード 名詞 ⬇795ページ・チェンバロ。▼英語 harpsichord

ハーフタイム 名詞 サッカー・ラグビー・バスケットボールなどで、試合の前半と後半の間にもうける休憩時間。▼英語 halftime

ハーフマラソン 名詞 ふつうのマラソンの半分のきょりの約二十キロメートルを走るマラソン。▼英語 half marathon

バーベキュー 名詞 野外で肉や野菜などをやいて食べる料理。▼英語 barbecue

バーベル 名詞 鉄棒の両はしに円盤形のおもりをつけた器具。重量挙げや筋力トレーニングに使う。▼英語 barbell

パーマ 名詞 熱や薬品などを使って髪の毛をちぢらせたり波うたせたりすること。また、その髪形。パーマネント。ことば「パーマをかける」
参考 英語の「パーマネントウエーブ」の略。

バーミキュライト 名詞 ひる石（＝黒雲母の変質したもの）を焼いてつくった、園芸用の土のかわりに使うもの。▼英語 vermiculite

パーミル 名詞 助数詞 ⬇717ページ・せんぶんりつ。▼英語 per mille

ハーモニー 名詞 ❶高さのちがう二つ以上の音が重なって、美しく調和すること。また、そのひびき。❷つりあい。調和。参考 ①はメロディー・リズムとともに音楽の三要素の一つ。▼英語 harmony

ハーモニカ 名詞 口にあてて、ふく長方形の楽器。息をすったりふいたりしてうすい金属の板をふるわせ、音を出す。▼英語 harmonica

バーレル 名詞 助数詞 ⬇1070ページ・バレル。

はい[1] 名詞 植物の「たね」の中にあって、芽を出してわかい植物になる部分。漢字 胚。

はい[2] 感動詞 ❶人によばれたときの、返事の言葉。例「田中さん。」「はい。」❷相手の言ったことをわかったり、引き受けたりするときの言葉。例「まどをしめてください。」「はい、わかりました。」対 いいえ。いえ。❸聞き手の注意をこちらに向けたいときに使う言葉。例 はい、えんぴつを置いてください。

はい[3]【灰】名詞 物がもえたあとに残る、粉のようなもの。

はい[4]【肺】名詞 せきつい動物がこきゅうをするための器官。すいこんだ空気中の酸素を血液の

中に入れ、血液中の二酸化炭素を体の外に出す働きをする。肺臓。⇩939ページ・内臓（図）。

ばい【倍】 一 名詞 ある数を二つ合わせた数。例 三の倍は六。二 助数詞 同じ数を足していく回数をしめす。例 三を五回足した数は三の五倍と同じ。

パイ 名詞 小麦粉とバターをねり合わせてうすくのばした皮を重ね、中にくだものやひき肉などを入れてオーブンで焼いた食べ物。例 アップルパイ。／ミートパイ。▼英語 pie

はいあがる【はい上がる】 動詞 ❶はって、上がる。例 がけをはい上がる。❷苦労して、悪い状態からぬけ出す。例 最下位からはい上がる。／どん底の生活からはい上がる。活用 はいあが・る。

はいいろ【灰色】 名詞 ❶ねずみ色。グレー。❷うるおい・おもしろみ・希望などのないことのたとえ。ことば「灰色の人生」❸考えや立場がはっきりしないこと。また、うたがわしいこと。

はいいん【敗因】 名詞 試合で、負けた原因。対 勝因。

ばいう【梅雨】 名詞「梅雨」のこと。ことば ⇩「梅雨前線」

ハイウエー 名詞 高速道路。参考 英語の highway からだが、これは「公道」をあらわし、高速道路は英語では expressway, freeway などという。

ばいうぜんせん【梅雨前線】 名詞 六月から七月の中ごろにかけて、日本列島の南の海岸ぞいにとどまって長雨（＝梅雨）をおこす前線。

はいえい【背泳】 名詞 あおむけになって泳ぐ泳ぎ方。せおよぎ。バックストローク。

バイエル 名詞 ピアノを習いはじめた人の、練習用の本。語源「バイエル」は、この本をつくった作曲家、フェルディナント・バイエル（Ferdinand Beyer）から。▼ドイツ語

はいえん【肺炎】 名詞 細菌やウイルスによっておこる肺の病気。高い熱やはげしいせきがでて、呼吸が苦しくなる。

ばいえん【ばい煙】 名詞〔工場のえんとつなどから出る〕すすをふくんだけむり。

バイオ 名詞「バイオテクノロジー（biotechnology）」の略。

バイオテクノロジー 名詞 生物の働きを医学や農業に応用する技術。生命工学。バイオ。▼英語 biotechnology

パイオニア 名詞 だれもやっていないことを初めておこなう人。開拓者。類 先駆者。▼英語 pioneer

バイオファーム 名詞 バイオテクノロジーなどの技術をとりいれた農業。新しい品種の農作物をつくりだす。参考 英語で、bio farming は有機農業（organic farming／agriculture）を指す。

バイオマス 名詞 木材や動物のふんなど、動植物から生まれた資源。▼英語 biomass

バイオリズム 名詞 人間の体や感情などにみられる好調と不調のリズム。一定の間をおいてくり返される。▼英語 biorhythm

バイオリン 名詞 四本の弦を弓でこすって音を出す弦楽器。ヴァイオリン。▼英語 violin

はいか【配下】 名詞 ある人に支配されていること。また、その人。手下。部下。

はいが【はい芽】 名詞 植物の「たね」のなかにあって、まだ表に出ない芽。漢字 胚芽。⇩1307ページ・[2]もみ②（図）。

ばいか[1]【売価】 名詞 品物を売るときのねだん。うりね。対 買価。

ばいか[2]【買価】 名詞 品物を買うときのねだん。かいね。対 売価。

ばいか[3]【倍加】 する動詞 二倍にふえること、ふやすこと。また、程度がはげしくなること。例 売上げが倍加した。／本格的な冬をむかえ、寒さも倍加した。

はいかい【俳諧】 名詞 ❶俳句・連句をひとまとめにしていう言葉。❷「俳かい連歌」の略。ふつうの連歌に対して、おもしろさやおかしさを中心にした連歌。

ばいかい【媒介】 する動詞 二つのものや二人の人などの間にたって、両方の関係をとりもつこと。また、とりもつもの。なかだち。例 日本脳炎は、コガタアカイエカという蚊の媒介によって感染する。

はいかぐら【灰神楽】 名詞 熱い灰の中に水や湯をこぼしたときに、灰がまいあがること。例 火ばちに水がこぼれて、灰神楽が立つ。

はいガス【排ガス】 名詞 ⬇はいきガス。

はいかつりょう【肺活量】 名詞 その人の肺に出し入れすることのできる空気の最大量。できるかぎり深く息をすって、はき出したときの

あいうえお かきくけこ さしすせそ たちつてと なにぬねの はひふへほ まみむめも や ゆ よ らりるれろ わ を ん

ことばあそび 漢字クイズ⑨ むくちな人は、何の上にのっているでしょう？

空気の量ではかる。

ハイカラ 形容動詞 西洋風で、しゃれた感じがすること。西洋風に気どっていること。また、その人。例 ハイカラな家。／ハイカラな服装。語源 明治時代、外国から帰ってきた政治家などが、たけの高いえり（＝ハイカラー）をつけていたことから。参考 古い感じのする言い方。

はいかん1【拝観】名詞 する動詞 「神社や寺、そこの宝物などを見ること」のへりくだった言い方。見せていただく。例 宝物を拝観する。／拝観料。

はいかん2【廃刊】名詞 する動詞 決まった日時・時期に出していた新聞や雑誌の発行をやめること。類 休刊。

はいき1【排気】一 名詞 する動詞 中にある空気やガスを外へ出すこと。二 名詞 熱機関などで、燃焼がおわって出る蒸気・ガス。

はいき2【廃棄】名詞 する動詞 いらないものとして、すてること。例 古い機械を廃棄する。

はいきガス【排気ガス】名詞 車のエンジンなどからはき出される気体。ガソリンなどがもえてできたものをたくさんふくみ空気をよごす。排ガス。排出ガス。

はいきぶつ【廃棄物】名詞 役に立たなくなったり、必要がなくなったりして、すてられる物。例 産業廃棄物。

ばいきゃく【売却】名詞 する動詞 売りはらうこと。例 土地を売却する。類 販売。

はいきゅう【配給】名詞 する動詞 数や量がかぎられている物を、分けて、わたすこと。例 戦争中、米やさとうは配給されていた。

はいきょ【廃きょ】名詞 建物や町などの、こわれてあれはてたところ。例 廃きょと化した町。

はいぎょう【廃業】名詞 する動詞 今までしていた商売や仕事をやめること。例 旅館を廃業する。対 開業。

ばいきん【ばい菌】名詞 害になる、細菌。類 菌。

ハイキング 名詞 する動詞 自然を楽しみ、気分をかえるために、野山を歩き回ること。ハイク。類 ピクニック。▼英語 hiking

バイキング 名詞 ❶八世紀から十一世紀にかけて、スカンジナビア半島やデンマークから、ヨーロッパ各地に進出したノルマン人のこと。海賊。❷テーブルにならべられたいろいろな料理を客が好みで皿にとりわけ、好きなだけ食べる形式の料理。バイキング料理。参考 ②は日本でつけたよび名。英語では buffet（ビュッフェ）、または smorgasbord（スモーガスボード）という。▼英語 Viking

はいく1【俳句】名詞 自然の美しさなどを、五・七・五の十七音で表した短い詩。短歌の上の句が独立したもので、江戸時代にさかんにつくられ始めた。

ハイク2 名詞 する動詞 ⇩ハイキング。▼英語 hike

バイク 名詞 エンジンをとりつけた自転車。また、小型のオートバイ。ふつうのオートバイをさすこともある。参考 英語の bike からだが、この英語は、自転車をさすことが多い。

ことば博士になろう！

●**俳句**

例 雪とけて村いっぱいの子どもかな　（小林一茶）

五　七　五

◇季語は「雪とけて」で、春。俳句では、句の中に一つ、季節を表す季語（季題）をよみこむのがふつうです。

◇雪どけをむかえた北国の村。子どもたちがわっととび出してきます。そのにぎやかなようすに、作者は、まち望んでいた春のおとずれをよろこぶ雪国の人々の心を感じとっています。

はいぐうしゃ【配偶者】名詞 夫婦で、一方からみた、もう一方。一方からみた相手をよぶ方。つれあい。パートナー。参考 あらたまった言い方。

バイクびん【バイク便】名詞 バイクを使って、品物を短い時間でとどける事業。

はいけい1【拝啓】感動詞 手紙のはじめに書く、あいさつの言葉。「つつしんでもうしあげます」の意味。類 謹啓。参考 ⇩401ページ・敬具。

はいけい2【背景】名詞 ❶絵や写真などで、主に表したいものの後ろの部分。❷しばいで、舞台の後ろにかいたけしき。❸ある人や事件についての、かくされた事情やえいきょうをあたえているもの。例 事件の背景をさぐる。

はいけっかく【肺結核】名詞 「結核菌」によっておこる肺の病気。肺病。参考「結核」というとき、多くは肺結核のことをさす。

はいけん【拝見】名詞 する動詞 「見ること」のへりくだった言い方。つつしんで見ること。例おたよりを拝見しました。

はいご【背後】名詞 ❶ものの後ろ。❷〔物事の表面には出てこない〕かげの部分。また、かげにあるもの。例事件の背後にかくされたもの。

はいごう【配合】名詞 する動詞 いくつかのものを組み合わせること。また、その組み合わせ具合。例あざやかな色の配合。

ばいこくど【売国奴】名詞 自分の国に不利になり、敵国に利益になるようなことをして自分が利益をえる人。参考ののしっていう言葉。

はいざら【灰皿】名詞 たばこのすいがらや、灰を入れる、入れ物。

はいし【廃止】名詞 する動詞 今までおこなっていたことや、やり方などをやめること。例古い法律を廃止する。

はいじつせい【背日性】名詞 植物が太陽の光のこない方向にのびる性質。対向日性。

1 **はいしゃ**【敗者】名詞 勝負や競技に負けた人。また、負けたチーム。例敗者復活戦。対勝者。

2 **はいしゃ**【歯医者】名詞 歯の病気をなおす医師。また、その医院。

はいしゃく【拝借】名詞 する動詞 「かりること」をへりくだっていう言葉。つつしんでかりること。例これは、先生から拝借したものだ。

ハイジャック 名詞 する動詞 運行中の飛行機を武力で乗っ取ること。▼英語 hijack

ばいしゅう【買収】名詞 する動詞 ❶〔国や会社などが〕買い取ること。例土地を買収する。❷こっそりお金や物をあたえて、みかたに引き入れること。例敵を買収する。

1 **はいしゅつ**【排出】名詞 する動詞 中にたまったいらないものを、外に出すこと。例ガスを排出する。／老廃物を排出する。

2 **はいしゅつ**【輩出】名詞 する動詞 すぐれた人が次々と世に出ること。例この大学は多くのゆうしゅうな学者を輩出している。類続出。

はいしゅつガス【排出ガス】名詞 車のエンジンなどからはき出される排気ガスや、工場、火力発電所、焼却炉などから出される気体。空気をよごしたり、温室効果ガスを出したりする。

はいじょ【排除】名詞 する動詞 おしのけて、とりのぞくこと。例町から暴力を排除する。

ばいしょう【賠償】名詞 する動詞 ほかの国や人にあたえた損害をうめあわせること。例賠償金。

1 **はいしょく**【配色】名詞 色のとりあわせ。いろどり。

2 **はいしょく**【敗色】名詞 負けそうな様子。ことば「敗色がこくなる」

はいしん【配信】名詞 する動詞 ❶新聞社や放送局などが、ニュースを関係のあるところに知らせること。❷インターネットを使って動画や音楽を送信すること。例無料で動画を配信する。

はいじん【俳人】名詞 俳句をつくる人。

1 **はいすい**【配水】名詞 する動詞 管などを使って、水を配ること。例配水工事。

2 **はいすい**【排水】名詞 する動詞 中のいらなくなった水を外へおしだすこと。また、ほかの方に流してやること。例ふろの排水をよくする。

3 **はいすい**【廃水】名詞 一度使って、きたなくよごれた水。例工場の廃水をきれいにして再利用する。

はいすいのじん【背水の陣】故事成語 ❶川や海を後ろにして、負けてもにげられないようにした、戦をするかまえ。❷負けたら死ぬというかくごで戦うこと。また、そのようなかくごで、物事をおこなうこと。

はいすいりょう【排水量】名詞 船を水にうかべたとき船がおしのける水の量。例排水量四万トンのタンカー。参考船の重さとひとしいので、船の大きさを表すのに使う。

はいすいろ【排水路】名詞 いらない水を流すためのみぞ。

ばいすう【倍数】名詞 ❶ある数の何倍かにあたる数。参考たとえば、十二は二・三・四・六の倍数。対約数。❷ある数を二倍にした数。

1 **はいする**【配する】動詞 ❶〔人や物を〕必要なところへおく。例要所に人を配する。❷組み合わせる。例松にツルを配した着物のもよう。参考少し古い言い方。活用はい・する。

2 **はいする**【排する】動詞 取りのぞく。しりぞける。例じゃまを排して実行する。活用はい・する。

あいうえお かきくけこ さしすせそ たちつてと なにぬねの はひふへほ は まみむめも や ゆ よ らりるれろ わ を ん

こたえ 台（だい）

ばいする【倍する】 動詞 ばいになる。ばいにふやす。例前に倍して仲よくする。活用 ばい・する。

はいせき【排斥】 名詞 する動詞 きらってしりぞけること。きらっておしのけること。例ある製品の排斥運動がおこる。

はいせつ【排せつ】 名詞 する動詞 動物が栄養をとったあとのいらなくなった物や、体の中にできた有害な物を、大小便として出すこと。例牛の排せつしたものを有機肥料にする。

1はいせん【配線】 名詞 する動詞 ❶電線を引くこと。❷電流を流すために、部品と部品の間を電線でつなぐこと。例テレビの配線図。

2はいせん【敗戦】 名詞 する動詞 戦争や試合に負けること。まけいくさ。例敗戦投手。

はいぜん【配膳】 名詞 する動詞 はしや茶わんなどといっしょに、みんなに食事を配ること。

1はいそう【配送】 名詞 する動詞 荷物などを、送り先にとどけること。例お中元を配送する。

2はいそう【敗走】 名詞 する動詞 戦いに負けて、にげること。例敵の軍が敗走する。

はいぞう【肺臓】 名詞 ➡1018ページ・はい（肺）。

ばいぞう【倍増】 名詞 する動詞 ばいにふえること。例商売のもうけが倍増する。

はいぞく【配属】 名詞 する動詞 人をいろいろな部署にわりあてて、それぞれの役目につけること。例新しく営業部に配属される。

はいたい【敗退】 名詞 する動詞 戦争や試合に負けてしりぞくこと。

ばいたい【媒体】 名詞 ❶仲だちをするもの。例空気は音を伝える媒体だ。❷ニュースや知らせなどを伝えるための方法。新聞・雑誌・ラジオ・テレビ・インターネット上のサイトなどをさす。メディア。例テレビは宣伝の媒体になる。❸パソコンなどのデータを記録・保存するためのもの。ハードディスク・メモリーカードなど。

はいたつ【配達】 名詞 する動詞 品物を配りとどけること。また、その人。例新聞を配達する。

はいたてき【排他的】 形容動詞 自分や仲間のほかはしりぞけようとするようす。例排他的な言動。／排他的経済水域。

バイタリティー 名詞 活動するもとになる力。活力。生活力。例バイタリティーにあふれた人。▼英語 vitality

はいち【配置】 名詞 する動詞 〔人や物を〕ほどよい場所や地位におくこと。また、その場所や地位。例つくえの配置をかえる。

はいちがえ【配置換え】 名詞 する動詞 ❶物をおく場所をかえること。❷➡はいちてんかん。

はいちてんかん【配置転換】 名詞 する動詞 会社や役所などで、仕事の場所や中身をかえること。配転。配置換え。

はいちょう【拝聴】 名詞 する動詞 「聞くこと」のへりくだった言い方。つつしんで聞くこと。例先生のお話を拝聴する。

はいつくばう 動詞 両手・両ひざを地面につけて、はうようなかっこうでうずくまる。はいつくばる。例床にはいつくばう。活用 はいつくば・う。

はいつくばる 動詞 ➡はいつくばう。活用 はいつくば・る。

ハイティーン 名詞 十六才から十九才までの年令。また、その年令の人。参考 英語を組み合わせて日本でつくった言葉。英語では high teens。対ローティーン。

ハイテク 名詞 もっとも進んだ科学技術のこと。参考 英語の「ハイテクノロジー（high technology）」の略。英語で、high-tech は主に形容詞。

はいでる【はい出る】 動詞 はって出る。例あなからはい出る。活用 はい・でる。

はいてん【配点】 名詞 する動詞 試験で点をつけるために、それぞれの問題にきまった点をわりふること。また、その点。

1はいでん【拝殿】 名詞 神社の中で、本殿の前にある建物。ここで神をおがむ。

2はいでん【配電】 名詞 する動詞 電力をほうぼうへ送り配ること。例配電線。

ばいてん【売店】 名詞 品物を売る店。特に、劇場・駅・会社・学校などの中で、品物を売っている店。例駅の売店で新聞を買う。

1バイト 名詞 助数詞 コンピューターで、情報の量を表す単位。一バイトは八ビットに当たる。参考 一〇〇〇倍ごとに、キロ、メガ、テラなどがバイトの前につく。▼英語 byte

2バイト 名詞 する動詞 「アルバイト」の略。➡54ページ・アルバイト。

はいとう【配当】 名詞 する動詞 ❶わりあてること。例給食当番の配当表。❷もうけを分けること。また、そのお金。例株の配当をうける。

はいとうかんじ【配当漢字】 名詞 小学校

で学習する漢字千二十六字のうち、学年別に学習するようにわりふってある漢字。学年配当漢字とも。参考 小学校と中学校とのそれぞれにわりふられた漢字をさすこともある。その場合、「常用漢字表」の漢字二千百三十六字のうち、千二十六字は小学校の配当漢字で、その他の千百十字は中学校の配当漢字となる。

はいどく【拝読】 名詞 する動詞 「読むこと」のへりくだった言い方。つつしんで読ませていただく。例 お手紙を拝読しました。

パイナップル 名詞 パイナップル科の植物。熱帯地方で育つ。実は大きく、松かさのような形で、食用にする。パイン。参考 パイン（pine）は「松」。▼英語 pineapple

はいにゅう【はい乳】 名詞 植物の「たね」の中にあって、はいが生長するとき養分になるもの。漢字 胚乳。⇩1307ページ・²もみ②（図）。

¹ばいばい【売買】 名詞 する動詞 売ったり買ったりすること。例 株の売買。

²バイバイ 感動詞 「さようなら」のくだけた言い方。参考 英語のBye-bye. からだが、英語では、このようにくり返すと子どもっぽい言い方になる。▼英語 bye-bye

バイパス 名詞 市内の道路のこんざつと事故をさけるために、市街地の外側を回るようにつくった（自動車用の）道路。▼英語 bypass

はいはんちけん【廃藩置県】 名詞 一八七一（明治四）年、明治政府がそれまでの藩をなくして、全国に府と県をおいたこと。

はいび【配備】 名詞 する動詞 手配して準備すること。例 会場に警備員を配備する。

ハイヒール 名詞 かかとの高い女性用のくつ。▼英語 high heels

ハイビジョン 名詞 あざやかな画像とよい音質をもつテレビ放送の方式のよび名。参考 日本での商標名。一般には high-definition television（高精細度テレビ）という。

ハイビスカス 名詞 アオイ科の植物。あざやかな赤色や黄色などの大きい花をつける。熱帯に育つ。ブッソウゲ。▼英語 hibiscus

はいびょう【肺病】 名詞 肺の病気。特に肺結核。

はいひん【廃品】 名詞 役に立たなくなった品物。廃物。例 廃品を回収する。

¹はいふ【配付】 名詞 する動詞 一人一人に、わたすこと。例 申しこみ用紙を配付する。

²はいふ【配布】 名詞 する動詞 多くの人に配ること。また、広く配ること。例 ちらしを配布する。

パイプ 名詞 ❶〔水やガスなどを送るのに使う〕鉄・なまりなどでつくったくだ。❷たばこをすうのに使う西洋のきせる。▼英語 pipe

パイプオルガン 名詞 大小多数のくだに空気を送り、けんばんをおしてならす大型の楽器。▼英語 pipe organ

はいふく【拝復】 感動詞 返事の手紙のはじめに書くあいさつの言葉。「つつしんでご返事もうしあげます」の意味。参考 ⇩401ページ・敬具。

はいぶつ【廃物】 名詞 「廃品」と同じ。例 廃物利用。

ハイブリッド 名詞 ちがう性質のものを、組み合わせたり、まぜたりしてつくったもの。例 ハイブリッド米。▼英語 hybrid

ハイブリッドカー 名詞 ガソリンで動くエンジンと電気で動くモーターを組み合わせて走る自動車。排気ガスが少なく、ガソリンの量も少なくてすむ。▼英語 hybrid car

バイブル 名詞 ⬇687ページ・せいしょ（聖書）。▼英語 Bible

はいふをえぐる【肺ふをえぐる】 慣用句 心のおくそこにこたえるような言い方、または態度をとる。例 肺ふをえぐることば。

ハイフン 名詞 英語などで、語と語をつなぐときなどに使う、短い線。「-」。▼英語 hyphen

はいぶん【配分】 名詞 する動詞 全体を分けて、わたすこと。例 予算を配分する。

ハイペース 名詞 ❶歩き方や走り方がはやいこと。例 ハイペースでとばす。❷物事の進み方がはやいこと。例 工事がハイペースで進む。参考 日本でつくった言葉。英語では fast pace, rapid pace などがふつう。

はいべん【排便】 名詞 する動詞 大便をすること。

はいぼく【敗北】 名詞 する動詞 戦争や試合などで、負けること。例 一点差で敗北した。対 勝利。

ばいめい【売名】 名詞 〔みえや利益のために〕自分の名前を世の中に広めようとすること。例 選挙目当ての売名行為。

バイメタル 名詞 熱をうけたときの膨張の度合いがちがう二種類の金属板を、重ねてはり合わせたもの。温度が変化すると、まがったりもとにもどったりする。温度計や温度調節器などに使

ことばあそび 漢字クイズ⑩ あの群れで、君がつれてきた動物は？

う。▼英語 bimetal

はいめん【背面】 名詞 後ろ。後ろ側。例 走り高とびの競技で背面とびをする。

ハイヤー 名詞 営業所などにいて、客のもうしこみをうけてその場所に行き、客を運ぶ自動車。類 タクシー。参考 英語の hire（やとう）からだが、このシステムは日本独特のもの。

はいやく【配役】 名詞 しばい・映画などで、俳優に役をわりあてること。また、わりあてられた役。例 テレビドラマの配役が発表される。

¹ばいやく【売約】 名詞 する動詞 売る約束をすること。例 どの絵も売約ずみです。

²ばいやく【売薬】 名詞 ある病気にきくよう前もってつくられ、薬屋で売られる薬。

はいゆう【俳優】 名詞 映画・演劇などに出て、しばいをする人。役者。例 人気俳優。

ばいよう【培養】 名詞 する動詞 研究するために、細菌などをやしない育てること。

ハイライト 名詞 ❶絵や写真で、もっとも明るく見える部分。❷演劇・スポーツ・ニュースなどで、もっとも注目される場面やできごと。例 今年のニュースのハイライト。／ワールドカップのハイライトシーン。▼英語 highlight

ばいりつ【倍率】 名詞 ❶レンズなどで見た像の大きさと、実物の大きさとのわりあい。例 倍率十倍のそうがんきょう。❷募集した人数と応募した人数のわりあい。例 入学試験の倍率が高い学校。

はいりょ【配慮】 名詞 する動詞 いろいろなことを考え、気をつかうこと。例 安全に配慮する。／十分な配慮が必要だ。類 気遣い。心配り。

バイリンガル 名詞 ❶英語と日本語など、二つの言葉を自由に話すこと。また、その人。❷二つの言語で書かれていること。また、話されていること。▼英語 bilingual

はいる【入る】 動詞 ❶外から内に、うつる。例 家の中に入る。対 出る。❷仲間・団体などに、加わる。例 会社に入る。❸自分のものになる。例 めずらしい品が入った。❹ある時刻・時期になる。例 梅雨に入る。❺ちがうものが、加わる。例 ミルクの入ったコーヒー。❻あるはんいの中に、おさめることができる。例 三万人入るサッカー場。❼物がとりつけられ、使えるようになる。例 部屋にエアコンが入った。❽受信する。例 父から電話が入った。活用 はい・る。

はいれつ【配列・排列】 名詞 する動詞 〔たくさんの物を〕順序よくならべること。また、そのならび具合。例 あいうえおじゅんに配列する。

ハイレベル 形容動詞 物事のていどが高いようす。例 ハイレベルの研究。▼英語 high-level

パイロット 名詞 ❶水先案内人。❷飛行機をそうじゅうする人。飛行士。▼英語 pilot

バインダー 名詞 ❶新聞や書類などをとじこむための文房具。厚い表紙に留め金やひもをつけたもの。❷イネや麦を自動的にかりとって、たばねる農業用の機械。▼英語 binder

はう 動詞 ❶はらばいになって手足を使って動く。❷動物が地面などに体をすりつけるようにして進む。例 ナメクジがはっている。❸〔つる草などが〕物をつたわってのびてゆく。例 石がきをツタがはっている。活用 は・う。漢字 這う。

ハウス 名詞 ❶家。建物。❷「ビニールハウス」の略。▼英語 house

ハウスさいばい【ハウス栽培】 名詞 ビニールハウスの中で、季節に関係なくおこなう野菜や花のさいばい。

ハウツー 名詞 やりかた。方法。例 スキーのハウツーを教わる。／ハウツー物（＝基礎的な方法や技術を教える実用書）。▼英語 how-to

バウムクーヘン 名詞 切り口に年輪のような模様のある洋菓子。小麦粉・バター・砂糖・卵などをまぜあわせた材料を、木の棒に少しずつぬりつけながら焼いてつくる。▼ドイツ語

バウンド 名詞 する動詞 〔ボールなどが〕地面に当たってはねかえること。▼英語 bound

パウンドケーキ 名詞 バター・小麦粉・卵・砂糖などをまぜ、長方形の型に入れて焼いた洋菓子。▼英語 pound cake

¹はえ 名詞 イエバエ・キンバエなどのこん虫。後ろばねが退化していて、はねは二まいに見える。感染症の病原体などを運んでまきちらす。漢字 蝿。

²はえ【映え】 名詞 光にてらされること。見えること。参考「夕映え」などのように、ほかの語の下について「ばえ」となることが多い。⇩使い分け。

³はえ【栄え】 名詞 りっぱであること。名誉。⇩使い分け。

ばえ【映え】 名詞 〔ソーシャルメディアに投稿する〕写真や動画が人からほめられたり、うらやましがられたりするような見映えであること。

使い分け　はえ

●光にてらされること。
夕映え。

●りっぱであること。
栄えある受賞。

はえなわ【はえ縄】名詞 一本の長いなわにたくさんのつり糸をつけ、魚をとる道具。

はえぬき【生え抜き】名詞 その土地に生まれ、育つこと。例 生え抜きの九州男児。

¹**はえる**【生える】動詞 ❶草や木が、芽を出す。例 雑草が生える。❷毛や歯などが出る。例 赤ちゃんに前歯が生えてきた。活用 は・える。

²**はえる**【映える】動詞 ❶光にてらされてかがやく。例 山なみが夕日に映える。❷調和して美しく見える。ひきたつ。例 お城の白いかべに松の緑が映える。活用 は・える。⇩使い分け。

³**はえる**【栄える】動詞 りっぱに見える。活用 は・える。⇩使い分け。

ばえる【映える】動詞 〔ソーシャルメディアに投稿する〕写真や動画が人からほめられたり、うらやましがられたりするような見映えとなる。

使い分け　はえる

●光にてらされる。
夕日に映える山。

●りっぱに見える。
栄えない役回りだが、重要な仕事だ。

はおと【羽音】名詞 ❶鳥や虫がはねを動かしてとぶ音。❷矢のはねが風をきってとぶ音。

はおり【羽織】名詞 和服の着物の上に着る、たけの短い上着。⇩図。

はおる【羽織る】動詞 〔はおりを着るように〕着物や上着の上に、かさねて着る。例 ガウンを羽織る。活用 はお・る。

羽織

¹**はか** 名詞 仕事などの進み具合。参考 ⇩1025ページ・はかが行く。

²**はか**【墓】名詞 死んだ人をほうむってある場所。例 墓に花をそなえる。

ばか【馬鹿】一 名詞 形容動詞 ❶知能の働きがにぶいこと。また、その人。❷くだらないこと。例 そんな馬鹿なことがあるか。❸《「ばかに」の形で》程度がなみはずれていること。例 今日は馬鹿にあつい。二 接頭語 《ある言葉の上につけて》「程度がなみはずれている」意味を表す言葉。例 馬鹿さわぎ。／馬鹿力。

はかい【破壊】名詞 する動詞 建物やかんきょうなど、つくり上げたものをこわすこと。また、こわれること。例 戦争中、町が破壊された。／自然破壊を食い止める。

はがいじめ【羽交い締め】名詞 相手の後ろからわきの下に両手をとおし、首の前で手を組み合わせてしめあげること。

はかいてき【破壊的】形容動詞 物事をこわそうとするようす。例 破壊的な行動。対 建設的。

はがうく【歯が浮く】慣用句 ❶歯の根がゆるむ。❷軽はずみなおこないを見たり聞いたりして、ふゆかいになる。例 歯が浮くようなおせじをいう。

はかがいく【はかが行く】慣用句 仕事などがはかどる。例 勉強のはかが行く。

はがき【葉書】名詞 「郵便はがき」の略。例 はがきを送る。参考 ひらがなやかたかなで書くことが多い。

はかく【破格】名詞 形容動詞 〔今までの例や、しきたりなどからはずれた〕ふつう以上のこと。特別なこと。例 破格のねだんで売り出す。

ばかげる【馬鹿げる】動詞 くだらなく見える。

 こたえ 羊（ひつじ）

例 馬鹿げたことをする。活用 ばか・げる。

ばかさわぎ【馬鹿騒ぎ】名詞 やたらににぎやかに声を出したり音を立てたりすること。例 お花見で馬鹿騒ぎをした。

ばかしょうじき【馬鹿正直】名詞 形容動詞 正直すぎて気がきかないこと。また、その人。

はがす【剥がす】動詞 くっついているものを、めくりとる。例 テープを剥がす。活用 はが・す。

ばかす【化かす】動詞 人の目や心をあざむいて、まよわせる。たぶらかす。例 キツネに化かされる。活用 ばか・す。

ばかず【場数】名詞 物事を経験した回数。

ばかずをふむ【場数を踏む】慣用句 経験を重ねる。場なれする。例 場数を踏んで強くなる。

はかせ【博士】名詞 ❶あることに特にくわしい人。もの知り。例 野球博士。❷⇩1029ページ・博士。

はがたたない【歯が立たない】慣用句 ❶かたくてかめない。❷力がおよばない。かなわない。例 何をやっても父には歯が立たない。

ばかぢから【馬鹿力】名詞 考えられないほど強い力。ことば「火事場の馬鹿力」類 怪力。

ばかていねい【馬鹿丁寧】名詞 形容動詞 程度をこえて、ていねいである。例 馬鹿丁寧なあいさつ。

はかどる 動詞 仕事などがどんどん進む。例 仕事がはかどる。活用 はかど・る。

はかない 形容詞 ❶長く続かない。もろくて弱い。例 はかない命。❷たのみにならない。例 はかない希望。活用 はかな・い。

はかなむ 動詞 はかないものと思う。ことば「世をはかなむ」活用 はかな・む。

ばかに【馬鹿に】副詞 程度がなみはずれているようす。ひどく。いやに。例 馬鹿にうるさい。

ばかにする【馬鹿にする】慣用句 相手を軽く見る。価値や力がないと考えて、あつかう。例 馬鹿にしたように話す。／馬鹿にするな。

ばかにならない【馬鹿にならない】慣用句 無視したり軽く見たりすることはできない。例 毎日のバス代も馬鹿にならない。

ばかになる【馬鹿になる】慣用句 もともとの働きがなくなる。例 ねじが馬鹿になる。

はがぬけたよう【歯が抜けたよう】慣用句 ところどころがぬけて、ふぞろいなようす。また、あるはずのものがなく、物足りないようす。

はがね【鋼】名詞 刃物やレールなどに使われる、かたい鉄。鋼鉄。参考 かたいものや強いものにたとえる。ことば「鋼のような肉体」

ばかのひとつおぼえ【馬鹿の一つ覚え】慣用句 一つのことだけを覚えて、どんなときにも、とくいそうに同じ話をすること。

はかば【墓場】名詞 墓のあるところ。墓地。

はかばかしい 形容詞 ❶物事が望みどおりの方向にむかっている。期待どおりである。例 病状ははかばかしくない。／交渉相手からはかばかしい答えがえられない。❷〔物事が〕どんどんよい方に進むようす。例 天気が悪く、工事の進行がはかばかしくない。参考 多く下に「…ない」などの言葉が続く。活用 はかばかし・い。

ばかばかしい【馬鹿馬鹿しい】形容詞 とても、ばからしい。例 馬鹿馬鹿しい話。活用 ばかばかし・い。

はかま 名詞 ❶こしから足までをおおう、ひだのある和服。⇩1025ページ・羽織（図）。❷つくしの茎をつつむ皮。葉がかわったもの。❸とっくりをおくためのうつわ。漢字 袴。

はかまいり【墓参り】名詞 墓へまいっておがむこと。墓参。

はかまぎ【はかま着】名詞 子どもがはじめてはかまをつけるときの儀式。参考 古くは多く、三才、のちに五才、または七才におこなった。

はがみ【歯がみ】名詞 する動詞 〔おこったり、くやしがったりして〕歯を強くかみあわせること。また、歯ぎしりすること。

はがゆい【歯がゆい】形容詞 物事が思うようにならず、いらいらしたり、くやしかったりする気持ちである。例 はっきりと意見を言わない友だちの態度に、歯がゆい思いをする。活用 はがゆ・い。

はからい【計らい】名詞 〔よいように〕とりあつかうこと。例 先生の計らいで、進学できた。

はからう【計らう】動詞 ❶〔よいように〕とりあつかう。例 おじさんが、すべてうまく計らってくれる。❷相談する。例 両親に計らって決めます。活用 はから・う。

ばからしい【馬鹿らしい】形容詞 まじめに取り組んだり、相手にしたりするだけのねうちがない。例 そんなことを気にするなんて馬鹿らしい。活用 ばからし・い。

はからずも【図らずも】副詞 思いがけなく。

意外にも。例 図らずも二人の意見が一致した。参考 あらたまった言い方。

はかり 名詞 物の重さをはかる器具。参考 ばねばかり・さおばかり・台ばかりなどがある。漢字 秤。⇩図。

天びん①
上皿天びん
分銅
台ばかり
さおばかり
ばねばかり
はかり

ばかり 助詞 ❶物事のはんいをかぎる意味を表す言葉。…だけ。例 自分のことばかり話す。❷今にもそうしようとする状態にあることを表す言葉。例 あとは食べるばかりになっている。❸《数や量を表す言葉の下につけて》およそのていどを表す言葉。…ぐらい。例 一時間ばかり休んだ。❹あることをして間がないことを表す言葉。…してすぐ。例 ペンキをぬったばかりです。❺あることが一方にかたよって進むことを表す言葉。例 きげんが悪くなるばかりだ。❻原因や理由を表す言葉。例 確認をおこたったばかりに、ミスをおかしてしまった。

はかりうり【量り売り・計り売り】 名詞 する動詞 客がもとめる分量をはかって売ること。例 キャンディの量り売り。

はかりごと 名詞 〔ほかの人に知られないように〕考えた方法。特に、相手をよくない立場にする計略。ことば「はかりごとをめぐらす」

はかりしれない【計り知れない・測り知れない】 連語 想像もできない。考えもおよばない。例 世の中に計り知れない影響をおよぼした。

はかりにかける【はかりに掛ける】 慣用句 ❶はかりではかって重さを調べる。❷二つのものをくらべて、どちらが大切か、どちらが得かなどを考える。例 お金と名誉をはかりに掛ける。

はかる[1]【図る】 動詞 実現するように、いろいろと考えて、こころみる。例 解決を図る。活用 はか・る。⇩使い分け。

はかる[2]【計る】 動詞 ❶時間・数などを調べる。例 時間を計る。参考 ①は「測る」「量る」とも書く。❷おしはかる。推定する。例 相手の心を計りかねる。活用 はか・る。⇩使い分け。

はかる[3]【測る】 動詞 長さや高さなどを調べる。例 きょりを測る。活用 はか・る。⇩使い分け。

はかる[4]【量る】 動詞 重さや容積などを調べる。例 体積を量る。活用 はか・る。⇩使い分け。

はかる[5]【謀る】 動詞 よくない計画をする。例 暗殺を謀る。活用 はか・る。⇩使い分け。

はかる[6]【諮る】 動詞 意見を聞く。相談する。例 役員会に諮る。活用 はか・る。⇩使い分け。

はがれる【剝がれる】 動詞 〔表面にはってあるものやぬってあるものが〕はげてとれる。めくれてとれる。例 切手が剝がれた。活用 はが・れる。

ばかをみる【馬鹿を見る】 慣用句 そんをする。つまらない目にあう。例 だまされて馬鹿を見る。

はがんいっしょう【破顔一笑】 四字熟語 顔をゆるませて、にっこり笑うこと。例 子どものかわいいつぶやきに、破顔一笑した。

バカンス 名詞 夏などに長く続く休み。▼フランス語

はき【破棄】 名詞 する動詞 ❶やぶりすてること。例 書類を破棄する。❷約束したことをとり消すこと。例 契約を破棄する。

はぎ 名詞 マメ科の植物。秋に、チョウのような形の赤むらさき色などの花がさく。秋の七草の一つ。漢字 萩。⇩口絵10ページ。

はぎあわせる【はぎ合わせる】 動詞 布や板などをつなぎ合わせて一つにする。例 布をはぎ合わせてパッチワークをつくる。活用 はぎあわ・せる。

はきけ【吐き気】 名詞 はきたいような気持ち。ことば「吐き気をもよおす」参考 とてもふゆかいな気分になることにもいう。

はぎしり【歯ぎしり】 名詞 する動詞 〔ねているときや、くやしいときなどに〕歯を強くかみあわせ、ぎりぎりと音を出すこと。また、ひどくくやしがること。歯がみ。例 だまされたと知って、か

ことばあそび 漢字クイズ⑪ 天の下にいる虫は、何でしょう？

使い分け　はかる

●考えて、こころみる。
解決を図る。

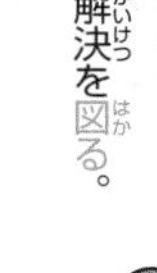

●時間や数を調べる。
時間を計る。

●長さや高さを調べる。
きょりを測る。

●重さや容積を調べる。
重さを量る。

●たくらむ。
悪事を謀る。

●意見を聞く。
委員会に諮る。

れは歯ぎしりしてくやしがった。

パキスタン 地名 パキスタン・イスラム共和国。インド半島北西部の国。首都はイスラマバード。▼英語 Pakistan

はきすてる【吐き捨てる】動詞 口からはき出してすてる。例 ガムを吐き捨てる。／吐き捨てるように言う。活用 はきす・てる。

はきだす【吐き出す】動詞 ❶〔口や胃に入れたものを〕口の外へ出す。例 つばを吐き出す。❷〔心の中に思っていることを〕言葉にして外へ出す。例 思っていることを吐き出してしまったら気もせいせいするだろう。❸一度に内から外へ出す。例 えんとつからけむりが吐き出された。活用 はきだ・す。

はきだめ【掃きだめ】名詞 ごみを集めておく所。ごみすて場。

はきだめにつる【掃きだめに鶴】慣用句 つまらないものの中に、すぐれているものや美しいものがまじっていることのたとえ。語源 ごみすて場に美しいツルがまいおりたという意味から。

はきちがえる【履き違える】動詞 ❶他人のはき物をまちがえてはく。❷考えちがいをする。例 自由の意味を履き違えている。活用 はきちが・える。

はぎとる【剥ぎ取る】動詞 ❶表面についている物をとる。例 皮を剥ぎ取る。❷着物をぬがせてうばいとる。活用 はぎと・る。

はきはき 副詞(-と) する動詞 動作やものの言い方が、はっきりしているようす。例 先生の質問に、生徒がはきはきと答える。類 きびきび。

ばきばき 副詞(-と) 形容動詞 ❶かたいものが、つぎつぎと折れるようす。例 板をばきばき折った。❷筋肉がかたくきたえられているようす。例 ばきばきに割れた腹筋。❸つかれなどによって、目や体の一部がかたくなるようす。例 背中がばきばきだ。❹ていどがはげしいようすを表す。例 ばきばきにきんちょうしている。

ぱきぱき 副詞(-と) ❶てぎわがよいようす。例 ぱきぱきと仕事をこなす。類 てきぱき。❷かたいものが、かんたんにつぎつぎと折れるようす。例 枝がぱきぱき折れる。

はきもの【履物】名詞 歩くときに足にはくもの。くつ・げた・ぞうりなど。

ばきゃくをあらわす【馬脚を現す】慣用句 〔しばいで、馬の足になっていた人が正体を見せることから〕かくしていたことがわかってしまう。化けの皮がはがれる。ぼろを出す。例 馬脚を現してはじをかく。

はきゅう【波及】名詞 する動詞 〔波が広がるよう

に〕物事のえいきょうが、だんだんに広がってゆくこと。例クラスの問題が、学校全体の問題へと波及した。

バキュームカー 名詞 真空ポンプとタンクをそなえた自動車。特に、大小便をくみとって運ぶための自動車をいう。参考 英語の「バキューム（＝真空）」と「カー（＝車）」を組み合わせて日本でつくった言葉。

はきょく【破局】 名詞 物事がうまくいかなくなること。物事の悲しい結末。例幸せな夫婦が破局をむかえる。

1 **はぎれ【歯切れ】** 名詞 ❶歯で物をかみ切るときの感じ。❷物の言い方の、言葉の発音や調子の具合。例歯切れのよい返事。

2 **はぎれ【端切れ】** 名詞 着物などをつくった、残りの布。小さい布。例端切れで小物入れをつくる。

1 **はく** 名詞 金・銀・すずなどを紙のようにうすくのばしたもの。例アルミはく。漢字 箔。

2 **はく** 動詞 足を通して衣類を身につける。例くつ下をはく。／ズボンをはく。漢字 穿く。対 脱ぐ。活用 は・く。

3 **はく【吐く】** 動詞 ❶〔胃や口の中の物を〕口から外へ出す。例つばを吐く。❷中から、ふき出す。例煙突からもくもくけむりを吐いている。❸言う。言葉に出す。例本音を吐く。活用 は・く。

4 **はく【拍】** 名詞 助数詞 ❶音楽で、一つ一つの音の長さの単位。ひょうし。❷日本語で言うときの、かな一字分の音の長さ。モーラ。参考「春」は、「は」と「る」で二拍のことば。

5 **はく【掃く】** 動詞 ❶ほうきなどで、ごみをとりのぞく。例庭を掃く。❷はけなどでこするようにぬる。例うすくはけで掃いたような雲がうかんでいる。活用 は・く。

6 **はく【履く】** 動詞 はき物を足につける。例くつを履く。対 脱ぐ。活用 は・く。

はぐ【剝ぐ】 動詞 ❶表面についている物をとる。はがす。例シールを剝ぐ。❷着ている物をぬがせてうばいとる。例身ぐるみ剝ぐ。活用 は・ぐ。

ばく 名詞 ❶マレーバク・アメリカバクなどの、バク科の動物。水辺などでくらす。体は太く、鼻と口が長い。❷悪いゆめを食べるという、中国の伝説の動物。漢字 獏。

1 **ばぐ【馬具】** 名詞 馬につける、くら・くつわ・たづな・あぶみなどの道具。

2 **バグ** 名詞 コンピューターのプログラムの、まちがっているところ。参考 英語で、もとは虫の意味。▼英語 bug

はくあい【博愛】 名詞 広く人々を公平に愛すること。例博愛主義。

はくい【白衣】 名詞 白い着物。白いうわっぱり。参考「びゃくえ」「びゃくい」ともいう。

はくいのてんし【白衣の天使】 連語 看護師をほめたたえた言葉。

ばくおん【爆音】 名詞 ❶火薬などがばくはつするときの音。❷飛行機や自動車などのエンジンの音。

ばくが【麦芽】 名詞 大麦を水にひたして芽を出させ、かわかしたもの。ビール・あめなどをつくるのに使う。

はくがい【迫害】 名詞 する動詞 権力によって、いじめ苦しめること。ことば「迫害を受ける」

はくがく【博学】 名詞 形容動詞 いろいろな学問につうじていて、広い知識をもっていること。類 博識。物知り。

はくがつく【はくが付く】 慣用句 ねうちがあがる。かんろくがつく。例フランスで修業して、料理人としてのはくが付いた。

はくがんし【白眼視】 名詞 する動詞 冷たい目で見ること。例まわりの人から白眼視される。

はぐき【歯茎】 名詞 歯のねもとをつつんでいる肉。⇩1016ページ・歯①（図）。

はくぎん【白銀】 名詞 ❶銀。しろがね。❷雪の白さをたとえる言葉。例一面白銀の世界。

はぐくむ【育む】 動詞 ❶親鳥がひなを羽でおおって育てる。❷守って育てる。例両親の愛情に育まれる。活用 はぐく・む。

ばくげき【爆撃】 名詞 する動詞 飛行機から爆弾などをおとして敵をこうげきすること。

はくさい【白菜】 名詞 アブラナ科の植物。葉は大きくてしわがあり、うすいみどり色をしている。葉をつけものやにものなどにして食べる。

1 **はくし【白紙】** 名詞 ❶白い紙。❷〔書くべきところに〕何も書いてない紙。例白紙の答案。❸何もない、もとのありさま。ことば「問題を白紙に返す」

2 **はくし【博士】** 名詞 ある学問を深く研究した人にさずけられる学位。その研究についての論文を大学に出し、しんさに合格するとあたえら

れる。例文学博士。参考㋐「はかせ」はくだけた言い方で、正式なよび名は「はくし」。㋑もの知りな人をたとえていうこともある。

はくじ【白磁】 名詞 表面が白色の磁器。

ばくし【爆死】 名詞 する動詞 火薬や薬品などのばくはつで死ぬこと。

はくしき【博識】 名詞 形容動詞 知識が広くあること。例おじは博識だ。類博学。

はくじつのもとにさらされる【白日の下にさらされる】 慣用句 かくれていたことが、みんなに明らかにされる。参考「白日」は明るい太陽のこと。

はくしにもどす【白紙に戻す】 慣用句 それまでのことをなかったことにして、もとの状態にもどす。例契約を白紙に戻す。参考「白紙に返す」ともいう。

1**はくしゃ【拍車】** 名詞 乗馬用のくつのかかとにつける金具。馬をはやく走らせようとするとき、これで馬の腹をける。⇩図。

拍車

2**はくしゃ【薄謝】** 名詞 少しばかりのお礼。自分が出すお礼をけんそんしていう言葉。

はくしゃく【伯爵】 名詞 華族のよび名の一つで、侯爵につぐ位。類公爵・侯爵・子爵・男爵。

はくじゃく【薄弱】 形容動詞 ❶〔意志などが〕弱いようす。例意志が薄弱な青年。対強固。❷たしかでないこと。はっきりしないこと。例その話は根拠が薄弱である。

はくしゃをかける【拍車を掛ける】 慣用句 力を加えて、物事がいっそうはやく進むようにする。例復旧工事に拍車を掛ける。

はくしゅ【拍手】 名詞 する動詞 手を打ち鳴らすこと。例盛大な拍手を送る。参考ほめたり賛成したりするときに鳴らす。

はくじゅ【白寿】 名詞 九十九才。また、その祝い。参考「白」は、「百」という字から上の「一」をとりさった形であることから。⇩コラム「喜寿・米寿・卒寿・白寿って何?」(320ページ)。

ばくしゅう【麦秋】 名詞 麦をとりいれるころ。夏のはじめで、六月ごろ。むぎあき。

はくしゅかっさい【拍手喝采】 名詞 する動詞 手をたたいて、大声でほめること。例演奏が終わって、拍手喝采する。

はくしょ【白書】 名詞 〔政府が〕政治・経済・社会などのじっさいの様子を、ありのままに書いて人々に知らせる報告書。例経済白書。

1**はくじょう【白状】** 名詞 する動詞 自分のおかした罪やかくしていたことを、ありのままに言うこと。例何もかも白状します。

2**はくじょう【薄情】** 名詞 形容動詞 人に対する思いやりの心が少ないこと。例こまっている人を見て知らん顔をするとは、薄情なやつだ。

ばくしょう【爆笑】 名詞 する動詞 多くの人が、どっと笑うこと。また、大声で笑うこと。例観客が爆笑した。

はくしょく【白色】 名詞 白い色。しろいろ。参考あらたまった言い方。

はくじん【白人】 名詞 はだの色が白い人種。ヨーロッパの民族に多い。

1**ばくしん【ばく進】** 名詞 する動詞 はげしいいきおいで、ひたすら進むこと。例汽車は一路北へとばく進した。／優勝にむかってばく進している。参考多く、大きな車や列車などに使う。

2**ばくしん【爆心】** 名詞 ばくはつの中心。例爆心地。

はくしんのえんぎ【迫真の演技】 連語 しばいで、まるで本物のように見せる役者のわざ。

はくする【博する】 動詞 広める。広くする。参考古い言い方。ことば「名声を博する」 活用はく・する。

はくせい【剥製】 名詞 動物の体からはらわたや肉をとりだして、中にわたなどをつめ、生きているときと同じような形にしたもの。

はくせん【白線】 名詞 白い線。

ばくぜんと【漠然と】 副詞 ぼんやりしてはっきりしないようす。例漠然とした話で、何が言いたいのかわからない。

ばくだい【ばく大】 形容動詞 数量や程度が、とても大きいようす。例ばく大な利益をもたらした。漢字莫大。

バグダッド 地名 イラクの首都。古くからさかえた政治・商業都市。バグダード。▼英語 Baghdad

ばくだん【爆弾】 名詞 中につめた火薬などをばくはつさせて、はかいや殺人をおこなう兵器。

ばくち 名詞 さいころや花ふだなどを使い、お金や品物をかけて勝ち負けを争うこと。とばく。類 かけ。

ばくちく【爆竹】名詞 竹や紙づつにつめた火薬に火をつけて鳴らすもの。中国で、正月や祭日などに鳴らして楽しむ。

はくちず【白地図】名詞 地形だけを表し、細かい部分やしるしなどは書いていない地図。参考 学習するときに書き入れて使う。

1**はくちゅう**【白昼】名詞 まひる。日中。例 白昼どうどうと銀行にごうとうがおしいった。

2**はくちゅう**【伯仲】名詞 する動詞 どちらもすぐれていて、ほとんど差がないこと。例 実力が伯仲する。

はくちょう【白鳥】名詞 カモ科の鳥。体は白く大きく、くびが長い。秋に日本にやってくるわたり鳥。スワン。

はくちょうざ【白鳥座】名詞 夏から秋に見られる、十字の形の星座。天の川の中にある。

バクテリア 名詞 ⬇498ページ・さいきん（細菌）。▼英語 bacteria

はくどう【拍動】名詞 する動詞 ❶心臓がひょうしをとるようにして動くこと。❷生き生きと脈打つこと。例 拍動するわかい血。

はくとうわし【白頭わし】名詞 タカ科の大形の鳥。頭と尾が白い。

はくねつ【白熱】名詞 する動詞 ❶金属などが高温でねっせられて白色に近い光を出すこと。例 白熱電球。❷ひじょうにはげしい状態になること。例 討論が白熱する。

ばくは【爆破】名詞 する動詞 爆薬を使ってこわすこと。例 ビルを爆破する。

はくばい【白梅】名詞 白い花がさくウメ。また、白いウメの花。白梅。対 紅梅。

ばくばく 副詞(-と) する動詞 ❶いきおいよく物を食べるようす。例 ごはんをばくばく食べる。❷心臓のこどうがはげしいようす。例 心臓がばくばくしている。

ぱくぱく 副詞(-と) する動詞 ❶口を開けたりとじたりするようす。例 金魚が口をぱくぱくする。❷つぎつぎと物を食べるようす。例 ケーキをぱくぱく食べる。

はくはつ【白髪】名詞 白くなった、頭の毛。しらが。

ばくはつ【爆発】名詞 する動詞 ❶熱・光・音を出して、はげしいいきおいで、はれつすること。例 ガス爆発。❷〔不満やいかりなど〕おさえられていたものが、一度にはげしく出ること。例 いかりが爆発する。

ばくはつてき【爆発的】形容動詞 あることがとつぜん、はげしいいきおいでおこるようす。例 爆発的な売れ行き。

はくひょうをふむ【薄氷を踏む】慣用句 危険なことをして、ひやひやすることのたとえ。ことば「薄氷を踏む思い」

ばくふ【幕府】名詞 武家政治の時代に、国をおさめるため、将軍が政治をおこなった役所。例 江戸幕府。

ばくふう【爆風】名詞 物がばくはつしたときに起こる強い風。例 爆風に飛ばされた。

はくぶつかん【博物館】名詞 科学・歴史・民俗・芸術・産業などに関係のあるいろいろな資料を集め、人々に見せるしせつ。

はくぼ【薄暮】名詞 日がしずむころ。夕ぐれ。例 薄暮の空。

はくぼく【白墨】名詞 ⬇816ページ・チョーク。

はくまい【白米】名詞 玄米をついて、皮・はいがなどをとった白い米。精米。対 玄米。

ばくまつ【幕末】名詞 江戸時代のおわりごろ。徳川幕府がほろびかけたころ。例 坂本竜馬は幕末に活やくした。

はくめい【薄命】名詞 命が短いこと。例 佳人薄命。

はくや【白夜】名詞 ⬇1111ページ・びゃくや。

ばくやく【爆薬】名詞 とても大きなばくはつ力をもつ火薬。

はくらい【舶来】名詞 する動詞 外国でつくった物が（船で）わたってくること。また、その品物。例 舶来の時計。類 渡来。対 国産。

はぐらかす 動詞 ❶〔質問などに対して〕中心になる点をわざとさけて、ほかのことに話をそらす。例 笑って返事をはぐらかされた。❷つれの人などから気づかれずにはなれる。例 弟をはぐらかして友だちとあそびに行く。活用 はぐらか・す。

はくらく【伯楽】名詞 ❶〔古代中国にいた、よい馬を見分ける名人の名から〕馬のよしあしをよく見分ける人。❷人の能力などを見ぬいたり引き出したりする力のある人。

はくらんかい【博覧会】名詞 科学や産業に

ことばあそび 漢字クイズ⑫ 新しい門に耳がついたら、何になるでしょう？

関係のあるものをならべて、多くの人に見せる会。例 万国博覧会。

ぱくり 一 副詞(−と) ❶大きな口をあけて食べるようす。例 一口でぱくりと食べる。❷われ目などが大きく開くようす。例 ふくろがぱくりとやぶれて、中身がこぼれる。
二 名詞 人の物をぬすんだり、だましとったりすること。例 あのヒット曲は昔の歌のぱくりだ。
参考 一②は、「ぱっくり」ともいう。二は、くだけた言い方。

はくりたばい【薄利多売】 四字熟語 ねだんを安くして品物を多く売り、全体でもうけを出すこと。例 薄利多売の経営方針。

はくりょく【迫力】 名詞 〔人の心に〕せまってくる力。例 迫力のある演技。

ぱくる 動詞 ❶人の物をだまし取る。ぬすむ。例 アイデアをぱくられる。❷つかまえる。たいほする。例 どろぼうがぱくられた。参考 くだけた言い方。①②とも、受け身の形でも使う。活用 ぱく・る。

はぐるま【歯車】 名詞 まわりに歯をつけた車。一つの軸の動きをほかの軸に伝えたり、回る方向をかえたりする働きをする。ギア。⇩図。

歯車

はぐれる 一 動詞 つれの人とはなればなれになる。例 人ごみの中で親とはぐれた。
二 接尾語《ある言葉の下につけて》「…しそこなう」の意味を表す言葉。例 くいはぐれる。活用 はぐ・れる。

はくろ【白露】 名詞 二十四節気の一つ。昔のこよみで、葉に露が結ぶとされるとき。九月七日、八日ごろ。⇩口絵10ページ。

ばくろ【暴露】 名詞 する動詞 ひみつにしていることや悪事などをあばいて、広く人に知らせること。例 スキャンダルを暴露する。

[1]はけ 名詞 ❶水の流れ具合。例 水はけがよい。❷商品などの売れ具合。例 冬物のはけが悪い。

[2]はけ 名詞 ペンキやのりなどをぬるのにつかう、毛をたばねて柄をつけた道具。漢字 刷毛。⇩図。

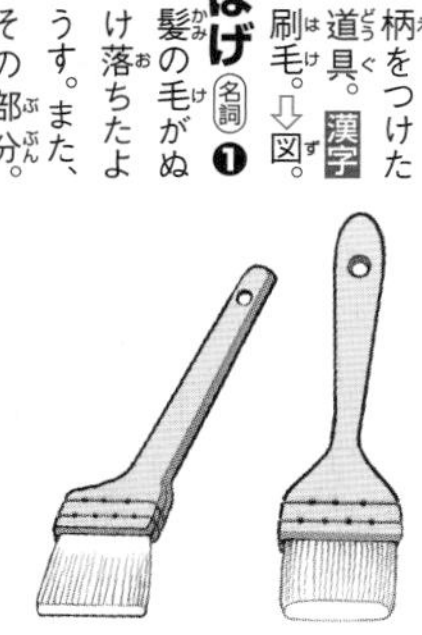

[2]はけ

はげ 名詞 ❶髪の毛がぬけ落ちたようす。また、その部分。例 はげ頭。❷山などに木がないことのたとえ。例 はげ山。

はけぐち【はけ口】 名詞 ❶水などを流し出す口。❷商品の売れていく先。例 売れ残った商品のはけ口を考える。❸心の中にたまっている気持ちやエネルギーなどを、外に出す場所や方法。例 わかさのはけ口をスポーツにもとめる。参考「はけくち」ともいう。

はげしい【激しい】 形容詞 ❶いきおいが強い。例 激しい雨。❷程度がふつうをこえている。例 激しいいたみ。活用 はげし・い。

はげたか 名詞 ⬇はげわし。

バケツ 名詞 手にさげて水などを運んだりするための、そこが深い入れ物。▼英語 bucket

バケット 名詞 クレーンなどに取りつけられた、石や砂をすくって入れる大きな容器。▼英語 bucket

ばけのかわ【化けの皮】 名詞 よくない中身やひみつをうまくかくしているもの。参考 ⇩化けの皮がはがれる。

ばけのかわがはがれる【化けの皮が剝がれる】 慣用句 かくしている内情がわかって、本当のことが明らかになる。例 悪者の化けの皮が剝がれる。

はげます【励ます】 動詞 声をかけて、元気をつけてやる。例 落ちこむ弟を励ます。活用 はげ・ます。

はげみ【励み】 名詞 はげむこと。また、やろうとする意気ごみ。例 ほめられたのが励みとなって勉強するようになった。ことば「励みになる」

はげむ【励む】 動詞 元気を出して、一生けんめいにする。例 けいこに励む。活用 はげ・む。

ばけもの【化け物】 名詞 化けて、あやしげなすがたをして現れたもの。ようかい。

はげやま【はげ山】 名詞 木や草がはえていないで、地はだが出ている山。

はける 動詞 ❶水などがたまらないで、よく流れる。❷品物がよく売れる。例 商品がどんどんは

ける。活用 は・ける。

はげる[1]【剥げる】動詞 ❶〔ぬったものや、はりつけたものが〕とれて、はなれる。例 かべが剝げる。❷色がうすくなる。例 カーテンの色が剝げる。活用 は・げる。

はげる[2] 動詞 ❶髪の毛がぬけてなくなる。例 頭がはげる。❷山などに草木がなくなる。活用 は・げる。

ばける【化ける】動詞 本当のすがたをかくして、ちがった（形の）ものになる。例 怪物に化ける。活用 ば・ける。

はげわし 名詞 タカ科の鳥。大形で、多くは頭に羽毛がない。ハゲタカ。

はけん【派遣】一 名詞 する動詞 役目を言いつけて、ある地域へ行かせること。例 被害を調べるために水害地へ派遣される。二 名詞「派遣社員」の略。派遣元の会社の社員で、ほかの企業に派遣されて働く人。例 派遣の仕事をさがす。

はこ【箱】一 名詞 ❶紙や木などでつくった四角い形などの入れもの。例 宝石箱。❷列車の車両。例 どの箱も満員だ。二 助数詞「箱一①」に入ったものを数える言葉。例 ミカンを二箱買う。

はごいた【羽子板】名詞 羽根つきに使う、柄のついた長方形の板。⇩1056ページ・羽根突き（図）。

はこいりむすめ【箱入り娘】名詞 大事に育てられたむすめ。

はごたえ【歯応え】名詞 ❶物をかんだとき、歯に受ける（かたい）感じ。例 歯応えのある肉。❷こちらからの働きかけに対する反応。例 歯応えのない相手。

はこにわ【箱庭】名詞 はこの中に土を入れ、家・橋などの模型をおいて、自然のけしきをかたどったもの。

はこび【運び】名詞 ❶場所をうつすこと。例 すばやい足の運び。❷物事の進め方。例 話の運びがうまい。❸計画などがある区切りまでくること。例 めでたく入学の運びとなる。

はこびだす【運び出す】動詞 運んで、外に出す。例 家具を運び出す。活用 はこびだ・す。

はこぶ【運ぶ】動詞 ❶物をある場所から、ほかの場所にうつす。例 荷物を車で運ぶ。❷足を動かして体を進める。ことば ⇩「足を運ぶ（＝あるところに行く）」❸物事がうまく進む。例 仕事が順調に運ぶ。活用 はこ・ぶ。

はこぶね【箱船】名詞 ❶長方形の船。❷キリスト教の「旧約聖書」にある「ノアの箱船」のこと。参考 ノアは、神に命じられ家族と動物たちと箱船に乗りこみ、こう水を生きのびた人。

はこべ 名詞 ナデシコ科の植物。白い花びらは五まいだが、先が切れこんでいて十まいに見える。はこべら。春の七草の一つ。

はこべら 名詞 ハコベ。春の七草の一つ。⇩口絵6ページ。

はこぼれ【刃こぼれ】名詞 する動詞 ほうちょうなどの「は」がかけること。また、その部分。

はごろも【羽衣】名詞 天人が着るといわれる、うすくて軽い、はねでできたころも。これを着ると空をとぶことができるといわれる。

はさ 名詞 ⬇100ページ・いねかけ。

バザー 名詞 こまっている人を助けたり、物事をするもとでのお金を集めたりするために、物をもちよって売るもよおし。▼英語 bazaar

バザール 名詞 ❶イランなど中近東の市場。❷商店やデパートなどの大売り出し。また、そのための会場。▼英語 bazaar

はざかいき【端境期】名詞 前の年にとれた米が少なくなって、これから新米が出はじめようとする時期。九月、十月ごろ。参考 季節のかわりめの、まだそのくだものや、野菜が、あまり出まわらない時期のこともいう。

はざくら【葉桜】名詞 花がちって、わか葉が出てきたころのサクラ。

ばさばさ 副詞(-と) 形容動詞 する動詞 ❶かわいた物などがふれ合って出す音のようす。例 コートをばさばさとはたく。❷水分やあぶら気が少ないようす。例 ばさばさの髪の毛。❸思い切りよく物を切り落とすようす。例 木のえだをばさばさ切り落とす。

ぱさぱさ 副詞(-と) 形容動詞 する動詞 水分やあぶら気が少ないようす。例 古くてぱさぱさしたパン。

はさまる【挟まる】動詞 ❶物と物との間に入る。例 肉のすじが歯に挟まる。❷対立する人と人との間に入る。例 姉と妹との間に挟まって返答にこまる。活用 はさま・る。

はさみ[1] 名詞 ❶二まいの刃を合わせて、物を切る道具。❷きっぷなどに穴や切れこみを入れる道具。例 はさみの入っていないきっぷ。❸じゃんけんで、ちょき。対 紙。石。

こたえ 新聞（しんぶん）

はさみ[2] 名詞 カニ・エビなどのものをはさむ大きなつめ。

はさみうち【挟み撃ち】名詞 する動詞 両方からはさむようにせめること。例 左右から挟み撃ちにした。

はさみこむ【挟み込む】動詞 物と物との間にはさんで入れる。例 ノートに下じきを挟み込む。活用 はさみこ・む。

はさみしょうぎ【挟み将棋】名詞 将棋のこまを動かして、前後または左右から相手のこまをはさんでとり合う遊び。

はさむ【挟む】動詞 間に置く。とちゅうに入れる。例 二まいのパンの間に、トマトとレタスを挟む。活用 はさ・む。

はざわり【歯触り】名詞 食べ物を歯でかんだときの感じ。例 歯触りがさくさくしているリンゴ。

はさん【破産】名詞 する動詞 財産をすっかりなくすこと。類 倒産。

はし[1]【箸】名詞 食べ物をはさんで口に入れるための、細長い一組みの棒。

はし[2]【端】名詞 ❶ふち。へり。例 つくえの端。❷細長いものの、もっとも遠い部分。例 ひもの端。/島の端。❸切りはなした部分。例 木の端。❹物事の一部分。例 言葉の端をとらえる。❺物事の最初や最後の部分。例 本を端から端まで読む。参考「はじ」ともいう。

はし[3]【橋】名詞 川などの両岸にかけわたして、上を通れるようにしたもの。例 橋をわたる。

はじ[1]【恥】名詞 はずかしい(と思う)こと。めいよをきずつけられること。ことば「恥をかく」「恥をさらす」

はじ[2] 名詞 ➡1034ページ・はし(端)。

はじいる【恥じ入る】動詞 とてもはずかしく思う。例 自分のおろかなふるまいを恥じ入る。活用 はじい・る。

はしおき【箸置き】名詞 食事のとき、はしの先をのせておく器具。はし台。はしまくら。

はしか 名詞 子どもに多い、ウイルスによる感染症の一つ。熱が出て、体中に赤いぶつぶつができる。ましん。漢字 麻疹。

はしがき【端書き】名詞 ❶書物などのはじめにのせる、その書物を書いた理由・いきさつなどをのべた文章。序文。❷手紙の、本文の後に書きそえる文章。おってがき。

はしがころんでもわらう【箸が転んでも笑う】慣用句 〔十代後半くらいの女性が〕ふつうなら何でもないようなことでも笑うようす。例 箸が転んでも笑う年ごろの女の子たち。

はじきかえす【はじき返す】動詞 強い力に負けずに、はね返す。例 矢をはじき返す。活用 はじきかえ・す。

はじきだす【はじき出す】動詞 ❶いきおいよく外へ出す。例 指で玉をはじき出す。❷のけ者にする。例 じゃまな人をはじき出す。❸計算して必要な数をはっきりさせる。また、やりくりして必要なお金をつくる。例 工事の費用をはじき出す。活用 はじきだ・す。

はじく 動詞 ❶はねとばす。はね返す。例 おはじきをはじく。❷よせつけない。例 油は水をはじく。❸〔そろばんで〕計算する。例 もうけをはじく。活用 はじ・く。

はしくれ【端くれ】名詞 ❶切れはし。❷そこにぞくしているが、つまらない者。参考 けんそんした言い方。例 作家の端くれです。

はしけ 名詞 船と岸との間を行き来して人や荷物を運ぶ小さい船。

はしげた【橋桁】名詞 橋のくいの上にわたして、橋板をささえる材木。⇩1365ページ・欄干(図)。

はじける 動詞 いきおいよくさけてわれる。また、中から外へとびだす。はぜる。例 クリの実がはじける。活用 はじ・ける。

はしご 名詞 たてかけたりつるしたりして、高いところにのぼる道具。

はしこい 形容詞 動作がすばやい。ぬけ目がない。頭の回転がはやい。例 はしこい子ども。活用 はしこ・い。

はしごしゃ【はしご車】名詞 消防自動車の一つ。高い所にとどくはしごをそなえている。

はしごのり【はしご乗り】名詞 まっすぐに立てたはしごの上で、いろいろなはなれわざをして見せること。また、それをする人。消防の出初め式などでおこなう。⇩図。

はしご乗り

はじさらし【恥さらし】(名)(形容動詞)〔自分の〕はじを多くの人にさらけだすこと。また、そのような人。例そんな恥さらしなことはしないでほしい。

はじしらず【恥知らず】(名)(形容動詞)はじをはじとも思わないこと。また、そういう人。例恥知らずなふるまい。

はした(名)(形容動詞)あるちょうどの数量や単位にみたないこと。または、あまりが出ること。また、その数量。はんぱ。例はしたが出る。

はしたがね【はした金】(名)わずかなお金。例こんなはした金では何も買えない。(対)大金。

はしたない(形容詞)下品である。つつしみがない。例はしたないふるまい。(活用)はしたな・い。

はしっこ【端っこ】(名)はしのほう。すみっこ。はじっこ。例一番はしっこにすわる。(参考)くだけた言い方。

ばじとうふう【馬耳東風】(四字熟語)〔馬の耳に東風(＝春風)がふいても感じないことから〕人の言ったことなどを、少しも気にかけないこと。(類)馬の耳に念仏。柳に風。

はしなくも【端無くも】(副詞)思いがけず。ぐうぜんにも。例はしなくも本音が出た。

はしにもぼうにもかからない【箸にも棒にも掛からない】(ことわざ)能力や程度がいちじるしくおとっていて、とりあつかいにこまる。

はしのあげおろしにもこごとをいう【箸の上げ下ろしにも小言を言う】(慣用句)ちょっとした動作や細かいことにも、いちいち文句を言う。例箸の上げ下ろしにも小言を言う、きびしい祖母。

はじのうわぬり【恥の上塗り】(慣用句)一度だけでなく、かさねてはじをかくこと。例恥の上塗りになるような発言。

はしばし【端端】(名)あちらのはしやこちらのはし。ところどころ。例言葉の端々に感謝の気持ちが表れている。(参考)ふつう「端々」と書く。

はじまり【始まり】(名)始まること。始まるとき。例学校の始まりは八時半です。

はじまる【始まる】(動詞)❶新しく物事が起こる。例道路工事が始まる。(対)終わる。❷いつものくせが出る。例かれのじまん話が始まった。(活用)はじま・る。(参考)

はじめ[1]【初め】(名)〔ある時間や期間の〕はじまり。例年の初め。(対)終わり。⇩使い分け。

はじめ[2]【始め】(名)❶始めること。例仕事始め。❷物事の起こり。例人類の始め。(対)①②終わり。⇩使い分け。

はじめて【初めて】(副詞)そのときまでにはなかった、新しい物事であること。例初めて見る景色。／生まれて初めて。(参考)

はじめまして【初めまして】(感動詞)はじめて会った人に言う、あいさつの言葉。

はじめる【始める】一(動詞)❶新たに物事をする。例練習を始めよう。❷新しく物事を起こす。例会社を始める。二(接尾語)《動詞の下につけて》「…しだす」意味を表す言葉。例始業のチャイムがなり始める。(活用)はじ・める。(参考)

使い分け　はじめ

●さいしょ。
年の初め。

●物事の起こり。
人類の始め。

はじもがいぶんもない【恥も外聞もない】(慣用句)はずかしいと思ったり、世間の評判を気にしたりしない。人にどう思われようと気にしていられない。

はしゃ【覇者】(名)❶武力を用いたり、はかりごとなどによって、天下を治める者。例戦国時代の覇者。❷競技などで、ゆうしょうした人。例かれはオリンピックのスケート競技の覇者だ。

ばしゃ【馬車】(名)馬にひかせて、人や荷物を運ぶ車。

ばしゃうま【馬車馬】(名)❶馬車をひく馬。❷わき目もふらずに一生けんめいに物事をすることのたとえ。(ことば)「馬車馬のように働く」(参考)馬車馬はわき見をしないように、目の左右におおいをつけて走らせることから。

はしゃぐ 動詞 調子にのってさわぐ。うかれる。例 得意になってはしゃぐ。活用 はしゃ・ぐ。

はしやすめ【箸休め】 名詞 主な料理の間に出される、ちょっとした料理。つまみ。

ばしゃばしゃ 副詞(-と) する動詞 水をまいたり、かけたりするときの音を表す言葉。また、水の中を歩くときの音を表す言葉。例 庭に水をばしゃばしゃまく。／波うちぎわをばしゃばしゃ歩く。

ぱしゃぱしゃ 副詞(-と) する動詞 ❶水面などを続けて軽くたたく音を表す言葉。❷カメラのシャッターを何回か続けて切る音を表す言葉。

パジャマ 名詞 上着とズボンに分かれている、ねまき。類 ネグリジェ。▼英語 pajamas

はしゅ【は種】 名詞 する動詞 作物のたねをまくこと。たねまき。例 小麦のは種期。参考 あらたまった言い方。

はしゅつ【派出】 名詞 する動詞 仕事を言いつけて、あちらこちらへ行かせること。

ばじゅつ【馬術】 名詞 馬を(上手に)のりまわすわざ。例 馬術競技で、オリンピックに出場する。

はしゅつじょ【派出所】 名詞 ➡445ページ・こうばん(交番)。

ばしょ【場所】 名詞 ❶所。場。例 店の場所をたずねる。❷すわるところ。例 先に行って場所をとる。❸興行として相撲をおこなう、ある決まった期間。例 秋場所。参考 今は一場所十五日間で、一年に六場所ある。

はじょう【波状】 名詞 ❶波のように、次から次におしよせてくるようす。例 波状攻撃。❷波のように上下している形。例 波状にうねっている悪路。

ばじょう【馬上】 名詞 馬のせなか。また、馬にのっていること。例 馬上の人となる。

はしょうふう【破傷風】 名詞 破傷風菌がきず口から入っておこる病気。高熱を出し、けいれんをおこす。死ぬこともある。

ばしょがら【場所柄】 名詞 その場所のとくちょうやまわりの様子。ことば「場所柄をわきまえる」

はしょる 動詞 ❶着物のすそを、おびなどにはさむ。❷はぶいて、かんたんにする。例 時間がないので、話の最後ははしょった。活用 はしょ・る。

はしら【柱】 ■ 名詞 ❶土台の上にまっすぐに立て、屋根などをささえる材木。❷細長く、まっすぐに立っているもの。例 電信柱。❸たよりとする大事なものや人。例 一家の柱。❹辞書で、ページの外側にある、そのページに出ている最初の言葉と最後の言葉をしめすもの。
■ 助数詞 《数を表す言葉の下につけて》神や遺骨を数える言葉。例 三柱の神。

はじらう【恥じらう】 動詞 はずかしがる。はずかしそうにする。例 恥じらって、何も言わない。ことば「花も恥じらう(=美しい花もはずかしく思うほど、ういういしく、美しいようす)」活用 はじら・う。

はしらす【走らす】 動詞 ➡はしらせる。活用 はしら・す。

はしらせる【走らせる】 動詞 ❶急いで行かせる。走らす。例 使いの者を走らせる。❷なめらかにはやく動かす。走らす。例 ふでを走らせる。活用 はしら・せる。

はしらどけい【柱時計】 名詞 はしらやかべなどにかけるとけい。かけどけい。

はしり【走り】 名詞 ❶走ること。例 ひと走り。／けいかいな走りでマラソンを完走する。❷その季節にさきがけて出る、野菜や魚など。例 マツタケの走り。❸物事のはじめとなることがら。さきがけ。例 梅雨の走り。

はしりがき【走り書き】 名詞 する動詞 急いで書くこと。また、その書いたもの。例 走り書きのメモを残して出かける。

はしりこむ【走り込む】 動詞 ❶走って、ある場所に入る。例 教室に走り込んだ。❷走る練習をくり返す。例 毎日五キロ走り込んだ。活用 はしりこ・む。

はしりさる【走り去る】 動詞 走って、その場からいなくなる。例 目の前をタクシーが走り去った。活用 はしりさ・る。

はしりたかとび【走り高跳び】 名詞 陸上競技の一つ。走っていってバー(=横にわたしてあるぼう)をとびこえ、その高さを争う。ハイジャンプ。参考 ⇩1191ページ・棒高跳び。

はしりづかい【走り使い】 名詞 こまごまとした用事を言いつけられて、あちこち走りまわること。また、その人。

はしりづゆ【走り梅雨】 名詞 梅雨になる前にふる、梅雨を思わせるような雨。

はしりぬく【走り抜く】 動詞 最後まで走る。

例千メートルを走り抜く。活用 はしりぬ・く。

はしりぬける【走り抜ける】 動詞 走って通りぬける。例森の中を走り抜ける。活用 はしりぬ・ける。

はしりはばとび【走り幅跳び】 名詞 陸上競技の一つ。走ってきて、ふみきり線でかた足でふみきってとび、とんだきょりを争う。

はしりまわる【走り回る】 動詞 ❶あちらこちらを走る。例子どもたちが運動場を走り回る。❷あちらこちらをいそがしく動き回る。例配達で町中を走り回る。活用 はしりまわ・る。

はしりよみ【走り読み】 名詞 する動詞 急いで、ざっと読むこと。例書類を走り読みする。

はしりよる【走り寄る】 動詞 走って近づく。例出口に走り寄る。活用 はしりよ・る。

はしる【走る】 動詞 ❶〔人や動物が〕すばやく足を動かして、はやく前に進む。例校庭を走る。／走って、追いかける。❷〔物が〕はやい速度でうつり動く。例船が走る。／いなずまが走る。❸〔川や山や道などが〕ある方向に続いている。例川にそって道が走っている。❹〔はげしい気持ちや感じが〕さっと表れて消える。例いかりが全身を走った。活用 はし・る。

はじる【恥じる】 動詞 ❶〔自分のよくないところを〕はずかしく思う。例おくびょうな自分を恥じる。／良心に恥じるようなことはしていない。❷おとる。ひけをとる。参考 ❷は下に「…ない」などの打ち消しの言葉が続く。例父の業績に恥じない仕事をしたい。活用 は・じる。

はしわたし【橋渡し】 名詞 する動詞 〔川に橋をかけるように〕二人の間に立って、仲だちをすること。

はじをかく【恥をかく】 慣用句 人の前で、はずかしい目にあう。例自分の名前の字をまちがえて、恥をかいた。

はじをさらす【恥をさらす】 慣用句 自分のはじを多くの人に知られるようなことをする。例天下に恥をさらす。

はす[1] 名詞 ななめ。はすかい。例はすにかまえる。

はす[2] 名詞 スイレン科の植物。池やぬまに育ち、夏に、白またはもも色の大きな花がさく。地下茎は「れんこん」といい、食用にする。漢字 蓮。

はず 名詞 「まちがいなくそうする」「たしかにそうである」の意味を表す言葉。例もうそろそろつくはずだ。／うまくいくはずがない。

バス[1] 名詞 ❶歌を歌うときの男性の声で、一番低いはんい。また、そのはんいを受け持つ歌い手。参考 ⇩テノール。バリトン。❷「コントラバス」の略。❸一番低い音をだす管楽器。参考 英語のbassからだが、英語での発音は「ベイス」。▼英語 bass

バス[2] 名詞 お金をとって人をのせる大型の自動車。乗り合い自動車。▼英語 bus

バス[3] 名詞 洋式のふろ。例バスタオル。参考 英語のbathは「入浴」という意味。

パス 一 名詞 する動詞 ❶とまらずに通りすぎること。また、合格すること。例入学試験にパスした。❷〔バスケットボールやバレーボールなどで〕ボールをみかたにわたすこと。二 名詞 定期乗車券。また、無料の乗車券・入場券。▼英語 pass

はすう【端数】 名詞 ちょうどきりのよい数からはみだした、はんぱの数。例端数をきりすてる。

バスーン 名詞 ⬇1124ページ・ファゴット。▼英語 bassoon

ばすえ【場末】 名詞 町のにぎやかなところからはずれたところ。町はずれ。

はすかい【はす交い】 名詞 ななめ。はす。例はす交いに板をわたす。

バスガイド 名詞 観光バスで、案内や説明をする係の人。参考 英語の「バス」と「ガイド（guide＝案内人）」を組み合わせて日本でつくった言葉。

はずかしい【恥ずかしい】 形容詞 ❶〔自分の欠点や失敗を気にして〕人前に出られないような気持ちになるようす。例文化祭のげきで、自分の出番ではないときにまちがえて出てしまい、恥ずかしかった。❷照れくさい。くすぐったいような、うれしいような気持ちになるようす。例みんなに注目されて恥ずかしい。活用 はずかし・い。

はずかしめる【辱める】 動詞 ❶はじをかかせる。❷めいよや地位などをきずつける。例学校の名を辱めないようにする。注意 送りがなに気をつける。活用 はずかし・める。

ハスキー 一 形容動詞 声がかすれたような感じであるようす。例ハスキーな声で歌う。二 名詞 犬の品種の一つ。ハスキー犬。参考 寒さに強く長いきょりを走れるので、そりを引くことなどに使われる。▼英語 husky

ことば選びのまど

恥ずかしい をあらわすことば

恥ずかしい

❶〔自分の欠点や失敗を気にして〕人前に出られないような気持ちになるようす。❷照れくさい。くすぐったいような、うれしいような気持ちになるようす。

↓1037ページ

赤恥をかく 発展

人前に出られないような、とてもはずかしい思いをする。

↓10ページ

穴があったら入りたい

体をかくしてしまいたいほど、とてもはずかしい気持ちのたとえ。

↓39ページ

合わせる顔がない

〔失敗などをして〕はずかしくて相手に顔が見せられない。会いにくい。

↓55ページ

面映ゆい 発展

〔人前でほめられたときなど〕うれしくて、はずかしい。照れくさい。

↓207ページ

顔から火が出る

とてもはずかしくて、顔が真っ赤になる。

↓233ページ

顔を赤らめる

はずかしくて顔を赤くする。

↓234ページ

肩身が狭い 発展

世間の人に対して、はずかしく感じるようす。

↓262ページ

気恥ずかしい

何となく、はずかしい。

↓330ページ

ことば選びのまど

恥ずかしい をあらわすことば

決まりが悪い
その場をとりつくろうことができなくて、はずかしい。→332ページ

羞恥心 発展
はずかしいと思う気持ち。→592ページ

赤面
はずかしくて顔を赤くすること。→697ページ

照れ臭い
照れるような感じで、はずかしい。→871ページ

照れる
はずかしがる。→871ページ

恥の上塗り
一度だけでなく、かさねてはじをかくこと。→1035ページ

恥じる
〔自分のよくないところを〕はずかしく思う。→1037ページ

恥をかく
人の前で、はずかしい目にあう。→1037ページ

ばつが悪い
その場にいるのがはずかしい。→1045ページ

はにかむ
はずかしがる。はずかしそうな表情やそぶりをする。→1055ページ

もじもじ
はずかしかったり、まよったりして、落ち着かないようす。→1298ページ

バスケット 名詞 ❶手にさげて持つかご。❷バスケットボールのゴールとなる、底のないあみ。❸「バスケットボール」の略。▼英語 basket

バスケットボール 名詞 五人ずつに分かれ、決められた時間内に相手の「バスケット②」にボールを入れ、その得点を争う競技。バスケ。バスケット。ろう球。▼英語 basketball

はずす【外す】 動詞 ❶かけてある物や、とりつけてある物を取って、はなす。例めがねを外す。❷ある地位から、のぞく。例メンバーから外す。❸失う。のがす。例チャンスを外す。❹そらす。ずらす。例タイミングを外す。❺ある場所からしりぞく。例席を外す。活用はず・す。

パスタ 名詞 イタリアのめん類の総称。スパゲッティやマカロニなど。▼英語（イタリア語から）pasta

バスてい【バス停】 名詞 バスの停留所。バスストップ（bus stop）。

パステル 名詞 はくぼくに似たあわい色合いのクレヨンの一種。やわらかくておれやすい。▼英語 pastel

バスト 名詞 むねまわり。特に、女性のむねまわり。▼英語 bust

バスにのりおくれる【バスに乗り遅れる】 慣用句 時代の流れにおくれる。また、チャンスをのがす。例海外の動向にも目を向けていないと、バスに乗り遅れてしまう。参考英語の miss the bus の直訳。ただし、英語では miss the boat（船に乗り遅れる）というほうがふつう。

パスポート 名詞 政府が、外国に行く人の身分や国籍をしょうめいし、相手の国に保護をたのむ書類。旅券。▼英語 passport

パスボール 名詞 野球で、キャッチャーがピッチャーの投げたボールをとりそこなって後ろにそらすこと。▼英語 passed ball

はずみ【弾み】 名詞 ❶はねかえること。はずむこと。また、いきおい。例弾みのいいボール。❷その場のぐうぜんのなりゆき。ひょうし。例もののはずみでたのみごとを引き受けてしまった。／転んだはずみにくつがとんでしまった。参考②はふつう、ひらがなで書く。

はずみがつく【弾みが付く】 慣用句 調子がつく。いきおいがつく。例勉強に弾みが付く。

はずみをくう【弾みを食う】 慣用句 ほかのもののいきおいを自分の身に受ける。例バスが急ブレーキをかけたので、弾みを食ってたおれそうになった。

はずむ【弾む】 動詞 ❶物にぶつかって、はね返る。例よく弾むまり。❷いきいきとする。いきおいづく。例話が弾む。❸息がはげしくなる。胸がどきどきする。例息が弾む。❹お金をたくさん出す。例こづかいを弾む。活用はず・む。

はすむかい【はす向かい】 名詞 ななめ前。ななめ向かい。例学校のはす向かいにある家。

パズル 名詞 問題を考えてとく遊び。なぞなぞ遊び。▼英語 puzzle

はずれ【外れ】 名詞 ❶ある場所やはんいの、はし。例村の外れ。❷〔ねらっていたことが〕当たらないこと。例くじは外れだった。対当たり。

はずれる【外れる】 動詞 ❶かけてある物やとりつけてある物が、はなれたりぬけたりする。例戸が外れる。❷ある場所から外へそれて出る。例町を外れると茶畑が続く。❸基準になるものや手本になるものから、それる。例調子が外れる。❹ねらったものから、それる。例矢が外れる。対当たる。活用はず・れる。

パスワード 名詞 コンピューターで、ほかの人が勝手にプログラムを使ったり、データを見たりするのをふせぐために入力しておく符号。▼英語 password

はぜ[1] 名詞 ハゼ科の魚のマハゼのこと。河口や岸に近い海にすむ。せなかは茶色で、うす黒いまだらがある。

はぜ[2] 名詞 ウルシ科の木のハゼノキのこと。あたたかい地方の山野に生える。秋には葉が赤く色づく。果実の皮から「ろう」をとり、ろうそくや薬などの原料にする。

はせい【派生】 名詞 する動詞 もととなるものやことがらから、分かれ出てくること。例新しく派生した問題。

はせいご【派生語】 名詞 もとの言葉から、わかれてできた言葉。参考「春」からできた「春めく」や、「美しい」からできた「美しさ」などの言葉。

パセリ 名詞 セリ科の植物。葉は細かくちぢれていて、かおりがある。料理のつけ合わせなどに使う。オランダゼリ。▼英語 parsley

はせる 動詞 ❶走る。走らせる。例馬をはせる。❷遠くのことを思う。例ふるさとの人々に思いをはせた。活用は・せる。

はぜる 動詞 いきおいよくさけて開く。はじける。例クリの実がはぜる。活用 は・ぜる。

パソコン 名詞 家庭や職場で個人が使う小型のコンピューター。「パーソナルコンピューター(personal computer)」の略。ただし、英語では単にcomputerということも多い。

はそん【破損】 名詞 する動詞 物の一部分がこわれること。また、こわすこと。例データが破損した。

1 **はた【旗】** 名詞 四角や三角の布や紙でつくり、さおやひもにつけて、かかげるもの。しるし・かざり・祝いなどに使う。例黄色の旗をふる。

2 **はた【端】** 名詞 ❶ふち。へり。例池の端に立つ。❷そば。近く。また、そばにいる人。例端のめいわくも考えなさい。

3 **はた【機】** 名詞 布をおるきかい。例機を織る。

はだ【肌】 名詞 ❶〔人の〕ひふ。例肌があれて、がさがさだ。❷物の表面。例山の肌。❸気質。性質。例かれとは肌が合わない。

バター 名詞 牛乳からとった脂肪をかためた食品。ビタミンを多くふくみ、栄養価が高い。▼英語 butter

はだあい【肌合い】 名詞 ❶人のひふや物の表面の感じ。例なめらかな肌合いの布地。❷心の持ち方。性質。例さっぱりした肌合いの人。

はたあげ【旗揚げ】 名詞 する動詞 ❶兵を集めて、戦を起こすこと。❷人を集めて、新しく物事を始めること。例児童劇団が旗揚げする。

ばたあし【ばた足】 名詞 水泳で、のばした両足をこうごに上下させて水をけること。

はだあれ【肌荒れ】 名詞 ひふがあれて、かさかさになっていること。例肌荒れをふせぐクリーム。

パターン 名詞 ❶〔とくちょうによって分けた〕型。また、やり方。方法。例ワンパターン。／こまると泣いてごまかすのが、いつものかれのパターンだ。❷洋裁に使う型紙。❸模様。案。例テストパターン。▼英語 pattern

はたいろ【旗色】 名詞 勝ち負けの様子。

はだいろ【肌色】 名詞 ❶はだの色。はだのつや。❷黄色がかったうすいもも色。

はたいろがわるい【旗色が悪い】 慣用句 負けそうである。形勢がよくない。例わがチームの旗色が悪い。

はたおり【機織り】 名詞 機で、布をおる仕事。また、機をおる人。

はたおりぼし【機織り星】 名詞 ➡1176ページ・ベガ。

はだか【裸】 名詞 ❶体に何も着ていないこと。例裸の赤ちゃん。❷おおいやかざりがなく、むきだしであること。例裸電球。❸持ち物や財産が何もないこと。例焼けだされて裸になる。❹つつみかくすところがなく、ありのままの様子。例裸のつき合い。

はだがあう【肌が合う】 慣用句 心の持ち方や性質が、自分と合う。例肌が合う友だち。

はだかいっかん【裸一貫】 名詞 自分の体以外に財産を持っていないこと。例裸一貫から大会社をつくった。

はだかうま【裸馬】 名詞 くらをおいていない馬。

はたがしら【旗頭】 名詞 ある主張をもった団体・グループの代表者。

はだかのおうさま【裸の王様】 名詞 高い地位にあって反対する人がいないので、本当の自分のすがたがわからなくなっている人のたとえ。参考 アンデルセンの童話から。

はだかる 動詞 ❶着物の前の合わせ目が開いている。例胸がはだかる。❷手足を開けて人の前に立ちふさがる。例入り口の前に立ちはだかる。活用 はだか・る。

はたき 名詞 細長い布や紙をたばねてぼうの先につけた、ちりをはらうための道具。

はだぎ【肌着】 名詞 ちょくせつはだにつける、衣類。下着。

はたきこみ【はたき込み】 名詞 相撲で、つっこんでくる相手をさけて、上からたたいてたおすわざ。

はたぎょうれつ【旗行列】 名詞 祝いのために大ぜいの人々が手に手に旗を持ち、列をつくって行進すること。また、その行列。

はたく 動詞 ❶たたく。例ほしたふとんをはたいて、ほこりをはらう。❷さいふなどの中に入っているものを全部出す。また、財産やお金を使いはたす。例あり金をはたいてゲームソフトを買う。活用 はた・く。

バタくさい【バタ臭い】 形容詞 西洋風である。西洋のえいきょうを強く受けている。参考 バタは「バター」のこと。活用 バタくさ・い。

はたけ【畑】 名詞 ❶野菜やこくもつなどをつくる土地。参考 田に対して、水をたたえていない

 ことばあそび 漢字クイズ⑭ 坂の土をとって、そこに木をおいたら、何になるでしょう？

土地。❷専門にしている方面。例科学畑の人。参考 ほかの言葉の下につくときは、「ばたけ」と読む。

はたけちがい【畑違い】名詞 その人が専門としている分野とちがうこと。例フランス文学は畑違いだ。

はだける 動詞 着ている衣服の合わせめをあけて広げる。また、合わせめが開く。例弟はパジャマをはだけてねむっている。活用 はだ・ける。

はたさく【畑作】名詞 畑に作物をつくること。また、その作物。例畑作地帯。

はたさくもつ【畑作物】名詞 畑でつくる野菜やこくもつ。

はださむい【肌寒い】形容詞 ひふに冷たく感じるようす。例肌寒い秋の風がふき始めた。参考「肌寒い」ともいう。類 薄ら寒い。活用 はださむ・い。

はだざわり【肌触り】名詞 ❶物がひふにふれたときの感じ。例肌触りのよい下着。❷その人が、他人にあたえる感じ。例肌触りのよい人。

はだし 名詞 はき物をはかずに地面などをふむこと。例すなはまをはだしで歩く。漢字 裸足。

はたしあい【果たし合い】名詞 おたがいに死ぬかくごで戦うこと。また、その戦い。決闘。

はたして【果たして】副詞 ❶思ったように、やはり。例外は果たして、一面の銀世界だった。❷本当に。参考 ❷は、下に「…か」など、疑いの意味を表す言葉が続く。例果たしてうまく話せるだろうか。

はたじるし【旗印】名詞 ❶戦場でのめじるしのため武士がはたにつけた、その家の紋や文字のしるし。⇩図。❷目標とすることがら。例政治改革を旗印にする。

旗印①

はたす【果たす】一 動詞〔役わりを〕なしとげる。やりおえる。ことば「責任を果たす」 二 接尾語《動詞の下につけて》「すっかり…してしまう」「…しつくす」の意味を表す言葉。例お金をつかい果たす。活用 はた・す。

はたせるかな【果たせるかな】連語 思っていたとおり。やっぱり。例果たせるかな失敗した。

1 **はたち**【二十・二十歳】名詞 二十才。

2 **はたち**【畑地】名詞 畑として使われている土地。

はたと 副詞 ❶急に物にあたって音をたてるようす。例はたとひざをうつ。❷急に新しいじょうきょうにかわるようす。とつぜん。例はたと思いあたる。

はだぬぎ【肌脱ぎ】名詞 着物を着たままで、上半身だけぬいではだかになること。

1 **はたはた** 名詞 ハタハタ科の魚。北太平洋と日本海にすむ。うろこがなく、せなかはうすい黄色で、茶色のはん点がある。

2 **はたはた** 副詞(ーと) する動詞 旗などが風にふかれて、はためくようす。また、その音。例国旗が、はたはたとひるがえる。

ばたばた 副詞(ーと) する動詞 ❶続けてたおれたり、落ちたりするようす。また、その音。例敵がばたばたたおれる。❷足や羽を動かして当てるようす。また、その音。例足をばたばたさせる。❸物事が急に進むようす。例引っこし先がばたばたと決まった。❹いそがしくて落ち着かないようす。例たくさんの仕事をかかえて、ばたばたする。

ぱたぱた 副詞(ーと) する動詞 ❶物を打ちつけて、続けて軽い音を出すようす。例ろうかをぱたぱたと歩く。❷物事が進むようす。例話はぱたぱたと決まった。

バタフライ 名詞 泳ぎ方の一つ。両うでをそろえて後ろから前へ出して水をかき、両足で同時に水をたたいて進む。▼英語 butterfly(=チョウ)

はたふり【旗振り】名詞 ❶旗をふること。旗をふる人。例道路工事の旗振り。❷先に立って人々によびかけて、みちびくこと。また、その人。例校内美化運動の旗振りをする。

はだみ【肌身】名詞 ひふ。また、体。

はだみはなさず【肌身離さず】慣用句 大切にして、いつも身につけているようす。例おまもりを肌身離さずもっている。

はため【はた目】名詞 本人以外の人から見た感じ。例はた目を気にする。/はた目には幸せそうに見える一家。

はためいわく【はた迷惑】名詞 形容動詞 まわりの人が迷惑すること。例道ばたにごみをすて

るなんて、はた迷惑な話だ。

はためく 動詞 旗などが、風にふかれてはたはたと音を立てる。また、ひるがえる。例 国旗が風にはためいている。活用 はため・く。

はたもと【旗本】名詞 江戸時代、将軍にちょくせつつかえた武士。参考 一万石以下で、将軍にちょくせつ会える人をさした。

はたらかす【働かす】動詞 働くようにする。活用させる。働かせる。例 ぼんやりしないで頭をよく働かせなさい。活用 はたらか・す。

はたらかせる【働かせる】動詞 ⬇はたらかす。活用 はたらか・せる。

はたらき【働き】名詞 ❶活動のしかた。能力。例 頭の働きがにぶる。❷活動してほかにおよぼす力。作用。例 モーターは電流の働きで動く。❸仕事などに力をつくしたよい結果。できばえ。例 働きにおうじてお金をはらう。❹収入。かせぎ。例 働きのない人。

はたらきかける【働きかける】動詞 自分から相手に動作をしかける。相手の人が何かをしてくれるようにしむける。例 協力してくれるように働きかける。活用 はたらきか・ける。

はたらきぐち【働き口】名詞 つとめぐち。働いてお金をもらうための職場。例 働き口をさがす。

はたらきざかり【働き盛り】名詞 元気で、もっとも仕事のできる年ごろ。

はたらきて【働き手】名詞 ❶働く人。また、よく働く人。❷家族のくらしをたてるため中心となって働く人。例 姉はわが家の働き手の一人だ。

はたらきばち【働き蜂】名詞 ミツバチなどで、食べ物を集めたり、巣をつくったりする仕事を受け持つハチ。

金田一先生のことばの教室

●言葉の働き

言葉は、人が相手に何かを伝えるときに使います。また、何かを考えるときに言葉がないと考えることができません。何かをおぼえるときにも、言葉がなければむずかしいでしょう。何かを思ったり、感じたりするときも同じです。

詩も小説も哲学も言葉でできていますが、宗教や政治や経済も言葉がなければなりたちません。歴史、科学、芸術ももちろんそうです。

つまり、人間のするすべてのことは、言葉がなければできないのです。たとえば、ある植物に名前がなければ、そのものをよく知ったり、見分けたり、判断したりすることができません。わたしがいてあなたがいて、さらにわたしたちをとりかこむいろいろなものがあるとわかるのも、言葉のおかげです。

言葉を使ってさまざまなことを考えるというのは、人間だけができることです。それで、人間は文明・文化をつくり発達させてきました。言葉は、わたしたちとほかの動物とを区別する、とても大切なものなのです。

はたらきもの【働き者】名詞 よく働く人。対 怠け者。

はたらく【働く】動詞 ❶仕事をする。例 工場で働く。❷動く。活動する。例 頭のよく働く子。❸作用する。例 地球と月の間に引力が働く。❹（悪いことを）する。例 ぬすみを働く。活用 はたら・く。

ばたりと 副詞 重いものが急にたおれるようす。例 目の前で、人がばたりとたおれた。

ぱたりと 副詞 軽いものが急に落ちたり当たったりするようす。例 かさが、ぱたりとたおれた。

はたをあげる【旗を揚げる】慣用句 物事を始める。新しく仕事を始める。例 地域復興の旗を揚げる。

はだをいれる【肌を入れる】慣用句 上半身だけぬいだ着物をまた着なおす。

はたをおる【機を織る】慣用句 機械で布をつくる。例 一日中、機を織る。

はだをぬぐ【肌を脱ぐ】慣用句 ❶着物のそでから手をぬいて、上半身はだかになる。はだぬぎになる。❷人のために力を出す。例 友だちのために肌を脱ぐ。

はたをまく【旗を巻く】慣用句 負けてこうさんする。例 いさぎよく旗を巻く。

はたん【破綻】名詞 する動詞 物事がうまくいかなくなること。例 経営が破綻する。

はだん【破談】名詞 いったん決まった約束や縁談が取り消しになること。

はち【蜂】名詞 こん虫の一種。すきとおった羽が

 こたえ 板（いた）

四まいある。腹の先に毒の針をもつものもいる。ミツバチ・スズメバチ・アシナガバチなど、種類が多い。

[2]はち【八】(名詞) 数の名で、やっつ。また、八番目。例 八方位。

[3]はち【鉢】(名詞) ❶上のひらいた、「さら」より深い食器。例 どんぶり鉢。❷土を入れて草花などを植えるもの。例 植木鉢。❸頭のほね。頭のまわり。

[1]ばち (名詞) ❶たいこをたたくぼう。⇩745ページ・太鼓(図)。❷三味線やびわなどの糸を、はじいてならす道具。⇩585ページ・三味線(図)。1120ページ・[2]びわ(図)。

[2]ばち【罰】(名詞) 神や仏が、人間の悪いおこないに対してあたえるこらしめ。

ばちあたり【罰当たり】(名詞)(形容動詞) 神や仏のばちがあたるのがあたりまえなこと。また、そのような人。例 罰当たりなことをする。

はちあわせ【鉢合わせ】(名詞)(する動詞) ❶頭と頭をぶつけること。しょうとつ。❷思いがけないところで、ばったり出あうこと。例 仲の悪い二人が書店で鉢合わせした。

はちうえ【鉢植え】(名詞) 植木ばちに植えてあること。例 サツキの鉢植え。

ばちがあたる【罰が当たる】(慣用句) 悪事をこらしめるために、神や仏のむくいがある。例 そんなことをすると罰が当たるよ。

ばちがい【場違い】(名詞)(形容動詞) その場所に、似合わないこと。例 場違いの服装。

はちがつ【八月】(名詞) 一年の八番目の月。古くは「葉月」といった。

はちきれる【はち切れる】(動詞) ❶中がいっぱいになってやぶれる。❷元気があふれている。例 健康ではち切れそうなわかもの。(活用) はちき・れる。

はちくのいきおい【破竹の勢い】(故事成語) 〔竹は、はじめの一節をわると、あとは次々にわれていくことから〕止めようとしても止めることができないほどの、はげしいいきおい。例 破竹の勢いで勝ち進む。

ぱちくり (副詞)(〜と)(する動詞) おどろいて目を大きく開いたり、何回もまばたきしたりするようす。例 目をぱちくりさせている。

はちじゅうはちや【八十八夜】(名詞) 雑節の一つ。立春から数えて八十八日目。五月二日ごろ。茶つみや種まきの目安とする。⇩口絵8ページ。

はちのすをつついたよう【蜂の巣をつついたよう】(慣用句) 〔ハチのすをつつくと、多くのハチがとび出してきて、さかんにとび回ることから〕多くの人が混乱して大さわぎになるようす。例 暴徒がおしよせて、蜂の巣をつついたようなさわぎになった。

ばちばち (副詞)(〜と)(形容動詞) ❶物がはげしくはじける音。また、はげしく燃える音。例 ばちばちと火花が散る。❷人と人とがはげしく争うようす。例 視線をばちばちとぶつけ合う。❸ていどがはげしいようすを表す。

ぱちぱち 一 (副詞)(〜と)(する動詞) 続けて、まばたきをするようす。また、続けて写真をとるようす。例 目をぱちぱちする。
二 (副詞)(〜と) はく手の音。また、物がはじける音。例 ぱちぱちと手をたたく。

はちぶんめ【八分目】(名詞) 全体の八割程度。また、ひかえめにしておくこと。例 腹八分目。

はちほうい【八方位】(名詞) 東西南北と北東・北西・南東・南西の八つの方位。

はちまき【鉢巻き】(名詞) ひたいから耳の上を通るところを布でまくこと。また、その布。

はちみつ【蜂蜜】(名詞) ミツバチが巣にたくわえた花のみつ。食用や薬用にする。元になる花は、レンゲ・アカシアなど。

はちゅうるい【は虫類】(名詞) せきつい動物の一つ。陸上にすみ、体にかたいうろこやこうらがある。ワニ・トカゲ・ヘビ・カメなど。(漢字) 爬虫類。

はちょう【波長】(名詞) ❶波の、山から山、また谷から谷までの長さ。うねりの長さ。(参考) 特に、光・音・電波などの波についていう。❷人と人との間にある、合う、合わないの感じ。
(ことば) 「波長が合う」(＝気が合う)

ぱちんこ (名詞) ❶Yの字の形をした木の枝や金具などにゴムひもをつけ、小石などをはさんではじきとばすおもちゃ。❷小さな鉄の玉をばねではじいて、くぎの間にある穴に入るとたくさんの玉が出るようにした遊び。(参考) ②は「パチンコ」と書く。

はつ【初】一 (名詞) はじめてのこと。さいしょ。例 会ができて初の会合がおこなわれる。
二 (接頭語) 《ある言葉の上につけて》「はじめての」の意味を表す言葉。例 初雪。／初仕事。

1 **ばつ**【罰】名詞 きまりをやぶったり、悪いおこないをしたりしたことに対してあたえる、本人にとっていやなこと。ことば「罰を受ける」対 賞。

2 **ばつ**【閥】名詞 ある集まりの中で、出身が同じなどの理由で団結し、おたがいの利益を守ろうとする人々のつながり。

はつあん【発案】名詞 する動詞 新しく考え出すこと。また、新しい考え・意見や議案を出すこと。例 わたしの発案で、おたんじょう会をすることになった。類 創案。案出。

はついく【発育】名詞 する動詞 動物や植物が大きく育っていくこと。例 発育がいい。類 成育。

はつうま【初うま】名詞 二月の、はじめてのうまの日。また、その日におこなわれるいなり神社の祭り。参考「うま」は十二支の第七番目。

1 **はつおん**【はつ音】名詞「ん」や「ン」で書き表す音。参考「読んだ」「遊んだ」など。

2 **はつおん**【発音】名詞 する動詞 声や音を出すこと。また、声や音の出し方。例 正確に発音する。

はつおんびん【はつ音便】名詞 音便の一つ。「読みて」が「読んで」となるように、「ン」の音にかわること。

はつか【二十日】名詞 ❶月の第二十日目。例 六月二十日。❷一日の二十倍の日数。

1 **はっか**【薄荷】名詞 シソ科の植物。草全体にかおりがある。食用や薬用にする。ミント。

2 **はっか**【発火】名詞 する動詞 もえだすこと。火が出ること。例 りんは低い温度でも発火する。

はつが【発芽】名詞 する動詞 種から、芽が出ること。

ハッカー 名詞 他人のコンピューターに勝手に入りこんで、データをぬすみだしたり、プログラムをこわしたりする人。▼英語 hacker

はつかおあわせ【初顔合わせ】名詞 ❶関係のある人たちが、全員はじめて集まること。❷相撲などで、はじめて対戦すること。

はっかく【発覚】名詞 する動詞 かくしていたことや悪事がわかること。

はつがしら【発頭】名詞 漢字の部首の一つ。「発」「登」などの「癶」の部分。

はっかてん【発火点】名詞 物が空気中でしぜんにもえ出す温度。

はつかねずみ【二十日ねずみ】名詞 ネズミ科の動物。野生では、畑や家屋などにすむ。また、実験用・ペット用に改良されたもの。マウス。

ばつがわるい【ばつが悪い】慣用句 その場にいるのがはずかしい。例 ちこくした人は、ばつが悪そうに、そっと入ってきた。

はっかん【発刊】名詞 する動詞 新しく、本や雑誌・新聞を印刷して世に出すこと。類 発行。

はつがん【発がん】名詞 悪性のはれものである「がん」が体に発生すること。

はっき【発揮】名詞 する動詞 ねうちや力を十分に表すこと。例 実力を発揮する。

はつぎ【発議】名詞 する動詞 会議ではじめに意見や議案を出すこと。注意「ほつぎ」ともいう。

はづき【葉月】名詞 昔のこよみで八月のこと。

1 **はっきゅう**【白球】名詞 野球やゴルフなどの、白いボール。

2 **はっきゅう**【発給】名詞 する動詞 役所などが文書を発行してあたえること。例 パスポートを発給する。

はっきょう【発狂】名詞 する動詞 精神が異常な状態になること。

はっきり 副詞(-と) する動詞 ❶ほかのものと区別できて、明らかなようす。例 はっきりとおぼえている。❷気分などがさっぱりしているようす。例 頭がはっきりしない。

1 **はっきん**【白金】名詞 白色でつやがあり、とても重い金属。かざり物や、実験用の器具をつくるのに使う。プラチナ。

2 **はっきん**【発禁】名詞「発売禁止」の略。本や新聞などの発行・発売を法律で止めること。

ばっきん【罰金】名詞［法律をおかしたものに］ばつとして出させるお金。

ハッキング 名詞 する動詞 ❶バスケットボールで、相手のボールをとろうとして、相手の手やうでをはたいてしまう反則。❷他人のコンピューターに勝手に入りこんで、データをぬすみだしたり、プログラムをこわしたりすること。▼英語 hacking

バック 一 名詞 ❶背景。❷後ろだて。例 あの人には有力なバックがある。二 名詞 する動詞 そのままの姿勢で、後ろにもどること。例 車がバックしてきた。▼英語 back

バッグ 名詞 物を入れてもち歩く、ふくろやかばんをまとめていう言葉。例 ハンドバッグ。／ショッピングバッグ。▼英語 bag

1 **パック** 名詞 アイスホッケーやラインホッケーで使われる、ゴムやスポンジでできた球。平たくて

あいうえお
かきくけこ
さしすせそ
たちつてと
なにぬねの
はひふへほ
まみむめも
や ゆ よ
らりるれろ
わ を ん

ことばあそび 漢字クイズ⑮ 種の重さをとって火をつけたら、季節がかわりました。どの季節にな

まるい形をしている。▼英語 puck

²**パック** 名詞 する動詞 ❶顔などに美容材をぬり、ひふのよごれを取り去ったり、栄養分を取り入れたりすること。また、美容材。❷品物をつつむこと。容器などにつめること。また、入れ物。▼英語 pack

バックアップ 名詞 する動詞 ❶野球で、野手が球をのがしたときの用意に、ほかの野手がその野手の後ろにまわって守ること。❷助けること。えんじょすること。例 資金面でバックアップする。❸コンピューターで、データの予備をつくっておくこと。▼英語 back up（名詞は backup）

バックストレッチ 名詞 陸上競技場などで、ゴールするところの反対側の直線走路。対 ホームストレッチ。▼英語 backstretch

はっくつ【発掘】 名詞 する動詞 土の中からほり出すこと。例 古代の遺跡を発掘する。

バックナンバー 名詞 雑誌などの古い号。例 バックナンバーをとりよせる。参考 英語の back number からだが、英語では back issue というほうがふつう。

バックネット 名詞 野球で、ホームベースの後ろの方にはってあるあみ。参考 英語の「バック（＝うしろ）」と「ネット」を組み合わせて日本でつくった言葉。英語では backstop。

バックハンド 名詞 テニスや卓球などで、ラケットを持つ手の反対側に来る球を打つこと。対 フォアハンド。▼英語 backhand

バックボーン 名詞 その人の生き方や信条をささえている、しっかりした考え方。例 バックボーンに欠けている人。▼英語 backbone

バックミラー 名詞 自動車などの運転台の前方にとりつけてある、後ろを見るための鏡。参考 英語の「バック」と「ミラー（mirror）」を組み合わせて日本でつくった言葉。英語では rearview mirror。

ばつぐん【抜群】 名詞 形容動詞 多くのものの中で、特にすぐれていること。例 抜群の成績。類 傑出。出色。

パッケージ 名詞 する動詞 ❶品物をつつむこと。また、そのための入れ物や紙など。❷商品としてひとまとまりにセットしたもの。例 チョコレートのパッケージをもらう。▼英語 package

はっけっきゅう【白血球】 名詞 血の中にふくまれている無色の細胞。細菌をころす働きがある。参考 ⇩699ページ・せっけっきゅう。

はっけよい 感動詞 相撲で、行司が力士に動きをうながすために言うかけ声。

¹**はっけん【発見】** 名詞 する動詞 〔初めて〕見つけ出すこと。例 財宝を発見した。類 発明。

²**はっけん【発券】** 名詞 する動詞 乗車券や銀行券（＝お金）など、券を発行すること。例 日本銀行は発券銀行だ。／インターネットで購入したきっぷを券売機で発券する。

はつげん【発言】 名詞 する動詞 意見をのべること。また、その意見。例 積極的に発言する。

はつこい【初恋】 名詞 はじめての恋。例 初恋の人。

¹**はっこう【発光】** 名詞 する動詞 光を出すこと。例 ホタルは発光する。

²**はっこう【発行】** 名詞 する動詞 新聞・雑誌・書物・紙幣・入場券などを印刷して、世の中に出すこと。例 発行部数。／りょうしゅう書を発行する。類 発刊。

³**はっこう【発酵】** 名詞 する動詞 こうぼ菌や細菌などの働きで、でんぷんや糖分が分解してほかのものにかわること。例 納豆は大豆を発酵させて作る。参考 しょうゆ・みそ・酒・ヨーグルトなどは、この働きを利用してつくられる。

はっこうダイオード【発光ダイオード】 名詞 半導体を使って、電気を流すと光を発する電子回路。赤・緑・青などの色がある。LED。参考 白熱電球やけい光灯とくらべ、長持ちし、けいたい電話や信号機などに使われている。青色の発光ダイオードは日本人が開発した。⇩図。

発光ダイオード

はつごおり【初氷】 名詞 その冬にはじめてはった氷。

はっこつ【白骨】 名詞 雨や風にさらされて白くなった、ほね。類 がい骨。

ばっさい【伐採】 名詞 する動詞 木を切りたおすこと。例 大きな木を伐採する。

ばっさり 副詞（と） ❶刃物などで、いきおいよく

切るようす。例えだをばっさりと切り落とす。／長い髪をばっさり切る。❷思いきって、とりのぞくようす。例予算をばっさりとけずる。

はっさん【発散】 名詞 する動詞 〔光・熱・水分などが〕外にとびちること。また、とびちらせること。例熱を発散させる。／ストレスを発散する。

ばっし【抜糸】 名詞 する動詞 手術でぬい合わせた糸を、きずがなおったあとでぬき取ること。

バッジ 名詞 えりや胸につける〔金属製の〕記章。例委員のバッジをつける。▼英語 badge

はっしと 副詞 ❶物を強く打ったり、いきおいよく飛んでくる物を受け止めたりするようす。例ボールをはっしと打つ。❷かたい物同士がぶつかるようす。例刀をはっしと合わせる。

はつしも【初霜】 名詞 その冬はじめておりた、しも。例十一月に初霜がおりた。

[1]**はっしゃ【発車】** 名詞 する動詞 電車・バスなどが、走り出すこと。対停車。

[2]**はっしゃ【発射】** 名詞 する動詞 鉄砲のたまやロケットなどをうち出すこと。例ロケットを発射する。

[1]**はっしょう【発祥】** 名詞 する動詞 物事がおこりはじまること。始まり。例ナイル川流域はエジプト文明発祥の地である。

[2]**はっしょう【発症】** 名詞 する動詞 病気である様子が表れること。例はしかを発症した。

はつじょう【発情】 名詞 する動詞 動物が性的なよくぼうをおこすこと。

はっしょく【発色】 名詞 色が出ること。写真やそめものなどで、仕上がった色のようす。例この作品は発色がよい。

[1]**はっしん【発しん】** 名詞 する動詞 ひふに小さなふきでものができること。また、そのふきでもの。参考「ほっしん」ともいう。漢字 発疹。

[2]**はっしん【発信】** 名詞 する動詞 電報・郵便・通信・電波などを送り出すこと。また、その通信。例SOSを発信する。対受信。着信。

[3]**はっしん【発振】** 名詞 する動詞 決まった波をもつ電流をおこすこと。

[4]**はっしん【発進】** 名詞 する動詞 自動車などが動きはじめること。また、軍用機・軍艦などが基地から出発すること。

はっしんチフス【発しんチフス】 名詞 感染症の一つ。シラミが仲だちするリケッチアによって発病する。高いねつが出て全身に細かく赤いぼつぼつが現れる。ほっしんチフス。

ばっすい【抜粋】 名詞 する動詞 本や作品から、すぐれた部分や必要な部分をぬきだすこと。また、そのぬきだしたもの。例作文の一部を抜粋して、新聞にのせる。

[1]**はっする【発する】** 動詞 ❶出発する。例列車は八時に東京駅を発する。❷おこる。はじまる。例この川の源流はあの山に発している。❸〔声や言葉を〕出す。はなつ。例うなり声を発する。❹〔矢や弾丸を〕はなつ。発射する。例ピストルを発する。❺発表する。例出発の命令を発する。活用 はっ・する。

[2]**ハッスル** 名詞 する動詞 はりきること。元気よく何かをすること。例ほめられてハッスルする。▼英語 hustle

ばっする【罰する】 動詞 〔きまりをやぶったり、悪いことをしたりした者を〕こらしめる。活用 ばっ・する。

[1]**はっせい【発生】** 名詞 する動詞 ❶〔あることがらが〕起こること。例事件が発生した。❷こん虫などが〔数多く〕生まれること。例バッタが異常に発生した。

[2]**はっせい【発声】** 名詞 する動詞 声を出すこと。また、声の出し方。例発声の練習をする。

[1]**はっそう【発走】** 名詞 する動詞 競走で、いっせいに走り出すこと。スタート。例選手はそろって発走した。

[2]**はっそう【発送】** 名詞 する動詞 〔品物や郵便物を〕おくりだすこと。例小包を発送する。

[3]**はっそう【発想】** 名詞 する動詞 思いつくこと。また、思いついたもの。例自由な発想から生まれたアイデア。

はっそく【発足】 名詞 する動詞 ➡1205ページ・ほっそく。

ばっそく【罰則】 名詞 規則や法律をやぶった人に、どういうばつをあたえるかを定めたもの。ペナルティー。例罰則をもうける。

ばった 名詞 こん虫の一種。後ろあしが発達し、よくはねる。体の色は、緑やかっ色。トノサマバッタ・ショウリョウバッタ・オンブバッタなど。

バッター 名詞 野球で、相手のピッチャーの投球を打つ人。打者。▼英語 batter

バッターボックス 名詞 野球で、バッターがピッチャーの投球を打つときに立つことになっている区いき。打席。▼英語 batter's box

はったつ【発達】名詞 する動詞 ❶成長して、前よりりっぱになること。例 心身の発達。❷よくなってゆくこと。ひらけること。例 交通が発達する。類 発展。

はったつしょうがい【発達障害】名詞 脳の機能の発達が関係する障害。参考 注意欠陥多動性障害（ADHD）、学習障害（LD）、広汎性発達障害（自閉症やアスペルガー症候群をふくむ）など。四月二日から八日まで「発達障害啓発週間」。

はったと 副詞 するどくにらみつけるようす。例 相手のゴールキーパーをはったとにらむ。

はったり 名詞 相手をおさえつけるために、大げさなことを言ったり、強そうなふるまいをしたりすること。例 はったりだと見やぶる。参考 くだけた言い方。

ばったり 副詞（―と）❶急にたおれるようす。例 つまずいて、ばったりたおれた。❷思いがけなく出あうようす。例 病院でクラスメートとばったり会った。❸〔今まで続いていたものが〕急にとだえるようす。例 連絡がばったりなくなった。

はっちゃく【発着】名詞 する動詞〔電車・バスなどが〕出発したり、着いたりすること。

はっちゅう【発注】名詞 する動詞 注文を出すこと。例 工場に製品を発注する。対 受注。

ばっちり 副詞（―と）形容動詞 すみずみまで行きとどいているようす。十分であるようす。例 ばっちり決まったファッション。

ぱっちり 副詞（―と）する動詞 目もとがはっきりしているようす。また、目を大きく開いているようす。例 目がぱっちりしている。

パッチワーク 名詞 色・がら・大きさなどのちがう布をはぎ合わせること。また、そうしてつくったもの。▼英語 patchwork

バッティング 名詞 野球で、ボールを打つこと。例 バッティングの練習を中心におこなう。▼英語 batting

ばってき【抜てき】名詞 する動詞 多くの人の中から、特にえらびだして役目につかせること。登用。例 映画の主役に抜てきされた。漢字 抜擢。

はってもくろまめ【はっても黒豆】ことわざ〔黒いつぶがはいだしても虫とみとめず、黒豆だと言いはることから〕あやまりや失敗をみとめないこと。また、強情をおしとおすこと。

バッテリー 名詞 ❶蓄電池。例 自動車のバッテリー。❷乾電池。❸野球で、そのチームのピッチャーとキャッチャー。ことば「バッテリーを組む」▼英語 battery

はってん【発展】名詞 する動詞 ❶〔いきおいなどが〕広がっていくこと。栄えていくこと。例 この町は、この数年で発展した。／発展途上国。類 繁栄。発達。進歩。進化。❷物事を広げていくこと。例 問題を発展させる。

はつでん【発電】名詞 する動詞 電気を起こすこと。参考 水力・火力・太陽光などを利用する。

はつでんき【発電機】名詞 電気をつくり出す機械。例 風力発電機。

はつでんしょ【発電所】名詞 水力・火力・原子力などを利用して、電力を生み出す所。

はってんとじょうこく【発展途上国】名詞 産業・経済などがまだ十分に進んでいない国。開発途上国。対 先進国。

はっと 副詞 する動詞 思いがけないことにあって、おどろくようす。また、急に気がつくようす。例 とつぜん名前をよばれたので、はっとした。

バット 名詞 野球などで、球をうつ棒。▼英語 bat

ぱっと[1] 副詞 ❶様子が急に、いきおいよく変わるようす。例 鳥がぱっととび立つ。❷はでで目立つようす。例 ぱっとした顔だち。

パット[2] 名詞 ゴルフで、グリーンの上にあるボールをホールに向けて打つこと。パッティング。▼英語 putt

はつどうき【発動機】名詞 動力をおこす機械。エンジン。

ハットトリック 名詞 サッカーやアイスホッケーで、一人の選手が一試合に三点以上の得点をあげること。▼英語 hat trick

はつなり【初なり】名詞 ❶その木にはじめて実がなること。例 この木は、今年が初なりだ。❷その年はじめての実がなること。また、その実。例 この実は、今年の初なりだ。

はつに【初荷】名詞 正月（特に一月二日）になって、はじめて問屋や商店から送り出す荷物。のぼりなどを立てて、かざりつける。

はつね【初音】名詞 ウグイスなどが、その年にはじめて鳴く声。

はつねつ【発熱】名詞 する動詞 ❶熱が出ること。例 水に硫酸をまぜると発熱する。❷〔病気などで〕体温が高くなること。例 かぜで発熱した。

はつのり【初乗り】名詞 タクシーや電車などで、乗ったところから数えて一番安い区間。例 初乗り運賃。

1**はっぱ**【葉っぱ】名詞 草や木の葉。参考 くだけた言い方。

2**はっぱ**【発破】名詞 鉱山や土木工事などで、ダイナマイトなどの火薬をしかけて石や岩を爆破すること。また、それに使う火薬。

バッハ 人名（一六八五～一七五〇）ドイツの作曲家。中世以来の音楽を総合して、近代の西洋音楽の基礎をきずいた。多くの合唱曲や器楽曲などを作曲した。「音楽の父」とよばれる。ヨハン＝セバスチャン＝バッハ（Johann Sebastian Bach）。

はつばい【発売】名詞 する動詞 売り出すこと。例 記念切手を発売する。

ぱっぱと 副詞 ❶ごく短い間に、くり返されるようす。例 ぱっぱと火の粉がとびちる。❷すばやく物事をおこなうようす。例 ぱっぱと宿題をかたづける。

はつはる【初春】名詞 ❶春のはじめ。❷年のはじめ。新年。例 つつしんで初春のお祝いをもうしあげます。参考 ①は少し古い言い方。

はっぱをかける【発破を掛ける】慣用句 ❶火薬をしかけて石や岩を爆破する。❷強い言葉をかけて、はげましたり気合いを入れたりする。例 コーチが選手に発破を掛ける。

はつひ【初日】名詞 一月一日の朝の太陽。初日の出。例 山にのぼって初日をおがむ。

はっぴ【法被】名詞 名前や屋号などをそめだした、こしまでの上着。商人や職人などが着る。しるしばんてん。

ハッピー 形容動詞 幸せなようす。例 ハッピーな気分。▼英語 happy

ハッピーエンド 名詞 物語や映画などで、登場人物が幸せになって終わること。また、そのような終わり方。▼英語 happy ending

はつひので【初日の出】名詞 元日の日の出。はつひ。例 初日の出をおがむ。

はつびょう【発病】名詞 する動詞 病気になること。病気が表面に表れること。

はっぴょう【発表】名詞 する動詞 〔事実や考えなどを〕多くの人に知らせること。例 オーディションの結果を発表する。／政府の公式発表。

はっぷ【発布】名詞 する動詞 法律などを発表して、広く知らせること。例 憲法を発布する。類 公布。

はつぶたい【初舞台】名詞 役者などが、初めて舞台で演技をすること。また、人前で初めて物事をすること。ことば「初舞台をふむ」

はっぷん【発奮・発憤】名詞 する動詞 〔これからがんばろうと〕心をふるいおこすこと。例 かんとくの言葉に新人が発奮した。

1**はっぽう**【八方】名詞 あちらこちら。ほうぼう。例 八方手をつくして、さがす。

2**はっぽう**【発砲】名詞 する動詞 鉄砲や大砲をうつこと。

はっぽうスチロール【発泡スチロール】名詞 内部に気泡をふくませてつくる軽量のプラスチック。断熱材・包装材などに使う。

はっぽうびじん【八方美人】四字熟語 だれからもよく思われるように立ち回る人。

はっぽうふさがり【八方塞がり】名詞 よい方法がなくて、どうにもならない状態。例 あのときのわたしは八方塞がりの状態だった。

はっぽうやぶれ【八方破れ】名詞 どこもかしこも、すきだらけで、そなえのないこと。例 八方破れのまま対戦する。

はつまご【初孫】名詞 はじめてのまご。

はつみみ【初耳】名詞 はじめて聞くこと。例 その話は、初耳だ。

はつめい【発明】名詞 する動詞 今までになかったものを、考えて新しくつくりだすこと。例 エジソンは、蓄音機や白熱電球を発明した。類 発見。

はつめいか【発明家】名詞 発明をおこなう人。

はつもう【発毛】名詞 ❶毛や髪がはえること。❷思春期に性器のあたりやわきの下などに毛がはえること。

はつもうで【初詣】名詞 する動詞 正月にはじめて神社や寺へおまいりすること。はつまいり。

はつもの【初物】名詞 ❶その季節になって、はじめてとれた野菜やくだものなど。❷その季節になって、はじめて食べる物。

はつゆき【初雪】名詞 その冬、または新しい年になってからはじめてふる雪。例 昨日、初雪がふった。

はつゆめ【初夢】名詞 一月一日、または二日の夜にみるゆめ。

はつらつと 副詞 明るく元気のよいようす。例

ことばあそび 漢字クイズ⑯ お金を失うとできるものは、何でしょう？

はつらつとした青年。

¹はて 感動詞 まよったり、疑問に思ったりしたときに使う言葉。例 はて、これからどうしよう。／はて、何だろう。

²はて【果て】 名詞 ❶一番はずれのところ。例 地球の果て。❷（…した）おわり。最後。例 考えぬいた果てにやっと結論を出した。❸年月をへてかわったすがた。ことば ⇩「成れの果て」

はで【派手】 名詞 形容動詞 〔服装やおこないなどが〕はなやかでめだつこと。例 派手な洋服。対 地味。

パティシエ 名詞 ケーキや洋風のお菓子を作る仕事をする人。▼フランス語

はてしない【果てしない】 形容詞 かぎりがない。おわりがない。例 果てしない水平線のかなた。活用 はてしな・い。

はてな 感動詞 あやしんだり、考えたりするときにいう言葉。例 はてな、おかしいぞ。

はでやか【派手やか】 形容動詞 はなやかなようす。はでであるようす。例 はでやかな着物。

はてる【果てる】 一 動詞 ❶終わりになる。例 戦いは、いつ果てるともしれない。❷しぬ。二 接尾語 《動詞の下につけて》「まったく…してしまう」の意味を表す言葉。例 つかれ果てる。活用 は・てる。

ばてる 動詞 つかれて動けなくなる。例 一日中歩いたのでばてた。参考 くだけた言い方。活用 ば・てる。

はてんこう【破天荒】 故事成語 それまでにだれもしなかったことをするようす。例 破天荒の大ぼうけん。

パテント 名詞 ➡912ページ・とっきょ。▼英語 patent

はと 名詞 ハト科の鳥のこと。頭は小さく、むねがつきだしている。ドバト・キジバトなど。漢字 鳩。

ばとう【罵倒】 名詞 する動詞 はげしい言葉で、ひどくののしること。例 けんかの相手を罵倒する。

ばとうかんのん【馬頭観音】 名詞 体が人で頭が馬、または、馬のかんむりをかぶったすがたの観音ぼさつ。馬の病気をなおし、安全を守るとされる。

ばとうきん【馬頭琴】 名詞 二本の糸を弓でこすって鳴らす、モンゴルの楽器。先の方に、馬の頭の形のかざりがついている。

パトカー 名詞 「パトロールカー」の略。

はとがまめでっぽうをくったよう【はとが豆鉄砲を食ったよう】 慣用句 とつぜんのことにおどろいて、目をまるくするようす。例 急にパーティーが始まったので、はとが豆鉄砲を食ったような顔をしている。

はとこ 名詞 ➡1230ページ・またいとこ。

はとは【はと派】 名詞 相手と仲よくし、おだやかに物事をまとめようとする人たち。対 たか派。語源 ハトは平和の象徴とされることからつくられた言葉。

はとば【波止場】 名詞 港で、海に細長くつき出ているところ。類 ふ頭。

バドミントン 名詞 高くはったネットをはさみ、小形のラケットではねを打ち合う競技。▼英語 badminton

はとむね【はと胸】 名詞 人の胸がハトの胸のように、高く前につき出ていること。また、そのような胸。

はとめ【はと目】 名詞 ひもを通すために、かわや布などにあけた穴。まるい金具がついている。

はどめ【歯止め】 名詞 ❶車輪などの回転をとめるしかけ。ブレーキ。❷自動車などの車輪が動かないように、地面と車輪との間にはさんでおくもの。❸物事が悪くならないように、止めるもの。ことば「歯止めをかける」

パトロール 名詞 する動詞 見回りをすること。特に、警官が見回ること。▼英語 patrol

パトロールカー 名詞 無線電話をそなえた、見回りをする自動車。特に、警察の、無線機・サイレン・点滅灯をそなえた巡回用自動車。パトカー。参考 英語では、police car のほうがふつう。▼英語 patrol car

ハトロンし【ハトロン紙】 名詞 うす茶色のじょうぶな紙。つつみ紙やふうとうに使う。

バトン 名詞 リレー競走で、次に走る人にわたす棒。▼英語 baton

バトンガール 名詞 音楽に合わせて指揮棒をぐるぐる回しながら、パレードの先頭に立って進む少女。参考 英語の「バトン（＝指揮棒）」と「ガール」を組み合わせて日本でつくった言葉。英語では baton twirler。

バトンタッチ 名詞 する動詞 リレー競走で、バトンを手わたすこと。参考 英語の「バトン」と「タッチ」を組み合わせて日本でつくった言葉。

バトントワラー 名詞 パレードや音楽隊の先頭に立って、バトン（＝指揮棒）をぐるぐる回しながら指揮をとる人。▼英語 baton twirler

バトンをわたす【バトンを渡す】 慣用句 次の人に仕事や役目をゆずる。参考 英語の熟語 pass the baton の直訳。

はな[1] 名詞 ❶物事のはじめ。最初。例 そんなにもんくを言うなら、はなからたのまなければいいのだ。❷もののつき出したところ。はし。はずれ。例 みさきのはなに灯台が見える。参考 ①②はくだけた言い方。

はな[2]**【花】** 名詞 ❶植物が決まった時期に、くきやえだの先にさかせるもの。がく・はなびら・おしべ・めしべなどからなり、種をつくる働きをする。例 スミレの花。参考 特に、サクラの花をさすことがある。❷はなやかでさかんな、もっともよい時期。例 今が花の女優。❸はなやかで、さかんなようす。また、はなやかで美しいようす。例 花の都。⇩使い分け。

はな[3]**【華】** 名詞 はなやかなもの。例 華のある役者。⇩使い分け。

はな[4]**【鼻】** 名詞 ❶顔のまん中の高くなっている部分。においを感じたり、息をしたりする。例 鼻の頭（＝鼻の一番高いところ）。❷においをかぐ感覚。ことば「鼻がいい」

ばな 接尾語《ある言葉の後について》「そうしたとたん」という意味を表す言葉。例 ねいりばなに電話が鳴る。

はなあわせ【花合わせ】 名詞 花札を使い、同じ種類の札を取り合って、得点をきそう遊び。

使い分け はな

●植物の花。
花がさく。

●はなやかなもの。
武士道の華。

はないき【鼻息】 名詞 ❶鼻でする息。❷意気ごみ。例 すごい鼻息だ。❸人のきげん。

はないきがあらい【鼻息が荒い】 慣用句〔とくいになり〕いせいがよい。例 優勝はもらったと鼻息が荒い。

はないきをうかがう【鼻息をうかがう】 慣用句 相手を気にして、相手の気持ちを知りたがって、きげんをとろうとする。

はなうた【鼻歌】 名詞〔気分のよいときなどに〕鼻にかかったひくい声でうたう歌。

はなうたまじり【鼻歌交じり】 名詞 鼻歌を歌いながら、のんびりと物事をおこなうようす。例 鼻歌交じりで仕事をする。

はなお【鼻緒】 名詞 げたやぞうりにつける、足の指をかけるひも。ことば「鼻緒をすげる」⇩410ページ・げた（図）。727ページ・草履（図）。

はながきく【鼻が利く】 慣用句 においをよくかぎわけられる。

はながた【花形】 名詞 ❶花をかたどった形・もよう。❷ある仲間の中で特に人気があって、もてはやされること。また、その人。例 チームの花形となる。

はながたかい【鼻が高い】 慣用句 ほこらしく思う。例 弟が賞をもらって、ぼくまで鼻が高い。

はながまがる【鼻が曲がる】 慣用句 いやなにおいが強いようすのたとえ。例 鼻が曲がるような、魚がくさったにおい。

はながみ【鼻紙】 名詞 鼻水などをぬぐうときなどに使ううすい紙。

はなぐすりをかがせる【鼻薬を嗅がせる】 慣用句 ちょっとした、わいろをわたす。鼻薬をきかせる。

はなぐすりをきかせる【鼻薬を利かせる】 慣用句 ➡はなぐすりをかがせる。

はなくそ【鼻くそ】 名詞 鼻のあなのなかで、鼻水とほこりがまじってかたまったもの。

はなぐもり【花曇り】 名詞 桜の花がさくころのうすぐもりの天気。

はなげ【鼻毛】 名詞 鼻の中にはえている毛。

はなごえ【鼻声】 名詞 ❶〔あまえて話すときなどの〕鼻にかかったような声。❷〔かぜをひいたり、なみだが出そうになったりしたときの〕鼻がつまったような声。

はなござ【花ござ】 名詞 ➡1054ページ・はなむしろ①。

はなことば【花言葉】名詞 〔その花のもつ特色から〕花にある意味をもたせたもの。クローバーは「幸運」を、バラは「愛情」「美」を表すなど。

はなごよみ【花暦】名詞 花の名前を、それがさく季節の順にならべ、それぞれの花の名所を書きいれたこよみ。

はなざかり【花盛り】名詞 ❶花がさかんにさいているようす。また、その季節。例 花盛りの春。❷ある物事が、さかんであること。例 人生の花盛り。

はなさき【鼻先】名詞 ❶鼻のあたま。❷鼻のすぐ前。目の前。例 鼻先にしょうこの品をつきつけられる。

はなさきであしらう【鼻先であしらう】慣用句 ➡1053ページ・はなであしらう。

はなし【話】名詞 ❶物語。例 お話を読む。❷言葉で言われたことがら。例 友だちの話によると、かれは来ないそうだ。❸相談。例 話をまとめる。❹わけ。事情。例 その人は話のわかる人だ。注意 送りがなをつけない。

×**はなじ**【鼻血】➡1053ページ・はなぢ。

はなしあい【話し合い】名詞 相手の考えを聞いたり、自分の考えを言ったりすること。例 話し合いによって解決をはかる。

はなしあいて【話し相手】名詞 ❶話をする相手の人。❷相談をするのによい人。例 たよりにできる話し相手。

はなしあう【話し合う】動詞 ❶たがいに思っていることを話して知らせ合う。例 将来のゆめを話し合う。❷たがいに、わかり合ったり、よい考えを出したりするために話す。例 校内をきれいにするための方法をみんなで話し合う。活用 はなしあ・う。

はなしか【はなし家】名詞 落語を話すことを職業とする人。落語家。

はなしがい【放し飼い】名詞 〔家ちくを〕小屋やかごに入れないで、広いところで自由にさせてかうこと。例 その牧場では、馬が放し飼いにされている。類 野飼い。

はなしかける【話し掛ける】動詞 ❶〔相手に〕話をしかける。例 近くにいる人に話し掛ける。❷話を始める。例 何かを話し掛けたが、すぐにやめた。活用 はなしか・ける。

はなしがつく【話がつく】慣用句 話し合いがまとまる。例 たがいに協力するということで話がついた。

はなしがはずむ【話が弾む】慣用句 おもしろかったり、楽しかったりして、会話が活発に続く。例 子どものころの思い出に話が弾む。

はなしがわかる【話が分かる】慣用句 世間のことや人の気持ちなどをよく知っていて、物事に理解がある。例 うわさのとおり、あの人は話が分かる人だ。

はなしかわって【話変わって】慣用句 ❶話の中心になることがすっかりかわって。❷物語などの場面やすじがすっかりかわって。

はなしごえ【話し声】名詞 人が話をしている声。例 ひそひそと話し声が聞こえる。

はなしことば【話し言葉】名詞 おもに、話をするときに使う言葉。対 書き言葉。

はなしこむ【話し込む】動詞 熱心に話す。夢中になって話す。例 時間のたつのもわすれて話し込む。活用 はなしこ・む。

はなしじょうず【話し上手】名詞 形容動詞 聞く人をたいくつさせないように、うまく話をすること。また、その人。対 話し下手。

はなして【話し手】名詞 ❶話をする人。話者。対 聞き手。❷話のしかたの上手な人。例 かれはなかなかの話し手だよ。

はなしにならない【話にならない】慣用句 ❶話すねうちがない。あきれてものが言えない。❷話し合いができない。

はなしにはながさく【話に花が咲く】慣用句 次から次へと、いろいろな話が出るようす。例 ひさしぶりに会って、話に花が咲く。

はなしにみがはいる【話に実が入る】慣用句 話に夢中になる。話に熱中する。例 気がかりなことがあって、話に実が入らない。

はなしのこしをおる【話の腰を折る】慣用句 話そうと思っている人のじゃまをしていきおいを弱める。例 急な大声に、話の腰を折られた。

はなしはんぶん【話半分】名詞 人の話はおおげさになりがちで、本当のことは半分くらいだということ。事実は半分くらいだと思って聞くと、ちょうどよいということ。例 友だちのじまん話を話半分に聞いておく。

はなしぶり【話し振り】名詞 話のしかた。話の調子。例 落ち着いた話し振りでみんなから好評を得た。

はなしべた【話し下手】 (名詞)(形容動詞) 話すことがうまくないこと。また、その人。(類)口下手。(対)話し上手。

はなしょうぶ【花しょうぶ】 (名詞) アヤメ科の植物。葉はとがって細く、たてのすじがある。夏のはじめに、むらさき・白などの花がさく。日当たりのよい水べでさいばいされる。

はなす¹【放す】 (動詞) ❶〔つかまえていたものを〕自由に行動させる。例 鳥を野に放す。❷つかんでいることをやめる。例 つなを放す。参考 ②は「離す」とも書く。❸《ある言葉の下につけて》「そのままにする」意味を表す言葉。例 あけ放す。活用 はな・す。⇩使い分け。

はなす²【話す】 (動詞) ❶声に出して言う。自分の思っていることを、言葉を使って相手に伝える。例 昨日見たことを話す。❷相談する。例 そのようなことは、かれに話してもむだだ。活用 はな・す。

はなす³【離す】 (動詞) ❶つながっているものを別々にする。例 にぎった手を離す。❷間をあける。例 一メートルずつ離して、なえ木を植える。活用 はな・す。⇩使い分け。参考 ①は「放す」とも書く。

はなすじ【鼻筋】 (名詞) みけんから鼻の先までの線。例 鼻筋の通った顔。⇩233ページ・顔①(図)。

はなせる【話せる】 (動詞) ❶話すことができる。例 あの人は、英語が話せる。❷話し相手にするねうちがある。話がよくわかる。例 あんな話せる人はいない。活用 はな・せる。

はなぞの【花園】 (名詞) 花のさく草木をたくさん植えてあるところ。(類)花畑。花壇。

使い分け　はなす

●自由にさせる。
鳥を放す。

●間を広げる。
つくえを離す。

はなたかだか【鼻高高】 (形容動詞) ひじょうにとくいなようす。例 ほめられて鼻高々だ。参考 ㋐ふつう「鼻高々」と書く。㋑「鼻高々と」の形で副詞としても使う。

はなたば【花束】 (名詞) 〔そなえたりおくったりするために〕草花をたばにしたもの。

はなだより【花便り】 (名詞) 花のさいた様子を知らせる手紙やニュース。

はなたれ【はな垂れ】 (名詞) 鼻水が鼻から出ている様子。また、そのような人。

はなたれこぞう【はな垂れ小僧】 (名詞) ❶鼻水をだらしなくたらしている子ども。❷経験があさい若者をばかにしていう言葉。

はなぢ【鼻血】 (名詞) 鼻から出る血。また、鼻から血が出ること。注意 「はなじ」と書かないこと。

はなつ【放つ】 (動詞) ❶はなして自由にする。例 小鳥を野に放つ。❷光・音・においなどを出す。例 声を放って泣く。❸矢などをうち出す。例 いっせいに矢を放つ。活用 はな・つ。

はなっぱしら【鼻っ柱】 (名詞) 人とはりあって、負けたくないと思う気持ち。はなっぱし。ことば 「鼻っ柱が強い(＝負けたくない気持ちが強い)」

はなつまみ【鼻つまみ】 (名詞) 〔鼻をつまんでくさいものをさけることから〕とてもきらわれること。また、そのような人。

はなづら【鼻面】 (名詞) 鼻先。はなっつら。例 子馬が鼻面をこすりつけてきた。

はなであしらう【鼻であしらう】 (慣用句) 相手を軽く見て、いいかげんにあつかう。例 相談をもちかけたら、鼻であしらわれた。参考 「鼻先であしらう」ともいう。

はなでわらう【鼻で笑う】 (慣用句) 鼻先でふんと笑う。例 くだらない話だと、鼻で笑う。参考 けいべつした笑い方にいう。

はなどき【花時】 (名詞) 花のさかりの時期。特に、桜の花のさくころ。

バナナ (名詞) バショウ科の植物。実は細長く、じゅくすと皮が黄色くなる。実はあまく、食用にする。▼英語 banana

はなにかける【鼻に掛ける】 (慣用句) じまんして、とくいそうにふるまう。例 成績を鼻に掛ける。

はなにつく【鼻に付く】 (慣用句) あきて、いや

あいうえお
かきくけこ
さしすせそ
たちつてと
なにぬねの
はひふへほ　は
まみむめも
や　ゆ　よ
らりるれろ
わ　を　ん

になる。例 鼻に付く話し方。

はなのさき【鼻の先】 連語 ❶鼻の先の部分。例 鼻の先をカにさされた。❷鼻のすぐ前。目の前。例 鼻の先につきつける。❸すぐそば。例 その店はすぐ鼻の先にある。

はなのしたがながい【鼻の下が長い】 慣用句 男の人が、女の人に対して、だらしなく、あまい。

はなばさみ【花ばさみ】 名詞 草木の花やえだを切るためのはさみ。

はなはずかしい【花恥ずかしい】 形容詞 〔美しい花もはずかしがるほどということから〕わかい女性がういういしく、美しい。例 花恥ずかしい年ごろ。参考 文学的な言い方。活用 はなはずかし・い。

はなはだ【甚だ】 副詞 ひじょうに。たいへん。例 そんなうわさを立てられては甚だめいわくする。参考 多く、よくないようすについていう。

はなばたけ【花畑】 名詞 草花をつくっている畑。類 花園。花壇。参考 ⇩199ページ・お花畑。

はなはだしい【甚だしい】 形容詞 ふつうの程度をこえているようす。例 甚だしく危険である。活用 はなはだし・い。

はなばなしい【華華しい】 形容詞 ❶はなやかで、りっぱなようす。例 華々しい顔ぶれ。❷いさましく、りっぱなようす。例 華々しいかつやくをする。参考 ふつう「華々しい」と書く。活用 はなばなし・い。

はなび【花火】 名詞 まぜあわせた火薬を、紙にまいたり玉にしたりしたもの。火をつけて、色や音などを楽しむ。例 線香花火。

はなびえ【花冷え】 名詞 春、サクラの花のさくころ、しばらくの間、寒くなること。また、その寒さ。例 花冷えの午後。

はなびら【花びら】 名詞 花を形づくっている一枚一枚。花弁。⇩1285ページ・雌しべ(図)。

はなぶさ【花房】 名詞 小さな花がたくさん集まって、ふさのようにさいたもの。フジの花、ブドウの花など。

はなふぶき【花吹雪】 名詞 桜の花びらが風にふかれて、ふぶきのようにみだれちること。例 花吹雪がまう。

パナマうんが【パナマ運河】 名詞 中央アメリカにある、太平洋と大西洋(カリブ海)を結ぶ運河。水門で水の高さを調節して、船が通る。

はなまつり【花祭り】 名詞 四月八日の、釈迦のたんじょう日をいわう祭り。

はなまる【花丸】 名詞 丸をいくつかくみあわせて、花のような形にしたしるし。テストなどの答えが、たいへんよくできたことを表す。例 国語のテストで、花丸をもらう。

はなみ【花見】 名詞 〔桜の〕花をながめて楽しむこと。⇩口絵7ページ。

はなみず【鼻水】 名詞 寒さやかぜなどのため鼻から出るしる。

はなみぞ【鼻溝】 名詞 鼻の下からくちびるの上にある、たてにくぼんでいるところ。

はなみち【花道】 名詞 ❶〔歌舞伎で〕舞台の左はしに客席をたてにつらぬいてつくられた細長い舞台。⇩図。❷相撲で、力士が登場・退場する道。❸物事のはなばなしい部分。例 人生の花道。

はなみちをかざる【花道を飾る】 慣用句 活躍していた人が最後にみごとな働きをして、仕事や役目をやめる。例 引退試合でゴールを決めて、花道を飾った。⇩コラム「演劇からうまれたことば」(160ページ)。

花道①

はなむけ 名詞 旅に出る人やわかれていく人に心をこめてお金・品物・詩歌・言葉などをおくること。また、そのお金・品物・詩歌・言葉など。せんべつ。

はなむこ【花婿】 名詞 結婚したばかりの男の人。また、近く結婚することになっている男の人。対 花嫁。

はなむしろ【花むしろ】 名詞 ❶いろいろな色にそめたイグサでつくった、花もようのむしろ。花ござ。例 庭に花むしろをしいて、ままごと遊びをする。❷はなびらが一面に散ったようすを、むしろに見立てた言葉。

はなめ【花芽】 名詞 育つと花になる、草や木の芽。花のつぼみが入っている芽。

はなもちならない【鼻持ちならない】 慣用句 考え方やおこないなどがいやで、がまんできない。例 鼻持ちならない態度。

はなもひっかけない【はなも引っ掛けない】 慣用句 ばかにして相手にしない。相手を無視する。例 しろうとだからと、はなも引っ掛けない。参考「はな」は、鼻水のこと。

はなもみもある【花も実もある】 慣用句 外から見た様子が美しく、中身も十分にそなわっていることのたとえ。また、道理も人情もそなえていることのたとえ。例 名奉行の花も実もあるさばき。

はなやか【華やか】 形容動詞 美しく、きらびやかで、目立つようす。例 華やかな衣装。／華やかにくらす。

はなやぐ【華やぐ】 動詞 明るく、はなやかになる。例 華やいだふんい気につつまれる。活用 はなや・ぐ。

はなよめ【花嫁】 名詞 結婚したばかりの女の人。また、近く結婚することになっている女の人。対 花婿。

はなよりだんご【花より団子】 ことわざ 見て美しいものより、じっさいに役立つ物の方がよいというたとえ。

はならび【歯並び】 名詞 はえている歯のならび方。歯なみ。例 歯並びがよい。

はなれ【離れ】 名詞 ➡はなれざしき。

ばなれ【場慣れ】 名詞 する動詞 〔何回もやっていて〕その場のことによくなれていること。例 場慣れした様子で話をしている。

はなれざしき【離れ座敷】 名詞 〔母屋からはなれて〕別になっているざしき。はなれ。

はなれじま【離れ島】 名詞 陸地から遠くはなれている（小さな）島。

はなればなれ【離れ離れ】 名詞 形容動詞 たがいに、はなれること。例 転校して、友人と離れ離れになった。

1 **はなれる【放れる】** 動詞 つないでいたものがとけて、そこから動きだす。例 小ぶねは岸から放れて流れはじめた。活用 はな・れる。⇩使い分け。

2 **はなれる【離れる】** 動詞 ❶一つになっていたものが、分かれる。遠くに行く。例 ふるさとを離れる。❷間があく。例 となりの家とは五百メートル離れている。活用 はな・れる。⇩使い分け。

はなれわざ【離れ業】 名詞 〔ふつうの人にはできないような〕思いきった、だいたんな動作。例 おどろくような離れ業をえんじる。類 曲芸。

1 **はなわ【花輪】** 名詞 花や造花をならべて輪の形にしたもの。開店祝いや葬式などに使う。

使い分け　はなれる

● 自由に動きだす。
つなから放れる。

● 間を広げるようにする。
列を離れる。

2 **はなわ【鼻輪】** 名詞 なわをつけるために、牛の鼻にとおす輪。

はなをあかす【鼻を明かす】 慣用句 人のすきをついて相手をびっくりさせる。例 まんまと相手の鼻を明かす。

はなをおる【鼻を折る】 慣用句 とくいになっている人をやりこめて、はじをかかせる。例 高慢の鼻を折る。参考 意味を強めて「鼻をへし折る」ともいう。

はなをつきあわせる【鼻を突き合わせる】 慣用句 近くに向かい合っていたり、せまい場所に集まっていたりする。例 鼻を突き合わせて相談する。

はなをつく【鼻を突く】 慣用句 鼻がいたくなるほど〔いやなにおいが〕強くにおう。例 くさったようなにおいが鼻を突く。

はなをならす【鼻を鳴らす】 慣用句 あまえた声を出す。あまえる。

はなをへしおる【鼻をへし折る】 慣用句 「鼻を折る」を強めていった言葉。

はなをもたせる【花を持たせる】 慣用句 めいよや手がらを相手にゆずって、相手を引き立たせる。例 先ぱいに花を持たせて賞をゆずる。

はにかむ 動詞 はずかしがる。はずかしそうな表情やそぶりをする。例 その少年は、はにかんで、小さな声で話していた。活用 はにか・む。

はにきぬをきせない【歯に衣を着せない】 慣用句 〔相手の気持ちなどにこだわらず〕思っていることをはっきり言う。例 父は、何に

ついても歯にきぬを着せないで話す。

パニック 名詞 大きな災害や事故がおこったとき、急に強い恐怖や不安におそわれて、落ち着いて行動できなくなる状態。例 パニックにおちいる。▼英語 panic

バニラ 名詞 ラン科の植物。また、その種からとった香料。あまいかおりで、アイスクリームなどに使う。▼英語 vanilla

はにわ 名詞 人・馬・家などをかたどった、すやきの像。四世紀から六世紀ごろ日本でつくられ、身分の高い人の墓のまわりにうめられた。漢字 埴輪。⇩図。

はにわ

はね[1] 名詞 漢字を書くときの線の終わり方。左右のななめ上などに、いきおいよく上げるように書くこと。

はね[2]【羽】名詞 ❶鳥のつばさ。また、こん虫が飛ぶときにつかう器官。例 チョウの羽。❷飛行機のつばさ。❸鳥のひふをおおっている毛。参考 ⇩羽根。

はね[3]【羽根】名詞 ムクロジの種などに鳥の羽をつけたもの。羽子板でついて遊ぶのに使う。例 羽根をつく。参考 ⇩羽。

ばね 名詞 ❶はね返る力を利用して、強い力をやわらげたり、動力のもととしたりして使うもの。ふつう、こう鉄をまるくまいたり、曲げたりしたものが使われる。例 ばねばかり。❷〔足などの〕はねる力。例 ばねのある選手。❸あることのきっかけになること。例 くやしさをばねにして練習する。漢字 発条。

はねあがる【跳ね上がる】動詞 ❶足のまげのばしを利用して、とび上がる。例 跳ね上がるようにして、起きる。❷ねだんなどが、急に上がる。例 二倍の価格に跳ね上がる。活用 はねあが・る。

はねあげる【はね上げる】動詞 ❶いきおいよく、とびちらせる。例 どろをはね上げる。❷けりあげる。例 うちまたをはね上げる。活用 はねあ・げる。

はねおきる【跳ね起きる】動詞 いきおいよく起き上がる。飛び起きる。例 大きな音がしたので思わず跳ね起きた。

はねかえす【跳ね返す】動詞 ❶はねて、いきおいよく元へもどす。例 ボールを跳ね返す。❷いきおいよくつきかえす。つっぱねる。例 反対する人々の声を跳ね返して行動の先頭に立つ。活用 はねかえ・す。

はねかえり【跳ね返り】名詞 ❶はねてもとにもどること。❷軽はずみなこと。また、そのような人。おてんば。はねっかえり。

はねかえる【跳ね返る】動詞 ❶はねてもとへもどる。いきおいよくはねる。例 ボールが跳ね返ってくる。／太陽の光が、プールの水面に跳ね返ってまぶしい。❷ある物事が次々にえいきょうして、もとのものにおよぶ。例 海賊版を使うと、つくる人にお金が入らなくなり、よいものが作れなくなって、よいものを使いたい人に跳ね返る。活用 はねかえ・る。

はねがはえたよう【羽が生えたよう】慣用句 商品がとてもよく売れることのたとえ。例「羽が生えたような売れ行き。参考「羽が生えて飛ぶよう」ともいう。

はねがはえてとぶよう【羽が生えて飛ぶよう】慣用句 品物がどんどん売れることのたとえ。

はねつき【羽根突き】名詞 向かい合って、一つの羽根を羽子板でうち合う遊び。追い羽根。参考 正月にする遊び。⇩図。

はねつける【はね付ける】動詞〔要求や申し出などを〕はっきり、ことわる。例 ぴしゃりとはね付ける。活用 はねつ・ける。

羽子板

羽根突き

はねつるべ【はね釣べ】名詞 井戸から水をくみ上げるしかけ。はしらの上に棒を横にとりつけて、棒の一方につるべをつけ、もう一方に重りをつけてある。重りの重さで、つるべにはいった水を上にくみ上げる。⇩図。

はねとばす【はね飛ばす】動詞 ❶はじいて飛ばす。例 かさをふって、水をはね飛ばす。❷じゃまになるものをはらいのける。例 病気をはね飛ばす。活用 はねとば・す。

あいうえお かきくけこ さしすせそ たちつてと なにぬねの は ひふへほ まみむめも や ゆ よ らりるれろ わ を ん

はねのける【動詞】❶強くはじきとばすようにしてのける。❷えらびだしてとりのぞく。例不良品をはねのける。活用 はねの・ける。

はね釣べ

ばねばかり【名詞】ばねのもとにもどる力を使って、重さをはかる道具。⇩1027ページ・はかり（図）。

はねばし【はね橋】【名詞】はねあがるしかけの橋。城の入り口に敵をふせぐためにつくるものや、川で船を通すためにつくるものなどがある。⇩図。

はね橋

はねぶとん【羽布団】【名詞】鳥の羽毛を入れてつくったふとん。軽くてあたたかい。

はねまわる【跳ね回る】【動詞】はねるようにして動き回る。例小鳥がぴょんぴょん跳ね回る。活用 はねまわ・る。

パネラー【名詞】⬇パネリスト。参考 日本でつくった言葉。

パネリスト【名詞】パネルディスカッションで、代表して意見をのべる人。パネラー。例教育問題のシンポジウムにパネリストとして出席する。▼英語 panelist

はねる[1]【動詞】❶はじきとばす。例車にはねられそうになった。❷〔字などで〕先の方をいきおいよく上げる。例強くはねた字はいかにも力強い。❸基準に合わないものをとりのぞく。不合格にする。例試験ではねられた。❹一部分をだまってとる。例うわまえをはねる。活用 は・ねる。

はねる[2]【動詞】〔人の〕首を切りおとす。活用 は・ねる。

はねる[3]【跳ねる】【動詞】❶とび上がる。例バッタが跳ねる。❷〔水やどろが〕とびちる。例どろ水が跳ねる。❸はじける。例フライパンの中で豆が跳ねる。❹その日の映画やしばいなどが終わる。例しばいの跳ねる時間。活用 は・ねる。

パネル【名詞】❶建物のかべやゆかなどにはめこむ板。❷展示するために、写真やポスターなどをはる板。▼英語 panel

パネルディスカッション【名詞】ある問題について何人かの代表者が意見をのべ、そのあとで聴衆が質問したり意見をのべたりする形式の討論会。▼英語 panel discussion

はねをのばす【羽を伸ばす】慣用句 口うるさい人やえんりょしなければならない人がいなくて、のびのびとする。例兄も姉も出かけたので、家で羽を伸ばす。

はのぬけたよう【歯の抜けたよう】慣用句 あるはずのものがなくなって、さびしいようす。例何人もかぜで休んでいて、教室は歯の抜けたようだ。

はのねがあわない【歯の根が合わない】慣用句 寒さやおそろしさなどのためにふるえるようす。

パノラマ【名詞】❶まわりに絵をかき、その前に山・森・家などの模型をならべて、高いところから見わたすのと同じように見せるしかけ。❷広々としたけしき。▼英語 panorama

はは【母】【名詞】❶おかあさん。女親。例ぼくの母は保育士です。対父。❷物事をつくり出すもと。例必要は発明の母。⇩98ページ・いとこ（図）。

はば【幅】【名詞】❶横の長さ。例幅のせまい道。❷ゆとり。例規則に幅をもたせる。

ばば【馬場】【名詞】馬にのるけいこや競馬をする場所。

パパ【名詞】子どもが、父をよぶ言葉。おとうさん。対ママ。参考 英語ではdad, daddyがふつうの言い方。▼英語 papa

パパイア【名詞】パパイア科の木。実は黄色く、食用にする。実のまん中に黒い種がたくさんある。パパイヤ。▼英語 papaya

ははうえ【母上】【名詞】「母」をうやまった言い方。対父上。

ははおや【母親】【名詞】おかあさん。女親。対父親。

はばがきく【幅が利く】慣用句〔ある方面でほかの人に対して〕強い力を持っている。例かれはこの町では幅が利く。

ははかた【母方】【名詞】母親の血すじにつながる方。例母方のしんせき。対父方。

ことばあそび 漢字クイズ⑱ 日と月がいっしょに出る日は、いつでしょう？

はばかる 動詞 ❶えんりょする。ひかえめにする。例 あたりをはばかるような低い声で話す。❷いきおいをふるう。はびこる。例 にくまれっ子世にはばかる。活用 はばか・る。

ははこぐさ【母子草】 名詞 キク科の植物。葉やくきに白い毛がはえている。春に、黄色の小さい花がさく。ごぎょう。春の七草の一つ。

はばたく【羽ばたく】 動詞 鳥がつばさを広げて上下に動かす。例 タカが羽ばたく。参考 広い社会に出ていくたとえにも使う。例 社会に羽ばたく若人。活用 はばた・く。

はばつ【派閥】 名詞 出身地や利害関係などが同じ人々が集まっている仲間。例 派閥政治。

はばとび【幅跳び】 名詞 決められた線から、どれだけ遠くにとべるかをきそう競技。走り幅跳びと立ち幅跳びがある。

ばばぬき【ばば抜き】 名詞 トランプの遊び方の一つ。札をみんなに配り、順にとなりの人の札をとって、同じ数字の札が二枚そろったらすてる。さいごに一枚だけ残るばば（＝ジョーカー）をもっていた人が負けとなる。

ははのひ【母の日】 名詞 母の愛をたたえ、母に感謝する日。五月の第二日曜日。対 父の日。

はばひろい【幅広い】 形容詞 ❶横の広がりが大きい。❷物事に関係するはんいが広い。例 幅広いしゅみをもっている。活用 はばひろ・い。

はばむ【阻む】 動詞 じゃまをする。ふせぎとめる。例 横綱の全勝を阻む。活用 はば・む。

ババロア 名詞 牛乳・さとう・たまご・ゼラチンなどをまぜあわせて、ひやしてかためた洋菓子。▼フランス語

はばをきかせる【幅を利かせる】 慣用句 自分の思いどおりに、ふるまう。例 あの人は、この町ではかなり幅を利かせている。

はびこる 動詞 ❶草木がいきおいよくのび広がる。例 雑草が校庭にはびこっている。❷〔よくないものが〕広がっていきおいをふるう。例 めいしんがはびこる。活用 はびこ・る。

パビリオン 名詞 展示会、見本市、博覧会などで、物を展示するためにたてられた建物。▼英語 pavilion

パピルス 名詞 カヤツリグサ科の植物。また、そのくきのせんいからつくった紙のようなもの。古代エジプトで文字を書くのに使った。▼英語 papyrus

はぶ 名詞 クサリヘビ科のヘビ。大形で、あたたかい地方にすむ。頭は三角形で大きい。強い毒をもつ。漢字 波布。

パフォーマンス 名詞 ❶演劇や音楽などを上演すること。また、その芸。❷路上などで、人目を引くためにする行動。❸〔お金・時間・機械などの〕働き。また、その成果。例 コストパフォーマンス（コスパ）（費用対効果）。❹人や組織の能力。▼英語 performance

はぶく【省く】 動詞 いらないものを、とりのぞいて、へらす。例 むだを省く。活用 はぶ・く。

はぶたえ【羽二重】 名詞 なめらかでつやのある、絹の織物。

ハプニング 名詞 思いがけないできごと。とつぜんおこった事件やさわぎ。例 ハプニングにまきこまれる。▼英語 happening

はブラシ【歯ブラシ】 名詞 歯をみがくための、えのついたブラシ。

はぶり【羽振り】 名詞 ❶鳥の羽の様子。❷その人の、世の中でのいきおい。ことば「羽振りがいい」

バブル 名詞 あわ。あぶく。参考 あわのように消えやすく、はかないもののたとえとしても使う。▼英語 bubble

ばふん【馬ふん】 名詞 馬のくそ。

はへい【派兵】 名詞 する動詞 軍隊を向かわせること。例 海外に派兵する。

はへん【破片】 名詞 〔かたい物などの〕こわれたかけら。例 ガラスの破片。

はま【浜】 名詞 海や湖の、波うちぎわの平らな砂地。例 浜の方へ行く。

はまき【葉巻】 名詞 タバコの葉をきざまないで、そのまままいた、〔太い〕たばこ。

はまぐり 名詞 マルスダレガイ科の二枚貝。貝がらは三角で、表面に赤茶色のたてのまだらがある。食用にする。参考 形と色がクリに似ているので、この名がある。漢字 蛤。

はまべ【浜辺】 名詞 はまのあたり。

はままつし【浜松市】 地名 静岡県にある政令指定都市。

はまや【破魔矢】 名詞 正月のえんぎ物の矢。また、家のむね上げ式で屋根に立てる矢。⇩図。

はまる 動詞 ❶あな・わくなどに、ちょうどよく入る。例 ふたが、ぴったりはまる。❷条件などにぴったりと合う。あてはまる。例 その役にはま

る。❸あなどに落《お》ちこむ。例 みぞにはまる。❹たくらみに引《ひ》っかかる。例 まんまと敵《てき》の計略《けいりゃく》にはまってしまった。❺ぬけ出《だ》せなくなる。熱中《ねっちゅう》する。例 アイドルにはまる。参考 ⑤は、くだけた言《い》い方《かた》。活用 はま・る。

破魔矢《はまや》

はみがき【歯磨《はみが》き】名詞 ❶歯《は》をみがいてよごれをとること。❷歯《は》をみがくためのクリームや粉《こな》。

はみだす【はみ出す】動詞 あるはんいにおさまりきらないで外《そと》に出《で》る。例 線《せん》から大《おお》きくはみ出《だ》している。活用 はみだ・す。

はみでる【はみ出る】動詞 あまって、外《そと》にあふれる。例 ふとんから足《あし》がはみ出《で》る。活用 はみ・でる。

ハミング 名詞 する動詞 口《くち》をとじて、声《こえ》を鼻《はな》から出《だ》すようにして歌《うた》うこと。また、その歌《うた》い方《かた》。▼英《えい》語《ご》humming

はむ[1] 動詞 ❶食物《しょくもつ》をかむ。食《た》べる。例 馬《うま》が草《くさ》をはむ。❷〔昔《むかし》の武士《ぶし》などが〕給料《きゅうりょう》を受《う》ける。例 ろくをはむ。参考 古《ふる》い言《い》い方《かた》。活用 は・む。

ハム[2] 名詞 ❶ブタのもも肉《にく》を塩《しお》づけにして、それをいぶした食品《しょくひん》。❷アマチュアの無《む》線《せん》技《ぎ》士《し》。▼英語《えいご》ham

ハムエッグ 名詞 うす切《ぎ》りのハムの上《うえ》にたまごをのせて、目玉焼《めだまや》きにした料理《りょうり》。参考 英語《えいご》のham and eggs から。

はむかう【歯向かう・刃向かう】動詞 積極的《せっきょくてき》に、さからう。例 権力《けんりょく》に歯向《はむ》かう。類 手向《てむ》かう。活用 はむか・う。

はむし【羽虫】名詞 ❶ハジラミというこん虫《ちゅう》のこと。鳥《とり》の羽《はね》や毛《け》などに寄生《きせい》する。❷羽《は》アリなどの羽《はね》のある小《ちい》さな虫《むし》をまとめたよび名《な》。

ハムスター 名詞 キヌゲネズミ科《か》の動物《どうぶつ》。木《き》の実《み》などを食《た》べる。食《た》べ物《もの》をほおぶくろ（＝ほおの内側《うちがわ》にある、よくのびるふくろのようなもの）にためておくことができる。⇩図《ず》。▼英語《えいご》hamster

ハムスター

はめ【羽目】名詞 ❶板《いた》をはったかべ。❷〔こまった〕立場《たちば》。例 スピーチをさせられる羽目《はめ》になった。参考 ②は「破目《はめ》」とも書《か》く。

はめいた【羽目板】名詞 建物《たてもの》のかべなどにはった板《いた》。⇩図《ず》。

はめこむ【はめ込む】動詞 ❶ちょうどよくおさまるように入《い》れる。例 パズルにピースをはめ込《こ》む。❷計略《けいりゃく》を用《もち》いたりして、だます。活用 はめこ・む。

はめつ【破滅】名詞 する動詞 ほろびること。だめになること。例 身《み》の破滅《はめつ》をまねく。

はめる 動詞 ❶ぴったり合《あ》うように入《い》れる。また、外側《そとがわ》にかぶせる。例 手《て》ぶくろをはめる。❷だまして計略《けいりゃく》にかけたり、悪《わる》い品物《しなもの》を売《う》りつけたりする。例 敵《てき》をはめる。活用 は・める。

羽目板《はめいた》

はめをはずす【羽目を外す】慣用句 調子《ちょうし》にのって、程度《ていど》をこす。例 たまには羽目《はめ》を外《はず》して大《おお》さわぎをしよう。

ばめん【場面】名詞 ❶映画《えいが》・しばいなどの一《ひと》つの有様《ありさま》。シーン。例 作品《さくひん》をいくつかの場面《ばめん》に分《わ》ける。❷あることがおこっている場所《ばしょ》とその様子《ようす》。例 ゆかいな場面《ばめん》に出会《であ》う。

はもの[1]【刃物】名詞 物《もの》を切《き》ったり、けずったりする道具《どうぐ》。ナイフやほうちょうなど。

はもの[2]【端物】名詞 ❶ひとそろいになっていない、はんぱなもの。例 三《みっ》つしかない、グラスの端物《はもの》。❷まとまった数量《すうりょう》にならないもの。例 端物《はもの》ばかりまとめて売《う》る。

はもん[1]【波紋】名詞 ❶〔水面《すいめん》に石《いし》を投《な》げたときなどに〕広《ひろ》がっていく波《なみ》のもよう。❷まわりの人《ひと》の心《こころ》に不安《ふあん》をおこすような、えいきょう。ことば「波紋《はもん》をよぶ」「波紋《はもん》が広《ひろ》がる」

はもん[2]【破門】名詞 する動詞 ❶先生《せんせい》が弟子《でし》との関係《かんけい》をたって、出入《でい》りさせないこと。❷ある宗《しゅう》

こたえ 明日（あす）

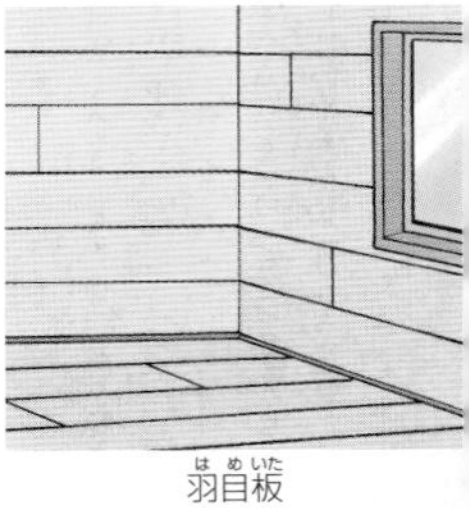

教の信者の仲間から名前をのぞくこと。

はや【早】 副詞 早くも。すでに。時間が早くすぎるのにおどろくようす。例 引退して、早三年がたった。

はやあし【早足】 名詞 はやく歩くこと。例 早足でとっとと行く。類 駆け足。急ぎ足。

1 **はやい**【早い】 形容詞 ❶〔あるときにくらべて、それより〕時刻・時期が前であるようす。例 一日早く帰ってきた。❷まだ、その時刻や時期でないようす。例 学校に行くには、まだ早い。対 ①②遅い。❸かんたんなようす。例 電話より、会って話す方が早い。活用 はや・い。⇩使い分け。

2 **はやい**【速い】 形容詞 時間がかからない。スピードがある。例 川の流れが速い。／仕事が速い。対 遅い。活用 はや・い。⇩使い分け。

使い分け　はやい

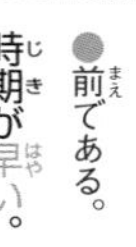

●前である。
時期が早い。

●スピードがある。
走るのが速い。

はやいはなしが【早い話が】 慣用句 早くいえば。つまり。てっとりばやくいうと。例 早い話がいやだということです。

はやいものがち【早い者勝ち】 慣用句 人より早くした者が得をするということ。例 早い者勝ちで手に入れた。対 残り物には福がある。

はやうち【早打ち】 一 名詞 する動詞 たいこなどを続けざまに早くたたくこと。
二 名詞 ❶花火を続けて早く打ち上げること。❷ピストルや鉄砲を、すばやく打つこと。参考 ②は「早撃ち」とも書く。

はやうまれ【早生まれ】 名詞 一月一日から四月一日の間に生まれたこと。また、その人。対 遅生まれ。

はやおき【早起き】 名詞 する動詞 朝早く起きること。対 早寝。朝寝。朝寝坊。

はやおきはさんもんのとく【早起きは三文の得】 ことわざ 朝早く起きると何かよいことがあるというたとえ。参考 ア「朝起きは三文の得」ともいう。イ「早起きは三文の徳」とも書く。

はやがてん【早合点】 名詞 する動詞 〔人の言うことなどを〕よく聞かないで、勝手にわかったと思いこむこと。はやのみこみ。はやがってん。

はやがね【早鐘】 名詞 ❶火事などの、急な事件を知らせるために、はげしく続けて打ち鳴らすかね。また、その音。❷不安などのため、心臓がどきどきすることのたとえ。例 心臓が早鐘を打つ。

はやがわり【早変わり】 名詞 する動詞 ❶役者が同じ場面ですばやくすがたを変えて、別な役を演じること。❷すがたや有様をすばやく変えること。例 体育館がお祝いの会場に早変わりする。

1 **はやく**【早く】 一 副詞 早い時期。かなり以前。例 そのことは早くから知っていた。
二 名詞 早い時間・時刻。例 朝早くから勉強する。

2 **はやく**【破約】 名詞 する動詞 いったん決めていた約束を取り消すこと。約束を守らないこと。類 解約。

3 **はやく**【端役】 名詞 しばいなどで、重要でない役。仕事などで、つまらない役目。また、その人。

はやくち【早口】 名詞 話し方が早いこと。例 早口なので、聞きとれない。

はやくちことば【早口言葉】 名詞 同じ音が重なっていて発音しにくい言葉を、早口に言う遊び・くんれん。また、その言葉。

はやくも【早くも】 副詞 ❶思ったより早く。例 早くも雪がふってきた。❷どんなに早くても。例 決まるまで、早くも五日はかかる。

1 **はやさ**【早さ】 名詞 早いこと。また、その程度。

2 **はやさ**【速さ】 名詞 速いおそいの程度。例 時速百キロメートルの速さ。

はやざき【早咲き】 名詞 さく時期がふつうより早いこと。また、その花。例 早咲きの桜。対 おそ咲き。

1 **はやし** 名詞 ふえ・たいこ・つづみ・しゃみせんなどを使って、しばいやおどりのひょうしをとったり、気分をもりあげたりすること。また、その音楽。おはやし。

はやし² 【林】 名詞 木がたくさんはえているところ。例 林の中。／ブナの林。類 森。

はやしたてる【はやし立てる】 動詞 「はやす」を強めた言い方。さかんにはやす。活用 はやした・てる。

はやじに【早死に】 名詞 する動詞 年のわかいうちに死ぬこと。例 病気がちで早死にした。対 長生き。

はやじまい【早仕舞い】 名詞 する動詞 いつもより早く仕事を終わりにすること。例 店を早仕舞いして、みんなで出かける。

はやじも【早霜】 名詞 いつもの年よりも、早くおりるしも。

ハヤシライス 名詞 細かく切った牛肉やタマネギなどをいためて、トマト味のソースでにこんだものを、ごはんの上にかけた料理。参考 日本でつくった言葉。

はやす¹ 動詞 ❶声を出したり手を打ったりして、ひょうしをとる。❷ほめたりばかにしたりして、わいわいさわぐ。例「弱虫やーい」とはやす。活用 はや・す。

はやす²【生やす】 動詞 ひげや草木などをはえるままにする。例 ひげを生やす。活用 はや・す。

はやせ【早瀬】 名詞 川の流れのはやいところ。類 急流。

はやて 名詞 急にふく、はげしい風。ことば「はやてのように現れる」漢字 疾風。

はやで【早出】 名詞 する動詞 ❶決められた時間より早く、つとめ先に出ること。類 早番。❷朝早く家を出ること。

はやてまわし【早手回し】 名詞 早めに用意や準備をしておくこと。例 早手回しに出発のしたくをする。

はやとちり【早とちり】 名詞 する動詞 早がてんして、まちがえること。例 早とちりして、別の会場に行ってしまった。

はやね【早寝】 名詞 する動詞 夜、早い時刻にねること。ことば「早寝早起き」対 早起き。

はやのみこみ【早飲み込み】 名詞 する動詞 ➡はやがてん。

はやばまい【早場米】 名詞 ふつうより早い時期にイネが実る地方でとれる米。対 遅場米。

はやばや【早早】 副詞(ーと) ふつうより早く。例 早々と目的地に到着した。参考 ふつう「早々」と書く。

はやばん【早番】 名詞 交代して仕事をするつとめ先で、早い時間に出る番。類 早出。

はやびけ【早引け】 名詞 する動詞 〔つとめ先や学校などから〕決まった時刻より早く帰ること。はやびき。

はやぶさ 名詞 ハヤブサ科の鳥。とてもはやくとぶことができる。目やくちばしがするどく、小鳥などをとって食べる。参考 昔、たかがりに使われた。漢字 隼。

はやまる¹【早まる】 動詞 ❶決められた日時より早くなる。例 帰国が二日早まった。❷〔よい時期をまたないで〕あわてて物事をする。例 決して早まったことをしないように。／やめろ、早まるな。活用 はやま・る。⇩使い分け。

はやまる²【速まる】 動詞 速度がはやくなる。例 車のスピードが速まる。／脈拍が速まる。活用 はやま・る。⇩使い分け。

はやみち【早道】 名詞 ❶目的地にはやく行ける道。❷はやくかんたんにできる方法。例 人にたのむより、自分でした方が早道だ。類 ①②近道。

はやみひょう【早見表】 名詞 知りたいことがひと目でわかるようにした表。例 星座早見表。

はやみみ【早耳】 名詞 〔人の話などを〕早く聞いて知ること。また、そのような人。例 姉は早耳だ。

はやめ【早め】 名詞 形容動詞 決まった時刻よりも少し早いようす。例 いつもより早めに食べる。

はやめる¹【早める】 動詞 時期などを早くする。例 出発を早める。活用 はや・める。⇩使い分け。

使い分け　はやまる

●前になる。
順番が早まる。

●スピードがあがる。
脈拍が速まる。

ひぃー
ドキドキ…

ことばあそび　漢字クイズ⑲　横の木がとれて、色がきれいに出ました。何色でしょう？

2**はやめる**【速める】 動詞 速度をはやくする。例足を速める。活用 はや・める。⇩使い分け。

はやり 名詞 そのときの人々の好みや興味に合って、少しの間だけ世間に広まっていること。また、そのような好み。流行。例今はやりの服。

はやりことば【はやり言葉】 名詞 その時代のある時期だけ、いっぱんによく使われる言葉。流行語。

はやりすたり【はやり廃り】 名詞 はやることと、すたれること。例子どもの遊びにもはやり廃りがある。

1**はやる** 動詞 ❶世の中に広まる。流行する。例小学生の間ではやっているゲーム。❷〔病気などが〕次々に伝わって広がる。例インフルエンザがはやっている。❸〔店などが〕にぎやかで、もうかる。例あまりはやっていない店。活用 はや・る。

使い分け　はやめる

●前にする。
開場の時刻を早める。

●スピードをあげる。
足を速める。

2**はやる** 動詞 心が急ぐ。あせる。例心がはやる。活用 はや・る。

はやわかり【早分かり】 名詞 ❶わかるのが早いこと。例話を早分かりする人。❷かんたんに早くわかるように工夫された本や図表などのこと。例中学受験早分かり。

はやわざ【早業】 名詞 すばやくて、上手なやり方。また、それができるうでまえ。例みごとな早業。

1**はら**【原】 名詞 平らで広い（草のはえた）土地。はらっぱ。野原。

2**はら**【腹】 名詞 ❶おなか。例腹がいたい。⇩285ページ・体①（図）。❷心の中。考え。例相手の腹を読む。❸物事をおそれない気力。ことば ⇩「腹が据わる」

1**ばら** 名詞 ❶もとはひとまとまりだった品物を、一つ一つ別にすること。また、その品物。例セットをばらにして売る。❷「ばら銭」の略。

2**ばら** 名詞 バラ科の木。えだやくきにとげがある。花にはいろいろな色や形のものがある。漢字 薔薇。

バラード 名詞 物語のような内容をもった、ゆるやかなテンポの歌や器楽曲。▼英語（フランス語から）ballade

はらい【払い】 名詞 ❶お金をはらうこと。例月々の払いをすます。❷取りのぞくこと。例すす払いをする。❸漢字を書くときの線の終わり方。左右のななめ下などに、力をぬきながら書くこと。例左払いを書く。

はらいこむ【払い込む】 動詞 お金を支払う。おさめる。例今月の会費を払い込む。活用 はらいこ・む。

はらいさげる【払い下げる】 動詞 役所などが、いらなくなったものをいっぱんの人に売りわたす。例研究所のあと地を払い下げる。対買い上げる。活用 はらいさ・げる。

はらいせ【腹いせ】 名詞 いかりやうらみを、ほかに向けてはらすこと。例腹いせをする。

はらいた【腹痛】 名詞 腹がいたむこと。腹痛。

はらいのける【払いのける】 動詞 ❶はらってとりのぞく。ふりはらう。例服についた雪を払いのける。❷いやな気持ちなどを、気力をふるってとりのぞく。例不安を払いのける。活用 はらいの・ける。

はらいもどす【払い戻す】 動詞 ❶余分のお金を返す。例旅行のお金の残りを払い戻す。❷貯金をしている人にその貯金をはらいわたす。活用 はらいもど・す。

ばらいろ【ばら色】 名詞 うすいべに色。参考「しあわせ」「かがやかしい未来」などを表す言葉としても使う。ことば「ばら色の人生」

1**はらう** 動詞 わざわいをとりのぞくために、神にいのってきよめる。活用 はら・う。

2**はらう**【払う】 動詞 ❶ふったりはたいたりして、ちりやほこりを取り去る。例すすを払う。❷代金などをわたす。例レジでお金を払う。❸横に強く動かす。例相手の足を払う。❹気持ちを一つのものに向ける。例注意を払う。❺じゃまな物やいらなくなった物をとりのぞく。例えだを

払う。活用 はら・う。

バラエティー 名詞 ❶変化。また、いろいろとちがった種類。例 バラエティーにとんだ料理。❷クイズやトークショーなどで楽しませる番組。▼英語 variety

はらがくろい【腹が黒い】 慣用句 心がゆがんでいて、悪事をたくらむようす。根性が悪い。

はらがけ【腹掛け】 名詞 ❶胸から腹にかけて当てて、せなかで結ぶ布。大きなポケットがついている。職人がはっぴの下につける。腹当て。⇩図。❷子どもがねびえをしないように腹をおおうもの。腹当て。

腹掛け①

はらがすわる【腹が据わる】 慣用句 度胸やかくごがあって、落ち着いている。例 さすがベテランは腹が据わっている。

はらがたつ【腹が立つ】 慣用句 いかりを感じる。例 えらそうな態度に腹が立つ。

はらがふとい【腹が太い】 慣用句 度胸があって、心が広い。例 腹が太くて、たよりになるリーダー。

はらがへってはいくさができぬ【腹が減っては戦ができぬ】 ことわざ おなかがすいたままでは、十分に活動ができない。何をするにも、まずはらごしらえが大切だ、というたとえ。

はらがまえ【腹構え】 名詞 何かをするときの、心の準備。例 まだ腹構えができていない。

はらぐあい【腹具合】 名詞 胃や腸の調子。

はらくだし【腹下し】 名詞 ❶腸が悪くてげりをすること。はら下り。❷➡408ページ・げざい。

パラグライダー 名詞 横に長いパラシュートをつけて、山のしゃ面をかけおり、空中にまいあがるスポーツ。▼英語 paraglider

はらぐろい【腹黒い】 形容詞 心に悪い考えをもっていて、ずるい。例 じつは腹黒いところがある。活用 はらぐろ・い。

はらげい【腹芸】 名詞 ❶しばいで、動作や言葉をおさえて、表情などで役の人物の気持ちを演じること。❷言葉や行動ではなく経験などによって、うまく自分の思いどおりにすること。

はらごしらえ【腹ごしらえ】 名詞 物事をする前に食事をして、腹がすかないようにしておくこと。また、食事をすること。

はらごなし【腹ごなし】 名詞 軽く運動などをして、食べ物の消化を助けること。

パラシュート 名詞 飛行機から、とびおりたり、物を落としたりするときに、安全に着陸するために使う、かさのような形をした道具。らっかさん。⇩図。▼英語 parachute

パラシュート

はらす【晴らす】 動詞 ❶晴れるようにする。❷気持ちをすっきりさせる。例 つもったうらみを晴らす。活用 はら・す。

ばらす 動詞 ❶ばらばらにする。例 機械をばらす。❷ころす。❸〔人のかくしごとなどを〕いいふらす。あばく。例 人の秘密をばらす。参考 くだけた言い方。活用 ばら・す。

ハラスメント 名詞 いやがらせ。いじめ。参考 その内容によって「セクシャルハラスメント」「パワーハラスメント」のように、後につけて用いることが多い。▼英語 harassment

ばらせん【ばら銭】 名詞 こぜに。ばら。

パラソル 名詞 ❶日よけのかさ。日がさ。❷海岸で使う大きな日よけのかさ。ビーチパラソル。▼英語 parasol

パラダイス 名詞 天国。楽園。例 パラダイスのような南の島。▼英語 paradise

はらだたしい【腹立たしい】 形容詞 おこりたい気持ちをおさえきれない感じである。例 ばかにされて腹立たしい。活用 はらだたし・い。

はらだちまぎれ【腹立ち紛れ】 名詞 形容動詞 腹がたったために、よしあしを考えずに行動してしまうこと。例 腹立ち紛れに、かべをけった。

パラチフス 名詞 感染症の一つ。パラチフスA菌によって起こる消化器などの病気。▼ドイツ語

ばらつき 名詞 ❶ふぞろいであること。例 製品の大きさにばらつきがある。❷統計で、調べた

数のあたいがばらばらであること。

ばらつく 動詞 ❶雨やあられなどが少しふってくる。例急に雨がばらつく。❷ふぞろいである。例畑によって、できがばらついている。活用 ばらつ・く。

バラック 名詞 〔木でつくった〕そまつな、かりの建物。また、そのような建て方。参考 英語の barrack からだが、これは「兵舎」をさす。

はらつづみ【腹鼓】 名詞 ❶〔まんぷくして〕ふくれた腹をつづみのようにたたくこと。❷タヌキが満月にうかれて腹をふくらませて、つづみのように打ち鳴らすということ。また、その音。参考「はらづつみ」ともいう。

はらつづみをうつ【腹鼓を打つ】 慣用句 〔十分に食べてふくらんだおなかを、つづみのように打ち鳴らすことから〕おなかいっぱい食べて満足しているようす。

はらっぱ【原っぱ】 名詞 雑草などのはえているあき地。

はらづもり【腹積もり】 名詞 あらかじめ考えておく、だいたいの予定や計画。心づもり。例一年後には引退する腹積もりだ。

はらどけい【腹時計】 名詞 おなかのすき具合からおよそ何時かがわかることを、時計にたとえた言い方。例ぼくの腹時計では、もうお昼だ。

はらにいちもつ【腹に一物】 慣用句 心の中になにかたくらみがあること。例腹に一物ありそうな顔。

はらにすえかねる【腹に据えかねる】 慣用句 いかりを、おさえられなくなる。例あのふるまいは腹に据えかねる。

はらのかわがよじれる【腹の皮がよじれる】 慣用句 〔おなかの皮がよじれるほど〕とてもおかしくて、笑いころげる。例腹の皮がよじれるほど、おもしろい話。

はらのむし【腹の虫】 名詞 ❶腹に寄生する虫。回虫など。❷おもしろくない気持ちを虫にたとえた言葉。

はらのむしがおさまらない【腹の虫が治まらない】 慣用句 いかりがおさえられない。例何か言わないと腹の虫が治まらない。

はらばい【腹ばい】 名詞 腹を下につけて、はうような姿勢になること。

はらはちぶ【腹八分】 名詞 腹いっぱい食べずに、ほどよいところでやめること。

はらはら 一 副詞(-と) 木の葉・花びら・なみだなどが続いて落ちるようす。例風がふくたびに、花びらがはらはらとちる。

二 副詞(-と) する動詞 〔見たり聞いたりしていることについて〕とても心配で、落ち着かないようす。例赤ちゃんが歩くのを、お母さんがはらはらしながら見つめている。

ばらばら 一 副詞(-と) ❶つぶのものが続けて落ちるようす。例大つぶのあられがばらばらふり出した。❷多くのものが、いきおいよく出てくるようす。例城から武士がばらばらと出てきた。

二 形容動詞 まとまりや、つながりのないようす。例みんな、ばらばらに帰った。

ぱらぱら 一 副詞(-と) ❶雨やあられが少しふってくるようす。また、その音。例小雨がぱらぱらふっている。❷つぶになったものを、まばらにまくようす。また、その音。例塩をぱらぱらふりかける。❸本のページなどを手早くめくるようす。また、その音。例雑誌をぱらぱらとめくる。

二 副詞(-と) 形容動詞 まばらにちらばっているようす。例山のふもとに人家がぱらぱらとある。／肉がぱらぱらになるまでいためる。

はらびれ【腹びれ】 名詞 魚の、腹の両側にある二まいのひれ。参考 体のつりあいをとる役目をする。⇨1119ページ・ひれ(図)。

パラフィン 名詞 石油からとれる、白い「ろう」のような固体。ろうそく・クレヨンなどの原料になる。例パラフィン紙(＝パラフィンをしみこませた防水性の紙)。▼英語 paraffin

はらぺこ【腹ぺこ】 名詞 とてもおなかがすいていること。

パラボラアンテナ 名詞 おわんのような形をした反射面をもつアンテナ。宇宙通信・レーダー・テレビ中継・衛星放送の受信などに使われる。▼英語 parabolic antenna

ばらまく 動詞 ❶たくさんの物を、広いはんいにまきちらす。あちこちにちらしておく。例えさをばらまいておく。❷〔お金などを〕多くの人に手あたりしだいにあたえる。例名刺をばらまく。活用 ばらま・く。

はらむ 動詞 ❶体内に子どもができる。妊娠する。❷《「風をはらむ」の形で》風にふかれてふくらむ。例風をはらんだヨットの帆。❸中にふくんでもつ。ふくむ。例少しずつ危険をはらんだ

情勢になってきた。活用 はら・む。

はらもち【腹持ち】 名詞 ⊕食べた物の消化がおそくて、おなかの中に長くたまっていること。例 もちは腹持ちがいい。

はらもみのうち【腹も身の内】 ことわざ おなかも自分の体の一部だから、飲みすぎ食べすぎはするなということ。例 いくら好きでも、腹も身の内だ。

バラライカ 名詞 ロシア、ウクライナの民俗楽器。三角形の胴にはった三本の糸を指ではじいて音を出す。▼英語（ロシア語から）balalaika

はらりと 副詞 ❶花びらなどの軽いものがまい落ちるようす。❷なみだがこぼれ落ちるようす。❸髪の毛や着物などが軽くうちかかるようす。例 前がみがはらりとひたいに落ちかかる。

ぱらりと 副詞 ❶軽い小さいものが落ちるようす。例 紙切れがぱらりと落ちる。❷物が少しちらばっているようす。例 ぱらりと種をまく。❸とじているものを開くようす。例 せんすをぱらりとひらく。

パラリンピック 名詞 身体障害者の国際スポーツ大会。四年に一回、オリンピックの開催地でおこなわれる。▼英語 Paralympics

パラレルターン 名詞 スキーのすべり方の一つ。スキー板を平行にしたまま、スピードをおとさずに、スキー板の後ろ側を左右にふるようにしてすべる方法。▼英語 parallel turn

はらわた 名詞 ❶腸。❷魚や、けものなどの内臓。❸精神。例 あいつのはらわたはくさっている。参考 ③は、ふつう、悪い場合に用いる。
漢字 腸。

はらわたがくさる【はらわたが腐る】 慣用句 心の持ち方がまじめでなくなる。考えや気持ちがだらくする。

はらわたがちぎれる 慣用句 とても悲しく、つらいことのたとえ。例 誤解されて、はらわたがちぎれるほど、つらい。参考「はらわた」は、大腸や小腸などの内臓のことで、心を表す。

はらわたがにえくりかえる【はらわたが煮え繰り返る】 慣用句 とてもがまんができないほど、いかりを感じるようす。例 うそをつかれ、はらわたが煮え繰り返る思いだ。参考「はらわた」は、大腸や小腸などの内臓のことで、心を表す。

はらをいためる【腹を痛める】 慣用句〔苦しんで〕子どもを産む。例 この子は、わたしが腹を痛めた子どもです。

はらをかかえる【腹を抱える】 慣用句 とてもおかしくて大笑いする。例 みんな、腹を抱えて笑った。

はらをかためる【腹を固める】 慣用句 かくごや気持ちを、しっかりと決める。例 辞職する腹を固める。

はらをきめる【腹を決める】 慣用句 かくごや気持ちを、はっきりと定める。例 正直に言ってしまおうと腹を決める。

はらをきる【腹を切る】 慣用句 ❶切腹する。❷責任をとって辞職する。例 失敗したら、腹を切るつもりだ。

はらをくくる【腹をくくる】 慣用句 かくごをする。例 何を言われてもいいと、腹をくくる。

はらをこやす【腹を肥やす】 慣用句 仕事上の立場や地位を利用して、自分の財産をふやす。私腹をこやす。

はらをさぐる【腹を探る】 慣用句 それとなく人の気持ちや考えを知ろうとする。例 相手の腹を探る。

はらをすえる【腹を据える】 慣用句 落ち着いて、かくごをする。例 腹を据えて、話し合いの場にのぞむ。

はらをたてる【腹を立てる】 慣用句 おこる。例 妹はすぐに腹を立てる。

はらをわる【腹を割る】 慣用句 かくさず、本心をうちあける。例 腹を割って話をする。

はらん【波乱】 名詞 ❶もめごと。さわぎ。❷変化のはげしいこと。ことば「波乱に満ちた人生」

バランス 名詞 つり合い。また、つり合いがとれていること。例 いろいろな食品をバランスよく食べる。▼英語 balance

はらんばんじょう【波乱万丈】 四字熟語 事件などが次々におこり、その変化がとてもはげしいこと。例 波乱万丈の物語。

はり[1] 名詞 屋根の重みをささえるため、柱の上にわたしてある木材。⇩128ページ・うだつが上がらない（図）。

はり[2]**【針】** 名詞 ❶金属などでつくった、先のとがった細長いもの。ぬいばり・つりばり・注射ばりなど。❷計器の目もりをさししめすもの。例 時計の針。

ことばあそび 漢字クイズ⑳ 木の左がわに人がいます。何をしているのでしょう？

はり[3]【張り】一 名詞 ❶ひっぱること。また、その力。例 糸の張りが弱い。❷力強く生き生きしていること。例 張りのある声。❸はりあいを感じて、心がひきしまった状態。例 気持ちの張りを失う。
二 助数詞 弓・幕・ちょうちんなどを数える言葉。例 弓一張り。

ばり【張り】接尾語 有名な人の名などにつけて、それに似ている、それをまねたということを表す言葉。例 ベートーベン張りのシンフォニー。

パリ 地名 フランスの首都。芸術や流行の中心地。「花の都」「芸術の都」とよばれる。漢字 巴里。▼フランス語 Paris（英語も同じだが、「パリス」と発音する。）

はりあい【張り合い】名詞 やりがいのあること。また、そう感じる気持ち。ことば「張り合いがない」「張り合いがある」

はりあう【張り合う】動詞 たがいに負けまいと、きそい合う。例 優勝を目ざして張り合う。類 向こうを張る。活用 はりあ・う。

はりあげる【張り上げる】動詞《「声を張り上げる」の形で》声を強く高く出す。例 声を張り上げて応援した。活用 はりあ・げる。

バリアフリー 名詞 障害のある人や高齢者の生活にさまたげとなるものを、町や建物の中からとりのぞくこと。仕切りや段差をなくしたり、車いすのためにスロープをつけたりすること。▼英語 barrier-free

ハリウッド 地名 アメリカ合衆国カリフォルニア州のロサンゼルス市北西部の地区。世界的な「映画の都」。漢字 聖林。▼英語 Hollywood

はりえ【貼り絵】名詞 さまざまな色や模様の紙を切ったりちぎったりして、画用紙などにはりつけた絵。紙以外の材料を使うこともある。

バリエーション 名詞 ❶形を変えること。変化。例 多くのバリエーションがある。❷一つの主題のリズム・メロディー・和音などを次々に変化させ、全体を一つの曲にまとめたもの。変奏曲。▼英語 variation

はりかえる【張り替える】動詞 古くなったものをとりのぞいて、新しいものをはる。例 ふすまを張り替える。活用 はりか・える。

はりがね【針金】名詞 金属を糸のように細長くしたもの。参考 ひじょうに細いもののたとえに用いられる。例 針金のような腕。

はりがみ【張り紙・貼り紙】名詞 ❶物にはりつけてある紙。また、紙をはりつけること。❷宣伝や知らせなどのために、人の目につきやすいところにはりつけてある紙。

バリカン 名詞 髪の毛をかる道具。参考 フランスの製造会社の名前から。

ばりき【馬力】一 助数詞 決まった時間にする仕事の量を表す単位。例 三馬力の力が出る。参考 一馬力は、一秒間に七十五キログラムのものを一メートルはこぶ仕事の量。
二 名詞 がんばる力。例 かれは馬力がある。

はりきりあみ【はりきり網】名詞 川などにはって待っていて、中に入ってきた魚をつかまえるあみ。待ちあみ。

はりきる【張り切る】動詞 ❶ゆるみがなく、ぴんとはる。例 張り切った糸。❷元気ややる気をあふれさせる。例 張り切って遠足のじゅんびをしている。活用 はりき・る。

ばりきをかける【馬力を掛ける】慣用句 力いっぱい、働く。例 馬力を掛けて、作業のおくれをとりもどす。

はりくよう【針供養】名詞 二月八日または十二月八日に、さいほうでおれたはりなどを集めて、はりに感謝する行事。

バリケード 名詞 市街戦などで、敵のせめてくるのをふせぐため、道路などに木や石などをつみあげてつくったとりで。例 バリケードをきずく。▼英語 barricade

ハリケーン 名詞 カリブ海やメキシコ湾などで発生する熱帯性低気圧。はげしい暴風雨をともなう。▼英語 hurricane

はりこ【張り子】名詞 木の型の上に紙をなんまいもはりかさね、かわいてから中の型をぬきとったもの。はりぬき。はりぼて。⇨図。

張り子

はりこのとら【張り子の虎】慣用句 ❶首が動くようにつくったトラの形のはりこのおもちゃ。❷見かけは強そうだが、本当は弱い人。例 かれらは張り子の虎にすぎない。

はりこむ【張り込む】動詞 ❶はりつける。例写真を台紙に張り込む。❷思いきって高いお金を出す。例友だちにお祝いを張り込む。❸犯人のきそうなところで、見はりをする。例犯人の家の近くに刑事が張り込む。活用はりこ・む。

はりさける【張り裂ける】動詞 ❶ふくれきってやぶれる。例風船が張り裂ける。❷〔悲しみやいかりで〕胸がさけるようにつらい気持ちになる。ことば「悲しみで胸が張り裂けるようだ」活用はりさ・ける。

はりさし【針刺し】名詞 さいほうに使うはりをさしておく道具。はり立て。はり山。

はりしごと【針仕事】名詞 さいほう。ぬいもの。

ばりぞうごん【罵詈雑言】四字熟語 口ぎたなく、ひどくののしる言葉。ことば「罵詈雑言をあびせる」漢字 罵詈雑言。

はりたおす【張り倒す】動詞 平手で強く打ってたおす。例横っ面を張り倒す。活用はりたお・す。

はりだし【張り出し】名詞 ❶外へ出っぱらせること。例張り出しになったまど。❷はり紙。例張り出しで知らせる。❸相撲で、正位置につぐものとして、番付のらん外に記すこと。また、その力士。例張出大関。参考③は送りがなはつけない。

はりだす【張り出す】動詞 ❶外へ出っぱらせる。例道に張り出した庭木。❷広く知らせるために、紙などをかかげる。例結果をけいじ板に張り出す。活用はりだ・す。

はりつく【張り付く・貼り付く】動詞 ❶紙や布などがぴったりとくっついて、はなれなくなる。例汗をかいて、シャツが背中に張り付く。❷ある場所や人からはなれない。例容疑者に一日中張り付く。活用はりつ・く。

はりつけ 名詞 昔、罪人をはしらにしばりつけてやりなどでつきころした、けいばつ。

はりつける【張り付ける・貼り付ける】動詞 ❶物を広げのばして、のりなどでほかの物にくっつける。また、平らにしてくっつける。例ポスターをかべに貼り付ける。❷人を一定の場所にとどめておく。例国会にベテラン記者を張り付けておく。活用はりつ・ける。

ぱりっと 副詞 ❶かたい物やうすい物などが、やぶれたりわれたりするときの音のようす。例バケツにはった氷をぱりっとわる。❷衣服などが新しくて見ばえがするようす。例ぱりっとしたかっこうで出かける。

はりつめる【張り詰める】動詞 ❶すきまなく、いちめんにはる。例湖に氷が張り詰める。❷とても、きんちょうする。例張り詰めていた気持ちがゆるむ。／張り詰めた空気。活用はりつ・める。

はりて【張り手】名詞 相撲で、相手の顔または首の横を平手でたたくこと。両手でたたくのはきんじられている。

はりとばす【張り飛ばす】動詞 平手でひどくなぐりつける。なぐりとばす。例ほおを張り飛ばす。活用はりとば・す。

バリトン 名詞 歌を歌うときの男性の声で、高い声と低い声の中間のはんい。また、そのはんいを受け持つ歌い手。参考⇩テノール。バス①。▼英語 baritone

はりねずみ【針ねずみ】名詞 ハリネズミ科の動物。体に短いとげがたくさんあり、敵にあうと体を丸める。⇩図。

はりねずみ

はりのむしろ【針のむしろ】慣用句 まわりからせめられたり、自分で自分をせめたりして、心が少しも安まらないことのたとえ。例毎日が針のむしろだ。参考「むしろ」は、わらなどをあんで作ったしきもののこと。針を植えたむしろにすわっているように、ということから。

はりばこ【針箱】名詞 針や糸など、さいほうの用具を入れておく箱。さいほう箱。

ばりばり 一 副詞（−と）❶かたい物をはがしたり、引きさいたりする音を表す言葉。例かべ紙をばりばりとはがす。❷かたい物をかむ音を表す言葉。例せんべいをばりばりと音を立てて食べる。❸物事をいきおいよくおこなうようす。例ばりばりと仕事をする。
二 副詞（−と）する動詞 かたく、こわばっているようす。例ばりばりした髪。

ぱりぱり 副詞（−と）❶かたくて、うすい物を、は

がしたり引きさいたりする音を表す言葉。例包み紙をぱりぱりとやぶる。❷かたくて、うすい物を、かむ音を表す言葉。例ポテトチップスをぱりぱりと食べる。参考①②「ばりばり」よりも軽い感じのときにいう。

はりばん【張り番】名詞 見はって番をすること。例店の張り番をする。

はりま【播磨】地名 昔の国の名。今の兵庫県南西部に当たる。

はりめぐらす【張り巡らす】動詞 まわりをかこむようにはる。例人が入らないように、なわを張り巡らす。／池にさくを張り巡らす。活用 はりめぐら・す。

はりやま【針山】名詞 ⬇1067ページ・はりさし。

はりわたす【張り渡す】動詞 つなどを、一方からほかの方に引いてわたす。例つなを張り渡してせんたく物をほす。活用 はりわた・す。

はる[1]【春】名詞 ❶一年を四つの季節に分けたうちの一つ。冬の後の季節で、三月・四月・五月ごろ。あたたかくなり、草木の芽が出たり花がさいたりする。例春のおとずれ。❷正月。新年。❸いきおいのさかんなとき。ことば「わが世の春」

はる[2]【張る】動詞 ❶〔ぴんと〕引っぱる。例糸を張る。❷手のひらで打つ。例ほおを張る。❸おしとおす。例意地を張る。❹一面をおおう。また、一面におおう。例たらいに水を張る。／池に氷が張る。❺高くなる。例値が張る。❻ひきしまる。例気が張る。❼のび広がる。また、のばし広げる。例木の根が張る。活用 は・る。⇩使い分け。

はる[3]【貼る】動詞 平らなうすい物をくっつける。例ポスターを貼る。活用 は・る。⇩使い分け。

はるいちばん【春一番】名詞 二月から三月にかけて、その年の最初にふく強い南風。例昨日、春一番がふいた。

はるか 形容動詞 副詞 ❶きょりや時間が、とてもはなれているようす。例はるかかなたに見える雲。／はるか昔のこと。❷ちがいが大きいようす。例体力では、ぼくの方が弟よりはるかにまさっている。漢字 遥か。

はるがすみ【春がすみ】名詞 春に野山などで見られるかすみ。

はるかぜ【春風】名詞 春にふく風。特に、東または南からふく、あたたかいおだやかな風。例サクラの花びらが春風にまう。対 秋風。

はるご【春ご】名詞 春に飼われるかいこ。まゆの量が多く、質もよい。参考 ⇩952ページ・夏ご。12ページ・秋ご。

使い分け はる

●一面をおおう。
氷が張る。

●くっつける。
ポスターを貼る。

バルコニー 名詞 〔西洋風の建築で〕部屋の外につきだした、屋根のない手すりのついたところ。例バルコニーから景色をながめる。⇩図。参考⇩テラス。ピロティ。ベランダ。▼英語 balcony

バルコニー

はるさき【春先】名詞 春のはじめのころ。早春。初春。

はるさく【春作】名詞 春に育てたり、取り入れたりする農作物。例春作の野菜。

はるさめ【春雨】名詞 ❶春にふる雨。特に、しとしととふる、きりのような雨。例春雨が静かにふる。対 秋雨。❷でんぷんからつくる、すきとおって細長い食べ物。

はるしぐれ【春時雨】名詞 春に、ふったりやんだりする雨。

はるつげどり【春告げ鳥】名詞 ウグイスの別の名前。

はるのななくさ【春の七草】名詞 日本で、春を代表するとされる七つの植物。セリ・ナズナ・ゴギョウ（ハハコグサ）・ハコベラ（ハコベ）・ホトケノザ（コオニタビラコ）・スズナ（カブ）・スズシロ（ダイコン）の七つ。一月七日に七草がゆ

として、これらのわかい葉や根をかゆに入れて食べる習慣がある。⇩口絵6ページ。参考⇩13ページ・秋の七草。

はるばる 副詞(ーと) 遠くはなれているようす。また、とても遠くから来るようす。例 海をわたってはるばる日本へ来た。

パルプ 名詞 木材をくだき、せんいだけをとりだしてうすい板のようにしたもの。紙や化学せんいの原料になる。▼英語 pulp

はるまき【春巻】 名詞 ひき肉や野菜を小麦粉の皮でまいて、油であげた中国料理。

はるめく【春めく】 動詞 春らしいようすになる。例 春めいた日ざしになる。活用 はるめ・く。

はるやすみ【春休み】 名詞 学校が、春の期間に授業などを休みにすること。

はれ【晴れ】 名詞 ❶天気のよいこと。例 天気予報では明日は晴れだ。❷《多く「晴れの」の形で》正式で、はなやかなこと。例 晴れの舞台。

はれあがる【晴れ上がる】 動詞 雨や雪がやんで、きれいに晴れる。よく晴れる。例 晴れ上がった秋空。活用 はれあが・る。

ばれいしょ【馬鈴しょ】 名詞 ⬇581ページ・じゃがいも。

バレエ[1] 名詞 音楽に合わせて劇をおどる、西洋風のおどり。バレー。▼フランス語・英語 ballet

バレー[2] 名詞 「バレーボール（volleyball）」の略。

ハレーすいせい【ハレーすい星】 名詞 太陽のまわりをおよそ七十六年の周期でまわっているすい星。長い光の尾をひく。前回は一九八六年にあらわれた。ハリーすい星。参考 観測してつぎの出現を予測したイギリスの天文学者エドモンド・ハレー（Edmond Halley）にちなんで名付けられたもの。

パレード 名詞 行列をつくってねり歩く、はなやかな行進。例 優勝チームのパレード。▼英語 parade

バレーボール 名詞 六人（または、九人）ずつのチームがネットをはさんで分かれ、手でボールを打ち合い、得点を争う球技。排球。参考 バレーは本来「ボレー（＝volley）」で、ボールが床や地面に落ちる前に打ち返すこと。▼英語 volleyball

はれがましい【晴れがましい】 形容詞 はなやかで、ほこらしい。また、はなやかすぎて、てれくさい。例 晴れがましい席にまねかれる。活用 はれがまし・い。

はれぎ【晴れ着】 名詞 よそゆきの着物。美しくてりっぱな衣装。例 正月の晴れ着。対 普段着。

はれすがた【晴れ姿】 名詞 ❶晴れ着をつけたすがた。❷目立つ場所に堂々と出たすがた。例 優勝力士の晴れ姿。

パレスチナ 地名 西アジアの地中海東岸のあたりのよび名。ヨルダン川と死海を結ぶ線の西をさすことが多い。▼英語 Palestine

はれつ【破裂】 名詞 する動詞 ❶やぶれて、さけること。例 寒さで水道管が破裂した。❷相談などがものわかれになること。

パレット 名詞 絵をかくとき、絵の具をとかしたりまぜあわせたりするための、板のような道具。▼英語 palette

はれて【晴れて】 副詞 だれにえんりょすることもなく。正式に。例 晴れて結婚する。／晴れて卒業式をむかえる。

はればれ【晴れ晴れ】 副詞(ーと) する動詞 ❶空がすっかり晴れわたったようす。例 晴れ晴れとした青い空。❷〔心に〕くもりやかげがなく明るいようす。例 晴れ晴れとした顔つき。

はれぶたい【晴れ舞台】 名詞 多くの人の前で何かをする、ほこらしい場面。例 姉の晴れ舞台を見とどける。

はれぼったい【腫れぼったい】 形容詞 はれてふくれているようす。例 目が腫れぼったくみえる。活用 はれぼった・い。

はれま【晴れ間】 名詞 ❶雨や雪がいちじやんでいるとき。❷雨あがりなどのとき、青空の見える、雲の切れめ。例 梅雨の晴れ間から日がさす。

はれもの【腫れ物】 名詞 はれあがってできた物。でき物。参考 気むずかしくてかかわりたくない人などにもたとえる。

はれものにさわるよう【腫れ物にさわるよう】 慣用句 気むずかしい人などに、おそるおそるものを言ったり、大切にあつかったりするようす。

はれやか【晴れやか】 形容動詞 ❶心が晴れ晴れして明るいようす。例 晴れやかなえがお。❷空が晴れわたっているようす。例 晴れやかな天気が続く。❸はなやかなようす。例 晴れやかによそおう。

バレリーナ 名詞 バレエをおどる女の人。▼英

あいうえお かきくけこ さしすせそ たちつてと なにぬねの はひふへほ は まみむめも や ゆ よ らりるれろ わ を ん

ことばあそび 漢字クイズ㉑ 国から玉をぬすんで、代わりに木を植えたら、どうなったでしょう？

語（イタリア語から）ballerina

はれる[1]【腫れる】 動詞 病気・けがなどで、ひふの一部がふくれる。例 まぶたが腫れる。活用 は・れる。

はれる[2]【晴れる】 動詞 ❶雨や雪などがやむ。また、青空が広がる。例 午後は晴れるだろう。対 曇る。❷いやな気分がなくなり、さっぱりする。例 気が晴れる。❸疑いが消える。例 疑いが晴れてほっとした。活用 は・れる。

ばれる[1] 動詞 人に知れないようにかくしていたことが、知られてしまう。例 うそがばれる。参考 くだけた言い方。活用 ば・れる。

バレル[2] 名詞 助数詞 石油・ビールなどの容量をはかる単位。バーレル。▼英語 barrel

はれわたる【晴れ渡る】 動詞 雲一つなく晴れる。例 空はよく晴れ渡っている。活用 はれわた・る。

ばれん【馬れん】 名詞 版画などで、版木にのせた紙を上からこする道具。⇩図。

馬れん

バレンタインデー 名詞 三世紀ごろ、教えのために命をぎせいにしたバレンタインを記念するキリスト教の祭日。二月十四日。聖バレンタインデー。日本では、おもに女性が、好きな男性などにチョコレートをおくる。▼英語 Valentine's Day

はれんち【破廉恥】 名詞 形容動詞 はじをはじとも思わないで、平気でいること。はじしらず。例 破廉恥なふるまい。

ハロウィーン 名詞 万聖節（＝毎年十一月一日に、すべての聖人を記念するキリスト教の行事）の前夜の祭り。悪霊をおいはらう日とされる。参考 カボチャのちょうちんなどをかざり、仮装した子どもたちが家々からお菓子をもらいながらねり歩く。▼英語 Halloween

ハロー 感動詞 軽いあいさつや、よびかけに使う言葉。こんにちは。もしもし。参考 英語では「ロー」を強く発音する。▼英語 hello

ハローワーク 名詞 「公共職業安定所」の愛称。参考 日本でつくった言葉。

パロディー 名詞 ある有名な作品の表現をたくみにまねて、ひにく・批判・ユーモアなどを表した作品。文学・音楽などの芸術作品や芸能、有名な言葉・ことわざなどを対象に、広くおこなわれている。▼英語 parody

バロメーター 名詞 ❶気圧計。晴雨計。❷物事のよしあしなどをおしはかるもとになるもの。例 体重は健康のバロメーターといわれている。▼英語 barometer

パワー 名詞 ❶力。例 パワーにあふれたバッティングでチームをひっぱる。❷勢力。例 ヤングパワー。▼英語 power

パワーハラスメント 名詞 〔職場や家庭などで〕強い立場を利用しておこなう、いやがらせ・いじめ。参考 略して「パワハラ」ともいう。セクシャルハラスメントにならって、「パワー（＝権力）」と「ハラスメント（＝いやがらせ）」を組み合わせて日本でつくった言葉。

ハワイ 地名 太平洋中央部のハワイ諸島からなるアメリカ合衆国の州。州都はオアフ島のホノルル。世界的な観光地。▼英語 Hawaii

パワハラ 名詞 ⬇パワーハラスメント。

パワフル 形容動詞 力強いようす。強力なようす。例 パワフルな演奏。▼英語 powerful

はをくいしばる【歯を食い縛る】 慣用句 〔つらいときやくやしいときなどに〕歯をかみしめて、じっとがまんする。例 歯を食い縛って、なみだをこらえる。

はん[1]【判】 名詞 はんこ。例 判をおす。

はん[2]【班】 名詞 人の集まりを小分けにしたそれぞれ。また、それらの数や順番を数えるときのよび名。例 班ごとに集まる。

はん[3]【藩】 名詞 江戸時代、大名が支配していた領地や組織。

ばん[1]【晩】 名詞 夕暮れ。また、夜。

ばん[2]【番】 名詞 ❶何かをするときの順序。例 こんどはぼくの番だね。❷見はりをすること。また、その人。例 店の番をする。

パン 名詞 小麦粉を水でねり、イースト菌を入れ発酵させて焼いた食べ物。▼ポルトガル語

はんい【範囲】 名詞 あるかぎられた広さ。また、その中。例 会は予算の範囲でやる。

はんいご【反意語】 名詞 「行く・来る」「大きい・小さい」「親・子」などのように、それぞれの意味が反対の関係にある言葉。類 対義語。反対語。対 同意語。同義語。

1 **はんえい【反映】** 名詞 する動詞 ❶光や色などが反射してうつること。❷あるものの影響が、ほかのものにも表れること。例 国民の意見を政治に反映させる。

2 **はんえい【繁栄】** 名詞 する動詞 さかえること。例 国の繁栄をねがう。類 発展。対 衰退。

はんえいきゅうてき【半永久的】 形容動詞 ほとんど永久に近いようす。例 半永久的な建造物。

はんえん【半円】 名詞 円の半分。

はんおん【半音】 名詞 全音の半分の音程。長音階では「ミ」と「ファ」、「シ」と「ド」の間の音程。対 全音。

はんが【版画】 名詞 木・銅・石などにほった絵を紙にすりうつしたもの。参考 版の材料により木版画・銅版画・石版画などという。

ばんか【晩夏】 名詞 夏の終わりごろ。対 初夏。

ハンガー 名詞 洋服をかけてつるすための道具。洋服かけ。類 えもんかけ。▼英語 hanger

ばんかい【ばん回】 名詞 する動詞 もとのいきおいをとりもどすこと。ことば「名誉をばん回する」 漢字 挽回。

ばんがい【番外】 名詞 決まっている番組以外のもの。例 番外の落語。類 とびいり。

はんかがい【繁華街】 名詞 さまざまな商店がならび、人通りの多いにぎやかな場所。さかり場。

1 **はんかく【半角】** 名詞 文字一字分の半分の大きさ。例 字間を半角あきにする。

2 **はんかく【反核】** 名詞 原子ばくだんなどの核兵器を製造・実験・配備・使用することに反対すること。例 反核運動。

はんがく【半額】 名詞 決まったねだんの半分。はんね。

ばんがさ【番傘】 名詞 竹のほねに、あぶら紙をはったかさ。語源 昔、商家などで人にかして、なくなることをふせぐために、かさのおもてに番号を書きつけたことからいう。⇨図。

番傘

はんがた【判型】 名詞 本の大きさ。A5判・B6判などがある。参考「はんけい」ともいう。

ハンカチ 名詞 小形の四角い布。顔や手をふくのに使う。ハンケチ。参考 英語の「ハンカチーフ(handkerchief)」の略から。

ハンガリー 地名 ヨーロッパ中部で、ドナウ川の中流にある国。首都はブダペスト。▼英語 Hungary

バンガロー 名詞 キャンプ場などにある宿泊するための小屋。シャワーやトイレなど備わっていないものが多い。参考 英語では平屋でポーチのついた建物をいう。⇨ヴィラ。コテージ。ペンション。ロッジ。▼英語 bungalow

はんかん【反感】 名詞 〔その人の考え・やり方がきらいで〕さからいたくなる気持ち。ことば「反感をいだく」「反感を買う（＝反感をもたれる）」

ばんかん【万感】 名詞 〔心にうかぶ〕さまざまな思い。ことば「万感の思い」

1 **はんき【半期】** 名詞 ❶決められた期間のうちの半分。例 下半期の売り上げ。❷一年の半分の期間。

2 **はんき【半旗】** 名詞 国などの大切な人が死んだときなど、悲しみの気持ちを表すため、国旗などをはたざおの先から三分の一ほどさげてかかげるもの。ことば「半旗をかかげる」

はんぎ【版木】 名詞 木版ずりで使う、字や絵などをほりつけた板。

はんぎゃく【反逆】 名詞 する動詞 主人にそむいたり、国の政治にさからったりすること。例 領主に反逆する。／反逆者。

はんきょう【反響】 一 名詞 する動詞 音が物にぶつかって反射し、ふたたび聞こえること。また、その音。二 名詞 あるもののえいきょうを受けておこる動き。ことば「〔首相の発言が、国内に大きな〕反響をよぶ」

はんきをひるがえす【反旗を翻す】 慣用句 むほんをおこす。反逆する。例 幕府に反旗を翻す。参考「反旗」は、むほんをおこした人の旗のこと。

パンク 名詞 する動詞 ❶タイヤにあながあき、空気がもれること。❷ふくれているものがはれつすること。例 食べすぎておなかがパンクしそうだ。参考 車のパンクは英語の「パンクチャー」からだが、英語ではふつう flat tire という。

ハンググライダー【名詞】ぬのをはった三角形のつばさで、すべるように空をとぶスポーツ。▼英語 hang glider

ばんぐみ【番組】【名詞】テレビやラジオなどを組み立てている、それぞれの内容。また、それを組み合わせたもの。プログラム。

バングラデシュ【地名】バングラデシュ人民共和国。インド半島北東部でベンガル湾に面する国。首都はダッカ。▼英語 Bangladesh

ハングリー【形容動詞】おなかがすいているようす。また、物事を強くおいもとめる積極的なようす。例ハングリー精神。▼英語 hungry

ハングル【名詞】韓国・朝鮮語を書くときの文字。▼韓国・朝鮮語・英語 Hangul

ばんくるわせ【番狂わせ】【名詞】❶〔意外なできごとのため〕順序や予定がくるうこと。❷〔勝負などが〕思ってもみなかった結果に終わること。

はんけい【半径】【名詞】円の中心と円周上の一点とを結ぶ直線。また、その長さ。直径の半分。
注意「半経」と書かないこと。

はんげき【反撃】【名詞】【する動詞】せめられていたものが、反対にせめ返すこと。例すぐさま反撃する。

はんげしょう【半夏生】【名詞】雑節の一つ。夏至から数えて十一日目。七月一日、二日ごろ。

はんけつ【判決】【名詞】【する動詞】裁判所が、法律にしたがって、もめごとなどについて判断すること。また、その判断。ことば「判決を下す」

はんげつ【半月】【名詞】上半分、または下半分がかけて見える月。

はんけん【半券】【名詞】料金や品物を受け取ったしるしになる、入場券や預かり証などの半分の紙。

はんげん【半減】【名詞】【する動詞】半分にへること。半分にへらすこと。例興味が半減する。

ばんけん【番犬】【名詞】どろぼうなどが入らないように、番をさせるためにかっておく犬。

はんこ【判子】【名詞】個人や団体などのしるしとして、朱肉をつけて文書などにおすもの。木・竹・石・金属などに、名前や記号などがほりつけてある。はん。

はんご【反語】【名詞】❶「…であろうか〔いやそうではない〕」というように、疑問の形で、反対の意味を強く表す言い方。「どうしてそんなことがかれにできようか〔できない〕」など。❷表面の言葉の意味と反対の意味をもたせた、ひにくな言い方。おくれて来た人に「早くいらっしゃいましたね」などということ。

パンこ【パン粉】【名詞】❶パンを細かくくだいたもの。フライのころもにする。❷パンをつくるための小麦粉。

はんこう[1]【反抗】【名詞】【する動詞】さからうこと。例親に反抗する。類抵抗。対服従。

はんこう[2]【犯行】【名詞】犯罪になる悪いおこない。例犯行現場。

はんごう【飯ごう】【名詞】野や山でごはんをたくためのうつわ。食器としても使う。アルミニウムなどでできている。⇩図。

ばんごう【番号】【名詞】数字や符号をつかって、順番を表したもの。例番号札。／電話番号。

はんこうき【反抗期】【名詞】〔おもに幼児のときや思春期など〕子どもが成長する段階で、親や目上の人などにさからう時期。

ばんこく【万国】【名詞】世界のすべての国。例平和は万国共通の願いだ。

ばんこくき【万国旗】【名詞】世界の国々の小型の国旗をならべたもの。ばんこっき。

ばんこくはくらんかい【万国博覧会】【名詞】世界の各国が参加して、科学や産業などに関係のあるものをならべて、多くの人に見せる会。万国博。万博。エキスポ。

ばんごはん【晩御飯】【名詞】夜の食事。夕食。夕飯。

はんごろし【半殺し】【名詞】ほとんど死ぬかと思われるほどひどいめにあわせること。

はんざい【犯罪】【名詞】法律によってばっせられる悪いおこない。例青少年の犯罪がふえる。

ばんざい【万歳】一【感動詞】❶とてもうれしいときにさけぶ言葉。例万歳！　合格したぞ。❷めでたいことを祝うときに、両手をいきおいよくあげながらとなえる言葉。例新会社設立万歳。ことば「万歳三唱」
二【名詞】【する動詞】❶両手をいきおいよくあげて「ば

飯ごう

んざい㊀②」をとなえること。❷こうさんすること。また、どうにも手のつけられないこと。例むずかしい問題に万歳する。参考㊁②はくだけた言い方。

ばんさくつきる【万策尽きる】慣用句 あらゆるやり方でやってみたが、もうやりようがない。例万策尽きて降参した。

はんざつ[1]【煩雑】名詞 形容動詞 こまごまといりくんでいてわずらわしいこと。手数がかかること。例煩雑な手続き。

はんざつ[2]【繁雑】名詞 形容動詞 物事が多く、ごたごたしていること。例繁雑な仕事。

ハンサム 形容動詞 男性の顔だちが美しいようす。美男子であること。▼英語 handsome

ばんさん【晩さん】名詞 夜の食事。特に、ごちそうの多い夕食。例盛大な晩さん会。

はんし[1]【半紙】名詞 習字などに使う、たて二十五センチメートル、横三十五センチメートルぐらいの大きさの和紙。

はんし[2]【藩士】名詞 ある藩にしょぞくする武士。江戸時代の大名のけらい。例薩摩藩士。

はんじ【判事】名詞 裁判で、判決を下す人。裁判官の官名の一つ。参考ふつう、高等裁判所・地方裁判所・家庭裁判所の裁判官をさす。

ばんじ【万事】名詞 すべてのことがら。例あとは万事わたしにまかせてください。

パンジー 名詞 スミレ科の植物。春から夏にかけて、三色（黄・むらさき・白など）の花びらをもった、チョウに似た形の花がさく。さんしきすみれ。▼英語 pansy

ばんじきゅうす【万事休す】故事成語 〔すべてのことが終わってしまって〕もうどうすることもできない。例万事休すと観念する。

はんしはんしょう【半死半生】四字熟語 今にも死にそうなようす。生きるか死ぬかのさかいめ。例半死半生のめにあわされる。

はんしゃ【反射】名詞 する動詞 光・熱・音・波などが、あるものに当たってはね返ること。例光を反射する。

はんしゃきょう【反射鏡】名詞 けんび鏡や望遠鏡などについている、光を反射させるかがみ。⇩425ページ・顕微鏡（図）。

ばんしゃく【晩酌】名詞 家で夕食のとき、お酒を飲むこと。例父は晩酌をかかさない。

ばんじゃく【盤石】名詞 ❶大きな岩。❷重くてどっしりしているようす。がっしりしていて強いこと。ことば「盤石の守り」

はんしゃてき【反射的】形容動詞 何かの刺激を受けたとたんに、すぐ反応するようす。例危険を感じて、反射的にとびのいた。

はんしゅ【藩主】名詞 藩の領主。藩を支配している大名。

はんしゅう【半周】名詞 ❶一まわりの半分。例池のまわりを半周する。❷円周の半分。

ばんしゅう【晩秋】名詞 秋の終わりごろ。対初秋。

はんじゅく【半熟】名詞 ❶〔果実などが〕十分に熟していないこと。❷〔わざなどが〕十分に上達していないこと。❸半分にえていること。生にえ。例半熟のたまご。

はんしゅつ【搬出】名詞 する動詞 物を運び出すこと。例会場から展示品を搬出する。対搬入。

ばんしゅん【晩春】名詞 春の終わりごろ。対早春。初春。

ばんしょ【板書】名詞 する動詞 〔字などを〕黒板に書くこと。例漢字を板書する。

はんしょう[1]【半焼】名詞 する動詞 火災で、建物などが半分焼けること。類全焼。

はんしょう[2]【半鐘】名詞 火の見やぐらの上などにとりつけてある、小さなつりがね。たたいて火事などを知らせる。⇩図。

半鐘

はんじょう【繁盛】名詞 する動詞 〔商売などが〕にぎわいさかえること。例商売が繁盛する。

ばんしょう【晩鐘】名詞 〔寺や教会などで〕夕方にならす鐘。

バンジョー 名詞 羊の皮をはった円形のどうに、四本または六本の糸をつけた弦楽器。指先や、プラスチックなどでつくったつめ（＝ピック）ではじいてならす。アメリカ民謡の伴奏などに使う。▼英語 banjo

はんしょく【繁殖】名詞 する動詞 動物や植物が、どんどんうまれ、ふえること。例野ネズミが繁殖する。

ことばあそび 漢字クイズ㉒ 梅の木がなくなったのでさがしたら、池のへんについていました。何

はんしん【半身】名詞 体の半分。例 半身をおこす。／半身浴。参考「はんみ」とも読む。対 全身。

はんしんあわじだいしんさい【阪神淡路大震災】名詞 一九九五年一月十七日におこった、兵庫県南部の地震による災害。神戸市や淡路島の被害が大きかった。

はんしんこうぎょうちたい【阪神工業地帯】名詞 大阪市・神戸市などを中心に発達している、大きな工業地帯。重化学・金属・電気機械・繊維工業などがさかん。

はんしんはんぎ【半信半疑】四字熟語 半分信じ、半分うたがうこと。本当かどうか、まようこと。例 半信半疑の表情。

1**はんすう**【反すう】名詞 する動詞 ❶一度のみこんだ食物を、また口にもどしてかみなおすこと。参考 牛・シカ・ラクダなど、胃がいくつかに分かれている動物がおこなう。❷〔物事を〕何度も考えてみること。例 友人の忠告を反すうする。

2**はんすう**【半数】名詞 全体の数の半分。

ハンスト 名詞 自分たちの要求をとおすために、食べ物を食べないで、おこなうストライキ。参考 英語の「ハンガーストライキ（hunger strike）」の略。

はんする【反する】動詞 ❶反対である。ちがう。例 予想に反したことを言う。❷〔規則などに〕いはんする。例 規則に反する。❸〔教え・言いつけなどに〕そむく。例 友人の忠告に反する。活用 はん・する。

1**はんせい**【反省】名詞 する動詞 自分のおこないをふりかえり、（正しいかどうかを）よく考えてみること。例 なまけたことを反省している。

2**はんせい**【半生】名詞 人の一生の半分。例 かれは、教育に半生をささげた。

ばんせい【蛮声】名詞 あらあらしい大声。例 蛮声をあげる。

はんせいき【半世紀】名詞 一世紀の半分。五十年のこと。例 半世紀も前のできごと。

はんせきほうかん【版籍奉還】名詞 一八六九（明治二）年、全国の藩主（＝江戸時代の大名）が、それまでおさめていた領地を天皇にかえしたこと。参考「版」は土地、「籍」は人民の意味。「奉還」は天皇にかえすこと。

1**はんせん**【反戦】名詞 戦争に反対すること。

2**はんせん**【帆船】名詞 ほをはって風の力で進む船。ほかけぶね。⇩図。

ばんぜん【万全】名詞 形容動詞 完全で、手ぬかりのないこと。例 万全のじゅんびをする。

帆げた
帆柱
帆

帆船

はんぜんと【判然と】副詞 はっきりわかること。例 情報があいまいで、どちらが正しいか判然としない。

ばんそう【伴奏】名詞 する動詞 中心となる歌や楽器の演奏を助けるために、ほかの楽器で演奏すること。例 ピアノの伴奏に合わせて、クラス全員で歌う。

ばんそうこう【ばん創こう】名詞 傷口をおおったり、当てたガーゼがとれないように上からとめたりする、ねばりけのあるものをぬった布や紙。漢字 絆創膏。

はんそく【反則】名詞 する動詞〔競技で〕規則を破ること。

はんそで【半袖】名詞 ひじまでの長さのそで。例 半袖のシャツ。

はんだ 名詞 なまりとすずの合金。セ氏百八十度ぐらいでとける。ブリキ・トタン・銅などをつぎ合わせるのに使う。例 はんだ付け（＝はんだで金属をつなぎ合わせること）をする。

パンダ 名詞 中国南西部の高地にすむ大形のほにゅうるい。目のまわり、耳、後ろ足、かたから前足にかけて黒く、ほかは白い。タケ・ササ・たけのこなどを食べる。二種いるが、パンダといえばジャイアントパンダ（giant panda）をさす。⇩図。▼英語 panda

ジャイアントパンダ

ハンター 名詞 ❶かりをする人。かりゅうど。❷あるものをさがしもとめる人。例 ブックハンター。▼英語 hunter

はんたい【反対】 ■一 名詞 形容動詞 逆の関係にあること。例時計とは反対回りに動かす。■二 名詞 する動詞〔ある考えややり方などに〕さからうこと。例戦争に反対する。対賛成。

ばんだい【番台】 名詞 ふろ屋の入り口にある、料金の受け取りや見はりをする人がいるところ。高いところにつくってある。

はんたいご【反対語】 名詞 ある言葉と反対の意味をもつ言葉。「おもて」と「うら」、「高い」と「低い」、「行く」と「来る」など。類対義語。反意語。対同意語。同義語。

はんたいしょく【反対色】 名詞 ❶たがいに補色になる二つの色。まぜ合わせると、灰白色または黒色になる一対の色。赤と青みどり、黄色とあい色など。❷光で、まぜると白っぽく見える一対の光。参考⇩1202ページ・補色。

はんだくおん【半濁音】 名詞 ぱ・ぴ・ぷ・ぺ・ぽ・ぴゃ・ぴゅ・ぴょの八つの音。参考⇩761ページ・濁音。683ページ・清音。

はんだくてん【半濁点】 名詞 半濁音を表すしるし。「ぱ・ぴ・ぷ・ぺ・ぽ」などの、右上の「°」のしるし。参考⇩761ページ・濁点。

パンタグラフ 名詞 電車などの屋根にとりつけて、上にはってある電線から電流をとり入れる、ひし形などの形をした、おりたたみ式のそうち。⇩図。▼英語 pantograph

バンダナ 名詞 しぼり染めなどで模様をそめるなどした、大判のハンカチ。スカーフなどにも使う。▼英語 bandanna

はんだん【判断】 名詞 する動詞〔物事のよいか悪いかなどを〕考えて決めること。また、その内容。例人を見かけだけで判断してはいけない。／判断がおそい。ことば「判断をくだす」

パンタグラフ

ばんたん【万端】 名詞〔ある物事についての〕すべてのことがら。あらゆる手段。例準備万端ととのった。

ばんち【番地】 名詞 市町村などの土地を区分してつけた番号。例店の番地を教える。

パンチ 名詞 ❶きっぷ・カードなどにあなをあけること。また、それに使うはさみ。例きっぷにパンチを入れる。❷ボクシングなどで、相手をこぶしで打つこと。▼英語 punch

ばんちゃ【番茶】 名詞 一番茶・二番茶をつみとったあとの葉からつくる、質のおとる茶。

パンチャー 名詞「キーパンチャー」の略。▼英語 puncher

はんちゅう【範ちゅう】 名詞 物事の基本的な区分。また、あるかぎられた広がりの中。例そのやり方は世間の常識の範ちゅうに入らない。

はんちょう【班長】 名詞 いくつかにわかれた、集まりの代表者。

ばんちょう【番長】 名詞 非行少年のグループをひきいる人。

パンツ 名詞 ❶ズボン。❷ズボンのようにはく短い下着。▼英語 pants

ばんづけ【番付】 名詞 相撲で、力士の位の順序。また、それを書いたもの。

ハンデ 名詞 ⬇ハンディキャップ。例ハンデがある。

はんてい【判定】 名詞 する動詞 ❶見分けて決めること。例合否を判定する。／判定をくつがえす。❷柔道・ボクシングなどで、時間内に勝負がつかないときに、審判が勝ち負けを決めること。例判定で勝つ。

パンティー 名詞 女性のはく、短い下着。▼英語 panties

ハンディキャップ 名詞 ❶競技などで、〔力を同じぐらいにして戦うために〕強い相手にははじめからつけておく差。❷不利な条件。例ハンディキャップを乗りこえる。参考 略して「ハンディ」「ハンデ」ともいう。▼英語 handicap

はんでおしたよう【判で押したよう】 慣用句〔はんこでおしたように〕同じようなことを、いつもくり返すこと。例判で押したような返事。

はんてん[1]**【半てん】** 名詞 羽織に似た、えりのおりかえしやむなひものないうわっぱり。

はんてん[2]**【斑点】** 名詞 あちらこちらにある点。

はんてん[3]**【反転】** 名詞 する動詞 ❶ひっくり返ること。また、ひっくり返すこと。❷向きがかわること。また、向きをかえること。例飛行機が機首を反転した。

はんてん[4]**【半天】** 名詞 なかぞら。中天。例半天

にかかる月。

[5]**はんてん**【飯店】名詞 中華料理店。参考 中国ではホテルのこと。

バント 名詞 する動詞 野球で、バットを大きくふらずに球に軽くあて、球を転がすように打つこと。また、その打ち方。▼英語 bunt

バンド 名詞 ❶革・布・ビニールなどでつくった洋服用の細い帯。ベルト。❷物をたばねる、はばの広いひも。例 ブックバンド。❸〔すいそう楽やジャズを演奏する〕楽団。▼英語 band

はんとう【半島】名詞 海の中へ長くつき出ている陸地。例 房総半島。参考 細長くて小さいものは、「岬」「崎」などという。

はんどう【反動】名詞 ❶力が働くとき、それと反対の方向に働く力。反作用。❷ある働きに反対する働き。例 してはいけないといわれるほど、その反動で、よけいしたくなる。❸歴史の流れにさからって、進歩をじゃまする立場。また、その行動。例 反動勢力。

[1]**ばんとう**【晩冬】名詞 冬の終わりごろ。対 初冬。

[2]**ばんとう**【番頭】名詞 商店や旅館などの、やとい人のうち、一番上の立場で仕事をとりしきる人。

はんどうたい【半導体】名詞 温度が低いときは電流が流れにくく、高くなるにつれて強く流れるようになる物質。ゲルマニウムなど。トランジスターなどに使われる。

はんとき【半時】名詞 昔の時間の分け方で、一時の半分。今の一時間。

はんどく【判読】名詞 する動詞 はっきり読めない字や文を、おしはかって読むこと。例 部分的に判読できた。

はんとし【半年】名詞 一年の半分。六か月。

ハンドバッグ 名詞 女の人が使う、小型の手さげかばん。小さな身のまわり品を入れる。▼英語 handbag

ハンドブック 名詞 案内書。手引き書。例 海外旅行のハンドブック。▼英語 handbook

ハンドベースボール 名詞 ボールを手で打ってベース間を走り、得点をきそう、野球に似た球技。▼英語 hand baseball

ハンドボール 名詞 十一人、または、七人ずつ二組みに分かれ、ボールを相手のゴールに投げ入れて、その得点を争う競技。送球。▼英語 handball

パントマイム 名詞 せりふのない身ぶりや表情だけでする劇。無言劇。▼英語 pantomime

ハンドメード 名詞 自分の手でつくったもの。また、つくること。手作り。手製。例 ハンドメードのクッキー。参考 英語の handmade からだが、英語では機械でつくるのではなく「手作りの」を表す。料理やお菓子などを店で買って来たのでなく「自家製の、家庭でつくった」は homemade という。

ハンドリング 名詞 サッカーで、ゴールキーパー以外の選手が、ボールを手であつかう反則。ハンド。▼英語 handling

ハンドル 名詞 ❶ドアなどのにぎり。とって。❷機械の一部で、手でにぎって運転するもの。例 自動車のハンドル。参考 英語の handle は手で持つときの「柄」や「取っ手」で、丸い自動車のハンドルは (steering) wheel、横棒の自転車のハンドルは handlebars という。▼英語 handle

はんドン【半ドン】名詞 午後が休みになること。また、その日。ふつうは土曜日。参考「ドン」はドンタク（＝オランダ語で日曜日）の略。

はんなり 副詞(―と) する動詞 はなやかで、上品なようす。例 はんなりとしたむすめさん。参考 京都・大阪などでいう。

ばんなんをはいす【万難を排す】慣用句 たくさんの困難なことをとりのぞく。例 万難を排して問題の解決にとりくむ。

はんにえ【半煮え】名詞 形容動詞 食べ物がよくにえていないこと。生にえ。

はんにち【半日】名詞 一日の半分。

はんにゃ【般若】名詞 ❶能面の一つで、鬼女をかたどった面。⇩図。❷鬼のような、おそろしい顔をした女性。

般若①

はんにゅう【搬入】名詞 する動詞 物を運んで入れること。例 工事現場に資材を搬入する。対 搬出。

はんにん【犯人】名詞 犯罪をおかした人。犯罪者。例 犯人が自首してきた。類 下手人。

[1]**ばんにん**【万人】名詞 多くの人。すべての人。

例 かれの才能は、万人がみとめている。

ばんにん2【番人】名詞 建物などの見はりをする人。番をする人。

はんにんまえ【半人前】名詞 一人前の半分。また、その程度の能力しかない人。例 なにをやっても半人前だ。対 一人前。

ばんねん【晩年】名詞 人の一生のうちで終わりのころ。老年。例 おだやかな晩年をすごす。

はんのう【反応】名詞 する動詞 ❶二つ以上のものがいっしょになったときに起こる化学変化。❷しげきによって起こる働きや変化。❸ある働きかけにおうじて起こる動き。手ごたえ。例 相手がどんな反応をするかようすをみる。

ばんのう【万能】名詞 ❶何にでもききめがあること。何事にも役立つこと。例 現代は科学万能の時代である。❷すべてのことにすぐれていること。何でもできること。例 かれはスポーツ万能だ。

はんのうはんぎょ【半農半漁】名詞 農業をしながら、漁業もしてくらしをたてていること。

はんのき【はんの木】名詞 カバノキ科の木。しめったところにはえる。雄花はえだの先について、たれさがる。

はんぱ【半端】名詞 形容動詞 ❶全部そろっていないこと。また、そのもの。❷どちらともはっきりしないこと。どっちつかず。例 半端な気持ち。ことば「半端でない／半端ない（＝ていどがはなはだしいようす）」❸ちょうどの数より多くて、あまった分。はすう。例 計算したら半端が出た。

ハンバーガー 名詞 パンにハンバーグをはさんだ食品。▼英語 hamburger

ハンバーグ 名詞 ➡ハンバーグステーキ。

ハンバーグステーキ 名詞 ひき肉にタマネギ・パン粉・たまごなどをまぜてこねたものを、平たい円形にして焼いた料理。ハンバーグ。▼英語 hamburg steak

はんばい【販売】名詞 する動詞 品物を売ること。例 売れ残った商品を二割引きで販売する。類 売却。

ばんぱく【万博】名詞 「万国博覧会」の略。

はんぱつ【反発】名詞 する動詞 ❶はね返ること。はね返すこと。例 磁石の同じ極同士は反発しあう。❷〔ある人の考え方やおこないに〕さからいたい気持ちになること。例 一方的な決定に反発する。

はんはん【半半】名詞 あるものを二つに分けたわりあいが、半分と半分。半分ずつ。参考 ふつう「半々」と書く。

ばんばん 副詞（ーと） ❶物をいきおいよくたたく音。例 ドアをばんばんたたく。❷つぎつぎといきおいよく物事がおこなわれるようす。例 宿題をばんばん終わらせていく。

ぱんぱん ■一 副詞（ーと） ❶手などで物を打つ音。また、手と手を打ち合わせる音。例 ほしたふとんをぱんぱんとたたく。❷鉄砲をうつ音。また、花火や風船などがはれつする音。例 ぱんぱんとピストルの音が聞こえた。■二 名詞 形容動詞 いっぱいに、ふくらむようす。例 足がぱんぱんにはれている。／食べすぎて、おなかがぱんぱんだ。

はんぴれい【反比例】名詞 する動詞 ともなって変化する二つの量の、一方の量が二倍、三倍とふえるにつれて、もう一方が、ぎゃくに二分の一、三分の一とへっていく関係。ぎゃく比例。対 正比例。比例。

はんぷ【頒布】名詞 する動詞 〔品物や書類などを〕多くの人に広く配ること。例 宣伝パンフレットを頒布する。

はんぷく【反復】名詞 する動詞 くり返すこと。例 計算問題を反復して練習する。

ばんぶつ【万物】名詞 〔世の中にある〕すべての物。あらゆる物。ことば「万物は流転する」

パンフレット 名詞 〔品物の宣伝や説明などをのせた〕うすい本。また、おりたたんだ紙。例 観光案内のパンフレット。参考 英語の pamphlet からだが、英語では話題で説明、あるいは、解説したものをさす。商品の宣伝の写真付きのものは brochure という。

はんぶん【半分】■一 名詞 ❶一つのものを二つに同じように分けたものの一方。例 ピザを半分食べた。❷だいたい、そうなっていること。例 半分ねむっている。■二 接尾語 《ある言葉の下につけて》「なかば…の気持ちで」の意味を表す言葉。例 おもしろ半分。

ばんぺい【番兵】名詞 軍隊などで番をする兵隊。

はんべつ【判別】名詞 する動詞 ちがいをはっきり

ことばあそび 漢字クイズ23 林から木を1本とって銀のへんにおきました。何がはえたでしょう？

と見わけること。例 本物かにせ物か判別する。

はんぺん【半ぺん】名詞 白身魚のすり身に山いも・でんぷんなどを加えてすりつぶし、ゆでたり、むしたりした食品。

はんま【半間】名詞 形容動詞 ❶全部そろっていないこと。はんぱ。❷間のぬけたこと。また、その人。

ハンマー 名詞 ❶かなづち。❷ハンマー投げに使う鉄線をつけた鉄の球。▼英語 hammer

ハンマーなげ【ハンマー投げ】名詞 陸上競技の一つ。「ハンマー②」をふりまわしてなげ、とんだきょりを争う。

はんみ【半身】名詞 ❶相手に対して、体をななめにかまえる姿勢。❷魚をひらいたときの、身の半分。

はんみち【半道】名詞 ❶一里の半分。約二キロメートル。❷行き先までの道のりの半分。例 やっと半道ほど歩いた。

はんめい【判明】名詞 する動詞 はっきりわかること。明らかになること。例 発掘した化石は恐竜と判明した。

ばんめし【晩飯】名詞 ばんごはん。夕食。参考 くだけた言い方。

1 **はんめん**【反面】名詞 ❶反対側の面。❷「それ以外の」一方から見たところ。例 かれは、短気な反面、人のめんどうはじつによくみる。注意 「半面」と書かないこと。

2 **はんめん**【半面】名詞 ❶顔の半分。❷決まった広さがあるものの半分。例 コートの半面を使って練習する。❸物事のある一方の面。また、別の面から見ること。例 かれの言うことにも、たしかに半面の真理がある。／かのじょは気が強いが、半面人情深いところもある。注意 「反面」と書かないこと。

はんめんきょうし【反面教師】四字熟語 よくない見本だが、それによって正しいことやよいことがはっきりわかること。

はんも【繁茂】名詞 する動詞 草木がさかんにおいしげること。例 池に水草が繁茂する。

はんもく【反目】名詞 する動詞 仲が悪いこと。例 かれとかのじょの家は反目しあっている。

ハンモック 名詞 じょうぶなあみや布で作り、両はしを木などにつないでつった状態で用いる、ねどこ。⇩図。▼英語 hammock

ハンモック

1 **はんもん**【煩もん】名詞 する動詞 なやみ苦しむこと。例 日夜煩もんする。漢字 煩悶。

2 **はんもん**【反問】名詞 する動詞 質問に答えないで、ぎゃくに質問すること。例 質問してきた相手に、それについてどう思うのか反問した。

ばんゆういんりょく【万有引力】名詞 宇宙のすべての物体の間に働く引力。参考 「万有引力の法則」は一六六五年にニュートンによってはじめて明らかにされた。

ばんらいのはくしゅ【万雷の拍手】連語 〔たくさんのかみなりのように〕音が大きくはげしい拍手。

1 **はんらん**【氾濫】名詞 する動詞 ❶川の水などがいっぱいになってあふれること。例 昨日からの大雨で川が氾濫した。❷ものがたくさん出回って、みちあふれること。例 外来語が氾濫している。参考 多く、よくない状態にいう。

2 **はんらん**【反乱】名詞 する動詞 国や政府にそむいて、世の中をみだすこと。例 反乱を起こす。類 謀反。

はんりょ【伴侶】名詞 いっしょにすごす仲間や友だち。ことば 「人生の伴侶（＝夫婦のこと）」

ばんりょく【万緑】名詞 見わたすかぎり、草や木がみどり色にしげっていること。

1 **はんれい**【凡例】名詞 辞書などの本のはじめに、その本の使い方や約束ごとなどをまとめて、かじょう書きにしたもの。

2 **はんれい**【判例】名詞 裁判で出された判決のじっさいの例。例 判例を調べる。／判例集。

はんろ【販路】名詞 品物を売りさばく先。売れ口。例 販路を拡大する。

はんろん【反論】名詞 する動詞 相手の意見に対して、反対の意見をのべること。また、その意見。

ひ
ぴ び
ピ ビ ヒ
PI BI HI
pi bi hi

ひ¹【日】(名詞) ❶太陽。例日がしずむ。❷太陽の光や熱。例日に焼ける。❸一日のうちの明るい時間。例日が長い。❹真夜中から次の真夜中までの二十四時間。一日。例日に三時間勉強する。／雨の日。❺かぎられた期間。日数。例しめきりまでに日がない。❻時間の流れの中のある時点。時期。例おさない日の思い出。

ひ²【火】(名詞) ❶物がもえているときに出る熱・光や、ほのお。例ガスこんろに火をつける。／ろうそくの火。❷火事。火災。例となりの家から火が出た。

ひ³【比】(名詞) ❶二つの量または数をくらべるとき、一方が他方の何倍になっているかという関係。例たてと横の比は二対一です。❷同じくらいのもの。くらべられるもの。たぐい。例ジェット機の速さは、プロペラ機の比ではない。(参考)②は、多く「比ではない」の形で使われる。

ひ⁴【灯】(名詞) 物をてらす明かり。ともしび。(ことば)「街に灯がともる」

ひ⁵【否】(名詞) 賛成しないこと。いな。例投票の結果は否とするものが多数だった。

ひ⁶【非】■一 (名詞) ❶よくないこと。正しくないこと。不正。例相手の非をせめる。(対)是。❷あやまち。罪。欠点。例自分の非をみとめる。
■二 (接頭語)《ある言葉の上につけて》「…でない」の意味を表す言葉。例非科学的。／非常識。

ひ⁷【碑】(名詞)〔ある人物やできごとなどを記念するため〕石に文章などをほりつけてたてたもの。石碑。いしぶみ。例記念碑。

ひあい【悲哀】(名詞)〔しみじみと感じられる〕かなしさやみじめさ。例人生の悲哀。

ひあがる【干上がる】(動詞) ❶すっかりかわききる。例池の水が干上がった。❷〔お金がなくなって〕生活ができなくなる。(ことば)⇩「あごが干上がる（＝生活ができなくなる）」(活用)ひあが・る。

ピアス (名詞) 耳たぶなどにあなをあけてつける、かざり。(類)イアリング。▼英語 pierce

ひあそび【火遊び】(名詞) 火をいたずらして遊ぶこと。例子どもの火遊びは火事のもと。

ひあたり【日当たり】(名詞) 日が当たること。また、日が当たるところ。

ピアニスト (名詞) ピアノを演奏する人。▼英語 pianist

ピアノ (名詞) ❶けんばんを指でたたくことによって「つち」が金属の糸をうち、音が出るしかけの楽器。❷音楽で、弱く演奏したり、歌ったりすることをしめす記号。(参考)「p」で表す。(対)フォルテ。▼英語（イタリア語から）piano

ひあぶり【火あぶり】(名詞) つみのある人を、火で焼きころすこと。

ヒアリング (名詞) ❶外国語を聞きとること。ヒヤリング。例ヒアリングのテスト。(参考)英語で、言語を聞いて理解するのは listening comprehension という。hearing は耳が音を聞き取る能力、聴力をさす。❷国会などが、大切なことを決める前に開く、その問題に関係のある人などから意見を聞くための会。公聴会。▼英語 hearing

ビー【B・b】(名詞) アルファベットの二番目の文字。

ピー【P・p】(名詞) アルファベットの十六番目の文字。

ピーアール【PR】(名詞)(する動詞) 仕事や商品の内容などを多くの人に知らせること。宣伝すること。広報。例新作映画をPRする。(参考)「広報」を意味する英語の「パブリック リレーションズ (public relations)」の略。

ピーエイチ【pH】(名詞) 水溶液の酸性・アルカリ性の強さを表すもの。(参考)ピーエイチ7が中性、7より小さいと酸性、7より大きいとアルカリ性となる。ピーエッチ。ペーハー。

ビーエスほうそう【BS放送】(名詞) ⬇巻末「アルファベット略語集」1566ページ。

ピーエッチ【pH】(名詞) ⬇ピーエイチ。

ピーエム【P.M.p.m.】(名詞) ⬇巻末「アルファベット略語集」1560ページ。

ひいおじいさん (名詞) おじいさんやおばあさんの父にあたる人。そう祖父。(対)ひいおばあさん。⇩98ページ・いとこ（図）。

ひいおばあさん (名詞) おじいさんやおばあさんの母にあたる人。そう祖母。(対)ひいおじいさん。⇩98ページ・いとこ（図）。

ビーカー (名詞) 実験に使う、つつ形で口の広いガラスの入れ物。⇩図。▼英語 beaker

ひいき (名詞)(する動詞) 自分の気に入った人を特にかわいがり、世話をすること。また、かわいがってくれる人。(漢字)贔屓。

ひいきのひきたおし【ひいきの引き倒し】(慣用句) ひいきをしたために、かえって相手

あいうえお かきくけこ さしすせそ たちつてと なにぬねの はひふへほ まみむめも やゆよ らりるれろ わをん

にめいわくをかけること。例あまりほめすぎては、ひいきの引き倒しになってしまう。

ビーカー

ひいきめ【ひいき目】名詞 気に入った人を実際より、よく思う見方。例どうひいき目に見ても無理だ。

ピーク 名詞 ❶山のいただき。頂上。❷物事の一番さかんなとき。例夏の暑さも、ここ一週間がピークだろう。▼英語 peak

ビークラス【Bクラス】名詞 Aクラスについで、二番目の等級。二流。B級。▼英語 B class

ピーケー【PK】名詞 ⇩1179ページ・ペナルティーキック。

ピーケーオー【PKO】名詞 ⇩巻末「アルファベット略語集」1560ページ。

ビーシージー【BCG】名詞 牛のけっかく菌の毒を弱めたものからつくった、けっかく予防のワクチン。参考フランス語の略から。

ピーシービー【PCB】名詞 ポリ塩化ビフェニールのこと。電気や熱を通しにくいので、塗料・絶縁体・印刷インキなどに使われていたが、生物に有害なので、日本では一九七二年から生産を禁止している。参考英語の略から。

びいしき【美意識】名詞 美しいものを感覚的に感じとったり、表現したりする力や態度。ことば「美意識に欠ける」

ビーズ 名詞 美しい色をつけた小さなガラスやプラスチックの玉。糸などに通して、手芸品や婦人服などのかざりに使う。▼英語 beads

ピース 名詞 平和。▼英語 peace

ヒーター 名詞 ❶部屋などをあたためる器具。❷ニクロム線などに電流を流して熱を出す器具。電熱器。▼英語 heater

ピーター＝パン 書名 イギリスの作家バリー(James Barrie)の童話劇。永遠に大人にならない不思議な少年ピーター・パン(Peter Pan)の物語。

ビーだま【ビー玉】名詞 ガラスでできた小さな玉。参考「ビー」は「ビードロ」の略で、「ガラス」のこと。

ひいちにちと【日一日と】副詞 日にちがたつにつれて、どんどんかわっていくようす。日ましに。例日一日とあたたかくなる。

ビーチパラソル 名詞 海岸などで、日よけに使う大形のかさ。参考日本でつくった言葉。英語では beach umbrella という。

ビーチバレー 名詞 砂の上でおこなうバレーボール。一チーム二人で対戦して、得点を争う球技。参考英語の beach volleyball から。

ピーティーエー【PTA】名詞 保護者と教師が協力して、子どもたちのよい教育をすすめるためにつくられた集まり。参考英語の「Parent(＝親) Teacher(＝先生) Association(＝団体)」の頭文字をとってつくった言葉。

ひいては 副詞 それがもとになって、さらに進んで。例発言をすることが、きみのため、ひいてはクラス全体のためになる。

ひいでる【秀でる】動詞 特にすぐれる。例音楽に秀でる。活用ひい・でる。

ビート 名詞 ❶音楽で、拍子。❷ジャズやロックなどで、リズム感にあふれていること。また、そのリズム。例ビートのきいた曲。❸水泳で、足を水でたたくこと。ばた足。▼英語 beat

ビートばん【ビート板】名詞 泳ぐ練習をするときに使ううき板。手でもったり、足の間にはさんだりして使う。

ビードロ 名詞 ガラスやガラス製品をよぶ古い言い方。ギヤマン。▼ポルトガル語

ビーナス 名詞 ローマ神話に出てくる、美と愛の女神。ヴィーナス。▼英語 Venus

ピーナッツ 名詞 ラッカセイの実。ピーナツ。▼英語 peanuts

ビーにじゅうく【B二九】名詞 アメリカの長距離爆撃機。第二次世界大戦の後半に日本爆撃に使われ、広島・長崎に原爆を投下したことでも知られる。

ビーバー 名詞 ビーバー科の動物。後ろあしに水かきがある。かじりたおした木で川をせきとめて巣をつくる。▼英語 beaver

ピーピーエム【ppm】名詞 助数詞 全体の量(基準の量)を百万としたとき、その中にふくまれるものの量がいくつであるかを表す言葉。参考㋐気体や液体の中にふくまれているごくわずかな物質の量を表すときに使う。㋑英語の parts per million(一〇〇万分率)の頭文字。

ビーフン 名詞 米のこなでつくった中国のめん。

▼中国語

ピーマン 名詞 トウガラシの一品種で、からみがほとんどなく実が大形のもの。緑色の実を食用にする。西洋トウガラシ。▼フランス語

ひいらぎ 名詞 モクセイ科の木。葉はかたくてとげがある。冬に白く小さい花がさく。漢字 柊。

ビール 名詞 大麦の麦芽にホップを加え、発酵させてつくる酒。参考 英語ではbeer。▼オランダ語

ビールス 名詞 ➡118ページ・ウイルス。

ヒーロー 名詞 ❶英雄。勇士。❷小説や劇の、男の主人公。対 ヒロイン。▼英語 hero

ひうちいし【火打ち石】 名詞 火打ち金と打ち合わせて火花を出し、火をおこすのに使った石。⇩図。

火打ち金

火打ち石

ひうん【悲運】 名詞 悲しい運命。不幸せなめぐりあわせ。ことば「悲運の王妃」

ひえ 名詞 イネ科の植物。葉は細長く、夏に穂がでる。実は食用や、家畜・小鳥のえさになる。

ひえいざん【比叡山】 地名 京都市の北東、滋賀県とのさかいにある山。最澄がたてた延暦寺があり、古くから仏教信仰の地として知られる。また、延暦寺の山号。

ひえきる【冷え切る】 動詞 ❶すっかり冷えてしまう。例 冷え切った体をあたためる。❷愛情や熱意などがなくなる。例 二人の仲はすっかり冷え切っている。活用 ひえき・る。

ひえこむ【冷え込む】 動詞 ❶急に気温が下がる。例 今夜は冷え込む。❷寒さで体が冷たくなる。例 体のしんまで冷え込む。活用 ひえこ・む。

ひえしょう【冷え性】 名詞 血のめぐりが悪くて、手足やこしが冷たくなりやすい体質。

ひえびえ【冷え冷え】 副詞(-と) する動詞 〔風や空気などが〕冷たく感じられるようす。例 足もとが冷え冷えとしている。

ひえる【冷える】 動詞 ❶温度が下がって、冷たくなる。例 ジュースが冷えている。❷寒くなる。例 五月なのにずいぶん冷える。❸愛情やきょうみなどがなくなる。例 気持ちが冷えてしまった。活用 ひ・える。

ピエロ 名詞 喜劇やサーカスなどで、こっけいなことをして人を笑わせる役。また、その役者。道化者。道化師。▼フランス語

びえん【鼻炎】 名詞 鼻の中がはれたりいたくなったりする病気。くしゃみや鼻水が出たり、鼻づまりになったりする。

ひおけ【火おけ】 名詞 木でつくった、丸い火ばち。

ビオトープ 名詞 公園や河川で、動植物がうまく生き続けられるように考えてととのえられた場所。▼英語 biotope

ビオラ 名詞 バイオリンより、やや大きい弦楽器。バイオリンより低い音を出す。▼英語（イタリア語から）viola

びおん【鼻音】 名詞 話すとき、鼻に息を通して出す音。な行や、ま行の子音など。

びか【美化】 名詞 する動詞 ❶美しくすること。例 町を美化する。❷実際より美しいものとして考えたり表現したりすること。例 思い出は美化されがちだ。

ひがあさい【日が浅い】 慣用句 あまり日にちがたっていない。例 引っこしてまだ日が浅い。

ひがい【被害】 名詞 損害を受けること。また、受けた損害。例 台風の被害。／被害が大きい。類 りさい。災害。

ひがいしゃ【被害者】 名詞 他人や自然によって害を受けた人。対 加害者。

ぴかいち【ぴか一】 名詞 多くの人や物事の中で、一番すぐれていること。また、その人や物事。ナンバーワン。例 鉄棒なら、クラスでぴか一だ。参考 くだけた言い方。

ひがいもうそう【被害妄想】 四字熟語 他人から害を加えられると、自分だけで思いこむこと。

ひかえ【控え】 名詞 ❶思いがけないときのために、用意しておくこと。また、その物や人。例 控えの投手。❷〔わすれないように〕書きとめたもの。例 手帳の控えを見る。❸順番が来るのをそばで待っていること。例 控えの部屋。

ひかえしつ【控え室】 名詞 〔物事がはじまるまで〕待ったり、休んだりする部屋。

ひかえめ【控え目】 名詞 形容動詞 ❶えんりょがちに言ったりしたりすること。例 控え目な態

ことばあそび 漢字クイズ㉔ 王様が求めているものは、何でしょう？

度。❷少なめにすること。例食事を控え目にする。

ひがえり【日帰り】名詞 その日のうちに、行って帰ってくること。例日帰りで海にゆく。対とまりがけ。

ひかえる【控える】動詞 ❶〔えんりょして〕しないでおく。また、少なめにする。例発言を控える。❷近くにもつ。例後ろに山を控えた町。❸近いうちに予定している。例試験をまぢかに控える。❹〔わすれないように〕書きとめる。メモする。例電話番号を控えておく。❺順番や用事をまっている。例よばれるまで、そこに控えていなさい。活用 ひか・える。

ひがきえたよう【火が消えたよう】慣用句 活気がなくなって、さびしくなったようす。例人がいなくなった会場は、火が消えたような静けさだ。

1 **ひかく**【比較】名詞 する動詞 くらべること。例二つの店の野菜のねだんを比較する。類対比。

2 **ひかく**【皮革】名詞 動物の皮を加工したもの。

びがく【美学】名詞 ❶芸術や自然の中に表れた美しさを研究する学問。例大学で美学を専攻する。❷物事の美しさについての考え方。例役者としての美学をつらぬく。

ひかくさんげんそく【非核三原則】名詞 核兵器を「もたず、つくらず、もちこませず」という、核問題に対する日本の政策。

ひかくてき【比較的】形容動詞 〔ほかとくらべて〕わりあいに。例比較的やさしい問題。

1 **ひかげ**【日影】名詞 日光。日ざし。参考「影」は光の意味。

2 **ひかげ**【日陰】名詞 〔もののかげになって〕日光の当たらないところ。対日なた。

ひかげん【火加減】名詞 火のもえ具合。火の強さの具合。例なべの火加減を調節する。

びかご【美化語】名詞 物事を上品に言い表す言葉。「お」や「ご」をつける。「お金」「お花」「ご飯」「ご相談」など。

ひがさ【日傘】名詞 強い日光をさけるためにさすかさ。対雨がさ。

1 **ひがし**【干菓子】名詞 水分をあまりふくまない、日本風の菓子。落がんやせんべいなど。例お茶会では干菓子が出た。対生菓子。

2 **ひがし**【東】名詞 太陽ののぼる方角。例日本の東の海。対西。

ひがしかぜ【東風】名詞 東からふく風。例春にふく東風。対西風。

ひがしにほんだいしんさい【東日本大震災】名詞 二〇一一年三月十一日におこった、東北地方の地震による災害。

ひがしはんきゅう【東半球】名詞 地球を東と西に分けたときの東の部分。アジア・ヨーロッパ・アフリカ・オーストラリアをふくむ。対西半球。

ひかしぼう【皮下脂肪】名詞 ひふと筋肉との間にたくわえられている脂肪。保温の働きがある。

ひかず【日数】名詞 日の数。にっすう。例出発まで、日数がない。

ピカソ 人名 (一八八一〜一九七三) スペイン生まれの画家。さまざまに作風をかえ、たくさんの作品を残した。陶器・版画・彫刻など、多くの分野でもかつやくした。パブロ=ピカソ (Pablo Picasso)。

ひがた【干潟】名詞 遠浅の海岸で、ひきしおのときに表れるすな地。

ひがつく【火が付く】慣用句 ❶もえ出す。❷事件やさわぎがおこる。例おやつがもとで、兄弟げんかに火が付く。❸あわただしいようす。ことば ⇨「〔期日が近付いて〕尻に火が付く」

びかびか 副詞(ーと) 光ってかがやくようす。はげしく点滅するようす。例雷がびかびか光る。

ぴかぴか 副詞(ーと) 形容動詞 する動詞 ❶光がついたり消えたりするようす。類きらきら。❷つやがあって美しいようす。例ぴかぴかにみがかれた、まどガラス。❸真新しいようす。例ぴかぴかの服。

ひがむ 動詞 物事をありのままにうけとらず、自分だけが正しくあつかわれていないと思う。例仲間はずれにされたといってひがむ。類ひねくれる。活用 ひが・む。

ひがめ【ひが目】名詞 見まちがい。また、かたよった見方。例かれのしわざと考えたのはわたしのひが目だった。

ひからびる【干からびる】動詞 すっかり水分がなくなる。かわききる。例干からびたパン。活用 ひから・びる。

ひかり【光】名詞 ❶目に明るさを感じさせるもの。太陽・星・電灯などから出て、真空中では毎秒約三十万キロメートルの速さで進む。例太陽

の光。❷人の心に明るさや希望をあたえるもの。例苦しみの中にも、ひとすじの光を見いだした。❸人をしたがわせるような、いきおいや力。ことば「親の光は七光」

ひかりつうしん【光通信】名詞 電流や電波のかわりに、光の強弱による信号でおこなう通信。光ファイバーを使う。大量の情報を、すばやく、遠くまで送ることができる。

ひかりファイバー【光ファイバー】名詞 光を使って情報を伝えるためにつくられた、とても細いガラスの線。光通信などに使う。

ひかりをはなつ【光を放つ】慣用句 明るく光る。例星が光を放つ。

ひかる【光る】動詞 ❶光を出す。かがやく。例ライトが光る。／赤く光る。❷特にすぐれていて、目立つ。例センスが光る。活用 ひか・る。

ひかれあう【引かれ合う】動詞 たがいが相手の魅力に好ましい感じをもつ。例一目見たときから引かれ合った。活用 ひかれあ・う。

ひかれる【引かれる】動詞 ❶引っぱってつれていかれる。❷心が引き付けられる。例やさしい人に引かれる。活用 ひか・れる。

ひがわり【日替わり】名詞 日ごとにかわること。例日替わり定食。

1**ひかん**【悲観】名詞 する動詞 物事が思うようにならないと思い、希望を失うこと。例テストのけっかが悪くて悲観している。注意「悲感」と書かないこと。対楽観。

2**ひかん**【避寒】名詞 する動詞 冬、あたたかい土地に行って、寒さをさけること。対避暑。

1**ひがん**【彼岸】名詞 雑節の一つ。春分・秋分の日を中心にした、前後の七日間。墓まいりや法事をおこなうことが多い。

2**ひがん**【悲願】名詞 どうしてもやりとげようと思っている、願い。例悲願の初優勝。

びかん【美観】名詞 美しいながめ。例はでなかんばんが、町の美観をそこねている。

ひかんてき【悲観的】形容動詞 物事を悪い方へと考えるようす。例悲観的な見方。対楽観的。

ひがんばな【彼岸花】名詞 ヒガンバナ科の植物。秋の彼岸のころ、まっすぐのびたくきの先に大きな赤い花がさく。葉は花の後に出る。毒がある。まんじゅしゃげ。

1**ひき**【匹】助数詞《数を表す言葉の下につけて》けもの・魚・虫などを数える言葉。例二匹の子犬。

2**ひき**【引き】一 名詞 ❶引くこと。また、引く力。例魚の引きが強い。対押し。❷特に力をそえること。ひいき。例部長の引きでばってきされた。❸つて。えんこ。例友だちの引きで会社へ入った。
二 接頭語《動詞の上につけて》意味を強める言葉。例引きくらべる。／引きぬく。

ひきあい【引き合い】名詞 ❶〔しょうこや参考として〕例に出すこと。例あわて者というと、決まってかれが引き合いに出される。❷売り買いの取り引き。また、取り引きの問い合わせ。例引き合いがある。

ひきあいにだす【引き合いに出す】慣用句 話の中で、例として出す。例自分の失敗を引き合いに出す。

ひきあう【引き合う】動詞 ❶たがいに引っぱり合う。❷取り引きをしてもうかる。例十分に引き合う仕事です。❸苦労や努力のしがいがある。参考❸は、多く「…ない」の形で使う。例これで悪口を言われては引き合わない。活用 ひきあ・う。

1**ひきあげる**【引き上げる】動詞 ❶引っぱって上げる。例川に落ちた人を引き上げる。❷〔ねだんや地位などを〕高くする。例運賃を引き上げる。対引き下げる。活用 ひきあ・げる。

2**ひきあげる**【引き揚げる】動詞 今までいた所から、元の所へもどす。また、元の所へもどる。例海外から引き揚げる。活用 ひきあ・げる。

ひきあてる【引き当てる】動詞 ❶くじなどを引いて当てる。例一等を引き当てる。❷くらべる。あてはめる。例自分に引き当てて考える。❸ふり向ける。例あまった時間は遊びに引き当てる。活用 ひきあ・てる。

ひきあわせる【引き合わせる】動詞 ❶知らない人同士を会わせる。しょうかいする。例二人を引き合わせることにした。❷二つのものをくらべ合わす。例売り上げと伝票を引き合わせる。活用 ひきあわ・せる。

ひきあわない【引き合わない】連語 ➡ひきあう③。

ひきいる【率いる】動詞 ❶多くの人をつれて行く。例仲間を率いて、助けに行く。❷行動をさしずする。例かんとくがチームを率いる。

 こたえ 球（たま）

活用 ひき・いる。

ひきいれる【引き入れる】動詞 ❶引っぱって、中に入れる。また、みちびいて入れる。類引き込む。例馬を小屋の中に引き入れる。／童話の世界に引き入れられる。対引き出す。❷さそって、自分の仲間にする。類引き込む。例味方に引き入れる。活用 ひきい・れる。

ひきうける【引き受ける】動詞 責任をもって受け持つ。例話し合いの進行役を引き受ける。活用 ひきう・ける。

ひきうす【ひき臼】名詞 上・下二つの平たい円形の石でできており、上の石をまわして、間に入れたこくもつをすりつぶしながら粉にする道具。

ひきうつし【引き写し】名詞 する動詞 他人の文章や絵などをまねて、そのまま写しとること。しき写し。

ひきおこす【引き起こす】動詞 ❶〔たおれたものを〕引っぱって起こす。例転んだ人を引き起こす。❷事件・さわぎなどをおこす。しでかす。例うわさが混乱を引き起こした。活用 ひきおこ・す。

ひきおとす【引き落とす】動詞 ❶相撲で、相手の手やまわしをとって引き、前の方へたおす。❷料金やローンなどを、支払う人の預金などから差し引く。例水道料金を口座から引き落とす。活用 ひきおと・す。

ひきかえ【引き替え・引き換え】名詞 とりかえること。例代金と引き替えに品物をわたす。／自分の命と引き替えにしても子どもを助けたい。

ひきかえす【引き返す】動詞 元のところへもどる。例今来た道を引き返す。活用 ひきかえ・す。

ひきかえる【引き替える・引き換える】動詞 ❶物と物とをとりかえる。例当たりくじを景品と引き替える。❷《「…にひきかえ」の形で》…とはちがって。…とくらべて。前にのべたこととはまったくちがっているようすをしめす言葉。例ぼくに引き替え、弟はスポーツ万能だ。活用 ひきか・える。

ひきがえる 名詞 せなかにいぼのある大形のカエル。動作はゆっくりで、おもに夜に活動する。がま。がまがえる。いぼがえる。

ひきがたり【弾き語り】名詞 自分でギターやピアノなどの楽器をひきながら、歌ったり話したりすること。

ひきがね【引き金】名詞 ❶鉄砲やピストルなどをうつとき、指をかけて引く金具。❷ほかの物事を引き起こすもとになるもの。例デッドボールが引き金になって乱とうがおこった。

ひきぎわ【引き際】名詞 仕事や地位などから身を引くときの時期ややり方。例引き際が大切だ。

ひきくらべる【引き比べる】動詞 二つ以上のものをくらべあわせる。例自分の身に引き比べて考える。活用 ひきくら・べる。

ひきこまれる【引き込まれる】連語 ❶引っぱって中に入れられる。❷さそわれて仲間になる。例悪い仲間に引き込まれる。❸心を強く引きつけられる。例美しい笛の音色に引き込まれる。

ひきこみせん【引き込み線】名詞 ❶電柱から家などに引き入れた電線。❷鉄道の本線からわかれて、別な場所に引き入れてある線路。参考「ひっこみせん」ともいう。

ひきこむ【引き込む】動詞 ❶引っぱって中に入れる。類引き入れる。❷さそって仲間に入れる。類引き入れる。例かれをこっちに引き込む。❸心を強く引きつける。例空想の世界に引き込まれる。活用 ひきこ・む。

ひきこもり【引き籠もり】名詞 家にばかりいて外へ出ないこと。

ひきこもる【引き籠もる】動詞 ❶〔家の中などにいて〕外に出ない。とじこもる。❷おもてだった活動をやめて、ひっそりとくらす。例会社をやめたあといなかに引き籠もっている。活用 ひきこも・る。

ひきさがる【引き下がる】動詞 ❶その場所から出て行く。❷〔仕事などから〕しりぞく。例ここは引き下がるしかない。／一度の失敗で引き下がるわけにはいかない。活用 ひきさが・る。

ひきさく【引き裂く】動詞 ❶強く引っぱってやぶる。例カーテンを引き裂く。❷〔親しい者同士を〕無理にはなす。例二人の仲を引き裂く。活用 ひきさ・く。

ひきさげる【引き下げる】動詞 ❶ねだんを安くする。例電話料金を引き下げる。❷地位などを低くする。例部長から課長に引き下げる。❸一度出した要求などを引っこめる。取り下げ

る。例提案を引き下げる。対①②引き上げる。活用ひきさ・げる。

ひきざん【引き算】 名詞 ある数からほかの数を引いて、残りをもとめる計算。対足し算。寄せ算。

ひきしお【引き潮】 名詞 海の水が引いて、海面が低くなること。類下げ潮。対満ち潮。

ひきしぼる【引き絞る】 動詞 ❶〔弓のつるなどを〕十分に引っぱる。例弓を引き絞る。❷〔声を〕無理に出す。例声を引き絞ってさけぶ。活用ひきしぼ・る。

ひきしまる【引き締まる】 動詞 ❶かたくしまって、たるみがなくなる。❷〔心が〕きんちょうする。例引き締まった表情。活用ひきしま・る。

ひきしめる【引き締める】 動詞 ❶引っぱってゆるみをなくす。❷〔心の〕ゆるみをなくす。きんちょうさせる。例気持ちを引き締める。❸むだをなくす。せつやくする。例家計を引き締める。活用ひきし・める。

ひきずりおとす【引きずり落とす】 動詞 ❶上にある物を引っぱって落とす。例木の上から凧を引きずり落とす。❷自分より上位の人を転落させる。例社長のいすから引きずり落とす。活用ひきずりおと・す。

ひきずりこむ【引きずり込む】 動詞 ❶引きずって、中へ入れる。引き入れる。例アリが、食べ物をあなの中へ引きずり込む。❷無理にさそって入れる。例遊びに引きずり込まれる。活用ひきずりこ・む。

ひきずりまわす【引きずり回す】 動詞 引きずってあちこちへ動かす。また、無理につれて歩く。例一日中引きずり回す。活用ひきずりまわ・す。

ひきずる【引きずる】 動詞 ❶地面やゆかなどをすって行く。例けがをした足を引きずって歩いた。❷無理に引っぱって行く。活用ひきず・る。

ひきたおす【引き倒す】 動詞 引いてたおす。例三人がかりで庭木を引き倒す。活用ひきたお・す。

ひきだし【引き出し】 名詞 ❶引き出すこと。例預金の引き出し。❷つくえやたんすなどにとりつけて、ぬきさしができるようにした箱。例引き出しにノートをしまう。

ひきだす【引き出す】 動詞 ❶〔中にある物を〕引いて外に出す。例小屋から馬を引き出す。対引き入れる。❷〔考えや意見を〕外に取り出す。例みんなの意見を引き出すのがうまい。❸貯金などをおろす。活用ひきだ・す。

ひきたつ【引き立つ】 動詞 ❶いちだんとりっぱに見える。特に目立つ。例額に入れたら、絵がいっそう引き立った。❷気持ちがしっかりする。元気づく。活用ひきた・つ。

ひきたてる【引き立てる】 動詞 ❶無理につれてゆく。例犯人を警察に引き立てる。❷元気を出させる。はげます。❸特にかわいがり、世話をする。ひいきする。例どうか弟を引き立ててやってください。❹特によく見えるようにする。例空の青さが、山の美しさをいっそう引き立てている。活用ひきた・てる。

ひきちぎる【引きちぎる】 動詞 無理に引っぱってちぎる。例そでを引きちぎる。活用ひきちぎ・る。

ひきつぐ【引き継ぐ】 動詞 あとを受けつぐ。例仕事を引き継ぐ。類受けつぐ。活用ひきつ・ぐ。

ひきつけられる【引き付けられる】 連語 例みりょくを感じて、心が強くとらえられる。美しい歌声に引き付けられる。

ひきつける【引き付ける】 動詞 ❶近くに引きよせる。❷みりょくがあって、人の心を強く引く。例人を引き付ける話し方。❸〔子どもなどが〕けいれんを起こす。活用ひきつ・ける。

ひきつづき【引き続き】 副詞 ❶すぐそれに続いて。例引き続き次の授業をおこなう。❷続けざまに。例引き続き委員になる。

ひきつづく【引き続く】 動詞 ❶物事がずっと続く。例台風のニュースが引き続く。❷一つのことが終わったすぐ後に、別のことが続く。例引き続いて、校長先生のお話があります。活用ひきつづ・く。

ひきづな【引き綱】 名詞 物につけて引っぱるつな。特に、引き船がほかの船を引くつな。

ひきつる【引きつる】 動詞 ❶〔やけどなどの〕きずあとのひふが引っぱられる。❷筋肉がちぢんでかたくなる。けいれんする。例いかりでほほが引きつっている。❸〔顔や声などが〕かたくこわばる。例きんちょうでその場にいた人たちの顔が引きつる。活用ひきつ・る。

あいうえお かきくけこ さしすせそ たちつてと なにぬねの はひふへほ ひ まみむめも や ゆ よ らりるれろ わ を ん

ことばあそび 漢字クイズ25 境の土をとって、金にかえました。何になったでしょう？

ひきつれる【引き連れる】動詞 ほかの多くの者をつれてゆく。例 弟たちを引き連れて公園へ行く。活用 ひきつ・れる。

ひきて【引き手】名詞 戸やふすまなどをあけるとき、手をかける金具。

ひきでもの【引き出物】名詞 客をまねいた会などで用意するみやげの品物。引き物。

ひきど【引き戸】名詞 雨戸やしょうじのように、右や左に引いてあけたりしめたりする戸。対 開き戸。

ひきとめる【引き止める】動詞 ❶〔人が何かしようとするのを〕止める。例 辞任を引き止める。❷〔客などが〕帰ろうとするのを止める。例 客を引き止める。活用 ひきと・める。

ひきとる【引き取る】動詞 ❶引き受けて、世話をする。例 子犬を引き取る。❷〔いらなくなったものなどを〕自分のところへ受け取る。例 こわれた品物を引き取る。❸〔それまでいたところから〕出てゆく。例 自分の部屋へ引き取る。❹ほかの人の言葉を受けて話を続ける。例 母の言葉を引き取って、父が話しはじめた。活用 ひきと・る。

ひきにく【ひき肉】名詞 細かくひいた肉。ミンチ。例 ブタのひき肉。

ひきにげ【ひき逃げ】名詞 する動詞 自動車などで人をひいてそのままにげること。

ひきぬく【引き抜く】動詞 ❶〔植物などを〕引っぱってぬく。例 いもを引き抜く。❷ほかの仲間からこちらへうつらせる。例 ライバルのチームの選手を引き抜く。活用 ひきぬ・く。

ひきのばす[1]【引き伸ばす】動詞 ❶引っぱって、長くしたり大きくしたりする。例 ゴムひもを引き伸ばす。❷文章などに手を入れて長くする。例 原稿を百字ほど引き伸ばす。❸写真のネガフィルムをレンズで大きくしてやきつける。例 航空写真を引き伸ばす。活用 ひきのば・す。

ひきのばす[2]【引き延ばす】動詞 時間を長びかせる。おくらせる。例 発表を引き延ばす。活用 ひきのば・す。

ひきはなす【引き離す】動詞 ❶〔いっしょにいるものやくっついているものを〕引っぱって、べつべつにする。また、無理にはなれさせる。例 二人の仲を引き離す。❷後に続くものとのきょりをあける。例 二位を大きく引き離す。活用 ひきはな・す。

ひきはらう【引き払う】動詞 〔ほかにうつるため〕あとしまつをする。例 アパートを引き払った。活用 ひきはら・う。

ひきふね【引き船】名詞 ほかの船やいかだなどを、引きづなで引いていくこと。また、その船。

ひきまく【引き幕】名詞 舞台などで、右や左に引いてあけたりしめたりする幕。

ひきまわす【引き回す】動詞 ❶まわりにぐるりとはりめぐらす。例 会場に紅白の幕を引き回す。❷あちこちつれて歩く。ひっぱりまわす。例 町中を引き回す。❸人を指導して、めんどうをみる。例 先ぱいが親切に引き回してくれる。活用 ひきまわ・す。

ひきもきらず【引きも切らず】副詞 ひっきりなしに。少しの切れめもなく。つぎつぎと。例 見物人は引きも切らずやってきた。

ひきもどす【引き戻す】動詞 ❶引っぱって、もとのところにもどす。例 うでをつかんで引き戻す。❷無理につれて帰る。例 家出した息子を家に引き戻す。活用 ひきもど・す。

ひきもの【引き物】名詞 ➡ひきでもの。

ひきゃく【飛脚】名詞 昔、手紙・品物・お金などを運びとどけることを仕事にした人。参考 鎌倉時代におこり、江戸時代になって発達した。⇩図。

飛脚

ひきゅう【飛球】名詞 野球で、高く打ち上げたボール。フライ。

ひきょう[1]【卑きょう】名詞 形容動詞 おくびょうだったり、ずるかったりして正面から立ち向かわないこと。例 卑きょうな手段。／卑きょう者。漢字 卑怯。

ひきょう[2]【秘境】名詞 人があまり行ったことがなく、その様子がよく知られていない土地。

ひきよせる【引き寄せる】動詞 引っぱって、手もとに近づける。例 つくえの上の本を引き寄せる。活用 ひきよ・せる。

ひきわけ【引き分け】名詞 勝ち負けが決まらないで、そのままおわること。例 試合は無得点のまま、時間ぎれで引き分けにおわった。類 あ

あいうえお かきくけこ さしすせそ たちつてと なにぬねの はひふへほ まみむめも や ゆ よ らりるれろ わ を ん

いこ。

ひきわける【引き分ける】動詞 ❶引っぱって無理に別にさせる。例とっくみ合ってけんかをしている二人を引き分ける。❷引き分けにする。引き分けになる。例時間ぎれで引き分けた。活用ひきわ・ける。

ひきわたす【引き渡す】動詞 ❶〔品物や人など〕手もとにあるものを、ほかへわたす。例身がらを引き渡す。❷〔つなや幕などを〕一方から他方へ長くはる。はりわたす。例会場につなを引き渡して、万国旗をさげた。活用ひきわた・す。

ひきわり【ひき割り】名詞 こくもつを、うすでひいてあらくわりくだくこと。また、わりくだいた物。例ひき割りなっとう。

ひきん【卑近】名詞 形容動詞 身近でありふれていること。ていどの高くないこと。例卑近な例をあげる。

ひきんぞく[1]【非金属】名詞 金属としての性質をもたないもの。電気や熱が伝わりにくい。

ひきんぞく[2]【卑金属】名詞 空気中でたやすく酸化する金属。鉄・銅・なまりなど。

ひく[1] 動詞 のこぎりで切る。例のこぎりで木をひく。活用ひ・く。

ひく[2] 動詞 うすなどを回して、物をすりつぶして粉にする。例豆をうすでひく。活用ひ・く。

ひく[3] 動詞 車輪の下にふみつけたり、はねたりして通りすぎる。例バスが人をひいた。活用ひ・く。

ひく[4]【引く】動詞 ❶〔その一部を持って〕自分の方へ近づける。例つな引きのつなを引く。／そりを引く。対押す。❷手をとってつれて行く。例子どもの手を引く。❸〔心を〕自分の方に向けさせる。例人目を引く。❹受けつぐ。例先祖の血を引く。❺いくつかあるものの中から、必要なものをとり出す。例くじを引く。❻調べて、さがす。例辞典を引く。❼数量を少なくする。例五から三を引く。／ねだんを引く。❽〔線などを〕長くのばす。例定規で線を引く。❾〔一面に〕ぬりつける。例油を引く。❿後ろへ下がる。にげる。例いったん引く。⓫もとへもどる。例潮が引く。／熱が引く。⓬たとえとする。例昔の例を引く。⓭かぜにかかる。例かぜを引く。活用ひ・く。⇩使い分け。

ひく[5]【弾く】動詞 〔ピアノ・バイオリンなどの楽器を〕鳴らす。演奏する。例ギターを弾く。活用ひ・く。⇩使い分け。

使い分け　ひく

●近づける。
つなを引く。

●楽器を鳴らす。
ピアノを弾く。

びく 名詞 つった魚を入れておくかご。⇩図。漢字 魚籠。

びく

ひくい【低い】形容詞 ❶位置が下の方にあるようす。例頂上からながめると目よりも低く雲が見えた。❷高さが少ない。例低い山。❸〔身分や地位などが〕下である。例低い身分。❹ていどが下である。例気温が低い。❺声や音が小さい。また、低音である。例低い声。対①〜⑤高い。活用ひく・い。

ひくつ【卑屈】名詞 形容動詞 自分に自信がなく、いじけたり人のきげんをとったりするようす。例強い相手に出会うと、あの人はすぐに卑屈になる。

びくつく 動詞 こわがってびくびくする。例小さな物音にもびくつく。活用びくつ・く。

ひくてあまた【引く手あまた】連語 〔仕事や遊びで〕さそってくる人が多いようす。例引く手あまたのタレント。

びくともしない 慣用句 ❶少しも動かない。例おしても引いてもびくともしない。❷少しもおどろかない。例何があってもびくともしない。

ピクニック 名詞 野や山に遊びにゆくこと。類ハイキング。▼英語 picnic

ひくにひけない【引くに引けない】慣用句 やめようと思っても、いまさらやめるわ

けにはいかない。例 話し合いがこじれて、おたがいに引くに引けなくなる。

ひくひく 副詞(-と) する動詞 体の一部が、ときどきふるえるようす。例 鼻をひくひくさせる。

びくびく 副詞(-と) する動詞 いやなことがおこるのではないかと、おそれるようす。例 びくびくしながら、おばけやしきの中を進む。

ぴくぴく 副詞(-と) する動詞 こきざみにふるえるようす。例 きんちょうで、ほおがぴくぴくする。

ひぐま 名詞 クマ科の動物。小動物や木の実などを食べる。日本では北海道にいる。漢字 羆。

ひくまる【低まる】 動詞 〔物事の程度が〕低くなる。例 風の音が低まる。対 高まる。活用 ひくま・る。

ひくめ【低め】 名詞 形容動詞 少し低いようす。例 ボールを低めに投げる。対 高め。

ひくめる【低める】 動詞 〔物事の程度を〕低くする。例 室温を低める。／声を低めて話す。対 高める。活用 ひく・める。

ひぐらし 名詞 セミ科のこん虫。夏から秋にかけて、夜明けやゆうぐれに「カナカナ」と鳴く。かなかな。かなかなぜみ。漢字 蜩。

ぴくりと 副詞 体の一部が急に小さく動くようす。例 妹の言葉に、姉がぴくりと反応した。

ひぐれ【日暮れ】 名詞 日がしずむころ。夕ぐれ。夕方。対 夜明け。

¹ひげ 名詞 ❶人の口のまわりやあごなどにはえる毛。❷けものの口のまわりにはえる長い毛。漢字 髭。

²ひげ【卑下】 名詞 する動詞 本当はそれほどでもないのに、自分を人よりもおとっていると思うこと。必要以上にへりくだること。例 そんなに卑下する必要はない。

ひげき【悲劇】 名詞 ❶かなしいできごとをえがき、かなしい終わりかたをする劇。例 ギリシャ悲劇。対 喜劇。❷かなしいできごと。

ひげきてき【悲劇的】 形容動詞 悲しく、いたましいようす。例 悲劇的な事件。

ひけし【火消し】 名詞 江戸時代、火事を消すことを仕事とした人。また、そのしくみ。

¹ひけつ【否決】 名詞 する動詞 その会議に出された議案を、みとめないと決めること。例 反対多数のため、この案は否決されました。対 可決。

²ひけつ【秘けつ】 名詞 あることを上手におこなうための、特別な方法。

ひげづら【ひげ面】 名詞 ひげのはえた顔。

ひげね【ひげ根】 名詞 イネや麦のように、くきの下の部分からたくさんはえた細い根。

ひけめ【引け目】 名詞 自分が、ほかの人よりおとっていると思う気持ち。ことば「引け目を感じる」

ひけらかす 動詞 じまんして、とくいそうに見せつける。例 新しい知識をひけらかす。活用 ひけらか・す。

ひける【引ける】 動詞 ❶その日のつとめや授業などが終わる。また、終わって帰る。例 学校が引ける。❷すすんでしようとする気持ちがなくなる。気おくれする。例 たびたびお願いするのは気が引ける。活用 ひ・ける。

ひけをとらない【引けを取らない】 慣用句 〔ほかとくらべて〕おとらない。負けない。例 算数だけはだれにも引けを取らない。

ひげんじつてき【非現実的】 形容動詞 現実にはありえないようす。現実に合っていないようす。

¹ひご 名詞 竹をわって、細くけずったもの。ちょうちんや虫かごなどをつくる。竹ひご。

²ひご【肥後】 地名 昔の国の名。今の熊本県全体に当たる。

ひごい 名詞 ❶観賞用につくられたコイ。体の色は赤色、または黄色をおびた赤色。❷こいのぼりで、赤いコイの形のもの。参考 ⇩1226ページ・真ごい。

¹ひこう【非行】 名詞 〔社会のきまりなどからはずれた〕正しくないおこない。例 非行少年。類 悪行。

²ひこう【飛行】 名詞 する動詞 空中を飛んで行くこと。例 旅客機が飛行する。類 航空。

ひごう【非業】 名詞 思いがけない、いたましい事故やわざわい。ことば「非業の死をとげる」参考 もと、仏教の考えで、前世のむくいによらないこと。

¹びこう【尾行】 名詞 する動詞 そっとあとをつけてゆくこと。例 刑事に尾行される。類 追跡。

²びこう【備考】 名詞 参考になることを書いておくこと。また、その書かれていることがら。

ひこうかい【非公開】 名詞 いっぱんの人たちには、見せたり聞かせたりしないこと。例 非公開の作品。／会議を非公開にする。

ひこうき【飛行機】 名詞 つばさのうく力と、

あいうえお かきくけこ さしすせそ たちつてと なにぬねの はひふへほ まみむめも や ゆ よ らりるれろ わ を ん

プロペラの回転力やガスのふきだす力を利用して空中をとぶ乗り物。

ひこうきぐも【飛行機雲】名詞 飛行機が高い空をとんだあとにできる、細長く白い雲。

ひこうし【飛行士】名詞 飛行機をそうじゅうする人。パイロット。

ひこうしき【非公式】名詞 形容動詞 おもて向きでないこと。公でないこと。例 非公式に会談する。対 公式。

ひこうじょう【飛行場】名詞 飛行機が着いたり、とび立ったりするための設備をそなえた場所。空港。

ひこうせん【飛行船】名詞 胴体の中に空気より軽いガスを入れて空中にうかばせ、エンジンでプロペラをまわして進む乗り物。

ひこうてい【飛行艇】名詞 水上飛行機の一つ。胴体が船のようになっていて、水にうくことができる。

ひごうほう【非合法】名詞 形容動詞 法律に定められていることに反すること。例 非合法な活動。対 合法。

ひごうり【非合理】名詞 形容動詞 知性や理性ではとらえられないようす。道理やりくつに合わないようす。

ひこく【被告】名詞 民事裁判で、うったえられた方の人。対 原告。参考 刑事裁判では「被告人」という。

ひこくみん【非国民】名詞 国民としてするべきことをしないで、国家をうらぎる人。参考 おもに第二次世界大戦中に使われた言葉。

ピコグラム 名詞 助数詞 重さを表す単位。一ピコグラムは、一グラムの一兆分の一。▼英語 picogram

ひごと【日ごと】副詞 ❶その日その日。毎日。例 日ごと夜ごと。❷一日たてばそれだけ。日一日。例 秋になると、日ごとに寒くなる。

ひごのかみ【肥後のかみ】名詞 小刀の一種。鉄のさやにおりこむようになったナイフ。さやに「肥後守」とほりこまれている。

ひこぼし【ひこ星】名詞 ⬇54ページ・アルタイル。漢字 彦星。対 織姫星。

ひごろ【日頃】名詞 ふだんのとき。例 日頃から、体をきたえる。

ひざ【膝】名詞 ももとすねの間にある関節の、前の部分。例 地面に膝をつく。⇩24ページ・足①(図)。

ビザ 名詞 ある国に入国し滞在することを希望する外国人にあたえる、入国の許可。査証。▼英語 visa

ピザ 名詞 小麦粉をねって平たくのばし、チーズ・トマトなどをのせて、オーブンで焼いたイタリアの料理。ピザパイ。ピッツァ。▼英語(イタリア語から)pizza

ひさい【被災】名詞 する動詞 天災や戦争などで、さいなんを受けること。例 台風の被災地。類 りさい。

びさい【微細】名詞 形容動詞 ひじょうに細かなこと。例 微細な点まで調査する。

ひざかけ【膝掛け】名詞 寒さよけなどのために、ひざにかける布や毛布。

ひざがしら【膝頭】名詞 ひざの関節の前の部分。ひざこぞう。

ひさかたぶり【久方振り】名詞 ひさしぶり。例 久方振りに友人をたずねる。

ひざかり【日盛り】名詞 一日のうちで、一番日ざしの強いころ。

ひざこぞう【膝小僧】名詞 「ひざがしら」のくだけた言い方。例 ころんで、膝小僧をすりむく。参考 「ひざっこぞう」ともいう。

ひさし 名詞 ❶雨や日光をさけるため、屋根のきから先につき出した部分。特に、まどや出入り口などの上にとりつけた小さな屋根。⇩図。❷ぼうしの、ひたいの上につきだした部分。

ひさし①

ひざし【日差し】名詞 日の光がてること。また、てっている光。例 日差しが強くなると、日焼けになりやすい。

ひさしい【久しい】形容詞 〔あることがあってから〕長い時間がたっている。例 久しく見ないうちに、すっかりかわった。活用 ひさし・い。

ひさしぶり【久し振り】名詞 形容動詞 〔あることがあってから〕長い時間がたっていること。しばらく別れてから長い時間がたっていること。例 久し振りに映画を見た。/お久し振りでした。

ことばあそび 漢字クイズ㉖ 心がクヨクヨしている人はどうするでしょう?

ひさしをかしておもやをとられる【ひさしを貸して母屋を取られる】
ことわざ 一部分をかしたために、全部または大事な部分を取られてしまう。やさしくしてやった相手にひどい目にあわされる。

ひざづめ【膝詰め】名詞 たがいのひざがふれ合うほど近くにつめよること。例 膝詰めで話し合う。

ひさびさ【久久】名詞 形容動詞 ひさしぶり。しばらくぶり。例 昔の友だちと、久々に出会った。参考 ふつう「久々」と書く。

ひざまくら【膝枕】名詞 他人のひざを、まくらのように自分の頭の下にして横になること。⇩図。

膝枕

ひざまずく 動詞 ゆかや地面に、ひざをつけて、かがむ。例 ひざまずいて、いのる。活用 ひざまず・く。

ひさめ【氷雨】名詞 ❶ひょう。あられ。❷秋の終わりから冬のはじめごろにふる、冷たい雨。例 寒々とした氷雨のふる日。

ひざもと【膝元】名詞 ❶ひざのすぐ近く。例 ざぶとんを膝元に引きよせる。❷保護してくれる人がいるところに近いところ。身ぢか。例 親の膝元をはなれる。

ひざをうつ【膝を打つ】慣用句 感心したり、急に思いついたりするときの動作。例 ファインプレーに膝を打ってよろこぶ。

ひざをおる【膝を折る】慣用句 相手に負けてしたがう。例 膝を折ってゆるしをもとめる。

ひざをかかえる【膝を抱える】慣用句 何もせずにじっとしている。例 膝を抱えて、一日ぼんやりとすごす。

ひざをくずす【膝を崩す】慣用句 正座をやめて楽にする。例 どうぞ、膝を崩してください。

ひざをすすめる【膝を進める】慣用句 ❶体を前に進める。❷乗り気になる。例 うまいもうけ話に膝を進める。

ひざをただす【膝を正す】慣用句 きちんと正座してすわる。あらたまった態度をとる。例 膝を正してあいさつする。

ひざをのりだす【膝を乗り出す】慣用句〔興味などをかんじて〕体を前の方へ出す。例 膝を乗り出して話を聞く。

ひざをまじえる【膝を交える】慣用句 おたがいに親しく話し合うようす。例 膝を交えて会談する。

ひさん1【飛散】名詞 する動詞 とびちること。例 スギの花粉が飛散する。

ひさん2【悲惨】名詞 形容動詞〔見るのも気の毒なほど〕悲しく、むごいこと。ことば「悲惨な目にあう」

ひじ【肘】名詞 うでの関節をおりまげたとき、外側になる部分。⇩285ページ・体①(図)。

ひしがた【ひし形】名詞 四つの辺の長さが等しく、どの角も直角でない四角形。⇩663ページ・図形(図)。

ひじき 名詞 ホンダワラ科の海そう。海岸近くの岩にはえる。生のときは褐色だが、ほすと黒くなる。食用にする。

ひしぐ 動詞 ❶おしてつぶす。例 岩をもひしぐ力。❷いきおいをくじく。例 敵の気勢をひしぐ。活用 ひし・ぐ。

ひししょくぶつ【被子植物】名詞 種子植物のうち、種になる部分がめしべの下部にある子房の中にあるもの。サクラ・キク・イネなど。対 裸子植物。

ひしつ【皮質】名詞 脳やじん臓などの、外側に近い部分。

びしっと 副詞 する動詞 ❶かたいものが、おれたりわれたりするようす。例 バットがびしっとおれた。❷態度などがきびしいようす。例 びしっとしかる。❸きちんと整っているようす。例 新しいスーツをびしっときめて出かける。

ひじてっぽう【肘鉄砲】名詞 ❶うでをまげて、相手をひじで強くつくこと。⇩図。❷さそいや申しこみを、はっきりことわること。ことば「肘鉄砲を食わせる」参考「肘鉄」とも

肘鉄砲①

いう。

ひしと 副詞 ❶ぴったりとくっつくようす。しっかりと。例 子どもをひしとだきしめる。❷心や体に強く感じるようす。例 母の愛をひしと感じる。／寒さがひしと身にしみる。

ビジネス 名詞 商売。事業。仕事。▼英語 business

ビジネスホテル 名詞 主に出張中の人をとめるホテル。実用的で安い。参考「ビジネス（仕事）」と「ホテル」を組み合わせて日本でつくった言葉。

ビジネスマン 名詞 ❶実業家。❷会社員。参考 英語では権限をもって仕事ができる人をさす。単に会社員は office worker。▼英語 businessman

ひしひし 副詞(ーと) 体や心に強く感じられるようす。例 みんなの期待をひしひしと感じる。

びしびし 副詞(ーと) 手かげんをしないで、きびしくおこなうようす。例 交通違反をびしびしとりしまる。

ひじまくら【肘枕】 名詞 片方のひじをまげて、手で自分の頭をささえるようにすること。例 肘枕でテレビを見る。⇩図。注意「ひざまくら」とは別の言葉。

肘枕

ひしめきあう【ひしめき合う】 動詞 たくさんの人が集まって、おしあうようにする。例 会場の入り口で、入場者がひしめき合う。活用 ひしめきあ・う。

ひしめく 動詞 大ぜいの人や多くのものがあつまっておしあう。こんざつしてさわぐ。例 会場にはたくさんの人がひしめいていた。活用 ひしめ・く。

ひしもち【ひし餅】 名詞 赤・白・みどりの三色のもちを、ひし形に切って重ねたもの。ひなまつりにかざる。

ひしゃく 名詞 水や湯をくむ道具。長い柄の先におわんのような入れ物がついている。⇩図。

びじゃく【微弱】 形容動詞 かすかで、弱いようす。例 微弱な電流。／微弱な反応をしめす。

ひしゃげる 動詞 おされて、つぶれる。ぺしゃんこになる。ひしげる。例 箱をふんだらひしゃげてしまった。／ひしゃげたぼうし。参考 くだけた言い方。活用 ひしゃ・げる。

ひしゃく

ひしゃたい【被写体】 名詞 写真で、うつしとられるもの。例 花を被写体にする。

びしゃもんてん【毘沙門天】 名詞 七福神の一人。福をさずける神。武将のすがたでえがかれる。毘沙門。多聞天。⇩558ページ・七福神（図）。

ぴしゃりと 副詞 ❶戸などを、いきおいよくしめるようす。また、そのときの音。例 窓をぴしゃりと閉める。❷手のひらなどで、強く打つようす。また、そのときの音。例 ほおをぴしゃりとたたく。❸水などが、いきおいよくはねるようす。また、そのときの音。例 どろ水がぴしゃりとかかる。❹きびしくことわったり、はっきり言ったりするようす。例 要求をぴしゃりとはねつける。❺少しも食いちがわないで、合うようす。例 タイミングがぴしゃりと合う。

びしゅ【美酒】 名詞 味のよい酒。うまい酒。例 美酒を味わう。

ひじゅう【比重】 名詞 ❶ある物の重さと、それと同じ体積のセ氏四度の水の重さとの比。❷ほかのものとくらべたときの、量や大切さなどのわりあい。例 技術より体力作りに比重を置く。

ひしゅうしょくご【被修飾語】 名詞 文法で、修飾語によってくわしく説明されている言葉。参考「白い花」という言葉では、「白い」が修飾語で、「花」が被修飾語にあたる。

びじゅつ【美術】 名詞 美しさを色や形で表そうとする芸術。絵・彫刻・建築など。

びじゅつかん【美術館】 名詞 絵・彫刻などの美術品をならべて見せるところ。

びじゅつひん【美術品】 名詞 絵・彫刻・工芸など、色や形で美しく表現する作品。

ひじゅん【批准】 名詞 する動詞 外国との条約を、その国の代表者がみとめること。また、その手続き。参考 日本では、内閣が国会の承認をえておこなう。

ひしょ[1]【秘書】名 高い地位にいる人や重要な仕事をする人のそばにいて、その事務をしたり、仕事の手助けをしたりする役。また、その役をする人。

ひしょ[2]【避暑】名 する動詞 夏、すずしい土地に行って、暑さをさけること。例 避暑地で夏をすごす。対 避寒。

びじょ【美女】名 ➡びじん。

ひじょう[1]【非常】一 名〔何か大変なことが起こるなどして〕ふだんとちがっていること。例 非常のときは、このボタンをおしてください。二 形容動詞 程度がふつうでないようす。とても。たいへん。例 非常な力をもっている。

ひじょう[2]【非情】名 形容動詞 人間らしいあたたかい気持ちをもたないようす。例 非情な命令。

びしょう[1]【微小】形容動詞 とても小さいようす。例 微小な生物。

びしょう[2]【微少】形容動詞 とても少ないようす。例 微少なえいきょう。

びしょう[3]【微笑】名 する動詞 ほほえむこと。ほほえみ。ことば「微笑をうかべる」

ひじょうかいだん【非常階段】名 火事や地震のときなどに、ひなんするため使用できるよう、ふだん使用するかいだんとは別にもうけられた階段。

ひじょうきん【非常勤】名 毎日つとめるのではなく、決められた日数や時間だけ働くこと。例 非常勤講師。対 常勤。

ひじょうぐち【非常口】名 火事や地震など、思いがけない事故が起こったときに、にげだすための出口。

ひじょうじ【非常時】名 ❶火事や地震などがおこったとき。❷戦争や事変などが起こり、国に重大な危機がせまったとき。類 ②戦時。対 ①②平時。

ひじょうしき【非常識】名 形容動詞 ふつうの人ならしないような、〔よくない〕考え方やおこないをすること。常識はずれ。例 しかられてへらへら笑っているなんて、非常識なやつだ。

ひじょうしゅだん【非常手段】名 大変なことがおこったときなどに、特別に使う方法。例 危険をさけるため、非常手段をとる。／追いつめられて、非常手段にうったえる。

びしょうじょ【美少女】名 顔かたちの美しい少女。

ひじょうせん【非常線】名 火事や犯罪がおきたとき、決められた地域への立ち入りを禁止したり、警官をみはりに立たせたりすること。また、その地域をかこむ線。

ひじょうに【非常に】形容動詞 ていどがふつうでないようす。大変。例 非常にさわがしい。

びしょうねん【美少年】名 顔かたちの美しい少年。

びしょく【美食】名 する動詞 ぜいたくで、おいしいものばかり食べること。また、ぜいたくな食べ物。例 美食になれた舌。／美食家。対 粗食。

びしょぬれ 名 すっかりぬれること。例 雨の中をびしょぬれになって走って帰った。

びしょびしょ 副詞 形容動詞 しずくがたれるほど、すっかりぬれるようす。類 ぐしょぐしょ。例 書類がびしょびしょになった。

ビジョン 名 将来の見通し。将来はこうしようと、頭の中でえがいたすがた。例 明確なビジョンを持っている。▼英語 vision

ひじり 名 ❶徳の高い人。❷仏の道に入って一人ではげむ人。❸学問や芸ごとなどについて、ひときわすぐれている人。例 歌のひじり。漢字 聖。

びじれいく【美辞麗句】四字熟語 美しい言葉をうまく組み合わせた、聞いてこころよく感じる語句。

びじん【美人】名 顔やすがたの美しい人。類 美女。

ひすい 名 みどり色をした宝石。かたくてつやがある。漢字 翡翠。

ビスケット 名 小麦粉に、牛乳・たまご・さとう・バターなどをまぜてこね、かたく焼いた菓子。参考 イギリス英語の biscuit からだが、アメリカでは cookie という。

ヒステリー 名 ❶神経の病気の一つ。手足のけいれん・まひ・ものわすれなどいろいろな症状が出る。❷気持ちをおさえられず、興奮して、泣いたりおこったりすること。▼ドイツ語

ピストル 名 かた手にもって発射できる、小型の銃。けん銃。▼英語 pistol

ピストン 名 エンジンやポンプのシリンダーの中を、蒸気の力やガソリンのばくはつする力・水の力などによって往復運動をするつつ形のせんのようなもの。▼英語 piston

ピストンゆそう【ピストン輸送】名詞 ピストンが動くように、何度も行ったり来たりして人や荷物を運ぶこと。例ピストン輸送で救援物資を運ぶ。

ひずみ 名詞 形がゆがんでいること。例車輪にひずみが生じた。

ひずむ 動詞〔力が加わって〕形がゆがむ。いびつになる。例まどわくがひずむ。活用ひず・む。

ひする【比する】動詞 ほかとくらべる。ひかくする。例もうけに比すると、費用がかかりすぎる。活用ひ・する。

びせい【美声】名詞 美しい声。対悪声。

びせいぶつ【微生物】名詞 けんび鏡でなければ見えないほど小さな生物。細菌・かび・こうぼなど。

ビゼー 人名（一八三八～一八七五）フランスの作曲家。軽やかなメロディーやエキゾチックなあじわいをとくちょうとする。「アルルの女」「カルメン」などが有名。ジョルジュ＝ビゼー（Georges Bizet）。

ひぜに【日銭】名詞 毎日、収入として入ってくるお金。ことば「日銭をかせぐ」

ひぜん【肥前】地名 昔の国の名。今の壱岐・対馬をのぞく長崎県と、佐賀県に当たる。

びぜん【備前】地名 昔の国の名。今の岡山県南東部に当たる。

ひせんきょけん【被選挙権】名詞 選挙で公職につくために立候補することができる権利。衆議院議員などは満二十五才以上、参議院議員などは満三十才以上の人にあたえられる。対選挙権。

ひそう【悲壮】形容動詞 悲しさの中にも、いさましさの感じられるようす。例悲壮な決意をする。

ひぞう【秘蔵】名詞 する動詞 ❶大切にしまっておくこと。例秘蔵のグラス。❷大切にして、かわいがること。例秘蔵の弟子。

ひぞうっこ【秘蔵っ子】名詞 特に大切にしてかわいがっている子どもや弟子。ひぞっこ。

ひそか 形容動詞 人に知られないように物事を進めるようす。こっそりとおこなうようす。例相手のようすをひそかにさぐる。

ひそひそ 副詞(‐と) 人に聞こえないように、小さな声で話すようす。例ひそひそと、ないしょ話をする。

ひそむ【潜む】動詞 ❶〔物かげなどに〕こっそりかくれる。例草むらに潜む虫。❷中にあって、外に表れない。例だれの心の中にも、いたずら好きの気持ちが潜んでいるらしい。活用ひそ・む。

1**ひそめる** 動詞〔心配なことやいやなことがあって〕まゆのあたりにしわをよせる。活用ひそ・める。

2**ひそめる**【潜める】動詞 ❶そっと、かくす。例物かげに身を潜める。❷〔人に聞かれないように〕声などを小さくする。例声を潜める。／息を潜める。活用ひそ・める。

ひそやか 形容動詞 ❶人の声や物音がしないで、静かなようす。例ひそやかな夜の町。❷人に知られないように静かに物事をするようす。例ひそやかに通りすぎる人かげ。❸ゆたかでないようす。ささやか。例ひそやかな幸福。

1**ひだ** 名詞 ❶スカートなどの、細長い折り目。❷細長い折り目のように見えるもの。例山ひだ。

2**ひだ**【飛騨】地名 昔の国の名。今の岐阜県北部に当たる。

ひたい【額】名詞 髪の毛のはえぎわとまゆ毛との間。おでこ。例額のあせをふく。⇨233ページ・顔①（図）。

ひだい【肥大】名詞 する動詞 ❶太って大きくなること。例いもは、根などが肥大したものだ。❷〔体のある部分が〕病気のために、はれて大きくなること。例へんとうせん肥大。

びたいちもん【びた一文】名詞 きわめてわずかなお金。参考㋐「びた」は、びた銭で、質の悪いお金のこと。㋑下に「…ない」などの打ち消しの言葉を続けて使うことが多い。例びた一文も出さない。

ひたいをあつめる【額を集める】慣用句 より集まって、相談する。例部員が額を集めて話し合う。

ひたかくし【ひた隠し】名詞 ひたすらかくすこと。例悪事をひた隠しにする。

びだくおん【鼻濁音】名詞 息を鼻からぬくようにして発音する濁音。「かがみ」の「が」や、「どうぐ」の「ぐ」など。

ひたす【浸す】動詞 水や液体の中に入れる。また、水や液体でびしょびしょにぬらす。例足を水に浸す。活用ひた・す。

ひたすら 副詞 形容動詞 ただそのことだけを一生

ことばあそび 漢字クイズ㉗ 米を分けると、何になるでしょう？

けんめいにするようす。例ひたすら勉強する。

ひたち【常陸】地名 昔の国の名。今の茨城県北東部の大部分に当たる。

ぴたっと 副詞 「ぴたりと」をやや強めた言葉。例笑い声がぴたっとやんだ。

ひだね【火種】名詞 ❶火をおこすもとになる、小さな火。❷もめごとなどをおこすもとになるもの。例ささいな行きちがいが、けんかの火種となる。

ひたはしり【ひた走り】名詞 休まずに走り続けること。例遠い道のりをひた走りに走った。参考「ひたばしり」ともいう。

ひたひた 一 副詞(-と) ❶波が静かに、くり返し打ちよせるようす。❷〔波がよせるように〕静かにだんだんと近づいてくるようす。例足音がひたひたと近づいてくる。

二 形容動詞 中の物がやっとかくれるくらいに水が入っているようす。例なべの中の材料がひたひたになるくらいに水を入れる。

ひだまり【日だまり】名詞 日がよく当たって、あたたかいところ。

ビタミン 名詞 栄養素の一つ。動物の体のいろいろな働きを調節する。体内では合成できないので、外部からとり入れる必要がある。A・B・C・D・Eなどの種類がある。▼英語(ドイツ語から) vitamin

ひたむき【ひた向き】形容動詞 ただそのことだけに、一生けんめいになるようす。例ひた向きに愛する。/ひた向きなすがた。

ひだり【左】名詞 ❶北を向いたとき、西にあたる方。例次の角を左に曲がる。❷左手。例左で投げる。❸共産主義や社会主義の立場。対①~③右。

ひだりうちわ【左うちわ】名詞 仕事をしなくても、楽にくらしていけること。例左うちわでくらす。

ひだりがわ【左側】名詞 左の方。例左側を通行する。対右側。

ひだりきき【左利き】名詞 左手の方が右手より、よく使えること。利き腕が左であること。また、その人。左ぎっちょ。対右利き。

ひだりて【左手】名詞 ❶左の手。❷左の方。左側。例左手の建物が市役所だ。対右手。

ぴたりと 副詞 ❶急にきちんと止まるようす。例車はぼくの横でぴたりと止まった。❷すきまなくくっつくようす。ぴったり。例かべにぴたりとつく。❸うまく合うようす。例計算がぴたりと合った。

ひだりまえ【左前】名詞 ❶着物を着るとき、右のえりを上にしてきること。参考死んだ人に着せるときは左前にする。❷お金のやりくりや商売などが、うまくいかなくなること。例店が左前になる。

ひだりまき【左巻き】名詞 ❶時計のはりのまわる方向と反対の方向にまくこと。対右巻き。❷頭の働きがふつうでないこと。参考②は、けいべつした言い方。

ひだりまわり【左回り】名詞 左の方にまわること。時計のはりと反対の方にまわること。対右回り。

ひだりむき【左向き】名詞 左の方へ向くこと。また、向いていること。対右向き。

ひだりよつ【左四つ】名詞 相撲で、たがいに左手を相手の右うでの下に入れて組むこと。対右四つ。

ひたる【浸る】動詞 ❶水や液体の中に入る。例肩まで湯に浸る。❷〔あることで〕心をいっぱいにする。例優勝のよろこびに浸る。活用ひた・る。

ひだるま【火だる磨】名詞 全身に火がついてもえあがり、赤いだるまのようになること。また、そのもの。漢字火達磨。

ひたん【悲嘆】名詞 する動詞 悲しみ、なげくこと。ことば「悲嘆にくれる」

びだん【美談】名詞 聞いて感心するような、りっぱなおこないについての話。

びだんし【美男子】名詞 顔かたちの美しい男の人。美男。参考「びなんし」ともいう。類男前。

ピチカート 名詞 弓でひく弦楽器の弦を、指ではじいてひく方法。▼英語(イタリア語から) pizzicato

びちく【備蓄】名詞 する動詞 万一の場合にそなえてたくわえておくこと。また、たくわえてある物。例米を備蓄する。

ぴちっと 副詞 する動詞 すきまやずれがなく合うようす。ぴっちり。ぴたっと。例ぴちっとしたTシャツ。

ぴちぴち 副詞(-と) する動詞 ❶魚などが、いきおいよくはねるようす。例つり上げたアユがぴちぴ

ちとはねる。❷生き生きとして、元気があふれているようす。例ぴちぴちした女の子。

ひちりき 名詞 雅楽で使う竹でできた、たて笛。長さ十八センチメートルくらいで、前面に七つ、うしろに二つのあながあいている。⇩図。

ひちりき

ひつあつ【筆圧】名詞 文字を書くときにペンやえんぴつなどに加える、紙をおさえつける力。例筆圧が強い。

ひつう【悲痛】形容動詞 悲しいできごとのために、心がいたむようす。ことば「悲痛なさけび」

ひっかかる【引っ掛かる】動詞 ❶〔つきでているものなどに〕かかって止まる。例たこが電線に引っ掛かる。❷はかりごとにのる。例まんまと敵の作戦に引っ掛かった。活用ひっかか・る。

ひっかきまわす【引っかき回す】動詞 ❶らんぼうにかきまわす。例引き出しの中を引っかき回す。❷勝手なふるまいをして、まとまりがつかないようにする。例会議を引っかき回す。活用ひっかきまわ・す。

ひっかく【引っかく】動詞 つめや先のとがったもので、強くかく。例ネコに引っかかれた。活用ひっか・く。

ひっかける【引っ掛ける】動詞 ❶ある物に他の物をかける。例鉄ぼうに足を引っ掛けてぶら下がる。❷〔水などを〕かける。例頭から水を引っ掛けた。❸むぞうさに着る。また、上からはおる。例ふろから上がったところに客が来たので、あわててゆかたを引っ掛けた。❹相手をだます。例いつもの手で、引っ掛けられた。❺酒などを一息にのむ。例一ぱい引っ掛ける。活用ひっか・ける。

ひっかぶる【引っかぶる】動詞 ❶いきおいよくかぶる。例水を引っかぶる。❷他人の責任を引き受ける。例友だちの借金を引っかぶる。活用ひっかぶ・る。

ひっき【筆記】名詞 する動詞 〔見たこと・聞いたことや自分の考えなどを〕ノートなどに書くこと。例説明を聞いて筆記する。

ひつぎ 名詞 死んだ人を入れるはこ。かんおけ。かん。

ひっきしけん【筆記試験】名詞 問題の答えを紙に書いて出す試験。

ひっきたい【筆記体】名詞 ➡ひっしゃたい。

ひっきりなし【引っ切り無し】形容動詞 切れめなく続くようす。例となりのコンビニには客が引っ切り無しに来る。

ビッグ 接頭語 大きな。大事な。りっぱな。例ビッグニュース。▼英語 big

ピックアップ 名詞 する動詞 たくさんある中から、いくつかえらびだすこと。例重要な言葉をピックアップする。参考英語では pick up は「拾い上げる」になる。「選び出す」は pick out という。

ひっくくる【引っくくる】動詞 ❶強くしばる。例荷物を引っくくる。❷ひとまとめにして、物事をあつかう。例細かいことは、全部引っくくってかたづける。活用ひっくく・る。

びっくり 名詞 する動詞 思いがけないできごとに、おどろくようす。例電車が急に止まったので、びっくりした。

ひっくりかえす【引っ繰り返す】動詞 ❶ぎゃくにする。うらがえしにする。❷たおす。例花びんを引っ繰り返した。❸それまでの立場や関係をぎゃくにする。例試合を引っ繰り返すホームラン。活用ひっくりかえ・す。

ひっくりかえる【引っ繰り返る】動詞 ❶ぎゃくになる。うらがえしになる。❷後ろや横に、たおれる。例小さな船が強風で引っ繰り返った。❸立場などがぎゃくになる。例かれの発言でクラス会の結論が引っ繰り返った。活用ひっくりかえ・る。

びっくりぎょうてん【びっくり仰天】名詞 する動詞 とてもおどろくこと。例人の多さにびっくり仰天した。

ひっくるめる【引っくるめる】動詞 一つにまとめる。例参加者は、大人も子どもも引っくるめると五十人です。活用ひっくる・める。

ひづけ【日付】名詞 ❶手紙・書類などを書いたり送ったりした年月日。❷それぞれの日に名前としてあたえられた年月日。例午前れい時をまわって日付が変わる。

ひっけい【必携】名詞 かならず持っていなけ

こたえ 粉（こな）

ればならないこと。また、そのもの。例旅行に必携のガイドブック。

ひづけへんこうせん【日付変更線】名詞 地球の自転による世界各地の時刻のずれを調整するために決められた、百八十度の経線にそった線。太平洋のほぼ真ん中を通っており、この線を東にむかってこえるときは日付を一日もどし、西にむかってこえるときは一日すすめる。

ひつけやく【火付け役】名詞 物事のきっかけをつくる人。例ブームの火付け役。

ピッケル 名詞 登山のとき、氷や雪の上に足場をつくったり、体をささえたりするのに使うつえ。先につるはし形の金具がついている。▼ドイツ語

ひっけん【必見】名詞 かならず見たり読んだりしなければならないこと。例必見の研究書。

ひっこし【引っ越し】名詞 する動詞 引っこすこと。類移転。転居。

ひっこす【引っ越す】動詞 家や事務所などをほかへうつす。例となり町に引っ越す。活用 ひっこ・す。

ひっこぬく【引っこ抜く】動詞 引っぱってぬく。活用 ひっこぬ・く。

ひっこみがつかない【引っ込みがつかない】慣用句 物事のおさまりがつかず、しりぞくことができない。

ひっこみじあん【引っ込み思案】名詞 進んで物事をする勇気がないこと。例子どものころは引っ込み思案だった。

ひっこむ【引っ込む】動詞 ❶とび出しているものがへこむ。❷下がる。引き下がる。例自分の部屋に引っ込む。活用 ひっこ・む。

ひっこめる【引っ込める】動詞 前に出したものをもとにもどす。例ぼくの意見は引っ込める。活用 ひっこ・める。

ピッコロ 名詞 管楽器の一つ。フルートを小さくした形で、高くてするどい音を出す。▼英語（イタリア語から）piccolo

ひっさん【筆算】名詞 する動詞 紙などに数字を書いて計算すること。対暗算。

¹**ひっし**【必死】名詞 形容動詞 〔命をかけるほど〕一生けんめいになること。例必死にうったえる。／必死の思いで、たえる。類決死。

²**ひっし**【必至】名詞 形容動詞 かならずそうなるにちがいないこと。例こんな練習では、チームが負けるのは必至だ。類必然。

¹**ひつじ**【未】名詞 ❶十二支の八番目。❷昔の時刻のよび名で、今の午後二時ごろ。また、その前後二時間。❸昔の方角のよび名で、南南西。⇩593ページ・十二支（図）。

²**ひつじ**【羊】名詞 ウシ科の動物。草を食べる。毛や肉、乳をとるためにかわれる。

ひつじかい【羊飼い】名詞 羊を育てる人。また、野山にはなした羊の番をする人。

ひつじぐも【羊雲】名詞 羊のむれのように見える雲。高積雲。

¹**ひっしゃ**【筆写】名詞 する動詞 書きうつすこと。例史料を筆写する。

²**ひっしゃ**【筆者】名詞 その文章や本などを書いた人。類作者。著者。

ひっしゃたい【筆写体】名詞 ノートや手紙などに書くときの字の形。筆記体。参考 特に、ローマ字を書くときに使うまるまった字体。対活字体。

ひっしゅう【必修】名詞 かならず学ばなければならないこと。例必修科目。

ひつじゅひん【必需品】名詞 〔あることをするために〕なくてはならない品物。例生活必需品。

ひつじゅん【筆順】名詞 漢字などの文字を書くときの順番。例正しい筆順で書く。参考「書き順」ともいう。

ひっしょう【必勝】名詞 かならず勝つこと。例必勝をちかう。ことば ⇩「先手必勝」

びっしょり 副詞(-と) すっかりぬれているようす。例びっしょりと、あせをかいた。

びっしり 副詞(-と) すきまなく、つまっているようす。例文字がびっしり書かれたノート。

ひっす【必須】名詞 なくてはならないこと。例必須の条件。

ひっせい【筆勢】名詞 書いた文字や絵に表れた筆のいきおい。筆づかい。例筆勢のある文字。

ひっせき【筆跡】名詞 書かれた文字。また、書かれた文字の特徴やくせ。例みごとな筆跡にみんながおどろく。

ひつぜつにつくしがたい【筆舌に尽くし難い】慣用句 文章や言葉ではとても表しきれない。

ひつぜん【必然】名詞 かならずそうなると決

あいうえお かきくけこ さしすせそ たちつてと なにぬねの はひふへほ まみむめも やゆよ らりるれろ わをん

まっていること。(類)当然。必至。(対)偶然。

ひつぜんてき【必然的】 (形容動詞) かならずそうなるようす。とうぜんそうなるようす。例子どもの数がへると、必然的に学校の数もへる。

ひっそり (副詞(−と)) (する動詞) ❶静まりかえっているようす。例家の中はひっそりしている。❷目立たないように何かをするようす。例山の中でひっそりくらす。

ひったくる【引ったくる】 (動詞) 〔ほかの人がもっているものを〕すばやくうばいとる。例サルにぼうしを引ったくられた。活用 ひったく・る。

ひったてる【引っ立てる】 (動詞) 引っぱってつれて行く。無理につれて行く。引き立てる。例犯人を引っ立てる。活用 ひった・てる。

ぴったり 一 (副詞(−と)) (する動詞) すきまやずれがなく、合っているようす。例ドアをぴったりしめる。／体にぴったりした服。

二 (副詞(−と)) ❶合っているようす。例答えがぴったりと合う。❷急に止まるようす。例風がぴったりやんだ。

ひつだん【筆談】 (名詞) (する動詞) 口で話すかわりに、字を書いて考えを伝えあうこと。

ピッチ (名詞) ❶ある動作を一定の時間内にくり返す回数やはやさ。また、運動や仕事をするはやさ。例ピッチが早い。❷サッカーなどの競技をおこなうグラウンド。参考 ①英語の pitch からだが、英語では回数や速さの意味はなく、「音の高低」をいう。

ヒッチハイク (名詞) 通りがかりの自動車にただで乗せてもらいながら目的地に行く旅行。▼英語 hitchhike

ピッチャー (名詞) 野球で、打者にボールを投げる人。投手。▼英語 pitcher

ひっちゃく【必着】 (名詞) 手紙などが、決められた日までにかならず着かなくてはならないこと。例応募はがきは三月一日までに必着のこと。

びっちゅう【備中】 (地名) 昔の国の名。今の岡山県西部に当たる。

ピッチング 一 (名詞) 野球で、ピッチャーの投球。また、そのわざ。例ナイスピッチング。

二 (名詞) (する動詞) 船や飛行機が上下にゆれること。▼英語 pitching

ピッツァ (名詞) ➡1089ページ・ピザ。

ひっつかむ【引っつかむ】 (動詞) いきおいよく引くようにつかむ。例かみの毛を引っつかむ。活用 ひっつか・む。

ヒッティング (名詞) 野球で、バッターが積極的に打っていくこと。▼英語 hitting

ひってき【匹敵】 (名詞) (する動詞) 〔実力などが〕同じくらいであること。つりあうこと。例足のはやさでは、かれに匹敵する者はいない。

ヒット (名詞) (する動詞) ❶野球で、打者が塁に出られる当たり。安打。❷〔小説や歌よう曲など売り出したものが〕人気を集め、よく売れること。大当たり。▼英語 hit

ビット (名詞) コンピューターで、情報の量を表す最小の単位。▼英語 bit

ピット (名詞) ❶陸上競技で、走り高とびや走りはばとびなどで使われるマットや砂場のこと。❷自動車レースなどで、燃料を入れたりタイヤをかえたりするところ。整備所。❸ボウリングで、たおれたピンが落ちこむ穴。▼英語 pit

ひっとう【筆頭】 (名詞) ❶名前を書きならべるとき、その第一番目に書かれる人。例戸籍の筆頭者。❷一番はじめに名前の出るもの。例優勝候補の筆頭。

ヒットエンドラン (名詞) 野球で、投球と同時にランナーが走り、バッターがボールを打つこうげきのやり方。▼英語 hit and run

ひつどく【必読】 (名詞) かならず読むべきであること。読む価値があること。例必読の書。

ひっとらえる【引っ捕らえる】 (動詞) ひっつかまえる。「とらえる」をらんぼうにいう言葉。例悪いやつを引っ捕らえる。活用 ひっとら・える。

ひっぱたく【引っぱたく】 (動詞) 力いっぱいたたく。例あいつのほっぺたを引っぱたきたい。活用 ひっぱた・く。

ひっぱりだこ【引っ張りだこ】 (名詞) 人気があって、大ぜいの人からほしがられること。また、人気のある人や、もの。

ひっぱりだす【引っ張り出す】 (動詞) ❶引っぱって外に出す。例土の中のカブを引っ張り出す。❷外につれ出す。例買い物に引っ張り出す。活用 ひっぱりだ・す。

ひっぱる【引っ張る】 (動詞) ❶〔糸などを〕のばして、ぴんとする。例ゴムひもを引っ張る。❷ある状態を続ける。例言葉の終わりを長く引っ張る。❸〔止まっているものや、向こうへ行こうとするものを〕こちらへ引く。例犬がそり

ことばあそび 漢字クイズ㉘ 皮に石を当てると、どうなるでしょう？

を引っ張る。❹仲間になるように、さそう。例友だちに引っ張られて、テニス部に入った。活用 ひっぱ・る。

ヒップ 名詞 しり。こしまわり。また、その寸法。参考 英語のhipからだが、英語では腰の一番張り出した部分をいい、おしりという意味はない。

ビップ【VIP】 名詞 ⇒1124ページ・ブイアイピー。

ひっぽう【筆法】 名詞 ❶筆の使い方。文字の書きぶり。例先生の筆法をまねる。類運筆。❷文章の言い回し。例有名な作家の筆法に学ぶ。❸物事のやり方。例いつもの筆法でかたづける。

ひづめ 名詞 牛・馬・シカなどの動物の足の先にある、かたいつめ。参考 ひづめの数は動物によってことなる。牛は二つ、馬は一つ。漢字 蹄。⇩図。

ひづめ

ひつよう【必要】 名詞 形容動詞 どうしてもいること。なくてはならないこと。また、どうしてもしなくてはならないこと。例キャンプに必要な物をそろえる。／どうするか決める必要がある。類不可欠。対不要。不必要。

ひつようはははつめいのはは【必要は発明の母】 ことわざ どうしても必要だと思うところから発明は生まれてくる、というたとえ。参考 外国のことわざ。

ひてい【否定】 名詞 する動詞 そうではないと打ち消すこと。例うわさを否定する。対肯定。

びていこつ【尾てい骨】 名詞 せぼねの一番下のほね。「尾骨」ともいう。⇩1209ページ・骨[一]①図。

ひていてき【否定的】 形容動詞 そうではないと打ち消す内容をもっているようす。例海外進出することに否定的な意見が多かった。対肯定的。

ビデオ 名詞 ❶映像に関するもの。特にテレビで、音声（オーディオ）に対して画像のこと。対オーディオ。❷「ビデオテープ」「ビデオテープレコーダー」の略。▼英語 video

ビデオカメラ 名詞 映像をさつえいし、記録する器械。▼英語 video camera

ビデオテープ 名詞 ❶［テレビで］音や声といっしょに画面を記録するテープ。❷「ビデオテープレコーダー」の略。▼英語 videotape

ビデオテープレコーダー 名詞 「ビデオテープ①」に記録し、また、それをうつしだすそうち。VTR。ビデオ。ビデオデッキ。▼英語 videotape recorder

ビデオデッキ 名詞 テレビやテレビカメラなどの映像や音声を、記録したり再生したりするそうち。ビデオテープレコーダー。参考 テープデッキ（tape deck）にならって、日本でつくった言葉。

ビデオレター 名詞 ビデオテープに記録して、人に送るたより。参考 英語を組み合わせて日本でつくった言葉。

ひでり【日照り】 名詞 日がてること。特に、長い間雨がふらず、日がてること。例日照り続きで畑がからからだ。

ひでん【秘伝】 名詞 ひみつにして、特別な人にしか教えないことがら。例秘伝のわざ。

びてん【美点】 名詞 すぐれたところ。よいところ。長所。対欠点。

ひでんか【妃殿下】 名詞 皇族や王のきさきをうやまっていうよび名。

ひと【人】 名詞 ❶人間。例人は、みな平等だ。❷世の中の人。例人のうわさ。❸自分以外の人。他人。例人の物を勝手に使う。❹大人。成人。例おうちの人に読んでもらいましょう。❺人がら。性質。例人がいい。

ひとあし[1]【人足】 名詞 ⇒984ページ・にんにょう。

ひとあし[2]【一足】 名詞 ❶一歩。例一足ごとに頂上が近づいてくる。❷とても近いきょり。例学校まではほんの一足だ。❸とても短い時間。例父は一足先に出かけました。

ひとあしちがい【一足違い】 名詞 ほんのわずかな時間のちがい。例一足違いで友だちに会えなかった。

ひとあせかく【一汗かく】 慣用句 ❶仕事や運動でひとしきりあせをかく。例ジョギングで一汗かく。❷せいを出して仕事をする。

ひとあたり【人当たり】 名詞 人と応対するときのようす。また、そのときに、相手にあたえる感じ。ことば「人当たりがいい」

金田一先生のことばの教室

●漢字の力

漢字が苦手だという人は多いでしょう。でも、漢字は知っておくとてもいいことがあります。

漢字は「人」「兄」「上」「山」など一字で一つの言葉であることが多いので、その漢字の意味を知っていると、知らない言葉が出てきても、なんとなく意味がわかります。

「シチューショー」という言葉がわかりますか。わたしは先日病院ではじめて知りました。「刺虫症」と書くと、なんとなく意味がわかるでしょう。

また、新聞の野球の記事で「与四球」などとあると、なんと読むのかはわからなくても意味はなんとなくわかります。

このように、漢字は、はじめて見る言葉でも、およその意味がわかってしまうのです。漢字を組み合わせた熟語でも、それぞれの字の意味の組み合わせて、言葉の意味を知ることができます。これは、仮名やローマ字ではできません。漢字がもつすぐれた力といえるでしょう。

（「刺虫症」は「虫さされ」、「与四球」は「フォアボールをだした数」）

ひとあめ【一雨】名詞 ❶雨が一回ふること。例一雨ごとにあたたかくなる。❷ひとしきりふる雨。例一雨来そうだ。

ひとあれ【一荒れ】名詞 ❶風雨がしばらくの間強くなること。例一荒れ来そうな雲行き。❷きげんが悪くなって、人に当たりちらすこと。例一荒れしそうな顔色。❸争いがひとしきりおこること。例一荒れしそうな話し合い。

ひとあわふかせる【一泡吹かせる】慣用句 相手が考えていないようなことをして、おどろかせ、あわてさせる。

ひとあんしん【一安心】名詞 する動詞 〔心配なことがなくなって〕ひとまず安心すること。例手術が成功して一安心した。

ひどい 形容詞 ❶思いやりがない。例見すてるなんて、ひどい。❷はげしい。例あらしは、さらにひどくなった。❸とても悪い。例いつもよりひどいできだ。活用 ひど・い。

ひといき【一息】名詞 ❶一度息をすいこむ間。例ジュースを一息に飲みほす。❷ひと休みすること。例仕事が終わって、一息つく。❸休まずに、続けて物事をすること。例一息に坂をのぼる。❹少しの努力。例完成まで、あと一息だ。

ひといきいれる【一息入れる】慣用句 ちょっと休む。例こしをおろして一息入れる。

ひといきれ【人いきれ】名詞 人が大ぜい集まっていて、むしあついこと。

ひといちばい【人一倍】副詞 ふつうの人以上であるようす。例人一倍努力した。

ひどう【非道】名詞 形容動詞 物事の道理や人の道にはずれていること。例非道なおこない。

びどう【微動】名詞 する動詞 かすかに動くこと。例火山の活動によって地面が微動している。

びどうだにしない【微動だにしない】慣用句 〔体や心が〕少しも動かない。例いすにすわったまま微動だにしない。

ひとえ【一重】名詞 ❶〔重ならないで〕一まいだけであること。ことば「紙一重の差」（＝わずかな差）❷花びらが重なりあっていないもの。例一重の桜。対八重。❸⬇ひとえもの。

ひとえに 副詞 ❶ただそのことだけをするようす。ひたすら。例ひとえに成功をいのる。❷ただそれだけであるようす。まったく。例わたしが成功したのは、ひとえにみんなのおかげです。

ひとえもの【ひとえ物】名詞 〔着物で〕うらがついていないこと。また、その着物。ひとえ。対あわせ。参考夏にきる着物。

ひとおもいに【一思いに】副詞 ぐずぐず考えるのをやめて、きっぱりと物事をするようす。思いきって。例ひみつにするのがつらいから一思いに告白しよう。

ひとがいい【人がいい】慣用句 人がらがよい。また、お人よしである。例かれは人がいいので、他人に利用されやすい。類気がいい。

ひとかかえ【一抱え】名詞 両方のうでいっぱいにかかえるほどの大きさ・量。

ひとがき【人垣】名詞 多くの人が、かきねのように立ちならぶこと。例人垣をかき分けて進む。

ひとかげ【人影】名詞 ❶〔ものにうつった〕人のかげ。❷〔遠くに見える〕人のすがた。例夕方の校庭には人影が見あたらない。

ひとかけら【一かけら】名詞 一つのきれはし。

 こたえ 破（やぶ）れる

ごくわずかなもの。例 ニンニク一かけら。

ひとかたならぬ【一方ならぬ】連語 なみたいていではない。ひとかたならず。例 一方ならぬ世話になった。

ひとかたまり【一塊】名詞 一つにかたまること。また、一つにかたまったもの。例 群衆が一塊になって走り出す。

ひとかど 名詞 ❶めだってすぐれていること。ことば「ひとかどの人物」❷一人前であること。例 子どもながらも、ひとかどの働きをした。

ひとがら【人柄】名詞 その人の性質。例 人柄がよい。

ひとかわむける【一皮むける】慣用句 いろいろな経験をしてさらに成長する。例 一皮むけてたくましくなった。

ひとぎき【人聞き】名詞 ほかの人が聞いたときに受ける感じ。外聞。参考 ⇩人聞きが悪い。

ひとぎきがわるい【人聞きが悪い】慣用句 ほかの人が聞いたときに受ける感じがよくない。例 人聞きが悪いことを言わないでほしい。

ひときわ【一際】副詞 〔ほかとくらべて〕ていどがはげしいようす。例 森の中で一際大きな木。／一際美しく見える。

びとく【美徳】名詞 正しくりっぱな心がけやおこない。例 ゆずりあいは美徳の一つである。対 悪徳。

ひとくさり【一くさり】名詞 語り聞かせるものの、まとまった一部分。また、ある話題についてひとしきり話すこと。例「平家物語」を一くさり語る。／一くさり演説をする。

ひとくせ【一癖】名詞 どこかふつうとちがって〔ゆだんができないと〕感じられるところ。例 一癖ありそうな顔つき。

ひとくち【一口】名詞 ❶食べ物や飲み物を、一度に口に入れること。例 イチゴを一口で食べた。❷ちょっと、食べたりのんだりすること。例 一口いかがですか。❸短くまとめて言うこと。例 旅の楽しさは、とても一口では言えない。❹寄付金や株などの一単位。例 寄付金は一口千円です。

ひとくちばなし【一口話】名詞 ちょっとした、おもしろい話。短い笑い話。

ひとくふう【一工夫】名詞 する動詞 もう少しよくなるように考えること。例 もう一工夫すればうまくいく。

ひとけ【人気】名詞 人のいるようす。人のいるけはい。例 人気のない通り。参考「にんき」と読むと別の意味になる。

ひどけい【日時計】名詞 日光による影の動きによって、時刻を知るしかけ。

ひとこいしい【人恋しい】形容詞 なんとなく人に会いたいようす。人のいるところにいたいようす。例 人恋しくて町へ出る。活用 ひとこいし・い。

ひとこえ【一声】名詞 ❶一回声に出すこと。また、その声。例 鳥が一声高く鳴く。❷ちょっと言うこと。例 一声かけて出かける。

ひとごえ【人声】名詞 人の声。話し声。

ひとごこち【人心地】名詞 生きているという感じ。〔安心して〕生きかえったような気持ち。例 家にもどって、ようやく人心地がついた。

ひとこと【一言】名詞 一つの言葉。また、ちょっとした短い言葉。

ひとごと【人事】名詞 〔自分とは関係のない〕ほかの人のこと。類 よそ事。参考「じんじ」と読むと別の意味になる。

ひとこま【一こま】名詞 〔劇や映画、事件などの〕一続きのものの一つの場面。例 映画の一こま。／生活の一こま。

ひとごみ【人込み・人混み】名詞 大ぜいの人でこみあっていること。また、こみあっている場所。例 犯人は人込みにまぎれてにげた。

ひところ【一頃】名詞 以前のある時期。例 この会社は、一頃のようないきおいがない。／一頃はやった歌。

ひとごろし【人殺し】名詞 人をころすこと。殺人。また、人をころした人。殺人者。

ひとさしゆび【人差し指】名詞 手の親指の次の指。参考 人をゆびさすところから。

ひとざと【人里】名詞 家の集まっているところ。例 人里離れた山おく。類 村里。

ひとさま【人様】名詞「他人」をていねいにいう言葉。例 人様のことに口を出すな。

ひとさわがせ【人騒がせ】名詞 形容動詞 わけもなく、人をおどろかし、さわがせること。例 ねぼけて大声を出すとは、人騒がせなやつだ。

ひとしあん【一思案】名詞 一度考えること。ひとしきり考えをめぐらすこと。

ひとしい【等しい】形容詞 ❶二つ以上のもの

あいうえお かきくけこ さしすせそ たちつてと なにぬねの はひふへほ まみむめも や ゆ よ らりるれろ わ を ん

の、数量や性質などが同じである。例面積が等しい。❷同じようである。まるで…のようだ。例英雄に等しいおこない。活用 ひとし・い。

ひとしお【一しお】 副 いちだんと。いっそう。例けさは、寒さが一しおきびしい。漢字 一入。

ひとしきり【一しきり】 副 しばらくの間。(さかんに)続くこと。しばらくの間。例一しきり風がふく。

ひとしごと【一仕事】 名 ❶ちょっとした仕事。また、その仕事をすること。例朝食までに一仕事しておこう。❷ほねのおれる、大変な仕事。例何万人の中から一人を見つけだすのは、一仕事だ。

ひとじち【人質】 名 ❶約束を守るしるしとして、相手にあずけておく人間。❷〔自分の要求を通すために〕つかまえておく、相手側の人間。例人質をとって金を要求する。

ひとしれず【人知れず】 副 人に知られないようにそっと。例人知れずすがたをけす。

ひとしれぬ【人知れぬ】 連体詞 人にはわからない。例人知れぬ努力をして成功した。

ひとずき【人好き】 名 他人から好かれること。例人好きのする人がら。

ひとすじ【一筋】 一 名 一本の細長いもの。例一筋の光。二 名 形容動詞 ただ一つのことを夢中になっておこなうようす。例芸一筋に生きる。

ひとすじなわではいかない【一筋縄では行かない】 慣用句 ふつうのやり方では思いどおりにあつかえない。例一筋縄では行かない人物。

ひとそろい【一そろい】 名 ひとくみそろっていること。また、そのもの。例上下一そろいの洋服。／スキー用品を一そろい買う。

ひとだかり【人だかり】 名 人が大ぜい集まること。また、集まっている人たち。

ひとだすけ【人助け】 名 他人を助けること。また、そのようなよいおこない。例人助けを自分の生きがいにする。

ひとだのみ【人頼み】 名 他人にたよること。人がしてくれるのを、あてにすること。例人頼みにしないで、少しは自分でやりなさい。

ひとたび【一度】 一 名 一度。一回。二 副 いったん。例一度決心したらまよわず実行する。

ひとだま【人魂】 名 夜間にとぶ青白い火の玉。死んだ人のたましいといわれる。類 おに火。

ひとたまりもない【一たまりも無い】 慣用句 わずかの間も、もちこたえることができない。例この人数では、敵がせめてくれば一たまりも無い。

ひとちがい【人違い】 名 する動詞 ほかの人を、その人だと思いちがいをすること。

ひとつ【一つ】 一 名 ❶数のはじめ。一。❷一才。❸そのものだけであること。例母の手一つで育てられた。❹同じであること。同じこと。例みんなの気持ちが一つになる。二 副 ❶ためしに。例ひとつ、やってみよう。❷どうぞ。どうか。例ひとつ、よろしくお願いします。参考 二はふつう、ひらがなで書く。

ひとつおぼえ【一つ覚え】 名 一つのことだけをおぼえていて、何事にもそれを持ち出すばかりで、ゆうずうがきかないこと。参考 ⇩1026ページ・馬鹿の一つ覚え。

ひとづかい【人使い】 名 人に仕事をさせること。人の使い方。ことば「人使いがあらい」

ひとづきあい【人付き合い】 名 人との付き合い。例人付き合いがよい。

ひとっこ【人っ子】 名 「人」を強めた言い方。

ひとっこひとりいない【人っ子一人いない】 慣用句 だれもいない。例夜中の公園は人っ子一人いない。

ひとつづき【一続き】 名 ある間、きれ目なく続いていること。例和室と洋室が一続きの部屋になっている。類 一連。

ひとづて【人づて】 名 うわさなどが人から人へと伝わること。例人づてに聞いた話。

ひとっとび【一っ飛び】 名 ⬇ひととび。

ひとっぱしり【一っ走り】 名 ⬇ひとはしり。

ひとつひとつ【一つ一つ】 名 たくさんのものの、それぞれ。一つずつ。例一つ一つていねいに調べる。

ひとつぶだね【一粒種】 名 たった一人の(大切な)子ども。

ひとつまみ【一つまみ】 名 指の先で一回つまむこと。また、そのくらいの量。わずかな量。例一つまみの塩を入れる。

ひとで 名 海底にすんでいる、ウニやナマコの

ことばあそび 漢字クイズ㉙ 貝を分けると、どうなるでしょう？

なかま。体は星のような形で、貝などを食べる。
漢字 海星。

ひとで[2]【人手】名詞 ❶人の手。人のわざ。例人手を加える。❷他人のもの。例人手にわたる。❸他人の助け。例人手を借りる。❹働く人。例人手が足りない。

ひとで[3]【人出】名詞 ある場所に、たくさんの人が集まること。例海岸は大変な人出だ。

ひとでなし【人で無し】名詞 恩やなさけなど、人間らしい心をもたない人。

ひととおり【一通り】**一** 名詞 副詞 ❶はじめから終わりまでざっと。ひとわたり。あらまし。例書きおえた作文を一通り読みかえす。❷考えつくものや考えられることはすべて。例必要な道具は、一通りそろえた。**二** 名詞 ふつう。あたりまえ。例山道を歩く苦労は、一通りではなかった。

ひとどおり【人通り】名詞 人の行き来。人の通行。例人通りのないさびしい道。

ひととき【一時】名詞 ❶しばらくの間。例午後の一時を読書ですごす。❷すぎさった、あるとき。例一時、野球に夢中になった。

ひととなり【人となり】名詞 生まれつき持っている性質。

ひととび【一飛び】名詞 ❶一回飛ぶこと。❷ある場所まですぐ行けること。例飛行機なら沖縄までほんの一飛びだ。❸〔間のものを飛びこえて〕いっぺんに。すぐに。いきなり。例一飛びに結論を出すのはむちゃだ。参考①～③「ひとっとび」ともいう。

ひとなか【人中】名詞 人が大ぜい集まっている所。例内気なので、人中に出たがらない。

ひとなかせ【人泣かせ】名詞 形容動詞 ほかの人にめいわくをかけたり、こまらせたりすること。例人泣かせないたずらをするやつ。

ひとなつこい【人懐こい】形容詞 ほかの人にすぐなれて、親しくなるようす。例人懐こいほほえみ。参考「人なつっこい」ともいう。活用 ひとなつこ・い。

ひとなつっこい【人懐っこい】形容詞 ⇩ひとなつこい。活用 ひとなつっこ・い。

ひとなみ[1]【人波】名詞 大ぜいの人がおしあって動くようす。例人波をかきわけて進む。参考人の動くようすを、波にたとえていう言葉。

ひとなみ[2]【人並み】名詞 形容動詞 ふつうの人と同じ程度。世間なみ。例人並みの生活。

ひとなみはずれる【人並み外れる】慣用句 性質や能力が、ふつうの人とかけはなれている。例人並み外れた力持ち。

ひとにぎり【一握り】名詞 ❶片手でにぎること。また、にぎった量。例一握りの砂。❷わずかな量や数。例決勝に残るのは、ほんの一握りだ。

ひとねいり【一寝入り】名詞 する動詞 ⇩ひとねむり。

ひとねむり【一眠り】名詞 する動詞 しばらくの間ねむること。例一眠りしてから行こう。

ひとのうわさもしちじゅうごにち【人のうわさも七十五日】ことわざ 世の中のうわさはいつのまにか消えていくものである、というたとえ。

ひとのくちにはとがたてられない【人の口には戸が立てられない】ことわざ 世間のうわさはとめることができないというたとえ。

ひとのふりみてわがふりなおせ【人のふり見て我がふり直せ】ことわざ 他人のおこないがよくないと思うときは、自分もそのようなおこないをしていないかどうか、反省してみるとよいということ。

ひとのふんどしですもうをとる【人のふんどしで相撲を取る】ことわざ ほかの人のものを自分のためにうまく使って得をするというたとえ。

ひとばしら【人柱】名詞 昔、大きな工事をするとき、その工事の完成をいのるためのいけにえとして、生きている人を土の中などにうずめたこと。また、うずめられた人。

ひとはしり【一走り】名詞 ちょっと走って行くこと。ひとっぱしり。例郵便局まで一走り行ってきます。

ひとはだ【人肌】名詞 人のひふ。また、人の体温ぐらいのあたたかさ。例酒を人肌にあたためる。

ひとはたあげる【一旗揚げる】慣用句 新しく事業などをはじめて、みとめられる。例都会に出て、一旗揚げる。

ひとはだぬぐ【一肌脱ぐ】慣用句 〔助けをもとめてきた人のために〕本気になって、助力する。例親友のために一肌脱いだ。

ひとはたらき【一働き】名詞 する動詞 あるまと

まった仕事。かなり大きな仕事。例東京へ行って、一働きしてきます。

ひとはなさかせる【一花咲かせる】 慣用句 仕事などがうまくいって、はなやかな時期をおくる。

ひとはみかけによらぬもの【人は見かけによらぬもの】 ことわざ 人の気持ちや才能は外から見ただけではわからない。

ひとばらい【人払い】 名詞 する動詞 ひみつの話などをするために、その場所からほかの人を遠ざけること。例人払いをして、二人だけでひみつの相談をした。

ひとばん【一晩】 名詞 ❶夜になってから次の朝までの間。例一晩で雪が五十センチもつもった。❷ある夜。いつか近いうちの夜。例そのうち一晩ゆっくり語り明かしましょう。

ひとびと【人人】 名詞 たくさんの人たち。また、一人一人の人。例人々の意見をきく。／被災地の人々をはげます。参考ふつう「人々」と書く。

ひとひねり【一ひねり】 名詞 する動詞 ❶一回ひねること。❷かんたんに相手を負かすこと。例軽く一ひねりしてやる。❸もう少し工夫すること。例もう一ひねりするとおもしろい作品になる。

ひとひら【一ひら】 名詞 うすくて平らなもの一まい。例一ひらの花びら。／一ひらの雪。

ひとふで【一筆】 名詞 ❶ちょっと書くこと。いっぴつ。例一筆お願いします。❷すみをとちゅうでつけないで、一気に書きあげること。また、えんぴつなどを紙から一度もはなさずに書きつづけること。

ひとふでがき【一筆書き】 名詞 ❶筆にとちゅうですみをつけたさないで、一気に書きあげた書や絵。❷図形などを、とぎれずに続いた一本の線で書きあげたもの。⇩図。

一筆書き②

ひとべらし【人減らし】 名詞 会社などで人数を少なくすること。人員をへらすこと。

ひとまえ【人前】 名詞 ❶ほかの人が見ているところ。例人前ではじをかく。❷ほかの人から見られたときの自分のすがた。ていさい。

ことば「人前をかざる」

ひとまかせ【人任せ】 名詞 〔自分がしなければならないことを〕ほかの人にすっかりやらせること。例仕事を人任せにする。

ひとまく【一幕】 名詞 ❶しばいなどの幕をあげてからおろすまでの、一区切り。❷一つの場面。事件などのある場面。例押し問答の一幕もあった。

ひとまず【一まず】 副詞 とりあえず。いちおう。例一まずお帰りください。

ひとまとめ【一まとめ】 名詞 ばらばらの物を集めて、一つにすること。例ごみは一まとめにしてください。

ひとまね【人まね】 名詞 ❶ほかの人の身ぶりや声をまねること。❷〔動物が〕人間のまねをすること。

ひとまわり【一回り】 一 名詞 する動詞 一回まわること。例会場を一回りする。類一巡り。二 名詞 ❶〔十二支が一回まわってくる年数で〕十二年。例兄とは一回り年がちがう。❷物の大きさなどのひと区切り。例父の手は、ぼくより一回り大きい。

ひとみ【瞳】 名詞 ❶目玉の、小さく黒く見える部分。ここから光が入って、物が見える。どうこう。くろめ。⇩1278ページ・目一①（図）。❷目のこと。例つぶらな瞳。

ひとみしり【人見知り】 名詞 する動詞 〔子どもなどが〕見なれない人を見て、はずかしがったりきらったりすること。例この子は人見知りがはげしい。

ひとみをこらす【瞳を凝らす】 慣用句 じっと見つめる。例遠くの人かげをたしかめようと、瞳を凝らした。

ひとむかし【一昔】 名詞 すでに昔のことと思われるほど前。例一昔前までこのへんは田んぼだった。参考ふつう、十年ほど前をいう。

ひとむれ【一群れ】 名詞 一つに集まっている物。ひとかたまり。例一群れの羊。

ひとめ[1]【一目】 名詞 ❶一度ちょっと見ること。例一目会いたい。❷一度に全体を見わたすこと。例町が一目で見わたせる山。❸あみ目の一つ。

ひとめ[2]【人目】 名詞 ほかの人が見ること。また、

 こたえ 貧（まず）しくなる

ほかの人の見る目。例人目の多い場所。

ひとめがうるさい【人目がうるさい】慣用句 ほかの人が見て、いろいろとうわさをするのがわずらわしい。

ひとめぐり【一巡り】名詞 する動詞 順番どおり一度まわってもとへもどること。一巡。例観光バスで市内を一巡りする。類一回り。

ひとめにあまる【人目に余る】慣用句 おこないなどがひどくて、それを見ているまわりの人にいやな思いをさせる。例人目に余る失礼な態度。

ひとめにたつ【人目に立つ】慣用句 ➡ひとめにつく。

ひとめにつく【人目に付く】慣用句〔目立って〕ほかの人に見られる。例人目に付く場所。／人目に付かない方がいい。

ひとめぼれ【一目ぼれ】名詞 する動詞 一度見ただけで心を引かれて、好きになること。

ひとめをくらます【人目をくらます】慣用句 ❶人に見つけられないように、すがたをかくす。例人目をくらまして、山の中ににげこむ。❷人の目をごまかす。

ひとめをしのぶ【人目を忍ぶ】慣用句 人に見られないように気をつける。人目をさける。

ひとめをぬすむ【人目を盗む】慣用句 ほかの人の見ていないうちに、こっそりとあることをおこなう。

ひとめをはばかる【人目をはばかる】慣用句 ほかの人に見られないように気をくばる。

ひとめをひく【人目を引く】慣用句 目立っていて、人に関心をもたれ、見られている。例はでなすがたが、人目を引いた。

ひともうけ【一もうけ】名詞 する動詞 まとまって、かなりの利益をえること。ひとかせぎ。例一もうけをたくらむ。

ひともじ【人文字】名詞 大ぜいの人がならんで文字に見えるようにしたもの。

ひとやくかう【一役買う】慣用句 ある役わりや仕事を、自分からすすんで引き受ける。例町の美化運動に一役買う。

ひとやすみ【一休み】名詞 する動詞 ちょっと休むこと。例帰って、一休みしてから行く。

ひとやまあてる【一山当てる】慣用句 ぐうぜんの利益などをねらって成功し、大もうけをする。例株で一山当てる。

ひとよせ【人寄せ】名詞 大ぜいの人を集めること。また、そのためにおこなう演芸などのもよおし物。例ポスターをたくさんはって人寄せをする。

ひとり[1]【一人】名詞 人の数が一つであること。例一人の男の子。

ひとり[2]【独り】㊀名詞〔仲間や相手がいなくて〕自分だけであること。例独りで、るすばんをする。
㊁副詞 ただ単に。参考㊁は、下に「…ない」などの打ち消しの言葉が続く。例平和は、独り日本だけの問題ではない。

ひどり【日取り】名詞〔あることをおこなう〕日を決めること。また、決めた日。例式の日取りが発表された。

ひとりあるき【一人歩き・独り歩き】名詞 する動詞 ❶連れもなく、ただひとりだけで歩くこと。例夜道の一人歩きはあぶない。❷人の助けをかりないで、自分の力で歩くこと。例赤んぼうが独り歩きできるようになる。❸自分の力だけで物事をおこなうこと。例親もとをはなれて独り歩きをする。❹物事が勝手に進むこと。例うわさが一人歩きする。

ひとりがてん【独り合点】名詞 する動詞 自分ひとりで、わかったつもりになること。参考「ひとりがってん」ともいう。

ひとりぎめ【独り決め】名詞 する動詞 ❶〔相手に相談しないで〕自分の考えだけで決めること。❷自分で勝手に思いこむこと。例百点を取れたと独り決めしていたら、八十点だった。

ひとりぐらし【一人暮らし・独り暮らし】名詞 ひとりだけで生活すること。例上京して、一人暮らしをはじめる。

ひとりごと【独り言】名詞 聞く人がいないのに、一人で話すこと。また、その言葉。例ぶつぶつと独り言を言っている。

ひとりじめ【独り占め・一人占め】名詞 する動詞〔あるものやある場所を〕自分だけのものにすること。独占。例おもちゃを独り占めにしてあそぶ。

ひとりずもう【独り相撲・一人相撲】名詞 ❶力の差がありすぎて勝負にならないこと。❷相手もいないのに、ひとりでいきおいこむこと。また、成果がえられそうにないことに努力する

こと。

ひとりだち【独り立ち】(名詞)(する動詞)〔人の助けを受けないで〕自分だけの力で仕事や生活をしてゆくこと。ひとり歩き。独立。例 大学を卒業して、独り立ちをする。

ひとりっこ【一人っ子】(名詞)〔きょうだいがいなくて〕ひとりだけの子ども。

ひとりでに【独りでに】(副詞)ほかから力が加わらないのに。自然に。例 独りでにとびらが開いた。

ひとりひとり【一人一人】(名詞)❶ひとりずつわかれること。ひとりずつ。例 順に一人一人バスに乗ってください。❷めいめい。それぞれの人。例 意見は一人一人ちがっている。

ひとりぶたい【独り舞台・一人舞台】(名詞)❶大ぜいの中で、ひとりだけが特に目立っていること。例 この試合は、キャプテンの独り舞台だった。❷大ぜいの中で、ひとりが思いのままにふるまうこと。例 アニメの話になると、かれの独り舞台になる。

ひとりぼっち【一人ぼっち・独りぼっち】(名詞)友だちや仲間がいなくて、ひとりきりのこと。ひとりぽっち。

ひとりむすこ【一人息子】(名詞)きょうだいのない男の子。また、ただひとりのむすこ。

ひとりむすめ【一人娘】(名詞)きょうだいのない女の子。また、ただひとりのむすめ。

ひとりもの【独り者】(名詞)❶まだ結婚していない人。独身者。❷親や兄弟のいない人。

ひとりよがり【独り善がり】(名詞)(形容動詞)自分ひとりでいいと思いこみ、ほかの人の意見を聞こうとしないこと。例 独り善がりな性格がわざわいをまねく。

ひとわたり【一渡り】(副詞)はじめからおわりまで、ひととおり。例 新聞に一渡り目を通す。

ひとをくう【人を食う】(慣用句)人をばかにする。例 いかにも人を食った話だ。

ひとをみたらどろぼうとおもえ【人を見たら泥棒と思え】(ことわざ)ほかの人は信用できないものであるから、まずうたがってみよという教え。

ひな㊀(名詞)❶たまごからかえって、あまり日にちがたっていない、子どもの鳥。例 ツバメのひな。❷ひな人形。おひなさま。例 ひなの祭り。㊁(接頭語)《名詞の上につけて》「小さい」「かわいらしい」の意味を表す言葉。例 ひな菊。／ひな型。

ひなあられ(名詞)ひな祭りのとき、ひな人形にそなえるあられ。米をいって紅白のさとうを表面につけたお菓子。

ひなが【日長・日永】(名詞)〔春の〕昼間が長いこと。また、その昼間。例 春の日長を海辺ですごす。対 夜長。

ひながた【ひな型】(名詞)❶じっさいのものに似せて、小さくつくったもの。模型。❷書類などをつくるときの見本。

ひなぎく【ひな菊】(名詞)キク科の植物。春から長い期間、花がさき続ける。デージー。

ひなげし(名詞)ケシ科の植物。初夏に赤・白・むらさき色などの花がさく。ぐびじんそう。

ひなた【日なた】(名詞)日光の当たっているところ。例 ふとんを日なたにほす。漢字 日向。対 日陰。

ひなたくさい【日なた臭い】(形容詞)日光に当てておいたものにおいがする。例 一日中ほしておいたふとんは日なた臭い。活用 ひなたくさ・い。

ひなたぼっこ【日なたぼっこ】(名詞)日の当たるところへ出て、あたたまること。

ひなたみず【日なた水】(名詞)日光の当たるところにおいてあって、あたたまった水。

ひなだん【ひな段】(名詞)❶ひな人形などをならべてかざる段。⇩1105ページ・ひな人形(図)。❷国会の本会議場でひな段のように高くつくられた座席。大臣や政府の人たちがすわる席。

ひなどり【ひな鳥】(名詞)うまれたばかりの鳥。ひな。特に、ニワトリのひな。また、その肉。

ひなにんぎょう【ひな人形】(名詞)ひなまつりにかざる人形。だいりびなや三人官女、五人ばやしなど。ひな。⇩図。

びょうぶ
ぼんぼり
内裏びな
三人官女
五人ばやし
右大臣
左大臣
ひな段

ひな人形

ことばあそび 漢字クイズ㉚ なべのふた（なべぶた）をかぶったお父さんが通ることを、何という

ひなびる 動詞 いなかふうで、そぼくである。例 ひなびたつくりの家。活用 ひな・びる。

ひなまつり【ひな祭り】 名詞 三月三日の桃の節句。ひな人形をかざり、白酒・ひしもち・桃の花などをそなえて、女の子の幸せをいのる。⇩口絵7ページ。

ひなわじゅう【火縄銃】 名詞 火なわ（＝火をつけるためのなわのようなもの）に火をつけ、その火を火薬にうつしてたまを打ち出す、昔の鉄砲。種子島。参考 日本には、一五四三年、種子島に流れついたポルトガル人によって伝えられた。⇩図。

火なわ
火ぶた

火縄銃

ひなん¹【非難】 名詞 する動詞 人の失敗や欠点などを取り上げ、それをせめること。例 強引なやり方を非難する。類 中傷。

ひなん²【避難】 名詞 する動詞 危険をさけるために、安全な場所に行くこと。例 高台に避難する。／避難所。

びなん【美男】 名詞 顔だちの美しい男の人。美男子。参考「びだん」ともいう。類 好男子。

ひなんくんれん【避難訓練】 名詞 危険をさけて安全なところににげるための練習。

びなんし【美男子】 名詞 ➡1094ページ・びだんし。

ひなんみん【避難民】 名詞（天災や戦争などの）危険をさけて、安全なところににげてきた人々。

ひにあぶらをそそぐ【火に油を注ぐ】 慣用句（もえている火に油をかければ、なおよくもえるように）いきおいの強いものに、さらにいきおいをそえることのたとえ。例 なだめるつもりの言葉でよけいにおこらせてしまい、火に油を注ぐ結果になった。

ビニール 名詞 アセチレンを主な原料としてつくる合成じゅし。ビニル。▼英語 vinyl

ビニールハウス 名詞 鉄骨やパイプで骨組みをつくり、まわりをビニールでおおった温室。野菜や花などを、季節に関わりなく育てることができる。ビニルハウス。参考「ビニール」と「ハウス」を組み合わせて日本でつくった言葉。英語では plastic house、または、(plastic) greenhouse という。⇩図。

ビニールハウス

ひにく【皮肉】 名詞 形容動詞 ❶相手の欠点などを、遠まわしにいじわるくせめること。あてこすり。類 風刺。❷予想・期待・希望と反対の結果が出ること。例 体力づくりのために始めたジョギングでけがをするとは、なんとも皮肉だ。

ひにくる【皮肉る】 動詞 皮肉を言う。例 遠まわしに、人の失敗を皮肉る。参考 名詞の「皮肉」を動詞にした言葉。活用 ひにく・る。

ひにち【日日】 名詞 ❶日。ある予定の決まっている日。例 運動会の日にちはいつですか。❷日数。例 日にちがたつ。注意「ひび」と読むと別の意味になる。参考 多く「日にち」と書く。

ひにひに【日に日に】 副詞 一日たつごとにかわっていくようす。日ごとに。日をおって。例 しばふの緑は日に日に色をこくしている。

ビニル 名詞 ➡ビニール。

ビニロン 名詞 化学せんいの一種。水分をよくすい、ロープなどに使う。日本で開発された。参考 英語の「ビニール」と「ナイロン」を組み合わせて日本でつくった言葉。

ひにん【否認】 名詞 する動詞 ❶事実としてみとめないこと。例 犯行を否認する。❷（ある人の考えやおこないを）正しくないと考えて、それをみとめないこと。対 ①②是認。

ひねくりまわす【ひねくり回す】 動詞 ❶指先で、いろいろいじりまわす。ひねりまわす。例 おもちゃをひねくり回す。❷いろいろ理由やりくつをつけて、言い表し方をあれこれとかえる。活用 ひねくりまわ・す。

ひねくる 動詞 ❶いろいろいじりまわす。例 指先でハンカチをひねくる。❷いろいろ理由をつけて、言い表し方をかえる。例 俳句をあれこれひねくるのが楽しみだ。活用 ひねく・る。

ひねくれる 動詞 性質がすなおでなくなる。類 ひがむ。活用 ひねく・れる。

ひねつ【比熱】 名詞 一グラムの物質の温度をセ氏一度上げるのに必要な熱の分量。

びねつ【微熱】 名詞 ふだんよりすこし高い体温。

ひねもす 副詞 朝から晩まで。一日中。例 春の海ひねもすのたりのたりかな（与謝蕪村の俳句）。対 夜もすがら。参考 古い言い方。

ひねり 名詞 ❶ひねること。ねじること。❷さい銭や心づけなどを紙につつんで、紙の上の方をひねったもの。おひねり。❸相撲のわざで、うでを使い、相手をひねって、たおすもの。上手ひねり・下手ひねりなど。

ひねりだす【ひねり出す】 動詞 ❶あれこれ工夫して、やっと考え出す。例 俳句をひねり出す。❷苦心してお金や品物をとりそろえる。例 旅費をひねり出す。活用 ひねりだ・す。

ひねりまわす【ひねり回す】 動詞 ❶いろいろいじりまわしてみる。ひねくりまわす。❷いろいろ工夫して考える。例 あれこれひねり回して、作文をしあげた。活用 ひねりまわ・す。

ひねる 動詞 ❶物を指先などでねじる。例 スイッチをひねる。❷体の一部分をねじって、向きを変える。例 こしをひねる。❸かんたんに負かす。例 軽くひねられた。❹いろいろ考え、工夫する。例 頭をひねる。／ひねった問題。活用 ひね・る。

ひのいり【日の入り】 名詞 太陽がしずむこと。また、その時刻。対 日の出。

ひのうちどころがない【非の打ち所がない】 慣用句 欠点が一つもない。完全である。例 非の打ち所がないサービス。

ひのうみ【火の海】 名詞 火が海のように広がっているようす。例 あたり一面火の海となる。

ひのき 名詞 ヒノキ科の高木。木材はじょうぶで、家や道具などをつくるのに使う。漢字 檜。

ひのきえたよう【火の消えたよう】 慣用句 急に活気がなくなって、さびしくなるようす。

ピノキオ 書名 ⇒ピノッキオのぼうけん。

ひのきぶたい【ひのき舞台】 名詞 自分のうでまえを人前にしめす、晴れの場所。例 全国大会のひのき舞台に立つ。語源 もとは「ヒノキ板でつくった大劇場の舞台」の意味。

ひのくるま【火の車】 名詞 お金が足りなくて、生活が大変苦しいこと。例 赤字続きで、家計は火の車だ。語源 もとの意味は、仏教で、つみのある死者を地ごくに運ぶという、火のもえている車。

ひのけ【火の気】 名詞 火のあるように感じること。火のあたたかみ。火気。例 火の気のない部屋。

ひのこ【火の粉】 名詞 火がいきおいよくもえるときにとびちる、小さな火のかけら。

ひのたま【火の玉】 名詞 ❶夜、墓地などで光りながら、飛ぶといわれている火のかたまり。❷いきおいのはげしいもの。勝とうとするはげしい気持ちで全員がまとまってつきすすむようすをたとえる言葉。例 優勝をめざして、チーム全員火の玉となって戦う。

ひのついたよう【火の付いたよう】 慣用句 ❶泣き声のはげしいようす。例 赤んぼうが火の付いたように泣く。❷急で落ち着かないようす。例 早く行きなさいと、火の付いたようにせきたてる。

ピノッキオのぼうけん【ピノッキオの冒険】 書名 イタリアの作家コロディ（Carlo Collodi）の童話。木でできた人形のピノッキオ（Pinocchio）が人間の子どもになろうとし、いろいろなぼうけんをする物語。参考 「ピノキオのぼうけん」ともいう。

ひのて【火の手】 名詞 ❶火事で、火のもえ上がるいきおい。ことば 「火の手があがる（＝火事になる）」❷物事のはげしいいきおい。例 反乱の火の手をあげる。

ひので【日の出】 名詞 太陽がのぼること。また、その時こく。対 日の入り。

ひのでのいきおい【日の出の勢い】 慣用句 〔朝日がのぼるような〕さかんないきおい。例 日の出の勢いの会社。

ひのないところにけむりはたたない【火の無い所に煙は立たない】 ことわざ うわさがたつのは、なにかしら原因になることがあるからだ、というたとえ。

ひのべ【日延べ】 名詞 する動詞 決められた期日を先にのばすこと。また、期間を長くすること。例 遠足は雨のため日延べになった。類 順延。

ひのまる【日の丸】 名詞 ❶太陽をかたどった赤い丸。❷白地に赤い丸をえがいた日本の国旗。日章旗。

ひのまるべんとう【日の丸弁当】 名詞 〔日の丸の旗に似せて〕白いごはんの真ん中に、

赤いうめぼしを入れただけの弁当。

ひのみやぐら【火の見やぐら】名詞 火事の見はりをするための塔。火の見。⇩図。

半鐘

火の見やぐら

ひのめをみる【日の目を見る】慣用句 今まで人々に知られていなかったものが、世の中にみとめられる。また、状況がかわって、よいきょうぐうになる。例 かれの死後発見された作品が出版され、やっと日の目を見ることになった。

ひのもと【火の元】名詞 ❶火事のもとになった場所。❷火のある場所。例 火の元に気をつけてください。

ひのようじん【火の用心】名詞 火事にならないように火の元に注意すること。また、それをよびかける言葉。

ひばいひん【非売品】名詞 いっぱんの人には売らない品物。

ひばく[1]【被ばく】名詞 する動詞 体が放射線にさらされること。漢字 被曝。

ひばく[2]【被爆】名詞 する動詞 爆撃を受けること。特に、原水爆の爆撃を受けたり、その放射能の害を受けたりすること。

ひばし【火箸】名詞 炭火をはさむのに使う金物のはし。⇩火鉢（図）。

ひばしら【火柱】名詞 柱のように、まっすぐに高くもえあがったほのお。ことば「火柱が立つ」

ひばち【火鉢】名詞 はいを入れて炭火をおこし、湯をわかしたり暖房に使ったりする道具。木・金物・せとものなどでできている。⇩図。

火ばし

五徳

火鉢

ひばな【火花】名詞 ❶金属や石などが、はげしくぶつかったときにとびちる火。❷プラスとマイナスの電気がふれあうときに出る火。

ひばなをちらす【火花を散らす】慣用句 はげしく争うようす。例 火花を散らす大熱戦。

ひばり 名詞 ヒバリ科の鳥。頭の上にある羽を立てることがある。春の空に高くあがってさえずる。漢字 雲雀。

ひはん【批判】名詞 する動詞 物事のよい悪いを考えて判断すること。また、その判断。例 かたよった意見を批判する。参考 ふつう、それがよくないという意見を言う場合に用いる。

ひばん【非番】名詞 交代でつとめる仕事で、つとめが自分の番でないこと。また、その人。対 当番。

ひはんてき【批判的】形容動詞 物事のよい悪いを考えて、意見を言うようす。よくない点に対して賛成しないようす。例 批判的な態度で意見をのべる。

ひび[1] 名詞 ガラスやせとものなどにできる、細かいわれ目。例 花びんにひびが入る。

ひび[2] 名詞 寒さなどのために手足のひふがかわいてできる、細かいわれ目。

ひび[3]【日日】名詞 一日一日。毎日。にちにち。例 平和な日々が続くことを願う。参考 ふつう「日々」と書く。注意「ひにち」と読むと別の意味になる。

ひびかせる【響かせる】動詞 ❶音をひびくようにする。例 エンジンの音を響かせる。❷世の中に広く知らせる。ことば「（その名を）天下に響かせる」活用 ひびか・せる。

ひびがはいる【ひびが入る】慣用句 ❶〔ガラスなどに〕細かくわれたところができる。例 フロントガラスにひびが入る。❷人と人の関係がうまくいかなくなる。例 ちょっとしたいさかいがもとで、友情にひびが入る。

ひびき【響き】名詞 ❶音がひびくこと。また、ひびく音。例 たいこの響き。❷音色。声のようす。例 かなしい響きのふえの音。

ひびきわたる【響き渡る】動詞 ❶〔音や声などが〕すみずみにまで聞こえる。遠くの方まで伝わる。❷〔評判などが〕すみずみにまで伝わる。例 かれの名声は、国中に響き渡っている。活用 ひびきわた・る。

ひびく【響く】動詞 ❶音が広がって聞こえる。例 ピアノの音が響く。❷音がはね返って聞こえる。例 トンネルに声が響く。❸ふるえが伝わり、ゆれ動く。例 車が通るとガラス戸にびりびりと響く。❹えいきょうをあたえる。例 無理をする

と体に響く。❺心に感じる。例母の忠告がむねに響く。❻世の中に広く知られる。例サッカーの強国として世界にその名を響かせている。
活用 ひび・く。

ひひょう【批評】 名詞 する動詞 物事のよい点・悪い点などについて、自分の考えをのべること。例まんがを批評する。

びびる 動詞 気後れする。しりごみする。例びびらず、強気でいこう。参考 くだけた言い方。
活用 びび・る。

ひびわれる【ひび割れる】 動詞 ひびが入って、われ目ができる。例コップがひび割れる。
活用 ひびわ・れる。

びひん【備品】 名詞 つくえ・いすなど、きまった場所にそなえつけてある品物。

ひふ【皮膚】 名詞 人や動物の体をおおっている皮。例皮膚科（＝皮膚の病気を治す医学）。

ひぶ【日歩】 名詞 元金百円に対する一日の利息。

¹びふう【美風】 名詞 よいならわし。例昔の美風をまもる。対悪風。

²びふう【微風】 名詞 かすかにふく風。例冷たい微風。

ひふきだけ【火吹き竹】 名詞 口でふいて火をおこす道具。ふしに小さいあなをあけた竹のつつを火に近づけてふく。⇩図。

ひふく【被服】 名詞 着るもの全体のよび名。衣服。

ひぶくれ【火膨れ】 名詞 する動詞 やけどで、ひふの下に水分がたまって、ふくれること。また、そのふくれたもの。

ひぶた【火蓋】 名詞 火縄銃の火をつけるところをおおうふた。⇩1106ページ・火縄銃（図）。

火吹き竹

ひぶたをきる【火蓋を切る】 慣用句 戦争や競技などを始める。例熱戦の火蓋を切る。語源 火なわじゅうをうつときに、火ぶたをあけて、火をつけるじゅんびをすることから。

ビフテキ 名詞 牛肉をあつく切って焼いた料理。ビーフステーキ（beefsteak）。▼フランス語。

ひふびょう【皮膚病】 名詞 ひふの病気をまとめていう言葉。しっしん・おでき・水虫など。

ビブラート 名詞 歌うときに、声をこまかくふるわせること。▼英語（イタリア語から）vibrato

ピペット 名詞 決まった量の液体をせいかくにうつすためのガラス管。▼英語 pipette

¹ひへん【日偏】 名詞 漢字の部首の一つ。「昭」「時」「明」などの左側の「日」の部分。

²ひへん【火偏】 名詞 漢字の部首の一つ。「灯」「燃」「焼」などの左側の「火」の部分。

¹ひほう【秘法】 名詞 人に知られていない、ひみつのやり方。例先祖代々伝えられた秘法。

²ひほう【悲報】 名詞 かなしい知らせ。対朗報。

びぼう【美貌】 名詞 美しい顔かたち。例すぐれた美貌の持ち主。

¹ひぼし【干ぼし】 名詞 食べ物がなくて、やせほそること。

²ひぼし【日干し】 名詞 日の光に当てて、乾燥させること。また、そのようにしてほした野菜・魚など。対陰干し。

ピボット 名詞 バスケットボールなどで、かた足をじくにして体をいろいろな方向に動かすこと。▼英語 pivot

ひぼん【非凡】 名詞 形容動詞 ふつうより、特にすぐれていること。例非凡な才能。対平凡。

ひま【暇】 一 名詞 ❶〔あることをするのに必要な〕時間。例おしゃべりをする暇はない。❷休み。例正月には暇をとって、いなかへ帰る。❸やとっている人をやめさせること。例店員に暇を出す。
二 名詞 形容動詞 今しなければならないことがなくて、のんびりすごせる時間。また、のんびりしているようす。例今日は暇だ。

ひまご【ひ孫】 名詞 まごの子。ひいまご。ひこ。そうそん。

ひましに【日増しに】 副詞 日がたつにつれて、程度が強まるようす。日ごとに。例日増しにあたたかくなる。

ひまじん【暇人】 名詞 ひまな人。用事がなくて、ぶらぶらしている人。例暇人の道楽。

ひまつぶし【暇潰し】 名詞 ❶ひまな時間を、何かしてすごすこと。退屈しのぎ。例暇潰しに

ことばあそび 漢字クイズ31 宝のかんむりをかぶったはちは、どこにいるのでしょう？

本を読む。❷時間をむだにすごすこと。例遠まわりをして暇潰しをした。

ひまつり【火祭り】名詞 ❶火事がないようにいのるための祭り。鎮火祭。❷火をたいて神をまつる行事。

ひまどる【暇取る】動詞〔予定より〕時間が長くかかる。例この仕事は、思ったより暇取った。類手間取る。活用ひまど・る。

ひまにあかす【暇に飽かす】慣用句 ひまがあるのにまかせて、時間をかけておこなう。例暇に飽かしてゆっくり絵をかく。

ヒマラヤさんみゃく【ヒマラヤ山脈】地名 インド・ネパール・ブータン・パキスタン・中国にまたがる世界最大の山脈。世界最高峰のエベレスト（チョモランマともいう）山がある。「世界の屋根」ともよばれる。▼英語 the Himalayas

ひまわり 名詞 キク科の植物。高さ二〜三メートルにもなり、夏に大きな黄色の花がさく。たねから油をとる。漢字 向日葵。

ひまをだす【暇を出す】慣用句 使用人をやめさせる。参考 少し古い言い方。

ひまをとる【暇を取る】慣用句 ❶使用人などが自分から仕事をやめる。例暇を取って親元に帰る。❷休みをもらう。例五日の暇を取る。

ひまをぬすむ【暇を盗む】慣用句 いそがしい中で、何かをする時間を見つける。例暇を盗んでは、草花の手入れをする。

ひまん【肥満】名詞 する動詞 体が太ること。太っていること。

びみ【美味】名詞 形容動詞 とてもおいしいこと。例秋のサンマは美味である。

ひみこ【卑弥呼】人名 三世紀中ごろの邪馬台国の女王。まじないにすぐれ、大きな勢力をもっていたといわれる。「魏志倭人伝」という中国の歴史の本に出てくるが、邪馬台国が日本のどこにあったかは明らかではない。

ひみつ【秘密】名詞 形容動詞 ❶人に知らせないで、かくしておくことがら。例秘密の部屋。❷ほかの人に知られないように、こっそりとおこなうようす。例秘密の特訓。類①②内密。

びみょう【微妙】形容動詞 ひとことでは言い表せないほど、細かくふくざつなようす。また、どちらとも言えないほど、きわどいようす。例二人の意見は微妙にくいちがっている。／成功するかどうかは微妙だ。

ひむろ【氷室】名詞 冬に切りだした氷を、夏までたくわえておくための小屋、または、あな。

ひめ【姫】一 名詞 ❶身分の高い人のむすめ。例お姫さま。❷女子をほめてよぶときの言い方。例歌姫。二 接頭語《ある言葉の上につけて》「小さくてかわいい感じのするもの」の意味を表す言葉。例姫ゆり。／姫鏡台。

ひめい【悲鳴】名詞 ❶おそろしいときやおどろいたときなどに、思わずあげるさけび声。例悲鳴が聞こえた。❷こまったときやつらいときなどに出る、弱音や泣きごと。ことば「〔あまりのいそがしさに〕悲鳴をあげる」

びめい【美名】名詞 ❶世間でのよい評判。対悪名。❷りっぱな口実。例寄付をするという美名のもとに集めた金を、悪事に使う。

ひめじじょう【姫路城】名詞 兵庫県にある城。かべは白く、「白さぎ城」ともよばれる。一九九三年、日本で初めての世界文化遺産として登録された。⇩695ページ・世界遺産（図）。

ひめる【秘める】動詞 かくして、人に知らせないでいる。例闘志を胸に秘める。活用ひ・める。

ひも 名詞 細くて長い、布・紙・かわなど。糸より太く、つなよりも細い。例くつのひも。漢字 紐。

ひもじい 形容詞 ひどく腹がへって食べ物がほしい。空腹である。例ひもじいときは、何を食べてもおいしい。活用ひもじ・い。

ひもち【日持ち】名詞 日にちがたっても食べ物の質がかわらず、同じような状態が続くこと。例日持ちのいい食品。／日持ちがしない。

ひもと【火元】名詞 ❶火を使うところ。火の気のあるところ。火の元。❷火事がおこったところ。火事をだした家。

ひもとく【ひも解く】動詞 本をひらいて読む。例古典をひも解く。参考 やや古い言い方。活用ひもと・く。

ひもの【干物】名詞 魚や貝などをほしたもの。例アジの干物。

ひや【冷や】名詞 ❶おかんをしていない、つめたい酒。例冷やでいっぱいやる。❷《「お冷や」の形で》つめたい水。例お冷やを一ぱいください。

ひやあせ【冷や汗】名詞 はずかしい思いやおそろしい思いをしたとき、また、ひどくきんちょうしたときなどに出るあせ。例あのときのこと

を思い出すだけで冷や汗が出る。類 脂汗。

ひやあせをかく【冷や汗をかく】慣用句 はずかしい思いやおそろしい思いをしたとき、また、きんちょうしたときなどに、あせが出る。また、そのような状態のたとえ。例 劇のせりふをわすれてしまい、冷や汗をかいた。

ひやかす【冷やかす】動詞 ❶相手がこまったり、はずかしがったりするような、じょうだんを言う。からかう。例 女の子と歩いていたぼくを、みんなが冷やかした。❷買う気がないのに品物を見たりねだんを聞いたりする。例 夜店を冷やかす。活用 ひやか・す。

ひやく【飛躍】名詞 する動詞 ❶高く大きくとぶこと。❷急に進歩すること。めざましく活やくすること。例 能力が一気に飛躍した。❸〔考え方や話などが〕急に先へ進むこと。例 話が飛躍している。

ひゃく【百】名詞 ❶数の名で、ひゃく。十の十倍。❷百才。例 百まで生きる。❸数の多いことのたとえ。例 百科事典。

びゃくえ【白衣】名詞 ⬇1029ページ・はくい。

ひゃくがいあっていちりなし【百害あって一利なし】ことわざ 悪いところばかりで、ためになることはひとつもない。例 無理な運動は、百害あって一利なしだ。

ひゃくしょう【百姓】名詞 農業を仕事にしている人。農夫。参考「農民」のくだけた言い方。

ひゃくしょういっき【百姓一揆】名詞 江戸時代、重い年ぐや物のねあがりに苦しめられた農民たちが、生活を守るために大ぜい集まって、領主に立ち向かったこと。

ひゃくせんれんま【百戦錬磨】四字熟語 たくさんの経験をつんで、きたえ上げられること。例 百戦錬磨の弁護士。

ひやくてき【飛躍的】形容動詞 急に進歩したり向上したりするようす。例 技術が飛躍的に向上した。

ひゃくにちぜき【百日ぜき】名詞 感染症の一つ。ひどくせきが出て、なおるのに時間がかかる。小さな子どもに多い。

ひゃくにちそう【百日草】名詞 キク科の植物。花は初夏から秋の終わりまでと、長い間さく。色は赤・黄・白などがある。

ひゃくにんいっしゅ【百人一首】名詞 百人の歌人の和歌を、一首ずつえらんでまとめたもの。また、それをかるたにしたもの。参考 ふつう、鎌倉時代に藤原定家がえらんだとされる「小倉百人一首」をさす。

ひゃくにんりき【百人力】名詞 百人分の力があること。また、百人の助けがあるように心強いこと。例 君がいてくれれば百人力だよ。

ひゃくねんめ【百年目】名詞 どうにもならないおしまいのとき。運のつき。例 ここで会ったが百年目。

ひゃくパーセント【百パーセント】名詞 全部。完全であること。まったく。例 百パーセントうまくいく。

ひゃくぶんはいっけんにしかず【百聞は一見にしかず】故事成語 何回も人の話を聞くよりも、たった一度でもじっさいに見る方がずっとよくわかる。

ひゃくぶんひ【百分比】名詞 ⬇ひゃくぶんりつ。

ひゃくぶんりつ【百分率】名詞 全体を百としたときの、それぞれのしめる割合。百分比。「パーセント（%）」であらわす。

ひゃくまんちょうじゃ【百万長者】名詞 とてもたくさんの財産をもっている人。大金持ち。参考「億万長者」ともいう。

ひゃくめんそう【百面相】名詞 表情をさまざまにかえること。また、そのような顔つきをしてみせる芸。

ひゃくもしょうち【百も承知】慣用句 十分知っていること。例 そんなことぐらい、百も承知だ。

びゃくや【白夜】名詞 北極や南極に近い地方で、夏の時季に、夜中うす明るい状態であること。はくや。

ひゃくようばこ【百葉箱】名詞 気象観測をするための計器をおさめておく、足のついたはこ。風通しをよくするためにまわりをよろい戸でかこい、日光をはんしゃするように全体を白くぬる。中に温度計・湿度計・気圧計などを入れる。参考「ひゃくようそう」ともいう。

ひやけ【日焼け】名詞 する動詞 〔強い〕日光に当たってひふの色が黒くなること。例 日焼けした顔。

ヒヤシンス 名詞 ユリ科の植物。春、赤・むらさき・白などの小さな花がたくさん集まってさく。球根でふえる。ヒアシンス。▼英語 hyacinth

ひやす【冷やす】動詞 温度が低くなるようにする。冷たくする。例冷蔵庫でスイカを冷やす。活用 ひや・す。

ひゃっかじてん【百科事典】名詞 あらゆる分野のことがらを五十音順・アルファベット順などにならべ、せつめいした本。

ひゃっかてん【百貨店】名詞 ➡867ページ・デパート。

ひゃっかりょうらん【百花りょう乱】四字熟語 ❶いろいろな種類の花が、美しくさきみだれること。例春の植物園は百花りょう乱だ。❷すぐれた人物が一時期に多く出て、りっぱな成果がまとまって表れること。漢字 百花繚乱。

ひやっと 副詞 する動詞 ❶空気などが冷たく感じられるようす。例風がひやっとほおをなでる。❷おそれやおどろきで、いっしゅんきんちょうするようす。例自転車とぶつかりそうになってひやっとした。

ひゃっぱつひゃくちゅう【百発百中】四字熟語 ❶〔鉄砲などを〕うてばかならず命中すること。例百発百中のうでまえ。❷予想や計画が、全部当たること。例試験問題を予想したら、百発百中だった。

ひやとい【日雇い】名詞 その日だけ、また、その日から何日間と決めて、やとうこと。また、やとわれた人。例日雇いの仕事。

ひやひや【冷や冷や】副詞(−と) する動詞 ❶冷たく感じるようす。❷〔悪いことが起きるのではないかと〕心配するようす。例おこられるのではないかと、冷や冷やしていた。

ひやむぎ【冷や麦】名詞 うどんより細く、そうめんより太い、めん類。ゆでてから水や氷でひやし、つゆにつけて食べる。

ひやめし【冷や飯】名詞 冷たくなったごはん。

ひやめしをくう【冷や飯を食う】慣用句 自分にふさわしい仕事や地位をあたえられないで、冷たくあつかわれる。冷遇される。例上役ににらまれて、冷や飯を食わされる。

ひややか【冷ややか】形容動詞 ❶冷たく感じるようす。例冷ややかな空気。❷同情のないようす。例冷ややかな目を向ける。❸落ち着いているようす。例みんながあわてているときも、一人だけ冷ややかにそれを見ていた。

ひやりと 副詞 ❶冷たさを感じるようす。例外の寒さにひやりとする。❷おそれやあぶなさを、はっと感じるようす。例足がすべって、ひやりとする。

ひゆ【比喩】名詞 ある物事を説明するのに、それに似たほかのものを例として出すこと。参考「もみじのような手」「雪のはだ」のような言い方。

ひゅうが【日向】地名 昔の国の名。今の宮崎県に当たる。

ヒューズ 名詞 決まった以上の電流が流れると熱でとけて切れ、危険をふせぐ器具。また、それに使うなまりとすずの合金でできた線。安全器などに使う。▼英語 fuse

びゅうびゅう 副詞(−と) 風がはげしくふくようす。例風がびゅうびゅうとふきつける。

> **ことば博士になろう！**
>
> **● ひゆ表現**
>
> 物語や小説、詩などには、場面のようすを印象強くするために、ひゆがよく使われます。
>
> ①「……よう(な)」を使ったひゆ
> 例 夕やけのような色をしたリンゴ
>
> ②たとえるものとたとえられるものとを、ちょくせつ結びつけたひゆ
> 例 広々とうねる　草原の海
> （草原がどこまでも続いているようすを広い海にたとえている。）
>
> ③人でないものの動作やようすを、人がしているように表すひゆ（擬人法）
> 例 春風がわたしにささやく

ヒューマニズム 名詞 人間一人一人を大切にする考え方。人間主義。人文主義。▼英語 humanism

ヒュッテ 名詞 山のぼりをする人が、とまったり休んだりするためにもうけられた小屋。山小屋。▼ドイツ語

ビュッフェ 名詞 ❶駅や列車の中にある軽い食事を出す食堂。❷パーティーなどで、立ったままで食べる形式。❸いろいろな料理から好きな食べ物を客が皿に自由にとる形式。例ビュッフェレストラン。▼英語（フランス語から） buffet

ひょいと 副詞 ❶とつぜん。おもいがけず。例転

校した友だちがひょいとたずねてきた。❷らくらくと。あっさりと。例大きな石をひょいともちあげた。

ひよう【費用】 名詞 あることをするために必要なお金。例遠足の費用。／費用がかかる。

1**ひょう** 名詞 空からふる小さな氷のかたまり。漢字 雹。

2**ひょう** 名詞 ネコ科の動物。体は黄色で、黒いはん点がある。参考 体全体がまっ黒なものをクロヒョウという。漢字 豹。

3**ひょう【表】** 名詞 〔よくわかるように〕主なことだけをまとめて、一定のきまり・順序にしたがって書き記したもの。例毎日の気温を表にする。

4**ひょう【票】** 一 名詞 選挙などのときに、選んだ人などを書く紙やふだ。例票を入れる。二 助数詞 票の数を数える言葉。例五票の差でかれが当選した。

5**ひょう【評】** 名詞 もののよしあし、すぐれているかおとっているかを考えてのべること。また、その文章。批評。例選者の評を参考にして書きなおす。

びよう【美容】 名詞 顔やすがたを美しくすること。例美容体操。／美容院。／美容師。

1**びょう** 名詞 ❶紙などをとめるのに使う、頭の大きなピン。画びょう。❷金属板などをつなぎ合わせるのに使う、頭の大きなくぎ。

2**びょう【秒】** 名詞 助数詞 時間・角度・経度・緯度の単位。一秒は一分の六十分の一。

ひょういもじ【表意文字】 名詞 一字一字が意味を表す文字のこと。漢字など。対 表音文字。参考 日本語の文章は表意文字の漢字と表音文字の仮名によって書き表される。

びよういん【美容院】 名詞 髪の形や顔などを美しく整える仕事をするしせつ。

びょういん【病院】 名詞 医者が、病気やけがの人を調べたり、治したりするところ。入院できるようになっている。例けがをして病院に運ばれた。

ひょうおんもじ【表音文字】 名詞 一字一字に意味はなくて、音だけを表す文字のこと。ひらがな・かたかな・ローマ字など。対 表意文字。

ひょうか【評価】 名詞 する動詞 ❶物事のねうちなどを決めること。例高い評価を受ける。❷ねうちをみとめること。例研究の成果を評価する。

ひょうが【氷河】 名詞 緯度の高い地方（＝北極・南極に近い地方）や高い山の万年雪が、厚い氷のかたまりとなり、それ自身の重みで低いところへゆっくり流れだしたもの。

びょうがい【病害】 名詞 農作物などが病気によって受ける害。

ひょうかがたかい【評価が高い】 慣用句 価値があるとされるようす。例コンクールで評価が高い作品。

ひょうがき【氷河期】 名詞 ❶氷河時代のうち、世界中がきわめて寒く、氷河が大きくなった時期。❷世の中で、けいきの悪い時期。例就職氷河期が続く。

ひょうがじだい【氷河時代】 名詞 大昔、北半球の北の方や高い山を中心に、何度も氷河が発達した寒い時代。

ひょうき【表記】 名詞 する動詞 ❶〔書類などの〕表に書くこと。また、表に書かれたもの。❷文字や記号で書き表すこと。例漢字で表記する。

ひょうぎ【評議】 名詞 する動詞 集まって相談すること。例重要な案件について評議する。

びょうき【病気】 名詞 体の具合が悪くなること。例病気になる。／重い病気。

ひょうきほう【表記法】 名詞 言葉を文字で書き表すときのきまり。日本語の場合、漢字のつかい方、送りがなのつけ方、かなづかい、句読点のつかい方などがある。

ひょうきん 形容動詞 ほがらかで、こっけいなようす。例弟はひょうきんなことを言って、よく人を笑わせる。

ひょうぐ【表具】 名詞 すみ絵などをほかの紙などにはって、かけじくやまき物にすること。例表具屋。／表具師。

びょうく【病苦】 名詞 病気による苦しみ。例長い病苦にたえる。

1**ひょうけつ【氷結】** 名詞 する動詞 液体がこおること。こおりつくこと。例寒さのため、湖が全面氷結した。類 凍結。

2**ひょうけつ【表決】** 名詞 する動詞 会議で、話し合っていることがらについて賛成か反対かを決めること。例挙手による表決。

3**ひょうけつ【票決】** 名詞 する動詞 投票によって決めること。例議会で票決する。

びょうけつ【病欠】 名詞 する動詞 病気で休むこと。例病欠のとどけを出す。

ことばあそび 漢字クイズ32 宝のかんむりをかぶった子どもが書いたものは、何でしょう？

ひょうげん[1]【氷原】名詞 氷でおおわれた原野。例北極の氷原。

ひょうげん[2]【表現】名詞 する動詞 思ったことや感じたことを、言葉・表情・身ぶり・作品などで表すこと。例愛情を表現する。／表現力。

びょうげんきん【病原菌・病源菌】名詞 病気の原因になる細菌。

びょうげんたい【病原体・病源体】名詞 病気をおこすもとになる生物。細菌・ウイルス・かびなど。

ひょうご【標語】名詞 自分たちの考えや、みんなに守ってほしいことがらなどを、短くはっきりと言い表した言葉。スローガン。

びょうご【病後】名詞 病気がなおったあと。例病後は無理をしない。類病み上がり。

ひょうこう【標高】名詞 海面からはかった土地の高さ。海抜。例標高三千メートル。

ひょうごけん【兵庫県】地名 近畿地方北西部の県。北は日本海に面し、南は瀬戸内海に面する。県庁所在地は神戸市。⇨916ページ・都道府県(図)。

ひょうごもじ【表語文字】名詞 一字で一つの単語を表す文字。漢字など。

ひょうさつ【表札・標札】名詞 家の出入り口や門などにかけておく名ふだ。門札。

ひょうざん【氷山】名詞 海に流れこんだ氷河がわれて、大きな氷のかたまりとなってうかんでいるもの。⇨図。

ひょうざんのいっかく【氷山の一角】慣用句 表面に表れていることは、全体のほんの一部だけであることのたとえ。例今、その事件についてわかっていることは氷山の一角にすぎない。

語源 海の上に見える氷山は全体のほんの一部で、ほとんどは海の中にかくれていることから。

氷山

ひょうし[1]【拍子】名詞 ❶〔音楽の〕規則正しくくり返される音の強弱。ことば「拍子をとる」⇨244ページ・楽譜(図)。❷《「…の拍子に」「…した拍子に」の形で》〔あることをした〕はずみ。とたん。例すべった拍子に頭をうった。

ひょうし[2]【表紙】名詞 本・ノートなどの外側につける、厚い紙やビニール・布など。

ひょうじ[1]【表示】名詞 する動詞 ❶外へはっきりと表すこと。例意思を表示する。❷表にして表すこと。例調べた結果を表示する。

ひょうじ[2]【標示】名詞 する動詞 目じるしとして、しめすこと。例危険区域を標示する。

びようし【美容師】名詞 美容院で、客の髪や顔などを美しく整える仕事をする人。

びょうし【病死】名詞 する動詞 病気で死ぬこと。類病没。

ひょうしき【標識】名詞 目じるしとしてつけたもの。例交通標識。

ひょうしぎ【拍子木】名詞 四角にけずった細長い木。あいずや夜まわりのときなどに、二つをうち合わせてかちかちと鳴らす。

びょうしつ【病室】名詞 病人のいる部屋。病人をねかしておくための部屋。

ひょうしぬけ【拍子抜け】名詞 する動詞 はりきっていた気持ちがむだになって、がっかりすること。はりあいがなくなること。

びょうしゃ【描写】名詞 する動詞 目や耳でとらえたものや、心に感じたことなどをえがき出すこと。例風景を描写する。

びょうじゃく【病弱】名詞 形容動詞 体が弱く、病気にかかりやすいこと。また、病気のため、体が弱っていること。例病弱な母を助けて家事をする。

ひょうしゅつ【表出】名詞 する動詞 心の中の動きを、表にあらわし出すこと。例感情の表出。

ひょうじゅん【標準】名詞 ❶物事の程度をはかるもとになるもの。例標準より大きい。類水準。❷いくつかあるうちの、もっともふつうのもの。例標準型。

ひょうじゅんご【標準語】名詞 その国の言葉の手本としてみとめられている言葉。

ひょうじゅんじ【標準時】名詞 土地による時刻のちがいをなくすため、一つの国や広い地域で決めた共通の時刻。参考 日本では、兵庫県明石市をとおる東経百三十五度の線をもとにしている(＝日本標準時)。

ひょうしょう【表彰】名詞 する動詞 よいおこないやりっぱな成績をほめて、広く人々に知らせること。例人命救助で表彰された。

ひょうじょう【表情】名詞 自分の気持ちが顔つきや身ぶりに表れること。また、その顔つきや身ぶり。例 表情ゆたかな顔。／暗い表情。

びょうしょう【病床】名詞 病人のねどこ。例 病床の友人を見まう。

びょうじょう【病状】名詞 病気のようす。容体。例 病状が悪化する。

¹**びょうしん**【秒針】名詞 時計の、秒の目もりをさす針。類 時針。分針。

²**びょうしん**【病身】名詞 病気にかかっている体。また、病気がちの弱い体。

¹**ひょうする**【表する】動詞 態度や言葉にあらわす。ことば「敬意を表する」

²**ひょうする**【評する】動詞 物事のよしあしなどについて考えてのべる。ひひょうする。例 サッカー選手のプレーについて評する。活用 ひょう・する。

びょうそく【秒速】名詞 はやさを一秒間に進むきょりで表したもの。参考 ⇩554ページ・時速。1169ページ・分速。

ひょうだい【表題・標題】名詞 ❶表紙に書いてある、その本の名前。❷演説や劇などの題。類 題目。

びようたいそう【美容体操】名詞 体を美しく整えるための体操。

ひょうたん 名詞 ❶ウリ科の植物。夏、白い花がさく。実は細長く、中ほどがくびれている。⇩図。❷「ヒョウタン①」の実をくりぬいてつくった入れ物。酒を入れたり、かざり物にしたりする。

ひょうたんからこま【ひょうたんから駒】ことわざ 思いがけないことが実現することのたとえ。例 初めてかいた絵が入選するなんて、ひょうたんから駒だ。参考「駒」は馬のこと。ヒョウタンから馬がとび出すのは、ありえないことから。類 うそから出たまこと。

ひょうたん①

ひょうちゃく【漂着】名詞 する動詞 ただよって岸に流れ着くこと。例 無人島に漂着する。

ひょうちゅう【氷柱】名詞 ❶夏、室内をすずしく感じさせるために立てる氷の柱。❷つらら。

びょうちゅうがい【病虫害】名詞 農作物が、病気や虫などによって受ける害。

ひょうちょう【漂鳥】名詞 国内を、季節によって移動する鳥。参考 夏は山地で子をうみ、冬に平地に移動するウグイスなど。類 留鳥。渡り鳥。

ひょうてき【標的】名詞 ❶弓や鉄砲などの練習に使う的。❷攻める相手となる人や、もの。ターゲット。

びょうてき【病的】形容動詞 心や体がふつうでないようす。また、言うことやすることがふつうでないようす。例 病的な太り方。

¹**ひょうてん**【氷点】名詞 水がこおりはじめるときの温度。また、氷がとけはじめるときの温度。一気圧のもとでは、セ氏〇度。参考 ⇩1147ページ・沸点。

²**ひょうてん**【評点】名詞 成績などを評価してつけた点数。

ひょうてんか【氷点下】名詞 セ氏〇度より低い温度。類 零下。

ひょうど【表土】名詞 土地の一番表面の土。

びょうとう【病棟】名詞 〔病院などで〕たくさんの病室のある建物。

びょうどう【平等】名詞 形容動詞 差別がなく、みんな同じであること。例 すべての人間は平等である。／平等にあつかう。

びょうにん【病人】名詞 病気にかかっている人。例 病人を見まう。類 患者。

ひょうのう【氷のう】名詞 氷や水を入れて、体の悪い部分や熱のある部分をひやすふくろ。類 水まくら。⇩図。

氷のう

ひょうはく【漂白】名詞 する動詞 色をぬいて、白くすること。さらすこと。例 漂白剤。

ひょうばん【評判】名詞 ❶⊕世間の人が、よい悪いを言い合うこと。例 評判の悪い人。❷⊕世間の人によく知られていて、話題の中心に

なっていること。例ちまたで評判のケーキ。

ひょうばんがいい【評判がいい】慣用句 世間の人に、よいとされるようす。例評判がいい店。

ひょうひ【表皮】名詞 動物や植物の体の外側をおおっている皮。

ひょうひょうと 副詞 物事にこだわらずゆうゆうとしていて、つかみどころのないようす。例この俳優は、ひょうひょうとしたえんぎが持ち味だ。

びょうぶ【びょう風】名詞 部屋の中に立てて、風をふせいだり、しきりやかざりにしたりする家具。ふすまのようなものをつなぎあわせて、おりたためるようにしたもの。⇩図。漢字 屛風。

びょう風

びょうぼつ【病没】名詞 する動詞 ↓1114ページ・びょうし。

ひょうほん【標本】名詞 〔学習や研究のために〕動物・植物・鉱物などの実物をそのままの形で残し、見やすいようにしたもの。例チョウの標本。

ひょうめい【表明】名詞 する動詞 〔意見などを〕はっきりと表すこと。例反対を表明する。

ひょうめん【表面】名詞 ❶〔物の〕外側の面。おもて。例水の表面。❷人の目につくところ。うわべ。例表面をかざる。対①②裏面。

ひょうめんか【表面化】名詞 する動詞 かくれていたものが、表にあらわれること。例問題が表面化する。

ひょうめんせき【表面積】名詞 立体の表面の面積。

ひょうめんちょうりょく【表面張力】名詞 液体の表面がなるべく面積を小さくしようとするために、その表面にそって働く力。水てきが球になるのはこの力による。

ひょうめんてき【表面的】形容動詞 うわべだけであるようす。例表面的なつきあい。

ひょうよみ【票読み】名詞 選挙の前に、得票の数を予想すること。また、投票の後に、票の数を数えること。

びょうよみ【秒読み】名詞 ❶残り時間がわずかになったとき、一秒ごとに時間を読みあげていくこと。例ロケットの打ち上げが秒読みにはいる。❷物事の期限がさしせまっていること。例選挙戦が秒読みの段階にはいる。

ひょうり【表裏】一 名詞 する動詞 表とうら。また、その関係にあること。二 名詞 見かけとじっさいがちがっていること。例表裏のない人。

ひょうりいったい【表裏一体】名詞 反対のものにみえる二つの物事が、根本ではとても強く結びついていて切りはなせないこと。例二人の意見は表裏一体をなしている。

ひょうりゅう【漂流】名詞 する動詞 〔こわれた船などが〕風や波のままに流されてゆくこと。例長い漂流のすえ、やっと助けられた。

ひょうろう【兵糧】名詞 軍隊の食糧。注意「へいりょう」と読まないこと。

ひょうろうぜめ【兵糧攻め】名詞 敵の城やとりでをかこんで兵糧を運びこめないようにし、降伏させようとするせめ方。

ひょうろん【評論】名詞 する動詞 物事のよしあしやねうちなどについて、自分の考えをのべること。また、その文章。例評論家。

ひよく【肥沃】形容動詞 土地がこえていて、作物がよくできること。また、そのようなようす。例肥沃な農地。対不毛。

びよく【尾翼】名詞 飛行機の後ろにあるつばさ。水平尾翼・垂直尾翼など。

ひよけ【日よけ】名詞 日光をさえぎること。また、そのためのおおい。

ひよこ 名詞 ❶ひな。特に、ニワトリのひな。例ひよこを育てる。❷みじゅくなもの。ひよっこ。例道場では、わたしなどまだひよこです。

ひょっこり 副詞〔-と〕思いがけないときに、現れるようす。また、とつぜん出会うようす。例町でひょっこり、おばに会った。

ひょっとこ 名詞 かた目が小さく、口がとがって横にまがっている、こっけいな男の面。

ひょっとしたら 副詞 ↓ひょっとすると。

ひょっとして 副詞 ある物事が起きると仮に考えていう言葉。例ひょっとして、けがでもしたのではないかと心配した。

ひょっとすると 副詞 ある物事が起きる可能

ア 物価が□ イ 雨が□ ウ ふろから□ （クイズの答えは、ページをめくったところにあるよ。）

性があると考えていう言葉。ひょっとしたら。例 ひょっとすると雪になるかもしれない。

ひよどり 名詞 ヒヨドリ科の鳥。体は灰色で、さかんに鳴く。

ひより【日和】 名詞 ❶ ± 天気。天候の具合。空もよう。例 今日はよいお日和です。❷ ＋ よく晴れた空。晴天。また、何かをするのによい日。例 行楽日和。❸ ± 物事のなりゆき。

ひよりみ【日和見】 名詞 ❶ 天気のようすを見ること。❷ 物事のなりゆきをうかがっていて、態度をはっきり決めないこと。

ひょろながい【ひょろ長い】 形容詞 細くて長い。やせて、背が高い。例 手足のひょろ長い人。活用 ひょろなが・い。

ひょろひょろ 副詞(‐と) する動詞 ❶ よろめいて、たおれそうなようす。例 力なく、ひょろひょろと歩く。❷ 細長く、弱々しくのびているようす。例 くきが、ひょろひょろとのびている。

ひよわ【ひ弱】 形容動詞 もろくて、弱々しいようす。例 ひ弱な子ども。

ひよわい【ひ弱い】 形容詞 ひ弱なようす。例 ひ弱い存在。活用 ひよわ・い。

ぴょんと 副詞 身軽にとびはねるようす。例 いすからぴょんととびおりる。

ひょんな 連体詞 思いがけないようす。意外な。例 ひょんなきっかけで知り合う。

ぴょんぴょん 副詞(‐と) くり返し身軽にとびはねるようす。例 ウサギがぴょんぴょんはねる。

ピョンヤン【平壌】 地名 朝鮮民主主義人民共和国（北朝鮮）の首都。へいじょう。▼英語 Pyongyang

ひら【平】 名詞 組織の中で、役職についていないこと。また、その人。例 平の社員。

びら 名詞 ❶ 宣伝や広告などのため、人目につくところにはる紙。ポスター。❷ 宣伝や広告のため、人にくばる紙きれ。ちらし。

ひらあやまり【平謝り】 名詞 一生けんめいにあやまること。ことば「平謝りにあやまる」

ひらい【飛来】 名詞 する動詞 飛んで来ること。例 毎年、ハクチョウが飛来する湖。

ひらいしん【避雷針】 名詞 かみなりの被害をふせぐため、建物などの上に立てる金属のぼう。導線で、かみなりの電気を地中に流す。参考 アメリカのフランクリンが発明した。

ひらいずみ【平泉】 地名 岩手県にある町。中尊寺などの、浄土を表す建築・庭園・遺跡が、世界文化遺産。⇩695ページ・世界遺産（図）。

ひらおよぎ【平泳ぎ】 名詞 手を左右にひらきながら水をかき、足をのびちぢみさせて進む泳ぎ方。胸泳。ブレストストローク。

ひらがな【平仮名】 名詞 かなの一つ。漢字の草書体をくずしてつくられたもの。「あいうえお」など。例 漢字の読み方を平仮名で書く。対 片仮名。

ひらき【開き】 名詞 ❶ あけること。あき具合。例 口の開きが足りない。❷ へだたり。差。例 二人の力にはそうとうの開きがある。❸ 魚をひらいてほしたもの。例 サンマの開き。❹《ほかの言葉の下につけて》始めること。例 プール開き／店開き。

ひらきど【開き戸】 名詞 一方をちょうつがいなどで止めて、前後に開くようにした戸。対 引き戸。

ひらきなおる【開き直る】 動詞 観念して、ふてぶてしい態度をとる。例 注意したら開き直ってくってかかってきた。活用 ひらきなお・る。

ひらく【開く】 動詞 ❶〔しまっていたものが〕開く。また、開ける。例 門が開く。／とびらを開く。❷〔とじていたものが〕広がる。また、広げる。例 花が開く。／教科書を開く。❸〔物事を〕始める。例 店を開く。対 ①〜③ 閉じる。❹ へだたりが大きくなる。例 差が開く。❺ 新しい土地をたがやす。例 山を開いて畑にする。活用 ひら・く。

ひらける【開ける】 動詞 ❶〔家などができて〕にぎやかになる。例 土地が開ける。❷ 世の中が進んで便利になる。例 文明が開ける。❸ よい方に向かう。例 運が開ける。❹ じゃまをするものがなくなり、広く見わたせる。例 目の前にとつぜん、海が開けた。❺ ものわかりがよい。例 開けた人。活用 ひら・ける。

ひらたい【平たい】 形容詞 ❶ 厚みが少なく、横に広い。例 平たいはこ。❷ 平らで、でこぼこが少ない。例 平たい土地。❸〔言葉が〕わかりやすい。例 平たく言う。活用 ひらた・い。参考「ひらったい」「ひらべったい」ともいう。

ひらて【平手】 名詞 開いた手のひら。例 平手でほおをたたく。対 こぶし。

ひらに【平に】 副詞 なにとぞ。どうか。例 平に、平にごかんべんください。／失礼の段、平にお許し

ことばあそび ことばクイズ❶ □の中に入る同じことばは何でしょう？

くださいひ。参考 相手に許してほしいと願うときに使う言葉。

ひらひら 副詞(ーと) する動詞 うすく軽いものが、まうように動くようす。例 花びらがひらひらちった。

ピラフ 名詞 バターでいためた米を、肉やタマネギなどといっしょにたいたごはん。また、洋風のいためごはん。▼英語(フランス語から) pilaff

ひらべったい【平べったい】 形容詞 ⬇ひらたい。活用 ひらべった・い。

ピラミッド 名詞 大昔のエジプトなどでつくられた、角すいの形の大きな建物。エジプトでは王などの墓だった。また、その形の建物のこと。⇩図。▼英語 pyramid

ピラミッド

ひらめ 名詞 ヒラメ科の魚。海底の砂地にすむ。体は平たく、置いて上から見たときに、両方の目が体の左側にある。食用にする。漢字 平目。鮃。

ひらめかす 動詞 ❶ぴかりと光らせる。例 刀をひらめかしてとびかかる。❷旗や紙などをひらひらさせる。例 はたはたと旗をひらめかす。❸[すぐれた力や考えなどを] ちらっと見せる。例 かくれた才気をひらめかす。活用 ひらめか・す。

ひらめき 名詞 ❶ぴかっと光ること。例 いなずまのひらめきを見上げる。❷ひらひらすること。例 旗のひらめき。❸ちえや才気が感じられること。例 言葉にちえのひらめきがある。

ひらめく 動詞 ❶いっしゅん、ぴかっと光る。例 夜空にいなずまがひらめく。❷[旗などが]風でひらひらする。例 万国旗が風にひらめいている。❸[すばらしい考えなどが]急に頭にうかぶ。例 よいアイデアがひらめいた。活用 ひらめ・く。

ひらや【平屋・平家】 名詞 一階だての家。

ひらりと 副詞 すばやく、軽々と体を動かすようす。例 ひらりと身をかわす。/ひらりと馬にとびのる。

びり 名詞 一番後。さいご。例 かけっこでびりになった。参考 くだけた言い方。

ピリオド 名詞 ヨーロッパなどの言葉で、文の終わりにうつ点。終止符。「.」で表す。▼英語 period

ピリオドをうつ【ピリオドを打つ】 慣用句 けじめをつける。物事を終わりにする。例 長い争いに、ようやくピリオドを打つ。参考 英語の熟語 put a period (終わりにする) の直訳と思われる。

ひりき【非力】 名詞 形容動詞 力が弱いこと。また、才能や能力が足りないこと。例 非力な選手。参考 自分の能力をへりくだる場合にも用いる。例 自分の非力をはずかしく思う。

ひりつ【比率】 名詞 二つ以上の数や量をくらべたときのわり合い。例 電車で通学する人の比率が高い。

ぴりっと 副詞 する動詞 ❶舌などに強いしげきを感じるようす。例 ぴりっとからい味がする。❷気持ちや態度がひきしまるようす。例 監督の注意で、チームがぴりっとする。

ひりひり 副詞(ーと) する動詞 ひふやねんまくに、いたさやからさを感じ続けるようす。例 日焼けをしたはだがひりひりする。

びりびり 副詞(ーと) する動詞 ❶布や紙がさけるようす。また、そのときの音。例 手紙をびりびりとやぶる。❷物がこきざみにふるえるようす。また、そのときの音。例 爆風をうけて、窓ガラスがびりびりと鳴った。❸電気のしげきを、体に感じるようす。例 静電気で、手がびりびりした。

ぴりぴり 副詞(ーと) する動詞 ❶からみなどで、口の中にさされるようなしげきを感じるようす。例 からくて、舌がぴりぴりする。❷ひふにいたみを感じるようす。例 傷口がぴりぴりといたむ。❸きんちょうなどで、神経が高ぶっているようす。例 試合を前にして、選手がぴりぴりしている。

びりゅうし【微粒子】 名詞 とても細かい、つぶ。

ひりょう【肥料】 名詞 植物がよく育つように、土にまぜるもの。例 肥料をやる。

びりょく【微力】 名詞 形容動詞 ❶力が足りないこと。また、その力。例 微力であっても、せいいっぱいつくす。❷自分の力をへりくだっていう言葉。ことば 「微力ながら(お手伝いいたします)」

ひる【昼】 名詞 ❶朝から夕方まで。日の出ている間。例 昼の間に、じゅんびをしておく。対 夜。❷正午。例 昼の時報。❸昼食。昼飯。例 そろそ

ろ昼にしよう。

ビル 名詞 「ビルディング」の略。

ひるいない【比類ない】 連語 くらべるものがないほど、すぐれているようす。例 比類ない美しさ。

ひるがえす【翻す】 動詞 ❶ひらりとうらをかえす。例 魚が白いはらを翻す。❷体をおどらせる。例 身を翻す。❸［それまでの考えや態度を］急にかえる。例 意見を翻す。❹風にひらひらとなびかせる。例 旗を翻す。活用 ひるがえ・す。

ひるがえって【翻って】 副詞 立場をかえて今までと別な見方をすれば。例 翻って考えてみると、かれにはかれなりのりくつがある。

ひるがえる【翻る】 動詞 ❶表のものがさっとうらになる。例 本のページが風で翻る。❷風にふかれてひらひらする。例 旗が風にひらひらと翻る。❸［それまでの考えや態度が］急にかわる。例 決定が翻る。活用 ひるがえ・る。

ひるがお【昼顔】 名詞 ヒルガオ科の植物。野原や道ばたにはえる。夏、うすいピンク色の花がさく。参考 アサガオに対して、昼間もさいているので、この名前がついた。

ひるごはん【昼御飯】 名詞 昼に食べるごはん。昼飯。昼食。

ひるさがり【昼下がり】 名詞 正午を少しすぎたころ。例 夏の日の昼下がり。

ひるすぎ【昼過ぎ】 名詞 正午をすぎたころ。例 昼過ぎから雨がふりだした。

ビルディング 名詞 鉄筋コンクリートなどでつくった、西洋風の大きく高い建物。ビル。▼英語 building

ひるどき【昼時】 名詞 昼食のころ。正午のころ。

ひるとなくよるとなく【昼となく夜となく】 慣用句 昼でも夜でも。いつも。例 昼となく夜となく川は流れる。

ひるね【昼寝】 名詞 する動詞 昼間、少しだけねること。例 一時間ほど昼寝をする。

ひるひなか【昼日中】 名詞 真っ昼間。昼のさなか。例 昼日中からごろごろするな。

ひるま【昼間】 名詞 朝から夕方までの間。日の明るい間。例 昼間、働く。対 夜間。

ビルマ 地名 「ミャンマー」の古いよび名。

ひるまえ【昼前】 名詞 正午になる少し前。また、午前中。例 昼前に仕事をかたづけて、旅行に出かける。

ひるむ 動詞 ［相手のいきおいにおされて］弱気になる。こわいと思う気持ちになる。例 はり手で相手をひるませ、一気におしだした。活用 ひる・む。

ひるめし【昼飯】 名詞 昼ごはん。昼食。例 昼飯の時間だ。参考 くだけた言い方。

ひるやすみ【昼休み】 名詞 昼の食事のためにとる休み。

ひれ 名詞 魚などの体からつきでた、泳ぐための器官。背びれ・胸びれ・腹びれ・しりびれ・おびれなどがある。⇨図。

[1]**ひれい【比例】** 名詞 する動詞 二つの数または量のうち、一方が二倍・三倍…になると、他方も二倍・三倍…になるような関係。正比例。対 反比例。例。

[2]**ひれい【非礼】** 名詞 形容動詞 れいぎのきまりに合っていないこと。ことば 「非礼をわびる」

背びれ
胸びれ
おびれ
しりびれ
腹びれ

ひれ

ひれつ【卑劣】 名詞 形容動詞 性質やおこないなどが、ずるくて、いやしいこと。例 卑劣な人間にはなりたくない。／卑劣なやり方。

ひれふす【ひれ伏す】 動詞 体や頭を地面につけるようにして、おじぎをする。例 大地にひれ伏しておいのりをする。活用 ひれふ・す。

ひろ 名詞 助数詞 昔に使われた、長さの単位の一つ。一ひろは、両手を左右にのばした長さで、やく一・八メートル。参考 水深などをはかるのに使った。

ひろい【広い】 形容詞 ❶面積が大きい。例 広い部屋。❷はばが大きい。例 広い通り。❸行きとどくはんいが大きい。例 知識が広い。❹気持ちが、ゆったりしているようす。例 心の広い人。対 ①〜④せまい。活用 ひろ・い。

ひろいあげる【拾い上げる】 動詞 ❶落ちている物を拾って手にとる。例 道ばたの石を拾い上げる。❷選にもれたもの、めぐまれない人などを、特に取り上げる。例 選外の作品からさらに数点を拾い上げて佳作にする。活用 ひろい

あいうえお かきくけこ さしすせそ たちつてと なにぬねの はひふへほ ひ まみむめも や ゆ よ らりるれろ わ を ん

あ・げる。

ひろいあつめる【拾い集める】動詞 落ちているものなどを拾って集める。例みんなで海岸のごみを拾い集める。活用 ひろいあつ・める。

ひろいもの【拾い物】名詞 ❶拾うこと。また、拾ったもの。❷思いがけない、とくなもの。例この本がたったの五百円とは、拾い物だ。

ひろいよみ【拾い読み】名詞 する動詞 ❶〔おもしろそうなところや大切なところをえらんで〕文章をところどころ読むこと。例新聞記事を拾い読みする。❷一字ずつたどりながら読むこと。例外国語の文章を拾い読みする。

ヒロイン 名詞 小説や劇などの女性の主人公。対ヒーロー。▼英語 heroine

1 **ひろう**【披露】名詞 する動詞 広く人々に知らせること。また、人に見せること。例かくし芸を披露する。

2 **ひろう**【拾う】動詞 ❶落ちているものを取り上げる。例クリを拾う。対捨てる。❷多くの中から選んで取る。例新聞から話題を拾う。❸走っている車をよびとめて乗る。例タクシーを拾う。活用 ひろ・う。

3 **ひろう**【疲労】名詞 する動詞〔体や心が〕つかれること。くたびれること。つかれ。類過労。

ビロード 名詞 綿・絹などを使い、表面に毛が立つように織った、なめらかでつやのある織物。▼ポルトガル語・スペイン語

ひろがり【広がり】名詞 広がること。また、広がったところ。例病気の広がりをおさえる。

ひろがる【広がる】動詞 ❶開いて広くなる。空間が大きくなる。例クジャクの羽が広がる。／道が広がる。対せばまる。❷広く行きわたる。例うわさが広がる。活用 ひろが・る。

ひろげる【広げる】動詞 ❶広くする。大きくする。例店を広げる。／仕事を広げる。❷先の方を大きくする。例大きな木が、えだを広げる。❸〔とじたり、つつんだりしてあるものを〕開く。例弁当を広げる。❹たくさんのものをいっぱいにならべる。例路上に品物を広げて売る。活用 ひろ・げる。

ひろさ【広さ】名詞 広がりの大きさ。ある区切られた形の大きさ。例かれは心の広さがある。

ひろしまけん【広島県】地名 中国地方中部の県。県庁所在地は広島市。⇩916ページ・都道府県（図）。

ひろしまし【広島市】地名 広島県の県庁所在地。⇩916ページ・都道府県（図）。

ひろっぱ【広っぱ】名詞 ➡ひろば。

ピロティ〔西洋風の建築で〕家の一階の部分が、壁などがなく空間になっているところ。参考⇩テラス。バルコニー。ベランダ。▼フランス語

ひろば【広場】名詞 建物などがなく、広くあいている場所。広っぱ。例近所の広場であそぶ。

ひろびろ【広広】副詞（ーと） する動詞 とても広いようす。例広々とした公園。参考 ふつう「広々」と書く。

ひろま【広間】名詞 特別に広くつくった部屋。

ひろまる【広まる】動詞 ❶広くなる。❷広いはんいにわたって知られたり、おこなわれたりする。例うわさは学校中に広まった。活用 ひろま・る。

ひろめる【広める】動詞 ❶はんいを広くする。例知識を広める。❷広く知られるようにする。例仏教を広める。活用 ひろ・める。

1 **ひわ**【秘話】名詞 世の中に知られていない話。例開発秘話。

2 **ひわ**【悲話】名詞 悲しい話。例悲話を伝え聞く。

1 **びわ** 名詞 バラ科の木。葉のうらに、うす茶色の毛がはえている。十一月ごろ白い花がさき、よく年の初夏にだいだい色の実がなる。実を食用にする。漢字 枇杷。

2 **びわ** 名詞 東洋の弦楽器の一つ。大きなしゃもじのような形の胴に四本または五本の弦をはり、ばちではじいて鳴らす。漢字 琵琶。⇩図。

ばち②

²びわ

びわこ【琵琶湖】地名 滋賀県中央部にある、日本最大の湖。

ひわり【日割り】名詞 ❶給料や使用料などを、一日についていくらとわりあてること。例アルバイト代を日割りでもらう。❷何日かかかる仕事などを、前もって一日ごとにわりあてること。例工事の日割りを決める。

ひわれ【干割れ】名詞 かわきすぎて、ひびが

ア 的に□ イ 日が□ ウ 予想が□

入ったりわれたりすること。また、そのわれ目。

ひをおって【日を追って】慣用句 日がたつにつれて。例日を追って寒くなる。

ひをだす【火を出す】慣用句 火事を起こす。例あやまって火を出す。

ひをつける【火を付ける】慣用句 ❶点火する。例ろうそくに火を付ける。❷放火する。❸何かのきっかけをつくる。そそのかす。例さわぎに火を付ける。

ひをとおす【火を通す】慣用句 にたり焼いたりして、食品に熱を加える。例魚に火を通す。

ひをはく【火を吐く】慣用句 ❶火をふき出す。例火山が火を吐く。❷口調がはげしいようす。例火を吐くような演説。

ひをはなつ【火を放つ】慣用句 放火する。火を付ける。例火を放って、敵をせめる。

ひをふく【火を吹く】慣用句 ❶ふき出すようにいきおいよくもえる。❷銃からたまがとび出す。例機関銃がいっせいに火を吹いた。❸中にこもっていたものが、はげしくふき出す。例民衆の不満が火を吹いた。

ひをみるよりもあきらか【火を見るよりも明らか】慣用句 うたがうようなことは何もなく、はっきりしているようす。例計画の失敗は、火を見るよりも明らかだ。

ひん【品】名詞 その人やその物の外に表れた、すぐれたようすや好ましい感じ。例品よく着こなす。／品のない言葉づかい。

[1]**びん**【便】名詞 荷物・手紙などを運ぶこと。また、その方法。例次の便で荷物を送る。／航空便。

[2]**びん**【瓶】名詞 水などを入れる口の細くなった入れ物。ガラス・焼き物などでできている。

ピン 名詞 物をとめるためのはり。虫ピン・安全ピン・ヘアピンなど。▼英語 pin

ひんい【品位】名詞 その人やその物にそなわっている、品のよさ。品格。ことば「品位をたもつ」

ひんがいい【品がいい】慣用句 人や物にそなわった感じが、すぐれていて、好ましい。例品がいい男性。

ひんかく【品格】名詞 その人やその物にそなわっている上品さ。品位。気品。

びんかつ【敏活】名詞 形容動詞 体の動きや頭の働きなどが、すばやくて活発なこと。例こがらな選手が敏活な動きを見せる。

ピンからキリまで 慣用句 はじめから終わりまで。また、一番よいものから一番悪いものまで。例宝石といっても、ピンからキリまである。

参考「ピン」も「キリ」も、もとはポルトガル語。

びんかん【敏感】形容動詞 物事に対する感じ方が、すばやく、するどいようす。例姉はにおいに敏感だ。／敏感に反応する。対鈍感。

ひんく【貧苦】名詞 びんぼうのため苦しむこと。また、その苦しみ。例貧苦とたたかいながら小説を書き続けた。

ピンク 名詞 ⬇1307ページ・ももいろ。▼英語 pink

ひんけつ【貧血】名詞 血液、特に赤血球が少なくなること。顔が青くなり、めまいなどをおこす。

[1]**びんご**【備後】地名 昔の国の名。今の広島県東部に当たる。

[3]**ビンゴ** 名詞 数字あわせのゲーム。たて五つ、よこ五つ、あわせて二五のますめのカードで、読みあげられた数字を消していき、それが早くたて・よこ・ななめのいずれかに五つならんだ人を勝ちとする。また、そのときに言う言葉。▼英語 bingo

ひんこう【品行】名詞 ふだんのおこない。例品行の正しい人。類行儀。行状。素行。

ひんこうほうせい【品行方正】四字熟語 ふだんのおこないが正しいこと。例品行方正な生徒。

ひんこん【貧困】名詞 形容動詞 ❶びんぼうで生活が苦しいこと。例貧困にたえる。❷必要なものが足りないこと。例知識の貧困。／政治の貧困をうれえる。

[1]**ひんし**【ひん死】名詞 死にかかっていること。今にも死にそうなこと。例ひん死の重傷を負って病院にかつぎこまれる。

[2]**ひんし**【品詞】名詞 一つ一つの言葉を、その働きや使い方などによって分類したもの。名詞・動詞など。

ひんしつ【品質】名詞 品物の性質。

ひんじゃ【貧者】名詞 まずしくて、生活が苦しい人。

ひんじゃく【貧弱】名詞 形容動詞 ❶〔やせていたり、みすぼらしかったりして〕見おとりがすること。例貧弱な体。／貧弱な身なり。❷ゆたかでないこと。十分でないこと。例貧弱な知識。

ひんじゃのいっとう【貧者の一灯】ことわざ まずしい人からの心のこもったおくり

 ことばあそび ことばクイズ❷ □の中に入る同じことばは何でしょう？

物はとうといということ。

ぴんしゃん 副詞(ーと) する動詞 年をとっても元気なようす。例 ぴんしゃんとしたお年寄り。

ひんしゅ【品種】 名詞 同じ種の家畜や作物を、性質や形などによってさらに細かく分けたもの。

ひんしゅかいりょう【品種改良】 名詞 家畜や作物を、今よりもっと役に立つような性質のものにつくりかえること。

ひんしゅつ【頻出】 名詞 する動詞 同じものがしきりに出てくること。例 教科書に頻出する言葉。

びんしょう【敏しょう】 名詞 形容動詞 〔動きなどが〕すばやいこと。例 敏しょうな動きを見せる。類 迅速。漢字 敏捷。

びんじょう【便乗】 名詞 する動詞 ❶ほかの目的に使用される車や船に、ついでに乗せてもらうこと。例 駅まで友人の車に便乗させてもらった。❷自分に都合のよいできごとなどを、うまく利用すること。例 品物の不足に便乗して値上げする。

ヒンズーきょう【ヒンズー教】 名詞 紀元前二〇〇〇年ごろインドにおこった宗教。世界の四大宗教の一つ。ヒンドゥー教。参考「インド教」ともいう。

ひんせい【品性】 名詞 その人がもっている性格。人がら。例 品性がいやしい。

ピンセット 名詞 小さな物をつまむのに使う、金属でできたVの字の形の道具。▼オランダ語 ⇩図。

びんせん【便箋】 名詞 手紙を書くための紙。

ひんそう【貧相】 一 名詞 びんぼうそうな顔つき。 二 形容動詞 みすぼらしくみえること。例 やせて貧相な人。

ピンセット

びんそく【敏速】 名詞 形容動詞 〔動きや仕事などが〕すばやいこと。例 敏速に行動する。類 迅速。

ピンチ 名詞 おいつめられて、あぶなくなった状態。危機。▼英語 pinch

ピンチヒッター 名詞 ➡750ページ・だいだ。▼英語 pinch-hitter

ピンチランナー 名詞 ➡750ページ・だいそう。▼英語 pinch-runner

びんづめ【瓶詰】 名詞 保存するために、食品などをびんにつめること。また、つめた物。例 瓶詰のジャム。

ヒント 名詞 それとなく知らせる手がかり。問題をとくための手がかり。例 答えのヒントをあたえる。類 かぎ。▼英語 hint

ひんど【頻度】 名詞 同じことがくり返される度合い。例 月に一回くらいの頻度でやって来る。

ぴんと[1] 副詞 ❶いきおいよくそりかえるようす。例 胸をぴんとはる。❷たるまないように、まっすぐはるようす。また、まっすぐにのばすようす。例 ロープをぴんとはる。／背すじをぴんとのばす。❸いきおいよくはねあがるようす。例 はかりの針がぴんとはねあがる。❹見たり聞いたりしたとき、すぐにわかるようす。ことば「ぴんとくる」「ぴんとこない」例 顔を見て、うそをついていることが、ぴんときた。

ピント[2] 名詞 ❶カメラなどのレンズの焦点。ことば「ピントを合わせる」❷物事の大切な点。例 ピントがずれた話。参考 オランダ語から。

ひんぱつ【頻発】 名詞 する動詞 同じことがたびたびおこること。例 夏は食中毒が頻発する。

ピンはね 名詞 する動詞 他人がもらうはずのお金の一部を取り上げて、自分のものにすること。上前をはねること。例 人のかせぎをピンはねする。参考 くだけた言い方。

ひんぱん【頻繁】 名詞 形容動詞 たびたびくり返されること。例 わたしの家には客が頻繁におとずれる。

ひんぴょう【品評】 名詞 する動詞 品物や作品などについて話し合い、そのよい悪いを決めること。しなさだめ。例 品評会。

ぴんぴん 副詞(ーと) する動詞 ❶いきおいよく、はねるようす。例 魚がぴんぴんはねる。❷元気なようす。例 けがをしたと聞いたが、ぴんぴんしている。

ひんぴんと【頻頻と】 副詞 同じようなことが何度も続いて起こるようす。例 大雪のため、交通事故が頻々とおこっている。参考 ふつう「頻々と」と書く。

ひんぷ【貧富】 名詞 まずしいことと、ゆたかなこと。また、びんぼうな人と金持ち。ことば

「貧富の差（がはげしい）」

びんぼう【貧乏】 名詞 形容動詞 する動詞 必要なお金や物が足りなくて、生活がとても苦しいこと。例 貧乏な生活。

びんぼうがみ【貧乏神】 名詞 人をびんぼうにしてこまらせるといわれる神。例 貧乏神にとりつかれる。

びんぼうくじ【貧乏くじ】 名詞 ほかにくらべて損な役わり。ことば「貧乏くじを引く」

びんぼうしょう【貧乏性】 名詞 心にゆとりがなくて、くよくよする性質。例 貧乏性で、小さなことが気になる。

びんぼうひまなし【貧乏暇無し】 ことわざ まずしさのために生活に追われて、少しも時間のゆとりがないこと。

びんぼうゆすり【貧乏揺すり】 名詞 すわっているときに、ひざや体などを細かく動かすくせ。

ピンぼけ 名詞 形容動詞 する動詞 ❶カメラの焦点が合っていないため、写真がぼけてうつること。❷もっとも大切な点からはずれていること。例 ピンぼけな答え。参考「ピン」は「ピント」の略。

ピンポン 名詞 ⇩771ページ・たっきゅう。▼英語 Ping-Pong

ひんまげる【ひん曲げる】 動詞 ❶強い力でまげる。例 自転車のハンドルをひん曲げる。❷物事をゆがめる。例 事実をひん曲げて伝える。参考「ひん」は動詞の上につけて、意味を強める言葉。活用 ひんま・げる。

ひんめい【品名】 名詞 品物の名前。例 伝票に品名を記入する。

ひんもく【品目】 名詞 品物の種類。また、それを表す名前。例 輸入品目。

ひんやり 副詞(-と) する動詞 冷たさを感じるようす。例 ひんやりと冷たい風がふく。

びんらん【便覧】 名詞 あることがらを知るのに都合がよいようにつくられた本。ハンドブック。例 学校便覧。参考「べんらん」ともいう。類 一覧。

びんわん【敏腕】 名詞 形容動詞 仕事をてきぱきとおこなう能力があること。また、そのうでまえ。例 敏腕の記者。類 うできき。

ふ

ぷ ぶ
プ ブ フ
PU BU HU
pu bu hu

ふ[1] 名詞 小麦粉に水を加えてねるとできるグルテンから作る食品。にものなどに使う。

ふ[2]【府】 名詞 地方公共団体の一つ。都・道・県と同格のもの。参考 大阪府と京都府の二つ。類 都。道。県。

ふ[3]【譜】 名詞 音楽のメロディーやリズムを記号でしるしたもの。楽譜。ことば「譜を読む」

ぶ[1]【分】 一 名詞 試合などで、勝てそうなようす。例 こちらに分がある。二 助数詞 ❶割合を表す単位。割の十分の一。例 一割五分。❷日本で使われていた長さの単位。一寸の十分の一。例 一寸五分。❸温度・角度を表す単位。度の十分の一。例 三十九度五分も熱がある。参考 数を表す言葉の下につけて使う。

ぶ[2]【歩】 助数詞 日本で使われていた面積の単位。一歩は、やく三・三平方メートル。

ファースト 名詞 ❶一番目。参考「●●ファースト」は「●●が一番である」「●●が優先される」の意味。例 お客さまファースト。❷もっとも上。例 ファーストクラス。❸野球で、一塁。ファーストベース。また、一塁手。▼英語 first

ファーストフード 名詞 ハンバーガー・フライドチキン・ドーナツなどのように、店で注文するとすぐに出てくる、手軽な食べ物。ファストフード。▼英語 fast food

ファーブルこんちゅうき【ファーブル昆虫記】 書名 ファーブルによってまとめられた読み物。身近なこん虫を深くかんさつし、そのくらしぶりを目に見えるようにあざやかに伝えている。参考 ファーブル(Jean-Henri Fabre)はフランスのこん虫学者。

ぶあい【歩合】 名詞 ❶全体の数に対する、ある数のわりあい。❷取り引きの額におうじた手数料。例 一割の歩合をいただきます。

ぶあいそう【無愛想】 名詞 形容動詞 親しみがなく、そっけないこと。例 無愛想な対応。参考「ぶあいそ」ともいう。

ファイト 名詞 戦おうとする元気。また、物事をしようとする元気。ことば「ファイトをもやす」参考 fight には「闘志」という日本語と同じ意味があるが、動詞は「戦う、格闘する」という意味なので、ファイト！は「戦え」とあおる掛け声になる。

ファイル[一]（名詞）（する動詞）書類などを整理してとじこむこと。また、とじこんだもの。例 新聞の切りぬきをファイルする。
[二]（名詞）❶書類などをとじこむためのもの。書類ばさみ。❷コンピューターで、ハードディスクなどの記憶装置に保存された情報の集まり。▼英語 file

ファインプレー（名詞）〔運動競技などの〕みごとなわざ。美技。▼英語 fine play

ファウル（名詞）❶運動競技で、きまりをやぶること。反則。❷野球・テニスなどで、打ったボールが決まった線から外に出ること。また、そのボール。対 フェア。▼英語 foul

ファクシミリ（名詞）文字や図を電話回線で送る方法。文字や図などを電気信号にかえておくり、それを受信側が紙の上に表す。ファックス。▼英語 facsimile

ファゴット（名詞）木管楽器の一つ。低音をうけもつ。バスーン（bassoon）。▼イタリア語

ファスナー（名詞）プラスチックや金属の小さな歯の形をしたものをつけた布テープを二本ならべてつけ、その間に金具をすべらせてかみあわせたりはなしたりしてあけしめするとめ具。ふくろの口や洋服のあきなどにつける。チャック。ジッパー。参考 英語で fastener はボタンやホックをふくめて、広く「留め具」をさす。日本でいうファスナーは、英語では zipper という。

ぶあつい【分厚い】（形容詞）〔本・板などの〕あつみがかなりある。例 分厚い本。活用 ぶあつ・い。

ファックス（名詞）⇩ファクシミリ。

ファッション（名詞）〔洋服の型の〕流行。はやり。また、流行の服。▼英語 fashion

ファッションショー（名詞）新しい型の衣服を着て人に見せるもよおし。▼英語 fashion show

ファミコン（名詞）テレビゲーム用の家庭向けコンピューター。参考「ファミリーコンピュータ」の略。商標名。

ファミリー（名詞）家族。一家。▼英語 family

ファミリーレストラン（名詞）家族連れなどが気軽に利用できるように、手ごろなねだんの料理をいろいろそろえたきぼの大きい食堂。ファミレス。参考 英語の「ファミリー」とフランス語の「レストラン」を組み合わせて日本でつくった言葉。

ファラデー（人名）（一七九一〜一八六七）イギリスの化学者・物理学者。実験化学ですぐれた仕事をしたあと、電磁気研究にむかい、電磁誘導の法則や電気分解の法則を発見した。マイケル＝ファラデー（Michael Faraday）。

ふあん【不安】（名詞）（形容動詞）〔おそろしさや心配などのため〕安心できないこと。例 一人で行くのは初めてなので不安だ。類 心配。対 安心。

ファン（名詞）〔ある人物や組織、物事などが〕好きで、それに夢中になっている人。例 映画ファン。▼英語 fan

ファンクション（名詞）機能。働き。作用。▼英語 function

ファンタジー（名詞）❶空想。幻想。幻想的な話。❷自由な形式でかかれた器楽曲。幻想曲。▼英語 fantasy

ふあんてい【不安定】（名詞）（形容動詞）ぐらぐらしてあぶないこと。物事が落ち着かないこと。例 不安定なしせい。／決まった職がなく、生活が不安定だ。対 安定。

ふあんない【不案内】（名詞）（形容動詞）様子や事情が、よくわからないこと。例 わたしは音楽にはまるで不案内だ。

ファンファーレ（名詞）❶太鼓・トランペットなどを使って演奏する、はなやかでいさましい感じのする短い曲。❷三和音〔たとえばド・ミ・ソ〕だけを使う、トランペットによる合図。▼英語（ドイツ語から）fanfare

ファンレター（名詞）芸能人やスポーツ選手などにファンが出す手紙。▼英語 fan letter

ふい[1]（名詞）〔それまでのほねおりや、手に入れたものなどが〕だめになること。むだになること。例 せっかくのかざりつけが、雨でふいになった。

ふい[2]【不意】（名詞）（形容動詞）思いがけないこと。とつぜんであること。例 不意に現れた。ことば ⇩「不意を突く」

ブイ[1]（名詞）❶海の上にうかべてある目じるし。浮標。⇩図。❷船などについている救命用のうきぶくろ。うき。▼英語 buoy

ブイ[2]【V・v】（名詞）❶アルファベットの二十二番目の文字。❷電圧の単位「ボルト」を表す記号。「V」。

ブイアイピー【VIP】（名詞）もっとも重要な人。特に、政府で重要な地位にある人、国が

まねいた客などをさす。V.I.P.。参考「ビップ」ともいう。英語の very important person の略から。

ブイ①

フィート 名 助数詞 西洋で使っている長さの単位。一フィートは、約三〇・五センチメートル。参考 英語の feet は foot の複数形。foot は「足」でその長さ（大きさ）が単位になったもの。▼英語 feet

フィーバー 名 する動詞 熱狂。熱中。▼英語 fever

フィーリング 名 何となくうける感じ。感覚。例 フィーリングのいい店。ことば「フィーリングが合う（人）」▼英語 feeling

フィールド 名 ❶陸上競技場で、トラックにかこまれた内側の部分。走りはばとびややり投げなどの競技をおこなう。対 トラック。❷ラグビー・野球などの競技場。▼英語 field

フィールドアスレチック 名 自然の地形を利用したコースにロープや丸太などでつくった設備をおいて、そこを通過しながら体力づくりをする野外スポーツ。また、その設備。参考 商標名。

フィールドサイン 名 野生動物が残した生活のあと。ふん・足あと・食べ残しなど。▼英語 field sign

フィールドワーク 名 学問の分野で、研究室の外に出ておこなう調査や研究。▼英語 fieldwork

ふいうち【不意打ち】 名 相手がゆだんしているところをねらって、とつぜん攻撃をしかけること。ことば「不意打ちをくらわす」「不意打ちをくう」

ブイエイチエフ【VHF】 名 ⇩巻末「アルファベット略語集」1558ページ。

ブイエス【VS】 スポーツ競技や試合で、対戦する競技者やチームを「…対…」と示すときの記号。例 赤組VS白組。参考 ラテン語から英語になった versus の略号。

フィギュア 名 ❶スケート競技の一つで演技をしながらすべるもの。フィギュアスケート。参考 英語の「フィギュアスケーティング（figure skating）」から。❷映画やアニメの登場人物などに似せて作った人形。

フィクション 名 ❶考えてつくり出した、じっさいにはない話や筋。❷小説。対 ノンフィクション。▼英語 fiction

ふいご 名 風を送って、火をおこしたり火のいきおいを強くしたりする道具。かじ屋が鉄などをきたえるときに使う。⇩図。

ブイサイン【Vサイン】 名 勝ったときのよろこびや、かならず勝つぞという意気ごみを表すしるし。中指と人さし指を立てて、アルファベットのVのように開き、手のひらのほうを相手に向ける。参考 Vは victory（勝利）を表す。▼英語 V sign

フィジカル 形容動詞 肉体的。身体的。例 フィジカルトレーニング。▼英語 physical

ふいちょう【ふい聴】 名 する動詞 言いふらすこと。例 人の悪口をふい聴して回る。漢字 吹聴。

フィッシング 名 実際にある組織を名のり、ID、パスワード、暗証番号などの個人情報をだましとること。フィッシングさぎ。▼英語 phishing

ブイティーアール【VTR】 名 ⇩1098ページ・ビデオテープレコーダー。

ぷいと 副詞 きげんを悪くして、急に何かをするようす。例 ぷいと顔をそむける。

フィナーレ 名 オペラや劇などの、終わりの幕。終幕。また、物事の最後の場面。大づめ。▼英語（イタリア語から）finale

ブイネック【Vネック】 名 シャツやセーターなどで、前をVの字の形にあけてあるえりの形。▼英語 V-neck

フィラメント 名 電球や真空管などの中にあって、電流を通すと光を出す細い線。参考 多くタングステンという金属を使う。⇩図。▼英語 filament

ふいご

ことばクイズ❸ □の中に入る同じことばは何でしょう？

¹**ふいり**【ふ入り】名詞 植物の葉や花などで、地の色にほかの色がまだらにまじっていること。

電球
フィラメント

²**ふいり**【不入り】名詞 〔しばい・映画・スポーツなどの〕もよおし物に、客が少ししか入らないこと。入りが悪いこと。対 大入り。

フィリピン 地名 フィリピン共和国。太平洋と南シナ海との間にあって、ルソン島やミンダナオ島など多くの島々からなる国。首都はマニラ。▼英語 Philippines

フィルター 名詞 ❶液体や気体の中にまじっている不要な物をとりのぞくための装置。❷色ガラスなどを使って、ある特定の光だけを通す装置。カメラのレンズの前などにつける。▼英語 filter

フィルム 名詞 ❶うすいプラスチックの表面に光を感じてへんかする薬品をぬったもの。写真や映画をうつすのに使う。❷「フィルム①」を使ってうつしたもの。特に、映画。参考 ①②「フイルム」ともいう。▼英語 film

ふいをうつ【不意を打つ】慣用句 ⇒ふいをつく。

ふいをくう【不意を食う】慣用句 思いもよらない目にあう。例 不意を食ってあわてる。

ふいをつく【不意を突く】慣用句 とつぜんおそう。いきなり、せめる。不意を打つ。例 不意を突かれて、さすがのチャンピオンもよろけた。

ぶいん【部員】名詞 編集部や野球部など、「部」と名のつく集まりの中の一員。

フィンランド 地名 フィンランド共和国。ヨーロッパ北部で、バルト海に面した国。首都はヘルシンキ。▼英語 Finland

¹**ふう**【風】一 名詞 ❶ならわし。例 都会の風になじむ。❷やり方。例 こんな風に考える。❸ようす。ふり。例 なにげない風をよそおう。
二 接尾語 《言葉のあとにつけて》そのような感じがする。例 中国風の食べ物。

²**ふう**【封】名詞 物の合わせ目をとじて、あけられないようにすること。また、その合わせ目。封じ目。例 手紙の封を切る。

ふうあい【風合い】名詞 ぬのにさわったときの感じや見た感じ。例 なめらかな絹の風合い。

ふうあつ【風圧】名詞 物の表面に加わる風の圧力。風が物をおす力。

ふういん【封印】名詞 する動詞 ❶とじたところに印をおしたり紙をはったりすること。また、その印や紙のこと。例 大事な手紙に封印をする。❷とじこめること。かくして出さないこと。例 黒歴史を封印する。

ブーイング 名詞 スポーツの試合や音楽会などで、観客がぶうぶうという声をだして不満の気もちを表すこと。例 審判の判定にブーイングがおこる。▼英語 booing

ふうう【風雨】名詞 ❶風と雨。例 長い間、風雨にたえてきた家。❷雨といっしょに強い風がふくこと。あらし。例 風雨をついて出かけた。

ふううにさらされる【風雨にさらされる】慣用句 風と雨があたるままにしておかれる。例 風雨にさらされてくちはてる。

ふううをおかして【風雨をおかして】慣用句 強い風をともなう雨をものともせずに。例 風雨をおかして出発する。

ふううん【風雲】名詞 ❶風と雲。❷〔大きくかわろうとする〕世の中のなりゆき。

ふううんきゅうをつげる【風雲急を告げる】慣用句 大きなできごとがおこりそうな、ただならぬようすである。例 両国の関係は風雲急を告げる状態にある。

ふううんじ【風雲児】名詞 世の中が大きくかわるときにかつやくするすぐれた人。

ふうか【風化】名詞 する動詞 ❶岩石が、長い間の気温の変化や雨や風のために、くずれていく現象。❷なまなましい記憶や印象がしだいにうすれていくこと。例 原子爆弾のひさんな体験を風化させてはならない。

ふうが【風雅】一 名詞 形容動詞 上品でみやびやかなおもむきのあること。また、そのようす。例 風雅な住まい。
二 名詞 文芸・書画などの芸術。例 風雅の道。

ふうがい【風害】名詞 強い風による被害。

ふうかく【風格】名詞 ❶その人のもっている品位。人がら。例 かれにはどことなく大人物の風格がある。❷特別のあじわい。おもむき。例 この文章には風格がある。

ふうがわり【風変わり】名詞 形容動詞 様子・

考え方・おこないなどが、ふつうとちがっていること。例風変わりな人物。

[1]**ふうき**【風紀】名〔法律ではないが〕人々が生活するときに守らなければならない、しぜんにできた決まり。例学校の風紀がみだれる。

[2]**ふうき**【富貴】名 形容動詞 金もちで、身分の高いこと。参考「ふっき」ともいう。

ふうきり【封切り】名 する動詞 ❶ふうのしてあるものをはじめて開くこと。ふうぎり。❷新しい映画をはじめて人々に見せること。

ブーケ 名 小さな花たば。⇩図。▼英語（フランス語から）bouquet

ブーケ

ふうけい【風景】名 ❶景色。ながめ。例美しい風景。類風光。❷〔その場所・場面の〕様子。状態。例子どもが遊ぶ、ほほえましい風景。

[1]**ふうこう**【風光】名〔自然の〕景色。ながめ。類風景。景色。風致。参考あらたまった言い方。

[2]**ふうこう**【風向】名 風のふいてくる方向。風向き。

ふうこうけい【風向計】名 風のふいてくる方向を調べる器械。かざみ。

ふうこうめいび【風光明び】四字熟語 自然のながめが、とても美しいこと。また、そのようす。例風光明びな土地。漢字 風光明媚。

ふうさ【封鎖】名 する動詞 とざして出入りできないようにすること。また、出し入れできないようにすること。例工事で道は封鎖されている。

ふうさい【風采】名〔顔つき・体つき・身なりなど〕人の見かけのすがた。ようす。ことば「風采のあがらない（人）」類風体。押し出し。

ふうし【風刺】名 する動詞 それとなく遠まわしに、世の中や他人のひひょうをすること。あてこすり。例世相を風刺したまんが。類皮肉。

ふうじこめる【封じ込める】動詞 ❶とじこめて出られないようにする。❷相手が行動できないようにする。例反対の声を封じ込める。活用 ふうじこ・める。

ふうじめ【封じ目】名 ふうとうなどの口をとじたところ。例封じ目をのりづけする。

ふうしゃ【風車】名 風の力で回る、はね車。かざぐるま。参考 風の力を利用して穀物をついたり、水をくんだりするのに使う。

ふうしゅう【風習】名 その土地に、昔から伝わっているくらし方・行事などについてのならわしやしきたり。風俗や習慣。類慣習。習俗。

ふうしょ【封書】名 ふうのしてある手紙。

ふうじる【封じる】動詞 ❶ふうをしてとじる。ふうずる。❷あることをしないように、きんじる。ふうずる。例勝手な発言を封じる。活用 ふう・じる。

ふうしん【風しん】名 風疹ウイルスという病原体による発疹（ふき出もの）をともなう感染症。子どもに多く、はしかに似ているが、ふつう、三、四日でなおる。三日ばしか。漢字 風疹。

ふうすいがい【風水害】名 大風や大水によって受ける損害。

[1]**ふうせつ**【風説】名 世の中に広まっている、よりどころのないうわさ。例風説が流れる。類風評。風聞。

[2]**ふうせつ**【風雪】名 ❶風と雪。❷強い風とともにふる雪。❸人生の苦しみや、つらいこと。例風雪にたえて生きる。

ふうせん【風船】名 うすいゴムなどのふくろに気体を入れてふくらませたもの。

ふうぜんのともしび【風前のともしび】ことわざ〔風のふくところにある、ろうそくなどの火は消えやすいことから〕物事が今にもだめになりそうなこと。また、危険がせまって命があぶないこと。例敵の大軍にかこまれた城の運命は、まさに風前のともしびだ。

ふうそく【風速】名 風のふくはやさ。参考 一秒間にすすむ距離（メートル）で表す。

ふうぞく【風俗】名 その国、その地方に伝わっている、くらしの上でのならわし。類習俗。

ふうそくけい【風速計】名 風のはやさをはかるきかい。風力計。

ふうたい【風袋】名 品物の重さをはかるとき、そのものが入っているふくろ・包装紙など。外づつみ。例風袋こみで二百五十グラム。参考⇩619ページ・正味。

ふうち【風致】名 自然の美しい景色。例風致をそこなう。類風光。

ふうちょう【風潮】名 うつりかわっていく世の中のけいこう。例世の風潮にさからう。類傾向。

ふうてい【風体】名詞 身なり。服そう。例 あやしい風体の人物。類 なりふり。ふうさい。

1 **ふうど**【風土】名詞 その地方の気候や地形などの有様。例 木造建築は日本の風土にあう。

2 **フード** 名詞 食品。食べ物。例 ペットフード。▼英語 food

3 **フード** 名詞 ❶布などでつくった頭にかぶるもの。ずきん。例 フードつきのコート。❷カメラのレンズにつける光線よけのおおい。レンズフード。❸ガス台の上につけて、けむりやにおいを外に出すしかけ。参考 英語の hood からだが、発音は「フッド」。

ふうとう【封筒】名詞 手紙や書類などを入れてふうをする紙のふくろ。

ふうどびょう【風土病】名詞 その地方だけにみられる病気。参考 マラリア・黄熱病・つつがむし病など。

ふうにゅう【封入】名詞 する動詞 中に物を入れて口をとじること。例 手紙に写真を封入する。

ふうは【風波】名詞 ❶風と波。❷風のためにおこるあら波。❸争いごと。もめごと。例 家庭に風波がたえない。

ふうばいか【風媒花】名詞 おしべの花粉が風によって運ばれ、めしべについて実を結ぶ花。参考 イネ・麦・松・スギなど。類 虫媒花。

ふうび【風び】名詞 する動詞 〔風が草木をなびかせるように〕多くの人をしたがわせること。ことば「一世を風びした〔スター〕」

ブービー 名詞 ゴルフやボーリングなどで、下から二番目の成績。参考 英語の booby prize からだが、英米では最下位の人をからかってあたえるもの。

ふうひょう【風評】名詞 世の中に広まっている、よくないうわさ。ことば「風評が立つ」類 風説。風聞。

ふうふ【夫婦】名詞 結婚した男女。夫と妻。類 夫妻。

ふうふう 副詞(-と) ❶口をすぼめて息をふきかけるようす。例 ふうふうふいてミルクをさます。❷はげしく息をするようす。例 ふうふう言いながら山をのぼる。❸仕事などがたくさんあり苦しいようす。例 宿題におわれてふうふういう。

ぶうぶう 副詞 ❶ブザーや楽器などの太くて低い音のようす。例 車の警笛をぶうぶう鳴らす。❷不平や不満などを言うようす。例 ぶうぶう言うな。

ふうふげんか【夫婦げんか】名詞 夫と妻との間のけんか。

ふうぶつ【風物】名詞 ❶その土地の景色。例 なつかしいふるさとの風物。❷その土地、また、その季節にふさわしいもの。例 夏の風物、スイカ。

ふうぶつし【風物詩】名詞 季節の感じをよく表している物事。例 風鈴の音は夏の風物詩だ。

ふうぶん【風聞】名詞 する動詞 何となく知られているうわさ。また、うわさとして聞くこと。ことば「風聞を耳にする」類 風説。風評。

ふうみ【風味】名詞 〔食べ物の〕上品な味わい。例 独特の風味がある。

ブーム 名詞 急にけいきがよくなること。また、急に人気が出て、さかんになること。例 海外旅行ブーム。▼英語 boom

ブーメラン 名詞 オーストラリアの先住民が、かりなどに使った「く」の字の形の武器。また、それに似せて作ったおもちゃ。投げると回転しながら飛び、やがて元の位置にもどる。参考 相手を問いつめたり、非難したりしたことが自分にかえってくるたとえにも使われる。⇩図。▼英語 boomerang

ブーメラン

ふうもん【風紋】名詞 風によって砂地の表面にできるもよう。

ふうらいぼう【風来坊】名詞 ❶〔風にふかれてきたように〕どこからやってきたのかわからない人。例 兄は風来坊のような生き方をしている。❷気まぐれな人。うつり気な人。

フーリガン 名詞 サッカー場の内外でさわぎをおこすファン。参考 元は「ならずもの」という意味。▼英語 hooligan

ふうりゅう【風流】名詞 形容動詞 ❶落ち着いて上品なおもむきや味わいのあること。例 日本風の風流な庭。❷詩歌・茶道・絵画などの上品なしゅみ。また、それらを好むこと。例 風流な人。ことば「風流を解する」

ア 仕事に命を□　イ 時間を□　ウ 橋を□

ふうりょく【風力】名詞 風の、物をおす力。風の強さ。例風力発電。

ふうりょくけい【風力計】名詞 ⬇ふうそくけい。

ふうりん【風鈴】名詞 金属・ガラス・せと物などでできた、つりがねの形をしたすず。夏、軒下などにつるして、その音を楽しむ。⇨図。

風鈴

ふうりんかざん【風林火山】四字熟語 たたかうときの心がまえで、動くときは風のようにすばやく、かまえるときは林のように静かに、侵略するときは火のようにはげしく、動かないときは山のようにどっしりと、ということ。参考 戦国時代の武将、武田信玄が旗に記していたことで知られる。

プール ■一 名詞 ❶コンクリートなどでつくった、水泳をするところ。❷集めておくところ。たまり場。例モータープール（＝ちゅう車場）。
■二 名詞 する動詞 ためておくこと。たくわえておくこと。例会費をプールする。▼英語 pool

プールねつ【プール熱】名詞 アデノウイルスによっておこる病気。高熱・のどのはれ・けつまくえんなどをともなう。参考 プールでうつることが多いのでこの名がある。

ふうろう【封ろう】名詞 びんなどの口をふさぐときに使う、ろうのような樹脂。

ふうん【不運】名詞 形容動詞 運が悪いこと。ふしあわせ。例身の不運をなげく。／たびかさなる不運に力をおとす。類不幸。対幸運。

ぶうん【武運】名詞 戦場での勝負の運。

ふえ【笛】名詞 ❶竹・木・金属などの、つつ形の物にいくつかのあなをあけ、息をふきこんで音を出す楽器。❷合図の音を出す道具。よびこ。

フェア ■一 形容動詞 正々堂々と競い、ずるいことをしないようす。例フェアなたたかい。
■二 名詞 野球やテニスなどで、打ったボールが決まった線の中に入ること。対ファウル。▼英語 fair

フェアプレー 名詞 正々堂々と試合や競技をおこなうこと。また、その試合ぶり。例フェアプレー精神にのっとって、試合にのぞむ。▼英語 fair play

ふえいせい【不衛生】名詞 形容動詞 きたないこと。衛生的でないこと。

フェイント 名詞 スポーツで、相手の調子をくるわせたり、相手をとまどわせたりする動作。ことば「フェイントをかける（＝フェイントをおこなう）」▼英語 feint

フェーンげんしょう【フェーン現象】名詞 日本では、南風が山脈をこえて高温のかわいた空気がふきおろす現象。北陸地方に多くおこる。参考「フェーン」はドイツ語。もとはヨーロッパのアルプス山中の地域でふく風のこと。

フェスティバル 名詞 祭り。祭典。また、祝いなどのための行事。例ダンスフェスティバル。▼英語 festival

ふえて【不得手】名詞 形容動詞 うまくできないこと。とくいでないこと。例不得手なことに手を出して失敗する。類苦手。不得意。対得手。

ふえふけどもおどらず【笛吹けども踊らず】ことわざ いくらさそっても、いっこうに人がこたえてくれないたとえ。参考 キリスト教の「聖書」の中の言葉。

フェリーボート 名詞 客や貨物・自動車などを乗せる船。フェリー。▼英語 ferryboat

ふえる[1]【増える】動詞 数や量が多くなる。例客が増える。／体重が増える。対減る。活用 ふ・える。⇨使い分け。

ふえる[2]【殖える】動詞 財産が多くなる。例資産が殖える。参考「増える」とも書く。活用 ふ・える。⇨使い分け。

フェルト 名詞 羊などの毛を少ししめらせて、熱と圧力を加えてつくった布。ぼうし・しき物・はき物などに使う。参考「フエルト」ともいう。▼英語 felt

フェルマータ 名詞 音楽で、音符や休止符の上につけて、音や休みを演奏者の思いどおりにのばす記号。参考「𝄐」で表す。▼英語（イタリア語から）fermata

フェンシング 名詞 西洋の剣術をもとにした競技。剣で相手の体をついたり切ったりして勝負を争う。▼英語 fencing

フェンス 名詞 ❶へい。さく。❷野球場のグラウンドをかこむへい。▼英語 fence

使い分け　ふえる

●数が多くなる。
家族が増える。

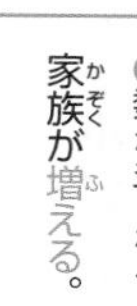

●財産が多くなる。
貯金が殖える。

ぶえんりょ【無遠慮】名詞 形容動詞 えんりょをしないこと。あつかましく勝手にふるまうこと。例 無遠慮な質問。

フォアハンド 名詞 テニスや卓球などで、ラケットをもつ手の側にきた球を打つこと。対 バックハンド。▼英語 forehand

フォアボール 名詞 ⬇543ページ・しきゅう(四球)。参考 英語の「フォア(四)」と「ボール(球)」を組み合わせて日本でつくった言葉。英語では、「four balls はボール球が四つを表すだけで、塁に出すことは base on balls、または walk という。

フォーク 名詞 ❶西洋料理などを食べるときに食物をさして口に運ぶ、先がいくつかに分かれた道具。❷野球の、変化球の一つ。打者の近くで急げきに落ちる。「フォークボール（fork-ball)」の略。▼英語 fork

フォークソング 名詞 人々の生活や感情の中から生まれた歌。民謡。▼英語 folk song

フォークダンス 名詞〔学校などで〕多くの人が円をつくったりならんだりしていっしょにおこなうダンス。▼英語 folk dance

フォークリフト 名詞 食器のフォークのようなうでで、荷物のつみおろしやもち運びをする車。⇩図。▼英語 fork-lift

フォークリフト

フォーマット 名詞 する動詞 ❶書式。形式。❷コンピューターで、情報を記録する形式。❸ハードディスクなどを利用できる状態にととのえること。初期化。▼英語 format

フォーム 名詞 ❶形。❷スポーツで、ある動作をするときの姿勢。❸パソコンやスマホで、記入するらん。例 入力フォーム。▼英語 form

フォール 名詞 する動詞 レスリングで、相手の両かたを一秒間マットにおさえつけること。▼英語 fall

フォルダー 名詞 ❶書類ばさみ。❷コンピューター上で、文書をしまうための入れ物。フォルダ。▼英語 folder

フォルテ 名詞 音楽で、強弱を表す記号の一つ。「強くえんそうせよ」の意味。参考「*f*」で表す。対 ピアノ。▼英語（イタリア語から）forte

フォワード 名詞 サッカー・ラグビーなどで、チームの一番前にいて、おもにこうげきにあたる選手。前衛。▼英語 forward

ふおん【不穏】名詞 形容動詞 よくないことがおこりそうなこと。例 不穏な空気が流れている。対 平穏。

フォント 名詞 ❶同じ書体で同じ大きさの、ローマ字などの活字のひとそろい。❷コンピューターで使われる文字の形。▼英語 font

ふおんとう【不穏当】名詞 形容動詞〔考え方やおこないが〕無理があって、おだやかでないようす。例 不穏当な発言。対 穏当。

1**ふか** 名詞 大形のサメのよび名。また、サメの別のよび名。

2**ふか**【ふ化】名詞 する動詞 たまごから子がかえること。また、たまごをかえすこと。例 たまごからふ化した幼虫。漢字 孵化。

3**ふか**【不可】名詞〔ていどが〕よくないこと。また、いけないこと。ことば ⇩「可もなく不可もなし（=よくも悪くもない）」対 可。

4**ふか**【付加】名詞 する動詞 つけ加えること。ことば「付加価値」

ぶか【部下】名詞〔軍隊や会社で〕ある人の命令やさしずによって仕事をする人。類 子分。

1**ふかい**【不快】名詞 形容動詞 いやな気持ちであること。例 不快な気分。類 不愉快。対 愉快。

2**ふかい**【深い】形容詞 ❶上から底までの、きょりが長い。例 深い海。❷入り口からおくまでの、きょりが長い。例 深い森の中をさまよう。❸程

度がはげしい。ていどや量が十分である。例よくが深い。／経験が深い。❹気持ちが強い。例深い悲しみにつつまれる。／家族に対する深い愛情。❺きりやかすみが、こい。例朝ぎりが深く立ちこめる。❻色がこい。例深い緑色。対①〜❻浅い。活用ふか・い。

ぶかい【部会】名詞 部門別におこなう会合や会議。

ぶがい【部外】名詞 ある部門にぞくしていないこと。ある会社や役所などにぞくしていないこと。例部外の方は立ち入らないでください。対部内。

ふかいしすう【不快指数】名詞 温度・湿度・風速などから人間が感じる不快の程度を、数字で表したもの。参考 八十以上で全員が不快を感じるとされる。

ふがいない 形容詞 いくじがない。なさけない。例これくらいでばてるなんてふがいない。活用ふがいな・い。

ふかいり【深入り】名詞 する動詞 ❶おく深く入ること。❷あることに、深く関係すること。例この事件には、深入りするな。

ふかおい【深追い】名詞 する動詞 どこまでもおいかけること。どこまでもおいもとめて、手に入れようとすること。例これ以上の深追いは危険です。

ふかかい【不可解】名詞 形容動詞 わけがわからないこと。理解できないこと。例不可解な言動。類不思議。不可思議。

ふかく【不覚】名詞 形容動詞 ❶思わず、してしまうこと。例不覚にも、なみだがこぼれた。❷ゆだんして失敗すること。例かぎをかけずに外出したのは不覚だった。❸考えたり感じたりする働きがなくなること。例頭をなぐられて、前後不覚におちいった。

ふかくじつ【不確実】名詞 形容動詞 たしかでないこと。あてにならないようす。例不確実な情報。類あやふや。対確実。

ふかくてい【不確定】名詞 形容動詞 はっきり決まっていないこと。例来月の予定は不確定です。対確定。

ふかくをとる【不覚を取る】慣用句 ゆだんをして失敗する。例年下の相手に不覚を取る。

ふかけつ【不可欠】名詞 形容動詞 どうしてもなくてはならないこと。例空気と水は人間が生きるために不可欠のものです。類必要。

ふかこうりょく【不可抗力】名詞 人の力ではどうにもできない外からの力。ふせぎようのないこと。例天災は不可抗力だ。

ふかさ【深さ】名詞 どのくらい深いかということ。深い程度。例川の深さ。／経験の深さ。／悲しみの深さ。

ふかしぎ【不可思議】名詞 形容動詞 人間の考えではおしはかることのできないこと。例なんとも不可思議な話だ。類不可解。不思議。

ふかす[1] 動詞 蒸気をあてて、食品をやわらかくする。むす。例いもをふかす。活用ふか・す。

ふかす[2]【吹かす】動詞 ❶たばこをすってけむりを出す。❷《「…風を吹かす」の形で》いばってそのようすをする。例兄き風を吹かす。活用ふか・す。

ぶかつ【部活】名詞「部活動」の略。学校で、生徒や学生が授業時間外におこなう運動部・文化部などのクラブ活動。

ぶかっこう【不格好】名詞 形容動詞 すがたや形が悪いこと。例不格好なぼうし。類ぶざま。

ふかづめ【深爪】名詞 つめを深く切りすぎること。

ふかで【深手】名詞 戦いなどで受けた、重いきず。ことば「深手を負う」類重傷。痛手。対薄手。浅手。

ふかなさけ【深情け】名詞 男女の間の愛情が深すぎること。

ふかのう【不可能】名詞 形容動詞 できないこと。例そんなことをするのは不可能だ。対可能。

ふかふか 副詞(ーと) 形容動詞 する動詞 やわらかくて、ふっくらとふくらんでいるようす。例ふかふかしていて気持ちがいい。／ふかふかのふとん。

ぶかぶか 副詞 形容動詞 する動詞 着るものなどが大きめで、ゆるいようす。例ぶかぶかのズボン。

ぷかぷか 副詞(ーと) ❶水面や空中に軽いものがうかんでいるようす。例風船がぷかぷか空にういている。類ふわふわ。❷たばこをすって、けむりをさかんに出すようす。❸らっぱや笛などをさかんにふくようす。また、その音。例らっぱをぷかぷかふく。

ふかぶかと【深深と】副詞 いかにも深く感じられるようす。例深々とおじぎをする。／深々といすに腰をおろす。参考 ふつう「深々と」と書く。

 こたえ かける

ふかぶん【不可分】名詞 形容動詞 強く結びついていて、わけることができないこと。例 日本とアメリカの経済は不可分の関係にある。

ふかまる【深まる】動詞 〔物事の程度が〕だんだんと深くなる。だんだんとすすむ。例 知識が深まる。／秋も深まったある日。活用 ふかま・る。

ふかみ【深み】名詞 ❶〔川などの〕深いところ。例 深みにはまる。❷深い関係になり、かんたんにぬけ出せないこと。例 悪事の深みにはまっていく。❸おく深い味わい。例 深みのある人がら。

ふかみどり【深緑】名詞 こい緑色。

ふかみにはまる【深みにはまる】慣用句 ❶水などの深いところに入ってしまう。例 川の深みにはまる。❷関係が深くなっていて、かんたんににげ出せなくなる。例 ずるずると深みにはまって、悪い仲間からぬけ出せない。

ふかめる【深める】動詞 〔物事の程度を〕深くする。例 友情を深める。／考えを深める。活用 ふか・める。

ふかよみ【深読み】名詞 する動詞 〔度をこして〕人の気持ちなどを深くおしはかること。例 それは深読みしすぎだと思う。

ぶがわるい【分が悪い】慣用句 わりが悪い。不利である。例 この勝負はどう考えてみても分が悪い。

ふかんぜん【不完全】名詞 形容動詞 完全でないこと。かけた部分があること。対 完全。

ふかんぜんへんたい【不完全変態】名詞 トンボやバッタなどのように、こん虫が卵→幼虫→成虫の順に体の形をかえて、大きくなり、成虫になること。さなぎの時期がない変態。対 完全変態。

ふき¹ 名詞 キク科の植物。早春に「ふきのとう」が出て白い花がさく。葉は丸くて大きい。漢字 蕗。

ふき²【付記】名詞 する動詞 本文につけ加えて、書き足すこと。また、その文。例 出典を付記する。

ぶき【武器】名詞 戦いに使う道具。相手をせめたり、自分の身を守ったりする道具。類 兵器。

ふきあげる【吹き上げる】動詞 ❶風が上の方にふく。❷〔ガス・液体・じょう気などが〕いきおいよく出る。例 油田から石油が吹き上げた。参考 ②は、「噴き上げる」とも書く。活用 ふきあ・げる。

ふきあれる【吹き荒れる】動詞 風がひじょうにはげしくふく。例 強風が一晩じゅう吹き荒れる。活用 ふきあ・れる。

ふきおろす【吹き下ろす・吹き降ろす】動詞 風が高いところから低い方へはげしくふく。例 富士山から吹き降ろすつめたい風。活用 ふきおろ・す。

ふきかえ¹【ふき替え】名詞 屋根のかわらやブリキ板などを新しいものにとりかえること。

ふきかえ²【吹き替え】名詞 ❶外国の映画・テレビドラマなどの外国語のせりふを消し、かわりに自分の国の言葉にほんやくしたせりふを録音すること。❷しばいや映画などで、危険な場面などを他の人がかわってえんじること。また、その人。スタントマン。

ふきかえす【吹き返す】動詞 ❶とぎれていた呼吸がもとどおりになる。ことば ⇩「息を吹き返す」❷風がふいて、ものをひるがえす。例 風が着物のそでを吹き返す。❸風がそれまでとぎゃくの方向にふく。例 台風が去り吹き返した風。活用 ふきかえ・す。

ふきかける【吹き掛ける】動詞 ❶息をいきおいよくふきつける。例 ガラスに息を吹き掛ける。❷きりのようにした液体をふきつける。例 ゴキブリに殺虫剤を吹き掛ける。❸ねだんを高くいう。例 仕入れの三倍のねだんを吹き掛ける。❹相手にしかける。例 けんかを吹き掛ける。類 ふっかける。活用 ふきか・ける。

ふきけす【吹き消す】動詞 〔息や風などが〕ふいて、火などを消す。例 ろうそくの火を吹き消す。活用 ふきけ・す。

ふきげん【不機嫌】名詞 形容動詞 きげんが悪いこと。例 話のじゃまをされて、兄は少し不機嫌になった。対 上機嫌。

ふきこぼれる【吹きこぼれる・噴きこぼれる】動詞 水などがにえたって、入れ物からあふれ出る。活用 ふきこぼ・れる。

ふきこむ【吹き込む】動詞 ❶風がふいて、中に入る。また、雨や雪などが風にふかれて中に入る。例 雨戸をあけると雪が吹き込んだ。❷〔息などを〕ふいて中に入れる。例 風船に息を吹き込む。❸〔悪いことを〕教えて、そそのかす。例 悪ぢえを吹き込む。❹レコーダーなどへ録音する。例 新曲を吹き込む。活用 ふきこ・む。

ふきさらし【吹きさらし】名詞 ふせぐもの

あいうえお　かきくけこ　さしすせそ　たちつてと　なにぬねの　は ひ ふ へ ほ　まみむめも　や　ゆ　よ　らりるれろ　わ　を　ん

ア 先頭に□　イ いすから□　ウ 旅に□

がなく、風があたるままになっていること。また、その場所。例 北風が吹きっさらし。

ふきすさぶ【吹きすさぶ】動詞 ひどくふきあれる。例 北風が吹きすさぶ。活用 ふきすさ・ぶ。

ふきそく【不規則】名詞 形容動詞 規則正しくないこと。決まりがなく、みだれていること。例 不規則な生活。

ふきだし【吹き出し】名詞 ❶まんがで、人のせりふをまるくかこんで書いた線。❷高気圧から、まわりの地域に風がふき広がること。例 寒気の吹き出し。

ふきだす【吹き出す】動詞 ❶風などがふきはじめる。❷〔ガスや液体が〕いきおいよく出る。例 温泉が吹き出した。❸こらえきれずに、笑い出す。例 おじさんの話を聞いて、思わず吹き出した。参考 ②③は、「噴き出す」とも書く。活用 ふきだ・す。

ふきだまり【吹きだまり】名詞 風にふき集められて雪やごみなどが多くたまったところ。

ふきつ【不吉】名詞 形容動詞 えんぎが悪いこと。よくないことがありそうなこと。例 不吉な予感。

ふきつける【吹き付ける】動詞 ❶風が強くふいてあたる。また、雨や雪などが風にふかれてあたる。例 まどにはげしい雨風が吹き付ける。❷〔液体などを〕きりにして物にくっつける。例 デスクにニスを吹き付ける。活用 ふきつ・ける。

ふきっさらし【吹きっさらし】名詞 ⬇1132ページ・ふきさらし。

ぶきっちょ 名詞 形容動詞 不器用なこと。例 手先のぶきっちょな人。

ふきつのる【吹き募る】動詞 だんだんはげしさをまして風がふく。例 強い北風が吹き募る。参考 くだけた言い方。活用 ふきつの・る。

ふきでもの【吹き出物】名詞 ひふにできる小さなできもの。

ふきとばす【吹き飛ばす】動詞 ❶ふいてとばす。❷一度においはらう。はらいのける。例 悲しみを吹き飛ばす。活用 ふきとば・す。

ふきながし【吹き流し】名詞 ❶はたの一つ。半円形の輪に数本の細長いぬのをつけ、さおの先に結んで風になびかせるもの。参考 昔、戦のときにめじるしや合図などに使った。❷こいのぼりの上につける、「ふき流し①」に似たもの。⇩428ページ・こいのぼり（図）。❸輪に長いつつ形の布をつけたもの。さおの先につけて風になびかせ、風力や風向きなどを調べるのに使う。

ふきぬけ【吹き抜け】名詞 ❶風がふいて、通りぬけていくこと。❷建物の中の一部に、天井やゆかをつくらず、たてに高い空間をつくったもの。⇩図。

吹き抜け②

ふきのきゃくとなる【不帰の客となる】慣用句 二度とこの世に帰らない人となる。死ぬ。例 長く入院していたが、ついに不帰の客となった。参考 遠回しな言い方。

ふきのとう 名詞 フキの花の芽。うすい緑色で、早春に出る。かおりと苦みがあり、食用にする。

ふきはらう【吹き払う】動詞 風がふいて、物をふきとばす。例 風がおち葉を吹き払う。活用 ふきはら・う。

ふきぶり【吹き降り】名詞 風が強くふき、雨がはげしくふること。例 吹き降りの中を歩いたのでびしょぬれになった。

ふきまくる【吹きまくる】動詞 長い間、風がはげしくふき続ける。例 一日中、風が吹きまくった。活用 ふきまく・る。

ふきまわし【吹き回し】名詞 ❶風のふく具合。❷そのときの調子。そのときによって気持ちのかわるようす。例 どういう風の吹き回しか、父はとてもきげんがよい。

ぶきみ【不気味・無気味】形容動詞 気味が悪いようす。例 不気味な静けさ。

ふきや【吹き矢】名詞 細長いつつに小さなえんすい形の矢を入れて、息でふいてとばすもの。

ふきゅう[1]【不朽】名詞 ねうちが下がることがなく、いつまでも残ること。例 不朽の名作。類 不滅。

ふきゅう[2]【普及】名詞 する動詞 広く行きわたること。例 パソコンが全国の学校に普及した。

ふきゅうりつ【普及率】名詞 世の中に行きわたっているわりあい。例 下水道の普及率。

ふきょう[1]【不況】名詞 景気が悪いこと。不景気。対 好況。

ことばクイズ⑤ □の中に入る同じことばは何でしょう？

ふきょう[2]【布教】名詞 する動詞 宗教を教え広めること。類 伝道。

ぶきよう【不器用・無器用】名詞 形容動詞 ❶手先でする仕事がへたなこと。ぶきっちょ。❷物事を手ぎわよく進めることができないこと。類 下手。対 ①②器用。

ぶぎょう【奉行】名詞 昔、幕府の事務をとった役。また、その役の人。参考 江戸時代の寺社奉行・勘定奉行・町奉行など。

ふきょうをかう【不興を買う】慣用句 目上の人のきげんを悪くしてしまう。例 将軍の不興を買う。

ふきよせる【吹き寄せる】動詞 風がふいて、物をあるところに集める。例 風が木の葉を庭のすみに吹き寄せる。活用 ふきよ・せる。

ふきわたる【吹き渡る】動詞 風が広いところをふいて通っていく。例 海面を風が吹き渡る。活用 ふきわた・る。

ふきん[1]【布巾】名詞 食器などをふく、小さい布。

ふきん[2]【付近】名詞 その場所の近く。近所。例 学校の付近は住宅地だ。類 周辺。

ふきんしん【不謹慎】名詞 形容動詞 つつしみのないこと。ふまじめなこと。例 そんな不謹慎なことを言うものではない。

ふく[1] 動詞 板・かわらなどで、屋根の骨組みをおおう。例 かわらで屋根をふく。活用 ふ・く。

ふく[2]【拭く】動詞 〔布・紙などで〕こすって、よごれや水分をとりさる。例 テーブルを拭く。活用 ふ・く。

ふく[3]【吹く】動詞 ❶風がおこる。例 こがらしが吹く。❷息をいきおいよく出す。例 ろうそくの火を吹いて消す。❸ふえなどを鳴らす。例 口ぶえを吹く。❹大げさなことを言う。ことば「ほらを吹く」❺中から外に出てくる。また、中から外に出す。例 草の芽が吹く。／白い粉を吹いたほしがき。活用 ふ・く。⇩使い分け。

ふく[4]【服】名詞 着る物。衣服。また、洋服。

ふく[5]【副】名詞 ❶主なものの、次のもの。例 議長として、正一名、副一名をえらぶ。❷写し。ひかえ。例 正副二通の書類。対 ①②正。

ふく[6]【福】名詞 しあわせ。さいわい。幸運。例 福の神。／福をよぶお守り。

ふく[7]【噴く】動詞 〔ガスや液体などが〕いきおいよく内から出てくる。また、出す。例 火山が火を噴く。活用 ふ・く。⇩使い分け。

使い分け　ふく

●風がおこる。
北風が吹く。

●いきおいよく出る。
火を噴く。

ふぐ 名詞 フグ科の魚。体はまるみがある。食用にするが、肝臓や卵巣などにはげしい毒をもつものが多い。漢字 河豚。

ぶぐ【武具】名詞 よろい・かぶとなど、昔の戦に使った道具。

ふぐあい【不具合】名詞 〔製品や商品などの〕調子が悪く、故障がおこること。また、その部分。例 システムの不具合が発見された。／不具合を解消する。類 欠陥。

ふくあん【腹案】名詞 〔まだ発表していない〕自分の心の中にもっている考えや計画。

ふくいけん【福井県】地名 中部地方の西部にある、日本海に面した県。県庁所在地は福井市。⇩916ページ・都道府県（図）。

ふくいし【福井市】地名 福井県の県庁所在地。⇩916ページ・都道府県（図）。

ふくいん【復員】名詞 する動詞 〔戦争が終わり〕軍人がそのつとめから解放されること。

ふぐう【不遇】名詞 形容動詞 運が悪いため、才能がありながら世間にみとめられないこと。例 晩年は不遇だった。

ふくえき【服役】名詞 する動詞 ❶刑罰の決まった人が刑務所などで、決められた刑罰につくこと。❷兵隊として軍の仕事につくこと。

ふくおかけん【福岡県】地名 九州地方の北部にある県。県庁所在地は福岡市。⇩916ページ・都道府県（図）。

ふくおかし【福岡市】地名 福岡県の県庁所在地。⇩916ページ・都道府県（図）。

ふくがく【復学】名詞 する動詞 休学や停学をし

ていた学生や生徒が学校にもどること。

ふくがん【複眼】名詞 小さな目がたくさん集まって一つの目のようになっているもの。トンボ・チョウ・セミなどのこん虫や、エビ・カニなどにある。⇩図。

単眼

複眼

ふくぎょう【副業】名詞 主な仕事のほかに、収入をえるためにする仕事。例 副業にじゅくの講師をする。類 アルバイト。内職。対 本業。

ふくげん【復元】名詞 する動詞 形や位置などを元どおりに直すこと。また、元どおりになること。例 大昔の住居を復元する。

ふくごう【複合】名詞 する動詞 二つ以上のものが合わさって、一つになること。また、一つにすること。類 合成。

ふくごういさん【複合遺産】名詞 世界遺産の分類の一つ。自然遺産と文化遺産両方の特徴をそなえたものが認定される。

ふくごうご【複合語】名詞 二つ以上の言葉が合わさって、別の一つの言葉になったもの。たとえば、「熱帯‐魚」「水‐遊び」「とび‐回る」「横断‐歩道」など。

ふくさ 名詞 ❶おくり物などをつつむ、小さな絹のふろしき。❷茶の湯で使う、正方形の絹の布。

ふくざつ【複雑】名詞 形容動詞 いろいろな物事が重なり、こみ入っていること。また、こみ入っていて、わかりにくいこと。例 複雑な事情がある。／複雑な計算。注意「復雑」と書かないこと。対 簡単。単純。

ふくざつかいき【複雑怪奇】四字熟語 こみ入っていて、わかりにくいこと。例 複雑怪奇な事件。

ふくさよう【副作用】名詞 ある薬が、病気をなおす働きのほかにもっている、人体に害になる働き。

ふくざわゆきち【福沢諭吉】人名（一八三四～一九〇一）思想家・教育家。明治時代の初めに「学問のすすめ」「西洋事情」などの本を書き、新しい考えを日本に広めるために力をつくした。また、慶応義塾という学校をつくり青年の教育にもあたった。

ふくさんぶつ【副産物】名詞 ある品物がつくられるときに、いっしょにとれるほかのもの。参考 石炭ガスをつくるときにできるコークスなど。

1**ふくし**【副詞】名詞 品詞の一つ。主に、動詞や形容詞の意味を強めたり、くわしく説明したりする言葉。たとえば、「まさか」「おそらく」「まったく」「まるで」など。

2**ふくし**【福祉】名詞 多くの人々の幸せ。幸福。例 老人の福祉をはかる。

ふくじ【服地】名詞 洋服をつくるきれ。布地。

ふくしき【複式】名詞 二つ以上のものが組み合わさってなりたっている方式。

ふくしきかざん【複式火山】名詞 もとの火口やカルデラの中にさらに火山ができたもの。阿蘇山・榛名山などの二重式火山と、浅間山・箱根山などの三重式火山がある。

ふくしきこきゅう【腹式呼吸】名詞 腹をふくらませたり、へこませたりして、おうかくまくを動かしておこなう呼吸。対 胸式呼吸。

ふくしまけん【福島県】地名 東北地方の南部にある県。県庁所在地は福島市。⇩916ページ・都道府県（図）。

ふくしまし【福島市】地名 福島県の県庁所在地。⇩916ページ・都道府県（図）。

1**ふくしゃ**【ふく射】名詞 する動詞 ➡1190ページ・ほうしゃ②。

2**ふくしゃ**【複写】名詞 する動詞 ❶一度うつしたものをもとにして、もう一度うつすこと。例 写真を複写する。類 複製。❷カーボン紙などを使って、同じものを同時に二まい以上つくること。❸機械を使ってもとの書類などと同じものをうつしとること。コピー。

1**ふくしゅう**【復しゅう】名詞 する動詞 ひどいしうちをうけた相手に、しかえしをすること。かたきをうつこと。漢字 復讐。

2**ふくしゅう**【復習】名詞 する動詞 一度習ったことを、自分でくり返して勉強すること。例 家で復習する。対 予習。

ふくじゅう【服従】名詞 する動詞 ほかの人の考えや命令にしたがうこと。対 反抗。

ふくじゅそう【福寿草】名詞 キンポウゲ科

の植物。深い山に育ち、早春に黄色い花がさく。すべての部分に毒がある。

ふくしょう[1]【副賞】名 ある賞につけそえて、おくられる賞品や賞金。例ノーベル賞の副賞。

ふくしょう[2]【復唱】名 する動詞 〔まちがいをふせぐために〕言われたことを、その場でくり返して言うこと。例電話の用件を復唱した。

ふくしょく[1]【服飾】名 衣服と、それにつけるかざり。例服飾品。

ふくしょく[2]【副食】名 主食にそえて食べる物。おかず。副食物。対主食。

ふくしょくぶつ【副食物】名 ⬇ふくしょく〈副食〉。

ふくしん[1]【副審】名 運動競技で、主となって審判をする人を助ける役目の人。類塁審。対主審。球審。

ふくしん[2]【腹心】名 本当に信頼できること。また、そのような人。例腹心の部下に仕事をまかせる。

ふくすいぼんにかえらず【覆水盆に返らず】故事成語 一度してしまったことは取り返しがつかないということのたとえ。語源 まずしいときに出て行ってしまった妻が、夫が出世したらもどってきた。そのときに、夫が盆の水をこぼして、元どおりにできたらまたいっしょにくらそうと言ったという話から。

ふくすう【複数】名 二つ以上の数。対単数。

ふくする【服する】動詞 ❶人の言うとおりになる。したがう。例命令に服する。❷自分のつとめとして、したがう。ことば「喪に服する」❸薬やお茶などをのむ。活用 ふく・する。

ふくせい【複製】名 する動詞 ❶本物によく似せてつくること。また、そのつくったもの。例複製画。❷元のものと同じものをつくること。例データを複製する。類複写。

ふくせん[1]【伏線】名 ❶小説や物語などで、のちにおこることがらのヒントを、前もってのべておくこと。また、その内容。ことば⇩「伏線を張る」❷後でおこることがらを予想して、前もってじゅんびしておくこと。例あれは、ことわるための伏線だったようだ。

ふくせん[2]【複線】名 電車や列車の線路で、上り用と下り用がべつべつにならべてしいてあるもの。対単線。

ふくせんをはる【伏線を張る】慣用句 小説や物語などで、後の方でおこることに関係のあることを、前の方でそれとなくのべておく。

ふくそう【服装】名 服を着たり、かざりをつけたりした、身なり。例はでな服装。／服装をととのえる。

ふくだい【副題】名 表題にそえてつける、短い言葉。サブタイトル。

ふくちょう【復調】名 する動詞 〔体などの〕調子が元のよい状態にもどること。例復調するまで、無理をしてはいけない。

ふくつ【不屈】名 形容動詞 どんなことにであってもくじけないこと。ことば「不屈の精神」

ふくつう【腹痛】名 はらがいたむこと。また、そのいたみ。

ふくどく【服毒】名 する動詞 どくをのむこと。例服毒自殺。

ふくどくほん【副読本】名 学校で、教科書のほかに学習用に使う本。サブリーダー。

ふくとしん【副都心】名 大都市の古くからある中心地に対して、そのまわりに新しくできた、二番目の中心地。

ふくのかみ【福の神】名 幸せをもってくるといわれる神。対疫病神。

ふくびき【福引き】名 くじびきによって景品を分けあたえること。また、そのくじ。

ふくぶ【腹部】名 はらの部分。

ぶくぶく ■ 副詞(-と) ❶あわがさかんに出るようす。また、その音。例あわがぶくぶくわき出る。❷物が水の中にしずむようす。また、その音。例水の中にぶくぶくしずむ。

■ 副詞(-と) 形容動詞 する動詞 〔体などが〕太ってふくらんでいるようす。衣服をたくさん着てふくれているようす。例ぶくぶくと厚着をする。

ふくぶくしい【福福しい】形容詞 顔つきがふっくらしていて、いかにも幸せそうに見えるようす。例福々しい顔。参考 ふつう「福々しい」と書く。活用 ふくぶくし・い。

ふくふくせん【複複線】名 上りの線路が二本と下りの線路が二本ある、電車などの線路。複線が二組みならんでいる線路。

ふくぶくろ【福袋】名 正月の初売りなどで売られる、定価以上のいろいろな品物が入っているふくろ。

ふくぶん【複文】名 一つの文の中で、主語や述語を修飾する部分にも主語・述語の関係

あいうえお かきくけこ さしすせそ たちつてと なにぬねの ふ はひふへほ まみむめも や ゆ よ らりるれろ わ を ん

ア いたいところを□　イ もちを□　ウ 不意を□

がなりたっている文。たとえば、「雨のふる日が多い」など。参考 ⇩792ページ・単文。

ふくへい【伏兵】名 ❶かくれて敵のくるのをまちうけて、不意をおそう軍隊。❷予想していなかったことがおこって、不意打ちをうけること。例 会議で思いがけない伏兵にあって、議案は否決された。

ふくみ【含み】名 表にあらわれないで、その中にかくされている意味や内容。ことば「含みのある（表現）」

ふくみみ【福耳】名 耳たぶが大きい耳。参考 幸運にめぐまれる人相とされる。

1 **ふくむ**【含む】動 ❶中に持っている。例 塩分を含む。❷口の中に入れて、そのままにしておく。例 水を口に含む。❸〔言葉や態度に〕あらわれる様子が表れている。例 先生はいかりを含んだ声で注意した。❹考えに入れる。また、おぼえている。例 その点をよく含んでおいてください。活用 ふく・む。

2 **ふくむ**【服務】名 する動詞 任務や職務で、ある仕事につくこと。例 服務規則。類 勤務。

ふくめる【含める】動 ❶中に入れて、いっしょにする。例 ぼくを含めて五人だ。❷よくわかるように言いきかせる。例 因果を含める。活用 ふく・める。

ふくめん【覆面】名 する動詞 顔をおおいかくすこと。また、それに使う布。

1 **ふくよう**【服用】名 する動詞 くすりをのむこと。例 このくすりは食前に服用してください。

2 **ふくよう**【複葉】名 ❶植物の一つの葉が何枚もの小さな葉にわかれているもの。❷飛行機の、おもなつばさが上下に二枚あるもの。例 複葉機。

ふくよか 形容動詞 ほどよく太って、やわらかそうに感じられるようす。例 ふくよかな女性。

ふくらはぎ 名 足のすねの後ろのふくらんだところ。こむら。⇩24ページ・足①（図）。

ふくらます【膨らます】動 ふくらむようにする。ふくらませる。例 ほおを膨らます。活用 ふくらま・す。

ふくらみ【膨らみ】名 ふくらむこと。ふくらんでいるところ。ふくらむていど。例 パンの膨らみを確認する。

ふくらむ【膨らむ】動 物が、中からもり上がって大きくなる。例 風船が膨らむ。／つぼみが膨らむ。／期待が膨らむ。対 しぼむ。活用 ふくら・む。

1 **ふくり**【複利】名 ある期間ごとに利息を計算してそれを元金にいれ、次の期間にはその全体に利息がつくようにした計算のしかた。複利法。

2 **ふくり**【福利】名 幸福と利益。生活を幸せで落ち着いた状態にする利益。例 福利施設。

ふくれあがる【膨れ上がる】動 ❶ふくれて上にもり上がってくる。例 ひねった足首がはれて膨れ上がる。❷〔数量などが〕予定よりもずっと大きくなる。例 予算が膨れ上がる。活用 ふくれあが・る。

ふくれっつら【膨れっ面】名 おこったり、気に入らなかったりして、そのいやな気持ちがあらわれた顔。ふくれつら。参考 ほおをふくらませるところからいう。

ふくれる【膨れる】動 ❶物が、中からもり上がって大きくなる。例 はらが膨れる。❷〔思いどおりにならないので〕ふきげんな顔つきになる。例 しかられて、ぷっと膨れる。活用 ふく・れる。

1 **ふくろ**【袋】名 ❶紙や布などでできていて、中に物を入れて口をとじるようにした入れ物。例 野菜を袋に入れる。❷ミカン・ホオズキなどのうすい皮。❸行きどまりであるもの。一方しか、あいていないもの。ことば「袋小路」

2 **ふくろ**【復路】名 かえりみち。例 復路は飛行機をりようする。対 往路。

ふくろう 名 フクロウ科の鳥。顔の前面に目がついている。森林にすみ、夜、活動する。漢字 梟。

ふくろくじゅ【福禄寿】名 七福神の一人。幸福と長寿の神。頭が長く、巻き物をつけたつえを持ったすがたでえがかれる。参考 えがかれるすがたが、寿老人とぎゃくになることがある。⇩558ページ・七福神（図）。

ふくろこうじ【袋小路】名 行きどまりになっている細い道。

ふくろだたき【袋だたき】名 多くの人が、ある人をとりかこんで、ひどくなぐること。また、多くの人からせめられること。例 SNSで袋だたきにされた。

ふくろのねずみ【袋のねずみ】慣用句「ふくろに入れられたネズミのように」追いつめら

あいうえお かきくけこ さしすせそ たちつてと なにぬねの はひふへほ まみむめも や ゆ よ らりるれろ わ を ん

ことばあそび ことばクイズ❻ □の中に入る同じことばは何でしょう？

れて、にげ道がなくなること。参考「袋の中のねずみ」ともいう。

ふくわじゅつ【腹話術】 名詞 人形の声を、人が口を動かさないで出して、人形を相手におしゃべりをする芸。例 腹話術師。

ふくわらい【福笑い】 名詞 正月などにする遊びの一つ。目かくしをして、おかめの顔のりんかくを書いた紙に目や鼻やまゆ毛の切りぬいたものをおいて、うまく顔をつくることを楽しむ。

ふけ 名詞 頭のひふにできる、白くてうすいかわのようなもの。ひふのかすや、あぶら・ほこりなどがまざりあってかわいたもの。

ぶけ【武家】 名詞 武士の家がら。また、武士。さむらい。例 武家政治。対 公家。

1 **ふけい【父兄】** 名詞 家庭で、子ども（特に児童や生徒）をたすけ守る人。保護者。対 子弟。

2 **ふけい【婦警】** 名詞「婦人警官」の略。参考「婦人警官」は古い言い方。今は「女性警察官」という。

ぶげい【武芸】 名詞 武士が身につけていなければならないぎじゅつ。弓・やり・刀の使い方や馬の乗り方など。例 武芸の達人。類 武道。

ふけいき【不景気】 名詞 形容動詞 ❶多くの会社・工場などで、取り引きや売り上げがふるわなくなって資金のやりくりがうまくゆかず、失業する人が多く出るような世の中のようす。不況。❷手持ちのお金が少ないこと。❸元気がないこと。活気がないこと。例 今日はばかに不景気な顔をしているじゃないか。参考 ②③はくだけた言い方。

1 **ふけいざい【不経済】** 名詞 形容動詞 むだが多いこと。むだなこと。例 まだ使えるものをすてるとは、なんと不経済なことだ。

2 **ふけいざい【不敬罪】** 名詞 天皇・皇族などに対してぶれいなおこないをする罪。参考 一九四七（昭和二二）年に廃止。

ふけこむ【老け込む】 動詞 年をとって、すっかりおとろえる。老いこむ。例 祖父が近ごろ急に老け込んでしまった。活用 ふけこ・む。

ぶけしょはっと【武家諸法度】 名詞 江戸幕府が大名をとりしまるために定めた法律。大名の結婚や参勤交代などについて定められ、違反者は領地のとりあげなどでばっせられた。

ぶけせいじ【武家政治】 名詞 武士の階級が権力をにぎっておこなった政治。鎌倉時代・室町時代・江戸時代には征夷大将軍が幕府をつくって、政治をおこなった。

ふけつ【不潔】 名詞 形容動詞 よごれて、きたないこと。例 不潔な手で食事をしないこと。対 清潔。

ふけばとぶよう【吹けば飛ぶよう】 慣用句 息でふいたらすぐ飛んでいってしまいそうなほど、かるくて、小さなようす。例 吹けば飛ぶような小屋。類 取るに足りない。

1 **ふける** 動詞 〔ある考えに〕熱中する。「（楽しい）空想にふける」 活用 ふけ・る。 ことば

2 **ふける【老ける】** 動詞 年をとる。例 年令のわりには老けて見える。活用 ふ・ける。⇩使い分け。

3 **ふける【更ける】** 動詞 〔夜、または秋が〕深まる。例 夜が更ける。活用 ふ・ける。⇩使い分け。

ふけんこう【不健康】 名詞 形容動詞 ❶体の調子がよくないようす。健康によくないようす。例 不健康な生活。❷考え方などがかたよっていて、よくないこと。例 そういう考え方は不健康です。類 ①②不健全。

ふげんじっこう【不言実行】 四字熟語 あれこれ言わずに、よいと思うことやするべきことをじっさいにおこなうこと。例 かれは不言実行の人だ。

ふけんぜん【不健全】 名詞 形容動詞 ❶体の健康によくないようす。例 不健全な食生活。❷考え方や気持ちがかたよっていて、おだやかでないこと。例 不健全な心がまえ。類 ①②不健康。

1 **ふこう【不孝】** 名詞 形容動詞 親につくさないこと。親に心配をかけること。例 親不孝。対 孝行。

使い分け ふける

●年をとる。
父は老けて見える。

●深まる。
夜が更ける。

ふこう[2]【不幸】㊀ 名詞 形容動詞 幸せでないこと。また、運が悪いこと。例 不幸に見まわれる。／不幸な人。類 不運。対 幸福。
㊁ 名詞 身内の人が死ぬこと。例 親類に不幸があった。参考 遠回しな言い方。

ふごう[1]【符号】名詞 物事を表すしるし。類 記号。

ふごう[2]【符合】名詞 する動詞 いくつかの物事の内容がぴったりと合うこと。例 二人の証言が符合する。

ふごう[3]【富豪】名詞 ざいさんをとてもたくさん持っている人。大金持ち。

ふごうかく【不合格】名詞 合格しないこと。対 合格。

ふこうちゅうのさいわい【不幸中の幸い】慣用句 不幸にであったが〔もっと悪いことにあわないですんだのだから〕それはまだましであるということ。

ふこうへい【不公平】名詞 形容動詞 相手によってあつかいをかえること。えこひいき。例 妹とけんかをして自分だけがしかられたのは、不公平だと思った。対 公平。

ふごうり【不合理】名詞 形容動詞 りくつに合わないこと。すじが通らないこと。

ふこく【布告】名詞 する動詞 広く人々に知らせること。特に、国の重大な決定を、人々やほかの国々に知らせること。ことば「宣戦を布告する」

ふこくきょうへい【富国強兵】四字熟語 国の経済をゆたかにして、軍事力を強くすること。参考 明治政府がとった政策の一つ。

ぶこころえ【不心得】名詞 形容動詞 心がけが悪いこと。例 不心得をさとす。／不心得者。

ぶこつ【無骨・武骨】名詞 形容動詞 ❶ほねばってごつごつしていること。例 祖父は無骨な手でぼくの頭をなでた。❷れいぎ作法を知らなくて、あらあらしいこと。また、風流のわからないこと。ことば「無骨者」

ふさ【房】名詞 ❶たばねた糸や毛などの一方のはしをばらばらにしたもの。例 房のついたぼうし。❷花や実が、一つのくきにたくさんついてたれているもの。例 フジの花は房になってさく。

ブザー 名詞 スイッチをおすと、電磁石に電流が流れ、うすい鉄の板をしんどうさせて音を出すしかけ。参考 ベルより音が低い。類 ベル。▼英語 buzzer

ふさい[1]【夫妻】名詞 夫と妻。例 田中さん夫妻。参考「夫婦」よりもあらたまった言い方。

ふさい[2]【負債】名詞 かえさなければならないお金や品物。借金や借財。

ふざい【不在】名詞 ❶その場所にいないこと。❷家にいないこと。るす。対 在宅。

ぶさいく【不細工】名詞 形容動詞 ❶つくりの具合が悪いこと。❷顔かたちがみにくいこと。

ふざいしゃとうひょう【不在者投票】名詞 投票日に仕事や病気などで、投票所に行けない有権者が、前もってする投票。不在投票。

ふさがる【塞がる】動詞 ❶あいていたものがとじる。例 きず口が塞がる。❷〔じゃまなもののために〕通じなくなる。例 土砂くずれで、道が塞がった。❸〔使われていて〕あいていない。いっぱいになる。例 ホテルの部屋が塞がっている。対 空く。活用 ふさが・る。

ふさぎこむ【塞ぎ込む】動詞 気分がはれず、ひどくしずむ。しょんぼりする。活用 ふさぎこ・む。

ふさく【不作】名詞 作物のでき具合が悪く、とり入れる量が少ないこと。凶作。対 豊作。満作。

ふさぐ【塞ぐ】動詞 ❶あいているものを、とじる。例 目を塞ぐ。❷〔物をおいて〕通じなくする。例 道を塞ぐ。❸場所を使って、いっぱいにする。例 席を塞ぐ。❹元気がなく、気分が晴れない。例 失敗をして塞いでいる。活用 ふさ・ぐ。

ふざける 動詞 ❶おもしろがって、ばかばかしいことを言ったりしたりする。例 ふざけて、みんなを笑わせた。類 おどける。❷〔子どもなどが〕おもしろがって、さわぐ。例 授業中にふざけて、しかられた。❸ふまじめになる。ばかにする。例 ふざけたことを言うな。活用 ふざ・ける。

ぶさた【無沙汰】名詞 する動詞 長い間、たずねていかなかったり、手紙を出さなかったりすること。例 無沙汰をわびる。参考 ⇩478ページ・ごぶさた。

ふさふさ 副詞(-と) する動詞 毛や糸などが、たくさん集まって、たれ下がっているようす。例 ふさふさとした、しっぽ。

ぶさほう【無作法・不作法】名詞 形容動詞 れいぎにはずれること。例 無作法な態度を注意された。類 失礼。無礼。

ぶざま【無様・不様】名詞 形容動詞 かっこうが、

とても悪いこと。例無様なすがたをさらす。／無様にたおされた。類不格好。

ふさわしい 形容詞 よくつり合っていて適切である。例この役には、かれがもっともふさわしい。／この場にふさわしくない態度。活用 ふさわし・い。

ふさんか【不参加】名詞 参加しないこと。仲間に入らないこと。対参加。

ふし[1]【父子】名詞 父親と子ども。父と子。

ふし[2]【不死】名詞 いつまでも死なないこと。ことば ⇩「不死鳥」「不老不死」

ふし[3]【節】名詞 ❶木のみきからえだの出ているところ。また、そのあと。例節の多い材木。❷竹などの、くきにある区切り。❸ほねのつぎめ。例お父さんの手は節がごつごつしている。❹〔音楽の〕音のあがりさがり。メロディー。例詩に節をつけて歌う。❺〔問題になるような〕ところ。例かれの申し開きには、あやしい節がある。

ふじ[1]【藤】名詞 マメ科の木。つるをほかのものにまきつけてのびる。春、むらさき色や白色のふさのようにたれさがった花がさく。

ふじ[2]【不治】名詞 病気が一生なおらないこと。ふち。ことば「不治の病」

ぶし【武士】名詞 昔、武芸をならっていくさに出た人。さむらい。武者。

ぶじ【無事】名詞 形容動詞 事故や病気などの、悪いことがおこらないこと。何も変わったことがなく安全なこと。例無事で何よりだ。

ふしあな【節穴】名詞 ❶板などの、ふしがぬけてできたあな。❷あけているだけで、物事を十分に見ていない目をののしっていう言葉。例君の目は節穴か。

ふしあわせ【不幸せ・不仕合わせ】名詞 形容動詞 幸福でないこと。ふこう。対幸せ。

ふしおがむ【伏し拝む】動詞 ❶ゆかや地面にひれふしておがむ。ていねいにおがむ。❷はるか遠くからおがむ。活用 ふしおが・む。

ふじかわ【富士川】地名 静岡県と山梨県の中央を流れて、駿河湾に流れこむ川。最上川・球磨川とともに日本三大急流の一つ。

ふしぎ【不思議】名詞 形容動詞 人間の力ではとても考えられないようなこと。なぜそうなのか知ろうとしてもわからないこと。例不思議なできごと。参考「不可思議」を略した言葉。類不可解。

ふしくれだつ【節くれ立つ】動詞 ❶〔木などが〕ふしが多く、でこぼこしている。❷〔指の関節などが〕太くてかたく、ごつごつしている。活用 ふしくれだ・つ。

ふじさん【富士山】地名 静岡県と山梨県の間にそびえる日本で一番高い山。富士火山帯にあるえんすい形の火山。高さは三七七六メートル。世界文化遺産。⇩695ページ・世界遺産(図)。

ふしぜん【不自然】名詞 形容動詞 自然でないこと。わざとらしいこと。例どう見ても不自然だ。

ふしだら 名詞 形容動詞 きちんとした区別がなく、しまりのないこと。だらしがないこと。例ふしだらな生活をする。

ふじちゃく【不時着】名詞 する動詞 飛行機がこしょうなどで、目的の場所以外のところにおりること。

ぶしつけ 名詞 形容動詞 れいぎ作法をわきまえず、ずうずうしくふるまうこと。ぶさほう。例ぶしつけな質問をする。

ぶしどう【武士道】名詞 武士階級の人たちが守るべきだと考えた道徳や生き方。

ふじばかま【藤ばかま】名詞 キク科の植物。秋の七草の一つ。秋にうすむらさき色の花がさく。漢字 藤袴。⇩口絵10ページ。

ぶしはくわねどたかようじ【武士は食わねど高ようじ】ことわざ 武士がびんぼうでも清く正しい生活で満足して、自尊心の高いことのたとえ。参考 武士は、まずしくて食事ができないときでも、ようじを使うことで、食べ終えたふりをして、ゆうゆうとしているということから。

ふじびたい【富士額】名詞 女性の髪の毛のはえぎわが、富士山のような美しい形をしていること。

ふしぶし【節節】名詞 ❶木・竹などのあちこちの節。❷あちこちの関節。例体の節々がいたい。❸いろいろの点。例言葉の節々に長い間のくろうがうかがわれた。参考 ふつう「節々」と書く。

ふしまつ【不始末】名詞 形容動詞 ❶あとしまつが悪いこと。例火の不始末による火災がおきた。❷だらしのない、よくないおこない。例自分の不始末をたなにあげて、他人をせめる。

ふしまわし【節回し】名詞 歌などのうたいかたや調子。例たくみな節回しでうたう。

ふじみ【不死身】 名詞 形容動詞 ❶なぐられても、きずつけられても死なないくらいの、とても強い体。例不死身をほこるレスラー。❷どんなこんなんにであってもくじけないこと。また、そのような人。例不死身の精神をもつ。

1 **ふしめ【伏し目】** 名詞 〔うつむいて〕目をすこし下にむけること。例はずかしかったので伏し目がちにあいさつをした。

2 **ふしめ【節目】** 名詞 ❶竹や木のふしのあるところ。❷物事の区切り。例人生の節目。

ぶしゅ【部首】 名詞 いくつかの漢字に共通する部分で、漢字の辞典などで漢字を分類してならべるときのもととするもの。たとえば、「右」の「口」や、「左」の「工」など。例漢字辞典で部首を調べる。

ふじゆう【不自由】 名詞 形容動詞 する動詞 ❶思うとおりにならないこと。また、そのために足りないと思うこと。例断水で不自由している。／不自由なく、くらす。❷目や手足など、体の一部がうまく働かないこと。例ほうたいをしているので、手が不自由だ。対①②自由。

ふじゅうぶん【不十分】 名詞 形容動詞 足りない点があること。十分でないこと。例情報が不十分だ。対十分。

ぶしゅさくいん【部首索引】 名詞 漢字辞典で漢字をさがすとき、その漢字の部首でさがせるようになっている索引。

ぶじゅつ【武術】 名詞 弓・やり・馬術・剣術など、戦をするときに武士が必要とするわざ。類武道。

ことば博士になろう！

部首とよび名

「部首」とは、漢字の辞典で、①漢字のならび順を整理するため ②漢字をすばやく引くために考え出されたものです。

漢字辞典では、すべての漢字を、部首の部分と、それ以外の部分に分けています。そして、同じ部首の漢字は、ひとつのグループにします。このグループを「部」といい、グループの最初の字を「部首」といいます。

形が異なっていても同じ意味を表しているものは、同じ部首のグループです。たとえば、「水」と「氵」と「氺」は、形が異なっていますが、「みず」にかかわるもの、あるいは「水」の形が変化したものとして、同じ部首になります。

部首は、もともと中国で考え出されたものです。たとえば、「木」のグループは「木部」のように書き表されていました。

日本に入ってきたとき、よび名がなくて不便であったことから、よび名をつけることにしました。そのときに、部首の漢字の読み方と、漢字の見た目の形とを組み合わせる方法がとられました。

漢字の見た目の形は、漢字の中の位置によって「へん」「つくり」「かんむり」「あし」「たれ」「にょう」「かまえ」の七つに分けました。（分けられないものは、無理に分けていません。）

部首のよび名は、部首のグループの中で、一番多く使われている見た目の形を代表してつけました。たとえば、「人部」は「亻」の形が一番多いことから「人」の音読みの「にん」と「へん」を組み合わせて「にんべん」としました。

「蚕」は、「むしへん」の漢字と言うことがあります。「へん」ではありませんが、代表的なものをよび名にしているため、一致しないこともあるのです。

辞典などで「部首」として「へん」や「つくり」などで分類して一覧にしていますが、これらのことを頭に入れておくと、理解ができるようになります。ぜひ覚えてください。

1 **ふじゅん【不純】** 名詞 形容動詞 ❶まじりものが入っていること。例不純物。❷心持ちなどに、正しさや清らかさがないこと。例動機が不純だ。

2 **ふじゅん【不順】** 名詞 形容動詞 〔天候や気候などが〕いつもと同じような様子や順序でおとずれないこと。例この夏は、気候が不順だ。

ふじょ【扶助】 名詞 する動詞 経済的に助けること。例公的扶助。

ぶしょ【部署】 名詞 わりあてられた役目をするところ。もちば。例それぞれの部署につく。注意「部所」と書かないこと。

1 **ふしょう【不詳】** 名詞 形容動詞 はっきりわから

あいうえお かきくけこ さしすせそ たちつてと なにぬねの はひふへほ ふ まみむめも や ゆ よ らりるれろ わ を ん

ことばあそび ことばクイズ⑦ つぎのことばは、何のようすをあらわすことばでしょう？

ないこと。また、くわしくわからないこと。例年令不詳。

2 **ふしょう**【負傷】名詞 する動詞 けがをすること。

ふじょう【浮上】名詞 する動詞 ❶水の中から水面にうかび上がること。例潜水艦が浮上する。❷地位や成績などが、下位から上位になること。例五位のチームが二位に浮上した。

1 **ぶしょう**【武将】名詞 さむらいの大将。

2 **ぶしょう**【無精・不精】名詞 形容動詞 する動詞 めんどうがること。だらしがないこと。例無精な弟は歯をみがかない。／ふで無精。

ふしょうか【不消化】名詞 形容動詞 ❶消化しないこと。食べた物のこなれが悪いこと。❷学問や知識の理解があさく、自分のものとなっていないこと。例不消化な知識。

ふしょうじき【不正直】名詞 形容動詞 正直でないこと。うそつき。対正直。

ふしょうち【不承知】名詞 形容動詞 承知しないこと。聞き入れないこと。対承知。

ふしょうぶしょう【不承不承】副詞 人に言われて、いやいやながらおこなうようす。例不承不承うなずいた。類しぶしぶ。

ふしょく【腐食】名詞 する動詞 くさって形がくずれること。また、薬品などで金属の表面をくずすこと。例水道管が腐食する。

ぶじょく【侮辱】名詞 する動詞 あなどって、はじをかかせること。例家族を侮辱する人をゆるすことはできない。ことば「侮辱を受ける」

ふじょし【婦女子】名詞 ❶女性。❷女性や子ども。おんなこども。

ふじわらのかまたり【藤原鎌足】人名 ⬇943ページ・なかとみのかまたり。

ふじわらのさだいえ【藤原定家】人名 （一一六二～一二四一）平安時代から鎌倉時代にかけて活やくした歌人。「新古今和歌集」や「小倉百人一首」の和歌を選び、まとめた。参考「ふじわらのていか」ともよばれる。

ふじわらのみちなが【藤原道長】人名 （九六六～一〇二七）平安時代中ごろの政治家。皇室と親類関係をつくり、摂政・太政大臣などの高い位について政治をおこなった。藤原氏のもっともさかえた時代をきずいた。「御堂関白記」という自筆の日記が伝わる。

1 **ふしん**【不信】名詞 ❶約束を守らず、真心がこもっていないこと。❷信用できないこと。ことば「不信の念をいだく」類不信任。

2 **ふしん**【不振】名詞 形容動詞 いきおいがさかんでないこと。例食欲不振におちいる。

3 **ふしん**【不審】名詞 形容動詞 うたがわしいこと。わからない点があること。例家のまわりを不審な人物がうろつく。類疑問。けげん。

4 **ふしん**【普請】名詞 する動詞 家を建てたり、道路や橋をつくったり、直したりすること。例城の普請。参考やや古い言い方。

1 **ふじん**【夫人】名詞 他人の妻をうやまって言う言葉。おくさま。例社長夫人。

2 **ふじん**【婦人】名詞 大人になった女の人。女性。例婦人科検診。

ふしんかん【不信感】名詞 信用できないという気持ち。うたがう気持ち。ことば「不信感をもつ」「不信感がつのる」

ふしんせつ【不親切】名詞 形容動詞 思いやりがないこと。親切でないこと。対親切。

ふじんだんたい【婦人団体】名詞 女性のためにつくられた、女性だけの仲間や集まり。

ふしんにん【不信任】名詞 〔公の役目についている人に対して〕信用してその役目をまかせられないこと。例内閣不信任案。類不信。対信任。

ふしんばん【不寝番】名詞 一晩中ねないで番をすること。また、その人。

ふじんふく【婦人服】名詞 女性用の洋服。

ふす【伏す】動詞 ❶うつぶせになる。例地面に伏してかくれる。❷〔病気などで〕ねる。例父は長い間、やまいのとこに伏している。活用ふ・す。

ふず【付図】名詞 本文につけ加えられている、地図や図表。

1 **ふずい**【不随】名詞 体が思うように動かないこと。例半身不随。

2 **ふずい**【付随】名詞 する動詞 ほかのことがらにつきしたがっていること。例産業の発展に付随して公害問題がおこった。

ふすう【負数】名詞 数字で、ゼロよりも小さい数。マイナスの数。参考記号は「－」で表す。対正数。

ぶすう【部数】名詞 本・新聞・ざっしなどの数。

ぶすっと 副詞 する動詞 ❶先のとがったものでつき通すようす。例ナイフをぶすっとつきさす。❷きげんが悪く、話をしないようす。例ぶすっ

ぶすぶす 副詞(-と) ❶先のとがったもので何度もつき通すようす。例障子にぶすぶすとあなをあける。❷ほのおをあげないで、けむりだけ出して、もえ続けるようす。また、その音。例火事の焼けあとから、ぶすぶすとけむりが出ている。❸不平や文句をいつまでも少しずつ言うようす。例かげでぶすぶす言う。

ふすま[1] 名詞 小麦や大麦をひいて、こなをとった残りのかす。かちくのえさなどにする。

ふすま[2] 名詞 部屋のしきりにする、紙やぬのをはった戸。からかみ。漢字 襖。

ふする【付する】 動詞 ❶そえる。つける。例書類に写真を付する。❷…という形でしまつをつける。まかせる。ことば「不問に付する」 参考 ①②とも「付す」ともいう。活用 ふ・する。

ふせ【布施】 名詞 ➡202ページ・おふせ。

ふせい[1]**【不正】** 名詞 形容動詞 正しくないこと。悪いこと。また、悪いおこない。例世の不正と戦う。類不当。

ふせい[2]**【父性】** 名詞 父親としての性質。対母性。

ふぜい【風情】 一 名詞 ❶〔けしきなどの〕よいあじわい。おもむき。❷様子。有様。例さびしげな風情。
二 接尾語 《ある言葉の下につけて》「…のような者」の意味を表す言葉。例学生風情になにができる。参考 人をけいべつするときや、けんそんするときに使う。

ぶぜい【無勢】 名詞 味方の人数が少ないこと。ことば ⇩「多勢に無勢（でかなわない）」対多勢。

ふせいあい【父性愛】 名詞 父親が子どもを愛する気持ち。対母性愛。

ふせいかく【不正確】 名詞 形容動詞 たしかでないようす。正確でないようす。対正確。

ふせいこう【不成功】 名詞 思ったようにいかないこと。うまくいかないこと。類失敗。対成功。

ふせいしゅつ【不世出】 名詞 この世にめったに現れないほど、すぐれていること。ことば「不世出の天才」

ふせいせき【不成績】 名詞 形容動詞 成績や結果がよくないこと。例実験は不成績におわった。

ふせきをうつ【布石を打つ】 慣用句 ❶囲碁で、対局を始めたころに、全体を考えて石をおく。❷将来を考えて、前もって手はずを整えておく。例うまく仕事をするための布石を打つ。

ふせぐ【防ぐ】 動詞 ❶せめてこられないように守る。例こうげきを防ぐ。❷〔害を受けないように〕さえぎる。前もって止める。例未然に防ぐ。／事故を防ぐ。活用 ふせ・ぐ。

ふせつ【敷設・布設】 名詞 する動詞 電線をうめたり、線路をしいたりすること。例鉄道を敷設する。

ふせっせい【不摂生】 名詞 形容動詞 健康に気をつけないこと。例不摂生な生活。類不養生。

ふせる【伏せる】 動詞 ❶下にむける。また、体をうつぶせにする。❷表に出さない。例名前を伏せて報道した。❸うらがえしにする。例本を伏せる。活用 ふ・せる。

ふせん【付箋・附箋】 名詞 用事を書きつけたり、目じるしにしたりするのにはる、小さな紙。

ぶぜん【豊前】 地名 昔の国の名。今の福岡県東部と大分県北部に当たる。

ふせんしょう【不戦勝】 名詞 試合のとき、相手が出場できなくなったため、戦わないで勝ちになること。対不戦敗。

ふせんぱい【不戦敗】 名詞 試合のとき、自分が出場できなくなったため、戦わないで負けになること。対不戦勝。

ふせんめい【不鮮明】 形容動詞 あざやかでなくぼんやりしているようす。例不鮮明な写真。対鮮明。

ふそ【父祖】 名詞 父と祖父。また、先祖。例父祖の地に帰る。

ぶそう【武装】 名詞 する動詞 戦争をするための身じたくをすること。また、そのための服装や設備。類軍備。

ふそうおう【不相応】 名詞 形容動詞 ふさわしくないこと。つり合わないこと。例自分の実力に不相応な望みをいだく。対相応。

ふそく[1]**【不足】** 一 名詞 する動詞 足りないこと。例資金が不足している。／水不足。
二 名詞 形容動詞 満足しないこと。例相手にとって不足はない。

ふそく[2]**【不測】** 名詞 予測していないこと。例不測の事態にそなえる。

ふぞく【付属・附属】 一 名詞 する動詞 中心となるものについていること。また、ついているもの。例付属の部品。
二 名詞 「付属小学校」「付属中学校」「付属高等

あいうえお かきくけこ さしすせそ たちつてと なにぬねの はひふへほ ふ まみむめも や ゆ よ らりるれろ わ を ん

学校」などの略。教育の研究や実習のために、また、教育方針の一貫性をたもつために、大学の下にもうけられた（小・中・高等）学校。

ぶぞく【部族】 (名詞) 一定の場所に住み、同じ言語・文化などをもつ人々の集まり。(類)種族。

ふぞくご【付属語】 (名詞) 言葉の中で、それだけではっきりした意味を表さず、ほかの言葉について、意味をそえたり関係をしめしたりするもの。「の」「で」「を」「に」「は」「ます」など。(対)自立語。

ふそくふり【不即不離】 四字熟語 二つのものの関係が、くっつきすぎず、またはなれすぎてもいないこと。例母とわたしは、不即不離のちょうどよい関係にある。

ふぞろい【不ぞろい】 (名詞)(形容動詞) 物の大きさや形などがそろっていないこと。また、数が足りないこと。例大小不ぞろいのリンゴ。

ふた【蓋】 (名詞) 入れ物の口をおおうもの。例なべの蓋。(対)身。

ふだ【札】 (名詞) ❶文字などを書いて、しるしにする、木・紙・布などのきれはし。例立ち入り禁止の札を立てておく。／名札。❷神社などで発行する、お守り。おふだ。❸かるた・トランプなどのカード。

ぶた【豚】 (名詞) 野生のイノシシを改良した家畜。口の先が上に向いている。肉は食用となり、皮も利用する。

ふだい【譜代】 (名詞) ❶一つの家の主人に代々つかえること。また、その人。❷関ケ原の戦いの前から、徳川氏につかえていた大名や家来。譜代大名。

ぶたい[1]【部隊】 (名詞) 軍隊を組み立てている、兵隊のひとまとまり。

ぶたい[2]【舞台】 (名詞) ❶しばいやおどりなどをして見せるため、少し高くつくったところ。ことば「舞台に立つ」❷かつやくする場所。例政治の舞台で力を表す。

ぶたいうら【舞台裏】 (名詞) ❶客席からは見えない舞台のうら側。❷物事の、表面からかくれた面。例舞台裏でひそかに工作する。

ぶたいそうち【舞台装置】 (名詞) 演劇などで、表現の効果を高めるために舞台にもうけられる、大道具・小道具など。

ふたえ【二重】 (名詞) 同じ物が、二つ重なっていること。

ふたえまぶた【二重まぶた】 (名詞) ひだがあって二重になっているまぶた。

ふたおや【二親】 (名詞) 父と母。両親。(対)片親。

ふたご【双子】 (名詞) 同じ母親から一度にうまれた二人の子。双生児。

ふたことめ【二言目】 (名詞) 何かを言いはじめると、決まって出てくる口ぐせのような言葉。例二言目には、昔はよかったと言う。

ふたしか【不確か】 (形容動詞) たしかでないようす。はっきりしないようす。例不確かな情報。／不確かな記憶。(対)確か。

ぶたじる【豚汁】 (名詞) ➡935ページ・とんじる。

ふたたび【再び】 (副詞) もう一度。例少し休んでから、再び歩き出した。

ふたつ【二つ】 (名詞) ❶一の二倍。に。❷二才。

ふだつき【札付き】 (名詞) 悪いという評判が世の中に広まっていること。また、その人。ことば「札付きの悪党」

ふたつとない【二つとない】 慣用句 ただ一つしかなく、貴重である。例二つとない名画。

ふたつへんじ【二つ返事】 (名詞) 〔何かをたのまれたときなど〕すぐに気持ちよく引き受けること。例姉にたのんだら二つ返事でやってくれた。(類)快諾。

ふたて【二手】 (名詞) 二つの方向。例二手にわかれてさがす。

ぶたにしんじゅ【豚に真珠】 ことわざ いくらねうちのあるものでも、それがわからない者には役に立たないというたとえ。参考キリスト教の「聖書」の言葉。(類)猫に小判。

ふたば【双葉・二葉】 (名詞) 〔土の中から〕草木が芽を出したばかりのときに出る二まいの葉。

ふたまた【二股】 (名詞) ❶もとが一つで、先が二つに分かれていること。また、そのもの。例道が二股に分かれる。❷二つの物事に、同時にかかわること。ことば「二股をかける」

ふためとみられない【二目と見られない】 慣用句 〔あまりにむごたらしかったり、みにくかったりして〕ふたたび見ることはできない。例二目と見られない、ひどい有様。

ふたり【二人】 (名詞) 人数が二であること。その数の人。(類)両人。

ふたをあける【蓋を開ける】 慣用句 ❶物事をはじめる。例年末セールが蓋を開けた。❷物事のけっかをみる。例選挙の当落は、蓋を開

けてみるまでわからない。

ふたん【負担】 名 する動詞 ❶責任や仕事などを引き受けること。また、その責任や仕事。例 負担が重い。❷引き受けてお金をはらうこと。例 費用はみんなで負担する。参考 荷物をせおったり、かついだりする意味から。

1 **ふだん【不断】** 名 ❶切れないで続くこと。ことば「不断の努力」❷なかなかはっきりと決めないこと。にえきらないこと。ことば ⇩「優柔不断（＝ぐずぐずしていて、いつまでもはっきりしないこと）」

2 **ふだん【普段】** 名 いつも。日ごろ。へいぜい。

ふだんぎ【普段着】 名 いつも家にいるときに着ている服。例 普段着のまま外出する。対 晴れ着。

1 **ふち** 名 ❶川で、水がよく流れないで深くなっているところ。対 瀬。❷なかなかぬけだせない苦しい立場のたとえ。例 悲しみのふちにしずむ。漢字 淵。

2 **ふち【不治】** 名 ⬇1140ページ・ふじ（不治）。

3 **ふち【縁】** 名 物のはし。例 ハンカチの縁。

ぶち 名 地の色とちがう色がまじっていること。また、そのものや、まじっている色についてもいう。特に、動物の毛の色についていう。例 白と茶のぶちの犬。／黒のぶちがあるネコ。

ぶちかます 動詞 ❶相撲の立ち合いで、相手のむねに頭からはげしくつきあたる。❷相手に大きなそんがいをあたえるように強く打つ。例 顔に一発ぶちかます。活用 ぶちかま・す。

ぶちこわす【ぶち壊す】 動詞 ❶らんぼうに、すっかりこわす。例 とびらをぶち壊す。❷物事をまとまらないようにする。例 仲なおりの話をぶち壊す。参考 くだけた言い方。活用 ぶちこわ・す。

ふちどる【縁取る】 動詞 布などのふちに色をつけたり、ししゅうなどの細工をしたりする。活用 ふちど・る。

ぶちまける 動詞 ❶中身を全部ひっくりかえして出す。❷思っていることを全部言う。例 何もかもぶちまけて相談した。参考 くだけた言い方。活用 ぶちま・ける。

ふちゃく【付着】 名 する動詞 くっつくこと。例 ズボンにペンキが付着した。

ふちゅうい【不注意】 名 形容動詞 注意が足りないこと。例 不注意で、花びんをわってしまった。類 不用心。

1 **ふちょう【不調】** 一 名 話し合いがうまくまとまらないこと。例 交渉は不調におわった。二 名 形容動詞 調子が悪いこと。対 好調。例 体の不調を感じる。／エンジンの不調。

2 **ふちょう【府庁】** 名 大阪府と京都府をおさめるための仕事をする役所。

3 **ふちょう【婦長】** 名 看護婦の長。参考 今は「看護婦」のよび名が「看護師」にかわり、「婦長」は「師長」となっている。

ぶちょう【部長】 名 ❶役所や会社などで、部の責任をおって部下を監督する地位。また、その人。❷クラブ活動などをまとめる人。例 野球部の部長。

ぶちょうほう【不調法】 名 形容動詞 ❶注意などが行きとどかず、相手にめいわくをかけたり、いやな思いをさせたりすること。❷れいぎ作法についての失敗。あやまち。例 とんだ不調法をしてしまいました。❸酒をのんだり、遊びごとをしたりするたしなみがないこと。

ふちょうわ【不調和】 名 形容動詞 調和しないこと。つりあいがとれないこと。対 調和。

ふちん【浮沈】 名 する動詞 ❶うくことしずむこと。❷さかえることとおとろえること。例 会社の浮沈をかけた計画。

ぶつ 動詞 ❶うつ。例 ほおをぶった。❷演説などをする。例 一席ぶつ。参考 くだけた言い方。活用 ぶ・つ。

1 **ふつう【不通】** 名 ❶乗り物や電話などが通じなくなること。例 大雨のため列車が不通になった。❷たよりがないこと。ことば ⇩「音信不通（でいどころがわからない）」

2 **ふつう【普通】** 一 名 形容動詞 特に変わったところのないこと。当たり前であること。例 普通の方法。／様子は普通だった。二 副詞 いつも。たいてい。例 朝は、普通七時に起きる。

ふつうせんきょ【普通選挙】 名 一定の年令以上の人が平等に選挙権・被選挙権をもつ選挙。

ふつうめいし【普通名詞】 名 同じ種類のものに共通して使われる名詞。「山」・「川」・「水」など。参考 ⇩485ページ・固有名詞。

ふつか【二日】 名 ❶一日の二倍の日数。例 期日まであと二日ある。❷ある月の二番目の日。

あいうえお かきくけこ さしすせそ たちつてと なにぬねの はひふへほ まみむめも や ゆ よ らりるれろ わ を ん

ことばあそび ことばクイズ⑧ つぎのことばは、何のようすをあらわすことばでしょう？

例今月の二日は日曜日だ。

ぶっか【物価】名詞 品物のねだん。

ぶっかく【仏閣】名詞 りっぱな寺の建物。例古都には多くの神社や仏閣がある。

ふっかける【吹っ掛ける】動詞 ❶強くふきつける。❷〔じっさいより〕ねだんを高くいう。例一万円の品物を五万円だと吹っ掛けられた。❸〔けんかを〕しかける。例けんかを吹っ掛ける。類ふきかける。活用ふっか・ける。

ふっかつ【復活】名詞 する動詞 ❶死んだものが生きかえること。例キリストの復活。❷やめていたことをまた始めること。例花火大会が三年ぶりに復活した。

ふっかつさい【復活祭】名詞 キリスト教で、キリストが復活したことを祝う祭り。春分後の最初の満月の次にくる日曜日におこなう。イースター。

ふつかよい【二日酔い】名詞 酒を飲みすぎた次の日に、頭痛やはき気で苦しむこと。

ぶつかる 動詞 ❶強くつきあたる。例柱にぶつかって、こぶができた。❷出あう。行きあたる。例むずかしい問題にぶつかる。❸じっさいに相手をする。例ともかくぶつかってみよう。❹いっしょになる。重なる。例日曜日と祝日がぶつかる。活用ぶつか・る。

ふっき【復帰】名詞 する動詞 元いた団体や地位にもどること。例代表チームに復帰する。

ふづき【文月】名詞 昔のこよみで七月のこと。ふみづき。

ふっきゅう【復旧】名詞 する動詞 元どおりにすること。元どおりになること。例断水していた水道が復旧した。／復旧作業。

ぶっきょう【仏教】名詞 宗教の一つ。紀元前五世紀ごろ、釈迦がインドではじめた。さとりによって人生の苦しみからのがれられるととく。その後、中国・日本・インドシナなどに広まり、世界三大宗教の一つとなった。

ぶっきらぼう【ぶっきら棒】名詞 形容動詞 話し方や態度がぶあいそうなこと。例ぶっきら棒な返事。

ぶつぎをかもす【物議を醸す】慣用句 世間の問題になって、さわがしい論議を引きおこす。例テレビタレントの発言が物議を醸す。参考「物議」は、世間の人々のやかましい議論のこと。

ふっきん【腹筋】名詞 腹の部分の筋肉。例腹筋をきたえる。／腹筋運動。

フック 一 名詞 ❶かべなどにつけて物をかけるためのかぎ形の金具。例フックに、ぼうしをひっかける。❷ボクシングで、ひじをまげて横から打つこと。❸電話機の受話器をおくところ。二 名詞 する動詞 ゴルフのボールが、右打ちのときは左に、左打ちのときは右にまがってとぶこと。▼英語 hook

ブック 名詞 本。帳面。▼英語 book

ブックエンド 名詞 立ててならべた本がたおれないように、両はしに置いてささえるもの。▼英語 bookends

ブックカバー 名詞 本を巻くように包むおおい。参考英語の「ブック」と「カバー」を組み合わせて日本でつくった言葉。英語では book [dust] jacket という。cover は「表紙」。

ぶつくさ 副詞 不平などをつぶやくように言うようす。例しかられて、ぶつくさ言う。参考くだけた言い方。

ブックトーク 名詞 図書館や学校などで、あるテーマにそった内容の本の話をして、しょうかいすること。▼英語 book talk

ふっくら 副詞(-と) する動詞 やわらかく、丸みをおびてふくらんでいるようす。例ふっくらした小さな手。

ぶつける 動詞 ❶強く打ち当てる。また、物を強く投げて当てる。例自転車をへいにぶつけてしまった。／石をぶつける。❷強い態度でしめす。例いかりをぶつける。活用ぶつ・ける。

ふっこ【復古】名詞 する動詞 世の中のしくみや考えが昔の有様にもどること。また、もどすこと。ことば ⇩「王政復古」

ふっこう【復興】名詞 する動詞 おとろえたものが、ふたたびさかんになること。また、さかんにすること。例都市が復興する。類再興。再起。

ふつごう【不都合】名詞 形容動詞 ❶都合が悪いこと。例その日は、あいにく不都合だ。対好都合。❷よくないこと。けしからぬこと。例番組に一部不都合な点がありましたことをおわびいたします。

ぶっさん【物産】名詞 その土地でできるいろいろな品物。土地の産物。例北海道物産展。

ぶっし[1]【仏師】名詞 仏像をつくる職人。

ぶっし[2]【物資】名詞 くらしに必要な品物。

あいうえお かきくけこ さしすせそ たちつてと なにぬねの はひふへほ まみむめも や ゆ よ らりるれろ わ を ん

ぶっしつ【物質】 名詞 ❶見たりさわったりして、知ることができるもの。例物質文明。❷物を形づくっている、ないよう。例有害な物質。

ぶっしつてき【物質的】 形容動詞 ❶物質としての性質や様子があるようす。また、物質に関係があるようす。❷心のもちかたよりも、お金などを大切にするようす。対精神的。

ぶっしょく【物色】 名詞 する動詞 たくさんの人や物の中から、ふさわしい人や物をさがすこと。例おもしろそうな本を物色する。

プッシング 名詞 サッカーやバスケットボールで、相手の選手をおしたりついたりする反則。▼英語 pushing

ぶつぜん【仏前】 名詞 仏の前。ぶつだんの前。例仏前に花をそなえる。類霊前。

ふっそ【ふっ素】 名詞 元素の一つ。においが強い気体。

ぶっそう【物騒】 形容動詞 世の中がさわがしくおだやかでないようす。また、害を加えられそうで、あぶないようす。例夜道の一人歩きは物騒だ。

ぶつぞう【仏像】 名詞 仏のすがたを絵や彫刻にかたどったもの。仏の像。⇩図。

光背
台座
仏像

ぶったい【物体】 名詞 物質でつくられているもので、形のあるもの。

ぶったぎる【ぶった切る】 動詞 たたき切る。いきおいよく切る。例肉をぶった切って、なべに入れる。参考くだけた言い方。活用ぶったぎ・る。

ぶつだん【仏壇】 名詞 仏像や位はいなどをすえておがむための、だん。

ぶっちぎり 名詞 競走で、ほかを大きくひきはなして勝つこと。例ぶっちぎりの大勝利。

ぶっちょうづら【仏頂面】 名詞 きげんが悪く、あいそのない顔つき。ふくれっつら。

ふつつか 名詞 形容動詞 知識や才能がなく、行きとどかないこと。ことば「ふつつかものですがよろしくお願いします」参考へりくだっていうときに使うことが多い。

ぶっつけほんばん【ぶっつけ本番】 名詞 練習や準備をしないで、いきなり本式の物事をすること。例時間がないので、リハーサルなしのぶっつけ本番でやった。

ぶっつづけ【ぶっ続け】 名詞 休まず、ずっと続けること。例朝からばんまで、ぶっ続けで本を読んだ。

ふっつり 副詞(-と) 〔今まで続いていたことが〕急にとだえるようす。また、急にやめるようす。例ふっつりとすがたを消した。類ぷっつり。

ぷっつり 副詞(-と) ❶ひも・糸などが急に切れる音を表す言葉。また、そのようす。例ロープがぷっつり切れた。❷物事が急にとだえるようす。例しゅみのゴルフをぷっつりとやめた。類ふっつり。

ぷっつん 副詞(-と) 糸などが急に切れるようす。また、その音。

ふってわく【降って湧く】 動詞 今までそこになかったものが急に現れるたとえ。例自動車が家にとびこんでくるなんて、降って湧いたような災難だ。活用ふってわ・く。

ふってん【沸点】 名詞 液体がにえたつときの温度。沸騰点。参考アセ氏の温度計では一気圧のときの水の沸点を百度、氷点を〇度と決めている。イ⇩1115ページ・氷点。

ふっとう【沸騰】 名詞 する動詞 ❶液体が、ある温度以上になってにえたつこと。❷〔意見や人気が〕はげしく、さかんになること。例人気沸騰の店。

ふっとうてん【沸騰点】 名詞 ⬇ふってん。

ぶっとおし【ぶっ通し】 名詞 ❶とちゅうで休まずに続けること。例ぶっ通しで練習する。❷間のしきりなどをすっかりなくすこと。例広間をぶっ通しにしてひろげる。

フットサル 名詞 一チーム五人でおこなう、サッカーに似た、得点を争うスポーツ。サッカーよりもピッチ(=グラウンド)がせまく、ボールも小さくはずまない。▼英語 futsal

ふっとばす【吹っ飛ばす】 動詞 ❶いきおいよくふいてとばす。例風で吹っ飛ばされた。❷悲しみやなやみなどをすっかりなくす。例不安を吹っ飛ばす。❸〔乗り物などの〕スピードをふつう以上に出す。ぶっとばす。例バイクを吹っ飛ばす。活用ふっとば・す。

ぶっとばす【ぶっ飛ばす】 動詞 ❶遠くまでいきおいよくとばす。例ホームランをぶっ飛ばす。❷なぐりとばす。例相手をぶっ飛ばす。

参考 らんぼうな言い方。活用 ぶっとば・す。

ふっとぶ【吹っ飛ぶ】動詞 ❶いきおいよくとぶ。例 あらしで屋根が吹っ飛んだ。❷急に消えてなくなる。例 長年のゆめが吹っ飛ぶ。類 ①②ぶっ飛ぶ。活用 ふっと・ぶ。

ぶっとぶ【ぶっ飛ぶ】動詞 いきおいよくとぶ。例 ぶちかまされてぶっ飛んだ。類 吹っ飛ぶ。参考 らんぼうな言い方。活用 ぶっと・ぶ。

フットボール 名詞 サッカー、アメリカンフットボール、または、ラグビーをさす語。▼英語 football

フットライト 名詞 舞台のゆかの前にとりつけ、下の方から舞台の上の人をてらすあかり。脚光。ことば 「フットライトをあびる（＝脚光をあびる）」▼英語 footlights

フットワーク 名詞 ❶球技やボクシングなどでの、足の動かし方。例 フットワークを生かしたこうげき。❷機動力。例 フットワークを生かした取材。▼英語 footwork

ぶっぴん【物品】名詞 物。品物。

ふつふつと 副詞 ❶湯などがわき立つようす。例 なべがふつふつと音をたてる。❷気持ちがこみ上げるようす。例 ふつふつとわく喜び。

ぶつぶつ ━ 副詞(ーと) ❶小さな声で続けて、ものを言うようす。例 ぶつぶつつぶやく。❷不平・不満を言うようす。例 ぶつぶつ文句を言う。━ 名詞 表にたくさん出たつぶ。例 顔にぶつぶつができた。

ぶつぶつこうかん【物物交換】名詞 〔お金を使わず〕物と物とを直接とりかえること。参考 ふつう「物々交換」と書く。

ぶっぽう【仏法】名詞 仏の教え。仏教。

ぶっぽうそう【仏法僧】名詞 ❶仏と、その教えと、僧。❷ブッポウソウ科の鳥。五月ごろ日本に来る、青緑色のわたり鳥。❸フクロウ科の鳥コノハズクの別のよび名。「ブッポーソー」と鳴く。

ぶつま【仏間】名詞 仏像や位はいを安置してある部屋。

ぶつめつ【仏滅】名詞 こよみのうえで、なにをするにもよくないとされる日。対 大安。

ぶつもん【仏門】名詞 釈迦のといた道。仏の教え。ことば 「仏門にはいる（＝僧や、あまになる）」

ふつりあい【不釣り合い】名詞 形容動詞 つり合わないこと。ふさわしくないこと。例 小さな町に不釣り合いなほどの、大きなホール。

ぶつりがく【物理学】名詞 物の性質や運動、また、熱・光・電気・音・原子などについて研究する学問。

ぶつりてき【物理的】形容動詞 ❶物理学によってみとめられるようす。❷物事を、広さや重さなどのように、数量で表すことができるかどうかという面から考えるようす。例 馬よりはやく走るのは物理的に無理だ。

ぶつりょう【物量】名詞 物の分量。物の多さ。例 物量をたくわえる。

ふで【筆】名詞 ❶竹や木などの柄の先に毛をつけた、文字や絵をかく道具。毛筆。例 筆に、すみをつける。❷文字を書くための道具。えんぴつやペン。例 筆箱。❸文字や文章を書くこと。また、書かれたもの。例 筆がさえる。

ふてい【不定】名詞 形容動詞 決まっていないこと。一定していないこと。例 住所不定。

ふていき【不定期】名詞 形容動詞 いつからいつまでと、時期や期間が決まっていないこと。例 不定期に船がかよう。

ふていさい【不体裁】名詞 形容動詞 ていさいが悪いこと。外聞が悪いこと。例 不体裁ではずかしい。参考 「ぶていさい」ともいう。

ブティック 名詞 洋服やアクセサリーなどを売るしゃれた店。▼英語（フランス語から）boutique

ふでいれ【筆入れ】名詞 ➡1149ページ・ふでばこ。

ふでがたつ【筆が立つ】慣用句 文章を書くことが上手である。例 かのじょは筆が立つ。

ふてき【不敵】名詞 形容動詞 どきょうがあって、なにごともおそれないこと。例 不敵な笑みをうかべる。ことば ⇩「大胆不敵（な行動）」

ふでき【不出来】名詞 形容動詞 でき具合が悪いこと。例 天候が不順で、作物が不出来だ。対 上出来。

ふてきせつ【不適切】形容動詞 ふさわしくないようす。あてはまらないようす。例 不適切な発言。対 適切。

ふてきとう【不適当】形容動詞 目的や条件に合わないようす。例 不適当な表現。対 適当。

ふてぎわ【不手際】名詞 形容動詞 やりかたがへたなこと。手ぎわの悪いこと。例 係の不手際をおわびもうしあげます。

ふてくされる【ふて腐れる】動詞 不満があるため、わざと命令にしたがわなかったり、さからったりする。例 ふてくされて口もきかない。参考 ひらがなで書くことが多い。活用 ふてくさ・れる。

ふでさき【筆先】名詞 ❶筆のさき。❷筆の書き方。例 筆先でうまくみせる。

ふでたて【筆立て】名詞 えん筆や筆などを立ててしまっておく用具。

ふでづかい【筆使い・筆遣い】名詞 筆のつかい方。また、書かれた物のあじわい。例 力強い筆使い。

ふてってい【不徹底】名詞 形容動詞 てっていしてないこと。行きとどいていないこと。例 不徹底なやり方ではうまくいかない。対 徹底。

ふでばこ【筆箱】名詞 えん筆や消しゴムなどの筆記用具を入れる長方形のはこ。筆入れ。

ふでぶしょう【筆無精・筆不精】名詞 形容動詞 手紙を書くのをめんどうだと思うこと。また、そのような人。対 筆まめ。

ふてぶてしい 形容詞 〔にくらしく思うくらい〕えんりょなくふるまうようす。例 反省していないようなふてぶてしい態度。活用 ふてぶてし・い。

ふでまめ【筆まめ】名詞 形容動詞 めんどうだと思わないで、よく手紙や文章を書くこと。また、そのような人。対 筆無精。

ふでをいれる【筆を入れる】慣用句 文章や文字をなおす。例 この作品は筆を入れれば、もっとよくなる。類 筆を加える。

ふでをおく【筆を置く】慣用句 文章を書き終わる。例 ここで筆を置くことにする。

ふでをおる【筆を折る】慣用句 文筆活動をやめる。例 この作品を最後に筆を折る。

ふでをくわえる【筆を加える】慣用句 文章をなおす。書き加える。例 筆を加えてすいこうする。類 筆を入れる。

ふでをとる【筆を執る】慣用句 絵や文章をかく。例 三年ぶりに筆を執る。

ふでをはしらせる【筆を走らせる】慣用句 文章などをすらすらと書く。例 考えがまとまるとすぐに筆を走らせた。

ふでをふるう【筆をふるう】慣用句 絵や文字をかく。例 人にたのまれて筆をふるう。

ふと 副詞 何も気にしていないときに。そのとき、急に。例 ふと思いついて話しかけた。

ふとい【太い】形容詞 ❶〔つつ形をしたものの〕まわりの長さが大きい。また、太っているようす。例 太い松の木。❷はばが大きい。例 太い線を引く。❸声が低くて、よくひびく。例 太い声。対 ①～③細い。❹ずうずうしい。ずぶとい。例 店のものをぬすむなんて太いやつだ。❺物事に動じない。また、心が大きく広い。ことば⇩「肝が太い」 活用 ふと・い。

ふとう[1]【ふ頭】名詞 港で船をつけて、人の乗りおりや荷物の積みおろしをする所。例 ふ頭に船をつなぐ。漢字 埠頭。類 波止場。

ふとう[2]【不当】名詞 形容動詞 りくつに合わないこと。てきとうでないこと。例 不当な要求をはねのける。類 不正。不法。対 正当。

ふどう[1]【不同】名詞 形容動詞 同じでないこと。また、順序がそろっていないこと。例 順不同。

ふどう[2]【不動】名詞 ❶動かないこと。また、かんたんにはかわらないこと。例 衛兵が不動のしせいで立ち続けている。／会社の中で不動の地位をたもつ。❷「不動明王」の略。悪魔や人間の悪い心を退治する仏。

ふどう[3]【浮動】名詞 する動詞 ひとところにとどまらないで、ゆれ動くこと。例 浮動票。

ぶどう[1] 名詞 ブドウ科の植物。実はまるく、ふさとなる。実は、そのまま食べたり、ぶどう酒にしたりする。むらさき色の皮で小さめの「デラウェア」や、黒い皮で大つぶの「巨峰」、皮が黄緑色で大つぶの「シャインマスカット」などさまざまな品種がある。漢字 葡萄。

ぶどう[2]【武道】名詞 ❶昔、武士が戦うために身につけたわざ。剣術や馬術など。類 武芸。武術。❷武士として守らなくてはならない道。武士道。

ふとういつ【不統一】名詞 形容動詞 まとまりがないようす。例 意見の不統一。

ぶとうかい【舞踏会】名詞 ダンスをする集まり。参考 「舞踏」はダンスのこと。

ふとうこう【不登校】名詞 児童や生徒が、心や感情などにかかわることが原因で学校に行きたくなくなること。登校拒否。

ふとうごう【不等号】名詞 二つの数・式の大小関係を表すための記号（＜、＞、≦、≧）。

ふどうさん【不動産】名詞 土地や建物などのように、かんたんには動かすことのできない財産。対 動産。

あいうえお かきくけこ さしすせそ たちつてと なにぬねの はひふへほ まみむめも や ゆ よ らりるれろ わ を ん

ことばあそび ことばクイズ⑨ つぎのことばは、何のようすをあらわすことばでしょう？

ぶどうしゅ【ぶどう酒】名詞 ブドウの実のしるをはっこうさせてつくった酒。ワイン。

ふどうたい【不導体】名詞 ➡698ページ・ぜつえんたい。

ぶどうとう【ぶどう糖】名詞 炭水化物の一つ。くだものやはちみつなどに多くふくまれている、あまみのあるもの。

ふどうとく【不道徳】名詞 形容動詞 道徳に反していること。例 不道徳なおこない。

ふとうめい【不透明】名詞 形容動詞 すきとおっていないようす。例 不透明な液体。対 透明。

ふどき【風土記】名詞 各地方の風土や産物、文化などを書きしるした書物。

ふとくい【不得意】名詞 形容動詞 上手でないこと。例 不得意な科目。類 不得手。苦手。対 得意。

ふとくてい【不特定】名詞 形容動詞 特にこれと決まっていないこと。例 不特定多数の人に売る。

ふところ【懐】名詞 ❶着物と胸の、間のあたり。例 懐にさいふを入れる。❷持っているお金。ことば「懐がさびしい（＝持っているお金が少ない）」。「懐をはたく（＝持っているお金をみんな出す）」❸まわりをかこまれて、おく深くなったところ。例 山の懐にいだかれた家。

ふところがあたたかい【懐が暖かい】慣用句 お金をたくさん持っている。例 懐が暖かいからごちそうしてあげる。

ふところがふかい【懐が深い】慣用句 ❶人を受け入れる気持ちが広い。❷相撲で、うでが長くて相手にまわしをとらせない。

ふところで【懐手】名詞 する動詞 ❶着物を着たとき、両手をそでから出さないで、ふところに入れていること。例 寒いので、懐手をして歩く。❷仕事などを人にまかせて、自分では何もしないこと。例 懐手で暮らす。

ふところをいためる【懐を痛める】慣用句 自分のお金を出す。例 食べるのは好きだが、懐を痛めるのはきらいだ。類 自腹を切る。

ふとさ【太さ】名詞 太いこと。また、その程度。例 木の太さをはかる。

ふとした 連体詞 ちょっとした。例 ふとした言葉の行きちがいでけんかになった。

ふとっぱら【太っ腹】名詞 形容動詞 心が広く、小さなことにこだわらないこと。例 太っ腹な政治家。

ふとどき【不届き】名詞 形容動詞 れいぎや決まりにそむいた、けしからぬこと。例 親の金をだまってもち出すような不届きなおこない。

ふとめ【太め】名詞 形容動詞 少し太っているようす。やや太いようす。例 太めの人。対 細め。

ふとらせる【太らせる】連語 ❶肉づきをよくさせる。例 ブタを太らせる。❷ふやす。多くする。例 財産を太らせる。

ふとる【太る】動詞 ❶肉づきがよくなる。例 まるまると太った赤んぼう。対 やせる。❷増える。多くなる。例 財産が太る。活用 ふと・る。

ふとん【布団】名詞 ぬいあわせた布の中に、わた・はねなどを入れたもの。ねるときに、ゆかなどにしいたり体の上にかけたりして使う。

ふな 名詞 コイ科の魚。池や川にいる。コイに似ているが、口にひげがない。食用にする。漢字 鮒。

ぶな 名詞 ブナ科の高木。山地にはえる。木材は家具や食器などをつくるのに使われる。

ふなあし【船足・船脚】名詞 ❶船の進むはやさ。例 船足のはやい船。❷船の、水につかっている部分。喫水。

ふないた【船板】名詞 木の船をつくるための板。

ぶない【部内】名詞 役所や会社などの、仕事の持ち場の内部。例 部内の打ち合わせ。対 部外。

ふなうた【船歌・舟歌】名詞 せんどうなどが、船をこぎながらうたう歌。

ふなくだり【船下り】名詞 する動詞 船で川をくだること。例 急流を船下りする。

ふなじ【船路】名詞 ❶船の通る道。航路。❷船でする旅。

ふなぞこ【船底】名詞 船の底。または、船の底のようにそった形。

ふなだいく【船大工】名詞 木の船をつくる大工。

ふなたび【船旅】名詞 船に乗ってする旅。例 ヨーロッパまで船旅をする。

ふなちん【船賃】名詞 船に乗るためにはらうお金。例 世界一周のための船賃をためる。

ふなつきば【船着き場】名詞 船が出入りしたり、とまったりするところ。参考 ふつう、港より小さいものをいう。

ふなで【船出】名詞 する動詞 船が港を出ること。また、船に乗って旅に出ること。出帆。出航。

ふなぬし【船主】名詞 船の持ち主。

ふなのり【船乗り】名詞 船に乗って働く人。船員。

ふなばし【船橋】名詞 船をならべてつなぎ、上に板をしいてわたれるようにした橋。船橋。参考「ふなはし」ともいう。⇩図。

船橋

ふなばた【船端】名詞 船のふち。船のへり。ふなべり。例 船端をたたく波の音。

ふなびと【船人・舟人】名詞 ❶ふねに乗っている人。❷船員。

ふなびん【船便】名詞 船によって人を運んだり、荷物を送ったりすること。

ふなべり【船べり】名詞 ふなばた。

ふなむし【船虫】名詞 フナムシ科の動物。海岸の岩などにむらがる。体長約四センチメートル。体は小判形で、触角が長い。たくさんの足で、すばやく動きまわる。

ふなよい【船酔い】名詞 船に乗った人が、船がゆれ動くために気分が悪くなること。

ふなれ【不慣れ】名詞 形容動詞 なれていないこと。例 弟は自動車の運転にまだ不慣れだ。

ぶなん【無難】名詞 形容動詞 ❶特によいというわけではないが、悪くはないこと。例 無難なデザイン。❷あぶなくないこと。例 ここはだまっているほうが無難だ。

ふにあい【不似合い】名詞 形容動詞 似合わないこと。ふさわしくないこと。

ふにおちない【ふに落ちない】慣用句 よくわからない。理解できない。例 かれの話は、ふに落ちない点が多い。

ふにゃふにゃ 副詞(-と) 形容動詞 する動詞 やわらかくて、おしてもはね返そうとする力がないようす。例 ふにゃふにゃした人形。

ふにん【赴任】名詞 する動詞 そこで仕事をするように言いつけられた土地に行くこと。例 京都に単身で赴任する。類 着任。

ふにんじょう【不人情】名詞 形容動詞 人情がないこと。思いやりがないこと。例 不人情なことをする。

ふぬけ【ふ抜け】名詞 形容動詞 気持ちや態度がしっかりしていないこと。いくじなし。

¹**ふね**【船】名詞 人や荷物をのせて、水上を行き来する乗り物。例 船に乗る。参考 ふつう「船」は大型のもの、「舟」は小型のものをさす。⇩使い分け。

²**ふね**【舟】名詞 小型で、かんたんなつくりの船。⇩使い分け。

ふねをこぐ【舟をこぐ】慣用句 体を前後にゆらしながら、いねむりをする。例 本を手にしたまま舟をこいでいる。

ふねんせい【不燃性】名詞 燃えない性質。例 不燃性のガス。

ふねんぶつ【不燃物】名詞 燃えなかったり、燃えにくい性質をもっている物。例 不燃物ごみの収集は木よう日だ。対 可燃物。

使い分け　ふね

●大型のふね。
船が港に着く。

●小型のふね。
舟をこぐ。

ふのう【不能】名詞 形容動詞 動かしたり使ったりすることができないこと。不可能。例 エンジンのこしょうで、船が航行不能になった。

ふのり 名詞 フノリ科の海そう。色はあずき色。ほしたものをにてとかし、布を洗いはりするきのりに使う。

¹**ふはい**【不敗】名詞〔一度も〕負けないこと。例 二年間不敗をほこるチャンピオン。

²**ふはい**【腐敗】名詞 する動詞 ❶物がくさること。❷心がゆるんで、悪いことが平気でおこなわれること。例 政治の腐敗で国がみだれた。

ふばい【不買】名詞 商品を買わないこと。特に、ある特定の商品を買わないこと。例 不正をした会社の商品の不買運動。

ふはつ【不発】名 ❶うってもたまがとび出さないこと。また、ばくだんなどがはれつしないこと。例不発弾。❷おこなおうとしたことがだめになること。例計画は不発に終わった。

ふばらい【不払い】名 お金をはらわないこと。

ふび【不備】名 形容動詞 十分にそなわっていないこと。十分に整っていないこと。例計画に不備な点がみられる。対完備。

ふひつよう【不必要】名 形容動詞 必要のないこと。いらないこと。例不必要な表現。対必要。

1**ふひょう**【不評】名 評判がよくないこと。例不評を買う。類悪評。対好評。

2**ふひょう**【付表】名 中心になる文章や表などをおぎなうためについている表。

ふびょうどう【不平等】名 形容動詞 平等でないこと。

ふびん 名 形容動詞 かわいそうなこと。気の毒なこと。例けがをした弟をふびんに思う。漢字不憫。

ぶひん【部品】名 機械や道具などで、ある部分をつくっているもの。部分品。

ふぶき【吹雪】名 強い風とともに雪がふること。また、その雪。例外は、ひどい吹雪だ。参考細かいものがたくさん落ちてくる場合にもいう。例紙吹雪。／花吹雪。

ふふく【不服】名 形容動詞 気に入らないこと。ことば「不服をとなえる」類不満。

ぶぶん【部分】名 全体を、まとまりのあるいくつかに分けたうちの一つ。パーツ。例重なる部分がある。／一部分。対全体。

ぶぶんしょく【部分食】名 太陽や月の一部分がかける日食や月食。参考⇩220ページ・皆既食。

ぶぶんてき【部分的】形容動詞 物事のある部分にだけ、かかわるようす。一部分だけであるようす。例部分的になおせば全体がよくなる。

ぶぶんひん【部分品】名 機械・器具などの一部である品物。部品。パーツ。

ふへい【不平】名 形容動詞 自分の希望どおりにならないで、物足りないこと。また、それをのべる言葉。類不満。ことば「不平不満」

ふへいをならべる【不平を並べる】慣用句 不平を次から次へと言う。例客が不平を並べる。

ふへん【不変】名 形容動詞 かわらないこと。ことば⇩「永久不変（の真理）」

ふべん【不便】名 形容動詞 便利でないこと。都合のよくないこと。例交通が不便だ。／不便な生活をしいられる。対便利。

ふべんきょう【不勉強】名 形容動詞 勉強が足りないこと。勉強しないこと。例不勉強な子。

ふへんてき【普遍的】形容動詞 すべてのものにあてはまるようす。例普遍的な真理。

ふぼ【父母】名 父と母。両親。例父母と姉とくらしています。

1**ふほう**【訃報】名 人が死んだことの知らせ。例親せきの訃報を聞いた。

2**ふほう**【不法】名 形容動詞 法律やきそくを守らないこと。例不法建造物。類不当。

ふほんい【不本意】名 形容動詞 自分の本当の考えや望みとちがうこと。例不本意ながら、相手の言い分を受け入れた。

ふまえる【踏まえる】動詞 ❶しっかりとふむ。例大地を踏まえて立つ。❷［ある考えや事実などを］よりどころにする。例前の時間にならったことを踏まえて、新しい問題をとく。活用ふま・える。

ふまじめ【不真面目】名 形容動詞 まじめでないこと。例不真面目な態度をとる。対真面目。

ふまん【不満】名 形容動詞 十分であると思わないこと。気に入らないこと。また、その気持ちをのべる言葉。例内容に不満がある。類不平。不服。

ふまんぞく【不満足】名 形容動詞 満足しないこと。不満であること。例不満足な顔つき。対満足。

ふみ【文】名 ❶手紙。❷文書。書物。参考少し古い言い方。

ふみあらす【踏み荒らす】動詞 あちこちふみつけて、めちゃめちゃにする。例イノシシが畑を踏み荒らす。活用ふみあら・す。

ふみいし【踏み石】名 ❶くつぬぎのところにおいてある石。❷庭などに、とびとびにおいた石。とび石。⇩図。

ふみいれる【踏み入れる】動詞 あるところに入る。参考「足を踏み入れる」の形で用いることが多い。例ジャングルに、足を踏み入れる。活用ふみい・れる。

ふみえ【踏み絵】名詞 江戸時代に、キリスト教を禁じていた幕府が、キリスト教の信者かどうかを調べるため人々にふませた、キリストやマリアの像をきざんだ板。また、その板をふませたこと。絵踏み。

飛び石

踏み石

ふみおる【踏み折る】動詞 足でふんでおる。例 かれえだを踏み折る。活用 ふみお・る。

ふみかためる【踏み固める】動詞 何度も足でふんでかたくする。例 雪道を踏み固める。活用 ふみかた・める。

ふみきり【踏み切り】名詞 ❶道が線路を横切っているところ。また、そこにある安全のためのしせつ。❷跳躍競技で、とび上がるいきおいをつけるため、地面を強くふむこと。また、その場所。注意 ①は「踏切」と書く。

ふみきりばん【踏み切り板】名詞 はばとびで、とぶときに地面をけるところに固定してある板。

ふみきる【踏み切る】動詞 ❶とび上がるために地面を強くふむ。❷思いきって始める。例 計画の実行に踏み切った。❸相撲で、足を土俵の外にふみ出す。活用 ふみき・る。

ふみこえる【踏み越える】動詞 ❶こえて進む。例 けわしい山を踏み越える。❷苦しみや悲しみをのりきる。例 家族の死を踏み越えて成長する。活用 ふみこ・える。

ふみこたえる【踏みこたえる】動詞 ❶足をふんばって、たおれたりしないようにこらえる。❷がんばって負けないようにこらえる。例 土俵ぎわで踏みこたえる。例 ゆうわくに負けず、踏みこたえる。活用 ふみこた・える。

ふみこむ【踏み込む】動詞 ❶力を入れて足をふむ。例 踏み込んで、ボールを打つ。❷〔ことわりもなく〕とつぜん家などの中へ入る。例 警官があやしい家に踏み込んだ。❸物事のおく深く入る。例 生活の中にまで、他人に踏み込まれたくない。活用 ふみこ・む。

ふみしめる【踏み締める】動詞 力をいれてふむ。しっかりとふむ。例 一歩一歩階段を踏み締めてのぼる。活用 ふみし・める。

ふみだい【踏み台】名詞 ❶高いところへ上がったり、高いところに手をとどかせたりするために、足場にする台。参考 ふつう、はこ型のものをいう。❷目的をはたすために、りようするもの。例 かれは友だちを踏み台にして、出世した。

ふみたおす【踏み倒す】動詞 代金やかりたお金を、はらわないままにしてしまう。例 借金を踏み倒す。活用 ふみたお・す。

ふみだす【踏み出す】動詞 ❶前に足をふんで出す。また、足をあるはんいの外に出す。❷物事をやり始める。例 新生活の第一歩を踏み出す。活用 ふみだ・す。

ふみだん【踏み段】名詞 はしごやかいだんなどを上り下りするために、足でふむところ。

ふみづき【文月】名詞 ➡1146ページ・ふづき。

ふみつける【踏み付ける】動詞 ❶足で強くふんでおさえる。例 雪を踏み付ける。❷人の気持ちを無視したやり方をする。ないがしろにする。例 だれにも相談しないで決めるなんて、人を踏み付けたやり方だ。活用 ふみつ・ける。

ふみつぶす【踏み潰す】動詞 ❶足でふみつけてつぶす。例 あきかんを踏み潰す。❷人のめいよやほこりをきずつける。活用 ふみつぶ・す。

ふみとどまる【踏みとどまる】動詞 ❶とちゅうで足に力を入れて、止まる。例 土俵ぎわで踏みとどまる。❷そうしたいという考えをやめる。例 どなりつけたかったが、踏みとどまった。❸にげずに、あとに残る。例 消防車がくるまで、父たちは踏みとどまって消火にあたった。活用 ふみとどま・る。

ふみならす【踏み鳴らす】動詞 足でふんで音をたてる。例 ゆかを踏み鳴らしてくやしがる。活用 ふみなら・す。

ふみにじる【踏みにじる】動詞 ❶ふみつけてめちゃめちゃにする。❷人のめいよや気持ちなどを、きずつけてだめにしてしまう。例 人の親切を踏みにじった。活用 ふみにじ・る。

ふみはずす【踏み外す】動詞 ❶ふむところをまちがえる。また、すべって足がはずれる。例 階段を踏み外して骨折した。❷正しい道理からはずれる。例 人の道を踏み外す。活用 ふみはず・す。

ふみまよう【踏み迷う】動詞 ❶〔野や山で〕

ことばあそび ことばクイズ⑩ つぎのことばは、何のようすをあらわすことばでしょう？

道にまよう。❷進むべき道をまちがえる。まちがったおこないをしてしまう。例悪の道に踏み迷う。活用ふみまよ・う。

ふみわける【踏み分ける】動詞〔草や木のしげったところなどを〕かきわけて進む。活用ふみわ・ける。

ふみん【不眠】名詞 ねむらないこと。また、ねむれないこと。例不眠症。

ふみんふきゅう【不眠不休】四字熟語 物事をするために、ねむることも休むこともしないこと。例不眠不休で絵をかき続けた。

ふむ【踏む】動詞 ❶足でおしつける。例しもばしらを踏む。／ペダルを踏む。❷その場に立つ。経験する。例場数を踏む。／初舞台を踏む。❸ある順序や段階を通る。例正式の手続きを踏む。❹予想する。また、予想して、ねだんをつける。例この仕事は三日ぐらいかかると踏んでいる。活用ふ・む。

ふむき【不向き】名詞 形容動詞 好みや性質に合わないこと。例君には不向きな仕事だ。

ふめい【不明】名詞 形容動詞 はっきりしていないこと。よくわからないこと。例原因は不明だ。／不明な点について、質問する。類不明瞭。

ふめいよ【不名誉】名詞 形容動詞 名誉をきずつけること。例学校にとって不名誉なできごと。対名誉。

ふめいりょう【不明瞭】名詞 形容動詞 はっきりしないこと。例不明瞭な発音。類不明。対明瞭。

ふめいろう【不明朗】名詞 形容動詞 明朗でないこと。公正でないこと。例会計が不明朗な会社。対明朗。

ふめつ【不滅】名詞 形容動詞 永遠にほろびないこと。なくならないこと。例不滅の名画。類不朽。

ふもう【不毛】名詞 形容動詞 土地がやせていて、作物が育たないこと。例不毛の地。対肥沃。

ふもと【麓】名詞 山の下の方。例麓の村。対頂。

ぶもん【部門】名詞 全体を種類によっていくつかに分けた、一つ一つのまとまり。例美術コンクールの版画の部門で入選した。

ふもんにふす【不問に付す】慣用句 とりたてて問題にしないで、そのままにしておく。例小さなあやまちは、不問に付す。

ふやける 動詞 ❶水分をふくんでやわらかくなる。❷気持ちがだらける。活用ふや・ける。

ふやす[1]【増やす】動詞〔数や量を〕多くなるようにする。例手伝いの人数を増やす。対減らす。活用ふや・す。⇩使い分け。

ふやす[2]【殖やす】動詞 財産が多くなるようにする。参考「増やす」とも書く。活用ふや・す。⇩使い分け。

ふゆ【冬】名詞 一年を四つの季節に分けたうちの一つ。秋の後の季節で、十二月・一月・二月ごろ。一年で一番寒い。例冬の間、通行できなくなる。

ぶゆ 名詞 ブユ科のこん虫。人や動物の血をすう。さされると赤くはれたりする。ぶよ。

ふゆう【富裕】名詞 形容動詞 金持ちであること。例富裕な大商人。

使い分け　ふやす

●数を多くする。
人数を増やす。

●財産を多くする。
財産を殖やす。

集まってー

ぶゆう【武勇】名詞 武術にすぐれ、いさましいこと。例武勇のほまれ高い男。

ふゆかい【不愉快】名詞 形容動詞 いやな気持ちで、おもしろくないこと。例不愉快な対応。類不快。対愉快。

ふゆがれ【冬枯れ】名詞 冬になって、草木がかれること。また、そのさびしい風景。例冬枯れの公園。

ふゆきたりなばはるとおからじ【冬来たりなば春遠からじ】ことわざ 今はつらく苦しくても、やがて幸せなよいときがやってくるはずだから、しんぼうしなさいという教え。

ふゆきとどき【不行き届き】名詞 形容動詞 注意がゆきとどかないこと。例親の監督の不行き届きでもうしわけありません。

ふゆげしょう【冬化粧】名詞 する動詞 雪がふって、あたりが冬らしく見えるようになること。

ふゆごし【冬越し】名詞 する動詞 冬をこすこと。越冬。例 冬越しの準備に追われる。

ふゆごもり【冬籠もり】名詞 する動詞 冬の間、家や巣に入ったまま出てこないこと。

ふゆじたく【冬支度】名詞 着るものや暖房器具など、冬をむかえるじゅんびをすること。

ふゆしょうぐん【冬将軍】名詞 寒さのきびしい冬のたとえ。例 冬将軍のおとずれ。

ふゆどり【冬鳥】名詞 秋から春までの間を日本ですごし、春になるとシベリアなど北の土地へうつって産卵・子育てなどをする渡り鳥。ガン・ツル・カモ・ハクチョウなど。対 夏鳥。

ふゆば【冬場】名詞 冬のころ。冬の間。例 ここは冬場はスキー客でにぎわう。対 夏場。

ふゆび【冬日】名詞 冬の寒い日。一日の最低気温が〇度未満の日。また、冬の弱い日ざし。参考 ⇩1237ページ・真冬日。

ふゆめ【冬芽】名詞 冬をこして春になってから生長する芽。冬芽。

ふゆもの【冬物】名詞 冬の間に使う物。特に冬に着る衣類。対 夏物。

ふゆやすみ【冬休み】名詞 正月をはさんで、学校が休みになること。また、その休み。

ふゆやま【冬山】名詞 冬の山。冬にのぼる山。対 夏山。

ぶよ 名詞 ⬇ぶゆ。

[1]**ふよう**【不用】名詞 形容動詞 使わないこと。いらないこと。例 不用の品をひきとる。対 入用。

[2]**ふよう**【不要】名詞 形容動詞 必要がないこと。例 わかりきったことにくどくどとした説明は不要です。対 必要。

[3]**ふよう**【扶養】名詞 する動詞 生活の世話をして、やしなうこと。例 扶養家族。

ぶよう【舞踊】名詞 おどり。まい。例 日本舞踊。

ふようい【不用意】名詞 形容動詞 じゅんびをしていないこと。また、うっかりしていること。例 不用意な発言はしないでほしい。

ふようじょう【不養生】名詞 形容動詞 自分の健康に気をつけないこと。例 医者の不養生。類 不摂生。

ぶようじん【不用心・無用心】名詞 形容動詞 ❶用心が足りないこと。例 戸じまりが不用心な家。類 不注意。❷ぶっそうなこと。例 夜道の一人歩きは不用心だ。

ふようど【腐葉土】名詞 落ち葉がくさってできた土。野菜や草花を育てるのに使う。

ぶよぶよ 副詞(-と) 形容動詞 する動詞 やわらかく、ふくらんでいるようす。また、しまりがなく太っているようす。例 ぶよぶよした手ざわり。

ブラームス 人名 (一八三三～一八九七) ドイツの作曲家。ドイツの古典的な形式を大事にした。ヨハネス＝ブラームス (Johannes Brahms)。

[1]**フライ** 名詞 野球で、高くうち上げたボール。飛球。例 レフトフライ。▼英語 fly

[2]**フライ** 名詞 魚・肉・野菜などに、パン粉をつけて油であげた食べ物。例 エビフライ。▼英語 fry

プライド 名詞 自分の能力、個性、していることなどに自信をもち、ほこりに思うこと。ほこり。自尊心。ことば「プライドが高い」／「プライドをきずつける」▼英語 pride

フライドポテト 名詞 切ったジャガイモを、油であげた食品。ポテトフライ。▼英語 fried potato

プライバシー 名詞 自分のことをほかの人々に知られたくないこと。また、人々に知られたくない自分の生活。例 他人のプライバシーをおかす。▼英語 privacy

フライパン 名詞 あげ物やいため物をつくるときなどに使う、柄のついたあさいなべ。参考 英語ではふつう frying pan と呼び、アメリカでは skillet ともいう。

プライベート 形容動詞 自分だけに秘めて、他の人に知られたくないようす。個人的。例 プライベートな問題。▼英語 private

フライング 名詞 競走や競泳で、スタートの合図より前にとび出すこと。参考 英語 flying は、この意味では日本だけで使われている言葉で、英語では「飛ぶこと」という意味。英語は jump the gun (号砲より前に飛び出す) という。

ブラインド 名詞 細長い板のようなものをなんまいもすきまができるようにならべた、まどにつける日よけ。⇩図。▼英語 blind

ブラウザ 名詞 ウエブサイトを見るためのソフトウエア。▼英語 browser

ブラウス 名詞 女の人の着る、シャツのような

形のゆったりしたうわぎ。▼英語 blouse

ブラウンかん【ブラウン管】 名詞 真空管の一種。電流の強弱を光の強弱にかえ、映像にする働きをもつ。レーダーやテレビ・コンピューターなどに使われた。参考 ドイツ人のブラウン(Karl Braun)によって発明された。

ブラインド

プラカード 名詞 広告や自分たちの言いたいことなどを書いてもって歩く、長い柄のついたかんばん。⇩図。▼英語 placard

〇〇高校

プラカード

プラグ 名詞 コードの先にとりつけ、電気器具などに電気をとり入れたり切ったりするためのさしこみ。参考 さしこみ口は「コンセント」という。▼英語 plug

プラザ 名詞 広場。市場。例 ショッピングプラザ。▼英語 plaza

ぶらさがる【ぶら下がる】 動詞 上からぶらりと、たれる。例 てつぼうにぶら下がる。活用 ぶらさが・る。

ぶらさげる【ぶら下げる】 動詞 ❶ぶらりとつりさげる。❷手にさげて持つ。活用 ぶらさ・げる。

ブラシ 名詞 ❶洋服やくつなどのほこりをとる、はけ。❷「歯ブラシ」のこと。❸「ヘアブラシ」のこと。髪の手入れや仕上げなどに使う道具。▼英語 brush

ブラジャー 名詞 乳ぶさの形をととのえるためにつける、女性用の下着。▼英語(フランス語から) brassiere

ブラジル 地名 ブラジル連邦共和国。南アメリカ大陸の中部・東部にある国。首都はブラジリア。▼英語 Brazil

ふらす【降らす】 動詞 雨などをふるようにする。ふらせる。例 雪を降らす雲。活用 ふら・す。

プラス㊀ 名詞 する動詞 たすこと。加えること。例 一に一をプラスすると二になる。㊁ 名詞 ❶電気の陽極。また、陽電気。プラス極。❷とくになること。例 今度の経験はおおいにプラスになった。❸数がゼロより大きいこと。正。❹反応があること。例 検査の結果プラスだった。❺利益。黒字。例 売り上げはプラスとなった。参考 ㊀㊁①③④は「＋」の記号を使って表す。対 ㊀㊁マイナス。▼英語 plus

プラスアルファ 名詞 もとになる量に加えていくらかふやすこと。例 給料にプラスアルファしてはらう。参考 英語を組み合わせて日本でつくった言葉。

プラスきょく【プラス極】 名詞 ⬇1156ページ・プラス㊁①。

フラスコ 名詞 理科の実験などに使う、ガラス製の入れ物。⇩図。▼ポルトガル語

プラスチック 名詞 熱や圧力を加えて自由に形のかえられる物質。参考 ふつう、合成樹脂をさす。▼英語 plastics

フラスコ

ブラスバンド 名詞 吹奏楽をえんそうする楽隊。吹奏楽団。▼英語 brass band

プラズマ 名詞 気体の温度変化によって生じた、電離した物をふくむ気体。放電中の気体などに見られる。▼英語 plasma

プラタナス 名詞 スズカケノキ科の木。スズカケノキ・モミジバスズカケなど。多く、街路樹としてうえる。▼ラテン語

フラダンス 名詞 ハワイに古くから伝わるおどり。フラ。参考 ハワイ語の「フラ(hula)」と英語の「ダンス」を組み合わせて日本でつくった言葉。

プラチナ 名詞 ⬇1045ページ・はっきん(白金)。▼オランダ語

ふらつく 動詞 ❶足に力が入らず、体がゆれる。例 酒を飲んで足がふらつく。❷うろつく。さまよう。例 町をふらつく。❸気持ちが決まらずゆれ動く。例 ふらつく気持ちをひきしめる。活用

ふらつ・く。

ぶらつく 動詞 あてもなく、あちらこちら歩き回る。ぶらつく。類 うろつく。活用 ぶらつ・く。

ブラック 名詞 ❶黒い色。黒。❷ミルクもさとうも入れないコーヒー。▼英語 black

ブラックホール 名詞 目には見えない天体の一つ。すべての光や物質をすいこんでしまうといわれる。参考 すべてを飲み込んでしまうおそろしいもの・あぶないもののたとえとしても使われる。▼英語 black hole

ブラックリスト 名詞 注意して見はる必要がある人物名などを書いた表。例 ブラックリストにのせる。▼英語 blacklist

フラッシュ 名詞 暗いところで写真をうつすときに使う、ごく短い時間ひらめく強い光。フラッシュライト。フラッシュランプ。▼英語 flash

フラット 名詞 ❶音楽で、その音を半音さげる記号。変記号。参考「♭」で表す。対 シャープ(♯)。❷競技の記録などで、かかった時間に秒以下のはすうがつかないこと。ちょうど。ジャスト。例 七秒フラット。▼英語 flat

プラットホーム 名詞 ❶駅で、汽車や電車の乗りおりなどのため、線路より高くつくったところ。ホーム。❷インターネットで利用するアプリやサービスの土台となるもの。参考 ア②の意味では「プラットフォーム」ということが多い。イ②のアプリやサービスを提供する会社をプラットフォーマー(platformer)とよぶ。▼英語 platform

プラネタリウム 名詞 星や月の動きや位置などを説明するため、丸天井に星座やその動きなどをうつし出して見せるしかけ。▼英語 planetarium

フラノ 名詞 やわらかくてかるい毛織物。洋服に使う。参考 英語の「フランネル(flannel)」から。

ふらふら 副詞(ーと) する動詞 ❶足どりがしっかりしていなくて、よろめくようす。例 兄は、すいみん不足でふらふら歩いていた。❷あてもなく歩き回るようす。例 ふらふら出歩く。❸気持ちがゆれ動くようす。深く考えないで物事をするようす。例 ふらふらと店に入った。

ぶらぶら 副詞(ーと) する動詞 ❶〔ぶら下がって〕ゆれ動くようす。例 足をぶらぶらさせる。❷あてもなく、ゆっくりと歩くようす。例 駅前をぶらぶらしていた。❸決まった仕事をしないで遊んでいるようす。例 家で一日中ぶらぶらしていた。

ぷらぷら 副詞(ーと) する動詞 ❶〔ぶら下がって〕軽くゆれ動くようす。例 足をぷらぷらさせる。❷あてもなく、ゆっくりと歩くようす。例 駅前をぷらぷらしていた。❸決まった仕事もしないで遊んでいるようす。例 家で一日中ぷらぷらしていた。参考「ぶらぶら」より軽いようすを表す言葉。

フラミンゴ 名詞 フラミンゴ科の鳥。水べにむれですむ。羽の色はピンクや赤で、首とあしが細長い。水べでは一本足で立つ。べにづる。▼英語 flamingo

フラメンコ 名詞 スペイン南部に古くから伝わる歌とおどり。ギターを使う。▼英語(スペイン語から) flamenco

プラモデル 名詞 プラスチックでできた部品を組み立てる模型。参考 商標名。英語の「プラスチックモデル(plastic model)」から。

ふらりと 副詞 ❶目的も予告もなく、気軽に出かけたり、やって来たりするようす。例 ふらりと旅に出る。❷ゆっくり、ゆれ動くようす。よろめくようす。例 立ちあがったとたんにふらりとした。

ぶらりと 副詞 ❶細長いものがたれ下がっているようす。例 ヘチマがぶらりと下がっている。❷目的も予告もなく、気軽に出かけたり、やって来たりするようす。例 一人でぶらりと歩いていた。

フラン 助数詞 スイスなどのお金の単位。参考 フランス・ベルギーなどでも使われていたが、現在は「ユーロ(euro)」を使う。▼英語(フランス語から) franc

プラン 名詞 計画。くわだて。ことば「(夏休みの)プランをねる」▼英語 plan

ブランク 名詞 形容動詞 ❶文書などで、何も書かれていない部分。❷活動がとぎれている期間。例 二年間のブランクがある。▼英語 blank

プランクトン 名詞 水面や水中にただよっている、とても小さな生物。魚のえさなどになる。動物性のものと植物性のものがある。▼英語 plankton

フランクフルトソーセージ 名詞 太めのソーセージ。フランクフルター(frankfurter)。参考 ドイツ語と英語を組み合わせて日本でつくった言葉。

ことばあそび ことばクイズ⑪ □の中に入る同じ漢数字は何でしょう？

ぶらんこ 名詞 つりさげて人がのり、前後にふり動かして遊ぶ道具。参考 もとはポルトガル語から出たといわれる。

フランス 地名 フランス共和国。ヨーロッパの西部にある国。大西洋と地中海に面している。首都はパリ。▼英語 France

フランスパン 名詞 かたくて歯ごたえがある、フランス風のパン。参考 英語とポルトガル語を組み合わせて日本でつくった言葉。

プランター 名詞 庭やベランダなどで植物を育てるのに使う、細長い容器。▼英語 planter

ブランデー 名詞 ブドウ酒などのかじつ酒をじょうりゅうし、たるにねかせてつくる洋酒。▼英語 brandy

ブランド 名詞 ❶商標。銘柄。例 一流ブランドの洋服。／ブランド品。❷商品やサービスによってできあがる、よいイメージ。▼英語 brand

プラント 名詞 工場の生産せつびのひとまとまり。例 プラント輸出。▼英語 plant

ふり[1]【不利】名詞 形容動詞 とくにならないこと。立場や条件が悪くなること。例 不利な立場に立ってもあわてず、はんげきの機会をうかがう。対 有利。

ふり[2]【振り】一 名詞 ❶表面にあらわれた様子。ことば ⇩「人の振り見て我が振り直せ」❷見せかけの様子。例 知らない振りをした。❸舞台で、音楽に合わせてする動作やおどりの形。例 振りをおぼえる。❹なじみのないこと。例 振りのお客。二 助数詞 刀の本数などを数える言葉。例 日本刀一振り。

ぶり[1] 名詞 アジ科の魚。横はらに黄色の線がある。育つにつれて、ワカシ・イナダ・ワラサ・ブリなど名がかわる。漢字 鰤。

ぶり[2] 接尾語 《ある言葉の下につけて》❶年月や時間がそれだけたっていることを表す言葉。例 五年ぶりで友だちに会った。❷ある状態や様子を表す言葉。例 顔つきや話しぶりまで親に似ている。

ふりあおぐ【振り仰ぐ】動詞 上の方を見上げる。例 空を振り仰ぐと、青空に雲が流れていた。活用 ふりあお・ぐ。

> **ことば博士になろう!**
>
> **三日ぶりと、三日目**
>
> 次のような言葉が数字についているときは、数え方に注意しましょう。
>
> ●ぶり 例 三日ぶり…数えはじめの日をふくまない。「一月一日に来た後、三日ぶりに来た。」では、来たのは一月四日。
>
> ●目 例 三日目…数えはじめの日をふくむ。「一月一日から三日目」は、一月三日。
>
> ●おき 例 三日おき…そのことのない日が、間に三日はいる。「三日おきに来る」では、一日に来た後、五日、九日、…に来る。
>
> ●ごと 例 三日ごと…三日に一度。「三日ごとに来る」では、一日に来た後、四日、七日、…に来る。
>
> ●足かけ 例 足かけ三年…数えはじめの年をふくむ。「令和一年から、足かけ三年」では、令和三年となる。

ふりあげる【振り上げる】動詞 〔手や、手に持った物を〕いきおいよく上げる。例 うでを振り上げる。／つえを振り上げた。類 振りかざす。振りかぶる。活用 ふりあ・げる。

ふりあてる【振り当てる】動詞 仕事などの受け持ちを決める。わりふる。例 クラスの図書係を振り当てる。活用 ふりあ・てる。

フリー 名詞 形容動詞 ❶自由であるようす。だれにもしばられないようす。例 フリーパス。❷予定がないようす。体があいているようす。例 仕事が終わって、午後はフリーだ。❸お金がかからないようす。例 フリーのアプリ。❹〔ある言葉の下について〕その言葉がふくまれていないようす。例 アルコールフリー。❺会社などの一員でないようす。freelance の略。例 フリーのカメラマン。▼英語 free

フリーキック 名詞 サッカーで、反則をうけたチームが、反則をうけた場所から自由にボールをけること。直接ゴールをねらえる直接フリーキックと、直接ゴールをねらえない間接フリーキックがある。▼英語 free kick

フリースタイル 名詞 ❶競泳で、どの泳ぎ方でもよいとされる種目。ふつうはクロールで泳ぐ。自由形。❷レスリングで、こしから下をせめてもよい種目。▼英語 freestyle

フリースロー 名詞 ❶バスケットボールで、反則をうけた選手が、一定の場所からシュートをすること。❷ハンドボールで、反則をうけたチームが、決められたところからふたたびはじめるこ

と。▼英語 free throw

フリーター〔名詞〕「フリーアルバイター」の略。決まった仕事をもたないで、アルバイトをしながら生活している人。〔参考〕日本でつくった言葉。

プリーツ〔名詞〕ひだ。おり目。〔例〕プリーツスカート。▼英語 pleats

フリーパス〔名詞〕❶お金をはらわないで、乗車や入場ができること。〔例〕フリーパスで電車に乗る。❷調べられることなく、通りぬけられること。〔例〕フリーパスで税関をとおる。〔参考〕英語で free pass は「自由通行証」のこと。

ブリーフ〔名詞〕男の人の下着。短い下ばき。▼英語 briefs

フリーマーケット〔名詞〕公園などの広場で、不用品の売買などをする市。のみの市。フリマ。〔参考〕この「フリー」は虫のノミのこと。▼英語 flea market

ふりえき【不利益】〔名詞〕〔形容動詞〕りえきにならないこと。そんになること。〔ことば〕「不利益をこうむる」〔類〕不利。

ふりおろす【振り下ろす】〔動詞〕いきおいよくふって下ろす。〔例〕ハンマーを振り下ろす。〔活用〕ふりおろ・す。

ふりかえ【振り替え】〔名詞〕ほかのものにかえて用いること。〔例〕ほかの日に振り替えがきく。

ぶりかえす【ぶり返す】〔動詞〕❶なおりかかった病気がまた悪くなる。〔例〕かぜがぶり返す。❷さったと思われた暑さや寒さが、またおとずれる。〔例〕寒さがぶり返したため、かぜをひいてしまった。❸おさまりかかったことが、また問題になる。〔例〕友人へのいかりがぶり返してきた。〔活用〕ぶりかえ・す。

ふりかえる【振り返る】〔動詞〕❶後ろを向いて見る。〔例〕ちゃんとついて来ているか、何度も振り返って、たしかめる。〔類〕ふりむく。❷すぎたことを思い出す。〔例〕過去を振り返る。〔活用〕ふりかえ・る。

ふりかかる【降り掛かる】〔動詞〕❶ふってきて、物や体にかかる。〔例〕火の粉が、雨のように降り掛かる。〔類〕降り注ぐ。❷〔よくないことが〕身の上におこる。〔例〕さいなんが降り掛かる。〔活用〕ふりかか・る。

ふりかけ【振り掛け】〔名詞〕ごはんにふりかけて食べる食品。魚をほしてこなにしたもの・のり・ごまなどをまぜてつくる。

ふりかける【振り掛ける】〔動詞〕〔こな・つぶのようなものを〕上からふりちらしてかける。ぱらぱらとかける。〔活用〕ふりか・ける。

ふりかざす【振りかざす】〔動詞〕❶〔手や手にもった物を〕いきおいよく頭の上にあげてかまえる。〔類〕振り上げる。振りかぶる。❷〔相手の言い分をおさえこむために〕相手がさからえないような、考えや意見をしめす。〔ことば〕「正義感を振りかざす」〔活用〕ふりかざ・す。

ふりがな【振り仮名】〔名詞〕漢字などのそばにつけて、その読み方をしめす、かな。〔例〕振り仮名をつける。〔参考〕多く、たて書きのときは右、横書きのときは上につける。

ふりかぶる【振りかぶる】〔動詞〕〔手や手にもった物を〕いきおいよく頭の上にあげてうちおろそうとする。〔例〕ピッチャー振りかぶって第一球を投げました。〔類〕振り上げる。振りかざす。〔活用〕ふりかぶ・る。

ブリキ〔名詞〕鉄板の表面をすずでめっきしたもの。バケツやかんづめのかんなどをつくる。〔類〕トタン。▼オランダ語

ふりきる【振り切る】〔動詞〕❶〔そでやうでにしがみついてくるものを〕ふって無理にはなす。❷人がとめるのを強くことわる。〔例〕友だちは、ひきとめるのを振り切って帰ってしまった。❸追ってくるものを追いつかせない。にげきる。〔例〕一点差で振り切って優勝した。〔活用〕ふりき・る。

ふりこ【振り子】〔名詞〕ひもや棒のかた方をとめて、もう一方におもりをつけたもの。⇩図。

ふりこむ【振り込む】〔動詞〕銀行の口座などにお金をはらいこむ。〔例〕保険料を振り込む。〔活用〕ふりこ・む。

振り子

ブリザード〔名詞〕北アメリカや南極大陸などでふく、はげしいふぶきをともなう強風。〔例〕ブリザードにまきこまれる。▼英語 blizzard

ふりしきる【降りしきる】〔動詞〕雨や雪などがさかんにふる。休みなくふる。〔例〕降りしきる

 こたえ 一（ア いっ、イ いち）

雪の中を学校に行った。活用 ふりしき・る。

ふりしぼる【振り絞る】動詞 〔力や声やちえをしぼり出すように〕無理をして全部出す。例 声を振り絞って応援する。活用 ふりしぼ・る。

ふりすてる【振り捨てる】動詞 ❶〔ある気持ちなどを〕思いきって、すてる。例 歌手になるゆめを振り捨てた。❷ふりはなしてすてる。いきおいよくすてる。活用 ふりす・てる。

プリズム 名詞 光線の方向をかえたり分散させたりするのに使う、ガラスなどでつくった三角柱。▼英語 prism

ふりそそぐ【降り注ぐ】動詞 続けて一つのところに集まってふりかかる。例 火の粉が降り注ぐ。類 降り掛かる。活用 ふりそそ・ぐ。

ふりそで【振り袖】名詞 女の人が着る、そでの長いはなやかな和服。また、そのそで。

ふりだし【振り出し】名詞 ❶ふって出すこと。❷すごろくの出発点。対 上がり。❸物事のはじめ。

ふりだしにもどる【振り出しに戻る】慣用句 ❶すごろくで出発点にかえる。❷物事のはじめのようすにかえる。例 振り出しに戻って計画を考えなおす。

ふりたてる【振り立てる】動詞 〔髪や、つのなどを〕はげしく左右にふり動かす。活用 ふりた・てる。

ふりつ【府立】名詞 府（大阪府、京都府）のお金でつくられ、府が管理すること。また、その施設。

ふりつけ【振り付け】名詞 歌や音楽に合ったおどりかたを考えて教えること。また、その人。

ぶりっこ【ぶりっ子】名詞 する動詞 いい子ぶること。かわい子ぶること。いい子・かわいい子のようにふるまうこと。また、その人。例 いい子ぶりっ子をする。参考 くだけた言い方。

ブリッジ 名詞 ❶橋。特に、陸橋。❷⇒709ページ・せんきょう（船橋）①。❸腹を上にして両手と両足でささえて、体をそらすしせいのこと。❹トランプの遊び方の一つ。四人でおこない、向かい合った二人が組んで点を争う。コントラクトブリッジ。▼英語 bridge

フリップ 名詞 テレビ放送などで説明するときに一枚一枚めくりながら使う、図表やグラフをかいたカード。参考 英語の「フリップチャート(flip chart)」から。

ふりつもる【降り積もる】動詞 雪や火山灰などがふってつもる。活用 ふりつも・る。

ふりはなす【振り放す・振り離す】動詞 ❶強くふってはなす。❷追ってくるものをひきはなす。例 最後の一周で振り離して勝つ。活用 ふりはな・す。

ふりはらう【振り払う】動詞 手や体をふって、強くはらいのける。例 ハエを手で振り払う。活用 ふりはら・う。

ふりふり 一 副詞（−と） 形容動詞 フリルのついた、またはフリルのようなひらひらしたようす。参考 カタカナで「フリフリ」と書くことが多い。例 フリフリの衣装。
二 形容動詞 する動詞 体や体の一部を左右に動かす。例 しっぽをふりふりしているネコ。

ぷりぷり 副詞（−と） する動詞 ❶弾力があるようす。例 ぷりぷりとしたエビ。❷とてもきげんが悪いようす。例 妹は朝からぷりぷりしている。

プリペイドカード 名詞 現金と同じように使うことのできる、代金前払いのカード。図書カードなど。参考 使い切りのものと、入手したカードにチャージして使用するものとがある。▼英語 prepaid card

ふりほどく【振りほどく】動詞 もつれたりからんだりしたものを、ふってときはなす。例 つないだ手を振りほどく。活用 ふりほど・く。

ふりまく【振りまく】動詞 ❶あたりにまきちらす。❷おしまずに多くの人にしめしたりあたえたりする。例 笑顔を振りまく。活用 ふりま・く。

ふりまわす【振り回す】動詞 ❶ふりながら回す。❷みせびらかす。例 自分のちしきを振り回していやなやつだ。❸むやみに使う。例 王の権力を振り回す。活用 ふりまわ・す。

ふりみだす【振り乱す】動詞 〔うちふって〕ばらばらにする。例 髪を振り乱す。活用 ふりみだ・す。

ふりむく【振り向く】動詞 後ろを見る。そちらに注意を向ける。例 名前をよばれて振り向いた。類 振り返る。活用 ふりむ・く。

ふりむける【振り向ける】動詞 ❶動かして向かせる。例 弟の頭を右に振り向ける。❷もともとの目的をほかに向ける。例 予算を別な使い方に振り向ける。活用 ふりむ・ける。

ふりょ【不慮】名詞 思いがけないこと。例 不慮の事故にあう。

1 **ふりょう【不良】** 名詞 形容動詞 ❶よくないこと。悪いこと。例 えいよう不良。／不良品。❷性質や行いがよくないこと。また、そのような人。

2 **ふりょう【不漁】** 名詞 りょうで、えものの魚や貝が少ないこと。対 大漁。豊漁。

ふりょうさいけん【不良債権】 名詞 銀行などがお金をかして、その元金や利息をとりもどすことがむずかしいこと。

ふりょうどうたい【不良導体】 名詞 ⇩698ページ・ぜつえんたい。

ふりょく【浮力】 名詞 液体や気体が、その中にある物体を下から上へおし上げる力。

ぶりょく【武力】 名詞 軍隊の力。兵力。

フリル 名詞 服などのかざりにする、細い布やレースを波打たせたもの。▼英語 frill

ふりわける【振り分ける】 動詞 ❶〔全体を見て〕二つに分ける。例 点数によってグループを振り分ける。❷てきとうにわりあてる。例 仕事を振り分ける。活用 ふりわ・ける。

プリン 名詞 牛乳・たまご・さとうなどをまぜ、むしてかためた菓子。参考 英語の「プディング（pudding）」の変化した言葉。

プリンス 名詞 ❶王のむすこ。王子。❷ある集団の中で、将来が期待される男の人。例 声優界のプリンス。対 ①②プリンセス。▼英語 prince

プリンセス 名詞 ❶王のむすめ。王女。❷ある集団の中で、将来が期待される女の人。例 柔道界のプリンセス。対 ①②プリンス。▼英語 princess

プリンター 名詞 ❶印刷機。❷コンピューターなどで、文字や図形を用紙に打ち出す装置。▼英語 printer

プリント 名詞 する動詞 ❶印刷すること。また、印刷したもの。例 テストの問題をプリントする。❷紙型をあてて、布にもようをそめだすこと。また、そめだした布。参考 英語では、授業中に配る「プリント」は handout という。▼英語 print

プリントアウト 名詞 する動詞 コンピューターなどで、入力されているデータをプリンターで印刷すること。▼英語 print out（名詞は printout）

1 **ふる【振る】** 動詞 ❶体の一部や、手に持った物をゆり動かす。例 首を振る。／バットを振る。❷手をゆり動かして、まきちらす。例 キュウリに塩を振る。❸字やしるしなどを横につける。例 むずかしい漢字に、かなを振る。❹仕事などをわりあてる。例 役を振る。❺相手にしないで、はねつける。例 かの女に振られた。活用 ふ・る。

2 **ふる【降る】** 動詞 〔雨や雪などが〕空から落ちてくる。例 雨が降る。活用 ふ・る。

3 **フル** 形容動詞 いっぱいであるようす。十分であるようす。例 ひまな時間をフルに使う。▼英語 full

ぶる 接尾語 《ある言葉の下につけて》「…らしくみせかける」の意味を表す言葉。例 姉さんぶる。／りこうぶる。／もったいぶる。参考 動詞をつくる。活用 ぶ・る。

1 **ふるい** 名詞 〔粉・砂などの〕あらいものと細かいものとをふってよりわける、あみめのある道具。⇩図。

2 **ふるい【古い】** 形容詞 ❶長い年月がたっているようす。例 木造の古い校舎。❷長く使っているようす。例 古い洋服。❸めずらしくないようす。例 その手は、もう古いよ。❹新鮮でないようす。例 この魚は古いようだ。対 ①〜④新しい。活用 ふる・い。

1ふるい

ぶるい【部類】 名詞 種類によって分けるときの区別。例 部類ごとにはこに入れる。

ふるいおこす【奮い起こす】 動詞 〔自分で自分を〕はげまし、気持ちをもり上げる。例 勇気を奮い起こして、たたかう。活用 ふるいおこ・す。

ふるいおとす【ふるい落とす】 動詞 ❶ふるいにかけてふってとおす。❷たくさんの中から、おとったものや合わないものをとりのぞく。活用 ふるいおと・す。

ふるいけ【古池】 名詞 古くからある池。ことば「古池やかわず（＝カエル）とびこむ水の音」（松尾芭蕉の俳句）

ふるいたつ【奮い立つ】 動詞 心がいきおいづく。心がいさみ立つ。類 勇み立つ。活用 ふるいた・つ。

ふるいにかける【ふるいに掛ける】 慣用句 多くの中から、よいものを選ぶ。例 部員

ことばあそび ことばクイズ⑫ □の中に入る同じ漢数字は何でしょう？

をふるいに掛けて、レギュラーを決める。

1 **ふるう** 動詞 ❶ふるいにかけてより分ける。❷たくさんの中からより分ける。活用 ふる・う。

2 **ふるう【振るう】** 動詞 ❶ふって動かす。❷上手に使う。働かせる。ことば「熱弁を振るう」❸〔力を〕さかんに出す。また、さかんになる。例 悪性のかぜが、もういを振るっている。活用 ふる・う。⇩使い分け。

3 **ふるう【震う】** 動詞 ゆれ動く。ふるえる。活用 ふる・う。⇩使い分け。

4 **ふるう【奮う】** 動詞 元気を出す。さかんにする。例 勇気を奮って相手にぶつかる。活用 ふる・う。⇩使い分け。

ブルー 一 名詞 青い色。例 ブルーのシャツ。二 形容動詞 ゆううつな。ことば「ブルーな気分」▼英語 blue

プルークボーゲン 名詞 スキーのすべり方の一つ。スキー板を「ハ」の字の形におし開いてスピードをおとし、体重を左右にうつして回転させてすべる方法。▼ドイツ語

ブルース 名詞 アメリカ合衆国南部から生まれた、かなしみをおびた歌。▼英語 blues

フルーツ 名詞 くだもの。▼英語 fruit

フルート 名詞 木または金属でつくった、横笛。高くすんだ音が出る。▼英語 flute

ブルーベリー 名詞 ツツジ科の木。実は、こい青むらさき色で、小さく丸い。食用にする。▼英語 blueberry

ブルーレイディスク 名詞 DVDよりも大きな容量の情報を記録できるディスク。参考「BD」と略す。▼英語 Blu-ray Disc

使い分け　ふるう

●いきおいをさかんにする。
熱弁を振るう。

●ゆれ動く。
声を震わせる。

●元気を出す。
勇気を奮う。

ふるえ【震え】 名詞 ふるえること。寒かったり、こわかったりして、体が細かくゆれ動くこと。例 寒くて震えがとまらない。

ふるえあがる【震え上がる】 動詞〔おそろしさや寒さのために〕ひどくふるえる。また、とてもおそろしく思ったり、寒く感じたりする。参考「ふるえる」を強めた言葉。活用 ふるえあが・る。

ふるえる【震える】 動詞 ❶寒さや、おそろしさ、はげしい感情などで、体や体の一部が細かく動く。例 声が感動で震えていた。❷細かくゆれ動く。例 列車が通ると、まどガラスが震える。活用 ふる・える。

ふるがお【古顔】 名詞 会社などで、長くそこにいる人。古株。類 古参。古手。対 新顔。

ふるかぶ【古株】 名詞 ⬇ふるがお。

ブルガリア 地名 ブルガリア共和国。ヨーロッパ南東部、バルカン半島の東部にある国。首都はソフィア。▼英語 Bulgaria

ふるぎ【古着】 名詞 古くなった衣服。例 古着屋。

ふるきず【古傷】 名詞 ❶何年も前にうけたきず。❷何年も前の、思い出したくないいやなこと。例 古傷にふれるような言葉。

ふるくさい【古臭い】 形容詞 いかにも古い感じである。例 古臭いデザインの服。活用 ふるくさ・い。

ふるさと 名詞 その人が生まれて育ったところ。故郷。例 なつかしいふるさと。漢字 古里。故郷。

ブルジョア 名詞 ❶資本や財産があり、多くの人を使って事業をしている人たち。資本家。参考 もとはフランスで、貴族と労働者の中間の市民階級をさした。対 プロレタリア。❷金持ち。▼英語（フランス語から）bourgeois

ふるしんぶん【古新聞】 名詞 読み終わった新聞や、日づけの古くなった新聞。例 たまっていた古新聞を回収に出した。

1 **ふるす【古す】** 接尾語《ある言葉の下につけて》「何回も…して古くする」意味を表す言葉。例

ジーンズを着古す。／使い古したバッグ。活用 ふる・す。

2ふるす【古巣】 名詞 ❶もとすんでいた巣。❷もと住んでいた所。また、もと働いていた所。

フルスピード 名詞 できるかぎりのはやさ。全速力。▼英語 full speed

フルだいひょう【フル代表】 名詞 スポーツの国際試合に出る全日本代表選手で、年令に関係なくえらばれた選手。また、そのチーム。A代表。

フルタイム 名詞 正社員と同じ日数・時間で仕事をする働き方。対 パートタイム。▼英語 full time

ふるって【奮って】 副詞 自分から進んで。積極的に。例 奮って参加してください。

ふるて【古手】 名詞 ❶使って古くなったもの。❷ある仕事を長くやっている人。例 あの会社では、かれは古手の方だ。類 古顔。古株。対 ①②新手。

ブルドーザー 名詞 土をほったり地ならしをしたりする、土木工事に使う機械。⇩図。▼英語 bulldozer

ブルドーザー

ブルドッグ 名詞 イギリスでつくられた犬の品種。顔のはばが広く、ほおの皮がたるんだ顔つきをしている。▼英語 bulldog

プルトップ 名詞 かん入りの飲料やかんづめで、つまみに指をかけて開けるふた。参考 英語では pull-tab がふつう。

プルトニウム 名詞 元素の一つ。核反応によってつくられ、核燃料として利用される。▼英語 plutonium

ふるとり 名詞 漢字の部首の一つ。「集」「雑」「難」などの「隹」の部分。

ふるびる【古びる】 動詞 古い感じがするようになる。例 古びた時計。活用 ふる・びる。

ぶるぶる 副詞(−と) する動詞 寒さやきんちょうのために体がふるえるようす。例 外でぶるぶるふるえていた。

ぷるぷる 副詞(−と) する動詞 体や体の一部、小さいもの、弾力があるものなどが小きざみにふるえるようす。例 ぜい肉がぷるぷるしている。／小犬がぷるぷるふるえている。／ゼリーがぷるぷるとゆれている。

フルベース 名詞 野球で、走者が三つ全部の塁(＝ベース)にいること。満塁。参考 英語の「フル」と「ベース」を組み合わせて日本でつくった言葉。英語では、満塁は the bases loaded という。

ふるぼける【古ぼける】 動詞 古くなって、色があせたり、きたなくなったりする。例 古ぼけたかがみ。活用 ふるぼ・ける。

ふるほん【古本】 名詞 読み古した本。また、昔の本。

ブルマー 名詞 女子の運動用パンツ。ブルーマー。▼英語 bloomers

ふるまい【振る舞い】 名詞 ❶〔人前での〕動作。おこない。例 勝手な振る舞い。❷もてなし。ごちそう。例 夕飯の振る舞いをうけた。

ふるまう【振る舞う】 動詞 ❶〔人前で〕ある動作をする。例 上級生にふさわしく振る舞う。❷ごちそうをする。もてなす。例 とくいな料理を振る舞う。活用 ふるま・う。

ふるめかしい【古めかしい】 形容詞 いかにも古い感じがする。例 古めかしい洋館。活用 ふるめかし・い。

ふるわせる【震わせる】 動詞 ふるえるようにさせる。ふるわす。例 声を震わせる。活用 ふるわ・せる。

ふれあい【触れ合い】 名詞 ふれあうこと。気持ちが通いあうこと。例 心と心の触れ合い。

ふれあう【触れ合う】 動詞 たがいに相手にふれる。例 心と心が触れ合う。活用 ふれあ・う。

ぶれい【無礼】 名詞 形容動詞 れいぎにはずれていること。例 目上の人に無礼なふるまいをする。ことば「無礼を働く」類 失礼。無作法。

プレー 一 名詞 する動詞 競技をすること。また、競技のわざ。例 かれはすばらしいプレーをした。二 名詞「プレーボール」の略。▼英語 play

プレーオフ 名詞 スポーツの試合で、同点や引き分けなどのときにする決勝戦。▼英語 play-off

ブレーカー 名詞 よぶんな電流が流れたとき、自動的に回路を切って電流が流れないようにする器具。▼英語 breaker

プレーガイド 名詞 音楽・しばい・スポーツなどのもよおしの案内をしたり、前もってそのチ

あいうえお かきくけこ さしすせそ たちつてと なにぬねの はひふへほ まみむめも や ゆ よ らりるれろ わ を ん

ケットを売ったりするところ。参考 英語の「プレー（しばい）」と「ガイド（案内）」を組み合わせて日本でつくった言葉。

ブレーキ 名詞 ❶回っている車輪を止めるしかけ。ことば「ブレーキをかける」❷物事の進むのをおくらせたり、止めたりすること。例エラーをして、チームのブレーキになってしまった。▼英語 brake

ブレーク 名詞 する動詞 ❶ボクシングで、レフェリーが選手にはなれるように命じる言葉。❷テニスで、相手のサーブしたゲームに勝つこと。❸休むこと。例コーヒーブレーク。❹急に人気が出ること。例CMでブレークした歌手。参考「ブレイク」ともいう。▼英語 break

プレート 名詞 板のような形のもの。また、板。例車のナンバープレート。▼英語 plate

プレーボール 名詞 野球・テニスなどで、試合をはじめること。また、しんぱんが知らせる、試合をはじめる合図。参考 野球では、球審は「プレイ」と宣告する。▼英語 play ball

フレーム 名詞 ❶わく。ふち。❷木のわくを組んでつくった温床。▼英語 frame

プレーヤー 名詞 ❶競技や演技をする人。演奏家。例スタープレーヤー。❷ディスクやレコードを再生して音を出させる機械。▼英語 player

ブレーン 名詞 ❶頭脳。❷「ブレーントラスト（brain trust）」の略。政府や会社などの相談相手となる学者や専門家の集まり。例首相には優秀なブレーンがついている。▼英語 brain

ブレーンストーミング 名詞 あることについて、みんなで意見を出して話し合う方法。▼英語 brainstorming

ふれこみ【触れ込み】 名詞 前もって言い広めておくこと。せんでん。例新任の先生は、スポーツマンだという触れ込みであった。参考 多く、じっさいとはちがう場合にいう。

ブレザー 名詞 明るい色のフラノなどでつくった、上着。ブレザーコート。▼英語 blazer

プレス ㊀ 名詞 する動詞 ❶おして平らにすること。❷アイロンをかけること。例プレスしたズボン。㊁ 名詞 新聞。新聞社。印刷物。▼英語 press

プレゼンテーション 名詞 企画や計画などについて資料を用いて説明すること。プレゼン。▼英語 presentation

プレゼント 名詞 する動詞 おくり物をすること。また、おくり物。例クリスマスプレゼント。▼英語 present

フレックスタイム 名詞 会社などで、決められた時間の中で自由に出社・退社ができ、一定の時間数を働くようにするしくみ。自由勤務時間制。▼英語 flextime

プレッシャー 名詞 圧力。特に、心をおさえつけること。ことば「（優勝しなくてはならないという）プレッシャーがかかる」▼英語 pressure

フレッシュ 形容動詞 新しくて、いきいきとしているようす。新鮮なようす。例フレッシュなくだもの。／フレッシュな感覚。▼英語 fresh

プレハブ 名詞 工場でつくった建築材料を建築現場で組み立てて家をつくること。また、そのようにしてつくった家。▼英語 prefab

プレパラート 名詞 けんびきょうで観察するための、ガラスにはさんだ標本。▼ドイツ語

ふれまわる【触れ回る】 動詞 人々に知らせて歩く。例うわさを触れ回る。活用 ふれまわ・る。

プレミア 名詞 ➡1164ページ・プレミアム。

プレミアム 名詞 ❶特別な価値がつくことで、入場券などの料金にわりましされた金額。例プレミアムつきのチケット。❷おまけ。景品。参考 略して「プレミア」ともいう。▼英語 premium

ふれる[1]【振れる】 動詞 ❶ゆれ動く。❷ずれる。例じしゃくのはりが北に振れる。活用 ふ・れる。

ふれる[2]【触れる】 動詞 ❶さわる。また、さわるようにする。例ほおに手を触れる。❷（「目に触れる」「耳に触れる」などの形で）見えたり聞こえたりする。例目に触れるものすべてに感動する。❸そのことについて話したり書いたりする。例今回は、そのことには触れない。❹約束やきまりにそむく。例法に触れる。❺広く知らせる。例うわさ話を触れて回る。活用 ふ・れる。

ふれんぞくせん【不連続線】 名詞 気温や風向きなどがことなる、二つの空気のかたまりがふれ合うさかい目。

ブレンド 名詞 する動詞 酒・たばこ・コーヒーなどで、いくつかの種類をまぜ合わせること。また、そうしたもの。例ブレンドコーヒー。▼英語 blend

ふろ【風呂】 名詞 ❶湯であたたまったり体をあらったりするための設備。また、その湯。ことば「風呂に入る」❷ふろ屋。銭湯。

プロ 名詞 ❶〔「プロフェッショナル」の略から〕単に楽しみでなく、職業としてかせぐために、スポーツや演奏などをする人。例 プロの音楽家。❷〔「プロフェッショナル」の略から〕専門家。くろうと。対 アマ。ノンプロ。❸「プロダクション」の略。⇒プロダクション。

フロア 名詞 ❶建物の、ゆか。例 ぴかぴかにみがきたてられたフロア。❷建物の階。例 デパートの食料品フロア。参考「フロアー」ともいう。▼英語 floor

ブロイラー 名詞 肉を食用にするために、人工的なかんきょうで大量に育てられた、わかいニワトリ。また、その肉。▼英語 broiler

ふろうちょうじゅ【不老長寿】 四字熟語 いつまでも年をとらず、長生きすること。

ふろうふし【不老不死】 四字熟語 いつまでも年をとらず、死なないこと。

ブローチ 名詞 洋服のえりやむねなどにつける、とめばりのついたかざり。▼英語 brooch

ブロードバンド 名詞 パソコンの通信などでデータを送る方式の一つ。高速度でたくさんのデータを送ることができる。BB。▼英語 broadband

フローリング 名詞 家のゆかにはるための板。また、その板をならべてつくったゆか。▼英語 flooring

ふろく【付録】 名詞 ❶本文につけ加えたもの。例 巻末付録。❷本や雑誌などで、本体のほかにおまけとしてついているもの。

ブログ 名詞 自分の考えなどを日記のようにまとめてのせるホームページ。「ウェブログ（web-log）」の略。▼英語 blog

プログラマー 名詞 コンピューターのプログラムをつくる人。▼英語 programmer

プログラム 名詞 ❶〔演芸や試合など〕もよおし物の組み合わせ。番組。また、その順序・配役・筋・解説などを書いたもの。❷コンピューターに対する命令のないようを、コンピューター用のとくしゅな言葉で書き表したもの。▼英語 program

プロジェクト 名詞 綿密に計画された大がかりな事業や研究。また、事業や研究などの計画。例 宇宙開発プロジェクト。／商品開発のプロジェクトチーム。▼英語 project

ふろしき【風呂敷】 名詞 物をつつむための正方形の布。参考 もと、ふろに入るとき、足もとにしいたり、ぬいだ衣類をつつんだりした布。⇒図。

風呂敷

プロセス 名詞 ❶仕事の順序。例 プロセスにしたがって組み立てる。❷物事が進んでいくすじ道。例 話し合いのプロセスを大事にする。❸加工したもの。例 プロセスチーズ。▼英語 process

プロダクション 名詞 ❶映画・出版物などを製作するところ。プロ。❷芸能人をかかえ、もよおし物を計画しておこなうところ。プロ。参考 ①②は、どちらも日本での言い方。英語では、制作会社は production company、芸能人をかかえている会社は talent agency という。

ブロック 一 名詞 ❶コンクリートなどの四角形のかたまり。❷市街地やある地域の一区切り。例 関東ブロックで優勝した。❸政治や経済で結ばれた国の集まり。圏。
二 名詞 する動詞 ❶〔スポーツで〕相手の攻撃を防ぐこと。例 アタックをブロックする。❷拒絶すること。例 メッセージをブロックする。▼英語 block, bloc

フロックコート 名詞 男子の昼間用の礼服の一つ。上着とベストは黒の無地で、ズボンはしまの生地。▼英語 frock coat

ブロッコリー 名詞 アブラナ科の植物。かたまりになっている緑色のつぼみやくきを食用にする。▼英語〔イタリア語から〕broccoli

フロッピーディスク 名詞 コンピューターで用いる情報を記録する装置の一つ。フロッピー。▼英語 floppy disk

プロテスタント 名詞 十六世紀のはじめ、カトリック教会の改革をうったえる人々によってつくられたキリスト教の一派。新教。対 カトリック。▼英語 Protestant

プロデューサー 名詞 ❶映画や演劇などの製作責任者。❷テレビやラジオなどの番組を製作する人。▼英語 producer

プロバイダー 名詞 インターネット上で、さまざまな情報やサービスを提供する業者。特に、インターネットへの接続サービスをする業者。

ことばクイズ⑬ □の中に入る同じ漢数字は何でしょう？

参考 ＩＳＰ（Internet service provider）の略称。▼英語 provider

プロパンガス 名詞 色もにおいもない気体。ガソリンをとるときに出るものと、天然ガスにふくまれるものとがある。内燃機関や家庭用の燃料として使う。参考 事故などをふせぐためににおいをつけてある。▼英語 propane

プロフィール 名詞 ある人の人がらやけいれきなどをかんたんにまとめたもの。例 今日のゲストのプロフィールをしょうかいしましょう。参考 フランス語、あるいは、ドイツ語から。英語では profile で、本来、人を横から見た顔の輪郭、「横顔」の意味で、簡単な経歴はあとから生まれた使い方。「プロファイル」と発音する。▼英語 profile

プロフェッショナル 名詞 形容動詞 高い知識や技能をもって、ある仕事を職業としていること。また、専門的であるようす。参考 略して「プロ」ともいう。対 アマチュア。▼英語 professional

ふろふきだいこん【風呂吹き大根】名詞 大根を輪切りにして、やわらかくゆで、みそなどをつけて食べる料理。

プロペラ 名詞 飛行機や船にとりつけ、発動機で回してその力で進ませるもの。参考 船の場合は「スクリュープロペラ」、また、「スクリュー」という。▼英語 propeller

プロポーション 名詞 体形の、つりあい。均整。▼英語 proportion

プロポーズ 名詞 する動詞 結婚の申しこみをすること。求婚。例 プロポーズをうける。▼英語 propose

ブロマイド 名詞 俳優・歌手・運動選手などの（はがきぐらいの大きさの）写真。参考 なまって「プロマイド」ともいう。▼英語 bromide

プロやきゅう【プロ野球】名詞 職業としておこなう野球。また、それをおこなう人々の集団。参考 「プロ」は「プロフェッショナル（professional）」の略。

プロレス 名詞 観客を集め、お金をとって見せるレスリング。参考 英語の「プロフェッショナルレスリング」の略。

プロレタリア 名詞 資本や生産手段をもたず、労働によって生活をしている人。労働者。対 ブルジョア。▼ドイツ語

プロローグ 名詞 ❶作品の前おきの部分。序幕・序章・序曲など。❷物事のはじめ。対 エピローグ。▼英語 prologue

フロンガス 名詞 塩素・ふっ素・炭素の化合物。クーラー・冷蔵庫の温度を下げる物質や、スプレーかんのガスなどとして使われてきたが、地球をとりまくオゾン層をはかいすることなどから、使用禁止の方向にある。フロン。参考 日本でつくった言葉。

ブロンズ 名詞 ❶銅とすずをまぜてつくった金属。青銅。❷青銅でつくった像。▼英語 bronze

フロント 名詞 ❶正面。前面。例 フロントガラス。❷ホテルの受付。例 フロントで手続きをする。❸プロスポーツで、チームの所有者・社長などをまとめたよび名。▼英語 front

ブロンド 名詞 金茶色の髪の毛。金髪。また、そのような髪の人。▼英語（フランス語から）blond(e)

ふわ【不和】名詞 仲が悪いこと。例 夫婦の間が不和になる。

ふわふわ 副詞(-と) する動詞 ❶ういて、ただよっているようす。例 タンポポのわた毛がふわふわ飛ぶ。類 ぷかぷか。❷やわらかく、ふくらんでいるようす。例 ふわふわの羽ぶとん。❸落ち着かないようす。例 気持ちがふわふわしている。

ふわらいどう【付和雷同】四字熟語 自分の考えがなく、他人の意見にすぐ調子を合わせること。注意 「不和雷同」と書かないこと。

ふわりと 副詞 ❶かるくうかんで、ただようようす。例 ふわりと空にまい上がる。❷やわらかい物をのせるようす。例 毛布をふわりとかける。

ふん[1] 名詞 動物がこう門から出した、食物のかす。くそ。大便。

ふん[2]【分】名詞 助数詞 ❶時間をはかる単位。一分は一秒の六十倍。❷角度をはかる単位。一分は一度の六十分の一。参考 上の言葉によって「ぷん」となることもある。例 三分。

ぶん[1]【文】名詞 ❶考えや気持ちを言葉で表すときに、一つ一つの言葉をならべてまとまった内容を表す最小の単位。文字で表すときは、文の最後に句点「。」を書く。例 単語を組み合わせたものが文だ。❷①でのべた「文」が集まって、大きくまとまった内容を表したもの。例 読書感想文。❸「武（＝戦いにかんすることがら）」に対

して〕学問・文芸などのこと。ことば ⇩「文武両道」

ぶん[2]【分】一 名詞 ❶その人がもっている能力・地位。身のほど。例自分の分をわきまえる。❷しなければならないつとめ。例おのれの分をつくす。❸ある状態。ありさま。例あの分ではなかなか終わらない。❹わりあてたもの。わけまえ。例妹の分をとっておく。❺それくらいのていど。例つかった分だけかえしました。
二 接尾語 ❶《ある言葉の下につけて》「…に分ける」意味を表す言葉。例天下を二分する。❷《ある言葉の下につけて》成分を表す言葉。例アルコール分／塩分。❸《ある言葉の下につけて》「…にあたる分量」の意味を表す言葉。例五日分。／三人分。❹《ある言葉の下につけて》「…のころ」の意味を表す言葉。例夜分。

ぶんあん【文案】名詞 ❶文書の下書き。例文案を清書する。❷つくえ。

ぶんい【文意】名詞 その文章の表そうとしている意味。例正確に文意をつかむ。

ふんいき【雰囲気】名詞 自然につくりだされる気分や様子。例なごやかな雰囲気。

ふんえん【噴煙】名詞 火山からふき出しているけむり。例噴煙のたなびく阿蘇山。

ふんか【噴火】名詞 する動詞 火山がばくはつして、よう岩・灰・水蒸気・ガスなどがふき出ること。

ぶんか[1]【文化】名詞 ❶世の中が進歩していて、生活などがゆたかなこと。例文化水準。❷〔自然に対して〕人間が精神によってつくりだしたもの。学問・芸術・道徳などをいう。例日本の文化。／文化の中心地としてさかえた都市。類文明。

ぶんか[2]【分化】名詞 する動詞 一つのものが発達して、いくつかのふくざつなもの、ちがう働きのものに分かれること。例学問の分化がすすむ。

ぶんか[3]【文科】名詞 〔数学や自然科学以外の〕文学・哲学・歴史学などについての学科。また、大学でそれを勉強する学部。対理科。

ふんがい【憤慨】名詞 する動詞 はげしくおこって、なげくこと。例失礼な対応に憤慨する。

ぶんかい【分解】名詞 する動詞 ❶一つにまとまっている物を細かく分けること。また、細かく分かれること。例時計を分解する。❷化合物を二つ以上の物に分けること。また、分かれること。例水を水素と酸素に分解する。対化合。

ぶんかいさん【文化遺産】名詞 ❶昔の人が残した文化で、受けつがれるべきねうちのあるもの。❷世界遺産の分類の一つ。世界共通の貴重なものとして守るべき建造物などが認定される。日本では、姫路城・厳島神社・富士山など。

ぶんがく【文学】名詞 人間のおこない・考え・感じなどを、言葉で書き表した芸術。詩や小説など。また、それを研究する学問。

ぶんかくんしょう【文化勲章】名詞 科学や芸術など、日本の文化の発展のうえで、りっぱな働きのあった人にあたえられる勲章。

ふんかこう【噴火口】名詞 火山の、よう岩・水じょう気・ガスなどがふき出るあな。火口。

ぶんかさい【文化祭】名詞 中学・高校・大学などで、生徒や学生が中心になって展示会・講演会・音楽会などのもよおし物をおこなう行事。

ぶんかざい【文化財】名詞 文化活動によってつくり出されるもの。特に、文化財保護法によって守られるもの。参考 演劇・音楽・工芸技術など形のないものもふくまれる。例重要文化財。／無形文化財。

ぶんかじん【文化人】名詞 学問・芸術などでかつやくし、世の中に知られている人。すぐれた教養を身につけた人。

ぶんかちょう【文化庁】名詞 文化の発展や文化財の保存などにかかわることをおこなう、国の機関。文部科学省にぞくしている。

ぶんかつ【分割】名詞 する動詞 わけて別々にすること。いくつかにわけること。例分割ばらい。

ぶんかてき【文化的】形容動詞 文化をとり入れたようす。例文化的な生活をいとなむ。

ぶんかのひ【文化の日】名詞 国民の祝日の一つ。日本が平和な文化的国家として発展することを願う日。十一月三日。

ふんき【奮起】名詞 する動詞 元気を出すこと。ふるいたつこと。例はげまされて奮起する。類奮発。

ぶんきてん【分岐点】名詞 〔道などの〕わかれめになっているところ。

ふんきゅう【紛糾】名詞 する動詞 意見がぶつかって、まとまらないこと。ごたごたともめること。例紛糾してまとまらない。

ぶんきょう【文教】名詞 文化や教育にかかわること。例文教委員会。

ぶんぎょう【分業】名詞 する動詞 一つのものをしあげるために、いくつかに分けて仕事をすること。例 分業制。

ぶんきょうじょう【分教場】名詞 小学校で、中心になる本校のほかにあった、山の中などの分校。昔のよび名。

ふんぎり【踏ん切り】名詞 決心すること。はっきり決めること。ことば「踏ん切りがつく」

ぶんぐ【文具】名詞 ➡1170ページ・ぶんぼうぐ。

ぶんけ【分家】名詞 する動詞 家族からわかれて別に一家をつくること。また、その家。対 本家。

ぶんげい【文芸】名詞 ❶文学。例 文芸作品。❷文学と芸術。例 文芸欄を読む。

ぶんげいふっこう【文芸復興】名詞 ➡1383ページ・ルネサンス。

ふんげき【憤激】名詞 する動詞 はげしくいきどおること。例 国民の憤激を買う。

ぶんけん【文献】名詞 ❶昔のことを知る手がかりになる書物。❷〔参考になる〕記録や書物。例 論文を書くため文献を集める。

ぶんこ【文庫】名詞 ❶たくさんの本を集めてしまっておく建物。❷書き物・紙・筆などを入れる、小さなはこ。例 手文庫。❸小型でねだんの安い本。文庫本。

[1]**ぶんご**【文語】名詞 昔、文章を書くときに使われた言葉。参考 平安時代の言葉をもとにしている。対 口語。

[2]**ぶんご**【豊後】地名 昔の国の名。今の大分県の中部・南部に当たる。

ぶんこう【分校】名詞 本校からはなれてつくられている（小さなしくみの）学校。対 本校。

ぶんごう【文豪】名詞 文学者のうちで、特にすぐれていて名高い人。例 ドイツの文豪ゲーテ。

ぶんごたい【文語体】名詞 文語で書き表す文章の形。参考「しばふに入るべからず」のような文体をいう。対 口語体。

ふんこつさいしん【粉骨砕身】名詞 四字熟語 〔骨を粉にし、体を砕くという意味から〕力のかぎり、全力でつくすこと。例 粉骨砕身、努力する。

ぶんごぶん【文語文】名詞 文語で書いた文章。対 口語文。

ふんさい【粉砕】名詞 する動詞 ❶〔粉のように〕細かく、くだくこと。例 鉱石を粉砕する。❷完全にうち負かすこと。例 相手チームを粉砕しよう。

ぶんさい【文才】名詞 文章を上手に書く能力。例 姉は文才がある。

ぶんさん【分散】名詞 する動詞 わかれて、あちこちにちらばること。また、あちこちにちらすこと。例 一行のとまる旅館は三か所に分散している。

[1]**ぶんし**【文士】名詞 小説などを書く人。作家。

[2]**ぶんし**【分子】名詞 ❶分数で、横線の上に書く数字。対 分母。❷ある物質を小さくわけていったとき、それ以上わけるとちがった性質の物になる、もっとも小さなつぶ。参考 分子は原子からなりたっている。❸ある一つの社会や団体をかたちづくっている、それぞれの人。例 世の中には不平分子もいる。

ふんしつ【紛失】名詞 する動詞 物がどこにあるのか、わからなくなること。また、物をなくすこと。例 かさを紛失する。

ふんしゃ【噴射】名詞 する動詞 気体や液体を強い力でふき出させること。例 ロケットはガスを噴射させ、その反動でとび出す。

ぶんしゅう【文集】名詞 文章をいくつか集めてつくった本。

ふんしゅつ【噴出】名詞 する動詞 ふき出ること。ふき出すこと。例 ガスが噴出した。

ぶんしょ【文書】名詞 〔必要なことがらを〕文章にして書いたもの。書きつけ。例 正式な文書にして申し入れる。類 書類。

ぶんしょう【文章】名詞 文字を使って、ある考えや心の動きなどを書き表したもの。例 長い文章。

[1]**ぶんじょう**【分乗】名詞 する動詞 〔まとまっている人々が〕いくつかの乗り物に、分かれて乗ること。例 二台の車に分乗して、向かう。

[2]**ぶんじょう**【分譲】名詞 する動詞 〔ひとまとまりの土地などを〕いくつかに分けて売ること。例 分譲住宅。

ふんしょく【粉食】名詞 粉にしたこく類などを、うどん・そば・パンなどにして食べること。また、その食べ物。

ふんしん【分針】名詞 時計の分をしめすはり。長針。類 秒針。時針。

ふんじん【粉じん】名詞 石炭や金属などが細かくくだけてとびちる、ほこりのようなこな。

ぶんしん【分身】名詞 一つの物（特に、体）か

ア つるの□声 イ □も二もなくさんせいした

らわかれ出たもの。例 この小説の主人公は、作者の分身である。

ぶんじん【文人】名 学問や芸術などにたずさわる人。

ふんすい【噴水】名 水を高くふき上げるようにしたしかけ。また、ふきでる水。

ぶんすいれい【分水れい】名 二つ以上の川の流れをわけている山脈。漢字 分水嶺。

ぶんすう【分数】名 ある数をほかの数でわることを表したもの。参考 ア 一を四でわったものは「1/4」となる。イ ⇨ 688ページ・整数。614ページ・小数。

ふんする 動 〔ある人や役がらに合わせて〕みなりをかえる。ふんそうする。活用 ふん・する。

ぶんせき【分析】名 する動 ❶まじりあっている物を細かく分けること。例 飲料水を分析する。❷物事を細かく分け、そのなりたちや性質をはっきりさせること。例 国際情勢を分析する。注意「分折」と書かないこと。対 総合。

ぶんせつ【文節】名 文を、意味がわかるはんいでできるだけ小さく区切ったもの。参考 たとえば、「学校へ行く」という文は、「学校へ」と「行く」の二つの文節からできている。

ふんせん【奮戦】名 する動 力をふるって戦うこと。例 奮戦むなしく、やぶれた。類 奮闘。

ふんぜんと【憤然と】副 はげしくおこるようす。例 かれは憤然と席を立った。

1**ふんそう**【ふん装】名 する動 〔ある人や役がらに合わせて〕みなりをかえること。また、そのすがた。

2**ふんそう**【紛争】名 する動 〔国と国、団体と団体などの間の意見が合わずに〕もつれて、たがいに争うこと。例 紛争を解決する。類 争い。

ぶんそうおう【分相応】名 形容動詞 その人の能力や地位にふさわしいようす。例 分相応のくらし。

ふんそく【分速】名 一分間に進むはやさを、そのきょりで表したもの。参考 ⇨ 554ページ・時速。1115ページ・秒速。

ふんぞりかえる【踏ん反り返る】動 体を後ろにそらすようにして、いばる。例 踏ん反り返って命令する。活用 ふんぞりかえ・る。

ぶんたい【文体】名 ❶文章の形式。口語体・文語体など。❷その人だけがもっている、文章のとくちょう。

ふんだくる 動 らんぼうに取る。ひったくる。例 高い代金をふんだくられる。参考 くだけた、らんぼうな言い方。活用 ふんだく・る。

ふんだりけったり【踏んだり蹴ったり】慣用句 続けて、ひどい目にあうようす。例 電車がおくれたうえに雨までふってきて踏んだり蹴ったりだ。類 泣きっ面にはち。

ぶんたん【分担】名 する動 〔一つの仕事・費用などを〕いくつかに分けて、受け持つこと。例 仕事の分担を決める。類 手分け。受け持ち。

1**ぶんだん**【分断】名 する動 切れ切れに分けること。例 がけがくずれて道路が分断された。

2**ぶんだん**【文壇】名 詩や小説を書く人たちの集まり。作家や批評家などの社会。

ふんだんに 副 あまるほど十分に。例 水はふんだんにある。

ぶんちょう【文鳥】名 カエデチョウ科の鳥。全長約十五センチメートルで、人によくなれる。

ぶんちん【文鎮】名 紙などが動かないようにのせる、おもり。⇩図。

ぶんつう【文通】名 する動 手紙のやりとりをすること。

文鎮

ふんづける【踏ん付ける】動「ふみつける」の変化した言葉。活用 ふんづ・ける。

ぷんと 副 ❶おこってすねるようす。例 ぷんとふくれる。❷強いにおいがしてくるようす。例 へんなにおいがぷんと鼻をつく。

ふんとう【奮闘】名 する動 力をふるって、たたかうこと。また、がんばること。例 町の発展のため、奮闘する。類 奮戦。

ふんどう【分銅】名 はかりに使う、重さの決まっているおもり。鉄やしんちゅうでつくる。⇩1027ページ・はかり（図）。

ぶんとう【文頭】名 文章のはじめ（の方）。例 文頭に和歌を引用する。対 文末。

ぶんどき【分度器】名 角度をはかる道具。

ふんどし 名 昔の男の人の下着。またをおおってかくす細長い布。ことば「ふんどしをしめる」

ことばあそび ことばクイズ⑭ □の中に入る同じ漢数字は何でしょう？

ふんどしをしめてかかる【ふんどしを締めてかかる】慣用句 気持ちをひきしめて物事をはじめる。

ぶんどる【分捕る】動詞 ❶戦場で敵の物をうばいとる。❷人の物をうばいとる。例刀を分捕る。参考くだけた言い方。活用ぶんど・る。

ぶんなぐる【ぶん殴る】動詞 強くなぐる。参考くだけた言い方。活用ぶんなぐ・る。

ふんにゅう【粉乳】名詞 かんそうさせて水分をとりのぞいた牛乳。粉ミルク。

ぶんぱ【分派】名詞 する動詞 中心からわかれて小さなグループをつくること。また、そのグループ。例分派の活動。

ぶんぱい【分配】名詞 する動詞 いくつかに分けて配ること。例平等に分配する。

ふんぱつ【奮発】名詞 する動詞 ❶元気を出して物事をおこなうこと。はっぷん。類奮起。❷思いきってお金を出すこと。例奮発してケーキを買う。

ふんばる【踏ん張る】動詞 ❶足に力を入れてふみこたえる。❷〔ぎりぎりのところで〕気力を出して、がんばる。例助けが来るまで踏ん張ろう。活用ふんば・る。

ふんぱんもの【噴飯物】名詞 ばからしくて思わずふき出して笑ってしまう事がら。例噴飯物の提案。

ぶんぴつ[1]【分泌】名詞 する動詞 体の中から、体の活動に必要な液が出ること。例ホルモンの分泌。参考「分泌」ともいう。

ぶんぴつ[2]【文筆】名詞 詩歌・文章などを書くこと。例文筆生活。

ふんびょうをあらそう【分秒を争う】慣用句 とても急ぐ必要がある。例避難は分秒を争う。

ぶんぶ【文武】名詞 学問と武芸。ことば⇩「文武両道（にすぐれている人）」

ぶんぷ【分布】名詞 する動詞 わかれて、あちらこちらにあること。例この地域は古墳が多く分布している。

ぶんぷず【分布図】名詞 ある物の分布のようすをしめした図。

ぶんぶつ【文物】名詞 学問・芸術・宗教など、人間の文化にかんするすべての物。例西洋の文物から、さまざまな物をきゅうしゅうする。

ぶんぶりょうどう【文武両道】四字熟語 学問と武芸の両方。例文武両道にすぐれる。

ふんふん 副詞（−と） 相手の言っていることをうなずいて聞くときのようす。また、いいかげんに聞き流しているようす。例ふんふんと先生の言うことをよく聞いている。／テレビを見ながら小言をふんふんと聞く。

ぶんぶん 副詞（−と） ❶ぼうなどを、いきおいよくふり回してたてる音のようす。例バットをぶんぶんとふり回す。❷虫などの羽音のようす。例ぶんぶんとハチが飛び回る。

ぷんぷん 副詞（−と） する動詞 ❶強いにおいが鼻をつくようす。例香水のにおいをぷんぷんさせる。❷とてもおこっているようす。例妹は、遊んではいけないと言われて、ぷんぷんしている。

ふんべつ【分別】名詞 する動詞 物事のよしあしを見わけること。また、その力。例まだ、分別のつかない子ども。類思慮。注意「ぶんべつ」と読むと別の意味になる。

ぶんべつ【分別】名詞 する動詞 種類によって分けること。例ごみを分別する。注意「ふんべつ」と読むと別の意味になる。

ぶんぼ【分母】名詞 分数で、横線の下に書く数字。対分子。

ぶんぽう【文法】名詞 言葉の働きや文章の組み立て方の決まり。例英語の文法。

ぶんぼうぐ【文房具】名詞 えんぴつ・消しゴム・ノート・絵の具など、勉強や事務に必要な道具。文具。類学用品。

ふんまつ【粉末】名詞 こな。こなにしたもの。例粉末の薬。

ぶんまつ【文末】名詞 文章の終わり（の方）。対文頭。

ふんまん 名詞 心の中にあるいかり。ことば「ふんまんやるかたない（＝いかりをおさえきれない）」

ぶんみゃく【文脈】名詞 文章の内容の続き具合。文章のすじ道。例文脈から作者が伝えたい意味を考える。

ふんむき【噴霧器】名詞 ➡675ページ・スプレー二。

ぶんめい【文明】名詞 人間のちえや努力によって、世の中がゆたかでべんりな生活ができるように開けたようす。類文化。

ぶんめいかいか【文明開化】四字熟語 文明の開けた世の中になること。特に、日本で明治

時代のはじめに、西洋の文明をとり入れたこと。

ぶんめいのりき【文明の利器】名詞 文明が進むにつれてつくられた、べんりな機械や道具。

ぶんめん【文面】名詞 文章として書かれていること。特に、手紙として書かれていることがら。例手紙の文面からさっする。

ぶんや【分野】名詞 物事を、大きくいくつかにわけた方面。はんい。例科学の分野。

ぶんらく【文楽】名詞 義太夫節（＝しゃみせんを使う語りものの一つ）に合わせておこなう、あやつり人形のしばい。語源 江戸時代に植村文楽軒という人がはじめた。

ぶんり【分離】名詞 する動詞 わかれて、はなれること。また、わけて、はなすこと。例水と油が分離する。／少数民族が本国から分離して独立国をつくる。

ぶんりつ【分立】名詞 する動詞 分かれて、それぞれが別のものとして存在していること。例三権分立。

ぶんりょう【分量】名詞 重さ・かさ・数・わりあいなどの多さ。例食事の分量をへらす。

ぶんるい【分類】名詞 する動詞 同じ種類・同じ性質のものをまとめて、いくつかの集まりに分けること。例漢字を部首で分類する。類類別。

ぶんれい【文例】名詞 文章の手本。文章の書き方の手本。

ぶんれつ【分裂】名詞 する動詞 一つの物、または、一つのまとまりのある物が、いくつかにわかれること。例ドイツは東西に分裂したが、後に統一が実現した。

へ

ぺ べ
ペ ベ ヘ
PE BE HE
pe be he

へ[1] 助詞 ❶方向をしめす言葉。例東へ進む。❷動作を向ける相手をしめす言葉。例相手への思いやり。❸ある働きの向かう場所をしめす言葉。例家へ帰る。注意「へ」と書いて「え」と発音する。

へ[2] 名詞 腸にたまったガスが肛門から出たもの。おなら。ことば「へをひる」「へをこく」

ヘア 名詞 毛。髪の毛。例ロングヘア。▼英語 hair

ペア 名詞 二つ、または二人で一組みになるもの。例卓球でペアを組む。／ペアのコーヒーカップ。▼英語 pair

ヘアスタイル 名詞 切ったり結ったりなどしてととのえた髪の形。髪形。例ヘアスタイルを変える。▼英語 hairstyle

ヘアスプレー 名詞 髪の形をととのえたり、ととのえた髪のみだれをふせいだりするために、ふきつけて使う整髪料。▼英語 hair spray

ヘアピン 名詞 ❶髪の毛をまとめてとめるためのピン。❷「ヘアピンカーブ」の略。自動車道路で、ヘアピンのようにU字形におれまがっているカーブ。▼英語 hairpin

へい[1]【丙】名詞 物事の第三番目。甲・乙の次。

へい[2]【塀】名詞 家や、しき地のさかいなどにつくるしきり。板・石・金ぞく・コンクリートなどでつくる。

へいあん【平安】一 名詞 形容動詞 無事で、おだやかなこと。例心の平安。二 名詞 ❶「平安京」の略。❷「平安時代」の略。

へいあんきょう【平安京】名詞 七九四年に桓武天皇がつくった都。今の京都市の中心部にあった。都としては、一八六九（明治二）年に首都が東京にうつるまで、千年以上続いた。

へいあんじだい【平安時代】名詞 七九四年、桓武天皇が都を京都にうつしてから、源頼朝によって鎌倉幕府が開かれるまでの約四百年間。

へいい【平易】名詞 形容動詞 やさしくて、わかりやすいこと。例平易な文章。類容易。対難解。

へいえき【兵役】名詞 国民の義務として、軍隊に入って働くこと。参考 日本では、第二次世界大戦後なくなった。

へいえん【閉園】名詞 する動詞 ❶動物園・遊園地など、園と名のつくしせつが、そのしせつを閉じて仕事をやめること。例近所の遊園地が閉園になり、残念だ。❷動物園・遊園地などが、その日の仕事を終えること。また、休むこと。例閉園時間になったので帰った。対①②開園。

ペイオフ 名詞 する動詞 金融機関の経営がうまくいかなくなったときに、そこに預金していた人のお金を一定の金額まではらいもどしができるように保証すること。ペイオフ制度。参考 日本でつくった言葉。

あいうえお かきくけこ さしすせそ たちつてと なにぬねの はひふへほ まみむめも やゆよ らりるれろ わをん

へいおん【平穏】 名詞 形容動詞 世の中や生活が、何ごともなく、おだやかなこと。例 平穏な生活。類 安穏。対 不穏。

へいおんぶじ【平穏無事】 四字熟語 何ごともなく、おだやかなこと。また、そのようす。例 平穏無事にくらす。

へいか【陛下】 名詞 天皇・皇后・国王・女王などをうやまっていう言葉。例 天皇陛下。類 殿下。閣下。

べいか【米価】 名詞 米のねだん。

へいかい【閉会】 名詞 する動詞 会が終わること。会を終えること。例 閉会式。対 開会。

へいがい【弊害】 名詞 がいになる悪いこと。例 たばこの弊害を指摘する。

へいかん【閉館】 名詞 する動詞 ❶図書館・美術館・博物館など、館と名のつくしせつが、そのしせつを閉じて仕事をやめること。例 三月いっぱいで閉館する。❷図書館・美術館・博物館などが、その日の仕事を終えること。また、休むこと。例 月曜閉館。対 ①②開館。

へいがん【併願】 名詞 する動詞 二つ以上の学校や学部などに、入学試験を受けたいという願書を出すこと。例 国立と私立の中学を併願する。

1 **へいき【平気】** 名詞 形容動詞 悪いことやこまったことがあっても、落ち着いていること。例 何を言われても平気だ。

2 **へいき【兵器】** 名詞 戦争で、相手をこうげきするときに使う道具。類 武器。

3 **へいき【併記】** 名詞 する動詞 〔二つ以上のことがらを〕ならべて書くこと。あわせて書き記すこと。例 日本語と英語が併記された、かんばん。

へいきのへいざ【平気の平左】 慣用句 「平気の平左衛門」の略。まったく平気であることを、人の名前を使って言葉の調子を合わせた言い方。例 あいつは何を言われても平気の平左だ。参考 くだけた言い方。

へいきん【平均】 名詞 する動詞 ❶〔数や量の〕ちがいがないようにすること。また、ちがいがないこと。例 毎日の入場者数が平均している。❷二つ以上の数や量をならすこと。また、そのあたい。例 平均気温。❸かたむかないで、つり合っていること。例 平均をたもつ。

へいきんだい【平均台】 名詞 ❶器械体操の道具の一つ。細長い木のぼうがわたしてある台。❷「平均台①」の上でする運動。

へいきんてん【平均点】 名詞 テストなどで、全部の人の点数を足して、人数でわってえた数。

へいけ【平家】 名詞 平の姓を名のった一族。特に、平安時代の終わりごろに政権をにぎって、のちに源氏にほろぼされた平清盛の一族をいう。平氏。

へいけがに【平家がに】 名詞 ヘイケガニ科のカニ。暗い赤むらさき色で大きさは二センチメートルくらい。瀬戸内海に多い。参考 こうらについているでこぼこが、人の顔に見えることから、平家のぼうれいがのりうつった、という伝説がある。

へいけものがたり【平家物語】 書名 鎌倉時代のはじめにつくられた、戦を中心にえがいた物語。平家一族がさかえていたころからほろびるまでの様子が、力強く、また、物悲しい文章で書かれている。作者はわからない。目の見えない僧(＝びわ法師)がびわをひきながら語った。

へいげん【平原】 名詞 平らでひろびろとした野原。類 平野。

1 **へいこう【平行】** 名詞 する動詞 ❶二つの直線や平面が、どこまでものびたり広がったりしても、交わらないこと。例 この道は川に平行している。❷細長いものにそっていること。❸意見などがくいちがって、あわないこと。例 二人の意見は平行状態だ。⇩使い分け。

2 **へいこう【平衡】** 名詞 する動詞 つり合いがとれていること。安定していること。また、バランスがとれていること。例 心の平衡を失う。⇩使い分け。

3 **へいこう【並行】** 名詞 する動詞 ❶ならんでいくこと。例 バスは電車と並行して走っている。❷二つのものが同時に〔あるいは間をおかずに〕おこなわれていること。例 注文の受け付けと発送を並行しておこなう。⇩使い分け。

4 **へいこう【閉口】** 名詞 する動詞 〔口をとじて、だまってしまうということから〕どうにもならなくて、こまること。例 弟のがんこさに閉口した。

5 **へいこう【閉校】** 名詞 する動詞 ❶学校などがけいえいをやめ、そのしせつを閉じること。例 かそ地にあり、閉校となる小学校。❷学校などが一時的にじゅぎょうをとりやめること。例 インフルエンザの流行で、二日間閉校になった。対 ①②開校。

ア 友だちと□をならべる　イ □の荷が下りる

使い分け　へいこう

●交わらないこと。
平行する二つの直線。

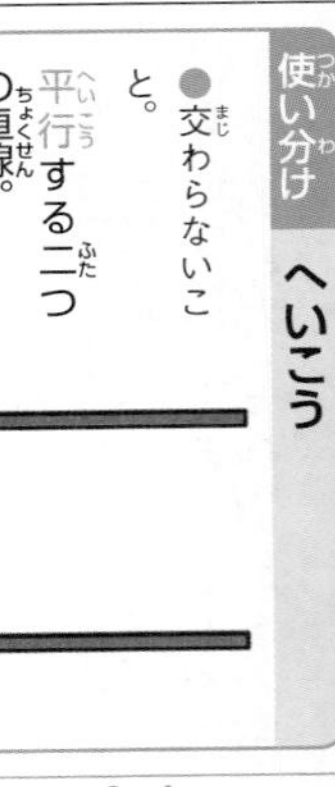

●つり合っていること。
心の平衡を保つ。

●ならんでいくこと。
並行して走る車。

へいごう【併合】 名詞 する動詞 いくつかのものをあわせて一つにすること。例 いくつかの町を併合して新しい市が生まれた。

へいこうしへんけい【平行四辺形】 名詞 向かい合っている二組みの辺がたがいに平行な四辺形。⇩663ページ・図形（図）。

へいこうせん【平行線】 名詞 ❶平行になっている直線。❷意見などがくいちがい、どこまでいってもいっちしないこと。ことば「（交しょうは）平行線をたどる」

へいこうぼう【平行棒】 名詞 器械体操の用具の一つ。平行な二本の棒を台の上にとりつけたもの。また、それを使ってする体操競技。

1 **べいこく【米国】** 名詞 アメリカ合衆国。

2 **べいこく【米穀】** 名詞 米。また、こくもつ。

べいごま 名詞 バイという巻貝のからの中に、とかしたろうやなまりをつめてつくった、こま。また、この形をまねて鉄やプラスチックなどでつくったこま。語源 もとは「バイ」という貝でつくったことから、「ばいごま」といった。⇩図。

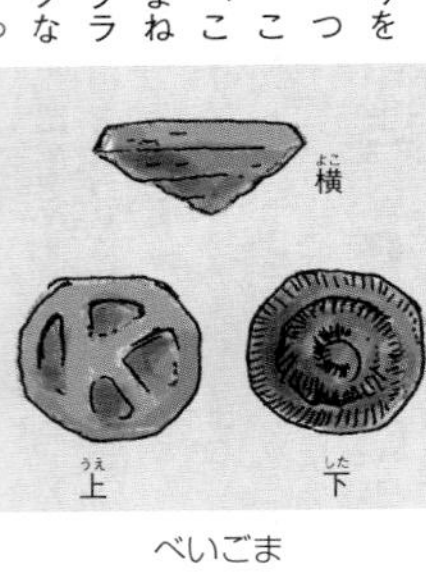

べいごま

へいさ【閉鎖】 名詞 する動詞 ❶とじること。ふさぐこと。例 入り口を閉鎖する。❷働きをやめること。例 今年で、この分校は閉鎖される。

べいさく【米作】 名詞 ❶米をつくること。例 米作地帯。❷イネのみのり具合。例 今年の米作の予想。類 ①②稲作。

へいさつ【併殺】 名詞 する動詞 ⬇779ページ・ダブルプレー。

へいさてき【閉鎖的】 形容動詞 自分や仲間の中にとじこもって、外からのものを受け入れようとしないようす。例 閉鎖的な性格。／閉鎖的な社会。対 開放的。

へいざん【閉山】 名詞 する動詞 ❶岩石や石炭などをほり出すことをやめて、鉱山を閉鎖すること。❷山登りができる期間を終わりにすること。

1 **へいし【平氏】** 名詞 ⬇1172ページ・へいけ。

2 **へいし【兵士】** 名詞 戦争をする人。兵隊。

へいじ【平時】 名詞 ❶ふだんのとき。いつものとき。例 平時の訓練が大切だ。❷世の中が平和なとき。対 戦時。非常時。

へいじつ【平日】 名詞 ❶ふだんの日。例 平日どおりの授業。❷日曜日や祝日でない日。週日。例 平日は客が少ない。

べいじゅ【米寿】 名詞 八十八才。また、その祝い。参考「米」の字を分解すると「八・十・八」になることから。⇩コラム「喜寿・米寿・卒寿・白寿って何？」（320ページ）。

1 **へいじょう【平常】** 名詞 いつもと同じなこと。ふだん。例 ストがおわって、ダイヤは平常にもどった。類 平素。通常。日常。

2 **へいじょう【平壌】** 地名 ⬇1117ページ・ピョンヤン。

へいじょうきょう【平城京】 名詞 奈良時代の都。七一〇年に元明天皇が唐の都「長安」を手本にして、今の奈良市のあたりにつくった。七八四年に桓武天皇が長岡京に都をうつすまで続いた。

へいじょうしん【平常心】 名詞 ふだんとかわらない、落ち着いた気持ち。例 平常心でテストにのぞむ。／どんな場合でも平常心をたもつ。

べいしょく【米食】 名詞 米を食べること。また、主食を米にすること。

ことばクイズ⑮ □の中に入る同じことばは何でしょう？

へいしんていとう【平身低頭】 四字熟語 〔あやまったり、たのんだりするために〕体を低くして、深く頭を下げること。例平身低頭して、ゆるしをこう。

1**へいせい【平成】** 名詞 平成時代の天皇が位についていたときの年号。一九八九年一月八日から二〇一九年四月三十日まで。

2**へいせい【平静】** 名詞 形容動詞 ❶おだやかで、静かなこと。例平静をとりもどす。❷心が落ち着いていること。ことば「平静をよそおう」類①②冷静。

へいぜい【平生】 名詞 ➡1174ページ・へいそ。

へいせいじだい【平成時代】 名詞 年号が平成であった時代。一九八九（平成一）年から二〇一九（平成三一）年まで。

へいせつ【併設】 名詞 する動詞 ほかのものといっしょにそなえつけたり、設置したりすること。また、中心となるものや、すでにあるものにつけ加えて設置すること。例高等学校に中学校と小学校を併設する。

へいぜんと【平然と】 副詞 落ち着きはらって、平気でいるようす。例ほかの人はあわてていたが、かれだけは平然としていた。

へいそ【平素】 名詞 ふだん。つねひごろ。平生。例平素の心がけ。類平常。日常。

へいそつ【兵卒】 名詞 ❶兵士。軍人。つわもの。❷位が一番下の軍人。

へいたい【兵隊】 名詞 ❶戦争をする人。特に、くらいの低い軍人。兵士。❷戦争をする人の集まり。軍隊。

へいたん【平たん】 名詞 形容動詞 土地が平らなこと。例学校までは平たんな道だ。

へいち【平地】 名詞 平らな土地。対山地。

へいちゃら【平ちゃら】 形容動詞 ➡1178ページ・へっちゃら。

1**へいてい【平定】** 名詞 する動詞 敵をほろぼして、世の中を安定させること。例秀吉は天下を平定した。

2**へいてい【閉廷】** 名詞 する動詞 さいばんをおこなう場所を閉じ、取り調べを休止すること。対開廷。

へいてん【閉店】 名詞 する動詞 ❶店をしめて、その日の仕事を終わりにすること。例本日、六時閉店。❷商売をやめること。例今月かぎりで閉店いたします。類のれんを下ろす。店じまい。対①②開店。

へいどく【併読】 名詞 する動詞 〔新聞や雑誌など〕二つ以上のものを合わせて読むこと。例英語と日本語の新聞を併読する。

へいねつ【平熱】 名詞 その人が健康なときの体温。参考だいたい、セ氏三十六度から三十七度ぐらい。

へいねん【平年】 名詞 ❶二月が二十八日で、一年が三百六十五日の年。対うるう年。❷いつもの年と特にかわったことのない年。ふつうの年。

へいねんさく【平年作】 名詞 農作物のとれ高が平年なみであること。参考最近五年間のとれ高の中で、最高と最低の年をのぞいた三年間のとれ高を平均したもの。

へいはつ【併発】 名詞 する動詞 二つのものが同時におこること。また、おこすこと。例かぜに肺炎を併発して入院した。

へいばん【平板】 名詞 形容動詞 ❶平らな板。また、うすくて平らな板。❷〔話や文章などの〕変化が少なく、おもしろくないこと。また、そのようす。例最後までもりあがりのない平板な話。

1**へいふく【平伏】** 名詞 する動詞 両手をついて、頭を深く下げて礼をすること。ひれふすこと。

2**へいふく【平服】** 名詞 ふだん着ている、ふつうの服。ふだんぎ。例平服で出席。対礼服。式服。

へいへいぼんぼん【平平凡凡】 四字熟語 とても平凡であるようす。例平々凡々とくらしている。参考㋐「平凡」のそれぞれの字を重ねて意味を強めた言葉。㋑ふつう「平々凡々」と書く。

へいほう【平方】 一 名詞 する動詞 二つの同じ数をかけ合わせること。二乗。二 名詞 ❶長さを表す単位の前につけて、面積の単位を表す言葉。例畑の面積は三百平方メートルだ。❷《長さの単位につけて》その長さを一辺とする正方形の面積。例五センチメートル平方の面積。

へいぼん【平凡】 名詞 形容動詞 ありふれていること。特にすぐれたところもなく、ふつうであること。例平凡な日常。対非凡。

へいまく【閉幕】 名詞 する動詞 ❶しばいなどが終わって、まくをしめること。また、まくがしまること。❷〔劇などが終わることから〕物事が終わること。例国体は閉幕した。対①②開幕。

へいみん【平民】 (名詞) ❶ふつうの人々。いっぱんの人たち。❷明治時代につくられた身分のよび方の一つ。皇族・華族・士族以外の人々のこと。

へいめい【平明】 (名詞)(形容動詞) わかりやすくはっきりしていること。また、そのようす。例 平明な文章で説明する。

へいめん【平面】 (名詞) でこぼこのない、平らな面。

へいめんず【平面図】 (名詞) 物を、真上から見た形で書き表した図。例 建物の平面図。

へいめんてき【平面的】 (形容動詞) ❶〔絵などで〕もり上がったり、へこんだりした感じがないようす。❷物事の表面だけを見て、十分に考えないようす。対 ①②立体的。

へいもん【閉門】 一 (名詞)(する動詞) 門をとじること。例 学校は六時に閉門する。対 開門。
二 (名詞) 江戸時代の武士や僧に対する刑罰の一つ。家のまどや門をしめて出入りを禁止した。

へいや【平野】 (名詞) 平らで広い土地。例 関東平野。類 平原。

へいよう【併用】 (名詞)(する動詞)〔二つ以上のものを〕あわせて使うこと。例 二つの辞典を併用する。

へいりつ【並立】 (名詞)(する動詞) ❶ならんで立つこと。いっしょにならぶこと。ならび立つこと。❷二つの物事が同時にそんざいすること。例 二つの政権が並立する。

へいりょく【兵力】 (名詞) 戦争をする力。また、〔武器をもった〕兵隊の数ではかった戦闘力。例 兵力五万。

へいれつ【並列】 一 (名詞)(する動詞) いくつかのものが横にならぶこと。また、横にならべること。
二 (名詞) 電池などの同じ極をまとめてつなぐこと。また、そのつなぎ方。並列つなぎ。

へいわ【平和】 (名詞)(形容動詞) ❶戦争や争いがなく、世の中がおだやかにおさまっていること。例 平和を守る。類 太平。対 戦争。❷心配ごとやもめごとがなく、おだやかなこと。例 平和な生活。

ベーカリー (名詞) パン・ケーキ・お菓子などをつくって売る店。▼英語 bakery

ベーコン (名詞) ブタのはらやせなかの肉を塩づけにしてから、くんせいにしたもの。▼英語 bacon

ページ 一 (名詞) 書物・ノート・新聞などの一つの面。例 ページをめくる。
二 (助数詞) 書物などの面を数える言葉。例 教科書の二十三ページ。▼英語 page

ベーシック (形容動詞) 基礎的な。基本的な。初歩的な。▼英語 basic

ベージュ (名詞) うすくて明るい茶色。▼英語 (フランス語から) beige

ベース[1] (名詞) ❶⇒494ページ・コントラバス。❷ギターの一つ。低音域を受けもつ。四本の弦のものが多い。ベースギター。▼英語 bass

ベース[2] (名詞) ❶土台。きそ。❷よりどころ。根拠地。例 ベースキャンプを出発する。❸〔野球の〕塁。例 ホームベース。▼英語 base

ペース (名詞) ❶走ったり、歩いたりする速度。例 はやいペースで走る。❷物事が進んでいく調子。例 仕事のペースをあげる。▼英語 pace

ベースアップ (名詞)(する動詞)〔給料やアルバイト料などの〕賃金を値上げすること。また、基準となっている賃金の金額を値上げすること。例 ベースアップを要求する。参考 英語を組み合わせて日本でつくった言葉。略して「ベア」ともいう。

ベースキャンプ (名詞) 登山隊や探検隊が活動のよりどころとするキャンプ。▼英語 base camp

ベースボール (名詞) 野球。▼英語 baseball

ペースメーカー (名詞) ❶中・長距離走などで、先頭を走って目標となる速度をしめす選手。❷心臓に電気しげきをあたえて収縮させ、心拍を正常にたもつ装置。心臓に病気のある人が、胸に植えこんで使う。心臓ペースメーカー。▼英語 pacemaker

ベートーベン (人名) (一七七〇～一八二七) 近代音楽のもとをつくった、ドイツの作曲家。交響曲「運命」「田園」「英雄」やピアノ曲「月光」「熱情」など、数多くの曲をつくり、世界の楽聖（すぐれた音楽家）といわれている。ルードウィヒ＝ファン＝ベートーベン（Ludwig van Beethoven）。

ペーハー (名詞) ⇒1079ページ・ピーエイチ。

ペーパー (名詞) ❶紙。例 トイレットペーパー／ティッシュペーパー。／ペーパーナイフ。❷「サンドペーパー」の略。紙やすり。例 工作のしあげにペーパーをかける。▼英語 paper

ベール (名詞) ❶かぶったり、ぼうしのまわりにたらしたりして、女性が顔をおおう、うすい布。❷

こたえ かた

おおいかくすもの。おおい。例ヒマラヤの人々の生活は、あついベールにつつまれている。参考「ヴェール」とも書く。▼英語 veil

へおんきごう【へ音記号】 名詞 音楽で、五線の左はしにあり、第四線（下から四番目の線）がへ音であることをしめす記号。参考 記号は「F」の変形したもので、「𝄢」で表す。類 ト音記号。

ベガ 名詞 こと座の中で一番明るい星。七夕のおりひめ星。織女星。はたおり星。参考 ⇩アルタイル。▼英語 Vega

ペガサス 名詞 ギリシャ神話に登場する、つばさをもつ天の馬。▼英語 Pegasus

べからず 連語 …してはいけない。…するな。例しばふに入るべからず。

べき 助動詞 ⇩べし。

へきえき【へき易】 名詞 する動詞 相手のいきおいにおされて引き下がったり、あきれていやになったりすること。例じまん話ばかりでへき易した。

へきが【壁画】 名詞 かべや天井にかかれた絵。

へきち【へき地】 名詞 都会から遠くはなれた、交通の不便なところ。辺地。

ペキン【北京】 地名 中華人民共和国の首都。参考 英語では以前 Peking とつづったが、現在は Beijing がふつう。

ヘクタール 名詞 助数詞 土地の広さをはかる単位。一ヘクタールは百アールで、一万平方メートル。記号は「ha」。▼英語 hectare

ヘクトパスカル 名詞 助数詞 大気が地球をおしつける力を表す単位。記号は「hPa」。参考 ア一〇一三ヘクトパスカルがおよそ一気圧に当たる。イ以前日本では「ミリバール」を使っていたが、現在でもミリバールを使っている国は多い。▼英語 hectopascal

へこたれる 動詞 元気がなくなる。いきおいが弱る。例暑さなんかにへこたれるな。活用 へこた・れる。

ぺこぺこ 一 形容動詞 とてもおなかがすいているようす。例おなかがぺこぺこだ。
二 副詞 する動詞 しきりに頭を下げ、相手の言うとおりにするようす。例社長にぺこぺこする。

へこます 動詞 ❶表面の一部を低くする。くぼます。❷やりこめる。やっつける。例いばっている上級生を少しへこましてやろう。参考 ②はくだけた言い方。活用 へこま・す。

へこむ 動詞 ❶表面の一部が低くなる。くぼむ。例道がへこんだ。❷気持ちが落ちこむ。参考 ②はくだけた言い方。活用 へこ・む。

へさき 名詞 船のさきのところ。船首。対 とも。⇩881ページ・伝馬船（図）。

べし 助動詞 ❶…するのがあたりまえである。とうぜんである。例人をたよらず、自分でやるべきだ。❷…することができる。例少女にはたよるべき人がいなかった。参考 古い助動詞。「べき」の形で使うことが多い。

へしおる【へし折る】 動詞 力を入れていきおいよくおる。強くまげておる。例木の枝をへし折る。活用 へしお・る。

[1]ベスト 名詞 ❶一番よいもの。一番よいこと。例ベストメンバー。対 ワースト。❷最善。全力。ことば ⇩「ベストを尽くす」▼英語 best

[2]ベスト 名詞 たけの短い、そでなしの服。チョッキ。▼英語 vest

ペスト 名詞 ペスト菌によっておこる感染症。高い熱が出る。黒死病。参考 ドイツ語から。英語では the plague という。

ベストセラー 名詞 ある期間に一番売れた本。例今月のベストセラー。▼英語 best seller

ベストメンバー 名詞 チームなどの目的にあった、もっともすぐれた人々。例市内のベストメンバーで野球チームをつくる。▼英語 best members

ベストをつくす【ベストを尽くす】 慣用句 全力で物事をおこなう。例勝利のためにベストを尽くす。参考 英語の慣用句 do one's best の直訳。

へそ 名詞 ❶はらのまん中にあり、生まれる前に母親から栄養をとっていたところ。例へそを出す。⇩285ページ・体①（図）。❷物の真ん中にある、小さなくぼみやでっぱり。例あんパンのへそ。

へそくり【へそ繰り】 名詞 けんやくして、人に知られないようにそっとためたお金。

へそでちゃをわかす【へそで茶を沸かす】 慣用句 おかしくてたまらない。また、ばかばかしくてたまらない。

へそのお【へその緒】 名詞 はらの中の赤んぼうと母親を結ぶ、くだのような器官。これを通して栄養や酸素があたえられる。

へそまがり【へそ曲がり】 名詞 形容動詞 性質がひねくれていて、すなおでないこと。また、そ

のような人。例 何でも反対するへそ曲がり。

べそをかく 慣用句 泣き顔になる。例 ころんで、べそをかく子ども。

へそをまげる【へそを曲げる】 慣用句 きげんを悪くして、人の言うことを聞かない。例 へそを曲げて、出て行ってしまった。

へた[1] 名詞 ナスやトマトなどの実についている、がくの部分。

へた[2]**【下手】** 名詞 形容動詞 ❶うまくないこと。例 ぼくは歌が下手だ。対 上手。類 不器用。❷注意深くないこと。例 下手なことは言えない。注意「下手」を「したて」「しもて」と読むと、別の意味になる。

べた 一 接頭語 《ほかの言葉の上につけて》「全面」「すっかり」などを表す言葉。例 べたぼめ。二 形容動詞 ありきたりで、おもしろくないようす。例 べたなしゃれ。参考 二 はくだけた言い方。

ベター 形容動詞 〔くらべてみて〕よりよいようす。例 どちらかといえば、こっちがベターだ。▼英語 better

へたくそ【下手くそ】 名詞 形容動詞 きわめてへたなこと。また、そのような人。例 下手くそな絵。参考 くだけた言い方。

へだたり【隔たり】 名詞 ❶二つのものの間のきょり。❷時間の差。例 年令の隔たり。❸ちがい。差。例 意見の隔たり。❹親しみがうすくなること。例 友だちと隔たりができる。

へだたる【隔たる】 動詞 ❶遠くはなれる。❷月日がすぎる。例 長い年月が隔たる。❸ちがいがある。例 チーム力が隔たる。❹親しみがうすれる。例 二人の心が隔たった。活用 へだた・る。

べたつく 動詞 ❶べたべたとねばりつく。例 あせをかいてシャツがべたつく。❷男女がたがいにまつわりつく。例 人前でべたつく。活用 べたつ・く。

へだてる【隔てる】 動詞 ❶〔二つの物の〕間に物をおいてわける。例 テーブルを隔てて向かい合う。❷遠ざける。例 二人の仲を隔てようとした。❸間でじゃまをする。例 高いビルがながめを隔てている。❹月日がたつ。例 十年の年月を隔てて再会した。活用 へだ・てる。

へたなてっぽうもかずうちゃあたる【下手な鉄砲も数打ちゃ当たる】 ことわざ へたでも何度もやっていれば、まぐれあたりでうまくいくこともないわけではない。

へたのかんがえやすむににたり【下手の考え休むに似たり】 ことわざ よい考えもうかばないのに、いつまでも考えているのは時間のむだだ。参考 将棋や囲碁などで、長い時間、考える相手に言う言葉。

へたのながだんぎ【下手の長談義】 ことわざ 話のへたな人にかぎって話が長いこと。例 下手の長談義で、まわりがめいわくする。

へたのよこずき【下手の横好き】 ことわざ へたなのにそれがとても好きなこと。例 わたしの将棋は下手の横好きです。

へたばる 動詞 ❶〔体力や気力が〕ひじょうに弱る。類 くたばる。❷弱ってすわりこむ。例 その場所にへたばってしまった。参考 くだけた言い方。活用 へたば・る。

へたへた 副詞(-と) 力がぬけて、立っていられなくなるようす。例 へたへたとすわりこむ。

べたべた 一 副詞(-と) する動詞 ❶物がねばりつくようす。例 あせで体がべたべたする。❷あまえて、まつわりつくようす。例 人前でカップルがべたべたする。二 副詞 ❶一面にぬりつけたり、はりつけたりするようす。例 ペンキをべたべたぬる。／かべにべたべたとポスターをはる。❷判などをやたらに押すようす。例 スタンプをべたべたと押す。

ぺたぺた 副詞(-と) ❶平らなものに軽くふれる音。また、そのようす。例 板の上をはだしでぺたぺた歩く。❷うすいものをはる音。また、そのようす。例 シールをぺたぺたとはる。

べたぼめ【べた褒め】 名詞 する動詞 何から何まで、すべてほめること。例 手料理をべた褒めする。参考 くだけた言い方。

へたりこむ【へたり込む】 動詞 力がぬけてその場にすわりこむ。例 がっかりしてへたり込む。活用 へたりこ・む。

ペダル 名詞 〔自転車・オルガン・ピアノ・ミシンなどの〕機械の、足でふんで動かす板のようなもの。▼英語 pedal

ペチカ 名詞 石やれんがなどでかこんだ暖炉。▼ロシア語 ⇩図。

へちま 名詞 ウリ科の植物。夏、黄色の花がさく。実は長さ三十〜六十センチメートル。実のせんいをたわしにしたり、くきから、へちま水（＝けしょう水）をとったりする。漢字 糸瓜。

あいうえお かきくけこ さしすせそ たちつてと なにぬねの はひふへほ まみむめも や ゆ よ らりるれろ わ を ん

ことばあそび ことばクイズ⑯ □の中に入る同じことばは何でしょう？

ぺちゃくちゃ 副詞(～と) うるさいほど、よく話すようす。例ぺちゃくちゃとしゃべり続ける。

ペチカ

ぺちゃんこ 形容動詞 ❶おしつぶされて平たくなったようす。ぺしゃんこ。例車にひかれて、人形がぺちゃんこになった。❷人にやりこめられて、なにも言えないようす。例言い合いで妹にぺちゃんこにされる。参考くだけた言い方。

べつ【別】 一 名詞 ちがい。区別。例男女の別なく走れるマラソン。 二 名詞 形容動詞 あるものと同じでないようす。例君とは別な人にたのみます。

べつうり【別売り】 名詞 する動詞 商品として、別に売ること。例別売りの充電器を買う。

べっかく【別格】 名詞 水準をこえていること。特別のとりあつかいをすること。例あの四番バッターは、小学生としては別格だ。

べっかんこう 名詞 ⬇12ページ・あかんべ。

べっきょ【別居】 名詞 する動詞 親子や夫婦などが、はなれて別の家にすむこと。対同居。

べつくち【別口】 名詞 べつの方面。べつの相手。例別口と商談をする。

べっけん【別件】 名詞 べつの事件。べつの用事。例別件たいほ。／別件で人に会う。

べっこ【別個】 名詞 形容動詞 ❶べつのものであること。例努力と成績は別個のものだ。❷べつべつ。例それとこれは別個にとりあつかう。類個別。

べっこう【べっ甲】 名詞 タイマイ（＝ウミガメの一種）のこうらからつくったかざり物のざいりょう。くしやおびどめなどをつくった。参考今は、タイマイの取り引きは禁止されている。

べっこうどう【別行動】 名詞 仲間からははなれて、行動すること。例みんなとは別行動をとってまいごになった。

べっさつ【別冊】 名詞 一つの本や決まって出る雑誌のほかに、べつにつくられた本。

べっし【別紙】 名詞 べつの紙。べつの文書。例くわしいことは別紙のとおりです。

べっしつ【別室】 名詞 ほかの部屋。べつの部屋。例別室でじゅんばんを待つ。

べつじょう【別状】 名詞 ふつうとかわったようす。例軽いけがで、命に別状はない。

べつじん【別人】 名詞 ほかの人。ちがう人。例長いアメリカぐらしから帰ったかれはまるで別人のようだ。

べっせい【別姓】 名詞 夫婦・親子などが、べつの名字を名のること。例夫婦別姓。

べっせかい【別世界】 名詞 ❶地球以外のべつの世界。❷まったくちがった社会やかんきょう。例われわれとは別世界の人間だ。❸すばらしい世界。別天地。

べっそう[1]【別送】 名詞 する動詞 べつに送ること。例写真は後で別送する。

べっそう[2]【別荘】 名詞 ふだん住む家のほかに、けしきのよいところなどにつくった家。参考夏や冬に、暑さや寒さをさけるために使われることが多い。類別宅。

べったく【別宅】 名詞 住んでいる家とはべつにもっている家。類別荘。

べったり 副詞(～と) ❶ねばり気のあるものが、くっついてはなれないようす。例ズボンにべったりペンキがついた。❷すっかりたよりきって、はなれないようす。例母親にべったりとくっつく。❸しりをつけて、すわるようす。例地面にべったりとこしをおろす。

べつだん【別段】 副詞 特に。これといって。参考下に「…ない」などの打ち消しの言葉が続く。例こちらは別段かわったことはありません。

へっちゃら 形容動詞 平気なようす。例どんなに遠くても、ぼくはへっちゃらだ。参考㋐「へいちゃら」ともいう。㋑くだけた言い方。

べってんち【別天地】 名詞 いつもすんでいる世界からはなれたところにある、すばらしい世界。別世界。例ここは都会からはなれた別天地だ。

ヘッド 名詞 ❶頭。ものの頭部。❷人の上に立つ人。▼英語 head

べっと【別途】 一 名詞 べつのやり方。べつの方面。例その点は別途考えることにする。 二 副詞 べつに。例別途、料金がかかります。

ベッド 名詞 ねるときの台。寝台。▼英語 bed

ペット 名詞 人がかわいがるために、かっている動物。例ペットのハムスター。／ペットショップ。

▼英語 pet

ベッドタウン 名詞 大都市のまわりにある住宅地域。参考 都会の勤め人が寝るために帰るところから、「ベッド」と「タウン」を組み合わせて日本でつくった言葉。英語では bedroom community, commuter town などという。

ペットボトル 名詞 天然ガスを原料とした合成樹脂のポリエチレン樹脂でつくったびん。かるくてこわれにくいので、清涼飲料水の容器などに使われる。参考 英語では PET bottle だが、PET は化学用語で、ふつうは plastic bottle という。

ヘッドホン 名詞 頭からかぶるようにして両耳をおおって聞くスピーカー。類 イヤホン。レシーバー。▼英語 headphones

ヘッドライト 名詞 電車・自動車などの前の部分についている、前方をてらす明かり。▼英語 headlight

べっとり 副詞(-と) ねばり気のあるものが、一面にくっつくようす。例 絵の具をべっとりぬりつける。

べつに【別に】 副詞 ことさら。特に。参考 下に「…ない」などの打ち消しの言葉が続く。例 別にこれといって用はない。

べっぴょう【別表】 名詞 書物や書類などで、本文にそえた表。例 別表を参照する。

へっぴりごし【へっぴり腰】 名詞 ❶体を前にまげて、しりを後ろにつきだした、不安定なしつき。❷自信のないびくびくしたようす。類 ①②及び腰。参考 くだけた言い方。

べつびん【別便】 名詞 べつに出す、郵便や宅配便。例 本は別便でお送りします。

べっぴん【別ぴん】 名詞 とても美しい女の人。美人。

べつべつ【別別】 名詞 形容動詞 それぞれ分かれていること。例 友だちと別々の中学校へ進んだ。参考 ふつう「別々」と書く。類 めいめい。

べつめい【別名】 名詞 べつのよび名。べつのよび方。類 異称。参考 「べつみょう」ともいう。

べつもの【別物】 名詞 ❶べつのもの。例 この二つは別物です。❷特別のもの。例 別物あつかいする。

べつもんだい【別問題】 名詞 ある問題と関係のないことがら。べつのことがら。

へつらう 動詞 おせじを言ったりきげんをとったりして、人の気に入られるようにする。例 強い者にへつらった口のきき方をする。類 こびる。活用 へつら・う。

ヘディング 名詞 サッカーで、頭(主にひたい)でボールをうけたりはじきかえしたりすること。▼英語 heading

ベテラン 名詞 そのことによくなれ、すぐれた知識やうで前をもっている人。老練。例 ベテラン選手が活やくした。類 エキスパート。▼英語 veteran

ぺてん 名詞 人をだますこと。また、そのやり方。ことば 「ぺてんにかける」参考 くだけた言い方。

へど 名詞 食べたり飲んだりした物を口からはきもどすこと。また、そのはいた物。げろ。

べとつく 動詞 べとべととくっつく。例 指があめでべとつく。活用 べとつ・く。

ベトナム 地名 ベトナム社会主義共和国。東南アジアのインドシナ半島東部で南シナ海に面する国。首都はハノイ。▼英語 Vietnam

へとへと 形容動詞 体がつかれ、ぐったりしているようす。例 へとへとになって帰宅した。

べとべと 副詞(-と) する動詞 物がねばりつくようす。例 あせで背中がべとべとする。／手が油でべとべとになる。

へともおもわない【へとも思わない】 慣用句 なんとも思わない。いっこうに感じない。例 親の注意などへとも思わない。

へどもど 副詞(-と) する動詞 あわててしまい、うまく話せないようす。例 答えにこまって、へどもどする。

ペトリざら【ペトリ皿】 名詞 ➡580ページ・シャーレ。参考 「ペトリ」はドイツの科学者の名前 Julius Petri から。

へどろ 名詞 川や海のそこにつもったどろどろの物。参考 工場などから流されるきたない水などが原因。

へなちょこ 名詞 とるに足らないつまらない人や、くだらないものをあざけっていう言葉。参考 くだけた言い方。

へなへな 副詞(-と) する動詞 しっかりしないようす。また、力がぬけるようす。例 へなへなとした紙。

ペナルティー 名詞 ❶罰。罰金。❷スポーツで、反則をしたときにあたえられる罰則。▼英語 penalty

ペナルティーキック 名詞 サッカーで、守る

側の選手がペナルティーエリア内で反則をしたときに、相手チームにあたえられるキック。ペナルティーマークにボールをおき、そこからボールをける。ゴールキーパーと一対一の勝負になる。PK。▼英語 penalty kick

ペナント 名詞 ❶細長い三角旗。❷野球などの優勝旗。また、優勝。例 ペナント争い。▼英語 pennant

ペナントレース 名詞 プロ野球で、リーグの優勝を目ざしておこなう公式の試合。▼英語 pennant race

べに【紅】 名詞 ❶あざやかな赤色。紅色。くれない。❷けしょう品や食品などに赤い色をつけるもの。❸口べに。また、ほおべに。ことば 「紅をさす(=口べにやほおべにをつける)」

べにいろ【紅色】 名詞 ⬇べに①。

ペニシリン 名詞 アオカビの一種からつくりだされた薬。はいえんやかのうする病気にきく。参考 イギリス人のフレミング(Alexander Fleming)が一九二九(昭和四)年に発見した。▼英語 penicillin

ベニヤいた【ベニヤ板】 名詞 うすい板を板の木目がたて横になるようになんまいもはりあわせてつくった板。うすくても強く、家具やかべ板などに使う。

ベネズエラ 地名 ベネズエラ・ボリバル共和国。南アメリカ大陸北部、カリブ海に面する国。首都はカラカス。▼英語 Venezuela

へのかっぱ 名詞 なんでもないこと。かんたんなこと。かっぱのへ。例 そんなのへのかっぱだ。

参考 くだけた言い方。

へばりつく【へばり付く・へばり着く】 動詞 ぴったりとつく。参考 くだけた言い方。類 こびりつく。活用 へばりつ・く。

へばる 動詞 つかれてへとへとになる。よわりきる。へたばる。参考 くだけた言い方。活用 へば・る。

へび【蛇】 名詞 はちゅう類の動物。体は細長い。体をくねらせて進む。

ベビー 名詞 ❶赤んぼう。赤ちゃん。例 ベビー服。❷小さいこと。小型。例 ベビーオルガン。▼英語 baby

へびににらまれたかえる【蛇ににらまれたかえる】 ことわざ おそろしくて動けないようす。例 こわい先生の前では、さすがのかれも蛇ににらまれたかえるも同然だ。参考 「蛇に見こまれたかえる」ともいう。

へびのなまごろし【蛇の生殺し】 ことわざ ❶ころしもせず生かしもせずにほうっておくこと。❷物事をはっきりしないままにして、相手を苦しめること。

へべれけ 形容動詞 酒にひどくよって、わけがわからなくなっているようす。参考 くだけた言い方。類 ぐでんぐでん。

へぼ 名詞 へたなこと。また、その人。例 へぼな絵かき。／へぼ将棋。参考 くだけた言い方。

ヘボンしきローマじ【ヘボン式ローマ字】 名詞 日本語をローマ字で書き表す方法の一つ。アメリカ人のヘボン(James Hepburn)が考え出した。「し」を「shi」、「ち」を「chi」、「ぢ」を「ji」などと書く。⇩日本式ローマ字。訓令式ローマ字。

へま 一 名詞 しくじり。失敗。例 へまなことばかりする。
二 名詞 形容動詞 注意が足りないこと。例 へまな自分がいやになる。参考 くだけた言い方。

ヘモグロビン 名詞 赤血球の中にふくまれている、赤色の色素をもったたんぱく質。酸素を運ぶ働きをする。▼英語 hemoglobin

へや【部屋】 名詞 家の中をしきったところ。例 部屋の中。／となりの部屋。

へら 名詞 竹や木などを細長く平らにけずったもの。布にすじをつけたり、ねん土ざいくに使ったりする。⇩図。

へら

へらす【減らす】 動詞 〔数や量を〕少なくする。例 食べる量を減らす。対 ふやす。活用 へら・す。

へらずぐち【減らず口】 名詞 負けたくやしさに、いつまでも相手の悪口や、すじの通らないことを言うこと。また、その言葉。

へらずぐちをたたく【減らず口をたたく】 慣用句 負けおしみを言うこと。例 減らず口をたたいて、あきれられる。

へらへら 一 副詞(−と) 軽々しく、よく話すよう

あいうえお かきくけこ さしすせそ たちつてと なにぬねの はひふへほ まみむめも や ゆ よ らりるれろ わ を ん

ア □をふき返す イ □を切らしてかけつける

す。例 へらへらと、おせじをいう。 二 副詞(-と) する動詞 だらしなく笑うようす。例 へらへら笑っているだけで、何も手伝わない。

べらべら 副詞(-と) 続けて、いきおいよく話すようす。例 聞きたくないことまで、べらべらしゃべる。

ぺらぺら 一 副詞(-と) ❶口が軽く、よく話すようす。例 よけいなことまでぺらぺら話す。❷紙などをめくるようす。例 本をぺらぺらめくった。 二 副詞(-と) 形容動詞 外国語を上手に話すようす。例 母は英語がぺらぺらだ。 三 副詞(-と) 形容動詞 する動詞 〔紙・布などが〕うすくて弱そうなようす。例 ぺらぺらの紙。

べらぼう【べら棒】 名詞 形容動詞 ❶すじが通らないようす。めちゃくちゃ。例 そんなべらぼうな話はない。❷人をののしる言葉。ばか。例 このべら棒め。

ベランダ 名詞 〔西洋風の建築で〕部屋の外にある、屋根と手すりがあって壁のないところ。参考 ⇩テラス。バルコニー。ピロティ。▼英語 veranda

へり 名詞 ❶〔川・がけ・海岸・あななどの〕くぼみになったところの、そば。例 がけのへり。❷〔物の〕はし。例 ぼうしのへり。❸たたみ・ござの両はしにつける布。

ペリー 人名 （一七九四～一八五八）アメリカ海軍軍人。四せきの軍艦をひきいて神奈川県の浦賀に来て、一八五四年、日米和親条約を結んだ。この条約で、日本は長い間の鎖国時代を終えることになった。「ペルリ」ともいう。マシュー＝カルブライス＝ペリー (Matthew Calbraith Perry)。

ヘリウム 名詞 元素の一つ。水素の次に軽い気体。ほかの元素と化合しない。気球などのガスに使う。▼英語 helium

ペリカン 名詞 ペリカン科の鳥。大形で、湖などにすむ。くちばしが長く、のどの下の方がふくろのようにふくらむ。▼英語 pelican

へりくだる 動詞 相手をうやまって、自分の態度をひかえめにする。けんそんする。活用 へりくだ・る。

へりくつ【へ理屈】 名詞 すじ道の通らないりくつ。つまらないりくつ。ことば「へ理屈をこねる」

ヘリコプター 名詞 機体の上につけた細長いつばさを回してとぶ飛行機。ま上にとびあがったり、空中に止まったりすることができる。▼英語 helicopter

ヘリポート 名詞 ヘリコプターが発着するようにつくられた場所。▼英語 heliport

へる[1]【経る】 動詞 ❶時がたつ。月日がたつ。例 すでに一か月を経た。❷ある場所を通る。例 福島を経て仙台にいたる。❸あるだんかいを通る。例 苦しみを経て成功した。

へる[2]【減る】 動詞 〔数や量が〕少なくなる。例 池の水が減る。／腹が減る。対 ふえる。増す。活用 へ・る。

ベル 名詞 電流の働きで、つちで金属をたたいて、音を続けて出すそうち。よびりん。類 ブザー。▼英語 bell

ペルー 地名 ペルー共和国。南アメリカ大陸西部にある国。首都はリマ。▼英語 Peru

ベルギー 地名 ベルギー王国。ヨーロッパ西部、北海に面する国。首都はブリュッセル。参考 英語では Belgium

ヘルシー 形容動詞 健康によいようす。健康に役立つようす。例 ヘルシーな生活。／ヘルシーな食べ物。▼英語 healthy

ヘルツ 名詞 助数詞 一秒間の振動数を表す単位。電波・音波などに使う。参考 もとは「サイクル」を使っていた。▼英語（ドイツ語から）hertz

ベルト 名詞 ❶皮や布などでつくった、洋服用の細いおび。バンド。❷おびのように細長い場所。例 グリーンベルト。❸はなれている二つの車にまいて、一つの車の回転をほかの車にうつす役をするもの。▼英語 belt

ベルトコンベヤー 名詞 回転するベルトの上に物をのせて、続けて目的の場所に運ぶそうち。参考 英語では conveyer belt という。

ヘルニア 名詞 内臓やせきついなどの一部が本来の場所から外にとび出す病気。▼英語（ラテン語から）hernia

ヘルパー 名詞 手伝い。助手。特に家事の手伝いや体の不自由な人の世話をする人。例 ホームヘルパー。▼英語 helper

ヘルメット 名詞 危険をふせぐためにかぶる、洋風のかぶと形のかたいぼうし。安全ぼう。▼英語 helmet

ベルリン 地名 ドイツの首都。漢字 伯林。▼英語 Berlin

あいうえお かきくけこ さしすせそ たちつてと なにぬねの はひふへほ まみむめも や ゆ よ らりるれろ わ を ん

ことばあそび ことばクイズ⑰ □の中に入る同じことばは何でしょう？

ベレー 名詞 平たくて、まるい形をした、つばのないぼうし。ベレー帽。▼英語（フランス語から）beret

ベレーぼう【ベレー帽】 名詞 ⇒ベレー。

ヘレン＝ケラー 人名 （一八八〇～一九六八）アメリカの教育家・社会福祉事業家。おさないときから目・耳・口が不自由だったが、成長後、世界の体の不自由な人たちのためにつくした。Helen Keller

べろ 名詞 ❶舌。例べろを出す。参考 くだけた言い方。❷形が舌に似ているもの。例べろをつまんで、くつをはく。

べろべろ 一 副詞（−と） 何度も舌でなめるようす。例犬にべろべろなめられる。二 形容動詞 酒によって、だらしがないようす。例べろべろになる。

ぺろぺろ 副詞（−と） 舌で物をなめるようす。例ソフトクリームをぺろぺろなめる。

ぺろりと 副詞 ❶舌を出すようす。❷たちまち食べてしまうようす。例ぺろりとたいらげる。

1 **へん【辺】** 名詞 ❶場所・ことがら・程度などについて、おおよそのところ。そのあたり。例父はその辺にいるはずだ。❷多角形を形づくる線。例三角形の辺は三つ。❸数学の等式・不等式で、等号または不等号の左右にある式や数。

2 **へん【変】** 一 名詞 ❶とつぜんのできごと。事件。例本能寺の変。❷音楽で、音の高さを半音だけ下げたもの。例変ホ長調。二 形容動詞 ❶ふつうとちがってみょうなようす。例このお菓子は変な味がする。❷あやしいようす。例家の近所に変な人がいた。

3 **へん【偏】** 名詞 漢字を形づくっている左側の部分。「休」の「イ（＝にんべん）」や「紙」の「糸（＝いとへん）」など。対 つくり。

ペン 名詞 インクによって字や絵を書くもの。万年筆・ボールペン・サインペンなど。参考「文章を書くこと」の意味にも使う。ことば「ペンをおる（＝作家などが文章を書くことをやめる）」▼英語 pen

へんあつき【変圧器】 名詞 電圧を高くしたり、低くしたりする装置。トランス。

へんい【変異】 一 名詞 とてもかわったできごと。例自然の変異におそわれる。二 名詞 する動詞 同じ種類の生物で、それぞれの形や性質がことなること。ことば ⇩「突然変異」

へんおんどうぶつ【変温動物】 名詞 まわりの温度変化で体温がかわる動物。鳥類・ほにゅう類をのぞくすべての動物。冷血動物。対 恒温動物。

へんか【変化】 名詞 する動詞 様子や性質などが変わっていくこと。例かんきょうの変化／赤から青に変化する。注意「へんげ」と読むと、別の意味になる。

べんかい【弁解】 名詞 する動詞 いいわけをすること。いいひらき。類 弁明。

へんかきゅう【変化球】 名詞 野球で、打者の前で曲がったり落ちたりするボール。対 直球。

へんかく【変革】 名詞 する動詞 物事をすっかり変えること。また、変わること。例社会を変革する。

べんがく【勉学】 名詞 する動詞 熱心に勉強すること。例勉学にはげむ。類 学習。

1 **へんかん【返還】** 名詞 する動詞 一度手に入れたものを（元の持ち主に）返すこと。例優勝旗を返還する。／領土の返還。類 返却。

2 **へんかん【変換】** 名詞 する動詞 ほかのものに変わること。また、ほかのものに変えること。例パソコンで、ひらがなを漢字に変換する。

べんぎ【便宜】 名詞 形容動詞 都合がよいこと。また、そのようなしょち。ことば「便宜をはかる」

ペンキ 名詞 絵の具を油にとかしたもの。木や金属の表面にぬって、さびをふせいだり、美しくしたりする。参考 オランダ語「ペック」から。

べんぎてき【便宜的】 形容動詞 物事を間に合わせにするようす。一時しのぎのようす。例時間がないので便宜的なやり方ですませる。

へんきゃく【返却】 名詞 する動詞 〔借りたものやあずかったものを〕持ち主に返すこと。例図書館の本を返却する。類 返還。

へんきょう【辺境】 名詞 中心となる町から遠くはなれた、国ざかいの地。国のはて。例辺境の地のまもりにつく。

べんきょう【勉強】 名詞 する動詞 ❶知識を得るために先生に教えを受けたり、本で習ったりすること。例まじめに勉強する。／受験勉強。❷商人が品物を安く売ること。例千円の品を九百円に勉強します。

へんきょく【編曲】 名詞 する動詞 もとの曲をちがった感じの曲につくりかえたり、ほかの楽器で演奏できるようにしたりすること。

ペンギン 名詞 ペンギン科の鳥。南極を中心に南半球だけにすむ。ひれのようなつばさで水中を泳ぐ。空はとべない。コウテイペンギン・アデリーペンギンなど。▼英語 penguin

へんくつ【偏屈】名詞 形容動詞 性質がかたよっていて、すなおでないこと。類 がんこ。かたくな。例 偏屈なおじいさん。

へんげ【変化】名詞 する動詞 動物などが、すがたや形を変えて現れたもの。ことば「妖怪変化」 注意「へんか」と読むと別の意味になる。

へんけい【変形】一 名詞 する動詞 形を変えること。形が変わること。例 あたためると変形する、おもちゃ。
二 名詞 ふつうのものとちがった形のもの。例 あのわざは、せおいなげの変形だ。

べんけい【弁慶】人名 (?～一一八九) 平安時代から鎌倉時代にかけての僧。武蔵坊弁慶と名乗り、源義経につかえた豪傑。

べんけいのたちおうじょう【弁慶の立ち往生】故事成語 〔弁慶が体中に矢を受けて、なぎなたをつえにして立ったまま死んだということから〕進むこともしりぞくこともできないようす。

べんけいのなきどころ【弁慶の泣き所】慣用句 〔強い弁慶でもいたがって泣く急所の意味で〕むこうずね。また、その人の一番弱いところ。弱点。

へんけん【偏見】名詞 かたよった考え。例 外国人に対して偏見をもつな。

へんげんじざい【変幻自在】四字熟語 思いどおりに変わったり、現れたり消えたりすること。例 変幻自在な動きに目がくらむ。

べんご【弁護】名詞 する動詞 その人のりえきになるようなことをいって、助けかばうこと。例 かれのせきにんではないと、みんなが弁護した。

へんこう[1]【変更】名詞 する動詞 〔決めたことを〕変えること。改めること。例 出発時間を変更する。

へんこう[2]【偏向】名詞 する動詞 考え方などが一方にかたよっていること。例 偏向した報道。

べんごし【弁護士】名詞 裁判でのべんごや手続きの代理など、法律が関係するさまざまな仕事をせんもんにうけおう人。

べんごにん【弁護人】名詞 裁判で、うったえられた人のべんごをする人。参考 主に弁護士がえらばれる。

へんさい【返済】名詞 する動詞 〔借りたお金や品物を〕返すこと。例 借金を返済する。

べんざいてん【弁財天】名詞 七福神の一人。音楽やちえなどの神。びわをひく、美しい女性のすがたでえがかれる。弁天。⇩558ページ・七福神(図)。

へんさち【偏差値】名詞 学力テストなどの得点が、全体の中でどのくらいの位置にあるかをしめす数値。ふつう平均値を五十とする。

へんさん【編さん】名詞 する動詞 多くの材料を集めて、一さつの本にすること。例 歴史書を編さんする。

へんし【変死】名詞 する動詞 〔病気や年をとって死ぬのではなく〕かわった死に方をすること。

へんじ【返事・返辞】一 名詞 する動詞 〔よばれたり聞かれたりして〕答えること。また、答える言葉。例 すぐに返事をする。／声をかけたが返事はなかった。
二 名詞 〔受けた手紙に〕答える手紙。返信。例 すぐに返事を出す。

べんし【弁士】名詞 ❶演説などをする人。例 立ち会い演説会の弁士。❷無声映画をうつしながら、内容を物語ることを仕事にした人。

へんしつ【変質】一 名詞 する動詞 物の性質がかわること。
二 名詞 ふつうの人とはひどくちがった異常な性格。例 変質者の犯罪。

へんじゃ【編者】名詞 書物などを編集する人。

へんしゅ【変種】名詞 同じ種類の生物の中で、ちがった形・色・性質などをもって生まれたもの。

へんしゅう【編集】名詞 する動詞 いろいろな資料や原稿をもとにして、本・雑誌・新聞・映画などをつくること。また、その仕事。例 旅行雑誌の編集をする。／編集長。

へんしゅうしゃ【編集者】名詞 本や雑誌など、出版物の編集をする人。

べんじょ【便所】名詞 大便・小便をするところ。手あらい。トイレ。

へんじょう【返上】名詞 する動詞 〔借りたものやもらったものを〕返すこと。例 休日を返上する。ことば「汚名返上」

べんしょう【弁償】名詞 する動詞 人に損害をあ

たえたとき、お金や品物で返すこと。例こわした物を弁償する。類つぐない。

1 **へんしょく**【変色】名詞 する動詞 色が変わること。また、色を変えること。例日光に当たって変色してしまった。

2 **へんしょく**【偏食】名詞 する動詞 食べ物の好ききらいをして、食事がかたよること。

ペンション 名詞 観光地にあるホテル風の小さな旅館。ふつう食事が出る。⇩ヴィラ。コテージ。バンガロー。ロッジ。▼フランス語

へんじる【変じる】動詞 ちがうものになる。変わる。また、ちがうものにする。変える。変ずる。例よくない知らせに顔色を変じた。参考ややかたい言い方。活用へん・じる。

べんじる【弁じる】動詞 ❶意見をのべる。例一席弁じる。❷区別する。見分ける。例事件の黒白を弁じる。参考「弁ずる」ともいう。活用べん・じる。

1 **へんしん**【返信】名詞 する動詞 返事の手紙・通信。例メールを返信する。対往信。

2 **へんしん**【変心】名詞 する動詞 考えや気持ちが変わること。心がわり。例とちゅうで変心する。

3 **へんしん**【変身】名詞 する動詞 体をほかのものに変えること。すがたを変えること。例ヒーローに変身する。

へんじん【変人】名詞 ふつうの人と変わったことをしたり、考えたりする人。性質のちがった人。かわりもの。

ベンジン 名詞 石油からとり出した、においのある無色の液体。もえやすい。しみぬき・燃料などに使う。揮発油。▼ドイツ語

へんする【偏する】動詞 かたよっていて、公平でない。例あの人の考え方は、一方に偏している。活用へん・する。

べんずる【弁ずる】動詞 ➡べんじる。活用べん・ずる。

へんせい【編成】名詞 する動詞 〔ばらばらになっているものを〕組み立てて、まとまりのあるものをつくること。例楽団を編成する。類構成。

へんせいがん【変成岩】名詞 火成岩や水成岩が地中で熱や圧力などによってかわった岩石。大理石など。

へんせいき【変声期】名詞 「声がわり」をする時期。

へんせいふう【偏西風】名詞 地球上で、南北両半球の緯度約三十度から六十度の間に東に向かっていつもふいている風。

べんぜつ【弁舌】名詞 人の前で、自分の意見を言うこと。また、その言い方。ことば「弁舌さわやか」

へんせん【変遷】名詞 する動詞 〔物事が〕うつりかわっていくこと。例時代の変遷。

1 **へんそう**【返送】名詞 する動詞 〔送られてきた品物などを〕送り返すこと。例手紙が、あて先不明で返送されてきた。

2 **へんそう**【変装】名詞 する動詞 別の人に見えるように、顔や服装などをかえること。

1 **へんそく**【変則】名詞 形容動詞 ふつうの決まりやり方とちがっていること。対通則。

2 **へんそく**【変速】名詞 する動詞 速度を変えること。例自動車が変速する。

へんそくてき【変則的】形容動詞 ふつうのきまりやり方と、ちがっているようす。例変則的な方法をとった。

1 **へんたい**【変態】名詞 ❶ふつうとちがっている形やようす。❷〔カエルやこん虫が〕たまごからかえって親になるまでに大きく形をかえること。

2 **へんたい**【編隊】名詞 飛行機などが隊をくむこと。例編隊飛行。

へんたいがな【変体仮名】名詞 現在使われているひらがなとはちがう字体のかな。

ペンダント 名詞 くさりやひもなどの先に、宝石やメダルなどをつけた首かざり。▼英語 pendant

へんち【辺地】名詞 都会からはなれていて、交通の不便な土地。かたいなか。類へき地。

ベンチ 名詞 ❶公園などに置かれた、木や石などでつくった長いす。❷野球場で監督や選手がすわるところ。ダッグアウト。▼英語 bench

ペンチ 名詞 はりがねをまげたり切ったりするのに用いる道具。参考英語「ピンチャーズ」からとされるが、英語では古い言葉。今は pincers、あるいは、pliers という。

へんちくりん【変ちくりん】形容動詞 ふつうとはちがって、きみょうなようす。へんてこ。例変ちくりんなかっこう。参考くだけた言い方。

へんちょう【変調】名詞 する動詞 ❶機械などの調子を変えること。体の調子などが変わること。また、変わった調子。ことば「変調を来す」❷

あいうえお かきくけこ さしすせそ たちつてと なにぬねの はひふへほ まみむめも や ゆ よ らりるれろ わ を ん

ア □によりをかける イ □におぼえがある

音楽で、曲の調子を変えること。❸通信で、周波数などを変えること。

べんつう【便通】 名詞 大便が出ること。つうじ。

へんてこ【変てこ】 形容動詞 ⬇へんちくりん。

へんてつもない【変哲もない】 慣用句 ふつうで、特にかわったところがない。ことば「何の変哲もない（話）」

へんてん【変転】 名詞 する動詞 いろいろにかわること。例 めまぐるしく変転する世界の情勢。

べんてん【弁天】 名詞 ❶⬇べんざいてん。❷美人。参考 ❷は「弁財天」が美しいすがたであることから。

へんでんしょ【変電所】 名詞 発電所から送られてきた電流の電圧をかえて、遠くに送ったり工場や家庭に送ったりするところ。

へんとう【返答】 名詞 する動詞 質問に答えること。また、その言葉。例 明日までに返答してほしい。／返答を求める。

へんどう【変動】 一 名詞 する動詞 〔物事の様子が〕はげしく変わり、動くこと。例 景気の変動。二 名詞 世の中のさわぎ。事変。

べんとう【弁当】 名詞 よそで食べるためにもち歩く食事。

へんとうせん【へん桃腺】 名詞 のどの入り口にあるリンパせんのかたまり。かぜをひくと熱をもってはれる。漢字 扁桃腺。

へんに【変に】 副詞 ふつうとちがっているようす。みょうに。ふしぎに。例 変に気をまわす。

へんにゅう【編入】 名詞 する動詞 ある団体などに後から入れること。例 試験を受けて、別の大学に編入する。／昨年、市に編入された町村。

ペンネーム 名詞 文章を書いて発表するときに使う、本名とは別の名前。筆名。▼英語 pen name

へんのう【返納】 名詞 する動詞 返して、おさめること。例 免許を自主的に返納する。

へんぴ【辺ぴ】 名詞 形容動詞 都会からはなれていて交通の不便なこと。例 辺ぴな村。漢字 辺鄙。

べんぴ【便秘】 名詞 する動詞 大便が出なくなること。

へんぴん【返品】 名詞 する動詞 一度買ったり、仕入れたりした品物を返すこと。また、その品物。例 不良品を返品する。

へんぺい【へん平】 名詞 形容動詞 平たいこと。

へんぺいそく【へん平足】 名詞 足のうらが平らで、土ふまずがほとんどない足。

ぺんぺんぐさ【ぺんぺん草】 名詞 「ナズナ」の別名。語源 種をつつむさやが、ペンペンと音を出す三味線のばちに似ていることから。

へんぽんと【へん翻と】 副詞 〔旗などが〕風をうけてひらひらとするようす。ことば「へん翻とひるがえる」

へんめい【変名】 名詞 する動詞 本名をかくして別の名前を使うこと。また、その名前。

べんめい【弁明】 名詞 する動詞 自分の言ったことやしたことなどをわかってもらうために説明すること。例 必死に弁明する。類 弁解。言い開き。

べんり【便利】 名詞 形容動詞 都合のよいこと。役に立つこと。例 通学に便利な場所。／便利な道具。対 不便。

へんりん【片りん】 名詞 〔魚のうろこ一まいの意味から〕大きなことのごくわずかな部分。ことば「（すぐれた才能の）片りんを見せる」

へんれい【返礼】 名詞 する動詞 おくり物やあいさつを受けたとき、それに対してお返しすること。また、そのお返しの品物やあいさつ。

べんれい【勉励】 名詞 する動詞 〔仕事や勉強などを〕一生けんめいすること。努力すること。

へんれき【遍歴】 名詞 する動詞 広くいろいろな土地をめぐり歩くこと。例 世界各地を遍歴する。

へんろ【遍路】 名詞 願いごとがかなうように、四国にある八十八か所のれいじょう（神仏をまつってある、しんせいな場所）をめぐり歩くこと。また、その人。おへんろさん。参考 弘法大師（＝空海）がこれらの場所をたずね修行したことで知られる。

べんろん【弁論】 名詞 する動詞 〔多くの人の前で〕自分の意見をのべること。例 弁論大会。

ほ

ぽ ぼ
ポ ボ ホ
PO BO HO
po bo ho

ほ[1]【帆】 名詞 船の柱にはり、風を受けて船を進ませるもの。例 帆に風を受けて走る。ことば「帆をあげる」「帆をはる」⇩1074ページ・帆船（図）。

ほ[2]【穂】 名詞 ❶〔イネ・ムギなどの〕くきの一番先

ことばあそび ことばクイズ⑱ □の中に入る同じことばは何でしょう？

に花や実がついたもの。❷「穂①」の形に似ている、先のとがったもの。例筆の穂。

ほあん【保安】 名詞 安全をたもつこと。特に、人々が安心してくらせるように、世の中の安全をたもつこと。例海上保安官。

ほあんりん【保安林】 名詞 風水害をふせいだり、けしきをこわさないようにしたりするため、法律で守られている林。参考 木を切ることがせいげんされている。

ぽい 接尾語《ある言葉の下につけて》「…しやすい」「…という感じが強い」などの意味を表す言葉。参考 上の言葉との間に「っ」が入って、「っぽい」の形になる。例あきっぽい。／白っぽい。 活用 ぽ・い。

ほいく【保育】 名詞 する動詞 小さい子どもをあずかって守り育てること。例幼児を保育する。／動物園で人工保育をおこなう。

ほいくえん【保育園】 名詞 ⇩ほいくじょ。

ほいくし【保育士】 名詞 保育所や養護施設などで、保育の仕事をする人。参考 以前は「保母・保父」とよばれていたが、一九九八年二月から、「保育士」にあらためられた。

ほいくじょ【保育所】 名詞 にゅう児や幼児をあずかり、めんどうをみるところ。ほいくしょ。保育園。

ボイコット 名詞 する動詞 ❶あるもくてきを達成するために、みんなが力を合わせて、ある品物を買わないこと。例海外で日本の製品がボイコットされた。❷あることにこうぎするため、みんなが力を合わせて、あることがらやある人を受け入れないこと。また、集会や会合などにまとまって参加しないこと。例オリンピックをボイコットする。語源 農民たちが団結して抗議、反抗した相手の土地管理人ボイコット（Boycott）大尉の名前から。▼英語 boycott

ボイスレコーダー 名詞 事故の原因を調べるために、飛行機の操縦席の会話などを録音する装置。音声記録装置。例ボイスレコーダーで事故の原因をさぐる。参考 正式には cockpit voice recorder といい、略して、CVR と呼ぶ。▼英語 voice recorder

ホイッスル 名詞 競技などで、審判の鳴らすふえ。▼英語 whistle

ボイラー 名詞 機械を動かしたり、部屋をあたためたりするためのじょう気をつくる大きなかま。▼英語 boiler

1**ぼいん【ぼ印】** 名詞 はんこのかわりに、親指の先に朱肉などをつけておすこと。また、その親指のあと。例受け取りにぼ印をおす。 漢字 拇印。⇩図。

ぼ印

2**ぼいん【母音】** 名詞 声を出すときに、舌や歯などでさまたげをうけないで出る音。ぼおん。参考 日本語では、ア・イ・ウ・エ・オの五音。対 子音。

ポイント 名詞 ❶点。地点。❷得点。❸大切なところ。要点。例テストのポイントはここだ。❹線路の分かれ目で、列車を別の線に入れるしかけ。例ポイントを切りかえる。参考 ④は、イギリスでは points、アメリカでは switch という。▼英語 point

ポイントゲッター 名詞 試合でよく得点をあげる選手。参考 英語では、得点する選手は scorer と呼び、最も得点する人は leading scorer, top scorer などという。

ほう【方】 名詞 ❶向き。方向。例南の方に行く。❷分野。例運動の方では自信がある。❸いくつか考えられるもののうちの一つ。例和食より洋食の方が好きだ。❹どちらかといえばこれだというものをさす言葉。例わたしは活発な方だ。

1**ぼう【坊】** 一 名詞 ❶寺にある僧のすまい。また、僧のこと。例お坊さん。❷小さい子どもを親しんでよぶ言葉。例坊の年はいくつかな。二 接尾語 ❶僧の名の下につける言葉。例武蔵坊弁慶。❷男の子または女の子の名の下につけて親しみを表す言葉。例健坊。／お千代坊。❸人の性質などを表す言葉につけて、親しみやけいべつの気持ちを表す言葉。例けちん坊。／あまえん坊。

2**ぼう【棒】** 名詞［木・金属などでできた］手に持てる大きさの、細長い物。例鉄の棒。

ほうあん【法案】 名詞 国会に出される法律のもとの案。

ぼうあんき【棒暗記】 名詞 する動詞 ⇩239ページ・

まるあんき。

1 **ほうい**【方位】名 東西南北をもとにして決めた方向の基準。類 方角。

2 **ほうい**【包囲】名 する動詞 まわりをとりかこむこと。例 城は包囲された。

3 **ほうい**【法衣】名 僧の着るころも。僧服。参考「ほうえ」ともいう。

ほういじしん【方位磁針】名 方角をしめす磁石の針。北と、その反対の南をさししめす。参考 磁場を感じて水平に自由にまわることができるしくみになっている。

ほういもう【包囲網】名〔敵や犯人を〕つかまえるために、人などをつつみこむように配置したもの。

ぼういん【暴飲】名 する動詞〔けんこうを考えずに〕酒などをたくさん飲むこと。

ぼういんぼうしょく【暴飲暴食】四字熟語 酒などを飲みすぎたり、食べ物を食べすぎたりすること。例 暴飲暴食でおなかをこわした。類 牛飲馬食。

ほうえい【放映】名 する動詞 テレビで放送すること。例 ワールドカップが放映される。

ぼうえい【防衛】名 する動詞 ふせいで守ること。例 国土を防衛する。／ヘビー級王座を防衛する。

ぼうえいしょう【防衛省】名 陸・海・空の自衛隊を管理したり、その施設や設備などを運営管理したりする国の機関。

1 **ぼうえき**【防疫】名 感染症がおこったり、よその国から入ってきたりするのをふせぐこと。例 インフルエンザ防疫の対策をねる。

2 **ぼうえき**【貿易】名 する動詞 国と国が品物の売り買いをすること。例 貿易まさつ。類 交易。

ぼうえきこう【貿易港】名 貿易のために外国の船が出入りし、輸入したり輸出したりする貨物がつみおろしされる港。商港の一つ。例 神戸は貿易港として知られている。

ぼうえきふう【貿易風】名 緯度三十度のあたりから赤道へ向かって、いつもふいている風。地球の自転のえいきょうで、北半球では北東風、南半球では南東風となる。例 貿易風のえいきょうが強い地域。

ぼうえきまさつ【貿易摩擦】名 貿易をめぐって、二つ以上の国の間でおこるもめごとやあらそい。例 日米の間の貿易摩擦を考える。

ぼうえんきょう【望遠鏡】名 レンズや凹面鏡を使い、遠くのものを大きく、はっきり見えるようにしたきかい。例 天体望遠鏡。

1 **ほうおう** 名 昔、中国でめでたいとされていた想像上の鳥。漢字 鳳凰。

2 **ほうおう**【法王】名 ローマカトリック教会の、一番上のくらいの人。ローマ法王。教皇。

3 **ほうおう**【法皇】名 昔、天皇のくらいをゆずり、僧になった人。例 後白河法皇。

1 **ぼうおん**【防音】名 する動詞 外からの音が聞こえないようにすること。また、室内の音が外へ出ないようにすること。

2 **ぼうおん**【忘恩】名 受けた恩をわすれてしまうこと。恩知らず。

ぼうおんそうち【防音装置】名 大きな音が外にもれたり中に入ったりするのをふせぐしかけ。例 防音装置のいきとどいたスタジオ。

1 **ほうか**【放火】名 する動詞 火事をおこすためにわざと火をつけること。つけ火。

2 **ほうか**【法科】名 法律に関する学科。また、大学の法学部。例 法科大学院。／父は法科を卒業した。

3 **ほうか**【砲火】名 大砲をうつときに出る火。また、大砲をうつこと。ことば「砲火をあびる」

1 **ほうが**【ほう芽】一 名 する動詞〔草や木の芽が〕もえ出ること。めばえ。また、その芽。二 名 はじまり。きざし。例 改革のほう芽がみられる。漢字 萌芽。

2 **ほうが**【邦画】名 ❶日本の絵画。日本画。❷日本でつくられた映画。対 ①②洋画。

ぼうか【防火】名 火事がおこらないようにすること。また、火事が広がらないようにすること。例 防火訓練。／防火用水。

ほうかい【崩壊】名 する動詞 くずれ、こわれること。例 トンネルが崩壊する。／武士政権の崩壊。類 決壊。

ほうがい【法外】名 形容動詞 ちょうどよいところをこえていること。例 法外なねだんをふっかけられた。参考 ふつう、よくないことにいう。

1 **ぼうがい**【妨害】名 する動詞 じゃまをすること。例 守備を妨害する。

2 **ぼうがい**【望外】名 形容動詞 願っていたより以上のけっかになること。願ってもないこと。ことば「望外の幸せ」参考 あらたまった言い方。

ほうかいせき【方解石】名 とうめい、また

あいうえお かきくけこ さしすせそ たちつてと なにぬねの はひふへほ まみむめも やゆよ らりるれろ わをん

は白色で、つやのある鉱物。主に炭酸カルシウムでできている。

¹ほうがく【方角】名詞 ❶東西南北などの方向。例 西の方角を目ざす。❷ある物が存在する方向。また、ある物が進む方向。例 駅の方角へ向かって歩く。類 方位。

²ほうがく【邦楽】名詞 日本に古くからある音楽。参考 雅楽・長唄・義太夫節・能楽などがある。対 洋楽。

³ほうがく【法学】名詞 法律にかんする学問。例 大学で法学を勉強する。

ほうかご【放課後】名詞 学校の授業が終わったあと。

ぼうかふく【防火服】名詞 火事から身を守るための、もえにくい服。

ほうかをまじえる【砲火を交える】慣用句 大砲をうちあう。戦争をする。例 両国が砲火を交えることとなった。

ほうがん【砲丸】名詞 ❶大砲のたま。❷砲丸投げに使う、金属でできた重いたま。

¹ぼうかん【防寒】名詞 さむさをふせぐこと。

²ぼうかん【傍観】名詞 する動詞 〔何も手を出さずに〕そばでなりゆきをながめていること。例 事態を傍観するほかなかった。／傍観者。

³ぼうかん【暴漢】名詞 らんぼうを働く男性。例 暴漢におそわれた。

ほうがんし【方眼紙】名詞 直角に交わる線を同じ間かくでたくさんひいた紙。グラフ用紙。

ほうがんなげ【砲丸投げ】名詞 陸上競技の一つ。「砲丸②」を、決められた円の中からかた手でなげて、そのとんだきょりをきそうもの。

¹ほうき 名詞 ちりやごみをはく用具。

²ほうき【伯耆】地名 昔の国の名。今の鳥取県の西部に当たる。

³ほうき【法規】名詞 法律や、おおやけのきそく。例 交通法規。

⁴ほうき【放棄】名詞 する動詞 自分からすてること。例 権利を放棄する。

ほうきぼし【ほうき星】名詞 ➡651ページ・すいせい（すい星）。

ぼうきゃく【忘却】名詞 する動詞 わすれさってしまうこと。

ほうきゅう【俸給】名詞 役所や会社などにつとめている人がもらう給料。

ぼうきょ【暴挙】名詞 らんぼうなふるまい。ことば「暴挙に出る（＝暴挙をおこなう）」

ぼうぎょ【防御】名詞 する動詞 〔敵の攻撃などを〕ふせいで守ること。例 上空からの攻撃を防御する。類 守備。対 攻撃。

ぼうきょう【望郷】名詞 ふるさとをなつかしく思うこと。ことば「望郷の念」類 郷愁。

ほうぎょく【宝玉】名詞 たからとして大切にされる玉。例 王の墓から宝玉が出る。

ぼうきれ【棒切れ】名詞 ぼうのきれはし。

ぼうぐ【防具】名詞 剣道などで、顔・かた・うでなどにつけて、相手のこうげきから体を守る道具。

ぼうくう【防空】名詞 ミサイル・航空機などによる空からのこうげきをふせぐこと。

ぼうくうごう【防空ごう】名詞 飛行機がおとす爆弾の被害をさけるため、地面をほってつくった穴。漢字 防空壕。

ぼうグラフ【棒グラフ】名詞 ものの大きさや数量の関係を太い線の長さで表したグラフ。⇩388ページ・グラフ①（図）。

ぼうくん【暴君】名詞 ❶らんぼうなやりかたで、人々を苦しめる主人や王。例 暴君ネロ。❷勝手気ままにふるまう人。

ほうけい【方形】名詞 四角形。

ほうげき【砲撃】名詞 する動詞 大砲をうって攻撃すること。類 射撃。

ほうける 一 動詞 ❶頭の働きがにぶくなる。ぼんやりする。❷夢中になる。
二 接尾語 《動詞の下につけて》「とことんまで…する」「ていどをこして…する」の意味を表す言葉。例 宿題もせず、毎日あそびほうける。活用 ほう・ける。

ほうけん【封建】名詞 する動詞 君主が家来に土地を分けあたえて、その土地をおさめさせること。

¹ほうげん【方言】名詞 ある地方だけで使われている言葉。例 九州地方の方言。類 なまり。お国言葉。お国なまり。

²ほうげん【放言】名詞 する動詞 思ったままに、無責任なことを言うこと。また、その言葉。例 放言してはばからない。類 失言。

ぼうけん【冒険】名詞 する動詞 危険なことを知っていながら、あえてすること。また、成功するかどうかわからないことをあえてすること。例 その計画は冒険だが、やってみよう。

ア □を三角にする　イ □を白黒させる

ぼうげん【暴言】 名詞〔相手をきずつけるような〕らんぼうな言葉。ことば「暴言をはく」

ほうけんじだい【封建時代】 名詞 封建制度がおこなわれていた時代。日本では鎌倉時代から江戸時代まで。ヨーロッパでは六世紀から十五世紀ごろまで。

ほうけんせいど【封建制度】 名詞 君主が家来に土地を分けあたえておさめさせ、家来は主君に忠実につかえる形の政治や社会のしくみ。

ほうけんてき【封建的】 形容動詞 身分などの上下を重んじて、権力で下の人々をおさえつけようとするようす。例 封建的なやり方。

ほうこ【宝庫】 名詞 ❶たから物を入れておくくら。❷よい産物やきちょうなものがたくさんあるところ。例 海は魚だけでなく、いろいろな資源の宝庫だ。注意「豊庫」と書かないこと。

1 **ほうこう【方向】** 名詞 ❶前後・左右・上下などの、向き。例 森の中で、方向がわからなくなった。❷物事を進めていく目当て。例 将来の方向を決める。

2 **ほうこう【奉公】** 名詞 する動詞 ❶国のためにつくすこと。❷〔よその家に住みこんで〕やとわれて働くこと。例 年季奉公。参考 古い言い方。

3 **ほうこう【芳香】** 名詞 よいかおり。かぐわしいにおい。例 花だんには芳香がただよう。／芳香剤。対 悪臭。

1 **ぼうこう** 名詞 じん臓からおくられた尿を一時ためておく、ふくろのような器官。

2 **ぼうこう【暴行】** 名詞 する動詞 なぐる、けるなどのらんぼうを働くこと。また、そのようなおこない。ことば「暴行を加える」

ほうこうおんち【方向音痴】 名詞 方向についての感覚がにぶいこと。また、そういう人。参考 ⇩215ページ・おんち（音痴）❷。

ほうこく【報告】 名詞 する動詞〔物事のなりゆきなどを〕知らせること。また、その知らせ。例 調査の結果を報告する。／報告書。

ぼうこく【亡国】 名詞 ❶ほろびた国。❷国をほろぼすこと。ことば「亡国の民」ことば「亡国の徒」

ほうこくぶん【報告文】 名詞 物事のなりゆきを知らせる文。例 報告文を書いて出す。類 レポート。

ぼうさい【防災】 名詞〔地震や台風などによる〕災害をふせぐこと。例 防災対策。

ぼうさいずきん【防災頭巾】 名詞 地震のとき、とんでくる物から頭を守るためにかぶる、綿の入ったずきん。参考 太平洋戦争で、空襲のときの火の粉やとんでくる物から頭を守る「防空頭巾」をもとにしている。⇩図。

防災頭巾

1 **ほうさく【方策】** 名詞 物事をする方法。やりかた。例 この仕事をはやくかたづけるよい方策はないか。類 対策。

2 **ほうさく【豊作】** 名詞 作物が〔いつもの年より〕よくみのること。対 不作。凶作。

ぼうさりん【防砂林】 名詞 海岸のすなが陸地にふきこむのをふせぐためにつくった林。類 防風林。防雪林。

1 **ほうさん【ほう酸】** 名詞 白色でつやのあるけっしょう。湯によくとけ、酸性をしめす。うがいや目をあらうのに使う。

2 **ほうさん【放散】** 名詞 する動詞〔外部に〕広がってちること。また、広げちらすこと。例 熱を放散する。

ぼうさん【坊さん】 名詞 僧を親しんでよぶ言葉。

1 **ほうし【奉仕】** 名詞 する動詞 ❶社会や他人のためにつくすこと。例 奉仕活動。❷店や旅館などで客をもてなすこと。また、ねだんをやすくすること。サービス。例 奉仕料。／奉仕品。

2 **ほうし【法師】** 名詞 僧。僧りょ。例 三蔵法師。

3 **ほうし【胞子】** 名詞 かび・シダ・コケ・キノコなど、花のさかない植物がふえるときにつくるこなのようなもの。

ほうじ【法事】 名詞 死んだ人のたましいをまつる、仏教の儀式。法要。ことば「法事をいとなむ」

1 **ぼうし【防止】** 名詞 する動詞 ふせいで、止めること。例 交通事故を防止するための対策。類 予防。

2 **ぼうし【帽子】** 名詞 暑さ・寒さ・ほこりなどをふせぐためやおしゃれのために、頭にかぶるもの。

ことばクイズ⑲ □の中に入る同じことばは何でしょう？

ほうしき【方式】(名詞)〔何かをするときの〕ある決まったやりかた。例 新しい方式を試みる。

ぼうじしゃく【棒磁石】(名詞) 棒のかたちをしている磁石。

ほうししょくぶつ【胞子植物】(名詞) 花がさかず、胞子でふえる植物。シダ・コケなど。

ほうじちゃ【ほうじ茶】(名詞) 番茶を強火でいってつくった、こうばしいかおりの茶。

ほうしゃ【放射】(名詞)(する動詞) ❶〔光や線などが〕一つのところから、いろいろな方向に出ること。❷ 熱や光などが、間になにもなくても、はなれたところのものに伝わること。ふく射。参考 ⇩756ページ・対流。879ページ・伝導。

ぼうじゃくぶじん【傍若無人】四字熟語〔そばに人がいないかのように〕勝手きままにふるまうこと。例 傍若無人の態度。

ほうしゃじょう【放射状】(名詞)〔光や線などが〕一つの点から、いろいろな方向へ向かってまっすぐに広がっているようす。例 放射状に広がった道路。⇩図。

放射状

ほうしゃせいげんそ【放射性元素】(名詞) 放射能をもつ元素。ウラン・ラジウムなど。

ほうしゃせん【放射線】(名詞) 放射性元素が出す、アルファ線・ベータ線・ガンマ線。エックス線などをふくめることもある。

ほうしゃのう【放射能】(名詞) 放射性元素が、放射線を出す働き。また、そのような性質。

ぼうしゅ【ぼう種】(名詞) 二十四節気の一つ。昔のこよみで、六月五日、六日ごろ。イネなどの種をまくとされるとき。漢字 芒種。⇩口絵8ページ。

ほうしゅう【報酬】(名詞) 仕事に対してしはらわれるお金。また、お礼にはらうお金。例 仕事に対する報酬をはらう。／べんぎをはかった報酬を受け取る。

ほうしゅつ【放出】(名詞)(する動詞) ❶ いきおいよくふき出すこと。❷ 自分のものを手放すこと。例 米不足のため、政府が輸入米を放出する。

ぼうじゅつ【棒術】(名詞) 棒を武器に使う武術。

ぼうしょう【帽章】(名詞)〔通っている学校などをしめす〕ぼうしにつけるしるし。ぼうしの記章。

ほうじょうときむね【北条時宗】人名 （一二五一～一二八四）鎌倉幕府の第八代執権。元の大軍が二回にわたって日本をせめてきたとき、それをおいはらうために力をつくした。

1 **ほうしょく**【奉職】(名詞)(する動詞)〔学校や役所など〕おおやけの仕事につくこと。参考 少し古い言い方。類 就職。

2 **ほうしょく**【飽食】(名詞)(する動詞) ❶ おなかいっぱい食べること。例 現代は飽食の時代だ。❷ 食べる物に不自由しないこと。ことば「暖衣飽食（＝なに一つ不自由のない、みち足りたくらし）」

ぼうしょく【暴食】(名詞)(する動詞) むやみやたらに食べること。ことば ⇩「暴飲暴食」

ほうじる【報じる】(動詞) ❶ 知らせる。例 新聞が事件を報じる。❷ 人から受けた恩をかえす。例 父母の恩に報じる。参考「報ずる」ともいう。活用 ほう・じる。

1 **ほうしん**【方針】(名詞) 物事を進めていく方向。めざす方向。例 今後の方針が決定した。類 指針。

2 **ほうしん**【放心】(名詞)(する動詞) ほかのことに気をとられて、ぼんやりすること。例 放心状態。

1 **ほうじん**【邦人】(名詞)〔外国に住んでいる〕自分の国の人。特に、日本人。例 在留邦人。

2 **ほうじん**【法人】(名詞) 会社や団体など、法律のうえで、一人の人間と同じように権利や義務をみとめられているもの。例 財団法人。

ぼうず【坊主】一 (名詞) ❶ 僧。❷ 男の子を、親しみをこめたり、ばかにしたりしてよぶ言葉。例 おい坊主、ちょっと来てみろ。❸〔僧の頭のように〕頭に毛がないこと。また、表面をおおっているべきものがない状態。❹ 髪の毛を短くかった頭。また、髪の毛をそった頭。ぼうず頭。丸がり。つるっぱげ。

二 接尾語 ❶《ある言葉の下につけて》「男の子」の意味を表す言葉。例 やんちゃ坊主。❷《ある言葉の下につけて》「人」の意味を表す言葉。ことば ⇩「三日坊主」

ほうすい【放水】(名詞)(する動詞) 水をいきおいよく流すこと。また、水をいきおいよくとばすこと。

ぼうすい【防水】名詞 する動詞 水がしみこまないようにすること。

ぼうすいかこう【防水加工】名詞 布に水がしみこまないように、水を通さないまくや水をはじくまくをつくること。

ほうすいろ【放水路】名詞 〔水があふれないように〕本流からわけて水を流す水路。

×**ほうずき** ⬇1196ページ・ほおずき。

ほうずる【報ずる】動詞 ⬇1190ページ・ほうじる。 活用 ほう・ずる。

ほうせい【砲声】名詞 大砲をうつ音。ことば「砲声がとどろく」類 銃声。

ほうせき【宝石】名詞 美しい色とかがやきをもち、かざり物としてとうとばれる鉱物。ダイヤモンド・ルビー・サファイアなど。

ぼうせき【紡績】名詞 する動詞 綿や毛などのせんいをつむいで、糸にすること。例 紡績工場。

ぼうせつりん【防雪林】名詞 〔ふぶきやなだれなどの〕雪の害をふせぐためにつくった林。参考 おもに鉄道の線路ぞいにつくられる。類 防風林。防砂林。

1 **ぼうせん**【防戦】名詞 する動詞 こうげきをふせぐために戦うこと。例 防戦いっぽうの試合。

2 **ぼうせん**【傍線】名詞 ある文字や文章のそばに、目じるしにひいた線。サイドライン。

ほうせんか【ほう仙花】名詞 ツリフネソウ科の植物。夏、赤・白・むらさき色などの花がさく。実はじゅくすとさけて、種をはじきとばす。漢字 鳳仙花。

ぼうぜんと【ぼう然と】副詞 おどろきあきれて、ぼんやりするようす。例 ぼう然と立ちつくす。漢字 呆然と。

1 **ほうそう** ⬇880ページ・てんねんとう。

2 **ほうそう**【包装】名詞 する動詞 品物などを紙でつつむこと。例 包装紙。

3 **ほうそう**【放送】名詞 する動詞 〔ラジオ局やテレビ局などで〕電波を使っていろいろな番組や情報を多くの人に送ること。例 ニュースを放送する。／校内放送。

ぼうそう【暴走】名詞 する動詞 ❶〔自動車などが、きそくを守らずに〕らんぼうに走ること。例 深夜に暴走するオートバイ。❷運転する人のいない車がとつぜん走りだすこと。例 無人トラックが暴走する。

ほうそうきょく【放送局】名詞 放送の仕事をするところ。

ほうそうげき【放送劇】名詞 ラジオで放送する劇。ラジオドラマ。

ぼうそうはんとう【房総半島】地名 千葉県の南部をしめる半島。東南は太平洋に面して外房、西は東京湾をかこんで内房とよばれる。海岸は国定公園にさだめられている。

ほうそく【法則】名詞 ❶守らなければならないきまり。規則。ルール。例 かなづかいの法則。❷いつ、どこでも、すべてのものにあてはまるきまり。例 万有引力の法則。

ほうたい【包帯】名詞 手当てをしたきず口などを守るためにまく、細長い布。例 包帯をまいてもらう。

ほうだい【放題】接尾語《ある言葉の下につけて》「思いのままにする」「勝手きままにする」の意味を表す言葉。ことば「言いたい放題」

ぼうだい【膨大】形容動詞 きぼや形などが、とても大きいようす。また、数や量が、とても多いようす。例 膨大なコレクション。

ぼうたかとび【棒高跳び】名詞 陸上競技の一つ。長いポール（＝棒）の反動を利用して体をうかせ、二本の柱の間にわたしたバー（＝横木）の上をとびこえ、その高さをきそう。参考 ⇩1036ページ・走り高跳び。

ぼうだち【棒立ち】名詞 〔おどろいたり、きんちょうしたときなどに〕ぼうのように、立ちつくすこと。例 目の前にネコが飛び出して棒立ちになった。

1 **ほうだん**【放談】名詞 する動詞 言いたいことを自由に話すこと。思いのままに話すこと。また、その話。例 時事放談。

2 **ほうだん**【砲弾】名詞 大砲のたま。

1 **ほうち**【放置】名詞 する動詞 しまつしないで、そのままほうっておくこと。例 放置自転車。

2 **ほうち**【報知】名詞 する動詞 知らせること。また、その知らせ。例 火災報知機。

ほうちこっか【法治国家】名詞 国が力を使うとき、国民の考えによってつくられた法にもとづいておこなう国。

ぼうちゅうざい【防虫剤】名詞 着物や本などに、がい虫がつくのをふせぐために使う薬。しょうのう・ナフタリンなど。類 殺虫剤。

1 **ほうちょう**【包丁】名詞 料理に使う、平たくて、うすいはもの。ことば「包丁をとぐ」

あいうえお かきくけこ さしすせそ たちつてと なにぬねの はひふへほ ほ まみむめも やゆよ らりるれろ わをん

こたえ 目

2 **ほうちょう【放鳥】** 名詞 する動詞 鳥を自然に放すこと。参考 繁殖のためにひなを育ててから放したり、調査のためにとらえた野鳥にしるしをつけてから放したりする。

1 **ぼうちょう【傍聴】** 名詞 する動詞 会議・演説などを（許可を受けて）そばできくこと。例 裁判を傍聴する。

2 **ぼうちょう【膨張】** 名詞 する動詞 ❶ふくれること。ふくれて大きくなること。❷発展し、大きくなること。例 国力が膨張する。

ぼうちょうてい【防潮堤】 名詞 高潮などによる被害をふせぐための堤防。類 防波堤。

ほうっておく【放っておく】 連語 めんどうをみたり手をつけたりせず、そのままにしておく。ほったらかす。例 こまっている人を放っておくなんてひどいよ。／虫歯を放っておくと大変なことになる。

ぼうっと 副詞 する動詞 ❶すがたや形、色などがほのかに見えるようす。例 もやであたりがぼうっとしている。／東の空がぼうっと明るい。❷ほのおがもえあがるようす。例 たき火がぼうっともえあがる。❸頭の働きがにぶっているようす。例 ぼうっとしていないで集中しなさい。

ぽうっと 副詞 する動詞 ❶かすかに赤くなるさま。例 ほおがぽうっとそまる。❷夢中になってぼんやりしているさま。例 タレントとあくしゅしてぽうっとなった。

1 **ほうてい【法定】** 名詞 法律や命令で定めること。また、定められたこと。例 法定速度。

2 **ほうてい【法廷】** 名詞 さいばんをするところ。ことば「法廷に立つ」

ほうていしき【方程式】 名詞 数学で、数がわからない未知数をふくんでいて、その未知数にある数をあてはめるととける等式。参考 未知数は、x や y、z などで表す。

ほうていでんせんびょう【法定伝染病】 名詞 患者が出たら、すぐに特別の病院に入院させるよう法律で決められていた、人にうつる病気。参考 今は使わない言葉。

ほうてき【法的】 形容動詞 法律の立場にたつようす。法律的。例 法的には、あなたにそんな権利はない。

ほうでん【放電】 名詞 する動詞 ❶電池などの電気が外へ流れること。対 充電。❷空気などの絶縁体の中を電気が流れること。

ぼうてん【傍点】 名詞 意味を強めたり、読む人の注意をうながしたりするために、文字のわきにつける点。

ぼうと【暴徒】 名詞 集まって、らんぼうを働く人々。また、暴動をおこした人々。

ほうとう【放とう】 名詞 する動詞 仕事をせずに酒や遊びにお金を使って、思い通りにふるまうこと。また、そのようす。ことば「放とうむすこ」 漢字 放蕩。

ほうどう【報道】 名詞 する動詞 〔新聞・テレビ・ラジオなどで〕世の中のできごとを多くの人に知らせること。また、その知らせ。例 事件を報道する。／報道番組。

1 **ぼうとう【冒頭】** 名詞 〔文章・会議・話などの〕最初の部分。例 会議の冒頭からもめた。

2 **ぼうとう【暴投】** 名詞 する動詞 野球で、投手が捕手のとれないような球を投げること。また、そのような投球。ワイルドピッチ。

3 **ぼうとう【暴騰】** 名詞 する動詞 物のねだんが、急に大きく上がること。例 石油価格の暴騰。対 暴落。

ぼうどう【暴動】 名詞 多くの人々が集まって、らんぼうを働き、世の中をさわがせること。また、そのようなさわぎ。

ほうどうきかん【報道機関】 名詞 〔新聞・テレビ・ラジオなど〕世の中のできごとを広く人々に知らせることを目的とするしくみ。

ほうどうじん【報道陣】 名詞 報道するために集まっている記者やカメラマン。

ぼうとく【冒とく】 名詞 する動詞 とうといものや、清らかでじゅんすいなものをけがし、きずつけること。例 神を冒とくするおこない。漢字 冒瀆。

ぼうどく【防毒】 名詞 毒、特に毒ガスをふせぐこと。例 防毒マスクをつける。

ほうにち【訪日】 名詞 する動詞 外国人が日本へ来ること。日本をおとずれること。

ぼうにふる【棒に振る】 慣用句 〔せっかくの努力などを〕むだにする。例 けがをして、一年間の苦労を棒に振ってしまった。

ほうにん【放任】 名詞 する動詞 かまわないで、ほうっておくこと。したいようにさせておくこと。

ほうねん【豊年】 名詞 〔米などの〕作物がよくみのった年。

ぼうねんかい【忘年会】 名詞 年のくれに、そ

の年の苦労をわすれるために楽しむ会。

ほうねんまんさく【豊年満作】(名詞) イネなどの農作物がゆたかにみのり、たくさんとれること。豊作。

ほうのう【奉納】(名詞)(する動詞) 神や仏にそなえること。例 神楽を奉納した。類 献納。寄進。

ぼうはつ【暴発】(名詞)(する動詞) ❶不注意などのために、ピストルや鉄砲のたまがあやまって発射されること。例 暴発事故。❷不平や不満をおさえきれず、とつぜんはげしい行動をとること。

ぼうはてい【防波堤】(名詞) 外海のあらい波が港の中や町におしよせるのをふせぐためにつくられたつつみ。類 防潮堤。⇩図。

防波堤

ぼうはん【防犯】(名詞) 犯罪がおこるのをふせぐこと。例 防犯ベル。

ほうび【褒美】(名詞) よいことをした人に、ほめてあたえる品物やお金。

ぼうび【防備】(名詞)(する動詞) 敵や災害などをふせぐために、そなえること。また、そのそなえ。例 沿岸を防備する。対 無防備。

ぼうびき【棒引き】(名詞)(する動詞) ❶線を引くこと。特に、お金の出し入れを書いたノートなどの記録を線を引いて消すこと。❷お金などの貸し借りをすべてないことにすること。帳消し。

¹ほうふ【抱負】(名詞) 心の中で考えている望みや計画。例 将来の抱負をかたる。

²ほうふ【豊富】(名詞)(形容動詞) ゆたかで、たくさんあること。例 地下資源が豊富にある。／豊富な経験。

ぼうふう【暴風】(名詞) はげしい風。被害をもたらすような強い風。例 暴風におそわれる。類 強風。烈風。

ぼうふうう【暴風雨】(名詞) はげしい風をともなった雨。あらし。

ぼうふういき【暴風域】(名詞) はげしい風におそわれている区域。

ぼうふうりん【防風林】(名詞) 強い風の害をふせぐためにつくった林。類 防雪林。防砂林。

ほうふく【報復】(名詞)(する動詞) しかえしをすること。ふくしゅう。

ほうふくぜっとう【抱腹絶倒】(四字熟語) おなかをかかえて転げ回るほど、大笑いすること。例 まんがを読んで、抱腹絶倒した。

ぼうふざい【防腐剤】(名詞) 物がくさるのをふせぐために使う薬。サリチル酸・クレオソート・タールなど。

ほうぶつせん【放物線】(名詞) 物をななめ上に投げたときに、それがえがく曲線。例 打球はきれいな放物線をえがいて飛んだ。⇩図。

ほうふつと (副詞)(する動詞) よく似ているようす。また、本当にあるように物事が思いうかぶようす。ことば「(母親のすがたを)ほうふつとさせる」

ぼうふら (名詞) カの幼虫。大きさは五ミリメートルぐらい。ぬまなどにすみ、ときどき水面に出てこきゅうをする。

放物線

ぼうへき【防壁】(名詞) 敵や、火・風雨をふせぐための、かべ。

ほうべん【方便】(名詞) 目的をはたすために使われる、そのときだけの都合のよい方法。ことば ⇩「うそも方便」 参考 もとは仏教の言葉。

ほうほう【方法】(名詞)〔ある目的をはたすための〕やりかた。手段。例 よい方法がある。／にげ出す方法を考える。

ほうぼう【方方】(名詞) あちらこちら。いろいろなところ。例 方々さがした。参考 ふつう「方々」と書く。

ぼうぼうと (副詞) 草や髪の毛などが、のびてみだれているようす。例 草がぼうぼうとはえている野原。

ほうほうのてい【ほうほうの体】(慣用句)〔ひどい目にあって〕やっとのことで、にげ出すようす。例 ほうほうの体で、にげ帰る。

ほうぼく【放牧】(名詞)(する動詞)〔牛・馬・羊などの家ちくを〕広い草原にはなし、自由に草を食べさせて育てること。はなしがい。類 遊牧。

¹ほうまん【放漫】(名詞)(形容動詞) 思いのまま、でたらめにおこなうこと。いいかげんでだらしがないこ

ことばあそび ことばクイズ⑳ □の中に入る同じことばは何でしょう？

と。また、そのようす。例 放漫な経営。／放漫な生活をおくる。

[2]**ほうまん【豊満】** 形容動詞 ❶物がゆたかでたくさんあるようす。❷肉づきがよいようす。例 豊満な体つき。参考 ②は、女の人についていうことが多い。

ほうむしょう【法務省】 名詞 法律やさいばんにかんする仕事をおこなう国の機関。

ほうむりさる【葬り去る】 動詞 ❶物事がおもてに表れないようにする。ほうむる。例 事件の真相をやみに葬り去る。❷世の中に出られないようにする。ほうむる。例 仕事のライバルを葬り去る。活用 ほうむりさ・る。

ほうむる【葬る】 動詞 ❶死体や骨を土の中にうめる。❷➡ほうむりさる。活用 ほうむ・る。

ほうめい【芳名】 名詞 他人を尊敬して、その名前をいう言葉。お名前。例 芳名録。／ご芳名をお書きください。

ぼうめい【亡命】 名詞 する動詞 政治的な圧力や、身の危険をさけるために、外国へにげること。例 貴族が亡命する。／亡命者。

[1]**ほうめん【方面】** 名詞 ❶その方にあたる場所。そのあたり。その方向。例 台風は新潟方面にぬけるもようだ。❷ある物事にぞくする部分。分野。例 理科の方面にすすみたい。

[2]**ほうめん【放免】** 名詞 する動詞 ❶つかまえていた人を自由にすること。また、刑務所で罪をつぐなった人をゆるし、自由にすること。例 無罪がわかって放免される。❷仕事や義務などからときはなして自由にすること。例 むずかしい仕事から放免される。

ほうもつ【宝物】 名詞 〔寺や神社などがもっている〕たからもの。

ほうもん【訪問】 名詞 する動詞 人をたずねて行くこと。例 母校を訪問する。／訪問客。注意 「訪門」と書かないこと。

ほうもんぎ【訪問着】 名詞 女の人が正月やあらたまって人をたずねるときなどに着る、略式の礼服。

ほうもんはんばい【訪問販売】 名詞 客の家や仕事場をおとずれて商品を売ること。

ぼうや【坊や】 名詞 ❶おさない男の子を親しんでよぶ言葉。例 かわいい坊や。❷世間しらずで未熟なわかい男性をからかってよぶ言葉。ぼっちゃん。

[1]**ほうよう【法要】** 名詞 ❶仏をまつる行事。法事。❷死んだ人をまつること。

[2]**ほうよう【抱擁】** 名詞 する動詞 だきかかえること。だきしめること。

ほうようりょく【包容力】 名詞 欠点やあやまちにこだわらず、相手を広い心でうけいれることのできる能力。例 包容力のある人。

ぼうよみ【棒読み】 名詞 する動詞 力を入れるところや、調子の上がり下がりなどを考えずに、同じ調子で文章を読むこと。例 せりふを棒読みする。

ぼうらく【暴落】 名詞 する動詞 物のねだんなどが、急にひどく下がること。例 生糸の価格が暴落した。類 がた落ち。対 暴騰。

ぼうり【暴利】 名詞 正しい方法をとらずに自分のものにした、たくさんの利益。ことば 「暴利をむさぼる」

ほうりあげる【放り上げる】 動詞 上に投げる。らんぼうに投げ上げる。例 ボールを放り上げる。活用 ほうりあ・げる。

ほうりこむ【放り込む】 動詞 投げて、中に入れる。または、らんぼうに中へ入れる。例 車に荷物を放り込む。活用 ほうりこ・む。

ほうりだす【放り出す】 動詞 ❶いきおいよく投げて、外へ出す。また、投げるようにしておく。例 ごみを放り出す。／かばんを放り出して遊びに行く。❷あきらめて仕事などをとちゅうでやめてしまう。例 宿題を放り出す。❸ほうって、めんどうをみないでおく。また、仲間などから追い出す。例 遊びにきた友だちを放り出して、一人でゲームに熱中している。活用 ほうりだ・す。

ほうりつ【法律】 名詞 〔人々の生活を守るために国で決めた〕国民として守らなければならないきまり。例 法律を定める。

ほうりなげる【放り投げる】 動詞 ❶むぞうさに投げる。また、らんぼうに投げる。❷とちゅうでやめたままにしておく。活用 ほうりな・げる。

ぼうりゃく【謀略】 名詞 人をだますはかりごと。たくらみ。例 敵のたくみな謀略におちいる。類 計略。策略。

ほうりゅう【放流】 名詞 する動詞 ❶〔魚をふやすために〕育てた魚を川や湖などにはなすこ

と。例アユを放流する。❷［ダムなどで］せきとめた水を流すこと。

ほうりゅうじ【法隆寺】 名詞 奈良県にある寺。七世紀のはじめに、聖徳太子の命令でたてたと伝えられる。一九九三年、日本で初めての世界文化遺産として登録された。⇩695ページ・世界遺産（図）。

ほうりょう【豊漁】 名詞 魚がたくさんとれること。類大漁。対不漁。

ぼうりょく【暴力】 名詞 らんぼうなふるまい。ことば「暴力をふるう」

ボウリング 名詞 レーンの上に大きな球を転がして、先の方にたてられた十本のピン（＝とっくり形のまと）をたおす競技。たおれたピンの数で勝ち負けを争う。参考「ボーリング」とも書く。▼英語 bowling

ほうる【放る】 動詞 ❶物を投げる。例ボールを放る。❷かまわないで、そのままにしておく。例虫歯を放っておいた。❸あきらめて、とちゅうでやめる。例仕事を放る。活用 ほう・る。

ほうれい【法令】 名詞 法律と、政治をおこなううえでの命令をまとめていった言葉。

ぼうれい【亡霊】 名詞 死んだ人のたましい。また、ゆうれい。

ほうれつ【放列】 名詞 ❶一つの目標に対して、ずらりと横に列をつくってならんでいること。例アイドルに向かってカメラの放列をしく。❷大砲を横にならべていっせいにうてるようにかまえること。参考 ②は「砲列」とも書く。

ほうれんそう【ほうれん草】 名詞 アカザ科の植物。こい緑色の葉を食用にする。

ほうろう¹ 名詞 金属のうつわなどの表面に焼きつけるうわぐすり。また、それを焼きつけたもの。

ほうろう²【放浪】 名詞 する動詞 あてもなく、いろいろな土地をさまよい歩くこと。例各地を放浪する。／放浪生活。類流浪。

ほうわ【飽和】 名詞 する動詞 それ以上は入らないところまで、たくさん入っていること。例人口は飽和状態だ。

ほえる 動詞 犬などの動物が大声で鳴く。活用 ほ・える。

ほお【頰】 名詞 顔の両側の部分。ほっぺた。例頰に手を当てる。参考「ほほ」ともいう。⇩233ページ・顔①（図）。

ボーイ 名詞 ❶男の子。少年。例ボーイフレンド。対ガール。❷レストランやホテルなどで、客の案内をしたり、料理を席に運んだりする男の人。ウエーター。参考 ㋐①は、ほかの言葉につけて使う。㋑英語では、ウエーターを boy と呼ぶと見下しているようにひびく。▼英語 boy

ボーイスカウト 名詞 少年たちの心と体をきたえ、社会のためにつくす人間を育てるのを目的とする団体。また、その団員。一九〇八年、イギリスではじめられた。対ガールスカウト。▼英語 Boy Scouts

ボーイフレンド 名詞 女性からみて、男性の友だち。対ガールフレンド。参考 英語では恋愛関係にある男性をいう。▼英語 boyfriend

ポーカーフェース 名詞 自分の気持ちを顔にあらわさないこと。表情をかえないこと。また、無表情でなにくわぬ顔。例なにがあってもポーカーフェースでとおす。参考 もとはトランプゲームの「ポーカー」で、相手に自分の手札を知られないために顔つきをかえないようにしたことから。▼英語 poker face

ほおかぶり【頰かぶり】 名詞 する動詞 ❶手ぬぐいなどの布を頭からほおにかけてかぶること。⇩図。❷知らないふりをすること。ことば「（事件については）頰かぶりを決めこむ」参考「ほっかぶり」「ほおかむり」ともいう。

頰かぶり①

ボーキサイト 名詞 アルミニウムの原料となる鉱石。灰色や赤茶色のねん土のような形をしている。▼英語 bauxite

ポーク 名詞 ぶた肉。例ポークハム。▼英語 pork

ほおげた【頰桁】 名詞 ほおの上の方に少し高く出ている骨。ほおぼね。

ほおける 動詞 髪の毛や草がほつれみだれる。また、古くなってけばだつ。例古本の表紙が白くほおけている。活用 ほお・ける。

ほおじろ【頰白】 名詞 ホオジロ科の鳥。顔に白いすじがある。日本各地の低い山にすむ。

ホース 名詞 ゴム・ビニールなどでつくった、水やガスをおくるための長いくだ。▼オランダ語

ポーズ 名詞 ❶〔モデルや写真などにあらわされた人の〕体のかまえかた。しせい。例 美しいポーズをとる。❷〔物事をするときの〕きどった態度。みせかけだけの態度。例 かれのやさしさは、単なるポーズにすぎない。▼英語 pose

ほおずき 名詞 ❶ナス科の植物。秋、だいだい色のふくろのようながくの中に、赤い色の実ができる。❷「ほおずき①」の実から種をのぞいたもの。口の中に入れて鳴らして遊ぶ。注意「ほうずき」と書かないこと。漢字 鬼灯。

ほおずり【頬擦り】 名詞 する動詞 〔いとおしむ気持ちから〕自分のほおを相手のほおにすりつけること。

ボーダーライン 名詞 わかれめ。さかいめ。二つの間の、すれすれのところ。例 合格と不合格のボーダーラインにいる。▼英語 borderline

ポータブル 名詞 持ち運びできること。また、持ち運びできるもの。例 ポータブル電源。▼英語 portable

¹ポーチ 名詞 〔洋風の建物で〕玄関前に張り出した屋根のついたところ。車よせ。▼英語 porch

²ポーチ 名詞 小物を入れる小さなふくろ。小型のバッグ。例 化粧品用のポーチ。▼英語 pouch

ほおづえ【頬づえ】 名詞 ひじをついて、ほおを手のひらでささえること。参考 ふつう「ほおづえをつく」の形で使う。⇩図。

ボート 名詞 西洋風の、〔オールでこぐ〕小さなふね。⇩176ページ・²オール（図）。参考 boat はオールでこぐふねだけでなく、海を行く大きな客船のこともある。⇩カヌー。▼英語 boat

ポートボール 名詞 バスケットボールに似た球技。バスケット（＝底のないあみかご）にシュートするかわりに、台の上に乗った人（＝ゴールマン）へのパスが成功すると得点となり、その得点をあらそう。参考 日本で生まれたスポーツ。▼英語 port ball

頬づえ

ボートレース 名詞 ❶ボートを決められたコースでこいで、はやさをきそう競技。レガッタ。❷地方公共団体がおこなう、お金をかけたモーターボートの競走。▼英語 boat race

ボーナス 名詞 ❶〔役所や会社などで〕給料のほかに、夏期・年末などに特別にしはらわれるお金。賞与。例 ボーナスが出たのでテレビを買った。❷特別なほうび。例 ボーナスポイント。▼英語 bonus

ほおのき【ほおの木】 名詞 モクレン科の木。大きな葉がえだの先に集まってつく。ほお。

ホーバークラフト 名詞 ⬇1210ページ・ホバークラフト。

ほおばる【頬張る】 動詞 口の中に食べ物をたくさん入れる。例 リスはどんぐりを頬張る。活用 ほおば・る。

ホープ 名詞 ❶希望。望み。❷〔あることについて〕みんなから望みをかけられている人。例 ラグビー界のホープ。▼英語 hope

ほおべた【頬べた】 名詞 ⬇1207ページ・ほっぺた。

ほおべに【頬紅】 名詞 化粧品の一つ。ほおにつける紅。参考「ほほべに」ともいう。

ホーマー 名詞 ⬇ホームラン。▼英語 homer

¹ホーム 名詞 「プラットホーム①」の略。

²ホーム 名詞 ❶家庭。家。例 マイホーム。❷世話をする人のいない子ども・高齢者・生活にこまっている人などの世話をするしせつ。例 老人ホーム。❸野球の本塁。ホームベース。❹サッカーなどで、自分のチームの本きょ地。対 アウェー。▼英語 home

ホームイン 名詞 する動詞 野球でランナーが本塁をふんで、得点すること。参考 英語の「ホーム」と「イン」を組み合わせて日本でつくった言葉。

ホームグラウンド 名詞 ❶野球で、そのチームが本拠地にしている球場。❷よくなれていて、その人が十分に活躍できる場所や分野。▼英語 home ground

ホームシック 名詞 〔旅先などで〕家庭やふるさとをとてもこいしく思うこと。参考 英語の「ホームシックネス（homesickness）」から。

ホームステイ 名詞 外国の留学生などが、いっぱんの家庭で生活しながら、その国の言葉や文化を学ぶこと。▼英語 homestay

ホームストレッチ 名詞 陸上競技場などで、ゴールのある側の直線走路。対 バックストレッ

チ。▼英語 homestretch

ホームセンター（名詞）日曜大工や園芸のための品物、雑貨品などを売っている店。（参考）英語を組み合わせて日本でつくった言葉だが、英語でも使われる (home center)。

ホームドラマ（名詞）家庭の中でおこるできごとをもとにしてつくられた劇。（参考）英語の「ホーム」と「ドラマ」を組み合わせて日本でつくった言葉。英語では family drama という。

ホームページ（名詞）個人や団体・企業などがインターネットの中におく、情報を発信するためのページ。また、それを開いたときに表れる、最初の画面。HP。▼英語 home page

ホームベース（名詞）野球の本塁。また、そこにおく五角形の白い板。（参考）英語で home base は本拠地、活動の拠点のこと。

ホームヘルパー（名詞）手助けを必要とする高齢者や体の不自由な人の家庭に行って、家事をしたり世話をしたりする人。訪問介護員。▼英語 home helper

ホームラン（名詞）野球で、打者がその一打だけで塁をまわって本塁までもどり、一点となる安打。本塁打。ホーマー。（参考）打球が外野スタンドに入るか、フィールドにボールが転がっている間に本塁までもどるかの、二種類ある。▼英語 home run

ホームルーム（名詞）中学校や高等学校の学級。また、その担任の先生と生徒がいろいろな問題について話し合ったり活動したりすること。また、その時間。HR。▼英語 homeroom

ホームレス（名詞）住む家をなくして、公園などでくらしている人。路上生活者。（参考）英語の homeless（家のない）から。

ポーランド（地名）ポーランド共和国。ヨーロッパ中部にあり、バルト海にのぞむ国。首都はワルシャワ。▼英語 Poland

¹ボーリング（名詞）地質を調べたり、石油・天然ガス・地下水などをわき出させたりするために、深いあなをほること。▼英語 boring

²ボーリング（名詞）➡1195ページ・ボウリング。

ホール（名詞）❶西洋風の大広間。❷ぶたいや客席のある、もよおし物などの会場。また、その会館。▼英語 hall

ボール（名詞）❶スポーツや遊びに使う、ゴム・かわ・プラスチックなどでつくった、まるいもの。球。例サッカーボール。❷野球でピッチャーの投げた球が、ホームベース上の決められたはんい（＝ストライクゾーン）をはずれること。例ボールと判定される。（対）ストライク。▼英語 ball

ポール（名詞）❶細長いぼう。さお。❷ぼう高とびに使うぼう。▼英語 pole

ボールがみ【ボール紙】（名詞）わらや古紙をもとにしてつくったあつい紙。かたく、しっかりしているので箱などにする。（参考）英語の board（板）が「ボール」に聞こえたからとされる。英語では cardboard という。

ボールベアリング（名詞）〔自動車やきかいなどの〕回転する軸と軸うけのまさつを少なくするために、金属の小さな球を入れた軸うけ。▼英語 ball bearing

ボールペン（名詞）回転する小さな金属の球を先にはめこんで、書くときにそれが回ってインキが出るしかけの筆記用具。（参考）英語の「ボールポイントペン (ball-point pen)」から。

ほおをふくらませる【頬を膨らませる】（慣用句）不平や不満のありそうな顔つきをする。例弟は注意されるとすぐに頬を膨らませる。

ほおん【保温】（名詞）（する動詞）ある決まった温度をたもつこと。さめないようにすること。例湯をまほうびんで保温する。

ぼおん【母音】（名詞）➡1186ページ・ぼいん（母音）。

ボーンヘッド（名詞）野球などで、判断をまちがえて、してはいけないプレーをすること。例ボーンヘッドで試合に負けた。（参考）英語の bonehead から。

¹ほか【外】（名詞）❶程度やことがらが、あるはんいの外にあること。例思いの外、たくさんの人がいた。❷《「ない」の言葉を続けて》それ以外にはないということを表す言葉。例かわいそうという外はない。⇩使い分け。

²ほか【他】（名詞）別のもの。例他の人。／他の国。⇩使い分け。

ぽか（名詞）不注意でおこった、思いがけない失敗。例またぽかをやっちゃった。（参考）くだけた言い方。

ほかく【捕獲】（名詞）（する動詞）〔魚・鳥・けものなどを〕つかまえること。例シカを捕獲する。

ほかげ【火影】（名詞）火の光。また、ともしびの光。

使い分け　ほか

●あるはんいから出ていること。思いの外のできごと。

●別のもの。他の人にきいてみよう。

ほかけぶね【帆掛け船】名詞 ほをはって進む日本式の船。帆前船。帆船。

ぼかす 動詞 ❶色のこいうすいのさかいめをはっきりさせない。❷〔言葉や話のないようなどを〕はっきりさせない。あいまいにする。活用 ぼか・す。

ほかでもない【他でもない・外でもない】連語 ほかのものではない。そのこと以外のことではない。例 この話は、他でもないぼく自身の体験です。

ほかならない【他ならない・外ならない】連語 ほかのことではない。たしかにそれである。例 この成功はきみの努力の結果に他ならない。

ほかほか 副詞(−と) する動詞 あたたまるようす。また、あたたかいようす。例 ほかほかのごはん。

ぽかぽか 副詞(−と) する動詞 ❶〔気持ちよく感じるほど〕あたたかいようす。例 ぽかぽかした春の陽気。❷〔頭などを〕続けてたたくようす。例 ぽかぽかたたく。

ほがらか【朗らか】形容動詞 性格が明るくて、さわやかなようす。例 いつも朗らかな人。

ほかん【保管】名詞 する動詞 こわしたりなくしたりしないよう、大切にしまっておくこと。

ぽかんと 副詞 ❶ぼんやりしているようす。❷頭などをいきおいよくうつようす。例 頭をぽかんとたたいた。❸口を大きく開けているようす。例 口をぽかんと開けて見ている。

ぼき【簿記】名詞 〔会社などで〕お金の出し入れをちょうめんに書き入れて整理する方法。

ぼきぼき 副詞(−と) 木のえだやほねなど、かたいものが続けて折れるようす。また、そのような音。例 せぼねがぼきぼきと鳴る。

ぽきぽき 副詞(−と) 木のえだやほねなど、細くてかたいものが続けて折れるようす。また、そのような音。例 えだをぽきぽき折る。

ほきゅう1【捕球】名詞 する動詞 〔野球などの球技で〕ボールをつかむこと。

ほきゅう2【補給】名詞 する動詞 足りなくなった分をおぎなうこと。例 ねんりょうを補給する。

ほきょう【補強】名詞 する動詞 弱いところをおぎなって全体を強くすること。例 ていぼうの補強工事をする。類 強化。増強。

ぼきん【募金】名詞 する動詞 〔ある目的のために〕多くの人から寄付のお金を集めること。

ほきんしゃ【保菌者】名詞 〔まだ発病していないが〕体の中に病原体をもっている人。

ぼく【僕】代名詞 男性が自分をさしていう言葉。

ほくい【北緯】名詞 赤道を〇度として北へはかった緯度。対 南緯。⇩404ページ・経度(図)。

ほくおう【北欧】名詞 ヨーロッパの北の地域。北ヨーロッパ。フィンランド・ノルウェー・スウェーデン・デンマーク・アイスランドをさす。

ボクサー 名詞 ボクシングの選手。拳闘家。▼英語 boxer

ぼくし【牧師】名詞 キリスト教のプロテスタント(=新教)で、信者をみちびき、説教する人。参考 ⇩644ページ・神父。

ぼくじゅう【墨汁】名詞 すみをすったしる。また、すぐ使えるように作った、黒いしる。

ほくじょう【北上】名詞 する動詞 北の方へ向かって進むこと。北進。例 台風が北上する。対 南下。

ぼくじょう【牧場】名詞 〔牛・馬・羊などの〕家ちくを放しがいにして育てるところ。まきば。

ボクシング 名詞 ロープを四角にはったリングの中で、手にグローブをはめて、たがいにうち合い勝ち負けを決める競技。拳闘。参考 体重によっていくつかの階級に分かれている。▼英語 boxing

ほぐす 動詞 ❶もつれているものをほどく。例 毛糸をほぐす。❷かたまったものをやわらかくする。例 かたのこりをほぐす。活用 ほぐ・す。

ほくせい【北西】名詞 北と西の中間の方角。対 南東。

ぼくそう【牧草】名詞 家ちくのえさになる草。

ほくそえむ【ほくそ笑む】動詞 〔自分の思い

通りにいったときなどに〕一人でそっと笑う。例ひそかにほくそ笑んだ。活用ほくそえ・む。

ほくたん【北端】名詞〔陸地や国境などの〕北のはずれ。例島の北端。対南端。

ぼくちく【牧畜】名詞〔牛・馬・羊などの〕家ちくをかって、育てたりふやしたりすること。また、その肉・乳・毛・皮などを利用すること。

ほくとう【北東】名詞 北と東の中間の方角。対南西。

ぼくとう【木刀】名詞 木でつくった刀。木剣。

ぼくどう【牧童】名詞 牧場で、牛・馬・羊などの世話をする少年・男の人。

ほくとしちせい【北斗七星】名詞 大ぐま座にある、ひしゃくの形にならんだ七つの星。北の空に見え、北極星を見つける目じるしになっている。⇩図。

北極星

北斗七星

ぼくとつ【木とつ・朴とつ】名詞 形容動詞 そぼくで、口数が少ないこと。例ぼくとつな青年。

ぼくにょう 名詞 漢字の部首の一つ。「改」「放」などの「攵」の部分。のぶん。

ほくぶ【北部】名詞 北の方の部分。例北部へ向かう。対南部。

ほくべい【北米】名詞「北アメリカ」のこと。対南米。

ほくほく 副詞(-と) する動詞 ❶すっかり満足したようす。例うまくいったとほくほくしている。❷焼いたりふかしたりした、いも・クリなどが、口あたりがよくなって、おいしそうなようす。例あまくて、ほくほくした焼きいも。

ぽくぽく 副詞(-と) ❶木魚をたたく音。例木魚の音がぽくぽくひびく。❷ゆっくり歩くようす。例馬がぽくぽく歩く。

ぼくめつ【撲滅】名詞 する動詞 すっかりほろぼしてしまうこと。例コピー商品を撲滅する。類絶滅。

ほくよう【北洋】名詞 北極に近い海。北海。例北洋でサケ・マスをとる。

ほくりく【北陸】名詞 中部地方の日本海側。福井・石川・富山・新潟の四県。北陸地方。

ほぐれる 動詞 ❶〔結んだり、もつれたりした糸やつなが〕とけてはなれる。例くつひもがほぐれる。❷〔きんちょうしていた気持ちなどが〕なごやかになる。やわらぐ。例話し合ううちに、みんなの気持ちはほぐれてきた。活用ほぐ・れる。

ほくろ 名詞 ひふにある小さな黒い点。

ぼけ[1] 名詞 ❶ぼけること。また、ぼけている人。ことば「時差ぼけ」❷漫才で、つっこみ役に対してまがぬけたことを言う役。対②つっこみ。

ぼけ[2] 名詞 バラ科の木。春に赤や白色の花がさく。原産地は中国大陸。漢字 木瓜。

ほげい【捕鯨】名詞 クジラをとること。

ほげいせん【捕鯨船】名詞 クジラをとるための設備や道具をつみこんだ船。

ほげた【帆桁】名詞 船のほをはるためにほばしらの上にわたしてある長い横ぼう。⇩1074ページ・帆船(図)。

ほけつ【補欠】名詞 足りない人員をおぎなうこと。また、おぎなうための(予備の)人。

ぼけっと 副詞 する動詞 何も考えないですごすこと。例ぼけっとしないで、早く来て。

ポケット 名詞 洋服についている小さな物入れ。▼英語 pocket

ぼけつをほる【墓穴を掘る】慣用句 自分のしたことで、自分をあやうくする。例よけいなことを言って、墓穴を掘る。参考 もともとは、自分をほうむるための墓の穴を自分でほるという意味。

ぼける 動詞 ❶頭の働きがにぶくなる。もうろくする。例頭がぼけてよく思いだせない。❷色や形がうすくなってはっきりしない。例ぼけた色。／この写真はぼけている。活用ぼ・ける。

ほけん[1]【保険】名詞 決められた額のお金をふだんから(少しずつ)はらっておき、思いがけない災難にあったときに、そのどあいによって決められたお金を受け取るしくみ。例生命保険。

ほけん[2]【保健】名詞 体をじょうぶにして、病気にかからないようにすること。

ほけんし【保健師】名詞 国家試験に合格して、保健所・学校・会社などで健康・栄養・育児・衛生などについて指導する仕事をする人。参考 もとは「保健婦」といった。

ほけんしつ【保健室】名詞 学校や会社などで、かんたんなけがや病気のちりょうをするた

めの部屋。

ほけんじょ【保健所】名詞 人々の健康を守るために、衛生について指導したり、健康しんだんや予防注射などの仕事をしたりする役所。都道府県や決められた市などにおかれる。

ほけんしょう【保険証】名詞 健康保険に入っていることを証明するもの。健康保険証。参考 病院などで病気やけがをみてもらうときに、受付に出す。

ほけんふ【保健婦】名詞 ⬇ほけんし。

¹ほこ【矛】名詞 ぼうの先に、両側に刃のついたけんをつけて、やりのように敵をつく武器。⇩図。

矛

¹ほご 名詞 ❶〔書きそこないなどで〕いらなくなった紙。❷役に立たない、ねうちのないもの。ことば「〔約束を〕ほごにする」 漢字 反故。

²ほご【保護】名詞 する動詞 〔弱いものを〕助けて守ること。例 頭部を保護するヘルメット。／自然保護。

ぼご【母語】名詞 おさないときからしぜんに身につき、話すことができる言葉。母国語。

ほこう【歩行】名詞 する動詞 歩くこと。例 歩行者。

¹ぼこう【母校】名詞 ❶自分が卒業した学校。出身校。❷自分が学んでいる学校。

²ぼこう【母港】名詞 その船が出発した、もとの港。その船が根拠地とする港。例 母港へ帰る。

ほこうしゃ【歩行者】名詞 道を歩いている人。例 歩行者を優先する。

ぼこく【母国】名詞 自分の生まれ育った国。祖国。故国。例 母国語。対 異国。

ほこさき【矛先】名詞 ❶ほこの先。❷〔論争や批判の〕攻撃の方向。ことば「矛先をかわす」

ほこさきをむける【矛先を向ける】慣用句 〔論争や批判の〕攻撃を、ある人や物事に向ける。

ほごしゃ【保護者】名詞 子どもを保護する責任のある大人の人。

ほごしょく【保護色】名詞 生活しているまわりのものの色と似ていて、見分けがつきにくいような動物の体の色。敵から身を守ることができる。参考 アマガエル・カメレオンなどにみられる。

ほごちょう【保護鳥】名詞 法律でとることをきんじて、保護されている鳥。参考 天然記念物の鳥、害虫を食べる鳥、数が少なくなった鳥など。

ほごぼうえき【保護貿易】名詞 国内の産業を守るために、国が輸入をおさえたり輸出を進めたりすること。

ぼこぼこ 一 副詞(-と) ❶水がわき出る音。例 わき水がぼこぼこと音を立てている。❷らんぼうにものをたたく音。また、そのようす。例 かべをぼこぼことたたく。
二 副詞(-と) 形容動詞 あなやくぼみが、たくさんあるようす。例 あながぼこぼこあいている。／かべがぼこぼこになる。

ぽこぽこ 副詞(-と) ❶あわがわき出る音。例 あわがぽこぽことうかんできた。❷中がからっぽのものをたたく音。例 かんをぽこぽこたたく。

ほこら 名詞 神をまつる小さいやしろ。例 石のほこら。参考 神社より小さいものをいう。

ほこらしい【誇らしい】形容詞 ほかの人にじまんしたいようす。例 優勝した選手を誇らしく思う。活用 ほこらし・い。

¹ほこり 名詞 空中にとびちっている、細かいごみ。

²ほこり【誇り】名詞 すぐれているとみとめられ、自分でもそのように思うこと。また、その気持ち。ことば「誇りをもつ」

ほこる【誇る】動詞 すぐれているとみとめられ、自分でもそのように思う。例 絶大な人気を誇る。活用 ほこ・る。

ほころばせる 動詞 ❶つぼみを少し開く。例 ウメがつぼみをほころばせる。❷えがおをみせる。例 赤ちゃんのむじゃきなしぐさに、思わず顔をほころばせた。活用 ほころば・せる。

ほころび【綻び】名詞 ほころびること。ほころびたところ。例 綻びをぬう。

ほころびる【綻びる】動詞 ❶〔服などの〕ぬい目がとける。例 そで口が綻びる。❷〔花の〕つぼみが少し開く。例 バラが一輪綻びた。❸〔顔つきなどが〕おだやかになる。えがおになる。例 うれしくて思わず顔が綻びる。参考「綻ぶ」ともいう。活用 ほころ・びる。

ほころぶ【綻ぶ】動詞 ⬇ほころびる。活用 ほころ・ぶ。

ほさ【補佐】名詞 する動詞 人の仕事を助けること。

ア 問題の□をかける　イ 宿題が□のように出た

あいうえお かきくけこ さしすせそ たちつてと なにぬねの はひふへほ ほ まみむめも や ゆ よ らりるれろ わ を ん

また、その役の人。例 委員長を補佐する。

ほさき【穂先】 名詞 ❶〔イネなどの〕植物のほの先。❷〔やり・ふでなど〕とがったものの一番先。例 やりの穂先をかわす。

ほざく 動詞 「言う」のけいべつした言い方。例 生意気なことをほざくな。活用 ほざ・く。

ぼさつ 名詞 仏教で、さとりをもとめ、世の中の人々をすくいみちびき、仏への道をたどる人。漢字 菩薩。

ぼさっと 副詞 する動詞 ❶髪の毛がきちんとそろっていないようす。例 ぼさっとした髪で、みっともない。❷何もしないでぼうっとしているようす。例 ぼさっと立っていないで、手伝って。

ぼさぼさ 副詞(-と) する動詞 ❶髪の毛などがみだれているようす。例 ぼさぼさの頭で出かける。❷しなくてはならないことをしないようす。例 ぼさぼさしていないで、行きなさい。

ぼさん【墓参】 名詞 する動詞 はかまいり。

ほし【星】 名詞 ❶夜空にかがやいて見える天体。例 星を見る。❷「星①」をかたどった「☆」のしるし。また、小さなまるい点。例 星じるし。❸相撲などで勝ち負けを表すしるし。また、勝負の成績。ことば「星を落とす（＝負ける）」❹犯人。例 星を追う。参考 ④はくだけた言い方。❺運勢。例 よい星のもとに生まれる。❻人々に期待されるような目立つ人。例 期待の星。

ほじ【保持】 名詞 する動詞 たもち続けること。維持。例 チャンピオンベルトを保持する。

ぼし【母子】 名詞 母と子。例 母子ともに健康だ。

ポジ 名詞 明暗や色がじっさいと同じに見える写真。陽画。対 ネガ。参考 英語「ポジティブ（positive）」の略。

ほしあかり【星明かり】 名詞 星の光で少し明るいこと。また、星の光。例 夜道を、星明かりをたよりに歩いた。

ほしい【欲しい】 形容詞 ❶自分のものにしたい。例 お菓子が欲しい。／前からずっと欲しかった本を手に入れた。／欲しい物は何ですか。❷《動詞の下につけて》「…してもらいたい」の意味を表す言葉。例 わたしのたのみを聞いて欲しい。活用 ほし・い。

ほしいまま 形容動詞 勝手きままなようす。自分の思うままにふるまうようす。ことば「（権力を）ほしいままにする」

ほしうらない【星占い】 名詞 星座や星の動き方によって運勢や性格などをうらなうこと。また、その方法や技術。

ポシェット 名詞 首やかたからひもやベルトでつるす小物入れ。▼英語（フランス語から）pochette

ほしがき【干し柿】 名詞 しぶがきの皮をむき、日にほしてあまくしたもの。

ほしかげ【星影】 名詞 星の光。例 またたく星影。

ほしがる【欲しがる】 動詞 ほしいと思う。ほしそうなようすをする。例 妹は絵本を欲しがった。活用 ほしが・る。

ほしくさ【干し草】 名詞 〔家畜のえさにするために〕かりとってほした草。

ほしくず【星くず】 名詞 夜空にちらばって光って見える、数多くの小さな星。

ほじくりかえす【ほじくり返す】 動詞 ❶ほじくってひっくり返す。例 モグラが土をほじくり返した。❷すんだことをふたたび取り上げて追及する。例 昔の事件をほじくり返す。活用 ほじくりかえ・す。

ほじくる 動詞 ❶あなをほって中のものを出す。例 カラスがたねをほじくる。❷わざわざさがしもとめる。例 人のあらをほじくる。参考「ほじる」ともいう。活用 ほじく・る。

ポジション 名詞 位置。地位。特に、野球などの球技で、選手の守る位置・場所。例 レフトのポジションを守る。▼英語 position

ほしぞら【星空】 名詞 多くの星が見える夜空。

ほしづきよ【星月夜】 名詞 よく晴れていて、星の光が月のように明るい夜。参考「ほしづくよ」ともいう。

ポジティブ 一 形容動詞 積極的であるようす。肯定的であるようす。例 何事にもポジティブな人。対 ネガティブ。▼英語 positive
二 名詞 ⇩ポジ。

ほしぶどう【干しぶどう】 名詞 ブドウの実をほしてかんそうさせた食品。レーズン。

ほしまつり【星祭り】 名詞 七夕まつり。参考 七月七日の夜におこなわれる。

ほしもの【干し物】 名詞 日にほしてかわかすこと。また、かわかしたもの。特に、せんたくしてほしたものをいう。参考 日にほした魚や貝などは「干物」という。

 ことばあそび ことばクイズ㉒ □の中に入る同じことばは何でしょう？

ほしゃく【保釈】名詞 する動詞 罪に問われてつかまっている人を、刑が決まる前に保証金のしはらいとひきかえに、釈放すること。

1**ほしゅ**【保守】名詞 する動詞 今までの状態・考え方・やり方などを守ること。例 保守的な思想。対 革新。

2**ほしゅ**【捕手】名詞 野球で、本塁を守り、投手の投げる球をうける人。キャッチャー。

1**ほしゅう**【補修】名詞 する動詞 こわれたところをおぎなって、直すこと。例 くずれたかべを補修する。類 改修。⇩使い分け。

2**ほしゅう**【補習】名詞 する動詞 学校で、決まった時間のほかにつけ加えて勉強をおこなうこと。また、その勉強。例 補習授業。⇩使い分け。

ほじゅう【補充】名詞 する動詞 足りなくなったところをおぎなって十分なものにすること。例 欠員の補充。

使い分け　ほしゅう

●直すこと。
補修工事。

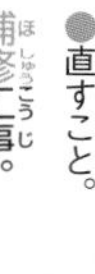

●つけ加えて勉強すること。
補習を受ける。

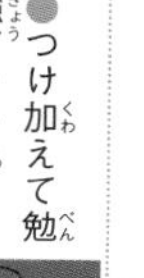

ぼしゅう【募集】名詞 する動詞 〔人や作品などを〕多くの人によびかけて集めること。例 ラジオ番組でリクエストを募集する。

ほしゅてき【保守的】形容動詞 今までの考え方・やり方を守っていこうとするようす。例 保守的な考え方。対 進歩的。革新的。

ほじょ【補助】名詞 する動詞 足りないところや、できないところをおぎなって、助けること。例 費用の一部を補助する。

1**ほしょう**【保証】名詞 する動詞 責任をもってうけあうこと。例 身分を保証する。⇩使い分け。

2**ほしょう**【保障】名詞 する動詞 〔ほかから害を加えられないように〕責任をもって守ること。例 言論の自由を保障する。⇩使い分け。

3**ほしょう**【補償】名詞 する動詞 あたえた損害のつぐないをすること。例 災害の補償。／補償金。⇩使い分け。

ほしょうにん【保証人】名詞 ある人のこれから先のおこないや仕事の結果について責任をもつ人。

ほじょかへい【補助貨幣】名詞 もとになる貨幣をおぎなう、額の小さいお金。銀貨・銅貨・ニッケル貨など。

ほじょきん【補助金】名詞 足りない分をおぎなうために出すお金。

1**ほしょく**【補色】名詞 まぜ合わせると灰色や黒色など無彩色になる、二つの色。赤と青緑、だいだい色と青など。参考 ⇩1075ページ・反対色。

2**ほしょく**【捕食】名詞 する動詞 生き物がほかの生き物をつかまえて食べること。例 虫を捕食する鳥。

使い分け　ほしょう

●責任をもつこと。
身元を保証する。

●責任をもって守ること。
安全を保障する。

●つぐないをすること。
損害を補償する。

ほじょせき【補助席】名詞 劇場やバスなどの乗り物で、満員になって席が足りないときに出す座席。

ほじる 動詞 ⬇ほじくる。活用 ほじ・る。

ほしん【保身】名詞 自分の体の安全や、地位・めいよなどを守ること。ことば「保身をはかる」

ほす【干す】動詞 ❶〔かわかすために〕日光・熱・風などにあてる。例 せんたくものを干す。

❷池や沼などの水をすっかりなくす。❸器の中の液体を残らず飲む。例さかずきを干す。❹人にわざと仕事や役目をあたえないようにする。ことば「仕事を干される」 活用ほ・す。

ボス 名詞 親分。かしら。参考 英語の boss は社長、上司、権限をもってものごとを決められる人などの意味で、悪いイメージはない。▼英語 boss

ほすい【保水】 名詞 する動詞 水をたくわえておくこと。例ダムの保水量をしらべる。

ポスター 名詞 何かを広く伝えたり、宣伝したりするためのはり紙。▼英語 poster

ポスターカラー 名詞 ポスターなどをかくときに使う、水にとける絵の具。参考 英語の poster color からだが、英語では poster paint というのがふつう。

ポスターセッション 名詞 自分の意見や計画などを発表したり報告したりするときのやり方の一つ。要点・図・表などをかいたポスターくらいの大きさの紙を、かべや板にはって説明する。▼英語 poster session

ポスト 名詞 ❶ゆうびん物を出すときに入れるはこ。❷その人の地位や役目。例父は会社の重要なポストについた。▼英語 post

ボストンバッグ 名詞 そこが長方形で、真ん中がふくれている形の旅行用のかばん。▼英語 Boston bag

ホスピス 名詞 病気が重く、なおる見こみの少ない患者が、病気を治すことよりもいたみや苦しみをやわらげ、よりよく生きるために入院する施設。▼英語 hospice

ホスピタリティ 名詞 〔客を満足させるための、心のこもった〕おもてなし。▼英語 hospitality

ほせい【補正】 名詞 する動詞 足りないところを足したり、悪いところを直したりすること。例手ぶれを補正する機能のついたカメラ。

ぼせい【母性】 名詞 母親としての性質。例母性本能。対父性。

ぼせいあい【母性愛】 名詞 母親が子どもを愛する気持ち。対父性愛。

ほせつ【補説】 名詞 する動詞 説明の足りないところをおぎなうための説明。

ほせん【保線】 名詞 鉄道の線路を列車が安全に使えるように守ること。また、その仕事。例保線工事。

ほぜん【保全】 名詞 する動詞 安全であるように守ること。例環境の保全につとめる。

ぼせん【母船】 名詞 小さな船をひきつれている、大きな船。親船。

ぼぜん【墓前】 名詞 墓の前。例墓前に花をそなえる。

ほそい【細い】 形容詞 ❶〔つつ形の〕まわりの長さが短い。はばがせまい。また、やせているようす。例みきの細い木。／細い道。／細い腰。❷〔声などが〕小さく弱い。例細い声。❸量が少ない。例食が細い。対①②太い。活用ほそ・い。

ほそう【舗装】 名詞 する動詞 道の表面をコンクリートやアスファルトでかためたり、れんがなどをしきつめたりしてととのえること。

ほそうで【細腕】 名詞 ❶細いうで。弱そうなうで。❷かよわい力。働く力が弱いこと。

ほそおもて【細面】 名詞 ほっそりした顔。例細面の女の人。

ほそく[1]【歩測】 名詞 する動詞 〔道のりを〕歩いて、その歩数と一歩の歩はばからきょりをはかること。類目測。

ほそく[2]【補足】 名詞 する動詞 足りないところをおぎなうこと。例説明を補足する。

ほそくながく【細く長く】 連語 少しずつ長く続くこと。短い間に力を出しきってしまわず、細々と長く続けること。また、そのようす。例細く長く生きる。

ぼそっと 副詞 ❶短い言葉を小さな声で言うようす。例ぼそっと返事をする。❷何もしないで、ぼんやりとしているようす。ぼさっと。例ろうかのすみにぼそっと立っている。

ほそながい【細長い】 形容詞 細くて長い。例細長い指。活用ほそなが・い。

ほそびき【細引き】 名詞 麻をよってつくった、細いなわ。

ほそぼそ【細細】 副詞(-と) ❶とても細いようす。弱々しいようす。例細々とした声。❷何とか生活しているようす。例細々とくらす。参考 ふつう「細々」と書く。

ぼそぼそ 一 副詞(-と) 低く小さな声で話すようす。例夜中にぼそぼそと話す声を聞いた。二 副詞(-と) する動詞 水気がなく、かわいているようす。例ぼそぼそしたパン。

ほそめ[1]【細め】 名詞 形容動詞 どちらかといえば

細いようす。例 細めの糸であんだセーター。対 太め。

²ほそめ【細目】名詞 少し開けた目。

ほそめる【細める】動詞 細くする。例 目を細めてよろこぶ。活用 ほそ・める。

ほそる【細る】動詞 ❶細くなる。やせて細くなる。例 心配で身も細る思いだ。❷分量がへる。力やいきおいが弱くなる。ことば 「（ひどい暑さで）食が細る（＝あまり食べられなくなる）」 活用 ほそ・る。

ほぞをかむ 故事成語 どうにもならないことを、あとになってくやむことをたとえていう言葉。後悔する。参考 「ほぞ」は、へそのこと。自分のへそをかもうとしてもできないことから。

ほぞん【保存】名詞 する動詞 そのままの状態で、長くとっておくこと。例 塩づけにして保存する。／保存食品。

ポタージュ 名詞 生クリームや牛乳などを使ってつくる、どろっとしたこいスープ。例 コーンポタージュ。▼英語（フランス語から）potage

ぼたい【母体】名詞 ❶〔子どもをうむときの〕母親の体。❷わかれる前の、もとの団体。例 同好会を母体として生まれた町の野球チーム。

ぼだいじ【ぼだい寺】名詞 先祖代々の墓や位はいをおいて、めいふくをいのり、供養をする寺。檀那寺ともいう。ぼだい所。

ぼだいじゅ【ぼだい樹】名詞 ❶シナノキ科の木。六月ごろ、うす黄色のかおりのある花がさく。原産地は中国大陸。❷クワ科のインドボダイジュ。葉の先が細くなっている。参考 ❷は、仏教をはじめた釈迦が、この木の下でさとりを開いたといわれる。漢字 菩提樹。

ほだされる 動詞 相手の気持ちにひかれる。例 人のなさけにほだされる。活用 ほださ・れる。

ほたてがい【帆立貝】名詞 イタヤガイ科の大きな二枚貝。貝柱を食用にする。ほたて。

ぼたぼた 一 副詞（－と）大つぶの液体が続いてしたたり落ちる音。また、そのようすを表す言葉。例 天井から水がぼたぼたと落ちてきた。二 副詞（－と）する動詞 水分を多くふくんで重そうなようす。例 ぼたぼたしたねんどをこねる。参考 「ぽたぽた」より重い感じのときに使う。

ぽたぽた 副詞（－と）水などのしずくが次々にしたたり落ちる音。また、そのようすを表す言葉。例 あせがぽたぽたと落ちる。参考 「ぼたぼた」より軽い感じのときに使う。

ぼたもち【ぼた餅】名詞 もち米とふつうの米をまぜてたいたものを軽くついてまるめ、あん、または、きな粉をまぶしたもの。ぼたんもち。おはぎ。

ぼたやま【ぼた山】名詞 炭鉱で、石炭をとったあとにのこる石ころや質の悪い石炭を積み上げてできた山。

ほたる【蛍】名詞 ホタル科のこん虫。腹の先が光る種類がいる。参考 日本では夏の水べで、ゲンジボタル・ヘイケボタルなどが見られる。

¹ぼたん 名詞 ボタン科の木。初夏に、赤・むらさき・白色などの大きな花がさく。漢字 牡丹。

²ボタン 名詞 洋服などの合わせめの一方につけて、もう一方のあなにはめてとめるもの。▼ポルトガル語

³ボタン 名詞 指でおして、ブザーをならしたり、機械の働きをおこさせたりするしかけ。例 ボタンをおしてエレベーターをまつ。▼英語 button

ぼたんゆき【ぼたん雪】名詞 ボタンの花びらのように、大きくふっくらとした雪。例 ぼたん雪が音もなくふる。参考 「ぼた雪」ともいう。類 綿雪。

ぼち【墓地】名詞 〔たくさんの〕はかがあるところ。はかば。

ホチキス 名詞 ➡ホッチキス。

ぼちぼち 副詞（－と）ゆっくりと物事にとりかかるようす。また、物事が少しずつ進むようす。例 ぼちぼち出かけようか。／ぼちぼち昼だ。／サクラの花がぼちぼちさき始めた。

ぽちゃぽちゃ 副詞（－と）する動詞 顔や体などが、ふっくらとして、かわいらしいようす。例 ぽちゃぽちゃした赤ちゃん。

ほちゅうあみ【捕虫網】名詞 こん虫をつかまえるためのあみ。

ほちょう【歩調】名詞 ❶歩くちょうし。足なみ。❷大ぜいの人がいっしょに仕事をするときのちょうし。ことば 「（仕事の）歩調を合わせる」

ほちょうき【補聴器】名詞 音をよくききとれない人が使う、音を大きくするための器具。

ぼつ【没】名詞 ❶死ぬこと。死亡。例 令和五年没。❷原稿を採用しないこと。例 記事が没になった。

ほっかいどう【北海道】地名 日本の北のはしにある、大きな島とそのまわりの島からなる

ア □がくらむ　イ □の色をかえる　ウ □を皿のようにする

地方公共団体。道庁は札幌市にある。⇩916ページ・都道府県（図）。

ぼっかてき【牧歌的】 形容動詞 牧歌のように、そぼくで、のんびりしているようす。例 牧歌的な風景。参考「牧歌」は田畑や牧場で働く人たちの、のどかな生活をうたった詩や歌のこと。

ぽっかり 副詞（−と） ❶軽くうかび、ただよっているようす。例 ぽっかりとうかんだ白い雲。❷ものがわれたり、あながあいたりするようす。例 道の真ん中に、ぽっかりあながあいた。

ほっき【発起】 名詞 する動詞 ❶ある会や事業などをおこす準備をすること。❷思い立つこと。信心の心をおこすこと。ことば ⇩「一念発起」 注意「はっき」と読まないこと。

ほっきにん【発起人】 名詞 新しく仕事や会を計画して、それをはじめる人。

ほっきょく【北極】 地名 地球の北のはし。地球の自転軸が地球の表面をつきぬける北側の点。対 南極。

ほっきょくかい【北極海】 地名 北極圏にある、ヨーロッパ・アジア・北アメリカの三大陸にかこまれた海。類 北氷洋。

ほっきょくぐま【北極熊】 名詞 クマ科の動物。北極地方の氷の上にすみ、体は白く大きい。泳ぎがうまく、アザラシや魚などを食べる。白クマ。

ほっきょくけん【北極圏】 名詞 北極と北緯六六・五度あたりの間にある地方。対 南極圏。

ほっきょくせい【北極星】 名詞 地球の真北の方角にある星。いつも北にあり、方角を知る目じるしになる。⇩1199ページ・北斗七星（図）。

ぽっきり 副詞（−と） ❶かたいものが折れるようす。また、そのときの音を表す言葉。例 バットがぽっきりと折れた。❷《数量を表す言葉につけて》ちょうどそれだけ。例 千円ぽっきり。

ほっく[1]【発句】 名詞 ❶連歌でさいしょの句。五・七・五の十七音からなる。❷俳句。

ホック[2] 名詞 洋服の合わせめをとめるための金具。かぎ状の金具をひっかけてとめる「かぎホック」と、丸いでこぼこをおし合わせてとめる「スナップ」とがある。▼オランダ語

ボックス 名詞 ❶はこ。❷はこの形にしきられた席。例 ボックスシート。❸はこの形の小さな建物。例 電話ボックス。❹野球でバッターやコーチャーなどの立つ、しきられたところ。例 バッターボックス。▼英語 box

ぽっくり[1] 名詞 うるしぬりの、げた。後ろの方がまるく、そこがくりぬいてあり、歩くと音がする。おもに少女がはく。参考「ぽっくり」「ぼくり」ともいう。⇩図。

[1]ぽっくり

ぽっくり[2] 副詞（−と） とつぜん死ぬようす。例 前日まで元気だったのにぽっくり死んでしまった。

ホッケー 名詞 球技の一つ。先のまがった木のぼうで、小さな球をうちあい、相手のゴールに入れて点数を争う。一チームは十一人。フィールドホッケー。参考 ⇩アイスホッケー。▼英語 hockey

ぼっこう【勃興】 名詞 する動詞 急にいきおいがさかんになること。例 新しい国々がつぎつぎに勃興する。

ほっこく【北国】 名詞 北の方にある国。北の寒い地方。きたぐに。対 南国。

ほっこり 副詞（−と） する動詞 あたたかい感じがして、心がおちつくようす。ほっとして、いやされるようす。例 パンダの子どもを見てほっこりした。

ほっさ【発作】 名詞 〔病気のしょうじょうが〕急にはげしくおこること。例 ぜんそくの発作。

ほっさてき【発作的】 形容動詞 〔むいしきのうちに〕物事をとつぜんおこなうようす。例 発作的な犯行。

ぼっしゅう【没収】 名詞 する動詞 無理に取ること。例 武器を没収する。

ほっする【欲する】 動詞 ほしいと思う。例 何よりも自由を欲する。参考 ややあらたまった言い方。活用 ほっ・する。

ぼっする【没する】 動詞 ❶しずむ。例 太陽が没する。❷かくれて見えなくなる。例 すがたを没する。❸〔人が〕死ぬ。例 先代は三年前に没した。活用 ぼっ・する。

ほっそく【発足】 名詞 する動詞 ❶出かけること。❷新しい会社や団体などができて、活動を始めること。例 このサークルは今年の四月に発足した。参考「はっそく」ともいう。

ことばクイズ㉓ □の中に入る同じことばは何でしょう？

ほっそり 副詞(−と) する動詞 細くて、すらりとしているようす。例 ほっそりした手。

ほったてごや【掘っ建て小屋】 名詞 土台をおかないで、柱を地面にうちこんで建てた（そまつな）小屋。

ほったらかす 動詞 そのままにして、ほうっておく。例 泣きやまない子をほったらかしておく。参考 くだけた言い方。活用 ほったらか・す。

ほったん【発端】 名詞 物事のおこり・はじまり。いとぐち。例 物語の発端。対 終末。

ぽっち 名詞 ⬇ぽっち[一]。例 はこについているぽっちをおすと音楽が流れる。

ぽっち[一] 名詞 小さな点。また、小さくとび出している、つまみなどの部分。ぽっち。
[二] 接尾語 《ある言葉の下につけて》「わずかに…だけ」の意味を表す言葉。だけ。ばかり。例 これっぽっち。／十円ぽっち。参考 [二]は、上にくる言葉によって「ぽっち」「ぽち」ともいう。例 ひとりぼっち。

ホッチキス 名詞 コの字の形のとじ金で紙などをとじる道具。ホチキス。ステープラー。参考 ホチキス（Hotchkiss）は製造会社の名前からで、英語では stapler という。

ぽっちゃり 副詞(−と) する動詞 ふっくらとして、かわいらしいようす。例 ぽっちゃりとした女の子。

ぼっちゃん【坊ちゃん】 名詞 ❶よその男の子をていねいな気持ちをこめてよぶ言葉。例 坊ちゃんはお元気ですか。❷大事に育てられて世の中のことを知らない男の人をばかにしていう言葉。例 苦労知らずの坊ちゃん育ち。

ぽっつり 副詞(−と) ❶点やあなが小さくできるようす。例 白いぬのにぽっつりと、しみがついた。❷一言つぶやくように言うようす。例「ごめんなさい。」とぽっつり言う。

[1]**ほっと**[一] 副詞 ためいきが出るようす。例 ほっといきをつく。
[二] 副詞 する動詞 はりつめていた気持ちがやわらぎ、安心するようす。例 集合時間に間に合って、ほっとした。

[2]**ホット**[一] 形容動詞 ❶あついようす。❷熱狂的。例 ホットなおうえん。❸最新であるようす。例 ホットなニュース。
[二] 名詞 あつい飲み物。特に、あついコーヒー。対 アイス。▼英語 hot

[1]**ぽっと**[一] 副詞 ❶とつぜんなにかが表れたり、とび出したりするようす。例 いいアイデアがぽっとうかぶ。／道路にぽっととび出す。❷電気がついたり、日がさしたりするようす。例 ランプのあかりがぽっとつく。
[二] 副詞 する動詞 ❶（おこったり、はずかしがったりして）急に顔が赤くなるようす。例 はずかしさで顔がぽっと赤くなる。❷ぼんやりしているようす。ぼうっとしているようす。例 親にあまやかされてぽっと育った。

[2]**ポット** 名詞 ❶コーヒー・紅茶などを入れるときに使う、そそぎ口がついた、つぼの形のうつわ。❷まほうびん。類 ジャー。▼英語 pot

ぼっとう【没頭】 名詞 する動詞 そのことだけに夢中になること。没入。例 仕事に没頭する。

ホットケーキ 名詞 小麦粉・ふくらし粉・たまご・さとう・牛乳などをまぜ合わせ、円形に焼いた食べ物。参考 英語の hot cake からだが、英語では pancake というのがふつう。

ホットドッグ 名詞 細長いパンに、焼いたソーセージをはさんだ食べ物。▼英語 hot dog

ほづな【帆綱】 名詞 帆を上げおろしするつな。

ぼつにゅう【没入】 名詞 する動詞 そのことだけに熱中すること。例 芸術に没入する。

ぼつねん【没年】 名詞 ❶死んだ時の年令。例 没年九十五才。❷死んだ年。例 没年は令和五年だ。

ぽつねんと 副詞 する動詞 一人で（さびしそうにして）いるようす。

ぼっぱつ【勃発】 名詞 する動詞 （事件や戦争などが）とつぜんおこること。例 戦争が勃発した。

ほっぴょうよう【北氷洋】 名詞「北極海」の別名。

[1]**ホップ** 名詞 アサ科の植物。まつかさに似た雌花が、ビールの原料になる。▼英語（オランダ語から）hop

[2]**ホップ** 名詞 する動詞 ❶はね上がること。例 ホップするボール。❷かた足でとぶこと。例 ホップ・ステップ・ジャンプ。▼英語 hop

ポップこうこく【ポップ広告】 名詞 店頭においたり、商品にそえたりする広告。参考 略して「ポップ」ともいう。「ポップ」は英語の「Point of purchase（販売時点）」の意味の英語の頭文字「POP」を読んだもので「ピーオーピー広告」ともいう。

ポップコーン 名詞 トウモロコシの実をいっ

て、はじけさせた食品。▼英語 popcorn

ほっぺた 名詞 「ほお」のくだけた言い方。ほおべた。

ほっぺたがおちる【ほっぺたが落ちる】 慣用句 とてもおいしいことのたとえ。例 このケーキは、ほっぺたが落ちるほど、おいしい。類 あごが落ちる。

ほっぽうりょうど【北方領土】 名詞 北海道の東にある歯舞群島・色丹島・国後島・択捉島のこと。日本固有の領土だが、ロシアに不法に占拠されており、解決のために交渉をおこなっている。

ぼつぼつ 副詞(〜と) 物事が少しずつ進むようす。また、物事を少しずつしていくようす。だんだん。そろそろ。例 ぼつぼつ出かけるか。

ぽつぽつ 副詞(〜と) ❶物事が少しずつ進むようす。例 ぽつぽつ話し始めた。❷小さな点やあなどが、あちらこちらにあるようす。例 小さな明かりがぽつぽつとともる。❸雨つぶが少しずつ落ちてくるようす。例 雨がぽつぽつとふり出した。

ぼつらく【没落】 名詞 する動詞 さかえていたものがおとろえほろびること。また、お金がなくなり、落ちぶれること。例 没落した旧家。

ぽつりと 副詞 ❶雨やしずくが落ちるようす。例 雨がぽつりとふってきた。❷小さな点や、あななどができているようす。例 ぽつりとあないた手ぶくろ。❸みんなからはなれて一人でいるようす。例 さみしそうにぽつりとすわっている。❹一言だけつぶやくように言うようす。また、小さな声で短い言葉を言うようす。例 ぽつりと一言つぶやく。

ぽつりぽつり 副詞(〜と) ❶雨つぶが少しずつ落ちてくるようす。例 雨がぽつりぽつりと落ちてきた。❷とぎれとぎれに話すようす。例 ぽつりぽつりと語った。

ほつれる 動詞 ❶ぬい目がほどける。例 スカートのすそがほつれた。❷ととのえた髪の毛がみだれる。とける。活用 ほつ・れる。

ぽつんと 副詞 ❶雨やしずくが落ちるようす。例 雨だれがぽつんと落ちる。❷小さな点やあなが一つだけできるようす。❸ほかからはなれて一つだけあるようす。例 野原にマツの木がぽつんと立っている。

ほてい【布袋】 名詞 七福神の一人。いつくしみやむつまじさの神。大きなふくろをもち、はらはまるく、おだやかな笑顔をしたすがたでえがかれる。⇨558ページ・七福神(図)。

ボディー 名詞 ❶体。特に、胴体の部分。❷自動車・飛行機・船などの乗り物や機械の本体。▼英語 body

ボディーガード 名詞 重要な人につきそって、命を守ること。また、その役目の人。ごえい。▼英語 bodyguard

ボディーチェック 名詞 する動詞 空港などで、刃物やけんじゅうなどの危険なものを持っていないかどうか、体を調べること。また、その身体検査。参考 日本でつくった言葉。英語では body search。日常的には frisk。

ボディービル 名詞 バーベルなどの器具を使って筋肉をきたえ、たくましい体をつくること。また、そのためにおこなう運動。▼英語 bodybuilding

ポテト 名詞 ジャガイモ。例 フライドポテト。▼英語 potato

ポテトチップス 名詞 うすく切ったジャガイモを油であげ、塩味などをつけた食品。ポテトチップ。▼英語 potato chips

1 **ほてる【火照る】** 動詞 顔や体などがあつくなる。また、そのように感じる。例 顔が火のように火照る。活用 ほて・る。

2 **ホテル** 名詞 西洋風の旅館。▼英語 hotel

ほど【程】 一 名詞 ❶物事のていど。例 年の程は、三十ばかりの人。❷かぎり。限度。例 ふざけるにも、程がある。❸時間やきょりのへだたり。例 程なくもどる。二 助詞 ❶程度を表す言葉。…ぐらい。例 百人ほど集まった。❷するにつれて。例 見れば見るほど美しい。参考 二はふつう、ひらがなで書く。

ほどあい【程合い】 名詞 ちょうどよいていど。ころあい。例 程合いのあたたかさ。

1 **ほどう【歩道】** 名詞 道で、人が歩くように区切ってあるところ。人道。例 横断歩道。対 車道。

2 **ほどう【補導】** 名詞 する動詞 〔悪いおこないをしないように〕めんどうをみて、正しい方向に進むようにすること。例 非行少年を補導する。

3 **ほどう【舗道】** 名詞 アスファルトやコンクリートなどでほそうされた道。ほそう道路。ペーブメント。例 雨の日の舗道はすべりやすい。

ほどうきょう【歩道橋】 名詞 車の行き来の

はげしい道路の上に、人が安全に横ぎるためにかけわたした橋。類 陸橋。

ほどく 動詞 結んであるものをとく。ぬってあるものをときはなす。例 古い着物をほどく。活用 ほど・く。

ほとけ【仏】 名詞 ❶仏教で、さとりを開いた人。特に、「釈迦」のこと。例 仏様。❷死んだ人。例 仏になる。❸情け深く、心の広い人のたとえ。また、お人よしの人のたとえ。例 仏の校長先生。

ほとけごころ【仏心】 名詞 ❶まよいのない心。例 年をとったが仏心にはなれない。❷情け深い心。あわれみの心。例 仏心をおこしたのがいけなかった。

ほとけつくってたましいいれず【仏作って魂入れず】 ことわざ 〔仏像の形はできてもたましいを入れなければ仏像はできあがらないことから〕形はできても、一番大事なことがぬけおちていたらなんにもならないこと。

ほとけのかおもさんど【仏の顔も三度】 ことわざ どんなに情け深い人でも、何度もひどいことをされればおこりだす、というたとえ。

ほとけのざ【仏の座】 名詞 ❶シソ科の植物。野原や道ばたにはえる。春、赤むらさき色の花がさく。❷コオニタビラコ。春の七草の一つ。⇩口絵6ページ。

ほどける 動詞 結んであるものや、ぬってあるものが、しぜんにとけてはなれる。例 おびがほどける。／くつのひもがほどける。活用 ほど・ける。

ほどこし【施し】 名詞 めぐみをあたえること。例 こまっている人に、施しをした。

ほどこす【施す】 動詞 ❶〔めぐみとして〕あたえる。例 金品を施す。❷おこなう。例 手術を施す。❸つけ加える。かざりつける。例 防水加工を施す。❹〔人々に〕しめす。例 面目を施す。活用 ほどこ・す。

ほどちかい【程近い】 形容詞 あまり遠くない。例 駅から程近いところにあるマンション。対 程遠い。活用 ほどちか・い。

ほどとおい【程遠い】 形容詞 かなりはなれている。例 理想とは程遠い。対 程近い。活用 ほどとお・い。

ほととぎす 名詞 カッコウ科の鳥。春に日本にくるわたり鳥。おすは「キョキョキョキョ」などと鳴く。漢字 時鳥。不如帰。

ほどなく【程無く】 副詞 まもなく。やがて。例 それから程無く、雨がふり出した。

ほとばしる 動詞 いきおいよく飛びちる。例 ふん水から水がほとばしる。活用 ほとばし・る。

ほとほと 副詞 本当に。まったく。例 ほとほとこまりはてる。／ほとほと愛想がつきた。

ぽとぽと 副詞(-と) しずくがしたたり落ちるようす。例 雨つぶが、かさにぽとぽととふりかかった。

ほどほどに【程程に】 副詞 度をすごさないようす。ちょうどよいていどに。例 食事の量は程々にしなさい。参考 ふつう「程々に」と書く。

ほとぼり 名詞 ❶残っている熱。あたたかみ。余熱。例 日中のほとぼりが残っている。❷まだ残っている〔うれしい・かなしいなどの〕気持ち。例 感激と興奮のほとぼりがさめない。❸事件などがおさまったあと、しばらく続く人々の関心。

ほとぼりがさめる【ほとぼりが冷める】 慣用句 事件などのあとも続いていた、人々の関心がうすれる。例 ほとぼりが冷めるまで身をひそめている。

ほどよい【程よい】 形容詞 ちょうどよい。例 程よいあまさ。活用 ほどよ・い。

ほとり 名詞 そば。あたり。例 池のほとり。

ほとんど 一 副詞 ❶だいたい全部。例 げきのせりふはほとんどおぼえた。❷もう少しのところで。例 ほとんど泣きそうになっている。二 名詞 多くのうちの大部分。例 クラスのほとんどが賛成した。

ぼにゅう【母乳】 名詞 母親の体からでる乳。

ほにゅうどうぶつ【哺乳動物】 名詞 ⬇ほにゅうるい。

ほにゅうるい【哺乳類】 名詞 せきつい動物の一つ。子どもを乳で育てる。ほ乳動物。

ほね【骨】 一 名詞 ❶動物の体内にある、体をささえているかたいもの。例 足の骨。⇩図(1209ページ)。❷しょうじ・かさなどの全体をささえる細長い竹や木など。例 かさの骨。❸しっかりした心。例 骨のある人。二 形容動詞 時間や手間がかかり、大変なようす。例 その仕事は骨だ。

ほねおしみ【骨惜しみ】 名詞 する動詞 働くのをいやがること。なまけること。

ほねおり【骨折り】 名詞 一生けんめい働くこと。力をつくすこと。例 こんどの仕事は、みんなの骨折りでできた。

ほねおりぞんのくたびれもうけ【骨

ア □がすべる　イ □が軽い　ウ □がかたい

折り損のくたびれもうけ】 ことわざ 苦労するばかりで、少しもよいことがないたとえ。

ほねおる【骨折る】 動詞 一生けんめい働く。努力する。例 人のために骨折る。活用 ほねお・る。

ほねがある【骨がある】 慣用句 困難にくじけない強い心がある。例 かれは、思ったより骨があるね。

ほねがおれる【骨が折れる】 慣用句 物事をするのに、苦労が多い。例 骨が折れる作業。

ほねぐみ【骨組み】 名詞 ❶体の骨の組み合わせ。骨格。❷〔たてぐ・きかいなどを〕ささえている部分。例 校舎の骨組みができた。❸物事のおおすじ。例 物語の骨組み。

ほねつぎ【骨接ぎ・骨継ぎ】 名詞 骨がおれたのや関節がはずれたのをなおすこと。また、その仕事をする人。接骨。

ほねっぷし【骨っ節】 名詞 自分が正しいと思うことをつらぬこうとする強い心。気骨。例 あの人は骨っ節が強い。

ほねとかわ【骨と皮】 連語 とてもやせているようす。やせすぎ。

ほねなし【骨無し】 名詞 ❶病気で背骨などがしっかりしていない人。❷考えや行動がしっかりしていないこと。すぐに人の考えにしたがうこと。また、そういう人。例 あいつは昔から骨無しだ。

ほねになる【骨になる】 慣用句 死んで、骨だけが残る。死ぬ。

ほねぬき【骨抜き】 名詞 ❶魚や鳥の骨をとること。❷〔考えや計画などの〕大切なところをとって中身のないものにしてしまうこと。例 この法案は骨抜きにされた。

ほねのずいまで【骨の髄まで】 慣用句 体の一番おくまで。どこまでも。とことん。例 今朝は骨の髄まで冷えるね。／あいつは骨の髄まできたないやつだ。

ほねまでしゃぶる【骨までしゃぶる】 慣用句 相手のなにからなにまで利用する。例 かれにかかると骨までしゃぶられるよ。

ほねみ【骨身】 名詞 〔骨と肉の意味から〕体全体。

ほねみにこたえる【骨身に応える】 慣用句 〔苦しさやいたみなどが〕体の中心部までとどく。例 この寒さは骨身に応える。類 骨身にしみる。

ほねみにしみる【骨身にしみる】 慣用句 体の中までしみるように、強く感じる。例 あなたのやさしさが骨身にしみる。類 骨身に応える。

ほねみをおしまない【骨身を惜しまない】 慣用句 苦労をいやがらない。例 店を守るために骨身を惜しまない。参考 一生けんめいに、働く様子をいう。

ほねみをけずる【骨身を削る】 慣用句 〔体が細くなるほど〕苦心や苦労をする。例 骨身を削って執筆する。

ほねやすめ【骨休め】 名詞 する動詞 体を休めること。例 骨休めに温泉に行く。

ほねをうずめる【骨をうずめる】 慣用句 ❶その土地で一生を終わる。例 アメリカに骨を

ことばクイズ㉔ □の中に入る同じことばは何でしょう？

うずめる。❷一生をささげる。例わたしはこの研究に骨をうずめるかくごだ。

ほねをおしむ【骨を惜しむ】慣用句 苦労をいやがって、なまける。

ほねをおる【骨を折る】慣用句 一生けんめいにする。人のために努力する。例二人の間をとりもつために骨を折る。

ほの 接頭語《ある言葉の上につけて》「わずかに」「かすかに」「ほのかに」などの意味を表す言葉。例ほの白い。／ほのぐらい。

ほのお【炎】名詞 ものがもえるときに見える、熱や光が出ている部分。火炎。

ほのか 形容動詞〔わずかで〕はっきりと区別できないようす。かすか。例ほのかな花のにおいを感じる。

ほのぐらい【ほの暗い】形容詞 ほのかに暗い。例林の中のほの暗い小道。活用 ほのぐら・い。

ほのじろい【ほの白い】形容詞〔はっきり見分けがつかないが〕なんとなく白い。ほのかに白い。例夕やみの中にほの白い顔が見えた。活用 ほのじろ・い。

ほのぼの 副詞(-と) する動詞 ❶かすかに明るいようす。例東の空がほのぼの明るくなる。❷心を動かされ、あたたかみが感じられるようす。例ほのぼのとする話。

ほのめかす 動詞〔態度や言葉などで〕それとなく相手に知らせる。暗示する。活用 ほのめか・す。

ホバークラフト 名詞 機体の底から水面（または地面）に空気をふきつけてうき上がり、プロペラを回して高速で走る乗り物。ホーバークラフト。▼英語 hovercraft

ほばしら【帆柱】名詞 船のほをはるための柱。マスト。⇩1074ページ・帆船（図）。

ほはば【歩幅】名詞〔歩くときの〕一歩で進むきょり。例大きな歩幅でゆっくり歩く。

ポピュラー 一 形容動詞 みんなによく知られているようす。例ポピュラーな作品。二 名詞「ポピュラーミュージック」「ポピュラーソング」の略。ロック・レゲエ・ラップ・シャンソンなど、人々に広く親しまれている音楽や、アメリカ・ヨーロッパの流行歌のこと。▼英語 popular

ぼひょう【墓標】名詞 墓のしるしに立てる、木や石。墓じるし。参考「墓表」とも書く。

ほふ【保父】名詞 ⬇1186ページ・ほいくし。

ボブスレー 名詞 かじとブレーキのついた鋼鉄製のそり。また、そのそりにのり、氷でつくられたコースをすべって速さをきそう競技。二人乗りと四人乗りがある。参考 英語の bobsleigh からだが、これはイギリス英語で、アメリカでは bobsled という。

ポプラ 名詞 セイヨウハコヤナギなどの、ヤナギ科の木のこと。街路樹などとしてうえる。▼英語 poplar

ほへい【歩兵】名詞 銃や小さな砲などを武器に、歩いて進み、直接敵と戦う兵隊。陸軍の兵隊の一種。参考 ⇩331ページ・騎兵。

ほほ 名詞 ⬇1195ページ・ほお。

1 **ほぼ** 副詞 だいたい。例優勝はほぼ確定だ。

2 **ほぼ**【保母】名詞 ⬇1186ページ・ほいくし。

ほほえましい【ほほ笑ましい】形容詞 ほほえみたくなるようす。例おさない兄弟の会話がほほえましい。活用 ほほえまし・い。

ほほえみ【ほほ笑み】名詞 ほほえむこと。また、その笑い。例ほほえみをたやさず語りかける。

ほほえむ【ほほ笑む】動詞 ❶声を出さずに、わずかに笑う。うれしくて、やわらかく笑う。例幸せそうに、ほほえむ。❷花のつぼみがすこし開く。例桜のつぼみがほほえんだ。参考「ほおえむ」ともいう。活用 ほほえ・む。

ほまえせん【帆前船】名詞 帆をはって、帆にうける風の力を利用して走る、西洋式の大型の船。帆船。帆かけ船。参考 もとから日本にある帆で走る船は「和船」という。

ほまれ【誉れ】名詞 ほこりとするねうちのあること。また、よいひょうばん。めいよ。ことば「（天才の）誉れが高い」

ほめそやす【褒めそやす】動詞〔人々が〕しきりに、ほめる。例美しさを褒めそやす。活用 ほめそや・す。

ほめたたえる【褒めたたえる】動詞〔うやまう気持ちをもって〕さかんに、ほめる。心から、ほめる。例健闘を褒めたたえる。活用 ほめたた・える。

ほめたてる【褒め立てる】動詞 さかんに、ほめる。例すばらしい演技だと褒め立てる。活用 ほめた・てる。

ほめちぎる【褒めちぎる】動詞 このうえな

く、ほめる。例友だちのことを褒めちぎって話す。活用 ほめちぎ・る。

ほめる【褒める】動詞 人のおこないをすぐれているとし、そのように言う。例先生に褒められた。対けなす。そしる。活用 ほ・める。

ほや【火屋】名詞 ランプなどの火をおおうガラスのつつ。⇩1366ページ・ランプ①（図）。

ぼや 名詞 小さな火事。

ぼやく 動詞 ぐちや不満をぶつぶつ言う。例不公平だとぼやく。参考 くだけた言い方。活用 ぼや・く。

ぼやける 動詞 ぼんやりする。はっきりしなくなる。例なみだであたりがぼやけて見える。活用 ぼや・ける。

ほやほや 副詞 ❶食べ物ができたてで、湯気が立っているようす。例たきたてほやほやのごはん。❷物事がそうなってまもないようす。例新婚ほやほやの夫婦。

ぼやぼや 副詞(-と) する動詞 気がつかなかったり、どうしたらよいかわからなかったりして、ぼんやりしているようす。例ぼやぼやしている場合ではない。

ほゆう【保有】名詞 する動詞 自分のものとして、持っていること。例核兵器を保有する国。

ほよう【保養】名詞 する動詞 体や心を休めて、健康をたもつこと。例保養地。類休養。

ほら 名詞 ❶ほらがい。❷物事をおおげさに言うこと。でたらめ。ことば「ほらをふく」

ほらあな【洞穴】名詞 がけや岩山などにある、中がからっぽになっている大きなあな。

ほらがい【ほら貝】名詞 ❶フジツガイ科の大きなまき貝。ヒトデを食べる。❷大形のまき貝にあなをあけて、ふきならすようにしたもの。「山伏」が使う。

ほらふき【ほら吹き】名詞 大げさなことや、でたらめなことを言う人。

ボランチ 名詞 サッカーで、ミッドフィルダー（＝守備の真ん中あたりにいる選手）のうち、後ろよりのポジションをとる選手。攻撃と守備を、試合の流れに合わせて使い分け、攻守のきりかえをする役目をもつ。参考 もとの意味は「自動車のハンドル」。▼ポルトガル語

ボランティア 名詞 自分から進んで社会に役立つ仕事にさんかすること。また、さんかする人。▼英語 volunteer

ほり【堀】名詞 ❶地面をほって水を通したところ。ほりわり。❷敵の進入をふせぐために城のまわりをほり、水をたたえたところ。⇩633ページ・城（図）。

ポリウレタン 名詞 人工的につくったゴムの一種。ウレタン。▼英語 polyurethane

ポリエステル 名詞 プラスチックの一つ。合成せんいなどに使われている。▼英語 polyester

ポリエチレン 名詞 エチレンからつくられるプラスチック。水分や電気を通しにくい。バケツや食品を入れる容器、食品をつつむラップなど、使い道が広い。▼英語 polyethylene

ポリオ 名詞 ポリオウイルスが原因で、手足などがまひして動かなくなる病気。小児まひ。▼英語 polio

ほりおこす【掘り起こす】動詞 ❶土をほりかえす。かいこんする。❷かくれているものをさがし出す。例うめた宝を掘り起こす。／わすれられた事実を掘り起こす。活用 ほりおこ・す。

ほりごたつ【掘りごたつ】名詞 ゆかを切って、ゆかの下に炉をつくったこたつ。

ほりさげる【掘り下げる】動詞 ❶下の方へ深くほっていく。❷深く考えたり、研究したりする。例問題を掘り下げる。活用 ほりさ・げる。

ほりだしもの【掘り出し物】名詞 思いがけなく手に入れた、めずらしい品物。また、安く手に入れたかちのある品物。

ほりだす【掘り出す】動詞 ❶ほって出す。例小判を掘り出す。❷思いがけずめずらしい物やねうちのある物を手に入れる。活用 ほりだ・す。

ポリタンク 名詞 ポリエチレンでつくられた大きな入れ物。水や灯油、ガソリンなど液体を入れるのに使う。参考 英語を組み合わせて日本でつくった言葉。

ほりつける【彫り付ける】動詞 〔木や石などに〕文字や絵をきざみつける。活用 ほりつ・ける。

ほりぬきいど【掘り抜き井戸】名詞 地面を深くほって地下水をわき出させる井戸。

ポリネシア 名詞 太平洋東部にある多くの島々をまとめた名前。ハワイ、イースター島、ニュージーランドを三つの頂点とする三角形にふくまれる島々をさす。大変広い地域にわたっているが、それぞれの言葉や文化は共通性が高い。▼英語 Polynesia

ことば選びのまど

褒めるをあらわすことば

褒める

人のおこないをすぐれているとし、そのように言う。

↓1211ページ

お世辞

相手のきげんを取ろうとして、ほめたりおだてたりする言葉。↓190ページ

おだてる

人をほめて、いい気持ちにさせる。↓192ページ

喝采 発展

多くの人が感心して、いっせいに声を出してほめること。また、その声。↓266ページ

賛辞[2] 発展

ほめる言葉。↓528ページ

賛美 発展

美しいものとして、ほめること。↓531ページ

自画自賛 発展

〔自分でかいた絵に自分で言葉を書き入れる意味から〕自分で自分のことをほめること。↓540ページ

賞賛[2]・称賛 発展

ほめて、たたえること。↓612ページ

絶賛 発展

これ以上ないほど、ほめること。↓700ページ

たたえる[2]

ほめて言う。↓766ページ

ちょうちんを持つ 発展

ある人をほめて回る。↓815ページ

ことば選びのまど

褒めるをあらわすことば

拍手喝采（はくしゅかっさい） 発展
手をたたいて、大声でほめること。→1030ページ

べた褒め（べたぼめ）
何から何まで、すべてほめること。→1177ページ

褒めそやす（ほめそやす）
〔人々が〕しきりに、ほめる。→1210ページ

褒めたたえる（ほめたたえる）
〔うやまう気持ちをもって〕さかんに、ほめる。心から、ほめる。→1210ページ

褒め立てる（ほめたてる）
さかんに、ほめる。→1210ページ

褒めちぎる（ほめちぎる）
このうえなく、ほめる。→1210ページ

持ち上げる（もちあげる）
ほめて、相手をいい気持ちにさせる。→1299ページ

持てはやす（もてはやす）
特にとり立てて、ほめる。→1302ページ

礼賛（らいさん） 発展
❶すばらしいと思い、ほめたたえること。❷仏をおがみ、そのめぐみと力をたたえること。→1359ページ

ほりばた【堀端】 名詞 ほりのすぐそば。ほりのふち。例 城のお堀端の桜がさいた。

ポリフェノール 名詞 食べ物をつくっている成分の一つ。細胞が老化したりがんになったりするのをふせぐ働きがあるとされる。多価フェノール。参考 ポリフェノールは野菜・くだもの・赤ワインなどにふくまれている。▼英語 polyphenol

ほりもの【彫り物】 名詞 ❶彫刻をすること。また、その作品や技術。❷⬇111ページ・いれずみ。

ほりゅう【保留】 名詞 する動詞 その場で決めてしまわないで、後にのばすこと。例 返事を保留する。

ボリューム 名詞 ❶分量。かさ。例 ボリュームのある食事。❷音量。声量。例 スピーカーのボリュームをおとす。▼英語 volume

ほりょ【捕虜】 名詞 〔戦争などで〕敵につかまった人。とりこ。

ほりわり【掘り割り】 名詞 地面をほって水を通したところ。ほり。

[1]ほる【彫る】 動詞 きざむ。彫刻する。例 仏像を彫る。活用 ほ・る。⇩使い分け。

[2]ほる【掘る】 動詞 ❶地面にあなをあける。例 トンネルを掘る。❷地面にあなをあけて、うまっているものをとり出す。例 いもを掘る。活用 ほ・る。⇩使い分け。

ポルカ 名詞 十九世紀の初め、ボヘミア（今のチェコ）でおこった二拍子の軽快なおどり。また、その舞曲。▼英語 polka

ホルスタイン 名詞 牛の品種の一つ。毛色は白と黒のまだらで、体が大きく、乳が多くとれる。▼英語（ドイツ語から）Holstein

使い分け ほる

●きざむ。
仏像を彫る。

●地面にあなをあける。
庭を掘る。

[1]ボルト 名詞 まるい金属のぼうの一方に頭をつけ、もう一方をねじにしたもの。ナットと組みにしてものをとめるときに使う。⇩図。▼英語 bolt

[2]ボルト 名詞 助数詞 電圧の単位。一ボルトは一オームの抵抗に、一アンペアの電流を流すときの電圧。記号は「V」。参考 ボルタ電池を発明したイタリアの物理学者ボルタ（Alessandro Volta）に由来する。▼英語 volt

ボルト
ナット

[1]ボルト

ポルトガル 地名 ポルトガル共和国。ヨーロッパの西のはしにあって、大西洋に面する国。首都はリスボン。▼英語 Portugal

ホルマリン 名詞 ホルムアルデヒド（＝アルコールから水素をとった気体）を水にといたもの。殺菌剤や防腐剤として広く使われている。フォルマリン。▼英語（ドイツ語から）formalin

ホルモン 名詞 内分ぴつせんから血液の中に出され、動物の体の成長や働きを調節するもの。例 女性ホルモン。▼英語（ドイツ語から）hormone

ホルン 名詞 金管楽器の一種。長い金属の管をまるくまいた大型の楽器。参考 horn からだが、正確には French horn という。▼ドイツ語

ほれぼれ 副詞（-と） する動詞 〔すばらしさや美しさに〕心をうばわれ、うっとりするようす。例 ほれぼれするような、すばらしい演技。

ほれる 一 動詞 ❶好きになる。恋をする。例 一目でほれた。❷〔ある人や物事に〕感心して心をひかれる。例 職人の腕前にほれる。二 接尾語《動詞の下につけて》「…に夢中になる」「うっとりして…する」の意味を表す言葉。例 聞きほれる。／見ほれる。活用 ほ・れる。

ほろ 名詞 雨や日光などをふせぐために車などにかけるおおい。例 ほろ馬車。

ぼろ 名詞 ❶使ってぼろぼろになった布や着物。例 ぼろを着た人。❷悪いところ。欠点。例 ぼろをかくす。❸こわれて役に立たないもの。

ぼろがでる【ぼろが出る】 慣用句 人にかくしていた欠点があらわれる。

ぼろくそ 形容動詞 おとっているものや使えない

ものを　ののしって言う言葉。例ぼくの計画を話したら、あいつにぼろくそに言われた。

ポロシャツ 名詞 半そでで、えりのあるスポーツシャツ。参考 ポロゲーム（＝馬に乗ってするホッケーのような競技）のときに着たところから。▼英語 polo shirt

ほろにがい【ほろ苦い】 形容詞 少し苦い。例ほろ苦いチョコレート。／ほろ苦い思い出。活用 ほろにが・い。

ポロネーズ 名詞 十六世紀のポーランドで、儀式や祭典で使われた四分の三拍子のゆるやかな舞曲。また、そのおどり。▼英語（フランス語から）polonaise

ほろばしゃ【ほろ馬車】 名詞 ほろをかけた馬車。漢字 幌馬車。⇩図。

ほろ馬車

ほろびる【滅びる】 動詞 おとろえてなくなる。たえてなくなる。ほろぶ。例国が滅びる。活用 ほろ・びる。

ほろぶ【滅ぶ】 動詞 おとろえてなくなる。ほろびる。活用 ほろ・ぶ。

ほろぼす【滅ぼす】 動詞 なくなるようにする。例敵を滅ぼす。類 たやす。活用 ほろぼ・す。

ほろほろ 副詞（―と）❶小さなものが静かに落ちるようす。例花がほろほろと落ちる。❷〔静かな場所で〕キジやヤマバトなどが鳴く声。例山鳥がほろほろと鳴く声が聞こえる。

ぼろぼろ 形容動詞 ❶古くなり、やぶれたりくずれたりして、もとの形ではなくなっているようす。例シャツがぼろぼろになった。❷心も体もつかれているようす。例身も心もぼろぼろだ。

ぽろぽろ 副詞（―と）❶つぶのようなものが、こぼれるようす。例ぽろぽろとなみだを流す。❷ものの水分がなくなって、つぶのように、はなれるようす。例ぽろぽろのごはん。

ほろよい【ほろ酔い】 名詞 いい気持ちになるくらいにお酒を飲んでようこと。また、そのようす。例ほろ酔い気分で鼻歌をうたう。

ほろりと 副詞 ❶感動して、なみだが少しこぼれ落ちるようす。また、思わずなみだぐむようす。例物語を読んでほろりとした。❷軽く酒にようようす。

ぽろりと 副詞 ❶つぶ状のものが一つ落ちるようす。例なみだがぽろりとこぼれた。❷くっついていたものが、とれて落ちるようす。例歯がぽろりとぬける。❸うっかり落としたり、こぼしたりするようす。例キャッチャーがぽろりとボールを落とす。／本音をぽろりとこぼす。

ホワイトハウス 名詞 アメリカのワシントンにある建物。大統領が住み、政治をおこなう。▼英語 the White House（＝白い家）

ほん【本】 一 名詞 書物。例本を読む。二 連体詞 この。当の。例本大会。／本件。三 助数詞《数を表す言葉の下につけて》細長いものを数える言葉。例えんぴつ二本。参考 上にくる数によって「ぽん」「ぼん」と読む。

ぼん【盆】 名詞 ❶物をのせるためのあさいうつわ。❷「うら盆」の略。

ほんあん【翻案】 名詞 する動詞 〔小説や劇のきゃく本などで〕もともとの話を、だいたいのすじや内容はかえずにつくりかえること。

ほんい¹【本位】 名詞 物事の中心となること。おもとになること。例自分本位な考え方。

ほんい²【本意】 名詞 ❶本当の気持ち。本心。例かれの本意がわからない。❷もとから心にいだいていたのぞみ。ことば「本意をとげる」

ぼんおどり【盆踊り】 名詞 おぼんの夜に、大ぜいの人が集まって、歌に合わせておどるおど

ことば博士になろう！

●本のふしぎ

紙のなかった大昔には、文字を木や竹の細長い板に書いて、大切なことを記録していました。これらの板をかぞえるときには、一本、二本……のように「本」という字を使うことから、読むための本という言葉ができたと考えられています。

本と同じ意味の言葉に「書物・書籍・図書」などがあります。「書物」は少し古い感じの言葉、「書籍」や「図書」はあらたまった言い方です。

「本」の字にはもともと、おおもと、土台、中心などの意味があります。わたしたちの知識のもとになる本にふさわしい意味ですね。

あいうえお かきくけこ さしすせそ たちつてと なにぬねの はひふへほ ほ まみむめも や ゆ よ らりるれろ わ を ん

り。参考 死んだ人のたましいをなぐさめるためにはじまったものといわれる。

ほんかいぎ【本会議】 名詞 ❶〔部の会議や委員会など、準備のための会議に対して〕本式の会議。また、きちんとした正式の会議。❷衆議院と参議院で、すべての国会議員が出席する会議。例 衆議院の本会議。

ほんかくてき【本格的】 形容動詞 正しい形式ややり方にしたがっているようす。本式。

ほんかん【本館】 名詞 ❶〔新館・別館などに対して〕中心となる建物。また、主となる建物。❷この建物。

ほんき【本気】 名詞 形容動詞 本当の気持ち。しんけんな気持ち。また、そのような気持ちでいること。例 じょうだんではなく本気だ。／本気で取り組む。／本気を出す。

ほんぎまり【本決まり】 名詞 正式に決まること。例 計画が本決まりになる。

ほんきょ【本拠】 名詞 大もとになるよりどころ。また、その場所。例 本拠地。

ほんぎょう【本業】 名詞 その人が、それによって生活している仕事。本職。例 本業は医者だが作曲家としても有名だ。対 副業。

ほんきょく【本局】 名詞 ❶中心となる局。もとになる局。対 支局。❷この局。当局。

ほんけ【本家】 名詞 ❶一族の中で一番もとになる家。対 分家。❷茶道・いけ花・おどりなどの流派で一番もとになっている家。家元。❸商店のおおもとの店。

ボンゴ 名詞 中南米音楽で使われる、二つの小だいこをならべてつないだもの。またにはさんで、手でたたいて演奏する。▼英語（スペイン語から）bongo

ほんこう【本校】 名詞 ❶もとになる学校。対 分校。❷この学校。例 かれは本校出身です。

ほんごく【本国】 名詞 ❶自分のうまれた国。母国。ふるさと。❷その人の国籍のある国。例 密入国した人を本国へ送還する。❸植民地でないもとからの国土。

ほんごし【本腰】 名詞 しんけんな態度や気持ちで物事に取り組むこと。

ほんごしをいれる【本腰を入れる】 慣用句 しんけんに取り組む。本気になる。本腰をすえる。例 問題の解決に本腰を入れる。

ホンコン【香港】 地名 中国の南東部にあり、九竜半島と香港島、そのまわりの小さな島々からなる地域。百年以上イギリスがおさめていたが、一九九七年に中国に返還された。▼英語 Hong Kong

ぼんさい【盆栽】 名詞 はちに木をうえて、えだぶりを整え、そのすがたを楽しむもの。

ほんざん【本山】 名詞 仏教で、一つの宗派をまとめている寺。例 天台宗の本山。

ほんし[1]【本紙】 名詞 ❶〔号外やふろくなどに対して〕本体である新聞や紙面。❷この新聞。また、自分の会社が発行している新聞。

ほんし[2]【本誌】 名詞 ❶〔別冊やふろくに対して〕雑誌の本体となる部分。❷この雑誌。

ほんしき【本式】 名詞 形容動詞 本当のやり方。正式。例 本式のフランス料理。対 略式。

ほんしつ【本質】 名詞 そのもののもとになる、一番大切な性質。例 問題の本質を明らかにする。

ほんじつ【本日】 名詞 今日。この日。例 本日はお集まりいただき、ありがとうございます。参考 ややあらたまった言い方。

ほんしつてき【本質的】 形容動詞 そのもののもとになる性質にかかわるようす。根本的に大事なようす。例 人は本質的にやさしい気持ちを持っている。／水と油は本質的にちがう。

ほんしゃ【本社】 名詞 ❶一つの会社がいくつかに分かれているとき、その中心になっているところ。例 本社に転勤する。対 支社。❷〔自分の属する〕この会社。例 本社は創立八十年をむかえます。

ほんしゅう【本州】 名詞 日本列島の真ん中にある、一番大きな島。

ほんしょ【本書】 名詞 ❶〔ふろく・下書き・コピーなどに対して〕主となる、もとの文書。正式な文書。❷この本。この文書。例 本書は国語の辞典だ。

ほんしょう【本性】 名詞 ❶生まれつきもっている性質。ことば「本性をあらわす」❷頭の働きがたしかなこと。正気。ことば「本性を失う」

ほんしょく【本職】 名詞 ❶自分の生活をささえている、おもな職業。本業。❷ある物事がよくできる人。くろうと。

ほんしん【本心】 名詞 ❶生まれつきもっている正しい心。ことば「本心に立ちもどる」❷本当の気持ち。例 本心を伝える。

ほんじん【本陣】名詞 ❶戦のとき、大将がいるところ。❷江戸時代に、大名がとまった宿屋。

ぼんじん【凡人】名詞 ふつうの人。ありふれた人。

ポンず【ポン酢】名詞 ダイダイの実をしぼった汁。参考 オランダ語の「ポンス」が変化した、「ポンズ」の「ズ」に「酢」をあてた言葉。

ほんすう【本数】名詞 数えるときに「本」をつけるものの数。例 えんぴつの本数が足りない。

ほんすじ【本筋】名詞 中心となるすじ道。ことば「(会議の話題が)本筋からそれる」

ほんせき【本籍】名詞 その人の戸籍があるところ。

ほんせん【本線】名詞 おもな鉄道の線路。幹線。例 東海道本線。対 支線。

ほんそう【奔走】名詞 する動詞 かけ回って、物事がうまくいくように努力すること。例 資金集めに奔走する。

ほんぞん【本尊】名詞 ❶その寺の中央におかれている、一番大切な仏像。❷その物事の中心となる人。本人。当人。例 言い出したご本尊が参加しないのでは話にならない。参考 ②はくだけた言い方。

ほんたい【本体】名詞 ❶本当のすがた。正体。例 宇宙の本体をさぐる。❷神社のご神体。また、寺の本尊。❸機械などの、中心の部分。

ほんだい【本題】名詞 もっとも大切な中心となることがら。話や会議などで中心となる話題。ことば「(むだ話をせずに)本題に入る」

ぼんたい【凡退】名詞 する動詞 野球で、打者がヒットやぎせいフライなどを打つことができずにベンチにしりぞくこと。

ほんだな【本棚】名詞 本をのせておくためのたな。書棚。

ぼんち【盆地】名詞 まわりを山にかこまれた、平地。

ほんちょうし【本調子】名詞 もともとの調子。本当の調子。また、本来の調子が出て、物事がうまく運ぶこと。例 かぜはなおったけれど、まだ本調子ではない。

ほんてん【本店】名詞 ❶〔いくつかに分かれている店の〕中心になっている店。もとになる店。対 支店。分店。❷この店。例 本店じまんの味。

ほんど【本土】名詞 ❶本国。❷その国のおもな国土。例 台風は明朝、本土に接近する。

ぽんと 副詞 ❶物を軽くたたいたり、軽くあてたりする音。また、そのようす。例 背中をぽんとたたく。❷物がはじけたり、いきおいよくとび出したりするときの音。また、そのようす。例 ラムネのせんがぽんとぬける。❸むぞうさに物を投げ入れたり、すてたりするときのようす。例 空きかんをぽんと投げすてる。❹お金や物をおしみなく出すようす。例 大金をぽんとわたす。

ポンド 名詞 助数詞 ❶重さの単位。一ポンドは、やく四五三・六グラム。❷イギリスのお金の単位。参考 ①②のどちらも英語の pound から。だが、「パウンド」と発音する。

ほんとう【本当】名詞 形容動詞 うそやごまかしのないこと。また、本物であること。例 本当の気持ちを話す。／本当に、うれしい。

1 **ほんどう**【本堂】名詞 本尊をまつってある、お寺の建物。対 庫裏。

2 **ほんどう**【本道】名詞 ❶交通の中心になる道。おもて道。対 間道。❷正しい道すじ。正しいありかた。正道。例 人生の本道を歩め。

ぼんとしょうがつがいっしょにきたよう【盆と正月が一緒に来たよう】ことわざ とてもいそがしいようすをたとえたことば。また、幸運やよいこと、うれしいことなどが重なっておこることのたとえ。

ほんにん【本人】名詞 その人自身。例 本人の気持ちを尊重する。

ほんね【本音】名詞 本心から出た言葉。例 本音を言えば、行きたくない。ことば「本音をはく」

ボンネット 名詞 ❶自動車の前の方にある、エンジンをおおっている鉄の板。❷ひたいを出すように頭のうしろの方に深くかぶり、あごの下でひもを結んでとめる、女性や子ども用のぼうし。参考 ①はアメリカではフッド (hood) という。▼英語 bonnet

ボンネット②

ほんの 連体詞 まったくわずかの。ちょっとした。例 体重がほんの少しふえた。

ほんのう【本能】名詞 人間や動物が、うまれ

あいうえお
かきくけこ
さしすせそ
たちつてと
なにぬねの
はひふへほ ほ
まみむめも
や ゆ よ
らりるれろ
わ を ん

つきもっている性質《せいしつ》や心《こころ》の働《はたら》き。

ほんのうてき【本能的】(形容動詞) 本能《ほんのう》にしたがって行動《こうどう》するようす。また、うまれつきそのような性質《せいしつ》をもっているようす。例 本能的《ほんのうてき》に危険《きけん》を感《かん》じてにげる。

ほんのり (副詞(-と)) (する動詞) かすかなようす。また、かすかに表《あらわ》れるようす。例 空《そら》がほんのり明《あか》るくなってきた。／ほんのり赤《あか》みがさした顔《かお》。

ほんば[1]【本場】(名詞) ある物《もの》のおもな産地《さんち》。また、あることがさかんにおこなわれているところ。例 本場《ほんば》のミカン。／野球《やきゅう》の本場《ほんば》アメリカ。

ほんば[2]【本葉】(名詞) ふたばのあとに出《で》る葉《は》。

ほんばこ【本箱】(名詞) 本《ほん》をならべて入《い》れておくための、箱《はこ》の形《かたち》をした家具《かぐ》。

ほんばん【本番】(名詞) 映画《えいが》・テレビなどで、本《ほん》式《しき》にさつえいしたり、放送《ほうそう》したりすること。

ほんぶ【本部】(名詞) ある仕事《しごと》やしくみの中心《ちゅうしん》となるところ。例 国連本部《こくれんほんぶ》。対 支部《しぶ》。

ポンプ (名詞) 水《みず》や油《あぶら》などを、低《ひく》いところから高《たか》いところへあげたり、ほかのところへ送《おく》ったりするときに使《つか》うきかい。例 真空《しんくう》ポンプ。／吸《す》い上《あ》げポンプ。参考 英語《えいご》では pump で、「パンプ」と発音《はつおん》する。▼オランダ語《ご》

ポンプしゃ【ポンプ車】(名詞) 消防車《しょうぼうしゃ》の一《ひと》つ。ポンプで水《みず》をすい上《あ》げ、おし出《だ》すことによって火《ひ》をけす働《はたら》きを持《も》った車《くるま》。

ほんぶり【本降り】(名詞) やみそうもないいきおいで、雨《あめ》がふること。例 午後《ごご》から本降《ほんぶ》りになるそうだ。

ほんぶん[1]【本分】(名詞) その人《ひと》がまずしなければならないつとめ。例 学生《がくせい》の本分《ほんぶん》は勉強《べんきょう》にある。

ほんぶん[2]【本文】(名詞) ⬇ほんもん①。

ボンベ (名詞) 高圧《こうあつ》のガスを入《い》れておく、こう鉄《てつ》でつくった円《えん》とう形《がた》の入《い》れ物《もの》。▼ドイツ語《ご》

ほんぺん【本編】(名詞) ❶〔何編《なんべん》かに分《わ》かれている、映画《えいが》や小説《しょうせつ》などで〕中心《ちゅうしん》となる部分《ぶぶん》。対 続編《ぞくへん》。❷〔今話題《いまわだい》にしている〕この編《へん》・文章《ぶんしょう》。

ほんぽう[1]【本邦】(名詞) この国《くに》。わが国《くに》。日本《にほん》。例 本邦初公開《ほんぽうはつこうかい》。

ほんぽう[2]【奔放】(名詞)(形容動詞) 世《よ》の中《なか》のきまりや約束《やくそく》にとらわれないで、自由《じゆう》にふるまうこと。例 奔放《ほんぽう》な生《い》き方《かた》。

ぼんぼり (名詞) 絹《きぬ》ばりや紙《かみ》ばりのおおいをつけた、小《ちい》さなあんどん。参考 ひなまつりなどにかざる。⇩1105ページ・ひな人形《にんぎょう》(図《ず》)。

ボンボン (名詞) シロップや果汁《かじゅう》、ブランデーなどのお酒《さけ》を、さとうやチョコレートでつつみこんだ菓子《かし》。例 ウイスキーボンボン。▼英語《えいご》(フランス語《ご》から) bonbon

ぽんぽん (副詞(-と)) ❶続《つづ》けて、物《もの》を軽《かる》くたたく音《おと》。また、そのようす。例 おなかをぽんぽんたたく。❷続《つづ》けて、物《もの》が軽《かる》くはねる音《おと》。また、そのようす。例 ボールがぽんぽんとはねる。❸えんりょしないで言《い》いたいことを言《い》うようす。また、いきおいよく、続《つづ》けて言《い》うようす。例 ぽんぽんと文《もん》句《く》を言《い》う。❹物事《ものごと》が次々《つぎつぎ》と出《で》てくるようす。また、むぞうさにどんどんおこなわれるようす。例 アイデアがぽんぽんわいてくる。／古《ふる》いざっしをぽんぽんすてる。

ほんまつてんとう【本末転倒】四字熟語 大切《たいせつ》なことと、大切《たいせつ》でないことが反対《はんたい》になること。

ほんまる【本丸】(名詞) 城《しろ》の中心《ちゅうしん》の部分《ぶぶん》。本城《ほんじょう》。

ほんみょう【本名】(名詞) 戸籍《こせき》の上《うえ》の本当《ほんとう》の名前《なまえ》。実名《じつめい》。

ほんめい【本命】(名詞) ❶優勝《ゆうしょう》の第一《だいいち》こうほ。❷もっとも有力《ゆうりょく》と思《おも》われる人《ひと》。❸一番《いちばん》にねらっている人《ひと》や物《もの》。

ほんもう【本望】(名詞) もとからの望《のぞ》み。また、それがかなってまんぞくなこと。例 せいいっぱいやったので、結果《けっか》が悪《わる》くても本望《ほんもう》だ。

ほんもの【本物】(名詞) ❶〔にせ物《もの》ではない〕本《ほん》当《とう》のもの。例 本物《ほんもの》のダイヤモンド。／本物《ほんもの》そっくりだ。対 にせ物《もの》。❷〔名前《なまえ》や見《み》せかけでなく〕本当《ほんとう》に資格《しかく》や実力《じつりょく》をもっている物《もの》。例 かれは本《ほん》物《もの》の選手《せんしゅ》に成長《せいちょう》した。

ほんもん【本文】(名詞) ❶〔序文《じょぶん》・付録《ふろく》などに対《たい》して〕書物《しょもつ》の中心《ちゅうしん》になっている文《ぶん》。本文《ほんぶん》。❷〔注釈《ちゅうしゃく》のある文《ぶん》・訳文《やくぶん》などに対《たい》して〕そのもとの文《ぶん》。例 本文《ほんもん》を参照《さんしょう》する。

ほんや【本屋】(名詞) 本《ほん》を売《う》る店《みせ》。また、その店《みせ》を経営《けいえい》している人《ひと》。参考「書店《しょてん》」よりも、くだけた言《い》い方《かた》。

ほんやく【翻訳】(名詞)(する動詞) ある国《くに》の言葉《ことば》で表《あらわ》された文章《ぶんしょう》をほかの国《くに》の言葉《ことば》になおすこと。

ぼんやり (副詞(-と))(する動詞) ❶形《かたち》などがはっきりしないようす。例 遠《とお》くの山《やま》がぼんやり見《み》える。❷元気《げんき》がなく、ぼうっとしているようす。例 兄《あに》は、いつもよりぼんやりしている。

ア 寒《さむ》さが□にしみる　イ □におぼえがない　ウ □につまされる

ほんよみ【本読み】名詞 ❶本を読むこと。また、本をよく読む人。❷しばいのけいこで、作者や俳優などが集まって台本を読んだり、せりふの練習をしたりすること。読み合わせ。

ほんらい【本来】名詞 ❶もともとそうであること。元来。例この言葉の本来の意味。❷はじめからそうでなければならないこと。例そんなことは本来ならゆるされないことだ。

[1]**ほんりゅう**【本流】名詞 ❶その川の一番もとになっている川すじ。主流。対支流。❷〔絵や音楽などの〕中心となっている流派。例日本画の本流。

[2]**ほんりゅう**【奔流】名詞 いきおいのはげしい水の流れ。また、はやい流れ。例小さな船が奔流にのまれてんぷくする。類急流。

ほんりょう【本領】名詞 その人がもともともっているすぐれた性質。ことば「本領を発揮する」

ほんるい【本塁】名詞 野球で、キャッチャーの前にある、塁。ホームベース。

ほんるいだ【本塁打】名詞 ⬇1197ページ・ホームラン。

ほんろう【翻弄】名詞 する動詞 思うままにあつかうこと。もてあそぶこと。例激流に翻弄される船。

ほんろん【本論】名詞 議論や論文の一番中心になる部分。

ほんわか 副詞(-と) する動詞 心がなごんで、気持ちのいいようす。また、あたたかく、なごやかなようす。例ほんわかとした気持ちになる絵本。

ま

マ
MA
ma

[1]**ま**【真】一 名詞 まこと。本当。ことば⇩「真に受ける」
二 接頭語 ❶《ある言葉の上につけて》「本当の」「正しい」の意味を表す言葉。例真新しい。／真心。／真人間。❷《ある言葉の上につけて》「完全な」の意味を表す言葉。例真四角。

[2]**ま**【間】一 名詞 ❶物と物との間の場所。❷時間と時間との間。例日の出までには、まだ間がある。❸部屋。例六じょうの間。❹しばい・ろう読などで、せりふとせりふや、言葉と言葉の間。ことば「間をとる」
二 助数詞《数を表す言葉の下につけて》部屋の数を数える言葉。例二階には和室が二間ある。

[3]**ま**【魔】一 名詞 ❶ふしぎな、おそろしい力で人を苦しめたり、なやませたりする悪い神。また、そのような力。類悪魔。魔物。❷何度も悪いことがおこること。例魔の交差点。
二 接尾語《ある言葉の下につけて》あることを何度もくり返して、人に害をあたえる人のことを表す言葉。例電話魔。／放火魔。

[1]**まあ** 感動詞 おどろいたり、感心したりしたときなどにいう言葉。例まあ、すてきね。

[2]**まあ** 副詞 ❶十分ではないが、なんとか。今のところどうやら。例まあ、このていどでよいか。❷相手になにかをすすめるときに使う言葉。例まあ、お茶でも飲んでください。❸相手や自分の気持ちをなだめるときにいう言葉。例まあ、そんなことを言わずに受け取ってください。参考②③は、「まあまあ」という言い方もする。

まあい【間合い】名詞 ❶物と物との間。❷物事をするのにちょうどよいとき。ことば「間合いをつめる」「間合いをはかる」

マーガリン 名詞 植物油をもとにしてつくった、バターに似た食品。▼英語 margarine

マーク 名詞 する動詞 ❶しるし。記号。また、それをつけること。例トレードマーク。❷記録すること。例競技会で、世界最高記録をマークした。❸特に目をつけて、注意すること。例六番の選手をマークする。▼英語 mark

マークシート 名詞 テストなどの解答用紙で、記号や小さいますめをぬりつぶして解答する形式のもの。参考日本でつくった言葉。

マーケット 名詞 毎日の生活に必要な品物や食べ物を売る店が集まっているところ。市場。▼英語 market

まあたらしい【真新しい】形容詞 まったく新しい。例真新しいくつ。活用まあたらし・い。

マーチ 名詞 行進するときにえんそうするようにつくった曲。行進曲。▼英語 march

マーブリング 名詞 水面にぼくじゅうや絵の具などをたらしていろいろなもようをつくり、その上に紙や布などをあてて染める技法。▼英語 marbling

まあまあ 副詞 ⬇[2]まあ②③。

ことばあそび ことばクイズ㉖ □の中に入る同じことばは何でしょう？

マーマレード 名詞 オレンジ・ナツミカンなどの皮に果汁をまぜ、さとうを加えてにつめて作ったジャム。▼英語 marmalade

まい[1] 助動詞 ❶…しないだろう。例 雨はふるまい。❷…しないつもりだ。例 二度と行くまい。

まい[2]【枚】助数詞 うすくてひらたいものを数える言葉。《数を表す言葉の下につけて》例 ハンカチ一枚。

まい[3]【舞】名詞 歌や音楽に合わせて、体を美しく動かすこと。ことば「舞をまう」

まいあがる【舞い上がる】動詞 ❶まうようにして高く上がる。例 チョウがひらひら舞い上がった。対 舞い降りる。❷心がうきうきして落ち着きをなくす。例 あこがれの人に会えて、すっかり舞い上がってしまった。活用 まいあが・る。

まいあさ【毎朝】名詞 毎日の朝。朝ごと。どの朝も。例 毎朝歯をみがく。対 毎晩。毎夜。

まいおりる【舞い降りる】動詞 〔高いところから〕まうようにして下の方へうつる。例 一羽のツルが舞い降りてきた。対 舞い上がる。活用 まいお・りる。

まいかい【毎回】名詞 そのたびごと。いつも。例 小テストでは、毎回満点をめざしている。

まいきょにいとまがない【枚挙にいとまがない】慣用句 たくさんありすぎて数えきれない。例 小さな失敗は枚挙にいとまがない。

マイク 名詞 マイクロホン。▼英語 mike

マイクロコンピューター 名詞 コンピューターの動きをする超小型の電子部品。マイコン。参考 英語の microcomputer からだが、電気製品などに組み込まれているマイコンは microprocessor と呼ぶ。

マイクロバス 名詞 十人から三十人ぐらいの人が乗れる小型のバス。参考 英語の Microbus からだが、minibus と呼ばれることが多い。

マイクロフィルム 名詞 たくさんの文書などを、たいへん小さい写真にして、保存しておくフィルム。大きく写して読んだり、写真にして見たりする。▼英語 microfilm

マイクロホン 名詞 音波を、電流の強弱にかえるしかけ。放送・録音などで、声を送る側に使われる。マイク。▼英語 microphone

まいげつ【毎月】名詞 ⬇まいつき。

まいこ【舞子】名詞 舞をまってお客に見せる職業の少女。参考「舞妓」とも書く。

まいご【迷子】名詞 いっしょに来た人とわかれわかれになったり、道にまよったりした子ども。

まいこむ【舞い込む】動詞 ❶まうようにして入ってくる。例 花びらがまどから舞い込んできた。❷ふいに、思いがけない人や物が入ってくる。例 うれしい知らせが舞い込む。活用 まいこ・む。

まいじ【毎時】名詞 一時間ごと。一時間について。例 毎時六十キロの速さ。

まいしゅう【毎週】名詞 どの週も。一週間ごと。

まいしょく【毎食】名詞 食事のたびごとに。食事ごと。例 毎食サラダを食べる。

まいしん【まい進】名詞 する動詞 心をふるいたたせて、前に進むこと。例 ゴールに向かってまい進する。類 突進。

まいすう【枚数】名詞 〔紙・板・さらなどの〕ひらたくてうすいものの数。例 お皿の枚数。

まいそう【埋葬】名詞 する動詞 死んだ人を土の中にうめること。ほうむること。

まいぞう【埋蔵】名詞 する動詞 ❶地中にうずめてかくすこと。例 埋蔵金。❷金・銀・銅・石炭・石油などの資源が地中にうずまっていること。例 金の埋蔵量。

まいちもんじ【真一文字】名詞 〔「一」の字のように〕まっすぐなこと。一直線。一文字。例 試合前、口を真一文字にむすんでひかえている。

まいつき【毎月】名詞 つきごと。つきづき。まいげつ。例 毎月一回発行される雑誌。

まいど【毎度】名詞 副詞 そのたびごと。いつも。例 毎度ありがとうございます。

まいとし【毎年】名詞 としごと。ねんねん。まいねん。例 毎年一月一日に初もうでにいく。

マイナー [一] 名詞 形容動詞 規模などが小さいこと。重要でないこと。あるいは、主要でないこと。また、一流でないこと。例 マイナーな映画。／マイナーな企業。／マイナーリーグ。[二] 名詞 音楽で、短調。短音階。対 [一][二] メジャー。▼英語 minor

マイナス [一] 名詞 する動詞 さしひくこと。へらすこと。例 六マイナス二は四。[二] 名詞 ❶電気の陰極。また、陰電気。マイナス極。❷そんになること。ためにならないこと。例

あんなことをするときみの将来にマイナスだ。❸数がゼロより小さいこと。負。❹反応がないこと。例検査の結果マイナスだった。❺不足。赤字。例家計がマイナスになる。参考 一二① ③④は「－」の記号を使って表す。対 一二プラス。▼英語 minus

マイナスきょく【マイナス極】名詞 ↓マイナス二①。

まいにち【毎日】名詞 ひごと。くる日もくる日も。例毎日の生活が楽しい。／毎日三時間勉強する。

まいねん【毎年】名詞 としごと。ねんねん。まいとし。例毎年おこなわれる行事。

まいばん【毎晩】名詞 夜ごと。どの夜も。毎夜。例毎晩ふろに入る。対 毎朝。

まいびょう【毎秒】名詞 一秒ごと。一秒について。例毎秒十メートルの風。

まいふん【毎分】名詞 一分ごと。一分について。例毎分六十回の脈はく。

まいぼつ【埋没】名詞 する動詞 ❶〔土やすなに〕うずまって見えなくなること。例がけくずれで、池が埋没した。❷世の中に知られなくなること。例世に埋没した画家。

まいもどる【舞い戻る】動詞 元のところへ帰ってくる。例にげた小鳥が舞い戻ってきた。活用 まいもど・る。

まいよ【毎夜】名詞 夜ごと。どの夜も。毎晩。対 毎朝。

まいる[1]【参る】動詞 ❶「行く」「来る」をへりくだっていう言葉。例私が参ります。❷神社や寺にいのりに行く。例お寺に参る。❸負ける。たえられなくなる。例この暑さには参った。活用 まい・る。

マイル[2] 名詞 助数詞 イギリスやアメリカで使われているきょりの単位。一マイルは、およそ一六〇九メートル。▼英語 mile

まう【舞う】動詞 ❶〔音楽などに合わせて〕体を美しく動かす。ことば「まいを舞う」❷空中を回るように飛ぶ。例木の葉が舞う。活用 ま・う。

まうえ【真上】名詞 ちょうど上。すぐ上。対 真下。

マウス 名詞 ❶実験用のハツカネズミ。❷コンピューターの入力装置の一つ。参考 ①に似た形をしている。これを動かすと、その動きにあわせて画面の矢印なども動く。▼英語 mouse

マウンテンバイク 名詞 野山を走りまわるための、かるくて、じょうぶな自転車。MTB。▼英語 mountain bike

マウンド 名詞 野球で投手がボールを投げるときに立つ、土をもって高くしたところ。ピッチャーズマウンド。ことば「マウンドにあがる」▼英語 mound

まえ【前】一名詞 ❶顔の向いている方。正面の方。例まっすぐ前を見て歩く。対 後ろ。❷はじめの部分。例列の前の方にならぶ。❸ある時より昔の時。例それは、十年も前のことだ。❹〔ある時をもとにして〕まだ、その時にならない時期。例夏休みの前に、テストがある。対 後。二接尾語《人数を表す言葉の下につけて》その人数分の意味を表す言葉。例すし五人前。

まえあし【前足】名詞 四本の足をもつ動物の、頭に近いほうの足。対 後足。

まえいわい【前祝い】名詞 そのことがうまくいくことを見こして、前もっていわいをすること。例開店の前祝いをする。

まえうしろ【前後ろ】名詞 ❶前とうしろ。❷〔着るものの〕前とうしろをまちがえて、反対になること。例シャツを前後ろに着る。

まえうり【前売り】名詞 入場券・乗車券などを使う日より前に売ること。また、その券。

まえおき【前置き】名詞 する動詞 〔話や文章の〕本すじにはいる前にかんたんにのべること。また、その言葉や文。例前置きはかんたんにして本題にはいる。

まえかがみ【前かがみ】名詞 体を少し前の方へまげること。参考「まえこごみ」ともいう。

まえがき【前書き】名詞 本文の前に書く短い文章。序。対 後書き。

まえかけ【前掛け】名詞 〔衣服をよごさないように〕ひざの上や着ているものの上にかけるぬの。エプロンなど。

まえがしら【前頭】名詞 相撲で、幕内の力士のうち、小結より下の位。

まえがみ【前髪】名詞 頭の前の方の髪の毛。また、ひたいにたれ下がっている髪の毛。対 後ろ髪。

まえがり【前借り】名詞 する動詞 受け取る期日より前に、代金・給料などをかりること。さきがり。

まえきん【前金】名詞 品物を受け取る前にお

金をはらいこむこと。また、そのお金。

まえだおし【前倒し】名詞 予定をはやめて計画を実行すること。例 来年度の事業を前倒しにする。

まえだて【前立て】名詞 ❶「前立て物」の略。かぶとの前につけるかざり。くわ形・半月など。❷物を前に立てること。表面に立てる人。

まえづけ【前付け】名詞 書物の本文の前につける、序文や目次などのページ。対 後付け。

まえば【前歯】名詞 ❶口の前の方の歯。門歯。対 奥歯。❷げたの前の方の歯。

まえばし【前橋市】地名 群馬県の県庁所在地。⇩916ページ・都道府県(図)。

まえばらい【前払い】する動詞 品物の代金や給料などを、品物を受け取ったり、働いたりするより前にはらうこと。対 後払い。

まえひょうばん【前評判】名詞 あることの始まる前の評判。ことば「前評判が高い」

まえぶれ【前触れ】名詞 ❶前もって知らせること。また、その知らせ。例 なんの前触れもなくたずねてきた。❷何ごとかおこりそうなけはいの前兆。例 嵐の前触れを思わせるはやい雲行き。

まえまえ【前前】名詞 以前。ずっと前。例 前々からの約束。対 後後。参考 ふつう「前々」と書く。

まえむき【前向き】名詞 ❶正面をむいていること。❷進んでやろうとする態度であること。例 前向きにとりくむ。対 ①②後ろ向き。

まえもって【前もって】副詞 前から。あらかじめ。例 前もって用意をしておく。

まえわたし【前渡し】一 名詞 する動詞 お金や品物をきまりの日よりも早くわたすこと。二 名詞 手付け金。

まがいい【間がいい】慣用句 ちょうどよい折である。また、運がいい。

まがいもの【まがい物】名詞 本物に似せてつくったもの。にせもの。

まがお【真顔】名詞 まじめな顔つき。しんけんな顔つき。例 真顔になって話を聞く。

まがさす【魔が差す】慣用句 〔悪魔が人の心をみだす意味から〕ふと悪い心をおこす。

マガジン 名詞 雑誌。▼英語 magazine

まかす[1]【任す】動詞 ⬇まかせる。活用 まか・す。

まかす[2]【負かす】動詞 相手を負けさせる。相手に勝つ。例 力じゃ勝てないから、わざで負かす。活用 まか・す。

まかず【間数】名詞 部屋の数。例 間数の多い家。

まかせる【任せる】動詞 ❶そのままにさせる。まかす。ことば「なりゆきに任せる」❷たのんで、やってもらう。まかす。例 主役を任せる。❸その働きを十分にさせる。まかす。例 力に任せて投げる。活用 まか・せる。

まがたま【まが玉】名詞 昔の人が、ひもに通して首かざりなどに使った、かぎ形にまがった玉。ひすい・水晶・めのう・ガラスなどが使われた。参考 漢字 勾玉。⇩図。

まかない【賄い】名詞 食べ物をつくって、ほかの人に食べさせること。また、それをする人。例 このアパートは賄いつきです。

まかなう【賄う】動詞 ❶やりくりして、かんじょうを間に合わせる。例 少ない費用で家計を賄ってきた。❷ほかの人に食事のしたくをして食べさせる。活用 まかな・う。

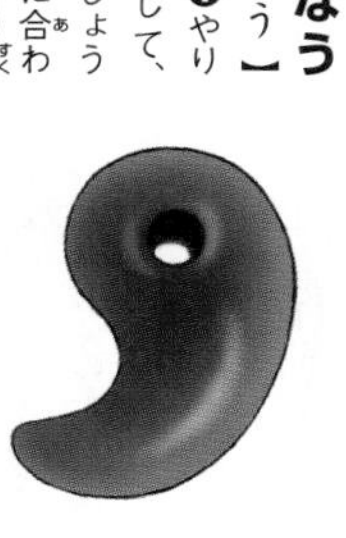

まが玉

まがぬける【間が抜ける】慣用句 ❶物事の大事なところに手ぬかりがある。❷ばかげてみえる。例 間が抜けた返事。参考「間の抜けた」の形でも使う。

まかぬたねははえぬ【まかぬ種は生えぬ】ことわざ 種をまかなければ何も生えてこないように、何もしなければ〔努力をおしんでいては〕よい結果はえられないということのたとえ。

まがも【真がも】名詞 カモ科の鳥。おすの頭は青緑色。めすは全身が茶色。冬に日本にやってくるわたり鳥。

まがもてない【間が持てない】慣用句 何もすることがなくて、時間があまる。例 間が持てなくて、こまった。

まがり【間借り】名詞 する動詞 お金をはらい、よその家の部屋をかりること。

まがりかど【曲がり角】名詞 ❶道のおれまがっている角。❷大きな変わりめ。ふしめ。ことば「人生の曲がり角に立つ」

まがりくねる【曲がりくねる】動詞 〔道や川、細長いものなどが〕いくつにもまがっている。

あいうえお かきくけこ さしすせそ たちつてと なにぬねの はひふへほ まみむめも やゆよ らりるれろ わをん

ア □がくだける イ 話の□をおる ウ □がひくい人

活用 まがりくね・る。

まかりとおる【まかり通る】動詞 ❶どうどうといばって通る。❷〔世の中に〕どうどうと通用する。例不正がまかり通る世の中。活用 まかりとお・る。

まがりなりにも【曲がりなりにも】連語 完全ではないが、どうにかこうにか。例曲がりなりにも平泳ぎができるようになった。

まかりまちがう【まかり間違う】動詞「まちがう」を強めた言い方。例まかり間違えば、戦争になりそうな情勢になった。活用 まかりまちが・う。

まがる【曲がる】動詞 ❶〔まっすぐなものが〕まっすぐでなくなる。ゆがむ。例くぎが曲がる。❷進む向きを変える。例左へ曲がる。❸ひねくれる。正しくない。例心の曲がった人。／曲がったことは、きらいだ。活用 まが・る。

マカロニ 名詞 くだのような形をしたイタリアのめん。かんそうさせたものをゆでて、グラタンやサラダなどに入れて食べることが多い。▼英語（イタリア語から）macaroni

まがわるい【間が悪い】慣用句 ❶運が悪い。また、その場の具合が悪い。例間が悪いときに友だちが来た。❷なんとなく少しはずかしい。気がひける。例人ちがいをして知らない人に声をかけ、間が悪い思いをした。参考「間の悪い」ともいう。

まき[1] 名詞 ねんりょうにする木。たきぎ。ことば「まきをくべる」漢字 薪。

まき[2]【巻】一 名詞 一続きの本を区分するときの、大きな区分。例巻の一。二 助数詞 本やまきものなどの数をかぞえる言葉。

まきあげる【巻き上げる】動詞 ❶くるくるまいて、上の方へあげる。例すだれを巻き上げる。／風が砂を巻き上げる。❷おどしたり、だましたりして、とる。例妹をおだてて、おやつを巻き上げた。活用 まきあ・げる。

まきあみりょう【巻き網漁】名詞 漁船であみをしかけて、魚のむれをとりかこんでとる漁法。イワシ・アジ・サバなどをとる。

まきえ[1]【まき餌】名詞 魚や鳥などをよせ集めるためにまくえさ。

まきえ[2]【まき絵】名詞 うるしをぬった「うつわ」や「びょうぶ」などに、金や銀のこなでもようをつけたもの。日本特有の工芸美術。

まきおこす【巻き起こす】動詞 ❶〔風・ちりなどを〕くるくるとまわるようにふき上げる。❷〔とつぜん、事件などを〕ひきおこす。例次々に騒動を巻き起こす。活用 まきおこ・す。

まきがい【巻き貝】名詞〔サザエやカタツムリなど〕うずまき形のからをもっている貝。参考 ⇩978ページ・二枚貝。

まきかえし【巻き返し】名詞 いきおいをもりかえして、反対にせめかえすこと。例反撃して巻き返しをはかる。

まきかえす【巻き返す】動詞 負けそうになった状態から、いきおいをもとにもどす。例どたんばで巻き返した。活用 まきかえ・す。

まきがみ【巻紙】名詞 ❶長くまいてある紙。参考 ふでで手紙を書くときに使う。❷物にまきつける紙。例たばこの巻紙。注意 送りがなをつけないこと。

まきげ【巻き毛】名詞 まいてちぢれている髪の毛。カール。例巻き毛のかわいい少女。

まきこむ【巻き込む】動詞 ❶まいて中に入れる。例まいあがった紙が、走ってきた自転車の車輪に巻き込まれた。❷仲間にひき入れる。まきぞえにする。例やっかいな事件に巻き込まれる。活用 まきこ・む。

まきじた【巻き舌】名詞 舌の先をまくようにして、ラ行を発音すること。また、そのようにして、いきおいよくはなす話し方。

まきじゃく【巻き尺】名詞 細長い布やうすいはがねに、目もりをつけたものさし。ふだんはまいてしまっておき、引き出して使う。

まきずし【巻きずし】名詞 のりやたまご焼きなどで、ごはんをまいたすし。

まきぞえ【巻き添え】名詞 ほかの人の事件や事故などにまきこまれて、うたがいをかけられたり、損害をこうむったりすること。例仲間を巻き添えにしたくない。

まきちらす【まき散らす】動詞 あたり一面にばらまく。例カラスがごみをまき散らした。活用 まきちら・す。

まきつく【巻き付く】動詞 まいてくっつく。ぐるぐるとからみつく。例ヘチマのつるがかきねに巻き付く。活用 まきつ・く。

まきつける【巻き付ける】動詞 まいてくっつける。物にまいて、はなれないようにする。活用 まきつ・ける。

あいうえお かきくけこ さしすせそ たちつてと なにぬねの はひふへほ ま まみむめも やゆよ らりるれろ わをん

ことばクイズ㉗ □の中に入る同じことばは何でしょう？

まきとる【巻き取る】動詞 線や帯のような物をまいてまとめる。例 糸巻きに糸を巻き取る。活用 まきと・る。

まきば【牧場】名詞 牛や馬などをはなしてかっている広いところ。ぼくじょう。

まきひげ【巻きひげ】名詞 植物が、物にまきついて体をささえる、ひげのようなもの。キュウリ・エンドウ・ブドウなどにある。参考 くきや葉の一部が形をかえたもの。

まきもの【巻物】名詞 ❶細長い紙に絵や字を書いて、じくにまきつけた物。❷じくにまいた反物。

まぎらす【紛らす】動詞 ❶ほかの物事とまぜて、わからないようにする。例 人ごみにすがたを紛らす。❷ほかの物事に心を向けて、わすれようとする。ごまかす。例 グラウンドを何周も走って試合に負けたくやしさを紛らす。参考「まぎらわす」ともいう。活用 まぎら・す。

まぎらわしい【紛らわしい】形容詞 よく似ていて、まちがえやすい。見分けがつきにくい。例 形が似ていて紛らわしい。活用 まぎらわし・い。

まぎらわす【紛らわす】動詞 ➡まぎらす。活用 まぎらわ・す。

まぎれ【紛れ】■ 名詞 まぎれること。入りまじって見分けにくいこと。
■ 接尾語《ある言葉の下につけて》「ひどく…なので」「…のあまり」の意味を表す言葉。例 腹立ち紛れ。／くやし紛れ。／苦し紛れ。

まぎれこむ【紛れ込む】動詞 ❶まちがってほかの物の中に入る。例 くぎの中に、ねじが紛れ込んだ。❷〔わからないように〕多くの人の中にまざって入る。例 人ごみに紛れ込む。活用 まぎれこ・む。

まぎれもない【紛れもない】慣用句 まちがえようがない。たしかである。例 紛れもない事実。

まぎれる【紛れる】動詞 ❶ほかの物の中に入りまじってわからなくなる。例 弟は、いつのまにか人ごみに紛れてしまった。❷あることに気をとられて、ほかのことをわすれる。例 仕事に打ちこんでいると、いつしかつらい気持ちも紛れる。活用 まぎ・れる。

まぎわ【間際・真際】名詞 物事をはじめる、すぐ前。寸前。例 出発の間際になって旅行が中止になった。

まく[1] 動詞 ❶〔水やこななどを〕あちらこちらに散らす。例 庭に水をまく。❷〔追いかけてくる人を〕とちゅうではぐれさせる。例 尾行をまく。活用 ま・く。

まく[2] 動詞 植物を育てるために、種を地面にちらす。例 ヒマワリの種をまく。活用 ま・く。漢字 蒔く。

まく[3]【巻く】動詞 ❶〔ぐるぐると回して〕まるく、たたむ。例 賞状を巻いて、つつに入れる。❷まわりにからみつける。例 足にほうたいを巻く。❸まるく動かす。また、まるく動く。例 ねじを巻く。／うずが巻く。❹周囲をとりかこむ。例 けむりに巻かれる。活用 ま・く。

まく[4]【幕】名詞 ❶しきりにしたり、まわりにはりめぐらしたりする、広くて長い布。例 紅白の幕をはる。❷劇場などで、舞台と観客席の間をしきる布。また、それが開いてから閉じるまでの、ひとまとまりの場面。例 幕が上がって劇が始まる。／オペラの第二幕。ことば「幕になる（＝しばいなどが終わって、幕がおりる）」❸場面。場合。ことば「（きみなどの）出る幕ではない」

まく[5]【膜】名詞 ❶動物や植物の、内部の器官をつつむ、うすいかわ。例 牛乳をわかすと、表面に膜ができる。❷おもて側をおおう、うすいかわ。

まくあい【幕あい】名詞 劇のひと区切りが終わって、幕がおりている間。劇の休み時間。例 幕あいにトイレに行く。漢字 幕間。

まくあき【幕開き】名詞 ❶幕があいて、しばいなどが始まること。例 ショーの幕開きをまつ。❷物事のはじまり。例 宇宙時代の幕開き。対 ①②幕引き。参考「幕開け」ともいう。

まくあけ【幕開け】名詞 ➡まくあき。

まくうち【幕内】名詞 相撲で、前頭と三役・横綱の力士。幕の内。

まくがあく【幕が開く】慣用句 ❶しばいや劇が始まる。例 初日の幕が開く。❷物事や期間が始まる。例 万国博覧会の幕が開く。

まくがおりる【幕が下りる】慣用句 ❶しばいや劇が終わる。❷物事や期間が終わる。例 スキーシーズンの幕が下りる。

マグカップ 名詞 取っ手のついた円筒形のコップ。参考 略して「マグ」ともいう。英語を組み合わせて日本でつくった言葉。英語では単にmug。

まくぎれ【幕切れ】 名詞 ❶劇のひと区切りが終わること。❷物事の終わり。例 試合はあっけない幕切れだった。

まぐさ 名詞 馬や牛に食べさせる草。かいば。

まくしあげる【まくし上げる】 動詞 まくって上の方まで上げる。まくり上げる。例 ズボンのすそをまくし上げる。活用 まくしあ・げる。

まくした【幕下】 名詞 相撲で、十両と三段目の間の位。

まくしたてる【まくし立てる】 動詞 いきおいよく、続けて話す。例 こうふんして、まくし立てる。活用 まくした・てる。

まぐち【間口】 名詞 ❶土地や家などの、正面の横の広さ。例 間口一間の小さな家。対 奥行き。⇩180ページ・奥行き（図）。❷学問・仕事・しゅみなどのはんい。例 間口の広い人。

マグニチュード 名詞 地震の規模を表す単位。参考 記号は「M」で表す。▼英語 magnitude

マグネシウム 名詞 元素の一つ。銀色のかるい金属。ジュラルミンなどの合金の材料として使われる。▼英語 magnesium

まくのうち【幕の内】 名詞 ❶⬇まくうち。❷「幕の内弁当」の略。たわら形の小さなおにぎりと、いろいろなおかずとをつめ合わせた弁当。例 列車に乗る前に売店で駅弁の幕の内を買っておく。参考 ⇩コラム「演劇からうまれたことば」（160ページ）。

まくひき【幕引き】 名詞 ❶劇場で、幕をとじること。❷物事を終わりにすること。例 織田信長は戦国時代の幕引きをつとめた。対 幕開き。

マグマ 名詞 地球の内部で、高温のためにどろどろにとけている物質。岩しょう。参考 地表に噴出すると溶岩などになり、ひえてかたまると火成岩になる。⇩252ページ・火山（図）。▼英語 magma

まくら【枕】 名詞 ❶ねるときに、頭の下におくもの。例 そばがら（=ソバの実のから）の入った枕。❷ある物の下において、そのささえにするもの。例 枕木。❸前置きにする話。例 落語の枕。

まくらぎ【枕木】 名詞 レールの下にしいて、ささえにするかたい木。レールをくぎでとめて動かないようにする。参考 木のほかにコンクリートも使われる。⇩図。

レール

枕木

まくらことば【枕ことば】 名詞 和歌で、ある言葉の上につけて、その言葉をかざったり、調子をととのえたりするために使う言葉。参考 「あしびきの」は「山」、「たらちねの」は「母」のまくらことば。漢字 枕詞。

まくらのそうし【枕草子】 書名 平安時代に清少納言が書いた随筆。宮廷での生活、世の中の様子、自然のうつりかわりなどについての自分の感想をのべたもの。「源氏物語」とならぶ平安女流文学の代表作である。

まくらもと【枕元】 名詞 ねているときの、頭のそば。例 枕元にスタンドをおく。

まくらをたかくしてねる【枕を高くして寝る】 慣用句 安心して、ねむる。例 問題が解決したので、ようやく枕を高くして寝ることができる。

まくらをならべる【枕を並べる】 慣用句 ❶同じところで、ならんで、ねる。例 親子三人で枕を並べる。❷多くの人が、同じところで、同じ状態になる。ことば 「枕を並べて討ち死にする」

まくりあげる【まくり上げる】 動詞 まくって上げる。例 ズボンのすそをまくり上げる。活用 まくりあ・げる。

まくる 一 動詞 おおっているものを、まいて上げる。例 そでをまくる。活用 まく・る。二 接尾語 《ある言葉の下につけて》「さかんに…する」「…し続ける」などの意味を表す言葉。例 書きまくる。

まぐれ 名詞 たまたまよい結果になること。ぐうぜん。例 まぐれで合格する。／まぐれ当たり。参考 くだけた言い方。

まぐれあたり【まぐれ当たり】 名詞 ぐうぜんあたること。思いがけなくいいことがおこること。まぐれ。例 まぐれ当たりで一等になった。

まくれる 動詞 まいて上にあげたようになる。例 風にふかれて、カーテンがまくれる。活用 まく・れる。

あいうえお かきくけこ さしすせそ たちつてと なにぬねの はひふへほ ま まみむめも やゆよ らりるれろ わをん

まぐろ 名詞 クロマグロ・メバチマグロなどの、サバ科の大きな魚。世界中のあたたかい海にすむ。回遊する。漢字 鮪。

まくをあける【幕を開ける】 慣用句 ❶しばいや劇を始める。例人形劇が幕を開けたところだ。❷物事を始める。例オリンピックがいよいよ幕を開ける。対①②幕を閉じる。

まくをきっておとす【幕を切って落とす】 慣用句 〔行事やもよおしなど〕はなばなしく物事を始める。例万国博覧会の幕を切って落とす。

まくをとじる【幕を閉じる】 慣用句 ❶しばいや劇を終わりにする。❷物事を終わりにする。例熱戦がくりひろげられた野球大会が幕を閉じる。対①②幕を開ける。

まけ【負け】 名詞 負けること。ことば「負けがこむ（＝負けた回数が多くなる）」対勝ち。

まげ 名詞 〔和服の女性や、相撲の力士などの〕髪の毛を頭の上の方でたばねて結んだもの。ことば「まげを結う」

まけいぬ【負け犬】 名詞 ❶けんかに負けた犬が、こそこそとにげるようす。また、そのような犬。❷競争や争いに負けた人が、みじめに引き下がるようす。また、そのような人。

まけおしみ【負け惜しみ】 名詞 負けたり、失敗したりしたのをくやしがり、すなおにみとめず何か言ったりすること。ことば「負け惜しみが強い」「負け惜しみを言う」

まけこし【負け越し】 名詞 負けた数が勝った数より多くなること。対勝ち越し。

まけこす【負け越す】 動詞 試合で負けた回数が勝った回数よりも多くなる。例五勝十敗で負け越す。対勝ち越す。活用 まけこ・す。

まけじだましい【負けじ魂】 名詞 人に負けたくないとしてがんばる心。例負けじ魂の持ちぬし。

まけずおとらず【負けず劣らず】 副詞 たがいに力が同じくらいで、争うようす。例負けず劣らずの演技力。

まけずぎらい【負けず嫌い】 名詞 形容動詞 人に負けるのを特にきらう性質であること。また、そのような人。例生来の負けず嫌いだ。

まけずに【負けずに】 連語 負けないで。がまんをして。例暑さに負けずにがんばる。

マケドニア 地名 ❶マケドニア王国。ヨーロッパの南東部のバルカン半島にあった、古代ギリシャ時代の国。アレキサンダー大王の生まれた国。今はギリシャ領。❷北マケドニア共和国のもとの国名。バルカン半島の中部にある国。首都はスコピエ。▼英語 Macedonia

まける【負ける】 動詞 ❶争って、相手にやぶれる。例決勝で負けた。❷がまんができなくなる。例ゆうわくに負ける。対①②勝つ。❸ねだんを安くする。例六百円の品を五百円に負ける。活用 ま・ける。

まげる【曲げる】 動詞 ❶まっすぐでない状態にする。例はり金を曲げる。／手足を曲げる。対伸ばす。❷事実をゆがめる。例事実を曲げて話す。❸考え方を悪い方に変える。例信念を曲げる。活用 ま・げる。

まけるがかち【負けるが勝ち】 慣用句 相手と無理に争わないで表面では負けておくことが、けっきょくは勝ちになるということ。例負けるが勝ちというから、ここはかれの意見を通しておこう。類逃げるが勝ち。

まけんき【負けん気】 名詞 負けたくないと思う気持ち。また、そのような性質。例負けん気の強い子。類かち気。きかん気。

まご¹【孫】 名詞 むすこやむすめの子ども。例孫が生まれた。

まご²【馬子】 名詞 馬をひいて荷物や人を運ぶことを仕事にしている人。馬方。ことば ⇩「馬子にも衣装」

まごい【真ごい】 名詞 ❶ふつうに見られるコイ。体の色は黒っぽい。❷こいのぼりで、黒いコイの形のもの。参考 ⇩1088ページ・ひごい。

まごころ【真心】 名詞 うそのない、本当の心。ことば「真心をこめて（作る）」「真心をつくす」

まごつく 動詞 どうしたらよいかわからなくてまよう。例急に行き先が変わって、まごつく。活用 まごつ・く。

まこと【誠】 名詞 ❶うそいつわりのないこと。真実。例誠の話。／うそか誠か。❷まごころ。ことば「誠をつくす」

まことしやか 形容動詞 いかにも本当らしく思わせるようす。例ありそうもないことをまことしやかに話す。

まことに【誠に】 副詞 本当に。ひじょうに。例誠にもうしわけありません。

まごにもいしょう【馬子にも衣装】

ことわざ どんな人でも、りっぱな着物をきてかざればりっぱにみえる、というたとえ。

まごのて【孫の手】名詞 先を指の形につくった木や竹のぼう。手のとどかないせなかなどをかくのに使う。

まごびき【孫引き】名詞 する動詞 ほかの本に引用してある文を、もとの文を調べないでそのまま自分の文章に使うこと。

まごまご 副詞(－と) する動詞 どうしてよいかわからず、こまり、まようようす。例 何から始めればよいかわからず、まごまごした。

マザー・テレサ 人名 (一九一〇～一九九七) カトリック教会の信者で、「神の愛の宣教者会」の創立者。一九七九(昭和五四)年、ノーベル平和賞を受賞した。Mother Teresa。参考「マザー」は女子修道院で皆をみちびく人をうやまって呼ぶ語。

まさおかしき【正岡子規】人名 (一八六七～一九〇二) 明治時代の俳人・歌人。俳句・短歌の革新運動を進めた。雑誌『ホトトギス』を発行。

まさか 副詞 いくら何でも。例 まさか負けたりしないだろう。参考 ㋐じっさいに起こりそうもないと考えていう。㋑下に「…ない」「…ないだろう」などの言葉が続くことが多い。

まさかり 名詞 木をきる大きなおの。

まさぐる 動詞 ❶手であちこちさがす。例 ポケットの中をまさぐる。❷手でいじる。手でもてあそぶ。ことば「数珠をまさぐる」 活用 まさぐ・る。

まさご 名詞 細かい砂。ことば「浜のまさご」 参考 古い言い方。漢字 真砂。

まさしく【正しく】副詞 たしかに。まちがいなく。例 あの声は、正しく父の声だ。

まさつ【摩擦】一 名詞 する動詞 すれ合うこと。また、こすり合わせること。例 手を摩擦する。二 名詞 ❶物と物がすれ合うとき、その動きをさまたげるように、すれあう面に働く力。❷意見や気持ちのくいちがいによっておこる争い。いざこざ。例 二国の間の摩擦をさける。

まさつねつ【摩擦熱】名詞 物と物とがこすれ合って出る熱。

まさに【正に】副詞 ❶今にも。例 今、正に、新年が明けようとしている。❷ちょうど。例 日本をはなれて、正に一年がたった。❸たしかに。例 正に母の言うとおりだった。

まざまざ 副詞(－と) 目の前で見るように、はっきりと。例 実力の差を、まざまざと思い知らされた。

まさめ【正目】名詞 板の面に、たてにまっすぐ通っているすじ。例 正目の板。対 板目。⇩図。

まさゆめ【正夢】名詞 ゆめに見たことが本当になったときの、そのゆめ。対 逆夢。

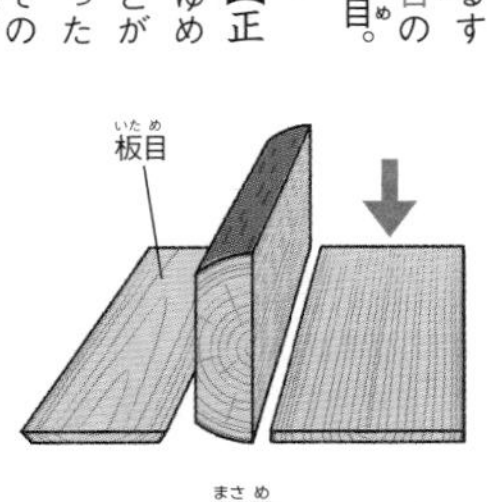

正目

まざりもの【混ざり物】名詞 まざっている物。まじり物。

まさる【勝る】動詞 ほかのものにくらべて、すぐれている。例 実力が勝る。対 劣る。活用 まさ・る。

まざる[1]【交ざる】動詞 ⇩まじる(交じる)。活用 まざ・る。

まざる[2]【混ざる】動詞 ⇩まじる(混じる)。活用 まざ・る。

まさるともおとらない【勝るとも劣らない】慣用句 まさっていることはあっても、おとっていることはない。例 わかくても、技術はほかの人に勝るとも劣らない。

まし【増し】一 名詞 ふえること。例 夜間の料金は百円増しになります。二 形容動詞 その方がすこしよいようす。例 こわれたかさでもないよりはましだ。参考 二はふつう、ひらがなで書く。

まじ 一 形容動詞 まじめである。本気である。例 まじな話。二 副詞 とても。本気で。例 まじがんばる。類 がち。参考 一二 ㋐「まじめに」の略。㋑くだけた言い方。

まじえる【交える】動詞 ❶中に入れて、いっしょにする。まぜる。例 手ぶりを交えて話す。❷やりとりする。とりかわす。例 言葉を交える。活用 まじ・える。

×**まじか** ⇩1231ページ・まぢか。

ましかく【真四角】名詞 形容動詞 正方形であること。例 真四角なつくえ。／紙を真四角に切る。

ことばあそび ことばクイズ28 □の中に入る同じことばは何でしょう？

ました【真下】名詞 ちょうど下。すぐ下。対 真上。

マジック 名詞 ❶魔法。手品。❷「マジックナンバー」の略。▼英語 magic

マジックナンバー 名詞 プロ野球の公式戦の終ばんに、そのチームが優勝するにはあとなん回勝てばよいかをしめした数。マジック。▼英語 magic number

マジックハンド 名詞 手の働きをする機械を使って作業をするしかけ。放射能の強いところや高温のところなど、危険の多いところで使う。参考 英語を組み合わせて日本でつくった言葉。

まして 副詞 なおさら。もちろん。例 このていどの練習にたえられないものが、まして、プロの生活にたえられるわけがない。

まじない 名詞 神や仏の力をかりて、わざわいをとりのぞいたりあたえたりするような術。例 まじないをかける。

まじまじ 副詞(-と) 〔おどろいたり、ふしぎに思ったりして〕じっと見つめるようす。ことば「〔店員の顔を〕まじまじと見る」

まじめ【真面目】名詞 形容動詞 ❶〔うそやじょうだんでなく〕本気であること。例 真面目な顔つき。❷いいかげんではなく、一生けんめいであること。例 真面目に勉強する。対 ①②不真面目。

まじめくさる【真面目腐る】動詞 見るからにまじめな態度をとる。例 真面目腐ってあいさつする。活用 まじめくさ・る。

まじゅつ【魔術】名詞 人をまよわす、ふしぎなわざ。まほう。例 魔術師。類 奇術。

マシュマロ 名詞 たまごの白身にゼラチン・さとうをまぜてつくった、ふわふわした菓子。▼英語 marshmallow

まじょ【魔女】名詞 魔法を使う女の人。

ましょうめん【真正面】名詞 ちょうど正面にあたるところ。例 真正面からたちむかう。

まじりけ【混じり気・交じり気】名詞 ほかのものが少しまじっていること。例 混じり気のない水。

まじる[1]【交じる】動詞 ほかのものが入って、いっしょになる。例 漢字とかなが交じった文。参考 ㋐いっしょになっても元のものが区別できる場合に用いる。㋑「交ざる」ともいう。⇩使い分け。活用 まじ・る。

まじる[2]【混じる】動詞 ほかのものが合わさって、いっしょになる。例 紅茶にミルクが混じる。参考 ㋐いっしょになったときに元のものが区別できない場合に用いる。㋑「混ざる」ともいう。活用 まじ・る。⇩使い分け。

まじわり【交わり】名詞 つきあい。例 近所との交わりを大切にする。

まじわる【交わる】動詞 ❶たがいにゆきあう。こうさする。例 この道は国道と交わる。❷人とつき合う。例 多くの人と交わる。活用 まじわ・る。

ましん【麻しん】名詞 ⬇1034ページ・はしか。漢字 麻疹。

ます[1] 名詞 サケ科の魚のうち、名前に「マス」とつくもの。サクラマス・ニジマスなど。漢字 鱒。

使い分け まじる

● いっしょになる（元の物が区別できる）。
漢字とかなが交じった文。

● いっしょになる（元の物が区別できない）。
すとしょうゆが混じる。

※まざる（交ざる・混ざる）も同じように用いる。

ます[2] 助動詞 ていねいな気持ちを表す言葉。例 これから行きます。／知っています。

ます[3]【升】名詞 ❶米・しょうゆ・酒などをはかる入れ物。⇩図。❷相撲の場所などで、たて横に木を組んでしきった見物席。ます席。

升①

ます[4]【増す】動詞 ❶数量が多くなる。また、多くする。例 川の水の量が増した。対 減る。減らす。❷程

あいうえお かきくけこ さしすせそ たちつてと なにぬねの はひふへほ ま まみむめも や ゆ よ らりるれろ わ を ん

度が強くなる。また、程度を強くする。例はげしさを増す。活用ま・す。

まず 副詞 ❶最初に。第一に。例まず、下書きをしよう。❷何はともあれ。とにかく。例まずは一安心だ。❸だいたい。たぶん。例まずだいじょうぶだと思う。

ますい【麻酔】 名詞 〔手術などのため〕薬を使って、しばらくの間体の痛みなどを感じとる働きをなくさせること。ことば「麻酔をかける」

まずい 形容詞 ❶味が悪い。おいしくない。例まずい料理。対おいしい。❷下手である。例まずい歌。対①②うまい。❸具合が悪い。都合が悪い。例まずいところを人に見られた。❹美しくない。例まずい顔。活用まず・い。

マスカット 名詞 ブドウ科の植物。大形で黄緑色の実の「マスカット・オブ・アレキサンドリア」「シャインマスカット」が有名。▼英語 muscat

マスク 名詞 ❶〔風やほこりをふせぐため〕はなや口をおおうもの。❷野球で、しんぱんや捕手が顔を守るためにかぶるもの。❸おめん。例ヒーローのマスクをかぶる。❹顔つき。例あまいマスク。▼英語 mask

マスゲーム 名詞 大ぜいの人がいっしょにおこなう、体操やダンス。参考日本でつくった言葉。

マスコット 名詞 しあわせをよぶという、えんぎのよいもの。例かばんにマスコットをつける。参考人形や動物など。▼英語 mascot

マスコミ 名詞 ⬇マスコミュニケーション。

マスコミュニケーション 名詞 新聞・雑誌・ラジオ・テレビ・映画などを使って、多くの人々に同時にニュースや知識などを伝えること。参考㋐略して「マスコミ」ともいう。㋑テレビ・新聞など報道機関をさすマスコミは the (mass) media という。▼英語 mass communication

まずしい【貧しい】 形容詞 ❶お金や物が少ない。びんぼうである。例貧しい生活。❷とぼしい。少ない。例貧しい知識。活用まずし・い。

マスター ■ 名詞 ❶飲食店などの主人。❷大学院の修士課程を修了した人。■ 名詞 する動詞 完全にならいおぼえること。例英語をマスターする。参考英語で master は自在に使いこなせるくらい身につけることをいう。▼英語 master

マスト 名詞 船のほばしら。▼英語 mast

ますます 副詞 程度が次第に増えるようす。例風はますます強くなった。

まずまず 副詞 形容動詞 十分ではないが、ふつうの程度であるようす。例初めてにしては、まずまずのできだ。

ますめ【升目】 名詞 ❶ますではかった量。例升目が足りない。❷四角く区切られたもの。また、その区切られたものの一つ。例原稿用紙の升目。

マスメディア 名詞 新聞・雑誌・ラジオ・テレビなど、たくさんの人に情報を伝えることができるもの。▼英語 mass media

まぜかえす【交ぜ返す】 動詞 ❶よくかきまぜる。例ごはんを交ぜ返す。❷ふざけたり、からかったりして、ほかの人の話をみだす。例人の話を交ぜ返すな。活用まぜかえ・す。参考「まぜっかえす」ともいう。

まぜがき【交ぜ書き】 名詞 する動詞 漢字で書ける熟語を、漢字とかなをまぜて書くこと。「親類」を「親るい」、「誕生」を「たん生」と書くなど。

まぜこぜ【混ぜこぜ】 名詞 形容動詞 いろいろな物をごちゃごちゃにまぜるようす。例引き出しに、なんでも混ぜこぜに入れる。

まぜごはん【混ぜ御飯】 名詞 魚・肉・野菜などをにて、ごはんにまぜた食べ物。

まぜっかえす【交ぜっ返す】 動詞 ⬇まぜかえす。活用まぜっかえ・す。

ませる 動詞 〔子どもが〕年のわりに大人のような態度や物の言い方をする。例ませた口ぶりで話す。活用ま・せる。

まぜる[1]【交ぜる】 動詞 ほかの物を入れて、いっしょにする。例二色の糸を交ぜて織る。参考いっしょになっても元のものが区別できる場合に用いる。活用ま・ぜる。⇩使い分け。

まぜる[2]【混ぜる】 動詞 ほかの物を合わせて、いっしょにする。例たまごと牛乳とさとうを混ぜる。参考いっしょになったときに元の物が区別できない場合に用いる。活用ま・ぜる。⇩使い分け。

また[1]【股】 名詞 ❶一つの物が二つ以上に分かれている分かれめのところ。例木の股。❷両足のつけねのうち側。ももともも間。⇩285ページ・体①（図）。

また[2]【又】 ■ 副詞 ❶やはり。同じく。例父もま

使い分け　まぜる

●いっしょにする（元の物が区別できる）。

カードを交ぜる。

●いっしょにする（元の物が区別できない）。

絵の具を混ぜる。

た教師である。❷ふたたび。もう一度。例 また会いましょう。参考 ふつう、ひらがなで書く。

二 接続詞 ❶あることがらに、別のことがらをつけ加えるときに使う言葉。例 走るのがはやく、また、泳ぎもとくいだ。❷ことがらをならべて言うときに使う言葉。例 かれは政治家であり、また、作家である。参考 ふつう、ひらがなで書く。

三 接頭語《ある言葉の上につけて》「直接でない」の意味を表す言葉。例 又聞き。

まだ 副詞 ❶ある時やある状態に行きついていないようす。その時まで同じ状態が続いているようす。今になってもなお。例 まだ終わらない。／まだ雨がふっている。❷「あまりよくないが」どちらかと言えば。例 それならまだ、前のもののほうがましだ。❸あまり時間がたっていないようす。例 まだ三時か。❹これから先やこのほかにもあるようす。例 まだ、たくさんある。

またいとこ【又いとこ】 名詞 親がいとこ同士である子どもと子どもとの間がら。父母のいとこの子。はとこ。ふたいとこ。

またがし【又貸し】 名詞 する動詞 人からかりたものを、さらにほかの人にかすこと。

またがる 動詞 ❶両足を開いて乗る。例 白い馬にまたがる。❷二つ以上の物にかかる。例 三県にまたがる広大な平野。活用 またが・る。

またぎき【又聞き】 名詞 する動詞 直接聞くのではなく、ほかの人を通して聞くこと。例 又聞きなので、ちがっているかもしれない。

またぐ 動詞 またを広げて物の上をこえる。例 水たまりをまたいでこえる。活用 また・ぐ。

またした【股下】 名詞 ズボンなどで、またから下の部分。例 股下をはかってズボンを買う。

またしても【又しても】 副詞 ふたたび。かさねて。例 またしても勝負に負けてしまった。参考 ㋐「また」を強めていう言葉。㋑ふつう、ひらがなで書く。

まだしも 副詞 どちらにしても不満足だが、それでもまだ少しはよいようす。例 家族にならまだしも、他人にはめいわくをかけたくない。

またたき【瞬き】 名詞 またたくこと。まばたき。例 星の瞬きが美しい。

またたく【瞬く】 動詞 ❶まぶたをひらいたり、とじたりする。まばたく。例 目を瞬く。❷光が強くなったり弱くなったりする。きらめく。例 夜空に無数の星が瞬いている。活用 またた・く。

またたくま【瞬く間】 名詞 とても短い間。例 うわさは瞬く間に広がった。

またとない【又とない】 連語 ❶二度とない。これ以上のものはない。例 またとない機会。❷二つとない。例 またとない幸運。参考 ふつう、ひらがなで書く。

またにかける【股に掛ける】 慣用句 歩き回る。また、各地をとびあるいて活躍する。例 世界を股に掛けて商売をしている。

または【又は】 接続詞 二つのことがらのうち、どちらを選んでもよいときに使う言葉。例 黒または青のボールペンで書きなさい。参考 ふつう、ひらがなで書く。

またもや【又もや】 副詞 またしても。かさねて。また。ふたたび。例 雨でまたもや試合は中止になった。参考 ふつう、ひらがなで書く。

まだら 名詞 ちがった色や、こい色とうすい色があちこちにまじってあること。例 まだらの服。漢字 斑。

まだるっこい【間だるっこい】 形容詞 〔いらいらしてくるほど〕のろのろしている。もどかしい。例 間だるっこい仕事ぶりを見ているとはらがたつ。活用 まだるっこ・い。

まだれ【麻垂れ】 名詞 漢字の部首の一つ。「広」「庁」「庭」「店」などの「广」のこと。

まち[1]【町】 名詞 ❶家や店がたくさんあるところ。例 町まで買い物に行く。❷市や区をさらに小さく分けたところ。❸地方公共団体の一つ。人口が市より少なく村より多いもの。⇩使い分け。

まち[2]【街】 名詞 にぎやかな通りや区画。⇩使い

ア □をあらう　イ □がすくむ　ウ □が棒になる

分け。

まちあいしつ【待合室】 名詞 〔駅や病院などで〕客などがまつための部屋。注意 送りがなをつけない。

まちあぐむ【待ちあぐむ】 動詞 長くまたされて、いやになる。例 待ちあぐんで帰ってしまった。活用 まちあぐ・む。

まちあわせ【待ち合わせ】 名詞 ❶待ち合わせること。例 待ち合わせの時間におくれる。❷ほかの列車が通過したり、到着したりするのを待つこと。例 五分の待ち合わせで上りの列車に接続する。

まちあわせる【待ち合わせる】 動詞 時間と場所を決めて会う。例 四時に公園で待ち合わせる。活用 まちあわ・せる。

まちうける【待ち受ける】 動詞 〔目的のものが〕来るのを待つ。例 発表を待ち受ける。活用 まちう・ける。

使い分け　まち

●市や区をさらに分けたもの。
となりの町。

●にぎやかな所。
若者の街。

まぢか【間近】 名詞 形容動詞 時間やきょりが、とても短いこと。例 完成間近だ。／間近で見た。注意「まじか」と書かないこと。

まちがい【間違い】 名詞 ❶まちがうこと。あやまり。例 答えに間違いが多い。❷あやまち。しくじり。例 かれにまかせておけば、間違いはない。❸けんかや事故など、ふつうでないできごと。例 子どもに間違いのないようにむかえに行く。

まぢかい【間近い】 形容詞 間近であるようす。例 ゴールは間近い。活用 まぢか・い。

まちがう【間違う】 動詞 ❶ちがってしまって、正しくなくなる。例 答えが間違っている。❷ほかのものと取りちがえる。例 間違って弟のかさを持って来てしまった。❸失敗する。しくじる。例 一つ間違えば命にかかわる。活用 まちが・う。

まちがえる【間違える】 動詞 ❶やりそこなう。あやまる。例 計算を間違える。❷取りちがえる。例 しょうゆとソースを間違えた。活用 まちが・える。

まちかど【町角・街角】 名詞 ❶町の道路のまがりかど。例 町角の高いビル。❷町の道ばた。街頭。類 路上。

まちかねる【待ち兼ねる】 動詞 長く待たされて、がまんできなくなる。また、今か今かと待つ。例 まごが来るのを待ち兼ねている。活用 まちか・ねる。

まちかまえる【待ち構える】 動詞 〔いつでもおうじられるように〕用意をととのえて、来るのを待つ。例 れんらくを待ち構える。活用 まちかま・える。

まちくたびれる【待ちくたびれる】 動詞 長い間待って、つかれる。例 なかなか来ないので、待ちくたびれた。活用 まちくたび・れる。

まちこうば【町工場】 名詞 町の中の小さな工場。

まちこがれる【待ち焦がれる】 動詞 今か今かと、じりじりして待つ。例 再会を待ち焦がれている。類 待ちわびる。活用 まちこが・れる。

まちどおしい【待ち遠しい】 形容詞 〔早く来てほしいと思って待っているので〕待つ時間をとても長く感じるようす。例 夏休みが待ち遠しい。活用 まちどおし・い。

まちなみ【町並み】 名詞 町の、家がたくさんならんでいるところ。また、そのようす。例 美しい町並み。

まちにまった【待ちに待った】 連語 〔早く来ないかと〕ずっと待っていたようす。例 待ちに待った運動会。

まちのぞむ【待ち望む】 動詞 早くそうなればいいと思う。例 選手の復帰を待ち望む。活用 まちのぞ・む。

まちはずれ【町外れ】 名詞 町の中心からはなれた、家があまりないところ。

まちばり【待ち針】 名詞 ぬいものをするとき、ぬい合わせるところがずれないようにかりにとめておくためのはり。参考 糸を通すあながな

ことばクイズ㉙ □の中に入る同じことばは何でしょう？

く、頭に玉などがついている。

まちぶせ【待ち伏せ】（名詞）（する動詞）相手が来るのを、通り道にかくれて待つこと。例 しげみにかくれて敵を待ち伏せする。

まちぼうけ【待ちぼうけ】（名詞）来るはずの人が、いくら待っても来ないこと。ことば「待ちぼうけを食う」

まちまち（名詞）（形容動詞）それぞれちがっていること。さまざま。例 まちまちな服装。

まちわびる【待ちわびる】（動詞）〔なかなか来ないので〕早く来ないかと気にしながら待つ。例 父の帰国を待ちわびる。類 待ち焦がれる。活用 まちわ・びる。

まつ[1]【松】（名詞）クロマツ・アカマツなどの、マツ科の木のこと。葉は、一年中緑色で、はりのように細くとがっている。松かさができる。例 松の木。参考 めでたいものとされ、正月の門松などに使われる。

まつ[2]【待つ】（動詞）❶〔人・物事・順番などが〕来るのを望む。また、来るのを望みながら、時間をすごす。例 バスを待つ。／二時間待っている。❷たよりにして、まかせる。期待する。例 国の将来は、若者の力に待つところが大きい。活用 ま・つ。

まつえし【松江市】（地名）島根県の県庁所在地。⇩916ページ・都道府県（図）。

まつおばしょう【松尾芭蕉】（人名）（一六四四〜一六九四）江戸時代前期の俳人。紀行文「奥の細道」などが有名。

まっか【真っ赤】一（名詞）（形容動詞）赤の色が濃いこと。たいへん赤いこと。例 真っ赤な花。／顔が真っ赤だ。二（形容動詞）まったくそのとおりであること。まるっきり。ことば「真っ赤なうそ（＝まったくのでたらめ）」

まつかさ【松かさ】（名詞）マツの種をつつんでいるもの。かわくと木のようにかたくなる。まつぼっくり。⇩図。

松かさ

まつかざり【松飾り】（名詞）正月に、家の入り口などにかざる松。門松。

まっき【末期】（名詞）終わりの時期。終わりごろ。注意「まつご」と読むと、別の意味になる。対 初期。

まっくら【真っ暗】（名詞）（形容動詞）❶とても暗くて、何も見えないこと。例 家の中は真っ暗だ。❷まったく希望のもてないこと。ことば「お先真っ暗（＝先にまったく希望がないこと）」

まっくろ【真っ黒】（名詞）（形容動詞）❶まったく黒いこと。対 真っ白。❷〔日に焼けたりして〕ひふの色がふつうの人以上に黒いこと。例 真っ黒に日焼けしている。❸黒ずんでよごれていること。例 シャツが真っ黒によごれた。

まつげ【まつ毛】（名詞）まぶたのふちにはえている毛。⇩1278ページ・目一①（図）。

まつご【末期】（名詞）死のまぎわ。りんじゅう。注意「まっき」と読むと、別の意味になる。

まっこう【真っ向】（名詞）真正面。例 二人の意見が、真っ向から対立した。

まっこうくさい【抹香臭い】（形容詞）仏の前で使う香のにおいがする。いかにも仏教的な感じがする。活用 まっこうくさ・い。

まつごのみず【末期の水】（名詞）人が死ぬまぎわに、その口にふくませる水。死に水。ことば「末期の水をとる（＝末期の水をふくませる）」

マッサージ（名詞）（する動詞）手のひらやゆび先などで、体をもんだりさすったりして、つかれや病気をなおす方法。▼英語 massage

まっさいちゅう【真っ最中】（名詞）物事がさかんにおこなわれているとき。例 試合の真っ最中に、ほかのことは考えられない。類 真っ盛り。

まっさお【真っ青】（名詞）（形容動詞）青の色が濃いこと。たいへん青いこと。例 真っ青な空。／顔色が真っ青だ。参考 すんだ空のような色の場合にも、顔色のよくない場合にもいう。

まっさかさま【真っ逆さま】（形容動詞）まったくさかさまなようす。ことば「真っ逆さまに落ちる」参考 頭の方から落ちるときにいう。

まっさかり【真っ盛り】（名詞）物事の一番さかんなこと。また、そのとき。例 桜の花が真っ盛りだ。類 真っ最中。

まっさき【真っ先】（名詞）一番先。最初。先頭。例 真っ先に手をあげる。

まっさつ【抹殺】（名詞）（する動詞）意見や事実を、な

いものとして問題にしないこと。消してなくすこと。例反対の意見は抹殺する。

まっさら【真っさら】形容動詞 まったく新しいこと。また、そのもの。例真っさらのシーツ。

まっしぐら 副詞 ほかのことに目を向けず、目標に向かっていきおいよく進むようす。いちもくさん。例学校が終わったら、まっしぐらに家へ帰る。参考多く、「まっしぐらに」の形で使う。

まっしょう【抹消】名詞 する動詞 書かれていることを、消すなどして、のぞくこと。消してしまうこと。例リストから名前を抹消する。

まっしろ【真っ白】名詞 形容動詞 まったく白いこと。すっかり白くなること。例山は、雪で真っ白になった。対真っ黒。

まっすぐ【真っすぐ】副詞 形容動詞 ❶まがったりゆがんだりしていないようす。例広い道が、真っすぐにのびていた。❷正直なようす。例心の真っすぐな人。❸間に物をおかないようす。また、より道をしないようす。例学校から真っすぐ家に帰った。

まっせき【末席】名詞 順番が、一番下の席。はしの席。参考「ばっせき」とも読む。

まっせきをけがす【末席を汚す】慣用句 会合や集団などに加わる。参考へりくだった言い方。

まつだい【末代】名詞 自分が死んだあとの世。後世。ことば「人は一代、名は末代」

まったく【全く】副詞 ❶完全に。すっかり。例わたしも、きみと全く同じ考えだ。❷本当に。じつに。例全く、こまった人だね。❸すべて否定するようす。参考③は、下に「…ない」などの打ち消しの言葉が続く。例全く知らなかった。

まつたけ【松たけ】名詞 キシメジ科のきのこ。アカマツの林などにはえる。「かおりマツタケ、あじシメジ」といわれ、かおりがよいとされる。漢字松茸。

まっただなか【真っただ中】名詞 ❶ちょうど真ん中。例敵の真っただ中にとびこんだ。❷物事のさかんにおこなわれているとき。まっさいちゅう。例試合の真っただ中にかみなりがおちて停電した。

まったなし【待った無し】名詞 少しもぐずぐずできないこと。ためらっていられないこと。例待った無しの本番が近づく。

まったん【末端】名詞 一番はしの部分。さきの方。例命令が末端までいきわたる。対中枢。

マッチ 一 名詞 ❶細い木のじくの先にりんなどの薬品をつけて、こすって火をおこすもの。❷試合。競技。例タイトルマッチ。
二 名詞 する動詞 ちょうど合うこと。よく似合うこと。例服によくマッチしたアクセサリー。▼英語 match

まっちゃ【抹茶】名詞 上等の緑茶をこなにしたもの。湯を加えかきまぜて飲む。

まってい【末弟】名詞 一番年下のおとうと。例父は五人兄弟の末弟にあたる。参考「ばってい」とも読む。対長兄。

マット 名詞 ❶建物の入り口において、はきもののどろをおとしたり、ふろの出口などにおいてぬれた足をふいたりするしき物。例足ふきマット。❷体操やレスリングなどで使う、あつくてやわらかいしき物。例マット運動。▼英語 mat

まっとうする【全うする】動詞 最後まで、やりとげる。例責任を全うする。活用 まっとう・する。

マットレス 名詞 ふとんの下やベッドにしく、あつくてやわらかいしきもの。例寝心地のよいマットレス。▼英語 mattress

まつのうち【松の内】名詞 正月の松かざりをしている間。参考ふつう、元日から七日（または十五日）まで。

マッハ 名詞 ジェット機などのはやさを表す単位。音のはやさを一としてそれとくらべてあらわす表し方。参考ア「マッハ二」は、音のはやさの二倍のはやさのこと。イオーストリアの物理学者、エルンスト・マッハ（Ernst Mach）の名前から。▼英語（ドイツ語から）Mach

まつばづえ【松葉づえ】名詞 足の不自由な人がわきの下にあてて体をささえ、歩くときの助けにする、つえ。参考上の方が松の葉のように二つに分かれているところからいう。⇨図。

松の葉

松葉づえ

あいうえお かきくけこ さしすせそ たちつてと なにぬねの はひふへほ まみむめも やゆよ らりるれろ わをん

まつばぼたん【松葉ぼたん】名詞 スベリヒユ科の植物。暑さや乾燥に強い。夏に、赤やピンクなどの花がさく。

まつばやし【松林】名詞 松の木の林。

まつばら【松原】名詞 松がたくさんはえている所。

まつび【末尾】名詞 言葉・数字などのひと続きになっているものの終わりの部分。

まっぴつ【末筆】名詞 おもに手紙の終わりに書く言葉。ことば「末筆ながら（みなさまによろしくお伝えください）」

まっぴら【真っ平】副詞 どんなことがあっても、いやなようす。絶対にしたくないようす。ことば「真っ平ごめん」参考 ㋐強くことわるときに用いる。㋑くだけた言い方。

まっぴるま【真っ昼間】名詞 昼の真っさい中。ひるなか。

マップ 名詞 （一枚になった）地図。参考 地図帳はatlas。例 ドライブマップ。▼英語 map

まっぷたつ【真っ二つ】名詞 真ん中から分けた、二つ。ちょうど二つ。例 意見が真っ二つに分かれた。参考 くだけた言い方。

まつぶん【末文】名詞 ❶文章の終わりの部分。❷手紙やはがきの終わりに書くむすびのかんたんな文。

まつぼっくり【松ぼっくり】名詞 ⬇1232ページ・まつかさ。

まつむし【松虫】名詞 コオロギ科のこん虫。草むらにすみ、おすは、夏から秋にかけて「チンチロリン」となく。

まつやまし【松山市】地名 愛媛県の県庁所在地。⇩916ページ・都道府県（図）。

まつり【祭り】名詞 ❶神さまをまつること。また、その行事。❷にぎやかにおこなう、もよおし。例 さくら祭り。／みなと祭り。

まつりあげる【祭り上げる】動詞 みんなで人をおだてて、上の地位につかせる。おだてあげる。例 とうとうテニス部の部長に祭り上げられた。活用 まつりあ・げる。

まつりごと【政】名詞 国をおさめること。政治。参考 少し古い言い方。

まつりばやし【祭りばやし】名詞 祭りのときに、ふえ・たいこ・かねなどを使ってする、にぎやかなおはやし。

まつる【祭る】動詞 ❶神や死んだ人のたましいをなぐさめるため、そなえ物をして儀式をおこなう。例 祖先を祭る。❷神として（神社をたてて）うやまう。例 伊勢神宮は、天照大御神を祭っています。活用 まつ・る。

まつろ【末路】名詞 人の一生の終わりのころ。また、さかんだったものの、おとろえた最後。例 悪人の末路。／平家の末路はあわれをさそう。

まつわりつく【まつわり付く】動詞 ❶からむようにしてくっつく。からみつく。例 つる草が木にまつわり付く。❷そばにくっついてはなれない。例 妹は、母にまつわり付いてばかりいる。参考「まとわりつく」ともいう。活用 まつわりつ・く。

まつわる 動詞 ❶からみつく。また、つきまとう。例 ぬれたスカートが足にまつわる。❷つながりがある。からむ。例 古池にまつわる話。活用 まつわ・る。

まで 助詞 ❶場所・時間・はんいなどをかぎっていう言葉。例 家から学校までのきょり。❷ていどをしめす言葉。例 いっぱいになるまで水を入れる。❸はなはだしい場合をしめして、ほかの場合を、それとなくしめす言葉。…でさえ。例 きみまで反対する。❹つけ加える意味をしめす言葉。例 雨ばかりか風までふきはじめた。❺《「までもない」の形で》…する必要はない。例 さがすまでもなく、すぐに見つかった。

マテリアル 名詞 材料。原料。素材。▼英語 material

まてんろう【摩天楼】名詞 天にとどきそうなくらいに高い建物。超高層ビル。例 ニューヨークの摩天楼。

まと【的】名詞 ❶弓で矢をいたり、鉄砲をうったりして当てるときの目じるし。ことば ⇩「的を射る」❷目当て。目標。ことば「的をしぼる」❸多くの人に注目されるもの。ことば「パンダは人気の的（だ）」

まど【窓】名詞 部屋の中に光や空気を入れるために、かべや屋根にあなをあけて、ガラス戸などをつけたところ。例 窓の外を見る。ことば「窓を開ける」

まどあかり【窓明かり】名詞 まどから入る光。また、まどからもれる明かり。

まとい 名詞 ❶昔の戦争で、大将のそばにたてた目じるし。❷江戸時代の火消し（＝今の消防士）の、組のしるし。⇩図。

ア □が立つ　イ □をさぐる　ウ □をわって話し合う

まとう 動詞 まきつける。つつむようにして、身につける。また、着る。例 衣装を身にまとう。活用 まと・う。

まとい②

まどう【惑う】 動詞 ❶どうしてよいかわからなくなる。例 人生の道に惑う。❷よくないことに心がひかれる。例 欲に惑う。活用 まど・う。

まどぎわ【窓際】 名詞 まどのすぐそば。まどべ。

まどぐち【窓口】 名詞 役所・会社・病院・銀行などで、書類を受けつけたり、お金の出し入れなどをしたりするところ。

まどごし【窓越し】 名詞 まどをへだててすること。例 車の窓越しに手をふる。

まとはずれ【的外れ】 名詞 形容動詞 〔的をねらった矢がはずれることから〕目当てから、はずれること。また、物事の大切なところから、ずれていること。例 的外れな質問。

まどべ【窓辺】 名詞 まどの近く。まどのそば。まどぎわ。例 窓辺によって外をながめる。

まとまる 動詞 ❶ばらばらなものが一つになる。例 全員の意見がまとまる。❷整理がつく。例 考えがまとまる。❸うまくおさまる。例 話がまとまった。❹できあがる。例 文集がまとまる。活用 まとま・る。

まとめる 動詞 ❶ばらばらになっているものを一つにする。例 荷物をまとめる。❷すじ道を立てて、ととのえる。例 言いたいことをまとめる。❸うまくおさめる。例 交渉をまとめる。❹完成させる。例 研究をまとめる。活用 まと・める。

まとも 名詞 形容動詞 ❶正しくむかうこと。正面。例 強風がまともにふきつける。❷かわったところがないこと。ふつうであること。例 まともな意見をのべる。

まどり【間取り】 名詞 家の中の部屋のならびかた。例 新しく建てる家の間取りを考えた。

まどろむ 動詞 うとうとと、少しの間ねむる。例 あたたかい部屋でまどろむ。活用 まどろ・む。

まどわす【惑わす】 動詞 考えをみだして、どうしてよいかわからなくさせる。また、悪いことにさそう。例 せんでんに惑わされないようにする。活用 まどわ・す。

まとわりつく 動詞 ⬇まつわりつく。活用 まとわりつ・く。

まとをいる【的を射る】 慣用句 ❶射た矢がまとにあたる。❷まちがいなく要点や本質をとらえる。例 的を射た意見。参考 「的を得る」ともいう。

マドンナ 名詞 ❶キリストの母のマリア。また、その像。❷あこがれの女の人。▼英語（イタリア語から）Madonna

マナー 名詞 ❶物事をするときの態度。例 試合のマナーがいい。❷礼儀作法。例 テーブルマナー。類 エチケット。参考 英語の manner からだが、「行儀・作法」は manners と複数形であらわす。▼英語 manner

まないた【まな板】 名詞 ほうちょうを使って食べ物を切るときに、台にする板。

まないたにのせる【まな板にのせる】 慣用句 問題として取り上げ、議論する。例 具体案をまな板にのせる。

まないたのこい【まな板のこい】 ことわざ まな板の上にのせられて、料理されるのをまつコイのように、相手の思うままに身をまかせるしか方法がないようす。

まなこ【眼】 名詞 めだま。また、目。例 まなこをとじる。

まなざし 名詞 物を見るときの目のようす。目つき。例 かなしげなまなざし。

まなじり 名詞 ⬇1285ページ・めじり。

まなじりをけっする【まなじりを決する】 慣用句 目を大きく見開いて、いかりや強い決心を表す顔つきをする。例 まなじりを決して、留学の決意を語る。参考 「まなじり」は「目じり」のこと。

まなつ【真夏】 名詞 夏のまっさかり。夏の一番あついとき。対 真冬。

まなつび【真夏日】 名詞 一日の最高気温が三十度以上の日。熱帯日。対 真冬日。参考 ⇩953ページ・夏日。1294ページ・猛暑日。

まなでし【まな弟子】 名詞 特にかわいがっている、でし。漢字 愛弟子。

まなびとる【学び取る】 動詞 自分から進んで知ろうとする。また、知って自分のものにする。例 この本からさまざまなことを学び取りました。活用 まなびと・る。

まなびのにわ【学びの庭】 慣用句 学校。類 教えの庭。

まなびや【学びや】 名詞 学校。校舎。例 長ら

あいうえお かきくけこ さしすせそ たちつてと なにぬねの はひふへほ まみむめも やゆよ らりるれろ わをん

くすごした学びやをあとにする。参考 古い言い方。

まなぶ【学ぶ】動詞 ❶教えてもらう。例音楽を学ぶ。❷学問をする。勉強する。例大学で学ぶ。❸経験して身につける。例自然から多くのことを学んだ。活用 まな・ぶ。

マニア 名詞 自分の楽しみのために、ある事がらに夢中になっている人。マニヤ。▼英語 mania

まにあう【間に合う】動詞 ❶決まった時刻や時期に、おくれないですむ。例開演時間に間に合った。❷その場の役に立つ。その場の用が足りる。例千円あれば間に合うだろう。❸そのものを必要としない。例ご飯なら間に合っています。活用 まにあ・う。

まにあわせ【間に合わせ】名詞 その時だけうまくいけばよいように、かわりのものをあてること。また、そのもの。例間に合わせの服を着て出席する。

まにうける【真に受ける】慣用句 本当だと思いこむ。本気にする。例そんな話を真に受けるな。

マニキュア 名詞 つめをみがいたり、そめたりして、美しくすること。また、そのための化粧品。参考 英語で manicure は、つめを含めた手指のケアをいう。▼英語 manicure

まにまに 副詞 なすままにまかせてしたがうようす。なりゆきにまかせるようす。例うきぶくろにつかまって、波のまにまにただよった。

マニュアル 名詞 ❶物事の手順や機械の使い方などを、わかりやすく書いた本。手引き。例マニュアル通りにパソコンを操作する。❷〔自動車などで〕操作が、手動式であること。例マニュアル車（＝ギアチェンジを手動でおこなう車）。▼英語 manual

まにんげん【真人間】名詞 正しいことをする、まじめな人間。例心をいれかえて真人間になる。

まぬかれる【免れる】動詞 〔さいなんなどの悪いことから〕のがれる。また、出あわないですむ。例あぶないところで事故を免れた。参考「まぬがれる」ともいう。活用 まぬか・れる。

まぬけ【間抜け】名詞 形容動詞 頭の働きがにぶく、することにぬかりがあること。また、そのような人をののしっていう言葉。

まね 一 名詞 する動詞 ほかのものに似せて、その通りにすること。例ウサギのまねをする。二 名詞 ❶形だけ、その動作をすること。例飲むまねだけすればいい。❷しぐさや、おこないを軽べつしていう言葉。例ばかなまねはするな。漢字 真似。

マネ 人名（一八三二〜一八八三）フランスの画家。印象派の父といわれる。色彩が明るく、光の色の変化を重んじた画風がとくちょう。「草上の昼食」「笛を吹く少年」などの作品が有名。エドゥアール＝マネ。

マネー 名詞 お金。金銭。例ポケットマネー（＝自分のおこづかい）。▼英語 money

マネージャー 名詞 ❶支配人。管理人。❷芸能人・スポーツチーム・劇団・楽団などの世話をする人。例野球部のマネージャー。❸会社で、管理職。▼英語 manager

まねき【招き】名詞 まねくこと。例政府の招きを受けて訪問する。

マネキン 名詞 ❶〔デパートなどで〕衣服を着せてかざっておくための、人間と同じ大きさの人形。❷衣服や化粧品のせんでんなどのために、店の客の前で、じっさいに衣服を着たり化粧をしたりしてみせる人。▼英語（フランス語から）mannequin

まねく【招く】動詞 ❶手などで合図して、人をよぶ。例手でスタッフを招く。❷客として、よぶ。例けっこん式に友人を招く。❸ある地位につけるために、よびよせる。例アメリカから英語の教師を招く。❹〔よくないことを〕引き起こす。ことば「不幸を招く」活用 まね・く。

まねごと【まね事】名詞 ❶まねてすることがら。ものまね。❷本当のやり方でなく、形だけをまねたことがら。参考 自分のおこないなどをけんそんしていうときにも使う。例ほんのまね事です。

まねる 動詞 ほかのものに似せて、同じようにする。まねをする。例鳥の鳴き声をまねる。活用 ま・ねる。

まのあたり【目の当たり】名詞 目のすぐ前。例事故を目の当たりにする（＝目の前で見る）。

まのび【間延び】名詞 する動詞 ❶間が長いこと。間がのびること。例間延びした返事。❷どことなくしまりのないこと。例間延びした顔。

まばたき 名詞 する動詞 まぶたをとじたりひらいたりすること。またたき。例まばたきもせずに見

つめた。

まばゆい 形容詞 ❶光がまぶしい。例まばゆい太陽。❷〔見つめられないほど〕かがやくように美しい。例まばゆいばかりに美しい人。活用 まばゆ・い。

まばら 名詞 形容動詞 あちこちに少しずつあって、間がすいていること。例休日で人かげがまばらな通り。

まひ 名詞 する動詞 ❶しびれて、体の感じがなくなること。❷今まで活動していたものが、活動しなくなったり、にぶくなったりすること。例大工事で、国道の交通がまひした。漢字 麻痺。

まびく【間引く】 動詞 ❶〔育ちをよくするため〕たくさんはえているなえの、ところどころを引きぬいて、間を広くする。例ダイコンを間引く。❷間をあける。例電車を間引いて運転する。活用 まび・く。

まひる【真昼】 名詞 昼のさいちゅう。日中。対 真夜中。

まぶか【目深】 形容動詞 ぼうしなどを、目がかくれるほど深くかぶるようす。例ぼうしを目深にかぶって、家を出た。⇨図。

目深

まぶしい 形容詞 明るすぎて目が向けられないようす。光が強くて目があけられないようす。例ひざしがまぶしい。活用 まぶし・い。

まぶす 動詞 こなどを全体にぬりつける。例だんごにきなこをまぶす。活用 まぶ・す。

まぶた 名詞 目の上をおおっていて、上下に動いてとじたりひらいたりする、うすいひふ。例まぶたをとじる。参考「目のふた」の意味。⇨1278ページ・目一①（図）。

まふゆ【真冬】 名詞 冬のさいちゅう。冬の一番寒いとき。例真冬の海。対 真夏。

まふゆび【真冬日】 名詞 一日の最高気温が〇度未満の日。対 真夏日。参考 ⬇1155ページ・冬日。

マフラー 名詞 寒さをふせいだり、かざりにしたりするために、首にまくぬの。えりまき。▼英語 muffler

まほう【魔法】 名詞 ふつうの人間にはできないようなことを起こす術。魔術。ことば「魔法をかける」

まほうじん【魔方陣】 名詞 正の整数を、たて・横同じ数だけならべ、たて・横・対角線にならぶ数の和が、すべてひとしくなるようにしたもの。⇨図。

6	1	8
7	5	3
2	9	4

魔方陣

まほうびん【魔法瓶】 名詞 中に入れたものの温度が長い時間かわらないようにしたしくみのびん。参考 内側を二重にして、その間の空気をぬいて熱が伝わらないようにしてある。

マホガニー 名詞 センダン科の高木。木材はつやがあり、家具などの材料になる。例マホガニーのテーブル。▼英語 mahogany

まぼろし【幻】 名詞 ❶じっさいにはないものが、あるように見えること。また、そう見えるもの。例父に似た人を見かけて、幻を見たのかと思った。❷すぐに消えてしまう、はかないもののたとえ。例人の一生は、幻のようだ。❸じっさいにあるかどうかはっきりしないもの。例幻の名画。

まま[1] 名詞 ❶なりゆきにまかせること。例気の向くまま歩く。❷その様子を変えないでおくこと。その状態の通りであること。例昔のままの町。❸思う通りの状態。例思いのまま。❹その状態で、ある行動をすることを表す言葉。例グラスを持ったまま立ち上がった。

まま[2]**【間間】** 副詞 ときどき。たまに。例かんたんな問題をミスすることは間々ある。参考 ふつう「間々」と書く。

ママ[3] 名詞 子どもが母をよぶ言葉。お母さん。対 パパ。参考 英語のmama, mammaが元だが、英語では「マム」（アメリカではmom、イギリスではmum）がふつうの言い方。

ままこ【まま子】 名詞 ❶自分の子であるが、血のつながりのない子。継子。対 実子。❷仲間はずれにされるもの。

ままごと【まま事】 名詞 子どもが、おもちゃなどを使って料理や食事などのまねをする遊び。

ままならない 連語 思いどおりにならない。ま

あいうえお かきくけこ さしすせそ たちつてと なにぬねの はひふへほ まみむめも ま やゆよ らりるれろ わをん

 こたえ 腹

まならぬ。例ままならない世の中だ。

ままはは【まま母】名詞 自分の母であるが、血のつながりのない母。継母。対実母。

まみず【真水】名詞 しおけのない水。淡水。対塩水。

まみれ 接尾語《ある言葉の下につけて》「…がいっぱいついている」意味を表す言葉。例あせまみれ。/どろまみれ。類みどろ。

まみれる 動詞（きたない）物がいっぱいついてよごれる。例どろにまみれて働く。活用まみ・れる。

まむかい【真向かい】名詞 ま正面。

まむし 名詞 クサリヘビ科のヘビ。毒をもつ。せなかは茶色で、まるくて黒いもようがある。しめった草むらなどにいる。漢字蝮。

1 **まめ** 名詞 形容動詞 ❶まごころがあること。まじめ。例まめなせいかく。❷こまかなことを、おっくうがらずにすること。例父は、まめに家事の手伝いをする。❸体がじょうぶなこと。例まめにくらす。

2 **まめ**【豆】一 名詞 ❶ダイズ・アズキ・エンドウなどマメ科の植物のたね。食用にする。❷特に、ダイズのこと。例豆を煮る。❸手や足のひふがこすれてできた小さな水ぶくれ。例手に豆ができた。
二 接頭語《ある言葉の上につけて》「形やしくみが小さいもの」の意味を表す言葉。例豆電球。/豆知識。

まめちしき【豆知識】名詞 本筋ではないが、知っていると少し役に立つ知識。

まめつ【磨滅・摩滅】名詞 する動詞 すりへること。すりへってなくなること。例くつのそこが磨滅する。

まめにくらす【まめに暮らす】慣用句 元気で生きる。健康で生きる。例親子でまめに暮らす。

まめまき【豆まき】名詞 節分の夜、「福は内、おには外」と言いながら、いった豆をまく行事。参考わざわいを追い出して、福をまねくといわれる。

まめまめしい 形容詞 まじめで、よく働くようす。例まめまめしく働く。活用まめまめし・い。

まもなく【間もなく】副詞 ある時から、あまり時間がたっていないようす。例間もなく始まります。類ほどなく。

まもの【魔物】名詞 ふしぎなおそろしい力をもっていて、人をまどわすもの。化物。類魔。

まもり【守り】名詞 守ること。また、守り方。
ことば「守りをかためる」

まもりがみ【守り神】名詞 災難から自分を守ってくれる神。守護神。

まもる【守る】動詞 ❶ほかから害を受けないように、ふせぐ。例身を守る。対攻める。❷その通りにしたがう。決めたとおりにする。例時間を守る。/きまりを守る。対破る。活用まも・る。

まやかし 名詞 ごまかすこと。また、にせもの。まがいもの。例まやかしにひっかかる。/まやかしもの。

まやく【麻薬】名詞 いたみをおさえたり、ねむらせたりするために使う薬。続けて使っていると、いつも使わずにはいられなくなる。モルヒネ・ヘロイン・コカインなど。

1 **まゆ**【眉】名詞 目の上に横にならんではえている毛。例太い眉。⇨1278ページ・目一①（図）。

2 **まゆ**【繭】名詞 かいこ・けむしなどが、さなぎの時期をすごすために、口から糸を出して体のまわりにつくる巣。参考かいこのまゆからは、きぬ糸をつくる。

まゆげ【眉毛】名詞 まゆ。また、まゆにはえている短い毛。例眉毛がこい。

まゆだま【繭玉】名詞 正月のかざりもの。竹やヤナギの枝に、米の粉でまゆの形につくっただんごをつけ、その間に小判や宝物のもけいをつるす。参考かいこがよく育ち、作物がよくみのることを願ってつくられる。⇨図。

繭玉

まゆつばもの【眉唾物】名詞〔まゆにつばをつけると、キツネやタヌキにだまされないということから〕信用できないもの。あやしげなもの。

まゆにつばをつける【眉に唾を付ける】慣用句 だまされないように用心する。まゆつば。参考昔、まゆにつばをつけておくと、キツネやタヌキに化かされないと信じられていた。

ア □が上がらない　イ □が下がる　ウ □をかかえる

まゆね【眉根】名詞 まゆ毛の根もと。まゆ毛のうち、鼻に近い方のはし。また、まゆ。

まゆをひそめる【眉をひそめる】慣用句 心配なことがあったり、いやなことを見たりしたとき、顔をしかめる。例 だらしない身なりに眉をひそめる。

まゆをひらく【眉を開く】慣用句 心配なことがなくなって、晴れやかな顔になる。例 祖母が退院して、家族は眉を開いた。

まよう【迷う】動詞 ❶行こうとする方角がわからなくなる。例 道に迷う。❷自分の考えなどが決まらず、どうしていいかわからなくなる。例 どのメニューを注文するか迷う。活用 まよ・う。

まよなか【真夜中】名詞 すっかり夜のふけたとき。深夜。参考 ふつう、午前一時ごろから二時ごろまでをいう。対 真昼。

マヨネーズ 名詞 たまごの黄身・サラダ油・酢・塩などをまぜてつくるソース。▼英語（フランス語から）mayonnaise

まよわす【迷わす】動詞 まようようにする。まよわせる。例 うまい話で人を迷わす。活用 まよわ・す。

マラカス 名詞 中南米に伝わる民俗楽器。マラカという植物の実をかんそうさせ、中の種をふって音を出す。▼英語（スペイン語から）maracas

マラソン 名詞 陸上競技の一つ。四二・一九五キロメートルを走る競走。語源 紀元前四九〇年、ギリシャ軍がペルシャ軍をマラトンのたたかいでやぶったとき、一人のギリシャ兵が、その勝利を知らせるため、アテネまで約四十キロメートルを走りぬいたという伝説にちなむ。▼英語 marathon

マラリア 名詞 ハマダラカにうつされる感染症。熱帯などに多い。高熱のために寒気がしたりふるえが出たりする。▼英語 malaria

まり 名詞 遊びに使うたま。ゴムや皮でつくったもの、また、わたをしんにして糸でかがったものなどがある。ボール。ことば「まりをつく」

マリオネット 名詞 ⬇47ページ・あやつりにんぎょう。▼フランス語

まりも【まり藻】名詞 まりのような形をした、緑色のも。直径十五センチメートル以上になるものもある。参考 北海道の阿寒湖のものは特別天然記念物になっている。

まりょく【魔力】名詞 人をまよわすふしぎな力。魔法の力。

まる【丸】一 名詞 ❶まるい形。例 大きい丸をかく。❷文の最後につけるしるし。句点。二 接頭語 ❶《ある言葉の上につけて》「全部」「完全」の意味を表す言葉。例 丸暗記。／丸焼き。❷《数字の上につけて》「ちょうど」の意味を表す言葉。例 あれから丸一年たった。三 接尾語 船の名前の下につける言葉。例 富士丸。

まるあらい【丸洗い】名詞 する動詞 全体をそのままあらうこと。特に、和服などをほどかずに、そのままあらうこと。例 ふとんを丸洗いする。

まるあんき【丸暗記】名詞 する動詞 内容を理解しないで、丸ごと覚えること。例 教科書を丸暗記する。参考「棒暗記」ともいう。

まるい[1]【丸い】形容詞 ❶球の形、または、円の形をしているようす。例 丸い顔。❷おだやかなようす。ことば「（けんかを）丸くおさめる」活用 まる・い。⇩使い分け。

まるい[2]【円い】形容詞 円の形をしている。参考「丸い」とも書く。活用 まる・い。⇩使い分け。

まるがお【丸顔】名詞 全体にまるみのある顔。

まるかじり【丸かじり】名詞 する動詞 小さく切らずに、そのままかじること。例 リンゴを丸かじりする。

まるがり【丸刈り】名詞 髪の毛を短くかること。また、そのような頭。

まるき【丸木】名詞 切りたおして山から運び出したままの材木。丸太。

まるきばし【丸木橋】名詞 一本の丸木をわた

使い分け　まるい

●球の形である。
丸いボール。

●円の形である。
円い池。

ことばクイズ31 □の中に入る同じことばは何でしょう？

したただけの橋。

まるきぶね【丸木舟】名詞 一本の太い木をくりぬいてつくった舟。

まるきり【丸切り】副詞 ⇒まるっきり。

マルク 名詞 助数詞 二〇〇一年まで使われた、ドイツのお金の単位。参考 現在は「ユーロ」を使う。▼ドイツ語

まるごと【丸ごと】副詞 手を加えたりせず、もとのまま全部。そっくりそのまま。例 物語を丸ごとおぼえる。

まるぞん【丸損】名詞 まったくもうけがなくて、全部そんになること。対 丸もうけ。

まるた【丸太】名詞 切りたおして山から運び出したままの材木。まるたんぼう。丸木。例 丸太小屋。

まるだし【丸出し】名詞 少しもかくさず、全部出すこと。例 感情を丸出しにする。

まるたんぼう【丸太ん棒】名詞 ⇒まるた。

マルチメディア 名詞 文字・図形・映像・音声などを組み合わせた情報を、ひとまとめにして伝える手段。▼英語 multimedia

まるっきり【丸っ切り】副詞 まったく。ぜんぜん。まるきり。例 丸っ切り知らない人に話しかけられた。

まるつぶれ【丸潰れ】名詞 全部つぶれること。すっかりだめになること。例 妹の前で大失敗をして、兄の面目が丸潰れだ。

まるで 副詞 ❶ある状態と同じようであるようす。参考 下に「ようだ」「みたいだ」「同じだ」などの言葉が続く。例 まるで自分の子どものように、かわいがっている。❷強く否定するようす。参考 下に打ち消しの言葉や否定する意味の言葉が続く。例 何を言っているのか、まるでわからない。

まるなげ【丸投げ】名詞 する動詞 仕事をまるごとたのむこと。例 いやな仕事は丸投げにする。

まるのみ【丸飲み】名詞 する動詞 ❶食べ物をかまないで、飲みこむこと。❷よく理解しないで、受け入れること。例 要求を丸飲みにする。／うわさ話を丸飲みにする。

まるはだか【丸裸】名詞 ❶体になにもつけていないこと。類 すっぱだか。全裸。❷体のほかに、お金や物がなにもないこと。無一物。

まるひ【丸秘】名詞 ひみつのことがら。例 丸秘情報。参考 ㋐「丸秘」は、もともと、ひみつの文書などにおされる、○でかこんだ「秘」の印をさす言葉。㋑「マル秘」と書くこともある。

まるぼうず【丸坊主】名詞 ❶髪の毛を全部そりおとした頭。また、髪の毛を短くかった頭。❷山などの木が全部なくなること。また、木の葉を全部落としてしまうこと。

まるぼし【丸干し】名詞 魚やダイコンなどを切りわけたりせずに、そのままほすこと。また、ほしたもの。例 イワシの丸干し。

まるぽちゃ【丸ぽちゃ】名詞 丸顔でふっくらしているようす。例 丸ぽちゃの子。

まるまる【丸丸】副詞(-と) ❶いかにもまるいようす。また、よく太っているようす。例 まるまるとした赤ちゃん。❷すっかり。全部。例 まるまる損をした。参考 ㋐ふつう「丸々」と書く。㋑多く、ひらがなで書く。

まるみ【丸み】名詞 まるいようす。まるい感じ。例 板に丸みをつける。／人がらに丸みがでてきた。参考「円み」とも書く。

まるみえ【丸見え】名詞 〔さえぎるものがなく〕すっかり見えること。例 店の中が丸見えだ。

まるめこむ【丸め込む】動詞 ❶まるめて中に入れる。例 ポケットにハンカチを丸め込む。❷うまいことを言って、相手を自分の思うとおりにする。例 妹を丸め込んで、おつかいに行かせた。類 ②丸める。活用 まるめこ・む。

まるめる【丸める】動詞 ❶まるくする。例 粉を丸めて、だんごをつくる。❷うまく話して、相手を自分の思うようにあやつる。例 母にうまく丸められた。類 丸め込む。❸《「頭を丸める」の形で》髪の毛をそる。また、髪の毛をそって僧やあまになる。例 頭を丸めて、わびた。❹切り上げ・切りすて・四捨五入などによって、切りのよい数値にする。活用 まる・める。

まるもうけ【丸もうけ】名詞 する動詞 少しもそんをしないで、入ったお金が全部もうけになること。対 丸損。

まるやき【丸焼き】名詞 切らずにそのまままるごと焼くこと。また、その焼いたもの。例 イカの丸焼き。

まるやけ【丸焼け】名詞 火事で、なにもかもすっかり焼けてしまうこと。類 全焼。

まれ 形容動詞 めったにないようす。めずらしいようす。例 まれにしか人の通らない道。／そういうこともまれに起こる。

マレーシア【地名】東南アジアの、マレー半島南部とカリマンタン島北部からなる立憲君主国。首都はクアラルンプール。▼英語 Malaysia

マロニエ【名詞】トチノキ科の高木。初夏、白い花がさく。街路樹などにする。▼フランス語

まろやか【形容動詞】❶まるみのあるようす。例まろやかな月。❷口に入れた感じが、なめらかで、おいしい。例まろやかな味。

まわし【回し】【名詞】❶まわすこと。【参考】ほかの言葉につけて使われることが多い。例たらい回し。❷力士などのこしにまくぬの。ふんどし。例回しをしめる。【類】締め込み。

まわしもの【回し者】【名詞】内部の様子をさぐるために、敵から送りこまれた者。スパイ。例回し者に用心する。

まわす【回す】【一】【動詞】❶円をえがくように動かす。例うでをぐるぐる回す。❷順番に送る。例書いたら、ノートを次の人に回す。❸行きとどかせる。例早めに手を回す。❹そこへ行かせる。例車を回すから、それに乗ってきてください。
【二】【接尾語】《動詞の下につけて》「まわり全体に…する」の意味を表す言葉。例見回す。／なで回す。【活用】まわ・す。

まわた【真綿】【名詞】まゆをひきのばしてつくったわた。じょうぶで、かるくあたたかい。

まわたでくびをしめる【真綿で首を締める】【慣用句】時間をかけてじわじわと少しずついためつける。

¹まわり【回り】【一】【名詞】❶回ること。例車輪の回りがはやくなった。❷広がること。例火の回りがはやい。❸付近。あたり。例身の回り。
【二】【接尾語】《ある言葉の下につけて》「…を回って行く」の意味を表す言葉。例海回りの道。
【三】【助数詞】❶《数を表す言葉の下につけて》回る回数を数える言葉。例グラウンドを一回りする。❷《数を表す言葉の下につけて》大きさをくらべるとき、その程度をいう言葉。例この本より一回り大きな本。⇩使い分け。

²まわり【周り】【名詞】外側の部分。とりまいているところ。例池の周り。⇩使い分け。

まわりあわせ【回り合わせ】【名詞】自然にそうなっていく運命。めぐりあわせ。例回り合わせがよい。

まわりくどい【回りくどい】【形容詞】遠まわしでめんどうだ。よけいなことが多くてめんどうだ。例おばさんの話は回りくどくていやだ。【活用】まわりくど・い。

> **使い分け　まわり**
>
> ●まわること。
> 車輪の回りが早くなる。
>
> ●周囲。
> 池の周り。

まわりどうろう【回り灯籠】【名詞】⬇727ページ・そうまとう。

まわりみち【回り道】【名詞】遠まわりの道。遠まわりになる道を通って行くこと。【対】近道。

まわる【回る】【一】【動詞】❶円をえがくように動く。例こまが回る。❷行きわたる。行きとどく。例そこまでは手が回らない。❸順番に行く。例プリントを配って回る。❹ある時刻をすぎる。例父は、七時を少し回ってから帰ってきた。❺立ちよる。例祖母の家に回った。❻もう一方の場所や立場にうつる。例相手の後ろに回る。
【二】【接尾語】《動詞の下につけて》「そのあたりを…する」の意味を表す言葉。例動き回る。／あばれ回る。【活用】まわ・る。

まわれみぎ【回れ右】【名詞】体を右にまわして後ろに向きをかえること。くるりとうしろに向きをかえること。【参考】号令でも使う。

まをもたせる【間を持たせる】【慣用句】❶会話などのとぎれた時間をうまくつなぐ。例お茶を飲んで間を持たせる。❷あいた時間をなにかしてつぶす。例テレビを見て間を持たせる。

¹まん【万】【名詞】千の十ばいの数。

²まん【満】【名詞】年令や期日などを数えるときに、次の年の同じ月・同じ日で一年になるとする数え方。例満で六さい、数え年では七さいだ。【参考】⇩24ページ・足掛け②。

まんいち【万一】【副詞】もしも。ひょっとして。万が一。例万一おくれたら、どうしよう。

こたえ 頭

まんいん【満員】名詞 （乗り物や会場などで）決められた人数になること。それ以上入れないくらい人がいっぱいになること。例 会場は満員だ。

まんえん【まん延】名詞 する動詞 （感染症などが）広まりはびこること。例 インフルエンザがまん延して、休校になった。

まんが【漫画】名詞 実際のできごとや、物語などを、おもしろくかいた絵。

まんかい【満開】名詞 花がすっかり開くこと。花ざかり。例 満開の桜の下。

まんがいち【万が一】副詞 ↓まんいち。

マンガン 名詞 元素の一つ。動植物には欠くことのできないもの。▼ドイツ語

まんき【満期】名詞 前もって決めておいた日になること。例 定期預金が満期になった。

まんきつ【満喫】名詞 する動詞 ❶はらいっぱい、飲んだり食べたりすること。例 中国料理を満喫する。❷十分にあじわい楽しむこと。例 ひさしぶりに海を満喫した。／休日を満喫する。

マングローブ 名詞 熱帯地方の入り江や河口などのどろ地で発達し林をつくるメヒルギやオヒルギなどの植物。例 マングローブの林が減少している。⇩図。▼英語 mangrove

マングローブ

まんげきょう【万華鏡】名詞 鏡を内側にむけて正三角形のつつをつくり、底をすりガラスでおおい、小さく切った色紙などを入れたもの。のぞくときれいなもようが見え、つつを回すと、次々ともようがかわる。

まんげつ【満月】名詞 まんまるい月。十五夜の月。対 新月。⇩828ページ・月①（図）。

マンゴー 名詞 ウルシ科の常緑高木。熱帯に育つ。実は黄色であまく、かおりが強い。▼英語 mango

まんさい【満載】名詞 する動詞 （人や物を）いっぱいにのせること。例 木材を満載したトラック。

ことば博士になろう！

満月のよび名

満月というのは、まん丸に見える月のことです。俳句などで、名月（＝明月）といえば陰暦（＝昔のこよみ）の八月十五日の満月をさしています。

満月を「十五夜の月」とよぶこともあります。新月から数えて十五日目に見えることからうまれた言葉です。

満月は、太陽が西にしずむころ、東の空にのぼってきて、明け方に西にしずみます。

菜の花や月は東に日は西に　蕪村

右の俳句の月は、太陽が西にしずむときに東にのぼってきた満月です。雄大な光景が目にうかぶような気がしませんか。

まんざい【漫才】名詞 二人が組んで、おたがいにこっけいなことを言い合ってお客を笑わせる演芸。

まんさく【満作】名詞 米や麦などがたくさんとれること。豊作。ことば ⇩「豊年満作」 対 不作。

まんざら【満更】副詞 かならずしも。例 まんざらじょうだんばかりでもないようだ。ことば 「まんざらでもない（＝まったく悪いというわけではない。かなりよい）」 参考 ㋐下に「…ない」などの打ち消しの言葉が続く。㋑ひらがなで書くことが多い。

まんじゅう 名詞 小麦粉をねった皮の中に、あんを入れてむした菓子。

まんじょう【満場】名詞 会場いっぱいに人が集まっていること。また、会場に集まっている人全員。例 受賞した人が満場のはくしゅをあびる。

まんじょういっち【満場一致】四字熟語 その場にいる全員の意見が一つにまとまること。例 満場一致で決定した。

マンション 名詞 一つの大きな建物の中をいくつかの部屋に区切って、多くの人や家族が住めるようにしたすまい。参考 アパートよりも大きいものをいうことが多い。英語で mansion は大金持ちが住む「大邸宅」をいう。日本にも多い集合住宅は、賃貸のものは apartment (house)、分譲のものは condominium（略して condo）という。

まんじり 副詞 少しの間ねむるようす。参考 多

く、「まんじりともしない」の形で用いる。ことば「まんじりともしないで（＝少しもねむれずに）（夜を明かした）」

まんしん[1]【満身】名詞 〔心も肉体もふくめた〕からだ全体。体中。例 満身の力をふりしぼって、石をもち上げた。類 全身。

まんしん[2]【慢心】名詞 する動詞 自分をすぐれたものだと思って、ほかの人をばかにすること。思いあがること。また、その気持ち。例 ちょっとほめられたからといって慢心してはならない。

まんすい【満水】名詞 する動詞 水がいっぱいに入ること。例 大雨でダムが満水になった。

まんせい【慢性】名詞 〔急に悪くはならないが〕長びいてなかなかなおらない、病気の性質。例 慢性中耳炎。対 急性。

まんぜんと【漫然と】副詞 特に目当てもなく、なんとなく物事をするようす。ぼんやりとしているようす。例 漫然と日をおくる。／漫然と風景をながめる。

まんぞく【満足】名詞 形容動詞 する動詞 不足や不満がないこと。例 今の生活に満足している。対 不満足。

まんだん【漫談】名詞 ❶とりとめもない〔おもしろい〕話。思いつくままの話。❷世の中のできごとをおもしろおかしく話し、聞き手を笑わせる演芸。

まんちょう【満潮】名詞 しおがみちて、海の水面が一日のうちでもっとも高くなること。また、そのとき。例 満潮で干がたが海水でおおわれる。対 干潮。⇩図。

マンツーマン 名詞 一人の人に一人の人がつくこと。一対一。例 マンツーマンで練習する。参考 英語の man-to-man からだが、現在では one-on-one を用いることが多い。戦術に限れば、man-to-man という。

干潮
満潮
満潮

マンツーマンディフェンス 名詞 バスケットボールやサッカーで、守る側の選手が、それぞれ相手のチームの選手一人一人につくこと。対 ゾーンディフェンス。▼英語 man-to-man defense ／ man-to-man

まんてん[1]【満天】名詞 空いっぱい。空一面。例 満天の星をながめながら、かたり明かした。

まんてん[2]【満点】名詞 ❶決められた点数で、最高の点。例 百点満点。❷欠点や不足のないこと。例 それだけできれば満点だ。

マント 名詞 そでのない外とう。洋服や着物の上からきる。▼フランス語

マンドリン 名詞 弦楽器の一つ。たまごを半分にわった形のどうにはった八本の糸を、セルロイドなどでつくったつめではじいてならす。▼英語 mandolin

まんなか【真ん中】名詞 ちょうど中央にあたるところ。例 髪の毛を真ん中で分ける。

マンネリ 名詞 「マンネリズム」の略。例 話がマンネリになる。

マンネリズム 名詞 同じことをくり返しているうちに、新鮮みがなくなること。マンネリ。ことば「マンネリズムにおちいる」参考 英語で mannerism は個人の奇妙な「癖」をいう。

まんねんひつ【万年筆】名詞 ペンのじくの中にインクを入れて、いちいちインクをつけなくても書けるようなしくみになっているペン。

まんねんゆき【万年雪】名詞 高い山などで、一年中消えないで残っている雪。例 万年雪をいただく山。

まんねんれい【満年齢・満年令】名詞 生まれたときを〇才とし、誕生日をむかえるたびに一才ずつ足していく年令の数え方。

まんびき【万引き】名詞 する動詞 買うようなそぶりをして、こっそりと商品をぬすむこと。また、その人。例 本の万引きは犯罪です。

まんびょう【万病】名詞 すべての病気。あらゆる病気。ことば ⇩「風邪は万病のもと」

まんぷく【満腹】名詞 する動詞 はらがいっぱいになること。対 空腹。

まんべんなく【万遍無く・満遍無く】副詞 行きとどかないところがないように。例 全教科をまんべんなく学習する。

マンホール 名詞 下水道や地下の配管などをけんさしたりそうじしたりする人が出入りするためにもうけた、鉄などのふたのあるあな。▼英語 manhole

まんまく【まん幕】名詞 式場などで、まわり

あいうえお かきくけこ さしすせそ たちつてと なにぬねの はひふへほ ま まみむめも やゆよ らりるれろ わをん

にはりめぐらす幕。参考 そう式などには、黒と白の、めでたい式には赤と白のまん幕をはる。

まんまと 副詞 ひじょうにうまく。しゅびよく。例 兄に、まんまとだまされた。

まんまる【真ん丸】 名詞 形容動詞 ゆがみやへこみがなく、完全にまるいこと。例 真ん丸な月。

まんまるい【真ん丸い】 形容詞 少しのゆがみもなくまるい。活用 まんまる・い。

まんまんと【満満と】 副詞 あふれるくらいにいっぱいあるようす。例 ダムが水を満々とたたえている。参考 ふつう「満々と」と書く。

まんめん【満面】 名詞 顔中。顔いっぱい。例 満面にえみをうかべる。

マンモス 名詞 ❶大昔に生きていたゾウ科の動物。全身に長い毛がはえ、上向きにまいた長いきばがある。各地で化石が発見され、また、こおりついた死体が、シベリアなどから発見された。⇩図。❷特に大きなもののたとえ。例 マンモス都市。▼英語 mammoth

マンモス①

まんゆう【漫遊】 名詞 する動詞 気ままにあちらこちらを歩き回ること。例 ヨーロッパを漫遊する。

まんようがな【万葉仮名】 名詞 ひらがな・かたかながつくられる前、漢字の意味には関係なく、漢字の音を使って国語の発音を書き表したもの。「也麻（山）」、「宇美（海）」など。参考「万葉集」に使われているので、この名がある。

まんようしゅう【万葉集】 書名 奈良時代にまとめられた、日本でさいしょの歌集。天皇から農民にいたる、あらゆる身分の人々の歌をおよそ四千五百首のせている。

まんりき【万力】 名詞 工作をするとき、物が動かないように、はさんできつくしめつけておく道具。バイス。⇩図。

万力

まんりょう【満了】 名詞 する動詞 決められた期間が、すっかり終わること。例 任期が満了した。

まんるい【満塁】 名詞 野球で、三つの塁（＝ベース）にそれぞれ走者（＝ランナー）がいること。フルベース。例 満塁ホームラン。

まんをじす【満を持す】 慣用句 十分に用意して機会を待つ。例 満を持して、のぞむ。

み[1] 名詞 こくもつをふるって、からやごみなどをふきとばすのに使う農具。ちりとりのような形をしている。漢字 箕。⇩図。

[1]み

み[2] 接尾語 そのような場所やそのようすの意味を表す言葉。例 しんけんみが感じられる。／この絵には深みがある。／高みの見物。／つらみが深い。参考「味」と書く場合もある。例 人情味。

み[3]**【巳】** 名詞 ❶十二支の六番目。ヘビ。❷昔の時刻のよび名で、今の午前十時ごろ。また、その前後二時間。❸昔の方角のよび名で、南南東。⇩593ページ・十二支（図）。

み[4]**【身】** 名詞 ❶体。例 身をかがめる。❷自分。わが身。例 身におぼえがない。／身を守る。❸〔皮やほねに対して〕肉。例 ほねばかりで身が少ない。❹〔ふたつきの入れ物で〕物を入れる方のもの。対 ふた。❺〔刀の〕さやに入っている部分。刃。❻身分。立場。例 相手の身になって考える。

み[5]**【実】** 名詞 ❶花の子房がじゅくしたもの。果実。例 クリの実。❷しるの中に入れる野菜や肉など。例 みそしるの実。❸内容。中身。例 実のある計画を立てる。

みあい【見合い】 名詞 する動詞 結婚しようとする男女が、他人の仲だちでおたがいに会うこと。

みあう【見合う】動詞 ❶つり合う。例結果に見合う評価を望む。❷たがいに見る。見つめ合う。例土俵の上で両力士が見合う。❸男女が見合いをする。活用 みあ・う。

みあきる【見飽きる】動詞〔これまで何度も見てきて〕もう見るのが、いやになる。例この番組は見飽きた。活用 みあ・きる。

みあげる【見上げる】動詞 ❶下から上の方を見る。例ビルの屋上を見上げる。対見下ろす。❷りっぱなので感心する。例見上げた男だ。対見下げる。見下ろす。見下す。活用 みあ・げる。

みあたる【見当たる】動詞 さがしていたものが見つかる。参考ふつうは「見当たらない」と、打ち消しの形で使われる。活用 みあた・る。

みあやまる【見誤る】動詞 ❶見て、ほかのものとまちがえる。例わたしが友人を見誤るはずはない。類見違える。❷見方をまちがえる。例かのじょの性格を見誤っていた。類見損なう。活用 みあやま・る。

みあわせる【見合わせる】動詞 ❶たがいに見る。例顔を見合わせて笑う。❷しようとしていたことを、やめる。例電車の運行を見合わせる。活用 みあわ・せる。

みいだす【見いだす】動詞〔さがしていたものや、かくれているものを〕見つける。例子どもの才能を見いだす。活用 みいだ・す。

ミーティング 名詞 れんらくや打ち合わせのための集まり。会合。例週に一度ミーティングをする。▼英語 meeting

ミイラ 名詞 人間や動物の死体が、くさらずにかわいてもとに近い形のままで残っているもの。▼ポルトガル語

ミイラとりがミイラになる【ミイラ取りがミイラになる】ことわざ 人を連れもどしに行った者が帰ってこなくなる。また、説得に行った者がぎゃくに説得されてしまう。参考ミイラをさがしに行った者が、自分もそこで死んでミイラになる、ということから。

みいり【実入り】名詞 ❶こくもつなどの実がよくじゅくすこと。❷収入。ことば「実入りのよい（商売）」

みいる【見入る】動詞 ❶感心して、じっと見つめる。例すばらしいダンスに見入る。❷とりつく。例悪魔に見入られる。参考②は、多く「見入られる」の形で使われる。また、多く「魅入る」とも書く。活用 みい・る。

ミール 名詞 麦などのこくもつを、つぶのあらいこなにしたもの。例オートミール。参考英語で、meal は日常的には「食事」の意味。コーンミール（cornmeal）、オートミール（oatmeal）と具体的に言う必要がある。▼英語 meal

みうける【見受ける】動詞 ❶見かける。例しばしば見受ける光景。❷見て判断する。例おだやかな人と見受ける。活用 みう・ける。

みうごき【身動き】名詞 する動詞 ❶体を動かすこと。例満員で立ったまま身動きもできない。❷思うように行動すること。例資金がなくなって身動きできない。参考①②多く下に「…ない」などの打ち消しの言葉が続く。

みうしなう【見失う】動詞 今まで見えていたものが消えて、どこにあるのかわからなくなる。例人ごみの中で母のすがたを見失ってしまった。活用 みうしな・う。

みうち【身内】名詞 ❶体中。全身。❷しんるい。身より。例身内をたよる。類縁続き。

みえ【見え】名詞 ❶うわべをよく見せようとすること。ことば「見えを張る」❷歌舞伎で、役者が演技の中でちょっと動きをとめて目立つような表情やしぐさをすること。ことば ⇩「見えを切る」参考②は「見得」と書く。

みえかくれ【見え隠れ】名詞 する動詞 見えたりかくれたりすること。例本音が見え隠れする。参考「みえがくれ」ともいう。

みえけん【三重県】地名 近畿地方東部で海に面した県。県庁所在地は津市。⇩916ページ・都道府県（図）。

みえすく【見え透く】動詞 相手の考えていることなどがよくわかる。例見え透いたうそを言っている。参考いい意味では使わない。活用 みえす・く。

みえっぱり【見えっ張り】名詞 形容動詞 自分をよく見せようと、うわべをかざること。また、そのような人。例実力がないのに、見えっ張りなので、こまる。類見え坊。

みえぼう【見え坊】名詞 うわべをかざって、人によく見られようとする人。類見えっ張り。

みえる【見える】動詞 ❶目に、そのもののあることが、感じられる。例山が見える。❷見る力がある。例遠くまで見える。❸〔外から判断して〕…と思われる。例悲しそうに見える。❹「来

あいうえお かきくけこ さしすせそ たちつてと なにぬねの はひふへほ まみむめも み や ゆ よ らりるれろ わ を ん

こたえ うで

る」をうやまっていう言葉。おいでになる。例新しい先生が見える。活用 み・える。

みえをきる【見えを切る】慣用句 ❶しばいで、役者が目立った顔つきやしぐさをする。❷大きなことを自信ありそうに言う。例キャプテンは、かならず優勝すると見えを切った。

みえをはる【見えを張る】慣用句 じっさい以上に見かけをよくしようとする。

みおくり【見送り】名詞 ❶出かける人を見守ること。また、見守る人。例駅まで見送りに行く。対出迎え。❷もっとよい機会をまって、行動しないこと。例見送りの三振。

みおくる【見送る】動詞 ❶出かける人を送る。❷都合のよいときまでまつ。一時見合わせる。さしひかえる。例バスを一台見送る。活用 みおく・る。

みおさめ【見納め】名詞 〔二度と見られなくなるものを〕さいごに見ること。見るのがそれでさいごであること。例これが今年の花火の見納めだ。

みおとす【見落とす】動詞 見ても気がつかずにいる。例問題を一つ見落としていた。活用 みおと・す。

みおとり【見劣り】する動詞 ほかの物とくらべて、おとって見えること。例いちじるしく見劣りする。

みおぼえ【見覚え】名詞 前に見ていて、おぼえていること。例見覚えのある顔だ。

みおろす【見下ろす】動詞 ❶高いところから下の方を見る。例おかの上から町を見下ろす。❷けいべつする。見さげる。見くだす。例人を見下ろした態度をとる。対①②見上げる。活用 みおろ・す。

みかい【未開】名詞 ❶文化・文明がまだひらけていないこと。例未開の地。❷未開拓。例未開の原野。

みかいけつ【未解決】名詞 まだ解決されていないこと。例未解決の事件。／未解決の問題。

みかいたく【未開拓】名詞 まだ開拓されていないこと。

みかいち【未開地】名詞 まだ開拓されていない土地。例未開地にいどむ。

みかえし【見返し】名詞 本の表紙と本文との間にある紙。

みかえす【見返す】動詞 ❶後ろをふりむいて見る。例すれちがった人を見返す。❷もう一度よく見る。例答案を見返す。類見直す。❸自分を見た相手を、見る。例じろじろと見ている人を見返した。❹〔ばかにされた相手に〕成功したすがたを見せつける。例いつかはあいつらを見返してやる。活用 みかえ・す。

みかえり【見返り】名詞 ❶ふりむいて見ること。例浮世絵の見返り美人図。❷自分にしてくれたことに対して、人になにかをしてあげること。例見返りを期待されている。

みがきあげる【磨き上げる】動詞 ❶みがいてしあげる。完全にみがく。❷〔くんれんや教育によって〕すぐれたものにする。例芸を磨き上げる。活用 みがきあ・げる。

みがきたてる【磨き立てる】動詞 さかんにみがく。みがいてかざる。例家のげんかんを磨き立てる。活用 みがきた・てる。

みかぎる【見限る】動詞 みこみがないものとしてあきらめる。例一時は医者も見限るほどの重症だった。類見放す。見捨てる。活用 みかぎ・る。

みがきをかける【磨きを掛ける】慣用句 ❶いっそう美しくなるようにみがく。❷よりすぐれたものにしあげるためにきたえる。例芸に磨きを掛ける。

みかく【味覚】名詞 ❶五感の一つ。舌で、あまさ・すっぱさ・しおからさ・苦さなどを感じる働き。例年令とともに味覚が変化する。❷「味覚①」を楽しませてくれるもの。例秋の味覚マツタケ。

みがく【磨く】動詞 ❶こすって、つやを出す。こすって、よごれをとる。例くつを磨く。／歯を磨く。❷〔勉強したり練習したりして〕もっとよくする。例わざを磨く。活用 みが・く。

みかけ【見掛け】名詞 外側から見た様子。外見。例見掛けはこわそうだが、やさしい人だ。

みかけだおし【見掛け倒し】名詞 外見はりっぱだが、内容がともなわないこと。また、そのもの。

みかける【見掛ける】動詞 見る。目に入る。例ついさっき、駅で先生を見かけた。活用 みか・ける。

みかた【見方】名詞 ❶物を見る方法。例地図の見方をならう。❷物事の考え方。例自分の見方を一方的におしつけてはだめだ。

ア □をすます イ □にはさむ ウ □に入れる

2みかた【味方】 一 名詞 自分たちの仲間。例 味方が多い。対 敵。敵方。二 名詞 する動詞 たがいにはり合っている二つのもの、一方をおうえんすること。例 正しい方に味方する。

みかづき【三日月】 名詞 新月を一日として三日目の細い月。参考 古いこよみで毎月三日ごろに出るところから。⇨828ページ・月①（図）。

みがって【身勝手】 名詞 形容動詞 自分の都合だけを考えること。例 身勝手な行動をつつしむ。

みかど 名詞 天皇。参考 古い言い方。漢字 帝。

みかねる【見兼ねる】 動詞 そのままだまって見ていられない。例 言いあらそいを見兼ねて止めにはいった。活用 みか・ねる。

みがはいる【身が入る】 慣用句 一生けんめいになる。しんけんになる。例 勉強に身が入らない。

みがまえる【身構える】 動詞〔敵やせまってくる相手に対して〕むかえうつかまえをする。例 PKで、キーパーが身構えた。活用 みがま・える。

みがもたない【身が持たない】 慣用句 体力が続かない。体がだめになる。例 休みなしでは身が持たない。

みがら【身柄】 名詞 その人の体。例 警察から母親が少年の身柄を引き取った。

みからでたさび【身から出たさび】 ことわざ 自分がした悪いおこないのために、あとで自分が苦しむことのたとえ。

みがる【身軽】 名詞 形容動詞 ❶体の動きがすばやいこと。❷〔もち物などがなく〕楽に行動できること。例 旅行は身軽なのがなによりです。❸〔責任・重荷などがなく〕自由で気楽なこと。例 引退して身軽になる。

みかわ【三河】 地名 昔の国の名。今の愛知県中部・東部に当たる。

みかわす【見交わす】 動詞 たがいに見る。例 友だちと顔を見交わした。活用 みかわ・す。

みがわり【身代わり・身替わり】 名詞 ある人のかわりになること。また、かわりになった人。例 家来が主君の身代わりになる。

1みかん 名詞 ミカン科の植物。だいだい色の実を食用にする。うんしゅうみかん・きしゅうみかんなど、たくさんの種類がある。漢字 蜜柑。

2みかん【未刊】 名詞〔本などが〕まだ発行されていないこと。対 既刊。

3みかん【未完】 名詞 まだ終わっていないこと。まだでき上がっていないこと。例 未完の大作。参考 文章についていうことが多い。

みかんせい【未完成】 名詞 形容動詞 まだでき上がっていないこと。例 未完成の作品。

みき【幹】 名詞 ❶木の、えだや葉を出すもとになる太い部分。例 木の幹。❷物事の中心になる大切な部分。例 幹になる計画。

みぎ【右】 名詞 ❶北を向いたとき、東にあたる方。例 右から二つ目の席。❷右手。❸今までのやり方や考え方を守り通そうとする立場。対 ①～③左。

みぎうで【右腕】 名詞 ❶右側のうで。対 左腕。❷一番たのみになる手下・部下。例 かれは社長の右腕といわれている。

みぎからひだり【右から左】 慣用句 入ってきたお金や品物を、すぐにしはらったりわたしたりして、手元に残る間のないようす。例 お金を右から左に使ってしまう。

みぎがわ【右側】 名詞 右の方。例 右側を歩く。対 左側。

みきき【見聞き】 名詞 する動詞 見たり聞いたりすること。見聞。例 見聞きしたことをおぼえておく。

みぎきき【右利き】 名詞 右手の方が左手よりよく使えること。利き腕が右であること。また、その人。対 左利き。

ミキサー 名詞 ❶くだものや野菜などをひじょうに細かくつぶしたり、しるをとったりする料理に使う器具。例 ミキサーにくだものを入れて、ジュースを作った。❷〔コンクリートをつくるため〕セメント・じゃり・すななどをかきまぜる機械。例 ミキサー車。▼英語 mixer

みぎて【右手】 名詞 ❶右の手。❷右の方。例 家の右手は林になっている。対 ①②左手。

みぎといえばひだり【右と言えば左】 慣用句 人の言うことに、なんでも反対すること。

みぎにでる【右に出る】 慣用句〔…よりも〕すぐれる。参考 下に「…ない」などの打ち消しの言葉が続く。例 走ることにかけては兄の右に出る者はいない。

みぎにでるものがない【右に出る者がない】 慣用句 もっとも、すぐれている。例 人物

あいうえお かきくけこ さしすせそ たちつてと なにぬねの はひふへほ まみむめも み やゆよ らりるれろ わをん

ことばあそび ことばクイズ33 □の中に入る同じことばは何でしょう？

画では、あの人の右に出る者がない。参考「右に出る者はいない」ともいう。

みぎのみみからひだりのみみ【右の耳から左の耳】慣用句 人の話などをいいかげんに聞いて、心にとどめないこと。例かれときたら何を言っても右の耳から左の耳だ。

みぎひだり【右左】名詞 ❶右と左。❷右と左を反対にすること。例うわばきを右左にはく。類あべこべ。

みぎへならえ【右へ倣え】慣用句 ❶横にならぶときの号令。自分の右にいる者にあわせろという意味。❷人のまねをすること。例なんでも右へ倣えでは進歩しない。

みぎむき【右向き】名詞 右の方へ向くこと。また、向いていること。対左向き。

みぎもひだりもわからない【右も左も分からない】慣用句〔右と左がわからないように〕何もわからないようす。例初めて料理するので右も左も分からない。類西も東も分からない。

みきり【見切り】名詞 よくなる見こみがないと考えて、あきらめること。みかぎること。

みきりはっしゃ【見切り発車】名詞 する動詞 ❶電車やバスが満員のためなどで、客を残して発車すること。❷調査や話し合いが不十分なまま、実行にふみ切ること。例時間がないので、今回は見切り発車する。

みきりひん【見切り品】名詞 売れそうもないと考えて、ねだんを安くした商品。

みきりをつける【見切りを付ける】慣用句 見こみがないと考えて、あきらめる。例見切りを付けて帰った。

みぎれい【身奇麗】形容動詞 身なりや身の回りが、さっぱりしているようす。例いつも身ぎれいにしておく。

みぎわ【汀】名詞 陸と、海などの水面とのさかいめ。水ぎわ。なぎさ。例みぎわにうちよせるさざ波。参考古い言い方。

みきわめる【見極める】動詞 ❶最後まで見る。例ピッチャーが投げるボールをよく見極める。❷物事の本当の様子をよくたしかめる。例真実を見極める。活用 みきわ・める。

みくだす【見下す】動詞 ❶上から下の方を見る。見おろす。❷相手を自分よりおとると思って、ばかにする。例人を見下すような態度。類②見くびる。対①②見上げる。活用 みくだ・す。

みくびる【見くびる】動詞 たいしたことはないと思って、ばかにする。例ずい分、見くびられたものだ。類見下す。活用 みくび・る。

みくらべる【見比べる】動詞 いくつかの物を見て、くらべる。例品物をよく見比べて買う。活用 みくら・べる。

みぐるしい【見苦しい】形容詞〔態度・ふるまい・見た様子などが〕見ていて、いやな感じがする。例見苦しいすがた。活用 みぐるし・い。

みぐるみ【身ぐるみ】名詞 体につけているものの全部。ことば「身ぐるみはがされる」

ミクロ 一 名詞 形容動詞 とても小さいこと。二 接頭語 百万分の一。マイクロ。▼フランス語。

ミクロン 助数詞 長さの単位で、一ミリメートルの千分の一。マイクロメートル。参考 英語の発音は「マイクロン」。▼フランス語・英語 micron

みけ【三毛】名詞 白・黒・茶色がまじっている、ネコの毛色。また、そのネコ。三毛ネコ。

みけいけん【未経験】名詞 形容動詞 まだ経験していないようす。例ヨットは未経験だ。

みけつ【未決】名詞 ❶まだ、決まっていないこと。例未決の書類。❷裁判で、罪があるかどうかがまだ決まっていないこと。

みけねこ【三毛猫】名詞 毛の色が白・黒・茶色のまじったネコ。おすはとてもめずらしい。三毛。

みけん【眉間】名詞 まゆとまゆの間。ひたいの真ん中。例眉間にしわをよせる。⇩233ページ・顔①（図）。

みこ 名詞 神につかえる、けっこんしていない女性。漢字 巫女。

みこうかい【未公開】名詞 まだ公開していないこと。例未公開の映画。

みこし 名詞 神社のおまつりのとき、神がやどるもの・神のかわりとなる物などをのせて大ぜいの人がかつぐもの。おみこし。⇩図。

みごしらえ【身ごしらえ】名詞 する動詞 身なりをととのえること。みじたく。

みこしをあげる【みこしを上げる】慣用句 ❶こしを上げる。立ち上がる。❷仕事などにとりかかる。例昼食がすんで、みこしを上げる。

みこしをかつぐ【みこしを担ぐ】慣用句 他人をおだてるなどして、高い地位につかせる。例 みこしを担いで、会長にする。

みこし

みこしをすえる【みこしを据える】慣用句 どっかりとすわりこむ。こしを落ち着ける。例 みこしを据えて話しこむ。

みこす【見越す】動詞 ❶こうなるだろうと、先のことを見通す。例 あらしを見越して屋根をなおす。❷物をこえて見る。例 かきねの向こうを見越す。活用 みこ・す。

みごたえ【見応え】名詞 見るだけのねうちのあること。例 見応えのある試合。

みごと【見事】形容動詞 ❶すばらしいようす。例 見事な庭園。❷上手なようす。例 むずかしいわざを見事にやってのける。❸〔失敗などが〕完全なようす。例 見事に落第した。

みこみ【見込み】名詞 ❶こうなるだろうという考え。例 見込みがはずれた。❷〔よくなるという〕望み。例 この子は大いに見込みがある。

みこむ【見込む】動詞 ❶先のことを考えて、見当をつける。また、予想して考えに入れる。例 品切れを見込んで仕入れを増やす。／一万人の来場を見込む。❷望みがあると思う。期待をかける。例 きみを見込んでたのみがある。❸とりつく。例 悪魔に見込まれたのか、悪いことが続けておこった。活用 みこ・む。

みごもる【身ごもる】動詞 おなかに子どもをやどす。にんしんする。活用 みごも・る。

みごろ¹【見頃】名詞 〔花などを〕見るのに一番よいとき。例 桜の見頃は次の日曜日ごろでしょう。

みごろ²【身頃】名詞 衣服のうちで、胴体をつつむ部分。

みごろし【見殺し】名詞 死にそうになっているものを助けずに見ていること。また、とてもこまっているのを知りながら、助けてやらないこと。

ミサ 名詞 キリスト教のカトリック教会で、罪のゆるしと神のめぐみをいのる儀式。また、そこでうたう歌。参考 英語の発音は「マス」。▼ラテン語 missa／英語 Mass

ミサイル 名詞 ロケットの力でとび、電波などでみちびかれて目標物にあたるばくだん。誘導弾。▼英語 missile

みさお【操】名詞 こころざしをかたく守って、変えないこと。

みさかい【見境】名詞 物事を区別して考えること。見分け。参考「見境がつかない」「見境のない」などと打ち消しの言葉をつけて使う。例 あの犬は、だれでも見境なくほえる。

みさき【岬】名詞 陸地の一部が、海や湖の中に細長くつき出たところ。

みさげる【見下げる】動詞 相手をけいべつして、ばかにする。例 そんなうそをつくなんて、見下げたやつだ。類 見くびる。対 見上げる。活用 みさ・げる。

みささぎ【陵】名詞 天皇や皇后などの墓。例 この古墳は、わかくして死んだ天皇の陵だ。参考 古い言い方。類 御陵。

みさだめる【見定める】動詞 はっきりと見て、たしかめる。例 ボールの飛んでいく方向を見定める。活用 みさだ・める。

みざるきかざるいわざる【見猿聞か猿言わ猿】連語 よけいなことを見たり聞いたり言ったりしないことのたとえ。両目・両耳・口を両手でふさいだ三びきのサルのすがたで表される。

ミサンガ 名詞 ブラジルでつくられた、ひもを使ったうでわの形のお守り。▼ポルトガル語

×**みじか**【身近】⬇1254ページ・みぢか。

みじかい【短い】形容詞 ❶はしからはしまでの、へだたりが小さい。例 短い髪の毛。❷ある時からある時までの、時間のへだたりが少ない。例 短い期間。対 ①②長い。活用 みじか・い。

みじかめ【短め】名詞 少し短いようす。例 短めのズボン。対 長め。

みじたく【身支度・身仕度】名詞 する動詞 〔何かをするために〕身なりをととのえること。身ごしらえ。例 旅の身支度をする。

みしみし 副詞(-と) する動詞 ゆかやかいだんなどが、きしんで立てる音。例 みしみし音を立てながら、かいだんをのぼって行った。

みじめ【惨め】形容動詞 見ていられないほど、い

あいうえお かきくけこ さしすせそ たちつてと なにぬねの はひふへほ まみむめも や ゆ よ らりるれろ わ を ん

たいたしいようす。また、自分がとてもなさけなくあわれに思えるようす。例こんな惨めな思いをしたことはない。

みじゅく【未熟】 名詞 形容動詞 ❶くだものや作物などの実が、十分に実っていないこと。対完熟。例未熟なトマト。❷学問やわざなどが、まだ十分でないこと。例未熟者。

みしょう【実生】 名詞 たねから生育した植物。つぎ木やさし木などと区別した言い方。

みしらぬ【見知らぬ】 連体詞 見たことがない。知らない。例見知らぬ人。

みじろぎ【身じろぎ】 名詞 する動詞 体を少し動かすこと。みうごき。例みんなは、身じろぎ一つせずに劇に見入っていた。

ミシン 名詞 ぬのなどをぬったり、ししゅうをしたりする機械。参考 英語「ソーイングマシン」のなまりから。

みじん 名詞 ❶〔物がくだけて〕とてもこまかくなること。ことば「こっぱみじんになる」❷ごくわずか。すこし。例友だちをこまらそうという気持ちなどみじんもなかった。参考 ②は、多く「みじんもない」の形で使われる。

みじんこ 名詞 たまご形で体長一～三ミリメートルの節足動物。池や水田にすむ。

ミス[1] 名詞 ❶結婚していない女性。対ミセス。❷その地域の美人コンテストに優勝して、代表に選ばれた若い女性につける敬称。例ミス日本。対ミスター。参考 従来は、結婚前はMiss.、結婚後はMrs. と使い分けていたが、現在は区別しないMs.（ミズ）という言い方があり、これを好む人も多い。▼英語 Miss

ミス[2] 名詞 する動詞 失敗すること。やりそこない。例たいへんなミスをおかした。参考 英語では、うっかりやってしまうまちがいや失敗は mistake。miss は的をはずすことで、打ちそこないや当てそこないをいう。error はあってはいけないもの。▼英語 miss

みず【水】 名詞 川・池・海など、自然にふつうにある液体。色がなく、すきとおっていて、味もにおいもない。生物が生活するのになくてはならないもの。例水を飲む。／庭に水をまく。／川の水。参考 酸素と水素が化合してできる。

みずあか【水あか】 名詞 水にとけていたものが、入れ物の底や側面などにくっついたかす。

みずあげ【水揚げ】 名詞 する動詞 ❶船の荷物、特に、とった魚を陸にあげること。陸揚げ。❷漁獲高。例近海魚の水揚げがへった。❸いけ花で、草花の水のすいあげをよくする方法。

みずあそび【水遊び】 名詞 水に入って遊ぶこと。水をつかって遊ぶこと。

みずあび【水浴び】 名詞 する動詞 ❶水をあびること。水浴。❷水泳。参考 ②は古い言い方。

みずあめ【水あめ】 名詞 すきとおっていて、ねっとりとやわらかいあめ。

みずあらい【水洗い】 名詞 する動詞 洗剤などを使わずに、水だけであらうこと。例ざっと水洗いして、ほす。

みすい【未遂】 名詞 あることをしようとして、やりとげていないこと。また、できなかったこと。例殺人未遂事件。参考 ふつう、犯罪・自殺など、よくないことに使われる。

みずいらず【水入らず】 名詞 家族など親しい人ばかりで、他人がまじっていないこと。例ひさしぶりに親子水入らずで食事をした。

みずいり【水入り】 名詞 相撲で、勝負が長くなったとき、勝負をいちじ中止して、力士をしばらく休ませること。例水入りの大勝負。

みずいろ【水色】 名詞 うすい青色。

みずうみ【湖】 名詞 陸地にかこまれ、池や沼よりも広くて深く、水をたたえているところ。例湖のほとり。

みすえる【見据える】 動詞 目をすえて、見る。例正面から相手を見据える。活用 みす・える。

みずかき【水かき】 名詞 水鳥やカエルなどのゆびの間にある、まくのようなもの。これで水をかいて泳ぐ。⇩図。

水かき

みずかけろん【水掛け論】 名詞 おたがいが、自分に都合のいいりくつを言い合って、いつまでも終わらない議論。

みずかさ【水かさ】 名詞 川や池などの水の量。例大雨がふって、川の水かさがました。

みずがし【水菓子】 名詞 くだもの。参考 古い言い方。

みすかす【見透かす】 動詞 相手の気持ちや考えなどを見ぬく。例相手の気持ちを見透かす。活用 みすか・す。

ア □を打つ話　イ □をときめかせる　ウ □をなで下ろす

みずがはいる【水が入る】慣用句 相撲で、勝負が長引いたとき、勝負をいちじ中止してしばらく休ませる。水入りになる。

みずから【自ら】一 名詞 自分。自身。例 自らのちえと力で生きぬいていく。二 副詞 自分で。自分から。例 自ら失敗をみとめる。注意 送りがなに注意すること。

みずぎ【水着】名詞 水泳をするときに着る衣服。海水着。

みずききん【水飢きん】名詞 雨が長い間ふらないために、田畑の水や飲み水などが足りなくなること。

みずきり【水切り】名詞 ❶水分をとりさること。また、そのための用具。❷いけ花で、くきを水の中で切ること。水のすいあげがよくなる。❸水面をなでるように、石を投げてはずませる遊び。

みずぎわ【水際】名詞 水面と陸地とのさかいめ。水べ。例 水際作戦。

みずぎわだつ【水際立つ】動詞 特にすぐれていて、よく目立つ。例 水際立った、うでまえ。活用 みずぎわだ・つ。

みずくさ【水草】名詞 水の中にはえる草。

みずくさい【水臭い】形容詞 ❶水っぽい。味がうすい。❷〔親しい間がらなのに〕他人のように、よそよそしい。例 きみとぼくの仲でそんな水臭いことを言うな。活用 みずくさ・い。

みずぐすり【水薬】名詞 液体の飲み薬。水薬。

みずぐるま【水車】名詞 ⬇651ページ・すいしゃ。

みずけ【水気】名詞 〔物にふくまれている〕水分。例 水気が多いくだもの。

みずけむり【水煙】名詞 ❶けむりのようにとびちる水しぶき。例 モーターボートが水煙をあげて走っている。❷水面にたちこめる、きり。

みすごす【見過ごす】動詞 ❶見ていながら、そのままにする。見のがす。例 今度だけは見過ごしてあげよう。❷見ていながらうっかりして気づかない。見落とす。例 ぼんやりしていて、つい見過ごしてしまった。活用 みすご・す。

みずさかずき【水杯】名詞 二度と会えないようなわかれのときに、酒のかわりにさかずきに水をついで飲むこと。ことば「水杯を交わす」

みずさきあんない【水先案内】名詞 大きな船が港などに出入りするとき、その船の進む道すじを案内すること。また、その人。パイロット。

みずさし【水差し】名詞 ほかの入れ物に水をそそぎ入れるために使う入れ物。

みずしげんきこう【水資源機構】名詞 大都市などの生活や生産に役立てるために、安定して用水を送るための組織。参考 二〇〇三（平成十五）年に、水資源開発公団からかわった。

みずしごと【水仕事】名詞 〔台所の仕事など〕水を使ってする仕事。

みずしぶき【水しぶき】名詞 あたり一面にとびちる小さな水のつぶ。ことば「水しぶきがあがる」

みずしょうばい【水商売】名詞 客の人気しだいで、景気がよくも悪くもなる不安定な商売。飲食店・酒場など。

みずしらず【見ず知らず】連語 一度も会ったこともなく、まったく知らないこと。例 見ず知らずの人。

みずすまし【水澄まし】名詞 ミズスマシ科のこん虫。池や川にすむ。体はたまご形で黒い。水の上をくるくる回る。

みずそこ【水底】名詞 水の底。みなそこ。

ミスター 名詞 その社会や職業などを代表する男性として、うやまって呼ぶときに使う。例 ミスター日本。対 ミス。▼英語 Mr.,Mister

みずたま【水玉】名詞 ❶まるく玉になった水のつぶ。❷「水玉もよう」の略。小さなまるい形をたくさんちらしたもよう。例 水玉のネクタイ。

みずたまり【水たまり】名詞 地面のくぼみに雨水などのたまったところ。

みずっぽい【水っぽい】形容詞 食べ物・飲み物などの水分が多くて、味がうすい。例 このアイスコーヒーは水っぽい。活用 みずっぽ・い。

みずでっぽう【水鉄砲】名詞 水を細長いつつの先のあなからおし出してとばすおもちゃ。

ミステリー 名詞 ❶あやしくふしぎなこと。❷推理小説。▼英語 mystery

みすてる【見捨てる】動詞 見ていながら、助けないでほうっておく。また、すててかえりみない。例 けがをしてたおれている人を見捨てるわけにはいかない。類 見限る。見放す。活用 みす・てる。

みずとあぶら【水と油】慣用句 〔水と油がとけ合わないことから〕性質が合わなくて、しっ

ことばクイズ34 □の中に入る同じことばは何でしょう？

くり調和しないこと。例 あの二人は水と油だ。

みずとり【水鳥】 名詞 おもに水のあるところにすむ鳥。足に水かきがある。カモ・アヒル・ハクチョウなど。みずどり。⇩図。

水鳥

みずにながす【水に流す】 慣用句 〔いざこざ・うらみなどについて〕今までのことはすてて、以後こだわらないようにする。例 おたがいに、今までのことは水に流しましょう。

みずのあわ【水の泡】 名詞 長い間の努力や苦労が、むだになってしまうこと。例 せっかくの苦労が水の泡になってしまった。

みずのしたたるよう【水のしたたるよう】 慣用句 みずみずしくて美しい人のようす。例 水のしたたるような、いい男。

みずはけ【水はけ】 名詞 雨水などが流れて、なくなっていく具合。例 水はけのいい土地。

みずひき【水引】 名詞 おくりもののつつみ紙を結ぶのに使うひも。こよりをのりでかためてつくる。参考 祝いごとなどには赤と白、金と銀。くやみには、黒と白、黄と白などの色のものを使う。⇩1007ページ・のし袋（図）。 注意 送りがなをつけないこと。

みずびたし【水浸し】 名詞 すっかり水につかること。例 大雨で、道路が水浸しになった。

みずぶくれ【水膨れ】 名詞 ひふの下に水分がたまってふくらむこと。また、そのふくらみ。例 やけどで水膨れができる。

みずぶそく【水不足】 名詞 空梅雨などのために、飲料や農業などに使う用水が不足すること。

みずべ【水辺】 名詞 海・川・池などの水のほとり。水ぎわ。

みずぼうそう【水ぼうそう】 名詞 ウイルスによっておこる子どもに多い感染症。体中に赤いぶつぶつができて、その中に水がたまる。水痘。

みすぼらしい【見すぼらしい】 形容詞 すがたや身なりがそまつで、見たところまずしそうである。例 見すぼらしい身なり。活用 みすぼらし・い。

みずまくら【水枕】 名詞 ゴムなどでつくり、中に水や氷を入れて頭をひやすのに使うまくら。例 かぜをひいてねつが出たので、水枕をしてねた。類 ひょうのう。

みずまし【水増し】 名詞 する動詞 ❶〔酒などに〕水を加えて、量を多くすること。❷じっさいの数や量にいくらかつけ加えて、大きく、または、多くみせかけること。例 代金を水増しして請求する。

みずまわり【水回り】 名詞 建物の中で、台所・ふろ場など水を使う所。

みすみす 副詞 よくない結果になることを知っていながら、どうにもできないようす。また、そのために、よくない結果になるようす。例 チャンスをみすみすのがす。

みずみずしい 形容詞 つやがあって、生き生きしている。また、つやがあって、わかわかしい。例 みずみずしいはだ。活用 みずみずし・い。

みずむし【水虫】 名詞 足のうらや足の指の間に水ぶくれができたり、ただれて皮がむけたりする皮膚病。白せん菌というかびが原因。

みずもの【水物】 名詞 ❶飲み物。❷運に左右されやすく、予想外の結果が出やすい物事。例 勝負は水物だから、やってみないとわからない。

みずももらさぬ【水も漏らさぬ】 慣用句 けいかいなどが完全で、少しのすきもないようすのたとえ。例 水も漏らさぬ守り。

みずや【水屋】 名詞 ❶寺や神社にお参りをする人が、手をあらいきよめるところ。❷茶室のすみにある、茶わんなどをあらうところ。❸食器などを入れておく戸だな。❹こう水の多い場所で、水害から守るためにまわりよりいちだん高い土台の上につくられた倉。

みずわり【水割り】 名詞 ウイスキーなどの酒に水を入れてうすくすること。また、その水でうすめた酒。

みずをあける【水をあける】 慣用句 ❶水泳・ボートなどのレースで、相手を引きはなす。❷競争相手を大きく引きはなす。例 ライバルに水をあける。

みずをうったよう【水を打ったよう】 慣用句 多くの人が熱心に聞き入って、静かになっているようす。例 会場は水を打ったように静まりかえった。

みずをえたうおのよう【水を得た魚のよう】 慣用句 自分のかつやくできる場で、生き生きしているようす。例 弟は、体育の時間は水を得た魚のようだ。

みずをさす【水を差す】 慣用句 せっかくうまくいっている物事を、そばでじゃまをして、うまくいかないようにする。例 二人の友情に水を差す。

みずをむける【水を向ける】 慣用句 相手の気持ちにさそいかける。気を引く。例 水を向けて、気持ちをたしかめる。

みせ【店】 名詞 売るために、品物をならべておくところ。例 店を開く。／スポーツ用品をあつかう店。

みせいねん【未成年】 名詞 成人になっていないこと。また、その人。対 成年。参考 ふつう、満十八才になっていないものをいう。注意 「未青年」と書かないこと。

みせかけ【見せ掛け】 名詞 外見。うわべ。例 見せ掛けの親切。

みせかける【見せ掛ける】 動詞 うわべをかざって、じっさいよりよいように見せる。例 高級そうに見せ掛ける。活用 みせか・ける。

みせさき【店先】 名詞 店の前あたり。店の入り口。例 店先に車をとめる。

みせじまい【店仕舞い】 名詞 する動詞 ❶その日の商売を終えて、店をしめること。例 品物が売り切れたので、早めに店仕舞いした。❷商売をやめて、店をとじること。例 長い間洋品店をやってきたが、父がなくなったので店仕舞いすることにした。対 ①②店開き。類 ①②閉店。のれんを下ろす。

みせしめ【見せしめ】 名詞 悪いことをした人をばっして、ほかの人が同じようなことをしないようにすること。こらしめること。例 会議でいねむりをしていたら、見せしめにむずかしい質問をされた。

ミセス 名詞 結婚している女性。対 ミス。参考 ⇩ミス。▼英語 Mrs.

みせつける【見せ付ける】 動詞 いやでも目に入るようにする。わざと見せる。例 新しいくつを弟に見せ付ける。活用 みせつ・ける。

みせどころ【見せ所】 名詞 人に見てほしい得意な場面。例 ここがうでの見せ所だ。

みぜにをきる【身銭を切る】 慣用句 自分のお金でしはらう。自腹を切る。例 身銭を切って、客を接待する。

みせば【見せ場】 名詞 見せるねうちのある場面。例 見せ場をもうける。参考 もともとはしばいの言葉。

みせばん【店番】 名詞 店にいて客の相手をすること。また、その人。

みせびらかす【見せびらかす】 動詞 人に見せてじまんする。じまんそうに見せる。例 妹は買ってもらった洋服をみんなに見せびらかした。活用 みせびらか・す。

みせびらき【店開き】 名詞 する動詞 ❶その日の商売を始めること。例 今日は午前九時に店開きしよう。❷新しく店を出して商売を始めること。開店。例 五年前に、ここでレストランを店開きした。類 ①②開業。対 ①②店仕舞い。

みせもの【見世物】 名詞 お金をとって、めずらしいものや曲芸・奇術などを見せる興行。例 見世物小屋。

みせる【見せる】 動詞 ❶ほかの人が見るようにする。例 新しいノートを友だちに見せる。❷わからせる。例 誠意を見せる。❸あらわす。例 うれしそうな表情を見せる。❹しんさつを受ける。例 医者に見せる。❺経験させる。例 つらい目を見せる。❻《「…してみせる」の形で》人に見えるように、わざとする。例 ねたふりをしてみせる。❼《「…してみせる」の形で》きっと…してやる。例 今日中に終わらせてみせる。参考 ❻❼は、ひらがなで書く。活用 み・せる。

みせをたたむ【店を畳む】 慣用句 商売をやめる。例 不景気で店を畳む。

みぜん【未然】 名詞 まだそうならないこと。ある物事がまだおこらないこと。例 犯罪を未然にふせぐ。

みそ【味そ】 名詞 ❶水につけてやわらかくした大豆をむし、こうじ・塩をまぜてはっこうさせた食品。❷どくとくの工夫をこらした点。また、じまんしたい点。例 すぐできるところが味そだ。漢字 味噌。

みぞ【溝】 名詞 ❶水を流すためにほった、細長いくぼみ。例 溝に落ちた。❷［しょうじやふすまを前後に動かすために、しきいやかもいに］細く長くほったくぼみ。例 しきいの溝。❸人と人との気持ちのへだたり。例 けんかをして、友だちとの間に、溝ができた。

みぞう【未曽有】名詞 今までに一度もなかったこと。とてもめずらしいこと。ことば「未曽有の危機」

みぞおち 名詞 胸と腹の間あたりの、少しくぼんだところ。

みそか 名詞 月の一番終わりの日。月末の日。対一日。参考「大みそか」は十二月三十一日のこと。

みそこなう【見損なう】動詞 ❶まちがった見かたをする。例きみを見損なっていた。参考はじめはよい評価をしていた場合に用いる。類見誤る。❷うっかりして、見ないでしまう。見る機会を失う。例おもしろいテレビ番組を見損なった。活用みそこな・う。

みそしる【味そ汁】名詞 かつおぶし・にぼし・こんぶなどでだしをとり、野菜などを入れてみそで味つけをしたしる。おみおつけ。

みそっかす【味そっかす】名詞 子どもたちが遊ぶときに、まだ一人前に仲間に入れてもらえない子。例弟はまだ小さいので、いつも味そっかすだ。参考もとは、「みそ」をこしたあとに残る「かす」という意味。

みぞれ 名詞 雪がとけかかってふるもの。雨のまざった雪。例みぞれまじりの雨。漢字霙。

みたいだ 助動詞 ❶ある物事の見た感じが、ほかのものに似ていることを表す言葉。例きみは太陽みたいだ。／わたみたいな雲。❷例としてしめす言葉。例かれみたいな努力家は少ない。❸はっきりしない言いきり方。遠回しな言い方、だいたいのけんとうなどを表す言葉。例かぜをひいたみたいだ。参考「みたい」だけで使うこともある。

みだし【見出し】名詞 〔新聞や雑誌などで〕中に書いてあることがひと目で分かるように、大きな文字で書いた短い言葉。

みだしご【見出し語】名詞 辞典で、項目としてのせた言葉。太字などですぐわかるようにしめしてある。見出し。

みだしなみ【身だしなみ】名詞 身なり・態度・言葉づかいなどをきちんとととのえること。例身だしなみのよい人。

みたす【満たす】動詞 ❶いっぱいにする。例水そうに水を満たす。❷満足させる。例願いが満たされた。活用みた・す。

みだす【乱す】動詞 ❶まとまりをなくす。ばらばらにする。例列を乱す。❷〔物事の正しい順序やちつじょを〕こんらんさせる。例社会のちつじょを乱す。❸〔落ち着いている〕心や気持ちなどをゆり動かす。例今までの落ち着いた気分が、乱された。活用みだ・す。

みたて【見立て】名詞 見立てること。

みたてる【見立てる】動詞 ❶見て、選ぶ。例母に洋服を見立ててもらう。❷医者がどんな病気かを考えて決める。しんだんする。例かぜだと見立てる。❸なぞらえる。例ぼんさいの松を大木に見立てる。活用みた・てる。

みため【見た目】連語 ほかの人の目にうつるすがた・様子。外観。例見た目に、はなやかさはないが、美しい作品だ。

みだりに 形容動詞 よく考えないで。勝手に。むやみに。例みだりに言いふらす。／みだりに公園の花をとってはいけない。

みだれ【乱れ】名詞 みだれること。

みだれとぶ【乱れ飛ぶ】動詞 あちらこちらへ飛ぶ。例矢が乱れ飛ぶ。活用みだれと・ぶ。

みだれる【乱れる】動詞 ❶まとまりがなくなる。ばらばらになる。例髪が乱れる。❷規律や礼儀などがくずれ、こんらんする。また、平和でなくなる。例世の中が乱れる。❸心や気持ちがゆれ動く。落ち着きがなくなる。例心が乱れる。活用みだ・れる。

みち[1]【未知】名詞 まだ知らないこと。まだ知られていないこと。例未知の世界に足をふみいれる。

みち[2]【道】名詞 ❶人や車などが通るように作られたところ。道路。例細い道を歩く。❷道のり。例遠い道を歩いてきた。❸人としてしなければならないこと。例人の道にはずれたおこない。❹方法。手段。例解決の道はない。❺方面。例ぼくは芸術の道を進みたい。

みちあふれる【満ちあふれる】動詞 あふれこぼれるほどいっぱいになる。例しあわせで心が満ちあふれる。活用みちあふ・れる。

みちあんない【道案内】名詞 ❶道しるべ。❷道の方向などを教えるために、先に立って、みちびくこと。また、その人。ことば「道案内をつとめる」

みぢか【身近】名詞 形容動詞 自分の身に近いこと。自分に関係の深いこと。例身近な問題。注意㋐送りがなをつけない。㋑「みじか」と書か

ア □と鼻の間　イ □が回る　ウ □をうたがう

かない。

みちがえる【見違える】動詞 ほかのものとまちがえて見る。例 教室が、見違えるほど、きれいになった。類 見誤る。活用 みちが・える。

みちかけ【満ち欠け】名詞 地球から見る月が、まるく見えることと欠けて見えること。例 月の満ち欠けをかんさつする。

みちくさ【道草】名詞 ❶道ばたにはえている草。❷道草を食うこと。

みちくさをくう【道草を食う】慣用句 ある場所への行き来のとちゅうで、ほかのことをして時間をとる。

みちしお【満ち潮】名詞 干潮から満潮にうつっていくときに海面が高くなっていく有様。あげしお。対 引き潮。

みちじゅん【道順】名詞 ある場所までの、通っていく道の順序。道すじ。

みちしるべ【道しるべ】名詞 方向や道のりなどを書いて道に立ててあるもの。道標。

みちすう【未知数】名詞 ❶数学で、方程式の中の、もとめようとしている数。❷これから先どうなるかわからないこと。また、どの程度かわからないこと。例 かれの実力は未知数だ。

みちすがら【道すがら】副詞 道を歩きながら。行くとちゅうで。例 学校への道すがら、昨日見たテレビの話をした。

みちすじ【道筋】名詞 ❶通り道。通っていく道。道順。例 家から学校への道筋に書店がある。❷物事の正しいりくつ。すじみち。例 議論の道筋が立たない。

みちたりる【満ち足りる】動詞 必要なものがそろっていて、満足できる。また、満足して、心にゆとりがある。例 満ち足りた毎日。活用 みちた・りる。

みちづれ【道連れ】名詞 いっしょに行くこと。また、いっしょに行く人。

みちのえき【道の駅】名詞 国道などの大きな道路を利用する人のためにつくられた建物。ちゅうしゃ場やきゅうけい所、その土地の特産物の売店などがある。

みちのく【陸奥】地名 昔の国の名で、磐城・岩代・陸前・陸中・陸奥の五国を合わせたよび名。今の福島県・宮城県・岩手県・青森県に当たる。

みちのり【道のり】名詞 通っていく道の長さ。きょり。例 遠い道のりを、歩いて通った。

みちばた【道端】名詞 道のほとり。例 道端に、タンポポがさいている。

みちひ【満ち干】名詞 海の水が、みちることと、ひくこと。満潮と干潮。参考 おもに、月の引力によっておこり、ふつう、一日に二回ある。

みちびく【導く】動詞 ❶案内をして、つれて行く。例 出口へ導く。❷よい方に進ませる。生徒を教え、導く。❸ある状態になるようにする。例 チームを優勝に導く。活用 みちび・く。

みちぶしん【道普請】名詞 道をつくったりなおしたりすること。

みちみち【道道】副詞 道を歩きながら。道すがら。例 帰る道々、もうすぐくる夏休みの話をした。参考 ふつう「道々」と書く。

みちる【満ちる】動詞 ❶〔物が中に〕いっぱいに入る。例 会場に人が満ちる。❷〔気持ちなどが〕いっぱいこもっている。例 希望に満ちた顔。❸完全な形になる。例 月が満ちる。対 欠ける。❹ぎりぎりのところまでおしよせる。例 潮が満ちる。❺決められた期日・数量にたっする。例 委員の任期が満ちる。活用 み・ちる。

みちをつける【道を付ける】慣用句 ❶必要な所に通じる道をつくる。❷糸口をつくる。きっかけをつくる。例 共同研究に道を付ける。

みつ【蜜】名詞 ❶花から出る、あまいしる。❷はちみつ。❸さとうをにてとかした液体。

みっか【三日】名詞 ❶一日が三つ集まった数。例 三日あればできる。❷月の第三番目の日。例 一月三日。

みっかてんか【三日天下】四字熟語 わずかな間しか地位や力をもつことができないこと。参考 織田信長にそむいた明智光秀がすぐにほろぼされたことから生まれた言葉。

みっかにあげず【三日にあげず】慣用句 毎日のように。たびたび。例 三日にあげず遊びに来る。

みっかぼうず【三日坊主】四字熟語 物事にあきやすく、長続きしないこと。また、そのような人。語源 僧になっても修行のきびしさにたえられず、すぐやめる人が多いことから。

みつかる【見付かる】動詞 ❶人の目にとまる。人に見つけられる。発見される。例 つまみ食いが見付かってしまった。❷見つけることができる。例 苦労した末によい表現が見付かる。活用 みつか・る。

ことばクイズ㉟ □の中に入る同じことばは何でしょう？

みつぎもの【貢ぎ物】名詞 ❶昔、人々が王などにさし出した品物やお金。❷弱い国が、強い国にさし出す品物やお金。

みっきょう【密教】名詞 大日如来をとうとぶ仏教。真言宗と天台宗がある。

みつぐ【貢ぐ】動詞 ❶みつぎ物をさし出す。例 朝廷に貢ぐ。❷お金や品物をあたえて助ける。ことば「金を貢ぐ」活用 みつ・ぐ。

ミックス 名詞 する動詞 ❶まぜ合わせること。また、まぜ合わせたもの。例 野菜のミックスジュース。❷テニスや卓球などで、男女がペアを組むこと。▼英語 mix

みつくろう【見繕う】動詞 見て、てきとうなものをえらぶ。見はからう。例 おかずを見繕って買ってくる。活用 みつくろ・う。

みつける【見付ける】動詞 ❶さがしていたものを発見する。例 落としたさいふを見付けた。❷見なれる。例 いつも見付けている光景だ。活用 みつ・ける。

みっこう【密航】名詞 する動詞 国のきまりをやぶり、こっそりと船や飛行機で外国に行くこと。

みっこく【密告】名詞 する動詞 人のひみつなどを、こっそりほかの人や警察などに知らせること。例 犯人を密告する。

みつごのたましいひゃくまで【三つ子の魂百まで】ことわざ おさないころの性質は、年をとってもかわらないということ。類 すずめ百までおどりわすれず。

みっしつ【密室】名詞 ❶しめきって、人が出入りできないようにした部屋。❷人に知らせないでひみつにしてある部屋。例 地下に密室をつくる。

みっしゅう【密集】名詞 する動詞 すきまもないほど、たくさん集まっていること。例 工場が密集している。

ミッションスクール 名詞 キリスト教の団体が、キリスト教の精神にもとづいた教育をおこなうためにつくった学校。参考 この mission は「伝道」や「布教」の意味。▼英語 mission school

みっせい【密生】名詞 する動詞 草や木などが、すきまもないほどたくさんはえること。例 クマザサが密生している。

みっせつ【密接】名詞 する動詞 ❶すきまもなく、ぴったりとくっつくこと。例 家と家が密接している。❷とても関係が深いこと。ことば「密接にかかわる」類 緊密。

みつぞう【密造】名詞 する動詞 法律にそむいて、ひそかにつくること。例 酒を密造する。

みつだん【密談】名詞 する動詞 人にかくれて、こっそり話をすること。例 家臣が集まって密談をする。

みっちゃく【密着】名詞 する動詞 ぴったりとくっつくこと。例 スターに密着して取材する。

みっちり 副詞(～と) 物事を十分におこなうようす。例 一年間、みっちり勉強した。

みっつ【三つ】名詞 ❶一の三倍。さん。❷三才。

ミット 名詞 野球で、捕手と一塁手が使う大きなかわのてぶくろ。類 グローブ。▼英語 mitt

みつど【密度】名詞 ❶物のこみあっているどあい。例 日本は人口の密度が高い。❷ある物の、一立方センチメートルあたりの重さ。重さを体積でわって表したもの。

みつどもえ【三つどもえ】名詞 ❶「ともえ」の図案のうち、おたまじゃくしのような形を三つ組み合わせたもの。⇩図。❷三つのものが、入りみだれて争うこと。例 三つどもえの乱戦。漢字 三つ巴。

三つどもえ①

みっともない 形容詞 きちんとしていない、よくない状態で、とても見ていられないようす。例 みっともないまねをするな。参考「見とうもない(=見たくもない)」が変化した言葉。活用 みっともな・い。

みつにゅうこく【密入国】名詞 する動詞 その国のきまりにしたがわず、こっそり国内に入ること。

みつば【三つ葉】名詞 セリ科の植物。緑色の葉にかおりがあり、食用にする。

みつばち【蜜蜂】名詞 ミツバチ科のこん虫。花のみつをすって、はちみつをつくり、巣にたくわえる。

みっぷう【密封】名詞 する動詞 入れ物の口を、すきまなく、ぴったりとふうをすること。

みっぺい【密閉】名詞 する動詞 すきまがないように、ぴったりととざすこと。例 食材を密閉して保存する。

みつまた【三また】名詞 ジンチョウゲ科の木。木のえだが三つに分かれる。木の皮のせんいから和紙をつくる。

みつまめ【蜜豆】名詞 小さく切った寒天・くだもの・えんどう豆などにみつをかけた食べ物。

みつめる【見詰める】動詞 目をはなさずに、見続ける。例 目を見詰めて、話す。活用 みつ・める。

みつもり【見積もり】名詞 これからかかるお金や日数を前もって計算すること。例 ざっと見積もりを出す。

みつもる【見積もる】動詞 ❶目で見て、だいたいの量や程度などをはかる。❷どれくらいのお金がかかるか、だいたいの計算をする。例 工事の費用を見積もる。活用 みつも・る。

みつやく【密約】名詞 する動詞 ひそかに約束すること。また、その約束。ことば「密約を交わす」

みつゆ【密輸】名詞 する動詞 「密輸入」または「密輸出」のこと。税関を通さないで、こっそりと品物を、外国からもちこんだり、外国へもち出したりすること。

みづらい【見づらい】形容詞 ❶見ることがむずかしい。見にくい。例 小さい字は見づらい。❷見苦しい。例 見づらいことを平気でする。活用 みづら・い。

みつりょう[1]【密猟】名詞 する動詞 法をやぶって、人にかくれて鳥やけものをとること。

みつりょう[2]【密漁】名詞 する動詞 法をやぶって、人にかくれて魚や貝などをとること。

みつりん【密林】名詞 大きな木がぎっしりとすきまなくはえているところ。ジャングル。

みてい【未定】名詞 形容動詞 まだ決まっていないこと。例 遠足の期日は未定だ。対 既定。

みてくれ【見てくれ】名詞 見かけ。外見。例 このミカンは、見てくれは悪いがあじはよい。

みてとる【見て取る】動詞 見てわかる。見やぶる。例 敵の考えを見て取る。活用 みてと・る。

みとおし【見通し】名詞 ❶遠くまでひと目で見えること。例 見通しのよい丘の上に立つ。❷《「お見通し」の形で》本心を見ぬくこと。例 きみの考えはお見通しだ。❸これから先のことを予想したり見当をつけたりすること。例 明るい見通しをもつ。ことば「見通しが立たない」

みとおす【見通す】動詞 ❶遠くの方までひと目で見る。❷先のことや心の中まで見ぬく。例 将来を見通した計画。類 見抜く。❸はじめから終わりまで見る。例 ノートをざっと見通す。活用 みとお・す。

みとがめる【見とがめる】動詞 見て、あやしいと思い、注意する。例 校内におそくまで残っていて、先生に見とがめられた。活用 みとが・める。

みどく【味読】名詞 する動詞 本の内容を、よく味わって読むこと。例 名作を味読する。

みどころ【見所】名詞 ❶見るねうちのあるところ。例 この映画の見所。❷これから先、すぐれたものになるというみこみ。ことば「(いたずらだけれど)見所がある(子どもだ)」

みとし【水戸市】地名 茨城県の県庁所在地。⇩916ページ・都道府県(図)。

みとどける【見届ける】動詞 最後まで、見て、たしかめる。例 全員が帰るのを見届けてから帰った。活用 みとど・ける。

みとめ【認め】名詞 ふだん使うはんこ。認め印。

みとめいん【認め印】名詞 書類などに、確認のしるしとしておすはんこ。個人がふだん使うはんこ。例 受け取りに認め印をおす。参考 略して「みとめ」ともいう。対 実印。

みとめる【認める】動詞 ❶見て知る。例 あやしい人かげを認めた。❷たしかにそうだと受け入れる。例 すぐれた人だと、だれもが認めた。／自分のおかしたあやまちを認める。❸ゆるす。例 入会が認められた。活用 みと・める。

みども【身共】代名詞 われ。われら。例 身共のけらいになれ。参考 古い言い方で、武士などが使った言葉。

みどり【緑】名詞 春や夏の、草や木の葉のような色。緑色。例 木々の緑が美しい。

みどりご 名詞 うまれてまもない子ども。あかご。参考 ふつう、二、三才までの子どもをいう。

みとりざん【見取り算】名詞 書いてあるいくつもの数を見ながら、そろばんで計算するやりかた。対 読み上げ算。

みとりず【見取り図】名詞 見て、だいたいの様子をかいた図。例 家の見取り図をかく。

みどりのくろかみ【緑の黒髪】名詞 つやつやした、まっ黒い髪の毛。参考 女性の髪をほ

めていう言葉。

みどりのひ【みどりの日】名詞 国民の祝日の一つ。自然に親しむとともに、そのめぐみにかんしゃし、ゆたかな心をはぐくむ日。五月四日。

みとる【み取る】動詞 ❶病人の世話をする。❷臨終のときに、そばについて見守る。例おばの最期をみ取る。活用 みと・る。漢字 看取る。

みとれる【見とれる】動詞 感心して、じっと見る。うっとりとして見続ける。例はなやかなドレスに、見とれる。活用 みと・れる。

みどろ 接尾語《ある言葉の下につけて》「…にまみれてよごれる」の意味を表す言葉。例あせみどろになって働く。類 まみれ。

みな【皆】名詞「みんな」の改まった言い方。残らず全部。すべて。例皆、用意はいいか。／人は皆平等だ。

みなおす【見直す】動詞 ❶もう一度、よく見る。例作文を見直す。類 見返す。❷今まで気づかなかったねうちに気づいて、考えをかえる。例作文を読んで、弟を見直した。活用 みなお・す。

みなぎる 動詞 ❶水がいっぱいになる。例雪どけの水が川にみなぎって流れる。❷あふれるくらいに、いっぱいになる。ことば「力がみなぎる」活用 みなぎ・る。

みなげ【身投げ】名詞 する動詞 自分で死ぬために、川や海などの水にとびこんだり、高いところからとびおりること。投身自殺。

みなごろし【皆殺し】名詞 そこにいる人や動物、また、関係のある人などを、残らず殺すこと。

みなさま【皆様】名詞 多くの相手に対してうやまう気持ちを表す言葉。例ご来場の皆様。

みなさん【皆さん】名詞「皆様」の少しくだけた言い方。例皆さん、こんにちは。

みなしご 名詞 父母に死なれた子ども。孤児。

みなす【見なす】動詞 ❶そうだと、見る。そうだと、考える。例だまっている人は賛成と見なします。❷かりにそうだとしておく。例子どもたちが草を野菜に見なしてままごとをしている。活用 みな・す。

みなそこ【みな底】名詞 ⬇652ページ・すいてい（水底）。

みなづき【水無月】名詞 昔のこよみで六月のこと。

みなと【港】名詞 船が出入りしたり、安全にとまったりできるように、波をふせいだり設備をつくったりしてあるところ。例船が港に着いた。

みなとまち【港町】名詞 港があるためにできた町。

みなまたびょう【水俣病】名詞 熊本県水俣湾周辺で発生した病気。工場の廃水にふくまれていた有機水銀におかされた魚介類を食べることによっておこった。神経がおかされ、体のまひなどがおこり、重症の場合は死亡する。参考 新潟県の阿賀野川流いきでも発生した。

みなみ【南】名詞 太陽の出る方向に向かって右の方角。例南の島。対 北。

みなみアフリカきょうわこく【南アフリカ共和国】地名 アフリカ大陸の南はしにある国。首都はプレトリア。

みなみアメリカ【南アメリカ】地名 アメリカ大陸のうち、パナマ地峡より南の地域。コロンビア・ペルー・ブラジル・アルゼンチン・チリなどの国がある。南米。対 北アメリカ。▼英語 South America

みなみアルプス【南アルプス】名詞 赤石山脈のこと。長野県東部、山梨県から静岡県にまたがる、日本で二番目に高い北岳を含む山脈。

みなみかいきせん【南回帰線】名詞 南緯二三・二六度の緯線。冬至のとき、太陽がこの線の真上にくる。対 北回帰線。

みなみかぜ【南風】名詞 南からふいてくる（あたたかい）風。例あたたかい南風。対 北風。

みなみじゅうじせい【南十字星】名詞 南半球で見える、十字の形にならんだ四つの星。⇩図。

みなみはんきゅう【南半球】名詞 地球の、赤道から南半分。対 北半球。⇩325ページ・北半球（図）。

南十字星

みなもと【源】名詞 ❶水の流れ出るもと。水源。例川の源までさかのぼっていく。❷物事のおこりはじめる、もと。例うわさの源がはっきりしない。参考「水のもと」の意味。

みなもとのよしつね【源義経】人名（一一五九〜一一八九）平安時代の終わりごろの武将。

あいうえお かきくけこ さしすせそ たちつてと なにぬねの はひふへほ まみむめも やゆよ らりるれろ わをん
み

ア □が立たない　イ □を食いしばる　ウ □がうく

兄の頼朝にしたがって、平家をほろぼすのに手がらを立てた。のち、頼朝ににくまれ、岩手県の平泉にのがれたが、藤原泰衡におそわれ自決した。おさないときの名前は牛若丸。

みなもとのよりとも【源頼朝】人名（一一四七～一一九九）鎌倉幕府の第一代将軍。平家をほろぼし、鎌倉に幕府を開くなど、武家政治のもとをきずいた。

みならい【見習い】名詞 ある仕事を、じっさいにしながらおぼえること。また、その人。実習。実習生。例 見習いの看護師。

みならう【見習う】動詞 見て学ぶ。例 弟も、兄を見習って、よく手伝いをする。活用 みなら・う。

みなり【身なり】名詞 洋服や着物などを身につけたすがた。ことば「身なりを整える」

みなれる【見慣れる】動詞 いつも見ていて、めずらしくない。いつも見て、よく知っている。例 見慣れた町。活用 みな・れる。

ミニ 一 名詞「ミニスカート」の略。二 接頭語《ほかの言葉の上について》小さい意味を表す。小型の。短い。例 ミニカー。▼英語 mini

みにあまる【身に余る】慣用句 自分のねうち以上である。ことば「身に余る光栄です」

みにおぼえがない【身に覚えがない】慣用句 自分でそのことをした記おくがない。例 身に覚えがないうたがいをかけられる。

みにくい【醜い】形容詞 美しくない。見ていていやな感じがする。例 醜い争い。対 美しい。活用 みにく・い。

みにしみる【身にしみる】慣用句 ❶心に深く感じる。例 人のなさけが身にしみる。❷体に強くこたえる。例 寒さが身にしみる。

ミニスカート 名詞 たけがとても短いスカート。ミニ。▼英語 miniskirt

ミニチュア 名詞 小型。また、小型のもけい。例 SLのミニチュア。▼英語 miniature

みにつく【身に付く】慣用句 知識や技術などが、完全に自分のものとなる。例 長い外国生活のおかげで、英会話が身についた。

みにつける【身に着ける・身に付ける】慣用句 ❶着たり、はいたりする。また、体につけて、持つ。例 衣服を身に着ける。／お守りを身に着ける。❷知識や技術などを自分のものにする。例 学問を身に付ける。

みにつまされる【身につまされる】慣用句 人の不幸や苦しみなどが自分のことのように（かわいそうに）思われる。例 身につまされる話。

ミニトマト 名詞 直径二～三センチメートルの小さいトマト。参考 日本でつくった言葉。英語では cherry tomato という。

みになる【身になる】慣用句 ❶その人のおかれている立場に立つ。例 相手の身になって考える。❷体の血や肉になる。精がつく。例 もっと身になるものを食べなさい。

みぬく【見抜く】動詞 相手の本当の心や、物事のかくれて見えないところまで、知る。見やぶる。例 敵の作戦を見抜く。類 見通す。活用 みぬ・く。

みね【峰】名詞 ❶山のとがった一番高いところ。例 高い峰が続く。類 頂。❷物の一番高いところ。❸刀または刃物の、刃と反対の部分。せ。⇩261ページ・刀（図）。

ミネラル 名詞 五大栄養素の一つ。人間の体に必要なカルシウム・マグネシウム・ナトリウム・りんなど。無機質。▼英語 mineral

ミネラルウォーター 名詞 ミネラルをふくんだ飲料水。▼英語 mineral water

1 **みの** 名詞 カヤやスゲなどの草の葉やくきであんだ雨具。漢字 蓑。⇩図。

2 **みの**【美濃】地名 昔の国の名。今の岐阜県の中部・南部に当たる。

1 みの

みのう【未納】名詞 おさめなければならないお金などをまだおさめていないこと。

みのうえ【身の上】名詞 ❶その人の（今までの）くらしの様子。その人のおかれているきょうぐう。例 友だちの身の上を心配する。／身の上話。❷その人の運命。例 身の上をうらなう。

みのがす【見逃す】動詞 ❶見そこなう。例 話題のドラマを見逃した。❷見ていながら気づかずにすます。例 要点を見逃す。❸よくないこと

ことばクイズ㊱ □の中に入る同じことばは何でしょう？

を知っていて、とがめない。見すごす。例こんどだけは見逃してください。活用みのが・す。

みのけがよだつ【身の毛がよだつ】 慣用句 あまりのおそろしさや気味の悪さのために、体中の毛が立つように感じる。例身の毛がよだつ思いがする。

みのしろきん【身の代金】 名詞 犯人が人質をかえすかわりに、受け取るお金。

みのたけ【身の丈】 名詞 背の高さ。身長。参考少し古い言い方。

みのほど【身の程】 名詞 自分の身分や力のていど。ことば「身の程をわきまえる」

みのほどしらず【身の程知らず】 慣用句 自分の力がどのくらいのものかを知らないこと。また、そのような人。例身の程知らずの望みをいだく。

みのまわり【身の回り】 名詞 ❶いつも身につけたり、使ったりしていること。しんぺん。例電車やバスの中では、身の回りの品をなくさないように注意する。❷ふだんのくらし。しんぺん。例おばあさんの身の回りの世話をしてあげる。❸自分の近く。しんぺん。例身の回りの植物や動物をよくかんさつする。

みのむし【みの虫】 名詞 ミノガ科のガの幼虫。木のえだや葉を糸でつづって「みの」のような形の巣をつくる。漢字蓑虫。⇩図。

みのり【実り】 名詞 ❶実ができること。❷よい結果。成果。

みのりのあき【実りの秋】 名詞 人が食べる植物、イネやカキ・クリなどの実がじゅくす秋。

みのる【実る】 動詞 ❶草や木の実ができる。例イネが実る。❷〔努力したことなどが〕よい結果として表れる。ことば「（長年の）努力が実る」活用みの・る。

みの虫

みばえ【見映え・見栄え】 名詞 よく見えること。見かけのよいこと。例見映えのよい服。

みはからう【見計らう】 動詞 ❶てきとうな時のけんとうをつける。例時間を見計らって出かける。❷見て、ちょうどよさそうだと決める。例夕食のおかずによさそうなものを見計らって買う。活用みはから・う。

みはっぴょう【未発表】 名詞 形容動詞 まだ世の中に発表していないこと。例未発表の作品。

みはなす【見放す】 動詞 だめだと考えてほうり出す。力をかすのをやめる。例国民に見放された大臣。類見限る。活用みはな・す。

みはらい【未払い】 名詞 お金をまだはらっていないこと。例料金の未払いをたしかめる。

みはらし【見晴らし】 名詞 広く、遠くまで見わたされること。また、そのけしき。ことば「見晴らしがよい（場所）」

みはらす【見晴らす】 動詞 広く、遠くまで見る。例海を見晴らす高台。活用みはら・す。

みはり【見張り】 名詞 よく気をつけて番をすること。また、その人。例ドアの外で見張りをする。

みはる【見張る】 動詞 ❶〔びっくりして〕目を大きく開いて見る。ことば「（美しさに）目を見張る」❷よく見て、気をつける。例あやしい人物を見張る。活用みは・る。

みはるかす【見はるかす】 動詞 遠くを見わたす。例見はるかす大草原。参考古い言い方。活用みはるか・す。

みびいき【身びいき】 名詞 自分に関係のある人を特にいいようにあつかうようす。例身びいきでほめすぎる。

みひらき【見開き】 名詞 本や雑誌などを開いたとき、右と左にある二つのページ。例見開きに入れられた大きな地図。

みひらく【見開く】 動詞 目をはっきり大きく開く。活用みひら・く。

みぶり【身振り】 名詞 手足や体を動かして、自分の考えや気持ちを相手に伝えること。また、その体の動き。例おおげさな身振り。類手ぶり。手まね。

みぶるい【身震い】 名詞 する動詞 体がふるえること。例おそろしさに思わず身震いした。

みぶん【身分】 名詞 ❶その人の、社会的な地位や立場。例身分が高い。❷くらしの様子。例遊んでくらせるなんていいご身分だね。

みぶんしょうめいしょ【身分証明書】 名詞 自分がどこの会社や学校などに関係があるかをしめす文書。

みぼうじん【未亡人】 名詞 夫に死なれてから、けっこんしないでいる女の人。

あいうえお かきくけこ さしすせそ たちつてと なにぬねの はひふへほ まみむめも やゆよ らりるれろ わをん

みほれる【見ほれる】動詞 見て、うっとりする。例優雅な舞に見ほれる。類見とれる。活用 みほ・れる。

みほん【見本】名詞 どんなものか、じっさいに見せるための品物。例商品の見本を見せる。

みまい【見舞い】名詞 病気になったり、さいなんにあったり、苦労したりしている人をたずねて、なぐさめたり元気づけたりすること。また、そのための手紙や品物。例入院している友だちを見舞いに行く。／見舞いの品。

みまう【見舞う】動詞 ❶病気になったりさいなんにあったりした人をたずねて、なぐさめたりはげましたりする。例けがをした友だちを見舞う。❷おそう。また、いやなことがやってくる。例九州が、台風に見舞われた。活用 みま・う。

みまがう【見まがう】動詞 見て、ほかのものとまちがえる。例天使と見まがうような、すがた。参考 ㋐やや古い言い方。㋑「見まごう」ともいう。活用 みまが・う。

みまさか【美作】地名 昔の国の名。今の岡山県東部に当たる。

みまもる【見守る】動詞 ❶じっと見つめる。例なりゆきを見守る。❷まちがいがないように、よく見る。例母に見守られながら、妹はすやすやとねている。活用 みまも・る。

みまわす【見回す】動詞 まわりをあちこちと見る。ぐるっと、あたりを見る。例部屋の中を見回した。活用 みまわ・す。

みまわり【見回り】名詞 見てまわること。また、見てまわる人。巡視。

みまわる【見回る】動詞 まちがいがないかどうか、見て回る。例校舎の中を見回った。活用 みまわ・る。

みまん【未満】名詞 まだその数に足りないこと。満たないこと。参考「十八才未満」というときは、十八才は入らない。「十八才以下」というときは、十八才も入れて、それより下。

みみ【耳】名詞 ❶動物の、音を感じとる体の部分。例ウサギの耳。❷物音などを聞きとる力。例耳がいい。❸紙・織物など、平たいもののはし。例パンの耳。❹形やつき方が「耳①」に似ているもの。例なべの耳。

みみあたらしい【耳新しい】形容詞 聞くのが、初めてである。例耳新しいニュース。活用 みみあたらし・い。

ことば博士になろう!

七才以下と七才未満

- まで 例十人まで…十人をふくむ。
- はじめ 例先生をはじめ十人…先生をふくんで十人（先生が一人なら、ほかの人は九人）。
- ほか 例先生ほか十人…先生をふくめないでほかに十人（先生が一人なら、十一人）。
- 以下（以上） 例七才以下（以上）…七才をふくむ。「七才以下」は、七才、六才、五才、…のこと。
- 未満 例七才未満…七才をふくまない。「七才未満」は、六才、五才、…のこと。

みみうち【耳打ち】名詞 する動詞 ほかの人に聞こえないように、相手の耳に口を近づけて、小さな声で話すこと。例小声でそっと耳打ちする。

みみがいたい【耳が痛い】慣用句 自分の悪いところやよわみを言われて、聞くのがつらい。例「近ごろ勉強しているかね。」と聞かれて、耳が痛かった。

みみかき【耳かき】名詞 耳あかをかきとるための道具。細いぼうの先が、小さなしゃくし形になっている。

みみがくもん【耳学問】名詞 自分で学んだのではなく、ほかの人の話を聞いて知ること。聞きかじった知識。

みみがこえている【耳が肥えている】慣用句 音楽などをたくさん聞いていて、よしあしがよくわかる。例落語には耳が肥えている。

みみがとおい【耳が遠い】慣用句 （年をとったり病気をしたりして）音がよく聞こえない。

みみがはやい【耳が早い】慣用句 物音やうわさをすぐに聞いて知るようす。例もう知ってるの。耳が早いね。

みみざわり【耳障り】名詞 形容動詞 聞いていて、いやな感じがするようす。例耳障りな音。

みみず 名詞 土の中などにすむ、細長いひものような形の動物。体には、輪のようなふしがたくさんあり、土の中の養分をとる。

みみずく 名詞 フクロウ科の鳥。頭に耳のように見える羽毛がある。昼は木のあなの中などに

あいうえお
かきくけこ
さしすせそ
たちつてと
なにぬねの
はひふへほ
み
まみむめも
や
ゆ
よ
らりるれろ
わ
を
ん

いて、夜になると活動し、ネズミなどの小さな動物をとって食べる。

みみずばれ 名詞 ひっかいたときなどに、ミミズのようにひふが細長く、赤くはれること。例 ネコにひっかかれたあとが、みみずばれになる。

みみせん【耳栓】 名詞 水や音が入らないように耳につめるもの。例 耳栓をして泳ぐ。

みみたぶ【耳たぶ】 名詞 耳の下にたれ下がった、肉のやわらかい部分。⇩233ページ・顔①（図）。

みみなれる【耳慣れる】 動詞 何度も聞いて、めずらしくなくなる。ことば「耳慣れない（＝聞いたことがない）（外国語）」 活用 みみな・れる。

みみにいれる【耳に入れる】 慣用句 知らせる。話して聞かせる。例 念のために、本人の耳に入れておこう。

みみにする【耳にする】 慣用句 〔たまたま〕聞く。例 それは、初めて耳にする話だ。

みみにたこができる【耳にたこができる】 慣用句 同じことを何度も聞かされて、いやになる。

みみにつく【耳につく】 慣用句 ❶声や音がうるさく感じられる。例 川の音が耳について、ねむれない。❷聞いた言葉などが、気になってわすれられない。例 彼の最後の言葉が耳についている。❸聞きあきる。例 お説教が耳につく。

みみにとまる【耳に留まる】 慣用句 人の言葉や物音などに、注意が向く。例 耳に留まる一言。

みみにのこる【耳に残る】 慣用句 人の言葉や物音などが、いつまでも心に残る。例 卒業のときの先生の言葉が、今も耳に残っています。

みみにはいる【耳に入る】 慣用句 聞こえる。聞いて知る。例 うわさが本人の耳に入った。

みみにはさむ【耳に挟む】 慣用句 ちらりと聞く。たまたま、ちょっと聞く。例 みょうなうわさを耳に挟む。

みみもと【耳元】 名詞 耳のそば。耳の近く。

みみより【耳寄り】 形容動詞 聞いておくねうちのあるようす。ことば「耳寄りな話（を聞いた）」

みみをうたがう【耳を疑う】 慣用句 意外なことを聞いて、おどろく。例 負けたと聞いて耳を疑う。

みみをかす【耳を貸す】 慣用句 人の話を聞いてやる。例 ちょっと耳を貸してほしい。

みみをかたむける【耳を傾ける】 慣用句 熱心に聞く。しっかりと聞く。例 説明に耳を傾けた。

みみをすます【耳を澄ます】 慣用句 心を落ち着けて、静かに聞く。例 虫の声に耳を澄ます。

みみをそばだてる【耳をそばだてる】 慣用句 聞きのがさないように注意して聞く。例 あやしい物音に、耳をそばだてた。

みみをそろえる【耳をそろえる】 慣用句 〔あるまとまった金額の〕全額をまとめる。例 かりた金を耳をそろえてかえす。

みむきもしない【見向きもしない】 慣用句 ❶その方を向いて見ようともしない。❷まったく関心をしめさない。例 父はあまいものには見向きもしない。

みめい【未明】 名詞 まだ夜が明けきらない、うす暗いころ。あけがた。

みめうるわしい【見目麗しい】 連語 顔立ちが美しい。例 見目麗しい姫君。参考 ㋐「見目」は、顔立ちや外見のこと。㋑やや古い言い方。

みもしらない【見も知らない】 慣用句 見たことがなく、まるで知らない。見知らぬ。

みもだえ【身もだえ】 名詞 する動詞 苦しさや悲しさなどのために、体をねじって動かすこと。例 くやしさのあまり身もだえして泣いた。

みもち【身持ち】 名詞 ふだんのおこない。ことば「身持ちが悪い（人）」

みもと【身元】 名詞 その人のうまれや育ち、親やきょうだいのこと。例 身元不明。

みもの【見物】 名詞 見るねうちのあるもの。例 かのじょがどんな演技をするか見物だ。

みもふたもない【身も蓋も無い】 慣用句 あまりにはっきり言いすぎて、おもしろみやおもむきがない。例 そこまで言っては身も蓋も無くなる。

みや【宮】 名詞 ❶やしろ。神社。お宮。❷皇族をうやまっていう言葉。宮さま。

みやぎけん【宮城県】 地名 東北地方中部で太平洋に面した県。県庁所在地は仙台市。⇩916ページ・都道府県（図）。

みやぎみちお【宮城道雄】 人名 （一八九四〜一九五六）日本の箏曲家（＝琴の演奏家）・作曲家。西洋音楽をとりいれ、童謡・歌曲・合奏曲など三百曲以上の作品を残した。「春の海」「さくら変奏曲」などが有名。

ア □から火が出る　イ □が広い　ウ □にどろをぬる

あいうえお かきくけこ さしすせそ たちつてと なにぬねの はひふへほ まみむめも やゆよ らりるれろ わをん

みゃく【脈】名詞 ❶脈はく。ことば「脈をとる（＝脈をはかる）」❷見こみ。のぞみ。例 脈がありそうな様子だった。

みゃくうつ【脈打つ】動詞 ❶血が、血管の中を一定の動きをもって流れる。脈をうつ。❷〔表にはあらわれないが〕生き生きと活動している。例 作品の底に、作者のあたたかい心が脈打っている。活用 みゃくう・つ。

みゃくがある【脈が有る】慣用句〔「生きているしるしとして脈はくがある」という意味から〕❶生きている。❷望みがある。

みゃくはく【脈拍】名詞 心臓から血が送り出されるたびに、血管がうつ波。脈。参考 大人では一分間に約六十～八十回うつ。

みゃくみゃくと【脈脈と】副詞 物事が、たえることなく力強く続くようす。例 建国の精神が今も脈々と生きている。参考 ふつう「脈々と」と書く。

みゃくらく【脈絡】名詞 物事のつながり。すじ道。例 前後の脈絡のない話。

みやげ【土産】名詞 ❶旅先などからもって帰る、その土地の産物。例 おんせん土産のまんじゅう。❷人の家をたずねるときに持って行くおくり物。手みやげ。

みやげばなし【土産話】名詞 旅行中のできごとについての話。

みやこ【都】名詞 ❶その国の政治の中心地。首都。❷人がたくさん住んでいる、にぎやかな、大きな町。都会。例 花の都パリ。

みやこおち【都落ち】名詞 する動詞 仕事の都合などで、東京などの都会から地方にうつること。参考 もとは、都からにげ出すこと。

みやざきけん【宮崎県】地名 九州地方南東部にあり、日向灘に面した県。県庁所在地は宮崎市。⇨916ページ・都道府県（図）。

みやざきし【宮崎市】地名 宮崎県の県庁所在地。⇨916ページ・都道府県（図）。

みやざわけんじ【宮沢賢治】人名（一八九六～一九三三）岩手県生まれの詩人・童話作家。農業の研究をしながら、科学者の冷静な目とゆたかな想像力を思いのままに使って、多くの作品を残した。詩「雨ニモマケズ」、童話『銀河鉄道の夜』などが有名。

みやすい【見やすい】形容詞 見るのに、ちょうどよい。例 舞台を見やすい席。活用 みやす・い。

みやだいく【宮大工】名詞 神社や寺などをたてたり、なおしたりすることをせんもんとしている大工。

みやづかえ【宮仕え】名詞 する動詞 ❶宮中につかえること。例 清少納言は宮仕えをしていた。❷役所や会社などにつとめること。

みやびやか【雅やか】形容動詞 上品で美しいようす。例 みやびやかな雅楽のしらべ。

みやぶる【見破る】動詞 かくしていることや、悪い計画を見ぬく。例 うそを見破られた。活用 みやぶ・る。

みやまいり【宮参り】名詞 する動詞 ❶神社へおまいりすること。❷うまれた子どもをつれて、はじめて氏神におまいりすること。

みやもとむさし【宮本武蔵】人名 江戸時代の剣の達人。巌流島で佐々木小次郎とたたかい、勝った。

ミャンマー 地名 ミャンマー連邦共和国。東南アジアのインドシナ半島西部にあり、ベンガル湾に面している。首都はネーピードー。参考 もとの国名はビルマ。▼英語 Myanmar

ミュージカル 名詞 音楽を中心に、おどりとせりふを組み合わせた劇。アメリカで発達した。▼英語 musical

ミュージック 名詞 音楽。▼英語 music

みょう【妙】名詞 形容動詞 ❶すぐれていること。口では言えないほど美しいこと。例 大自然の妙。❷ふつうとちがってへんなようす。例 妙な話だ。

みょうあん【妙案】名詞 すぐれた考え。すばらしい思いつき。ことば「妙案がうかぶ」

みょうぎ【妙技】名詞 すばらしいわざ。すぐれたうでまえ。例 鉄ぼうの妙技をひろうする。

みょうごにち【明後日】名詞 明日の次の日。あさって。よくよく日。

みょうごねん【明後年】名詞 来年の次の年。さらいねん。

みょうじ【名字】名詞 その家の名。姓。

みょうしゅ【妙手】名詞 ❶将棋・碁などで、とてもうまい一手。例 妙手で勝負を決める。❷すぐれたうでまえ。また、その持ち主。例 ピアノの妙手。類 ②名手。

みょうじょう【明星】名詞「金星」のこと。参考 あけがた、東の空に見えるのを「あけの明星」、夕がた、西の空に見えるのを「よいの明星」

という。

みょうちょう【明朝】名詞 あすの朝。

みょうに【妙に】副詞 どうしてかわからず、ふしぎに思うようす。へんに。例 妙にむなさわぎがする。

みょうにち【明日】名詞 あす。あした。よく日。

みょうねん【明年】名詞 今年の次の年。来年。よく年。

1**みょうばん**【明ばん】名詞 りゅう酸とアルミニウムの化合物。無色だが熱すると白いこなになる。染色・製紙などに使われる。

2**みょうばん**【明晩】名詞 あしたの夜。

みょうみ【妙味】名詞 すぐれたあじわい。おもしろみ。例 日本の庭園の妙味が、外国人にも理解されるようになった。

みようみまね【見様見まね】名詞 人のしているのを見てまねること。例 ぼんおどりの輪に入って、見様見まねでおどる。

みょうやく【妙薬】名詞 ふしぎなほどよくきく薬。例 かぜの妙薬。

みより【身寄り】名詞 親やきょうだいやしんるい。身うち。例 身寄りのない年より。

みらい【未来】名詞 現在に続いて、これから来る先の時。例 未来を予言する。／人類の未来。
類 将来。対 現在。過去。

みられる【見られる】動詞「見える」のやわらかい表現。また、客観性をもたせる言い方。例 魚を食べたと見られるネコ。

ミリ 名詞 助数詞「ミリメートル」の略。▼フランス語

ミリグラム 名詞 助数詞 重さを表す単位。一グラムの千分の一。記号は「mg」。▼英語（フランス語から）milligram

ミリバール 名詞 助数詞 ⬇1176ページ・ヘクトパスカル。▼英語 millibar

ミリメートル 名詞 助数詞 長さを表す単位。一メートルの千分の一。ミリ。記号は「mm」。▼英語（フランス語から）millimeter

みりょう【魅了】名詞 する動詞 心をひきつけ、夢中にさせてしまうこと。例 観客を魅了する。

みりょく【魅力】名詞 人の心を引きつける力。例 魅力を感じる。

みりょくがある【魅力がある】連語 人の心を引きつける。例 ふしぎな魅力がある人。

みりょくてき【魅力的】形容動詞 人の心を引きつける力のあるようす。例 魅力的な人物。

ミリリットル 名詞 助数詞 体積を表す単位。一リットルの千分の一。記号は「mℓ」。▼英語（フランス語から）milliliter

みりん【味りん】名詞 あまみの強い酒。「とそ」にして飲んだり、料理の味をととのえたりするのに使う。

1**みる**【見る】動詞 ❶目の働きで、物の形・内容などを知る。例 テレビを見る。／よく見てほしい。❷物事をとらえ判断する。例 味を見る。／人を見る目。❸世話をする。例 子どものめんどうを見る。❹経験する。例 いたい目を見る。❺《「…してみる」の形で》ためしに…する。例 やってみる。／食べてみる。参考 ❺はふつう、ひらがなで書く。⇩使い分け。

2**みる**【診る】動詞 しんさつする。⇩使い分け。

みるかげもない【見る影もない】慣用句 前とすっかりかわって、見るのも気の毒なほどみすぼらしく、あわれである。例 古くなって、今は見る影もない。

みるからに【見るからに】副詞 ちょっと見ただけでも。例 見るからに元気そうな、血色のよい顔をしていた。

ミルク 名詞 ❶牛乳。❷牛乳をにつめて、手を加えたもの。れんにゅう・こなミルクなど。▼英語 milk

みるときくとはおおちがい【見ると聞くとは大違い】ことわざ 聞いた話とじっさいに見たものとでは大きなちがいがあること。参考 見てがっかりしたようなときに使うこと

使い分け みる

●ながめる。
テレビを見る。

●診察する。
かんじゃを診る。

が多い。

みるともなく【見るともなく】連語 見ようと思ってではなく、ぼんやりと見ているようす。例二階から見るともなく通りをながめていると、兄が歩いていた。

みるにしのびない【見るに忍びない】慣用句 かわいそうで、見ていられない。見るにたえない。例戦争のぎせい者の様子は、見るに忍びない。

みるにたえない【見るに堪えない】慣用句 ❶見るねうちがない。例できの悪いアニメで見るに堪えない。❷⬇みるにしのびない。

みるにみかねて【見るに見兼ねて】慣用句 だまって見ていることができなくて。例ひどいいたずらをしていたので、見るに見兼ねて注意した。

みるまに【見る間に】連語 ちょっと見ている間に。例ほのおは見る間に大きくなった。

みるみる【見る見る】副詞 見ているうちに、どんどん。例入道雲は見る見る広がっていった。

ミレニアム 名詞 千年間。千年紀。参考 二〇〇一年は、二十一世紀から三十世紀までの千年間の始まりの年にあたる。▼英語 millennium

みればみるほど【見れば見る程】連語 よく見ると、さらに。例見れば見る程すばらしい絵だ。

みれん【未練】名詞 形容動詞 あきらめきれずに、心が残ること。例弟にあげたゲームに未練がある。ことば「未練を残す」

みわけ【見分け】名詞 見て区別すること。例暗くて、だれがだれだか見分けがつかない。

みわける【見分ける】動詞 見て区別する。例本物とにせ物を見分ける。活用 みわ・ける。

みわたす【見渡す】動詞 遠くまで広く見る。例あたりを見渡す。活用 みわた・す。

みわたすかぎり【見渡す限り】連語 遠くまで広くながめられるはんい。目に見えるはんい。例見渡す限り、だれもいない。

みをあやまる【身を誤る】慣用句 生き方をまちがえる。例身を誤って悪事を重ねる。

みをいれる【身を入れる】慣用句 心をこめて、一生けんめいにする。例先生の話を身を入れて聞く。

みをかためる【身を固める】慣用句 ❶身じたくをする。例よろいかぶとに身を固める。❷決まった職につく。❸けっこんする。

みをきられるよう【身を切られるよう】慣用句 ❶とても寒いようす。例身を切られるような寒さ。❷とてもつらいようす。例故郷をはなれるのは身を切られるようにつらい。

みをけずる【身を削る】慣用句 体がやせ細るような苦労や心配をする。例祖父は身を削るような努力をして大学を卒業したそうだ。

みをこにする【身を粉にする】慣用句 苦労をいやがらず、一生けんめいに働くようす。例身を粉にして働く。注意「みをこなにする」と読まないこと。

みをすてる【身を捨てる】慣用句 自分をぎせいにする。自分の命や利益などをすてる。例身を捨てて、平和のためにつくす。

みをたてる【身を立てる】慣用句 ❶ある仕事について、それによって生活する。例医者として身を立てる。❷世の中でりっぱな地位につく。出世する。

みをむすぶ【実を結ぶ】慣用句 ❶植物の実がなる。❷［努力したことが］よい結果となって表れる。例長い間の苦労が実を結んだ。

みをもちくずす【身を持ち崩す】慣用句 行いが悪くて、生活がだらしなくなる。例かけごとで身を持ち崩す。

みをもって【身をもって】慣用句 自分の体で。みずから。例身をもって経験する。

みをよせる【身を寄せる】慣用句 よその家に住んで、世話になる。例いちじ、親せきの家に身を寄せる。

みんえい【民営】名詞 おおやけでなく、いっぱんの人や団体が事業としていとなんでいること。類私営。対国営。

みんか【民家】名詞 ふつうの人が住んでいる家。

みんかん【民間】名詞 政府や役所などに関係のない、いっぱんの社会。例民間の意見を政治にとり入れる。

みんかんほうそう【民間放送】名詞 放送番組に広告を入れて、その広告主からお金をもらってなりたっている民間の会社の放送。商業放送。民放。

ミンク 名詞 イタチ科の動物。毛は茶かっ色で長い。▼英語 mink

みんぐ【民具】 名詞 人々が生活や仕事などのためにつくり出して、長い間使ってきた道具。

みんげい【民芸】 名詞 芸術家のつくったものではなく、一般の人々の間で発達し、伝えられてきた工芸・芸能など。

みんげいひん【民芸品】 名詞 いっぱんの人々の生活の中で伝えられてきた、その土地の工芸品。

みんけん【民権】 名詞 国民が、国の政治に参加する権利。

みんじ【民事】 名詞 人の財産や商売の権利・義務にかかわることがら。例 民事事件。／民事そしょう。対 刑事。

みんしゅ【民主】 名詞 国をおさめる権利が国民にあること。例 民主国家。／民主社会。

みんしゅう【民衆】 名詞 世の中の、ふつうの人々。いっぱんの人たち。類 大衆。庶民。

みんしゅく【民宿】 名詞 観光地などで、旅館やホテルよりもきぼの小さい、客を宿泊させるためのしせつ。

みんしゅしゅぎ【民主主義】 名詞 国民が中心になって、自分たちのしあわせや利益を考え、国をおさめていこうとする考え方。デモクラシー。

みんしゅせいじ【民主政治】 名詞 民主主義による政治。主権が国民にある政治。

みんしゅてき【民主的】 形容動詞 民主主義の考え方に合っているようす。一人一人の考えを大事にするようす。例 学級の係を、みんなの意見を尊重して民主的に決めた。

みんせいいいん【民生委員】 名詞 それぞれの地域で、住民の生活がよくなるようにつくす役目をあたえられた人。

1 **みんぞく【民俗】** 名詞 ふつうの人々の、生活のいろいろな面でのならわし。また、古くから伝わるならわし。

2 **みんぞく【民族】** 名詞 同じ土地からおこり、同じ言葉を使い、同じようなくらしかたをしている人々の集まり。例 ゲルマン民族。

みんちょうたい【明朝体】 名詞 文字の書体の一つ。たて線が太く、よこ線が細い。中国の明の時代にできたもので、広く使われている。⇩626ページ・書体②（図）。

ミント 名詞 ⬇1045ページ・はっか（薄荷）。▼英語 mint

みんな 名詞 「皆」のくだけた言い方。例 みんなで行こうね。

みんぽう【民放】 名詞 「民間放送」の略。

みんよう【民謡】 名詞 その地方の人々のくらしの中から生まれ、親しまれて、古くからうたいつがれてきた歌。

みんわ【民話】 名詞 その地方の人々のくらしの中から自然に生まれ、古くからかたり伝えられてきた話。昔話や伝説など。

む
ム
MU
mu

むいか【六日】 名詞 ❶日数が六つあること。例 運動会までは、まだ六日ある。❷ある月の六番目の日。例 八月六日。

むいかのあやめ【六日のあやめ】 ことわざ 〔アヤメは、五月五日の端午の節句の花で、六日では役に立たないところから〕時期におくれて役に立たないことのたとえ。例 しめきりに間に合わないなら六日のあやめも同然だ。参考 ⇩897ページ・十日のきく。

むいしき【無意識】 名詞 形容動詞 ❶自分で自分のしていることに気づかないこと。知らず知らず。例 ぼくは無意識のうちにつめをかむことがある。❷気を失った状態。

むいそん【無医村】 名詞 定住している医者のいない村。

むいちもつ【無一物】 名詞 金や品物を何も持っていないこと。例 まったくの無一物だ。参考 「むいちぶつ」とも読む。

むいちもん【無一文】 名詞 お金がまったくないこと。一文無し。例 無一文になってしまった。

むいみ【無意味】 名詞 形容動詞 役に立たないこと。つまらないこと。例 無意味な質問。

ムード 名詞 （そのときの）気分。ふんいき。例 落ち着いたムードの店。▼英語 mood

むえき【無益】 名詞 形容動詞 ためにならないこと。むだなこと。例 無益な争い。対 有益。

むえん【無縁】 名詞 形容動詞 えんがないこと。つながりがないこと。例 お金や名声にはまったく無縁の人生をおくる。

むが【無我】 名詞 ❶楽しんだり、ほしがったり

する気持ちがないこと。無心。例無我の境地に入る。❷あることに気持ちが集中して、われをわすれること。ことば ⇩「無我夢中」

むかい【向かい】名詞 むき合っていること。正面。例向かいの家が火事になった。

むがい【無害】名詞 形容動詞 害がないこと。対有害。

むかいあう【向かい合う】動詞 おたがいに正面をむいて相対する。むき合う。例向かい合ってすわる。活用 むかいあ・う。

むかいあわせ【向かい合わせ】名詞 たがいにむき合っていること。例向かい合わせにすわる。対背中合わせ。

むかいかぜ【向かい風】名詞 進む方向からふいてくる風。例向かい風の中を走る。対追い風。⇩図。

向かい風

むかう【向かう】動詞 ❶顔をその方へ向ける。例鏡に向かう。❷〔ある方向を〕目ざして進む。例タクシーで家に向かっている。❸ある状態に近づく。例病状は、快方に向かってきた。❹相手にする。例姉に向かって文句を言う。❺さからう。例たった一人で敵に向かって行った。活用 むか・う。

むかえいれる【迎え入れる】動詞 ❶くる人を出むかえて、中に入れる。例客をわが家に迎え入れる。❷よびよせて、受け入れる。例役員として迎え入れる。活用 むかえい・れる。

むかえうつ【迎え撃つ】動詞 せめてくる敵をまちうけてうつ。活用 むかえう・つ。

むかえる【迎える】動詞 ❶やって来るのを待つ。例空港で祖父母を迎える。対送る。❷まねく。例友だちを迎えて、パーティーを開く。❸〔家族や仲間として〕受け入れる。例新メンバーを迎える。❹その時期になる。例冬を迎える。活用 むか・える。

むがく【無学】名詞 形容動詞 学問や知識のないこと。

むかし【昔】名詞 ❶ずっと以前。何年も前の時代。例ここは、昔、海岸だった。対今。❷すぎさった十年を単位とした年月の表し方。例一昔前のできごと。

むかしかたぎ【昔かたぎ】名詞 形容動詞 考え方やり方が昔風で、まじめでがんこなこと。また、その性質。例祖父は、昔かたぎの人だ。

むかしとったきねづか【昔取ったきねづか】ことわざ 昔きたえて、自信のある技術やうで前。参考「きねづか」はうすに入れた穀物をつく「きね」の柄。

むかしながら【昔ながら】副詞 昔と変わらない。昔あったそのまま。例昔ながらのふるさとの町。

むかしなじみ【昔なじみ】名詞 ずっと前から親しくしていること。また、その人。例久しぶりに昔なじみと会った。類幼なじみ。

むかしばなし【昔話】名詞 ❶昔あったことを思い出して話すこと。例父は友人と昔話に花をさかせている。❷昔から言い伝えられてきた物語。

むかしふう【昔風】名詞 形容動詞 昔のままのやり方・形式であること。また、そのために新しさのないこと。例祖母の考えは昔風だ。類古風。

むかつく 動詞 ❶むねがむかむかする。はきけがする。例胃のあたりがむかつく。❷ふゆかいで、いかりを感じる。例むかつくようなおせじを言う。活用 むかつ・く。

むかで 名詞 あしのたくさんある、平たくて細長い動物。体は多くの節にわかれていて、節ごとに一対のあしがある。口から毒を出す。漢字 百足。

むかむか 副詞(-と) する動詞 ❶はき気をもよおすようす。例船よいで、むねがむかむかする。❷いかりがこみ上げるようす。例生意気な態度を見ていると、むかむかしてくる。

むがむちゅう【無我夢中】四字熟語 そのことだけに一生けんめいになり、ほかのことをわすれること。例無我夢中でにげた。注意「無我・無中」と書かないこと。

むかんけい【無関係】名詞 形容動詞 なんのつながりもないこと。なんのかかわりもないこと。例事件とは無関係な人。

むかんしん【無関心】名詞 形容動詞 きょうみをもたないこと。気にかけないこと。例このごろ、政治に無関心な人が多くなった。

あいうえお かきくけこ さしすせそ たちつてと なにぬねの はひふへほ まみむめも む やゆよ らりるれろ わをん

ことばクイズ㊳ □の中に入る同じことばは何でしょう？

むき[1]【向き】名詞 ❶向かっている方面。例南向きの家。❷ふさわしいこと。例子ども向きの本。❸ある性質をもっていること。また、その人。例真実かどうか疑う向きもある。

むき[2]【無期】名詞 いつからいつまでという期間が決まっていないこと。例無期延期。

むき[3]【無機】名詞 ❶［動植物などとはことなり］生命がなく、生きる働きをもっていないもの。例無機質。❷「無機物」の略。対①②有機。

むぎ【麦】名詞 オオムギ・コムギなどの、イネ科の穀物のこと。例麦をかる。

むきあう【向き合う】動詞 おたがいに体の正面を見せている。むかい合う。例ラケットをかまえて向き合った。活用 むきあ・う。

むきげん【無期限】名詞 いつからいつまでと期限を決めないこと。例無期限のストライキ。

むぎこがし【麦焦がし】名詞 オオムギをいって、粉にしたもの。さとうをまぜて食べる。和菓子の材料にする。

むきしつ【無機質】名詞 ⇒1259ページ・ミネラル。

むきず【無傷】名詞 形容動詞 ❶きずのないこと。例自転車で転んだが、無傷だった。❷一度も負けたり、失敗したりしたことがないこと。例無傷で決勝戦にのぞむ。

むきだし【むき出し】名詞 形容動詞 ❶おおうものがなく、全部見えていること。丸出し。例おなかをむき出しにしてねむっている。❷かざらないで、ありのままに表すこと。例闘志をむき出しにしてたたかう。

むぎちゃ【麦茶】名詞 オオムギを、からがついたまま、いってこがしたもの。また、それをせんじた飲み物。

むきどう【無軌道】一 名詞 軌道がないこと。二 名詞 形容動詞 することがでたらめなこと。また、でたらめな行動。例無軌道な生活。

むきなおる【向き直る】動詞 体を動かして、別の方向へ向きをかえる。例よばれた方に向き直る。活用 むきなお・る。

むきになる 慣用句 ちょっとしたことでもいいかげんに考えず本気になる。例かれをからかったら、むきになっておこった。

むぎばたけ【麦畑】名詞 麦をうえてある畑。

むきぶつ【無機物】名詞 ❶生きていく働きをもたない物質。水・空気・鉱物、およびこれらを原料とした物質。❷たんそをふくまないすべての化合物、および一部のたんそ化合物をまとめたよび名。無機化合物。対①②有機物。

むぎふみ【麦踏み】名詞 春のはじめごろ、麦の芽を足でふむこと。霜柱をふせぎ、麦の根がしっかり土につくようにするためにおこなう。

むきみ【むき身】名詞 貝類の貝がらをとりのぞいた中の肉。例アサリのむき身。

むきむき【向き向き】名詞 人それぞれの、好みや向いていることがちがっていること。例人には向き向きがある。参考「向き不向き」ともいう。

むきめい【無記名】名詞 自分の名前を書かないこと。例無記名のアンケート。

むぎめし【麦飯】名詞 米に麦をまぜてたいたごはん。また、麦だけでたいたごはん。

むきゅう【無休】名詞 仕事などを一日も休まないで、続けてすること。例年中無休で営業している店。

むきりょく【無気力】名詞 形容動詞 なにかをしようとする意気ごみのないこと。例無気力な青年。

むぎわら【麦わら】名詞 麦の実をとったあとの、くき。

むぎわらぼうし【麦わら帽子】名詞 麦わらをあんでつくった帽子。夏、日よけ用にかぶる。

むく[1]【無く】名詞 形容動詞 ❶心身がけがれていないこと。じゅんしんなこと。例少女のむくな心。❷まじりものがないこと。例金むくの仏像。❸そめていないこと。また、無地であること。無地のもの。例白むくの花よめ衣装。漢字 無垢。

むく[2] 動詞 ❶おおいかぶさっているものを、はがして、とる。例クリの皮をむく。❷歯や目だまを相手によく見えるようにする。ことば「歯をむく」「きばをむく」 活用 む・く。

むく[3]【向く】動詞 ❶顔や体をその方に回す。例先生が黒板の方を向く。❷似合う。例自分に向いた仕事。❸だんだん、そのようになる。例場のふんい気が、よい方に向いた。❹その方向に面している。例東に向いた部屋。活用 む・く。

むくい【報い】名詞 自分のしたことの結果として身に受けるもの。おかえし。例よいことをすれば、よい報いがある。類 たたり。

むくいる【報いる】動詞 受けたことに対して、それにふさわしいだけのおかえしをする。例友

だちの信頼に報いる。活用 むく・いる。

むくち【無口】名詞 形容動詞 あまり人としゃべらないこと。また、そのような人。例 無口な人。類 寡黙。

むくどり【むく鳥】名詞 ムクドリ科の鳥。くちばしと足はだいだい色。人家の近くに集まってすむ。漢字 椋鳥。

むくむ 動詞 病気などのため、顔や手足などがはれてふくらむ。例 立ちっぱなしで働いていたら、足がむくんだ。活用 むく・む。

むくむく 一 副詞（−と）大きなかたまりが重なり合うようにして、次から次へとわき上がるようす。例 入道雲がむくむくわいてくる。二 副詞（−と）する動詞 肉づきがよいようす。太っているようす。例 むくむくした子犬。

むくれる 動詞 おこって、ふきげんな顔つきや態度をする。例 注意されて、むくれている。活用 むく・れる。

むけい【無形】名詞 はっきりと形となって表れないこと。また、形のないもの。例 知識は、無形の財産だ。対 有形。

むけいかく【無計画】名詞 形容動詞 きちんとした計画をたてずに、物事をおこなうようす。例 無計画に開発をすすめる。対 計画的。

むけいぶんかざい【無形文化財】名詞 演劇や音楽などの芸術、織物やそめ物などの技術のうち、後の世まで残すねうちのあるもの。国や県などがさだめて保護している。

むげに【無下に】副詞 考えなしに。すげなく。むやみに。例 友だちのたのみだから無下にことわるわけにはいかない。

むける[1]【向ける】動詞 ❶（目ざす方向に）向くようにする。例 顔を上に向ける。❷行かせる。例 使者を向ける。❸わりあてる。例 お年玉の半分を本代に向ける。活用 む・ける。

むける[2] 動詞 表面をおおっていた皮などが、はがれる。例 海辺で日焼けしていたら、背中の皮がむけた。活用 む・ける。

むげん【無限】名詞 形容動詞 終わりのないこと。かぎりのないこと。例 無限に広がる大空。対 有限。

むげんだい【無限大】名詞 形容動詞 かぎりなく大きいこと。例 わたしたちの可能性は無限大に広がっている。

むこ【婿】名詞 ❶むすめの夫。例 婿になる。❷結婚する相手の男の人。例 となりのお姉さんのお婿さんが決まった。対 ①②嫁。

むごい 形容詞 ❶目をそむけたくなるほどひどくて、見ていられないようす。例 むごい事故現場。❷思いやりの心がない。例 二人を引きはなすなんて、むごいしうちだ。活用 むご・い。

むこう[1]【向こう】名詞 ❶向かい合っている方。例 大きな音におどろいて、向こうの家からも人が出てきた。❷自分からはなれている方。例 一台の車が向こうから走ってくる。❸相手。例 けんかは向こうからしかけてきた。❹今から。今後。例 向こう一週間は、晴れの予報だ。

むこう[2]【無効】名詞 形容動詞 役に立たないこと。ききめのないこと。効力がないこと。例 選挙いはんで当選が無効になった。対 有効。

むこういき【向こう意気】名詞 相手に負けないようにしようとする気持ち。例 向こう意気がつよい。参考「向こう気」「向こうっ気」ともいう。

むこうがわ【向こう側】名詞 ❶反対のがわ。間に物をおいて、その先の方。例 道路の向こう側。❷相手。相手の人たちの方。例 向こう側の意見もよく聞きましょう。

むこうぎし【向こう岸】名詞 川の、自分のいる岸とは反対側の岸。対岸。例 ボートを向こう岸に着ける。

むこうずね【向こうずね】名詞 すねの前のところ。例 ころんで向こうずねをうった。

むこうにまわす【向こうに回す】慣用句 相手として争う。例 強敵を向こうに回して、大あばれする。

むこうはちまき【向こう鉢巻き】名詞 結び目がひたいの上にくるように結んだはち巻き。⇨図。

向こう鉢巻き

むこうみず【向こう見ず】名詞 形容動詞 後のことを考えず、むちゃなことをすること。例 向こう見ずな気持ちになる。

むこうもち【向こう持ち】名詞（費用などを）相手が引き受けて、はらってくれること。例

食事代は向こう持ちです。

むこうをはる【向こうを張る】慣用句 相手に対して、負けないように競争する。例 中学生チームの向こうを張って、小学生チームが健闘した。類 張り合う。

むごたらしい 形容詞 いかにも、むごいようすである。例 むごたらしい光景。活用 むごたらし・い。

むごん【無言】名詞 なにも言わないこと。例 無言で立ち去る。

むごんげき【無言劇】名詞 ⬇1076ページ・パントマイム。

むざい【無罪】名詞 さいばんで、罪がないとされること。例 無罪の判決がくだった。対 有罪。

むさくるしい【むさ苦しい】形容詞 きちんとしていなくて、きたならしい。例 むさ苦しい身なり。活用 むさくるし・い。

むささび 名詞 リス科の動物。尾が長く、前足と後ろ足の間のまくを広げて木の上から飛ぶ。

むさし【武蔵】地名 昔の国の名。今の東京都と埼玉県と神奈川県の一部に当たる。

むさべつ【無差別】名詞 形容動詞 区別をしないこと。また、区別がないこと。平等。例 兵隊といっぱん市民を無差別にこうげきする。

むさぼる【貪る】動詞 これでよいということのないほど、ほしがる。いくらでも、ほしがる。例 パンを貪る。活用 むさぼ・る。

むざむざ 副詞(-と) ❶おしげもなく。あっさりと。例 苦労して手に入れた品物を、むざむざわたすわけにはいかない。❷かんたんに。例 敵のわなにむざむざはまる。参考 ①②とも、特に対策をしないまま悪い結果をまねく場合に用いる。

むざん【無残・無惨】名詞 形容動詞 見ていられないほど、かわいそうであること。例 あまりにも無残な末路。

むし[1]【虫】名詞 ❶〔人間・けもの・鳥・魚以外の〕小さな動物をまとめていう、よび名。特に、こん虫。例 秋の虫。ことば ⇩「虫の音」❷ハエ・カなど、人間に害をあたえるこん虫。例 虫にさされる。❸寄生虫。例 薬をのんで虫をくだした。❹一つのことに夢中になる人。例 読書の虫。❺人の気持ちを動かすと考えられているもの。例 くやしくて、はらの虫がおさまらない。

むし[2]【無私】名詞 形容動詞 自分の都合や利益など考えないこと。ことば ⇩「公平無私」

むし[3]【無視】名詞 する動詞 ❶あってもないようにあつかうこと。例 信号を無視して横断する。類 黙殺。❷ばかにして相手にしないこと。例 下級生の注意を無視する。❸ぜんぜん気にしないこと。例 勝敗を無視してたたかう。

むじ【無地】名詞 全体が一色で、もようのないこと。また、そのようなぬの。例 無地の着物。

むしあつい【蒸し暑い】形容詞 しめり気が多くて風がなく、暑い。例 今夜は、蒸し暑い。活用 むしあつ・い。

むしがいい【虫がいい】慣用句 自分に都合のよいようにばかり考える。自分勝手で、ずうずうしい。参考「虫のいい」ともいう。

むしかえす【蒸し返す】動詞 ❶一度むしたものをもう一度むしなおす。❷一度決まったりおさまったりした問題をまたとりあげる。例 もう決まったことだから、蒸し返すのはよそう。活用 むしかえ・す。

むしかご【虫籠】名詞 虫を入れてかっておくためのかご。

むしがしらせる【虫が知らせる】慣用句 よくないことを前もってなんとなく感じる。予感がする。例 虫が知らせたのか、兄がけがをしたという知らせがきていた。

むしがすかない【虫が好かない】慣用句 はっきりした理由はないが、何となく気に入らない。例 初めて会ったときから、なぜかあの人だけは虫が好かなかった。

むしがつく【虫が付く】慣用句 ❶衣類・紙・穀物などに害虫がつく。❷未婚の女性によくない恋人ができる。

むしきき【虫聞き】名詞 秋の夜、屋外で虫の鳴き声を楽しむこと。

むしくい【虫食い】名詞 〔くだもの・木・着物などを〕虫が食べること。また、虫が食べたあと。

むしくだし【虫下し】名詞 体の中にいる、寄生虫を外へ出すための薬。

むしけら【虫けら】名詞 虫をばかにしていう言葉。参考 人を何の役にも立たないかちのないやつだとばかにしていうときにも使う。例 虫けらのようにあつかわれた。

むししぐれ【虫時雨】名詞 〔ふったりやんだりする雨の音のように〕多くの虫がいっせいに鳴くこと。

むしずがはしる【虫ずが走る】慣用句 ❶

胸がむかむかして、すっぱい液体が口に出てくる。❷いやでたまらない気持ちになる。例 そんなうわさを聞くと、虫ずが走る。参考「虫ず」は胃から出る、すっぱい液。

むじつ【無実】名詞 ❶内容がないこと。ことば ⇩「有名無実」❷罪がないこと。例 無実をうったえる。

むじつのつみ【無実の罪】名詞 悪いことをしないのに、罪があるとされること。また、その罪。ぬれぎぬ。

むしとり【虫取り・虫捕り】名詞 虫をつかまえること。

むしのいき【虫の息】名詞 今にも息がとまって死にそうなこと。また、今にもとまりそうな息。

むしのいどころがわるい【虫の居所が悪い】慣用句 きげんが悪くておこりっぽい。

むしのしらせ【虫の知らせ】名詞 よくないことがおこりそうだと感じること。悪い予感。

むしのね【虫の音】名詞 虫の鳴き声。

むしば【虫歯】名詞 細菌がつくった酸によって、一部分がとけた歯。

むしばむ 動詞 ❶虫が食いあらす。例 シロアリが柱をむしばむ。❷〔心や体を〕少しずつ悪くしていく。例 病原菌が体をむしばむ。活用 むしば・む。

むじひ【無慈悲】名詞 形容動詞 思いやりやあわれみの心がないこと。例 無慈悲な言葉。

むしピン【虫ピン】名詞 虫を標本にするとき、虫をさしてとめるためのはり。

むしぶろ【蒸し風呂】名詞 しめきったところにゆげをたたせ、体をあたためるふろ。

むしぼし【虫干し】名詞 する動詞 夏の一番暑いころ、着物や本などを日にほしたり風にあてたりすること。かびや虫の害をふせぐためにする。類 土用干し。⇩図。

虫干し

むしむし【蒸し蒸し】副詞(-と) する動詞 むし暑いようす。例 この部屋は蒸し蒸しする。

むしめがね【虫眼鏡】名詞 とつレンズを使った、小さな物を大きくして見る道具。

むしもころさない【虫も殺さない】慣用句 〔虫さえも殺せないほど〕おとなしそうに見えるようす。例 虫も殺さないような顔をして、ひどいことをしていた。

むしゃ【武者】名詞 さむらい。武士。例 若武者。

むしやき【蒸し焼き】名詞 なべや茶わんなどに食べ物の材料を入れ、ぴったりふたをして焼くこと。また、そのようにして焼いた食べ物。

むじゃき【無邪気】名詞 形容動詞 悪い心がなく、すなおなこと。また、おさなくて、かわいらしいこと。例 無邪気な質問。

むしゃくしゃ 副詞(-と) する動詞 いらいらして、気分が晴れないようす。例 言い負かされて、むしゃくしゃする。

むしゃしゅぎょう【武者修行】名詞 ほかの土地へ行って修行したり技をみがいたりすること。

むしゃぶりつく 動詞 せいいっぱいの力をこめてしがみつく。例 赤ちゃんは、お母さんのちぶさにむしゃぶりついた。活用 むしゃぶりつ・く。

むしゃぶるい【武者震い】名詞 する動詞 〔物事をしようとするとき〕きんちょうのため、思わず体がふるえること。

むしゃむしゃ 副詞(-と) 〔口を大きくあけ、音を立てて〕いきおいよく食べ続けるようす。例 おにぎりをむしゃむしゃと食べる。

むしゅう【無臭】名詞 においのないこと。くさくないこと。例 無臭の液体。

むじゅうりょく【無重力】名詞 〔宇宙船の中などで〕地球が物をひきよせる力がなくなり、重さを感じなくなること。例 無重力状態。

むじゅん【矛盾】故事成語 前に話したことと後で話したことがちがっていて、合わないこと。例 あの人の話は、矛盾だらけだ。語源 昔の中国で、矛(=せめる武器)と盾(=守る武器)を売っている人があり、その人が「この矛はどんな盾でもつきやぶることができるし、この盾はどんな矛でもふせぐことができる。」とじまんした。そこで、ある人が、「その矛でその盾をついたらどうなるか。」とたずねたら、答えられなかったという話から。

ことばあそび ことばクイズ㊴ □の中に入る同じことばは何でしょう?

むしょう【無償】名詞 ❶相手のためにしたことに対して、むくいをもとめないこと。例こまっている人を無償で助ける。❷物をあたえてお金をとらないこと。ただ。無料。例教科書を無償でくばる。

[1]**むじょう**【無上】名詞 これ以上のものがないこと。ことば「無上のよろこび」

[2]**むじょう**【無常】名詞 形容動詞 ❶仏教で、すべてのものはつねにうつりかわってとどまることがないということ。ことば「無常観」❷人の世は、かわりやすくはかないものであること。ことば「人生の無常を感じる」

[3]**むじょう**【無情】名詞 形容動詞 思いやりがないこと。例無情な知らせに、うちのめされた。

むじょうけん【無条件】名詞 なんの条件もつけないこと。もんくなし。例きみの意見に無条件で賛成する。

むしょうに【無性に】副詞 むやみに。やたらに。例無性にはらがたってくる。

[1]**むしょく**【無色】名詞 色がついていないこと。

[2]**むしょく**【無職】名詞 決まった仕事やつとめのないこと。

むしょぞく【無所属】名詞 どの会や団体にも入っていないこと。特に、どの政党にも入っていないこと。また、その人。

むしる 動詞 ❶つかんで引きぬく。例畑の草をむしる。❷ついているものを、つまんで、はなす。例魚の身をむしる。活用 むし・る。

[1]**むしろ** 名詞 わら・イグサ・ガマなどであんだしきもの。特に、わらであんだしきもの。⇩図。

[2]**むしろ** 副詞 どちらかといえば。それよりもかえって。例おくれるくらいなら、むしろこない方がよい。

[1]むしろ

むしん【無心】■一 名詞 形容動詞 心に、よけいな考えや悪い考えがないこと。また、むじゃきなこと。例無心に遊ぶ子ども。■二 名詞 する動詞 お金や品物をねだること。せびること。例おじさんにこづかいを無心する。

むじん【無人】名詞 人がいないこと。人が住んでいないこと。例あれはてた無人の家。

むしんけい【無神経】名詞 形容動詞 感じ方がにぶいこと。ほかの人の気持ちがわからないこと。例無神経な発言。類 鈍感。

むじんぞう【無尽蔵】名詞 形容動詞 いくらとってもなくならないほど、たくさんあること。例地球の資源は、無尽蔵ではない。

むじんとう【無人島】名詞 人の住んでいない島。

むす【蒸す】動詞 ❶湯気で熱を加える。例シューマイを蒸す。❷むし暑く感じる。例今日は蒸しますね。活用 む・す。

むすう【無数】名詞 形容動詞 数えきれないほどたくさんあること。例無数の星がかがやく。対 有数。

むずかしい【難しい】形容詞 ❶わかりにくい。よくわからない。例難しいクイズ。❷かんたんにはできない。例事件をすぐに解決することは難しい。対 易しい。❸きげんが悪い。例父は、難しい顔で弟をよびつけた。❹不満や苦情が多い。例食べ物に難しい人だ。❺病気の様子が悪い。例難しい病気。参考「むつかしい」ともいう。活用 むずかし・い。

むずがゆい 形容詞 むずむずするような感じでかゆい。活用 むずがゆ・い。

むずかる 動詞 子どもがきげんを悪くして泣く。だだをこねる。むつかる。例むずかる子どもをだきしめる。活用 むずか・る。

むすこ【息子】名詞〔親から見て〕自分の子どものうち、男の方。せがれ。例おさない息子がいる。対 娘。

むずと 副詞 ⬇1278ページ・むんずと。

むすび【結び】名詞 ❶結ぶこと。また、結んだところ。例本結び。❷物事の終わり。しめくくり。ことば「結びの一番」「結びのあいさつ」❸にぎりめし。おむすび。

むすびつく【結び付く】動詞 ❶結ばれて一つになる。❷みっせつに関係する。つながる。例ホームランが勝利に結び付いた。活用 むすびつ・く。

むすびつける【結び付ける】動詞 ❶動かないように結んでつなぐ。ゆわえつける。❷関係づける。例火山のふん火と地しんを結び付けて考える。活用 むすびつ・ける。

むすびめ【結び目】名詞 糸やひもなどを結び合わせたところ。例リボンの結び目。／おびの

結び目。

むすぶ【結ぶ】動詞 ❶糸やひもなどをからませて、つなぎ合わせる。例ネクタイを結ぶ。対解く。❷はなれている二つのところを直接つなぐようにする。例本州と北海道を海底トンネルで結ぶ。❸約束などを決める。例条約を結ぶ。❹まとまりをつける。例話を結ぶ。❺かたくとじる。例口を結ぶ。❻生じさせる。できる。例ブドウが実を結ぶ。活用 むす・ぶ。

むずむず 副詞(〜と) する動詞 ❶〔虫がはうような〕かゆい感じがするようす。例せなかがむずむずする。❷〔思いどおりにならないので〕じっとしていられないようす。また、自分がやってみたくて落ち着かないようす。例歌いたくてむずむずしてきた。類❷うずうず。

むすめ【娘】名詞 ❶〔親から見て〕自分の子どものうち、女の方。例娘をつれて出かける。対息子。❷わかい女性。特に、結婚していない女性。例あの娘は何か知っているようだ。

むせい【無声】名詞 声や音が出ないこと。例無声映画。

むぜい【無税】名詞 税金のかからないこと。

むせいげん【無制限】名詞 形容動詞 数や量などにかぎりがないこと。また、数や量などをかぎらないこと。例時間無制限のプロレスの試合。

むせかえる【むせ返る】動詞 ❶ひどくむせる。例けむりにむせ返る。❷〔息をつまらせて〕はげしく泣く。例なみだにむせ返る。活用 むせかえ・る。

むせきにん【無責任】名詞 形容動詞 しなければならないつとめや役わりをはたさないこと。責任を感じないこと。例とちゅうでやめるなんて、無責任だ。

むせびなく【むせび泣く】動詞 息をつまらせて、はげしく泣く。例親友のむねに顔をうずめてむせび泣いた。活用 むせびな・く。

むせぶ 動詞 ❶むせる。例ほこりにむせぶ。❷息をつまらせて、はげしく泣く。ことば「感涙にむせぶ」活用 むせ・ぶ。

むせる 動詞 息がつまるように感じる。息がつまってせきが出る。むせぶ。例たき火のけむりにむせる。活用 む・せる。

むせん【無線】名詞 ❶放送や通信で、電線を使わないこと。また、電線をひかないこと。対有線。❷「無線電信」の略。❸「無線電話」の略。

むせんでんしん【無線電信】名詞 〔電線を使わずに〕電波を使って、モールス符号でおこなう通信。無線。

むせんでんわ【無線電話】名詞 〔電線を使わずに〕電波を使って、話をする電話。無線。

むそう【夢想】名詞 する動詞 〔頭の中だけで〕実現しそうもない、ゆめのようなことを思うこと。例世界一周を夢想する。

むぞうさ【無造作】名詞 形容動詞 深く考えたり、注意をはらったりしないこと。たやすく気軽に物事をすること。例たくさんのお金を、無造作にポケットにねじこむ。

むだ【無駄】名詞 形容動詞 役に立たないこと。ききめがないこと。例無駄をはぶく。／時間を無駄にする。

むだあし【無駄足】名詞 わざわざ出かけていったかいのないこと。ことば「無駄足をふむ」

むだぐち【無駄口】名詞 役に立たない、おしゃべり。むだな、おしゃべり。ことば「無駄口をたたく（＝無駄口を言う）」

むだづかい【無駄遣い】名詞 する動詞 お金や物を役に立たないことに使うこと。注意「無駄使い」と書かないこと。

むだばな【無駄花】名詞 花がさいても実を結ばない花。特に、キュウリ・スイカ・カボチャなどの雄花。あだ花。

むだばなし【無駄話】名詞 役に立たないおしゃべり。例授業中は、無駄話をしないこと。

むだぼね【無駄骨】名詞 一生けんめいやっても、よい結果が出ないこと。ことば「無駄骨を折る（＝無駄骨である）」

むだん【無断】名詞 ある物事をするとき、ことわらないこと。ゆるしを受けないこと。例無断でけっせきする。類無届け。

むち[1] 名詞 竹やかわでできている、細長いぼう。牛馬を打って進ませたり、罪人を打ったり、物を指ししめしたりするときに使う。ことば「むちで打つ」漢字 鞭。

むち[2]【無知】名詞 形容動詞 ❶知識のないこと。何も知らないこと。ことば「無知をさらけだす」❷おろかなこと。知恵のないこと。

むちうつ【むち打つ】動詞 ❶むちでたたく。❷きびしくはげます。ふるいたたせる。例なまけ心にむち打つ。活用 むちう・つ。

むちゃ 名詞 形容動詞 ❶考え方・言葉・行動など

の、すじ道が立たないようす。らんぼうなようす。例むちゃな話。❷ふつうのていどをこえているようす。例むちゃをするな。

むちゃくちゃ 名詞 形容動詞 「むちゃ」を強めた言い方。例むちゃくちゃな計画。／むちゃくちゃな運転。類めちゃくちゃ。

むちゅう【夢中】 名詞 形容動詞 あることだけに熱中すること。例ゲームに夢中だ。

¹むつ【六つ】 名詞 ❶一の六倍。ろく。むっつ。❷六才。むっつ。❸昔使っていた、時刻のよび方。今の午前六時ごろ（＝明け六つ）と、午後六時ごろ（＝暮れ六つ）。

²むつ【陸奥】 地名 昔の国の名。今の福島・宮城・岩手・青森の四県と秋田県の一部に当たる。

むつかしい【難しい】 形容詞 ⬇むずかしい。活用 むつかし・い。

むつき【睦月】 名詞 昔のこよみで一月のこと。

むっくり 一 副詞（─と） ゆっくりと起き上がるようす。例ねていた犬がむっくりと起き上がった。二 副詞（─と） する動詞 よく太っているようす。例むっくりした体。

むっつ【六つ】 名詞 ⬇むつ（六つ）①②。

むっつり 副詞（─と） する動詞 口数が少なくて、愛想のないようす。例むっつりとだまりこむ。

むっと 副詞 する動詞 ❶急におこりたいような気持ちになるようす。例むっとした表情をうかべた。❷いやなにおいやむし暑さで、息がつまりそうなようす。例しめきった部屋に入ると、むっとする。

むっとする 連語 急におこりたいような気持ちになる。例足をふまれて、むっとする。

むつまじい 形容詞 〔たがいに気が合って〕仲がよい。例むつまじくくらす。活用 むつまじ・い。

むつむねみつ【陸奥宗光】 人名 （一八四四～一八九七）明治時代の政治家・外交官。江戸幕府をたおす運動に加わり、明治政府ができると公使や大臣として外交の面で活やくした。

¹むてき【無敵】 名詞 形容動詞 相手になるものがいないほど強いこと。ことば「天下無敵」

²むてき【霧笛】 名詞 海にきりが深いとき、安全に船を走らせるために、船や灯台が合図の音を出すこと。また、その音。

むてっぽう【無鉄砲】 名詞 形容動詞 結果を考えずに、むやみに物事をすること。ことば「〔親ゆずりの〕無鉄砲な性格」

むとうか【無灯火】 名詞 暗いのに明かりをつけていないこと。無灯。例無灯火運転。

むとうは【無党派】 名詞 決まった政党をおうえんしていない人々。例無党派層のとりこみを進める。

むとどけ【無届け】 名詞 〔前もって〕届けを出していないこと。例無届け欠勤。類無断。

むとんちゃく【無頓着】 名詞 形容動詞 物事を気にしないこと。例身なりのことには無頓着な人。参考「むとんじゃく」ともいう。

むないた【胸板】 名詞 むねのひらたいところ。

むなかた【宗像】 地名 福岡県にある市。宗像大社がある。『「神宿る島」宗像・沖ノ島と関連遺産群』として、世界文化遺産。⇩695ページ・世界遺産（図）。

むなぎ【棟木】 名詞 屋根のむねに使う木材。⇩128ページ・うだつが上がらない（図）。

むなくそがわるい【胸くそが悪い】 慣用句 ふゆかいである。いまいましいことなどがあって、気持ちがすっきりしない。例聞けば聞くほど胸くそが悪い話だ。参考 くだけた言い方。

むなぐら【胸倉】 名詞 着物の左右のえりが重なるむねのあたり。ことば「胸倉をつかむ」

むなぐるしい【胸苦しい】 形容詞 むねがおしつけられるように苦しい。例本番が近づくにつれて、胸苦しくなってきた。活用 むなぐるし・い。

むなげ【胸毛】 名詞 むねのあたりにはえている毛。

むなさわぎ【胸騒ぎ】 名詞 する動詞 何か悪いことがおこりそうな気がして、心が落ち着かないこと。例今朝からなぜか胸騒ぎがしてならない。

むなざんよう【胸算用】 名詞 する動詞 頭の中でだいたいの計算をすること。

むなしい 形容詞 ❶一生けんめいやっても効果がない。例必死に説明したがわかってもらえず、むなしい思いだ。❷はかない。あっけない。例むなしい人生。❸内容やかちがないようす。例選挙に落選したわたしには、はげましの言葉もむなしくひびく。活用 むなし・い。

むなつきはっちょう【胸突き八丁】 名詞 ❶登山道などで、山頂の手前のけわしくて、のぼりにくいところ。❷仕事などで、一番苦しくてむずかしい場面。例工事はさいごの胸突き八丁にさしかかった。

あいうえお かきくけこ さしすせそ たちつてと なにぬねの はひふへほ まみむめも む やゆよ らりるれろ わをん

むなびれ【胸びれ】名 魚のむねの左右についている、ひれ。⇩1119ページ・ひれ（図）。

むなもと【胸元】名 むねのあたり。むなさき。例 胸元をきちんと合わせて着る。

むに【無二】名 たった一つだけで、それにかわるものがないこと。例 無二の親友。

むにする【無にする】慣用句 むだにする。例 人の厚意を無にするものではない。

むね¹【旨】名［のべられたものの］意味。そのこと。例 参加できない旨を伝える。

むね²【胸】名 ❶体の前の側で、首とはらの間の部分。例 胸の筋肉。⇩285ページ・体①（図）。❷心。例 胸をいためる。❸肺。例 胸をやむ。

むね³【棟】一 名 ❶屋根の一番高いところ。❷むな木。
二 助数詞《数を表す言葉の下につけて》家の数をかぞえる言葉。例 三棟。

むねあげ【棟上げ】名 家を建てるとき、柱を組み立て、その上にむな木をおくこと。また、そのときの祝いの式。参考「建て前」ともいう。

むねがあつくなる【胸が熱くなる】慣用句 感謝や感動の気持ちがあふれる。例 子どものがんばるすがたを見て胸が熱くなる。

むねがいたむ【胸が痛む】慣用句 悲しみや心配で、つらく思う。例 友だちが悲しんでいるだろうと思うと胸が痛む。類 心が痛む。

むねがいっぱいになる【胸が一杯になる】慣用句 悲しみやよろこびなどで、胸がつまるように感じる。例 みんなに祝福されて胸が一杯になる。

むねがおどる【胸が躍る】慣用句［よろこびや期待などで］どきどきする。例 うれしい知らせに胸が躍る。

むねがさわぐ【胸が騒ぐ】慣用句 むなさわぎがする。

むねがすく【胸がすく】慣用句 心に引っかかることがなく、さわやかで、胸がすっとする。例 ようやく一勝し、胸がすく思いがした。

むねがたかなる【胸が高鳴る】慣用句 期待していたことが起こりそうで、どきどきする。例 会いたかった人と会えることになり、胸が高鳴る。

むねがつぶれる【胸が潰れる】慣用句 とてもおどろく。また、深く悲しむ。例 負けたと聞いて、胸が潰れる思いがした。

むねがつまる【胸が詰まる】慣用句 悲しみや感動などがこみ上げてきて、息ができないように感じる。例 悲しい物語を読んで胸が詰まる。

むねがはずむ【胸が弾む】慣用句 うれしくて、どきどきする。例 キャンプのことを考えると、胸が弾む。

むねがはりさける【胸が張り裂ける】慣用句 悲しさや苦しさを強く感じる。例 胸が張り裂ける思いだった。

むねがふくらむ【胸が膨らむ】慣用句 希望やよろこびで、心がいっぱいになる。例 期待に胸が膨らむ。

むねがふさがる【胸が塞がる】慣用句 ゆううつになる。暗い気持ちになる。例 別離に胸が塞がる。

むねがやける【胸が焼ける】慣用句 みぞおちのあたりが焼けるような感じで苦しい。胸焼けがする。

むねにおさめる【胸に納める】慣用句 心の中にしまって、ほかの人に言わない。

むねにきざむ【胸に刻む】慣用句 わすれないように、しっかりとおぼえておく。例 先生の教えを胸に刻む。

むねにせまる【胸に迫る】慣用句 悲しみや感動がこみ上げてきて、胸がおさえられるように感じる。例 この物語を読んでいると、親子の愛情がひしひしと胸に迫ってくる。

むねにてをあてる【胸に手を当てる】慣用句 落ち着いて、よく考える。例 胸に手を当てて、思い出してごらん。

むねにひびく【胸に響く】慣用句 心に強く感じる。例 切実なうったえが胸に響いた。

むねやけ【胸焼け】名 みぞおちのあたりが、焼けるように苦しく感じること。例 あまい物を食べすぎて、なんだか胸焼けがする。

むねをいためる【胸を痛める】慣用句 とても心配する。例 友の苦しみを思い、胸を痛める。

むねをうつ【胸を打つ】慣用句 深く感動させる。例 胸を打つ友情の物語。

むねをおどらせる【胸を躍らせる】慣用句［よろこびや期待などで］胸をどきどきさせる。むねをはずませる。例 胸を躍らせて入場行進をした。

むねをかりる【胸を借りる】慣用句 ❶相撲

あいうえお かきくけこ さしすせそ たちつてと なにぬねの はひふへほ まみむめも む やゆよ らりるれろ わをん

で、横綱など、せんぱいの力士にけいこの相手をしてもらう。❷強い相手にけいこをつけてもらう。例 相手は優勝チームなのだから、胸を借りるつもりでたたかえ。

むねをこがす【胸を焦がす】慣用句 ある人のことを苦しいほど、深く、恋いしたう。例 かなわぬ恋に胸を焦がす。

むねをそらす【胸を反らす】慣用句 体をうしろの方へ弓なりにまげて、さも得意そうな様子をする。例 誇らしげに胸を反らす。

むねをつまらせる【胸を詰まらせる】慣用句 かなしみや感動でものが言えなくなる。

むねをときめかせる【胸をときめかせる】慣用句 うれしさや期待などで、胸がどきどきする。例 すてきな人に会って、胸をときめかせる。

むねをなでおろす【胸をなで下ろす】慣用句 心配なことがなくなって、ほっとする。例 全員が無事に帰ってきて胸をなで下ろした。

むねをはずませる【胸を弾ませる】慣用句 ↓むねをおどらせる。

むねをはる【胸を張る】慣用句 胸を大きく広げてどうどうとした態度をとる。例 胸を張って行進する。

むねをふくらませる【胸を膨らませる】慣用句 希望やよろこびで、心をいっぱいにする。例 入学のよろこびに胸を膨らませる。

むねん【無念】名詞 形容動詞 ❶くやしく思うこと。残念なこと。例 試合に負けて無念のなみだを流す。ことば「無念千万」❷心に何も思わないこと。無心。ことば ⇩「無念無想」

むねんむそう【無念無想】四字熟語 よけいなことはなにも考えないで、すみきった心になること。例 バッターボックスに入ったら、無念無想になってかまえる。

むのう【無能】名詞 形容動詞 仕事をする力やうでまえがないこと。類 能無し。対 有能。

むひ【無比】名詞 形容動詞 ほかにくらべるものがないくらい、すぐれていること。例 正確無比の時計。類 無類。

むひょう【霧氷】名詞 きりにふくまれる水分などがこおって、木のえだや地上の物についたもの。

むひょうじょう【無表情】名詞 形容動詞 よろこびやかなしみなどの気持ちが、顔に表れないこと。また、そのような表情。例 無表情な顔。

むびょうそくさい【無病息災】四字熟語 病気をしないで、健康であること。例 家族の無病息災をいのる。参考「息災」は、無事で元気なこと。

むふう【無風】名詞 風がないこと。例 無風状態。

むふんべつ【無分別】名詞 形容動詞 物事のよい悪いを見分ける力がないこと。考えがたりないこと。例 一人の無分別な行動が、全員にめいわくをおよぼす。

むほう【無法】一 名詞 きまりがないこと。法が守られていないこと。例 無法地帯。二 名詞 形容動詞 すじ道にあわず、らんぼうなようす。例 無法なふるまい。

むぼう【無謀】名詞 形容動詞 よく考えずに物事をおこなうこと。むちゃ。むてっぽう。例 あらしの海に船をのりだすのは、無謀なことだ。

むぼうび【無防備】名詞 形容動詞 危険や災害、敵に対して、ふせいだり守ったりするそなえがまるでないこと。例 自然災害に無防備な建造物を改築する。

むほん【謀反】名詞 する動詞 家来が主君にそむいて、主君を相手にいくさをおこすこと。ことば「謀反を起こす」類 反乱。

むみかんそう【無味乾燥】四字熟語 あじわいやおもしろみのないこと。例 無味乾燥な文章。

むめい【無名】名詞 ❶有名でないこと。名前が世の中に知られていないこと。例 無名の選手。対 有名。❷名前がわからないこと。例 無名戦士の墓。❸名前を書かないこと。例 無名の投書。

むめんきょ【無免許】名詞 免許をもっていないこと。例 無免許運転。

むやみ 名詞 形容動詞 ❶深く考えないで、物事をすること。例 むやみに人を信じて、だまされた。❷ふつうの程度をこしていること。例 むやみにかわいがる。

むやみやたら 形容動詞 むちゃくちゃ。手あたりしだい。例 むやみやたらに食べまくる。参考「むやみ」を強めた言い方。

むよう【無用】名詞 形容動詞 ❶役に立たないこと。ことば ⇩「無用の長物」❷必要がないこと。いらないこと。例 ご心配は無用です。ことば「問答無用」対 有用。❸用事がないこと。例 無

用の人は、入ってはいけません。❹してはいけないこと。ことば ⇩「天地無用（＝荷物などで、上下をさかさまにしてはいけないこと）」 参考 ④はほかの言葉につけて使う。

むようのちょうぶつ【無用の長物】 ことわざ あってもじゃまになるだけで、なんの役にも立たないもの。

むよく【無欲】 名詞 形容動詞 よくがないこと。よくばらないこと。例 無欲な人。／無欲の勝利。対 貪欲。

むら¹ 名詞 ❶物事のでき上がり方がそろっていないこと。例 へいにぬったペンキの色にむらがある。❷安定していなくて、かわりやすいこと。例 ぼくは、成績にむらがある。

むら²【村】 名詞 ❶いなかで、人家が集まっているところ。例 山おくの村。❷地方公共団体の一つ。市や町より人口が少ないもの。

むらがる【群がる】 動詞 たくさんの人や生き物などが、一か所に集まる。例 アリがさとうに群がる。注意 送りがなに気をつける。活用 むらが・る。

むらくも【群雲】 名詞 一か所にたくさん集まっている雲。

むらさき【紫】 名詞 ❶赤と青のまざった色。例 紫の着物。❷ムラサキ科の植物。山や野にはえ、根からむらさき色の染料がとれる。❸「しょうゆ」の別のよび名。

むらさきしきぶ【紫式部】 人名（九七三?～一〇一四?）平安時代中ごろの女流文学者。女官として一条天皇の中宮彰子につかえた。「源氏物語」や「紫式部日記」を書いた。

むらざと【村里】 名詞 いなかで、人家が集まっているところ。類 人里。

むらさめ【村雨】 名詞 短い時間にはげしくふって、すぐにやむ雨。にわか雨。参考 古い言い方。

むらす【蒸らす】 動詞 煮えてもふたをとらずに、しばらくそのままにして、よく熱を通す。例 ごはんを蒸らす。活用 むら・す。

むらはずれ【村外れ】 名詞 村のはしの方。

むらはちぶ【村八分】 名詞 村のしきたりやきまりを守らなかったり、めいわくをかけたりした人を、村人が仲間はずれにすること。

むらびと【村人】 名詞 村に住んでいる人。

むらむら 副詞（-と） 喜び・悲しみ・いかり・不満などが、急にはげしく心の中にわきおこるようす。例 むらむらと、いかりがこみ上げる。

むり【無理】 名詞 形容動詞 ❶りくつに合わないこと。例 無理な要求。❷できそうにもないこと。例 無理を言う。❸おしきってすること。例 病み上がりなのだから無理をしない方がいい。

むりおし【無理押し】 名詞 する動詞 物事を無理におし進めること。例 あの人は、いつも自分の考えを無理押しする。類 ごり押し。

むりがとおればどうりがひっこむ【無理が通れば道理が引っ込む】 ことわざ すじ道の通らないことが世の中で多くおこなわれると、すじ道の通ったことがおこなわれなくなる。

むりじい【無理強い】 名詞 する動詞 いやがることやできないことを無理にやらせようとすること。

むりもない【無理もない】 慣用句 当然のことである。例 そんなゆめみたいな話を信じられないのは無理もない。

むりやり【無理やり】 副詞 無理をしてなにがなんでもするようす。例 いやがる人の手を引っぱって無理やりつれ出した。

むりょう¹【無料】 名詞 物事をするのにお金がいらないこと。ただ。例 子どもは無料で入場できます。対 有料。

むりょう²【無量】 名詞 はかることができないほど多い。ことば ⇩「感がい無量」「無量大数」

むりょく【無力】 名詞 形容動詞 物事をする気力・財力・能力などがないこと。例 かわいそうだが、無力なわたしには助けてあげられない。

むるい【無類】 名詞 形容動詞 くらべるもののないこと。たぐいのないこと。例 無類の力もち。類 無比。

むれ【群れ】 名詞 一つのところにより集まっていること。また、より集まった仲間。例 渡り鳥の群れがとんでいく。

むれる¹【群れる】 動詞 より集まっている。例 イルカが群れる。注意 送りがなに気をつける。活用 む・れる。

むれる²【蒸れる】 動詞 ❶〔ごはんなどが〕ゆげであたためられ、やわらかくなる。例 ごはんが蒸れる。❷熱やしめり気が中にこもる。例 足が蒸れる。活用 む・れる。

むろ【室】 名詞 ❶山のしゃめんにほったり、地下にほったりしたあなぐら。❷外気をさえぎり、

中の温度がかわらないようにした部屋。参考 食べ物をたくわえたり、植物を育てたりするのに使う。

むろまちじだい【室町時代】 名詞 足利氏が、京都の室町に幕府を開いて政治をおこなった時代。一三三六年または一三三八年から一五七三年まで。参考 ア「足利時代」ともいう。イ 一三三六年から一三九二年までを南北朝時代、一四六七年ごろからを戦国時代とよぶこともある。

むろん【無論】 副詞 もちろん。いうまでもなく。例 会には、無論出席します。

むんずと 副詞 急に強い力を加えるようす。むずと。例 むんずと、うでをつかまれた。

むんむん 副詞(−と) する動詞 むし暑さやいやなにおいで、息がつまるように感じるようす。例 会場は、人の熱気でむんむんしている。類 むしむし。

め
メ
ME
me

め[1]【目】 一 名詞 ❶〔光や色を感じて〕物を見る働きをする動物の器官。例 目をとじる。⇩図。❷目つき。例 悲しそうな目で見る。❸見る働き。視力。例 目がいい。❹見ること。見えること。例 目にふれる。／目につく。❺ねうちがあるかないかを見分ける力。例 目が高い。／見る目がない。❻あんだり組んだりした物や、一続きの物のすきま。例 このすだれは目が細かい。／ごばんの目。／のこぎりの目。❼細い物のまじわったところ。例 結び目。❽物の中心。例 台風の目。❾細長い物のすきま。例 くしの目。❿ある物事にあうこと。例 ひどい目にあった。参考 ⑩は、ひらがなで書くことも多い。

二 接尾語 ❶《ある言葉の下につけて》その順番にあたることを表す言葉。例 十日目の夜。❷《ある言葉の下につけて》「やや、その性質がある」の意味を表す言葉。例 長めのズボン。／早めに行く。❸《ある言葉の下につけて》物事のさかいとなる場所・線・点などを表す言葉。例 さかい目。／おり目。参考 二②は、ふつう、ひらがなで書く。

め[2]【芽】 名詞 ❶草の種や木のえだからのび、生長すると、花・葉・くきなどになるもの。ことば ⇩「芽が出る」❷新しく出てきて、これから発達しそうなもの。ことば「(才能の)芽をのばす」⇩「(悪の)芽を摘む」

めあたらしい【目新しい】 形容詞 今までに見たことのない新しさがあるようす。例 目新しい品物がたくさんならんでいる。活用 めあたらし・い。

めあて【目当て】 名詞 ❶気をつけて見るところ。目じるし。例 交番を目当てに進む。❷こうしようと心に決めたこと。目的。ねらい。例 この旅行の目当ては気分転換だ。

めい[1] 名詞 自分の兄弟や姉妹のうんだ、女の子。漢字 姪。対 おい。⇩98ページ・いとこ(図)。

めい[2]【銘】 名詞 ❶金属や石にきざみつけた文字。例 銘をきざむ。❷いましめの言葉。ことば

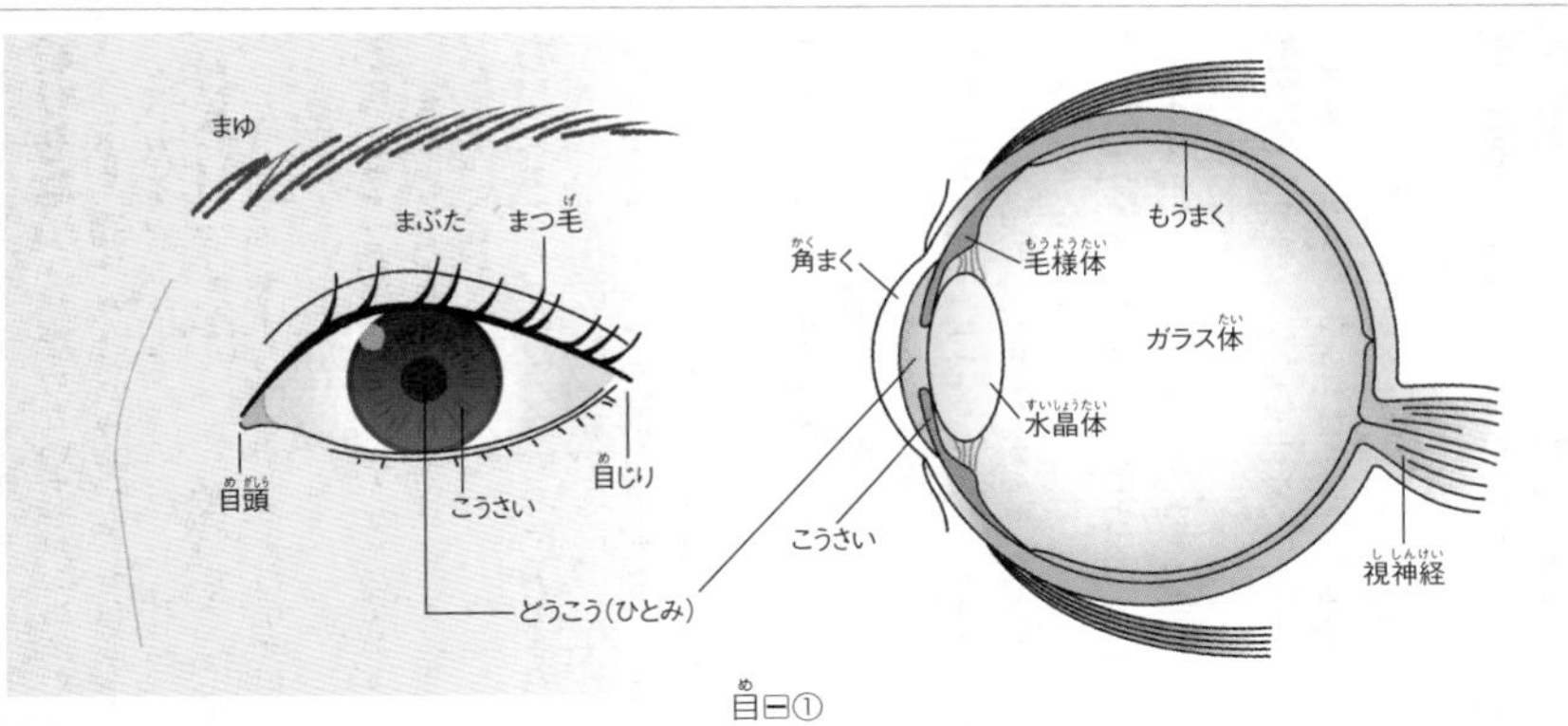

まゆ
まぶた
まつ毛
目頭
こうさい
目じり
どうこう(ひとみ)
もうまく
角まく
毛様体
ガラス体
水晶体
こうさい
視神経

目㊀①

ア　かれは□がわかる人だ　イ　□にならない　ウ　□に花がさく

あいうえお かきくけこ さしすせそ たちつてと なにぬねの はひふへほ め まみむめも や ゆ よ らりるれろ わ を ん

⇩「座右の銘」❸刀や道具などにつける、それをつくった人の名前。

1めいあん【名案】名詞 〔ある問題を解決するのにぴったりの〕すばらしい思いつき。よい考え。例それは名案だ。

2めいあん【明暗】名詞 ❶明るさと、暗さ。また、色のこいうすい。❷幸せと、不幸せ。例三位と四位で大きく明暗が分かれた。

めいあんをわける【明暗を分ける】慣用句 勝ち負け、成功するか失敗するかなどが、それによってはっきり決まる。例明暗を分ける戦い。

めいい【名医】名詞 うでまえなどのすぐれた医者。有名な医者。

めいうつ【銘打つ】動詞 ❶製作したものに、作者が自分の名前をきざむ。❷品物に名前をつける。また、もっともらしい名目をつける。例万病にきくと銘打った薬。活用 めいう・つ。

めいおうせい【冥王星】名詞 太陽系の天体の一つ。かつては、わく星と考えられていたが、二〇〇六年にわく星ではないと決められた。

1めいか【名家】名詞 ❶代々すぐれた人の出る家。人に知られた家がら。❷その道ですぐれていて、よく知れわたっている人。

2めいか【名歌】名詞 すぐれていて有名な短歌。

3めいか【銘菓】名詞 特別な名前がついた上等な菓子。例銘菓のまんじゅう。

めいが【名画】名詞 ❶すぐれた名高い絵。例ミレーの名画。❷すぐれた名高い映画。例昔の名画がふたたび上映された。

1めいかい【明快】名詞 形容動詞 すじ道がはっきりしていて、わかりやすいこと。例かの女の説明は、明快だ。ことば「単純明快」

2めいかい【明解】名詞 形容動詞 正しい解釈。はっきりした答え。例明解な問題のとき方を聞く。

めいかく【明確】名詞 形容動詞 はっきりしていて、たしかなこと。例責任の所在を明確にする。

めいがら【銘柄】名詞 商品の名前。特に、信用のある商品の名前。ブランド。例商品を銘柄でえらぶ。

めいかん【名鑑】名詞 〔同じ種類の〕人や物の名前を集めた本。名簿。

1めいき【名器】名詞 すぐれていて有名なうつわや楽器。

2めいき【明記】名詞 する動詞 よくわかるように、はっきり書くこと。例作品には、氏名を明記しておくこと。

3めいき【銘記】名詞 する動詞 はっきりと心にきざみつけてわすれないこと。例先生のはなむけの言葉を心に銘記して卒業する。

めいぎ【名義】名詞 おもてだった名前。公の書類などに用いる名前。例家の名義は父になっている。

めいきゅう【迷宮】名詞 ❶中に入ると出口がわからなくなるようにつくった宮殿。❷事件などが入りくんで、かんたんに解決できない状態。

めいきゅういり【迷宮入り】名詞 犯罪事件などで、犯人がわからず、解決しないままになること。例迷宮入りの事件。

めいきょうしすい【明鏡止水】四字熟語 不満なことや不安なことがなく、心が落ち着いていること。例明鏡止水の心境。

めいきょく【名曲】名詞 すぐれた名高い曲。例名曲をかんしょうする。

1めいく【名句】名詞 ❶すぐれていて有名な俳句。例名句をかんしょうする。❷名言。

2メイク 名詞 する動詞 ⇩1282ページ・メーキャップ。

1めいくん【名君】名詞 よい政治をおこなう、りっぱな君主。

2めいくん【明君】名詞 すぐれた、かしこい君主。対暗君。

1めいげつ【名月】名詞 古いこよみで、八月十五日の月。例中秋の名月。

2めいげつ【明月】名詞 すんだ夜空にかがやく、まるく美しい月。

1めいげん【名言】名詞 言い回しがうまくて、すぐれた教えをふくんでいる言葉。名高い言葉。例世界の名言を集める。

2めいげん【明言】名詞 する動詞 はっきりと言いきること。例事実だと明言した。

めいこう【名工】名詞 すぐれた工芸をつくる人。名高い職人。例名工のつくった家具。

めいさい【明細】名詞 形容動詞 ❶くわしくはっきりしていること。細かなところまではっきりしていること。例事件の内容を明細に記録する。類委細。❷「明細書」の略。内容をくわしく記した書きつけ。

めいさく【名作】名詞 〔文学・絵・彫刻・音楽などの〕すぐれた作品。例数々の名作を残した

あいうえお かきくけこ さしすせそ たちつてと なにぬねの はひふへほ まみむめも め やゆよ らりるれろ わをん

ことばクイズ㊶ □の中に入る同じことばは何でしょう？

作家。

めいさん【名産】 名詞 その土地でできる、名高い産物。例 ふるさとの名産をみやげにする。類 名物。

めいざん【名山】 名詞 美しい形や、すばらしい景色などで名高い山。例 富士山は世界の名山の一つだ。

1**めいし**【名士】 名詞 世の中に広く知られている人。有名な人。りっぱな人。例 世界の名士が集まる。

2**めいし**【名刺】 名詞 名前・身分・住所などをいんさつした小さな紙。はじめて会った人などにわたす。

3**めいし**【名詞】 名詞 文法で、人やもの・ことがらなどの名前を表す言葉。

1**めいじ**【明示】 名詞 する動詞 はっきりとしめすこと。例 ポスターに、公演日時を明示する。

2**めいじ**【明治】 名詞 明治天皇が位についていたときの年号。一八六八年から一九一二年まで。

めいじいしん【明治維新】 名詞 一八六八年、徳川幕府がほろび、天皇を中心とする政府が政治の権力をにぎって、西洋にならって新しい国家のしくみをつくった改革。参考 「維新」とは、すべてが新しくなること。

めいじじだい【明治時代】 名詞 年号が明治であった時代。一八六八（明治一）年から一九一二（明治四五）年まで。国をゆたかにし、軍隊の力をつけ、社会を近代化することなどがおし進められた。

めいじつ【名実】 名詞 名前と実際。ひょうばんと実力。例 名実ともにすぐれた政治家。

めいじてんのう【明治天皇】 人名 （一八五二～一九一二）明治時代の天皇。江戸幕府がたおれた後、明治政府の主権者として日本の近代化のために力をつくした。

めいしどめ【名詞止め】 名詞 ➡745ページ・たいげんどめ。

めいしゅ【名手】 名詞 すぐれたうで前をもっている人。名人。例 バイオリンの名手。類 妙手。

めいしょ【名所】 名詞 景色がよいことや、歴史上のいわれなどがあって名高いところ。

1**めいしょう**【名称】 名詞 名前。よび名。

2**めいしょう**【名将】 名詞 すぐれた将軍。名高い武将。例 戦国時代の名将武田信玄。

3**めいしょう**【名勝】 名詞 景色がすぐれていて、有名なところ。例 天下の名勝、松島。

めいしょきゅうせき【名所旧跡】 名詞 景色がよくて名高いところと、歴史上の名高いいわれのあるところ。

めいじる【命じる】 動詞 ❶言いつける。命令する。例 ばつとして、庭の草むしりを命じる。❷ある地位や役目につける。例 せんでん部長を命じる。参考 「めいずる」ともいう。活用 めい・じる。

めいしん【迷信】 名詞 りくつに合わなくて、正しくないとされることを信じること。また、人をまよわせるような、あやまった信仰。例 迷信をしんじる。

めいじん【名人】 名詞 ❶わざのすぐれた人。例 つりの名人。❷「碁」や「将棋」の一番上の位。また、その人。

めいすい【名水】 名詞 天然のよい水。特に、おいしいといわれる水。

めいずる【命ずる】 動詞 ➡めいじる。活用 めい・ずる。

めいせい【名声】 名詞 世間でのよい評判。例 歌手として名声が高い。

めいせき【明せき】 形容動詞 すじ道が通っていて、わかりやすくはっきりしているようす。例 明せきな文章。漢字 明晰。

1**めいそう**【めい想】 名詞 する動詞 目をとじて、静かに考えること。例 めい想にふける。類 黙想。

2**めいそう**【迷走】 名詞 する動詞 予想のできない道すじをたどること。例 台風が迷走する。

めいちゅう【命中】 名詞 する動詞 〔たまや矢が〕ねらったものにうまくあたること。的中。

めいちょ【名著】 名詞 すぐれた内容をもった本。名高い本。例 東西の名著を読みあさる。

めいっぱい【目一杯】 副詞 形容動詞 これ以上は無理というところまで。ぎりぎりのところまで。例 目一杯力を入れて引っぱった。

めいてんがい【名店街】 名詞 有名な店がならんでいるところ。

1**めいど**【冥土・冥途】 名詞 仏教で、死んだ人のたましいがいくといわれているところ。あの世。

2**めいど**【明度】 名詞 色の明るさのどあい。参考 ㋐もっとも高いのが「白」で、もっとも低いのが「黒」。㋑色相・彩度とともに色の三属性の一つ。

めいとう【名答】 名詞 りっぱで正しいこたえ。

めいどう【鳴動】名詞 する動詞 大きな音をたてて、ゆれ動くこと。地鳴りがすること。例 大地が鳴動する。参考 ⇩746ページ・大山鳴動してねずみ一匹。

めいにち【命日】名詞 毎月、または、毎年めぐってくる、その人の死んだ日にあたる日。

めいば【名馬】名詞 すがたや毛なみがよく、走ることがはやいすぐれた馬。名高い馬。

めいはく【明白】名詞 形容動詞 はっきりしていて、うたがわしいところのないこと。例 明白なしょうこがある。

めいひん【名品】名詞 すぐれていて有名な作品や品物。例 かくれた名品を発見する。

めいふく【冥福】名詞 死んだのちの幸せ。ことば「冥福をいのる」

めいぶつ【名物】名詞 ❶その土地にできる名高い産物。例 ふるさとの名物をおみやげにする。類 名産。❷名高いもの。また、少しかわっていることで、評判になっている人。例 名物の夏祭り。／村の名物男。

めいぶん【名文】名詞 ❶名高い文章。有名な文章。❷すぐれた文章。例 この作文は、なかなかの名文だ。対 悪文。

めいぼ【名簿】名詞 人の名前や住所などを書いたちょうめん。例 卒業生名簿。

1**めいめい**【銘銘】名詞 一人一人。おのおの。それぞれ。例 めいめい自分の意見をのべる。

2**めいめい**【命名】名詞 する動詞 名前をつけること。例 赤ちゃんに、「たかし」と命名した。

めいめつ【明滅】名詞 する動詞 明るくなったり暗くなったりすること。また、あかりがついたり消えたりすること。例 灯台が明滅する。

めいもく【名目】名詞 ❶表向きの名前・よび方。例 名目だけの社長。❷うわべだけのいいわけ。表向きの理由。こうじつ。例 病気の名目で、会社を休む。

めいもん【名門】名詞 ❶長い歴史のある、りっぱで名高い家がら。類 旧家。❷長い歴史のある有名な学校。例 名門大学。

めいもんく【名文句】名詞 言い回しがよく、人を感心させる言葉。有名な言葉。

めいやく【盟約】名詞 する動詞 かたい決心のもとに約束すること。また、その約束。例 同じ考えを持った人々が盟約を結ぶ。類 同盟。

めいゆう【名優】名詞 すぐれた演技をする役者・俳優。有名な役者・俳優。

めいよ【名誉】名詞 形容動詞 ❶すぐれているとみとめられて、ほこりに思うこと。ほまれ。例 主役にえらばれることは、名誉なことだ。❷よい評判。ことば「（学校の）名誉を高める」❸面目。体面。例 その人の名誉のために名前は言わない。対 ①②不名誉。

めいりょう【明瞭】名詞 形容動詞 はっきりしていて、よくわかること。明らかなこと。例 明瞭な声で答える。／簡単明瞭。対 あいまい。不明瞭。

めいる 動詞 元気がなくなる。ふさぎこむ。例 こんなに雨の日が続くと、気持ちまでめいってしまう。活用 めい・る。漢字 滅入る。

めいれい【命令】名詞 する動詞 言いつけること。また、その言いつけ。例 命令を受ける。／家臣に命令する。

めいれいぶん【命令文】名詞 命令・禁止・勧誘を表す文。参考「本を読む」を命令文に直すと、「本を読め」となる。

めいろ【迷路】名詞 中に入ると、出口も入り口もわからなくなってしまうような道。こみいっていてまよいやすい道。

めいろう【明朗】名詞 形容動詞 ❶気持ちが明るく、ほがらかなこと。例 明朗な声。ことば「明朗快活」❷うそやごまかしがなく、公正なこと。例 会の運営を明朗にする。対 ①②不明朗。

めいわく【迷惑】名詞 形容動詞 する動詞 他人の行動などのせいで、そんをしたり、いやな思いをしたりして、こまること。例 もめ事にまきこまれて迷惑している。ことば「迷惑をかける」

メイン 名詞 おもなもの。中心。メーン。▼英語 main

メインイベント 名詞 プロボクシングやプロレスなどで、その日の最後におこなわれる、呼び物の試合。例 本日のメインイベント。▼英語 main event

メインスタンド 名詞 競技場で、一番よく見える正面の見物席。参考 英語の「メイン」と「スタンド」を組み合わせて日本でつくった言葉。英語では grandstand という。

メインストリート 名詞 本通り。大通り。▼英語 Main street

めうえ【目上】名詞 自分よりも、年令や身分などの高い人。対 目下。

めうつり【目移り】名詞 する動詞 〔何かをえらぶ

あいうえお かきくけこ さしすせそ たちつてと なにぬねの はひふへほ まみむめも め やゆよ らりるれろ わをん

ときなど〕ついほかのものに目がいき、心がその方にひかれること。例 新しい品物を見ると目移りする。

メーカー 名詞 ❶品物などをつくる人・会社。特に、有名な会社。例 メーカー品。❷つくりだす人。例 チャンスメーカー。参考 英語で、メーカー品をいうには brand-name product とはっきりいう必要がある。▼英語 maker

メーキャップ 名詞 する動詞 化粧をすること。特に、俳優などが映画や舞台に出るために化粧をすること。メイク。▼英語 makeup

メーター 一 名詞 ❶ガス・電気・水などの使った量をはかるきかい。例 ガスのメーターを調べる。❷タクシーで、走ったきょりによって料金の数字が出るきかい。
二 名詞 助数詞 ➡メートル。

メーデー 名詞 毎年、五月一日に世界各地でおこなわれる、働く人たちのおまつり。▼英語 May Day

メートル 名詞 助数詞 長さの単位。フランスで決められ、多くの国で使われている。一メートルは百センチメートル。メーター。記号は「m」。例 百メートル競走。参考 英語の発音は「ミーター」。▼フランス語 metre／英語 meter

メートルほう【メートル法】 名詞 長さはメートル、体積はリットル、重さはキログラムを、それぞれ基本の単位とするはかり方。参考 ⇩584ページ・尺貫法。

メール 名詞 ❶郵便。郵便物。ことば「エアメール（＝航空郵便）」「ダイレクトメール（＝個人に直接郵送する広告）」❷「電子メール」の略。参考 英語で、携帯メールは text message、略して text という。▼英語 mail

メーン 名詞 ➡メイン。

メールアドレス 名詞 電子メールのあて先。▼英語 mail address

めおと 名詞 ❶夫婦。❷対になっているもの。例 めおとぢゃわん。漢字 夫婦。

メガ 接頭語 メートル法の単位名の上につけて、その単位の百万倍であることを表す言葉。記号は「M」。例 メガトン。▼英語 mega

めがあらい【目が粗い】 慣用句 〔あみなどの〕すきまが大きい。例 この布は目が粗い。

めがうるむ【目が潤む】 慣用句 目になみだがうかぶ。例 悲しい話を聞いて、目が潤む。

めがきく【目が利く】 慣用句 ❶物のよい悪いを見分ける力がすぐれている。例 母は、宝石には目が利く。❷遠くまでよく見える。例 タカはよく目が利くので、遠くのえものでも見つけられる。

めかくし【目隠し】 名詞 する動詞 ❶目を、手や布でおおって、見えないようにすること。❷外から家の中が見えないようにするためのもの。へいや植木など。例 木を植えて目隠しにした。

めがくらむ【目がくらむ】 慣用句 ❶まぶしくて見えなくなる。例 急に雨戸をあけたので目がくらんだ。❷目まいがする。例 屋上から下を見ると目がくらむ。❸〔お金や品物などに〕心をうばわれて、正しい判断ができなくなる。例 大金に目がくらみ、悪事を働いてしまった。

めがける【目掛ける】 動詞 あるものを目当てとして物事をする。例 出口を目掛けて走った。活用 めが・ける。

めがこえる【目が肥える】 慣用句 よいものを見なれて、よい悪いの見分けができる。

めがさえる【目がさえる】 慣用句 頭がはっきりして、ねむくなくなる。例 考えごとをしていたら、目がさえてしまった。

めがさめる【目が覚める】 慣用句 ❶ねむりからさめる。❷悪い心にとらわれていたことに気づく。例 しかられて、やっと目が覚めた。

めかしこむ【めかし込む】 動詞 おしゃれをする。身なりをかざりたてる。例 そんなにめかし込んでどこへ行くの。活用 めかしこ・む。

めがしら【目頭】 名詞 目の、鼻に近い方のはし。対 目じり。⇩1278ページ・目一①（図）。

めがしらがあつくなる【目頭が熱くなる】 慣用句 感動して、目になみだがにじんでくる。例 がんばっている選手を見て、目頭が熱くなった。

めかす 動詞 身なりをかざる。おしゃれをする。例 めかして出かける。活用 めか・す。

めがすわる【目が据わる】 慣用句 〔酒によったり、おこったりして〕目の玉が一つのところを見つめて動かなくなる。

めかた【目方】 名詞 物の重さ。重量。例 目方をはかる。

めがたかい【目が高い】 慣用句 よい物を見分ける力がすぐれている。例 これをえらんだとはさすがにきみは目が高いよ。

ア 夜も□も明けない　イ □があさい　ウ □を追って寒くなる

めがでる【芽が出る】慣用句 ❶草や木の芽が出てくる。❷運が向いてくる。例苦しくてもがまんして練習を続ければ、いつかは芽が出る。

めがとどく【目が届く】慣用句 気配りがいきわたる。例いそがしくて目が届かない。

めがとびでる【目が飛び出る】慣用句 ⇩めだまがとびでる。

めがない【目がない】慣用句 ❶ものを考えたり、正しく見分けたりする力がない。❷とても好きであるようす。例クッキーには目がない。

メカニズム 名詞 ❶機械の装置。しかけ。メカ。例運転はうまいが、メカニズムに弱い。❷機構。しくみ。例人体のメカニズム。／現代社会のメカニズム。▼英語 mechanism

めがね【眼鏡】名詞 物を見る力がふつうでないとき、正しく見ることができるように整えたり、また、目をまもったりするために使うレンズ・プラスチックなどを利用した器具。例よく見えるように、眼鏡をかける。

めがねちがい【眼鏡違い】名詞 人や物について、よしあしの判断をまちがえること。例あの男はとんだ眼鏡違いだった。

めがねにかなう【眼鏡にかなう】慣用句 目上の人に、よいとみとめられる。気に入られる。例兄は監督の眼鏡にかない、主将になった。参考「お眼鏡にかなう」の形でも使う。

めがはなせない【目が離せない】慣用句 たえず注意して見守る必要がある。例あぶなくて目が離せない。

めがはやい【目が早い】慣用句 気がつくのが早い。発見するのが早い。めざとい。例きみはなかなか目が早いね。

めがひかる【目が光る】慣用句 きびしく見はる。例警察の目が光る。

めかぶ 名詞 ワカメのくきのはしにできる、ひだの部分。ぬめりがあり、食用にする。

メガホン 名詞 声が遠くまでとどくように、口に当てて使う、らっぱ形の道具。例メガホンを使って、好きな野球チームをおうえんする。▼英語 megaphone ⇩図。

メガホン

めがまわる【目が回る】慣用句 ❶めまいがする。くらくらする。例鉄ぼうでくるくる回っていて目が回った。❷とてもいそがしい様子のたとえ。例年末になると目が回るほど、いそがしい。

めがみ【女神】名詞 女性の神。例自由の女神。

めからうろこがおちる【目からうろこが落ちる】慣用句 それまでわからなかったことが、何かがきっかけになって、急に理解できるようになるたとえ。例あなたの説明を聞いて、目からうろこが落ちました。

めからはなへぬける【目から鼻へ抜ける】慣用句 かしこくて、物事の理解が早い。例目から鼻へ抜けるような、かしこい少女。

めからひがでる【目から火が出る】慣用句 頭やひたいを強くぶつけたときの感じのたとえ。例電柱にぶつかって目から火が出た。

めきき【目利き】名詞 古い美術品などが本物かどうか、よしあしはどうかなどを見分けること。また、そうすることにすぐれた人。例書画の目利きをしてもらう。／かれはなかなかの目利きだ。

メキシコ 地名 メキシコ合衆国。北アメリカ大陸南部にある国。首都はメキシコシティ。▼英語 Mexico

めきめき 副詞(-と) はっきりわかるほど大きくなったり、上手になったりするようす。例めきめき上達している。

めく 接尾語《ある言葉の下につけて》「…らしくなる」「…のようにみえる」の意味を表す言葉。例すっかり春めいてきた。／秋めく。活用 め・く。

めくじらをたてる【目くじらを立てる】慣用句 小さなことを取り立てて、とがめる。他人のあらさがしをして非難する。例ささいなことに目くじらを立てる。参考「目くじら」は、目のはしのこと。

めぐすり【目薬】名詞 目の病気をなおすためにつける液体の薬。ことば「目薬をさす」

めくばせ【目くばせ】名詞 する動詞 目と目で合図をし合うこと。目つきで知らせること。例友だちと目くばせして、いっしょに会場をぬけ出した。類ウインク。

ことばクイズ㊷ □の中に入る同じことばは何でしょう？

めくばり【目配り】〘名詞〙〘する動詞〙 あちらこちらを見て、注意をいきとどかせること。例 あぶないことがおきないように目配りする。

めぐまれる【恵まれる】〘動詞〙 ❶よい物事や必要な物事が（運よく）あたえられている。例 日本は、美しい自然に恵まれている。❷幸運である。幸せである。例 恵まれない子どもたちに愛の手をさしのべる。活用 めぐま・れる。

めぐみ【恵み】〘名詞〙 なさけをかけること。いつくしみ。ほどこし。例 親の愛の恵みをうける。ことば「天の恵み」

めぐむ[1]【芽ぐむ】〘動詞〙 草や木が芽を出しはじめる。例 草木がいっせいに芽ぐみはじめる。活用 めぐ・む。

めぐむ[2]【恵む】〘動詞〙 ❶かわいそうだと思って、お金や品物をあたえる。❷ゆたかさや幸せをあたえる。例 太陽は、地上に光と熱を恵む。活用 めぐ・む。

めぐらす【巡らす】〘動詞〙 ❶ぐるっととりかこむ。例 家のまわりに、かきねを巡らす。❷ぐるっと回す。例 顔を巡らしてまわりを見る。❸頭を働かせる。例 ちえを巡らす。活用 めぐら・す。

めぐり【巡り】〘名詞〙 ❶ぐるぐるまわること。例 血の巡りが悪い。❷あちらこちら歩いてまわること。例 名所巡り。

めぐりあう【巡り合う・巡り会う】〘動詞〙 ［別れていた者同士が］やっとのことで会う。思いがけなく出あう。例 長い時をへて、ふたたび巡り合った。／すばらしい人に巡り会う。活用 めぐりあ・う。

めぐりあわせ【巡り合わせ】〘名詞〙 ひとりでにそうなってくる運命。まわりあわせ。例 ふしぎな巡り合わせで、父と母は出会ったらしい。

めくる 〘動詞〙 ❶上をおおっている物を取って、下の物を表す。例 川底の石をめくる。❷はがすように、うら返す。例 本のページをめくる。活用 めく・る。

めぐる【巡る】〘動詞〙 ❶物のまわりにそって動く。例 地球は、太陽のまわりを巡っている。❷あちらこちらをじゅんに回って歩く。例 日本の名所を巡る。❸次々にうつりかわってまたもとにもどる。例 また、寒い冬が巡ってきた。❹まわりをかこむ。とりかこむ。例 お城を巡るほりにハクチョウがいる。❺そのことに関係する。例 基地の建設を巡る争い。活用 めぐ・る。

めくるめく【目くるめく】〘動詞〙 目がくらむ。例 目くるめくばかりの光のうず。活用 めくるめ・く。

めげる 〘動詞〙 弱る。負ける。例 びんぼうにめげず研究を続ける。活用 め・げる。

めこぼし【目こぼし】〘名詞〙〘する動詞〙 ❶見落とすこと。❷とがめずに見て見ないふりをしてすますこと。大目に見ること。例 お目こぼしを願う。

めさき【目先】〘名詞〙 ❶目の前。例 ネコの目先に魚をおくな。❷その場のこと。さしあたり。例 目先のことに気をとられる。❸すぐ先の見通し。例 目先のよくきく人。❹その場のようす。外見。例 目先がかわっている。

めさきがきく【目先が利く】〘慣用句〙 先のことを見通すことができる。例 目先が利いて、たよりになる。

めさきをかえる【目先を変える】〘慣用句〙 見た感じをかえて新しくする。例 ショーウインドーのかざりつけをかえて、目先を変える。

めざし【目刺し】〘名詞〙 イワシなどの目にわらや竹ぐしをとおし、数ひきずつまとめてほした食品。

めざす【目指す・目差す】〘動詞〙 目当てにする。ねらう。例 ゴールを目指す。／合格を目指してがんばる。活用 めざ・す。

めざとい【目ざとい】〘形容詞〙 ❶見つけるのがはやい。例 目ざとくワラビを見つけた。❷ねむりから目がさめやすい。例 としよりは目ざとい。活用 めざと・い。

めざまし【目覚まし】〘名詞〙 ❶目をさますこと。また、目をさまさせるもの。例 目覚ましにコーヒーを飲む。❷「目覚まし時計」の略。目をさまさせるために、あらかじめ合わせておいた時間がくると、ベルやブザーなどが鳴るしかけになっている時計。ことば「目覚ましをかける」

めざましい【目覚ましい】〘形容詞〙 目がさめるくらい、すばらしい。例 目覚ましい活躍。活用 めざまし・い。

めざましどけい【目覚まし時計】〘名詞〙 ➡めざまし②。

めざめ【目覚め】〘名詞〙 目がさめること。ねむりからさめること。例 朝の目覚め。

めざめる【目覚める】〘動詞〙 ❶ねむりからさめる。❷知らなかったことに気づく。例 世の中の動きに目覚める。❸まよいがなくなり、正しい

心にもどる。例友だちの一言で目覚めて、悪の道からぬけ出す。活用 めざ・める。

めざわり【目障り】 名詞 形容動詞 ❶あるものを見るのにじゃまになること。❷見て、ふゆかいに思うこと。ことば「（あいつは）目障りな存在（だ）」

めし【飯】 名詞 ❶米や麦をたいたもの。❷食事。例そろそろ飯にしよう。参考 ていねいな言い方は「ごはん」。

めじ【目地】 名詞 石やれんがなどをつんだり、タイルをはったりするときのつぎ目。

めしあがる【召し上がる】 動詞 「飲む」「食べる」をうやまっていう言葉。例さあ、えんりょなく召し上がってください。活用 めしあが・る。

めしかかえる【召し抱える】 動詞 やとって家来にする。例家来を召し抱える。活用 めしかか・える。

めした【目下】 名詞 自分よりも年令や身分などが下であること。また、その人。対目上。

めしつかい【召し使い】 名詞 〔身分の高い人などが〕家の中のいろいろな細かい仕事をさせるためにやとう人。

めしべ【雌しべ】 名詞 花の中心にあって、花粉をうけて実やたねをつくるところ。⇩図。参考 先を柱頭、ふくらんだ部分を子房といい、中に「はい珠」がある。柱頭に花粉がつくと、子房は実になり、はい珠はたねになる。対雄しべ。

メジャー 名詞 形容動詞 ❶規模などが大きいこと。重要・重大であること。また、一流であること。例メジャーな会社。❷音楽で、長調。長音階。対①②マイナー。▼英語 major

メジャーリーグ 名詞 アメリカのプロ野球で、最上位のリーグ。ナショナルリーグとアメリカンリーグの二つがある。大リーグ。MLB。▼英語 Major League

おしべ
めしべ
花びら
がく

雌しべ

めじゃない【目じゃない】 慣用句 問題にならない。たいしたことはない。例そんなの目じゃないよ。

めじり【目尻】 名詞 目の、耳の方に近いはし。まなじり。例目尻にしわがある。対目頭。⇩1278ページ・目㊀①（図）。

めじりをさげる【目尻を下げる】 慣用句 うれしそうな顔つきをする。気に入ったような顔をする。例目尻を下げて見ている。

めじるし【目印】 名詞 ❶見てすぐそれだとわかるようにつけたしるし。例赤い旗を目印にする。❷目標とするもの。例ポストを目印にして来てください。

めじろ【目白】 名詞 メジロ科の鳥。せなかは黄緑色で、目のまわりは白い。

めじろおし【目白押し】 名詞 大ぜいの人がせまい場所におしあってならぶこと。語源 たくさんのメジロが木のえだにとまるとき、おしあうようにならぶことから。

1 **めす【召す】** 動詞 ❶「よびよせる」「まねく」などをうやまって言う言葉。例王様に召されてお城へむかう。❷「食べる」「飲む」「着る」「買う」「乗る」などをうやまって言う言葉。例花を召しませ。❸「気にいる」「年をとる」などをうやまって言う言葉。例お気に召しましたか。／お年を召した方。参考 やや古い言い方。活用 め・す。

2 **めす【雌】** 名詞 動物のうち、人間でいえば、女にあたるもの。例雌のカマキリ。対雄。

3 **メス** 名詞 かいぼうや手術などに使う小がたな。例メスをふるう。▼オランダ語

メスシリンダー 名詞 液体のかさをはかるための、つつ形のガラス容器。理科の実験などに使う。▼ドイツ語

めずらしい【珍しい】 形容詞 めったにないようす。変わっているようす。例水族館で珍しい魚を見た。活用 めずらし・い。

メスをいれる【メスを入れる】 慣用句 ❶メスで切開する。❷問題を根本的に解決するために、思いきった手段をとる。例腐敗した政治にメスを入れる。

メセナ 名詞 民間の会社などがお金を出して、文化・芸術活動を助けること。▼フランス語

メゾソプラノ 名詞 歌を歌うときの女性の声で、高い声と低い声の中間のはんい。また、そのはんいを受け持つ歌い手。参考 ⇩アルト。ソプラノ。▼英語（イタリア語から）mezzo-soprano

メゾピアノ 名詞 音楽で、音の強弱を表す記号

の一つ。「やや弱く」という意味。参考「*mp*」で表す。▼英語（イタリア語から）mezzo piano

メゾフォルテ 名詞 音楽で、音の強弱を表す記号の一つ。「やや強く」という意味。参考「*mf*」で表す。▼英語（イタリア語から）mezzo forte

めそめそ 副詞(-と) する動詞 弱々しく泣くようす。また、何かというとすぐ泣くようす。例あの子は、すぐめそめそする。

めだか【目高】 名詞 メダカ科の魚。小川や池にすむ。体長約三センチメートルで、目が大きい。むれをなして泳ぐ。

めだつ【目立つ】 動詞 まわりのものと、はっきりちがって見える。例ひときわ目立つ赤いくつ。／目立たないように、静かにしていた。活用 めだ・つ。

めたて【目立て】 名詞 のこぎりややすりなどの目がすりへってにぶくなったものを、といでするどくすること。

めだま【目玉】 名詞 ❶目の玉。眼球。まなこ。❷目玉焼きなど、目の玉の形をしているもの。❸〔失敗や悪いことをして〕しかられること。参考⇩204ページ・お目玉を食う。❹「目玉商品」の略。商店などで、客を集めるために思い切って安く売る商品。

めだまがとびでる【目玉が飛び出る】 慣用句 ❶ひどくしかられるようす。例小さい子をいじめて、目玉が飛び出るほどしかられた。❷ねだんが高くて、おどろくようす。例目玉が飛び出るほど高価なバッグ。参考「目が飛び出る」「目の玉が飛び出る」ともいう。

めだまやき【目玉焼き】 名詞 たまごの黄みと白みをかきまぜずに、わっただけの状態でフライパンなどで焼いた料理。

メダリスト 名詞 スポーツの競技などで入賞して、メダルをとった人。例オリンピックのメダリスト。▼英語 medalist

メダル 名詞 金属の小さな盤に、絵や文字などをほったもの。ほうびや記念のために人にあたえる。▼英語 medal

メタンガス 名詞 天然ガスなどにふくまれる、無色でにおいのない気体。燃料などに使う。メタン。参考ドイツ語の「メタン（＝色もにおいもないもえやすい気体）」とオランダ語の「ガス」を組み合わせて日本でつくった言葉。

めちゃくちゃ 名詞 形容動詞 ❶きちんと整っていたものが、こわれてみだれた状態になること。例ガラスがめちゃくちゃにわれた。❷なみはずれていること。例子どもをめちゃくちゃにかわいがる。参考①②とも、「めちゃめちゃ」ともいう。くだけた言い方。類でたらめ。むちゃくちゃ。

めちゃめちゃ 名詞 形容動詞 ⇩めちゃくちゃ。

メッカ 一 地名 イスラム教の聖地。ムハンマドが生まれたところで、現在は、サウジアラビアにふくまれる。世界中から多くの巡礼者が集まる。二 名詞〔あることがらに関心をもっている人々の〕あこがれの場所。例スキーヤーのメッカ。▼英語 Mecca

めつき【目付き】 名詞 物を見るときの目のようす。例目付きのするどい人。

めっき 名詞 する動詞 ❶きれいにしたり、さびをふせいだりするために、金属の上に金・銀・銅・クロームなどをうすくかぶせること。また、それをかぶせてつくったもの。例金めっき。❷中みが悪いのに、表面をかざってよく見せること。また、そのかざったもの。

めっきがはげる【めっきが剝げる】 慣用句 うわべのごまかしができなくなって、本当のすがたが現れる。地金が出る。例めっきが剝げて正体を知られる。

めっきり 副詞(-と) 目立って変わるようす。例最近、めっきりすずしくなった。

メッセージ 名詞 ❶あいさつの言葉。特に、公のあいさつの言葉。声明文。例メッセージを発表する。❷相手に伝える言葉。伝言。例るす電にメッセージを残す。❸発言や文章に込めた伝えたい本当の気持ちや意味。❹スマホやパソコン、また、そのアプリが出す情報。例エラーメッセージ。▼英語 message

めっそうもない【滅相もない】 慣用句 とんでもない。例わたしがあなたをだましているなんて、めっそうもない話だ。参考ひらがなで書くことが多い。

めった 形容動詞 よく考えないようす。やたら。むやみ。例わけもわからないのに、めったなことを言うものではない。

めったうち【めった打ち】 名詞 めちゃくちゃに打つこと。また、野球などで打ちまくること。例ピッチャーがめった打ちされた。

めったに 副詞 特別な場合をのぞいて、ほとん

あいうえお かきくけこ さしすせそ たちつてと なにぬねの はひふへほ まみむめも やゆよ らりるれろ わをん

ア 苦労が□のあわになる イ □かけ論 ウ 代金を□ましする

ど。参考 下に「…ない」などの打ち消しの言葉が続く。例 一時間で売り切れるなんて、めったにないことだ。／めったに来ない。

めったやたらに 副詞 深い考えもなく、むやみに。例 めったやたらに書きなぐる。／めったやたらに泣く。

めつぼう【滅亡】 名詞 する動詞 ほろびること。ほろびてなくなること。例 ローマ帝国の滅亡。

めっぽう【滅法】 副詞 ひじょうに。はなはだしく。例 決勝で当たった相手は、滅法強いチームだった。

メディア 名詞 方法。手段。特に、新聞や雑誌、テレビやラジオなどの情報を伝える手段のこと。▼英語 media

めでたい 形容詞 ❶お祝いをするように、よろこばしい。例 めでたく卒業した。／家族にめでたいことが続く。❷人がよすぎて、だまされやすい。また、人がよすぎて、まぬけである。例 おめでたい人だね。活用 めでた・い。

めでる 動詞 ❶かわいがって大切にする。例 子をめでる。❷きれいなものをほめ、味わう。例 野に咲く花をめでる。参考 やや古い言い方。活用 め・でる。

めど¹ 名詞 予想すること。見通し。例 再開のめどは立っていない。漢字 目処。

めど² 名詞 はりの糸を通すあな。

めどがつく【めどが付く】 慣用句 見通しがはっきりする。例 解決のめどが付く。

めとはなのあいだ【目と鼻の間】 慣用句 ↓めとはなのさき。

めとはなのさき【目と鼻の先】 慣用句 とても近いことのたとえ。例 学校と幼稚園は、目と鼻の先にある。参考「目と鼻の間」ともいう。

めとる 動詞 よめとしてむかえる。けっこんして、つまとする。例 近々つまをめとることにした。参考 やや古い言い方。活用 めと・る。

メドレーリレー 名詞 ❶水泳で、決まった距離を、四人の選手が背泳ぎ・平泳ぎ・バタフライ・自由形のじゅんで泳ぐリレー。❷陸上競技で、四人の選手が、それぞれちがう距離を走るリレー。参考 略して「メドレー」ともいう。▼英語 medley relay

メトロ 名詞 地下鉄。▼英語（フランス語から）metro

メトロノーム 名詞 音楽で、曲のはやさやひょうしをはかる器械。⇩図。▼ドイツ語

メトロノーム

めにあおば【目に青葉】 慣用句 すがすがしい初夏を表す言葉。例 目に青葉の季節となりました。

めにあまる【目に余る】 慣用句 だまって見すごすことができないほど、ひどい。例 となりの家の子のいたずらが目に余る。

めにうかぶ【目に浮かぶ】 慣用句 目の前に見ているように思われる。例 祖母のおもかげが目に浮かぶ。

めにかどをたてる【目に角を立てる】 慣用句 ひどくおこって、にらみつける。例 目に角を立てるほどのことではない。

めにさわる【目に障る】 慣用句 ❶目のためによくない。❷見たとき、気にさわる。めざわりになる。

めにしみる【目に染みる】 慣用句 ❶けむりなどが目に入って、いたい。例 けむりが目に染みる。❷色などが、とてもあざやかに感じられる。例 新緑が目に染みる。

めにする【目にする】 慣用句 見る。見かける。例 最近よく目にするタレント。

めにつく【目に付く】 慣用句 目立って見える。例 親子づれが目に付く。

めにとまる【目に留まる】 慣用句 特に注意を引く。例 かんばんが目に留まる。

めにはいる【目に入る】 慣用句 見える。例 手をふる弟のすがたが目に入った。

めにはめをはにははを【目には目を歯には歯を】 ことわざ 相手がしたことに対して、されたとおりのしかえしをしろということ。

めにふれる【目に触れる】 慣用句 自然と見えてくる。例 初めての海外旅行で、目に触れるものすべてがめずらしい。

めにみえて【目に見えて】 慣用句 見て、すぐわかるほどに。例 目に見えて、落ちこんでいる。

めにもとまらぬ【目にも留まらぬ】 慣用句 はっきり見ることができないほど、早いようす。例 目にも留まらぬ早わざ。

めにものみせる【目に物見せる】 慣用句

ことばあそび ことばクイズ43 □の中に入る同じことばは何でしょう？

ひどいめにあわせて、相手に思い知らせる。例 いつか目に物見せてやるつもりだ。

メニュー 名詞 料理のこんだてを書いた表。また、こんだて。参考 英語でmenuは献立を書いたリストのことで、個々の料理をささない。▼英語 menu

メヌエット 名詞 四分の三拍子の、上品でなごやかな感じのするおどりの曲。また、そのおどり。十七世紀にフランスではじまった。▼ドイツ語

めぬきどおり【目抜き通り】 名詞 にぎやかで、人通りの多い道。例 街の目抜き通りを歩く。

めのいろをかえる【目の色を変える】 慣用句 ❶おこったり、おどろいたりして、目の様子をかえる。❷自分のものにしようとして、一生けんめいになる。例 少しでも安いものを買おうと目の色を変えて、さがす。

めのう 名詞 赤・緑・白などのしまのある鉱物。宝石やかざりものに使う。

めのうえのこぶ【目の上のこぶ】 ことわざ 自分よりも地位や実力が上で、自分の活動のじゃまになる人をたとえた言い方。参考「目の上のたんこぶ」ともいう。

めのかたき【目の敵】 慣用句 何かにつけてにくく思う人。例 となりの犬は、ぼくを目の敵にしてほえる。

めのくろいうち【目の黒いうち】 慣用句 命のあるうち。生きている間。例 親の目の黒いうちに、孝行をしたい。

めのさめるよう【目の覚めるよう】 慣用句 あざやかでとても美しいようす。例 目の覚めるようなファインプレー。

めのたまがとびでる【目の玉が飛び出る】 慣用句 ➡めだまがとびでる。

めのつけどころ【目の付け所】 慣用句 集中して注意を向けるところ。着眼点。例 目の付け所がいい。

めのどく【目の毒】 慣用句 見ない方がいいもの。また、見るとほしくなるもの。例 そのおもちゃは、子どもには目の毒だ。

めのなかにいれてもいたくない【目の中に入れても痛くない】 慣用句 〔子どもなどが〕かわいくてたまらないようすのたとえ。例 おじいさんは、孫を目の中に入れても痛くないほどかわいがっている。

めのまえ【目の前】 名詞 ❶見ているすぐ前。すぐそば。目前。例 目の前ですしを握る。❷とても近い将来。目前。例 入学試験が目の前にせまる。

めのまえがまっくらになる【目の前が真っ暗になる】 慣用句 希望がなくなって、とてもがっかりする。例 話を聞いて、目の前が真っ暗になった。参考「目の前が暗くなる」ともいう。

めばえ【芽生え】 名詞 ❶芽が出ること。❷物事の起こりはじめ。例 平和の芽生えがみえてきた。

めばえる【芽生える】 動詞 ❶えだの先やたねから、芽が出はじめる。❷物事がはじまる。また、物事の起こりそうな様子が表れる。例 友情が芽生える。活用 めば・える。

めはくちほどにものをいう【目は口ほどにものを言う】 ことわざ 気持ちのこもった目つきは、言葉と同じように感情を伝えることができる。

めはしがきく【目端が利く】 慣用句 すばやく判断ができる。例 目端が利く男性。

めばな【雌花】 名詞 めしべだけあって、おしべのない花。参考 キュウリ・マツなどにある。対 雄花。

めはながつく【目鼻が付く】 慣用句 物事のだいたいの見通しがつく。例 ようやく仕事の目鼻が付いた。

めはなだち【目鼻立ち】 名詞 目や鼻の様子。顔だち。きりょう。例 目鼻立ちがととのっている。

めばり【目張り・目貼り】 名詞 する動詞 すきまやつなぎめに、紙などをはってふさぐこと。

めぶく【芽吹く】 動詞 草や木が芽を出す。例 春になると、草木がいっせいに芽吹く。活用 めぶ・く。

めぶんりょう【目分量】 名詞 目で見てはかった、だいたいの量。

めべり【目減り】 名詞 する動詞 ❶品物をとりあつかう間に、こぼれたり、とけたりして自然に目方がへること。❷貯金などのお金のねうちが低くなること。

めぼし【目星】 名詞 だいたいの見当。目当て。ことば「(犯人の)目星がついた」

めぼしい 形容詞 特に目立っている。おもだって

あいうえお かきくけこ さしすせそ たちつてと なにぬねの はひふへほ まみむめも や ゆ よ らりるれろ わ を ん

いる。ねうちがありそうである。例めぼしい品物は、すぐに売れてしまった。活用 めぼし・い。

めぼしをつける【目星を付ける】慣用句 だいたいこうなるだろう、こういうことだろうと考える。例終わる時間の目星を付ける。

めまい【目まい】名詞 目が回ること。目がくらんでたおれそうになること。

めまぐるしい【目まぐるしい】形容詞 物や様子などが次々に変わっていくので、目が回るように感じる。目が回るように早い。例世の中は、目まぐるしく変わる。活用 めまぐるし・い。

めめしい【女女しい】形容詞 弱々しくて意気地がない。例女々しい態度。対 雄雄しい。参考 ㋐ふつう男性に対して用いる。㋑ふつう「女々しい」と書く。活用 めめし・い。

メモ 名詞 する動詞 おぼえておくために書きつけること。また、その書きつけたもの。覚え書き。例集合場所をメモする。参考 英語で memo は書いてほかの人に伝えるためのものをいい、自分が忘れないように書いておくものは note という。

めもあてられない【目も当てられない】慣用句 あまりにひどかったり、気の毒だったりして、見ていられない。例目も当てられない有様だった。

めもくらむ【目もくらむ】慣用句 ⬇1282ページ・めがくらむ。

めもくれない【目もくれない】慣用句 見ようともしない。相手にしない。例まわりの人には目もくれないで歩く。

めもと【目元】名詞 目のあたり。目つき。例目元をおさえる。／目元のすずしい少年。

めもり【目盛り】名詞 ものさし・はかり・ますなどに記されている、長さ・重さ・量などをしめすための、しるし。ことば「目盛りを読む」

メモリー 名詞 ❶記憶。思い出。また、記念。❷コンピューターの記憶装置。▼英語 memory

めやす【目安】名詞 だいたいの見当。目当て。基準。例時速四キロメートルを目安に歩く。

めやに【目やに】名詞 目から出る、ねばねばした液体がかたまったもの。めくそ。

メラニン 名詞 動物のひふや毛の中にふくまれている黒い色素。▼英語 melanin

めらめら 副詞(-と) ほのおを出して、火がいきおいよくもえるようす。例火はめらめらもえ広がった。

メリークリスマス 感動詞 クリスマスを祝っていう言葉。クリスマスおめでとう。▼英語 Merry Christmas

メリーゴーランド 名詞 遊園地などにある乗り物の一つ。回転する円形のゆかに、木馬や自動車などをとりつけたもの。回転木馬。参考 アメリカではよく carousel という。▼英語 merry-go-round

メリケンこ【メリケン粉】名詞 「小麦粉」のこと。参考「メリケン」は「アメリカン（＝アメリカの）」がなまったもの。はじめ、アメリカから輸入された。

めりこむ【めり込む】動詞 〔おされたり重みがかかったりして〕深く入る。例車輪がどろ道にめり込む。活用 めりこ・む。

メリット 名詞 ある物事をおこなうことによって得られる利益。利点。価値。例デジタル化によるメリットは大きい。／何のメリットもない話し合い。対 デメリット。▼英語 merit

めりはり【めり張り】名詞 ❶ゆるめることと、はることと。特に、声をおさえ弱めることと、はりあげること。例めり張りのきいた話し方。／めり張りをつけて、せりふをいう。❷物事の力を入れるところと、力をぬくところを、はっきりさせること。例めり張りのある生活。

めりめり 副詞(-と) 木などが、何かの力でゆっくりと折れたり、たおれたりする音を表す言葉。例大木のえだがめりめりと折れた。

メリヤス 名詞 細めの綿糸や毛糸などを機械であんだ、よくのびちぢみする布。シャツやズボン下などをつくる。例メリヤスのシャツを着る。漢字 莫大小。▼スペイン語

メルヘン 名詞 おとぎ話。童話。妖精や魔法使いなどがかつやくする空想的な物語。▼ドイツ語

メロディー 名詞 音楽のふしまわし。調べ。せんりつ。例校歌のメロディーを口ずさむ。参考 ハーモニー・リズムとともに音楽の三要素の一つ。▼英語 melody

メロドラマ 名詞 なみだをさそう恋愛などをテーマにした、いっぱんむけの映画・テレビドラマなどの劇。▼英語 melodrama

メロン 名詞 ウリ科の植物。実を食用にする。実の表面にあみ目のあるマスクメロンなどがある。

あいうえお かきくけこ さしすせそ たちつてと なにぬねの はひふへほ まみむめも や ゆ よ らりるれろ わ を ん

▼英語 melon

めをうたがう【目を疑う】慣用句 見たものがあまりに意外なので、本当だとは思えない。例その人があまりに父に似ていたので、自分の目を疑った。

めをうばう【目を奪う】慣用句 すばらしさに、見とれさせる。例美しい紅葉に目を奪われる。

めをおおう【目を覆う】慣用句 あまりにひどい様子で、まともに見ていられない。例目を覆うばかりの、ざんこくな場面。

めをおとす【目を落とす】慣用句 目を下に向ける。うつむく。例はずかしくてひざに目を落とした。

めをかがやかす【目を輝かす】慣用句 〔期待やうれしさで〕目をきらきらさせる。例かわいいアクセサリーを見て妹は目を輝かした。

めをかける【目を掛ける】慣用句 特によく世話をする。めんどうをみる。かわいがる。例日ごろから目を掛けている部下。

めをかすめる【目をかすめる】慣用句 人に見つからないようにする。例親の目をかすめていたずらをする。類目をぬすむ。

めをくばる【目を配る】慣用句 注意して、あちらこちらを見る。例四方に目を配る。

めをくらます【目をくらます】慣用句 人の目をごまかす。例敵の目をくらまして、すばやくにげた。

めをこらす【目を凝らす】慣用句 じっと見つめる。注意して、よく見ようとする。例くらやみの中で目を凝らして見る。

めをさます【目を覚ます】慣用句 ❶ねむりからさめる。例物音で目を覚ます。❷まちがいに気づいて、本来の自分にもどる。例悪事から目を覚ます。❸何かのきっかけで、おさえていた気持ちが動きだす。例旅に出たい気持ちが目を覚ます。

めをさらのようにする【目を皿のようにする】慣用句 目を大きく開いて、物をよく見る。例落としたお金を目を皿のようにしてさがした。

めをさんかくにする【目を三角にする】慣用句 おこって、こわい目つきをする。例目を三角にしてどなった。

めをしろくろさせる【目を白黒させる】慣用句 おどろいたり、苦しんだりして、目をはげしく動かす。例急に指名されて、目を白黒させる。

めをすえる【目を据える】慣用句 目玉を動かさないで、じっと見つめる。例目を据えて、入り口を見る。

めをそそぐ【目を注ぐ】慣用句 注意して見る。例子どもに目を注ぐ。

めをそむける【目を背ける】慣用句 目をほかの方へむける。例あまりのむごたらしさに思わず目を背けた。

めをそらす【目をそらす】慣用句 見つめていた目を、ほかの方へうつす。例気まずくなって、目をそらした。

めをつける【目を付ける】慣用句 自分のものにしたいと思ってねらう。気をつけて見る。例前から目を付けていた洋服を買ってもらった。

めをつぶる【目をつぶる】慣用句 ❶まぶたをとじる。例まぶしくて目をつぶる。❷死ぬ。なくなる。❸〔人のあやまちなどを〕見て見ないふりをする。例部下の失敗に目をつぶる。

めをつむ【芽を摘む】慣用句 これから成長しようとするものや、発展しようとするものを、とりのぞく。例才能の芽を摘む。／悪の芽を摘む。

めをとおす【目を通す】慣用句 ひととおり見る。例新聞に目を通してから出かける。

めをぬすむ【目を盗む】慣用句 見つからないようにこっそりとする。例母の目を盗んで、まんがを読む。類目をかすめる。

めをはなす【目を離す】慣用句 そのものから注意をそらす。例ちょっと目を離したすきに、いなくなった。

めをひからす【目を光らす】慣用句 見落としがないように、きびしく見はる。例なまけないように目を光らす。

めをひく【目を引く】慣用句 人の注意を引きつける。例人の目を引く行動をする。

めをふく【芽を吹く】慣用句 ❶草や木の芽が出てくる。例ヤナギが芽を吹いた。❷〔長い間のくろうの〕ききめが表れる。例長い間の努力が芽を吹いて入賞した。

めをほそくする【目を細くする】慣用句 うれしそうな顔つきになる。例おばあさんは目を細くして孫をだいた。参考「目を細める」と

ア □おりぞんのくたびれもうけ イ □休めをする ウ □おしみをしない

もいう。

めをほそめる【目を細める】慣用句 ↓めをほそくする。

めをまるくする【目を丸くする】慣用句 おどろいて、目を大きく開く。例話を聞いて、目を丸くした。

めをまわす【目を回す】慣用句 ❶めまいを起こす。また、そうして気を失う。❷とてもいそがしくて、うろたえることのたとえ。例きついスケジュールに目を回した。

めをみはる【目を見張る】慣用句 おどろいたり、感心したり、あきれたりして、目を大きく開く。例湖の美しさに目を見張った。

めをむく【目をむく】慣用句 おこったり、おどろいたりして、大きく目を開く。例はでなすがたに目をむいた。

めをやる【目をやる】慣用句 目をその方に向ける。例まどの外に目をやると、雪がふっていた。

めん【面】■一 名詞 ❶物体の外側と内側のさかいめになっていて、広さはあるがあつみのないもの。例直方体には、六つの面がある。❷あることがら。方面。例スポーツの面ではすぐれている。❸剣道などで、頭や顔を守るためにかぶるもの。また、剣道で、相手の頭の部分をうつわざ。例面を一本とる。❹顔などをかたどったかぶりもの。おめん。
■二 助数詞《数を表す言葉の下につけて》鏡のような平らなものを数える言葉。例テニスコートが三面ある。

めんえき【免疫】名詞 ❶病原菌が体の中に入っても、その病気にかからないような働きが体にできること。❷物事がくり返されることによってなれてしまうこと。例車のそう音には、免疫がある。

めんおりもの【綿織物】名詞 ワタからつくった糸でおった布。綿布。

めんか【綿花】名詞 ワタの実についている白い毛のようなせんい。参考 このせんいで綿糸や綿織物をつくる。

めんかい【面会】名詞 する動詞 人と会うこと。また、人と会って話をすること。例入院している友だちに面会してきた。

めんかぶり【面かぶり】名詞 水泳で、泳ぐときに水に顔をつけること。

めんきょ【免許】名詞 ❶政府や役所などが、ある資格をあたえること。また、その資格。例自動車の運転免許。❷先生が弟子に、わざや芸などの大事なところを教えること。また、その証拠となる資格。例華道の免許をもっている。

めんくらう【面食らう】動詞 おどろき、あわてる。例いきなり話しかけられて面食らった。参考 くだけた言い方。活用 めんくら・う。

めんこ【面子】名詞 円形や四角形の厚紙に絵をかいたおもちゃのふだ。地面においた相手のふだに、自分のふだをたたきつけて勝負する。⇩図。

めんし【綿糸】名詞 ワタからつくった糸。もめん糸。

めんしき【面識】名詞 会ったことがあり、たがいに顔を知りあっていること。例面識のない人。

面子

めんじょ【免除】名詞 する動詞 しなければいけない役目や義務をしなくてもよいとゆるすこと。例税金を免除する。

めんじょう【免状】名詞 ❶資格や免許をとったしるしの書きつけ。例教員の免状。❷「卒業証書」のこと。

めんしょく【免職】名詞 する動詞 仕事や役目をやめさせること。例勤務態度の悪い社員を免職にした。類解任。

めんじる【免じる】動詞 ❶しなければならないことをしなくてもよいとする。ゆるす。例つみを免じる。／学費を免じる。❷仕事や役目などをやめさせる。めんしょくにする。例職を免じる。❸その人の手がらやほかの人のたのみを考え合わせて、おかしたつみをゆるす。例わたしに免じてゆるしてください。参考「めんずる」ともいう。活用 めん・じる。

めんする【面する】動詞 ❶向いている。向かい合っている。例学校は、海に面して建っている。❷〔あることがらなどに〕ぶつかる。直面する。例困難な状態に面する。活用 めん・する。

めんずる【免ずる】動詞 ↓めんじる。活用 めん

 ことばあそび ことばクイズ44 □の中に入る同じことばは何でしょう？

ん・ずる。

めんぜい【免税】 名詞 税金をかけないこと。例 一万円以下の品は免税にする。／空港の免税店でウイスキーを買う。／免税品。対 課税。

めんせき【面積】 名詞 〔ある区切られた形の〕広さ。例 長方形の面積をもとめる。

めんせつ【面接】 名詞 する動詞 直接その人に会うこと。特に、試験を受ける人に直接会って、いろいろと質問すること。例 学生と面接する。／面接を受ける。

めんぜん【面前】 名詞 目の前。人の見ている前。例 公衆の面前ではじをかいた。

メンタル 形容動詞 精神の。心の。例 メンタルヘルス（＝心の健康）。参考 英語 mental（精神の）から。フィジカル（physical＝身体の）に対応させて、精神的な強さをいうのは日本での使い方。例 メンタルが強い。

めんだん【面談】 名詞 する動詞 直接会って、話し合いをすること。例 先生と面談する。

メンチカツ 名詞 ひき肉にタマネギのみじん切りなどをまぜてこね、パン粉をつけて油であげた食べ物。参考 英語の「メンチ（＝ミンチ〔ひき肉〕）」と「カツ（＝カツレツ）」を組み合わせて日本でつくった言葉。

メンツ 名詞 世間に対する自分のほこり。面目。例 メンツにかけてもこれぐらいのことではくじけない。ことば「メンツがつぶれる」漢字 面子。▼中国語

メンテナンス 名詞 機械や建物などが安全に使い続けられるように守ること。例 定期的なメンテナンス。▼英語 maintenance

めんどう【面倒】 名詞 形容動詞 ❶手間がかかって、気が進まないこと。例 面倒なことになりそうだ。類 厄介。❷世話。ことば ⇩「面倒を見る」

めんどうくさい【面倒臭い】 形容詞 手間がかかって、気が進まないようす。例 手続きが面倒臭い。活用 めんどうくさ・い。

めんどうみ【面倒見】 名詞 人の世話をすること。例 面倒見がいい人。

めんどうをかける【面倒を掛ける】 慣用句 世話をしてもらう。例 面倒を掛けてすみません。

めんどうをみる【面倒を見る】 慣用句 人の世話をする。助ける。例 病人の面倒を見る。

メントール 名詞 ハッカからとれるはっか油に多くふくまれている、さわやかなかおりと味をもつ無色の結晶。医薬品・化粧品・食品などに使う。メンソール。▼ドイツ語

めんとむかって【面と向かって】 慣用句 直接その人に向かって。例 面と向かって反対の意見をのべる勇気がない。

めんどり 名詞 めすのニワトリ。対 おんどり。

メンバー 名詞 ある会や団体・チームなどの仲間。また、その中の一人。例 町のソフトボールクラブのメンバーになる。▼英語 member

めんぷ【綿布】 名詞 ワタからつくった糸でおったぬの。綿織物。

めんぼく【面目】 名詞 ❶世間に対するていさい。また、めいよ。人にあわせる顔。ことば「（下級生にやりこめられて）面目がつぶれた」「面目やくじょ（＝世間からの期待どおりのかつやくをするようす）」❷外から見たすがたや様子。ことば「（美術館ができて町は）面目を一新した」参考「めんもく」ともいう。

めんぼくない【面目ない】 形容詞 人前に出られないほど、はずかしい。例 まことに面目ない話だ。／面目なくて、だれにも会いたくない。活用 めんぼくな・い。

めんぼくをうしなう【面目を失う】 慣用句 めいよをきずつけられる。人に合わせる顔がなくなる。例 つまらない負け方をして面目を失う。

めんぼくをほどこす【面目を施す】 慣用句 世間の評判を高める。名声を得る。例 りっぱな仕事をして面目を施す。

めんみつ【綿密】 名詞 形容動詞 細かいところまで行きとどいていて、まちがいのないこと。例 綿密な計画をたてる。類 細密。

めんめん【面面】 名詞 一人一人。例 クラスの面々をしょうかいする。参考 ふつう「面々」と書く。

めんめんと【綿綿と】 副詞 とぎれずに長く続くようす。例 つらい気持ちを綿々とうったえる。参考 ふつう「綿々と」と書く。

めんもく【面目】 名詞 ⬇めんぼく。

めんよう【綿羊】 名詞 毛をとるなどのために、かわれている羊。

めんるい【麺類】 名詞 小麦粉やそば粉でつくった、細長い食べ物。うどん・そば・そうめん・ラーメン・スパゲッティなど。

も

モ
MO
mo

も[1] 助詞 ❶同じようなものがほかにもあることをしめす言葉。例明日も雨らしい。❷いくつかのものをならべてしめす言葉。例手も足もよごれてしまった。❸意味を強める言葉。例千円も使ってしまった。

も[2]【喪】名詞 人が死んだとき、家族などがある期間、家の中にこもって、つつしんでいること。ことば「喪に服する」／「喪が明ける」

も[3]【藻】名詞 海そうや水草など、水の中にはえるもの。

モアイ 名詞 南太平洋のイースター島に残る、大きな人面の石像。▼英語 moai

もう 一 副詞 ❶その時がすぎているようす。例もう九時になった。❷まもなく。やがて。例もう帰ってくるだろう。❸さらに。例もう一つください。
二 感動詞 言葉の調子を整えたり、意味を強めたりするための言葉。例それは、もう、とてもすばらしい試合でした。

もうい【猛威】名詞 はげしいいきおい。はげしい力。ことば「(インフルエンザが)猛威をふるう」

もうか【猛火】名詞 はげしくもえる火。特に、大火事。例町は猛火につつまれた。

もうかる 動詞 利益を得る。お金などが入ってもうけになる。また、思いがけなく得をする。例株が上がったのでもうかった。活用もうか・る。

もうけ 名詞 売り値から仕入れ値を引いた金額。利益。例もうけが少ない。

もうける[1] 動詞 利益を得る。得をする。例品物を売ってもうける。活用もう・ける。

もうける[2]【設ける】動詞 ❶前もって用意する。前もって準備する。例テーマを設けて話し合う。❷つくって、そなえておく。例休けいする場所を設けた。活用もう・ける。

もうけん【猛犬】名詞 性質があらあらしくて、強い犬。

もうこう【猛攻】名詞 する動詞 はげしくせめること。いきおいよくこうげきすること。猛攻撃。例敵の猛攻をふせぐ。

もうさいけっかん【毛細血管】名詞 体中に、あみの目のように行きわたっている、毛のように細い血管。この血管のかべを通じて、酸素や養分と、いらなくなったものとがとりかえられる。毛細管。

もうしあげる【申し上げる】動詞 ❶「言う」のへりくだった言い方。例およろこびを申し上げます。参考「申す」よりも、へりくだっていう。❷自分の動作を表す言葉につけて、へりくだった気持ちを表す言葉。例ご案内申し上げます。活用もうしあ・げる。

もうしあわせ【申し合わせ】名詞 話し合って決めること。また、そのやくそく。例全員が申し合わせの時間どおりに集まった。

もうしあわせる【申し合わせる】動詞 話し合って決める。例申し合わせて欠席する。類言い合わせる。活用もうしあわ・せる。

もうしいれ【申し入れ】名詞 意見や希望を相手に伝えること。また、その内容。例工場に見学の申し入れをする。

もうしいれる【申し入れる】動詞 自分のしたいことや考えを、相手に(正式に)伝える。例大会に参加を申し入れる。活用もうしい・れる。

もうしおくる【申し送る】動詞 〔仕事の引きつぎのとき〕大事なことや必要なことなどを次の人に言い伝える。例問題点を申し送る。活用もうしおく・る。

もうしかねる【申し兼ねる】動詞 「言いかねる」のへりくだった言い方。言いにくい。活用もうしか・ねる。

もうしご【申し子】名詞 ❶神や仏にいのって、できた子。また、神や仏などのふしぎな力を持つものから生まれたようにみえる子。❷あるものの性質やとくちょうを、たくさん受けついで生まれたもの。例自動翻訳は人工知能の申し子だ。

もうしこみ【申し込み】名詞 もうしこむこと。また、そのことがらや手続き。例入会の申し込みをする。

もうしこむ【申し込む】動詞 ❶自分のしたいことやしようとすることを相手に伝える。例練習試合を申し込む。❷募集におうじる。例ピアノコンクールに参加を申し込む。活用もうしこ・む。

もうしたてる【申し立てる】動詞 自分の考

あいうえお かきくけこ さしすせそ たちつてと なにぬねの はひふへほ まみむめも も やゆよ らりるれろ わをん

こたえ 骨

えや希望などを、特に取り上げて強く言う。例異議を申し立てる。活用もうした・てる。

もうしつける【申し付ける】動詞〔目上の人が目下の人に〕言いつける。例何かありましたらお申し付けください。活用もうしつ・ける。

もうしでる【申し出る】動詞 考えや希望などを、自分から言う。例参加を申し出る。活用もうし・でる。

もうしひらき【申し開き】名詞 どうしてそうなったか、そのわけを説明すること。また、その説明。例申し開きをさせてください。

もうしぶん【申し分】名詞 ❶〔都合の〕悪いところ。欠点。例申し分のないできばえだ。❷言いたいことがら。主張したいことがら。例こちらにも、申し分がある。参考①は多く「申し分のない」の形で使う。

もうじゃ【亡者】名詞 ❶〔仏教で〕死んだ人。また、死んでも仏になれないで、たましいがまよっているといわれる死人。❷お金をためたり物を手に入れたりすることだけが生きがいである人。ことば「金の亡者」

1 **もうじゅう**【盲従】名詞 する動詞 自分でなにも考えずに、人の言うことにしたがうこと。

2 **もうじゅう**【猛獣】名詞 性質があらく、ほかの動物をとらえて食べるけもの。ライオン・トラ・ヒョウなど。

もうしょ【猛暑】名詞 はげしい暑さ。例記録的な猛暑。類炎暑。酷暑。

もうしょび【猛暑日】名詞 一日の最高気温が三十五度以上の日。参考⇨953ページ・夏日。1235ページ・真夏日。

もうしわけ【申し訳】名詞 ❶言いわけをすること。べんかい。ことば「申し訳がない」❷ほんの形だけのこと。心がこもっていないこと。例ほんの申し訳ばかりのものですが、どうぞお受け取りください。参考②はへりくだった言い方。

もうしわけない【申し訳ない】形容詞 言いわけのしようがないほど、悪いことをしたと思うようす。また、それをあやまる言葉。例かれには申し訳ないことをした。／おくれてしまって、申し訳ない。活用もうしわけな・い。

もうしわたす【申し渡す】動詞〔目上の人が目下の人に〕強く言い伝える。例除名を申し渡す。活用もうしわた・す。

もうしん【猛進】名詞 する動詞 はげしいいきおいで、つき進むこと。例敵に向かって猛進する。

もうじん【盲人】名詞 目が見えない人。

参考⇨818ページ・ちょ突猛進。

もうす【申す】動詞 ❶「言う」のへりくだった言い方。また、ていねいな言い方。例うそは申しません。❷「…する」のへりくだった言い方。例お願い申します。活用もう・す。

もうせん【毛せん】名詞 けものの毛を加工したもの。多くは赤色にそめてしき物に使う。

もうぜんと【猛然と】副詞 いきおいのはげしいようす。例猛然とはんげきする。

もうそう【妄想】名詞 する動詞 想像したことを、事実だと思いこむこと。また、その想像。例自分は英雄だと妄想する。

もうだ【猛打】名詞 する動詞 はげしく打つこと。特に、野球で次々とヒットを打つこと。

もうちょう【盲腸】名詞 ❶大腸と小腸のさかいにある、ふくろのようになっている部分。⇨939ページ・内臓（図）。❷⇨809ページ・ちゅうすいえん。

もうちょうえん【盲腸炎】名詞 ⇨809ページ・ちゅうすいえん。

もうでる【詣でる】動詞〔神社・寺・はかなどに〕おまいりする。例元日は、氏神さまに詣でる。活用もう・でる。

もうてん【盲点】名詞 ❶目の網膜で、見る働きをする神経のたばが入りこむところ。ここは見る働きをするさいぼうがないので、光も色も感じない。❷人の気がつきにくいところ。だれもがうっかり見おとしているようなところ。ことば「〔警備の〕盲点をつく」

もうとう【毛頭】副詞〔「毛の先ほども」の意味から〕少しも。全然。例勝つとは毛頭思わなかった。参考下に「…ない」などの言葉がくる。

もうどうけん【盲導犬】名詞 目の不自由な人を、みちびいて歩くように訓練された犬。

もうどく【猛毒】名詞 とても強いどく。

もうはつ【毛髪】名詞 髪の毛。頭髪。

もうひつ【毛筆】名詞 動物の毛で、穂をつくったふで。対硬筆。

もうふ【毛布】名詞 動物の毛などでおった、あつい織物。

もうぼさんせんのおしえ【もう母三遷の教え】故事成語 子どもの教育には環境が大切であるという教え。三遷の教え。語源「孟母三遷の教え」と書く。後に学者となる孟子がお

ア □の便りに聞く　イ □を切って走る　ウ □当たりが強い

さないとき、墓地の近くに住むと、葬式のまねをして遊んだので、母は市中へ引っこした。すると商売のまねをして遊んだので、学校の近くへ引っこした。すると、れいぎ作法のまねをするようになったということから。

もうまく【網膜】名詞 目玉の内側のおくにある、うすいまく。目に入った光を感じる。⇩1278ページ・目一①（図）。

もうもうと 副詞 〔ほこり・煙・湯気・きりなどが〕一面にたちこめているようす。例ほこりがもうもうとあがっている。

もうもく【盲目】名詞 目が見えないこと。

もうようたい【毛様体】名詞 目の中で、水晶体をとりかこんでいる部分。のびたりちぢんだりすることによって水晶体の厚さをかえ、もうまくにはっきりした像をうつす働きをする。⇩1278ページ・目一①（図）。

もうら【網羅】名詞 する動詞 かかわりのあるものすべてを、残らず集めて取り入れること。例すべての作品を網羅した全集。

もうれつ【猛烈】名詞 形容動詞 〔いきおいや、ていどが〕とてもはげしいこと。例猛烈なスピード。類激烈。強烈。

もうろうと 副詞 ぼんやりとかすんでいてはっきりしないようす。例意識がもうろうとする。

もうろく 名詞 する動詞 年を取って、体や頭の働きがにぶくなること。おいぼれること。

もえ 名詞 ある人や物に、いとおしい、好ましいなどの気持ちを感じること。また、その気持ち。漢字萌え。

もえあがる【燃え上がる】動詞 ❶もえて、ほのおが高く上がる。❷気持ちがはげしく高まる。例怒りの気持ちが燃え上がる。活用もえあが・る。

もえぎいろ【もえぎ色】名詞 少し黄色がかった緑色。もえぎ。例もえぎ色の和服。

もえさかる【燃え盛る】動詞 ❶さかんにもえる。例燃え盛る火の中へとびこんでネコを助けた。❷ある気持ちが、はげしく高まる。例燃え盛るにくしみをおさえる。活用もえさか・る。

もえさし【燃えさし】名詞 とちゅうまでもえて、残って（けむって）いるもの。もえ残り。

もえたつ【燃え立つ】動詞 ❶はげしくもえる。❷ある気持ちが、はげしくさかんにおこる。活用もえた・つ。

もえつきる【燃え尽きる】動詞 ❶物がすっかり燃えてしまう。なくなるまで燃えつくす。例たき火が燃え尽きる。❷もり上がっていた気持ちのいきおいがなくなってしまう。例優勝して気持ちが燃え尽きた。活用もえつ・きる。

もえでる【もえ出る】動詞 草木のめが出る。活用もえ・でる。

もえひろがる【燃え広がる】動詞 もえているところがだんだん広がる。例火は、野原一面に燃え広がっていった。活用もえひろが・る。

[1]**もえる** 動詞 ❶草や木のめが出る。めぶく。例草のめがもえるころになった。❷ある人や物に、いとおしい、好ましいなどの気持ちを感じる。活用も・える。漢字萌える。

[2]**もえる**【燃える】動詞 ❶火がついて、ほのおやけむりがあがる。また、ほのおが出たようなようすになる。例東の空がまっ赤に燃えて、朝になった。❷ある気持ちがさかんになる。例希望に燃える。／正義感に燃える。活用も・える。

モーション 名詞 体の動き。どうさ。例投球のモーション。▼英語 motion

モーター 名詞 電気やガソリンなどを使って、物を動かす機械。ふつうは電気による電動機をさす。▼英語 motor

モーターバイク 名詞 小型のオートバイ。モーターサイクル。参考㋐略して「バイク」ともいう。㋑英語ではbikeは自転車をさすことが多い。▼英語 motorbike

モーターボート 名詞 モーターの力で、スクリューを回して水上を走る小さな船。▼英語 motorboat

モーツァルト 人名 （一七五六〜一七九一）オーストリアの作曲家。六才で作曲したといわれるほど、おさないときから才能を表し「神童」とよばれ、短い一生のうちに多くの作品をのこした。「トルコ行進曲」、歌劇「魔笛」「フィガロの結婚」などが有名。ウォルフガング＝アマデウス＝モーツァルト（Wolfgang Amadeus Mozart）。

モーニング 名詞 ❶朝。午前。例モーニングショー。／モーニングサービス。❷「モーニングコー

モーニング②

ことばクイズ㊺ □の中に入る同じことばは何でしょう？

ト」の略。昼間の式や会に出席するときに着る男性の礼服。⇩図。類 タキシード。参考 礼服はズボンも合わせて「モーニングコート」と呼んでいるが、英語はmorning dressといい、morning coatは上着の燕尾服のみをさす。▼英語morning

モール 名 並木やベンチなどがある散歩道や遊歩道。また、それに面した商店街。例 ショッピングモール。▼英語mall

モールスふごう【モールス符号】名 通信をするときに使う符号。長短二つの信号をいろいろに組み合わせて使う。参考 アメリカの発明家モールスが考え出した。

もがく 動詞 ❶苦しんで、手足や体をやたらに動かす。❷あることが気になっていらいらする。あせる。例 試験の時になってもがいてもしかたがない。活用 もが・く。

もがみがわ【最上川】地名 山形県を流れる川。吾妻山から出て、日本海にそそぐ。富士川・球磨川とともに日本三大急流の一つ。

もぎ【模擬】名 する動詞 ほかのものをまねること。形だけをまねること。例 模擬さいばん。／模擬店。

もぎしけん【模擬試験】名 本番の試験のじゅんびのため、その試験に似せてする試験。

もぎたて 名〔くだものなどが〕えだからとったばかりであること。取り立て。例 果物は、もぎたてがおいしい。

もぎてん【模擬店】名 パーティーや文化祭、学園祭などで、本物の店や屋台をまねてつくられた、食べ物や飲み物を出すところ。

もぎとる【もぎ取る】動詞 ねじって、取る。また、無理に取る。例 えだから実をもぎ取る。活用 もぎと・る。

もく【目】名 生物を分類する単位の一つ。科の上。例 ネコ目。

もぐ 動詞 ねじって、取る。ちぎって、取る。例 じゅくした実をもぐ。活用 も・ぐ。

もくぎょ【木魚】名〔僧などが〕お経をとなえながらたたく道具。木をくりぬいてつくり、おもてに魚のうろこのもようがほりつけてある。⇩図。

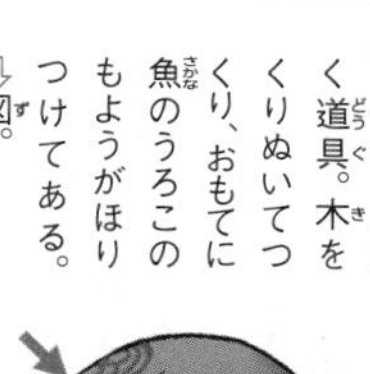
木魚

もくげき【目撃】名 する動詞 その場にいて、じっさいにその様子を見ること。例 犯人を目撃した。

もぐさ 名 ❶ヨモギの葉をかわかして綿のようにつくったもの。きゅうをすえるときに、はだにのせて燃やす。❷ヨモギの別の名。

もくざい【木材】名 建築物や工作品などに使うために切ってある木。材木。

もくさつ【黙殺】名 する動詞 無視してとりあわないこと。気がついても問題にしないこと。例 反対意見を黙殺する。類 無視。

もくさん【目算】名 する動詞 ❶目で見ただけで、およその計算をすること。例 土地の広さを目算する。❷およそのけんとう。みこみ。例 目算がはずれた。

もくじ【目次】名 本の内容の見出しを、書かれているじゅんに、ひとまとめにして書きならべたもの。

もくず【藻くず】名 海そうなどのくず。また、海中のごみ。ことば「海の藻くずとなる（＝事故や戦いによって、海で死ぬ）」

もくせい[1]【木星】名 太陽系の天体の一つ。八つのわく星の中でもっとも大きい。⇩755ページ・太陽系（図）。

もくせい[2]【木製】名 道具などを木でつくること。また、木でつくったもの。例 木製のつくえ。

もくぜん【目前】名 目の前。すぐまえ。眼前。例 目前に雄大な景色が広がる。

もくそう【黙想】名 する動詞 だまって静かに考えること。例 部屋で一人、黙想する。類 めい想。

もくぞう[1]【木造】名 家や船などを木でつくること。また、木でつくったもの。例 木造家屋。

もくぞう[2]【木像】名 木をほって、仏や人間の形などをつくったもの。

もくぞうけんちく【木造建築】名 主に木を材料にしてつくられた建物。例 法隆寺は世界で一番古い木造建築だ。

もくそく【目測】名 する動詞 目で見て、だいたいのきょりや大きさなどをはかること。ことば「目測を誤る」類 歩測。対 実測。

もくたん【木炭】名 木をむし焼きにしてつくった、ねんりょう。すみ。

もくてき【目的】名 あることをするときの

目当て。例目的をもった行動をする。

もくてきち【目的地】名詞 めざして行こうとしているところ。目当ての場所。例目的地を地図で確認する。

もくとう【黙とう】名詞 する動詞 声を出さないで、心の中でいのること。ことば「死者に黙とうをささげる」

もくどく【黙読】名詞 する動詞 声を出さないで、目で読むこと。例教科書を黙読する。対音読。

もくにん【黙認】名詞 する動詞 〔おおっぴらにはみとめられないことを〕何も言わないでみとめること。みのがすこと。例ちこくを黙認する。

もくねじ【木ねじ】名詞 らせんがきざみこんである、材木用のねじ。

もくば【木馬】名詞 木で馬の形につくったもの。昔は乗馬のけいこ用に使ったが今は遊びに使う。例回転木馬。

もくはん【木版】名詞 木の板に、字や絵などをほったもの。また、それで印刷したもの。

もくはんが【木版画】名詞 木版で印刷した絵。

もくひ【黙秘】名詞 する動詞 質問されたりじんもんされたりしたとき、だまって話さないこと。例その日に見たことについては黙秘します。

もくひけん【黙秘権】名詞 とり調べや裁判で、自分に都合の悪い質問には答えないでいいという権利。参考 憲法でみとめられている。

もくひょう【目標】名詞 ❶目じるし。例あの木を目標に行けばよい。❷物事をするときの目当て。ねらい。ことば「(夏休みの)目標を立てる」例目標額。類目的。

もくめ【木目】名詞 木を切ったとき、切り口に見える年輪を表す線。例美しい木目を生かしたつくえ。参考 板目と正目がある。

もくもく 副詞(-と) けむり・雲などが重なり合うようにして、さかんにわき出るようす。例けむりがもくもく立ちのぼる。

もぐもぐ 副詞(-と) する動詞 ❶口を大きくあけないで、物をかむようす。例パンをもぐもぐ食べる。❷口を十分にあけないでものを言うようす。例何やらもぐもぐ言っている。

もくもくと【黙黙と】副詞 だまっているようす。また、だまって一生けんめいに、物事をするようす。例黙々と働く。参考 ふつう「黙々と」と書く。

もくようび【木曜日】名詞 一週の五番目の日。水曜日の次の日。木曜。

もぐら 名詞 モグラ科の動物。土の中に巣をつくる。前あしは平たくて大きく、つめがするどい。漢字 土竜。

もぐり【潜り】名詞 ❶水の中にもぐること。❷きまりをやぶったり、ゆるしをうけなかったりして、こっそり物事をすること。また、その人。

もぐりこむ【潜り込む】動詞 ❶水の中や物の下などに入る。例ふとんに潜り込む。❷ひそかに入る。また、不正な手段で入る。例敵地に潜り込む。活用 もぐりこ・む。

もぐる【潜る】動詞 ❶水の中に、体がかくれるように入る。例水に潜って魚をとる。❷物の下や間などに入る。例こたつに潜る。❸かくれひそむ。ことば「地下に潜る」(=社会の表面に出ないようにかくれる)」活用 もぐ・る。

1 **もくれい**【目礼】名詞 する動詞 目であいさつをすること。ことば「目礼をかわす」

2 **もくれい**【黙礼】名詞 する動詞 だまって、ていねいにおじぎをすること。例先生に黙礼をして通りすぎる。

もくれん【木れん】名詞 モクレン科の木。春、葉の出る前にむらさき色の大形の花がさく。参考 花が白色の木をハクモクレンという。漢字 木蓮。

もくろく【目録】名詞 ❶目次。❷品物の名前をまとめて書きならべたもの。例展示品の目録。❸特に、おくり物の品名を書いたもの。参考 実物のかわりに、相手にわたす。

もくろみ 名詞 計画。くわだて。

もくろむ 動詞 あることをしようと前もって考える。例悪事をもくろむ。類 たくらむ。活用 もくろ・む。

もけい【模型】名詞 実物の形に似せて作ったもの。例模型の飛行機。

もげる 動詞 はなれて取れる。ちぎれて落ちる。例人形の手がもげた。活用 も・げる。

もさ【猛者】名詞 とても強くて、たくましい人。例柔道部の猛者。参考 くだけた言い方。

モザイク 名詞 ❶ガラス・貝がら・石・木などの小さなきれはしを組み合わせて、もようや絵を表したもの。また、そのかざり物。❷画像や動画などで、はっきりと見せないようにぼかすこと。また、ぼかしたもの。ことば「モザイクをかけ

る」▼英語 mosaic

もさく【模索】 名詞 する動詞 あれこれためしながら、さがすこと。例 もっとよい方法はないかと模索する。ことば ⇨「暗中模索」

もし 副詞 ある物事をかりに考えて言うときの言葉。参考 下に「たら」「なら」「ば」などの言葉が続く。例 もし雨なら中止する。／もしよければ来てほしい。

もじ【文字】 名詞 言葉を書き表すための記号。字。例 小さな文字で書かれている。参考「もんじ」ともいう。

もしか 副詞 ⬇もしかしたら。

もしかしたら 副詞 たしかではないが、そうなるかもしれないようす。例 父が、「もしかしたら転勤になるかもしれない。」と言った。参考「もしか」「もしかすると」ともいう。

ことば博士になろう！

日本人は、文字の手品師!?

「7月11日～15日Tシャツ大安売り」

右の文章の中には何種類の文字が使われているでしょうか。漢字、ひらがな、かたかな、ローマ字、それに算用数字（アラビア数字）の五種類が使われていますね。五種類の文字をふだんから使いこなしているのは、世界中で日本だけです。五種類の文字を使うことでさまざまな表現ができる、文字を見ただけですぐに内容が理解できる、という二つの点で、日本語はとてもすぐれているのです。そして、この五種類の文字を使いこなしている日本の小・中学生も、りっぱですよね!!

もしかすると 副詞 ⬇もしかしたら。

もしくは【若しくは】 接続詞 または。あるいは。例 水曜日、もしくは金曜日に来てほしい。参考 ややあらたまった言い方。

もじづら【文字面】 名詞 ❶文字の書き方やならび方、組み合わせなどから受ける印象や感じ。❷文字で書かれている表面だけの意味。例 文字面だけを追わないで意味を考えながら読む。

もじどおり【文字通り】 副詞 その言葉が表す意味とまったく同じように。まったくそのまま。例 わたしは文字通り幸せな日々をすごしていた。

もじばけ【文字化け】 名詞 する動詞 コンピューターなどで、文字の規格や通信回線の問題などにより、打ちこんだ文字と印刷や別の画面に出したときの文字がかわってしまい、正しく読めなくなること。⇨図。例 送られてきたデータが文字化けして読めない。

いつもお世話になっております。

↓

$B$$$Db*@$0C$K$J
CF$*$j$^$9!

文字化け

もしも 副詞 「もし」を強めた言い方。例 もしも失敗したら、どうしよう。

もしもし 感動詞 人に呼びかけるときに言う言葉。また、電話をかけて話しはじめるときに使う言葉。

もじもじ 副詞(〜と) する動詞 はずかしかったり、まよったりして、落ち着かないようす。例 顔を真っ赤にして、もじもじしている。類 うじうじ。

もしものこと【もしもの事】 連語 思いがけないできごと。万一のこと。もしおこったらどうしようか、と心配されるできごと。例 もしものことがあったら、すぐに連絡をください。

もしや 副詞 ひょっとしたら。もしかしたら。例 もしや弟は道にまよったのではないかと急いでさがしにいった。

もしゃ【模写】 名詞 する動詞 〔絵や文章などを〕実物どおりにまねてうつしとること。また、そのうつしたもの。例 名画を模写する。

もしょう【喪章】 名詞 死んだ人をいたむ気持ちを表すために、むねやうでにつける黒い布。例 なくなった監督のために、喪章をつけて試合にのぞんだ。

もじる 動詞 ❶ねじる。よじる。❷有名な言葉や歌などを、おもしろおかしく言いかえる。例 古歌をもじる。活用 もじ・る。

もす【燃す】 動詞 もやす。もえさせる。例 いらない物は燃してしまおう。活用 も・す。

もず 名詞 モズ科の鳥。尾が長い。秋に、するどい声で鳴く。参考 つかまえた虫やカエルなどを、木の枝にさしておく習性を「はやにえ」という。漢字 鵙。百舌。百舌鳥。

ア 話の□はつきない　イ 心配の□　ウ 手品の□明かし

モスクワ 地名 ロシア連邦の首都。クレムリン宮殿や赤の広場などがあり、文化・経済・交通の中心地。参考 英語では Moscow。▼ロシア語

もず・ふるいちこふんぐん【百舌鳥・古市古墳群】 名詞 大阪府にある古い墳墓の集まり。四世紀後半から五世紀後半にかけてつくられた。世界最大の、前方後円墳の大仙古墳をふくむ。世界文化遺産。⇩695ページ・世界遺産（図）。

もぞう【模造】 名詞 する動詞 ある物に似せて、つくること。また、その物。例 模造品。

もぞうし【模造紙】 名詞 表面がなめらかで、じょうぶな少しあつい紙。ポスターやつつみ紙などに使う。参考 上質な和紙に似せてつくったことから。

もぞもぞ 副詞（ーと） する動詞 ❶小さな虫などがうごめくようす。また、そのような感じがするようす。例 せなかがもぞもぞする。❷落ち着きがなく、たえず動くようす。例 足をもぞもぞさせている。

もだえる 動詞 ❶思うとおりにならなくて、なやみ苦しむ。はげしく思いなやむ。例 恋の苦しみにもだえる。❷〔いたみなどのために〕苦しくて、体をねじり動かす。活用 もだ・える。

もたげる 動詞 ❶もちあげる。上にあげる。例 ヘビがかま首をもたげる。❷いきおいや力がさかんになる。例 わかての議員が頭をもたげてきた。活用 もた・げる。

もたせかける【もたせ掛ける】 動詞 あるものに、よりかからせる。立てかける。例 かき根にはしごをもたせ掛ける。活用 もたせか・ける。

もたせる[1] 動詞 あるものに、ほかの物をよせかける。もたせかける。例 かべに身をもたせて考えこんでいる。活用 もた・せる。

もたせる[2]**【持たせる】** 動詞 ❶ある物をもつようにさせる。❷〔人にある物を〕もって行かせる。例 妹に手紙を持たせた。❸ずっとその状態を続けさせる。例 気力で命を持たせている。❹〔費用を〕ふたんさせる。例 費用はわたしに持たせてください。活用 もた・せる。

もたつく 動詞 物事がうまくはかどらない。すらすらと進まず、もたもたする。例 問題が多くて話し合いがもたつく。／したくにもたついて遅刻をした。活用 もたつ・く。

もたもた 副詞（ーと） する動詞 人の動作や物事の進み方がおそいようす。例 もたもたしているうちに、にげられた。／もたもたするな。

もたらす 動詞 持って行く。持って来る。例 幸福をもたらす。／台風がもたらした被害。活用 もたら・す。

もたれる 動詞 ❶よりかかる。例 母にもたれる。／かべにもたれる。❷食べ物がよく消化しないで、胃にたまっている。例 食べすぎて胃がもたれる。活用 もた・れる。

モダン 形容動詞 古くさくなくて、今のはやりや様式に合っていて新しさを感じさせるようす。現代的。▼英語 modern

もち[1]**【餅】** 名詞 もち米をむして、うすや機械でついてつくった食べ物。

もち[2]**【持ち】** 一 名詞 接尾語 ❶持つこと。❷所有すること。また、その人。例 持ち時間。／財産持ち。❸自分でお金を出すこと。例 電車代は自分持ちだ。
二 名詞 長い間その状態が変わらないこと。例 持ちがいい食品。

もちあがる【持ち上がる】 動詞 ❶〔下から何かの力が働いて〕上の方に上がる。❷〔予想外のことが〕おこる。例 事件が持ち上がった。❸学級の受け持ちの先生が、進級といっしょにその受け持ちを続ける。活用 もちあが・る。

もちあげる【持ち上げる】 動詞 ❶持って上の方に上げる。例 大きな石を持ち上げる。❷ほめて、相手をいい気持ちにさせる。例 持ち上げられて、調子に乗る。活用 もちあ・げる。

もちあじ【持ち味】 名詞 ❶その食べ物に、はじめからある味。例 野菜の持ち味を生かす。❷〔人や作品などの〕そのものだけがもっている味わい。例 かれの持ち味がよく出ている。

もちあわせ【持ち合わせ】 名詞 ちょうどそのときに持っていること。また、持っているもの。特に、お金についていう。ことば「あいにく持ち合わせがない」

もちあわせる【持ち合わせる】 動詞 ちょうどよく、その場に持っている。例 その金額なら持ち合わせている。活用 もちあわ・せる。

もちいえ【持ち家】 名詞 その人が持っている家。所有している家。持ち屋。例 持ち家を売って新しい家をたてる。

モチーフ 名詞 ❶文学作品や芸術作品で、それをつくろうとするきっかけになった題材や考え。

ことばクイズ46 □の中に入る同じことばは何でしょう？

❷音楽で、曲をつくるときの、もっとも小さな単位となる短いメロディー。▼英語（フランス語から）motif

もちいる【用いる】動詞 ❶あることのために使う。例かんたんな方法を用いる。／ボールペンを用いて書く。❷特に取り上げて、役立てる。例意見を用いる。❸役目につかせる。職につかせる。例かれを重要な役に用いた。活用もち・いる。

もちかえる【持ち帰る】動詞 持って帰ること。また、会議などで出された意見や問題などをもう一度検討するために持って帰ること。例プリントを家に持ち帰る。／生徒会で出た意見を持ち帰って、クラスで話し合う。活用もちかえ・る。

もちかける【持ち掛ける】動詞 ある話をして、働きかける。例もうけ話を持ち掛ける。活用もちか・ける。

もちきり【持ち切り】名詞 ある時間の間、そのことだけがうわさや話のたねになること。例休み時間は、明日のテストの話で持ち切りであった。

もちぐさ【餅草】名詞 ヨモギの別の名。草もちをつくるときに使われることからいう。もちくさ。

もちぐされ【持ち腐れ】名詞 役に立つものをもっていながら、何の役にも立てないでおいてあること。ことば⇩「宝の持ち腐れ」

もちこす【持ち越す】動詞〔まだ解決がつかずとちゅうであるが〕そのままにして、次の機会にまわす。例仕事を明日まで持ち越す。活用もちこ・す。

もちこたえる【持ちこたえる】動詞 そのままの状態をたもち続ける。例倒産しないよう持ちこたえる。活用もちこた・える。

もちごま【持ち駒】名詞 ❶将棋で、相手から取って自分の手もとにおいてある、いつでも使えるこま。手ごま。❷必要なときにいつでも使えるように、自分の手もとに用意してある人や物。例持ち駒が豊富なチーム。

もちこむ【持ち込む】動詞 ❶物を持って、中に入る。例車内にまくらを持ち込む。❷相談ごとや用件などを持ってくる。例縁談を持ち込む。／市役所に苦情を持ち込む。❸ある状態にもっていく。例延長戦に持ち込む。活用もちこ・む。

もちごめ【餅米】名詞 米の種類の一つ。たくと強いねばりけがでる。もち・せきはんなどをつくるのに使う。対うるち。

もちだし【持ち出し】名詞 ❶持って、外へ出ること。例資料の持ち出しを禁じる。❷費用の足りない分を、自分のお金を出しておぎなうこと。例出張費が持ち出しになる。

もちだす【持ち出す】動詞 ❶物を持って外に出す。中にあった物を外に出す。例書庫の本を持ち出す。❷〔相談ごとや問題などを〕人に言い出す。例今さらそんな古いことを持ち出さなくてもいいのに。活用もちだ・す。

もちつき【餅つき】名詞 むしたもち米をついて、もちをつくること。

もちづき【もち月】名詞 古いこよみで十五日の夜の月。満月。漢字望月。

もちつもたれつ【持ちつ持たれつ】慣用句 たがいに助けたり助けられたりするようす。例世の中は、持ちつ持たれつだ。

もちなおす【持ち直す】動詞 ❶〔もとのようになるように〕もう一度持つ。もちかえる。❷〔病気や天気などの様子が〕ふたたびよい方にむかう。例父の病気が持ち直してほっとした。活用もちなお・す。

もちにげ【持ち逃げ】名詞 する動詞 ほかの人のお金や物を持ってにげること。例店のお金を持ち逃げする。

もちぬし【持ち主】名詞〔あるものを〕持っている人。所有者。例家の持ち主。

もちば【持ち場】名詞 受け持っている場所。また、受け持っている仕事。

もちはもちや【餅は餅屋】ことわざ〔「もちをつくるのは、やはりもち屋にかぎる」の意味から〕物事には、それぞれの専門家がいて、その人が一番上手であるということ。参考「もち屋はもち屋」ともいう。

モチベーション 名詞〔何かをしようとしたり、目標を持ったりすることに〕理由をつけること。また、その理由や原因。動機づけ。やる気。例モチベーションを高める。▼英語 motivation

もちまえ【持ち前】名詞 その人の身にもともとそなわっている性質。例持ち前のほがらかさで人を笑わせる。類天性。

もちまわり【持ち回り】名詞 一つの物事が、関係する人たちの間をじゅんにわたっていくこと。また、役目などが、関係する人たちの間でじゅんに受けつがれていくこと。例 提案は持ち回り会議でしん議された。／町内会の会長は持ち回りとする。

もちもの【持ち物】名詞 ❶手に持っている物。また、そのときに携帯している物。❷自分の物。その人が所有している物。

もちゅう【喪中】名詞 家族の人などが死んだあと、家でつつしんでいたりつき合いをさけたりする期間。類 忌中。

もちよる【持ち寄る】動詞 それぞれの人が持って集まる。例 料理を持ち寄る。活用 もちよ・る。

もちろん 副詞 言う必要もないほど、はっきりしているようす。例 もちろん、君の意見に賛成だ。

もつ【持つ】動詞 ❶手にとって、手からはなれないようにする。例 バッグを持つ。❷身につける。例 かさを持ってきた。❸自分のものにする。例 家を持つ。❹心にいだく。例 自信を持つ。❺身にそなえる。例 美しい声を持っている。❻受け持つ。例 責任を持つ。❼長くその状態が続く。持ちこたえる。例 大切にあつかえば十年は持つ。活用 も・つ。

もっか【目下】名詞 ただ今。今のところ。例 目下、スポーツに熱中しています。

もっかん【木簡】名詞 古代の日本や中国で、紙のかわりに文字などを書いた細長い木の板。

もっかんがっき【木管楽器】名詞 木のくだでつくられた楽器。ふいて鳴らす。フルート・オーボエ・クラリネット・サクソフォーンなど。参考 ㋐今は金属でつくられたものが多い。㋑⇩362ページ・金管楽器。

もっきん【木琴】名詞 台の上に長さのちがった細長い板をならべ、たたいて鳴らす楽器。シロホン。シロフォン。類 鉄琴。

もっけのさいわい【もっけの幸い】慣用句 思いがけない幸運。

もっこ 名詞 なわをあみのようにあんだものの四すみにつなをつけた、ものを運ぶ道具。土や石を入れ、ぼうでかついで運ぶ。⇩図。

もっこ

もっこう【木工】名詞 木を使って家具などをつくること。例 木工場。

もったいない【もったい無い】形容詞 ❶むだにするのが、おしい。例 まだ使えるのに、すてるのはもったいない。❷とてもありがたい。おそれ多い。例 わたしにはもったいないお話です。活用 もったいな・い。

もったいぶる【もったい振る】動詞 わざとおもおもしく、おおげさなふりをする。例 もったいぶってなかなか教えない。参考「もったいをつける」ともいう。活用 もったいぶ・る。

もったいをつける【もったいを付ける】慣用句 いかにもおもおもしく見せる。また、とりわけおおげさにふるまう。もったいぶる。例 もったいを付けないで、早く用件を言いなさい。

もってうまれた【持って生まれた】慣用句 生まれつきそなわっている。生まれつきの。例 持って生まれた才能。

もってこい 連語 ちょうどよく合うこと。あつらえむき。例 ここは、遊ぶのにはもってこいの場所だ。

もってのほか【もっての外】名詞 形容動詞〔常識では考えられないほど〕あってはならないこと。例 練習をまったくしないなんて、もっての外だ。

もってまわる【持って回る】慣用句 ❶物などを持って、あちらこちらに行く。例 招待状を持って回る。❷大げさに遠まわしな言い方ややり方をする。例 持って回った言い方をしないで、はっきり言ってほしい。

もっと 副詞 さらに程度や状態が強まるようす。例 もっと強くなりたい。／もっとがんばろう。

モットー 名詞 ふだんの生活や仕事の目標とすることがら。また、それをかんたんに表した言葉。標語。例「いつもえがおで」がわたしのモットーだ。類 スローガン。▼英語 motto

もっとも 一 形容動詞 りくつにあっているようす。とうぜん。例 君がおこるのももっともな話だ。二 接続詞 しかし。そうはいっても。とはいうものの。例 君たちはいい子だ。もっとも、ときどきは

いたずらをするが。

もっとも[2]【最も】（副詞） ほかのものにくらべて一番であるようす。例 日本で最も古い寺。

もっともらしい（形容詞） ❶いかにもりくつに合っているようにみえる。本当らしい。例 もっともらしいうそをつく。❷いかにも、もったいぶったようすである。例 父は、もっともらしい顔で話し出した。活用 もっともらし・い。

もっぱら【専ら】（副詞） 〔ほかのことはしないで〕そのことだけをするようす。例 専ら、サッカーの練習をしている。

モップ（名詞） そうじのとき、ゆかなどをふくのに使う道具。長い柄の先にとめ具でぞうきんをつけたもの。▼英語 mop

もつれ（名詞） ❶〔髪の毛や糸などが〕もつれること。❷〔物事の〕くいちがい。また、争いごとやもめごと。例 感情のもつれがとけて仲なおりする。❸〔体の一部などが〕思いどおりに動かないこと。例 きんちょうで舌のもつれがなおらない。

もつれる（動詞） ❶〔髪の毛や糸などが〕からみ合ってとけなくなる。いりみだれる。例 糸がもつれる。❷物事がうまくいかなくて、ごたごたする。例 話がもつれる。❸言葉や動作が自由にできなくなる。例 言葉がもつれる。／足がもつれる。活用 もつ・れる。

もてあそぶ【弄ぶ】（動詞） ❶手にもって遊ぶ。いじる。例 ナイフを弄ぶ。❷心のなぐさめとして楽しむ。例 バイオリンを弄ぶ。❸〔ばかにして〕思うままにあつかう。おもちゃにする。ことば「運命に弄ばれる」 活用 もてあそ・ぶ。

もてあます【持て余す】（動詞） どうあつかっていいか、わからなくなる。例 あいた時間を持て余す。活用 もてあま・す。

もてなし（名詞） もてなすこと。例 心のこもったもてなし。

もてなす（動詞） 〔客をていねいに〕とりあつかう。また、ごちそうをする。例 郷土の料理でもてなした。活用 もてな・す。

もてはやす【持てはやす】（動詞） 特にとり立てて、ほめる。例 天才だと持てはやす。活用 もてはや・す。

モデム（名詞） コンピューターが送る信号を電話回線で送る信号にかえたり、送られてきた信号をコンピューターで読みとれる信号にかえたりする装置。▼英語 modem

モデラート（名詞） 音楽で、曲を演奏する速さを表す言葉。「中くらいの速さで」の意味。▼英語（イタリア語から） moderato

もてる【持てる】（動詞） ❶持つことができる。また、同じ状態を長く続けることができる。例 両手に持てるだけの花をつむ。❷人から好ましく思われる。人気がある。例 たくさんの女性にもてる男の人。注意 ②はふつう、ひらがなで書く。活用 も・てる。

モデル（名詞） ❶型。模型。❷手本。模範。例 交通安全のモデル地区。❸〔絵・彫刻・小説などの〕作品をつくるとき、題材とする人や物。例 姉をモデルにして絵をかいた。❹「ファッションモデル（fashion model）」の略。新しい型の洋服などを着て人に見せる職業の人。▼英語 model

モデルケース（名詞） 標準の目安となる例。典型的・平均的な例。また、手本や見本となる例。▼英語 model case

モデルチェンジ（名詞）（する動詞） 品物のデザイン・性質・能力・設備などを変えること。また、自動車や機械などで、そのつくりやデザインのちがいによってつけられている型式を変えること。参考 日本でつくった言葉。

もと[1]【下】（名詞） ❶した。例 木の下。❷ある人のいるところ。また、そのあたり。例 親の下をはなれる。❸…という条件で。…というとりきめで。例 引き分けはなしという約束の下に試合をはじめた。⇩使い分け。

もと[2]【元】（名詞） ❶物事のはじめ。例 元にもどす。❷前。以前。例 元のクラス。❸元手。原価。例 元をとる。参考 アクセントは、①②は「も」が強く、③は「と」が強くなる。⇩使い分け。

もと[3]【本】（名詞） ❶物事の始まり。例 家系の本を調べる。❷物事の中心となる大事な部分。例 生活の本を正す。❸原因。例 失敗は成功の本。❹原料。参考「元」とも書く。⇩使い分け。

もと[4]【基】（名詞） 物事の土台になるもの。例 事実を基にした小説。／国家の基をきずく。参考「本」とも書く。⇩使い分け。

もとおりのりなが【本居宣長】（人名） （一七三〇～一八〇一）江戸時代中ごろの国学者。長い間「古事記」の研究を続けて、「古事記伝」という本を書いた。また、「源氏物語」の注釈や、言葉の研究にもすぐれた仕事を残した。

もどかしい（形容詞） 物事が思うようにならず、

あいうえお かきくけこ さしすせそ たちつてと なにぬねの はひふへほ まみむめも も やゆよ らりるれろ わをん

使い分け もと

●した。白日の下にさらす。

●前。元の校長先生。

●中心。生活の本を正す。

●土台。取材を基にする。

いらいらする気持ちである。例自分の気持ちをうまく伝えられなくて、もどかしい。活用もどかし・い。

もときん【元金】 名詞 ❶商売や仕事の元手にするお金。資金。❷かしかりをして、利子がつくもとになるお金。元金。類元手。対利息。

もとごえ【元肥】 名詞 作物をつくるまえに田畑に入れておく肥料。対追い肥。追肥。

もとじめ【元締め】 名詞 ❶お金の計算や、仕事などのしめくくりをすること。また、その役目の人。❷仕事などで集まった人たちをまとめる人。親分。

もどす【戻す】 動詞 ❶借りたものを返す。例図書館の本を戻す。❷はじめにあった場所や状態に返す。例食器をたなに戻す。／話を元に戻す。❸食べた物を口からはき出す。例食べた物を戻してしまった。活用もど・す。

もとせん【元栓】 名詞 水道やガスなどを建物の中に引きこんでいる配管の根もとに取り付けたせん。例旅行前にガスの元栓をしめる。

もとづく【基づく】 動詞 ある物事をもととする。土台とする。例事実に基づいて話す。活用もとづ・く。

もとで【元手】 名詞 商売をはじめるためにいるお金。類資本金。元金。

もとどおり【元通り】 名詞 前とかわらない形や様子であること。もとのとおり。例本を元通りに本ばこにしまう。

もとなり【本なり】 名詞 植物の、つるやみきのもとに近い方に実がなること。また、その実。対うらなり。

もとね【元値】 名詞 品物をしいれたときのねだん。仕入れ値。原価。

もとのさやにおさまる【元のさやに収まる】 慣用句 いったん仲の悪くなった人同士が、もう一度もとの関係にもどることをたとえていう言葉。語源 さやからぬいた刀が、また元のさやにおさまるという意味から。

もとのもくあみ【元の木阿弥】 ことわざ いったんよくなったものが、またもとの悪い状態にもどることをたとえていう言葉。例せっかく病気がなおってきたのに無理をしては元の木阿弥だ。語源 昔、ある大名が病気で死んだとき、声のよく似た木阿弥という者をうすぐらいねどこにねかせて、大名がまだ生きているように見せかけた。大名の子がやがて大きくなったとき、木阿弥は、また、ただの人にもどされた、という話から。

もとめる【求める】 動詞 ❶あるものをほしいと思う。例幸せを求める。❷相手に、あることをしてほしいと要求する。例助けを求める。❸さがす。たずねる。例仕事を求める。❹買う。手に入れる。例ほしい本を求めた。活用もと・め・る。

もともこもない【元も子もない】 慣用句 〔元金も利息もともに失う意味から〕すべてを失って、努力がむだになるようす。

もともと【元元】 一 名詞 そんにもとくにもならないこと。例負けてもともとだと思ってむかっていく。二 副詞 はじめから。もとから。例もともと人間は、大地のめぐみにささえられて生きてきた。

ことばあそび ことばクイズ47 □の中に入る動物の名前は、それぞれ何でしょう？

参考 一 二 ふつう、ひらがなで書く。

もとより 副詞 ❶はじめから。もともと。例 もとよりわが子がかわいくないという親がいるはずはない。❷いうまでもなく。もちろん。例 テニスはもとより、スポーツはなんでもできる。

もとる 動詞 規則や道理などにそむく。ことば 「人道にもとる（おこない）」 活用 もと・る。

もどる【戻る】 動詞 ❶元いた場所に帰る。元の状態になる。例 家へ戻る。／落としたお金が戻った。❷〔進んだ方向とぎゃくの方向へ〕引き返す。例 通りすぎた車が戻ってきた。 活用 もど・る。

もなか 名詞 もち米の粉をねってうすくのばして焼いた皮を二枚合わせ、その間にあんを入れた和菓子。漢字 最中。

モニター 一 名詞 放送や録音などがうまくいっているかどうかを見はる機械。また、それを使って見はる人。二 名詞 する動詞 放送局・新聞社・会社などからたのまれて、記事や放送の内容、また、商品などについて、意見や感想をのべること。また、その人。▼英語 monitor

もぬけのから【もぬけの殻】 慣用句 ❶ヘビ・セミなどのぬけがら。❷人がぬけ出して、からになっているねどこや家のこと。また、からになっていること。例 かくれがはもぬけの殻だった。

もの[1] 助詞 ❶やさしく、また、あまえの気持ちをこめて、理由をのべるときの言葉。例 だってきらいなんだもの。❷とうぜんの理由として、あることがらをあげて説明するときの言葉。例 とつぜんだもの、よける間もなかった。

もの[2]**【物】** 一 名詞 ❶人が、目・耳・口・鼻・ひふなどの感覚で、あると知ることができる物体や物質。例 机の上に置いてある物。❷品物。例 いい物を買った。❸言葉。また、文章。例 物も言わずに飛び出した。／物を書く仕事。❹持ち物。所有している物。例 姉の物をかりる。❺何かをするときの対象。例 物をおぼえる。❻いろいろな事がら。物事。例 かれはわかいけれど、物をよく知っている。❼すじ道。わけ。例 物のわかる人。❽対象をはっきりと指さずに、それとなくとらえて言う言葉。例 一目だけでも見たいものだ。／そんなことがあるものか。／あいさつぐらいするものだ。参考 ❽は、ひらがなで書く。二 接尾語 《「…物」の形で》同じ仲間を集めて、全体を表す言葉をつくる。例 飲み物。／食べ物。／刃物。／着物。／入れ物。／乗り物。三 接頭語 ❶《ある言葉の上につけて》「何となく」の意味をそえる言葉。例 物悲しい。／物さびしい。❷《ある言葉の上につけて》「いかにも…のようだ」の意味をそえる言葉。例 物めずらしい。

もの[3]**【者】** 名詞 人。例 にせ者。参考 あらたまったときや、へりくだったときにも使う。例 家の者に行かせます。

ものいい【物言い】 名詞 ❶言葉の使い方。話し方。例 やさしい物言い。❷相撲の勝ち負けについて、審判員が行司の判定に反対の意見を出すこと。例 物言いがついた。❸〔❷の意味から〕文句を言うこと。例 委員会の決定に物言いがついた。

ものいり【物入り】 名詞 形容動詞 費用がかかること。例 今月は、引っこしをしたので、大変な物入りだった。

ものうい【物憂い】 形容詞 何となく気持ちがふさいで、何もする気がおこらないようす。だるくておっくうである。例 物憂い雨の日曜日。活用 ものう・い。

ものうり【物売り】 名詞 品物を売り歩くこと。また、その人。

ものおき【物置】 名詞 ねんりょうや、いろいろな道具などを入れておく小屋。納屋。注意 送りがなをつけないこと。

ものおじ【物おじ】 名詞 する動詞 おくびょうで物事をこわがること。例 物おじしない明るい子だ。

ものおしみ【物惜しみ】 名詞 する動詞 物を、使ったり人にやったりするのをおしいと思うこと。けちけちすること。例 物惜しみをしない人。

ものおと【物音】 名詞 何の音かはっきりとわからない音。例 あやしい物音。

ものおぼえ【物覚え】 名詞 物事をおぼえること。また、その力。記憶力。ことば 「物覚えがいい」「物覚えが悪い」

ものおもい【物思い】 名詞 心配ごとなどがあって、あれこれと考えなやむこと。ことば 「物思いにしずむ」

ものかき【物書き】 名詞 文章を書くこと。また、それを仕事としている人。例 物書きをしながら音楽をきく。／将来は物書きになりたい。

ものかげ【物陰】名詞 物にかくれて見えないところ。例 物陰から人の出入りを見はる。

ものがたり【物語】名詞 ❶話をすること。また、その話。❷すじのある話。例 物語の主人公。❸古くから伝えられている話。例 この井戸にまつわる物語を、これから語ろう。注意 送りがなをつけないこと。

ものがたりぶん【物語文】名詞 人間の生き方や気持ち、社会の様子などをえがいた文章。物語・童話・小説などをふくむ。対 説明文。

ものがたる【物語る】動詞 ❶まとまりのある話をする。例 じっさいに見てきた様子を物語る。❷ある意味をしめす。例 はしらの刀きずは、この家の古い歴史を物語っている。活用 ものがた・る。

ものがなしい【物悲しい】形容詞 何となく悲しい。例 物悲しい声。活用 ものがなし・い。

ものぐさ【物臭】名詞 形容動詞 物事をするのをめんどうだと思うこと。また、そのような人。例 物臭なので、やる気が出ない。

ものごい【物乞い】名詞 する動詞 人に物をめぐんでくれるようにたのむこと。また、その人。

ものごころ【物心】名詞 物事のよしあし、美しさ、みにくさ、人の気持ちなどを感じとる心。例 物心ついて以来、ずっといっしょにいる。

ものごころがつく【物心がつく】慣用句 子どもが成長して、世の中の様子がわかるようになる。例 物心がつく前から、この町に住んでいる。

ものごし【物腰】名詞 ものの言い方や動作。態度。例 物腰がやわらかい。

ものごと【物事】名詞 物と事がら。生活の中のすべてのもの。例 物事を論理的に考える。／あらゆる物事。

ものさし【物差し・物指し】名詞 ❶〔物にあてて〕物の長さをはかる道具。例 物差しで直線の長さをはかる。⇨定規。参考 目盛りが端からついているもの。❷物事を評価するときのもとになるもの。例 自分の物差しで他人をはからない方がよい。

ものさびしい【物寂しい】形容詞 何となくさびしい。例 物寂しい光景。活用 ものさびし・い。

ものしずか【物静か】形容動詞 ❶あたりがひっそりとしているようす。例 物静かな夜であった。❷〔話し方や態度が〕落ち着いていて、おだやかなようす。例 物静かな転校生。

ものしり【物知り】名詞 いろいろなことをよく知っていること。また、その人。例 兄は物知りだ。類 博学。

ものしりがお【物知り顔】名詞 いかにもよく知っているというような顔つきや態度。例 物知り顔で話す。

ものずき【物好き】名詞 形容動詞 変わった物事を好むこと。また、そのような人。例 きみは物好きな人だね。

ものすごい【物すごい】形容詞 ❶言い表すことができないほど、おそろしい。気味が悪くて、こわい。例 物すごい顔の人形。❷ていどが、とてもはげしい。例 物すごい雨。／今日は物すごく寒い。活用 ものすご・い。

ものたりない【物足りない】形容詞 何となく満足できない。例 物足りないできばえ。活用 ものたりな・い。

ものともせず【物ともせず】慣用句 問題にしないで、平気であるようす。例 母は苦労を物ともせず、家族のためにひたすら働いていた。

ものなら 助詞 ❶「…してしまったら（よくない、または大変なことになる）」という意味を表す。例 さらに雨が降ろうものなら、電車が止まってしまうだろう。❷〔そんなことはできるはずがない、という気持ちをこめて〕「…と思うなら」という意味を表す。例 できるものならやってごらん。参考 くだけた場面では「もんなら」という言い方をするときもある。

ものにする【物にする】慣用句 ❶役に立つものにしあげる。また、思いどおりに自由に使えるようにする。例 勉強して英語を物にする。❷思いどおりに手に入れる。

ものになる【物になる】慣用句 〔人や仕事などが〕りっぱな状態になる。例 妹のピアノも、ようやく物になってきた。

ものの[1] 連体詞 ほんの。およそ。やく。例 ものの五分とかからない。

ものの[2] 助詞 「…けれども」「…とはいえ」という意味を表す。また、「…ようなものの」「…とはいうものの」などの決まった形で使われることもある。例 熱はさがったものの、まだ鼻水がでる。／軽いけがですんだからいいようなものの、事故には十分に気をつけなさい。

ものの かず【物の数】名詞 特に取り上げて数えるほどのねうち。参考 多く、下に「…ない」などの打ち消しの言葉が続く。例 あんなチームなんか物の数ではない。

もののけ 名詞 人にとりついてたたりをするといわれる、死んだ人や生きている人の霊。または妖怪など。漢字 物の怪。類 悪霊。

もののはずみ【物の弾み】慣用句 そのときの思いがけないいきおい。ちょっとしたひょうし。その場のなりゆき。例 物の弾みでよけいなことを言う。

もののみごとに【物の見事に】慣用句 まことに、りっぱに。とてもあざやかに。例 物の見事に解決した。

ものはいいよう【物は言いよう】慣用句 同じことでも言い方によって相手の受け取り方がよくもなるし、悪くもなること。例 物は言いようで、はでなかっこうも、はなやかと言われれば悪い気がしない。

ものはかんがえよう【物は考えよう】慣用句 同じことでも考え方によって、よい方にも悪い方にもとることができるということ。例 失敗しても物は考えようで、次の機会に役立つと思えばよい。

ものはそうだん【物は相談】慣用句 ❶どんなことでもだれかに相談してみると、よい考えや結果が得られることもある。❷人に相談をもちかけるときなどに呼びかける言葉。例 物は相談だけれども、お金をかしてくれないか。

ものはためし【物は試し】慣用句 物事は、じっさいにやってみなければ、いいか悪いかわからないということ。例 物は試し、一度やってみよう。

ものほし【物干し】名詞 せんたく物をほすこと。また、そのための台や場所。例 物干しざお。

ものまね【物まね】名詞 する動詞 人や動物などの、声・動作・形などをまねること。

ものみ【物見】名詞 ❶物事を見ること。見物。❷「物見やぐら」の略。遠くを見わたすために、高くつくった見はり台。❸戦いのとき、敵のようすをさぐる役目。また、その人。例 物見の兵を出す。

ものみだかい【物見高い】形容詞 なんでもめずらしがって見たがる。例 物見高い人たちが集まってきた。活用 ものみだか・い。

ものみゆさん【物見遊山】名詞 あちらこちらを見物しながら歩きまわること。例 ヨーロッパへ物見遊山の旅に出る。

ものめずらしい【物珍しい】形容詞 何となくめずらしい。また、いかにもめずらしい。例 物珍しそうに見ている。活用 ものめずらし・い。

ものもち【物持ち】名詞 ❶お金や品物などをたくさん持っていること。また、その人。財産家。❷品物を大事にして、いつまでも持っていること。例 母は物持ちがいい。

ものものしい【物物しい】形容詞 ❶どっしりとしていて重々しく、りっぱであるようす。例 物々しい古い建物。❷きびしい。例 物々しいけいかい。❸おおげさである。例 物々しい登山すがた。参考 ふつう「物々しい」と書く。活用 ものものし・い。

ものもらい【物もらい】名詞 まぶたにできる、小さなはれもの。麦粒腫。

ものやわらか【物柔らか】形容動詞 人の性格や態度などが、なんとなくやわらかで、おだやかなようす。例 物柔らかに話す。

モノラル 名詞 ❶ステレオのように、左右別々の音でなく、一つの音を録音・再生すること。立体的でなく、片方の耳だけで聞くときのように、平板に聞こえる。❷一つだけのマイクやスピーカーを使って、録音・再生をすること。また、そのような装置。対 ステレオ。▼英語 monaural

モノレール 名詞 一本のレールの上を走る電車。レールにつり下がって走るものと、またがって走るものとがある。参考「モノ」は「一」の意味。▼英語 monorail

ものわかり【物分かり】名詞 物事を理解して受け入れること。ことば「物分かりがいい」

ものわかれ【物別れ】名詞 おたがいに意見が合わないで、そのままわかれること。例 今日の話し合いは、物別れにおわった。

ものわすれ【物忘れ】名詞 する動詞 物事をわすれてしまうこと。例 このごろ物忘れがひどい。

ものわらい【物笑い】名詞 人々からばかにされ、笑われること。例 世間の物笑いになる。

ものをいう【物を言う】慣用句 ❶口から言葉を出す。口をきく。❷役に立つ。ききめがある。例 日ごろの練習が物を言う。

ものをいわせる【物を言わせる】慣用句 持っているものの力やききめを十分にはっきりさ

ア □の一声で決まる　イ □のなみだほどの金額

せて、役に立たせる。例 お金に物を言わせて好き勝手なことをする。

モバイル 名詞 持ち運んで使える、小型のパソコンや携帯電話、スマートフォンなどの機器。参考 もとは「移動式の」という意味。▼英語 mobile

もはや 副詞 今となっては。もうすでに。例 もはや、手おくれだ。

もはん【模範】 名詞 人が見ならわなくてはならないりっぱなもの。手本。例 模範をしめす。

もはんてき【模範的】 形容動詞 手本になるようなりっぱなようす。例 模範的な演技。

もふく【喪服】 名詞 葬式や喪中のときに着る着物。多く黒い色を使う。

もほう【模倣】 名詞 する動詞 まねること。似せること。例 人の作品を模倣する。

もまれる 連語 ❶社会に出ていろいろな経験をし、くろうする。例 社会の荒波にもまれる。❷大ぜいの人の中で、あちこち動かされる。例 人ごみにもまれる。

[1]もみ 名詞 マツ科の高木。若い木の葉は先がさけている。クリスマスツリーとして使う。漢字 樅。

[2]もみ 名詞 ❶イネの穂からとったままの、からのついた米。❷イネの実の外側のかわ。もみがら。漢字 籾。⇩図。

もみあう【もみ合う】 動詞 〔多くの人が〕たがいにおし合い、入りみだれて争う。例 警官隊とデモ隊ははげしくもみ合った。活用 もみあ・う。

もみあげ【もみ上げ】 名詞 耳の前の髪の毛が、耳にそってはえている部分。⇩233ページ・顔①(図)。

もみがら
ぬか
胚乳
胚芽

²もみ

もみがら【もみ殻】 名詞 イネの実の外側のかわ。もみ。⇩²もみ(図)。

もみくちゃ 名詞 ❶〔紙や布などが〕もまれてひどくしわになること。もみくしゃ。もみくた。例 かばんに入れておいたメモがもみくちゃになった。❷〔人ごみやこんざつした乗り物の中で〕ひどくもまれること。例 満員電車でもみくちゃにされる。

もみけす【もみ消す】 動詞 ❶〔火のついたものを〕もんで、消す。例 たばこの火をもみ消す。❷〔人に知られてはこまることなどを〕こっそり手を回して、なくす。例 事件をもみ消す。活用 もみけ・す。

もみじ【紅葉】 一 名詞 する動詞 秋になって、木の葉の色が赤や黄色にかわること。また、その葉。こうよう。例 美しく紅葉した山。二 名詞 カエデの別のよび名。

もみじおろし【紅葉卸し】 名詞 大根の切り口にトウガラシをさしこみ、すりおろしたもの。参考 ニンジンをまぜることもある。

もみじがり【紅葉狩り】 名詞 秋、山や野などに出かけて、赤や黄に色づいた木の葉を観賞して楽しむこと。例 家族で紅葉狩りに出かけた。

もみじのようなて【紅葉のような手】 慣用句 小さくてかわいらしい子どもの手のたとえ。例 赤ちゃんの、紅葉のような手。

もみで【もみ手】 名詞 両方の手のひらをもむようにこすり合わせること。たのみごとをしたりあやまったりするときに、することが多い。例 もみ手をしながらおせじを言う。

もむ 動詞 ❶両手の間にはさんで、こする。例 紙をもんで、やわらかくする。❷はげしく意見を出し合う。例 新しい案を会議でもむ。❸手や指を動かして、ほぐす。例 かたをもむ。活用 も・む。

もめごと【もめ事】 名詞 争いごと。例 もめ事を起こしたくない。類 争い。

もめる 動詞 ❶争いがおこる。例 代表を選ぶのに、だいぶもめた。❷心配で落ち着かない。ことば ⇩「気がもめる」活用 も・める。

もめん【木綿】 名詞 ❶ワタの実からとったせんいでつくった糸。また、その糸で織った織物。めん。❷ワタの実の中にある白くてやわらかなせんい。もめんわた。

[1]もも 名詞 足のまたから下、ひざから上の部分。⇩24ページ・足①(図)。

[2]もも【桃】 名詞 バラ科の木。春、うすいべに色または白色の花がさき、夏に丸く大きい実ができる。実はやわらかく、食用にする。

ももいろ【桃色】 名詞 モモの花のような色。ピンク。

ももくりさんねんかきはちねん【桃栗三年柿八年】 ことわざ モモとクリは芽が

ことばあそび ことばクイズ48 □の中に入る動物の名前は、それぞれ何でしょう？

出て三年、カキは八年たつと実がなるということ。

ももたろう【桃太郎】書名 おとぎ話の一つ。桃から生まれた桃太郎が、犬・サル・キジとともに、鬼を退治しに行くという物語。

もものせっく【桃の節句】名詞 三月三日におこなう女の子のおいわい。ひな人形やモモの花などをかざる。ひなまつり。

ももひき【もも引き】名詞 ❶男性の作業用の服で、ズボンのようなもの。❷寒さをふせぐため、ズボンの下にはくもの。ズボン下。

もや 名詞 地面や海面などに、低くたちこめるうすい霧。

もやし 名詞 ダイズや麦などのたねを水にひたし、光をあてないで芽を出させたもの。食用にする。

もやす【燃やす】動詞 ❶もえるようにする。例 落ち葉を燃やす。❷〔ある気持ちを〕はげしくおこす。ことば「闘志を燃やす」 活用 もや・す。

もやもや 副詞(-と) する動詞 ❶けむりやもやなどが立ちこめるようす。例 温泉からもやもやと湯気が立つ。❷すっきりしないで、いやな感じが残っているようす。例 ずっともやもやしていることがある。

もよう【模様】名詞 ❶かざりのために使う、いろいろな形や絵。例 水玉の模様。❷有様。様子。例 話し合いの模様を伝える。参考 ほかの言葉の後につけて「…らしいようすである」の意味を表すこともある。例 雨模様。

もようがえ【模様替え】名詞 する動詞 ❶部屋のかざりつけや家具を置く場所などを変えること。例 季節がかわるごとに模様替えをする。❷物事のしくみ・やり方・順番などを変えること。例 社長がかわって会社の組織も模様替えをした。

もよおし【催し】名詞 大ぜいの人を集めた会。もよおしもの。例 敬老の日の催しに家族で参加する。

もよおしもの【催し物】名詞 人を集めておこなわれる、会や行事。展覧会・演奏会・展示会など。イベント。例 デパートの最上階に、催し物会場がある。

もよおす【催す】動詞 ❶〔会などを〕計画して開く。例 運動会を催す。❷そのような気持ちになる。感じる。例 ねむけを催した。活用 もよお・す。

もより【最寄り】名詞 一番近いところ。すぐ近所。例 最寄りの駅に行く。

もらいて【もらい手】名詞 物をもらい受ける人。もらってくれる人。例 子ネコのもらい手をさがす。

もらいなき【もらい泣き】名詞 する動詞 ほかの人が泣いている理由や気持ちに同情して、自分も泣くこと。例 気の毒な話に、思わずもらい泣きをしてしまった。

もらいもの【もらい物】名詞 人から物をもらうこと。また、人からもらった物。例 もらい物のケーキをみんなで食べる。類 頂き物。

もらう 動詞 ❶人からあたえられたものを受け取る。例 おこづかいをもらった。❷人にたのんで、自分のものにする。また、自分で自由に使う。例 家のふろがこわれたので、となりのふろをもらった。／五日間の休みをもらう。❸〔よめ・むこ・子どもなどを〕家にむかえる。例 兄さんがおよめさんをもらった。❹〔勝負で〕勝ちを自分のものにする。例 この試合はもらった。❺《「…てもらう」の形で》人にたのんで、あることをさせる。例 絵をかいてもらう。活用 もら・う。

もらす【漏らす】動詞 ❶もれるようにする。外にこぼす。例 おしっこを漏らす。❷〔必要なことを〕ぬかす。例 大事なことを漏らしてしまった。❸こっそり人に知らせる。例 ひみつを漏らす。❹口に出して言う。また、表にあらわす。例 思わず本音を漏らした。活用 もら・す。

モラル 名詞 社会生活をするのに、人間として守らなくてはならないきまり。道徳。倫理。例 モラルがみだれる。▼英語 morals

もり[1] 名詞 魚をつきさしてとる、先のとがった道具。参考 つきささるとなかなかぬけないようになっている。⇩図。漢字 銛。

[1]もり

もり[2]【盛り】名詞 ❶食べ物をさらや茶わんなどにもること。また、もった量。❷「もりそば」のこと。

もり[3]【森】名詞 大きな木がたくさんしげっているところ。例 森のおく。／うす暗い森。類 林。

もりあがる【盛り上がる】動詞 ❶中からふ

くらんで高くなる。例 筋肉が盛り上がるようにおこって高まる。例 サッカーの話で盛り上がる。❷〔気持ちやいきおいなどが〕わき上がる。活用 もりあが・る。

もりあげる【盛り上げる】動詞 ❶積み重ねて高くする。例 土を盛り上げる。❷いきおいづける。さかんにする。例 おうえん団が大会を盛り上げる。活用 もりあ・げる。

もりおかし【盛岡市】地名 岩手県の県庁所在地。⇩916ページ・都道府県(図)。

もりかえす【盛り返す】動詞 一度弱くなったいきおいを、元のようにさかんにする。例 勢力を盛り返す。活用 もりかえ・す。

もりこむ【盛り込む】動詞 いろいろなものをたくさん取り入れる。例 必要な機能をすべて盛り込む。活用 もりこ・む。

もりそば【盛りそば】名詞 ゆでたそばを水にさらしてから、ざるなどにもりつけたもの。そばつゆなどのしるにつけて食べる。もり。

もりだくさん【盛り沢山】形容動詞 いろいろなものが、たくさんふくまれているようす。例 盛りだくさんの内容。

もりたてる【もり立てる】動詞 ❶力をそえて、物事がうまくいくようにさせる。例 家業をもり立てる。❷弱ったいきおいを、ふたたびさかんにしようとする。例 しずみこんだ気分をいさましい音楽でもり立てる。活用 もりた・てる。

もりつけ【盛り付け】名詞 料理をうつわにもること。また、そうしたもの。例 料理の盛り付けを工夫するとおいしそうに見える。

もりつち【盛り土】名詞 土をもって地面を高くすること。また、そのもった土。

もりもり 副詞(-と) ❶さかんに、どんどん食べるようす。例 ごはんをもりもり食べる。❷物事を、いきおいよく、どんどん進めるようす。例 もりもり働く。/もりもり勉強する。❸いきおいよく、もり上がるようす。例 勇気がもりもりわいてくる。

[1]**もる**【盛る】動詞 ❶〔食べ物などを〕入れ物の中に入れる。また、たくさん入れる。例 果物を盛った、かご。❷土や砂などを高くつむ。例 土を盛る。❸薬を飲ませる。また、毒をまぜて飲ませる。ことば「毒を盛る」❹写真を加工するなどして、じっさいとは異なる外見をつくる。例 見た目を盛る。❺大げさに言う。ことば「話を盛る」活用 も・る。

[2]**もる**【漏る】動詞 すき間から液体がこぼれる。例 雨が漏る。活用 も・る。

モルタル 名詞 セメントと砂をまぜて、水でねったもの。かべにぬったり、れんがや石をつなぎ合わせたりするのに使う。▼英語 mortar

モルヒネ 名詞 アヘンにふくまれている物質。いたみどめの薬などとして使うが、麻薬でもある。参考 英語は morphine。▼オランダ語

モルモット 名詞 テンジクネズミ科の動物。性質はおとなしく、医学の実験にも使われる。てんじくねずみ。▼オランダ語

もれなく【漏れなく】副詞 ぬかしたり落としたりしないで。一つ残らず。例 必要なことを漏れなく書いておく。

もれる【漏れる】動詞 ❶〔水・空気・光などが〕すきまから外にこぼれる。例 明かりが漏れる。❷かくしていたことが、ほかの人にわかる。例 情報が漏れる。❸ぬける。落ちる。例 ちゅうせんに漏れた。活用 も・れる。

もろい 形容詞 ❶こわれやすい。くだけやすい。例 この岩はもろくなっている。❷感じやすい。例 情にもろい人。❸がんばる力がない。弱い。例 横綱がもろい負けかたをした。活用 もろ・い。

[1]**もろこし** 名詞 イネ科の植物。夏にくきの先から穂を出し、小さい実をたくさんつける。

[2]**もろこし** 名詞 ❶昔の日本の人が中国を呼ぶときの名。❷昔、中国の物や、中国から日本に伝わってきた物の名につけた言葉。ことば「もろこし歌(=漢詩)」「もろこし書(=中国から伝わった書物)」

もろて【もろ手】名詞 両手。ことば「(その考えに)もろ手をあげて賛成する」

もろとも【もろ共】名詞 それといっしょ。ともども。例 船もろ共海にしずんでしまった。

もろはだ【もろ肌】名詞 上半身のはだ。左右のかたからうでにかけてのはだ。ことば「もろ肌をぬぐ(=全力をあげて物事をする)」

もろはのつるぎ【もろ刃の剣】ことわざ 〔両方に刃のあるつるぎのように〕役に立つが、使い方をまちがえると、危険が大きいもののたとえ。両刃のつるぎ。例 この薬はよくきくが、副作用もあるもろ刃の剣だ。

もろもろ 名詞 多くのもの。すべてのもの。例 もろもろの悪とたたかう。

[1]**もん**【門】名詞 ❶家の外側の、出入り口。例 正

こたえ ア つる イ すずめ

面の門。❷ある先生から教えを受けるその仲間。例山田先生の門にはいる。

もん²【紋】名詞 ❶図形。もよう。❷その家のしるしとしてつくった、もよう。紋所。家紋。例徳川家の紋。

もんえい【門衛】名詞 役所や会社などの門のそばにいて、出入りする人を見はったり、案内をしたりする人。類門番。

もんか【門下】名詞 ある先生について、教えを受けること。また、その人。例門下からゆうしゅうな人がたくさん出た。

もんがい【門外】名詞 ❶門の外。❷専門でないこと。

もんがいかん【門外漢】名詞 そのことについて専門でない人。また、そのことにかかわりのない人。例ぼくは、文学にはまったくの門外漢だからわかりません。

もんがいふしゅつ【門外不出】四字熟語 とても大切な絵画・書・彫刻などの芸術品を、ほかの人に見せたり貸したりしないで自分のところにしまっておくこと。また、その物。例門外不出の名画。

もんかせい【門下生】名詞 ある先生のもとで教えを受ける人。門人。弟子。門弟。

もんがまえ【門構え】名詞 ❶門をかまえていること。また、門のかまえのようす。例りっぱな門構えの家。❷漢字の部首の一つ。「関」「間」「閉」「開」などの「門」の部分のよび名。

もんきりがた【紋切り型】名詞 決まりきったやり方。かたどおりで、新しさがないこと。例紋切り型のあいさつ。

もんく【文句】名詞 ❶文章の中の短い言葉。例気に入った文句をおぼえる。❷不平。苦情。例ぶつぶつ文句をいう。

もんくなし【文句無し】連語 文句を言う必要がないほど、すばらしいこと。例文句無しにおいしい料理。

もんげん【門限】名詞 夜、門をしめる、決められた時刻。また、夜、外出から帰らなければならない時刻。例門限を守る。／門限をやぶる。

もんこ【門戸】名詞 ❶門と戸口。出入り口。❷一家。家庭。ことば「門戸をかまえる」❸物事を受け入れるための入り口。ことば「門戸を開く」

もんこかいほう【門戸開放】名詞 ❶家などに自由に出入りすることをゆるすこと。❷国が、外国に対し自由に取り引きすることをゆるすこと。参考❷は、国の出入り口である港をあけはなす意味から。

モンゴル 地名 モンゴル国。中国とロシアの間にある内陸の国。首都はウランバートル。▼英語 Mongol

もんさつ【門札】名詞 門や入り口に、その家に住んでいる人の名前を書いてかけておくふだ。表札。門標。

もんし【門歯】名詞 中央にある歯。人間では上下四本ずつ、八本ある。前歯。切歯。

もんじ【文字】名詞 ⬇1298ページ・もじ。

もんしょう【紋章】名詞 その家や団体などを表す、決まったしるし。例イギリス国王の紋章。

もんしろちょう【紋白ちょう】名詞 シロチョウ科のこん虫。羽は白色で、黒い点がある。キャベツなどの葉にたまごをうむ。

もんじん【門人】名詞 ある先生のもとで教えを受ける人。弟子。門弟。門下生。

モンスーン 名詞 ⬇323ページ・きせつふう。例モンスーン気候。▼英語 monsoon

もんぜつ 名詞 もだえ苦しむこと。〔そして気絶してしまうこと。〕例あまりの痛さにもんぜつした。漢字 悶絶。

もんぜん【門前】名詞 門の前。

もんぜんいちをなす【門前市を成す】慣用句 門の前にたくさんの人たちがむらがり集まること。また、その家に住む人の持っている力や評判などをしたって、たずねてくる人が多いことのたとえ。例アイスがおいしいと評判の店は、いつも門前市を成す状態だ。

もんぜんのこぞうならわぬきょうをよむ【門前の小僧習わぬ経を読む】ことわざ〔寺の門前に住む子どもは、いつもお経を聞いているから、特別に教えられなくても自然におぼえてしまうように〕ふだんよく見たり聞いたりしていることは、知らず知らずのうちにおぼえてしまうことのたとえ。例プロ野球選手を父にもつかれは、門前の小僧習わぬ経を読むで、子どものころから野球が上手だった。

もんぜんばらい【門前払い】名詞 たずねてきた人に会わないで、追い返すこと。例弟子入りを志願する青年に、門前払いを食わせる。

もんぜんまち【門前町】名詞 大きな神社や

ア □はだが立つ イ □の居所が悪い

寺を中心にして発達した町。参考 ㋐伊勢神宮のある伊勢市、善光寺のある長野市など。㋑⇩88ページ・市場町。598ページ・宿場町。610ページ・城下町。

モンタージュ 名詞 する動詞 いくつかの写真などを組み合わせて、一つの写真をつくりあげること。また、そのようにしてつくった写真。▼英語(フランス語から) montage

もんだい【問題】 名詞 ❶答えさせるための質問。例 試験の問題をとく。❷〔取り上げて〕考えたり解決したりしなければならない事がら。例 だれをキャプテンに選ぶかが問題だ。❸めんどうな、事がら。例 問題を引きおこす。❹世の中で話題になっている、事がら。例 これが問題の作品だ。

もんだいにならない【問題にならない】 慣用句 〔ちがいが大きすぎて〕くらべものにならない。話し合いや問題として取り上げる価値がない。話にならない。問題外だ。例 問題にならないようなひどいでき。

もんちゃく【もん着】 名詞 する動詞 もめること。また、もめごと。例 クラスの中でいつももん着をおこす人。

もんちゅう【門柱】 名詞 門の、両側のはしら。

もんつき【紋付き】 名詞 その家の紋がついていること。特に、紋がついている和服。紋服。例 紋付きのはおり。参考 あらたまった式のときなどに着る。

もんてい【門弟】 名詞 弟子。門人。門下生。例 正岡子規の門弟。

もんどう【問答】 名詞 する動詞 ❶質問することと、答えること。例 問答をかわす。❷議論すること。ことば「問答無用（＝議論する必要はない）」

もんどころ【紋所】 名詞 その家のしるしとして決めてあるもよう。紋。定紋。

もんどりうつ【もんどり打つ】 連語 とびあがって空中で一回りする。とんぼがえりをする。例 もんどり打ってひっくり返る。

もんなし【文無し】 名詞 お金を持っていないこと。一文なし。

もんばん【門番】 名詞 門のそばにいて、出入りする人を見はる役目。また、その人。例 城の門番。類 門衛。

もんぶかがくしょう【文部科学省】 名詞 学校教育についての指導や助言、また、文化財の保護や指定、また、科学技術の発展や育成のための仕事などをする国の機関。

もんぺ 名詞 こしまわりがゆるく、足首のところを細くしたズボンのようなもの。⇩図。参考 着物のすそを中に入れる。労働のときなどに女性が用いた。

もんぺ

もんめ 名詞 助数詞 もと、日本で使っていた重さの単位。一もんめは一貫の千分の一で、三・七五グラム。参考「目」ともいう。漢字 匁。

や
ヤ
YA
ya

や[1] 助詞 ❶ことがらや物事をならべるときに使う言葉。例 赤やピンクの花。／大きいのや小さいの。❷「…するとすぐ」の意味を表す言葉。例 家に帰ってくるや、大声で泣き出した。❸よびかけや、さそう気持ちなどを表す言葉。例 遊びに行こうや。❹確認や感動を表す言葉。例 もうこれでいいや。／わあ、すごいや。❺意味を強めるのに使う言葉。例 今や、かれは大スターだ。

や[2] 接尾語《名前などのあとにつけて》親しみをこめてよびかける言葉。例 ばあや。／ぼうや。

や[3]**【矢】** 名詞 一方のはしに羽、もう一方のはしに矢じりをつけて、弓のつるに当てて飛ばすもの。ことば「矢を放つ」⇩1338ページ・弓①（図）。

や[4]**【屋】** 接尾語《ある言葉の下につけて》❶「その商売をする家」「その商売をする人」の意味を表す言葉。例 魚屋。／肉屋。❷建物を表す言葉。例 小屋。／長屋。❸「そういう性質の人」の意味を表す言葉。例 はずかしがり屋。／やかまし屋。❹屋号などにつける言葉。例 成駒屋。⇩使い分け。

や[5]**【家】** 名詞 人が住むための建物。いえ。⇩使い分け。

ヤード 名詞 助数詞 主にイギリスやアメリカなどで使われる長さの単位。一ヤードは三フィート

ことばあそび ことばクイズ49 □の中に入る動物の種類は、それぞれ何でしょう？

使い分け　や

●建物。
小屋。

●すまい。
わが家。

で、約九一・四センチメートル。▼英語 yard

ヤール 名詞 助数詞 「ヤード」のなまった言葉。

やいと 名詞 ⇒338ページ・きゅう。

やいのやいの 副詞(−と) ［さわいで］しつこく求めるようす。例 早く返せとやいのやいの言う。

やいば 名詞 はもの。特に、刀やつるぎなど。例 やいばをつき立てる。漢字 刃。

やいんにじょうじる【夜陰に乗じる】 慣用句 夜の暗さを利用する。夜のやみにつけいる。例 夜陰に乗じておそいかかった。

やえ【八重】 名詞 ❶八つ重なっていること。また、そのもの。❷花びらがたくさん重なってさく花。例 八重の桜。対 ②一重。

やえい【野営】 名詞 する動詞 ❶野山にテントをはるなどしてとまること。キャンプ。類 野宿。❷軍隊などが野山に陣地をもうけること。

やえざき【八重咲き】 名詞 花びらがなんまいも重なってさくこと。また、そのようにさく花。

やえば【八重歯】 名詞 となりの歯に少し重なって、歯ならびからずれてはえる歯。

やおちょう【八百長】 名詞 競技や試合などで、観客には本気でやっているように見せかけて、じっさいには、前もっておたがいがうちあわせたとおりに勝負をつけること。なれあい勝負。
ことば 「八百長試合」

やおもて【矢面】 名詞 ❶矢のとんでくる正面。❷はげしい質問や非難などを、直接うける立場。

やおもてにたつ【矢面に立つ】 慣用句 ほかからの攻撃をまともに受ける。例 社長が新聞記者の質問の矢面に立った。

やおや【八百屋】 名詞 野菜などを売る店。また、その人。青物屋。

やおよろず 名詞 とても数が多いこと。ことば 「やおよろずの神々」 漢字 八百万。注意 「はっぴゃくまん」と読まないこと。

やおら 副詞 ゆっくりと。おもむろに。例 書きかけた手紙をおいて、やおら立ち上がった。

やかい【夜会】 名詞 夜ひらく集まり。特に、夜ひらく西洋風のえん会。

やがい【野外】 名詞 ❶野原。❷家の外。屋外。例 野外音楽堂。

やがく【夜学】 名詞 夜、授業をする学校。参考 やや古い言い方。

やかた【屋形・館】 名詞 ❶貴族などが住んだ大きな家。やしき。例 洋風の館。❷「屋形船」の略。

やかたぶね【屋形船】 名詞 屋根を取り付けた小さな船。船遊びに使う。⇒図。

屋形船

やがて 副詞 ❶まもなく。そのうちに。例 イベントが終わったので、やがて静かになるだろう。／やがて夜が明ける。❷あるときから、ある時間がたって。例 正月がすぎて、やがて春がくる。

やかましい 形容詞 ❶声や物音が大きくて、うるさい。例 工事の音がやかましい。❷好みにかたよりがあったり、りくつが多かったりして、むずかしい。例 料理の味にやかましい人。❸注意や文句が多く、きびしい。例 母は、食事のマナーにやかましい。❹さかんに話題にされる。例 最近やかましくなった政治の問題。活用 やかまし・い。

やかましや【やかまし屋】 名詞 気むずかしくて、文句や小言などをよく言う人。例 あの人は、やかまし屋だ。類 うるさ型。一言居士。

やかん[1] 名詞 アルミニウムなどでつくった、湯をわかす道具。

やかん[2]【夜間】 名詞 夜。夜の間。例 夜間はひえこむでしょう。対 昼間。

やき【焼き】 名詞 ❶焼くこと。また、焼いたかげん。❷刃物などをつくるとき、はがねを強くねってから、急に水に入れてひやしてかたくすること。焼き入れ。

やぎ 名詞 ウシ科の動物。おすはあごひげがある。毛・肉・乳をとるためにかわれる。漢字 山羊。

やきあみ【焼き網】名詞 火の上において、魚や肉などを焼く金あみ。

やきいも【焼き芋】名詞 焼いたサツマイモ。

やきいれ【焼き入れ】名詞 刃物などをつくるとき、はがねをねっしてから急にひやして、かたくすること。

やきいろ【焼き色】名詞〔食べ物などに〕焼けこげてつく色。例 オーブンに入れて焼き色をつける。

やきうち【焼き討ち・焼き打ち】名詞 する動詞 敵のすんでいる城や町に火をつけて、せめること。火ぜめ。例 焼き討ちにあう。

やきがまわる【焼きが回る】慣用句 いきおいや能力などがおとろえてにぶくなる。語源 刃物を焼くとき、火がまわりすぎると、かえって切れ味が悪くなることからいう。

やきざかな【焼き魚】名詞 魚をあぶって焼いた料理。

やきそば【焼きそば】名詞 むした中華そばを野菜や肉などといっしょに油でいためた料理。

やきたて【焼きたて】名詞 焼いてできたばかりであること。また、そのもの。

やきつく【焼き付く】動詞 ❶焼けてくっつく。焼け付く。❷強い印象を受けて、わすれられなくなる。例 感動的な光景が目に焼き付く。活用 やきつ・く。

やきつけ【焼き付け】名詞 ❶とうじ器をつくるとき、うわぐすりをかけて焼いたものに絵の具でもようをかいて、もう一度焼くこと。上絵付け。❷めっきをするときのやり方。❸フィルムにとった写真を印画紙にうつすこと。

やきつける【焼き付ける】動詞 ❶現像したフィルムの下に印画紙をおき、光をあてて、像をうつしつける。❷金属を赤くなるまでねっして、それを物におしてしるしをつける。❸強い日ざしなどがきびしくてりつける。例 焼き付けるような夏の日ざし。❹心にわすれられない感じをあたえる。例 山の美しい風景が心に焼き付けられて、今もわすれられない。活用 やきつ・ける。

やきとり【焼き鳥】名詞 とりの肉などをくしにさし、火にあぶった食べ物。

やきなおし【焼き直し】名詞 ❶もう一度焼くこと。❷前にあった作品を少し直して、新しい作品のようにして出すこと。また、その作品。例 これは前に書いた小説の焼き直しだ。

やきにく【焼き肉】名詞 牛・ブタなどの肉をあぶり焼きした料理。

やきはた【焼き畑】名詞 山や野原の木を切って焼きはらい、灰を土にすき入れて肥料にする畑。また、そうして畑をつくる農業のやり方。

やきはらう【焼き払う】動詞 後になにも残らないように、焼いてしまう。例 かれた草を焼き払う。活用 やきはら・う。

やきまし【焼き増し】名詞 する動詞 写真のフィルムを焼きつけて、同じ写真をつくること。

やきもき 副詞(‐と) する動詞〔どうしたらよいかわからず〕あれこれと心配して、いらいらするようす。例 返事がおそいので、やきもきする。

やきもち【焼き餅】名詞 ❶火にあぶって焼いた、もち。❷ねたむこと。しっと。ことば「焼き餅を焼く(=しっとする)」

やきもの【焼き物】名詞 ❶土で形をつくり、かまで焼いたもの。陶器や磁器など。❷魚や鳥などの肉を、火であぶった食べ物。

やきゅう【野球】名詞 九人一組みで二組みに分かれ、ボールをバットで打ち、塁へ走って得点を争う競技。アメリカではじまった。ベースボール。

やきをいれる【焼きを入れる】慣用句 ❶刃物などを焼いてきたえる。❷弱い人やぼんやりしている人にしげきをあたえる。また、暴力を

ことば博士になろう!

●日本人手作りの漢語

外国語を日本語の中にとり入れるには、発音にしたがってかたかなで書き表すのがふつうです。しかし、この方法では外来語であることはわかっても、はじめて見る人には言葉の意味がわかりません。ヨーロッパやアメリカの文化をさかんにとり入れた明治時代には、外国語をもとにして、日本製の漢語がたくさんつくられました。

野球　卓球　庭球　経済　社会　文明
交通　汽車　会話　輸出　世紀　計画

漢字を組み合わせた言葉は、それぞれの漢字に意味があるので、意味がわかりやすいというとくちょうがあります。

こたえ ア 鳥 イ 虫

ふるう。例 なまけているやつに焼きを入れてやる。参考 ②は、くだけた言い方。

1**やきん【冶金】** 名詞 鉱石から金属をとり出して精製したり、合金をつくったりすること。

2**やきん【夜勤】** 名詞 夜のつとめ。例 夜勤手当。

1**やく【厄】** 名詞 ❶わざわい。災難。例 厄よけ。ことば「厄をはらう」❷「厄年」の略。

2**やく【役】** 名詞 ❶仕事上の受け持ち。例 大そうじで窓ふきの役を受け持った。❷劇や映画で、俳優がえんじる人物。

3**やく【約】** 副詞 おおよそ。だいたい。例 ここから銀行までは、約百メートルです。

4**やく【訳】** 名詞 ❶ある国の言葉で書かれた物を、ほかの国の言葉になおすこと。また、そのなおした物。ほんやく。❷むずかしい言葉や文を、わかりやすくいいかえたもの。例「枕草子」の現代語訳。

5**やく【焼く】** 動詞 ❶火をつけて、もやす。例 紙くずを焼く。❷火であぶる。例 牛肉を焼く。❸熱などを加えて物をつくる。例 炭を焼く。❹日光に当てて、色を黒くする。例 はだを焼く。❺写真で、焼きつけをする。❻あれこれと注意して、気をつかう。例 弟の世話を焼く。❼他人の幸福やすぐれている点などを見て、にくらしいと思う。ねたむ。例 仲のいい二人を見て、焼く。参考 ⑦は「妬く」とも書く。活用 や・く。

やぐ【夜具】 名詞 ねるときに使う、ふとん・まくら・ねまきなど。寝具。

やくいん【役員】 名詞 ❶会合や集会などで、ある役目を受け持つ人。例 運動会の役員。❷会社や団体などで、責任の重い役目についている人。

やくがい【薬害】 名詞 病気をふせいだりなおしたりするために使った薬で、体に害が出ること。

やくがく【薬学】 名詞 薬のききめやつくりかたについて研究する学問。例 薬学部。／大学では薬学をせんこうした。

やくがら【役柄】 名詞 ❶役目の性質。例 自分の役柄をわきまえた発言。❷ある役目を受け持っている身分。例 役柄を重んずる。❸しばいで、登場する人の性質。

やくご【訳語】 名詞 ある国の言葉を、別の国の言葉になおした、その言葉。例「野球」は、「ベースボール」の訳語である。

やくざ 一 名詞 形容動詞 まともなところがなく、役に立たないこと。いいかげんなこと。例 やくざなくらしをする。二 名詞 まともな仕事を持たずに生活している、おこないのよくない者。ならず者など。

やくざい【薬剤】 名詞 薬。特に、いくつかの薬をまぜ合わせてつくった薬。類 薬品。参考 あらたまった言い方。

やくざいし【薬剤師】 名詞 国が定めた資格をもち、医薬品を売ったり調合したりすることをゆるされている人。

やくしにょらい【薬師如来】 名詞 人々の病気をなおすとされる、仏。左手に薬のつぼをもっている。

やくしま【屋久島】 地名 鹿児島県南方の大隅諸島にある島。雨が多く、樹齢千年以上の大きな屋久杉で知られる。一九九三年、日本で初めての世界自然遺産として登録された。⇩695ページ・世界遺産(図)。

1**やくしゃ【役者】** 名詞 ❶しばいをして、人に見せる人。俳優。❷〔ある物事をおこなうための〕主な顔ぶれ。例 世界大会の役者がそろった。

2**やくしゃ【訳者】** 名詞 ある国の言葉で書かれた文章を、ほかの国の言葉になおした人。ほんやく者。

やくしゃがいちまいうえ【役者が一枚上】 慣用句 計略やかけひきなどがすぐれていること。例 金もうけなら、あいつのほうが役者が一枚上だ。参考「役者が上」ともいう。

やくしょ【役所】 名詞 国や都道府県・市町村などの公の仕事をするところ。注意「やくどころ」と読むと別の意味になる。

やくしょく【役職】 名詞 仕事の上での役目やつとめ。特に、人の上に立つ仕事。ことば「役職につく」

やくしん【躍進】 名詞 する動詞 すばらしいいきおいで進歩すること。ことば「躍進をとげる」

やくす【訳す】 動詞 外国の言葉や古い言葉を、ほかの国の言葉やわかりやすい言葉になおす。例「源氏物語」を英語に訳す。活用 やく・す。

やくすう【約数】 名詞 ある整数や式を、わりきることができる整数や式。参考 たとえば、十六の約数は、一・二・四・八・十六。対 倍数。

やくぜん【薬膳】 名詞 人を健康にしたり、病気をなおしたりするこうかがあるとされる料理。

ア 人の話を□のみにする　イ □の鳴くような声で話す

やくそう【薬草】名詞 薬になる草。センブリ（＝胃のくすり）・ゲンノショウコ（＝げり止め）など。

やくそく【約束】名詞 する動詞 相手に対して、あることをすると決めること。また、決めたことがら。例 ここで会う約束をした。／約束を守る。

やくだつ【役立つ】動詞 何かをするとき、その用をはたす。例 生活に役立つ情報。活用 やくだ・つ。

やくだてる【役立てる】動詞 あるものをききめがあるように使う。例 技術の向上に役立てる。活用 やくだ・てる。

やくどう【躍動】名詞 する動詞 力強く、いきいきと動くこと。例 筋肉が躍動している。

やくどころ【役所】名詞 その人にあたえられた役目。また、よくあった役割。注意「やくしょ」と読むと別の意味になる。

やくどし【厄年】名詞 ❶わざわいにあいやすいので、気をつけなければならないとされる年令。やく。数え年で男性の二十五才と四十二才、女性の十九才と三十三才など。❷わざわいの多い年。

やくにたつ【役に立つ】慣用句 何かをするとき、その用をはたす。例 急場の役に立つ道具。／役に立たない人。

やくにん【役人】名詞 役所などにつとめて、公の仕事をしている人。公務員。

やくば【役場】名詞 町や村で、そこに住む人たちのために、いろいろな公の仕事をするところ。例 村役場。／町役場。

やくばらい【厄払い】名詞 神や仏にいのって、さいなんをとりのぞくこと。また、その方法。類 厄よけ。

やくび【厄日】名詞 ❶何か悪いことが起こると考えられている日。❷農家などで、天候が悪くて大きなそんがいを受けやすいとされている日。二百十日、二百二十日など。❸災難が続いて起こる日。例 電車はおくれるし、雨にはふられるし、今日は厄日だった。

やくびょうがみ【疫病神】名詞 ❶悪い病気をはやらせるとされる神。対 福の神。❷みんなからきらわれている人。

やくひん【薬品】名詞 ❶薬として使うもの。❷化学変化を起こさせるために使う物質。例 化学薬品。類 ①②薬剤。

やくぶそく【役不足】名詞 形容動詞 その人の持っている力より、役目が軽いこと。また、役者が自分の役に満足しないこと。⇩図。例 かんたんすぎて役不足だ。注意「その人の力が足りない」という意味ではない。対 力不足。

役不足

やくぶつ【薬物】名詞 薬。薬となるもの。

1 **やくぶん**【約分】名詞 する動詞 分数で、分母と分子を同じ数でわって、（分数の大きさを変えないで）かんたんにすること。たとえば、$\frac{2}{4}$を約分すると$\frac{1}{2}$になる。

2 **やくぶん**【訳文】名詞 ある言葉で書かれた文章を、ほかの言葉になおした文章。

やくまわり【役回り】名詞 その人にあたえられた役。ふりあてられた役のめぐりあわせ。例 損な役回りをさせられる。

やくみ【薬味】名詞 料理にそえて、味をひきたたせるもの。ネギ・ショウガ・からし・ワサビ・サンショウなど。

やくめ【役目】名詞 あたえられた仕事として、しなければならないこと。例 古い車両が役目を終えた。／リーダーとしての役目を果たす。

やくよう【薬用】名詞 薬として使うこと。例 薬用はみがき。

やくよけ【厄よけ】名詞 わざわいをとりのぞくためのやり方。例 厄よけのお守り。類 厄払い。

やぐら【櫓】名詞 ❶城の石がきや門などの上に、高くつくった建物。❷遠くを見るために高くつくった建物。例 火の見やぐら。❸こたつの上におく、木のわく。こたつやぐら。❹祭りなどで、たいこなどをたたいたりするために高くつくった台。

やぐるま【矢車】名詞 矢のかたちをしたものを、何本かじくのまわりにとりつけたもの。風にふかれて音を立てて回る。こいのぼりのさおの先などにつける。⇩428ページ・こいのぼり（図）。

やくわり【役割】名詞 それぞれに役をわりあてること。また、わりあてられた役。例 世界の平和に大きな役割をえんじる。

やくをふる【役を振る】慣用句（仕事やしば

ことばあそび ことばクイズ50 □の中に入る動物の名前は、それぞれ何でしょう？

いなどで」それぞれの人に役目をあたえる。例 町内の人たちに、まつりの役を振る。

やけ 名詞 物事が自分の思うようにならないので、もうどうなってもいいと、むちゃなことをすること。ことば「やけになる」

やけあと【焼け跡】 名詞 火事で焼けたあと。

やけい[1]【夜景】 名詞 夜の景色。

やけい[2]【夜警】 名詞 夜、建物の中や町の通りなどをまわって、火事やどろぼうなどに気をつけること。また、その人。

やけいしにみず【焼け石に水】 ことわざ 焼けた石に少しばかりの水をかけても、すぐには冷めないように、少しばかりの助けや努力ではききめのないことのたとえ。⇩口絵16ページ。

やけおちる【焼け落ちる】 動詞 〔建物などが〕焼けてたおれる。活用 やけお・ちる。

やけぐい【やけ食い】 名詞 する動詞 やけになって、食べ物をやたらに食べること。

やけくそ 名詞 「やけ」の強めた言い方。例 入学試験に落ちてやけくそになる。

やけこげ【焼け焦げ】 名詞 火に焼けてこげること。焼けてこげたあと。

やけだされる【焼け出される】 動詞 火事で家を失う。例 火事で、三家族が焼け出された。活用 やけださ・れる。

やけただれる【焼けただれる】 動詞 やけどなどのために、ひふや肉などがやぶれたり、くずれたりする。活用 やけただ・れる。

やけつく【焼け付く】 動詞 焼けてくっつく。こげつく。例 魚がフライパンに焼け付く。／焼け付くような暑さ。活用 やけつ・く。

やけど 名詞 する動詞 ❶火やあつい湯などにふれて、ひふがただれること。また、そのきず。❷危険なことにかかわって、被害を受けること。例 あんな話にうっかりかかわるとやけどするぞ。

やけに 副詞 むやみに。ひどく。やたらに。例 今夜は、やけに寒い。

やけのこる【焼け残る】 動詞 焼けないで残る。焼けたあとに残っている。例 すまいは全焼したが、物置が焼け残った。活用 やけのこ・る。

やけのはら【焼け野原】 名詞 すっかり焼けて、野原のようになにもなくなってしまったところ。例 大火事で、町は一面の焼け野原になってしまった。参考 「焼け野が原」ともいう。

やける【焼ける】 動詞 ❶火でもえる。例 山が焼けた。❷火であぶられる。例 もちが焼ける。❸熱せられて熱くなる。例 焼けたすなはま。❹熱を加えて、物ができあがる。例 パンが焼ける。❺日光に当たって色が変わる。例 カーテンが日に焼ける。❻〔空などが〕赤くそまる。例 西の空が焼けてきれいだ。❼食べ物が胃にたまって、むねがあつく感じられる。例 むねが焼ける。❽あれこれと手がかかる。例 世話の焼ける子ども。❾ねたましく感じられる。うらやましく思われる。例 人気のある人を見ると、焼けてしまう。参考 ❾は「妬ける」とも書く。活用 や・ける。

やけん【野犬】 名詞 かいぬしのいない犬。のら犬。例 野犬がり。対 飼い犬。

やげん【や研】 名詞 主に漢方薬をつくるための材料を粉末にするために使う、船のような形をした器具。真ん中のくぼんだところに薬のもとになる材料を入れ、薬研車というこまのようなものですりつぶす。漢字 薬研。

やご 名詞 トンボの幼虫。池やぬまなどの水中にすむ。

やこう【夜行】 ■一 名詞 する動詞 夜、出歩いて活動すること。参考 「やぎょう」ともいう。■二 名詞 「夜行列車」の略。

やごう【屋号】 名詞 ❶商店や家のよび名。参考 富士屋・日本堂など。❷歌舞伎役者などの家のよび名。参考 成田屋・成駒屋・音羽屋など。

やこうせい【夜行性】 名詞 昼は休み、夜に行動する性質。例 フクロウは夜行性の鳥だ。

やこうちゅう【夜光虫】 名詞 海にいるプランクトンの一種。夜に波にうたれると青白い光をはなつ。

やこうれっしゃ【夜行列車】 名詞 夜走る列車。夜汽車。夜行。

やさい【野菜】 名詞 畑につくって食べ物にする植物。ハクサイ・ダイコン・ニンジン・キュウリ・キャベツなど。

やさおとこ【優男】 名詞 気だてのやさしい男の人。

やさがし【家捜し・家探し】 名詞 する動詞 ❶家の中を、すみからすみまでさがすこと。❷住む家をさがすこと。参考 ❷は「家探し」と書くことが多い。

やさき【矢先】 名詞 物事がはじまろうとするちょうどそのとき。(…しようとした) とたん。例

出かけようとした矢先に雨がふってきた。

[1]やさしい【易しい】形容詞 ❶かんたんにできるようす。例この問題は易しい。❷わかりやすいようす。例子どもにも読める易しい物語。対難しい。活用 やさし・い。⇩使い分け。

[2]やさしい【優しい】形容詞 ❶すなおで、おとなしい。例心の優しい人。❷思いやりがあって、親切なようす。例優しい両親。❸上品で美しい。例優しい顔だち。活用 やさし・い。⇩使い分け。

やし 名詞 ココヤシ・ナツメヤシなどの、ヤシ科の高木。あたたかい地方で育つ。実は食用などにする。漢字 椰子。

やじ 名詞 やじること。また、その言葉。ことば「やじを飛ばす」

やじうま 名詞 事件などが起こると、自分には何の関係もないのに、人のあとについてわけもなくさわぐ人。

使い分け　やさしい

●かんたんである。
易しい問題。

●思いやりがある。
優しい人。

やしき【屋敷】名詞 ❶その家がたっている土地のひと区切り。家のしき地。例家屋敷を手ばなす。❷しき地が広く、かまえが大きくてりっぱな家。

やしなう【養う】動詞 ❶生活できるように、世話をしたり、お金をかけたりする。例親を養う。❷子どもを育てる。例二人の子を養う。❸だんだんとつくりあげる。例物を大切にする気持ちを養う。❹たくわえて、りっぱにする。例力を養う。❺えさをあたえて動物をかう。例馬を養う。活用 やしな・う。

[1]やしゅ【野手】名詞 野球で、内野と外野を守る人。

[2]やしゅ【野趣】名詞 〔野山やいなかに感じられる〕自然のままのおもむき。そぼくな味わい。例野趣あふれる民宿。

やしゅう【夜襲】名詞 夜の暗やみを利用して敵をおそうこと。夜うち。

やじゅう【野獣】名詞 山や野にすんでいるけもの。特に、性質のあらい大きなけもの。

やしょく【夜食】名詞 決まった夕食のあとに、夜おそく食べる軽い食事。

やじり【矢尻】名詞 矢の先についている、とがったもの。⇩1338ページ・弓①（図）。

やじる 動詞 試合や演説などで、選手や話している人などを冷やかしたり、文句を言ったりする。例相手チームの選手をやじる。活用 やじ・る。

やじるし【矢印】名詞 方向などを表す、矢の形のしるし。「⇨」「→」の形。

やしろ【社】名詞 神をまつってある建物。神社。

やじろべえ 名詞 短い棒や人形の形をしたものに、細長い横棒をつけ、その先におもりをつけてつり合いをとり、たおれないようにしたおもちゃ。⇩図。

やじろべえ

やしん【野心】名詞 ❶〔能力にふさわしくない〕大きな望み。ことば「野心をいだく」「野心家」 類野望。❷人や世の中に大きな害をあたえるような、悪い考え。たくらみ。例侵略の野心をすてよ。

やすあがり【安上がり】名詞 形容動詞 少ない費用ですむこと。例飛行機より船のほうが安上がりだ。

[1]やすい 一 形容詞 やさしい。かんたんだ。例おやすいごようです。
二 接尾語《動詞につけて》「…しがちである」「…することがたやすい」の意味を表す言葉。例こわれやすい。／歩きやすいくつ。活用 やす・い。

[2]やすい【安い】形容詞 品物のねだんが低い。例料金が安い。対高い。活用 やす・い。

やすうけあい【安請け合い】名詞 〔できるかどうかを〕深く考えないで、かんたんに引き受

こたえ ア う イ か

けること。例 あまり安請け合いをするな。

やすうり【安売り】名詞 する動詞 安いねだんで売ること。例 スーパーで野菜を安売りしている。

やすかろうわるかろう【安かろう悪かろう】慣用句 ❶ねだんは安いが、そのぶん質も悪い。例 今どき、安かろう悪かろうでは売れないよ。❷ねだんが安いものに、質のよいものはない。例 お買いどくかと思ったけど、やっぱり安かろう悪かろうだね。

やすっぽい【安っぽい】形容詞 ❶いかにもねだんが安い感じがする。例 安っぽい洋服。❷品がなく、どっしりとした感じがない。下品である。例 いつもぺちゃくちゃしゃべっていると、人から安っぽく見られる。活用 やすっぽ・い。

やすね【安値】名詞 ねだんが安いこと。安いねだん。例 よその店より安値でサービスする。対 高値。

やすまる【休まる】動詞 体や心が落ち着いて、楽になる。例 音楽を聞くと、心が休まる。活用 やすま・る。

やすみ【休み】名詞 ❶仕事などをやめて、体や心を休めること。例 休み時間。❷仕事や授業をしない日。ことば「休みを取る」

やすみやすみ【休み休み】副詞 間に休みを入れながら。例 坂道を休み休み上る。

やすむ【休む】動詞 ❶していることをやめて、楽にする。例 五分だけ仕事を休む。❷仕事をしない。例 日曜日は、店を休む。❸学校やつとめに行かない。例 かぜで学校を休んだ。❹つかれをなおす。例 家でゆっくり休む。❺ねる。例 もう夜もおそくなったから休もう。活用 やす・む。

やすめ【休め】一 感動詞 学校の体育の授業などで、楽な姿勢をとらせるときにかける、号令。例「気をつけ。休め。」
二 名詞「休め一」の号令で、少し足をひらいてとる楽な姿勢。

やすめる【休める】動詞 ❶〔心や体を〕楽にする。例 体を休める。❷していることを一時やめさせる。また、動きを止める。例 仕事の手を休める。活用 やす・める。

やすもの【安物】名詞 ねだんが安く、そまつなもの。例 安物のおもちゃ。

やすものかいのぜにうしない【安物買いの銭失い】ことわざ 安いものは、それだけ品質がよくないので長もちせず、安いと思って買ってもかえってそんになるということ。

やすやす 副詞(-と) とてもかんたんなようす。例 やすやすと侵入する。

やすらか【安らか】形容動詞 心配ごとがなく、おだやかなようす。例 安らかな寝顔。

やすらぎ【安らぎ】名詞 心配ごとのない落ち着いた気持ち。安心。例 心の安らぎをおぼえる。

やすらぐ【安らぐ】動詞 心配ごとがなく、おだやかな気持ちになる。例 音楽をきいていると、心が安らぐ。活用 やすら・ぐ。

やすり 名詞 こすって物の表面をなめらかにする道具。

1 **やせい**【野生】名詞 する動詞 動物や植物が、山や野で自然に育つこと。例 野生の馬。類 自生。

2 **やせい**【野性】名詞〔けものなどのもつ〕自然のままの性質。また、あらあらしい性質。例 人にかわれて野性を失った動物。

やせおとろえる【痩せ衰える】動詞〔病気などで〕体がやせ細って元気がなくなる。活用 やせおとろ・える。

やせがまん【痩せ我慢】名詞 する動詞 無理にがまんをして、平気なようすをすること。例 泣きたいほどいたかったのに、痩せ我慢をして笑ってみせた。

やせぎす【痩せぎす】名詞 形容動詞 体がやせて、骨ばっていること。例 痩せぎすの人。

やせこける【痩せこける】動詞 やせて、肉が落ちる。ひどくやせる。活用 やせこ・ける。

やせち【痩せ地】名詞 土の質が悪く、草や木が育ちにくい土地。類 荒れ地。

やせっぽち【痩せっぽち】名詞 ひどくやせていること。ひどくやせている人。参考 くだけた言い方。

やせてもかれても【痩せても枯れても】慣用句 どんなに落ちぶれても。例 痩せても枯れてもわたしは武士だ。

やせのおおぐい【痩せの大食い】ことわざ やせている人は、わりにたくさん食べること。また、やせているから少ししか食べないかと思うと、思ったよりたくさん食べること。

やせほそる【痩せ細る】動詞 やせて、体が細くなる。例 おじは、長い病気で痩せ細ってしまった。活用 やせほそ・る。

やせる【痩せる】動詞 ❶体の肉が少なくなっ

あいうえお かきくけこ さしすせそ たちつてと なにぬねの はひふへほ まみむめも や ゆ よ らりるれろ わ を ん

ア □ぢえは通用しない　イ あの人とは□が合う

て細くなる。例 一キロ痩せた。対 太る。❷土地の性質が悪くなって、作物がよく育たなくなる。例 小石の多い痩せた土地。対 ①②肥える。活用 や・せる。

やせるおもい【痩せる思い】慣用句 やせるほどの苦労。やせてしまうほどのつらい思い。例 子犬の病気が心配で、痩せる思いをした。

やそう【野草】名詞 野山に自然に生えている草。例 野草を集めて料理をつくる。

やたい【屋台】名詞 小さな家の形をした移動できるしくみの店。屋台店。例 おでん屋の屋台。

やたいぼね【屋台骨】名詞 ❶屋台や家のほね組み。柱や、はり。❷一家のくらしをささえるもの。家族のくらしをささえる人。

やたがらす【八たがらす】名詞 日本の神話で、天照大神の使いで飛んできたというカラス。漢字 八咫烏。

やたら 形容動詞 副詞(〜と) ふつうの程度をこえているようす。また、いいかげんなようす。例 やたらな返事はできない。／例 やたらとおこる人。

やちょう【野鳥】名詞 山や野にすんでいる鳥。野生の鳥。

やちん【家賃】名詞 家をかりるためにはらうお金。家のかりちん。

やつ[1] 一 名詞 人やものをばかにして、また、親しみをこめていう言葉。例 いやなやつがむこうから来た。／弟のやつ、なにをしているのだろう。二 代名詞 あいつ。例 やつのしわざだ。参考 一二は、くだけた言い方。漢字 奴。

やつ[2]【八つ】名詞 ❶一の八倍。はち。やっつ。❷八才。やっつ。❸昔使っていた、じこくのよび方。今の午前二時ごろと午後二時ごろ。参考「おやつ」は、③の意味からできた言葉。

やつあたり【八つ当たり】名詞 する動詞 おこって、関係のない人や物に、いかりをぶつけること。例 弟に八つ当たりする。

やっかい【厄介】名詞 形容動詞 ❶手間がかかって、こまること。例 厄介な問題。類 面倒。❷世話になること。例 二、三日厄介になります。

やっかいばらい【厄介払い】名詞 そばにいるとめいわくな人をよそへ追いはらうこと。

やっかいもの【厄介者】名詞 ❶まわりの人にめいわくをかける人。例 あいつはしんせき中の厄介者だ。❷人の家に住まわせてもらい、食べさせてもらう人。いそうろう。例 学生時代は、おじの家の厄介者だった。

やっかいをかける【厄介を掛ける】慣用句 めんどうを見てもらったり世話をしてもらったりする。例 厄介を掛けて、すみません。

やっき【躍起】名詞 形容動詞 あせってむきになること。例 なくした本を躍起になってさがす。／躍起になって約束を破った言いわけをする。

やつぎばや【矢継ぎ早】名詞 形容動詞 物事をすばやく、続けざまにすること。例 記者が矢継ぎ早に質問する。

やっきょく【薬局】名詞 ❶病院などで、薬を調合するところ。❷薬を売る店。類 ②薬屋。

やっこ 名詞 ❶江戸時代、さむらいにつかえ、おともをして歩いた人。❷「やっこどうふ」の略。四角く切ったとうふ。また、それを水にひたし、しょうゆ・やくみをつけて食べる料理。

やっこさん 代名詞 あいつ。例 やっこさん、今ごろ何をしているんだろう。参考 男性を気軽によぶ言葉。

やっこだこ 名詞「やっこ①」が両手をのばしたような形をした、たこ。

やつざき【八つ裂き】名詞 ずたずたに切りさくこと。

やつす 動詞 ❶だれかわからないように、また、みすぼらしくすがたを変える。例 しばいの水戸黄門は、ちりめん問屋のいんきょに身をやつして歩いた。❷やせるほどなやみ、くろうする。また、ある物事に夢中になる。ことば「(研究に)身をやつす」活用 やつ・す。

やっつ【八つ】名詞 ⬇やつ(八つ)①②。

やっつけしごと【やっつけ仕事】名詞 間に合わせの、おおざっぱな仕事。例 やっつけ仕事で作ったものだから、すぐにこわれる。

やっつける 動詞 相手を負かす。やりこめる。例 口ではいつも姉にやっつけられる。参考 くだけた言い方。活用 やっつ・ける。

やつで【八手】名詞 ウコギ科の木。葉は大きく、てのひらのように切れこんでいる。参考「てんぐのはうちわ」ともいう。

やってくる【やって来る】一 動詞 こちらへ来る。例 遠くからやって来る。二 連語 前から続けて、今も続いている。例 昔からこんなふうにやって来たんだ。活用 やって・くる。

やってのける【やって退ける】動詞 むずか

あいうえお かきくけこ さしすせそ たちつてと なにぬねの はひふへほ まみむめも や ゆ よ らりるれろ わ を ん

ことばあそび ことばクイズ51 □の中に入る動物の名前は、それぞれ何でしょう？

しいことをやりとげる。

やっと 副詞 ❶長い間、苦労して、やりとげたようす。例 やっと見つけた。❷ぎりぎりのところでできたようす。例 やっと間に合った。

やっとこ 名詞 はりがね・板金、また、ねっした鉄などをはさむための、鉄でつくった、はさみのような形をした道具。

やっとのおもい【やっとの思い】 慣用句 苦しく、つらいのをがまんして、どうにかなしとげるようす。例 やっとの思いで頂上にたどりついた。

やっぱり 副詞 ⇩やはり。参考 くだけた言い方。

ヤッホー 感動詞 山登りをしたときや、うれしいときにさけぶ声。例 ヤッホー、ぼくが一等だ。▼英語 yahoo

やつれる 動詞 〔病気や心配ごとのために〕やせて、体力や気力が弱くなる。例 かの女は苦労が続いて、やつれている。活用 やつ・れる。

やど【宿】 名詞 ❶住む家。すみか。参考 古い言い方。❷旅先でとまるところ。旅館。

やといいれる【雇い入れる】 動詞 新しく人をやとう。例 店員を雇い入れる。活用 やといい・れる。

やといにん【雇い人】 名詞 ❶やとわれて働いている人。❷やといぬし。

やといぬし【雇い主】 名詞 人をやとっている人。

1 **やとう【野党】** 名詞 内閣をつくっていない党。対 与党。

2 **やとう【雇う】** 動詞 ❶お金をはらって、人を使う。❷お金をはらって、自動車などの乗り物をかりる。例 ひっこしのトラックを雇う。活用 やと・う。

やどかり【宿借り】 名詞 海でまき貝のからの中に入ってすむ動物。からをせおって、くらす。

やどす【宿す】 動詞 ❶〔心や腹などの〕内部に持つ。例 うたがいの心をむねに宿していた。ことば「子を宿す（＝にんしんする）」❷〔あるものの〕中にとどめる。例 葉につゆを宿す。活用 やど・す。

やどちん【宿賃】 名詞 宿にとまったときにはらう代金。宿泊料。

やどなし【宿無し】 名詞 決まったすまいがないこと。また、その人。

やどや【宿屋】 名詞 旅行者をとめることを商売にしている家。旅館。参考 ふつう、ホテルなどに対して、日本風のものをいう。

やどりぎ【宿り木】 名詞 ヤドリギ科の木。落葉樹について、栄養分をもらって生きる。実は黄色。

やどる【宿る】 動詞 ❶旅に出て宿屋などにとまる。❷ある場所にいて、よそに行かない。とどまる。❸〔あるものの〕中にとどまる。例 夜つゆが宿る。活用 やど・る。

やなあさって【弥なあさって】 名詞 ⇩やのあさって。

やなぎ【柳】 名詞 ヤナギ科の木。特に、シダレヤナギのこと。枝の先が細長く、たれ下がっている。

やなぎにかぜ【柳に風】 ことわざ 〔ヤナギがしなやかに風にふかれるように〕相手にさからわないで、上手にあしらうこと。例 悪口をいわれても柳に風とうけながす。類 馬耳東風。参考「風に柳」ともいう。

やなぎにゆきおれなし【柳に雪折れ無し】 ことわざ 弱いように見えても、やわらかくしなやかで、かたいものより強いこと。語源 ヤナギのえだはよくしなるので、雪がつもっても、えだがまがるだけで、おれないことから。

やなぎのしたにいつもどじょうはいない【柳の下にいつもどじょうはいない】 ことわざ 一度運よくうまくいったとしても、同じやり方でいつもうまくいくとはかぎらない。参考「柳の下のどじょう」ともいう。

やなみ【家並み】 名詞 ❶多くの家がたちならんでいる様子。また、その家々。いえなみ。例 落ち着いた家並みが続く。❷〔ならんでいる〕一けん一けんの家ごと。いえなみ。

やに 名詞 ❶木からしみでる、ねばねばしたもの。例 松やに。❷たばこをすったあと、きせるやパイプの中にたまる、ねばねばしたもの。❸目から出る、ねばねばしたもの。目やに。

やにくだる【野に下る】 慣用句 役人をやめて、民間の生活をする。参考「下野する」ともいう。注意 多くは、高い地位にある人が、不平や不満があってやめるときにいう。「のにくだる」と読まないこと。

やにわに 副詞 いきなり。だしぬけに。例 何を見つけたのか、犬がやにわにかけだした。

あいうえお かきくけこ さしすせそ たちつてと なにぬねの はひふへほ まみむめも や ゆ よ らりるれろ わ を ん

やぬし【家主】名詞 ❶その家の主人。❷かし家の持ち主。大家。いえぬし。

やね【屋根】名詞 ❶かわら・トタン・板・わらなどで、家の一番上の部分をおおったもの。例赤い屋根の家。❷物の一番上のおおい。例自動車の屋根。

やねうら【屋根裏】名詞 ❶屋根のうら側。屋根と天井の間。❷屋根のすぐ下にある、天井のないそまつな部屋。やねうら部屋。例屋根裏でねおきする。

やのあさって【弥のあさって】名詞 あさっての次の次の日。やなあさって。参考 地方によっては、あさっての次の日をいうこともある。

やのさいそく【矢の催促】慣用句 早く早くと、ひっきりなしにせきたてること。参考 矢を次々に射るようなさいそくの意味から。

やのように【矢のように】連語 とてもはやいことのたとえ。例ランナーが目の前を矢のように走りぬけて行った。

やばい 形容詞 ❶⊖都合が悪い。あぶない。例先生に見つかったらやばいよ。ことば選び⇩41ページ・あぶない。47ページ・あやうい。1122ページ・ピンチ。❷⊕とてもよい。すばらしい。例この料理はやばい(=おいしい)。ことば選び⇩1339ページ・よい。674ページ・すばらしい。165ページ・おいしい。参考 くだけた言い方。金田一メモ「すばらしい」という意味は、近年使われ出した。活用 やば・い。

やはり 副詞 ❶〔前にあったものや、ほかのものと〕同じように。例今でもやはり、美しい。❷思っていたとおり。例やはりゆるしてもらえなかった。❸結局。例この雨でも、やはり出かけるのですか。参考「やっぱり」よりも、あらたまった言い方。

やはん【夜半】名詞 よなか。また、まよなか。例雨は夜半からいっそうひどくなった。

やばん【野蛮】名詞 形容動詞 ❶考えがおくれていて、文化がひらけていないこと。例野蛮人。❷らんぼうで、ぶさほうなこと。例野蛮なおこない。

やぶ 名詞 ❶草や小さな木、また、竹などがたくさん集まってはえているところ。❷「やぶ医者」の略。

やぶいしゃ【やぶ医者】名詞 病気をみたりなおしたりすることのへたな医者。やぶ。

やぶいり【やぶ入り】名詞 昔のならわしで、一月十六日ごろと、七月十六日ごろに、奉公人が休みをもらって自分の家に帰ること。また、その日。語源 草深いいなかの家へ帰る意味からできた言葉。

やぶからぼう【やぶから棒】ことわざ 〔やぶにかくれていて、とつぜん、棒をつき出すことから〕とつぜん、物事をすること。例やぶから棒に、おかしなことを言い出した。

やぶく【破く】動詞 紙や布などを、ひきさく。例チラシを破く。活用 やぶ・く。

やぶける【破ける】動詞 やぶれてさける。例くぎにひっかかって、ズボンが破けた。活用 やぶ・ける。

やぶさか 形容動詞 《「…にやぶさかでない」の形で》…する努力をおしまない。こころよく…する。例協力するにやぶさかでない。注意「しかたなくする」という意味ではない。

やぶさめ 名詞 馬にのって走りながら、三か所に立てられた的に次々と矢をいる競技。参考 平安時代から鎌倉時代にかけて、武士の間でさかんにおこなわれた。今では神社の祭りなどで儀式としておこなわれる。⇩図。

やぶさめ

やぶのなか【やぶの中】慣用句 関係した人たちの言うことが、それぞれちがっていて、本当のことがわからないこと。例事件の真相は、やぶの中だ。語源 芥川龍之介の小説「藪の中」から。

やぶへび【やぶ蛇】名詞 形容動詞 よけいなことに口出しをしたり手出しをしたりして、かえってめんどうなことを引き起こすこと。例やぶ蛇になりそうだから、これ以上は言わないでおこう。参考「やぶをつついて蛇を出す」ということわざから。

やぶる【破る】動詞 ❶紙・布などを、手でさく。また、はってある紙・布などに、あなをあける。例ふすまを破る。❷相手を負かす。例強敵を破った。❸こわす。きずつける。例金庫を破る。❹決めたことを守らないで物事をおこなう。例

 こたえ ア さる イ 馬

約束を破る。対守る。❺こえる。新しくする。例世界記録を破った。活用やぶ・る。

やぶれかぶれ【破れかぶれ】名詞 形容動詞 もうどうにでもなれという気持ちになること。やけくそ。すてばち。例破れかぶれでバットをふりまわしたら、ヒットになった。

やぶれる[1]【破れる】動詞 ❶形のあるものが、くずれる。さけて、あながあく。また、こわれる。例しょうじが破れる。❷なくなる。失われる。例ゆめが破れる。❸物事が成り立たなくなる。例つり合いが破れる。活用やぶ・れる。⇩使い分け。

やぶれる[2]【敗れる】動詞 相手に負ける。例決勝で敗れた。活用やぶ・れる。⇩使い分け。

やぶをつついてへびをだす【やぶをつついて蛇を出す】ことわざ よけいなことに口出しをしたり手出しをしたりして、かえってめんどうなことを引き起こす。参考⇩やぶへび。

使い分け　やぶれる

●こわれる。
ふくろが破れる。

●負ける。
試合に敗れる。

やぶん【夜分】名詞 よる。よなか。例夜分にお電話して失礼いたします。

やぼ 名詞 形容動詞 物事のおもむきがよくわからないこと。気がきかないこと。また、そのような人。例やぼな人。／そんなことはいうだけやぼだ。漢字野暮。対いき。

やぼう【野望】名詞 能力にあわないくらいの、大きな望み。ことば「野望をいだく」類野心。

やぼったい 形容詞 やぼな感じがする。すっきりしたところがない。例やぼったい服そう。活用やぼった・い。

やぼよう【やぼ用】名詞 つまらない用事のことを遠回しにいう言葉。例ちょっとやぼ用があるので、しつれいします。

やま【山】名詞 ❶土地が高くもり上がっているところ。例山に登る。❷高く積み上げた物。例石炭の山。❸多くの物が集まったところ。例見物人の山。❹物の高くなったところ。例ねじの山。❺物事のもっとも大切なところ。例いよいよ物語の山にさしかかった。❻多分こうなるという見こみ。例出題の山をかける。

やまあい【山あい】名詞 山と山の間。漢字山間。

やまあらし【山荒】名詞 ヤマアラシ科の動物。とげのような長い毛をさか立てて、敵をおどかす。

やまあるき【山歩き】名詞 する動詞 運動のためや自然に親しむために、山の中を歩くこと。

やまい【病】名詞 ❶体のこしょう。病気。例胸の病。❷悪い性質。悪いくせ。欠点。

やまいだれ【病垂れ】名詞 漢字の部首の一つ。「病」「痛」などの「疒」の部分。

やまいはきから【病は気から】ことわざ 病気は気のもちようで、よくなったり悪くなったりするということ。

やまいも【山芋】名詞 ⬇やまのいも。

やまおく【山奥】名詞 山の深いところ。

やまおとこ【山男】名詞 ❶深い山に住むという男の怪物。❷山に住んでいる男の人。また、山で働いている男の人。❸山登りが好きで、なんども山登りをしている男の人。

やまおり【山折り】名詞 紙などをおるときに、おり目の線が外側になるようにおること。例線のとおり、山折りにおる。対谷折り。⇩図。

山折り

やまおろし【山おろし】名詞 山からふきおろす風。例はげしい山おろし。類山風。

やまが【山家】名詞 山の中にある村。また、そこにある家。例山家料理。

やまかげ【山陰】名詞 山のかげになって日あたりの悪いところ。山のうしろ側。

やまかじ【山火事】名詞 山で起きる火事。

やまかぜ【山風】名詞 山の中で起こる風。また、夜、山のいただきから谷間に向かってふく風。例山風がふきおろす。類山おろし。対谷風。

やまがたけん【山形県】地名 東北地方の南西部にある、日本海に面した県。県庁所在地は山形市。⇩916ページ・都道府県（図）。

やまがたし【山形市】地名 山形県の県庁所在地。⇩916ページ・都道府県（図）。

やまかん【山勘】名詞 かんにたよって、成功をねらうこと。また、そのかん。例山勘で問題に答える。／山勘がはずれる。参考 くだけた言い方。

やまぎわ【山際】名詞 山のみねの線につながるあたりの空。例山際からだんだん明るくなってきた。

やまくずれ【山崩れ】名詞 する動詞 〔大雨・地しん・雪どけなどで〕山の岩や土などが急にくずれること。

やまぐちけん【山口県】地名 中国地方の一番西にある県。県庁所在地は山口市。⇩916ページ・都道府県（図）。

やまぐちし【山口市】地名 山口県の県庁所在地。⇩916ページ・都道府県（図）。

やまぐに【山国】名詞 山の多い国や地方。

やまごや【山小屋】名詞 山に登る人の休けい・宿泊、また、ひなんなどのために山の中にたてた小屋。ヒュッテ。

やまざくら【山桜】名詞 ❶山にある桜。❷バラ科の木。山地に生え、春、葉が出るのといっしょに花がさく。

やまざと【山里】名詞 山の中にある小さな村。

やまざる【山猿】名詞 ❶山にすむサル。❷山国にすむ人や山国の出身の人を、あざけっていう言葉。

やまし【山師】名詞 ❶鉱山を見つけたり、鉱物をほりだしたりする仕事をする人。❷山や林を売り買いする人。❸大もうけをあてにして、ぼうけんやあてにならないことに大金をつかう人。❹人をだましてお金をまきあげる人。さぎ師。

やまじ【山路】名詞 山の中にある細い道。類山道。

やましい 形容詞 自分の心にはじるところがあって、後ろ暗い。気がひける。例やましいことはなんにもない。活用 やまし・い。

やましたたる【山滴る】連語 草木が青々とした夏の山のようすのたとえ。対山笑う。山よそおう。山眠る。

やましろ【山城】地名 昔の国の名。今の京都府南部に当たる。

やますそ【山裾】名詞 山のふもと。

やまたいこく【邪馬台国】地名 三世紀ごろ日本にあった国。中国の古い歴史の本「魏志倭人伝」に出てくる。卑弥呼という女王が、三十ほどの国をしたがえていたといわれている。場所は、大和（＝今の奈良県を中心とする地方）説と北九州説とがあり、はっきりしていない。

やまだこうさく【山田耕筰】人名（一八八六～一九六五）作曲家。「からたちの花」「この道」「野ばら」など、すぐれた歌曲を作曲し、多くの人々に親しまれている。また、日本ではじめて交響楽団をつくった。

やまだし【山出し】名詞 ❶山から木や石などを運びだすこと。また、その運びだしたもの。❷いなかから都会に出てきたばかりであること。また、その人。いなかもの。

やまつなみ【山津波】名詞 山くずれなどによる大きな土石流。参考 土石流のおしよせ方が、津波のようであることから。

やまづみ【山積み】名詞 する動詞 ❶山のように高く積み上げること。❷〔仕事などが〕たくさんたまること。例問題が山積みしている。

やまて【山手】名詞 ❶山に近い方。やまのて。❷➡やまのて②。

やまでら【山寺】名詞 ❶山の中にある寺。❷山形県山形市にある立石寺。参考 松尾芭蕉が「しずかさや岩にしみいるせみの声」の俳句をよんだところ。

やまと【大和】㊀地名 昔の国の名。今の奈良県に当たる。古代日本の文化・政治の中心としてさかえた。㊁名詞「日本」の古いよび名。やまとの国。

やまとえ【大和絵】名詞 日本の景色や風俗などをかいた絵。また、中国の風物をかいた絵に対して、日本の伝統的な方法でかかれた絵。

やまとことば【大和言葉】名詞 漢語・外来語に対して、日本に昔からある言葉。和語。

やまとじだい【大和時代】名詞 四世紀ごろから六四五年の大化の改新までの時代。「大和㊀」を中心にして、日本の国がまとまりはじめ

ことばクイズ52 □の中に入る同じ動物の名前は何でしょう？

ていた時代。参考 今は、古墳時代と飛鳥時代に分けられる。

やまとせいけん【大和政権】 名詞 大和地方の豪族が集まって政治をおこなった、日本ではじめての連合政権。四世紀から六世紀にかけて東北以外のほとんどの地方を統一した。大和朝廷。ヤマト政権。大和王権。ヤマト王権。

やまとたけるのみこと【日本武尊】 人名 大和朝廷の国内統一に活やくしたとされる伝説上の英雄。

やまとだましい【大和魂】 名詞 日本人ならではの、いさましく、いさぎよい気持ち。

やまとちょうてい【大和朝廷】 名詞 ⬇やまとせいけん。

やまとなでしこ【大和なでしこ】 名詞 ❶ナデシコの別の名。❷日本の女性の、きよらかさ・美しさをほめていう言葉。

やまどり【山鳥】 名詞 キジ科の鳥。日本の山地にすんでいる。体は赤茶色。おすの尾は長い。

やまなしけん【山梨県】 地名 中部地方の東部にある内陸の県。県庁所在地は甲府市。⇩916ページ・都道府県(図)。

やまなみ【山並み】 名詞 いくつも続いて山が立ちならんでいるようす。また、その山々。例 みどりの山並みが続いている。

やまなり【山鳴り】 名詞 〔ふん火などで〕山が鳴りひびくこと。また、その音。

やまね【山ね】 名詞 ヤマネ科の動物。体長約八センチメートルで、せなかに一本の黒い線があり、しっぽがふさふさしている。天然記念物。漢字 山鼠。

やまねむる【山眠る】 連語 しずまりかえった冬の山のようすのたとえ。対 山笑う。山滴る。山よそおう。

やまのいも【山の芋】 名詞 ヤマノイモ科の植物。地中に細長いいもができる。いもをすりおろして、とろろを作る。じねんじょ。やまいも。

やまのさち【山の幸】 名詞 山でとれる食べ物。

やまのて【山の手】 名詞 ❶⬇やまて①。❷高台にある住宅地。やまて。対②下町。

やまのは【山の端】 名詞 山と空とが接して見える、さかい目の山の線。山のはし。例 山の端に月がかかる。

やまのひ【山の日】 名詞 国民の祝日の一つ。山に親しむ日。八月十一日。

やまのぼり【山登り】 名詞 山に登ること。登山。

やまのように【山のように】 連語 物事がたくさんあるようす。例 宿題が、山のように出た。

やまば【山場】 名詞 物事の一番さかんになるところ。やま。例 試合は山場をむかえた。

やまはだ【山肌】 名詞 土や岩がむきだしになっている、山の表面。

やまばと【山ばと】 名詞 山にすんでいるハト。特に、キジバト。漢字 山鳩。

やまびこ【山びこ】 名詞 山などで、声や音を出したとき、それがはね返ってくること。また、その声や音。類 こだま。

やまびらき【山開き】 名詞 冬の間、登山が止められている山で、その年にはじめて登山がゆるされること。

やまぶき【山吹】 名詞 バラ科の木。春に黄色の花がさく。

やまぶきいろ【山吹色】 名詞 ❶ヤマブキの花のような、あざやかな黄色やこがね色。❷大判・小判のこと。

やまぶし【山伏】 名詞 山や野で、修行をする僧。修験者。⇩図。

やまふところ【山懐】 名詞 山にかこまれたおく深いところ。例 山懐にいだかれた村。

金剛づえ

山伏

やまほど【山ほど】 副詞 山になるほど、たくさんあるようす。例 おみやげを山ほど買った。

やまみち【山道】 名詞 山の中の道。類 やまじ。

やまめ 名詞 サケ科の魚。川の上流にすむ。体の横に、黒いまだらがある。漢字 山女。

やまもり【山盛り】 名詞 山のように高くもりあげること。また、そのもの。例 山盛りのごはん。類 大盛り。

やまやき【山焼き】 名詞 新しい草がよくはえるように、春のはじめに山のかれ草を焼くこと。参考 灰が肥料となり、害虫の駆除にもなる。類 野焼き。

やまやま【山山】 一 名詞 多くの山。それぞれの山。例 伊豆の山々。

二 副詞 ❶たくさん。やまほど。例話したいことはやまやまある。❷〔じっさいにはできそうにないが〕心の中では強く望むようす。例お会いしたいのはやまやまですが、いそがしくて行けそうもありません。参考 ㋐一はふつう「山々」と書く。㋑二はふつう、ひらがなで書く。

やまゆり【山ゆり】名詞 ユリ科の植物。野山で育つ。夏に、白く、赤いはん点のある大きな花がさく。漢字 山百合。

やまよそおう【山よそおう】連語 紅葉で美しく色づいた秋の山のようすのたとえ。対 山笑う。山滴る。山眠る。

やまわけ【山分け】名詞 する動詞 〔だいたい〕半分ずつに分けること。同じくらいに分けること。

やまわらう【山笑う】連語 草木の芽が出て明るくなった春の山のようすのたとえ。対 山滴る。山よそおう。山眠る。

やまをかける【山を掛ける】慣用句 もしかしたら、と幸運をねらって物事をおこなう。あるかもしれないと予想して準備をする。例山を掛けて勉強したところがテストに出た。参考「山を張る」ともいう。

やまをこす【山を越す】慣用句 物事のもっともさかんなときがすぎる。また、危険な状態や時期がすぎる。例山を越すまで仕事を続ける。／病状は山を越した。

やまをはる【山を張る】慣用句 ➡やまをかける。

やみ【闇】名詞 ❶暗いこと。暗やみ。例夜の闇。❷これから先に希望が持てないこと。例前途は闇だ。❸人に知られないこと。ことば「(悪事を)闇に葬る」❹不正な取り引き。例闇の物資。

やみあがり【病み上がり】名詞 病気がなおったばかりであること。病気あがり。類 病後。

やみいち【闇市】名詞 やみ市場のこと。法律で禁止されている品物を売り買いする店が集まっている市場。ブラックマーケット。

やみうち【闇討ち】名詞 する動詞 ❶暗やみにまぎれて、人をおそうこと。❷人が油断しているときに、せめること。

やみからやみにほうむる【闇から闇に葬る】慣用句 都合の悪いことを、人に知られないようにこっそりと処理する。例事件を闇から闇に葬る。

やみくもに【闇雲に】副詞 何も考えず、むやみやたらに物事をおこなうようす。みさかいもなく。むやみに。やたら。例何の疑いももたず、闇雲に人を信じる。

やみつき【病み付き】名詞 ある物事に熱中して、やめられなくなること。ことば「(ゲームに)病み付きになる」

やみとりひき【闇取引】名詞 ❶決められた方法や順序をまもらないで、売り買いなどの取り引きをこっそりすること。また、法律で禁止されている取り引きをひそかにすること。例麻薬の闇取引をする。❷ほかの人に知られないように、こっそりと相談や取り引きをすること。例仲間をうらぎって敵と闇取引する。注意 送りがなをつけない。参考 ⇨930ページ・取り引き。

やみよ【闇夜】名詞 月の出ていない、まっ暗な夜。暗夜。対 月夜。

[1]やむ 動詞 〔今まで続いていたことが〕止まる。終わる。例雨がやむ。活用 や・む。漢字 止む。

[2]やむ【病む】動詞 ❶病気にかかる。例むねを病む。❷気にして心配する。心をいためる。例気に病む。活用 や・む。

やむなく 副詞 どうしようもなく。しかたなく。例雨のため、運動会はやむなく延期された。

やむにやまれぬ 連語 どうしてもそうしないではいられない。例やむにやまれぬ思い。参考 やめようとしてもやめられない、という意味から。

やむをえず【やむを得ず】連語 しかたなく。やむなく。例やむを得ず大役を引きうける。

やむをえない【やむを得ない】連語 ほかにどうしようもない。どうすることもできない。例やむを得ない急用のため、欠席した。

[1]やめる 動詞 とちゅうで終わりにする。おこなわなくなる。例ゲームをやめる。活用 や・める。漢字 止める。対 続ける。

[2]やめる【辞める】動詞 〔ある地位や役目を〕しりぞく。例会社を辞める。活用 や・める。

やもたてもたまらず【矢もたてもたまらず】慣用句 そうしたい気持ちが強くて、じっとしていられないようす。例母に会いたいと思い、矢もたてもたまらず、故郷へ向かう列車に乗った。

[1]やもめ 名詞 夫に死なれた女性。未亡人。

[2]やもめ 名詞 妻に死なれた男性。男やもめ。

やもり 名詞 トカゲのなかまの動物。あしのうら

にある吸盤で、かべなどにすいついてはいまわる。漢字 守宮。

やや 副詞 少し。いくらか。例 実物よりやや小さい。／女性の方がやや多い。

ややこしい 形容詞 こみ入っていて、わかりにくい。例 ややこしい手続き。活用 ややこし・い。

ややもすると 副詞 どうかすると。ともすれば。ややもすれば。例 ややもすると、おくれがちになる。

やよい【弥生】名詞 昔のこよみで三月のこと。

やよいじだい【弥生時代】名詞 日本で弥生土器がつくられ、使われた時代。始まりは紀元前十世紀から紀元前三世紀ごろ、終わりは紀元後三世紀ごろまで。稲作や金属器の使用が始まった。また、小さな国がつくられだした。

やよいどき【弥生土器】名詞 始まりは紀元前十世紀から紀元前三世紀ごろ、終わりは紀元後三世紀ごろまで、日本で使われた土器。縄文土器よりきめが細かく形も整っている。弥生式土器。⇨図。参考 東京都文京区弥生町ではじめて発見されたことからこの名がついた。

弥生土器

やら 助詞 ❶ふたしかな気持ちを表す言葉。例 どこやらで聞いたような話。❷同じようなことをならべて例としてしめす言葉。例 太いのやら細いのやらいろいろな大きさのものがある。❸ふたしかな想像をしめす言葉。…だろうか。例 あの子犬はどうしているやら。

やらい【夜来】名詞 昨夜から続いていること。例 夜来の雨も晴れて、いい天気になった。

やらかす 動詞 ー する。やってのける。ことば 「失敗をやらかす」参考 くだけた言い方。活用 やらか・す。

やらせ 名詞 前もって相談しておいてから、物事をおこなうこと。特に、テレビの番組などで本当のように見せながら、実際には演技だったり前もっての計画だったりするもの。

やらせる 動詞 〔物事を〕おこなわせる。させる。やらす。例 わたしの好きなようにやらせてほしい。／国語の問題をやらせる。活用 やら・せる。

やられる 動詞 ❶そんをさせられたり、危害を加えられたりする。また、病気におかされる。例 山中でクマにやられた。／かぜにやられてせきがひどい。❷負かされる。また、やりこめられたり、弱点をつかれたりする。例 敵の作戦にやられる。活用 やら・れる。

やり 名詞 長いぼうの先に、細長いとがった刃物をつけた、人をつきさす武器。漢字 槍。

やりあう【やり合う】動詞 言葉や力などで、たがいに争う。例 会議で意見の合わない人とやり合う。活用 やりあ・う。

やりがい 名詞 物事をするだけのねうち。例 やりがいのある仕事。

やりかえす【やり返す】動詞 ❶一度したことを、もう一度はじめからしなおす。やりなおす。例 二度計算をやり返した。❷相手が言ったりしたりしたことに対して、言い返したり、し返したりして、やっつける。例 ぼくも負けずにやり返した。活用 やりかえ・す。

やりかけ【やり掛け】名詞 やり始めたことがとちゅうまでしかすんでいないこと。まだ終わっていないこと。やっているとちゅう。例 宿題をやり掛けのままほうりだす。／やり掛けの仕事をすませる。

やりかた【やり方】名詞 物事をするときの方法。しかた。例 かれのやり方はひどすぎる。

やりきれない【やり切れない】連語 ❶終わりまですることができない。❷がまんできない。例 こう暑くては、やり切れない。

やりくち【やり口】名詞 やりかた。方法。例 それはあいつのいつものやり口だ。

やりくり【やり繰り】名詞 する動詞 工夫して、どうにか都合をつけること。例 家計をやり繰りする。

やりこめる【やり込める】動詞 言い合いをして相手を負かす。言い負かす。いいこめる。例 てごわい相手をやり込める。活用 やりこ・める。

やりすごす【やり過ごす】動詞 ❶あとから来る人などを、自分より先に行かせる。例 あとから来る車を何台もやり過ごした。❷ちょうどよい程度をこえて物事をする。例 しゅみもあまりやり過ごすとよくない。活用 やりすご・す。

やりそこなう【やり損なう】動詞 失敗する。しそんじる。例 作業をやり損なう。活用 やりそ

こな・う。

やりだまにあげる【やり玉に挙げる】慣用句 非難やこうげきの目標にする。例 不正なことをして勝ったチームをやり玉に挙げる。漢字 槍玉に挙げる。

やりっぱなし【やりっ放し】名詞 物事をしたままで、あとしまつをしないこと。例 仕事をやりっ放しにして帰ってしまう。

やりて【やり手】名詞 ❶〔あることを〕するべき人。やろうという人。例 この仕事のやり手はいないか。❷ 物事をうまくやりとげるうでまえのある人。うできき。例 かれは、なかなかのやり手だ。

やりとおす【やり通す】動詞 やり始めたことを最後までやる。やりとげる。やりぬく。例 いったん、こうと決めたことは最後までやり通すことだ。活用 やりとお・す。

やりとげる【やり遂げる】動詞 最後までやる。やりとおす。やりぬく。例 ほかの人の力を借りずにやり遂げた。活用 やりと・げる。

やりとり【やり取り】名詞 する動詞 物をあたえたりもらったりすること。また、言葉などをとりかわすこと。例 転校した友だちと手紙のやり取りをする。

やりなおし【やり直し】名詞 もう一度すること。やり直すこと。また、まちがいなどを正してもう一度はじめからし直すこと。例 何度もやり直しをしてやっと完成した。／やり直しのきかない細かい作業。

やりなおす【やり直す】動詞 はじめからもう一度する。し直す。やりかえす。例 計算をやり直す。活用 やりなお・す。

やりなげ【やり投げ】名詞 陸上競技の一つ。やりを遠くになげて、そのとんだ距離で勝ち負けを決めるもの。

やりぬく【やり抜く】動詞 最後までやる。やりとおす。やりとげる。例 かれは、とうとう一人でやり抜いた。活用 やりぬ・く。

やりば【やり場】名詞 もっていく、てきとうなところ。もっていきどころ。例 目のやり場にこまる。

やりはじめる【やり始める】動詞 〔物事・行動・動作などを〕しはじめる。開始する。例 夜になって勉強をやり始める。活用 やりはじ・める。

やりみず【やり水】名詞 ❶ にわなどに、外から水をみちびきいれて、流れるようにしたもの。❷ にわの草木などに水をあたえること。

やる 動詞 ❶ 物をそこから、ほかへうつらせる。例 つくえをすみへやる。❷ 物事をする。おこなう。例 ゲームをやろう。❸ 行かせる。例 お菓子を買いに、弟をやった。❹〔目下の人や動物などに〕物をあたえる。例 妹に、折り紙をやった。❺《「…てやる」の形で》ほかの人のために何かをする。例 弟の荷物をもってやった。❻《「…てやる」の形で》あることをしようと考える。例 今日こそ、はっきり言ってやろう。活用 や・る。

やるき【やる気】連語 物事をすすんでやろうとする、積極的な気持ち。ことば「やる気をおこす」

やるせない【やる瀬無い】形容詞 気持ちを晴らす方法がなくて、苦しい。例 やる瀬無い気持ち。活用 やるせな・い。

やれやれ 感動詞 ❶〔物事に失敗したときなど〕がっかりしたときに言う言葉。例 やれやれ、まただめか。❷ ほっと安心したときに言う言葉。例 やれやれ、助かった。

やわらか[1]【柔らか】形容動詞 ❶ かんたんに、のばしたり曲げたりできるようす。例 体が柔らかに曲がる。❷ さわったとき、ふっくらとして、かたくないようす。例 柔らかなふとん。❸ おだやかなようす。例 窓べでネコが、柔らかな春の日ざしをあびている。⇩使い分け。

やわらか[2]【軟らか】形容動詞 かたくなく、形が変わりやすいようす。例 軟らかな地盤。⇩使い分け。

使い分け　やわらか

●ふっくらとしているようす。
柔らかな毛布。

●ぐにゃぐにゃしているようす。
軟らかな土。

ことばクイズ53 □の中に入る同じ動物の名前は何でしょう？

1**やわらかい**【柔らかい】形容詞 ❶かんたんに、のばしたり曲げたりできるようす。例体が柔らかい。❷さわったとき、ふっくらとして、かたくないようす。例柔らかいロールパン。対①②かたい。❸おだやかである。例柔らかい日ざし。活用やわらか・い。⇩使い分け。

2**やわらかい**【軟らかい】形容詞 かたくなく、形が変わりやすいようす。例軟らかいねん土。対かたい。活用やわらか・い。⇩使い分け。

やわらぐ【和らぐ】動詞 ❶〔気候などが〕おだやかになる。例寒さが和らぐ。❷〔痛みなどが〕少しおさまる。例痛みが和らぐ。❸〔気持ちが〕しずまる。活用やわら・ぐ。

やわらげる【和らげる】動詞 ❶わかりやすくする。例表現を和らげる。❷〔はげしい感情や苦しみなどを〕しずめる。おだやかにする。例いかりを和らげる。活用やわら・げる。

使い分け　やわらかい

●ふっくらとしている。
柔らかいふとん。

●ぐにゃぐにゃしている。
軟らかいおかゆ。

ヤング young 名詞 わかいこと。また、わかい人。▼英語

やんごとない【やん事無い】形容詞 身分が高く、とうとい。高貴な。

やんちゃ 名詞 形容動詞 子どもが、わがままを言ったり、いたずらをしたりすること。また、そのような子ども。例やんちゃな男の子。参考大人に言うこともある。

やんや 感動詞 さかんにほめたてるときに言う言葉。例やんやとほめたてた。

やんわり 副詞(-と) する動詞 やわらかに。おだやかに。例やんわりと注意する。

ゆ

ユ
YU
yu

ゆ【湯】名詞 ❶水をわかしたもの。あたたかい水。例お湯で手をあらう。❷ふろ。銭湯。例湯に入る。❸温泉。例湯の町、別府。

ゆあか【湯あか】名詞 鉄びんやふろおけなどの内側につく、かす。

ゆあがり【湯上がり】名詞 ❶ふろから出たばかりのとき。例湯上がりに牛乳を飲む。❷「ゆあがりタオル」の略。ふろから出て、体をふくのに使う大きなタオル。バスタオル。

ゆあたり【湯あたり】名詞 する動詞 ふろや温泉に長くつかりすぎて、体の調子が悪くなること。

ゆあつ【油圧】名詞 油を仲だちにして伝えられる圧力。例油圧ブレーキ。

ゆあみ【湯あみ】名詞 する動詞 ふろに入ること。入浴。例旅のやどで湯あみをする。参考古い言い方。

ゆいいつ【唯一】名詞 それ一つだけしかないこと。ただ一つ。例つりが唯一の楽しみだ。

ゆいいつむに【唯一無二】四字熟語 二つとないこと。またとないこと。例唯一無二の親友。参考「ゆいいつ」を強めた言い方。

ゆいごん【遺言】名詞 する動詞 死ぬときに、言いのこすこと。また、その言葉。例父の遺言を守る。

ゆいごんじょう【遺言状】名詞 ゆいごんを書き記した文書。

ゆいしょ【由緒】名詞 ❶古くから言われている、その物事についてのおこり。由来。例石碑に寺の由緒がきざまれている。❷りっぱな歴史。例由緒あるホテル。

ゆいのう【結納】名詞 結婚の約束のしるしに、お金や品物をやりとりすること。また、そのお金や品物。ことば「結納をかわす」

1**ゆう**【夕】名詞 夕ぐれ。夕方。例朝に、夕に。対朝。

2**ゆう**【言う】動詞 ➡66ページ・いう。活用ゆ・う。

3**ゆう**【結う】動詞 ❶髪の毛を整える。ことば「髪を結う」❷むすぶ。しばる。ことば「ひもを結う」活用ゆ・う。

4**ゆう**【優】名詞 ❶すぐれていること。❷成績を表す言葉。良・可の上。

ユー[5]【U・u】(名詞) アルファベットの二十一番目の文字。

ユーアールエル【URL】(名詞) ➡巻末「アルファベット略語集」1558ページ。

ゆうあい【友愛】(名詞) 友だちとして、したしみあう心。例 友愛の情を深める。

ゆうい【優位】(名詞) ほかのものよりすぐれた地位・立場。ことば「優位に立つ」

ゆういぎ【有意義】(名詞)(形容動詞) 意味があること。ねうちのあること。例 有意義な学生生活をすごす。

ゆううつ【憂鬱】(名詞)(形容動詞) 気持ちが晴れ晴れとしないこと。心がふさぐこと。例 人前で話すのが苦手なので、発表が憂鬱だ。

ゆうえい【遊泳】(名詞)(する動詞) 泳ぐこと。水泳。例 遊泳禁止。参考 泳ぐように動くことにも言う。例 宇宙遊泳。

ユーエイチエフ【UHF】(名詞) ➡巻末「アルファベット略語集」1558ページ。

ゆうえき【有益】(名詞)(形容動詞) ためになること。役に立つこと。例 有益な本を読む。対 無益。類 有用。

ユーエスエー【USA】(名詞) アメリカ合衆国。

ゆうえつかん【優越感】(名詞) 自分がほかの人よりすぐれていると思う気持ち。例 優越感をいだく。対 劣等感。

ユーエフオー【UFO】(名詞) ➡1332ページ・ユーフォー。

ゆうえんち【遊園地】(名詞) 楽しむための乗り物や遊び道具などをおいた公園。

ゆうが【優雅】(名詞)(形容動詞) ❶やさしくて上品なこと。例 優雅なおどり。❷世間のわずらわしさからはなれて、くらしや気持ちにゆとりが感じられること。例 優雅な生活。

ゆうかい[1]【誘拐】(名詞)(する動詞) 人をだましてさそいだすこと。また、無理につれていくこと。例 小さい子どもが誘拐された。

ゆうかい[2]【融解】(名詞)(する動詞) 熱などによって、固体がとけて液体になること。例 氷が融解する。参考 液体の中にとける場合は「溶解」という。

ゆうがい【有害】(名詞)(形容動詞) 害があること。ためにならないこと。対 無害。

ゆうがいぶっしつ【有害物質】(名詞) ダイオキシン・カドミウムなど、人の健康に害をあたえるおそれが大きいとして、法律で指定された物質。

ゆうがいむえき【有害無益】四字熟語 害だけがあって、ためになることがないこと。例 有害無益な話。

ゆうがお【夕顔】(名詞) ❶ウリ科の植物。夏の夕方、白い花がさく。実から、食品の「かんぴょう」をつくる。❷ヒルガオ科のヨルガオのこと。夏の夕方、らっぱ形の白い花がさく。

ゆうがく【遊学】(名詞)(する動詞) 自分の家のあるところから遠くはなれたところへ行って勉強すること。例 パリに遊学する。類 留学。

ゆうがた【夕方】(名詞) 太陽がしずむころ。日ぐれのころ。例 夕方、帰って来た。対 朝方。

ゆうがとう【誘が灯】(名詞) ガなどのこん虫が光に引きよせられる性質を利用して、夜間、照明に集めてころすしかけ。

ユーカラ (名詞) 古くからアイヌ民族の間に伝わる、長い詩。アイヌ民族の歴史が語られている。▼アイヌ語

ユーカリ (名詞) フトモモ科の高木。オーストラリアなどに多い。葉にはかおりがある。参考 ラテン語の「ユーカリプタス(eucalyptus)」から。▼英語 eucalyptus

ゆうかん[1]【夕刊】(名詞) 毎日、夕方に発行する新聞。対 朝刊。

ゆうかん[2]【勇敢】(名詞)(形容動詞) 勇気があり、物事をおそれずにすること。例 勇敢な少女。

ゆうき[1]【有機】(名詞) ❶命があって、生きる働きをもっていること。❷生物の体のように、全体と各部分がたがいに深く関係して一つにまとまっていること。❸「有機物」の略。対 ①③ 無機。

ゆうき[2]【勇気】(名詞) 物事をおそれない、強い心。例 勇気を出して告白する。／勇気ある行動。

ゆうぎ【遊戯】(名詞)(する動詞) ❶遊ぶこと。❷ようち園や小学校などでおこなう、楽しみながらする運動。例 お遊戯。

ゆうきてき【有機的】(形容動詞) 多くの部分が集まって全体を形づくり、たがいにえいきょうしあう関係にあるようす。例 有機的な働きをする機械。

ゆうきのうぎょう【有機農業】(名詞) 安全

あいうえお かきくけこ さしすせそ たちつてと なにぬねの はひふへほ まみむめも や ゆ よ らりるれろ わ を ん

な農作物をつくるために、農薬や化学肥料、遺伝子組み換え技術などを使わず、環境を大切にした農業。

ゆうきぶつ【有機物】名 ❶生きる働きをもつものをつくりあげているもの。❷炭素をふくむ化合物。生物体からえられるが、合成によってもできる。有機化合物。対無機物。

ゆうぎり【夕霧】名 夕方たちこめる、きり。対朝霧。

ゆうぐ【遊具】名 主に、子どもが使って遊ぶための道具やかんたんな設備。ぶらんこやシーソーなど。

ゆうぐう【優遇】名 する動詞 ていねいにもてなすこと。よい待遇をすること。例高い給料をはらって優遇している。類厚遇。対冷遇。

ゆうぐれ【夕暮れ】名 日がくれるころ。日ぐれ。夕方。例夕暮れの景色。（対）夜明け。

ゆうげ【夕げ】名 夕ごはん。夕方の食事。対朝げ。参考やや古い言い方。

ゆうけい【有形】名 形があること。はっきりした形をもったもの。例われわれは、有形無形のめぐみを自然から受けている。対無形。

ゆうげきしゅ【遊撃手】名 野球で、二塁と三塁の間を守る野手。ショートストップ。ショート。

ゆうげん【有限】名 形容動詞 終わりがあること。かぎりがあること。対無限。

ゆうけんしゃ【有権者】名 選挙権を持っている人。

1 **ゆうこう**【友好】名 友だちとしての仲のよい交わり。例友好関係。注意「友交」と書かないこと。

2 **ゆうこう**【有効】名 形容動詞 ❶ききめがあること。役に立つこと。例休暇を有効に使う。❷〔あるきまりによって〕使うことができること。例このきっぷは五日間有効です。対①②無効。

ゆうごう【融合】名 する動詞 〔二つ以上のものが〕とけあって、一つになること。例二つの文化が融合する。

ゆうこく【夕刻】名 夕方。日のくれるとき。

ユーザー 名 商品などの利用者。使用者。例ユーザーの意見を聞く。▼英語 user

ゆうざい【有罪】名 さいばんで、つみがあるとみとめられること。対無罪。

1 **ゆうし**【有志】名 あることをしようとする気持ちのあること。また、その人。例有志が集まってサッカー部をつくった。

2 **ゆうし**【勇士】名 ❶いさましい人。勇気のある人。勇者。❷勇気のある兵隊。

3 **ゆうし**【雄姿】名 堂々として、りっぱなすがた。

4 **ゆうし**【融資】名 する動詞 銀行などが、商売や仕事の元手となるお金をかしだすこと。例建設資金を融資する。

ゆうじ【有事】名 ふつうでないできごとがあること。戦争などの一大事が起きること。例有事にそなえる。

ゆうしいらい【有史以来】名 〔文字で書かれた〕歴史が始まってから今まで。例有史以来の大事件であった。

ユーじがたじしゃく【U字形磁石】名 Uの字の形をした磁石。馬てい形磁石。U型磁石。

ゆうしきしゃ【有識者】名 学問があって、ものの見方や考え方がすぐれている人。例有識者の意見をもとめる。

ゆうしゃ【勇者】名 勇気のある人。勇士。

ゆうしゅう【優秀】形容動詞 すぐれていて、ほかのものよりまさっているようす。例優秀な成績をおさめた。

ゆうしゅうのびをかざる【有終の美を飾る】慣用句 物事を、最後までやりとおして、りっぱに終わらせる。例引退試合でホームランを打ち、有終の美を飾った。

ゆうじゅうふだん【優柔不断】四字熟語 ぐずぐずして、物事をはっきり決めることができないこと。例優柔不断なので、何を注文するか、なかなか決められない。

ゆうしょう【優勝】名 する動詞 〔ゲームや競技などで〕第一位になること。例ワールドカップで優勝した。／優勝をかけて戦う。

ゆうじょう【友情】名 友だち同士の真心や思いやりの心。例変わらぬ友情をちかう。

ゆうしょく【夕食】名 夕方の食事。ばんごはん。夕はん。対朝食。昼食。

ゆうじん【友人】名 友だち。例わたしと妹の共通の友人にれんらくした。

ゆうすいち【遊水池】名 川の水がふえたときだけ、その水を流しこむところ。水害をふせぐためにつくられたもの。

ア 言わぬが□ イ □よりだんご

ゆうすう【有数】名詞 数えることができるほど少なくて、すぐれていること。例日本有数の科学者。／世界有数の生産量をほこる。

ゆうずう【融通】名詞 する動詞 ❶〔お金などを〕たがいにやりくりすること。また、貸し借りすること。例五万円ほど融通してほしい。❷その場その場におうじて、物事をうまくかたづけていくような頭の働き。例融通のきかない人。参考「ゆうづう」とも書く。

ゆうすずみ【夕涼み】名詞 夏の夕方、外に出てすずしい風に当たること。

ユースホステル 名詞 青少年のためにつくられた、安い費用で手軽にとまれる宿泊所。参考 ドイツではじめられ、日本では一九五一（昭和二六）年から全国につくられている。▼英語 youth hostel

ゆうする【有する】動詞 持つ。持っている。例人口百万を有する都会。参考 あらたまった言い方。活用 ゆう・する。

ゆうせい【優勢】名詞 形容動詞 いきおいが、ほかのものよりまさっていること。例味方の優勢のうちに試合は進んでいった。対劣勢。

ゆうぜい【遊説】名詞 する動詞〔政治家などが〕自分の考えを人々にせつめいして各地を回ること。注意「ゆうぜつ」と読まないこと。

1 **ゆうせん**【有線】名詞 電信や電話で、電線を使っていること。対無線。

2 **ゆうせん**【優先】名詞 する動詞 ほかのものより先にすること。例高齢者・子どもを優先して車にのせる。

ゆうぜん【友禅】名詞「友禅染」の略。

ゆうぜんぞめ【友禅染】名詞 絹織物などに、花・鳥・景色・人物などのもようをいろいろな色でそめる方法。また、そめたもの。参考 江戸時代に、京都の画家、宮崎友禅斎がはじめた。

ゆうぜんと【悠然と】副詞〔動作や態度などが〕落ち着いて、ゆったりとしているようす。例悠然と歩いている。

ゆうせんほうそう【有線放送】名詞 電線を使ってする放送。

1 **ゆうそう**【勇壮】名詞 形容動詞 いさましく、元気があること。例勇壮な音楽。

2 **ゆうそう**【郵送】名詞 する動詞 郵便で送ること。

ユーターン【Uターン】名詞 する動詞 ❶自動車が、道路で、Uの字の形に回って、もと来た方向に引き返すこと。❷もとの場所などにもどること。例都会から出身地にUターンする。▼英語 U-turn

1 **ゆうたい**【勇退】名詞 する動詞〔後の人にゆずるために〕自分から進んで、その役をやめること。例社長の地位を勇退する。

2 **ゆうたい**【優待】名詞 する動詞 ほかの人よりも、手あつく特別にもてなすこと。優遇。例高齢者を優待する。／優待券。

ゆうだい【雄大】形容動詞 りっぱで、規模が大きいようす。例雄大な自然。類壮大。

ゆうだち【夕立】名詞 夏の夕方などに、急にふってすぐにやむ、はげしい雨。例夕立が来そうだ。注意 送りがなをつけない。類とおり雨。にわか雨。

ゆうだんしゃ【有段者】名詞 剣道・柔道・囲碁・将棋などで、位をしめす段を持っている人。

ゆうち【誘致】名詞 する動詞〔学校や工場などの施設を〕その場所にもうけるように、さそいよせること。例町に新しい工場を誘致する。

ゆうちょう【悠長】形容動詞 急がずに、のんびりしているようす。ことば「悠長にかまえる」

ゆうづう【融通】名詞 する動詞 ➡ゆうずう。

ゆうづき【夕月】名詞 夕方に見える月。

ゆうづきよ【夕月夜】名詞 月が出ている夕方。参考「ゆうづくよ」ともいう。

ゆうてん【融点】名詞 物がとけはじめる温度。

ゆうとう【優等】名詞 形容動詞〔成績や技能などが〕ほかのものより、特にすぐれていること。対劣等。

ゆうどう【誘導】名詞 する動詞〔ある場所や、ある状態に〕さそって、みちびくこと。例安全な場所に誘導する。

ゆうどうえんぼく【遊動円木】名詞 太い丸太をくさりなどでつりさげて、ゆれ動くようにした運動用具。

ゆうとうせい【優等生】名詞 成績やおこないがすぐれている学生・生徒。

ゆうどく【有毒】名詞 形容動詞 毒があること。例有毒ガス。

ユートピア 名詞〔実際にはない〕すばらしい世界。理想郷。▼英語 utopia

ゆうなぎ【夕なぎ】名詞 夕方、海からふく風と陸からふく風が入れかわるとき、風がやみ、

ことばあそび ことばクイズ54 □の中に入る同じことばは何でしょう？

波がしずかになること。対 朝なぎ。

ゆうに【優に】副詞 十分なようす。例 あの会場なら、優に五百人は入れる。

ゆうのう【有能】名詞 形容動詞 すぐれた才能や働きがあること。例 有能な技術者。対 無能。

ゆうばえ【夕映え】名詞 空が、夕日の光でかがやくこと。類 夕焼け。

ゆうはつ【誘発】名詞 する動詞 あることがきっかけとなって、別のことを引き起こすこと。例 火山活動が地震を誘発する。

ゆうはん【夕飯】名詞 夕方の食事。ばんごはん。夕食。ゆうめし。

ゆうひ1【夕日】名詞 夕方の太陽。また、その光。例 しずむ夕日。類 入り日。対 朝日。

ゆうひ2【雄飛】名詞 する動詞 自分にふさわしい場所で、思いきりかつやくすること。例 能力を生かして、海外で雄飛する。

ゆうび【優美】形容動詞 〔すがたや動きなどが〕上品で美しいようす。例 優美なしぐさ。

ゆうびん【郵便】名詞 郵便局が管理して、手紙や小さな品物を、あて名のところに送りとどけるしくみ。また、送りとどけられる手紙や品物。例 郵便配達。

ゆうびんきって【郵便切手】名詞 郵便で送るものにはって、決められた料金をはらったしるしとする小さな紙。切手。

ゆうびんきょく【郵便局】名詞 郵便・かわせ・貯金などをあつかう仕事をするところ。

ゆうびんはがき【郵便はがき】名詞 料金をはらったしるしを印刷してある通信用紙。はがき。

ゆうびんばんごう【郵便番号】名詞 郵便の配達区域をしめす番号。はがきや手紙などの、あて先の上に書きそえる。

ユーフォー【UFO】名詞 〔空とぶ円盤など〕まだその正体がはっきりわからない飛行物体。未確認飛行物体。参考「ユーエフオー」「ユーホー」ともいう。英語の略語。

ゆうふく【裕福】形容動詞 お金や財産があって、くらしがゆたかなようす。例 裕福な家。

ユーフラテスがわ【ユーフラテス川】地名 トルコからシリア・イラクをへて、ペルシア湾にそそぐ川。下流でチグリス川と合流する。古代、流れにそってメソポタミア文明がさかえた。▼英語 Euphrates

ゆうべ1 名詞 昨日の夜。昨夜。

ゆうべ2【夕べ】名詞 日がくれるころ。夕方。対 あした。

ゆうべん【雄弁】名詞 形容動詞 力強く、すらすらと、上手に話すこと。例 雄弁をふるう。

ゆうぼう【有望】形容動詞 これから先、りっぱになったりよくなったりする見こみがあるようす。例 前途有望な青年。

ユーホー 名詞 ➡ユーフォー。

ゆうぼく【遊牧】名詞 する動詞 決まったすみかをもたないで、水や草のあるところをもとめて移り住み、羊・牛などをかうこと。例 遊牧の民。参考 モンゴル・中央アジア・アラビア・アフリカなどのさばく・草原地帯で多くおこなわれている。類 放牧。

ゆうほどう【遊歩道】名詞 さんぽのための道。

ゆうまぐれ【夕まぐれ】名詞 夕方のうす暗いころ。夕ぐれ。参考 古い言い方。

ゆうめい【有名】名詞 形容動詞 世の中に広く知られていること。例 有名な画家。類 高名。著名。名代。対 無名。

ゆうめいむじつ【有名無実】四字熟語 名前やひょうばんばかりよくて、中身がそれにともなわないこと。

ゆうめし【夕飯】名詞 ➡1332ページ・ゆうはん。

ユーモア 名詞 上品なしゃれ。気のきいたおかしみ。例 ユーモアにあふれた話しぶり。▼英語 humor

ゆうもう【勇猛】名詞 形容動詞 いさましくて、何もおそれないようす。例 勇猛な兵士。

ゆうもや【夕もや】名詞 夕方にかかるもや。例 夕もやがたちこめている。対 朝もや。

ユーモラス 形容動詞 ユーモアのあるようす。明るくこっけいなようす。例 ユーモラスな動作。▼英語 humorous

ゆうやけ【夕焼け】名詞 太陽がしずむとき、その光の反射で、西の空が赤く見えること。例 美しい夕焼け。類 夕映え。対 朝焼け。

ゆうやみ【夕闇】名詞 夕方、日がしずんだあとの、うすぐらさ。例 夕闇がせまる。

ゆうゆう【悠悠】副詞(ーと) ゆったりと落ち着いているようす。例 悠々と出て行った。類 のんびり。対 あくせく。参考 ふつう「悠々」と書く。

ゆうゆうじてき【悠悠自適】四字熟語 世の

中のわずらわしいことからはなれて、自分の思うとおりにして心しずかにくらすこと。参考 ふつう「悠々自適」と書く。

ゆうよ【猶予】 名詞 する動詞 ❶ぐずぐずすること。ためらって、なかなか決めないこと。例 一時の猶予もない。❷決められた日時をのばすこと。例 二十四時間の猶予をあたえる。

ゆうよう【有用】 形容動詞 役に立つようす。必要なようす。例 社会に有用な人物。類 有益。対 無用。

ユーラシア 地名 アジアとヨーロッパをまとめたよび名。例 ユーラシア大陸。▼英語 Eurasia

ゆうらん【遊覧】 名詞 する動詞 名所などを見物して回ること。例 遊覧バス。

ゆうらんせん【遊覧船】 名詞 湖や川をまわり、客に見物させる船。

ゆうり¹【有利】 形容動詞 ❶利益があるようす。例 有利な貯蓄の方法。❷都合がよいようす。例 試合を有利に進める。対 ②不利。

ゆうり²【遊離】 名詞 する動詞 ほかのものとつながりをもたないで、はなれていること。例 国民から遊離した政治はなりたたない。

ゆうりょ【憂慮】 名詞 する動詞 あれこれと考えて心配すること。例 政界のごたごたを憂慮する。

ゆうりょう¹【有料】 名詞 使用するのにお金がいること。例 有料道路。対 無料。

ゆうりょう²【優良】 名詞 形容動詞 ほかよりすぐれてよいこと。例 優良企業。

ゆうりょく【有力】 形容動詞 ❶いきおいや権力が強いようす。例 有力な意見。／有力者。❷たしかな見こみがあるようす。例 はん人であるという有力なしょうこをにぎった。

ゆうれい【幽霊】 名詞 ❶死んだ人が、(仏になれず)生きていたときのすがたで、この世に現れたとされるもの。❷じっさいにはないのに、あるように見せかけたもの。例 幽霊会社。

ゆうれつ【優劣】 名詞 すぐれていることと、おとっていること。ことば「優劣を競う」

ユーロ 一 名詞 助数詞 ヨーロッパ連合の共通通貨。また、その単位。
二 接頭語 ヨーロッパのこと。例 ユーロ市場(=ヨーロッパ市場)。▼英語 Euro

ゆうわ【融和】 名詞 する動詞 うちとけて、仲よくすること。ことば「(両国の)融和をはかる」

ゆうわく【誘惑】 名詞 する動詞 心をまよわせて、悪い方へさそいこむこと。例 誘惑にうちかつ。

ゆえ【故】 一 名詞 わけ。理由。例 故あって、このたび退職することになりました。
二 助詞 「…のため」「…だから」という意味を表す言葉。例 お人よし故、いつもそんをする。

ゆえに【故に】 接続詞 《前にのべたことを受けて》それだから。こういうわけで。よって。ことば「われ思う、故にわれあり(=フランスの哲学者デカルトの言葉)」参考 あらたまった言い方。

ゆえん¹ 名詞 いわれ。わけ。理由。例 かの女がしたわれるゆえんはやさしさにある。参考 やや古い言い方。

ゆえん²【油煙】 名詞 油などがもえるときに出る、細かな黒いこな。

ゆおう ⬇67ページ・いおう。

ゆか【床】 名詞 家の中で、地面より少し高くして板をはったところ。例 荷物を床に置いた。／コンクリートの床。

ゆかい【愉快】 名詞 形容動詞 楽しくて気持ちのいいこと。例 愉快な話。対 不快。不愉快。

ゆかいた【床板】 名詞 ゆかにはってある板。

ゆかうえしんすい【床上浸水】 名詞 する動詞 こうずいなどで、ゆかの上まで水にひたること。例 台風で床上浸水した家屋。対 床下浸水。

ゆかうんどう【床運動】 名詞 体操競技の一つ。マットの上で、回転・さか立ち・ジャンプなどを組み合わせておこなう。

ゆがく【湯がく】 動詞 〔野菜などを〕煮たった湯に少しくぐらせる。軽くゆでる。

ゆかしい【床しい】 形容詞 ❶品があって、しとやかである。おくゆかしい。例 先生の床しい人がらにひかれて入門した。❷なんとなくなつかしい。ことば「古式床しい(祭り)」

ゆかた【浴衣】 名詞 もめんでつくったひとえの着物。湯上がりや、夏などにきる。

ゆがむ 動詞 ❶形がくずれて、正しくなくなる。ねじれたり曲がったりする。例 テレビの画面がゆがんだ。❷心やおこないが正しくなくなる。例 ゆがんだ考え方。活用 ゆが・む。

ゆがめる 動詞 ❶形をまげる。例 顔をゆがめてしかる。❷正しくないようにする。例 事実をゆがめた解釈。活用 ゆが・める。

ゆかり 名詞 関係があること。えんがあること。例 秀吉ゆかりの地。ことば「えんもゆかりもない」

1 **ゆき**【行き】名詞 ⇒69ページ・いき（行き）。

2 **ゆき**【雪】名詞 冬、空からふる白い小さなもの。空の水蒸気が急に冷やされ、小さな氷の結晶となってふってくる。結晶は、もとは六角形で、いろいろな形に変化する。ことば「雪が舞う」

ゆきあかり【雪明かり】名詞 夜、積もった雪の白さで、少し明るく見えること。

ゆきあそび【雪遊び】名詞 雪合戦や雪だるま作りなど、雪を使って遊ぶこと。

ゆきあたりばったり【行き当たりばったり】名詞 形容動詞 ⇒70ページ・いきあたりばったり。

ゆきあたる【行き当たる】動詞 ⇒70ページ・いきあたる。活用 ゆきあた・る。

ゆきおとこ【雪男】名詞 ヒマラヤの山中にすむといわれる、人間に似た動物。

ゆきおろし【雪下ろし・雪降ろし】名詞 ❶屋根などに積もった雪をかき落とすこと。❷山から雪をまじえてふきおろすつめたい風。

ゆきおんな【雪女】名詞 雪国の伝説で、白い着物を着た女のすがたで現れるという雪の精。雪娘。

ゆきかう【行き交う】動詞 ⇒70ページ・いきかう。活用 ゆきか・う。

ゆきかえり【行き帰り】名詞 ⇒70ページ・いきかえり。

ゆきがかり【行き掛かり】名詞 ⇒71ページ・いきがかり。

ゆきかき【雪かき】名詞 積もった雪をどけること。また、その道具。類 除雪。

ゆきがけ【行き掛け】名詞 ⇒71ページ・いきがけ。

ゆきがこい【雪囲い】名詞 雪やしもなどの害をふせぐために、家のまわりや庭木などをむしろやわらなどでかこうこと。また、そのかこい。⇨図。

雪囲い

ゆきがっせん【雪合戦】名詞 雪を丸めて、投げ合う遊び。雪なげ。

ゆきき【行き来】名詞 する動詞 ⇒71ページ・いきき。

ゆきぐつ【雪靴】名詞 雪が多くふる地方で、雪の中を歩くときにはく、くつ。

ゆきぐに【雪国】名詞 雪の多くふる地方。日本では、北海道・東北・北陸地方など。

ゆきげしき【雪景色】名詞 雪のふり積もったながめ。例 野も山も白一色の雪景色であった。

ゆきげしょう【雪化粧】名詞 する動詞 物が雪におおわれて、美しいこと。

ゆきげた【雪げた】名詞 雪の上で用いる、げた。歯が高く、前のめりになっていて、すべらないようにするための金具がついている。

ゆきけむり【雪煙】名詞 けむりのように舞いあがる雪。例 雪煙をあげてすべりおりる。

ゆきさき【行き先】名詞 ⇒71ページ・いきさき。

ゆきすぎ【行き過ぎ】名詞 ⇒71ページ・いきすぎ。

ゆきすぎる【行き過ぎる】動詞 ⇒71ページ・いきすぎる。活用 ゆきす・ぎる。

ゆきずり【行きずり】名詞 道ですれちがうこと。また、通りかかること。例 行きずりの人。

ゆきぞら【雪空】名詞 今にも雪がふってきそうな空の様子。

ゆきだおれ【行き倒れ】名詞 ⇒72ページ・いきだおれ。

ゆきだるま【雪だる磨】名詞 雪を丸めてだるまの形につくったもの。漢字 雪達磨。

ゆきだるましき【雪だる磨式】名詞 ❶〔雪のかたまりを雪の上でころがすとどんどん大きくなるように〕ものが急速にふえていくようす。例 雪だるま式に借金がふえる。

ゆきちがい【行き違い】名詞 ⇒72ページ・いきちがい。

ゆきつく【行き着く】動詞 ⇒72ページ・いきつく。活用 ゆきつ・く。

ゆきづまる【行き詰まる】動詞 ⇒72ページ・いきづまる。活用 ゆきづま・る。

ゆきつもどりつ【行きつ戻りつ】連語 〔どうしたらよいかわからずに〕同じところを行ったりもどったりすること。例 家の前を行きつ戻りつする。参考「行きつ戻りつ」ともいう。

ゆきづり【雪づり】名詞 植木のえだが雪の重みでおれないように、木の上の方からなわやはり金をはって、えだをつること。ゆきつり。⇨図。

ゆきどけ【雪解け】名詞 ❶雪がとけること。また、その時期。例 雪解けの水。❷対立してい

ア 負うた□に教えられる　イ かわいい□には旅をさせよ

た二者のきんちょうがゆるむこと。

ゆきとどく【行き届く】動詞 ⇒72ページ・いきとどく。活用 ゆきとど・く。

ゆきどまり【行き止まり】名詞 ⇒72ページ・いきどまり。

ゆきなやむ【行き悩む】動詞 ⇒72ページ・いきなやむ。活用 ゆきなや・む。

ゆきまつり【雪祭り】名詞 北海道の札幌市などの雪国で、多くの観光客を集めておこなわれる、雪にちなんだ行事。

ゆきみ【雪見】名詞 雪景色をながめて楽しむこと。例 雪見船。

ゆきみち【雪道】名詞 雪がふって積もった道路。

ゆきむし【雪虫】名詞 雪国で見られる、アブラムシのなかまの小さなこん虫。秋に、白いわたのようなものをつけて飛ぶ。

ゆきもよう【雪模様】名詞 雪がふり出しそうな天気。雪もよい。

ゆきやけ【雪焼け】名詞 する動詞 雪に反射する光で、はだが黒く焼けること。

ゆきやま【雪山】名詞 雪がふってつもった山。

ゆきわたる【行き渡る】動詞 ⇒74ページ・いきわたる。活用 ゆきわた・る。

雪づり

ゆく[1]【行く】動詞 ⇒74ページ・いく(行く)。活用 ゆ・く。参考 ⇩使い分け(いく)。

ゆく[2]【逝く】動詞 死ぬ。逝去する。例 おしまれながら逝く。／祖父は、家族にみとられながら逝きました。参考 ア「逝く」ともいう。イ遠回しな言い方。ウ⇩使い分け(いく)。活用 ゆ・く。

ゆくえ【行方】名詞 ❶進んで行くところ。例 雲の行方をながめた。❷去って行った先。例 犯人の行方をさがす。❸これから先。将来。例 勝敗の行方はわからない。

ゆくえしれず【行方知れず】名詞 どこへ行ったのか、わからないこと。行方不明。

ゆくえふめい【行方不明】名詞 どこへ行ったのか、行き先がわからないこと。行方知れず。

ゆくさき【行く先】名詞 ⇒75ページ・いくさき。

ゆくすえ【行く末】名詞 これから先。将来。いくすえ。例 子どもの行く末を考える。

ゆくて【行く手】名詞 ⇒75ページ・いくて。

ゆくとし【行く年】名詞 すぎ去っていく年。いくとし。

ゆくゆく【行く行く】副詞 ❶ある場所へ行きながら。例 事情は行く行く話すから、ともかく先方へ急ごう。❷これから先。将来。例 行く行くは、医者になりたい。

ゆげ【湯気】名詞 水蒸気が空気中で冷えて、小さな水のつぶとなり、けむりのように見えるもの。ことば「湯気が立つ」

ゆけつ【輸血】名詞 する動詞 けがや手術でたくさん出血した人などに、その人に合う血液型の血液をそそぎ入れること。

ゆけむり【湯煙】名詞 湯からわいて出る、けむりのように見える水蒸気。例 湯煙につつまれる。

ゆさぶる【揺さぶる】動詞 物をゆすって動かす。ゆすぶる。ゆする。活用 ゆさぶ・る。

ゆざまし【湯冷まし】名詞 わかした湯をさましたもの。

ゆざめ【湯冷め】名詞 する動詞 ふろに入ったあと、体がひえて寒くなること。

ゆさん【遊山】名詞 野や山に遊びに行くこと。また、よそへ遊びに出かけること。ことば ⇩「物見遊山」

ゆし【油脂】名詞 動物や植物の中にふくまれている、油や脂肪をまとめたよび名。

ゆしゅつ【輸出】名詞 する動詞 外国に品物・労力・技術などを売ること。対 輸入。

ゆしゅつにゅう【輸出入】名詞 輸出と輸入。

ゆず 名詞 ミカン科の木。夏のはじめごろ、白い花がさく。まるい黄色の実は食べ物に味やかおりをつけるのに使う。漢字 柚子。

ゆすぐ 動詞 水や湯の中でふって、よごれをおとす。例 ふきんをゆすぐ。活用 ゆす・ぐ。

ゆすぶる【揺すぶる】動詞 ⇒ゆさぶる。活用 ゆすぶ・る。

ゆずゆ【ゆず湯】名詞 冬至の日に、ユズの実を入れてわかす、ふろ。風邪をふせぐとされる。

ゆすり 名詞 人の弱みにつけこんで、お金や品物などをおどし取ること。類 恐喝。

ことばクイズ55 □の中に入る同じことばは何でしょう？

ゆずりうける【譲り受ける】 動詞 ❶ほかの人からもらって、自分のものにする。例 おじから譲り受けたギター。❷〔ほかの人のものを〕買って自分のものにする。活用 ゆずりう・ける。

ゆずりは【譲り葉】 名詞 ユズリハ科の木。葉ははだえん形で、あつくつやがある。新しい葉が生長してから古い葉が落ちるので、この名がある。正月のかざり物などに使われる。

ゆずりわたす【譲り渡す】 動詞 自分のものをほかの人にあたえて、わたす。例 土地を譲り渡す。活用 ゆずりわた・す。

ゆする[1] 動詞 おどして、無理にお金や品物などを取り上げる。例 お金をゆすられた。活用 ゆす・る。

ゆする[2]**【揺する】** 動詞 大きくゆり動かす。ゆさぶる。ゆすぶる。例 木を揺すってどんぐりを落とす。活用 ゆす・る。

ゆずる【譲る】 動詞 ❶自分のものを、ほかの人にあたえる。例 自転車を弟に譲る。❷〔自分の持っている物などを〕売る。例 土地を譲る。❸自分はえんりょして、ほかの人を先にする。例 道を譲る。／席を譲る。❹先へのばす。例 この問題は、またの機会に譲ろう。活用 ゆず・る。

ゆせい【油性】 名詞 油が持っているような性質。また、その性質を持っていること。例 油性のインク。

ゆせん【湯せん】 名詞 する動詞 入れ物を湯にひたして、その中身をあたためること。例 バターを湯せんして、やわらかくする。

ゆそう【輸送】 名詞 する動詞 〔列車・船・飛行機・トラックなどで〕人や品物を運ぶこと。

ゆそうせん【油送船】 名詞 ➡788ページ・タンカー。

ゆたか【豊か】 形容動詞 ❶満ち足りていて、不足のないようす。例 豊かな自然。❷ゆったりしているようす。例 豊かな心。

ゆだねる【委ねる】 動詞 すっかりまかせる。自由にさせる。例 後のことは、役員の手に委ねる。活用 ゆだ・ねる。

ユダヤ 一 地名 今のパレスチナ南部で、昔ユダ王国があった所。二 名詞 ユダヤ人。ユダヤ教徒。▼ラテン語

ゆだる 動詞 あつい湯の中で煮える。うだる。ゆでられる。例 たまごがゆだる。活用 ゆだ・る。

ゆだん【油断】 名詞 する動詞 気をゆるめていて、必要な注意をしないこと。例 だれもいないと思って油断した。ことば「油断は禁物だ」

ゆだんたいてき【油断大敵】 四字熟語 油断することは、思わぬ失敗のもとになるということ。油断はおそろしい敵であるということ。

ゆだんもすきもない【油断もすきもない】 慣用句 少しも気をゆるすことも、すきを見せることもできない。

ゆたんぽ【湯たんぽ】 名詞 金属などでできた入れ物の中にあつい湯を入れ、ふとんの中などに入れて体をあたためる道具。⇩図。

ゆちゃく【癒着】 名詞 する動詞 ❶ひふやねんまくが、きずなどのために、たがいにくっついてしまうこと。❷もともとはなれていなければならない団体などが、たがいの利益のために結びつくこと。例 役人と業者とが癒着する。

ゆっくり 副詞(−と) する動詞 急がないようす。落ち着いているようす。例 ゆっくり歩く。／家でゆっくりする。

ゆったり 副詞(−と) する動詞 ❶たっぷりあって、よゆうのあるようす。例 ゆったりした服。❷のんびりしているようす。例 ゆったりとくつろぐ。

ゆでだこ 名詞 ❶ゆでて赤くなったタコ。❷ふろに入ったり酒を飲んだりして、顔や体が赤くなったようす。

ゆでたまご【ゆで卵】 名詞 たまごをからつきのままゆでたもの。

ゆでる 動詞 あつい湯に入れて、煮る。例 ジャガイモをゆでる。活用 ゆ・でる。

ゆでん【油田】 名詞 石油の出る地いき。

ゆどうふ【湯豆腐】 名詞 とうふを湯であたためた料理。しょうゆと薬味などで食べる。

ゆとうよみ【湯とう読み】 名詞 漢字二字で書き表される熟語の読み方のうち、上の字を訓で、下の字を音で読むもの。参考 手本・夕食など。対 重箱読み。

ゆどの【湯殿】 名詞 ふろば。浴室。参考 やや古い言い方。

ゆとり 名詞 〔時間・お金・気力などが十分にあって〕きゅうくつでないこと。例 心にゆとりがある。

湯たんぽ

ユニーク【形容動詞】ほかに同じようなものがないようす。独得。特異。例 ユニークな作品。▼英語 unique

ユニコード【名詞】コンピューター用の記号のしくみ。世界中の文字を使えるようにするための、文字コードの体系。参考 一文字ごとに、数字とアルファベットを組み合わせた文字コードをわりあててある。▼英語 Unicode

ユニセフ【UNICEF】【名詞】国際連合児童基金。国際連合の機関の一つ。一九四六（昭和二一）年に、世界の子どもたちをすくう目的でつくられた。参考 英語の略語。

ユニバーサルデザイン【名詞】〔年令や体の不自由さなどに関係なく〕だれもが無理なく使えるようにデザインすること。また、そのようなデザイン。▼英語 universal design

ユニバーシアード【名詞】国際学生スポーツ大会。二年に一度、夏季と冬季にわけておこなわれる。▼英語 Universiade

ユニホーム【名詞】制服。特に、そろいの運動服。▼英語 uniform

ゆにゅう【輸入】【名詞】【する動詞】外国から品物・技術などを買い入れること。対 輸出。

ユネスコ【UNESCO】【名詞】国際連合教育科学文化機関。国際連合の機関の一つ。一九四五（昭和二〇）年に、教育と科学と文化をとおして世界の人々が仲よくしていこうという目的でつくられた。本部はフランスのパリにある。参考 英語の略語。

ゆのみ【湯飲み】【名詞】お湯やお茶を飲むときに使う茶わん。参考「湯飲み茶わん」の略。

ゆば【湯葉】【名詞】豆乳を熱して表面にできたうす皮をほしてつくった食べ物。

ゆび【指】【名詞】手足の先の、えだのように分かれた部分。例 指で差す。／長い指。

ゆびいっぽんもさせない【指一本も差させない】慣用句 他人の口出しや悪口をゆるさない。例 自分のしていることには、指一本も差させない。

ゆびおり【指折り】【名詞】❶指をおりまげること。❷〔たくさんの中で〕指をおって数えられるほど、すぐれていること。例 この地方でも指折りの名家。

ゆびおりかぞえる【指折り数える】【動詞】指をおり曲げて日を数える。待ち遠しく思う様子をいう。例 指折り数えて遠足の日を待つ。活用 ゆびおりかぞ・える。

ゆびきり【指切り】【名詞】【する動詞】約束を守るしるしとして、たがいに小指と小指をからみあわせること。

ゆびさし【指差し】【名詞】指さすこと。例 指さし確認をする。

ゆびさす【指差す】【動詞】指で、ある方向や物をさししめす。例 食べたいケーキを指差した。活用 ゆびさ・す。

ゆびずもう【指相撲】【名詞】二人で手を組み合わせて、相手の親指を自分の親指でおさえこんだ方が勝ちとなる遊び。

ゆびにんぎょう【指人形】【名詞】ふくろのようにつくった着物の中に手を入れ、指先で動かすようにした小さな人形。人形げきに使う。ギニョール。

ゆびぬき【指ぬき】【名詞】ぬい物をするとき、針の頭をおすために指にはめる小さな輪。金属・革などでできている。⇩図。

ゆびぶえ【指笛】【名詞】指を口にくわえて、笛のように鳴らすこと。例 指笛で犬をよぶ。

指ぬき

ゆびわ【指輪】【名詞】〔かざりとして〕指にはめる輪。

ゆびをおる【指を折る】慣用句 ❶指をおりまげながら数える。❷多くの中でも、指をおって数えられるほどすぐれている。

ゆびをくわえる【指をくわえる】慣用句 自分でほしかったり、したかったりすることを、自分ではどうすることもできず、ただ見ていることのたとえ。例 すてきな服を見つけたが、ねだんが高すぎて指をくわえて見るしかない。

ゆぶね【湯船】【名詞】ふろの湯を入れるところ。類 浴槽。例 湯船につかる。

ゆみ【弓】【名詞】❶竹・木などの細長い棒につるをはり、矢をつがえて、ものを射る道具。⇩図。❷バイオリンやチェロなどの弦をこすって音を出すもの。

ゆみがた【弓形】名詞 ⬇ゆみ

ゆみず【湯水】名詞 ❶湯と水。❷どこにでもたくさんある物のたとえ。

弓
矢
矢じり
弓①

ゆみずのようにつかう【湯水のように使う】慣用句 やたらにお金をつかう。例しゅみのため財産を湯水のように使う。

ゆみなり【弓なり】名詞 つるをはった弓のように、まるくそった形。弓がた。

ゆみはりづき【弓張り月】名詞 げんをはった弓のような形をした月。上弦、または、下弦の月。ゆみはり。

ゆみや【弓矢】名詞 ❶弓と矢。❷戦いに使う道具。武器。例弓矢をすててこうさんする。

ゆみをひく【弓を引く】慣用句 〔主人に〕さからう。そむく。例主君に弓を引く。

ゆめ【夢】名詞 ❶ねむっている間に、実際のできごとのように頭の中に見えるもの。例こわい夢を見た。❷実際にはできそうもない、望み。例夢のようなことばかり言っている。❸実現したいと思っている、望み。ことば「夢をかなえる」❹はかないこと。例夢の世。

ゆめうつつ【夢うつつ】名詞 夢なのか本当なのか、はっきり区別のできない様子。例ねむくて母の声を夢うつつに聞いた。

ゆめごこち【夢心地】名詞 夢を見ているような、うっとりした様子や気持ち。例優勝して、ひょうしょう台に夢心地で立った。

ゆめじ【夢路】名詞 夢。また、夢を見ること。ことば「夢路をたどる（＝夢を見る）」

ゆめにも【夢にも】副詞 少しも。ぜんぜん。まったく。参考 ふつう、下に打ち消しの言葉が続く。例入選するとは夢にも思わなかった。

ゆめまくらにたつ【夢枕に立つ】慣用句 神や仏、死んだ人などが夢に現れる。また、そうして何かをつげる。

ゆめみる【夢見る】動詞 ❶夢を見る。ことば「夢見るような（＝うっとりした）ここち」❷〔夢のようなすばらしいことを〕心の中に思う。例未来の科学者を夢見て勉強する。活用 ゆめ・みる。

ゆめものがたり【夢物語】名詞 実際にはありそうもない話。例月への旅行は、今や夢物語ではなくなった。

ゆめゆめ 副詞《下に「…ない」などの言葉がついて》けっして。少しも。例三点ぐらいリードしているからといって、ゆめゆめゆだんしてはいけない。参考 やや古い言い方。

ゆめをみる【夢を見る】慣用句 未来などについて空想する。例世界一周の夢を見る。

ゆゆしい【由由しい】形容詞 大変である。ようならない。例命にかかわる由々しい問題。参考 ふつう「由々しい」と書く。活用 ゆゆし・い。

ゆらい【由来】名詞 する動詞 ある物事がそこから起こり、いろいろなことをへてきていること。また、その今までのすじ道。ゆいしょ。例この土地の名の由来を調べる。

ゆらぐ【揺らぐ】動詞 ❶ゆれ動く。例地震で家が揺らぐ。❷考えなどがかわりそうになる。ぐらつく。例決心が揺らぐ。活用 ゆら・ぐ。

ゆらめく【揺らめく】動詞 ゆらゆらと動く。例ろうそくの炎が揺らめく。活用 ゆらめ・く。

ゆらゆら 副詞(-と) する動詞 ゆっくりとゆれ動くようす。例ススキがゆらゆらゆれている。

ゆり 名詞 ヤマユリ・オニユリ・テッポウユリなどの、ユリ科の植物。先の分かれた、つつ形の花がさく。漢字 百合。

ゆりうごかす【揺り動かす】動詞 ❶ゆすって動かす。例ねている人を揺り動かして起こす。❷感動や不安の気持ちを起こさせる。例心を揺り動かされる話。活用 ゆりうごか・す。

ゆりおこす【揺り起こす】動詞 〔体を〕ゆすって目をさまさせる。活用 ゆりおこ・す。

ゆりかえし【揺り返し】名詞 大きな地震のあとで、それに関連しておこる小さな地震。余震。例揺り返しがくる。

ゆりかご【揺り籠】名詞 赤ちゃんを入れ、ゆり動かしてねむらせるかご。

ゆりね【ゆり根】名詞 ヤマユリ・オニユリ・コオニユリなどの、地中にできたくき。食用にする。

ゆるい【緩い】形容詞 ❶しまっていない。ゆるんでいる。また、中身より入れ物のほうが大きい。

あいうえお かきくけこ さしすせそ たちつてと なにぬねの はひふへほ まみむめも や ゆ よ らりるれろ わ を ん

ア □の上にも三年　イ □橋をたたいてわたる

例ベルトが緩い。／緩いくつ。❷ていどがきびしくない。例学校の規則が緩い。❸かたむきなどが急でない。ゆるやかである。例緩い坂道。対①～③きつい。❹はげしくない。のろい。例流れが緩い。／緩いたま。❺ねばり気がなく、かたまっていない。例のりを緩くのばす。活用ゆる・い。

ゆるがす【揺るがす】動詞 ゆり動かす。ぐらつかせる。例強い風が大木を揺るがす。活用ゆるが・す。

ゆるがせ 名詞 いいかげんにしておくこと。おろそか。例一刻もゆるがせにできない。

ゆるぎない【揺るぎない】形容詞 ゆれ動かない。安定している。例日本を揺るぎない平和な国にしたい。活用ゆるぎな・い。

ゆるぐ【揺るぐ】動詞 ❶ゆれ動く。ぐらつく。例火山のふん火で大地が揺るぐ。❷〔気持ちなどが〕たしかでなくなる。例ぼくの決心はちょっとのことでは揺るがない。活用ゆる・ぐ。

ゆるし【許し】名詞 ❶ゆるすこと。よいとみとめること。許可。例父の許しをもらう。❷罪やあやまちをとがめないこと。ことば「許しをこう」

ゆるす【許す】動詞 ❶願いを聞いて、受け入れる。例発言を許す。❷まちがいや罪などをせめない。例あやまちを許す。❸よいとみとめる。例自他ともに許す。❹けいかいしない。ことば「心を許す」活用ゆる・す。

ゆるむ【緩む】動詞 ❶はっていたものが、ゆるくなる。例くつのひもが緩む。❷きんちょうしていた心がほぐれる。ことば「気が緩む」❸きびしかったものが、やわらぐ。ことば「寒さが緩む」活用ゆる・む。

ゆるめる【緩める】動詞 ❶ゆるくする。例ベルトを緩める。❷おそくする。ゆるやかにする。例車の速度を緩める。❸心を楽にする。のんびりする。例最後まで気を緩めるな。活用ゆる・める。

ゆるやか【緩やか】形容動詞 ❶かたむきなどのていどが少しであるようす。なだらか。例緩やかな坂道。❷ゆっくりとしているようす。例川の流れが緩やかだ。❸きびしくないようす。例とりしまりが緩やかになる。

ゆるゆる 形容動詞 ゆるんでいるようす。例ズボンがゆるゆるだ。

ゆるりと 副詞 くつろいでいるようす。ゆっくりと。例どうぞごゆるりとおくつろぎください。参考やや古い言い方。

ゆれうごく【揺れ動く】動詞 ❶上下・前後・左右に動く。例船が波の上を揺れ動いている。❷気持ちやじょうきょうなどが定まらない。例心が揺れ動く。／揺れ動く国際関係。活用ゆれうご・く。

ゆれる【揺れる】動詞 ❶上下・左右・前後などに動く。例道ばたのコスモスが風で揺れている。❷気持ちやじょうきょうが定まらない。考えが決まらない。例行こうか行くまいか心が揺れた。／世界のじょうせいが揺れている。活用ゆ・れる。

ゆわえる【結わえる】動詞 〔ひもなどで〕結ぶ。しばる。ゆわく。例荷物をしっかりと結わえる。／髪の毛をゴムで結わえる。活用ゆわ・える。

ゆわかし【湯沸かし】名詞 湯をわかすための金属製の入れ物。やかん。

よ

ヨ
YO
yo

よ1 助詞 《文の終わりにつけて》強めたり、よびかけたりするときに使う言葉。例もう、行こうよ。／だめよ。

よ2【世】名詞 ❶世の中。世間。例バレリーナとして世に出る。❷時代。例戦国の世を生きぬく。❸一生。生がい。例わが世の春。❹過去・現在・未来のそれぞれ。例この世。／あの世。⇩使い分け。

よ3【代】名詞 天皇や将軍が、国をおさめていた期間。例君が代。／桓武天皇の御代。⇩使い分け。

よ4【夜】名詞 ⬇1357ページ・よる（夜）。

よあかし【夜明かし】名詞 する動詞 夜の間、ずっと起きていること。てつや。例本があまりにおもしろいので、とうとう夜明かししてしまった。

よあけ【夜明け】名詞 夜が明けるころ。あけがた。例夜明けをまって出発する。対日暮れ。夕暮れ。

よあそび【夜遊び】名詞 する動詞 夜に外に出て、遊び歩くこと。

よい1【良い】一 形容詞 ❶質・ていど・状態などが、

ことばクイズ56 □の中に入る同じことばは何でしょう？

使い分け　よ

●時代。
戦国の世。

●国をおさめていた期間。
徳川の代。

すぐれている。例 品質が良い。❷うまい具合である。好ましい。ふさわしい。例 ちょうど良いところにきた。／成績が良い。／湯かげんが良い。❸さしつかえない。例 もう帰っても良い。❹十分である。例 じゅんびは良いか。対 ①～④悪い。⇩使い分け。
二 接尾語 《動詞の後につけて》「…しやすい」「気持ちよく…できる」の意味を表す。例 はきよいくつ。参考 ㋐「いい」よりもあらたまった言い方。㋑二はふつう、ひらがなで書く。活用 よ・い。

2 **よい【宵】** 名詞 日がくれて、まもないころ。例 秋の宵。

3 **よい【酔い】** 名詞 ❶酒を飲んで、酔うこと。また、その状態。ことば「酔いが回る」❷乗り物にゆられて気持ちが悪くなること。例 酔い止めの薬。

4 **よい【善い】** 形容詞 正しい。また、人としての道にかなっていて、りっぱである。例 善いおこない。活用 よ・い。⇩使い分け。

よいしょ 一 感動詞 力をいれて、あることをするときのかけ声。類 どっこいしょ。
二 名詞 する動詞 おだてること。例 社長をよいしょする。参考 二はくだけた言い方。

よいしれる【酔いしれる】 動詞 ❶ひどく酔って、わけがわからなくなる。例 酒に酔いしれる。❷あることに夢中になり、うっとりとして心をうばわれる。例 名優の演技に酔いしれる。活用 よいし・れる。

よいっぱり【宵っ張り】 名詞 夜、おそくまで起きていること。また、そういう人。ことば「宵っ張りの朝ねぼう」

使い分け　よい

●ふさわしい。
成績が良い。

●正しい。
善いおこない。

よいのくち【宵の口】 名詞 日がくれてまもないころ。夜になったばかりのころ。例 まだ宵の口なのに人通りがなくなった。

よいのみょうじょう【宵の明星】 名詞 日がしずんでから西の空に見える「金星」のこと。対 明けの明星。

よいまつり【宵祭り】 名詞 祭りの前の日の夜におこなう祭り。宵宮。

よいやみ【宵闇】 名詞 ❶十五夜をすぎて二十日ごろまで、日がしずんで月が出るまでの間が暗いこと。また、そのころ。❷夕やみ。例 宵闇がせまる。

よいん【余韻】 名詞 ❶〔声や音などで〕後に残るひびき。❷後に残る味わい。例 詩の余韻を楽しむ。ことば「余韻にひたる」

1 **よう** 助動詞 ❶物事をおしはかる意味を表す言葉。例 あすは晴れよう。／かの女こそ日本を代表する歌手といえよう。❷話し手の、物事をおこなおうとする気持ちを表す言葉。例 八時にでかけよう。

2 **よう【用】** 名詞 ❶用事。用件。例 何か用ですか。❷役に立つ働き。使い道。例 用がなくなった物はすてる。

3 **よう【洋】** 名詞 西洋。また、西洋のもの。対 和。

4 **よう【酔う】** 動詞 ❶酒を飲んで、心や体がふつうの状態でなくなる。❷乗り物にゆられて、気分が悪くなる。例 バスに酔う。❸美しいものにひかれて、それに夢中になる。例 音楽に酔う。活用 よ・う。

1 **ようい【用意】** 名詞 する動詞 前もって、したくを

して、ととのえること。例えんぴつを用意する。

[2]**ようい**【容易】形容動詞 かんたんにできるようす。例十年も修業するのは容易ではない。類平易。

よういく【養育】名詞 する動詞 やしなって育てること。例子どもを大切に養育する。

よういしゅうとう【用意周到】四字熟語 用意が十分であること。例用意周到な計画。

[1]**よういん**【要因】名詞 主なげんいん。例失敗の要因を調べる。

[2]**よういん**【要員】名詞〔あることをするのに〕必要な人員。例作業要員を集める。

ようえき【溶液】名詞 二つ以上の物質がむらなくまじりあった液。

ようおん【よう音】名詞 ある決まったかなの右下に「や・ゆ・よ」を小さく書き表し、一つの音とするもの。「きゃ・きゅ・きょ」「ぎゃ・ぎゅ・ぎょ」など。漢字 拗音。

ようか【八日】名詞 ❶一日を八回重ねた日数。八日間。例この仕事は八日かかる。❷月の八番目の日。例遠足は来月の八日です。

ようが【洋画】名詞 ❶西洋で発達した絵画。油絵など。対日本画。❷ヨーロッパやアメリカでつくられた映画。外国映画。対邦画。

[1]**ようかい**【妖怪】名詞 人の理解をこえた、あやしいすがたで、ふしぎな力をもつもの。

[2]**ようかい**【溶解】名詞 する動詞〔液体の中に〕とけること。また、とかすこと。参考 熱によってとける場合は「融解」という。

ようがく【洋楽】名詞 西洋で発達した音楽。対邦楽。

ようがし【洋菓子】名詞 西洋風の菓子。ケーキなど。対和菓子。

[1]**ようかん** 名詞 あんに砂糖とかんてんを入れて煮つめ、ねったりむしたりしてかためた菓子。

[2]**ようかん**【洋館】名詞 西洋風の建物。

ようがん【溶岩】名詞 火山がふん火するときに流れ出る、まっ赤にとけたもの。また、それがひえてかたまった岩石。⇩252ページ・火山（図）。

[1]**ようき**【容器】名詞 物を入れるうつわ。例プラスチックの容器。類入れ物。

[2]**ようき**【陽気】一 形容動詞 ⊕ ほがらかで明るいようす。例いつも陽気な人。対陰気。二 名詞 ± 〔暑さ・寒さなどの〕天候。気候。例陽気がよくなった。

ようぎ【容疑】名詞 つみをおかしたのではないかという、うたがい。例さぎの容疑でたいほされた。類嫌疑。

ようぎしゃ【容疑者】名詞 つみをおかしたのではないかというようたがいのある人。被疑者。例容疑者が取り調べを受ける。

[1]**ようきゅう**【洋弓】名詞 ⬇1ページ・アーチェリー。

[2]**ようきゅう**【要求】名詞 する動詞 強く求めること。例賃上げを要求する。類請求。要請。

[1]**ようぎょ**【幼魚】名詞 まだ十分に成長していない小さな魚。

[2]**ようぎょ**【養魚】名詞 魚を育てたり、ふやしたりすること。例マスの養魚場。

ようぎょう【窯業】名詞 ねん土を材料にして、とうじ器・れんが・かわらなどの焼き物をつくる工業。広い意味では、ガラス工業やセメント工業のこともいう。

[1]**ようきょく**【陽極】名詞 電池や電流を起こすしかけで、電流が流れ出る方のはし。プラス。プラス極。対陰極。

[2]**ようきょく**【謡曲】名詞 能楽で、ふしをつけてうたう言葉。また、それをうたうこと。うたい。

ようぐ【用具】名詞 あることをするのに使う道具。例そうじ用具をかたづける。

ようけい【養鶏】名詞 する動詞 肉やたまごをとるために、ニワトリをかうこと。例養鶏場。

[1]**ようけん**【用件】名詞 用事の種類や内容。用むきのことがら。用。例用件を手帳に書く。類用事。用務。

[2]**ようけん**【要件】名詞 ❶大切な用事。例父は急な要件で出張した。❷必要な条件。例問題をとくための要件。ことば「要件を満たす」

ようげん【用言】名詞 それ一つで意味をもち、述語になることのできる、活用のある言葉。動詞・形容詞・形容動詞の三つ。対体言。

[1]**ようご**【用語】名詞 使う言葉。特に、ある決まった仕事をしている人々の間で使う言葉。例パソコン用語。

[2]**ようご**【養護】名詞 する動詞〔特に保護が必要な子どもなどを〕特別に守って育てること。例養護施設。

[3]**ようご**【擁護】名詞 する動詞 かばって、守ること。例労働者の権利を擁護する。

[1]**ようこう**【洋行】名詞 する動詞 ヨーロッパやアメ

 こたえ 石

リカに出かけること。例おじは、若いころ洋行したのがじまんだ。参考古い言い方。海外に行くことが今よりもめずらしいころによく使われた言葉。

2 **ようこう**【要項】名詞 必要なことがら。大切なことがら。また、それらを書き記したもの。例入学試験の要項を送ってもらった。

ようこうろ【溶鉱炉】名詞 鉱石を高い熱でとかして、その中にふくまれている金属を取り出すそうち。

ようこそ 感動詞 たずねてきてくれた相手を喜んでむかえるという気持ちを表す言葉。例遠くまでようこそおいでくださいました。

1 **ようさい**【要塞】名詞 敵のこうげきをふせぐために大砲などをそなえたせつび。とりで。

2 **ようさい**【洋裁】名詞 布を切ったりぬったりして洋服をつくること。対和裁。

ようざい【用材】名詞 家をたてたり、家具をつくったりするのに使う材木。例建物の用材にヒノキを使う。

ようさん【養蚕】名詞 まゆをとるために、かいこをかうこと。例養蚕業。

1 **ようし**【用紙】名詞 使いみちの決まっている紙。例申しこみの用紙をください。／原稿用紙。

2 **ようし**【洋紙】名詞 パルプを原料にしてつくった紙。対和紙。

3 **ようし**【要旨】名詞 文章や話の大切なところ。また、だいたいの内容。ことば「（文章の）要旨をとらえる」

4 **ようし**【容姿】名詞 顔つきとすがた。すがたかたち。例すぐれた容姿の人。類容貌。

ことば博士になろう！

●要旨をとらえるには

説明的文章である、説明文・論説文・記録文・報告文で、筆者の意見や考え、伝えたいことの中心を短くまとめたものが「要旨」です。

要旨をとらえるには、まず、筆者の意見や考えがまとめて書いてある段落を見つけ、その内容を正しくつかみます。そのうえで、なぜそのような意見や考えにたっしたのか、各段落の大事な内容をつかんで、筆者の説明や主張のすじ道をまとめます。

5 **ようし**【養子】名詞 ❶他人の子どもをもらって自分の子どもにすること。また、その子ども。参考ふつう、男子の場合をいい、女子の場合は、「養女」という。対実子。❷結婚して、妻の家をつぐこと。また、その人。むこ養子。

1 **ようじ** 名詞 ⬇841ページ・つまようじ。

2 **ようじ**【幼児】名詞 乳を飲まなくなってから小学校に入るまでぐらいの子ども。おさない子ども。例幼児期。

3 **ようじ**【幼時】名詞 おさないとき。例母の幼時の写真を見つけた。

4 **ようじ**【用事】名詞 しなくてはならないことがら。例急な用事ができた。／用事をすませてから行く。類用件。用務。

1 **ようしき**【洋式】名詞 西洋風のやり方。西洋式。例洋式のトイレ。類洋風。対和式。

2 **ようしき**【様式】名詞 ❶物事のやり方。方法。例国によって生活の様式がちがう。❷〔書類など〕特に決められている形。形式。例書類の様式を決める。

ようしつ【洋室】名詞 西洋風の部屋。類洋間。対和室。

ようしゃ【容赦】名詞 する動詞 ❶ゆるすこと。とがめないこと。例こんどいたずらをしたら容赦しない。❷ひかえめにすること。手かげんすること。例スピード違反は容赦なくとりしまる。

ようしゃなく【容赦なく】副詞 えんりょすることなく。手かげんすることなく。例容赦なくしかりつける。

ようしゅ【洋酒】名詞 ウイスキー・ブランデーなど、西洋からきた酒。対日本酒。

1 **ようしょ**【要所】名詞 大事なところ。大切な場所。例ここは交通の要所だった。類要点。

2 **ようしょ**【洋書】名詞 西洋の本。西洋の言葉で書いてある本。対和書。

1 **ようじょ**【幼女】名詞 おさない女の子。

2 **ようじょ**【養女】名詞 養子にした女子。参考⇩養子。

ようしょう【幼少】名詞 年がおさないこと。例先生の幼少のころの話を聞いた。参考あらたまった言い方。注意「幼小」と書かないこと。

1 **ようじょう**【洋上】名詞 広い海の上。例洋上を走る白いヨット。類海上。

2 **ようじょう**【養生】名詞 する動詞 ❶体をじょうぶにするようにつとめること。例日ごろから養

生する。類 摂生。❷病気やけがをなおすこと。例 温泉で養生する。

1 **ようしょく**【洋食】名詞 西洋風の料理。西洋料理。対 和食。

2 **ようしょく**【要職】名詞 大切なつとめ。仕事のうえで大切な役目。例 市の要職につく。

3 **ようしょく**【養殖】名詞 する動詞 人の力で、魚・貝・海そうなどを育ててふやすこと。

ようしょくぎょぎょう【養殖漁業】名詞 海や池につくったかこいなどの中で、魚・貝・海そうなどを大きくなるまで育てる漁業。海では、タイ・ハマチ・しんじゅ・カキ・ノリ・ワカメなどを、池では、マス・コイ・ウナギなどを育てる。対 栽培漁業。

ようじん【用心】名詞 する動詞 気をつけること。注意すること。例 見つからないよう用心する。／用心が必要だ。

ようじんぶかい【用心深い】形容詞 よく用心するようす。例 かれは用心深く、あたりを見回した。活用 ようじんぶか・い。

ようじんぼう【用心棒】名詞 ❶戸を開けられないように、内側から戸をおさえつけておくぼう。❷護衛のためにやとっておく者。

1 **ようす**【様子】名詞 ❶〔外から見た〕物事のだいたいの状態。例 十年前とは町の様子が変わった。❷〔人の〕すがた。身なり。例 様子のいい人。❸態度。そぶり。例 弟の様子がおかしい。

1 **ようすい**【用水】名詞 田や畑に引いたり、飲み水や消火に使ったりする水。また、そのためにためてある水。例 農業用水。

2 **ようすい**【羊水】名詞 母親の腹の中で、赤んぼうの入っているまくの中をみたしていて、赤んぼうを守っている液体。

ようすいろ【用水路】名詞 のみ水・かんがい・消火などに使うために水を通す道。

ようすこう【揚子江】地名 ➡812ページ・ちょうこう（長江）。

ようする【要する】動詞 いる。必要とする。例 できあがるまでには、かなりの時間を要する。活用 よう・する。

ようするに【要するに】副詞 中心になるところをかんたんに言うと。例 要するに君は行きたくないんだね。

1 **ようせい**【妖精】名詞 西洋の伝説や童話などに出てくる、動物や植物などのたましいが形をかえたもの。女の人や小さい人間のすがたで現れ、魔法を使う。

2 **ようせい**【幼生】名詞 たまごからかえった動物の子が、親とちがう形をしているもの。参考 おたまじゃくしは、カエルの幼生。こん虫の場合は「幼虫」という。

3 **ようせい**【要請】名詞 する動詞 願い出て、強くのむこと。例 消防車の出動を要請する。類 要求。

4 **ようせい**【陽性】名詞 形容動詞 ❶明るくてほがらかな性質。例 性格が陽性で人気者だ。❷〔病気のけんさなどで〕反応が表れること。例 ツベルクリン反応が陽性になった。対 ①②陰性。

5 **ようせい**【養成】名詞 する動詞 教えみちびいて、りっぱに育てること。例 技術者を養成する。類 育成。

ようせき【容積】名詞 ❶入れ物の中にはいる量。容量。❷➡749ページ・たいせき（体積）。

ようせつ【溶接】名詞 する動詞 金属をとかし、つなぎ合わせること。例 鉄を溶接する。

1 **ようそ**【よう素】名詞 黒みがかった、むらさき色の結晶。海そうの中などにふくまれる。ヨード。

2 **ようそ**【要素】名詞 物事がなりたつのになくてはならないおおもとのもの。例 ビタミンは、体に必要な大事な要素です。

1 **ようそう**【洋装】名詞 する動詞 西洋風の服装をすること。また、その服装。対 和装。

2 **ようそう**【様相】名詞 外に表れている有様。例 町の様相が一変した。

ようそえき【よう素液】名詞 よう素をアルコールにとかした液体。化学の実験や消毒薬などに使われる。

ようそでんぷんはんのう【よう素でんぷん反応】名詞 よう素とでんぷんが作用して青むらさき色になる化学変化。

ようだ 助動詞 ❶似ていることを表す言葉。また、たとえることを表す言葉。例 夢のようだ。／今日は春のようにあたたかい。❷〔はっきりしないが〕だいたいそうである、という意味を表す言葉。例 まだ、だれも来ていないようだ。参考「ようです」「ようでございます」はていねいな言い方。

ようだい【容体・容態】名詞 病気の様子。病状。例 容体が急に悪くなった。

ようたし【用足し】名詞 する動詞 用事をすませ

ことばクイズ57 □の中に入る同じことばは何でしょう？

ること。例 用足しに行く間、るすばんをたのむ。

ようだてる【用立てる】 動詞 ❶役に立てる。❷お金などをかす。たてかえる。例 旅費を用立てる。活用 ようだ・てる。

ようだん【用談】 名詞 仕事について話し合うこと。また、その話し合い。例 客と用談する。

1 **ようち【用地】** 名詞 あることのために使う土地。例 用地を買収する。類 敷地。

2 **ようち【幼稚】** 名詞 形容動詞 ❶おさないこと。年が少ないこと。❷考え方ややり方がみじゅくで、十分に発達していないこと。子どもっぽいこと。例 考えることが幼稚すぎる。

3 **ようち【夜討ち】** 名詞 夜、急に敵をせめること。夜襲。ことば 「夜討ちをかける（＝夜討ちをおこなう）」

ようちえん【幼稚園】 名詞 満三才から小学校に入るまでの子どもを集めて、教えみちびくところ。

ようちゅう【幼虫】 名詞 たまごからかえった、成虫になる前の虫。対 成虫。

ようちゅうい【要注意】 名詞 注意して用心する必要がある。例 あの人物は要注意だ。

ようつう【腰痛】 名詞 こしのいたみ。こしのいたむ病気。例 母は腰痛になやまされている。

1 **ようてん【要点】** 名詞 話や文章で、大切なところ。例 文章の要点をノートに書き出す。類 要所。

2 **ようてん【陽転】** 名詞 する動詞 ツベルクリン反応が陰性から陽性にかわること。参考 結核にはじめて感染したことをしめす。

ことば博士になろう！

● 段落の要点

説明的文章では、「段落の要点」という表現がよくつかわれます。段落の要点をつかむことは、筆者が、その文章で説明・主張しようとする内容をとらえるためにかかせないものです。

段落の要点をつかむには、次の点に目をむけるようにしましょう。

◇段落中にくり返し出てくる言葉や内容
◇意見・考えをのべている文

ようと【用途】 名詞 ものの使い道。例 石油の用途は広い。

ようとうくにく【羊頭狗肉】 四字熟語 見かけだけりっぱで、内容がともなわないことのたとえ。語源 「羊頭狗肉」と書く。店先にヒツジの頭を出しておきながら、実際には狗（＝犬）の肉を売るという意味。

ようなし【洋梨】 名詞 バラ科の植物のセイヨウナシ。実はたてが長く、下がふくらんでいる。「ラ・フランス」などの品種がある。

ようにん【容認】 名詞 する動詞 そのことを、よいとみとめてゆるすこと。例 申し出を容認する。

ようねん【幼年】 名詞 おさない年ごろ。また、おさない子ども。例 幼年時代を思い出す。

ようび【曜日】 名詞 日・月・火・水・木・金・土の、一週間のそれぞれの日のよび名。

1 **ようひん【用品】** 名詞 あることをするのに使う品物。必要な品物。例 つり用品。

2 **ようひん【洋品】** 名詞 洋服を着るときにつける、身のまわりの品。シャツ・くつ下・セーター・ネクタイなど。例 洋品店。

ようふ【養父】 名詞 養子にいった先の父。また、やしなってくれた義理の父。類 継父。義父。対 実父。養母。

ようふう【洋風】 名詞 西洋のやり方であるようす。西洋風。類 洋式。対 和風。

ようふく【洋服】 名詞 西洋から伝わってきた服。せびろ・スーツ・オーバーなど。対 和服。

ようぶん【養分】 名詞 えいようになるもの。例 根から養分をすいあげる。類 滋養。

ようぼ【養母】 名詞 養子にいった先の母。また、やしなってくれた義理の母。類 継母。まま母。義母。対 実母。養父。

ようほう【用法】 名詞 使い方。用い方。例 用法がよくわからない。

1 **ようぼう【要望】** 名詞 する動詞 してほしいと強く望むこと。また、そののぞみ。例 客の要望にこたえる。

2 **ようぼう【容貌】** 名詞 顔かたち。きりょう。例 人間は容貌よりも心だ。類 人相。容姿。

ようま【洋間】 名詞 たたみをしかない、西洋風の部屋。類 洋室。対 日本間。

ようみゃく【葉脈】 名詞 木や草の葉に見えるすじ。葉をしっかりとたもち、水分や養分の通り道になっている。

ようむ【用務】 名詞 仕事。つとめ。類 用件。用事。

ようむいん【用務員】名詞 おもに、学校でこまごまとした仕事をする係の人。

ようむき【用向き】名詞 用事の内容。例 来客に用向きをたずねる。

ようもう【羊毛】名詞 羊からとった毛。毛糸や洋服地にする。

1**ようやく** 副詞 ❶苦労しながら、どうにかおこなうようす。例 さがしていた本をようやく手に入れた。❷少しずつ進んでいって、ある状態になるようす。例 ようやくあたたかくなってきた。

2**ようやく**【要約】名詞 する動詞 〔文章や話の〕大切なところを短くまとめること。また、まとめたもの。例 筆者の考えを要約する。類 概括。

ようようと【洋洋と】副詞 ❶海などがとても大きく広がっているようす。例 船は洋々と広がる太平洋をすすむ。❷行く先がひらけていて、十分に希望がもてるようす。例 前途には洋々とした未来がある。参考 ふつう「洋々と」と書く。

ことば博士になろう!

● **文章の要約のこつ**

文章の要約は、文章の大事な内容を短くまとめることですから、その文章を読んでいない人にも、筆者の言いたいことがすぐわかるような書き方をしなければなりません。

◇各段落の要点が、文章の流れにそってきちんとまとめられているか

◇筆者がもっとも強く言いたかった内容(結論)がもれていないか

このような点に注意して、かんたんにまとめるようにしましょう。

ようらん【洋らん】名詞 熱帯地方の原産のランで、西洋で品種改良し、日本にもたらされたもの。カトレア・コチョウランなど。漢字 洋蘭。

1**ようりょう**【要領】名詞 ❶物事の大切なところ。要点。ことば「学習指導要領」❷物事を上手におこなうやり方。こつ。例 要領をおぼえる。ことば「要領が悪い」

2**ようりょう**【容量】名詞 入れ物の中に入る量。容積。例 びんの容量をくらべる。

ようりょうがいい【要領がいい】慣用句 ❶物事の処理がうまくて、手ぎわがよい。例 要領がいい仕事のやり方。❷ずるいやり方で、自分に有利になるように、うまく立ち回る。例 あの人の要領がいいのにはあきれる。

ようりょうをえない【要領を得ない】慣用句 物事の大切なところがはっきりしない。例 要領を得ない答え。

ようりょく【揚力】名詞 水の中や空気中を水平に動いている物を、下からおし上げるように働く力。参考 飛行機が空を飛べるのは、揚力の働きによる。

ようりょくそ【葉緑素】名詞 葉やくきにある、みどり色の色素。日光を受けてでんぷんをつくる働きをする。クロロフィル。

ようれい【用例】名詞 言葉の使い方のれい。例 辞典で用例を調べた。

ようれき【陽暦】名詞 ➡755ページ・たいようれき。

ようろう【養老】名詞 高齢者を大切にして、世話をすること。

ようをたす【用を足す】慣用句 ❶しなければならないことをする。用事をする。例 町に出て用を足す。❷大便や小便をする。参考 ②は人にふゆかいな感じをあたえないために遠回しにいう言葉。

ヨーグルト 名詞 牛乳に乳酸菌を加えて発酵させ、やわらかくかためた食べ物。▼英語 yogurt

ヨーデル 名詞 アルプス地方の民謡。また、その民謡の、裏声を多く使った歌い方。▼英語(ドイツ語から)yodel

ヨード 名詞 ➡1343ページ・1ようそ(よう素)。▼ドイツ語

ヨードチンキ 名詞 よう素をアルコールにとかした、茶色の液体。きず口の消毒などに使う。▼ドイツ語

ヨーヨー 名詞 ❶二つの円盤の中心をつないだところに、糸をまきつけて、糸の先を持ち上下に動かして遊ぶおもちゃ。⇩図。❷小さな風船の中に水を入れ、とりつけたゴムで上下に動かして遊ぶおもちゃ。▼英語 yo-yo

ヨーヨー①

ヨーロッパ 地名 北半球にあり、アジアの北西に続く大陸。北は北極海、西は大西洋に面し、南は地中海をはさんでアフリカ大陸に接する。イギリス・フランス・ドイツ・イタリア・ポーランド・スウェーデンなどの国がある。参考 昔、漢字で「欧羅巴」と書いたことから、「欧州」ともいう。英語はEurope。▼ポルトガル語

ヨーロッパれんごう【ヨーロッパ連合】名詞 ⬇66ページ・イーユー。

[1]よか【予価】名詞 商品を売り出す前に、かりにつけておく値段。

[2]よか【余暇】名詞 仕事がすんだ後のひま。仕事のあいだの休み。レジャー。

ヨガ 名詞 古代からインドに伝わる、精神の統一をはかり、心身をきたえる方法。ヨーガ。ユガ。参考 古代のインド語。▼英語 yoga

よかぜ【夜風】名詞 夜にふく風。例 夜風が身にしみる。／まどを開けると、冷たい夜風がふきこんできた。

よがよなら【世が世なら】慣用句 昔のように、さかえていた時代であったなら。その人にとって有利な時代であったなら。例 世が世ならこんなまずしい生活をしていない。

よからぬ【良からぬ】連語 良くない。例 良からぬうわさを耳にした。

よかれ【善かれ】形容詞 よくあってほしい。うまくいってくれ。例 善かれと思ってしたことが、うら目に出る。参考 よいという意味の「よし」が変化した形。

よかれあしかれ【善かれあしかれ】副詞 よくても悪くても。どっちみち。

[1]よかん【予感】名詞 する動詞 何か起こりそうだと、前もって感じること。また、その感じ。例 もう二度と会えないような予感がした。

[2]よかん【余寒】名詞 立春の後まで続く寒さ。例 今年は余寒がきびしい。

よき【予期】名詞 する動詞 そうなるだろうと前からあてにしたり、かくごしていたりすること。例 予期していたとおりの結果になった。類 予想。予測。

[1]よぎ【余技】名詞 専門のほかに、楽しみでやっているわざ。例 余技とは思えないような絵をかく。類 かくし芸。

[2]よぎ【夜着】名詞 ❶ねるときにかけるふとんなどの夜具。❷着物のような形につくった、かけぶとん。かいまき。

よぎしゃ【夜汽車】名詞 ⬇1316ページ・やこうれっしゃ。

よぎない【余儀ない】形容詞 ほかにどうしようもない。しかたがない。例 問題を起こして辞任を余儀なくされた。

よきょう【余興】名詞 えん会や多くの人が集まるときに、おもしろさをますためにおこなうもよおし。類 アトラクション。

よぎり【夜霧】名詞 夜、たちこめるきり。対 朝霧。

よぎる 動詞 通り過ぎる。通過する。例 鳥が目の前をよぎる。／頭の中を不安がよぎる。参考 ややあらたまった言い方。活用 よぎ・る。

よきん【預金】名詞 する動詞 銀行などにお金をあずけること。また、そのあずけたお金。類 貯金。

よきんこうざ【預金口座】名詞 銀行などで、あずけてあるお金の出入りを記録するための、その人の名前と番号をつけた区分け。

[1]よく【良く・善く】副詞 ❶くわしく。十分に。例 よくわかる。／よく注意する。❷できにくいことをするのに対して感心していう言葉。よくまあ。例 よくあんなにはやく泳げるものだ。❸うまく。例 三つ子のたましい百までとはよく言ったものだ。❹相手のしたことが、自分の気持ちに合ってうれしい。また、その相手をほめたい気持ちを表す言葉。例 よくがんばったね。❺〔相手のしたことをにくみ〕とてもそんなことはできないはずなのに、ずうずうしくも。例 あれほど人をこまらせながら、よくそんなことが言えるものだ。❻しばしば。いつも。例 かれはわすれ物をよくする。参考 ①～⑥はふつう、ひらがなで書く。

[2]よく【欲】名詞 ほしがること。自分のものにしようと求めること。また、その気持ち。例 欲が深い。／欲がない。／食欲。

よくあさ【翌朝】名詞 次の日の朝。明くる朝。よくちょう。

よくあつ【抑圧】名詞 する動詞 おさえつけて自由にさせないこと。例 自由を抑圧してはいけない。参考 体ではなく、心に関係したことに使われる。

よくある 連語 たびたび起こる。例 よくあるまちがい。

よくげつ【翌月】名詞 その月の、次の月。類 来

ア 人の□も七十五日　イ □をすればかげがさす

月。(対)前月。

よくし【抑止】 (名詞)(する動詞) それ以上は進まないように、おさえつけること。例犯罪を抑止する。／抑止力。(類)抑制。

よくしつ【浴室】 (名詞) ふろば。ゆどの。

よくじつ【翌日】 (名詞) 次の日。明くる日。

よくしゅう【翌週】 (名詞) その次の週。来週。(対)先週。

よくじょう【浴場】 (名詞) ❶ふろや。銭湯。公衆浴場。❷〔大きな〕ふろば。例タイルばりの浴場。

よくする【浴する】 (動詞) ❶〔ありがたいものとして〕受ける。例文化の恩恵に浴する。(参考)ややあらたまった言い方。❷水や湯にひたる。また、日光に当たる。あびる。(活用)よく・する。

よくせい【抑制】 (名詞)(する動詞) いきおいをおさえて、止めること。例感情を抑制する。／輸入を抑制する。(類)抑止。

よくぞ【善くぞ】 (副詞) 〔「よく」を強めて〕相手の発言や行動に感心する気持ちを表す言葉。例よくぞ言ってくれました。(参考)ふつう、ひらがなで書く。

よくそう【浴槽】 (名詞) ふろの湯を入れるところ。(類)湯船。

よくちょう【翌朝】 (名詞) 次の日の朝。よくあさ。

よくとく【欲得】 (名詞) 利益を得ようとすること。例欲得ぬきでめんどうを見る。(ことば)「欲得ずく（＝自分の得することばかりを考えること）」

よくとし【翌年】 (名詞) ➡よくねん。

よくにめがくらむ【欲に目がくらむ】 (慣用句) ほしいもののことに気をとられて、正しい心をなくす。例欲に目がくらんで、うそをついた。

よくねん【翌年】 (名詞) 次の年。明くる年。よくとし。例祖父がなくなった翌年、祖母もこの世を去った。(類)来年。

よくのかわがつっぱる【欲の皮が突っ張る】 (慣用句) とても欲が深い。あるものをほしいと強く思う。

よくばり【欲張り】 (名詞)(形容動詞) よくばること。また、その人。例何でもほしがる欲張りな人。／あの人は欲張りだ。(類)欲深。

よくばる【欲張る】 (動詞) 必要以上にほしがる。例欲張って、たくさん食べた。(活用)よくば・る。

よくふか【欲深】 (名詞)(形容動詞) よくばりなこと。また、その人。例欲深な人。(類)欲張り。

よくぼう【欲望】 (名詞) 〔必要以上に〕ほしいと思う心。したいと思う心。(ことば)「欲望を満たす」「欲望をおさえる」(類)欲求。

よくめ【欲目】 (名詞) 〔そうあってほしいという気持ちから〕実際よりよく考えてしまうこと。ひいきめ。例親の欲目で、自分の子はりこうそうに見える。

よくも【善くも】 (副詞) 〔「よく」を強めて〕感心したり、おどろいたりするようすを表す言葉。よくまあ。例よくも成功したものだ。／よくもだましたな。(参考)ふつう、ひらがなで書く。

よくよう[1]【抑揚】 (名詞) 文章や言葉の調子を上げたり下げたりすること。イントネーション。例抑揚をつけて本を読む。

よくよう[2]【浴用】 (名詞) 入浴するときに使うこと。また、使うもの。入浴用。例浴用タオル。／浴用石けん。

よくよく【善く善く】 (副詞) ❶十分に。ねんをいれて。例自分のおこないをよくよく反省する。❷どうしてもそうしなければならないようす。よっぽど。例かれがおこったのはよくよくのことがあったからだろう。❸程度がふつうでないようす。ひじょうに。例とびらはよくよくがんじょうにできていて、びくともしなかった。(参考)❶～❸はふつう、ひらがなで書く。

よくりゅう【抑留】 (名詞)(する動詞) 〔人や船などを〕無理にある場所にとどめておくこと。例密航者が抑留された。

よくをいえば【欲を言えば】 (慣用句) まあまあ満足だが、もっと望むとすれば。例欲を言えばもうすこし月給を上げてほしい。

よくをかく【欲をかく】 (慣用句) 欲ばる。欲を深くする。

よけい【余計】 一 (形容動詞) 必要以上にあって、いらないようす。例余計なことを言うな。二 (副詞) ❶なおさら。もっと。例そんなことをすれば、余計おくれるだろう。❷〔ほかとくらべて〕程度や分量の多いようす。例余計に食べる。(参考)二❷は多く「余計に」の形で用いる。

よける (動詞) ❶〔いやなものや、害をもたらすものに〕出あわないようにする。例車をよける。❷わきにのぞく。わきによせる。例ニンジンをよけな

がらカレーを食べている。活用よ・ける。

よげん【予言】 名詞 する動詞 先のことをおしはかって、前もって言うこと。また、その言葉。例大地震を予言する。類予告。

よこ【横】 名詞 ❶右と左の方向。例横にならぶ。／横書き。対縦。❷物の左右の面。例つくえの横。❸わき。そば。例横から口を出す。

よこあい【横合い】 名詞 ❶横の方。❷そのことに直接関係のない立場。例横合いからよけいな口出しをするな。

よこあな【横穴】 名詞 山の中腹などに横の方向にほったあな。対縦穴。

よこいと【横糸】 名詞 織物で、横におりこむ糸。対縦糸。

よこう【予行】 名詞 する動詞 本当におこなうときと同じやり方で、前もって練習すること。例運動会の予行演習をする。

よこがお【横顔】 名詞 ❶横から見た顔。横むきの顔。❷ある人のあまり知られていない面。例司会者が歌手の横顔をしょうかいする。

よこがき【横書き】 名詞 文字を横にならべて書くこと。例横書きの手紙。対縦書き。

よこかく【横画】 名詞 漢字を組み立てている、横の線。対縦画。

よこがみやぶり【横紙破り】 名詞 不合理なことでも、無理に自分の思いどおりにおしとおそうとすること。また、そのような人。

よこぎ【横木】 名詞 横にわたしてある木。バー。

よこぎる【横切る】 動詞 横の方向に通りすぎる。一方の側から他方の側へ、わたる。例道路を横切る。活用よこぎ・る。

よこく【予告】 名詞 する動詞 〔あることをおこなうことを〕前もって知らせること。例予告どおり、現れた。／犯行予告。類警告。先触れ。予言。

よこぐるまをおす【横車を押す】 慣用句 〔車を横におすことから〕すじの通らないことを無理におし通すたとえ。例かれはなにかといえば横車を押すので人からきらわれる。

よこざ【横座】 名詞 ❶正面の一番よい席。❷いろりばたで主人のすわる席。

よこじく【横軸】 名詞 グラフなどの、横のじく。対縦軸。

よこしま 名詞 形容動詞 正しくないこと。道理にはずれていること。例よこしまな心をいだく。／よこしまな考え。

よこじま【横じま】 名詞 〔織物などで〕横の方向に表れる線のもよう。対縦じま。

よこす 動詞 ❶〔手紙や物を〕こちらに送ってくる。例いとこが手紙をよこした。❷〔人を〕こさせる。例おばが使いの者をよこした。❸《「…てよこす」の形で》こちらに…してくる。例しきりに目であいずを送ってよこす。活用よこ・す。

よごす【汚す】 動詞 きたなくする。また、けがす。例服を汚す。活用よご・す。

よこずき【横好き】 名詞 〔上手でもないのに〕とても好きなこと。ことば「下手の横好き」

よこすべり【横滑り】 名詞 する動詞 ❶横の方向にすべっていくこと。❷同じような地位・役目にうつること。例横滑りの人事。

よこたえる【横たえる】 動詞 長いものを横にする。横にねかせる。例体を床に横たえる。活用よこた・える。

よこだおし【横倒し】 名詞 たおれて横になること。

よこたわる【横たわる】 動詞 ❶長いものが、横になる。例ベッドに横たわる。❷横に長く場所をしめる。例平野の北に高い山が横たわっている。❸前にひかえている。例人生のゆくてには多くの困難が横たわっている。活用よこたわ・る。

よこちょう【横町】 名詞 大通りから横にはいった町すじ。例横町の公園。

よこづけ【横付け】 名詞 する動詞 〔車や船などの〕横の方を、ほかのものにつけること。例大きな船が岸ぺきに横付けになっている。参考「直接乗りつけること」の意味にも使う。例車をげんかんに横付けにする。

よこっつら【横っ面】 名詞 ➡よこつら。

よこっとび【横っ飛び】 名詞 する動詞 「横飛び」を強めた言い方。横の方に飛ぶこと。例横っ飛びで打球をキャッチする。

よこづな【横綱】 名詞 ❶相撲とりの一番上の位。また、その位の人がこしにしめる太いつな。例横綱の土俵入り。❷同じ仲間の中で、一番すぐれているもの。

よこっぱら【横っ腹】 名詞 ➡1403ページ・わきばら。

よこつら【横面】 名詞 顔の横のほう。よこっつら。例横面をはりとばす。

よこて【横手】名詞 横の方。例 公園の横手に公衆便所がある。

よごと【夜ごと】名詞 まいばん。まい夜。

よこどり【横取り】名詞 する動詞 〔直接には関係のない立場の人が〕他人のものをわきから、うばいとること。例 もうけを横取りされる。

よこなが【横長】名詞 形容動詞 たてより横が長いこと。対 縦長。

よこながし【横流し】名詞 する動詞 品物を、正しい道すじを通さないで、こっそりよそへ売ること。例 救援用の物資を横流しする。

よこなぐり【横殴り】名詞 雨や風が、横から強くふきつけること。例 大つぶの雨が横殴りにふり出した。⇩図。

横殴り

よこなみ【横波】名詞 ❶ 船の横の方からうちつける波。例 ボートは横波を受けてひっくり返った。❷ 波の進む方向に対して直角に振動する波。光・電磁波など。

よこならび【横並び】名詞 〔横の方向に一列にならぶ意味から〕どれも差がなく、似た状態であること。例 五人の成績は横並びだ。

よこになる【横になる】慣用句 体を横にする。横になって休む。例 ふとんに横になる。

よこのものをたてにもしない【横の物を縦にもしない】ことわざ めんどうくさがってなにもしない。縦の物を横にもしない。

よこばい【横ばい】名詞 ❶ はうようにして横に進むこと。例 カニの横ばい。❷ 〔物のねだんなどが〕あまり大きくかわらず、同じ様子が続くこと。例 物価は横ばいの状態だ。

よこはば【横幅】名詞 左右の長さ。横の方向のはば。対 縦幅。

よこはまし【横浜市】地名 神奈川県の県庁所在地。⇩916ページ・都道府県(図)。

よこばら【横腹】名詞 ➡1403ページ・わきばら。

よこぶえ【横笛】名詞 横に持ってふくふえ。対 縦笛。

よこみち【横道】名詞 ❶ 本道からわきへ入った道。わきみち。❷ 本すじからはずれたことがら。例 話はいつのまにか横道にそれていた。

よこむき【横向き】名詞 横の方を向くこと。また、横の方向。

よこめ【横目】名詞 ❶ 顔の向きをかえずに、目だけ動かして、横の方を見ること。例 横目を使う。❷ 木や紙の目が横にとおっていること。❸ 《「…を横目に」の形で》ちょっと見ただけで、問題にしないようす。例 満開の桜を横目にとおりすぎる。

よこもじ【横文字】名詞 西洋の文字のように、横に書いていく文字。また、西洋の文章。

よこやり【横やり】名詞 〔戦っている人を横からやりでつくという意味から〕かかわりのない話に、わきから口出しをすること。わきからもんくをつけること。例 せっかくまとまりかけた話に、横やりが入ってこわれた。

よこやりをいれる【横やりを入れる】慣用句 ほかの者が横からもんくをいう。関係のない者がじゃまをする。

よこゆれ【横揺れ】名詞 ❶ 地震で横の方向にゆれること。❷ 船や飛行機が左右にゆれ動くこと。対 ①②縦揺れ。

よごれ【汚れ】名詞 よごれていること。また、よごれているところ。

よごれる【汚れる】動詞 きたなくなる。けがれる。例 ゆかが汚れる。活用 よご・れる。

よこをむく【横を向く】慣用句 よその方をむく。知らん顔をする。類 そっぽをむく。

よざくら【夜桜】名詞 夜にながめる桜の花。また、桜の花を夜に楽しむこと。

よさのあきこ【与謝野晶子】人名 (一八七八〜一九四二) 明治時代に活やくした歌人。歌集「みだれ髪」を刊行した。

よさぶそん【与謝蕪村】人名 (一七一六〜一七八三) 江戸時代の俳人・画家。写実的・絵画的な句が多い。

よさむ【夜寒】名詞 夜の寒いこと。特に晩秋のころ、夜になって急に寒さを感じること。また、その時期。ことば「秋の夜寒」

よさん【予算】名詞 収入や支出を前もって見積もること。また、見積もったお金。例 建設の予算が不足している。

よし[1] 名詞 ➡23ページ・あし。

よし[2]【由】名詞 ❶ わけ。事情。例 ことの由を話す。❷ 方法。手段。例 原因を知る由もない。❸

《「…の由」の形で》…とのこと。（…だ）そうで。例ご病気の由、心からおみまいもうし上げます。参考③は、あらたまった言い方。

よしあし【良しあし・善しあし】名 ❶よいことと、悪いこと。よいものと、悪いもの。例作品の良しあしを見分ける。❷よいとも悪いとも、かんたんに決められないこと。考えもの。例勉強ばかりさせるのも良しあしだ。

よじじゅくご【四字熟語】名 四字の漢字が結びついて、一つの意味を表す言葉。参考「意味深長」「油断大敵」などや「一石二鳥」「三三五五」など数字を使った四字熟語も多くある。

よしず 名 アシのくきであんだすだれ。⇩図。

よしず

よしのがりいせき【吉野ヶ里遺跡】名 佐賀県にある、弥生時代の大規模な遺跡。ほりをめぐらせた村には住居・見張りやぐら・倉庫・墓などのあとが見つかっている。

よじのぼる【よじ登る】動 物につかまって登る。すがりつくようにして登る。例けわしいがけをよじ登る。活用よじのぼ・る。

よしみ 名 ❶親しい関係。親しいつきあい。ことば「よしみを結ぶ」❷縁。人と人のつながり。例同窓のよしみでご協力ください。

ことば博士になろう！

●「焼肉定食」だって四字熟語!?

この題名の「焼肉定食」は、ある試験で、「『□肉□食』の□に漢字を当てはめて、四字熟語をつくりなさい。」という問題に対する笑い話みたいな答えの例です。正解は「弱肉強食」なのですが、この答えを書いた人は、肉好きで、おなかがすいていたのかもしれませんね。

ところで、四字熟語には、「弱肉強食」のように、古くから使われてきたものがたくさんあります。次にあげるのは、漢字の使い方をあやまりやすい四字熟語の例です。

- ●異口同音（×異句）　●以心伝心（×意心）
- ●危機一髪（×一発）　●五里霧中（×夢中）
- ●自画自賛（×自我）　●心機一転（×心気）
- ●絶体絶命（×絶対）　●単刀直入（×短刀）

よしゅう【予習】名 する動詞 まだ習わないところを、前もって勉強すること。例明日の授業の予習をする。対復習。

よじょう【余剰】名 〔必要なものをひいた〕あまり。よぶんなもの。例余剰米。

よじる 動 ねじる。ひねる。例おなかをよじって笑う。活用よじ・る。

よじれる 動 ひねりまがる。ねじれる。活用よじ・れる。例腹がよじれるほど笑った。

よしん【余震】名 大きな地震のあとに、ひき続いて同じ地域でたびたびおこる小さな地震。ゆりかえし。

よす 動 やめる。中止する。例出かけるのはよすことにした。活用よ・す。

よせ【寄席】名 落語・講談・漫才などの演芸をするところ。

よせあつめ【寄せ集め】名 よせ集めること。また、そのもの。例寄せ集めのチーム。

よせあつめる【寄せ集める】動 あちらこちらから一か所に集める。例材料を寄せ集める。活用よせあつ・める。

よせい[1]【余生】名 年をとってから死ぬまでの間。残りの人生。ことば「余生を送る」

よせい[2]【余勢】名 何かをやりとげたあとの、調子に乗ったいきおい。例一勝した余勢をかって、次々に勝ち進む。

よせがき【寄せ書き】名 する動詞 何人かの人が、一まいの紙や布に字や絵を思い思いにかくこと。また、そのかいたもの。

よせぎざいく【寄せ木細工】名 色や木目のちがった木片を組み合わせ、きれいなもようをつくって、かざりにした細工物。

よせざん【寄せ算】名 ➡764ページ・たしざん。

よせつけない【寄せ付けない】連語 ❶そばに近づけない。受け入れない。例人をだれも寄せ付けない。❷ずばぬけてすぐれていて、ほかのものを問題にしない。例二位以下をまったく寄せ付けない。

よせむねづくり【寄せ棟造り】名 屋根のつくり方の一つ。屋根の一番高いところの両はしからそれぞれ二つのすみに向かってかたむ

きをもつようにしたもの。よせむね。⇩図。

よせる【寄せる】 動詞 ❶近くに来る。例波が寄せる。❷一か所に集める。例客を寄せる。❸相手に送る。例投書を寄せる。❹そこにいて、世話になる。例友人の家に身を寄せる。❺ある感情をもつ。例関心を寄せる。❻数を加える。足す。活用 よ・せる。

寄せ棟造り

よせん【予選】 名詞 する動詞 前もってえらぶこと。また、そのための試合。注意「予戦」と書かないこと。

よそ 名詞 ❶ほかのところ。ほかの場所。例よその土地から来た。❷自分の家以外のところ。他人の家。例よそにとまりに行く。対内。❸自分とは直接関係のないこと。例友人の心配をよそにわがままにふるまっている。参考 ❸は多く「…をよそに」の形で、「…をかえりみずに」「…を無視して」の意味で用いる。

よそいき【よそ行き】 名詞 ❶よそへ行くこと。また、そのときに用いる物。例外出するのでよそ行きの服に着かえた。❷言葉づかいや動作などが、ふだんとちがってきちんとしていること。例よそ行きの言葉づかい。参考 ①②は、「よそゆき」ともいう。

よそう[1] 動詞 ⇩1351ページ・よそおう。活用 よそ・う。

よそう[2]**【予想】** 名詞 する動詞 〔これから先のことや、あることのなりゆきや結果などを〕前もって考えること。また、その考えたこと。例どのチームが優勝するか予想する。／わたしの予想が当たった。類予期。予測。推測。

よそうがい【予想外】 名詞 形容動詞 思ってもいなかったこと。思っていたこととちがっていること。例試合は予想外の結果になった。

よそおい【装い】 名詞 ❶〔衣服などの〕したく。また、きちんとした身じたく。ことば「装いをこらす〔＝一生けんめいによそおう〕」❷外から見たおもむき。様子。ふぜい。例劇場の装いを新たにする。

よそおう【装う】 動詞 ❶身なりをととのえる。例美しく装った女性。❷〔あるものに〕見せかける。ふりをする。よそう。例なにげないふうを装う。活用 よそお・う。

よそく【予測】 名詞 する動詞 前もって、おしはかること。例交通量を予測する。／予測不能の動き。類予期。予想。推測。

よそごと【よそ事】 名詞 自分には関係のないことがら。例ききんの続く国の人たちの苦しみは、とてもよそ事とは思えない。類人ごと。

よそみ【よそ見】 名詞 する動詞 〔ほかのことに気をとられて〕見なければならない方を見ないで、別の方を見ること。例授業中、よそ見をしていて先生に注意された。

よそめ【よそ目】 名詞 ほかの人の見た感じ。よそから見た感じ。はた目。例きょうだいはよそ目にもそれとわかるほどよく似ていた。

よそもの【よそ者】 名詞 ほかの土地からやってきた人。よその土地からうつり住んだ人。例よそ者あつかいされた。

よそゆき【よそ行き】 名詞 ⇩よそいき。

よそよそしい 形容詞 〔今まで親しくしていたのに〕親しみを見せない。知らない人同士のように、れいたんである。例ひさしぶりにあったせいか、なんとなくよそよそしい。活用 よそよそ・し・い。

よぞら【夜空】 名詞 夜の暗い空。例夜空をあおぐ。

よたよた 副詞(-と) する動詞 足どりがふらふらして、しっかりしていないようす。例よたよたと歩く。／つかれきって、よたよたしている。

よだれ 名詞 口の外に流れ出るだえき。

よだれをたらす【よだれを垂らす】 慣用句 ほしくてたまらない気持ちが強いようす。

よだん[1]**【予断】** 名詞 する動詞 前もって判断すること。ことば「予断をゆるさない〔＝どうなるかわからない〕」

よだん[2]**【余談】** 名詞 本すじからはなれた話。例これは余談だけれど、あの人はどうしているの。

よち[1]**【予知】** 名詞 する動詞 前もって知ること。例地震を予知することはむずかしい。

よち[2]**【余地】** 名詞 ❶あまった土地。あいている場所。例家をたてます余地がまったくない。❷よゆう。ゆとり。例言いわけの余地がない。

よちょう【予兆】 名詞 何かが起こりそうなよ

ことばクイズ59 □の中に入る動物の名前は、それぞれ何でしょう？

うす。

よちよち 副詞（ーと） する動詞 幼児などが、たよりない足どりで歩くようす。例 赤ちゃんがよちよちと歩く。

よつ【四つ】名詞 ❶一の四倍。し。よん。よっつ。❷四才。よっつ。❸相撲で、おたがいに両手でまわしをつかむこと。例 がっぷりと四つに組む。❹昔使っていた、時刻のよび方。今の午前十時ごろと午後十時ごろ。

よつかど【四つ角】名詞 二つの道が、十の字に交わっているところ。また、その角。四つつじ。十字路。

よっきゅう【欲求】名詞 する動詞 ほしがって求めること。例 自分の欲求をみたす。／見てみたいという欲求にかられる。類 欲望。

よっきゅうふまん【欲求不満】名詞 ほしいと思う気持ちがみたされないために、心が不安定な状態になること。フラストレーション。例 欲求不満におちいる。

よっつ【四つ】名詞 ⬇1352ページ・よつ①②。

よつつじ【四つつじ】名詞 四つかど。参考 やや古い言い方。

よって【因って】接続詞 《前にのべたことを受けて》そのために。そういうわけで。ゆえに。例 予算がとれなかった。よって、この計画は中止だ。参考 ふつう、ひらがなで書く。

よってたかって【寄ってたかって】連語 大ぜいの人がより集まって。例 上級生が寄ってたかって下級生をからかっている。

ヨット 名詞 三角のほをはってはやく走る、軽くできた船。参考 英語でyachtは、エンジンで動く、客室を備えた豪華な船をさすこともある。▼英語 yacht

よっぱらう【酔っ払う】動詞 ひどく酒に酔う。活用 よっぱら・う。

よっぽど 副詞 「よほど」を強めた言い方。

よつゆ【夜露】名詞 夜のうちにおりるつゆ。例 夜露にぬれた草花。対 朝露。

よつんばい【四つんばい】名詞 両手と両ひざを地面につけてはうこと。また、そのかっこう。例 前にたおれて四つんばいになる。

よてい【予定】名詞 する動詞 これからおこなうことなどを前もって決めること。また、決めたことがら。例 ビルを建設する予定だ。類 計画。

よとう【与党】名詞 政治をおこなう政党。対 野党。

よどおし【夜通し】副詞 夜を通して。ひとばんじゅう。例 母は夜通し妹の看病をした。

よどみ 名詞 ❶水が流れないでたまっているところ。例 川のよどみに、桜の花びらがただよっている。❷物事が、すらすらすすまないこと。例 バスガイドはよどみなく説明する。参考 ②は、多く下に「…ない」などの打ち消しの言葉がくる。

よどむ 動詞 ❶水や空気などが流れないでたまる。例 部屋の空気がよどむ。／川がよどむ。❷物事がすらすら進まない。つかえる。例 よどむことなく、どうどうと意見をのべる。❸物がそこにしずんでたまる。例 池のそこにごみがよどむ。活用 よど・む。

よなおし【世直し】名詞 する動詞 世の中の悪い状態を正すこと。例 世直しのために、つくす。

よなか【夜中】名詞 夜の中ごろ。夜ふけ。例 夜中に目ざめた。対 日中。

よなが【夜長】名詞 夜が長いこと。また、その季節。ことば「秋の夜長」対 日長。

よなぐにじま【与那国島】地名 沖縄県の西、日本のもっとも西のはしにある島。サトウキビが特産。

よなべ【夜なべ】名詞 する動詞 夜、仕事をすること。また、その仕事。例 お母さんは夜なべをして着物をぬっている。

よなよな【夜な夜な】副詞 夜ごと。まいばん。例 この部屋には夜な夜なゆうれいが出るといううわさだ。

よなれる【世慣れる】動詞 経験がゆたかで、世の中のことや人情についてよく知っている。例 世慣れた人。活用 よな・れる。

よにきこえた【世に聞こえた】慣用句 世間に知れわたっている。例 世に聞こえた剣のつかい手。

よにげ【夜逃げ】名詞 する動詞 夜の間にこっそりにげだして、よその土地へ行くこと。例 借金とりに追われて夜逃げする。

よにでる【世に出る】慣用句 世間に知られるようになる。例 作者の死後、世に出た作品。

よにも【世にも】副詞 ていどがはげしいようす。ひじょうに。例 世にもふしぎな話。

よねつ【余熱】名詞 〔火を消した後や、使った後に〕残っている熱。また、しずんでも残っている太陽の熱。例 温泉の余熱を利用して、花の促

あいうえお かきくけこ さしすせそ たちつてと なにぬねの はひふへほ まみむめも やゆよ らりるれろ わをん

成さいばいをする。

よねん【余念】 名詞 ほかの考え。参考 下に「…ない」などの打ち消しの言葉が続く。ことば「(勉強に)余念がない」

よのなか【世の中】 名詞 人々がたがいにつながりをもって生活している場。社会。世間。例 だれもがすみよい世の中になることを願っている。

よのめもねずに【夜の目も寝ずに】 慣用句 夜の間、まったくねないで。例 夜の目も寝ずに看病する。

よは【余波】 名詞 ❶風がしずまった後も、まだ立っている波。なごり。例 台風の余波でまだ波が高い。❷あることが起こった後の、まわりにあたえる影響。あおり。例 列車事故の余波をうけてダイヤがみだれる。

よはく【余白】 名詞 〔文字などを書いた紙の〕何も書いていない白いところ。例 ノートの余白。

よばれる【呼ばれる】 動詞 ❶言われる。名前をつけられる。例 名人と呼ばれる人。❷まねかれてごちそうになる。例 夕食を呼ばれる。活用 よば・れる。

よばわり【呼ばわり】 接尾語 《人をばかにする言葉の下につけて》そのような人であると決めつける言葉。例 能なし呼ばわりされる。

ヨハン＝シュトラウス 人名 父(一八〇四～一八四九)・子(一八二五～一八九九) ドイツの作曲家。父、子ともに名前をヨハン＝シュトラウス(Johann Strauss)といい、父のヨハンは「ワルツの父」、子のヨハンは「ワルツの王」とよばれている。父のヨハンは、「アンネンポルカ」「ラデツキー行進曲」などの作品をのこした。子のヨハンは「美しく青きドナウ」「ウィーンの森の物語」「皇帝円舞曲」などの作品をのこした。

よび【予備】 名詞 前もって用意しておくこと。また、用意したもの。例 予備のかぎをつくる。

よびおこす【呼び起こす】 動詞 ❶声をかけて、ねむっている人を起こす。❷〔今までじっとしていたものに〕働きかけて、活動をおこさせる。例 その映画は、歴史に対する関心を呼び起こした。活用 よびおこ・す。

よびかけ【呼び掛け】 名詞 ❶よびかけること。また、その言葉。例 町をきれいにする運動の呼び掛けをしている。❷よびかける形でする演劇。シュプレヒコール。

よびかける【呼び掛ける】 動詞 ❶〔注意を向けさせるために〕人に声をかける。例 そっと呼び掛ける。❷自分の意見や計画をのべて、広く人々の賛成をもとめる。例 明るい町づくりを呼び掛ける。活用 よびか・ける。

よびかわす【呼び交わす】 動詞 たがいによびあう。例 大声で名前を呼び交わす。活用 よびかわ・す。

よびこ【呼び子】 名詞 人をよぶ合図にふき鳴らす小さなふえ。よぶこ。

よびこう【予備校】 名詞 大学の入学試験に合格するための指導をする学校。

よびごえ【呼び声】 名詞 ❶よぶ声。❷ひょうばん。うわさ。ことば「(次の監督の)呼び声が高い(人)」

よびすて【呼び捨て】 名詞 「さん」「くん」などをつけないで、名前だけよぶこと。

よびだし【呼び出し】 名詞 ❶よび出すこと。例 学校から呼び出しを受けた。❷相撲で、力士の名をよびあげて、土俵にあがらせる役の人。

よびだす【呼び出す】 動詞 よんで、その場所まで来させる。また、つれ出す。例 弟を駅に呼び出す。類 呼び付ける。活用 よびだ・す。

よびちしき【予備知識】 名詞 そのことについて前もって知っておかなければならないこと。例 予備知識をもって工場の見学に行った。

よびつける【呼び付ける】 動詞 ❶よんで、自分の方に来させる。例 電話で、呼び付けられた。類 呼び出す。❷いつもよんで、なれている。例 呼び付けたあだ名は、変えにくい。活用 よびつ・ける。

よびとめる【呼び止める】 動詞 〔歩いている人などに〕声をかけて、止まらせる。例 帰ろうとしていたら、先生に呼び止められた。活用 よびと・める。

よびな【呼び名】 名詞 〔本当の名前でなく〕ふだんからよびなれている名前。

よびみず【呼び水】 名詞 ❶ポンプの水が出ないとき、水をさそい出すために上から別の水をそそぐこと。また、その水。むかえ水。❷物事のおこるきっかけとなるもの。例 ホームランが反げきの呼び水になった。類 ①②誘い水。

よびもどす【呼び戻す】 動詞 ❶よんで、もとのところへ帰って来させる。例 出かけた兄を呼び戻した。❷きっかけをつくって、もとの状態

にする。例 昔の記おくを呼び戻す。活用 よびもど・す。

よびもの【呼び物】 名詞 ひょうばんの高いもの。人気を集めているもの。例 いよいよ呼び物の空中サーカスが始まった。

よびょう【余病】 名詞 一つの病気がもとになっておこる、ほかの病気。例 かぜは余病を併発しやすい。

よびよせる【呼び寄せる】 動詞 〔はなれたところにいるものを〕よんで、近くに来させる。例 いなかから両親を呼び寄せた。活用 よびよ・せる。

よびりん【呼び鈴】 名詞 人をよぶためや人に合図するために鳴らす、すずやベル。

よぶ【呼ぶ】 動詞 ❶大きな声で言う。例 助けを呼ぶ。❷声を出して、こちらに来させる。たのんで来てもらう。また、まねく。例 タクシーを呼ぶ。／有名な学者を呼んで、話を聞く。／友だちを呼んで、ごちそうする。❸名づける。例 もらった犬をコロと呼ぶことにした。❹集める。ひきつける。例 人気を呼ぶ。活用 よ・ぶ。

よふかし【夜更かし】 名詞 する動詞 夜おそくまで起きていること。

よふけ【夜更け】 名詞 夜おそくなったころ。深夜。

よぶん【余分】 一 名詞 あまっているもの。あまり。例 会費の余分は積み立てておく。二 名詞 形容動詞 必要な数や量より多くあること。よけい。例 余分な時間はない。

よほう【予報】 名詞 する動詞 前もって知らせること。また、その知らせ。類 先触れ。

よぼう【予防】 名詞 する動詞 〔病気や悪いことが起こらないように〕前もって、ふせぐこと。例 歯をみがいて、虫歯を予防する。類 防止。

よぼうせっしゅ【予防接種】 名詞 病気を前もってふせぐため、ワクチンを体にうえつけて人工的に免疫をつくること。

よぼうせん【予防線】 名詞 前もって用意しておく、敵をふせぐための方法。防衛や警備のための手段。また、あらかじめ手配しておくこと。

ことば 「予防線をはる」

よぼうちゅうしゃ【予防注射】 名詞 感染症を予防するためにおこなう、ワクチンや血清などの注射。

よほど 副詞 ❶ふつうの程度をこえているようす。かなり。例 こんなにこぶができるとは、よほど強く打ったらしい。❷さしせまった気持ちになり、もう少しでそうするところであるようす。よくよく。例 よほど帰ろうかと思った。

よぼよぼ 副詞 形容動詞 する動詞 年を取って、体の働きがおとろえるようす。また、歩き方などがあぶないようす。例 よぼよぼ歩く。

よまわり【夜回り】 名詞 する動詞 火事やどろぼうをけいかいして、夜に建物などを見まわること。また、それをする人。

よみ【読み】 名詞 ❶文章や文字を読むこと。読み書き。❷漢字の読み方。特に、訓。❸囲碁・将棋などで、先の手を見通すこと。❹これから先の様子を見通すこと。例 読みの深い人。

よみあげざん【読み上げ算】 名詞 数字を読み上げるのを聞きながら、そろばんで計算する方法。対 見取り算。

よみあげる【読み上げる】 動詞 ❶大きな声を出して読む。例 出席者の名前を読み上げる。❷終わりまで読む。例 長編小説を二日で読み上げた。活用 よみあ・げる。

よみあじわう【読み味わう】 動詞 本などを読んで、書かれている意味やおもしろみを深く感じとる。例 名作を読み味わう。活用 よみあじわ・う。

よみあわせ【読み合わせ】 名詞 ❶文書などの中身にまちがいがないかどうか、読んでくらべること。例 二人で、清書と下書きの読み合わせをした。❷演劇などのけいこで、出る人たちがめいめいのせりふを〔動作をつけずに〕読み合うこと。本読み。

よみあわせる【読み合わせる】 動詞 ❶同じ内容の文書などを、一人が読み上げ、もう一人がそれを聞きながら、まちがいを直す。例 清書したものを下書きと読み合わせる。❷演劇などのけいこで、俳優が台本を見ながら、それぞれのせりふを読み合う。例 役者が集まって、台本を読み合わせる。活用 よみあわ・せる。

よみかえす【読み返す】 動詞 もう一度、読み直す。くり返して読む。例 メールを読み返す。活用 よみかえ・す。

よみがえる 動詞 ❶死んだ人が生きかえる。❷〔いきおいのおとろえたものが〕また前のいきいきした状態をとりもどす。例 戦争が終わり、平和がよみがえった。❸わすれていたものや、失わ

ア □も木から落ちる　イ とらぬ□の皮算用

れていたものが思い出される。例 小さいときの思い出がよみがえった。活用 よみがえ・る。

よみかき【読み書き】 名詞 文字を読むことと書くこと。

よみかた【読み方】 名詞 字や文を読む方法。また、読むときの発音のしかた。例 漢字の読み方。

よみきり【読み切り】 名詞 ❶全部を読み終わること。❷〔雑誌などにのせる読み物で〕次の号に続けず、一回で終わるもの。例 読み切り小説。

よみきる【読み切る】 動詞 ❶全部を読み終える。例 一晩で読み切る。❷物事のなりゆきを結末まで見通す。例 先の先まで読み切る。活用 よみき・る。

よみこなす【読みこなす】 動詞 読んで、書かれていることをよく理解する。例 古文を読みこなす。活用 よみこな・す。

よみさし【読みさし】 名詞 読むのをとちゅうでやめること。読みかけ。例 読みさしの本。

よみせ【夜店】 名詞 夜、道ばたなどに品物をならべて売る店。

よみち【夜道】 名詞 夜の道。また、夜の道を歩くこと。例 夜道の一人歩きはあぶない。

よみて【読み手】 名詞 読む人。また、読んで聞かせる人。例 読み手が上手だと、人物のようすや気持ちがよくわかる。対 書き手。

よみで【読みで】 名詞 分量が多くて、読みごたえがあること。例 読みでのある本。

よみとおす【読み通す】 動詞 はじめから終わりまで読む。例 推理小説を一気に読み通す。活用 よみとお・す。

よみとく【読み解く】 動詞 読んだり、調べたりして、意味がわかるようにする。例 詩を読み解く。活用 よみと・く。

よみとる【読み取る】 動詞 ❶読んで、書かれていることを知る。例 筆者が伝えたいことを読み取る。❷人の気持ちや考えなどをおしはかる。例 顔色を見て、相手の気持ちを読み取る。活用 よみと・る。

よみなおす【読み直す】 動詞 もう一度、読む。例 前に読んだ本を読み直す。活用 よみなお・す。

よみふける【読みふける】 動詞 夢中になって読む。例 小説を読みふける。活用 よみふけ・る。

よみもの【読み物】 名詞 読むために書かれた文章。物語・小説・ずいひつなど。また、それらの本。

よむ¹【詠む】 動詞 詩や和歌などをつくる。例 和歌を詠む。活用 よ・む。⇩使い分け。

よむ²【読む】 動詞 ❶目で見た文字を、声に出して言う。例 大きな声で読む。❷文字・文章・図表などを見て、その意味をさとる。例 手紙を読む。❸〔人の心などを〕おしはかる。例 相手の出方を読む。❹数える。例 選挙で票を読む。❺囲碁・将棋で、先の変化を考える。例 相手の手を読む。活用 よ・む。⇩使い分け。

よめ【嫁】 名詞 ❶むすこの妻。例 うちの嫁は明るいせいかくです。❷結婚する相手の女性。例 兄のお嫁さんが決まった。❸夫が妻をよぶ言葉。例 うちの嫁さんは、ケーキが好きだ。対 ❶②婿。

使い分け　よむ

●詩や和歌をつくる。
俳句を詠む。

●内容を理解する。
本を読む。

よめい【余命】 名詞 これから先の残っている命。死ぬまでの、残り少ない命。例 余命半年と診断された。

よめいり【嫁入り】 名詞 する動詞 よめとして夫の家に入ること。とつぐこと。また、その式。

よめな【嫁菜】 名詞 キク科の植物。秋にうすむらさき色の花がさく。わかい葉は食用になる。

よめる【読める】 動詞 ❶読むことができる。❷物事の意味がわかる。例 相手の考えが読めた。❸読むねうちがある。例 なかなか読める作品だ。活用 よ・める。

よもぎ 名詞 キク科の植物。葉はかおりが強く、うらに白い毛がある。若葉は草もちに使われる。もちぐさ。漢字 蓬。

ことばあそび　ことばクイズ60　□の中に入る動物の名前は、それぞれ何でしょう？

よもすがら【夜もすがら】副詞 夜どおし。ひとばん中。例夜もすがら火をたやさない。対ひねもす。参考 ㋐「すがら」はその間中ずっとの意味。㋑古い言い方。

よもひもあけない【夜も日も明けない】慣用句 それがないと、ほんの少しの間もすごせない。

よもや 副詞 まさか。いくらなんでも。参考 下に「…ないだろう」などの打ち消しの言葉が続く。例よもや負けるとは思わなかった。

よもやまばなし【よもやま話】名詞 世間のいろいろな話。例よもやま話に花がさく。

よやく【予約】名詞 する動詞 前もって約束しておくこと。また、その約束。例レストランを予約する。／予約制。

よやとう【与野党】名詞 与党と野党。

よゆう【余裕】名詞 ❶必要な分より多くあること。例座席にはまだ余裕がある。❷〔気持ちが〕ゆったりとしていること。例気持ちに余裕がある。

よゆうしゃくしゃく【余裕しゃくしゃく】四字熟語 ゆったりとして、落ち着いているようす。例何を聞かれても、余裕しゃくしゃくとしている。参考「しゃくしゃく」は、落ち着いているようす。漢字 余裕綽綽（余裕綽々）。

よらばたいじゅのかげ【寄らば大樹の陰】ことわざ 〔雨やどりをするなら、大木の下に入った方がぬれないですむという意味から〕どうせたよるなら、勢力のある人や大きな組織の方がよいことのたとえ。例寄らば大樹の陰で、人数の多いグループに入ることにした。

より 一 助詞 ❶ある動作や働きの始まるところをしめす言葉。…から。例この場所より始まった。❷くらべるもとになるものをしめす言葉。例昨日より早く起きた。❸それにかぎることを表す言葉。…する以外。例こうなったら信じて待つより方法がない。参考 ❸は、下に「…ない」などの打ち消しの言葉が続く。
二 副詞 それ以上に。もっと。例よりよい未来を目ざす。

よりあい【寄り合い】名詞 大ぜいの人が集まること。また、その集まり。例商店組合の寄り合いがある。

よりかかる【寄り掛かる】動詞 ❶体をもたせかける。例かべに寄り掛かる。❷〔ほかの力を〕たよりにする。例親に寄り掛かってくらす。活用 よりかか・る。

よりごのみ【より好み】名詞 する動詞 好きなものだけをえらんで取ること。参考「えりごのみ」ともいう。

よりすぐる 動詞 多くのものの中からよいものをえらびだす。例足のはやい人を全校からよりすぐる。参考「えりすぐる」ともいう。活用 よりすぐ・る。

よりそう【寄り添う】動詞 体をよせるようにしてならぶ。そばによる。例一つのかさで寄り添って歩く二人。活用 よりそ・う。

よりつく【寄り付く】動詞 そばに近付く。近くによってくる。例一回しかったただけなのに、ネコが寄り付かなくなってしまった。

よりどころ【より所】名詞 ❶たよりにするところ。よりすがるところ。もとにするところ。例先生の教えをより所にして生きる。❷こんきょ。しょうこ。例何をより所にそんなことを言うのか。

よりどり【より取り】名詞 多くのものの中から自分の気に入ったものを自由にえらびとること。例くつ下より取り三足千円。

よりどりみどり【より取り見取り】名詞 たくさんのものの中から、自分の好きなものを、勝手にえらんで取ること。例大売り出しで商品がより取り見取りだった。

よりによって 連語 ほかにいくらでもよいえらび方があるのに、ことさら（変なものを）えらんで。例よりによって、こんな大雨の日に出かけなくてもいいだろう。

よりぬき【より抜き】名詞 多くのものの中から、えらび出すこと。また、えらび出したもの。例日本中からより抜きの選手が集まった。参考「えりぬき」ともいう。

よりみち【寄り道】名詞 する動詞 目当てのところへ行くついでに、どこかへよること。例おつかいのとちゅう、寄り道しておそくなった。

よりょく【余力】名詞 あることをしおわって、まだ残っている力。例十キロ走っても、まだ余力がある。

よりわける【より分ける】動詞 〔あるきまりをもとにして〕選んで分ける。例きずのついていないリンゴだけをより分ける。活用 よりわ・ける。

よりをもどす【よりを戻す】慣用句 もとのとおりにもどる。特に、別れていた男女が仲なおりする。

1 **よる** 動詞 〔紙や糸などを〕ねじってあわせる。例 和紙でこよりをよる。活用 よ・る。

2 **よる** 動詞 多くのものの中からえらぶ。活用 よ・る。

3 **よる**【因る】動詞 ❶もとづく。原因とする。例 不注意に因る事故が多い。❷したがう。よりどころとする。例 この決定は先生の意見に因るところが大きい。活用 よ・る。

4 **よる**【夜】名詞 日の入りから日の出までの間。夜。例 夜おそく、電話がかかってきた。対 昼。

5 **よる**【寄る】動詞 ❶近づく。例 そばに寄る。❷一つの場所に集まる。例 やじうまが寄ってくる。❸ある場所に向かうとちゅうに、別の場所に行く。例 仕事の帰りにスーパーに寄る。❹重なる。多くなる。例 しわが寄った顔。❺はしの方へ近づく。例 道のはしへ寄る。活用 よ・る。

よるとさわると【寄ると触ると】慣用句 集まるといつでも。例 みんなは寄ると触るとこの間の試合の話をした。

よるべ【寄る辺】名詞 たよりにするところ。たよりにする人。例 寄る辺のない、気のどくな人たちの世話をする。

よれよれ 形容動詞 衣服などが古くなって、よれたようになっているようす。例 よれよれのコート。

よれる 動詞 ねじりあわせたようになる。よじれる。例 ネクタイがよれる。活用 よ・れる。

よろい 名詞 昔、戦のときに武士が、敵のこうげきから自分の体を守るために着たもの。漢字 鎧。⇩図。

よろいど【よろい戸】名詞 ❶細長い板やうすい鉄板を横にならべてつないだ戸。まどの外側につけて、日光や雨などをふせぐ。例 よろい戸をしめる。⇩図。❷ ➡584ページ・シャッター②。

よろい戸

よろい

よろける 動詞 足もとがふらふらしてたおれそうになる。よろよろする。よろめく。例 つまずいてよろける。活用 よろ・ける。

よろこばしい【喜ばしい】形容詞 うれしい気持ちである。よろこぶべき様子である。例 全国大会出場が決まって、喜ばしい。参考 ややあらたまった言い方。活用 よろこばし・い。

よろこばせる【喜ばせる】動詞 うれしがらせる。うれしい気持ちにさせる。例 故郷に帰って、祖母を喜ばせる。活用 よろこば・せる。

よろこび【喜び】名詞 ❶うれしいこと。うれしい気持ち。例 喜びを表す。❷めでたいこと。例 新年のお喜びを申し上げます。

よろこびいさむ【喜び勇む】動詞 うれしくて心がはずむ。例 雨がやんだので、喜び勇んでハイキングに出かけた。活用 よろこびいさ・む。

よろこぶ【喜ぶ】動詞 うれしく思う。例 成功を喜ぶ。対 悲しむ。活用 よろこ・ぶ。

よろこんで【喜んで】副詞 こころよく。うれしく思って。例 喜んで出席いたします。

よろしい 形容詞 ❶「よい」のていねいな言い方。例 その答えは、たいへんよろしい。❷かまわない。さしつかえない。例 いつ来ても、よろしい。❸相手に賛成するときに使う言葉。よし。例 よろしい。そうしましょう。活用 よろし・い。

よろしく 副詞 ❶〔その人の判断で〕ちょうどいいように。例 よろしくたのむ。❷人にものをたのんだり、あいさつを伝えたりするときに使う言葉。例 みなさまによろしくお伝えください。❸「よろしくお願いします」の略。また、「よろしくお伝えください」の略。例 明日のパーティー、よろしくね。／お母様によろしく。

よろず 一 名詞 千の十倍。万。また、数がとても多いこと。例 よろずの神。二 副詞 すべて。なんでも。万事。例 よろず、おまかせください。参考 一二 古い言い方。漢字 万。

よろずや【よろず屋】名詞 ❶いろいろなものを売る店。雑貨屋。❷くわしくはないが、なんでもひととおりは知っている人。参考 ②は、くだけた言い方。

よろめく 動詞 ❶足もとがふらふらして、たお

れそうになる。例 体当たりされて、よろめいた。❷さそわれて、心が引かれる。さそいにのる。参考 ②は、くだけた言い方。活用 よろめ・く。

よろよろ 副詞(ーと) する動詞 足もとがふらついて、今にもたおれそうなようす。例 よろよろ歩く。／にもつが重くて、よろよろする。

よろん【世論】 名詞 世の中の多くの人々の考え。せろん。例 世論にうったえる。

よわい【弱い】 形容詞 ❶力やいきおいが少ない。例 弱いチーム。／気が弱い。❷じょうぶでない。例 体が弱い。❸長くもたない。こわれやすい。例 歯が弱くなった。❹力がおとる。得意でない。例 機械に弱い。参考 ④はくだけた言い方。対 ①〜④強い。活用 よわ・い。

よわき【弱気】 名詞 形容動詞 気持ちが弱いこと。例 弱気な発言。対 強気。

よわごし【弱腰】 名詞 形容動詞 相手に対する態度が弱いこと。例 そんな弱腰では相手の思い通りになってしまう。対 強腰。

よわさ【弱さ】 名詞 弱い性質。弱いようす。弱いていど。例 意志の弱さが原因で失敗した。対 強さ。

よわたり【世渡り】 名詞 世の中で、生活していくこと。例 世渡りの上手な人。

よわねをはく【弱音を吐く】 慣用句 気の弱いことを言う。意気地のないことを言う。例 うまくいかないのでやめたいと弱音を吐いている。

よわび【弱火】 名詞 料理で煮たり焼いたりするときの、いきおいの弱い火。とろ火。対 強火。

よわまる【弱まる】 動詞 前よりもいきおいがおとろえる。弱くなる。例 風が少し弱まってきた。対 強まる。活用 よわま・る。

よわみ【弱み】 名詞 弱いところ。おとっているところ。対 強み。ことば「弱みを見せる」「弱みにつけこむ」

よわむし【弱虫】 名詞 気の弱い人。例 にげてばかりの弱虫だ。参考 ふつう、あざけっていう。類 いくじなし。

よわめる【弱める】 動詞 いきおいを弱くする。例 火を弱める。対 強める。活用 よわ・める。

よわよわしい【弱弱しい】 形容詞 いかにも弱そうである。例 弱々しい声。参考 ふつう「弱々しい」と書く。活用 よわよわし・い。

よわりきる【弱り切る】 動詞 ❶すっかり弱くなる。弱りはてる。❷とても、こまる。例 弱り切って、助けを求めた。活用 よわりき・る。

よわりはてる【弱り果てる】 動詞 どうしようもなく、こまる。例 失敗続きで弱り果てる。活用 よわりは・てる。

よわりめにたたりめ【弱り目にたたり目】 ことわざ こまっているときに、さらにこまったことが起こること。例 悪いことばかり起きて、まさに弱り目にたたり目だ。類 泣きっ面にはち。

よわる【弱る】 動詞 ❶元気がなくなる。おとろえる。例 足腰が弱る。❷どうすることもできなくて、こまる。例 無理なことをたのまれて弱った。活用 よわ・る。

よをあげて【世を挙げて】 慣用句 世の中の人みんな。世の中がそろって。例 世を挙げてお祝いしている。

よをさる【世を去る】 慣用句 死ぬ。例 若くして世を去る。参考 遠回しな言い方。

よをしのぶ【世を忍ぶ】 慣用句 世間の人の目をさけて、かくれる。例 世を忍ぶ仮のすがた。

よをすてる【世を捨てる】 慣用句 ❶世間からはなれてくらす。❷出家する。僧になる。

よをてっして【夜を徹して】 慣用句 一晩中ねないで、あることをするようす。例 夜を徹して歩き続ける。

よをはばかる【世をはばかる】 慣用句 世間の人にえんりょしながらくらす。

よをひについで【夜を日に継いで】 慣用句 夜も昼も休まずに、あることをするようす。例 夜を日に継いで作業する。

よをわたる【世を渡る】 慣用句 くらしていく。生活する。

よん【四】 名詞 ⬇534ページ・し(四)。

よんきょう【四強】 名詞 ❶四つの強い人やもの。❷トーナメントで、準決勝に進んだ人やチーム。ベストフォー。例 トーナメント戦で四強が出そろう。

よんダブリューディー【4WD】 名詞 ⬇よんりんくどう。

よんどころない【よん所無い】 形容詞 やむをえない。しかたがない。例 よんどころない用事のため、欠席します。活用 よんどころな・い。

よんりんくどう【四輪駆動】 名詞 自動車の四つの車輪を全部エンジンで動かせるようなしかけ。四駆。4WD。

ら
ラ
RA
ra

ら 接尾語 《主に人を表す言葉の下につけて》二人以上である意味を表す言葉。例 わたしら。

ラード 名詞 ブタのしぼうからとった、固体の食用油。▼英語 lard

ラーメン 名詞 中国風のそば。中華そば。参考 中国語「ラオメン」から。英語でも ramen (noodles) で通じる。漢字 拉麵。

ラーゆ【ラー油】名詞 トウガラシでからくしたごま油。中国料理の調味料。漢字 辣油。▼中国語。

らいい【来意】名詞 たずねてきたわけ。例 来意をつげる。

らいう【雷雨】名詞 かみなりをともなって、ふる雨。例 はげしい雷雨。

らいうん【雷雲】名詞 ➡281ページ・かみなりぐも。

らいえん【来演】名詞 する動詞 歌手やはいゆうなどが、その土地に来て出し物に出ること。

ライオン 名詞 ネコ科の動物。アフリカの草原などに、むれでくらす。おすにはたてがみがある。しし。▼英語 lion

らいかい【来会】名詞 する動詞 会のひらかれる場所に集まること。例 来会の記念品。

らいきゃく【来客】名詞 たずねてきた客。例 昨日、来客があった。／来客中なので、今は行けない。

らいぎょ【雷魚】名詞 タイワンドジョウ科の魚。タイワンドジョウとカムルチーの別の名。池やぬまにすみ、小魚やカエルを食べる。

らいげつ【来月】名詞 今月の次の月。類 翌月。対 先月。

らいこう[1]【来航】名詞 する動詞 外国から、船に乗ってくること。例 観光客が大ぜい来航した。

らいこう[2]【来校】名詞 する動詞 その学校をたずねてくること。例 創立記念日に市長が来校する。

らいさん【礼賛】名詞 する動詞 ❶すばらしいと思い、ほめたたえること。例 自由を礼賛する。❷仏をおがみ、そのめぐみと力をたたえること。

らいしゃ【来社】名詞 する動詞 会社にやってくること。

らいしゅう[1]【来週】名詞 今週の次の週。次週。類 翌週。対 先週。

らいしゅう[2]【来襲】名詞 する動詞 敵がおそってくること。せめてくること。例 昔、日本に、「もうこ」の大軍が来襲した。

らいしゅん【来春】名詞 来年の春。参考「らいはる」ともいう。

らいじょう【来場】名詞 する動詞 その場所や会場に来ること。例 五万人の観客が来場した。／来場者。

らいしん[1]【来信】名詞 人からきた手紙。

らいしん[2]【来診】名詞 する動詞 医者が病人の家に来てしんさつすること。参考 ふつう、患者側から使う言葉。類 往診。

ライス 名詞 米。ごはん。めし。▼英語 rice

ライスカレー 名詞 ➡289ページ・カレーライス。参考 日本でつくった言葉。

らいせ【来世】名詞 死んでから行くといわれている世。あの世。対 前世。現世。

ライセンス 名詞 免許。また、それをかいた文書。例 ダイビングのライセンスをとる。▼英語 license

ライター[1] 名詞 文章をかくことを職業にしている人。作家。例 ルポライター。／コピーライター。／シナリオライター。▼英語 writer

ライター[2] 名詞 持ち運ぶことができる、火をつけるための道具。例 ライターでたばこに火をつける。▼英語 lighter

ライチー 名詞 ムクロジ科の植物のレイシのこと。中国原産。皮が赤く、中の白い実を食用にする。▼英語 litchi

らいちょう[1]【来朝】名詞 する動詞 外国人が日本にやってくること。来日。参考 古い言い方。

らいちょう[2]【雷鳥】名詞 ライチョウ科の鳥。高山にすむ。羽毛の色は、夏は茶色で、冬は白に変わる。特別天然記念物。

ライティング[1] 名詞 文章を書くこと。作文。▼英語 writing

ライティング[2] 名詞 する動詞 照明。特に、舞台などで光をあてること。▼英語 lighting

らいてん【来店】名詞 する動詞 客が店に来ること。例 特売日には多くの客が来店する。／ご来店をお待ちしています。

ことばあそび ことばクイズ61 □の中に入る動物の名前は、それぞれ何でしょう？

らいでん【来電】名詞 電報が来ること。また、とどいた電報。類入電。

ライト[1] 名詞 ❶光。照明。❷色がうすくて明るいこと。例ライトブルーの上着。▼英語 light

ライト[2] 名詞 ❶右。右側。❷野球で、外野の右側の部分。右翼。また、そこを守る人。右翼手。対①②レフト。▼英語 right

ライトアップ 名詞 する動詞 照明で明るくてらし出すこと。例建物をライトアップする。参考日本でつくった言葉。英語では illuminations という。

ライトバン 名詞 乗用自動車の型の一つで、前の部分に人をのせ、後ろの部分に荷物をのせるようにしたもの。参考英語のライト(＝手軽な)とバン(van＝はこ形の荷物用自動車)を組み合わせて日本でつくった言葉。

ライナー 名詞 野球で、高く上がらずに、低く一直線に飛ぶ強い打球。▼英語 liner

らいにち【来日】名詞 する動詞 外国人が日本にやって来ること。例イギリス国王が来日した。

らいねん【来年】名詞 今年の次の年。明年。類翌年。対去年。

らいはい【礼拝】名詞 する動詞 ❶とうといものとしてあがめること。❷仏教で、仏をおがむこと。参考キリスト教では「れいはい」という。

らいはる【来春】名詞 ⇩1359ページ・らいしゅん。

ライバル 名詞 〔強い対抗意識をもつ〕競争相手。好敵手。▼英語 rival

らいひん【来賓】名詞 〔会や式などに〕まねかれてきた客。例来賓のお祝いの言葉。類貴賓。

ライフ 名詞 ❶命。例ライフジャケット。❷生活。くらし。例ライフスタイル。❸一生。例ライフサイクル。▼英語 life

ライブ 名詞 ❶録音や録画ではなく、スタジオや現場から直接放送すること。生放送。例会場からライブで放送する。❷録音を再生した音楽ではなくて、じっさいにその場で演奏すること。生演奏。例ライブコンサート。▼英語 live

ライフサイクル 名詞 生まれて死ぬまでの一生。生涯過程。▼英語 life cycle

ライフジャケット 名詞 水におぼれないように身につける救命用具。▼英語 life jacket

ライフスタイル 名詞 人の生き方。くらし(方)。▼英語 lifestyle

ライフライン 名詞 生活や命をたもつために大事な水道・電気・ガス・通信などを供給するしくみ。生活線。例大じしんで、ライフラインがたたれる。▼英語 lifeline

ライブラリー 名詞 図書館。図書室。▼英語 library

ライフワーク 名詞 その人が一生をかけてする仕事。また、その人の代表的な作品や研究。例ライフワークの長編を書き終えた。▼英語 lifework

らいほう【来訪】名詞 する動詞 たずねてくること。例知人の来訪をうける。参考あらたまった言い方。

ライム 名詞 ミカン科の植物。実は、かおりが強くすっぱい。皮は緑色。▼英語 lime

ライむぎ【ライ麦】名詞 イネ科の植物。実をこなにしたものからパンをつくる。▼英語 rye

らいめい【雷鳴】名詞 かみなりの音。

ライラック 名詞 モクセイ科の木。春に、かおりのよいうすむらさきや白色などの花がさく。フランス語では「リラ」という。▼英語 lilac

らいれき【来歴】名詞 ❶物事がこれまでにたどってきたすじ道。由来。ことば ⇩「故事来歴」❷生まれてからこれまでのうちの、おもなことがら。経歴。例父の来歴を聞く。

ライン 名詞 ❶線。例センターライン(＝中央に引かれた線)。❷航路。また、空路。❸きじゅんとなる数。例合格ラインにたっする。▼英語 line

ラインアップ 名詞 ⇩ラインナップ。

ラインがわ【ライン川】地名 ヨーロッパ西部の大きな川。スイスからドイツなどを通って北海にそそぐ。▼英語(ドイツ語から) Rhine

ラインサッカー 名詞 サッカーに似たスポーツ。ゴールラインをボールがこえると得点となる。参考日本でつくった言葉。

ラインズマン 名詞 ⇩712ページ・せんしん(線審)。▼英語 linesman

ラインナップ 名詞 ❶野球で、打順。バッティングオーダー。❷団体や作品などの顔ぶれ。例正月映画のラインナップ。参考①②「ラインアップ」ともいう。▼英語 lineup

ラウドスピーカー 名詞 ⇩243ページ・かくせいき。▼英語 loudspeaker

ラウンジ 名詞 空港やホテルなどにもうけられた、休けいしたり、まちあわせをするための場

所。▼英語 lounge

ラウンド 名詞 ❶ボクシングやレスリングで、試合の各回。❷ゴルフで、コース全体の一回り。▼英語 round

ラオス 地名 ラオス人民民主共和国。東南アジアの、インドシナ半島北東部にある国。首都はビエンチャン。▼英語 Laos

ラガー 名詞 ラグビー。また、ラグビーの選手。参考 英語の rugger はラグビーのことで、選手は rugby player という。▼英語 rugger

らがん【裸眼】名詞 めがねやコンタクトレンズを使わないで見るときの目。

らく【楽】名詞 形容動詞 ❶心や体になやみや苦しみがないこと。また、生活のための苦労や心配がないこと。例 なやみをうちあけたら、心が楽になった。対 苦。❷かんたんであること。例 楽に勝てる相手だ。❸「千秋楽」の略。⬇千秋楽。

らくあればくあり【楽あれば苦あり】ことわざ 楽しみと苦しみは、つきもので、楽しいことがあれば、きっと苦しいこともやってくる。

らくいんをおされる【らく印を押される】慣用句 消すことのできない汚名を受ける。例 世間からひきょう者のらく印を押される。

らくえん【楽園】名詞 苦しみのない、楽しいところ。例 ここは、この世の楽園だ。類 極楽。

らくがき【落書き】名詞 する動詞 〔書いてはいけないところに〕絵や文字などのいたずら書きをすること。また、その書いたもの。例 子どもがかべに落書きをした。

らくがん【落がん】名詞 米・麦・豆などのこなを、さとうなどでねって、型に入れてかわかした菓子。漢字 落雁。

[1]**らくご**【落ご】名詞 する動詞 仲間からおくれてついて行けなくなること。例 マラソンのとちゅうで、足にまめができて落ごした。漢字 落伍。

[2]**らくご**【落語】名詞 人を笑わせるこっけいな話をし、終わりをしゃれたしめくくりの言葉（＝おち）で結ぶ、一人でおこなう演芸。また、その話。落とし話。

らくさ【落差】名詞 ❶高いところから低いところへ水が流れ落ちるときの、二つの水面の高さのちがい。❷ある物事とほかの物事とのちがい。例 外見と中身の落差が大きい。

らくさつ【落札】名詞 する動詞 入札のけっか、目当てのものを自分の手に入れること。参考 ⇩979ページ・入札。789ページ・談合。

らくじつ【落日】名詞 しずもうとしている太陽。例 落日が、山のみねをそめていた。

らくしゅ【落手】名詞 する動詞 受け取ること。例 おたより落手いたしました。参考 古い言い方。

らくしょう【楽勝】名詞 する動詞 〔力の差がありすぎて〕かんたんに勝つこと。例 楽勝できる相手だと思っていたが、意外に苦戦した。類 快勝。対 辛勝。

らくじょう【落城】名詞 する動詞 敵に城をせめられ、守りきれないで落とされること。

らくせい【落成】名詞 する動詞 〔大がかりな〕工事が終わり、すっかりできあがること。例 まちにまった体育館が落成した。類 しゅん工。

らくせき【落石】名詞 する動詞 山やがけの上から石が落ちること。また、その石。例 落石に気をつける。

らくせん【落選】名詞 する動詞 ❶選挙で、えらばれないこと。対 当選。❷審査で、えらばれないこと。例 展覧会に出品したが、おしくも落選した。類 選外。対 入選。

らくだ 名詞 ラクダ科の動物。こぶが一つのヒトコブラクダと、こぶが二つのフタコブラクダがいる。草原やさばくでくらす。せなかのこぶに、脂肪をたくわえている。長い間、水を飲まずに生活することができ、さばくを旅するときに乗ったり荷物を運んだりするのに使われた。漢字 駱駝。

らくだい【落第】名詞 する動詞 ❶試験や検査におちること。対 及第。❷成績が悪くて、上の学年に進めないこと。❸よいとされるきじゅんより、おとっていること。例 この車は、安全性という点では落第だ。

らくたん【落胆】名詞 する動詞 〔思っていたとおりにならなくて〕がっかりすること。例 一生懸命にかいた絵が入選しなかったので、落胆した。

らくちゃく【落着】名詞 する動詞 物事の決まりがつくこと。うまく落ち着くこと。例 長い間のもめごとが、ようやく落着した。類 決着。

らくちょう【落丁】名詞 本のページがぬけ落ちていること。類 乱丁。

らくてんか【楽天家】名詞 あまりくよくよしないで世の中を明るく楽しくくらす人。例 母は楽天家だ。

らくてんしゅぎ【楽天主義】名詞 何でもよ

 こたえ ア あり イ すずめ

い方向に考えようとする立場。人生を楽しく生きようとする考え方。

らくてんてき【楽天的】形容動詞 何でもよい方に考えて、くよくよしないようす。例 楽天的に考える。

らくのう【酪農】名詞 牛や羊、ヤギなどを飼って乳をとったり、それを加工してバター・チーズなどをつくったりする農業。

らくば【落馬】名詞 する動詞 馬に乗っている人が落ちること。例 レース中に、騎手が落馬した。

らくはくのたねくはらくのたね【楽は苦の種苦は楽の種】ことわざ ［人生というものは］今楽をすれば後で苦労をすることになり、ぎゃくに今苦労すれば後で楽をすることになる。

らくばん【落盤】名詞 鉱山やトンネルで、天井やまわりの岩石がくずれ落ちること。例 落盤事故で地下にとじこめられた人が救出された。

ラグビー 名詞 十五人ずつの二組みにわかれ、だ円形のボールをうばいあい、それを相手の陣地につけて得点を争う競技。▼英語 rugby

らくやき【楽焼き】名詞 素焼きの陶器に、絵や文字などをかいて、かんたんに焼いたもの。

らくよう【落葉】名詞 する動詞 木の葉が、かれて落ちること。また、落ちた木の葉。おちば。

らくようじゅ【落葉樹】名詞 カキ・ウメ・サクラ・ケヤキなど、秋から冬にかけて葉を落とす木。対 常緑樹。ときわ木。

らくらい【落雷】名詞 する動詞 かみなりが落ちること。

らくらく【楽楽】副詞(-と) ❶ゆったりとして、無理のないようす。例 列車はすいていて、全員が楽々すわれた。❷とてもかんたんであるようす。例 楽々とのぼって行く。参考 ふつう「楽々」と書く。

ラグランスリーブ 名詞 洋服のそでの付け方の一つ。えりもとから切れ目なく続いているそで。▼英語 raglan sleeve

らくるい【落涙】名詞 する動詞 なみだを流すこと。例 はらはらと落涙した。

ラケット 名詞 テニス・卓球・バドミントンなどでボールなどを打つ道具。▼英語 racket

ラザニア 名詞 うすくて長方形の、イタリアのめん。また、これを使った料理。ラザーニャ。▼英語（イタリア語から）lasagna

らしい[1] 接尾語 《物の名前を表す言葉などの下につけて》「…にふさわしいようすである」の意味を表す言葉。例 人間らしい生き方。活用 らし・い。

らしい[2] 助動詞 物事をおしはかる意味を表す言葉。…のようだ。例 明日は雨らしい。

ラジウム 名詞 銀白色の重い金属。強い放射線を出し、最後はなまりになる。一八九八年、キュリー夫妻が発見した。▼英語 radium

ラジエーター 名詞 ❶じょう気を使った暖房で、熱を発散する部分。❷自動車のエンジンをひやすしかけ。▼英語 radiator

ラジオ 名詞 放送局で出す電波を受けて音にかえ、放送をきかせる機械。▼英語 radio

ラジオアイソトープ 名詞 放射能をもつ同位体（＝原子番号が同じで、質量数がちがう元素）。放射性同位体。▼英語 radioisotope

ラジオコントロール 名詞 ⬇ラジコン。▼英語 radio control

ラジオたいそう【ラジオ体操】名詞 体力の向上や健康のために、ラジオからの音楽とかけ声に合わせておこなう、体操。参考 一九二八（昭和三）年に「国民保健体操」という名前で始まった。

ラジカセ 名詞 ラジオとカセットテープレコーダーを一つに組み合わせた機械。

ラジコン 名詞 電波によって機械などを思いどおりに動かすこと。特に、そのようなおもちゃ。参考 英語の「ラジオコントロール」の略。商標名。

らししょくぶつ【裸子植物】名詞 種子植物のうち、子房がなく種になる部分がむき出しになっているもの。マツ・イチョウ・ソテツなど。対 被子植物。

らしゃ 名詞 羊の毛でおった地のあつい織物。参考 外国から来た言葉だが、日本語になりきっているので、ひらがなで書くことが多い。▼ポルトガル語

らしん【裸身】名詞 はだかの体。類 裸体。

らしんばん【羅針盤】名詞 じしゃくの針がいつも南北をさす性質を利用して、飛行機や船などの進む方向を知る機械。コンパス。

ラスト 名詞 一番後。最後。終わり。ことば「ラストをかざる」▼英語 last

ラストシーン 名詞 映画や演劇の終わりの場

面。例 印象的なラストシーン。▼英語 last scene

ラストスパート 名詞 最後にありったけの力を出すこと。ことば「（ゴール目前で）ラストスパートをかける」▼英語 last spurt

ラズベリー 名詞 バラ科の植物で、キイチゴのなかま。実の色は赤などで、食用にする。▼英語 raspberry

らせん 名詞 まき貝のからのように、ぐるぐるまいているもの。うずまき。漢字 螺旋。

らせんかいだん【らせん階段】 名詞 柱を中心にして、うずまきのようにとりつけられた階段。

らせんけい【らせん形】 名詞 うずまきの形。

らたい【裸体】 名詞 はだかの体。類 裸身。

らち[1] 名詞 物事の決まったはんい。これ以上はこえられないぎりぎりのさかい目。語源 もとは、馬場のまわりのかこいのこと。ことば ⇩「らちが明かない」「らちも無い」

らち[2]**【拉致】** 名詞 する動詞 無理に連れていくこと。

らちがあかない【らちが明かない】 慣用句 物事の決まりがつかない。はかどらない。例 本人が行かなければらちが明かない。参考「らちがあかぬ」ともいう。

らちもない【らちも無い】 慣用句 とりとめない。たわいない。ばかばかしい。例 らちも無い話でいやになる。

らっか【落下】 名詞 する動詞 〔高いところから〕落ちること。例 がけの上から大きな石が落下してきた。／落下物。

ラッカー 名詞 とりょうの一種。美しいつやが出る。▼英語 lacquer

らっかさん【落下傘】 名詞 ⇩1063ページ・パラシュート。

らっかせい【落花生】 名詞 マメ科の植物。また、その実。土の中で、からのついた実ができる。種は食用。なんきんまめ。参考 ⇩図。⇩1080ページ・ピーナッツ。

落花生

らっかん【楽観】 名詞 する動詞 物事がうまくいくと思って、心配しないこと。例 事件のなりゆきを楽観している。対 悲観。

らっかんてき【楽観的】 形容動詞 物事がうまくいくにちがいないと、明るい見通しをもつようす。例 うまくいくはずだと、楽観的に考える。対 悲観的。

ラッキー 形容動詞 運がよいこと。幸運なこと。▼英語 lucky

ラッキーセブン 名詞 野球で、七回のこうげき。得点のチャンスがふえるとされる。参考 日本でつくった言葉。英語でいう場合は lucky seventh inning という。

らっきゅう【落球】 名詞 する動詞 野球などで、ボールをとりそこねて落とすこと。

らっきょう 名詞 ユリ科の多年草。特有のにおいがある。地中にできたたまご形のくきを食用にする。

ラック 名詞 たな。台。例 マガジンラック。▼英語 rack

らっこ 名詞 イタチ科の動物。北太平洋の岸近くにすむ。あおむけになって泳ぎながら、むねの上においた石に貝をぶつけてわって食べる。▼アイヌ語

ラッシュ 一 名詞 ❶たくさんの人が急に押し寄せること。例 帰省ラッシュ。／通勤ラッシュ。❷「ラッシュアワー」の略。二 名詞 する動詞 ボクシングなどで、もうれつなこうげきをすること。▼英語 rush

ラッシュアワー 名詞 会社や学校に通う人たちで、乗り物が大変こみあう、朝夕の時間。ラッシュ。例 ラッシュアワーをさけて出かける。▼英語 rush hour

ラッセルしゃ【ラッセル車】 名詞 〔機関車の前につけて〕線路につもった雪をかき分けて進む雪かき車。類 ロータリー車。

ラット 名詞 ネズミ科の動物。実験用にドブネズミを品種改良した。▼英語 rat

らっぱ 名詞 金管楽器の一つ。ふき口が細くて、一方のはしが大きくひらいている。トランペット・ホルンなど。⇩図。

らっぱのみ【らっぱ飲み】 名詞 する動詞 らっぱをふくように、びんに口をつけて飲むこと。

らっぱをふく【らっぱを吹く】 慣用句 おおげさに言う。ほらをふく。例 いくら

ことばあそび ことばクイズ62 □の中に入る動物の名前は、それぞれ何でしょう？

らっぱを吹いても、だれも相手にしてくれない。

ラッピング 名詞 する動詞 つつみ紙やリボンなど、物をつつむための材料。また、それらを使ってきれいにつつむこと。例 ラッピングしたプレゼント。▼英語 wrapping

らっぱ

ラップ[1] 名詞 リズムに合わせて早口でしゃべるように歌う音楽。▼英語 rap

ラップ[2] 名詞 する動詞 食べ物などをつつむ、すきとおったうすいフィルム。また、それでつつむこと。▼英語 wrap

ラップタイム 名詞 競走や競泳で、トラック一周、コース一往復にかかった時間。途中計時。例 ラップタイムをとる。参考 優勝者が観客の声援に感謝してトラックを一周する「ビクトリー［ウイニング］ラン」は victory lap という。▼英語 lap time

ラップトップ 名詞 小型で軽いこと。例 ラップトップのパソコン。対 デスクトップ。参考 もとは「ひざの上」の意味。▼英語 laptop

ラテンアメリカ 名詞 アメリカ大陸のうち、主にスペイン語を話す国民の住む、メキシコから南の地域の国。参考 ⇩57ページ・アングロアメリカ。▼英語 latin America

ラテンご【ラテン語】 名詞 昔のヨーロッパのローマ帝国で使われた言葉。参考 今は学問上の言葉やバチカン市国の公用語などとして使われる。▼英語 Latin

らぬきことば【ら抜き言葉】 名詞 本来「見られる」「食べられる」「来られる」などと言うところを、「見れる」「食べれる」「来れる」のように「ら」を抜いて言う言葉。

らば 名詞 めすの馬と、おすのロバとの間にできた、雑種の動物。馬より小さいが、力があり、じょうぶ。漢字 騾馬。

ラフ 形容動詞 ❶荒っぽいようす。例 ラフプレー。❷むぞうさなようす。例 ラフなかっこう。❸大まかなようす。また、大まかなイメージを伝えるもの。例 イラストのラフ。▼英語 rough

ラブ 名詞 ❶愛。恋愛。❷人が好きになること。❸テニスなどで、無得点のこと。▼英語 love

ラブコール 名詞 愛情や好意のあるよびかけ。例 参加してもらおうと、熱烈なラブコールを送る。参考「ラブ (love＝愛情)」と「コール (call＝電話・通話)」を組み合わせて日本でつくった言葉。

ラブレター 名詞 恋しく思う気持ちを書いた手紙。愛の手紙。▼英語 love letter

ラベル 名詞 商品にはりつける、商品名や会社名などを印刷した紙など。レッテル。参考 英語 label の発音は「レイブル」。▼英語 label

ラベンダー 名詞 シソ科の植物。夏、青むらさき色の小さな花がたくさんさく。花や葉にかおりがある。▼英語 lavender

ラミネート 名詞 フィルムなどのうすい材料を重ねてはり合わせること。例 ラミネート加工。▼英語 laminate

ラム 名詞 子羊。また、その毛や肉。例 ラムウール／ラムステーキ。▼英語 lamb

ラムサールじょうやく【ラムサール条約】 名詞 水鳥の生息地である湿地とそこに生息する動植物を守るための条約。一九七一年、イランのラムサールで結ばれた。

ラムネ 名詞 さとうや香料などを加えた水に、炭酸ガスをとかして作った飲み物。参考 英語で「レモン水」を意味する「レモネード」からできた言葉。

ラメ 名詞 織物などにおりこんだ金糸・銀糸や金属のはくなど。また、その織物。▼英語（フランス語から）lamé

ラリー 名詞 ❶テニスや卓球で、ボールを続けて打ち合うこと。❷サーキットでなく、普通の道や原などを走る、自動車の長距離競走。▼英語 rally

られつ【羅列】 名詞 する動詞 たくさんならべること。ずらりとならべること。例 言葉を羅列しただけではよい詩にはならない。

られる 助動詞 ❶「ほかのものから…される」の意味を表す言葉。例 先生にほめられる。❷「…することができる」の意味を表す言葉。例 この野草は食べられる。❸「ひとりでにそうなる」の意味を表す言葉。例 将来が案じられる。❹その動作をする人をうやまう意味を表す言葉。例 先生が来られる。参考「れる」と同じ意味である

が、上にくる動詞の種類がちがう。

ラワン 名詞 フタバガキ科の広葉樹のこと。家具や建物をつくる木材になる。▼タガログ語

らん[1] 名詞 エビネ・カトレアなどの、ラン科の植物のこと。花びらとがくが三まいずつある。漢字 蘭。

らん[2]【乱】名詞 社会の平和がみだされているようす。また、たたかい。例 壬申の乱。

らん[3]【欄】名詞 線でかこんだり、区切ったりしている部分。例 上の欄に名前を書く。

ラン[4]【LAN】名詞 同じ建物などで複数のコンピューターを接続して、データをやりとりするネットワーク。参考 英語 local area network の略。

らんおう【卵黄】名詞 たまごの黄身。

らんがい【欄外】名詞〔本や新聞の〕文章をかこんだわくの外。例 欄外にメモする。

らんかく【卵殻】名詞 たまごのから。

らんがく【らん学】名詞 江戸時代にオランダから伝えられた西洋の学問。おもに医学・天文学・兵学などを研究した。

らんかん【欄干】名詞 橋・えんがわなどのふちにつくった手すり。⇩図。

らんぎょう【乱行】名詞 らんぼうなふるまい。また、ふしだらなおこない。

らんきりゅう【乱気流】名詞 不規則にみだれて、はげしく上下に流れ動く気流。とんでいる飛行機に大きなえいきょうをおよぼす。

ランキング 名詞 せいせきなどによってつける順番。例 テニスの世界ランキング一位。▼英語 ranking

ランク 名詞 する動詞 順位をつけること。また、その順位。例 ランクが下がる。／上位にランクされたレストラン。▼英語 rank

橋げた

欄干

らんぐい【乱ぐい】名詞 不ぞろいにばらばらと、地面に打ちこんだくい。参考 歯ならびの悪い歯を「乱ぐい歯」という。

らんざつ【乱雑】名詞 形容動詞 ばらばらにちらばっていること。例 部屋の中が乱雑にちらかっている。

らんし[1]【卵子】名詞 卵巣でつくられる、子どもをつくるためのもとになる細胞。対 精子。

らんし[2]【乱視】名詞 かくまくがゆがんでいるため、物が正しくはっきり見えないこと。また、そのような目。

らんしゃ【乱射】名詞 する動詞 ねらいを定めず、やたらに鉄砲のたまなどをうつこと。例 じゅうを乱射する。

らんしん【乱心】名詞 する動詞 心がみだれること。気がくるうこと。例 乱心者。

らんせい[1]【乱世】名詞 争いやたたかいのたえない、みだれた世の中。らんせ。例 乱世の英雄。

らんせい[2]【卵生】名詞 たまごで生まれて、それがかえり、大きくなるもの。対 胎生。

らんせん【乱戦】名詞 ❶敵とみかたが入りみだれてたたかうこと。また、そのたたかい。❷〔なかなか勝負がつかない〕あれた試合。

らんそう【卵巣】名詞 卵子をつくるところ。子宮の左右に一つずつある。対 精巣。

らんぞう【乱造・濫造】名詞 する動詞〔内容や質を考えずに〕たくさん、つくること。ことば ⇩「粗製乱造」

らんそううん【乱層雲】名詞 空の低いところに広がる、暗い灰色の雲。雨や雪をふらせる。雨雲。⇩385ページ・雲（図）。

らんだ【乱打】名詞 する動詞 続けて、たたくこと。例 たいこを乱打する。

らんたいせい【卵胎生】名詞 たまごが母親の体内で発育し、たまごからかえってから、子どもが体外へ出ること。母体の中のたまごは母親とつながっておらず、養分はおもに卵黄からとる。マムシ・タニシ・サメ・グッピーなどに見られる。

ランダム 形容動詞 手当たりしだいであること。思いつくままであること。例 ランダムに人をえらぶ。▼英語 random

ランチ[1] 名詞 エンジンをそなえた小さな船。▼英語 launch

ランチ[2] 名詞 ❶昼食。例 ランチを食べに行く。❷かんたんな洋食。例 お子さまランチ。▼英語 lunch

らんちょう【乱丁】名詞 本のページの順序がみだれていること。また、そのページ。類 落丁。

ランチョンマット 名詞 食事のときに、一人

あいうえお かきくけこ さしすせそ たちつてと なにぬねの はひふへほ まみむめも や ゆ よ ら らりるれろ わ を ん

分の食器をのせるためのしきもの。参考 日本でつくった言葉。英語は place mat という。luncheon は大勢の人を集めて開く昼食会。

らんとう【乱闘】名詞 する動詞 敵と味方が入りみだれて争うこと。例 乱闘にまきこまれた。類 立ち回り。

らんどく【乱読・濫読】名詞 する動詞 〔計画を立てずに〕手当たり次第に、いろいろな本を読むこと。例 ミステリーを乱読する。類 多読。対 精読。

ランドセル 名詞 小学生などが、学用品を入れてせおうかばん。▼オランダ語

らんどり【乱取り】名詞 柔道で、相手とたがいにわざをかけ合ってするけいこ。

ランドリー 名詞 クリーニング店。参考 英語の laundry は店もいうが、おもに、これから洗う、あるいは、洗いたての「洗濯物」をさす言葉。▼英語 laundry

ランナー 名詞 ❶走る人。例 リレーのランナー。❷野球で、塁に出た人。走者。例 ランナーがかえって、一点入った。▼英語 runner

らんにゅう【乱入】名詞 する動詞 あらあらしく、無理に入ること。例 こうふんした観客がグラウンドに乱入した。

ランニング 名詞 ❶走ること。❷「ランニングシャツ」の略。▼英語 running

ランニングシャツ 名詞 そでなしで、えりぐりの大きいシャツ。運動用。また、男性の下着用。ランニング。参考 日本でつくった言葉。

らんぱく【卵白】名詞 たまごの白身。

らんばつ【乱伐・濫伐】名詞 する動詞 むやみに山の木を切りたおすこと。例 森林の乱伐。

らんぱつ【乱発・濫発】名詞 する動詞 お金や証券などをむやみに多く発行すること。例 手形を乱発して会社をつぶす。

らんはんしゃ【乱反射】名詞 する動詞 表面がなめらかでないものに光があたって、いろいろの方向に反射すること。

らんぴ【乱費・濫費】名詞 する動詞 お金などをむやみに使うこと。むだづかい。例 公金を乱費する。類 浪費。

らんぴつ【乱筆】名詞 ❶らんぼうに書いた字。例 乱筆なので、よく読めない。❷自分の書いた字をへりくだって言う言葉。ことば「乱筆乱文にて失礼いたします。」参考 ②は、手紙の終わりなどに書く。

らんぶ【乱舞】名詞 する動詞 入りみだれておどること。おどりくるうこと。例 よろこびのあまり、人々が乱舞する。

ランプ 名詞 ❶しんに石油をしみこませて火をともし、ガラスのほやをかぶせたあかり。⇩図。❷でんとう。例 赤ランプ。▼英語 lamp

ランプ①

らんぶん【乱文】名詞 中身がみだれてととのっていない文章。参考 手紙などで、自分の文章についてへりくだって使う言葉。ことば「乱筆乱文をおゆるしください」

らんぼう【乱暴】名詞 形容動詞 する動詞 ❶あらあらしいおこないをすること。また、ていねいでないこと。例 弟は乱暴で、こまる。／本を乱暴にあつかってはいけない。❷やり方があらっぽく、すじ道が立っていないこと。例 それは、ずいぶん乱暴な意見だ。

らんま【欄間】名詞 風通しをよくするためや、かざりなどのために、部屋と部屋のしきりの上につくった、すかしぼりやこうしづくりにしたまど。⇩282ページ・かも居（図）。

らんまん【らん漫】形容動詞 ❶たくさんの花がさきみだれているようす。ことば「春らん漫（＝春の花がさきみだれているようす）」❷明るくかがやくようす。ことば ⇩「天真らん漫（＝明るくむじゃきなようす）」漢字 爛漫。

らんみゃく【乱脈】名詞 形容動詞 きまりなどがみだれて、すじ道のたたないこと。例 経営が乱脈をきわめている。

らんよう【乱用・濫用】名詞 する動詞 無計画に、やたらに使うこと。例 薬を乱用してはいけない。

らんらんと 副詞 〔目などが〕するどく光りかがやくようす。例 目がらんらんとかがやく。

らんりつ【乱立・濫立】名詞 する動詞 ❶まとまりがなく立ちならぶこと。❷〔選挙などで〕定員をはるかにこえた多くの候補者が立つこと。例 候補者が乱立している。

らんりゅう【乱流】名詞 気体や液体の各部

ア 能ある□はつめをかくす　イ うの目□の目

分が決まった動きをせず、入りみだれて動く流れ。自然のなかで、大気や川などの流れの多くはこれにあたる。

り
リ
RI
ri

1り【利】 名詞 ❶もうけ。利益。ことば ⇩「漁夫の利」❷都合のよいこと。役に立つこと。ことば ⇩「地の利（を生かす）」❸利子。利息。例 利が利を生む。

2り【里】 名詞 助数詞 昔の距離の単位。一里は約三・九キロメートル。

3り【理】 名詞 物事の道理。りくつ。

リアカー 名詞 ⬇1374ページ・リヤカー。

リアクション 名詞 ❶ある動きにおうじて直接的に起こる動き。反応。❷ある働きに反対する働き。反動。▼英語 reaction

リアスかいがん【リアス海岸】 名詞 山地が海にしずむなどしてできた入り組んだ海岸。リアス式海岸。参考 地図で見ると、のこぎりの歯のようにぎざぎざしている。東北地方の三陸海岸が有名。⇩図。

リアス海岸

リアリズム 名詞 ❶理想よりも現実を大切にする考え方。現実主義。❷芸術上の考え方で、現実の人生や社会をありのままに表現しようとする考え方。▼英語 realism

リアリティー 名詞 ありのままであるようす。本当らしいようす。現実性。例 リアリティーのあるドラマ。▼英語 reality

リアル 形容動詞 ❶ありのままであるようす。真にせまっているようす。現実的。例 リアルな表現。❷〔オンラインやバーチャルに対して〕実際に見たり、さわれたりする、現実であるようす。例 リアル書店。／リアル開催。▼英語 real

リアルタイム 名詞 すぐその時。同時。即時。例 リアルタイムで中継放送する。▼英語 real time

リーグ 名詞 スポーツの連盟。連合。同盟。例 Jリーグ。▼英語 league

リーグせん【リーグ戦】 名詞 すべてのチームや選手が、ほかのどのチームや選手とも試合をして優勝を決める方法。総当たり戦。参考 ⇩898ページ・トーナメント。

リース 名詞 する動詞 あるまとまった期間、お金をとって機械などを貸すこと。または、お金をはらって借りること。例 コピー機をリースする。▼英語 lease

リーズナブル 形容動詞 道理に合っていて、なっとくできるようす。また、価格が割高でなく、なっとくできるようす。例 リーズナブルな値段なので買うことにした。▼英語 reasonable

1リーダー 名詞 中心になってみんなを教えみちびく人。指導者。例 登山隊のリーダー。▼英語 leader

2リーダー 名詞 外国語の教科書。読本。▼英語 reader

リーダーシップ 名詞 ❶リーダーとしての責任や地位。例 リーダーシップをとる。❷リーダーとしての力。教えみちびく力。例 リーダーシップを発揮する。▼英語 leadership

リーチ 名詞 ボクシングなどで、相手にとどくうでの長さ。▼英語 reach

リード 名詞 する動詞 ❶〔グループなどを〕中心になってみちびくこと。例 キャプテンが部員をリードする。❷〔競技や勝負ごとで〕相手をひきはなすこと。相手より多く点をとること。例 三点リードした。❸野球でランナーが次の塁をねらって、今いる塁からはなれること。例 リードが大きい。❹新聞や雑誌などで、見出しの次にある、記事の内容をまとめた文章。❺かっている犬などにつけておく、つな。▼英語 lead

リーフレット 名詞 せんでんや案内のための内容を、一まいの紙に印刷したもの。例 お店のリーフレットをレジのそばにおく。参考 おりたたんで冊子の形にしたものも多い。▼英語 leaflet

リール 名詞 ❶糸・ひも・テープ・フィルムなどをまきとめるためのわく。❷魚つりの道具の一つ。つりざおにとりつけて、つり糸をくり出したり、まきとったりするもの。▼英語 reel

あいうえお
かきくけこ
さしすせそ
たちつてと
なにぬねの
はひふへほ
まみむめも
やゆよ
らりるれろ り
わをん

ことばあそび ことばクイズ63 □の中に入る同じ動物の名前は何でしょう？

リウマチ 名詞 ⇨1376ページ・リューマチ。

りえき【利益】 名詞 ❶ためになること。役に立つこと。例 おたがいの利益になる。❷もうけ。得。ことば「利益を上げる」

りえん【離縁】 名詞 する動詞 夫婦や養子の関係をなくすこと。

リオデジャネイロ 地名 ブラジル南東部にある都市。貿易港・観光都市として有名。一九六〇年にブラジリアに首都がうつるまでは首都であった。▼英語（ポルトガル語から）Rio de Janeiro

りか【理科】 名詞 ❶小・中学校で、自然や自然の中のできごとについて学ぶ教科。動物・植物・天文・気象・物理・化学などの内容がある。例 理科の実験。❷大学で、自然科学を勉強する学部。対 文科。

りかい【理解】 名詞 する動詞 ❶物事のすじ道や意味がよくわかること。例 内容を理解する。類 了解。❷人の立場や気持ちを思いやること。例 わたしの気持ちを理解してほしい。

りがい【利害】 名詞 得をすることと、損をすること。利益と損害。例 両者の利害が一致する。類 得失。

りがいかんけい【利害関係】 名詞 利益や損害が、たがいに影響しあうようなあいだがら。

りがく【理学】 名詞 ❶物理・化学・天文・生物などの、自然にかんする科学をまとめていうよび名。❷もと、物理学のこと。

りがとおらない【理が通らない】 慣用句 物事の道理が通用しない。りくつに合わない。

りかにかんむりをたださず【李下に冠を正さず】 故事成語 うたがいをかけられるようなおこないは、しない方がよい。語源「李下に冠を正さず」と書く。実をぬすんでいるとうたがわれないよう、李の木の下で冠を直さないということ。

りがりをうむ【利が利を生む】 慣用句 利益がまた利益をつくりだす。もうけがどんどんふえてゆく。

りき【利器】 名詞 ❶使ってべんりな機械や道具。例 文明の利器。❷よく切れる刃物。

りきえい【力泳】 名詞 する動詞 力いっぱい泳ぐこと。例 百メートルを力泳する。

りきがく【力学】 名詞 ❶物体同士の間で働く力や、それによって起こる運動について研究する学問。❷人間の集団の間に働く力の関係。例 政治の力学。

りきがはいる【力が入る】 慣用句 「力がはいる」のくだけた言い方。力がこもっていて、いきおいがよい。

りきさく【力作】 名詞 〔作者がせいいっぱいの力を出して〕一生けんめいにつくった作品。類 労作。

りきし【力士】 名詞 相撲をとることを仕事にしている人。

りきせつ【力説】 名詞 する動詞 熱心に説明すること。また、強く主張すること。例 地球環境を守ることの大切さを力説した。

りきせん【力戦】 名詞 する動詞 力のかぎりたたかうこと。例 力戦奮闘する。

りきそう【力走】 名詞 する動詞 力いっぱい走ること。一生けんめい走ること。例 最後まで力走した。

りきてん【力点】 名詞 ❶てこで物を動かすとき力のかかるところ。参考 ⇨523ページ・作用点。⇨568ページ・支点。⇨860ページ・てこ（図）。❷〔物事の中で〕特に強く力を入れるところ。例 使いやすさに力点をおいた製品。

りきとう【力投】 名詞 する動詞 野球で、ピッチャーが力いっぱい投球すること。例 エースが力投する。

りきみ【力み】 名詞 うまくやろうとして、また、負けまいとして、必要以上に力を入れること。例 表情に力みが見られる。／選手の動きに力みが感じられる。

りきむ【力む】 動詞 ❶〔息をつめて〕力を入れる。例 力んで荷物をかつぎ上げる。❷力があっていかにも強そうなふりをする。例 ぜったいに勝つと、友だちの前で力んでみせた。活用 りき・む。

りきゅう【離宮】 名詞 皇居の外にたてられた、天皇や皇族のすまい。例 桂離宮。

りきりょう【力量】 名詞 ある物事をやりとげるうでまえの程度。例 力量をためす。類 技量。

りきりょうがある【力量がある】 連語 ある物事をやりとげるうでまえが十分である。例 その役を演じる力量がある。

りく【陸】 名詞 地球の表面で水におおわれていないところ。おか。陸地。ことば「陸の孤島（＝交通の不便なところのたとえ）」類 大地。対 海。

りくあげ【陸揚げ・陸上げ】名詞 する動詞 船で運んできた荷物を陸の上にあげること。荷あげ。

りくうん【陸運】名詞 鉄道や自動車などを使って、人や荷物を運ぶこと。対 海運。

リクエスト 名詞 する動詞 〔それを使う人からの〕希望や注文。〔…してほしいという、正式な〕要望。例 リクエストにこたえる。▼英語 request

りくぐん【陸軍】名詞 陸上を守ったり、陸上でたたかったりする軍隊。対 海軍。空軍。

りくじょう【陸上】名詞 ❶陸地の上。対 海上。水上。❷「陸上競技」の略。

りくじょうきょうぎ【陸上競技】名詞 おもに、運動場でおこなわれる運動競技。陸上。参考 走る・とぶ・投げるの三部門に分かれる。対 水上競技。

りくせい【陸生】名詞 する動詞 陸地にすむこと。例 陸生の動物。対 水生。

りくぜん【陸前】地名 昔の国の名。今の岩手県の一部と宮城県に当たる。

りくぞくと【陸続と】副詞 次から次へと続くようす。例 救援物資をつんだトラックが陸続とやって来る。

りくち【陸地】名詞 〔海や湖に対して〕陸である土地。おか。陸。

りくちゅう【陸中】地名 昔の国の名。今の秋田県の一部と岩手県に当たる。

りくつ【理屈】名詞 ❶物事のすじ道。はっきりと説明できる理由。ことば ⇩「理屈に合わない（ことを言う）」❷自分に都合のいいように作り出した、理由。ことば「理屈をこねる」

りくつっぽい【理屈っぽい】形容詞 むずかしいりくつばかり言うようす。例 理屈っぽい話ばかりで、つまらない。活用 りくつっぽ・い。

りくつにあわない【理屈に合わない】慣用句 物事のすじ道がきちんとしていない。

りくとう【陸稲】名詞 畑につくるイネ。おかぼ。対 水稲。

りくふう【陸風】名詞 晴れた日の夜から明けがたにかけて、陸から海にむかってふく風。例 強い陸風。参考 夜は海よりも陸地のほうが早く冷えるために起こる。対 海風。

リクライニングシート 名詞 乗り物などで、背もたれが後ろにたおせるようになっている座席。▼英語 reclining seat

リクリエーション 名詞 ⇩1387ページ・レクリエーション。

リクルート 名詞 する動詞 ❶仕事のために人を集めること。❷学生が決まった職業につくための活動。就職活動。参考「就職活動」の意味は日本語だけのもの。▼英語 recruit

リクルートスーツ 名詞 職を求める活動をするとき着る洋服。参考 日本でつくった言葉。

りくろ【陸路】名詞 陸の上につくられた道。また、陸の上を通っていくこと。例 パリから陸路でローマへ行く。対 海路。空路。水路。

りけん【利権】名詞 利益を自分のものにする権利。例 利権をあさる。

りこ【利己】名詞 ほかの人のことを考えず、自分だけの利益を考えること。対 利他。

りこう[1]【利口】名詞 形容動詞 ❶頭がよいこと。かしこいこと。例 利口な犬。類 賢明。❷〔子どもなどが〕聞きわけのよいこと。参考「お」をつけて「お利口」「お利口さん」と使うことが多い。❸ぬけ目がないこと。例 利口なやり方。

りこう[2]【履行】名詞 する動詞 〔義務や約束などを〕じっさいにおこなうこと。例 義務を履行する。

りごうしゅうさん【離合集散】四字熟語 はなれたり集まったりすること。例 政党の離合集散。

リコーダー 名詞 たてにふく木管楽器。木やプラスチックでできている。▼英語 recorder

リコール 名詞 する動詞 ❶選挙でえらんだ議員などを住民の意思によってやめさせることができる制度。❷けっかんのある商品を返してもらって直すこと。❸けっかんが見つかった商品を製造企業が回収すること。▼英語 recall

りこしゅぎ【利己主義】名詞 自分だけの利益や楽しみをもとめて、他人のことはかまわないという考え方。エゴイズム。

りこてき【利己的】形容動詞 自分だけの利益を考えるようす。例 利己的な行動。

りこん【離婚】名詞 する動詞 夫婦が法律上の手続きをとってわかれること。

りさい【り災】名詞 する動詞 〔火事・地震・水害・爆撃などの〕さいなんにあうこと。例 り災者。類 被災。被害。

リサイクル 名詞 する動詞 いらなくなった物を原料・材料やエネルギー源などとして有効利用すること。例 ペットボトルをリサイクルする。参考 ⇩リデュース。リユース。▼英語 recycle

リサイタル 名詞 独唱会。また、独奏会。例 ピアノリサイタル。▼英語 recital

りさん【離散】 名詞 する動詞 〔つながりをもっていた人々が〕はなればなれになること。例 一家が離散する。

りし【利子】 名詞 かしたり、あずけたりしたお金に対して、ある決まったわりあいで支払われるお金。利息。対 元金。

りじ【理事】 名詞 団体で、ある決められた事務をとり、その団体を代表する権利をもつ役。また、その役の人。

りじゅん【利潤】 名詞 仕事や商売をしてえたもうけ。例 利潤をあげる。

りす 名詞 リス科の動物。ふさふさした大きなしっぽがある。ニホンリス・シマリスなどの種類がある。漢字 栗鼠。

リスク 名詞 損害を受けるかもしれない危険。
ことば 「リスクが高い」▼英語 risk

リスト 名詞 一らん表。表。目録。▼英語 list

リストラ 名詞 する動詞 経営が苦しくなった会社を再建するため、社員の数をへらしたり、財産を売りはらったりすること。参考 英語の「リストラクチャリング（restructuring）」の略。組織を改めて経営を立て直すことで、英語では社員を減らすという意味はない。

リズミカル 形容動詞 リズムがあって、かろやかな調子をもっているようす。例 リズミカルな動き。▼英語 rhythmical

リズム 名詞 ❶音の強弱と長短でできる一定の調子。律動。参考 メロディー・ハーモニーとともに音楽の三要素の一つ。❷詩や話し言葉などで、声の大小・抑揚からうまれるこころよいひびき。例 詩のリズム。▼英語 rhythm

リズムかん【リズム感】 名詞 リズムを感じとり、またそれを表す能力。例 かの女はなかなかリズム感がいい。

りする【利する】 動詞 ❶利用する。例 地形を利した公園。❷利益をあたえる。例 敵を利するおこない。活用 り・する。

りせい【理性】 名詞 物事をすじ道を立てて考え、正しく判断する力。例 理性を失う。

りせいてき【理性的】 形容動詞 感情をおさえて、理性にしたがって考え、行動するようす。例 自分は理性的な人間だと思っていた。類 理知的。対 感情的。

リセット 名詞 する動詞 機械などを、動かす前の状態にもどすこと。例 パソコンをリセットする。▼英語 reset

りそう【理想】 名詞 人々がもっともよいものとして考え、追い求めるもの。例 理想のパートナー。対 現実。

りそうきょう【理想郷】 名詞 ⬇1331ページ・ユートピア。

りそうてき【理想的】 形容動詞 考えられる、もっともよい状態であるようす。例 理想的な生活。

リゾート 名詞 避暑や行楽などのための保養地。例 リゾート地。／リゾートホテル。▼英語 resort

りそく【利息】 名詞 ⬇りし。

リゾット 名詞 米をバターでいためてから、野菜や肉などとともににこんだ料理。▼英語（イタリア語から）risotto

りた【利他】 名詞 ほかの人の利益を考えること。対 利己。

リターンキー 名詞 パソコンなどのキーボード上で、なんらかの決定をおこなうための、ほかよりもやや大きめのキー。エンターキー。▼英語 Return key

リタイア 名詞 する動詞 ❶〔定年になって〕退職すること。〔選手が現役を〕引退すること。例 現職からリタイアする。❷自動車レースなどで、とちゅうで棄権すること。例 エンジンの故障でリタイアする。▼英語 retire

りだつ【離脱】 名詞 する動詞 ぬけだすこと。はなれること。例 所属していた党を離脱する。

りち【理知】 名詞 〔感情にとらわれず〕物事の正しいすじ道を判断する力。

りちぎ【律義・律儀】 名詞 形容動詞 まじめで義理を大切にすること。例 かれは、とても律義だ。

りちてき【理知的】 形容動詞 すじ道を立てて物事を正しく考え、行動するようす。例 理知的な印象をあたえる。類 理性的。

りちゃくりく【離着陸】 名詞 する動詞 飛行機などの着陸と離陸。

りつ【率】 名詞 ❶わりあい。ひりつ。例 合格率。❷努力や働きに対するむくいの程度。例 もっと率のいい仕事をさがす。

りつあん【立案】 名詞 する動詞 〔物事をおこなうために〕計画をたてること。例 ハイキングの計

画を立案する。類 考案。

りっか【立夏】名詞 二十四節気の一つ。昔のこよみで、夏が始まるとされるとき。五月六日ごろ。⇩口絵8ページ。

りっきゃく【立脚】名詞 する動詞 物事の立場やよりどころをはっきり定めること。例 現実の状況に立脚して考える。

りっきょう【陸橋】名詞 道路や鉄道線路の上にかけわたした橋。類 歩道橋。

りっけん【立憲】名詞 憲法を制定すること。

りっけんせいじ【立憲政治】名詞 司法・立法・行政の三権分立の原則によっておこなわれる政治。

りっこうほ【立候補】名詞 する動詞 〔議員などにえらばれようとして〕選挙に名のりでること。こうほ者として立つこと。

りっしでん【立志伝】名詞 〔めぐまれないくらしの中で〕目標を決め、一心に努力して、ついに成功した人のことを書いた伝記。

りっしゅう【立秋】名詞 二十四節気の一つ。昔のこよみで、秋が始まるとされるとき。八月八日ごろ。⇩口絵9ページ。

りっしゅん【立春】名詞 二十四節気の一つ。昔のこよみで、春が始まるとされるとき。節分の次の日。二月四日ごろ。参考 八十八夜・二百十日などは、この日から数える。⇩口絵6ページ。

りっしょう【立証】名詞 する動詞 しょうこをもとにして、あることがらがそうであることをはっきりさせること。しょうこだてること。例 無罪を立証する。

りっしょく【立食】名詞 立ったままで食べること。特に、パーティーなどで、テーブルの上の食べ物を自由にとって立ったまま食べること。

りっしんしゅっせ【立身出世】四字熟語 世の中に出て高い地位につき有名になること。

りっしんべん【立心偏】名詞 漢字の部首の一つ。「性」「情」「慣」などの左側の「忄」の部分。

りっすいのよちもない【立すいの余地もない】慣用句 多くの人が集まって、動くことができないほど混雑しているようす。例 会場は立すいの余地もない。参考 ア 細い錐を立てるほどのすきまもないということ。イ 漢字では、「立錐の余地もない」と書く。

りっする【律する】動詞 決められた規則によって、物事のしまつをつける。例 自分をきびしく律する。活用 りっ・する。

りつぞう【立像】名詞 立っているすがたの像。対 座像。

りったい【立体】名詞 〔いくつかの平面や曲面でかこまれた〕長さ・はば・あつみのあるもの。

りったいかん【立体感】名詞 あつみや深みをもっている感じ。もりあがるような感じ。例 立体感のある絵。

りったいこうさ【立体交差】名詞 線路や道路の上をまたいで、ほかの線路や道路が通っていること。⇩図。

りったいてき【立体的】形容動詞 ❶ あつみや深みがあり、もりあがるような感じがするようす。例 立体的な画面。❷ 物事をいろいろな角度からみるようす。例 日本経済を立体的に研究する。対 ①②平面的。

立体交差

りっちじょうけん【立地条件】名詞 産業にてきした土地を決めるときの条件。例 立地条件のよい土地。

りっとう[1]【立刀】名詞 漢字の部首の一つ。「利」「別」「割」などの右側の「刂」の部分。

りっとう[2]【立冬】名詞 二十四節気の一つ。昔のこよみで、冬が始まるとされるとき。十一月七日ごろ。⇩口絵11ページ。

りつどう【律動】名詞 する動詞 運動や動作が規則正しくくり返されること。リズム。

リットル 名詞 助数詞 体積をはかる単位。例 二リットルのペットボトル。参考 一リットルは、たて・横・高さが十センチメートルの立方体の体積で、千立方センチメートル。記号は、「L」で表す。▼英語（フランス語から）liter

りっぱ【立派】形容動詞 ❶ 堂々としていて正しいようす。例 立派なおこない。❷ 技術などがすぐれているようす。例 立派なうでまえ。❸〔文句を言うところがなくて〕完全であるようす。例 立派に責任を果たした。

ことばあそび ことばクイズ64 長い弓につるをかけると、どうなっているでしょう？

りっぷく【立腹】名詞 する動詞 はらを立てること。例 むかえが来ないことに立腹した様子だった。参考 ややあらたまった言い方。

リップクリーム 名詞 くちびるがあれないようにつけるクリーム。参考 日本でつくった言葉。英語では lip balm という。

りっぽう[1]【立方】一 名詞 する動詞 同じ数を三回かけあわせること。三乗。二 接頭語《長さを表す単位の前につけて》体積の単位をつくる言葉。例 二十七立方センチメートル。三 接尾語《長さを表す単位のあとにつけて》その長さを一辺とする立方体の体積を表す言葉。例 十センチメートル立方。

りっぽう[2]【立法】名詞 法律を決めること。参考 ㋐国会がおこなう。㋑⇩574ページ・司法。348ページ・行政。

りっぽうセンチメートル【立方センチメートル】名詞 助数詞 体積や容積を表す単位。一立方センチメートルは、たて・横・高さがそれぞれ一センチメートルの立方体の体積。

りっぽうたい【立方体】名詞 六つの正方形の面でかこまれた立体。⇩663ページ・図形(図)。

りっぽうメートル【立方メートル】名詞 助数詞 体積を表す単位。一立方メートルは、たて・横・高さがそれぞれ一メートルの立方体の体積。

りづめ【理詰め】名詞 どこまでもりくつだけで考えておしとおすこと。例 理詰めの作戦。

りつりょう【律令】名詞 奈良時代・平安時代の法律。

りつろん【立論】名詞 する動詞 議論のすじ道を組み立てること。また、その組み立てられた議論。

りてい【里程】名詞 ある場所からほかの場所までの道の長さ。道のり。

りていひょう【里程標】名詞 道ばたなどに立てる、里を単位とする道のりが書かれた標識。

リデュース 名詞 ものをつくるときの資源をへらすことや、すてるものを少なくすること。参考 ⇩リサイクル。リユース。▼英語 reduce

りてん【利点】名詞 すぐれているところ。有利な点。長所。例 この本の利点は、文字が大きく読みやすいことだ。

りとう【離島】一 名詞 陸地から遠くはなれた島。はなれ島。類 孤島。二 名詞 する動詞 島をはなれること。

リトマスしけんし【リトマス試験紙】名詞 ある液体が酸性かアルカリ性かを見分けるときに使う紙。リトマス紙。参考 リトマスゴケからとった液を紙にしみこませたもの。青と赤があり、酸につけると青が赤くなり、アルカリ性の液につけると赤が青くなる。

リトルリーグ 名詞 九才以上、十二才以下の少年少女の野球チームで結成されている野球の団体。▼英語 Little League

リニアモーターカー 名詞 磁気の力を利用して車体をうき上がらせ、リニアモーター(=直線的に動くモーター)を使ってレールの上を高速で走る乗り物。参考 日本でつくった言葉。英語では maglev train と呼ばれる。

りにおちる【理に落ちる】慣用句 話がりくつっぽくなる。

りにかなう【理にかなう】慣用句 物事の正しいすじ道に当てはまる。例 理にかなった説明。

りにさとい【利にさとい】慣用句 お金をもうけることにかんして、かしこくするどいようす。

りにゅう【離乳】名詞 する動詞 〔生後五、六か月ごろから〕赤んぼうに、乳以外の食物を食べさせて、だんだんと乳をのむのをやめさせること。ちばなれ。例 離乳食。

リニューアル 名詞 新しくすること。一新すること。また、改装すること。例 店舗をリニューアルする。参考 英語で renewal は「新しくすること、更新」で、日本語の改装の意味はない。

りにん【離任】名詞 する動詞 今までしていた役をやめたり、ほかの仕事についたりすること。例 たんにんの先生が三月に離任することになった。対 着任。

りねん【理念】名詞 ある物事について、どうあるべきかのもとになる考え方。例 憲法の理念。

リノリウム 名詞 ゆかやかべにはる建築材料。コルク・ゴム・樹脂などをまぜてあさ布にぬり、かためたもの。▼英語 linoleum

リハーサル 名詞 〔演劇・映画・放送・音楽などの〕舞台げいこ。下げいこ。練習。例 リハーサルを入念におこなう。▼英語 rehearsal

リバーシブル 名詞 形容動詞 表と裏が両面とも使える布地。また、表と裏の両面が着られる衣服。例リバーシブルコート。▼英語 reversible

リバウンド 名詞 する動詞 ❶はねかえること。特に、バスケットボールで、シュートが入らずにはねかえること。また、そのボール。また、そのボールを取る人。❷ダイエットや、それまで飲んでいた薬を急にやめた結果、状態がもとにもどったり、さらに悪くなったりすること。参考ダイエットをやめたあともとにもどる、というのは日本での使い方。▼英語 rebound

¹りはつ【利発】 名詞 形容動詞 かしこいこと。例利発な子ども。類賢明。

²りはつ【理髪】 名詞 する動詞 髪の毛をかり、きれいにととのえること。例理髪店。類調髪。

リハビリ 名詞 ⬇リハビリテーション。

リハビリテーション 名詞 病気やけがによって体が不自由になった人の機能をもとにもどすための訓練。参考略して「リハビリ」ともいう。英語では略して rehab ともいう。▼英語 rehabilitation

リピーター 名詞 同じ店・旅館・観光施設・商品などを、くり返して利用する客。例リピーターをふやすことが、売り上げ増のひけつだ。参考英語の repeater からだが、英語ではふつう repeat customer [visitor] などという。

リピート 名詞 する動詞 ❶くり返すこと。例先生の後について発音をリピートする。❷音楽で、その曲の一部、または全部をくり返すこと。また、その記号。▼英語 repeat

リビング 名詞 居間。茶の間。参考英語の「リビングルーム」の略。

リフォーム 名詞 する動詞 ❶古くなった衣服などに手を加え、新しいものにつくり直すこと。❷建物などの改築・増築・改装をすること。参考日本での使い方。英語で reform は「改革する」の意味。服の作り替えは remake、改築・改装は remodel, refurbish という。

りふじん【理不尽】 名詞 形容動詞 物事のすじがとおらないこと。また、無理をおしとおそうとすること。例理不尽なふるまい。

リフト 名詞 ❶荷物などのあげおろしに使う機械。昇降機。❷スキー場などで、人をすわらせて低いところと高いところの間を運ぶしかけ。スキーリフト。⇩図。▼英語 lift

リフト②

リフレッシュ 名詞 する動詞 気分を変えて、元気になること。元気回復。例リフレッシュ休暇。▼英語 refresh

リブロース 名詞 牛の肉で、かたからこしの間（ろっ骨のあたり）からとれる肉。参考アメリカでは Rib eye roll（リブアイロール）または Ribeye（リブアイ）という。▼英語 rib roast

リベート 名詞 支払い代金の一部を、支払った人に、お礼などの形で返すこと。わりもどし。参考英語の rebate からで、これはメーカーや販売店が購入者におこなう割戻金もいうが、ふつうは税金・家賃などで払い過ぎた分の払戻金をいう。お礼としてこっそり渡すお金は kickback という。

りべつ【離別】 名詞 する動詞 人と別れること。特に、親しくしていた人と別れること。例かれは子どものときに父親と離別したそうだ。

リベンジ 名詞 する動詞 復しゅう。しかえし。また、もう一度ちょうせんして、くやしさをはらそうとすること。参考英語の revenge は、危害を加えた相手に復讐することで、試合に負けた相手に次に勝ってくやしさをはらす、という意味はほとんどない。

リポート 名詞 する動詞 ⬇1389ページ・レポート。

リボン 名詞 かざりにする、はばのせまい布。テープのようになったひも。また、それを結んだかざり。▼英語 ribbon

りまわり【利回り】 名詞 元金に対する利息などのわりあい。例利回りがいい。

リマンかいりゅう【リマン海流】 名詞 日本海を流れる海流の一つ。オホーツク海からアジア大陸にそって南に流れる寒流。⇩230ページ・海流（図）。

リム 名詞 ❶自転車や自動車の、タイヤをはめこむ輪の部分。❷めがねのふち。▼英語 rim

りめん【裏面】 名詞 ❶もののうら側。うら側の面。❷物事の、おもてにあらわれない部分。また、あまり人に知られていない部分。例政界の裏

面。㊖①②表面。

リモートコントロール 名詞 はなれたところから機械などを動かすこと。また、そのしくみ、および、操作する器具。遠隔操作。遠隔操縦。参考 略して「リモコン」ともいう。▼英語 remote control

リモコン 名詞 ➡リモートコントロール。

リヤカー 名詞 荷物を運ぶための二輪車。手でひいたり、自転車の後ろにつないだりして動かす。リアカー。参考 英語の「リアー（=後ろ）」と「カー（=車）」を組み合わせて日本でつくった言葉。⇩図。

リヤカー

りゃく【略】 名詞 全体のうちからある部分をはぶくこと。省略。例 以下略。

りゃくが【略画】 名詞 かんたんに、おおよその形をかいた絵。

りゃくご【略語】 名詞 言葉の一部をはぶいて、短くしたもの。「入学試験」を「入試」、「テレビジョン」を「テレビ」というようなもの。

りゃくごう【略号】 名詞 言葉をかんたんにして表すために使う記号。「マグニチュード」を「M」で表すなど。

りゃくじ【略字】 名詞 漢字の点や画をはぶいてかんたんにした字。「學」を「学」、「聲」を「声」とするなど。参考 「學」「聲」は、昔使われたもとの字。

りゃくしき【略式】 名詞 かんたんで手軽なやり方。㊖正式。本式。

りゃくしょう【略称】 名詞 名前の一部をはぶいてかんたんにしていうこと。また、そのよび名。「国際連合」を「国連」、「東京大学」を「東大」というようなもの。

りゃくす【略す】 動詞 ➡りゃくする。活用 りゃく・す。

りゃくず【略図】 名詞 必要なところだけがわかりやすいように、かんたんにかいた図。

りゃくする【略する】 動詞 かんたんにする。また、はぶく。例 説明を略して結論をいう。参考 「略す」ともいう。活用 りゃく・する。

りゃくそう【略装】 名詞 正式ではない、かんたんな服装。略服。㊖正装。

りゃくだつ【略奪】 名詞 する動詞 おそって、人のものを無理に、うばいとること。例 美術品が略奪された。類 強奪。

りゃくねんぴょう【略年表】 名詞 歴史上のできごとをかんたんに年月順に書いた表。

りゃくれき【略歴】 名詞 その人の生まれや卒業した学校、それまでのつとめなどのうち、おもなものだけを書いたもの。だいたいの経歴。

りゆう【理由】 名詞 物事が、そのようになったわけ。例 そんなことをする理由が知りたい。／ことわる理由がない。

¹りゅう【流】 接尾語 《ほかの言葉の下につけて》❶芸術や技能の流派を表す。例 二刀流。❷独特のやり方を表す。例 きちんと習っていない、自己流の泳ぎ方。❸等級を表す。例 一流のホテルだと、だれもがみとめている。／うちのチームは三流だ。

²りゅう【竜】 名詞 中国で考えられた想像上の動物。体は大きなヘビのようで、四本の足とつのがある。天にのぼって雲をおこし雨をふらせるという。参考 「たつ」ともいう。⇩図。

竜

りゅうい【留意】 名詞 する動詞 特に心にとめること。気をつけること。例 健康に留意する。類 注意。

りゅういき【流域】 名詞 川の流れにそった地帯。例 利根川の流域。

りゅういんがさがる【りゅう飲が下がる】 慣用句 たまっていた不平や不満が消えて、気分がせいせいする。

りゅうかい【流会】 名詞 〔出席者が少ないことなどのりゆうで〕予定していた会がとりやめになること。

りゅうがく【留学】 名詞 する動詞 ある期間、外国に行って勉強すること。例 イギリスへ留学する。類 遊学。

りゅうがくせい【留学生】 名詞 外国に行って勉強する学生。

りゅうかん【流感】 名詞 「流行性感冒」の略。

りゅうき【隆起】 名詞 する動詞 〔土地などのある

部分が」高くもり上がること。例地しんによって隆起した土地。

りゅうぎ【流儀】 名詞 ❶学問・武術・芸術などで、その人、その家、その流派などがそれぞれもっている、特別な方法やしきたり。例流儀を伝える。❷独特のやり方。例自分の流儀をおしとおす。

りゅうきゅう【琉球】 名詞 沖縄の別のよび名。

りゅうきゅうおうこく【琉球王国】 名詞 一四二九年から一八七九年までの約四百五十年間、琉球（今の沖縄県）にあった王国。その遺跡は、世界文化遺産。⇩695ページ・世界遺産（図）。

りゅうきゅうしょとう【琉球諸島】 名詞 九州地方の南にある、沖縄県の島々。南西諸島の南半分のよび名。

りゅうぐう【竜宮】 名詞 深い海の底にあって、竜神と乙姫がすむという想像上の宮殿。

りゅうけつ【流血】 名詞 〔争いごとや事故などで〕血を流すこと。例流血の惨事がおこった。

りゅうげん【流言】 名詞 出どころのはっきりしない、いいかげんなうわさ。デマ。

りゅうげんひご【流言飛語】 四字熟語 世の中で言いふらされている、事実でないうわさ。例流言飛語が飛び交う。

りゅうこう【流行】 名詞 する動詞 〔病気・言葉・服装などで〕あるものが一時的に世の中に広がること。はやること。例インフルエンザが流行した。／流行のファッションに身をつつむ。

りゅうこうか【流行歌】 名詞 ある時期に人々の間で広く歌われる歌。はやり歌。

りゅうこうご【流行語】 名詞 ある期間、一時的に多くの人に使われる言葉。はやり言葉。

りゅうこうせいかんぼう【流行性感冒】 名詞 インフルエンザウイルスによっておこる感染症。熱が出て、頭・のど・手足などがいたむ。おもに冬から春先におこる。流感。インフルエンザ。

りゅうこうせいじかせんえん【流行性耳下腺炎】 名詞 ⬇192ページ・おたふくかぜ。

りゅうさん【硫酸】 名詞 いおうからつくるねばりけのある液体。薬品・肥料などの原料になる。また、金属をとかし、水に入れると高い熱を出す。化学工業に多く使われる。

りゅうし【粒子】 名詞 物をかたちづくっているひじょうに小さなつぶ。

りゅうしつ【流失】 名詞 する動詞 物が水に流されて、なくなること。例大水のため橋が流失した。

りゅうしゅつ【流出】 名詞 する動詞 ❶液体などが、流れて外に出ること。例土砂の流出。❷ほかの場所に出てしまうこと。例文化財が海外へ流出した。対①②流入。

リユース 名詞 使用ずみのものや、その部品をくり返し使うこと。参考 ⇩リサイクル。リデュース。▼英語 reuse

りゅうすい【流水】 名詞 流れる水。また、流れ。川。例流水で手足をあらう。

¹りゅうせい【流星】 名詞 うちゅうにある小さな天体が、地球に落ちてくるとき、空気とのまさつでもえて光るもの。ながればし。

²りゅうせい【隆盛】 名詞 形容動詞 いきおいがさかんなこと。さかえること。例国家が隆盛をきわめる。

りゅうせんけい【流線型・流線形】 名詞 空気や水などのていこうを少なくするために、角をまるくした形。自動車やロケットなどに見られる。⇩図。

流線型

りゅうち【留置】 名詞 する動詞 つみをおかしたうたがいのある人を調べるために、警察にとめておくこと。

¹りゅうちょう【流ちょう】 形容動詞 すらすらと流れるように言葉が出るようす。例流ちょうな英語で話す。

²りゅうちょう【留鳥】 名詞 一年中、すむ場所をかえない鳥。スズメ・カラス・ヒバリなど。対漂鳥。渡り鳥。

りゅうつう【流通】 名詞 する動詞 ❶〔空気などが〕流れ動くこと。例空気の流通をよくする。❷世の中で、広く使われること。広く出まわること。例流通している金貨。

りゅうつうセンター【流通センター】 名詞 商品などを生産者から消費者に配送する拠点としてつくられた機関・場所。

りゅうどう【流動】 名詞 する動詞 一か所にとどまらないで流れ動くこと。例流動する世界の情

ことばあそび ことばクイズ65 それより下には似ている人がいません。2字の漢字のことばは？

勢。

りゅうどうしょく【流動食】名詞 消化しやすい液体状の食べ物。おもゆ・スープなど。おもに、病人用の食べ物とする。

りゅうとうだび【竜頭蛇尾】四字熟語〔頭は竜で、尾は蛇という意味から〕はじめはいきおいがよいが、終わりのほうはいきおいがなくなることのたとえ。

りゅうにゅう【流入】名詞 する動詞 ❶水が流れこむこと。例川の水が池に流入する。❷人やお金などが入ってくること。例移住者が流入する。対①②流出。

りゅうにん【留任】名詞 する動詞 同じ役目にとどまること。例会長は留任した。

りゅうねん【留年】名詞 する動詞 学生や生徒が、進級や卒業ができなくて、次の年ももとの学年にとどまること。例単位が足りなくて、留年する。

りゅうは【流派】名詞〔学問・武術・芸術などで〕それぞれの考え方ややり方をもっているもの。また、その集まり。

りゅうひょう【流氷】名詞 川の水や海水がこおって氷の板のようになり、われて流れ出したもの。参考 日本ではオホーツク海沿岸で見られる。⇩図。

りゅうびをさかだてる【柳眉を逆立てる】慣用句 美しい女性がおこっているようす。例かのじょは柳眉を逆立てて反論した。参考「柳眉」は、ヤナギの葉のように細くて美しいまゆ毛のこと。

りゅうぼく【流木】名詞 ❶川や海の水に流されてただよう木。❷山から切り出して、川に流して運ぶ材木。

流氷

リューマチ 名詞 関節や筋肉がひどくいたむ病気。リウマチ。リューマチス。参考 英語の rheumatism から。

りゅうよう【流用】名詞 する動詞 予定していた以外の目的のために、お金や物を使うこと。例映像を流用する。類転用。

りゅうりゅうしんく【粒粒辛苦】四字熟語〔米のひとつぶひとつぶも、農家の人たちの苦労からできたものだということから〕心をこめて物事に取り組み、大変な苦労をすること。例粒々辛苦の末に、新しい会社を立ち上げた。参考 ふつう「粒々辛苦」と書く。

リュックサック 名詞 必要な物を入れてせおうふくろ。ザック。参考 英語でも rucksack というが、backpack, knapsack などがふつう。▼ドイツ語

りよう【利用】名詞 する動詞 ❶役に立つように使うこと。例バスを利用する。／利用客。類応用。活用。❷自分が得をするために、うまく、物・人・地位などを使うこと。例地位を利用して私腹をこやす。

1 **りょう**【両】一 名詞 助数詞 ❶《数を表す言葉の下につけて》電車などの乗り物を数える言葉。例十両編成の列車。❷江戸時代の金貨の単位。例千両箱。二 名詞 二つで一組みになっているものの両方。例両の手。

2 **りょう**【良】名詞 ❶良いこと。すぐれていること。例このミカンの品質は良です。❷成績を表す言葉。優の下で、可の上。

3 **りょう**【涼】名詞 すずしいこと。すずしさ。ことば「涼を求める」

4 **りょう**【猟】名詞 鳥やけものをとらえること。かり。また、そのえもの。例猟が少ない。⇩使い分け。

5 **りょう**【量】名詞 ❶容積。ますめ。かさ。例おふろのお湯の量が多い。❷めかた。はかりではかったおもさ。例魚一ぴきの量をはかる。❸多い少ないのていど。例食べる量をへらす。

6 **りょう**【漁】名詞 魚や貝などの水産物をとること。また、そのえもの。⇩使い分け。

7 **りょう**【寮】名詞 同じ学校の学生や、同じ会社の社員などが、集まって住んでいるところ。例大学の寮にはいる。

りょうあん【良案】名詞 よい考え。よい思いつき。

りょういき【領域】名詞 ❶その国がおさめている区域。領土・領海・領空からなる。例ほかの国の領域をおかしてはいけない。❷あるものが関係するはんい。例それは文学の領域だ。

使い分け　りょう

●鳥やけものをとらえること。
山に猟に行く。

●魚や貝をとること。
海へ漁に出る。

りょういく【療育】名詞 する動詞 心身に障害がある子どもが、医療・訓練・教育・福祉を通じて、社会になじんで自立できるようにすること。

りょういん【両院】名詞 日本で、衆議院と参議院。参考 アメリカやイギリスなどでは上院と下院。

りょうおもい【両思い】名詞〔片思いに対して〕おたがいに好きで、気持ちが通じていること。例 あの二人は両思いだ。

1 **りょうかい**【了解】名詞 する動詞 物事のすじ道やわけをよく理解すること。なっとくすること。例 会員に会費の値上げを了解してもらう。類 理解。

2 **りょうかい**【領海】名詞 ある国のまわりにあり、その国の力がおよぶ海。例 領海をおかす。対 公海。

りょうがえ【両替】名詞 する動詞 ある種類のお金を、それと同じ金額の、ほかの種類のお金にかえること。例 一万円札を千円札に両替する。

りょうがわ【両側】名詞〔右と左、うらとおもてなど〕ものの両方の方向や面。例 道の両側に木を植える。対 片側。

1 **りょうかん**【良寛】人名（一七五八～一八三一）江戸時代の僧・歌人・書家。諸国をまわって修行したのち、故郷の越後に帰り、子どもたちと楽しく遊んだりしてくらした。すぐれた和歌・漢詩・書で名高い。

2 **りょうかん**【量感】名詞 分量や重さのある感じ。ボリューム。例 量感のある料理。

1 **りょうがん**【両岸】名詞 川などの、両方の岸。りょうぎし。

2 **りょうがん**【両眼】名詞 両方の目。左右の目。

りょうき【漁期】名詞 ⬇351ページ・ぎょき。

りょうきょく【両極】名詞 ❶両方のはし。二つのものがかけはなれていること。❷電気の二つの極。プラス極とマイナス極。❸北極と南極。

りょうきょくたん【両極端】名詞 とてもかけはなれている二つのもの。例 評価は両極端に分かれた。

りょうきん【料金】名詞 見物したり、物を使ったりしたときにはらうお金。例 入場料金／電気料金。

りょうくう【領空】名詞 その国の領土と領海の上の空。例 領空侵犯。

りょうぐん【両軍】名詞 ❶両方の軍隊。❷両方のチーム。例 両軍のメンバー。

1 **りょうけん**【了見】名詞 考え。心。気持ち。例 人をだまそうなんて悪い了見はすてなさい。

2 **りょうけん**【猟犬】名詞 かりをするときに使う犬。参考 ポインター種やセッター種がよく使われる。

りょうこう【良好】形容動詞〔成績や物の様子が〕よい状態にあるようす。すぐれているようす。例 良好な関係。

りょうさん【量産】名詞 する動詞 同じ製品を大量に安くつくり出すこと。例 自動車を量産する。

1 **りょうし**【猟師】名詞 山野で、鳥やけものをとらえることを仕事にしている人。かりゅうど。

2 **りょうし**【漁師】名詞 海・川・湖などで、魚や貝などをとることを仕事にしている人。類 漁民。漁夫。

1 **りょうじ**【領事】名詞 外国にいて、自分の国とのぼうえきをすすめたり、そこに住む自分の国の人たちを守ったりする役人。類 大使。

2 **りょうじ**【療治】名詞 する動詞〔はり・マッサージなどで〕病気やけがをなおすこと。例 療治を受ける。参考 やや古い言い方。

りょうじかん【領事館】名詞 領事などの外交官が仕事をする役所。類 大使館。

りょうしき【良識】名詞 物事を正しく判断する力。例 良識にしたがって行動する。

りょうしコンピュータ【量子コンピュータ】名詞 量子〔原子や電子〕の性質を利用して情報処理をするコンピュータ。量子コン

ピューター。

りょうしつ【良質】名詞 形容動詞 品物の質がよいこと。例良質の油。対悪質。

りょうしゃ【両者】名詞 両方の人。また、両方のもの。例両者の言い分を聞く。

りょうしゅ【領主】名詞 領地を持ち、おさめる人。

りょうしゅう【領収】名詞 する動詞 お金などを受けとること。例たしかに五万円領収いたしました。

りょうじゅう【猟銃】名詞 鳥やけものなどをとるために使う鉄砲。

りょうしゅうしょ【領収書】名詞 お金などを受けとったということとして出す書きつけ。受取書。

りょうしょ【良書】名詞 読んでためになる本。すぐれた内容の本。対悪書。

りょうしょう【了承】名詞 する動詞 〔相手の言うことなどを〕よくわかって聞き入れること。例急な申し入れを了承する。

1 **りょうしん**【両親】名詞 父と母。父母。例両親とくらす。

2 **りょうしん**【良心】名詞 自分のおこないがよいか悪いか考えて、悪いことはせず、よいことをしようとする心の働き。例良心にはじない行動をする。

りょうしんてき【良心的】形容動詞 良心にしたがって、誠実に物事をおこなうようす。例良心的なねだん。

1 **りょうせい**【両性】名詞 男性と女性。また、動物のおすとめす。

2 **りょうせい**【良性】名詞 〔病気などの〕たちがいいこと。例良性のはれもの。対悪性。

りょうせいるい【両生類】名詞 せきつい動物の一つ。幼生はえらで呼吸をして水中にすみ、成長すると肺ができて陸上にすむ。カエル・イモリなど。

りょうせん【りょう線】名詞 山のみねからみねへと続く頂の線。尾根。

りょうたん【両端】名詞 〔一つのものの前後・左右・上下など〕両方のはし。両はし。対片端。

りょうち【領地】名詞 ❶昔、大名などがおさめていた土地。例五万石の領地。❷その国がおさめている土地。領土。

りょうて【両手】名詞 左右両方の手。例両手に荷物をもつ。対片手。

りょうてにはな【両手に花】ことわざ 二つの美しいもの、またはすばらしいものを一人じめにすることのたとえ。

りょうど【領土】名詞 その国がおさめている土地。領地。

りょうとう【両刀】名詞 大刀（＝長い刀）とわきざし。類大小。

りょうどうたい【良導体】名詞 ➡891ページ・どうたい（導体）。

りょうない【領内】名詞 領地の中。例領内におふれを出す。

りょうにん【両人】名詞 両方の人。例両人を引き合わせる。類二人。

りょうは【両派】名詞 〔考え方や、やり方のちがう〕二つの集まり。例左右両派に分かれる。

1 **りょうば**【両刃】名詞 ほうちょうなどで、両方のふちに刃をつけてあるもの。対片刃。

2 **りょうば**【漁場】名詞 魚などがたくさんとれるところ。漁業にてきした場所。参考ふつう、「猟場」と区別するため「漁場」という。

りょうはし【両端】名詞 ➡りょうたん。

りょうばのつるぎ【両刃の剣】慣用句 ➡1309ページ・もろはのつるぎ。

りょうひ【良否】名詞 よいことと、悪いこと。例品物の良否を決める。

りょうふう【涼風】名詞 すずしい風。ことば「一陣の涼風」

りょうぶん【領分】名詞 ❶〔その国・人の〕もっている土地。例他国の領分をおかす。❷その人の力のおよぶはんい。例それはわたしの領分だ。

1 **りょうほう**【両方】名詞 二つのものの、どちらも。例プリンもゼリーも両方ほしい。対片方。

2 **りょうほう**【療法】名詞 病気やけがをなおす方法。

りょうめん【両面】名詞 ❶〔一つのものの〕二つの面。うらとおもて。例板の両面にかんなをかける。対片面。❷両方の方面。二つの方面。例人間にはよいところと悪いところの両面がある。

りょうやくはくちににがし【良薬は口に苦し】ことわざ 〔よくきく薬は苦くて飲みにくいように〕他人からうける忠告は聞きづらいが身のためになるというたとえ。

りょうゆう[1]【良友】名詞〔その人のためになる〕よい友だち。対悪友。

りょうゆう[2]【領有】名詞 する動詞 ❶領土として所有すること。❷自分のものとして持つこと。

りょうよう[1]【両用】名詞 する動詞〔二つの方面の〕どちらにも使えること。例水陸両用自動車。

りょうよう[2]【療養】名詞 する動詞 けがや病気をなおすために、体を休め、手当てを受けること。例温泉へ療養に行く。

りょうよく【両翼】名詞 ❶鳥や飛行機の左右両方のつばさ。❷左右に広がっているもの。例陣地の両翼をかためる。❸野球で外野の左翼（＝レフト）と右翼（＝ライト）。

りょうり【料理】名詞 する動詞 ❶〔煮たり、焼いたり、味をつけたりして〕食べ物をつくること。また、つくった食べ物。例魚を料理する。／料理を作る。／おいしい料理。❷物事をうまくかたづけること。例難問をかんたんに料理する。

りょうりつ【両立】名詞 する動詞 二つのものが同時になりたつこと。例勉強とスポーツを両立させる。

りょうりん【両輪】名詞 ❶一本のじくの両はしについている二つの車輪。例車の両輪。❷両方のものが一組みになって、はじめて十分な働きをするもののたとえ。例店を経営する父と母は、車の両輪となって働く。

りょかく【旅客】名詞 旅をしている人。旅人。特に、電車・船・飛行機などを使って旅をする人。例旅客列車。参考「りょきゃく」ともいう。

りょかくき【旅客機】名詞 客を乗せて運ぶ飛行機。参考「りょかっき」ともいう。

りょかん【旅館】名詞 人をとめることを仕事にしている（日本風の）家。やどや。

りょきゃく【旅客】名詞 ⇩りょかく。

りょくいん【緑陰】名詞 青葉のしげった木のかげ。

りょくおうしょくやさい【緑黄色野菜】名詞 カロテンを多くふくむ野菜。ニンジン・ホウレンソウなど。色はこい緑・黄・赤が多い。

りょくち【緑地】名詞 草や木が青々としげっている土地。

りょくちたい【緑地帯】名詞 ❶草や木の緑の多いところ。❷都会の美しさや、住民の健康、防火などのために草や木を植えた区域。グリーンベルト。

りょくちゃ【緑茶】名詞 緑色の茶。参考 茶のわか葉をむし、もみながらかわかしてつくる。玉露・せん茶・抹茶などの種類がある。

りょけん【旅券】名詞 ⇩1040ページ・パスポート。

りょこう【旅行】名詞 する動詞 旅に出ること。例修学旅行。

りょこうき【旅行記】名詞 旅行の間に見聞きしたことや感じたことを書いた、文や本。

りょしゅう【旅愁】名詞 旅先で何となく感じるさびしさ。ことば「旅愁にひたる」類旅情。

りょじょう【旅情】名詞 旅に出て感じるしみじみとした気持ち。旅人の気持ち。ことば「旅情を味わう」類旅愁。

りょっか【緑化】名詞 する動詞 ある地域の緑をふやすため、木や草花を植えること。例緑化週間。

りょっかうんどう【緑化運動】名詞 草や木を植えて、緑をゆたかにする運動。

りょひ【旅費】名詞 旅行するのにかかるお金。例アメリカ行きの旅費。

リラ 名詞 ⇩1360ページ・ライラック。▼フランス語

リラックス 名詞 する動詞 楽な気分でくつろぐこと。きんちょうをときほぐすこと。例しずかな音楽を流してリラックスする。▼英語 relax

リリース 名詞 する動詞 ❶はなすこと。開放すること。特に、つり上げた魚を水にもどすこと。例小さな魚をリリースする。❷音楽・映画・ゲームなどの作品や製品などを、新しく売り出すこと。例大好きな歌手の新曲がリリースされる。▼英語 release

りりく【離陸】名詞 する動詞 飛行機などが地上をはなれて空中にとび上がること。対着陸。

りりしい 形容詞〔人のすがたや態度が〕きりっとひきしまって、いさましい。例剣道をする少年のりりしいすがた。活用りりし・い。

りりつ【利率】名詞 元金に対する利息のわりあい。参考 年利・月利・日歩などがある。

リレー 名詞 する動詞 ❶受けついで次へおくること。中つぎ。例投手リレー。❷「リレーレース」の略。数人で一組みになり、ある決まった距離を、次々に受けついでおこなう競走や競泳。▼英語 relay

りれき【履歴】名詞 その人がこれまでにしてきた学業や職業のことがら。経歴。

りれきしょ【履歴書】名詞 その人の履歴を

ことばクイズ66 糸が東にあって、白い羽があります。何をしているでしょう？

決まった書き方で書いた書類。参考 氏名・生年月日・住所・卒業した学校名・つとめた会社名などが書かれてある。

りろせいぜん【理路整然】四字熟語 話や議論のすじ道がきちんと整っているようす。例 理路整然と話す。

りろん【理論】名詞 〔学問などで〕ある物事についてのすじ道のとおった考え。例 アインシュタインの相対性理論。

りん[1] 名詞 動物のほねなどにふくまれている元素の一つ。もえやすく、暗いところで見ると青白い光を出す。薬品やマッチの材料に使う。

りん[2]【厘】名詞 助数詞 ❶昔のお金の単位。円の千分の一。❷長さの単位。尺の千分の一。❸重さの単位。貫の十万分の一。匁の百分の一。❹わりあいを表す単位。割の百分の一。分の十分の一。例 打率三割三分三厘。

りんか【隣家】名詞 となりの家。

りんかい【臨海】名詞 海のすぐ近くにあること。例 臨海工業地帯。

りんかいがっこう【臨海学校】名詞 学校で、夏休みに子どもたちを海辺につれて行き、体をきたえながら勉強をさせること。また、その場所。類 移動教室。

りんかく【輪郭】名詞 ❶物のまわりの形を表す線。❷目鼻だちの線。例 輪郭のととのった顔。❸物事のだいたいのようす。例 工事の輪郭を説明する。

りんかん【林間】名詞 林の中。

りんかんがっこう【林間学校】名詞 学校で、夏休みに子どもたちをすずしい山や高原につれて行き、体をきたえながら勉強をさせること。また、その場所。類 移動教室。

りんきおうへん【臨機応変】四字熟語 〔思いもかけない変わったできごとにあっても〕その場その時にあったやり方をすること。例 臨機応変のしょちをする。

りんぎょう【林業】名詞 木を植え、育て、その木を切り出して材木にしたり、焼いてすみにしたりする産業。

リンク[1] 名詞 する動詞 ❶結びつけること。連結させること。類 関連。❷インターネット上で、ほかの場所に移動できるようにすること。また、そのようにしたもの。例 リンクをはる。参考 link はくさりをつくる一つ一つの輪。▼英語 link

リンク[2] 名詞 スケートをするところ。スケート場。▼英語 rink

リング 名詞 ❶ゆびわ。例 エンゲージリング（＝婚約ゆびわ）。❷輪の形をしたもの。❸ボクシングやプロレスなどの試合をするところ。例 リングサイド。▼英語 ring

りんご 名詞 バラ科の植物。すずしい地方で育つ。秋に、丸くて皮の赤い実がなる。漢字 林檎。

りんごく【隣国】名詞 となりの国。

りんさく【輪作】名詞 する動詞 同じ土地に、毎年ちがった種類の作物をじゅんにくり返してつくること。対 連作。

りんじ【臨時】名詞 ❶〔時間や日を決めないで〕必要な時に物事をおこなうこと。例 臨時列車。❷必要なときだけ〔間に合わせに〕すること。例 臨時のアルバイト。

りんじく【輪軸】名詞 大小二つの輪を一つの軸にとりつけたもの。参考 小さい力が大きな力にかえられる。

りんじこっかい【臨時国会】名詞 衆議院・参議院の選挙後や、必要になったときに、臨時に召集される国会。類 通常国会。特別国会。

りんしつ【隣室】名詞 となりの部屋。

りんじニュース【臨時ニュース】名詞 決まっているニュースの時間ではないときに、必要に応じて放送するニュース。例 地震の臨時ニュース。

りんじゅう【臨終】名詞 人が死ぬまぎわ。死にぎわ。例 祖父の臨終に間に合った。

りんしょう[1]【輪唱】名詞 する動詞 同じメロディーを、間をおいておいかけるように歌う、歌い方。

りんしょう[2]【臨床】名詞 じっさいに病人をしんさつしたり、ちりょうしたりすること。

りんじょうかん【臨場感】名詞 その場所にいるような感じ。例 臨場感あふれる3D映像。

りんじん【隣人】名詞 ❶となりに住んでいる人。また、近所に住んでいる人。❷自分の身近にいる人。例 隣人愛。

リンス 名詞 する動詞 髪の毛をあらった後の、しあげのすすぎに使う液。また、それで髪の毛をすすぐこと。参考 英語で rinse は「すすぐ」という意味。シャンプーのあとを整えるのは conditioner という。

りんせき[1]【臨席】名詞 する動詞 〔身分の高い人が〕その場所に出席すること。ことば「〔大臣の〕

臨席をあおぐ」(類)列席。

2 **りんせき【隣席】**(名詞) となりの席。

りんせつ【隣接】(名詞)(する動詞) となりあっていること。となりあって続いていること。(例)学校に隣接して寮がたっている。(類)近接。

りんそう【輪奏】(名詞)(する動詞) 同じ曲を少しずつおくらせて、おいかけるように演奏すること。

リンチ (名詞) 法律による手続きをへないで、個人的に暴力による刑罰を加えること。私刑。(参考)日本語では怒った集団が勝手におこなう暴力的制裁もさすが、英語でlynchは裁判をしないで殺すこと。アメリカ独立戦争時代にこれをおこなった判事チャールズ・リンチ(Charles Lynch)の名前から。▼英語 lynch

りんてんき【輪転機】(名詞) 〔まるい、大きなつつ形の〕印刷版をまわして、短い時間にたくさんのものを印刷する機械。

りんと (副詞) ❶寒さのきびしいようす。(例)冬の朝のりんとした空気。❷態度や顔つきや声などがひきしまっていて、はっきりしているようす。(例)生徒代表はりんとして、開会を宣言した。

1 **りんどう** (名詞) リンドウ科の植物。山野で育つ。秋、つりがね形をした青むらさき色の花がさく。(漢字)竜胆。

2 **りんどう【林道】**(名詞) 山林の中を通っている道。特に、材木を山から運び出すためにつけた道。

りんどく【輪読】(名詞)(する動詞) ある本を、何人かでかわるがわる読むこと。また、読んでその感想や意見などをのべ合うこと。(例)輪読会。

リンパ (名詞) 体の組織の間を流れる、無色でとうめいな液体。栄養分を運び、いらないものをおくり出す働きをする。リンパ液。(参考)英語は lymph。▼ドイツ語

リンパえき【リンパ液】(名詞) ➡リンパ。

リンパせん【リンパ腺】(名詞) リンパ管のとちゅうにある節。ここでリンパにまじって体内に入ってきた細菌をころす。首、わきの下などに多い。

りんぶ【輪舞】(名詞)(する動詞) 大ぜいの人が輪になっておどること。また、そのおどり。

りんぷん【りん粉】(名詞) チョウやガの体や羽についている粉のようなもの。

リンボーダンス (名詞) おどりながら体をそらせて、横にわたしたぼうの下をくぐりぬけるダンス。だんだん低くなるぼうを何度もくぐる。▼英語 limbo dance

りんり【倫理】(名詞) 人としておこなわなければならない正しい道。(例)倫理にそむく。

りんりつ【林立】(名詞)(する動詞) 〔林の中に木が立ちならんでいるように〕たくさんの物がならび立っていること。(例)高いビルが林立している。

りんりんと (副詞) いさましくて、りりしいようす。(例)勇気りんりんと試合にのぞむ。

る

ル
RU
ru

ルアー (名詞) 魚つりの道具の一つ。えさの小魚や虫の形に似せて作った、プラスチックや金属などのつりばり。(参考)「ぎじえ(=えさに似せたもの)」ともいう。▼英語 lure

1 **るい【塁】**(名詞) ❶〔小さな〕とりで。❷野球のベース。(例)塁に出る。

2 **るい【類】**一 (名詞) 〔性質や性格などが〕似ているもの。また、それらの集まったもの。(例)ほかに類を見ない大きなビル。二 (接尾語) 同じ種類のもの。仲間。たぐい。(例)イカもヒトも、ほにゅう類だ。

るいがない【類が無い】(慣用句) ほかに、くらべるものがない。(例)世界にも類が無い事件が起きた。

るいぎご【類義語】(名詞) 意味の似ている言葉。類語。たとえば「日常」と「平常」、「親類」と「親族」など。

1 **るいけい【累計】**(名詞)(する動詞) 〔小計を〕全部加えあわせて合計を出すこと。また、その計算。(例)累計百万部売れた絵本のシリーズ。

2 **るいけい【類型】**(名詞) ❶似通った形や形式。(例)類型によって分ける。❷〔特に目立つところのない〕ありふれたもの。決まりきったもの。(例)類型におちいった表現が多い。

るいけいてき【類型的】(形容動詞) とくちょうや個性、新しさなどがなく、型にはまっているようす。また、ありふれているようす。(例)類型的でつまらない話。

るいご【類語】(名詞) ➡るいぎご。

るいじ【類似】(名詞)(する動詞) たがいによく似てい

ること。例 類似品に注意する。

るいしょ【類書】名詞 似通った本。同じような内容の本。

るいしょう【類焼】名詞 する動詞 よそから出た火事がもえうつって焼けること。例 近所で火事がおきたが、風がなかったため類焼をまぬがれた。類 延焼。

1 **るいしん**【累進】名詞 する動詞 ❶地位などが、次々に上がっていくこと。例 支社長に累進する。❷数や量がふえるにつれて、それに対する割合も大きくなること。ことば「累進課税（＝収入が多いほど、はらう税金も多くなること）」

2 **るいしん**【塁審】名詞 野球やソフトボールで、一塁・二塁・三塁のそばにいて、審判をする人。類 副審。対 球審。主審。

るいじんえん【類人猿】名詞 サルのなかで、もっとも人間に近いなかま。ゴリラ・チンパンジー・オランウータンなど。

るいすい【類推】名詞 する動詞 〔似ている点をもとにして〕ほかの物事をおしはかること。例 前後の文から、わからない言葉の意味を類推する。

るいする【類する】動詞 似ている。同じところに分類される。例 これに類した話を聞いたことがある。活用 るい・する。

るいせき【累積】名詞 する動詞 前からあるものに、次々重なること。また、次々重ねること。例 後回しにすると、問題が累積するよ。

るいせん【涙腺】名詞 目玉の外側の上の方にある、なみだを出す器官。例 涙腺がゆるむ（＝なみだをこぼす）。⇩図。

るいはともをよぶ【類は友を呼ぶ】ことわざ 気の合った人や、性格などが似通った人は自然により集まる。

涙腺

るいべつ【類別】名詞 する動詞 種類ごとに分けること。例 標本を類別する。類 分類。

るいるいと【累累と】副詞 たくさんつみ重なっているようす。また、あたり一面にたくさんのものが重なり合っているようす。ことば「死屍累々」参考 ふつう「累々」と書く。

るいれい【類例】名詞 〔その物事と〕よく似ている例。似通った例。例 類例のない、とてもめずらしい事件だった。

るいをおよぼす【累を及ぼす】慣用句 悪い影響をあたえたり、めいわくをかけたりする。また、まきぞえにする。

ルー 名詞 小麦粉をバターでいためたもの。カレーやシチューなどを作るときに牛乳やスープを加えて使う。例 カレーのルー。▼英語（フランス語から）roux

ルーキー 名詞 野球などで、新人の選手。また、新入社員。新人。例 ルーキーが大かつやくする。参考 英語の発音は「ルキー」。▼英語 rookie

ルーズ 名詞 形容動詞 物事をきちんとしないこと。だらしがないこと。しまりがないこと。例 ルーズな生活。参考 英語の発音は「ルース」。主な意味は「ゆるい」。「ルーズ」と発音すると、lose（失う）となってしまう。▼英語 loose

ルーズソックス 名詞 足首の上のあたりをたるませてはく、ゆったりとしたソックス。▼英語 loose socks

ルーズリーフ 名詞 用紙を一枚一枚自由にさしかえられるノート。参考 英語の「ルーズリーフノートブック」を略した言葉。

ルーツ 名詞 ❶祖先。例 人類のルーツをさぐる。❷物事のはじまり。起源。例 日本語のルーツ。▼英語 roots

ルート 名詞 決まった道すじ。また、物などを手に入れる、道すじ。経路。例 登山のルートをかいたくする。／駅までのルートをおぼえる。▼英語 route

ループせん【ループ線】名詞 急な坂道を列車などが上り下りしやすいように、らせんの形にしいた線路。参考 loop は「輪」

ループタイ 名詞 ひもを輪の形にして、金属や木彫りなどで作られたとめ具をつけたネクタイ。輪の中に首をとおし、とめ具で長さや位置を調節する。コードタイ。参考 日本でつくった言葉。英語は bolo tie。

ルーブル 名詞 助数詞 ロシアのお金の単位。▼英語（ロシア語から）ruble

ルーペ 名詞 虫めがね。参考 ドイツ語から。英語の loupe は宝石商、時計製作者が目にはめる

ようにつけるものを指す。ふつうは magnifying glass（拡大鏡）。

ルーマニア【地名】東ヨーロッパのバルカン半島の北東部にある国。黒海の西に面しており、南をドナウ川が流れる。首都はブカレスト。▼英語 Romania

ルーム【名詞】部屋。【例】リビングルーム（＝居間）。▼英語 room

ルームクーラー【名詞】部屋の中を冷やすそうち。【参考】英語の「ルーム」と「クーラー」を組み合わせて日本でつくった言葉。英語では air conditioner。cooler は飲み物や食品を冷やす容器。また、冷蔵庫。

ルール【名詞】決まり。規則。【例】交通ルールを守る。▼英語 rule

ルーレット【名詞】色や数字などの目もりをつけた円ばん。また、かけごとの一つで、どの目もりに止まるかをお金などをかけて争うもの。▼英語（フランス語から）roulette

ルクス【名詞】【助数詞】照度の単位。一ルクスは、一しょっ光（＝カンデラ）の光源から一メートルはなれた、光に垂直な面の明るさ。ルックス。▼英語（フランス語から）lux

ルクセンブルク【地名】ルクセンブルク大公国。ヨーロッパの西にあり、ベルギー・フランス・ドイツにかこまれている内陸の国。首都はルクセンブルク。ベネルクス三国のひとつ。▼英語 Luxembourg

るけい【流刑】【名詞】⬇るざい。【参考】「りゅうけい」ともいう。

ル・コルビュジエ【人名】（一八八七～一九六五）スイスで生まれ、主にフランスのパリでかつやくした建築家。東京にある国立西洋美術館などを設計した。「近代（モダニズム）建築の巨匠」とよばれる。国立西洋美術館をふくむ「ル・コルビュジエの建築作品」は世界文化遺産。⇩695ページ・世界遺産（図）。

るざい【流罪】【名詞】昔の刑罰の一つ。罪人を遠くはなれた島や地方などにおくる刑。流刑。

るす【留守】【名詞】【する動詞】❶だれもいない家に残って、まちがいのないように家を守ること。るすばん。【例】弟に留守を言いつける。❷家の中にだれもいないこと。【例】昨日の昼間は留守にしていた。❸あることに熱中して注意が行きとどかないこと。【例】おしゃべりしていて、作業する手がお留守になる。【参考】❸は、ふつう「お留守」の形で使う。

るすい【留守居】【名詞】【する動詞】⬇るすばん。

るすばん【留守番】【名詞】【する動詞】るすの家の番をすること。また、その人。るすい。

るすばんでんわ【留守番電話】【名詞】るすをしているときや電話に出られないときに、自動的に受け答えをしたり、相手のメッセージを録音したりする機能。また、それがついている電話機。留守電。

るすをあずかる【留守を預かる】【慣用句】〔主人や家族など〕そこに住んでいる人が家にいない間、責任をもってるす番をする。

ルックス[1]【名詞】【助数詞】⬇1383ページ・ルクス。

ルックス[2]【名詞】顔のかたち。顔だち。器量。見た目。容姿。【例】かれはやさしくてルックスもいい。▼英語 looks

るつぼ【名詞】❶金属などをとかすのに使う、つぼ。❷「るつぼ①」の中の物がわきたつように、そこにいる人々の感情がはげしく高まっている状態や場所のたとえ。【ことば】「（会場は）こうふんのるつぼと化した」

るてん【流転】【名詞】【する動詞】〔状態が〕次々にうつりかわること。【ことば】「流転の人生」

ルネサンス【名詞】十四世紀から十六世紀にかけて、イタリアにおこりヨーロッパ各国に広がった、学問・芸術上の運動。ギリシャやローマの古い文化を手本にして、人間らしさをとりもどそうとした。文芸復興。ルネッサンス。【参考】㋐ダンテ、ミケランジェロ、レオナルド＝ダ＝ヴィンチなどがかつやくした。㋑「ルネサンス」は「再生」という意味。▼英語（フランス語から）Renaissance

ルビ【名詞】漢字などのわきにふりがなとしてつける小さな文字。ふりがな。【例】読めない漢字にルビをふる。【参考】英語の ruby からだが、印刷文字の大きさをさす語。英語にはふりがなはない。

ルビー【名詞】赤い色をした宝石。紅玉。▼英語 ruby

るふ【流布】【名詞】【する動詞】世の中に広がること。【例】この説は広く世間に流布している。

ルポ【名詞】⬇ルポルタージュ。

ルポライター【名詞】現地などで直接取材をして、ルポルタージュをかく記者。【参考】日本でつくった言葉。

あいうえお かきくけこ さしすせそ たちつてと なにぬねの はひふへほ まみむめも や ゆ よ らりるれろ る わ を ん

ことばあそび ことばクイズ67 ひじょうにたくさんの桃の木がなくなりました。その数はいくつ？

ルポルタージュ 名詞 ❶現地のできごとなどをありのままに記録し、報告すること。また、その文章。参考 略して「ルポ」ともいう。❷現地の報告をもとにして書かれた、文学。記録文学。▼英語（フランス語から）reportage

るまた 名詞 漢字の部首の一つ。「殺」「段」などの右側の「殳」の部分。「ほこづくり」ともいう。参考 かたかなの「ル」と漢字の「又」を組み合わせた形に見えることからできた言葉。

るり【瑠璃】名詞 ❶つやのある青色の宝石。❷「ガラス」の古いよび名。❸るり色のこと。

るりいろ【瑠璃色】名詞 むらさきがかった、こい青色。

るろう【流浪】名詞 する動詞 〔住む場所を一か所に定めないで〕あちらこちら、あてもなくさまよい歩くこと。さすらうこと。類 放浪。例 民族紛争のために流浪の民となる。

ルンバ 名詞 十九世紀の初め、キューバでおこったダンス音楽。四分の二拍子、または四分の四拍子で、活気のあるどくとくのリズムが特色。▼英語（スペイン語から）rumba

れ
レ
RE
re

レア 名詞 形容動詞 ❶ビーフステーキの焼き方の一つ。強火で肉をさっと焼いただけで、中はほとんど生のもの。❷まれな。めずらしい。例 レアな商品を手に入れた。▼英語 rare

レアチーズケーキ 名詞 チーズケーキの一つ。クリームチーズ・生クリーム・さとうなどをまぜたものにゼラチンを加え、ひやしかためたもの。参考 英語を組み合わせて日本でつくった言葉。英語では no-bake cheese cake（ノーベイク　チーズケーキ）などという。

1 **れい**【礼】名詞 ❶社会生活をしていくために人間としておこなうべき、きまり。特に、人をうやまう気持ちを表す作法。礼儀。例 礼をわきまえる。❷頭を下げたり手をあげたりして、相手をうやまう気持ちを表すこと。おじぎ。例 起立、礼。❸感謝の気持ちを表すもの。また、その言葉。例 礼を言う。

2 **れい**【例】名詞 ❶今までにおこなわれている同じようなこと。また、ならわし。例 今までの例にならって儀式をおこなう。❷同じ種類の多くのことがらを理解させるために、そのよりどころとしてしめすことがら。例 例をあげて説明する。❸いつもと同じで、目新しくないこと。例 例によって、ふざけてばかりいる。

3 **れい**【零】名詞 ❶正の数と負の数の間。ゼロ。❷数量がまったくないこと。

4 **れい**【霊】名詞 ❶霊魂。たましい。対 肉。❷死んだ人のたましい。❸目に見えず、想像できないふしぎな力をもっているもの。

5 **レイ** 名詞 ハワイで、人をむかえるときなどに首にかける花輪。▼英語（ハワイ語から）lei

レイアウト 名詞 する動詞 ❶新聞・雑誌・ポスターなどで、文字や図版などを組み合わせて紙面の形をととのえること。割り付け。❷商品をならべたり、家具をおいたりする位置を決めること。▼英語 layout

れいえん【霊園】名詞 区画されて公園のようにととのえられた、広い共同墓地。

1 **れいか**【冷夏】名詞 いつもの年にくらべて気温が低い夏。対 暖冬。

2 **れいか**【零下】名詞 温度が、〇度よりも低いこと。氷点下。例 零下十度の寒さ。

1 **れいかい**【例会】名詞 決まった日にいつも開く会。

2 **れいかい**【例解】名詞 する動詞 わかりやすい例をあげて、説明や解説をすること。例 言葉の意味や使い方を例解する。

1 **れいがい**【冷害】名詞 いつもの年より夏の気温が低かったために、作物が受ける害。

2 **れいがい**【例外】名詞 きまりにあてはまらないこと。また、そのもの。ふつうの例からはずれること。例 どんな規則にも例外はある。

れいかん【霊感】名詞 ふつうの人は感じないようなことをするどく感じとる心の働き。インスピレーション。例 霊感が働いた。

れいき【冷気】名詞 ひやっとして冷たい空気。例 朝の冷気が身にしみる。

れいぎ【礼儀】名詞 社会生活をしていくために、人間として守らなければならない、きまり。特に、人をうやまう気持ちを表す作法。礼。例 礼儀正しい人だ。

れいきゃく【冷却】名詞 する動詞 ひえること。また、ひやすこと。例 水を冷却する。

れいきゅうしゃ【霊きゅう車】 名詞 遺体をおさめたひつぎを運ぶ自動車。

れいきん【礼金】 名詞 ❶お礼のお金。❷家や部屋をかりるときに、家主にお礼の名目ではらうお金。

れいぐう【冷遇】 名詞 する動詞 不親切で、冷たい態度で、人をとりあつかうこと。例家臣を冷遇する。対優遇。厚遇。

れいけつ【冷血】 名詞 形容動詞 ❶体温が低いこと。❷思いやりがなく心の冷たいこと。ひややかなこと。例冷血な人。

れいげん【霊験】 名詞 神や仏がしめすふしぎなごりやく。ことば「霊験あらたか（な観音様）」

れいこう【励行】 名詞 する動詞 決められたことや決めたことをよく守って、そのとおりにおこなうこと。例早ね早おきを励行する。

れいこく【冷酷】 名詞 形容動詞 心が冷たくて、思いやりがないこと。例冷酷なしうち。

れいこん【霊魂】 名詞 肉体とは別のもので、しかも、肉体にこもっていて、そのおこない・働きをさしずすると考えられているもの。たましい。霊。例霊魂がやどる。

1 **れいさい【例祭】** 名詞 神社などで、毎年決まった日にとりおこなわれるお祭り。例村のちんじゅ様の例祭が来月にせまってきた。

2 **れいさい【零細】** 名詞 形容動詞 とても細かく小さいこと。また、しくみがとても小さいこと。例零細企業。

1 **れいじ【例示】** 名詞 する動詞 一つの例として、しめすこと。また、例をあげること。例レポートのまとめ方を例示する。

2 **れいじ【零時】** 名詞 一日が始まる時刻と一日の真ん中の時刻。十二時と二十四時。

れいしょ【隷書】 名詞 漢字の書体の一つ。てん書をかんたんにしたもの。⇩626ページ・書体①（図）。

れいしょう【冷笑】 名詞 する動詞 相手をさげすんで、冷たく笑うこと。例何も言わず、冷笑をうかべた。

1 **れいじょう【礼状】** 名詞 〔世話になった人などにおくる〕お礼の手紙。

2 **れいじょう【令嬢】** 名詞 他人のむすめをうやまっていう言葉。おじょうさん。対令息。

3 **れいじょう【霊場】** 名詞 神仏をまつってある、神聖な場所。

れいすい【冷水】 名詞 つめたい水。ことば「冷水をあびせられたようにぞっとする（＝ひじょうにおそろしく思う）」

れいすいまさつ【冷水摩擦】 名詞 体をじょうぶにするために、水にぬらした手ぬぐいで体をこすること。

れいせい【冷静】 名詞 形容動詞 落ち着いていて、感情に動かされないこと。例おたがいに冷静になる必要がある。類沈着。平静。

れいせつ【礼節】 名詞 世の中のきまりにしたがった行動や作法。れいぎ。例礼節を重んじる。

れいぜん【霊前】 名詞 死んだ人のたましいをまつってあるところの前。例霊前に花をそなえる。類仏前。

れいぜんと【冷然と】 副詞 感情をまじえず、冷ややかに物事をおこなうようす。例苦しむ人を冷然と見おろす。

れいそう【礼装】 名詞 する動詞 儀式のときに着る、正式な服装。例礼装で式に出る。

れいぞう【冷蔵】 名詞 する動詞 飲食物などを低温でたくわえること。例くさりやすい食品を冷蔵する。

れいぞうこ【冷蔵庫】 名詞 食べ物や飲み物などをひやしたりくさらないようにしたりするため、低い温度をたもつしかけをもったはこがたの入れ物。電気・ガスなどで温度を下げるしくみになっている。

れいそく【令息】 名詞 他人のむすこをうやまっていう言葉。対令嬢。

れいたい【冷帯】 名詞 亜寒帯。温帯と寒帯との間にある地帯。対熱帯。温帯。寒帯。

れいだい【例題】 名詞 内容がよくわかるようにするため、また、練習のために例として出す問題。

れいたん【冷淡】 名詞 形容動詞 ❶思いやりがなく、親切でないこと。例冷淡な人。／冷淡にあしらわれる。❷熱心でないこと。あまり関心がないこと。例仕事に冷淡だ。

れいちょうるい【霊長類】 名詞 ほ乳類の中で、ヒトやサルなどのなかま。大脳が発達している。霊長目。

れいてつ【冷徹】 名詞 形容動詞 感情に動かされず、物事をするどくとらえるようす。例冷徹な目で見すえる。

れいてん【零点】名詞 点数や得点がまったくないこと。例 算数のテストで零点をとる。

れいど【零度】名詞 〔温度・角度・緯度・経度など〕度数をはかるときの、もとになる点。参考 セ氏の温度では、水がこおるとき。

れいとう【冷凍】名詞 する動詞 食べ物などをくさらせないで長い間しまっておくため、こおらせること。例 魚を冷凍する。

れいとうしょくひん【冷凍食品】名詞 冷蔵庫でこおらせておいて、食べるときに調理できるようにした食品。

れいにとる【例にとる】慣用句 例としてあげる。よりどころとしてしめす。例 近ごろ起きたことを例にとる。

れいにもれず【例に漏れず】慣用句 ほかの物事がそうであるように。ほかと同じように。例 例に漏れず、またおこられた。

れいによって【例によって】慣用句 いつもと同じように。例 例によって父のじまん話だ。

れいねん【例年】名詞 いつもの年。例 今年の米作は、例年にない豊作だった。

れいの【例の】連体詞 いつもの。あの。例 例の件はどうなったかね。

れいはい【礼拝】名詞 する動詞 神をおがむこと。注意 仏教では「らいはい」という。

れいはいどう【礼拝堂】名詞 キリスト教で、人々が集まって神をおがむ建物。特に、教会・学校・病院などについてもうけられているものをさす。

れいふく【礼服】名詞 儀式のときに着る衣服。紋つきの着物やモーニングコートなど。対 平服。

れいぶん【例文】名詞 説明をするために例としてしめす文章。

れいぼう【冷房】名詞 する動詞 部屋の温度を、外の温度より低くすること。また、そのしかけ。例 冷房中。／冷房車。対 暖房。

れいめい【れい明】名詞 ❶夜明け。❷新しい時代の始まり。例 近代日本のれい明。漢字 黎明。

れいれいしい【麗麗しい】形容詞 わざと目立つように、はでにかざりたてている。例 麗々しくきかざった女性。参考 ふつう「麗々しい」と書く。活用 れいれいしし・い。

れいわ【令和】名詞 日本の年号。参考 二〇一九年五月一日から始まった。

れいわじだい【令和時代】名詞 年号が令和である時代。二〇一九年から始まった。

レインコート 名詞 雨をふせぐために服の上に着る、雨がとおらないようになった外とう。レーンコート。▼英語 raincoat

レインボー 名詞 ⬇972ページ・にじ。▼英語 rainbow

レーサー 名詞 競走のため、自動車・オートバイに乗る人。▼英語 racer

レーザー 名詞 波長のそろった、温度が高くて強い光線をつくりだす装置。また、その光線。精密機械の加工、通信・医療などに使われている。▼英語 laser

レーザープリンター 名詞 レーザー光線を利用したコンピューターの印刷装置。▼英語 laser printer

レーシングカー 名詞 競走用につくられた自動車。▼英語 racing car

レース[1] 名詞 糸をより合わせたりあんだり、また、布地にししゅうをしたりして、すかしもようを表したもの。例 レースのカーテン。▼英語 lace

レース[2] 名詞 競走・競泳・ボートの競そうなどの競技。例 ボートレース。▼英語 race

レーズン 名詞 ⬇1201ページ・ほしぶどう。▼英語 raisin

レーダー 名詞 波長の短い電波を使って、遠くにあるものの方向やきょりを知るきかい。電波探知機。▼英語 radar

レーヨン 名詞 パルプを原料にしてつくる、絹糸に似せたせんい。人造絹糸。▼英語（フランス語から）rayon

レール 名詞 ❶電車などを走らせるためにしく二本の鉄のぼう。線路。⇩1225ページ・枕木（図）。❷カーテンを走らせるためのぼう。▼英語 rail

レーン 名詞 ❶ボウリングで、ボールをころがすゆか。❷自動車道路の車線。例 バスレーン。▼英語 lane

レーンコート 名詞 ⬇レインコート。

レオタード 名詞 ダンスなどのときに着る、体にぴったりした上下のつながった衣服。参考 この衣装を最初に着用したフランスの男性空中曲芸師レオタール (Jules Léotard) の名前から。▼英語 leotard

れきがん【れき岩】名詞 たい積岩のうち、直径が二ミリメートル以上のもの。

れきし[1]【れき死】(名詞)(する動詞) 自動車や電車にひかれて死ぬこと。

れきし[2]【歴史】(名詞) ❶昔から今までの、世の中に起こったことや世の中のうつりかわりなどの有様。また、それを書きしるしたもの。例 日本の歴史。／歴史に残る大発見。❷ある人・物事などが今まで経過してきた有様。例 歴史が古い学校。❸「歴史①」を研究する学問。歴史学。

れきしてき【歴史的】(形容動詞) 歴史に残っているようす。また、歴史に残すねうちのあるようす。例 歴史的な大事件だった。

れきしてきかなづかい【歴史的仮名遣い】(名詞) 平安時代のはじめごろの書物に使われたかなづかいをもとにして決められたかなづかい。旧かなづかい。対 現代仮名遣い。

れきせん【歴戦】(名詞) 何回もたたかった経験があること。ことば「歴戦の勇者」

れきぜんと【歴然と】(副詞) とてもはっきりしているようす。例 実力の差が歴然とあらわれている。

れきだい【歴代】(名詞) 何代も続いてきたこと。代々。例 歴代の天皇。

れきにん【歴任】(名詞)(する動詞) 次々といろいろな役や仕事をつとめてきたこと。例 多くの役職を歴任してきた。

れきほう【歴訪】(名詞)(する動詞) あちらこちらを次々におとずれること。例 京都の古寺を歴訪する。

レギュラー (名詞) ❶正式に決められたもの、また、通常のものであること。例 レギュラー会員。／レギュラーサイズ。❷「レギュラーメンバー」の略。▼英語 regular

レギュラーメンバー (名詞) ❶正式に決められた出席者や出演者。レギュラー。❷いつも試合に出るようになっている選手。正選手。レギュラー。▼英語 regular member

レク (名詞) 「レクリエーション」の略。

レクイエム (名詞) ❶キリスト教のカトリック教会で、死んだ人のためにおこなうミサ。天国にむかえられるように神にいのる。❷死んだ人のためのミサ曲。鎮魂曲。▼英語（ラテン語から） requiem

レクリエーション (名詞) 仕事や勉強などのつかれをとり、気分てんかんや心身の力をとりもどすためにおこなう軽い運動・音楽・遊びなど。リクリエーション。参考 略して「レク」ともいう。▼英語 recreation

レゲエ (名詞) ジャマイカという国から世界に広まった音楽。二拍目・四拍目を強調するなどのとくちょうがある。▼英語 reggae

レコーディング (名詞)(する動詞) 録音すること。例 スタジオで新曲をレコーディングする。▼英語 recording

レコード (名詞) ❶記録。❷スポーツで、これまで一番いい記録。例 レコードをやぶった。❸レコードプレーヤーにかけて音を出すまるい円盤。音波をらせん状のみぞにきざみこんでつくる。▼英語 record

レザー (名詞) なめし革。▼英語 leather

レジ (名詞) ➡レジスター。

レシート (名詞) 領収書。特に、レジスターでうちだされた領収書。▼英語 receipt

レシーバー (名詞) ❶耳にあててラジオ・テレビなどの音を聞くもの。類 ヘッドホン。❷受信機。❸テニス・卓球・バレーボールなどで、サーブを受ける人。対 サーバー。▼英語 receiver

レシーブ (名詞)(する動詞) テニス・卓球・バレーボールなどで、相手のうったたまを受けて返すこと。例 サーブレシーブ。参考 英語で receive は「レシーブする」という動詞。バレーボールでは近年、サーブレシーブをレセプション（reception）といい、それ以外をディグ（dig）という。▼英語 receive

レジェンド (名詞) ❶伝説。言い伝え。❷ある分野でとても大きな活躍をしたことで、多くの人がほめたたえ、尊敬する人。生きた伝説。▼英語 legend

レジスター (名詞) ❶自動的にお金の出し入れが記録される器械。金銭登録器。❷お金の出し入れをする係の人。参考 ㋐略して「レジ」ともいう。㋑英語で register は記録する機械で、扱う人は cashier という。▼英語 register

レジスタンス (名詞) 権力や侵略者などに対する抵抗。▼英語（フランス語から） Resistance

レシピ (名詞) 料理やお菓子の、材料の分量や作り方。例 果物を使ったデザートのレシピ。▼英語 recipe

レジャー (名詞) 生活を楽しむための自由な時間。また、そのときにする遊び。参考 英語で leisure は「余暇」の意味しかない。それを利用

ことばクイズ68 立っている二人の兄が走りました。何をしているのでしょう？

してすることは recreation（気晴らし）。⇩レクリエーション。▼英語 leisure

レスキューたい【レスキュー隊】(名詞) 消防署で、災害のときに人を救助するチームのよび名。

レストラン (名詞)〔主に、西洋料理を食べさせる〕料理店。▼英語（フランス語から）restaurant

レスポンス (名詞)（考えた結果の）反応。応答。例 レスポンスがない。▼英語 response

レスラー (名詞) レスリングの選手。特に、プロレスの選手。▼英語 wrestler

レスリング (名詞) 二人が、手に何も持たずに組み合い、先に相手の両かたを同時にマットにつけるか、決められたポイントをたくさんとったものが勝ちになる競技。▼英語 wrestling

レター (名詞) ❶手紙。例 ラブレター。❷文字。▼英語 letter

レタス (名詞) キク科の植物。葉がかさなって、球のようになったところを食用にする。チシャ。▼英語 lettuce

れつ【列】(名詞) ❶いくつかのものが、順に長くならんだもの。行列。例 入り口に列をつくる。❷仲間。例 有名人の列にはいる。

れつあく【劣悪】(形容動詞) 中身がおとっていて悪いようす。例 劣悪な商品。

1 **れっか**【列火】(名詞) ⬇れんが（連火）。

2 **れっか**【劣化】(名詞)(する動詞) 物の中身や働きが悪くなること。例 自動車の部品が劣化する。

レッカーしゃ【レッカー車】(名詞) クレーンをそなえた自動車。こしょうをおこした車や駐車いはんの車などをつるして運ぶ。(参考) 英語の wrecker からだが、英語では tow truck と呼ぶのがふつう。

れっかのごとく【烈火のごとく】(慣用句)〔はげしくもえる火のような〕はげしいいかりのたとえ。例 烈火のごとくいかる。

れっき【列記】(名詞)(する動詞) ならべて書くこと。例 役員の名前を列記する。

れっきとした (慣用句) 出どころがはっきりしていて、たしかなようす。例 れっきとした理由がある。

れっきょ【列挙】(名詞)(する動詞) 一つ一つならべあげること。数えたてること。例 この詩のすぐれている点を列挙しなさい。

れっきょう【列強】(名詞) 強い力をもつ国々。例 列強の代表。

れっこく【列国】(名詞) 多くの国々。諸国。例 オリンピックに参加した列国の選手たち。

れっしゃ【列車】(名詞) 鉄道で、人や物を運ぶために車両がつながったもの。

れっする【列する】(動詞) ❶出席する。その場にいならぶ。例 会議に列する。❷仲間に加わる。例 先進国に列することができた。❸ならべる。つらねる。例 名を列する。(活用) れっ・する。

レッスン (名詞) ❶けいこ。練習。例 ピアノのレッスンにかよう。❷授業。▼英語 lesson

れっせい【劣勢】(名詞)(形容動詞) いきおいが、ほかのものよりおとっていること。(ことば)「劣勢に立たされる」(対) 優勢。

れっせき【列席】(名詞)(する動詞) 式や会などに出席すること。例 父と母はいとこのけっこん式に列席した。(参考) あらたまった言い方。(類) 同席。臨席。

レッテル (名詞) 売る品物にはりつける、商品の名前や会社名などを書いた紙。ラベル。▼オランダ語

レッテルをはる【レッテルを貼る】(慣用句) ある人がどんな人間かを一方的にひょうかする。例 なまけもののレッテルを貼られる。(参考) ㋐おもに、よくない場合に使う。㋑「レッテルを張る」とも書く。

れつでん【列伝】(名詞) 人々の伝記をならべてまとめた記録。例 発明家列伝。

レッド (名詞) 赤。赤色。▼英語 red

1 **れっとう**【列島】(名詞) 一列にならんだように続いている島々。例 日本列島。(類) 諸島。群島。

2 **れっとう**【劣等】(名詞)(形容動詞)〔成績や状態などが〕ふつうよりおとっているようす。(対) 優等。

れっとうかん【劣等感】(名詞) 人より自分がおとっていると思いこむ気持ち。例 劣等感をはらいのける。(対) 優越感。

レッドカード (名詞) サッカーなどで、悪質なプレーなどをした選手に退場を命じるために、審判がしめす赤いカード。▼英語 red card

レッドデータブック (名詞) 地球上でいなくなるおそれのある野生生物についてまとめた資料集。▼英語 Red Data Book

れっぷう【烈風】(名詞) 強くふく風。はげしい風。例 烈風に立ち向かう。(類) 強風。暴風。

レディー 名詞 ❶しとやかで上品な女の人。❷婦人。女性。▼英語 lady

レディーメード 名詞 〔注文してつくったものでなく〕商品としてすでにできあがっているもの。既製品。対 オーダーメード。▼英語 ready-made

レトルトしょくひん【レトルト食品】 名詞 調理した食品をふくろにつめて、熱を加えてばいきんをころしたもの。ふくろごとあたためて、すぐに食べられる。参考 英語では pre-packaged food（プレパッケージド フード）などという。

レバー¹ 名詞 機械や器具を動かすためのにぎり。例 機械のレバーをまわす。▼英語 lever

レバー² 名詞 〔食用にする〕動物のかん臓。きも。▼英語 liver

レパートリー 名詞 ❶劇団や演奏家などが、いつでも演じられるように用意してある演目や曲目。❷その人が得意とする分野。例 料理のレパートリーがふえる。▼英語 repertory

レバノン 地名 レバノン共和国。西アジア、地中海東岸に面する国。首都はベイルート。▼英語 Lebanon

レビュー¹ 名詞 歌・おどりなどを組み合わせて、舞台で見せる演芸。▼英語（フランス語から） revue

レビュー² 名詞 評論。ひひょう。評価。▼英語 review

レファレンス 名詞 ❶ほかのものとくらべて参考にすること。❷問い合わせ。照会。▼英語 reference

レファレンスサービス 名詞 図書館などで、利用者のもとめる資料や情報を調べたりさがしたりする仕事。▼英語 reference service

レフェリー 名詞 〔サッカー・ラグビー・バスケットボール・ボクシング・レスリングなどの〕審判員。審判。レフリー。▼英語 referee

レフト 名詞 ❶左。左側。❷野球で、外野の左側の部分。左翼。また、そこを守る人。左翼手。対 ①②ライト。▼英語 left

レフリー 名詞 ⬇レフェリー。

レプリカ 名詞 本物に似せてつくった品物。ふくせい。例 レプリカユニフォームを着ておうえんする。▼英語 replica

レベル 名詞 物事のよしあしを決めるときの、程度。水準。例 日本の工業技術のレベルは高い。▼英語 level

レポ 名詞 「レポート」の略。例 レポをまとめる。

レポーター 名詞 ❶報告をする人。❷テレビで、話題の現地や本人に取材して報告をする人。リポーター。▼英語 reporter

レポート 名詞 する動詞 研究したことや調べたことをまとめた報告書。取材して報告すること。リポート。類 報告文。▼英語 report

レモネード 名詞 レモンのしるにさとうなどを入れた飲み物。▼英語 lemonade

レモン 名詞 ミカン科の植物。実は黄色で、すっぱい。▼英語 lemon

レモンスカッシュ 名詞 レモンをしぼったしるにソーダ水をまぜた飲み物。参考 英語では lemon squash はしぼったレモンジュースを水で割ったもの。ソーダ水を加えたものは lemon soda。

レモンティー 名詞 レモンの輪切りを入れた紅茶。参考 日本でつくった言葉。英語では tea with lemon。

レリーフ 名詞 ⬇121ページ・うきぼり①。▼英語 relief

れる 助動詞 ❶「（ほかのものから）…される」の意味を表す言葉。例 両親にかわいがられる。❷「…することができる」の意味を表す言葉。例 だれよりもはやく走れる。❸「ひとりでにそうなる」の意味を表す言葉。例 昔のことが思い出される。❹その動作をする人をそんけいする意味を表す言葉。例 先生が話される。参考 「られる」と同じ意味であるが、上にくる動詞の種類がちがう。

れん【連】 一 助数詞 ❶いくつかのものをひもなどで一続きに通したものを数える言葉。例 二連のしんじゅのネックレス。❷洋紙を数える言葉。一連は千まい。 二 名詞 詩の行をいくつかにまとめて区切った部分。例 この詩は二つの連でできている。

れんあい【恋愛】 名詞 する動詞 〔多く、男女が〕たがいに好きになって、相手をこいしく思うこと。例 熱烈に恋愛する。／恋愛結婚。

れんか【廉価】 名詞 形容動詞 ねだんがとても安いこと。安価。対 高価。

れんが¹ 名詞 ねん土に砂を入れ、水でねって長方形にして、かまで焼いたもの。建築材料に使う。

こたえ 競走

ことば博士になろう！
「れる」のカンチガイ用法①

動作を表す言葉に「れる（られる）」をつけると、「先生が読まれる。」「市長が立たれる。」のように、尊敬語をつくることができます。

では、次の場合はどうでしょう。

●先生が、わたしに本をくれる。
●市長が、全校生徒に話してくれる。

この場合の「くれる」は、「く＋れる」ではなく、「あたえる、…してやる」という意味の一つの言葉で、尊敬語ではないのであやまりです。「くれる」の尊敬語は、「くださる」です。

「れる」がつくと尊敬語、という思いこみは、思わぬミスをうんでしまうという例です。

れんが[2]【連火】名詞 漢字の部首の一つ。「熱」「然」などの「灬」の部分。参考「列火」ともいう。

れんが[3]【連歌】名詞 二人以上の人が、和歌の上の句と下の句を、かわるがわるよみ続けて、五十句、百句とつくっていく歌のつくり方。また、その歌。参考 鎌倉時代から江戸時代にかけて、さかんにおこなわれた。

れんき【連記】名詞 する動詞 〔選挙などで〕二人以上の名前をならべて書くこと。例 二名連記で投票する。

れんきゅう【連休】名詞 休日が続くこと。また、続いた休日。

れんぎょう【連ぎょう】名詞 モクセイ科の木。早春、葉が出る前に、黄色の花がたくさんさく。

ことば博士になろう！
「れる」のカンチガイ用法②

「駅まで一〇分で行かれるよ。」のように、動詞に「れる」をつけて、「…することができる」という意味の言葉にすることがありますが、どんな動詞でも「れる」というわけにはいきません。

●見る→見られる
●着る→着られる
●起きる→起きられる
●出る→出られる
●食べる→食べられる
●寄せる→寄せられる

これらの動詞の場合は、「られる」をつけるのが正しい言い方です。

最近は、「見れる・着れる・出れる…」の言い方が広まっているようですが、まずは、本来の正しい言い方をおぼえましょう。

れんげ 名詞 ❶ハスの花。❷→れんげそう。❸→820ページ・ちりれんげ。漢字 蓮華。

れんけい[1]【連係】名詞 する動詞 人と人、物事と物事の間のつながり。また、つながっていること。例 連係した動作。

れんけい[2]【連携】名詞 する動詞 れんらくし合って、協力すること。例 味方と連携して行動する。

れんげそう【れんげ草】名詞 マメ科の植物のゲンゲのこと。春、赤むらさき色の花がさく。ミツバチが花のみつをすい、はちみつができる。れんげ。げんげ。漢字 蓮華草。

れんけつ【連結】名詞 する動詞 しっかりとつなぐこと。例 客車を連結する。類 増結。

れんけつき【連結器】名詞 汽車や電車の車両と車両をつなぐしかけ。

れんこ【連呼】名詞 する動詞 同じ言葉を続けざまに言うこと。例 こうほ者の名前を連呼する。

れんご【連語】名詞 二つ以上の単語が結びついて、一つの単語と同じような働きをすることば。「まちにまった」「いけない」など。

れんこう【連行】名詞 する動詞 犯人や悪いことをしたうたがいのある人を、警察などにつれていくこと。

れんごう【連合】名詞 する動詞 二つ以上のものが組み合わさって一つになること。また、組み合わせて一つにすること。例 商店街が連合して大売り出しをする。

れんごうぐん【連合軍】名詞 ❶二つ以上の国でつくった軍隊。❷連合国の軍隊。

れんごうこく【連合国】名詞 同じ目的のために、連合した国々。

れんこん【れん根】名詞 ハスの地中にあるくき。つつのような形で、中にたくさんのあながあいている。食用にする。漢字 蓮根。

れんさ【連鎖】名詞 する動詞 物事がつらなって続くこと。たがいにかかわり合っていること。ことば「食物連鎖（＝自然界で、一続きになっている、食うものと食われるものとの関係）」

れんさい【連載】名詞 する動詞 小説や記事などを同じ新聞や雑誌に続けてのせること。例連載小説。

れんさく【連作】名詞 する動詞 ❶同じ土地に、同じ作物を続けて作ること。対輪作。❷一人の作者が、同じような題材でいくつかの短歌または俳句をつくり、全体としてまとまりのあるようにするつくり方。また、その作品。

れんさはんのう【連鎖反応】名詞 一つのできごとをきっかけにして、次々に同じようなできごとが起こること。例一人の子が泣き出すと、ほかの子みんなに連鎖反応がおこった。

れんざん【連山】名詞 みねが続いている山々。例アルプスの連山。類連峰。

れんし【連詩】名詞 何人かがそれぞれ短い詩を作り、それを合わせて一つの詩にすること。

レンジ 名詞 ❶オーブンとこんろのついた調理用の器具。❷「電子レンジ」の略。参考 英語の range から。ガスレンジは gas range というより、gas stove というほうがふつう。また、電子レンジは microwave (oven) という。

れんじつ【連日】名詞 毎日毎日。例連日の雨で池の水があふれた。

れんじつれんや【連日連夜】名詞 毎日毎夜。例連日連夜ふり続く雨。

レンジャー 名詞 ❶国立公園などの管理をする人。❷軍隊で、特別な訓練を受けた部隊。レーンジャー。▼英語 ranger

れんしゅ【連取】名詞 する動詞 スポーツなどで点やセットを続けてとること。例三点連取した。

れんしゅう【練習】名詞 する動詞 くり返し習うこと。けいこをすること。例スケートを練習する。／漢字の練習をする。

れんじゅう【連中】名詞 ❶⇩れんちゅう。❷長うたなど、日本独特の音楽をいっしょにする仲間。例長うた連中。

れんしょう【連勝】名詞 する動詞 続けて勝つこと。例国際大会で連勝した。対連敗。

レンズ 名詞 ガラスやプラスチックなどでできていて、光を集めたりちらしたりするもの。参考 真ん中の部分があついものを「とつレンズ」、うすいものを「おうレンズ」という。めがねやカメラなどに使う。⇩914ページ・とつレンズ（図）。▼英語 lens

れんせん【連戦】名詞 する動詞 続けて戦うこと。

れんせんれんしょう【連戦連勝】名詞 続けて戦い、そのたびに勝つこと。例連戦連勝で決勝に進んだ。

れんそう【連想】名詞 する動詞 あることがらから、それに関係のあるほかのことを思いつくこと。例「のぞみ」という言葉から新幹線を連想する。

れんぞく【連続】名詞 する動詞 次々に続くこと。また、続けること。例三年連続して出場する。／連続ドラマ。

れんだ【連打】名詞 する動詞 続けて打つこと。例ボクシングで、相手を連打する。

れんたい【連帯】名詞 する動詞 ❶二人以上の人がいっしょになって物事をおこない、ともに責任をもつこと。ことば ⇩「連帯責任」❷つながりのあること。例チームの連帯を大切にする。

れんたいかん【連帯感】名詞 おたがいがしっかり結びついていると感じること。例クラスの連帯感を強める。

れんたいし【連体詞】名詞 単語の種類の一つ。「この」「その」「ある」「あらゆる」などのように、名詞などをかざる言葉。活用はない。

れんたいせきにん【連帯責任】名詞 二人以上の人が同じようにもつ責任。

レンタカー 名詞 お金をとって貸す、または、お金を払って借りる自動車。一日から数週間程度の短い期間のことが多い。例レンタカーで海へ向かった。▼英語 rent-a-car

れんだく【連濁】名詞 二つの語が結びついて一つの語となるとき、下の語のはじめの音がにごること。参考「あお」と「そら」で「あおぞら」となるなど。

れんたつ【練達】名詞 形容動詞 する動詞 練習や経験をつみ重ねて上手になること。例武芸に練達する。ことば「練達の士」

レンタル 名詞 売り買いするのではなく、物を、短期間、お金をとって貸すこと、または、お金を払って借りること。例着物のレンタル。／レンタル料。▼英語 rental

れんたん【練炭】名詞 石炭・コークス・木炭などのこなをつつがたにかため、たてにいくつかのあなをとおしたねんりょう。火が長もちする。

れんちゅう【連中】名詞 同じようなことをする人々。仲間同士の人々。れんじゅう。例クラスの連中で遊びに行く。

ことばあそび ことばクイズ69 砂から石を取り出すとおおいでしょうか？すくないでしょうか？

れんとう【連投】名詞 する動詞 野球で、同じピッチャーが二試合以上続けて投げること。

れんどう【連動】名詞 する動詞 一つの部分を動かすと、それにつながっているほかの部分も動くこと。例 二つの機械が連動している。

レントゲンせん【レントゲン線】名詞 ⬇ 155ページ・エックスせん。

レントゲンしゃしん【レントゲン写真】名詞 エックス線を使って物体の内部をうつした写真。エックス線写真。

れんにゅう【練乳】名詞 牛乳をにつめてこくしたもの。コンデンスミルク。

れんぱ[1]【連破】名詞 する動詞 続けて相手を負かすこと。例 ライバルのチームを連破する。

れんぱ[2]【連覇】名詞 する動詞 続けて優勝すること。例 大会を五連覇する。

れんぱい【連敗】名詞 する動詞 続けて負けること。対 連勝。

れんぱつ【連発】名詞 する動詞 ❶続いておこること。例 くしゃみを連発する。❷〔鉄砲などを〕続けてうちだすこと。例 ピストルを連発する。

れんぽう[1]【連邦】名詞 二つ以上の国が集まってつくっている一つの国。参考 アメリカ合衆国・スイスなど。

れんぽう[2]【連峰】名詞 いくつもつらなっている山のみね。類 連山。

れんま【練磨・錬磨】名詞 する動詞 わざや心などを、きたえ、みがくこと。ことば「百戦錬磨（＝経験を積んで、きたえあげられているようす）」

れんめい[1]【連名】名詞 二人以上の人が名前をならべて書くこと。また、ならべて書いた名前。

れんめい[2]【連盟】名詞 ある目的のために、力を合わせることをかたく約束してつくった団体。例 高校野球連盟。

れんめんと【連綿と】副詞 とだえることがなく、長く続くようす。例 連綿と続く物語。

れんや【連夜】名詞 まいばん。例 連夜のごちそう。

れんらく【連絡】名詞 する動詞 ❶つながりのあること。つながりをつけること。また、そのつながり。例 バスと電車の連絡がよい。❷知らせること。また、その知らせ。例 電話で連絡する。／友だちと連絡をとる。

れんらくせん【連絡船】名詞 陸と陸にはさまれたせまい海や大きな川などで、客や貨物などをのせて運ぶ船。

れんりつ【連立】名詞 する動詞 ❶ならんで立つこと。❷性質のちがういくつかのものが集まって、一つのものをつくること。

れんりつせいけん【連立政権】名詞 二つ以上の政党がいっしょになって政治をおこなうこと。

れんりつないかく【連立内閣】名詞 二つ以上の政党がいっしょになってつくる内閣。

ろ
ロ
RO
ro

ろ[1] 名詞 夏の和服用のうすい絹織物。布地にすきまをつくっておってある。

ろ[2] 名詞 水をかいて船を進ませる道具。例 ろをこぐ。参考 和船（＝日本の船）に使う。⇩ 881ページ・伝馬船（図）。類 かい。

ろ[3]【炉】名詞 ゆかを四角に切ってわくでかこみ、中に灰を入れて火をもやすところ。いろり。

ロイヤリティー 名詞 特許権や著作権の使用料。ロイヤルティー。▼英語 royalty

ロイヤルゼリー 名詞 働きバチが出す物質で、女王バチになる幼虫に食べさせる。ローヤルゼリー。▼英語 royal jelly

ロイヤルボックス 名詞 劇場や競技場などで、特別な客のためにもうけられた席。貴賓席。▼英語 royal box

ろう[1] 名詞 ろうごく。例 ろうに入れられる。漢字 牢。

ろう[2] 名詞 しぼうとアルコールの化合物。熱するととけ、もえやすい。ろうそく・けしょう品などを作るのに使う。例 ろう人形。漢字 蠟。

ろうあ 名詞 耳に障害があって、聞くこと・話すことが不自由であること。また、そのような人。

ろうえい【漏えい】名詞 する動詞 ひみつがもれること。また、もらすこと。例 機密が漏えいした。漢字 漏洩。

ろうえき【労役】名詞 命令でおこなわれる肉体労働。骨のおれる力仕事。

ろうおおくしてこうすくなし【労多くして功少なし】ことわざ 苦労やほねおりの多いわりには、むくわれない。

ろうか【老化】名詞 する動詞 年をとるにつれて、体や心の働きがおとろえること。

2 **ろうか**【廊下】名詞 家の中の部屋と部屋をつなぐ細長い通路。例 わたり廊下。

ろうかく【楼閣】名詞 高くてりっぱな建物。

ろうがん【老眼】名詞 年をとって、近くの物がよく見えなくなること。また、その目。

ろうがんきょう【老眼鏡】名詞 老眼用の、とつレンズを使ったためがね。

1 **ろうきゅう**【籠球】名詞 バスケットボール。

2 **ろうきゅう**【老朽】名詞 する動詞 年をとったり長く使ったりして、役に立たなくなること。例 老朽校舎。

ろうきょく【浪曲】名詞 しゃみせんを伴奏にし、ふしをつけて物語をかたって聞かせる演芸。なにわぶし。

ろうく【労苦】名詞 ほねおり。くろう。

ろうくをいとわず【労苦をいとわず】慣用句 苦労や努力をいやがらないで。例 労苦をいとわず、はげむ。

ろうけつぞめ【ろうけつ染め】名詞 ぬのなどをそめる方法の一つ。ろうやパラフィンなどをとかしたもので ぬのにもようをかき、染料のえきにつけてそめたあとでろうやパラフィンをとり、もようの部分を地色のままで残す方法。

ろうご【老後】名詞 年をとってからのち。例 老後の生活。

ろうこう【老巧】名詞 形容動詞 多くの経験をして、物事のやり方がうまいこと。例 老巧なベテラン選手。

ろうごく【ろう獄】名詞 とらえた罪人をとじこめておくところ。ろう屋。ろう。参考 古い言い方。類 監獄。刑務所。

ろうこつにむちうつ【老骨にむち打つ】慣用句 年をとっているが、がんばって物事にとりくんでいるようす。例 老骨にむち打って、働いています。参考 自分についていう。

ろうさく【労作】名詞 一生けんめい苦労してつくった作品。類 力作。

1 **ろうし**【労使】名詞 労働者とその使用者。

2 **ろうし**【労資】名詞 労働者と資本家。

3 **ろうし**【浪士】名詞 つかえる主人を失った武士。浪人。例 赤穂浪士。

ろうじゅう【老中】名詞 江戸幕府の役職の一つ。将軍のすぐ下でじっさいの政治をおこなったもっとも重要な役目。また、その人。

ろうじょう【籠城】名詞 する動詞 ❶敵にせめられて、城の中にたてこもること。❷ある場所にひきこもって外に出ないこと。

ろうじん【老人】名詞 年をとった人。例 白髪の老人。

ろうしんし【老紳士】名詞 年をとった男の人。対 老婦人。

ろうじんホーム【老人ホーム】名詞 高齢者が安全に、快適にくらすための施設。参考 もとは「養老院」といった。

1 **ろうすい**【老衰】名詞 する動詞 年をとって、体の働きが（自然に）おとろえること。

2 **ろうすい**【漏水】名詞 する動詞 水がもること。

ろうする【労する】動詞 苦労する。苦しませる。また、苦労して働く。例 労せずして手に入れる。活用 ろう・する。

ろうせき【ろう石】名詞 やわらかくて、つるつるした石。字や絵を書くのに使う。彫刻の材料になる。

ろうそく 名詞 糸をしんにして、ろうを細長くかためたもの。しんに火をつけて明かりにする。例 ろうそくの火。

ろうたい【老体】名詞 年をとった体。また、年をとった人。ことば「老体にむちうって働く」 類 年寄り。

ろうたいか【老大家】名詞 そのことがらについて、長く研究を続けていて、すぐれたうでまえをもつ高齢者。年をとったその道の専門家。

ろうたける 動詞 〔女性が〕気品があって、美しいようす。例 ろうたけた貴婦人。活用 ろうた・ける。

ろうでん【漏電】名詞 する動詞 電線や電気器具などのこしょうで、電気が外に流れること。

ろうと【漏斗】名詞 液体などをびんに入れるときに使う、アサガオの花のような形の道具。じょうご。

ろうどう【労働】名詞 する動詞 ❶体や頭を使って働くこと。❷賃金や報酬をもらうために働くこと。

ろうどうきじゅんほう【労働基準法】名詞 労働者の保護のために、働くときの条件の一番低い基準を決めた法律。

ろうどうくみあい【労働組合】名詞 労働者の生活や労働条件などをよくするために、労

働者が集まってつくる団体。

ろうどうしゃ【労働者】名詞 働いて賃金を受けとり、くらしをたてている人。対資本家。

ろうどうりょく【労働力】名詞 労働のための人手。生産に必要な人間の力。例労働力を確保する。

ろうどく【朗読】名詞 する動詞 声を出して、詩や文章を読むこと。例教室で詩を朗読する。類音読。

ろうどくかい【朗読会】名詞 みんなで集まり、声を出して詩や文章を読んで楽しむ会。

ろうにむくいる【労に報いる】慣用句 苦労やほねおりにふさわしいおかえしをする。

ろうにゃく【老若】名詞 年寄りとわかもの。

ろうにゃくなんにょ【老若男女】四字熟語 年令も性別も関係なく、すべての人。例老若男女が集まった。

ろうにん【浪人】名詞 する動詞 ❶武士が、つかえている主人をなくしたり、つかえることをやめたりすること。また、その人。浪士。❷高校や大学の入学試験や就職試験に合格しなかったため、来年の試験を待っていること。また、その人。例浪人生。

ろうねん【老年】名詞 年をとっていること。また、その人やその年ごろ。

ろうば【老婆】名詞 年をとった女の人。おばあさん。

ろうばい 名詞 する動詞 あわてて落ち着きをなくすこと。うろたえること。例思いがけない結果にろうばいする。漢字 狼狽。

ろうはいぶつ【老廃物】名詞 古くなって(または役目をおえて)、役に立たなくなった物。例老廃物を体の外に出す。

ろうばしん【老婆心】名詞 必要以上と思われるほどの親切な心。例老婆心ながら、このことはぜひ言っておきたい。参考 自分の気持ちをへりくだって使うことが多い。

ろうひ【浪費】名詞 する動詞 〔お金・品物・時間などを〕むだにつかうこと。むだづかい。例時間を浪費する。類乱費。対倹約。

ろうふ【老父】名詞 年をとった父。対老母。

ろうふじん【老婦人】名詞 年をとった女の人。対老紳士。

ろうぼ【老母】名詞 年をとった母。対老父。

ろうほう【朗報】名詞 うれしい知らせ。例合格の朗報がとどいた。対悲報。

ろうぼく【老木】名詞 年数のたった古い木。

ろうむしゃ【労務者】名詞 賃金をもらうために働く人。労働者。特に、体力を使って働く人。

ろうもん【楼門】名詞 お寺などにある二階建ての門。⇩図。

ろうや【ろう屋】名詞 とらえた罪人をとじこめておくところ。ろう。ろうごく。

楼門

ろうりょく【労力】名詞 ❶力をつくすこと。ほねおり。例むだな労力をはぶく。❷ものをつくりだすために必要な労働力。

ろうれい【老齢】名詞 とても年をとっていること。また、その年ごろ。高齢。

ろうれん【老練】名詞 形容動詞 多くの経験をして、そのことになれて上手なこと。例老練な刑事。類熟練。

ろうろうと【朗朗と】副詞 声が大きくはっきりしているようす。例長い詩を朗々と読み上げた。参考 ふつう「朗々と」と書く。

ろうをおしむ【労を惜しむ】慣用句 苦労やほねおりをいやがる。例労を惜しんでいては成功できない。

ろうをたとする【労を多とする】慣用句 相手の苦労やほねおりをみとめて、感謝する。

ろうをとる【労を執る】慣用句 ほかの人のために、あることをわざわざする。例仲介の労を執る。

ろうをねぎらう【労をねぎらう】慣用句 あれこれと骨をおってくれたことに対して、なぐさめいたわる。例この会は、日ごろの労をねぎらうために開いたものです。

ろえい【露営】名詞 する動詞 ❶野や山にテントなどをはってねること。キャンプ。例露営地。❷兵隊などが、野や山に陣地をつくること。また、その陣地。野営。

ローカル 名詞 形容動詞 物事が、その地方だけにかぎられていること。地元の。例ローカル線。参考 英語で local は全国的でなく、「住んでいる地域の、地元の、その土地の」という意味で、

都会に対する「いなかの」という意味はない。▼英語 local

ロース 名詞 牛やブタの、かたから背にかけての上等な肉。▼英語 roast

ロースター 名詞 肉や魚を焼くための器具。▼英語 roaster

ロースト する動詞 肉をあぶって焼くこと。また、その料理。▼英語 roast

ローストビーフ 名詞 牛肉をオーブンでむし焼きにした料理。▼英語 roast beef

ロースハム 名詞 ブタのロースをしおづけにして、くんせいにした食品。▼英語 roast ham

ロータリー 名詞 ❶大きな通りの交差点の真ん中にもうけた、まるくかこったところ。交通せいりなどのためにつくる。参考 英語の rotary は、信号が不要の、回りながら対向車とぶつかることなく進路を変えられる円形の道路。❷「ロータリー車」の略。▼英語 rotary

ロータリーしゃ【ロータリー車】 名詞 除雪車の一つ。風車のようなはねを回して、線路につもった雪をとりのぞく。ロータリー機関車。類 ラッセル車。

ローティーン 名詞 十三才から十五才までの年令。また、その年令の人。参考 日本でつくった言葉。英語では early teens という。対 ハイティーン。

ローテーション 名詞 順番に回すようにして何度もすること。また、その順番。例 夜勤のローテーション。▼英語 rotation

ロードゲーム 名詞 プロ野球などで、ホームグラウンドをはなれ、ほかの地方でおこなう試合。▼英語 road game

ロードショー 名詞 ふつうの映画館で見せる前に、ある決まった映画館で上映すること。参考 英語の road show は、劇団やバンドなどの地方巡回公演をさす。

ロードマップ 名詞 ❶自動車を運転するときに使う地図。❷目標に向かっての道筋。行程表。▼英語 road map

ロードレース 名詞 マラソンや自転車などの、道路を使っておこなう長距離競走。▼英語 road race

ロードローラー 名詞 道路の地ならしをする機械。大きなまるいつつ形をしたものをころがし、その重みで地面をならしてかためる。ローラー。▼英語 road roller

ロードワーク 名詞 スポーツ選手が体力をつけるために、道路を走りながらおこなう練習。▼英語 roadwork

ローブ 名詞 長くて、ゆったりとした上着。女性用礼服や裁判官の法服など。▼英語(フランス語から) robe

ロープ 名詞 なわ。つな。特に、あさ糸や針金などで作ったじょうぶなつな。▼英語 rope

ロープウエー 名詞 空中にはりわたしたはがねでできたロープに車体をつるして、人や荷物を運ぶしかけ。空中ケーブルカー。⇩図。▼英語 ropeway

ローマ 地名 ❶イタリアの首都。イタリア半島の中部の西岸にある、政治・文化・宗教・交通の中心地。歴史的建造物やいせきがたくさん残っている。「永遠の都」とよばれる。❷都市国家としてはじまり、広大な領土を支配する帝国となった古代国家。西洋文明のもとをつくった。ローマ帝国。参考 イタリア語では Roma で、英語では Rome。漢字 羅馬。

ロープウエー

ローマきょうこう【ローマ教皇】 名詞 ローマカトリック教会の最高の位の人。ローマ法王。

ローマじ【ローマ字】 名詞 古代ローマでつくられ、現在は世界の国々で広く使われている、AからZまでの二十六文字。また、それらを用いて、日本語を書き表すつづり方。例「奈良」をローマ字で書くと「NARA」になる。

ローマすうじ【ローマ数字】 名詞 古代ローマでつくられた、Ⅰ Ⅱ Ⅲ Ⅳ…Ⅹなどの数字。参考 ⇩50ページ・アラビア数字。

ローマはいちにちにしてならず【ローマは一日にしてならず】 ことわざ どんなことも、長い期間と多くの努力がなければ、なしとげることはできないことのたとえ。参考 西洋のことわざ。

ローマンたい【ローマン体】 名詞 欧文書体の一つで、一字の中で太い線と細い線がまざっ

あいうえお かきくけこ さしすせそ たちつてと なにぬねの はひふへほ まみむめも や ゆ よ らりるれろ ろ わ を ん

ことばあそび ことばクイズ70 鳥は口で何をするでしょう?

ているもの。⇩626ページ・書体②（図）。

ローヤルゼリー 名詞 ⬇1392ページ・ロイヤルゼリー。

ローラー 名詞 ❶ころがして使う、まるいつつ形をしたもの。❷「ロードローラー」の略。▼英語 roller

ローラースケート 名詞 くつのうらに、小さな車をつけて、コンクリートの上などをすべる道具。また、その遊び。▼英語 roller skates, roller skating

ロールキャベツ 名詞 ゆでたキャベツの葉でひき肉などをまいてにこんだ料理。参考 英語では cabbage roll という。rolled cabbage では巻いたキャベツの葉となる。

ロールプレイングゲーム 名詞 ゲームソフトの種類の一つ。ストーリーの中で次々におこる難問を解決していくゲーム。RPG。▼英語 role-playing game

ローン 名詞 銀行などがお金をかすこと。銀行などからお金をかりること。また、そのお金。▼英語 loan

ろか【ろ過】 名詞 する動詞 液体の中にふくまれている細かい固体を、ろ紙などでとりのぞくこと。

ろかた【路肩】 名詞 道路の両はしの部分。

ろく【六】 名詞 数の名で、むっつ。また、六番目。例 六大州。

ログアウト 名詞 する動詞 コンピューターシステムの使用を終了すること。対 ログイン。▼英語 logout, log-out

ログイン 名詞 する動詞 コンピューターシステムの使用を開始すること。対 ログアウト。▼英語 login, log-in

ろくおん【録音】 名詞 する動詞 メモリーに音を記録すること。また、その音。

ろくおんほうそう【録音放送】 名詞 録音しておいたものを再生しておこなう放送。

ろくが【録画】 名詞 する動詞 メモリーに映像を記録すること。また、その映像。例 ドラマを録画する。

ろくがつ【六月】 名詞 一年の六番目の月。古くは「水無月」といった。

ろくさんせい【六三制】 名詞 小学校を六年、中学校を三年とする学校制度。日本では一九四七（昭和二二）年からおこなわれている。

ろくじぞう【六地蔵】 名詞 道ばたなどにならべられている、六体の地蔵。それぞれが仏教の六つの世界を受け持って、人々をすくうとされる。

ろくじゅうのてならい【六十の手習い】 ことわざ 〔六十才になってから字を習いはじめるという意味から〕年をとってから勉強やけいこ事を始めることのたとえ。例 六十の手習いで油絵を始めた。

ろくしょう【緑青】 名詞 銅にできる、緑色のさび。

ろくすっぽ 副詞 ろくに。まんぞくに。少しも。例 予習なんかろくすっぽしていない。参考 下に「…ない」などの打ち消しの言葉が続く。くだけた言い方。

ろくだいしゅう【六大州】 名詞 世界を大きく六つに分けた区分。アジア州・アフリカ州・北アメリカ州・南アメリカ州・ヨーロッパ州・オセアニア州の六つ。

ろくたいりく【六大陸】 名詞 地球上の陸地を大きく六つに分けた区分。アフリカ大陸・北アメリカ大陸・南アメリカ大陸・ユーラシア大陸・オーストラリア大陸・南極大陸の六つ。

ろくだか【ろく高】 名詞 昔、武士が主人からもらった給料の額。石高。

ろくでなし 名詞 役に立たない人。何のとりえもない人。参考 あざけっていう言葉。

ろくでもない 慣用句 何の価値もない。何の役にも立たない。くだらない。例 ろくでもない意見。／ろくでもないことばかりしている。参考 くだけた言い方。

ろくな 連体詞 たいした。満足できるような。参考 下に「…ない」などの打ち消しの言葉が続く。例 ろくな本を読んでいない。

ろくに 副詞 まともに。満足に。参考 下に「…ない」などの打ち消しの言葉が続く。例 ろくに食事もしないで出かけた。

ログハウス 名詞 丸太を組んでつくった家。▼英語 log house

ろくぼく【ろく木】 名詞 体操に使う道具の一つ。何本かの柱をたて、間に横ぼうをたくさんとおしたもの。ぶらさがってはしからはしへつったり、けんすいをしたりする。漢字 肋木。

ろくまく【ろく膜】 名詞 肺の表面と胸の内側をおおううすい膜。胸膜。

ろくめいかん【ろく鳴館】 名詞 一八八三（明

治一六)年、政府が東京につくった、れんがづくりの洋風の建物。日本が文明国であることを外国にしめすためにたてられたもので、外交官をまねいてさかんにぶとう会が開かれた。漢字 鹿鳴館。

ろくめんたい【六面体】 名詞 立方体、直方体などのように、六つの平面でかこまれた立体。

ろくろ 名詞「ろくろ台」の略。円ばんをぐるぐる回して、ねんどや木などでまるい形を作ったり、その中をくりぬいたりするときに使う道具。さらなどを作るのに使う。⇩図。

ろくろ

ろくろく 副詞 十分に。満足に。参考 下に「…ない」などの打ち消しの言葉が続く。例 うるさくてろくろく話もできない。

ろくろくび【ろくろ首】 名詞 のびちぢみする長い首をもつ、妖怪。ろくろっくび。

ロケ 名詞「ロケーション①」を略した言葉。

ロケーション 名詞 ❶映画で、じっさいの場所や野外へ出かけて行ってさつえいすること。ロケ。❷場所。立地。参考 英語で location はロケ地のことで、撮影は意味しない。

ロケット[1] 名詞 小さな写真入れのついた首かざり。▼英語 locket

ロケット[2] 名詞 ねんりょうをばくはつさせてガスをふき出させ、その反動で進むしかけ。また、そのしかけをもったもの。▼英語 rocket

ろけん【露見】 名詞 する動詞 かくしていたひみつや、悪いことがあらわれること。発覚。ことば「悪事が露見する」

ロゴ 名詞 会社名や商品名などに使われる、個性的なデザインの文字。▼英語 logo

ろこつ【露骨】 名詞 形容動詞 ありのままで、少しもかくさないこと。また、そのようす。むきだし。例 感情を露骨にあらわす。類 あけすけ。

ろし【ろ紙】 名詞 液体の中の、まじりものをとりのぞくときに使う紙。せんいのすきまから液体だけを通す。

ろじ[1]**【路地】** 名詞 家と家の間のせまい道。例 大きな通りから路地へ入る。

ろじ[2]**【露地】** 名詞 屋根などのおおいがなく、雨やつゆがじかに当たる地面。例 露地栽培。

ロシア 地名 ロシア連邦。ヨーロッパ東部からシベリアに広がっている国。鉱物資源がゆたかにある。首都はモスクワ。▼英語 Russia

ろしゅつ【露出】 名詞 する動詞 ❶かくれていたものが、外にあらわれること。また、かくさずに外に出すこと。例 根が地表に露出している。❷カメラのシャッターをひらいて、フィルムに光を当てること。

ろじょう【路上】 名詞 ❶道の上。道ばた。例 路上で遊ぶな。類 まちかど。❷どこかへ行くとちゅう。例 駅に行く路上で先生に会った。

ロス 一 名詞 する動詞 失うこと。また、むだ。例 エネルギーのロス。二 名詞 愛情や情熱をそそいだものを失ったことによる、悲しさやくやしさなどの気持ち。例 ペットロス。▼英語 loss

ロスタイム 名詞 ❶ラグビーなどで、選手の交代の時間など、競技時間には入れない時間。❷むだにした時間。参考 日本でつくった言葉。英語では、怪我の手当てでインジュリータイム (injury time)。また、アディショナルタイム (additional time) という。

ろせん【路線】 名詞 ❶バス・電車・飛行機などの交通に使う道路や線路。また、その道すじ。例 定期バスの路線。❷物事を進めるときの、もとになるやり方。方針。例 平和路線を守る。

ロッカー 名詞 かぎがかかるようになっている戸だな。例 コインロッカー。▼英語 locker

ろっかくけい【六角形】 名詞 六つの直線でかこまれた図形。六つの角と六つの辺からできている。⇩663ページ・図形(図)。

ロッキーさんみゃく【ロッキー山脈】 地名 北アメリカ大陸の西部にある、アラスカからメキシコまで南北に続いている大きな山脈。四千メートルもの高い山がいくつもある。▼英語 the Rockies

ロック 名詞 ❶岩。岩石。❷「ロックンロール」の略。一九五〇年代にアメリカでおこった、大きな音とはげしいリズムがとくちょうの音楽。また、それに合わせておどるダンス。▼英語 rock

ロッククライミング 名詞 登山で、岩壁をよじのぼること。また、そのわざ。▼英語 rock climbing

ろっこつ【ろっ骨】 名詞 胸をとりまくように

して、せなかから出ている左右十二対のほね。あばらぼね。漢字 肋骨。⇩1209ページ・骨①（図）。

ロッジ 名詞 山小屋。また、山小屋風のかんたんな宿泊所。山荘。⇩ヴィラ。コテージ。バンガロー。ペンション。▼英語 lodge

ロッシーニ 人名 （一七九二〜一八六八）イタリアの作曲家。「セビリアの理髪師」や「ウィリアム＝テル」などオペラの作曲家として活やくした。ジョアキーノ＝ロッシーニ（Gioachino Rossini）。

ろてん[1]**【露天】** 名詞 屋根のないところ。家の外。例 露天ぶろ。類 野天。⇩使い分け。

ろてん[2]**【露店】** 名詞 道ばたなどに品物を出して売ったり食べさせたりする店。類 出店。⇩使い分け。

ろてんぶろ【露天風呂】 名詞 戸外にあるふろ。

使い分け　ろてん

●屋根のないところ。
露天ぶろ。

●道ばたにある店。
露店がならぶ。

ろてんぼり【露天掘り】 名詞 大地の表面から、直接、役に立つ鉱物をほりだす方法。例 露天掘りで石炭をさいくつする。

ろとう【路頭】 名詞 道のほとり。道ばた。

ろとうにまよう【路頭に迷う】 慣用句 生活をするための方法を失ってくらしにこまる。例 路頭に迷わないよう、そなえる。

ろば 名詞 ウマ科の動物。体は小さいが、力は強い。耳が長い。うさぎうま。漢字 驢馬。

ろばた【炉端】 名詞 いろりやだんろなどのそば。炉辺。

ロビー 名詞 ホテル・集会所・空港などにあって、通路とひかえ室をかねた広い場所。▼英語 lobby

ロブスター 名詞 大きなはさみをもつ大形のエビ。食用にする。▼英語 lobster

ろぼう【路傍】 名詞 道ばた。例 路傍の石。

ロボット 名詞 ❶電気の力などで動く、機械でできている人形。人造人間。❷工場で、人間のかわりに細かい作業や危険な作業をする機械。❸人にあやつられて物事をする人。▼英語 robot

ロマン 名詞 夢や冒険などにあこがれをもつこと。例 ロマンを追う。▼フランス語

ロマンス 名詞 ❶男女の愛情に関すること。また、その事件。また、その話。例 ロマンスがめばえる。❷じっさいにはありそうもないようなことがらをあつかった小説・物語。空想的な小説・物語。▼英語 romance

ロマンチック 形容動詞 じっさいにはありそうにもないほど、美しく気持ちがよいようす。空想的。▼英語 romantic

ろめん【路面】 名詞 道路の表面。道の上。例 路面がこおる。

ろれつがまわらない【ろれつが回らない】 慣用句 〔よっぱらったり、言葉になれていなかったりして〕したがよく動かず、調子よくものが言えない。

ろん【論】 名詞 ❶すじ道を立てて考えをのべること。ことば ⇩「論より証拠」❷意見。考え。例 論が分かれる。

ろんがい【論外】 名詞 形容動詞 話し合うだけのねうちのないことがはっきりしていること。

ろんかく【論客】 名詞 議論が好きでうまい人。ろんきゃく。

ろんぎ【論議】 名詞 する動詞 〔あることについて〕たがいに意見をのべること。例 論議の的になる。

ろんきゃく【論客】 名詞 ⬇ろんかく。

ろんきょ【論拠】 名詞 意見のもとになることがら。議論のよりどころ。例 論拠がとぼしい。

ロング 名詞 長いこと。長いきょり。長い期間。例 ロングスカート。／ロングセラー（＝長い期間にわたって売れ続ける商品。参考 日本でつくった言葉）。▼英語 long

ロングラン 名詞 しばいや映画などの興業が長い期間にわたっておこなわれること。例 十年間のロングランを記録する。▼英語 long run

ろんご【論語】 書名 孔子と、その弟子たちの、道徳・政治・教育などについての考えを問答の

形で書き表した書物。参考「ふるきをたずね、新しきを知る」（＝昔のことを学んで新しいことを理解する。温故知新。）や「義を見てせざるは勇なきなり」（＝正しいと知りながら実行しないのは勇気がないからだ。）など、さまざまな言葉がある。

ろんこく【論告】名詞 する動詞 裁判で、検事が裁判官に被告のつみとあたえる刑について意見をのべること。

ろんごよみのろんごしらず【論語読みの論語知らず】ことわざ 書物を読んで、その内容のよいことはよく知っていても、それを生かして実行できないことをあざけって言う言葉。

ろんし【論旨】名詞 議論のおもな内容。意見の中心になること。例 論旨の明快な意見。

ろんじゅつ【論述】名詞 する動詞 すじ道を立てて、説明すること。論じのべること。また、その論。

ろんしょう【論証】名詞 する動詞 しょうこをあげて、物事を正しく、すじ道だてて証明すること。立証。

ろんじる【論じる】動詞 ❶すじ道を立てて説明する。例 文学を論じる。❷言い合う。例 研究の方法について論じる。参考「論ずる」ともいう。活用 ろん・じる。

ろんせつ【論説】名詞 する動詞 あることがらについて、すじ道を立てて意見をのべること。また、その文章。論説文。

ろんせつぶん【論説文】名詞 あることがらについて、すじ道を立てて意見をのべる文章。

ろんせん【論戦】名詞 する動詞 議論をたたかわせること。たがいに意見を出し合って、やりとりすること。例 熱のこもった論戦がくり広げられた。

ろんそう【論争】名詞 する動詞 ちがった意見をもっている人が、たがいに自分の意見を出して言い争うこと。例 はげしい論争をまきおこす。

ろんだい【論題】名詞 議論や論文の題。

ことば博士になろう！

● 論説文のとくちょう

論説文は、筆者が自分の主張や考え・意見などをはっきりとしめすために、文章も、すじ道だったものになっています。

序論（前書き）……話題・問題点をしめす。
⇩
本論（中心）……くわしくせつめいする。
⇩
結論（結び）……意見や考えをまとめる。

論説文は、このような構成になっているのがふつうですが、中には、結論をはじめにもってきて、せつめいをくり返したり、はじめにのべた結論にせつめいを加え、さいごでもう一度結論をのべてしめくくるという形のものもあります。

ろんちょう【論調】名詞 議論の立て方や進め方の調子やけい向。例 三つの新聞で論調が異なる。

ろんてん【論点】名詞 議論・論説・論文の中心になっていることがら。例 論点があいまいだ。

ロンドン 地名 イギリスの首都。政治・経済・文化・交通の中心となっている国際都市。霧の日が多いことから「霧の都」とよばれる。漢字 倫敦。▼英語 London

ろんぱ【論破】名詞 する動詞 議論によって、ほかの人の意見を言い負かすこと。例 反対意見を論破した。

ろんぴょう【論評】名詞 する動詞 ある物事について論じ、批評すること。また、その批評。例 新聞の論評。

ろんぶん【論文】名詞 あることがらについての研究や考えを、すじ道だてて書いた文章。例 卒業論文。

ろんぽう【論法】名詞 議論のしかた・進め方。ことば「三段論法（＝二つのわかっていることから、三つ目のことを判断する方法）」

ろんよりしょうこ【論より証拠】ことわざ いろいろと議論するよりも、じっさいのしょうこを出す方が、物事をはっきりさせるということ。

ろんり【論理】名詞 議論を進めていくときの、正しいすじ道。例 論理に無理がある。

ろんりてき【論理的】形容動詞 考え方が、すじ道に合って、はっきりしているようす。論理にかなっているようす。例 論理的な思考。

ことばクイズ71 木の上に立って見ている人はだれでしょう？

あいうえお
かきくけこ
さしすせそ
たちつてと
なにぬねの
はひふへほ
まみむめも
や ゆ よ
らりるれろ
わ を ん

わ

ワ
WA
wa

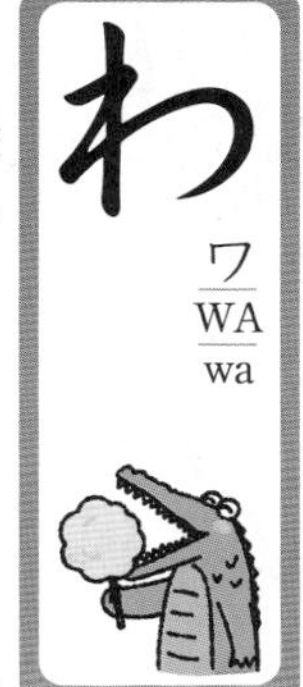

1 **わ** 【助詞】〔文の終わりにつけて〕❶なっとくした気持ちを表す言葉。例きっとあそこへ行ったんだわ。参考感動・感心の気持ちもそえる。❷《「…わ…わ」の形で》感動・おどろきを表す言葉。例お客が来るわ、来るわ。

2 **わ【羽】** 【助数詞】《数を表す言葉の下につけて》鳥を数えるときに使う言葉。例五羽のスズメ。参考一羽・六羽・八羽・十羽・百羽などと読むときには「ぱ」という。また、「三」につくときには「ば」という。

3 **わ【和】** 【名詞】❶人々が仲よくまとまっているようす。例みんなの和を大切にする。❷争いをやめて、仲なおりすること。例和を結ぶ。❸足し算の答え。例一と二の和は三。❹日本。または、日本のもの。例和風。／和食。対洋。

4 **わ【把】** 【助数詞】《数を表す言葉の下につけて》たばねたものの数をしめす言葉。例ホウレンソウ二把。参考一把・六把・八把・十把・百把などと読むときは「ぱ」という。また、「三」につくときは「ば」という。

5 **わ【輪】** 【名詞】細長いものを曲げて、まるくしたもの。また、そのようなまるい形。例金属の輪。／輪になって、おどる。

わあ 【感動詞】❶おどろいたときやよろこんだときに出す言葉。例わあ、やったぞ。❷泣き声を表す言葉。例わあと泣きだす。

ワーキングホリデー 【名詞】わかい人が海外旅行に行った国で一定期間働くことをみとめる制度。日本とオーストラリア・ニュージーランド・カナダ・イギリス・韓国などとの間でおこなわれている。▼英語 working holiday

ワークショップ 【名詞】あるテーマについて、じっさいの体験をまじえながら参加者が意見を言い合ったり技術をしょうかいしたりする研究会。例まちづくりのワークショップに参加する。▼英語 workshop

ワーグナー 【人名】（一八一三～一八八三）ドイツの作曲家。それまでの、音楽を中心とする歌劇ではなく、音楽・文学・演劇・美術などの総合芸術としての作品をつくり、多くの芸術家に大きな影響をあたえた。「さまよえるオランダ人」「タンホイザー」「ニーベルンゲンの指環」などの歌劇が有名で「ドイツの楽劇王」ともよばれる。リヒャルト＝ワーグナー（Richard Wagner）。

ワークブック 【名詞】おもに児童や学生が自習するときなどに使う、練習問題集。例英語のワークブック。▼英語 workbook

ワースト 【名詞】もっとも悪いもの。もっとも悪いこと。例ワースト記録を更新した。対ベスト。▼英語 worst

ワードプロセッサー 【名詞】コンピューターを用いて文書をつくる機械。ワードプロセッサ。ワープロ。また、そのためのコンピュータープログラム。▼英語 word processor

ワードローブ 【名詞】洋服だんす。また、持っている衣服のひとそろい。また、持っている衣服のすべて。▼英語 wardrobe

ワープロ 【名詞】⬇ワードプロセッサー。

ワールドカップ 【名詞】❶四年に一度おこなわれるサッカーの世界大会。❷さまざまなスポーツ競技の世界選手権大会。「W杯」とも書く。バスケットボール・ラグビー・スキーなどの大会がある。ＷＣ。▼英語 World Cup

わあわあ 【副詞（－と）】❶はげしく泣くようすを表す言葉。例わあわあと泣きさけぶ。❷はげしくさわぐようすを表す言葉。例子どもたちがわあわあさわいでいる。

ワイ【Ｙ・ｙ】 【名詞】アルファベットの二十五番目の文字。

ワイシャツ 【名詞】男性が上着の下に着る、えりつきの長そでのシャツ。参考英語の「ホワイトシャート（white shirt）」からできた言葉。

ワイド 【名詞】【形容動詞】はばなどが広いこと。例ワイドスクリーン。▼英語 wide

ワイドショー 【名詞】テレビのごらく番組の一つ。ニュースやスポーツ・芸能などいくつかの部分にわかれている。参考英語を組み合わせて日本でつくった言葉。

ワイパー 【名詞】自動車などで、前のまどについた雨をふき取ってよく見えるようにするしかけ。▼英語 wiper

ワイヤ 【名詞】❶はりがね。また、はりがねをよってつくったつな。例船をワイヤでつなぐ。❷電

線」。参考「ワイヤー」ともいう。▼英語 wire

ワイヤレスマイク 名詞 コードを使わないマイクロホン。無線マイク。▼英語 wireless mike

わいろ【賄賂】 名詞 〔自分に都合のよいとりはからいをしてもらうなど〕よくない目的で、人にお金や品物をおくること。また、その品物。そでの下。例 役人に賄賂をおくる。

わいわい 副詞(-と) 何人かの人が、さかんに話すようす。例 とりかこんで、わいわい言っている。

ワイン 名詞 ➡ 1150ページ・ぶどうしゅ。▼英語 wine

わえい【和英】 名詞 ❶日本語と英語。❷「和英辞典」の略。ある日本語を英語ではどのようにいうかなどを説明した本。対 英和。

わえいじてん【和英辞典】 名詞 ➡ わえい②。

わおん【和音】 名詞 高さのちがう二つ以上の音を同時にひびかせたときにできる音。

わか【和歌】 名詞 日本に古くからある、音の数にきまりのある詩。長歌・短歌・旋頭歌など。参考 現在では、特に短歌のこと。

わが【我が】 連体詞 わたしの。われわれの。例 我が国。／我が子。／我が家。

わかい[1]【若い】 形容詞 ❶年令が少ない。例 母は、父より一才若い。❷元気で、いきいきしている。例 祖母は、気が若い。❸十分でない。未熟だ。例 考えが若い。❹順番が早い。例 若い番号。活用 わか・い。

わかい[2]【和解】 名詞 する動詞 争いをやめて、仲なおりすること。例 けんかした友だちと一週間ぶりに和解した。

わかいときのくろうはこうてでもせよ【若いときの苦労は買うてでもせよ】 ことわざ わかいときの苦労は後でかならず役に立つから、自分からすすんでしなさい。参考「若いときの苦労は買ってでもせよ」ともいう。

わがいをえる【我が意を得る】 慣用句 自分の考えとぴったり合う。自分の思うとおりになる。例 人の話を聞いて、我が意を得たとうなずく。

わかがえり【若返り】 名詞 若返ること。例 チームの若返りをはかる。

わかがえる【若返る】 動詞 ❶わかいころの状態にもどる。わかわかしくなる。例 運動を続けたので、すっかり体が若返った。❷メンバーが、いぜんよりもわかい人たちに入れかわる。例 チームがすっかり若返った。活用 わかがえ・る。

わかぎ【若木】 名詞 はえてから、まだ何年もたっていない木。

わかくさ【若草】 名詞 〔春になって〕芽を出したばかりの草。例 若草の上でねころぶ。

わかくさいろ【若草色】 名詞 芽を出してまもないころの草の色。うすい緑色。

わかくさものがたり【若草物語】 書名 オルコット作の小説。性格のちがう四人姉妹の生活をえがいた物語。

わがくに【我が国】 名詞 自分の国。わたしの国。

わかげ【若気】 名詞 わかい人の、元気すぎてあとさきのことを深く考えない気持ち。例 若気のあやまち。類 血気。

わかげのいたり【若気の至り】 慣用句 わかさにまかせて、無分別なおこないをしてしまうこと。例 若気の至りで、むちゃをする。

わかさ[1]【若さ】 名詞 わかいこと。また、元気のよさ。例 若さの勝利。

わかさ[2]【若狭】 地名 昔の国の名。今の福井県西部で、若狭湾沿岸に当たる。

わかさぎ 名詞 キュウリウオ科の魚。体は細長い。湖などにすむ。漢字 公魚。

わかさわん【若狭湾】 地名 福井県の越前岬と京都府の丹後半島経ケ岬との間の湾。

わがし【和菓子】 名詞 日本風の菓子。ようかん・まんじゅうなど。対 洋菓子。

わかじに【若死に】 名詞 する動詞 わかいうちに死ぬこと。早死に。対 長生き。

わかす【沸かす】 動詞 ❶〔水などを〕熱くする。例 湯を沸かす。❷〔多くの人を〕夢中にさせる。例 ホームランを打って、観衆を沸かす。活用 わか・す。

わかたず【分かたず】 連語 区別せず。問わず。ことば ⇩「昼夜を分かたず〔働く〕」 参考「分かつ」を打ち消す形の言葉。

わかちあう【分かち合う】 動詞 たがいにわけあう。例 よろこびを分かち合う。活用 わかち・あ・う。

わかちがき【分かち書き】 名詞 読みやすくするために、一つ一つの言葉や文節の間をあけて書く書き方。

わかつ【分かつ】動詞 ❶〔一つのものを〕いくつかに分ける。例 明暗を分かつ。❷くっついているものをはなす。例 ことば ⇩「たもとを分かつ」(＝人とわかれる。えんを切る) ❸わける。分配する。例 友だちとよろこびを分かつ。参考 やや古い言い方。活用 わか・つ。

わがっき【和楽器】名詞 日本に古くからある楽器。日本の楽器。しゃみせん・こと・つづみなど。

わかづくり【若作り】名詞 着る物やけしょうなどを、本当の年令よりわかく見えるようにすること。例 あの人はいつも若作りだ。

わかて【若手】名詞 わかくて元気があり、働きざかりの人。例 ひっこしの力仕事は若手にまかせる。

わかな【若菜】名詞 ❶早春にはえて食用になる草をまとめたよび名。❷「春の七草」をまとめたよび名。

わかば【若葉】名詞 出たばかりの新しい葉。例 五月の空に若葉がかおる。

わがはい【我が輩】代名詞 大人の男性が、自分をさしていう言葉。例 あいつは我が輩の弟子だ。参考 ㋐いばったり、あらたまったりした言い方だが、現在ではあまり使われない。㋑「吾輩」とも書く。

わがまま【我がまま】名詞 形容動詞〔人のことを考えずに〕自分の思うままに、ふるまうこと。例 我がままな子ども。

わがみ【我が身】名詞 ❶自分の体。自分。例 だれでも、我が身はかわいいものだ。❷自分のみのうえ。例 あすは我が身。

わがみをつねってひとのいたさをしれ【我が身をつねって人の痛さを知れ】ことわざ〔自分の体をつねるといたいように、他人もつねられればいたいものだということに気が付けという意味から〕同じことが自分の身におこったときを考えて他人の苦しみを思いやれという教え。

わかめ[1] 名詞 コンブ科の海そう。色は、こい茶色。食用にする。

わかめ[2]【若芽】名詞 はえ出たばかりの草木の芽。例 サンショウの若芽をつむ。

わかもの【若者】名詞 年令のわかい人。青年。わこうど。例 夏は若者たちの季節だ。

わがものがお【我が物顔】名詞 形容動詞 自分だけのものではないのに、自分一人のものであるかのように、勝手にふるまうこと。例 友だちの家で我が物顔にふるまう。

わがものとおもえばかるしかさのゆき【我が物と思えば軽し笠の雪】慣用句〔頭にかぶったかさにふりつもった雪も、自分のものだと思えば軽く感じられるという意味から〕自分の得になることならば苦労も平気だ。

わがや【我が家】名詞 自分の家。自分の家庭。例 我が家のじまん料理。

わかやまけん【和歌山県】地名 近畿地方南西部の県。県庁所在地は和歌山市。⇩916ページ・都道府県(図)。

わかやまし【和歌山市】地名 和歌山県の県庁所在地。⇩916ページ・都道府県(図)。

わからずや【分からず屋】名詞 強情で、人の言うことを聞こうとしない人。また、物事のすじ道のわからない人。例 どうしてあんなに分からず屋なのか。

わからない【分からない】連語 ❶〔見たり聞いたりした物事を〕理解できない。例 言葉の意味が分からない。❷はっきりしない。例 だれが持ってきたのか分からない。

わかりかねる【分かり兼ねる】動詞 理解することができない。例 どうしてあんなことを言ってしまったのか、自分でも分かり兼ねる。活用 わかりか・ねる。

わかりきった【分かり切った】連語 すっかりわかる。あたりまえである。例 そんな分かり切ったことをきくな。

わかりにくい【分かりにくい】連語〔見たり聞いたりした物事を〕理解することが、むずかしい。例 分かりにくい説明。

わかりやすい【分かりやすい】連語〔見たり聞いたりした物事を〕理解することが、かんたんである。例 分かりやすい説明。

わかる【分かる】動詞 ❶〔見たり聞いたりした物事を〕理解する力がある。例 将棋のルールが分かる。❷はっきりする。知れる。例 犯人が分かった。❸人の気持ちや物事のわけなどをよく知っていて、きびしく言わない。例 先生は、話の分かる人だ。活用 わか・る。

わかれ【別れ】名詞 ❶はなればなれになること。別れること。例 友だちとの別れはつらい。❷別れるときのあいさつ。ことば「別れを告げる」

―仍孫―雲孫 と続くよ。

わかれぎわ【別れ際】名詞 別れてべつべつになろうとするとき。例 別れ際に手をふる。

わかればなし【別れ話】名詞 夫婦や恋人などが、別れるかどうかについてする話。

わかれみち【分かれ道】名詞 ❶道がわかれるところ。例 分かれ道にさしかかる。❷物事の方向がわかれるところ。例 人生の分かれ道。

わかれめ【分かれ目】名詞 ❶ものがわかれているところ。例 道の分かれ目。❷物事が、どのような結果になるかというさかい目。例 ここが勝敗の分かれ目だ。注意「別れ目」と書かないこと。

わかれる¹【分かれる】動詞 ❶一つのものが、二つ以上のものになる。例 道が二つに分かれる。❷別のものになる。例 意見が分かれる。活用 わか・れる。⇩使い分け。

わかれる²【別れる】動詞 いっしょにいたものが別々になる。はなれる。例 駅前で友人と別れた。対 会う。活用 わか・れる。⇩使い分け。

わかわかしい【若若しい】形容詞 〔元気があふれていて〕いかにもわかくみえる。いきいきとしている。例 母の声は、いつまでも若々しい。参考 ふつう「若々しい」と書く。活用 わかわかし・い。

わかん【和漢】名詞 ❶日本と〔昔の〕中国。例 和漢の書物。❷和文と漢文。参考「漢」は、中国の古いよび名の一つ。

わかんむり【ワ冠】名詞 漢字の部首の一つ。「写」「冠」などの上の「冖」の部分。

わき¹【脇】名詞 ❶むねの横側で、うでのつけねの下の部分。例 両脇をしめる。⇩285ページ・体①（図）。❷物の横。そば。例 家の脇に物おきをつくる。❸ほかのところ。よそ。例 話がわきにそれる。❹「わき役」のこと。

ワキ²名詞 能楽で、シテ（＝主役）の相手役。また、その役をする人。参考 ㋐かたかなで書くことが多い。㋑⇩アド。シテ。ツレ。

わきあいあい【和気あいあい】形容動詞 〔人々の間に〕なごやかで楽しい気持ちが満ちあふれているようす。例 和気あいあいとした光景。

わきあがる【沸き上がる・湧き上がる】動詞 ❶さかんにわく。にえたつ。ふっとうする。わきかえる。例 湯が沸き上がる。❷はげしくおこる。さわぎたてる。わきかえる。例 スタンドにかん声が沸き上がった。活用 わきあが・る。

使い分け　わかれる

●いくつかになる。
道が分かれる。

●はなれる。
駅前で友達と別れる。

わきおこる【沸き起こる】動詞 ❶かん声などが、さかんにおこる。例 拍手が沸き起こる。／❷ある感情などがこみ上げてくる。例 沸き起こる悲しみ。活用 わきおこ・る。

わきがあまい【脇が甘い】慣用句 ❶相撲で、わきをしめる力が弱いために、相手の思うままに組まれてしまう。❷うっかりしたところがあって、自分を守ることができない。例 警備の脇が甘い。

わきかえる【沸き返る】動詞 ⬇わきあがる。活用 わきかえ・る。

わきげ【脇毛】名詞 わきの下にはえる毛。

わきざし【脇差・脇指】名詞 昔、武士がこしにさした短い刀。小刀。参考 長い刀にそえてもった。

わきたつ【沸き立つ・湧き立つ】動詞 ❶湯がはげしくわく。にえたつ。例 やかんのお湯が沸き立っている。❷さわぎたてる。熱狂する。例 優勝のよろこびで、町中が沸き立っている。活用 わきた・つ。

わきでる【湧き出る】動詞 ❶水や湯が〔たえることなく、たくさん〕地中から出る。例 温泉が湧き出る。❷なみだが目から出る。❸〔ある気持ちや力などが〕急に表に出てくる。急に表れる。例 勇気が湧き出る。活用 わき・でる。

わきのした【脇の下】名詞 うでのつけ根の下側の、くぼんだ部分。例 わきの下に体温計をはさむ。⇩285ページ・体①（図）。

わきばら【脇腹】名詞 はらの側面の部分。横

ことばあそび ことばのまめちしき❶ 孫の子は、曽孫という。孫の孫は、玄孫。以下、来孫ー昆孫

腹。よこっぱら。⇨285ページ・体①〔図〕。

わきまえ〔名詞〕区別すること。見分けること。例 前後のわきまえなく行動する。

わきまえる〔動詞〕❶正しく判断して見分ける。例 ことのよしあしをわきまえて行動する。❷こころえる。例 エチケットをわきまえた人。活用 わきま・える。

わきみ【脇見】〔名詞〕〔する動詞〕ほかの方を見ること。例 脇見運転。

わきみず【湧き水】〔名詞〕地中から自然にわき出てくる水。

わきみち【脇道】〔名詞〕❶本道からわきに入った道。横道。枝道。❷本すじからそれた方向。また、正しくない方向。例 話し合いが脇道に入ってしまった。

わきみちにそれる【脇道にそれる】〔慣用句〕本すじからそれる。例 話が脇道にそれる。

わきめ【脇目】〔名詞〕❶ほかの方を見ること。よそ見。❷わきから見ること。よそめ。はため。例 脇目にはよく見える。

わきめもふらず【脇目も振らず】〔慣用句〕ほかのことに気を取られないで、一つのことに集中して取り組んでいるようす。例 脇目も振らず勉強する。

わきやく【脇役】〔名詞〕❶〔げきや映画などで〕主役を助ける役。また、その役をする人。わき。❷物事をするとき、中心になる人を助ける役目。また、それをする人。わき。例 脇役にてっして、委員長を手伝う。対 ①②主役。

わぎゅう【和牛】〔名詞〕日本で昔からかわれている牛。やや小形で、毛の色が黒のものが多い。

わぎり【輪切り】〔名詞〕つつがたの物を、切り口がまるくなるように切ること。また、その切ったもの。例 ダイコンを輪切りにする。

1 **わく**【湧く】〔動詞〕❶地中から、ふき出る。例 いずみが湧く。❷〔ある気持ちが〕起こる。例 勇気が湧く。❸虫などが発生する。例 ぼうふらが湧く。活用 わ・く。⇨使い分け。

2 **わく**【枠】〔名詞〕❶物のふちをつくっている物。また、かこんでいる物。例 まどの枠。❷かぎられたはんい。例 予算の枠の中で買う。

3 **わく**【沸く】〔動詞〕❶水が熱くなる。例 お湯が沸く。❷多くの人が夢中になって、さわぐ。例 ゲストの登場に、観客が沸いた。❸さかんに起こる。例 人気が沸く。活用 わ・く。⇨使い分け。

使い分け　わく

● 地中から、ふき出る。
温泉が湧く。

● 熱くなる。
お湯が沸く。

わくぐみ【枠組み】〔名詞〕❶わくを組むこと。また、組んだわく。❷物事の大すじ。あらまし。例 計画の枠組みを考える。

わくせい【惑星】〔名詞〕太陽のような恒星のまわりを決まった道すじでまわっている星。参考 ㋐太陽系には八つの惑星がある。㋑⇨755ページ・太陽系。

ワクチン〔名詞〕病気のもとになるウイルスや細菌の毒を弱めたりなくしたりしてつくった薬。これを人の体に入れて、めんえきをあたえ、感染症を予防する。参考 ㋐インフルエンザワクチンなど。㋑英語ではvaccine。▼ドイツ語

わくらば【わくら葉】〔名詞〕夏のころ、病気などで赤や黄に色づいてかれた葉。参考 古い言い方。漢字 病葉。

わくわく〔副詞(〜と)〕〔する動詞〕期待などで気持ちが落ち着かないようす。例 アニメ番組の次回の予告を見て、わくわくする。

わくん【和訓】〔名詞〕「山」を「やま」、「川」を「かわ」と読むように、漢字や漢語の意味に合わせて、和語を当てて読むこと。また、その読み方や言葉。訓。国訓。

わけ【訳】〔名詞〕❶意味。例 訳のわからない文章。❷理由。事情。例 ちこくした訳を言う。❸物事の正しいすじ道。例 訳のわからない人。❹当然そうなったということ。例 雨がふってきたので中止したという訳です。／そんなにたくさん買ったら重い訳だ。❺《「…する訳にはいかない」の形で》…することができない。例 だまって見のがす訳にはいかない。

考え出したと言われているよ。

わけあり【訳有り】(名)(形容動詞) 何か特別な事情がありそうなこと。例 弟は、何やら訳有りのようでにやにやしている。

わげい【話芸】(名) 話術によって人をひきつける芸。落語・漫才・講談など。

わけいる【分け入る】(動) かき分けて、中に入る。例 深いやぶに分け入る。活用 わけい・る。

わけぎ (名) ユリ科の植物。葉は、ネギより小形で細い。かおりがあり、食用にする。

わけしり【訳知り】(名) 物事の事情をよく知っていること。また、その人。例 訳知り顔で話す。

わけても (副) とりわけ。その中でも特に。例 秋の紅葉は美しいが、わけてもカエデの色が美しい。

わけない【訳無い】(形容詞) 手間がかからない。例 訳無い仕事。活用 わけな・い。

わけはない【訳は無い】慣用句 かんたんである。例 そんなたのみなら、訳は無い。

わけへだて【分け隔て】(名)(する動詞) 人によって、ちがうあつかいをすること。例 友だちを分け隔てするのはよくない。／かの女は分け隔てなく親切な人です。

わけまえ【分け前】(名) みんなで分けるときに、一人一人がもらう分量。例 弟がるすなので、おやつの分け前が多い。

わけめ【分け目】(名) ❶分けたところ。分けたさかい目。例 髪の毛に、きちんと分け目をつける。❷物事がどちらかに決まるというさかい目。ことば ⇩「天下分け目（のたたかい）」

わける【分ける】(動) ❶一つのものを、いくつかに細かくする。例 クラスを五つのグループに分ける。❷〔いろいろなものを〕種類によって区別する。例 洋服を夏用と冬用に分ける。❸くばる。例 チョコレートを三人で分ける。❹はらいのけたり、おしのけたりする。例 人ごみを分けて進む。❺争っているものを引きはなす。また、引き分けにする。例 けんかを分ける。活用 わ・ける。

わご【和語】(名) 日本人が昔から使ってきた言葉。やまとことば。参考 中国から入ってきた漢語や、そのほかの国から来た外来語に対していう言い方。対 漢語。

わこう (名) 鎌倉時代から室町時代にかけて、中国や朝鮮の沿岸で金品をうばうなどしておそれられた日本人などの集団。中国や朝鮮の人々がつけたよび名。漢字 倭寇。

わごう【和合】(名)(する動詞) たがいに親しみあって仲よくすること。例 夫婦和合のひけつ。

わこうど【若人】(名) わかい人。わかもの。青年。

わゴム【輪ゴム】(名) 細い輪の形をしたゴム。ものをたばねるのに使う。

ワゴン (名) ❶食器や料理などをのせて手でおして運ぶ、足に車をつけた台。⇩図。❷車内の後ろに荷物を積めるようにした、箱形の自動車。ワゴン車。▼英語 wagon

わこんようさい【和魂洋才】四字熟語 日本の精神と西洋からとり入れた学問をかねそなえていること。参考 明治時代にできた言葉。

わざ[1]【技】(名) ❶ある物事をおこなうためのうでまえ。例 技をみがく。❷柔道・相撲などで、相手を負かすための、ある決まった方法。また、その動作。例 技をかける。⇩使い分け。

ワゴン①

わざ[2]【業】(名) 仕事。働き。おこない。例 あんなにはやく走るなんて、とても人間業と思えない。⇩使い分け。

わざあり【技あり】(名) 柔道で、勝ちにあたる「一本」に近いわざとみとめる判定。参考「技

使い分け　わざ

●うでまえ。
技をみがく。

●おこない。
見つけるのは至難の業だ。

あいうえお　かきくけこ　さしすせそ　たちつてと　なにぬねの　はひふへほ　まみむめも　や　ゆ　よ　らりるれろ　わ　を　ん

ことばのまめちしき❷「カーディガン」は、イギリスのカーディガンはくしゃくが

あり」「二回で「一本」となる。

わさい【和裁】 名詞 和服をつくるさいほう。和服のつくり方。対 洋裁。

わざと 副詞 〔自然にそうなるのではなく〕意識して何かをするようす。例 わざと負けたら、おこられた。／わざとしたわけではない。類 意識的。

わざとらしい 形容詞 いかにもわざとしたようなようすである。不自然である。例 妹は、わざとらしく顔をしかめた。活用 わざとらし・い。

わさび 名詞 アブラナ科の植物。すずしく、きれいな水の流れているところに育つ。根をすりおろして、料理にからみや風味をそえるのに使う。漢字 山葵。

わざわい【災い】 名詞 悪いできごと。さいなん。

わざわいする【災いする】 動詞 それが原因となって悪いけっかが表れる。例 練習熱心が災いして、けがが悪化した。活用 わざわい・する。

わざわいはくちから【災いは口から】 ことわざ うっかり言ったことがわざわいをまねく。よく考えないでものを言ってはいけない、ということ。類 口は災いのかど。

わざわいもさんねんたてばようにたつ【災いも三年たてば用に立つ】 ことわざ わざわいと思ったことでも、年月がすぎれば幸せのもとになることがある。時間がたてば事情が変わる、ということ。

わざわいをてんじてふくとなす【災いを転じて福となす】 故事成語 悪いできごとにあってもくじけないで、それをうまく利用・活用して、かえって自分の都合のよいようにする。

わざわざ 副詞 ❶そのことのために特別に。例 遠くからわざわざ来てくれた。❷しなくてもよいのにするようす。例 わざわざ仕事のじゃまをしなくてもよいのに。

わし¹ 名詞 タカ科の鳥のうち、大形のもの。オオワシ・ハクトウワシなど。漢字 鷲。

わし²**【和紙】** 名詞 昔から日本でつくられてきた紙。コウゾ・ミツマタなどを原料としてつくる。日本紙。対 洋紙。

わしき【和式】 名詞 日本風のやり方。日本式。例 和式のトイレ。対 洋式。

わしざ【わし座】 名詞 夏の夜に見える星座。参考 この星座の中で一番明るい星が、七夕のひこ星、アルタイル。

わしつ【和室】 名詞 日本風の部屋。たたみがしいてあり、しょうじなどでしきられている。日本間。対 洋室。

わしづかみ 名詞 〔ワシがえものをつかむように〕らんぼうに物をつかみとること。例 銀行ごうとうがさつたばをわしづかみにしてにげた。⇨図。

わしづかみ

わじゅう【輪中】 名詞 村や農地を水害から守るために、ていぼうでまわりをかこんだ地域。参考 江戸時代につくられたものが多く、木曽川・長良川・揖斐川の合流するあたりが有名。

わじゅつ【話術】 名詞 話のしかた。例 落語家の話術に聞きほれる。

わしょ【和書】 名詞 ❶日本語で書いてある本。対 洋書。❷和とじ（＝日本風のとじ方）の本。

わしょく【和食】 名詞 日本風の食べ物。日本料理。対 洋食。てんぷら・さしみ・すしなど。

わしん【和親】 名詞 仲よくすること。特に、国と国とが親しくすること。

わしんじょうやく【和親条約】 名詞 国同士が親しくしようという条約。例 日米和親条約。

ワシントン 一 人名 アメリカ合衆国の初代大統領。「建国の父」とよばれる。ジョージ・ワシントン（George Washington）。二 地名 ❶アメリカ合衆国の首都。合衆国の東部にあり、どの州にもぞくさない。コロンビア特別区。ワシントンD.C.。❷アメリカ合衆国で、太平洋に面する州。州都はオリンピア。▼英語 Washington

ワシントンじょうやく【ワシントン条約】 名詞 野生の動植物を守るための条約。正式には「ぜつめつのおそれのある野生動植物の種の国際取引に関する条約」という。CITES（サイテス）。

わずか 形容動詞 ❶時間・数・量などが少ないようす。例 わずかな期間。／わずかの差で負けた。❷ていどなどが少しであるようす。例 わずかに

考え出したと言われているよ。

水がもれている。

わずらい【患い】名詞 体の病気。例長の患い。

わずらう[1]【患う】動詞 病気になる。例祖父は、心臓を患って入院している。活用 わずら・う。
⇩使い分け。

わずらう[2]【煩う】動詞 なやみ苦しむ。心配する。例母は、はじめての海外旅行に行った弟の身を思って心を煩わせている。活用 わずら・う。
⇩使い分け。

わずらわしい【煩わしい】形容詞 めんどうで、気がすすまない感じである。また、手間がかかって、めんどうである。例いろいろ質問されるのが煩わしい。活用 わずらわし・い。

わずらわす【煩わす】動詞 ❶心を苦しめなやます。例事故のことで心を煩わしている。❷めんどうをかける。世話をやかせる。例親の手を煩わす。活用 わずらわ・す。

使い分け　わずらう

●病気になる。
心臓を患う。

●なやみ苦しむ。
将来を思い煩う。

わする【和する】動詞 ❶仲よくする。例友だちと和する。❷調子を合わせる。声を合わせる。例ピアノに和して歌う。活用 わ・する。

わすれがたみ【忘れ形見】名詞 ❶その人のことをわすれないための記念品。例母の忘れ形見のゆびわ。❷親が死んで、あとに残された子ども。遺児。

わすれっぽい【忘れっぽい】形容詞 わすれることが多い。わすれやすい性質である。例忘れっぽいのでメモをするようにしている。活用 わすれっぽ・い。

わすれもの【忘れ物】名詞 持ってきたり、持っていったりするのをわすれておいてくること。また、その物。例忘れ物をしないようノートに書いておく。類遺失物。

わすれられない【忘れられない】連語 わすれることができない。例山頂で見た景色のすばらしさは忘れられない。

わすれる【忘れる】動詞 ❶おぼえていたことが思い出せなくなる。例人の名前を忘れる。❷気がつかないでいる。例時間のたつのを忘れて遊ぶ。❸うっかり物をおいてくる。例車の中に本を忘れてきた。❹やらねばならないことをしないでいる。例れんらくするのを忘れていた。❺すぎたことを思い出さないようにする。例いやなことは早く忘れなさい。活用 わす・れる。

わすれんぼう【忘れん坊】名詞 いろいろな事をよくわすれる人。例妹は忘れん坊だ。

わせ 名詞 ❶イネなどの作物で、ふつうより早くできる種類。❷年令よりはませていること。早熟。参考 ②はくだけた言い方。対①②おくて。

わせい【和製】名詞 日本でつくること。また、日本でつくったもの。日本製。国産。例和製英語。

わせん【和船】名詞 日本に古くからある方法でつくった、木の船。

わそう【和装】名詞 日本風の服装をすること。和服を着ること。対洋装。

わた【綿】名詞 ❶アオイ科の植物。種のまわりに白く長い毛のようなものがつく。この毛から糸をつくり、種から油をとる。例綿の畑。❷「わた①」からとった白い毛のようなやわらかいせんい。ふとんに入れたり、糸や織物をつくったりする。例綿のように、ふわふわしている。

わたあめ【綿あめ】名詞 ⬇わたがし。

わだい【話題】名詞 話の材料。また、話の中心となっているもの。例共通の話題が多い。／そのことは大きな話題になっている。類語り草。

わたいれ【綿入れ】名詞 おもてとうらの布の間にわたを入れたもの。特に、冬のきもの。例綿入れの防災ずきん。

わたがし【綿菓子】名詞 わたのようにふわふわした菓子。さとうをにつめたものを、細い糸のようにして、わりばしにからめとる。わたあめ。

わだかまり 名詞 〔不平や不満など〕気にかかることがあってさっぱりしないこと。例長い間のわだかまりがとけて、仲なおりした。

わだかまる 動詞 気分がさっぱりしない。心の中にいやなことがたまる。例不満がわだかまる。

あいうえお
かきくけこ
さしすせそ
たちつてと
なにぬねの
はひふへほ
まみむめも
や ゆ よ
らりるれろ
わ を ん

ことばのまめちしき③ 「サンドイッチ」は、イギリスのサンドイッチはくしゃくが

活用 わだかま・る。

わたくし【私】一 代名詞 自分をさして言う言葉。例 私の意見を申し上げます。「わたし」よりもあらたまった言い方。参考「ぼく」
二 名詞 自分一人にかかわりのあること。わたくしごと。例 私よりも公を優先する。対 公。

わたくしごと【私事】名詞 自分だけにかかわりのあることがら。個人的なことがら。例 私事で恐縮ですが。

わたくしする【私する】動詞 おおやけのものを自分一人のものにしたり、勝手に使ったりする。例 公金を私する。活用 わたくし・する。

わたくしりつ【私立】名詞 ⬇631ページ・しりつ（私立）。

わたぐも【綿雲】名詞 わたをちぎったようにふわふわしている雲。

わたげ【綿毛】名詞 わたのように白くてやわらかい毛。参考 タンポポの種などにはえている。

1 **わたし**【私】代名詞 自分をさす言葉。参考「わたくし」よりは、くだけた言い方。

2 **わたし**【渡し】名詞 船に人や荷物をのせて、川や湖などの向こう岸にわたすこと。また、その場所や船。

わたしば【渡し場】名詞 わたし船にのりおりするところ。また、わたし船が往来するところ。

わたしぶね【渡し船・渡し舟】名詞 人や荷物などを向こう岸にわたす船。参考 ふつう、小型の船をいう。

わたしもり【渡し守】名詞 わたし船の船頭。

わたす【渡す】動詞 ❶向こう側へ送る。例 船で人を渡す。❷またぐようにして、かける。例 橋を渡す。❸手にあるものを、相手の手にうつす。例 リレーのバトンを渡す。活用 わた・す。

わだち 名詞 車のとおりすぎた後に、地面に残った車輪のあと。⇩図。

わたのようにつかれる【綿のように疲れる】慣用句 とてもつかれる様子のたとえ。例 働き続けて、綿のように疲れる。

わだち

わたゆき【綿雪】名詞 わたのように、ふわふわした雪。例 綿雪が、かたにふりかかる。類 ぼたん雪。

わたり【渡り】名詞 ❶こちらから向こうへ、または、向こうからこちらへわたること。❷船のわたし場。❸《外国の地名などの下につけて》外国からわたってくること。例 オランダ渡りの医学。❹わたり歩くこと。また、その人。例 渡り職人。❺うまく通じあうようにれんらくをとること。こうしょうすること。例 旅館に渡りをつける。

わたりあう【渡り合う】動詞 ❶きりあう。たたかう。例 刀をぬいた二人の武士が渡り合う。❷はげしく議論しあう。例 外国人と英語で渡り合った。活用 わたりあ・う。

わたりあるく【渡り歩く】動詞 決まった職業やすまいがなく、次から次へと仕事のあるところをさがしてはうつっていく。例 仕事をもとめて、ほうぼうの町を渡り歩いた。活用 わたりある・く。

わたりどり【渡り鳥】名詞 季節によって、すむ場所をかえる鳥。参考 ツバメのような夏鳥、マガモのような冬鳥、チドリのような旅鳥（＝春と秋に日本を通る鳥）などに分けられる。対 漂鳥。留鳥。

わたりにふね【渡りに船】ことわざ こうあってほしいと思っているときに、一番都合のよいことがおこること。例 たいくつしているときに、友だちからさそわれたので、渡りに船とばかりに遊びに出かけた。語源 わたし場にちょうど船がついていて、待たずにのれるという意味から。

わたりろうか【渡り廊下】名詞 二つの建物をつなぐろうか。

わたりをつける【渡りを付ける】慣用句 相手と話し合いのきっかけをつくる。例 渡りを付けて、仕事をたのむ。

わたる【渡る】動詞 ❶一方からもう一つの方へうつる。例 川を渡る。／橋を渡る。❷海をこえて、遠くへ行く。また、遠くから来る。例 大陸から渡ってきた生物。❸世の中を生きていく。くらしていく。例 世の中を上手に渡る。❹人の持ち物になる。例 この宝石は、人手に渡ることになった。❺ある期間・回数まで、物事が続く。例 三か月にわたる旅行をした。❻あるはんいにまでおよぶ。例 台風の被害は、九州から中国地方にまでわたった。参考 ❺❻はふつう、ひらが

のこと。形がキャベツににているからだよ。

なで書く。❼《動詞の下につけて》「すみずみまでおよぶ」の意味を表す言葉。例 行き渡る。／晴れ渡る。活用 わた・る。

わたるせけんにおにはない【渡る世間に鬼はない】 ことわざ 世の中には、心の冷たい人ばかりいるわけではなく、こまったとき助けてくれるやさしい人もいるものだ。

ワックス 名詞 つやを出したりすべりをよくしたりするためにぬる、ろう。例 スキーにワックスをぬる。▼英語 wax

わっしょい 感動詞 大ぜいでおし合ったり、みこしをかついだりするときのかけ声。

わってはいる【割って入る】 慣用句 両方の間を分けて入る。例 けんかを止めるため、二人の間に割って入る。

¹わっと 副詞 ❶たくさんの人が同時に集まるようす。例 客がわっとおしよせる。❷急に大声を出すようす。例 わっとおどろかす。❸急にはげしく泣くようす。例 わっと泣き出す。

²ワット 名詞 助数詞 電力をはかる単位。一ワットは、一ボルトの電圧で、一アンペアの電流が流れるときの電力。記号は「W」。▼英語 watt

ワットじ【ワット時】 名詞 助数詞 電力の量を表す単位。一ワット時は、一ワットの電力を一時間使ったときの量。

ワッフル 名詞 小麦粉・卵・砂糖・牛乳などをまぜて、格子のような形の型などに入れて焼いた菓子。▼英語 waffle

ワッペン 名詞 ブレザーなどのうでや胸につけるかざり。また、紙やうすいプラスチックに絵やもようを印刷して、物にはるようにしたもの。▼ドイツ語

わどうかいほう 名詞 七〇八（和銅一）年に、武蔵の国で銅鉱山が発見されたのを記念してつくられたお金。銀銭・銅銭の二種類をつくったが、いっぱんには使われなかった。参考 ㋐「和同開珎」または「和同開宝」と書く。㋑「わどうかいちん」ともいう。

わな 名詞 ❶なわや落としあななどを使って、鳥やけものをとる、しかけ。例 野ウサギがわなにかかった。❷人をだますための悪い計画。人をおとしいれる、たくらみ。例 敵のわなに引っかかる。漢字 罠。

わなげ【輪投げ】 名詞 立てたぼうに向けて、はなれたところから輪を投げ入れる遊び。また、その道具。

わななく 動詞 〔おそろしさ・寒さ・いかりなどのために〕体がこきざみにふるえる。おののく。例 あまりのくやしさに全身がわななく。活用 わなな・く。

わなにかかる 慣用句 ❶しかけたわなに動物などがとらえられる。❷相手の計略にだまされる。

わなわな 副詞(ーと) する動詞 〔おそろしさ・寒さ・くやしさ・いかりなどのために〕体がぶるぶるふるえるようす。例 はげしいいかりのため、全身をわなわなとふるわせた。

わに 名詞 大形のはちゅうるいの動物。熱帯地方の川やぬまにすむ。かたいうろこでおおわれ、尾が長い。漢字 鰐。

¹わび 名詞 しっそで、ひっそりとした味わい。例 わび住まい。

²わび 名詞 自分のあやまちや、人にめいわくをかけたことをあやまること。また、その言葉。例 わびを言う。

わびごと【わび言】 名詞 相手にあやまる言葉。例 いたずらをしておいて、今さらわび言を言われても許せない。

わびしい 形容詞 ❶さびしくて心細い。例 親元をはなれて、一人でくらすのはとてもわびしい。❷まずしくてみすぼらしい。例 お金も食べ物もないわびしい生活。活用 わびし・い。

わびじょう【わび状】 名詞 相手におわびをするための手紙。例 こちらが悪いのだから、早めにわび状を出すべきだ。

¹わびる 接尾語 《動詞の下につけて》「…しきれなくなる」「…する気力を失う」の意味を表す言葉。例 まちわびる。活用 わ・びる。

²わびる 動詞 あやまる。ことば「非礼をわびる」

わびをいれる【わびを入れる】 慣用句 「おこらせてはいけない」相手にあやまる。例 大事な取引先にわびを入れる。

わふう【和風】 名詞 日本の昔からのならわしやり方によっていること。日本風。例 和風の建物。／和風料理。対 洋風。

わふく【和服】 名詞 日本風のきもの。例 祖母は、いつも和服をきている。対 洋服。

わぶん【和文】 名詞 日本語で書いてある文章。例 和文を英訳する。対 漢文。欧文。

わへい【和平】 名詞 戦争をやめて仲なおりすること。平和になること。

 ことばあそび ことばのまめちしき④ 「シュークリーム」の「シュー」は、フランス語でキャベツ

わぼく【和睦】名詞 する動詞 争いをやめて、仲なおりすること。例 両大国がたたかいをやめて和睦した。

わめい【和名】名詞 学問上、動物や植物につけた、日本での名前。例 学名で「ホモサピエンス」は、和名では「ヒト」という。参考 例文のように、ふつう、かたかなで書く。

わめきたてる 動詞 大声を出したり、泣きさけんだりして、さわぐ。例 とりみだして、わめきたてる。活用 わめきた・てる。

わめく 動詞 大きな声でさけぶ。また、大きな声をあげて、さわぐ。例 弟がわめいている。活用 わめ・く。

わやく【和訳】名詞 する動詞 外国の言葉や文章を日本の言葉や文章になおすこと。

わよう【和洋】名詞 ❶日本と西洋。❷和風と洋風。

わようせっちゅう【和洋折衷】四字熟語 日本らしさと西洋らしさの両方をうまくとり入れること。例 ぼくの家のつくりは、和洋折衷になっている。

わら 名詞 イネやムギのくきをかわかしたもの。例 わらの屋根。

わらい【笑い】名詞 ❶笑うこと。笑う声。例 笑いのたえない家庭をきずきたい。❷あざ笑うこと。例 人の失敗を笑う。

わらいぐさ【笑い草】名詞 人を笑わせる材料。もの笑いのたね。例 失敗ばかりして、みんなの笑い草になった。

わらいこける【笑いこける】動詞 ころげるように、ひどく笑う。例 テレビを見て笑いこける。活用 わらいこ・ける。

ことば博士になろう!

笑いは笑いでも……

①あははは
②いひひひ
③うふふふ
④えへへへ
⑤おほほほ

笑い声の書き表し方はいろいろありますが、①〜⑤からうける感じは、ずいぶんちがいますね。いちばん明るい感じがするのは①です。②は暗い感じのする笑い声です。③は少し内にこもった笑い、④はちょっと下品な笑い、⑤は女の人が気どって笑っているような感じです。

作文や詩を書くときには、声に出して読んで、音からうける感じをたしかめてみましょう。

わらいごと【笑い事】名詞 笑ってすませるような小さいことがら。例 こんないたずらは、笑い事ですまされない。

わらいじょうご【笑い上戸】名詞 ❶酒によようと、笑うくせのある人。対 泣き上戸。❷ちょっとしたことでもよく笑う人。

わらいばなし【笑い話】名詞 ❶こっけいな短い話。おかしい話。❷笑いながら話すことができる、気楽な話。例 つらい日々のことも、今では笑い話になった。

わらいもの【笑い者】名詞 常識がなかったり、かるはずみな行動をしたりして、人にけいべつされること。笑われ者。例 とんでもない失敗をして、みんなの笑い者になった。

わらう【笑う】動詞 ❶おかしかったり、うれしかったりして、顔の筋肉がゆるんだり、声を出したりする。例 赤ちゃんがにこにこと笑う。／父のじょうだんに、みんながげらげら笑った。❷相手をばかにして、あざける。例 人に笑われる。活用 わら・う。

わらうかどにはふくきたる【笑う門には福来たる】ことわざ いつもほがらかで楽しく生活している人の家には、幸せがやってくるものだ、という教え。例「笑う門には福来たる」というから、いつも笑顔でいよう。

わらぐつ 名詞 雪の中を歩くのに使う、わらをあんでつくった長めのくつ。⇩図。

わらじ 名詞 わらでつくり、ひもで足に結びつけてはくはきもの。昔、旅をするときなどに使われた。漢字 草鞋。⇩図。

わらしべ 名詞 イネのわらのしん。または、わらのくず。わらすべ。

わらぞうり【わら草履】名詞 わらであんだ、ぞうり。⇩727ページ・草履(図)。

わらぐつ

わらにもすがる ことわざ とてもこまって、たよりにならないようなものにも、たよる。わらをもつかむ。例 わらにもすがる思いで無事をいのる。

わらじ

わらばんし【わら半紙】 名詞 わらのせんいをおもな原料にしてつくったそまつな紙。ざら紙。

わらび 名詞 イノモトソウ科の植物。シダのなかまで、明るい林などに育つ。わかい芽を食用にする。漢字 蕨。

ワラビー 名詞 カンガルー科の動物。カンガルーより小形で、尾が短い。オーストラリアなどにすむ。▼英語 wallaby

わらぶき 名詞 屋根をわらでふくこと。また、その屋根。

わらべ【童】 名詞 小さい子ども。参考 古い言い方。

わらべうた【童歌】 名詞 昔から、子どもたちの間でうたわれてきた歌。

わらわせる【笑わせる】 動詞 ❶⊕相手が笑うようにする。例 じょうだんを言って友だちを笑わせる。❷⊖〔相手をあざけって〕笑うような有様である。例 あの作品が一位だなんて笑わせるね。活用 わらわ・せる。

わらをもつかむ ことわざ ⬇わらにもすがる。

わり【割】 一 名詞 ❶比率。わりあい。特に、損か得かのわりあい。例 一人に三個の割でくばる。／割の悪い仕事。❷対応する二つの物事について、一方のていどに対するもう一方のていど。例 ねだんの割に質が悪い。参考 ⇩割に。
二 名詞 助数詞《数を表す言葉の下につけて》十分の一を表す単位。例 勝率七割五分。

わりあい【割合】 一 名詞 あるものとほかのものとの大小の関係を数で表したもの。比率。例 大さじ三ばいにさとう小さじ一ぱいの割合で加える。
二 副詞 思いのほか。あんがい。例 この石は、割合かるい。参考「割合に」の形でも使う。

わりあて【割り当て】 名詞 わりあてること。また、わりあてた分量・役目・はんいなど。例 運動会の係の割り当てが決まった。

わりあてる【割り当てる】 動詞 分量や役目などをいくつかに分けて、それぞれにあてがう。わりふる。例 班ごとに仕事を割り当てる。活用 わりあ・てる。

わりいん【割り印】 名詞 〔正しい書類であるということとして〕二まいの書類の両方にまたがらせて、一つの印をおすこと。また、その印。

わりがあわない【割が合わない】 慣用句 使った時間や労力に対して、りえきが少ない。例 割が合わない仕事。

わりかん【割り勘】 名詞「割り前勘定」の略。かかった費用を人数でわった額を、一人一人が平等にはらうこと。例 食事代を割り勘にする。類 頭割り。

わりきる【割り切る】 動詞 ❶わり算をして、あまりが出ないようにする。例 七を三で割り切ることはできない。❷物事をどちらかに、はっきりと決める。例 割り切った考え方。活用 わりき・る。

わりきれる【割り切れる】 動詞 ❶わり算で、わってあまりが出ない。例 十は二で割り切れる。❷〔気持ちなどが〕すっきりする。なっとくする。例 いくらせつめいされても、なにか割り切れない気持ちだ。活用 わりき・れる。

わりこみ【割り込み】 名詞 行列のとちゅうに、無理に入りこむこと。例 割り込み禁止。

わりこむ【割り込む】 動詞 ❶おしわけて、無理に中に入る。例 ならんでいる列に割り込む。❷人が話をしているところに、無理に加わる。例 友だちと話をしているところへ、弟が割り込んできた。活用 わりこ・む。

わりざん【割り算】 名詞 二つの数のうち、一方がもう一方のなんばいであるかを調べる計算。対 掛け算。

わりだか【割高】 形容動詞 質や量とくらべて、品物のねだんが高いこと。例 野菜は、割高になっても少しずつ買う方がいい。対 割安。

わりだす【割り出す】 動詞 ❶計算をして答えを出す。例 売り上げがくから、もうけ分を割り出す。❷ある事実をもとにして、結論を出す。例 失敗の原因を割り出す。活用 わりだ・す。

わりつけ【割り付け】 名詞 新聞や文集などをつくるとき、記事・写真・絵などをどのようにおくか決めること。レイアウト。

あいうえお かきくけこ さしすせそ たちつてと なにぬねの はひふへほ まみむめも や ゆ よ らりるれろ わ をん

ことばあそび ことばのまめちしき⑤ ギリシャ語で、「たたかい」のことを「マケー」と言うよ。

ことば選びのまど

笑うをあらわすことば

笑う
❶おかしかったり、うれしかったりして、顔の筋肉がゆるんだり、声を出したりする。❷相手をばかにして、あざける。↓1410ページ

あざ笑う
ばかにして笑う。↓23ページ

一笑に付す 発展
笑って相手にしない。ばかにして問題にしない。↓92ページ

薄笑い
〔声を出さず〕かすかに笑うこと。また、そのような笑い。↓127ページ

笑みを浮かべる 発展
にっこりと、わらう。↓157ページ

思い出し笑い
前にあったことを思い出して、一人で笑うこと。↓205ページ

苦笑
自分に不利な点や、はずかしさ・つらさなどをかくして、かすかに笑うこと。↓372ページ

くすくす
声をおさえて笑うようす。↓373ページ

げらげら
大声で笑うようす。↓415ページ

ころころ
〔わかい女性などが〕明るく笑うようす。↓488ページ

ことば選びのまど

笑うをあらわすことば

忍び笑い
人に気づかれないように、そっと笑うこと。↓571ページ

せせら笑う
ばかにして冷たく笑う。↓698ページ

作り笑い
笑いたくないのに、無理に笑うこと。↓832ページ

苦笑い
心の中ではふゆかいに思いながら、無理に笑うこと。また、その笑い。↓969ページ

にこにこ
〔声を出さず〕うれしそうに笑うようす。↓971ページ

にたにた
声を出さないで、うす気味悪く、笑うようす。↓973ページ

にやにや
声を出さないで、何か意味がありそうに、うす笑いをするようす。↓979ページ

爆笑
多くの人が、どっと笑うこと。また、大声で笑うこと。↓1030ページ

腹を抱える 発展
とてもおかしくて大笑いする。↓1065ページ

吹き出す
こらえきれずに、笑い出す。↓1133ページ

へらへら
だらしなく笑うようす。↓1180ページ

ほほ笑む
声を出さずに、わずかに笑う。うれしくて、やわらかく笑う。↓1210ページ

わりに【割に】副詞 思っていたよりは。あんがい。割あい。わりと。例この品物は、割に高かった。

わりにあわない【割に合わない】慣用句 得にならない。引き合わない。例手間ばかりかかって割に合わない仕事だ。

わりばし【割り箸】名詞 二本にわって使う、われめの入った木や竹のはし。

わりびき【割引】名詞 する動詞 決まったねだんより、少し安くすること。例割引セール。対割り増し。注意 送りがなをつけないこと。

わりびく【割り引く】動詞 ❶決まったねだんより、少し安くする。例百円割り引く。❷相手の言うことをひかえめに聞く。例じまんばなしを割り引いて聞く。活用 わりび・く。

わりふる【割り振る】動詞 わりあてる。例仕事を割り振る。活用 わりふ・る。

わりまし【割り増し】名詞 する動詞 決まったねだんより少し高くすること。例深夜のタクシーは、料金が割り増しになる。対割引。

わりもどし【割り戻し】名詞 一度受け取ったお金の中から、ある決まった割合でその一部を返すこと。例売り上げにおうじて割り戻しがあった。

わりもどす【割り戻す】動詞 受け取ったお金の一部を、しはらった人に返す。例ねだんの一割を客に割り戻す。活用 わりもど・す。

わりやす【割安】形容動詞 質や量とくらべて、品物のねだんが安いこと。例まとめて買うと割安になる。対割高。

わりをくう【割を食う】慣用句 そんをする。不利になる。例正直すぎて、割を食ってばかりいる。

わる[1]【悪】一 名詞 悪いこと。また、悪いことをする人。ことば「（あいつは）ふだつきの悪（だ）」 参考 くだけた言い方。二 接頭語 〔ほかの言葉につけて〕「悪い」「害になる」「度がすぎてよくない」などの意味を表す。例悪ぢえ。／悪ふざけ。／悪がしこい。／悪酔い。

わる[2]【割る】動詞 ❶一つのものを、いくつかの部分に分ける。例スイカを割る。❷こわす。例ガラスを割る。❸おし分ける。例けんかをしている二人の中に割って入る。❹うすめる。例ウイスキーを水で割る。❺わり算をする。例六を三で割る。❻〔さかい目となる〕ある数よりも少なくなる。例チームの勝率が五割を割った。活用 わ・る。

わるあがき【悪あがき】名詞 する動詞 ひどくあせって、いろいろとむだな行動をすること。例悪あがきはやめて、おとなしくしなさい。

わるい【悪い】形容詞 ❶人間のすることとしてよくない。正しくない。例うそをつくのは悪いことだ。／悪い考えを起こす。❷そまつである。例道が悪い。❸おとっている。例テストの結果が悪い。❹〔健康などが〕すぐれない。例体の調子が悪い。❺気の毒である。もうしわけない。例約束をやぶって、悪いことをした。❻好ましくない。例天気が悪い。❼ふつうでない。十分でない。例時計の調子が悪い。対①～⑦良い。活用 わる・い。

わるがしこい【悪賢い】形容詞 悪いことに、ちえがよく働くようす。例悪賢いやつ。活用 わるがしこ・い。

わるぎ【悪気】名詞 悪い心や考え。悪意。例けっして悪気があってやったわけではない。／悪気はなかったんだ。

わるくすると【悪くすると】連語 うまくいかない場合は。例この分では悪くすると間に合わない。

わるくち【悪口】名詞 他人を悪く言うこと。また、その言葉。例悪口を言っているのを本人に聞かれてしまった。

わるさ【悪さ】名詞 いたずら。例弟は悪さばかりして、こまってしまう。

わるだくみ【悪巧み】名詞 悪いたくらみ。よくない計画。

わるぢえ【悪知恵】名詞 悪いことばかりに働くちえ。ことば「悪知恵を働かせる」

ワルツ 名詞 四分の三拍子のおどりの曲。また、それに合わせておどるおどり。円舞曲。▼英語 waltz

わるのり【悪乗り】名詞 する動詞 調子にのって、人がふゆかいになるようなことを言ったり、したりすること。例あの人はすぐ悪乗りする。

わるびれる【悪びれる】動詞 気おくれがしたりはずかしがったりして、決まり悪そうなようすをする。参考 多く、下に「ない」などの打ち消しの言葉が続く。例悪びれるようすもない。活用 わるび・れる。

わるふざけ【悪ふざけ】名詞 する動詞 人にひど

あいうえお かきくけこ さしすせそ たちつてと なにぬねの はひふへほ まみむめも や ゆ よ らりるれろ わをん

「タベルナ」と言うよ。

くいやな感じをあたえるいたずら。例 悪ふざけをして母にしかられた。

わるもの【悪者】名詞 悪いことをする人。悪人。例 悪者をこらしめる。

われ【我】一 代名詞 自分をさして言う言葉。わたくし。例 我こそは、日本一の力もちだ。参考 少し古い言い方。二 名詞 自分自身。

われかえる【割れ返る】動詞〔「われる」を強めた言い方から〕さわぎの大きいことのたとえ。例 割れ返るようなはく手。活用 われかえ・る。

われがちに【我勝ちに】副詞 他人に負けないように先を争うようす。例 いい席をとろうと我勝ちに走り出した。

われがねのようなこえ【割れ鐘のような声】慣用句 われたつりがねのような、にごった大声。参考「割れ鐘」は、ひびのはいったかね。

われかんせず【我関せず】慣用句 自分は関係ないと、知らん顔をしているようす。例 我関せずとそっぽを向く。

われさきに【我先に】副詞 自分が先になろうと争うようす。例 我先ににげ出す。

われしらず【我知らず】副詞 知らないうちに。思わず。例 かわいそうな物語を読んで、我知らず泣いてしまった。

われながら【我ながら】副詞 自分のしたことではあるが。自分ながら。例 この文章は、我ながら上手に書けたと思う。

われなべにとじぶた【割れ鍋にとじ蓋】ことわざ どんな人にでも、ふさわしいけっこん相手がいるということ。また、けっこんは似ている者同士がすれば、うまくいくものだということ。参考 自分たちをへりくだるときに用いる。

われにかえる【我に返る】慣用句 物事に夢中になっていた人が、いつもの状態にもどる。正気にかえる。気をとりもどす。例 思い出にふけっていたら、急に名前をよばれて我に返った。

われめ【割れ目】名詞 われたところ。例 地震のため地面に割れ目ができた。類 さけ目。

われもの【割れ物】名詞〔とうじ器やガラスなど〕われやすいもの。例 割れ物に注意してください。

われもわれもと【我も我もと】慣用句 人におくれないようにと思って、多くの人がおしかけるようす。例 新商品の発売に、我も我もと人が集まった。

われら【我ら】代名詞 自分たち。わたしたち。われわれ。例 我らの母校。

われる【割れる】動詞 ❶強い力を加えられて、ひびわれたり、いくつかに分かれたりする。例 さらが割れる。／まどガラスが割れた。❷わり算で、わりきれる。例 六は二で割れる。❸二つ以上に分かれる。例 クラスの意見が、真っ二つに割れてしまった。❹かくしていたことやわからなかったことが明らかになる。例 身元が割れる。活用 わ・れる。

われるような【割れるような】慣用句 ❶声や音がとても大きいようす。例 割れるようなはく手がおこった。❷〔頭痛などが〕ひどいようす。例 割れるような頭のいたみ。

われわれ【我我】代名詞 われら。わたくしたち。参考 ふつう「我々」と書く。

われをわすれる【我を忘れる】慣用句 物事に気をとられて、夢中になる。例 妹は、我を忘れてピアノをひいている。

わをかける【輪を掛ける】慣用句 物事のていどをはげしくする。もっと大げさにする。例 妹は、姉に輪を掛けた目立ちたがりやだ。

わをもってとうとしとなす【和をもって貴しとなす】ことわざ 人々が仲よくすることが一番大切である。参考 聖徳太子が制定した「十七条の憲法」の中の言葉。

わん[1] 名詞 ごはんや汁をもる食器。例 おわんにごはんをもりつける。

わん[2]【湾】名詞 海が陸地に深くはいりこんでいるところ。例 東京湾。

わんがん【湾岸】名詞 湾にそった海岸。例 自動車で湾岸道路を走る。

わんきょく【湾曲】名詞 形容動詞 弓の形のように曲がること。弓なりになること。例 湾曲した鉄骨。

ワンぎり【ワン切り】名詞 電話をかけて、呼び出し音を一回だけ鳴らして電話を切ること。参考 ㋐「ワン」は英語で一。㋑くだけた言い方。

ワンクッション 名詞 ショックをやわらげるために、話などの間におく一区切り。例 ワンクッションおいてから次の話にうつる。参考 英語を組み合わせて日本でつくった言葉。

ワンゲル 名詞「ワンダーフォーゲル」の略。

ワンサイドゲーム 名詞 一方がとても強く

ことばのまめちしき⑥ ギリシャ語やスペイン語・イタリア語で、「食堂」のことを

て、相手を問題にしないで勝つ試合。▼英語 one-sided game

わんさと 副詞 人がたくさんいるようす。物がたくさんあるようす。例 ごみがわんさと出る。参考 くだけた言い方。

わんしょう【腕章】 名詞 うでにつけたりまいたりするしるし。例 腕章をつけた人。

ワンステップ 名詞 一歩。一つのだんかい。例 成功へのワンステップ。▼英語 one step

ワンセット 名詞 組み合わせた物の一組み。例 筆記用具のワンセット。▼英語 one set

ワンダーフォーゲル 名詞 わかものが体をきたえ、親しみを深めるため、グループをつくってあちらこちらを歩いて旅すること。また、その集まり。参考 ㋐ドイツ語で「渡り鳥」の意味。㋑略して、「ワンゲル」ともいう。▼ドイツ語

ワンタッチ 名詞 器具などが一回手でふれるだけで動くこと。例 ワンタッチの洋がさ。参考 英語にも形容詞に one-touch という言葉はあるが、日本語ほど広くは使われない。

わんぱく【腕白】 名詞 形容動詞 子どもが、いたずらをしたり動き回ったりするようす。また、その子ども。例 腕白な子。

ワンパターン 名詞 形容動詞 〔話や行動など〕型あるいは形がいつも決まっていてかわりばえがしないこと。例 ストーリーがワンパターンであきてしまった。参考 英語の「ワン（一つ）」と「パターン（型）」を組み合わせて日本でつくった言葉。

ワンピース 名詞 上着とスカートの部分が続いている女性用の洋服。対 ツーピース。▼英語 one-piece

ワンマン 一 接頭語 〔ほかの言葉につけて〕「一人の」「一人だけの」という意味を表す。二 名詞 形容動詞 ほかの人のいうことを聞かないで、自分の思いどおりに物事を進めること。また、そのようす。その人。例 ワンマンな亭主。／ワンマン社長。参考 英語の one-man から。英語では一人でおこなうことを表すだけで、ほかの人の言うことを聞かないという意味はない。

ワンマンうんてん【ワンマン運転】 名詞 バスや列車などを、運転手や運転士が一人で運転するやり方。

ワンマンバス 名詞 運転手一人で、運転と車しょうの役目をするバス。参考 英語を組み合わせて日本でつくった言葉。

ワンマンれっしゃ【ワンマン列車】 名詞 運転士一人で運転と車しょうの役目をする列車。ワンマン電車。参考 英語を組み合わせて日本でつくった言葉。

わんりょく【腕力】 名詞 ❶うでの力。例 腕力が強い。❷らんぼうな力。例 どんな理由があろうとも、腕力にうったえるのはよくない。

ワンルームマンション 名詞 どのすまいも、部屋が一つだけであるマンション。参考 日本でつくった言葉。英語では studio apartment という。

わんわん 一 副詞（一と）❶犬の鳴き声を表す言葉。❷人が声をあげて泣くようすを表す言葉。二 名詞 幼児が犬をよぶ言葉。

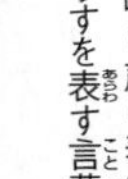

を 助詞 ❶動作や働きの目当てをしめす言葉。例絵をかく。／手を洗う。❷動作のおこなわれる場所をしめす言葉。例山道を歩く。／部屋をかたづける。❸ある期間をしめす言葉。例すでに一年を経過した。❹動作の始まる場所をしめす言葉。例家を七時に出発する。

ん 助動詞 打ち消しの意味を表す「ぬ」のかわったもの。例わたくしにはできません。／知らんぷりをする。

ことばのまめちしき❼ スペイン語で、「こんにちは」のことを「オラ」と言うよ。

資料（しりょう）

資料もくじ

★「ローマ字」と「アルファベット略語集」は後ろの方のページから始まります。

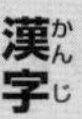

ミニ 漢字字典

小学校で習う一〇二六字すべてが、のっています。

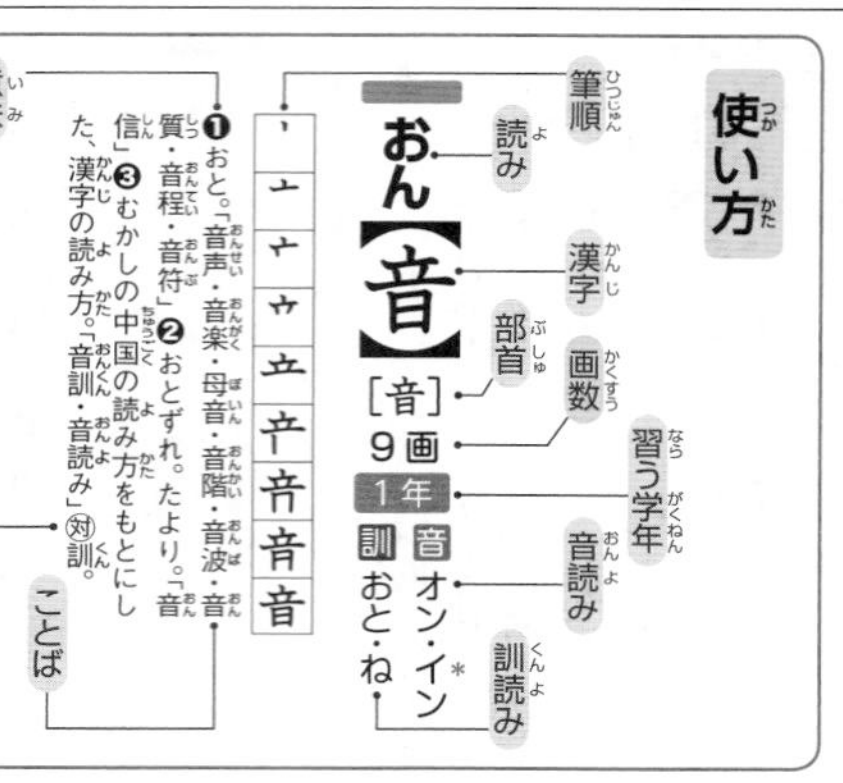

あい【愛】

［心］13画　4年

音 アイ　訓 ―

❶あいする。いつくしむ。「愛犬・愛国・熱愛・愛情・人間愛」対憎。❷このむ。たいせつにする。「愛読・愛用・愛着・愛唱」❸おしむ。「割愛」参考都道府県名で使われる。「愛媛県・愛知県」

あく【悪】

［心］11画　3年

音 アク・オ*　訓 わるい

❶わるい。よくない。「悪事・悪習・悪質・悪性・罪悪・悪知恵」。対善。良。❷にくむ。きらう。「好悪」❸へたな。「悪文・悪筆」❹くるしい。「悪戦苦闘」

あさ（い）【浅】➡せん（浅）。

あつ【圧】

［土］5画　5年

音 アツ　訓 ―

おす。おさえる。おさえつける力。「圧力・気圧・電圧・圧勝・圧縮」

あつ（い）【厚】➡こう（厚）。

あな【穴】➡けつ（穴）。

あに【兄】➡けい（兄）。

あね【姉】➡し（姉）。

あん【安】

［宀］6画　3年

音 アン　訓 やすい

❶しんぱいごとがない。「安心・安楽・安全・安産・不安・安眠」対危。❷たやすい。「安易」❸ねだんがやすい。「安価・格安」

あん【案】

［木］10画　4年

音 アン　訓 ―

❶考える。「案出・案外・考案・思案」❷考え。意見。計画。「一案・名案・腹案・妙案」❸下書き。「草案」

あん【暗】
［日］13画 3年 音 アン 訓 くらい

❶くらい。あきらかでない。「暗雲・暗黒・暗室・暗影」㊉明。❷かくれて見えない。「暗に・暗礁」❸人に知られずに。ひそかに。「暗号・暗殺・暗躍」❹見ないで。そらで。「暗記・暗算・暗唱」

い【以】
［人］5画 4年 音 イ 訓 ―

❶…より。…から。はんい・時間・方向などの始まるところをあらわすことば。「以下・以上・以遠・以後・以前・以内・以南・以来・以降」❷…をもちいて。「以心伝心」

い【衣】
［衣］6画 4年 音 イ 訓 ころも*

からだにきるもの。きもの。「衣服・衣料・衣類・衣装・衣食住」

い【位】
［亻］7画 4年 音 イ 訓 くらい

❶もののあるところ。人のいる場所。「下位・上位・首位・水位・方位・位置・順位」❷身分。くらい。「皇位・王位・地位」❸数のくらい。「単位」

い【囲】
［囗］7画 5年 音 イ 訓 かこむ・かこう

かこむ。まわり。「周囲・包囲・胸囲・範囲・囲炉裏」

い【医】
［匚］7画 3年 音 イ 訓 ―

❶病気をなおす人。いしゃ。「医師・眼科医・歯科医」❷病気をなおす。「医学・医薬・医術・医療」

い【委】
［女］8画 3年 音 イ 訓 ゆだねる

❶ゆだねる。まかせる。「委員・委任・委託」❷くわしい。「委細」

い【胃】
［月］9画 6年 音 イ 訓 ―

食道の下にあり、食べたものをこなすところ。いぶくろ。「胃弱・胃液・胃腸・胃痛」

い【異】
［田］11画 6年 音 イ 訓 こと

❶ちがう。ことなる。「異見・異議・異義・異質・異性」㊉同。❷へんである。「異様・異変・異常」❸ほかの。よその。「異人・異国」❹すぐれている。「異才」

い【移】
［禾］11画 5年 音 イ 訓 うつる・うつす

場所や地位がかわる。うつる。「移住・移植・移転・移動・移民」

い【意】
［心］13画 3年 音 イ 訓 ―

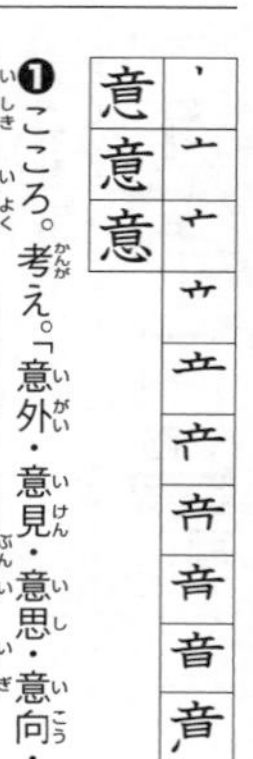

❶こころ。考え。「意外・意見・意思・意向・意識・意欲」 ❷わけ。いみ。「文意・意義」

い【遺】

[辶] 15画 6年 音 イ・ユイ* 訓 ―

❶わすれる。「遺失物」 ❷のこす。のこる。「遺書・遺言・遺族・遺品・遺産・遺児・遺伝・遺骨」

い【井】↓せい(井)。
い【易】↓えき(易)。

いき【域】

[土] 11画 6年 音 イキ 訓 ―

かぎられた、はんい。くぎり。「地域・区域・流域・領域」

いく【育】

[月] 8画 3年 音 イク 訓 そだつ・そだてる・はぐくむ

生物が大きくなる。そだつ。そだてる。「教育・発育・育英・育児・育成・飼育」

いち【一】

[一] 1画 1年 音 イチ・イツ 訓 ひと・ひとつ

❶ひとつ。ひとつにする。「一門・一心・同一・一路・一挙・均一・統一・一括・一致」 ❷一番め。はじめ。「一次・一塁・一新・一帯・一任」 ❸すべて。みんな。

いばら【茨】

[艹] 9画 4年 音 ― 訓 いばら

❶いばら。とげのある低い木。 ❷苦しみが多いことのたとえ。「茨の道」 参考 都道府県名で使われる。「茨城県」

いもうと【妹】↓まい(妹)。
いわ【岩】↓がん(岩)。

いん【引】

[弓] 4画 2年 音 イン 訓 ひく・ひける

❶ひっぱる。「引火・引力・引用・引例・吸引」 ❷みちびく。「引率・導引」 ❸しりぞく。「引退」

いん【印】

[卩] 6画 4年 音 イン 訓 しるし

❶はんこ。「実印・調印・印鑑・印紙・印刷・印象」 ❷しるし。 ❸「インド」のりゃく。「日印関係」

いん【因】

[口] 6画 5年 音 イン 訓 よる*

❶ものごとのおこるもと。おこり。「原因・因果・因縁」 ❷もとのままにしたがう。「因習」

いん【員】

[口] 10画 3年 音 イン 訓 ―

❶人やものの数。「人員・員数・定員・要員」 ❷ある役目や仕事をする人。「社員・船員・店員・委員・議員」

いん【院】

[阝] 10画 3年 音 イン 訓 ー

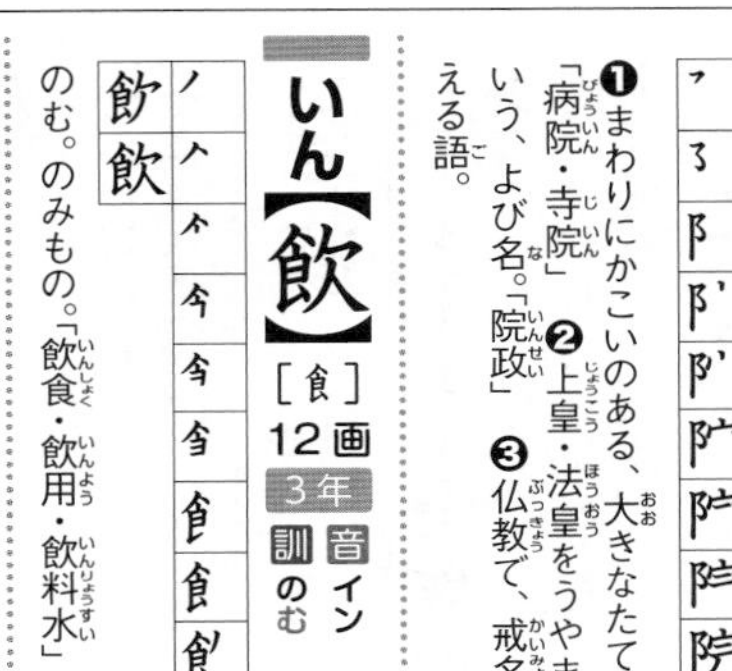

❶まわりにかこいのある、大きなたてもの。「病院・寺院」❷上皇・法皇をうやまっていう、よび名。「院政」❸仏教で、戒名にそえる語。

いん【飲】

[食] 12画 3年 音 イン 訓 のむ

のむ。のみもの。「飲食・飲用・飲料水」

いん【音】→おん(音)。

う【右】

[口] 5画 1年 音 ウ・ユウ 訓 みぎ

❶みぎ。みぎがわ。「左右・右手・右岸・右折・右往左往・座右の銘」❷今までのやり方や考え方を守り通そうとする立場。「右派・右翼」対①②左。

う【宇】

[宀] 6画 6年 音 ウ 訓 ー

大きな屋根。天。世界。「宇宙・堂宇」

う【羽】

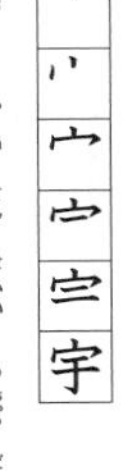

[羽] 6画 2年 音 ウ* 訓 は・はね

❶はね。つばさ。「羽毛・羽化・羽根・羽子板」❷鳥やうさぎをかぞえることば。「五羽」

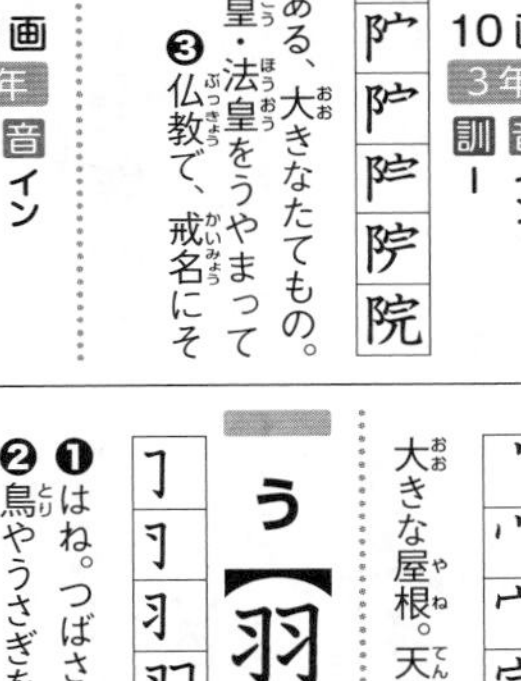

う【雨】

[雨] 8画 1年 音 ウ 訓 あめ・あま

あめ。あめふり。「雨天・雨水・春雨・風雨・降雨・豪雨」

う【有】→ゆう(有)。

うい【初】→しょ(初)。

うら【裏】→り(裏)。

うわ【上】→じょう(上)。

うん【運】

[辶] 12画 3年 音 ウン 訓 はこぶ

❶めぐる。めぐらす。「運行・運動・運河・運航」❷はこぶ。物をうごかす。「水運・運送・運転・運輸・運搬」❸身におこる、幸・不幸のめぐりあわせ。「運命・幸運・不運・運勢」

うん【雲】

[雨] 12画 2年 音 ウン 訓 くも

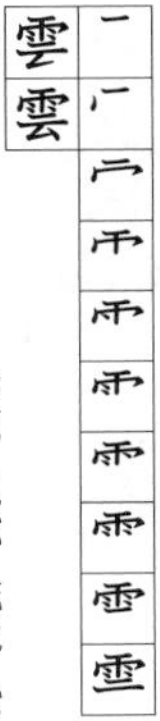

〔空にうかぶ〕くも。「雨雲・雲海・星雲・風雲・積雲・入道雲」

え【会】→かい(会)。

え【回】→かい(回)。

えい【永】

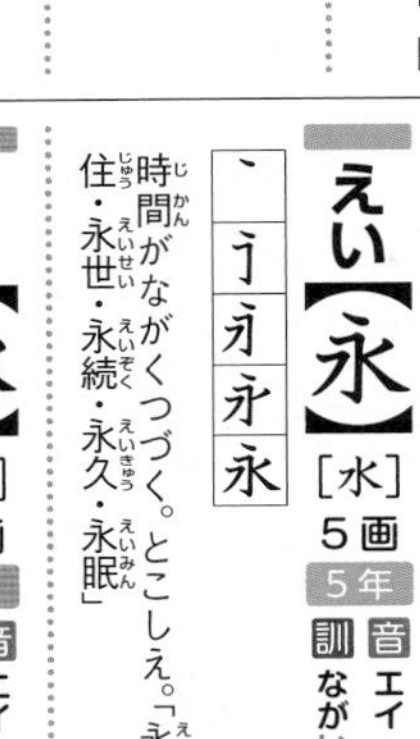

[水] 5画 5年 音 エイ 訓 ながい

時間がながくつづく。とこしえ。「永遠・永住・永世・永続・永久・永眠」

えい【泳】

[氵] 8画 3年 音 エイ 訓 およぐ

およぐ。「水泳・力泳・遠泳・遊泳・泳法・競泳・平泳ぎ」

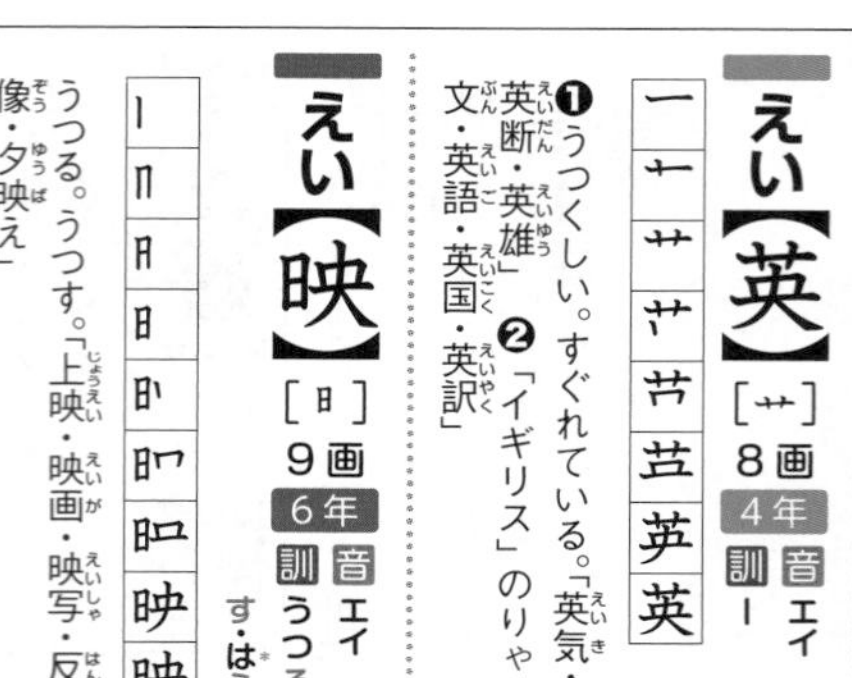

えい【英】

［艹］8画　4年　音 エイ　訓 ー

一 十 廾 艹 芇 芢 英 英

❶うつくしい。すぐれている。「英気・英才・英断・英雄」❷「イギリス」のりゃく。「英文・英語・英国・英訳」

えい【映】

［日］9画　6年　音 エイ　訓 うつる・うつす・はえる*

丨 冂 日 日 旪 旪 映 映 映

うつる。うつす。「上映・映画・映写・反映・映像・夕映え」

えい【栄】

［木］9画　4年　音 エイ　訓 さかえる・はえ*・はえる*

丶 丷 ⺍ ⺌ 𦍌 学 栄 栄 栄

❶いきおいが、さかんになる。さかえる。また、さかんにする。「栄養・栄華・繁栄・栄枯盛衰」❷ほまれ。「栄光・栄進・栄転・栄冠・栄誉」

えい【営】

［⺍］12画　5年　音 エイ　訓 いとなむ

丶 丷 ⺍ ⺌ 𦍌 学 営 営 営 営 営 営

❶軍隊などのとまるところ。「野営・兵営・陣営」❷いとなむ。「国営・営業・運営・営利・経営・造営」

えい【衛】

［行］16画　5年　音 エイ　訓 ー

丿 彳 彳 彳 徍 徫 徫 徫 衛 衛 衛 衛 衛 衛 衛 衛

まもる。まもり。「衛生・衛星・自衛・守衛」

えき【易】

［日］8画　5年　音 エキ・イ　訓 やさしい

丨 冂 日 日 旦 昜 易 易

❶かえる。とりかえる。かわる。「交易・貿易」❷やさしい。たやすい。「安易・平易・容易・簡易・難易」対難。❸うらない。「易者」

えき【益】

［皿］10画　5年　音 エキ・ヤク*　訓 ー

丶 丷 䒑 丷 兴 兴 益 益 益 益

❶役にたつ。ためになる。「益虫・益鳥・公益・国益・有益」対害。❷もうけ。「無益・利益・損益・純益」対損。

えき【液】

［氵］11画　5年　音 エキ　訓 ー

丶 冫 氵 氵 汁 泞 汸 液 液 液 液

しる。水のようなもの。「液体・液化・血液・胃液・溶液」

えき【駅】

［馬］14画　3年　音 エキ　訓 ー

丨 厂 F F F 馬 馬 馬 馬 馬 駅 駅 駅 駅

❶汽車や電車がとまり、出発するところ。「駅長・駅員・駅弁」❷むかし、街道にあった、馬ののりつぎ場。「宿駅」

えだ【枝】⬇し（枝）。

えん【円】

［冂］4画　1年　音 エン　訓 まるい

丨 冂 冂 円

❶まるい。まるい形。「半円・円柱・円筒・円盤・円陣・同心円」❷おだやか。「円満」❸日本のお金のたんい。「百円」

えん【延】

［廴］ 8画 6年

音 エン　訓 のびる・のべる・のばす

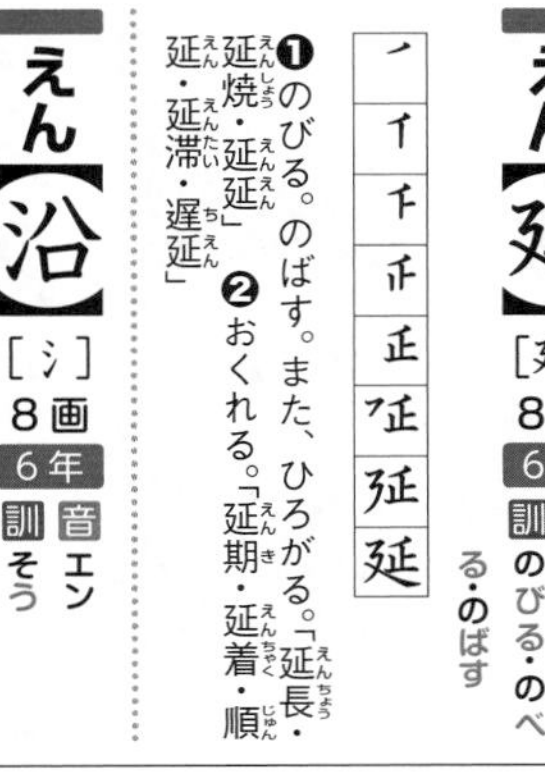

❶のびる。のばす。また、ひろがる。「延長・延焼・延延」 ❷おくれる。「延期・延着・順延・延滞・遅延」

えん【沿】

［氵］ 8画 6年

音 エン　訓 そう

道や川にそってゆく。したがう。「沿海・沿線・沿道・沿岸・沿革」

えん【媛】

［女］ 12画 4年

音 エン*　訓 ―

❶美しく、しとやかな女の人。「才媛」 ❷女の神さまや、身分の高い女の人。ひめ。「八女津媛・弟橘媛」 参考 都道府県名で使われる。「愛媛県」

えん【園】

［囗］ 13画 2年

音 エン　訓 その*

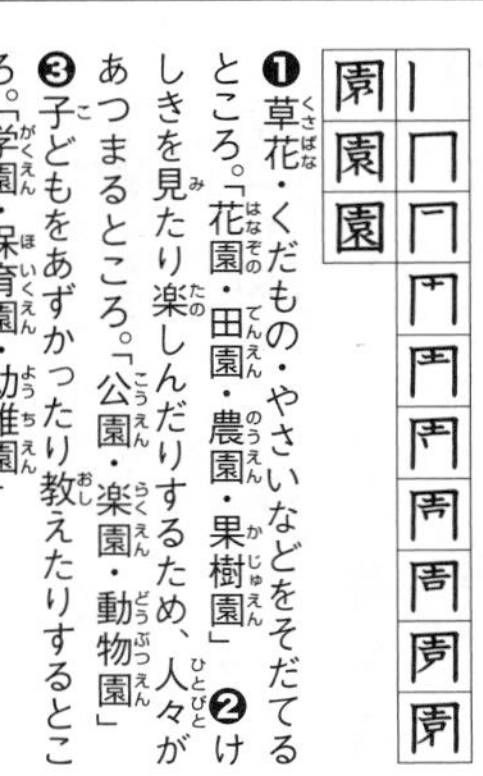

❶草花・くだもの・やさいなどをそだてるところ。「花園・田園・農園・果樹園」 ❷けしきを見たり楽しんだりするため、人々があつまるところ。「公園・楽園・動物園」 ❸子どもをあずかったり教えたりするところ。「学園・保育園・幼稚園」

えん【遠】

［辶］ 13画 2年

音 エン・オン*　訓 とおい

❶とおい。はなれる。「遠足・遠海・遠泳・遠洋・遠路・遠雷」 ❷したしくない。うとい。「敬遠・遠慮・疎遠」 対①②近。

えん【塩】

［土］ 13画 4年

音 エン　訓 しお

しお。「塩田・塩分・食塩・塩辛い」

えん【演】

［氵］ 14画 5年

音 エン　訓 ―

❶のべる。「演説・講演」 ❷おこなう。「公演・演芸・実演・熱演・演技・演劇・演奏」 ❸じっさいにれんしゅうする。「演習」

お【和】↓わ（和）。
お【悪】↓あく（悪）。
お（る）【織】↓しょく（織）。

おう【王】

［王］ 4画 1年

音 オウ　訓 ―

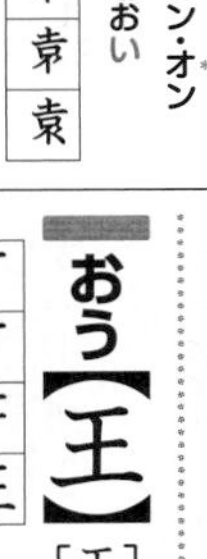

❶国のかしら。おうさま。「国王・王位・王政」 対女王。 ❷いちばんすぐれているもの。「ホームラン王・三冠王・得点王」 ❸しょうぎのこまの一つ。王将。「王手」

おう【央】

［大］ 5画 3年

音 オウ　訓 ―

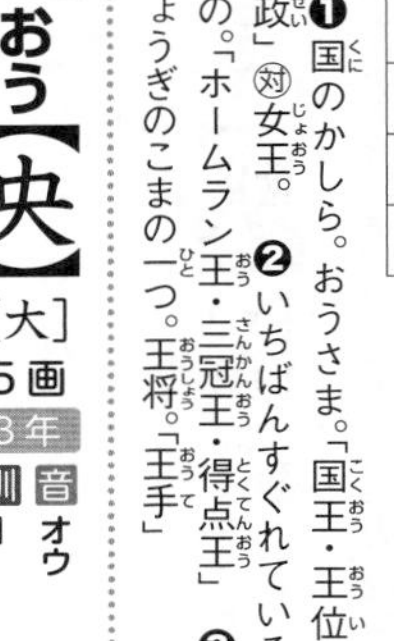

まんなか。「中央・県央」

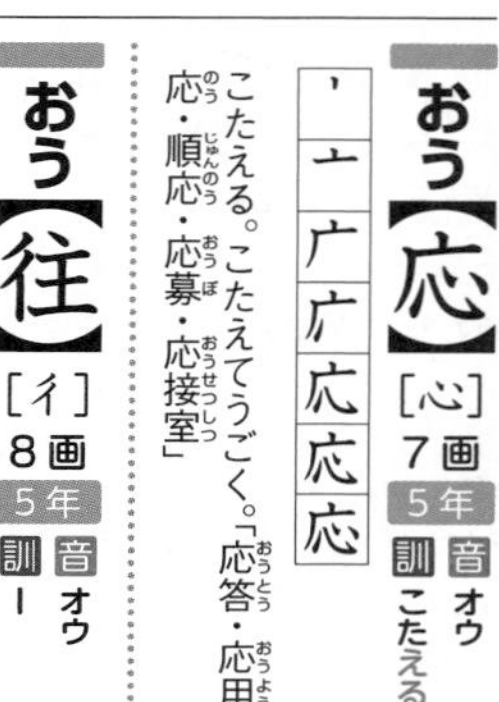

おう【応】
［心］7画　5年　音 オウ　訓 こたえる

こたえる。こたえてうごく。「応答・応用・反応・順応・応募・応接室」

おう【往】
［彳］8画　5年　音 オウ　訓 ―

❶ゆく。「往生・往来・往復」対来。復。❷むかし。「往年・既往」❸ときどき。「往往」

おう【桜】
［木］10画　5年　音 オウ*　訓 さくら

さくら。「桜花・桜貝・黄桜」

おう【横】
［木］15画　3年　音 オウ　訓 よこ

❶よこ。東西。「横道・横転・横波・横隊・横断」対縦。❷すきかって。わがまま。「横暴」

おう【皇】→こう（皇）。

おう【黄】→こう（黄）。

おか【岡】
［山］8画　4年　音 ―　訓 おか

もりあがった、土地。おか。「岡目八目」参考 都道府県名で使われる。「岡山県・福岡県・静岡県」

おき【沖】→ちゅう（沖）。

おく【屋】
［尸］9画　3年　音 オク　訓 や

❶いえ。すまい。「屋外・屋内・家屋・屋敷」❷やね。「屋上・屋根裏」

おく【億】
［亻］15画　4年　音 オク　訓 ―

❶数の単位。一万の一万倍。「三億円」❷数が多いこと。「億万長者」

おとうと【弟】→てい（弟）。

おん【音】
［音］9画　1年　音 オン・イン*　訓 おと・ね

❶おと。「音声・音楽・母音・音階・音波・音質・音程・音符」❷おとずれ。たより。「音信」❸むかしの中国の読み方をもとにした、漢字の読み方。「音訓・音読み」対訓。

おん【恩】
［心］10画　6年　音 オン　訓 ―

めぐむ。めぐみ。また、いつくしみ。なさけ。「恩人・恩給・恩義・恩師・恩恵・謝恩」

おん【温】
［氵］12画　3年　音 オン　訓 あたたか・あたたかい・あたたまる・あたためる

❶あたたかい。あたたまる。あたためる。「温室・温帯・温情・温泉・温暖・温床」❷おだやか。やさしい。「温和・温厚」❸おんど。「気温・体温」

おん【遠】→えん（遠）。

か【下】

［一］ 3画 1年

音 カ・ゲ　訓 した・しも・も*と・さげる・さがる・くだる・くだす・くださる・おろす・おりる

一 丅 下

❶した。「地下・下部・下底・下段・下水道」 ❷ひくい方へいく。おりる。「下山・下車・降下」 ❸おとっている。「下等・下品・下劣」 ❹おわりの方。「下流・下旬」㊟①〜④上。 ❺命令などをもうしわたす。くだす。「却下」

か【化】

［匕］ 4画 3年

音 カ・ケ*　訓 ばける・ばかす

ノ イ 亻 化

❶かわる。かえる。「化学・化石・化合・変化・化粧」 ❷ばける。ばかす。「化身」 ❸あることばの下につけて、ある状態にかわることをあらわすことば。「帰化・強化・消化・正常化・電子化・民主化」

か【火】

［火］ 4画 1年

音 カ　訓 ひ・ほ*

丶 丷 少 火

❶もえているもの。ひ。「火山・引火・火事・火柱・火災」 ❷ともしび。「灯火・火影」 ❸「火曜日」のりゃく。「火木土」

か【加】

［力］ 5画 4年

音 カ　訓 くわえる・くわわる

フ カ か 加 加

❶くわえる。くわわる。「加入・加工・加熱・参加・加勢」 ❷たし算。「加法」㊟減。

か【可】

［口］ 5画 5年

音 カ　訓 ー

一 丆 可 可 可

❶よいとみとめる。「可決・不可・許可・可否・認可」㊟否。 ❷できる。「可能」

か【仮】

［亻］ 6画 5年

音 カ・ケ*　訓 かり

ノ イ 仁 仮 仮 仮

❶まにあわせ。かり。「仮名・仮想・仮定・仮説・仮設・仮寝」 ❷にせ。いつわり。「仮病」

か【何】

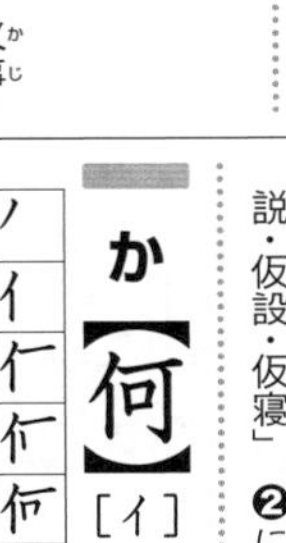

［亻］ 7画 2年

音 カ*　訓 なに・なん

ノ イ 亻 仃 何 何 何

はっきりしない物事をさすことば。「何者」

か【花】

［艹］ 7画 1年

音 カ　訓 はな

一 十 艹 艹 芢 花 花

❶植物の、はな。「開花・花粉・花弁・花壇・花暦」 ❷うつくしくはなやかなもの。「花よめ・花形」

か【価】

［亻］ 8画 5年

音 カ　訓 あたい*

ノ イ 亻 仃 価 価 価 価

❶ねうち。「声価・真価・評価・価値」 ❷ねだん。「原価・高価・安価・代価・定価・物価・価格」

か【果】

［木］ 8画 4年

音 カ　訓 はたす・はてる・はて

丨 口 日 日 旦 甲 果 果

❶くだもの。「青果・果実・果樹・果汁」 ❷ものごとをやりとげる。また、ものごとのできばえ。「結果」 ❸思いきってする。「果敢（＝だいたんなようす）・果断」

か【河】

［氵］ 8画 5年

音 カ　訓 かわ

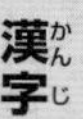

❶大きな水の流れ。かわ。「河口・河川・大河・氷河」 ❷中国の「黄河」のこと。

か【科】

［禾］ 9画 2年 音 カ 訓 ―

❶分類した部門。「文科・科目・科学・外科・内科・理科」 ❷生物を分類する単位の一つ。「バラ科」 ❸つみ。「前科」

か【夏】

［夂］ 10画 2年 音 カ・ゲ* 訓 なつ

なつ。「夏場・夏期・夏季・初夏・夏至・盛夏・晩夏」

か【家】

［宀］ 10画 2年 音 カ・ケ 訓 いえ・や

❶すまい。いえ。「家風・家屋・家具・家族・家庭・家賃」 ❷いえがら。「名家・旧家」 ❸その道に通じている人。「作家・音楽家・法律家」

か【荷】

［艹］ 10画 3年 音 カ* 訓 に

❶にもつ。「出荷・入荷・荷物・荷役・荷札」 ❷数をあらわすことばの下につけて、にもつをかぞえることば。「一荷」 ❸にもつをかかえる。になう。

か【貨】

［貝］ 11画 4年 音 カ 訓 ―

❶おかね。「金貨・銀貨・貨幣・貨車・貨物・百貨店」 ❷しなもの。

か【過】

［辶］ 12画 5年 音 カ 訓 すぎる・すごす・あやまつ*・あやまち*

❶とおりすぎる。「過日・通過・過去・過程・過渡期」 ❷ていどをこす。「過少・過労・過密・過疎」 ❸あやまち。「過失」

か【歌】

［欠］ 14画 2年 音 カ 訓 うた・うたう

❶うた。うたう。「歌手・歌曲・歌劇・歌詞・歌謡曲・歌集」 ❷和歌。短歌。「歌人・歌道・歌風」

か【課】

［言］ 15画 4年 音 カ 訓 ―

❶よしあしをしらべる。「考課」 ❷わりあてる。わりあて。「学課・日課・課税・課題」 ❸役所・会社などでの仕事のくぶん。「課長・人事課」 ❹教科書などの中のくわけ。「第一課」

か【香】➡こう（香）。
か（す）【貸】➡たい（貸）。

が【我】

［戈］ 7画 6年 音 ガ* 訓 われ・わ*

じぶん。わたし。「自我・我流・無我・我慢・我田引水」

が【画】［田］8画 2年 音 ガ・カク 訓 ー

❶絵。また、絵をかく。「名画・画家・画集・画材・画像」 ❷くぎり。くぎる。「区画」 ❸はかる。はかりごと。「計画・画策・企画」 ❹漢字をかたちづくる点や線。「画数」

が【芽】［艹］8画 4年 音 ガ 訓 め

❶草木の、め。「麦芽・発芽・若芽」 ❷ものごとのはじまり。「萌芽」

が【賀】［貝］12画 4年 音 ガ 訓 ー

いわう。いわい。また、よろこぶ。よろこび。「賀正・年賀・祝賀・賀状」

かい【回】［口］6画 2年 音 カイ・エ* 訓 まわる・まわす

❶まわる。まわす。「回送・回転・回遊・回覧」 ❷数をあらわすことばの下につけて、度数・順序をかぞえる語。「一回」

かい【会】［人］6画 2年 音 カイ・エ* 訓 あう

❶であう。あう。「会見・面会・会談」 ❷あつまる。あつまり。「会合・集会・会議」 ❸思いあたる。さとる。「会得」

かい【灰】［火］6画 6年 音 カイ* 訓 はい

物がもえたあとにのこる粉。もえがら。はい。「火山灰・灰色」

かい【快】［忄］7画 5年 音 カイ 訓 こころよい

❶気持ちがよい。「快活・快方・快感・快勝・快挙・快適」 ❷はやい。「快速」

かい【改】［攵］7画 4年 音 カイ 訓 あらためる・あらたまる

❶あらためる。新しくする。「改正・改行・改新・改良・改修・改造・改革」 ❷しらべる。検査する。「改札」

かい【貝】［貝］7画 1年 音 ー 訓 かい

❶かたいからでおおわれた、動物。「貝柱」 ❷貝がら。「貝塚」

かい【海】［氵］9画 2年 音 カイ 訓 うみ

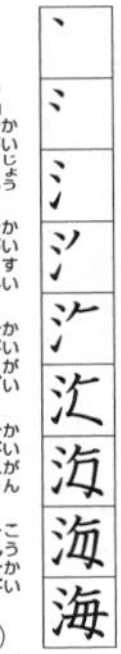

うみ。「海上・海水・海外・海岸・航海」㊉陸。

かい【界】［田］9画 3年 音 カイ 訓 ー

❶さかいめ。しきり。「境界・限界」 ❷くぎられた中。あるはんい。「世界・財界・政界・社交界」

かい【械】［木］11画 4年 音 カイ 訓 ー

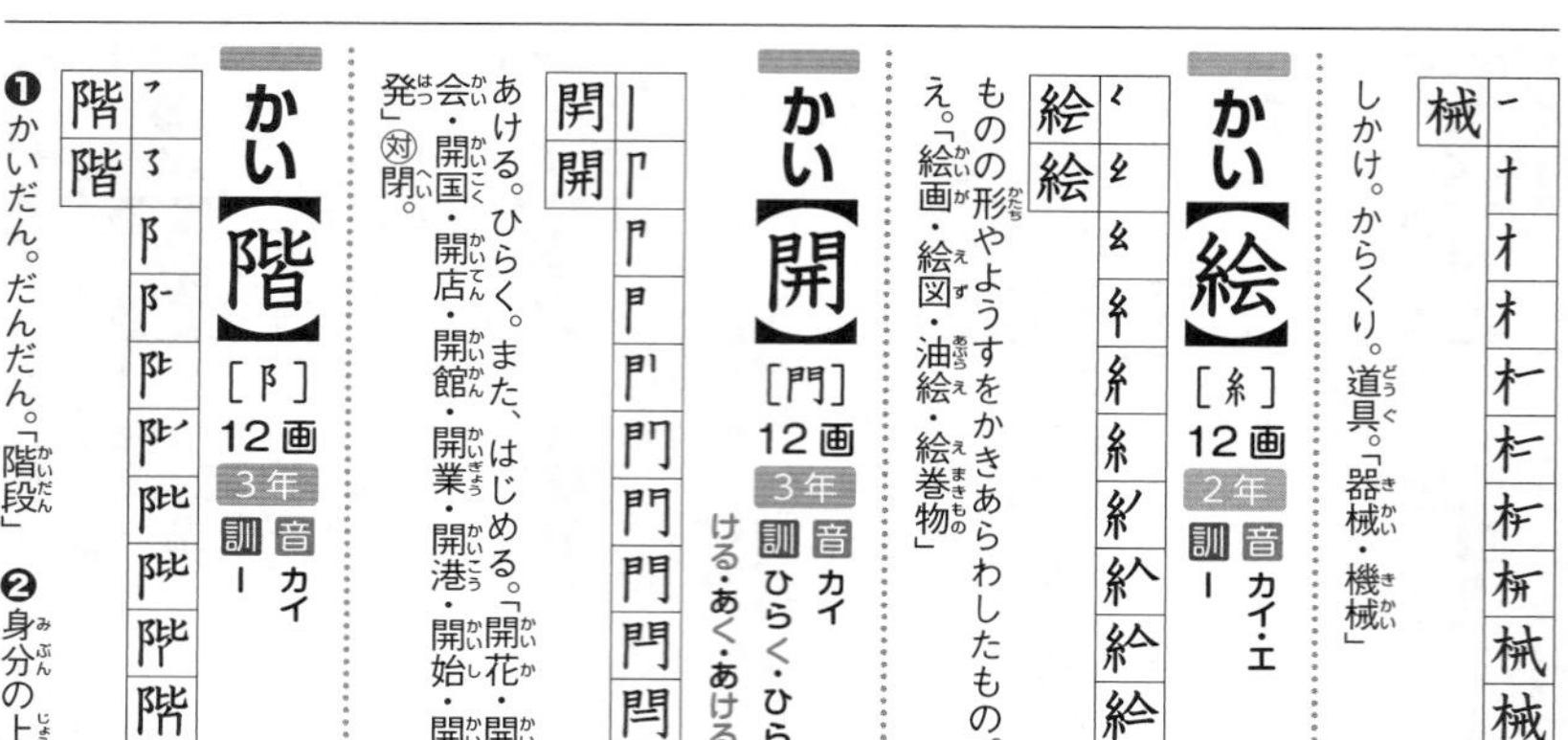

械

しかけ。からくり。道具。「器械・機械」

かい【絵】

［糸］12画 2年 音 カイ・エ 訓 ー

ものの形やようすをかきあらわしたもの。え。「絵画・絵図・油絵・絵巻物」

かい【開】

［門］12画 3年 音 カイ 訓 ひらく・ひらける・あく・あける

あける。ひらく。また、はじめる。「開花・開会・開国・開店・開館・開業・開港・開始・開発」㊟閉。

かい【階】

［阝］12画 3年 音 カイ 訓 ー

❶かいだん。だんだん。「階段」 ❷身分の上下。「階級・階層」 ❸たてもののかさなり。「階下・階上」

かい【解】

［角］13画 5年 音 カイ・ゲ* 訓 とく・とかす・とける

❶もんだいをとく。また、もんだいの答え。「正解・解答」 ❷わかる。さとる。「理解・解説・解釈」 ❸ばらばらにする。「分解・解散・解剖」 ❹とりのぞく。やめる。「解禁・解毒・解除」

かい【街】⬇がい（街）。

がい【外】

［夕］5画 2年 音 ガイ・ゲ* 訓 そと・ほか・はずす・はずれる

❶そと。そとがわ。「海外・外角・外気・国外・場外・外部・外観」㊟内。 ❷よそ。ほかのところ。「外出・外食・外貨」 ❸はずれる。はずす。「除外・疎外」

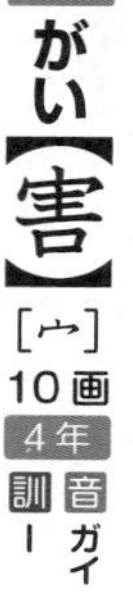

がい【害】

［宀］10画 4年 音 ガイ 訓 ー

❶そこなう。きずつける。「害虫・公害・害悪・害毒・危害」㊟益。 ❷じゃまになる。さまたげ。また、わざわい。「妨害・障害・災害・損害・被害・冷害」

がい【街】

［行］12画 4年 音 ガイ・カイ* 訓 まち

まち。まちの大通り。「街頭・街道・市街・街路」

かく【各】

［口］6画 4年 音 カク 訓 おのおの*

めいめい。それぞれ。「各人・各自・各地・各界・各種・各個」

かく【角】

［角］7画 2年 音 カク 訓 かど・つの

❶つの。「頭角・角笛」 ❷かど。すみ。「四角・角柱・角材・街角・角帽」 ❸角度。「直角・内角・方角」 ❹すもう。「角界」 ❺し

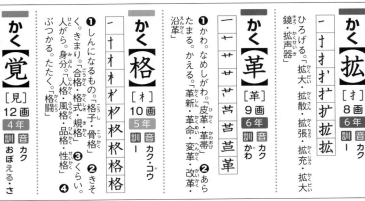

ようぎのこまの名まえ。角行。

かく【拡】

［扌］ 8画 6年 音 カク 訓 ー

ひろげる。「拡大・拡散・拡張・拡充・拡大鏡・拡声器」

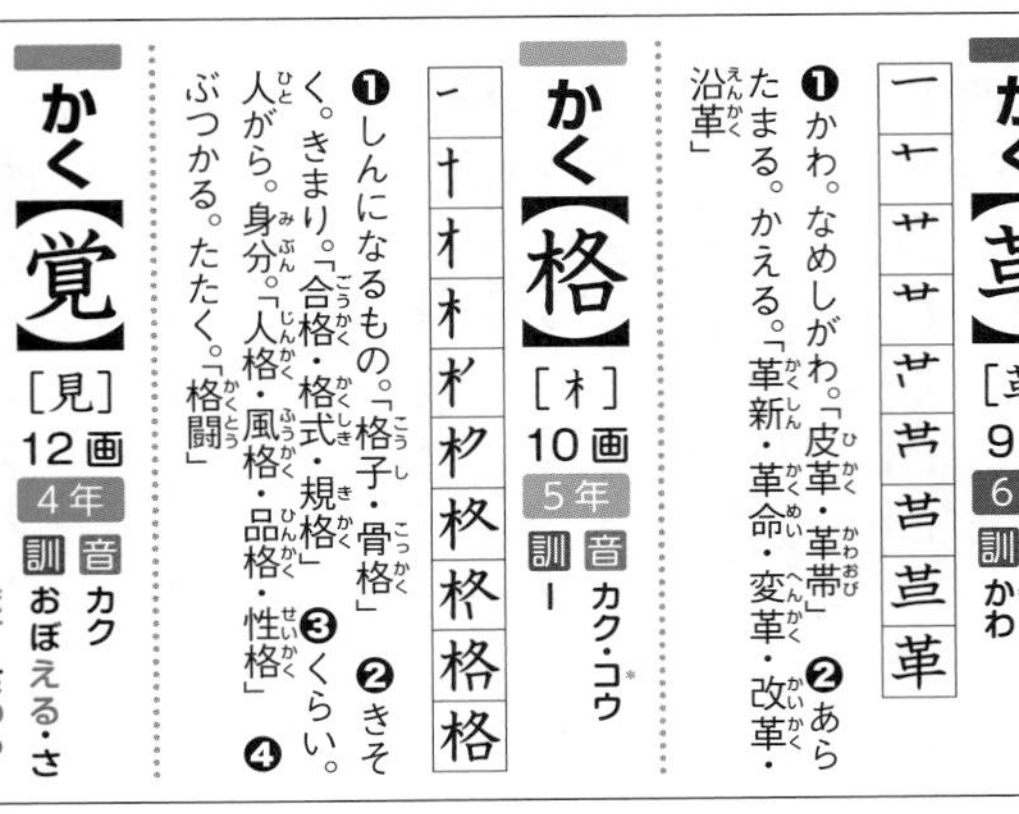

かく【革】

［革］ 9画 6年 音 カク 訓 かわ*

❶かわ。なめしがわ。「皮革・革帯」 ❷あらたまる。かえる。「革新・革命・変革・改革・沿革」

かく【格】

［木］ 10画 5年 音 カク・コウ* 訓 ー

❶しんになるもの。「格子・骨格」 ❷きそく。きまり。「合格・格式・規格」 ❸くらい。人がら。身分。「人格・風格・品格・性格」 ❹ぶつかる。たたく。「格闘」

かく【覚】

［見］ 12画 4年 音 カク 訓 おぼえる・さます・さめる

❶おぼえる。「知覚・感覚・味覚・視覚・触覚・聴覚」 ❷さとる。はっきりわかる。「自覚・発覚・覚悟」

かく【閣】

［門］ 14画 6年 音 カク 訓 ー

❶高くつくったりっぱなたてもの。「楼閣・天守閣」 ❷「内閣」のりゃく。「組閣・閣議・閣僚」

かく【確】

［石］ 15画 5年 音 カク 訓 たしか・たしかめる

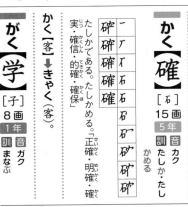

たしかである。たしかめる。「正確・明確・確実・確信・的確・確保」

かく【客】⇩きゃく（客）。

がく【学】

［子］ 8画 1年 音 ガク 訓 まなぶ

❶べんきょうする。まなぶ。ならう。「見学・学習・学科」 ❷知識。「科学・学問・学芸・学識・学術」 ❸学校。「入学・学長・学友・学童・学費」

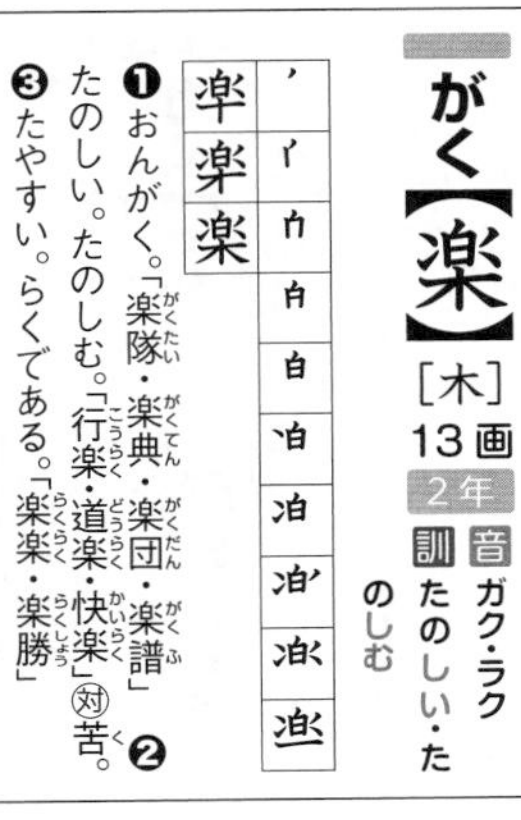

がく【楽】

［木］ 13画 2年 音 ガク・ラク 訓 たのしい・たのしむ

❶おんがく。「楽隊・楽典・楽団・楽譜」 ❷たのしい。たのしむ。「行楽・道楽・快楽」㊥苦。 ❸たやすい。らくである。「楽楽・楽勝」

がく【額】

［頁］ 18画 5年 音 ガク 訓 ひたい

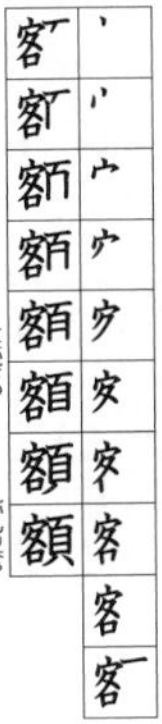

❶ひたい。おでこ。「額際」 ❷分量。とくに、金銭のたか。「多額・全額・差額・残額」 ❸絵などを入れてかけるもの。「額縁」

かざ【風】⇩ふう（風）。

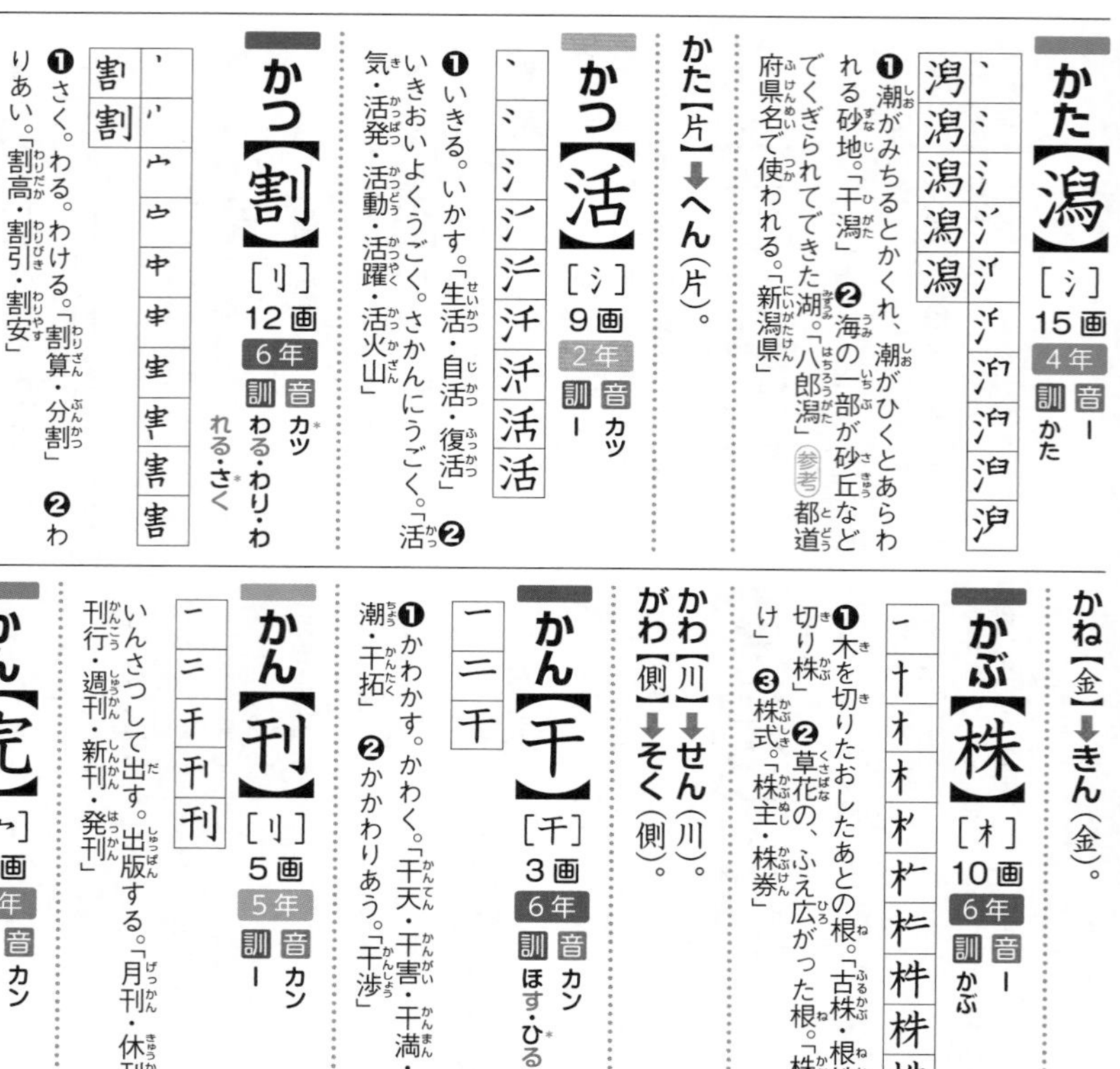

かた【潟】

[氵] 15画 4年 音 ー 訓 かた

❶潮がみちるとかくれ、潮がひくとあらわれる砂地。「干潟」 ❷海の一部が砂丘などでくぎられてできた湖。「八郎潟」 参考 都道府県名で使われる。「新潟県」

かた【片】→へん(片)。

かつ【活】

[氵] 9画 2年 音 カツ 訓 ー

❶いきる。いかす。「生活・自活・復活」 ❷いきおいよくうごく。さかんにうごく。「活気・活発・活動・活躍・活火山」

かつ【割】

[刂] 12画 6年 音 カツ* 訓 わる・わり・われる・さく*

❶さく。わる。わける。「割算・分割」 ❷わりあい。「割高・割引・割安」

かね【金】→きん(金)。

かぶ【株】

[木] 10画 6年 音 ー 訓 かぶ

❶木を切りたおしたあとの根。「古株・根株・切り株」 ❷草花の、ふえ広がった根。「株分け」 ❸株式。「株主・株券」

かわ【川】→せん(川)。

がわ【側】→そく(側)。

かん【干】

[干] 3画 6年 音 カン 訓 ほす・ひる*

❶かわかす。かわく。「干天・干害・干満・干潮・干拓」 ❷かかわりあう。「干渉」

かん【刊】

[刂] 5画 5年 音 カン 訓 ー

いんさつして出す。出版する。「月刊・休刊・刊行・週刊・新刊・発刊」

かん【完】

[宀] 7画 4年 音 カン 訓 ー

❶おわる。できあがる。「完結・完成・未完・完納・完了」 ❷かけたところがない。「完全・完勝・完敗・完備」

かん【官】

[宀] 8画 4年 音 カン 訓 ー

❶役所。役人。「教官・警官・官庁・官吏・官僚・裁判官」 ❷あるはたらきをするもの。「器官」

かん【巻】

[己] 9画 6年 音 カン 訓 まく・まき

❶まく。まるくたたむ。「巻紙・巻き貝・巻き尺」 ❷まきもの。書物。「上巻・下巻・巻頭・巻末・別巻」 ❸書物やフィルムをかぞえることば。「一巻」

かん【看】

[目] 9画 6年 音 カン 訓 ー

みる。みまもる。「看守・看板・看病・看護」

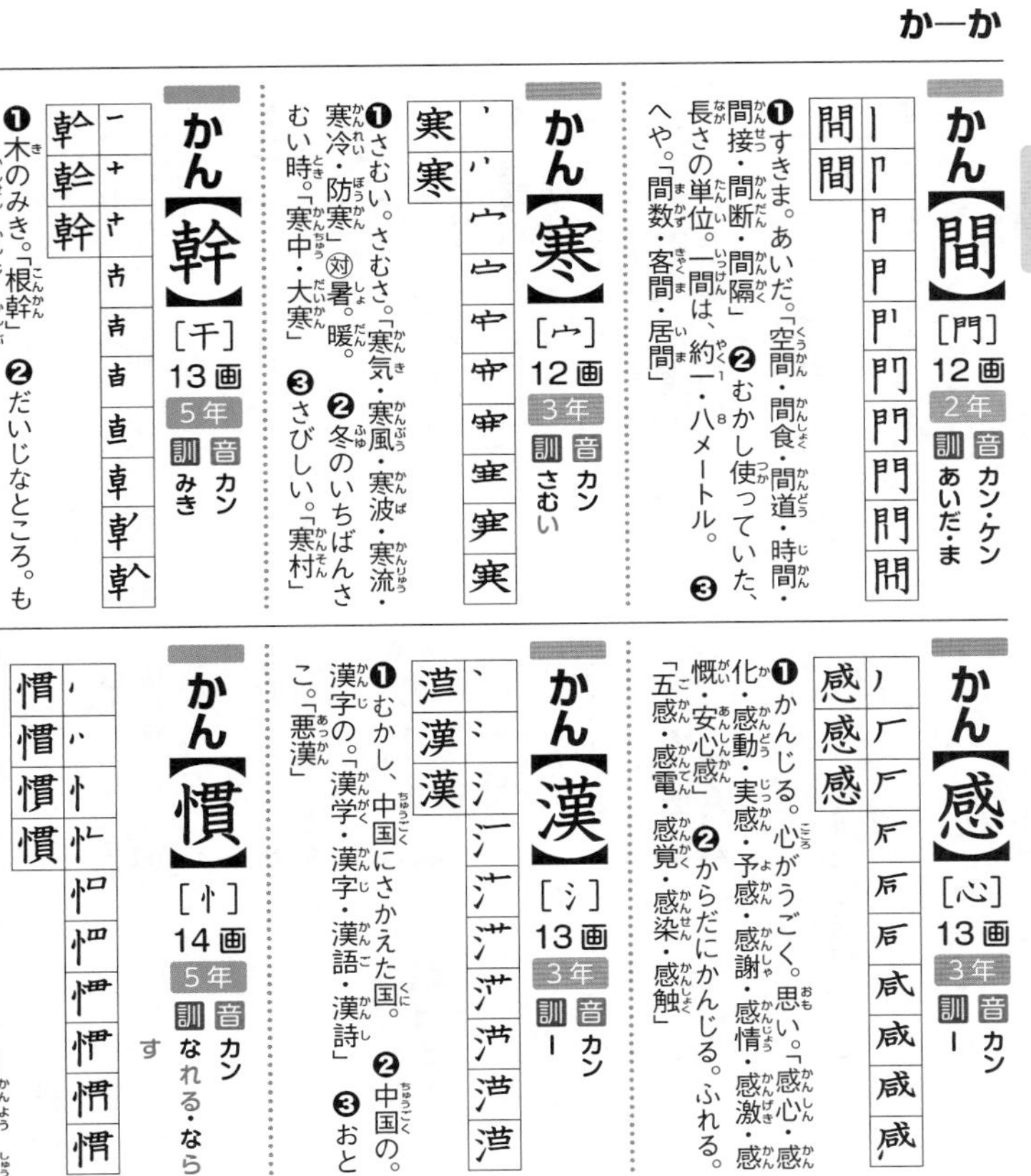

かん【間】

［門］12画 2年 音 カン・ケン 訓 あいだ・ま

❶すきま。あいだ。「空間・間食・間道・時間・間接・間断・間隔」❷むかし使っていた、長さの単位。一間は、約一・八メートル。❸へや。「間数・客間・居間」

かん【寒】

［宀］12画 3年 音 カン 訓 さむい

❶さむい。さむさ。「寒気・寒風・寒波・寒流・寒冷・防寒」㊟暑。暖。❷冬のいちばんさむい時。「寒中・大寒」❸さびしい。「寒村」

かん【幹】

［干］13画 5年 音 カン 訓 みき

❶木のみき。「根幹」❷だいじなところ。もと。「幹線・幹事・幹部」

かん【感】

［心］13画 3年 音 カン 訓 ー

❶かんじる。心がうごく。思い。「感心・感化・感動・実感・予感・感謝・感情・感激・感慨・安心感」❷からだにかんじる。ふれる。「五感・感電・感覚・感染・感触」

かん【漢】

［氵］13画 3年 音 カン 訓 ー

❶むかし、中国にさかえた国。漢字の。「漢学・漢字・漢語・漢詩」❷中国の。❸おとこ。「悪漢」

かん【慣】

［忄］14画 5年 音 カン 訓 なれる・ならす

なれる。ならす。また、ならわし。「慣用・習慣・慣例・不慣れ」

かん【管】

［⺮］14画 4年 音 カン 訓 くだ

❶くだ。「土管・血管・管楽器・管弦楽」❷とりしまる。「管理・保管」

かん【関】

［門］14画 4年 音 カン 訓 せき・かかわる

❶出入りをとりしまるところ。出入り口。「関門・関東・関所・税関・難関」❷かかわる。「関心・関係・相関・関連」❸しくみ。しかけ。「関節・機関」

かん【館】

［食］16画 3年 音 カン 訓 やかた

大きなたてもの。やかた。「会館・旅館・図書館」

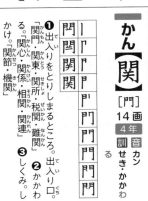

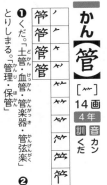

かん【簡】［⺮］18画　6年　音 カン　訓 ー

❶てがる。たやすい。「簡単・簡便・簡易・簡潔・簡素・簡略」　❷書いたもの。手紙。「書簡」

かん【観】［見］18画　4年　音 カン　訓 ー

❶みる。「観光・観客・観察・観戦・観賞」　❷ありさま。「美観・景観・壮観」　❸ものの見方。「楽観・客観・主観・人生観・価値観」

かん【神】→しん（神）。

がん【丸】［丶］3画　2年　音 ガン　訓 まる・まるい・まるめる

❶まるい。まるいもの。「丸薬・砲丸・丸木橋」　❷あることばの上につけて、「ぜんぶ」の意味をあらわすことば。「丸損・丸裸・丸焼け」

がん【岸】［山］8画　3年　音 ガン　訓 きし

きし。水ぎわ。「海岸・岸辺・沿岸・岸壁」

がん【岩】［山］8画　2年　音 ガン　訓 いわ

大きな石。いわ。「岩石・岩山・岩場・岩壁・岩陰・安山岩」

がん【眼】［目］11画　5年　音 ガン・ゲン*　訓 まなこ*

❶まなこ。め。「近眼・肉眼・老眼」　❷だいじなところ。中心。「眼目・主眼」　❸ものごとを見ぬく力。「眼光」

がん【顔】［頁］18画　2年　音 ガン　訓 かお

❶かお。かおだち。かおつき。「顔色（かおいろ）・顔面・童顔・横顔・笑顔・厚顔・紅顔」　❷いろどり。「顔料」

がん【願】［頁］19画　4年　音 ガン　訓 ねがう

ねがう。ねがい。「願書・願望・念願・志願」

がん【元】→げん（元）。

き【危】［㔾］6画　6年　音 キ　訓 あぶない・あやうい*・あやぶむ

あぶない。あやぶむ。「危急・危害・危機・危険・危篤」（対）安。

き【机】［木］6画　6年　音 キ*　訓 つくえ

つくえ。「机上」

き【気】［气］6画　1年　音 キ・ケ　訓 ー

❶空気。気体。「天気・気温・気化・気候・気象・気圧」❷心のうごき。「本気・気軽・気位・勇気・気質・気概」❸ようす。「気風・活気・気運・気品・気味・気配」

き【岐】

［山］7画 4年 音 キ* 訓 ー

道が分かれる。「岐路・多岐・分岐点」 参考 都道府県名で使われる。「岐阜県」

き【希】

［巾］7画 4年 音 キ 訓 ー

❶めずらしい。まれ。「希少・古希・希代」❷のぞむ。ねがう。「希求・希望」

き【汽】

［氵］7画 2年 音 キ 訓 ー

ゆげ。蒸気。「汽車・汽船・汽笛」

き【季】

［子］8画 4年 音 キ 訓 ー

気候によって一年をいくつかに分けた区分。「季節・四季・季刊・季語・季題」

き【紀】

［糸］9画 5年 音 キ 訓 ー

❶書きしるしたもの。「紀行・紀要」❷きまり。「校紀・風紀・軍紀・紀律・綱紀」❸年代。「世紀・紀元」

き【記】

［言］10画 2年 音 キ 訓 しるす

❶かきとめる。しるす。「記事・記帳・記録・記述・記載」❷しるし。「記号・記章」❸心にとどめる。「暗記・記念・記憶」

き【起】

［走］10画 3年 音 キ 訓 おきる・おこる・おこす

❶おきる。おこす。「決起・再起・起床・起訴」❷おこり。はじまり。もと。「発起・起因・起源」❸はじめる。「起工・起点」

き【帰】

［巾］10画 2年 音 キ 訓 かえる・かえす

❶かえる。もどる。「帰京・帰国・帰港・帰省・復帰・帰郷・帰宅・帰還」❷したがう。「帰化・帰依」

き【基】

［土］11画 5年 音 キ 訓 もと*・もとい*

❶もと。もとい。「基本・基地・基準・基礎・基盤」❷もとづく。はじまり。「基点」

き【寄】

［宀］11画 5年 音 キ 訓 よる・よせる

よる。よせる。「寄港・寄付」

き【規】

［見］11画 5年 音 キ 訓 ー

❶円をかく道具。コンパス。❷手本。きまり。「内規・規約・法規・規準・規則・規律」

き【喜】［口］12画 5年

音 キ　訓 よろこぶ

一 十 士 吉 吉 吉 吉 吉 壴 壴 喜 喜

うれしく思う。「喜劇・喜色・喜怒哀楽」㊖悲。

き【揮】［扌］12画 6年

音 キ　訓 ー

一 扌 扌 扌 扌 扌 扌 扌 扌 揮 揮 揮

❶ふるう。「発揮」❷さしずする。「指揮」❸とびちる。「揮発」

き【期】［月］12画 3年

音 キ・ゴ*　訓 ー

一 十 卄 甘 甘 其 其 其 期 期 期 期

❶とき。「期日・時期・死期・最期」❷あるときからあるときまでの間。「期間・期限・任期」❸めあてをつける。「期待・予期」

き【貴】［貝］12画 6年

音 キ　訓 たっとい*・とうとい*・たっとぶ*・とうとぶ*

丶 口 中 中 虫 冑 冑 冑 冑 貴 貴 貴

❶身分や位がたかい。「貴族・貴公子・貴婦人」❷たいせつにする。「貴重」❸《相手にかんすることばにつけて》尊敬の意味をあらわすことば。「貴社・貴国」

き【旗】［方］14画 4年

音 キ　訓 はた

丶 亠 方 方 方 方 方 方 方 旗 旗 旗 旗 旗

はた。はたじるし。「旗手・旗色・校旗・国旗・旗印」

き【器】［口］15画 4年

音 キ　訓 うつわ*

丶 口 口 吅 吅 吅 吅 哭 哭 器 器 器 器 器 器

❶いれもの。うつわ。「食器・茶器・容器・磁器」❷どうぐ。「石器・楽器・器具・器物・器材」

き【機】［木］16画 4年

音 キ　訓 はた*

一 十 才 木 木 木 木 木 木 木 機 機 機 機 機 機

❶きっかけ。ちょうどよいとき。「機会・機運・転機・好機・契機」❷ぬのをおる道具。はた。「織機・機織り」❸しかけ。からくり。「機械・機関」❹はたらき。「機転・機能」❺飛行機。また、飛行機をかぞえることば。「五機・機首・航空機」

き【己】➡こ（己）。

き【黄】➡こう（黄）。

ぎ【技】［扌］7画 5年

音 ギ　訓 わざ*

一 十 扌 扌 扌 抃 技

わざ。うでまえ。「技量・競技・特技・技術・技能・技巧」

ぎ【義】［羊］13画 5年

音 ギ　訓 ー

丶 丷 䒑 䒑 羊 羊 羊 美 美 義 義 義 義

❶人のなすべきみち。「正義・義理・義務・忠義」❷わけ。いみ。「意義・定義」❸ぎりの。「義父・義母」❹かわりになるもの。「義手・義足」

ぎ【疑】

［疋］14画 6年 音 ギ 訓 うたがう

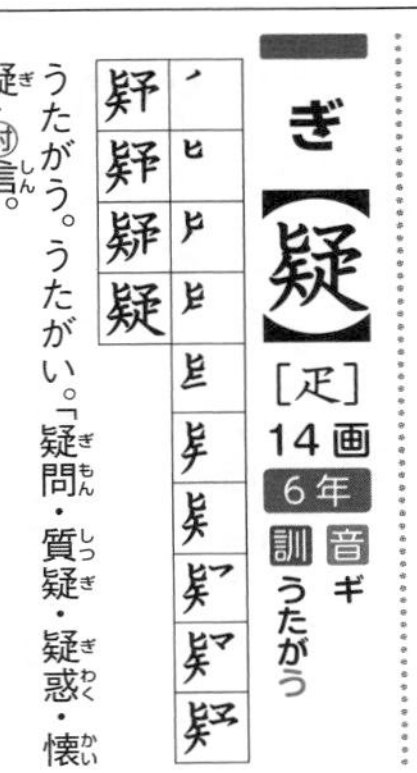

うたがう。うたがい。「疑問・質疑・疑惑・懐疑」㊫信。

ぎ【議】

［言］20画 4年 音 ギ 訓 ー

はなしあう。そうだんする。「会議・議事・議案・協議・討議・論議・審議」

きぬ【絹】

➡けん（絹）。

きゃく【客】

［宀］9画 3年 音 キャク・カク* 訓 ー

❶家にたずねてきた人。きゃく。「先客・客間・来客・主客」❷商売をする人にたいして、そのあいて。「船客・旅客・客席・観客」

ぎゃく【逆】

［辶］9画 5年 音 ギャク 訓 さか・さからう

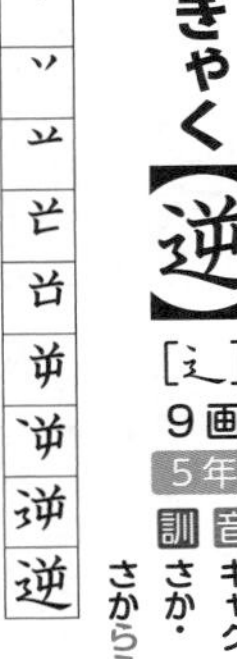

❶さからう。そむく。「反逆」㊫順。❷さかさま。反対。あべこべ。「逆算・逆転・逆流」

きゅう【九】

［乙］2画 1年 音 キュウ・ク 訓 ここの・ここのつ

ノ 九

❶ここのつ。「九人」❷九番め。「九回」❸数が多いこと。「三拝九拝（＝なんどもおじぎをくりかえしてたのみこむこと）」

きゅう【久】

［ノ］3画 5年 音 キュウ・ク* 訓 ひさしい

ノ ク 久

時間が長くたつ。長い間。「久遠・持久・永久・恒久・耐久」

きゅう【弓】

［弓］3画 2年 音 キュウ* 訓 ゆみ

❶矢をいる武器。ゆみ。「弓道・弓矢」❷チェロやバイオリンなどのゆみ。

きゅう【旧】

［日］5画 5年 音 キュウ 訓 ー

❶ふるい。ふるくなる。「旧家・旧教・旧式・旧制・旧暦」㊫新。❷むかし。むかしから。「旧交・旧友」

きゅう【休】

［亻］6画 1年 音 キュウ 訓 やすむ・やすまる・やすめる

ノ 亻 仁 什 休 休

❶やすむ。やすめる。「休校・休日・休業・休息・無休・連休・休暇」❷やめる。中止する。「休戦・休刊」

きゅう【吸】

［口］6画 6年 音 キュウ 訓 すう

すう。すいこむ。「吸入・吸血・吸着・吸収・呼吸・吸盤」

きゅう【求】

［氺］7画 4年 音 キュウ 訓 もとめる

❶もとめる。さがす。「求人（きゅうじん）・追求（ついきゅう）・求職（きゅうしょく）・探求（たんきゅう）」 ❷のぞむ。ねがう。「求刑（きゅうけい）・請求（せいきゅう）」

きゅう【究】
［穴］7画　3年　音 キュウ　訓 きわめる*

よくしらべる。きわめる。「究明（きゅうめい）・研究（けんきゅう）・追究（ついきゅう）・探究（たんきゅう）」

きゅう【泣】
［氵］8画　4年　音 キュウ*　訓 なく

なく。なみだをながしてなく。「感泣（かんきゅう）・号泣（ごうきゅう）」

きゅう【急】
［心］9画　3年　音 キュウ　訓 いそぐ

❶いそぐ。はやい。にわか。「急行（きゅうこう）・急用（きゅうよう）・急死（きゅうし）・急速（きゅうそく）・急転（きゅうてん）・急流（きゅうりゅう）・急変（きゅうへん）・急病（きゅうびょう）・急性（きゅうせい）・救急（きゅうきゅう）・至急（しきゅう）」 ❷さしせまった。きけんな。「応急（おうきゅう）・危急（ききゅう）・緊急（きんきゅう）」 ❸けわしい。「急角度（きゅうかくど）・急降下（きゅうこうか）・急斜面（きゅうしゃめん）」

きゅう【級】
［糸］9画　3年　音 キュウ　訓 ー

❶じゅんじょ。ていど。くらい。「高級（こうきゅう）・階級（かいきゅう）・進級（しんきゅう）・等級（とうきゅう）・初級（しょきゅう）」 ❷組（くみ）。クラス。「学級（がっきゅう）・同級（どうきゅう）」

きゅう【宮】
［宀］10画　3年　音 キュウ・グウ*・ク*　訓 みや

きゅうでん。おみや。「神宮（じんぐう）・王宮（おうきゅう）・行宮（あんぐう）・東宮（とうぐう）・宮城（きゅうじょう）・宮廷（きゅうてい）・宮殿（きゅうでん）」

きゅう【救】
［攵］11画　5年　音 キュウ　訓 すくう

たすける。すくう。「救出（きゅうしゅつ）・救助（きゅうじょ）・救命（きゅうめい）・救急（きゅうきゅう）・救済（きゅうさい）・救援（きゅうえん）」

きゅう【球】
［王］11画　3年　音 キュウ　訓 たま

❶たま。まるい形（かたち）をしたもの。「気球（ききゅう）・球場（きゅうじょう）・地球（ちきゅう）・電球（でんきゅう）・球根（きゅうこん）・血球（けっきゅう）・投球（とうきゅう）」 ❷野球（やきゅう）などで、たまをなげた回数（かいすう）をあらわすことば。「三球三振（さんきゅうさんしん）」

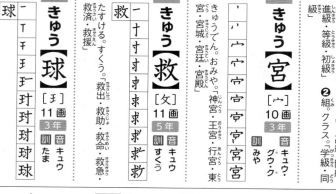

きゅう【給】
［糸］12画　4年　音 キュウ　訓 ー

❶あたえる。くばる。たりる。たす。「給水（きゅうすい）・給食（きゅうしょく）・給仕（きゅうじ）・給油（きゅうゆ）・供給（きょうきゅう）・補給（ほきゅう）」 ❷ちんぎん。「月給（げっきゅう）・給料（きゅうりょう）・恩給（おんきゅう）・給与（きゅうよ）」

ぎゅう【牛】
［牛］4画　2年　音 ギュウ　訓 うし

うし。「牛肉（ぎゅうにく）・牛舎（ぎゅうしゃ）・牛乳（ぎゅうにゅう）」

きょ【去】
［厶］5画　3年　音 キョ・コ　訓 さる

❶すぎさる。いってしまう。「去年（きょねん）・去来（きょらい）・死去（しきょ）・過去（かこ）」 ❷とりのぞく。「除去（じょきょ）」

きょ【居】

［尸］8画 5年　音 キョ　訓 いる

❶いる。すわる。「居間(いま)・居所(いどころ)・起居(ききょ)・居留守(いるす)」❷すむ。すまい。「入居(にゅうきょ)・同居(どうきょ)・住居(じゅうきょ)」

きょ【挙】

［手］10画 4年　音 キョ　訓 あげる・あがる

❶あげる。「挙手(きょしゅ)・列挙(れっきょ)・検挙(けんきょ)」❷おこなう。ふるまい。行動(こうどう)。「挙行(きょこう)・挙動(きょどう)・快挙(かいきょ)・暴挙(ぼうきょ)」❸のこらず。「大挙(たいきょ)」

きょ【許】

［言］11画 5年　音 キョ　訓 ゆるす

ききいれる。ゆるす。「特許(とっきょ)・許可(きょか)・許容(きょよう)・免許(めんきょ)」

ぎょ【魚】

［魚］11画 2年　音 ギョ　訓 うお・さかな

うお。さかな。「白魚(しらうお)・魚肉(ぎょにく)・魚群(ぎょぐん)・魚類(ぎょるい)・雑魚(ざこ)・魚河岸(うおがし)」

ぎょ【漁】

［氵］14画 4年　音 ギョ・リョウ　訓 ―

さかなをとる。あさる。「漁場(ぎょじょう)・漁船(ぎょせん)・漁業(ぎょぎょう)・漁港(ぎょこう)・漁師(りょうし)・漁獲(ぎょかく)」

きょう【共】

［八］6画 4年　音 キョウ　訓 とも

ともに。いっしょに。「共学(きょうがく)・共通(きょうつう)・共同(きょうどう)・共感(きょうかん)・共演(きょうえん)・共犯(きょうはん)・共存(きょうぞん(きょうそん))」

きょう【京】

［亠］8画 2年　音 キョウ・ケイ*　訓 ―

❶皇居(こうきょ)のある都市(とし)。みやこ。「上京(じょうきょう)・帰京(ききょう)・在京(ざいきょう)」❷「京都(きょうと)」のこと。「京人形(きょうにんぎょう)・京阪神(けいはんしん)（＝京都(きょうと)・大阪(おおさか)・神戸(こうべ)）」❸「東京(とうきょう)」のこと。「京浜(けいひん)（＝東京(とうきょう)・横浜(よこはま)）工業地帯(こうぎょうちたい)」❹数(かず)の単位(たんい)。けい。一兆(いっちょう)の一万倍(いちまんばい)。

きょう【供】

［亻］8画 6年　音 キョウ・ク*　訓 そなえる・とも

❶そなえる。ささげる。また、さしだす。「供出(きょうしゅつ)・供物(くもつ)・供給(きょうきゅう)・供養(くよう)・提供(ていきょう)・試供品(しきょうひん)」❷おともをする。「供人(ともびと)」❸のべる。「自供(じきょう)」

きょう【協】

［十］8画 4年　音 キョウ　訓 ―

力(ちから)を合(あ)わせる。「協力(きょうりょく)・協同(きょうどう)・協調(きょうちょう)・協議(きょうぎ)」

きょう【胸】

［月］10画 6年　音 キョウ　訓 むね・むな*

❶くびとはらのあいだの部分(ぶぶん)。むね。「胸板(むないた)・胸倉(むなぐら)・胸囲(きょうい)・胸像(きょうぞう)」❷心(こころ)。心(こころ)の中(なか)。「胸中(きょうちゅう)・度胸(どきょう)・胸算用(むなざんよう)」

きょう【強】

［弓］11画 2年　音 キョウ・ゴウ　訓 つよい・つよまる・つよめる・しいる*

❶つよい。つよまる。つよめる。「強力・強化・強調・強健」❷むりにする。しいる。「強引・強要・強制・強奪・強盗」❸端数を切りすててできた数につけて、それよりも少し多いことをあらわすことば。「一万円強」㊟①③弱。

きょう【教】

［攵］14画 → ［攵］11画　2年

音 キョウ
訓 おしえる・おそわる

一 十 土 耂 耂 考 孝 孝 孝 教 教

おしえ。おしえる。「教科・教育・教員・教訓・教養・教師・教職」

きょう【郷】

［阝］11画　6年

音 キョウ・ゴウ*
訓 ー

𠃌 乡 乡 纟 纟 纟 絈 絈 郷 郷 郷

❶村里。いなか。「在郷・異郷」❷じぶんの生まれた土地。ふるさと。「郷里・帰郷・故郷・郷愁・郷土史」❸場所。「水郷・温泉郷」

きょう【境】

［土］14画　5年

音 キョウ・ケイ*
訓 さかい

一 十 土 圹 圹 圹 垃 垃 垶 垶 培 培 境 境

❶さかい。「境目・境内・国境・境界」❷ありさま。「境地・心境・境遇・環境」

きょう【橋】

［木］16画　3年

音 キョウ
訓 はし

一 十 才 木 杧 杧 桥 桥 桥 桥 桥 桥 橋 橋 橋 橋

はし。「石橋・鉄橋・陸橋・丸木橋」

きょう【鏡】

［金］19画　4年

音 キョウ
訓 かがみ

丿 𠆢 亼 今 牟 令 金 金 釒 鈩 鈩 錇 錇 錇 錇 鏡 鏡 鏡 鏡

❶かがみ。「鏡台」❷レンズをつかって見る道具。「望遠鏡・拡大鏡・顕微鏡・双眼鏡」

きょう【競】

［立］20画　4年

音 キョウ・ケイ
訓 きそう*・せる*

丶 亠 亠 立 立 产 音 音 音 竞 竞 竞 竞 竞 竞 竞 竞 竞 競 競

あらそう。くらべる。きそう。「競売(けいばい)・競馬・競泳・競争・競輪・競技」

きょう【兄】↓けい（兄）。

ぎょう【業】

［木］13画　3年

音 ギョウ・ゴウ*
訓 わざ*

丶 丷 丷 丷 业 业 业 业 丵 丵 業 業 業

❶わざ。仕事。つとめ。「業界・業者・産業・業務・職業・企業」❷学問。「卒業・授業」❸むくいをうけるもとになる、善悪のおこない。「罪業」

ぎょう【形】↓けい（形）。

きょく【曲】

［曰］6画　3年

音 キョク
訓 まがる・まげる

丨 冂 巾 巾 曲 曲

❶まがる。まげる。「曲線・屈曲・曲がり角」❷いつわり。よこしま。「曲解」㊟①②直。❸音楽のふし。しらべ。「名曲・歌曲・組曲・作曲」❹変化がある。「曲折」❺しばい。「戯曲」

きょく【局】
［尸］7画 3年
音 キョク 訓 ー

コ ヨ 尸 月 局 局 局

❶部分。「局地・局所・局部」 ❷役所や会社で、仕事をいくつかに分けた区分。また、わかれた区分をもつ役所や会社。「薬局・支局・電話局・放送局」 ❸ご・しょうぎなどの勝負。「対局」 ❹ありさま。「時局・政局」

きょく【極】
［木］12画 4年
音 キョク・ゴク* 訓 きわめる*・きわまる*・きわみ*

一 十 才 木 木 朽 朽 柯 柯 柯 極 極

❶きわまる。きわめる。「極力・極言・極端」 ❷このうえなく。「極上・極悪・極秘」 ❸はて。「極限」 ❹地球の南北のはし。「極地・北極・南極」 ❺じしゃくや電気の、陽極と陰極。「電極」

ぎょく【玉】
［玉］5画 1年
音 ギョク 訓 たま

一 T 干 王 玉

❶たま。とくに、宝石。「玉石・宝玉」 ❷天皇や他人にかんするものにつけて、尊敬の意味をあらわすことば。「玉座・玉稿」 ❸うつくしい。「玉手箱」

きん【均】
［土］7画 5年
音 キン 訓 ー

一 十 土 圴 均 均 均

つりあっている。ひとしい。「均一・均整・均等・平均」

きん【近】
［辶］7画 2年
音 キン 訓 ちかい

ノ 厂 斤 斤 沂 沂 近

ちかい。ちかづく。また、したしい。「近日・近海・近親・近所・近辺・最近・付近・近刊・接近」 対 遠。

きん【金】
［金］8画 1年
音 キン・コン 訓 かね・かな

ノ 八 亼 今 今 全 余 金

❶かね。金・銀・銅・鉄などの鉱物。「金鉱・合金・金属・砂金」 ❷きいろで、うつくしいつやのある金属。こがね。黄金。「金貨」 ❸おかね。「金庫・金利・金額・金銭」 ❹きんいろ。「金髪」 ❺黄金をふくむ度合いをあらわすことば。「十八金」 ❻しょうぎで、金将。 ❼「金曜日」のりゃく。「月水金」

きん【勤】
［力］12画 6年
音 キン・ゴン* 訓 つとめる・つとまる

一 十 艹 廿 苎 苫 苎 革 菫 菫 勤 勤

つとめる。はたらく。「勤行・通勤・夜勤・勤勉・転勤・勤労・勤務」

きん【筋】
［⺮］12画 6年
音 キン 訓 すじ

ノ ㇐ ㇐ 竹 竹 竹 竹 笞 笞 笞 筋 筋

❶からだの中のすじ。「筋肉・鉄筋・筋骨」 ❷ほそながいもの。「川筋」

きん【禁】
［示］13画 5年
音 キン 訓 ー

一 十 才 木 木 村 材 林 林 林 埜 埜 禁

してはいけないこと。さしとめる。「禁止・禁酒・禁漁・禁令・禁煙」

きん【今】➡こん（今）。

ぎん【銀】
［金］14画 3年
音 ギン 訓 ー

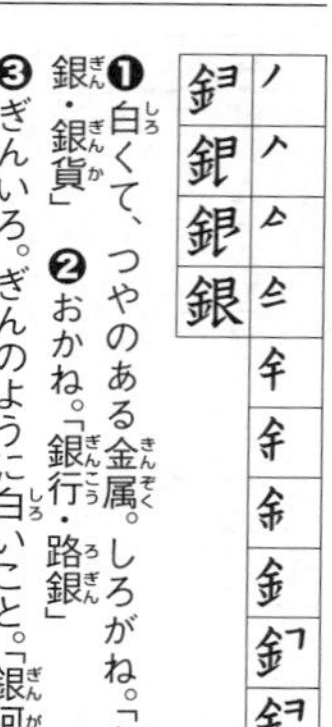

❶白くて、つやのある金属。しろがね。「白銀・銀貨」 ❷おかね。「銀行・路銀」 ❸ぎんいろ。ぎんのように白いこと。「銀河・銀幕・銀盤・銀世界」 ❹しょうぎで、銀将。

く【区】

［匸］ 4画 3年 音 ク 訓 ー

❶わける。くぎる。くぎったところ。「区画・区間・区別・区域・禁漁区・禁猟区」 ❷地方公共団体の一つ。「区民・区役所」

く【句】

［口］ 5画 5年 音 ク 訓 ー

❶詩・歌・文章などの中の一くぎり。「語句・対句・句読点」 ❷俳句のこと。「名句・句集・発句」

く【苦】

［艹］ 8画 3年 音 ク 訓 くるしい・くるしむ・くるしめる・にがい・にがる

❶にがい。「苦味」 ❷つらい。くるしむ。くるしみ。「苦学・苦楽・苦戦・苦境・苦痛・苦難」（対）楽。 ❸いやだ。「苦言・苦情」

く【九】⬇きゅう（九）。

く【久】⬇きゅう（久）。

く【口】⬇こう（口）。

く【工】⬇こう（工）。

く【功】⬇こう（功）。

く【供】⬇きょう（供）。

く【紅】⬇こう（紅）。

く【宮】⬇きゅう（宮）。

く（れる）【暮】⬇ぼ（暮）。

ぐ【具】

［八］ 8画 3年 音 グ 訓 ー

❶そなわる。「具体・具備」 ❷どうぐ。うつわ。ざいりょう。「雨具・家具・工具・道具・用具・器具」

くう【空】

［穴］ 8画 1年 音 クウ 訓 そら・あく・あける・から

❶そら。天。「空中・上空・空港・空路・空輸」 ❷なにもない。からっぽ。「空車・空白・空席・空洞」 ❸むだ。むなしいこと。「空費」

ぐう【宮】⬇きゅう（宮）。

くま【熊】

［灬］ 14画 4年 音 ー 訓 くま

クマ。「熊手・子熊・白熊・北極熊」 （参考）都道府県名で使われる。「熊本県」

くん【君】

［口］ 7画 3年 音 クン 訓 きみ

❶国をおさめる人。「名君・君主・君臣・君臨」 ❷人の名まえのあとにつけて、尊敬やしたしみをあらわすことば。「山田君」

くん【訓】

［言］ 10画 4年 音 クン 訓 ー

❶おしえみちびく。おしえ。「教訓・訓話・訓示」 ❷漢字にその字の意味をもつ日本語をあてた読み方。くん。「音訓・熟字訓・訓読み」（対）音。

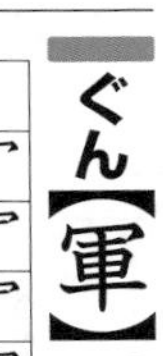

ぐん【軍】

［車］9画 4年 音 グン 訓 ー

❶へいたい。ぐんたい。「軍人(ぐんじん)・将軍(しょうぐん)」❷たたかい。いくさ。「軍事(ぐんじ)・軍備(ぐんび)・軍縮(ぐんしゅく)・軍艦(ぐんかん)」

ぐん【郡】

［阝］10画 4年 音 グン 訓 ー

都道府県(とどうふけん)の、市以外(しいがい)の町(まち)・村(むら)をいくつかにまとめた区域(くいき)。「郡部(ぐんぶ)」

ぐん【群】

［羊］13画 4年 音 グン 訓 むれる・むれ・むら

むらがる。むれ。あつまり。「群生(ぐんせい)・群集(ぐんしゅう)・群落(ぐんらく)・群像(ぐんぞう)・群衆(ぐんしゅう)」

け【仮】➡か（仮）。
げ【下】➡か（下）。
げ【外】➡がい（外）。
げ【夏】➡か（夏）。
げ【解】➡かい（解）。

けい【兄】

［儿］5画 2年 音 ケイ・キョウ* 訓 あに

あに。にいさん。「兄弟(きょうだい)・父兄(ふけい)・義兄(ぎけい)」㊟弟(てい)。

けい【形】

［彡］7画 2年 音 ケイ・ギョウ 訓 かた・かたち

❶かたち。かた。「円形(えんけい)・図形(ずけい)・地形(ちけい)・形式(けいしき)・形成(けいせい)・形状(けいじょう)・正方形(せいほうけい)」❷ありさま。いきおい。「形勢(けいせい)・形容(けいよう)」

けい【系】

［糸］7画 6年 音 ケイ 訓 ー

❶つながり。「体系(たいけい)・系列(けいれつ)・太陽系(たいようけい)・銀河系(ぎんがけい)」❷血(ち)すじ。「母系(ぼけい)・系図(けいず)・家系(かけい)・直系(ちょっけい)・系統(けいとう)」

けい【径】

［彳］8画 4年 音 ケイ 訓 ー

❶こみち。ほそみち。「小径(しょうけい)」❷さしわたし。「半径(はんけい)・直径(ちょっけい)」

けい【係】

［亻］9画 3年 音 ケイ 訓 かかる・かかり

つながる。かかわる。「係員(かかりいん)・関係(かんけい)・会計係(かいけいがかり)」

けい【型】

［土］9画 5年 音 ケイ 訓 かた

❶かた。かたち。ものをつくるときのもとになるもの。「型紙(かたがみ)・原型(げんけい)・類型(るいけい)・鋳型(いがた)・流線型(りゅうせんけい)」❷てほん。「典型(てんけい)・模型(もけい)」

けい【計】

［言］9画 2年 音 ケイ 訓 はかる・はからう

❶かぞえる。かんじょう。「計算(けいさん)・会計(かいけい)・合計(ごうけい)・計器(けいき)・計量(けいりょう)・計測(けいそく)」❷考(かんが)えをめぐらす。はかりごと。「計画(けいかく)・計略(けいりゃく)」

けい【経】

［糸］11画 5年 音 ケイ・キョウ* 訓 へる

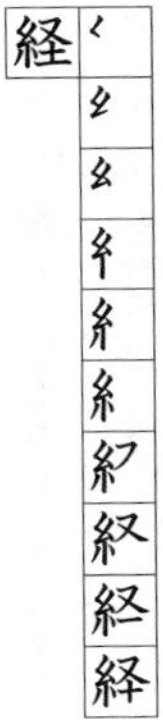

❶たて。また、たていと。「経線・東経・西経・経度」㊉緯。❷すじみちをたどる。「経理・経営・経歴・経済」❸ほとけのおしえを書いたもの。おきょう。「読経・写経」❹とおりすぎる。へる。「経路・経由・経験・経過」

けい【敬】

［攵］12画　6年　音 ケイ　訓 うやまう

うやまう。つつしむ。「敬語・敬意・敬服・敬礼・敬愛・敬老・尊敬」

けい【景】

［日］12画　4年　音 ケイ　訓 ー

❶けしき。「光景・景色・風景・夜景・景勝・景観」❷ありさま。「景気・情景」❸うるものにそえて、客におくる品物。「景品」

けい【軽】

［車］12画　3年　音 ケイ　訓 かるい・かろ*やか

❶かるい。少ない。「軽量・軽快・軽減・身軽」❷たやすい。てがる。「軽食・軽便・軽装」❸みさげる。かろんじる。「軽視・軽べつ」❹かるがるしい。「軽率・軽薄」㊉①～④重。

けい【警】

［言］19画　6年　音 ケイ　訓 ー

いましめる。注意する。まもる。「警察・警護・警告・警備・警報・警戒」

けい【京】➡きょう（京）。

けい【境】➡きょう（境）。

けい【競】➡きょう（競）。

げい【芸】

［艹］7画　4年　音 ゲイ　訓 ー

身につけた、わざ。「芸当・工芸・曲芸・芸術・芸能・演芸」

げき【劇】

［刂］15画　6年　音 ゲキ　訓 ー

❶はげしい。「劇薬・劇痛・劇画・劇場・劇化・演劇・喜劇」❷しばい。「劇

げき【激】

［氵］16画　6年　音 ゲキ　訓 はげしい

はげしい。いきおいが強い。「激流・感激・急激・激戦・過激・激怒・激突・激励」

けつ【欠】

［欠］4画　4年　音 ケツ　訓 かける・かく

かける。たりない。「欠場・欠点・欠員・欠席・欠勤・欠乏」

けつ【穴】

［穴］5画　6年　音 ケツ*　訓 あな

あな。あなぐら。「横穴・節穴・穴居」

けつ【血】

［血］6画　3年　音 ケツ　訓 ち

❶ち。「血行・血球・血管・血圧・血液・血潮」

❷ちのつながり。「血族・血統・血筋・血縁」 ❸はげしい。さかんな。「血気・熱血」

けつ【決】

［氵］ 7画 3年 音 ケツ 訓 きめる・きまる

❶切れる。こわれる。「決壊・決裂」 ❷きめる。きまる。思いきる。「決行・決心・決意・決起・決死・決定・決議・解決・否決」

けつ【結】

［糸］ 12画 4年 音 ケツ 訓 むすぶ・ゆう*・ゆわえる

❶つなぐ。むすぶ。「結合・結実・結集・結成・結納・結婚」 ❷しめくくり。おわり。「結局・結果・結末・結論」

けつ【潔】

［氵］ 15画 5年 音 ケツ 訓 いさぎよい*

❶けがれがなく、きよらかである。「潔白・純潔・潔癖」 ❷いさぎよい。さっぱりしている。「簡潔」

げつ【月】

［月］ 4画 1年 音 ゲツ・ガツ 訓 つき

❶つき。「月光・月食・月齢・月影」 ❷一年を十二に分けた、一くぎり。「月日・月給・月産・月刊・月謝・月報・月収」 ❸「月曜日」のりゃく。「月火水」

けん【犬】

［犬］ 4画 1年 音 ケン 訓 いぬ

いぬ。「番犬・犬種・愛犬・猛犬・飼い犬」

けん【件】

［亻］ 6画 5年 音 ケン 訓 ー

ことがら。ことがらをかぞえる語。「件数・用件・事件・要件・条件・人件費」

けん【見】

［見］ 7画 1年 音 ケン 訓 みる・みえる・みせる

❶みる。みえる。「見学・一見・見本・月見・見地・見聞・見物・見所・見解・見識・政見・私見」 ❷考える。考え。「意見」

けん【券】

［刀］ 8画 6年 音 ケン 訓 ー

❶ふだ。きっぷ。「入場券・乗車券・券売機」 ❷しょうこになる書類。「金券・旅券・証券・株券」

けん【建】

［廴］ 9画 4年 音 ケン・コン* 訓 たてる・たつ

❶〔たてものを〕つくる。たてる。たつ。「建立・建国・建具・建設・建築」 ❷意見をのべる。「建白・建議」

けん【研】

［石］ 9画 3年 音 ケン 訓 とぐ*

❶みがく。とぐ。「研磨」 ❷ものごとの本質をみきわめる。「研究・研修」

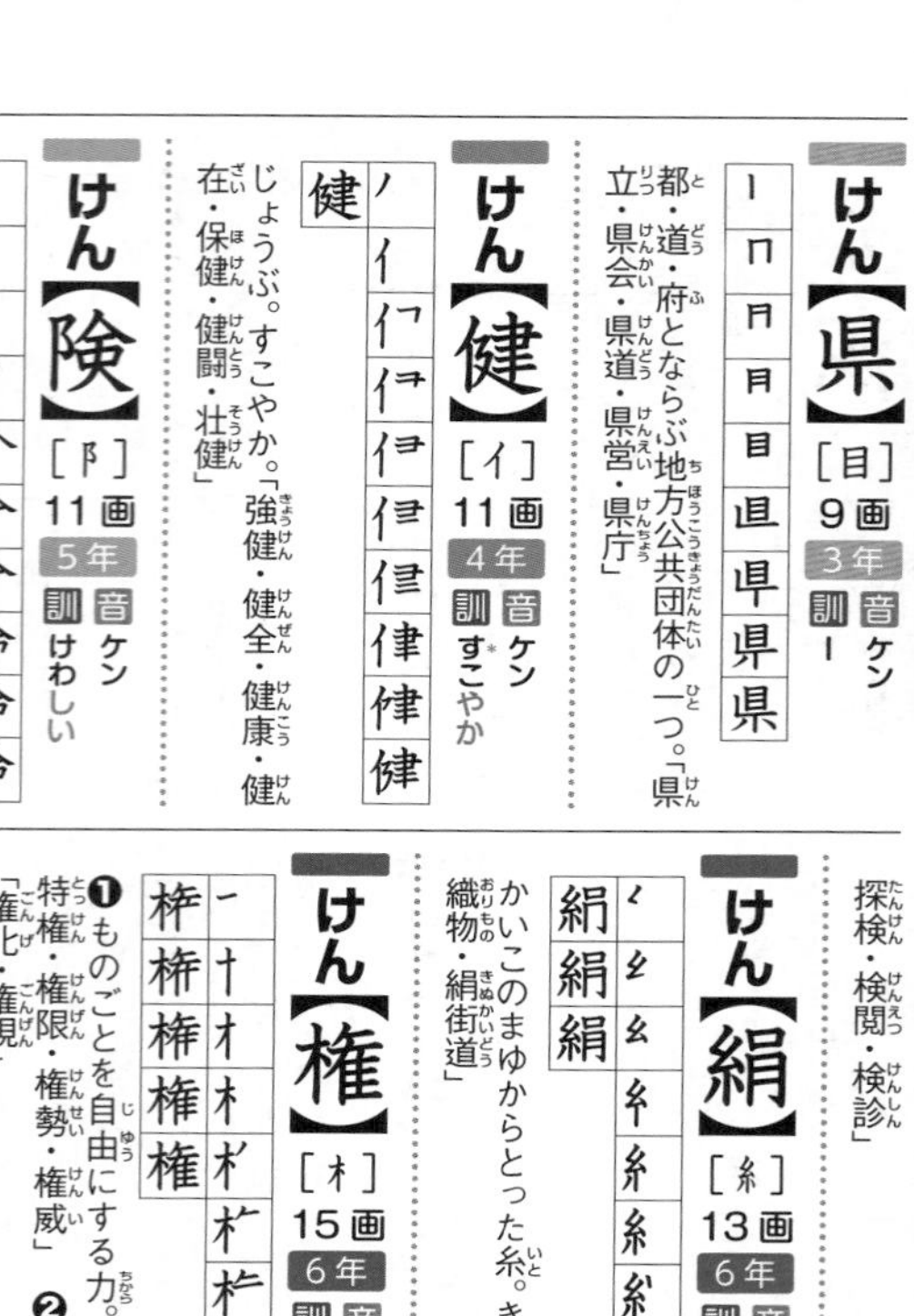

けん【県】［目］9画　3年　音 ケン　訓 ー

都・道・府とならぶ地方公共団体の一つ。「県立・県会・県道・県営・県庁」

けん【健】［亻］11画　4年　音 ケン　訓 すこ*やか

じょうぶ。すこやか。「強健・健全・健康・健在・保健・健闘・壮健」

けん【険】［阝］11画　5年　音 ケン　訓 けわしい

❶けわしい。「険路・冒険」　❷あぶない。「険悪・保険・危険」

けん【検】［木］12画　5年　音 ケン　訓 ー

しらべる。「点検・検温・検挙・検査・検討・探検・検閲・検診」

けん【絹】［糸］13画　6年　音 ケン*　訓 きぬ

かいこのまゆからとった糸。きぬ。「絹糸・絹織物・絹街道」

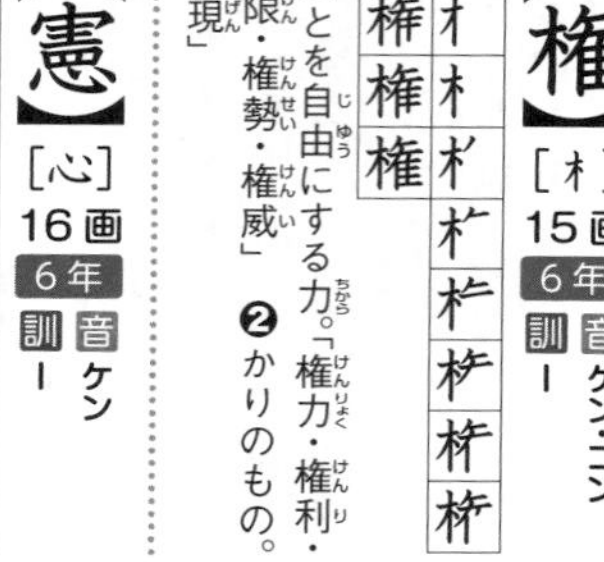

けん【権】［木］15画　6年　音 ケン・ゴン*　訓 ー

❶ものごとを自由にする力。「権力・権利・特権・権限・権勢・権威」　❷かりのもの。「権化・権現」

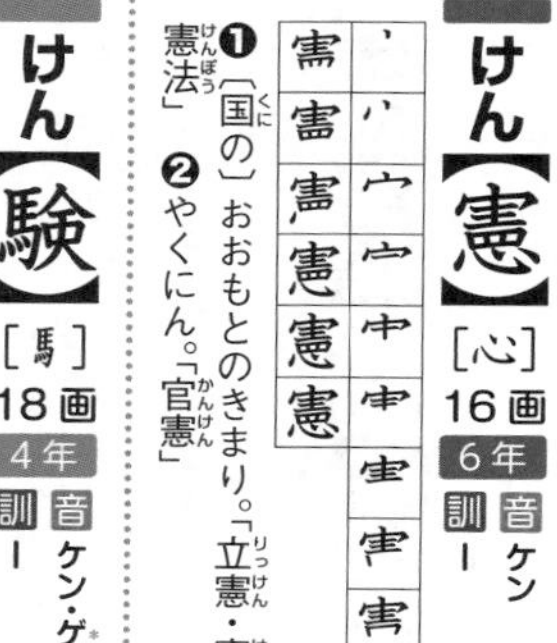

けん【憲】［心］16画　6年　音 ケン　訓 ー

❶〔国の〕おおもとのきまり。「立憲・憲章・憲法」　❷やくにん。「官憲」

けん【験】［馬］18画　4年　音 ケン・ゲン*　訓 ー

❶ためす。しらべる。ためし。「体験・実験・受験・試験・経験」　❷しるし。ききめ。「霊験」

げん【元】［儿］4画　2年　音 ゲン・ガン　訓 もと

❶もと。「元金・根元・元素」　❷はじめ。「元日」　❸かしら。「家元・元首・元帥」

げん【言】［言］7画　2年　音 ゲン・ゴン　訓 いう・こと

❶ことば。「金言・言語・予言・格言・言論」　❷いう。「言上・言行・言付け・言い訳」

げん【限】［阝］9画　5年　音 ゲン　訓 かぎる

かぎる。くぎる。また、さかい。しきり。「門限・期限・限定・限界・限度」

げん【原】

［厂］10画 2年 音 ゲン 訓 はら

❶ものごとのもと。はじめ。おこり。「原形・原作・原始・原油・原因・原稿」 ❷のはら。「草原(くさはら)・高原・原野」

げん【現】

［王］11画 5年 音 ゲン 訓 あらわれる・あらわす

❶あらわれる。あらわす。「出現・表現・現像・再現」 ❷いま。「現役・現代・現物・現在・現状・現存(げんそん)」

げん【減】

［氵］12画 5年 音 ゲン 訓 へる・へらす

❶少なくなる。少なくする。「減少・減速・軽減・減産・減量・減刑」㊉増。 ❷ひき算。「減法」㊉加。

げん【源】

［氵］13画 6年 音 ゲン 訓 みなもと

ものごとのはじめ。「電源・源流・起源・資源・源泉」

げん【厳】

［⺍］17画 6年 音 ゲン・ゴン* 訓 おごそか・きびしい

❶きびしい。「厳守・厳重・厳選・厳然・厳格・厳罰」 ❷おごそか。「尊厳・厳粛・威厳・荘厳」

げん【眼】→がん（眼）。
げん【験】→けん（験）。

こ【己】

［己］3画 6年 音 コ・キ* 訓 おのれ*

じぶん。わたくし。「自己・知己・利己」

こ【戸】

［戸］4画 2年 音 コ 訓 と

❶とびら。「門戸」 ❷いえ。「戸外・戸数・戸主・戸別・戸籍」 ❸いえをかぞえることば。「一戸」

こ【古】

［口］5画 2年 音 コ 訓 ふるい・ふるす

❶ふるい。「古寺・古池・古顔・古着・古参・古傷」㊉新。 ❷むかし。「古語・古来・古代・古都・古典・古墳」㊉今。

こ【呼】

［口］8画 6年 音 コ 訓 よぶ

❶いきをはく。「呼吸」 ❷よぶ。「点呼・呼応」

こ【固】

［口］8画 4年 音 コ 訓 かためる・かたまる・かたい

❶かたくする。かたい。「固形・固体・固守」 ❷しっかりしている。「強固・確固・断固」 ❸もともと。「固有」

こ【故】
［攵］9画 5年 音 コ 訓 ゆえ*

❶ふるい。むかし。「故国・故事・故郷」❷わざと。「故意」❸ふつうでない、ことがら。「事故・故障」❹しぬ。「故人」❺…のため。❻人の名まえの上につけて、なくなったことをあらわすことば。「故●●氏」

こ【個】
［亻］10画 5年 音 コ 訓 ー

❶ひとつ。ひとり。「個人・個室・個別・個性・個展」❷ものをかぞえることば。「一個」

こ【庫】
［广］10画 3年 音 コ・ク* 訓 ー

ものをしまっておくところ。くら。「書庫・倉庫・冷蔵庫」

こ【湖】
［氵］12画 3年 音 コ 訓 みずうみ

みずうみ。「湖上・湖水・湖岸・湖面・湖底・湖畔」

こ【木】→ぼく（木）。
こ【去】→きょ（去）。
こ【黄】→こう（黄）。

ご【五】
［二］4画 1年 音 ゴ 訓 いつ・いつつ

❶いつつ。「五体・五感・五官・五輪・五穀」❷五番め。「五等」

ご【午】
［十］4画 2年 音 ゴ 訓 ー

❶十二支の七番め。うま。「端午」❷ひる。ひるの一二時。「午前・正午・午後」❸みなみ。「子午線」

ご【後】
［彳］9画 2年 音 ゴ・コウ 訓 のち・うしろ・あと・おくれる*

❶うしろ。「後光・後方・後列・後退・後援」❷のち。あと。「後日・午後・今後・食後・後期・後世・後刻・後悔・後攻」㊟①②前。❸おくれる。「後手・後進」

ご【語】
［言］14画 2年 音 ゴ 訓 かたる・かたらう

❶かたる。はなす。「語気・語調・語勢」❷ことば。「語学・国語・語法・語幹・語句・語尾・外国語」

ご【誤】
［言］14画 6年 音 ゴ 訓 あやまる

あやまる。まちがえる。あやまり。まちがい。「誤字・誤算・誤読・誤用・誤差・誤解・誤報・誤診」㊟正。

ご【護】
［言］20画 5年 音 ゴ 訓 ー

まもる。たすける。まもり。「護送・守護・養護・護衛・保護・看護」

ご【期】➡き（期）。

こう【口】

［口］3画　1年　音 コウ・ク　訓 くち

丨 ㇕ 口

❶くち。また、ものをいう。「口外・口語・口調・口紅・異口同音」 ❷ものや人が、ではいりするところ。「出口・戸口・河口」 ❸人の数。「人口」

こう【工】

［工］3画　2年　音 コウ・ク　訓 ー

一 丅 工

❶ものをつくること。また、つくる人。「大工・工作・工具・工事・工程・工費・職工・工賃」 ❷工業。「工学・商工」

こう【公】

［八］4画　2年　音 コウ　訓 おおやけ*

ノ 八 公 公

❶おおやけ。世の中。「公園・公式・公害・公衆・公認・公費」 ㊖私。 ❷かたよらない。「公平」

こう【功】

［力］5画　4年　音 コウ・ク*　訓 ー

一 丅 エ 玎 功

❶てがら。「功名・年功・成功・功罪・功績」 ❷よいおこない。「功徳」

こう【広】

［广］5画　2年　音 コウ　訓 ひろい・ひろまる・ひろめる・ひろがる・ひろげる

丶 亠 广 広 広

❶ひろい。「広大・広野・広間・広義」 ❷ひろがる。ひろめる。「広告・広報」

こう【交】

［亠］6画　2年　音 コウ　訓 まじわる・まじえる・まじる・まざる・まぜる・かう*・かわす*

丶 亠 亣 六 交 交

❶まじわる。つきあう。「外交・社交・親交・交流・交際・絶交・交歓・交渉」 ❷とりかえる。「交代・交易・交換・交互」

こう【光】

［儿］6画　2年　音 コウ　訓 ひかる・ひかり

丨 リ 丷 业 光 光

❶ひかる。ひかり。「光学・月光・日光・光線・光源」 ❷けしき。「風光・光景・観光」 ❸ほまれ。「光栄」

こう【向】

［口］6画　3年　音 コウ　訓 むく・むける・むかう・むこう

ノ 丿 门 向 向 向

〔ある方向へ〕むく。むかう。「向上・方向・意向・趣向・向学心・向日性」

こう【后】

［口］6画　6年　音 コウ　訓 ー

一 厂 斤 斤 后 后

天皇のつま。きさき。「皇后・皇太后」

こう【好】

［女］6画　4年　音 コウ　訓 このむ・すく

く 女 女 好 好 好

❶このましい。よい。「好天・好意・好感・好調・好機・良好・絶好」 ❷よしみ。したしいまじわり。「友好」 ❸このむ。すく。「好物・好奇心」

こう【考】
［耂］6画　2年
音 コウ　訓 かんがえる

かんがえる。思う。しらべる。「思考・考案・考察・参考・備考・熟考」

こう【行】
［行］6画　2年
音 コウ・ギョウ・アン*　訓 いく・ゆく・おこなう

❶いく。「行楽・歩行・急行・行軍・紀行・行脚」❷おこなう。おこない。「行動・苦行・実行・行儀」❸文字のならび。「行間・改行」

こう【孝】
［子］7画　6年
音 コウ　訓 ー

親をたいせつにする。「孝行・孝心・孝養・親不孝」

こう【効】
［力］8画　5年
音 コウ　訓 きく

ききめ。はたらき。「効力・時効・有効・効果・効能・効率」

こう【幸】
［干］8画　3年
音 コウ　訓 さいわい・さち*・しあわせ

しあわせ。「幸運・幸福・不幸」

こう【厚】
［厂］9画　5年
音 コウ　訓 あつい

❶あつい。あつみがある。「厚手・厚紙」❷思いやりがふかい。てあつい。「厚意・温厚・厚遇」(対)①②薄。❸ていどがはなはだしい。「厚顔」

こう【皇】
［白］9画　6年
音 コウ・オウ　訓 ー

天皇。皇帝。「皇子・皇室・皇族・皇位」

こう【紅】
［糸］9画　6年
音 コウ・ク*　訓 べに・くれない*

あざやかな赤い色。べにいろ。「紅白・紅顔・紅茶・紅葉・紅潮・真紅」

こう【香】
［香］9画　4年
音 コウ・キョウ*　訓 か・かおり・かおる

❶よい、におい。かおり。「香水・香草」❷たくと、よいにおいがするもの。「線香・香道・香炉」❸しょうぎのこまの一つ。香車。「成香」(参考)都道府県名で使われる。「香川県」

こう【候】
［亻］10画　4年
音 コウ　訓 そうろう*

❶ようすをさぐる。うかがう。「斥候」❷〔表にでた〕ものごとのようす。「気候・天候・時候・兆候」

こう【校】
［木］10画　1年
音 コウ　訓 ー

❶がっこう。「下校・校歌・校風・校庭・転校・登校・校旗・校舎・校則」❷くらべる。しらべる。「校正・校閲」

こう【耕】

［耒］10画 5年 音 コウ 訓 たがやす

たがやす。すきかえす。「耕作・耕地・農耕」

こう【航】

［舟］10画 5年 音 コウ 訓 ー

船や飛行機で、わたる。「航空・出航・航海・航行・航路・航程」

こう【降】

［阝］10画 6年 音 コウ 訓 おりる・おろす・ふる

❶おりる。おろす。「降下・下降・降格・降任・昇降口」㊜乗。昇。❷ふる。「降雨・降雪・降水量」❸したがう。「投降・降参・降伏」❹のち。「以降」

こう【高】

［高］10画 2年 音 コウ 訓 たかい・たか・たかまる・たかめる

❶たかい。「高音・高山・高級・高地・高原・標高・高価・高額・高気圧・高層雲」❷すぐれている。とうとい。「高弟・高徳・高潔・高貴・高僧」㊜①②低。

こう【康】

［广］11画 4年 音 コウ 訓 ー

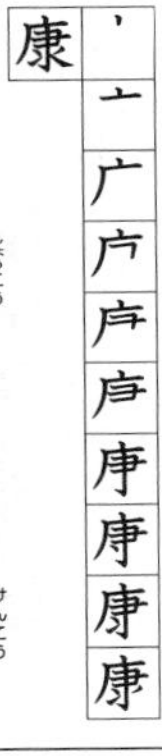

❶やすらか。「小康」❷すこやか。「健康」

こう【黄】

［黄］11画 2年 音 コウ・オウ* 訓 き・こ*

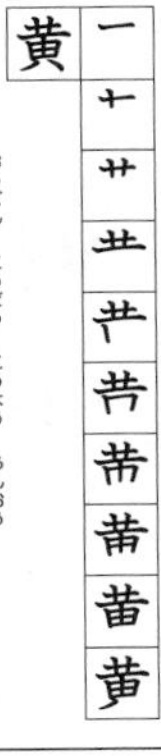

きいろ。「黄金・黄道・黄葉・卵黄」

こう【港】

［氵］12画 3年 音 コウ 訓 みなと

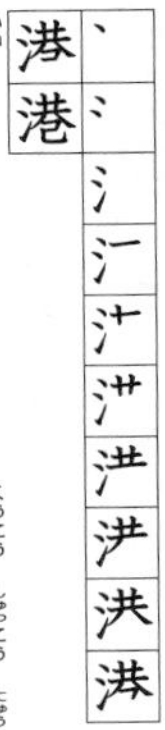

船のとまるところ。みなと。「空港・出港・入港・港内・帰港・母港・開港・漁港・軍港・寄港・港湾」

こう【鉱】

［金］13画 5年 音 コウ 訓 ー

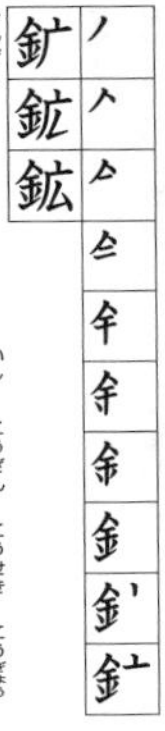

金属をふくんでいる石。「鉱山・鉱石・鉱業・鉱物・鉱毒・鉱脈」

こう【構】

［木］14画 5年 音 コウ 訓 かまえる・かまう

❶くみたてる。かまえる。「構文・構図・構想・構成・機構・構造・構築」❷かまえ。かこい。「構外・構内」

こう【興】

［臼］16画 5年 音 コウ・キョウ 訓 おこる*・おこす*

❶おこる。おこす。さかんになる。「興国・再興・復興・興奮・興亡・興隆」❷おもしろみ。「興味・余興」

こう【鋼】

［金］16画　6年　音 コウ　訓 はがね*

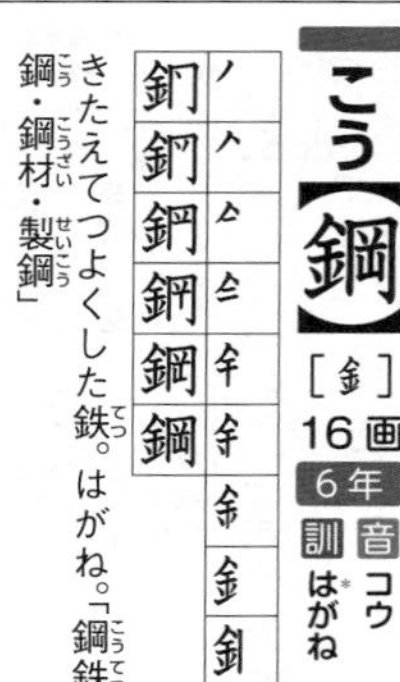

きたえてつよくした鉄。はがね。「鋼鉄・鉄鋼・鋼材・製鋼」

こう【講】

［言］17画　5年　音 コウ　訓 ー

❶はなす。かたる。「講習・講演・講義・聴講」❷なかなおりをする。「講和」❸神やほとけをしんじる人のあつまり。お金をゆうずうしあう人のあつまり。「念仏講・無尽講」

こう【後】➡ご（後）。

こう【格】➡かく（格）。

ごう【号】

［口］5画　3年　音 ゴウ　訓 ー

❶さけぶ。「号泣・号令」❷あいず。しるし。「記号・信号・号砲」❸数字の下につけて、じゅんばんをあらわすことば。「二月号・第一号」❹のりものの名の下につけることば。「のぞみ号」❺本名のほかに使う名。「屋号」

ごう【合】

［口］6画　2年　音 ゴウ・ガッ・カッ　訓 あう・あわす・あわせる

❶あう。あわせる。「合図・会合・合流・集合・合唱」❷むかし使っていた、米や水などをはかる単位。一合は、約〇・一八リットル。❸山頂までの道のりを一〇に分けた一つ。「八合目」

ごう【強】➡きょう（強）。

こく【告】

［口］7画　5年　音 コク　訓 つげる

つげる。しらせる。もうしあげる。「告白・広告・申告・布告・報告・密告」

こく【谷】

［谷］7画　2年　音 コク*　訓 たに

たに。「谷川・峡谷・渓谷」

こく【刻】

［刂］8画　6年　音 コク　訓 きざむ

❶きざむ。ほりつける。「刻印・彫刻」❷きびしい。むごい。「深刻」❸とき。「夕刻・定刻・刻限・遅刻」

こく【国】

［口］8画　2年　音 コク　訓 くに

くに。「国家・列国・国民・愛国・祖国・国宝」

こく【黒】

［黒］11画　2年　音 コク　訓 くろ・くろい

くろ。くろい。「黒字・黒船・黒板・暗黒・黒潮」(対)白。

こく【穀】

［禾］14画　6年　音 コク　訓 ー

米・麦などのこと。こくもつ。「五穀・米穀・穀物・穀類・雑穀・脱穀」

こう【骨】

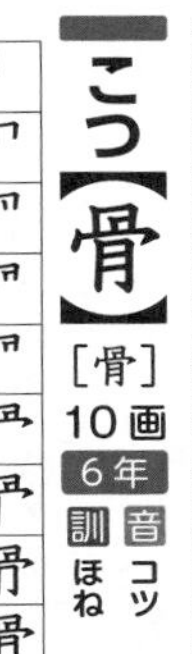

［骨］10画 6年 音 コツ 訓 ほね

❶ほね。ほねぐみ。「鉄骨・骨折・骨格・筋骨・背骨・骨膜」 ❷ものごとの中心になるもの。「骨子」 ❸人にまけないような性格。「気骨」

こと【言】➡げん（言）。

こと【異】➡い（異）。

こわ【声】➡せい（声）。

こん【今】

［人］4画 2年 音 コン・キン* 訓 いま

❶いま。げんざい。「今上・今後・今週・今昔・昨今」㊟古。昔。 ❷きょう。このごろ。「今夕・今夜」 ❸こんど。このたび。「今回」

こん【困】

［口］7画 6年 音 コン 訓 こまる

こまる。くるしむ。なやむ。「困苦・貧困・困難・困窮・困惑」

こん【根】

［木］10画 3年 音 コン 訓 ね

❶草や木の、ね。「球根」 ❷もと。はじめ。「根本・根底・根幹・根源」 ❸ものごとにたえる力。「根気・根性」

こん【混】

［氵］11画 5年 音 コン 訓 まじる・まざる・まぜる・こむ

まぜる。まじる。まざる。「混線・混戦・混同・混用・混在・混雑・混乱」

こん【金】➡きん（金）。

こん【建】➡けん（建）。

ごん【言】➡げん（言）。

ごん【勤】➡きん（勤）。

ごん【権】➡けん（権）。

ごん【厳】➡げん（厳）。

さ【左】

［工］5画 1年 音 サ 訓 ひだり

❶ひだり。「左右・左記・左岸・左折・左手」 ❷共産主義や社会主義の立場。「左派・左翼」㊟①②右。

さ【佐】

［亻］7画 4年 音 サ 訓 ー

❶たすける。「王佐・佐幕・補佐」 ❷軍隊などで、階級をあらわすことば。「大佐・中佐・少佐・陸佐・海佐・空佐」 参考 都道府県名で使われる。「佐賀県」

さ【査】

［木］9画 5年 音 サ 訓 ー

しらべる。「調査・査証・検査」

さ【砂】

［石］9画 6年 音 サ・シャ* 訓 すな

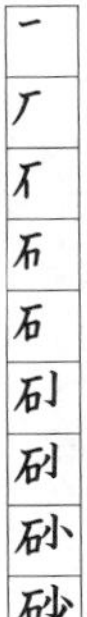

すな。また、すなのようにこまかいつぶ。「土砂・砂鉄・砂丘・砂漠・砂煙・砂浜」

さ【差】

［工］10画 4年 音 サ 訓 さす

❶ちがう。ちがい。「交差・時差・落差・差別・誤差・差異」 ❷ひき算の答え。「差額」 対和。

さ【再】→さい（再）。
さ【作】→さく（作）。
さ【茶】→ちゃ（茶）。

ざ【座】

［广］ 10画 6年 音 ザ 訓 すわる*

❶すわる。すわるところ。「正座・座高・座談・座席・座敷・座禅・座談会・座布団」 ❷星のあつまり。「星座・白鳥座」 ❸劇団。劇団や劇場の名にそえることば。「座長・歌舞伎座」

さい【才】

［扌］ 3画 2年 音 サイ 訓 ー

❶ちえのはたらき。能力。「才気・才女・文才・商才・才覚・才能」 ❷かしこい人。「天才・英才・秀才」 参考 小学校では年れいをあらわすとき、「歳」のかわりに使う。

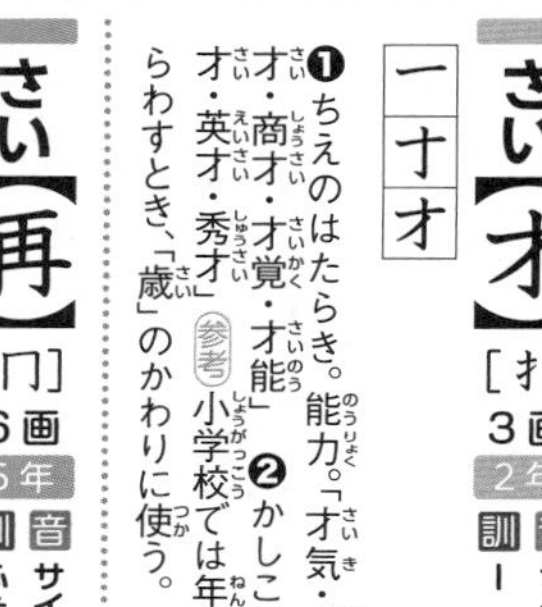

さい【再】

［冂］ 6画 5年 音 サイ・サ 訓 ふたたび

もういちど。かさねて。「再会・再考・再起・再建・再現・再来年・再発行」

さい【災】

［火］ 7画 5年 音 サイ 訓 わざわい*

不幸なできごと。わざわい。「火災・天災・災害・戦災・災難・震災」

さい【妻】

［女］ 8画 5年 音 サイ 訓 つま

つま。「妻子・夫妻」 対夫。

さい【埼】

［土］ 11画 4年 音 ー 訓 さい

❶山のはしが、平地につき出たところ。さき。 ❷陸が海につき出たところ。さき。「犬吠埼」 参考 都道府県名で使われる。「埼玉県」

さい【採】

［扌］ 11画 5年 音 サイ 訓 とる

えらんでとりだす。とる。「採算・採点・採用・採録・採集・伐採」

さい【済】

［氵］ 11画 6年 音 サイ 訓 すむ・すます

❶すむ。すます。「決済・返済」 ❷すくう。たすける。「救済」

さい【祭】

［示］ 11画 3年 音 サイ 訓 まつる・まつり

❶まつる。まつり。「祭日・祭礼」 ❷にぎやかなもよおし。「祭典・文化祭」

さい【細】

［糸］ 11画 2年 音 サイ 訓 ほそい・ほそる・こまか・こまかい

❶ほそい。「細道」㊉太。❷こまかい。「細字・細目・細工・細心・細部・細密」❸くわしい。「子細・明細・詳細」

さい【菜】

［艹］11画 4年 音 サイ 訓 な

❶やさい。「菜園・菜食・菜種」❷おかず。「総菜」

さい【最】

［日］12画 4年 音 サイ 訓 もっとも

もっとも。この上なく。「最近・最後・最高・最新・最悪・最終・最初・最高潮」

さい【裁】

［衣］12画 6年 音 サイ 訓 たつ*・さばく

❶ぬのを切る。「洋裁・裁断・裁縫」❷よいわるいをきめる。さばく。「裁決・裁定・裁判」❸「裁判所」のこと。「家裁・最高裁」

さい【際】

［阝］14画 5年 音 サイ 訓 きわ*

❶まじわる。ふれあう。「交際・国際」❷さかいめ。きわ。「水際(みぎわ)・際限・窓際」❸とき。場合。「間際・実際」

さい【切】→せつ(切)。
さい【西】→せい(西)。
さい【殺】→さつ(殺)。
さい【財】→ざい(財)。

ざい【在】

［土］6画 5年 音 ザイ 訓 ある

❶いる。ある。「在学・在来・在庫・在住・在留・在宅・存在」❷いなか。「近在」

ざい【材】

［木］7画 4年 音 ザイ 訓 ー

❶切ってきた木。「材木・製材」❷ものをつくるもとになるもの。「材料・資材」

ざい【財】

［貝］10画 5年 音 ザイ・サイ* 訓 ー

たから。おかね。「財産・財政・財源・財宝・文化財」

ざい【罪】

［罒］13画 5年 音 ザイ 訓 つみ

わるいおこない。つみ。「罪人・罪悪・死罪・流罪・功罪・謝罪・犯罪」

さか【坂】→はん(坂)。
さか【逆】→ぎゃく(逆)。

さき【崎】

［山］11画 4年 音 ー 訓 さき

❶山道が、けわしいこと。❷陸が海につき出たところ。みさき。「入道崎」参考 都道府県名で使われる。「長崎県・宮崎県」

さく【作】

［亻］7画 2年 音 サク・サ 訓 つくる

❶つくる。こしらえる。つくったもの。「作文・作者・作品・作物・作成・作製」 ❷はたらき。ふるまい。「作用・動作・作法」

さく【昨】 [日] 9画 4年 音 サク 訓 ー

きのう。すぎさった日。「昨日・昨年・昨今・昨夜・昨晩」

さく【策】 [竹] 12画 6年 音 サク 訓 ー

はかりごと。くふう。方法。「画策・方策・対策・失策・策略・政策・得策」

さくら【桜】➡おう（桜）。

さつ【冊】 [冂] 5画 6年 音 サツ・サク* 訓 ー

❶かきつけ。書物。「短冊・別冊」 ❷書物をかぞえることば。「五冊」

さつ【札】 [木] 5画 4年 音 サツ 訓 ふだ

❶木や紙などでつくったふだ。「名札・表札・荷札・改札・鑑札」 ❷紙のお金。「札束」

さつ【刷】 [刂] 8画 4年 音 サツ 訓 する

❶いんさつする。「印刷・刷り物」 ❷わるいところをあらためる。「刷新」

さつ【殺】 [殳] 10画 5年 音 サツ・サイ*・セツ* 訓 ころす

❶ころす。なくす。「殺気・殺人・殺生・暗殺・殺害・殺菌・黙殺」 ❷すさんだようす。「殺風景」

さつ【察】 [宀] 14画 4年 音 サツ 訓 ー

❶しらべる。「観察・警察・視察・診察・検察庁」 ❷考える。おしはかる。「考察・推察」

さつ【早】➡そう（早）。

ざつ【雑】 [隹] 14画 5年 音 ザツ・ゾウ 訓 ー

❶いりまじっている。「雑音・雑草・雑貨・複雑・雑炊・雑煮」 ❷ていねいでない。そまつ。「雑然・乱雑・粗雑」

さら【皿】 [皿] 5画 3年 音 ー 訓 さら

あさくてひらたいうつわ。そのようなもの。「小皿・灰皿」

さん【三】 [一] 3画 1年 音 サン 訓 み・みつ・みっつ

❶みっつ。「三角・三角点・三角州・三面鏡」 ❷三番め。「三月」

さん【山】

［山］ 3画 1年 音 サン 訓 やま

丨 山 山

❶やま。「山林・山陽・登山・山岳・山河・山陰」 ❷〔山の中につくった〕寺。寺の名にそえることば。「本山・山門」

さん【参】

［厶］ 8画 4年 音 サン 訓 まいる

厶 厶 厽 夫 夫 矣 参 参

❶おまいりする。いく。「参上・日参・参道・持参・参拝」 ❷くわわる。「参会・参列・参加・参観・参政権」 ❸くらべる。「参考・参照」 ❹まける。「降参」 ❺三。参考 金がくを書きかえられるのをさけるために使う。「参万円」

さん【蚕】

［虫］ 10画 6年 音 サン 訓 かいこ

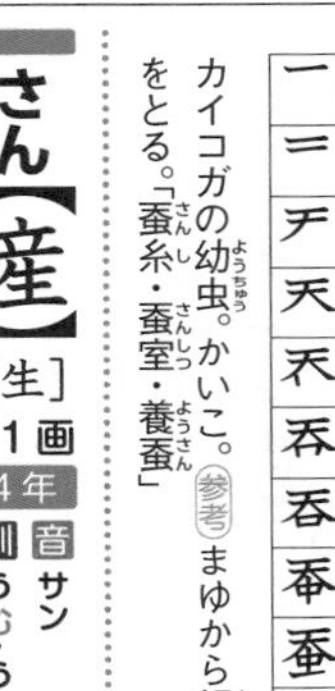

一 二 チ 天 禾 吞 吞 吞 蚕 蚕

カイコガの幼虫。かいこ。参考 まゆから絹糸をとる。「蚕糸・蚕室・養蚕」

さん【産】

［生］ 11画 4年 音 サン 訓 うむ・うまれる・*うぶ

丶 亠 ㇸ 立 立 产 产 产 产 产 産

❶子どもをうむ。「出産・安産・産声・産卵」 ❷物をつくりだす。「生産・産地・産業・産物」 ❸もとで。「財産・資産」

さん【散】

［攵］ 12画 4年 音 サン 訓 ちる・ちらす・ちらかす・ちらかる

一 十 廾 廾 丗 丗 昔 昔 昔 背 散 散

❶ちる。ちらす。ばらばらになる。「分散・散布・解散・散在・散財・散乱」 対 集。 ❷かってきまま。「散文・散歩・散策」 ❸こなぐすり。「散薬」

さん【算】

［⺮］ 14画 2年 音 サン 訓 ー

ノ ㇐ ⺮ 竹 竹 竹 竹 笞 笞 笞 笪 笪 算 算

❶かぞえる。「算出・計算・算定・暗算」 ❷はかりごと。くふう。「打算・算段」 ❸みこみ。「成算・勝算」

さん【酸】

［酉］ 14画 5年 音 サン 訓 *すい

一 厂 冂 襾 西 西 酉 酉 酉 酢 酢 酸 酸 酸

❶すっぱい。す。「酸味」 ❷つらい。かなしい。いたましい。「酸鼻・辛酸」 ❸水にとかすと、すっぱい味があり、青色のリトマス試験紙を、赤色にかえる性質のあるもの。「酸化・酸性・硫酸」 対 アルカリ。

さん【賛】

［貝］ 15画 5年 音 サン 訓 ー

一 二 于 夫 夫 夫 扶 扶 扶 替 替 替 賛 賛 賛

❶ほめる。「賛歌・賛美・賛辞」 ❷力をそえる。たすける。同意する。「賛同・賛助・賛成・賛否」

ざん【残】

［歹］ 10画 4年 音 ザン 訓 のこる・のこす

一 ア 歹 歹 歹 歹 歹 残 残 残

❶あまる。のこる。「残雪・残業・残暑・残念・残額・残像」 ❷きずつける。むごい。「無残・残虐・残酷・残忍」

し【士】

［士］ 3画 5年 音 シ 訓 ー

一 十 士

❶男。りっぱな男。「名士・勇士・紳士・代議士」 ❷あるしかくをもつ人。「力士・博士(はかせ)」 ❸さむらい。「士族・武士」 ❹へいたい。「士官・兵士」

し【子】

[子] 3画 1年 音 シ・ス 訓 こ

㇇ 了 子

❶こども。むすこ。むすめ。「子音・子女・子犬・子息・子役・子孫」(対)親。 ❷み。たね。「子葉・種子・子房」 ❸ひと。「君子」 ❹小さい。こまかい。小さいもの。「子細・扇子」 ❺十二支の一番め。ね。 ❻きた。「子午線」

し【支】

[支] 4画 5年 音 シ 訓 ささえる

一 十 ナ 支

❶ささえる。「支持・支柱・支援」 ❷わける。わかれる。「支社・支線・支店・支局・支流」 ❸お金をはらう。「支出・支給」 ❹さしつかえ。「支障」

し【止】

[止] 4画 2年 音 シ 訓 とまる・とめる

丨 ト 𣥂 止

❶とまる。とめる。「止血・静止」 ❷やめる。「禁止・廃止・終止符」

し【氏】

[氏] 4画 4年 音 シ 訓 うじ*

ノ 𠂆 𠂇 氏

❶血すじのつながった、なかま。「氏族」 ❷みょうじ。「氏名」 ❸人の名まえのあとにつけて、尊敬をあらわすことば。「山川氏」

し【仕】

[亻] 5画 3年 音 シ・ジ* 訓 つかえる

ノ 亻 仁 什 仕

❶つかえる。目上の人の用をする。「給仕」 ❷…する。「仕草・仕事・仕入れ・仕送り・仕返し」

し【史】

[口] 5画 5年 音 シ 訓 ー

丶 冂 口 史 史

❶れきし。「史学・史実・史跡・日本史」 ❷学問をおさめた女性を尊敬してよぶことば。「女史」

し【司】

[口] 5画 4年 音 シ 訓 ー

𠃌 司 司 司 司

中心となってとりはからう。つかさどる。「司会・司書・行司・司法・司令」

し【四】

[口] 5画 1年 音 シ 訓 よ・よつ・よっつ・よん

丨 冂 四 四 四

❶よっつ。「四方・四球・四季・四辺形」 ❷四番め。「四年生」

し【市】

[巾] 5画 2年 音 シ 訓 いち

丶 亠 亡 市 市

❶いちば。「市場(いちば)・市価」 ❷家が多くあつまっているところ。「市街」 ❸町・村とならぶ地方公共団体の一つ。「市民・市政・市役所」

し【矢】

[矢] 5画 2年 音 シ* 訓 や

ノ 𠂉 午 矢 矢

ゆみにつがえて、えものを射るもの。や。「矢

先・一矢・弓矢・矢面・矢印」

し【死】
［歹］6画 3年 音 シ 訓 しぬ

一 ア 歹 歹 歹 死

❶しぬ。いのちがおわる。「死期・死去・死因・死罪・死刑」㊜生。❷活動をやめる。「死語」❸いのちにかかわる。いのちがけの。「死力・死守・必死」

し【糸】
［糸］6画 1年 音 シ 訓 いと

く 纟 幺 糸 糸 糸

いと。ほそくて長いもの。「糸口・糸車・生糸・毛糸・製糸・絹糸」

し【至】
［至］6画 6年 音 シ 訓 いたる

一 工 云 至 至 至

❶いたる。とどく。「必至」❷このうえなく。ひじょうに。「至上・至近・至急・至極・至難」

し【志】
［心］7画 5年 音 シ 訓 こころざす・こころざし

一 十 士 志 志 志 志

こころざす。こころざし。「大志・志願・志望」

し【私】
［禾］7画 6年 音 シ 訓 わたくし・わたし

一 二 千 禾 禾 私 私

❶じぶん。じぶんだけに関係のあること。「私見・私心・私事・私案・私財・私情」㊜公。❷ひそかに。「私語」

し【使】
［亻］8画 3年 音 シ 訓 つかう

ノ 亻 仁 仁 佢 佢 使 使

❶物やお金をつかう。「使用・使役」❷つかわす。つかわされる人。「使者・使節・大使」

し【始】
［女］8画 3年 音 シ 訓 はじめる・はじまる

く 女 女 女 如 始 始 始

はじめる。はじまる。また、はじめ。はじまり。「年始・始業・始終・始発・開始・始末・始祖鳥」㊜終。

し【姉】
［女］8画 2年 音 シ* 訓 あね

く 女 女 女 姉 姉 姉 姉

あね。ねえさん。「姉妹・義姉」㊜妹。

し【枝】
［木］8画 5年 音 シ* 訓 えだ

一 十 オ 木 木 朾 枋 枝

❶木のえだ。「枝葉」❷わかれる。わかれたもの。「枝道」

し【姿】
［女］9画 6年 音 シ 訓 すがた

丶 冫 冫 次 次 次 姿 姿 姿

すがた。からだつき。みなり。ようす。「姿見・勇姿・姿勢・容姿・晴れ姿」

し【思】
［心］9画 2年 音 シ 訓 おもう

丨 口 日 田 田 思 思 思 思

おもう。かんがえる。また、おもい。かんがえ。「思想・意思・思案・思慕・思慮」

し【指】
［扌］9画 3年 音 シ 訓 ゆび・さす

❶ゆび。「小指・指紋」 ❷さししめす。おしえる。「指名・指定・指令・指示・指導・指摘」

し【師】
［巾］10画 5年 音 シ 訓 ー

❶人を教えみちびく人。先生。「師弟・師匠・師範」対弟。 ❷せんもん家。「医師・看護師・技師」

し【紙】
［糸］10画 2年 音 シ 訓 かみ

❶かみ。「白紙・台紙・紙幣・紙上・紙面・日刊紙」 ❷しんぶん。

し【視】
［見］11画 6年 音 シ 訓 ー

❶みる。よくみる。「視力・視線・近視・視界・視覚・視察」 ❷…とみなす。「軽視・重大視」

し【詞】
［言］12画 6年 音 シ 訓 ー

ことば。文章。「名詞・作詞・数詞・動詞・形容詞」

し【歯】
［歯］12画 3年 音 シ 訓 は

動物の口の中にある、は。また、そのような形をしたもの。「歯車・歯科・義歯・歯茎・永久歯」

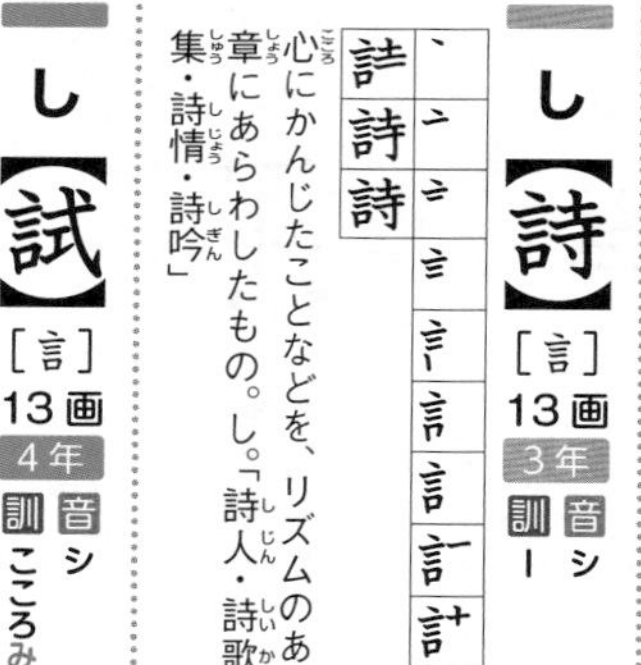

し【詩】
［言］13画 3年 音 シ 訓 ー

心にかんじたことなどを、リズムのある文章にあらわしたもの。し。「詩人・詩歌・詩集・詩情・詩吟」

し【試】
［言］13画 4年 音 シ 訓 こころみる・ためす*

❶こころみる。ためす。「試作・試食・試写・試案・試験・力試し」 ❷「試験」のりゃく。「入試・追試」

し【資】
［貝］13画 5年 音 シ 訓 ー

❶もとで。もとになるもの。「資金・資本・資材・資産・資源」 ❷うまれつき。身分。「資格・資質」

し【飼】
［食］13画 5年 音 シ 訓 かう

動物などをかう。やしなう。「飼育・飼料」

し【誌】
［言］14画 6年 音 シ 訓 ー

❶書きしるす。書きしるしたもの。「日誌」

❷雑誌。「誌面・週刊誌」

し【示】↓じ（示）。

し【滋】↓じ（滋）。

し【自】↓じ（自）。

じ【示】

［示］ 5画 5年 音 ジ・シ* 訓 しめす

一 二 亍 亓 示

しめす。しらせる。おしえる。「図示・示談・暗示・開示・訓示・告示・指示・展示」

じ【字】

［子］ 6画 1年 音 ジ 訓 あざ*

丶 丷 宀 宁 字 字

❶もじ。「字音・字画・字形・漢字・字訓・字義」❷市・町・村を、さらに小さく分けた区域。あざ。

じ【寺】

［寸］ 6画 2年 音 ジ 訓 てら

一 十 土 圭 寺 寺

てら。「寺社・古寺・寺院・寺子屋」

じ【次】

［欠］ 6画 3年 音 ジ・シ* 訓 つぐ・つぎ

丶 冫 冫 次 次 次

❶つぎの。二番め。「次女・次男・次回・次点・次官」❷じゅんじょ。「目次・順次・席次」

じ【耳】

［耳］ 6画 1年 音 ジ* 訓 みみ

一 丁 下 F 耳 耳

みみ。「空耳・中耳・内耳・外耳・耳鼻科」

じ【自】

［自］ 6画 2年 音 ジ・シ 訓 みずから

丿 亻 白 白 自 自

❶じぶん。じぶんから。「自作・自習・自愛・自覚・自給・自衛・自殺」㊟他。❷思いのまま。「自由・自在」❸ひとりでに。「自生・自然・自動」

じ【似】

［亻］ 7画 5年 音 ジ* 訓 にる

丿 亻 亻 化 似 似 似

にる。にせる。「似顔・相似・類似」

じ【児】

［儿］ 7画 4年 音 ジ・ニ* 訓 ー

丨 亅 ｎ 旧 旧 児 児

子ども。おさないもの。「女児・男児・児童・育児・乳児」㊟参考 都道府県名で使われる。「鹿児島県」

じ【事】

［亅］ 8画 3年 音 ジ・ズ* 訓 こと

一 一 戸 戸 亖 亖 亖 事

❶ことがら。「行事・事典・事例・事項」❷できごと。「火事・事件・事故」❸しごと。「事業・事務」

じ【治】

［氵］ 8画 4年 音 ジ・チ 訓 おさめる・おさまる・なおる・なおす

丶 冫 氵 氵 汁 汁 治 治

❶国をおさめる。おさまる。「治水・治安・政治・統治」❷病気をなおす。なおる。「全治・治療」

じ【持】

［扌］ 9画 3年 音 ジ 訓 もつ

一 十 扌 扌 扌 扌 持 持 持

❶もつ。手にとる。「所持・持参・持論」❷たもつ。もちこたえる。「持続・持久」

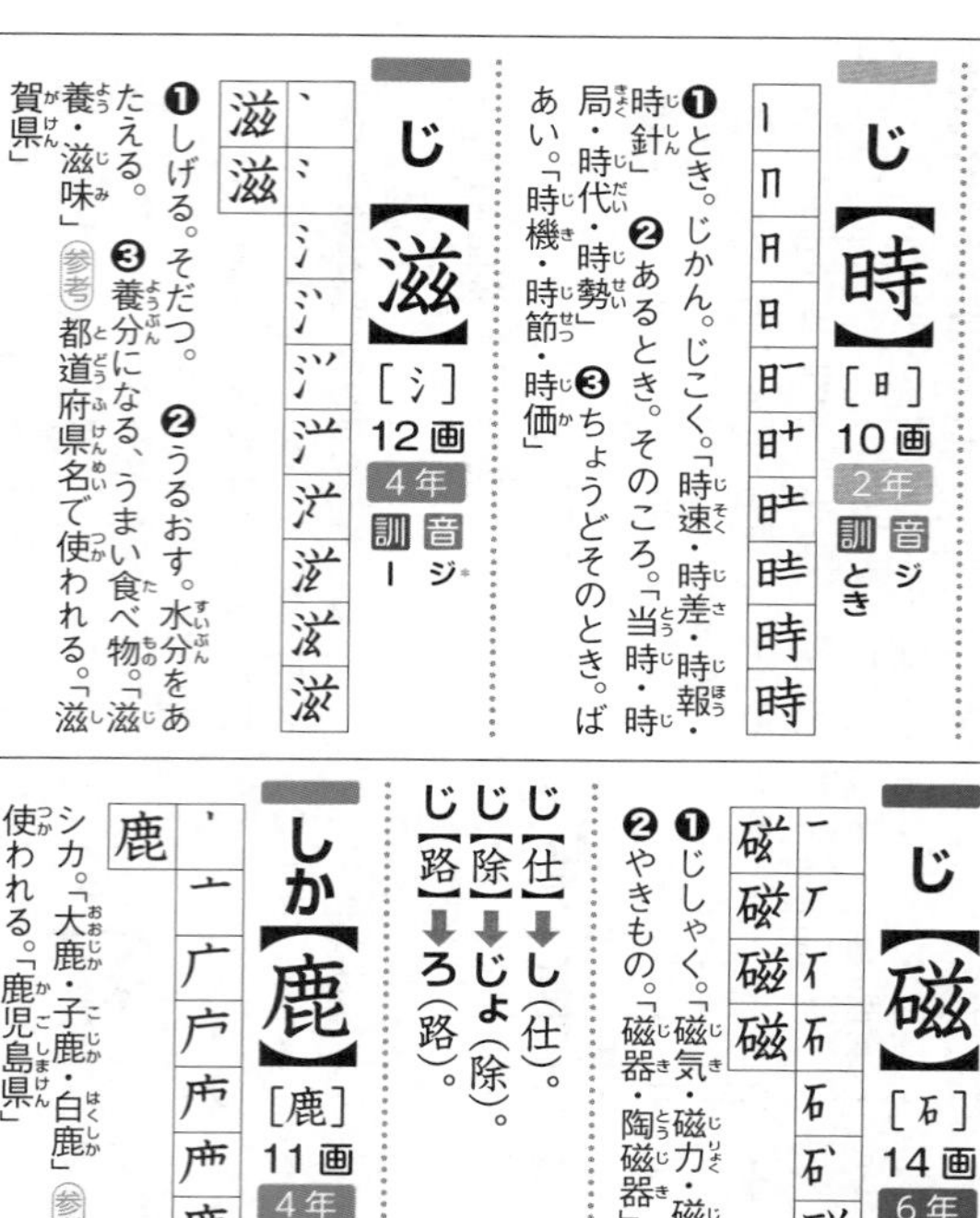

じ【時】
［日］10画 2年 音 ジ 訓 とき

❶とき。じかん。じこく。「時速・時差・時報・時針」❷あるとき。そのころ。「当時・時局・時代・時勢」❸ちょうどそのとき。ばあい。「時機・時節・時価」

じ【滋】
［氵］12画 4年 音 ジ 訓 ー

❶しげる。そだつ。❷うるおす。水分をあたえる。❸養分になる、うまい食べ物。「滋養・滋味」参考 都道府県名で使われる。「滋賀県」

じ【辞】
［辛］13画 4年 音 ジ 訓 やめる

❶ことば。「辞書・答辞・辞典・訓辞・祝辞・謝辞」❷やめる。いとまをつげる。「辞去・辞職・辞任・辞退」

じ【磁】
［石］14画 6年 音 ジ 訓 ー

❶じしゃく。「磁気・磁力・磁極・磁性・磁針」❷やきもの。「磁器・陶磁器」

じ【仕】→し（仕）。
じ【除】→じょ（除）。
じ【路】→ろ（路）。

しか【鹿】
［鹿］11画 4年 音 ー 訓 しか・か

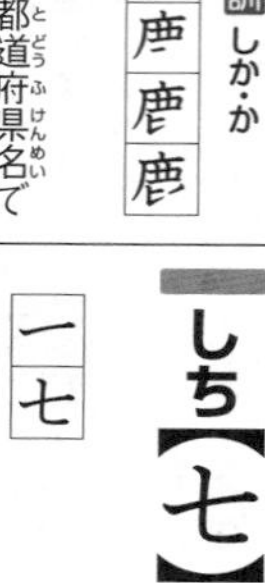

シカ。「大鹿・子鹿・白鹿」参考 都道府県名で使われる。「鹿児島県」

しき【式】
［弋］6画 3年 音 シキ 訓 ー

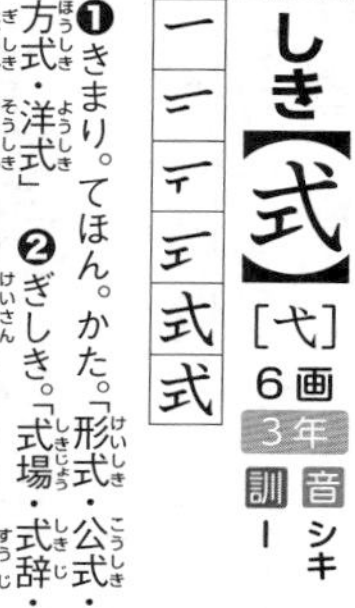

❶きまり。てほん。かた。「形式・公式・書式・方式・洋式」❷ぎしき。「式場・式辞・式典・儀式・葬式」❸計算のしかたを数字と記号であらわしたもの。「数式」

しき【識】
［言］19画 5年 音 シキ 訓 ー

しる。みわける。さとる。「見識・知識・意識・識別・博識・標識・認識」

しき【色】→しょく（色）。
しき【織】→しょく（織）。
しず【静】→せい（静）。
した【舌】→ぜつ（舌）。

しち【七】
［一］2画 1年 音 シチ 訓 なな・ななつ・なの

一　七

❶ななつ。「七人・七曜表・七福神・七宝焼」❷七番め。「七月・七夕」

しつ【失】
［大］5画 4年 音 シツ 訓 うしなう

❶うしなう。なくす。「失意・失業・消失・失格・損失・紛失」対 得。❷あやまち。しくじり。「失火・失言・失敗・過失・失策」

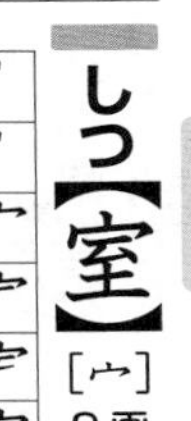

しつ【室】
［宀］9画 2年 音シツ 訓むろ*

❶へや。「茶室・温室・病室・和室・別室」❷いわや。むろ。「石室（せきしつ）・氷室（ひょうしつ）」

しつ【質】
［貝］15画 5年 音シツ・シチ*・チ* 訓ー

❶うまれつき。「気質・体質・性質」❷おおもとのもの。もののなかみ。ないよう。「本質・地質・実質・物質・質量」❸かざりけがない。「質実・質素」❹たずねる。「質問・質疑」❺身代わりのもの。しち。「質屋」

じつ【実】
［宀］8画 3年 音ジツ 訓み・みのる

❶草や木の、み。「果実」❷いっぱいになる。「充実」❸ほんとう。ほんとうのこと。「真実・実験・実戦・実際・実績・実施」❹まごころ。「実直・誠実」❺なかみ。内容。「実質」

じつ【日】➡にち（日）。

じっ【十】➡じゅう（十）。

しゃ【写】
［冖］5画 3年 音シャ 訓うつす・うつる

❶うつしとる。「写生・書写・写実・写真・複写・縮写」❷えいがなどをうつす。「試写・映写」

しゃ【社】
［ネ］7画 2年 音シャ 訓やしろ

❶おみや。やしろ。「寺社・神社・社殿・社務所」❷なかま。人々の集まり。「社会・社交」❸「会社」のりゃく。「社員・社長・社運・社用・社宅」

しゃ【車】
［車］7画 1年 音シャ 訓くるま

❶くるま。「水車・口車・車輪・車軸」❷くるまをつけた、のりもの。「車庫・車道・客車・乗用車・電車・列車」

しゃ【舎】
［人］8画 5年 音シャ 訓ー

いえ。たてもの。とまるところ。「校舎・宿舎・官舎・寄宿舎」

しゃ【者】
［耂］8画 3年 音シャ 訓もの

もの。とくに、人。「医者・打者・達者・忍者・笑い者」

しゃ【射】
［寸］10画 6年 音シャ 訓いる

❶ゆみをいる。「射手」❷銃や大砲をうつ。「発射・射殺・射撃」❸いきおいよくだす。「直射・注射・反射・放射」

しゃ【捨】
［扌］11画 6年 音シャ 訓すてる

❶すてる。「取捨・捨て値・捨て身」㊊取。拾。❷ほどこす。「喜捨」

しゃ【謝】

［言］17画　5年　音 シャ　訓 あやまる*

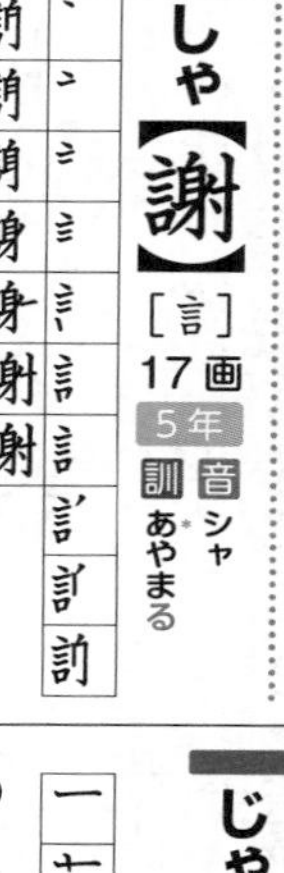

❶あやまる。わびる。「謝罪・平謝り」❷お礼をいう。「謝礼・謝辞・謝恩」❸ことわる。「謝絶」

しゃ【砂】⬇さ（砂）。

しゃく【尺】

［尸］4画　6年　音 シャク　訓 ー

フ　コ　尸　尺

❶むかし使っていた、長さの単位。一尺は一〇寸。「尺貫法」❷ものさし。長さ。「尺度・縮尺・巻尺」

しゃく【借】

［亻］10画　4年　音 シャク　訓 かりる

ノ　亻　仁　件　併　借　借　借　借　借

つかわせてもらう。かりる。「借金・借家・借用・貸借・前借り」（対）貸。

しゃく【昔】⬇せき（昔）。

じゃく【若】

［艹］8画　6年　音 ジャク*・ニャク*　訓 わかい・もしくは*

一　十　廾　艹　芋　若　若　若

❶わかい。「若年・若者・若輩」（対）老。❷いくらか。「若干」

じゃく【弱】

［弓］10画　2年　音 ジャク　訓 よわい・よわる・よわまる・よわめる

フ　コ　弓　弓　弓　弱　弱　弱　弱　弱

❶よわい。よわる。よわまる。よわめる。「弱小・弱虫・弱点・病弱・貧弱」❷わかい。「弱年・弱輩」❸端数を切り上げてできた数につけて、それよりも少しすくないことをあらわすことば。「一万円弱」（対）①③強。

じゃく【着】⬇ちゃく（着）。

しゅ【手】

［手］4画　1年　音 シュ　訓 て・た*

一　二　三　手

❶て。てのひら。「手中・手足・手芸」❷〔あることをする〕人。「名手・旗手・選手」❸やり方。しごと。方法。「先手・後手・手法・手際・手段」

しゅ【主】

［丶］5画　3年　音 シュ・ス*　訓 ぬし・おも

丶　亠　亍　主　主

❶自分がつかえている人。あるじ。「主人・主君」❷中心になる。おもな。「主食・主体・主演・主眼・主賓・主峰」（対）①②従。❸キリスト教で、神。キリスト。

しゅ【守】

［宀］6画　3年　音 シュ・ス　訓 まもる・もり（もり*）

丶　丷　宀　宀　守　守

まもる。「子守・死守・固守・守備・保守・留守・看守」

しゅ【取】

［又］8画　3年　音 シュ　訓 とる

一　丅　F　E　耳　取　取

自分のものにする。とる。うばう。「進取・取材・取得・採取・取捨」（対）捨。

しゅ【首】

［首］9画　2年　音 シュ　訓 くび

丶　丷　丷　䒑　产　首　首　首　首

❶くび。あたま。かしら。「船首・機首・首飾り」❷はじめ。一番め。「首相・首都・部首・首位・首席・首班」❸はくじょうする。「自首」❹詩歌をかぞえることば。「百人一首」

しゅ【酒】

［酉］10画 3年 音 シュ 訓 さけ・さか

丶 氵 氵 汀 沂 沔 洒 洒 酒 酒

さけ。「酒屋・飲酒・洋酒・禁酒」

しゅ【種】

［禾］14画 4年 音 シュ 訓 たね

一 二 千 禾 禾 禾 禾 秆 秆 秱 稍 稍 種 種

❶たね。「種子」❷おなじ種類。なかま。「種目・同種・種族・異種」❸生物を分類する単位の一つ。「種名・品種」

しゅ【修】→しゅう（修）。

しゅ【衆】→しゅう（衆）。

じゅ【受】

［又］8画 3年 音 ジュ 訓 うける・うかる

一 ㇒ ⺈ ⺈ ⺤ 𠬪 受 受

うける。うけとる。「受験・受信・受像・受粉・受領・受難」

じゅ【授】

［扌］11画 5年 音 ジュ 訓 さずける*・さずかる*

一 丁 扌 扌 扌 扌 扩 护 扌 捋 授

さずける。あたえる。「教授・授業・伝授・授賞・授乳・授与」

じゅ【樹】

［木］16画 6年 音 ジュ 訓 ー

一 十 才 木 朩 杧 杧 桔 桔 桔 桔 桔 桔 樹 樹 樹

❶木。立っている木。「樹木・大樹・常緑樹・針葉樹」❷たてる。うちたてる。「樹立」

じゅ【従】→じゅう（従）。

じゅ【就】→しゅう（就）。

しゅう【収】

［又］4画 6年 音 シュウ 訓 おさめる・おさまる

丨 丩 屮 収

おさめる。おさまる。とりいれる。あつめる。「回収・収集・収録・収益・吸収・収穫」

しゅう【州】

［川］6画 3年 音 シュウ 訓 す*

丶 丿 丿 州 州 州

❶川の中にできた島。なかす。「中州・砂州・三角州」❷むかし、政治をとるうえで分けた区画。国。「九州・信州」❸アメリカ合衆国などで、国の中を分けた一区分。「カリフォルニア州」❹大陸。「アジア州」

しゅう【周】

［口］8画 4年 音 シュウ 訓 まわり

丿 冂 月 円 用 周 周 周

❶まわり。まわる。「円周・周期・周遊・周辺・周囲・周航」❷いきとどく。「周到」

しゅう【宗】

［宀］8画 6年 音 シュウ・ソウ* 訓 ー

丶 丷 宀 宀 宀 宇 宗 宗

❶おおもと。「宗家・宗匠」❷しゅうきょう。「宗徒・宗派・宗旨」

しゅう【拾】

［扌］9画 3年 音 シュウ*・ジュウ* 訓 ひろう

一 十 扌 扌 扒 扲 拎 拾 拾

❶ひろう。「拾得・収拾・拾い物」対捨。❷十。参考 金がくを書きかえられるのをさけるために使う。「拾万円」

しゅう【秋】

［禾］ 9画 2年 音 シュウ 訓 あき

ノ 二 千 禾 禾 禾 和 秒 秋

❶あき。「中秋・立秋・秋分・秋季・初秋・晩秋」❷としつき。「春秋」

しゅう【修】

［亻］ 10画 5年 音 シュウ・シュ* 訓 おさめる・おさまる

ノ 亻 亻 亻 仦 攸 修 修 修 修

❶身につける。おさめる。「修行・修業・修練・修養・修得」❷ととのえる。なおす。「修正・修理・修復・修繕」

しゅう【終】

［糸］ 11画 3年 音 シュウ 訓 おわる・おえる

く 幺 幺 糸 糸 糸 紀 紁 終 終 終

❶おわり。「終局・終車・終点・終末・最終」❷おわる。おえる。「終業・終結・終戦・終了」対①②始。❸死ぬこと。「臨終」

しゅう【習】

［羽］ 11画 3年 音 シュウ 訓 ならう

フ ヲ ヲ 羽 羽 羽 羽 羽 習 習 習

❶ならう。まなぶ。「習字・学習・自習・実習・復習」❷なれる。「習練・習熟」❸ならい。ならわし。「習慣・習性」

しゅう【週】

［辶］ 11画 2年 音 シュウ 訓 ー

ノ 冂 月 円 円 用 周 周 周 凋 週

日曜日から土曜日までの七日間を一つにまとめていうことば。「週休・先週・今週・来週・週刊」

しゅう【就】

［尢］ 12画 6年 音 シュウ・ジュ* 訓 つく*・つける*

丶 亠 亡 亡 古 亨 亨 京 京 就 就 就

❶しごとや、やくめなどにつく。「就業・就航・就職・就任」❷できあがる。しとげる。「成就」

しゅう【衆】

［血］ 12画 6年 音 シュウ・シュ* 訓 ー

ノ 丷 巾 巾 血 血 衆 衆 衆 衆 衆 衆

❶数がおおい。「衆人・衆生」❷おおくの人。「大衆・観衆・民衆」❸〔ある人々を〕したしみをこめていうことば。「わかい衆」

しゅう【集】

［隹］ 12画 3年 音 シュウ 訓 あつまる・あつめる・つどう*

ノ 亻 イ 什 什 隹 隹 隹 隹 隹 集 集

あつまる。あつめる。また、あつめたもの。「集金・文集・集合・歌集・集配・集積・集録・採集・密集」対散。

しゅう【祝】➡しゅく（祝）。

じゅう【十】

［十］ 2画 1年 音 ジュウ・ジッ・（ジュッ） 訓 とお・と

一 十

❶とお。「十年・十指・十字路・十人十色」❷一〇番め。「十月」❸ふそくのないこと。「十分」

じゅう【住】

［亻］7画 3年

音 ジュウ　訓 すむ・すまう

ノ 亻 亻 仁 什 住 住

すむ。すまい。「住所・安住・住民・移住」

じゅう【重】

［里］9画 3年

音 ジュウ・チョウ　訓 え・おもい・かさねる・かさなる

一 二 千 千 肯 肯 重 重 重

❶おもい。おもさ。「重心・重量・重罪・重金属」❷おもおもしい。おちついている。「重厚・厳重・慎重」❸ひどい。はなはだしい。「重病・重傷」❹たいせつにする。「重要・重視・尊重」対①〜④軽。❺かさねる。かさなる。「重箱・重複」❻かさなった物をかぞえることば。「五重」

じゅう【従】

［彳］10画 6年

音 ジュウ・ショウ*・ジュ*　訓 したがう・したがえる

ノ ク 彳 彳 彳 𢓊 𢓊 𢓊 従 従

❶したがう。したがえる。「従事・服従・従順・屈従」❷とも。けらい。「従者・主従」対①②主。❸…より。…から。「従前・従来」

じゅう【縦】

［糸］16画 6年

音 ジュウ　訓 たて

く 幺 幺 糸 糸 糸 糸 糸 紒 紒 紒 紒 紒 絣 縦 縦

❶たて。南北。「縦走・縦断・縦貫」対横。❷すきかって。ほしいまま。「放縦・操縦」

しゅく【祝】

［礻］9画 4年

音 シュク・シュウ*　訓 いわう

丶 ラ ネ ネ 礻 祀 祀 祝 祝

めでたいことをよろこぶ。いわう。いわい。「祝日・祝言・祝福・祝賀・祝辞・祝典・祝杯・祝勝会」

しゅく【宿】

［宀］11画 3年

音 シュク　訓 やど・やどる・やどす

丶 丷 宀 宀 宀 宀 宀 宿 宿 宿 宿

❶やど。「下宿・宿場・宿屋・宿舎・宿賃」❷とまる。「宿直・野宿・宿泊」❸まえからの。「宿命・宿敵」

しゅく【縮】

［糸］17画 6年

音 シュク　訓 ちぢむ・ちぢまる・ちぢめる・ちぢれる・ちぢらす

く 幺 幺 糸 糸 糸 糸 糸 紵 紵 紵 紵 縮 縮 縮 縮 縮

小さくする。小さくなる。ちぢめる。ちぢむ。「縮小・縮図・縮写・短縮・圧縮・縮尺」

じゅく【熟】

［灬］15画 6年

音 ジュク　訓 うれる*

丶 亠 亠 古 古 亨 亨 享 享 孰 孰 孰 熟 熟 熟

❶にる。にえる。「半熟」❷よくみのる。うれる。「成熟・未熟」❸よくなれる。じゅうぶんに。「熟考・熟読・熟練・熟達・熟睡・未熟者」

しゅつ【出】

［凵］5画 1年

音 シュツ・スイ*　訓 でる・だす

丨 凵 屮 出 出

外へでる。外へだす。「出金・出社・出世・出発・出張・提出・出納」対入。

じゅつ【述】 ［辶］ 8画 5年 音 ジュツ 訓 のべる

ことばや文章であらわす。のべる。「口述・述語・記述・述懐」

じゅつ【術】 ［行］ 11画 5年 音 ジュツ 訓 ー

わざ。やりかた。方法。「術中・術者・医術・芸術・技術・忍術」

しゅん【春】 ［日］ 9画 2年 音 シュン 訓 はる

❶はる。「早春・立春・春先・春分」 ❷としのはじめ。「新春・初春」 ❸としつき。「春秋」

じゅん【純】 ［糸］ 10画 6年 音 ジュン 訓 ー

まじりけがない。けがれがない。「純毛・純真・純良・清純・純潔・純粋」

じゅん【順】 ［頁］ 12画 4年 音 ジュン 訓 ー

❶したがう。さからわない。「順応・従順」㊍逆。 ❷うまくいく。「順風・順調」 ❸じゅんばん。「手順・順次・順路・打順・順位・順序」

じゅん【準】 ［氵］ 13画 5年 音 ジュン 訓 ー

❶ならう。手本にする。「水準・標準・基準・準拠」 ❷あるものにつぐ。「準決勝」 ❸そなえる。「準備」

しょ【処】 ［几］ 5画 6年 音 ショ 訓 ー

❶きまりをつける。しまつする。「処分・処方・処理・処置・処罰」 ❷ところ。「出処」

しょ【初】 ［刀］ 7画 4年 音 ショ 訓 はじめ・はじめて・はつ・うい*・そめる*

はじめ。はじめて。「初日・初心・初歩・初期・初等・初夢・初霜」

しょ【所】 ［戸］ 8画 3年 音 ショ 訓 ところ

❶ところ。ばしょ。「名所・住所」 ❷すること。するもの。「所見・所有」

しょ【書】 ［曰］ 10画 2年 音 ショ 訓 かく

❶字をかく。しるす。「書記・書式・書写・清書」 ❷もじ。「書体・書道」 ❸かいたもの。ほん。手紙。「書画・書面・書物・書類・願書・書状・書簡・書籍」

しょ【暑】 ［日］ 12画 3年 音 ショ 訓 あつい

あつい。あつさ。「暑気・暑中・寒暑・残暑」㊍寒。

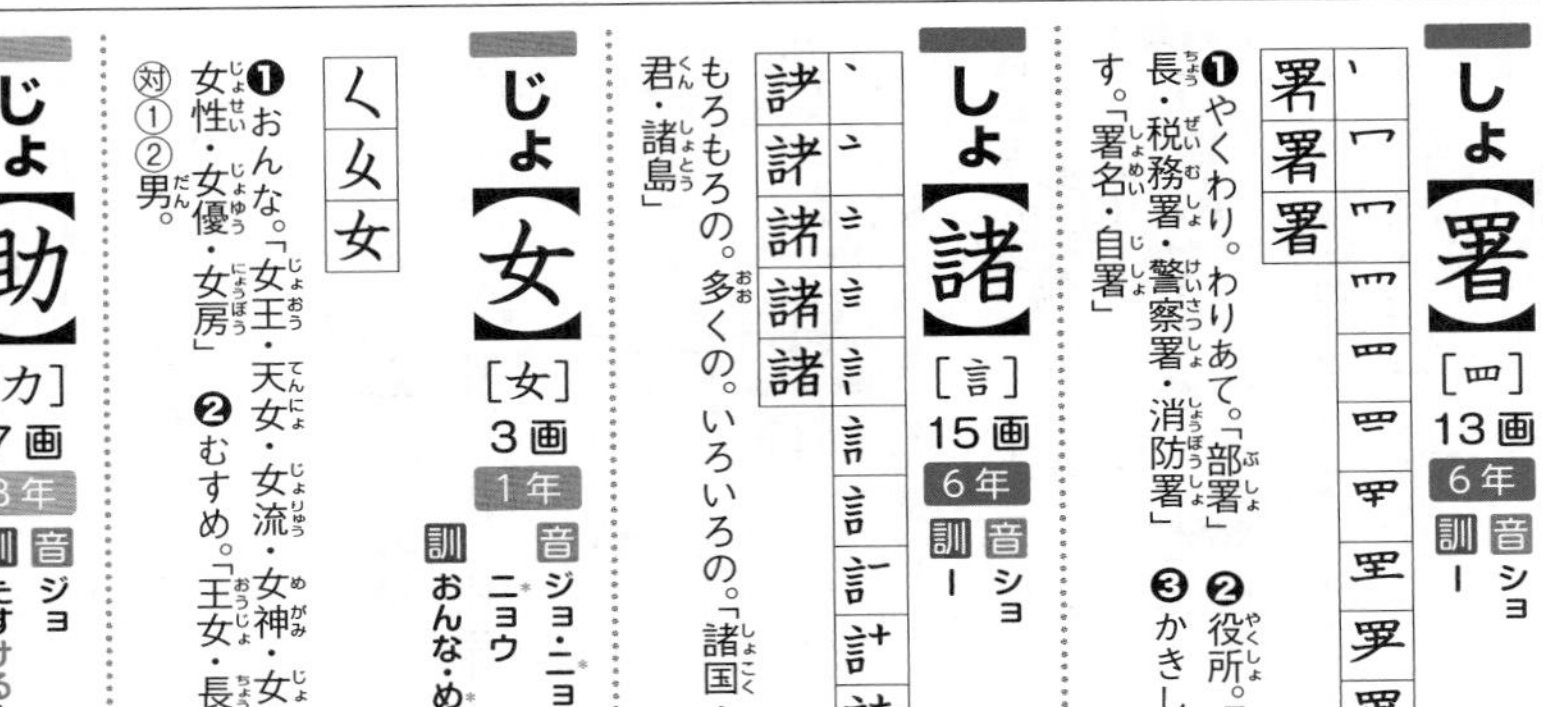

しょ【署】

［罒］13画 6年 音 ショ 訓 ー

❶やくわり。わりあて。「部署」 ❷役所。「署長・税務署・警察署・消防署」 ❸かきしるす。「署名・自署」

しょ【諸】

［言］15画 6年 音 ショ 訓 ー

もろもろの。多くの。いろいろの。「諸国・諸君・諸島」

じょ【女】

［女］3画 1年 音 ジョ・ニョ*・ニョウ* 訓 おんな・め*

❶おんな。「女王・天女・女流・女神・女史・女性・女優・女房」 ❷むすめ。「王女・長女」 対①②男。

じょ【助】

［力］7画 3年 音 ジョ 訓 たすける・たすかる・すけ*

力をかす。たすける。「助手・助力・助言・助走・救助・援助・助太刀」

じょ【序】

［广］7画 5年 音 ジョ 訓 ー

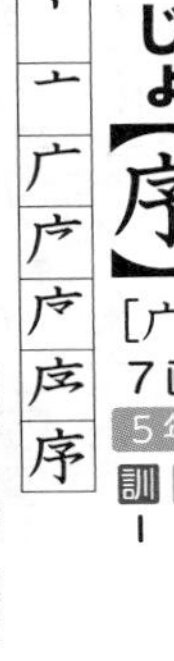

❶はじめ。はしがき。「序文・序曲・序幕・序論・序盤」 ❷じゅんばん。「序列・順序・秩序」

じょ【除】

［阝］10画 6年 音 ジョ・ジ* 訓 のぞく

❶とりのぞく。「除草・除名・除雪・除去・解除・削除・掃除」 ❷わり算。「除数・除法」 対乗。

しょう【小】

［小］3画 1年 音 ショウ 訓 ちいさい・こ・お

❶ちいさい。「小型・小国・小品・小児・小柄・小間物」 ❷少ない。「小食・小差」 対①②大。

しょう【少】

［小］4画 2年 音 ショウ 訓 すくない・すこし

❶すくない。すこし。「少数・少量・少額・減少・少人数」 対多。 ❷わかい。「少女・少年・年少」

しょう【招】

［扌］8画 5年 音 ショウ 訓 まねく

まねく。よぶ。「招集・招待」

しょう【承】

［手］8画 6年 音 ショウ 訓 うけたまわる

❶うけつぐ。うけいれる。「伝承・継承」 ❷ききいれる。うけたまわる。「承知・承服・承認・承諾・了承」

しょう【松】

［木］8画 4年 音 ショウ 訓 まつ

マツ。マツの木。「門松・松竹梅・松飾り」

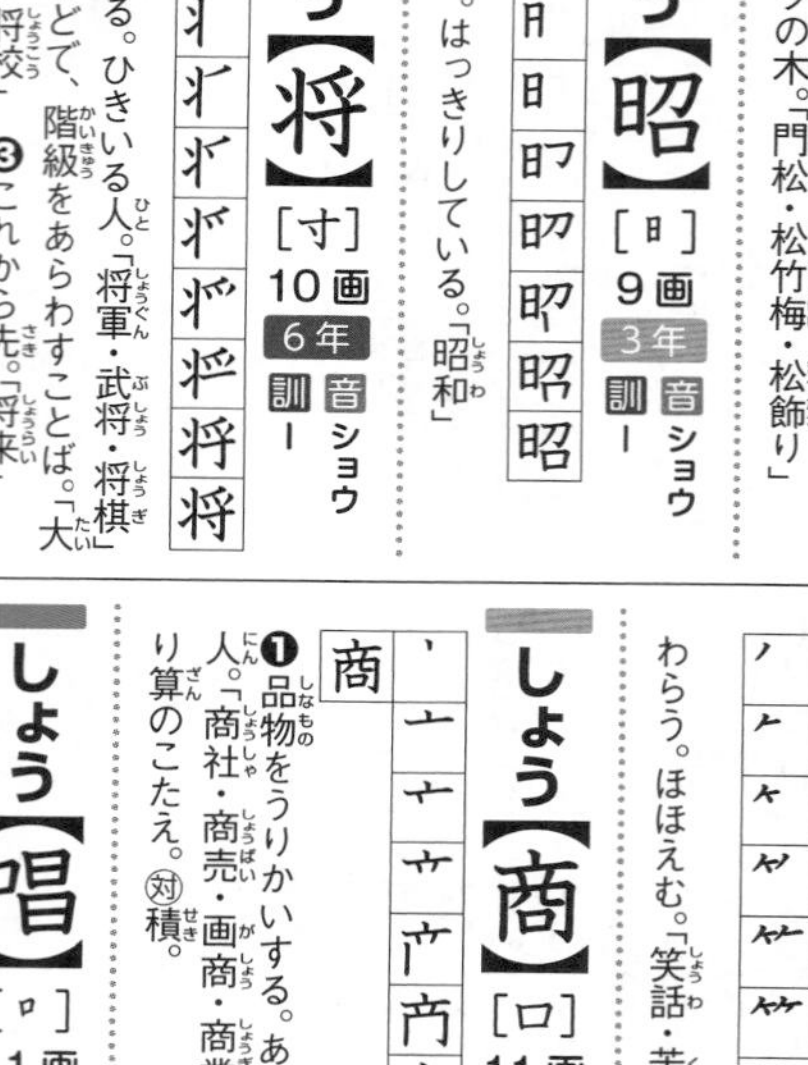

しょう【昭】 ［日］ 9画 3年 音 ショウ 訓 ー

あきらか。はっきりしている。「昭和」

しょう【将】 ［寸］ 10画 6年 音 ショウ 訓 ー

❶ひきいる。ひきいる人。「将軍・武将・将棋」❷軍隊などで、階級をあらわすことば。「大将・中将・将校」❸これから先。「将来」

しょう【消】 ［氵］ 10画 3年 音 ショウ 訓 きえる・けす

❶きえる。けす。「消火・消灯・消毒・消防」❷なくなる。ほろびる。「消失・消滅・消費・消耗」

しょう【笑】 ［⺮］ 10画 4年 音 ショウ* 訓 わらう・えむ*

わらう。ほほえむ。「笑話・苦笑・談笑・冷笑」

しょう【商】 ［口］ 11画 3年 音 ショウ 訓 あきなう*

❶品物をうりかいする。あきない。また、商人。「商社・商売・画商・商業・商談」❷わり算のこたえ。㊟積。

しょう【唱】 ［口］ 11画 4年 音 ショウ 訓 となえる

❶よみあげる。となえる。「暗唱・提唱・復唱」❷ふしをつけて、うたう。「唱歌・合唱・独唱・輪唱」

しょう【章】 ［立］ 11画 3年 音 ショウ 訓 ー

❶書きつらねた文。「文章」❷詩や文などの一まとまり。「序章・第一章」❸しるし。「校章・印章・勲章・腕章」

しょう【勝】 ［力］ 12画 3年 音 ショウ 訓 かつ・まさる*

❶あいてをまかす。かつ。「楽勝・勝負・勝利・必勝・優勝」㊟負。敗。❷すぐれている。まさる。「名勝・景勝」

しょう【焼】 ［火］ 12画 4年 音 ショウ* 訓 やく・やける

やく。やける。「全焼・焼失・類焼・燃焼・延焼・焼却」

しょう【証】 ［言］ 12画 5年 音 ショウ 訓 ー

❶あきらかにする。「証人・証言・証明」❷あかし。あかしとなるもの。「証文・証書・証券・証拠・免許証」

しょう【象】

［豕］12画 5年

音 ショウ・ゾウ
訓 ー

ノ ク ク ㇐ 㐁 㐁 㐁 㐁 㐁 㐁 象 象

❶ゾウ。「巨象」 ❷かたち。ありさま。「形象・対象・現象・抽象」 ❸かたちをにせる。「象徴・象形文字」

しょう【傷】

［亻］13画 6年

音 ショウ
訓 きず・い*たむ・い*ためる

きずつく。きずつける。きず。「傷心・外傷・負傷・傷害・重傷」

しょう【照】

［灬］13画 4年

音 ショウ
訓 てる・てらす・てれる

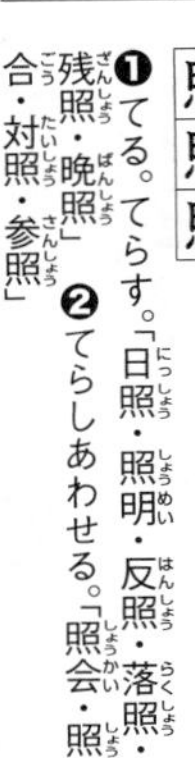

❶てる。てらす。「日照・照明・反照・落照・残照・晩照」 ❷てらしあわせる。「照会・照合・対照・参照」

しょう【障】

［阝］14画 6年

音 ショウ
訓 さ*わる

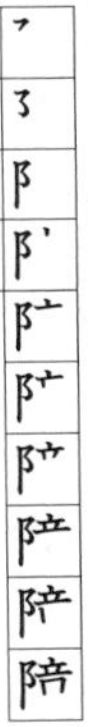

さえぎる。じゃまになる。「障子・障害・故障・支障・保障・障壁」

しょう【賞】

［貝］15画 5年

音 ショウ
訓 ー

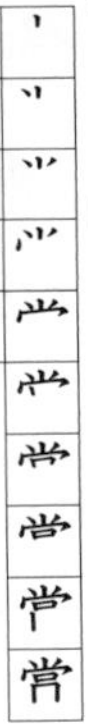

ほめる。ほうび。「賞金・賞状・賞罰・賞与」 対 罰。

しょう【上】➡じょう（上）。
しょう【正】➡せい（正）。
しょう【生】➡せい（生）。
しょう【声】➡せい（声）。
しょう【青】➡せい（青）。
しょう【政】➡せい（政）。
しょう【星】➡せい（星）。
しょう【相】➡そう（相）。
しょう【省】➡せい（省）。
しょう【従】➡じゅう（従）。
しょう【清】➡せい（清）。
しょう【装】➡そう（装）。
しょう【精】➡せい（精）。

じょう【上】

［一］3画 1年

音 ジョウ・ショ*ウ
訓 うえ・うわ・かみ・あげる・あがる・のぼる・のぼせる・のぼ*す

丨 ト 上

❶うえ。「水上・地上・屋上」 ❷たかいところ。「上空・上部・上段・頂上」 ❸はじめのほう。「上流・上旬」 ❹あがる。のぼる。「上達・上陸・上昇」 ❺すぐれている。「上級・上等・上品」 対①〜⑤下。 ❻とりあげる。「上演・上映」 ❼…について。「学問上」

じょう【条】

［木］7画 5年

音 ジョウ
訓 ー

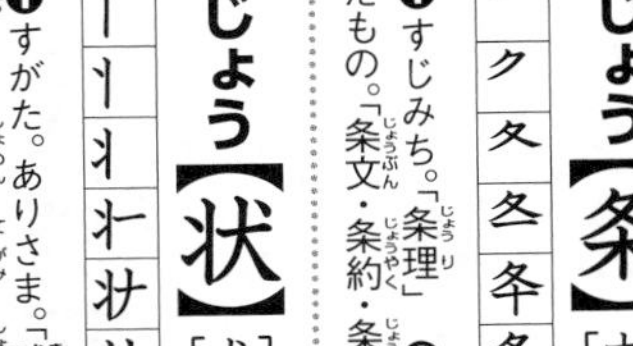

❶すじみち。「条理」 ❷一つずつ書きわけたもの。「条文・条約・条例」

じょう【状】

［犬］7画 5年

音 ジョウ
訓 ー

❶すがた。ありさま。「球状・病状・状態・状況」 ❷書面。手紙。「書状・礼状・免状」

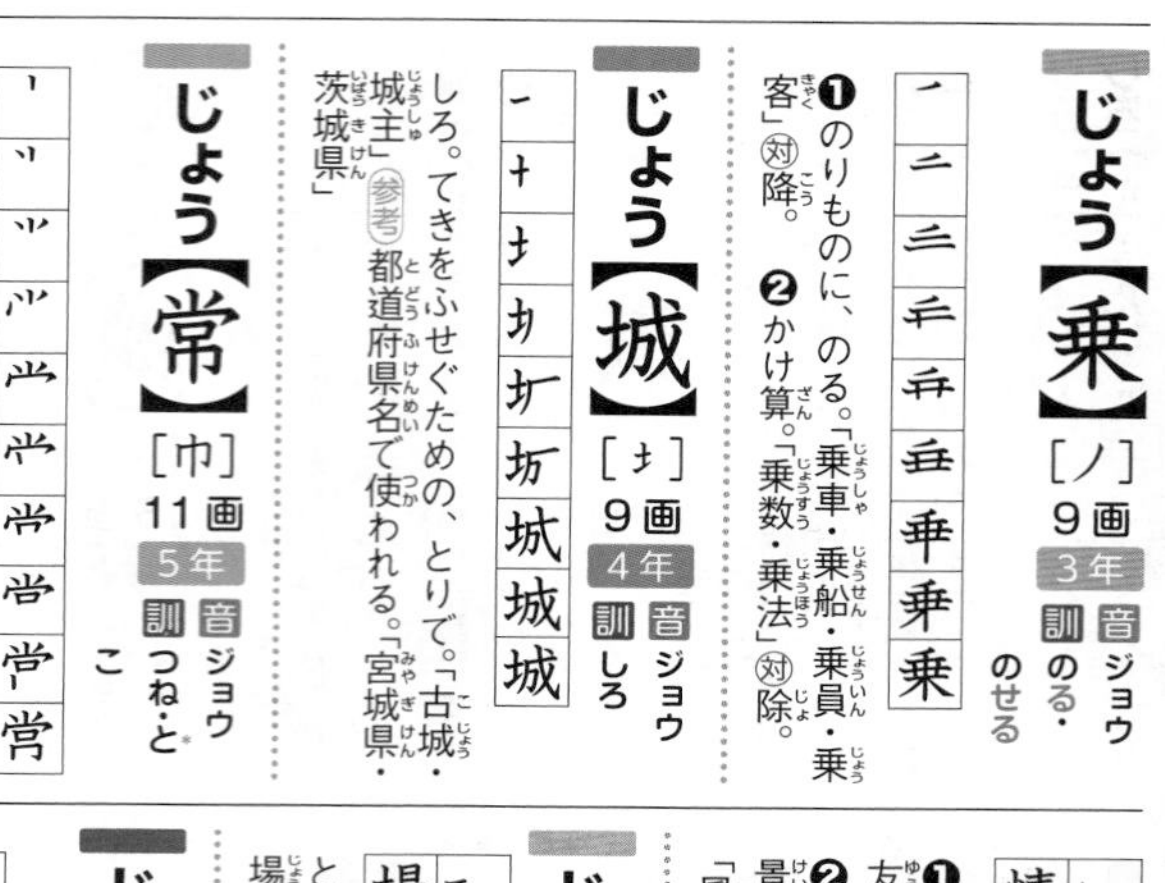

じょう【乗】

［ノ］9画 3年 音 ジョウ 訓 のる・のせる

❶のりものに、のる。「乗車・乗船・乗員・乗客」対降。❷かけ算。「乗数・乗法」対除。

じょう【城】

［土］9画 4年 音 ジョウ 訓 しろ

しろ。てきをふせぐための、とりで。「古城・城主」参考 都道府県名で使われる。「宮城県・茨城県」

じょう【常】

［巾］11画 5年 音 ジョウ 訓 つね・と*こ

❶いつも。ふだん。「日常・常時・常食・常用・常設・常備」❷ふつうの。「正常・常体・常温・平常・常識」

じょう【情】

［忄］11画 5年 音 ジョウ・セ*イ 訓 なさけ

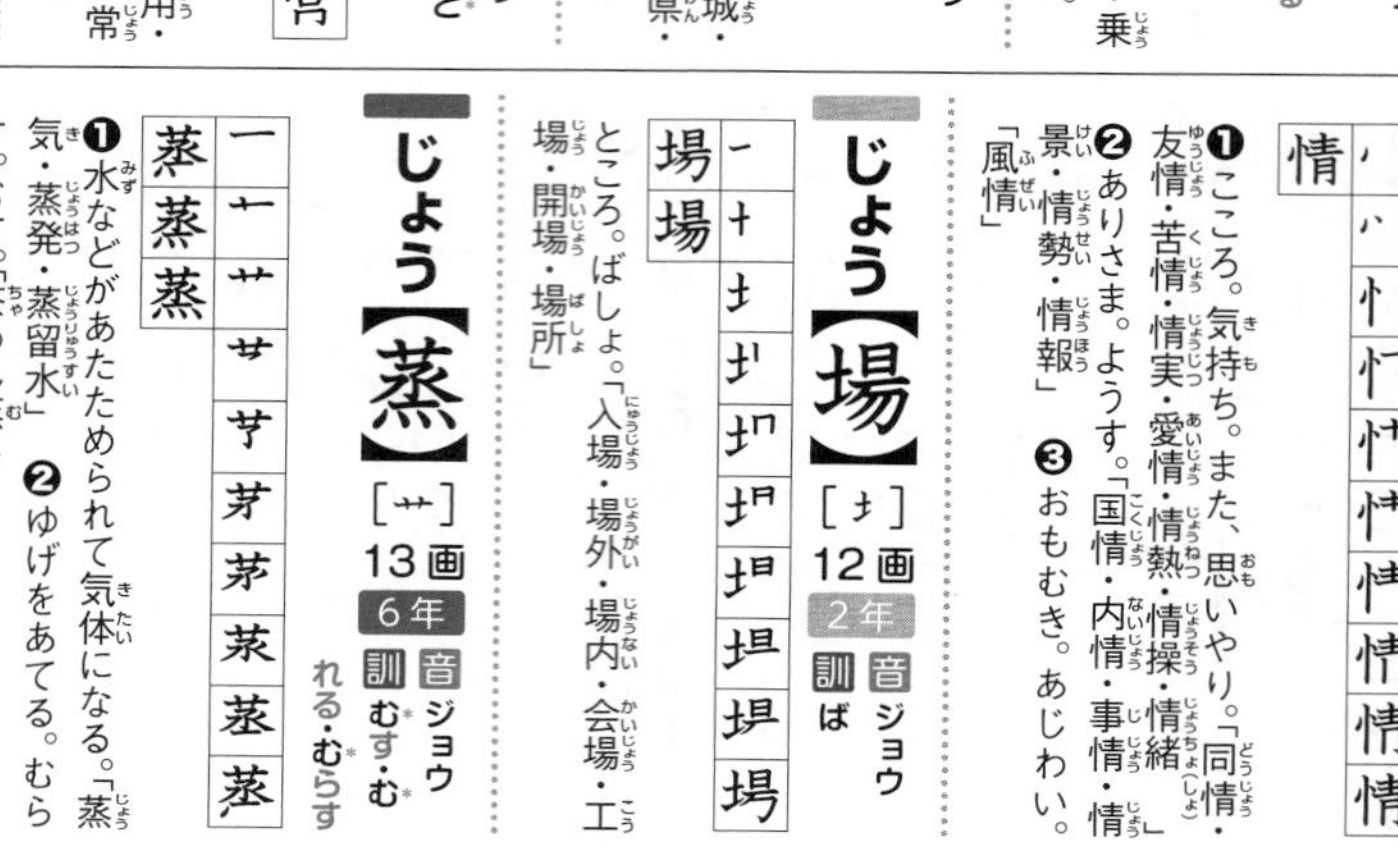

❶こころ。気持ち。また、思いやり。「同情・友情・苦情・情実・愛情・情熱・情操・情緒」❷ありさま。ようす。「国情・内情・事情・情景・情勢・情報」❸おもむき。あじわい。「風情」

じょう【場】

［土］12画 2年 音 ジョウ 訓 ば

ところ。ばしょ。「入場・場外・場内・会場・工場・開場・場所」

じょう【蒸】

［艹］13画 6年 音 ジョウ 訓 む*す・む*れる・む*らす

❶水などがあたためられて気体になる。「蒸気・蒸発・蒸留水」❷ゆげをあてる。むらす。むす。「茶わん蒸し」

じょう【縄】

［糸］15画 4年 音 ジョ*ウ 訓 なわ

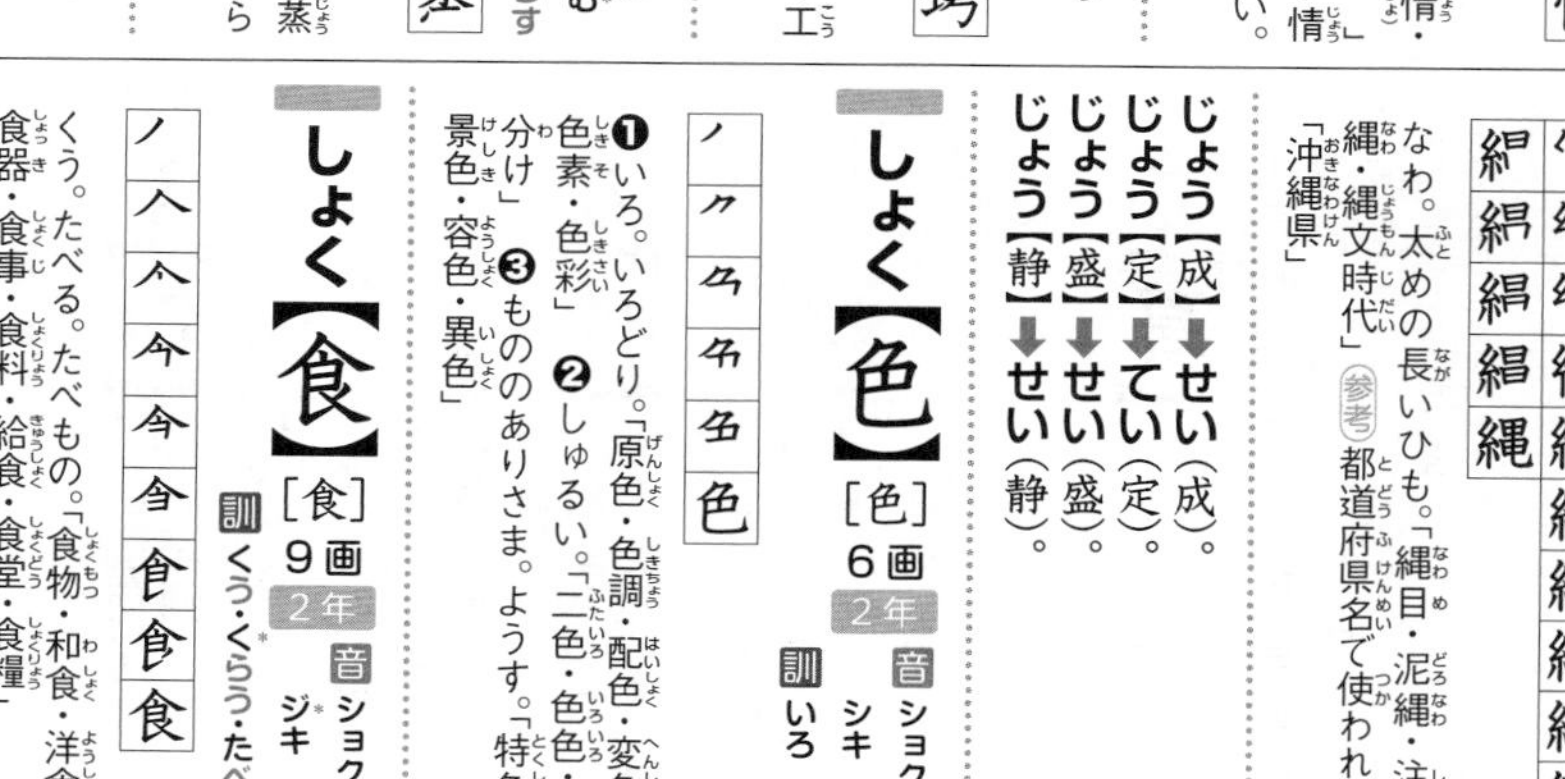

なわ。太めの長いひも。「縄目・泥縄・注連縄・縄文時代」参考 都道府県名で使われる。「沖縄県」

じょう【成】→せい（成）。

じょう【定】→てい（定）。

じょう【盛】→せい（盛）。

じょう【静】→せい（静）。

しょく【色】

［色］6画 2年 音 ショク・シキ 訓 いろ

❶いろ。いろどり。「原色・色調・配色・変色・色素・色彩」❷しゅるい。「二色・色色・色分け」❸もののありさま。ようす。「特色・景色・容色・異色」

しょく【食】

［食］9画 2年 音 ショク・ジ*キ 訓 くう・く*らう・たべる

くう。たべる。たべもの。「食物・和食・洋食・食器・食事・食料・給食・食堂・食糧」

漢字

しょく【植】

［木］12画 3年
音 ショク
訓 うえる・うわる

一 十 才 木 木 杧 杧 杧 枯 植 植 植

❶うえる。「植林・移植・植樹」 ❷ある場所におちつかせる。「入植・植民地」

しょく【織】

［糸］18画 5年
音 ショク・シキ*
訓 おる

❶ぬのをおる。おりもの。「織機・紡織・織物」 ❷くみたてる。「組織」

しょく【職】

［耳］18画 5年
音 ショク
訓 ー

❶つとめ。しごと。「本職・職業・職務」 ❷身についているわざ。「職人・職工」

しら【白】⇒はく（白）。
しろ【代】⇒だい（代）。

しん【心】

［心］4画 2年
音 シン
訓 こころ

丶 心 心 心

❶こころ。「心理・心配・安心・決心・信心・心境・心情」 ❷内ぞうの一つ。しんぞう。「心臓」 ❸ものごとの中心。たいせつなところ。「中心・都心」

しん【申】

［田］5画 3年
音 シン
訓 もうす*

丨 冂 日 日 申

❶いう。もうす。のべる。「答申・内申・申告・申請」 ❷十二支の九番め。さる。「庚申」

しん【臣】

［臣］7画 4年
音 シン・ジン
訓 ー

けらい。主人につかえるもの。「大臣・家臣・重臣」

しん【身】

［身］7画 3年
音 シン
訓 み

❶からだ。「身体・身長・全身・銃身」 ❷じぶん。「自身・身辺」

しん【信】

［亻］9画 4年
音 シン
訓 ー

ノ 亻 亻 亻 亻 信 信 信 信

❶うたがわない。しんじる。「信心・信用・信念・信義・信任・信仰」 対 疑。 ❷たより。「音信・通信・受信・発信・返信」

しん【神】

［ネ］9画 3年
音 シン・ジン
訓 かみ・かん*・こう*

❶かみ。「神宮・神主・神官・神殿」 ❷心。心のはたらき。「失神・精神」 ❸ふしぎな力。「神秘」 参考 都道府県名で使われる。「神奈川県」

しん【真】

［目］10画 3年
音 シン
訓 ま

一 十 冇 冇 冇 直 直 直 真 真

うそがない。ほんとう。まこと。「真理・真意・真実・真相・真価・真性」

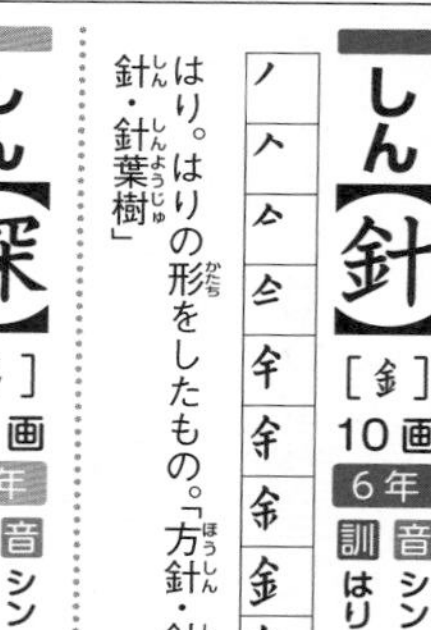

しん【針】
［金］10画 6年
音 シン 訓 はり

はり。はりの形をしたもの。「方針・針路・指針・針葉樹」

しん【深】
［氵］11画 3年
音 シン 訓 ふかい・ふかまる・ふかめる

❶ふかい。ふかさ。「水深・深海・深入り」❷こい。「深緑（ふかみどり）・深紅」対①②浅。❸ていどが、はなはだしい。ひどい。「深手・深刻」

しん【進】
［辶］11画 3年
音 シン 訓 すすむ・すすめる

❶前のほうに出る。すすむ。「進学・進入・進行・前進・進化・進路」対退。❷さしあげる。「進言・進物・進呈」

しん【森】
［木］12画 1年
音 シン 訓 もり

❶もり。「森林」❷ひっそりとしている。「森閑」

しん【新】
［斤］13画 2年
音 シン 訓 あたらしい・あらた・にい

あたらしい。「新人・改新・新刊・新制・新設・革新」対旧。古。

しん【親】
［見］16画 2年
音 シン 訓 おや・したしい・したしむ

❶おや。「親心・両親・親孝行」対子。❷みうち。「肉親・親類」❸したしい。したしむ。「親交・親友・親身・親善・親密」

じん【人】
［人］2画 1年
音 ジン・ニン 訓 ひと

❶ひと。にんげん。「人口・人生・人物・人類・人徳・人情・恩人」❷〔「にん」とよんで〕ひとの数をかぞえることば。「五人」

じん【仁】
［亻］4画 6年
音 ジン・ニ* 訓 ―

おもいやり。いつくしみ。「仁愛・仁徳・仁術」

じん【臣】→しん（臣）。
じん【神】→しん（神）。
す【子】→し（子）。
す【主】→しゅ（主）。
す【守】→しゅ（守）。
す【素】→そ（素）。
す【巣】→そう（巣）。
す【数】→すう（数）。

ず【図】
［囗］7画 2年
音 ズ・ト 訓 はかる*

❶えがいたもの。絵。「図画・図形・地図・図表」❷考えをめぐらす。はかりごと。「合図・意図」

ず【豆】→とう（豆）。

すい【水】
［水］4画 1年
音 スイ　訓 みず

亅 才 水 水

❶みず。「水道・水泳・水害・水脈・水源・水産物」❷液体。「水銀」❸「水曜日」のりゃく。「水木」❹「水素」のりゃく。「水爆」

すい【垂】
［土］8画 6年
音 スイ　訓 たれる・たらす

一 二 三 乒 垂 垂 垂 垂

たれる。たれさがる。「垂線・垂直・懸垂」

すい【推】
［扌］11画 6年
音 スイ　訓 おす*

一 十 扌 扌 扌 扌 拃 拃 推 推 推

❶おす。おしすすめる。「推進・推移・推奨・推薦」❷おしはかる。「推理・推定・推察・推量・推測・推論」

すい【出】→しゅつ（出）。

すう【数】
［攵］13画 2年
音 スウ・ス*　訓 かず・かぞえる

丶 丷 䒑 半 米 米 米 娄 娄 娄 数 数 数

❶かず。かぞえる。「数学・数字・算数・数式・数量」❷いくらかの。わずかの。「数日・数人」

すん【寸】
［寸］3画 6年
音 スン　訓 ー

一 寸 寸

❶むかし使っていた、長さの単位。かね尺の一寸は、約三・〇三センチメートル。くじら尺の一寸は、約三・八センチメートル。「一寸」❷わずかなこと。「寸前・寸分・寸志・寸断・寸劇・寸暇」❸長さ。「寸法」

せ【世】→せい（世）。

せい【井】
［二］4画 4年
音 セイ*・ショウ*　訓 い

一 二 ナ 井

❶いど。地面にあなをほって、地下水をくみあげるしせつ。「井戸」❷まちの中。「市井」❸「井」のかたちにつくったようす。「天井」

参考 都道府県名で使われる。「福井県」

せい【世】
［一］5画 3年
音 セイ・セ　訓 よ

一 十 卄 廿 世

❶よの中。「世間・世界・世事・世相・世情・世論（よろん）」❷年月。時代。「後世・世代・世紀・乱世」

せい【正】
［止］5画 1年
音 セイ・ショウ　訓 ただしい・ただす・まさ

一 丅 下 正 正

❶ただしい。ただしいこと。「正気・正直・公正・不正・正解・正義」対誤。❷おもなもの。本式のもの。「正門・正式」対副。❸まさしく。ちょうど。「正面・正午・正反対」❹一年のはじめ。「正月・賀正」❺算数で、ゼロより大きい数。「正数」対負。

せい【生】
［生］5画 1年
音 セイ・ショウ　訓 いきる・いかす・いける・うまれる・うむ・おう*・はえる・はやす・き*・なま

ノ 𠂉 牛 牛 生

❶うまれる。うむ。はえる。「出生（しゅっしょう）（しゅっせい）・生

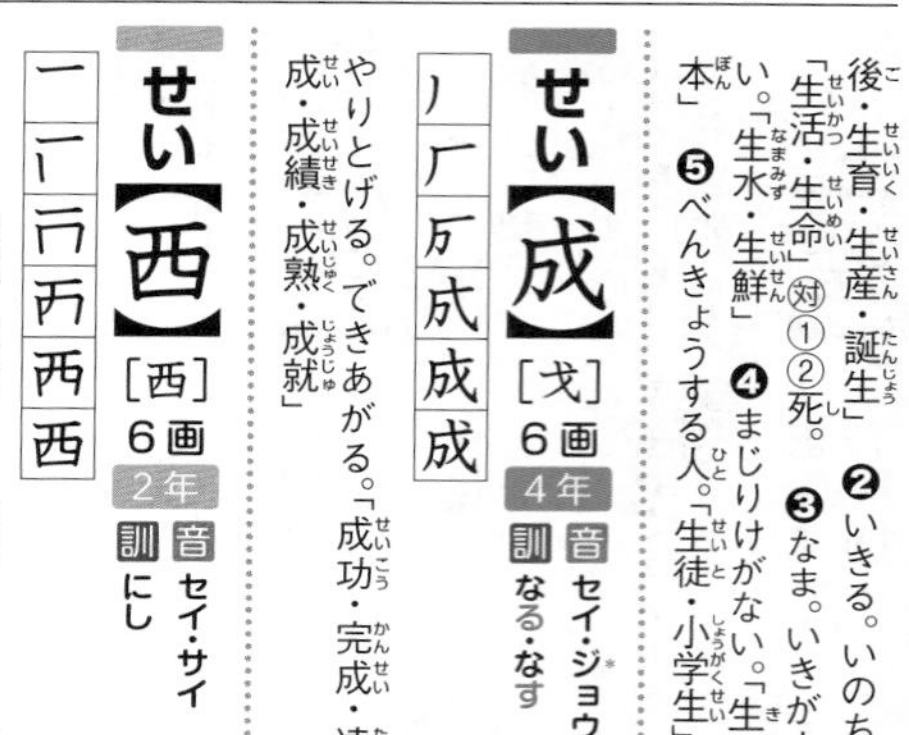

後・生育・生産・誕生」❷いきる。いのち。「生活・生命」対①②死。❸なま。いきがよい。「生水・生鮮」❹まじりけがない。「生一本」❺べんきょうする人。「生徒・小学生」

せい【成】

［戈］6画　4年　音 セイ・ジョウ*　訓 なる・なす

やりとげる。できあがる。「成功・完成・達成・成績・成熟・成就」

せい【西】

［西］6画　2年　音 セイ・サイ　訓 にし

❶にし。「北西・西経」対①②東。❷西洋のこと。「西洋・西欧・西暦」

せい【声】

［士］7画　2年　音 セイ・ショウ*　訓 こえ・こわ*

❶こえ。ことば。「音声・声色・発声・声優・声援・鳴き声」❷ひょうばん。「名声・声価」

せい【制】

［刂］8画　5年　音 セイ　訓 ー

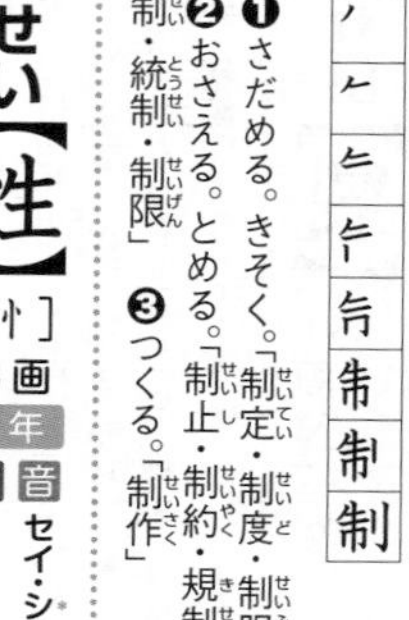

❶さだめる。きそく。「制定・制度・制服」❷おさえる。とめる。「制止・制約・規制・強制・統制・制限」❸つくる。「制作」

せい【性】

［忄］8画　5年　音 セイ・ショウ*　訓 ー

❶うまれつき。「性分・性格・性質」❷もののたち。もちまえ。「野性・習性」❸男と女、おすとめすなどのくべつ。また、それに関係のあることがら。「性別・異性」

せい【青】

［青］8画　1年　音 セイ・ショウ*　訓 あお・あおい

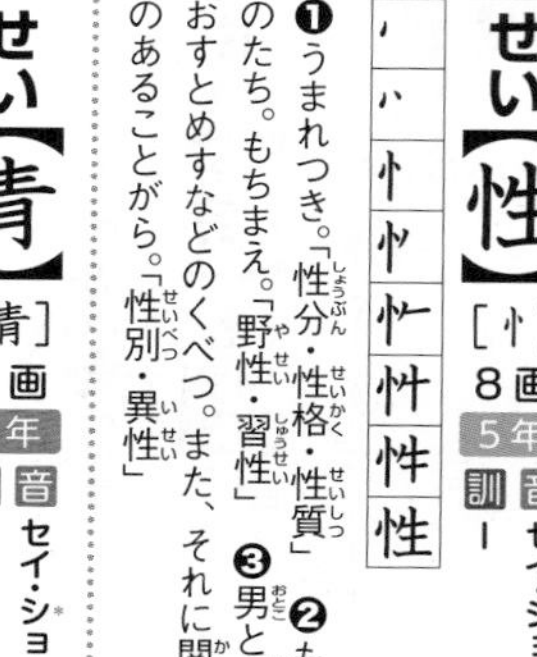

❶あお。あおい。「青葉・青菜・青海原」❷わかい。じゅくしていない。「青田・青春・青二才」

せい【政】

［攵］9画　5年　音 セイ・ショウ*　訓 まつりごと*

世の中をおさめる。ものごとをととのえる。「政界・政局・政治・政府・財政・政権・摂政」

せい【星】

［日］9画　2年　音 セイ・ショウ*　訓 ほし

❶空のほし。「火星・星雲・明星・星団・星座」❷ほしの形。小さな点。

せい【省】

［目］9画　4年　音 セイ・ショウ　訓 かえりみる*・はぶく

❶かえりみる。ふりかえって考える。「内省・反省」❷はぶく。へらす。「省略」❸役所。「外務省・文部科学省」

せい【清】

［氵］11画　4年　音 セイ・ショウ*　訓 きよい・きよ まる・きよめる

❶きよい。にごりがない。けがれがない。「清音・清酒・清潔・清純・清浄・清涼飲料水」❷きよめる。きれいにしまつする。「清算・清書・清掃」

せい【盛】

［皿］11画　6年

音　セイ・ジョウ*

訓　もる・さかる*・さかん*

ノ 厂 万 成 成 成 成 成 盛 盛 盛

盛

❶高(たか)くつみあげる。もる。「盛(も)り土(つち)・山盛(やまも)り」❷さかり。さかん。「盛大(せいだい)・全盛(ぜんせい)・盛況(せいきょう)・盛衰(せいすい)・繁盛(はんじょう)」

せい【晴】

［日］12画　2年

音　セイ

訓　はれる・はらす

丨 П 日 日 日一 日十 日丰 日丰 日生 日青 晴 晴

はれる。はれ。「晴雨(せいう)・晴天(せいてん)・快晴(かいせい)」

せい【勢】

［力］13画　5年

音　セイ

訓　いきおい

一 十 土 扌 夫 去 坴 坴 坴 埶 埶 勢 勢

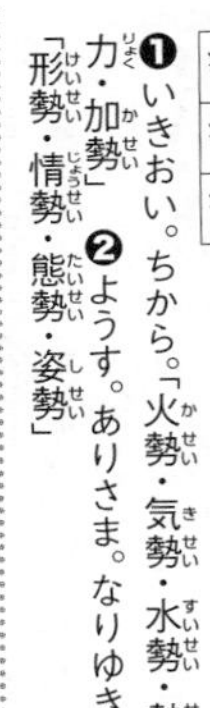

❶いきおい。ちから。「火勢(かせい)・気勢(きせい)・水勢(すいせい)・勢力(せいりょく)・加勢(かせい)」❷ようす。ありさま。なりゆき。「形勢(けいせい)・情勢(じょうせい)・態勢(たいせい)・姿勢(しせい)」

せい【聖】

［耳］13画　6年

音　セイ

訓　ー

一 丁 F F E 耳 耳 耳 耵 耶 耶 聖 聖

❶きよらか。「聖火(せいか)・聖夜(せいや)・聖地(せいち)・神聖(しんせい)・聖域(せいいき)」❷ちえや徳(とく)のすぐれた人(ひと)。「聖人(せいじん)・聖者(せいじゃ)」❸その道(みち)で、とくにすぐれた人(ひと)。「楽聖(がくせい)・書聖(しょせい)・詩聖(しせい)」

せい【誠】

［言］13画　6年

音　セイ

訓　まこと*

丶 亠 亠 言 言 言 言 訁 訂 訢 訢 誠 誠

いつわりのないこと。まこと。まごころ。「誠意(せいい)・誠実(せいじつ)・至誠(しせい)・忠誠(ちゅうせい)・誠心誠意(せいしんせいい)」

せい【精】

［米］14画　5年

音　セイ・ショウ*

訓　ー

丶 丷 䒑 半 米 米 米一 米十 米丰 米丰 米青 精 精 精

❶心(こころ)のはたらき。たましい。気力(きりょく)。「精力(せいりょく)・精神(せいしん)・精進(しょうじん)・精魂(せいこん)・精一杯(せいいっぱい)」❷くわしい。こまかい。「精算(せいさん)・精読(せいどく)・精密(せいみつ)・精巧(せいこう)」❸白(しろ)くする。まじりけをとりさる。「精米(せいまい)・精選(せいせん)・精製(せいせい)・精錬(せいれん)」

せい【製】

［衣］14画　5年

音　セイ

訓　ー

ノ 𠂉 䖝 午 告 制 制 制 制 制 製 製 製 製

品物(しなもの)をつくる。「製作(せいさく)・製品(せいひん)・製材(せいざい)・製法(せいほう)・複製(ふくせい)・製造(せいぞう)」

せい【静】

［青］14画　4年

音　セイ・ジョウ*

訓　しず・しずか・しずまる・しずめる

一 十 キ 主 丰 青 青 青 青 青 静 静 静 静

しずかにする。うごかない。「静止(せいし)・安静(あんせい)・静観(せいかん)・静養(せいよう)・鎮静(ちんせい)・冷静(れいせい)」(対)動(どう)。

せい【整】

［攵］16画　3年

音　セイ

訓　ととのえる・ととのう

一 ㄏ 丙 币 束 束 束 束 束 敕 敕 敕 敕 整 整 整

ととのう。ととのえる。「整地(せいち)・整理(せいり)・整列(せいれつ)・調整(ちょうせい)・整然(せいぜん)・整備(せいび)」

ぜい【税】

［禾］12画　5年

音　ゼイ

訓　ー

ノ 二 千 禾 禾 禾 禾 禾 禾 秒 税

国・都道府県・市町村が国民からとるお金。「税金・重税・課税・関税・減税・税務署」

せき【夕】

［夕］3画　1年
音 セキ*
訓 ゆう

ノ　ク　タ

ゆうぐれ。ゆうがた。「夕立・夕食・夕刊・夕刻」㊟朝。

せき【石】

［石］5画　1年
音 セキ・シャク・コク*
訓 いし

一　丆　丆　石　石

❶いし。また、かたいもの。「岩石・石炭・化石・石材・石造」❷むかし使っていた、穀物や液体をはかる単位。一石は、約一八〇リットル。「石高・百万石」❸材木などのかさをはかる単位。❹むかし使っていた、船の大きさをあらわす単位。「千石船」

せき【赤】

［赤］7画　1年
音 セキ・シャク*
訓 あか・あかい・あからむ・あからめる

一　十　土　ナ　方　赤　赤

❶あか。あかい。「赤道・赤面・赤飯・赤銅・赤潮・赤帽・赤外線・赤十字」❷ありのまま。真実。「赤裸裸」

せき【昔】

［日］8画　3年
音 セキ*・シャク*
訓 むかし

一　十　廾　廾　昔　昔　昔　昔

むかし。「昔日・昔話・今昔」㊟今。

せき【席】

［巾］10画　4年
音 セキ
訓 ー

丶　亠　广　广　庐　庐　庐　庐　席　席

すわるところ。「席上・席次・席順・欠席・座席」

せき【責】

［貝］11画　5年
音 セキ
訓 せめる

一　十　キ　丰　青　青　青　青　責　責　責

❶せめる。とがめる。「自責」❷しなければならないつとめ。「重責・責任・責務」

せき【積】

［禾］16画　4年
音 セキ
訓 つむ・つもる

丿　二　千　禾　禾　禾　秆　秆　秆　秆　秸　積　積　積　積　積

❶つむ。つもる。「山積・積雲・積雪・集積・蓄積」❷ひろさ。かさ。「体積・面積」❸かけ算の答え。㊟商。

せき【績】

［糸］17画　5年
音 セキ
訓 ー

𡿨　幺　幺　糸　糸　糸　紅　紆　紆　紆　績　績　績　績　績　績　績

❶わたや、まゆから糸をつむぐ。「紡績」❷しごとのできばえ。てがら。「業績・実績・功績・成績」

せち【節】⬇せつ（節）。

せつ【切】

［刀］4画　2年
音 セツ・サイ*
訓 きる・きれる

一　七　切　切

❶きる。「切開・切断・切腹」❷ひたすら。ねんごろ。「親切・切望」❸さしせまる。「切迫」❹すべて。「一切」

せつ【折】

［扌］7画　4年
音 セツ
訓 おる・おり・おれる

一　十　扌　扌　扩　扩　折

❶おる。まげる。「曲折・骨折・屈折・折れ線」❷わける。「折半」

せつ【接】
［扌］11画 5年
音 セツ　訓 つぐ*

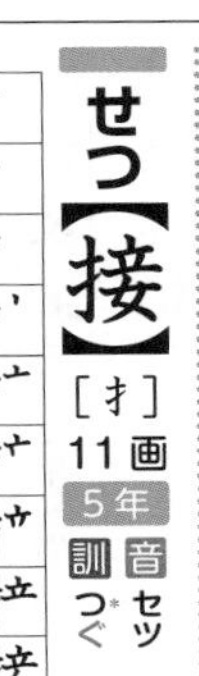

❶ちかづく。「接近・接触」❷つながる。つなぐ。「接着・接続・接骨」❸もてなす。「接待・応接」

せつ【設】
［言］11画 5年
音 セツ　訓 もうける

つくる。そなえつける。「設立・設計・開設・設置・建設・設営・設備・創設」

せつ【雪】
［雨］11画 2年
音 セツ　訓 ゆき

❶ゆき。「雪原・風雪・積雪・初雪・降雪・雪渓・雪景色」❷そそぐ。あらいきよめる。「雪辱」

せつ【節】
［⺮］13画 4年
音 セツ・セチ*　訓 ふし

❶もののつぎめ。ふし。「文節・関節・節穴」❷音楽のちょうし。「一節・曲節」❸気候のかわりめ。「節分・季節・節句」❹こころをかえない。みさお。「節操・忠節」❺ほどよくする。「節水・節度・調節・節約・節制」❻いわいの日。「節会」

せつ【説】
［言］14画 4年
音 セツ・ゼイ*　訓 とく

❶とく。ときあかす。「説明・説得・解説」❷考え。意見。「学説・社説・論説」❸はなし。物語。「小説・説話・伝説」

せつ【殺】➡さつ（殺）。

ぜつ【舌】
［舌］6画 6年
音 ゼツ*　訓 した

❶口の中にある、した。「猫舌・舌打ち・舌触り」❷しゃべること。ことば。「口舌・筆舌・舌戦・毒舌・弁舌」

ぜつ【絶】
［糸］12画 5年
音 ゼツ　訓 たえる・たやす・たつ

❶やめる。たつ。「絶交・絶食・絶版・絶縁」❷すぐれる。「絶品」❸ひじょうに。とても。「絶大・絶好・絶賛」

せん【千】
［十］3画 1年
音 セン　訓 ち

❶一〇〇の一〇倍。「千人・千里」❷ひじょうにたくさん。「千金・千草」

せん【川】
［川］3画 1年
音 セン*　訓 かわ

かわ。「川岸・川辺・河川・川筋・川端」

せん【先】
［儿］6画 1年
音 セン　訓 さき

❶まえの。むかしの。さき。「先手・先客・先発・先約・先祖・先刻」❷いちばんまえ。

「先頭・先着・先端」

せん【宣】
［宀］9画 6年 音 セン 訓 ー

丶 丷 宀 宀 宁 宁 官 宣 宣

ひろくしらせる。ひろめる。「宣言・宣戦・宣伝・宣告・宣誓・宣教師」

せん【専】
［寸］9画 6年 音 セン 訓 もっぱら

一 冂 冃 冃 日 由 亩 専 専

❶もっぱら。そのことばかり。「専門・専念・専属・専任」 ❷ひとりじめ。「専売・専用・専有」

せん【泉】
［水］9画 6年 音 セン 訓 いずみ

′ 丫 白 白 白 户 身 皃 泉

水がしぜんに地中からわき出ているところ。いずみ。「温泉・鉱泉・源泉」

せん【浅】
［氵］9画 4年 音 セン 訓 あさい

丶 氵 氵 汀 泞 浐 浅 浅 浅

❶あさい。「遠浅・浅瀬」 ❷色がうすい。あわい。「浅緑」対①②深。 ❸学問や知識がとぼしい。「浅学」

せん【洗】
［氵］9画 6年 音 セン 訓 あらう

丶 氵 氵 汁 汁 汢 洗 洗 洗

❶あらう。あらいながす。「水洗・洗顔・洗面・洗剤・洗濯」 ❷すすぐ。きよめる。「洗礼」

せん【染】
［木］9画 6年 音 セン 訓 そめる・そまる・しみる・しみ

丶 氵 氵 氿 氿 沈 染 染 染

❶そめる。そまる。「染色・染料」 ❷うつる。「感染・伝染」

せん【船】
［舟］11画 2年 音 セン 訓 ふね・ふな

′ 丿 介 介 舟 舟 舟 舡 舡 船 船

［大きな］ふね。「船長・汽船・船員・船客・商船・乗船」

せん【戦】
［戈］13画 4年 音 セン 訓 いくさ・たたかう

丶 丷 丷 ⺍ 当 当 単 単 単 戦 戦 戦 戦

たたかう。あらそう。たたかい。「戦地・作戦・苦戦・対戦・戦争・観戦・接戦・決勝戦」

せん【銭】
［金］14画 6年 音 セン 訓 ぜに

丿 人 𠆢 今 全 牟 余 金 金 金 鉅 銭 銭 銭

❶お金。「金銭・小銭・悪銭・釣り銭」 ❷むかし使っていた、お金の単位。一銭は、一円の一〇〇分の一。参考 今は利子の計算などに使う。

せん【線】
［糸］15画 2年 音 セン 訓 ー

𠃋 幺 幺 糸 糸 糸 糸 糸 約 約 絈 綍 綍 線 線

❶細くて長いもの。すじ。「電線・線路」 ❷長さがあって、はばのないもの。「直線・点線・垂線」 ❸交通機関や通信機関の道すじ。「無線・幹線・混線・脱線」

せん【選】

［⻌］15画 4年 音 セン 訓 えらぶ

ᄀ コ 己 巳 巳 巳巳 巳巳 巽 巽 巽 巽 巽 選 選 選

えらぶ。えらぶこと。「選手・入選・選定・落選・選挙・選択・選抜」

ぜん【全】

［入］6画 3年 音 ゼン 訓 まったく・すべて

ノ 入 亼 今 仝 全

❶すべて。まったく。「全員・全勝・全然・全快・全滅」 ❷欠点がない。「完全・健全」

ぜん【前】

［刂］9画 2年 音 ゼン 訓 まえ

丶 丷 䒑 广 前 前 前 前 前

❶あるものの まえ。「前者・前列」 ❷あるときよりまえ。「前半・午前・前期・前任」 ㊧①②後。

ぜん【善】

［口］12画 6年 音 ゼン 訓 よい

丶 丷 䒑 兰 兰 羊 羊 羊 羊 善 善 善

よい。ただしい。「善行・親善・善意・善良・改善・善処」 ㊧悪。

ぜん【然】

［灬］12画 4年 音 ゼン・ネン 訓 —

ノ ク タ タ 夕 夘 夘 外 肰 肰 然 然

❶そのとおり。「当然・必然」 ❷あることばの下につけて、「…のようす」「…のありさま」などの意味をあらわすことば。「天然・自然・整然・平然・断然・歴然・厳然・憤然・猛然」

そ【祖】

［礻］9画 5年 音 ソ 訓 —

丶 ラ ネ 礻 礻 初 祖 祖 祖

❶父または母の、父母。「祖父・祖母」 ❷せんぞ。「祖先・先祖・祖国」 ❸はじまり。おおもと。「元祖・教祖・開祖」

そ【素】

［糸］10画 5年 音 ソ・ス* 訓 —

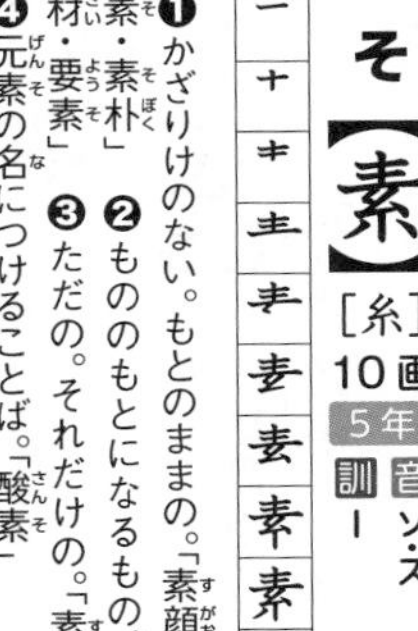

一 十 キ 圭 丰 妻 素 素 素 素

❶かざりけのない。もとのままの。「素顔・質素・素朴」 ❷もののもとになるもの。「素材・要素」 ❸ただの。それだけの。「素手」 ❹元素の名につけることば。「酸素」

そ【組】

［糸］11画 2年 音 ソ 訓 くむ・くみ

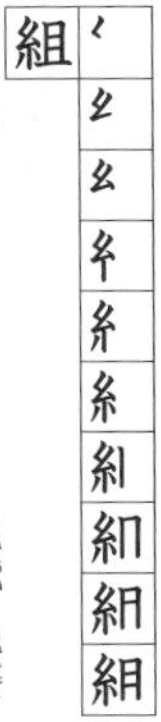

𠃋 幺 幺 糸 糸 糸 糹 組 組 組 組

くみたてる。くみたてたもの。「組合・組曲・組織・組閣」

そ【想】⬇そう（想）。
そ（める）【染】⬇せん（染）。

そう【早】

［日］6画 1年 音 ソウ・サッ* 訓 はやい・はやまる・はやめる

丨 口 日 日 旦 早

❶はやい。時期がはやい。「早春・早朝・早期・早退」 ㊧晩。 ❷はやめる。はやまる。いそぐ。「早計・早急・早世・早熟」

そう【争】

［亅］6画 4年 音 ソウ 訓 あらそう

ノ ク 夕 刍 刍 争

たたかう。あらそう。「競争・戦争・論争・闘争」

そう【走】

［走］7画　2年　音 ソウ　訓 はしる

❶はやくすすむ。はしる。「力走・走者・競走・走破・快走・疾走・暴走」 ❷にげる。「脱走・逃走・敗走」

そう【奏】

［大］9画　6年　音 ソウ　訓 かなでる*

❶天皇にもうしあげる。「奏上」 ❷かなでる。「奏楽・合奏・演奏・独奏・伴奏」

そう【相】

［目］9画　3年　音 ソウ・ショウ*　訓 あい

❶たがいに。ともに。「相談・相違・相互」 ❷すがた。かおかたち。ようす。「手相・人相・形相・血相・様相・貧相」 ❸大臣。「外相・首相」 ❹うけつぐ。「相続」

そう【草】

［艹］9画　1年　音 ソウ　訓 くさ

❶くさ。「草原・牧草・雑草」 ❷詩や文章などの下書き。「草案・草稿」 ❸字の書き方の一つ。「草書」

そう【送】

［辶］9画　3年　音 ソウ　訓 おくる

❶おくる。おくりとどける。「送電・運送・発送・放送・送信・送付・輸送・郵送」 ❷見おくる。「送別」

そう【倉】

［人］10画　4年　音 ソウ　訓 くら

くら。「米倉・倉庫・穀倉」

そう【巣】

［⺍］11画　4年　音 ソウ*　訓 す

とりのす。すみか。「巣箱・空き巣」

そう【窓】

［穴］11画　6年　音 ソウ　訓 まど

まど。「車窓・窓外・窓辺・窓際・同窓会」

そう【創】

［刂］12画　6年　音 ソウ　訓 つくる

❶はじめる。はじめてつくる。「創立・創作・創始・創造・独創」 ❷きずつける。きず。「刀創（＝かたなきず）」

そう【装】

［衣］12画　6年　音 ソウ・ショウ*　訓 よそおう*

❶よそおう。かざる。「服装・盛装・装飾・装身具」 ❷そなえつける。「装置・装備」

そう【想】

［心］13画　3年　音 ソウ・ソ*　訓 ー

❶おもう。おもいやる。「空想・回想・追想・予想・連想・想像・構想」 ❷おもい。考え。「思想・理想」

そう【層】

［尸］ 14画 6年 音 ソウ 訓 ー

一 コ 尸 尸 尸 尸 屈 屈 屈 屈 屈 層 層 層 層

❶かさなる。かさなり。「下層・上層・地層・断層」 ❷人々や社会の区分。階級。「階層」

そう【総】

［糸］ 14画 5年 音 ソウ 訓 ー

く 幺 幺 糸 糸 糸 糸 糸 糸 糸 総 総 総 総

❶あつめて一つにあわせる。ひとまとめにする。「総計・総括・総決算」 ❷おさめる。とりしまる。「総裁・総監」 ❸すべての。全体の。「総会・総意・総員」

そう【操】

［扌］ 16画 6年 音 ソウ 訓 *みさお・*あやつる

一 十 扌 扌 扌 扌 扌 扌 扌 扌 操 操 操 操 操 操

❶あやつる。「操車・操作・体操・操業・操縦」 ❷一つの考えをかたくまもっている。みさお。「節操・情操」

ぞう【造】

［辶］ 10画 5年 音 ゾウ 訓 つくる

ノ ㇐ 牛 生 牛 告 告 告 浩 造

つくる。「造花・建造・造築・製造・創造」

ぞう【像】

［亻］ 14画 5年 音 ゾウ 訓 ー

ノ イ 亻 亻 亻 亻 亻 亻 亻 亻 像 像 像 像

かたどる。また、すがた。かたち。「画像・想像・銅像・仏像・映像・彫像」

ぞう【増】

［土］ 14画 5年 音 ゾウ 訓 ます・ふえる・ふやす

一 十 土 土 土 土 土 土 土 土 増 増 増 増

多くなる。ふえる。「増強・増進・急増・増加・激増」㊀減。

ぞう【蔵】

［艹］ 15画 6年 音 ゾウ 訓 *くら

一 十 艹 艹 芦 芦 芦 芦 芦 芦 蔵 蔵 蔵 蔵 蔵

❶しまう。しまっておく。「冷蔵・貯蔵・秘蔵・埋蔵」 ❷ものをたくわえるところ。くら。「土蔵・穴蔵」

ぞう【臓】

［月］ 19画 6年 音 ゾウ 訓 ー

丿 刀 月 月 月 月 月 月 月 月 臓 臓 臓 臓 臓 臓 臓 臓 臓

はらわた。「心臓・内臓・臓物・肝臓」

そく【足】

［足］ 7画 1年 音 ソク 訓 あし・たりる・たる・たす

丶 口 口 口 早 早 足

❶あし。「土足・発足・素足・足跡」 ❷たりる。たす。「不足・満足・補足」 ❸あるく。「遠足」 ❹はきものをかぞえることば。「一足」

そく【束】

［木］ 7画 4年 音 ソク 訓 たば

一 一 币 币 申 束 束

❶たばにしてしばる。たばにしたもの。「結束」 ❷しばりつける。「約束・束縛」 ❸たばねたものをかぞえることば。「二束三文・一束」

そく【則】
［刂］9画　5年　音 ソク　訓 ー

きまり。手本。「反則・変則・法則・規則」

そく【息】
［心］10画　3年　音 ソク　訓 いき

❶いき。「息吹」　❷いきる。「生息」　❸やすむ。やむ。「休息・安息」　❹むすこ。「子息」

そく【速】
［辶］10画　3年　音 ソク　訓 はやい・はやめる・はやまる・すみやか＊

うごきや、はやさがはやい。「速力・速記・速度・速達・快速・速攻・敏速」㊟遅。

そく【側】
［亻］11画　4年　音 ソク　訓 がわ・(かわ)

❶ものの一面。いっぽう。「側面・両側・片側」　❷そば。かたわら。「側近」

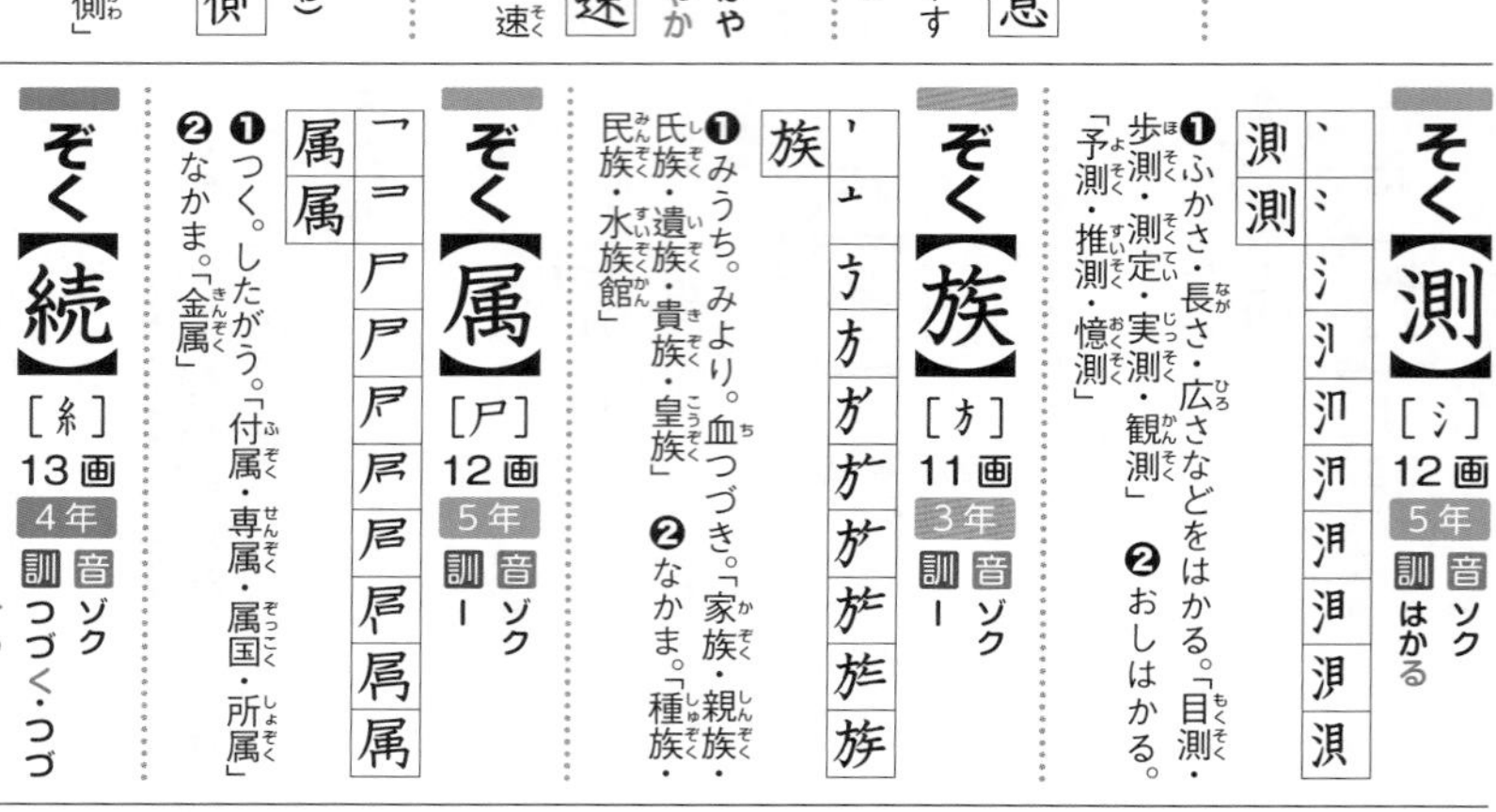

そく【測】
［氵］12画　5年　音 ソク　訓 はかる

❶ふかさ・長さ・広さなどをはかる。「目測・歩測・測定・実測・観測」　❷おしはかる。「予測・推測・憶測」

ぞく【族】
［方］11画　3年　音 ゾク　訓 ー

❶みうち。みより。血つづき。「家族・親族・氏族・遺族・貴族・皇族」　❷なかま。「種族・民族・水族館」

ぞく【属】
［尸］12画　5年　音 ゾク　訓 ー

❶つく。したがう。「付属・専属・属国・所属」　❷なかま。「金属」

ぞく【続】
［糸］13画　4年　音 ゾク　訓 つづく・つづける

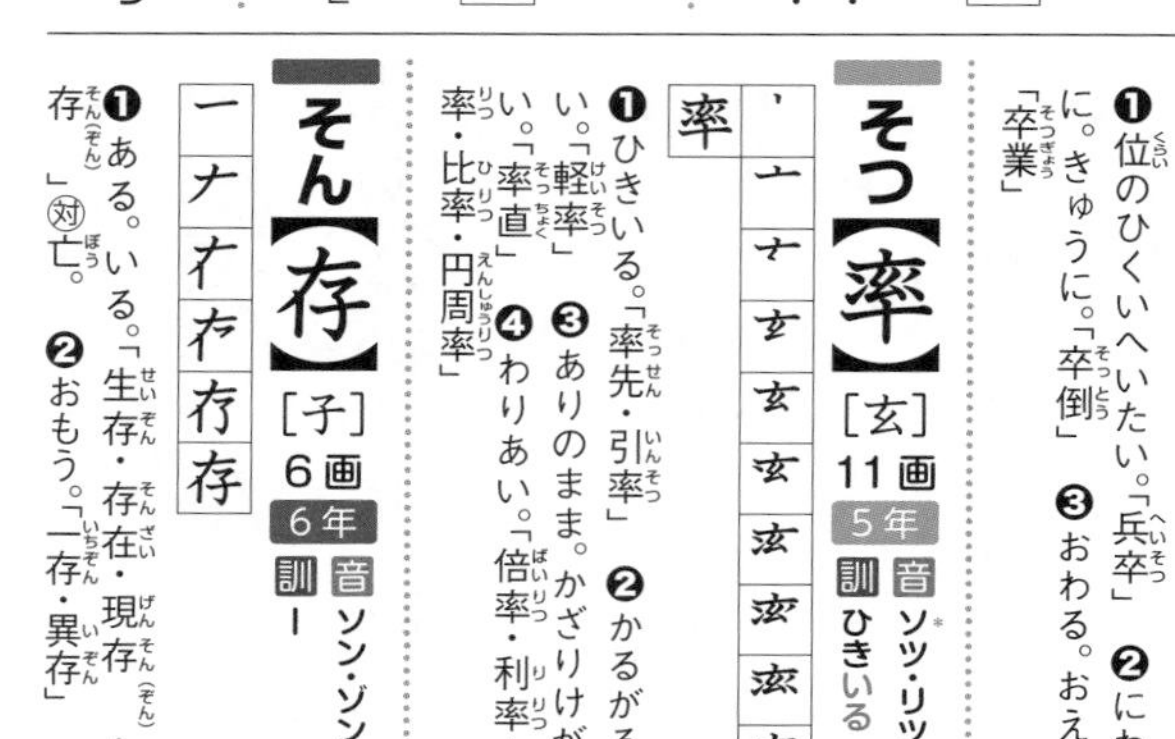

つづく。つづける。「持続・連続・永続・継続」

そつ【卒】
［十］8画　4年　音 ソツ　訓 ー

❶位のひくいへいたい。「兵卒」　❷にわかに。きゅうに。「卒倒」　❸おわる。おえる。「卒業」

そつ【率】
［玄］11画　5年　音 ソツ・リツ＊　訓 ひきいる

❶ひきいる。「率先・引率」　❷かるがるしい。「軽率」　❸ありのまま。かざりけがない。「率直」　❹わりあい。「倍率・利率・確率・比率・円周率」

そん【存】
［子］6画　6年　音 ソン・ゾン　訓 ー

❶ある。いる。「生存・存在・現存・依存」㊟亡。　❷おもう。「一存・異存」

そん【村】
［木］7画 1年
音 ソン 訓 むら

一 十 才 木 木一 村 村

❶むら。「村落・農村・漁村・村境」❷市・町とならぶ地方公共団体の一つ。「村立・村道・村長・村民・村議会」

そん【孫】
［子］10画 4年
音 ソン 訓 まご

フ 了 孑 孒 孖 孖 孫 孫 孫 孫

子どもの子ども。まご。「子孫・初孫・子子孫孫」

そん【尊】
［寸］12画 6年
音 ソン 訓 たっとい・とうとい・たっとぶ・とうとぶ

丶 丷 䒑 产 芮 芮 酋 酋 酋 酋 尊 尊

❶とうとい。とうとぶ。「尊重・尊敬・尊厳」❷尊敬の気持ちをあらわすことば。「尊父・本尊・釈尊」

そん【損】
［扌］13画 5年
音 ソン 訓 そこなう*・そこねる*

一 扌 扌 扌 扌 扌 扌 捐 捐 捐 損 損 損

❶へる。すくなくなる。りえきをうしなう。「丸損・損害・損失・欠損・損益」㊟益・得。❷そこなう。きずつける。「破損・損傷」

ぞん【存】→そん（存）。

た【他】
［亻］5画 3年
音 タ 訓 ほか

ノ 亻 仆 仲 他

ほか。べつの。「他人・他力・他国・自他」㊟自。

た【多】
［夕］6画 2年
音 タ 訓 おおい

ノ ク タ 夕 多 多

おおい。たくさん。「多数・多種・多様・雑多」㊟少。

た【太】→たい（太）。
た【手】→しゅ（手）。

だ【打】
［扌］5画 3年
音 ダ 訓 うつ

一 † 扌 扌 打

うつ。たたく。「強打・打開・打者・連打・乱打・猛打」

たい【太】
［大］4画 2年
音 タイ・タ 訓 ふとい・ふとる

一 ナ 大 太

❶大きい。「太陽」❷ふとい。「丸太・肉太・骨太」㊟細。❸はなはだしい。「太古・太平」❹とうといもの。「太子・皇太子」

たい【体】
［亻］7画 2年
音 タイ・テイ* 訓 からだ

ノ 亻 仁 什 付 休 体

❶からだ。「体力・肉体・体育・体温・体重・身体・体格」❷かたち。ありさま。「気体・天体・固体・液体・体裁」❸はたらきのもとをなすもの。「正体」❹死体や仏像などをかぞえるときにつかうことば。「二体」

たい【対】
［寸］7画 3年
音 タイ・ツイ* 訓 ー

丶 亠 ナ 文 文 対 対

❶むかいあう。「対話・対面・反対・対応・対

称・対角線」❷あいてになる。「対立・対決・対戦・敵対・対抗」❸二つで一組みのもの。「一対・対句」

たい【待】

［彳］9画　3年　音 タイ　訓 まつ

ノ　彳　彳　彳　社　往　往　待　待

❶まつ。まちうける。「期待・待機・待望・待避」❷もてなす。「招待・接待・優待・歓待」

たい【退】

［辶］9画　6年　音 タイ　訓 しりぞく・しりぞける

フ　ヨ　ヨ　艮　艮　艮　艮　退　退

❶後ろへさがる。しりぞく。「退出・退場・後退・退散・退却」(対)進。❷やめる。「退学・引退・退職・退陣」❸おとろえる。「退化・衰退」

たい【帯】

［巾］10画　4年　音 タイ　訓 おびる・おび

一　十　廾　卅　卌　卌　卌　帯　帯　帯

❶おび。「声帯・包帯・眼帯」❷もつ。身につける。「所帯・世帯・連帯・携帯」❸あたり。場所。「地帯・温帯・寒帯・熱帯・火山帯」

たい【貸】

［貝］12画　5年　音 タイ*　訓 かす

ノ　亻　仁　代　代　代　代　貸　貸　貸　貸　貸

かす。「貸借・賃貸・貸与」(対)借。

たい【隊】

［阝］12画　4年　音 タイ　訓 ー

フ　了　阝　阝　阝　阝　阝　阝　隊　隊　隊　隊

おなじ目的をもつ人のあつまり。とくに、兵士のあつまり。「隊長・楽隊・軍隊・合唱隊」

たい【態】

［心］14画　5年　音 タイ　訓 ー

ム　ム　台　台　台　台　能　能　能　能　能　態　態　態

ありさま。ようす。また、すがた。なり。「生態・態度・形態・重態・変態・状態・容態」

たい【代】↓だい（代）。
たい【台】↓だい（台）。

だい【大】

［大］3画　1年　音 ダイ・タイ　訓 おお・おおきい・おおいに

一　ナ　大

❶おおきい。「大木・強大・大地・巨大・誇大」(対)①小。❷たくさん。多い。「大漁・大群・大勢」❸全体。「大意・大勢」❹すぐれている。「大臣・偉大」❺「大学」のりゃく。「東大・短大・医大」

だい【代】

［亻］5画　3年　音 ダイ・タイ　訓 かわる・かえる*・よ・しろ

ノ　亻　仁　代　代

❶かわる。かわりになる。「代用・代理・交代・代表・総代」❷あたい。「代金・代価」❸長い年月をくぎったもの。「十代・年代・時代・現代」

だい【台】

［口］5画　2年　音 ダイ・タイ　訓 ー

ム　ム　台　台　台

❶ものをのせるもの。「荷台・鏡台・台座」❷高くつくったところ。「高台・灯台・舞台・台地」❸もとになるもの。きそ。「台本・土台・台帳」❹自動車などをかぞえることば。「台数」❺数の範囲をしめすことば。「一万円台・五〇才台」(参考)年れい・年代などのばあいは「代」ともかく。

だい【第】

［⺮］11画 3年 音 ダイ 訓 ー

第

❶じゅんじょをあらわすことば。「次第・第一位」❷試験。「落第・及第」

だい【題】

［頁］18画 3年 音 ダイ 訓 ー

題

❶詩・歌・文章などの内容をあらわす、みじかいことば。「題名・題目・表題」❷解決をもとめられていることがら。「宿題・課題・議題・難題」

だい【弟】⇩てい（弟）。

たく【宅】

［宀］6画 6年 音 タク 訓 ー

宅

すまい。いえ。「帰宅・自宅・住宅」

たつ【達】

［辶］12画 4年 音 タツ 訓 ー

達

❶ゆきわたる。とどく。「通達・速達・配達・達成・伝達・到達」❷すぐれる。「達人・上達・達者・達筆」

たに【谷】⇩こく（谷）。

たまご【卵】⇩らん（卵）。

たん【担】

［扌］8画 6年 音 タン 訓 かつぐ・になう

担

❶かつぐ。になう。「担架」❷ひきうける。うけもつ。「担当・分担・負担・担任」

たん【炭】

［火］9画 3年 音 タン 訓 すみ

炭

❶木をむしやきにしてつくった燃料。すみ。地中からとれる、すみのようなもの。「炭火・石炭・木炭・採炭」❷「炭素」のりゃく。「炭酸・二酸化炭素」

たん【単】

［⺍］9画 4年 音 タン 訓 ー

単

❶ひとつ。ひとり。「単身・単独」❷へんかが少ない。ふくざつでない。「単調・単純・簡単」対①②複。❸ひとまとまり。「単元」

たん【探】

［扌］11画 6年 音 タン 訓 さぐる・さがす

探

さがす。たずねる。「探究・探検・探訪・探偵」

たん【短】

［矢］12画 3年 音 タン 訓 みじかい

短

❶みじかい。「短気・短歌・長短・短縮・短針」❷おとっている。「短所」対①②長。

たん【誕】

［言］15画 6年 音 タン 訓 ー

誕

うまれる。うむ。「誕生・生誕」

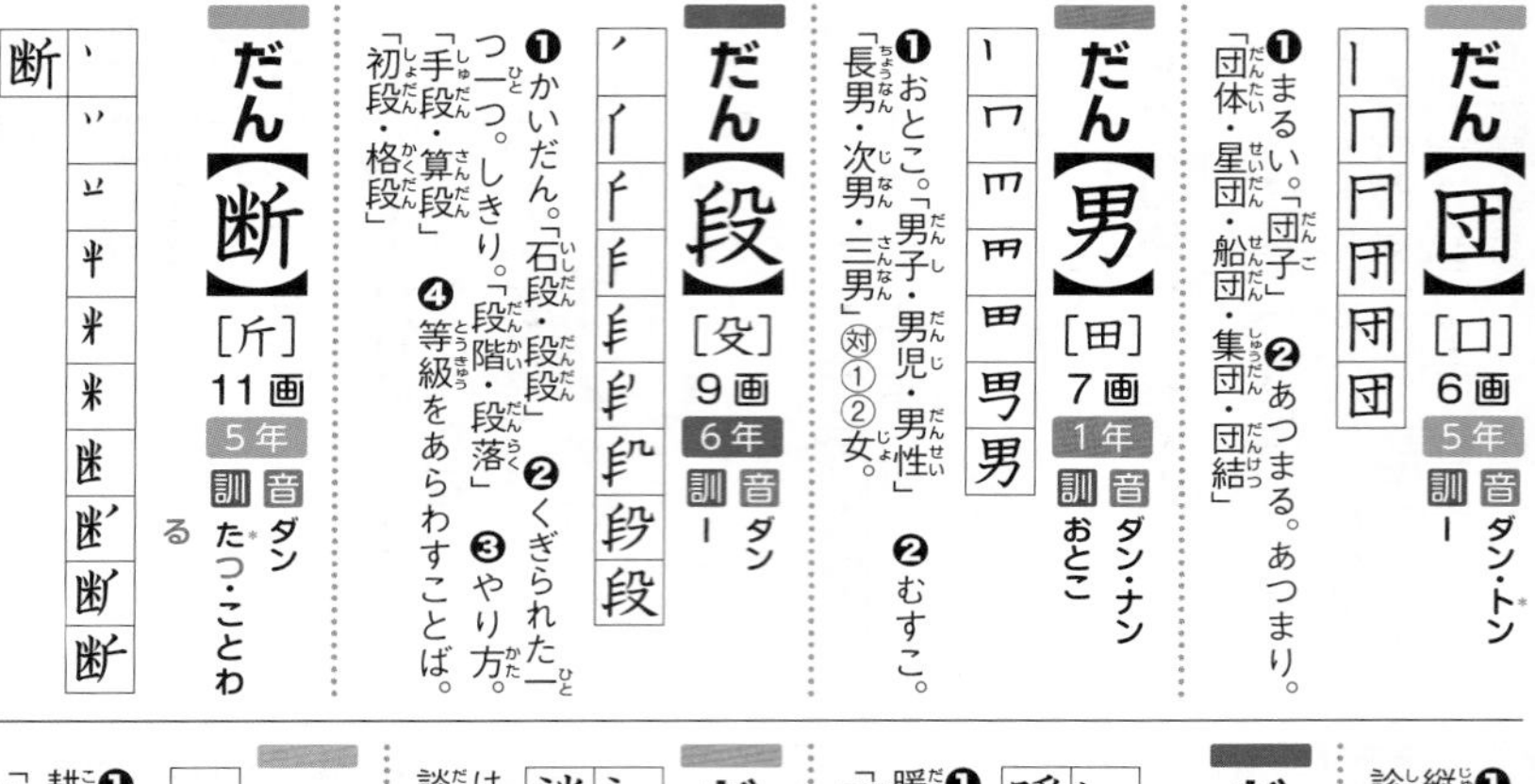

だん【団】［口］6画 5年 音 ダン・トン* 訓 ー

❶まるい。「団子」 ❷あつまる。あつまり。「団体・星団・船団・集団・団結」

だん【男】［田］7画 1年 音 ダン・ナン 訓 おとこ

❶おとこ。「男子・男児・男性」「長男・次男・三男」対①②女。 ❷むすこ。

だん【段】［殳］9画 6年 音 ダン 訓 ー

❶かいだん。「石段・段段」 ❷くぎられた一つ一つ。しきり。「段階・段落」 ❸やり方。「手段・算段」 ❹等級をあらわすことば。「初段・格段」

だん【断】［斤］11画 5年 音 ダン 訓 た*つ・ことわる

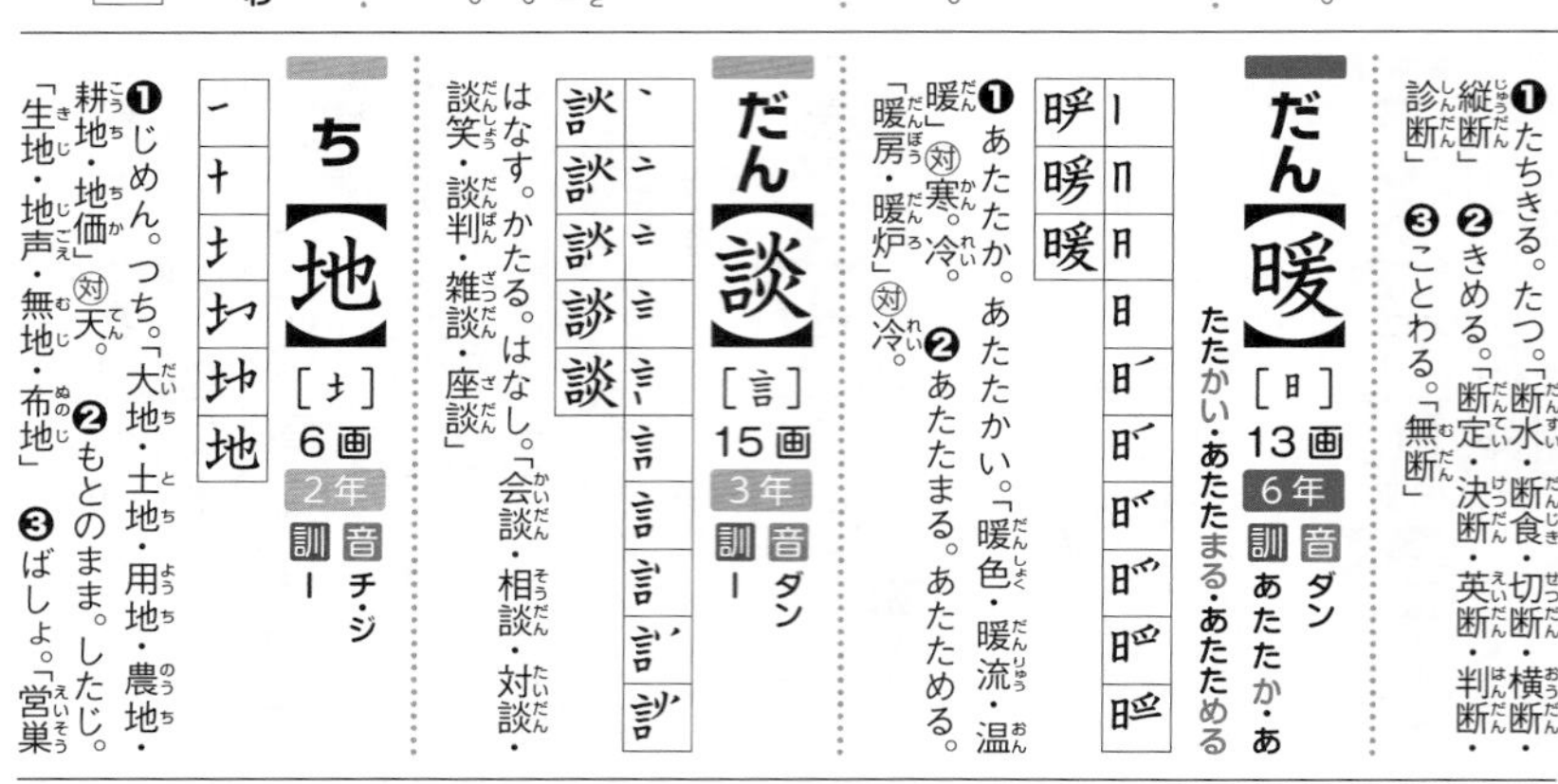

❶たちきる。たつ。「断水・断食・切断・横断・縦断」 ❷きめる。「断定・決断・英断・判断・診断」 ❸ことわる。「無断」

だん【暖】［日］13画 6年 音 ダン 訓 あたたか・あたたかい・あたたまる・あたためる

❶あたたか。あたたかい。「暖色・暖流・温暖」対寒。冷。 ❷あたたまる。あたためる。「暖房・暖炉」対冷。

だん【談】［言］15画 3年 音 ダン 訓 ー

はなす。かたる。はなし。「会談・相談・対談・談笑・談判・雑談・座談」

ち【地】［土］6画 2年 音 チ・ジ 訓 ー

❶じめん。つち。「大地・土地・用地・農地・耕地・地価」対天。 ❷もとのまま。したじ。「生地・地声・無地・布地」 ❸ばしょ。「営巣地・遊園地」 ❹たちば。「見地・地位・境地」

ち【池】［氵］6画 2年 音 チ 訓 いけ

いけ。「古池・電池・貯水池」

ち【知】［矢］8画 2年 音 チ 訓 しる

❶しる。しらせる。しらせ。「知人・周知・未知・知識・旧知・報知」 ❷考えるはたらき。「知力・理知・知恵・英知・知性・知能」

ち【値】［亻］10画 6年 音 チ 訓 ね・あたい*

ねうち。あたい。「数値・高値・安値・価値・値段・絶対値」

ち【置】［罒］13画 4年 音 チ 訓 おく

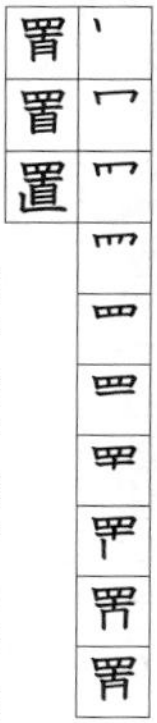

おく。すえる。「安置・配置・放置・位置・設

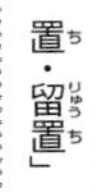

置・留置」

ち【千】⇒せん（千）。
ち【乳】⇒にゅう（乳）。
ち【治】⇒じ（治）。
ち【質】⇒しつ（質）。

ちく【竹】
［竹］6画 1年
音 チク　訓 たけ

ノ ㇓ ケ 𥫗 竹 竹

たけ。「竹林・竹馬・破竹」

ちく【築】
［⺮］16画 5年
音 チク　訓 きずく

ノ ㇓ ケ 𥫗 ⺮ ⺮ 笁 笂 笻 筑 筑 筑 築 築 築 築

たてものなどをつくる。きずく。「新築・改築・建築・築造・増築」

ちゃ【茶】
［艹］9画 2年
音 チャ・サ*　訓 ―

一 十 艹 艾 苂 苓 苶 茶 茶

①チャの木。その葉をつかったのみもの。おちゃ。「番茶・茶畑・緑茶・紅茶」②黒みがかった赤い黄色。「茶色」③「茶の湯」のこと。「茶室・茶道」

ちゃく【着】
［羊］12画 3年
音 チャク・ジャク*　訓 きる・きせる・つく・つける

丶 丷 䒑 䒑 羊 羊 羊 羊 着 着 着 着

①衣服をきる。「着用・着衣」②くっつく。つける。「定着・愛着・付着・密着・執着」③とどく。いきつく。「先着・帰着・終着・落着・到着」㊀対 発。④おちついている。「着実・沈着」⑤衣服の数、到着のじゅんじょなどをかぞえることば。「一着」

ちゅう【中】
［丨］4画 1年
音 チュウ・ジュウ　訓 なか

丨 口 口 中

①まんなか。なかほど。あいだ。内がわ。「中央・中間・中心」②…のうち。「会議中」③〔毒などに〕あたる。「中毒」④「中国」のりゃく。「日中」⑤「中学校」のりゃく。「市立一中」

ちゅう【仲】
［亻］6画 4年
音 チュウ*　訓 なか

ノ 亻 亻 仆 仲 仲

①なか。なかだち。「仲買・仲裁・仲介」②あいだがら。「仲間」

ちゅう【虫】
［虫］6画 1年
音 チュウ　訓 むし

丨 口 口 中 虫 虫

むし。「毛虫・害虫・成虫・幼虫・虫干し」

ちゅう【沖】
［氵］7画 4年
音 チュウ*　訓 おき

丶 冫 氵 氵 沪 沪 沖

おき。海や湖の、岸から遠くはなれたところ。「沖合い・沖釣り・太平洋沖・小田原沖」
参考 都道府県名で使われる。「沖縄県」

ちゅう【宙】
［宀］8画 6年
音 チュウ　訓 ―

丶 丶 宀 宀 宀 宙 宙 宙

おおぞら。空中。空間。「宇宙・宙返り」

ちゅう【忠】
［心］8画 6年
音 チュウ　訓 ―

丨 口 口 中 中 忠 忠 忠

①まごころ。まこと。「忠実・忠告」②まごころをこめて、主人につくす。「忠義・忠誠」

ちゅう【注】
［氵］8画　3年
音 チュウ　訓 そそぐ

❶そそぐ。ながれこむ。「注水・注入・注射」 ❷心や目をむける。あつめる。「注目・注意・注視」 ❸ときあかす。「注釈」

ちゅう【昼】
［日］9画　2年
音 チュウ　訓 ひる

コ 尸 尺 尽 昼 昼 昼 昼 昼

❶ひる。ひるま。「白昼・昼間・昼夜」対夜。 ❷正午。「昼食」

ちゅう【柱】
［木］9画　3年
音 チュウ　訓 はしら

一 十 才 木 木 杧 杧 柱 柱

ささえるもの。はしら。「円柱・貝柱・角柱・電柱・門柱」

ちょ【著】
［艹］11画　6年
音 チョ　訓 あらわす*・いちじるしい*

一 十 艹 艹 艹 芏 芏 茾 著 著 著

❶はっきりとあらわれる。めだつ。「著名・顕著」 ❷書きあらわす。書かれた本。「著作・著書・著者」

ちょ【貯】
［貝］12画　5年
音 チョ　訓 ー

丨 冂 冂 月 目 貝 貝 貝 貝 貝 貝 貯

たくわえる。ためる。「貯金・貯水・貯蔵・貯蓄」

ちょう【丁】
［一］2画　3年
音 チョウ・テイ*　訓 ー

一 丁

❶てあつい。「丁重」 ❷町をいくつかに分けたくぶん。「横丁・一丁目」 ❸本のうらおもて二ページ分。「乱丁」 ❹とうふなどをかぞえることば。「一丁」

ちょう【庁】
［广］5画　6年
音 チョウ　訓 ー

丶 亠 广 广 庁

役所。「県庁・都庁・官庁・府庁・道庁・気象庁・海上保安庁」

ちょう【兆】
［儿］6画　4年
音 チョウ　訓 きざす*・きざし*

丿 丬 丬 北 兆 兆

❶きざし。まえぶれ。「前兆・兆候」 ❷数の単位。一億の一万倍。「三兆円」

ちょう【町】
［田］7画　1年
音 チョウ　訓 まち

丨 冂 冂 田 田 町 町

❶まち。「港町・門前町・宿場町・城下町」 ❷市・村とならぶ地方公共団体の一つ。「町長・町議会」 ❸むかし使っていた、距離をあらわす単位。一町は六〇間。約一〇九メートル。 ❹むかし使っていた、土地の面積をあらわす単位。一町は一〇反。約九九・一七アール。

ちょう【長】
［長］8画　2年
音 チョウ　訓 ながい

丨 厂 F F 巨 镸 镸 長

❶ながい。「長音・長身・長期・身長・全長・長編」 ❷のびる。のばす。「助長・延長」 ❸かしら。「社長・所長」 ❹めうえ。年がおおい。「年長・長老・長幼」 ❺すぐれている。「長所・特長」対①⑤短。

ちょう【帳】

[巾] 11画 3年 音 チョウ 訓 ー

❶書くための紙をとじたもの。「記帳・帳面・通帳・帳簿・日記帳・練習帳」 ❷はりめぐらす、まく。「どん帳」

ちょう【張】

[弓] 11画 5年 音 チョウ 訓 はる

❶ぴんとはる。また、ふくれて大きくなる。「拡張・緊張・伸張・膨張」 ❷いいはる。「主張・誇張」

ちょう【頂】

[頁] 11画 6年 音 チョウ 訓 いただく・いただき

もののいちばん高いところ。いただき。「頂上・山頂・頂点」

ちょう【鳥】

[鳥] 11画 2年 音 チョウ 訓 とり

とり。「小鳥・水鳥・野鳥・鳥類」 参考 都道府県名で使われる。「鳥取県」

ちょう【朝】

[月] 12画 2年 音 チョウ 訓 あさ

❶あさ。「朝礼・朝刊」 対 夕。 ❷天子が政治をとるところ。「朝廷」

ちょう【腸】

[月] 13画 6年 音 チョウ 訓 ー

胃につづく、長くまがりくねった消化器官。小腸と大腸に分かれている。「大腸・胃腸」

ちょう【潮】

[氵] 15画 6年 音 チョウ 訓 しお

❶海水のみちひ。「大潮・小潮・満潮・干潮」 ❷海水の流れ。「親潮・黒潮・潮流」 ❸世の中のうつりかわり。「風潮」

ちょう【調】

[言] 15画 3年 音 チョウ 訓 しらべる・ととのう*・ととのえる*

❶ととのう。ととのえる。また、つりあいがとれる。「調合・調理・調整・調和・調節」 ❷しらべる。とりしらべる。「調書・調査」 ❸おもむき。ようす。「好調・順調・単調・不調・快調」 ❹音楽のしらべ。ふし。「長調・短調」

ちょう【重】→じゅう（重）。

ちょく【直】

[目] 8画 2年 音 チョク・ジキ 訓 ただちに・なおす・なおる

❶まっすぐ。「直線・直進・垂直」 ❷ただしい。すなお。「正直」 対 ①②曲。 ❸すぐに。じかに。「直後・直接・直射」 ❹つとめ。「日直・当直・宿直」

ちん【賃】［貝］13画　6年　音 チン　訓 ー

はたらいたことにたいして、しはらうお金。代金として、しはらうお金。「賃金・家賃」

つ【通】➡つう（通）。
つ【都】➡と（都）。

つい【追】［辶］9画　3年　音 ツイ　訓 おう

❶あとをおう。あとからつけくわえる。「追放・追加・追求・追跡・追突」 ❷むかしにさかのぼる。「追憶・追悼」

つう【通】［辶］10画　2年　音 ツウ・ツ*　訓 とおる・とおす・かよう

❶とおる。かよう。「通学・通行・交通・開通」 ❷知らせる。「通知・内通・通信・通達」 ❸すべてにわたる。「通用・流通・共通」 ❹あることに、とくにくわしいこと。また、その人。「精通」 ❺手紙などをかぞえることば。「一通」

つう【痛】［疒］12画　6年　音 ツウ　訓 いたい・いたむ・いためる

❶からだや心が、いたむ。また、いたみ。「心痛・頭痛・苦痛・激痛・腹痛」 ❷ひどく。ひじょうに。「痛切・痛感・痛快」

つくえ【机】➡き（机）。

てい【低】［亻］7画　4年　音 テイ　訓 ひくい・ひくめる・ひくまる

❶ひくい。「低音・低空・低温・低額・低気圧」 ❷おとる。「低下・低級・低調・低能」 対①②高。

てい【弟】［弓］7画　2年　音 テイ・ダイ*・デ*　訓 おとうと

❶おとうと。「兄弟・弟妹」 対兄。 ❷先生についてならう人。でし。「弟子・門弟・師弟」 対師。

てい【定】［宀］8画　3年　音 テイ・ジョウ　訓 さだめる・さだまる・さだか*

きめる。きまる。また、きまり。「定員・決定・予定・特定・測定・断定・定義・判定」

てい【底】［广］8画　4年　音 テイ　訓 そこ

そこ。おく。おおもと。「海底・船底・底辺・徹底・到底」

てい【庭】［广］10画　3年　音 テイ　訓 にわ

❶にわ。「校庭・庭園・中庭・箱庭・裏庭」 ❷家のなか。「家庭」

てい【停】［亻］11画　5年　音 テイ　訓 ー

とどまる。とまる。やめる。「停学・停車・停止・停電・調停・停戦・停滞」

てい【提】
［扌］12画 5年
音 テイ
訓 さげる*

もちだす。さしだす。「提出・前提・提起・提唱・提示・提供」

てい【程】
［禾］12画 5年
音 テイ
訓 ほど*

❶ものごとのどあい。「程度」 ❷きそく。きまり。「規程」 ❸へだたり。みちのり。「日程・工程・行程・道程・過程」

てい【丁】➡ちょう（丁）。

てき【的】
［白］8画 4年
音 テキ
訓 まと

❶めあて。もくひょう。「的中・目的・的確」 ❷ほかのことばの下につけて、「…のような」「…らしい」の意味をあらわすことば。「文化的・本格的・社交的・楽天的・積極的・抽象的」

てき【笛】
［⺮］11画 3年
音 テキ
訓 ふえ

ふえ。「汽笛・警笛・霧笛・鼓笛隊」

てき【適】
［辶］14画 5年
音 テキ
訓 ー

あてはまる。ふさわしい。「適切・適当・適用・適任・快適」

てき【敵】
［攵］15画 6年
音 テキ
訓 かたき*

あらそいやきょうそうのあいて。「大敵・強敵・敵意・天敵・無敵・匹敵・商売敵・好敵手」

てつ【鉄】
［金］13画 3年
音 テツ
訓 ー

❶かたくてつよい金属。くろがね。てつ。「鉄鉱・砂鉄・鉄筋・鋼鉄」 ❷かたくてつよいこと。「鉄則」 ❸「鉄道」のりゃく。「私鉄・地下鉄」

てん【天】
［大］4画 1年
音 テン
訓 あめ*・あま

❶おおぞら。「雨天・晴天・炎天・曇天」㊥地。 ❷神。神のいるところ。「天国・天使」 ❸自然。「天然・天災」 ❹うまれつき。「天才・天分」

てん【典】
［八］8画 4年
音 テン
訓 ー

❶ぎしき。「祭典・式典・祝典」 ❷きそく。てほん。「典型」 ❸書物。本。「字典・古典・事典・辞典・仏典」

てん【店】
［广］8画 2年
音 テン
訓 みせ

品物をならべて売るところ。みせ。「店頭・書店・売店・店主・開店・商店・百貨店」

てん【点】

［灬］ 9画 2年 音 テン 訓 ー

❶小さいしるし。「句点・読点・点線・黒点」❷点数。点数をかぞえることば。「百点・満点・採点」❸場所。「地点・極点」❹ことがら。「弱点・重点・美点・欠点」❺火をつける。ともす。「点灯・点滅」❻しらべる。「点検・点呼」

てん【展】

［尸］ 10画 6年 音 テン 訓 ー

❶ならべる。「展示・展覧会」❷のびひろがる。「展開・進展・発展」

てん【転】

［車］ 11画 3年 音 テン 訓 ころがる・ころげる・ころがす・ころぶ

❶まわる。ひっくりかえる。「回転・転倒・横転・逆転・転覆」❷うつる。かわる。「転校・流転・変転・転居」

でん【田】

［田］ 5画 1年 音 デン 訓 た

❶たんぼ。「水田・田地・田畑」❷しお・石油・石炭などのとれるところ。「炭田・油田・塩田」❸いなか。「田園」

でん【伝】

［亻］ 6画 4年 音 デン 訓 つたわる・つたえる・つたう

❶つたえる。つたわる。「伝言・駅伝・遺伝・宣伝」❷いいつたえる。「伝説・伝統・伝承」❸人の一生を記録したもの。「伝記」

でん【電】

［雨］ 13画 2年 音 デン 訓 ー

❶いなずま。「電光」❷電気。「電線・電流・送電・発電・停電・蓄電池」❸「電信・電報」のりゃく。「祝電・打電」❹「電車」のりゃく。「市電」

と【徒】

［彳］ 10画 4年 音 ト 訓 ー

❶あるいていく。「徒歩」❷なにもたない。「徒手」❸なかま。「暴徒・徒党」❹でし。「生徒・信徒」❺むだ。「徒労」

と【都】

［阝］ 11画 3年 音 ト・ツ 訓 みやこ

❶みやこ。大きな町。「都会・都市・古都・首都・帝都」❷道・府・県とならぶ地方公共団体の一つ。東京都。「都民」

と【土】➡ど（土）。
と【図】➡ず（図）。
と【度】➡ど（度）。
と【登】➡とう（登）。
と【頭】➡とう（頭）。

ど【土】

［土］ 3画 1年 音 ド・ト 訓 つち

❶つち。どろ。「土足・土手・土器・土俵・粘土」❷じめん。「土地・領土・郷土」❸くに。「国

土・本土」 ❹「土曜日」のりゃく。「土日」

ど【努】
[力] 7画 4年 音 ド 訓 つとめる

力いっぱいがんばる。つとめる。「努力」

ど【度】
[广] 9画 3年 音 ド・ト*・タク* 訓 たび*

❶きまり。「法度・制度」 ❷ていど。「高度・速度・限度・密度・濃度」 ❸ものごとの回数。回数をかぞえることば。「三度・度度」 ❹角度や温度などをはかる単位。「九〇度」 ❺ものさし。「度量・尺度」

とう【刀】
[刀] 2画 2年 音 トウ 訓 かたな

かたな。はもの。「木刀・名刀・短刀・刀剣・刀狩り・竹刀・太刀」

とう【冬】
[夂] 5画 2年 音 トウ 訓 ふゆ

ふゆ。「立冬・初冬・晩冬・越冬・冬眠」

とう【当】
[小] 6画 2年 音 トウ 訓 あたる・あてる

❶あたる。あてる。「正当・当番・相当・当選・適当・該当・妥当」 ❷すじみちがとおっていること。あたりまえ。「当然・不当」 ❸この。その。いま。「当日・当人」

とう【灯】
[火] 6画 4年 音 トウ 訓 ひ*

明かり。ともしび。「灯火・灯台・灯明・外灯・電灯・門灯・街灯・幻灯」

とう【投】
[扌] 7画 3年 音 トウ 訓 なげる

❶なげる。なげだす。「投下・投手・投球・投身・暴投」 ❷おくる。さしだす。「投書・投稿」 ❸あきらめる。「投降」 ❹とどまる。とまる。しゅくはくする。「投宿」

とう【豆】
[豆] 7画 3年 音 トウ・ズ 訓 まめ

❶まめ。「豆腐・納豆・大豆・豆電球」 ❷小さいもの。

とう【東】
[木] 8画 2年 音 トウ 訓 ひがし

❶ひがし。「東方・東経・中東・極東・中近東」 対①②西。 ❷「東洋」のこと。

とう【討】
[言] 10画 6年 音 トウ 訓 うつ*

❶といただす。しらべる。「討議・検討・討論」 ❷敵をうつ。せめる。「追討・討ち死に」

とう【党】
[儿] 10画 6年 音 トウ 訓 ー

考え方が同じである人々のあつまり。なかま。「野党・悪党・徒党・政党・党派・与党」

とう【島】

［山］10画　3年　音 トウ　訓 しま

しま。まわりを水でかこまれた土地。「半島・列島・群島・諸島・孤島・無人島」

とう【湯】

［氵］12画　3年　音 トウ　訓 ゆ

❶水をわかしたもの。ゆ。「湯気・熱湯・茶の湯」❷ふろ。おんせん。「湯治・銭湯」❸せんじぐすり。「薬湯」

とう【登】

［癶］12画　3年　音 トウ・ト　訓 のぼる

❶のぼる。高いところにあがる。「登山・登板・登頂」❷いく。でかける。「登校・登場・登城」❸地位につく。「登用」❹きろくする。「登記・登録・登載」

とう【答】

［⺮］12画　2年　音 トウ　訓 こたえる・こたえ

こたえる。こたえ。「回答・返答・問答・答案・応答・解答・確答」㊟問。

とう【等】

［⺮］12画　3年　音 トウ　訓 ひとしい

❶ひとしい。おなじ。「等分・平等・均等」❷じゅんい。くらい。「下等・上等・高等・同等・等級・優等」❸…など。…ら。

とう【統】

［糸］12画　5年　音 トウ　訓 すべる*

❶つづいているもの。すじ。「血統・伝統・系統」❷まとめおさめる。「統一・統合・統率・統治」

とう【糖】

［米］16画　6年　音 トウ　訓 ー

さとう。あめ。「糖分・製糖・砂糖」

とう【頭】

［頁］16画　2年　音 トウ・ズ・ト*　訓 あたま・かしら*

❶あたま。「頭上・頭部」❷上にたつ人。かしら。「船頭・番頭・頭取・頭領」❸もののはじめ。「先頭・年頭・波頭・巻頭・陣頭・冒頭」❹そのあたり。付近。「店頭・駅頭・路頭・街頭」❺〔大きい〕動物をかぞえることば。「牛五頭」

とう【納】↓のう（納）。
とう【道】↓どう（道）。
とう【読】↓どく（読）。

どう【同】

［口］6画　2年　音 ドウ　訓 おなじ

❶おなじ。ひとしい。「同一・同音・同時・同意・同様・同格・異同」㊟異。❷おなじくする。また、なかま。「一同・合同・共同・協同・同志・混同・同僚」

どう【動】
［力］11画 3年 音 ドウ 訓 うごく・うごかす

うごく。ふるまう。「動作・活動・行動・動員・運動」㊉静。

どう【堂】
［土］11画 5年 音 ドウ 訓 ー

❶神やほとけをまつる、たてもの。「金堂・本堂・殿堂・礼拝堂」❷おおぜいの人があつまる、大きなたてもの。「食堂・講堂・公会堂・国会議事堂」❸さかん。りっぱ。「堂堂」❹他人の母をうやまうことば。「母堂」❺店の名などにつけることば。「三原堂」

どう【童】
［立］12画 3年 音 ドウ 訓 わらべ*

❶男のめしつかい。「牧童」❷子ども。わらべ。「学童・童顔・童話・神童・児童」

どう【道】
［辶］12画 2年 音 ドウ・トウ* 訓 みち

❶みち。「歩道・道路」❷人のまもるべきことがら。「道徳・道義」❸わざ。専門の分野。「道場・道楽・歌道・書道・神道・伝道」❹都・府・県とならぶ地方公共団体の一つ。北海道。「道庁・道立」

どう【働】
［亻］13画 4年 音 ドウ 訓 はたらく

しごとをする。はたらく。「実働・労働」㊜日本でつくられた漢字。

どう【銅】
［金］14画 5年 音 ドウ 訓 ー

黒みがかった赤色の金属。「銅山・青銅・赤銅・白銅・銅像」

どう【導】
［寸］15画 5年 音 ドウ 訓 みちびく

❶あんないする。「先導・誘導」❷おしえる。みちびく。「指導・補導」❸電気や熱をつたえる。「導線・導体・伝導」

とく【特】
［牛］10画 4年 音 トク 訓 ー

とくべつな。とくにすぐれている。「特色・特集・特技・独特・特異」

とく【得】
［彳］11画 5年 音 トク 訓 える・うる*

❶手にいれる。身につける。「得点・会得・拾得・取得・得票・納得・獲得」㊉失。❷もうける。りえき。「損得・得策」㊉損。

とく【徳】
［彳］14画 4年 音 トク 訓 ー

❶人としてのりっぱな心やおこない。「人

徳・道徳・悪徳・美徳・徳望」❷めぐみ。「徳政（＝思いやりのある政治）」❸もうけ。りえき。「徳用」

とく【読】➡どく（読）。

どく【毒】
［毋］8画　5年　音 ドク　訓 ー

害になるもの。「中毒・消毒・服毒・害毒・解毒」

どく【独】
［犭］9画　5年　音 ドク　訓 ひとり

❶ひとり。自分だけ。「独立・独身・単独・独断・独創・孤独」❷「ドイツ」のこと。「独文・独語」

どく【読】
［言］14画　2年　音 ドク・トク・トウ　訓 よむ

文や字をよむ。「音読・読書・読点・愛読・訓読・必読・熟読・乱読・朗読・黙読」

とち【栃】
［木］9画　4年　音 ー　訓 とち

トチ。トチノキ。「栃の実」参考 日本でつくられた漢字。都道府県名で使われる。「栃木県」

とどける【届】
［尸］8画　6年　音 ー　訓 とどける・とどく

❶もっていく。「本を届ける」❷正式にもうしでる。また、その書類。「事件を警察に届ける・欠席届」

とん【問】➡もん（問）。

な【奈】
［大］8画　4年　音 ナ　訓 ー

❶野生のリンゴの木。❷「な」の音をあらわす字。「奈落（＝仏教で、地獄のこと）」参考 都道府県名で使われる。「奈良県・神奈川県」

な（く）【泣】➡きゅう（泣）。

ない【内】
［冂］4画　2年　音 ナイ・ダイ*　訓 うち

❶うちがわ。「市内・体内・内部・身内・境内」対 外。❷ひそか。「内通・内聞・内密・内緒」

なか【仲】➡ちゅう（仲）。

なし【梨】
［木］11画　4年　音 ー　訓 なし

樹木やくだものの、ナシ。「洋梨」参考 都道府県名で使われる。「山梨県」

なに【何】➡か（何）。

なみ【並】➡へい（並）。

なわ【縄】➡じょう（縄）。

なん【南】
［十］9画　2年　音 ナン・ナ*　訓 みなみ

みなみ。「南西・南方・南極・南緯」対 北。

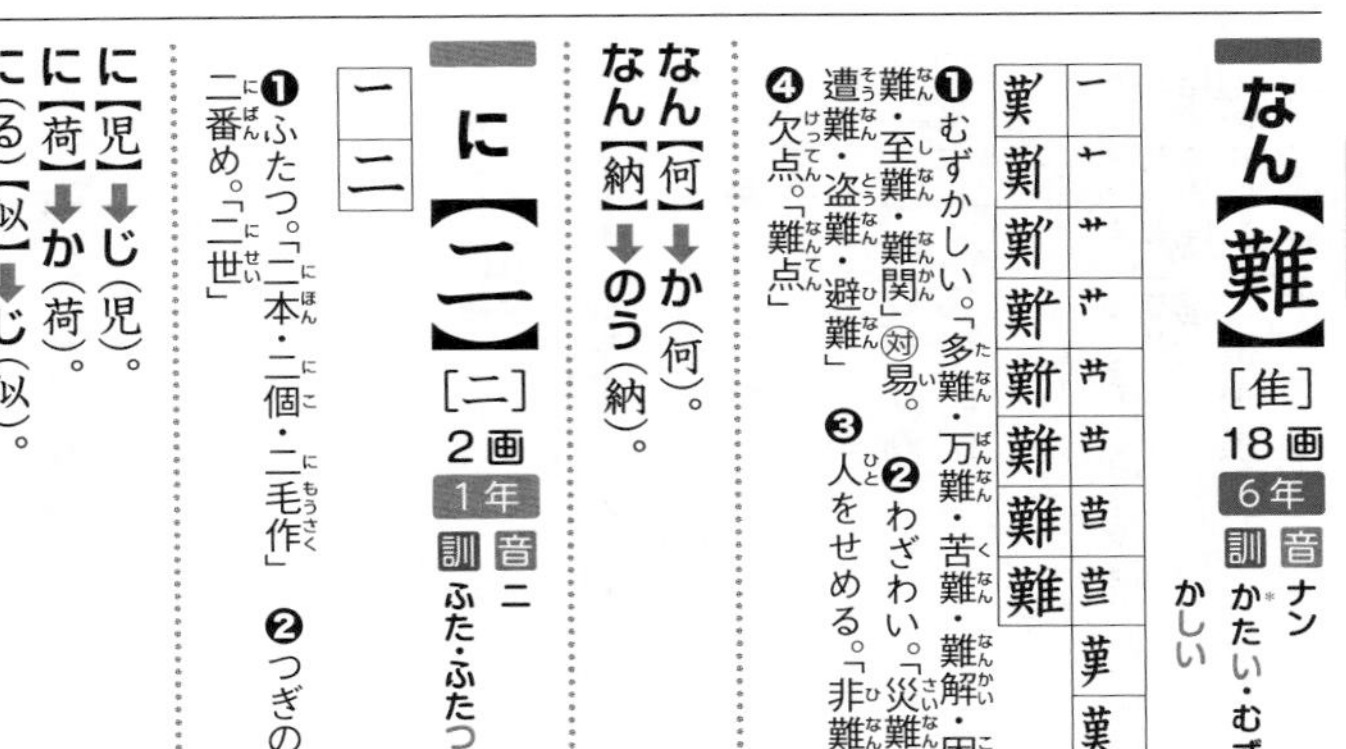

なん【難】

［隹］18画 6年

音 ナン　訓 かた*い・むずかしい

一 十 艹 廿 芇 芇 苎 苎 莒 菓 蓳 堇 𦰩 𦰩 難 難 難 難

❶むずかしい。「多難・万難・苦難・難解・困難・至難・難関」(対)易。❷わざわい。「災難・遭難・盗難・避難」❸人をせめる。「非難」❹欠点。「難点」

なん【何】→か（何）。

なん【納】→のう（納）。

に【二】

［二］2画 1年

音 ニ　訓 ふた・ふたつ

一 二

❶ふたつ。「二本・二個・二毛作」❷つぎの。二番め。「二世」

に【児】→じ（児）。

に【荷】→か（荷）。

に（る）【似】→じ（似）。

にく【肉】

［肉］6画 2年

音 ニク　訓 ー

丨 冂 内 内 肉 肉

❶動物のひふと、ほねの間にあるやわらかいもの。「肉食・牛肉・魚肉・筋肉」❷人間のからだ。なま身の。「肉声・肉体・肉筆・肉眼」(対)霊。❸はんをおすときにつけるもの。印肉。「朱肉」❹もののあつみ。「肉太・肉細」

にち【日】

［日］4画 1年

音 ニチ・ジツ　訓 ひ・か

丨 冂 日 日

❶太陽。「日光」❷ひるま。「日中（ひなか）・日夜」(対)夜。❸いちにち。「日刊・祭日」❹日数をかぞえることば。「一日」❺「日曜日」のりゃく。「土日」❻「日本」のりゃく。「来日」

にゅう【入】

［入］2画 1年

音 ニュウ　訓 いる・いれる・はいる

ノ 入

はいる。いれる。「入学・入会・記入・進入・加入・輸入・購入」(対)出。

にゅう【乳】

［乚］8画 6年

音 ニュウ　訓 ちち・ち*

ノ ⺈ ⺈ 爫 爫 孚 孚 乳

ちち。「牛乳・母乳・乳児・授乳」

にょ【女】→じょ（女）。

にん【任】

［亻］6画 5年

音 ニン　訓 まかせる・まかす

ノ 亻 仁 仟 任

❶になう。おう。「委任・信任・責任・担任」❷つとめ。やくめ。「辞任・任務」❸まかせる。「一任・放任」

にん【認】

［言］14画 6年

音 ニン*　訓 みとめる

丶 亠 亖 言 言 言 訁 訂 訒 訒 認 認 認 認

みとめる。みとめてゆるす。「公認・確認・認識・承認・是認・黙認」

ねつ【熱】

［灬］15画 4年

音 ネツ　訓 あつい

一 十 土 夫 夫 坴 坴 坴 坴 埶 埶 埶 熱 熱 熱

❶温度がたかい。あつい。「熱風・熱湯・熱帯」❷温度をたかめるもとになるもの。「熱量」❸いっしょうけんめいになる。また、そのよ

うな心。「熱心・熱意・熱血・熱情」対①③冷。
❹ふつうよりたかい体温。「高熱・発熱」

ねん【年】

［干］6画　1年　音ネン　訓とし

❶としつき。一年。「年月・年間・新年・当年・来年・去年」❷とし。ねんれい。「青年・年少・年長・老年」

ねん【念】

［心］8画　4年　音ネン　訓ー

❶心にかける。おもう。また、心。おもい。「一念・残念・信念・念願・専念」❷よく注意すること。「入念・念入り」❸となえる。よむ。「念仏」

ねん【燃】

［火］16画　5年　音ネン　訓もえる・もやす・もす

もえる。もやす。「燃焼・燃料・再燃」

ねん【然】→ぜん（然）。

のう【納】

［糸］10画　6年　音ノウ・ナッ*・ナ*・ナン*・トウ*　訓おさめる・おさまる

いれる。おさめる。「納入・出納・納戸・納豆・納屋・結納」

のう【能】

［月］10画　5年　音ノウ　訓ー

❶よくできる。「能力・才能・有能・能弁・可能・効能」❷はたらき。「知能・万能・能率・技能・性能」❸わざ。とくに、能楽のこと。「能面・芸能」

のう【脳】

［月］11画　6年　音ノウ　訓ー

❶あたまのほねの中にある、はい色をしたやわらかいもの。「大脳・小脳・脳天・脳髄」❷あたまのはたらき。「頭脳」❸中心となるもの。「首脳」

のう【農】

［辰］13画　3年　音ノウ　訓ー

田畑をたがやし、こくもつや、やさいをつくる。「農家・農業・農民・酪農」

は【波】

［氵］8画　3年　音ハ　訓なみ

なみ。なみのようなうごき。「音波・短波・電波・風波・余波・津波」

は【派】

［氵］9画　6年　音ハ　訓ー

❶わかれる。わかれでたもの。「流派・宗派」❷つかわす。さしむける。「派出・派遣」

は【破】

［石］10画　5年　音ハ　訓やぶる・やぶれる

やぶる。こわす。「大破・破片・看破・難破・撃破・突破・破滅」

は【羽】↓う（羽）。

ば【馬】

［馬］10画 2年

音 バ　訓 うま・ま

丨 厂 𠂤 𫠠 用 馬 馬 馬 馬 馬

うま。「馬車・出馬・竹馬・絵馬・落馬・競馬・馬術」

はい【拝】

［扌］8画 6年

音 ハイ　訓 おがむ

一 扌 扌 扌 扌 扌 拝 拝

❶おがむ。「礼拝・参拝・崇拝」❷へりくだった意味をあらわすことば。「拝見・拝観・拝借」

はい【背】

［月］9画 6年

音 ハイ　訓 せ・せい・そむ*く・そむ*ける

一 ㇐ ㇐ 北 北 北 背 背 背

❶せなか。うしろ。「背後・光背・背面・背骨・猫背」❷そむく。「背反（＝そむくこと。相いれないこと）・背任（＝会社員や公務員が、地位を利用して自分のりえきをはかり、会社や役所にそんがいをあたえること）」

はい【肺】

［月］9画 6年

音 ハイ　訓 ―

丿 刀 月 月 月' 肝 肝 肺 肺

せきつい動物の呼吸器官。「肺病・肺炎・肺活量・肺結核」

はい【俳】

［亻］10画 6年

音 ハイ　訓 ―

ノ 亻 亻 亻 亻 亻 俳 俳 俳 俳

❶芸をする人。「俳優」❷はいく。「俳人・俳号・俳句」

はい【配】

［酉］10画 3年

音 ハイ　訓 くばる

一 厂 冂 丙 丙 西 酉 酉 酉 配

❶わりあてる。くばる。ならべる。「配合・配役・分配・配列・配給」❷とりあわせる。「配色・交配・配偶者」❸したがえる。「支配」

はい【敗】

［攵］11画 4年

音 ハイ　訓 やぶれる

丨 冂 月 目 目 貝 貝 貝 貝 敗 敗

❶まける。やぶれる。「大敗・勝敗・敗戦・不敗」㊍勝。❷だめになる。「失敗・腐敗」

はい【灰】↓かい（灰）。

ばい【売】

［士］7画 2年

音 バイ　訓 うる・うれる

一 十 士 声 声 売 売

❶うる。うれる。「売店・商売・発売・特売・競売（けいばい）・即売」㊍買。❷うりものにする。「売名」

ばい【倍】

［亻］10画 3年

音 バイ　訓 ―

ノ 亻 亻 亻 亻 位 位 倍 倍 倍

❶同じ数を二回くわえることをあらわす語。「二倍」「倍加」❷同じ数をくわえる回数をあらわす語。「十倍・倍数」

ばい【梅】

［木］10画 4年

音 バイ　訓 うめ

一 十 才 木 木 杧 杧 梅 梅 梅

❶ウメ。ウメの実。「梅林」❷ウメの実のなるころ。「梅雨（つゆ）」

ばい【買】

［貝］12画 2年

音 バイ　訓 かう

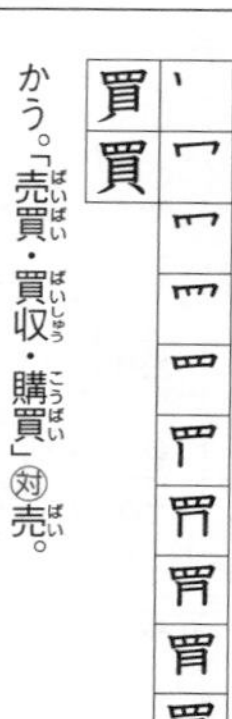

かう。「売買・買収・購買」㊔売。

はく【白】

［白］ 5画 1年

音 ハク・ビャク*
訓 しろ・しら・しろい

❶しろ。しろい。「白紙・白線・純白」 ❷あきらか。「明白」 ❸きよいこと。「潔白」㊔① 黒。 ❹かがやいて、あかるいこと。「白日・白昼」 ❺いう。「自白・白状・告白」

はく【博】

［十］ 12画 4年

音 ハク・バク*
訓 ー

❶ひろくいきわたる。「博学・博愛・博識」 ❷ばくち。「博徒」 ❸「博士」のりゃく。「医博（＝医学博士）」 ❹「博覧会」のりゃく。「万国博」

ばく【麦】

［麦］ 7画 2年

音 バク*
訓 むぎ

むぎ。「小麦・麦秋・麦茶・麦畑・麦芽」

ばく【博】↓はく（博）。
ばく【幕】↓まく（幕）。
ばく【暴】↓ぼう（暴）。

はこ【箱】

［⺮］ 15画 3年

音 ー
訓 はこ

木・紙などでつくったいれもの。「本箱・重箱・巣箱・玉手箱」

はた【畑】

［田］ 9画 3年

音 ー
訓 はた・はたけ

はたけ。「田畑・畑作」㊫日本でつくられた漢字。

はち【八】

［八］ 2画 1年

音 ハチ
訓 や・やつ・やっつ・よう

❶やっつ。「八人・八方・八重・尺八・八百屋」 ❷八番め。「八月・八日」

はつ【発】

［癶］ 9画 3年

音 ハツ・ホツ*
訓 ー

❶はなつ。だす。でる。「発火・出発・先発・不発・増発」㊔着。 ❷おこる。はじまる。「発生・多発・再発・突発」 ❸あきらかになる。「発見・発明」 ❹さかんになる。「発達・発展」 ❺弾丸などをかぞえることば。「十発」

はな【鼻】↓び（鼻）。
はね【羽】↓う（羽）。

はん【反】

［又］ 4画 3年

音 ハン・ホン*・タン*
訓 そる・そらす

❶かえる。もどる。ひっくりかえる。「反転・反動・反省・反復・反射」 ❷そむく。ぎゃく。「反感・反対・反逆・反乱・違反・謀反」 ❸ぬのの長さのたんい。一反は、約一〇・六メートル。 ❹田畑などの面積のたんい。一反は、約九・九アール。

はん【半】

［十］ 5画 2年

音 ハン
訓 なかば

❶二つにわけたものの一つ。はんぶん。なかば。「半円・前半・後半・夜半・半身」 ❷完全でない。「半熟・半端・半人前」 ❸かなり。ほとんど。「半死半生」

はん【犯】

［犭］5画 5年
音 ハン
訓 おかす*

❶きまりをやぶる。「犯行・犯罪・防犯」 ❷罪をおかした人。「主犯・共犯・殺人犯」 ❸刑をうけた回数をかぞえることば。「前科三犯」

はん【判】

［刂］7画 5年
音 ハン・バン
訓 ー

❶みわける。「判定・判断・裁判・批判」 ❷紙・本などの大きさ。「A5判・B6判」 ❸むかし使っていた金貨。「大判」 ❹はんこ。「血判」

はん【坂】

［土］7画 3年
音 ハン*
訓 さか

さか。さかみち。「坂道・急坂・上り坂」

はん【阪】

［阝］7画 4年
音 ハン*
訓 ー

❶さか。さかみち。 ❷大阪のこと。「阪神・京阪神」 参考 都道府県名で使われる。「大阪府」

はん【板】

［木］8画 3年
音 ハン・バン
訓 いた

いた。いたのような形をしたもの。「板前・鉄板・登板・甲板・板の間」

はん【版】

［片］8画 5年
音 ハン
訓 ー

❶いんさつするため、字や絵をほったもの。「木版・版画」 ❷いんさつして本をつくること。「出版・限定版」 ❸同じ本をつくりかえていんさつする回数をかぞえることば。「第七版」

はん【班】

［王］10画 6年
音 ハン
訓 ー

いくつかに分けたときの、一つ一つのあつまり。そのあつまりをかぞえることば。「班長・放送班」

はん【飯】

［食］12画 4年
音 ハン
訓 めし

めし。ごはん。食事。「夕飯・朝飯・昼飯・残飯」

ばん【晩】

［日］12画 6年
音 バン
訓 ー

❶ひぐれ。ゆうぐれ。夜。「今晩・昨晩」 ❷おそい。おわりに近い。「晩年・晩秋」 対 早。

ばん【番】

［田］12画 2年
音 バン
訓 ー

❶じゅんばん。「三番・番号」 ❷見はる。「番犬・交番・店番・門番」 ❸勝負・組み合わせなどの回数をかぞえることば。「十番勝負」

ばん【万】→まん（万）。
ばん【判】→はん（判）。
ばん【板】→はん（板）。

ひ【比】

［比］4画　5年　音 ヒ　訓 くらべる

一　ト　ト　比

❶くらべる。くらべられるもの。「比重・対比・比類・無比・比較」❷ある数と、ある数とのわりあい。「比率・百分率」

ひ【皮】

［皮］5画　3年　音 ヒ　訓 かわ

丿　厂　广　皮　皮

❶かわ。動物のかわ。「皮下・毛皮・皮革・皮膚・皮算用」❷ものの表面をおおうもの。「樹皮」❸うわべ。「皮相」

ひ【否】

［口］7画　6年　音 ヒ　訓 いな*

一　ア　不　不　不　否　否

はんたい。そうではない。いけない。「否決・否定・安否・賛否・拒否」㊟可。

ひ【批】

［扌］7画　6年　音 ヒ　訓 ー

一　十　扌　扌　扎　批　批

❶よしあしをきめる。「批判・批評」❷君主が書類の内容をみとめる。「批准」

ひ【肥】

［月］8画　5年　音 ヒ　訓 こえる・こえ・こやす・こやし

丿　几　月　月　月　肝　肥　肥

❶〔からだや土地が〕こえている。「肥大・肥満・肥沃」❷こやし。「下肥・肥料・堆肥・施肥」

ひ【非】

［非］8画　5年　音 ヒ　訓 ー

丿　ナ　ヨ　ヨ　非　非　非　非

❶正しくない。「非行・前非・是非」㊟是。❷とがめる。「非難」❸《あることばの上につけて》「…ではない」の意味をあらわすことば。「非力・非番・非礼・非凡・非公式」

ひ【飛】

［飛］9画　4年　音 ヒ　訓 とぶ・とばす

乙　飞　飞　飞　飞　飛　飛　飛　飛

空をゆく。とぶ。「飛球・飛散・飛躍・雄飛・飛行機」

ひ【秘】

［禾］10画　6年　音 ヒ　訓 ひめる*

丿　二　千　禾　禾　秒　秘　秘　秘　秘

❶かくす。ひめる。「秘伝・秘境・秘術・秘蔵・秘密」❷はかりしれない。「神秘」❸通じがわるい。「便秘」

ひ【悲】

［心］12画　3年　音 ヒ　訓 かなしい・かなしむ

丿　ナ　ヨ　ヨ　非　非　非　非　悲　悲

❶かなしい。かなしむ。かなしみ。「悲鳴・悲運・悲観・悲痛・悲哀・悲惨・悲嘆」㊟喜。❷あわれみ。あわれ。「悲願・慈悲」

ひ【費】

［貝］12画　5年　音 ヒ　訓 ついやす・つい*える*

一　ニ　弓　弗　弗　弗　弗　曹　曹　曹　費　費

❶ついやす。つかってへらす。「出費・消費」❷ものごとにかかるお金。「学費・会費・実費・旅費・経費・雑費」

ひ【氷】→ひょう（氷）。

び【美】

［羊］ 9画 3年 音 ビ 訓 うつくしい

丶 丷 䒑 𫇦 𦍌 羊 𦍋 美 美

❶うつくしい。うるわしい。「美人・美声・美化・美術・美容」❷よい。りっぱな。「美名・美点・美談・美風・美徳」❸おいしい。うまい。「美食・美味」❹ほめる。「賞美」

び【備】

［亻］ 12画 5年 音 ビ 訓 そなえる・そなわる

丿 亻 仁 什 㣺 伂 伊 伻 併 備 備 備

ととのえる。用意する。「備考・備品・守備・整備・予備・軍備・準備・設備・警備・備蓄」

び【鼻】

［鼻］ 14画 3年 音 ビ* 訓 はな

丿 亻 冂 内 白 自 自 鳥 畠 畠 畠 畠 鼻 鼻

はな。こきゅうをしたり、においをかいだりする器官。「鼻音・鼻歌・鼻息・鼻血・鼻面・鼻筋・鼻孔・隆鼻・耳鼻科」

ひき（いる）【率】→そつ（率）。

ひつ【必】

［心］ 5画 4年 音 ヒツ 訓 かならず

丶 ソ 必 必 必

かならず。きっと。「必読・必死・必勝・必然・必要・必至・必需品」

ひつ【筆】

［⺮］ 12画 3年 音 ヒツ 訓 ふで

丿 𠂉 ⺮ 竹 竹 竺 笁 筆 筆 筆 筆 筆

❶ふで。「小筆・絵筆・毛筆・鉛筆・色鉛筆・硬筆・万年筆」❷ふででかくこと。「筆記・筆算・筆写・筆談・筆順・筆勢・筆不精」❸ふでてかいたもの。文字。文章。「自筆・代筆・達筆・絶筆」

ひと【一】→いち（一）。

ひゃく【百】

［白］ 6画 1年 音 ヒャク 訓 ー

一 丆 丆 百 百 百

❶一〇の一〇倍。「百人一首」❷かずが多い。「百出・百害・百獣・百科事典・百葉箱・百貨店・八百屋」

びゃく【白】→はく（白）。

ひょう【氷】

［水］ 5画 3年 音 ヒョウ 訓 こおり・ひ*

亅 亅 刁 氵 氷

こおる。こおり。「氷海・氷山・氷雨・氷点・氷結・結氷・氷河・樹氷・砕氷・薄氷」

ひょう【表】

［衣］ 8画 3年 音 ヒョウ 訓 おもて・あらわす・あらわれる

一 十 キ 主 声 耒 表 表

❶おもて。おもてがわ。「表口・表紙・表門・表題・表皮・表札・表面積」㊥裏。❷あらわす。あらわれる。「公表・代表・発表・表現・表示」❸一目でわかるようにかいたもの。「年表・図表」

ひょう【俵】

［亻］ 10画 6年 音 ヒョウ 訓 たわら

丿 亻 仁 仹 仹 佳 佳 俵 俵 俵

❶たわら。「土俵・米俵・炭俵」❷たわらにはいったものの数をかぞえることば。「米二俵」

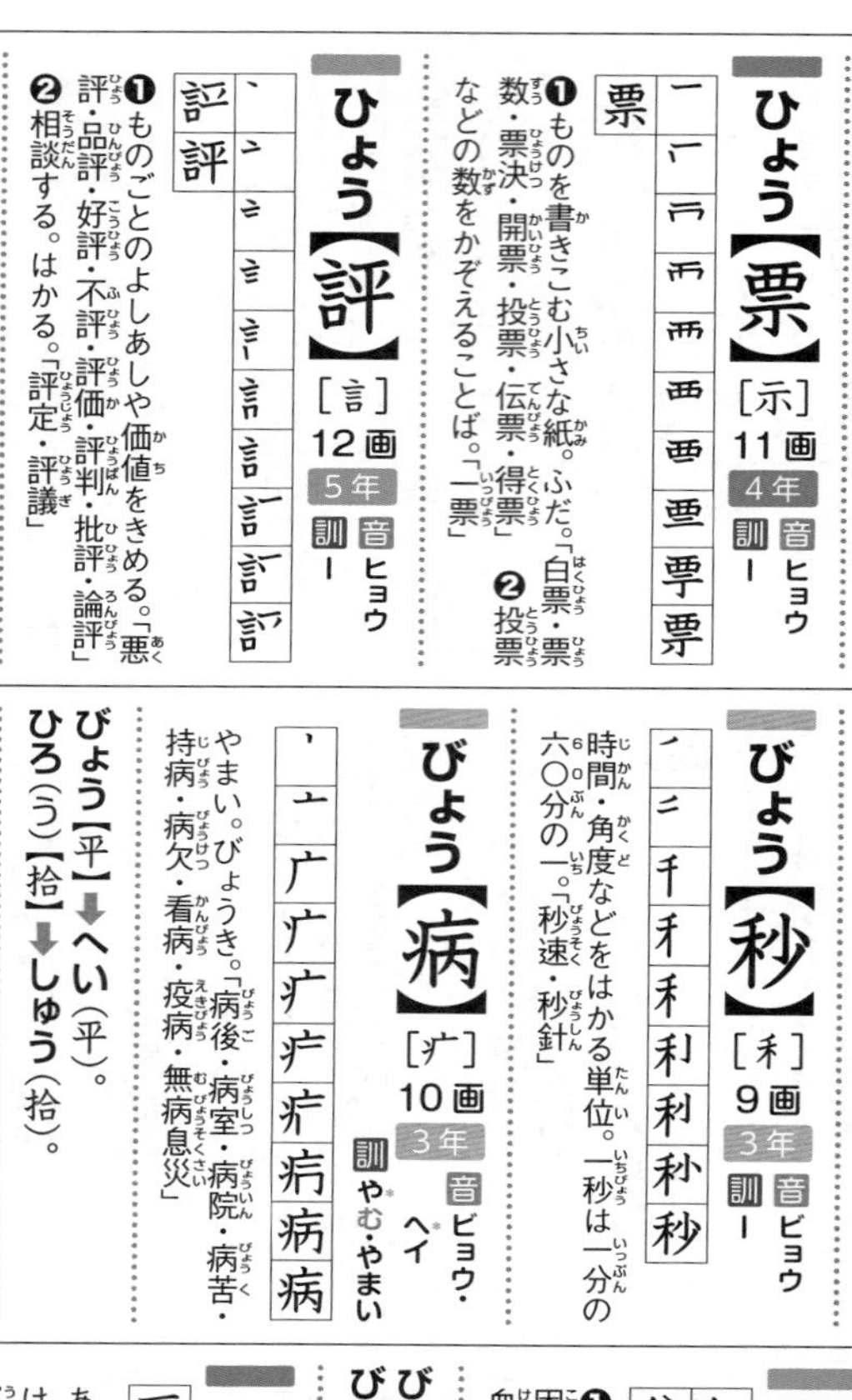

ひょう【票】
［示］11画　4年　音 ヒョウ　訓 ー

❶ものを書きこむ小さな紙。ふだ。「白票・票数・票決・開票・投票・伝票・得票」 ❷投票などの数をかぞえることば。「一票」

ひょう【評】
［言］12画　5年　音 ヒョウ　訓 ー

❶ものごとのよしあしや価値をきめる。「悪評・品評・好評・不評・評価・評判・批評・論評」 ❷相談する。はかる。「評定・評議」

ひょう【標】
［木］15画　4年　音 ヒョウ　訓 ー

❶めじるし。めあて。「標語・標高・商標・標的・標識・墓標・座標・浮標」 ❷てほん。「標本・標準」

ひょう【兵】⬇へい（兵）。

びょう【秒】
［禾］9画　3年　音 ビョウ　訓 ー

時間・角度などをはかる単位。一秒は一分の六〇分の一。「秒速・秒針」

びょう【病】
［疒］10画　3年　音 ビョウ・ヘイ*　訓 や*む・やまい

やまい。びょうき。「病後・病室・病院・病苦・持病・病欠・看病・疫病・無病息災」

びょう【平】⬇へい（平）。
ひろ（う）【拾】⬇しゅう（拾）。

ひん【品】
［口］9画　3年　音 ヒン　訓 しな

❶しなもの。「品目・作品・品物・洋品・賞品・製品・遺品・輸入品」 ❷人やものがもっている、せいしつ。「気品・上品・品種・品格・品質・品性・品詞」

ひん【貧】
［貝］11画　5年　音 ヒン・ビン*　訓 まずしい

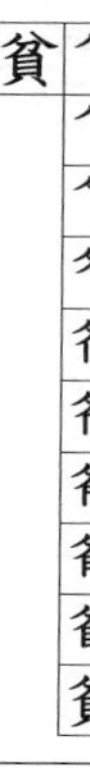

❶まずしい。「貧弱・貧苦・貧相・貧民・貧困・貧乏」 ㊟富。 ❷少ない。たりない。「貧血」

びん【便】⬇べん（便）。
びん【貧】⬇ひん（貧）。

ふ【不】
［一］4画　4年　音 フ・ブ　訓 ー

あることばの上につけて、下のことばをうちけすことば。…でない。…しない。「不正・不運・不変・不満・不快・不吉・不手際・不始末・不死身・不参加」

ふ【夫】
［大］4画　4年　音 フ・フウ*　訓 おっと

❶おっと。「夫人・夫妻・夫婦」 ㊟妻。 ❷おとこ。「車夫・漁夫」

ふ【父】

［父］ 4画 2年
音 フ
訓 ちち

ノ ハ ク 父

ちち。おとうさん。男おや。「祖父・父母・老父」㊉母。

ふ【付】

［亻］ 5画 4年
音 フ
訓 つける・つく

ノ イ 仁 付 付

❶つける。つく。「付記・付図・付着・付表・付加・付録・付属・付和雷同」❷あたえる。「交付・寄付・付与・配布」

ふ【布】

［巾］ 5画 5年
音 フ
訓 ぬの

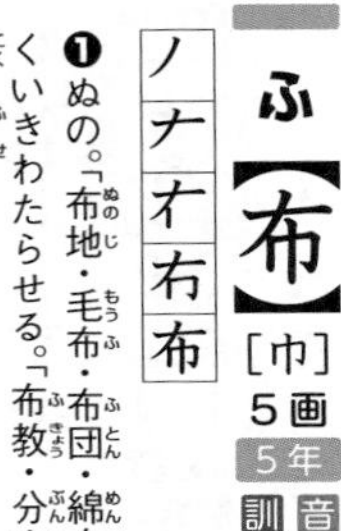
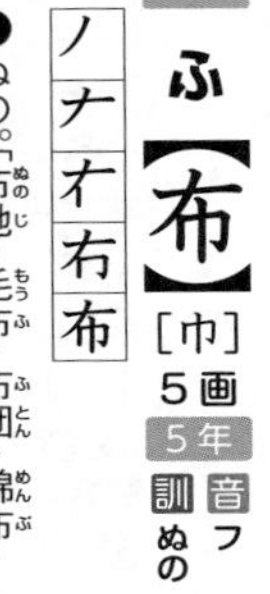

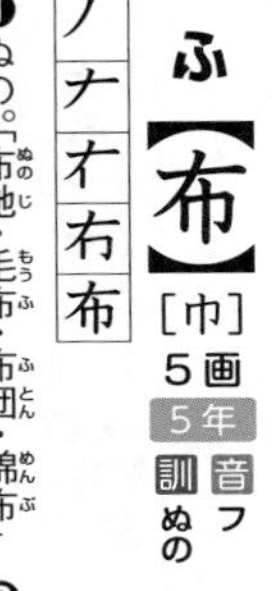

ノ ナ 才 右 布

❶ぬの。「布地・毛布・布団・綿布」❷ひろくいきわたらせる。「布教・分布・配布・布告・布施」

ふ【府】

［广］ 8画 4年
音 フ
訓 ー

丶 亠 广 庁 庁 府 府 府

❶都・道・県とならぶ地方公共団体の一つ。京都府と大阪府。「府立・府庁」❷役所。「首府・政府・幕府」

ふ【阜】

［阜］ 8画 4年
音 フ
訓 ー

′ 亻 户 户 白 自 𠂤 阜

❶おか。土がつみあがった山。❷ゆたかであるようす。㊟都道府県名で使われる。「岐阜県」

ふ【負】

［貝］ 9画 3年
音 フ
訓 まける・まかす・おう

ノ ク 个 乍 乍 角 負 負 負

❶身にうける。おう。「負傷・負担・負債・請負」❷たのみとする。「自負・抱負」❸まける。まけ。「勝負・負け戦・顔負け」㊉勝。❹数字で、ゼロより小さい数。マイナス。「負数」㊉正。

ふ【婦】

［女］ 11画 5年
音 フ
訓 ー

く 女 女 女⺕ 妇 妇 妇 婦 婦 婦 婦

❶おんな。「婦人・家政婦」❷けっこんした女性。つま。「新婦・主婦・夫婦」

ふ【富】

［宀］ 12画 4年
音 フ・フウ*
訓 とむ・とみ

丶 丶 宀 宀 宀 宫 宫 宫 宫 宫 富 富

ゆたかである。また、かねもち。「貧富・豊富・富貴・富豪・富裕・巨富」㊉貧。㊟都道府県名で使われる。「富山県」

ふ【歩】➡ほ（歩）。
ふ【風】➡ふう（風）。

ぶ【武】

［止］ 8画 5年
音 ブ・ム
訓 ー

一 二 于 于 正 正 武 武

❶強くて、いさましい。「武勇」❷たたかい。「武力・武運・武器・武芸・武術・武装」❸さむらい。「武家・武者・武士・武将」

ぶ【部】

［阝］ 11画 3年
音 ブ
訓 ー

丶 亠 ㇐ 立 立 辛 音 音 咅 部 部

❶ぜんたいをいくつかに分けた、一つ一つ。「部首・部分・部門・部品・部隊・部署」❷学問や仕事などをするために分けたグループ。「部長・部員・文学部・野球部」❸新聞・

本などをかぞえることば。「三部・部数」

ぶ【不】↓ふ（不）。

ぶ【無】↓む（無）。

ふう【風】

［風］9画　2年　音 フウ・フ*　訓 かぜ・かざ

❶空気のながれ。かぜ。「風雨・台風・風速」❷ならわし。しきたり。「風習・風紀・風俗」❸すがた。おもむき。「風流・風格・風情」❹けしき。「風光・風景」❺いきおい。「威風」

ふう【夫】↓ふ（夫）。

ふう【富】↓ふ（富）。

ふく【服】

［月］8画　3年　音 フク　訓 ―

❶からだにきるもの。とくに、洋服。「和服・衣服・制服・服装・私服・服飾」❷したがう。「服役・感服・不服・服務・服従・屈服・征服」❸くすりやお茶をのむ。「服用・服毒」❹くすりやお茶をのむ回数をかぞえることば。「お茶一服」❺こなぐすりなどのつつみをかぞえることば。

ふく【副】

［刂］11画　4年　音 フク　訓 ―

❶おもなものにつきそう。「副食・副業・副作用・副読本・副産物」㊊正。❷かしらのつぎ。「副将・副会長・副社長・副議長・副大統領」

ふく【復】

［彳］12画　5年　音 フク　訓 ―

❶かえる。もどる。ひきかえす。「復活・復帰・復旧・復興・往復」㊊往。❷くりかえす。「復習・反復」❸しかえしをする。「報復・復讐」

ふく【福】

［ネ］13画　3年　音 フク　訓 ―

さいわい。しあわせ。「福音・幸福・祝福・福祉・福引き」㊊禍。

ふく【腹】

［月］13画　6年　音 フク　訓 はら

❶はら。おなか。「空腹・腹部・腹八分」❷心の中。「腹心・腹案・腹芸・腹蔵」❸ものの中ほど。「山腹・中腹」❹ふところ。「私腹」

ふく【複】

［ネ］14画　5年　音 フク　訓 ―

かさなる。かさねる。また、二つ以上の。「複数・複式・複写・重複・複雑・複製」㊊単。

ふた【二】↓に（二）。

ぶつ【仏】

［イ］4画　5年　音 ブツ　訓 ほとけ

❶仏教で、さとりをひらいた人。ほとけ。「仏教・仏門・仏典・成仏・念仏・仏像・仏壇・仏頂面」❷「フランス」のりゃく。「仏文・仏語・日仏友好」

ぶつ【物】
［牛］ 8画 3年 音 ブツ・モツ 訓 もの

❶もの。「物心・物体・食物・物産・物価・物件・物資・買い物・物物交換」 ❷ものごと。「物語・物心・事物・物騒」 ❸見てきめる。えらぶ。「物色」

ふな【船】➡せん（船）。

ふん【粉】
［米］ 10画 5年 音 フン 訓 こ・こな

丶 丷 䒑 半 米 米 米 粉 粉 粉

❶こな。「花粉・粉薬・粉末・製粉・粉乳・粉飾・小麦粉」 ❷こまかく、くだく。「粉砕」

ふん【奮】
［大］ 16画 6年 音 フン 訓 ふるう

一 ナ 大 大 衣 衣 奎 奎 奞 奞 奮 奮 奮 奮 奮 奮

ふるいたつ。「奮起・発奮・奮発・奮戦・興奮・奮闘」

ぶん【分】
［刀］ 4画 2年 音 ブン・フン・ブ 訓 わける・わかれる・わかる・わかつ

ノ 八 分 分

❶わける。わかれる。「分家・分別・分散・分解・分布・分割」 ❷地位。「身分・分際」 ❸わかる。「分別」 ❹成分。「水分・養分」 ❺割合・長さなどの単位。「五分・八分目」 ❻時間・角度などの単位。「分速・三十分」 ❼…にあたる分量。「五日分の食りょう」 参考 都道府県名で使われる。「大分県」

ぶん【文】
［文］ 4画 1年 音 ブン・モン 訓 ふみ*

丶 亠 ナ 文

❶もよう。「文様」 ❷文字。また、文字でかかれたもの。文章。「文通・文意・文集・文案・文法・散文・韻文」 ❸むかし使っていた、お金の単位。「六文銭」 ❹むかし使っていた、たび・くつなどの大きさの単位。「十一文」

ぶん【聞】
［耳］ 14画 2年 音 ブン・モン* 訓 きく・きこえる

丨 𠃍 𠃍 門 門 門 門 門 門 門 閂 閂 閂 聞

❶きく。きこえる。「見聞・伝聞・聴聞会・前代未聞」 ❷ひょうばん。うわさ。「外聞・新聞・風聞・旧聞」

へい【平】
［干］ 5画 3年 音 ヘイ・ビョウ 訓 たいら・ひら

一 丆 冖 丕 平

❶ひらたい。たいら。「平原・平地・平野・平面・地平線」 ❷おだやか。「平安・平定・平和・平然・平常・平穏」 ❸ひとしい。「平行・平等・平均」

へい【兵】
［八］ 7画 4年 音 ヘイ・ヒョウ 訓 ―

ノ 𠂆 斤 斤 丘 乒 兵

❶へいたい。ぐんたい。「水兵・番兵・歩兵・兵器・雑兵・兵糧」 ❷たたかい。いくさ。「兵火」

へい【並】
［一］ 8画 6年 音 ヘイ* 訓 なみ・ならべる・ならぶ・ならびに

丶 丷 䒑 䒑 并 并 並 並

❶ならぶ。れつをつくる。「並立・並木・並列」 ❷ふつう。「並製・並大抵・人並み」

へい【陛】
［阝］ 10画 6年 音 ヘイ 訓 ―

天皇や国王をうやまうことば。「陛下」

へい【閉】

［門］11画　6年
音 ヘイ
訓 とじる・とざ*す・しめる・しまる

とじる。しめる。また、やめる。「閉口・閉会・閉店・閉館・開閉・閉幕・密閉・閉鎖」対開。

へい【病】⇩びょう（病）。

べい【米】

［米］6画　2年
音 ベイ・マイ
訓 こめ

❶こめ。「白米・米食・米飯・米価・米穀」 ❷「アメリカ」「アメリカ合衆国」のりゃく。「米国・北米・中米・南米・欧米・渡米」

べつ【別】

［刂］7画　4年
音 ベツ
訓 わかれる

❶わかれる。はなれる。「送別・別居・別離」 ❷わける。くべつする。「差別・種別・選別・識別・性別」 ❸ほかの。ちがう。「別人・別名・別便・別格・別冊・別世界・別問題」

へん【片】

［片］4画　6年
音 ヘン*
訓 かた

❶かたいっぽう。「片手・片道・片腕」 ❷きれはし。ひときれ。「片言・片時・紙片・破片・片手間」 ❸はずれ。「片田舎」

へん【辺】

［辶］5画　4年
音 ヘン
訓 あたり・べ

❶ほとり。あたり。「川辺・近辺・海辺・岸辺・周辺・窓辺」 ❷いなか。「辺地・辺境」 ❸ある図形をかたちづくっている直線。「底辺・四辺形」

へん【返】

［辶］7画　3年
音 ヘン
訓 かえす・かえる

もとにもどす。かえす。「返電・返答・返事・返品・返信・返納・返却・仕返し・恩返し・宙返り」

へん【変】

［夂］9画　4年
音 ヘン
訓 かわる・かえる

❶かわる。かえる。「変色・変化・変身・変転・変動・急変・変更・変遷」 ❷ふつうでない。また、ふつうでないできごと。「変人・変死・事変・政変・異変」

へん【編】

［糸］15画　5年
音 ヘン
訓 あむ

❶あむ。「編み目・編み物・手編み」 ❷文章をあつめて、書物にする。「編者・編集」 ❸くみいれる。ひとまとまりにする。「編入・編成・編隊」

べん【弁】

［廾］5画　5年
音 ベン
訓 ー

❶わきまえる。また、わける。くべつする。「弁別」 ❷けじめをつけて処理する。「自弁・弁償」 ❸はなす。はなし。「弁明・弁解・弁護・弁舌・弁論」 ❹ものの言い方。また、方言。「東北弁」 ❺花びら。「花弁」 ❻気体

や液体の出入り口をとじたりひらいたりするもの。「安全弁」

べん【便】［亻］9画 4年

音 ベン・ビン　訓 たより

ノ 亻 亻 仁 佰 佰 佰 便 便

❶つごうがよい。つごうのよい機会。ついで。「便乗・便法・便利・便覧(べんらん)・便宜」❷たより。「郵便・定期便・航空便」❸大便や小便。「便所・便秘」

べん【勉】［力］10画 3年

音 ベン　訓 ―

ノ ク 彳 各 各 色 免 免 免 勉

つとめる。はげむ。「勉学・勉強・勤勉・勉励」

ほ【歩】［止］8画 2年

音 ホ・ブ*・フ*　訓 あるく・あゆむ

丨 卜 止 止 屰 步 步 歩

❶あるく。あゆみ。「歩行・歩道・歩調・歩兵・徒歩・歩測・歩幅」❷わりあい。「日歩・歩合」❸むかし使っていた、面積の単位。一歩は、約三・三平方メートル。❹しょうぎのこまの一つ。「歩兵」

ほ【保】［亻］9画 5年

音 ホ　訓 たもつ

ノ 亻 亻 们 伻 伻 伻 保 保

❶もちこたえる。たもつ。「保安・保温・保守・保有・保健・確保・留保・保存」❷せわをする。たいせつにまもる。「保管・保護」❸うけあう。ひきうける。「保険・保証・保障・担保・保釈」

ほ【補】［衤］12画 6年

音 ホ　訓 おぎなう

丶 ㇇ 衤 衤 衤 衤 衤 衤 衤 衤 補 補

おぎなう。たすける。「補足・補強・補習・補給・補欠・補佐・増補・補償・補聴器」

ほ【火】➡か（火）。

ぼ【母】［母］5画 2年

音 ボ　訓 はは

く 口 口 母 母

❶はは。おかあさん。女おや。「祖母・母体・母親・母乳」㊈父。❷ものごとのもとになるもの。「母音(ぼいん)(ぼおん)・母校・母船・母港」

ぼ【墓】［土］13画 5年

音 ボ　訓 はか

一 十 廾 廾 艹 艹 苩 苩 苩 莫 莫 墓 墓

はか。しんだ人をほうむるところ。「墓石・墓地・墓場・墓参・墓標・墳墓」

ぼ【暮】［日］14画 6年

音 ボ*　訓 くれる・くらす

一 十 廾 廾 艹 艹 苩 苩 苩 莫 莫 暮 暮 暮

❶日がくれる。「暮色・薄暮・日暮れ・夕暮れ」❷年がおわる。「歳暮」

ぼ【模】➡も（模）。

ほう【方】［方］4画 2年

音 ホウ　訓 かた

丶 亠 亡 方

❶ほうがく。ほうこう。「四方・方角・遠方・方向・方面・方位」❷てだて。やりかた。「方式・方便・方法・方策・方針」❸四角。きちんとしていて正しい。「方形・長方形・方眼紙」

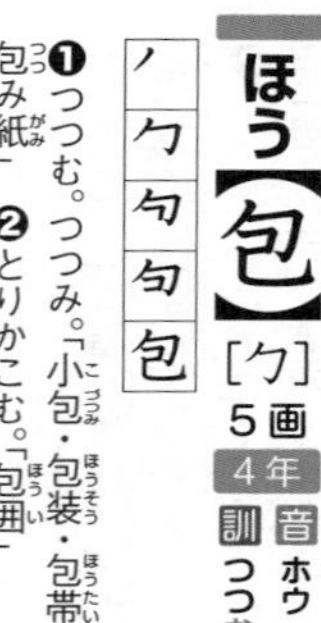

ほう【包】
［勹］5画　4年　音 ホウ　訓 つつむ

ノ 勹 勺 匀 包

❶つつむ。つつみ。「小包・包装・包帯・包容・包み紙」 ❷とりかこむ。「包囲」

ほう【宝】
［宀］8画　6年　音 ホウ　訓 たから

丶 丶 宀 宀 宁 宇 宝 宝

ねうちのあるもの。たから。「宝玉・宝石・家宝・国宝・宝庫」

ほう【放】
［攵］8画　3年　音 ホウ　訓 はなす・はなつ・はなれる・ほうる

丶 亠 方 方 方 方 放 放

❶はなつ。だす。「放出・放水・放電・放送・放映・放射」 ❷にがす。はなす。「放流・開放・追放・放牧・釈放」 ❸ほしいままにする。「放言・放置・放任・放漫・放浪」

ほう【法】
［氵］8画　4年　音 ホウ・ハッ*・ホッ*　訓 ―

丶 氵 氵 汁 汁 注 法 法

❶ほうりつ。おきて。「法度・法案・司法・法規・法則・法律・憲法・刑法」 ❷やりかた。「手法・作法・方法」 ❸ほとけのみち。「仏法・法事・法要・法師」

ほう【訪】
［言］11画　6年　音 ホウ　訓 おとずれる*・たずねる

丶 亠 亠 言 言 言 言 言 訁 訪 訪

たずねる。おとずれる。「来訪・訪問・探訪」

ほう【報】
［土］12画　5年　音 ホウ　訓 むくいる*

一 十 土 キ 去 垚 幸 幸 幸 郣 報 報

❶こたえる。むくいる。「報復・応報・報恩・報酬」 ❷しらせる。「報知・報道・報告・情報」

ほう【豊】
［豆］13画　5年　音 ホウ　訓 ゆたか

丨 冂 巾 曲 曲 曲 曲 曲 豊 豊 豊 豊 豊

ゆたかである。多い。「豊年・豊作・豊満・豊漁・豊富」

ぼう【亡】
［亠］3画　6年　音 ボウ・モウ*　訓 ない*

丶 亠 亡

❶ほろびる。ほろぼす。「亡国・興亡・滅亡」 ❷しぬ。「亡者・死亡・亡霊」 対①②存。 ❸にげる。「亡命・逃亡」

ぼう【忘】
［心］7画　6年　音 ボウ*　訓 わすれる

丶 亠 亡 亡 忘 忘 忘

わすれる。「忘失・忘恩・忘我・忘却・忘年会・健忘症・備忘録」

ぼう【防】
［阝］7画　5年　音 ボウ　訓 ふせぐ

フ 了 阝 阝 阝 防 防

ふせぐ。まもる。「防寒・防衛・防疫・防御・防波堤・防腐剤」

ぼう【望】
［月］11画　4年　音 ボウ・モウ*　訓 のぞむ

丶 亠 亡 亡 切 切 胡 胡 望 望 望

❶遠くを見る。「展望・望楼・望遠鏡」 ❷そ

うあってほしいと思う。ねがう。「切望・野望・希望・失望・絶望」 ❸人気。「人望」

ぼう【棒】

［木］ 12画 6年 音 ボウ 訓 ー

❶細長い木・竹・金属など。ぼう。「金棒・心棒・鉄棒・警棒・棒磁石」 ❷まっすぐであること。変化のないこと。「棒立ち・棒読み・棒暗記」

ぼう【貿】

［貝］ 12画 5年 音 ボウ 訓 ー

物と物、物とお金をとりかえる。たがいに売り買いする。「貿易」

ぼう【暴】

［日］ 15画 5年 音 ボウ・バク* 訓 あばく・あば*れる

❶あらあらしい。「暴言・暴風」 ❷あばれる。「暴力・暴行・暴走・暴漢・暴動・暴徒」 ❸度をこす。「暴食・暴飲」 ❹きゅうにおこる。「暴発・暴落・暴騰」 ❺あばく。「暴露」

ほく【北】

［匕］ 5画 2年 音 ホク 訓 きた

❶きた。「北上・北国・北極・北緯・北半球」 対南。 ❷にげる。「敗北」

ぼく【木】

［木］ 4画 1年 音 ボク・モク 訓 き・こ

❶き。立ち木。「木立・大木・雑木・樹木・木陰」 ❷ざいもく。「木工・木炭・木材・木像・木版」 ❸「木曜日」のりゃく。「月木」

ぼく【牧】

［牛］ 8画 4年 音 ボク 訓 まき*

❶牛や馬などを、かう。「牧場・牧童・放牧・牧畜」 ❷おしえみちびく。「牧師」

ぼく【目】→もく（目）。
ほつ【発】→はつ（発）。
ほっ【法】→ほう（法）。

ほん【本】

［木］ 5画 1年 音 ホン 訓 もと

❶ものごとのもと。中心。「本線・本体・本質・基本」 ❷ただしい。ほんとうの。「本名・本心・本番・本意」 ❸この。当の。「本人・本件」 ❹書物。「原本・新本・製本」 ❺細長いものをかぞえることば。「筆二本」

ほん【反】→はん（反）。
ま【目】→もく（目）。
ま【馬】→ば（馬）。

まい【毎】

［毋］ 6画 2年 音 マイ 訓 ー

そのたびごと。そのとき、そのとき。「毎日・毎月・毎年・毎朝・毎週・毎晩」

まい【妹】

［女］ 8画 2年 音 マイ* 訓 いもうと

いもうと。「姉妹・弟妹」 対姉。

まい【枚】

［木］ 8画 6年 音 マイ 訓 ー

(枚 筆順: 一 十 才 木 朩 杦 枚 枚)

❶かぞえる。「枚挙」 ❷紙・板などのうすいものをかぞえることば。「三枚・大枚・枚数」

まい【米】➡べい（米）。

まく【幕】
［巾］13画 6年
音 マク・バク
訓 ―

(筆順: 一 十 艹 艹 苎 苎 苩 苴 莫 莫 莫 幕 幕)

❶ひろく長いぬの。「暗幕・除幕」 ❷はじまってからおわるまでのくぎり。「開幕・閉幕・幕切れ」 ❸場面。ところ。「ぼくの出る幕がない。」 ❹将軍が政治をとるところ。「幕府・幕末・討幕」

まず（しい）【貧】➡ひん（貧）。

まつ【末】
［木］5画 4年
音 マツ・バツ*
訓 すえ

(筆順: 一 二 キ 才 末)

❶すえ。いちばんはし。「末席・末節・末座・末端」 ❷おわり。「末文・月末・末期（まつご）・末筆・末路・結末・末尾・歳末」

まよ（う）【迷】➡めい（迷）。

まん【万】
［一］3画 2年
音 マン・バン*
訓 ―

(筆順: 一 ゙ 万)

❶千の一〇倍。「一万円」「万力・万国・万病・万物・万雷」 ❷たくさんの数。

まん【満】
［氵］12画 4年
音 マン
訓 みちる・みたす

(筆順: 丶 氵 氵 汁 汁 浐 浐 浐 湍 湍 満 満)

❶いっぱいになる。「満月・満水・満足・満作・満点・満員・満開・満期」 ❷年数や年れいがその数にみちていることをあらわすことば。「未満・満五年・満九才」

み【未】
［木］5画 4年
音 ミ
訓 ―

(筆順: 一 二 キ 才 未)

❶まだ…していない。まだ…でない。「未知・未来・未開・未完・未熟・未納・未婚」 ❷十二支の八番め。ひつじ。

み【味】
［口］8画 3年
音 ミ
訓 あじ・あじわう

(筆順: 丨 口 口 口 吀 吁 味 味)

❶たべもののあじ。「味見・美味・味覚・酸味・毒味・甘味料」 ❷おもむき。おもしろみ。「興味・趣味・妙味」

み【三】➡さん（三）。

みつ【密】
［宀］11画 6年
音 ミツ
訓 ―

(筆順: 丶 丷 宀 宀 宓 宓 宓 宻 宻 密 密)

❶すきまがない。「密林・密集・密着・密接・密閉」 ❷こまかい。くわしい。「精密・綿密・厳密」 ❸ひそかにする。「密談・密航・密告・密輸」

みと（める）【認】➡にん（認）。
みみ【耳】➡じ（耳）。

みゃく【脈】
［月］10画 5年
音 ミャク
訓 ―

(筆順: 丿 刀 月 月 月' 肜 肵 脈 脈 脈)

❶血がながれるすじ。血管。また、血がなが

れるときの動き。「血脈・動脈・静脈・脈拍」❷ひとすじにつづくもの。「山脈・水脈・文脈・鉱脈」

みょう【名】→**めい**（名）。
みょう【明】→**めい**（明）。

みん【民】［氏］5画 4年 音 ミン 訓 たみ*

いっぱんの人。ふつうの人。「民家・民間・民事・民主・民族・民芸・民権・民衆」

む【務】［力］11画 5年 音 ム 訓 つとめる・つとまる

つとめる。つとめ。「公務・用務・業務・事務・義務・任務・勤務」

む【無】［灬］12画 4年 音 ム・ブ 訓 ない

❶なにもない。「無力・無事・絶無・無一物・無人島」(対)有。❷あることばの上につけて、その意味をうちけすことば。「無作法・無用心・無意味・無関係」

む【夢】［夕］13画 5年 音 ム 訓 ゆめ

❶ゆめ。「正夢・夢想・悪夢・初夢・夢心地」❷はかないもの。「夢物語」

む【六】→**ろく**（六）。
む【武】→**ぶ**（武）。
むかし【昔】→**せき**（昔）。
むぎ【麦】→**ばく**（麦）。
むな【胸】→**きょう**（胸）。
むら【群】→**ぐん**（群）。

めい【名】［口］6画 1年 音 メイ・ミョウ 訓 な

❶なまえ。「人名・地名・名字・題名・名札」❷すぐれた。りっぱな。また、なだかい。「名人・名画・名作・名勝・名案・名句・名士」❸人数をかぞえることば。「三〇名」

めい【命】［口］8画 3年 音 メイ・ミョウ* 訓 いのち

❶いいつける。「王命・命令・任命」❷天からあたえられたもの。いのち。また、めぐりあわせ。「生命・運命・使命・宿命・寿命・命取り」❸名づける。「命名」

めい【明】［日］8画 2年 音 メイ・ミョウ 訓 あかり・あかるい・あかるむ・あからむ・あきらか・あける・あく・あくる・あかす

❶あかるい。はっきりみえる。「明月・明星・明暗・明け暮れ」(対)暗。❷はっきりしている。かしこい。「明言・明快・明確・賢明」❸あけてつぎの。「明年・明朝・未明・明晩・明後日」

めい【迷】［辶］9画 5年 音 メイ* 訓 まよう

まよう。「迷路・迷信」

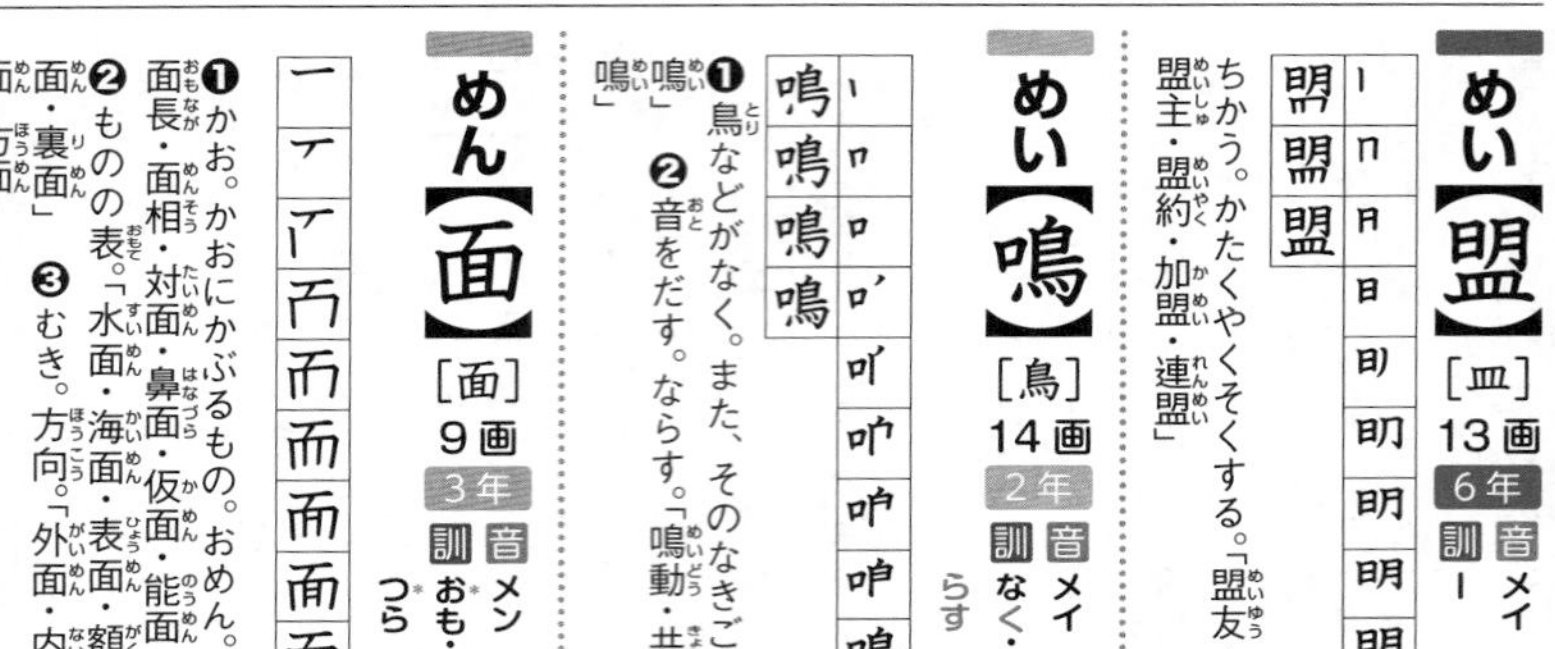

めい【盟】
［皿］13画　6年　音 メイ　訓 ー

ちかう。かたくやくそくする。「盟友・同盟・盟主・盟約・加盟・連盟」

めい【鳴】
［鳥］14画　2年　音 メイ　訓 なく・なる・ならす

❶鳥などがなく。また、そのなきごえ。「悲鳴」❷音をだす。ならす。「鳴動・共鳴・雷鳴」

めん【面】

［面］9画　3年　音 メン　訓 おも*・おもて*・つら*

❶かお。かおにかぶるもの。おめん。「赤面・面長・面相・対面・鼻面・仮面・能面・面影」❷ものの表。「水面・海面・表面・額面・断面・裏面」❸むき。方向。「外面・内面・反面・方面」

めん【綿】
［糸］14画　5年　音 メン　訓 わた

❶わた。もめん。「綿花・綿糸・綿布」❷つらなる。長くつづく。「連綿・綿綿」❸こまかい。「綿密」

も【模】
［木］14画　6年　音 モ・ボ　訓 ー

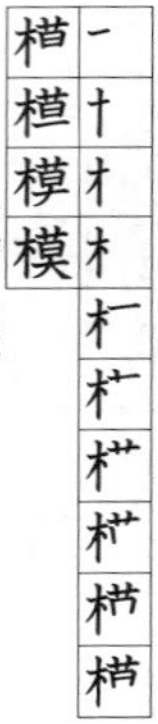

❶てほん。「規模・模範」❷まねる。うつす。「模写・模型・模造・模倣」❸もよう。「模様」

も（る）【盛】⬇せい（盛）。

もう【毛】
［毛］4画　2年　音 モウ　訓 け

❶人や動物のからだにはえる、細長いけ。そのように細いもの。「毛糸・毛虫・毛筆・羊毛・毛布・毛髪」❷草木や作物がはえる。「不毛・二毛作」❸重さ・長さ・お金・割合などの単位。

もう（す）【申】⬇しん（申）。

もく【目】
［目］5画　1年　音 モク・ボク*　訓 め・ま*

❶め。めだま。「目先・目前・目尻」❷見る。目でおこなう。「目算・目礼・着目・注目・目測・目撃」❸区分。こわけ。「科目・細目・曲目・品目・種目・項目」❹みだし。「目次・題目」❺ねらい。「目的・目標」❻いごで、ごばんのめや石をかぞえることば。「一目」

もく【木】⬇ぼく（木）。
もつ【物】⬇ぶつ（物）。

もん【門】
［門］8画　2年　音 モン　訓 かど*

❶家の外がわの、出入り口。「門口・門出・門番・門柱・開門・城門」❷家がら。「名門」❸同じ先生の教えをうけるなかま。「門下・門人・門弟・同門」❹それぞれの分野。「専門」❺大砲の数をかぞえることば。「大砲三門」

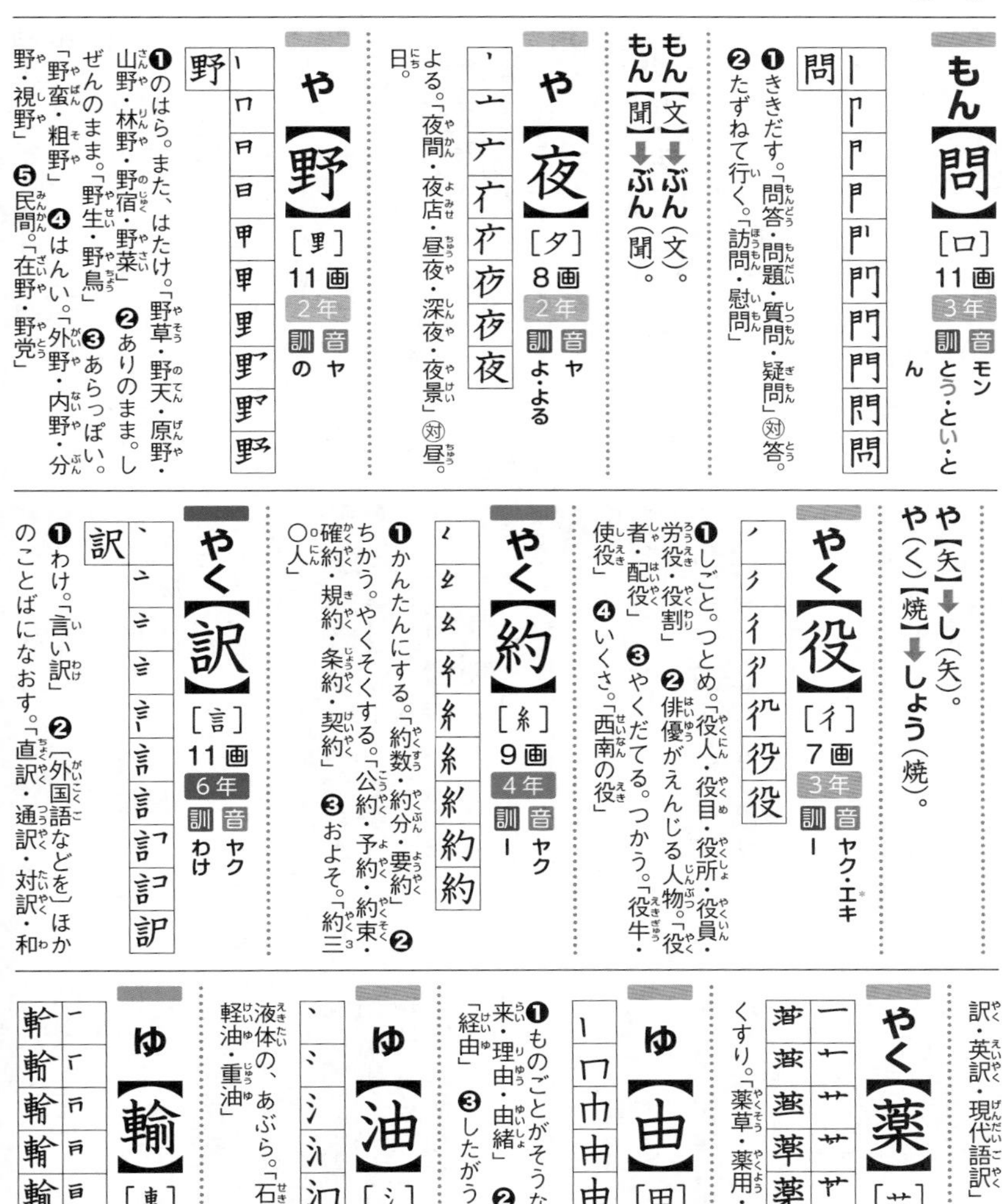

もん【問】
［口］11画 3年 音 モン 訓 とう・とい・とん

❶ききだす。「問答・問題・質問・疑問」㊟答。❷たずねて行く。「訪問・慰問」

もん【文】➡ぶん(文)。
もん【聞】➡ぶん(聞)。

や【夜】
［夕］8画 2年 音 ヤ 訓 よ・よる

よる。「夜間・夜店・昼夜・深夜・夜景」㊟昼日。

や【野】
［里］11画 2年 音 ヤ 訓 の

❶のはら。また、はたけ。「野草・野天・原野・山野・林野・野宿・野菜」❷ありのまま。しぜんのまま。「野生・野鳥」❸あらっぽい。「野蛮・粗野」❹はんい。「外野・内野・分野・視野」❺民間。「在野・野党」

や【矢】➡し(矢)。
や(く)【焼】➡しょう(焼)。

やく【役】
［彳］7画 3年 音 ヤク・エキ* 訓 ー

❶しごと。つとめ。「役人・役目・役所・役員・労役・役割」❷俳優がえんじる人物。「役者・配役」❸やくだてる。つかう。「役牛・使役」❹いくさ。「西南の役」

やく【約】
［糸］9画 4年 音 ヤク 訓 ー

❶かんたんにする。「約数・約分・要約」❷ちかう。やくそくする。「公約・予約・約束・確約・規約・条約・契約」❸およそ。「約三〇人」

やく【訳】
［言］11画 6年 音 ヤク 訓 わけ

❶わけ。「言い訳」❷(外国語などを)ほかのことばになおす。「直訳・通訳・対訳・和訳・英訳・現代語訳」

やく【薬】
［艹］16画 3年 音 ヤク 訓 くすり

くすり。「薬草・薬用・薬局・薬品・薬屋」

ゆ【由】
［田］5画 3年 音 ユ・ユウ・ユイ* 訓 よし*

❶ものごとがそうなったわけ。いわれ。「由来・理由・由緒」❷そこをとおっていく。「経由」❸したがう。「自由」

ゆ【油】
［氵］8画 3年 音 ユ 訓 あぶら

液体の、あぶら。「石油・油絵・油紙・油田・軽油・重油」

ゆ【輸】
［車］16画 5年 音 ユ 訓 ー

おくる。はこぶ。「空輸・輸血・輸送・運輸・輸出入」

ゆ【遊】➡**ゆう**（遊）。
ゆい【由】➡**ゆ**（由）。
ゆい【遺】➡**い**（遺）。

ゆう【友】

［又］ 4画 2年
音 ユウ
訓 とも

一 ナ 方 友

ともだち。なかよし。「友人・親友・級友・友愛・友好・友達・友情」

ゆう【有】

［月］ 6画 3年
音 ユウ・ウ*
訓 ある

ノ ナ 𠂇 冇 有 有

❶ある。「有形・有害・有無・有限・有効・有益・有頂天・有り金」㊀無。❷もつ。「所有・共有・保有・占有」

ゆう【勇】

［力］ 9画 4年
音 ユウ
訓 いさむ

フ マ 乃 甬 甬 甬 甬 勇 勇

いさむ。いさましい。「勇気・勇士・勇敢・勇壮・勇み足」

ゆう【郵】

［阝］ 11画 6年
音 ユウ
訓 ー

一 二 三 千 乖 垂 垂 垂 垂 郵 郵

ゆうびん。「郵送・郵便局・郵便切手・郵便貯金・郵政事業」

ゆう【遊】

［辶］ 12画 3年
音 ユウ・ユ*
訓 あそぶ

丶 亠 方 方 方 方 斿 斿 斿 斿 遊 遊

❶あそぶ。「遊山・遊園地」❷たびにでる。「外遊・遊覧」❸自由にうごく。「回遊・遊泳・遊牧」

ゆう【優】

［亻］ 17画 6年
音 ユウ
訓 やさしい・すぐれる*

ノ 亻 亻 亻 亻 亻 亻 亻 亻 亻 亻 優 優 優 優 優 優

❶やさしい。しとやか。「優美・優雅」❷すぐれている。「優勝・優等・優位・優良・優勢・優秀」㊀劣。❸役者。「名優・声優・俳優」

ゆう【夕】➡**せき**（夕）。
ゆう【右】➡**う**（右）。
ゆう【由】➡**ゆ**（由）。
ゆみ【弓】➡**きゅう**（弓）。

よ【予】

［亅］ 4画 3年
音 ヨ
訓 ー

フ マ 乙 予

あらかじめ。「予算・予感・予想・予約・予告」

よ【余】

［人］ 7画 5年
音 ヨ
訓 あまる・あます

ノ 人 亼 今 全 余 余

❶あまる。あまり。のこり。「余生・余力・余分・余波・残余・余情・余韻・余暇・字余り」❷そのほか。「余談・余病・余技・余興」❸自分。われ。「余の命令にしたがえ。」

よ【預】

［頁］ 13画 6年
音 ヨ
訓 あずける・あずかる

フ マ ヌ 予 予 予 予 預 預 預 預 預 預

あずける。あずかる。「預金・預貯金」

よ【四】➡**し**（四）。
よ【夜】➡**や**（夜）。

よう【幼】

［幺］5画 6年
音 ヨウ
訓 おさない

く ㄠ 幺 幻 幼

わかい。おさない。「幼少・幼児・幼稚」

よう【用】

［用］5画 2年
音 ヨウ
訓 もちいる

丿 冂 月 月 用

❶つかう。はたらかす。「用水・用語・用紙・用地・用具・愛用・利用」 ❷ひつようなこと。しごと。ようじ。「用事・用件・用務・費用・私用」

よう【羊】

［羊］6画 3年
音 ヨウ
訓 ひつじ

丶 丷 䒑 兰 兰 羊

ひつじ。「羊毛・羊皮紙・羊飼い」

よう【洋】

［氵］9画 3年
音 ヨウ
訓 —

丶 冫 氵 氵丶 氵丷 氵䒑 汒 洋 洋

❶ひろびろとした海。「洋上・外洋・太平洋・インド洋」 ❷外国。とくに、西洋のこと。「洋画・洋書・洋食・洋風・洋酒・洋服・和洋・洋裁」対和。

よう【要】

［覀］9画 4年
音 ヨウ
訓 かなめ・いる*

一 冖 冂 襾 覀 覀 要 要 要

❶だいじなところ。かなめ。「要点・要所・重要・要職・要素・要項・要旨」 ❷いりようである。「要員・必要・不要」 ❸もとめる。「要求・要望・要請」

よう【容】

［宀］10画 5年
音 ヨウ
訓 —

丶 丷 宀 宀 穴 穴 宊 宊 容 容

❶入れる。ふくむ。「容器・容積・容量・収容」 ❷すがた。ありさま。「容体・美容・容姿」 ❸ゆるす。「許容・容赦・寛容」 ❹やさしい。かんたんである。「容易」

よう【葉】

［艹］12画 3年
音 ヨウ
訓 は

一 十 艹 艹 苹 苹 苹 華 華 華 華 葉

❶木や草の、は。「落葉・葉脈・葉桜・枯れ葉」 ❷紙やしゃしんなど、うすいものをかぞえることば。「一葉」

よう【陽】

［阝］12画 3年
音 ヨウ
訓 —

了 阝 阝 阝 阝日 阝日 阝旦 阝旦 阝昜 陽 陽 陽

❶たいよう。ひ。「陽光・太陽・落陽・陽暦・斜陽」 ❷明るく、かっぱつな感じのもの。「陽気・陽性」 ❸電気や磁気が出ていくほうの極。プラス。「陽極」対②③陰。

よう【様】

［木］14画 3年
音 ヨウ
訓 さま

一 十 木 木 木 木' 杧 栏 栏 栏 栏 様 様 様

❶かたち。ありさま。「様相・無様・異様」 ❷もよう。「文様・模様」 ❸方法。しかた。「様式」

よう【養】

［食］15画 4年
音 ヨウ
訓 やしなう

丶 丷 䒑 䒑 䒑 羊 羊 美 美 养 养 养 养 養 養

❶やしなう。そだてる。かう。「養魚・養育・養護・養蚕・養鶏」 ❷心をゆたかにする。「教養・修養」

よう【曜】　［日］　18画　2年
音　ヨウ　訓　ー

❶ひかりかがやく。「黒曜石」 ❷一週間のそれぞれの日のよび名にそえることば。「曜日・七曜」

よう【八】➡**はち**（八）。

よく【浴】　［氵］　10画　4年
音　ヨク　訓　あびる・あびせる

❶水や湯をからだにかける。あびる。あびせる。「水浴・入浴・浴室・浴場・浴槽」 ❷こうむる。うける。

よく【欲】　［欠］　11画　6年
音　ヨク　訓　ほ*っする・ほ*しい

ほしいと思う。また、その心。「意欲・欲求・欲望・欲得」

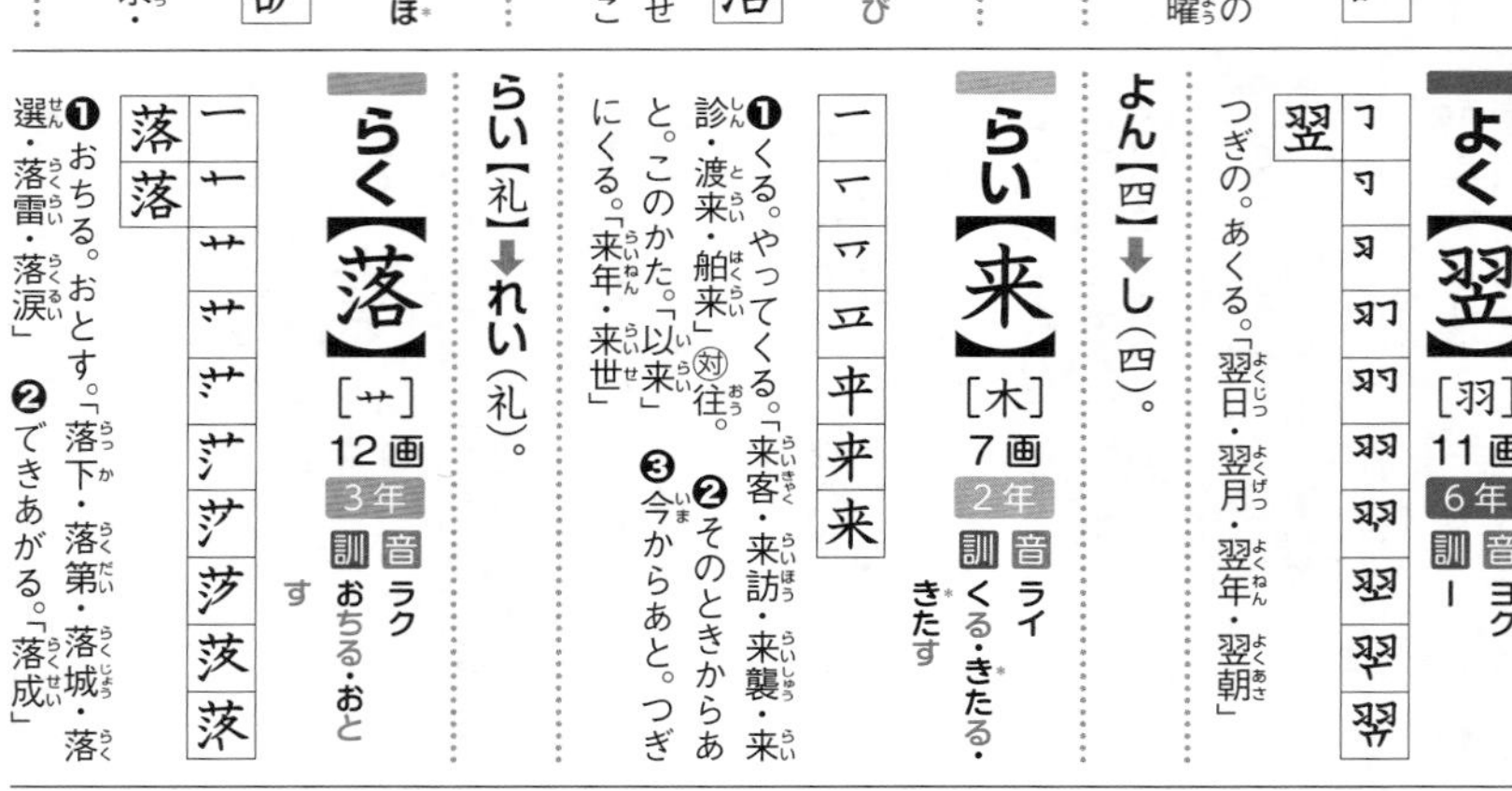

よく【翌】　［羽］　11画　6年
音　ヨク　訓　ー

つぎの。あくる。「翌日・翌月・翌年・翌朝」

よん【四】➡**し**（四）。

らい【来】　［木］　7画　2年
音　ライ　訓　くる・きたる*・きたす*

❶くる。やってくる。「来客・来訪・来襲・来診・渡来・舶来」㊥往。 ❷そのときからあと。このかた。「以来」 ❸今からあと。つぎにくる。「来年・来世」

らい【礼】➡**れい**（礼）。

らく【落】　［艹］　12画　3年
音　ラク　訓　おちる・おとす

❶おちる。おとす。「落下・落第・落城・落選・落雷・落涙」 ❷できあがる。「落成」 ❸むらざと。「村落」

らん【乱】　［乚］　7画　6年
音　ラン　訓　みだれる・みだす

❶みだれる。みだす。「乱入・乱売・乱世・乱発・乱筆・乱暴・乱伐」 ❷たたかい。いくさ。「戦乱・応仁の乱」

らん【卵】　［卩］　7画　6年
音　ラン*　訓　たまご

たまご。「卵生・生卵・産卵・鶏卵」

らん【覧】　［見］　17画　6年
音　ラン　訓　ー

みる。みわたす。「回覧・遊覧・観覧・便覧（べんらん）・展覧・閲覧」

り【利】　［刂］　7画　4年
音　リ　訓　き*く

❶するどい。「利器・鋭利」❷役にたつ。つごうがよい。「利点・利用・有利・不利」❸かしこい。頭がよい。「利口・利発」❹もうけ。とく。りそく。「利子・利息・利益・利率・営利・利潤」

り【里】

[里] 7画 2年 音 リ 訓 さと

里

❶さと。むらざと。「里子・里親・郷里」❷みちのり。むかしのみちのりの単位。一里は、約四キロメートル。「里程・一里塚」

り【理】

[王] 11画 2年 音 リ 訓 ー

理

❶ととのえる。おさめる。「整理・管理・修理」❷ものごとのすじみち。どうり。「理解・理論・理屈」❸自然科学の学問のよび名。「理科・物理」

り【裏】

[衣] 13画 6年 音 リ* 訓 うら

裏

❶うら。うしろ。「裏地・裏面・表裏・裏側」㊒表。❷うちがわ。なか。「脳裏」❸…のうちに。「盛会裏」

りき【力】→りょく(力)。

りく【陸】

[阝] 11画 4年 音 リク 訓 ー

陸

地球の表面で、水におおわれていないところ。おか。「陸上・陸運・陸橋・陸路・着陸」㊒海。

りつ【立】

[立] 5画 1年 音 リツ・リュウ* 訓 たつ・たてる

立

❶たつ。たてる。「起立・樹立・立脚・立候補」❷つくる。くみたてる。「立案・設立・創立」❸はじまる。「立春・立秋」

りつ【律】

[彳] 9画 6年 音 リツ・リチ* 訓 ー

律

❶おきて。きまり。「律令・法律・規律」❷音の高さやちょうし。「音律・調律・旋律」

りつ【率】→そつ(率)。

りゃく【略】

[田] 11画 5年 音 リャク 訓 ー

略

❶はかりごと。「計略・戦略・策略」❷はぶく。かんたんにする。「略字・省略・簡略・概略」❸うばいとる。「侵略・略奪」

りゅう【流】

[氵] 10画 3年 音 リュウ・ル* 訓 ながれる・ながす

流

❶ながれる。ながす。ながれ。「流出・海流・寒流・流域・暖流・潮流」❷うつりゆく。さまよう。「流転・流浪・漂流」❸ひろまる。「流行・流通・流布」❹〔学問・芸術などの〕けいとう。「流派・流儀」❺くらい。かいきゅう。「一流」

りゅう【留】

[田] 10画 5年 音 リュウ・ル 訓 とめる・とまる

留

とめる。とどまる。のこる。「留学・残留・留任・留保・在留・保留」

りゅう【立】➡りつ（立）。

りょ【旅】
［方］10画　3年
音 リョ　訓 たび

たび。たびをする。「旅客・旅館・旅情・旅券」

りょう【両】
［一］6画　3年
音 リョウ　訓 ー

一 ｢ 冂 丙 両 両

❶ふたつ。ついになるふたつのもの。「両立・両親・両用・両極・両眼・両端」❷むかし使っていた、お金の単位。「千両ばこ」❸車や電車などをかぞえることば。「車両」

りょう【良】
［艮］7画　4年
音 リョウ　訓 よい

❶よい。すぐれている。「良心・良薬・良好・改良・善良・良識」❷中くらいの成績・等級などをあらわすことば。「優良可」 参考 都道府県名で使われる。「奈良県」

りょう【料】
［斗］10画　4年
音 リョウ　訓 ー

❶〔つかわれる〕もの。「原料・材料・燃料」❷代金。「料金・送料・給料」

りょう【量】
［里］12画　4年
音 リョウ　訓 はかる

❶かさ。大きさ。かず。「雨量・数量・質量・容量」❷心・能力などの大きさ。「度量・器量・技量」❸〔かさ・広さ・長さ・重さなどを〕はかる。「計量」❹おしはかる。「推量」

りょう【領】
［頁］14画　5年
音 リョウ　訓 ー

❶たいせつな部分。「要領・綱領」❷おさめる。おさめる人。「領土・領地・頭領・領主」❸うけとる。「領収・横領・受領」

りょく【力】
［力］2画　1年
音 リョク・リキ　訓 ちから

フ 力

❶はたらきのもとになるもの。ちから。「電力・馬力・動力・圧力」「力作・力走・力泳」❷はげむ。つとめる。

りょく【緑】
［糸］14画　3年
音 リョク・ロク　訓 みどり

みどり。みどりいろ。「緑地・緑茶・新緑・緑化・緑陰」

りん【林】
［木］8画　1年
音 リン　訓 はやし

一 十 オ 木 木 村 材 林

はやし。「山林・林道・林野」

りん【輪】
［車］15画　4年
音 リン　訓 わ

❶くるまの、わ。わの形をしたもの。「車輪・日輪・年輪・花輪」❷まわる。まわり。「輪読・輪唱・輪転機」❸花をかぞえることば。

「バラ一輪」

りん【臨】

［臣］18画 6年 音 リン 訓 のぞむ*

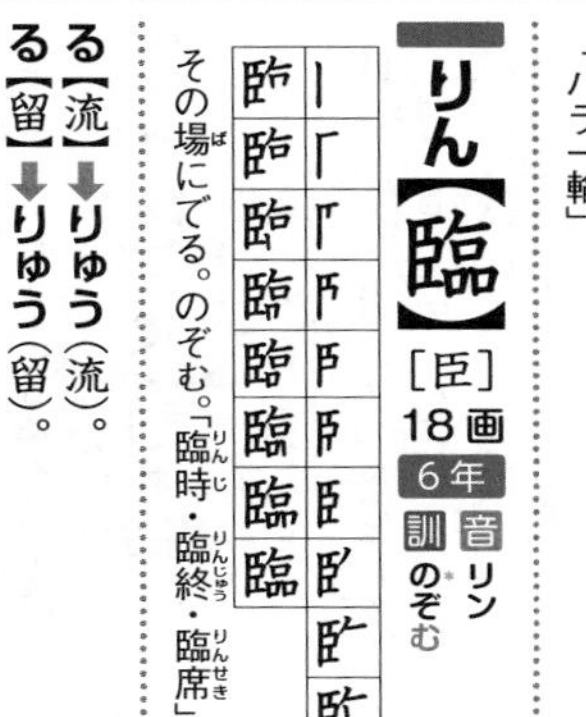

その場にでる。のぞむ。「臨時・臨終・臨席」

る【流】→りゅう（流）。

る【留】→りゅう（留）。

るい【類】

［頁］18画 4年 音 ルイ 訓 たぐい

❶なかま。同じしゅるい。「親類・同類・部類・種類」❷にている。にる。「類推・類例・類似」

れい【令】

［人］5画 4年 音 レイ 訓 ー

❶いいつけ。めいれい。「号令・指令・命令」❷きまり。「法令」❸あることばの上につけて、そんけいの意味をあらわすことば。「令息・令嬢・令夫人」❹よい。りっぱ。「令名」

れい【礼】

［ネ］5画 3年 音 レイ・ライ* 訓 ー

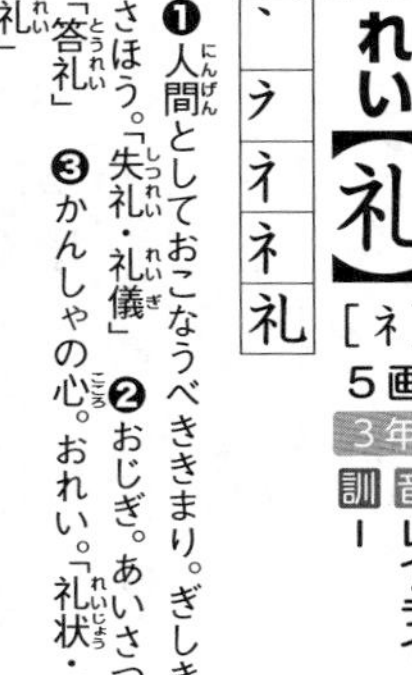

❶人間としておこなうべききまり。ぎしき。さほう。「失礼・礼儀」❷おじぎ。あいさつ。「答礼」❸かんしゃの心。おれい。「礼状・謝礼」

れい【冷】

［冫］7画 4年 音 レイ 訓 つめたい・ひえる・ひや・ひやす・ひやかす・さめる・さます

❶ひえる。ひやす。つめたい。「冷害・冷凍・冷蔵庫」(対)暖。温。❷心がつめたい。思いやりがない。「冷血・冷笑・冷酷」(対)①②熱。

れい【例】

［亻］8画 4年 音 レイ 訓 たとえる

❶たとえる。ためし。「先例・用例・例題・例示・判例」❷しきたり。ならわし。「例会・例外・例祭・慣例」❸きまり。「条例」

れき【歴】

［止］14画 5年 音 レキ 訓 ー

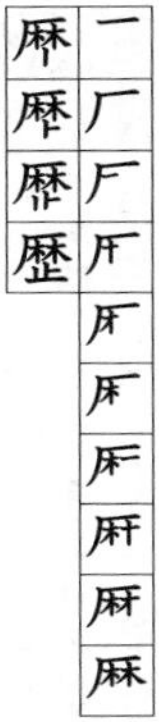

❶とおりすぎる。すごす。「歴代・歴戦・歴史・経歴」❷はっきりしている。「歴然」

れつ【列】

［刂］6画 3年 音 レツ 訓 ー

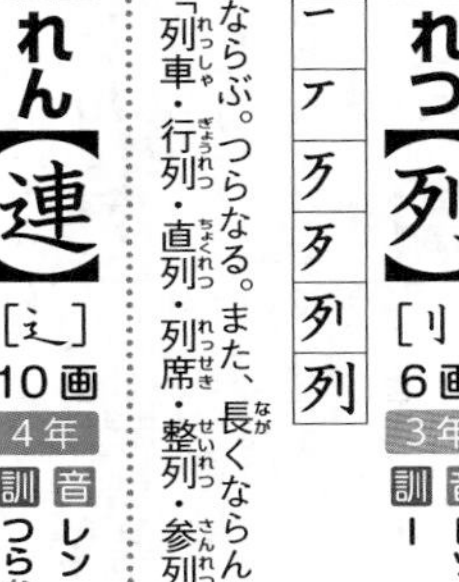

ならぶ。つらなる。また、長くならんだもの。「列車・行列・直列・列席・整列・参列」

れん【連】

［辶］10画 4年 音 レン 訓 つらなる・つらねる・つれる

❶つらなる。つづける。「連休・連日・連記・連係・連想・連結」❷つれていく。つれ。なかま。「連中・常連・連盟・道連れ」

れん【練】

［糸］14画 3年 音 レン 訓 ねる

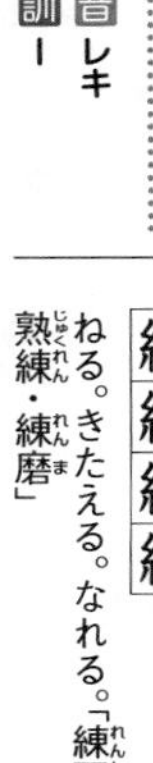

ねる。きたえる。なれる。「練習・練達・訓練・熟練・練磨」

ろ【路】

［𧾷］13画　3年　音 ロ　訓 じ

❶みち。「路上・路地・路線・路頭・路面」　❷ものごとのすじみち。「理路」

ろう【老】

［耂］6画　4年　音 ロウ　訓 おいる・ふける*

❶年をとる。「老人・長老・老化・老眼・老朽」　❷けいけんをつむ。「老練・老巧」　対若。

ろう【労】

［力］7画　4年　音 ロウ　訓 ー

❶はたらく。ほねおり。「労力・労役・労苦・労働・功労」　❷つかれる。つかれ。「心労・過労」

ろう【朗】

［月］10画　6年　音 ロウ　訓 ほがらか*

❶ほがらか。あかるい。「明朗・朗報」　❷はっきりと声を出す。たからか。「朗読・朗詠・朗吟」

ろく【六】

［八］4画　1年　音 ロク　訓 む・むっ・むっつ・むい

❶むっつ。「六才・六三制」　❷六番め。「六月」

ろく【録】

［金］16画　4年　音 ロク　訓 ー

❶しるす。「記録」　❷うつしとる。「録音・録画」

ろん【論】

［言］15画　6年　音 ロン　訓 ー

❶すじみちをたててのべる。「論点・論争・議論・論述・論証・討論」　❷もっている考え。意見。「言論・理論・持論・世論（よろん）」

わ【和】

［口］8画　3年　音 ワ・オ*　訓 やわらぐ・やわらげる・なごむ・なごやか*

❶おだやか。やわらぐ。「和気・温和」　❷なかよくする。「和合・和平・不和・和解」　❸ほどよくととのう。「中和・調和」　❹日本の。日本。「和紙・和食・和服」　対洋。　❺たし算の答え。　対差。

わ【話】

［言］13画　2年　音 ワ　訓 はなす・はなし

❶はなす。いう。「長話・対話・談話・話題・話術」　❷はなし。ものがたり。「神話・童話・説話」

わ(る)【割】⬇かつ(割)。

わか(い)【若】⬇じゃく(若)。

わす(れる)【忘】⬇ぼう(忘)。

わら(う)【笑】⬇しょう(笑)。

われ【我】⬇が(我)。

【々】

3画　●前の字と音訓が同じことをあらわすもの。おどり字。

部首

漢字を学習するときにおぼえましょう。

※コラム「部首とよび名」（1141ページ）も見てね。

へん

部首	部首のよび名	漢字例
亻	にんべん	休・住・任
冫	にすい	冷
口	くちへん	味・吸・呼
土	つちへん	地・場・坂
女	おんなへん	妹・始・好
子	こへん	孫
弓	ゆみへん	引・強・張
彳	ぎょうにんべん	待・徒・往
阝	こざとへん	院・陽・陸
忄	りっしんべん	快・性・情
扌	てへん	持・投・招
方	かたへん	族・旅・旗
日	ひへん	時・明・昨
月	つきへん	服
木	きへん	林・根・材
歹	かばねへん・いちたへん	死・残
氵	さんずい	海・波・流
火	ひへん	灯・焼・燃

へん

部首	部首のよび名	漢字例
片	かたへん	版
牛	うしへん	物・特・牧
犭	けものへん	独・犯
王	おうへん	理・球・現
田	たへん	町・略
目	めへん	眼
矢	やへん	知・短
石	いしへん	研・確・砂
礻	しめすへん	社・神・祝
禾	のぎへん	秋・種・積
米	こめへん	精・粉・糖
糸	いとへん	紙・級・績
耒	すきへん	耕
耳	みみへん	職
月	にくづき	腸・腹・胸
舟	ふねへん	船・航
衤	ころもへん	複・補
貝	かいへん	財・貯
言	ごんべん	話・詩・説
車	くるまへん	転・輪・輸
足	あしへん	路
金	かねへん	鉄・鏡・銅
食	しょくへん	飲・館・飯
馬	うまへん	駅・験

部首

かんむり

部首	名前	例
亠	なべぶた	京・交・亡
冖	わかんむり	写
宀	うかんむり	家・宿・完
⺍	つ・つかんむり	巣・単・営
艹	くさかんむり	花・茶・芽
耂	おいかんむり	考・者・老

つくり

部首	名前	例
刂	りっとう	列・別・則
力	ちから・りきづくり	助・功・効
匕	ひ	北・化
卩	ふしづくり	印・卵
彡	さんづくり	形
阝	おおざと	都・部・郡
戈	ほこづくり（ほこがまえ）	成・戦・我
攵	ぼくづくり・のぶん	教・放・政
斗	とます	料
斤	おのづくり	新・断
欠	けつ・あくび	歌・次・欲
殳	るまた	殺・段
艮	こんづくり	良
隹	ふるとり	雑・難
頁	おおがい・いちのかい	顔・頭・願

かんむり

部首	名前	例
癶	はつがしら	登・発
穴	あなかんむり	空・究・窓
罒	よこめ・あみがしら	置・罪・署
竹	たけかんむり	算・第・管
西	おおいかんむり	要
雨	あめかんむり	雲・雪・電

あし

部首	名前	例
儿	ひとあし・にんにょう	兄・元・児
廾	にじゅうあし	弁
心	こころ	思・急・念
灬	れんが・れっか	点・照・熱
皿	さら	益・盛・盟

たれ

部首	名前	例
厂	がんだれ	原・厚
尸	しかばね	屋・局・居
广	まだれ	広・店・庫
疒	やまいだれ	病・痛

にょう

部首	名前	例
夂	すいにょう（ふゆがしら）	夏・変
廴	えんにょう	建・延
辶	しんにょう（しんにゅう）	近・道・運
走	そうにょう	起

かまえ

部首	部首名	漢字例
冂	どうがまえ	円・再・冊
勹	つつみがまえ	包
匚	かくしがまえ	医・区
囗	くにがまえ	回・国・固
弋	しきがまえ	式
气	きがまえ	気
行	ぎょうがまえ・ゆきがまえ	街・衛・術
門	もんがまえ	間・開・関

その他

部首	部首名	漢字例
一	いち	下・世・丁
丨	ぼう・たてぼう	中
丶	てん	丸・主
丿	の・はらいぼう	乗・久
乙(乚)	おつ（おつにょう）	九・乳・乱
亅	はねぼう	事・予・争
二	に	二・五・井
人(𠆢)	ひと（ひとやね）	今・以・令
入	いる	入
八	はち	公・具・共
几	つくえ	処
凵	うけばこ	出
十	じゅう	千・半・協

その他

部首	部首名	漢字例
厶	む	去・参
又	また	友・受・反
士	さむらい	士・声・売
夕	ゆう・ゆうべ・た	夕・外・多
大	だい	天・太・失
寸	すん	寺・対・尊
小	しょう	小・少・当
尢	だいのまげあし	就
山	やま	岩・岸・島
川	かわ	川・州
工	こう・え	工・左・差
己	おのれ・き	己・巻
巾	はば	帳・席・布
干	ひる・いちじゅう	年・平・幸
幺	いとがしら	幼
戸	と（とかんむり）	戸・所
文	ぶん	文
曰	ひらび	書・曲・最
止	とまる	正・歩・歴
毋	なかれ・ははのかん	母・毎・毒
比	ならびひ	比
氏	うじ	氏・民
父	ちち	父
玄	げん	率
生	うまれる	生・産

その他

部首	読み	漢字
用	もちいる	用
疋	ひき	疑
白	しろ	百・的・皇
皮	けがわ	皮
示	しめす	祭・票・禁
立	たつ	章・童・競
羊	ひつじ	着・美・群
羽	はね	羽・習・翌
自	みずから	自
至	いたる	至
臼	うす	興
舌	した	舌
色	いろ	色
虫	むし	虫・蚕
血	ち	血・衆
衣	ころも	表・製・裏
見	みる	親・覚・覧
角	かく・つの（つのへん）	角・解
谷	たに	谷
豆	まめ	豆・豊
豕	ぶた・いのこ（いのこへん）	象
貝	こがい・かい	買・負・貨
赤	あか	赤
身	み	身

その他

部首	読み	漢字
辛	からい	辞
辰	しんのたつ	農
酉	ひよみのとり（とりへん）	酒・配・酸
里	さと（さとへん）	野・重・量
臣	しん	臣・臨
麦	むぎ	麦
長	ながい	長
青	あお	青・静
非	あらず	非
面	めん	面
革	かくのかわ	革
音	おと	音
風	かぜ	風
飛	とぶ	飛
首	くび	首
骨	ほね	骨
高	たかい	高
魚	うお	魚
鳥	とり	鳥・鳴
鹿	しか	鹿
黄	き	黄
黒	くろ	黒
歯	は	歯
鼻	はな	鼻

早覚え 百人一首

上の句と下の句の組み合わせを早く覚える方法をしょうかいします。

覚え方

上の句の出だしの音ごとに覚えましょう。
上の句の色文字までで、どの歌か決まります。（色文字を「決まり字」といいます。）

例

決まり字

上の句　むらさめの（村雨の）露もまだ干ぬまきの葉に

下の句　霧立ち昇る秋の夕暮れ

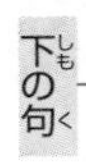

「む」で始まるのはこの歌だけなので、「む」と聞けば下の句は「きりたちのぼる…」だとわかります。

一枚　上の句がむすめふさほせで始まる歌は一首ずつしかありません。

むらさめの（村雨の）露もまだ干ぬまきの葉に　霧立ち昇る秋の夕暮れ
すみのえの（住の江の）岸に寄る波よるさへや　夢の通ひ路人目よくらむ
めぐりあひて（めぐり逢ひて）見しやそれとも分かぬ間に　雲隠れにし夜半の月かな
ふくからに（吹くからに）秋の草木のしをるれば　むべ山風をあらしと言ふらむ
さびしさに（寂しさに）宿を立ち出でてながむれば　いづこも同じ秋の夕暮れ
ほととぎす鳴きつる方をながむれば　ただ有明の月ぞ残れる
せをはやみ（瀬を早み）岩にせかるる滝川の　われても末に逢はむとぞ思ふ

二枚　上の句が　うつしもゆ　で始まる歌は二首ずつあります。

う　つ　し　も　ゆ

うかりける（憂かりける）人をはつせの山おろしよ　激しかれとは祈らぬものを
うらみわび（恨みわび）干さぬ袖だにあるものを　恋に朽ちなむ名こそ惜しけれ
つきみれば（月見れば）千々に物こそ悲しけれ　我が身一つの秋にはあらねど
つくばねの（筑波嶺の）峰より落つるみなの川　恋ぞ積もりて淵となりぬる
しのぶれど（忍ぶれど）色に出でにけり我が恋は　物や思ふと人の問ふまで
しらつゆに（白露に）風の吹きしく秋の野は　貫きとめぬ玉ぞ散りける
ももしきや古き軒端の忍ぶにも　なほ余りある昔なりけり
もろともにあはれと思へ山桜　花よりほかに知る人もなし
ゆふされば（夕されば）門田の稲葉おとづれて　あしのまろ屋に秋風ぞ吹く
ゆらのとを（由良のとを）渡る舟人かぢを絶え　行方も知らぬ恋の道かな

三枚　上の句が　いちひき　で始まる歌は三首ずつあります。

い　ち　ひ

いにしへの奈良の都の八重桜　今日九重ににほひぬるかな
いまこむと（今来むと）言ひしばかりに長月の　有明の月を待ち出でつるかな
いまはただ（今はただ）思ひ絶えなむとばかりを　人づてならで言ふよしもがな
ちはやぶる神代も聞かず竜田川　から紅に水くくるとは
ちぎりおきし（契りおきし）させもが露を命にて　あはれ今年の秋もいぬめり
ちぎりきな（契りきな）かたみに袖をしぼりつつ　末の松山波越さじとは
ひさかたの（久方の）光のどけき春の日に　静心なく花の散るらむ
ひとはいさ（人はいさ）心も知らず古里は　花ぞ昔の香ににほひける
ひともをし（人もをし）人も恨めしあぢきなく　世を思ふゆゑに物思ふ身は

き

きりぎりす鳴くや霜夜のさむしろに　衣片敷き独りかも寝む(ん)

きみがためはるの（君がため春の）野に出でて若菜摘む　我が衣手に雪は降りつつ

きみがためをしからざりし（君がため惜しからざりし）命さへ(え)　長くもがなと思ひ(い)けるかな

四枚

上の句が　はやよか　で始まる歌は四首ずつあります。

は

はなさそふ（花誘ふ(う)）嵐の庭の雪ならで　ふりゆくものは我が身なりけり

はなのいろは（花の色は）移りにけりないたづ(ず)らに　我が身世にふるながめせしまに

はるすぎて（春過ぎて）夏来にけらし白妙の　衣干すてふ(ちょう)天の香具山

はるのよの（春の夜の）夢ばかりなる手枕に　かひ(い)なく立たむ(ん)名こそ惜しけれ

や

やすらはで(わ)寝なましものをさ夜更けて　かたぶくまでの月を見しかな

やへむぐら（八重葎）茂れる宿の寂しきに　人こそ見えね秋は来にけり

やまがはに（山川に）風のかけたるしがらみは　流れもあへ(え)ぬ紅葉なりけり

やまざとは（山里は）冬ぞ寂しさまさりける　人目も草もかれぬと思へ(え)ば

よ

よもすがら（夜もすがら）物思ふ(う)ころは明けやらで　閨のひまさへ(え)つれなかりけり

よをこめて（夜をこめて）鳥の空音ははかるとも　よに逢坂の関は許さじ

よのなかは（世の中は）常にもがもな渚漕ぐ　海人の小舟の綱手かなしも

よのなかよ（世の中よ）道こそなけれ思ひ(い)入る　山の奥にも鹿ぞ鳴くなる

か

かくとだにえやはいぶきのさしも草　さしも知らじな燃ゆる思ひを

かささぎの（鵲の）渡せる橋に置く霜の　白きを見れば夜ぞ更けにける

かぜそよぐ（風そよぐ）楢の小川の夕暮れは　禊ぞ夏のしるしなりける

かぜをいたみ（風をいたみ）岩打つ波のおのれのみ　砕けて物を思ふ(う)ころかな

五枚

上の句が み で始まる歌は五首あります。

み

みせばやな（見せばやな） 雄島の海人の袖だにも 濡れにぞ濡れし色は変はらず
みちのくのしのぶもぢずり誰ゆゑに 乱れ初めにし我ならなくに
みよしのの（み吉野の） 山の秋風さ夜更けて 古里寒く衣打つなり
みかきもり（御垣守） 衛士のたく火の夜は燃え 昼は消えつつ物をこそ思へ
みかのはら（みかの原） わきて流るる泉川 いつ見きとてか恋しかるらむ

六枚

上の句が た こ で始まる歌は六首ずつあります。

た

たかさごの（高砂の） 尾上の桜咲きにけり 外山の霞立たずもあらなむ
たきのおとは（滝の音は） 絶えて久しくなりぬれど 名こそ流れてなほ聞こえけれ
たごのうらに（田子の浦に） 打ち出でて見れば白妙の 富士の高嶺に雪は降りつつ
たちわかれ（立ち別れ） いなばの山の峰に生ふる まつとし聞かば今帰り来む
たまのをよ（玉の緒よ） 絶えなば絶えね長らへば 忍ぶることの弱りもぞする
たれをかも（誰をかも） 知る人にせむ高砂の 松も昔の友ならなくに

こ

こぬひとを（来ぬ人を） まつほの浦の夕凪に 焼くや藻塩の身も焦がれつつ
このたびは幣も取りあへず手向山 紅葉の錦神のまにまに
こひすてふ（恋すてふ） 我が名はまだき立ちにけり 人知れずこそ思ひ初めしか
これやこの行くも帰るも別れては 知るも知らぬも逢坂の関
こころあてに（心当てに） 折らばや折らむ初霜の 置きまどはせる白菊の花
こころにも（心にも） あらで憂き世に長らへば 恋しかるべき夜半の月かな

七枚

上の句がおわで始まる歌は七首ずつあります。

お

あふことの（逢ふ事の）たえてしなくはなかなかに　人をも身をも恨みざらまし
おくやまに（奥山に）紅葉踏み分け鳴く鹿の　声聞く時ぞ秋は悲しき
をぐらやま（小倉山）峰のもみぢ葉心あらば　今一度のみゆき待たなむ
おとにきく（音に聞く）高師の浜のあだ波は　かけじや袖の濡れもこそすれ
おもひわび（思ひわび）さても命はあるものを　憂きに堪へぬは涙なりけり
おほえやま（大江山）いく野の道の遠ければ　まだふみも見ず天の橋立
おほけなく憂き世の民におほふかな　我が立つ杣に墨染の袖

わ

わびぬれば（侘びぬれば）今はた同じ難波なる　みをつくしても逢はむとぞ思ふ
わがいほは（我が庵は）都のたつみしかぞ住む　世を宇治山と人は言ふなり
わがそでは（我が袖は）潮干に見えぬ沖の石の　人こそ知らね乾く間もなし
わすらるる（忘らるる）身をば思はず誓ひてし　人の命の惜しくもあるかな
わすれじの（忘れじの）行末まではかたければ　今日を限りの命ともがな
わたのはらこぎいでて（わたの原漕ぎ出でて）見れば久方の　雲居にまがふ沖つ白波
わたのはらやそしま（わたの原八十島）かけて漕ぎ出でぬと　人には告げよ海人の釣舟

八枚

上の句がなで始まる歌は八首あります。

な

なつのよは（夏の夜は）まだ宵ながら明けぬるを　雲のいづこに月宿るらむ
ながからむ（長からむ）心も知らず黒髪の　乱れて今朝は物をこそ思へ
ながらへば（長らへば）またこのごろやしのばれむ　憂しと見し世ぞ今は恋しき
なげきつつ（嘆きつつ）独り寝る夜の明くる間は　いかに久しきものとかは知る

な

なげけとて（嘆けとて）月やは物を思はする　かこち顔なる我が涙かな

なにしおはば（名にし負はば）逢坂山のさねかづら　人に知られでくるよしもがな

なにはえの（難波江の）葦のかりねのひとよゆゑ　みをつくしてや恋ひわたるべき

なにはがた（難波潟）短き葦のふしの間も　逢はでこの世を過ぐしてよとや

十六枚

上の句が あ で始まる歌は十六首あります。

あ

あけぬれば（明けぬれば）暮るるものとは知りながら　なほ恨めしき朝ぼらけかな

あしひきの山鳥の尾の垂り尾の　長々し夜を独りかも寝む

あひみての（逢ひ見ての）後の心に比ぶれば　昔は物を思はざりけり

あきかぜに（秋風に）たなびく雲の絶え間より　もれ出づる月の影のさやけさ

あきのたの（秋の田の）かりほの庵の苫をあらみ　我が衣手は露にぬれつつ

あまつかぜ（天つ風）雲の通ひ路吹き閉ぢよ　をとめの姿しばしとどめむ

あまのはら（天の原）振りさけ見れば春日なる　三笠の山に出でし月かも

あらざらむこの世のほかの思ひ出に　今一度の逢ふこともがな

あらしふく（嵐吹く）三室の山のもみぢ葉は　竜田の川の錦なりけり

ありあけの（有明の）つれなく見えし別れより　暁ばかり憂き物は無し

ありまやま（有馬山）猪名の笹原風吹けば　いでそよ人を忘れやはする

あわぢしま（淡路島）通ふ千鳥の鳴く声に　幾夜寝覚めぬ須磨の関守

あはれとも言ふべき人は思ほえで　身のいたづらになりぬべきかな

あさぢふの（浅茅生の）小野の篠原忍ぶれど　余りてなどか人の恋しき

あさぼらけありあけの（朝ぼらけ有明の）月と見るまでに　吉野の里に降れる白雪

あさぼらけうぢの（朝ぼらけ宇治の）川霧絶え絶えに　現れわたる瀬々の網代木

ことばと文字の学習

ことばの種類やきまりについて学んでいきましょう。

1 世界のことばと文字

わたしたちのすんでいる地球には、二〇〇近い国々があります。しかし、世界でつかわれていることばの種類はそれよりもはるかに多く、三〇〇〇から八〇〇〇種類はあると考えられています。日本人は、当たりまえのこととして日本語をつかっていますが、一つの国の中でいくつものことばがつかわれていることも多くあります。

いくつかのことばがつかわれている国では、政治・経済などおおやけの場でつかう公式のことばがさだめられています。これが公用語です。公用語は一つだけとはかぎりません。たとえばスイスでは、ドイツ語・フランス語・イタリア語・ロマンシュ語の四つが公用語です。

世界で今つかわれている文字の種類は、およそ五〇です。ことばの数にくらべて文字の種類が少ないのは、一種類の文字が数多くのことばを書きあらわすのにつかわれているからです。

2 ことばの種類とことばのなりたち

同音語・同訓語

① イガイ
- 意外なできごと。
- 四年生以外の児童。

② キカン
- 夏休みの期間にしらべる。
- 胃や腸は、消化器官だ。

③ たつ
- いすの上に立つ。
- 新しいマンションが建つ。

①・②の――線部は同じ音読みですが、ことばはちがいます。このように、ちがうことばで音読みが同じものを「同音語（同音異義語）」といいます。

同音語には、①のように一字ことなるもの、②のように二字ともことなるものの二種類があります。

漢字には、同じ音読みのものが多くあるため、漢字を組み合わせてつくる二字熟語に、こうした同音語がうまれるのです。

③は、漢字がちがっても訓読みが同じ「同訓語」の例です。

同訓語は、同音語にくらべると数はそれほど多くはありません。同音語や同訓語を正しく書き分けるには、漢字のもつ意味と文中での意味とをむすびつけて判断することがたいせつです。

類義語

意味がほぼ同じだったり、よくにていたりすることばを「類義語」といいます。

{案外／意外}　{心配／不安}　{改革／改新}　{人気／人望}

このような類義語をつかうときに気をつけたいのは、意味がにているからといって、どんなばあいでも、同じようにつかえるとはかぎらないということです。

例
{○先生は人気がある。／○先生は人望がある。}　{○人気のある歌／×人望のある歌}
{○きれいな人／○美しい人}　{○きれいなぞうきん／×美しいぞうきん}

「人気—人望」のばあい、どちらにも「多くの人の間でひょうばんになっている」という意味がありますが、「人望」には、さらに「人として尊敬され、信らいされている」という意味もくわわります。「美しい—きれい」も、「きれい」には、「見てすばらしい」のほかに「清潔だ」の意味もあります。

反対語（対義語）

「この荷物は軽い。」
「この荷物は重い。」

「軽い」「重い」のように、たがいに反対の意味をあらわすことばを「反対語（対義語）」といいます。

❶ 動作をあらわすことばの反対の例

・上がる⇕下がる　・着る⇕ぬぐ
・乗る⇕降りる　・出る⇕入る

❷ ようすをあらわすことばの反対の例

・厚い⇕うすい　・深い⇕浅い
・熱い⇕冷たい　・短い⇕長い

❸ 二字熟語の反対の例

〈一字だけちがう〉
・輸入⇕輸出　・開店⇕閉店
・善人⇕悪人　・有料⇕無料

〈二字ともちがう〉
・安全⇕危険　・拡大⇕縮小
・集合⇕解散　・得意⇕苦手

多義語

①このあめはあまい。…あまい味がする。
②子どもにあまい親。…たいどがきびしくない。
③ピントがあまい。…ぴったり合わない。

①～③の「あまい」の意味は、みなちがいます。このように、一語でいろいろな意味をもつことばを「多義語」といいます。文章とともに、使い分けをおぼえましょう。

擬声語・擬態語

① {・戸をトントンたたく。／・戸をドンドンたたく。}

②
- ・目がきらきらしている。
- ・目がぎらぎらしている。

①、②のそれぞれの文は、うける感じがずいぶんちがいます。

①の「トントン・ドンドン」のように、物音や動物の鳴き声をまねてつくったことばを「擬声語（擬音語）」、②の「きらきら・ぎらぎら」のように、もののようすや身ぶりなどをそれらしくあらわしたことばを「擬態語」といいます。

作文を書くときに、これらのことばをくふうしてつかうことで、ようすをいきいきとあらわすことができます。

方言と共通語

ある地方だけでつかわれていることばを、「方言」といいます。交通機関が発達していなかったむかしは、ほかの地方との行きききが少なく、政治や経済の中心地から全国に情報がつたわるまでに時間がかかりました。そのため、ことばの交流も少なく、それぞれの地方でどくとくのことばがつかわれていました。

「方言」にたいして、日本全国どこでも通じることばが、「共通語」です。新聞の文章や、テレビ・ラジオのアナウンサーがつかうことばがそうです。共通語をつかうことで、つたえたいことを、全国の人たちに、正確につたえることができます。

情報網の発達によって、最近では地方にすんでいても、日常会話のなかで共通語をつかう人がふえてきていますが、方言には、その土地どくとくのあじわいがあります。このような方言のよさは、これからもたいせつにしていくと同時に、正確な伝達の手段として、共通語を正しく身につけたいものです。

二字熟語の構成

漢字二字の熟語は、意味の上から、つぎのように七つの構成になっています。

❶ **上の字が下の字を修飾するもの。**
例　美人（美しい人）　高熱（高い熱）

❷ **意味がにている字をかさねたもの。**
例　寒冷（寒く冷たい）　戦争（戦い争う）

❸ **意味が反対の字をかさねたもの。**
例　長短（長い⇔短い）　遠近（遠い⇔近い）

❹ **同じ漢字をかさねたもの。（複数や強調）**
例　人々（複数）　広々（強調）
（＊二字目は多く、「々（おどり字）」をつかいます。）

❺ **下の字が、上の字の動作や作用の対象になっているもの。**
例　乗車（車に乗る）　消火（火を消す）

❻ **上の字が下の字の意味を打ち消すもの。**
例　非運（運がない）　無色（色がない）
　　不足（足りない）　未決（決まっていない）

❼ **上の字が下の字に対して主語となるもの。**
例　国営（国が営む）　人造（人が造る）

※ほかに接頭語「御」や接尾語「的・性」などがついたものがあります。

複合語

・作文を書きはじめる。（⬆書く＋はじめる）
・荷物をおきわすれる。（⬆おく＋わすれる）
――線のことばのように二つ以上のことばが合わさって、あらたに一つのことばになったものを「複合語」といいます。

❶ものの名まえをあらわすことば（名詞）の複合語

例 雪＋山⬇雪山　長い＋くつ⬇長ぐつ
青い＋空⬇青空　着る＋もの⬇着物
空＋模様⬇空模様　児童＋会⬇児童会

❷動作をあらわすことば（動詞）の複合語

例 取る＋出す⬇取り出す
受ける＋取る⬇受け取る

❸ようすをあらわすことばの複合語

例 細い＋長い⬇細長い
うすい＋暗い⬇うす暗い

❹同じことばの組み合わせの複合語

例 冷える＋冷える⬇冷え冷え
ゆるい＋ゆるい⬇ゆるゆる

《注意》複合語になったとき、もとのことばと形がかわったり、発音がにごったりすることがあります。

例 雨＋宿る⬇雨宿り

漢語と和語

「漢語」とは「中国のことば」という意味です。漢字の音は

むかしの中国の発音がもとになっていますから、音読みにすることばは漢語です。漢語は、四世紀後半以後、漢字といっしょにつたえられ、日本語になりました。漢字がさかんにつかわれるようになると、漢語の形をまねた「改良・遠足・心配・残念」のようなことばがたくさんつくられました。このような日本製のことばも、音読みするものは漢語といいます。

「文章・説明・会社・野球場」など、漢語の多くは二字以上の漢字を組み合わせた熟語ですが、「絵・詩・肉・幕」のように、一字だけの漢語もあります。

「和語」とは「日本のことば」という意味です。中国から漢字がつたわる前から、日本にあったことばです。「かわ・はしる・ひろい」などがそうです。漢字をつかって「川・走る・広い」のように書きますが、これは意味のにている漢字をあてはめたもので、もともと和語なのです。

「目・手・一つ・二つ・見る・持つ」のように、からだや生活とむすびついたことばは和語です。また、和語のなかには熟語もあります。「朝日・野原・月見・雪国」など、訓読みする熟語がその例です。

外来語

外国から日本にはいってきて、日本語にとり入れられたことばを、「外来語」といいます。中国のことばも日本にはいってきていますが、これはずっと古い時代に長い間にわたってはいってきたことばなので、外来語とはいわないで、「漢語」といいます。

外来語のなかでいちばん古いものは、室町時代にポルトガルの宣教師や商人が日本にもたらした、品物の名まえです。「カステラ・たばこ・かるた」などがその例です。外来語はかたかなで書きますが、たばこ（煙草）・かるた（歌留多）などははいってきた時代が古いので、もともとの日本語と同じようにひらがなや漢字で書きます。江戸時代になると、交易のあいて国であったオランダから、「ガラス・コップ・コーヒー」などのことばがはいってきました。

明治時代以後になると、日本はヨーロッパの文化を積極的にとり入れるようになりました。ドイツ語からは「ガーゼ・カルテ」などの医学用語、フランス語からは「アトリエ・デッサン」などの美術用語、イタリア語からは「オペラ・テンポ」などの音楽用語というように、文化の輸入とともに外来語がふえてきました。

世界の情報の伝達速度のはやい現代では、以前にもましていろいろな分野で、多くの外来語がつかわれています。

慣用句

・ねこの手もかりたい（とてもいそがしい）
・顔から火がでる（はずかしくて、顔が赤くなる）
・花を持たせる（てがらをあいてにゆずる）

右のように、二つ以上のことばがいっしょになって、あるきまった意味をあらわすものを「慣用句」といいます。

例からもわかるように、慣用句にはわたしたちのからだの一部や動物・植物など、だれでも知っているやさしいことばがつかわれています。しかし、一つ一つのことばの意味や表面的な意味だけを理解しても、本当の意味はわかりません。慣用句としての意味をしっかり理解することが必要です。

会話や文章のなかで慣用句をうまくつかいこなすと、自分の考えがきちんとあいてにつたわり、表現が引きしまってきます。ゆたかな表現力を身につけるためにも、慣用句をできるだけたくさん知っておきましょう。

ことわざ

・果報は寝て待て（＝先のことはわからないのだから、あせらずに幸運がおとずれるのをまつのがよい。）
・まかぬ種ははえぬ（＝何もしなければよい結果はえられない。）

このように、みじかくはぎれのよいことばで、生活や人生に役立つ教えやちえを言いあらわしていることばを、「ことわざ」といいます。ことわざのなかには右の例のように、たがいに反対のことを言いあらわしているものや、「猿も木から落ちる」「弘法にも筆の誤り」のように、同じことを言いあらわしているものもあります。いろいろな角度から人生を見つめているところにおもしろさがあります。

ことわざは、わたしたちの祖先の長い間の生活の中からうまれ、広くしたしまれるようになったものです。気のきいた言い回しが多いので、ことわざをつかうことによって、表現をゆたかにすることができます。

季語

むかしから日本人にしたしまれてきた俳句は、五・七・五の十七音であらわす、世界でもっともみじかい詩です。俳句をつくるときは、季節をあらわすことばを入れます。このことばを「季語」といいます。わたしたちをとりまく自然をはじめ、動物・植物、身の回りにあるものなど、さまざまなことばが「季語」になっています。

・あさがおにつるべとられてもらい水　千代女

「井戸の水をくみ上げるためにつかうつるべにあさがおのつるがまきついてしまったので水をくむのをやめ、ほかの家に水をもらいに行った。」という、心のやさしさが感じられる俳句です。この俳句では、季語として（むかしのこよみで）秋をあらわす「あさがお」ということばがつかわれています。

生活のなかで見られるものごとのなかには、季語としてつかわれていたけれども、時がたつにつれてつかわれなくなったものもあります。また、生活のしかたがかわったことから、新しくつけくわえられた季語もあります。たとえば、「スケート」（冬）や「ゼリー」（夏）などは、新しい季語です。

3 ことばのはたらきとつかい方

品詞

品詞とは、ことばを、はたらきやつかい方などによって分類したものです。動詞・形容詞・形容動詞・助動詞・名詞・副詞・連体詞・接続詞・感動詞・助詞があります。（代名詞を入れることもあります。）

●形の変わることばと変わらないことば

ことばには、文の中でつかわれるときに、形が変わることばと、変わらないことばがあります。たとえば、「学校に行く。」という文の「行く」ということばは、次のようにつかうこともできます。

学校に行かない（「未然形」という）
学校に行きます（「連用形」という）
学校に行く（「終止形」〈言い切りの形〉という）
学校に行くとき（「連体形」という）
学校に行けば（「仮定形」という）
学校に行け（「命令形」という）

このように、つかい方によってことばの形がかわることを、「活用」といいます。

活用することばには、「行く」のような「動詞」のほかに、「形容詞」「形容動詞」「助動詞」があります。

また、活用の形としては、右の例のように、未然形（＝「未然」は、まだそうなっていないという意味）、連用形（＝活用のあることばにつづく形）、終止形（＝言い切りの形）、連体形（＝名詞につづく形）、仮定形（＝もし…ならばの意味をあらわす形）、命令形（＝命令をあらわす形）の六つがあります。

それに対して、「学校」「に」などは、形が変わらないこと

ばです。そのなかまには、「名詞」「副詞」「連体詞」「接続詞」「感動詞」「助詞」があります。名詞の一つである「代名詞」を、品詞の一つとすることもあります。

●活用のあることば

❶動きをあらわすことば――動詞

「何をどうする」「何がどうなる」「何がある」「何がいる」など、動作や物のはたらきや存在する意味をあらわすことばを、動詞といいます。

例　本を読む。（動作）
風がふく。（物のはたらき）
本がある。／小鳥がいる。（存在）

また、名詞や副詞の下に「する」をつけて動詞になるものもあります。

例　勉強（名詞）→勉強する（動詞）
ゆっくり（副詞）→ゆっくりする（動詞）

❷ようすをあらわすことば――形容詞

「何がどんなだ」というものごとのようすやせいしつをあらわし、言い切りの形の最後が「い」になることばを、形容詞といいます。

例　赤ちゃんのほおはやわらかい。
この犬はおとなしい。

❸ようすをあらわすことば――形容動詞

形容詞と同じように、ものごとのようすやせいしつをあらわし、言い切りの形の最後が「だ」、または「です」になることばを、形容動詞といいます。

動詞の活用表

活用の種類	語例	かわらない部分	未然形	連用形	終止形	連体形	仮定形	命令形
五段活用	書く	書	か こ	き い	く	く	け	け
上一段活用	落ちる	落	ち	ち	ちる	ちる	ちれ	ちろ ちよ
下一段活用	受ける	受	け	け	ける	ける	けれ	けろ けよ
カ行変格活用	来る	○	こ	き	くる	くる	くれ	こい
サ行変格活用	する	○	し さ せ	し	する	する	すれ	しろ せよ
つづくことば			ナイ(ヌ) ウ ヨウ	マス タ	言い切る	トキ コト	バ	

※○印は当てはまるものなし

形容詞の活用表

語例	かわらない部分	未然形	連用形	終止形	連体形	仮定形	命令形
美しい	美し	かろ	かっ く	い	い	けれ	○
つづくことば		ウ	タ ナイ ナル	言い切る	トキ ノデ	バ	

※○印は当てはまるものなし

例　今日の海はとてもおだやかだ。
　　わたしの母はいつもほがらかです。

形容動詞の活用表　※○印は当てはまるものなし

語例	かわらない部分	未然形	連用形	終止形	連体形	仮定形	命令形
静かだ	静か	だろ	だっ で に	だ	な	なら	○
静かです	静か	でしょ	でし	です	です	○	○
つづくことば		ウ	タ ナイ ナル	言い切る	トキ ノデ	バ	

❹ 文の方向をしめすことば——助動詞

例　「家に帰る。」　家に帰らない。（否定）
　　　　　　　　　家に帰りたい。（希望）
　　　　　　　　　家に帰るらしい。（推定）

このように、ほかのことばにつけて、いろいろな意味をくわえたり、話し手や書き手の判断をあらわしたりすることばを、助動詞といいます。助動詞は、いつもほかのことばにつけてつかわれるため、「付属語」といいます。また、活用の種類は、それぞれのことばによってことなります。

〈おもな助動詞〉

(1) 意味をくわえる助動詞…れる・られる・せる・させる・たい
例　母にしかられる。（受け身）　歩いて行かれる。（可能）
　　先生が来られる。（尊敬）　弟に手つだわせる。（使役）

(2) 判断をあらわす助動詞…だ・らしい・ようだ・そうだ・よう・ない・です・ます
例　これは母のだ。（断定）　外は雨のようだ。（不確かな断定）
　　雨がふりそうだ。（状態）　父はるすです。（ていねい）

●活用のないことば

❶ 名前のことば——名詞

人やものごとの名前をあらわすことばを名詞といいます。

(1) 普通名詞…なかまが多いものの名前をあらわすことば。
例　犬・ヘリコプター・雲・バラ・顔・平和・考え

(2) 固有名詞…あるきまったものだけについている名前をあらわすことば。人名（人の名前）・書名（本の名前）・地名（土地の名前）など。
例　小林一茶・万葉集・日本・京都・富士山

(3) 数詞…数やじゅんじょをあらわすことば。
例　一・二まい・三人・四本・五ひき・六台・七ミリ

「まい・人・本・ひき・台・ミリ」など、数字の下につけて数詞をつくることばを、「助数詞」といいます。

ものをさししめすことば——代名詞

例　あれがぼくの家です。どこに行こうか。あっちへ行け。

このように、人・ものごと・場所などをさししめして、もともとの名前の代わりにつかうことばを、代名詞といいます。
（名詞の一つですが、一つの品詞とすることもあります。）

(1) 人をさししめす代名詞——人称代名詞

自分をさす	あいてをさす	自分とあいていがいの人をさす	わからない人をさす
わたくし わたし ぼく おれ われわれ	あなた きみ お前 きみら	かれ かのじょ	だれ どなた

(2) ものごとや場所などをさししめす代名詞——指示代名詞

	こ	そ	あ	ど
ものごと	これ	それ	あれ	どれ
場所	ここ	そこ	あそこ	どこ
方向	こちら こっち	そちら そっち	あちら あっち	どちら どっち
指定	この	その	あの	どの
ようす	こんな	そんな	あんな	どんな

「こ」は自分の近く、「そ」は相手の近く、「あ」はどちらからも遠い、「ど」はさすものがはっきりしないものにつかいます。

ものごとや場所などをさししめすことばは、いちばん上の字が「こ・そ・あ・ど」なので、「こそあどことば」といいます。なお、「この・その・あの・どの」は連体詞です。（「こんな・そんな・あんな・どんな」をふくむこともあります。）

❷ ようすをあらわすことば——副詞

おもに活用のあることばの前について、ようすやていどをくわしく説明するはたらきをすることばを、副詞といいます。

例 ゆっくり歩く。さっさと歩く。／とても高い。少し高い。

右の文では、「ゆっくり・さっさと」「とても・少し」という副詞が、歩き方と、高さの度合いを説明しています。

〈副詞の種類〉

(1) 状態の副詞…どんなようすかをあらわす副詞

例 車がすぐに止まった。桜がはらはらちる。

(2) ていどの副詞…動作や状態がどのていどかをしめす副詞

例 一学期よりせいせきがずっと上がった。ちょっと右の方。

(3) 叙述の副詞…下にきまった言い方のことばがくる副詞

例 かれは少しもあわてない。たぶん来るだろう。

(4) 指示の副詞…動作・状態などをさししめす副詞

こう・そう・ああ・どう（「こそあどことば」の一つ）

例 わたしもそう思う。ああ弱くてはだめだ。

❸ ようすをあらわすことば——連体詞

名詞や代名詞の前について、ようすを説明することばを、連体詞といいます。

例 ぼくはこの作家がすきだ。あらゆる物語を読みたい。

連体詞は数が少なく、おもなものは次のとおりです。

この・その・あの・どの・大きな・小さな・おかしな・たいした・とんだ・ある・いわゆる・さる・あらゆる

❹ つなぎことば——接続詞

・熱が出た。だから、学校を休んだ。
・熱が出た。しかし、学校を休まなかった。

「だから」「しかし」のちがいで、あとにつづく内容がことなります。これらのことばのように、文と文やことばとことばをつなぐはたらきをすることばを、接続詞といいます。

〈接続詞の種類〉

(1) 前の内容を理由や原因にしてあとの内容につなぐはたらきをするもの。
　だから・それで・そこで・したがって・すると

(2) 前の内容からふつうに予想されることとは反対の内容をつなぐもの。
　しかし・けれども・ところが・だが・だけど

(3) 前の内容にならべたりつけくわえたりするもの。
例 味がいい。また、ねだんも安い。
　そして・そのうえ・それから・それに

(4) 前の内容を説明したりおぎなったりするもの。
例 ぼくの父の兄、つまり、おじは北海道に住んでいる。
　なぜなら・ようするに・というのは・すなわち

(5) 前後をくらべたりどちらかをえらんだりするもの。
例 水、またはぬるま湯で飲むこと。
　それとも・あるいは・もしくは

(6) それまでのことから話題を変えるもの。
　さて・ところで・ときに

⑤ 心のはたらきをあらわすことば――感動詞

例 あら、きれいな花ね。（感動）
　ねえ、この本かして。（よびかけ）

この「あら」「ねえ」のように、話し手の感動・よびかけ・受け答え・あいさつなどをあらわすことばを、感動詞といいます。

おもな感動詞には、ああ・まあ・おや［感動］、もしもし［よびかけ］、はい・いいえ［受け答え］、さようなら・おはよう・こんにちは［あいさつ］があります。

⑥「てにをは」ことば――助詞

例 いすにこしかける。今日はいい天気だ。

この「に」「は」のように、ほかのことばにつけて、ことばとことばの関係をあらわしたり、きまった意味をそえたりすることばを、助詞といいます。助詞を「てにをは」ともいいます。「て・に・を・は」がよくつかわれるので、助詞も、助動詞と同じように「付属語」といいます。

〈おもな助詞〉

(1) ことばとことばをむすびつける。
例 飛行機で行く。
　（と・が・の・は・や・を・へ・に）

(2) いろいろなことばにつき、意味をそえる。
例 百メートルくらい泳げる。
　（か・きり・こそ・ずつ）

(3) 二つの文をつなぐ。
例 がんばったが負けた。
　（から・のに・し・ので・て）

(4) 文の終わりにつけて、話し手・書き手の気持ちをあらわす。

例　きれいだな。

（か・かしら・なあ・ね・よ）

主語・述語・修飾語

①　「何が」風が　「どうする」ふく。　②　「何は」姉は　「どんなだ」やさしい。

③　「だれは」弟は　「何だ」一年生だ。

①〜③の文の□の部分は、それぞれ右側にしめした「何が・どうする」などのはたらきをしています。「何（だれ）が・何（だれ）は」のはたらきをしている部分を「主語」、「どうする・どんなだ・何だ」のはたらきをしている部分を「述語」といいます。

なお、主語の形には「何（だれ）も・何（だれ）こそ」、述語には「ある（いる・ない）」もあります。

主語・述語は、文の骨組みともいえるもので、この二つがはっきりしていれば、おおよそのことをつたえることができます。

例　「どんな」赤い　「主」風船が　「どのように」ふわふわ　「述」ゆれる。

この文の□のように、「どんな・どのように・いつ・どこで」などくわしく説明する部分を「修飾語」といいます。

ことばの係り受け

あなたのことは　けっして　わすれます。

なんだかへんですね。つぎのようにしたらどうでしょう。

あなたのことは　けっして　わすれません。

これだと、文がしぜんにつながりますね。

例　ぼくは、だんじて　ゆるさないぞ。

そんなことは　いっこうに　気にしない。

このように、文中に「けっして・だんじて・いっこうに」などのことばがあるときは、文末は打ち消しの言い方になります。

副詞のなかには、このように、うけることば（かかっていくことば）の言い方を、きまった形にするものがあります。

❶ 不確かな言い方

例　明日は、たぶん　晴れるだろう。

かれは、おそらく　欠席するだろう。

❷ 仮定の言い方

例　もし　ぼくがおくれたら、……。

たとえ　ぼくが行かなくても……。

❸ たとえの言い方

例　まるで　日中のような明るさだ。

❹ ねがいや疑問の言い方

例　どうぞ　おかけください。

例 なぜ、行かないのだろうか。

敬語

「木村君、おはよう。」
「先生、おはようございます。」

――線は、どちらも朝のあいさつのことばですが、目上の人である先生にたいしては、ていねいなことばづかいになっています。

ことばには、あいてにたいする敬いの気持ちをあらわす「敬語」があります。どのような言い方があるか、みていきましょう。

❶尊敬語

話しているあいてや話題に出てくる人にたいして、敬いの気持ちをあらわす言い方。

(1) 敬う人の動作をあらわすことばに「れる・られる」をつける。

例 先生が書かれる。　校長先生が出かけられる。

(2) 「お(ご)…になる」「お(ご)…くださる」の言い回しにする。

例 お帰りになる。　おほめくださる。

(3) ことばの上に「お・ご」をつけたり、ことばの下に「さま・さん」をつけたりする。

例 お名まえ　ごあいさつ　お母さま　お姉さん

(4) 動作をあらわすとくべつなことばをつかう。

例 おっしゃる（⬆言う）　めしあがる（⬆食べる・飲む）
なさる（⬆する）　いらっしゃる（⬆いる・来る）

《注意》身内（とくに家族）にたいしては、敬語はつかわない。

例 ×父がおっしゃる。

❷けんじょう語

自分に関係することをへりくだって言うことで、あいてにたいする敬いの気持ちをあらわす言い方。

(1) 「お（ご）…する」「お（ご）…いたす」の言い回しにする。

例 お返しする。　ご報告いたします。

(2) 動作をあらわすとくべつなことばをつかう。

例 申す（⬆言う）　まいる（⬆行く・来る）
拝見する（⬆見る）　お目にかかる（⬆会う）
いただく（⬆食べる・飲む・もらう・…してもらう）

❸ていねい語

ていねいな言い方で敬意をあらわす。

(1) 文末に「です・ます」をつける。

例 これは本です。　ぼくが行きます。

(2) 文末に「ございます」をつける。

例 お席はこちらでございます。

●美化語

話し手が上品さを高めるためなどにつかう。
ことばの上に「お・ご」をつける。

例 ・おかし　・お天気　・ご飯　・ご相談

《注意》

「お・ご」をつけすぎないようにする。

例 ×おジュース ×おりんご

送りがなのきまり

「書く・楽しい・立ち上がる・後ろ」などの——線の部分のひらがなを送りがなといいます。送りがなは、つぎのようなきまりによってつけられています。このきまりはたいせつなので、おぼえておきましょう。

❶ 文中で形のかわることばは、形のかわる部分からおくる。

（——線が送りがな）

例 歩く…歩かない・歩けば・歩こう
深い…深かった・深くない・深ければ
変だ…変だろう・変でない・変な人

《例外》

◎(1)〜(3)は、かわる部分より一字前から送る

(1)「〜しい・〜か・〜らか・〜やか」の形のことば（——がかわる部分）

例 美しい（美しくない・美しかった）
静かだ（静かでない・静かになる）
明らかだ（明らかでない・明らかになる）
晴れやかだ（晴れやかでない・晴れやかになる）

(2) 読みあやまるおそれのあるものや、読みにくいもの。

例 教わる（教わらない・教われば）
集まる（集まらない・集まります）

＊「教える・集める」と区別するため
少ない（少なくなる・少なければ）
冷たい（冷たくない・冷たかった）

(3) かわる部分の前にほかの語をふくむものは、その語の付け方にしたがう。

例 動かす（動かさない・動かせば）
＊「動く」をふくむので「動かない」に合わせる
照らす（「照る」をふくむ） 向かう（「向く」をふくむ）

❷ 形のかわらないことばの送りがな

(1) 原則としてつけないが、つぎのようなことばは最後の音を送りがなとする。

例 辺り 便り 後ろ 情け 勢い

(2) 形のかわることばから、名詞になったものは、もとのことばの送りがなの付け方にしたがう。（（ ）内がもとのことば）

例 動き（動く） 答え（答える） 長さ（長い） 確か（確かだ）

《例外》

◎送りがなをつけない

例 光（光る） 話（話す） 巻（巻く） 志（志す）

(3) 二つ以上のことばが合わさってできたことばはもとのことばの送りがなによる。

例 読み取る（読む＋取る） 心細い（心＋細い）
行き帰り（行く＋帰る）

《例外》
◎送りがなをつけない
例 消印　試合　小包　切手　関取　場合　日付
夕立　割合　並木

符号のつかい方

「けんちゃん、おつかいたのむわ。」
「今、すぐ?」
ぼくは、テレビを見ながら言った。

赤色でしめしたものを符号といいます。符号は、このほかにもいろいろあります。どんなばあいにどんな符号をつかうか、名まえといっしょにおぼえましょう。

❶ 。(句点) 、(読点)

句点は文の終わり、読点は文のとちゅうにつけます。読点の付け方はいろいろですが、つぎのことを目安にしましょう。

(1) 主語のあと。
例 うつくしい花が、さいた。
(2) つなぎことばのあと。
例 雨だ。でも、出かけなくてはならない。
(3) 時や場所などをあらわすことばのあと。
例 きのう、公園でサッカーをした。
(4) 意味があいまいにならないように、意味の切れ目に。
例 ぼくは大山君と川田君の家へ行った。
ア ぼくは、大山君と川田君の家へ行った。
〈「ぼく」が二人の家へ行ったという意味。〉
イ ぼくは大山君と、川田君の家へ行った。
〈「ぼく」と大山君が川田君の家へ行ったという意味。〉

❷ 「」(かぎ) 『』(ふたえかぎ)

かぎは、会話文のほかに、強調したいことばや本の題名、引用文などにもつけます。

おかあさんは、
「先生が、『けい子さんは、少し元気が足りない。』っておっしゃってたわよ。」
といいました。

ふたえかぎは、「」のなかでさらに、「」をつかわなければならないときの符号です。

❸ ( )(かっこ)

直前のことばについての補足や説明のときにつかいます。

例 二〇二三(令和五)年の春のこと。

❹ ?(疑問符)

疑問や質問の言い方の文末で、句点のかわりにつかいます。

❺ ！（感嘆符）

感動や強い命令、大声をあらわすばあいにつかいます。

例　わあ、すてき！　きゃあっ！

❻ ・（中黒／中点）

いくつかのことをならべるときにつかいます。

❼ …（点線）

会話をとちゅうから省略するときや言い切らないときにつかいます。

❽ ―（ダッシュ）

前のことばの補足説明や、とちゅうで言い切れるときにつかいます。

常体と敬体

わたしはプリンが好きだ。／わたしはプリンが好きです。

この二つの文は、内容は同じですが、文の終わりの部分がちがいます。

前の文のように「だ・である」などで終わる文を「常体」、後の文のように「です・ます」などで終わる文を「敬体」といいます。敬体の方がていねいな表現です。

同じ文章の中で、常体と敬体をまぜて使わないように注意しましょう。

原稿用紙のつかい方

原稿用紙をつかって書くときは、つぎのようなことに注意するようにしましょう。

❶　林間学校のこと
　　　　　　　　❷山田　道雄
❸今年の林間学校は、❹雨にたたられてさんざ
んでした。❹
❸まず、❹出発の日の朝からすごい大雨でした。❻
「だいじょうぶかなあ。」❺
❸川村君が、❹心配そうに、❹空を見上げながら
いいました。❹
❸バスに乗ってからも、❹みんな窓の外ばかり
見ていました。❹

❶題は、一行目に上から二、三ますあけて書く。

❷名まえは、二行目に、下を一ますあけて書く。なお、名字と名まえの間はあけなくてもよい。

❸書きだしや段落のはじめは、一ますあけて書く。

❹句読点は、一ますつかう。

❺文のおわりは、句点（。）と、かぎ（」）を同じますに書く。

❻句読点がつぎの行のはじめになるときは、前の行の最後のますに書く。

4 漢字とかな

漢字のちしき

● 漢字のおこり…今から約三千五百年前、中国の殷（中国のもっとも古い王朝）の時代に生まれたといわれています。

● 漢字の画数（総画）…「画」は、漢字を書くとき、ひと続きで書く点や線のこと。漢字を組み立てている画の数が「画数」。

● 漢字の字体…点画の長さや向き、はねるのかはねないのか、つき出るのか出ないのかなどの漢字の形のこと。

漢字の読み方

「初日（ショニチ）」「初日（はつひ）」は、同じ漢字をつかった熟語ですが、それぞれ読み方がちがいます。（かたかなは音読み、ひらがなは訓読みです。）

漢字には音訓のいくつかの読み方があります。熟語になった語の形がたまたま同じでも、読み方がちがうというばあいがあります。音読みは、漢字がつたえられた中国での発音をもとにした読み方、訓読みは、その漢字の意味に当たる日本語を当てはめた読み方なので、このようなことになったのです。

漢字を組み合わせてつくった熟語の読み方は、上の字が音読みなら下の字も音読み、上の字が訓読みなら下の字も訓読みとなるのがふつうですが、中には、①上が音読み、下が訓読み、②上が訓読み、下が音読みのものもあります。

そして、①のような読み方を「重箱読み（重—音・箱—訓）」、②のような読み方を「湯桶読み（湯—訓・桶—音）」ということがあります。

〈重箱読み〉＊かたかな—音、ひらがな—訓

・番組（バングみ） ・絵筆（エふで） ・台所（ダイどころ） ・役目（ヤクめ） ・職場（ショクば） ・両手（リョウて） ・本屋（ホンや）

〈湯桶読み〉＊かたかな—音、ひらがな—訓

・荷物（にモツ） ・手順（てジュン） ・弱気（よわキ） ・石段（いしダン） ・身分（みブン） ・湯気（ゆゲ） ・雨具（あまグ）

このほか、漢字の読み方には、ある熟語に対するとくべつな読み方（当て字・熟字訓）があります。

とくべつな読み方をする語

❶ 熟字訓

漢字は、一字一字がきまった音読み・訓読みをもっていますが、その読み方とはべつに、漢字二字以上がむすびついた熟語（熟字）ぜんたいを訓で読むとくべつな読み方があります。これは、もともと日本にあったことばにそれとにた意味をもつ漢字を当てはめた読み方で、「熟字訓」といいます。

《熟字訓の例》

一人（ひとり） 二人（ふたり） 一日（ついたち）
二十日（はつか） 大人（おとな） 七夕（たなばた）
今日（きょう） 明日（あす） 今朝（けさ） 昨日（きのう）
眼鏡（めがね） 上手（じょうず） 下手（へた）

❷ 当て字

漢字がもっている意味とはかんけいなく、その音や訓をあることばの発音に当ててつかっているものを、「当て字」といいます。

《当て字の例》
亜米利加　可哀相　無茶苦茶

ひらがなのなりたち

中国でうまれた漢字が日本につたわって、じっさいにつかわれるようになったのは、四世紀の後半から五世紀にかけてのことだと考えられています。

わたしたちの祖先は、まず漢字の音をもとにして、日本語を書きあらわすようになりました。これが「万葉がな」とよばれるものです。

平安時代になると、漢字の早書きの字（草書体）が広まり、その草書体からひらがながつくり出されました。

ひらがなは一つの字が一つの音をあらわしていますから、日本語を書きあらわすのにとても適していました。

かたかなのなりたち

かたかながつくられたのも平安時代です。ひらがなと同じように漢字をつかった「万葉がな」がもとになってできました。

わたしたちの祖先は、中国語の文章を日本語に直して読むくふうをしました。中国語で書かれた文章の行間に万葉がなを書きこんで、日本語として読むことを考えたのです。

行間に書きこむのですから、なるべく字画の少ない字が便利です。そこで、漢字の一部分を書きこむようになりました。

かたかなは、はじめは記号の役目をしていましたが、やがて一つの字が一つの音をあらわす文字になっていきました。かたかな（片仮名）は漢字の一部分をとってつくったかなの意味で、「片」が一部分という意味をもっています。かたかなは役人や僧・学者などの間でつかわれるようになりました。

かなづかい

「ここえゴミをすてないでください！」

町を歩いていると、たまに、こんなはり紙や看板を目にします。「ここえ」は「ここへ」が正しい書き方ですね。

かなづかいは、あやまっておぼえると直しにくいものです。つぎにあげるものはまちがえやすいので、おぼえておきましょう。

❶ ことばの下につく「ワ・エ・オ」と発音するひらがなは、「は・へ・を」と書く。

例　ぼくは、本を　机の上へ　おいた。
こんにちは。（「今日は」。×こんにちわ。）

❷「エー」とのばす音の二つの書き方。

例　・おねえさん　ええ、そうよ。ねえ、行こう。
・すいえい　えいが　せんせい　とけい　せんべい

▼「え」と書くことばは少ないので、おぼえてしまいましょう。

❸「オー」とのばす音の二つの書き方。

例　・おうさま（王様）　こうえん（公園）　どうぐ（道具）
・こおり（氷）　おおい（多い）　とおり（通り）

おおかみ　こおろぎ　ほおずき

▼「お」と書くことばは少ないので、おぼえてしまいましょう。

古文と漢文

●古文・漢文とは

「古文」とは、古い時代に作られ、人々に読みつがれてきた文章で、大むかしから江戸時代までのものをさします。ひとくちに「古文」といっても、ことばや文章の形は時代によってことなります。ただし、平安時代に書かれた作品（『古今和歌集』『源氏物語』など）がその後の時代の作品に大きな影響をあたえたことから、平安時代のことばやそのつかい方（文法）が、古文の中心になっています。

「漢文」は、中国で古い時代に作られ、読みつがれてきた文章のことです。日本人がそれにならって作った文章もふくみます。

●古文の特色と読み方

(1) 歴史的かなづかいで書かれている。

現代のかなづかいとことなるものがたくさんあります。

例　かは（川）　こゑ（声）　をとこ（男）　いふ（言う）

この表記法を、「歴史的かなづかい」といいます。これは、平安時代中ごろまでの発音にもとづいた書き方で、その後発音が変化したため、読みとかなのずれが出たのです。

(2) 現代ではつかわれない古語や、意味がことなる古語がつかわれている。

例　あした＝朝・よく朝

あはれ（あわれ）＝しみじみとしたおもむきがある

いと＝たいそう

をかし（おかし）＝おもむきがある

読みや意味がわからないことばは、古語辞典でしらべることができます。

●漢文の特色と読み方

(1) 漢字だけで書かれている。

漢文の原文は、漢字だけで書かれています。日本人が読むときは、次の例の「読み方」のように、助詞・助動詞や送りがななどをおぎなった、「書き下し文」に直して読みます。

例　国破山河在（読み方＝国破れて山河あり）

(2) 語順が日本語とことなる。

漢文の語順は、英語ににています。日本語として読むときは、後ろから前にかえって読むこともあります。

例　春眠不覚暁（読み方＝春眠暁を覚えず）

古文も漢文も何回も声に出して読み、なれることが大切です。

たて書きの資料編はここで終わりです。
横書きの資料編は1567ページから始まります。

❸ 読みまちがいをふせぐため，切れるところをしめす「'」をつける。

はねる音（n）の次に，a・i・u・e・o，またはyがくる場合には，nの次に「'」をつける。

例 tan'i（単位）
sin'yô（信用）

tani だと「たに」，sinyô だと「しにょう」とも読めてしまうので，n の次で切って読むことを「'」でしめす。

❹ 文のはじめや，人名・地名などは語のはじめを大文字で書く。また，言葉をつなぐしるしとして「-」をつけることもあります。

例 Kyôto（京都）
Yamada Hazime（山田はじめ）
Naha-si（那覇市）

パソコンなどで，ローマ字入力するときの注意

パソコンなどで，文字をローマ字で入力する場合は，次のようになります。

❶「お」と「を」，「じ」と「ぢ」，「ず」と「づ」は，それぞれ別。

・「お」➡ O　　「を」➡ W O
・「じ」➡ Z I ／ J I　　「ぢ」➡ D I
・「ず」➡ Z U　　「づ」➡ D U

❷ ひらがな1字の「ん」を表示したいときは，「nn」と n を重ねて打つ。

例 ありません➡ A R I M A S E N N

「ローマ字」は 1557 ページから始まります。

書き表し方

1 一つの音を，1字から3字で書き表す

1字で表すもの

- 母音（あ行の音）……a（あ）・i（い）・u（う）・e（え）・o（お）
- はねる音……n（ん）

2字で表すもの

例　ka（か）・ki（き）・ku（く）・ke（け）・ko（こ）・
wa（わ）・ga（が）・za（ざ）・da（だ）・ba（ば）・pa（ぱ）

3字で表すもの

小さく書く「ゃ・ゅ・ょ」をふくむ音

例　kya（きゃ）・kyu（きゅ）・kyo（きょ）
kyaku（客）・omotya（おもちゃ）・sanmyaku（山脈）

2 書き表し方のきまり

❶ 長音（のばす音）は，「a・i・u・e・o」の上に「＾」をつけて表す。

例　okâsan（おかあさん）
ozîsan（おじいさん）
yûgata（ゆうがた）
onêsan（おねえさん）
otôsan（おとうさん）

「イー」とのびる音は，「ii」と書き表す場合もあります。

❷ つまる音（「っ」）は，次の音のはじめの字を重ねて書く。

例　kitte（切手）　sippo（しっぽ）　gakkô（学校）　zassi（ざっし）

ローマ字の表

大文字⬇➡	A	I	U	E	O			
	あ a	い i	う u	え e	お o			
K	か ka	き ki	く ku	け ke	こ ko	きゃ kya	きゅ kyu	きょ kyo
S	さ sa	し si 〈shi〉	す su	せ se	そ so	しゃ sya 〈sha〉	しゅ syu 〈shu〉	しょ syo 〈sho〉
T	た ta	ち ti 〈chi〉	つ tu 〈tsu〉	て te	と to	ちゃ tya 〈cha〉	ちゅ tyu 〈chu〉	ちょ tyo 〈cho〉
N	な na	に ni	ぬ nu	ね ne	の no	にゃ nya	にゅ nyu	にょ nyo
H	は ha	ひ hi	ふ hu 〈fu〉	へ he	ほ ho	ひゃ hya	ひゅ hyu	ひょ hyo
M	ま ma	み mi	む mu	め me	も mo	みゃ mya	みゅ myu	みょ myo
Y	や ya	(い) (i)	ゆ yu	(え) (e)	よ yo			
R	ら ra	り ri	る ru	れ re	ろ ro	りゃ rya	りゅ ryu	りょ ryo
W	わ wa	(い) (i)	(う) (u)	(え) (e)	を (o) [wo]			
	ん n							
G	が ga	ぎ gi	ぐ gu	げ ge	ご go	ぎゃ gya	ぎゅ gyu	ぎょ gyo
Z	ざ za	じ zi 〈ji〉	ず zu	ぜ ze	ぞ zo	じゃ zya 〈ja〉	じゅ zyu 〈ju〉	じょ zyo 〈jo〉
D	だ da	ぢ (zi) [di]	づ (zu) [du]	で de	ど do	ぢゃ (zya) [dya]	ぢゅ (zyu) [dyu]	ぢょ (zyo) [dyo]
B	ば ba	び bi	ぶ bu	べ be	ぼ bo	びゃ bya	びゅ byu	びょ byo
P	ぱ pa	ぴ pi	ぷ pu	ぺ pe	ぽ po	ぴゃ pya	ぴゅ pyu	ぴょ pyo

表は訓令式。表の中の、〈 〉はヘボン式、[ ] は日本式。どちらも使うことができます。( ) は, 重ねて出してあるものです。

ローマ字

ローマ字は，身の回りのいろいろなところで使われています。

●アルファベットの筆順　大文字と小文字があります。

大文字　小文字

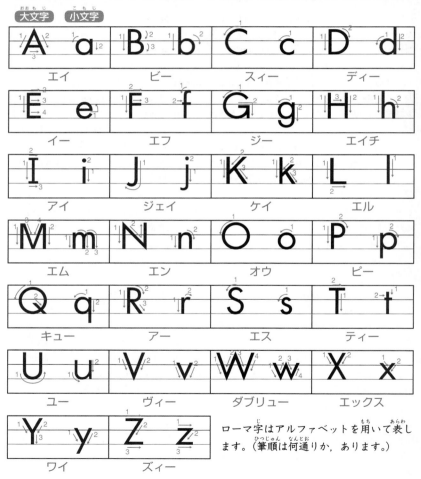

A a	B b	C c	D d
エイ	ビー	スィー	ディー
E e	F f	G g	H h
イー	エフ	ジー	エイチ
I i	J j	K k	L l
アイ	ジェイ	ケイ	エル
M m	N n	O o	P p
エム	エン	オウ	ピー
Q q	R r	S s	T t
キュー	アー	エス	ティー
U u	V v	W w	X x
ユー	ヴィー	ダブリュー	エックス
Y y	Z z		
ワイ	ズィー		

ローマ字はアルファベットを用いて表します。（筆順は何通りか，あります。）

して，国際協力をおしすすめる機関。

UNESCO（ユネスコ） United Nations Educational, Scientific and Cultural Organization ➡本文「ユネスコ」

UNF United Nations Forces 国連軍。国際連合軍。国際間の平和と安全を保つために国際連合が組織する軍隊。

UNFPA United Nations Fund for Population Activities 国連人口基金。国際連合人口基金。開発途上国の人口問題を支援するための機関。

UNHCR United Nations High Commissioner for Refugees 国連難民高等弁務官事務所。国際連合難民高等弁務官事務所。戦争などで難民や避難民となった人々の保護と支援をおこなう機関。

UNICEF（ユニセフ） United Nations Children's Fund ➡本文「ユニセフ」

UNSC United Nations Security Council ➡本文「あんぜんほしょうりじかい」

UNU United Nations University ➡本文「こくれんだいがく」

URL uniform resource locator インターネット上で，個々のホームページに割り当てられたアドレス。

USA ➡本文「アメリカがっしゅうこく」

USB Universal Serial Bus パソコンと，プリンターやスピーカーなどの周辺機器をつなぐ規格の一つ。

USMCA the United States-Mexico-Canada Agreement アメリカ・メキシコ・カナダ協定。NAFTAに代わる貿易協定。

UV ultraviolet 紫外線。

VHF very high frequency 超短波。メートル波。周波数30～300メガヘルツの電波。テレビやFM放送，アマチュア無線，鉄道などの移動無線通信などに利用。かつてテレビの地上アナログ放送にも使われた。⇨UHF

VICS（ビックス） Vehicle Information and Communication System 道路交通情報通信システム。道路工事や交通渋滞をカーナビゲーションやラジオで伝えるしくみ。

VIP（ビップ） ➡本文「ビップ」

vol.（ボリューム） volume 本などの「巻」。Vol. 1は第1巻をさす。

vs.（バーサス） versus ➡本文「ブイエス」

VTR ➡本文「ビデオテープレコーダー」

WC ①water closet トイレ。手あらい。②World Cup ➡本文「ワールドカップ」

WHO World Health Organization ➡本文「せかいほけんきかん」

WIPO（ワイポ） World Intellectual Property Organization 世界知的所有権機関。特許・商標・著作権などの知的所有権を保護するための国際的な機関。

WSSD World Summit on Sustainable Development 持続可能な開発に関する世界首脳会議。2002年に南アフリカのヨハネスブルグでおこなわれた。

WTO World Trade Organization 世界貿易機関。GATTに代わり，ウルグアイラウンドで合意した，自由貿易を進めるためのいろいろな協定を管理・運営する国際機関。1995年設立。

WWF World Wide Fund for Nature 世界自然保護基金。地球温暖化防止，野生生物の保護，自然資源や環境保全活動をする世界的な機関。

WWW World Wide Web インターネット上で公開されている情報を提供するシステムの一つ。ワールドワイドウェブ。単にWeb（ウェブ）ともいう。

X線 X-Strahlen（ドイツ語）英語はX rays。➡本文「エックスせん」

ビークル。レジャー用の車。多くは四輪駆動。ワンボックスカー，ステーションワゴンなど。

SA　➡本文「サービスエリア」

SARS（サーズ）　Severe Acute Respiratory Syndrome　重症急性呼吸器症候群。新型肺炎。38度以上の急な発熱や，せき・息切れ・呼吸が苦しいなどの呼吸器の症状が出る。

SDGs（エスディージーズ）　Sustainable Development Goals　持続可能な開発目標。2015年９月の国連サミットで採択された17のゴール・169のターゲットからなる，2030年までに持続可能でよりよい世界を目指す国際目標。「誰一人取り残さない（leave no one behind）」ことを誓っている。

SE　system engineer　システムエンジニア。コンピューターのシステム設計・分析にあたる技術者。

SF　science fiction　➡本文「エスエフ」

SFX　special effects　映画で，特殊効果をねらった撮影方法。

SL　steam locomotive　➡本文「エスエル」

SOS　➡本文「エスオーエス」

SP　Security Police　重要な人物を守りけいびする警察官。

TB　terabyte　テラバイト。情報量の単位。1ギガバイトの1024倍。

TGV　Train à Grande Vitesse（フランス語）フランスの超高速列車。

TKO　technical knockout　➡本文「テクニカルノックアウト」

TOEFL（トーフル，トイフル）　Test of English as a Foreign Language　英語を母語としない人々の英語能力を測定するテスト。

TOEIC（トーイック）　Test of English for International Communication　国際コミュニケーション英語能力テスト。英語を母語としない人々の英語によるコミュニケーション能力を測定する。

TPO　➡本文「ティーピーオー」

TPP　Trans-Pacific Partnership　環太平洋パートナーシップ協定。はば広い分野で関税を完全になくそうという，自由貿易協定。

T-REX（ティーレックス）　Tyrannosaurus Rex（ラテン語・英語）　ティラノサウルス・レックス。ティラノサウルス。中生代後期の白亜紀に栄えた巨大な肉食恐竜の一種。

TSマーク　道路交通法の基準に合った自転車に付けられる保険つきの安全マーク。Tはtrafic（交通），Sはsafety（安全）の頭文字から。

TV　television　テレビ。

Uカー　used car　ユーズドカー。中古車。

UAE　United Arab Emirates　アラブ首長国連邦。

UFO（ユーフォー）　Unidentified Flying Object　➡本文「ユーフォー」

UHF　ultrahigh frequency　極超短波。デシメートル波。周波数300～3000メガヘルツの電波。テレビの地上デジタル放送やタクシーなどの移動無線通信などに利用される。⇨VHF

UN　United Nations　➡本文「こくさいれんごう」

UNC　United Nations Charter　国連憲章。国際連合憲章。国連の目的・原則・機能などを定めた，国連の活動の基本となる文書。

UNCTAD（アンクタッド）　United Nations Conference on Trade and Development　国連貿易開発会議。国際連合貿易開発会議。開発途上国の経済をゆたかにするため，貿易と投資を利用できるようにすることなどを目的とする機関。

UNEP（ユネップ）　United Nations Environment Programme　国連環境計画。国際連合環境計画。持続可能な開発の中で，環境活動を調整

ODA　Official Development Assistance　政府開発援助。先進国の政府による，開発途上国や国際機関への援助。

OECD　Organization for Economic Cooperation and Development　➡本文「オーイーシーディー」

OG　old girl　➡本文「オージー」

OL　office lady　➡本文「オーエル」

OPEC（オペック）　Organization of Petroleum Exporting Countries　石油輸出国機構。世界の石油を輸出している国によりつくられた機構。

OS　operating system　コンピューターの基本的な操作を管理する基本プログラム。ウィンドウズやマックOSなど。

Pa　pascal　パスカル。圧力の単位。

PK　➡本文「ペナルティーキック」

PKF　Peace-Keeping Forces　国連平和維持軍。国連による平和維持活動をおこなうための武器を持った部隊。

PKO　①Peace Keeping Operation　国連平和維持活動。紛争がおこっている地域で，国連が平和の回復のためにおこなう活動全体のよび名。②price keeping operation　株価維持政策。株の価格が急に大きく下がって経済に大きな影響をあたえそうなとき，政府が資金を使って株価を安定させること。

PL法　Product Liability　製造物責任法。製造したものに不備や不具合があり，消費者がけがをしたり傷ついたりして被害を受けた場合，製造者に責任を負わせる法律。

P.M., p.m.　post meridiem（ラテン語）午後。

POSシステム（ポスシステム）　point-of-sales system　商品に付いたバーコードを読み取り，コンピューターで販売・在庫・仕入れなどを管理するシステム。

ppm　parts per million　➡本文「ピーピーエム」

P.S.　postscriptum（ラテン語）追伸。手紙やメールの本文の後につけ足しのように書くとき，そのはじめに記す語。

PTA　Parent-Teacher Association　➡本文「ピーティーエー」

PTSD　post-traumatic stress disorder　心的外傷後ストレス障害。強い心的ストレスが原因で生じる心身の障害。

Q&A（キューアンドエー）　question and answer　質問と答え。

QOL　quality of life　クオリティーオブライフ。①（健康や快適さなど）質を重視した生活の考え方。②患者の立場に立ち，苦しみ・痛みを減らすことを考慮した医療のあり方。

QRコード　➡本文「キューアールコード」

R指定　性描写や残虐なシーンの多い映画に対し，年齢によって鑑賞を規制するための指定。Rはrestricted（制限された）の頭文字。

RC　①Red Cross　赤十字社。②remote control　遠隔操作。無線などを使い遠くで機械をあやつること。③reinforced concrete　鉄筋コンクリート。

RCEP（アールセップ）　地域的な包括的経済連携。日本，中国，東南アジア諸国連合（ASEAN）などが参加。

RNA　ribonucleic acid　リボ核酸。遺伝子情報にしたがって，たんぱく質をつくるはたらきをする。

RPG　role-playing game　ロールプレイングゲーム。コンピューターゲームの一つ。プレーする人がゲームの世界の登場人物になりきって旅をしながら物語を進めていく。

RV　recreational vehicle　レクリエーショナル

間・食堂・台所をかねる洋風の部屋。

LGBT　➡本文「エルジービーティー」

LOHAS（ロハス）　Lifestyles of Health and Sustainability　健康と地球環境に配慮した持続可能な経済をめざす生活スタイルや価値観。

Ltd.　limited　①有限会社。②株式会社。

max（マックス）　maximum　最大。最高の。⇨min。

MB　megabyte　メガバイト。情報量の単位。1メガバイトは1024キロバイト。

MBA　Master of Business Administration　経営学修士。経営管理学修士。

min　①minimum　最小。最小限。ミニマム。⇨max（マックス）。②minute(s)　分。

MLB　➡本文「メジャーリーグ」

MP3　MPEG audio layer 3　MPEG（エムペグ）による音声圧縮技術の規格の一つ。圧縮率が高く，現在インターネットで標準として使われている。

MPEG（エムペグ）　motion picture experts group　ビデオなどをコンピューターで使うときに用いる動画の圧縮方法の一つ。また，それを世界的に定めた団体。⇨JPEG（ジェイペグ）

MRI　magnetic resonance imaging　磁気共鳴画像診断装置。電磁波を使って，からだの断面をうつす装置。病気の発見などに使う。

MRSA　methicillin-resistant staphylococcus aureus　メチシリン耐性黄色ブドウ球菌。メチシリンという抗生物質が効かなくなった菌。

MSF　Médecins Sans Frontières（フランス語）国境なき医師団。災害や大事故・戦争などで，ぎせいとなった人たちのために、医療のほう仕をする国際的な団体。

MTB　➡本文「マウンテンバイク」

MVP　most valuable player　➡本文「エムブイピー」

NAFTA（ナフタ）　North American Free Trade Agreement　北米自由貿易協定。アメリカ・カナダ・メキシコの3か国間で結ばれた貿易協定。

NASA（ナサ）　National Aeronautics and Space Administration　➡本文「ナサ」

NATO（ナトー）　North Atlantic Treaty Organization　北大西洋条約機構。北大西洋条約に加盟しているアメリカと欧州諸国などでつくられた集団安全保障の組織。

NEET（ニート）　not in employment, education or training　仕事にもつかず，学校にも通っていない15～34歳の人。

NG　➡本文「エヌジー」

NGO　nongovernmental organization　非政府組織。政府とは関係なくいっぱんの人々がつくり，お金もうけを目的にせずに国際的な平和・人権活動をおこなう組織・団体。

No.（ナンバー）　numero（ラテン語）数字。番号。号。

NPO　non-profit organization　民間非営利団体。政府や企業とはべつに，特に社会的な問題に取り組む活動を行う，いっぱんの人々による組織・団体。

NPT　Non-Proliferation Treaty　核兵器不拡散条約。核兵器を世界に広げることや原子力が平和目的以外に使われることを禁じる条約。「核拡散防止条約」「核不拡散条約」ともいう。

N.Y.　➡本文「ニューヨーク」

NZ　New Zealand　ニュージーランド。

O157　病原性大腸菌の一つ。菌のもつベロ毒素は，はげしいおなかの痛みや下痢などの症状をひきおこす。

OA　office automation　オフィスオートメーション。コンピューターなどを使って事務の作業を自動化すること。

OB　old boy　➡本文「オービー」

持った細胞。万能細胞の一つ。⇨ES細胞

IQ　intelligence quotient　➡本文「ちのうしすう」

ISBN　International Standard Book Number　国際標準図書番号。出版物の流通を合理的におこなうために本や雑誌などにつける番号。

ISO（イソ）　➡本文「アイエスオー」

ISO14000シリーズ　ISOの環境に関する国際規格。環境管理・監督の国際基準を満たした経営管理システムが認定を受ける。ISO14001など。

ISO9000シリーズ　ISOの品質管理に関する国際規格。

ISP　internet service provider　➡本文「プロバイダー」

ISS　International Space Station　国際宇宙ステーション。地上から約400kmの上空に建設された有人実験施設。

IT　➡本文「アイティー」

ITS　Intelligent Transport Systems　高度道路交通システム。人と道と車とを情報でつなげて，道路交通をよりよいものにすることを目的とする。事故や渋滞などの交通情報，カーナビゲーションシステム，有料道路での自動料金支払い，バスの運行情報などを備える。

Jリーグ　Japan Professional Football League　日本プロサッカーリーグの通称。1993年にリーグ戦スタート。J1・J2・J3の3部制。

JA　Japan Agricultural Cooperatives　➡本文「のうぎょうきょうどうくみあい」

JAEA　Japan Atomic Energy Agency　日本原子力研究開発機構。2005年に設立された，国立研究開発法人。

JAS（ジャス）　Japanese Agricultural Standard　➡本文「ジャス」

JAXA（ジャクサ）　Japan Aerospace Exploration Agency　宇宙航空研究開発機構。2003年に設立。

JICA（ジャイカ）　Japan International Cooperation Agency　（日本の）国際協力機構。開発途上国へのODA（政府開発援助）をおこなう。

JIS（ジス）　Japanese Industrial Standards　➡本文「ジス」

JOC　Japan Olympic Committee　日本オリンピック委員会。

JOCV　Japan Overseas Cooperation Volunteers　日本青年海外協力隊。開発途上国で，課題解決に役立つ活動をおこなう。

JPEG（ジェイペグ）　joint photographic experts group　写真や絵などの画像をコンピューターで使うときに用いる圧縮方法の一つ。また，それを世界的に定めた団体。⇨MPEG（エムペグ）

JPN　①Japan　日本。②Japanese　日本人。

J-POP（ポップ）　Japanese popular music　日本のポピュラーミュージック。ポピュラー，ロック，ニューミュージックなどの総しょう。

JR　➡本文「ジェーアール」

K2　パキスタン北部にあるカラコルム山脈のもっとも高いみね。エベレストにつぐ世界2位。K2は測量記号で，「カラコルム山脈測量番号2号」の略。

K点　Konstruktions Punkt（ドイツ語）建築基準点。スキーのジャンプ競技で，何メートルまで飛行可能なジャンプ台であるかをしめすもの。

KB　kilobyte　キロバイト。情報量の単位。1キロバイトは1024バイト。

KO　➡本文「ノックアウト」

LAN（ラン）　➡本文「ラン」

LD　learning disabilities　学習障害。発達障害の一つ。知能の発達はふつうであるが，読み書きや計算など特定の能力が身につきにくい。

LDK　living room, dining room, kitchen　居

打ち上げは1994年。H-IIAロケット，H-IIBロケット，H3ロケットと改良を続けている。

HACCP（ハサップ） Hazard Analysis and Critical Control Point 危害要因分析重要管理点。食品の原料から製造・消費までのすべての流れの中で，人体に危害をあたえる物が混ざらないかをチェックする，衛生についての管理体制。アメリカで宇宙食の管理用として作られた。

HD ➡本文「ハードディスク」

HDD hard disk drive ハードディスクドライブ。ハードディスク駆動装置。コンピューターなどで，データの記録をするハードディスクを動かす装置。

HDTV High-definition Television 高精細（度）テレビ。画像の精度が高く，よりきれいな画面が見られるテレビ。

HIV Human Immunodeficiency Virus ➡本文「エイチアイブイ」

HP ➡本文「ホームページ」

HR ➡本文「ホームルーム」

HTML hypertext markup language ホームページなど，インターネット上のさまざまな情報を表示するページをつくるための言語。

HTTP hypertext transfer protocol コンピューターどうしで，HTMLの文書を送信したり，受信したりするために使う，あらかじめ決められている通信の手順。インターネット上のアドレスにアクセスするとき，先頭にhttpと入力することで，この通信手順が実行される。

IADL instrumental activities of daily living 掃除・料理・洗濯・買い物・電話対応・服薬や金銭の管理など，日常生活で判断力が求められる能力。ADLよりもややむずかしい。高齢者や障害者の介護必要度の判定などに用いられる。

IAEA International Atomic Energy Agency 国連の国際原子力機関。原子力の平和利用を目的として1957年に設立。

IBRD International Bank for Reconstruction and Development 国際復興開発銀行。世界銀行ともいう。経済復興や開発途上国の開発のための世界的な銀行。

IC ①➡本文「アイシー」②➡本文「インターチェンジ」

ICチップ integrated circuit chip 集積回路を内蔵した小片。クレジットカードなどに埋め込まれる。

ICPO International Criminal Police Organization インターポール。国際刑事警察機構。

ICU intensive care unit 集中治療室。重症の患者や手術直後の患者などを治療する部屋。

ID identification 身分証明。IDカードは，本人であることを証明できるカードのことで，運転免許証や写真つきの学生証などがある。

ILO ➡本文「アイエルオー」

IMF International Monetary Fund 国際通貨基金。多く国と国の間のかわせや金融の問題を指導・調整するための国際的な金融機関。

Inc. incorporated （アメリカなどで）株式会社。イギリスでは，Ltd.（limitedの略）。

IOC ➡本文「アイオーシー」

IP internet protocol インターネットプロトコル。インターネットで標準的に用いられている通信規則。通信を正確におこなうためのデータ形式や伝達順序などの約束ごと。

IPCC Intergovernmental Panel on Climate Change 気候変動に関する政府間パネル。数年おきに評価報告書を発行している。

IPEF（アイペフ） インド太平洋経済枠組み。日本や，アメリカ，インドなどが参加。

iPS細胞 induced pluripotent stem cell 人工多能性幹細胞。体細胞の遺伝子操作によってつくられる，さまざまな細胞に成長できる能力を

Commission for Asia and the Pacific　国連アジア太平洋経済社会委員会。国連のアジア太平洋地域の経済，社会開発のための協力機関。

ETC　electronic toll collection system　自動料金収受システム。料金所のセンサーと車の通信機をもとに，車を止めずに有料道路の料金が支払えるしくみ。

etc.（エトセトラ）　et cetera（ラテン語）エトセトラ。「…など」，「その他」という意味。

EU　➡本文「イーユー」

ex.　example　例。例えば。

F1（エフワン）　Formula 1　競走用自動車の規定の中で，もっとも上のクラスのレース。

FA制　free agent system　フリーエージェント制。プロ野球などで，同じ球団に一定期間在籍していた選手が自由にほかの球団にうつる権利を得て使える制度。

FAO　Food and Agriculture Organization　国連食糧農業機関。国際連合食糧農業機関。世界の人々の栄養状態と生活水準の向上を目的とし，研究や勧告などをおこなっている。ファオ。

FAQ　frequently asked questions　よく聞かれる質問とその回答をまとめたもの。

FAX（ファックス）　➡本文「ファクシミリ」

FBI　Federal Bureau of Investigation　アメリカの連邦捜査局。アメリカの全国的な犯罪捜査などをおこなう，アメリカ司法省の警察機関。

FC　football club　フットボールクラブ。サッカーチームを運営する組織。

FIFA（フィーファ）　Fédération Internationale de Football Association（フランス語）国際サッカー連盟。

FM　frequency modulation　➡本文「エフエム」

FTTH　fiber to the home　家庭に光ファイバーを引きこむ，ブロードバンド通信の一つ。

FX　①fighter-X　航空自衛隊による，次期主力戦闘機の導入計画。②foreign exchange　外国かわせ。また，外国かわせ証拠金取引。

G7（ジーセブン）　Group of 7　主要7か国（日本・アメリカ・フランス・ドイツ・イギリス・カナダ・イタリア）首脳会議。いっぱんにサミットという。

Gコード　Gemstar Code　テレビ番組の録画予約用の数字列。チャンネルや日時などの必要なデータが8けたまでの数字であらわされる。

Gマーク　good design mark　グッドデザインマーク。デザインのすぐれた商品につけられるマーク。

GB　gigabyte　ギガバイト。情報量の単位。1ギガバイトは1024メガバイト。

GDP　gross domestic product　➡本文「こくないそうせいさん」

GHQ　General Headquarters　総司令部。特に，第2次世界大戦後の日本に設置された連合国最高司令官総司令部。

GIGAスクール構想　Global and Innovation Gateway for All　世界と革新へむけて，小中高の学校でパソコンやタブレットなどを活用する取り組みのこと。

GNI　gross national income　国民総所得。国民がある期間に国内外で得た所得の合計。

GNP　gross national product　➡本文「こくみんそうせいさん」

GP（グランプリ）　Grand Prix（フランス語）➡本文「グランプリ」

GPS　global positioning system　全地球測位システム。人工衛星を使い，飛行機・船・車などが，その位置を知るシステム。自動車用のナビゲーションなどに使われる。

GW　golden week　➡本文「ゴールデンウイーク」

H-IIロケット　国産の二段式大型ロケット。初

Co.　company　株式会社。会社。

co-op（コープ）　cooperative　➡本文「せいかつきょうどうくみあい」

COP　Conference of the Parties　締約国会議。特に，温室効果ガスの削減などを目的とした気候変動枠組み条約の締約国会議。1995年第1回開催。99年に京都で第3回（COP3）が開催，京都議定書が採択。2015年にパリで第21回（COP21）が開催，パリ協定が採択。

CPU　central processing unit　中央処理装置。コンピューターの中でデータの計算や加工をしたり，多様な装置のコントロールを行う部分。

CS放送　communications satellite―　通信衛星（CS）によるデジタル放送。⇨BS放送

CT　computerized tomography　コンピュータートモグラフィー（断層撮影法）。体に通した弱いX線をコンピューターで処理し，内臓の形や病気の部分などを撮影する方法。この装置をCTスキャナーという。

CTBT　Comprehensive nuclear Test Ban Treaty　包括的核実験禁止条約。

DB　①➡本文「データバンク」②➡本文「データベース」

DEP　diesel exhaust particles　ディーゼル車排ガス粒子。浮遊粒子状物質の一つ。発がん性があり，喘息症状なども引き起こすとされる。

DH　➡本文「ディーエイチ」

DHA　docosahexaenoic acid　ドコサヘキサエン酸。魚の油に多くふくまれている脂肪のなかまの一つ。脳のはたらきを活発にしたり，血液の中のコレステロールをへらしたりするはたらきがあるとされる。

DIY　do-it-yourself　ドゥーイットユアセルフ。できあがった製品を買ったり，専門業者に頼まないで，自分で作ったり，改修・修理したりすること。

DK　dining kitchen　➡本文「ダイニングキッチン」

DM　➡本文「ダイレクトメール」

DNA　Deoxyribonucleic acid　➡本文「ディーエヌエー」

DNA鑑定　DNA testing　遺伝子の本体であるDNAを処理したときに現れる個人に特有の縞模様を利用した，個人を特定する方法。

DPE　developing, printing, enlarging(enlargement)　➡本文「ディーピーイー」

dpi　dot per inch　コンピューター画面やプリンター，スキャナーなどの解像度（きめ細かさや画質のなめらかさ）をあらわす単位。文字や画像を作るドット（点）の数が，1インチ当たり何個あるかによってあらわされる。この数字が高いほどきめ細かい画面や画像になる。

Dr.（ドクター）　doctor　医師。博士。

DVD　Digital Versatile Disc　➡本文「ディーブイディー」

DVD-RW　DVD Rewritable　DVDの規格の一つ。何回でもデータの書きこみが可能。1回だけ書きこみが可能なものはDVD-Rという。

DX　①deluxe　➡本文「デラックス」②digital transformation　IT（情報技術）が産業や人の社会に大きな影響をおよぼす変革。

Eメール　E-mail　➡本文「でんしメール」

EPG　electronic program guide　電子番組表。電子番組ガイド。デジタル放送のテレビの画面上で見ることができる番組表。

ER　emergency room　病院の緊急救命室。

ES細胞　embryonic stem cell　胚性幹細胞。受精卵が分裂を繰り返してできる初期胚から採取した細胞。神経，筋肉，血液などあらゆる種類の細胞に分化できるため，万能細胞として臓器再生などの治療に期待される。⇨iPS細胞

ESCAP（エスカップ）　Economic and Social

車を止めたり速度を制御したりする装置。

ATM　Automatic Teller Machine　現金自動預け入れ支払い機。銀行などで，お金を預け入れたり引き出したりするときに使う機械。

ATS　Automatic Train Stop　自動列車停止装置。列車の運転士が操作しなくても，信号の手前で列車を自動的に止める装置。

B級グルメ　—gourmet（フランス語・英語）高級な食材や調理法は用いていないが，庶民に愛される安くておいしい料理。

BB➡本文「ブロードバンド」

BBS　bulletin board system　電子掲示板。掲示板。インターネットで，伝言板のようにメッセージを書きこんだりコメントをつけたりできるシステム。

B.C.　before Christ　西暦の紀元前。キリストが生まれる前という意味。

bcc　blind carbon copy　ブラインドカーボンコピー。Eメールで，本来の受信者以外にも同じメールを同時に送る機能の一つ。ほかにだれがメールを受けとったかは伝わらない。⇨cc

BCG　bacille de Calmette et Guérin（フランス語）➡本文「ビーシージー」

BD　Blu-ray Disc　➡本文「ブルーレイディスク」

BGM　background music　①映画やテレビ放送などで，画面に合わせてかかる音楽。②店などで静かに流す音楽。

BIT，bit（ビット）　binary digit　コンピューターがあつかうデータのもっとも小さな単位。

BMI　body mass index　体格指数。体格のバランスを判定する指数で，体重（kg）÷身長（m）÷身長（m）の式で計算する。

BRICS（ブリックス）　Brazil, Russia, India, China, South Africa　ブラジル，ロシア，インド，中国，南アフリカ共和国の５か国。広大な国土や豊富な天然資源をもち，経済成長が著しい。

BS放送　broadcasting satellite—　放送衛星（BS）を利用したテレビ放送。⇨CS放送

©　copyright　コピーライト。➡本文「ちょさくけん」

CA　cabin attendant　キャビンアテンダント。飛行機などの中で乗客の世話をする客室乗務員。

cal　calorie（フランス語・英語）➡本文「カロリー」

CATV　Cable Television　➡本文「ケーブルテレビ」

cc　carbon copy　カーボンコピー。Eメールで，本来の受信者以外にも同じメールを同時に送る機能の一つ。⇨bcc

CD　①Compact Disc　➡本文「シーディー」②Cash Dispenser　キャッシュディスペンサー。現金自動支払い機。

CD-R　CD-recordable　CDの規格の一つ。データの書き足しができるが，消去はできない。何度でも書きかえ可能なものをCD-RW（CD-Rewritable）という。

CD-ROM（シーディーロム）　CD read-only memory　コンピューター用のデータを記録したCD。データの読み出し専用。

CEO　chief executive officer　チーフエグゼクティブオフィサー。最高経営責任者。企業の経営で，いちばんの権限と責任をもつ人。

cf.（コンファー）　confer（ラテン語）「参照せよ」，「比較せよ」という意味。

CG　computer graphics　コンピューターグラフィックス。コンピューターで作る図やデザイン，絵など。

CIA　Central Intelligence Agency　アメリカの中央情報局。大統領の直属の情報機関。

CM　commercial message　➡本文「コマーシャル」

アルファベット略語集

・現代の生活の中でよく使われるアルファベット略語を集めました。
・並べ方はABC順としました。（アルファベットの一覧は1557ページにあります。）

使い方

見出し語／よく使われる読み方／つづり／意味

BIT, bit（ビット） binary digit　コンピューターがあつかうデータのもっとも小さな単位。

ASEAN（アセアン） The Association of SouthEast Asian Nations ➡本文「アセアン」
本文にある見出しを見ましょう。

cc carbon copy　カーボンコピー。Eメールで，本来の受信者以外にも同じメールを同時に送る機能の一つ。⇨bcc
この見出しも見てみましょう。

@➡本文「アットマーク」

AC Advertising Council　公共広告機構。

AD➡本文「エーディー」

A.D. anno Domini（ラテン語）西暦の紀元後。キリストが生まれたあとであることを表す記号。

ADHD attention-deficit hyperactivity disorder　注意欠陥多動性障害。発達障害の一つ。症状は，不注意・多動性・多弁性・衝動性など。

ADL activities of daily living　日常生活動作。食事・移動・排泄・入浴など，自立生活を営むために必要な動作能力。高齢者や障害者の介護必要度の判定などに用いられる。⇨IADL

ADSL asymmetric digital subscriber line　非対称デジタル加入者回線。電話の回線には上りと下りがあり，この上りと下りて，伝える速度をちがえてデータを速く大量に送る技術。

AED automated external defibrillator　自動体外式除細動器。心室細動（不整脈の一種）でたおれた人に電気ショックをあたえ，心臓の動きを元にもどす救命医療機器。

AET assistant English teacher　日本人の英語教師とともに授業をおこなう外国人の英語講師。⇨ALT

AI artificial intelligence　人工知能。コンピューターに専門知識を体系的にもたせ，それに基づいて推論し問題を解決するシステム。

AIDS（エイズ）➡本文「エイズ」

ALT assistant language teacher　日本の小・中・高校で，外国人の外国語指導助手。⇨AET

A.M., a.m. ante meridiem（ラテン語）午前。

AMeDAS（アメダス） Automated Meteorological Data Acquisition System　➡本文「アメダス」

AO入試 admissions office―　入学試験で，論文や面接などによって，人物を評価するもの。

APEC（エーペック） Asia-Pacific Economic Cooperation　アジア太平洋経済協力。アジア・太平洋地域での経済協力のための閣僚会議。

ASEAN（アセアン） The Association of South East Asian Nations　➡本文「アセアン」

ATC Automatic Train Control　自動列車制御装置。走行中の事故をふせぐため，自動的に列

この辞典をつくった人たち

●監修

金田一春彦（元上智大学教授）
金田一秀穂（杏林大学名誉教授）

改訂第７版

●書写毛筆動画　監修・執筆
平形精逸（静岡大学名誉教授）
見城正訓（静岡大学非常勤講師）

●紙面設計・デザイン
クラップス
　佐藤かおり

●ポスター・別冊デザイン
青橙舎
　高品吹夕子

●イラスト
高品吹夕子
高橋陽子
もちつきかつみ
岡村治栄
ふらんそわ～ず吉本

●写真
田口精男
猪飼　晃
稲垣博司
井上麻子
田口敏之
藤原尚太郎
与古田松市

●編集協力
倉本有加
松尾美穂
渡辺美智子

●組版
TOPPAN株式会社
　福澤真理菜・中込敏幸
　今野綾香・鈴木章浩
　中村昌吾・福島次郎
　松本雅仁

●書写毛筆動画
　撮影協力・編集
西島英男

●製作管理
製作資材課
　山口敏宏・中野忠昭
　吉田栄子・坂本一善

●販売
出版販売課
　下里美紗子・和田裕之

●編集
辞典編集部
　森川聡顕
　松橋　研
　鈴木かおり
　田沢あかね

改訂第６版までの協力者（指導・執筆・編集）（当時の肩書）

柏野和佳子（国立国語研究所准教授）
深谷圭助（中部大学教授）
牛山　恵（都留文科大学教授）
梅澤　実（鳴門教育大学教授）
木下ひさし（成蹊小学校教諭）
片桐純子（東京都杉並区立杉並第九小学校教諭）
間中孝貴（元東京学芸大学附属世田谷小学校副校長）

今井優子
髙山春花
加藤博康
鈴木高志
平本智弥
今城修三

近藤禎之
野口禮子
野添洋枝
中村威也
啓友社

新レインボー小学国語辞典

改訂第７版【小型版】　（オールカラー）

1982年 3月20日　初版発行
2023年12月19日　改訂第7版第1刷発行

発行人　土屋　徹
編集人　代田雪絵
編集長　森川聡顕
発行所　株式会社Gakken
〒141-8416　東京都品川区西五反田2-11-8
印刷所　TOPPAN株式会社／図書印刷株式会社
製本所　株式会社難波製本
製函所　森紙販売株式会社

●この本に関する各種お問い合わせ先
本の内容については、下記サイトのお問い合わせフォームよりお願いします。
https://www.corp-gakken.co.jp/contact/
在庫については　Tel 03-6431-1199（販売部）
不良品（落丁、乱丁）については　Tel 0570-000577
学研業務センター
〒354-0045 埼玉県入間郡三芳町上富279-1
上記以外のお問い合わせは　Tel 0570-056-710（学研グループ総合案内）

学研グループの書籍・雑誌についての新刊情報・詳細情報は、下記をご覧ください。
学研出版サイト　https://hon.gakken.jp/

製紙　王子エフテックス株式会社
本書の用紙の三大特長
①富士山に由来する水を使用
②計画的な植林によるパルプを使用
③薄くても透けづらい高不透明性の加工
表紙　ダイニック・ジュノ株式会社

ことば選びのまど

それぞれの見出し語の、うしろのページの見開きにあります。

使い分けの項目

それぞれの見出し語の近くにあります。

名前	年	組	